최신중요

형법 판례 각론

제2판

판례를 통한 형법의 이해

박상진

박영사

제2판 머리말

감사하게도 형법 판례집(형법판례총론·형법판례각론)을 2년 만에 다시 개정할 기회를 가지게 되었습니다. 짧은 기간이지만 그 사이에도 대법원은 사회 변화에 맞추어 주요한 판결을 다수 내렸습니다. 가장 의미 있는 판결로, 2022. 12. 22. 대법원은 한시법의 추급효와 관련하여 60여 년간 견지해 왔던 동기설을 폐기하였습니다(대법원 2022. 12. 22. 선고 2020도16420 전원합의체 판결). 이 판결의 의미는 매우 큽니다. 그동안 법원은 '동기설'이라는 법리로 제1조 제2항의 입법 취지를 형해화하여 왔으나 이번 판결로 죄형법정주의를 다시 확인하게 되었습니다(하지만 대법원은 동기설을 폐기하면서도, 유형에 따라 제1조 제2항의 적용 여부가 달라질 수 있다는 새로운 법리를 제시하고 있습니다).

그리고 근래 성범죄에 대한 우리의 인식이 크게 변화되면서 법원도 성범죄의 성립범위를 계속 확장해 오고 있습니다. '기습추행'의 인정(2015도6980), '행위자의 성적 의도'의 배제(2013도5856), 성폭행이나 성희롱 사건 심리 시에 '성인지감수성'에 대한 고려 요청(2018도7709) 등은 이러한 흐름에서 이해될 수 있습니다. 최근 대법원은 여기서 한 걸음 더 나아가 '기습추행'이 아닌 '폭행·협박 선행형'의 강제추행의 경우도 폭행·협박의 의미를 완화하기에 이릅니다. 기존의 항거불능이나 항거곤란할 수준의 폭행·협박이 아니라 일반 폭행·협박죄의 그것과 같은 정도이어도 강제추행죄는 성립한다고 판시하였습니다(대법원 2023. 9. 21. 선고 2018도13877 전원합의체 판결). 따라서 이제 강제추행죄는 상대방의 신체에 대해 불법한 유형력을 행사하거나 상대방으로 하여금 공포심을 일으킬 정도의 해악을 고지하여 추행한 경우에도 범죄는 성립하게 되었습니다. 그러나 한편으로, 최근 대법원은 사건 심리에 있어서 '성인지감수성'을 충분히 고려하되 그러한 관점이 「성범죄 피해자 진술의 증명력을 제한 없이 인정하여야 한다거나 그에 따라 해당 공소사실을 무조건 유죄로 판단해야 한다는 의미는 아니다」라고 밝히어, 무죄추정의 형사법 대원칙을 환기시키고 있습니다(대법원 2024. 1. 4. 선고 2023도13081 판결).

재산범죄로 넘어와서는, 최근 헌법재판소는 71년간 유지되어 왔던 '친족상도례'에 대해 2025. 12. 31. 을 시한으로 입법자가 개정할 때까지 형법 제328조(친족 간의 범행과 고소)의 적용을 중지하는 헌법 불합치 결정을 내렸습니다(헌법재판소 2024. 6. 27.자 2020헌바341 결정). 헌법재판소는 가족 구성원 사이에서 발생하는 수인 가능한 수준의 재산범죄에 대한 형사소추나 처벌에 관한 특례의 필요성은 인정하였으나, 현행 규정은 너무 넓은 범위의 친족 간의 범죄에 대해 일률적으로 형을 면제하여 구체적 사안에서 피해자의 재판절차진술권을 형해화시킬 우려가 있음을 지적하고 있습니다.

그리고 최근 10여 년 동안 재산범죄와 관련된 큰 흐름으로, 대법원은 일련의 판결을 통하여 타인의 재산을 보호 또는 관리하는 것이 전형적·본질적 내용이 아닌 통상의 계약관계에 있어서 '배임죄'나 '횡령죄'의 성립을 부정해 오고 있습니다. 그 선상에서 대법원은 채권양도인이 채무자에게 채권양도 통지를 하는 등으로 채권양도의 대항요건을 갖추어 주지 않은 채 채무자로부터 양도한 채권을 추심하여 수령한 금전을 임의로 처분하더라도 횡령죄는 성립하지 않는다고 보았습니다(대법원 2022. 6. 23. 선고 2017도3829

전원합의체 판결). 이는 형사처벌이 사법(私法)상 권리의무관계를 보호하는 것 이상의 의미가 있어야 한다는 대법원의 변경된 입장을 다시 한번 더 확인한 판결입니다.

지금은 유튜브 시대입니다. 형사 판례를 발표하는 학생들 중에도 종종 유튜브를 활용하는데, 듣는 이들의 집중도가 높았습니다. 관련 영상을 통해 판례를 압축적으로, 입체적으로 이해할 수 있었습니다. 이런 연유로 이번 개정판에 QR을 통한 관련 영상들을 연결하였으니, 사건과 법리를 이해하시는 데 조금이나마 도움이 되었으면 합니다.

이번 개정 작업에도 초판의 편집을 맡아주신 윤혜경 대리님과 기획을 도와주신 김한유 과장님이 수고해 주셨습니다. 깊은 감사의 마음을 전합니다.

2024. 8. 18.

박 상 진

머리말

이 책은 저자가 올해 3월 초 출간한 『형법판례총론』에 이어 형법각론의 주요판례들을 정리한 내용입니다. 그 내용이 적지 않았습니다. 많은 내용을 정리하면서 다시 생각이 드는 것이 형법의 보충적 성격입니다. 이는 형법의 해석과 적용에 있어서 가장 중요한 원칙입니다. 대법원도 이를 환기시키고 있습니다.

"법규범으로서 형법의 본질과 임무는 사회의 존립과 유지에 필요불가결한 기본가치를 보호함에 있고, 형법의 규율 대상은 다른 규범이나 사회적 통제수단으로는 해결할 수 없는 중대한 법익에 대한 위험이 명백한 행위나 사회에 끼치는 해악이 큰 행위에 한정함이 바람직하다. 법규범 중에서도 특히 형법에 대하여 개인의 자유와 권리를 박탈하거나 제한하는 강력한 제재수단을 부여한 취지 역시 같은 맥락에서 이해하여야 한다."(대법원 2021. 9. 9. 선고 2020도6085 전원합의체 판결).

이러한 원칙을 충실히 반영하는 중요한 판례가 근래 많이 나오고 있습니다. 특히 재산범죄에 있어서 횡령과 배임죄의 경우 대법원은 그 해석을 엄격히 하여 범죄성립이 확대되지 않도록 하는 일련의 중요 판례들을 계속 내놓고 있습니다. 또한 주거침입죄의 경우도 보충성 원칙을 충실히 적용하여 오래된 기존의 입장을 바꾼 중요 판례들이 나오고 있습니다. 반면 성범죄와 관련해서는 입법도 강화되고 있지만 법원의 해석도 처벌을 강화하고 피해자를 보호하려는 경향이 뚜렷하게 확인됩니다. 이는 지금 우리 사회가 현재 발생하는 성폭력 범죄에 제대로 대처할 수 없다는 문제의식에서 비롯된 것으로 보입니다.

사실 『형법판례총론』 원고를 준비하면서 『형법판례각론』도 같이 준비하였기 때문에 책을 출판하게 된 발심(發心)은 같습니다. 이런 이유로 아래에는 『형법판례총론』의 머리말을 옮겨 놓고자 합니다.

「이 책은 형법의 주요 판례를 좀 더 쉽게 이해하는 데 주안을 두었습니다. 판례는 사실상의 규범력을 가지고 있기 때문에 규범에 사실을 적용하는 구체적 작업을 판례로부터 배우지 않으면 안 됩니다. 그런 의미에서 판례에 대한 이해와 학습의 중요성은 아무리 강조해도 지나치지 않습니다. 근래 변호사시험을 비롯한 각종 공무원시험에서 판례의 비중은 압도적으로 높습니다. 그리고 그 출제의 범위도 광범위하여 수험생들에게 큰 부담이 되고 있습니다. 대학에서 학생들을 가르치며 안타까운 마음으로 보는 장면이 있습니다. 수험을 준비하는 학생들이 시간에 쫓겨 판례의 사실관계나 법리를 정확히 이해하지 못한 채, 키워드나 두문자 등을 기계적으로 암기해 수험에 임하는 모습입니다.

암기의 방편으로 그러한 방법이 나쁘다고는 생각지 않습니다. 하지만 사실관계나 법리의 이해 없이 급속 암기한 뒤 시험을 치고 나오면서 머리까지 포맷하는 것은 너무 소모적이라 생각합니다.

"이해 없는 암기는 공허하고, 암기 없는 이해는 불안하다."

이해와 암기는 별개로 존재하지 않습니다. 시간이 좀 걸리더라도 사실관계와 판결요지를 잘 이해하게 되면 자연스럽게 그 내용도 머리에 오래 남게 되는 것입니다.

판결문을 읽다 보면 '법리'라는 용어를 자주 볼 수 있습니다. 우리는 판결문의 법리에 주목하여야 합니다. 법리(法理)란 법(法)에 있어서의 이(理)치를 말합니다. 여기서 '理'란 일정한 법칙을 의미합니다. '理'란 한자의 자원(字源)에는 구슬 옥(玉)이 들어가 있습니다(玉 + 里). 이는 옥에 결이 있듯이 '理'라는 것은 일정한 질서를 의미하는 것입니다(자전에서 '理'는 다스리다, 길, 조리, 결, 천성, 평소의 몸가짐 등의 뜻으로 나오고, 유학과 관련해서는 "所以然之故", 즉 '존재에는 반드시 그러한 까닭이 있다'는 뜻으로 이해되고 있습니다).

판결문에는 내재적인 결(理)이 있습니다. 그것이 표현된 것이 있고 되지 않은 것도 있지만 모두 일정한 법리 하에서 판결은 내려지고 있습니다. 판사는 자의적으로 판단하지 않습니다. 법과 그에 내재하여 있는 법리에 따라 판단하는 것입니다. 이 책이 이러한 법리를 독자들이 좀 더 이해하기 쉽도록 안내해 줄 것이라 믿습니다. 나아가 판례를 통해 형법을 좀 더 쉽게 이해할 수 있을 것이라 기대합니다」.

끝으로 감사의 마음을 전할 분들이 있습니다. 건국대학교 김잔디 교수님은 이 책의 원고를 꼼꼼히 읽고 조언을 주셨습니다. 그리고 짧은 기간에 기대 이상으로 편집을 완료해 주신 박영사의 윤혜경 대리님과 기획을 도와주신 김한유 과장님께 깊은 감사의 마음을 전합니다.

2022. 8. 24.

박 상 진

차 례

개인적 법익 침해에 대한 죄【Ⅰ】

PART 1

생명과 신체에 대한 죄

PART 2

자유에 대한 죄

PART 3

명예·신용·업무에 대한 죄

PART 4

사생활의 평온에 관한 죄

개인적 법익 침해에 대한 죄【Ⅱ】

PART 8

횡령과 배임의 죄

PART 9

장물 및 손괴 · 권리행사방해 · 강제집행면탈의 죄

사회적 법익 침해에 대한 죄

국가적 법익 침해에 대한 죄

참고문헌

김성돈, 형법각론(제8판), 성균관대학교출판부, 2022.

김성천/김형준, 형법각론, 소진, 2017.

김신, 배임죄에 관한 몇 가지 오해, 박영사, 2020.

김신규, 형법각론강의, 박영사, 2020.

김일수/서보학, 새로쓴 형법각론(제9판), 박영사, 2018.

김창석, 판례의 논리, 박영사, 2021.

김혜정/박미숙/안경옥/원혜욱/이인영, 형법각론(제3판), 피엔씨미디어, 2023.

김태명, 판례형법각론(제3판), 피엔씨미디어, 2018.

류전철, 위조범죄의 이론과 실제, 전남대학교출판부, 2011.

문형섭/류전철, 형사판례의 쟁점과 이론, 전남대학교출판부, 2013.

박동률/임상규, 판례중심 형법각론, 경북대학교출판부, 2015.

박현준, 경찰형법의 이해, 박영사, 2017.

박상기 외, 문서와 범죄, 집현재, 2017.

박찬걸, 형법각론, 박영사, 2022.

배종대, 형법각론(제13판), 홍문사, 2022.

변종필, 형법해석과 논증, 세창출판사, 2012.

손동권/김재윤, 새로운 형법각론, 율곡출판사, 2022.

신동운, 형법각론(제3판), 법문사, 2023.

신동운, 판례분석 형법각론, 법문사, 2014.

신동운, 판례백선 형법각론 1, 경세원, 2001.

신동운/한인섭/이용식/조국/이상원, 로스쿨 형법각론, 박영사, 2009.

신양균/조기영, 판례교재 형법각론, 박영사, 2022.

안성조, 현대형법학, 경인문화사, 2019.

이용식, 형법각론, 박영사, 2019.

이재상/장영민/강동범, 형법각론(제13판), 박영사, 2023.

이정원/류석준, 형법각론, 준커뮤니케이션즈, 2020.

임웅/이현정/박성민, 형법각론(제14판), 법문사, 2024.

유기천, 영인본 형법학(각론강의), 법문사, 2012.

오영근, 형법각론(제8판), 박영사, 2023.

원형식, 판례중심 형법각론, 동방문화, 2022.

정성근/정준섭, 형법강의 각론(제2판), 2022.

정신교, 형법각론, 청목출판사, 2021.

정영일, 형법각론, 학림, 2022.

최병천, 판례중심 형법각론, 피엔씨미디어, 2016.

최호진, 형법각론, 박영사, 2022.

한상훈/안성조, 형법개론(제3판), 정독, 2022.

한국형사판례연구회, 형법판례 150선, 박영사, 2019.

한국형사판례연구회, 형사판례연구(1~31권), 박영사, 1999~2023.

형사실무연구회, 형사재판의 제문제(1~5권), 박영사, 1997~2005.

前田雅英·星周一郎/박상진·김잔디(역), 최신중요 일본형법판례 250선(총론편), 2021.

前田雅英·星周一郎/박상진·김잔디(역), 최신중요 일본형법판례 250선(각론편), 2021.

범례(凡例)

1 【판지】와 【해설】에서는 판례집 등에서 직접 인용한 부분에 대해 「　」를 사용했다.

2 판례 표기와 관련하여 (1) 대상판결의 경우는 선고일자와 사건번호를 모두 표기했으나 (2) 【해설】과 【Reference】에서는 사건번호만 표기했다.

3 【해설】과 【Reference】 내용 중 (형법판례총론【**】 참조)에서 '형법판례총론'은 박상진, 『형법판례총론』(2022)을 말한다.

4 Ref 1. 2−3이란 Reference 1에 속하는 2그룹의 3번째 판례를 말한다.

개인적 법익 침해에 대한 죄【Ⅰ】

형법
[시행 2023. 8. 8.] [법률 제19582호, 2023. 8. 8. 일부개정]

제2편 각칙
제24장 살인의 죄

제250조(살인, 존속살해) ① 사람을 살해한 자는 사형, 무기 또는 5년 이상의 징역에 처한다.

② 자기 또는 배우자의 직계존속을 살해한 자는 사형, 무기 또는 7년 이상의 징역에 처한다.

제251조 삭제 〈2023. 8. 8.〉

제252조(촉탁, 승낙에 의한 살인 등) ① 사람의 촉탁이나 승낙을 받아 그를 살해한 자는 1년 이상 10년 이하의 징역에 처한다.

② 사람을 교사하거나 방조하여 자살하게 한 자도 제1항의 형에 처한다.

제253조(위계 등에 의한 촉탁살인 등) 전조의 경우에 위계 또는 위력으로써 촉탁 또는 승낙하게 하거나 자살을 결의하게 한 때에는 제250조의 예에 의한다.

제254조(미수범) 제250조, 제252조 및 제253조의 미수범은 처벌한다.

제255조(예비, 음모) 제250조와 제253조의 죄를 범할 목적으로 예비 또는 음모한 자는 10년 이하의 징역에 처한다.

제256조(자격정지의 병과) 제250조, 제252조 또는 제253조의 경우에 유기징역에 처할 때에는 10년 이하의 자격정지를 병과할 수 있다.

제25장 상해와 폭행의 죄

제257조(상해, 존속상해) ① 사람의 신체를 상해한 자는 7년 이하의 징역, 10년 이하의 자격정지 또는 1천만원 이하의 벌금에 처한다.

② 자기 또는 배우자의 직계존속에 대하여 제1항의 죄를 범한 때에는 10년 이하의 징역 또는 1천500만원 이하의 벌금에 처한다.

③ 전 2항의 미수범은 처벌한다.

제258조(중상해, 존속중상해) ① 사람의 신체를 상해하여 생명에 대한 위험을 발생하게 한 자는 1년 이상 10년 이하의 징역에 처한다.

② 신체의 상해로 인하여 불구 또는 불치나 난치의 질병에 이르게 한 자도 전항의 형과 같다.

③ 자기 또는 배우자의 직계존속에 대하여 전2항의 죄를 범한 때에는 2년 이상 15년 이하의 징역에 처한다.

제258조의2(특수상해) ① 단체 또는 다중의 위력을 보이거나 위험한 물건을 휴대하여 제257조제1항 또는 제2항의 죄를 범한 때에는 1년 이상 10년 이하의 징역에 처한다.

② 단체 또는 다중의 위력을 보이거나 위험한 물건을 휴대하여 제258조의 죄를 범한 때에는 2년 이상 20년 이하의 징역에 처한다.

③ 제1항의 미수범은 처벌한다.

제259조(상해치사) ① 사람의 신체를 상해하여 사망에 이르게 한 자는 3년 이상의 유기징역에 처한다.

② 자기 또는 배우자의 직계존속에 대하여 전항의 죄를 범한 때에는 무기 또는 5년 이상의 징역에 처한다.

제260조(폭행, 존속폭행) ① 사람의 신체에 대하여 폭행을 가한 자는 2년 이하의 징역, 500만원 이하의 벌금, 구류 또는 과료에 처한다.

② 자기 또는 배우자의 직계존속에 대하여 제1항의 죄를 범한 때에는 5년 이하의 징역 또는 700만원 이하의 벌금에 처한다.

③ 제1항 및 제2항의 죄는 피해자의 명시한 의사에 반하여 공소를 제기할 수 없다.

제261조(특수폭행) 단체 또는 다중의 위력을 보이거나 위험한 물건을 휴대하여 제260조제1항 또는 제2항의 죄를 범한 때에는 5년 이하의 징역 또는 1천만원 이하의 벌금에 처한다.

제262조(폭행치사상) 제260조와 제261조의 죄를 지어 사람을 사망이나 상해에 이르게 한 경우에는 제257조부터 제259조까지의 예에 따른다.

제263조(동시범) 독립행위가 경합하여 상해의 결과를 발생하게 한 경우에 있어서 원인된 행위가 판명되지 아니한 때에는 공동정범의 예에 의한다.

제264조(상습범) 상습으로 제257조, 제258조, 제258조의2, 제260조 또는 제261조의 죄를 범한 때에는 그 죄에 정한 형의 2분의 1까지 가중한다.

제265조(자격정지의 병과) 제257조제2항, 제258조, 제258조의2, 제260조제2항, 제261조 또는 전조의 경우에는 10년 이하의 자격정지를 병과할 수 있다.

제26장 과실치사상의 죄

제266조(과실치상) ① 과실로 인하여 사람의 신체를 상해에 이르게 한 자는 500만원 이하의 벌금, 구류 또는 과료에 처한다.

② 제1항의 죄는 피해자의 명시한 의사에 반하여 공소를 제기할 수 없다.

제267조(과실치사) 과실로 인하여 사람을 사망에 이르게 한 자는 2년 이하의 금고 또는 700만원 이하의 벌금에 처한다.

제268조(업무상과실·중과실 치사상) 업무상 과실 또는 중대한 과실로 사람을 사망이나 상해에 이르게 한 자는 5년 이하의 금고 또는 2천만원 이하의 벌금에 처한다.

제27장 낙태의 죄

제269조(낙태) ① 부녀가 약물 기타 방법으로 낙태한 때에는 1년 이하의 징역 또는 200만원 이하의 벌금에 처한다.

② 부녀의 촉탁 또는 승낙을 받아 낙태하게 한 자도 제1항의 형과 같다.

③ 제2항의 죄를 범하여 부녀를 상해에 이르게 한때에는 3년 이하의 징역에 처한다. 사망에 이르게 한때에는 7년 이하의 징역에 처한다.

[헌법불합치, 2017헌바127, 2019. 4. 11. 형법(1995. 12. 29. 법률 제5057호로 개정된 것) 제269조 제1항, 제270조 제1항 중 '의사'에 관한 부분은 모두 헌법에 합치되지 아니한다. 위 조항들은 2020. 12. 31.을 시한으로 입법자가 개정할 때까지 계속 적용된다]

제270조(의사 등의 낙태, 부동의낙태) ① 의사, 한의사, 조산사, 약제사 또는 약종상이 부녀의 촉탁 또는 승낙을 받어 낙태하게 한 때에는 2년 이하의 징역에 처한다.

② 부녀의 촉탁 또는 승낙없이 낙태하게 한 자는 3년 이하의 징역에 처한다.

③ 제1항 또는 제2항의 죄를 범하여 부녀를 상해에 이르게 한때에는 5년 이하의 징역에 처한다. 사망에 이르게 한때에는 10년 이하의 징역에 처한다.

④ 전 3항의 경우에는 7년 이하의 자격정지를 병과한다.

[헌법불합치, 2017헌바127, 2019. 4. 11. 형법(1995. 12. 29. 법률 제5057호로 개정된 것) 제269조 제1항, 제270조 제1항 중 '의사'에 관한 부분은 모두 헌법에 합치되지 아니한다. 위 조항들은 2020. 12. 31.을 시한으로 입법자가 개정할 때까지 계속 적용된다]

제28장 유기와 학대의 죄

제271조(유기, 존속유기) ① 나이가 많거나 어림, 질병 그 밖의 사정으로 도움이 필요한 사람을 법률상 또는 계약상 보호할 의무가 있는 자가 유기한 경우에는 3년 이하의 징역 또는 500만원 이하의 벌금에 처한다.

② 자기 또는 배우자의 직계존속에 대하여 제1항의 죄를 지은 경우에는 10년 이하의 징역 또는 1천500만원 이하의 벌금에 처한다.

③ 제1항의 죄를 지어 사람의 생명에 위험을 발생하게 한 경우에는 7년 이하의 징역에 처한다.

④ 제2항의 죄를 지어 사람의 생명에 위험을 발생하게 한 경우에는 2년 이상의 유기징역에 처한다.

제272조(영아유기) 삭제 〈2023. 8. 8.〉

제273조(학대, 존속학대) ① 자기의 보호 또는 감독을 받는 사람을 학대한 자는 2년 이하의 징역 또는 500만원 이하의 벌금에 처한다.

② 자기 또는 배우자의 직계존속에 대하여 전항의 죄를 범한 때에는 5년 이하의 징역 또는 700만원 이하의 벌금에 처한다.

제274조(아동혹사) 자기의 보호 또는 감독을 받는 16세 미만의 자를 그 생명 또는 신체에 위험한 업무에 사용할 영업자 또는 그 종업자에게 인도한 자는 5년 이하의 징역에 처한다. 그 인도를 받은 자도 같다.

제275조(유기등 치사상) ① 제271조 또는 제273조의 죄를 범하여 사람을 상해에 이르게 한 때에는 7년 이하의 징역에 처한다. 사망에 이르게 한 때에는 3년 이상의 유기징역에 처한다. 〈개정 2023. 8. 8.〉

② 자기 또는 배우자의 직계존속에 대하여 제271조 또는 제273조의 죄를 범하여 상해에 이르게 한 때에는 3년 이상의 유기징역에 처한다. 사망에 이르게 한 때에는 무기 또는 5년 이상의 징역에 처한다.

제29장 체포와 감금의 죄

제276조(체포, 감금, 존속체포, 존속감금) ① 사람을 체포 또는 감금한 자는 5년 이하의 징역 또는 700만원 이하의 벌금에 처한다.

② 자기 또는 배우자의 직계존속에 대하여 제1항의 죄를 범한 때에는 10년 이하의 징역 또는 1천500만원 이하의 벌금에 처한다.

제277조(중체포, 중감금, 존속중체포, 존속중감금) ① 사람을 체포 또는 감금하여 가혹한 행위를 가한 자는 7년 이하의 징역에 처한다.

② 자기 또는 배우자의 직계존속에 대하여 전항의 죄를 범한 때에는 2년 이상의 유기징역에 처한다.

제278조(특수체포, 특수감금) 단체 또는 다중의 위력을 보이거나 위험한 물건을 휴대하여 전 2조의 죄를 범한 때에는 그 죄에 정한 형의 2분의 1까지 가중한다.

제279조(상습범) 상습으로 제276조 또는 제277조의 죄를 범한 때에는 전조의 예에 의한다.

제280조(미수범) 전4조의 미수범은 처벌한다.

제281조(체포·감금등의 치사상) ① 제276조 내지 제280조의 죄를 범하여 사람을 상해에 이르게 한 때에는 1년 이상의 유기징역에 처한다. 사망에 이르게 한 때에는 3년 이상의 유기징역에 처한다.

② 자기 또는 배우자의 직계존속에 대하여 제276조 내지 제280조의 죄를 범하여 상해에 이르게 한 때에는 2년 이상의 유기징역에 처한다. 사망에 이르게 한 때에는 무기 또는 5년이상의 징역에 처한다.

제282조(자격정지의 병과) 본장의 죄에는 10년 이하의 자격 정지를 병과할 수 있다.

제30장 협박의 죄

제283조(협박, 존속협박) ① 사람을 협박한 자는 3년 이하의 징역, 500만원 이하의 벌금, 구류 또는 과료에 처한다.

② 자기 또는 배우자의 직계존속에 대하여 제1항의 죄를 범한 때에는 5년 이하의 징역 또는 700만원 이하의 벌금에 처한다.

③ 제1항 및 제2항의 죄는 피해자의 명시한 의사에 반하여 공소를 제기할 수 없다.

제284조(특수협박) 단체 또는 다중의 위력을 보이거나 위험한 물건을 휴대하여 전조제1항, 제2항의 죄를 범한 때에는 7년 이하의 징역 또는 1천만원 이하의 벌금에 처한다

제285조(상습범) 상습으로 제283조제1항, 제2항 또는 전조의 죄를 범한 때에는 그 죄에 정한 형의 2분의 1까지 가중한다.

제286조(미수범) 전3조의 미수범은 처벌한다.

제31장 약취, 유인 및 인신매매의 죄

제287조(미성년자의 약취, 유인) 미성년자를 약취 또는 유인한 사람은 10년 이하의 징역에 처한다.

제288조(추행 등 목적 약취, 유인 등) ① 추행, 간음, 결혼 또는 영리의 목적으로 사람을 약취 또는 유인한 사람은 1년 이상 10년 이하의 징역에 처한다.

② 노동력 착취, 성매매와 성적 착취, 장기적출을 목적으로 사람을 약취 또는 유인한 사람은 2년 이상 15년 이하의 징역에 처한다.

③ 국외에 이송할 목적으로 사람을 약취 또는 유인하거나 약취 또는 유인된 사람을 국외에 이송한 사람도 제2항과 동일한 형으로 처벌한다.

제289조(인신매매) ① 사람을 매매한 사람은 7년 이하의 징역에 처한다.

② 추행, 간음, 결혼 또는 영리의 목적으로 사람을 매매한 사람은 1년 이상 10년 이하의 징역에 처한다.

③ 노동력 착취, 성매매와 성적 착취, 장기적출을 목적으로 사람을 매매한 사람은 2년 이상 15년 이하의 징역에 처한다.

④ 국외에 이송할 목적으로 사람을 매매하거나 매매된 사람을 국외로 이송한 사람도 제3항과 동일한 형으로 처벌한다.

제290조(약취, 유인, 매매, 이송 등 상해 · 치상) ① 제287

조부터 제289조까지의 죄를 범하여 약취, 유인, 매매 또는 이송된 사람을 상해한 때에는 3년 이상 25년 이하의 징역에 처한다.

② 제287조부터 제289조까지의 죄를 범하여 약취, 유인, 매매 또는 이송된 사람을 상해에 이르게 한 때에는 2년 이상 20년 이하의 징역에 처한다.

제291조(약취, 유인, 매매, 이송 등 살인 · 치사) ① 제287조부터 제289조까지의 죄를 범하여 약취, 유인, 매매 또는 이송된 사람을 살해한 때에는 사형, 무기 또는 7년 이상의 징역에 처한다.

② 제287조부터 제289조까지의 죄를 범하여 약취, 유인, 매매 또는 이송된 사람을 사망에 이르게 한 때에는 무기 또는 5년 이상의 징역에 처한다.

제292조(약취, 유인, 매매, 이송된 사람의 수수 · 은닉 등) ① 제287조부터 제289조까지의 죄로 약취, 유인, 매매 또는 이송된 사람을 수수(授受) 또는 은닉한 사람은 7년 이하의 징역에 처한다.

② 제287조부터 제289조까지의 죄를 범할 목적으로 사람을 모집, 운송, 전달한 사람도 제1항과 동일한 형으로 처벌한다.

제293조 삭제

제294조(미수범) 제287조부터 제289조까지, 제290조제1항, 제291조제1항과 제292조제1항의 미수범은 처벌한다.

제295조(벌금의 병과) 제288조부터 제291조까지, 제292조제1항의 죄와 그 미수범에 대하여는 5천만원 이하의 벌금을 병과할 수 있다.

제295조의2(형의 감경) 제287조부터 제290조까지, 제292조와 제294조의 죄를 범한 사람이 약취, 유인, 매매 또는 이송된 사람을 안전한 장소로 풀어준 때에는 그 형을 감경할 수 있다.

제296조(예비, 음모) 제287조부터 제289조까지, 제290조제1항, 제291조제1항과 제292조제1항의 죄를 범할 목적으로 예비 또는 음모한 사람은 3년 이하의 징역에 처한다.

제296조의2(세계주의) 제287조부터 제292조까지 및 제294조는 대한민국 영역 밖에서 죄를 범한 외국인에게도 적용한다.

제32장 강간과 추행의 죄

제297조(강간) 폭행 또는 협박으로 사람을 강간한 자는 3년 이상의 유기징역에 처한다.

제297조의2(유사강간) 폭행 또는 협박으로 사람에 대하여 구강, 항문 등 신체(성기는 제외한다)의 내부에 성기를 넣거나 성기, 항문에 손가락 등 신체(성기는 제외한다)의 일부 또는 도구를 넣는 행위를 한 사람은 2년 이상의 유기징역에 처한다.

제298조(강제추행) 폭행 또는 협박으로 사람에 대하여 추행을 한 자는 10년 이하의 징역 또는 1천500만원 이하의 벌금에 처한다.

제299조(준강간, 준강제추행) 사람의 심신상실 또는 항거불능의 상태를 이용하여 간음 또는 추행을 한 자는 제297조, 제297조의2 및 제298조의 예에 의한다.

제300조(미수범) 제297조, 제297조의2, 제298조 및 제299조의 미수범은 처벌한다.

제301조(강간 등 상해·치상) 제297조, 제297조의2 및 제298조부터 제300조까지의 죄를 범한 자가 사람을 상해하거나 상해에 이르게 한 때에는 무기 또는 5년 이상의 징역에 처한다.

제301조의2(강간등 살인·치사) 제297조, 제297조의2 및 제298조부터 제300조까지의 죄를 범한 자가 사람을 살해한 때에는 사형 또는 무기징역에 처한다. 사망에 이르게 한 때에는 무기 또는 10년 이상의 징역에 처한다.

제302조(미성년자 등에 대한 간음) 미성년자 또는 심신미약자에 대하여 위계 또는 위력으로써 간음 또는 추행을 한 자는 5년 이하의 징역에 처한다.

제303조(업무상위력 등에 의한 간음) ① 업무, 고용 기타 관계로 인하여 자기의 보호 또는 감독을 받는 사람에 대하여 위계 또는 위력으로써 간음한 자는 7년 이하의 징역 또는 3천만원 이하의 벌금에 처한다.

② 법률에 의하여 구금된 사람을 감호하는 자가 그 사람을 간음한 때에는 10년 이하의 징역에 처한다.

제304조 삭제

제305조(미성년자에 대한 간음, 추행) ① 13세 미만의 사람에 대하여 간음 또는 추행을 한 자는 제297조, 제297조의2, 제298조, 제301조 또는 제301조의2의 예에 의한다.

② 13세 이상 16세 미만의 사람에 대하여 간음 또는 추행을 한 19세 이상의 자는 제297조, 제297조의2, 제298조, 제301조 또는 제301조의2의 예에 의한다.

제305조의2(상습범) 상습으로 제297조, 제297조의2, 제298조부터 제300조까지, 제302조, 제303조 또는 제305조의 죄를 범한 자는 그 죄에 정한 형의 2분의 1까지 가중한다.

제305조의3(예비, 음모) 제297조, 제297조의2, 제299조(준강간죄에 한정한다), 제301조(강간 등 상해죄에 한정한다) 및 제305조의 죄를 범할 목적으로 예비 또는 음모한 사람은 3년 이하의 징역에 처한다.

제306조 삭제

제33장 명예에 관한 죄

제307조(명예훼손) ① 공연히 사실을 적시하여 사람의 명예를 훼손한 자는 2년 이하의 징역이나 금고 또는 500만원 이하의 벌금에 처한다.

② 공연히 허위의 사실을 적시하여 사람의 명예를 훼손한 자는 5년 이하의 징역, 10년 이하의 자격정지 또는 1천만원 이하의 벌금에 처한다.

제308조(사자의 명예훼손) 공연히 허위의 사실을 적시하여 사자의 명예를 훼손한 자는 2년 이하의 징역이나 금고 또는 500만원 이하의 벌금에 처한다.

제309조(출판물 등에 의한 명예훼손) ① 사람을 비방할 목적으로 신문, 잡지 또는 라디오 기타 출판물에 의하여 제307조제1항의 죄를 범한 자는 3년 이하의 징역이나 금고 또는 700만원 이하의 벌금에 처한다.

② 제1항의 방법으로 제307조 제2항의 죄를 범한 자는 7년 이하의 징역, 10년 이하의 자격정지 또는 1천500만원 이하의 벌금에 처한다.

제310조(위법성의 조각) 제307조제1항의 행위가 진실한 사실로서 오로지 공공의 이익에 관한 때에는 처벌하지 아니한다.

제311조(모욕) 공연히 사람을 모욕한 자는 1년 이하의 징역이나 금고 또는 200만원 이하의 벌금에 처한다.

제312조(고소와 피해자의 의사) ① 제308조와 제311조의 죄는 고소가 있어야 공소를 제기할 수 있다.

② 제307조와 제309조의 죄는 피해자의 명시한 의사에 반하여 공소를 제기할 수 없다.

제34장 신용, 업무와 경매에 관한 죄

제313조(신용훼손) 허위의 사실을 유포하거나 기타 위계로써 사람의 신용을 훼손한 자는 5년 이하의 징역 또는 1천500만원 이하의 벌금에 처한다.

제314조(업무방해) ① 제313조의 방법 또는 위력으로써 사람의 업무를 방해한 자는 5년 이하의 징역 또는 1천500만원 이하의 벌금에 처한다.

② 컴퓨터등 정보처리장치 또는 전자기록등 특수매체기록을 손괴하거나 정보처리장치에 허위의 정보 또는 부정한 명령을 입력하거나 기타 방법으로 정보처리에 장애를 발생하게 하여 사람의 업무를 방해한 자도 제1항의 형과 같다.

제315조(경매, 입찰의 방해) 위계 또는 위력 기타 방법으로 경매 또는 입찰의 공정을 해한 자는 2년 이하의 징역 또는 700만원 이하의 벌금에 처한다.

제35장 비밀침해의 죄

제316조(비밀침해) ① 봉함 기타 비밀장치한 사람의 편지, 문서 또는 도화를 개봉한 자는 3년 이하의 징역이나 금고 또는 500만원 이하의 벌금에 처한다.

② 봉함 기타 비밀장치한 사람의 편지, 문서, 도화 또는 전자기록 등 특수매체기록을 기술적 수단을 이용하여 그 내용을 알아낸 자도 제1항의 형과 같다.

제317조(업무상비밀누설) ① 의사, 한의사, 치과의사, 약제사, 약종상, 조산사, 변호사, 변리사, 공인회계사, 공증인, 대서업자나 그 직무상 보조자 또는 차등의 직에 있던 자가 그 직무처리 중 지득한 타인의 비밀을 누설한 때에는 3년 이하의 징역이나 금고, 10년 이하의 자격정지 또는 700만원 이하의 벌금에 처한다.

② 종교의 직에 있는 자 또는 있던 자가 그 직무상 지득한 사람의 비밀을 누설한 때에도 전항의 형과 같다.

제318조(고소) 본장의 죄는 고소가 있어야 공소를 제기할 수 있다.

제36장 주거침입의 죄

제319조(주거침입, 퇴거불응) ① 사람의 주거, 관리하는 건조물, 선박이나 항공기 또는 점유하는 방실에 침입한 자는 3년 이하의 징역 또는 500만원 이하의 벌금에 처한다.

② 전항의 장소에서 퇴거요구를 받고 응하지 아니한 자도 전항의 형과 같다.

제320조(특수주거침입) 단체 또는 다중의 위력을 보이거나 위험한 물건을 휴대하여 전조의 죄를 범한 때에는 5년 이하의 징역에 처한다.

제321조(주거 · 신체 수색) 사람의 신체, 주거, 관리하는 건조물, 자동차, 선박이나 항공기 또는 점유하는 방실을 수색한 자는 3년 이하의 징역에 처한다.

제322조(미수범) 본장의 미수범은 처벌한다.

제37장 권리행사를 방해하는 죄

제323조(권리행사방해) 타인의 점유 또는 권리의 목적이 된 자기의 물건 또는 전자기록등 특수매체기록을 취거, 은닉 또는 손괴하여 타인의 권리행사를 방해한 자는 5년 이하의 징역 또는 700만원 이하의 벌금에 처한다.

제324조(강요) ① 폭행 또는 협박으로 사람의 권리행사를 방해하거나 의무없는 일을 하게 한 자는 5년 이하의 징역 또는 3천만원 이하의 벌금에 처한다.

② 단체 또는 다중의 위력을 보이거나 위험한 물건을 휴대하여 제1항의 죄를 범한 자는 10년 이하의 징역 또는 5천만원 이하의 벌금에 처한다.

제324조의2(인질강요) 사람을 체포 · 감금 · 약취 또는 유인하여 이를 인질로 삼아 제3자에 대하여 권리행사를 방해하거나 의무없는 일을 하게 한 자는 3년 이상의 유기징역에 처한다.

제324조의3(인질상해 · 치상) 제324조의2의 죄를 범한 자가 인질을 상해하거나 상해에 이르게 한 때에는 무기 또는 5년 이상의 징역에 처한다.

제324조의4(인질살해 · 치사) 제324조의2의 죄를 범한 자가 인질을 살해한 때에는 사형 또는 무기징역에 처한다. 사망에 이르게 한 때에는 무기 또는 10년 이상의 징역에 처한다.

제324조의5(미수범) 제324조 내지 제324조의4의 미수범은 처벌한다.

제324조의6(형의 감경) 제324조의2 또는 제324조의3의 죄를 범한 자 및 그 죄의 미수범이 인질을 안전한 장소로 풀어준 때에는 그 형을 감경할 수 있다.

제325조(점유강취, 준점유강취) ① 폭행 또는 협박으로 타인의 점유에 속하는 자기의 물건을 강취(强取)한 자는 7년 이하의 징역 또는 10년 이하의 자격정지에 처한다.

② 타인의 점유에 속하는 자기의 물건을 취거(取去)하는 과정에서 그 물건의 탈환에 항거하거나 체포를 면탈하거나 범죄의 흔적을 인멸할 목적으로 폭행 또는 협박한 때에도 제1항의 형에 처한다.

③ 제1항과 제2항의 미수범은 처벌한다.

제326조(중권리행사방해) 제324조 또는 제325조의 죄를 범하여 사람의 생명에 대한 위험을 발생하게 한 자는 10년 이하의 징역에 처한다.

제327조(강제집행면탈) 강제집행을 면할 목적으로 재산을 은닉, 손괴, 허위양도 또는 허위의 채무를 부담하여 채권자를 해한 자는 3년 이하의 징역 또는 1천만원 이하의 벌금에 처한다.

제328조(친족간의 범행과 고소) ① 직계혈족, 배우자, 동거친족, 동거가족 또는 그 배우자간의 제323조의 죄는 그 형을 면제한다.

② 제1항 이외의 친족 간에 제323조의 죄를 범한 때에는 고소가 있어야 공소를 제기할 수 있다.

③ 전 2항의 신분관계가 없는 공범에 대하여는 전 이항을 적용하지 아니한다.

1 연명치료의 중단과 살인죄의 성부

* 대법원 2009. 5. 21. 선고 2009다17417 전원합의체 판결1)
* 참조조문: 헌법 제10조,2) 형법 제250조3)

> 인공호흡기의 도움으로 생명을 연장하고 있는 의식불명의 지속적 식물인간 상태인 환자의 의사에 대한 인공호흡기제거 청구를 인용한 사례

●**사실**● A는 1932.생으로 2008.2.18. 폐암 발병 여부를 확인하기 위하여 신촌세브란스 병원에서 기관지 내시경을 이용한 폐종양 조직검사를 받던 중 과다출혈 등으로 인하여 심정지가 발생하였다. 이에 병원의 주치의 등은 긴급조치를 취하였으나 A는 저산소성 뇌 손상을 입고 중환자실로 이송되었다. 이때부터 A는 **식물인간 상태**에 있으면서 병원의 중환자실에서 인공호흡기를 부착한 채, 항생제 투여·인공영양 공급·수액 공급 등의 치료(연명치료)를 받았다.

A의 자녀들은 병원 주치의 등에게 '이 사건 연명치료는 건강을 증진시키는 것이 아니라 생명의 징후만을 단순히 연장하는 것에 불과하므로 의학적으로 의미가 없고, A가 평소 무의미한 생명 연장을 거부하고 자연스럽게 죽고 싶다고 밝혀왔다.'는 취지로 주장하면서 연명치료의 중단을 요청하였으나, 병원 주치의 등은 'A의 의사를 확인할 수 없고, A가 사망이 임박한 상태가 아닌데도 연명치료를 중단하는 것은 의사의 생명보호 의무에 반하고 형법상 살인죄 또는 살인방조죄로 처벌받을 수 있다.'는 취지로 반박하면서 위 요청을 거부하였다.

이에 자녀들은 헌법재판소에 A와 자신들의 인간의 존엄과 가치, 행복추구권, 재산권 등이 침해되었다고 주장하면서 입법부작위의 위헌확인에 관한 헌법소원심판을 청구하였다. 그리고 병원 측을 상대로 민사소송을 제기하였다. 제1심과 원심은 이런 상황 하에서 자연스러운 죽음을 맞이하는 것이 인간의 존엄과 가치에 더 부합하여 죽음을 맞이할 이익이 생명을 유지할 이익보다 더 크다고 보아 의식불명의 지속적 식물인간 상태인 환자의 의사에 대한 인공호흡기제거 청구를 인용하였다. 이에 피고(학교법인 연세대학교)가 상고하였다.

●**판지**● 상고기각. 「**(연명치료 중단의 허용 기준) [다수의견]** (가) …… 이미 의식의 회복가능성을 상실하여 더 이상 인격체로서의 활동을 기대할 수 없고 자연적으로는 이미 죽음의 과정이 시작되었다고 볼 수 있는 회복불가능한 사망의 단계에 이른 후에는, **의학적으로 무의미한 신체 침해 행위에 해당하는 연명치료를 환자에게 강요하는 것이 오히려 인간의 존엄과 가치를 해하게** 되므로, 이와 같은 예외적인 상황에서 죽음을 맞이하려는 환자의 의사결정을 존중하여 환자의 인간으로서의 존엄과 가치 및 행복추구권을 보호하는 것이 사회상규에 부합되고 헌법정신에도 어긋나지 아니한다. 그러므로 회복불가능한 사망의 단계에 이른 후에 환자가 인간으로서의 존엄과 가치 및 행복추구권에 기초하여 자기결정권

---

1) 이 사안은 세칭 **김할머니 사건**으로 대한민국에서 **존엄사의 허용 여부**가 논쟁이 된 판례이다. 김할머니는 2008년 2월 폐암 조직검사를 받다가 과다출혈로 식물인간이 되었다. 자녀들은 김할머니의 인공호흡기등 연명치료의 중단을 요구하였으나(영양제공 중단은 요구하지 않았다) 병원 측은 거부하였다. 이에 재판 끝에 2009년 5월 21일 대법원에서 승소했다. 김할머니는 인공호흡기를 뗀 뒤에도 튜브로 영양을 제공받으면서 생존하다가 2010년 1월 10일 사망했다.

2) 헌법 제10조 모든 국민은 **인간으로서의 존엄과 가치**를 가지며, 행복을 추구할 권리를 가진다. 국가는 개인이 가지는 불가침의 기본적 인권을 확인하고 이를 보장할 의무를 진다.

3) 형법 제250조(살인, 존속살해) ① 사람을 살해한 자는 사형, 무기 또는 5년 이상의 징역에 처한다. ② 자기 또는 배우자의 직계존속을 살해한 자는 사형, 무기 또는 7년 이상의 징역에 처한다.

을 행사하는 것으로 인정되는 경우에는 **특별한 사정이 없는 한 연명치료의 중단이 허용될 수 있다.**

(나) 환자가 회복불가능한 사망의 단계에 이르렀을 경우에 대비하여 **미리 의료인에게 자신의 연명치료 거부 내지 중단에 관한 의사를 밝힌 경우**(이하 '사전의료지시')에는, 비록 진료 중단 시점에서 자기결정권을 행사한 것은 아니지만 사전의료지시를 한 후 환자의 의사가 바뀌었다고 볼 만한 특별한 사정이 없는 한 사전의료지시에 의하여 자기결정권을 행사한 것으로 인정할 수 있다. 다만, 이러한 **사전의료지시는 진정한 자기결정권 행사로 볼 수 있을 정도의 요건**을 갖추어야 하므로 ① 의사결정능력이 있는 환자가 ② 의료인으로부터 직접 충분한 의학적 정보를 제공받은 후 ③ 그 의학적 정보를 바탕으로 자신의 고유한 가치관에 따라 진지하게 구체적인 진료행위에 관한 의사를 결정하여야 하며, ④ 이와 같은 의사결정 과정이 환자 자신이 직접 의료인을 상대방으로 하여 작성한 서면이나 의료인이 환자를 진료하는 과정에서 위와 같은 의사결정 내용을 기재한 진료기록 등에 의하여 진료 중단 시점에서 명확하게 입증될 수 있어야 비로소 **사전의료지시로서의 효력**을 인정할 수 있다.

(다) 한편, 환자의 사전의료지시가 없는 상태에서 회복불가능한 사망의 단계에 진입한 경우에는 환자에게 의식의 회복가능성이 없으므로 더 이상 환자 자신이 자기결정권을 행사하여 진료행위의 내용 변경이나 중단을 요구하는 의사를 표시할 것을 기대할 수 없다. 그러나 환자의 평소 가치관이나 신념 등에 비추어 연명치료를 중단하는 것이 객관적으로 환자의 최선의 이익에 부합한다고 인정되어 환자에게 자기결정권을 행사할 수 있는 기회가 주어지더라도 연명치료의 중단을 선택하였을 것이라고 볼 수 있는 경우에는, **그 연명치료 중단에 관한 환자의 의사를 추정할 수 있다고 인정하는 것이 합리적이고 사회상규에 부합**된다. 이러한 **환자의 의사 추정은 객관적**으로 이루어져야 한다. 따라서 환자의 의사를 확인할 수 있는 ① 객관적인 자료가 있는 경우에는 반드시 이를 참고하여야 하고, ② 환자가 평소 일상생활을 통하여 가족, 친구 등에 대하여 한 의사표현, 타인에 대한 치료를 보고 환자가 보인 반응, 환자의 종교, 평소의 생활 태도 등을 환자의 나이, 치료의 부작용, 환자가 고통을 겪을 가능성, 회복불가능한 사망의 단계에 이르기까지의 치료 과정, 질병의 정도, 현재의 환자 상태 등 객관적인 사정과 종합하여, ③ 환자가 현재의 신체상태에서 의학적으로 충분한 정보를 제공받는 경우 연명치료 중단을 선택하였을 것이라고 인정되는 경우라야 그 의사를 추정할 수 있다.

(라) 환자 측이 직접 법원에 소를 제기한 경우가 아니라면, **환자가 회복불가능한 사망의 단계에 이르렀는지 여부에 관하여는 전문의사 등으로 구성된 위원회 등의 판단을 거치는 것이 바람직하다」.**

●**해설**● 1 생명유지 장치에 의해 생존을 유지하는 환자의 연명치료를 중단하는 것에 대한 가부와 관련하여 사안은 우리 사회에 큰 파장을 일으켰다. 특히 환자가 식물인간의 상태이어서 환자의 승낙을 받을 수 없는 경우도 많아 구성요건적으로는 **살인죄 성립**이 문제된다. 더욱이 형법은 '피해자의 승낙'이 있다 하더라도 범죄성립을 조각시키지 않는다(법252).[4] 실제 1997년 법원은 보라매병원 사건에서 환자의 부인과 담당 의사에게 살인죄를 선고하였다(대판 2002도995, Ref 1).

2 대상판례는 연명치료가 무의미하고 환자의 의사가 추정되는 경우로 제한하기는 하였으나 사실상 **존엄사를 인정한 첫 판례**라는 점에서 의의가 있다. 이후 국회는 **2016년 「호스피스 · 완화의료 및 임종과정에 있는 환자의 연명의료결정에 관한 법률」(연명의료결정법)**을 제정하여 안락사 문제에 대한 입법적 해결책을 제시하였다. 이는 촉탁살인죄에 대한 극히 예외적인 위법성조각사유로 해석할 수 있다.

---

4) 형법 제252조(촉탁, 승낙에 의한 살인 등) ① 사람의 촉탁이나 승낙을 받아 그를 살해한 자는 1년 이상 10년 이하의 징역에 처한다.

3 이 법에서는 환자의 의사를 확인할 수 없고 환자가 의사표현을 할 수 없는 상태인 경우에 환자가족 전원이 합의하는 경우에는 연명의료중단결정을 할 수 있다. 다만 이 경우에도 담당의사와 해당 분야 전문의 1명이 확인한 경우에 가능하다(동법18①⁵⁾⁶⁾). 그리고 이러한 결정에 따라 행하는 연명의료의 중단은 형법 제20조⁷⁾ 법령에 의한 행위에 해당하여 위법성이 조각된다.

4 당시 이 사안에서 할머니의 자녀들은 "헌법상 기본권으로서 무의미한 연명치료에서 벗어나 자연스럽게 죽음을 맞이할 권리가 있다 할 것인데, 국회가 이를 보호하기 위한 입법의무를 이행하지 아니한 결함이 있어 청구인들의 인간의 존엄과 가치, 행복추구권, 재산권 등을 침해하였다"고 주장하며 **입법부작위의 위헌확인**에 관한 헌법소원심판⁸⁾을 청구하였다. 하지만 헌재는 청구인들의 심판청구는 국가의 입법의무가 없는 사항을 대상으로 한 것으로서 헌법재판소법 제68조 제1항 소정의 '공권력의 불행사'에 대한 것이 아니므로 부적법하다고 보아 모두 각하하였다.

5 그러나 '연명치료 중단, 즉 **생명단축에 관한 자기결정**'이 '생명권 보호'의 헌법적 가치와 충돌하는지에 대한 헌법재판소의 결정은 「'죽음에 임박한 환자'에 대한 연명치료는 … 죽음의 과정이 시작되는 것을 막는 것이 아니라 자연적으로는 이미 시작된 죽음의 과정에서의 종기를 인위적으로 연장시키는 것으

---

5) 호스피스·완화의료 및 임종과정에 있는 환자의 연명의료결정에 관한 법률 제18조(환자의 의사를 확인할 수 없는 경우의 연명의료중단등결정) ① 제17조에 해당하지 아니하여 **환자의 의사를 확인할 수 없고 환자가 의사표현을 할 수 없는 의학적 상태인 경우** 다음 각 호의 어느 하나에 해당할 때에는 해당 환자를 위한 연명의료중단등결정이 있는 것으로 본다. 다만, 담당의사 또는 해당 분야 전문의 1명이 환자가 연명의료중단등결정을 원하지 아니하였다는 사실을 확인한 경우는 제외한다. <개정 2018. 12. 11.> 1. 미성년자인 환자의 법정대리인(친권자에 한정한다)이 연명의료중단등결정의 의사표시를 하고 담당의사와 해당 분야 전문의 1명이 확인한 경우 2. 환자가족 중 다음 각 목에 해당하는 사람(19세 이상인 사람에 한정하며, 행방불명자 등 대통령령으로 정하는 사유에 해당하는 사람은 제외한다) 전원의 합의로 연명의료중단등결정의 의사표시를 하고 담당의사와 해당 분야 전문의 1명이 확인한 경우 가. 배우자 나. 1촌 이내의 직계존속·비속 다. 가목 및 나목에 해당하는 사람이 없는 경우 2촌 이내의 직계 존속·비속 라. 가목부터 다목까지에 해당하는 사람이 없는 경우 형제자매

6) 호스피스·완화의료 및 임종과정에 있는 환자의 연명의료결정에 관한 법률 제17조(환자의 의사 확인) ① 연명의료중단등결정을 원하는 환자의 의사는 다음 각 호의 어느 하나의 방법으로 확인한다. 1. 의료기관에서 작성된 연명의료계획서가 있는 경우 이를 환자의 의사로 본다. 2. 담당의사가 사전연명의료의향서의 내용을 환자에게 확인하는 경우 이를 환자의 의사로 본다. 담당의사 및 해당 분야의 전문의 1명이 다음 각 목을 모두 확인한 경우에도 같다. 가. 환자가 사전연명의료의향서의 내용을 확인하기에 충분한 의사능력이 없다는 의학적 판단 나. 사전연명의료의향서가 제2조제4호의 범위에서 제12조에 따라 작성되었다는 사실 3. 제1호 또는 제2호에 해당하지 아니하고 19세 이상의 환자가 의사를 표현할 수 없는 의학적 상태인 경우 환자의 연명의료중단등결정에 관한 의사로 보기에 충분한 기간 동안 일관하여 표시된 연명의료중단등에 관한 의사에 대하여 환자가족(19세 이상인 자로서 다음 각 목의 어느 하나에 해당하는 사람을 말한다) 2명 이상의 일치하는 진술(환자가족이 1명인 경우에는 그 1명의 진술을 말한다)이 있으면 담당의사와 해당 분야의 전문의 1명의 확인을 거쳐 이를 환자의 의사로 본다. 다만, 그 진술과 배치되는 내용의 다른 환자가족의 진술 또는 보건복지부령으로 정하는 객관적인 증거가 있는 경우에는 그러하지 아니하다. 가. 배우자 나. 직계비속 다. 직계존속 라. 가목부터 다목까지에 해당하는 사람이 없는 경우 형제자매

7) 형법 제20조(정당행위) 법령에 의한 행위 또는 업무로 인한 행위 기타 사회상규에 위배되지 아니하는 행위는 벌하지 아니한다.

8) **헌법소원심판**은 공권력의 행사 또는 불행사로 인하여 헌법상 보장된 기본권을 침해받은 당사자가 법률에 의하여 더는 권리를 구제할 수 없을 때 헌법재판소에 청구하는 헌법에 의한 최후적인 권리구제 절차이다.

로 볼 수 있어, 비록 연명치료 중단에 관한 결정 및 그 실행이 환자의 생명단축을 초래한다고 하더라도 이를 생명에 대한 임의적 처분으로서 **자살이라고 평가할 수 없고**, 오히려 인위적인 신체침해 행위에서 벗어나서 **자신의 생명을 자연적인 상태에 맡기고자 하는 것으로서** 인간의 존엄과 가치에 부합한다」고 보았다. 즉 헌법재판소는 '생명단축에 관한 자기결정'은 헌법상 기본권인 **자기결정권의 한 내용으로서 보장**된다고 판단하였다(헌재 2008헌마385). 대법원도 대상판결을 통하여 연명치료중단 허용의 근거를 '자기결정권의 행사'에서 구하고 있다.

Reference

보라매병원사건9)

1 [대판 2002도995] 보호자가 의학적 권고에도 불구하고 치료를 요하는 환자의 퇴원을 간청하여 담당 전문의와 주치의가 치료중단 및 퇴원을 허용하는 조치를 취함으로써 환자를 사망에 이르게 한 행위에 대하여 **보호자, 담당 전문의 및 주치의가 부작위에 의한 살인죄의 공동정범으로** **기소된 사안**에서, 담당 전문의와 주치의에게 환자의 사망이라는 결과 발생에 대한 정범의 고의는 인정되나 환자의 사망이라는 결과나 그에 이르는 사태의 핵심적 경과를 계획적으로 조종하거나 저지촉진하는 등으로 지배하고 있었다고 보기는 어려워 공동정범의 객관적 요건인 이른바 기능적 행위지배가 흠결되어 있다는 이유로 **작위에 의한 살인방조죄**만 성립한다고 한 사례. [2] 어떠한 범죄가 적극적 작위에 의하여 이루어질 수 있음은 물론 결과의 발생을 방지하지 아니하는 소극적 부작위에 의하여도 실현될 수 있는 경우에, 행위자가 자신의 신체적 활동이나 물리적·화학적 작용을 통하여 적극적으로 타인의 법익 상황을 악화시킴으로써 결국 그 타인의 법익을 침해하기에 이르렀다면, 이는 작위에 의한 범죄로 봄이 원칙이고, **작위에 의하여 악화된 법익 상황을 다시 되돌이키지 아니한 점에 주목하여 이를 부작위범으로 볼 것은 아니며**, 나아가 악화되기 이전의 법익 상황이, 그 행위자가 과거에 행한 또 다른 작위의 결과에 의하여 유지되고 있었다하여 이와 달리 볼 이유가 없다.

---

9) **보라매병원 사건은 1997년** 12월 4일 술에 취해 화장실에 가다 넘어져 머리를 다친 남편을 부인이 퇴원시킨 사건이다. 부인은 남편이 금은방 사업에 실패한 후 직업 없이 가족에 대한 구타를 일삼고 있었으며 남편이 이 상태에서 살아남을 경우 가족에게 짐만 될 것이고, 이미 치료비 발생과 추가 치료비에 대한 경제적 부담을 이유로 퇴원을 요구했다. 12월 6일 오후 2시 의료진은 퇴원 시 사망가능성을 설명한 후 아내와 의료진은 퇴원 후 피해자의 사망에 대해 법적인 이의를 제기하지 않겠다는 귀가서약서에 서명했다. 의료진은 인공호흡기를 제거한 후 수동 인공호흡을 한 채 구급차로 이송하다가 피해자의 자택에서 피해자의 부인에게 이 사실을 고지한 후 인공호흡을 중단하고 환자를 인계했다. 5분 뒤 피해자는 사망하였다. 대법원은 판결을 통해 의학적 권고에 반하는 환자의 퇴원(discharge against medical advice)에 대해 **의사를 살인방조죄**로 처벌하였다. 이 사건은 그동안 의료관행으로 치부되어 왔던 환자의 자의퇴원의 한계를 분명하게 설정한 대법원의 첫 확정판결이었다는 점에서 의의가 크다. 적극적 안락사를 다룬 영화로는 클린트 이스트우드 감독의 《Million Dollar Baby》가 유명하다.

살인죄에 있어서 주요한 판례들

1 [대판 2009도7150] [살인예비죄의 성립 요건] [1] (가) 형법 제255조, 제250조의 살인예비죄가 성립하기 위하여는 형법 제255조에서 명문으로 요구하는 살인죄를 범할 목적 외에도 **살인의 준비에 관한 고의가 있어야** 하며, 나아가 실행의 착수까지에는 이르지 아니하는 살인죄의 실현을 위한 준비행위가 있어야 한다. (나) 여기서의 준비행위는 물적인 것에 한정되지 아니하며 특별한 정형이 있는 것도 아니지만, **단순히 범행의 의사 또는 계획만으로는 그것이 있다고 할 수 없고** 객관적으로 보아서 살인죄의 실현에 실질적으로 기여할 수 있는 '외적 행위'를 필요로 한다. [2] 甲이 乙을 살해하기 위하여 丙, 丁 등을 고용하면서 그들에게 대가의 지급을 약속한 경우, 甲에게는 살인죄를 범할 목적 및 살인의 준비에 관한 고의뿐만 아니라 살인죄의 실현을 위한 준비행위를 하였음을 인정할 수 있다는 이유로 살인예비죄의 성립을 인정한 사례.

2-1 [대판 2007도8333] [피고인이 입양의 의사로 친생자 출생신고를 하고 자신을 계속 양육하여 온 사람을 살해한 경우, 위 출생신고는 입양신고의 효력이 있으므로 존속살해죄가 성립한다고 한 사례] 민법 (1977. 12. 31. 법률 제3051호로 개정되기 전의 것) 제874조 제1항에 의하면 처가 있는 자는 공동으로 함이 아니면 양자를 할 수 없다. 그리고 당사자가 입양의 의사로 친생자 출생신고를 하고 거기에 **입양의 실질적 요건이 구비되어 있다면 그 형식에 다소 잘못이 있더라도 입양의 효력이 발생하고**, 이 경우의 허위의 친생자 출생신고는 법률상의 친자관계인 양친자관계를 공시하는 입양신고의 기능을 하게 되는 것이다. 기록에 의하면, 피해자는 그의 남편인 공소외인과 공동으로 피고인을 입양할 의사로 1978. 3. 16. 피고인을 친생자로 출생신고를 하고 피고인을 양육하여 오다가 위 공소외인이 1984년경 사망한 후에도 계속하여 피고인을 양육하여 온 사실을 알 수 있는바, 그렇다면 위 법률규정과 법리에 비추어 피고인을 친생자로 한 출생신고는 피해자와 피고인 사이에서도 입양신고로서 효력이 있으므로 피고인은 피해자의 양자라고 할 것이고, 피고인이 피해자를 살해한 경우 **존속살해죄가 성립한다.**

2-2 [비교판례] [대판 81도2466] [개구멍받이를 친생자로 출생신고하여 양육한, 사실상의 모가 존속인지의 여부] [1] 피살자(여)가 그의 문전에 버려진 영아인 피고인을 주어다 기르고 그 부와의 친생자인것 처럼 출생신고를 하였으나 **입양요건을 갖추지 아니하였다면** 피고인과의 사이에 모자관계가 성립될 리 없으므로, 피고인이 동녀를 살해하였다고 하여도 존속살인죄로 처벌할 수 없다. [2] (가) 형법 제250조 2항의 직계존속이란 법률상의 개념으로서 사실상혈족관계가 있는 부모관계일지라도 법적으로 인지절차를 완료하지 아니한 한 직계존속이라 볼 수 없고, 아무 특별한 관계가 없는 타인 사이라도 일단 합법한 절차에 의하여 입양관계가 성립한 뒤에는 직계존속이라 할 것이다. (나) 그런데 위 공소외 1의 남편인 공소외 2는 경찰과 검찰에서 피고인은 **자기들 부부 사이에 출생한 자식이 아니고** 자기의 문전에 버려진 생후 몇 시간 밖에 되지 아니한 영아를 주어다 길러 호적에는 친자식으로 입적하였다고 진술하고 있으니 피고인이 위 공소외 1의 친생자가 아님이 분명하다. (다) 그리고 당사자 간에 양친자관계를 창설하려는 명백한 의사가 있고 나아가 기타입양의 성립요건이 모두 구비된 경우에 입양신고 대신 친생자 출생신고가 있다면 형식에 다소 잘못이 있더라도 입양의 효력이 있다고 해석함이 가할 것이나, (라) 이 사건에 있어서는 이 점에 관하여는 아무런 심리와 판단이 없다. 그렇다면 위 원순례가 피고인의 직계존속임을 전제로 하여 피고인의 이 사건 소위에 대하여 **존속살인으로 의률 처단하였음은 위법이다** 할 것이다.

3 [대판 2005도3832] [태아가 사람으로 되는 시기/ 제왕절개 수술의 경우 '의학적으로 제왕절개 수술이 가능하였고 '규범적'으로 수술이 필요하였던 시기(時期)를 분만의 시기(始期)로 볼 수 있는지 여부(소극)] [1] 사람의 생명과 신체의 안전을 보호법익으로 하고 있는 형법의 해석으로는 규칙적인 진통을 동반하면서 분만이 개시된 때(소위 **진통설** 또는 **분만개시설**)가 사람의 시기(始期)라고 봄이 타당하다. [2] 제왕절개 수술의 경우 '**의학적으로 제왕절개 수술이 가능하였고 규범적으로 수술이 필요하였던 시기**(時期)'는 판단하는 사람 및 상황에 따라 다를 수 있어, 분만개시 시점 즉, 사람의 시기(始期)도 불명확하게 되므로 이 시점을 분만의 시기(始期)로 볼 수는 없다. cf) 대상사안에서 검사는 제왕절개 수술의 경우 임산부의 상태변화, 의료진의 처치경과 등 제반 사정을 토대로 '의학적으로 제왕절개 수술이 가능하였고 규범적으로 수술이 필요하였던 시기'를 사후적으로 판단하여 이를 분만의 시기로 볼 수 있다고 주장한다(**규범적 분만개시설**). 따라서 피고인의 조산원에 입원할 당시 산모는 임신성 당뇨증상 및 이미 두 번의 제왕절개 출산 경험이 있는 37세의 고령의 임산부이었고, 분만예정일을 14일이나 넘겨 이 사건 **태아가 5.2kg**까지 성장한 상태이어서 의학적으로 자연분만이 부적절하여 제왕절개 수술이 유일한 출산방법이었으므로 산모의 입원시점을 분만의 시기로 볼 수 있다고도 주장하였다. 그러나 대법원은 규범적으로 수술이 필요하였던 시기'는 판단하는 사람이나 상황에 따라 다를 수 있어, 분만개시 시점 즉, 사람의 시기도 불명확하게 된다는 점에서 검사의 주장을 배척하였다. 결과적으로 보면, ① 아직 진통이 없는 상황에서 그 태아는 형법상 사람이 아니므로 조산사는 업무상과실치사죄는 성립하지 않고, ② 한편, 태아는 임산부의 신체의 일부가 아니므로 산모에 대한 상해죄나 업무상과실치상죄도 성립하지 않는다. 즉 판례는 「태아를 사망에 이르게 하는 행위가 임산부 신체의 일부를 훼손하는 것이라거나 태아의 사망으로 인하여 그 태아를 양육, 출산하는 임산부의 생리적 기능이 침해되어 임산부에 대한 상해가 된다고 볼 수는 없다」고 판단했다.

4 [대판 91도2174] [살인의 고의] 피고인이 소란을 피우는 피해자를 말리다가 피해자가 욕하는 데 격분하여 예리한 칼로 피해자의 왼쪽 가슴부분에 길이 6Cm, 깊이 17Cm의 상처 등이 나도록 찔러 곧바로 좌측심낭까지 절단된 경우에 피고인에게 살인의 고의가 있었다고 본 사례.

5 [대판 86도2395] [7세, 3세 남짓된 어린자식들에게 함께 죽자고 권유하여 익사하게 한 경우의 죄책] 피고인이 7세, 3세 남짓된 어린자식들에 대하여 함께 죽자고 권유하여 물속에 따라 들어오게 하여 결국 익사하게 하였다면 비록 피해자들을 물속에 직접 밀어서 빠뜨리지는 않았다고 하더라도 자살의 의미를 이해할 능력이 없고 피고인의 말이라면 무엇이나 복종하는 어린 자식들을 권유하여 익사하게 한 이상 **살인죄의 범의**는 있었음이 분명하다. cf) 간접정범형태에 의한 '**살인죄**'를 인정한 판례이다. 자살의 의미를 모르거나 의사결정능력이 없는 경우에는 살인죄의 간접정범이 성립할 수 있다. 즉 피고인은 처벌되지 않는 어린자식들의 자살을 이용하여 아이들을 살해하였으므로 살인죄의 간접정범이 성립한다.

6 [대판 84도2263] [사람을 살해한 다음 그 범죄를 은폐하기 위해 시체를 유기한 경우의 죄수] 사람을 살해한 다음 그 범죄의 흔적을 은폐하기 위하여 그 시체를 다른 장소로 옮겨 유기하였을 때에는 **살인죄와 사체유기죄의 경합범**이 성립하고 사체유기를 불가벌적 사후행위라 할 수 없다.

7 [대판 81도2621] [분만 중인 태아를 조산원이 질식사에 이르게 한 경우 '업무상 과실치사죄'의 성부(적극)] 사람의 생명과 신체의 안전을 보호법익으로 하고 있는 형법상의 해석으로서는 사람의 시기는 규칙적인 진

통을 동반하면서 태아가 태반으로부터 이탈하기 시작한 때 다시 말하여 분만이 개시된 때(소위 **진통설** 또는 분만개시설)라고 봄이 타당하며 이는 형법 제251조(영아살해)에서 분만 중의 태아도 살인죄의 객체가 된다고 규정하고 있는 점을 미루어 보아도 그 근거를 찾을 수 있는 바이니 조산원이 분만 중인 태아를 질식사에 이르게 한 경우에는 **업무상 과실치사죄**가 성립한다.

8 [대판 80도1731] [**혼인 외의 출생자와 생모의 친족관계**] 혼인 외의 출생자와 생모간에는 생모의 인지나 출생신고를 기다리지 않고 자의 출생으로 당연히 법률상의 친족관계가 생기는 것이므로 혼인 외의 자가 생모를 살해한 때에는 존속살해죄가 성립한다. **cf) 양자로 입양된 자가 자신의 생모를 살해**한 경우도 존속살해죄가 성립한다. 타가에 입양하더라도 실부모와 친자관계는 그대로 존속하므로 실부모도 본죄의 직계존속이 되기 때문이다(대판 66도1483).

2 자살방조죄의 성립 요건

* 대법원 2010. 4. 29. 선고 2010도2328 판결
* 참조조문: 형법 제252조 제2항1)

형법 제252조 제2항의 자살방조죄의 성립 요건

●**사실**● 피해자 A는 이 사건 당일 새벽에 남편인 피고인 X와 말다툼을 하다가 "죽고 싶다" 또는 "같이 죽자"고 하며 X에게 기름을 사 오라는 말을 하였고, 이에 따라 X가 A에게 휘발유 1병을 사다 주었다. A는 그 직후에 자신의 몸에 휘발유를 뿌리고 불을 붙여 자살하였다. 당시 X는 A가 자녀 문제와 고부갈등, 경제적 어려움 등으로 인한 자신과의 가정불화로 보아 자신이 휘발유를 사다 주면 이를 이용하여 자살할 수도 있을 것을 충분히 예상할 수 있는 상황이었다. 원심은 X에 대해 자살방조죄를 인정하였다. 이에 X가 상고하였다.

●**판지**● 상고기각.「형법 제252조 제2항의 자살방조죄는 자살하려는 사람의 자살행위를 도와주어 용이하게 실행하도록 함으로써 성립되는 것으로서, 이러한 자살방조죄가 성립하기 위해서는 그 방조 상대방의 구체적인 자살의 실행을 원조하여 이를 용이하게 하는 **행위의 존재**와 그 점에 대한 **행위자의 인식**이 요구된다」.

●**해설**● 1 형법은 자살 자체를 처벌하는 규정을 두고 있지는 않다. 그러나 그 자살에 관여 행위인 교사나 방조는 법 정책적 차원에서 독립하여 처벌하고 있다. 즉, 자살관여죄는 총칙상의 공범이 아니라 그 관여행위를 독립하여 처벌하는 **독립범죄**이다.

2 형법 제252조 제2항의 자살방조죄는 자살하려는 사람의 자살행위를 도와주어 용이하게 실행하도록 함으로써 성립되는 범죄이다. 방조의 방법에는 「자살 도구인 총, 칼 등을 빌려주거나 독약을 만들어 주거나 조언 또는 격려를 한다거나 기타 **적극적, 소극적, 물질적, 정신적 방법이 모두 포함된다** 할 것이나, 이러한 자살방조죄가 성립하기 위해서는 그 방조 상대방의 구체적인 자살의 실행을 원조하여 이를 용이하게 하는 행위의 존재 및 그 점에 대한 행위자의 인식이 요구된다」(대판 2005도1373).

3 자살방조와 관련해 **'동반자살'**이 문제된다. 사안에서도 "같이 죽자"라는 대화내용이 나온다. 동반자살은 사안별로 나누어 생각할 수 있다. 먼저 ① 자신은 자살할 의사가 전혀 없으면서 마치 동반자살할 것처럼 상대방을 기망하여 자살하게 한 경우에는 위계에 의한 살인죄(법253 2))가 성립한다. 그리고 ② 진정한 의사로 함께 자살을 시도하였으나 그중 한 사람이 살아남은 경우에는 그 구체적 사실관계에 따라 불가벌이 되거나 자살교사 또는 자살방조의 책임이 인정될 것이다(지판 2009고합30, Ref 1).

4 자살교사 · 방조죄(법252②)는 사람을 교사 또는 방조하여 자살하게 함으로써 성립하는 범죄로 **자살**

---

1) 형법 제252조(촉탁, 승낙에 의한 살인 등) ① 사람의 촉탁이나 승낙을 받아 그를 살해한 자는 1년 이상 10년 이하의 징역에 처한다. ② 사람을 교사하거나 **방조하여 자살하게 한 자도** 제1항의 형에 처한다.
2) 형법 제253조(위계 등에 의한 촉탁살인 등) 전조의 경우에 **위계 또는 위력**으로써 촉탁 또는 승낙하게 하거나 자살을 결의하게 한 때에는 제250조의 예에 의한다.

관여죄라고도 한다. 특히 **자살의 교사**란 자살의사가 없는 자에게 자살을 결의하게 하는 것을 말한다. 문제는 자살교사와 살인 간의 구별에 관해서다. 예를 들어, 자살자를 협박하고 그러한 하자있는 의사를 토대로 자살하게 한 경우이다. 이 경우 협박에 의한 살인죄와 자살관여죄의 한계가 문제이다. 그 한계를 판별하기 위해서는 자살이 **자신의 진정한 의사**에 의해 이루어졌는지에 따라 범죄의 성부가 결정될 것이다. 따라서 협박의 정도가 의사의 자유를 빼앗을 정도일 경우에는 **살인죄의 실행행위성**을 인정할 수 있을 것이다(福岡高宮崎支判平成元年 3 月 24日, Ref 2-1).

Reference 1

---

1 [지판 2009고합30] 피고인과 일명 '**인터넷 자살 카페**'의 회원들이 동반 자살할 의사로 수면제, 화덕 및 연탄, 청테이프 등을 구입하고 함께 자살을 시도하였으나 다른 회원들은 일산화탄소 중독증으로 사망한 반면 피고인은 **자살미수에 그친** 사안에서, **피고인에게 자살방조죄의 성립이 인정**된다.

2 [지판 2004고합164] 피고인 갑이 피고인 을과 피해자에게 시안화칼륨을 판매함으로써, 피고인 을은 피해자와 함께 자살할 의도로 피고인 갑으로부터 위 시안화칼륨을 구입하여 피해자와 함께 동거하던 집의 방 서랍에 보관하여 둠으로써 피해자의 자살행위를 도와주어 이를 용이하게 실행하도록 하였다 할 것이고, 그 이후 피고인 갑이 피고인 을 및 피해자로부터 위 시안화칼륨을 회수하지 아니하고, 피고인 을도 위 시안화칼륨을 폐기하지 아니함으로써 위 시안화칼륨이 피해자에 의하여 자살에 사용된 이상, 가사 피해자가 피고인 을과 함께 자살할 의사로 위 시안화칼륨을 구입한 이후 자살의 의사를 포기하였다가 새로이 자살을 결의하여 위 시안화칼륨을 먹고 자살에 이르렀고, **그 과정에서 피고인 을이 이를 만류하였다고 하더라도, 이러한 사정만으로는 피고인들의 자살방조죄의 성립에 영향이 있다고 할 수 없고**, 피고인 갑이 피고인 을과 피해자에게 시안화칼륨을 판매할 당시 그들이 이를 복용하고 자살할 수도 있다는 점을 인식하면서 위와 같은 행위에 나아갔다 할 것이므로 피고인 갑에게는 적어도 피해자의 자살을 방조한다는 점에 대하여 미필적 고의가 인정된다.

3 [대판 2005도1373] 피고인이 인터넷 사이트 내 자살 관련 카페 게시판에 청산염 등 자살용 유독물의 판매광고를 한 행위가 **단지 금원 편취 목적의 사기행각의 일환으로 이루어졌고**, 변사자들이 다른 경로로 입수한 청산염을 이용하여 자살한 사정 등에 비추어, 피고인의 행위는 **자살방조에 해당하지 않는다.**

4 [대판 92도1148] [**강기훈 유서대필의혹사건**3)] 망인의 분신자살경위, 증거물인 수첩, 업무일지, 메모지

---

3) 강기훈 유서대필의혹사건은 노태우 정권의 실정에 항의하는 분신이 잇따르는 가운데 1991년 5월 8일 당시 김기설 전국민족민주연합 사회부장의 분신자살 사건에 대해 검찰이 김기설의 친구였던 단국대학교 재학생 강기훈이 김기설의 유서를 대필하고 자살을 방조했다는 혐의로 기소해 처벌한 인권침해 사건이다. 강기훈은 법원으로부터 목격자 등 직접적인 증거도 없이 국과수의 필적 감정결과와 정황에 따라 자살방조 및 국가보안법 위반으로 징역 3년에 자격정지 1년 6월을 선고받고 1994년 8월 17일 만기 출소했다. 하지만 2014년 2월 13일 재심 판결에서 서울고등법원은 당시 검찰이 제시한 필적 감정이 신빙성이 없으며, 유서 대필 및 자살 방조에 대해 무혐의·무죄로 판결하였다. 이에 검찰이 판결에 불복하여 대법원에 상고하였으나 대법원은 검찰의 상고를 기각하고 재심에서 **강기훈의 무죄를 선고한 원심을 확정**했다(대판 2014도2946).

등이 피고인에 의하여 사후에 조작되었다는 점, 망인의 분신자살 전후에 나타난 피고인의 행적 및 진술 등에 비추어 피고인은 망인이 자살하려는 정을 알고 그 유서를 대필해 주었으며 그 후 그 사실을 은폐하려 한 것이라고 보아 **자살방조의 범죄사실이 인정**된다.

Reference 2

1 [福岡高宮崎支判平成元年 3 月24日(高刑42卷2号103頁 · 判タ718号226頁)] [집요하게 노인을 협박하여 자살하도록 하는 행위가 자살관여죄인가 아니면 살인죄인가?] ●**사실**● 피고인 X는 당시 66세의 독거중인 여성 A를 상대로 750만엔을 기망을 수단으로 빌렸지만 변제가 어렵게 되자, A가 스스로 자살하도록 기획하였다. 이를 위해 A가 B로부터 금원을 빌린 것이 출자법에 위배되는 행위로 교도소에 수감될 것이라는 등의 허위사실을 전하여 불안과 공포에 떨게 하였다. 그리고 A를 '경찰의 추적으로부터 벗어나야 한다.'는 구실로 17일간 여러 곳을 데리고 다녔으며, 자택과 빈집에 한 명을 잠복시켜 그 기간 동안 기력이 쇠약해진 A가 지인이나 친척과의 접촉을 단념케 하였고, 나아가 가까운 사람에게 폐를 끼치지 않게 하기 위해 자살하는 것 외에는 방법이 없음을 집요하게 종용하여 A를 심리적으로 압박하였다. 마침내 범행 당일에는 경찰의 추급이 가까워지고 있다고 전하여 **공포심을 불러일으키는** 한편, X 자신은 더 이상 비호할 수 없다는 사실은 전달하여 A가 스스로 농약을 마시게 하여 사망하게 됐다. 상기 사실에 대해 원심은 강도살인죄의 성립을 긍정했다. 그 전제가 된 살인의 성부와 관련하여 **피해자를 기망하여 심리적으로 압박하고 자살을 종용하여 자살하게 한 경우** 살인죄가 성립한다고 보았다. 이에 변호사는 A의 자살은 자신의 진의 하에 이루어진 것이므로 자살교사가 성립할 뿐이라는 사실을 주장하며 항소하였다. ●**판지**● 항소기각. 「자살이란 자살자의 자유로운 의사결정을 토대로 자신의 죽음의 결과를 발생시키는 것이고, 자살의 교사는 자살자에게 자살을 결의하도록 하는 일체의 행위를 말하며 방법은 불문한다고 해석되나, 범인에 따라 자살에 이르게 한 경우 그것이 물리적 강제에 의한 것인지 심리적 강제에 의한 것인지를 묻지 않고, 그것이 자살자의 의사결정에 중대한 하자를 일으켜 자살자의 자유로운 의사를 토대로 이루어진 것이라고 인정되지 않는 경우에는 자살교사가 아닌 살인에 해당한다고 해석해야 한다. ……출자법위반의 범인으로서 엄격한 추급을 받고 있다는 X가 지어낸 허구의 사실을 토대로 기망·협박한 결과 A는 경찰에 쫓기고 있다는 착오에 빠졌고, 더욱이 X에 의해 여러 곳으로 끌려 다니며 장시간의 도피행을 하였고, 그 사이에 X로부터 집요한 자살 종용을 받는 등 상황인식에 대한 착오가 겹쳐진 결과 더 이상 도망칠 곳이 없고, 현상으로부터 벗어나기 위해서는 자살 이외에는 방법이 없다고 오신하여 죽음을 결심한 것이며, A가 자기의 객관적 상황에 대해 바른 인식을 가질 수 없었다면 자살을 결의 한 사정이 있었다고 인정하기 어려우므로 그 **자살의 결의는 진의에 의하지 않은 중대한 하자 있는 의사**로 할 수 있으므로, 그것이 A의 자유로운 의사를 토대로 이루어진 것이라고 도저히 볼 수 없다. 따라서 A를 위와 같이 오신하게 하여 자살시킨 X의 본 건 행위는 **단순한 자살교사행위에 지나지 않는다고는 볼 수 없고 A의 행위를 이용한 살인행위에 해당한다**고 하겠다」. **cf**) 일본 형법의 경우, 우리와 달리 위계·위력에 의한 살인죄(법253) 규정이 없다. 형법을 적용하면 대상 사안은 위력에 의한 살인죄가 인정될 것이다. 위력은 사람의 의사를 억압할 수 있는 유형, 무형의 모든 힘을 말한다.

3 상해죄에서 '상해'의 의의

* 대법원 1996. 12. 10. 선고 96도2529 판결
* 참조조문: 형법 제257조 제1항[1]

> 오랜 시간 동안의 협박과 폭행으로 실신한 경우, 상해에 해당되는가?

●**사실**● 피고인 X와 그의 공범들은 피해자 A를 자신이 경영하는 초밥집으로 불러내어 22:00경부터 그다음 날 02:30경까지 사이에 회칼로 죽여버리겠다거나 소주병을 깨어 찌를 듯한 태도를 보이면서 계속하여 협박하였다. 그러던 중 손바닥으로 A의 얼굴과 목덜미를 수회 때리자, A가 극도의 공포감을 이기지 못하고 **기절**하였다. 그리고 잠시 후 X 등이 불러온 119구급차 안에서야 겨우 정신을 차리고 인근 병원에까지 이송되었다. 원심은 X에 대해 상해죄를 인정하였다. 이에 X가 상고하였다.

●**판지**● 상고기각. 「오랜 시간 동안의 협박과 폭행을 이기지 못하고 실신하여 범인들이 불러온 구급차 안에서야 정신을 차리게 되었다면, 외부적으로 어떤 상처가 발생하지 않았다고 하더라도 **생리적 기능에 훼손**을 입어 신체에 대한 상해가 있었다고 봄이 상당하다」.

●**해설**● 1 형법은 '상해'와 '폭행'을 구별해 규정하고 있다. 상해죄의 보호법익은 **신체의 건강 또는 생리적 기능**이고, 폭행죄의 보호법익은 **신체의 온전성**이라고 보는 견해가 통설이나 그 한계는 분명치 않다.[2] 그리고 상해죄는 **침해범**이고 폭행죄는 **추상적 위험범**이다(폭행죄는 미수범 처벌규정이 없다). 또한 상해는 유형적 또는 무형적 방법을 통해 모두 가능하나 폭행은 유형적 방법에 따라서만 성립된다.

2 상해는 폭행의 고의만으로도 족하다. 판례는 「상해죄는 결과범이므로 그 성립에는 상해의 원인인 **폭행에 관한 인식**이 있으면 충분하고 상해를 가할 의사의 존재는 필요하지 않으나, 폭행을 가한다는 인식이 없는 행위의 결과로 피해자가 상해를 입었던 경우에는 상해죄가 성립하지 아니」하는 것으로 본다(대판 83도231).

3 대상판결은 법원이 상해죄에서 상해를 어떻게 판단하고 있는지를 잘 보여주고 있다. 법원은 상해를 「피해자의 **신체의 완전성을 훼손**하거나 **생리적 기능에 장애**를 초래하는 것, 즉 (가) 피해자의 **건강상태가 불량**하게 변경되고 (나) **생활기능에 장애**가 초래되는 것을 말하는 것」(생리적 기능설)으로 이해한다(대판 2017도3196). 그리고 여기에서 생리적 기능에는 육체적 기능뿐만 아니라 **정신적 기능도 포함**된다.

4 따라서 피해자가 외상은 없을지라도 수면장애나 식욕감퇴, 실신, 질병 전염 등의 상태에 빠지면 상해에 해당된다고 본다. 하지만 소량의 모발이나 손톱 절단 등 외관에 변경을 가한 경우는 생리적 기능장애를 야기한 것이 아니므로 상해에 해당되지 않는다(하지만 판례는 여자의 **눈썹 전부나 여자의 머리를 완전히 깎는 행위는 상해가 되는 것으로 판단한다**(대판 99도4305). 근래 일본 판례 중에는 대음량의 라디오 등으로 만성두통에 빠지게 한 경우도 상해죄 성립을 긍정한 것이 있다.[3]

---

1) 형법 제257조(상해, 존속상해) ① 사람의 신체를 상해한 자는 7년 이하의 징역, 10년 이하의 자격정지 또는 1천만원 이하의 벌금에 처한다.
2) 실무상으로는 '상해진단서'의 유무에 따라 상해와 폭행이 구분되는 경우가 많다.

5 그리고 피해자의 「건강상태가 나쁘게 변경되고 생활기능에 장애가 초래된 것인지는 객관적, 일률적으로 판단될 것이 아니라 피해자의 **연령, 성별, 체격 등 신체, 정신상의 구체적 상태를 기준으로 판단**」되어야 한다(대판 2005도1039).

6 대상판결에서 법원은 A가 비록 외상은 없었다지만 5시간 가까이 X를 비롯한 여러 명에 둘러싸여 생명에 대한 위협을 느끼는 극도의 공포 속에서 실신했다면, A의 신체에 대한 **생리적 기능에 훼손**을 가한 것으로 판단하였다.

7 상해의 인정 여부가 중요한 경우는 특히 **결과적 가중범** 사례에서 드러난다. 결과적 가중범의 경우 그 기본범죄와 결과적 가중범 간의 형량의 차이가 상당히 크기 때문이다.[4] 이러한 이유로 중한 죄의 성립범위를 제한하기 위해 형법상의 상해 개념을 범죄마다 달리 판단하는 '**상대적 상해개념**'이 논해진다.

Reference

상해죄를 인정한 판례

1 [대판 2017도3196] [**수면제와 같은 약물**을 투약하여 피해자를 일시적으로 수면 또는 의식불명 상태에 이르게 한 것이 강간치상죄나 강제추행치상죄에서 말하는 상해에 해당하는 경우 및 판단 기준] ●**사실**● 졸피뎀(Zolpidem)은 중추신경계를 억제하여 깊은 단계의 수면을 유도하는 약물로서 환각, 우울증 악화, 자살충동, 기억상실 등의 부작용을 일으킬 수 있어 이를 오용하거나 남용할 경우 인체에 위해를 초래할 수 있는 향정신성의약품으로 지정되어 있다. 피해자(여, 40세)는 평소 건강에 별다른 이상이 없었던 사람으로 피고인으로부터 졸피뎀 성분의 수면제가 섞인 커피를 받아 마신 다음 곧바로 정신을 잃고 깊이 잠들었다가 약 4시간 뒤에 깨어났는데, 피고인이 피해자에게 투약한 수면제는 성인 권장용량의 1.5배 내지 2배 정도에 해당하는 양이었다. 피해자는 그때마다 잠이 든 이후의 상황에 대해서 제대로 기억하지 못하였고, 가끔 정신이 희미하게 든 경우도 있었으나 자신의 의지대로 생각하거나 행동하지 못한 채 곧바로 기절하다시피 다시 깊은 잠에 빠졌다. 피고인은 13회에 걸쳐 이처럼 피해자를 항거불능 상태에 빠뜨린 후 피해자를 강간하거나 강제로 추행하였다. ●**판지**● **강간치상죄나 강제추행치상죄**에 있어서의 (가) 상해는 피해자의 **신체의 완전성을 훼손**하거나 **생리적 기능에 장애를 초래**하는 것, 즉 피해자의 건강상태가 불량하게 변경되고 생활기능에 장애가 초래되는 것을 말하는 것으로, 여기서의 생리적 기능에는 육체적 기능뿐만 아니라 **정신적 기능도 포함**된다. (나) 따라서 **수면제와 같은 약물을 투약하여 피해자를 일시적**

---

3) "제1심 판결의 인정에 따르면 X는 자택 내에서 이웃집과 가장 가까운 위치에 있는 부엌의 이웃집 쪽을 향한 창문의 일부를 열고, 창문 및 그 부근에 라디오와 복수의 자명종을 두고, 약 1년 반에 걸쳐 이웃집의 A등을 향해서 **정신적 스트레스로 인한 장해가 발생할 수도 있음을 인식하면서** 연일 아침부터 심야 또는 다음날 미명까지 상기 **라디오 소리 및 자명종 알람 소리를 대용량으로 계속해 울렸으며, 이로서 동인에게 정신적 스트레스를 주어** 동인에게 전치 미상의 만성두통증, 수면장해, 귀울림증(이명)의 상해를 입게 하였다. 이상과 같은 사실관계 아래에서 X의 행위는 **상해죄의 실행행위에 해당**한다."(最2小決平成17年3月29日〔刑集59卷2号54頁・判時1915号156頁〕.

4) 강간죄를 예를 들면, 강간죄(법297)는 3년 이상의 유기징역이지만 강간치상죄(법301)는 무기 또는 5년 이상의 징역에 처한다. 때문에 피고인의 입장에서 상해의 인정여부는 매우 민감한 문제이다. 그리고 이런 이유로 강간치상죄의 상해와 상해죄의 상해를 달리 보자는 견해도 있다.

으로 수면 또는 의식불명 상태에 이르게 한 경우에도 약물로 인하여 피해자의 건강상태가 불량하게 변경되고 생활기능에 장애가 초래되었다면 **자연적으로 의식을 회복하거나 외부적으로 드러난 상처가 없더라도** 이는 강간치상죄나 강제추행치상죄에서 말하는 상해에 해당한다. (다) 그리고 피해자에게 이러한 상해가 발생하였는지는 객관적, 일률적으로 판단할 것이 아니라 피해자의 연령, 성별, 체격 등 신체·정신상의 구체적인 상태, 약물의 종류와 용량, 투약방법, 음주 여부 등 약물의 작용에 미칠 수 있는 여러 요소를 기초로 하여 약물 투약으로 인하여 피해자에게 발생한 의식장애나 기억장애 등 신체, 정신상의 변화와 내용 및 정도를 종합적으로 고려하여 판단하여야 한다.

2 [대판 2012도5885] 파기환송. 비록 피해자를 진료한 의사 E가 피해자가 입은 상처에 관하여 2차적인 염증 소견만 없다면 자연 치료가 가능한 상처이고 일상생활에 큰 지장을 줄 정도는 아니라는 의견을 나타내었다고 하더라도, 이 사건 범행 직후 피해자를 진료할 당시 염증소견으로 진단하고 항생제처방까지 하였고 실제 피해자는 약을 복용하는 등 치료를 받았으므로, 피해자가 입은 상처가 **일상생활 중 발생**할 수 있는 것이거나 합의에 따른 성교행위에서도 통상 발생할 수 있는 상해에 불과하여 **일상생활에 지장이 없고 단기간 내에 자연치유가 가능**한 극히 경미한 상처에 불과하다고 할 수는 없다고 봄이 상당하다. cf) 대법원은 상해 여부에 대한 판단기준으로 ① **상처의 일상성**이나 ② **치료의 필요성**을 들고 있다.

3 [대판 2007도9794] [1] 피고인이 배수로 뚜껑으로 경비차량 뒷 유리창을 파손하여 그 유리조각을 튀기는 방법으로 경찰관 공소외인의 뒷머리 부위에 가한 **약 14일간의 치료**를 요하는 후두부 찰과상이 상해죄의 상해에 해당한다. [2] 상해죄의 상해는 피해자의 신체의 완전성을 훼손하거나 생리적 기능에 장애를 초래하는 것을 의미한다. (가) 폭행에 수반된 상처가 극히 경미한 것으로서 굳이 치료할 필요가 없어서 자연적으로 치유되며 일상생활을 하는 데 아무런 지장이 없는 경우에는 상해죄의 상해에 해당되지 아니한다고 할 수 있을 터이나, 이는 폭행이 없어도 일상생활 중 통상 발생할 수 있는 상처와 같은 정도임을 전제로 하는 것이므로 (나) **그러한 정도를 넘는 상처가 폭행에 의하여 생긴 경우라면 상해에 해당된다**고 할 것이며, 피해자의 신체의 완전성을 훼손하거나 생리적 기능에 장애를 초래하였는지는 **객관적, 일률적으로 판단할 것이 아니라** 피해자의 연령, 성별, 체격 등 신체, 정신상의 **구체적 상태 등을 기준**으로 판단하여야 한다.

4 [대판 2003도1256] 강간이 미수에 그친 경우라도 그로 인하여 피해자가 상해를 입었으면, 강간치상죄가 성립하는 것이고, 강간치상죄에 있어 **상해의 결과**는 (가) 강간의 수단으로 사용한 폭행으로부터 발생한 경우뿐만 아니라 (나) 간음행위 그 자체로부터 발생한 경우나 (다) 강간에 수반하는 행위에서 발생한 경우도 포함된다.

5 [대판 99도4794] 피해자가 강제추행 과정에서 가해자로부터 왼쪽 젖가슴을 꽉 움켜잡힘으로 인하여 **왼쪽 젖가슴에 약 10일간의 치료를 요하는 좌상**을 입고, 심한 압통과 약간의 종창이 있어 그 치료를 위하여 병원에서 주사를 맞고 **3일간 투약**을 한 경우, 피해자는 위와 같은 상처로 인하여 신체의 건강상태가 불량하게 변경되고 생활기능에 장애가 초래되었다 할 것이어서 이는 **강제추행치상죄에 있어서의 상해의 개념에 해당한다.**

6 [대판 99도4305] 소량의 모발이나 손톱을 깎는 행위는 폭행에 불과하지만 **눈썹 전부나 여자의 머리를**

완전히 깎는 행위는 상해가 된다.

7 [대판 98도3732] [외상 후 스트레스장애(PTSD)[5)] 원심은 「성폭력범죄의 처벌 및 피해자보호 등에 관한 법률」 제9조 제1항(특수강간치상죄)의 상해는 피해자의 신체의 완전성을 훼손하거나 생리적 기능에 장애를 초래하는 것으로, 반드시 외부적인 상처가 있어야만 하는 것이 아니고, 여기서의 생리적 기능에는 **육체적 기능뿐만 아니라 정신적 기능도 포함된다**고 전제한 후, … 피고인들의 강간행위로 인하여 피해자 신○정이 불안, 불면, 악몽, 자책감, 우울감정, 대인관계 회피, 일상생활에 대한 무관심, 흥미상실 등의 증상을 보였고, 이와 같은 증세는 의학적으로는 통상적인 상황에서는 겪을 수 없는 극심한 위협적 사건에서 심리적인 충격을 경험한 후 일으키는 특수한 정신과적 증상인 **외상 후 스트레스 장애**에 해당하고, 신은 그와 같은 증세로 인하여 2일간 치료약을 복용하였고, 6개월간의 치료를 요하는 사실을 인정하고, 신이 겪은 위와 같은 증상은 강간을 당한 모든 피해자가 필연적으로 겪는 증상이라고 할 수도 없으므로 결국 신은 **피고인들(3인)**의 강간행위로 말미암아 위 법률 제9조 제1항이 정하는 상해를 입은 것이라고 판단하였는바, 원심의 위와 같은 사실인정 및 판단은 모두 수긍할 수 있다.

8 [대판 96도1395] 미성년자(8세)에 대한 **추행행위**로 인하여 그 피해자의 **외음부 부위에 염증이 발생**한 것이라면, 그 증상이 약간의 발적과 경도의 염증이 수반된 정도에 불과하다고 하더라도 그로 인하여 피해자 신체의 건강상태가 불량하게 변경되고 생활기능에 장애가 초래된 것이 아니라고 볼 수 없으니, 이러한 상해는 미성년자의제강제추행치상죄의 상해의 개념에 해당한다.

9 [대판 94도1351] 처녀막은 부녀자의 신체에 있어서 생리조직의 일부를 구성하는 것으로서, 그것이 파열되면 정도의 차이는 있어도 생활기능에 장애가 오는 것이라고 보아야 하고, **처녀막 파열**이 그와 같은 성질의 것인 한 비록 피해자가 성경험을 가진 여자로서 특이체질로 인해 새로 형성된 처녀막이 파열되었다 하더라도 강간치상죄를 구성하는 상처에 해당된다.

10 [대판 92도2345] 난소의 제거로 이미 임신불능 상태에 있는 피해자의 **자궁을 적출**했다 하더라도 그 경우 자궁을 제거한 것이 신체의 완전성을 해한 것이 아니라거나 생활기능에 아무런 장애를 주는 것이 아니라거나 건강상태를 불량하게 변경한 것이 아니라고 할 수 없고 이는 업무상 과실치상죄에 있어서의 상해에 해당한다.

11 [대판 91도1832] **강간과정**에서 주먹으로 얼굴과 머리를 때려 코피를 흘리고 **콧등이 부은 경우** 상해에 해당한다.

---

5) **외상 후 스트레스 장애**(Post-traumatic stress disorder, PTSD)는 신체적인 손상 또는 생명에 대한 불안 등 정신적 충격을 수반하는 사고를 겪은 후 심적 외상을 받아 나타나는 정신 질환이다. 주로 일상생활에서 경험할 수 있는 사건에서 벗어난 사건들, 이를테면 천재지변, 화재, 전쟁, 신체적 폭행, 고문, 강간, 성폭행, 인질사건, 소아학대, 자동차·비행기·기차·선박 등에 의한 사고, 그 밖의 대형사고 등을 겪은 뒤에 발생한다. 증상이 나타나는 시기는 개인에 따라 다른데, 충격 후 즉시 시작될 수도 있고 수일, 수주, 수개월 또는 수년이 지나고 나서도 나타날 수 있다. 증상이 1개월 이상 지속되어야만 외상 후 스트레스 장애라 진단하고, 증상이 한달 안에 일어나고 지속 기간이 3개월 미만일 경우에는 급성 스트레스 장애에 속한다.

12 [대판 70도1638] 피고인은 동거한 사실이 있는 피해자인 공소외인 여인에게 피고인을 탈영병이라고 헌병대에 신고한 이유와 다른 남자와 정을 통한 사실들을 추궁한 바, 이를 부인하자 하숙집 뒷산으로 데리고 가 계속 부정을 추궁하면서 상대 남자를 말하자 대답을 하지 못하고 당황하던 동 여인에게 소지 중인 면도칼 1개를 주면서 **"네가 네 코를 자르지 않을 때는 돌로서 죽인다"**는 등 **위협**을 가해 자신의 생명에 위험을 느낀 동 여인은 자신의 생명을 보존하기 위하여 위 면도칼로 콧등을 길이 2.5㎝, 깊이 0.56㎝ 절단함으로서 동 여인에게 전치 3개월을 요하는 상처를 입혀 안면부 불구가 되게 하였다는 것으로서 이와 같이 피고인에게 피해자 여인의 상해결과에 대한 인식이 있고 또 그 여인에게 대한 협박정도가 그의 의사결정의 자유를 상실케 함에 족한 것인 이상, 피고인에게 **중상해 사실을 인정**된다. **cf)** 상해는 간접정범 형태를 취할 수 있다. 대상판결에서 법원은 행위자의 협박 정도가 피해자의 의사결정의 자유를 상실하게 충분한 것이어서 피해자가 자신의 생명을 보존하기 위해 스스로 자기 신체에 손상을 가하였다면 이는 피해자의 자상(自傷)이 아니라 행위자에게 상해죄가 성립된다고 보았다.

13 [대판 69도161] 타인의 신체에 폭행을 가하여 **보행불능 수면장애 식욕감퇴** 등 기능의 장해를 일으킨 때에는 형법상 상해를 입힌 경우에 해당한다.

상해죄를 부정한 판례

14 [대판 2009도1025] 우리 형법은 태아를 임산부 신체의 일부로 보거나, 낙태행위가 임산부의 태아양육, 출산 기능의 침해라는 측면에서 낙태죄와는 별개로 임산부에 대한 상해죄를 구성하는 것으로 보지는 않는다고 해석되고, 따라서 **태아를 사망에 이르게 하는 행위**가 임산부 신체의 일부를 훼손하는 것이라거나 태아의 사망으로 인하여 그 태아를 양육, 출산하는 임산부의 생리적 기능이 침해되어 **임산부에 대한 상해**가 된다고 볼 수는 없다.

중상해죄의 성립요건
15 [대판 2005도7527] [1] 형법 제258조 제1항, 제2항에서 정하는 '중상해'는 사람의 신체를 상해하여 **생명에 대한 위험**을 발생하게 하거나, 신체의 상해로 인하여 **불구 또는 불치나 난치의 질병**에 이르게 한 경우에 성립한다. [2] 1 ~ 2개월간 입원할 정도로 다리가 부러진 상해 또는 3주간의 치료를 요하는 우측흉부자상이 중상해에 해당하지 않는다고 한 사례.

16 [대판 2003도2313] 강도상해죄에 있어서의 상해는 피해자의 신체의 건강상태가 불량하게 변경되고 생활기능에 장애가 초래되는 것을 말하는 것으로서, 피해자가 입은 **상처가 극히 경미하여 굳이 치료할 필요가 없고** 치료를 받지 않더라도 일상생활을 하는 데 아무런 지장이 없으며 시일이 경과함에 따라 **자연적으로 치유될 수 있는 정도**라면, 그로 인하여 피해자의 신체의 건강상태가 불량하게 변경되었다거나 생활기능에 장애가 초래된 것으로 보기 어려워 강도상해죄에 있어서의 상해에 해당한다고 할 수 없다.

17 [대판 99도3099] ●사실● 피고인이 1998.12.19. 16:00경 피고인의 친구 공소외인의 원룸에서 그 곳에 데려온 피해자가 밥을 먹지 않는다는 이유로 피해자를 강제로 눕혀 옷을 벗긴 뒤 1회용 면도기로 피해자의 **음모를 반 정도 깎아 강제추행**하고 이로 인하여 피해자로 하여금 치료일수 불상의 음모절단상을 입게 하였

다. ●판지● [1] 강제추행치상죄에 있어서의 상해는 피해자의 (가) **신체의 건강상태가 불량하게 변경**되고 (나) **생활기능에 장애가 초래**되는 것을 말하는 것으로서, (다) 신체의 외모에 변화가 생겼다고 하더라도 신체의 생리적 기능에 장애를 초래하지 아니하는 이상 상해에 해당한다고 할 수 없다. [2] 음모는 성적 성숙함을 나타내거나 치부를 가려주는 등의 시각적·감각적인 기능 이외에 **특별한 생리적 기능이 없는 것**이므로, 피해자의 **음모의 모근(毛根) 부분을 남기고 모간(毛幹) 부분만을 일부 잘라냄**으로써 음모의 전체적인 외관에 변형만이 생겼다면, 이로 인하여 피해자에게 수치심을 야기하기는 하겠지만, 병리적으로 보아 피해자의 신체의 건강상태가 불량하게 변경되거나 생활기능에 장애가 초래되었다고 할 수는 없을 것이므로, 그것이 폭행에 해당할 수 있음은 별론으로 하고 **강제추행치상죄의 상해에 해당한다고 할 수는 없다.**

18 [대판 99도3910] **요추부 통증**은 굳이 치료를 받지 않더라도 일상생활을 하는데 아무런 지장이 없고 시일이 경과함에 따라 자연적으로 치유될 수 있는 정도라고 보여질 뿐만 아니라 실제로도 피해자는 아무런 치료를 받은 일이 없으므로, 그와 같은 단순한 통증으로 인하여 신체의 완전성이 손상되고 생활기능에 장애가 왔다거나 건강상태가 불량하게 변경되었다고 보기 어려워서 이를 형법상 '상해'에 해당한다고 할 수 없음이 분명하다.

19 [대판 96도2673] 연행문제로 시비하는 과정에서 피해자가 **약 1주간의 치료**를 요하는 좌측팔 부분의 동전크기의 **멍이 든 것**이 상해죄에서 말하는 상해에 해당되지 않는다. 그 정도의 상처는 일상생활에서 얼마든지 생길 수 있는 극히 경미한 상처이므로 굳이 따로 치료할 필요도 없는 것이어서 그로 인하여 인체의 완전성을 해하거나 건강상태를 불량하게 변경하였다고 보기 어려우므로 피해자가 입은 위 상처를 가지고서 상해죄에서 말하는 상해에 해당된다고 할 수 없다.

20 [대판 94도1311] 피해자를 강간하려다가 미수에 그치고 그 과정에서 피해자에게 경부 및 전흉부 피하출혈, 통증으로 약 7일 간의 가료를 요하는 상처가 발생하였으나 그 상처가 굳이 치료를 받지 않더라도 일상생활을 하는 데 아무런 지장이 없고 시일이 경과함에 따라 자연적으로 치유될 수 있는 정도라면 그로 인하여 신체의 완전성이 손상되고 생활기능에 장애가 왔다거나 건강상태가 불량하게 변경되었다고 보기는 어려워 강간치상죄의 상해에 해당하지 않는다.

21 [대판 93도711] [상해부위의 판시 없는 상해죄 인정의 적법 여부(소극)] [1] 상해죄의 성립에는 상해의 고의가 있는 행위와 이로 인하여 발생하는 인과관계 있는 상해의 결과가 있어야 하므로 이러한 행위와 그로 인한 상해의 부위와 정도가 증거에 의하여 명백하게 확정되어야 하고 **상해부위의 판시 없는 상해죄의 인정은 위법하다.** [2] 피해자의 상해에 대하여 의사가 진단을 한 것도 아니고, 피해자나 참고인은 경찰에서 피해자의 목 근처에 손톱자국이 있었는데 잠을 자고 보니 흔적이 없었다는 것인바, 공소사실이나 원심이 들고 있는 상해가 이것을 가리키는 것이라면 원심으로서는 이것이 피해자의 신체의 완전성을 해하거나 기능의 장애 등을 일으키는 상해에 해당하는 것인지도 살펴보아야 할 것이다.

22 [대판 87도1880] 피고인이 피해자를 강간하려다가 미수에 그치고 그 과정에서 위 피해자의 왼쪽 **손바닥에 약 2㎝ 정도의 긁힌** 가벼운 상처가 발생한 경우라면 그 정도의 상처(소상)는 일상생활에서 얼마든지 생길 수 있는 극히 경미한 상처로서 굳이 치료할 필요도 없는 것이어서 그로 인하여 인체의 완전성을 해하

거나 건강상태를 불량하게 변경하였다고 보기 어려우므로 피해자가 입은 위 소상을 가지고서 강간치상죄의 상해에 해당된다고는 할 수 없다.

23 [대판 85도2042] 강간도중 흥분하여 피해자의 왼쪽 어깨를 입으로 빨아서 생긴 **동전크기 정도의 반상출혈상**은 별다른 통증이나 자각증상도 없어 피해자는 그 상처를 알아차릴 수도 없었는데 의사가 진찰을 하던 과정에서 우연히 발견한 것이고 의학상 치료를 받지 아니하더라도 자연흡수되어 보통 1주 정도가 지나면 자연치유되는 것으로서 인체의 생활기능에 장해를 주고 건강상태를 불량하게 변경하는 것이 아니어서 강간치상죄의 상해에 해당한다 할 수 없다.

4 상해죄에 있어서 동시범 특례와 그 성립범위

* 대법원 1981. 3. 10. 선고 80도3321 판결
* 참조조문: 형법 제263조,[1] 제259조[2]

이시(異時)의 독립행위가 경합하여 사망의 결과가 일어난 경우와 공동정범에 의한 처벌

●**사실**● 피고인 Y는 당시 술에 취해있던 피해자 A의 어깨를 주먹으로 1회 때리고 쇠스랑 자루로 머리를 2회 강타하고 가슴을 1회 밀어 땅에 넘어뜨렸다. 그리고 그 후 3시간가량 지나 피고인 X가 A의 멱살을 잡아 평상에 앉혀놓고 A의 얼굴을 2회 때리고 손으로 2, 3회 A의 가슴을 밀어 땅에 넘어뜨린 다음, 나일론 슬리퍼로 A의 얼굴을 수회 때렸다. A는 X·Y 두 사람의 이시적인 상해행위로 인하여 6일 후에 뇌출혈을 일으켜 **사망하기에 이른다.**

원심은 A의 사인이 X·Y 두 사람의 행위 중 누구의 행위에 기인한 것인지를 판별할 수 없는 경우에 해당한다고 보아 형법 제263조의 규정에 의한 공동정범의 예에 따라 X에게도 **상해치사의 책임**이 있다고 보았다. 이에 X는 상고하였다.

●**판지**● **상고기각.** 「이시의 독립된 상해행위가 경합하여 사망의 결과가 일어난 경우에 그 원인된 행위가 판명되지 아니한 때에는 **공동정범의 예**에 의하여야 한다」.

●**해설**● 1 범죄가 성립하기 위해서는 행위와 결과 사이에 일정한 인과적 관련이 요구 된다. 형법 제17조는 "어떤 행위라도 죄의 요소 되는 위험발생에 **연결되지 아니한 때**에는 그 결과로 인하여 벌하지 아니한다."고 하여 이를 명시하고 있다. 그리고 동시범 규정(독립행위의 경합)을 제19조에 두어 이를 다시 확인하고 있다.

2 즉 형법 제19조는 "동시 또는 이시의 독립행위가 경합한 경우에 그 결과발생의 **원인된 행위가 판명되지 아니한 때**에는 각 행위를 **미수범으로 처벌**한다"고 하여 2인 이상이 공동의 의사 없이 개별적으로 동일 객체에 대해서 범죄를 실행한 경우의 형사처벌(미수범)에 대한 원칙적 규정을 두고 있다. 이는 결과발생에 대한 인과관계가 입증되지 않았기 때문이다.

3 하지만 상해죄의 경우에는 **예외적으로 동시범 특례**를 두고 있다. 형법 제263조는 "독립행위가 경합하여 상해의 결과를 발생하게 한 경우에 있어서 원인된 행위가 판명되지 아니한 때에는 공동정범의 예에 의한다"고 하여 **인과관계에 대한 입증이 없더라도** 공동정범으로 보고 있다. 조문에서 '독립행위'란 2명 이상의 사람이 의사의 연락 없이 개별적으로 상해행위를 하는 상황을 말한다. 이와 같은 특례는 피해자 보호를 위한 형사정책적 고려로 마련된 규정이다. 하지만 본조에 대해서는 책임이 없는 자에게 상해의 결과에 대한 책임을 묻는 것으로서 책임주의원칙에 반하는 것은 아닌지가 헌법재판소에서 다투어 졌다. 헌법재판소는 형법 제263조는 책임주의원칙에 반하지 않는다며 합헌결정을 하였다(헌재 2017헌가10, Ref 1).

---

1) 형법 제263조(동시범) **독립행위가 경합**하여 상해의 결과를 발생하게 한 경우에 있어서 원인된 행위가 판명되지 아니한 때에는 **공동정범의 예에 의한다.**
2) 형법 제259조(상해치사) ① 사람의 신체를 상해하여 사망에 이르게 한 자는 3년 이상의 유기징역에 처한다.

4 동시범 규정의 적용과 관련하여 판례는 「(가) 2인 이상이 상호의사의 연락 없이 동시에 범죄구성요건에 해당하는 행위를 하였을 때에는 원칙적으로 각인에 대하여 그 죄를 논하여야 하나 (나) 그 결과 발생의 원인이 된 행위가 분명하지 아니한 때에는 각 행위자를 미수범으로 처벌하고(**독립행위의 경합**), (다) 이 독립행위가 경합하여 특히 상해의 결과를 발생하게 하고 그 결과발생의 원인이 된 행위가 밝혀지지 아니한 경우에는 공동정범의 예에 따라 처단(**동시범**)하는 것이므로 (라) 공범관계에 있어 **공동가공의 의사가 있었다면 이에는 도시 동시범 등의 문제는 제기될 여지가 없다**」(대판 85도1892, Ref 3)고 판단한다.

5 문제는 우리 법원이 상해죄의 동시범특례(법263)를 상해죄에 한정하여 적용하지 않고 대상판결과 같이 **상해치사나 폭행치사의 결과**에 대해서도 적용한다(보호법익이 다른 **강간치상죄**의 경우에는 그 적용을 배제하고 있다(대판 84도372, Ref 6). 하지만 상해죄의 동시범 특례규정은 형법 제19조의 예외규정으로서 '의심스러울 때는 피고인의 이익으로'라는 원칙에 저촉될 우려가 있는 규정으로 가능한 한 **한정적으로 해석**되어야 할 것이다.

6 사안에서 법원은 「사람의 안면은 사람의 가장 중요한 곳이고 이에 대한 강한 타격은 생리적으로 두부에 중대한 영향을 주어 정신적 흥분과 혈압의 항진 등으로 인하여 뇌출혈을 일으켜 사망에 이르게 할 수도 있다는 것은 통상인이라면 **누구나 예견할 수 있는 것**」으로 판단하여 **상해치사죄**를 인정하고 있다.

Reference

상해죄의 동시범 특례와 관련된 판례

1 [헌재 2017헌가10] [독립행위가 경합하여 상해의 결과를 발생하게 한 경우 원인된 행위가 판명되지 아니한 때에는 공동정범의 예에 의하도록 규정한 형법 제263조(이하 '심판대상조항')가 책임주의원칙에 위반되는지 여부(소극)] 신체에 대한 가해행위는 그 자체로 상해의 결과를 발생시킬 위험을 내포하고 있으므로, 독립한 가행행위가 경합하여 상해가 발생한 경우 상해의 발생 또는 악화에 전혀 기여하지 않은 가행행위의 존재라는 것은 상정하기 어렵고, 각 가해행위가 상해의 발생 또는 악화에 어느 정도 기여하였는지를 계량화할 수 있는 것도 아니다. 이에 입법자는 피해자의 법익 보호와 일반예방적 효과를 높일 필요성을 고려하여 다른 독립행위가 경합하는 경우와 구분하여 심판대상조항을 마련한 것이다. 심판대상조항을 적용하기 위하여 검사는 실제로 발생한 상해를 야기할 수 있는 구체적인 위험성을 가진 가해행위의 존재를 입증하여야 하므로 이를 통하여 상해의 결과에 대하여 아무런 책임이 없는 피고인이 심판대상조항으로 처벌되는 것을 막을 수 있고, 피고인도 자신의 행위와 상해의 결과 사이에 개별 인과관계가 존재하지 않음을 입증하여 상해의 결과에 대한 책임에서 벗어날 수 있다. 또한 법관은 피고인이 가해행위에 이르게 된 동기, 가해행위의 태양과 폭력성의 정도, 피해 회복을 위한 피고인의 노력 정도 등을 모두 참작하여 피고인의 행위에 상응하는 형을 선고하므로, 가해행위자는 자신의 행위를 기준으로 형사책임을 부담한다. 이러한 점을 종합하여 보면, **심판대상조항은 책임주의원칙에 반한다고 볼 수 없다.**

2 [대판 2000도2466] [시간적 차이가 있는 독립된 상해행위나 폭행행위가 경합하여 사망의 결과가 일어나고 그 사망의 원인된 행위가 판명되지 않는 경우, 공동정범의 예에 의하여 처벌할 것인지 여부(적극)] 원심이, 피고인이 의자에 누워있는 피해자를 밀어 땅바닥에 떨어지게 함으로써 이미 부상하여 있던 그 피해

자로 하여금 사망에 이르게 하였다는 이 사건 범죄사실을 유죄로 본 제1심판결을 유지하여 피고인의 항소를 기각한 것은 정당하다. 시간적 차이가 있는 독립된 **상해행위나 폭행행위가 경합하여 사망의 결과**가 일어나고 그 사망의 원인된 행위가 판명되지 않은 경우에는 공동정범의 예에 의하여 처벌할 것이므로 **2시간 남짓한 시간적 간격을 두고** 피고인이 두 번째의 가해행위인 이 사건 범행을 한 후, 피해자가 사망하였고 그 사망의 원인을 알 수 없다고 보아 **피고인을 폭행치사죄의 동시범으로 처벌한 원심판단은 옳고** 거기에 동시범의 법리나 상당인과 관계에 관한 법리를 오해한 위법도 없다.

3 [대판 85도1892] [1] 공동정범은 2인 이상이 공동하여 죄를 범하는 것으로 공동가공의 의사를 그 주관적 요건으로 하며 이 공동가공의 의사는 상호적임을 요하나 이는 상호 공동가공의 인식이 있으면 족하고 사전에 어떤 모의과 정이 있어야 하는 것이 아니므로 원심이 위와 같이 적법하게 확정한바 이 사건 피고인등은 1984.2.25. 21:00경부터 그 다음날 09:00경까지 부산직할시 동래구 안락1동 428의15 공소외 인의 집에서 처음에는 피고인 1, 2, 3, 4가 그 다음에는 연락을 받고 그 곳에 차례로 온 피고인 5와 6(1984.2.25. 22:30경) 피고인 7과 8(같은날 23:00경)등이 같이 참여하여 공소외인의 몸에서 잡귀를 물리친다면서 뺨등을 때리고 팔과 다리를 붙잡고 배와 가슴을 손과무릎으로 힘껏 누르고 밟는등 하여 그로 하여금 우측간 저면파열, 복강내출혈로 사망에 이르게 하였다면 피고인등 간에는 상호 공동가공의 의사가 있었다고 할 것이므로 피고인등 간에는 의사공통이 없어 공범이 아니라는 상고논지는 독자적 견해에 지나지 아니하여 그 이유가 없다. [2] 2인 이상의 사람이 상호의사의 연락없이 동시(서로 접촉된 전후관계도 포함된다)에 범죄구성요건에 해당하는 행위를 하였을 때에는 원칙적으로 각인에 대하여 그 죄를 논하여야 하나 그 결과발생의 원인이 된 행위가 분명하지 아니한 때에는 각 행위자를 미수범으로 처벌하고(독립행위의 경합) 이 독립행위가 경합하여 특히 상해의 결과를 발생하게 하고 그 결과 발생의 원인이 된 행위가 밝혀지지 아니한 경우에는 공동정범의 예에 따라 처단(동시범)하는 것이므로 공범관계에 있어 공동가공의 의사가 있었다면 이에는 도시 동시범등의 문제는 제기될 수 없는 것이다. 원심이 적법하게 확정한 바는 피고인등이 공동하여 원심판시 행위를 하였다는 것으로 원심은 이에 대하여 형법 제30조를 적용하여 공동정범으로 처단하고 있는 터이므로 비록, 공소외인의 사망의 원인이 된 행위가 어느 피고인의 행위인지 명확하게 판명되지는 아니하였다고 하더라도 이는 동시범이 아님이 명백할 뿐만 아니라 원심이 이를 동시범으로 처단하지도 아니하였음이 그 판문상 또한 명백하여 소론 상고논지는 원심판결을 잘못 파악한데 연유하는 것으로 그 이유가 없다.

4 [대판 84도2118] ●**사실**● 이 사건 범행당시 피고인 X는 피고인 Y, 원심상피고인 Z 그리고 공소외 W 등과 뱃놀이를 하면서 술을 마셔 만취된 상태에서 술을 더 마시자고 의논이 되어 사건현장 술집에 가게 되었는데 X와 Y가 앞서 가다가 X가 마루에 걸터앉아 있던 피해자 A 앞을 지나면서 그의 발을 걸은 것이 발단이 되어 시비가 일어나자, (1) 화가 난 X가 손으로 A의 멱살을 잡아 흔들다 뒤로 밀어버려 A로 하여금 그곳 토방 시멘트바닥에 넘어져 나무기둥에 뒷머리를 부딪치게 하였고, (2) 이때 뒤따라 들어오던 Z가 그 장면을 보고 들고 있던 쪽대(고기망태기)를 마당에 집어던지고 욕설을 하면서 A에게 달려들어 양손으로 멱살을 잡고 수회 흔들다가 밀어서 A를 뒤로 넘어뜨려 A로 하여금 뒷머리를 토방 시멘트바닥에 또다시 부딪치게 하였으며, (3) Z는 이에 이어서 그곳 부엌근처에 있던 삽을 손에 들고 A의 얼굴 우측부위를 1회 때려 동인으로 하여금 넘어지면서 뒷머리를 장독대 모서리에 부딪치게 하여, 그 결과 A로 하여금 뇌저부경화동맥파열상을 입게 하여 사망에 이르게 하였다. **원심은 X와 Z를 상해치사죄의 공동정범을 인정하였다.** ●**판지**● **파기환송.** 공동정범은 행위자 상호간에 범죄행위를 공동으로 한다는 공동가공의 의사를 가지고 범죄를 공

동실행하는 경우에 성립하는 것으로서, 여기에서의 **공동가공의 의사는 공동행위자 상호간에 있어야 하며 행위자 일방의 가공의사만으로는 공동정범 관계가 성립할 수 없다** 할 것인바, 원심이 인정한 싸움의 경위와 내용에 의하면 피고인과 원심상피고인의 각 범행은 우연한 사실에 기하여 우발적으로 발생한 독립적인 것으로 보일 뿐 양인 간에 범행에 관한 사전모의가 있었던 것으로는 보여지지 않고 …… **피고인을 상해치사죄의 공동정범으로 본 원심판단에는 공동정범의 법리를 오해하여 법률적용을 잘못한 위법이 있다고 할 것이다.** …… 다만 동시범의 특례를 규정한 **형법 제263조가 상해치사죄에도 적용되는 관계상** 위 피해자의 사망이 피고인의 범행에 인한 것인지, 원심상피고인의 범행에 인한 것인지가 판명되지 아니하는 때에 예외적으로 공동정범의 예에 의할 수 있을 것임에도 불구하고, 원심은 피고인과 원심상피고인을 공동정범으로 봄으로써 이러한 점에 대하여는 살펴보지도 아니한 채 피고인에 대하여 치사의 결과에 대한 책임을 물었으니, 앞서 본바와 같은 법리의 오해는 판결에 영향을 미쳤다할 것이고 따라서 이 점을 지적하고 있는 상고논지는 이유있다.

5 [대판 84도488] [1] 피고인(갑)이 술에 취하여 쓰러지려고 하는 것을 피해자가 부축하여 서있는 상태였다면 술에 취하여 몸을 잘 가누지 못할 정도의 위(갑)이 피고인(을)의 가해행위에 가세하여 자기를 부축하고 있는 피해자의 얼굴을 7, 8회 때리는 등 폭행에 가담하였다고 함은 선뜻 납득하기 어렵다. [2] 상해죄에 있어서의 동시범은 두 사람 이상이 가해행위를 하여 상해의 결과를 가져올 경우에 그 상해가 어느 사람의 가해행위로 인한 것인지가 분명치 않다면 가해자 모두를 공동정범으로 본다는 것이므로 **가해행위를 한 것 자체가 분명치 않은 사람에 대하여는 동시범으로 다스릴 수 없다.**

6 [대판 84도372] 형법 제263조의 동시범은 상해와 폭행죄에 관한 특별규정으로서 동 규정은 그 보호법익을 달리하는 **강간치상죄에는 적용할 수 없다.**

> 자신의 차를 가로막는 피해자를 부딪칠 듯이 차를 조금씩 전진시키는 것을 반복하는 행위가 '폭행'에 해당하는가?

●**사실**● 피고인 X은 강원도에 소재한 농장의 앞길에서 전처인 피해자 A가 차의 운행을 가로막자 2회에 걸쳐 가로막지 말아 달라고 요청하였다. 그 후 X가 차에 타 A를 향해 사진을 찍자 A가 뒤로 물러났고, X는 A가 뒤로 물러난 만큼 **반복적으로 차를 전진**시켰다.

원심은 X의 A에 대한 **반복적 전진** 자체가 A에 대한 유형력의 행사에 해당하고, X가 주장하는 사정만으로는 차 앞에 서 있는 사람을 향해 차를 전진시킨 행위가 정당방위나 정당행위에 해당하지 않는다는 보아 유죄를 인정하였다. 이에 X가 상고하였다.

●**판지**● 상고기각. 「폭행죄에서 말하는 폭행이란 사람의 신체에 대하여 육체적·정신적으로 고통을 주는 유형력을 행사함을 뜻하는 것으로서 **반드시 피해자의 신체에 접촉함을 필요로 하는 것은 아니고**, 그 불법성은 행위의 목적과 의도, 행위 당시의 정황, 행위의 태양과 종류, 피해자에게 주는 고통의 유무와 정도 등을 종합하여 판단하여야 한다. 따라서 자신의 차를 가로막는 피해자를 부딪친 것은 아니라고 하더라도, 피해자를 부딪칠 듯이 차를 조금씩 전진시키는 것을 반복하는 행위 역시 피해자에 대해 **위법한 유형력을 행사한 것이라고 보아야 한다**」.

●**해설**● 1 폭행은 **사람의 신체에 대한 '유형력의 행사'**로 정의된다. 그러나 이는 폭행죄에서의 폭행개념이고, 형법에서는 그 외에도 다양한 폭행개념이 사용된다. 그 기본은 '유형력의 행사'이지만 그것이 향하는 대상과 유형력의 강약으로 구분된다.

2 먼저 (1) **최광의의 폭행개념**은 소요죄(법115)나 다중불해산죄(법116)에서의 폭행으로 사람이나 물건을 가리지 않는 일체의 유형력의 행사를 의미한다. 다음으로 (2) **광의의 폭행**은 공무집행방해죄(법136)나 강요죄(법324)에서의 폭행이다. 사람을 향한 유형력의 행사에 한정되지만, 신체에 직접 향할 필요는 없으며 간접폭행을 포함한다. 사람을 향하고 있으면 족하다. 이어 (3) **협의의 폭행**은 폭행죄(법260)의 폭행으로 사람의 '신체'에 대한 유형력의 행사가 있어야 한다(대판 75도2673, Ref 10). 마지막으로 (4) **최협의의 폭행개념**으로 '상대방의 항거를 불가능하게 하거나 현저히 곤란하게 할 정도'의 유형력의 행사를 말한다. 강도죄(법333)의 폭행은 전자, 강간죄(법297)의 폭행은 후자에 해당한다. 이상의 것들은 각각 별개로 논의되는 것처럼 보이지만 서로 연관되어 있다.

3 대상판결은 피해자를 부딪칠 듯이 차를 조금씩 전진시키기를 반복하는 행위가 협의의 폭행인 폭행죄에서의 폭행으로 사람의 신체에 대한 유형력의 행사에 해당하는지가 다투어진 사안이다. 법원은 X가 비록 A에게 폭력을 가하겠다는 목적으로 차를 전진시킨 것은 아니라고 하더라도 차를 가로막고서 있는 A를 향해 조금씩 차를 전진시킨 것은 **그 자체로 A에 대한 유형력의 행사**에 해당한다고 보았다.

---

1) 형법 제260조(폭행) ① 사람의 신체에 대하여 폭행을 가한 자는 2년 이하의 징역, 500만원 이하의 벌금, 구류 또는 과료에 처한다.

4 폭행죄에서의 폭행은 '신체'[2])에 대한 '유형력의 행사'이어야 하므로 단순히 욕설이나 폭언을 하는 것은 폭행이 아니며, 신체가 아닌 집 마당에 인분을 던진 경우나(대판 75도2673) 문을 열어주지 않으면 죽여버리겠다고 폭언을 하면서 방문을 발로 차는 것만으로는 폭행이 되지 않는다(대판 90도2153, Ref 7-1). 하지만 유형력의 행사는 신체적 고통을 주는 **물리력의 작용을 의미**하므로 바로 옆에서 **큰 소음**을 내거나 심한 폭언, 전화를 걸어 **큰 벨소리나 음향**을 송신하는 방법도 유형력의 행사가 될 수 있다(【6】 참조). 과학기술의 발달에 따라 유형력의 개념도 넓어지고 있다.

5 또한 폭행죄의 폭행에는 **부작위에 의한 폭행**도 가능하며, 얼굴에 침을 뱉어 정신적·심리적 고통을 가한 경우도 가능하다. 사람의 신체에 대한 유형력의 행사라 하더라도 사람을 향해 있으면 족하고 **물리적 접촉은 불필요**하다. 일본 판례 중에는 차량운행 중에 **차간 거리를 좁혀 압박하는 행위**도 폭행으로 판단한 것이 있다(東京高判平成16年12月1日(判時1920号154頁)). 이 판결에서는 폭행죄의 성립에는 행위자의 차량이 실제로 피해자의 신체나 피해 차량에 접촉할 필요가 없으며, 접촉이나 교통사고를 일으키는 등의 실질적인 위험성이 존재하면 충분하다고 판시하였다[3]).

Reference

폭행죄를 긍정한 판례

1 [대판 4289형상297] 폭언을 수차 반복하여 고혈압상태에 있는 상대방으로 하여금 정신적 충격과 흥분으로 인하여 뇌출혈을 야기하여 사망에 이르게 한 폭행치사사건이다. 폭행은 그 성질상 반드시 신체상 가해의 결과를 야기함에 족한 완력행사가 있음을 요하지 아니하고 육체상 고통을 수반하는 것도 요하지 아니하므로 **폭언을 수차 반복하는 것도 폭행**인 것이다.

2 [대판 72도2201] [간접폭행] 피고인은 빚 독촉을 하다가 시비 중 멱살을 잡고 대드는 이OO의 손을 뿌리치고 그를 뒤로 밀어 넘어뜨려 아래로 딩굴게하여 그 순간 그 등에 업힌 **그 딸 박OO(생후 7개월)**에게 두개골절등 상해를 입혀 그로 말미암아 그를 사망케 한 사실을 인정함에 충분하다. 그러면 피고인은 빚이 있을망정 채권자인 위 이옥희로부터 멱살을 잡히고 폭행을 감수할 이유는 없는 것이므로 피고인이 그 멱살을 잡은 이옥희의 손을 뿌리친 것은 그 정도로서 혹 정당행위로 볼 수 있을는지는 몰라도 피고인이 이에 그치지 않고 다시 **그를 뒤로 밀어 넘어트린 것은 그 도를 넘은 것으로 그 위법성을 부정할 수는 없을 것**이고, 또 피고인이 **폭행을 가한 대상자와 그 폭행의 결과 사망한 대상자는 서로 다른 인격자라 할지라도** 위와 같이 어린 애를 업은 사람을 밀어 넘어트리면 그 어린애도 따라서 필연적으로 넘어질 것임은 피고인도 예견하였을 것이므로 어린애를 업은 사람을 넘어트린 행위는 그 어린애에 대해서도 역시폭행이 된다할 것이고, 따라서 원심이 **피고인을 폭행치사죄**로 인정한 조처에는 인과관계를 오인한 위법이 없다.

3 [대판 89도1406] 피해자에게 근접하여 욕설을 하면서 **때릴 듯이 손발이나 물건을 휘두르거나 던지는 행위**는 피해자의 신체에 접촉하지 않았다고 하여도 피해자에 대한 불법한 유형력의 행사로서 폭행에 해당한다.

---

2) 폭행죄의 폭행은 **상대방의 신체**에 국한되어야 한다. 이 점이 공무집행방해죄와는 다르다. 공무집행방해죄의 경우, 공무원을 보조하는 **제3자에 대하여** 유형력을 행사하여도 범죄가 성립한다.
3) 前田雅英·星周一郎/박상진·김잔디(역), 최신중요 일본형법판례 250선(각론편), 2021, 20-21면.

폭행죄를 부정한 판례

4 [대판 2012도11204] 파기환송. 당시 피고인은 실내 어린이 놀이터 벽에 기대어 앉아 자신의 딸(4세)이 노는 모습을 보고 있었는데, 피해자가 다가와 딸이 가지고 놀고 있는 블록을 발로 차고 손으로 집어 들면서 쌓아놓은 블록을 무너뜨리고, 이에 딸이 울자 피고인이 피해자에게 '하지 마, 그러면 안 되는 거야'라고 말하면서 몇 차례 피해자를 제지한 사실, 그러자 피해자는 피고인의 딸을 한참 쳐다보고 있다가 갑자기 딸의 눈 쪽을 향해 오른손을 뻗었고 이를 본 피고인이 왼손을 내밀어 피해자의 행동을 제지하였는데, 이로 인해 **피해자가 바닥에 넘어져 엉덩방아를 찧은 사실**, 그 어린이 놀이터는 실내에 설치되어 있는 것으로서, 바닥에는 충격방지용 고무매트가 깔려 있었던 사실, 한편 피고인의 딸은 그 전에도 또래 아이들과 놀다가 다쳐서 당시에는 얼굴에 손톱자국의 흉터가 몇 군데 남아 있는 상태였던 사실 등을 알 수 있다. 이러한 사실관계에서 알 수 있는 피고인의 이 사건 행위의 동기와 수단 및 그로 인한 피해의 정도 등의 사정을 앞서 본 법리에 비추어 살펴보면, 피고인의 이러한 행위는 피해자의 갑작스런 행동에 놀라서 자신의 어린 딸이 다시 얼굴에 상처를 입지 않도록 보호하기 위한 것으로 딸에 대한 피해자의 돌발적인 공격을 막기 위한 **본능적이고 소극적인 방어행위라고 평가**할 수 있고, 따라서 이를 **사회상규에 위배되는 행위라고 보기는 어렵다**고 할 것이다.

5 [대판 2001도277] 단순히 눈을 부릅뜨고 "이 십팔놈아, 가면 될 것 아니냐"라고 **욕설을 한 것만으로는** 피해자에게 불쾌감을 주는 데 그칠 뿐 피해자의 신체에 대한 **유형력의 행사라고 보기 어려워 폭행죄를 구성한다고 할 수 없다.**

6 [대판 2000도5716] [1] 형법 제260조에 규정된 폭행죄는 사람의 신체에 대한 유형력의 행사를 가리키며, 그 유형력의 행사는 신체적 고통을 주는 **물리력의 작용을 의미**하므로 신체의 **청각기관을 직접적으로 자극하는 음향도 경우에 따라서는 유형력에 포함**될 수 있다. (한정적극) [2] 피해자의 신체에 공간적으로 근접하여 고성으로 폭언이나 욕설을 하거나 동시에 손발이나 물건을 휘두르거나 던지는 행위는 직접 피해자의 신체에 접촉하지 아니하였다 하더라도 피해자에 대한 불법한 유형력의 행사로서 폭행에 해당될 수 있는 것이지만, 거리상 멀리 떨어져 있는 사람에게 **전화기를 이용하여 전화하면서 고성을 내거나 그 전화 대화를 녹음 후 듣게 하는 경우**에는 특수한 방법으로 수화자의 청각기관을 자극하여 그 수화자로 하여금 고통스럽게 느끼게 할 정도의 음향을 이용하였다는 등의 특별한 사정이 없는 한 신체에 대한 유형력의 행사를 한 것으로 보기 어렵다. (한정적극)

7-1 [대판 90도2153] 형법 제260조에서 말하는 폭행이란 사람의 신체에 대하여 유형력을 행사하는 것을 의미하는 것으로서 피고인이 피해자에게 **욕설을 한 것만을 가지고** 당연히 폭행을 한 것이라고 할 수는 없을 것이고, **피해자 집의 대문을 발로 찬 것**이 막바로 또는 당연히 피해자의 신체에 대하여 유형력을 행사한 경우에 해당한다고 할 수도 없다.

7-2 [대판 83도3186] 공소외인이 피고인을 만나주지 않는다는 이유로 시정된 탁구장문과 주방문을 부수고 주방으로 들어가 방문을 열어주지 않으면 모두 죽여 버린다고 폭언하면서 **시정된 방문을 수회 발로 찬** 피고인의 행위는 **재물손괴죄** 또는 숙소안의 자에게 해악을 고지하여 외포케 하는 **단순 협박죄**에 해당함은 별론으로 하고, 단순히 방문을 발로 몇번 찼다고 하여 그것이 피해자들의 **신체에 대한 유형력의 행사로는 볼**

수 없어 폭행죄에 해당한다 할 수 없다.

8 [대판 86도1796] 상대방의 시비를 만류하면서 조용히 얘기나 하자며 그의 **팔을 2, 3회 끌은 사실**만 가지고는 사람의 신체에 대한 불법한 공격이라고 볼 수 없어 형법 제260조 제1항 소정의 폭행죄에 해당한다고 볼 수 없다.

9 [대판 76도3758] "갑"이 먼저 "을"에게 덤벼들고, 뺨을 꼬집고, 주먹으로 쥐어박았기 때문에 피고인이 상대방을 **부등켜안은 행위**를 유형력의 행사인 폭행으로 볼 수 없다.

10 [대판 75도2673] 피고인 X는 평소 감정이 좋지 않던 A에 대해 화풀이하기 위하여 비닐봉지에 넣어둔 인분을 A의 집 앞마당에 던졌다. 검사는 X를 폭행죄로 기소하였으나 대법원은 폭행죄에서 폭행이란 사람에 대한 유형력의 행사 등 불법한 공격을 뜻하는데 이 사건에서는 A의 신체에 대한 공격이 아니라 단지 A의 집 앞마당에 인분을 던진 것으로 이것만으로는 폭행죄의 폭행의 범주에 들어간다고 할 수 없다.

6 폭행죄에서 '폭행'의 의미(2)

* 대법원 2003. 1. 10. 선고 2000도5716 판결
* 참조조문: 형법 제260조 제1항[1]

폭행죄에 있어서 유형력의 행사에 신체의 청각기관을 자극하는 음향도 포함되는가?

●**사실**● 피고인 X는 (1) 1996.4. 어느 날 피해자 A의 집에 전화하여 A에게 "트롯트 가요앨범 진행을 가로챘다, 일본노래를 표절했다, 사회에 매장시키겠다."라고 수회에 걸쳐 폭언을 하고 그 무렵부터 1997.12.경까지 위와 같은 방법으로 **일주일에 4 내지 5일 정도, 하루에 수십 회 반복하여** A에게 "강도 같은 년, 표절가수다."라는 등의 폭언과 욕설을 하였다. (2) 1998.3. 어느 날 A의 바뀐 전화번호를 알아낸 후 A의 집으로 전화하여 A에게 "전화번호 다시 바꾸면 가만두지 않겠다."라는 등으로 폭언을 하였으며, (3) 1998.8. 어느 날 같은 장소로 전화하여 A에게 "미친년, 강도 같은 년, 매장될 줄 알아라."라는 등의 욕설을 하였다. (4) 1999.9.1. 00:40경에는 A의 집 자동응답 전화기에 "A가 살인 청부교사범 맞아, 남의 작품을 빼앗아 간 여자, A 도둑년하고 살면서, 미친년 정신 똑바로 차려."라는 욕설과 폭언을 수회에 걸쳐 녹음하였으며, (5) 1999.9.2. 어느 날 이전과 같은 방법으로 "또라이년, 병신 같은 년, 뒷구녕으로 다니면서 거짓말을 퍼뜨리고 있어, 사기꾼 같은 년, 강도년, 피해자 이 또라이년"이라고 녹음하였다. 검사는 X를 폭행죄로 기소하였다.

원심은 X의 행위에 대하여 폭행죄 성립을 인정하여 유죄를 선고하였다. 이에 X가 상고하였다.

●**판지**● **파기환송.** 「[1] 형법 제260조에 규정된 폭행죄는 사람의 신체에 대한 유형력의 행사를 가리키며, 그 유형력의 행사는 신체적 고통을 주는 물리력의 작용을 의미하므로 신체의 청각기관을 직접적으로 자극하는 **음향도 경우에 따라서는 유형력에 포함될 수 있다.**

[2] 피해자의 신체에 공간적으로 근접하여 고성으로 폭언이나 욕설을 하거나 동시에 손발이나 물건을 휘두르거나 던지는 행위는 직접 피해자의 신체에 접촉하지 아니하였다 하더라도 피해자에 대한 불법한 유형력의 행사로서 폭행에 해당될 수 있는 것이지만, 거리상 멀리 떨어져 있는 사람에게 전화기를 이용하여 **전화하면서 고성을 내거나 그 전화 대화를 녹음 후 듣게 하는 경우**에는 특수한 방법으로 수화자의 청각기관을 자극하여 그 수화자로 하여금 고통스럽게 느끼게 할 정도의 음향을 이용하였다는 등의 **특별한 사정이 없는 한 신체에 대한 유형력의 행사를 한 것으로 보기 어렵다**」.

●**해설**● 1 대상판결은 음향을 이용한 경우에도 폭행죄가 성립할 수 있는지에 대해 대법원의 입장을 밝힌 대표적인 판결로서 의의가 있다. 대법원은 원칙적으로 "신체의 청각기관을 직접적으로 자극하는 음향도 경우에 따라서는 유형력에 포함될 수 있다"고 판단하였다.

2 그러나 폭행죄의 성립을 인정한 원심판단과는 달리 그 전화 대화를 폭행으로 단정하기 위하여는 사람의 청각기관이 통상적으로 고통을 느끼게 되는 정도의 고음이나 성량에 의한 전화 대화였다는 특별한 사정을 밝혀내는 것이 선행되어야 할 것으로 보았다. 그런데 원심은 이에 대한 심리를 거치지 않은 단계에서 전화에 의한 대화 또는 그 대화의 녹음 재생에 의한 청취의 결과가 사안의 폭행에 해당한다고 단정한 데에 위법이 있다고 판단하였다.

---

1) 형법 제260조(폭행) ① 사람의 신체에 대하여 폭행을 가한 자는 2년 이하의 징역, 500만원 이하의 벌금, 구류 또는 과료에 처한다.

3 폭행죄에서의 폭행은 사람의 '**신체**'에 대한 '**유형력의 행사**'이다. 유형력의 행사로는 일반적으로 주먹이나 몽둥이를 휘두르거나 침을 뱉거나 상대방을 세차게 미는 행위, 머리카락이나 수염을 자르는 행위 등이 이에 포함된다. 나아가 **신체에 직접 접촉하지는 않더라도** 피해자에게 근접하여 욕설을 하면서 때릴 듯이 손발이나 물건을 휘두르거나 던지는 행위는 피해자에 대한 불법한 유형력의 행사로서 폭행에 해당한다(대판 89도1406)는 점을 본 판결에서도 명백히 밝히고 있다.

4 그러나 사안에서 대법원은 거리상 멀리 떨어져 있는 사람에게 **전화기를 이용한 경우**에는 특별한 사정이 없는 한 신체에 대한 유형력의 행사를 한 것으로는 보기 어렵다고 판단하였다. 그리고 여기서 **특별한 사정**이란 「특수한 방법으로 수화자의 청각기관을 자극하여 그 수화자로 하여금 고통스럽게 느끼게 할 정도의 **음향을 이용** 것」을 예시로 들고 있다.

5 음향과 관련하여 **소음은 폭행의 의미에 포함된다**고 본다. 소음은 통상적인 수인의 한도를 넘어 사람에게 불쾌감을 야기하는 '**음파**'라는 물리력[2]을 이용하여 사람에게 유형력을 행사하기 때문이다. 현대사회에 있어서 각종의 소음은 인간의 신체적 건강과 정신적 건강에 다양하게 영향을 미치고 있다. 특히 공동주택의 거주비율이 상당히 높은 우리나라의 경우, **층간소음**으로 인한 갈등은 방화나 살인 등의 강력범죄로 발전하는 경우가 늘어나고 있어 주의를 요한다.

6 한편 폭행죄는 피해자의 명시한 의사에 반하여 공소를 제기할 수 없는 대표적인 **반의사불벌죄**[3]로서 처벌불원의 의사표시는 의사능력이 있는 피해자가 단독으로 할 수 있는 것이고, 피해자가 사망한 후 그 상속인이 피해자를 대신하여 처벌불원의 의사표시를 할 수는 없다고 보아야 한다(대판 2010도2680). 반의사불벌죄는 피해자의 보호를 위하여 우리 형법이 마련한 독특한 범죄유형으로 신속한 피해배상을 가능하게 함을 입법취지로 한다. 하지만 2인 이상이 공동하여 폭행을 한 경우에는 「폭력행위 등 처벌에 관한 법률」제2조 제2항 제1호의 **공동폭행죄**가 성립하고 동죄는 반의사불벌죄가 아니다(동조 제4항).

7 그리고 폭행죄에 있어서 **상습성**은 「폭행 범행을 반복하여 저지르는 습벽을 말하는 것으로서, 동종 전과의 유무와 그 사건 범행의 횟수, 기간, 동기 및 수단과 방법 등을 종합적으로 고려하여 상습성 유무를 결정하여야 하고, 단순폭행, 존속폭행의 범행이 동일한 폭행 습벽의 발현에 의한 것으로 인정되는 경

---

2) '**음파**'는 물리학에서 매질(媒質)의 진동 방향이 파동의 방향에 일치하는 파동 즉 종파(縱波)의 하나이다. 즉 '음파'는 공기나 물 같은 매질의 진동을 통해 전달되는 종파이다. 대표적으로 사람의 청각기관을 자극하여 뇌에서 해석되는 매질의 움직임이 그 예이다. 우리들의 귀에 끊임없이 들려오는 소리는 공기 속을 전해오는 파동이다. 눈에는 보이지 않는 파동이지만 파동의 여러 가지 성질은 음파의 경우 귀에 들리는 소리의 변화로 알 수가 있다. 사람이 소리를 들을 수 있는 것도 공기가 진동하기 때문이다. 즉 주파수(진동수)를 가지기 때문이다. 사람의 가청주파수는 약 20~20480 Hz(20.48 KHz) 이내이며 나이가 듦에 따라 최대 가청주파수는 낮아지게 된다. 음파는 공기를 압축 또는 확장시킴으로써 파동을 갖게 된다. ko.wikipedia.org

3) 이 점에서 폭행죄는 상해죄와 구별된다. 폭행과 상해를 구별하는 실제적 이익도 상당 부분 여기에 있다고 말할 수 있다. **협박죄**나 **명예훼손죄, 과실치상죄**도 대표적인 반의사불벌죄이다. 존속폭행죄(법260②) 및 존속협박죄(법283②)도 반의사불벌죄이다. 그러나 특수폭행죄(법261)나 상습존속폭행죄(법264)·상습존속협박죄(법285)는 반의사불벌죄에 해당하지 않는다(대판 2017도10956, Ref 2−2). 한편, 군인 등이 군사기지 및 군사시설 보호법 제2조 제1호에서 정한 '**군사기지**'에서 군인 등을 **폭행**한 경우에는 반의사불벌죄로 규정한 형법 제260조 제3항을 적용하지 않는다(대판 2020도927, Ref 2−1).

우, **그중 법정형이 더 중한 상습존속폭행죄**에 나머지 행위를 포괄하여 하나의 죄만이 성립한다고 봄이 타당하다. 그리고 상습존속폭행죄로 처벌되는 경우에는 형법 제260조 제3항이 적용되지 않으므로, 피해자의 명시한 의사에 반하여도 공소를 제기할 수 있다(대판 2017도10956).[4]

소음과 관련된 판례

1 [대판 2007도3584] [공무원의 직무 수행에 대한 비판이나 시정 등을 요구하는 집회·시위 과정에서 **음향을 발생**시킨 행위가 **공무집행방해죄에서의 폭행**에 해당하는지 여부(한정 적극) 및 그 판단 기준] 공무집행방해죄는 직무를 집행하는 공무원에 대하여 폭행 또는 협박을 함으로써 성립하는 것인데, 여기에서 폭행이라 함은 공무원에 대하여 직접적인 유형력의 행사뿐만 아니라 **간접적으로 유형력을 행사하는 행위도 포함**하는 것이고, …… 민주사회에서 공무원의 직무수행에 대한 시민들의 건전한 비판과 감시는 가능한 한 널리 허용되어야 한다는 점에서 볼 때, 공무원의 직무 수행에 대한 비판이나 시정 등을 요구하는 집회·시위 과정에서 **일시적으로 상당한 소음이 발생하였다는 사정만으로는 이를 공무집행방해죄에서의 음향으로 인한 폭행**이 있었다고 할 수는 없다. 그러나 **의사전달수단으로서 합리적 범위를 넘어서 상대방에게 고통을 줄 의도로 음향을 이용하였다면 이를 폭행으로 인정할 수 있을 것**인바, 구체적인 상황에서 공무집행방해죄에서의 음향으로 인한 폭행에 해당하는지 여부는 음량의 크기나 음의 높이, 음향의 지속시간, 종류, 음향발생 행위자의 의도, 음향발생원과 직무를 집행 중인 공무원과의 거리, 음향발생 당시의 주변 상황을 종합적으로 고려하여 판단하여야 한다. **cf)** 이 사안에서 원심은 음향발생행위만으로는 공무집행방해죄에서의 폭행이 될 수 없다는 전제하에서 피고인들에게 무죄를 선고하였다. 그러나 대법원은 원심의 판단에는 공무집행방해죄에서의 폭행에 관한 법리 등을 오해하여 판결 결과에 영향을 미친 위법이 있다고 판단하여 파기환송하였다.

2 [대판 2004도4467] [1] 신고한 옥외집회에서 **고성능 확성기 등을 사용하여 발생된 소음**이 82.9dB 내지 100.1dB에 이르고, 사무실 내에서의 전화통화, 대화 등이 어려웠으며, 밖에서는 부근을 통행하기조차 곤란하였고, 인근 상인들도 소음으로 인한 고통을 호소하는 정도에 이르렀다면 이는 위력으로 인근 상인 및 사무실 종사자들의 업무를 방해한 **업무방해죄를 구성한다.** [2] 집회나 시위는 다수인이 공동목적으로 회합하고 공공장소를 행진하거나 위력 또는 기세를 보여 불특정 다수인의 의견에 영향을 주거나 제압을 가하는 행위로서 그 회합에 참가한 다수인이나 참가하지 아니한 불특정 다수인에게 의견을 전달하기 위하여 어느 정도의 소음이 발생할 수밖에 없는 것은 부득이한 것이므로 집회나 시위에 참가하지 아니한 일반 국민도 이를 수인할 의무가 있다고 할 수 있으며, 합리적인 범위에서는 확성기 등 소리를 증폭하는 장치를 사용할

---

4) **[대판 2017도10956]** 피고인이 상습으로 갑을 폭행하고, 어머니 을을 존속폭행하였다는 내용으로 기소된 사안에서, 피고인에게 폭행 범행을 반복하여 저지르는 습벽이 있고 이러한 습벽에 의하여 단순폭행, 존속폭행 범행을 저지른 사실이 인정된다면 단순폭행, 존속폭행의 각 죄별로 상습성을 판단할 것이 아니라 포괄하여 그중 법정형이 가장 중한 상습존속폭행죄만 성립할 여지가 있는데, 이와 달리 상습폭행과 존속폭행의 2개 행위로 파악하여, 피고인에게 단순폭행의 습벽이 인정된다는 이유로 상습폭행 부분을 유죄로 인정하면서도 존속폭행의 습벽까지는 인정할 증거가 없다는 이유에서 상습존속폭행은 성립할 수 없고 존속폭행만 성립할 수 있다고 전제한 다음, 을이 제1심판결 선고 전에 처벌을 원하지 않는다는 의사를 밝혔다는 이유로 존속폭행 부분에 대하여 주문에서 공소기각을 선고한 원심판결에 형법 제264조, 폭행죄의 상습성, 죄수 등에 관한 법리오해의 잘못이 있다고 한 사례.

수 있고 확성기 등을 사용한 행위 자체를 위법하다고 할 수는 없으나, 그 집회나 시위의 장소, 태양, 내용과 소음 발생의 수단, 방법 및 그 결과 등에 비추어, 집회나 시위의 목적 달성의 범위를 넘어 **사회통념상 용인될 수 없는 정도로 타인에게 심각한 피해를 주는 소음을 발생시킨 경우에는 위법한 위력의 행사로서 정당행위라고는 할 수 없다.**

Reference 2

1 [대판 2020도927] [군인 등이 대한민국의 국군이 군사작전을 수행하기 위한 근거지에서 군인 등을 폭행한 경우] 군형법 제60조의6 제1호는 군인 등이 군사기지 및 군사시설 보호법(이하 '군사기지법'이라 한다) 제2조 제1호에서 정한 군사기지에서 군인 등을 폭행한 경우에 폭행죄를 반의사불벌죄로 규정한 형법 제260조 제3항을 적용하지 않도록 정하고 있고, …… 이는 (가) 병영질서의 확립과 군기 유지를 위해 처벌할 공공의 이익이 크고 (나) 진정성 있는 합의를 통해 분쟁 해결을 기대하기 어려운 군인 상호 간 폭행의 불법성을 고려함으로써 공소제기의 적정과 균형을 추구함과 동시에 궁극적으로는 군사기지에서의 폭행으로부터 **병역의무자를 보호**하기 위한 것이다. (다) 군형법 제60조의6 제1호 규정의 내용과 입법 취지에 비추어 보더라도, 군사기지법 제2조 제1호의 정의규정이 정한 군사기지의 개념요소, 즉 대한민국의 국군이 군사작전을 수행하기 위한 근거지는 그곳이 대한민국 영토 밖이든 외국군의 군사기지이든 엄격한 상명하복의 위계질서와 장기간의 병영생활이 요구되는 병역의무의 이행장소라는 점에서 다른 **대한민국의 국군 군사기지와 동일**하므로, 그곳에서 일어난 폭행에 대해서는 형법상 반의사불벌죄 규정의 적용이 배제되어야 한다.

2 [대판 2017도10956] [단순폭행, 존속폭행의 범행이 동일한 폭행 습벽의 발현에 의한 것으로 인정되는 경우, 그 죄수(＝**상습존속폭행죄의 포괄일죄**)/ 상습존속폭행죄로 처벌되는 경우, 피해자의 명시한 의사에 반하여 공소를 제기할 수 있는지 여부(적극)] [1] 폭행죄의 상습성은 폭행 범행을 반복하여 저지르는 습벽을 말하는 것으로서, 동종 전과의 유무와 그 사건 범행의 횟수, 기간, 동기 및 수단과 방법 등을 종합적으로 고려하여 상습성 유무를 결정하여야 하고, 단순폭행, 존속폭행의 범행이 동일한 폭행 습벽의 발현에 의한 것으로 인정되는 경우, 그중 법정형이 더 중한 상습존속폭행죄에 나머지 행위를 포괄하여 하나의 죄만이 성립한다고 봄이 타당하다. 그리고 상습존속폭행죄로 처벌되는 경우에는 형법 제260조 제3항이 적용되지 않으므로, 피해자의 명시한 의사에 반하여도 공소를 제기할 수 있다. [2] 피고인이 상습으로 갑을 폭행하고, 어머니 을을 존속폭행하였다는 내용으로 기소된 사안에서, 피고인에게 폭행 범행을 반복하여 저지르는 습벽이 있고 이러한 습벽에 의하여 단순폭행, 존속폭행 범행을 저지른 사실이 인정된다면 단순폭행, 존속폭행의 각 죄별로 상습성을 판단할 것이 아니라 포괄하여 **그중 법정형이 가장 중한 상습존속폭행죄만 성립**할 여지가 있는데도, 이와 달리 상습폭행과 존속폭행의 2개 행위로 파악하여, 피고인에게 단순폭행의 습벽이 인정된다는 이유로 상습폭행 부분을 유죄로 인정하면서도 존속폭행의 습벽까지는 인정할 증거가 없다는 이유에서 상습존속폭행은 성립할 수 없고 존속폭행만 성립할 수 있다고 전제한 다음, 을이 제1심판결 선고 전에 처벌을 원하지 않는다는 의사를 밝혔다는 이유로 존속폭행 부분에 대하여 주문에서 공소기각을 선고한 원심판결에 형법 제264조, 폭행죄의 상습성, 죄수 등에 관한 법리오해의 잘못이 있다고 한 사례.

「폭력행위 등 처벌에 관한 법률」 제3조 제1항의 '위험한 물건'에 승용차가 해당되는가?

●**사실**● 피고인 X는 주차위반을 하지 않았음에도 교통관리직원인 A가 견인료납부를 요구하면서 자신을 그곳을 떠나지 못하게 하자, 화가 나 자신의 캐피탈 승용차 앞을 가로막고 있는 A의 다리 부분을 승용차 앞 범퍼 부분으로 들이받고 약 1m 정도 진행하여 A를 땅바닥에 넘어뜨렸다.

원심은 X가 위험한 물건(승용차)을 휴대하여 폭행한 것으로 보아 「폭력행위 등 처벌에 관한 법률」 제3조 제1항에 해당한다고 보았다. 이에 대해 X가 상고하였다.

●**판지**● 상고기각. 「[1] 「폭력행위 등 처벌에 관한 법률」 제3조 제1항에 있어서 **'위험한 물건'**이라 함은 흉기는 아니라고 하더라도 널리 사람의 생명, 신체에 해를 가하는 데 사용할 수 있는 일체의 물건을 포함한다고 풀이할 것이므로, 본래 살상용·파괴용으로 만들어진 것뿐만 아니라 다른 목적으로 만들어진 칼·가위·유리병·각종공구·자동차 등은 물론 화학약품 또는 사주된 동물 등도 그것이 사람의 생명·신체에 해를 가하는 데 사용되었다면 본조의 '위험한 물건'이라 할 것이며, 한편 이러한 물건을 **'휴대하여'**라는 말은 소지뿐만 아니라 널리 이용한다는 뜻도 포함하고 있다.

[2] 견인료납부를 요구하는 교통관리직원을 승용차 앞 범퍼 부분으로 들이받아 폭행한 사안에서, 승용차가 「폭력행위 등 처벌에 관한 법률」 제3조 제1항 소정의 **'위험한 물건'**에 해당한다」.

●**해설**● 1 대상판결에 다투어진 점은 두 가지이다. 첫째, X의 승용차가 '위험한 물건'에 해당하는가와 둘째, 승용차를 약 1m 정도 진행시킨 X의 행위를 '휴대행위'로 볼 수 있는가 이다. 양자 모두 해석의 문제로 유추해석 여부가 다투어졌다.

2 일반적으로 '유추해석은 금지되지만, 확장해석은 허용된다'고 본다(형법판례총론【3】,【4】참조). 그리고 허용된 확장해석의 한계는 **'문언의 가능한 의미'**의 범위에 의해 결정된다. 따라서 '문언의 가능한 의미' 내에 있으면 허용되는 해석이지만, 이를 벗어나면 법관에 의한 법창조로 금지되는 유추로 본다.

3 법원은 위험한 물건에 대해서 다음과 같이 상세히 언급하고 있다. 「**'위험한 물건'**이라 함은 흉기는 아니라고 하더라도 널리 사람의 생명, 신체에 해를 가하는 데 사용할 수 있는 **일체의 물건을 포함한다**고 풀이할 것이므로, 본래 살상용·파괴용으로 만들어진 것뿐만 아니라 다른 목적으로 만들어진 칼·가위·유리병·각종 공구·자동차 등은 물론 화학약품 또는 사주된 동물 등도 그것이 사람의 생명·신체에 해를 가하는 데 사용되었다면 본조의 '위험한 물건'」이다. 그리고 '위험한 물건'에 해당하는지 여부는 「구체적인 사안에서 사회통념에 비추어 그 물건을 사용하면 상대방이나 제3자가 생명 또는 신체에 위험을 느낄 수 있는지 여부에 따라 판단하여야 한다」(대판 2014도1894, Ref 1-2).

---

1) 형법 제261조(특수폭행죄) 단체 또는 다중의 위력을 보이거나 **위험한 물건을 휴대**하여 제260조 제1항 또는 제2항의 죄를 범한 때에는 5년 이하의 징역 또는 1천만원 이하의 벌금에 처한다.
2) 2016.1.6.에 이 조항은 삭제되었다. 삭제되기 전의 본 조항은 '흉기나 그 밖의 **위험한 물건을 휴대**하여' 폭행죄를 범한 경우 단순폭행죄에 비하여 가중처벌하도록 규정하고 있었다.

4 사안에서 법원은 승용차도 '위험한 물건'의 가능한 의미 범위 내에 있는 것으로 보았고 또한 '휴대'의 의미도 **단순히 소지뿐만 아니라 널리 이용한다**는 뜻도 포함되는 것으로 넓게 파악하여 차를 약 1m 정도 진행시킨 경우도 휴대한 경우로 보았다. 이와 같이 승용차가 위험한 물건에 해당하는가에 관하여 대법원은 위험한 물건으로 본 경우도 있지만 자동차를 이용하여 다른 자동차를 충격한 사안에서는 위험한 물건에 해당하지 않는다고 본 판결(대판 2007도3520, Ref 1−10)도 있다.

5 '위험한 물건'과 '흉기'의 차이　　　형법은 '흉기'와 '위험한 물건'을 분명하게 구분하여 규정하고 있다. 판례는 흉기를 「본래 살상용·파괴용으로 만들어진 것이거나 이에 준할 정도의 위험성을 가진 것」으로 본다. 대법원은 택시 운전석 창문을 파손하는 데 사용한 드라이버가 흉기휴대절도(법331②)에서의 흉기에 해당하는지 여부가 다투어진 사안에서 드라이버는 흉기에 해당하지 않는다고 판시한 바 있다(대판 2012도4175).

6 '다중의 위력을 보이는 것'　　　한편 특수폭행죄에서 '위력을 보인다'는 것은 사람의 의사를 제압할 수 있는 세력을 상대방에게 인식키는 것을 말한다. 하지만 이로 인하여 상대방의 의사가 현실로 제압되어야 하는 것은 아니다. 다만 이 경우도 상대방의 의사를 제압할 만한 세력을 인식시킬 정도는 되어야 한다(대판 2005도174).

Reference 1

'위험한 물건'에 해당된다고 본 판결

1 [대판 2015도5854] 피고인이 **길이 140cm, 지름 4cm인 대나무**를 휴대하여 피해자 갑, 을에게 상해를 입혔다는 내용으로 기소된 사안에서, 피고인이 위 대나무로 갑의 머리를 여러 차례 때려 대나무가 부러졌고, 갑은 두피에 표재성 손상을 입어 사건 당일 병원에서 봉합술을 받은 점 등에 비추어 피고인이 사용한 위 대나무가 '위험한 물건'에 해당한다고 본 원심판단이 정당하다고 한 사례.

2 [대판 2014도1894] 국회의원인 피고인이 한미 자유무역협정 비준동의안의 국회 본회의 심리를 막기 위하여 의장석 앞 발언대 뒤에서 CS최루분말 비산형 최루탄(제조모델 SY−44) 1개를 터뜨리고 최루탄 몸체에 남아있는 최루분말을 국회부의장 甲에게 뿌려 甲과 국회의원 등을 폭행하였다는 내용으로 기소된 사안에서, 위 **최루탄과 최루분말**은 사회통념에 비추어 상대방이나 제3자로 하여금 생명 또는 신체에 위험을 느낄 수 있도록 하기에 충분한 물건으로서 「폭력행위 등 처벌에 관한 법률」 제3조 제1항의 '위험한 물건'에 해당한다.[3)]

---

3) 대법원은 원심이 거론하는 「① 이 사건 최루탄의 신관은 관체를 파괴하여 최루물질을 공중에 비산시키는 역할을 하므로 신관 폭발에 의한 직접 위험은 크지 않으나 기폭관이 파열하면서 생성되는 구리 관체의 파편에 의한 상해 위험성이 존재한다는 국립과학연구소의 감정 회보, ② 이 사건 최루탄의 탄통 소재는 강화플라스틱(FRP, fiber reinforced plastics)으로서 깨어지는 구조가 아니고 찢어지는 재료로 되어 있어 파편으로 인한 사람의 생명과 신체에는 영향이 없으나 근접거리에서는 상당히 위험요소가 있다는 최루탄 제조업체에 대한 사실조회 회신, ③ 피해자들과 이 사건 최루탄 폭발 지점의 물리적 거리가 상당히 근접하였기 때문에 자칫 일부 피해자들의 신체에 파편으로 말미암아 치명적인 피해가 발생할 우려가 있었던 점, ④ 다수 피해자에게 이 사건 최루탄에서 비산된 최루분말로 인한 신체적 고통이 현실적으로 나타난 점」 등을 근거로 이사건 **최루탄과 최루분**

3 [대판 2010도10256] 파기환송. 피고인이 甲과 운전 중 발생한 시비로 한차례 다툼이 벌어진 직후 甲이 계속하여 피고인이 운전하던 자동차를 뒤따라온다고 보고 순간적으로 화가 나 甲에게 겁을 주기 위하여 **자동차를 정차한 후 4 내지 5m 후진하여 甲이 승차하고 있던 자동차와 충돌**한 사안에서, 피고인 운전의 **자동차**를 「폭력행위 등 처벌에 관한 법률」 제3조 제1항이 정한 '위험한 물건'에 해당한다.

4 [대판 2002도4586] 피고인이 **공기총**에 실탄을 장전하지 아니하였다고 하더라도 범행 현장에서 공기총과 함께 실탄을 소지하고 있었고 피고인으로서는 언제든지 실탄을 장전하여 발사할 수도 있으므로 공기총이 '위험한 물건'에 해당한다고 한 사례.

5 [대판 2002도2812] 피고인은 피해자가 전화를 끊어버렸다는 이유로 피해자에게 "똑바로 살아라, 다른 남자와 잠자리를 했는지 몸 검사를 해야겠다."라고 소리치면서 강제로 피해자의 옷을 벗겨 알몸을 만든 다음 맥주잔에 **바스타액제(농약, 제초제)**를 부어 들고서 위 피해자에게 "피해자 때문에 너무 괴로워 죽고 싶다.", "죽으려면 네가 먼저 죽어야 한다."라면서 왼손으로 위 피해자의 어깨를 잡고 오른손으로 위 맥주잔을 위 피해자의 입에 들이대면서 먹이려다가 위 피해자가 완강히 반항하자 그 곳에 있던 **당구큐대(약 70cm)**로 위 피해자의 무릎과 엉덩이를 수회 때려 위 피해자에게 약 2주간의 치료를 요하는 골반둔부타박상 등을 가하였다는 것이므로, 원심이 위 법리에 비추어 위 **바스타액제와 당구큐대**를 위 법률 소정의 위험한 물건으로 보았음은 정당하다.

6 [대판 91도2527] 「폭력행위 등 처벌에 관한 법률」 제3조 제1항 소정의 "흉기 기타 위험한 물건"이라 함은 사람을 살상할 특성을 갖춘 총, 칼과 같은 물건은 물론 그 밖의 물건이라도 사회통념상 이를 이용하면 상대방이나 제3자가 살상의 위험을 느낄 수 있는 것을 포함하는바, **깨어지지 아니한 상태의 맥주병** 역시 위의 위험한 물건에 해당한다고 하여야 할 것이다.

7 [대판 84도647] 마이오네즈병은 이로써 사람을 구타하거나 깨어진 부분으로 찌른다면 생명신체에 해를 끼칠 수 있어 사람을 해할 목적으로 이를 들고 대하면 그 상대방이나 일반 제3자가 위험성을 느낄 수 있음은 경험칙에 속한다 할 것이므로 **마이오네즈병을 들고 구타하는 행위**는 「폭력행위 등 처벌에 관한 법률」제3조 제1항 소정의 "위험한 물건"을 휴대한 경우에 해당한다 할 것이다.

'위험한 물건'에 해당되지 않는다고 본 판결

8 [대판 2010도930] 경륜장 사무실에서 술에 취해 소란을 피우면서 **'소화기'를 집어던졌지만 특정인을 겨냥하여 던진 것이 아닌 점** 등을 종합하여, 위 '소화기'는 「폭력행위 등 처벌에 관한 법률」 제3조 제1항의 '위험한 물건'에 해당하지 않는다.

9 [대판 2007도9624] 피고인이 2006.12.21. 02:00경 당구장에서 피해자가 시끄럽게 떠든다는 이유로, 주먹으로 피해자의 얼굴 부위를 1회 때리고 그곳 당구대 위에 놓여있던 **당구공으로 피해자의 머리 부위를 수회 때려**, 피해자에게 치료일수 불상의 입술 부위가 터지고 머리부위가 부어오르는 상해를 가하였다는 이

말을 「폭력행위 등 처벌에 관한 법률」 제3조 제1항의 '위험한 물건'에 해당한다고 판단하였다.

사건 공소사실에 대하여, 피고인이 피해자의 얼굴을 주먹으로 가격하여 생긴 상처가 주된 상처로 보이고, 당구공으로는 피해자의 **머리를 툭툭 건드린 정도에 불과한 것**으로 보이는 사실을 인정한 다음, 위와 같은 사정 아래에서는 피고인이 당구공으로 피해자의 머리를 때린 행위로 인하여 사회통념상 피해자나 제3자에게 생명 또는 신체에 위험을 느끼게 하였으리라고 보여지지 아니하므로 위 **당구공**은「폭력행위 등 처벌에 관한 법률」제3조 제1항의 '위험한 물건'에는 해당하지 아니한다.

10 [대판 2007도3520] **자동차를 이용하여 다른 자동차를 충격한 사안**에서, 충격 당시 차량의 크기, 속도, 손괴 정도 등 제반 사정에 비추어 위 자동차가 폭력행위 등 처벌에 관한 법률 제3조 제1항에 정한 '위험한 물건'에 해당하지 않는다고 한 사례. [3] 피고인이 이혼 분쟁 과정에서 자신의 아들을 승낙 없이 자동차에 태우고 떠나려고 하는 피해자들 일행을 상대로 급하게 추격 또는 제지하는 과정에서 이 사건 자동차를 사용하게 된 점, 이 사건 범행은 소형승용차(라노스)로 중형승용차(쏘나타)를 충격한 것이고, 충격할 당시 두 차량 모두 정차하여 있다가 막 출발하는 상태로서 차량 속도가 빠르지 않았으며 상대방 차량의 손괴 정도가 그다지 심하지 아니한 점, 이 사건 자동차의 충격으로 피해자들이 입은 상해의 정도가 비교적 경미한 점 등의 여러 사정을 종합하면, 피고인의 이 사건 자동차 운행으로 인하여 사회통념상 상대방이나 제3자가 생명 또는 신체에 위험을 느꼈다고 보기 어렵다고 판단하여 피고인에 대한 폭력행위 등 처벌에 관한 법률 제3조 제1항 위반죄가 성립하지 아니한다.

11 [대판 2004도176] 피고인의 자취방 안에서 **길이 50~60cm 정도의 당구큐대로 피해자의 머리 부위를 3~4회, 배 부위를 1회** 가량 폭행하였으나, 피고인은 당초 피해자에게 돈을 빌려 줄 것을 요청하였다가 피해자가 거짓말을 하면서 이를 거부하자 피해자와 피해자의 친구인 강창구 등과 함께 피고인의 자취방으로 가서 피해자가 거짓말을 하였다는 이유로 위 당구큐대로 피해자의 **머리 부위를 3~4회 가볍게 툭툭 때리고 배 부위를 1회 밀어 폭행**한 것이고, 그로 인하여 피해자에게 어떠한 상해가 발생하였다는 흔적도 없으며, 피해자도 위 폭행에 별다른 저항을 하지 아니한 사정, 피고인과 피해자는 나이 차이가 두 살 차이에 불과하고 이 사건 전후에도 함께 어울리며 지낸 사정 등을 알 수 있는바, 위와 같은 사정 아래에서는 피고인의 위와 같은 폭행으로 인하여 사회통념상 피해자나 제3자가 생명 또는 신체에 위험성을 느꼈으리라고 보여지지는 아니하므로, 같은 취지에서 위 당구큐대를 위 법률 제3조 제1항 소정의 위험한 물건에 해당하지 않는다고 본 원심의 판단은 정당하다.

12 [대판 89도1570] 「폭력행위 등 처벌에 관한 법률」제3조 제1항 소정의 위험한 물건의 위험성 여부는 구체적인 사인에 따라서 사회통념에 비추어 그 물건을 사용하면 그 상대방이나 제3자가 곧 위험성을 느낄 수 있으리라고 인정되는 물건인가의 여부에 따라 이를 판단하여야 할 것인바, 피해자가 먼저 식칼을 들고 나와 피고인을 찌르려다가 피고인이 이를 저지하기 위하여 그 칼을 뺏은 다음 피해자를 훈계하면서 위 **칼의 칼자루 부분으로 피해자의 머리를 가볍게 쳤을 뿐**이라면 피해자가 위험성을 느꼈으리라고는 할 수 없다.

13 [대판 81도1046] 용법에 따라서는 사람을 살상할 수 있는 물건이「폭력행위 등 처벌에 관한 법률」제3조 제1항 소정의 위험한 물건인지의 여부는 **구체적인 사안에 따라서** 사회통념에 비추어 그 물건을 사용하면 그 상대방이나 제3자가 곧 **위험성을 느낄 수 있는가의 여부에 따라 이를 판단하여야** 할 것이므로 **쇠파이**

프(길이 2m, 직경 5cm)로 머리를 구타당하면서 이에 대항하여 그곳에 있던 **각목**(길이 1m, 직경 5cm)으로 상대방의 허리를 구타한 경우에는 위 각목은 위 법조 소정의 **위험한 물건이라고 할 수 없다.**

위험한 물건의 '휴대'와 관련된 판결

1 [대판 2004도2018] 「성폭력범죄의 처벌 및 피해자보호 등에 관한 법률」의 목적과 법 제6조의 규정 취지에 비추어 보면 법 제6조 제1항 소정의 '흉기 기타 위험한 물건을 휴대하여 강간죄를 범한 자'란 범행 현장에서 그 범행에 사용하려는 의도 아래 흉기를 소지하거나 몸에 지니는 경우를 가리키는 것이고, 그 범행과는 전혀 무관하게 우연히 이를 소지하게 된 경우까지를 포함하는 것은 아니라 할 것이나, **범행 현장에서 범행에 사용하려는 의도 아래 흉기 등 위험한 물건을 소지하거나 몸에 지닌 이상 그 사실을 피해자가 인식하거나 실제로 범행에 사용하였을 것까지 요구되는 것은 아니라 할 것이다.** 기록에 의하면, 피고인은 피해자를 강간하기 위하여 피해자의 주거 부엌에 있던 칼과 운동화 끈을 들고 피해자가 자고 있던 방안으로 들어가서, 소리치면 죽인다며 손으로 피해자의 입을 틀어막고 운동화 끈으로 피해자의 손목을 묶어 반항을 억압한 다음 간음을 하였고, **부엌칼은 굳이 사용할 필요가 없어 이를 범행에 사용하지 않은 사실**을 알 수 있는바, 그렇다면 당시 피고인의 부엌칼 휴대 사실을 피해자가 알지 못하였다고 하더라도 피고인은 "흉기 기타 위험한 물건을 휴대하여" 피해자를 강간한 것이라고 보아야 할 것이다.

2-1 [대판 90도401] [흉기의 우연한 소지] [1] 원심이 인정한 사실에 의하면, 피고인은 1989.8.23.의 판시 범행 일에 **버섯을 채취**하러 산에 가면서 칼을 휴대한 것일 뿐 판시 주거침입에 사용할 의도 아래 이를 소지한 것이 아니고 판시 주거침입 시에 이를 사용한 것도 아니라는 것인 바 … 피고인은 같은 법 제3조제1항 소정의 흉기를 휴대하여 주거침입의 죄를 범한자라고 할 수는 없다. [2] 「폭력행위 등 처벌에 관한 법률」의 목적과 그 제3조 제1항의 규정취지에 비추어 보면 같은 법 제3조 제1항 소정의 "흉기 기타 위험한 물건을 휴대하여 그 죄를 범한 자"란 범행현장에서 그 범행에 사용하려는 의도아래 흉기를 소지하거나 몸에 지니는 경우를 가리키는 것이지 **그 범행과는 전혀 무관하게 우연히 이를 소지하게 된 경우까지를 포함하는 것은 아니다.**

2-2 [대판 2008도2794] 피고인이 검찰 직원의 전화를 받고 검찰청에 가기 전에 사용한 주사기와 소지하던 **칼을 검은 비닐봉지에 담아 버리려고** 집 밖으로 나오는 순간 검찰 직원 5~6명이 전기총을 쏘고 쇠파이프로 가격해 손에 들고 있던 비닐봉지를 땅에 떨어뜨렸다고 변소하고 있고, …… 이러한 정황에 비추어 보면 위 피고인이 칼을 검은 비닐봉지에 담아 버리려고 했다는 변소에 충분히 수긍이 가고, 이와 달리 위 피고인이 범행 현장에서 사용할 의도 아래 흉기를 휴대하였다고 볼 수 없다.

3 [대판 84도353] 판시 과도를 범행현장에서 **호주머니 속에 지니고 있었던 이상 이는 위험한 물건을 휴대한 경우이므로** 이를 「폭력행위 등 처벌에 관한 법률」 제3조 제1항에 의율한 원심조치에 위법이 없고 그 밖에 원심판결에 소론과 같은 심리를 미진한 위법은 없으므로 논지 이유 없다.

4 [대판 81도3074] [범행현장에서 비로소 소지한 경우] 「폭력행위 등 처벌에 관한 법률」 제3조 제1항에서 말하는 위험한 물건의 휴대라고 함은 소론과 같이 손에 드는 등 몸에 지닌 것을 말하나 이 휴대라 함은 반

드시 몸에 지니고 다니는 것을 뜻한다고는 할 수 없으니 **범행 현장**에서 범행에서 사용할 의도 아래 이를 소지하거나 몸에 지니는 경우도 휴대라고 볼 것이므로 본건에서 피고인이 **깨어진 유리조각을 들고 피해자의 얼굴에 던졌다면** 이는 위험한 물건을 휴대하였다고 볼 것이다.

> 건물 소유자가 안전배려나 안전관리 사무에 계속적으로 종사하거나 그러한 계속적 사무를 담당하는 지위를 가지지 않은 채 단지 건물을 비정기적으로 수리하거나 건물의 일부분을 임대한 행위가 업무상과실치상죄의 '업무'에 해당하는가?

●**사실**● 피고인 X는 서울 종로구에 있는 3층 건물의 소유자로서 건물의 각 층을 임대하여 임차인으로 하여금 각 층 임대공간을 사용하도록 하였다. 이 건물의 2층에는 사람들의 통행이 빈번한 반면, 2층으로 올라가는 계단참의 전면 벽은 아크릴 소재로 만들어진 창문 형태로 되어 있고 실리콘 접착제만으로 고정되어 있을 뿐 별도의 고정장치가 없어, 아크릴 면에 일정 이상의 하중이 가해질 경우 접착 부분이 이탈될 수 있고 그 경우 바로 전면이 개방되어 1층의 지상층으로 떨어질 수 있게 되는 구조이기 때문에, 그로 인하여 낙하사고가 발생할 수 있었다. 하지만 X는 시설물 관리를 소홀히 하였다. 그러던 중 2015.10.11. 04:00경 이 건물 2층 주점에서 나오던 피해자 A(여, 38세)가 신발의 지퍼를 올리기 위하여 그 아크릴 벽면에 기대는 과정에서 위 아크릴 벽면이 떨어지고 벽면이 개방되어 약 4m 아래의 1층으로 추락하였다. 이로 인해 A는 요추 1번 골절로 양하지가 마비되는 치료일수 불상의 상해를 입게 되었다.

원심은 이 사건 공소사실 중 **축소사실인 과실치상 부분**에 관하여, 이 사건 건물의 소유자인 X에 대해 유죄를 인정했다. 이에 X는 과실 없음을 주장하며, 검사는 단순 과실치상이 아니라 업무상 과실치상임을 주장하며 상고하였다.

●**판지**● 상고기각. 「[1] **업무상과실치상죄의 '업무'**란 (가) 사람의 사회생활면에서 하나의 지위로서 계속적으로 종사하는 사무를 말한다. (나) 여기에는 수행하는 직무 자체가 위험성을 갖기 때문에 안전배려를 의무의 내용으로 하는 경우는 물론 사람의 생명·신체의 위험을 방지하는 것을 의무의 내용으로 하는 업무도 포함된다. (다) 그러나 건물 소유자가 안전배려나 안전관리 사무에 계속적으로 종사하거나 그러한 계속적 사무를 담당하는 지위를 가지지 않은 채 **단지 건물을 비정기적으로 수리하거나 건물의 일부분을 임대하였다는 사정만으로는 건물 소유자의 위와 같은 행위가 업무상과실치상죄의 '업무'에 해당한다고 보기 어렵다.**

[2] 피고인이 건물에 대한 수선 등의 관리를 비정기적으로 하였으나 그 이상의 안전배려나 안전관리 사무에 계속적으로 종사하였다고 인정하기 어렵다고 보아 **업무상과실치상의 공소사실을 이유에서 무죄로 판단**하고 **축소사실인 과실치상 부분을 유죄로 인정**한 원심판결은 정당하다」.

●**해설**● 1 대상판결은 건물소유자의 임대와 관련한 주의의무의 내용과 범위에 대한 중요한 판결이며, 업무상과실치상죄에서 말하는 '업무'의 의미와 범위를 밝히고 있다는 점에서 의의가 크다. 사안에서 대법원은 X에 대해 업무상과실치상죄가 아닌 단순 과실치상죄를 선고하였다.

---

1) 형법 제268조(업무상과실·중과실 치사상) **업무상과실** 또는 중대한 과실로 사람을 사망이나 상해에 이르게 한 자는 5년 이하의 금고 또는 2천만원 이하의 벌금에 처한다.

2) 형법 제266조(과실치상) ① 과실로 인하여 사람의 신체를 상해에 이르게 한 자는 500만원 이하의 벌금, 구류 또는 과료에 처한다. ② 제1항의 죄는 피해자의 명시한 의사에 반하여 공소를 제기할 수 없다.

2 형법에서 '과실'이란 **정상의 주의의무를 게을리 한** 것을 말한다(법14). **과실의 본질적 요소**는 법질서가 요구하는 주의의무를 다하지 못했다는 **규범적 측면**에 있다. 사안에서 법원은 X에게는 이 사건 건물을 이용하는 사람들의 생명과 신체를 보호하기 위하여 건물 2층 계단참 전면의 아크릴 벽면의 고정상태를 확인하고 미리 안전바를 설치하는 등으로 낙하사고를 방지하거나 건물을 관리할 **법적인 주의의무가 있다**고 보았다. 그럼에도 X는 그 관리의무를 소홀히 하였음을 인정하였고, 나아가 X의 주의의무 위반과 이 사건 사고 사이에 상당인과관계가 인정되며, X에게 이 사고에 대한 예견가능성이 인정된다고 보아 **과실치상이 성립한다**고 보았다. 사안에서는 단순 과실치상인지 아니면 업무상 과실치상인지가 다투어 졌다.

3 형법 제268조의 업무상과실치상죄는 단순 과실치상죄(법266)에 대한 가중범이다. 업무상과실치상죄가 단순 과실치상죄에 비하여 가중처벌하는 것은 **사람의 생명·신체에 대한 위험을 초래할 우려가 있거나 이를 방지할 의무가 있는 업무에 종사**하는 자에 대해서는 일반인에 비해 그러한 결과발생에 대한 고도의 주의의무가 부과되거나 그 예견가능성이 크다는 점 등의 사정을 고려하였기 때문이다. 따라서 제268조의 업무에는 사람의 생명, 신체의 위험을 방지하는 것을 의무내용으로 하는 업무도 포함된다고 풀이해야 할 것이다(대판 2006도3493).

4 **업무상 과실치사상죄에서 '업무'의 의의**   일반적으로 '**업무(業務)**'라 함은 사람이 ① 사회생활상의 지위에 기하여 ② 계속하여 행하는 ③ 사무를 말한다. 공무·사무, 본무·겸무, 주된 사무·부수사무를 불문하며, 계속할 의사를 가지고 있으면 단 1회이더라도 업무가 될 수 있다. 그러나 계속적·반복적으로 할 의사 없이 **호기심**에서 한 경우**는 업무에 해당하지 않는다**(대판 66도536, Ref 1.6−2). 나아가 업무상 과실치사상죄에서의 업무는 이상의 요건에 더하여 ④ 그 성질상 '**생명·신체에 대하여 위험성 있는**' 업무이어야 한다. ⑤ 또한 업무상 과실치사상죄의 업무는 반드시 **적법한 것임을 요하지 않는다**. 골재채취허가를 받지 않고 하천에서 자갈을 채취하여 웅덩이가 생긴 후 그 웅덩이에서 어린아이가 익사하였다면 자갈채취업자는 업무상 과실치사죄의 죄책을 진다(대판 84도2527, Ref 1−3). 무면허사무라도 상관없다. **무면허로 운전**을 하다가 사고를 낸 경우에도 계속적으로 운전에 종사할 의사가 있는 경우에는 업무상과실이 된다(대판 79도1250, Ref 1−4). 하지만 사회적으로 용인될 수 없는 불법한 사무는 업무라고 할 수 없다.

5 대상판결에서 대법원은 건물 소유자가 안전배려나 안전관리 사무에 계속적으로 종사하거나 그러한 계속적 사무를 담당하는 지위를 가지지 않은 채 **단지 건물을 비정기적으로 수리하거나 건물의 일부분을 임대한 행위는 업무상과실치상죄의 '업무'에는 해당하지 않는다**고 판단하였다. 하지만 축소사실인 과실치상 부분에 대해서는 유죄를 인정하였다.

6 과실치사상죄가 성립하기 위해서는 상해의 결과나 사망의 결과가 발생하여야 한다. 그리고 과실행위와 상해·사망의 결과발생 사이에 **인과관계**가 있어야 한다. 판례는 과실행위가 결과발생의 '**직접적 원인**'이 된 경우에만 인과관계를 인정하고 있다(Ref 3).

업무상과실치사상죄의 '업무'와 관련된 판례

1 [대판 2009도1040] 파기환송. [건물 소유자의 지위를 업무상과실치상죄의 '업무'로 볼 수 있는지 여부(소극)] [1] 4층 건물의 2층 내부 벽면에 설치된 분전반을 통해 3층과 4층으로 가설된 전선이 합선으로 단락되어 화재가 나 상해가 발생한 사안에서, **4층 건물의 소유자로서 위 건물 2층을 임대하였다는 사정만으로 업무상과실치상죄에 있어서의 '업무'에 관한 증명이 있다고 본 원심판결을 심리미진 등을 이유로 파기**한 사례. [2] 업무상과실치상죄에 있어서의 '업무'란 사람의 사회생활면에서 하나의 지위로서 계속적으로 종사하는 사무를 말하고, 여기에는 수행하는 직무 자체가 위험성을 갖기 때문에 안전배려를 의무의 내용으로 하는 경우는 물론 사람의 생명·신체의 위험을 방지하는 것을 의무내용으로 하는 업무도 포함되는데, 안전배려 내지 안전관리 사무에 계속적으로 종사하여 위와 같은 지위로서의 계속성을 가지지 아니한 채 **단지 건물의 소유자**로서 건물을 비정기적으로 수리하거나 건물의 일부분을 임대하였다는 사정만으로는 업무상과실치상죄에 있어서의 '업무'로 보기 어렵다. [3] 전기배선이 벽 내부에 매립 설치되어 건물 구조의 일부를 이루고 있다면 그에 관한 관리책임은 일반적으로 소유자에게 있다고 보아야 할 것이고, 다만 그 전기배선을 임차인이 직접 하였으며 그 이상을 미리 알았거나 알 수 있었다는 등의 특별한 사정이 있는 때에는 임차인에게도 그 부분의 하자로 인한 화재를 예방할 주의의무가 인정될 수 있다.

2-1 [대판 2006도3493] [**교도관들의 업무**가 업무상과실치사죄에서 말하는 업무에 해당하는지 여부(적극)] [1] 행형법 및 교도관직무규칙의 규정과 구치소라는 수용시설의 특성에 비추어 보면, 공휴일 또는 야간에는 소장을 대리하는 당직간부에게는 구치소에 수용된 수용자들의 생명·신체에 대한 **위험을 방지**할 법령상 내지 조리상의 의무가 있다고 할 것이고, 이와 같은 의무를 직무로서 수행하는 **교도관들의 업무는 업무상과실치사죄에서 말하는 업무에 해당한다.** [2] 피해자는 울산구치소에 수용된 이후 헛소리를 하고 구토를 하며, 하루 종일 식은땀을 흘리고 온몸을 떨면서 입에서 거품을 내는 등 전신발작을 일으키고 일회용 컵 반 분량의 피와 이물질을 토하며 바지에 대변을 보고 피오줌을 누며 수회에 걸쳐 화장실을 들락거리면서 넘어지고 혼자 중얼거리는 등 심각한 이상 징후가 계속 관찰되는 상태에 있었으므로, 이러한 상태에 대한 보고를 받은 피고인들로서는 피해자의 상태에 대하여 상급자 또는 의무과장에게 보고하여 적절한 지시를 받아 필요한 조치를 취하고, 그것이 불가능할 경우에는 피해자를 신속히 외부 병원으로 후송하여 전문가인 의사의 진료를 받게 하는 등 적절한 조치를 취할 의무가 있음에도 불구하고, 근무자에게 피해자가 휴식을 취할 수 있도록 하고 혈압 등을 수시로 체크하도록 지시하는 조치만을 취한 채 피해자를 장기간 방치함으로써 수용자들의 생명·신체에 대한 위험을 방지하기 위해 최선의 조치를 취해야 할 주의의무를 위반한 과실이 있고, 나아가 그 채용증거에 의하여 그 판시와 같은 사실을 인정한 다음, 피고인들이 피해자의 상태에 대하여 상급자 또는 의무과장에게 보고하여 적절한 지시를 받아 필요한 조치를 취하고, 그것이 불가능할 경우에는 피해자를 신속히 외부 병원으로 후송하여 전문가인 의사의 진료를 받게 하는 등 적절한 조치를 취하였다면 피해자가 사망하였을 것이라고는 볼 수 없어 피고인들이 피해자를 장기간 방치한 과실과 피해자의 사망이라는 결과 사이에 상당인과관계도 인정된다.

2-2 [대판 2004도8137] 피고인이 **알코올중독자를 수용하는 시설**인 이 사건 복지원을 운영하면서도 알코올중독자의 금단증상에 대처할 수 있는 의사 등을 배치하지 않은 사실, 피해자는 위 복지원에 입소할 때부터 알코올중독증세가 매우 심하였고 이 사건 이전에도 여러 번 금단증상을 보이기도 하였으며 이러한 사실

을 피고인들도 모두 알고 있었던 사실, 그럼에도 피고인들은 위와 같이 금단증상을 보이던 피해자를 병원에 호송하여 치료를 받게 하는 등의 조치를 취하지 않았던 사실, 그러던 중 2003. 6. 15. 피해자가 다시 금단증상을 보이자 피고인 2가 피해자를 독방으로 옮겨 그대로 방치하였고 그 다음날 피해자가 목을 매어 사망에 이른 사실 등 판시와 같은 사실들을 인정한 다음, 알코올중독자의 수용시설을 운영 또는 관리하던 피고인들로서는 알코올중독자의 금단증상에 대비하여 의사 등을 배치하고 금단증상을 보이는 알코올중독자를 즉시 병원으로 호송하여 치료를 받게 하는 등의 조치를 다할 주의의무가 있었음에도 피해자가 금단증상을 보일 때 위와 같은 주의의무를 다하지 아니하고 피해자를 독방에 가둔 다음 그대로 방치한 과실이 있고, 피고인들은 알코올중독증세가 심해 금단증상이 잦았던 피해자가 위와 같은 경우에 자살하는 등 위험한 행동을 할 수도 있었음을 충분히 예견할 수 있었다 할 것이므로, 피고인들의 과실과 위 피해자의 사망 간에는 인과관계가 인정된다고 봄이 상당하다 하여 이 사건 업무상과실치사죄가 인정된다.

3 [대판 84도2527] [1] 골재채취허가여부는 **골재채취업무**가 업무상과실치사상죄에 있어서의 업무에 해당하는 사실에 아무런 소장이 없다. [2] 피고인 1은 골재채취작업 현장소장으로서 그 채취작업으로 생긴 깊이 약 2미터, 길이 약 60미터, 폭 약 40미터 크기의 타원형 웅덩이를 메우고 하상을 정리해서 익사 등의 사고를 방지해야 할 업무상 주의의무가 있음에도 불구하고 위 웅덩이를 그대로 방치한 과실로 피해자로 하여금 강을 건너던 중 위 웅덩이에 빠져 익사케 하였다.

4 [대판 79도1250] 피고인이 근무하는 제주도립병원에 설치된 자가발전기를 정전이 될 때마다 피고인이 상사의 명에 의하여 발동작업을 하여 왔음을 짐작할 수 있으니 동 발전기의 작동을 피고인의 업무로 본 제1심 판결의 조치에 수긍이 가며 피고인이 전기 공작물에 관한 기술자 **면허 내지 자격이 있는 여부는 위 업무에 아무런 소장이 없다** 할 것이다.

5 [대판 72도701] 파기환송. 피고인이 완구상 점원으로서 **완구배달을 하기 위하여 자전거를 타고 소매상을 돌아 다니는 일**을 하고 있었다고 한다면 그 자전거를 운전하는 업무에 종사하고 있다고 보아야 한다. 할 것이고, 따라서 피고인이 그 자전거를 운전하는 업무에 종사 중 업무상 필요한 주의 의무를 태만한 탓으로 타인의 신체에 상해를 입혔다고 한다면 이는 공소 사실에서 적시한 바와 같이 업무상 과실치상죄에 해당할 것임에도 불구하고 원심이 위와 같이 설시한 것은 필경 법률을 그릇 적용한 위법이 있다.

6-1 [대판 4294형상5] 업무상 과실치사상죄에 있어서의 업무라 함은 사람의 사회생활면에 있어서의 하나의 지위로서 계속적으로 종사하는 사무를 말하고 반복계속의 의사 또는 사실이 있는 한 그 사무에 대한 격별한 경험이나 법규상의 면허를 필요로 하지 아니한다고 할 것인바 일건 기록에 의하면 피고인은 과거 자동차조수로 약 1년 6월간 근무하였고 한국운수주식회사 대전지점 자동차수리공장에서 수리공으로서 자동차수리 전후에 그 차륜을 수시 시운전을 하였으며 본건에 있어서 **운전면허없이** 본건 자동차 우 회사소유를 운전하였든 사실을 인정할 수 있으므로 피고인이 **면허 있는 자동차 운전수가 아니라 할지라도 피고인의 본건 자동차 운전사무는 업무상 과실치사죄에 있어서의 업무에 해당한다** 할 것이다.

6-2 [비교판례] [대판 66도536] 파기환송. [1] 피고인은 차량의 **운전업무에 종사하는 자가 아니므로** 단 1회의 운전행위만을 대상으로 하여 업무상과실이 있다고 단정한 것은 본조 제2항의 업무상과실에 관한 법리를 그릇한 위법이 있다. [2] 피고인은 육군 중위로서 근무하던자로 1965.12.6. 18:00경 소속대 하사, 공소외

1집에서 그 사람의 결혼 피로연에 참석하여, 술을 마신 후, 소속대 병장 공소외 2가 운전하던 소속대 1/4 톤 차량으로 귀대도중, 익일 01:30경 소양강 검문소에 이르러, 시간외 차량운행을 단속하는 헌병에게, 전시 운전병이 동 검문소안으로 연행되어, 운전석이 비어 있음을 보고, 과거부터 운전에 호기심을 가지고 있던 나머지, 가지고 있든 짚차용 "키"로, 그 차량을 시동하고 운행하였든바, …… 주의의무를 태만히하여, 취흥에 넘쳐 만연히, 시속 50Km의 과속으로 진행하다가 차량을 함입전복케 하였다. 이에 대해 원심은 군형법 73조 2항 동법 69조를 적용 처단하였다. 그러나 피고인은 육군중위로서, 원판시 중대 부관이며, 원판시 **차량의 운전업무에 종사하는 자가 아님으로,** 피고인에게 원판시 차량을 운전함에 있어서, 업무상 과실이 있다고 인정하기 위하여서는 적어도, 피고인이 오락을 위하여서 한다 할지라도, **반복적 계속적으로,** 원판시 차량의 운전을 한 사실을 필요로 한다 할 것이요, 이와 같은 경우에 비로소, 피고인의 원판시 자동차 운전 행위는 자동차 운전업무에 속한다 할 것이며, 그 업무는 성질상 사람의 생명 신체에 대한, 위험을 포함하는 것이라 할 것이므로, 피고인은 자동차 운전 업무에 종사하는 자로서의 업무상 주의의무를 다 할 책임이 있다 할 것이니, 원심은 의당 피고인이 원판시 차량을 오락을 위하여 **반복적 계속적으로, 운전한 사실의 여부를 심사판단하였어야 할 것이요,** 원판시와 같이, 피고인의 단 1회의 운전행위만을 대상으로 하여, 업무상 과실이 있다고 단정한 것은, 군형법 73조 2항의 업무상 과실에 관한 법리를, 그릇한 위법이 있다. **cf)** 업무에 해당하기 위해서는 행위자가 어느 일을 계속적·반복적으로 한 경우(대판 72도701) 이외에 어느 일을 계속적·반복적으로 할 의사를 가지고 한 경우도 인정된다(대판 4294형상5). 그러나 계속적·반복적으로 할 의사 없이 **호기심**에서 한 경우(대판 66도536)에는 업무에 해당하지 않는다.

업무상과실치상죄에 있어서 '주의의무위반'과 관련된 주요 판례

1 [대판 2022도11950] [**골프와 같은 개인 운동경기**에서, 경기 참가자의 주의의무와 경기보조원의 업무상 주의의무] 골프와 같은 개인 운동경기에서, **경기에 참가하는 자**는 자신의 행동으로 인해 다른 사람이 다칠 수도 있으므로 경기규칙을 준수하고 주위를 살펴 상해의 결과가 발생하는 것을 미연에 방지해야 할 주의의무가 있고, **경기보조원**은 그 업무의 내용상 기본적으로는 골프채의 운반·이동·취급 및 경기에 관한 조언 등으로 골프경기 참가자를 돕는 역할을 수행하면서 아울러 경기 진행 도중 위와 같이 경기 참가자의 행동으로 다른 사람에게 상해의 결과가 발생할 위험성을 고려해 예상할 수 있는 사고의 위험을 미연에 방지하기 위한 조치를 취함으로써 경기 참가자들의 안전을 배려하고 그 생명·신체의 위험을 방지할 업무상 주의의무를 부담한다. [2] 경기보조원인 피고인으로서는 골프경기 중 공에 맞는 사고가 발생할 위험이 높으므로 타구 진행방향에 다른 사람이 있는지 확인하고 그 사람으로 하여금 안전한 위치로 이동하도록 요구하는 등의 조치를 취하여야 하고, 더욱이 공소외 1의 전방에 피해자가 위치한다는 사실을 피고인 스스로 잘 알고 있는 상황에서 피해자로 하여금 공소외 1의 타구 진행방향에서 벗어나 안전한 곳에 있도록 하거나 공소외 1에게는 피해자가 안전한 위치로 갈 때까지 두 번째 샷을 하지 말도록 주의를 줄 의무가 있었다.

2 [대판 2021도1833] 파기환송. 마취통증의학과 의사인 피고인이 수술실에서 환자인 피해자 갑(73세)에게 마취시술을 시행한 다음 간호사 을에게 환자의 감시를 맡기고 수술실을 이탈하였는데, 이후 갑에게 저혈압이 발생하고 혈압 회복과 저하가 반복됨에 따라 을이 피고인을 수회 호출하자, 피고인은 수술실에 복

귀하여 갑이 심정지 상태임을 확인하고 마취해독제 투여, 심폐소생술 등의 조치를 취하였으나,
갑이 심정지 등으로 사망에 이르게 된 사안에서, 피고인이 갑에게 마취가 진행되는 동안 마취간
호사도 아니고 마취간호 업무를 시작한 지 2~3개월밖에 안 된 을에게 환자의 감시 업무를 맡긴
채 다른 수술실로 옮겨 다니며 다른 환자들에게 마취시술을 하고, 갑의 활력징후 감시장치 경보음을 들은
을로부터 호출을 받고도 신속히 수술실로 가지 않고 휴식을 취하는 등 마취유지 중 환자감시 및 신속한 대
응 업무를 소홀히 한 업무상과실이 있다고 본 원심판단은 정당하나, 한편 갑은 반복적인 혈압상승제 투여
에도 불구하고 알 수 없는 원인으로 계속적으로 혈압 저하 증상을 보이다가 사망하였는데, 검사가 제출한
증거만으로는 피고인이 직접 갑을 관찰하거나 을의 호출을 받고 신속히 수술실에 가서 대응하였다면 구체
적으로 어떤 조치를 더 할 수 있는지, 그러한 조치를 취하였다면 갑이 심정지에 이르지 않았을 것인지 알
기 어렵고, 갑에게 심정지가 발생하였을 때 피고인이 갑을 직접 관찰하고 있다가 심폐소생술 등의 조치를
하였더라면 갑이 사망하지 않았을 것이라는 점에 대한 증명도 부족하므로, 피고인의 업무상과실로 갑이 사
망하게 되었다는 점이 합리적인 의심의 여지가 없을 정도로 증명되었다고 보기 어렵다는 이유로, 이와 달
리 피고인의 업무상과실로 인하여 갑이 사망하였다고 보아 피고인에게 업무상과실치사죄를 인정한 원심판
단에 의사의 업무상과실과 피해자의 사망 사이의 인과관계 증명 등에 관한 법리오해의 잘못이 있다.

공사업자의 주의의무

3-1 [대판 2015도5545] 파기환송. [도급인에게 수급인의 업무와 관련하여 사고방지에 필요한 안전조치를
할 주의의무가 있는지 여부(원칙적 소극)] (가) 법령에 의하여 도급인에게 수급인의 업무에 관하여 구체적
인 관리 · 감독의무가 부여되어 있거나 (나) 도급인이 공사의 시공이나 개별 작업에 관하여 구체적으로 지
시 · 감독하였다는 등의 **특별한 사정이 없는 한,** 도급인에게는 수급인의 업무와 관련하여 사고방지에 필요한
안전조치를 할 주의의무가 없다.

3-2 [대판 2012도11361] [1] 지하철 공사구간 현장안전업무 담당자인 피고인이 공사현장에 인접한 기존
의 횡단보도 표시선 안쪽으로 **돌출된 강철빔 주위에 라바콘 3개를 설치하고 신호수 1명을 배치**하였는데, 피해
자가 위 횡단보도를 건너면서 강철빔에 부딪혀 상해를 입은 사안에서, 제반 사정에 비추어 피고인이 안전
조치를 취하여야 할 업무상 주의의무를 위반하였다고 보기 어려운데도, 이와 달리 보아 업무상과실치상죄
를 인정한 원심판결에 법리오해 등의 잘못이 있다고 한 사례. [2] 이상의 사정에 비추어 보면, 피고인이 안
전조치를 취하여야 할 업무상 주의의무를 위반하였다고 보기 어렵고, 일부 도로 지점에서 기존의 횡단보도
표시선이 제대로 지워지지 않고 드러나 있었다거나 라바콘을 3개만 설치하고 신호수 1명을 배치하는 외에
별다른 조치를 취하지 아니하였다고 하더라도 그것과 이 사건 사고 발생 사이에 상당인과관계에 있다고 보
기도 어렵다 할 것이다.

3-3 [대판 2005도3108] [1] 건설회사가 건설공사 중 타워크레인의 설치작업을 전문업자에게 도급주어
타워크레인 설치작업을 하던 중 발생한 사고에 대하여 **건설회사의 현장대리인에게 업무상과실치사상의 죄책
을 물을 수 없다**고 한 원심의 판단을 수긍한 사례. [2] 이 사건 타워크레인의 설치, 운전, 해체에 필요한 모
든 인원은 피고인 2 주식회사의 관여 없이 공소외인이 자기의 책임 하에 고용하여 작업에 투입한 점, 타워
크레인 설치작업은 고도의 숙련된 노동을 필요로 하는데, 피고인 회사의 직원들은 그에 대한 경험이나 전
문지식이 부족하여 구체적인 설치작업 과정에는 관여한 바 없는 점 등을 모두 종합하여 고려해 보면, 공소
외인은 자기의 책임으로 운전기사를 고용하고 자기가 소유 또는 관리하는 장비를 사용하여 건설공사 중 타
워크레인을 사용하여 수행해야 할 작업공정부분을 도급받은 것으로 봄이 상당하다 할 것이고, 따라서 피고

인 1이 이 사건 타워크레인의 설치작업을 관리하고 통제할 실질적인 지휘, 감독권한이 있었던 것으로는 보이지 아니하므로, 결국 피고인 1에게 위와 같은 지휘, 감독관계가 있음을 전제로 이에 따라 부과되는 업무상 주의의무를 위반한 과실이 있다고 할 수 없다.

3-4 [대판 89도1618] 시공회사의 상무이사인 현장소장이 현장에서의 공사감독을 전담하였고 **사장**은 그와 같은 감독을 하게 되어 있지 않았다면 사장으로서는 그 공사의 진행에 관하여 직접적인 지휘·감독을 받지 않는 회사직원 혹은 고용한 노무자들이 공사시행상의 안전수칙을 위반하여 사고를 저지를지 모른다고 하여 이에 대비하여 각개의 개별작업에 대하여 일일이 세부적인 안전대책을 강구하여야 하는 구체적이고 **직접적인 주의의무가 있다고 하기 어렵다.**

3-5 [대판 82도2713] [원발주자에 의해 임명되지 않은 공사현장감독의 업무상 과실책임] **피고인이 사업당시 공사현장감독인인 이상** 그 공사의 원래의 발주자의 직원이 아니고 또 동 발주자에 의하여 현장감독에 임명된 것도 아니며, 건설업법상 요구되는 현장건설기술자의 자격도 없다는 등의 사유는 업무상과실책임을 물음에 아무런 영향도 미칠 수 없다.

4 [대판 2009다79316] 술에 취한 상태에서 찜질방에 입장하여 구내식당에서 술을 마신 이용객이 **찜질실에서 잠을 자다가 사망한 사안**에서, 당시 찜질방 안에는 음주자 등의 고온의 찜질실 출입을 제한하는 주의문이 게시되어 있었던 반면, 망인이 찜질방 입장 당시 이미 만취로 인해 정상적인 이용이 곤란한 지경에 이르렀음을 인정할 증거가 없고, 달리 찜질방의 시설 자체에 안전상 하자가 있다거나 망인이 찜질방 내에서 비정상적인 행태를 보임에도 장시간 이를 방치하였다거나, 술에 취한 자에게 재차 영리를 목적으로 술을 판매하는 자에게 요구되는 안전배려의무가 요구되는 정도에 이르렀다는 사정도 없으므로, **찜질방 영업자에게 법령상 또는 업무상 주의의무 위반의 과실이 있다고 단정할 수 없다.**

5 [대판 2009도5753] 식당(분식점)의 운영자인 피고인이 식당 밖에서 당겨 열도록 표시되어 있는 **출입문을 열고 음식 배달차 밖으로 나가던 중** 이웃 가게손님으로 마침 위 식당 출입문 앞쪽 길가에 서 있던 피해자의 오른발 뒤꿈치 부위를 위 출입문 모서리 부분으로 충격하여 상해를 입게 한 이 사건 공소사실 기재 행위는, 비록 위 식당의 운영과 관련한 **업무상 행위로는 볼 수 있다 하더라도,** 달리 위 사고가위 출입문 자체의 설치 혹은 관리상의 하자에 기인하거나 영업자로서 위 사고발생과 관련한 별도의 주의의무를 부과할 만한 사정이 존재하지 않는 이상, 피고인이 그 업무상 하여야 할 구체적이고도 직접적인 주의의무를 위반한 때에 해당한다고 보기 어렵고, 오히려 위와 같이 **출입문을 여닫는 행위**는 음식을 배달하기 위한 경우 이외에도 일상생활에서 얼마든지 자연적으로 행하여질 수 있는 일이라는 점에서 단순히 일상생활상의 주의의무를 위반한 경우에 불과하다 할 것이므로 **업무상과실치상죄의 성립을 인정할 수 없다** 할 것이다. cf) 비록 업무에 속하는 행위라 할지라도 그에 수반되는 타인의 생명·신체에 대한 위험성의 내용 및 정도가 일반인의 일상생활에 있어 그것과 비교하여 무거운 주의의무를 부과하거나 **고도의 예견가능성을 기대할 정도에 미치지 못하는 경우에는** 본죄에 의하여 무겁게 처벌할 수는 없다고 보아야 할 것이다.

6 [대판 2009도3219] 건축자재인 **철판 수백 장의 운반**을 의뢰한 자가 절단면이 날카롭고 무거운 철판을 묶기에 매우 부적합한 폴리에스터 끈을 사용하여 철판 묶음 작업을 하는 등의 과실로 철판 쏠림 현상이 발생하였고, 이로 인하여 철판을 차에서 내리는 과정에서 철판이 쏟아져 내려 화물차 운전자가 사망한 사안에서, 운반 의뢰인에게 업무상 과실치사의 죄책을 인정한 사례

7 [대판 2009도1040] [건물 소유자의 주의의무] [1] 4층 건물의 2층 내부 벽면에 설치된 분전반을 통해 3층과 4층으로 가설된 전선이 합선으로 단락되어 화재가 나 상해가 발생한 사안에서, 4층 건물의 소유자로서 위 건물 2층을 임대하였다는 사정만으로 업무상과실치상죄에 있어서의 '업무'에 관한 증명이 있다고 본 원심판결을 심리미진 등을 이유로 파기한 사례. [2] 전기배선이 벽 내부에 매립 설치되어 건물 구조의 일부를 이루고 있다면 그에 관한 관리책임은 일반적으로 **소유자**에게 있다고 보아야 할 것이고, 다만 그 전기배선을 임차인이 직접 하였으며 그 이상을 미리 알았거나 알 수 있었다는 등의 특별한 사정이 있는 때에는 **임차인에게도** 그 부분의 하자로 인한 화재를 예방할 주의의무가 인정될 수 있다.

8 [대판 2005도1796] [산후조리원에서 신생아 집단관리를 책임지는 사람의 업무상 주의의무] 산후조리원에 입소한 신생아가 출생 후 10일 이상이 경과하도록 계속하여 수유량 및 체중이 지나치게 감소하고 잦은 설사 등의 **이상증세를 보임에도 불구하고**, 산후조리원의 신생아 집단관리를 맡은 책임자가 의사나 한의사 등의 진찰을 받도록 하지 않아 신생아가 탈수 내지 괴사성 장염으로 사망한 사안에서, 위 집단관리 책임자가 산모에게 신생아의 이상증세를 즉시 알리고 적절한 조치를 구하여 산모의 지시를 따른 것만으로는 업무상 주의의무를 다하였다고 볼 수 없다며 신생아 사망에 대한 업무상 과실치사의 죄책을 인정한 사례.

9 [대판 2002도2800] [타인의 팔을 잡아당겨 도로를 횡단하게 만든 자는 그 횡단 중에 타인이 당한 교통사고에 대하여 과실치사상죄의 죄책을 진다고 한 사례] 중앙선에 서서 도로횡단을 중단한 피해자의 팔을 갑자기 잡아끌고 **피해자로 하여금 도로를 횡단하게 만든 피고인**으로서는 위와 같이 무단횡단을 하는 도중에 지나가는 차량에 충격당하여 피해자가 사망하는 교통사고가 발생할 가능성이 있으므로, 이러한 경우에는 피고인이 피해자의 안전을 위하여 차량의 통행 여부 및 횡단 가능 여부를 확인하여야 할 주의의무가 있다 할 것이므로, 피고인으로서는 위와 같은 주의의무를 다하지 않은 이상 교통사고와 그로 인한 피해자의 사망에 대하여 과실책임을 면할 수 없다고 한 사례.

10 [대판 2000도1731] [귀책사유 없는 사고차량의 운전자도 도로교통법 제50조 제1항, 제2항의 구호조치의무 및 신고의무가 있는지 여부(적극)] 도로교통법 제50조 제1항, 제2항이 규정한 교통사고발생시의 구호조치의무 및 신고의무는 차의 교통으로 인하여 사람을 사상하거나 물건을 손괴한 때에 운전자 등으로 하여금 교통사고로 인한 사상자를 구호하는 등 필요한 조치를 신속히 취하게 하고, 또 속히 경찰관에게 교통사고의 발생을 알려서 피해자의 구호, 교통질서의 회복 등에 관하여 적절한 조치를 취하게 하기 위한 방법으로 부과된 것이므로 교통사고의 결과가 피해자의 구호 및 교통질서의 회복을 위한 조치가 필요한 상황인 이상 그 의무는 교통사고를 발생시킨 당해 차량의 운전자에게 그 사고발생에 있어서 고의·과실 혹은 유책·위법의 유무에 관계없이 부과된 의무라고 해석함이 상당할 것이므로, 당해 사고에 있어 귀책사유가 없는 경우에도 위 의무가 없다 할 수 없고, 또 위 의무는 신고의무에만 한정되는 것이 아니므로 **타인에게 신고를 부탁하고 현장을 이탈하였다고 하여 위 의무를 다한 것이라고 말할 수는 없다.**

특가법상의 도주차량죄

11-1 [대판 2001도5369] 특정범죄가중처벌등에관한법률 제5조의3 제1항 소정의 '피해자를 구호하는 등 도로교통법 제50조 제1항의 규정에 의한 조치를 취하지 아니하고 도주한 때'라 함은 사고 운전자가 사고로 인하여 피해자가 사상을 당한 사실을 인식하였음에도 불구하고 피해자를

구호하는 등 도로교통법 제50조 제1항에 규정된 의무를 이행하기 이전에 사고현장을 이탈하여 사고를 낸 자가 누구인지 확정될 수 없는 상태를 초래하는 경우를 말하는 것이므로, 사고 운전자가 사고로 인하여 피해자가 사상을 당한 사실을 인식하였음에도 불구하고 피해자를 구호하는 등 도로교통법 제50조 제1항에 규정된 의무를 이행하기 이전에 사고현장을 이탈하였다면, **사고 운전자가 사고현장을 이탈하기 전에 피해자에 대하여 자신의 신원을 확인할 수 있는 자료를 제공하여 주었다고 하더라도,** 여전히 '피해자를 구호하는 등 도로교통법 제50조 제1항의 규정에 의한 조치를 취하지 아니하고 도주한 때'에 해당한다.

11-2 [대판 96도1461] [11세 남짓 된 피해자를 아무런 보호조치도 없이 돌아가게 한 것이 특정범죄가중처벌등에관한법률 제5조의3 제1항 제2호 소정의 도주에 해당한다고 본 사례] 피고인이 그가 운전하는 자동차의 우측 앞부분으로 11세 남짓의 국민학교 4학년 어린이인 피해자의 왼쪽 손부분 등을 들이받아 땅바닥에 넘어뜨려 약 1주일간의 치료를 요하는 우 제5수지 관절염좌상 등을 가한 이 사건에 있어서, 전혀 사리분별을 할 수 없지는 않지만 아직 스스로 자기 몸의 상처가 어느 정도인지 충분히 파악하기에는 나이 어린 피해자가 피고인 운전의 승용차에 부딪쳐 땅에 넘어진 이상, 의학에 전문지식이 없는 피고인으로서는 의당 피해자를 병원으로 데려가서 있을지도 모르는 다른 상처 등에 대한 진단 및 치료를 받게 하여야 할 것이며, 또 어린 피해자에게 집으로 혼자 돌아갈 수 있느냐고 질문하여 "예"라고 대답하였다는 이유만으로 아무런 보호조치도 없는 상태에서 피해자를 그냥 돌아가게 하였다면 사고의 야기자가 누구인지를 쉽게 알 수 없도록 하였다 할 것이므로, 피고인의 이와 같은 소위는 특정범죄가중처벌등에관한법률 제5조의3 제1항 제2호에 해당한다.

11-3 [비교판례] [대판 2001도2869] 사고 운전자가 교통사고를 낸 후 **피해자가 목을 주무르고 있는** 것을 보고도 별다른 조치 없이 차량을 사고 현장에 두고 다른 사람에게 사고처리를 부탁하기 위하여 사고현장을 이탈하였으나 피해자가 2주간의 치료를 요하는 급성경추염좌의 상해를 입었을 뿐인 경우, 사고 운전자가 실제로 피해자를 구호하는 등의 조치를 취하여야 할 필요가 있었다고 보기 어렵다.

12 [대판 93도2524] 정신과질환인 조증으로 입원한 환자의 주치의사는 환자의 건강상태를 사전에 면밀히 살펴서 그 상태에 맞도록 **조증치료제인 클로르포르마진**을 가감하면서 투여하여야 하고, 클로르포르마진의 과다투여로 인하여 환자에게 기립성저혈압이 발생하게 되었고 당시 환자의 건강상태가 갑자기 나빠지기 시작하였다면 좀 더 정확한 진찰과 치료를 위하여 내과전문병원 등으로 전원조치를 하여야 할 것이고, 그러지 못하고 환자의 혈압상승을 위하여 포도당액을 주사하게 되었으면 그 과정에서 환자의 전해질이상 유무를 확인하고 투여하여야 함에도 의사에게 요구되는 이러한 일련의 조치를 취하지 아니한 과실이 있다면, 그러한 과실로 환자가 전해질이상·빈혈·저알부민증 등으로 인한 쇼크로 사망하였음을 인정할 수 있고, 그 치료 과정에서 야간당직의사의 과실이 일부 개입하였다고 하더라도 그의 주치의사 및 환자와의 관계에 비추어 볼 때 환자의 **주치의사는 업무상과실치사죄의 책임을 면할 수는 없다.**

과실치사상죄와 인과관계

1-1 [대판 90도580] [피해자가 피고인이 운전하던 오토바이에 충격되어 도로에 전도된 후 다른 차량에 치어 사망한 경우 피고인의 과실과 피해자의 사망 사이의 인과관계 유무(적극)] 피고인이 야간에 오토바이를 운전하다가 도로를 무단횡단하던 피해자를 충격하여 피해자로 하여금 위 도로상에 전도케 하고, 그로부터 약 40초 내지 60초 후에 다른 사람이 운전하던 타이탄트럭이 도로위에 전도되어 있던 피해자를 역과하여 사망케 한 경우, 피고인이 전방좌우의 주시를 게을리한 과실로 피해자를 충격하였고 나아가 이 사건 사고지점 부근 도로의 상황에 비추어 야간에 피해자를 충격하여 위 도로에 넘어지게 한 후 40초 내지 60초 동안 그대로 있게 한다면 후속차량의 운전사들이 조금만 전방주시를 태만히 하여도 피해자를 역과할 수 있음이 당연히 예상되었던 경우라면 피고인의 과실행위는 피해자의 사망에 대한 **직접적 원인을 이루는 것**이어서 양자 간에는 상당인과관계가 있다.

1-2 [대판 88도928] [피고인의 차량에 치어 반대차선에 넘어진 피해자가 다른 차량에 치어 사망한 경우의 피고인의 죄책] 피고인이 운행하던 자동차로 도로를 횡단하던 피해자를 충격하여 피해자로 하여금 반대차선의 1차선상에 넘어지게 하여 피해자가 반대차선을 운행하던 자동차에 역과되어 사망하게 하였다면 피고인은 그와 같은 사고를 **충분히 예견**할 수 있었고 또한 피고인의 과실과 피해자의 사망사이에는 **인과관계가 있다고 할 것**이므로 피고인은 업무상과실치사죄의 죄책을 면할 수 없다.

1-3 [비교판례] [대판 2005도8822] [선행 교통사고와 후행 교통사고 중 어느 쪽이 원인이 되어 피해자가 사망하였는지가 분명하지 않은 경우, 후행 교통사고와 피해자의 사망 사이에 인과관계를 인정하기 위한 요건 및 그 **증명책임의 소재(=검사)**] 선행 교통사고와 후행 교통사고 중 어느 쪽이 원인이 되어 피해자가 사망에 이르게 되었는지 밝혀지지 않은 경우 후행 교통사고를 일으킨 사람의 과실과 피해자의 사망 사이에 인과관계가 인정되기 위해서는 후행 교통사고를 일으킨 사람이 주의의무를 게을리하지 않았다면 피해자가 사망에 이르지 않았을 것이라는 사실이 증명되어야 하고, 그 증명책임은 검사에게 있다. 원심은 피고인의 과실행위로 인하여 피해자를 사망에 이르게 하였다고 단정할 증거가 없다는 이유로 이 사건 공소사실에 대하여 피고인에게 무죄를 선고하였는바, 위 법리와 기록에 비추어 보면 원심의 판단은 정당하고, 거기에 과실범의 인과관계에 관한 법리오해 등의 위법은 없다.

2-1 [대판 89도108] [학생이 교실 유리창을 닦다가 추락사한 경우 담임교사의 형사상 책임을 부정한 사례] 담임교사가 학교방침에 따라 학생들에게 교실청소를 시켜왔고 유리창을 청소할 때는 교실안쪽에서 닦을 수 있는 유리창만을 닦도록 지시하였는데도 유독 피해자만이 수업시간이 끝나자마자 베란다로 넘어 갔다가 밑으로 떨어져 사망하였다면 담임교사에게 그 사고에 대한 어떤 형사상의 과실책임을 물을 수 없다.

2-2 [대판 84도822] [교사가 징계목적으로 학생의 손바닥을 때리기 위해 회초리를 들어올리다가 옆에서 구경하려는 다른 학생의 눈을 찔러 상해를 입힌 경우, 업무상과실치상죄의 성부(소극)] 교사가 징계의 목적으로 회초리로 학생들의 손바닥을 때리기 위해 회초리를 들어올리는 순간 이를 구경하기 위해 옆으로 고개를 돌려 일어나는 다른 학생의 눈을 찔러 그로 하여금 우안실명의 상해를 입게 한 경우, 직접 징계당하는 학생의 옆에 있는 다른 학생이 징계 당하는 것을 구경하기 위하여 고개를 돌려 뒤에서 다가 선다던가 옆자리에서 일어나는 것까지 예견할 수는 없다고 할 것이고 교사가 교육의 목적으로 학생을 징계하기 위하여

매질하는 경우에 반드시 한 사람씩 불러내어서 해야 할 주의의무가 있다고도 할 수 없어 위 교사의 행위를 업무상 과실치상죄에 문의할 수는 없다.

3 [대판 84도2025] [공장운영 전반에 대한 감독자가 따로 있는 경우 공장을 경영하는 자에게 공원에 대한 직접적인 감독책임이 있는지의 여부(소극)] 설치된 기계의 수리. 작업과정에 대한 공원의 훈련 및 감독, 신규 공원의 채용 등 공장운영 전반에 대한 실무적인 감독자가 따로 있는 경우에는 공장을 임차경영하고 있다 하여 그에게 피해자인 공원에 대한 사전안전교육과 기계조작 및 작업방법 등에 관한 **구체적이고 직접적인 감독책임**이 있다고 할 수 없다.

4 [대판 83도3365] [작업반장이 현장소장의 작업중단지시를 무시하고 작업을 지시함으로써 발생한 사고에 대한 현장소장의 과실유무] 배관공사 작업공정의 일부인 터파기 작업을 함에 있어 현장소장인 피고인이 구덩이의 흙벽이 마사이고 전날 밤의 비로 붕괴의 위험이 있음을 엿보고 현장기사를 시켜 작업반장에게 구덩이 안의 작업을 중단할 것을 지시까지 하였으나 작업반장이 피고인의 지시를 무시하고 피해자 등에게 작업을 지시한 결과, 작업하던 피해자가 흙벽이 붕괴되어 흙에 묻히는 사고가 발생하였다면 일반인부는 위 작업반장이 지시, 감독하게 되어 있으므로 피고인으로서는 현장소장으로서 사고발생을 방지하기 위해 필요한 지시를 다하였다 할 것이므로 위 붕괴사고는 피고인의 과실에 인한 것이라고 볼 수 없다.

5 [대판 79도3004] [**좌회전금지위반 차량과 충돌한 경우 과속은 충돌원인 아님**] 피고인이 자기 차선을 따라 운행중 반대방향에서 오던 차량이 좌회전 금지구역인데도 갑자기 피고인의 차량 앞을 가로질러 좌회전 진입함으로 인하여 사고가 발생한 경우에는 피고인이 제한속도를 약간 넘어서 운행하였다고 하여도, 위 사고의 책임을 물을 수 없다. 본건 충돌사고는 피고인 1이 교통법규를 어기고 그 운행차량을 운행한데 **그 직접적인 원인**이 있는 것이고 피고인 2가 교통법규를 어겨 제한속도를 약간 넘어서 운행하였다고 하여도 피고인 2에게 본건 충돌의 책임을 물을 수 없는 것이라고 할 것이다.

6 [대판 76도4174] [**주행 중 싸이드 브레이크를 조작하지 않은 것과 본죄의 과실유무**] 싸이드브레이크는 비상시에 사용하는 것이라 하더라도 원래 주차용으로서 차량 주행 중에는 이를 사용할 수 없을 뿐더러 더우기 경사진 곳에서 내려가는 경우에는 이를 사용하더라도 제동의 효과를 얻을 수 없으므로 차량운행도중 버스의 브레이크 마스타 롯트핀이 빠져 페달브레이크 장치가 작동하지 아니하게 된 경우에 싸이드 브레이크를 조작하지 아니하였다 하여 운전수에게 과실이 있다 할 수 없다.

7 [대판 74도778] [운전수가 불의의 발병으로 자동차를 운전할 수 없게 되자 동승한 운전경험이 있는 차주가 운전하다 과실로 사고를 일으킨 경우에 과실책임을 물을 수 있는지 여부] 운전수가 불의의 발병으로 자동차를 운전할 수 없게 되자 동승한 운전경험이 있는 차주가 운전하다가 사고를 일으킨 경우에 차주의 운전상의 과실행위에 운전수와의 상호간의 의사연락이 있었다고 보거나 운전행위를 저지하지 않은 원인행위가 차주의 운전상의 부주의로 인한 결과발생에 까지 미친다고 볼 수 없다.

9 교통사고처리특례법에서 '차의 교통'의 의미와 업무상 과실치상죄

* 대법원 2017. 5. 31. 선고 2016도21034 판결
* 참조조문: 교통사고처리특례법 제1조,[1) 제2조 제2호[2)

교통사고처리 특례법 제2조 제2호에서 정한 '교통사고'의 정의 중 '차의 교통'의 의미

●**사실**● 피고인 X는 W 주식회사의 작업팀장으로서 오리의 상하차 업무를 담당하면서, ○○오리농장 내 공터에서 피해자 A가 사육한 오리를 피고인 Y가 운전한 트럭 적재함의 오리케이지에 상차하는 작업을 하였는데, 트럭이 경사진 곳에 정차하였음에도 트럭을 안전한 장소로 이동하게 하거나 오리케이지를 고정하는 줄이 풀어지지 않도록 필요한 조치를 하지 아니한 채 작업을 진행하다 오리케이지가 떨어져 A에게 상해를 입혔다. 검사는 X와 Y를 업무상과실치상죄(법268)의 공동정범으로 기소하였다. 제1심은 이 사건은 교통사고처리법 제4조 제1항에 해당되는 사건이고 따라서 공소제기를 할 수 없는 사안으로 판단하여 공소기각판결을 선고 하였다. 이에 검사는 위 사고는 트럭의 **운행 중이 아니라 정차 중**에 발생한 것이므로 교통사고처리법상의 교통사고에 해당하지 않는다며 항소하였다. 그러나 항소심은 검사의 항소를 기각하였다. 이에 검사가 상고하였다.

●**판지**● [1] 교통사고처리 특례법(이하 '특례법'이라 한다) 제1조는 업무상과실 또는 중대한 과실로 교통사고를 일으킨 운전자에 관한 형사처벌 등의 특례를 정함으로써 교통사고로 인한 피해의 신속한 회복을 촉진하고 국민생활의 편익을 증진함을 목적으로 한다고 규정하고 있고, 제4조 제1항 본문은 차의 교통으로 업무상과실치상죄 등을 범하였을 때 교통사고를 일으킨 차가 특례법 제4조 제1항에서 정한 보험 또는 공제에 가입된 경우에는 그 차의 운전자에 대하여 공소를 제기할 수 없다고 규정하고 있다. 따라서 특례법 제4조 제1항 본문은 차의 운전자에 대한 **공소제기의 조건**을 정한 것이다. [2] 그리고 특례법 제2조 제2호는 '**교통사고**'란 차의 교통으로 인하여 사람을 사상하거나 물건을 손괴하는 것을 말한다고 규정하고 있는데, 여기서 '**차의 교통**'은 차량을 운전하는 행위 및 그와 동일하게 평가할 수 있을 정도로 **밀접하게 관련된 행위를 모두 포함**한다.

●**해설**● 1 형법은 고의범 처벌을 원칙으로 하고, 과실범은 예외적으로 처벌한다(법13·14). 하지만 고도로 산업화된 현대의 기술문명은 사회의 모든 영역에 위험을 높이고 있기 때문에 형법은 과실로 인한 사상일지라도 과실범으로 처벌한다. 특히 현대사회에서 업무상 과실치사상죄가 가장 많이 적용되는 곳이 교통사고이다. 현대문명의 필수인 자동차운행중의 '교통사고'로 인한 생명과 신체의 침해는 수적으로 살인죄나 상해죄를 넘어선다. 이 자동차운전자의 업무상과실치사상은「교통사고처리특례법(약칭 교통사고처리법)」상의 특칙이 적용된다. 교통사고처리법 제3조 제1항은 "차의 운전자가 교통사고로 인하여「형법」제268조의 죄를 범한 경우에는 5년 이하의 금고 또는 2천만원 이하의 벌금에 처한다."고 규정하여 교통사고와 관련하여 별도의 업무상 과실치사상죄를 규정하고 하고 있으며, 이 법에서는 ① 교통사고에 대한 반의사불벌죄의 특례, ② 보험·공제에 가입된 경우의 공소권 제한의 특례를 인정한다.

---

1) 교통사고처리특례법 제1조(**목적**) 이 법은 업무상과실 또는 중대한 과실로 교통사고를 일으킨 운전자에 관한 형사처벌 등의 특례를 정함으로써 교통사고로 인한 피해의 신속한 회복을 촉진하고 국민생활의 편익을 증진함을 목적으로 한다.
2) 교통사고처리 특례법 제2조(**정의**) 이 법에서 사용하는 용어의 뜻은 다음과 같다. 2. "교통사고"란 **차의 교통**으로 인하여 사람을 사상하거나 물건을 손괴하는 것을 말한다.

2 교통사고에 대한 반의사불벌죄의 특례(법3②)[3]　　보통의 과실치상죄는 반의사불벌죄이다(법 266①). 그러나 업무상 과실치상죄와 중과실치상죄는 반의사불벌죄에 해당되지 않는다. 하지만 교통사고 처리법은 '차의 교통'으로 업무상과실치상죄 또는 중과실치상죄와「도로교통법」제151조의 죄를 범한 운전자에 대하여는 **원칙적**으로 반의사불벌죄를 인정한다(법3②본문)(그러나 교통사고로 사람을 사망시킨 **사망사고**의 경우는 교통사고처리법상의 특례가 인정되지는 않는다). 피해자의 처벌불원의 의사표시가 있더라도 다음의 경우는 특례가 제한된다. (1) 차의 운전자가 업무상과실치상죄 또는 중과실치상죄를 범하고도 피해자를 구호하는 등「도로교통법」제54조제1항에 따른 조치를 하지 아니하고 **도주**하거나 피해자를 사고 장소로부터 옮겨 **유기하고 도주**한 경우, (2) 차의 운전자가 업무상과실치상죄 또는 중과실치상죄를 범하고「도로교통법」제44조제2항을 위반하여 **음주측정 요구**에 따르지 아니한 경우(운전자가 채혈 측정을 요청하거나 동의한 경우는 제외한다), (3) 12개의 중대한 교통규칙을 위반한 경우이다(법3②단서).

3 보험ㆍ공제의 가입과 공소권 제한의 특례(법4①)[4]　　차의 운전자가 교통사고로 업무상과실치

---

3) 교통사고처리특례법 제3조(**처벌의 특례**) ② 차의 교통으로 제1항의 죄 중 업무상과실치상죄 또는 중과실치상죄와「도로교통법」제151조의 죄를 범한 운전자에 대하여는 **피해자의 명시적인 의사에 반하여 공소를 제기할 수 없다.** 다만, 차의 운전자가 제1항의 죄 중 업무상과실치상죄 또는 중과실치상죄를 범하고도 피해자를 구호하는 등「도로교통법」제54조제1항에 따른 조치를 하지 아니하고 **도주**하거나 피해자를 사고 장소로부터 옮겨 **유기하고 도주**한 경우, 같은 죄를 범하고「도로교통법」제44조제2항을 위반하여 **음주측정 요구**에 따르지 아니한 경우(운전자가 채혈 측정을 요청하거나 동의한 경우는 제외한다)와 다음 각 호의 어느 하나에 해당하는 행위로 인하여 같은 죄를 범한 경우에는 그러하지 아니하다. 1.「도로교통법」제5조에 따른 신호기가 표시하는 신호 또는 교통정리를 하는 경찰공무원등의 **신호를 위반**하거나 통행금지 또는 일시정지를 내용으로 하는 안전표지가 표시하는 지시를 위반하여 운전한 경우 2.「도로교통법」제13조제3항을 위반하여 **중앙선을 침범**하거나 같은 법 제62조를 위반하여 횡단, 유턴 또는 후진한 경우 3.「도로교통법」제17조제1항 또는 제2항에 따른 제한속도를 시속 20킬로미터 초과하여 운전한 경우 4.「도로교통법」제21조제1항, 제22조, 제23조에 따른 앞지르기의 방법ㆍ금지시기ㆍ금지장소 또는 끼어들기의 금지를 위반하거나 같은 법 제60조제2항에 따른 고속도로에서의 **앞지르기 방법을 위반**하여 운전한 경우 5.「도로교통법」제24조에 따른 **철길건널목 통과방법을 위반**하여 운전한 경우 6.「도로교통법」제27조제1항에 따른 횡단보도에서의 **보행자 보호의무를 위반**하여 운전한 경우 7.「도로교통법」제43조,「건설기계관리법」제26조 또는「도로교통법」제96조를 위반하여 운전면허 또는 건설기계조종사면허를 받지 아니하거나 국제운전면허증을 소지하지 아니하고 운전한 경우. 이 경우 운전면허 또는 건설기계조종사면허의 효력이 정지 중이거나 운전의 금지 중인 때에는 운전면허 또는 건설기계조종사면허를 받지 아니하거나 국제운전면허증을 소지하지 아니한 것으로 본다. 8.「도로교통법」제44조제1항을 위반하여 **술에 취한 상태에서 운전**을 하거나 같은 법 제45조를 위반하여 약물의 영향으로 정상적으로 운전하지 못할 우려가 있는 상태에서 운전한 경우 9.「도로교통법」제13조제1항을 위반하여 보도(步道)가 설치된 도로의 **보도를 침범**하거나 같은 법 제13조제2항에 따른 보도 횡단방법을 위반하여 운전한 경우 10.「도로교통법」제39조제3항에 따른 **승객의 추락 방지의무를 위반**하여 운전한 경우 11.「도로교통법」제12조제3항에 따른 어린이 보호구역에서 같은 조 제1항에 따른 조치를 준수하고 어린이의 안전에 유의하면서 운전하여야 할 의무를 위반하여 어린이의 신체를 상해에 이르게 한 경우 12.「도로교통법」제39조제4항을 위반하여 자동차의 화물이 떨어지지 아니하도록 필요한 조치를 하지 아니하고 운전한 경우

4) 교통사고처리특례법 제4조(**보험 등에 가입된 경우의 특례**) ① 교통사고를 일으킨 차가「보험업법」제4조, 제126조, 제127조 및 제128조,「여객자동차 운수사업법」제60조, 제61조 또는「화물자동차 운수사업법」제51조에 따른 **보험 또는 공제에 가입된 경우**에는 제3조제2항 본문에 규정된 죄를 범한 차의 **운전자에 대하여 공소를 제기할 수 없다.** 다만, 다음 각 호의 어느 하나에 해당하는 경우에는 그러하지 아니하다. 1. 제3조제2항 단서에 해당하는 경우 2. 피해자가 신체의 상해로 인하여 생명에 대한 위험이 발생하거나 불구가 되거나 불치 또는 난치의 질병이 생긴 경우 3. 보험계약 또는 공제계약이 무효로 되거나 해지되거나 계약상의 면책 규정 등으로 인하여 보험회사, 공제조합 또는 공제사업자의 보험금 또는 공제금 지급의무가 없어진 경우

상죄 또는 중과실치상죄와 「도로교통법」 제151조의 죄를 범한 경우에도 교통사고를 일으킨 차가 「보험업법」, 「여객자동차 운수사업법」, 「화물자동차 운수사업법」의 관련 규정에 따른 **보험 또는 공제에 가입된 경우**에는 이들 운전자에 대하여 공소를 제기할 수 없다(법4①본문). 이러한 특례는 「자동차 수의 증가와 자가운전 확대에 즈음하여 운전자들의 종합보험 가입을 유도하여 교통사고 피해자의 손해를 신속하고 적절하게 구제하고, 교통사고로 인한 **전과자 양산을 방지**하기 위한 것이다」(헌재 2005헌마764). 그러나 보험·공제에 가입되어 있다고 하더라도 다음의 경우에는 공소권 제한의 특례가 인정되지 않는다. (1) 교통사고처리법 제3조 제2항 단서에 규정된 ㉠ 도주운전, ㉡ 음주측정불응, ㉢ 12개 교통규칙위반 (2) 피해자가 신체의 상해로 인하여 **생명에 대한 위험**이 발생하거나 **불구**가 되거나 **불치** 또는 **난치의 질병**이 생긴 경우, (3) 보험계약 또는 공제계약이 무효로 되거나 해지되거나 계약상의 면책 규정 등으로 인하여 보험회사, 공제조합 또는 공제사업자의 보험금 또는 공제금 지급의무가 없어진 경우이다(법4① 단서).

4 대상판결의 쟁점   (1) 사안의 경우 그 판단과 관련해 세 가지 입장이 대립한다. 먼저 ① 검사는 X·Y를 형법상 업무상과실치상죄의 공동정범으로 판단하고 있으며, ② 제1·2심은 이 사안을 교통사고처리법 적용의 사안으로 파악하여 X·Y에 대해 공소를 제기할 수 없다고 본다. 반면, ③ 대법원은 X와 Y를 분리해 판단하여 X는 형법상 업무상과실치상에 해당되고 Y는 교통사고처리법 적용의 대상으로 공소를 제기할 수 없다고 판단하였다. (2) 대법원은 X는 트럭을 운전하지 아니하였을 뿐 아니라 Y가 속하지 아니한 회사의 작업팀장으로서 위 트럭의 이동·정차를 비롯한 오리의 상하차 업무 전반을 담당하면서 상하차 작업 과정에서 사고가 발생하지 않도록 **필요한 조치를 취할 의무가 있다**고 보았다. 즉 X가 담당하는 업무 및 그에 따른 주의의무와 과실의 내용이 **Y의 경우와 다른 것**으로 보았다. 이에 따라 X는 특례법이 적용되는 운전자라 할 수 없고 형법 제268조에서 정한 업무상과실치상의 죄책을 진다고 보았다. 이에 반해 Y는 차량의 시동을 아직 끄지 않은 상태에서 차량의 문을 열고 밖으로 나오지 않았고, 다만 차량을 정차한 후 상차 작업을 하기 이전 단계의 상태에 있었으므로, Y는 **아직 운전 중에 있었다거나 최소한 그와 동일하게 평가할 수 있을 정도로 밀접하게 관련된 행위**, 즉 운전에 수반되고 밀접 불가분한 최종 정차 및 시동 소거의 과정에 있었던 것으로 판단한 것이다. (4) 교통사고처리법에 의하면, 「차의 운전자가 **교통사고**로 인하여 업무상과실치상죄를 범한 경우 교통사고를 일으킨 차가 같은 법 제4조 제1항 소정의 공제에 가입된 경우에는 당해 차의 운전자에 대하여 공소를 제기할 수 없게 되어 있다. 한편 '**교통사고**'라 함은 차의 교통으로 인하여 사람을 사상하거나 물건을 손괴하는 것을 말한다고 각 규정되어 있는바, 여기서 '**차의 교통**'이라고 함은 (가) **차량을 운전하는 행위** 및 (나) **그와 동일하게 평가할 수 있을 정도로 밀접하게 관련된 행위**를 모두 포함하는 것으로 해석하여야 할 것이다(대판 2006도7272).

10 유기죄의 주체 – 마차4리 사건 –

* 대법원 1977. 1. 11. 선고 76도3419 판결
* 참조조문: 형법 제271조 제1항[1], 제275조 제1항[2]

일정기간을 동행한 사실만으로 유기죄의 주체가 될 수 있는가?

●**사실**● 피고인 X는 1976.1.26.16:00경 피해자 A(41세)와 함께 마차 4리를 향해가던 중 술에 취하였던 탓에 도로 위에서 실족하여 2m 아래 개울로 미끄러 떨어져 약 5시간가량 잠을 자다가 술과 잠에서 깨어난 X와 A는 서로 도로 위로 올라가려 하였다. 그러나 야간이어서 도로로 올라가는 길을 발견치 못하여 개울 아래위로 헤매던 중 A는 후두부 타박상을 입어서 정상적으로 움직이기가 어렵게 되었다. 잠시 후 X는 도로로 나오는 길을 발견한 뒤, 혼자만 도로 위로 올라와 집으로 갔다. 당시는 영하 15도의 추운 날씨이고 40m 떨어진 곳에 민가가 있었다. 이후 A는 약 4, 5시간 후에 심장마비로 사망하였다. 원심은 X에 대해 **유기치사죄**의 성립을 인정하였다. 이에 X는 상고하였다.

●**판지**● 파기환송.「현행 형법은 유기죄에 있어서 구법과는 달리 보호법익의 범위를 넓힌 반면에 보호책임 없는 자의 유기는 없애고 **법률상 또는 계약상의 의무 있는 자만을 유기죄의 주체로 규정**하고 있어 명문상 사회상규 상의 보호책임을 관념할 수 없다고 하겠으니 유기죄의 죄책을 인정하려면 보호책임이 있게 된 경위 사정관계 등을 설시하여 구성요건이 요구하는 법률상 또는 계약상 보호 의무를 밝혀야 하고 설혹 동행자가 구조를 요하게 되었다 하여도 **일정거리를 동행한 사실 만으로서는 피고인에게 법률상 계약상의 보호의무가 있다고 할 수 없으니 유기죄의 주체가 될 수 없다**」.

●**해설**● 1 이 판례는 우리나라 유기죄의 특징을 잘 보여주는 사안이다. 우리 형법은 개인주의적 입장에서 유기죄의 주체로서 **법률상, 계약상의 구호의무**[3]**있는 자만을 규정**하고, 신의성실, 사회상규나 조리에 의한 구호의무로 인한 긴급구조의무위반죄를 규정하고 있지 않다. 이는 서구의 일반적 입법례와는 차이가 있다.[4]

---

1) 형법 제271조(유기) ① 나이가 많거나 어림, 질병 그 밖의 사정으로 도움이 필요한 사람을 **법률상 또는 계약상 보호할 의무가 있는 자**가 유기한 경우에는 3년 이하의 징역 또는 500만원 이하의 벌금에 처한다.
2) 형법 제275조(유기등 치사상) ① 제271조 내지 제273조의 죄를 범하여 사람을 상해에 이르게 한 때에는 7년 이하의 징역에 처한다. **사망에 이르게 한 때에는** 3년 이상의 유기징역에 처한다.
3) ① **법령상 보호의무** 있는 자로는 경찰관의 보호조치의무(경찰관직무집행법4), 조난된 자의 구조의무(수상에서 의수색·구조등에관한법18), 의사의 진료·응급조치의무(의료법16), 운전자의 구호의무(도로교통법54), 친권자의 보호의무(민법913), 친족 간의 부양의무(민법974), 부부간의 부양의무(민법826) 등이 있다. 그리고 "법률상 의무 있는 자"의 '법률'에 부작위범에 관한 형법 제18조나 사무관리에 관한 민법 제734조 등이 포함되는지 대해 학설 대립이 있다. ② **계약상의 보호의무**로는 고용계약에 의한 보호의무, 간호사의 간호의무, 보모의 아동보호의무 등이 있다.
4) 특히 기독교사상의 영향을 받은 서구국가에서는 '**선한 사마리안법(Good Samritan Clause)**'으로 긴급구조의무위반죄를 규정하고 있는 경우가 많다(예를 들면, 독일형법은 제323조c에서 긴급구조의무를 인정하고 있다. "사고, 공공위험 또는 긴급 상황 발생 시, 필요하고도 제반 사정에 비추어 기대 가능한 구조행위, 특히 자신에 대한 현저한 위험 및 기타 중요한 의무의 위반 없이도 가능한 구조행위를 하지 아니한 자는 1년 이하의 자유형 또는 벌금형에 처한다"). 선한 사마리아인의 법은 위험에 처한 사람을 구조하는 과정에서 자신이 위험에 빠지지 않을 상황인데도 불구하고, 구조 불이행을 저지른 사람을 처벌하는 법규이다. **사형제도, 신념에 의한 병역 거부**와 함께 찬반양론이 팽팽하게 맞서는 법적 쟁점 가운데 하나

2 사안에서 원심의 판단은 위와 같은 상황에서 X는 인접한 민가에 가서 A의 구조를 요청하던가 아니면 스스로 A를 데리고 올라와서 병원으로 데려가 의사로 하여금 치료케 하는 등 긴급히 구조조치를 취하여야 할 **사회상규상의 의무**가 있다고 보았다. 그런데도 그대로 A를 방치하여서 약 4, 5시간 후 심장마비로 사망케 한 것이므로 X에 대해 **유기치사죄를 인정**하였다.

3 그러나 대법원의 판단은 달랐다. 대법원은 피고인과 피해자가 특정 지점에서 특정 지점까지 가기 위하여 길을 같이 걸어간 관계가 있다는 사실만으로서는 피고인에게 설혹 동행자가 구조를 요하게 되었다 하여도 보호할 법률상 계약상의 의무는 없다고 보았다. 그리고 이런 관점에서 「밑도 끝도 없이 일정 거리를 동행한 사실만으로 유기죄의 주체로 인정」한 **원심에 대해서는 본죄의 보호책임의 법리를 오해한 위법이 있다**고 보았다. 죄형법정주의라는 원칙적 입장에서 대법원은 조리 혹은 사회상규 상의 보호의무를 인정하지 않는다.

4 유기죄의 주체는 나이가 많거나 어리거나 질병 그 밖의 사정으로 도움이 필요한 사람을 "보호할 법률상 또는 계약상 의무가 있는 자"로서 **진정신분범**이다. 유기행위는 작위 또는 부작위로도 행해질 수 있다. 부작위범 형태로 유기한 경우에는 부진정부작위범의 보증인 지위가 요구되는지가 문제될 수 있다. 작위의무가 있는 자만이 부진정부작위범의 주체인 보증인적 지위에 설 수 있음으로 보증인적 지위의 핵심은 작위의무이다.

5 판례는 부진정부작위범의 작위의무와 관련하여 신의성실의 원칙이나 사회상규 혹은 조리상 작위의무가 기대되는 경우에도 법적인 작위의무는 있다는 입장이다. 즉 「작위의무는 (가) **법적인 의무**이어야 하므로 단순한 도덕상 또는 종교상의 의무는 포함되지 않으나 (나) 작위의무가 법적인 의무인 한 성문법이건 불문법이건 상관이 없고 또 (다) 공법이건 사법이건 불문하므로, **법령, 법률행위, 선행행위**로 인한 경우는 물론이고 (라) **기타 신의성실의 원칙이나 사회상규 혹은 조리 상 작위의무가 기대되는 경우에도 법적인 작위의무는 있다**」고 판단한다(대판 95도2551).

6 그러나 조리나 사회상규에 기한 보증인적 지위의 발생을 입법자가 성문법률에 의하여 제한하는 경우가 있는데 그 대표적인 예가 바로 형법 제271조의 유기죄이다. 형법은 유기죄의 주체로서 **법률상, 계약상의 구호의무있는 자만을 규정**하고, 신의성실, 사회상규나 조리에 의한 구호의무로 인한 긴급구조의무 위반죄를 규정하고 있지 않다.[5] 사안에서 대법원도 죄형법정주의를 근거로 하여 제271조 제1항 **유기죄의 성립은 법문에 한정**하여 법률상 또는 계약상 의무 있는 자에 한정되어야 한다고 판단하였다.

이다. 이법은 신약성경 누가복음서 10장 30절~37절에서 유래하는데, 어떤 사람이 예루살렘에서 여리고로 내려가다가 강도를 만나게 된다. 제사장, 레위인은 이 다친 사람을 보고 지나가게 되지만 유대인들에게 멸시당하며 사는 사마리아인은 이를 보고 구제해준다. 법적인 의무는 없지만, 도덕적 차원에서 인간이 당연히 해야 할 일이라는 의미를 보여준다.

5) 따라서 판례에 따르게 되면 유기죄의 보호의무는 부진정부작위범의 보증인의무 보다 그 범위가 좁게 된다. 즉 보증인의미가 있는 자라도 유기죄의 주체가 될 수 없는 경우가 있게 된다.

법령상 보호의무와 관련된 판례

부부간의 부양의무(민법 826①6))

1-1 [대판 2018도4018] [유기죄에 관한 형법 제271조 제1항에서 말하는 '법률상 보호의무'에 부부간의 부양의무가 포함되는지 여부(적극)] 유기죄를 범하여 사람을 사망에 이르게 하는 유기치사죄가 성립하기 위해서는 먼저 유기죄가 성립하여야 하므로, 행위자가 유기죄에 관한 형법 제271조 제1항이 정하고 있는 것처럼 "노유, 질병 기타 사정으로 인하여 부조를 요하는 자를 보호할 법률상 또는 계약상 의무 있는 자"에 해당하여야 한다. 여기에서 말하는 **법률상 보호의무에는 민법 제826조 제1항에 근거한 '부부간의 부양의무'도 포함된다.**

1-2 [대판 2007도3952] [사실혼의 경우에도 유기죄의 성립에 필요한 '법률상 보호의무'의 존재가 인정되는지 여부(적극)] [1] 형법 제271조 제1항에서 말하는 법률상 보호의무 가운데는 민법 제826조 제1항에 근거한 **부부간의 부양의무도 포함**되며, 나아가 법률상 부부는 아니지만 **사실혼 관계**에 있는 경우에도 위 민법 규정의 취지 및 유기죄의 보호법익에 비추어 위와 같은 법률상 보호의무의 존재를 긍정하여야 하지만, 사실혼에 해당하여 법률혼에 준하는 보호를 받기 위하여는 **(가) 단순한 동거 또는 간헐적인 정교관계를 맺고 있다는 사정만으로는 부족**하고, **(나)** 그 당사자 사이에 주관적으로 혼인의 의사가 있고 **(다)** 객관적으로도 사회관념상 가족질서적인 면에서 부부공동생활을 인정할 만한 혼인생활의 실체가 존재하여야 한다. [2] 유기죄가 성립하기 위하여는 행위자가 형법 제271조 제1항이 정한 바에 따라 '노유, 질병 기타 사정으로 인하여 부조를 요하는 자를 보호할 만한 법률상 또는 계약상 의무 있는 자'에 해당하여야 할 뿐만 아니라, 요부조자에 대한 보호책임의 발생원인이 된 사실이 존재한다는 것을 인식하고, 이에 기한 **부조의무를 해태한다는 의식이 있음을 요한다.** [3] **동거 또는 내연관계를 맺은 사정만으로는 사실혼관계를 인정할 수 없고,** 내연녀가 치사량의 필로폰을 복용하여 부조를 요하는 상태에 있었음을 인식하였다는 점을 인정할 증거가 부족하다는 이유로 유기치사죄의 성립을 **부정한 사례.**

2 [대판 2015도6809 전원합의체] [세월호사건7)] 범죄는 보통 적극적인 행위에 의하여 실행되지만 때로는 결과의 발생을 방지하지 아니한 부작위에 의하여도 실현될 수 있다. …… (중략) (가) 선장이나 승무원은 **수난구호법 제18조 제1항** 단서에 의하여 조난된 사람에 대한 구조조치의무를 부담하고, (나) 선박의 해상여객운송사업자와 승객 사이의 여객운송계약에 따라 승객의 안전에 대하여 **계약상 보호의무를 부담**하므로, 모든 승무원은 선박 위험 시 서로 협력하여 조난된 승객이나 다른 승무원을 적극적으로 **구조할 의무가 있다.** 따라서 선박침몰 등과 같은 조난사고로 승객이나 다른 승무원들이 스스로 생명에 대한 위협에 대처할 수 없는 급박한 상황이 발생한 경우에는 선박의 운항을 지배하고 있는 선장이나 갑판 또는 선내에서 구체적인 구조행위를 지배하고 있는 선원들은 적극적인 구호활동을 통해 보호능력이 없는 승객이나 다른 승무

---

6) 민법 제826조(부부간의 의무) ① 부부는 동거하며 **서로 부양하고 협조**하여야 한다. 그러나 정당한 이유로 일시적으로 동거하지 아니하는 경우에는 서로 인용하여야 한다.

7) **세월호 침몰 사고**는 2014년 4월 16일 오전 8시 50분경 전라남도 진도군 조도면 부근 해상에서 여객선 세월호가 전복되어 침몰한 사고이다. 세월호는 안산시의 단원고등학교 학생이 주요 구성원을 이루는 탑승인원 476명을 수용한 청해진해운 소속의 인천발 제주행 연안 여객선으로 4월 16일 오전 8시 58분에 병풍도 북쪽 20km 인근에서 조난 신호를 보냈고 4월 18일에 완전히 침몰하였다. 이 사고로 시신 미수습자 5명을 포함한 304명이 사망하였다.

원의 **사망 결과를 방지하여야 할 작위의무**가 있으므로, 법익침해의 태양과 정도 등에 따라 요구되는 개별적 · 구체적인 구호의무를 이행함으로써 사망의 결과를 쉽게 방지할 수 있음에도 그에 이르는 사태의 핵심적 경과를 그대로 방관하여 사망의 결과를 초래하였다면, **부작위는 작위에 의한 살인행위와 동등한 형법적 가치를 가지고, 작위의무를 이행하였다면 결과가 발생하지 않았을 것이라는 관계가 인정될 경우에는 작위를 하지 않은 부작위와 사망의 결과 사이에 인과관계가 있다.**

운전자의 구호의무(도로교통법 54①, ②8))

3-1 [대판 2014도5724] ●**사실**● 피고인으로서는 시속 약 40km로 진행하는 승용차에서 피해자가 조수석 문을 열고 도로로 뛰어내린 경우 피해자의 머리 등 신체가 도로에 충격하여 상해를 입거나 일시 정신을 잃을 수 있으므로, 신속히 정차하여 피해자의 상해 여부 등을 확인하고, 고속도로 3차로에 정신을 잃고 쓰러진 피해자를 갓길 쪽으로 안전하게 이동시키고 경찰이나 119에 신고하는 등의 조치를 취할 의무가 있었음에도 불구하고, 위와 같이 쓰러진 피해자를 그대로 방치한 채 사고현장을 이탈하였고, 그로부터 약 1분 30초 후 피해자가 후행 차량에 의하여 역과되어 사망에 이르게 되었다. ●**판지**● 유기치사죄가 성립하기 위해서는 먼저 단순유기죄가 성립하여야 하고, 유기죄가 성립하기 위해서는 행위자가 형법 제271조 제1항이 정한 바에 따라 '노유, 질병 기타 사정으로 인하여 부조를 요하는 자를 보호할 만한 법률상 또는 계약상 의무 있는 자'에 해당하여야 하는데, 여기서 말하는 **법률상 보호의무가운데는 도로교통법 제50조 제1항, 제2항이 규정한 교통사고 발생 시의 구호조치의무도 포함된다.**

3-2 [대판 2000도1731] [귀책사유 없는 사고차량의 운전자도 도로교통법 제50조 제1항, 제2항의 구호조치의무 및 신고의무가 있는지 여부(적극)] 도로교통법 제50조 제1항, 제2항이 규정한 교통사고발생시의 구호조치의무 및 신고의무는 차의 교통으로 인하여 사람을 사상하거나 물건을 손괴한 때에 운전자 등으로 하여금 교통사고로 인한 사상자를 구호하는 등 필요한 조치를 신속히 취하게 하고, 또 속히 경찰관에게 교통사고의 발생을 알려서 피해자의 구호, 교통질서의 회복 등에 관하여 적절한 조치를 취하게 하기 위한 방법으로 부과된 것이므로 교통사고의 결과가 피해자의 구호 및 교통질서의 회복을 위한 조치가 필요한 상황인 이상 그 의무는 교통사고를 발생시킨 당해 차량의 운전자에게 그 사고발생에 있어서 **고의 · 과실 혹은 유책 · 위법의 유무에 관계없이 부과된 의무**라고 해석함이 상당할 것이므로, **당해 사고에 있어 귀책사유가 없는 경우에도 위 의무가 없다 할 수 없고,** 또 위 의무는 신고의무에만 한정되는 것이 아니므로 타인에게 신고를 부탁하고 현장을 이탈하였다고 하여 위 의무를 다한 것이라고 말할 수는 없다.

3-3 [대판 2004도250] [사고 운전자가 피해자가 사상을 당한 사실을 인식하고도 구호조치를 취하지 않은 채 사고현장을 이탈하면서 피해자에게 자신의 신원을 확인할 수 있는 자료를 제공하여 준 경우, 특정범죄가중처벌등에관한법률 제5조의3 제1항 소정의 '도주한 때'에 해당하는지 여부(적극)] 사고 운전자가 그가 일으킨 교통사고로 상해를 입은 피해자에 대한 구호조치의 필요성을 인식하고 부근의 택시 기사에게 피해

---

8) 도로교통법 제54조(사고발생 시의 조치) ① 차 또는 노면전차의 운전 등 교통으로 인하여 사람을 사상하거나 물건을 손괴한 경우에는 그 차 또는 노면전차의 운전자나 그 밖의 승무원은 즉시 정차하여 다음 각 호의 조치를 하여야 한다. 1. **사상자를 구호하는 등 필요한 조치** 2. **피해자에게 인적 사항**(성명 · 전화번호 · 주소 등을 말한다. 이하 제148조 및 제156조 제10호에서 같다) 제공 ② 제1항의 경우 그 차 또는 노면전차의 운전자등은 경찰공무원이 현장에 있을 때에는 그 경찰공무원에게, 경찰공무원이 현장에 없을 때에는 가장 가까운 국가경찰관서(지구대, 파출소 및 출장소를 포함한다)에 다음 각 호의 사항을 지체 없이 신고하여야 한다. 다만, 차 또는 노면전차만 손괴된 것이 분명하고 도로에서의 위험방지와 원활한 소통을 위하여 필요한 조치를 한 경우에는 그러하지 아니하다. 1. 사고가 일어난 곳 2. 사상자 수 및 부상 정도 3. 손괴한 물건 및 손괴 정도 4. 그 밖의 조치사항 등

자를 병원으로 이송하여 줄 것을 요청하였으나 경찰관이 온 후 병원으로 가겠다는 피해자의 거부로 피해자가 병원으로 이송되지 아니한 사이에 피해자의 신고를 받은 경찰관이 사고현장에 도착하였고, **피해자의 병원이송 및 경찰관의 사고현장 도착 이전에 사고 운전자가 사고현장을 이탈하였다면**, 비록 그 후 피해자가 택시를 타고 병원에 이송되어 치료를 받았다고 하더라도 운전자는 피해자에 대한 적절한 구호조치를 취하지 않은 채 사고현장을 이탈하였다고 할 것이어서, 설령 운전자가 사고현장을 이탈하기 전에 피해자의 동승자에게 자신의 **신원을 알 수 있는 자료를 제공하였다고 하더라도**, 피고인의 이러한 행위는 '피해자를 구호하는 등 조치를 취하지 아니하고 도주한 때'에 해당한다.

3-4 [대판 2010도16027] [사고운전자가 피해자가 사상을 당한 사실을 인식하고도 구호조치를 취하지 않은 채 사고현장을 이탈하면서 피해자에게 자신의 신원을 확인할 수 있는 자료를 제공하여 준 경우, 특정범죄 가중처벌 등에 관한 법률 제5조의3 제1항의 '도주한 때'에 해당하는지 여부(적극)] [1] 구 도로교통법 제54조 제1항에서 정한 **'교통사고 후 운전자 등이 즉시 정차하여 사상자를 구호하는 등 필요한 조치를 하여야 할 의무'**라 함은 곧바로 정차함으로써 부수적으로 교통의 위험이 초래되는 등의 사정이 없는 한 즉시 정차하여 사상자에 대한 구호조치 등 필요한 조치를 취하여야 할 의무를 의미하는 것이다. [2] 혈중 알코올 농도 0.197%의 음주상태에서 차량을 운전하다가 교통사고를 일으켜 피해자에게 상해를 입힌 운전자가, 피해자 병원 이송과 경찰관 사고현장 도착 전에 견인차량 기사를 통해 피해자에게 **신분증을 교부한 후 피해자의 동의 없이 일방적으로 현장을 이탈하였다가 약 20분 후 되돌아온 사안**에서, 위 운전자의 행위가 구 특정범죄 가중처벌 등에 관한 법률 제5조의3 제1항의 '피해자를 구호하는 등 조치를 취하지 아니하고 도주한 때'에 해당한다.

경찰관의 보호조치의무(경찰관직무집행법 4①9))

4 [대판 72도863] [제반사정을 종합하여 유기의 범위를 인정할 수 있다고 본 사례] 국민의 생명과 신체의 안전을 보호하기 위한 응급의 조치를 강구하여야 할 **직무를 가진 경찰관**인 피고인으로서는 술에 만취된 피해자가 향토예비군 4명에게 떼 메어 운반되어 지서 나무의자 위에 눕혀 놓았을 때 숨이 가쁘게 쿨쿨 내뿜고 자신의 수족과 의사도 자제할 수 없는 상태에 있음에도 불구하고 **근 3시간 동안**이나 아무런 구호조치를 취하지 아니한 것은 **유기죄에 대한 범의를 인정할 수 있다.**

---

9) 경찰관 직무집행법 제4조(보호조치 등) ① 경찰관은 수상한 행동이나 그 밖의 주위 사정을 합리적으로 판단해 볼 때 다음 각 호의 어느 하나에 해당하는 것이 명백하고 응급구호가 필요하다고 믿을 만한 상당한 이유가 있는 사람을 발견하였을 때에는 보건의료기관이나 공공구호기관에 긴급구호를 요청하거나 경찰관서에 보호하는 등 **적절한 조치**를 할 수 있다. 1. 정신착란을 일으키거나 **술에 취하여 자신 또는 다른 사람의 생명·신체·재산에 위해를 끼칠 우려가 있는 사람** 2. 자살을 시도하는 사람 3. 미아, 병자, 부상자 등으로서 적당한 보호자가 없으며 응급구호가 필요하다고 인정되는 사람. 다만, 본인이 구호를 거절하는 경우는 제외한다.

* 대법원 2011. 11. 24. 선고 2011도12302 판결
* 참조조문: 형법 제271조 제1항,1) 제275조 제1항2)

> 유기죄에 관한 형법 제271조 제1항의 '계약상 의무'가 계약에 기한 주된 급부의무가 부조를 제공하는 것인 경우에 한정되는가?

●**사실**● 피고인 X는 신정 연휴를 앞둔 2010.12.31. 오후에 예전부터 자신이 운영하는 주점에 손님으로 와서 술을 마신 일이 있던 피해자 A에게 주점으로 술 마시러 오도록 권유하였다. A는 이에 응하여 자신이 운영하는 봉제공장 직원들과 회식을 한 뒤, 술에 취한 상태에서 같은 날 22:48경 위 주점에 와서 다른 손님이 없는 채로 술을 마시기 시작하여 2011.1.1.부터 2011.1.3. 오전까지 계속하여 양주 5병, 소주 8병 및 맥주 30여 병을 마셨다.

A는 2011.1.1.경부터 두 차례 자신의 의지와 무관하게 옷에 소변을 보는 등 만취한 상태에 있었고, 그 사이에 식사는 한 끼도 하지 아니했다. A에 대한 실종신고를 받은 경찰관들이 2011.1.3. 19:20경 이 주점에서 A를 발견할 당시 A는 영하의 추운 날씨에 트레이닝복만 입고 이불이나 담요를 덮지 아니한 채 양말까지 벗은 채로 소파에서 잠을 자면서 정신을 잃은 상태에 있었다. A는 경찰관들에 의하여 바로 국립중앙의료원으로 후송되어 치료를 받았으나 다음날인 2011.1.4. 23:40경 저체온증 및 대사산증으로 사망하였다. 제1심과 원심은 X에 대해 소비자기본법상의 법률상의 보호의무3)와 계약상의 보호의무에 대한 위반으로 유기치사죄를 선고하였다. 이에 X가 상고하였다.

●**판지**● 상고기각. 「[1] 유기죄에 관한 형법 제271조 제1항은 그 행위의 주체를 "노유, 질병 기타 사정으로 부조를 요하는 자를 보호할 법률상 또는 계약상 의무 있는 자"라고 정하고 있다. 여기서의 (가) **'계약상 의무'**는 간호사나 보모와 같이 계약에 기한 주된 급부의무가 부조를 제공하는 것인 경우에 반드시 한정되지 아니하며, (나) **계약의 해석상 계약관계의 목적이 달성될 수 있도록 상대방의 신체 또는 생명에 대하여 주의와 배려를 한다는 부수적 의무의 한 내용으로 상대방을 부조하여야 하는 경우를 배제하는 것은 아니라고 할 것이다.** (다) 그러나 그 의무 위반의 효과로서 주로 손해배상책임이 문제되는 민사영역에서와는 달리 유기죄의 경우에는 당사자의 인적 책임에 대한 형사적 제재가 문제된다는 점 등을 고려하여 보면, 단지 위와 같은 부수의무로서의 **민사적 부조의무 또는 보호의무가 인정된다고 해서 형법 제271조 소정의 '계약상 의무'가 당연히 긍정된다고는 말할 수 없고,** (라) 당해 계약관계의 성질과 내용, 계약당사자 기타 관련자들 사이의 관계 및 그 전개양상, 그들의 경제적·사회적 지위, 부조가 필요하기에 이른 전후의 경위, 필요로 하는 부조의 대체가능성을 포함하여 그 부조의 종류와 내용, 달리 부조를 제공할 사람 또는 설비가 있는지 여부 기타 제반 사정을 고려하여 위 **'계약상의 부조의무'의 유무를 신중하게 판단**하여야 한다.
>
> [2] 피고인이 자신이 운영하는 주점에 손님으로 와서 수일 동안 식사는 한 끼도 하지 않은 채 계속하여 술을 마시고 만취한 피해자를 주점 내에 그대로 방치하여 저체온증 등으로 사망에 이르게 하였

---

1) 형법 제271조(유기) ① 나이가 많거나 어림, 질병 **그 밖의 사정으로 도움이 필요한 사람을 법률상 또는 계약상 보호할 의무가 있는 자**가 유기한 경우에는 3년 이하의 징역 또는 500만원 이하의 벌금에 처한다.

2) 형법 제275조(유기등 치사상) ① 제271조 내지 제273조의 죄를 범하여 사람을 상해에 이르게 한 때에는 7년 이하의 징역에 처한다. 사망에 이르게 한 때에는 3년 이상의 유기징역에 처한다.

3) 소비자기본법 제19조(사업자의 책무) ① 사업자는 물품 등으로 인하여 소비자에게 생명·신체 또는 재산에 대한 위해가 발생하지 아니하도록 필요한 조치를 강구하여야 한다.

다는 내용으로 예비적으로 기소된 사안에서, 피해자가 피고인의 지배 아래 있는 주점에서 3일 동안 과도하게 술을 마시고 추운 날씨에 난방이 제대로 되지 아니한 주점 내 소파에서 잠을 자면서 정신을 잃은 상태에 있었다면, **피고인은 주점의 운영자로서** 피해자의 생명 또는 신체에 대한 위해가 발생하지 아니하도록 피해자를 주점 내실로 옮기거나 인근에 있는 여관에 데려다 주어 쉬게 하거나 피해자의 지인 또는 경찰에 연락하는 등 **필요한 조치를 강구하여야 할 계약상의 부조의무를 부담한다**고 판단하여 **유기치사죄를 인정한 원심판결을 수긍**한 사례」.

●**해설**● 1 형법은 유기죄의 주체로서 **법률상, 계약상의 구호의무있는 자만을 규정**하고 있다. 따라서 이러한 의무 있는 자에 의해서만 범죄가 성립할 수 있다는 점에서 유기죄는 **신분범**이다. 사안에서는 X에게 계약에 의한 보호의무가 있는지가 다투어졌다. 계약상 부수적 의무의 한 내용으로 상대방을 부조해야 하는 경우에 유기죄에서 말하는 계약상 보호의무가 인정될 수 있다.

2 대상판결은 제1심과 제2심에서 설시된 소비자기본법 제19조에 대한 판단 없이 '계약상 보호의무'만을 다루었다. 계약상의 보호의무를 사법적 관점에서 계약의 부수적 의무인 '민사적 부조의무 내지 보호의무'까지 넓게 인정하면서도, 이를 다시 계약관계 및 부조의 필요성 등과 관련된 제반 사정을 고려하여 **'형법적 관점'에서 최종적으로 조정 판단**하여야 한다고 보았다.[4] 이와 같이, 계약상 부수적 의무의 한 내용으로 상대방을 부조해야 하는 경우에 유기죄에서 말하는 계약상 보호의무가 인정될 수 있음을 보여주는 사례가 대상판결이다.

3 법원은 X가 운영하는 주점의 손님인 A가 X의 지배 아래 있는 위 주점에서 3일 동안에 걸쳐 과도하게 술을 마셔 추운 날씨에 난방이 제대로 되지 아니한 주점 내 소파에서 잠을 자면서 정신을 잃은 상태에 있었다면 X로서는 주점의 운영자로서 A에게 생명 또는 신체에 대한 위해가 발생하지 아니하도록 A를 주점 내실로 옮기거나 인근에 있는 여관에 데려다주어 쉬게 하거나 A의 지인 또는 경찰에 연락하는 등의 필요한 조치를 강구하여야 할 **계약상의 부조의무를 부담한다고 판단하여 피고인을 유죄로 인정**하였다.

4 유기죄의 객체는 "나이가 많거나 어림, 질병 그 밖의 사정으로 도움이 필요한 사람"이다. 일본의 경우, **만취자**도 병자(病者)에 포함된다고 보는 것이 판례의 입장이다. 最決昭和43年11月7日(判タ229-252)은 정교관계에 있던 피해자 A(여)가 한밤중에 역 앞에서 만취되어 있음을 발견하고 그녀를 집으로 데려가려 했지만, 노상에 주저앉아 움직이려고 하지 않아 **술을 깨게 하기 위해 서서히 옷을 벗겨 알몸이 되게** 했지만 그래도 걸으려 하지 않아 결국은 논에 방치하고 귀가한바, 1월의 매서운 추위로 동사한 사안에서 「A가 당시, 심한 명정상태로 인해 신체의 자유를 잃고 타인의 부조를 요하는 상태에 있었다고 인정되는 경우, 이를 형법 제218조 제1항[5]의 **병자에 해당한다**고 본 원심은 상당하다」라고 판단하였다.[6]

---

4) 대상판결은 계약의 부수적 의무인 '민사적 부조의무 내지 보호의무'보다는 후자인 '형법적 관점'에서 판단된 '계약상의 보호의무'에 무게중심이 있다. 이러한 해석태도는 '구체적 타당성'에는 기여할지 모르나 유기죄의 계약상 보호의무 자체의 범위를 불분명케 한다는 비판이 있다(오병두, 계약상의 부조의무와 유기죄 −대법원 2011.11.24. 선고 2011도12302 판결−, 법조(2016. 12), 640−641면).

5) 일본 형법 제218조(보호책임자유기 등) 노년자, 유년자, 신체장애자 또는 **병자를 보호할 책임이 있는 자**가 이들을 유기하거나 그 생존에 필요한 보호를 하지 아니한 때에는 3월 이상 5년 이하의 징역에 처한다. **cf)** 일본은 일반유기죄 조항(제217조) 이외에 보호책임자유기죄(제218조)를 따로 규정해 두고 있다. 일본형법 제217조(유기) 노년, 유년, 신체장애 또는 질병으로 인하여 부조를 필요로 하는 자를 유기한 자는 1년 이하의 징역에 처한다.

5 유기는 피해자의 생명에 대한 위험성을 발생시키거나 증대시키는 행위이다. 따라서 유기죄의 기본은 생명에 대한 위험범인 이상 '위험에 대한 인식'이 필요하다. 그리고 객관적 측면에서도 생명의 위험으로 연결될 정도로 중대한 것에 한정된다. 그리고 유기죄에 의하여 발생할 정도의 위험이 이미 다른 범죄에 의하여 발생한 때에는 그 범죄로 처벌될 뿐이고 이로 인하여 보호의무가 발생하는 것은 아니다(대판 80도726, Ref 2).

Reference

1 [대판 2018도4018] 유기죄를 범하여 사람을 사망에 이르게 하는 유기치사죄가 성립하기 위해서는 먼저 유기죄가 성립하여야 하므로, 행위자가 유기죄에 관한 형법 제271조 제1항이 정하고 있는 것처럼 "노유, 질병 기타 사정으로 인하여 부조를 요하는 자를 보호할 법률상 또는 계약상 의무 있는 자"에 해당하여야 한다. 여기에서 말하는 **법률상 보호의무에는 민법 제826조 제1항[7]에 근거한 부부간의 부양의무도 포함**된다.

2 [대판 80도726] [실신한 강간치상죄의 피해자를 현장에 그대로 방치한 경우와 유기죄의 성부] 강간치상의 범행을 저지른 자가 그 범행으로 인하여 실신형태에 있는 피해자를 구호하지 아니하고 방치하였다 하더라도 그 행위는 **포괄적으로 단일의 강간치상죄만을 구성한다**고 봄이 상당하다 할 것인 바, 그렇다면 원심이 같은 취지 아래 피고인의 원심판시 강간미수행위로 인하여 동 판시 상해를 입고 의식불명이 된 피해자 공소외인을 그곳에 그대로 방치한 피고인의 소위에 대하여 강간치상죄만이 성립하고 별도로 **유기죄는 성립하지 아니한다**고 판단한 조치는 정당하다.

3 [고판 92노1085] 피고인 1은 술집을 경영하는 자로서 자신의 업소에서 술을 마신 손님이 밤늦은 시간에 술에 만취하여 의식이 분명치 않고 몸을 가눌 수 없는 정도의 상태가 된 경우, 특별한 사정이 없는 한 손님이 안전하게 귀가할 수 있도록 조치하거나 아니면 손님이 술이 깨어 스스로 행동할 수 있을 때까지 술집에 있을 수 있도록 하여야 할 **주의의무가 있다** 할 것인데, 위 증거에 의하면 **피해자는 64세의 고령으로서** 위 술집에 밤 12시경에 들어와(그때 이미 상당량의 술을 마신 상태였다) 다음날 새벽 3시경까지 위 피고인으로부터 매상을 많이 올리기 위하여 의도적으로 피해자에게 술을 많이 마시게 하라는 지시를 받은 위 술집 종업원인 피고인 4의 계속된 권유로 말미암아 맥주 3병과 양주 2병을 마셔 인사불성이 될 정도의 주취상태에 이르렀고, 당시는 기온이 영하에 가까운 추운 겨울날 새벽이었고 밖에는 진눈깨비까지 내리는 등 기상조건이 극히 안 좋은 상태였기 때문에 술에 취하여 인사불성이 된 피해자를 그대로 바깥에 방기할 경우 피해자의 생명이나 신체에 어떠한 위험이 발생할지 알 수 없는 상황이었는데도 불구하고 그날 새벽 4시경 원심판시와 같이 **피해자를 아무런 보호조치 없이 길거리에 그냥 내려놓고 방치**한 이상(이는 피고인 1이 판시와 같이 피해자로부터 수표를 절취하였기 때문에 피해자가 술이 깨어 수표가 없어진 사실을 알더라도 위 업소에서 수표가 없어졌음을 이유로 위 피고인에게 책임추궁을 할 수 없도록 하기 위해서 행하여진 것으로 보여진다), 이는 **형법 제271조 제1항 소정의 "기타 사정으로 인하여 부조를 요하는 자를 보호할 법률상 의무가 있는 자가 유기한 때"에 해당한다**고 보여지고, 또한 사람이 위와 같이 술에 취하여 인사불성이 된 상태에서 추운 겨울날 새벽

---

6) 前田雅英・星周一郎/박상진・김잔디(역), 최신중요 일본형법판례 250선(각론편), 2021, 30−31면.

7) 민법 제826조 (부부간의 의무) ① 부부는 동거하며 **서로 부양**하고 협조하여야 한다. 그러나 정당한 이유로 일시적으로 동거하지 아니하는 경우에는 서로 인용하여야 한다.

에 노상에 그대로 쓰러진 채 방치되어 상당시간이 경과할 경우 동사의 위험이 있음은 경험칙상 충분히 예견될 수 있다할 것이고, 피해자가 유기되어 사망할 때까지의 경과시간이나 사망할 때까지의 상황, 그리고 피해자가 사망에 이를 만한 다른 특별한 외부적인 요인이 없었다는 점 등을 종합하여 보면, 피해자는 위와 같이 술에 만취된 상태에서 피고인 1, 2, 3에 의하여 길에 유기되어 방치됨으로써 동사한 것으로 봄이 상당하다 하겠다. 따라서 위 피고인들에 대하여 유기치사죄를 인정, 처단한 원심의 조치는 정당하다.

12 유기치사죄의 성부 – 수혈의 거부 –

* 대법원 1980. 9. 24. 선고 79도1387 판결
* 참조조문: 형법 제271조,[1] 제275조[2]

> 생모가 사망이 예견되는 딸에 대해 자신의 종교적 신념으로 수혈을 거부하여 사망에 이르게 한 경우, 유기치사죄가 성립하는가?

●**사실**● 피고인 X는 전격성간염에 걸려 장내출혈의 증세까지 생긴 만 11세 남짓한 딸을 병원으로 데리고 다니면서 치료를 받았다. 그러나 의사들이 당시의 의료기술상 최선의 치료방법이라 권유하는 수혈을 자신이 믿는 종교인 여호와의 증인의 교리에 어긋난다[3]는 이유로 시종일관 완강히 거부하였다. 그로 인해 딸은 의학상의 적정한 치료를 받지 못하여 장내출혈로 사망에 이르게 되었다. 원심은 X에 대해 유기치사죄를 선고하였다. 이에 X가 상고하였다.

●**판지**● **상고기각** 「생모가 사망의 위험이 예견되는 그 딸에 대하여는 수혈이 최선의 치료방법이라는 의사의 권유를 자신의 종교적 신념이나 후유증 발생의 염려만을 이유로 완강하게 거부하고 방해하였다면 **이는 결과적으로 요부조자를 위험한 장소에 두고 떠난 경우나 다름이 없다**고 할 것이고 그때 사리를 변식할 지능이 없다고 보아야 마땅한 11세 남짓의 환자본인 역시 수혈을 거부하였다고 하더라도 생모의 수혈거부 행위가 위법한 점에 영향을 미치는 것이 아니다」.

●**해설**● 1 사안은 특정 종교적 신념을 이유로 생명이 위험한 미성년자녀에 대해 수혈을 거부하여 사망에 이르게 한 부모에게 유기치사죄를 인정하고 있다. 법원은 친권자가 수혈을 완강하게 거부하고 방해하였다면 이는 결과적으로 요부조자를 위험한 장소에 두고 떠난 것과 같은 것이어서 그 행위의 성질은 **치거(置去)에 해당한다**고 판단하였다.

2 유기죄의 보호법익은 피유기자의 **생명과 신체의 안전**이고 그 보호의 정도는 **추상적 위험범**이다(대판 2015도6809). 그리고 유기죄의 행위로서 '**유기**'란 요부조자를 보호 없는 상태에 둠으로써 그 생명·신체에

---

1) 형법 제271조(유기, 존속유기) ① 나이가 많거나 어림, 질병 그 밖의 사정으로 도움이 필요한 사람을 법률상 또는 계약상 보호할 의무가 있는 자가 유기한 경우에는 3년 이하의 징역 또는 500만원 이하의 벌금에 처한다. ② 자기 또는 배우자의 직계존속에 대하여 제1항의 죄를 지은 경우에는 10년 이하의 징역 또는 1천500만원 이하의 벌금에 처한다. ③ **제1항의 죄를 지어 사람의 생명에 위험을 발생하게 한 경우에는 7년 이하의 징역에 처한다.** ④ 제2항의 죄를 지어 사람의 생명에 위험을 발생하게 한 경우에는 2년 이상의 유기징역에 처한다.

2) 형법 제275조(유기등 치사상) ① 제271조 내지 제273조의 죄를 범하여 사람을 상해에 이르게 한 때에는 7년 이하의 징역에 처한다. 사망에 이르게 한 때에는 3년 이상의 유기징역에 처한다. ② 자기 또는 배우자의 직계존속에 대하여 제271조 또는 제273조의 죄를 범하여 상해에 이르게 한 때에는 3년 이상의 유기징역에 처한다. 사망에 이르게 한 때에는 무기 또는 5년 이상의 징역에 처한다.

3) **여호와의 증인**(Jehovah's Witnesses)은 19세기 미국의 재야 성서학자 찰스 테이즈 러셀을 중심으로 자생적으로 결성된 기독교 회복주의를 지향하는 종교단체이다. 이들은 삼위일체론과 영혼 불멸, 지옥불 사상은 성경의 가르침이 아니라 이교의 혼합된 교리라고 보아 인정하지 않는다. 그리고 이들은 레위기에서 "피를 먹지 말라"라는 율법의 대목과 사도행전 15:20의 "목매어 죽인 것과 피를 멀리하라"라는 내용 등을 근거로 수혈 치료를 거부하고 있다. 대신 무수혈 치료를 통해서 모든 의학적 조치를 하며, 수혈 거부에 대한 대중의 통념적인 거부감에 대해서는 오해이며 잘못된 정보 때문이라고 주장한다. 여호와의 증인 부모와 미성년 자녀의 수혈거부 상황에서 국가권력의 개입을 보여주는 영화로 《The Children Act》가 있다. ko.wikipedia.org

위험을 가져오는 행위를 말한다. 이러한 유기행위는 ① 보호 있는 상태에서 보호 없는 상태로 옮기는 **적극적 유기(移置)**와 ② 요부조자를 그대로 두고 떠나는 **소극적 유기(置去)**로 구분할 수 있다. 대상판결에서 부모의 수혈거부를 법원은 소극적 유기 즉 치거(置去)로 보았다. 이와 같이 유기는 작위뿐만 아니라 보증인적 지위에 있는 자의 **부작위에 의해서도 가능**하다.

3 부모는 미성년자의 의료행위에 대해 법률상 도는 사실상 동의권을 행사할 수 있다. 그러나 법원은 「아무리 생모라고 할지라도 자신의 종교적 신념이나 후유증 발생의 염려만을 이유로 환자에 대하여 의사가 하고자 하는 위의 수혈을 거부하여 결과적으로 그 환자로 하여금 의학상 필요한 치료도 제대로 받지 못한 채 사망에 이르게 할 수 있는 정당한 권리가 있다고는 할 수 없는 것이며, 그때에 사리를 변식할 지능이 없다고 보아야 마땅할 **11세 남짓의 환자 본인이 가사 그 생모와 마찬가지로 위의 수혈을 거부한 일이 있다고 하여도** 이것이 피고인의 위와 같은 수혈거부 행위가 위법한 것이라고 판단하는데 어떠한 영향을 미칠만한 사유가 된다고 볼 수는 없다」고 보았다.

4 대상판결과 같은 사안에서 사후적 형사처벌은 이미 발생한 생명 침해를 회복할 수 없으므로 국가가 사전에 개입할 것을 주장하는 견해가 있다. "구체적인 사안에서 필요할 때마다 가정법원이 부모의 의료행위 동의에 갈음하는 허가심판을 내리도록 하여야 할 것이다. 그것만으로는 자녀의 생명 또는 신체에 대한 유효적절한 보호책이 되지 못할 경우, 가정법원으로 하여금 구체적인 범위를 정하여 **친권의 행사를 일부 제한 또는 일시 정지하고, 친권의 행사를 대행하는 특별대리인 또는 후견인을 선임할 수 있도록 하여야 한다.**"[4]

Reference

---

1 [대판 2015도6809 세월호사건] [유기죄에 있어서 보호법익의 정도] 대법원은 다음과 같이 판단하여 상고를 기각하였다. (가) 유기행위는 부조를 요하는 자를 보호 없는 상태로 둠으로써 생명·신체를 위태롭게 하는 것이다. (나) 유기행위는 작위뿐 만아니라 부작위에 의하여도 성립한다. (다) 유기를 당한 사람의 **생명·신체에 위험을 발생하게 할 가능성이 있으면 유기행위의 요건은 충족**되고 **반드시 보호의 가능성이 전혀 없을 것을 요하는 것은 아니다.**

2 [대판 2009도14407] [환자의 명시적인 수혈 거부 의사가 존재하여 수혈하지 아니함을 전제로 환자의 승낙(동의)을 받아 수술하였는데 수술 과정에서 수혈을 하지 않으면 생명에 위험이 발생할 수 있는 응급상태에 이른 경우, 의사가 진료행위 시 고려하여야 할 사항 및 수혈을 거부하는 환자의 자기결정권이 생명과 대등한 가치가 있다고 평가될 것인지 판단하는 기준 / 환자의 자기결정권 행사에 따라 수혈하지 않는 방식으로 수술하는 경우, 의사에게 요구되는 주의의무] [1] 우리 헌법은 인간의 생명을 최고의 가치로 존중하고 있고, 여기에 자살관여죄를 처벌하는 우리 형법의 태도와 생명 보존 및 심신상의 중대한 위해의 제거를 목적으로 하는 응급의료에 관한 법률의 취지 등을 보태어 보면, 회복가능성이 높은 응급의료상황에서 생명과 직결된 치료방법을 회피하는 것은 원칙적으로 허용될 수 없다고 보아야

---

4) 윤진수/현소혜, 부모의 자녀 치료거부 문제 해결을 위한 입법론, 법조 Vol. 680(2013. 5), 90−91면.

한다. 그렇지만 환자의 자기결정권도 인간으로서의 존엄과가치 및 행복추구권에 기초한 가장 본질적인 권리이므로, 특정한 치료방법을 거부하는 것이 자살을 목적으로 하는 것이 아닐 뿐만 아니라 그로 인해 침해될 제3자의 이익이 없고, 그러한 자기결정권의 행사가 생명과 대등한 가치가 있는 헌법적 가치에 기초하고 있다고 평가될 수 있다는 등의 특별한 사정이 있다면, 이러한 자기결정권에 의한 환자의 의사도 존중되어야 한다. [2] 환자의 명시적인 수혈 거부 의사가 존재하여 수혈하지 아니함을 전제로 환자의 승낙(동의)을 받아 수술하였는데 수술 과정에서 수혈을 하지 않으면 생명에 위험이 발생할 수 있는 응급상태에 이른 경우에, 환자의 생명을 보존하기 위해 불가피한 수혈 방법의 선택을 고려함이 원칙이라 할 수 있지만, 한편으로 환자의 생명 보호에 못지않게 환자의 자기결정권을 존중하여야 할 의무가 대등한 가치를 가지는 것으로 평가되는 때에는 이를 고려하여 진료행위를 하여야 한다. 어느 경우에 수혈을 거부하는 환자의 자기결정권이 생명과 대등한 가치가 있다고 평가될 것인지는 환자의 나이, 지적 능력, 가족관계, 수혈 거부라는 자기결정권을 행사하게 된 배경과 경위 및 목적, 수혈 거부 의사가 일시적인 것인지 아니면 상당한 기간 동안 지속되어 온 **확고한 종교적 또는 양심적 신념에 기초한 것인지**, 환자가 수혈을 거부하는 것이 실질적으로 자살을 목적으로 하는 것으로 평가될 수 있는지 및 수혈을 거부하는 것이 다른 제3자의 이익을 침해할 여지는 없는 것인지 등 제반 사정을 종합적으로 고려하여 판단하여야 한다. 다만 환자의 생명과 자기결정권을 비교형량하기 어려운 특별한 사정이 있다고 인정되는 경우에 **의사가 자신의 직업적 양심에 따라 환자의 양립할 수 없는 두 개의 가치 중 어느 하나를 존중하는 방향으로 행위하였다면, 이러한 행위는 처벌할 수 없다.**

3 [대판 86도225] [유기죄의 주관적 요건] [1] 유기죄에 있어서는 행위자가 요부조자에 대한 보호책임의 발행원인이 된 사실이 존재한다는 것을 인식하고 이에 기한 부조의무를 해태한다는 의식이 있음을 요한다. [2] 피고인이 성류파크호텔 7층 1713호실에서 피해자 에게 성관계를 요구하다가 같은 피해자가 그 순간을 모면하기 위하여 7층 창문으로 뛰어내린 것을 알았다면 즉시 적절한 구호조치를 하여 피해자를 보호해야 할 법률상 의무가 있음에도 불구하고 그 사실을 숨기고 그대로 방치하여 유기함으로써 그녀의 생명에 대한 위험을 발생케 한 것이라고 함에 있는바, 우선 위 피해자가 위 1713호실에서 뛰어내린 여부를 **피고인이 전혀 알지 못하였다면 피고인의 범의를 인정할 수 없다.**

13 학대죄 – 아동학대와 노인학대 –

* 대법원 2020. 3. 12. 선고 2017도5769 판결
* 참조조문: 아동복지법 제3조 제7호[1], 제17조 제5호[2]

> 아동복지법상 금지되는 '정서적 학대행위'의 의미 및 이에 해당하는지 판단하는 기준

●**사실**● 어린이집 보육교사인 피고인 X는 아동 A(4세)가 창틀에 매달리는 등 위험한 행동을 한다는 이유로 A를 안아 바닥에서 약 78cm 높이의 교구장(110cm×29cm×63cm) 위에 올려둔 후 교구장을 1회 흔들고, A의 몸을 잡고는 교구장 뒤 창 쪽으로 흔들어 보이는 등 **약 40분 동안 앉혀둠**으로써 아동의 정신건강 및 발달에 해를 끼치는 **정서적 학대행위**를 하였다고 하여 아동복지법 위반(아동학대)으로 기소되었다. A는 이 일이 있은 다음 날 신체적 및 정신적 고통을 호소하였고, 이후 1주가 넘도록 어린이집에 등원하지 못하였다. 원심은 피고인의 유죄를 인정하였다. 이에 X는 상고하였다.

> ●**판지**● **상고기각**. 「[1] 아동복지법의 입법 목적(제1조), 기본이념(제2조 제3항) 및 같은 법 제3조 제7호, 제17조 제5호의 내용 등을 종합하면, 아동복지법상 금지되는 **정서적 학대행위**란 정신적 폭력이나 가혹행위로서 아동의 정신건강 또는 복지를 해치거나 정신건강의 정상적 발달을 저해할 정도 혹은 그러한 결과를 초래할 위험을 발생시킬 정도에 이르는 것을 말하고, 어떠한 행위가 이에 해당하는지 여부는 행위자와 피해아동의 관계, 행위 당시 행위자가 피해아동에게 보인 태도, 피해아동의 연령, 성별, 성향, 정신적 발달상태 및 건강상태, 행위에 대한 피해아동의 반응 및 행위를 전후로 한 피해아동의 상태 변화, 행위가 발생한 장소와 시기, 행위의 정도와 태양, 행위에 이르게 된 경위, 행위의 반복성이나 기간, 행위가 피해아동 정신건강의 정상적 발달에 미치는 영향 등을 종합적으로 고려하여 판단하여야 한다.
>
> [2] 보육교사인 피고인이 강압적이고 부정적인 태도를 보이며 4세인 피해아동을 높이 78cm에 이르는 교구장 위에 약 40분 동안 앉혀놓았는데, 이는 그 자체로 위험한 행위일 뿐만 아니라 그 과정에서 피해아동은 공포감 내지 소외감을 느꼈을 것으로 보이고, 실제로 피해아동이 정신적 고통 등을 호소하며 일주 일이 넘도록 어린이집에 등원하지 못한 점 등 판시와 같은 여러 사정에 비추어 피고인이 피해아동을 정서적으로 학대하였다고 인정된다」.

●**해설**● 1 **학대죄**는 자기의 보호 또는 감독을 받는 사람에게 육체적으로 고통을 주거나 정신적으로 차별대우를 하는 행위가 있음과 동시에 범죄가 완성되는 상태범 또는 즉시범이다(대판 84도2922, Ref 3). 형법은 "자기의 보호 또는 감독을 받는 사람을 학대한 자는 2년이하의 징역 또는 500만원이하의 벌금에 처한다."고 규정하고 있다(법273). 여기서 '**학대**'라 함은 「육체적으로 고통을 주거나 정신적으로 차별대우를 하는 행위를 가리키고, 이러한 학대행위는 **형법의 규정체제상** 학대와 유기의 죄가 같은 장에 위치하고 있는 점 등에 비추어 단순히 상대방의 인격에 대한 **반인륜적 침해만으로는 부족**하고 적어도 유기에 준할 정도에 이르러야 한다」. 이에 따라 판례는 피고인이 자기의 친딸(12세)에게 포르노테이프를 보여주

---

1) 아동복지법 제3조(정의) 제7호 "아동학대"란 보호자를 포함한 성인이 아동의 건강 또는 복지를 해치거나 정상적 발달을 저해할 수 있는 신체적·정신적·성적 폭력이나 가혹행위를 하는 것과 아동의 보호자가 아동을 유기하거나 방임하는 것을 말한다.
2) 아동복지법 제17조(금지행위) 제5호 아동의 정신건강 및 발달에 해를 끼치는 정서적 학대행위(「가정폭력범죄의 처벌 등에 관한 특례법」 제2조제1호에 따른 가정폭력에 아동을 노출시키는 행위로 인한 경우를 포함한다).

며 성관계를 가졌고, 이러한 비정상적 관계를 8년에 걸쳐 지속하여 왔어도 학대죄는 성립하지 않는다고 판단하였다(대판 2000도223).

2 학대행위의 구체적 예로는 폭행이나 협박, 음식물을 주지 않거나 잠을 못 자게 하는 행위, 유기나 방임, 음란한 행위, 정신적 고통을 가하는 행위 등을 생각할 수 있다. 학대의 대상으로 크게는 아동과 노인을 상정해 볼 수 있다. 아동학대와 관련하여서는 「아동복지법」에서, 노인학대와 관련해서는 「노인복지법」에서 규정하고 있다.

3 아동복지법은 아동이 건강하게 출생하여 행복하고 안전하게 자랄 수 있도록 아동의 복지를 보장하는 것을 목적으로 한다(법1). 아동복지법상 아동의 보호자란 친권자, 후견인, 아동을 보호·양육·교육하거나 그러한 의무가 있는 자 또는 업무·고용 등의 관계로 사실상 아동을 보호·감독하는 자를 말하는데(법3ⅲ), 아동의 보호자는 아동을 가정에서 그의 성장 시기에 맞추어 건강하고 안전하게 양육하여야 하고, 아동에게 **신체적 고통**이나 폭언 등의 **정신적 고통**을 가하여서는 아니 되는 책무를 부담한다(법5①②). 이와 함께 아동복지법은 아동학대의 의미를 정의하면서 아동의 보호자와 그 외의 성인을 구분하여, ㉠ 아동의 보호자가 아닌 성인에 관해서는 신체적·정신적·성적 폭력이나 가혹행위를 아동학대행위로 규정하는 것에 비하여 ㉡ 아동의 보호자에 관해서는 위 행위들에 더하여 아동을 **유기하거나 방임하는 행위까지 포함**시키고 있다(법ⅶ). 자신의 보호·감독을 받는 아동에 대하여 의식주를 포함한 기본적 보호·양육·치료 및 교육을 소홀히 하는 방임행위를 하여서는 아니 되고(법17ⅵ), 이를 위반하면 5년 이하의 징역 또는 5천만 원 이하의 벌금에 처해진다(법71①ⅱ)(대판 2020도7625, Ref 2).

4 노인복지법은 노인학대의 예방과 학대받는 노인의 보호를 위하여 '노인의 신체에 폭행을 가하거나 상해를 입히는 행위'(제1호) 등 일정한 노인학대 행위유형을 금지하는 규정(법39의9) 및 이를 위반하는 경우 그 행위유형에 따라 처벌하는 벌칙 규정(법55의2, 55의3 등)을 두어, 형법상 단순폭행죄(법260①)나 단순상해죄(법257①)보다 중하게 처벌하고 있다. 한편 노인복지법은 제39조의9에서 노인에 대한 금지행위의 객체가 되는 노인의 연령기준을 '65세 이상의 사람'으로 명시하고 있다.

Reference

---

1 [대판 2020도12419] ●**사실**● 피고인 X는 2018. 3. 14.경 피해아동(여, 14세)과 휴대전화로 영상통화를 하던 중 피해아동에게 '네 가슴을 보고 싶다'고 말하여 피해아동으로 하여금 영상통화 화면에 가슴을 보이도록 하고 이를 보면서 피고인이 자위행위를 하는 장면을 보여준 것을 비롯하여 그 무렵부터 2018. 4.경까지 사이에 총 5회에 걸쳐 같은 방법으로 피해아동에게 성적 학대행위를 하였다는 혐의로 기소되었다. ●**판지**● [아동복지법상 아동매매죄에서 아동 자신이 동의하였더라도 유죄가 인정되는지 여부(적극)] [1] 국가와 사회는 아동·청소년에 대하여 다양한 보호의무를 부담한다. 법원은 아동·청소년이 피해자인 사건에서 아동·청소년이 특별히 보호되어야 할 대상임을 전제로 판단해왔다. 아동복지법상 아동에 대한 성적 학대행위에 해당하는지 판단하는 경우 아동이 명시적인 반대의사를 표시하지 아니하였더라도 성적 자기결정권을 행사하여 자신을 보호할 능력이 부족한 상황에 기인한 것인지 가려보아야 하고, 아동복지법상 아동매매죄에서 설령 아동 자신이 동의하였더라도 유죄가 인정된다. 아동·청소

년이 자신을 대상으로 음란물을 제작하는 데에 동의하였더라도 원칙적으로 아동·청소년의 성보호에 관한 법률상 아동·청소년이용 음란물 제작죄를 구성한다. [2] 아동·청소년은 사회적·문화적 제약 등으로 아직 온전한 성적 자기결정권을 행사하기 어려울 뿐만 아니라, 인지적·심리적·관계적 자원의 부족으로 타인의 성적 침해 또는 착취행위로부터 자신을 방어하기 어려운 처지에 있다. 또한 아동·청소년은 성적 가치관을 형성하고 성 건강을 완성해가는 과정에 있으므로 아동·청소년에 대한 성적 침해 또는 착취행위는 아동·청소년이 성과 관련한 정신적·신체적 건강을 추구하고 자율적 인격을 형성·발전시키는 데에 심각하고 지속적인 부정적 영향을 미칠 수 있다. 따라서 **아동·청소년이 외관상 성적 결정 또는 동의로 보이는 언동을 하였더라도, 그것이 타인의 기망이나 왜곡된 신뢰관계의 이용에 의한 것이라면,** 이를 아동·청소년의 온전한 성적 자기결정권의 행사에 의한 것이라고 평가하기 어렵다.

2 **[대판 2020도7625]** 아동 갑(당시 1세)의 친아버지인 피고인이 갑을 양육하면서 집안 내부에 먹다 남은 음식물 쓰레기, 소주병, 담배꽁초가 방치된 상태로 청소를 하지 않아 악취가 나는 비위생적인 환경에서 갑에게 제대로 세탁하지 않아 음식물이 묻어있는 옷을 입히고, 목욕을 주기적으로 시키지 않아 몸에서 악취를 풍기게 하는 등으로 갑을 방임하였다고 하여 아동복지법 위반으로 기소된 사안에서, 생존에 필요한 최소한의 보호를 하였다는 사정이나 갑이 피고인에게 애정을 표현했다는 사정만으로는 피고인이 갑의 친권자로서 갑의 건강과 안전, 행복을 위하여 필요한 책무를 다했다고 보기 어렵다는 이유로, 피고인이 비위생적인 환경에서 갑을 양육하였고 갑의 의복과 몸을 청결하게 유지해 주지 않았으며 갑을 집에 두고 외출하기도 하는 등 의식주를 포함한 기본적인 보호·양육·치료 및 교육을 소홀히 하는 방임행위를 하였다고 본 원심의 판단이 정당하다고 한 사례.

3 **[대판 84도2922]** [수회에 걸친 일련의 학대행위의 일부에 대하여 위법성이 조각된다는 이유로 무죄를 선고할 수 있는지 여부] 학대죄는 자기의 보호 또는 감독을 받는 사람에게 육체적으로 고통을 주거나 정신적으로 차별대우를 하는 행위가 있음과 동시에 범죄가 완성되는 상태범 또는 즉시범이라 할 것이고 비록 수십 회에 걸쳐서 계속되는 일련의 폭행행위가 있었다 하더라도 그중 친권자로서의 징계권의 범위에 속하여 위 위법성이 조각되는 부분이 있다면 그 부분을 따로 떼어 무죄의 판결을 할 수 있다.

* 대법원 1998. 5. 26. 선고 98도1036 판결
* 참조조문: 형법 제276조 제1항1)

일정한 장소적 제약 하에서 제한된 행동의 자유를 허용한 경우, 감금죄가 성립하는가?

●**사실**● 피고인 X는 1996.12.10.경 피해자 A(당시 만10세)의 집에서 A로 하여금 부모에게 말하지 말고 인천 계양구 효성동에 있는 ○○아파트 앞으로 나오도록 유인한 다음 자신이 운전하는 화물차에 태우고 데리고 다니면서 A에게 "네가 집에 돌아가면 경찰이 붙잡아 소년원에 보낸다."라고 위협하였다. 이렇게 A를 집에 가지 못하도록 하는 등 그 무렵부터 1997.6.8. 08:00경까지 서울 소재 자신의 셋방 등지에서 A와 같이 생활했다. 원심은 X에 대해 감금죄를 선고했다. 이에 X는 상고하였다.

●**판지**● 상고기각. 「감금죄는 (가) 사람의 **행동의 자유**를 그 보호법익으로 하여 사람이 특정한 구역에서 벗어나는 것을 불가능하게 하거나 또는 매우 곤란하게 하는 죄로서 그 본질은 사람의 행동의 자유를 구속하는 데에 있다. 이와 같이 (나) 행동의 자유를 구속하는 **수단과 방법**에는 아무런 제한이 없고, (다) 사람이 특정한 구역에서 벗어나는 것을 불가능하게 하거나 매우 곤란하게 하는 장애는 물리적·유형적 장애뿐만 아니라 **심리적·무형적 장애**에 의하여서도 가능하므로 감금죄의 수단과 방법은 유형적인 것이거나 무형적인 것이거나를 가리지 아니한다. 또한 (라) 감금죄가 성립하기 위하여 반드시 사람의 행동의 자유를 전면적으로 박탈할 필요는 없고, 감금된 특정한 구역 범위 안에서 일정한 생활의 자유가 허용되어 있었다고 하더라도 유형적이거나 무형적인 수단과 방법에 의하여 사람이 **특정한 구역에서 벗어나는 것을 불가능하게 하거나 매우 곤란**하게 한 이상 감금죄의 성립에는 아무런 지장이 없다」.

●**해설**● 1 감금죄의 보호법익은 '신체활동의 자유**(잠재적 장소이전의 자유)**'이다. 일반적으로 '감금'하면 특정한 곳에 가두어두는 것을 떠올린다. 물론 가두어 두는 것은 당연히 감금이 된다. 하지만 감금죄에서 감금이란 가두어 두지 않더라도 **"특정한 구역에서 탈출이 불가능하게 하거나 현저하게 곤란하게 하는 것"**을 말한다. 특정한 구역이 벽이나 울타리 등으로 둘러싸여 있지 않아도 된다. 그리고 감금죄는 대표적인 **계속범**이기 때문에 일정한 시간적 계속성이 필요하다.2)3)

2 사안의 경우도 X가 A를 특정한 구역에 가두어 두고 있지는 않다. 다만 나이 어린 A에게 겁을 주어 집으로 돌아가지 못하게 하는 상황이 감금에 해당하는지가 다투어졌다. 감금죄가 성립하기 위하여 반드

---

1) 형법 제276조(체포, 감금) ① 사람을 체포 또는 **감금**한 자는 5년 이하의 징역 또는 700만원 이하의 벌금에 처한다.
2) **계속범**은 기수와 동시에 범죄도 종료하는 **상태범**과는 달리 범죄가 기수가 된 이후에도 범죄행위가 계속될 수 있다. 범죄의 '종료'는 범죄의 기수 이후에 보호법익에 대한 침해가 실질적으로 끝난 단계를 말한다. 범죄의 **종료를 인정하는 실익**은 ① 기수와 종료 사이에는 공범(특히 방조범)의 성립이 가능하고, ② 공소시효는 범죄의 기수시기가 아니라 종료시부터 진행한다(형소법252②). 또한 ③ 범죄가 종료되기 전에는 당해 범죄가 진행 중인 것이므로 정당방위의 요건 중 하나인 침해의 현재성이 인정된다(형법21①).
3) 체포죄는 **계속범**으로서 체포의 행위에 확실히 사람의 신체의 자유를 구속한다고 인정할 수 있을 정도의 **시간적 계속이 있어야 기수**에 이르고, 신체의 자유에 대한 구속이 그와 같은 정도에 이르지 못하고 일시적인 것으로 그친 경우에는 **체포죄의 미수범이 성립**할 뿐이다(대판 2016도18713).

시 사람의 행동의 자유를 전면적으로 박탈할 필요는 없다. **심리적·무형적 방법이나 기망으로** 사람이 **특정한 구역에서 벗어나는 것을 불가능하게 하거나 매우 곤란**하게 하면 감금죄는 성립한다. 무형적 수단에 의한 감금 중 가장 문제가 되는 것이 **위계에 의한 수단으로 감금 된** 경우이다. 이 문제는 하자 있는 의사에 근거한 동의의 문제로 보아도 좋다.

3 대상판결의 의의는 일정 구역 안에서 생활의 자유가 허용되더라도 감금죄가 성립한다는 점에 있다. 따라서 탈출이 절대적으로 불가능할 필요는 없고 **상대적 감금으로도 충분**하다. 예를 들어 자동차를 세우지 않고 주행하여 하차를 못하게 하거나 높은 곳에 사람이 있는데도 사다리를 치우는 경우, 목욕하는 여자의 옷을 감추어 수치심으로 밖으로 나가지 못하게 하는 경우에도 감금죄가 성립한다. 감금죄는 **부작위에 의한 감금**(대판 2017도7134, Ref 1−2)이나 **간접정범에 의한 감금**(대판 2015도8429, Ref 1−9)도 가능하다. 또한 **체포·감금죄의 보호법익을 잠재적 행동의 자유로 이해하면 정신병자도** 감금죄의 객체가 될 수 있다 (대판 2002도4315).

4 사안에서 X가 A를 유인한 후 혼자서는 생활할 능력이 없는 어린이인 A에게 위와 같은 말을 함으로써 A가 겁을 먹은 나머지 부모에게 돌아갈 생각을 하지 못하고 어쩔 수 없이 위 기간 동안 전국특송화물차 운전기사인 X를 따라 전국을 다니며 X와 함께 기거하였다. 그리고 그 기간 동안에 X는 A를 감시하기도 하였다. 이러한 사실관계 하에서 법원은 X에게 감금죄 성립을 인정하였다.

5 대상판결에서는 또 하나의 논점으로 미성년자를 유인한 자가 계속하여 미성년자를 불법하게 감금하였을 경우에는 **미성년자유인죄** 이외에 **감금죄가 별도로 성립**함을 인정하고 있는 점을 들 수 있다. 이는 「유혹하는 수단으로 미성년자를 이끌어서 이를 자기의 실력지배 안에 옮긴 때에는 미성년자 유인죄의 기수가 있다고 해석할 것이며 불법 감금죄의 성립에는 자유의 속박이 다소 **시간에 계속함이 필요**로 할 것이므로 **양자는 그 범죄의 구성요건을 달리한다**고 할 것」이기 때문이다.[4]

Reference 1

체포·감금죄 성립을 인정한 판례

1 [대판 2017도21249] [체포죄에서 말하는 '체포'의 의미 / 체포죄가 계속범인지 여부(적극) 및 체포죄의 기수 시기와 실행의 착수 시기] [1] 형법 제276조 제1항의 체포죄에서 말하는 '체포'는 사람의 신체에 대하여 직접적이고 현실적인 구속을 가하여 신체활동의 자유를 박탈하는 행위를 의미하는 것으로서 그 수단과 방법을 불문한다. 체포죄는 **계속범으로서** 체포의 행위에 확실히 사람의 신체의 자유를 구속한다고 인정할 수 있을 정도의 시간적 계속이 있어야 하나, 체포의 고의로써 타인의 신체적 **활동의 자유를 현실적으로 침해하는 행위를 개시한 때** 체포죄의 실행에 착수하였다고 볼 것이다. [2] 피해자가 피고인으로부터 강간미수 피해를 입은 후 피고인의 집에서 나가려고 하였는데 피고인이 피해자가 나가지 못하도록 현관에서 거실 쪽으로 피해자를 세 번 밀었고, 피해자가 피고인을 뿌리치고 현관문을 열고 나와 엘리베이터를 누르고 기다리는데 피고인이 팬티 바람으로 쫓아 나왔으며, 피해자가 엘리베이터를 탔는데도 피해자의 팔을 잡고 끌어

---

4) 약취·유인죄(법287, 288)의 법적 성질을 놓고 **계속범설**과 **상태범설**이 대립하고 있으나 법원은 대상판결에서와 같이 "감금죄가 별도로 성립한다"고 판시하고 있는 것으로 보아 상태범설을 취하고 있음을 알 수 있다.

내리려고 해서 이를 뿌리쳤고, 피고인이 닫히는 엘리베이터 문을 손으로 막으며 엘리베이터로 들어오려고 하자 피해자가 버튼을 누르고 손으로 피고인의 가슴을 밀어낸 사실을 인정한 다음, 피고인은 피해자의 신체적 활동의 자유를 박탈하려는 고의를 가지고 피해자의 신체에 대한 유형력의 행사를 통해 **일시적으로나마 피해자의 신체를 구속**하였다. cf) 대상사안에서 제1심 및 제2심 그리고 대법원 모두 피고인에게 강간미수죄와 체포미수죄를 인정하였다.

2 [대판 2017도7134] [정신의료기관의 장이 자의(自意)로 입원 등을 한 환자로부터 퇴원 요구가 있는데도 구 정신보건법에 정해진 절차를 밟지 않은 채 방치한 경우, 위법한 감금행위에 해당하는지 여부(적극)] 구 정신보건법 제23조 제2항은 '정신의료기관의 장은 자의(自意)로 입원 등을 한 환자로부터 퇴원 신청이 있는 경우에는 지체 없이 퇴원을 시켜야 한다'고 정하고 있다(2016.5.29. 법률 제14224호로 전부 개정된 정신건강증진 및 정신질환자 복지서비스 지원에 관한 법률 제41조 제2항은 '**정신의료기관 등의 장**은 자의입원 등을 한 사람이 퇴원 등을 신청한 경우에는 지체 없이 퇴원 등을 시켜야 한다'고 정하고 있다). 환자로부터 퇴원 요구가 있는데도 구 정신보건법에 정해진 절차를 밟지 않은 채 방치한 경우에는 **위법한 감금행위가 있다**고 할 것이다.

3 [대판 2003도3945] 감금죄는 **간접정범의 형태**로도 행하여질 수 있는 것이므로, 인신구속에 관한 직무를 행하는 자 또는 이를 보조하는 자가 피해자를 구속하기 위하여 진술조서 등을 허위로 작성한 후 이를 기록에 첨부하여 구속영장을 신청하고, 진술조서 등이 **허위로 작성된 정을 모르는 검사와 영장전담판사를 기망**하여 구속영장을 발부받은 후 그 영장에 의하여 피해자를 구금하였다면 형법 제124조 제1항의 직권남용 감금죄가 성립한다.

4 [대판 2002도4315] 4일 가량 물조차 제대로 마시지 못하고 잠도 자지 아니하여 거의 탈진 상태에 이른 피해자의 손과 발을 17시간 이상 묶어 두고 좁은 차량 속에서 움직이지 못하게 **감금한 행위**와 묶인 부위의 혈액 순환에 장애가 발생하여 혈전이 형성되고 그 혈전이 폐동맥을 막아 **사망에 이르게 된 결과 사이**에는 상당인과관계가 있다고 인정한 사례.

심리적 · 무형적 방법에 의한 감금

5-1 [대판 2000도102] 감금죄에 있어서의 감금행위는 사람으로 하여금 일정한 장소 밖으로 나가지 못하도록 하여 신체의 자유를 제한하는 행위를 가리키는 것이고, 그 방법은 반드시 물리적, 유형적 장애를 사용하는 경우뿐만 아니라 심리적, 무형적 장애에 의하는 경우도 포함되는 것인바, 설사 피해자가 **경찰서 안에**서 직장동료인 피의자들과 같이 식사도 하고 사무실 안밖을 내왕하였다 하여도 피해자를 경찰서 밖으로 나가지 못하도록 그 신체의 자유를 제한하는 **유형, 무형의 억압이 있었다면** 이는 감금행위에 해당한다.

5-2 [대판 91도1604] 피해자가 만약 도피하는 경우에는 **생명 신체에 심한 해를 당할지도 모른다는 공포감에서 도피하기를 단념**하고 있는 상태 하에서 그를 판시 호텔(라마다르네쌍스호텔)로 데리고 가서 함께 유숙한 후 그와 함께 항공기로 국외(마카오)에 나간 행위는 **감금죄로 구성한다.** cf) 피해자가 조폭두목의 돈을 탕진한 사안으로 **심리적 감금상태**로 볼 수 있다.

5-3 [대결 91모5] 감금죄에 있어서의 감금행위는 사람으로 하여금 일정한 장소 밖으로 나가지 못하도록

하여 신체의 자유를 제한하는 행위를 가리키는 것이고, 그 방법은 반드시 물리적, 유형적 장애를 사용하는 경우뿐만 아니라 **심리적, 무형적 장애**에 의하는 경우도 포함되는 것인바, 설사 피해자가 경찰서 안에서 직장동료인 피의자들과 같이 식사도 하고 사무실 안팎을 내왕하였다 하여도 피해자를 경찰서 밖으로 나가지 못하도록 그 신체의 자유를 제한하는 유형, 무형의 억압이 있었다면 이는 감금행위에 해당한다.

5-4 [대판 84도2083] ●**사실**● X는 회사사무실에서 A에게 "말을 듣지 않으면 대공분실 지하실에 데리고 가서 거꾸로 매달아 오줌물을 먹이고 죽여버려도 쥐도 새도 모른다"고 말하는 등 A를 협박한 후 수차례 손과 발로 폭행을 가하였다. 위 **사무실은 특별한 시정장치가 되어 있지 않았는데** 그날 오후 X는 1시간가량 외출한 후 돌아왔지만 A는 그 사무실을 떠나지 못했다. ●**판지**● 형법 제276조 제1항에 규정된 감금죄에 있어서의 감금 행위는 사람으로 하여금 일정한 장소 밖으로 나가지 못하도록 신체의 자유를 제한하는 행위를 가리키며 그 방법은 반드시 물리적인 장애를 사용하는 경우뿐만 아니라 무형적인 수단으로서 공포심에 의하여 나갈 수 없게 한 경우도 포함한다.

5-5 [대판 84도655] 피해자(공사의 일부를 2중 3중으로 하도급한 현장소장)가 여관 등에서 8일간 있는 동안 **그의 처와 만났으며 피고인(채권자들) 등과 같이 술을 마신 일**(스탠드바에 가서)이 있는 등 **특정지역 내에서 일정한 생활의 자유가 허용**되었고, 피고인이 피해자에게 폭행을 가한 것은 감금을 위한 것이라기보다는 피해자의 채무불이행에 대한 분노에서 행하여진 것으로 보인다든지 또는 피해자가 피고인 등과 민·형사 간 문제를 삼지 않겠다는 합의서를 경찰에 제출한 사실 또는 피해자나 그의 가족이 감금사실에 대하여 고소, 고발을 하지 않았다는 사정 등이 있다 하더라도 피고인 일행이 밤마다 폭행하고 괴롭히고 있으니 경찰에 신고하라고 피해자가 전화한 사실이 있을 뿐 아니라 감금에서 풀려난 것이 피해자의 얼굴 등이 많이 상해 있는 것을 본 공소 외(갑)이 경찰에 신고하여 경찰관이 와서 피고인 등을 연행해감으로써 풀려난 것임에 비추어 볼 때, 피해자가 그의 행동의 자유에 아무런 제약도 받지 아니하고 그의 **자유로운 의사에 의하여 8일간을 여관 등에서 보내게 된 것이라고 볼 수 없다.** cf) 본 사안에서 피고인은 **부분적으로는 자유**를 가졌지만 전체적으로 볼 때 여전히 신체이전의 자유가 억제되어 있었다. 그리고 여관에 감금한 후에 폭행을 한 것은 **가혹행위**에 해당하므로 피고인은 **중감금죄**에 해당된다.

6-1 [대판 99도5286] [1] 감금죄는 (가) 사람의 행동의 자유를 그 보호법익으로 하여 사람이 특정한 구역에서 나가는 것을 불가능하게 하거나 또는 심히 곤란하게 하는 죄로서 이와 같이 사람이 특정한 구역에서 나가는 것을 불가능하게 하거나 심히 곤란하게 하는 그 장해는 물리적, 유형적 장해뿐만 아니라 심리적, 무형적 장해에 의하여서도 가능하고, 또 (나) **감금의 본질은 사람의 행동의 자유를 구속하는 것**으로 행동의 자유를 구속하는 **그 수단과 방법에는 아무런 제한이 없어서** 유형적인 것이거나 무형적인 것이거나를 가리지 아니하며, (다) 감금에 있어서의 사람의 행동의 **자유의 박탈은 반드시 전면적이어야 할 필요도 없다.** [2] 승용차로 피해자를 가로막아 승차하게 한 후 피해자의 하차 요구를 무시한 채 당초 목적지가 아닌 다른 장소를 향하여 시속 약 60km 내지 70km의 속도로 진행하여 피해자를 차량에서 내리지 못하게 한 행위는 감금죄에 해당하고, 피해자가 그와 같은 감금상태를 벗어날 목적으로 차량을 빠져 나오려다가 길바닥에 떨어져 상해를 입고 그 결과 사망에 이르렀다면 **감금행위와 피해자의 사망 사이에는 상당인과관계가 있다**고 할 것이므로 감금치사죄에 해당한다.

6-2 [대판 2000도440] 피고인이 1997. 4. 5. 피해자를 승용차에 강제로 태운 뒤 대전에서 서울까지 운전하여 간 사실과 같은 해 8월 15일 피해자를 역시 강제로 승용차에 태운 뒤 운전하여 가자 겁에 질린 피해자가 차에서 뛰어 내리다가 상해를 입은 사실은 충분히 인정할 수 있으므로, 이를 **감금 및 감금치상죄로 인**

정한 원심의 판단은 정당하다.

7 [대판 91도2085] 피고인이 아파트 안방에서 안방문에 못질을 하여 동거하던 피해자가 술집에 나갈 수 없게 감금하고, 피해자를 때리고 옷을 벗기는 등 가혹한 행위를 하여 피해자가 이를 피하기 위하여 창문을 통해 밖으로 뛰어 내리려 하자 피고인이 이를 제지한 후, 피고인이 거실로 나오는 사이에 갑자기 안방 창문을 통하여 알몸으로 아파트 아래 잔디밭에 뛰어 내리다가 다발성 실질장기파열상 등을 입고 사망한 경우, 피고인의 중감금행위와 피해자의 사망 사이에는 인과관계가 있어 피고인은 **중감금치사죄의 죄책**을 진다.

8 [대판 80도277] 폭력행위등처벌에관한법률 제3조 제1항 소정의 감금죄는 단체나 다중의 위력으로 사람의 행동의 자유를 장소적으로 구속하는 경우를 처벌하는 규정임이 명백하므로 피고인들이 **대한상이군경회원 80여명과 공동으로 호텔 출입문을 봉쇄하며 피해자들의 출입을 방해**하였다면 위의 감금죄에 해당한다.

체포 · 감금죄 성립을 부정한 판례

9 [대판 2015도8429] **파기환송**. 정신건강의학과 전문의인 피고인 甲, 乙이 각각 피해자의 아들 피고인 丙 등과 공동하여 피해자를 응급이송차량에 강제로 태워 병원으로 데려가 입원시켰다고 하여 폭력행위 등 처벌에 관한 법률 위반(공동감금)으로 기소된 사안에서, 망상장애와 같은 정신질환의 경우 진단적 조사 또는 정확한 진단을 위해 지속적인 관찰이나 특수한 검사가 필요한 때에도 환자의 입원이 고려될 수 있고, 피고인 甲, 乙은 보호의무자인 피고인 丙의 진술뿐만 아니라 피해자를 직접 대면하여 진찰한 결과를 토대로 피해자에게 피해사고나 망상장애의 의심이 있다고 판단하여 입원이 필요하다는 진단을 한 것이므로, 진단 과정에 정신건강의학과 전문의로서 최선의 주의를 다하지 아니하거나 신중하지 못했던 점이 일부 있었더라도 **피해자를 정확히 진단하여 치료할 의사로 입원시켰다고 볼 여지 또한 충분하여** 피고인 甲, 乙에게 감금죄의 고의가 있었다거나 이들의 행위가 형법상 감금행위에 해당한다고 단정하기 어려움에도 피고인 甲, 乙이 피해자를 입원시킨 행위가 **감금죄에 해당한다고 판단한 원심판결에 법리오해의 잘못이 있다.** **cf)** 법원은 전문의의 **감금의 고의를 부정**하고 있다. 본 사안과 같이 정을 모르는 전문의로부터 입원결정을 받아 피해자를 정신병원에 강제입원시키는 형태인 **간접정범의 형태**로도 체포감금죄를 행할 수 있다.

10 [대판 88도1580] **[형제복지원사건[5]]** 수용시설에 수용중인 부랑인들의 야간도주를 방지하기 위하여 그 취침시간 중 출입문을 안에서 시정조치한 행위가 형법 제20조의 정당행위에 해당되어 위법성이 조각된다.

11 [대판 79도1349] **[모가 승낙한 정신병자에 대한 감금행위는 위법성 없다]** 정신병자의 어머니의 의뢰 및 승

---

5) **사회복지판인 형제복지원**은 1975년부터 1987년까지 부산시 북구 주례동 산 18번지 일대에 위치했던 부랑자 강제수용소로, 3,146명이 수용 가능한 대한민국 최대의 부랑인 수용시설이었다. 1987년 3월 22일 직원의 구타로 원생 1명이 숨지고, 이에 35명이 탈출함으로써 그 내부에서 일어난 인권유린이 드러나게 되었다. 그리고 1986년 아시안 게임과 1988년 하계 올림픽을 앞두고 대한민국 정부가 대대적인 부랑인 단속에 나선 것이 형제복지원 설립의 배경이었다. 이 복지원에서는 수용자들의 중노동은 물론 수용자들에 대한 구타와 감금 그리고 성폭행까지 자행됐으며, 12년 동안 500명이 넘는 인원이 사망한 것으로 조사되었다. 대상사안은 원심에서 수용인들에 대해 감금죄를 인정하였으나 대법원은 이 "형제복지원의 적법한 복지시설의 일부라면"이라는 조건하에 피고인의 시정조치는 형법 제20조의 정당행위에 해당되어 위법성이 조각된다고 판단하였다.

낙 하에 그 감호를 위하여 그 보호실 문을 야간에 한해서 3일간 시정하여 출입을 못하게 한 감금행위는 그 병자의 신체의 안정과 보호를 위하여 사회통념상 부득이 한 조처로서 수긍될 수 있는 것이면, 위법성이 없다.

체포·감금죄와 타죄 간의 죄수관계

1 [대판 2002도4380] [1] 감금행위가 단순히 강도상해 범행의 수단이 되는 데 그치지 아니하고 **강도상해의 범행이 끝난 뒤에도 계속된 경우**에는 1개의 행위가 감금죄와 강도상해죄에 해당하는 경우라고 볼 수 없고, 이 경우 **감금죄와 강도상해죄는 형법 제37조의 경합범** 관계에 있다. [2] 피고인은 공소외 1 등과 피해자로부터 돈을 빼앗자고 공모한 다음 그를 강제로 승용차에 태우고 가면서 공소사실과 같이 돈을 빼앗고 상해를 가한 뒤에도 계속하여 상당한 거리를 진행하여 가다가 교통사고를 일으켜 감금행위가 중단되었는데, 이와 같이 감금행위가 단순히 강도상해 범행의 수단이 되는 데 그치지 아니하고 그 범행이 끝난 뒤에도 계속되었으므로, 피고인이 저지른 감금죄와 강도상해죄는 형법 제37조의 경합범 관계에 있다고 보아야 한다.

2 [대판 98도1036] 미성년자를 유인한 자가 계속하여 미성년자를 불법하게 감금하였을 때에는 **미성년자유인죄 이외에 감금죄가 별도로 성립**한다.

3 [대판 96도2715] 감금행위가 강간죄나 강도죄의 수단이 된 경우에도 감금죄는 강간죄나 강도죄에 흡수되지 아니하고 별죄를 구성한다 할 것이다. 그러므로 원심이 피고인의 피해자 1, 2에 대한 감금행위가 그를 수단으로 한 위 피해자들에 대한 특수강도죄와 별도의 죄를 구성하는 것으로 판단한 것은 적법하다.

4 [대판 83도323] [감금행위가 강간미수죄의 수단인 경우에 감금죄의 성부 및 죄수] [1] 강간죄의 성립에 언제나 직접적으로 또 필요한 수단으로서 감금행위를 수반하는 것은 아니므로 **감금행위가 강간미수죄의 수단**이 되었다 하여 감금행위는 강간미수죄에 흡수되어 범죄를 구성하지 않는다고 할 수는 없는 것이고, 그때에는 감금죄와 강간미수죄는 일개의 행위에 의하여 실현된 경우로서 **형법 제40조의 상상적 경합관계**에 있다. [2] 피고인이 피해자가 자동차에서 내릴 수 없는 상태에 있음을 이용하여 강간하려고 결의하고, 주행 중인 자동차에서 탈출불가능하게 하여 외포케 하고 50킬로미터를 운행하여 여관 앞까지 **강제연행한 후 강간하려다 미수에 그친 경우** 위 협박은 감금죄의 실행의 착수임과 동시에 강간미수죄의 실행의 착수라고 할 것이다.

5 [대판 82도705] 감금을 하기 위한 수단으로서 행사된 단순한 **협박행위는 감금죄에 흡수**되어 따로 협박죄를 구성하지 아니한다.

> 협박죄가 기수가 되기 위해서는 상대방이 현실적으로 공포심을 느껴야 하는가?

●**사실**● A는 B로부터 받은 돈을 변제하지 못하여 독촉을 받고 있는 상황이었다. 이런 상황에서 경찰서 정보보안과 소속 경찰공무원인 피고인 X가 2003.5.30. 12:30경 A에게 전화를 걸어 "나는 경찰서 정보과에 근무하는 OOO 형사다. B가 집안 동생인데 돈을 언제까지 해 줄 것이냐. 빨리 안 해주면 상부에 보고하여 문제 삼겠다."라고 말하였다. 당시 A는 현실적으로 **공포심을 느끼지는 않았다.** 원심은 X에 대해 **협박죄의 기수를** 인정하였다. 이에 X는 상고하였다.

●**판지**● **상고기각.** 「**[다수의견]** 협박죄가 성립하려면 고지된 해악의 내용이 행위자와 상대방의 성향, 고지 당시의 주변 상황, 행위자와 상대방 사이의 친숙의 정도 및 지위 등의 상호관계, 제3자에 의한 해악을 고지한 경우에는 그에 포함되거나 암시된 제3자와 행위자 사이의 관계 등 행위 전후의 여러 사정을 종합하여 볼 때에 일반적으로 사람으로 하여금 공포심을 일으키게 하기에 충분한 것이어야 하지만, **상대방이 그에 의하여 현실적으로 공포심을 일으킬 것까지 요구하는 것은 아니며,** 그와 같은 정도의 해악을 고지함으로써 상대방이 그 의미를 인식한 이상, **상대방이 현실적으로 공포심을 일으켰는지 여부와 관계없이** 그로써 구성요건은 충족되어 협박죄의 기수에 이르는 것으로 해석하여야 한다. 결국, (가) 협박죄는 사람의 의사결정의 자유를 보호법익으로 하는 **위험범이라 봄이 상당**하고, (나) 협박죄의 **미수범 처벌조항**은 해악의 고지가 ① 현실적으로 상대방에게 도달하지 아니한 경우나, ② 도달은 하였으나 상대방이 이를 지각하지 못하였거나 ③ 고지된 해악의 의미를 인식하지 못한 경우 등에 적용될 뿐이다.

[반대의견] 해악의 고지에 의해 현실적으로 공포심을 일으켰는지 여부나 그 정도는 사람마다 다를 수 있다고 하더라도 이를 판단할 수 없다거나 판단을 위한 객관적인 척도나 기준이 존재하지 않는다고 단정할 것은 아니며, 사람이 현실적으로 공포심을 일으켰는지 여부를 판단할 만한 객관적인 기준 및 개별 사건에서 쌍방의 입증과 그에 의하여 인정되는 구체적인 사정 등을 모두 종합하여, 당해 협박행위로 상대방이 현실적으로 공포심을 일으켰다는 점이 증명된다면 협박죄의 기수에 이르렀다고 인정하고, 이에 대한 증명이 부족하거나 오히려 상대방이 현실적으로 공포심을 일으키지 않았다는 점이 증명된다면 협박죄의 미수에 그친 것으로 인정하면 될 것이다. **기수에 이르렀는지에 대한 의문을 해결하기 어렵다고 하여 모든 경우에 기수범으로 처벌하는 것은** 오히려 "의심스러울 때는 피고인의 이익으로"라는 법원칙 등 **형사법의 일반원칙과도 부합하지 아니하며 형벌과잉의 우려**를 낳을 뿐이다. 결국, 현행 형법의 협박죄는 **침해범**으로서 일반적으로 사람으로 하여금 공포심을 일으킬 수 있는 정도의 해악의 고지가 상대방에게 도달하여 상대방이 그 의미를 인식하고 나아가 **현실적으로 공포심을 일으켰을 때에 비로소 기수**에 이르는 것으로 보아야 한다」.

---

1) 형법 제283조(협박) ① 사람을 협박한 자는 3년 이하의 징역, 500만원 이하의 벌금, 구류 또는 과료에 처한다.
2) 형법 제286조(미수범) 전3조의 **미수범은 처벌**한다.

●**해설●** 1 협박죄에서 '협박'이란 해악을 고지하여 상대방에게 공포심을 일으키는 것을 말한다. **협박 죄의 보호법익**은 개인의 **'의사결정의 자유'**이다. 문제는 이 '의사결정의 자유'의 **보호의 정도**와 관련하여 ① **위험범**으로 보는 대법원의 다수의견과 ② **침해범**으로 이해하는 반대의견이 대립하였다. 더욱이 협박 죄는 미수범 처벌규정(법286)이 있기 때문에 보호의 정도를 어떻게 이해하느냐에 따라 협박죄의 기수와 미수의 시점이 달라진다.

2 사안에서 다수의견은 현실적으로 피해자에게 공포심을 일으켰는가를 불문하고 객관적으로 공포심 을 불러일으키기에 충분하고 상당한 정도의 해악을 고지하였다면, **의사결정의 자유가 현실적으로 침해되 지 않더라도 협박죄의 기수**를 인정할 수 있다고 본다(위험범설). 이는 「지극히 주관적이고 복합적이며 종 종 무의식의 영역에까지 걸쳐 있는 상대방의 정서적 반응을 객관적으로 심리·판단하는 것이 **현실적으로 불가능**에 가깝고, …… 공포심을 일으켰는지 여부의 의미나 판단 기준이 사람마다 다르며 그 정도를 측 정할 객관적 척도도 존재하지 아니하는 점 등」을 이유로 상대방이 현실적으로 공포심을 일으켰는지 여 부에 따라 기수 여부를 결정하는 것은 적절치 않다고 생각하기 때문이다.

3 그러나 반대의견의 우려는 「(가) 형법이 협박죄의 미수범 처벌규정을 두고 있는 의의를 생각하면 협박죄를 위험범으로 보는 것은 무리이며, (나) 기수범의 성립범위를 가급적 제한하는 것이 "의심스러울 때는 피고인의 이익으로"라는 형사법의 일반원칙에 부합하는 것으로 본다(침해범설).

4 대상판결은 협박죄는 침해범이 아니라 **위험범임을 분명히 밝혔다**는 데 그 의미가 크다. 위험범의 경 우는 행위자의 행위반가치적 행위만으로 이미 보호법익의 위험이 발생한 것으로 본다. 따라서 협박죄의 기수시기는 상대방이 현실적으로 **공포심이 발생했는지 여부**를 따지지 않고 해악의 고지로 인해 상대방이 그 **의미를 인식한 때(해악을 지각한 상태)** 이미 **기수범**이 된다고 보는 것이다.

5 이러한 관점에서 대법원 다수의견은 X가 정보과 소속 경찰관의 지위에 있음을 내세우면서 빨리 변 제하지 않으면 상부에 보고하여 문제로 삼겠다고 이야기한 것은, 객관적으로 보아 사람으로 하여금 공포 심을 일으키게 하기에 충분한 정도의 해악의 고지이고 나아가 A가 그 취지를 인식하였음이 명백한 이상 현실적으로 A가 공포심을 일으켰는지 여부와 무관하게 협박죄의 기수에 이르렀다고 판단하였다.

6 그리고 정보보안과 소속 경찰관이 자신의 지위를 내세우면서 타인의 민사분쟁에 개입하여 빨리 채 무를 변제하지 않으면 상부에 보고하여 문제로 삼겠다고 말한 이 사안에서, 「상대방이 채무를 변제하고 피해 변상을 하는지 여부에 따라 직무집행 여부를 결정하겠다는 취지이더라도 **정당한 직무집행이라거나 목적 달성을 위한 상당한 수단으로 인정할 수 없어 정당행위에 해당하지 않는다**」고 보았다.

1 [대판 2018도14610] [상대방의 휴대전화로 공포심이나 불안감을 유발하는 문자메시지를 전송함으로써 상대방이 별다른 제한 없이 문자메시지를 바로 접할 수 있는 상태에 이른 경우, 상대방이 실제로 문자메시지를 확인하였는지와 상관없이 '공포심이나 불안감을 유발하는 문언을 상대방에게 도달하게 한다'는 구성요건을 충족하는지 여부(적극)] 정보통신망 이용촉진 및 정보보호 등에 관한 법률 제74조 제1항 제3호, 제44조의7 제1항 제3호는 정보통신망을 통하여 공포심이나 불안감을 유발하는 부호 · 문언 · 음향 · 화상 또는 영상을 반복적으로 상대방에게 도달하게 하는 행위를 처벌하고 있다. '공포심이나 불안감을 유발하는 문언을 반복적으로 상대방에게 도달하게 하는 행위'에 해당하는지는 피고인이 상대방에게 보낸 문언의 내용, 표현방법과 그 의미, 피고인과 상대방의 관계, 문언을 보낸 경위와 횟수, 그 전후의 사정, 상대방이 처한 상황 등을 종합적으로 고려해서 판단하여야 한다. '도달하게 한다'는 것은 '상대방이 공포심이나 불안감을 유발하는 문언 등을 직접 접하는 경우뿐만 아니라 상대방이 객관적으로 이를 인식할 수 있는 상태에 두는 것'을 의미한다. 따라서 피고인이 상대방의 휴대전화로 공포심이나 불안감을 유발하는 문자메시지를 전송함으로써 **상대방이 별다른 제한 없이 문자메시지를 바로 접할 수 있는 상태에 이르렀다면**, 그러한 행위는 공포심이나 불안감을 유발하는 문언을 상대방에게 도달하게 한다는 구성요건을 충족한다고 보아야 하고, 상대방이 실제로 문자메시지를 확인하였는지 여부와는 상관없다.

16 '법인'에 대한 협박죄의 성부

* 대법원 2010. 7. 15. 선고 2010도1017 판결
* 참조조문: 형법 제283조[1]

'법인'이 협박죄의 객체가 될 수 있는가?

●**사실**● 채권추심 회사의 지사장으로 근무하던 피고인 X는 회사로부터 자신의 횡령행위에 대한 민·형사상 책임을 추궁당할 지경에 이르자 이를 모면하기 위하여 **회사 본사**에 '회사의 내부비리 등을 금융감독원 등 관계 기관에 고발하겠다'는 취지의 서면을 보내는 한편, 위 회사 경영지원본부장이자 **상무이사 A에게** 전화를 걸어 자신의 횡령행위를 문제 삼지 말라고 요구하면서 위 서면의 내용과 같은 취지로 발언하였다.

원심은 A와 회사의 관계, 당시 회사의 상황, X가 위와 같은 행위에 이르게 된 경위 및 동기, A에게 고지한 내용 및 그 표현방법 등을 종합하여, **A에 대한 협박죄가 성립**한다고 인정하였다. 이에 X가 상고하였다.

●**판지**● 상고기각. 「[1] 협박죄에서 협박이란 일반적으로 보아 사람으로 하여금 공포심을 일으킬 정도의 해악을 고지하는 것을 의미하며, 그 고지되는 해악의 내용, 즉 침해하겠다는 법익의 종류나 법익의 향유 주체 등에는 아무런 제한이 없다. 따라서 (가) 피해자 본인이나 그 친족뿐만 아니라 그 밖의 '제3자'에 대한 법익 침해를 내용으로 하는 해악을 고지하는 것이라고 하더라도 **피해자 본인과 제3자가 밀접한 관계**에 있어 그 해악의 내용이 피해자 본인에게 공포심을 일으킬 만한 정도의 것이라면 협박죄가 성립할 수 있다. (나) 이 때 '**제3자'에는 자연인뿐만 아니라 법인도 포함된다** 할 것인데, 피해자 본인에게 법인에 대한 법익을 침해하겠다는 내용의 해악을 고지한 것이 피해자 본인에 대하여 공포심을 일으킬 만한 정도가 되는지 여부는 고지된 해악의 구체적 내용 및 그 표현방법, 피해자와 법인의 관계, 법인 내에서의 피해자의 지위와 역할, 해악의 고지에 이르게 된 경위, 당시 법인의 활동 및 경제적 상황 등 여러 사정을 종합하여 판단하여야 한다.

[2] 협박죄는 사람의 의사결정의 자유를 보호법익으로 하는 범죄로서 형법규정의 체계상 개인적 법익, 특히 사람의 자유에 대한 죄 중 하나로 구성되어 있는바, 위와 같은 협박죄의 보호법익, 형법규정상 체계, 협박의 행위 개념 등에 비추어 볼 때, **협박죄는 자연인만을 그 대상으로 예정하고 있을 뿐 법인은 협박죄의 객체가 될 수 없다**」.

●**해설**● 1 협박죄는 사람의 의사결정에 영향을 미칠 수 있는 해악을 고지하여 공포심을 느끼게 하는 범죄이다. 따라서 생명이나 신체·자유·명예 또는 재산 등에 대한 법익이 침해되는 것이 아닐까라고 하는 공포감을 불러일으키는 범죄이다. 하지만 협박죄의 성립에 있어 현실적으로 공포심이 발생할 필요는 없다(【15】 참조). 협박죄는 폭행죄와 같이 **반의사불벌죄**(법283)이지만 폭행죄와는 달리 **미수범처벌 규정이 있다**(법286). 폭행이 '유형력의 행사'라면 협박은 '무형력의 행사', 즉 해악의 고지를 기본으로 한다.

---

1) 형법 제283조(협박) ① 사람을 협박한 자는 3년 이하의 징역, 500만원 이하의 벌금, 구류 또는 과료에 처한다. ② 자기 또는 배우자의 직계존속에 대하여 제1항의 죄를 범한 때에는 5년 이하의 징역 또는 700만원 이하의 벌금에 처한다. ③ **제1항 및 제2항의 죄는 피해자의 명시한 의사에 반하여 공소를 제기할 수 없다.**

2 대상판결에서는 **법인의 법익에 대한 가해의 고지**가 그 대표자, 대리인 등으로서 실제로 그 고지를 받은 자연인 자신의 생명, 신체, 자유, 명예 또는 재산에 대한 가해의 고지에 해당한다고 평가할 수 있는지 그리고 그 경우에 그 자연인에 대한 협박죄가 성립하는지가 다투어졌다.

3 협박죄는 **의사의 자유를 그 보호법익**으로 하기에 '자연인'을 객체로 하는 경우에 한해서 성립한다. 따라서 법인에 대해 그 법익에 위해를 가할 것을 고지하더라도 그로 인해 법인에 대해 협박죄는 성립하지 않는다. 다만 법인의 법익에 대한 가해의 고지가 **피해자 본인과 밀접한 관계**에 있어 그 해악의 내용이 피해자 본인에게 공포심을 일으킬 만한 정도의 것이라면 그 사람(자연인)에 대해서 협박죄가 성립할 수 있다고 법원은 판단하였다.

4 대법원은 「'법인이 협박죄의 객체가 될 수 있는지 여부'는 '피고인의 행위를 협박죄로 인정할 것인지 여부'와는 엄격히 말하자면 논리적으로 그 차원을 달리하는 문제로서, 특히 이 사건에서는 검사가 피해자를 법인으로 본 것이 아니라 피고인으로부터 직접 해악을 고지 받은 자연인을 피해자로 보고 공소를 제기한 이상, 피고인의 행위가 협박죄에 해당하는지 여부를 판단함에 있어서는 위에서 본 바와 같이 피해자에게 고지한 해악의 내용, 피해자와 실제 가해의 대상이 된 법인의 관계를 어떻게 법률적으로 평가할 것인지의 문제로 다루면 충분하다」고 평가한다.

5 확실히 '법인'에 대한 명예침해는 충분히 생각해 볼 수 있다. 그리고 이는 법인의 재산에 대한 가해라고 생각될 수도 있다. 그런 의미에서 법인에 대한 협박행위를 상정하는 것이 불가능하지 않을 수는 있으나 그러한 행위는 기본적으로는 **업무방해죄나 신용훼손죄**에 해당하는 범위에서 처벌의 대상으로 삼는 것이 바람직하다.

Reference

1 [대판 2011도10451] 파기환송. [협박죄에서 '협박'의 의미와 판단 기준 및 제3자의 법익을 침해하겠다는 내용의 해악 고지가 피해자 본인에 대한 협박죄를 구성하는 경우] 피고인이 혼자 술을 마시던 중 甲 정당이 국회에서 예산안을 강행처리하였다는 것에 화가 나서 공중전화를 이용하여 경찰서에 여러 차례 전화를 걸어 전화를 받은 각 경찰관에게 경찰서 관할구역 내에 있는 **한나라당의 당사를 폭파하겠다는 말을 한 사안**에서, 피고인은 甲 정당에 관한 해악을 고지한 것이므로 각 경찰관 개인에 관한 해악을 고지하였다고 할 수 없고, 다른 특별한 사정이 없는 한 일반적으로 **甲 정당에 대한 해악의 고지가 각 경찰관 개인에게 공포심을 일으킬 만큼 서로 밀접한 관계**에 있다고 보기 어려운데도, 이와 달리 피고인의 행위가 각 경찰관에 대한 **협박죄를 구성한다고 본 원심판결에 협박죄에 관한 법리오해의 위법이 있다.** cf) 원심은 피고인이 경찰서에 전화를 걸어 경찰관에게 수원시에 있는 한나라당 경기도당 당사를 폭파하겠다고 말한 행위는 고지한 해악의 내용과 고지의 방법, 태도 등에 비추어 공공의 안녕과 질서유지의 임무를 수행하는 경찰관의 입장에서 명백한 장난을 넘어서 실현가능성이 있다고 생각할 수 있을 정도에 이르렀다고 하여 협박죄를 인정하였다.

17 협박죄에 있어서 '해악의 고지'

* 대법원 1995. 9. 29. 선고 94도2187 판결
* 참조조문: 형법 제283조 제1항,[1] 제20조[2]

협박죄의 성립에 필요한 해악 고지의 정도

●**사실**● 피고인 X는 1992.7.7. 20:00경 전남 무안군 소재 자신의 집 옆 수박밭에서, 그 이전부터 수박이 없어지는 것을 수상하게 여기고 수박밭에 숨은 채 지키고 있던 중 마침 은행나무 잎을 따기 위하여 수박밭 부근을 서성대는 A(여, 13세)를 발견하게 되자 A가 그동안 수박을 들고 간 것으로 믿었다. 이에 A를 불러 세운 다음 A에게 "도둑 잡았다", "어제도 그제도 네가 수박을 따갔지", "**학교에 전화하겠다**"는 등으로 말하면서 자신의 소행이 아님을 극구 변명하는 A를 윽박질렀다. 그리고 이어 "가자"라고 말하면서 A를 앞세우고 위 부락 버스 종점을 거쳐 이 수박밭에서 약 50m 떨어진 B의 집까지 가서 A의 손목을 잡고 B의 집안으로 끌고 들어가 B에게 "이것이 수박밭에 들어왔더라!"라고 말하고 계속하여 B의 만류로 A를 돌려보내면서도 A에게 "**앞으로 수박이 없어지면 네 책임으로 한다.**"는 등으로 말하면서 마치 A에게 어떠한 위해를 가할 듯한 태도를 보였다. 이후 A는 음독자살하였다. 검사는 X를 협박죄로 기소하였다. 제1심과 원심은 X에 대해 **유죄를 선고**하였다. 이에 X가 상고하였다.

●**판지**● 파기환송. 「[1] 협박죄에 있어서 협박이라 함은 일반적으로 보아 사람으로 하여금 공포심을 일으킬 수 있을 정도의 해악을 고지하는 것을 의미하므로, 그러한 **해악의 고지는 구체적이어서 해악의 발생이 일응 가능한 것으로 생각될 수 있을 정도일 것**을 필요로 한다.
[2] "앞으로 수박이 없어지면 네 책임으로 한다"고 말하였다고 하더라도 그것만으로는 **구체적으로 어떠한 법익에 어떠한 해악을 가하겠다는 것인지를 알 수 없어 이를 해악의 고지라고 보기 어렵고,** 가사 위와 같이 말한 것이 다소간의 해악의 고지에 해당한다고 가정하더라도, 피고인이 전에도 여러 차례 수박을 절취당하여 그 범인을 붙잡기 위해 수박밭을 지키고 있던 중 마침 같은 마을에 거주하며 피고인과 먼 친척간이기도 한 피해자가 피고인의 수박밭에 들어와 두리번거리는 것을 발견하자 피해자가 수박을 훔치려던 것으로 믿은 나머지 피해자를 훈계하려고 위와 같이 말하였으며 그 과정에서 폭행을 가하거나 달리 유형력을 행사한 바는 없었다면, 가사 피고인이 위와 같이 말한 것으로 인하여 피해자가 어떤 공포심을 느꼈다고 하더라도 피고인이 위와 같은 말을 하게 된 경위, 피고인과 피해자의 나이 및 신분관계 등에 비추어 볼 때 **이는 정당한 훈계의 범위를 벗어나는 것이 아니어서 사회상규에 위배되지 아니하므로 위법성이 없다고 봄이 상당**하고, 그 후 피해자가 스스로 음독자살하기에 이르렀다 하더라도 이는 **피해자가 자신의 결백을 밝히려는 데 그 동기가 있었던 것으로 보일 뿐 그것이 피고인의 협박으로 인한 결과라고 보기도 어려우므로** 그와 같은 결과의 발생만을 들어 이를 달리 볼 것은 아니다」.

●**해설**● 1 협박죄는 사람을 협박함으로써 성립된다. 그리고 여기서 협박이라 함은 객관적으로 보아 사람으로 하여금 공포심을 일으킬 수 있을 정도의 '**해악을 고지**'함을 의미한다. 판례는 현실적으로 피해자에게 공포심을 일으켰는가를 불문하고 **객관적으로 공포심을 불러일으키기에 충분한** 상당한 정도의 해

---

1) 형법 제283조(협박, 존속협박) ① 사람을 협박한 자는 3년 이하의 징역, 500만원 이하의 벌금, 구류 또는 과료에 처한다.
2) 형법 제20조(정당행위) 법령에 의한 행위 또는 업무로 인한 행위 기타 사회상규에 위배되지 아니하는 행위는 벌하지 아니한다.

악을 고지한 경우이면 협박죄의 성립을 인정한다(**추상적 위험범**). 그러나 적어도 발생가능한 것으로 생각될 수 있는 정도의 **구체적인 해악의 고지**는 있어야 한다. 대상판결에서도 대법원이 협박죄 성립을 부정한 이유도 '구체적 해악의 고지'는 없다고 판단한 것이다.

2 협박죄의 주관적 구성요건으로서의 「**고의는** (가) 행위자가 그러한 정도의 해악을 고지한다는 것을 인식, 인용하는 것을 그 내용으로 하고 (나) **고지한 해악을 실제로 실현할 의도나 욕구는 필요로 하지 아니하고,** (다) 다만 행위자의 언동이 단순한 감정적인 욕설 내지 일시적 분노의 표시에 불과하여 주위사정에 비추어 가해의 의사가 없음이 객관적으로 명백한 때에는 협박행위 내지 협박의 의사를 인정할 수 없으나 (라) 위와 같은 의미의 협박행위 내지 협박의사가 있었는지의 여부는 행위의 외형뿐만 아니라 그러한 행위에 이르게 된 경위, 피해자와의 관계 등 주위상황을 종합적으로 고려하여 판단해야 할 것」을 요구하고 있다(대판 90도2102).

3 사안에서 X의 언동 가운데 구체적으로 협박에 해당하는지가 문제될 수 있는 부분은 "학교에 전화를 하겠다"라고 말한 부분과 "앞으로 수박이 없어지면 네 책임으로 한다"라는 부분의 두 가지 정도뿐으로 보인다. 이 부분에 대해 제1과 제2심은 협박으로 보았으나 대법원은 정당한 훈계의 범위를 벗어나는 것이 아니어서 사회상규에 위배되지 아니한 것으로 판단하였다. 더욱이 이 사건의 경우 피해자가 자살이라는 극단적 선택을 하였지만 이 또한 X의 행위에 의한 결과로 인정하기는 곤란하다고 판단하였다.

4 협박의 경우 (1) 행위자가 직접 해악을 가하겠다고 고지하는 것은 물론, **제3자로 하여금** 해악을 가하도록 하겠다는 방식으로도 해악의 고지는 가능하다(대판 2006도6155, Ref 3). 한편 (2) **적법한 해악**을 고지한다 하더라도 그것이 어떻게 사용되느냐에 따라 협박이 될 수 있다. 그러나 빚을 갚지 않으면 고소하겠다고 하는 정도는 사회통념상 용인 될 수 있는 것으로서 협박에 해당되지 않는다. 하지만 용인될 수 있는 범위를 벗어난 경우에는 협박죄가 성립한다(대판 2011도2412, Ref 9).

5 이와 같이 특히 협박이 **'권리행사의 수단'(주로 채권행사의 수단)**으로 행해진 경우의 문제는 '목적과 수단의 관계'에 비추어 결정하면 된다. 즉 ① 정당한 목적을 위하여 사회상규상 용인될 만한 수단이라고 평가된다면, 원칙적으로 협박행위의 **위법성이 조각**된다(대판 2011도639, Ref 2). ② 하지만 외관상 권리행사처럼 보여도 그 실질이 **권리의 남용**이 되어 **사회상규에 반하는** 경우에는 협박죄가 성립한다(대판 2008도8922, Ref 11).

Reference

협박죄를 부정한 판례

1 [대판 2022도9187] [**민사적 법률관계** 하에서 이해관계가 상충되는 당사자 사이에 권리의 실현·행사 과정에서 이루어진 상대방에 대한 불이익이나 해악의 고지가 협박죄의 '협박'에 해당하는지 여부] [1] (가) 권리행사의 일환으로 상대방에게 일정한 해악을 고지한 경우에도, 그러한 해악의 고지가 사회의 관습이나 윤리관념 등에 비추어 사회통념상 용인할 수 있는 정도이거나 정당한 목적을 위한 상당한 수단에 해당하는 등 사회상규에 반하지 아니하는 때에는 협박죄가 성립하지 아니한다.

(나) 따라서 민사적 법률관계 하에서 이해관계가 상충되는 당사자 사이에 권리의 실현·행사 과정에서 이루어진 상대방에 대한 불이익이나 해악의 고지가 일반적으로 보아 공포심을 일으킬 수 있는 정도로서 협박죄의 '협박'에 해당하는지 여부와 그것이 사회상규에 비추어 용인할 수 있는 정도를 넘어선 것인지 여부를 판단할 때에는, 행위자와 상대방의 관계 및 사회경제적 위상의 차이, 고지된 불이익이나 해악의 내용이 당시 상황에 비추어 이해관계가 대립되는 당사자의 권리 실현·행사의 내용으로 통상적으로 예견·수용할 수 있는 범위를 현저히 벗어난 정도에 이르렀는지, 해악의 고지 방법과 그로써 추구하는 목적 사이에 합리적 관련성이 존재하는지 등 여러 사정을 세심히 살펴보아야 한다. [2] 피고인들을 비롯한 직원들의 임금이 체불되고 사무실 임대료를 내지 못할 정도로 재정 상태가 좋지 않는 등의 이유로 이 사건 회사의 경영상황이 우려되고 대표이사 겸 최대주주인 피해자의 경영능력이 의심받던 상황에서, 직접적 이해당사자인 피고인들이 2015. 11. 23. 동료 직원들과 함께 피해자를 만나 **'사임제안서'만 전달하였을 뿐 별다른 말을 하지 않았고**,[3] 피해자도 약 5분 동안 이를 읽은 후 바로 그 자리를 떠났다. …… 피고인들의'사임제안서' 전달 행위를 협박죄에서의 **'협박'으로 볼 수 없고**, 설령 '협박'에 해당하더라도 사회통념상 용인할 수 있는 정도이거나 이 사건 회사의 경영 정상화라는 정당한 목적을 위한 상당한 수단에 해당하여 **사회상규에 반하지 아니한다**고 봄이 타당하다.

2 [대판 2011도639] 파기환송. [1] **신문기자가** 2회에 걸쳐 증여세 포탈에 대한 취재를 요구하면서 이에 응하지 않으면 자신이 **취재한 내용대로 보도하겠다**고 말한 경우에도 그것이 설령 협박죄에서 말하는 해악의 고지에 해당하더라도 **사회상규에 반하지 아니하는** 행위라고 보는 것이 타당하다. [2] 피고인이 취재와 보도를 빙자하여 고소인에게 부당한 요구를 하기 위한 취지는 아니었던 점, 당시 피고인이 고소인에게 취재를 요구하였다가 거절당하자 인터뷰 협조요청서와 서면질의 내용을 그 자리에 두고 나왔을 뿐 폭언을 하거나 보도하지 않는 데 대한 대가를 요구하지 않은 점, 관할 세무서가 피고인의 제보에 따라 탈세 여부를 조사한 후 증여세를 추징하였다고 피고인에게 통지한 점, 고소인에게 불리한 사실을 보도하는 경우 기자로서 보도에 앞서 정확한 사실 확인과 보도 여부 등을 결정하기 위해 취재 요청이 필요했으리라고 보이는 점 등 제반 사정에 비추어, 위 행위가 설령 협박죄에서 말하는 해악의 고지에 해당하더라도 특별한 사정이 없는 한 기사 작성을 위한 자료를 수집하고 보도하기 위한 것으로서 신문기자의 일상적 업무 범위에 속하여 사회상규에 반하지 아니하는 행위라고 보는 것이 타당한데도, 이와 달리 본 원심판단에 정당행위에 관한 법리오해의 위법이 있다고 한 사례.

3 [대판 2006도6155] [지하철폭파 허위신고사건] [제3자로 하여금 해악을 가하도록 하겠다는 방식으로 해악을 고지하는 경우 협박죄를 구성하기 위한 요건] ●**사실**● 대구 장소불상지에서, 사실은 위 bbb로부터 '지하철을 폭파하겠다'는 내용의 문자메시지를 받은 사실이 없음에도, 피고인의 휴대전화로 대구 동구 신천4동 소재 동대구지하철역에 전화를 하여 동대구역 지하철역 근무 6급 역무주임 ○○○에게 "내 휴대폰

---

3) **'사임제안서'**의 핵심은 피해자가 대표이사에서 사임하고 이 사건 회사의 주식 중 10%를 제외한 나머지를 포기하는 대신, 피해자가 이 사건 회사의 업무와 관련하여 부담하는 체불 임금·퇴직금 등에 관한 법적 책임을 전부 면제시켜 주는 것이다. 반면에 피해자가 '사임제안서'를 거부하는 경우, ㉮ 임금이 체불된 직원들이 관련 기관에 해당사항을 신고할 것이고, ㉯ 이러한 사정을 이 사건 회사의 주요 투자자인 위 2개 기관에 고지할 것이며, ㉰ 그렇게 될 경우 2개 기관에서 피해자를 상대로 채권회수를 위한 소송을 제기하게 되어 장기간 법적 분쟁을 겪게 될 것이고, ㉱ 결과적으로 이 사건 회사도 실패한 기업으로 분류되어 청산될 수 있다는 취지도 함께 기재되어 있다.

으로 문자메시지가 왔는데 123-456-7890번을 가진 사람이 지하철을 폭파하겠다는 내용이다. 나는 겁이나 신고를 못하겠고 동대구 지하철역에 이야기를 해주는 것이니 알아서 해라"고 말하여 허위의 신고를 함으로써 대구광역시 지하철공사 사령실로 하여금 승객의 안전 도모와 폭발물설치 확인을 위하여 대구 지하철 1호선 전구간 전동차 운행을 1시간 가량 중단하게 하여 위계로써 대구지하철 공사의 전동차 운행업무를 방해하였다. ●판지● **협박의 경우 행위자가 직접 해악을 가하겠다고 고지하는 것은 물론, 제3자로 하여금 해악을 가하도록 하겠다는 방식으로도 해악의 고지는 얼마든지 가능**하지만, 이 경우 (가) 고지자가 제3자의 행위를 사실상 지배하거나 제3자에게 영향을 미칠 수 있는 지위에 있는 것으로 믿게 하는 명시적·묵시적 언동을 하였거나 (나) 제3자의 행위가 고지자의 의사에 의하여 좌우될 수 있는 것으로 상대방이 인식한 경우에 한하여 비로소 고지자가 직접 해악을 가하겠다고 고지한 것과 마찬가지의 행위로 평가할 수 있고, 만약 고지자가 위와 같은 명시적·묵시적 언동을 하거나 상대방이 위와 같이 인식을 한 적이 없다면 **비록 상대방이 현실적으로 외포심을 느꼈다고 하더라도 이러한 고지자의 행위가 협박죄를 구성한다고 볼 수는 없다.**

감정적 욕설이나 일시적 분노표시

4-1 [대판 2006도546] 피고인(여)이 공소사실 기재 일시, 장소에서 자신의 동거남과 성관계를 가진 바 있던 피해자에게 **"사람을 사서 쥐도 새도 모르게 파묻어버리겠다. 너까지 것 쉽게 죽일 수 있다."**라고 한 말에 관하여 이는 언성을 높이면서 말다툼으로 흥분한 나머지 **단순히 감정적인 욕설 내지 일시적 분노의 표시를 한 것**에 불과하고 해악을 고지한다는 인식을 갖고 한 것이라고 보기 어렵다.

4-2 [대판 86도1140] 피해자와 언쟁 중 **"입을 찢어 버릴라"**라고 한 말은 당시의 주위사정 등에 비추어 **단순한 감정적인 욕설에 불과**하고 피해자에게 해악을 가할 것을 고지한 행위라고 볼 수 없어 협박에 해당하지 않는다. cf) 협박이 되기 위해서는 해악내용이 상대방의 중요한 법익에 대한 상당한 정도의 것일 필요가 있다.

4-3 [대판 74도1892] 같은 동리에 사는 동년배간에 동장직을 못하게 하였다는 불만의 표시로서 **"두고 보자"**는 말을 하였다 하더라도 그 정도의 폭언을 본조 소정의 협박에 해당한다고 하기 어렵다.

4-4 [대판 72도1565] 지서에 연행된 피고인이 경찰관으로부터 반공법위반 혐의사실을 추궁 당하고 뺨까지 얻어맞게 되자 술김에 흥분하여 항의조로 **"내가 너희들의 목을 자른다 내 동생을 시켜서라도 자른다"**라고 말하였다 하여 당시 피고인에게 협박죄를 구성할 만한 해악을 고지할 의사가 있었다고 볼 수 없다.

5 [대판 2000도3245] [길흉화복의 예고] ●사실● 피고인이 그의 처인 공소 외 1과 공모하여 1997.11.15.경 피고인의 집에서 공소 외 1은 전화로 피해자 이○자에게 **"작은 아들이 자동차를 운전하면 교통사고가 나크게 다치거나 죽거나 하게 된다. 조상천도를 하면 교통사고를 막을 수 있고 보살도 아픈 곳이 낫고 사업도 잘 되고 모든 것이 잘 풀려 나간다. 조상천도비용으로 795,000원을 내라."**고 말하여 만일 피해자가 조상천도를 하지 아니하면 피해자와 그의 가족의 생명과 신체에 어떤 위해가 발생할 것처럼 겁을 주어 이에 외포된 이로부터 같은 달 16일 같은 장소에서 795,500원을 건네받아 이를 갈취하고, 1997년 12월 중순경 같은 장소에서 공소외 1은 피해자 이에게 전화로 **"묘소에 있는 시아버지 목뼈가 왼쪽으로 돌아가 아들이 형편없이 ○○학교에도 다니지 못하게 되고 부부가 이별하게 되고 하는 사업이 망하고 집도 다른 사람에게 넘어가게 된다. 조상천도를 하면 모든 것이 다 잘 된다. 조상천도를 하지 않으면 큰일난다."**고 말하여 만일 조상천도를 하지 아니하면 이와 그의 가족의 생명과 신체 등에 어떤 위해가 발생할 것처럼 겁을 주고 이에 외포된 이로부터 1998.1.5. 피고인의 예금계좌로 835,000원을 송금받아 이를 갈취하였다. ●판지● 조상천도제를

지내지 아니하면 좋지 않은 일이 생긴다는 취지의 해악의 고지는 길흉화복이나 천재지변의 예고로서 행위자에 의하여 **직접, 간접적으로 좌우될 수 없는 것**이고 가해자가 현실적으로 특정되어 있지도 않으며 해악의 발생가능성이 합리적으로 예견될 수 있는 것이 아니므로 **협박으로 평가될 수 없다.**

6 [대판 84도648] [매수인이 매도인의 대리인에게 매매건물을 명도하거나 명도소송비용을 내놓지 않으면 고소하여 구속시키겠다고 말한 것이 협박으로 볼 수 있는지 여부(소극)] 피해자가 공소외 (갑)을 대리하여 동인 소유의 여관을 피고인에게 매도하고 피고인으로부터 계약금과 잔대금 일부를 수령하였는데 그 후 위 (갑)이 많은 부채로 도피해 버리고 동인의 채권자들이 채무변제를 요구하면서 위 여관을 점거하여 피고인에게 여관을 명도하기가 어렵게 되자 피고인은 **피해자에게 여관을 명도해 주던가 명도소송비용을 내놓지 않으면 고소하여 구속시키겠다**고 말한 경우 피고인이 매도인의 대리인인 위 피해자에게 위 여관의 명도 또는 명도소송비용을 요구한 것은 매수인으로서 **정당한 권리행사라 할 것**이며 위와 같이 다소 위협적인 말을 하였다고 하여도 이는 사회통념상 용인될 정도의 것으로서 협박으로 볼 수 없다.

7 [대판 75도3779] 경찰관의 임의동행 요구에 문을 잠그고 그 방안에서 면도칼로 앞가슴 등을 그어 피를 보이면서 **자신이 죽어버리겠다**고 불온한 언사를 사용한 것은 자해행위는 될 수 있어도 경찰관에 대한 유형력의 행사나 해악의 고지로서 폭행 또는 협박은 되지 않는다.

협박죄를 인정한 판례

8 [대판 2020도14990] 파기환송. 피고인은 2019. 4. 21. 23:00경 경남 거창군에 있는 C마트 앞에서, 피해자(19세)이 운전하는 차량이 피고인이 운전하는 차량을 가로막았다는 이유로, 위험한 물건인 알루미늄 파이프(길이 90cm, 직경 5cm)를 손에 들고(알루미늄 파이프를 바닥에 끌면서 다가갔을 뿐 알루미늄파이프를 들어올리거나 휘두르지는 않음) 피해자와과 일행인 갑(20세)에게 "이 새끼들 장난치나!"라고 말하며 위 파이프를 바닥에 끌고 피해자들에게 다가가 피해자들의 생명이나 신체에 위해를 가할 것 같은 태도를 취함으로써 위험한 물건을 휴대하여 피해자들을 협박하였다. … (가) 피고인은 위험한 물건을 휴대하여 피해자들로 하여금 공포심을 일으키기에 충분한 정도의 해악을 고지한 것으로 보아야 한다. (나) 원심이 설시한 바와 같이 피고인이 피해자와 떨어진 거리에서 위 파이프를 바닥에 끌면서 다가 갔을 뿐 피해자의 차량이나 E을 향하여 위 파이프를 들어올리거나 휘두르지 않았고 그 시간이 그리 길지 않으며 피해자 D이 차량 안에 있어서 "이 새끼들 장난치나"라는 피고인의 말을 듣지 못하였다고 하더라도, 피고인이 알루미늄 파이프를 들고 다가오는 행위를 피해자들이 인지하는 것만으로도 일반적으로 피해자들에게 공포심을 일으키기에 충분하고, 이를 단순한 감정적인 욕설 또는 일시적 분노의 표시에 불과하다고 보기 어렵다. (다) 피해자는 원심에서 "피고인의 파이프 때문에 무섭지는 않았고 당황스럽고 놀라운 정도였고, 차량이 파손될까봐 뒤로 뺀 것이다"라고 진술하였는데, 피고인이 알루미늄 파이프를 들고 나와 해악을 고지함으로써 **피해자들이 그 의미를 인식한 이상 피해자들이 현실적으로 공포심을 일으켰는지 여부와 상관없이 협박죄가 성립한다.** (특수협박죄인정)

9 [대판 2011도2412] [1] 사채업자인 피고인이 채무자 甲에게, 채무를 변제하지 않으면 甲이 **숨기고 싶어 하는 과거 행적과 사채를 쓴 사실 등을 남편과 시댁에 알리겠다**는 등의 문자메시지를 발송한 사안에서, 피고

인에게 협박죄를 인정하는 한편 위와 같은 행위가 정당행위에 해당한다는 주장을 배척한 원심판단을 수긍한 사례. [2] 채권자가 채권추심을 위하여 독촉 등 권리행사에 필요한 행위를 할 수 있기는 하지만, 법률상 허용되는 정당한 절차에 의한 것이어야 하며, 또한 채무자의 자발적 이행을 촉구하기 위해 필요한 범위 안에서 상당한 방법으로 그 권리가 행사되어야 한다.

거동에 의한 협박

10-1 [대판 2010도14316] [1] 협박죄가 성립하려면 (가) 고지된 해악의 내용이 행위자와 상대방의 성향, 고지 당시의 주변 상황, 행위자와 상대방 사이의 친숙의 정도 및 지위 등의 상호관계 등 행위 전후의 여러 사정을 종합하여 볼 때에 **일반적으로 사람으로 하여금 공포심을 일으키게 하기에 충분한 것이어야 하지만,** (나) 상대방이 그에 의하여 현실적으로 공포심을 일으킬 것까지 요구되는 것은 아니며, (다) 그와 같은 정도의 해악을 고지함으로써 상대방이 그 의미를 인식한 이상, **상대방이 현실적으로 공포심을 일으켰는지 여부와 관계없이** 그로써 구성요건은 충족되어 협박죄의 기수에 이르는 것으로 해석하여야 한다. (라) 그리고 협박죄에서 해악을 고지하는 행위는 통상 언어에 의하는 것이나 경우에 따라서는 **거동으로 해악을 고지할 수도 있다.** [2] 피고인은 피해자와 횟집에서 술을 마시던 중 피해자가 모래 채취에 관하여 항의하는 데에 화가 나서, 횟집 주방에 있던 **회칼 2자루를 들고 나와 죽어버리겠다며 자해**하려고 하였다는 것이다. 이를 앞서 본 법리에 비추어 보면, 피고인의 행위는 단순한 자해행위 시늉에 불과한 것이 아니라 피고인의 요구에 응하지 않으면 피해자에게 어떠한 해악을 가할 듯한 위세를 보인 행위로서 '협박'에 해당한다고도 볼 수 있다.

10-2 [대판 74도2727] [1] 피고인은 1972.10.5.21:00경 자신의 집 앞에서 피해자 이◇채와 사소한 문제로 시비하다가 동인이 자기 집으로 돌아가자 피고인은 동인을 따라서 그 집 마당까지 가서 그곳에서 소지 중이던 위험한 물건인 **가위를 동인의 목에 겨누면서 찌를 것처럼** 하여 동인을 협박한 사실을 인정하여 이 소위에 대하여 폭력행위등처벌에관한법률 제3조 제2항 제1항 제2조 제1항 형법 제283조 제1항을 적용 처단하였다. [2] 협박죄에 있어서의 해악을 가할 것을 고지하는 행위는 통상 언어에 의하는 것이나 경우에 따라서는 **한마디 말도 없이 거동에 의하여서도 고지할 수도 있는 것이다.** 위 판시와 같이 가위로 목을 찌를 듯이 겨누었다면 신체에 대하여 위해를 가할 고지로 못볼바 아니므로 이를 협박죄로 단정한 동 판결의 조치는 정당하다.

11 [대판 2008도8922] 피고인(공군 중사)이 상관인 피해자의 **비위 등을 기록한 내용을 피해자에게 제시**하면서 피해자가 피고인에게 폭언한 사실을 인정하지 아니하면 그 내용을 상부기관에 제출하겠다고 한 행위는 **객관적으로 보아** 사람으로 하여금 공포심을 일으키게 하기에 충분한 정도의 해악의 고지에 해당한다고 할 것이므로, 피해자가 그 취지를 인식하였음이 명백한 이상 설령 피해자가 현실적으로 공포심을 느끼지 못하였다 하더라도 그와는 무관하게 **상관협박죄의 기수**에 이르렀다고 보아야 한다.

12 [대판 2006도1125] 피고인이 피해자의 장모가 있는 자리에서 서류를 보이면서 "피고인의 요구를 들어주지 않으면 서류를 세무서로 보내 **세무조사를 받게 하여 피해자를 망하게 하겠다**"라고 말하여 피해자의 장모로 하여금 피해자에게 위와 같은 사실을 전하게 하고, 그 다음날 피해자의 처에게 전화를 하여 "며칠 있으면 **국세청에서 조사가 나올 것이니 그렇게 아시오**"라고 말한 경우, 위 각 행위는 협박죄에 있어서 해악의 고지에 해당한다.

13 [대판 2001도6468] 친권자는 자를 보호하고 교양할 권리의무가 있고(민법 제913조) 그 자를 보호 또는 교양하기 위하여 필요한 징계를 할 수 있기는 하지만(민법 제915조) 인격의 건전한 육성을 위하여 필요한 범위 안에서 상당한 방법으로 행사되어야만 할 것인데, 스스로의 감정을 이기지 못하고 **야구방망이로 때릴 듯이 피해자에게 "죽여 버린다."**고 말하여 협박하는 것은 그 자체로 피해자의 인격 성장에 장해를 가져올 우려가 커서 이를 교양권의 행사라고 보기도 어렵다.

14 [대판 90도2445] 피고인이 슈퍼마켓사무실에서 식칼을 들고 피해자를 **협박한 행위**와 식칼을 들고 매장을 돌아다니며 손님을 내쫓아 그의 **영업을 방해한** 행위는 별개의 행위이다(＝실체적경합범).

15 [대판 90도2102] [협박죄에 있어서의 고의의 내용과 그 유무에 대한 판단기준] [1] 협박죄에 있어서의 협박이라 함은 일반적으로 보아 사람으로 하여금 공포심을 일으킬 수 있는 정도의 해악을 고지하는 것을 의미하므로 그 주관적 구성요건으로서의 고의는 행위자가 그러한 정도의 해악을 고지한다는 것을 인식, 인용하는 것을 그 내용으로 하고 **고지한 해악을 실제로 실현할 의도나 욕구는 필요로 하지 아니하고,** 다만 행위자의 언동이 단순한 감정적인 욕설 내지 일시적 분노의 표시에 불과하여 주위사정에 비추어 가해의 의사가 없음이 객관적으로 명백한 때에는 협박행위 내지 협박의 의사를 인정할 수 없으나 위와 같은 의미의 협박행위 내지 협박의사가 있었는지의 여부는 행위의 외형뿐만 아니라 그러한 행위에 이르게 된 경위, 피해자와의 관계 등 주위상황을 종합적으로 고려하여 판단해야 할 것이다. [2] 피고인이 피해자인 누나의 집에서 갑자기 온 몸에 연소성이 높은 고무놀을 바르고 라이타 불을 켜는 동작을 하면서 이를 말리려는 피해자 등에게 가위, **송곳을 휘두르면서 "방에 불을 지르겠다" "가족 전부를 죽여버리겠다"**고 소리쳤고 피해자가 피고인의 행위를 약 1시간 가량 말렸으나 듣지 아니하여 무섭고 두려워서 신고를 하였다면, 피고인의 행위는 피해자 등에게 **공포심을 일으키기에 충분할 정도의 해악을 고지한 것**이고, 나아가 피고인에게 실제로 피해자 등의 **신체에 위해를 가할 의사나 불을 놓을 의사가 없었다고 할지라도** 위와 같은 해악을 고지한다는 점에 대한 인식, 인용은 있었다고 봄이 상당하고, 피해자가 그 이상의 행동에 이르지 못하도록 막은 바 있다 해도 피고인의 행위가 단순한 감정적 언동에 불과하거나 가해의 의사가 없음이 객관적으로 명백한 경우에 해당한다고는 볼 수 없다.

16 [대판 83도323] 피고인이 피해자가 자동차에서 내릴 수 없는 상태를 이용하여 강간하려고 결의하고, **주행 중인 자동차에서 탈출불가능하게 하여 외포케 하고** 50㎞를 운행하여, 여관 앞까지 강제로 연행하여 강간하려다 미수에 그친 경우 위 협박은 감금죄의 실행의 착수임과 동시에 강간미수죄의 실행의 착수라고 할 것이다.

18 미성년자약취죄의 주체

* 대법원 2013. 6. 20. 선고 2010도14328 전원합의체 판결
* 참조조문: 형법 제287조,[1] 제288조 제3항[2]

미성년자를 보호·감독하는 사람이 해당 미성년자에 대한 약취죄의 주체가 될 수 있는가?

●사실● 베트남 국적의 피고인 X(여)는 A와 혼인하여 국내에 입국한 후 아들 B를 출산하였다. 이후 천안시에서 거주하며 B를 보호·양육하여 왔다. 당시 A는 직장에 다녔고 X가 가사를 전담하였기 때문에 B에 대한 현실적인 보호·양육은 주로 X가 맡아왔다. X는 2008.8.30. 수원의 친구에게 놀러 갔다가 늦어져 버스를 놓치는 바람에 다음날 귀가하였는데 화가 난 A로부터 며칠 동안 집을 나가라는 말을 듣고, 자존심이 매우 상한 데다 국내에는 마땅히 찾아갈 곳이 없어 생후 약 13개월 된 B를 데리고 친정인 베트남으로 돌아가기로 마음먹었다. X는 2008.9.3. A가 직장에 출근한 사이 B를 데리고 집을 나와 항공편으로 출국하여 베트남 친정으로 갔다. 당시 B를 데리고 가기 위하여 A 측에 어떠한 폭행이나 협박 등 실력행사는 없었다.

검사는 X가 A의 감호권을 침해한 것으로 국외이송약취죄 및 피약취자국외이송죄로 기소하였다. 제1심과 원심은 무죄를 선고하였다. 이에 검사가 상고하였다.

●판지● 상고기각. 「[다수의견] 형법 제287조의 미성년자약취죄, 제288조 제3항 전단의 국외이송약취죄 등의 구성요건요소로서 **약취**란 (가) 폭행, 협박 또는 불법적인 사실상의 힘을 수단으로 사용하여 (나) 피해자를 그 의사에 반하여 자유로운 생활관계 또는 보호관계로부터 이탈시켜 (다) 자기 또는 제3자의 사실상 지배하에 옮기는 행위를 의미하고, (라) 구체적 사건에서 어떤 행위가 약취에 해당하는지 여부는 행위의 목적과 의도, 행위 당시의 정황, 행위의 태양과 종류, 수단과 방법, 피해자의 상태 등 관련 사정을 종합하여 판단하여야 한다.

한편 **미성년자를 보호·감독하는 사람이라고 하더라도** 다른 보호감독자의 보호·양육권을 침해하거나 자신의 보호·양육권을 남용하여 미성년자 본인의 이익을 침해하는 때에는 미성년자에 대한 약취죄의 주체가 될 수 있는데, 그 경우에도 해당 보호감독자에 대하여 약취죄의 성립을 인정할 수 있으려면 그 행위가 위와 같은 의미의 약취에 해당하여야 한다. 그렇지 아니하고 폭행, 협박 또는 불법적인 사실상의 힘을 사용하여 그 미성년자를 평온하던 종전의 보호·양육 상태로부터 이탈시켰다고 볼 수 없는 행위에 대하여까지 다른 보호감독자의 보호·양육권을 침해하였다는 이유로 미성년자에 대한 약취죄의 성립을 긍정하는 것은 **형벌법규의 문언 범위를 벗어나는 해석**으로서 죄형법정주의의 원칙에 비추어 허용될 수 없다.

따라서 부모가 이혼하였거나 별거하는 상황에서 미성년의 자녀를 부모의 일방이 평온하게 보호·양육하고 있는데, 상대방 부모가 폭행, 협박 또는 불법적인 사실상의 힘을 행사하여 그 보호·양육 상태를 깨뜨리고 자녀를 탈취하여 자기 또는 제3자의 사실상 지배하에 옮긴 경우, 그와 같은 행위는 특별한 사정이 없는 한 미성년자에 대한 약취죄를 구성한다고 볼 수 있다. 그러나 이와 달리 미성년의 자녀를 부모가 함께 동거하면서 보호·양육하여 오던 중 부모의 일방이 상대방 부모나 그 자녀에게

---

1) 형법 제287조(미성년자의 약취, 유인) **미성년자를 약취** 또는 유인한 사람은 10년 이하의 징역에 처한다.
2) 형법 제288조(추행 등 목적 약취, 유인 등) ① 추행, 간음, 결혼 또는 영리의 목적으로 사람을 약취 또는 유인한 사람은 1년 이상 10년 이하의 징역에 처한다. ② 노동력 착취, 성매매와 성적 착취, 장기적출을 목적으로 사람을 약취 또는 유인한 사람은 2년 이상 15년 이하의 징역에 처한다. ③ **국외에 이송할 목적**으로 사람을 약취 또는 유인하거나 약취 또는 유인된 사람을 국외에 이송한 사람도 제2항과 동일한 형으로 처벌한다.

어떠한 폭행, 협박이나 불법적인 사실상의 힘을 행사함이 없이 그 자녀를 데리고 종전의 거소를 벗어나 다른 곳으로 옮겨 자녀에 대한 보호·양육을 계속하였다면, 그 행위가 보호·양육권의 남용에 해당한 다는 등 특별한 사정이 없는 한 설령 이에 관하여 **법원의 결정이나 상대방 부모의 동의를 얻지 아니하였 다고 하더라도 그러한 행위에 대하여 곧바로 형법상 미성년자에 대한 약취죄의 성립을 인정할 수는 없다.**

　[반대의견] 공동친권자인 부모 중 일방이 상대방과 동거하며 공동으로 보호·양육하던 유아를 국외 로 데리고 나간 행위가 약취죄의 '약취행위'에 해당하는지를 판단하려면, 우선 폭행, 협박 또는 사실상 의 힘을 수단으로 사용하여 유아를 범인 또는 제3자의 사실상 지배하에 옮겼는지, 그로 말미암아 다 른 공동친권자의 보호·양육권을 침해하고, 피해자인 유아를 자유로운 생활관계 또는 보호관계로부터 이탈시켜 그의 이익을 침해하였는지를 따져 볼 필요가 있다. 부모 중 일방이 상대방과 동거하며 공동 으로 보호·양육하던 유아를 국외로 데리고 나갔다면, **'사실상의 힘'을 수단으로 사용하여 유아를 자신 또는 제3자의 사실상 지배하에 옮겼다고 보아야 함에 이론이 있을 수 없다.** …… 따라서 공동친권자인 부모의 일방이 상대방의 동의나 가정법원의 결정이 없는 상태에서 유아를 데리고 공동양육의 장소를 이탈함으로써 상대방의 친권행사가 미칠 수 없도록 하였다면, 이는 특별한 사정이 없는 한 다른 공동 친권자의 유아에 대한 보호·양육권을 침해한 것으로서 **민법을 위반한 행위**라고 할 것이다. 그뿐 아니 라 유아로서도 다른 공동친권자로부터 보호·양육을 받거나 받을 수 있는 상태에서 배제되는 결과를 강요당하게 되어 유아의 이익을 현저히 해치게 될 것이므로 그 점에서도 위법성을 면할 수 없다. 따라 서 어느 모로 보나 **부모의 일방이 유아를 임의로 데리고 가면서 행사한 사실상의 힘은 특별한 사정이 없 는 한 불법적이라고 할 것**이며, 특히 장기간 또는 영구히 유아를 데리고 간 경우에는 그 불법성이 훨씬 더 크다는 점을 부인할 수 없을 것이다」.

●**해설**● 1 약취·유인죄는 폭행·협박·기망·유혹 등을 수단으로 사람을 보호받는 상태에서부터 이 탈시켜 자기의 **실력적 지배하**에 두는 범죄이다. 이 죄의 보호법익은 피해자의 자유와 안전 및 복지이다. 하지만 미성년자약취·유인죄(법287)의 보호법익은 ① 일차적으로는 **미성년자의 자유와 안전 및 복지**이고 ② 부차적으로 친권자 등 **보호감독자의 보호감독권**도 들어간다. 따라서 미성년자의 동의나 승낙이 있더 라도 보호감독자의 동의·승낙이 없을 경우에는 동범죄가 성립한다(대판 2002도7115, Ref 5; 82도186, Ref 8).

2 사안의 경우 쟁점이 된 것은 **부모가 자식의 약취·유인죄의 주체가 될 수 있는가**이다. 특히 부모 중 일방이 상대방과 동거하며 공동으로 보호·양육하던 유아를 국외로 데리고 나간 경우에 본죄가 성립할 수 있는가가 다투어 졌다. 대법원의 다수의견은 피고인의 행위가 보호·양육권의 남용에 해당하지 않는 한, 본죄는 성립하지 않는다고 보았다. 그러나 반대의견은 부모의 일방이 유아를 임의로 데리고 가면서 행사한 사실상의 힘은 특별한 사정이 없는 한 불법적인 것으로 판단하고 있다.

3 다수의견은 여러 제반 사정을 종합할 때 X가 A를 데리고 베트남으로 떠난 행위는 어떠한 실력을 행사하여 A를 평온하던 종전의 보호·양육 상태로부터 이탈시킨 것이라기보다 친권자인 모(母)로서 출 생 이후 줄곧 맡아왔던 A에 대한 보호·양육을 계속 유지한 행위에 해당하여, 이를 폭행, 협박 또는 불 법적인 사실상의 힘을 사용하여 A를 자기 또는 제3자의 지배하에 옮긴 약취행위로 볼 수는 없다고 판단 한 것이다.

4 그리고 이런 상황 하에서의 행위까지를 폭행이나 협박이라는 사실상의 힘을 의미하는 '약취'에 해당 된다고 보는 것은 형벌법규의 문언 범위를 벗어나는 해석으로서 죄형법정주의의 원칙에 반한다고 보았

다. 하지만 반대의견은 다른 공동친권자의 보호·양육권을 침해한 X의 행위는 **민법 위반**[3]일 뿐만 아니라 다른 공동친권자로부터 보호·양육을 받을 수 있는 유아의 이익도 현저히 침해한 것으로 '약취'에 개념에 포섭할 수 있다고 본다.

5 별거 중인 부부간의 아동 쟁탈과 관련하여 어느 범위까지 약취유괴죄의 성립을 인정하는 것이 타당한지는 국제결혼과 다문화가정으로 인해 갈등이 높아지고 이혼율이 높아지는 우리사회에 있어 특히 현실성 있는 곤란한 과제이다. 많은 사례에서는 실제로 아동을 감호양육하지 않는 부모도 상당히 존재한다. 하지만 이러한 자도 친권자임은 분명하고 이러한 자가 친자를 자신의 사실적 지배하에 두려는 것은 자연스러운 것이므로 법적으로도 원칙적으로 허용하지 않으면 안 된다. 매일 유동(流動)하는 부부사이에서 자식의 쟁탈과 관련해 '약취·유인죄'의 적용이라는 형태로 국가가 개입하는 것에는 좀 더 신중하고 보충적이지 않으면 안 된다.

6 다만 이 사건과 같이 부모의 일방이 상대방의 동의나 가정법원의 결정이 없는 상태에서 미성년 자녀를 국외로 데리고 나간 경우에 대해서는「그 행위에 합당한 처벌규정을 제정하고, 여권의 발급·제한과 출입국관리 등 관계되는 제도를 개선하며, 국제결혼 관련 국가와의 외교적 해결방안을 마련」할 것을 요청하는 다수의견에 대한 보충의견이 있다.

Reference

미성년자 약취·유인죄 성립을 인정한 사례

1 [대판 2019도16421] [면접교섭권과 미성년자약취죄] [부모가 이혼하였거나 별거하는 상황에서 미성년의 자녀를 부모의 일방이 평온하게 보호·양육하고 있는데, 상대방 부모가 폭행, 협박 또는 불법적인 사실상의 힘을 행사하여 그 보호·양육 상태를 깨뜨리고 자녀를 자기 또는 제3자의 사실상 지배하에 옮긴 행위가 미성년자에 대한 약취죄를 구성하는지 여부(적극)] 피고인과 갑은 **각각 한국과 프랑스에서 따로 살며 이혼소송 중인 부부**로서 자녀인 피해아동 을(만 5세)은 프랑스에서 갑과 함께 생활하였는데, 피고인이 을을 면접교섭하기 위하여 그를 보호·양육하던 갑으로부터 을을 인계받아 국내로 데려온 후 **면접교섭 기간이 종료하였음에도 을을 데려다주지 아니한 채 갑과 연락을 두절한 후 법원의 유아인도 명령 등에도 불응한 사안**에서, 피고인은 을을 향후 계속하여 보호·양육함으로써 기존의 자유로운 생활 및

---

3) **친권(親權)**은 미성년 자녀의 양육과 감호 및 재산관리를 적절히 함으로써 그의 복리를 확보하도록 하기 위한 부모의 권리이자 의무의 성격을 갖는 것으로서, **민법 제909조**에 의하면, 친권은 혼인관계가 유지되는 동안에는 부모의 의견이 일치하지 아니하거나 부모 일방이 친권을 행사할 수 없는 등 예외적인 경우를 제외하고는 **부모가 공동으로 행사하는 것이 원칙**이고(제2항, 제3항), 이혼하려는 경우에도 상대방과의 협의나 가정법원의 결정을 거치지 아니한 채 일방적으로 상대방의 친권행사를 배제하는 것은 허용되지 않는다(제4항). **민법 제909조(친권자)** ① 부모는 미성년인 자의 친권자가 된다. 양자의 경우에는 양부모가 친권자가 된다. ② 친권은 부모가 혼인중인 때에는 부모가 공동으로 이를 행사한다. 그러나 부모의 의견이 일치하지 아니하는 경우에는 당사자의 청구에 의하여 가정법원이 이를 정한다. ③ 부모의 일방이 친권을 행사할 수 없을 때에는 다른 일방이 이를 행사한다. ④ 혼인 외의 자가 인지된 경우와 부모가 이혼하는 경우에는 부모의 협의로 친권자를 정하여야 하고, 협의할 수 없거나 협의가 이루어지지 아니하는 경우에는 가정법원은 직권으로 또는 당사자의 청구에 따라 친권자를 지정하여야 한다. 다만, 부모의 협의가 자(子)의 복리에 반하는 경우에는 가정법원은 보정을 명하거나 직권으로 친권자를 정한다.

보호관계로부터 이탈시켜 자신의 사실상 지배하에 두기 위한 목적으로 을의 반환을 거부한 것으로 보이는 점, 을은 당시 만 5세에 불과한 유아였고 을이 돌아가야 하는 곳은 외국인 프랑스였으므로, 피고인이 작위의무를 이행하여 을을 데려다주지 않으면 을 스스로는 자유로운 생활 및 보호관계로부터의 이탈이라는 위협에 대처할 수 있는 능력이 없는 상태였던 점, 피고인은 장기간 프랑스 법원의 양육자 지정 결정뿐 아니라 국내 법원의 양육자 지정 및 유아인도 심판, 그 이행명령, 면접교섭 사전처분 등 각종 결정을 지속적으로 위반한 점 등의 여러 사정을 종합하면, 피고인의 행위는 불법적인 사실상의 힘을 수단으로 을을 그 의사와 복리에 반하여 자유로운 생활 및 보호관계로부터 이탈시켜 자기의 사실상 지배하에 옮긴 적극적 행위와 형법적으로 같은 정도의 행위로 평가할 수 있으므로 **형법 제287조 미성년자약취죄의 약취행위에 해당한다.**

형법 제288조 약취행위에 있어서의 폭행 또는 협박의 정도

2 [대판 2009도3816] 파기환송. [술에 만취한 피고인이 초등학교 5학년 여학생의 소매를 잡아끌면서 "우리 집에 같이 자러 가자"고 한 행위가 형법 제288조의 약취행위의 수단인 '폭행'에 해당한다고 한 사례] [1] 형법 제288조에 규정된 **약취행위는** 피해자를 그 의사에 반하여 자유로운 생활관계 또는 보호관계로부터 범인이나 제3자의 사실상 지배하에 옮기는 행위를 말하는 것으로서, 폭행 또는 협박을 수단으로 사용하는 경우에 그 폭행 또는 협박의 정도는 상대방을 실력적 지배하에 둘 수 있을 정도이면 족하고 반드시 상대방의 반항을 억압할 정도의 것임을 요하지는 아니하고, 뿐만 아니라 약취에는 폭행 또는 협박 이외의 사실상의 힘에 의한 경우도 포함되며, 어떤 행위가 위와 같은 약취행위에 해당하는지 여부는 행위의 목적과 의도, 행위 당시의 정황, 행위의 태양과 종류, 피해자의 의사 등을 종합하여 판단하여야 한다. [2] 피고인이 위와 같이 위험에 대한 대처능력이 미약한 **초등학교 5학년 여학생**의 소매를 잡아끌면서 '우리 집에 같이 자러가자'라고 한 행위는 그 행위의 목적과 의도, 행위 당시의 정황, 행위의 태양과 종류, 피해자의 의사 등을 종합하여 볼 때, 피고인이 피해자를 그 의사에 반하여 자유로운 생활관계 또는 보호관계로부터 피고인의 사실상 지배하에 옮기기 위한 약취행위의 수단으로서 폭행에 충분히 해당한다고 할 것이다. **cf)** 제1심은 피고인에 대해 유죄를 인정했으나 제2심은 무죄를 선고하였다. 그러나 대법원은 위와 같이 판시하면서 원심을 파기환송하고 유죄를 인정하였다.

3 [대판 2007도8011] [미성년자를 보호감독하는 사람이 당해 미성년자에 대한 약취·유인죄의 주체가 될 수 있는지 여부(한정 적극)] 미성년자를 보호감독하는 자라 하더라도 **다른 보호감독자의 감호권을 침해하거나 자신의 감호권을 남용하여 미성년자 본인의 이익을 침해하는 경우**에는 미성년자 약취·유인죄의 주체가 될 수 있다. 원심판결 이유에 의하면, 원심은 피해자의 아버지인 피고인 2가 피해자의 어머니이자 피고인의 처인 공소외 1이 교통사고로 사망하자 **피해자의 외조부인** 공소외 2에게 피해자의 양육을 맡겨 왔으나, 교통사고 배상금 등을 둘러싸고 공소외 2등과 사이에 분쟁이 발생하자 자신이 직접 피해자를 양육하기로 마음먹고, 피고인 1과 공모하여 학교에서 귀가하는 피해자를 본인의 의사에 반하여 강제로 차에 태우고 할아버지에게 간다는 등의 거짓말로 속인 후 고아원에 데려가 피해자의 수용문제를 상담하고, **개사육장에서 잠을 재운 후** 다른 아동복지상담소에 데리고 가는 등으로 사실상 지배함으로써 미성년자인 피해자를 약취하였다고 인정하였는바, 이러한 원심의 사실인정 및 법리판단은 앞서 본 법리 및 기록에 비추어 정당하여 수긍할 수 있고, 거기에 채증법칙을 위반하거나 미성년자 약취·유인죄에 관한 법리를 오해한 위법이 없다.

4 [대판 2007도2318] [간음목적유인죄의 기수시기] 형법 제288조에서 말하는 '**유인**'이란 기망 또는 유혹을

수단으로 사람을 꾀어 그 하자 있는 의사에 따라 그 사람을 자유로운 생활관계 또는 보호관계로부터 이탈하게 하여 자기 또는 제3자의 사실적 지배 아래로 옮기는 행위를 말하고, 여기서 사실적 지배라고 함은 미성년자에 대한 물리적·실력적인 지배관계를 의미한다고 할 것이다. 피고인이 11세에 불과한 어린 나이의 피해자를 유혹하여 위 모텔 앞길에서부터 위 모텔 301호실까지 데리고 간 이상, 그로써 피고인은 피해자를 자유로운 생활관계로부터 이탈시켜 피고인의 사실적 지배 아래로 옮겼다고 할 것이고, 이로써 간음목적유인죄의 기수에 이르른 것으로 보아야 할 것이다

5 [대판 2002도7115] [미성년자약취죄의 입법 취지와 보호법익 및 피고인이 미성년자의 동의하에 그 부의 감호권을 침해하여 미성년자를 피고인의 사실상 지배하로 옮긴 경우, 미성년자약취죄가 성립하는지 여부(적극)] 형법 제287조에 규정된 미성년자약취죄의 입법취지는 심신의 발육이 불충분하고 지려와 경험이 풍부하지 못한 미성년자를 특별히 보호하기 위하여 그를 약취하는 행위를 처벌하려는 데 그 입법의 취지가 있으며, 미성년자의 자유 외에 보호감독자의 감호권도 그 보호법익으로 하고 있다는 점을 고려하면, 피고인과 공범들이 미성년자를 보호·감독하고 있던 그 아버지의 감호권을 침해하여 그녀를 자신들의 사실상 지배 하로 옮긴 이상 미성년자약취죄가 성립한다 할 것이고, 약취행위에 미성년자의 동의가 있었다 하더라도 본죄의 성립에는 변함이 없다.

6 [대판 98도1036] [미성년자를 유인한 자가 미성년자를 감금한 경우, 미성년자유인죄 외에 별도로 감금죄가 성립하는지 여부(적극)] 피고인은 1996. 12. 10.경 피해자(당시 만 10세)의 집에서 피해자로 하여금 부모에게 말하지 말고 인천 계양구 효성동에 있는 동아아파트 앞으로 나오도록 유인한 다음 피고인이 운전하는 화물차에 태우고 데리고 다니면서 피해자에게 "네가 집에 돌아가면 경찰이 붙잡아 소년원에 보낸다."라고 위협하여 피해자를 집에 가지 못하도록 하는 등 그 무렵부터 1997. 6. 8. 08:00경까지 피고인의 셋방 등지에서 …… 위 기간 동안 전국특송화물차 운전기사인 피고인이 화물차를 운전하여 강원도, 대구, 부산 등지로 운행할 때에는 피고인을 따라 화물차에 타고 다니고, 피고인이 판시 피고인의 셋방에 돌아와 있을 때에는 피고인과 함께 그 곳에 기거하였음을 알 수 있으며, …… 미성년자를 유인한 자가 계속하여 미성년자를 불법하게 감금하였을 때에는 미성년자유인죄 이외에 감금죄가 별도로 성립한다.

7-1 [대판 95도2980] [미성년자유인죄에 있어서 '유혹'의 의미] [1] 미성년자유인죄라 함은 기망 또는 유혹을 수단으로 하여 미성년자를 꾀어 현재의 보호상태로부터 이탈케 하여 자기 또는 제3자의 사실적 지배하로 옮기는 행위를 말하고, 여기서의 유혹이라 함은 기망의 정도에는 이르지 아니하나 감언이설로써 상대방을 현혹시켜 판단의 적정을 그르치게 하는 것이므로 반드시 그 유혹의 내용이 허위일 것을 요하지는 않는다. [2] 피해자는 사고능력이 현저하게 떨어지는 미성년의 저능아로서 자신의 4촌 매형인 최○천이 경영하는 청소대행업체에서 일하면서 숙식을 해결하는 등 최의 보호 하에 있었는데, 피고인들은 피해자의 위와 같은 사정을 알면서도 그로부터 약 8개월 후 피해자가 다시 서울로 돌아올 때까지도 위 최에게 피고인들이 피해자를 제주도로 데려간 사실을 한번도 이야기하지 아니한 채 숨긴 사실을 인정할 수 있는바, 위에서 본 법리에 비추어 보면 피고인들이 피해자를 제주도로 데려간 행위는 미성년자를 유인한 행위에 해당됨이 명백하다.

7-2 [대판 98도690] 미성년자유인죄란 기망 또는 유혹을 수단으로 하여 미성년자를 꾀어 그 하자 있는 의사에 따라 미성년자를 자유로운 생활관계 또는 보호관계로부터 이탈하게 하여 자기 또는 제3자의 사실

적 지배하에 옮기는 행위를 말하고, 여기서 **사실적 지배**라고 함은 미성년자에 대한 물리적·실력적인 지배 관계를 의미한다.

8 [대판 82도186] [하자있는 피해자의 승낙과 미성년자 유인죄의 성부] 피해자(15세)가 스스로 가출하여 피고인 등의 한국복음전도회 부산 및 마산 지관에 입관할 것을 호소하였다고 하더라도 피고인들의 독자적인 교리설교에 의하여 하자 있는 의사로 가출하게 된 것이고, **동 피해자의 보호 감독권자의 보호관계로부터** 이탈시키고 피고인들의 지배 하에서 그들 교리에서 말하는 소위 **"주의 일"(껌팔이 등 행상)**을 하도록 도모한 이상 미성년자 유인죄의 성립에 소장이 없다. **cf)** 미성년자 약취·유인죄는 피인취자의 자유와 보호자의 감독권을 모두 보호법익으로 하는 범죄이다. 때문에 사안의 경우, 피인취자의 동의가 있었다하더라도 보호자의 감독권을 침해하고 있다.

9 [대판 76도2072] [**미성년자 유인죄의 성립요건**] 미성년자유인죄라 함은 기망 유혹과 같은 달콤한 말을 수단으로 하여 미성년자를 꾀어 현재의 보호상태로부터 이탈케 하여 자기 또는 제3자의 사실적 지배하에 옮기는 것으로서 사려없고 나이어린 **피해자의 하자있는 의사를 이용**하는데 있는 것이며 본죄의 **범의는 피해자가 미성년자임을 알면서 유인행위에 대한 인식이 있으면 족하고 유인하는 행위가 피해자의 의사에 반하는 것까지 인식할 필요는 없으며** 또 피해자가 하자있는 의사로 자유롭게 승락하였다 하더라도 본죄의 성립에 소장이 있는 것은 아니라 할 것이니 본건에 있어서 원심이 유지한 제1심판결이 피해자가 그 판시와 같이 피고인의 유인으로 인하여 가출함에 있어 소론과 같은 내용의 편지를 부모들에게 써놓고 나왔다 하더라도 본죄의 성립에는 아무런 소장이 없고 피고인에게 미성년자유인죄의 범의가 있다고 판시하였음은 옳다.

미성년자 약취 · 유인죄 성립을 부정한 사례

10 [대판 2007도8485] [형법상 미성년자약취죄의 **약취행위에서 장소적 이전이 갖는 의미** / 미성년자 혼자 머무는 주거에 침입하여 강도 범행을 하는 과정에서 일시적으로 부모와의 보호관계가 사실상 침해·배제된 경우 형법 제287조의 미성년자약취죄가 성립하지 않는다고 한 사례] ●**사실**● 피고인은 범행 당일 14:30경 아파트 현관문을 열고 집안으로 들어서는 피해자 공소외인을 발견하고 위 피해자에게 달려들어 옆구리에 칼을 들이대고 뒤따라 집안으로 침입한 후 집안을 뒤져 물품을 강취하고(이 사건 범죄사실 제3항), 현금이 발견되지 않자 더 나아가 위 피해자를 인질로 삼아 그의 부모로부터 현금을 취득하기로 마음먹고 위 피해자를 결박시킨 다음 두 시간 남짓 부모의 귀가를 기다린 사실, 그 후 19:00경 피해자의 모가 위 아파트 안으로 들어오자, 거실에서 앉아 포박된 위 피해자의 옆구리에 부엌칼을 들이대면서 "아들을 살리려면 이리와서 앉아"라고 위협하여 이에 놀란 피해자의 모가 황급히 밖으로 도망치자, 수회 전화를 걸어 "아들을 살리려면 돈 300만 원을 지금 마련해서 올라와라, 경찰에는 절대 알리지 마라, 만약 신고하면 아들을 죽이겠다"고 하는 등 수차례 협박하여 19:58경 피해자의 부모로부터 아파트 현관 입구에서 금품 50만 원을 전달받았으나(이 사건 범죄사실 제4항) 그 무렵 문밖에서 대기중이던 경찰관에게 체포되었다. ●**판지**● [1] 형법 제287조에 규정된 약취행위는 폭행 또는 협박을 수단으로 하여 미성년자를 그 의사에 반하여 자유로운 생활관계 또는 보호관계로부터 이탈시켜 범인이나 제3자의 사실상 지배하에 옮기는 행위를 말하는 것이다. 물론, 여기에는 미성년자를 장소적으로 이전시키는 경우뿐만 아니라 **장소적 이전 없이** 기존의 자유로운 생활관계 또는 부모와의 보호관계로부터 이탈시켜 범인이나 제3자의 사실상 지배하에 두는 경우도 포함된

다고 보아야 한다. 다만, 미성년자와 보호자의 일상생활의 장소적 중심인 주거에서 장소적 이전을 전제로 하지 아니한 채 폭행 또는 협박이 이루어진 경우에는, 그로 인하여 미성년자와 부모의 보호관계가 제한 혹은 박탈되는 모든 경우에 형법 제287조의 미성년자약취죄가 성립하는 것으로 볼 수는 없고, 무엇보다 미성년자를 기존의 생활관계 및 보호관계로부터 이탈시킬 의도가 없는 경우에는 실행의 착수조차 인정하기 어려우며, 범행의 목적과 수단, 시간적 간격 등을 고려할 때 사회통념상 실제로 기존의 생활관계 및 보호관계로부터 이탈시킨 것으로 인정되어야만 기수가 성립한다. [2] 미성년자가 혼자 머무는 주거에 침입하여 그를 감금한 뒤 폭행 또는 협박에 의하여 **부모의 출입을 봉쇄**하거나, 미성년자와 부모가 거주하는 주거에 침입하여 **부모만을 강제로 퇴거시키고 독자적인 생활관계를 형성**하기에 이르렀다면 비록 장소적 이전이 없었다 할지라도 형법 제287조의 미성년자약취죄에 해당함이 명백하지만, 강도 범행을 하는 과정에서 혼자 주거에 머무르고 있는 미성년자를 체포·감금하거나 혹은 미성년자와 그의 부모를 함께 체포·감금, 또는 폭행·협박을 가하는 경우, 나아가 주거지에 침입하여 미성년자의 신체에 위해를 가할 것처럼 협박하여 부모로부터 금품을 강취하는 경우와 같이, **일시적으로 부모와의 보호관계가 사실상 침해·배제되었다 할지라도, 그 의도가 미성년자를 기존의 생활관계 및 보호관계로부터 이탈시키는 데 있었던 것이 아니라** 단지 금품 강취를 위하여 반항을 제압하는 데 있었다거나 금품 강취를 위하여 고지한 해악의 대상이 그곳에 거주하는 미성년자였던 것에 불과하다면, 특별한 사정이 없는 한 미성년자를 약취한다는 범의를 인정하기 곤란할 뿐 아니라, 보통의 경우 시간적 간격이 짧아 그 주거지를 중심으로 영위되었던 기존의 생활관계로부터 완전히 이탈되었다고 평가하기도 곤란하다. …… 형법 제287조**의 미성년자약취죄가 성립하지 않는다.**

11 [대판 74도840] [미성년자의 아버지의 부탁으로 그 아이들을 보호하고 있는 자가 아이들 어머니의 인도요구를 거부하는 경우에 미성년자약취죄를 구성하는가 여부] 피고인 등은 이건 미성년자 등의 아버지인 공소외인의 부탁으로 위 두 아이들을 각 보호하고 있고, 위 공소외인은 자기 처이며 아이들의 어머니와의 사이에 내부적인 이유가 있어 아이들을 그 **어머니로부터 격리**시킬 필요가 있다 하여 위와 같은 조치를 취한 본건과 같은 경우에 위 아이들의 어머니의 아이들 인도요구를 거부한 행위가 형사법상의 미성년자약취죄를 구성한다고 볼 수는 없을 것이며, 이건의 경우 아이들의 아버지가 미국으로 갔으므로 **그 어머니가 민법상 친권을 행사할 권한이 있다는 이유만으로 위 사실이 미성년자약취죄를 구성한다고 할 수 없을 것이다.**

19 강간죄에 있어서 폭행·협박의 정도

* 대법원 2007. 1. 25. 선고 2006도5979 판결
* 참조조문: 형법 제297조[1]

> 유부녀에 대하여 혼인 외 성관계 사실을 폭로하겠다는 등의 내용으로 협박한 것이 강간죄, 강제추행죄의
> 성립요건으로서 협박에 해당하는가?

●**사실**● ① 피해자 A는 과거 H와 교제하면서 임신하기도 하였으나 H가 연락을 끊어 헤어진 후 1994.2.경 남편과 혼인하여 11세, 9세, 3세의 아들 셋을 두고 있는 평범한 가정주부이다. ② 이 사건 직전 A는 옛 애인 H로 행세하는 X에게 속아 불을 끈 상태의 어두운 모텔방에서 우연히 1회 성관계를 맺었으나 X의 얼굴을 모르는 상태였다. X는 이런 상황을 이용해 그 후 옛 애인 H로 행세하며 A에게 '제3자가 애를 업고 모텔로 들어가는 당신의 모습과 모텔 방호수를 사진으로 찍었다고 하면서 돈은 필요 없고 성관계를 요구한다'라는 말을 전하며 마치 '사진 찍은 자'의 성관계 요구에 불응하면 사진이 A의 집으로 보내지고 남편과 가족들에게 알려질 듯이 협박하였다. 이로 인해 A는 아무런 저항도 하지 못한 채, '사진 찍은 자'로 행세하는 X로부터 간음 및 추행을 당하였다. ③ 또한 X는 A에게 '사진 찍은 자'의 성관계 요구를 전달한다고 하면서 '그 부하가 10명쯤 되는데 그 사람들에게 다 당하는 것보다 1명에게 당하는 것이 낫지 않느냐' '그 사람 성질을 건드리지 마라'고 말하는 한편, '나는 어차피 이민 가면 그만이지만 여기에 남아 있는 너는 계속 그 사진 찍은 자에게 괴롭힘을 당할 것이다'라고 말하기도 하였다. ④ X는 '사진 찍은 자'로 계속 행세하면서 A를 간음한 후에는 남편이 출근하고 자녀들이 등교하여 3살짜리 아들만을 데리고 있는 A에게 전화하여 '사진 찍은 자'의 거듭된 성관계 요구를 전달한다고 하면서 이에 불응하는 A에 대하여 '사진 찍은 자를 집으로 보내겠다'고 말하기도 하여, 결국 09:30경 내지 10:30경 아침 시간대에 수회에 걸쳐 A의 주거를 침입하면서까지 A를 간음하였다. ⑤ X는 실제로 A의 집으로 전화하여 A의 아들에게 A 남편의 휴대전화 번호를 물어보기도 하고, '사진 찍은 자'로 행세하면서 새벽에 A의 집에 전화하기까지 하였다. ⑥ A는 X의 위와 같은 협박에 의하여 옛 애인과의 **혼전 성관계까지 모두 폭로될지도 모른다는 등의 압박감**을 갖게 됨에 따라 생면부지의 '사진 찍은 자'로 행세하는 X와 성관계를 갖게 되었고 그 후에도 사진의 존재는 물론 기왕의 성관계까지 모두 폭로되어 **남편과 시댁에 알려지거나 가정이 파탄될 것이 두려워** 계속되는 성관계 요구를 거절할 수가 없었다. ⑦ A는 X와의 성관계 사실이 시어머니와 남편에게 알려지자 2005.11.12.경에는 **수면제를 먹고 자살을 기도**하기도 하였다.

원심은 X의 협박이 A의 의사에 반하는 정도라고 볼 수는 있을지언정 A의 항거를 불가능하게 하거나 현저히 곤란하게 할 정도의 것(강간죄)이라거나 또는 A의 항거를 곤란하게 할 정도의 것(강제추행죄)으로 보기는 어렵다는 이유로 **무죄를 선고**하였다. 이에 검사가 항고하였다.

●**판지**● 파기환송. 「[1] 유부녀인 피해자에 대하여 혼인 외 성관계 사실을 폭로하겠다는 등의 내용으로 협박하여 피해자를 간음 또는 추행한 경우에 있어서 그 협박이 강간죄와 강제추행죄에 해당하는 폭행의 정도의 것이었는지 여부에 관하여는, 일반적으로 혼인한 여성에 대하여 정조의 가치를 특히 중시하는 우리 사회의 현실이나 형법상 간통죄로 처벌하는 조항이 있는 사정 등을 감안할 때 혼인 외 성관계 사실의 폭로 자체가 여성의 명예손상, 가족관계의 파탄, 경제적 생활기반의 상실 등 **생활상의 이익에 막대한 영향**을 미칠 수 있고 경우에 따라서는 간통죄로 처벌받는 신체상의 불이익이 초래될 수

---

1) 형법 제297조(강간) 폭행 또는 협박으로 사람을 강간한 자는 3년 이상의 유기징역에 처한다.

도 있으며, 나아가 폭로의 상대방이나 범위 및 방법(예를 들면 인터넷 공개, 가족들에 대한 공개, 자녀들의 학교에 대한 공개 등)에 따라서는 그 심리적 압박의 정도가 심각할 수 있으므로, 단순히 협박의 내용만으로 그 정도를 단정할 수는 없고, 그 밖에도 협박의 경위, 가해자 및 피해자의 신분이나 사회적 지위, 피해자와의 관계, 간음 또는 추행 당시와 그 후의 정황, 그 협박이 피해자에게 미칠 수 있는 심리적 압박의 내용과 정도 등 모든 사정을 종합하여 신중하게 판단하여야 한다.

[2] 유부녀인 피해자에 대하여 혼인 외 성관계 사실을 폭로하겠다는 등의 내용으로 협박하여 피해자를 간음 또는 추행한 사안에서 위와 같은 협박이 **피해자를 단순히 외포시킨 정도를 넘어 적어도 피해자의 항거를 현저히 곤란하게 할 정도**의 것이었다고 보기에 충분하다는 이유로, 강간죄 및 강제추행죄가 성립한다」.

●**해설**● 1 강간과 추행의 죄의 보호법익은 개인의 **성적 자기결정의 자유**이다. 근래 대법원은 '성적 자유'와 '성적 자기결정권'의 개념에 대해 정의 내린 바 있다. 「형법은 제2편 제32장에서 '강간과 추행의 죄'를 규정하고 있는데, 이 장에 규정된 죄는 모두 개인의 성적 자유 또는 성적 자기결정권을 침해하는 것을 내용으로 한다. 여기에서 **'성적 자유'는** 적극적으로 성행위를 할 수 있는 자유가 아니라 소극적으로 원치 않는 성행위를 하지 않을 자유를 말하고, **'성적 자기결정권'은** 성행위를 할 것인가 여부, 성행위를 할 때 상대방을 누구로 할 것인가 여부, 성행위의 방법 등을 스스로 결정할 수 있는 권리를 의미한다(대판 2019도3341).

2 강간죄에서의 폭행·협박은 유형력의 행사 또는 공포심을 일으킬만한 해악의 고지를 말한다. 폭행·협박의 정도에 관해서는 견해가 대립하고 있다. 사안의 경우, 혼인 외 성관계 사실을 폭로하겠다는 X의 협박을 강간죄의 협박으로 볼 수 있는지가 다투어졌다. (1) 강간죄에 있어 폭행·협박은 **최협의 폭행·협박**으로 피해의 **항거를 불가능하게 하거나 현저히 곤란**하게 할 정도의 것이어야 한다(대판 2006도6979)[1]. 그리고 (2) 폭행·협박이 그런 정도의 것이었는지 여부는 「그 폭행·협박의 내용과 정도는 물론, 유형력을 행사하게 된 경위, 피해자와의 관계, 성교 당시와 그 후의 정황 등 **모든 사정을 종합하여 판단**」하여야 한다(종합적 판단기준설). (3) 그리고 비록 간음행위를 시작할 때 폭행이나 협박이 없었다고 하여도 간음행위와 거의 동시 또는 그 직후에 피해자를 폭행하여 간음한 경우에는 강간죄를 구성한다(대판 2016도16948, Ref 1-2).

3 원심은 X의 협박이 A의 항거를 불가능하게 하거나 현저히 곤란하게 할 정도는 아니라고 보아 무죄를 선고하였으나 대법원은 달리 판단하였다. 「……(가) 피고인은 수회에 걸쳐 피해자와 통화하거나 피해자를 간음하는 과정에서 피고인의 1인 2역 행동에 쉽게 속아 넘어가 심한 압박감에 시달리고 있는 피해자의 심리상태를 교묘하게 간파하여, 상황과 필요에 따라 "때로는 '사진 찍은 자'로, 때로는 옛 애인으로" 행세하면서, 피해자가 성관계에 불응할 경우 성관계 사실을 폭로하거나 '사진 찍은 자'가 마치 자신의 폭력조직 부하들을 동원하여 피해자의 신체 등에 위해를 가할 수도 있다는 것을 암시하는 등의 방법으로 피해자를 협박하고 '사진 찍은 자'로 행세하면서 수회에 걸쳐 피해자를 간음 또는 추행하기에 이른 점, 한편 (나) 피해자로서는, 자신을 협박하고 있는 '사진 찍은 자'가 폭력조직을 거느리고 있는 것으로 오인하고 있는데다가 그 정확한 신원을 전혀 모르고 있는 관계에 있어 '사진 찍은 자'는 성관계를 폭로하

---

1) 형법상 폭행은 최광의 폭행, 광의의 폭행, 협의의 폭행, 최협의의 폭행개념으로 나누어 볼 수 있다. 자세한 내용은 【5】 참조.

더라도 아무런 피해를 입지 않은 채 피해자만이 심각한 불이익을 당하게 될 상황에 처해 있고, 따라서 '사진 찍은 자'의 계속되는 협박에 피해자가 불응할 경우 언제든지 협박의 내용과 같은 성관계 폭로가 현실화될 수 있을 것이라는 위협을 더욱 크게 느꼈을 것으로 예상되는 점 등, …… 모든 사정을 종합하여 볼 때, (다) 피고인의 위와 같은 협박은 **피해자를 단순히 외포시킨 정도를 넘어 적어도 피해자의 항거를 현저히 곤란하게 할 정도의 것이었다고 보기에 충분하다고 할 것**이므로, 강간죄 및 강제추행죄가 성립된다고 봄이 상당」하다고 판단하였다.

4 나아가 대법원은 「사후적으로 보아 피해자가 **성교 이전에 범행 현장을 벗어날 수 있었다**거나 피해자가 **사력을 다하여 반항하지 않았다**는 사정만으로 가해자의 폭행·협박이 피해자의 항거를 현저히 곤란하게 할 정도에 이르지 않았다고 **섣불리 단정하여서는 안 된다**」고 판시한 바 있다(대판 2005도3071, Ref 1-5). 이러한 대법원의 판례는 종전의 입장과는 다른 경향을 보여 주는 것이다.

5 종래 강간죄 판례 중 상당수는 피해자의 극도의 저항 내지 격렬한 반항이 있을 것을 폭행·협박 인정의 판단자료로 삼았었다(최협의설). 즉 피해자의 적극적인 반항이 없을 경우에는 유형력의 행사를 인정하지 않았다. 그러나 대법원은 대상판결 등을 통해 **최협의설을 완화**하여 해석하려는 모습을 보이고 있다. 대법원은 대상판결에서 반드시 상대방의 반항을 불가능하게 하지는 못하였다 하더라도 그것을 현저하게 곤란하게 하는 경우도 강간죄의 폭행·협박에 포함된다고 해석하고 있다. 그리고 같은 흐름에서 준강간죄의 성립에 있어서 "종교적 믿음에 대한 충격 등 정신적 혼란으로 인한 경우"도 심리적 항거불능으로 인정(대판 2009도2001, Ref 1-4)하여 여성의 성적 자기결정권을 더 보호하는 방향으로 가고 있다.

6 강간죄에 있어 폭행·협박의 정도와 관련하여 "'강간 및 강제추행'이 되기 위한 폭행과 협박이 좁은 의미의 것으로 해석되어야 할 이유는 어디에도 없으며 따라서 **'성적 자기결정권이 침해될 정도의 폭행·협박'**으로 해석돼야 하고 또한 '항거불능 내지 현저히 곤란' 역시 **'성적 자기결정권을 행사하기에 불능 혹은 곤란'**으로 해석하여야 한다."는 주장이 있다[2].

7 한편 (1) 「강간죄에서의 폭행·협박과 간음 사이에는 **인과관계**가 있어야 하나, **폭행·협박이 반드시 간음행위보다 선행되어야 하는 것은 아니다**」(대판 2016도16948, Ref 1-2). 또한 (2) 대상판결에서와 같이 협박과 간음 사이에 시간적 간격이 있더라도 협박에 의하여 간음이 이루어진 것으로 인정될 수 있다면 강간죄가 성립한다. (3) 그리고 강간죄는 부녀를 간음하기 위하여 피해자의 항거를 불능하게 하거나 현저히 곤란하게 할 정도의 폭행 또는 협박을 개시한 때에 그 **실행의 착수가 있다**고 보아야 할 것이고, 「실제로 그와 같은 폭행 또는 협박에 의하여 피해자의 항거가 불능하게 되거나 현저히 곤란하게 되어야만 실행의 착수가 있다고 볼 것은 아니다」(대판 2000도1253).

---

2) 옥도진, 비자발적 동의에 의한 성관계는 강간인가?, 인권과 정의 Vol. 478(2018. 12), 대한변호사협회, 42면.

강간죄가 성립될 정도의 폭행과 협박을 인정한 사례

1 [대판 2017도21249] [강간죄가 성립하기 위한 가해자의 폭행·협박이 있었는지 판단하는 방법] [1] 강간죄가 성립하기 위한 가해자의 폭행·협박이 있었는지 여부는 폭행·협박의 내용과 정도는 물론 유형력을 행사하게 된 경위, 피해자와의 관계, 행위 당시와 그 후의 정황 등 모든 사정을 종합하여 피해자가 당시 처하였던 구체적인 상황을 기준으로 판단하여야 하며, 사후적으로 보아 피해자가 범행 현장을 벗어날 수 있었다거나 피해자가 사력을 다하여 반항하지 않았다는 사정만으로 가해자의 폭행·협박이 피해자의 항거를 현저히 곤란하게 할 정도에 이르지 않았다고 섣불리 단정하여서는 안 된다. [2] 피고인은 당시 피해자를 침대에 던지듯이 눕히고 피해자의 양손을 피해자의 머리 위로 올린 후 피고인의 팔로 누르고 피고인의 양쪽 다리로 피해자의 양쪽 다리를 누르는 방법으로 피해자를 제압한 점, 피고인은 73kg의 건장한 체격이고 피해자는 50kg의 마른 체격으로서 상당한 신체적 차이가 있는 점, 당시 피고인과 피해자가 있던 곳은 피고인의 집이었으므로 피해자가 피고인을 피하여 도망쳐 나오거나 다른 사람에게 구조를 요청하기가 쉽지 않았을 것으로 보이는 점 등 증거에 의하여 인정되는 여러 사정을 종합하여, 피고인이 피해자의 반항을 억압하거나 현저히 곤란하게 할 정도의 유형력을 행사하였다고 판단하였다

2 [대판 2016도16948] 파기환송. [강간죄에서 폭행·협박과 간음 사이에 인과관계가 있어야 하는지 여부(적극) 및 폭행·협박이 반드시 간음행위보다 선행되어야 하는지 여부(소극)] [1] 피고인은 2016.2.7. 17:00경 동거하던 피해자의 집에서 피해자에게 성관계를 요구하였는데, 피해자가 생리 중이라는 등의 이유로 이를 거부하자, 피해자에게 **성기삽입을 하지 않기로 약속하고 엎드리게 한 후** 피해자의 뒤에서 자위행위를 하다가 피해자의 팔과 함께 몸을 세게 끌어안은 채 가슴으로 피해자의 등을 세게 눌러 움직이지 못하도록 피해자의 반항을 억압한 다음 자신의 성기를 피해자의 성기에 삽입하였다. [2] 강간죄가 성립하려면 가해자의 폭행·협박은 피해자의 항거를 불가능하게 하거나 현저히 곤란하게 할 정도의 것이어야 한다. 폭행·협박이 피해자의 항거를 불가능하게 하거나 현저히 곤란하게 할 정도의 것이었는지 여부는 폭행·협박의 내용과 정도는 물론, 유형력을 행사하게 된 경위, 피해자와의 관계, 성교 당시와 그 후의 정황 등 모든 사정을 종합하여 판단하여야 한다. 또한 강간죄에서의 폭행·협박과 간음 사이에는 인과관계가 있어야 하나, 폭행·협박이 반드시 간음행위보다 선행되어야 하는 것은 아니다. cf) 제1심과 제2심은 피고인이 피해자를 간음할 당시 피해자의 항거를 불가능하게 하거나 현저히 곤란하게 할 정도의 유형력을 행사하였다는 점이 합리적인 의심의 여지가 없이 증명되었다고 보기는 어렵다는 이유로 무죄를 선고하였다. 그러나 대법원은 달리 판단하여 피고인에 대해 강간죄를 인정하였다. 즉「피고인은 피해자의 의사에 반하여 기습적으로 자신의 성기를 피해자의 성기에 삽입하고, 피해자가 움직이지 못하도록 반항을 억압한 다음 간음행위를 계속한 사실을 알 수 있다. 이와 같은 피고인의 행위는, 비록 간음행위를 시작할 때 폭행·협박이 없었다고 하더라도 **간음행위와 거의 동시 또는 그 직후**에 피해자를 폭행하여 간음한 것으로 볼 수 있고, 이는 강간죄를 구성한다」고 판시하였다.

3 [대판 2012도4031] 파기환송. [강간죄가 성립하기 위한 폭행·협박이 있었는지 판단하는 기준] 피고인이 피해자 甲(女)을 비롯한 동호회 회원들과 연말 회식을 한 후 귀가하려는 甲에게 대리기사를 불러 데려다 주겠다면서 자신의 승용차 뒷좌석에 태운 다음 甲의 의사에 반하여 간음하기로 마음먹고, 손으로 피해

자의 온몸을 만지며 입맞춤을 하고, 甲이 이에 저항하자 **양손으로 甲의 어깨를 눌러 옆으로 눕혀 항거 불능케 한 다음 甲의 바지와 속옷을 벗기고** 1회 간음하였다는 내용으로 기소된 사안에서, 제반 사정에 비추어 피고인은 甲의 반항을 억압하거나 현저히 곤란하게 할 정도의 유형력을 행사하여 강간하기에 이르렀다고 보기에 충분한데도, 이와 달리 보아 무죄를 선고한 원심판결에 심리미진 등 위법이 있다.

4 [대판 2009도2001] [1] 형법 제299조는 사람의 심신상실 또는 항거불능의 상태를 이용하여 간음 또는 추행을 한 자를 형법 제297조, 제298조의 강간 또는 강제추행의 죄와 같이 처벌하도록 규정하고 있다. 여기서 **항거불능의 상태**라 함은 형법 제297조, 제298조와의 균형상 심신상실 이외의 원인 때문에 심리적 또는 물리적으로 반항이 절대적으로 불가능하거나 현저히 곤란한 경우를 의미한다. [2] 교회 노회장이 교회 여신도들을 간음·추행한 사안에서, 교회 여신도들이 **종교적 믿음에 대한 충격 등 정신적 혼란으로 인한 항거불능의 상태에 있었다**고 보아 교회 노회장에게 준강간·강제추행죄 등을 인정한 사례.

5 [대판 2005도3071] 파기환송. [강간죄가 성립하기 위한 폭행·협박이 있었는지 여부의 판단 기준] ●**사실**● 피해자는 이른바 **노래방 도우미**로서, "피고인 운영의 노래방에 와서 피고인 및 그 일행들의 유흥을 돋우는 일을 하다가 피고인의 일행들이 먼저 귀가한 후 1시간 더 연장하자는 피고인의 요청에 따라 피고인과 단둘이 노래방에 있던 중, 피해자가 울면서 하지 말라고 하고 '**사람 살려**'라고 소리를 지르는 등 반항하였음에도, 피고인이 피해자를 소파에 밀어붙이고 양쪽 어깨를 눌러 일어나지 못하게 하는 등으로 피해자의 반항을 억압하고는 피고인의 성기를 피해자의 음부에 삽입하였다."고 일관되게 진술하고 있다. 공소외 1, 공소외 2, 공소외 3은 "이 사건 후 노래방에 갔더니 피해자가 울면서 옷을 입고 있었고, 그 후 피고인은 '술 한 잔 먹고 실수를 하였다, 미안하다'고 하면서 피해자에게 그녀가 요구하는 금원의 일부를 지급할 의사를 표시하기도 하였다."고 진술하여 피해자 진술의 신빙성을 뒷받침하고 있다. 제1과 제2심 재판부는 **모두 무죄를 선고**했다. 피고인이 방 밖으로 나갔을 때도 피해자가 방에 머물러 있었고, 때리거나 협박한 사실이 없었으며, 피해자가 사력을 다해 저항하지 않았으며, 피해자 진술에 일관성이 부족하였다는 등의 이유였다. 그러나 대법원은 이를 다음과 같은 이유에서 파기환송한다. ●**판지**● 강간죄가 성립하기 위한 가해자의 폭행·협박이 있었는지 여부는 그 폭행·협박의 내용과 정도는 물론 유형력을 행사하게 된 경위, 피해자와의 관계, 성교 당시와 그 후의 정황 등 모든 사정을 종합하여 피해자가 성교 당시 처하였던 구체적인 상황을 기준으로 판단하여야 하며, 사후적으로 보아 피해자가 성교 이전에 **범행 현장을 벗어날 수 있었다거나 피해자가 사력을 다하여 반항하지 않았다는 사정만으로** 가해자의 폭행·협박이 피해자의 항거를 현저히 곤란하게 할 정도에 이르지 않았다고 **섣불리 단정하여서는 안 된다.**

6 [대판 2000도1914] [피고인이 피해자를 여관방으로 유인하여 방문을 걸어 잠근 후 성교할 것을 요구한 사안에서, 피해자의 항거를 현저하게 곤란하게 할 정도의 유형력을 행사한 것으로 인정한 사례] 피고인이 피해자(여고생)를 원심 판시 여관방으로 유인한 다음 **방문을 걸어 잠근 후** 피해자에게 성교할 것을 요구하였으나 피해자가 이를 거부하자 "옆방에 내 친구들이 많이 있다. 소리지르면 다 들을 것이다. 조용히 해라. **한 명하고 할 것이냐? 여러 명하고 할 것이냐?**"라고 말하면서 성행위를 요구한 사실이 인정되는바, 이러한 사실과 피해자의 연령이 어린 점, 다른 사람의 출입이 곤란한 심야의 여관방에 피고인과 피해자 단둘이 있는 상황인 점 등 기록에 나타난 모든 사정을 종합하면 피고인이 피해자의 **항거를 현저히 곤란하게 할 정도의 유형력을 행사한 사실은 충분히 인정된다**고 보아야 할 것이다.

7 [대판 99도519] 피고인이 피해자와 함께 있다가 욕정을 일으켜 피고인의 몸에 새겨진 **문신을 보고 겁을 먹은 피해자에게 자신이 전과자라고 말하면서 캔맥주를 집어던지고 피해자의 뺨을 한 번 때리면서 성행위를 요구한** 사실이 인정되는바, 이러한 사실과 피해자의 연령이 어린 점 및 다른 사람들의 출입이 없는 새벽에 건물 내실에서 피고인과 피해자가 단둘이 있는 상황인 점 등 기록에 나타난 모든 사정을 종합하면 피고인이 피해자의 항거를 현저히 곤란하게 할 정도의 유형력을 행사한 사실은 충분히 인정이 된다.

8-1 [대판 91도288] 피고인이 간음할 목적으로 새벽 4시에 여자 혼자 있는 방문 앞에 가서 피해자가 방문을 열어 주지 않으면 부수고 들어갈 듯한 기세로 방문을 두드리고 피해자가 위험을 느끼고 창문에 걸터앉아 가까이 오면 뛰어 내리겠다고 하는데도 베란다를 통하여 창문으로 침입하려고 하였다면 **강간의 수단으로서의 폭행에 착수**하였다고 할 수 있으므로 강간의 착수가 있었다고 할 것이다. **cf)** 사안의 경우, 강간의 실행에 착수한 이상 그 수단이 된 폭행·협박으로 피해자가 상해를 입었으면 인과관계가 인정되고 강간치상죄(법301)가 성립하게 된다.

8-2 [비교판례] [대판 90도607] 파기환송. 강간죄의 실행의 착수가 있었다고 하려면 강간의 수단으로서 폭행이나 협박을 한 사실이 있어야 할 터인데 피고인이 강간할 목적으로 피해자의 집에 침입하였다 하더라도 안방에 들어가 누워 자고 있는 **피해자의 가슴과 엉덩이를 만지면서 간음을 기도**하였다는 사실만으로는 강간의 수단으로 피해자에게 폭행이나 협박을 개시하였다고 하기는 어렵다.

강간죄가 성립될 정도는 아니라고 본 폭행과 협박

9 [대판 99도2608] [간음 당시 행사한 유형력이 피해자의 의사에 반하는 정도에 불과하고 피해자의 반항을 현저히 곤란하게 할 정도에 이르지 않았다고 보아 강간치상죄의 성립을 부정한 사례] 피고인은 1997. 6.경 친구의 소개로 피해자(여, 19세)를 만나 사귀면서 같은 달 24. 01:00경 **같이 술을 마신 뒤 여관에 들어가 한 방에서 같이 잠을 자다가 성교를 시도하였으나 피해자가 적극적으로 거부하므로 성교를 포기하고 잠만 같이 잔 일이 있었고,** 그 후 같은 해 7. 2. 18:00경 피해자로부터 호출기에 의한 연락을 받고 만나 호프집에서 같이 술을 마신 뒤 여관에서 같이 잠을 자기로 하여 그 날 23:30경 피해자가 여관비를 계산하여 여관에 들어갔는데, **피고인은 피해자의 어깨를 감싸고 침대에 앉아 텔레비전을 보다가 피곤하여 먼저 침대에 누워 잠을 잤고,** 피해자는 피고인이 잠든 뒤에 그 옆에 엎드려 잠을 잔 사실, 피고인은 아침에 깨어 보니 피해자가 옆에서 잠을 자고 있어서 순간적으로 욕정을 느껴 피해자의 옷을 벗기고 성교하려고 하자 피해자는 잠에서 깨어나 하지 말라고 하면서 몸을 좌·우로 흔드는 등 거부하였으나 몸을 일으켜 그 장소에서 탈출하려고 하거나 소리를 질러 구조를 요청하는 등 적극적인 반항은 하지 않은 사실, **피고인은 피해자의 몸을 누른 채 한 번만 하게 해달라고 애원하듯이 말하면서** 피해자의 반항이 덜해지자 피해자의 다리를 벌려 성교를 시도하였으나 잘 되지 않자 피해자의 다리를 올려 성교하던 도중 호출기가 여러 번 울리자 더 이상 계속하지 않았고, 이로 인하여 피해자에게 **약 2주간의 치료를 요하는 질 열상**을 입힌 사실, 그 후 피고인은 피해자에게 **연락할 때까지 잘 지내라고 하면서** 피해자와 같이 여관에서 나온 사실 등을 인정한 다음, 피고인이 피해자를 간음하게 된 경위와 피해자와의 관계, 당시의 정황 등 모든 사정을 종합할 때 피고인은 피해자의 의사에 반하는 정도의 유형력을 행사하여 피해자를 간음한 것에 불과하고, 그 유형력의 행사가 피해자의 반항을 현저히 곤란하게 할 정도에 이른 것은 아니므로 피고인의 행위는 **강간치상죄에 해당하지 않는다.**

10 [대판 91도546] 파기환송. 피고인과 피해자가 전화를 통하여 사귀어 오면서 서로 반말을 하는 사이가 되었고 마지막에는 **음담패설**을 주고받을 정도까지 된 사실, 피고인이 당초 1990.3.21. 11:40경 피해자의 집으로 가서, 현관에서 가장 가까운 곳에 있던 방으로 피해자를 데리고 들어가 치마를 벗기려고 하면서 간음을 시도하였는데, 그 방에는 피해자의 **죽은 시어머니를 위한 제청**이 설치되어 있어서 피해자가 "여기는 제청방이니 이런 곳에서 이런 짓 하면 벌 받는다."고 말하여 장소를 **안방으로 옮기게 된 사실**, 피고인과 피해자가 제청방을 나온 후 피해자의 시아버지로부터 걸려온 전화를 피해자가 받았으나 적극적으로 구원을 요청하지 아니한 사실 등으로 미루어 본다면 강간피고사건의 피해자에게 가한 **폭행 또는 협박이 그 반항을 현저히 곤란하게 할 정도에까지 이른 것이라고 보기는 어렵다** 하여 이와 달리 유죄로 판시한 원심판결을 강간죄에 관한 법리오해 등의 위법을 이유로 파기한 사례.

11 [대판 90도1562] [폭행에 의하여 강간당하였다는 피해자의 진술이 경험칙상 납득할 수 없다고 하여 증명력을 배척한 사례] 피해자는 이 사건 제1공소사실인 1989.7.13.01:00경 ○○여관 202호실에서의 강간에 대하여, 당시 공소장 기재와 같이 피고인의 피해자의 손목을 비트는 등 강제로 여관에 끌고 들어가서 강간을 하였다고 진술하고 당시 여관주인이 방을 안내하였지만 창피해서 구조를 요청하지 아니하였다는 것인 바, **대학4학년인 피해자**가 강간의 위험을 느끼면서도 손쉬운 구조요청의 기회를 이용하지 아니하였다는 것은 **우리의 경험칙 상 쉽게 납득이 가지 아니하는 것이다.** 또 피해자는 이 사건 제2공소사실인 7.18. 22:00경 피고인의 하숙방에서의 강간에 대하여, 그 날 피고인이 전화로 만나자고 해서 다방에 나갔더니 강제로 하숙방에 끌고 가 강간을 하였다고 진술하였으나, **수일 전에 자기를 강간한 피고인을 만나지 않으면 아니 될 특별한 사정도 없이 간단히 만났다는** 점에서부터 다방을 거쳐 하숙방까지 끌려갔다는 점과 피고인의 하숙집 주인에게 구조를 요청하지 아니하였다는 점에 이르기까지 강간행위로 인정하는 데는 어느 것이나 쉽게 수긍이 가지 않는 사항들이다.

Reference 2

기타 강간죄에 있어서 주요 판례

1 [대판 2020도17796] [주거침입강제추행죄 및 주거침입강간죄 등이 주거침입죄를 범한 후에 사람을 강간하는 등의 행위를 하여야 하는 일종의 신분범인지 여부(적극) 및 그 실행의 착수시기 (=주거침입 행위 후 강간죄 등의 실행행위에 나아간 때)] ●**사실**●피고인이 2019. 12. 3. 21:48경 주점에서 술을 마시던 중 피고인을 남자화장실 앞까지 부축해 준 피해자 공소외인(여, 20세)을 건조물인 위 주점 여자화장실로 끌고 가 용변 칸으로 밀어 넣은 후, 피고인의 성기를 피해자의 구강에 넣으려고 하고 피고인의 손가락을 피해자의 성기에 넣으려고 하였으나 그 뜻을 이루지 못하고 미수에 그쳤다. ●**판지**● 주거침입강제추행죄 및 주거침입강간죄 등은 사람의 주거 등을 침입한 자가 피해자를 간음, 강제추행 등 성폭력을 행사한 경우에 성립하는 것으로서, (가) 주거침입죄를 범한 후에 사람을 강간하는 등의 행위를 하여야 하는 일종의 '신분범'이고, (나) 선후가 바뀌어 강간죄 등을 범한 자가 그 피해자의 주거에 침입한 경우에는 이에 해당하지 않고 강간죄 등과 주거침입죄 등의 실체적 경합범이 된다. 그 실행의 착수시기는 주거침입 행위 후 강간죄 등의 실행행위에 나아간 때이다. …… **피고인은 여자화장실에 들어가기 전에 이미 유사강간죄의 실행행위를 착수하였다.** 결국 피고인이 그 실행행위에 착수할 때에는 구「성폭력범죄의 처벌 등에 관한 특례법」위반(주거침입유사강간)죄를 범할 수 있는 지위 즉, '주거침입죄를 범한 자'에 해당되지 아

니한다. 그럼에도 원심은 이와 달리 피고인이 유사강간죄의 실행행위에 나아가기 전에 '주거침입죄를 범한 자'의 신분을 갖추었는지에 대하여는 살피지 아니한 채, 주점 여자 화장실의 소유자나 관리자에 대해 주거침입죄가 인정된다는 이유로 이 부분 공소사실을 유죄로 판단하였다. 이러한 원심의 판단에는 구「성폭력범죄의 처벌 등에 관한 특례법」위반(주거침입유사강간)죄의 성립에 관한 법리를 오해한 잘못이 있다. **cf)** 사안에서 피고인은 유사강간미수죄와 주거침입죄의 실체적 경합이 성립할 것이다.

2 [대판 2016도14099] [기습유사강간행위] ●**사실**● 피고인 X는 사우나 지하 3층 수면실에서 바닥에 누워 있는 A(62세)의 옆에 누운 다음 갑자기 A를 껴안고 손가락을 A의 항문에 집어넣었다. 검사는 X를 유사강간죄로 기소하였으나 제1심법원은 기습추행과 유사한 이른바 기습유사강간행위를 유사강간죄로 처벌할 수 없다고 판단하여 무죄를 선고하였다. 그러나 제2심과 대법원은 달리 판단하였다. ●**판지**● 다음과 같은 사정에 비추어 보면, 이른바 **기습추행의 법리**, 즉 "강제추행죄는 상대방에 대하여 폭행 또는 협박을 가하여 항거를 곤란하게 한 뒤에 추행행위를 하는 경우뿐만 아니라 폭행행위 자체가 추행행위라고 인정되는 경우도 포함된다."는 법리는 **유사강간죄에도 적용된다**고 할 것이므로, 이 사건과 같은 기습유사강간행위의 경우 유사강간죄가 성립된다고 봄이 상당하다. …… 피해자의 항거를 곤란하게 할 폭행 또는 협박을 이용하여 추행을 한 것도 아닌 기습추행을 처벌하는 것은, 피해자로서는 본인이 예상하지 못한 기습적인 추행에 대하여 실질적으로 항거를 할 수 없기 때문인바, 이와 같이 기습추행행위를 처벌하는 취지는 기습유사강간행위에도 그대로 타당하다고 보이므로, 기습적으로 유사강간행위가 이루어진 경우 그것이 피해자의 항거를 불가능하게 하거나 현저히 곤란하게 할 정도의 폭행이나 협박이 있었던 것과 마찬가지라고 평가할 수 있을 정도라면 기습유사강간행위를 유사강간죄로 처벌하지 못할 이유가 없다. 그리고 피해자가 예상할 수 없게 기습적으로 유사강간행위가 이루어진 경우 피해자로서는 실질적으로 항거를 할 수 없어 결과적으로 피해자의 항거를 불가능하게 하거나 현저하게 곤란하게 할 정도라고 평가할 수 있을 것이다.

3 [대판 2012도14788 전원합의체] [형법 제297조에서 규정한 강간죄의 객체인 '부녀'에 법률상 처(妻)가 포함되는지 여부(적극)] [다수의견] (가) 형법 제297조는 부녀를 강간한 자를 처벌한다고 규정하고 있는데, 형법이 강간죄의 객체로 규정하고 있는 '부녀'란 성년이든 미성년이든, 기혼이든 미혼이든 불문하며 곧 여자를 가리킨다. 이와 같이 형법은 법률상 처를 강간죄의 객체에서 제외하는 명문의 규정을 두고 있지 않으므로, 문언 해석상으로도 법률상 처가 강간죄의 객체에 포함된다고 새기는 것에 아무런 제한이 없다. 한편 1953. 9. 18. 법률 제293호로 제정된 형법은 강간죄를 규정한 제297조를 담고 있는 제2편 제32장의 제목을 '정조에 관한 죄'라고 정하고 있었는데, 1995. 12. 29. 법률 제5057호로 형법이 개정되면서 그 제목이 '강간과 추행의 죄'로 바뀌게 되었다. 이러한 형법의 개정은 강간죄의 보호법익이 현재 또는 장래의 배우자인 남성을 전제로 한 관념으로 인식될 수 있는 '여성의 정조' 또는 '성적 순결'이 아니라, 자유롭고 독립된 개인으로서 여성이 가지는 **성적 자기결정권**이라는 사회 일반의 보편적 인식과 법감정을 반영한 것으로 볼 수 있다. 부부 사이에 민법상의 동거의무가 인정된다고 하더라도 거기에 폭행, 협박에 의하여 강요된 성관계를 감내할 의무가 내포되어 있다고 할 수 없다. 혼인이 개인의 성적 자기결정권에 대한 포기를 의미한다고 할 수 없고, 성적으로 억압된 삶을 인내하는 과정일 수도 없기 때문이다. (나) 결론적으로 헌법이 보장하는 혼인과 가족생활의 내용, 가정에서의 성폭력에 대한 인식의 변화, 형법의 체계와 그 개정 경과, 강간죄의 보호법익과 부부의 동거의무의 내용 등에 비추어 보면, 형법 제297조가 정한 강간죄의 객체인 '부녀'에는 법률상 처가 포함되고, **혼인관계가 파탄된 경우뿐만 아니라 혼인관계가 실질적으로 유지되고 있는 경우에도**

남편이 반항을 불가능하게 하거나 현저히 곤란하게 할 정도의 폭행이나 협박을 가하여 아내를 간음한 경우에는 강간죄가 성립한다고 보아야 한다. (다) 다만 남편의 아내에 대한 폭행 또는 협박이 피해자의 반항을 불가능하게 하거나 현저히 곤란하게 할 정도에 이른 것인지 여부는, 부부 사이의 성생활에 대한 국가의 개입은 가정의 유지라는 관점에서 최대한 자제하여야 한다는 전제에서, 그 폭행 또는 협박의 내용과 정도가 아내의 성적 자기결정권을 본질적으로 침해하는 정도에 이른 것인지 여부, 남편이 유형력을 행사하게 된 경위, 혼인생활의 형태와 부부의 평소 성행, 성교 당시와 그 후의 상황 등 모든 사정을 종합하여 신중하게 판단하여야 한다.

4 [대판 2006도9453] [미성년자의제강간·강제추행죄를 규정한 형법 제305조에 의하여 미수범도 처벌할 수 있는지 여부(적극)] 미성년자의제강간·강제추행죄를 규정한 형법 제305조가 "13세 미만의 부녀를 간음하거나 13세 미만의 사람에게 추행을 한 자는 제297조, 제298조, 제301조 또는 제301조의2의 예에 의한다"로 되어 있어 강간죄와 강제추행죄의 미수범의 처벌에 관한 형법 제300조를 명시적으로 인용하고 있지 아니하나, 형법 제305조의 입법 취지는 성적으로 미성숙한 13세 미만의 미성년자를 특별히 보호하기 위한 것으로 보이는바 이러한 입법 취지에 비추어 보면 동조에서 규정한 형법 제297조와 제298조의 '예에 의한다'는 의미는 미성년자의제강간·강제추행죄의 처벌에 있어 그 법정형뿐만 아니라 미수범에 관하여도 강간죄와 강제추행죄의 예에 따른다는 취지로 해석되고, 이러한 해석이 형벌법규의 명확성의 원칙에 반하는 것이거나 죄형법정주의에 의하여 금지되는 확장해석이나 유추해석에 해당하는 것으로 볼 수 없다.

20 성폭행범죄와 성인지 감수성

* 대법원 2018. 10. 25. 선고 2018도7709 판결
* 참조조문: 형법 제297조,[1] 양성평등기본법 제5조 제1항[2]

> 법원이 성폭행이나 성희롱 사건의 심리를 할 때 유의하여야 할 사항 및 강간죄가 성립하기 위한 가해자의 폭행·협박이 있었는지 판단하는 기준과 방법

●**사실**● 검사는 피고인 X에 대해 "X는 2017.4.14. 23:43경부터 다음 날 01:06경까지 사이에 무인모텔에서 피해자 A에게 자신의 말을 듣지 않으면 A의 남편과 자녀들에게 위해를 가할 것처럼 A를 협박하여 이에 겁을 먹은 A를 강간하기로 마음먹고, A를 강제로 침대에 눕힌 후 왼손으로 A의 쇄골 부위를 눌러 반항을 억압한 다음 오른손으로 A의 바지와 속옷을 벗기고 A를 1회 간음하여 강간하였다"는 내용으로 공소제기 하였다. 이 사건 강간에 대한 직접증거는 A의 진술이 유일하며, X는 A와는 2017.4.10. 이후 남녀관계로 발전해 **서로 합의 하에 가진 성관계**였을 뿐 공소사실과 같이 그녀를 강간한 사실은 없다고 주장하였다.

제1심과 원심은 피해자 A의 수사기관 및 공판정에서 한 진술만으로는 공소사실이 합리적인 의심을 배제할 정도로 증명되었다고 할 수 없다고 보아 **무죄로 판단**하였다. 이에 검사가 상고하였다.

●**판지**● 파기환송. 「[1] 법원이 성폭행이나 성희롱 사건의 심리를 할 때에는 그 사건이 발생한 맥락에서 성차별 문제를 이해하고 양성평등을 실현할 수 있도록 '**성인지 감수성**'을 잃지 않도록 유의하여야 한다(양성평등기본법 제5조 제1항 참조). 우리 사회의 가해자 중심의 문화와 인식, 구조 등으로 인하여 성폭행이나 성희롱 피해자가 피해사실을 알리고 문제를 삼는 과정에서 오히려 피해자가 부정적인 여론이나 불이익한 처우 및 신분 노출의 피해 등을 입기도 하여 온 점 등에 비추어 보면, **성폭행 피해자의 대처 양상은 피해자의 성정이나 가해자와의 관계 및 구체적인 상황에 따라 다르게 나타날 수밖에 없다.** 따라서 개별적, 구체적인 사건에서 성폭행 등의 피해자가 처하여 있는 특별한 사정을 충분히 고려하지 않은 채 피해자 진술의 증명력을 가볍게 배척하는 것은 정의와 형평의 이념에 입각하여 논리와 경험의 법칙에 따른 증거판단이라고 볼 수 없다.

[2] 강간죄가 성립하기 위한 가해자의 폭행·협박이 있었는지 여부는 그 폭행·협박의 내용과 정도는 물론 유형력을 행사하게 된 경위, 피해자와의 관계, 성교 당시와 그 후의 정황 등 모든 사정을 종합하여 피해자가 성교 당시 처하였던 구체적인 상황을 기준으로 판단하여야 하며, **사후적으로 보아 피해자가 성교 이전에 범행 현장을 벗어날 수 있었다거나 피해자가 사력을 다하여 반항하지 않았다는 사정만으로 가해자의 폭행·협박이 피해자의 항거를 현저히 곤란하게 할 정도에 이르지 않았다고 섣불리 단정하여서는 아니 된다」.

●**해설**● 1 사안에서 대법원은 법관이 성폭행이나 성희롱 사건의 심리를 할 때 **특별히 '성인지감수성'을 잃지 말 것을 요청**하고 있다. 성인지 감수성에 기초하여 피해자의 특수한 사정을 감안하여 피해자 진술의 증명력을 함부로 배척하지 말 것을 주문하고 있다. 이러한 대법원의 입장은 향후 성폭력범죄에 대한 판단 특히 **권력형 성폭력 범죄 피해자**의 특수한 사정의 해석에 있어서 영향을 줄 것으로 보인다[1].

---

1) 형법 제297조(강간) 폭행 또는 협박으로 사람을 강간한 자는 3년 이상의 유기징역에 처한다.
2) 양성평등기본법 제5조(국가 등의 책무) ① 국가기관 등은 **양성평등 실현**을 위하여 노력하여야 한다. ② 국가와 지방자치단체는 양성평등 실현을 위하여 법적·제도적 장치를 마련하고 이에 필요한 재원을 마련할 책무를 진다.

2 성인지 감수성이란 일반적으로 성과 관련된 이슈를 감지하는 능력이다. 성차별로 인해 일어나는 문제, 그 차이들이 미치는 영향 등을 인지하는 즉 성차별과 **성의 불평등을 인지**하는 광범위한 능력을 말한다[2]. 성인지 감수성의 핵심은 성별에 따른 차이를 인정하되, 그러한 차이가 차별로 이어지지 않도록 적극적인 노력과 행동을 취하는 것을 말한다. 여기에서 '성'은 생물학적 측면에서의 성(sex)이 아니라 사회문화적으로 형성된 성(gender)를 의미한다[3].

3 은밀히 이루어지는 성폭력범죄의 특성상 피해자 이외에는 이에 대한 물적 증거나 직접적으로 목격한 증인의 증언을 기대하기는 어렵다. 성폭력범죄에서 대부분의 증거는 주로 피고인과 피해자의 진술이다. 어느 쪽을 신뢰하느냐에 따라 유·무죄가 갈리게 된다.

4 사안에서 대법원은 피해자의 진술과 관련하여 「피해자 등의 진술은 그 진술 내용의 주요한 부분이 일관되며, 경험칙에 비추어 비합리적이거나 진술 자체로 모순되는 부분이 없고, 또한 허위로 피고인에게 불리한 진술을 할 만한 동기나 이유가 분명하게 드러나지 않는 이상, **그 진술의 신빙성을 특별한 이유 없이 함부로 배척해서는 아니 된다**」고 보고 있다. 또한 **증거의 증명력**은 「법관의 자유판단에 맡겨져 있으나 그 판단은 논리와 경험칙에 합치하여야 하고, 형사재판에 있어서 유죄로 인정하기 위한 심증형성의 정도는 합리적인 의심을 할 여지가 없을 정도여야 하나, 이는 모든 가능한 의심을 배제할 정도에 이를 것까지 요구하는 것은 아니며, 증명력이 있는 것으로 인정되는 증거를 합리적인 근거가 없는 의심을 일으켜 이를 배척하는 것은 **자유심증주의의 한계를 벗어나는 것**으로 허용될 수 없다」고 판시하였다.

5 그러나 최근 대법원은 사건 심리에 있어서 '성인지감수성'을 충분히 고려하되 그러한 관점이 「성범죄 피해자 진술의 증명력을 제한 없이 인정하여야 한다거나 그에 따라 해당 공소사실을 무조건 유죄로 판단해야 한다는 의미는 아니다」고 밝히며, 「피해자의 진술 내용 자체의 합리성·타당성뿐만 아니라 객관적 정황, 다른 경험칙 등에 비추어 증명력을 인정할 수 없는 경우가 있을 수 있다」고 판시하여, 무죄추정의 형사법원칙을 환기시키고 있다(대판 2023도13081, Ref 1).

6 한편 **아동·청소년**이 「외관상 성적 결정 또는 동의로 보이는 언동을 하였더라도, 그것이 **타인의 기망이나 왜곡된 신뢰관계**의 이용에 의한 것이라면, 이를 아동·청소년의 온전한 성적 자기결정권의 행사에 의한 것이라고 평가하기 어렵다」(대판 2018도16466, Ref 6).

---

1) 실제 대법원은 대상판결 1년 후, 안희정 충남도지사의 수행비서에 대한 성폭력처벌법위반죄(업무상 위력 등에 의한 추행)의 재판에서 **'성인지감수성'**을 중요한 판단기준으로 제시하였다. 이 사건은 제1심은 무죄를 선고하였으나 제2심과 대법원은 **지위나 권세를 이용한 위력의 개념을 인정**하여 피고인에게 유죄를 선고하였다.
2) 성폭력 범죄에 있어서 '피해자다움'에 대한 통념과 편견 그리고 성인지 감수성에 대한 이해의 필요성을 보여주는 실화 드라마(8부작·넷플릭스)로 《믿을 수 없는 이야기(Unbelievable)》가 있다.
3) 권희경, 성인지 감수성 높은 교육을 위한 교사의 성인지 역량 강화 방안, 한국가정과교육학회 학술대회 자료집, 한국가정과교육학회, 2018, 94−95면.

1 [대판 2023도13081] [법원이 성범죄 사건을 심리할 때 유지해야 하는 '성인지적 관점'의 의미 및 성범죄 피해자 진술의 증명력을 배척 내지 인정하는 방법] ●사실● 피고인은 자폐성 장애 등으로 사물을 변별할 능력이나 의사를 결정할 능력이 미약한 상태의 자로 2021. 6. 24. 23:15경 부산도시철도 1호선 서면역에서 다대포 해수욕장역으로 운행 중인 전동차에서, 피해자(여, 19세)의 옆 자리에 앉아 피해자의 왼팔 상박 맨살에 자신의 오른팔 상박 맨살을 비비고, 피해자가 이를 피해 옆 좌석으로 이동하자 재차 피해자의 옆 자리로 이동하여 위와 같은 방법으로 대중교통수단인 전동차에서 피해자를 추행하였다는 혐의로 기소되었다. 원심은 유죄를 인정하였다. ●판지● 파기환송. 성범죄 사건을 심리할 때에는 사건이 발생한 맥락에서 성차별 문제를 이해하고 양성평등을 실현할 수 있도록 '성인지적 관점'을 유지하여야 하므로, 개별적·구체적 사건에서 성범죄 피해자가 처하여 있는 특별한 사정을 충분히 고려하지 않은 채 피해자 진술의 증명력을 가볍게 배척하는 것은 정의와 형평의 이념에 입각하여 논리와 경험의 법칙에 따른 증거판단이라고 볼 수 없지만, **이는 성범죄 피해자 진술의 증명력을 제한 없이 인정하여야 한다거나 그에 따라 해당 공소사실을 무조건 유죄로 판단해야 한다는 의미는 아니다.** ① 성범죄 피해자 진술에 대하여 성인지적 관점을 유지하여 보더라도, 진술 내용 자체의 합리성·타당성뿐만 아니라 객관적 정황, 다른 경험칙 등에 비추어 증명력을 인정할 수 없는 경우가 있을 수 있다. ② 또한 피고인은 물론 피해자도 하나의 객관적 사실 중 서로 다른 측면에서 자신이 경험한 부분에 한정하여 진술하게 되고, 여기에는 자신의 주관적 평가나 의견까지 어느 정도 포함될 수밖에 없으므로, 하나의 객관적 사실에 대하여 피고인과 피해자 모두 자신이 직접 경험한 사실만을 진술하더라도 **그 내용이 일치하지 않을 가능성이 항시 존재**한다. (가) 즉, 피고인이 일관되게 공소사실 자체를 부인하는 상황에서 공소사실을 인정할 직접적 증거가 없거나, 피고인이 공소사실의 객관적 행위를 한 사실은 인정하면서도 고의와 같은 주관적 구성요건만을 부인하는 경우 등과 같이 사실상 피해자의 진술만이 유죄의 증거가 되는 경우에는, (나) 피해자 진술의 신빙성을 인정하더라도 피고인의 주장은 물론 피고인이 제출한 증거, 피해자 진술 내용의 합리성·타당성, 객관적 정황과 다양한 경험칙 등에 비추어 피해자의 진술만으로 피고인의 주장을 배척하기에 충분할 정도에 이르지 않아 법관으로 하여금 합리적인 의심을 할 여지가 없을 정도로 공소사실이 진실한 것이라는 확신을 가질 수 없게 되었다면, 피고인의 이익으로 판단해야 한다.

2 [대판 2020도11185] 파기환송. ●사실● 피고인은 2013. 11.경 노래연습장에서 군무원인 피해자를 피고인의 무릎에 앉힌 상태에서, 오른손으로 피해자의 왼쪽 젖가슴을 약 2분간 만지고 노래연습장을 나가려는 피해자를 끌어안고 강제로 입맞춤하여 피해자를 강제로 추행하였다는 혐의로 기소되었으나 제1심과 원심은 무죄로 판단하였다. ●판지●[1] [성폭행 등의 피해자 진술의 증명력을 판단하는 방법] 성폭행 피해자의 대처 양상은 피해자의 성정이나 가해자와의 관계 및 구체적인 상황에 따라 다르게 나타날 수밖에 없다. 따라서 개별적, 구체적인 사건에서 성폭행 등의 피해자가 처하여 있는 특별한 사정을 충분히 고려하지 않은 채 피해자 진술의 증명력을 가볍게 배척하는 것은 정의와 형평의 이념에 입각하여 논리와 경험의 법칙에 따른 증거판단이라고 볼 수 없다. 범행 후 피해자의 태도 중 **'마땅히 그러한 반응을 보여야만 하는 피해자'**로 보이지 않는 사정이 존재한다는 이유만으로 피해자 진술의 신빙성을 함부로 배척할 수 없다. [2] [일정 수준의 신체접촉을 용인하였더라도 자신이 예상하거나 동의한 범위를 넘어서는 신체접촉을 거부할 수 있는지 여부(적극)] 누구든지 일정 수준의 신체접촉을 용인하였더라도 자신이

예상하거나 동의한 범위를 넘어서는 신체접촉을 거부할 수 있다. 그런데 피해자는 동의 범위를 벗어난 신체접촉을 당한 피해상황에서 명확한 판단이나 즉각적인 대응을 하는 데에 어려움을 겪을 수 있다. 따라서 시간적, 장소적으로 근접한 신체접촉 행위들 중 강제성이 인정되는 일부 행위가 기소된 경우, 그 이전의 신체접촉 행위에 대하여 피해자가 용인하였다는 이유로 공소사실 기재 추행행위까지도 용인하였으리라는 막연한 추측하에 피해자 진술 전체의 신빙성을 평가하여서는 아니 된다. [3] **군부대 내에서 벌어진 성폭력 범행의 경우,** 범행 후 피해자의 행동을 가지고 범행에 대한 피해자 진술의 신빙성을 판단할 때 고려할 사항] 피해자라도 본격적으로 문제제기를 하게 되기 전까지는 피해사실이 알려지기를 원하지 아니하고 가해자와 종전의 관계를 계속 유지하는 경우도 적지 아니하다. 이러한 양상은 결속력이 강하고 폐쇄적인 군부대 내에서 벌어진 성폭력 범행의 경우 더욱 현저할 수 있으므로 범행 후 피해자의 행동을 가지고 범행에 대한 피해자 진술의 신빙성을 판단함에 있어서는 이러한 점이 충분히 고려되어야 한다. [4] 성적 자유를 침해당했을 때 느끼는 성적 수치심은 부끄럽고 창피한 감정만으로 나타나는 것이 아니라 다양한 형태로 나타날 수 있고, **혐오감 또한 추행 피해자가 느낄 수 있는 감정에 해당**한다. [5] 성폭력범죄의 처벌 등에 관한 특례법 제13조는 "자기 또는 다른 사람의 성적 욕망을 유발하거나 만족시킬 목적으로 전화, 우편, 컴퓨터, 그 밖의 통신매체를 통하여 '성적 수치심이나 혐오감을 일으키는 말, 음향, 글, 그림, 영상 또는 물건'을 상대방에게 도달하게 한 사람"을 처벌한다. '자기 또는 다른 사람의 성적 욕망을 유발하거나 만족시킬 목적'이 있는지 여부는 피고인과 피해자의 관계, 행위의 동기와 경위, 행위의 수단과 방법, 행위의 내용과 태양, 상대방의 성격과 범위 등 여러 사정을 종합하여 사회통념에 비추어 합리적으로 판단하여야 한다. 또한 '성적 수치심이나 혐오감을 일으키는 것'은 피해자에게 단순한 부끄러움이나 불쾌감을 넘어 인격적 존재로서의 수치심이나 모욕감을 느끼게 하거나 싫어하고 미워하는 감정을 느끼게 하는 것으로서 사회 평균인의 성적 도의관념에 반하는 것을 의미한다. 이와 같은 성적 수치심 또는 혐오감의 유발 여부는 일반적이고 평균적인 사람들을 기준으로 하여 판단함이 타당하고, **특히 성적 수치심의 경우 피해자와 같은 성별과 연령대의 일반적이고 평균적인 사람들을 기준**으로 하여 그 유발 여부를 판단하여야 한다.

3 [대판 2020도8016] [아동·청소년의 성보호에 관한 법률이 특별히 아동·청소년을 타인의 성적 침해 또는 착취행위로부터 보호하고자 하는 이유] 피해자가 피고인으로부터 강간을 당한 후 다음 날 혼자서 다시 피고인의 집을 찾아간 것이 일반적인 평균인의 경험칙이나 통념에 비추어 범죄 피해자로서는 취하지 않았을 특이하고 이례적인 행태로 보인다고 하더라도, 그로 인하여 곧바로 피해자의 진술에 신빙성이 없다고 단정할 수는 없다. **범죄를 경험한 후 피해자가 보이는 반응과 피해자가 선택하는 대응 방법은 천차만별인바,** 강간을 당한 피해자가 반드시 가해자나 가해현장을 무서워하며 피하는 것이 마땅하다고는 볼 수 없고, 경우에 따라서는 가해자를 별로 무서워하지 않거나 피하지 않고 나아가 가해자를 먼저 찾아가는 것도 불가능하다고 볼 수는 없다. 피해자와 피고인의 나이 차이, 범행 이전의 우호적인 관계 등에 비추어 보면, 피해자로서는 사귀는 사이인 것으로 알았던 피고인이 자신을 상대로 느닷없이 강간 범행을 한 것에 대해서 의구심을 가지고 그 해명을 듣고 싶어하는 마음을 가졌던 것으로 보이고, 피해자의 그러한 심리가 성폭력을 당한 여성으로서는 전혀 보일 수 없을 정도로 이례적이고 납득 불가능한 것이라고 할 수는 없다. 따라서 피해자가 2018.1.26.자 강간을 당한 후 그 다음 날 스스로 피고인의 집에 찾아갔다고 하더라도, 그러한 피해자의 행위가 피해자 진술의 신빙성을 배척할 사정이 되지는 못한다는 것이다. 앞서 본 법리와 적법하게 채택한 증거에 비추어 살펴보면, 원심이 위와 같이 판단하여, 범행 후 피해자의 일부 언행을 문제 삼아 **피해자다움이 결여되었다는 등의 이유로 피해자 진술 전체의 신빙성을 다투는 피고인의 주장**을 배척하고 이 부분

공소사실을 유죄로 판단한 제1심판결을 그대로 유지한 것은 정당하고, 거기에 논리와 경험의 법칙을 위반하여 자유심증주의의 한계를 벗어난 잘못이 없다.

4 [대판 2020도6965] [성폭행 등의 피해자 진술의 증명력을 판단하는 방법 / 피고인의 친딸로 가족관계에 있던 피해자가 '마땅히 그러한 반응을 보여야만 하는 피해자'로 보이지 않는다는 이유만으로 피해자 진술의 신빙성을 함부로 배척할 수 있는지 여부(소극) / 친족관계에 의한 성범죄를 당하였다는 피해자 진술의 신빙성을 판단할 때 특히 고려할 사항] (가) **성폭행 피해자의 대처 양상**은 피해자의 성정이나 가해자와의 관계 및 구체적인 상황에 따라 다르게 나타날 수밖에 없다. 따라서 개별적, 구체적인 사건에서 성폭행 등의 피해자가 처하여 있는 특별한 사정을 충분히 고려하지 않은 채 피해자 진술의 증명력을 가볍게 배척하는 것은 정의와 형평의 이념에 입각하여 논리와 경험의 법칙에 따른 증거판단이라고 볼 수 없다. (나) 피고인의 친딸로 가족관계에 있던 피해자가 **'마땅히 그러한 반응을 보여야만 하는 피해자'로 보이지 않는다는 이유만으로** 피해자 진술의 신빙성을 함부로 배척할 수 없다. (다) 그리고 친족관계에 의한 성범죄를 당하였다는 피해자의 진술은 피고인에 대한 이중적인 감정, 가족들의 계속되는 회유와 압박 등으로 인하여 번복되거나 불분명해질 수 있는 특수성이 있다는 점을 고려해야 한다.

5 [대판 2019도2562] [충남도지사 성폭력사건] [1] 법원이 성폭행이나 성희롱 사건의 심리를 할 때에는 그 사건이 발생한 맥락에서 성차별 문제를 이해하고 양성평등을 실현할 수 있도록 **'성인지 감수성'을 잃지 않도록 유의**하여야 한다(양성평등기본법 제5조 제1항 참조). 우리 사회의 가해자 중심의 문화와 인식, 구조 등으로 인하여 성폭행이나 성희롱 피해자가 피해사실을 알리고 문제를 삼는 과정에서 오히려 피해자가 부정적인 여론이나 불이익한 처우 및 신분 노출의 피해 등을 입기도 하여 온 점 등에 비추어 보면, 성폭행 피해자의 대처 양상은 피해자의 성정이나 가해자와의 관계 및 구체적인 상황에 따라 다르게 나타날 수밖에 없다. 따라서 개별적, 구체적인 사건에서 성폭행 등의 피해자가 처하여 있는 특별한 사정을 충분히 고려하지 않은 채 피해자 진술의 증명력을 가볍게 배척하는 것은 정의와 형평의 이념에 입각하여 논리와 경험의 법칙에 따른 증거판단이라고 볼 수 없다. [2] 피감독자간음죄 또는 성폭력범죄의 처벌 등에 관한 특례법 위반(업무상 위력 등에 의한 추행)죄에 있어서 '위력'이란 피해자의 자유의사를 제압하기에 충분한 세력을 말하고 유형적이든 무형적이든 묻지 않으므로, 폭행·협박뿐 아니라 행위자의 사회적·경제적·정치적인 지위나 권세를 이용하는 것도 가능하다. '위력'으로써 간음하였는지 여부는 행사한 유형력의 내용과 정도 내지 이용한 행위자의 지위나 권세의 종류, 피해자의 연령, 행위자와 피해자의 이전부터의 관계, 그 행위에 이르게 된 경위, 구체적인 행위 태양, 범행 당시의 정황 등 제반 사정을 종합적으로 고려하여 판단하여야 한다. [3] 원심은 이 부분 공소사실을 **무죄로 판단한 제1심판결을 파기하고 유죄로 인정**하였다. 그 이유는, '피해사실에 관한 피해자의 진술은 일관되고 그 내용이 구체적이고 모순되는 부분이 없는 등의 사정에 비추어 신빙성이 있다. 피해가 발생한 시점으로부터 얼마 지나지 않은 무렵에 피해자로부터 피해사실을 들었다는 공소외 1과 공소외 2(가명)의 진술도 신빙성이 있다. 피해자가 범행 전후에 보인 일부 언행 등이 성범죄 피해자라면 보일 수 없는 행동이라고 보기도 어렵거니와 그러한 사정을 들어 피해자의 피해진술의 신빙성을 배척하기는 어렵다. **피고인의 지위나 권세**는 피해자의 자유의사를 제압하기에 충분한 **무형적 세력에 해당**한다. 여기에 피고인이 간음행위 또는 추행행위에 이르게 된 경위, 간음행위 또는 추행행위 직전·직후 피고인과 피해자의 태도 등을 종합하여 보면, 피고인은 업무상 위력으로써 피해자를 간음 또는 추행하였다고 봄이 타당하다.'는 것이다. 원심판결 이유를 앞서 본 법리와 적법하게 채택된

증거에 비추어 살펴보면, 원심 판단에 상고이유 주장과 같이 피해자 진술의 신빙성 판단에 관한 법리, 피감독자간음죄나 성폭력범죄의 처벌 등에 관한 특례법 위반(업무상 위력 등에 의한 추행)죄의 구성요건과 위력의 존부 및 행사에 관한 법리, 고의에 관한 법리를 오해하거나 필요한 심리를 다하지 아니하여 판단을 누락하고 공판중심주의, 직접심리주의, 논리와 경험의 법칙을 위반하여 자유심증주의의 한계를 벗어나거나 이유를 갖추지 못하는 등의 잘못이 없다. **cf)** 대상판결은 대법원이 ① 성범죄 사건에서 '성인지 감수성'을 중요한 관점으로 제시하였다는 점과 ② 위력의 개념에 피고인의 지위나 권세 등 무형적 세력을 포함시킨 점에서 의의가 있다.

6 [대판 2018도16466] 파기환송. 피고인이 아동인 갑(여, 15세)과 성관계를 하던 중 갑이 "그만하면 안 되냐. 힘들다. 그만하자."라고 하였음에도 계속하여 갑을 간음함으로써 '성적 학대행위'를 하였다고 하여 아동복지법 위반으로 기소된 사안에서, 갑이 성적 자기결정권을 제대로 행사할 수 있을 정도의 성적 가치관과 판단능력을 갖추었는지 여부 등을 신중하게 판단하였어야 한다는 이유로, 이와 달리 만 15세인 갑의 경우 일반적으로 미숙하나마 자발적인 성적 자기결정권을 행사할 수 있는 연령대로 보이는 점, 군검사 역시 피고인이 갑과 성관계를 가진 자체에 대하여는 학대행위로 기소하지 아니한 점 등을 들어 성적 학대행위에 해당하지 않는다고 본 원심의 판단에 아동복지법 제17조 제2호에서 정한 '성적 학대행위'에 관한 법리오해의 잘못이 있다고 한 사례.

7 [대판 2017두74702] [법원이 성희롱 관련 소송의 심리를 할 때 유념할 점 및 성희롱 피해자 진술의 증명력을 판단하는 방법] 법원이 성희롱 관련 소송의 심리를 할 때에는 그 사건이 발생한 맥락에서 성차별 문제를 이해하고 양성평등을 실현할 수 있도록 **'성인지 감수성'**을 잃지 않아야 한다(양성평등기본법 제5조 제1항 참조). 그리하여 우리 사회의 가해자 중심적인 문화와 인식, 구조 등으로 인하여 피해자가 성희롱 사실을 알리고 문제를 삼는 과정에서 오히려 부정적 반응이나 여론, 불이익한 처우 또는 그로 인한 정신적 피해 등에 노출되는 이른바 **'2차 피해'**를 입을 수 있다는 점을 유념하여야 한다. 피해자는 이러한 2차 피해에 대한 불안감이나 두려움으로 인하여 피해를 당한 후에도 가해자와 종전의 관계를 계속 유지하는 경우도 있고, 피해사실을 즉시 신고하지 못하다가 다른 피해자 등 제3자가 문제를 제기하거나 신고를 권유한 것을 계기로 비로소 신고를 하는 경우도 있으며, 피해사실을 신고한 후에도 수사기관이나 법원에서 그에 관한 진술에 소극적인 태도를 보이는 경우도 적지 않다. 이와 같은 **성희롱 피해자가 처하여 있는 특별한 사정을** 충분히 고려하지 않은 채 피해자 진술의 증명력을 가볍게 배척하는 것은 정의와 형평의 이념에 입각하여 논리와 경험의 법칙에 따른 증거판단이라고 볼 수 없다.

강제추행죄에서 '폭행 또는 협박'의 의미

●**사실**● 피고인 X는 2014. 8. 15. 19:23경 자신의 주거지 방안에서 4촌인 피해자 A(여, 15세)에게 "내 것 좀 만져줄 수 있느냐?"며 피해자의 왼손을 잡아 자신의 성기 쪽으로 끌어당겼으나 A가 이를 거부하며 일어나 집에 가겠다고 하자, "한 번만 안아줄 수 있느냐?"며 A를 양팔로 끌어안은 다음 A를 침대에 쓰러뜨려 A 위에 올라타 반항하지 못하게 한 후, A에게 "가슴을 만져도 되느냐?"며 자신의 오른손을 A의 상의 티셔츠 속으로 집어넣어 속옷을 걷어 올려 왼쪽 가슴을 약 30초 동안 만지고 A를 끌어안고 자세를 바꾸어 A가 자신의 몸에 수차례 닿게 하였으며, "이러면 안 된다. 이러면 큰일 난다."며 팔을 풀어줄 것을 요구하고 방문을 나가려는 A를 뒤따라가 약 1분 동안 끌어안았다. 원심은 피고인이 한 "만져달라", "안아봐도 되냐"는 등의 말은 객관적으로 피해자에게 아무런 저항을 할 수 없을 정도의 공포심을 느끼게 하는 말이라고 보기 어렵고, 피고인이 위와 같은 말을 하면서 피해자를 침대에 눕히거나 양팔로 끌어안은 행위 등을 할 때 피해자가 아무런 저항을 하지 않은 사정을 들어 피고인의 행위가 피해자의 항거를 곤란하게 할 정도의 폭행 또는 협박에 해당하지 않는다는 등의 이유로 무죄로 판단하였다. 이에 검사가 상고하였다.

●**판지**● **파기환송.** 「[다수의견] (가) 형법 및 성폭력범죄의 처벌 등에 관한 특례법(이하 '성폭력처벌법'이라 한다)은 강제추행죄의 구성요건으로 '폭행 또는 협박'을 규정하고 있는데, 대법원은 강제추행죄의 '폭행 또는 협박'의 의미에 관하여 이를 두 가지 유형으로 나누어, 폭행행위 자체가 곧바로 추행에 해당하는 경우(이른바 **기습추행형**)에는 상대방의 의사를 억압할 정도의 것임을 요하지 않고 상대방의 의사에 반하는 유형력의 행사가 있는 이상 그 힘의 대소강약을 불문한다고 판시하는 한편, 폭행 또는 협박이 추행보다 시간적으로 앞서 그 수단으로 행해진 경우(이른바 **폭행·협박 선행형**)에는 상대방의 항거를 곤란하게 하는 정도의 폭행 또는 협박이 요구된다고 판시하여 왔다(이하 폭행·협박 선행형 관련 판례 법리를 '종래의 판례 법리'라 한다). (나) 강제추행죄의 범죄구성요건과 보호법익, 종래의 판례 법리의 문제점, 성폭력범죄에 대한 사회적 인식, 판례 법리와 재판 실무의 변화에 따라 해석 기준을 명확히 할 필요성 등에 비추어 강제추행죄의 '폭행 또는 협박'의 의미는 **다시 정의될 필요**가 있다. 강제추행죄의 '폭행 또는 협박'은 상대방의 항거를 곤란하게 할 정도로 **강력할 것이 요구되지 아니하고**, 상대방의 신체에 대하여 불법한 유형력을 행사(폭행)하거나 일반적으로 보아 상대방으로 하여금 공포심을 일으킬 수 있는 정도의 해악을 고지(협박)하는 것이라고 보아야 한다. …… 요컨대, 강제추행죄는 ㉠ 상대방의 신체에 대해 **불법한 유형력을 행사**하거나 ㉡ 상대방으로 하여금 **공포심을 일으킬 수 있는 정도의 해악을 고지**하여 상대방을 추행한 경우에 성립한다. 어떠한 행위가 강제추행죄의 '폭행 또는 협박'에 해당하는지 여부는 행위의 목적과 의도, 구체적인 행위태양과 내용, 행위의 경위와 행위 당시의 정황, 행위자와 상대방과의 관계, 그 행위가 상대방에게 주는 고통의 유무와 정도 등을 종합하여 판단하여야 한다.

---

1) 형법 제298조(강제추행) **폭행 또는 협박**으로 사람에 대하여 추행을 한 자는 10년 이하의 징역 또는 1천500만원 이하의 벌금에 처한다.

2) 강제추행죄는 이제 친고죄가 아니므로 당사자 간의 합의와는 무관하게 처벌되나 여전히 **'합의여부'**는 양형에 매우 중요한 요소로 영향을 준다.

●**해설●** 1 **대상판결**은 강제추행죄에서의 '폭행과 협박'을 다시 정의한 중요한 판결이다. 종래 대법원은 강제추행죄를 두 가지 유형('기습추행형'과 '폭행·협박 선행형')으로 나누어 각 유형에서 요구되는 폭행·협박의 정도를 달리 보아왔다. 즉 ㉠ 폭행행위 자체가 곧바로 추행에 해당하는 '기습추행형'에는 상대방의 의사를 억압할 정도의 것임을 요하지 않고 상대방의 의사에 반하는 유형력의 행사가 있는 이상 그 힘의 대소강약을 불문한다고 판시한 반면, ㉡ 폭행 또는 협박이 추행보다 시간적으로 앞서 그 수단으로 행하여지는 폭행·협박 선행형의 경우는 상대방의 항거를 곤란하게 하는 정도의 폭행 또는 협박이 요구된다고 판시하여 왔다.

2 그러나 대상판결에서 입장을 바꾸어 '기습추행'이 아닌 폭행·협박 선행형의 경우도, 「'폭행 또는 협박'은 상대방의 항거를 곤란하게 할 정도로 강력할 것이 요구되지 아니하고, 상대방의 신체에 대하여 불법한 유형력을 행사하거나 일반적으로 보아 상대방으로 하여금 공포심을 일으킬 수 있는 정도의 해악을 고지하는 것」으로도 족하다고 판시하였다. 따라서 이제 강제추행죄는 상대방의 신체에 대해 **불법한 유형력을 행사**하거나 상대방으로 하여금 **공포심을 일으킬 수 있는 정도의 해악을 고지**하여 상대방을 추행한 경우에도 범죄는 성립하게 된다.

3 판례 변경의 구체적 이유로는 「종래의 판례 법리는 피해자의 '항거곤란'이라는 상태적 개념을 범죄구성요건에 포함시켜 폭행 또는 협박의 정도가 일반적인 그것보다 더 높은 수준일 것을 요구하였다. 그에 따라 강제추행죄가 성립하기 위해서는 높은 수준의 의사 억압 상태가 필요하다고 보게 되고, 이는 피해자가 실제로 어떠한 항거를 하였는지 살펴보게 하였으며, 반대로 항거가 없었던 경우에는 그러한 사정을 이유로 성적 자기결정권의 침해를 부정하는 결과를 초래하기도 하였다. 하지만 이와 같이 **피해자의 '항거곤란'을 요구**하는 것은 여전히 피해자에게 '정조'를 수호하는 태도를 요구하는 입장을 전제하고 있다고 볼 수 있고, 개인의 성적 자유 내지 성적 자기결정권을 보호법익으로 하는 현행법의 해석으로 더 이상 타당하다고 보기 어렵다」고 판단하였다. 즉 종래의 판례 법리는 강제추행죄의 범죄구성요건이나 자유롭고 평등한 개인의 성적 자기결정권이라는 보호법익과 부합하지 않다고 본 것이다.

4 또한 대법원은 **재판 실무의 변화**도 판례변경 이유의 하나로 들고 있다. 「근래의 재판 실무는 종래의 판례 법리에도 불구하고 가해자의 행위가 폭행죄에서 정한 폭행이나 협박죄에서 정한 협박의 정도에 이르렀다면 사실상 상대방의 항거를 곤란하게 할 정도라고 해석하는 방향으로 변화하여 왔다. 이러한 법원의 판례와 재판 실무는 강제추행죄의 보호법익의 변화를 반영함과 아울러, 종래의 판례 법리에 따른 현실의 수사와 재판 과정에서 자칫 성폭력범죄의 피해자에게 이른바 '피해자다움'을 요구하거나 2차 피해를 야기할 수 있다는 문제 인식을 토대로 형평과 정의에 합당한 형사재판을 실현하기 위한 것인바, 한편 그로 인하여 강제추행죄의 구성요건으로 피해자의 항거가 곤란할 정도의 폭행 또는 협박을 요구하는 종래의 판례 법리는 그 의미가 상당 부분 퇴색하였다. 그렇다면 이제 범죄구성요건의 해석 기준을 명확히 함으로써 사실상 변화된 기준을 적용하고 있는 현재의 재판 실무와 종래의 판례 법리 사이의 불일치를 해소하고, 오해의 소지와 혼란을 방지할 필요가 있다」.

강제추행죄에서 폭행·협박의 정도 및 그 판단기준

1 [대판 2021도7538] 파기환송. [추행행위에 해당하기 위해서는 대상자가 성적 수치심이나 혐오감을 반드시 실제로 느껴야 하는지 여부(소극)] [1] 피고인이 아파트 놀이터의 의자에 앉아 전화통화를 하고 있던 갑(녀, 18세)의 뒤로 몰래 다가가 **갑의 머리카락 및 옷 위에 소변을 보아** 강제추행하
였다는 내용으로 기소된 사안에서, 피고인이 처음 보는 여성인 갑의 뒤로 몰래 접근하여 성기를 드러내고 갑을 향한 자세에서 갑의 등 쪽에 소변을 본 행위는 객관적으로 일반인에게 성적 수치심이나 혐오감을 일으키게 하고 선량한 성적 도덕관념에 반하는 행위로서 갑의 성적 자기결정권을 침해하는 추행행위에 해당한다고 볼 여지가 있고, 행위 당시 갑이 이를 인식하지 못하였더라도 마찬가지라는 이유로, 이와 달리 보아 공소사실을 무죄로 판단한 원심판결에 법리오해 및 심리미진의 잘못이 있다고 한 사례. [2] 성적 자유를 침해당했을 때 느끼는 성적 수치심은 부끄럽고 창피한 감정만으로 나타나는 것이 아니라 다양한 형태로 나타날 수 있다. 추행 행위에 해당하기 위해서는 객관적으로 일반인에게 성적 수치심이나 혐오감을 일으키게 할 만한 행위로서 선량한 성적 도덕관념에 반하는 행위를 행위자가 대상자를 상대로 실행하는 것으로 충분하고, 그 행위로 말미암아 대상자가 성적 수치심이나 혐오감을 반드시 실제로 느껴야 하는 것은 아니다.

2 [대판 2021도6112] [동성 사이의 강제추행] 비록 피고인과 피해자가 **모두 여성으로서 동성**인 점을 고려하더라도 피고인이 이 사건 한의원에서 피해자의 가슴을 움켜쥐거나 엉덩이를 만지고 피고인의 볼을 피해자의 볼에 가져다 대는 등의 행동을 한 것은 피해자로 하여금 성적 수치심을 느끼게 할 만한 행위로서 강제추행에 해당한다.

3 [대판 2020도11186] 파기환송. [1] 피고인은 2019. 2. 28. 11:50경 해군 D사령부 인사참모 사무실에서, 2018년도 수당업무 관련자 과실처리심의위원회 업무보고를 위해 온 피해자에게 "이게 뭐냐"고 말하면서 피해자의 의사에 반하여 10초가량 양손으로 피해자의 왼손을 잡고 양 엄지손가락으로 피해자의 왼손 손등 부분을 문질렀다. [2] 피해자는 25세의 여성 부하직원이고, 피고인은 35세의 남성으로 피해자의 업무상 지휘·감독자였던 점, 피해자는 원심에서 '이 사건 이전에 피고인의 성희롱적 언동 등이 많아 힘들었다'는 취지로 진술한 점, 이 사건 당시 사무실에 피고인과 피해자 둘만 있었던 점, 피고인이 성적인 의도 이외에 공소사실 기재와 같은 행위를 할 별다른 동기를 찾을 수 없는 점 등을 고려하면, 피고인의 행위는 피해자의 의사에 반하여 이루어진 것일 뿐만 아니라 피해자의 성적 자유를 침해하는 유형력의 행사에 해당하고, 일반인에게도 성적 수치심이나 혐오감을 일으키게 할 수 있는 추행행위로 볼 수 있다. 피고인이 접촉한 피해자의 특정 신체부위만을 기준으로 성적 수치심이나 혐오감을 일으키는지 여부가 구별되는 것은 아니고, 피고인이 추가적인 성적 언동이나 행동으로 나아가야만 강제추행죄가 성립하는 것도 아니다.

밀폐된 공간과 성폭력

4-1 [대판 2009도13716] 피고인이 **엘리베이터라는 폐쇄된 공간**에서 피해자들을 칼로 위협하는 등으로 꼼짝하지 못하도록 자신의 실력적인 지배하에 둔 다음 피해자들에게 성적 수치심과 혐오감을 일으키는 자신의 **자위행위 모습을 보여 주고** 피해자들로 하여금 이를 외면하거나 피할 수 없게 한 행위는 강제추행죄의 추행에 해당한다.

4-2 [대판 2011도7164] 파기환송. 피고인이 **아파트 엘리베이터 내**에 13세 미만인 甲(여, 11세)과 단둘이 탄 다음 甲을 향하여 성기를 꺼내어 잡고 여러 방향으로 움직이다가 이를 보고 놀란 甲 쪽으로 가까이 다가감으로써 위력으로 甲을 추행하였다고 하여 성폭력범죄의 처벌 등에 관한 특례법(13세미만미성년자강간등[3]) 위반으로 기소된 사안에서, 피고인은 나이 어린 甲을 범행 대상으로 삼아, **의도적으로 협소하고 폐쇄적인 엘리베이터 내 공간을 이용**하여 甲이 도움을 청할 수 없고 즉시 도피할 수도 없는 상황을 만들어 범행을 한점 등 제반 사정에 비추어 볼 때, 비록 피고인이 甲의 **신체에 직접적인 접촉을 하지 아니하였고 엘리베이터가 멈춘 후 甲이 위 상황에서 바로 벗어날 수 있었다고 하더라도**, 피고인의 행위는 甲의 성적 자유의사를 제압하기에 충분한 세력에 의하여 추행행위에 나아간 것으로서 위력에 의한 추행에 해당한다고 보아야 하는데도, 이와 달리 본 원심판결에 위력에 의한 추행에 관한 법리오해의 위법이 있다.

4-3 [비교판례] [대판 2011도8805] 파기환송. [1] 피고인이 피해자 甲(여, 48세)에게 욕설을 하면서 자신의 바지를 벗어 성기를 보여주는 방법으로 강제추행하였다는 내용으로 기소된 사안에서, 甲의 성별·연령, 행위에 이르게 된 경위, 甲에 대하여 어떠한 신체 접촉도 없었던 점, 행위장소가 사람 및 차량의 **왕래가 빈번한 도로로서 공중에게 공개**된 곳인 점, 피고인이 한 욕설은 성적인 성질을 가지지 아니하는 것으로서 '추행'과 관련이 없는 점, 甲이 자신의 성적 결정의 자유를 침해당하였다고 볼 만한 사정이 없는 점 등 제반 사정을 고려할 때, 단순히 피고인이 바지를 벗어 자신의 성기를 보여준 것만으로는 폭행 또는 협박으로 '추행'을 하였다고 볼 수 없는데도, 이와 달리 보아 유죄를 인정한 원심판결에 강제추행죄의 추행에 관한 법리오해의 위법이 있다고 한 사례. [2] 형법 제298조는 "폭행 또는 협박으로 사람에 대하여 추행을 한 자"를 강제추행죄로 벌할 것을 정한다. 그런데 **강제추행죄**는 개인의 성적 자유라는 개인적 법익을 침해하는 죄로서, 위 법규정에서의 '추행'이란 일반인에게 성적 수치심이나 혐오감을 일으키고 선량한 성적 도덕관념에 반하는 행위인 것만으로는 부족하고 그 행위의 상대방인 피해자의 성적 자기결정의 자유를 침해하는 것이어야 한다. 따라서 건전한 성풍속이라는 일반적인 사회적 법익을 보호하려는 목적을 가진 형법 제245조의 **공연음란죄**에서 정하는 '음란한 행위'(또는 이른바 과다노출에 관한 경범죄처벌법 제1조 제41호에서 정하는 행위)가 특정한 사람을 상대로 행하여졌다고 해서 반드시 그 사람에 대하여 '추행'이 된다고 말할 수 없고, 무엇보다도 문제의 행위가 피해자의 성적 자유를 침해하는 것으로 평가될 수 있어야 한다.

공중밀집장소에서의 추행

5-1 [대판 2009도5704] 찜질방 수면실에서 옆에 누워 있던 피해자의 가슴 등을 손으로 만진 행위가 「성폭력범죄의 처벌 및 피해자보호 등에 관한 법률」 제13조에서 정한 공중밀집장소에서의 추행행위에 해당한다. …… 여기서 말하는 **'공중이 밀집하는 장소'**에는 현실적으로 사람들이 빽빽이 들어서 있어 서로간의 신체적 접촉이 이루어지고 있는 곳만을 의미하는 것이 아니라 이 사건 찜질방 등과 같이 공중의 이용에 상시적으로 제공·개방된 상태에 놓여 있는 곳 일반을 의미한다. 또한, 위 공중밀집장소의 의미를 이와 같이 해

---

3) 성폭력범죄의 처벌 등에 관한 특례법 제7조(13세 미만의 미성년자에 대한 강간, 강제추행 등) ① 13세 미만의 사람에 대하여 「형법」 제297조(강간)의 죄를 범한 사람은 무기징역 또는 10년 이상의 징역에 처한다. ② 13세 미만의 사람에 대하여 폭행이나 협박으로 다음 각 호의 어느 하나에 해당하는 행위를 한 사람은 7년 이상의 유기징역에 처한다. 1. 구강·항문 등 신체(성기는 제외한다)의 내부에 성기를 넣는 행위 2. 성기·항문에 손가락 등 신체(성기는 제외한다)의 일부나 도구를 넣는 행위 ③ 13세 미만의 사람에 대하여 「형법」 제298조(강제추행)의 죄를 범한 사람은 5년 이상의 유기징역에 처한다. ④ 13세 미만의 사람에 대하여 「형법」 제299조(준강간, 준강제추행)의 죄를 범한 사람은 제1항부터 제3항까지의 예에 따라 처벌한다. ⑤ 위계 또는 **위력으로써 13세 미만의 사람을 간음하거나 추행**한 사람은 제1항부터 제3항까지의 예에 따라 처벌한다.

석하는 한 그 장소의 성격과 이용현황, 피고인과 피해자 사이의 친분관계 등 구체적 사실관계에 비추어, 공중밀집장소의 일반적 특성을 이용한 추행행위라고 보기 어려운 특별한 사정이 있는 경우에 해당하지 않는 한, 그 행위 당시의 현실적인 밀집도 내지 혼잡도에 따라 그 규정의 적용 여부를 달리한다고 할 수는 없다.

5-2 [대판 2015도7102] 피고인이 **지하철 내**에서 갑(여)의 등 뒤에 밀착하여 무릎을 굽힌 후 성기를 갑의 엉덩이 부분에 붙이고 앞으로 내미는 등 갑을 추행하였다고 하여 구 성폭력범죄의 처벌 등에 관한 특례법위반(공중밀집장소에서의 추행)의 주위적 공소사실로 기소된 사안에서, 위 죄가 기수에 이르기 위해서는 객관적으로 일반인에게 성적 수치심이나 혐오감을 일으키게 할 만한 행위로서 선량한 성적 도덕관념에 반하는 행위를 행위자가 대상자를 상대로 실행하는 것으로 충분하고, 행위자의 행위로 말미암아 대상자가 성적 수치심이나 혐오감을 반드시 실제로 느껴야 하는 것은 아니라는 이유로 공소사실을 유죄로 인정한 원심판단이 정당하다.

6 [대판 2007도10050] [골프장 여종업원들이 거부의사를 밝혔음에도, 골프장 사장과의 친분관계를 내세워 함께 술을 마시지 않을 경우 신분상의 불이익을 가할 것처럼 협박하여 이른바 러브샷의 방법으로 술을 마시게 한 사안에서 강제추행죄를 인정한 사례] 피고인이 이 사건 당일 컨트리클럽 회장 공소외인 등과 골프를 친 후 위 **컨트리클럽 내 식당**에서 식사를 하면서 그곳에서 근무 중인 여종업원인 피해자들에게 함께 술을 마실 것을 요구하였다가 피해자들로부터 거절당하였음에도 불구하고, 위 컨트리클럽의 회장인 위 공소외인과의 친분관계를 내세워 피해자들에게 어떠한 **신분상의 불이익을 가할 것처럼 협박**하여 피해자들로 하여금 **목 뒤로 팔을 감아 돌림**으로써 얼굴이나 **상체가 밀착**되어 서로 포옹하는 것과 같은 신체접촉이 있게 되는 이른바 **러브샷의 방법**으로 술을 마시게 한 사실을 인정한 다음, 피고인과 피해자들의 관계, 성별, 연령 및 위 러브샷에 이르게 된 경위나 그 과정에서 나타난 피해자들의 의사 등에 비추어 볼 때 강제추행죄의 구성요건인 **'강제추행'에 해당**하고, 이 때 피해자들의 유효한 승낙이 있었다고 볼 수 없다.

7-1 [대판 2004도52] 직장 상사가 등 뒤에서 피해자의 **의사에 명백히 반하여 어깨를 주무른 경우, 여성에 대한 추행에 있어 신체 부위에 따라 본질적인 차이가 있다고 볼 수 없다**는 이유로 추행에 해당한다.

7-2 [대판 2019도12282] 원심은, 피고인이 '**피해자의 손목을 잡고 끌어당긴 행위**', '**피고인의 다리로 피해자의 다리에 접촉한 행위**', '**피고인의 팔로 피해자의 어깨에 접촉한 행위**'를 한 사실은 인정되나, 피고인의 행위가 추행행위라고 보기 부족하고, 피고인에게 피해자에 대한 추행의 고의가 있었음을 인정하기 부족하다고 보아 유죄로 판단한 제1심을 파기하고 무죄로 판단하였다. …… 여성에 대한 추행에 있어 신체 부위에 따라 본질적인 차이가 있다고 볼 수 없다. …… 피해자가 군대조직에서 일하는 여군으로서 공개된 장소에서 상관과 동료들에게 활발하고 적극적인 모습을 보여주는 과정에서 피고인과 손을 잡는 등의 신체접촉을 하였다는 사정은, 피고인이 피해자와 두 사람만 있는 폐쇄된 장소에서 피해자의 손목을 잡고 피해자의 다리와 어깨에 접촉한 행위를 추행으로 판단함에 지장이 되지 않는다. 그런데도 원심은 앞서 본 사정만을 들어 이 부분 공소사실을 무죄로 판단하였으니 원심의 판단에는 추행에 관한 법리를 오해하는 등의 잘못이 있다.

8 [대판 97도2506] [1]「성폭력범죄의 처벌 및 피해자보호 등에 관한 법률」상의 업무상위력 등에 의한 추행죄는 개인의 성적 자유를 보호법익으로 하는 것이므로 결국 이에 해당하는지 여부는 개인의 성적 자유가 현저히 침해되고, 또한 **일반인의 입장에서 보아도 추행행위라고 평가될 경우에 한정하여야 할 것**이고, 이러한 의미에서 키스, 포옹 등과 같은 경우에 있어서 그것이 추행행위에 해당하는가에 대하여는 피해자의 의사,

성별, 연령, 행위자와 피해자의 이전부터의 관계, 그 행위에 이르게 된 경위, 구체적 행위태양, 주위의 객관적 상황과 그 시대의 성적 도덕관념 등을 **종합적으로 고려하여 신중히 검토**하여야만 한다. [2] 성폭력범죄의 처벌및피해자보호등에관한법률(업무상위력등에의한추행)상의 **위력**이라 함은 피해자의 자유의사를 제압하기에 충분한 세력을 말하고, 유형적이든 무형적이든 묻지 않으므로 폭행·협박뿐 아니라 사회적·경제적·정치적인 지위나 권세를 이용하는 것도 가능하며, 위력행위 자체가 추행행위라고 인정되는 경우도 포함되고, 이 경우에 있어서의 위력은 현실적으로 피해자의 자유의사가 제압될 것임을 요하는 것은 아니라 할 것이고, **추행**이라 함은 객관적으로 일반인에게 성적 수치심이나 혐오감을 일으키게 하고 선량한 성적 도덕관념에 반하는 것이라고 할 것이다.

22 강제추행죄에서 '추행'의 의미(2) – 기습추행 –

* 대법원 2015. 9. 10. 선고 2015도6980, 2015모2524(병합) 판결
* 참조조문: 형법 제298조,[1] 아동 · 청소년의 성보호에 관한 법률 제7조 제3항, 제6항[2]

> 추행의 고의로 폭행행위(기습추행)를 하여 실행행위에 착수하였으나 추행의 결과에 이르지 못한 경우, 강제추행미수죄가 성립하는가?

●**사실**● 피고인 X는 2014.3.25. 22:10경 혼자 술을 마시고 직장 기숙사에서 나와 광명시를 배회하던 중 버스에서 내려 혼자 걸어가는 피해자 A(여, 17세)를 발견하고, 마스크를 착용한 채 200m 정도 A를 뒤따라갔다. X는 인적이 없고 외진 곳에 이르러 A에게 약 1m 간격으로 가까이 접근하여 **양팔을 높이 들어 피해자를 껴안으려**고 하였으나, 인기척을 느낀 A가 뒤돌아보면서 '왜 이러세요?'라고 소리치자, 그 상태로 몇 초 동안 A를 쳐다보다가 다시 오던 길로 되돌아갔다.

검사는 X를 아동 · 청소년에 대한 강제추행미수죄로 기소하였다. 제1심은 「아동 · 청소년의 성보호에 관한 법률」 위반 부분에 대하여 유죄를 인정하였으나 원심은 이를 파기하고 무죄를 선고했다. 이에 검사가 상고하였다.

●**판지**● 파기환송. 「[1] (가) 강제추행죄는 상대방에 대하여 폭행 또는 협박을 가하여 항거를 곤란하게 한 뒤에 추행행위를 하는 경우뿐만 아니라 **폭행행위 자체가 추행행위라고 인정되는 경우도 포함**되며, 이 경우의 **폭행은 반드시 상대방의 의사를 억압할 정도의 것일 필요는 없다.** (나) 추행은 객관적으로 일반인에게 성적 수치심이나 혐오감을 일으키게 하고 선량한 성적 도덕관념에 반하는 행위로서 피해자의 성적 자유를 침해하는 것을 말하며, (다) 이에 해당하는지는 피해자의 의사, 성별, 연령, 행위자와 피해자의 이전부터의 관계, 행위에 이르게 된 경위, 구체적 행위태양, 주위의 객관적 상황과 그 시대의 성적 도덕관념 등을 종합적으로 고려하여 신중히 결정되어야 한다. 그리고 (라) **추행의 고의로** 상대방의 의사에 반하는 유형력의 행사, 즉 폭행행위를 하여 실행행위에 착수하였으나 추행의 결과에 이르지 못한 때에는 강제추행미수죄가 성립하며, 이러한 법리는 **폭행행위 자체가 추행행위라고 인정되는 이른바 '기습추행'**의 경우에도 마찬가지로 적용된다.

[2] 기소된 사안에서, 피고인과 갑의 관계, 갑의 연령과 의사, 행위에 이르게 된 경위와 당시 상황, 행위 후 갑의 반응 및 행위가 갑에게 미친 영향 등을 고려하여 보면, (가) 피고인은 갑을 추행하기 위해 뒤따라간 것으로 **추행의 고의를 인정**할 수 있고, (나) 피고인이 가까이 접근하여 갑자기 뒤에서 껴안는 행위는 일반인에게 성적 수치심이나 혐오감을 일으키게 하고 선량한 성적 도덕관념에 반하는 행위로서 갑의 성적 자유를 침해하는 행위여서 **그 자체로 이른바 '기습추행' 행위**로 볼 수 있으므로, (다) 피고인의 팔이 A의 몸에 닿지 않았더라도 양팔을 높이 들어 갑자기 뒤에서 껴안으려는 행위는 A의

---

1) 형법 제298조(강제추행) **폭행 또는 협박**으로 사람에 대하여 추행을 한 자는 10년 이하의 징역 또는 1천500만원 이하의 벌금에 처한다.

2) 아동 · 청소년의 성보호에 관한 법률 제7조(아동 · 청소년에 대한 강간 · 강제추행 등) ① 폭행 또는 협박으로 아동 · 청소년을 강간한 사람은 무기징역 또는 5년 이상의 유기징역에 처한다. ② 아동 · 청소년에 대하여 폭행이나 협박으로 다음 각 호의 어느 하나에 해당하는 행위를 한 자는 5년 이상의 유기징역에 처한다. 1. 구강 · 항문 등 신체(성기는 제외한다)의 내부에 성기를 넣는 행위 2. 성기 · 항문에 손가락 등 신체(성기는 제외한다)의 일부나 도구를 넣는 행위 ③ 아동 · 청소년에 대하여 「형법」 제298조의 죄를 범한 자는 2년 이상의 유기징역 또는 1천만원 이상 3천만원 이하의 벌금에 처한다. ④ 아동 · 청소년에 대하여 「형법」 제299조의 죄를 범한 자는 제1항부터 제3항까지의 예에 따른다. ⑤ 위계 또는 위력으로써 아동 · 청소년을 간음하거나 아동 · 청소년을 추행한 자는 제1항부터 제3항까지의 예에 따른다. ⑥ 제1항부터 제5항까지의 **미수범은 처벌**한다.

의사에 반하는 유형력의 행사로서 폭행행위에 해당하며, **그때 '기습추행'에 관한 실행의 착수가 있는데,** (라) 마침 A가 뒤돌아보면서 소리치는 바람에 몸을 껴안는 추행의 결과에 이르지 못하고 미수에 그쳤으므로, 피고인의 행위는 **아동·청소년에 대한 강제추행미수죄에 해당** 한다」.

●**해설●** 1 사안은 강제추행죄와 관련된 판례 중 리딩케이스이다. 강제추행죄는 '폭행 또는 협박으로 추행'하는 범죄로 이 죄와 관련된 주요 논점은 ① 폭행·협박의 정도와 ② 추행의 의미에 있다. 판례는 「상대방에 대하여 (가) 폭행 또는 협박을 가하여 항거를 곤란하게 한 뒤에 추행행위를 하는 경우뿐만 아니라 (나) **폭행행위 자체가 추행행위**라고 인정되는 경우도 포함된다. 그리고 이 경우의 폭행은 반드시 상대방의 의사를 억압할 정도의 것임을 요하지 않고 상대방의 의사에 반하는 **유형력의 행사가 있는 이상 그 힘의 대소강약을 불문**한다」고 판시하였다(대판 2001도2417).

2 이와 같이 대법원은 종래 강제추행죄를 두 가지 유형으로 나누어 파악하여 각 유형에서 요구되는 폭행·협박의 정도에 대해서도 달리 보았다. 그러나 최근 대법원은 종래의 입장을 바꾸어 ㉠ '기습추행'이 아닌 ㉡ 폭행 또는 협박이 추행보다 시간적으로 앞서 그 수단으로 행해지는(이른바 **폭행·협박 선행형**)의 경우, 「'폭행 또는 협박'은 상대방의 항거를 곤란하게 할 정도로 강력할 것이 요구되지 아니하고, 상대방의 신체에 대하여 불법한 유형력을 행사(폭행)하거나 일반적으로 보아 상대방으로 하여금 공포심을 일으킬 수 있는 정도의 해악을 고지(협박)하는 것」으로도 족하다고 판시하였다(대법원 2023. 9. 21. 선고 2018도13877 전원합의체, 【21】). 따라서 이제 강제추행죄는 상대방의 신체에 대해 **불법한 유형력을 행사**하거나 상대방으로 하여금 **공포심을 일으킬 수 있는 정도의 해악을 고지**하여 상대방을 추행한 경우에도 범죄는 성립하게 된다.

3 대상판결은 피해자에게 접근해 양팔을 높이 들어 뒤에서 껴안으려는 행위가 강제추행죄에 있어서 추행에 해당하는지가 쟁점이 되었다. '추행'은 「(가) 객관적으로 일반인에게 성적 수치심이나 혐오감을 일으키게 하고 (나) 선량한 성적 도덕관념에 반하는 행위로서 (다) 피해자의 **성적 자유를 침해**하는 것을 말한다」라고 할 때, 원심은 X의 위와 같은 행위만으로는 A의 항거를 곤란하게 하는 정도의 폭행이나 협박이라고 보기 어려워('기습추행'에 해당하지 않고) 강제추행의 실행의 착수에 이르지 않았다고 판단하여 제1심을 파기하였다.

4 그러나 대법원은 「피고인과 피해자의 관계, 피해자의 연령과 의사, 위 행위에 이르게 된 경위와 당시의 상황, 위 행위 후의 피해자의 반응 및 위 행위가 피해자에게 미친 영향 등을 고려」하여 볼 때, X는 A를 추행하기 위하여 뒤따라간 것으로 보이므로 **추행의 고의**를 충분히 인정할 수 있고, X가 A에게 가까이 접근하여 갑자기 뒤에서 A를 껴안는 행위는 일반인에게 성적 수치심이나 혐오감을 일으키게 하고 선량한 성적 도덕관념에 반하는 행위로서 A의 성적 자유를 침해하는 행위라 할 것이어서 **그 자체로 이른바 '기습추행' 행위로 볼 수 있다**고 판단하였다.

5 그리고 실제 X의 팔이 A의 몸에 닿지는 않았다 하더라도 위와 같이 양팔을 높이 들어 갑자기 뒤에서 A를 껴안으려는 행위는 그 자체가 **A의 의사에 반하는 유형력의 행사**로서 폭행행위에 해당하고, 그 때에 이른바 **'기습추행'에 관한 실행의 착수**가 있다고 보았다. 그런데 마침 A가 뒤돌아보면서 '왜 이러세요?'라고 소리치는 바람에 A의 몸을 껴안는 추행의 결과에 이르지 못하고 미수에 그친 것이므로, X의 위와

같은 행위는 아동·청소년에 대한 강제추행미수죄에 해당한다고 본 것이다.

6 "폭행행위 자체가 추행행위로 인정되는 '기습추행'은 얼마든지 발생할 수 있고, 현실적으로 그러한 행위를 처벌하여야만 할 형사정책적 필요성이 있다. 기습추행의 경우 실행의 착수시기를 신체에 접촉한 시점으로 엄격하게 해석한다면 그 때 이미 기수에 이르기 때문에 사실상 미수범이 성립될 수 없는 문제가 발생하므로 **기습추행의 실행의 착수시기**는 신체접촉을 실제로 한 시점이 아니라 **신체접촉을 시도한 시점**으로 보아야 한다."3)

Reference

기습추행

1 [대판 2020도7981] 파기환송. [회식장소에 부하 여직원에게 '헤드락'을 한 경우] ●**사실**● 피고인 X(남, 52세)는 2018.5.3. 18:45경 서울 강남 '○○' 음식점에서 자신이 대표이사로 있는 회사의 직원인 피해자 A(여, 27세) 등과 함께 회식을 하며 A의 결혼 여부 등에 관하여 이야기하던 중 **갑자기 왼팔로 A의 머리를 감싸고 A의 가슴 쪽으로 끌어당겨 A의 머리가 자신의 가슴에 닿게 하고(일명 '헤드락') 주먹으로 A의 머리를 2회 쳤다.** 이후 X는 다른 대화를 하던 중 "이 년을 어떻게 해야 계속 붙잡을 수 있지. 머리끄댕이를 잡고 붙잡아야 되나."라고 하면서 갑자기 손가락이 A의 두피에 닿도록 양손으로 A의 머리카락을 잡고 흔들고, 이후 갑자기 A의 어깨를 수회 쳤다. 원심은 ① 이 사건 음식점은 개방된 홀에 여러 개의 테이블이 놓여 있는 형태의 중국집으로 공개적인 장소였고, 그 자리에는 피고인과 피해자 외에 피고인 회사의 다른 직원 2명과 거래처의 대표 및 직원이 동석해 있었던 점, ② 피고인이 접촉한 피해자의 신체 부위는 피해자의 머리나 어깨로서 그 신체 부위 자체를 사회통념상 성과 관련된 특정 신체 부위라고 보기는 어렵다는 점, ③ 피고인이 한 행위는 피해자의 머리를 감싸고 헤드락을 걸면서 머리를 치거나 머리카락을 잡고 흔들거나 어깨를 수회 친 것으로서 성적인 의도를 가지고 하는 행위라고 보기 어렵다는 점, ④ 피고인은 피해자와 연봉 협상이 진행 중인 상태에서 피해자가 이직할 것을 염려하던 차에 술을 마신 상태에서 피해자에게 공소사실 기재와 같은 말을 하면서 그와 같은 행동을 했던 것으로, 피고인의 행동이 성적인 언동과 결합되어 있지는 않았다는 점 등을 들어 피고인의 행위가 강제추행죄의 추행에 해당한다고 보기 어렵다고 판단하였다. ●**판지**● 피고인의 행동은 다음과 같은 점에서 **객관적으로 일반인에게 성적 수치심이나 혐오감을 일으키게 하고 선량한 성적 도덕관념에 반하는 행위에 해당**하고, 그로 인하여 피해자의 성적 자유를 침해하였다고 봄이 타당하다. (1) 피고인과 피해자의 성별, 연령, 관계 등에 비추어 피고인의 행동은 선량한 성적 도덕관념에 반하는 행위임이 분명하고, 폭행과 추행이 동시에 이루어지는 **기습추행의 경우 공개된 장소이고 동석한 사람들이 있었다는 점은 추행 여부 판단의 중요한 고려요소가 된다고 보기 어렵다.** (2) 여성에 대한 추행에 있어 신체부위에 따라 본질적 차이가 있다고 볼 수 없을 뿐 아니라, 피고인의 첫 번째 행위로 인하여 피고인의 팔과 피해자의 목 부분이 접촉되었고 피해자의 머리가 피고인의 가슴에 닿았는바, 그 접촉부위 및 방법에 비추어 객관적으로 일반인에게 성적 수치심을 일으키게 할 수 있는 행위이다. (3) 피고인이 공소사실 행위 전후에 했던 말들, 즉 피해자 등이 나랑 결혼하려고 결혼 안하고 있다던가, 이년 머리끄댕이를 잡아 붙잡아야겠다는 등의 발언과 그 말에 대한 피해자와 동료 여직원의 항의내용에 비추어 보면, **피고인의 말과 행동은 피해자의 여성성을 드러내고 피고인의 남성성을 과시하는 방법으로 피해자에게 모욕감을 주는 것**

---

3) 전윤경, 형법판례 150선, 박영사(2016), 197면.

이라는 점에서 성적인 의도를 가지고 한 행위로 볼 수 있다. (4) 피해자는 피고인의 반복되는 행위에 그 자리에서 울음을 터뜨리기도 하였고, 당시의 감정에 대하여 '소름끼쳤다.'는 성적 수치심을 나타내는 구체적인 표현을 사용하였으며, **'성적 수치심과 모멸감, 불쾌함'을 느꼈다고 분명히 진술**하였는바, 이러한 피해자의 피해감정은 사회통념상 인정되는 성적 수치심에 해당한다. (5) 거래처 대표가 피고인의 행동을 가리켜 "이러면 미투다."라고 말한 것이 강제추행죄의 성부에 대한 법적 평가라고 할 수는 없더라도, 이는 피고인의 행동이 제3자가 보기에 성적 수치심을 일으키고 선량한 성적 도덕관념에 반하는 행위라고 인식되었다는 것을 의미한다. (6) 나아가 위와 같은 추행행위의 행태와 당시의 정황 등에 비추어 피고인의 **강제추행의 고의도 인정**되며, 피고인에게 성욕의 자극 등 주관적 동기나 목적이 없었다거나 피해자의 이직을 막고 싶은 마음에서 비롯된 동기가 있었다고 하더라도 추행의 고의를 인정하는 데 방해가 되지 않는다. ●**해설**● 대상 판결에서 대법원은, 팔로 목과 머리 부위를 감싸 끌어당기는 일명 '헤드락' 행위가 피고인과 피해자의 관계, 구체적인 행위태양, 행위 전후의 피고인의 언동 과 그 맥락 등에 비추어 강제추행죄의 추행에 해당한다고 판단하고 있다. 본 판결은, ① 폭행과 추행을 구분하는 표지인 '성적 의도'와 관련하여 '성 행위(성관계, 스킨십)와 관련된 의도'뿐 아니라 **피해자의 여성성을 드러내고 피고인의 남성성을 과시하는 방법**으로 피해자에게 모욕감을 주는 것'도 '성적 의도를 가지고 한 행위'로 볼 수 있다는 점을 밝혔고, ② 피해자가 울음을 터뜨리기도 했고 '소름끼쳤다.'는 성적 수치심을 나타내는 구체적인 표현을 사용한 점 등에 비추어, 피해자가 그와 함께 표현한 **'모멸감, 불쾌감'도 사회통념상 인정되는 '성적 수치심'에 해당된다**는 취지로 판시하였다는 데 의의가 있다. scourt.go.kr

2 [대판 2019도15994] 파기환송. [1] ['기습추행'의 의의 및 이에 해당하는지 판단하는 기준] 기습추행의 경우 추행행위와 동시에 저질러지는 폭행행위는 반드시 상대방의 의사를 억압할 정도의 것임을 요하지 않고 상대방의 의사에 반하는 유형력의 행사가 있기만 하면 그 힘의 대소강약을 불문한다는 것이 일관된 판례의 입장이다. 이에 따라 대법원은, ㉠ 피해자의 옷 위로 엉덩이나 가슴을 쓰다듬는 행위, ㉡ 피해자의 의사에 반하여 그 어깨를 주무르는 행위, ㉢ 교사가 여중생의 얼굴에 자신의 얼굴을 들이밀면서 비비는 행위나 ㉣ 여중생의 귀를 쓸어 만지는 행위 등에 대하여 피해자의 의사에 반하는 유형력의 행사가 이루어져 기습추행에 해당한다고 판단한 바 있다. [2] 미용업체인 갑 주식회사를 운영하는 피고인이 갑 회사의 가맹점에서 근무하는 을(여, 27세)을 비롯한 직원들과 노래방에서 회식을 하던 중 을을 자신의 옆자리에 앉힌 후 귓속말로 '일하는 것 어렵지 않냐. 힘든 것 있으면 말하라'고 하면서 갑자기 을의 볼에 입을 맞추고, 이에 을이 '하지 마세요'라고 하였음에도 계속하여 '괜찮다. 힘든 것 있으면 말하라. 무슨 일이든 해결해 줄 수 있다'고 하면서 **오른손으로 을의 오른쪽 허벅지를 쓰다듬어 강제로 추행**하였다는 내용으로 기소되었는데, 원심이 공소사실 전부를 무죄로 판단한 사안에서, 공소사실 중 피고인이 을의 허벅지를 쓰다듬은 행위로 인한 강제추행 부분에 대하여는, 을은 본인의 의사에 반하여 피고인이 자신의 허벅지를 쓰다듬었다는 취지로 일관되게 진술하였고, 당시 현장에 있었던 증인들의 진술 역시 피고인이 을의 허벅지를 쓰다듬는 장면을 목격하였다는 취지로서 을의 진술에 부합하는 점, **여성인 을이 성적 수치심이나 혐오감을 느낄 수 있는 부위인 허벅지를 쓰다듬은 행위는 을의 의사에 반하여 이루어진 것인 한** 을의 성적 자유를 침해하는 유형력의 행사에 해당할 뿐 아니라 일반인에게도 성적 수치심이나 혐오감을 일으키게 하는 추행행위라고 보아야 하는 점, 원심은 무죄의 근거로서 피고인이 을의 허벅지를 쓰다듬던 당시 을이 즉시 피고인에게 항의하거나 반발하는 등의 거부의사를 밝히는 대신 그 자리에 가만히 있었다는 점을 중시한 것으로 보이나, 성범죄 피해자의 대처 양상은 피해자의 성정이나 가해자와의 관계 및 구체적인 상황에 따라 다르게 나타날 수밖에 없다는

점에서 위 사정만으로는 강제추행죄의 성립이 부정된다고 보기 어려운 점 등을 종합할 때 기습추행으로 인한 강제추행죄의 성립을 부정적으로 볼 수 없을 뿐 아니라, 피고인이 저지른 행위가 자신의 의사에 반하였다는 을 진술의 신빙성에 대하여 합리적인 의심을 가질 만한 사정도 없다는 이유로, 이와 달리 보아 이 부분에 대하여도 범죄의 증명이 없다고 본 원심의 판단에 기습추행 내지 강제추행죄의 성립에 관한 법리를 오해한 잘못이 있다.

3 [대판 2012도3893] 피고인은 공터에서 피해자들이 놀고 있는 것을 발견하고 다가가 **피해자들을 끌어안고 손으로 피해자들의 음부 부위를 '갑자기' 1회 만졌다는 것**이고, 이와 더불어 적법하게 채택된 증거들에 의하여 인정되는 피고인과 피해자들의 관계, 피해자들의 연령과 의사, 위 행위에 이르게 된 경위와 당시의 상황, 위 행위 후의 피해자들의 반응 및 위 행위가 피해자들에게 미친 영향 등을 고려하여 보면, 피고인이 사탕과 호루라기를 매개로 피해자들에게 접근하면서 피해자들을 끌어안는 것에 대하여 피해자들이 별다른 저항을 하지 않았다고 하더라도 음부를 만지는 행위에 대해서까지 용인하였다고 보기는 어려우며, 결국 피고인의 위 행위는 **'순간적인 행위'**이지만 피해자들의 의사에 반하여 행하여진 유형력의 행사로서, 객관적으로 일반인에게 성적 수치심이나 혐오감을 불러일으키고 선량한 성적 도덕관념에 반하는 행위에 해당하고, 그로 인하여 **정신적·육체적으로 미숙한 피해자들의 심리적 성장 및 성적 정체성의 형성에 부정적 영향을 미쳤다고 할 것**이므로, 앞서 본 법리에 비추어 볼 때 강제추행행위에 해당한다.

4 [대판 2001도2417] [피해자와 춤을 추면서 **순간적으로** 피해자의 유방을 만진 행위가 강제추행에 해당된다고 한 사례] 피고인은 피고인의 처가 운영하는 식당의 지하실에서 종업원들인 피해자(35세의 유부녀) 및 다른 종업원 A와 노래를 부르며 놀던 중, A가 노래를 부르는 동안 피해자를 뒤에서 껴안고 부루스를 추면서 피해자의 유방을 만졌다. 피해자와 춤을 추면서 **피해자의 유방을 만진 행위가 '순간적인 행위'에 불과하더라도** 피해자의 의사에 반하여 행하여진 유형력의 행사에 해당하고 피해자의 성적 자유를 침해할 뿐만 아니라 일반인의 입장에서도 추행행위라고 평가될 수 있는 것으로서, **폭행행위 자체가 추행행위라고 인정되어 강제추행에 해당**된다.

* 대법원 2013. 9. 26. 선고 2013도5856 판결
* 참조조문: 형법 제298조[1]

강제추행죄의 주관적 구성요건으로 '성욕을 자극·흥분·만족시키려는 주관적 동기나 목적'이 있어야 하는가?

●**사실**● 피고인 X(남, 47세)는 일반음식점을 운영하는 자로, 피해자 A(여, 40세)와는 2009년경부터 2010년경 사이에 당시 X가 운영하던 '△△' 호프집을 같이 경영하는 등 서로 사귀었던 사이였다. X는 2012.4.23. 00:40경 자신이 운영하는 '○○' 호프집에서 자신에 대해 험담을 하고 다닌다는 소식을 듣고 항의하러 온 A와 실랑이를 하다 가게 안에 둘만 남게 되었다. X는 A의 머리채를 잡아 A를 그곳에 있는 테이블로 끌고 간 다음, A의 양팔을 잡아 그 곳에 있는 의자에 눕히고, A의 몸 위로 올라타 A를 반항하지 못하게 한 후 반항하는 A의 입술과 귀를 깨물고, 귀에 신음소리를 내고, 계속하여 A의 티셔츠와 브래지어를 끌어 내리고 A의 유두 및 가슴, 어깨 부위를 깨물고 A의 바지 사이에 손을 넣어 A의 음부를 만졌다. 이로 인해 A에게 약 21일간의 치료를 요하는 다발성 좌상(좌측 손, 팔, 가슴) 등을 입게 하였다. X는 A에 대해 폭행한 것일 뿐, 추행의 의사로 추행하였거나 추행하려고 한 바는 전혀 없다고 진술하고 있다. 검사는 X를 강제추행치상죄로 기소하였으나 제1심과 원심은 X의 강제추행 혐의에 대해 무죄를 선고하였다. 이에 검사가 상고하였다.

●**판지**● 파기환송. 「[1] '추행'이란 **객관적**으로 (가) 일반인에게 성적 수치심이나 혐오감을 일으키게 하고 (나) 선량한 성적 도덕관념에 반하는 행위로서 (다) 피해자의 성적 자유를 침해하는 것이고, 이에 해당하는지는 (라) 피해자의 의사, 성별, 연령, 행위자와 피해자의 이전부터의 관계, 행위에 이르게 된 경위, 구체적 행위태양, 주위의 객관적 상황과 그 시대의 성적 도덕관념 등을 종합적으로 고려하여 신중히 결정되어야 한다. 그리고 **강제추행죄의 성립에 필요한 주관적 구성요건으로 성욕을 자극·흥분·만족시키려는 주관적 동기나 목적이 있어야 하는 것은 아니다.**

[2] 피고인이, 알고 지내던 여성인 피해자 甲이 자신의 머리채를 잡아 폭행을 가하자 보복의 의미에서 甲의 입술, 귀, 유두, 가슴 등을 입으로 깨무는 등의 행위를 한 사안에서, 객관적으로 여성인 피해자의 입술, 귀, 유두, 가슴을 입으로 깨무는 행위는 일반적이고 평균적인 사람으로 하여금 성적 수치심이나 혐오감을 일으키게 하고 선량한 성적 도덕관념에 반하는 행위로서, 甲의 성적 자유를 침해하였다고 보는 것이 타당하다는 이유로, 피고인의 행위가 강제추행죄의 '추행'에 해당한다고 한 사례.

●**해설**● 1 강제추행죄는 음란한 행위라는 객관적 구성요건 요소의 인식을 넘어선 주관적 요소가 없으면 처벌할 수 없는 경향범으로 여겨졌다(주관설). 예를 들어 의사가 알몸의 환자를 건드려도 강제추행죄가 되지 않는 것은 음란한 주관적 경향이 없기 때문이라고 설명된다.

2 일반적으로 **경향범**이란 구성요건을 실현함에 있어서 일정한 방향으로 나아가려는 주관적 경향성이 요구되는 범죄를 말하고 이러한 경향성은 구성요건적 고의 이외에 추가로 요구되는 **초과주관적 구성요건요소**로 이해된다(목적범에서의 '**목적**'이나 표현범에서의 '**표현**'도 같다). 따라서 경향범의 경우에는 행위자의

---

1) 형법 제298조(강제추행) 폭행 또는 협박으로 사람에 대하여 추행을 한 자는 10년 이하의 징역 또는 1천500만원 이하의 벌금에 처한다.

주관적 경향성이 인정되어야 범죄가 성립할 수 있다고 보았다.

3 하지만 형법 제298조는 목적범의 경우와 달리 조문에 '음란한 경향'이 규정되어 있지는 않다. 때문에 강제추행죄의 성립에 있어 주관적 경향이나 동기는 문제되지 않는다는 (a) **객관설**과 추행은 객관적으로 일반인의 성적 수치심을 해하여 선량한 성적 도덕관념에 반하는 행위여야 하는 동시에, 주관적으로 행위자에게 성욕을 자극·흥분·만족할 목적이 있어야 한다고 보는 (b) **주관설(경향범설)**이 대립한다.

4 사안의 경우 X는 A의 입술과 귀 그리고 유두 및 가슴, 어깨 부위를 깨물고 손을 넣어 음부를 만진 사실은 모두 인정하고 있다. 그러나 자신은 예전에 사귀던 A와 실랑이를 하던 중 몸싸움을 하는 과정에서 정신없이 A의 몸을 물어 폭행한 것일 뿐, 추행의 의사로 추행하였거나 추행하려고 한 바는 전혀 없다고 항변하고 있다. A에 대해 어떠한 성적 수치심이나 혐오감을 야기할 만한 행위를 한다고는 생각하지 않았다고 주장하였다.

5 원심판단은 강제추행죄가 **경향범임을 전제**로 하여 이 사안에서는 이러한 경향성을 인정할 수 없다고 보아 범죄성립을 부정하였다. 즉 폭행행위 자체가 추행행위라고 인정될 수 있다고 하더라도, 「적어도 상대방에게 성적 수치심이나 혐오감을 야기할 만한 행위를 행한다는 인식하에 일반적인 입장에서 **성욕의 자극이나 만족을 구하려는 행태로 볼 만한 경향성이 드러나** 상대방의 성적 자유(성적자기결정권)를 폭력적 행태에 의하여 침해한 경우라고 평가할 수 있는 경우에야 비로소 형사책임의 영역에서 취급되는 강제추행죄의 죄책이 성립한다」고 본 것이다(대전고판 2013노37).

6 그러나 대법원은 강제추행죄의 성립에 필요한 **주관적 구성요건으로 성욕을 자극·흥분·만족시키려는 주관적 동기나 목적을 요하지 않는다(객관설)**고 판단하여 강제추행죄의 성립을 인정하고 있다. 「비록 피해자가 피고인의 머리채를 잡아 폭행을 가하자 이에 대한 보복의 의미에서 한 행위로서 성욕을 자극·흥분·만족시키려는 **주관적 동기나 목적이 없었다고 하더라도, 객관적으로** 여성인 피해자의 입술, 귀, 유두, 가슴을 입으로 깨무는 등의 행위는 일반적이고도 평균적인 사람으로 하여금 성적 수치심이나 혐오감을 일으키게 하고 선량한 성적 도덕관념에 반하는 행위에 해당하고, 그로 인하여 피해자의 성적 자유를 침해하였다고 봄이 타당하다」고 보아 X의 행위를 '추행'으로 평가하였다. 이와 같이, 판례는 행위자의 주관적 경향을 떠나 강제추행죄의 추행의 개념을 피해자의 성적 자기결정권의 보호라는 관점에서 파악하고 있다.

7 경향범을 인정하는 가장 큰 논거는 그것을 요건으로 하지 아니하고는 처벌범위를 한정하기가 어렵다는 점에 있다.[2] 하지만 근래에 들어 성범죄에 대한 시민의식이 크게 변화하고 있다. 성범죄에 대해 강한 처벌을 요구하고 성범죄 피해자의 시각이 강해짐에 따라 성적인 침해가 발생하여 행위자가 이를 인식하고 실행한 이상, 행위자에게 음란의 의도가 없더라도 강제추행죄의 구성요건해당성을 인정해야 한다는 생각도 강해지고 있다. 특히 행위자의 성적 의도 유무에 따라 피해자의 성적 자유가 침해 됐는지 여부가 결정되는 것은 곤란하다. 대상판결도 이를 반영하고 있다고 생각된다.

---

[2] 예를 들어, 객관설은 치료목적으로 여성의 유방을 만지는 행위나 수사목적의 강제적인 신체수색도 추행에 해당하게 되지만 단지 위법성이 조각된다고 본다. 이런 이유로 주관설은 성적 자극이나 만족을 추구하는 경향이 강제추행죄 성립에 있어서 필요하다고 주장한다.

8 하지만 "대상판결이 '강제추행죄의 성립을 위해 성욕을 자극, 흥분, 만족시키는 주관적 동기나 목적을 필요로 하지 않는다'고 해서 **쉽게 강제추행죄를 인정하여서는 위험**하고, 개별 사례마다 행위태양, 그와 같은 행위에 이르게 된 경위, 행위 당시의 상황, 행위 태양을 통해 엿보이는 피의자의 의사 등을 종합적으로 면밀히 따져 보아야 할 것"이라는 신중론도 있다.[3] 대법원도 주관적 동기나 목적은 요하지 않지만 강제추행죄가 피해자의 성적 자기결정권의 보호하는 범죄라는 관점에서 **추행의 정도는 피해자의 성적 자기결정의 자유를 침해할 정도는 되어야 한다**(대판 2011도8805, Ref 2).

Reference

강제추행죄에 있어서 '추행'의 의미와 판단 기준

1 [대판 2015도7102] [구 성폭력범죄의 처벌 등에 관한 특례법 제11조[4])에서 '공중밀집장소에서의 추행'을 처벌하는 취지 및 위 규정에서 정한 **'추행'의 의미와 판단 기준**] ●**사실**● 피고인 X는 2014.3.25. 08:10경 출근시간에 서울 동작구 사당동에 있는 지하철 2호선 사당역에서 서초역 구간을 지하철을 타고 이동하던 중 지하철 내에서 피해자 A(여, 28세)의 등 뒤에 밀착하여 무릎을 굽힌 후 성기를 A의 엉덩이 부분에 붙이고 앞으로 내미는 등의 행위를 하였다. 제1심은, 피고인이 피해자를 추행할 의도로 자신의 성기를 피해자에게 밀착시켰다고 볼 수도 있으나, 정작 피해자가 피고인의 추행 사실을 몰랐으므로 피해자의 성적 자유가 침해되었다고 볼 수 없고 따라서 추행이 기수에 이르렀다고 보기 어렵다는 이유로 X에게 무죄를 선고하였다. 하지만 원심은 X의 행위 즉, X가 자신의 성기를 피해자의 엉덩이에 밀착시킨 것은 객관적으로 일반인에게 성적 수치심이나 혐오감을 일으키게 하고 선량한 성적 도덕관념에 반하는 행위라고 보기에 충분하고, 따라서 X의 행위는 이미 성폭력처벌법위반(공중밀집장소에서의추행)죄의 기수에 이른 것이고, 이러한 결론은 **비록 피해자가 실제로 성적 수치심이나 혐오감을 느끼지 못하였다고 하더라도** 달라지지 아니한다고 판시하였다. 이에 X가 상고하였다. ●**판지**● 상고기각. [1] 구 성폭력범죄의 처벌 등에 관한 특례법(2020. 5. 19. 법률 제17264호로 개정되기 전의 것) 제11조는 '대중교통수단, 공연·집회 장소, 그 밖에 공중이 밀집하는 장소에서 사람을 추행한 사람'을 1년 이하의 징역 또는 300만 원 이하의 벌금에 처하도록 하고 있다. 입법 취지는 도시화된 현대사회에서 다중이 출입하는 공공연한 장소에서 추행 발생의 개연성과 함께 그에 대한 처벌의 필요성이 높아진 반면, 피해자와 접근이 용이하고 추행장소가 공개되어 있는 등의 사정으로 피해자의 **명시적·적극적인 저항이나 회피가 어려운 상황을 이용하여 유형력을 행사하는 것 이외의 방법으로 이루어지는 추행행위**로 말미암아 형법 등 다른 법률에 따른 처벌이 여의치 않은 상황에 대처하기 위한 것이다. 여기에서 **'추행'**이란 일반인을 기준으로 **객관적으로 성적 수치심이나 혐오감을 일으키게 하고 선량한 성적 도덕관념에 반하는 행위**로서 피해자의 성적 자기결정권을 침해하는 것을 말한다. 이에 해당하는지는 피해자의 성별, 연령, 행위자와 피해자의 관계, 그 행위에 이르게 된 경위, 구체적 행위 양태, 주위의 객관적 상황과 그 시대의 성적 도덕관념 등을 종합적으로 고려하여 신중히 결정해야 한다. [2] 피고인이 지하철 내에서 갑(여)의 등 뒤에 밀착하여 무릎을 굽힌 후 성기를 갑의 엉덩이 부분에 붙이고 앞으로 내미는 등 갑을 추행하였다고 하여 구 성폭력범죄의 처벌 등에 관한 특례법(2020.5.19. 법률 제17264호로 개정되기 전의 것) 위반(공중밀집장소에서의 추행)의 주위적 공소사실로 기소된 사안에서, 위 죄가 기수에 이르기 위해서는 객관적

---

3) 김영기, 형법판례 150선(2016), 199면.
4) 성폭력범죄의 처벌 등에 관한 특례법 제11조(공중 밀집 장소에서의 추행) 대중교통수단, 공연·집회 장소, 그 밖에 **공중이 밀집하는** 장소에서 사람을 **추행**한 사람은 1년 이하의 징역 또는 300만원 이하의 벌금에 처한다.

으로 일반인에게 성적 수치심이나 혐오감을 일으키게 할 만한 행위로서 선량한 성적 도덕관념에 반하는 행위를 행위자가 대상자를 상대로 실행하는 것으로 충분하고, 행위자의 행위로 말미암아 대상자가 성적 수치심이나 혐오감을 반드시 실제로 느껴야 하는 것은 아니라는 이유로 공소사실을 유죄로 인정한 원심판단이 정당하다고 한 사례.

2 [대판 2011도8805] 파기환송. [강제추행죄 구성요건 중 '추행'의 의미와 그 판단 기준] 피고인은 피해자 甲(여, 48세)이 자신의 말을 무시하고 식당 앞 도로에 주차하여 둔 차량으로 걸어가자 피해자의 뒤를 쫓아가 욕설을 하면서 자신의 바지를 벗어 성기를 보여주는 방법으로 강제추행하였다는 내용으로 기소된 사안에서, 甲의 성별·연령, 행위에 이르게 된 경위, 甲에 대하여 어떠한 신체 접촉도 없었던 점, 행위장소가 사람 및 차량의 왕래가 빈번한 도로로서 공중에게 공개된 곳인 점, 피고인이 한 욕설은 성적인 성질을 가지지 아니하는 것으로서 '추행'과 관련이 없는 점, 甲이 자신의 성적 결정의 자유를 침해당하였다고 볼 만한 사정이 없는 점 등 제반 사정을 고려할 때, 단순히 피고인이 바지를 벗어 자신의 성기를 보여준 것만으로는 폭행 또는 협박으로 '추행'을 하였다고 볼 수 없는데도, 이와 달리 보아 유죄를 인정한 원심판결에 강제추행죄의 추행에 관한 법리오해의 위법이 있다. cf) 강제추행죄는 가해자의 성욕을 자극하거나 만족시키려고 하는 성적 의도 하에 행하여야 짐을 요하지 않는다(객관설). 그러나 행위자의 행위가 피해자의 성적 자기결정권을 침해하려는 것이 아니면 강제추행죄는 성립되지 않는다. 강제추행죄의 추행은 피해자의 성적 자기결정권의 보호라는 관점에서 파악해야 한다. 즉 강제추행죄의 추행의 정도는 상대방인 피해자의 성적 자기결정의 자유를 침해할 정도의 것이어야 한다. 따라서 건전한 성풍속이라는 일반적인 사회적 법익을 보호하려는 목적을 가진 형법 제245조의 공연음란죄에서 정하는 '음란한 행위'(또는 이른바 과다노출에 관한 경범죄처벌법 제1조 제41호에서 정하는 행위)가 특정한 사람을 상대로 행하여졌다고 해서 반드시 그 사람에 대하여 '추행'이 된다고 말할 수 없고, 무엇보다도 문제의 행위가 피해자의 성적 자유를 침해하는 것으로 평가될 수 있어야 한다.

3 [대판 2009도2576] 초등학교 기간제 교사가 다른 학생들이 지켜보는 가운데 건강검진을 받으러 온 학생의 옷 속으로 손을 넣어 배와 가슴 등의 신체 부위를 만진 행위는, 설사 성욕을 자극·흥분·만족시키려는 주관적 동기나 목적이 없었더라도 객관적으로 일반인에게 성적 수치심이나 혐오감을 불러일으키고 선량한 성적 도덕관념에 반하는 행위라고 평가할 수 있고 그로 인하여 피해 학생의 심리적 성장 및 성적 정체성의 형성에 부정적 영향을 미쳤다고 판단되므로, 성폭력범죄의 처벌 및 피해자보호 등에 관한 법률 제8조의2 제5항에서 말하는 '추행'에 해당한다.

4 [대판 2005도6791] [초등학교 4학년 담임교사(남자)가 교실에서 자신이 담당하는 반의 남학생의 성기를 만진 행위가 미성년자의제강제추행죄에서 말하는 '추행'에 해당한다고 한 원심의 판단을 수긍한 사례] 형법 제305조의 미성년자의제강제추행죄는 '13세 미만의 아동이 외부로부터의 부적절한 성적 자극이나 물리력의 행사가 없는 상태에서 심리적 장애 없이 성적 정체성 및 가치관을 형성할 권익'을 보호법익으로 하는 것으로서, 그 성립에 필요한 주관적 구성요건요소는 고의만으로 충분하고, 그 외에 성욕을 자극·흥분·만족시키려는 주관적 동기나 목적까지 있어야 하는 것은 아니다. 원심은 그 설시 증거들을 종합하여 초등학교 4학년 담임교사(남자)인 피고인이 교실에서 자신이 담당하는 반의 남학생인 피해자의 성기를 4회에 걸쳐 만진 사실을 인정한 다음, 그와 같은 피고인의 각 행위는 비록 교육적인 의도에서 비롯된 것이라 하여도 교육

방법으로서는 적정성을 갖추고 있다고 볼 수 없고, 그로 인하여 정신적·육체적으로 미숙한 피해자의 심리적 성장 및 성적 정체성의 형성에 부정적 영향을 미쳤으며, 현재의 사회환경과 성적 가치기준·도덕관념에 부합되지 아니하므로, 형법 제305조에서 말하는 '추행'에 해당한다.

> 피해자를 도구로 삼아 피해자의 신체를 이용하여 추행행위를 한 경우, 강제추행죄의 간접정범에 해당하는가?

●**사실**● 피고인 X는 스마트폰 채팅 애플리케이션을 통하여 알게 된 피해자 A(여, 15세)와 B(여, 22세)로부터 은밀한 신체 부위가 드러난 사진을 전송받은 사실이 있고, A·B의 개인정보나 A·B의 지인에 대한 인적사항을 알게 된 것을 이용하여 A·B에게 시키는 대로 하지 않으면 기존에 전송받았던 신체 사진과 개인정보 등을 유포하겠다고 협박하였다. 이에 겁을 먹은 A·B는 어쩔 수 없이 나체나 속옷만 입은 상태로 스스로를 촬영하거나 성기에 이물질을 삽입하거나 자위를 하는 등의 행위를 촬영한 뒤, 7~11회에 걸쳐(7개월간) 그 동영상을 X에게 전송하였다.

검사는 X를 강제추행 혐의로 기소하였다. 제1심에서는 A에 대해서만 「아동·청소년의 성보호에 관한 법률」위반(강제추행)을 인정하고 B에 대해서는 강제추행의 점은 무죄를 선고하였다. 이에 반해 항소심은 A와 B에 대한 강제추행 사실을 모두 강제추행이 아닌 **강요죄를 인정**하였다. 이에 검사가 상고하였다.

●**판지**● 파기환송.「강제추행죄는 사람의 성적 자유 내지 성적 자기결정의 자유를 보호하기 위한 죄로서 정범 자신이 직접 범죄를 실행하여야 성립하는 **자수범이라고 볼 수 없으므로**, 처벌되지 아니하는 타인을 도구로 삼아 피해자를 강제로 추행하는 간접정범의 형태로도 범할 수 있다. 여기서 강제추행에 관한 간접정범의 의사를 실현하는 **도구로서의 타인에는 피해자도 포함**될 수 있으므로, **피해자를 도구로 삼아 피해자의 신체를 이용하여 추행행위를 한 경우에도 강제추행죄의 간접정범에 해당할 수 있다**」.

●**해설**● 1 대상판결은 강제추행죄가 자수범이 아님을 명시적으로 밝히고 있다는 점에 그 의의가 있다. 따라서 피해자를 도구로 삼아 피해자의 신체를 이용하여 추행행위를 한 경우에도 강제추행죄의 간접정범이 성립함이 분명해졌다. **자수범(自手犯)**은 정범 자신이 구성요건적 행위를 직접 실행하여야 범할 수 있는 범죄이기 때문에 간접정범의 성립은 불가능하다.

2 사안의 경우, 피해자 스스로 자신의 손으로 자신의 몸을 만지거나 자위를 하게 한 경우에도 강제추행죄가 성립할 수 있는지가 심급별로 결론을 달리하며 다투어지고 있다. 제1심에서는 강제추행을 인정하였지만, 항소심에서는 강요죄 성립을 인정하였다. 그러나 대법원에서는 다시 강제추행의 간접정범을 인정하였다. 이처럼 사안의 쟁점은 강제추행의 간접정범 성립을 인정할 것인가 아니면 단순 강요죄 성립을 인정할 것인가에 있다.

---

1) 형법 제34조(간접정범) ① 어느 행위로 인하여 **처벌되지 아니하는 자** 또는 과실범으로 처벌되는 자를 교사 또는 방조하여 범죄행위의 결과를 발생하게 한 자는 교사 또는 방조의 예에 의하여 처벌한다.
2) 형법 제298조(강제추행) 폭행 또는 협박으로 사람에 대하여 추행을 한 자는 10년 이하의 징역 또는 1천500만원 이하의 벌금에 처한다.
3) 아동·청소년의 성보호에 관한 법률 제7조(아동·청소년에 대한 강간·강제추행 등) ③ 아동·청소년에 대하여 「형법」제298조의 죄를 범한 자는 2년 이상의 유기징역 또는 1천만원 이상 3천만원 이하의 벌금에 처한다.

3 간접정범이란 타인을 도구로 하여 범죄를 실행하는 것으로 형법 제34조 제1항은 그 성립요건으로 「어느 행위로 인하여 **처벌되지 아니하는 자** 또는 과실범으로 처벌되는 자를 교사 또는 방조하여 범죄행위의 결과를 발생」하게 할 것을 요구한다. 그리고 강제추행죄에서 추행은 객관적으로 일반인에게 성적 수치심이나 혐오감을 일으키게 하고 선량한 성적 도덕관념에 반하는 행위로서 피해자의 성적 자유를 침해하는 것을 의미한다(【22】 참조).

4 원심은 X의 행위가 피해자의 신체에 대한 접촉이 있는 경우와 동등한 정도로 성적 수치심이나 혐오감을 주거나 성적 자기결정권을 침해하는 것이라고 보기 어렵다는 이유로 「아동·청소년의 성보호에 관한 법률」위반(강제추행) 및 강제추행에 관한 주위적 공소사실 전부를 무죄로 판단하였다.

5 하지만 대법원은 X의 비접촉 추행이 접촉과 동등한 행위로 볼 수 있다고 판단하여 강제추행죄의 간접정범을 인정하였다. 즉 「이러한 행위는 **피해자들을 도구로 삼아** 피해자들의 신체를 이용하여 그 성적 자유를 침해한 행위로서, 그 행위의 내용과 경위에 비추어 일반적이고도 평균적인 사람으로 하여금 성적 수치심이나 혐오감을 일으키게 하고 선량한 성적 도덕관념에 반하는 행위라고 볼 여지가 충분하다」고 평가한 것이다.

6 대상판결에 대해서는 다른 시각이 있다. "이 사건에서 피고인을 간접정범이 아니라 **직접정범**이라고 할 수도 있을 것이다. 강제추행죄는 반드시 피고인이 피해자의 신체에 접촉할 것을 요하는 범죄가 아니므로, 피고인의 강요행위 그 자체를 강제추행 행위라고 볼 수 있기 때문이다. …… 한편 피고인은 피해자 A 및 B 모두에게 성기에 볼펜을 삽입하여 자위하는 행위를 하도록 하였다. 그런데 이러한 행위는 단순히 강제추행죄가 아니라 **유사강간죄**에 해당된다. 따라서 검사는 강제추행죄 뿐만 아니라 유사강간죄로도 기소했어야 했고, 법원도 공소장변경을 요구했어야 했을 것이다."[4]

7 2018년 촉발된 미투운동을 계기로 성관련 범죄에 대한 인식이 크게 변화되고 있다. 법원도 근래 들어 강제추행죄를 비롯한 성범죄의 성립범위를 계속해 확장하고 있다. '기습추행의 인정'(【22】), '행위자의 성적 의도배제'(【23】), 성폭행이나 성희롱 사건 심리 시에 성인지감수성에 대한 고려 요청(【20】), 강제추행죄에서 폭행과 협박 의미의 완화(【21】) 그리고 대상판결의 '강체추행죄의 간접정범 인정' 등도 같은 맥락에서 이해될 수 있을 것이다[5].

---

4) 오영근, 2018년도 형법판례 회고, 형사판례연구[27], 2019, 542−543면.
5) 성적 자기결정권 침해 범죄에 대한 인식변화는 이미 십여 년 전부터 있어 왔다. ① 혼인빙자간음죄의에 대한 헌법재판소의 위헌판결(헌재 2008헌바58), ② 2012.12.18. 형법개정으로 강간죄, 강제추행죄, 준강간죄, 준강제추행죄의 친고죄 규정의 폐지, ③ 강간죄의 객체가 '부녀'에서 '사람'으로 변경, ④ 유사강간죄의 신설 등이 그러하다. 그리고 ⑤ 법원에서는 폭행이나 협박으로 **아내를 간음한 경우**에도 강간죄 성립을 인정하는 판례가 나왔다(대판 2012도14788 전원합의체).

Reference

---

1 [대판 2020도18285] [아동·청소년으로 하여금 스스로 자신을 대상으로 한 음란물을 촬영하게 한 경우 청소년성보호법위반(음란물제작·배포등)죄의 성립 여부] ●**사실**● 피고인이 공소외인 등 공범들과 공모하여 SNS 등을 통해 알게 된 아동·청소년들에게 거짓말을 하여 개인정보 탈취 사이트('피싱사이트')에 접속하도록 유도하여 트위터 계정 아이디와 비밀번호를 탈취하고, 이를 이용해 청소년인 피해자들이 트위터에 비공개로 저장해 놓은 나체 사진과 신상정보를 수집한 다음 이를 빌미로 피해자들을 협박하여 피해자들로 하여금 음란 사진 및 동영상을 촬영하게 하고 이를 텔레그램 단체대화방에 전송·게시하도록 함으로써 아동·청소년이용음란물을 제작하고, 아동·청소년인 피해자들을 협박하여 강제추행함과 동시에 아동인 피해자들에게 음란한 행위를 하게 하였다. ●**판지**● [1] 피고인이 아동·청소년으로 하여금 **스스로 자신을 대상으로 하는 음란물을 촬영**하게 한 경우 피고인이 직접 촬영행위를 하지 않았더라도 그 영상을 만드는 것을 기획하고 촬영행위를 하게 하거나 만드는 과정에서 구체적인 지시를 하였다면, 특별한 사정이 없는 한 아동·청소년이용음란물 '제작'에 해당하고, 이러한 촬영을 마쳐 재생이 가능한 형태로 저장이 된 때에 **제작은 기수**에 이른다. [2] 아동·청소년이용음란물의 제작에 있어서는 피고인이 해당 영상을 직접 촬영할 것을 요하지 않는 것으로 해석되는 바, 그 취지는 ① 모바일기기의 보급이 일반화됨에 따라 아동·청소년이용음란물의 제작은 매우 용이한 현실, ② 현재 정보통신매체의 기술 수준에서는 단순히 촬영한 영상물이 존재한다는 것만으로도 즉시 대량 유포 및 대량 복제가 가능하고, 제작에 관여한 사람의 의도와 관계없이 무차별적으로 유통에 제공될 가능성이 있고, …… 아동·청소년이용음란물 제작행위는 인간의 존엄과 가치에 정면으로 반하는 범죄로서 죄질과 범정이 매우 무겁고 비난가능성 또한 대단히 높다는 점에서 찾을 수 있다.

구 성폭력범죄의 처벌 등에 관한 특례법 제6조에서 정한 '신체적인 또는 정신적인 장애로 항거불능인 상태'의 의미 및 정신적인 장애가 주된 원인이 되어 '항거불능인 상태'에 있었는지 판단하는 기준

●**사실**● 피고인 X는 교회 장애인 모임의 부장이었고 피해자 A(여, 33세)는 정신지체 장애 3급의 장애인으로 같은 교회를 다니고 있었다. X는 2010.6.27. 17:00경 대구 서구 소재 삼지공원에서 A를 상대로 한 손으로 A의 어깨를 감싸고 다른 한 손으로 옷 속으로 가슴을 만지다가 A의 바지 지퍼를 내려 질 안에 손가락을 넣는 등 정신적인 장애로 항거불능인 상태에 있음을 이용하여 추행을 하였다. 검사는 X를 「성폭력범죄의 처벌 등에 관한 특례법」위반(장애인준강제추행죄)로 기소하였다. 제1심과 항소심은 A가 항거불능 상태에 있었다고는 보이지 않은 것으로 판단하여 무죄를 선고하였다. 이에 검사가 상고하였다.

●**판지**● **파기환송.** 「구 성폭력범죄의 처벌 등에 관한 특례법(2011.11.17. 법률 제11088호로 개정되기 전의 것, 이하 '구 성폭법'이라 한다) 제6조의 '신체적인 또는 정신적인 장애로 항거불능인 상태'란 (가) 신체적 또는 정신적 장애 그 자체로 항거불능의 상태에 있는 경우뿐 아니라 (나) 신체장애 또는 정신적인 장애가 주된 원인이 되어 심리적 또는 물리적으로 반항이 불가능하거나 현저히 곤란한 상태에 이른 경우를 포함하는 것으로 보아야 하고, (다) 그 중 **정신적인 장애가 주된 원인이 되어 항거불능인 상태**에 있었는지 여부를 판단함에 있어서는 피해자의 정신적 장애의 정도뿐 아니라 피해자와 가해자의 신분을 비롯한 관계, 주변의 상황 내지 환경, 가해자의 행위 내용과 방법, 피해자의 인식과 반응의 내용 등을 종합적으로 검토해야 한다.

나아가 장애인의 성적 자기결정권을 충실하게 보호하고자 하는 구 성폭법 제6조의 입법 취지에 비추어 보면, 위와 같은 '항거불능인 상태'에 있었는지 여부를 판단할 때에는 피해자가 정신적 장애인이라는 사정이 충분히 고려되어야 하므로, 외부적으로 드러나는 피해자의 지적 능력 이외에 정신적 장애로 인한 사회적 지능·성숙의 정도, 이로 인한 대인관계에서 특성이나 의사소통능력 등을 전체적으로 살펴 피해자가 **범행 당시에 성적 자기결정권을 '실질적으로' 표현·행사할 수 있었는지**를 신중히 판단하여야 한다」.

●**해설**● 1 형법 제299조는 정신적·신체적 사정으로 인하여 성적인 자기방어를 할 수 없는 사람의 성적 자기결정권을 보호해 주는 것을 보호법익으로 하며, 그 성적 자기결정권은 원치 않는 성적 관계를 거부할 권리라는 소극적 측면을 말한다.

2 사안에서 다투어진 점은 X가 A를 추행할 당시 A가 정신적인 장애로 인하여 항거불능의 상태에 있

---

1) 구 성폭력범죄의 처벌 등에 관한 특례법(2011.11.17. 법률 제11088호로 개정되기 전의 것) 제6조는 "신체적인 또는 정신적인 장애로 항거불능인 상태에 있음을 이용하여 여자를 간음하거나 사람에 대하여 추행을 한 사람은 형법 제297조(강간) 또는 제298조(강제추행)에서 정한 형으로 처벌한다."고 규정하고 있었다. 지금은 이법 **제6조 제4항으로 변경**되었다. 「**신체적인 또는 정신적인** 장애로 항거불능 또는 항거곤란 상태에 있음을 이용하여 사람을 간음하거나 추행한 사람은 제1항부터 제3항까지의 예에 따라 처벌한다」.
2) 형법 제299조(준강간, 준강제추행) 사람의 **심신상실 또는 항거불능의 상태를 이용**하여 간음 또는 추행을 한 자는 제297조, 제297조의2 및 제298조의 예에 의한다.

었는지 여부였다. 형법은 제299조를 두어 "심신상실 또는 항거불능의 상태를 이용하여 간음 또는 추행"을 할 경우 강간죄와 강제추행죄와 같은 형으로 처벌한다. **형법 제299조** 준강간죄에서 **「'심신상실'이란** 정신기능의 장애로 인하여 성적 행위에 대한 정상적인 판단능력이 없는 상태를 의미하고, **'항거불능'의 상태란** 심신상실 이외의 원인으로 심리적 또는 물리적으로 반항이 절대적으로 불가능하거나 현저히 곤란한 경우를 의미한다」(대판 2018도9781, Ref 4). 근래 대법원은 음주 후 준강간 또는 준강제추행을 당하였음을 호소한 피해자에 대한 준강간·준강제추행죄 성립에 대한 판단으로 알코올 블랙아웃(black out)과 의식상실(passing out)의 기준을 제시하고 있다(대판 2018도9781).

3 한편 '성폭법' 제6조의 '신체적인 또는 정신적인 장애로 항거불능인 상태'와 관련하여서 대법원은 사안에서와 같이 「(가) 신체적 또는 정신적 장애 그 자체로 항거불능의 상태에 있는 경우뿐 아니라 (나) 신체장애 또는 **정신적인 장애가 주된 원인이 되어 심리적 또는 물리적으로 반항이 불가능하거나 현저히 곤란한 상태**에 이른 경우를 포함하는 것」으로 판단하고 있다.

4 제1심과 원심은 피해자가 ① 폭력피해자 지원센터에 출석하여 진술을 하면서 조사일자와 시간은 물론 이 사건 공소사실 기재 범행 당시 피고인을 만난 시간, 공원으로 이동한 시간 등을 정확하고 명확하게 진술하고 있는 점 ② 피고인이 위와 같은 추행행위를 하였을 때, 피해자는 다리를 오므리는 등의 소극적인 저항행위를 하였던 점, ③ 비록 피해자가 정신지체 장애 3급의 장애인으로서 정상인에 비해 다소 지적 능력이 떨어지는 것으로 보이긴 하나 그로 인하여 사고능력이나 사리분별력 또는 성적 자기방어 능력이 현저히 떨어지거나 전혀 없는 상태에 있었다고는 보이지 아니한다고 보아 반항이 불가능하거나 현저히 곤란한 상태에 있지는 않은 것으로 판단하였다.

5 그러나 대법원은 「비록 피해자가 이 사건 범행 이후 추행의 경위에 관하여 상세히 진술하는 등 어느 정도의 지적 능력을 가진 것으로 보인다 하더라도, 피해자는 그 사회적 지능 내지 성숙도가 상당한 정도로 지체되어 **대인관계 내지 의사소통에 중대한 어려움**을 겪어 왔으며 이 사건 범행 당시에도 이러한 정신적 장애로 인하여 피고인의 성적 요구에 대한 거부의 의사를 분명하게 표시하지 못하거나 자신의 다리를 오므리는 것 이상의 적극적인 저항행위를 할 수 없었던 것으로 볼 여지가 충분하다. 나아가 …… 피해자가 범행 이후에 교회 전도사에게 위 추행 피해 사실을 이야기하였다거나 계속 만나자는 피고인의 요구를 거절하였다는 사정만으로 피해자가 이 사건 범행 당시에 성적 자기결정권을 실질적으로 표현·행사할 수 있었다고 단정할 수는 없다」고 판단하였다.

6 「성폭력범죄의 처벌 등에 관한 특례법」 제6조는 '신체적인 장애'가 있는 사람에 대하여 강간의 죄 또는 강제추행의 죄를 범하거나 위계 또는 위력으로써 그러한 사람을 간음한 사람을 처벌하고 있다. 위 규정에서 처벌하는 '신체적인 장애가 있는 사람에 대한 강간·강제추행 등의 죄'가 성립하려면 행위자가 **범행 당시** 피해자에게 이러한 신체적인 **장애가 있음을 인식**하여야 한다(대판 2016도4404).

준강간죄와 관련된 사례

1-1 [대판 2021도7497] 교회를 설립하여 **목사로 활동**하면서 교세를 확장하고 이와 함께 여러 사업체를 운영한 피고인이 교인들로 하여금 피고인의 사업체에서 일하면서 단체생활을 하도록 하고 교인들에게 마치 자신이 선지자인 것처럼 성경을 왜곡하여 설교하고 자신을 신격화함으로써 교인들에 대한 절대적인 지위를 유지하면서 여성 신도인 피해자들이 피고인의 절대적인 권위에 복종하고 의심조차 할 수 없는 **심리적 항거불능상태에 있음을 이용**하여 2015.12.경부터 2019.12.경까지 상습으로 5명의 피해자들을 추행, 간음, 유사간음하거나 간음하려다 미수에 그친 사안에 유죄가 인정된다.

1-2 [대판 2009도2001] [JMS사건] [준강간 · 강제추행죄에서 '항거불능의 상태'의 의미] [교회 노
회장이 교회 여신도들을 간음 · 추행한 사안에서, 교회 여신도들이 종교적 믿음에 대한 충격 등 정신적 혼란으로 인한 항거불능의 상태에 있었다고 보아 교회 노회장에게 **준강간 · 강제추행죄 등 을 인정**한 사례] 피해자가 피고인에 대하여 갖고 있던 믿음과 경외감, 추행 당시의 피고인 및 피해자의 행위 내용과 태도, 그 당시 피해자를 둘러싼 제반 환경과 피해자의 심리상태, 연령, 지적능력 등에 비추어 보면, 피고인에 대한 종교적 믿음이 무너지는 정신적 충격을 받으면서 피고인의 행위가 종교적으로 필요한 행위로서 이를 용인해야 하는지에 관해 판단과 결정을 하지 못한 채 곤혹과 당황, 경악 등 정신적 혼란을 겪어 피고인의 행위를 거부하지 못하는 한편, 피고인의 행위를 그대로 용인하는 다른 신도들이 주위에 있는 상태에서 위와 같은 정신적 혼란이 더욱 가중된 나머지, 피고인의 행위가 성적(性的) 행위임을 알면서도 이에 대한 반항이 현저하게 곤란한 상태에 있었다고 판단하고, 피고인의 위 피해자에 대한 이 사건 준강제추행의 공소사실에 대하여 무죄를 선고한 제1심 판결을 파기하고 유죄를 인정하였다. 앞서 본 법리와 기록에 비추어 살펴보면, 원심의 위와 같은 사실인정 및 판단은 사실심 법관의 합리적인 자유심증에 따른 것으로 정당하다.   cf) "저항할 수 없는 세뇌"를 인정함.

2 [대판 2018도19295] 준강간죄에서 실행의 착수 시기는 피해자의 심신상실 또는 항거불능의 상태를 이용하여 간음을 할 의도를 가지고 간음의 수단이라고 할 수 있는 행동을 시작한 때로 보아야 한다. …… 피고인이 피해자 갑(여, 18세)과 성관계를 할 의사로 술에 취하여 모텔 침대에 잠들어 있는 갑의 속바지를 벗기다가 갑이 깨어나자 중단함으로써 갑의 항거불능 상태를 이용하여 간음하려다가 미수에 그쳤다고 하여 아동 · 청소년의 성보호에 관한 법률 위반(준강간)으로 기소된 사안에서, 피고인이 갑의 속바지를 벗기려던 행위는 간음의 의도를 가지고 간음의 수단이라고 할 수 있는 행동을 시작한 것으로서 준강간죄의 실행에 착수한 것이라고 한 사례.

3 [대판 2018도16002 전원합의체] [준강간죄에 있어 불능미수의 성부] ●사실● 피고인 X는 2017.4.17. 22:30경 자신의 집에서 자신의 처 그리고 피해자 A와 함께 술을 마시다가 다음날 01:00경 처가 먼저 잠이 들고 02:00경 A도 안방으로 들어가자 A를 따라 들어간 뒤, 누워 있는 A의 옆에서 A의 가슴을 만지고 팬티 속으로 손을 넣어 음부를 만지다가, 몸을 비틀고 소리를 내어 상황을 벗어나려는 A의 입을 막고 바지와 팬티를 벗긴 후 1회 간음하여 강간하였다. X는 A가 술에 만취하여 **항거불능의 상태에 있다고 오인**하여 누워 있는 A를 위와 같은 방법으로 1회 간음하였으나 실제로는 A가 반항이 불가능할 정도로 술에 취하지는 않았다. 군검사는 X에 대해 강간을 주위적 공소사실로 준강간을 예비적 공소사실로 기소하였다. 제1심은 군

검사가 제출한 증거들만으로는 항거를 불가능하게 하거나 현저히 곤란하게 할 정도의 폭행 또는 협박이 있었을 것이라고 쉽사리 단정할 수 없다는 등의 이유로 ① 주위적 공소사실인 **강간 부분은 무죄**로 판단하고, ② 예비적 공소사실인 **준강간 부분을 유죄**로 판단하였다. 이에 피고인만 항소하였다. 원심은 X가 이 사건 당시 심신상실 또는 항거불능의 상태에 있었다고 인정하기에 부족하다는 이유로 ① 제1심에서 유죄가 인정된 **준강간 부분에 대해서는 무죄**로 판단하고, ② 예비적 공소사실로 추가한 **준강간의 불능미수 부분에 대해서는 유죄**로 판단하였다. 이에 X는 유죄부분에 대해서 상고하였다. ●판지● 상고기각. [다수의견] 피고인이 피해자가 심신상실 또는 항거불능의 상태에 있다고 인식하고 그러한 상태를 이용하여 간음할 의사로 피해자를 간음하였으나 피해자가 실제로는 심신상실 또는 항거불능의 상태에 있지 않은 경우에는, 실행의 수단 또는 대상의 착오로 인하여 준강간죄에서 규정하고 있는 **구성요건적 결과의 발생이 처음부터 불가능**하였고 실제로 그러한 결과가 발생하였다고 할 수 없다. 피고인이 준강간의 실행에 착수하였으나 범죄가 기수에 이르지 못하였으므로 **준강간죄의 미수범**이 성립한다. (가) 피고인이 **행위 당시에 인식한 사정**을 놓고 (나) **일반인이 객관적으로 판단**하여 보았을 때 준강간의 **결과가 발생할 위험성**이 있었으므로 준강간죄의 불능미수가 성립한다.

4 [대판 2018도9781] 파기환송. [**준강제추행죄와 블랙아웃**] [1] 준강간죄에서 '**심신상실**'이란 정신기능의 장애로 인하여 성적 행위에 대한 정상적인 판단능력이 없는 상태를 의미하고, '**항거불능**'의 상태란 심신상실 이외의 원인으로 심리적 또는 물리적으로 반항이 절대적으로 불가능하거 나 현저히 곤란한 경우를 의미한다. 이는 준강제추행죄의 경우에도 마찬가지이다. 피해자가 깊은 잠에 빠져 있거나 술·약물 등에 의해 일시적으로 의식을 잃은 상태 또는 완전히 의식을 잃지는 않았더라도 그와 같은 사유로 정상적인 판단능력과 대응·조절능력을 행사할 수 없는 상태에 있었다면 준강간죄 또는 준강제추행죄에서의 심신상실 또는 항거불능 상태에 해당한다. [3] (가) 의학적 개념으로서의 '**알코올 블랙아웃(black out)**'은 중증도 이상의 알코올 혈중농도, 특히 단기간 폭음으로 알코올 혈중농도가 급격히 올라간 경우 그 알코올 성분이 외부 자극에 대하여 기록하고 해석하는 인코딩 과정(기억형성에 관여하는 뇌의 특정 기능)에 영향을 미침으로써 행위자가 일정한 시점에 진행되었던 사실에 대한 기억을 상실하는 것을 말한다. 알코올 블랙아웃은 인코딩 손상의 정도에 따라 단편적인 블랙아웃과 전면적인 블랙아웃이 모두 포함한다. 그러나 알코올의 심각한 독성화와 전형적으로 결부된 형태로서의 의식상실의 상태, 즉 알코올의 최면진정 작용으로 인하여 수면에 빠지는 **의식상실(passing out)과 구별**되는 개념이다. (나) 따라서 음주 후 준강간 또는 준강제추행을 당하였음을 호소한 피해자의 경우, ㉠ 범행 당시 알코올이 위의 기억형성의 실패만을 야기한 알코올 블랙아웃 상태였다면 피해자는 기억장애 외에 인지기능이나 의식 상태의 장애에 이르렀다고 인정하기 어렵지만, ㉡ 이에 비하여 피해자가 술에 취해 수면상태에 빠지는 등 의식을 상실한 패싱아웃 상태였다면 심신상실의 상태에 있었음을 인정할 수 있다. …… 피해자의 단편적인 모습만으로 피해자가 단순히 '알코올 블랙아웃'에 해당하여 심신상실 상태에 있지 않았다고 단정하여서는 안 된다.

5 [대판 2012도12714] [**장애인에 대한 준강간죄의 성립요건**] 구 성폭력범죄의 처벌 등에 관한 특례법(2011.11.17. 법률 제11088호로 개정되기 전의 것) 제6조는 장애인의 성적 자기결정권을 보호법익으로 하므로, 피해자가 지적 장애등급을 받은 장애인이라고 하더라도 **단순한 지적 장애 외에 성적 자기결정권을 행사하지 못할 정도의 정신장애를 가지고 있다는 점이 증명되어야** 하고, 피고인도 간음 당시 피해자에게 이러한 정도의 정신장애가 있음을 인식하여야 한다.

준강간죄에서 실행의 착수 시기

6-1 [대판 99도5187] 피고인은 피해자가 잠을 자는 사이에 피해자의 바지와 팬티를 발목까지 벗기고 윗옷을 가슴 위까지 올린 다음, 피고인의 바지를 아래로 내린 상태에서 피해자의 가슴, 엉덩이, 음부 등을 만지고 피고인이 성기를 피해자의 음부에 삽입하려고 하였으나 피해자가 몸을 뒤척이고 비트는 등 잠에서 깨어 거부하는 듯한 기색을 보이자 더 이상 간음행위에 나아가는 것을 포기한 사실을 알아볼 수 있는바, 사실관계가 그와 같다면 피고인의 행위를 전체적으로 관찰할 때, 피고인은 잠을 자고 있는 피해자의 **옷을 벗기고** 자신의 바지를 내린 상태에서 피해자의 **음부 등을 만지는 행위를 한 시점**에서 피해자의 항거불능의 상태를 이용하여 간음을 할 의도를 가지고 간음의 수단이라고 할 수 있는 행동을 시작한 것으로서 **준강간죄의 실행에 착수하였다고 보아야 할 것**이고, 그 후 피고인이 위와 같은 행위를 하는 바람에 피해자가 잠에서 깨어나 피고인이 성기를 삽입하려고 할 때에는 객관적으로 항거불능의 상태에 있지 아니하였다고 하더라도 **준강간미수죄의 성립에 지장이 없다**고 할 것이다.

6-2 [대판 2018도19295] 피고인이 피해자 갑(여, 18세)과 성관계를 할 의사로 술에 취하여 모텔 침대에 잠들어 있는 갑의 **속바지를 벗기다가 갑이 깨어나자 중단**함으로써 갑의 항거불능 상태를 이용하여 간음하려다가 미수에 그쳤다고 하여 아동·청소년의 성보호에 관한 법률 위반(준강간)으로 기소된 사안에서, 피고인이 갑의 속바지를 벗기려던 행위는 간음의 의도를 가지고 간음의 수단이라고 할 수 있는 행동을 시작한 것으로서 준강간죄의 실행에 착수한 것이다.

7 [대판 98도4355] 원심은 피고인이 술에 취하여 안방에서 잠을 자고 있던 피해자를 발견하고 갑자기 욕정을 일으켜 피해자의 옆에 누워 피해자의 몸을 더듬다가 피해자의 바지를 벗기려는 순간 **피해자가 어렴풋이 잠에서 깨어났으나** 피해자는 잠결에 자신의 바지를 벗기려는 **피고인을 자신의 애인으로 착각하여 반항하지 않고 응함에 따라** 피해자를 1회 간음한 사실을 인정한 다음, 이와 같이 피해자가 잠결에 피고인을 자신의 애인으로 잘못 알았다고 하더라도 피해자의 위와 같은 의식상태를 **심신상실의 상태에 이르렀다고 보기 어렵고** 달리 피해자가 심신상실의 상태에 이르렀다고 인정할 증거가 없다는 이유로 피고인에 대하여 무죄를 선고한 제1심판결을 유지하고 검사의 항소를 기각하였다. 기록에 의하면 원심이 인정한 사실 이외에도 피해자는 안방에서 잠을 자고 있던 중 피고인이 안방에 들어오자 (가) 피고인을 자신의 애인으로 잘못 알고 **불을 끄라고 말하였고**, (나) 피고인이 자신을 애무할 때 **누구냐고 물었으며**, (다) 피고인이 여관으로 가자고 제의하자 **그냥 빨리 하라고 말한 사실**을 알 수 있으므로, 피고인의 이 사건 간음행위 당시 피해자가 **심신상실상태에 있었다고 볼 수 없다**고 본 원심의 사실인정과 판단은 정당하다.

> 행위자가 간음의 목적으로 피해자에게 오인, 착각, 부지를 일으키고 피해자의 그러한 심적 상태를 이용하여 간음의 목적을 달성한 경우, 위계에 의한 간음죄가 성립하는가?

●**사실**● 2014.7. 중순경 36세 남성인 피고인 X는 고등학교 2학년(가상의 인물 Y) 행세를 하며 채팅 애플리케이션을 통하여 14세의 피해자 A를 사귀게 되었다. 그 과정에서 X는 한편으로는 Y를 스토킹하는 여성(가상의 인물 Z)의 행세까지 하며 A에게 자신도 Y를 좋아하는 데 Y를 좋아한다면 무엇이든 해야 한다고 도발하는 한편, Y의 행세도 하며 A에게 자신을 스토킹하는 여성 때문에 너무 힘들고 만약 자신과 헤어지기 싫다면 그 여성의 요청대로 자신의 선배와 성관계를 해달라고 부탁하였다. 이러한 도발과 부탁은 여러 차례 반복되었다. 결국 Y와 헤어질 것이 두려웠던 A는 Y의 선배를 만나 성관계하는 데에 동의하였고, 이를 위해 새벽에 고속버스를 타고 X가 지정한 장소로 이동하였다. X는 Y의 선배 행세를 하며 A와 간음하였다.

검사는 X를 「아동·청소년의 성보호에 관한 법률」 제7조 제5항에 규정된 **'위력'에 의한 간음죄**로 기소하였으나 제1심은 무죄를 선고하였다. 이에 검사는 공소사실을 변경하여 동일 조문에 규정된 **'위계'에 의한 간음죄**로 변경하여 항소하였으나 원심은 피고인이 위계로써 피해자를 간음하였음을 인정할 증거가 없다고 보아 무죄를 선고하였다. 이에 검사가 상고하였다.

> ●**판지**● 파기환송. 「[1] 위계에 의한 간음죄에서 **'위계'란 행위자의 행위목적을 달성하기 위하여 피해자에게 오인, 착각, 부지를 일으키게 하여 이를 이용**하는 것을 말한다. 이러한 위계의 개념 및 성폭력범행에 특히 취약한 사람을 보호하고 행위자를 강력하게 처벌하려는 입법 태도, 피해자의 인지적·심리적·관계적 특성으로 온전한 성적 자기결정권 행사를 기대하기 어려운 사정 등을 종합하면, 행위자가 간음의 목적으로 피해자에게 오인, 착각, 부지를 일으키고 피해자의 그러한 심적 상태를 이용하여 간음의 목적을 달성하였다면 위계와 간음행위 사이의 **인과관계를 인정**할 수 있고, 따라서 위계에 의한 간음죄가 성립한다.
>
> 왜곡된 성적 결정에 기초하여 성행위를 하였다면 왜곡이 발생한 지점이 성행위 그 자체인지 성행위에 이르게 된 동기인지는 성적 자기결정권에 대한 침해가 발생한 것은 마찬가지라는 점에서 핵심적인 부분이라고 하기 어렵다. 피해자가 오인, 착각, 부지에 빠지게 되는 대상은 간음행위 자체일 수도 있고, 간음행위에 이르게 된 동기이거나 간음행위와 결부된 금전적·비금전적 대가와 같은 요소일 수도 있다.

---

1) 아동·청소년의 성보호에 관한 법률 제7조(아동·청소년에 대한 강간·강제추행 등) ① 폭행 또는 협박으로 아동·청소년을 강간한 사람은 무기징역 또는 5년 이상의 유기징역에 처한다. ② 아동·청소년에 대하여 폭행이나 협박으로 다음 각 호의 어느 하나에 해당하는 행위를 한 자는 5년 이상의 유기징역에 처한다. 1. 구강·항문 등 신체(성기는 제외한다)의 내부에 성기를 넣는 행위 2. 성기·항문에 손가락 등 신체(성기는 제외한다)의 일부나 도구를 넣는 행위 ③ 아동·청소년에 대하여 「형법」 제298조의 죄를 범한 자는 2년 이상의 유기징역 또는 1천만원 이상 3천만원 이하의 벌금에 처한다. ④ 아동·청소년에 대하여 「형법」 제299조의 죄를 범한 자는 제1항부터 제3항까지의 예에 따른다. ⑤ **위계 또는 위력으로써 아동·청소년을 간음하거나 아동·청소년을 추행**한 자는 제1항부터 제3항까지의 예에 따른다. ⑥ 제1항부터 제5항까지의 미수범은 처벌한다.

2) 형법 제302조(미성년자 등에 대한 간음) 미성년자 또는 심신미약자에 대하여 **위계 또는 위력으로써** 간음 또는 추행을 한 자는 5년 이하의 징역에 처한다.

다만 행위자의 위계적 언동이 존재하였다는 사정만으로 위계에 의한 간음죄가 성립하는 것은 아니므로 위계적 언동의 내용 중에 **피해자가 성행위를 결심하게 된 중요한 동기를 이룰 만한 사정이 포함되어 있어 피해자의 자발적인 성적 자기결정권의 행사가 없었다고 평가할 수 있어야 한다.** 이와 같은 인과관계를 판단할 때에는 피해자의 연령 및 행위자와의 관계, 범행에 이르게 된 경위, 범행 당시와 전후의 상황 등 여러 사정을 종합적으로 고려하여야 한다.

한편 위계에 의한 간음죄가 보호대상으로 삼는 아동·청소년, 미성년자, 심신미약자, 피보호자·피감독자, 장애인 등의 성적 자기결정 능력은 그 나이, 성장과정, 환경, 지능 내지 정신기능 장애의 정도 등에 따라 **개인별로 차이**가 있으므로 간음행위와 인과관계가 있는 위계에 해당하는지 여부를 판단할 때에는 구체적인 범행 상황에 놓인 피해자의 입장과 관점이 충분히 고려되어야 하고, **일반적·평균적 판단능력을 갖춘 성인 또는 충분한 보호와 교육을 받은 또래의 시각에서 인과관계를 쉽사리 부정하여서는 안 된다.**

[2] 14세에 불과한 아동·청소년인 피해자는 36세 피고인에게 속아 자신이 갑의 선배와 성관계를 하는 것만이 갑을 스토킹하는 여성을 떼어내고 갑과 연인관계를 지속할 수 있는 방법이라고 오인하여 갑의 선배로 가장한 피고인과 성관계를 하였고, 피해자가 위와 같은 오인에 빠지지 않았다면 피고인과의 성행위에 응하지 않았을 것인데, 피해자가 **오인한 상황은 피해자가 피고인과의 성행위를 결심하게 된 중요한 동기가 된 것으로 보이고, 이를 자발적이고 진지한 성적 자기결정권의 행사에 따른 것이라고 보기 어렵다**는 이유로, 피고인은 간음의 목적으로 피해자에게 오인, 착각, 부지를 일으키고 피해자의 그러한 심적 상태를 이용하여 피해자를 간음한 것이므로 이러한 피고인의 간음행위는 위계에 의한 것이라고 평가할 수 있음에도 이와 달리 본 원심판결에 위계에 의한 간음죄에 관한 법리오해의 위법이 있다」.

●**해설**● 1 본 판결은 위계에 의한 간음죄에서 행위자가 간음의 목적으로 상대방에게 일으킨 오인, 착각, 부지는 간음행위 자체에 대한 오인, 착각, 부지를 말하는 것이지 간음행위와 불가분적 관련성이 인정되지 않는 **다른 조건에 관한** 오인, 착각, 부지를 가리키는 것은 아니라는 취지의 **종전 판례의 입장을 변경하였다는 점에서 의의**가 크다. 즉 종전보다 '위계'의 의미를 넓게 해석하여 가벌의 범위를 확장시켰다.

2 원심은 종전 대법원의 입장에 따라, 「아동·청소년의 성보호에 관한 법률 제7조 제5항에 규정된 위계에 의한 아동·청소년의 간음죄에 있어서 **위계라 함은** 행위자가 간음의 목적으로 상대방에게 오인, 착각, 부지를 일으키고는 상대방의 그러한 심적 상태를 이용하여 간음의 목적을 달성하는 것을 말하는 것이고, **여기에서 오인, 착각, 부지란 간음행위 자체에 대한 오인, 착각, 부지를 말하는 것이지, 간음행위와 불가분적 관련성이 인정되지 않는 다른 조건에 관한 오인, 착각, 부지를 가리키는 것은 아니다**」(대판 2001도5074)라고 판시하여, 피해자가 간음행위와 불가분적 관련성이 인정되지 않는 다른 조건에 관하여 피고인에게 속았던 것뿐이므로 피고인의 간음행위는 형법 등에서 처벌대상으로 규정하는 위계에 의한 것이 아니라고 보아 무죄를 선고하였다.[3]

---

3) 피해자가 이 사건 당시 16세 남짓된 상업고등학교 1학년 여학생으로 종전에 성경험이 있었고, 이 사건 당일 컴퓨터 채팅을 통하여 피고인으로부터 성관계를 가지면 50만 원을 주겠다는 제의를 받자 이를 승낙한 뒤 자신의 집이 비어 있다면서 피고인으로 하여금 같은 날 23:00경 자신의 집으로 찾아오도록 하여 피고인과 성교행위를 한 사실을 인정하고, 그렇다면 피해자는 성교에 대한 사리판단력이 있는 사람으로서 피고인으로부터 성교의 대가를 받기로 하고 스스로 성교행위에 나아간 것이므로 공소사실 기재와 같이 피고인이 피해자에게 성교의 대가로 50만 원을 줄 의사나 능력이 없으면서도 위 돈을 주겠다고 거짓말을 하고 **피해자가 이 말에 속아 피고인과 성교행위를 하였다고 하더라도,** 사리판단력이 있는 피해자에 관하여는 그러한 **금품의 제공과 성교행위**

3 즉 원심은 이 사건에서 피해자는 **성교의 의미를 제대로 알고 자의에 의해서 피고인과 성교를 한 것임**이 공소사실 자체에 의해서 명백하고, 피해자는 간음행위 자체가 아닌 '성관계하는 장면을 촬영하여 스토킹하는 여자에게 보내주면 그 여자가 떨어져 나간다.'라는 **간음행위와 불가분적 관련성이 인정되지 않는 다른 조건**에 관하여 피고인에게 속았던 것뿐이므로, 피고인의 위 행위를 '**위계**'에 해당한다고 할 수 없다고 보았다.

4 이처럼 종전의 판례는 '위계'의 의미를 엄격히 해석하여 (당벌성 있는 행위임에도) 그 가벌의 범위를 줄이고 있는데 이는 특별법상의 가중된 형벌에서 이유를 찾을 수 있다.「아동·청소년의 성보호에 관한 법률」제7조 제5항의 법정형은 제1항의 강간의 형과 같은 "무기징역 또는 5년 이상의 유기징역"이다. 법원은 아무리 미성년자의 성적 자기결정권에 대한 보호가 크다 하더라도 성관계에 이르는 과정에서 판단을 그르치게 하는 행위의 불법성이 강간죄의 그것과 같이 볼 수 없어 '위계'의 의미를 축소 해석한 것으로 보인다.

5 하지만 법원은 형벌체계상의 불합리성에도 불구하고 본 판결을 통해 아동·청소년을 위한 법적 안전망을 강화하는 쪽으로 입장을 바꾸었다. 이러한 **형사정책적 입장 전환**이 [보충의견]에 잘 나와 있다. 「성폭력 범죄를 규율하는 형법, 성폭력처벌법, 청소년성보호법은 역동적으로 개정되었으며 특히 **폭행·협박에 이르지 않는 수단에 의한 성폭력 범죄에서 처벌을 강화**하고 피해자를 보호하려는 경향이 뚜렷하게 확인된다. 이는 …… **지금 우리 사회에서 발생하는 성폭력 범죄에 제대로 대처할 수 없다는 문제의식**에서 비롯되었다. …… 특히 주목할 만한 법 개정은 **13세에서 15세 사이**의 아동·청소년의 성을 보호하는 규정이다. 청소년성보호법의 2019.1.15.자 개정으로 19세 이상의 사람이 위 아동·청소년의 궁박한 상태를 이용하여 간음·추행한 행위를 처벌하게 되었다가(청소년성보호법 제8조의2), 형법의 2020.5.19.자 개정으로 19세 이상의 사람이 **13세에서 15세 사이의 아동·청소년을 간음·추행하면 수단의 강제성 유무 및 정도를 묻지 않고 처벌**하게 되었다(형법 제305조 제2항)[4]. 이 사건 피해자는 14세, 피고인은 36세이므로 위와 같은 개정법 하에서는 수단을 불문하고 처벌대상이 된다. 성개방과 성 상품화 풍조가 만연하면서 사회문화적으로 아동·청소년에 대한 성 착취의 위험이 증가하고 있음에도, 아동·청소년은 성행위 및 그 상대방을 선택하는 사회규범과 성행위의 상호반응에 대해 충분히 알지 못하기 때문에 온전하게 성적 자기결정권을 행사하거나 자신을 방어하기 어렵다는 점은 이미 지적한 바와 같다. 이들은 폭행·협박이나 위계·위력이 없다고 하더라도 자신의 의지를 넘어서는 여러 복합적인 요인이 개입된 상황에서 어쩔 수 없이 성행위에 응하는 경우가 있고, 그 결과 자신을 착취하고 학대하며 해를 끼치는 성행위의 대상이 된다. 이들의 성적 관계 맺기와 의사결정에 대한 이해를 바탕으로 **설령 성행위에 동의한 듯이 보이더라도 착취적이고 학대적인 성적 피해를 입을 수 있다는 사실을 인정하고 아동·청소년을 위한 법적 안전망을 강**

사이에 불가분의 관련성이 인정되지 아니하는 만큼 이로 인하여 피해자가 간음행위 자체에 대한 착오에 빠졌다거나 이를 알지 못하였다고 할 수 없다는 이유로 피고인의 행위가 특별법 제10조 제4항의 '위계'로 청소년인 피해자를 간음한 것에 해당하지 아니한다(대판 2001도5074).

4) **2020년 형법의 개정**으로 제305조 제2항이 신설되었다. 따라서 이제는 "**13세 이상 16세 미만의 사람**"에 대해 본 사안과 같은 행위가 이루어지면 당연히 범죄가 성립하게 된다. 제305조(미성년자에 대한 간음, 추행) ① **13세 미만의 사람**에 대하여 간음 또는 추행을 한 자는 제297조, 제297조의2, 제298조, 제301조 또는 제301조의2의 예에 의한다. ② **13세 이상 16세 미만의 사람**에 대하여 간음 또는 추행을 한 **19세 이상의 자**는 제297조, 제297조의2, 제298조, 제301조 또는 제301조의2의 예에 의한다. [신설 2020.5.19.]

화하여야 한다. …… 결과적으로 **위와 같은 입법은 16세 미만자가 성행위에 동의한 외관이 있다 하더라도 이를 쉽게 진정한 성적 자기결정권의 행사로 볼 수 없다는 인식을 전제**로 한다. 따라서 16세 미만자의 성행위는 형식적으로 성적 자기결정권 행사를 존중한다는 측면으로 접근하기보다는 보호되어야 할 성이 침해되었는지 여부의 측면으로 접근하는 것이 타당」하다. 이와 같이 위계적 언동의 내용 중에 피해자가 성행위를 결심하게 된 중요한 동기를 이룰 만한 사정이 포함되어 있어 피해자의 자발적인 성적 자기결정권의 행사가 없었다고 평가할 수 있어야 본 죄가 성립하고, **간음행위와 인과관계가 있는 위계에 해당하는지 여부**를 판단함에 있어서는 구체적인 범행 상황에 놓인 **피해자의 입장과 관점을 충분히 고려**하여야 한다는 설시를 통해 인과관계 판단 등에 대한 기준을 제시하였다는 점에 본 판결의 의의가 있다.

6 위계에 의한 간음죄는 가벌성이 낮은 보충적 유형의 범죄로 인식되어 왔던 과거와는 달리 오늘날에는 위계에 의한 간음죄를 아동·청소년, 미성년자, 심신미약자, 피보호자·피감독자, 장애인 등 성폭력범행에 특히 취약한 사람을 보호대상으로 하고 강간죄 등과 비견되는 **독립적인 가벌성을 지닌 범죄**로 규정하여, 행위자를 강력하게 처벌하려는 것으로 평가할 수 있다. 대상판결에서도 아동·청소년의 성적 자기결정권의 행사를 엄격하게 해석하고 있다. 즉「아동·청소년은 성적 가치관을 형성하고 성 건강을 완성해가는 과정에 있으므로 아동·청소년에 대한 성적 침해 또는 착취행위는 아동·청소년이 성과 관련한 정신적·신체적 건강을 추구하고 자율적 인격을 형성·발전시키는 데에 심각하고 지속적인 부정적 영향을 미칠 수 있다. 따라서 **아동·청소년이 외관상 성적 결정 또는 동의로 보이는 언동을 하였더라도**, 그것이 타인의 기망이나 왜곡된 신뢰관계의 이용에 의한 것이라면, 이를 아동·청소년의 온전한 성적 자기결정권의 행사에 의한 것이라고 평가하기 어렵다」.

Reference 1
미성년자 등에 대한 간음에서(법302) '위계'의 의미

1 [대판 2021도9041] ●**사실**● 피고인이 랜덤채팅 애플리케이션을 통해 알게 된 피해자(여, 15세)에게 연예기획사에서 일하는 매니저와 사진작가의 1인 2역을 하면서 거짓말을 하여 피해자로 하여금 모델이 되기 위한 연기 연습 및 사진 촬영 연습의 일환으로 성관계를 한다는 착각에 빠지게 한 후, 마치 자신이 위 매니저가 소개한 사진작가인 것처럼 행세하면서 피해자를 간음한 것을 비롯해, 같은 방법으로 10회에 걸쳐 위계로써 아동·청소년인 피해자를 간음하였다. 원심은, 이 부분 공소사실은 피고인이 간음행위 자체에 대한 기망을 하였음을 전제로 한 것인데, 피해자가 피고인의 위계에 의해서가 아니라 스스로의 판단에 따른 성적 자기결정권을 행사하여 성관계를 하였을 가능성을 배제할 수 없어 피고인이 간음행위 자체에 대하여 기망하거나 피해자가 간음행위 자체에 대한 착오에 빠져 성관계를 하였다는 점의 증명이 부족하다고 보아 이 부분 공소사실을 무죄로 판단하였다. ●**판지**● 원심으로서는 심리를 통하여 피고인이 행사한 위계의 내용 및 그로 인해 피해자의 성적 결정에 있어 왜곡이 발생한 지점을 명확히 하는 한편, 피해자가 간음행위 자체에 대해서는 오인, 착각, 부지에 빠지게 된 것은 아니더라도 간음행위에 이르게 된 동기 등에 대해 오인, 착각, 부지에 빠져 피고인과의 성관계를 결심하였는지를 **직권으로 심리하였어야 한다.** 그럼에도 원심은 장기간에 걸쳐 공판절차를 진행하지 않은 채 대기하여 대법원 2015도9436 판결의 결과를 확인하였음에도 피해자가 간음행위 자체에 대한 착오에 빠져 성관계를 하였다는 점의 증명이 부족하다는 이유만을 들어 이 부분 공소사실을 무죄로 판단하였으니, 이러한 원심 판단에는 청소년성보호법 위반(위계등간음)죄의 성립에

관하여 필요한 심리를 다하지 아니하고 공소장변경 없이 심판할 수 있는 범위 등에 관한 법리를 오해함으로써 판결에 영향을 미친 잘못이 있다.

Reference 2

미성년자 등에 대한 간음에서(법302) '위력'의 의미

1 [대판 2019도3341] 파기환송. [1] 형법 제302조는 "미성년자 또는 심신미약자에 대하여 위계 또는 위력으로써 간음 또는 추행을 한 자는 5년 이하의 징역에 처한다."라고 규정하고 있다. 형법은 제2편 제32장에서 '강간과 추행의 죄'를 규정하고 있는데, 이 장에 규정된 죄는 모두 개인의 성적 자유 또는 성적 자기결정권을 침해하는 것을 내용으로 한다. 여기에서 '성적 자유'는 적극적으로 성행위를 할 수 있는 자유가 아니라 소극적으로 원치 않는 성행위를 하지 않을 자유를 말하고, '성적 자기결정권'은 성행위를 할 것인가 여부, 성행위를 할 때 상대방을 누구로 할 것인가 여부, 성행위의 방법 등을 스스로 결정할 수 있는 권리를 의미한다. 형법 제32장의 죄의 기본적 구성요건은 강간죄(제297조)나 강제추행죄(제298조)인데, 이 죄는 미성년자나 심신미약자와 같이 판단능력이나 대처능력이 일반인에 비하여 낮은 사람은 낮은 정도의 유·무형력의 행사에 의해서도 저항을 제대로 하지 못하고 피해를 입을 가능성이 있기 때문에 **범죄의 성립요건을 보다 완화된 형태로 규정**한 것이다. [2] 이 죄에서 '위력'이란 피해자의 성적 자유의사를 제압하기에 충분한 세력으로서 유형적이든무형적이든 묻지 않으며, 폭행·협박뿐 아니라 행위자의 사회적·경제적·정치적인 지위나 권세를 이용하는 것도 가능하다. 위력으로써 추행한 것인지 여부는 피해자에 대하여 이루어진 구체적인 행위의 경위 및 태양, 행사한 세력의 내용과 정도, 이용한 행위자의 지위나 권세의 종류, 피해자의 연령, 행위자와 피해자의 이전부터의 관계, 피해자에게 주는 위압감 및 성적 자유의사에 대한 침해의 정도, 범행 당시의 정황 등 여러 사정을 종합적으로 고려하여 판단하여야 한다. [3] 피고인은 2018. 3. 11. 01:35경부터 같은 날 03:50경까지 사이에 광명시 소재 '○○호텔'에서 피해자에게 필로폰을 제공하여, 약물로 인해 사물을 변별하거나 의사를 결정할 능력이 미약한 상태에 빠진 피해자가 제대로 저항하거나 거부하지 못한다는 사정을 이용하여 피해자를 추행하기로 마음먹고, 화장실에서 샤워를 하고 있던 피해자에게 다가가 피해자에게 자신의 성기를 입으로 빨게 하고, 피해자의 항문에 성기를 넣기 위해 피해자를 뒤로 돌아 엎드리게 한 다음, 피해자의 항문에 손가락을 넣고, 샤워기 호스의 헤드를 분리하여 그 호스를 피해자의 항문에 꽂아 넣은 후 물을 주입하였다. 이로써 피고인은 약물로 인하여 사물을 변별하거나 의사를 결정할 능력이 미약한 심신미약자를 위력으로 추행하였다. [4] 피해자가 사전에 성매매에 동의하였다 하더라도 피해자는 여전히 그 동의를 번복할 자유가 있을 뿐만 아니라 자신이 예상하지 않았던 성적 접촉이나 성적 행위에 대해서는 이를 거부할 자유를 가지는 것이다. 그러므로 피해자에 대하여 이루어진 행위에 대하여 피해자의 동의가 있었는지 여부는 그 행위의 경위 및 태양, 피해자의 연령, 범행 당시의 정황 등 여러 사정을 종합적으로 고려하여 볼 때 그 행위로 인하여 피해자의 성적 자유 또는 성적 자기결정권이 침해되었는지를 기준으로 삼아 구체적·개별적으로 판단하여야 한다. [5] 피고인의 행위는 피해자에 대하여 위력으로써 추행을 한 경우에 해당한다고 볼 여지가 충분하다. 그 이유는 다음과 같다. 무엇보다도 피고인의 행위는 그 경위 및 태양, 피해자의 연령 등에 비추어 볼 때 피해자와 같은 처지에 있는 일반적·평균적 사람이 예견하기 어려운 가학적인 행위로서 성적 수치심이나 혐오감을 일으키는 데에서 더 나아가 성적 학대라고 볼 수 있다. **피해자가 성매매에 합의하였다 하더라도 이와 같은 행위가 있을 것으로 예상하였다거나 또는 이에 대하여 사전 동의를 하였다고 보기 어렵다.** 또한 피해자가 필로폰 투약에 동의하였다 하여 이를 들어 피해자에게

어떠한 성적 행위를 하여도 좋다는 승인을 하였다고 볼 수도 없다. 피해자는 수사기관 및 원심법정에서 필로폰 투약을 한 상태에서 피고인의 행위에 적극적으로 저항할 수 없었다고 진술하고 있다. 심신미약의 상태에 있는 피해자가 원치 않는 성적 접촉 또는 성적 행위에 대하여 거부의사를 명확히 밝히지 않았다 하여 동의를 한 것으로 쉽게 단정해서는 안 됨은 물론이다.

업무상위력 등에 의한 간음(법303)

2 [대판 2020도5646] ['업무상 위력 등에 의한 추행'에 관한 처벌 규정인 「성폭력범죄의 처벌 등에 관한 특례법」 제10조 제1항에서 정한 '업무, 고용이나 그 밖의 관계로 인하여 자기의 보호, 감독을 받는 사람'에 직장 안에서 보호 또는 감독을 받거나 사실상 보호 또는 감독을 받는 상황에 있는 사람뿐만 아니라 **채용 절차에서 영향력의 범위 안에 있는 사람도 포함되는지 여부(적극)**/ 위 죄에서 말하는 '위력'의 의미 및 위력으로써 추행하였는지 판단하는 기준] [1] 「성폭력범죄의 처벌 등에 관한 특례법」 제10조는 '업무상 위력 등에 의한 추행'에 관한 처벌 규정인데, 제1항에서 "업무, 고용이나 그 밖의 관계로 인하여 자기의 보호, 감독을 받는 사람에 대하여 위계 또는 위력으로 추행한 사람은 3년 이하의 징역 또는 1천 500만 원 이하의 벌금에 처한다."라고 정하고 있다. '업무, 고용이나 그 밖의 관계로 인하여 자기의 보호, 감독을 받는 사람'에는 직장 안에서 보호 또는 감독을 받거나 사실상 보호 또는 감독을 받는 상황에 있는 사람뿐만 아니라 채용 절차에서 영향력의 범위 안에 있는 사람도 포함된다. 그리고 **'위력'**이란 피해자의 자유의사를 제압하기에 충분한 힘을 말하고, 유형적이든 무형적이든 묻지 않고 폭행·협박뿐만 아니라 사회적·경제적·정치적인 지위나 권세를 이용하는 것도 가능하며, **현실적으로 피해자의 자유의사가 제압될 필요는 없다.** 위력으로써 추행하였는지는 행사한 유형력의 내용과 정도, 행위자의 지위나 권세의 종류, 피해자의 연령, 행위자와 피해자의 관계, 그 행위에 이르게 된 경위, 구체적인 행위 모습, 범행 당시의 정황 등 여러 사정을 종합적으로 고려하여 판단하여야 한다. [2] 편의점 업주인 피고인이 아르바이트 구인 광고를 보고 연락한 갑을 채용을 빌미로 불러내 면접을 한 후 자신의 집으로 유인하여 갑의 성기를 만지고 갑에게 피고인의 성기를 만지게 하였다고 하여 「성폭력범죄의 처벌 등에 관한 특례법」위반(업무상위력등에의한추행)으로 기소된 사안에서, 피고인이 채용 권한을 가지고 있는 지위를 이용하여 갑의 자유의사를 제압하여 갑을 추행하였다고 본 원심판단이 정당하다고 한 사례.

3 [대판 74도1519] 파기환송. [형법 제303조 제1항 규정 중 기타 관계로 자기의 보호 또는 감독을 받는 부녀 중에는 **사실상의 보호 또는 감독을 받는 상황에 있는 부녀도 포함**되는지 여부] 형법 제303조 규정의 업무고용 기타 관계로 인하여 자기의 보호 또는 감독을 받는 부녀라 함에 있어서의 기타 관계로 자기의 보호 또는 감독을 받는 부녀라 함에는 **사실상의 보호 또는 감독**을 받는 상황에 있는 부녀인 경우도 이에 포함되는 것으로 보는 것이 우리의 일반사회통념이나 실정 그리고 동 법조를 신설하여 동 법조규정상황하에 있는 부녀의 애정의 자유가 부당하게 침해되는 것을 보호하려는 법의정신에 비추어 타당하다 할 것인바 기록을 검토 종합해 보면 피고인은 동 미장원 여주인의 남편으로서 매일같이 동 미장원에 수시로 출입하고 있을 뿐 아니라 청소는 물론 동 미장원을 지켜주고 한편 손님이 오면 살림집으로 연락을 해주는 등 그의 처를 도와 주고 있는 사실 및 피해자는 피고인을 "주인 아저씨" "주인남자"라고 부르면서 직접 간접의 지시에 따르고 있었다는 사정 등이 시인될 수 있다 할 것이니 **비록 피고인이 직접 피해자를 동 미장원의 종업원으로 고용한 것은 아니라 하더라도** 자기의 처가 경영하는 미장원에 매일같이 출입하면서 미장원 일을 돕고 있었

다면 동 미장원 종업원인 피해자는 피고인을 주인으로 대접하고 또 그렇게 대접하는 것이 우리의 일반사회 실정이라 할 것이고 또한 피고인도 따라서 동 미장원 종업원인 피해자에 대하여 남다른 정의로서 처우에 왔다고 보는 것이 또한 우리의 인지상정이라 할 수 있을 것이므로 이 사건에서 사정이 그와 같다면 피고인 은 피해자에 대하여 사실상 자기의 보호 또는 감독을 받는 상황에 있는 부녀의 경우에 해당된다고 못볼 바 아님에도 불구하고 피고인은 피해자에 대해서 보호감독하는 지위에 있다고 보기 어렵다 하였음은 우리의 사회실정으로 보아서 채증법칙에 위배한 판단을 하였거나 아니면 형법 제303조 규정의 법리를 오해한 위 법이 있다 할 것이다.

27 강요죄의 수단으로서 '해악의 고지'

* 대법원 2019. 8. 29. 선고 2018도13792 전원합의체 판결
* 참조조문: 형법 제324조[1]

상대방에게 영향을 줄 수 있는 직업이나 지위에 있는 사람이 직업이나 지위에 기초하여 상대방에게 어떠한 이익 등의 제공을 요구한 경우, 그 요구 행위를 강요죄에서의 협박이라고 말할 수 있는가?

●**사실**● 2016.11.20. 피고인 X(청와대 경제수석비서관)는 검찰에 의해 ① 대기업들에 대한 미르·K스포츠 재단 관련 출연 요구 ② ○○그룹에 대한 납품계약 체결과 광고발주 요구 ③ ○○주식회사에 대한 채용·보직변경과 광고대행사 선정 요구 ④ ◇◇그룹에 대한 Y법인 지원 요구 ⑤ □□그룹에 대한 스포츠단 창단과 용역계약 체결 요구 ⑥ △△그룹에 대한 본부장 임명 요구 등을 강요한 협의로 기소되었다.

원심은 이 중 일부에 관하여 요구의 상대방이 아니라거나 요구에 따른 행위가 아니라는 등의 이유로 판결이유에서 무죄로 판단한 것 외에는 그 요구가 강요죄의 협박에 해당한다고 인정하여 유죄로 판단하였다. 이에 X는 상고하였다.

●**판지**● 파기환송. 「[다수의견] 강요죄는 폭행 또는 협박으로 사람의 권리행사를 방해하거나 의무 없는 일을 하게 하는 범죄이다. 여기에서 **협박**은 객관적으로 사람의 의사결정의 자유를 제한하거나 의사실행의 자유를 방해할 정도로 겁을 먹게 할 만한 해악을 고지하는 것을 말한다. 이와 같은 협박이 인정되기 위해서는 **발생 가능한 것으로 생각할 수 있는 정도의 구체적인 해악의 고지**가 있어야 한다. …… (가) 행위자가 직무상 또는 사실상 상대방에게 영향을 줄 수 있는 직업이나 지위에 있고 직업이나 지위에 기초하여 상대방에게 어떠한 요구를 하였더라도 곧바로 그 요구 행위를 위와 같은 해악의 고지라고 단정하여서는 안 된다. (나) 특히 공무원이 자신의 직무와 관련한 상대방에게 공무원 자신 또는 자신이 지정한 제3자를 위하여 재산적 이익 또는 일체의 유·무형의 이익 등을 제공할 것을 요구하고 상대방은 공무원의 지위에 따른 직무에 관하여 어떠한 이익을 기대하며 그에 대한 대가로서 요구에 응하였다면, 다른 사정이 없는 한 **공무원의 위 요구 행위를 객관적으로 사람의 의사결정의 자유를 제한하거나 의사실행의 자유를 방해할 정도로 겁을 먹게 할 만한 해악의 고지라고 단정하기는 어렵다.**

행위자가 직업이나 지위에 기초하여 상대방에게 어떠한 이익 등의 제공을 요구하였을 때 그 요구 행위가 강요죄의 수단으로서 해악의 고지에 해당하는지 여부는 행위자의 지위뿐만 아니라 그 언동의 내용과 경위, 요구 당시의 상황, 행위자와 상대방의 성행·경력·상호관계 등에 비추어 볼 때 상대방으로 하여금 그 요구에 불응하면 어떠한 해악에 이를 것이라는 인식을 갖게 하였다고 볼 수 있는지, 행위자와 상대방이 행위자의 지위에서 상대방에게 줄 수 있는 해악을 인식하거나 합리적으로 예상할 수 있었는지 등을 종합하여 판단해야 한다. 공무원인 행위자가 상대방에게 어떠한 이익 등의 제공을 요구한 경우 위와 같은 **해악의 고지로 인정될 수 없다면 직권남용이나 뇌물 요구 등이 될 수는 있어도 협박을 요건으로 하는 강요죄가 성립하기는 어렵다.**

[별개의견] 대법원은 종래 해악의 고지는 (가) **언어나 거동에 의하여** 상대방으로 하여금 어떠한 해악에 이르게 할 것이라는 인식을 갖도록 하는 것이면 충분하고, (나) 행위자가 그 지위 등에 기한 불법한 위세를 이용하여 특정 요구를 함으로써 상대방으로 하여금 그에 응하지 아니한 때에는 부당한 불이익을 초래할 위험이 있다는 **위구심을 야기하는 경우에도** 해악의 고지가 된다고 일관되게 판시하여

---

1) 형법 제324조(강요) ① **폭행 또는 협박**으로 사람의 권리행사를 방해하거나 **의무없는 일을 하게 한** 자는 5년 이하의 징역 또는 3천만원 이하의 벌금에 처한다. ② 단체 또는 다중의 위력을 보이거나 위험한 물건을 휴대하여 제1항의 죄를 범한 자는 10년 이하의 징역 또는 5천만원 이하의 벌금에 처한다.

왔다. 이는 행위자의 요구가 강요죄의 수단으로서 해악의 고지에 해당하는지는 구체적인 사정을 두루 참작하여 판단하여야 하고 개별적인 사정을 단편적으로 보아 판단할 것은 아니라는 것이다」.

●**해설**● 1 강요죄는 폭행 또는 협박으로 사람의 권리행사를 방해하거나 의무 없는 일을 하게 하는 범죄이다. 강요죄의 보호법익은 의사결정의 자유뿐만 아니라 **의사활동의 자유**까지도 들어간다. 보호의 정도는 **침해범**이고 미수범 처벌규정이 있다(법324조의5). 강요의 수단인 **폭행**은 '광의의 폭행'으로서 사람에 대한 직접·간접의 유형력의 행사이고(대판 2018도1346, Ref 9), **협박**은 일반적으로 사람으로 하여금 공포심 일으키게 하는 정도의 해악의 고지가 있어야 한다.

2 사안에서 대법원 다수의견은 ①~⑤까지의 요구는 강요죄에 해당하지 않는다고 보았고, ⑥의 요구 행위는 강요죄의 협박에 해당된다고 판단하였다. '판지'의 내용은 ①~⑤까지의 요구가 강요죄에 해당하지 않는다고 판단한 이유를 설시하고 있다.

3 강요죄에서 **'의무 없는 일'**이란 법령, 계약 등에 기하여 발생하는 법률상 의무 없는 일을 말하므로, 법률상 의무 있는 일을 하게 한 경우에는 강요죄가 성립할 여지가 없다(대판 2008도1097, Ref 11). 이 경우는 폭행이나 협박죄만 성립할 뿐이다.

4 강요죄의 수단인 협박은 「일반적으로 사람으로 하여금 공포심을 일으키게 하는 정도의 해악을 고지하는 것으로 그 방법은 통상 언어에 의하는 것이나 경우에 따라서 한마디 말도 없이 **거동에 의하여서도** 할 수 있는데, 그 행위가 있었는지는 행위의 외형뿐 아니라 그 행위에 이르게 된 경위, 피해자와의 관계 등 주위상황을 종합적으로 고려하여 판단」해야 한다(대판 2003도5394). 또한 해악의 고지가 「비록 **정당한 권리의 실현 수단으로 사용된 경우**라고 하여도 권리실현의 수단 방법이 사회통념상 허용되는 정도나 범위를 넘는다면 강요죄가 성립」한다(대판 2015도16696, Ref 1). 강요죄에서의 협박은 「이와 같은 협박이 인정되기 위해서는 발생 가능한 것으로 생각할 수 있는 정도의 **구체적인 해악의 고지**」가 있어야 한다(대판 2018도2236 전원합의체).

5 대상판결에서의 쟁점은 **지위를 이용**하여 업무와 관련 없는 요구를 하는 것 자체를 협박 즉 해악의 고지로 볼 수 있느냐이다. 원심은 대통령과 경제수석비서관, 문체부 제2차관의 지위는 기업 활동에 대하여 직무상 또는 사실상 영향력을 행사할 수 있는 지위에 있고 이러한 지위를 이용하여 관련 사항을 요구하였기에 강요죄가 성립한다고 보았다.

6 이에 반해 대법원 다수의견은 이를 일률적으로는 판단할 수 없고 「행위자의 지위뿐만 아니라 그 언동의 내용과 경위, 요구 당시의 상황, 행위자와 상대방의 성행·경력·상호관계 등에 비추어 볼 때 상대방으로 하여금 그 요구에 불응하면 어떠한 해악에 이를 것이라는 인식을 갖게 하였다고 볼 수 있는지, 행위자와 상대방이 **행위자의 지위에서 상대방에게 줄 수 있는 해악**을 인식하거나 합리적으로 예상할 수 있었는지 등을 종합하여 판단」해야 한다고 보았다. 그리고 이 입장에서 볼 때, 사안의 경우는 대통령과 경제수석비서관, 문체부 제2차관의 지위와 권세에 의한 압박 등에 해당하는지 여부는 별론으로 하더라도 ①~⑤까지의 요구는 **해악의 고지가 있어야 하는 협박으로 인정하기에는 부족하다**고 판단하였다.

7 강요죄는 자유를 침해하는 죄 중 가장 일반적인 범죄로 파악되기 때문에 사람을 강요하여 체포·감금죄, 약취, 강도·공갈, 강간·강제추행죄 등을 범한 경우에도 별도로 강요죄가 성립하지 않는다. 한편 협박죄는 강요죄와 관계에서 보충관계에 있기 때문에 강요죄가 성립할 경우 협박죄 적용은 배제된다.

Reference

강요죄 성립을 인정한 판례

1 [대판 2015도16696] 파기환송. [강요죄의 수단으로서 '협박'의 의미와 내용 및 협박이 정당한 권리의 실현 수단으로 사용된 경우 강요죄가 성립하는지 여부(한정 적극)와 판단 기준] [1] 강요죄는 폭행 또는 협박으로 사람의 권리행사를 방해하거나 의무 없는 일을 하게 하는 범죄이다(형법 제324조). (가) 강요죄의 수단으로서 협박은 사람의 의사결정의 자유를 제한하거나 의사실행의 자유를 방해할 정도로 겁을 먹게 할 만한 해악을 고지하는 것을 말하고, (나) 해악의 고지는 반드시 명시적인 방법이 아니더라도 말이나 행동을 통해서 상대방으로 하여금 어떠한 해악에 이르게 할 것이라는 인식을 갖게 하는 것이면 족하다. (다) 이러한 해악의 고지가 비록 정당한 권리의 실현 수단으로 사용된 경우라고 하여도 권리실현의 수단 방법이 사회통념상 허용되는 정도나 범위를 넘는다면 강요죄가 성립하고, 여기서 (라) 어떠한 행위가 구체적으로 사회통념상 허용되는 정도나 범위를 넘는 것인지는 그 행위의 주관적인 측면과 객관적인 측면, 즉 추구된 목적과 선택된 수단을 전체적으로 종합하여 판단하여야 한다. [2] 민주노총 전국건설노조 건설기계지부 소속 노조원인 피고인들이, 현장소장인 피해자 갑이 노조원이 아닌 피해자 을의 건설장비를 투입하여 수해상습지 개선사업 공사를 진행하자 '민주노총이 어떤 곳인지 아느냐, 현장에서 장비를 빼라'는 취지로 말하거나 공사 발주처에 부실공사가 진행되고 있다는 취지의 진정을 제기하는 방법으로 공사현장에서 사용하던 장비를 철수하게 하고 '현장에서 사용하는 모든 건설장비는 노조와 합의하여 결정한다'는 협약서를 작성하게 함으로써 피해자들에게 의무 없는 일을 하게 하였다고 하여 「폭력행위 등 처벌에 관한 법률」위반(공동강요)으로 기소된 사안에서, 피고인들은 공사현장에서 장비를 뺄 것을 요구하면서 그렇지 않을 경우 발주처에 민원을 넣어 공사를 못하게 하겠다고 말하고, 실제로 요구가 받아들여지지 않자 발주처에 부실시공 여부를 철저하게 조사하여 처벌하여 달라는 취지의 진정을 제기한 다음 이를 이용하여 피해자들로 하여금 장비를 철수하게 하고, 공사현장의 모든 건설장비를 피고인들 쪽에서 배차하는 장비만을 사용하도록 하는 취지의 협약서를 작성하도록 하였는데, 이와 같은 피고인들의 행위는 피해자들의 정당한 영업활동을 방해함으로써 피해자들로 하여금 장비를 철수시키고 자신들이 속한 노조 지회의 장비만을 사용하도록 하기 위하여 발주처에 대한 진정이라는 수단을 동원한 것으로 그 의도나 목적이 정당하다고 보기 어렵고, 나아가 피해자들의 정당한 영업활동의 자유를 침해하는 것이며, 피고인들이 피해자들에게 위와 같은 내용의 언사를 사용하고 부실공사가 아님에도 공사 발주처에 부실공사를 조사해 달라는 진정을 하였다면 이는 사회통념상 허용되는 정도나 범위를 넘는 것으로서 강요죄의 수단인 협박에 해당함에도, 이와 달리 보아 공소사실을 무죄로 판단한 원심판결에 심리미진 또는 강요죄의 수단인 협박에 관한 법리오해의 잘못이 있다

2 [대판 2010도13774] 피고인이, 甲주식회사가 특정 신문들에 광고를 편중했다는 이유로 기자회견을 열어 甲회사에 대하여 불매운동을 하겠다고 하면서 특정 신문들에 대한 광고를 중단할 것과 다른 신문들에 대해서도 동등하게 광고를 집행할 것을 요구하고 甲회사 인터넷 홈페이지에 그와 같은 내용의 팝업창을 띄우게 한 사안에서, 제반 사정을 고려할 때 피고인의 행위가 강요죄나 공갈죄의 수단인 협박에 해당한다.

cf) 소비자불매운동이 헌법상 보장되는 소비자보호운동(헌법124)이나 정치적 표현의 자유(헌법21①) 또는 일반적 행동의 자유(헌법10①) 등의 관점에서 전체 법질서상 용인될 수 있으면 정당행위로서 위법성이 조각된다. 그러나 소비자불매운동의 일환으로 이루어지는 표현이나 행동이 소비자보호운동의 범주에 포함되지 않고 정치적 표현의 자유나 일반적 행동의 자유 등의 관점에서도 전체 법질서상 용인될 수 없을 정도로 사회적 **상당성을 갖추지 못한 때에는 그 행위 자체가 협박에 해당되어 강요죄가 성립한다.**

3 [대판 2007도7064] **환경단체 소속 회원들**이 축산 농가들의 폐수 배출 단속활동을 벌이면서(실제 단속권한은 없다) 폐수 배출현장을 사진촬영하거나 지적하는 한편 폐수 배출사실을 확인하는 내용의 사실확인서를 징구하는 과정에서 서명하지 아니할 경우 법에 저촉된다고 겁을 주는 등 행한 일련의 행위가 '협박'에 의한 강요행위에 해당한다.

4-1 [대판 2003도4151] 상사 계급의 피고인이 그의 잦은 폭력으로 신체에 위해를 느끼고 겁을 먹은 상태에 있던 부대원들에게 청소 불량 등을 이유로 40분 내지 50분간 **머리박아(속칭 '원산폭격')**를 시키거나 양손을 깍지 낀 상태에서 약 2시간 동안 팔굽혀펴기를 50-60회 정도 하게 한 행위가 형법 제324조에서 정한 강요죄에 해당한다.

4-2 [비교판례] [대판 2010도1233] 군인인 상관이 직무수행을 태만히 하거나 지시사항을 불이행하고 허위보고 등을 한 부하에게 근무태도를 교정하고 직무수행을 감독하기 위하여 **직무수행의 내역을 일지 형식으로 기재하여 보고하도록 명령**하는 행위는 직무권한 범위 내에서 내린 정당한 명령이므로 부하는 명령을 실행할 **'법률상 의무'**가 있고, 명령을 실행하지 아니하는 경우 군인사법 제57조 제2항에서 정한 징계처분이 내려진다거나 그에 갈음하여 **얼차려의 제재가 부과**된다고 하여 그와 같은 명령이 형법 제324조의 강요죄를 구성한다고 볼 수 없다.

5 [대판 2003도763] 골프시설의 운영자가 **골프회원에게** 불리하게 변경된 내용(승계등록절차를 이행하지 않는 한 회원의 자격을 인정하지 않고 예약제한, 비회원요금 징수)의 회칙에 대하여 동의한다는 내용의 등록신청서를 제출하지 아니하면 **회원으로 대우하지 아니하겠다**고 통지한 것은 강요죄에 해당한다.

6 [대판 93도901] 피고인은 피해자 조◇환의 해외도피를 방지하기 위하여 판시와 같은 방법으로 피해자 조를 협박하고 이에 조가 겁을 먹고 있는 상태를 이용하여 동인 소유의 여권을 교부하게 하여 위 조의 해외여행의 권리행사를 방해하였다는 것인바, 위 조가 그의 **여권을 피고인에게 강제 회수당하였다면** 위 조가 해외여행을 할 권리는 사실상 침해되었다고 볼 것이므로 원심이 피고인의 **판시 소위를 권리행사방해죄의 기수로 본 조처도 옳고,** 피고인이 위 여권을 보관하고 있던 기간이 소론과 같이 짧았는지 여부는 이 사건 결과에 영향이 없다.

7 [대판 73도2578] 피고인이 피해자를 협박하여 동인으로 하여금 법률상 **의무없는 진술서를 작성**케 한 행위는 사람의 자유권 행사를 방해한 것이므로 형법 324조의 폭력에 의한 권리행사방해죄를 구성한다.

8 [대판 2018도8808] [공무원인 행위자가 상대방에게 **어떠한 이익 등의 제공을 요구하였으나 위와 같은 해악의 고지로 인정되지 않는 경우,** 강요죄가 성립하는지 여부(소극)] 강요죄는 폭행 또는 협박으로 사람의 권리행사를 방해하거나 의무 없는 일을 하게 하는 범죄이다. 여기에서 협박은 객관적으로 사람의 의사결정의 자유를 제한하거나 의 사실행의 자유를 방해할 정도로 겁을 먹게 할 만한 해악을 고지하는 것을 말한다. 이와 같은 협박이 인정되기 위해서는 발생 가능한 것으로 생각할 수 있는 정도의 **구체적인 해악의 고지**가 있어야 한다. 행위자가 직업이나 지위에 기초하여 상대방에게 어떠한 이익 등의 제공을 요구하였을 때 그 요구 행위가 강요죄의 수단으로서 해악의 고지에 해당하는지 여부는 행위자의 지위뿐만 아니라 그 언동의 내용과 경위, 요구 당시의 상황, 행위자와 상대방의 성행·경력·상호관계 등에 비추어 볼 때 상대방으로 하여금 그 요구에 불응하면 어떠한 해악에 이를 것이라는 인식을 갖게 하였다고 볼 수 있는지, 행위자와 상대방이 행위자의 지위에서 상대방에게 줄 수 있는 해악을 인식하거나 합리적으로 예상할 수 있었는지 등을 종합하여 판단해야 한다. 공무원인 행위자가 상대방에게 어떠한 이익 등의 제공을 요구한 경우 위와 같은 해악의 고지로 인정될 수 없다면 직권남용권리행사방해나 뇌물 요구 등이 될 수는 있어도 협박을 요건으로 하는 강요죄가 성립하기는 어렵다.

9 [대판 2018도1346] 파기환송. [**강요죄에서 '폭행'의 의미 및 사람에 대한 간접적인 유형력의 행사를 강요죄의 폭행으로 평가하기 위하여 고려해야 할 사항**] [1] 강요죄는 폭행 또는 협박으로 사람의 권리행사를 방해하거나 의무 없는 일을 하게 하는 범죄이다(형법 제324조 제1항). 여기에서 폭행은 사람에 대한 직접적인 유형력의 행사뿐만 아니라 간접적인 유형력의 행사도 포함하며, 반드시 사람의 신체에 대한 것에 한정되지 않는다. 사람에 대한 간접적인 유형력의 행사를 강요죄의 폭행으로 평가하기 위해서는 피고인이 유형력을 행사한 의도와 방법, 피고인의 행위와 피해자의 근접성, 유형력이 행사된 객체와 피해자의 관계 등을 종합적으로 고려해야 한다. [2] 피고인이 갑과 공모하여 **갑 소유의 차량을 을 소유 주택 '대문 바로 앞부분'에 주차**하는 방법으로 을이 차량을 주택 내부의 주차장에 출입시키지 못하게 함으로써 을의 차량 운행에 관한 권리행사를 방해하였다는 내용으로 기소된 사안에서, 피고인은 을로 하여금 주차장을 이용하지 못하게 할 의도로 갑 차량을 을 주택 대문 앞에 주차하였으나, 주차 당시 피고인과 을 사이에 물리적 접촉이 있거나 피고인이 을에게 어떠한 유형력을 행사했다고 볼만한 사정이 없는 점, 피고인의 행위로 을에게 주택 외부에 있던 을 차량을 주택 내부의 주차장에 출입시키지 못하는 불편이 발생하였으나, **을은 차량을 용법에 따라 정상적으로 사용할 수 있었던 점을 종합하면,** 피고인이 을을 폭행하여 차량 운행에 관한 권리행사를 방해하였다고 평가하기 어렵다는 이유로, 이와 달리 본 원심판단에 강요죄에서 폭행과 권리행사방해에 관한 법리오해의 잘못이 있다.

10 [대판 2008도7018] 직장에서 상사가 범죄행위를 저지른 부하 직원에게 징계절차에 앞서 자진하여 **사직할 것을 단순히 권유**하였다고 하여 이를 강요죄에서의 협박에 해당한다고 볼 수는 없다.

11 [대판 2008도1097] ●사실● 피고인 X(김태촌)은 평소 알고 지내던 나까지마 데츠오로 부터 피해자 A(배우 권상우)가 일본에서 '팬미팅 행사'를 해주기로 하고도 약속을 지키지 않고 있다는 말을 듣게 되자, A를 위협하여 팬미팅 행사를 하게 하기로 마음먹고, 2006.4.13. 21:40경 A에게 전화하여 "나, 김태촌인데"라

고 수회 힘주어 말하고, 이에 A가 바로 전화를 끊어버리자 재차 A에게 전화하여 A의 전화를 대신 받은 B에게 "나, 김태촌인데"라고 수회 힘주어 자신의 이름을 내세우고, A가 일본에서 시계를 받고도 팬미팅 공연을 해주지 않겠다고 한다며 A에게 만날 것을 요구하면서 "A집이 OO빌라 비동 402호 맞지? 그럼 내일부터 피바다가 돼도 상관없다 이거지"라고 말하는 등 만약 A가 자신을 만나주지 아니하고, 팬미팅 공연을 해주지 않을 경우 A의 생명, 신체 등에 어떠한 위해를 가할 듯한 태도를 보여 이에 겁을 먹은 A로 하여금 팬미팅 공연을 하게 하려고 하였으나 A가 이를 거부하는 바람에 그 뜻을 이루지 못하고 미수에 그치고 말았다. 다음 날도 전화를 걸어 "······ 그러니까 지금 내가 만나자고 해도 만날 필요가 없다 이거지, 내가 이렇게 얘기했어도 안 만나서 어떠한 불상사가 일어나도, 음, 그러니까 어떻게 해도 괜찮다 이거지"라고 말하였으나 A가 이를 거부하여 미수에 그쳤다. 제1심은 X에 대해 강요미수죄 성립은 인정하였다. 그러나 원심은 강요미수죄는 성립되지 않는다고 판시하였다. 검사가 상고하였다. ●판지● **상고기각.** [1] 강요죄는 폭행또는 협박으로 사람의 권리행사를 방해하거나 의무 없는 일을 하게 하는 것을 말하고, 여기에서 '의무 없는 일'이란 법령, 계약 등에 기하여 발생하는 법률상 의무 없는 일을 말하므로, 폭행 또는 협박으로 **법률상의무 있는 일을 하게 한 경우**에는 폭행 또는 협박죄만 성립할 뿐 강요죄는 성립하지 아니한다. [2] 본 사안에서, 위 연예인에게 공연을 할 의무가 없다는 점에 대한 미필적 인식 즉, **강요죄의 고의**가 피고인에게 있었다고 단정하기 어렵다고 판단한 원심을 수긍한 사례. ●해설● 1 강요죄는 폭행 또는 협박으로 사람의 권리행사를 방해하거나 의무 없는 일을 하게 하는 것을 말하는데 사안에서의 쟁점은 '**팬미팅 공연**'이 의무 없는 일인지 아니면 의무 있는 일인지에 대한 피고인의 인식이 다투어졌다. 제1심은 '팬미팅 공연'을 의무 없는 일로 보아 강요미수죄를 인정하였다. 그러나 원심과 대법원은 X는 법률상 의무 있는 일로 판단하고 있었던 것으로 보아 이 부분 공소에 대해서는 강요죄 성립을 부정하였다. 2 원심과 대법원은 특히 X가 신앙간증을 위해 일본에 갔다가 알고 있던 나까지마 데츠오로부터, 팬미팅 공연에 대한 답례로 A일행에게 1억 원이 넘는 고급시계를 주었음에도 약속을 이행하지 않는다는 말을 듣고 이를 확인하기 위해 W, Z 등을 만나 나까지마 데츠오의 말이 어느 정도 사실임을 확인하였고, 나아가 W가 자신에게, A의 일본 팬미팅 공연에 관하여 W 측에 독점권이 있고 구체적인 행사내용은 A의 소속회사인 여리인터내셔널과 W가 대표이사인 이언엔터플랜이 합법적인 절차에 의하여 서명·날인 작성한 계약서에 명시되어 있다는 2006.3.10.자 확인서까지 보여 주었기 때문에, **X로서는 A가 팬미팅 공연을 할 의무가 있다고 믿었을 가능성이 농후한 것으로 판단**하였다.

12 [대판 4294형상357] 전답의 점유를 침탈당한 자라도 이를 실력으로 회수할 수 없는 것이니 그 전답의 점유를 실력으로 회수하려는 자에게 폭행을 가하였다면 이는 단순폭행죄에 해당한다 할 것이고 권리행사를 방해하였다고는 논할 수 없다.

> 명예훼손죄의 구성요건인 '공연성'의 의미와 판례상 확립된 법리인 '전파가능성 이론'의 유지 여부

●**사실**● 피고인 X는 A의 집 뒷길에서 자신의 남편 B 및 A의 친척인 C가 듣는 가운데 A에게 "저것이 징역 살다 온 전과자다. 전과자가 늙은 부모 피를 빨아먹고 내려온 놈이다" 등으로 큰 소리로 말함으로써 공연히 사실을 적시하여 A의 명예를 훼손하였다는 내용으로 기소되었다. X는 공연성이 없다고 주장하였으나 제1심과 원심은 피고인의 발언이 전파될 가능성이 있다는 이유로 명예훼손 유죄를 선고하였다. 이에 X가 상고하였다.

●**판지**● 상고기각. 「**[다수의견]** [1] (가) 대법원은 명예훼손죄의 공연성에 관하여 개별적으로 소수의 사람에게 사실을 적시하였더라도 그 상대방이 불특정 또는 다수인에게 적시된 사실을 전파할 가능성이 있는 때에는 공연성이 인정된다고 일관되게 판시하여, 이른바 **전파가능성 이론은 공연성에 관한 확립된 법리로 정착**되었다. (나) 이러한 법리는 「정보통신망 이용촉진 및 정보보호 등에 관한 법률」상 정보통신망을 이용한 명예훼손이나 「공직선거법」상 후보자비방죄 등의 공연성 판단에도 동일하게 적용되어, 적시한 사실이 허위인지 여부나 특별법상 명예훼손 행위인지 여부에 관계없이 명예훼손 범죄의 공연성에 관한 대법원 판례의 기본적 법리로 적용되어 왔다. (다) 공연성에 관한 전파가능성 법리는 대법원이 오랜 시간에 걸쳐 발전시켜 온 것으로서 **현재에도 여전히 법리적으로나 현실적인 측면에 비추어 타당하므로 유지되어야 한다.** 대법원 판례와 재판 실무는 전파가능성 법리를 제한 없이 적용할 경우 공연성 요건이 무의미하게 되고 처벌이 확대되게 되어 표현의 자유가 위축될 우려가 있다는 점을 고려하여, 전파가능성의 구체적·객관적인 적용 기준을 세우고, 피고인의 범의를 엄격히 보거나 적시의 상대방과 피고인 또는 피해자의 관계에 따라 전파가능성을 부정하는 등 판단기준을 사례별로 유형화하면서 전파가능성에 대한 인식이 필요함을 전제로 전파가능성 법리를 적용함으로써 **공연성을 엄격하게 인정**하여 왔다. …… (라) 공연성의 존부는 발언자와 상대방 또는 피해자 사이의 관계나 지위, 대화를 하게 된 경위와 상황, 사실적시의 내용, 적시의 방법과 장소 등 행위 당시의 객관적 제반 사정에 관하여 심리한 다음, 그로부터 상대방이 불특정 또는 다수인에게 전파할 가능성이 있는지 여부를 검토하여 종합적으로 판단하여야 한다. **발언 이후 실제 전파되었는지 여부**는 전파가능성 유무를 판단하는 고려요소가 될 수 있으나, 발언 후 실제 전파 여부라는 우연한 사정은 공연성 인정 여부를 판단함에 있어 **소극적 사정으로만 고려되어야 한다.** 따라서 전파가능성 법리에 따르더라도 위와 같은 객**관적 기준에 따라** 전파가능성을 판단할 수 있고, 행위자도 발언 당시 공연성 여부를 충분히 예견할 수 있으며, 상대방의 전파의사만으로 전파가능성을 판단하거나 실제 전파되었다는 결과를 가지고 책임을 묻는 것이 아니다. (마) **추상적 위험범으로서 명예훼손죄**는 개인의 명예에 대한 사회적 평가를 진위에 관계없이 보호함을 목적으로 하고, 적시된 사실이 특정인의 사회적 평가를 침해할 가능성이 있을 정도로 구체성을 띠어야 하나, 위와 같이 침해할 위험이 발생한 것으로 족하고 침해의 결과를 요구하지 않으므로, 다수의 사람에게 사실을 적시한 경우뿐만 아니라 소수의 사람에게 발언하였다고 하더라도 그로 인해 불특정 또는 다수인이 인식할 수 있는 상태를 초래한 경우에도 공연히 발언한 것으로 해석

---

1) 형법 제307조(명예훼손) ① **공연히** 사실을 적시하여 사람의 명예를 훼손한 자는 2년 이하의 징역이나 금고 또는 500만원 이하의 벌금에 처한다. ② **공연히** 허위의 사실을 적시하여 사람의 명예를 훼손한 자는 5년 이하의 징역, 10년 이하의 자격정지 또는 1천만원 이하의 벌금에 처한다.

할 수 있다.

[반대의견] 다수의견은 명예훼손죄의 구성요건인 '공연성'에 관하여 전파가능성 법리를 유지하고자 한다. 그러나 명예훼손죄에서 말하는 공연성은 전파가능성을 포섭할 수 없는 개념이다. 형법 제307조 제1항, 제2항에 규정된 공연성은 불특정 또는 다수인이 직접 인식할 수 있는 상태를 가리키는 것이고, 특정 개인이나 소수에게 말하여 이로부터 불특정 또는 다수인에게 전파될 가능성이 있다고 하더라도 공연성 요건을 충족한다고 볼 수 없다. 다수의견은 **범죄구성요건을 확장하여 적용**함으로써 형법이 예 정한 범주를 벗어나 형사처벌을 하는 것으로서 **죄형법정주의와 형법해석의 원칙에 반하여** 찬성할 수 없다. 전파가능성 법리를 이유로 공연성을 인정한 대법원판결들은 변경되어야 한다」.

[2] 피고인이 갑의 집 뒷길에서 피고인의 남편 을 및 갑의 친척인 병이 듣는 가운데 갑에게 '저것이 징역 살다온 전과자다' 등으로 큰 소리로 말함으로써 공연히 사실을 적시하여 갑의 명예를 훼손하였 다는 내용으로 기소된 사안에서, 피고인과 갑은 이웃 주민으로 여러 가지 문제로 갈등관계에 있었고, 당일에도 피고인은 갑과 말다툼을 하는 과정에서 위와 같은 발언을 하게 된 점, 을과 갑의 처인 정은 피고인과 갑이 큰 소리로 다투는 소리를 듣고 각자의 집에서 나오게 되었는데, 갑과 정은 '피고인이 전과자라고 크게 소리쳤고, 이를 병 외에도 마을 사람들이 들었다'는 취지로 일관되게 진술한 점, 피 고인은 신고를 받고 출동한 경찰관 앞에서도 '갑은 아주 질이 나쁜 전과자'라고 큰 소리로 수회 소리 치기도 한 점, 갑이 사는 곳은 갑, 병과 같은 성씨를 가진 집성촌으로 갑에게 전과가 있음에도 병은 '피고인으로부터 갑이 전과자라는 사실을 처음 들었다'고 진술하여 갑과 가까운 사이가 아니었던 것으 로 보이는 점을 종합하면, 갑과 병의 친분 정도나 적시된 사실이 갑의 공개하기 꺼려지는 개인사에 관 한 것으로 주변에 회자될 가능성이 큰 내용이라는 점을 고려할 때 **병이 갑과 친척관계에 있다는 이유 만으로 전파가능성이 부정된다고 볼 수 없고**(갑과 병 사이의 촌수나 구체적 친밀관계가 밝혀진 바도 없다), 오히려 피고인은 갑과의 싸움 과정에서 단지 갑을 모욕 내지 비방하기 위하여 공개된 장소에서 큰 소 리로 말하여 **다른 마을 사람들이 들을 수 있을 정도였던 것으로 불특정 또는 다수인이 인식할 수 있는 상태였다고 봄이 타당**하므로 피고인의 위 발언은 공연성이 인정된다는 이유로, 같은 취지에서 공소사 실을 유죄로 인정한 원심판단이 정당하다고 한 사례.

●**해설**● 1 형법 제307조는 공연히 사실을 적시하여 사람의 명예를 훼손한 자를 처벌한다. 명예는 인 격에 대한 사회적 평가로서 인간 존엄의 본질적 내용을 이룬다. 본죄의 보호법익은 사람의 가치에 대한 '**사회적 평가**' 즉 '**외부적 명예**'이다. 따라서 명예훼손이란 단순히 주관적인 명예감정을 침해하는 것만으 로는 부족하고 그 사회적 평가를 저하시키는 행위를 뜻한다(대판 98다43632).[2] 다만 사회적 평가는 과대 평가되거나 과소평가되어 있을 수 있다. 명예에 대한 보호의 정도는 **추상적 위험범**이다(따라서 명예훼손 죄는 불특정 또는 다수인이 직접 인식할 수 있는 상태에 이르면 기수가 되며, 상대방의 현실적 인식은 요하지 않 는다).

2 **전파가능성 법리**   명예훼손죄에서 '공연성'은 핵심적 요건이다. 이 공연성과 관련된 대법원의 대 표적 법리가 **전파가능성이론**이다. 대상판결은 이 전파가능성의 법리가 여러 비판에도 불구하고 현재에도 여전히 유지되어야 함을 밝힌 판결로 의의가 있다(특히 단순히 기존 판례의 타당성을 확인하는 데 그치지 않 고, 대법원 판례가 그 동안 발전시켜 온 전파가능성 법리를 체계화하고 구체화함으로써, 향후 재판실 무에서 공연 성 여부를 판단하는 데 실천적인 지침이 될 것으로 보인다). 판례는 이 '**공연성**'에 대해 '불특정 또는 다수인이

_____

2) 따라서 명예감정이 없는 **유아**나 **정신병자**도 명예의 주체가 될 수 있고, **법인**도 명예의 주체가 될 수 있어, 이들 에 대해 명예를 훼손하면 본죄가 성립한다.

인식할 수 있는 상태'를 의미한다고 밝혀 왔다.

3 그런데 우리 법원은 공연성 판단과 관련하여 전파가능성 법리 즉 「'개별적'으로 '소수'의 사람에게 사실을 적시하였더라도 그 상대방이 **불특정 또는 다수인**에게 적시된 사실을 **전파할 가능성**이 있는 때에는 **공연성이 인정**된다」고 일관되게 판시하고 있다(**공연성 개념의 이완**). 때문에 편지의 수신인이 편지내용을 타인에게 유포할 가능성이 있으면 한 사람에 대한 편지 발송도 공연성을 인정하기도 하고(대판 79도1517, Ref 14), 나아가 개인 블로그의 비공개 대화방에서 상대방으로부터 비밀을 지키겠다는 말을 듣고 **일대일로 대화**하였다고 하더라도 공연성을 인정한 사례도 있다(대판 2007도8155, Ref 3–1).

4 대상판결에서 ① **다수의견**은 우리 법원이 오랜 시간에 걸쳐 발전시켜 왔고 지금도 여전히 법리적으로 유지되는 전파가능성이론을 기본적 법리로 받아들일 것을 다시 천명하였다. 이에 대해 ② **반대의견**은 전파가능성이 있다는 이유로 공연성을 인정하는 것은 문언의 통상적 의미를 벗어나 피고인에게 불리한 확장해석으로 죄형법정주의에서 금지하는 **유추해석에 해당**하는 것이고 전파가능성에 대한 판단도 **자의적**으로 흐를 가능성이 높다고 비판한다. 또한 전파가능성 법리는 명예훼손죄의 구성요건인 공연성 이외에 전파가능성이라는 새로운 구성요건을 창설하는 결과가 되어 죄형법정주의에 어긋난다고 본다.

5 **전파가능성 법리의 제한**　　다수의견은 우리 법원이 재판실무에서 표현의 자유 위축과 처벌 확대의 우려에 대한 대비책으로 전파가능성의 구체적이고 객관적인 적용기준을 세워 적용해 왔음을 강조하였다. 즉 ① 공연성은 명예훼손죄의 구성요건으로서 전파될 가능성에 관하여는 **검사의 엄격한 증명[3]**이 필요하다고 보고 ② 전파될 가능성에 대한 증명의 정도도 단순히 **'가능성'이 아닌 '개연성'을 요구**하고 있다.

6 그리고 현재의 명예훼손의 방식과 양상 특히 지금의 정보통신망의 특성이 고려되어져야 함을 강조하면서 전파가능성 법리를 유지하고자 한다. 즉 **인터넷이나 스마트폰**과 같은 모바일 기술 등의 발달과 보편화로 SNS, 이메일, 포털사이트 등 정보통신망을 통해 대부분의 의사표현이나 의사전달이 이루어지고 있는 현재, 정보통신망에 의한 명예훼손의 경우 행위자가 적시한 정보에 대한 통제가능성을 쉽게 상실하게 되고, **빠른 전파성으로 인하여 피해자의 명예훼손의 침해 정도와 범위가 광범위**하게 되었다. 이런 상황에서 전파가능성 법리는 **정보통신망 등 다양한 유형의 명예훼손 처벌규정에서의 공연성 개념에 부합한다**는 것이다.

7 사안의 경우, 다수의견은 C가 피해자 A와 친척관계에 있다는 이유만으로 전파가능성이 부정된다고 볼 수 없고, 오히려 X는 A와의 싸움 과정에서 단지 A를 모욕 내지 비방하기 위하여 공개된 장소에서 큰 소리로 말하여 다른 마을 사람들이 들을 수 있을 정도였던 것으로 판단하였다. 때문에 불특정 또는 다수인이 인식할 수 있는 상태로 공연성이 인정된다고 보았다.

8 한편 전파가능성을 이유로 명예훼손죄의 공연성을 인정하는 경우에는 적어도 범죄구성요건의 **주관적 요소로서 미필적 고의가 필요**하므로 전파가능성에 대한 인식이 있음은 물론 나아가 **그 위험을 용인하**

---

[3] **엄격한 증명**이란 법률상 증거능력 있고 적법한 증거조사를 거친 증거에 의한 증명을 말한다. 이를 요하지 않는 증거에 의한 증명인 **자유로운 증명**에 대립되는 개념이다. 양자는 증거능력의 유무와 증거조사의 방법에 차이가 있을 뿐이고 심증의 정도에 차이가 있는 것은 아니다.

는 내심의 의사가 있어야 한다(대판 2004도340, Ref 4). 또한 명예훼손죄가 성립하기 위하여는 「반드시 숨겨진 사실을 적발하는 행위 만에 한하지 아니하고 **이미 사회의 일부에 잘 알려진 사실이라고 하더라도** 이를 적시하여 사람의 사회적 평가를 저하시킬 만한 행위를 한 때에는 명예훼손죄를 구성한다」(대판 93도3535).

Reference

전파가능성을 긍정한 판례

1 [대판 2016도15819] 파기환송. [전파가능성을 이유로 명예훼손죄의 공연성을 인정하는 경우, 주관적 요소로서 고의의 내용 및 행위자가 전파가능성을 용인하고 있었는지 판단하는 방법] [1] 전파가능성을 이유로 명예훼손죄의 공연성을 인정하는 경우에 범죄구성요건의 주관적 요소로서 미필적 고의가 있으면 되므로, 전파가능성에 관한 인식이 있는 때는 물론 나아가 그 위험을 용인하는 내심의 의사가 있는 때에도 공연성이 인정될 수 있다. 나아가 그 **행위자가 전파가능성을 용인하고 있었는지의 여부**는 외부에 나타난 행위의 형태와 행위의 상황 등 구체적인 사정을 기초로 하여 일반인이라면 그 전파가능성을 어떻게 평가할 것인가를 고려하면서 행위자의 입장에서 그 심리상태를 추인하여야 한다. [2] 갑 대학교 사무처장인 피고인이 인터넷신문 기자에게 총장의 성추행 사건 등으로 복잡한 학교 측 입장을 이야기하면서 총장을 성추행 혐의로 고소한 갑 대학교 소속 교수인 피해자들에 대하여 '피해자들이 이상한 남녀관계인데, 치정 행각을 가리기 위해 개명을 하였고, 이를 확인해 보면 알 것이다'라는 취지의 말을 하여 공연히 허위의 사실을 적시하여 피해자들의 명예를 훼손하였다는 이유로 기소된 사안에서, 피고인에게 위와 같은 발언의 전파가능성에 관한 인식 및 용인의 의사가 없었다고 본 원심판단에 사실오인 또는 법리오해의 위법이 있다.

2 [대판 2008도6515] [1] 피고인은 피해자가 상가 관리단의 새로운 관리인으로 선출되자 '피해자가 뇌물공여죄, 횡령죄 등 **전과 13범으로** 관리단규약에 의하여 선량한 관리인으로서의 자격이 없다'는 내용을 담은 준비서면을 제출하고, 같은 날 그 준비서면을 관리단 **감사인 공소외 1에게 팩스로 전송**한 경우. [2] 피고인이 공소외 1에게 위 준비서면을 팩스로 전송한 이후에 스스로 피해자의 전과사실을 이 사건 상가의 상인들에게 알리는 행동을 하였던 점에 비추어 비록 피고인이 공소외 1 한 사람에게만 피해자의 전과사실을 유포하였다고 하더라도 그로부터 불특정 또는 다수인에게 전파될 가능성에 대한 인식이 있었음은 물론이고 내심으로도 전파가능성을 용인하고 있었다고 봄이 상당하다.

3-1 [대판 2007도8155] 파기환송. 개인 블로그의 비공개 대화 방에서 상대방으로부터 비밀을 지키겠다는 말을 듣고 **일대일로 대화하였다고 하더라도**, 그 사정만으로 대화 상대방이 대화내용을 불특정 또는 다수에게 전파할 가능성이 없다고 할 수 없으므로, 명예훼손죄의 요건인 공연성을 인정할 여지가 있다. **cf)** 원심은 일대일 비밀대화로서 공연성이 없다고 보아 명예훼손죄를 인정하지 않았다.

3-2 [비교판례] [대판 2022도14571] 피고인은 자율방범대 대장인 **상대방에게만 이 사건 카카오톡 메시지를 전송**하였는데, 피고인과 상대방의 신분·지위·관계 및 단체의 성격 등에 비추어 메시지의 객관적·핵심적 의미와 내용은, 시민들과 일상적인 접촉을 갖는 관계로 구성원의 처신과 외부적 평판이 중요한 자율방범대의 대장인 상대방에게 소속 대원인 피해자의 평소 행실·평판을 알려주

어 단체의 운영 및 활동 과정에서 참고할 필요가 있음을 고지·조언하기 위한 것으로 볼 수 있다. 이는 같은 당원이자 구의회 의원의 직책을 맡은 피고인은 물론, 같은 지역위원회의 여성위원장이자 자율방범대 대장의 지위를 맡은 상대방 모두에게 공통의 관심사가 될 수 있는 사항에 해당하므로, 상호 담당하는 지위·역할에 따른 업무상 또는 공식적 관계에서 주고받은 메시지의 내용을 불특정 또는 다수인에게 전파할 이유나 가능성이 객관적으로 증명되었다고 보기 어렵다. (나) 특히 상대방이 피고인으로부터 메시지를 받았을 당시 상황에 대한 진술 내용에 비추어 보면, 상대방은 메시지의 핵심 내용을 상당히 정확하게 인식하였을 뿐 피해자를 포함한 다른 사람들에게 메시지 표현 자체를 전달·공유할 의사가 없었으며, 실제로도 메시지의 취지를 감안하여 자율방범대의 대표자로서 구성원인 피해자에게 외부의 시선·평판을 고려하여 처신에 주의할 필요가 있다는 원론적 수준의 조언만 하였을 뿐 피해자를 포함한 불특정 또는 다수인에게 메시지 자체를 전파하지는 않은 것으로 보인다. 이러한 상대방의 태도·의사·인식 및 메시지 처리 내역은 **공연성을 부정할 만한 소극적 사정에 해당**한다.

4 [대판 2004도340] 야당국회의원을 통해 사업상의 분쟁을 해결하기 위해 그에게 허위사실을 적시한 경우

5 [대판 99도5734] 직장의 **전산망에 설치된 전자게시판**에 타인의 명예를 훼손하는 내용의 글을 게시한 행위가 명예훼손죄를 구성한다.

6 [대판 96도1007] 피고인의 말을 들은 사람은 **한 사람씩에 불과하였으나** 그들은 피고인과 **특별한 친분관계가 있는 자가 아니며**, 그 범행의 내용도 지방의회 의원선거를 앞둔 시점에 현역 시의회 의원이면서 다시 그 후보자가 되고자 하는 자를 비방한 것이어서 피고인이 적시한 사실이 전파될 가능성이 많을 뿐만 아니라, 결과적으로 그 사실이 피해자에게 전파되어 피해자가 고소를 제기하기에 이른 사정 등을 참작하여 볼 때, 피고인의 판시 범행은 행위 당시에 이미 공연성을 갖추었다.

7 [대판 94도1880] 피고인은 비록 2명 또는 3명이 있는 자리에서 허위사실을 유포하였으나 그 장소가 거리 또는 식당 등 **공공연한 장소일 뿐만 아니라** 그 이야기를 들은 사람들과 피해자의 친분관계를 고려하여 볼 때 이러한 피고인의 이야기를 전파하지 아니하고 비밀로 지켜줄 사정이 전혀 엿보이지 아니한 경우.

8 [대판 92도455] 명예훼손의 발언(피해자들이 전과가 많다는 내용)을 들은 사람들이 피해자들과는 **일면식이 없다거나 이미 피해자들의 전과사실을 알고 있었다고 하더라도** 공연성 즉 발언이 전파될 가능성이 없다고 볼 수 없다.

9 [대판 91도347] 피고인이 판시와 같은 진정서와 고소장을 **특정사람들에게 개별적으로 우송**한 것이라고 하여도 다수인(19명, 193명)에게 배포하였고, 또 그 내용이 다른 사람들에게 전파될 가능성도 있는 것이므로 공연성의 요건은 충족된 것이라고 보아야 한다.

10 [대판 85도431] 피고인이 사실을 적시한 장소가 유 ○ ○ 이라는 행정서사의 사무실 내이었기는 하나 그의 사무원인 윤과 동인의 처 오가 함께 있는 자리였었고, 그들은 **모두 피해자와 같은 교회에 다니는 교인**들일 뿐 피해자에 관한 소문을 비밀로 지켜줄 만한 **특별한 신분관계는 없었던 사정을 규지할 수 있어** 피고인

이 그들에게 적시한 사실은 그들을 통하여 불특정 또는 다수인에게 전파될 가능성이 충분히 있었다고 보기에 넉넉하다.

11 [대판 83도3292] 피고인들이 인쇄물을 우송한 **200여명이 회사의 주주들에 한정**되어 있었고 피고인들과 이해관계를 같이하는 자들이라 하여도 거기에 공연성이 없다고 할 수 없다.

12 [대판 83도3124] 피고인들이 이 사건 출판물 15부를 피고인들이 소속된 교회의 교인 15인에게 배부한 이상 공연성의 요건은 충족된 것이라고 보겠으며, **배부 받은 사람 중 일부가 위 출판물작성에 가담한 사람들이라고 하여도** 결론에는 아무런 소장이 없다.

13 [대판 83도2222] 피고인이 공소외 조의 집 앞에서 **공소 외 송** 및 피해자 서의 **시어머니** 최○남이가 있는 자리에서 동 피해자에 대하여 "시커멓게 생긴 놈하고 매일같이 붙어 다닌다. 점방 마치면 여관에 가서 누워 자고 아침에 들어온다"고 말하여 위 피해자의 명예를 훼손한 범죄사실을 넉넉히 인정할 수 있으니 …… 말의 전파가능성이 없어 결국 명예훼손죄에 있어서의 공연성이 결여되었다는 주장도 독자적 견해에 따른 것으로서 채택될 수 없다. **cf)** 본 사안에서 대법원은 시어머니 이외의 사람들이 전파할 가능성이 있다고 보았다.

14 [대판 79도1517] 이 사건 편지의 **수신인인 1명이** 편지 내용을 타인에게 유포할 가능성이 인정되는 이 건에서는 그 공연성을 인정할 수 있다. **cf)** 한 사람에게 편지를 발송한 경우에도 그 수신인이 내용을 타인에게 전파할 가능성이 있다고 판단될 경우에 법원은 명예훼손죄를 인정하고 있다.

전파가능성을 부정한 판례

15 [대판 2020도8336] [명예훼손죄에서의 공연성과 고의의 내용] [발언자의 전파가능성에 대한 인식과 위험을 용인하는 내심의 의사를 인정할 때 고려할 사항/ 공연성의 존부를 판단하는 방법] [1] 명예훼손죄와 모욕죄에서 전파가능성을 이유로 공연성을 인정하는 경우에는 적어도 범죄구성요건의 주관적 요소로서 **미필적 고의가 필요**하므로, **전파가능성에 대한 인식이 있음은 물론 나아가 위험을 용인하는 내심의 의사가 있어야 한다.** 친밀하고 사적인 관계뿐만 아니라 공적인 관계에서도 조직 등의 업무와 관련하여 사실의 확인 또는 규명 과정에서 발언하게 된 것이거나, 상대방의 가해에 대하여 대응하는 과정에서 발언하게 된 경우와 수사·소송 등 공적인 절차에서 당사자 사이에 공방을 하던 중 발언하게 된 경우 등이라면 **발언자의 전파가능성에 대한 인식과 위험을 용인하는 내심의 의사를 인정하는 것은 신중하여야 한다.** [2] 빌라를 관리하고 있는 피고인들이 빌라 아랫집에 거주하는 갑으로부터 누수 문제로 공사 요청을 받게 되자, 갑과 전화통화를 하면서 빌라를 임차하여 거주하고 있는 피해자들에 대하여 누수 공사 협조의 대가로 과도하고 부당한 요구를 하거나 막말과 욕설을 하였다는 취지로 발언하고, **'무식한 것들'**, **'이중인격자'** 등으로 말하여 명예훼손죄와 모욕죄로 기소된 사안에서, (가) 위 발언들은 신속한 누수 공사 진행을 요청하는 갑에게 임차인인 피해자들의 협조 문제로 공사가 지연되는 상황을 설명하는 과정에서 나온 것으로서, (나) 이에 관한 피고인들의 진술내용을 종합해 보더라도 피고인들이 전파가능성에 대한 인식과 위험을 용인하는 내심의 의사에 기

하여 위 발언들을 하였다고 단정하기 어려운 점, (다) 위 발언들이 불특정인 또는 다수인에게 전파되지 않은 것은 비록 위 발언들 이후의 사정이기는 하지만 **공연성 여부를 판단할 때 소극적 사정으로 고려될 수 있는 점**, (라) 위 발언들이 피해자 본인에게 전달될 가능성이 높다거나 실제 전달되었다는 사정만으로는 불특정인 또는 다수인에게 전파될 가능성이 있었다고 볼 수 없는 점 등을 종합하면, (마) 피고인들이 갑에게 한 위 발언들이 불특정인 또는 다수인에게 전파될 가능성이 있었고 피고인들에게 이에 대한 인식과 위험을 용인하는 내심의 의사가 있었다고 본 원심판단에 법리오해의 잘못이 있다고 한 사례.

16 [대판 2018도4200] 파기환송. [불미스러운 소문의 진위를 확인하고자 질문을 하는 과정에서 타인의 명예를 훼손하는 발언을 한 경우] 마트의 운영자인 피고인이 마트에 아이스크림을 납품하는 업체 직원인 갑을 불러 '다른 업체에서는 마트에 입점하기 위하여 입점비를 준다고 하던데, 입점비를 얼마나 줬냐? 점장 을이 여러 군데 업체에서 입점비를 돈으로 받아 해먹었고, 지금 뒷조사 중이다.'라고 말하여 공연히 허위사실을 적시하여 을의 명예를 훼손하였다는 내용으로 기소된 사안에서, …… (가) 피고인은 을이 납품업체들로부터 입점비를 받아 개인적으로 착복하였다는 소문을 듣고 갑을 불러 **소문의 진위를 확인**하면서 갑도 입점비를 을에게 주었는지 **질문하는 과정에서 위와 같은 말을 한 것**으로 보이므로, 을의 사회적 평가를 저하시킬 의도를 가지거나 그러한 결과가 발생할 것을 인식한 상태에서 위와 같은 말을 한 것이 아니어서 **피고인에게 명예훼손의 '고의'를 인정하기 어렵고**, 한편 (나) 피고인이 아무도 없는 사무실로 갑을 불러 단둘이 이야기를 하였고, 갑에게 그와 같은 사실을 을에게 말하지 말고 혼자만 알고 있으라고 당부하였으며, 갑이 그 후 을에게는 이야기하였으나 을 외의 다른 사람들에게 이야기한 정황은 없는 점 등을 고려하면 피고인에게 전파가능성에 대한 인식과 그 위험을 용인하는 **내심의 의사가 있었다고 보기도 어려운데도**, 이와 달리 보아 유죄를 인정한 원심판단에 명예훼손죄에서의 고의와 공연성 또는 전파가능성에 관한 법리오해의 잘못이 있다.

17 [대판 2015도15619] [발언 상대방이 직무상 비밀유지의무 또는 이를 처리해야 할 공무원이나 이와 유사한 지위에 있는 경우, 공연성이 부정되는지 여부(적극)] [1] 피고인들과 피해자는 골프장의 경기도우미(캐디)인데 경기도우미들은 자율규정을 위반한 경기도우미에 대한 징계를 스스로 결정한 후 골프장 운영회사의 접수 직원인 공소외인에게 전달하고, 위 회사 내부의 검토·보고를 거쳐 시행하는 점, 이 부분 공소사실에서 문제된 요청서는 허위사실에 기초한 것이기는 하나 피해자가 자율규정을 위반하여 징계하였으니 골프장에 출입금지를 시켜 달라는 내용으로 절차에 따라 공소외인에게 전달되어 위 회사에 의해 피해자에 대한 출입금지조치가 있었던 점을 인정한 다음 피고인들이 피해자에 대한 허위사실을 적시하여 공소외인을 통하여 위 회사에 전달한 사실이 인정된다 하더라도, **이는 피해자에 대한 출입금지처분을 요청하기 위하여 그 담당자에게 요청서를 제출한 것이므로**, 피고인들이 적시한 허위사실이 담당자인 공소외인을 통하여 불특정 또는 다수인에게 전파될 가능성이 있다고 보이지 않는다. [2] 특히 발언 상대방이 직무상 비밀유지의무 또는 이를 처리해야 할 공무원이나 이와 유사한 지위에 있는 경우에는 그러한 관계나 신분으로 인하여 비밀의 보장이 상당히 높은 정도로 기대되는 경우로서 공연성이 부정되고, 공연성을 인정하기 위해서는 그러한 관계나 신분에도 불구하고 불특정 또는 다수인에게 전파될 수 있다고 볼 만한 **특별한 사정**이 존재하여야 한다.

18 [대판 2015도12933] [전파기능성 제한의 법리] [특정 소수에 대한 사실적시의 경우, 전파가능성을 이유

로 명예훼손죄의 구성요건인 공연성을 인정하기 위해서는 검사의 엄격한 증명이 필요한지 여부
(적극)/ 발언 상대방이 발언자나 피해자의 배우자, 친척, 친구 등 사적으로 친밀한 관계에 있는
경우 또는 직무상 비밀유지의무 또는 이를 처리해야 할 공무원이나 이와 유사한 지위에 있는 경
우, 공연성이 부정되는지 여부(적극) 및 이 경우에 공연성을 인정하려면 그러한 관계나 신분에도 불구하고
불특정 또는 다수인에게 전파될 수 있다고 볼 만한 특별한 사정이 존재하여야 하는지 여부(적극)] ●사실●
피고인은 2014. 5. 14. 08:41경 피고인의 사무실에서 사실은 피해자가 이혼하기는 했지만 아들이 장애인이
아니고, 피해자와 사실혼관계에 있던 공소외 1이 피고인으로부터 임금을 가불하여 피해자에게 가져다준
것이 아닌데도, 피고인의 친구 공소외 2가 있는 자리에서 피해자에 관하여 "신랑하고 이혼했는데, 아들이
하나가 장애인이래, 그런데 공소외 1이 그래도 살아보겠다고 돈 갖다 바치는 거지, 그런데 이년이."라고 말
하였다. 제1심과 원심은 전파가능성이 있다고 보아, 이 사건 발언의 공연성이 없다는 피고인의 주장을 배
척하고 명예훼손죄를 인정하였다. ●판지● 파기환송. [1] (가) 공연성은 명예훼손죄의 구성요건으로서, 특
정 소수에 대한 사실적시의 경우 공연성이 부정되는 유력한 사정이 있다고 볼 수 있으므로, 전파가능성에
관해서는 검사의 엄격한 증명이 필요하다. (나) 발언 상대방이 발언자나 피해자의 배우자, 친척, 친구 등
사적으로 친밀한 관계에 있는 경우 또는 직무상 비밀유지의무 또는 이를 처리해야 할 공무원이나 이와 유
사한 지위에 있는 경우에는 그러한 관계나 신분으로 비밀의 보장이 상당히 높은 정도로 기대되는 경우로서
공연성이 부정된다. 위와 같이 (다) **발언자와 상대방, 그리고 피해자와 상대방이 특수한 관계**에 있는 경우 또
는 **상대방이 직무상 특수한 지위나 신분을 가지고 있는 경우**에 공연성을 인정하려면 그러한 관계나 신분에도
불구하고 불특정 또는 다수인에게 전파될 수 있다고 볼 만한 특별한 사정이 존재하여야 한다. [2] 피고인이
사무실에서 이 사건 발언을 할 **당시 공소외 2만 있었는데**, 이는 공연성이 부정될 유력한 사정이므로, 피고
인의 발언이 전파될 가능성에 대해서는 검사의 엄격한 증명이 필요하다. 또한 **피고인과 공소외 2의 친밀 관**
계를 고려하면 비밀보장이 상당히 높은 정도로 기대되기 때문에 공연성을 인정하려면 그러한 관계에도 불
구하고 불특정 또는 다수인에게 전파될 수 있다고 볼 만한 특별한 사정이 있어야 한다. 피고인이 공소외
2 앞에서 한 발언 경위와 내용 등을 보면 위 발언이 불특정 또는 다수인에게 전파될 가능성이 있다고 보기
어렵거나 피고인에게 전파가능성에 대한 위험을 용인하는 내심의 의사가 있었다고 보기 어렵다. 따라서 이
사건 공소사실의 유·무죄를 판단하기 위해서는 피고인이 공소외 2에게 발언을 한 경위와 내용, 발언의 방
법과 장소 등 여러 사정을 심리하여 피고인의 발언이 특정 소수 앞에서 한 것인데도 불특정 또는 다수인에
게 전파될 고도의 가능성이 있었는지 여부를 신중하게 가려야 한다.

19 [대판 2010도8265] 피고인은 **같은 아파트에 거주하는 甲으로부터** 그가 휴대폰으로 촬영하여 출력한 乙
의 범죄경력조회서 영인본을 취득하였다. 피고인은 평소 乙이 자신의 일에 간섭하는 것에 기분이 나쁘다는
이유로 甲으로부터 취득한 乙의 **범죄경력기록**을 같은 아파트에 거주하는 丙에게 보여주면서 "전과자이고
나쁜 년"이라고 사실을 적시하여 乙의 명예를 훼손하였다는 공소사실에 대하여, 위 유포 사실이 불특정 또
는 다수인에게 전파될 가능성이 없다는 이유로 무죄를 선고한 원심판결을 수긍한 사례.

20 [대판 2010도7497] 피고인, 갑, 을, 병 4명이 있는 자리에 피해자에 대한 폭행 사건에 관하여 대화를
나누던 중 발언을 한 것(피고인이 자신의 아들 등에게 폭행을 당하여 입원한 피해자의 병실로 찾아가 그의 모
갑과 대화하던 중에 **"학교에 알아보니 당신 아들에게 원래 정신병이 있었다고 하더라"**라고 허위사실을 적시하여 피
해자의 명예를 훼손한 경우)이라면 불특정 또는 다수인이 인식할 있는 상태라고 할 수 없고, 또 **그 자리에**

있던 사람들의 관계 등 여러 사정에 비추어 피고인의 발언이 불특정 또는 다수인에게 전파될 가능성이 있다고 보기도 어려워 공연성을 부정을 하였다.

21 [대판 2004도2880] 어느 사람에게 **귀엣말** 등 그 사람만 들을 수 있는 방법으로 **그 사람 본인**의 사회적 가치 내지 평가를 떨어뜨릴 만한 사실을 이야기하였다면, 위와 같은 이야기가 불특정 또는 다수인에게 전파될 가능성이 있다고 볼 수 없어 명예훼손의 구성요건인 공연성을 충족하지 못하는 것이며, 그 사람이 들은 말을 스스로 다른 사람들에게 전파하였더라도 위와 같은 결론에는 영향이 없다.

기자에 대한 사실적시와 공연성
22 [대판 99도5622] 통상 기자가 아닌 (가) **보통 사람에게 사실을 적시할 경우**에는 그 자체로서 적시된 사실이 외부에 공표되는 것이므로 그 때부터 곧 전파가능성을 따져 공연성 여부를 판단하여야 할 것이지만, 그와는 달리 (나) **기자를 통해 사실을 적시하는 경우**에는 기사화되어 보도되어야만 적시된 사실이 외부에 공표된다고 보아야 할 것이므로 기자가 취재를 한 상태에서 **아직 기사화하여 보도하지 아니한 경우에는 전파가능성이 없다**고 할 것이어서 공연성이 없다고 봄이 상당하다. cf) 본 판례는 보통 사람에게 사실을 적시할 경우와 기자를 통해 사실을 적시하는 경우 전파가능성의 판단시점과 판단기준의 다름을 보여 주고 있다. 즉 기자가 아닌 일반인에 대한 사실의 적시가 그 순간부터 전파가능성 여부를 따져 공연성이 인정되는 것과 차이가 난다.

23 [대판 99도4579] 이혼소송 계속 중인 처가 대학교수이면서 소송과정에서 남편에게 유리한 진술서를 작성해 주었던 **남편의 친구**에게 서신을 보내면서 남편의 명예를 훼손하는 문구가 기재된 서신을 동봉한 경우, 공연성이 결여된다.

24 [대판 94도3309] [고소할 목적으로 피고인의 발언을 유도하여 비밀녹음을 한 사람들을 상대로 한 발언은 전파가능성이 있다고 할 수 없어서 공연성이 없다고 본 사례] [1] 피고인을 명예훼손죄로 고소할 수 있도록 그 증거자료를 미리 은밀하게 수집, 확보하기 위하여 **피고인의 발언을 유도하였다고 의심되는 사람들** (구원파신도 6명)에게 한 피해자의 여자 문제 등 사생활에 관한 피고인의 발언은 이들이 수사기관 이외의 다른 사람들에게 전파할 가능성이 있다고 단정하기는 어렵다고 보아 공연성에 대한 인식을 부정한 사례. [2] 신학대학교의 교수가 출판물 등을 통하여 종교단체인 구원파를 이단으로 비판하는 과정에서 특정인을 그 실질적 지도자로 지목하여 명예를 훼손하는 사실을 적시하였으나 비방의 목적에서라기보다는 공공의 이익을 위하여 한 행위라고 판단한 사례.

25 [대판 89도1467] 조합장으로 취임한 피고인이 조합의 원만한 운영을 위하여 **피해자의 측근이며 피해자의 불신임을 적극 반대**하였던 갑에게 조합운영에 대한 협조를 구하기 위하여 동인과 단둘이 있는 자리에서 이사회가 피해자를 불신임하게 된 사유를 설명하는 과정에서 피해자에 대한 여자관계의 소문이 돌고 있다는 취지의 말을 한 것이라면 그것은 전파될 가능성이 있다고 할 수 없다.

26 [대판 85도2037] 명예훼손죄에 있어서의 공연성이라 함은 불특정 또는 다수인이 인식할 수 있는 상태를 가리키는 것인바, 피고인이 자기 집에서 피해자와 서로 다투다가 피해자에게 한 욕설을 피고인의 **남편 외에 들은 사람이 없다고 한다면** 그 욕설을 불특정 또는 다수인이 인식할 수 있는 상태였다고 할 수는

없으므로 공연성을 인정하기 어렵다.

27 [대판 84도86] 피고인이 집에서 피고인의 처로부터 전날 피고인이 외박한 사실에 대하여 추궁당하자 이를 모면하기 위하여 처에게 피해자와 여관방에서 동침한 사실이 있다고 말한 사실만으로써는 명예훼손죄의 구성요건인 공연성이 있다 할 수 없다.

28 [대판 83도2190] [교사의 비행을 적은 진정서를 학교 이사장에게 제출한 경우에 있어서 공연성 유무(소극)] 중학교 교사에 대해 "전과범으로서 교사직을 팔아가며 이웃을 해치고 고발을 일삼는 악덕 교사"라는 취지의 진정서를 그가 근무하는 학교법인 이사장 앞으로 제출한 행위 자체는 위 진정서의 내용과 진정서의 수취인인 **학교법인 이사장과 위 교사의 관계 등에 비추어 볼 때** 위 이사장이 위 진정서 내용을 타에 전파할 가능성이 있다고 보기 어려우므로 명예훼손죄의 구성요건인 공연성이 있다고 보기 어렵다.

29 [대판 83도891] 피고인이 다방에서 **피해자와 동업관계로 친한 사이인** 공소외인에 대하여 피해자의 험담을 한 경우에 있어서 다방내의 좌석이 다른 손님의 자리와 멀리 떨어져 있고 그 당시 공소외인은 피고인에게 왜 피해자에 관해서 그런 말을 하느냐고 힐책까지 한 사실이 있다면 전파될 가능성이 있다고 볼 수 없다.

30 [대판 83도49] [여관방에서 피해자 및 그 가족앞에서 행한 발설과 공연성] 피고인이 각 피해자에게 "사이비 기자 운운" 또는 "너 이 쌍년 왔구나"라고 **말한 장소가 여관방 안이고 그곳에는 피고인과 그의 처, 피해자들과 그들의 딸, 사위, 매형 밖에 없었고** 피고인이 피고인의 딸과 피해자들의 아들간의 파탄된 혼인관계를 수습하기 위하여 만나 얘기하던 중 감정이 격화되어 위와 같은 발설을 한 사실이 인정된다면, 위 발언은 불특정 또는 다수인이 인식할 수 있는 상태, 또는 불특정다수인에게 전파될 가능성이 있는 상태에서 이루어진 것이라 보기 어려우므로 이는 공연성이 없다 할 것이다.

31 [대판 82도371] 사실적시행위가 피해자와 **모두 집안간인 관계**에 있는 사람들 앞에서 이루어졌고 그 이외의 타인들에게는 알려지지 않도록 감추려는 것이었다면 불특정 다수인에게 전파될 가능성이 없어 공연성을 갖춘 것이라고 할 수 없다.

32 [대판 81도2152] 피고인이 공소내용과 같이 공소외 인에게 피해자가 부정한 여자인 것처럼 허위의 사실을 적시하여 발설한 장소는 마을입구 노상으로서 **당시는 밤이고 공소외인 혼자만 있었으며,** 또 위와 같은 허위사실을 발설하게 된 것은 피고인이 평소 유혹하려던 과부인 공소외인과 **단둘이 마주치게 되자** 남편있는 여자도 서방질을 하는데 과부가 서방을 두는 것이 무슨 잘못이냐 운운하면서 공소외인을 설득하는 과정에서 발설케 되었다는 것이다. 위와 같은 사실관계에 비추어 보면, 원심이 피고인에게 공연히 피해자의 명예를 훼손할 범의가 있었던 것으로 단정키 어렵다.

33 [대판 81도1023] 단둘이 식당 방에 않은 자리에서 **피해자의 친척인 A**에게 피해자 갑에 대한 불륜사실을 적시하자 A는 창피하여 아무 말 못하고 헤어진 후 즉시 갑을 찾아가 힐책하자 갑이 같은 피해자인 을에게 이를 알리고 같이 피고인을 찾아가 따짐으로서 표면화된 경우.

> 방송국 PD 등이 특정 프로그램 방송보도를 통하여 이른바 '한미 쇠고기 수입 협상'의 협상단 대표와 주무부처 장관이 협상을 졸속으로 체결하였다는 취지로 표현하였다면 명예훼손죄가 성립하는가?

●**사실**● 피고인들은 문화방송(MBC)의 'PD수첩' 프로그램을 통하여 '미국산 쇠고기 수입을 위한 제2차 한미 전문가 기술협의'의 협상단 대표와 주무부처 장관이 광우병 위험성이 높은 미국산 쇠고기 등을 수입하는 협상을 졸속으로 체결함으로써 우리나라 국민을 치명적인 인간광우병(vCJD) 위험에 빠뜨리게 하여 역사에 부끄러운 짓을 하였다는 취지로 보도하였다.

검사는 피고인들에 대해 공연히 허위의 사실을 적시하여 공직자들의 명예를 훼손하였다는 혐의로 기소하였다. 원심은 피고인들의 행위를 '사실'의 적시로 볼 수 없다고 보아 무죄를 선고하였다. 이에 검사가 상고하였다.

●**판지**● 상고기각. 「[1] 명예훼손죄에서 **'사실의 적시'란** 가치판단이나 평가를 내용으로 하는 **'의견 표현'에 대치되는 개념**으로서 시간과 공간적으로 구체적인 과거 또는 현재의 사실관계에 관한 보고 내지 진술을 의미하며, 표현내용이 **증거에 의해 증명이 가능한** 것을 말하고, 판단할 보고 내지 진술이 사실인가 또는 의견인가를 구별할 때에는 언어의 통상적 의미와 용법, 증명가능성, 문제된 말이 사용된 문맥, 표현이 행하여진 사회적 상황 등 전체적 정황을 고려하여 판단하여야 한다.

[2] 방송국 프로듀서 등 피고인들이 특정 프로그램 방송보도를 통하여 '미국산 쇠고기 수입을 위한 제2차 한미 전문가 기술협의'(이른바 '한미 쇠고기 수입 협상')의 협상단 대표와 주무부처 장관이 미국산 쇠고기 실태를 제대로 파악하지 못하였다는 취지의 허위사실을 적시하여 이들의 명예를 훼손하였다는 내용으로 기소된 사안에서, 명예훼손죄의 사실적시에 관한 법리 및 대법원 2011.9.2. 선고 2009다 52649 전원합의체 판결에서 정부 협상단의 미국산 쇠고기 실태파악 관련 방송보도에 관하여, 정부가 미국 도축시스템의 실태 중 아무 것도 본 적이 없다는 **구체적 사실을 적시한 것이 아니라**, 미국산 쇠고기 수입위생조건 협상에 필요한 만큼 **미국 도축시스템의 실태를 제대로 알지 못하였다는 주관적 평가를 내린 것**이라고 판시한 점 등에 비추어, 이 부분 보도내용을 비판 내지 의견 제시로 보아 명예훼손죄에서 말하는 **'사실의 적시'에 해당하지 않는다**」.

---

1) 2008년 《PD수첩》은 미국 쇠고기 수입 협상의 문제점을 주장하며 광우병의 위험성을 알리는 보도를 몇 차례 하였다. 특히 4월 29일 보도는 한미 쇠고기 협상 내용에 대한 반대 시위에 기폭제 역할을 하였다. 이후 일부 내용을 오역한 사실이 확인되었고, 이를 두고 엇갈린 반응이 나왔다. 대한민국 정부, 여당과 보수 성향의 신문은 광우병 위험이 과장·왜곡되었다고 주장했고, 야당과 진보 성향의 신문은 사소한 실수가 있었을 뿐 정부가 협상을 잘못했다는 본질은 변하지 않았다고 주장했다. 2008년 7월 20일 민사법원은 《PD수첩》에 "PD수첩은 잘 못된 광우병 보도 내용에 대해 정정 보도를 하라"고 판결했다. 2009년 3월 《PD수첩》 제작진은 정운천 전 농림수산식품부 장관의 명예를 훼손한 혐의 등으로 기소되었으나, **2011년 9월 2일 대법원은 제작진 5명 모두에게 무죄를 선고한 원심을 확정**했다. 이 외에도 《PD수첩》측은 보수단체가 제기한 소송에서도 승소했다. 그러나 대법원은 "대한민국 국민이 광우병에 걸릴 가능성이 더 크다는 보도"는 허위 보도이며 정정 보도를 내보내라고 판결했고, 문화방송은 2011년 9월 5일 공식 사과문을 발표했다 ko.wikipedia.org

2) 형법 제307조(명예훼손) ① 공연히 **사실을 적시**하여 사람의 명예를 훼손한 자는 2년 이하의 징역이나 금고 또는 500만원 이하의 벌금에 처한다. ② 공연히 **허위의 사실을 적시**하여 사람의 명예를 훼손한 자는 5년 이하의 징역, 10년 이하의 자격정지 또는 1천만원 이하의 벌금에 처한다.

[3] 보도내용 중 일부가 객관적 사실과 다른 허위사실 적시에 해당한다고 하면서도, 위 방송보도가 국민의 먹을거리와 이에 대한 정부 정책에 관한 여론형성이나 공개토론에 이바지할 수 있는 공공성 및 사회성을 지닌 사안을 대상으로 하고 있는 점, 허위사실의 적시로 인정되는 방송보도 내용은 미국산 쇠고기의 광우병 위험성에 관한 것으로 공직자인 피해자들의 명예와 직접적인 연관을 갖는 것이 아닐 뿐만 아니라 피해자들에 대한 악의적이거나 현저히 상당성을 잃은 공격으로 볼 수 없는 점 등의 사정에 비추어, **피고인들에게 명예훼손의 고의를 인정하기 어렵고** 달리 이를 인정할 증거가 없다고 본 원심판단을 수긍한 사례.

●**해설**● 1 명예훼손죄와 관련하여 법원은 '**사실의 적시**'는 죄가 되나 주관적 '**의견의 표명**'은 그 진위를 판명할 수 없어 명예훼손죄의 대상이 될 수 없다고 본다. 이와 같이 의견의 표현이 사실의 주장보다 더 보호받아야 하는 것은, 그 판단의 옳고 그름은 자유로운 토론으로 결정되어야 한다는 자유민주사회의 기본적 요청에 근거한다.

2 **사실의 적시와 의견표현**   명예훼손죄는 공연히 **사실을 적시**하여 사람의 명예를 훼손하는 것이다. 여기서 '사실'은 **증거를 가지고 확인**할 수 있는 것을 말한다. 즉 현실적으로 발생하고 객관적 해명과 입증이 가능한 과거 또는 현재의 상태이다. 따라서 **단순한 가치판단이나 평가, 의견의 표현은 사실의 적시에 해당하지 않는다.** 그리고 판단할 보고 내지 진술이 「사실인가 또는 의견인가를 구별할 때는 언어의 통상적 의미와 용법, 증명가능성, 문제된 말이 사용된 문맥, 표현이 행하여진 사회적 상황 등 전체적 정황을 고려하여 판단」하여야 한다고 하지만 양자의 구분은 **상당히 모호하다.**

3 사안에서는 'PD수첩'이 방영한 방송내용이 '사실의 적시'에 해당하는지 여부가 다투어졌다. 법원은 정부 협상단의 미국산 쇠고기 실태 파악 관련 방송 보도에 관하여, 「정부가 미국 도축시스템의 실태 중 아무것도 본 적이 없다는 '**구체적 사실**'을 적시한 것이 아니라, 미국산 쇠고기 수입위생 조건 협상에 필요한 만큼 미국 도축시스템의 실태를 제대로 알지 못하였다는 '**주관적 평가**'를 내린 것」으로 판단하였다.

4 또한 사안에서는 'PD수첩'의 방송 보도로 인하여 그에 관여한 공직자(주무부처 장관과 협상단대표) 개인에 대한 명예훼손죄 성립 여부가 다투어졌다. 대법원은 「위 방송 보도가 국민의 먹을거리와 이에 대한 정부 정책에 관한 여론형성이나 공개토론에 이바지할 수 있는 **공공성 및 사회성을 지닌 사안**을 대상으로 하고 있는 점, 허위사실의 적시로 인정되는 방송보도 내용은 미국산 쇠고기의 광우병 위험성에 관한 것으로 (가) 공직자인 피해자들의 명예와 **직접적인 연관을 갖는 것이 아닐 뿐만 아니라** (나) 피해자들에 대한 악의적이거나 현저히 상당성을 잃은 공격으로 볼 수 없는 점 등의 사정에 비추어, **피고인들에게 명예훼손의 고의를 인정하기 어렵고** 달리 이를 인정할 증거가 없다」라고 보았다.

5 **공적 인물 및 공적 관심사에 대한 명예훼손**   그리고 언론 보도로 인한 명예훼손이 문제 되는 경우에는 「① 그 보도로 인한 피해자가 공적인 존재인지 사적인 존재인지, ② 그 보도가 공적인 관심사안에 관한 것인지 순수한 사적인 영역에 속하는 사안에 관한 것인지, ③ 그 보도가 객관적으로 국민이 알아야 할 공공성, 사회성을 갖춘 사안에 관한 것으로 여론형성이나 공개토론에 기여하는 것인지 아닌지 등을 따져보아 **공적 존재에 대한 공적 관심 사안과 사적인 영역에 속하는 사안 간 심사기준에 차이**를 두어야 하는데, 당해 표현이 (가) **사적인 영역에 속하는 사안**에 관한 것인 경우에는 언론의 자유보다 명예의

보호라는 인격권이 우선할 수 있으나, (나) **공공적·사회적인 의미를 가진 사안에 관한 것인 경우에는 그 평가를 달리하여야** 하고 **언론의 자유에 대한 제한이 완화**되어야 한다」고 판시하였다.

6 국가나 지방자치단체에 대한 명예훼손죄의 성부　　　대상판결에서는 특히 **정부나 국가기관은 명예 훼손죄의 피해자가 될 수는 없음**을 밝히고 있다(그러나 공직자 개인은 명예훼손죄의 피해자가 될 수 있다). 정부 또는 국가기관의 정책 결정이나 업무수행과 관련된 사항은 항상 국민의 감시와 비판의 대상이 되어야 하고, 이러한 감시와 비판은 이를 주요 임무로 하는 언론 보도의 자유가 충분히 보장될 때 비로소 정상적으로 수행될 수 있기 때문이다.

7 따라서 「(가) **정부 또는 국가기관은 형법상 명예훼손죄의 피해자가 될 수 없음**으로, 정부 또는 국가기관의 정책 결정 또는 업무수행과 관련된 사항을 주된 내용으로 하는 언론 보도로 인하여 그 정책결정이나 업무수행에 관여한 공직자에 대한 사회적 평가가 다소 저하될 수 있더라도, (나) 그 보도의 내용이 **공직자 개인에 대한 악의적이거나 심히 경솔한 공격으로서 현저히 상당성을 잃은 것으로 평가되지 않는 한,** 그 보도로 인하여 곧바로 공직자 개인에 대한 명예훼손이 된다고 할 수 없다」고 보았다.

8 사실적시에 관한 법리의 내용　　　한편 (1) '사실'은 특정인의 사회적 평가를 저하시킬 만한 **구체적 사실**이어야 하며(대판 2012도13718, Ref 2-3), 구체적인 사실을 적시하지 않고 단순히 모욕적인 추상적 판단을 표시한 것은 본죄를 구성하지 않는다(대판 87도739, Ref 1-18). (2) **장래의 일을 적시하더라도** 그것이 과거 또는 현재의 사실을 기초로 하거나 이에 대한 주장을 포함하는 경우에는 명예훼손죄가 성립한다(대판 2002도7420, Ref 1-3). (3) 사실적시의 방법에는 제한이 없다. 또한 (4) **가치중립적 표현**을 사용하였다 하여도 사회통념상 그로 인하여 특정인의 사회적 평가가 저하되었다고 판단된다면 명예훼손죄가 성립할 수 있다(대판 2007도5077, Ref 1.15-2). 또한 (5) **'공지의 사실'**이더라도 이를 적시하여 사람의 사회적 평가를 저하시킬만한 행위를 한 때에도 본죄는 성립한다(대판 93도3535, Ref 1-4). (6) 적시된 사실의 내용이 전체의 취지에서 볼 때 세부적인 내용에서 진실과 약간 차이가 나거나 다소 과장된 표현이 있는 정도에 불과하면 이를 허위라고 볼 수 없으나, 중요한 부분이 객관적 사실과 합치하지 않는다면 이를 허위라고 보아야 한다(대판 2013도12430, Ref 2-2). (7) 형법 제307조 제1항에서 말하는 '사실'은 적시된 사실이 진실한 사실인 경우이든 허위의 사실인 경우이든 모두 성립될 수 있음에 주의를 요한다(대판 2016도18024, Ref 1-1).

9 성폭력 범죄와 관련하여 성폭력을 당한 사람이 피해 내용을 폭로하면, 그 내용이 사실이라도 가해자에 대한 명예훼손 혐의가 성립할 수 있다. 이로 인해 피해자들의 피해사실 고백을 위축시키고 오히려 가해자들은 이를 악용함으로써 2차 피해가 발생하기도 한다. 때문에 성범죄 피해자에 대한 무고나 사실적시 명예훼손 사건 처리의 경우, 성폭력 범죄의 사건이 종결되기 전까지 **사실적시에 의한 명예훼손죄나 무고죄의 수사 중단**을 요구하는 주장이 있다.[3]

---

3) 김정연, 형법상 성범죄 규정의 판단기준 및 개선방안, 이화젠더법학 제10권 제1호(2018.5.) 86면.

Reference 1

'사실의 적시'에 해당한다고 본 사례

1 [대판 2016도18024] [형법 제307조 제1항에서 말하는 '사실'의 의미 / 형법 제307조 제1항의 명예훼손죄는 적시된 사실이 진실한 사실인 경우이든 허위의 사실인 경우이든 모두 성립할 수 있는지 여부(적극) 및 적시된 사실이 허위의 사실이나 행위자에게 허위성에 대한 인식이 없는 경우, 제307조 제1항의 명예훼손죄가 성립하는지 여부(적극)] (가) 형법 제307조 제1항, 제2항, 제310조의 체계와 문언 및 내용에 의하면, 제307조 제1항의 '사실'은 제2항의 '허위의 사실'과 반대되는 '진실한 사실'을 말하는 것이 아니라 가치판단이나 평가를 내용으로 하는 **'의견'에 대치되는 개념**이다. (나) 따라서 제307조 제1항의 명예훼손죄는 적시된 사실이 진실한 사실인 경우이든 허위의 사실인 경우이든 모두 성립될 수 있고, 특히 적시된 사실이 허위의 사실이라고 하더라도 행위자에게 허위성에 대한 인식이 없는 경우에는 제307조 제2항의 명예훼손죄가 아니라 제307조 제1항의 명예훼손죄가 성립될 수 있다. (다) 제307조 제1항의 법정형이 2년 이하의 징역 등으로 되어 있는 반면 제307조 제2항의 법정형은 5년 이하의 징역 등으로 되어 있는 것은 적시된 사실이 객관적으로 허위일 뿐 아니라 행위자가 그 사실의 허위성에 대한 주관적 인식을 하면서 명예훼손행위를 하였다는 점에서 가벌성이 높다고 본 것이다.

2 [대판 2007도5312] 파기환송. 객관적으로 피해자의 사회적 평가를 저하시키는 사실에 관한 보도내용이 소문이나 제3자의 말, 보도를 인용하는 방법으로 단정적인 표현이 아닌 전문 또는 추측한 것을 기사화한 형태로 표현하였지만, 그 표현 전체의 취지로 보아 그 사실이 존재할 수 있다는 것을 **암시하는 방식**으로 이루어진 경우에는 사실을 적시한 것으로 보아야 한다.

장래 일의 적시
3 [대판 2002도7420] 파기환송. [과거 또는 현재의 사실을 기초로 하거나 이에 대한 주장을 포함하여 **장래의 일을 적시하는 경우**, 명예훼손죄의 성립 여부(적극) 및 그 판단 기준] [1] 장래의 일을 적시하더라도 그것이 과거 또는 현재의 사실을 기초로 하거나 이에 대한 주장을 포함하는 경우에는 명예훼손죄가 성립한다고 할 것이고, 장래의 일을 적시하는 것이 과거 또는 현재의 **사실을 기초**로 하거나 이에 대한 주장을 포함하는지 여부는 그 적시된 표현 자체는 물론 전체적인 취지나 내용, 적시에 이르게 된 경위 및 전후 상황, 기타 제반 사정을 종합적으로 참작하여 판단하여야 한다. [2] 피고인이 경찰관을 상대로 진정한 사건이 혐의인정되지 않아 내사종결 처리되었음에도 불구하고 공연히 "사건을 조사한 경찰관이 **내일부로 검찰청에서 구속영장이 떨어진다.**"고 말한 것은 현재의 사실을 기초로 하거나 이에 대한 주장을 포함하여 장래의 일을 적시한 것으로 볼 수 있어 명예훼손죄에 있어서의 **사실의 적시에 해당한다.** cf) 원심은 "내일부로 구속영장이 떨어진다."고 말한 것은 피고인이 피해자 1, 피해자 2에 대한 구속영장이 떨어질 것을 바라거나 이를 예견하고 자신의 의견을 진술한 것일 뿐으로 판단하여 사실의 적시가 될 수 없고 따라서 명예훼손의 점에 대하여 무죄를 선고하였다.

공지의 사실 적시
4 [대판 93도3535] [이미 사회의 일부에 잘 알려진 사실을 적시하여 사회적 평가를 저하시킬 행위를 한 때에도 명예훼손죄를 구성하는지 여부] 이 사건 기사내용은 이미 민사소송을 통하여 주장되어 이에 대한 판

결까지 선고된 상태에 있었고, 다른 일간신문에도 소개되어 세인의 관심의 대상이 된 것이므로, 뒤늦게 그와 같은 기사를 정리하여 다시 일간신문에 소개하였다고 하여 이로써 새삼스럽게 피해자의 명예가 훼손되었다고 볼 수는 없다는 것이나, 명예훼손죄가 성립하기 위하여는 반드시 숨겨진 사실을 적발하는 행위 만에 한하지 아니하고 이미 사회의 일부에 잘 알려진 사실이라고 하더라도 이를 적시하여 사람의 사회적 평가를 저하시킬 만한 행위를 한 때에는 명예훼손죄를 구성한다.

간접적 · 우회적 표현

5 [대판 91도420] [명예훼손죄의 사실의 적시와 간접적, 우회적 표현] [1] 명예훼손죄에 있어서의 사실의 적시는 사실을 직접적으로 표현한 경우에 한정될 것은 아니고, 간접적이고 우회적인 표현에 의하더라도 그 표현의 전 취지에 비추어 그와 같은 사실의 존재를 암시하고, 또 이로써 특정인의 사회적 가치 내지 평가가 침해될 가능성이 있을 정도의 구체성이 있으면 족한 것이다. [2] 교수가 학생들 앞에서 피해자의 이성관계를 암시하는 발언을 한 것에 대하여 명예훼손죄의 성립을 인정한 사례.

6 [대판 2007도1307] [인터넷에 게시된 시(詩) 중 일부 내용이 일반 독자에게 그 표현 자체로서 사실의 적시라고 이해될 여지가 충분하고 피해자의 의정활동에 관한 것으로서 명예에 관련된 사실이라고 본 사례] 명예훼손죄가 성립하기 위하여는 사실의 적시가 있어야 하고 적시된 사실은 이로써 특정인의 사회적 가치 내지 평가가 침해될 가능성이 있을 정도로 구체성을 띠어야 할 것인바, 인터넷 홈페이지에 게시한 어떠한 글(詩)의 표현행위가 명예훼손과 관련하여 문제가 되는 경우 그 표현이 사실을 적시하는 것인가, 아니면 단순히 풍자를 하는 것에 불과한 것인가, 또는 풍자를 하는 것이라면 그와 동시에 묵시적으로라도 그 전제가 되는 사실을 적시하고 있는 것인가 그렇지 아니한가의 구별은, 당해 글의 객관적인 내용과 아울러 일반의 독자가 보통의 주의로 글을 접하는 방법을 전제로 글에 사용된 어휘의 통상적인 의미, 글의 전체적인 흐름, 문구의 연결 방법 등을 기준으로 판단하여야 하고, 여기에다가 당해 글이 게시된 보다 넓은 문맥이나 배경이 되는 사회적 흐름 등도 함께 고려하여야 하는 것이다. 원심은, 피고인의 시(詩) 중 '민생법안이 널려 있어도 / 국회에 앉아 있으면 하품만 하는 년이지 / 아니지 국회 출석율 꼴지이지'라는 내용은 일반 독자에게 그 표현 자체로서 사실의 적시라고 이해될 여지가 충분하다.

'사실의 적시'에 해당하지 않는다고 본 사례

7 [대판 2021도1089] 이 사건 발언의 주된 취지는 '피해자가 근무시간에 자리를 비우고 사적인 일을 처리하는 등 관리소장의 업무를 소홀히 한다'는 것으로서, 이 사건 발언이 피해자를 불쾌하게 할 내용을 포함한다고 여겨질 수는 있겠으나, 이를 넘어서 사회통념상 피해자의 사회적 가치나 평가를 저하시키는 데 충분한 정도에 이르렀다고 보기는 어렵다.

8 [대판 2020도15642] 파기환송. 동장인 피고인이 동 주민자치위원에게 전화를 걸어 '어제 열린 당산제(마을제사) 행사에 남편과 이혼한 갑도 참석을 하여, 이에 대해 행사에 참여한 사람들 사이에 안 좋게 평가하는 말이 많았다.'는 취지로 말하고, 동 주민들과 함께한 저녁식사 모임에서 '갑은 이혼했다는 사람이 왜 당산제에 왔는지 모르겠다.'는 취지로 말하여 갑의 명예를 훼손하였다는 내용으로 기소된 사안에서, 피고

인이 위 발언을 통해 갑에 관하여 적시하고 있는 사실은 '갑이 이혼하였다.'는 사실과 '갑이 당산제에 참여하였다.'는 것으로, 이혼에 대한 부정적인 인식과 평가가 점차 사라지고 있음을 감안하면 피고인이 갑의 이혼 경위나 사유, 혼인관계 파탄의 책임 유무를 언급하지 않고 (가) 이혼 사실 자체만을 언급한 것은 갑의 사회적 가치나 평가를 떨어뜨린다고 볼 수 없고, (나) 또한 '갑이 당산제에 참여하였다.'는 것도 그 자체로는 가치중립적인 사실로서 갑의 사회적 가치나 평가를 침해한다고 보기 어려운 점, (다) 피고인은 주민 사이에 '이혼한 사람이 당산제에 참여하면 부정을 탄다.'는 인식이 있음을 전제로 하여 발언을 한 것으로서, 발언 배경과 내용 등에 비추어 이는 갑에 관한 과거의 구체적인 사실을 진술하기 위한 것이 아니라 당산제 참석과 관련하여 갑이 이혼한 사람이기 때문에 '부정적 영향'을 미칠 수 있음을 언급한 것으로서 갑의 당산제 참석에 대한 부정적인 가치판단이나 평가를 표현하고 있을 뿐이라고 보아야 하는 점을 종합하면, 피고인의 위 발언은 갑의 사회적 가치나 평가를 침해하는 구체적인 사실의 적시에 해당하지 않고 갑의 당산제 참여에 관한 의견표현에 지나지 않는다는 이유로, 이와 달리 보아 공소사실을 유죄로 인정한 원심판결에 명예 훼손죄에서 사실의 적시와 의견표현의 구별에 관한 법리오해의 잘못이 있다.

9 [대판 2020도12861] 파기환송. [공적 인물과 관련된 공적 관심사에 관하여 의혹을 제기하는 형태의 표현행위를 암시에 의한 사실의 적시로 평가할 때 유의할 사항] [1] 피고인이 '야당 대통령후보였던 갑은 일명 부림사건의 변호인으로서 체제전복을 위한 활동을 한 국가보안법 위반 사범들을 변호하면서 그들과 동조하여 그들과 동일하게 체제전복과 헌법적 기본질서를 부정하는 활동인 공산주의 활동 내지 공산주의 운동을 해 왔다.'는 취지의 발언을 하여 허위사실 적시 명예훼손으로 기소된 사안에서, 제반 사정을 종합할 때 피고인의 위 '공산주의자 발언'은 자신의 경험을 통한 갑의 사상 또는 이념에 대한 피고인의 의견 내지 입장 표명에 해당하여 이를 갑의 명예를 훼손할 만한 구체적인 사실의 적시라고 보기 어렵고, 나아가 표현의 자유의 한계를 일탈한 위법한 행위라고 볼 수 없다는 이유로, 이와 달리 보아 공소사실을 유죄로 인정한 원심 판단에 법리오해의 잘못이 있다고 한 사례. [2] 이 사건에서, 피고인은 Q 대통령선거에서 R 후보가 승리하였음을 자축하는 정치적인 모임에서 대부분 피고인과 입장을 같이 하는 청중들을 상대로 자신의 정치적 견해와 과거 오랜 기간 M검사로 일해 왔던 경험을 토대로 야당 대통령후보였던 피해자의 정치적 이념이나 행보에 대한 비판적인 견해를 표현하는 과정에서 앞서 본 공산주의자 발언을 하게 되었다. 위와 같은 피고인의 공산주의자 발언으로 인해 피해자의 사회적 평가나 정치적 입지에 부정적인 영향이 있을 수는 있다. 그러나 이는 앞서 본 바와 같은 공적인 존재의 정치적 이념에 대한 비판적인 문제제기 과정에서 자연스럽게 발생할 수밖에 없는 것으로, 이러한 문제제기와 그에 대한 당부의 판단은 사회적 공론의 장에서 국민들이 서로 자유로운 의사교환을 통해 상호 검증과 논박을 통해 이루어져야 할 부분이다. 결국 이 사건 피고인의 행위는 공적 인물인 피해자의 정치적 이념에 대한 의견교환과 논쟁을 통한 검증과정의 일환으로 보아야 한다. 이를 피해자의 사회적 평가에 대한 부정적인 측면만을 부각하여 표현의 자유의 한계를 일탈하였다고 평가하는 것은 타당하지 않다. 그럼에도 원심은 이 사건 공소사실 중 공산주의자 발언 부분에 대해 그 판시와 같은 이유만으로 유죄로 판단하였다. 이러한 원심의 판단에는 명예훼손죄의 성립에 관한 법리를 오해하여 판결에 영향을 미친 잘못이 있고, 이를 지적하는 취지의 피고인의 상고이유 주장은 이유 있다. ●해설● 사안에서 대법원은 공론의 장에 나선 전면적 공적 인물의 경우에는 「비판과 의혹의 제기를 감수해야 하고, 그러한 비판과 의혹에 대해서는 해명과 재반박을 통해서 이를 극복해야 하며, 공적 관심사에 대한 표현의 자유는 중요한 헌법상 권리로서 최대한 보장되어야 한다. 따라서 공적 인물과 관련된 공적 관심사에 관하여 의혹을 제기하는 형태의 표현행위에 대해서는 일반인에 대한 경우와 달리 암시에 의한 사실의 적시로

평가하는 데 신중해야」할 것을 요구하였다.

10 [대판 2016도19255] [다른 사람의 말이나 글을 비평하면서 사용한 표현이 겉으로 보기에 증거에 의해 입증 가능한 구체적인 사실관계를 서술하는 형태를 취하고 있으나, 명예훼손죄에서 말하는 사실의 적시에 해당하지 않는 경우] [1] 다른 사람의 말이나 글을 비평하면서 사용한 표현이 **겉으로 보기에 증거에 의해 입증 가능한 구체적인 사실관계를 서술하는 형태를 취하고 있더라도**, 글의 집필의도, 논리적 흐름, 서술체계 및 전개방식, 해당 글과 비평의 대상이 된 말 또는 글의 전체적인 내용 등을 종합하여 볼 때, 평균적인 독자의 관점에서 문제 된 부분이 실제로는 비평자의 주관적 의견에 해당하고, 다만 **비평자가 자신의 의견을 강조하기 위한 수단으로 그와 같은 표현을 사용**한 것이라고 이해된다면 명예훼손죄에서 말하는 **사실의 적시에 해당한다고 볼 수 없다.** [2] 이 사건 공소사실의 요지는, 피해자가「임나일본부설은 허구인가」라는 저서(이하 '피해자 책'이라고 한다)에서 임나일본부라는 명칭을 부정함은 물론, 일본이 고대사의 특정시기에 가야를 비롯한 한반도 남부 일정지역을 점령하거나 통치했다는 사실을 일본인이 신봉하는 일본서기의 사료를 이용해 반박하였을 뿐이고 피해자 책에는 아래 ①, ②, ③과 같은 내용이 들어있지 않음에도 불구하고, 피고인은 피해자 책의 내용을 다룬「우리 안의 식민사관」이라는 책(이하 '이 사건 책'이라고 한다)을 집필·발간하면서, 피해자가 ① "임나일본부설이 사실이다", ② "백제는 야마토 조정의 속국·식민지이고, 야마토 조정이 백제를 통해 한반도 남부를 통치했다"고 주장했다고 기술하고, ③ "일본서기를 사실로 믿고, 스에마쓰 야스카즈의 임나일본부설을 비판하지 않고 있다"고 기술함으로써, 피해자를 비방할 목적으로 출판물에 의하여 공연히 허위의 사실을 적시하여 피해자의 명예를 훼손하였다는 것이다. 비록 위와 같은 피고인의 주장 내지 의견에 대해서는 그 내용의 합리성이나 서술방식의 공정성 등과 관련하여 비판의 여지가 있다고 할지라도 그러한 비판은 가급적 학문적 논쟁과 사상의 자유경쟁 영역에서 다루어지도록 하는 것이 바람직하고, 명예훼손죄의 구성요건을 해석하면서 겉으로 드러난 표현방식을 문제 삼아 사실의 적시에 해당한다고 쉽사리 단정함으로써 형사처벌의 대상으로 함부로 끌어들일 일은 아니다.

11 [대판 2016도14995] 파기환송. [객관적으로 피해자의 사회적 평가를 저하시키는 사실에 관한 발언이 보도, 소문이나 제3자의 말을 인용하는 방법으로 단정적인 표현이 아닌 **전문 또는 추측의 형태로 표현되었으나 표현 전체의 취지로 보아 사실이 존재할 수 있다는 것을 암시하는 방식**으 로 이루어진 경우, 사실을 적시한 것으로 보아야 하는지 여부(적극) 및 공적 인물과 관련된 공적 관심사에 관하여 의혹을 제기하는 형태의 표현행위를 암시에 의한 사실의 적시로 평가할 때 유의할 사항] [1] 명예훼손죄에서 **'사실의 적시'란** (가) 가치판단이나 평가를 내용으로 하는 **'의견표현'에 대치되는 개념**으로서 시간적으로나 공간적으로 구체적인 과거 또는 현재의 사실관계에 관한 보고나 진술을 뜻하고, 표현 내용을 증거로 증명할 수 있는 것을 말한다. (나) 보고나 진술이 사실인지 의견인지를 구별할 때에는 언어의 통상적 의미와 용법, 증명가능성, 문제 된 표현이 사용된 문맥, 표현이 이루어진 사회적 상황 등 전체적 정황을 고려하여 판단하여야 한다. (다) 객관적으로 피해자의 사회적 평가를 저하시키는 사실에 관한 발언이 보도, 소문이나 제3자의 말을 인용하는 방법으로 단정적인 표현이 아닌 전문 또는 추측의 형태로 표현되었더라도, 표현 전체의 취지로 보아 사실이 존재할 수 있다는 것을 암시하는 방식으로 이루어진 경우에는 사실을 적시한 것으로 보아야 한다. 그러나 (라) **공론의 장에 나선 전면적 공적 인물의 경우에는 비판과 의혹의 제기를 감수**해야 하고 그러한 비판과 의혹에 대해서는 해명과 재반박을 통해서 이를 극복해야 하며 공적 관심사에 대한 표현의 자유는 중요한 헌법상 권리로서 최대한 보장되어야 한다. 따라서 (마) **공적 인물과 관련**

된 공적 관심사에 관하여 의혹을 제기하는 형태의 표현행위에 대해서는일반인에 대한 경우와 달리 암시에 의한 사실의 적시로 평가하는 데 신중해야 한다. [2] 기자회견 등 공개적인 발언으로 인한 명예훼손죄 성립 여부가 문제 되는 경우 (가) 발언으로 인한 피해자가 공적 인물인지 사적 인물인지, (나) 발언이 공적인 관심사안에 관한 것인지 순수한 사적인 영역에 속하는 사안에 관한 것인지, (다) 발언이 객관적으로 국민이 알아야 할 공공성이나 사회성을 갖춘 사안에 관한 것으로 여론형성이나 공개토론에 기여하는 것인지 아닌지 등을 따져보아 (라) 공적 인물에 대한 공적 관심사안과 사적인 영역에 속하는 사안 사이에 심사기준의 차이를 두어야 한다. 문제 된 표현이 (마) 사적인 영역에 속하는 경우에는 표현의 자유보다 명예의 보호라는 인격권이 우선할 수 있으나, (바) 공공적·사회적인 의미를 가진 경우에는 이와 달리 표현의 자유에 대한 제한이 완화되어야 한다. (사) 특히 정부 또는 국가기관의 정책결정이나 업무수행과 관련된 사항은 항상 국민의 감시와 비판의 대상이 되어야 하고, 이러한 감시와 비판은 표현의 자유가 충분히 보장될 때 비로소 정상적으로 이루어질 수 있으며, 정부 또는 국가기관은 형법상 명예훼손죄의 피해자가 될 수 없다. (아) 그러므로 정부 또는 국가기관의 정책결정 또는 업무수행과 관련된 사항을 주된 내용으로 하는 발언으로 정책결정이나 업무수행에 관여한 공직자에 대한 사회적 평가가 다소 저하될 수 있더라도, 발언 내용이 공직자 개인에 대한 악의적이거나 심히 경솔한 공격으로서 현저히 상당성을 잃은 것으로 평가되지 않는 한, 그 발언은 여전히 공공의 이익에 관한 것으로서 공직자 개인에 대한 명예훼손이 된다고 할 수 없다. (자) 이때 그러한 표현이 국가기관에 대한 감시·비판을 벗어나 공직자 개인에 대한 악의적이거나 심히 경솔한 공격으로서 현저히 상당성을 잃은 것인지는 표현의 내용이나 방식, 의혹사항의 내용이나 공익성의 정도, 공직자의 사회적 평가를 저하하는 정도, 사실 확인을 위한 노력의 정도, 그 밖의 주위 여러 사정 등을 종합하여 판단해야 한다. [3] 피고인이 세월호 참사 국민대책회의 공동위원장이자 '4월 16일의 약속 국민연대'(이하 '4·16연대'라 한다) 상임운영위원으로서 언론사 기자와 시민 등을 상대로 기자회견을 하던 중 '세월호 참사 당일 7시간 동안 대통령 갑이 마약이나 보톡스를 했다는 의혹이 사실인지 청와대를 압수·수색해서 확인했으면 좋겠다.'는 취지로 발언함으로써 마치 갑이 세월호 사건 발생 당일 마약을 하거나 피부미용, 성형수술을 위한 보톡스 주사를 맞고 있어 직무수행을 하지 않았던 것처럼 허위사실을 적시하여 갑의 명예를 훼손하였다는 내용으로 기소된 사안에서, 제반 사실에 비추어 위 발언은 피고인과 4·16 연대 사무실에 대한 압수·수색의 부당성과 갑의 행적을 밝힐 필요성에 관한 의견을 표명하는 과정에서 세간에 널리 퍼져 있는 의혹을 제시한 것으로 '갑이 마약을 하거나 보톡스 주사를 맞고 있어 직무수행을 하지 않았다.'는 구체적인 사실을 적시하였다고 단정하기 어렵고, 피고인이 공적 인물과 관련된 공적 관심사항에 대한 의혹 제기 방식으로 표현행위를 한 것으로서 대통령인 갑 개인에 대한 악의적이거나 심히 경솔한 공격으로서 현저히 상당성을 잃은 것으로 평가할 수 없어 명예훼손죄로 처벌할 수 없다는 이유로, 이와 달리 본 원심판단에 형법 제307조 제2항에서 정한 명예훼손죄의 사실 적시, 전면적 공적 인물에 대한 명예훼손죄의 위법성 판단에 관한 법리오해의 잘못이 있다고 한 사례. ●해설● 대상사안은 제1심과 원심에서는 유죄가 나왔으나 대법원은 무죄취지 파기환송을 하였다. 대상판결에서 다투어진 점은 ① 이 사건 발언이 명예훼손죄의 사실적시에 해당하는지 여부와 ② 이 사건 발언이 위법한지 여부였다. 대상판결의 의의는 전면적 공적 인물과 관련된 공적 관심사에 관한 의혹을 제기 하는 형태의 표현행위가 명예훼손죄를 구성하는지 여부를 판단할 때에는 암시에 의한 사실의 적시로 평가하는 데 보다 신중해야 한다는 부가법리 를 설시하고, 공직자 개인에 대한 악의적이거나 심히 경솔한 공격으로서 현저히 상당성을 잃은 것으로 평가되지 않는 한 처벌할 수 없다(=위법성을 인정할 수 없다)는 기존의 법리를 재확인하면서, 이 사건 발언이 사실 적시에 해당한다고 보기 어렵고 위법성도 없다고 판단하여 공적 영역에서의 표현의 자유를 강조하였다는 점에 있다. scourt.go.kr

12 [대판 2011도9033] 파기환송. 이 사건 표현 중 문제가 되는 '뻐꺼'나 '대머리'라는 표현은, 그 표현을 하게 된 경위와 의도, 피고인과 피해자는 직접 대면하거나 사진이나 영상을 통해서라도 상대방의 모습을 본적이 없이 단지 인터넷이라는 사이버 공간의 게임상대방으로서 닉네임으로만 접촉하였을 뿐인 점 등 앞서 본 여러 사정에 비추어 볼 때, 피고인이 피해자에 대한 경멸적 감정을 표현하여 모욕을 주기 위하여 사용한 것일 수는 있을지언정 객관적으로 그 표현 자체가 상대방의 사회적 가치나 평가를 저하시키는 것이라거나 그에 **충분한 구체적 사실을 드러낸 것으로 보기는 어렵다** 할 것이다.

13 [대판 2011도6904] 파기환송. [**명예훼손죄 성립에 필요한 '사실적시'의 정도**] [1] 명예훼손죄가 성립하기 위하여는 사실의 적시가 있어야 하고, 적시된 사실은 이로써 특정인의 사회적 가치 내지 평가가 침해될 가능성이 있을 정도로 **구체성을 띠어야 한다.** 그리고 특정인의 사회적 가치나 평가를 저하시키기에 충분한 구체적인 사실의 적시가 있다고 하기 위해서는, 반드시 그러한 구체적인 사실이 직접적으로 명시되어 있을 것을 요구하는 것은 아니지만, 적어도 적시된 내용 중의 특정 문구에 의하여 **그러한 사실이 곧바로 유추될 수 있을 정도는 되어야 한다.** [2] 피고인이 제5회 전국동시지방선거에서 군수로 당선된 甲 후보의 운전기사 乙이 공직선거법 위반으로 구속되었다는 소문을 듣고, 마치 관할 지방검찰청 지청에서 乙에 대한 수사상황이나 피의사실을 공표하는 것처럼 甲을 비방하는 내용의 문자메시지를 기자들에게 발송하여 해당 지청장 또는 지청 구성원의 명예를 훼손하였다는 내용으로 기소된 사안에서, 공소사실 기재 문자메시지는 '관할 지청에서 乙을 구속하고 甲 군수를 조사하고 있다'는 취지의 내용으로 보일 뿐이고, 피고인이 지청장실 전화번호 끝자리를 생략한 허위 발신번호를 게재한 사정까지 함께 고려하더라도 문자메시지 내용에서 '지청장 또는 지청 구성원이 그와 같은 내용을 알린다'는 사실이 곧바로 유추될 수 있다고 보이지 않으므로, 위 문자메시지에 의하여 지청장 또는 지청 구성원의 사회적 가치나 평가를 저하시키기에 **충분한 구체적인 사실의 적시가 있다고 볼 수 없는데도,** 이와 달리 본 원심판단에 명예훼손죄에서 사실의 적시에 관한 법리 등을 오해한 위법이 있다.

14 [대판 2009도6687] [**명예훼손죄가 성립하기 위한 사실의 적시와 그 정도**] [1] 누구든지 범죄가 있다고 생각하는 때에는 고발할 수 있는 것이므로 어떤 사람이 범죄를 고발하였다는 사실이 주위에 알려졌다고 하여 그 **고발사실 자체만으로** 고발인의 사회적 가치나 평가가 침해될 가능성이 있다고 볼 수는 없다. 다만, 그 고발의 동기나 경위가 불순하다거나 온당하지 못하다는 등의 사정이 함께 알려진 경우에는 고발인의 명예가 침해될 가능성이 있다. [2] 甲이 제3자에게 乙이 丙을 선거법 위반으로 고발하였다는 말만 하고 그 고발의 동기나 경위에 관하여 언급하지 않았다면, 그 자체만으로는 乙의 사회적 가치나 평가를 침해하기에 충분한 구체적 사실이 적시되었다고 보기 어렵다고 한 사례.

가치중립 표현

15-1 [대판 2008도6728] 명예훼손죄가 성립하기 위하여는 특정인의 사회적 가치 내지 평가가 침해될 가능성이 있는 **구체적인 사실을 적시하여야 하는바,** 어떤 표현이 명예훼손적인지 여부는 그 표현에 대한 사회통념에 따른 객관적 평가에 의하여 판단하여야 하고, '**가치중립적인 표현**'을 사용하였다 하여도 사회통념상 그로 인하여 **특정인의 사회적 평가가 저하되었다고 판단된다면** 명예훼손죄가 성립할 수 있으나, 원심이 피고인의 판시 발언 중 사실을 적시한 부분인 '**(주)진로가 일본 아사히 맥주에 지분이 50% 넘어가 일본 기업이 됐다**'는 부분은 가치중립적인 표현으로서, 우리나라와 일본의 특수한 역사적 배경과 소주라는 상품의

특수성 때문에 '참이슬' 소주를 생산하는 공소사실 기재 피해자 회사의 대주주 내지 지배주주가 일본 회사라고 적시하는 경우 일부 소비자들이 '참이슬' 소주의 구매에 소극적이 될 여지가 있다 하더라도 이를 **사회통념상 공소사실 기재 피해자 회사의 사회적 가치 내지 평가가 침해될 가능성이 있는 명예훼손적 표현이라고 볼 수 없다.**

15-2 [비교판례] [대판 2007도5077] [1] 피해자가 '**동성애자**'라는 내용의 글을 인터넷사이트 싸이월드에 7회에 걸쳐 게시한 행위가 명예훼손에 해당한다고 한 사례 [2] 어떤 표현이 명예훼손적인지 여부는 그 표현에 대한 사회 통념에 따른 객관적 평가에 의하여 판단하여야 한다. 따라서 **가치중립적인 표현을 사용하였다 하더라도** 사회 통념상 그로 인하여 특정인의 사회적 평가가 저하되었다고 판단된다면 명예훼손죄가 성립할 수 있다.

의견의 표명

16-1 [대판 2007도1220] 목사가 예배 중 특정인을 가리켜 "**이단 중에 이단이다**"라고 설교한 부분이 명예훼손죄에서 말하는 '사실의 적시'에 해당하지 않는다.

16-2 [대판 2006도5924] [특정 종교집단의 목사에 대한 비판이 의견표명일 뿐 사실의 적시로 보기 어렵고 사회적 가치 내지 평가를 침해할 수 있는 명예훼손적 표현에 해당하지 않는다고 보아 명예훼손죄의 성립을 부정한 사례] [1] 헌법상 종교의 자유가 보장되는 점에 비추어 다른 종교 또는 종교집단을 비판할 자유 역시 최대한 보장되어야 한다. [2] "공소외인(대한예수교침례회)는 구원파 계열의 이단이다.", "공소외인은 체계적으로 신학을 공부한 적이 없다."라는 기재부분은 그 의견의 기초가 되는 사실을 함께 기술하면서 의견을 표명한 것으로서 피고인들의 주관적인 종교적·교리적 분석에 기초한 순수한 의견 또는 논평에 해당하는 것이고, "공소외인이 기성교회를 공격하고 폄하하며 자기들을 드러내기만을 고집하려고 시도하였다." 또는 "공소외인의 시도를 막아 우리 고장 대전이 이단들이 발호하는 도시라는 불명예를 씻어내고 우리 고장 대전과 우리 가정 및 자녀를 지켜내자."라는 등의 기재부분이나 "성경 위에 활동하는 마귀나 벌레 등을 젓가락으로 집어내는 형상"을 희화한 그림부분 역시 전체적인 맥락에서 피고인들의 의견을 표명하고 있는 것일 뿐 이를 사실의 적시에 해당한다고 보기 어려우며, "구원파는 '성경세미나'라는 모임을 통하여 대전시민에게 다가간다."라는 기재부분 등은 공소외인의 사회적 가치 내지 평가를 침해할 수 있는 명예훼손적 표현에 해당하지 않으므로, 피고인들이 이 사건 유인물을 배포한 행위를 명예훼손죄로 의율할 수 없다.

17 [대판 93도696] [범죄를 고발하였다는 사실이 주위에 알려지면 고발인의 사회적 가치나 평가가 침해될 가능성이 있는지 여부] **원심은** 피고인 이가 그 판시와 같이 허가 없이 직업소개를 한 일로 서울북부경찰서에 불려가서 조사받은 바 있었는데 이는 평소 사이가 좋지 않은 피해자 유와 양○남의 밀고에 의한 것이라고 잘못 생각한 나머지 위 피해자는 참석하지 아니하고 양○남 외 6명이 참석한 효도친목회 월례회의 석상에서 피해자와 양○남을 지칭하면서 "**고발당해서 경찰서에 갔다 왔다. 년놈이 신고해서 경찰서에 갔다 왔다. 년은 안나오고 놈만 나왔다**"라고 큰 소리로 말하여 공연히 허위의 사실을 적시하여 **피해자의 명예를 훼손하였다고** 판시하였다. 그러나 명예훼손죄가 성립하기 위하여는 사실의 적시가 있어야 하고, 적시된 사실은 이로써 특정인의 사회적 가치 내지 평가가 침해될 가능성이 있을 정도로 구체성을 띄어야 한다고 할 것인데, 이 사건에서 피고인 이가 하였다는 위 발언내용은 그 자체가 피해자의 사회적 가치나 평가를 저하시킬 만한 구체적 사실의 적시라기보다는 그 자리에 있던 다른 친목회 회원들에게 자신이 경찰서에서 조사를 받고 왔다는 처지를 알리면서 이에 부수하여 피해자가 피고인을 고발한 것으로 오해한 나머지 피해자에 대하

여 가지고 있던 분한 감정을 다소 과격하게 표현한 것에 불과한 것으로 보인다. 누구든지 범죄가 있다고 생각하는 때에는 고발할 수 있는 것이므로(형사소송법 제234조 제1항), 어떤 사람이 범죄를 고발하였다는 사실이 주위에 알려졌다고 하여 그 고발사실 자체만으로 고발인의 사회적 가치나 평가가 침해될 가능성이 있다고 볼 수는 없을 터이고, …… 그와 같은 언사만으로는 피해자의 사회적 가치나 평가를 침해하기에 충분한 구체적인 사실이 적시되었다고 보기는 어렵다 하겠다.

18 [대판 87도739] [단순한 욕설이 명예훼손죄에 해당하는지 여부] [1] 명예훼손죄와 모욕죄의 보호법익은 다같이 사람의 가치에 대한 사회적 평가인 이른바 외부적 명예인 점에서는 차이가 없으나 다만 (가) 명예훼손은 사람의 사회적 평가를 저하시킬 만한 구체적 사실의 적시를 하여 명예를 침해함을 요하는 것으로서 구체적 사실이 아닌 (나) 단순한 추상적 판단이나 경멸적 감정의 표현으로서 사회적 평가를 저하시키는 모욕죄와 다르다. [2] "늙은 화냥년의 간나, 너가 화냥질을 했잖아"라고 한 피고인의 발언내용은 그 자체가 피해자의 사회적 평가를 저하시킬 만한 구체적 사실의 적시라기 보다는 피고인이 피해자의 도덕성에 관하여 경멸적인 감정표현을 과장되게 강조한 욕설에 불과한 것으로서 이를 막바로 명예훼손죄로 의률할 수는 없다.

질문과 명예훼손의 고의
19-1 [대판 83도1017] 명예훼손내용의 사실을 발설하게 된 경위가 그 사실에 대한 확인요구에 대답하는 과정에서 나오게 된 것이라면 그 발설내용과 동기에 비추어 명예훼손의 범의를 인정할 수 없고 또 질문에 대한 단순한 확인대답이 명예훼손의 사실적시라고 할 수 없다.

19-2 [대판 85도588] [목사가 진위확인을 위하여 교회집사들에게 전임목사의 불미스런 소문에 관하여 물은 경우 명예훼손죄의 성부] 명예훼손죄의 주관적 구성요건으로서의 범의는 행위자가 피해자의 명예가 훼손되는 결과를 발생케 하는 사실을 인식하므로 족하다 할 것이나 새로 목사로서 부임한 피고인이 전임목사에 관한 교회내의 불미스러운 소문의 진위를 확인하기 위하여 이를 교회집사들에게 물어보았다면 이는 경험칙상 충분히 있을 수 있는 일로서 명예훼손의 고의 없는 단순한 확인에 지나지 아니하여 사실의 적시라고 할 수 없다 할 것이므로 이 점에서 피고인에게 명예훼손의 고의 또는 미필적 고의가 있을 수 없다고 할 수밖에 없다.

19-3 [대판 2021도17744] 파기환송. 작업장의 책임자인 피고인이 갑으로부터 작업장에서 발생한 성추행 사건에 대해 보고받은 사실이 있음에도, 직원 5명이 있는 회의 자리에서 상급자로부터 경과보고를 요구받으면서 과태료 처분에 관한 책임을 추궁받자 이에 대답하는 과정에서 '갑은 성추행 사건에 대해 애초에 보고한 사실이 없다. 그런데도 이를 수사기관 등에 신고하지 않았다고 과태료 처분을 받는 것은 억울하다.'는 취지로 발언함으로써 허위사실을 적시하여 갑의 명예를 훼손하였다는 내용으로 기소된 사안에서, 위와 같이 회의 자리에서 상급자로부터 책임을 추궁당하며 질문을 받게 되자 이에 대답하는 과정에서 타인의 명예를 훼손하는 듯한 사실을 발설하게 된 것이라면 그 발설 내용과 경위·동기 및 상황 등에 비추어 명예훼손의 고의를 인정하기 어렵고, 또한 질문에 대하여 단순한 확인 취지의 답변을 소극적으로 한 것에 불과하다면 이를 명예훼손에서 말하는 사실의 적시라고 단정할 수도 없다.

기타 '사실의 적시'와 관련된 판례

20 [대판 2016도18024] [형법 제307조 제1항의 명예훼손죄는 적시된 사실이 진실한 사실인 경우이든 허위의 사실인 경우이든 모두 성립할 수 있는지 여부(적극) 및 적시된 사실이 허위의 사실이나 행위자에게 허위성에 대한 인식이 없는 경우, 제307조 제1항의 명예훼손죄가 성립하는지 여부(적극)] 형법 제307조 제1항, 제2항, 제310조의 체계와 문언 및 내용에 의하면, (가) **제307조 제1항의 '사실'은** 제2항의 '허위의 사실'과 반대되는 '진실한 사실'을 말하는 것이 아니라 가치판단이나 평가를 내용으로 하는 **'의견'에 대치되는 개념이다.** (나) 따라서 **제307조 제1항의 명예훼손죄는 적시된 사실이 진실한 사실인 경우이든 허위의 사실인 경우이든 모두 성립될 수 있고,** 특히 적시된 사실이 허위의 사실이라고 하더라도 행위자에게 허위성에 대한 인식이 없는 경우에는 제307조 제2항의 명예훼손죄가 아니라 제307조 제1항의 명예훼손죄가 성립될 수 있다. (다) 제307조 제1항의 법정형이 2년 이하의 징역 등으로 되어 있는 반면 제307조 제2항의 법정형은 5년 이하의 징역 등으로 되어 있는 것은 적시된 사실이 객관적으로 허위일 뿐 아니라 행위자가 그 사실의 **허위성에 대한 주관적 인식을 하면서 명예훼손행위를 하였다는 점에서 가벌성이 높다고 본 것이다.**

21 [대판 98도2188] [언론매체의 표현행위가 명예훼손죄의 사실 적시에 해당하는지 여부에 대한 판단 기준] ●사실● 이 사건 기사 중 명예훼손의 범죄사실로 공소가 제기된 부분은, ① 신문의 표지에 일장기를 배경으로 하고, 피해자가 시장으로 출마하였을 때 유세 유인물에 인쇄된, 두 손을 앞으로 모아 힘껏 쥐고 있는 모습이 합성된 사진, ② 사진 하단에 적색 대형문자로 "친일매국"이라고 기입하고, 사진 중앙 부분에 "피해자 역사관 확인수순"이라는 제목 하의 소제목으로 "향토사학자 해직"이라고 기재한 부분 및 ③ …… 이러한 사실들을 기초로 피해자의 정책을 반대하는 향토사가들의 입장에 전적으로 찬동한다는 의견 내지 논평을 표명하면서, 앞서 본 **합성 사진의 영상과 "친일매국"이라는 일종의 구호를 동원함으로써 시각적이고 압축적이며 상징적인 표현 수법으로 이러한 의견 내지 논평을 강조하는 구조를 취하고 있다고 봄이 상당**하므로, 그 문맥 및 구조에 비추어 이 사건 합성 사진의 영상이나 "친일매국"이라는 문구가 위와 같이 적시된 사실을 기초로 의견 내지 논평을 표명하는 것 외에 별도의 사실, 즉 피해자가 일장기 앞에서 실제로 충성을 맹세한 일이 있었다거나 피해자가 과거에 친일 매국 행위를 한 바 있다는 등의 사실 자체를 적시하거나 암시하는 것으로 볼 여지는 없다고 할 것이다. ●판지● 신문 등 언론매체의 어떠한 표현행위가 명예훼손과 관련하여 문제가 되는 경우 그 표현이 사실을 적시하는 것인가, 아니면 단순히 의견 또는 논평을 표명하는 것인가, 또는 **의견 또는 논평을 표명하는 것이라면 그와 동시에 묵시적으로라도 그 전제가 되는 사실을 적시하고 있는 것인가** 그렇지 아니한가의 구별은, 당해 기사의 객관적인 내용과 아울러 일반의 독자가 보통의 주의로 기사를 접하는 방법을 전제로 기사에 사용된 어휘의 통상적인 의미, 기사의 전체적인 흐름, 문구의 연결 방법 등을 기준으로 판단하여야 하고, 여기에다가 당해 기사가 게재된 보다 넓은 문맥이나 배경이 되는 사회적 흐름 등도 함께 고려하여야 한다. **cf)** 출판물에 의한 명예훼손죄(법309)의 가벌성이 문제되었던 이 사건은 **사실의 적시가 가치판단을 근거지우고 있는 우리나라의 대표적 판례이다.**

'허위사실'에 의한 명예훼손죄(법307②)와 관련된 판례

1 [대판 2017도15628] [과거의 역사적 사실관계 등에 대하여 민사판결을 통하여 어떠한 사실인정이 있었다는 이유만으로, 이후 그와 반대되는 사실의 주장이나 견해의 개진 등을 형법상 명예훼손죄 등에서 '허위의 사실 적시'라는 구성요건에 해당한다고 단정할 수 있는지 여부(원칙적 소극)] 민사재판에서 법원은 당사자 사이에 다툼이 있는 사실관계에 대하여 처분권주의와 변론주의, 그리고 자유심증주의의 원칙에 따라 신빙성이 있다고 보이는 당사자의 주장과 증거를 받아들여 사실을 인정하는 것이어서, **민사판결의 사실인정이 항상 진실한 사실에 해당한다고 단정할 수는 없다.** 따라서 다른 특별한 사정이 없는 한, 그 진실이 무엇인지 확인할 수 없는 과거의 역사적 사실관계 등에 대하여 민사판결을 통하여 어떠한 사실인정이 있었다는 이유만으로, 이후 그와 반대되는 사실의 주장이나 견해의 개진 등을 형법상 명예훼손죄 등에 있어서 '허위의 사실 적시'라는 구성요건에 해당한다고 쉽게 단정하여서는 아니 된다. 판결에 대한 자유로운 견해 개진과 비판, 토론 등 헌법이 보장한 표현의 자유를 침해하는 위헌적인 법률해석이 되어 허용될 수 없기 때문이다.

2 [대판 2013도12430] [노무현 전 대통령 명예훼손사건[4]] (가) 형법 제307조 제2항의 허위사실 적시에 의한 명예훼손죄에서 적시된 사실이 허위인지 여부를 판단함에 있어서는 적시된 사실의 내용 전체의 취지를 살펴볼 때 세부적인 내용에서 진실과 약간 차이가 나거나 다소 과장된 표현이 있는 정도에 불과하다면 이를 허위라고 볼 수 없으나, **중요한 부분이 객관적 사실과 합치하지 않는다면 이를 허위라고 보아야 한다.** (나) 나아가 행위자가 그 사항이 **허위라는 것을 인식하였는지 여부**는 성질상 외부에서 이를 알거나 증명하기 어려우므로, 공표된 사실의 내용과 구체성, 소명자료의 존재 및 내용, 피고인이 밝히는 사실의 출처 및 인지 경위 등을 토대로 피고인의 학력, 경력, 사회적 지위, 공표 경위, 시점 및 그로 말미암아 예상되는 파급효과 등의 여러 객관적 사정을 종합하여 판단할 수밖에 없으며, (다) 범죄의 고의는 확정적 고의뿐만 아니라 결과 발생에 대한 인식이 있고 그를 용인하는 의사인 이른바 미필적 고의도 포함하는 것이므로 **허위사실 적시에 의한 명예훼손죄 역시 미필적 고의에 의하여도 성립**하고, 위와 같은 법리는 **형법 제308조의 사자명예훼손죄의 판단에서도 마찬가지로 적용**된다.

3 [대판 2012도13718] [종교적 목적을 위한 언론·출판의 자유를 행사하는 과정에서 타 종교의 신앙 대상을 우스꽝스럽게 묘사하거나 다소 모욕적이고 불쾌하게 느껴지는 표현을 사용하는 것이 허용되는지 여부(한정 적극)] 비록 허위의 사실을 적시하였더라도 (가) 그 허위의 사실이 특정인의 사회적 가치 내지 평가를 침해할 수 있는 내용이 아니라면 형법 제307조 소정의 명예훼손죄는 성립하지 않고, (나) 사회 평균인의 입장에서 허위의 사실을 적시한 발언을 들었을 경우와 비교하여 오히려 진실한 사실을 듣는 경우에 피해자의 사회적 가치 내지 평가가 더 크게 침해될 것으로 예상되거나, 양자 사이에 별다른 차이가 없을 것이라고 보는 것이 합리적인 경우라면, 형법 제307조 제2항의 **허위사실 적시에 의한 명예훼손죄로 처벌할 수는 없다**고 할 것이다. 앞서 본 법리 및 기록에 비추어 살펴보면, 우선 피고인이 공소외 1이 **냉면을 먹다가 갑자기 사망**하였다는 취지로 발언한 것만으로는 **허위의 사실을 적시한 것이라고 보기 어렵다.** 면과 국수는 사

---

4) '고 노무현 대통령 명예훼손' 사건은 이명박 정부에서 제16대 경찰청장이었던 조현오가 2010년 3월 말 경찰관 기동대 특강에서 노무현 전 대통령이 차명계좌가 발견되어 자살했다는 언급을 해서 명예훼손 여부가 다투어져 2014년 3월 13일 대법원에서 징역 8월이 확정되었다

전적 의미에서 아무런 차이가 없으므로 냉면도 국수의 일종이라고 할 수 있고, 뇌출혈은 중풍(뇌졸중)의 원인이나 종류 중 하나로서 일반인들 사이에서는 모두 구분 없이 혼용되는 경우가 많으며, 질병으로 그 자리에서 곧바로 사망하였다는 사실과 병원으로 옮겨진 상태에서 다음날 사망하였다는 사실 사이에 허위사실 적시에 의한 명예훼손으로 처벌할 만큼 피해자의 사회적 가치 내지 평가의 침해 여부나 정도에 유의미한 차이가 발생한다고 할 수 없다.

4 [대판 99도4757] [형법 제307조 제2항 소정의 '허위의 사실' 해당 여부의 판단 기준] [1] 형법 제307조 제2항이 정하는 허위사실 적시에 의한 명예훼손죄가 성립하기 위하여는 범인이 공연히 사실의 적시를 하여야 하고, 그 적시한 사실이 사람의 사회적 평가를 저하시키는 것으로서 허위이어야 하며, **범인이 그와 같은 사실이 허위라고 인식하였어야 한다.** [2] 형법 제307조 제2항을 적용하기 위하여 적시된 사실이 허위의 사실인지 여부를 판단함에 있어서는 적시된 사실의 내용 전체의 취지를 살펴볼 때 중요한 부분이 객관적 사실과 합치되는 경우에는 세부(細部)에 있어서 진실과 약간 차이가 나거나 다소 과장된 표현이 있다 하더라도 이를 허위의 사실이라고 볼 수는 없다.

Reference 3
명예의 주체: 국가나 지방자치단체에 대한 명예훼손죄의 성부

1 [대판 2014도15290] [국가나 지방자치단체가 명예훼손죄 또는 모욕죄의 피해자가 될 수 있는지 여부(소극)] [1] 형법이 명예훼손죄 또는 모욕죄를 처벌함으로써 보호하고자 하는 사람의 가치에 대한 평가인 외부적 명예는 개인적 법익으로서, 국민의 기본권을 보호 내지 실현해야 할 책임과 의무를 지고 있는 공권력의 행사자인 국가나 지방자치단체는 기본권의 수범자일 뿐 기본권의 주체가 아니고, 정책결정이나 업무수행과 관련된 사항은 항상 국민의 광범위한 감시와 비판의 대상이 되어야 하며 이러한 감시와 비판은 그에 대한 표현의 자유가 충분히 보장될 때에 비로소 정상적으로 수행될 수 있으므로, **국가나 지방자치단체는 국민에 대한 관계에서 형벌의 수단을 통해 보호되는 외부적 명예의 주체가 될 수는 없고, 따라서 명예훼손죄나 모욕죄의 피해자가 될 수 없다.** [2] 피고인이 고흥군청 인터넷 홈페이지에 고흥군을 비방할 목적으로 허위내용의 글을 게시하거나 고흥군에 대한 경멸적인 표현의 글을 게재하여 고흥군의 명예를 훼손하고 모욕하였다고 판단하여, 이 사건 공소사실 중 고흥군에 대한 정보통신망 이용촉진 및 정보보호 등에 관한 법률 위반(명예훼손) 및 모욕 부분을 모두 유죄로 인정한 제1심판결을 그대로 유지하였다. 그러나 앞에서 본 법리에 비추어 보면, 고흥군은 지방자치단체로서 명예훼손죄 또는 모욕죄의 피해자가 될 수 없음에도, 지방자치단체도 그 피해자가 될 수 있다는 그릇된 전제에서 고흥군에 대하여 위 각 죄가 성립한다고 판단한 원심판결에는 명예훼손죄와 모욕죄의 피해자에 관한 법리를 오해하여 판결에 영향을 미친 잘못이 있다.

2 [대판 2016도14678] 검사는 **해양경찰청장** 공소외인과 세월호 침몰사고 현장 구조대원들, 세월호 구조 담당 해양경찰을 피해자로 하여 피고인이 그들을 비방할 목적으로 거짓 사실을 드러냈다면서 정보통신망법(명예훼손)위반죄와 출판물에 의한 명예훼손죄로 피고인을 기소하였으나 대법원은 모두 범죄의 증명이 없다고 보아 피고인에게 무죄를 선고하였다.

30 형법 제310조에 의한 위법성조각

* 대법원 2017. 6. 15. 선고 2016도8557 판결
* 참조조문: 형법 제307조 제1항[1], 제310조[2]

형법 제310조에서 정한 '오로지 공공의 이익에 관한 때'의 의미 및 판단 방법

●**사실**● 피해자 A는 재단법인 ○○향교재단의 이사장 직무를 수행하는 동안 전임 이사장이 재임기간 중 재단법인의 재산을 횡령하였다고 고소하였다가 무고죄로 유죄판결을 받았다. 이에 피고인 X 등은 A의 퇴진을 요구하는 시위를 하면서 A의 범행전력에 관한 내용이 포함된 플래카드를 공공장소에 게시하여 그곳을 지나가는 불특정 다수의 사람들이 볼 수 있도록 하였다. 검사는 X들을 명예훼손죄로 기소되었다.

원심은 X들의 행위는 전파가능성이 매우 크고 실제로도 A에 대한 사회적 평가가 상당한 정도로 저하된 점과 X 등이 외친 구호의 내용과 표현방식, 구호를 외치게 된 동기와 목적, 그리고 구호에 의하여 A가 받게 될 불이익 등을 종합하면, X들의 행위는 공공의 이익을 위한 것으로 인정하기 어렵다고 보았다. 이에 따라 자신들의 행위가 공공의 이익에 관한 때에 해당하여 위법성이 조각된다는 X 등의 주장을 배척하고, **제1심판결과 같이 유죄**를 선고하였다. 이에 X들이 상고하였다.

●**판지**● **파기환송.** 「[1] 형법 제310조에서 규정하고 있는 '오로지 공공의 이익에 관한 때'라고 함은, 적시된 사실이 객관적으로 볼 때 공공의 이익에 관한 것으로서 행위자도 주관적으로 공공의 이익을 위하여 그 사실을 적시한 것을 가리킨다. 공공의 이익에 관한 것에는 국가·사회 기타 일반 다수인의 이익에 관한 것뿐만 아니라 **특정한 사회집단이나 그 구성원 전체의 관심과 이익에 관한 것도 포함**된다. 적시된 사실이 공공의 이익에 관한 것인지 여부**는** 당해 적시사실의 내용과 성질, 당해 사실의 공표가 이루어진 상대방의 범위, 표현의 방법 등 그 표현 자체에 관한 제반 사정을 감안함과 동시에 그 표현에 의하여 훼손되거나 훼손될 수 있는 명예의 침해 정도 등을 비교하여 판단해야 한다.

[2] 재단법인 이사장 갑이 전임 이사장 을에 대하여 재임 기간 중 재단법인의 재산을 횡령하였다고 고소하였다가 무고죄로 유죄판결을 받자, 피고인들이 갑의 퇴진을 요구하는 시위를 하면서 갑이 유죄판결을 받은 사실 등을 적시하여 명예훼손으로 기소된 사안에서, 피고인들이 갑의 범행전력을 적시함으로써 사회적 평가를 저하시키는 행위를 하였지만, **적시된 주된 사실이 진실에 부합하고 오로지 공공의 이익에 관한 것으로 위법성이 조각된다고 볼 여지가 충분하다**」.

●**해설**● 1 형법은 명예훼손죄와 관련해 특별한 위법성조각사유를 마련하고 있다. 형법 제310조는 **"진실한 사실로서 오로지 공공의 이익"**을 위하여 타인의 명예를 훼손한 경우는 위법성을 조각시키고 있다. 이는 타인에 대한 명예훼손 행위는 원칙적으로 위법하지만 헌법상의 **표현의 자유와 국민의 알권리** 등과의 조화를 위해 그 적시된 사실이 진실하고 공익을 위한 것일 때에는 위법성이 조각됨을 의미한다. 판례도 양자의 관계에 대해 「민주주의 국가에서는 여론의 자유로운 형성과 전달을 통하여 다수의견을 집약시켜 민주적 정치질서를 생성·유지시켜 나가야 하므로 표현의 자유, 특히 **공적 관심사에 대한 표현의 자**

---

1) 형법 제307조(명예훼손) ① 공연히 사실을 적시하여 사람의 명예를 훼손한 자는 2년 이하의 징역이나 금고 또는 500만원 이하의 벌금에 처한다.
2) 형법 제310조(위법성의 조각) 제307조 제1항의 행위가 **진실한 사실로서 오로지 공공의 이익**에 관한 때에는 처벌하지 아니한다.

유는 중요한 헌법상 권리로서 최대한 보장되어야 한다. 다만 개인의 사적 법익도 보호되어야 하므로, **표현의 자유 보장과 인격권 보호**라는 두 법익이 충돌할 때에는 구체적인 경우에 표현의 자유로 얻어지는 가치와 인격권의 보호로 달성되는 가치를 **비교형량**하여 그 규제의 폭과 방법을 정해야 한다」고 판시하고 있다(대판 2016도14995, Ref 1−2).

2 공공의 이익　　　제310조의 적용여부는 공익성의 인정여부에 따라 좌우된다. 특히 문제되는 것은 개인의 명예훼손이 국민의 알권리와 충돌하는 경우로 그 한계가 모호하다. 적시된 사실이 공공의 이익에 관한 것인지 여부에 대해 법원은「그 구체적 내용, 공표가 이루어진 상대방의 범위, 표현의 방법 등 그 표현 자체에 관한 모든 사정을 감안하고 그에 의하여 훼손되거나 훼손될 수 있는 사람의 명예의 침해의 정도를 비교·고려하여 결정」할 것을 요구한다(대판 2001도1012).

3 개인의 사적인 신상에 관하여 적시된 사실도 그 적시의 **'주요한'** 동기가 공공의 이익을 위한 것이라면 형법 제310조 소정의 공공의 이익에 관한 것으로 볼 수 있다(대판 94도3309, Ref 1−12). 따라서 법문의 **'오로지'**라는 표현은 **'주로'**로 해석된다(대판 92도3160, Ref 1−13). 또한 적시된 사실이 세부에 있어서 진실과 불합치하다든가 다소의 과장이 있더라도 중요한 부분이 진실과 합치되면 족하다(대판 2001도3594, Ref 1−9).

4 사안의 경우, 피고인들은 자신들의 행위가 공공의 이익을 위한 것으로 위법성이 조각된다고 주장하였으나 제1심과 원심은 이를 물리치고 유죄를 선고하였다. 그러나 대법원의 판단은 달랐다. 대법원은 ① 향교재단의 대표자가 직무 수행에 적합한지 여부는 공동체 전체의 관심과 이익에 관한 사항에 해당되며, ② 개인의 사적인 신상은 그 사회적 활동의 성질이나 사회에 미치는 영향력의 정도 등에 따라 사회적 활동에 대한 비판과 평가의 한 자료가 될 수 있다고 판단하여 X 등이 A에 대하여 사실을 적시한 행위는 오로지 공공의 이익에 관한 것이어서 위법성이 조각된다고 볼 여지가 충분하다고 보았다.

5 형법 제310조와 거증책임　　　제310조의 적용과 관련해 사실의 **'진실성'**과 **'공익성'**에 대한 **거증책임**이 검사와 피고인 중 누구에게 있는지가 문제된다. (a) 판례는 이에 대한 거증책임이 **피고인에게 있다고 본다(거증책임전환설)**. 하지만 이 경우 법원은 피고인에게 엄격한 증명을 요구하지 않고 자유로운 증명만으로도 족하다고 본다. 따라서「이 때에는 전문증거에 대한 증거능력의 제한을 규정한 형사소송법 제310조의2는 적용될 여지가 없다」(대판 95도1473, Ref 2−3). 반면 (b) 다수설은 형사소송법상의 일반원칙에 따라 검사에게 거증책임이 있다고 본다.

6 진실성의 착오　　　또한 제310조의 적용에 있어서 사실의 진실성에 대한 착오가 있을 경우, 판례는「그 적시된 사실이 진실한 것이거나 적어도 행위자가 그 사실을 진실한 것으로 믿었고 또 그렇게 믿을 만한 상당한 이유가 있어야」위법성이 조각된다고 본다(대판 94도237, Ref 2−5). 또한 출판물 등에 의한 명예훼손(법309①) 행위는 그것이 오로지 공공의 이익을 위한 행위였다고 하더라도 위법성이 조각되지 않음은 형법 제310조의 규정에 비추어 보아 명백하다(대판 95도1010).

7 사실적시의 내용이「사회 일반의 일부 이익에만 관련된 사항이라도 다른 일반인과의 공동생활에 관

계된 사항이라면 공익성을 지닌다고 할 것이고, 이에 나아가 개인에 관한 사항이더라도 그것이 공공의 이익과 관련되어 있고 **사회적인 관심을 획득**한 경우라면 직접적으로 국가·사회 일반의 이익이나 특정한 사회집단에 관한 것이 아니라는 이유만으로 형법 제310조의 적용을 배제할 것은 아니다. 사인이라도 그가 관계하는 사회적 활동의 성질과 사회에 미칠 영향을 헤아려 공공의 이익에 관련되는지 판단하여야 한다」(2020도5813 전원합의체).

Reference 1
'공공의 이익'을 위한 행위로 제310조 위법성조각을 인정한 사례

1-1 [대판 2021도10827] 파기환송. [형법 제310조에서 규정한 위법성 조각사유의 요건 중 '진실한 사실' 및 '오로지 공공의 이익에 관한 때'의 의미 / 적시된 사실이 '공공의 이익'에 관한 것인지 판단하는 기준] ●**사실●** 피고인은 2017.11.18. 14:00경 포항시에서 열린 ○○씨 **종친회 자리**에서 종원들이 듣는 가운데 마침 발언을 하려던 피해자를 가리키면서 "공소외 1은 **남의 재산을 탈취한 사기꾼**이다. 사기꾼은 내려오라." 고 말하였다. 원심은 명예훼손 유죄를 인정하엿다. ●**판지●** [1] 형법 제310조에는 '형법 제307조 제1항의 행위가 진실한 사실로서 오로지 공공의 이익에 관한 때에는 처벌하지 않는다'고 규정하고 있는데, 여기서 (가) '**진실한 사실**'이라 함은 그 내용 전체의 취지를 살펴볼 때 중요한 부분이 객관적 사실과 합치되는 사실 이라는 의미로 세부에 있어 진실과 약간 차이가 나거나 다소 과장된 표현이 있더라도 무방하다. 또한 (나) '**오로지 공공의 이익에 관한 때**'라 함은 적시된 사실이 객관적으로 볼 때 공공의 이익에 관한 것으로서 행위 자도 주관적으로 공공의 이익을 위하여 그 사실을 적시한 것이어야 하는 것인데, 여기의 공공의 이익에 관한 것에는 널리 국가·사회 기타 일반 다수인의 이익에 관한 것뿐만 아니라 특정한 사회집단이나 그 구성 원 전체의 관심과 이익에 관한 것도 포함하는 것이고, 적시된 사실이 공공의 이익에 관한 것인지 여부는 당해 적시 사실의 내용과 성질, 당해 사실의 공표가 이루어진 상대방의 범위, 그 표현의 방법 등 그 표현 자체에 관한 제반 사정을 감안함과 동시에 그 표현에 의하여 훼손되거나 훼손될 수 있는 명예의 침해 정도 등을 비교·고려하여 결정하여야 하며, (다) 행위자의 주요한 동기 내지 목적이 공공의 이익을 위한 것이라 면 부수적으로 다른 사익적 목적이나 동기가 내포되어 있더라도 형법 제310조의 적용을 배제할 수 없다. 한편 (라) 사실적시의 내용이 사회 일반의 **일부 이익에만 관련된 사항**이라도 다른 일반인과의 공동생활에 관계된 사항이라면 공익성을 지닌다고 할 것이고, 이에 나아가 (마) **개인에 관한 사항이더라도** 그것이 공공 의 이익과 관련되어 있고 **사회적인 관심을 획득한 경우**라면 직접적으로 국가·사회 일반의 이익이나 특정한 사회집단에 관한 것이 아니라는 이유만으로 **형법 제310조의 적용을 배제할 것은 아니다.** 사인이라도 그가 관계하는 사회적 활동의 성질과 사회에 미칠 영향을 헤아려 공공의 이익에 관련되는지 판단하여야 한다. [2] 피고인들은 위와 같은 범죄전력이 있는 피해자가 종친회 회장으로 선출되는 것은 부당하다는 판단에 따라 이에 관한 의사를 적극적으로 표명하는 과정에서 이 사건 발언에 이르게 된 것으로 보이고, 이와 같 은 피해자의 종친회 회장으로서의 적격 여부는 종친회 구성원들 전체의 관심과 이익에 관한 사항으로서 **공 익성이 인정된다.** 피고인들이 다소 감정적이고 과격한 방식으로 이 사건 발언을 하였다고 하더라도 피고인 들이 이 사건 발언을 한 주요한 목적이나 동기가 피해자를 비방하려는 데에 있다고 단정할 수 없다.

1-2 [대판 2022도13425] 파기환송. 갑 대학교 총학생회장인 피고인이 총학생회 주관의 농활 사전답사 과 정에서 을을 비롯한 학생회 임원진의 음주 및 음주운전 사실이 있었음을 계기로 음주운전 및 이를 묵인하 는 관행을 공론화하여 '총학생회장으로서 음주운전을 끝까지 막지 못하여 사과드립니다.'라는 제목의 글을

써 페이스북 등에 게시함으로써 음주운전자로 특정된 을의 명예를 훼손하였다는 내용으로 기소된 사안에서, (가) 게시글의 전체적인 취지·내용에 비추어 중요한 부분은 '을이 술을 마신 상태에서 음주운전을 하였고 피고인도 이를 끝까지 제지하지 않았으며, 피고인 역시 음주운전 차량에 동승하였다.'는 점으로서 객관적 사실과 합치되므로, 비록 을이 마신 술의 종류·양과 같은 세부적 부분이 객관적 사실과 정확히 일치하지 않더라도 게시글의 **중요한 부분은 '진실한 사실'에 해당**하는 점, (나) 피고인은 사회적으로 음주운전에 엄격해진 분위기와 달리 농활 과정의 관성적인 음주운전 문화가 해당 개인은 물론 농활에 참여한 학내 구성원 등의 안전을 위협하고 이로 인해 총학생회의 자치활동에마저 부정적인 사회적 인식을 초래할 수 있다는 문제의식 아래 게시글을 올린 것으로 보이므로, 게시글은 주된 의도·목적의 측면에서 **공익성이 충분히 인정**되는 점, (다) 게시글을 올린 시점이 을의 음주운전 행위일로부터 약 4개월이 경과되었고, 을의 갑 대학교 단과대학 학생회장 출마 시점으로부터 약 2주일 전이라는 점에서 그 의도·목적상 을의 출마와 관련성이 있다고 볼 여지도 있으나, 게시글의 중요 부분은 객관적인 사실로서 을의 준법의식·도덕성·윤리성과 직결되는 부분이어서 단과대학 학생회장으로서의 적격 여부와 상당한 관련성이 있을 뿐만 아니라 **단과대학 구성원 전체의 관심과 이익에 관한 사항에 해당**하는 점 등을 종합하면, (라) 피고인의 행위는 형법 제310조에 따라 위법성이 조각된다고 봄이 타당하다는 이유로, 이와 달리 보아 공소사실을 유죄로 인정한 원심판결에 형법 제310조의 위법성조각사유에 관한 법리오해 및 심리미진의 잘못이 있다고 한 사례.

1-3 [대판 2020도8421] ●**사실**● 피고인 X는 2017. 11. 14. 일산 ○○대학교 병원 정문 앞길에서 "잘못된 만행을 알리고자 합니다!! ○○대 병원에서 무릎 인공관절 수술을 하다 돌아가신 공소외 1 아들 공소외 2입니다. 수술을 한 국제 인공관절 포럼 초청 강연 및 수술 시연에서 큰 호응을 얻었다는 정형외과 A는 의사가 하는 말 − 최초 수술한 △△병원은 돌팔이 의사가 수술한 것이 '운이 좋아 살았다'라고 하고 ○○대 병원 의사 A는 자기가 수술하다 죽은게 '재수가 없어 죽었다' 이런 막말을 하고 있습니다. 어떻게 의사란 사람이 상식 밖의 말을 하는지 ○○대학병원 관계자는 이런 사실을 알고 있는지 궁금합니다!! ○○대학병원을 찾고 있는 모든 환자와 가족분들께 알리고자 합니다. 이런 형태로 의료행위를 한다는 것을 반드시 만천하에 알려야 한다고 생각합니다."라는 문구와 수술경과 모습이 촬영된 사진을 첨부한 전단지를 병원을 출입하는 불특정 다수인들에게 배포하여, 공연히 사실을 적시하여 A의 명예를 훼손하였다는 혐의로 기소되었다. 원심은 이 사건 전단지가 피해자의 사회적 가치 또는 평가를 침해할 만한 구체적인 내용을 담고 있고, 그 내용이 사실이라 하더라도 이를 배포한 피고인의 행위가 공공의 이익을 위한 것이라고 인정하기 어렵다는 이유로 유죄로 판단하였다. ●**판지**● 파기환송. (1) 피고인은 ○○대학교 병원에서 수술 치료를 받다가 사망한 환자의 아들이고, 피해자는 위 망인의 수술을 집도한 의사이다. 이 사건 전단지는 피고인이 의료사고로 사망한 환자의 유족으로서 담당 의료인인 피해자와 면담 과정에서 실제 경험한 일과 이에 대한 **자신의 주관적 평가**를 담고 있다. (2) 이 사건 전단지의 주된 취지는 피해자가 의료사고에 사후적으로 대응하는 과정에서 유족에게 공소사실 기재와 같이 부적절한 언행을 하였다는 것으로서, 그 내용이 허위라는 점을 인정할 증거는 부족하고, 오히려 주요부분에서 객관적 사실과 합치되는 것으로 볼 여지가 있다. 피고인이 이 사건 전단지에 '잘못된 만행', '막말', '상식 밖의 말'이라는 표현을 사용하기는 하였으나, 이는 의료사고에 대응하는 피해자의 태도를 주관적으로 평가하는 과정에서 나온 것으로 약간 과장된 감정적 표현이나 의견 표명으로 이해할 수 있다. (3) 이 사건 전단지 내용은 환자가 사망한 의료사고의 발생과 이에 대한 담당 의료인의 부적절한 대응으로 인한 의료소비자의 피해사례에 관한 것으로 볼 수 있다. 의료사고 발생 후 담당 의료인이 사망한 환자의 유족과 면담하는 과정에서 환자의 생명을 경시하는 것으로 이해될 수도 있는 감정적이고 모욕적인 언행을 하였다. 이는 순수한 사적인 영역에서 일탈행위를 한 것이라기보다는 환

자에 대한 의료행위와 밀접하게 관련된 영역에서 의료인의 자질과 태도를 드러낸 것으로 볼 수 있다. 이러한 내용은 피해자에게 의료행위를 받고자 하는 환자 등 의료소비자의 합리적인 선택권 행사에 도움이 될 수도 있는 정보로서 **공적인 관심과 이익에 관한 사안**이라고 할 수 있다. (4) 피고인 스스로도 수사기관에서 이 사건 전단지를 배포한 목적에 관하여 '피해자가 의사로서의 태도에 문제가 있어 책임을 묻고 다른 환자들에게 공식적으로 알리고 싶었다.'고 진술하였다. 따라서 피고인의 주요한 동기나 목적은 다른 의료소비자에게 의료인인 피해자의 자질과 태도에 관한 정보나 의견을 제공하는 취지에서 **공공의 이익을 위한 것이라고 볼 여지도 충분하다.** 설령 피고인에게 부수적으로 피해자에 대한 원망이나 억울함 등 다른 개인적인 목적이나 동기가 내포되어 있었다고 하더라도 형법 제310조의 적용을 배제할 수 없다. 그런데도 원심은 이 사건 전단지 내용이 객관적 사실과 부합하는지 등에 관하여 필요한 심리를 다하지 않은 채 공공의 이익을 위한 것이 아니라고 단정하고 피고인에 대하여 형법 제310조의 적용을 부정하여 쟁점 공소사실을 유죄로 인정하였다. 원심판결에는 형법 제310조의 위법성 조각사유에 관한 법리를 오해하여 필요한 심리를 다하지 않아 판결에 영향을 미친 잘못이 있다.

2 [대판 2016도14995] 피고인이 세월호 참사 국민대책회의 공동위원장이자 '4월 16일의 약속 국민연대' (이하 '4·16 연대'라 한다) 상임운영위원으로서 언론사 기자와 시민 등을 상대로 기자회견을 하던 중 '세월호 참사 당일 7시간 동안 대통령 甲이 마약이나 보톡스를 했다는 의혹이 사실인지 청와대를 압수·수색해서 확인했으면 좋겠다.'는 취지로 발언함으로써 마치 甲이 세월호 사건 발생 당일 마약을 하거나 피부미용, 성형수술을 위한 보톡스 주사를 맞고 있어 직무수행을 하지 않았던 것처럼 허위사실을 적시하여 甲의 명예를 훼손하였다는 내용으로 기소된 사안에서, 제반 사실에 비추어 위 발언은 피고인과 4·16 연대 사무실에 대한 압수·수색의 부당성과 甲의 행적을 밝힐 필요성에 관한 의견을 표명하는 과정에서 세간에 널리 퍼져 있는 의혹을 제시한 것으로 (가) '甲이 마약을 하거나 보톡스 주사를 맞고 있어 직무수행을 하지 않았다.' 는 **구체적인 사실을 적시하였다고 단정하기 어렵고,** (나) 피고인이 공적 인물과 관련된 공적 관심사항에 대한 의혹 제기 방식으로 표현행위를 한 것으로서 (다) 대통령인 甲 개인에 대한 악의적이거나 심히 경솔한 공격으로서 현저히 상당성을 잃은 것으로 평가할 수 없어 명예훼손죄로 처벌할 수 없다는 이유로, 이와 달리 본 원심판단에 형법 제307조 제2항에서 정한 명예훼손죄의 사실 적시, 전면적 공적 인물에 대한 명예훼손죄의 위법성 판단에 관한 법리오해의 잘못이 있다.

3 [대판 2008도8812] 인터넷 포털사이트의 지식검색 질문·답변 게시판에 성형시술 결과가 만족스럽지 못하다는 **주관적인 평가를 주된 내용으로 하는 한 줄의 댓글**을 게시한 사안에서, 그 표현물은 전체적으로 보아 성형시술을 받을 것을 고려하고 있는 다수의 인터넷 사용자들의 의사결정에 도움이 되는 정보 및 의견의 제공이라는 공공의 이익에 관한 것이어서 비방할 목적이 있었다고 보기 어렵다.

4 [대판 2008도6342] 특정 상가건물관리회의 회장이 위 관리회의 결산보고를 하면서 전 관리회장이 체납관리비 등을 둘러싼 분쟁으로 자신을 폭행하여 유죄판결을 받은 사실을 알린 사안에서, 건물관리회원 전체의 관심과 이익에 관한 것으로서 형법 제310조에 의하여 위법성이 조각된다.

5 [대판 2007도9885] 교장 甲이 **여성기간제교사 乙에게** 차 접대 요구와 부당한 대우를 하였다는 인상을 주는 내용의 글을 게재한 교사 丙의 명예훼손행위가 공공의 이익에 관한 것으로서 위법성이 조각된다.

6 [대판 2006도2074] 개인택시운송조합 전임 이사장이 새로 취임한 이사장의 비리에 관한 사실을 적시하여 조합원들에게 유인물을 배포한 행위가 진실한 사실로서 공공의 이익에 관한 것이므로 위법성이 조각된다.

7 [대판 2004도1388] 아파트 동대표인 피고인이 자신에 대한 부정비리 의혹을 해명하기 위하여 그 의혹제기자가 명예훼손죄로 입건된 사실 등을 기재한 문서를 아파트 입주민들에게 배포한 사안에서, 문서에 기재된 내용이 대체로 객관적인 사실과 일치하고, 배포가 이루어진 상대방의 범위가 제한되며, 그 표현방법도 위 의혹제기자를 비방하는 표현이 없는 점 등 제반 사정에 비추어, 위 문서 배포행위가 오로지 공공의 이익을 위하여 진실한 사실을 적시한 경우로서 형법 제310조의 위법성조각사유에 해당한다.

8 [대판 2003도2137] 국립대학교 교수가 자신의 연구실 내에서 제자인 여학생을 성추행하였다는 내용의 글을 지역 여성단체가 자신의 인터넷 홈페이지 또는 소식지에 게재한 사안에서, 국립대학교 교수인 피해자의 지위, 적시사실의 내용 및 성격, 표현의 방법, 동기 및 경위 등 제반 사정을 종합하여 볼 때, 비록 성범죄에 관한 내용이어서 명예의 훼손정도가 심각하다는 점까지를 감안한다 할지라도 인터넷 홈페이지 또는 소식지에 위와 같은 내용을 게재한 행위는 학내 성폭력 사건의 철저한 진상조사와 처벌 그리고 학내 성폭력의 근절을 위한 대책마련을 촉구하기 위한 목적으로 공공의 이익을 위한 것으로서 달리 비방의 목적이 있다고 단정할 수 없다.

9 [대판 2001도3594] 전국교직원노동조합 소속 교사가 작성·배포한 보도자료의 일부에 사실과 다른 기재가 있으나 전체적으로 그 기재 내용이 진실하고 공공의 이익을 위한 것이라고 보아 명예훼손죄의 위법성이 조각된다.

10 [대판 97도88] 한국국악협회 이사장 선거 전후에 걸쳐 이사장으로 입후보하여 당선된 자에 관한 사실을 적시한 행위가, 개인적인 동기가 다소 개재되었다고 하더라도 공공의 이익을 위한 것으로서 위법성이 조각된다.

11 [대판 96도977] 선거관리위원회가 주체한 합동연설회장에서 일간지의 신문기사를 읽는 방법으로 **전과사실을 적시**하였다는 점과 그 사실 적시에 있어서 과장 또는 왜곡된 것이 없는 점 및 그 표현방법 등에 비추어 볼 때 피고인이 위 사실을 적시한 것은 상대 후보의 평가를 저하시켜 스스로가 당선되려는 사적 이익도 동기가 되었지만 유권자들에게 상대 후보자의 자질에 대한 자료를 제공함으로써 적절한 투표권을 행사하도록 하려는 공공의 이익도 한 동기가 되었다고 보는 것이 상당하다. 또한 전과사실이 공표됨으로써 상대 후보가 입는 명예(인격권)의 침해정도와 만일 이를 금지할 경우 생기는 피고인의 표현의 자유에 대한 제한과 유권자들의 올바른 선택권에 대한 장애의 정도를 교량한다면 **후자가 전자보다 중하다고 보는 것이 상당**하다. 따라서 피고인이 상대 후보의 전과사실을 적시한 것은 **진실한 사실로서 공공의 이익에 관한 때에 해당**하므로 공직선거및선거부정방지법 제251조 단서에 의하여 위법성이 조각된다.

12 [대판 94도3309] [신학대학교의 교수가 특정인의 명예를 훼손하는 사실을 적시하였으나 공공의 이익을 위한 것으로 본 사례] [1] **개인의 사적인 신상에 관한 사실이라고 하더라도** 그가 관계하는 사회적 활동의 성질이나 이를 통하여 사회에 미치는 영향력의 정도 등의 여하에 따라서는 그 사회적 활동에 대한 비판 내

지 평가의 한 자료가 될 수 있는 것이므로 개인의 사적인 신상에 관하여 적시된 사실도 **그 적시의 주요한 동기가 공공의 이익을 위한 것이라면** 위와 같은 의미에서 형법 제310조 소정의 공공의 이익에 관한 것으로 볼 수 있는 경우가 있다. [2] **신학대학교의 교수가 출판물 등을 통하여** 종교단체인 구원파를 이단으로 비판하는 과정에서 특정인을 그 실질적 지도자로 지목하여 명예를 훼손하는 사실을 적시하였으나 비방의 목적에서라기보다는 공공의 이익을 위하여 한 행위라고 판단한 사례.

13 [대판 92도3160] 위 대자보에 기재된 사실들은 위 피해자가 조합장으로 재임하는 동안에 조합의 자금이 정상적으로 지출되었는지의 여부 등에 관한 것으로서, 그 내용과 성질에 비추어 객관적으로 판단할 때 형법 제310조 소정의 "공공의 이익에 관한 것"에 해당한다고 봄이 상당한바, 위 대자보의 표현방법이 단순한 회계감사결과보고서의 형식을 취하지 아니하고 전임 조합장인 위 피해자의 업무집행을 비난하는 형식을 취하였다고 하더라도, 피고인이 조합장으로서 위 대자보를 부착하게 된 목적이 **주로 위와 같은 사실들을 조합원들에게 알리기 위한 것인 이상** 공공의 이익을 위한 것이라고 볼 수 있을 것이다.

14 [대판 88도899] 교회담임목사를 **출교처분**한다는 취지의 교단산하 재판위원회의 판결문은 성질상 교회나 교단 소속신자들 사이에서는 당연히 전파, 고지될 수 있는 것이므로 위 판결문을 복사하여 예배를 보러 온 신도들에게 배포한 행위에 의하여 그 목사의 개인적인 명예가 훼손된다 하여도 그것은 진실한 사실로서 오로지 교단 또는 그 산하교회 소속신자들의 이익에 관한 때에 해당하거나 적어도 사회상규에 위배되지 아니하는 행위에 해당하여 위법성이 없다.

'공공의 이익'을 위한 사실적시로 볼 수 없어 제310조 위법성조각을 부정한 사례

15 [대판 2021도6416] 파기환송. [형법 제310조에서 정한 '오로지 공공의 이익에 관한 때'의 의미 및 판단 기준] 회사에서 징계 업무를 담당하는 직원인 피고인이 피해자에 대한 **징계절차 회부** **사실이 기재된 문서를 근무현장 방재실, 기계실, 관리사무실의 각 게시판에 게시함으로써** 공연히 피해자의 명예를 훼손하였다는 내용으로 기소된 사안에서, 징계혐의 사실은 징계절차를 거친 다음 확정되는 것이므로 징계절차에 회부되었을 뿐인 단계에서 그 사실을 공개함으로써 피해자의 명예를 훼손하는 경우, 이를 사회적으로 상당한 행위라고 보기는 어려운 점, 피해자에 대한 징계 의결이 있기 전에 징계절차에 회부되었다는 사실이 공개되는 경우 피해자가 입게 되는 피해의 정도는 가볍지 않은 점 등을 종합하면, 피해자에 대한 징계절차 회부 사실을 공지하는 것이 회사 내부의 원활하고 능률적인 운영의 도모라는 공공의 이익에 관한 것으로 볼 수 없다는 이유로, 이와 달리 본 원심판단에 명예훼손죄에서의 '공공의 이익'에 관한 법리오해의 잘못이 있다.

16 [대판 2011도168] ['사실의 적시'가 공직선거법 제251조 단서[3]에 따라 위법성이 조각되기 위한 요건] [1] '사실의 적시'가 공직선거법 제251조 단서의 규정에 의하여 위법성이 조각되기 위하여는, 첫째 적시된 사실이 전체적으로 보아 진실에 부합할 것, 둘째 그 내용이 객관적으로 공공의 이익에 관한 것일 것, 셋째

---

3) 공직선거법 제251조 (후보자비방죄) 당선되거나 되게 하거나 되지 못하게 할 목적으로 연설·방송·신문·통신·잡지·벽보·선전문서 기타의 방법으로 공연히 사실을 적시하여 후보자가 되고자 하는 자를 포함한다), 그의 배우자 또는 직계존·비속이나 형제자매를 비방한 자는 3년이하의 징역 또는 500만원이하의 벌금에 처한다. 다만, 진실한 사실로서 공공의 이익에 관한 때에는 처벌하지 아니한다.

행위자도 공공의 이익을 위하여 그 사실을 적시한다는 동기를 가지고 있을 것이 요구되며, 다만반드시 공공의 이익이 사적 이익보다 우월한 동기가 되어야 하는 것은 아니나 사적 이익과 비교하여 공공의이익이 명목상 동기에 불과하여 부수적인 데 지나지 않는 경우에는 공공의 이익에 관한 것으로 볼 수 없다. [2] 특정 정당 구의원 예비후보로 등록한 피고인이, 같은 당 비례대표 시의원 후보자가 되고자 하는 甲이 자신의 경쟁 예비후보를 편파적으로 옹호한다는 생각에 불만을 갖고 甲의 활동, 태도 및 학력 등에 관한 사실을 부정적으로 적시하며 그가 시의원이 되어서는 안 된다는 내용의 게시물을 11회에 걸쳐 같은 당 홈페이지 자유게시판에 게재한 사안에서, 피고인은 단순히 공천과정의 공정성을 촉구하거나 정당의 후보자 추천에 관한 의견을 개진한 것이 아니라 후보자가 되고자 하는 甲이 선거에서 당선되지 못하게 할 목적으로 사실을 적시하여 **후보자를 비방하였다고 볼 것**이고, 제반 사정을 종합할 때 甲에 대한 불만으로 그가 시의원으로 당선되지 못하도록 하겠다는 것이 중요한 동기가 되어 위 각 게시물을 게재하였다고 보이므로, 피고인에게 공적 이익을 위한다는 뜻이 일부 있었더라도 위법성이 조각되지 않는다고 본 원심판단을 수긍한 사례.

17 [대판 2006도6049] 학교운영의 공공성, 투명성의 보장을 요구하여 학교가 합리적이고 정상적으로 운영되게 할 목적으로 공연히 사실을 적시하였더라도, **피해자들의 거주지 앞에서 그들의 주소까지 명시하여 명예를 훼손하였다면**, 이는 공공의 이익을 위한 사실의 적시로 볼 수 없어 위법성이 조각되지 아니한다.

18 [대판 2004도3912] 회사의 대표이사에게 압력을 가하여 단체협상에서 양보를 얻어내기 위한 방법의 하나로 현수막과 피켓을 들고 **확성기를 사용하여 반복해서 불특정다수의 행인을 상대로 소리치면서 거리행진**을 함으로써 위 대표이사의 명예를 훼손한 행위가 공공의 이익을 위하여 사실을 적시한 것으로 볼 수 없어 위법성이 조각되지 아니한다.

기타 제310조와 관련된 주요 판례

1 [대판 2001도3594] 공연히 사실을 적시하여 사람의 명예를 훼손하는 행위가 진실한 사실로서 오로지 공공의 이익에 관한 때에는 형법 제310조에 따라 처벌할 수 없는데, 여기에서 **'진실한 사실'**이란 그 내용 전체의 취지를 살펴볼 때 중요한 부분이 객관적 사실과 합치되는 사실이라는 의미로서 일부 자세한 부분이 진실과 약간 차이가 나거나 다소 과장된 표현이 있다고 하더라도 무방하고, **'공공의 이익'**이라 함은 널리 국가·사회 기타 일반 다수인의 이익에 관한 것뿐만 아니라 특정한 사회집단이나 그 구성원의 관심과 이익에 관한 것도 포함한다.

2 [대판 97도158] [형법 제309조 제1항과 제310조와의 관계] 형법 제309조 제1항 소정의 **'사람을 비방할 목적'**이란 가해의 의사 내지 목적을 요하는 것으로서 공공의 이익을 위한 것과는 행위자의 주관적 의도의 방향에 있어 서로 상반되는 관계에 있다고 할 것이므로, 형법 제310조의 공공의 이익에 관한 때에는 처벌하지 아니한다는 규정은 사람을 비방할 목적이 있어야 하는 형법 제309조 제1항 소정의 행위에 대하여는 적용되지 아니하고 그 목적을 필요로 하지 않는 형법 제307조 제1항의 행위에 한하여 적용되는 것이고, 반면에 적시한 사실이 공공의 이익에 관한 것인 경우에는 특별한 사정이 없는 한 비방 목적은 부인된다고 봄이 상당하므로 이와 같은 경우에는 형법 제307조 제1항 소정의 명예훼손죄의 성립 여부가 문제될 수 있고 이

에 대하여는 다시 형법 제310조에 의한 위법성 조각 여부가 문제로 될 수 있다. …… 결국, 이 사건 공소사실은 적시 사실이 허위가 아닐 뿐만 아니라, 이 사건 인쇄물이 '기타 출판물'에 해당한다고 보기 어렵고 피고인에게 피해자를 '비방할 목적'도 있었다고 보기 어려우므로, 형법 제309조 제2항이나 제1항 소정의 출판물에의한명예훼손죄에 해당하지 않는다 할 것이고, 나아가 이 사건 공소사실이 형법 제307조 제1항의 명예훼손죄에 해당한다고 하더라도 그것은 위에서 본 바와 같이 형법 제310조에 의하여 위법성이 조각된다고 봄이 상당하다고 할 것이다.

  3 [대판 95도1473] 공연히 사실을 적시하여 사람의 명예를 훼손한 행위가 형법 제310조의 규정에 따라서 위법성이 조각되어 처벌대상이 되지 않기 위하여는 그것이 진실한 사실로서 오로지 공공의 이익에 관한 때에 해당된다는 점을 **행위자가 증명하여야 하는 것**이나, 그 증명은 유죄의 인정에 있어 요구되는 것과 같이 법관으로 하여금 의심할 여지가 없을 정도의 확신을 가지게 하는 증명력을 가진 엄격한 증거에 의하여야 하는 것은 아니므로, 이 때에는 전문증거에 대한 증거능력의 제한을 규정한 형사소송법 제310조의2는 적용될 여지가 없다.

  4 [대판 94도3191] [일부 허위사실이 포함된 기사를 작성한 신문기자에게 비방의 목적이나 허위라는 인식이 없었다는 이유로 명예훼손의 위법성을 부인한 원심판결을 수긍한 사례] [1] 내용 중에 일부 허위사실이 포함된 신문기사를 보도한 사안에서, 기사 작성의 목적이 공공의 이익에 관한 것이고 그 기사 내용을 작성자가 진실하다고 믿었으며 **그와 같이 믿은 데에 객관적인 상당한 이유가 있다**는 이유로 명예훼손의 위법성을 부인한 원심판결을 수긍한 사례. [2] 피고인의 위 취재보도를 형법 제307조 제2항의 허위사실적시명예훼손죄로 의율한 예비적 공소사실에 대하여 피고인이 위 기사내용을 허위라고 인식하였음을 인정할 증거가 없으므로 피고인을 허위사실 적시로 인한 명예훼손죄로 처벌할 수는 없고 **다만 형법 제307조 제1항의 죄로 처벌할 여지가 있을 뿐**이라고 전제한 다음, 명예훼손죄에 있어서는 개인의 명예보호와 정당한 표현의 자유보장이라는 상충되는 두 법익의 조화를 꾀하기 위하여 형법 제310조를 규정하고 있으므로 적시된 사실이 공공의 이익에 관한 것이면 진실한 것이라는 증명이 없다 할지라도 행위자가 진실한 것으로 믿었고 또 **그렇게 믿을 만한 상당한 이유가 있는 경우에는 위법성이 없다고 보아야 할 것**인데, 위 기사는 당시 평양에서 벌어진 세계청년학생축전에 학생운동권 대표가 비밀리에 참가한 것을 계기로 정부수사기관과 학생운동권 간의 긴장이 고조되고 있던 시점에서 중앙대 안성캠퍼스 총학생회장인 이○창이 거문도의 외딴 해수욕장에서 의문의 변사체로 발견된 것과 관련하여 제기된 의혹들을 취재하여 보도하는 과정에서 작성된 것으로 그 주된 **목적이 공공의 이익**에 관한 것으로 볼 수 있고, '이○창이 사망 직전에 마지막으로 동행한 사람은 백○희와 안기부 요원인 공소외 1이었다.'라는 취지의 이 사건 기사내용이 진실이라는 것을 입증할 증거가 없고 나아가 그것이 결국에는 사실과 다른 것으로 밝혀졌다 하더라도 안기부의 추적대상이었을 것으로 추정되는 이○창이 거문도에까지 와서 사망하게 된 경위와 그 사망 원인에 의혹이 제기되고 있던 터에 안기부 직원인 공소외 1이 여수에서 거문도까지 가는 배에 위 이○창과 동승하였던 것으로 밝혀지고 나아가 이○창과 공소외 1의 일행이 거문도에서 함께 동행하고 있는 것을 보았다는 목격자까지 나왔으나 **그들이 석연치 않은 이유**로 그 진술을 번복하였던 까닭에 피고인이 위 기사내용을 진실이라고 믿고 보도하게 되었던 것이므로 **피고인이 그와 같이 믿은 데에는 객관적으로 그럴 만한 상당한 이유가 있었다** 할 것이어서 피고인의 행위는 형법 제310조에 따라 처벌할 수 없다고 봄이 상당하다

5 [대판 94도237] [1] 공연히 사실을 적시하여 사람의 명예를 훼손한 행위가 형법 제310조에 따라서 위법성이 조각되어 처벌받지 않기 위하여는 적시된 사실이 객관적으로 볼 때 공공의 이익에 관한 것으로서 행위자도 공공의 이익을 위하여 그 사실을 적시한 것이어야 될 뿐만 아니라, 그 적시된 사실이 진실한 것이거나 **적어도 행위자가 그 사실을 진실한 것으로 믿었고 또 그렇게 믿을 만한 상당한 이유**가 있어야 한다. [2] 피고인들이 적시한 사실이 진실하지도 않고 진실이라고 믿을 만한 상당한 이유도 없었는데도 피고인들의 명예훼손행위에 위법성이 없다고 본 원심의 무죄판결을 파기한 사례.

* 대법원 2012. 11. 29. 선고 2012도10392 판결
* 참조조문: 헌법 제124조,[1] 정보통신망 이용촉진 및 정보보호 등에 관한 법률 제70조[2]

소비자가 자신이 겪은 객관적 사실을 바탕으로 인터넷에 사업자에게 불리한 내용의 글을 게시하는 행위가 정보통신망법 제70조 제1항의 '사람을 비방할 목적'에 해당하는가?

●사실● 피고인 X는 2011.12.14경부터 같은 달 27.경까지 서울 노원구에 있는 A가 운영하는 'OO'산후조리원에서 산후조리를 한 산모이다. X는 다른 사람의 이용 후기를 보고 A 운영의 산후조리원에서 이 기간 250만 원을 들여 산후조리를 하였다. X는 2011.12.26. 16:17경부터 같은 달 30일 01:29경까지 사이에 9회에 걸쳐 임신, 육아 등과 관련한 유명 인터넷 카페나 자신의 블로그 등에 산후조리원 이용 후기를 게시하였다.

당시 X는 게시한 글에서 ○○산후조리원이 친절하고, 좋은 점도 많이 있다는 점도 언급하면서 산후조리원을 이용할 예정인 임산부들의 신중한 산후조리원 선택에 도움을 주고자 글을 작성한다는 점을 밝혔다. X가 게시한 글의 주요 내용은 온수보일러 고장, 산후조리실 사이의 소음, 음식의 간 등 13박 14일간 산후조리원에서 지내면서 직접 겪은 불편했던 사실을 알리는 것이거나, 환불을 요구하며 이용 후기에 올리겠다는 자신의 항의에 A 측이 "막장으로 소리 지르고 난리도 아니다."라며 이용 후기로 산후조리원에 피해가 생길 경우 자신에게 손해배상을 청구하겠다는 취지로 대응했다거나, 자신의 이용 후기가 거듭 삭제되는 것을 항의하는 것이었다. 인터넷 카페에 게시된 X의 글에 대하여 카페 회원들이 댓글을 다는 방법으로 X에게 공감을 표시하거나, X가 너무 예민하게 반응한 것이라며 X와 함께 산후조리원에서 지낸 카페 회원들이, 신생아실에서 언성을 높인 X의 태도를 나무라기도 하는 등 활발한 찬반 토론이 이루어지기도 했다. 제1심과 원심은 X에 대해 비방의 목적이 있다고 판단하고 **유죄를 인정**하였다. 이에 X는 상고하였다.

●판지● 파기환송. 「A 운영의 산후조리원을 이용한 피고인이 9회에 걸쳐 임신, 육아 등과 관련한 유명 인터넷 카페나 자신의 블로그 등에 자신이 직접 겪은 불편사항 등을 후기 형태로 게시하여 甲의 명예를 훼손하였다는 내용으로 정보통신망 이용촉진 및 정보보호 등에 관한 법률 위반으로 기소된 사안에서, 피고인이 인터넷 카페 게시판 등에 올린 글은 (가) 자신이 산후조리원을 실제 이용하면서 겪은 일과 이에 대한 **주관적 평가**를 담은 이용 후기인 점, (나) 위 글에 'A의 막장 대응' 등과 같이 다소 과장된 표현이 사용되기도 하였으나, 인터넷 게시글에 적시된 **주요 내용은 객관적 사실에 부합**하는 점, (다) 피고인이 게시한 글의 공표 상대방은 인터넷 카페 회원이나 산후조리원 **정보를 검색하는 인터넷 사용자들에 한정**되고 그렇지 않은 인터넷 사용자들에게 무분별하게 노출되는 것이라고 보기 어려운 점 등의 제반 사정에 비추어 볼 때, (라) 피고인이 적시한 사실은 산후조리원에 대한 정보를 구하고자 하는 임산부의 의사결정에 도움이 되는 정보 및 의견 제공이라는 **공공의 이익**에 관한 것이라고 봄이

---

1) 헌법 제124조 국가는 건전한 소비행위를 계도하고 생산품의 품질향상을 촉구하기 위한 소비자보호운동을 법률이 정하는 바에 의하여 보장한다.

2) 「정보통신망 이용촉진 및 정보보호 등에 관한 법률」 제70조(벌칙) ① 사람을 **비방할 목적**으로 정보통신망을 통하여 **공공연하게 사실**을 드러내어 다른 사람의 **명예를 훼손**한 자는 3년 이하의 징역 또는 3천만원 이하의 벌금에 처한다. ② 사람을 **비방할 목적**으로 정보통신망을 통하여 공공연하게 **거짓의 사실**을 드러내어 다른 사람의 명예를 훼손한 자는 7년 이하의 징역, 10년 이하의 자격정지 또는 5천만원 이하의 벌금에 처한다. ③ 제1항과 제2항의 죄는 피해자가 구체적으로 밝힌 **의사에 반하여 공소를 제기할 수 없다.**

타당하고, (마) 이처럼 피고인의 **주요한 동기나 목적이 공공의 이익**을 위한 것이라면 부수적으로 산후 조리원 이용대금 환불과 같은 **다른 사익적 목적이나 동기가 내포되어 있다는 사정만으로** 피고인에게 A 를 비방할 목적이 있었다고 보기 어려운데도, 이와 달리 보아 유죄를 인정한 원심판결에 같은 법 제70 조 제1항에서 정한 명예훼손죄 구성요건요소인 '사람을 비방할 목적'에 관한 법리오해의 위법이 있다」.

●**해설**● 1 사안은 현대생활에서 일상이 된 정보통신망을 통한 사용후기나 리뷰 등과 관련된 법적 분 쟁(명예훼손)이다. 특히 대상판결은 소비자의 권리와 명예훼손의 위법성 판단 사이의 관계를 밝힌 것으로 그 의미가 적지 않다. 인터넷상의 정보는 그 전파성이 빠르고 광범위하다는 특징이 있고 그 의미에서 명 예훼손해죄의 법익침해성은 높다. 이 같은 사고에서 제1심과 원심은 X에 대해 유죄를 인정하였으나 대 법원은 사안을 달리 판단하여 범죄성립을 부정하고 있다.

2 하급심에서는 다음과 같은 이유로 X의 사실적시는 공공의 이익에 관한 것으로 볼 수 없다고 했다. ① 게시물 내용이 산후조리원에 대한 정보제공 차원을 넘어 X의 불만 제기에 대응하는 A의 태도와 언행 을 인격적으로 비난하는 표현이 다수 들어 있는 점, ② A가 X의 환불요구를 거절한 직후 게시물 및 댓 글을 계속적, 중복적으로 게재한 점 등이 그러하다.

3 반면에 대법원은 「피고인이 적시한 사실은 산후조리원에 대한 정보를 구하고자 하는 임산부의 의사 결정에 도움이 되는 정보 및 의견 제공이라는 **공공의 이익**에 관한 것이라고 봄이 타당하고, 이처럼 피고 인의 **주요한 동기나 목적이 공공의 이익**을 위한 것이라면 부수적으로 산후조리원 이용대금 환불과 같은 **다른 사익적 목적이나 동기**가 내포되어 있다는 사정만으로 피고인에게 A를 비방할 목적이 있었다고 보기 어렵다」고 판단하였다.

4 이와 같이 대법원은 '**공공의 이익**'과 '**비방의 목적**'은 서로 '**상반되는 관계**'로 파악하고 있다. 즉 「비방 할 목적이란 공공의 이익을 위한 것과는 행위자의 주관적 의도의 방향에 있어 서로 **상반되는 관계**에 있으 므로, 적시한 사실이 공공의 이익에 관한 것인 경우에는 특별한 사정이 없는 한 비방할 목적은 부인된다」 (대판 2010도10864, Ref 1-2).

5 대상판결에서 대법원은 「국가는 건전한 소비행위를 계도하고 생산품의 품질향상을 촉구하기 위한 소비자보호운동을 법률이 정하는 바에 따라 보장하여야 하며(헌법 제124조), **소비자는 물품 또는 용역을 선택하는 데 필요한 지식 및 정보를 제공받을 권리와 사업자의 사업활동 등에 대하여 소비자의 의견을 반영 시킬 권리**가 있고(소비자기본법 제4조), 공급자 중심의 시장 환경이 소비자 중심으로 이전되면서 사업자와 소비자의 정보 격차를 줄이기 위해 인터넷을 통한 물품 또는 용역에 대한 정보 및 의견 제공과 교환의 필요성이 증대되므로, …… 제반 사정을 두루 심사하여 **더욱 신중하게 판단**」하여야 할 것을 요구하였다.

6 이와 같이 대상판결은 "소비자가 자신의 권리를 행사하는 과정에서 진실한 사실을 적시한 것에 대 해서는 그로 인하여 사업자의 사회적 평가가 실추되는 효과를 가져온다고 하더라도 가급적 제한적인 수 준에서 비방의 목적이 있음을 인정하여야 한다는 명확한 기준을 제시하였다는 것에서 적지 않은 의미가 있다"[3]고 할 것이다.

7 하지만 정보통신망을 통한 정보는 불특정 다수의 인터넷 이용자가 순식간에 열람가능하며 이로 인한 명예훼손의 피해는 매우 심각한 것이 될 수 있다. 나아가 한번 유출된 정보는 영원히 사라지지 않을 가능성이 높으며 인터넷상의 반론이 가능하다지만 그것과 일단 발생한 명예침해가 회복되는 것은 전혀 다른 문제로 '반론'이 오히려 피해를 확대할 수 있음을 유의해야 한다.

8 인터넷을 이용한 명예훼손 행위는 출판물에 의한 명예훼손죄에 관한 규정인 형법 제309조⁴⁾로는 대처할 수 없다. 때문에 이런 행위는 「정보통신망법」 제70조로 규율한다. 따라서 동일한 내용의 명예훼손 행위가 온라인과 오프라인에서 각각 이루어진다면 형법상의 명예훼손죄와 정보통신망법상의 명예훼손죄가 성립하며, 양자는 **상상적 경합관계**에 있게 된다. 그리고 본죄에서 '**비방의 목적**'이란 고의 이외의 초과주관적 구성요건요소이다.

Reference 1

'비방할 목적'과 '공공의 이익에 관한 것'과의 관계

1 [대판 2022도4171] [정보통신망 이용촉진 및 정보보호 등에 관한 법률 제70조 제1항 명예훼손죄의 구성요건 중 비방할 목적이 있는지와 피고인이 드러낸 사실이 사회적 평가를 떨어트릴 만한 것인지가 별개의 구성요건인지 여부(적극) 및 드러낸 사실이 사회적 평가를 떨어트리는 것이면 비방할 목적이 당연히 인정되는지 여부(소극) / 위 규정에서 정한 모든 구성요건에 대한 증명책임 소재(＝검사) / '비방할 목적'의 판단기준 및 '공공의 이익'을 위한 것과의 관계 / 드러낸 사실이 '공공의 이익'에 관한 것인지 판단하는 기준 / 행위자의 주요한 동기와 목적인 공공의 이익에 부수적으로 다른 사익적 목적이나 동기가 포함되어 있는 경우, 비방할 목적의 유무(소극)] [1] 정보통신망 이용촉진 및 정보보호 등에 관한 법률 제70조 제1항은 "사람을 비방할 목적으로 정보통신망을 통하여 공공연하게 사실을 드러내어 다른 사람의 명예를 훼손한 자는 3년 이하의 징역 또는 3천만 원 이하의 벌금에 처한다."라고 정한다. 이 규정에 따른 범죄가 성립하려면 피고인이 공공연하게 드러낸 사실이 다른 사람의 사회적 평가를 떨어트릴 만한 것임을 인식해야 할 뿐만 아니라 사람을 비방할 목적이 있어야 한다. (가) 비방할 목적이 있는지는 피고인이 드러낸 사실이 사회적 평가를 떨어트릴 만한 것인지와 **별개의 구성요건**으로서, 드러낸 사실이 사회적 평가를 떨어트리는 것이라고 해서 비방할 목적이 당연히 인정되는 것은 아니다. 그리고 (나) 이 규정에서 정한 모든 구성요건에 대한 **증명책임은 검사**에게 있다. (다) '비방할 목적'은 드러낸 사실의 내용과 성질, 사실의 공표가 이루어진 상대방의 범위, 표현의 방법 등 표현 자체에 관한 여러 사정을 감안함과 동시에 그 표현으로 훼손되는 명예의 침해 정도 등을 **비교·형량하여 판단**해야 한다. 이것은 (라) 공공의 이익을 위한 것과는 행위자의 주관적 의도라는 방향에서 상반되므로, 드러낸 사실이 **공공의 이익에 관한 것인 경우**에는 **특별한 사정이 없는 한 비방할 목적은 부정**된다. 여기에서 (마) '드러낸 사실이 공공의 이익에 관한 것인 경우'란 드러낸 사실이 객관적으로 볼 때 공공의 이익에 관한 것으로서 행위자도 주관적으로 공공의 이익을 위하여 그 사실을 드러낸 것이

---

3) 모성준, 소비자의 권리행사로서의 표현과 정보통신망법상 명예훼손죄의 성립여부 － 대법원 2012. 11. 29. 선고 2012도10392 판결 －, 법학논총 제27권 제2호(2014), 국민대학교 법학연구소, 166면.

4) 형법 제309조(출판물 등에 의한 명예훼손) ① 사람을 비방할 목적으로 **신문, 잡지 또는 라디오 기타 출판물**에 의하여 제307조 제1항의 죄를 범한 자는 3년 이하의 징역이나 금고 또는 700만원 이하의 벌금에 처한다. ② 제1항의 방법으로 제307조 제2항의 죄를 범한 자는 7년 이하의 징역, 10년 이하의 자격정지 또는 1천500만원 이하의 벌금에 처한다.

어야 한다. (바) 공공의 이익에 관한 것에는 널리 국가·사회 그 밖에 일반 다수인의 이익에 관한 것뿐만 아니라 특정한 사회집단이나 그 구성원 전체의 관심과 이익에 관한 것도 포함한다. (사) 그 사실이 공공의 이익에 관한 것인지는 명예훼손의 피해자가 공무원 등 공인(公人)인지 아니면 사인(私人)에 불과한지, 그 표현이 객관적으로 공공성·사회성을 갖춘 공적 관심 사안에 관한 것으로 사회의 여론형성이나 공개토론에 기여하는 것인지 아니면 순수한 사적인 영역에 속하는 것인지, 피해자가 명예훼손적 표현의 위험을 자초한 것인지 여부, 그리고 표현으로 훼손되는 명예의 성격과 침해의 정도, 표현의 방법과 동기 등 여러 사정을 고려하여 판단해야 한다. (아) 행위자의 주요한 동기와 목적이 공공의 이익을 위한 것이라면 부수적으로 다른 사익적 목적이나 동기가 포함되어 있더라도 비방할 목적이 있다고 보기는 어렵다. [2] 피고인이 고등학교 동창인 갑으로부터 사기 범행을 당했던 사실과 관련하여 같은 학교 동창 10여 명이 참여하던 단체 채팅방에서 '갑이 내 돈을 갚지 못해 사기죄로 감방에서 몇 개월 살다가 나왔다. 집에서도 포기한 애다. 너희들도 조심해라.'라는 내용의 글을 게시함으로써 갑의 명예를 훼손하였다고 하여 정보통신망 이용촉진 및 정보보호 등에 관한 법률 위반(명예훼손)으로 기소된 사안에서, 피고인이 드러낸 사실의 내용, 게시 글의 작성 경위와 동기 등 제반 사정을 종합하면, 게시 글은 채팅방에 참여한 고등학교 동창들로 구성된 **사회집단의 이익**에 관한 사항으로 볼 수 있고, 피고인이 게시 글을 채팅방에 올린 동기나 목적에는 자신에게 재산적 피해를 입힌 갑을 비난하려는 목적도 포함되었다고 볼 수 있으나, 갑으로 인하여 동창 2명이 재산적 피해를 입은 사실에 기초하여 갑과 교류 중인 다른 동창생들에게 **주의를 당부하려는 목적이 포함**되어 있고, 실제로 게시 글의 말미에 그러한 목적을 표시하였으므로, 피고인의 주요한 동기와 목적은 **공공의 이익**을 위한 것으로 볼 여지가 있고 피고인에게 갑을 비방할 목적이 있다는 사실이 합리적 의심의 여지가 없을 정도로 증명되었다고 볼 수 없다는 이유로, 이와 달리 보아 공소사실을 유죄로 인정한 원심판결에 같은 법 제70조 제1항에서 정한 '비방할 목적'에 관한 법리오해의 잘못이 있다고 한 사례.

2 [대판 2010도10864] [정보통신망 이용촉진 및 정보보호 등에 관한 법률 제70조 제2항 명예훼손죄에서 정한 '사람을 비방할 목적' 유무의 판단 기준 및 '공공의 이익'을 위한 것과의 관계 / 본조의 성립요건인 '허위의 인식'에 대한 증명책임의 소재(=검사)] [1] 법 제70조 제1, 2항에서 정한 '사람을 비방할 목적'이란 가해의 의사 내지 목적을 요하는 것으로, (가) **사람을 비방할 목적이 있는지 여부**는 당해 적시 사실의 내용과 성질, 당해 사실의 공표가 이루어진 상대방의 범위, 그 표현의 방법 등 그 표현 자체에 관한 제반 사정을 감안함과 동시에 그 표현에 의하여 훼손되거나 훼손될 수 있는 명예의 침해 정도 등을 비교·형량하여 판단되어야 한다. (나) 또한 비방할 목적이란 공공의 이익을 위한 것과는 행위자의 주관적의도의 방향에 있어 서로 상반되는 관계에 있으므로, 적시한 사실이 공공의 이익에 관한 것인 경우에는 특별한 사정이 없는 한 비방할 목적은 부인된다고 봄이 상당하고, (다) 여기에서 '적시한 사실이 공공의 이익에 관한 경우'라 함은 적시된 사실이 객관적으로 볼 때 공공의 이익에 관한 것으로서 행위자도 주관적으로 공공의 이익을 위하여 그 사실을 적시한 것이어야 하는데, (라) 공공의 이익에 관한 것에는 널리 국가·사회 기타 일반 다수인의 이익에 관한 것뿐만 아니라 **특정한 사회집단이나 그 구성원 전체의 관심과 이익에 관한 것도 포함**하는 것이다. (마) 나아가 그 적시된 사실이 이러한 공공의 이익에 관한 것인지 여부는 당해 명예훼손적 표현으로 인한 피해자가 공무원 내지 공적 인물과 같은 공인(公人)인지 아니면 사인(私人)에 불과한지 여부, 그 표현이 객관적으로 국민이 알아야 할 공공성·사회성을 갖춘 공적 관심 사안에 관한 것으로 사회의 여론형성 내지 공개토론에 기여하는 것인지 아니면 순수한 사적인 영역에 속하는 것인지 여부, 피해자가 그와 같은 명예훼손적 표현의 위험을 자초한 것인지 여부, 그리고 그 표현에 의하여 훼손되는 명예의 성격과 그

침해의 정도, 그 표현의 방법과 동기 등 제반 사정을 고려하여 판단하여야 하고, (바) **행위자의 주요한 동기 내지 목적이 공공의 이익을 위한 것이라면 부수적으로 다른 사익적 목적이나 동기가 내포되어 있더라도 비방할 목적이 있다고 보기는 어렵다.** [2] 정보통신망 이용촉진 및 정보보호 등에 관한 법률 제70조 제2항의 정보통신망을 통한 허위사실 적시에 의한 명예훼손죄가 성립하려면, **(가) 그 적시하는 사실이 허위이어야 할 뿐 아니라, (나) 피고인이 그와 같은 사실을 적시함에 있어 적시 사실이 허위임을 인식하여야 하고, (다) 이러한 허위의 점에 대한 인식 즉 범의에 대한 입증책임은 검사**에게 있다. [3] 세무공무원인 피고인이 국세청 지식관리시스템 특정 코너('나도 한마디')에 전(前) 국세청장 甲을 비방할 목적으로 허위 내용의 게시글을 올려 甲의 명예를 훼손하였다고 하여 정보통신망 이용촉진 및 정보보호 등에 관한 법률 위반으로 기소된 사안에서, 제반 사정을 종합할 때 피고인에게 '허위의 인식' 및 **'비방의 목적'이 있었다고 보기 어렵다**는 이유로 무죄를 인정한 원심판단을 정당하다.

3 **[대판 2013도3517]** 피고인이 '2011년 경찰특공대요원 경감 승진시험'에 응시하여 피해자 외 1명과 함께 1차 필기시험에 합격하여 2차 실기시험을 마치고 최종합격자 발표 전인 2011.11.25. 14:00경 인터넷 사이트인 '사이버경찰청(http://www.police.go.kr)'에 접속한 다음, '경찰가족사랑방'란의 **'국관과의 대화방'** 게시판에 "특공대 승진시험 응시자에 문제가 있습니다"라는 제목으로 이 사건 글을 올린 사실을 알 수 있다. 그러나 기록에 의하여 알 수 있는 다음과 같은 사정들에 비추어 보면, 피고인이 이 사건 글을 게시한 것이 **경찰관 승진시험의 공정성과 투명성을 제고하고자 하는 의도**에서 이루어졌음을 부정하기 어렵고, 경찰관 승진시험의 공정성과 투명성은 경찰청이나 그 구성원의 관심과 이익에 관한 것일 뿐만 아니라 나아가 국가·사회에서 경찰이 차지하는 위상과 중요성에 비추어 국가·사회 기타 일반 다수인의 이익에 관한 것이라고도 볼 수 있다. …… 따라서 이와 같이 피고인의 주요한 동기 내지 목적이 공공의 이익을 위한 것이라면 부수적으로 피고인이 이 사건 글을 게시한 것에 원심이 인정한 바와 같이 다른 목적이나 동기가 내포되어 있더라도 이러한 사정만으로 피고인에게 비방할 목적이 있었다고 단정하기는 어렵다고 할 것이다.

4 **[대판 2008도8812]** ●사실● 피해자 공소외인이 운영하는 '○○'성형외과에서 턱 부위 고주파시술을 받았다가 그 결과에 불만을 품은 피고인이 인터넷 포털사이트 네이버의 지식검색 질문·답변 게시판에 2007.5.2. 10:22경 "아.. 공소외인씨가 가슴전문이라.. 눈이랑 턱은 그렇게 망쳐놨구나... 몰랐네..."라는 글을, 같은 날 10:27경 "내 눈은 지방제거를 잘못 했다고... 모양도 이상하다고 다른 병원에서 그러던데... 인생 망쳤음... ㅠ.ㅠ"이라는 글을 각 게시하였다. 원심은 위 사실에 대해 피해자의 명예를 훼손할 만한 구체적인 사실을 적시한 것으로 비방의 목적이 있다고 판단하여 유죄를 인정하였다. ●판지● **파기환송.** 인터넷 포털사이트의 지식검색 질문·답변 게시판에 **성형시술 결과가 만족스럽지 못하다는 주관적인 평가를 주된 내용으로 하는** 한 줄의 댓글을 게시한 사안에서, 그 표현물은 **전체적으로 보아** 성형시술을 받을 것을 고려하고 있는 다수의 인터넷 사용자들의 의사결정에 도움이 되는 정보 및 의견의 제공이라는 **공공의 이익에 관한 것이어서 비방할 목적이 있었다고 보기 어렵다.**

기타「정보통신망 이용촉진 및 정보보호 등에 관한 법률」위반과 관련된 주요 사례

5 **[대판 2019도12750] 파기환송.** [정보통신망 이용촉진 및 정보보호 등에 관한 법률 제70조 제1항에 따른 범죄가 성립하기 위한 요건으로서 '피해자가 **특정된 사실을 드러내어** 명예를 훼손한 것'인지 판단하는 방

법] 피고인이 초등학생인 딸 갑에 대한 학교폭력을 신고하여 교장이 가해학생인 을에 대하여 학교폭력대책 자치위원회의 의결에 따라 '피해학생에 대한 접촉, 보복행위의 금지' 등의 조치를 하였는데, 그 후 피고인이 자신의 **카카오톡 계정 프로필 상태메시지에 "학교폭력범은 접촉금지!!!"라는 글과 주먹 모양의 그림말 세 개를 게시함**으로써 을의 명예를 훼손하였다고 하여 정보통신망 이용촉진 및 정보보호 등에 관한 법률 위반(명예훼손)으로 기소된 사안에서, 위 상태메시지에는 그 표현의 기초가 되는 사실관계가 드러나 있지 않고, '학교폭력범'이라는 단어는 '학교폭력을 저지른 사람'을 통칭하는 표현인데, 피고인은 '학교폭력범' 자체를 표현의 대상으로 삼았을 뿐 특정인을 '학교폭력범'으로 지칭하지 않았으며, 학교폭력이 심각한 문제로 대두되고 있는 우리 사회의 현실, 초등학생 자녀를 둔 피고인의 지위 등을 고려하면, 피고인이 '학교폭력범'이라는 단어를 사용하였다고 하여 실제 일어난 학교폭력 사건에 관해 언급한 것이라고 단정할 수 없고, '접촉금지'라는 어휘는 통상적으로 '접촉하지 말 것'이라는 의미로 이해되며, 위 의결 등을 통해 을에게 위 조치가 내려졌다는 사실이 을과 같은 반 학생들이나 그 부모들에게 알려졌음을 인정할 증거도 없으므로, 피고인이 상태메시지를 통해 을의 학교폭력 사건이나 그 사건으로 을이 받은 조치에 대해 기재함으로써 을의 사회적 가치나 평가를 저하시키기에 충분한 구체적인 사실을 드러냈다고 볼 수 없는 등 제반 사정에 비추어 피고인이 위 상태메시지를 통해 을의 사회적 가치나 평가를 저하시키기에 충분한 **구체적인 사실을 드러냈다고 볼 수 없는데도,** 이와 달리 본 원심판결에 법리오해 등의 잘못이 있다.

6 [대판 2017도607] [정보통신망 이용촉진 및 정보보호 등에 관한 법률 제70조 제2항에서 정한 '사실을 드러내어'의 의미] 정보통신망법 제70조 제2항은 "사람을 비방할 목적으로 정보통신망을 통하여 공공연하게 거짓의 사실을 드러내어 다른 사람의 명예를 훼손한 자는 7년 이하의 징역, 10년 이하의 자격정지 또는 5천만 원 이하의 벌금에 처한다."라고 규정하고 있다. 여기서 **'사실을 드러내어'**란 시간적으로나 공간적으로 구체적인 과거 또는 현재의 사실관계에 관한 보고 또는 진술을 의미한다. 따라서 어느 사람을 비방할 목적으로 인터넷 사이트에 게시글을 올리는 행위에 대하여 위 조항을 적용하기 위해서는, 해당 게시글이 그 사람에 대한 구체적인 사실관계를 보고하거나 진술하는 내용이어야 한다. **단순히 그 사람을 사칭하여 마치 그 사람이 직접 작성한 글인 것처럼 가장하여 게시글을 올리는 행위는 그 사람에 대한 사실을 드러내는 행위에 해당하지 아니하므로,** 그 사람에 대한 관계에서는 위 조항을 적용할 수 없다.

7 [대판 2007도5077] [피해자가 동성애자라는 내용의 글을 인터넷사이트에 게시한 행위가 명예훼손에 해당한다고 한 사례] 피해자가 동성애자가 아님에도 불구하고 피고인은 인터넷사이트 싸이월드에 7회에 걸쳐 피해자를 **동성애자라는 내용의 글을 게재**한 사실을 인정한 다음, 현재 우리사회에서 자신이 스스로 동성애자라고 공개적으로 밝히는 경우 사회적으로 상당한 주목을 받는 점, 피고인이 피해자를 괴롭히기 위하여 이 사건 글을 게재한 점 등 그 판시의 사정에 비추어 볼 때, 피고인이 위와 같은 글을 게시한 행위는 피해자의 명예를 훼손한 행위에 해당한다.

8 [대판 2006도346] [정보통신망을 이용한 명예훼손의 경우 범죄행위의 종료시기] 원심은, 정보통신망을 이용한 명예훼손의 경우에도 게재행위의 종료만으로 범죄행위가 종료하는 것이 아니고 원래 게시물이 삭제되어 정보의 송수신이 불가능해지는 시점을 범죄의 종료시기로 보아서 이 때부터 공소시효를 기산하여야 한다는 검사의 주장을 배척하고, 이 경우도 **게재행위 즉시 범죄가 성립하고 종료한다고 판단**하였다. 살피건대, 서적·신문 등 기존의 매체에 명예훼손적 내용의 글을 게시하는 경우에 그 게시행위로써 명예훼손의

범행은 종료하는 것이며 그 서적이나 신문을 회수하지 않는 동안 범행이 계속된다고 보지는 않는다는 점을 고려해 보면, 정보통신망을 이용한 명예훼손의 경우에, 게시행위 후에도 독자의 접근가능성이 기존의 매체에 비하여 좀 더 높다고 볼 여지가 있다 하더라도 그러한 정도의 차이만으로 정보통신망을 이용한 명예훼손의 경우에 범죄의 종료시기가 달라진다고 볼 수는 없다.

Reference 2

출판물에 의한 명예훼손죄(법309)⁵⁾와 관련된 판례

1 [대판 2017도15628] [과거의 역사적 사실관계 등에 대하여 민사판결을 통하여 어떠한 사실인정이 있었다는 이유만으로, 이후 그와 반대되는 사실의 주장이나 견해의 개진 등을 형법상 명예훼손죄 등에서 '허위의 사실 적시'라는 구성요건에 해당한다고 단정할 수 있는지 여부(원칙적 소극)] 민사재판에서 법원은 당사자 사이에 다툼이 있는 사실관계에 대하여 처분권주의와 변론주의, 그리고 자유심증주의의 원칙에 따라 신빙성이 있다고 보이는 당사자의 주장과 증거를 받아들여 사실을 인정하는 것이어서, **민사판결의 사실인정이 항상 진실한 사실에 해당한다고 단정할 수는 없다.** 따라서 다른 특별한 사정이 없는 한, 그 진실이 무엇인지 확인할 수 없는 과거의 역사적 사실관계 등에 대하여 민사판결을 통하여 어떠한 사실인정이 있었다는이유만으로, 이후 그와 반대되는 사실의 주장이나 견해의 개진 등을 형법상 명예훼손죄 등에 있어서 '허위의 사실 적시'라는 구성요건에 해당한다고 쉽게 단정하여서는 아니 된다. 판결에 대한 자유로운 견해 개진과 비판, 토론 등 헌법이 보장한 표현의 자유를 침해하는 위헌적인 법률해석이 되어 허용될 수 없기 때문이다.

2 [대판 2006도7915] **감사원 소속 공무원**이 재벌그룹의 콘도미니엄 사업승인과 관련한 특혜의혹사건에 관하여 기자들에게 **"양심선언"**이란 제목 아래 감사원 국장이 외부의 압력을 받아 감사를 이유 없이 중단시켰다는 내용의 유인물을 배포한 사안에서, 비방의 목적이나 허위라는 인식이 없으므로 출판물에 의한 명예훼손죄가 성립하지 않는다.

3 [대판 2003도2137] [형법 제309조 제1항에 정한 출판물에 의한 명예훼손죄에 있어서 '비방할 목적'의 의미] [1] 형법 제309조 제1항 소정의 출판물에 의한 명예훼손죄는 타인을 비방할 목적으로 신문, 잡지 또는 라디오 기타 출판물에 의하여 사실을 적시하여 타인의 명예를 훼손할 경우에 성립되는 범죄로서, 여기서 **'비방할 목적'**이란 가해의 의사 내지 목적을 요하는 것으로서 공공의 이익을 위한 것과는 행위자의 주관적 의도의 방향에 있어 서로 상반되는 관계에 있다고 할 것이므로, **적시한 사실이 공공의 이익에 관한 것인 경우에는 특별한 사정이 없는 한 비방할 목적은 부인된다고 봄이 상당하다.** [2] 국립대학교 교수가 자신의 연구실 내에서 제자인 여학생을 성추행하였다는 내용의 글을 **지역 여성단체가 자신의 인터넷 홈페이지 또는 소식지에 게재한 사안**에서, 국립대학교 교수인 피해자의 지위, 적시사실의 내용 및 성격, 표현의 방법, 동기 및 경위 등 제반 사정을 종합하여 볼 때, 비록 성범죄에 관한 내용이어서 명예의 훼손정도가 심각하다는

---

5) 형법 제309조(출판물 등에 의한 명예훼손) ① 사람을 **비방할 목적**으로 신문, 잡지 또는 라디오 **기타 출판물**에 의하여 제307조제1항의 죄를 범한 자는 3년 이하의 징역이나 금고 또는 700만원 이하의 벌금에 처한다. ② 제1항의 방법으로 제307조 제2항의 죄를 범한 자는 7년 이하의 징역, 10년 이하의 자격정지 또는 1천500만원 이하의 벌금에 처한다.

점까지를 감안한다 할지라도 인터넷 홈페이지 또는 소식지에 위와 같은 내용을 게재한 행위는 학내 성폭력 사건의 철저한 진상조사와 처벌 그리고 학내 성폭력의 근절을 위한 대책마련을 촉구하기 위한 목적으로 **공공의 이익을 위한 것으로서 달리 비방의 목적이 있다고 단정할 수 없다.**

간접정범 형태의 출판물에 의한 명예훼손죄의 성부

4 [대판 93도3535] [신문기자에게 허위의 기사재료를 제공한 자에게 출판물에 의한 명예훼손죄의 책임이 인정되는지 여부] ●판지● 타인을 비방할 목적으로 허위사실인 기사의 재료를 **신문기자에게 제공한 경우**에 (가) 기사를 신문지상에 게재하느냐의 여부는 신문 편집인의 권한에 속한다고 할 것이나 (나) 이를 **편집인이 신문지상에 게재한 이상 기사의 게재는 기사재료를 제공한 자의 행위에 기인한 것**이므로 기사재료의 제공행위는 형법 제309조 제2항 소정의 출판물에 의한 명예훼손죄의 죄책을 면할 수 없다. ●**사실**● 피고인 X(화가)는 피해자 A(화랑대표)로부터 무명시절 후원을 받으며 개인전을 개최한 후 중견작가로 성장하자 계약해지를 주장해오던 중 개인전을 개최하려고 하였으나 전속계약에 의한 권리주장으로 개인전이 무산되었다. 이에 X는 신문사 문화부 기자에게 작품·금품부당편취·전시회방해 등을 설명하고 보도자료를 교부하여 조선일보에 기사가 게재되었다.

32 '집합명칭'에 의한 모욕과 피해자의 '특정'

* 대법원 2014. 3. 27. 선고 2011도15631 판결[1]
* 참조조문: 형법 제311조[2]

집단표시에 의한 모욕이 집단 구성원 개개인에 대한 모욕죄를 구성하는 경우 및 구체적인 판단 기준

●**사실**● 국회의원이었던 피고인 X는 국회의장배 전국 대학생 토론대회에 참여했던 학생들과 저녁회식을 하는 자리에서, 장래의 희망이 아나운서라고 한 여학생들에게 (아나운서 지위를 유지하거나 승진하기 위하여) "다 줄 생각을 해야 하는데, 그래도 아나운서 할 수 있겠느냐. ○○여대 이상은 자존심 때문에 그렇게 못하더라"라는 등의 말을 했다.

검사는 X에 대해 공연히 8개 공중파 방송 아나운서들로 구성된 ○○연합회 회원인 여성 아나운서 154명을 각 모욕하였다고 보아 기소하였다. 제1심과 원심은 X의 위 발언은 여성 아나운서들 집단의 개별구성원, 적어도 ○○연합회에 등록되어 있는 회원들에 대한 사회적 평가를 저하시킬 위험성이 있는 경멸적 표현에 해당한다고 보아 **모욕죄를 인정**하였다.

●**판지**● **파기환송.** 「모욕죄는 특정한 사람 또는 인격을 보유하는 단체에 대하여 사회적 평가를 저하시킬 만한 경멸적 감정을 표현함으로써 성립하므로 그 **피해자는 특정되어야 한다.** 그리고 이른바 **집단표시에 의한 모욕**은, (가) 모욕의 내용이 집단에 속한 특정인에 대한 것이라고는 해석되기 힘들고, 집단표시에 의한 비난이 개별구성원에 이르러서는 **비난의 정도가 희석되어** 구성원 개개인의 사회적 평가에 영향을 미칠 정도에 이르지 아니한 경우에는 구성원 개개인에 대한 모욕이 성립되지 않는다고 봄이 원칙이고, (나) **비난의 정도가 희석되지 않아** 구성원 개개인의 사회적 평가를 저하시킬 만한 것으로 평가될 경우에는 예외적으로 구성원 개개인에 대한 모욕이 성립할 수 있다. (다) 한편 구성원 개개인에 대한 것으로 여겨질 정도로 구성원 수가 적거나 당시의 주위 정황 등으로 보아 집단 내 개별구성원을 지칭하는 것으로 여겨질 수 있는 때에는 **집단 내 개별구성원이 피해자로서 특정된다**고 보아야 할 것인데, 구체적인 기준으로는 집단의 크기, 집단의 성격과 집단 내에서의 피해자의 지위 등을 들 수 있다」.

●**해설**● 1 모욕이란 구체적 **사실의 적시 없이** 사람에 대하여 **경멸적 의사**를 표시하는 것을 말한다. '사실의 적시'를 요하는 명예훼손죄와는 이점이 다르다. 모욕죄의 보호법익은 명예훼손죄와 같이 **외적 명예를 보호법익**으로 한다(대판 87도739, Ref 2−7). 따라서 모욕은 사람에 대한 사회적 평가를 저하시킬 수 있는 경멸적 표현이어야 하고, 농담, 무례, 불친절, 건방진 표현은 모욕이라 할 수 없다(대판 2015도2229, Ref 2−19). 이에 대한 판단은 사회통념에 의해 객관적으로 결정해야 하지만 그 한계는 명확하지 않다.

2 모욕죄는 명예훼손죄와 같이 **전파가능성이론이 적용**된다(대판 83도49) (【28】 참조). **부작위에 의한 모욕죄도 가능**하다. 하지만 명예훼손죄와는 달리 사자(死者)에 대한 모욕죄는 성립하지 않는다. 그리고 모

---

1) 이 사건은 국회의원 강용석의 여자아나운서 비하 발언 사건이다. 2010년 7월 20일에 중앙일보는 강용석이 제2회 국회의장배 전국 대학생 토론대회에 참석한 연세대학교 소속 20여 명의 남녀 대학생들과 저녁 식사를 하며 아나운서를 모독하는 발언을 하였다고 보도하였다. 아나운서들은 강용석의 발언에 대해 강하게 반발하며 의원직 사퇴를 요구하는 것은 물론 강용석을 상대로 집단 소송을 제기하였다. 강용석은 제1심 재판에서 징역 6월에 집행유예 1년을 선고받았으나 대상판결에서 무죄가 선고되었다.
2) 형법 제311조(모욕) 공연히 사람을 모욕한 자는 1년 이하의 징역이나 금고 또는 200만원 이하의 벌금에 처한다.

욕죄는 **친고죄**이다3).

3 모욕(또는 명예훼손)의 피해자 되는 사람은 자연인 이외에 **'법인'**도 포함된다. 나아가 **'법인격 없는 단체'**의 경우도 사회생활상 독립된 존재로 활동하고 있고 단일한 의사를 형성할 수 있으면 명예의 주체(피해자)가 될 수 있다.

4 사안에서 X의 발언이 여성 아나운서에 대하여 수치심과 분노의 감정을 불러일으키기에 충분한 경멸적인 표현(모욕)에 해당한다는 점에서는 대법원도 하급심과 견해를 같이하였다. 사안에서의 쟁점은 **집합명칭에 의한 모욕·명예훼손의 문제**로 집합명칭을 사용한 표현이 그 집단 구성원 각자에 대한 모욕으로 볼 수 있는지가 다투어졌다.

5 형사판례 중 집합명칭에 의한 명예훼손의 법리를 처음으로 제시한 것은 '3·19 동지회 사건'이다. 이 사건에서 대법원은 「서울시민 또는 경기도민이라 함과 같은 막연한 표시에 의해서는 명예훼손죄를 구성하지 아니한다 할 것이지만, **집합적 명사를 쓴 경우에도** 그것에 의하여 그 범위에 속하는 **특정인을 가리키는 것이 명백하면**, 이를 **각자의 명예를 훼손하는 행위라고 볼 수 있다**」는 법리를 개진하였다(대판 99도5407, Ref 1.3−4). 특히 이 경우 명예훼손의 피해자는 집단전체가 아니라 **그 구성원 '개인'**임을 유의해야 한다. 이와 같이 집합명칭이라 하더라도 시간적·장소적 관련성 속에서 **특정이 가능**한 경우에는 명예의 주체가 될 수 있다.

6 피고인에 대해 유죄를 인정한 하급심과는 달리 대법원은 X의 발언은 여성 아나운서 일반을 대상으로 한 것으로서 **그 개별구성원인 피해자들에 이르러서는 비난의 정도가 희석되어** 피해자 개개인의 사회적 평가에 영향을 미칠 정도에까지는 이르지 아니하고 따라서 형법상 모욕죄에 해당한다고 보기는 어렵다고 판단하였다. 대법원의 이러한 판단에는 '사회적 평가가 저하될 가능성', 즉 **법익침해의 가능성**이 핵심적 판단인자로 자리잡고 있다.

7 대법원 판단의 구체적 논거는 다음과 같다. ① '여성 아나운서'라는 집단 자체의 경계가 불분명하고 그 조직화 및 결속력의 정도 또한 견고하다고 볼 수 없다. ② X의 발언 대상이 피고인을 고소한 여성 아나운서들이 속한 ○○연합회만을 구체적으로 지칭한다고 보기도 어렵다. ③ 피해자들을 비롯한 여성 아나운서들은 방송을 통해 대중에게 널리 알려진 사람들이어서 그 생활 범위 내에 있는 사람들이 문제된 발언과 피해자들을 연결시킬 가능성이 있다는 이유만으로 **곧바로 그 집단 구성원 개개인에 대한 모욕이 된다고 평가하게 되면 모욕죄의 성립 범위를 지나치게 확대시킬 우려**가 있다는 점 등을 거론하였다.

---

3) 모욕죄와 사자명예훼손죄(법308)는 **친고죄**이다. 따라서 피해자의 고소가 있어야만 검사의 공소제기가 가능하다. 반면 명예훼손죄(법307)와 출판물에 의한 명예훼손죄(법309)는 피해자의 명시한 의사에 반하여 공소를 제기할 수 없는 **반의사불벌죄**이다.

모욕·명예훼손죄에 있어서 피해자의 '특정'

1 [대판 2012도13189] '○○'는 불법 과격 폭력시위에 반대하는 사람들이 인터넷 포털사이트 네이버에 개설한 카페로서 누구나 카페에서 제시하는 간단한 질문에 답변하는 절차를 거쳐 비교적 손쉽게 회원으로 가입할 수 있는데 **이 사건 당시 회원수가 3만 6천여 명에 달하였던 사실**, 회원들은 주로 카페 게시판을 통하여 자유로이 의견을 나누는 방식으로 활동하며 그 과정에서 아이디나 닉네임만을 사용할 뿐 개인의 인적 사항이 드러나지 아니하는 사실, 피해자는 이 사건 당시 '○○'의 평회원이었다가 그 후 운영자가 되었는데 이 사건 각 글에 피해자를 비롯한 '○○'의 특정 회원을 지칭하는 것으로 볼 수 있는 표현은 포함되어 있지 아니한 사실을 알 수 있다. 사정이 이러하다면, 피고인들이 게재한 이 사건 각 글은 '○○'라는 인터넷 카페의 회원 일반을 대상으로 한 것으로서 그 개별구성원에 불과한 피해자에 이르러서는 **비난의 정도가 희석되어 피해자 개인의 사회적 평가에 영향을 미칠 정도에 이르지 않았다고 볼 여지가 충분하고**, 한편 피고인들에게 '○○'의 회원 중 1인에 불과한 피해자를 모욕한다는 고의가 있었다고 보기도 어렵다.

2 [헌재 2007헌마461] [인터넷 댓글에 의한 명예훼손죄 및 모욕죄에 있어 **명예의 주체인 피해자가 청구인으로 특정되었다고 볼 수 없다고 한 사례**] 인터넷 댓글로서 특정인의 실명을 거론하여 특정인의 명예를 훼손하거나, 또는 실명을 거론하지는 않더라도 그 표현의 내용을 주위사정과 종합하여 볼 때 그 표시가 특정인을 지목하는 것임을 알아차릴 수 있는 경우에는, 그와 같은 악의적 댓글을 단 행위자는 원칙적으로 특정인에 대한 명예훼손 또는 모욕의 죄책을 면하기 어렵다 할 것이다. 하지만 인터넷 댓글에 의하여 모욕을 당한 피해자의 인터넷 아이디(ID)만을 알 수 있을 뿐 그 밖의 주위사정을 종합해보더라도 그와 같은 인터넷 아이디를 가진 사람이 청구인이라고 알아차릴 수 없는 경우에 있어서는 외부적 명예를 보호법익으로 하는 명예훼손죄 또는 모욕죄의 피해자가 청구인으로 특정된 경우로 볼 수 없으므로, 특정인인 청구인에 대한 명예훼손죄 또는 모욕죄가 성립하지 않는다.

3-1 [대판 2004다35199] [1] 이른바 (가) **집단표시에 의한 명예훼손은 그러한 방송 등이 그 집단에 속한 특정인에 대한 것이라고는 해석되기 힘들고 집단표시에 의한 비난이 개별구성원에 이르러서는 비난의 정도가 희석되어 구성원의 사회적 평가에 영향을 미칠 정도에 이르지 않으므로 구성원 개개인에 대한 명예훼손은 성립되지 않는다고 봄이 원칙이지만, (나) 다만 예외적으로 구성원 개개인에 대하여 방송하는 것으로 여겨질 정도로 구성원 수가 적거나** 방송 등 당시의 **주위 정황 등으로 보아 집단 내 개별구성원을 지칭하는 것으로 여겨질 수 있는** 때에는 집단 내 개별구성원이 피해자로서 특정된다고 보아야 하고, 그 구체적 기준으로는 집단의 크기, 집단의 성격과 집단 내에서의 피해자의 지위 등을 들 수 있다. [2] 텔레비전 방송보도 중 사용된 '○○**지방경찰청 기동수사대**'라는 표시에 의하여, 방송보도의 대상인 수사 당시 위 기동수사대에 근무하였던 경찰관들이 명예훼손의 피해자로 특정되었다.

3-2 [대판 2002다63558] '**대전 지역 검사들**'이라는 표시에 의한 명예훼손은 그 구성원 개개인에 대하여 방송하는 것으로 여겨질 정도로 **구성원의 수가 적고**, 한 달 여에 걸친 집중적인 관련 방송 보도 등 **당시의 주위 정황** 등으로 보아 집단 내 개별구성원을 지칭하는 것으로 여겨질 수 있다.

3-3 [대판 2000다68306] 명예훼손에 의한 불법행위가 성립하려면 피해자가 특정되어 있어야 하지만 그 특정을 위하여 반드시 사람의 성명을 명시하여야만 하는 것은 아니고, **성명을 명시하지 않은 경우라도** 그 표

현의 내용을 주위사정과 종합하여 볼 때, 그 표시가 누구를 지목하는가를 알아차릴 수 있을 정도라면 피해자가 특정되었다고 볼 수 있다.

3-4 [대판 99도5407] 피고인이 작성하여 배포한 보도자료에는 피해자의 이름을 직접적으로 적시하고 있지는 않으나, 3.19 동지회 소속 교사들이 학생들을 선동하여 무단하교를 하게 하였다고 적시하고 있는 사실, 이 사건 고등학교의 교사는 총 66명으로서 그 중 약 37명이 3.19 동지회 소속 교사들인 사실, 위 학교의 학생이나 학부모, 교육청 관계자들은 3.19 동지회 소속 교사들이 누구인지 알고 있는 사실을 인정한 다음, 그렇다면 3.19 동지회는 **(가) 그 집단의 규모가 비교적 작고 (나) 그 구성원이 특정되어 있으므로** 피고인이 3.19 동지회 소속 교사들에 대한 허위의 사실을 적시함으로써 **3.19 동지회 소속 교사들 모두에 대한 명예가 훼손되었다**고 할 것이고, 따라서 3.19 동지회 소속 교사인 피해자의 명예 역시 훼손되었다고 보아야 할 것이다.

4 [헌재 2007헌마461] 인터넷 댓글로서 특정인의 실명을 거론하여 특정인의 명예를 훼손하거나, 또는 실명을 거론하지는 않더라도 그 표현의 내용을 주위사정과 종합하여 볼 때 그 표시가 특정인을 지목하는 것임을 알아차릴 수 있는 경우에는, 그와 같은 악의적 댓글을 단 행위자는 원칙적으로 특정인에 대한 명예훼손 또는 모욕의 죄책을 면하기 어렵다 할 것이다. 하지만 인터넷 댓글에 의하여 모욕을 당한 피해자의 인터넷 아이디(ID)만을 알 수 있을 뿐 그 밖의 주위사정을 종합해보더라도 그와 같은 **인터넷 아이디를 가진 사람이 청구인이라고 알아차릴 수 없는 경우**에 있어서는 외부적 명예를 보호법익으로 하는 명예훼손죄 또는 모욕죄의 피해자가 청구인으로 특정된 경우로 볼 수 없으므로, 특정인인 청구인에 대한 명예훼손죄 또는 모욕죄가 성립하지 않는다.

5 [대판 82도1256] 형법 제307조 제2항의 명예훼손죄가 성립하려면 피해자가 특정된 허위사실의 적시행위가 있어야 함은 소론과 같으나, 반드시 사람의 성명을 명시하여 허위의 사실을 적시하여야만 하는 것은 아니므로 사람의 성명을 명시한 바 없는 허위사실의 적시행위도 그 표현의 내용을 주위사정과 종합 판단하여 그것이 특정인을 지목하는 것인가를 알아차릴 수 있는 경우에는 그 특정인에 대한 명예훼손죄를 구성한다 할 것인바, 원심이 적법하게 확정한 바와 같이 신씨종중의 재산관리위원장이던 공소외 인과 피고인 사이에 종중재산의 관리에 관한 다툼이 있어 왔고 부락민 80세대 중 50세대가 신씨종중원이었다면 **"어떤 분자가 종중재산을 횡령 착복하였다"**는 피고인의 허위사실 방송을 청취한 부락민중 적어도 신씨종중원들로서는 그 어떤 분자라는 것이 바로 공소외인을 지목하는 것이라는 것쯤은 알아차릴 수 있는 상황이었다고 보기에 충분하므로 피고인의 행위를 공소외인에 대한 명예훼손이라고 본 원심의 조치에 소론과 같은 위법이 있다고 할 수 없다.

Reference 2

모욕죄 성립을 긍정한 판례

1 [대판 2017도19229[4]] 파기환송. **[1] 연예인의 사생활에 대한 모욕적인 표현**에 대하여 표현의 자유를 근거로 모욕죄의 구성요건에 해당하지 않거나 사회상규에 위배되지 않는다고 판단하는 데에는 신중할 필요가

---

4) 대법원 2022. 12. 15. 선고 2017도19229 판결

있다. 특히 최근 사회적으로 인종, 성별, 출신 지역 등을 이유로 한 혐오 표현이 문제되고 있으며, 혐오 표현 중에는 특정된 피해자에 대한 사회적 평가를 저하하여 모욕죄의 구성요건에도 해당하는 것이 적지 않은데, 그러한 범위 내에서는 모욕죄가 혐오 표현에 대한 제한 내지 규제로 기능하고 있는 측면을 고려하여야 한다. [2] 피고인은 피해자가 출연한 영화 개봉 기사에 "... 그냥 국민호텔녀"라는 댓글을 달았고, 수사기관에서 이에 대하여 "피해자를 언론에서 '국민여동생'으로 띄우는데 그 중 '국민'이라는 단어와 당시 해외에서 모 남성연예인과 호텔을 갔다고 하는 스캔들이 있어서 '호텔'이라는 단어를 합성하여 만든 단어이다."라는 취지로 진술하였다. 그렇다면 피고인은 '호텔녀'의 이미지를 극대화하기 위하여 앞에 '국민'이라는 단어를 배치하고, '호텔'은 남자연예인과의 스캔들을 연상시키도록 사용하였다고 볼 것이다. 이와 같은 표현의 사용 경위, 맥락과 구체적인 내용을 종합해 보면, '국민호텔녀'는 피해자의 사생활을 들추어 피해자가 종전에 대중에게 호소하던 청순한 이미지와 반대의 이미지를 암시하면서 피해자를 성적 대상화하는 방법으로 비하하는 것으로서 여성 연예인인 피해자의 사회적 평가를 저하시킬 만한 모멸적인 표현으로 평가할 수 있고, 정당한 비판의 범위를 벗어난 것으로서 정당행위로 보기도 어렵다. ●해설● 이번 판결은, (1) 대중적 공적 인물인 연예인이라고 하더라도 표현행위의 내용이 사생활에 관한 것이라면 표현의 자유를 근거로 모욕죄의 성립을 제한하는 데 있어 신중할 필요가 있다고 설시하면서 피고인이 한 구체적인 표현들 중 공적 활동영역에 관한 것과 사생활에 관한 것을 구분하여 판단함으로써, 표현행위의 내용이 (해당 인물이 공적으로 활동하는 영역과 관련된 사안)에 관한 것인지, 아니면 (지극히 사생활에 속하는 사적 영역과 관련된 사안)에 관한 것인지에 따라서 표현의 자유의 인정범위를 달리 볼 필요가 있다는 점을 분명히 하였다는 데 의의가 있다. (2) 또한 사회적 소수자에 대한 혐오 표현으로 볼 여지가 있는 표현의 경우 에는 이러한 표현을 규제하는 역할을 해온 모욕죄의 기능을 충분히 고려 할 필요가 있다고 판시하면서, 피고인이 사용한 '국민호텔녀'라는 용어가 여성 연예인인 피해자를 성적 대상화 하는 방법으로 비하하는 것으로 여 성에 대한 혐오 표현의 성격을 가질 수 있다는 점도 지적하고 있다. 그리고 (3) 이 판결은, 공적 사안에 관한 표현의 자유를 넓게 보장해야 한다는 최근 판례의 흐름을 재확인하는 한편, 사적 사안과 관련한 표현이나 소수자에 대한 혐오 표현의 경우에는 달리 볼 필요가 있다는 점을 지적함으로써 표현의 자유와 인격권을 조화롭게 해석하여 양자 사이의 균형을 도모한 판결이다. 특히 (4) 대상판결에서 "연예인의 사생활에 대한 모욕적인 표현에 대하여 표현의 자유를 근거로 모욕죄의 구성요건에 해당하지 않거나 사회상규에 위배되지 않는다고 판단하는 데에는 신중할 필요가 있다"고 판시한 부분은 대법원이 이 판결에서 새롭게 설시한 법리로 주의를 요한다. scourt.go.kr

2 [대판 2016도9674] 파기환송. [1] 모욕죄는 피해자의 외부적 명예를 저하시킬 만한 추상적 판단이나 경멸적 감정을 공연히 표시함으로써 성립하므로, 피해자의 외부적 명예가 현실적으로 침해되거나 구체적·현실적으로 침해될 위험이 발생하여야 하는 것도 아니다. [2] 피고인이 원심판시 식당에서 영업 업무를 방해하고 식당 주인을 폭행하던 중 식당 주인 부부, 손님, 인근 상인들이 있는 공개된 위 식당 앞 노상에서 112 신고를 받고 출동한 경찰관인 피해자를 향해 "젊은 놈의 새끼야, 순경새끼, 개새끼야.", "씨발 개새끼야, 좆도 아닌 젊은 새끼는 꺼져 새끼야."라는 욕설을 한 사실을 알 수 있다. …… 법집행을 하려는 경찰관 개인을 향하여 경멸적 표현을 담은 욕설을 함으로써 경찰관 개인의 인격적 가치에 대한 평가를 저하시킬 위험이 있는 모욕행위를 하였다고 볼 것이고, 이를 단순히 당면 상황에 대한 분노의 감정을 표출하거나 무례한 언동을 한 정도에 그친 것으로 평가하기는 어렵다. cf) 대상판결은 모욕죄가 침해범이 아니라 위험범 그것도 구체적 위험범이 아니라 추상적 위험범임을 명확히 하고 있다. 원심은 피고인의 욕설로 피해자인 경찰관 개인의 인격

적 가치에 대해 부정적 평가를 할 위험이 없다고 보아 무죄를 선고하였다. 그러나 대법원은 피해자의 외부적 명예가 현실적으로 침해되거나 구체적·현실적으로 침해될 위험이 발생하여야 하는 것이 아님을 분명히 하였다.

3 [대판 2016도88] 피고인들이 소속 노동조합 위원장 갑을 '어용', '앞잡이' 등으로 지칭하여 표현한 현수막, 피켓 등을 장기간 반복하여 일반인의 왕래가 잦은 도로변 등에 게시한 사안에서, '어용'이란 자신의 이익을 위하여 권력자나 권력 기관에 영합하여 줏대 없이 행동하는 것을 낮잡아 이르는 말, '앞잡이'란 남의 사주를 받고 끄나풀 노릇을 하는 사람을 뜻하는 말로서 언제나 위 표현들이 지칭된 상대방에 대한 모욕에 해당한다거나 사회상규에 비추어 허용되지 않는 것은 아니지만, 제반 사정에 비추어 피고인들의 위 행위는 갑에 대한 모욕적 표현으로서 사회상규에 위배되지 않는 행위로 보기 어렵다고 한 사례.

4 [대판 2010도10130] 피고인이 2009.1.26. 진보신당 인터넷 게시판에 게시한 글과 2009. 6. 21. 자신의 인터넷 블로그에 게시한 글의 내용과 문맥, 그 표현의 통상적 의미와 용법 등에 비추어 보면, 피고인이 게시한 글들 중 '듣보잡', '함량미달', '함량이 모자라도 창피한 줄 모를 정도로 멍청하게 충성할 사람', '싼 맛에 갖다 쓰는 거죠', '비온 드보르잡', '개집' 등이라고 한 부분은 피해자를 비하하여 사회적 평가를 저하시킬 만한 추상적 판단이나 경멸적 감정을 표현한 것으로서 모욕적인 언사에 해당한다고 판단하고, 나아가 이는 피고인이 피해자의 구체적인 행태를 논리적·객관적인 근거를 들어 비판하는 것이 아니라 피고인이 주장하는 바와 관계가 없거나 굳이 기재할 필요가 없는 모멸적인 표현들을 계속하여 사용하면서 피해자에 대하여 인신공격을 가한 경우에 해당하여 피고인의 행위를 사회상규에 위배되지 아니하는 것으로 볼 수 없다고 판단하였다.

5 [대판 94도1770] "애꾸눈, 병신"이라는 발언 내용은 피고인이 피해자를 모욕하기 위하여 경멸적인 언사를 사용하면서 욕설을 한 것에 지나지 아니하고, 피해자의 사회적 가치나 평가를 저하시키기에 충분한 구체적 사실을 적시한 것이라고 보기는 어렵다.

6 [대판 88도1397] "아무것도 아닌 똥꼬다리 같은 놈"이라는 구절은 모욕적인 언사일 뿐 구체적인 사실의 적시라고 할 수 없고 "잘 운영되어 가는 어촌계를 파괴하려 한다"는 구절도 구체적인 사실의 적시라고 할 수 없으므로 명예훼손죄에 있어서의 사실의 적시에 해당한다고 볼 수 없다.

7 [대판 87도739] [1] 명예훼손죄와 모욕죄의 보호법익은 다같이 사람의 가치에 대한 사회적 평가인 이른바 외부적 명예인 점에서는 차이가 없으나 다만 (가) 명예훼손은 사람의 사회적 평가를 저하시킬 만한 구체적 사실의 적시를 하여 명예를 침해함을 요하는 것으로서 구체적 사실이 아닌 (나) 단순한 추상적 판단이나 경멸적 감정의 표현으로서 사회적 평가를 저하시키는 모욕죄와 다르다. [2] "늙은 화냥년의 간나, 너가 화냥질을 했잖아"라고 한 피고인의 발언내용은 그 자체가 피해자의 사회적 평가를 저하시킬 만한 구체적 사실의 적시라기 보다는 피고인이 피해자의 도덕성에 관하여 경멸적인 감정표현을 과장되게 강조한 욕설에 불과한 것으로서 이를 막바로 명예훼손죄로 의률할 수는 없다.

8 [대판 85도1629] 피해자에 대하여 "야 이 개같은 잡년아, 시집을 열두번을 간 년아, 자식도 못 낳는 창녀

같은 년"이라고 큰소리 친 경우, 위 발언내용은 그 자체가 피해자의 사회적 평가를 저하시킬 만한 구체적 사실이라기 보다는 피해자의 도덕성에 관하여 가지고 있는 추상적 판단이나 경멸적인 감정표현을 과장되게 강조한 욕설에 지나지 아니하여 형법 제311조의 모욕에는 해당할지언정, 형법 제307조 제1항의 명예훼손에 해당한다고 보기 어렵다.

9 [대판 81도2280] 피고인이 피해자 1에게는 "빨갱이 계집년", 피해자 2에게는 "만신(무당)", 피해자 3에게는 "첩년"이라고 각 말하였다는 것이 그 설시의 명예훼손 범죄사실의 전부이다. 그렇다면 피고인의 위 소위는 피해자들을 모욕하기 위하여 경멸적인 언사를 쓴 것에 지나지 아니하고 그들의 명예를 훼손하기에 충분한 구체적인 사실을 적시한 것이라고는 단정할 수 없다 할 것이다.

모욕죄 성립을 부정한 판례

10 [대판 2022도4719] [언어적 수단이 아닌 비언어적 · 시각적 수단만을 사용한 표현이라도 사람의 사회적 평가를 저하시킬 만한 추상적 판단이나 경멸적 감정을 전달하는 것인 경우, 모욕죄가 성립하는지 여부(적극)] [1] 모욕의 수단과 방법에는 제한이 없으므로 언어적 수단이 아닌 비언어적 · 시각적 수단만을 사용하여 표현을 하더라도 그것이 사람의 사회적 평가를 저하시킬 만한 추상적 판단이나 경멸적 감정을 전달하는 것이라면 모욕죄가 성립한다. 최근 영상 편집 · 합성 기술이 발전함에 따라 합성 사진 등을 이용한 모욕 범행의 가능성이 높아지고 있고, 시각적 수단만을 사용한 모욕이라 하더라도 그 행위로 인하여 피해자가 입는 피해나 범행의 가벌성 정도는 언어적 수단을 사용한 경우와 비교하여 차이가 없다. [2] 피고인이 자신의 유튜브 채널에 갑의 방송 영상을 게시하면서 갑의 얼굴에 '개' 얼굴을 합성하는 방법으로 갑을 모욕하였다는 내용으로 기소된 사안에서, 원심판단 중 피고인이 갑을 '개'로 지칭하지는 않은 점 및 효과음, 자막을 사용하지 않았다는 사정을 무죄의 근거로 든 것은 적절하지 않으나, 영상의 전체적인 내용을 살펴볼 때, 피고인이 갑의 얼굴을 가리는 용도로 동물 그림을 사용하면서 갑에 대한 부정적인 감정을 다소 해학적으로 표현하려 한 것에 불과하다고 볼 여지도 상당하므로, 해당 영상이 갑을 불쾌하게 할 수 있는 표현이기는 하지만 객관적으로 갑의 인격적 가치에 대한 사회적 평가를 저하시킬 만한 모욕적 표현을 한 경우에 해당한다고 단정하기 어렵다는 취지에서 공소사실을 무죄로 판단한 것은 수긍할 수 있다고 한 사례.

11 [대판 2020도16897] 파기환송. [어떤 글이 모욕적 표현을 담고 있는 경우에도 사회상규에 위배되지 않는 행위로서 위법성이 조각될 수 있는 경우] [1] 어떤 글이 모욕적 표현을 담고 있는 경우에도 (가) 그 글이 객관적으로 타당성이 있는 사실을 전제로 하여 그 사실관계나 이를 둘러싼 문제에 관한 자신의 판단과 피해자의 태도 등이 합당한가에 대한 의견을 밝히고, (나) 자신의 판단과 의견이 타당함을 강조하는 과정에서 부분적으로 다소 모욕적인 표현이 사용된 것에 불과하다면 사회상규에 위배되지 않는 행위로서 형법 제20조에 의하여 위법성이 조각될 수 있다. 그리고 (다) 인터넷 등 공간에서 작성된 단문의 글이라고 하더라도, 그 내용이 자신의 의견을 강조하거나 압축하여 표현한 것이라고 평가할 수 있고 표현도 지나치게 모욕적이거나 악의적이지 않다면 마찬가지로 위법성이 조각될 수 있다. 이때 사회상규에 위배되는지 여부는 피고인과 피해자의 지위와 관계, 표현행위를 하게 된 동기, 경위나 배경, 표현의 전체적인 취지와 구체적인 표현방법, 모욕적인 표현의 맥락 그리고 전체적인 내용과의 연관성 등을 종합적

으로 고려하여 판단해야 한다. [2] 피고인이 자신의 페이스북에 갑에 대한 비판적인 글을 게시하면서 **"철면 피, 파렴치, 양두구육, 극우부패세력"**이라는 표현을 사용하여 갑을 모욕하였다는 내용으로 기소된 사안에서, 피고인이 사용한 위 표현이 모욕적 표현으로서 모욕죄의 구성요건에는 해당하나, 피고인은 갑이 과거 공적 활동을 할 당시 관여했던 사안과 관련하여 사익을 추구했다는 이유로 고발을 당하였다는 기사가 보도되자 이를 공유하면서 위 표현이 포함된 글을 게시하였던 점, 표현 중 '파렴치', '철면피' 또는 '양두구육'은 상황 에 따라 우리의 일상생활에서 '부끄러움을 모른다.', '지나치게 뻔뻔하다.' 또는 '겉 다르고 속 다른 이중성 이 있다.'는 뜻으로, 특히 언론이나 정치 영역에서 상대방에 대한 비판적 입장을 표명할 때 **흔히 비유적으로 사용되는 표현**이고, '극우부패세력'은 '부패'라는 범죄행위를 연상케 하는 용어가 포함되어 있기는 하지만 이 념적 지형이 다른 상대방을 비판할 때 비유적으로 사용되기도 하는 점 등 제반 사정을 종합할 때, 피고인 이 갑의 공적 활동과 관련한 **자신의 의견을 담은** 게시글을 작성하면서 위 표현을 한 것은 사회상규에 위배 되지 않는 행위로서 형법 제20조에 의하여 위법성이 조각된다고 볼 여지가 크다는 이유로, 이와 달리 보아 공소사실을 유죄로 인정한 원심판단에 모욕죄의 위법성 판단에 관한 법리오해 및 심리미진의 잘못이 있다 고 한 사례 cf) 본 판결은, 언론이나 정치 영역에서 빈번하게 사용되는 이 사건 표현이 형법 제311조 모욕 죄의 구성요건에 해당하는 모욕적 표현이라는 점을 분명히 하여 표현 자체의 문제점은 지적하는 한편, 모 욕적 표현에 관하여 '형법 제20조를 적용하여 위법성이 조각되는지 여부를 판단할 때'의 고려 사항을 제시 하고, **공적 사안에 관한 의견을 개진하는 과정에서 자신의 의견을 강조**하기 위하여 사용된 이 사건 표현의 경 우에는 사회상규에 위배 되지 않는다고 보아 위법성이 조각될 수 있다고 판단하여 비정치적 영역에 비하여 정치적 영역에서 표현의 자유는 보다 더 강조된다는 점을 밝힌 데에 의의가 있다.

12 [대판 2020도14576] [어떠한 글이 모욕적 표현을 포함하는 판단이나 의견을 담고 있더라도 형법 제20 조의 정당행위에 해당하여 위법성이 조각되는 경우] 부사관 교육생이던 피고인이 **동기들과 함께 사용하는 단체채팅방**에서 지도관이던 피해자가 목욕탕 청소 담당에게 과실 지적을 많이 한다는 이유로 **"도라이 ㅋㅋㅋ 습기가 그렇게 많은데"**라는 글을 게시하여 공연히 상관인 피해자를 모욕하였다는 내용으로 기소된 사안에 서, '도라이'는 상관인 피해자를 경멸적으로 비난한 것으로 모욕적인 언사라고 볼 수 있으나, 피고인의 위 표현은 동기 교육생들끼리 고충을 토로하고 의견을 교환하는 사이버공간에서 상관인 피해자에 대하여 일 부 부적절한 표현을 사용하게 된 것에 불과하고 이로 인하여 군의 조직질서와 정당한 지휘체계가 문란하게 되었다고 보이지 않으므로, 이러한 행위는 **사회상규에 위배되지 않는다**고 한 사례.

13 [대판 2019도14421] 지역버스노동조합 조합원인 피고인이 자신의 페이스북에 집회 일정을 알리면서 노동조합 집행부인 피해자 갑과 을을 지칭하며 **"버스노조 악의 축, 갑과 을 구속수사하라!!"**라는 표현을 적 시하여 피해자들을 모욕하였다는 내용으로 기소된 사안에서, 위 표현이 피해자들의 사회적인 평가를 저해 시킬 만한 경멸적인 표현에 해당하는 것으로 보이지만, 피고인 등은 노동조합의 운영에 문제를 제기하면서 노동조합 재산의 투명한 운영, 위원장 직선제 등을 요구하고 있었고, 피고인은 그 주장을 하기 위한 집회 참여를 독려하면서 위 표현을 사용한 것으로, 노동조합의 운영 등에 대한 비판적인 의견을 표현하는 과정 에서 자신의 입장과 의견을 강조하기 위한 의도로 위 표현을 사용한 것으로 보이는 점, **'악의 축'**이라는 용 어는 자신과 의견이 다른 상대방 측의 핵심 일원이라는 취지로 비유적으로도 사용되고 있어 피해자들의 의 혹과 관련된 위 표현이 지나치게 모욕적이거나 악의적이라 보기 어려운 점 등 제반 사정을 종합할 때, 피 고인이 노동조합 집행부의 공적 활동과 관련한 자신의 의견을 담은 게시글을 작성하면서 그러한 표현을 한

것은 **사회상규에 위배되지 않는 정당행위**로서 형법 제20조에 따라 위법성이 조각된다고 볼 여지가 크다는 이유로, 이와 달리 보아 공소사실을 유죄로 인정한 원심판단에 모욕죄의 위법성 판단에 관한 법리오해의 잘못이 있다.

14 [대판 2019도7370] 사업소 소장인 피고인이 직원들에게 갑이 관리하는 다른 사업소의 문제를 지적하는 내용의 카카오톡 문자메시지를 발송하면서 **"갑은 정말 야비한 사람인 것 같습니다."**라고 표현하여 갑을 모욕하였다는 내용으로 기소된 사안에서, 피고인과 갑의 관계, 문자메시지의 전체적 맥락 안에서 위 표현의 의미와 정도, 표현이 이루어진 공간 및 전후의 정황, 갑의 인격권으로서의 명예와 피고인의 표현의 자유의 조화로운 보호 등 제반 사정에 비추어 볼 때, 위 표현은 피고인의 갑에 대한 부정적·비판적 의견이나 감정이 담긴 **경미한 수준**의 추상적 표현에 불과할 뿐 갑의 외부적 명예를 침해할 만한 표현이라고 단정하기 어렵다는 이유로, 이와 달리 보아 공소사실을 유죄로 인정한 원심판결에 형법상 모욕의 의미에 관한 법리오해의 잘못이 있다고 한 사례.

15 [대판 2017도17643] [특정 사안에 대한 의견을 공유하는 인터넷 게시판 등의 공간에서 작성된 단문의 글에 **모욕적 표현이 포함되어 있더라도 그 글을 작성한 행위가 사회상규에 위배되지 않는 행위로서 위법성이 조각되는 경우**] [1] 자동차 정보 관련 인터넷 신문사 소속 기자 갑이 작성한 기사가 인터넷 포털 사이트의 자동차 뉴스 '핫이슈' 난에 게재되자, 피고인이 **"이런걸 기레기라고 하죠?"**라는 댓글을 게시함으로써 공연히 갑을 모욕하였다는 내용으로 기소된 사안에서, '기레기'는 기자인 갑의 사회적 평가를 저하시킬 만한 추상적 판단이나 경멸적 감정을 표현한, 모욕적 표현에 해당하나, (가) 피고인은 기사를 본 독자들이 자신의 의견을 자유롭게 펼칠 수 있도록 마련된 '네티즌 댓글' 난에 위 댓글을 게시한 점, (나) 위 기사는 특정 제조사 자동차 부품의 안전성에 대한 논란이 많은 가운데 이를 옹호하는 제목으로 게시되었는데, 위 기사가 게재되기 직전 다른 언론사에서 이와 관련한 부정적인 내용을 방송하였고, 위 기사를 읽은 상당수의 독자들은 위와 같은 방송 내용 등을 근거로 위 기사의 제목과 내용, 이를 작성한 갑의 행위나 태도를 비판하는 의견이 담긴 댓글을 게시하였으므로 이러한 의견은 어느 정도 **객관적으로 타당성 있는 사정에 기초**한 것으로 볼 수 있는 점, (다) 위 댓글의 내용, 작성 시기와 위치, 위 댓글 전후로 게시된 다른 댓글의 내용과 흐름 등에 비추어 볼 때, 위 댓글은 그 전후에 게시된 다른 댓글들과 같은 견지에서 방송 내용 등을 근거로 위 기사의 제목과 내용, 이를 작성한 갑의 행위나 태도를 비판하는 의견을 강조하거나 압축하여 표현한 것이라고 평가할 수 있고, (라) **'기레기'는 기사 및 기자의 행태를 비판하는 글에서 비교적 폭넓게 사용되는 단어**이며, (마) 위 기사에 대한 다른 댓글들의 논조 및 내용과 비교할 때 댓글의 표현이 지나치게 악의적이라고 하기도 어려운 점을 종합하면, 위 댓글을 작성한 행위는 사회상규에 위배되지 않는 행위로서 형법 제20조에 의하여 위법성이 조각된다고 한 사례. [2] 모욕죄에서 말하는 모욕이란 사실을 적시하지 아니하고 사람의 사회적 평가를 저하시킬 만한 추상적 판단이나 경멸적 감정을 표현하는 것을 의미한다. 다만 어떤 글이 모욕적 표현을 담고 있는 경우에도 그 글이 객관적으로 타당성이 있는 사실을 전제로 하여 그 사실관계나 이를 둘러싼 문제에 관한 자신의 판단과 피해자의 태도 등이 합당한가 하는 데 대한 자신의 의견을 밝히고, 자신의 판단과 의견이 타당함을 강조하는 과정에서 부분적으로 모욕적인 표현이 사용된 것에 불과하다면 사회상규에 위배되지 않는 행위로서 형법 제20조에 의하여 위법성이 조각될 수 있다. 그리고 특정 사안에 대한 의견을 공유하는 인터넷 게시판 등의 공간에서 작성된 단문의 글에 모욕적 표현이 포함되어 있더라도, 그 글이 동조하는 다른 의견들과 연속적·전체적인 측면에서 볼 때, 그 내용이

객관적으로 타당성이 있는 사정에 기초하여 관련 사안에 대한 자신의 판단 내지 피해자의 태도 등이 합당한가 하는 데 대한 자신의 의견을 강조하거나 압축하여 표현한 것이라고 평가할 수 있고, 그 표현도 주로 피해자의 행위에 대한 것으로서 지나치게 악의적이지 않다면, 다른 특별한 사정이 없는 한 그 글을 작성한 행위는 사회상규에 위배되지 않는 행위로서 위법성이 조각된다고 보아야 한다. cf) 이 판결은, 특정 사안에 대한 의견을 공유하는 인터넷 게시판 등의 공간에서 작성 된 단문의 글에 모욕적 표현이 포함되어 있더라도 그 글이 사회상규에 위배되지 않는 행위로서 **위법성이 조각된다**고 볼 수 있는 판단기준을 제시한데 의의가 있다.

16 [대판 2017도2661] [표현이 다소 무례한 방법으로 표시된 경우, 모욕죄의 구성요건에 해당하는지 여부(소극)] 갑 주식회사 해고자 신분으로 노동조합 사무장직을 맡아 노조활동을 하는 피고인이 노사 관계자 140여 명이 있는 가운데 큰 소리로 **피고인보다 15세 연장자**로서 갑 회사 부사장인 을을 향해 "야 ○○아, ○○이 여기 있네, 니 이름이 ○○이잖아, ○○아 나오니까 좋지?" 등으로 여러 차례 을의 이름을 불러 을을 모욕하였다는 내용으로 기소된 사안에서, 제반 사정을 종합하면, 피고인의 위 발언은 상대방을 불쾌하게 할 수 있는 **무례하고 예의에 벗어난 표현**이기는 하지만 객관적으로 을의 인격적 가치에 대한사회적 평가를 저하시킬 만한 모욕적 언사에 해당하지 않는다.

17 [대판 2016도20890] 피고인이 인터넷 포털 사이트 '○○'의 카페인 '△△추진운동본부'에 접속하여 '자칭 타칭 공소외인 하면 떠오르는 키워드!!!'라는 제목의 게시글에 **'공황장애 ㅋ'라는 댓글**을 게시한 사안에서, 피고인이 댓글로 게시한 '공황장애 ㅋ'라는 표현이 상대방을 불쾌하게 할 수 있는 무례한 표현이기는 하나, 상대방의 인격적 가치에 대한 사회적 평가를 저하시킬 만한 표현에 해당한다고 보기는 어렵다.

18 [대판 2015도6622] [모욕죄의 보호법익 및 모욕죄에서 말하는 '모욕'의 의미] [1] 언어는 인간의 가장 기본적인 표현수단이고 사람마다 언어습관이 다를 수 있으므로 그 표현이 다소 무례하고 저속하다는 이유로 모두 형법상 모욕죄로 처벌할 수는 없다. 따라서 어떠한표현이 상대방의 인격적 가치에 대한 사회적 평가를 저하시킬 만한 것이 아니라면 설령 그 표현이 다소 무례하고 저속한 방법으로 표시되었다 하더라도 이를 모욕죄의 구성요건에 해당한다고 볼 수 없다. [2] 피고인이 택시 기사와 요금 문제로 시비가 벌어져 112 신고를 한 후, 신고를 받고 출동한 경찰관 갑에게 늦게 도착한 데 대하여 항의하는 과정에서 **"아이 씨발!"**이라고 말한 사안에서, 제반 사정에 비추어 피고인의 발언은 직접적으로 피해자를 특정하여 그의 인격적 가치에 대한 사회적 평가를 저하시킬 만한 경멸적 감정을 표현한 모욕적 언사에 해당한다고 단정하기 어렵다.

19 [대판 2015도2229] [1] 아파트 입주자대표회의 감사인 피고인이 관리소장 甲의 업무처리에 항의하기 위해 관리소장실을 방문한 자리에서 甲과 언쟁(갑이 피해자에게 "나이가 몇 살인데 반말을 하느냐?"라고 말에 대구하는 과정에서)을 하다가 "야, 이따위로 일할래.", "나이 처먹은 게 무슨 자랑이냐."라고 말한 사안에서, 피고인의 발언은 상대방을 **불쾌하게 할 수 있는 무례하고 저속한 표현**이기는 하지만 객관적으로 甲의 인격적 가치에 대한 사회적 평가를 저하시킬 만한 모욕적 언사에 해당하지 않는다. [2] 어떠한 표현이 상대방의 인격적 가치에 대한 사회적 평가를 저하시킬 만한 것이 아니라면 표현이 **다소 무례한 방법**으로 표시되었다 하더라도 모욕죄의 구성요건에 해당한다고 볼 수 없다.

20 [대판 2008도1433] 골프클럽 경기보조원들의 구직편의를 위해 제작된 인터넷 사이트 내 회원 게시판에 특정 골프클럽의 운영상 불합리성을 비난하는 글을 게시하면서 위 클럽담당자에 대하여 **한심하고 불쌍한 인간**이라는 등 경멸적 표현을 한 사안에서, 게시의 동기와 경위, 모욕적 표현의 정도와 비중 등에 비추어 사회상규에 위배되지 않는다.

21 [대판 2008도8917] 임대아파트의 분양전환과 관련하여 임차인이 아파트 관리사무소의 방송시설을 이용하여 임차인대표회의의 전임회장을 비판하며 **"전 회장의 개인적인 의사에 의하여 주택공사의 일방적인 견해에 놀아나고 있기 때문에"**라고 한 표현이 전체 문언상 모욕죄의 '모욕'에 해당하지 않는다고 한 사례.

22 [대판 2006도8915] **"부모가 그런 식이니 자식도 그런 것이다"**와 같은 표현으로 인하여 상대방의 기분이 다소 상할 수 있다고 하더라도 그 내용이 너무나 막연하여 그것만으로 곧 상대방의 명예감정을 해하여 형법상 모욕죄를 구성한다고 보기는 어렵다.

23 [대판 2003도3972] [모욕죄의 구성요건에는 해당되나 사회상규에 반하지 않는다고 보아 위법성을 조각한 사례] [1] 피고인이 방송국 시사프로그램을 시청한 후 방송국 홈페이지의 시청자 의견란에 작성·게시한 글 중 특히, **"그렇게 소중한 자식을 범법행위의 변명의 방패로 쓰시다니 정말 대단하십니다."**는 등의 표현은 그 게시글 전체를 두고 보더라도, 그 출연자인 피해자에 대한 사회적 평가를 훼손할 만한 모욕적 언사이다. [2] 피고인이 방송국 홈페이지의 시청자 의견란에 작성·게시한 글 중 일부의 표현은 이미 방송된 프로그램에 나타난 기본적인 사실을 전제로 한 뒤, 그 사실관계나 이를 둘러싼 문제에 관한 자신의 판단과 나아가 이러한 경우에 피해자가 취한 태도와 주장한 내용이 합당한가 하는 점에 대하여 자신의 의견을 개진하고, 피해자에게 자신의 의견에 대한 반박이나 반론을 구하면서, 자신의 판단과 의견의 타당함을 강조하는 과정에서 부분적으로 그와 같은 표현을 사용한 것으로서 **사회상규에 위배되지 않는다**고 봄이 상당하다.

24 [대판 2008도1433] [모욕죄에서 말하는 모욕의 의미 및 위법성조각사유] [1] 모욕죄에서 말하는 모욕이란, 사실을 적시하지 아니하고 사람의 사회적 평가를 저하시킬 만한 추상적 판단이나 경멸적 감정을 표현하는 것으로, 어떤 글이 특히 모욕적인 표현을 포함하는 판단 또는 의견의 표현을 담고 있는 경우에도 그 시대의 건전한 사회통념에 비추어 그 표현이 사회상규에 위배되지 않는 행위로 볼 수 있는 때에는 형법 제20조에 의하여 예외적으로 위법성이 조각된다. [2] 골프클럽 경기보조원들의 구직편의를 위해 제작된 인터넷 사이트 내 회원 게시판에 특정 골프클럽의 운영상 불합리성을 비난하는 글을 게시하면서 위 클럽담당자에 대하여 **한심하고 불쌍한 인간**이라는 등 경멸적 표현을 한 사안에서, 게시의 동기와 경위, 모욕적 표현의 정도와 비중 등에 비추어 사회상규에 위배되지 않는다.

33 신용훼손죄에서 '신용'의 의미

* 대법원 2011. 5. 13. 선고 2009도5549 판결
* 참조조문: 형법 제313조1)

> 퀵서비스 운영자가 허위사실을 유포하여 손님들로 하여금 불친절하고 배달을 지연시킨 사업체가 경쟁관계의 퀵서비스업체인 것처럼 인식하게 하였다면 신용훼손죄가 성립하는가?

●**사실**● 피고인 X는 서울 을지로 6가 통일상가에서 '○○퀵서비스'라는 상호로 배달, 운송업을 하는 자로서, ○○퀵서비스를 운영하기 전에 피해자 A가 운영하던 '□□퀵서비스'의 직원으로 일하던 중 소지하게 된 A 명의의 영수증 용지를 퇴사할 때 임의로 가지고 나와 보관하였다. 이후 위 '○○퀵서비스' 배달 업무를 하면서, 손님의 불만이 예상되는 배달 건에 대하여는 앞서 임의로 가지고 나온 영수증 용지를 이용하여 □□퀵서비스 명의로 영수증을 발부하여 손님들의 불만을 A에게 떠넘기기로 마음먹고, 2008.3.경부터 2008.7.9. 12:10경까지 서울 을지로 6가 동화상가 및 통일상가 등에서 배달 업무를 하면서, 배달 기사들이 불친절하거나 배달이 지연되는 경우 손님들에게 영수증을 교부함에 있어서, '○○퀵서비스' 영수증을 교부하지 않고, 평소 경쟁관계에 있는 A 운영의 '□□퀵서비스' 명의로 된 영수증을 작성·교부함으로써 마치 불친절하고 배달을 지연시킨 사업체가 A 운영의 □□퀵서비스인 것처럼 손님들로 하여금 인식하게 하는 등 허위사실을 유포하여 A의 신용을 훼손하였다는 혐의로 기소되었다. 원심은 X에 대해 무죄를 선고하였다. 이에 검사가 상고하였다.

●**판지**● 상고기각. 「[1] 형법 제313조의 신용훼손죄에서 **'신용'은 경제적 신용, 즉 사람의 지급능력 또는 지급의사에 대한 사회적 신뢰**를 의미한다.

[2] 퀵서비스 운영자인 피고인이 배달업무를 하면서, 손님의 불만이 예상되는 경우에는 평소 경쟁관계에 있는 피해자 운영의 퀵서비스 명의로 된 영수증을 작성·교부함으로써 손님들로 하여금 불친절하고 배달을 지연시킨 사업체가 피해자 운영의 퀵서비스인 것처럼 인식하게 한 사안에서, 퀵서비스의 주된 계약내용이 신속하고 친절한 배달이라 하더라도, 그와 같은 사정만으로 위 행위가 피해자의 경제적 신용, 즉 지급능력이나 지급의사에 대한 사회적 신뢰를 저해하는 행위에 해당한다고 보기는 어렵다는 이유로, 피고인에 대한 신용훼손의 주위적 공소사실을 무죄로 인정한 원심판단을 수긍한 사례」.

●**해설**● 1 명예훼손죄와 재산범의 중간에 위치하는 신용훼손죄는 사람의 경제적인 측면에서의 사회적 신뢰를 보호한다. 사람의 인격적인 평가를 보호하는 명예훼손죄와 구별되는 동시에, 재산범과 같은 직접적인 재산적 손해를 발생시킬 것까지는 요하지 않는다. 본죄의 보호법익은 **'신용'**으로 여기서 신용이란 경제적 신용, 즉 사람의 **지급능력 또는 지급의사에 대한 사회적 신뢰**를 의미한다.

2 여기서 '신용을 훼손한다' 함은 사람의 지급능력이나 지급의사에 대한 타인의 신뢰에 위해를 가하는 것을 말한다. 사안에서, X가 손님들로 하여금 불친절하고 배달을 지연시킨 사업체가 A 운영의 퀵서비스인 것처럼 인식하게 한 경우에 있어 그러한 X의 행위는 신용훼손죄에 해당하지 않는다고 판단하고 있다. 이는 A의 경제적 신용, 즉 지급능력이나 지급의사에 대한 사회적 신뢰를 저해하는 행위로 볼 수 없

---

1) 형법 제313조(신용훼손) 허위의 사실을 유포하거나 기타 위계로써 사람의 신용을 훼손한 자는 5년 이하의 징역 또는 1천500만원 이하의 벌금에 처한다.

기 때문이다.

3 하지만 "경제활동이 다양화되는 최근에 '신용'의 의의를 사람의 지불의사나 지불능력으로만 해석하는 것은 너무 협소하여 문제가 있다. 지금의 사회경제적 활동을 전제로 생각하면, 신용훼손죄가 대상으로 삼아야 할 행위태양의 일면밖에 파악하지 못하는 경향이 있다고 생각된다. 일정 품질의 상품을 제공해야할 채무나 일정한 애프터서비스를 제공해야 할 채무를 질 경우, 그 이행의사나 능력은 사람의 경제적 측면에서의 가치로서, 금전채무의 이행의사나 능력과 같이 보호의 대상에 포함되는 것으로 해석된다".2)3)

Reference

1 [대판 2004도1313] 이 사건 문서는 '(주)한남 제작 F.R.P정화조 50ton은 신기술 인정기간이 지나서 **신기술 제품이 아닐 뿐더러 그 판매가격이 비싸므로** 다른 제품으로 대체할 수 있게 해 달라'라는 취지로서, 위 정화조를 판매하는 동부건설의 지불능력이나 지불의사에 대한 사회적 신뢰를 저해하는 것이 아니다. 따라서 원심이 '이 사건 문서의 내용이 신용훼손죄의 객체인 신용에 해당한다'고 보아 신용훼손의 공소사실을 유죄로 인정한 것은 신용훼손죄의 보호법익에 대한 법리를 오해하여 판결에 영향을 미친 위법이 있다.

2 [대판 82도2486] [단순한 의견이나 가치판단의 표시가 신용훼손죄 소정의 **허위사실의 유포에 해당하는지 여부**(소극)] 형법상 신용훼손죄는 허위사실의 유포 기타 위계로써 사람의 신용을 훼손할 것을 요하고, 여기서 허위사실의 유포라 함은 객관적으로 진실과 부합하지 않는 과거 또는 현재의 사실을 유포하는 것으로서 (미래의 사실도 증거에 의한 입증이 가능할 때에는 여기의 사실에 포함된다고 할 것이다.) 피고인의 단순한 의견이나 가치판단을 표시하는 것은 이에 해당하지 않는다고 할 것이므로, 공소외 (갑)은 8년전부터 남편 없이 3자녀를 데리고 생계를 꾸려왔을 뿐 아니라 피고인에 대한 다액의 채무를 담보하기 위해 동녀의 아파트와 가재도구까지를 피고인에게 제공한 사실이 인정되니 위 공소외 (갑)이 집도 남편도 없는 과부라고 말한 것이 허위사실이 될 수 없고 또 공소외 (갑)이 계주로서 계불입금을 모아서 도망가더라도 책임지고 도와줄 사람이 없다는 취지의 피고인의 말은 피고인의 위 공소외 (갑)에 대한 **개인적 의견이나 평가를 진술한 것에 불과**하여 허위사실의 유포라고 볼 수 없다.

---

2) 前田雅英·星周一郎/박상진·김잔디(역), 최신중요 일본형법판례 250선(각론편), 2021, 69면.
3) 근래 일본 최고재판소는 '신용'의 의미를 종래 사람의 경제적 측면에 있어서의 가치, 즉 **지불능력이나 지불의사에 대한 사회적 신뢰**를 의미한다고 해석(大判明44·4·13刑錄17-557, 大判大5·6·l刑錄22-854),하여 왔으나 이러한 입장을 변경하여 **판매되는 상품의 품질에 대한 사회적 신뢰도 포함된다**고 판시하였다. 「형법 제233조가 규정한 신용훼손죄는 경제적 측면에서의 사람의 사회적인 평가를 보호하는 것이며, 동조에서 말하는 '신용'은 **사람의 지불능력이나 지불의사에 대한 사회적인 신뢰에만 한정되는 것은 아니고, 판매되는 상품의 품질에 대한 사회적인 신뢰도 포함된다고 해석하는 것이 상당**하기 때문에, 이와 다른 상기 대심원의 각 판례는 모두 변경하고, 원판결을 유지해야 한다」(最3小判平成15年3月11日(刑集57卷3号293頁·判時1818号174頁).

성매매알선 행위가 업무방해죄의 보호대상인 '업무'에 해당하는가?

●**사실●** 폭력조직 간부인 피고인 X는 2005.05.25. 19:00경 수원시 팔달구에 있는 피해자 A 운영의 성매매업소 앞길에서, 이 업소 성매매 여성들이 수원역전파 조직원에게 호객행위를 하였다는 이유로 업소 문 앞에 일렬로 서서 일명 **"병풍"**을 치며 손님이 들어오지 못하게 하였다. 검사는 X를 업무방해죄로 기소하였고 원심도 업무방해의 공소사실을 유죄로 인정하였다. 이에 X가 상고하였다.

●**판지●** 파기환송. 「[1] 형법상 업무방해죄의 보호대상이 되는 **'업무'**란 직업 또는 계속적으로 종사하는 사무나 사업으로서 타인의 위법한 침해로부터 **형법상 보호할 가치가 있는 것**이어야 하므로, 어떤 사무나 활동 자체가 (가) **위법의 정도가 중하여** (나) **사회생활상 도저히 용인될 수 없는 정도로** (다) **반사회성을 띠는 경우**에는 업무방해죄 보호대상이 되는 '업무'에 해당한다고 볼 수 없다.

[2] 甲은 사창가 골목에서 윤락녀를 고용하여 성매매업소를 운영하여 왔는데, 성매매업소 운영에는 성매매를 알선·권유하거나 성매매장소를 제공하는 행위 등이 필연적으로 수반되고 따라서 업소 운영자는 구 성매매알선 등 행위의 처벌에 관한 법률(2010.4.15. 법률 제10261호로 개정되기 전의 것) 제19조 제1항 제1호의 '성매매알선 등 행위를 한 자' 또는 같은 법 제19조 제2항 제1호의 '영업으로 성매매알선 등 행위를 한 자'에 해당하므로, 甲의 **성매매업소 운영업무는 업무방해죄의 보호대상이 되는 업무라고 볼 수 없는데도**, 이와 달리 보아 피고인에게 유죄를 인정한 원심판결에 법리오해의 위법이 있다」.

●**해설●** 1 형법상 업무방해죄의 보호법익은 업무를 통한 사람의 사회적·경제적 활동을 보호하려는 데 있다. 따라서 업무방해죄의 보호대상이 되는 **'업무'**란 「직업 또는 계속적으로 종사하는 사무나 사업으로서 타인의 위법한 침해로부터 **형법상 보호할 가치가 있는 것**」이어야 한다. 이점이 업무상과실치상죄의 업무와는 차이가 난다.[2] 사안에서 다투어진 점도 성매매행위는 '형법상 보호할 가치가 있는 법익'이 아니기 때문에 업무방해죄의 대상이 되지 않는다고 대법원은 판단하고 있다.

2 이와 같이 근래 대법원은 「어떤 사무나 활동 자체가 위법의 정도가 중하여 **사회생활상 도저히 용인될 수 없는 정도로 반사회성을 띠는 경우**에는 업무방해죄 보호대상이 되는 '업무'에 해당한다고 볼 수 없

---

1) 형법 제314조(업무방해) ① **제313조의 방법(허위사실유포나 기타 위계)** 또는 **위력**으로써 사람의 **업무를 방해**한 자는 5년 이하의 징역 또는 1천500만원 이하의 벌금에 처한다.

2) **업무상 과실치사상죄에서의 업무**와는 다음의 점에서 차이가 있다. **첫째,** 업무상과실치사상죄의 업무는 사람의 생명이나 신체에 대한 위험을 내포하는 업무이거나 사람의 생명이나 신체에 대한 위험을 방지해야 할 업무를 의미한다. 이에 대해 업무방해죄의 업무는 생명·신체와 관련된 것에 국한되지 않는다. **둘째,** 업무상과실치사상죄에서는 오락으로 행하는 자동차의 운전이나 사냥 등도 계속성이 있으면 업무에 해당될 수 있으나 업무방해죄의 경우 오락적 업무는 형법이 보호할 가치가 없음으로 제외된다. **셋째,** 업무상 과실치사상죄의 경우에는 부적법한 업무나 위법한 업무도 주의의무의 발생근거가 된다. 하지만 업무방해죄의 경우에는 형법적 보호가치가 있는 업무만을 대상으로 하므로 비록 적법하거나 유효할 필요는 없으나 그 업무수행이 형법이 보호 정도의 정당한 것이어야 한다. **넷째,** 업무상 과실치사상죄의 경우에는 공무나 사무를 묻지 않고 모두 업무로 인정되지만 업무방해죄의 업무에는 공무가 포함되지 않는다.

다」고 판시하여 업무방해죄에서의 보호대상인 업무에 관해 그 범위를 축소하는 해석을 계속 내놓고 있다. 이는 우리 대법원이 업무를 보호대상의 업무와 보호대상이 아닌 업무로 구분하고, 보호대상인 업무의 해석과 관련하여서는 **'반사회성이 없을 것'**이라는 규범적 요소를 판단의 기준으로 삼아 처벌범위를 제한하고 있음을 알 수 있다.

3 A는 당시 3년간 수원역 인근 사창가 골목에서 윤락녀를 고용하여 성매매업소를 운영하여 왔다. 대상판결은 **성매매알선** 등 행위는 「법에 의하여 **원천적으로 금지된 행위**로서 형사처벌의 대상이 되는 중대한 범죄행위일 뿐 아니라 정의관념상 용인될 수 없는 정도로 **반사회성**을 띠는 경우에 해당하므로 이는 업무방해죄의 보호대상이 되는 업무라고 볼 수 없다」고 보았다.

4 이와 같은 맥락에서 법원은 ① 의료인이나 의료법인이 아닌 자가 **의료기관을 개설**하는 경우(대판 2001도2015, Ref 2-1), ② 불법으로 **공인부동산중개업**을 하는 경우(대판 2006도6599, Ref 2-3) ③ 법원의 **직무집행정지 가처분결정**에 의하여 그 직무집행이 정지된 자가 법원의 결정에 반하여 직무를 수행함으로써 업무를 계속 행하는 경우(대판 2001도5592, Ref 2-2)는 보호대상으로서의 업무로 볼 수 없다고 보았다.

5 한편 업무방해죄의 업무는 「사회적으로 용인되어 형법적으로 보호할 가치가 있는 업무이면 족하고 그 업무의 기초가 된 **'계약'이나 '행정행위' 등이 반드시 적법하여야 하는 것은 아니다**」. 따라서 무허가로 사업(무허가식당이나 포장마차 등)을 하거나 허가가 날 수 없는 사업을 하는 경우 및 계약상의 근거가 없는 업무도 사회생활상 용인되고 **형법적으로 보호할 가치가 있다면**(형법의 독자성) 본죄의 업무가 될 수 있다(대판 79도1956, Ref 18-1). 즉 업무의 적법성 유무보다는 사무에 종사하고 있다는 **현재의 사실상의 상태가 중요**하다(대판 90도2501, Ref 16). 따라서 사실상 평온하게 영위되어 사회생활상 용인되고 있으면 업무방해죄의 보호대상이 된다(대판 2006도382, Ref 12).

6 업무의 보호가치　　법률상 보호할 가치가 있는 업무인지 여부는 「그 사무가 사실상 평온하게 이루어져 사회적 활동의 기반이 되고 있느냐에 따라 결정되는 것이고, **그 업무의 개시나 수행과정에 실체상 또는 절차상의 하자가 있다고 하더라도 그 정도가 반사회성을 띠는 데까지 이르지 아니한 이상 업무방해죄의 보호대상이 된다**」(대판 2006도382, Ref 12)고 보아야 할 것이다.

7 그리고 본죄에서의 업무는 (1) 직업 기타 **계속적으로 종사**하는 사무일 것을 요한다. 따라서 1회적 조경공사나 공장의 이전(Ref 3-1), 학생들이 학교에 등교하여 교실에서 수업을 듣는 것(대판 2013도3829, Ref 4-1)은 업무방해죄의 객체인 업무에 해당하지 않는다. (2) **사회적 지위로서 행하는 사무인 이상 반드시 경제적인 사무에 한정되지 않고, 주된 업무뿐만 아니라 부수적 업무도 본죄의 객체에 해당한다.** 또한 (3) 업무방해죄에 있어서의 행위의 객체는 타인의 업무이고, 여기서 타인이라 함은 범인 이외의 자연인과 법인 및 법인격 없는 단체를 가리키므로, 법적 성질이 **영조물에 불과한 '대학교 자체'**는 업무방해죄에 있어서의 업무의 주체가 될 수 없다(대판 98도663). (4) 업무방해죄는 업무방해 결과의 현실적 발생은 요하지 않는다(추상적 위험범).

업무방해죄의 보호대상이 되는 업무로 인정할 수 없다고 본 판례

1 [대판 2014도3270] [직업이나 사회생활상의 지위에 기한 것이라고 보기 어렵고 **단순히 개인적인 일상생활의 일환으로 행하여지는 사무가 업무방해죄의 보호대상인 업무에 해당하는지 여부(소극)**] 파기환송. [1] 피고인은 2012.10.21. 20:00경 대전 유성구 OO 건물 지하 1층 주차장 내에서 갑이 마티즈 차량을 무단 주차하였다는 이유로 차량 앞 범퍼에 쇠사슬로 손수레를 묶어 두어 그때부터 2012.10.22. 01:36경까지 위력으로써 갑의 운전업무를 방해하였다는 혐의로 기소되었다. 원심은 공소사실을 유죄로 인정하였다. [2] 형법 제314조에서 정한 업무방해죄의 '업무'란 직업 기타 사회생활상의 지위에 기하여 계속적으로 종사하는 사무 또는 사업을 말하는 것으로서, 직업이나 사회생활상의 지위에 기한 것이라고 보기 어려운 **단순한 개인적인 일상생활의 일환으로 행하여지는 사무는 업무방해죄의 보호대상인 업무에 해당한다고 볼 수 없다.**

업무의 반사회성과 관련된 판례

2-1 [대판 2001도2015] 의료인이나 의료법인이 아닌 자의 의료기관개설행위는 **의료법에 의하여 금지된 행위로서 형사처벌의 대상이 되는 범죄행위에 해당할 뿐 아니라, 의료인이나 의료법인이 아닌 자가 의료기관을 개설하여 운영하는 행위는 거기에 따를 수 있는 국민보건상의 위험성에 비추어 사회통념상으로 도저히 용인될 수 없다고 할 것이다.** 따라서 의료인이나 의료법인이 아닌 자가 의료기관을 개설하여 운영하는 행위는 그 위법의 정도가 중하여 **사회생활상 도저히 용인될 수 없는 정도로 반사회성을 띠고 있으므로 업무방해죄의 보호대상이 되는 '업무'에 해당하지 않는다**고 하겠다.

2-2 [대판 2001도5592] 법원의 직무집행정지 가처분결정에 의하여 그 직무집행이 정지된 자가 **법원의 결정에 반하여 직무를 수행**함으로써 업무를 계속 행하는 경우, 그 업무는 **국법질서와 재판의 존엄성을 무시하는 것**으로서 사실상 평온하게 이루어지는 사회적 활동의 기반이 되는 것이라 할 수 없고, 비록 그 업무가 **반사회성**을 띠는 경우라고까지는 할 수 없다고 하더라도 법적 보호라는 측면에서는 그와 동등한 평가를 받을 수밖에 없으므로, 그 업무자체는 법의 보호를 받을 가치를 상실하였다고 하지 않을 수 없어 업무방해죄에서 말하는 업무에 해당하지 않는다.

2-3 [대판 2006도6599] 파기환송. [1] 공인중개사인 피고인이 자신의 명의로 등록되어 있으나 **실제로는 공인중개사가 아닌 피해자가 주도적으로 운영하는 형식으로 동업**하여 중개사무소를 운영하다가 위 동업관계가 피해자의 귀책사유로 종료되고 피고인이 동업관계의 종료로 부동산중개업을 그만두기로 한 경우, **피해자의 중개업은 법에 의하여 금지된 행위로서 형사처벌의 대상**이 되는 범죄행위에 해당하는 것으로서 업무방해죄의 보호대상이 되는 업무라고 볼 수 없다. [2] 원심은 피고인이 자신의 명의로 등록되어 있으나 실제로는 동업자인 피해자가 주도적으로 운영하고 있는 이 사건 공인중개사무소에 대하여 피해자의 승낙을 받지 아니하고 폐업신고를 한 사실을 인정한 다음, 피해자의 공인중개사무소 운영에 관한 업무가 위법하다고 볼 수 없고, 피고인의 주장과 같이 피해자가 공인중개사무소를 독단적으로 운영하려는 의도가 있었다고 하더라도 그 사정만으로는 그 위법의 정도가 중하여 사회생활상 도저히 용인할 수 없는 정도의 반사회성을 띠는 경우에 해당한다고 보기 어렵다는 이유를 들어 피고인이 이 사건 공인중개사무소가 자신의 명의로 등록되어 있는 지위를 이용하여 임의로 폐업신고를 함으로써 피해자의 업무를 위력으로 방해하였다고 판단하였다.

2-4 [비교판례(1-1과 비교)] [대판 2021도16482] 파기환송. [무자격자에 의해 개설된 의료기관 에 고용된 의료인의 진료 업무가 업무방해죄의 보호대상이 되는 업무인지 판단하는 기준] [1] 의료인이나 의료법인이 아닌 자가 의료기관을 개설하여 운영하는 행위는 업무방해죄의 보호대상이 되는 업무에 해당하지 않는다. 그러나 무자격자에 의해 개설된 의료기관에 고용된 의료인이 환자를 진료한다고 하여 그 진료행위 또한 당연히 반사회성을 띠는 행위라고 볼 수는 없다. 이때 의료인의 진료 업무가 업무방해죄의 보호대상이 되는 업무인지는 의료기관의 개설·운영 형태, 해당 의료기관에서 이루어지는 진료의 내용과 방식, 피고인의 행위로 인하여 방해되는 업무의 내용 등 사정을 종합적으로 고려하여 판단해야 한다. [2] 의료인인 갑의 명의로 의료인이 아닌 을이 개설하여 운영하는 병 병원에서, 피고인이 단독으로 또는 공모하여 11회에 걸쳐 큰 소리를 지르거나 환자 진료 예약이 있는 갑을 붙잡고 있는 등의 방법으로 위력으로써 갑의 진료 업무를 방해하였다는 내용으로 기소된 사안에서, 피고인의 행위와 당시의 주변 상황 등을 종합하면, 공소사실 전부 또는 그중 일부는 피고인이 갑의 환자에 대한 진료행위를 방해한 것으로 볼 여지가 있으므로, 피고인이 병 병원의 일반적인 운영 외에 갑의 진료행위를 방해한 것인지에 대해 더 세밀하게 심리하여 업무방해죄 성립 여부를 판단하였어야 함에도, 원심이 병 병원의 운영에 관한 업무는 업무방해죄의 보호대상이 되는 업무에 해당하지 않는다고 전제한 다음, 갑의 진료행위도 병 병원의 운영에 관한 업무에 포함되어 별개의 보호가치 있는 업무로 볼 수 없다고 단정하여 공소사실을 무죄로 판단한 것에 업무방해죄의 업무에 관한 법리오해의 잘못이 있다.

일회적 사무와 업무성

3-1 [대판 92도2929] 업무방해죄의 보호대상이 되는 '업무'라 함은 직업 또는 사회생활상의 지위에 기하여 계속적으로 종사하는 사무나 사업을 말하고 이러한 주된 업무와 밀접불가분의 관계에 있는 부수적인 업무도 이에 포함되나 계속적이 아닌 1회적인 사무는 여기에 해당하지 않는다는 것이 당원의 견해이다. 이 사건에서 원심이 인정한 범죄사실에 의하면 피고인들이 방해하였다는 정의 조경공사업무를 정의 직업 또는 사회생활상의 지위에 기하여 계속적으로 종사하는 사무나 사업이라거나 주된 업무인 건물임대업무와 밀접불가분의 관계에 있는 계속적인 부수적 업무라고 볼 수 없고, 단순한 1회적인 사무에 지나지 않는다고 할 것이다.

3-2 [대판 88도1752] 계속하여 행하는 사무가 아닌 공장의 이전과 같은 일회적인 사무는 업무방해죄의 객체가 되는 업무에 해당하지 않는다.

3-3 [비교판례] [대판 2004도8701] 파기환송. ●사실● 피해 회사(한국시그네틱스 주식회사)는 회사 정상화를 위한 기업구조 개선작업의 일환으로 안산공장을 신축, 이전하여 그 사업을 계속하고자 2000.11.경 당시 노조집행부의 동의하에 안산공장 부지를 확정하고, 2001.7.경까지 서울공장의 장비이전과 안산공장의 완공 및 생산가동을 목표로, 서울공장 내의 종합사무실에서 관리직 사원 30여 명이 서울공장의 시설물보호 및 재고파악, 안산공장 이전에 따른 생산 및 인원수급 계획수립 등의 업무를 추진하면서 그 업무의 일환으로 다른 회사에 처분한 일부 노후 장비와 안산공장에 옮겨 설치할 그 밖의 장비의 반출 및 이전사무를 실시하다가 피고인을 비롯한 피해 회사 노조원들의 실력행사로 말미암아 위 장비의 반출에 실패함은 물론 종합사무실에서마저 쫓겨 나오는 바람에 위 장비의 이전설치와 병행하여 추진되던 안산공장의 완공 및 정상가동 등 위 공장이전과 관련한 회사의 제반 업무가 약 1개월 내지 1개월 보름가량 지연되어 그로 말미암아 적지 않은 영업상 손실을 입었다. 제1심과 원심은 위와 같은 공장이전이나 장비이전은 일회적 사무에 불과하다고 보아 업무방해죄의 '업무'에 해당되지 아니한다고 보아 무죄를 선고하였다. ●판지● 파기환송. 회사가 사업장의 이전을 계획하고 그 이전을 전후하여 사업을 중단 없이 영위할 목적으로 이전에 따른 사업의 지속

적인 수행방안, 새 사업장의 신축 및 가동개시와 구 사업장의 폐쇄 및 가동중단 등에 관한 일련의 경영상 계획의 일환으로서 (가) **시간적·절차적으로 일정기간의 소요가 예상되는 사업장 이전을 추진, 실시하는 행위**는 그 자체로서 일정기간 계속성을 지닌 업무의 성격을 지니고 있을 뿐만 아니라 (나) 회사의 본래 업무인 목적 사업의 경영과 밀접불가분의 관계에서 그에 수반하여 이루어지는 것으로 볼 수 있으므로 이 점에서도 **업무방해죄에 의한 보호의 대상이 되는 업무에 해당**한다.

4 [대판 2013도3829] 파기환송. [학생들이 학교에 등교하여 교실에서 수업을 듣는 것이 형법상 업무방해죄의 보호대상이 되는 '업무'에 해당하는지 여부(소극)] [1] **초등학생들이 학교에 등교하여 교실에서 수업을 듣는 것**은 헌법 제31조가 정하고 있는 무상으로 초등교육을 받을 권리 및 초·중등교육법 제12, 13조가 정하고 있는 국가의 의무교육 실시의무와 부모들의 취학의무 등에 기하여 학생들 본인의 권리를 행사하는 것이거나 국가 내지 부모들의 의무를 이행하는 것에 불과할 뿐 그것이 '직업 기타 사회생활상의 지위에 기하여 계속적으로 종사하는 사무 또는 사업'에 해당한다고 할 수 없어 형법상 업무방해죄의 보호대상이 되는 '업무'에 해당하지 않는다. [2] 원심은 피고인이 대흥초등학교 1학년 1반 교실 및 1학년 2반 교실 안에서 교사인 1, 2에게 욕설을 하거나 피해자인 학생들에게 욕설을 하여 수업을 할 수 없게 한 사실을 인정한 다음, 형법상 업무방해죄의 보호대상이 되는 '업무'에는 학생들이 수업을 듣는 것도 포함됨을 전제로 피고인의 위와 같은 행위로 학생들의 수업 업무가 방해되었다고 판단하여, 피고인에게 업무방해죄의 성립을 인정하였다.

5 [대판 2010도935] **공무원으로부터 업무를 위탁받아 수행하는 사인의 업무집행**을 방해하였다는 이유로 업무방해죄로 기소가 된 경우, 형법상 업무방해죄의 보호대상이 되는 '업무'라 함은 직업 또는 계속적으로 종사하는 사무나 사업을 말하는 것으로서 타인의 위법한 행위에 의한 침해로부터 보호할 가치가 있는 것이면 되고, 그 업무의 기초가 된 계약 또는 행정행위 등이 반드시 적법하여야 하는 것은 아니나, 정당한 업무집행이라고 할 수 없는 행위에 대하여는 이를 위력으로 배제하였다고 하더라도 업무방해죄가 성립되지 아니한다고 할 것이다. 또한, **도로관리청 또는 그로부터 권한을 위임받아 과적차량 단속을 위한 적재량 측정의 업무**를 수행하는 자라고 하더라도, 적재량 측정을 강제할 수 있는 법령상의 근거가 없는 한, 측정에 불응하는 자를 고발하는 것은 별론으로 하고, **측정을 강제하기 위한 조치를 취할 권한은 없으므로**, 이를 위한 조치가 정당한 업무집행이라고 볼 수는 없다.

6 [대판 2006도3687] [업무의 양도·양수와 관련하여 양수인의 '업무'에 대한 양도인의 업무방해죄가 인정되기 위한 요건] [1] 형법상 업무방해죄의 보호대상이 되는 '업무'는 그 업무의 기초가 된 계약 또는 행정행위 등이 **반드시 적법하여야 하는 것은 아니지만** 타인의 위법한 행위에 의한 침해로부터 보호할 가치가 있는 것이어야 한다. 따라서 어떠한 업무의 양도·양수 여부를 둘러싸고 분쟁이 발생한 경우에 **양수인의 업무에 대한 양도인의 업무방해죄가 인정되려면**, 당해 업무에 관한 양도·양수합의의 존재가 인정되어야함은 물론이고, 더 나아가 그 합의에 따라 당해 업무가 실제로 양수인에게 양도된 후 사실상 평온하게 이루어져 양수인의 사회적 활동의 기반이 됨으로써 타인, 특히 양도인의 위법한 행위에 의한 침해로부터 보호할 가치가 있는 업무라고 볼 수 있을 정도에 이르러야 한다. [2] 회사 운영권의 양도·양수 합의의 존부 및 효력에 관한 다툼이 있는 상황에서 **양수인이 비정상적으로 위 회사의 임원변경등기를 마친 것만으로는** 회사 대표이사로서 정상적인 업무에 종사하기 시작하였다거나 그 업무가 양도인에 대한 관계에서 보호할 가치가 있

는 정도에 이르렀다고 보기 어려워, 양도인의 침해행위가 양수인의 '업무'에 대한 업무방해죄를 구성하는 것으로 볼 수 없다.

7-1 [대판 2004도1256] 파기환송. [1] 원심은 주식회사의 대표이사인 피고인이 위 회사의 직원 130여 명과 공모하여 2001. 3. 30. 개최된 위 회사의 주주총회에서 위력으로 갑 등 21명의 개인주주들이 발언권과 의결권을 행사하지 못하도록 방해한 사실을 인정한 다음, 주주로서 발언권 또는 의결권을 행사하는 것은 주주라는 사회생활상 지위에 기하여 주식을 보유하는 동안 계속되는 것이므로 형법상 업무방해죄의 보호대상이 되는 '업무'에 해당한다고 판단하여 피고인의 위 행위를 업무방해죄로 처단한 제1심판결을 그대로 유지하였다. [2] 형법상 업무방해죄의 보호대상이 되는 '업무'라 함은 직업 기타 사회생활상의 지위에 기하여 계속적으로 종사하는 사무 또는 사업을 말하는 것인데, **주주로서 주주총회에서 의결권 등을 행사**하는 것은 주식의 보유자로서 **그 자격에서 권리를 행사하는 것에 불과**할 뿐 그것이 '직업 기타 사회생활상의 지위에 기하여 계속적으로 종사하는 사무 또는 사업'에 해당한다고 할 수 없어 형법상 업무방해죄의 보호대상이 되는 '업무'에 해당하지 않는다.

7-2 [비교판례] [대판 95도1589] 종중 정기총회를 주재하는 **종중 회장의 의사진행업무 자체는 1회성을 갖는 것이라고 하더라도** 그것이 종중 회장으로서의 사회적인 지위에서 계속적으로 행하여 온 종중 업무수행의 일환으로 행하여진 것이라면, 그와 같은 의사진행업무도 형법 제314조 소정의 업무방해죄에 의하여 보호되는 업무에 해당되고, 또 종중 회장의 위와 같은 업무는 종중원들에 대한 관계에서는 타인의 **업무라고 한 사례.**

8 [대판 98도3240] 도급인의 공사계약 해제가 적법하고 수급인이 스스로 공사를 중단한 상태에서 도급인이 공사현장에 남아 있는 수급인 소유의 공사자재 등을 다른 곳에 옮겨 놓았다고 하여 도급인이 수급인의 공사업무를 방해한 것으로 볼 수는 없다.

9 [대판 89도110] 형법 제314조(업무방해죄)가 정하는 "업무"라 함은 직업 또는 계속적으로 종사하는 사무나 사업을 말한다 할 것이므로 원심이 확정한 바와 같이 피고인이 피해자가 하는 **담장공사**를 일시적으로 방해한 것에 불과하다면 그 담장공사를 가리켜 위에 본 "업무"라고는 할 수 없다 할 것이다. 그리고 피해자가 피고인과의 사이에 이 사건 토지에 관하여 2년여에 걸친 재판 끝에 그 토지가 피해자의 소유로 확정되었다 하여 **위 담장공사 자체가 "업무" 또는 그와 밀접한 부수적인 업무가 되는 것이 아니다.**

보호할 가치가 있어 업무방해죄의 보호대상이 된다고 본 업무

10-1 [대판 2011도15497] 파기환송. 전국철도노동조합이 한국철도공사와 단체교섭 결렬을 이유로 파업을 예고한 상태에서 파업 예정일 하루 전에 사용자 측 교섭위원인 甲이 직원들을 상대로 설명회를 개최하려고 지역 사업소에 도착하자, 노동조합 간부인 피고인들 등이 청사 안으로 들어가지 못하게 몸으로 가로막는 등 위력으로 甲의 업무를 방해하였다는 내용으로 기소된 사안에서, **설명회 개최**가 노동조합 운영에 대한 지배·개입의 부당노동행위로서 업무방해죄의 보호법익인 '업무'에 해당하지 않는다는 등의 이유로 피고인들에게 무죄를 선고한 원심판결에 법리오해 등 위법이 있다.

10-2 [대판 2012도3475] 파기환송. 전국철도노동조합이 파업을 예고한 상황에서 파업 예정일 하루 전에

사용자인 한국철도공사 측 교섭위원 甲이 산하 차량정비단 **직원들을 상대로 설명회 등 특별교육을 실시하려고 하자**, 노동조합 간부인 피고인들 등이 직원들의 교육장 진입을 막는 등 위력으로 甲의 업무를 방해하였다는 내용으로 기소된 사안에서, 위 특별교육이 노동조합 운영에 대한 지배·개입의 부당노동행위로서 '업무'에 해당하지 않는다는 등의 이유로 피고인들에게 무죄를 선고한 원심판결에 법리오해 등 위법이 있다.

11 [대판 2008도2344] 한국도로공사가 고속도로 통행료 자동징수시스템을 도입하기로 결정하고 제조구매 입찰을 실시하면서 업체 선정을 위한 현장성능시험을 시행한 사안에서, 당시 입찰에 참가한 회사의 하이패스 시스템이 시험에 관한 기본가정 내지 도로공사의 제안요청서상 요구되는 기술적 조건을 충족하지 못하였고 입찰참여조건을 위반하여 **성능시험 자체가 부적합한 것으로 드러났다고 하더라도**, 위 시험의 개시나 수행과정에서의 하자 정도가 반사회성을 띠는 데까지 이르렀다고 볼 수 없다는 이유로, 도로공사의 위 성능시험 업무는 업무방해죄의 보호대상이 된다.

12 [대판 2006도382] [1] 형법상 업무방해죄의 보호대상이 되는 '업무'라 함은 직업 또는 계속적으로 종사하는 사무나 사업을 말하는 것으로서 타인의 위법한 행위에 의한 침해로부터 보호할 가치가 있는 것이면 되고, 그 업무의 기초가 된 계약 또는 행정행위 등이 **반드시 적법하여야 하는 것은 아니므로**, 법률상 보호할 가치가 있는 업무인지 여부는 그 사무가 사실상 평온하게 이루어져 사회적 활동의 기반이 되고 있느냐에 따라 결정되는 것이고, 그 업무의 개시나 수행과정에 **실체상 또는 절차상의 하자가 있다고 하더라도** 그 정도가 반사회성을 띠는 데까지 이르지 아니한 이상 업무방해죄의 보호대상이 된다고 보아야 할 것이다. [2] 아파트관리사무실의 경리가 관리단 총회에서 새로이 선임된 관리인에 의하여 재임명되어 경리업무를 수행하여 온 경우, 위 관리인 선임에 **무효사유가 있다고 하더라도** 위 경리의 아파트관리업무가 업무방해죄의 보호대상에서 제외된다고 보기는 어렵다.

13 [대판 98도3767] **서류배달업 회사**가 고객으로부터 배달을 의뢰받은 서류의 포장 안에 특정 종교를 비방하는 내용의 전단을 피고인이 위 회사 몰래 집어넣어 함께 배달되게 한 경우, 위 회사의 서류배달 업무를 방해한 것으로 업무방해죄가 성립한다.

14 [대판 96도2214] 형법상 업무방해죄의 보호대상이 되는 '업무'라 함은 직업 또는 계속적으로 종사하는 사무나 사업을 말하는 것으로서 타인의 위법한 행위에 의한 침해로부터 보호할 가치가 있는 것이면 되고, 그 업무의 기초가 된 계약 또는 행정행위 등이 반드시 적법하여야 하는 것은 아니라고 할 것이다. 공유수면관리법 제4조에 의하면 공유수면을 점용하려는 자는 관리청으로부터 점용허가를 받도록 규정되어 있고, 이 사건에 있어서 위 회사는 관리청으로부터 위 선착장에 대한 **공유수면점용허가를 받지 아니하기는 하였으나**, 한편 위 법 제8조, 동 시행령 제5조에 의하면 위 점용허가를 받은 자는 관리청의 허가를 받아 허가받은 권리를 이전할 수 있도록 규정하고 있고, 기록에 의하면 위 회사는 관리청인 고흥군으로부터 따로 선착장에 대한 점용허가를 받음이 없이 고흥군의 지시에 따라 선착장점용허가권자인 마을주민 대표들과 임대차계약을 체결하고 위 선착장을 이용하여 왔던 사실을 알 수 있음에 비추어, 위 회사의 폐석운반 업무를 업무방해죄에 의하여 보호하여야 할 대상이 되지 못하는 업무라고 단정하기는 어렵다고 할 것이다.

15 [대판 91도1834] [조업이 끝난 후 공장 정문의 개폐 등 관리사무가 업무방해죄에서 보호의 대상이 되는

업무에 해당하는지 여부(적극)] 주간에 있어서의 공장 조업이 끝났다고 하더라도 공장을 가동하여 섬유제품을 생산, 가공, 판매하는 회사 본래의 주된 영업활동을 원활하게 수행하기 위하여 위 회사는 공장건물 및 기자재 관리나 당직근무자 등을 통한 공장출입자에 대한 통제를 야간에도 계속해야 함은 물론 전체 회사 직원들의 출퇴근이 제대로 이루어질 수 있도록 공장 정문의 정상적인 개폐 등에도 만전을 기하여야 하는 것이며, 이러한 업무는 **위 회사의 주된 업무와 밀접불가분의 관계**에 있으면서 **계속적으로 수행되어지는 회사의 부수적 업무**라 할 것이므로 이는 업무방해죄에서 보호의 대상으로 삼고 있는 업무에 해당된다.

16 [대판 90도2501] 피고인들이 마이크를 빼앗으며 **유림총회의 회의**를 진행하지 못하게 하고 피해자를 비방하면서 걸려 있는 현수막을 제거하고 회의장에 들어가려는 대의원들을 회의에 참석하지 못하게 하였다면 위력으로 피해자의 유림총회 개최업무를 방해한 것이라고 보아야 할 것이고, 피해자가 유림대표 선출에 관한 **규정에 위배하여 위 회의를 개최하였고, 결국 총회의 무기연기가 선언되었다고 하여도** 업무방해죄의 성립에 영향이 없다.

17-1 [대판 86도1372] [무단전차의 경우] 원심판결 이유에 의하면, 양 등이 임대인인 피고인의 승락없이 윤○이나 윤○림으로부터 이 사건 지하실을 전차하였기 때문에 그 전대차로써 **임대인인 피고인에게 대항할 수 없다고 하더라도** 위 양 등이 불법침탈 등의 방법에 의하여 위 지하실의 점유를 개시한 것이 아니고 **그 동안 평온하게 음식점영업을 하면서 점유를 계속하여온 이상** 동인들의 업무를 업무방해죄에 의하여 보호받지 못하는 권리라고 단정할 수 없고 피고인으로서는 마땅히 **정당한 소송절차에 의하여 점유를 회복하여야 하고 위력으로 그 권리를 행사할 수 없다**고 할 것이므로 피고인이 그 지하층의 열쇠를 새로 만들어 잠그고 박○식으로 하여금 그곳에 설치되어 있는 피해자 양등 소유의 의자, 탁자 등을 들어내게 한 행위는 결코 사회상규에 위배되지 않는 정당한 행위이거나 자구행위에 해당한다고 볼 수 없다고 한 원심판단은 정당하다.

17-2 [대판 2007도11181] 이 사건 주차장은 원래의 소유자이었던 X로부터 공소외 Y, Z, W에게로 순차 임대 또는 전대되어 W가 운영해 오고 있었던 것임을 알 수 있으므로, 설령 피고인이 정당한 소유자로부터 위 주차장을 새로 임대받았다고 하더라도, 피고인이 적법절차에 따라 권리를 확보하고 보호받는 것은 별론으로 하고, 피고인이 다른 특별한 사정없이 W의 주차장 영업을 방해한 행위는 업무방해죄에 해당한다고 할 것이다.

18-1 [대판 79도1956] 농지의 임대차는 **농지개혁법상 무효라고 하더라도** 그 임차한 농지의 경작행위를 방해하는 행위는 업무방해죄가 성립된다.

18-2 [대판 65도572] 무효인 계약에 근거하여 **토지를 경작**하고 있더라도 업무방해죄의 업무로서 보호받아야 한다.

18-3 [비교판례] [대판 76도3460] [수확권한 있는 자에 의한 토지매수인의 경작방해와 정당방위] [1] 국유토지가 공개입찰에 의하여 매매되고 그 인도집행이 완료되었다 하더라도 그 토지의 종전 경작자인 피고인이 파종한 **보리가 30센치 이상 성장하였다면** 그 보리는 피고인의 소유로서 그가 수확할 권한이 있으므로 토지매수자가 토지를 경작하기 위하여 소를 이용하여 쟁기질을 하고 성장한 보리를 갈아뭉게는 행위는 피고인의 재산에 대한 현재의 부당한 침해라 할 것이므로 이를 막기 위하여 그 경작을 못 하도록 소 앞을 가로막고 쟁기를 잡아당기는 등의 피고인의 행위는 정당방위에 해당된다. [2] 토지의 인도 집행이 있은 후에도 피고인이 다시 토지를 점유 경작하고 있었다면 그 점유가 비록 불법이라 하여도 새로운 점유상태가 형

성되었다 할 것이므로 매수인이 다시 적법한 인도절차를 밟지 않고 한 경작행위는 정당한 업무수행이라 할 수 없으므로 이를 저지한 피고인의 행위는 업무방해죄에 해당되지 않는다.

19 [대판 71도399] **경비원**은 상사의 명령에 의하여 주로 경비업무 등 노무를 제공하는 직분을 가지고 있는 것이므로 상사의 명에 의하여 그 직장의 업무(유인물 배부업무)를 수행한다면 설사 그 업무가 본조의 계속적인 직무권한에 속하지 아니한 **일시적인 것이라 할지라도 본죄의 업무에 해당한다.** (피고인 "갑"이 공사장 내에서 배부하기 위하여 경비원 "을"외 2명이 가지고 있는 공장 폐쇄에 관한 유인물 50매 가량을 탈취하여 업무를 방해하였다는 사실).

35 업무방해죄에서의 '업무'와 공무집행방해죄의 '공무'

* 대법원 2009. 11. 19. 선고 2009도4166 전원합의체 판결
* 참조조문: 형법 제314조 제1항1), 제136조 제1항2), 제137조3)

> 공무원이 직무상 수행하는 공무를 방해하는 행위를 업무방해죄로 의율할 수 있는가?

●**사실**● 피고인 X 등은 2008.7.29. 10:00경 자신들이 같은 해 3. 초순경 충남지방경찰청 청문감사관실에 제출한 진정서 및 탄원서에 기재한 내용을 수사이의사건 담당자가 조사를 하지 않고 내사 종결하였다는 이유로 탄원서를 제출하기 위하여, 충남지방경찰청 1층 민원실을 찾아갔다. 당시 담당자인 경찰관 A와 B가 사건 진행절차 및 내사종결 사유에 대하여 설명을 하였으나 X 등은 지방경찰청장 면담 등을 요구하며, A와 B에게 "후레자식들. 눈깔을 후벼판다", "너 쥐약 먹었냐", "눈 구녕이 저게, 이놈의 새끼" 등의 **욕설을 하고, 큰소리를 지르며 행패를 부리고, 위 민원실 밖 복도에 주저앉는 등의 방법**으로 약 1시간가량 위 경찰관들의 수사 관련 업무를 방해하였다.

이후 피고인들은 업무방해죄로 기소되었고, 원심은 경찰관들의 수사 관련 업무 방해를 이유로 피고인들에게 업무방해죄의 성립을 인정하였다. 이에 X 등은 상고하였다.

●**판지**● 파기환송. 「[다수의견] 형법상 업무방해죄의 보호법익은 업무를 통한 사람의 사회적·경제적 활동을 보호하려는 데 있으므로, 그 보호대상이 되는 '업무'란 (가) 직업 또는 계속적으로 종사하는 사무나 사업을 말하고, 여기서 (나) '사무' 또는 '사업'은 단순히 경제적 활동만을 의미하는 것이 아니라 널리 사람이 그 사회생활상의 지위에서 계속적으로 행하는 일체의 사회적 활동을 의미한다. 한편, (다) 형법상 업무방해죄와 **별도로 규정한 공무집행방해죄에서 '직무의 집행'**이란 널리 공무원이 직무상 취급할 수 있는 사무를 행하는 것을 의미하는데, 이 죄의 보호법익이 공무원에 의하여 구체적으로 행하여지는 국가 또는 공공기관의 기능을 보호하고자 하는 데 있는 점을 감안할 때, 공무원의 직무집행이 적법한 경우에 한하여 공무집행방해죄가 성립하고, 여기에서 적법한 공무집행이란 그 행위가 공무원의 추상적 권한에 속할 뿐 아니라 구체적 직무집행에 관한 법률상 요건과 방식을 갖춘 경우를 가리키는 것으로 보아야 한다. 이와 같이 (라) **업무방해죄와 공무집행방해죄는 그 보호법익과 보호대상이 상이할 뿐만 아니라 업무방해죄의 행위유형에 비하여 공무집행방해죄의 행위유형은 보다 제한되어 있다.** 즉 공무집행방해죄는 폭행, 협박에 이른 경우를 구성요건으로 삼고 있을 뿐 이에 이르지 아니하는 위력 등에 의한 경우는 그 구성요건의 대상으로 삼고 있지 않다. 또한, (마) 형법은 공무집행방해죄 외에도 여러 가지 유형의 공무방해행위를 처벌하는 규정을 개별적·구체적으로 마련하여 두고 있으므로, 이러한 처벌조항 이외에 공무의 집행을 업무방해죄에 의하여 보호받도록 하여야 할 현실적 필요가 적다는 측면도 있다. 그러므로 (바) 형법이 업무방해죄와는 별도로 공무집행방해죄를 규정하고 있는 것은 **사적 업무와 공무를 구별하여** 공무에 관해서는 공무원에 대한 **폭행, 협박** 또는 **위계의 방법**으로 그 집행을 방해하는 경우에 한하여 처벌하겠다는 취지라고 보아야 한다. 따라서 **공무원이 직무상 수행하는 공무를 방해하는 행위에 대해서는 업무방해죄로 의율할 수는 없다**고 해석함이 상당하다.

---

1) 형법 제314조(업무방해) ① 제313조의 방법(**허위사실유포나** 기타 **위계**) 또는 **위력**으로써 사람의 **업무를 방해**한 자는 5년 이하의 징역 또는 1천500만원 이하의 벌금에 처한다.
2) 형법 제136조(공무집행방해) ① 직무를 집행하는 공무원에 대하여 **폭행** 또는 **협박**한 자는 5년 이하의 징역 또는 1천만원 이하의 벌금에 처한다.
3) 형법 제137조(위계에 의한 공무집행방해) **위계**로써 공무원의 직무집행을 방해한 자는 5년 이하의 징역 또는 1천만원 이하의 벌금에 처한다.

[반대의견] 공무원이 직무상 수행하는 공무 역시 공무원이라는 사회생활상의 지위에서 계속적으로 종사하는 사무이므로 업무방해죄의 '업무'의 개념에 당연히 포섭되고, 업무방해죄의 업무에 공무를 제외한다는 명문의 규정이 없는 이상 공무도 업무방해죄의 업무에 포함된다. 뿐만 아니라 업무방해죄는 일반적으로 사람의 사회적·경제적 활동의 자유를 보호법익으로 하는 것인데, 공무원 개인에 대하여도 자신의 업무인 공무수행을 통한 인격발현 및 활동의 자유는 보호되어야 하므로 단순히 공무원이 영위하는 사무가 공무라는 이유만으로 업무방해죄의 업무에서 배제되어서는 아니 된다. 따라서 공무의 성질상 그 집행을 방해하는 자를 배제할 수 있는 강제력을 가지지 않은 공무원에 대하여 **폭행, 협박에 이르지 않는 위력 등에 의한 저항 행위가 있는 경우에는 일반 개인에 대한 업무방해행위와 아무런 차이가 없으므로 업무방해죄로 처벌되어야 한다**」.

●**해설**● 1 대상판결은 위력을 행사하여 공무원들의 정상적인 업무수행을 방해하거나 업무방해의 결과를 초래한 경우에 업무방해죄가 성립한다고 판시한 종래의 대법원의 입장을 변경하여 **공무가 업무방해죄의 보호대상이 될 수 없다**고 판시하였다는 점에서 의의가 있다.

2 사안에서 X 등은 경찰공무원들의 수사관련 업무인 공무집행을 방해하고 있다. 이 경우 공무집행방해로 처리하면 좋은데 문제는 공무집행방해죄는 그 행위 태양이 **폭행, 협박 또는 위계**에 한정되어 있다는 점이다(법136,137). 그런데 X 등이 부린 행패가 공무집행방해죄의 '폭행과 협박'에는 이르지 못하였기 때문에 검사는 **위력에 의한 업무방해죄**로 기소하였고 제1심과 원심도 업무방해죄 유죄를 인정하였다.

3 원심은 업무방해죄에서 '위력'은 「사람의 자유의사를 제압·혼란케 할 만한 일체의 세력으로, 유형적이든 무형적이든 묻지 아니하므로 폭행·협박은 물론 사회적·경제적·정치적 지위와 권세에 의한 압박 등도 이에 포함」되는 것으로 이해하여 X 등의 행위도 여기에 들어간다고 판단하였다. 하지만 대법원은 의견을 달리하여 공무원이 직무상 수행하는 공무를 방해하는 행위에 대해서는 업무방해죄로 의율할 수는 없다고 해석하였다(다수의견).

4 쟁점은 업무방해죄의 '업무'에 '공무'가 포함되는지 여부이다. (a) **부정설**인 대법원 다수의견은 업무방해죄와 공무집행방해죄는 형법상 서로 다른 형태의 범죄군에 속해 있어 그 보호법익과 보호대상이 다른 점을 강조한다. 나아가 공무집행방해죄의 행위태양이 **폭행과 협박, 위계**로 한정되어 있다는 점은 그밖의 행위는 처벌하지 않겠다는 입법취지가 담긴 것으로 해석한다. 이에 반해 (b) **긍정설**인 대법원 반대의견은 위력에 의한 공무방해에 대해 업무방해죄의 성립을 부정하게 되면 처벌의 불균형 내지 공백이 생기며 그로 인해 현실적으로 공공기관에서 많은 민원인들의 감정적인 소란행위를 조장하는 결과를 초래하게 될 위험이 있을 것으로 우려한다.

5 현재 형법은 공무집행방해죄 외에도 직무강요죄(법136②), 법정 또는 국회회의장모욕죄(법138), 인권옹호직무방해죄(법139), 공무상비밀표시무효죄(법140), 부동산강제집행효용침해죄(법140의2), 공용서류등무효죄(법141①), 공용물파괴죄(법141②), 공무상 보관물무효죄(법142) 및 특수공무방해죄(법144) 등과 같이 여러 가지 유형의 **공무방해 행위를 처벌하는 규정을 개별적·구체적으로 마련**하여 두고 있다. 또한 증거인멸죄나 무고죄, 위증죄 등과 같이 공무집행방해죄의 성격을 지니는 범죄가 다수 규정되어 있다.

1 [대판 2009도11104] **파기환송**. [1] 형법이 업무방해죄와는 별도로 공무집행방해죄를 규정하고 있는 것은 사적 업무와 공무를 구별하여 공무에 관해서는 공무원에 대한 폭행, 협박 또는 위계의 방법으로 그 집행을 방해하는 경우에 한하여 처벌하겠다는 취지라고 보아야 할 것이고, 따라서 공무원이 직무상 수행하는 공무를 방해하는 행위에 대해서는 업무방해죄로 의율할 수는 없다. [2] 피고인이 甲 등과 공모하여 위력으로 시장(市長) 乙 및 丙 회사 관계자 등의 기자회견 업무를 방해하였다는 내용으로 기소된 사안에서, 공소사실 중 공무원 乙의 기자회견 업무에 대한 업무방해의 점을 유죄로 인정한 원심판결에 업무방해죄 성립범위에 관한 법리오해의 위법이 있다.

2 [대판 2008도9049] 경찰청 민원실에서 **말똥**을 책상 및 민원실 바닥에 뿌리고 소리를 지르는 등 난동을 부린 행위가 '위력'으로 경찰관의 민원접수 업무를 방해한 것이라는 이유로 업무방해에 해당한다고 본 원심판결에 법리오해의 위법이 있다.

36 채용비리와 위계에 의한 업무방해죄

* 대법원 2007. 12. 27. 선고 2005도6404 판결
* 참조조문: 형법 제314조 제1항1)

신규직원 채용권한을 가지고 있는 지방공사 사장이 시험업무 담당자에게 지시하여 **상호 공모 내지 양해**하에 시험성적조작 등의 부정한 행위를 한 경우, '위계'에 의한 업무방해죄에 해당하는가?

●**사실**● 지방공사 사장인 피고인 X는 1999.10. 하순경 위 공사 일반사무직 신규 직원을 공개채용함에 있어 국회의원 A로부터 자신의 후원회원 자녀인 B를 합격시켜 달라는 부탁을 받고, 위 공사 총무팀장인 Y에게 "B를 잘 챙겨라."고 지시한 후, 1999.11.15. Y로부터 필기시험 결과 B의 성적이 합격권 밖이라는 것을 보고받자 꼭 합격시키도록 재차 지시하였다. Y 는 당시 구조조정을 하던 때라 사장의 말을 듣지 않으면 신분상의 불이익을 당할 것을 우려해 시험답안지를 재작성하여 바꿔치기하는 방법으로 합격시키기로 순차 공모한 뒤, 총무팀 사무실에서 자신과 더불어 인사담당 직원인 Z, W가 수험점수 및 등수를 조작하여 B를 합격 채용시켰다. 검사는 X를 위계에 의한 업무방해죄로 공소를 제기하였으나 원심은 무죄를 선고하였다. 이에 검사가 상고하였다.

●**판지**● 상고기각. 「형법 제314조 제1항 소정의 위계에 의한 업무방해죄에 있어서의 '위계'라 함은 행위자의 행위목적을 달성하기 위하여 상대방에게 오인·착각 또는 부지를 일으키게 하여 이를 이용하는 것을 말하는바, 원심이 적법하게 인정한 사실관계에 비추어 보면, 이 사건 공사의 신규직원 채용시험업무 담당자들인 공소외 1 등이 일반행정 6급시험 응시자인 공소외 2의 필기시험성적을 조작한 것과 전문계약직인 사서직 응시자 공소외 3을 면접대상자에 포함시킬 수 있도록 응시자격 요건을 변경한 것은 피고인의 부정한 지시에 따른 결과일 뿐이지 피고인의 행위에 의해 위 시험업무 담당자들이 오인·착각 또는 부지를 일으킨 결과가 아니고, 이와 같이 신규직원 채용권한을 갖고 있는 피고인 및 위 시험업무 담당자들이 모두 공모 내지 양해하에 위와 같은 부정한 행위를 하였다면 법인인 이 사건 공사에게 위 신규직원 채용업무와 관련하여 오인·착각 또는 부지를 일으키게 하였다고 볼 수는 없다. 그렇다면 이 사건에서는 피고인의 위 시험업무 담당자들에 대한 부정한 지시나 이에 따른 업무 담당자들의 부정행위로 말미암아 공사의 신규직원 채용업무와 관련하여 오인·착각 또는 부지를 일으킨 상대방이 있다고 할 수 없으므로, 피고인 등의 위 부정행위가 곧 위계에 의한 업무방해죄에 있어서의 '위계'에 해당한다고 할 수 없다」..

●**해설**● 1 업무방해죄의 보호법익은 '업무를 통한 사람의 사회적·경제적 활동'이다. 보호의 정도는 **추상적 위험범**이다. 위계에 의한 업무방해죄는 **허위사실을 유포하거나 기타 위계** 또는 위력을 사용하여 타인의 업무를 방해한 경우를 말한다. 여기서 '타인'에는 자연인뿐만 아니라 법인이나 법인격 없는 단체, 공사가 포함된다. 하지만 **영조물에 불과한 대학교 자체**는 업무방해죄에 있어서의 업무의 주체가 될 수 없다(대판 98도663).

---

1) 형법 제314조(업무방해) ① **제313조의 방법(허위사실유포나 기타 위계)** 또는 **위력**으로써 사람의 **업무를 방해한** 자는 5년 이하의 징역 또는 1천500만원 이하의 벌금에 처한다. ② 컴퓨터등 정보처리장치 또는 전자기록등 특수매체기록을 **손괴하거나** 정보처리장치에 허위의 정보 또는 부정한 명령을 **입력하거나 기타 방법으로** 정보처리에 장애를 발생하게 하여 사람의 업무를 방해한 자도 제1항의 형과 같다.

2 업무방해죄의 행위태양은 ① **허위사실의 유포와 위계** 그리고 ② **'위력'**이 있다. (1) '허위사실의 유포'는 객관적으로 볼 때 진실에 반하는 사실을 불특정 또는 다수인에게 퍼뜨리는 것을 말한다. '허위사실 유포'의 경우, 유포한 대상이 사실적시와 의견표현이 혼재되어 있는 경우에는 이를 분리하여 별개로 범죄성립 여부를 판단할 것이 아니라 전체적으로 보아 허위사실을 유포하여 업무를 방해한 것인지를 판단해야한다(대판 2021도6634, Ref 2-1). '허위사실의 유포'는 '위계'의 한 예로 이해된다. (2) 여기서 **'위계'란** 「행위자가 행위목적을 달성하기 위하여 상대방에게 오인, 착각 또는 부지를 일으키게 하여 이를 이용하는 것」을 말한다(대판 2013도5117, Ref 1.2-1). 그리고 (3) 업무수행 자체가 아니라 업무의 **적정성 내지 공정성이 방해**된 경우에도 위계에 의한 업무방해죄가 성립한다(대판 2006도1721, Ref 1-8)(입시부정, 대리논문작성, 대리응시 등).

3 과거 **채용과 관련**된 위계에 의한 업무방해죄는 주로 '위장취업'의 문제로 다루어졌으나(대판 91도2221, Ref 1.15-1), 최근에는 경기침체, 실업률 증가, 청년고용률 감소 등의 상황에서 주로 '부정 채용'의 문제로 다루어지고 있다. 기업의 사회적 책임을 강조하여 채용과정에서의 공정성 유지를 요구하고 있는 것이다. 하지만 한편으로 업무방해죄의 적용범위를 지나치게 넓히고 사기업의 자율성을 침해한다는 비판도 강하다.[2]

4 대상판결에서 대법원은 원심의 판단과는 달리 지방공사 사장이 신규직원 채용권한을 행사하는 것은 「공사의 기관으로서 공사의 업무를 집행하는 것이므로, 위 권한의 귀속주체인 사장 본인에 대한 관계에서도 업무방해죄의 객체인 타인의 업무에 해당 한다」고는 보았으나 X의 행위가 위계에 의한 업무방해죄에 있어서의 위계에 해당되지는 않는다는 취지에서는 원심과 입장을 같이했다.

5 즉 법원은 Y등이 응시자격 요건을 변경한 것은 X의 부정한 지시에 따른 결과일 뿐이지 X의 행위에 의해 위 시험업무 담당자들이 오인·착각 또는 부지를 일으킨 결과가 아니라고 판단하고 있다. 이와 같이 신규직원 채용권한을 갖고 있는 **X 및 위 시험업무 담당자들이 '모두' 공모 내지 양해 하에 위와 같은 부정한 행위를 하였다면** 법인인 이 사건 공사에게 위 신규직원 채용업무와 관련하여 오인·착각 또는 부지를 일으키게 하였다고 볼 수는 없다는 것이다.

6 대상판결은 사장부터 아래 직원들이 공모를 하고 있기 때문에 '위계의 상대방이 없다'는 취지이고 따라서 위계에 의한 업무방해가 될 수 없다고 보았다. 즉 이 상황은 사장의 부정한 지시에 업무담당자가 따른 결과일 뿐이지 담당자들이 오인이나 착각 또는 부지를 일으킨 사안은 아니라는 것이다.

Reference 1

위계에 의한 업무방해죄 성립을 긍정한 판례

1 [대판 2017도19283] 파기환송. [허위 봉사활동확인서를 제출한 경우] 피고인 갑, 을이 공모하여, 피고인 갑은 병 고등학교의 학생 정이 약 10개월 동안 총 84시간의 봉사활동을 한 것처럼 허위로 기재된 봉사활동

---

2) 조성훈, 위계에 의한 업무방해죄의 제한해석: 소위 '부정 채용' 사건을 중심으로, 법학논총(제48집, 2020.09), 숭실대학교 법학연구소, 536면.

확인서를 발급받아 피고인 을에게 교부하고, 피고인 을은 이를 정의 담임교사를 통하여 병 학교에 제출하여 정으로 하여금 2010년도 학교장 명의의 봉사상을 수상하도록 하는 방법으로 **위계로써 학교장의 봉사상 심사 및 선정 업무를 방해**하였다는 내용으로 기소된 사안에서, 피고인들에게 무죄를 선고한 원심판단에 업무방해죄의 성립에 관한 법리오해의 위법이 있다. **cf)** 원심은 정의 봉사상 수상자 선정은 병 학교 업무담당자의 불충분한 심사에 기인한 것으로서 피고인들의 위계가 업무방해의 위험성을 발생시켰다고 할 수 없다고 보아 피고인들에게 무죄를 선고하였다. 그러나 대법원은 학교 측에 귀책사유(불충분한 심사가 있었던 것)가 있었던 것은 아니라고 판단하였다.

정보입력행위와 위계

2-1 [대판 2013도5117] [통합진보당 부정 경선 사건3)] [1] 위계에 의한 업무방해죄에서 '위계'란 (가) 행위자가 행위목적을 달성하기 위하여 상대방에게 오인, 착각 또는 부지를 일으키게 하여 이를 이용하는 것을 말하고, (나) 업무방해죄의 성립에는 업무방해의 결과가 실제로 발생함을 요하지 않고 업무방해의 결과를 초래할 **위험이 발생하면 족하며**, (다) 업무수행 자체가 아니라 업무의 적정성 내지 공정성이 방해된 경우에도 업무방해죄가 성립한다. 나아가 (라) **컴퓨터 등 정보처리장치에 정보를 입력**하는 등의 행위가 그 입력된 정보 등을 바탕으로 업무를 담당하는 사람의 오인, 착각 또는 부지를 일으킬 목적으로 행해진 경우에는 **그 행위가 업무를 담당하는 사람을 직접적인 대상으로 이루어진 것이 아니라고 하여 위계가 아니라고 할 수는 없다.** [2] 甲정당의 제19대 국회의원 비례대표 후보자 추천을 위한 당내 경선과정에서 피고인들이 선거권자들로부터 **인증번호만을 전달**받은 뒤 그들 명의로 특정 후보자에게 전자투표를 함으로써 **위계로써 甲정당의 경선관리 업무를 방해**하였다는 내용으로 기소된 사안에서, 국회의원 비례대표 후보자 명단을 확정하기 위한 당내 경선은 정당의 대표자나 대의원을 선출하는 절차와 달리 국회의원 당선으로 연결될 수 있는 중요한 절차로서 직접투표의 원칙이 그러한 경선절차의 민주성을 확보하기 위한 최소한의 기준이 된다고 할 수 있는 점 등 제반 사정을 종합할 때, 당내 경선에도 직접·평등·비밀투표 등 일반적인 선거원칙이 그대로 적용되고 대리투표는 허용되지 않는다는 이유로 피고인들에게 **유죄를 인정**한 사례.

2-2 [비교판례] [대판 2021도12394] 위계에 의한 업무방해죄에서 '위계'란 행위자가 행위 목적을 달성하기 위하여 상대방에게 오인, 착각 또는 부지를 일으키게 하여 이를 이용하는 것을 말한다. 컴퓨터 등 정보처리장치에 정보를 입력하는 등의 행위도 그 입력된 정보 등을 바탕으로 업무를 담당하는 사람의 오인, 착각 또는 부지를 일으킬 목적으로 행해진 경우에는 여기서 말하는 위계에 해당할 수 있으나, **위와 같은 행위로 말미암아 업무와 관련하여 오인, 착각 또는 부지를 일으킨 상대방이 없었던 경우에는 위계가 있었다고 볼 수 없다.**

3 [대판 2012도10629] 甲 상호저축은행 경영진인 피고인이 영업정지가 임박한 상황에서 甲 저축은행에 파견되어 있던 금융감독원 감독관에게 알리지 아니한 채 영업마감 후에 **특정 고액 예금채권자들에게 영업정**

---

3) **통합진보당 부정 경선 사건**은 2012년 3월 14일에서 3월 18일 사이에 치러진 통합진보당 비례대표 후보자 경선에 관련된 부정 경선이 발생했다는 의혹으로부터 시작됐다. 3월 17일 ARS 조작 의혹이 제기되었다가 나중에는 컴퓨터를 이용한 부정 경선 의혹으로 확산되었고 일부 ID와 IP가 동일한 것으로 나타나는 등의 부정 경선 의혹이 확산되었다. 이후의 법원 재판 또한 대법원이 제시한 기준에 따라, 통합진보당의 해당 선거에서 부정행위들이 발생했음을 인정하고, 잔류파·이탈파를 막론하고 관련자들 거의 전원에게 그 가담 정도에 따른 유죄가 선고되었다. 그리고 이후 헌법재판소는 통합진보당 해산심판 사건에서 통합진보당의 비례대표 부정경선과 야권단일화 여론조사 여론조작을 해산 사유로 판결해 통합진보당은 해산되었다. ko.wikipedia.org

지 예정사실을 알려주어 예금을 인출하도록 함으로써 파견감독관의 상시감독업무를 방해하였다 는 내용으로 기소된 사안에서, 피고인의 행위가 업무방해죄의 '위계'에 해당한다고 본 원심판단 을 수긍한 사례.

직원채용과 위계

4-1 [대판 2009도8506] 파기환송. **수산업협동조합**의 신규직원 채용에 응시한 甲과 乙이 필기시험에서 합 격선에 못미치는 점수를 받게 되자, 채점업무 담당자들이 조합장인 피고인의 지시에 따라 **점수조작행위를 통하여** 이들을 필기시험에 합격시킴으로써 필기시험 합격자를 대상으로 하는 면접시험에 응시할 수 있도 록 한 사안에서, 위 점수조작행위에 **공모 또는 양해하였다고 볼 수 없는 일부 면접위원**들이 조합의 신규직원 채용업무로서 수행한 면접업무는 위 점수조작행위에 의하여 방해되었다고 보아야 함에도, 이와 달리 무죄 로 판단한 원심판결에 위계에 의한 업무방해죄의 법리를 오해한 위법이 있다.

4-2 [대판 2016도18858] [1] 갑 주식회사의 상무이사인 피고인이 갑 회사의 신규 직원 채용 과정에서, 면접위원인 을이 면접이 끝난 후 인사 담당 직원에게 채점표를 작성하여 제출하고 면접장소에서 먼저 퇴장 하자, 남은 면접위원들과 협의하여 피고인이 지정한 응시자를 최종합격자로 선정함으로써 피해자 을의 공 정하고 객관적인 직원채용에 관한 업무를 위계로써 방해하였다는 내용으로 기소된 사안에서, 을에 대한 업 무방해의 점을 유죄로 인정한 원심판단에 법리오해의 잘못이 있다고 한 사례. [2] 피고인은 영어로 면접한 응시생 중에서 영어 구사능력이 우수하다고 판단한 사람을 합격시키면 좋겠다는 취지로 남아 있던 다른 면 접위원들을 설득한 것으로 보이고 남은 면접위원들이 피고인의 제안을 수용하여 최종합격자를 결정하였 다. 이처럼 피고인이 최종합격자를 선정하는 데 영향력을 행사하였더라도 그러한 행위가 면접업무를 이미 마친 을에게 오인·착각 또는 부지를 일으켰다고 할 수 없다.

5 [대판 2009도4772] 다른 사람이 작성한 논문을 피고인 단독 혹은 공동으로 작성한 논문인 것처럼 학술 지에 제출하여 발표한 논문연구실적을 **부교수 승진심사** 서류에 포함하여 제출한 사안에서, 당해 논문을 제외 한 다른 논문만으로도 부교수 승진 요건을 월등히 충족하고 있었다는 등의 사정만으로는 승진심사 업무의 적정성이나 공정성을 해할 위험성이 없었다고 단정할 수 없으므로, 위계에 의한 업무방해죄를 구성한다.

6 [대판 2007도9334] 특정 회사가 제공하는 게임사이트에서 정상적인 포커게임을 하고 있는 것처럼 가 장하면서 통상적인 업무처리 과정에서 적발해 내기 어려운 사설 프로그램 ('한도우미 프로그램')을 이용하 여 약관상 양도가 금지되는 **포커머니를 약속된 상대방에게 이전해 준 행위**는 위계에 의한 업무방해죄를 구 성한다.

7 [대판 2007도5030] 대한주택공사가 시행하는 택지개발사업의 공동택지용지 수의공급업무와 관련하여 택지개발예정지구 지정공고일 이후에 대상토지를 매수하여 관련 규정상 신청자격이 없는 자가, 계약일자 를 위 공고일 이전으로 허위기재한 매매계약서를 기초로 소유권이전등기를 마친 후 그 **등기부등본과 계약 일자를 허위로 기재**한 소유토지조서를 첨부하여 수의공급신청을 한 경우, 위 공사의 택지공급업무의 적정 성과 공정성을 해할 위험을 초래한 것에 해당하여 위계에 의한 업무방해죄를 구성한다.

8 [대판 2006도1721] [1] 한국자산관리공사가 공적자금을 회수하기 위하여 공적자금 투입업체의 출자전

환주식을 매각하기로 하고 그 매각업무의 주간사를 선정하는 과정에서, 1차 선정위원회의 구성원들이 특정 업체에 유리하게 평가표의 평가항목별 배점을 수정하여 그 업체를 1순위로 선정한 다음, 이러한 사실을 고지하지 않은 채 2차 선정위원회에 심사결과와 수정된 평가표를 제출한 것은 위계에 의한 업무방해죄를 구성한다. [2] 위계에 의한 업무방해죄에 있어서 위계란, 행위자의 행위목적을 달성하기 위하여 상대방에게 오인, 착각 또는 부지를 일으키게 하여 이를 이용하는 것을 말하고, 업무방해죄의 성립에는 업무방해의 결과가 실제로 발생함을 요하지 않고 업무방해의 결과를 초래할 위험이 발생하는 것이면 족하며, **업무수행 자체가 아니라 업무의 적정성 내지 공정성이 방해**된 경우에도 업무방해죄가 성립한다.

심사업무와 위계(충분한 심사 · 불충분한 심사 법리)

9-1 [대판 2003도7927] [신청을 받아 자격요건을 심사하여 수용 여부를 결정하는 업무의 담당자에게 신청인이 허위의 주장을 하면서 허위의 자료를 제출한 것이 위계에 의한 업무방해죄를 구성하는 경우] [1] 업무방해죄의 성립에 있어서 업무방해의 결과가 실제로 발생함을 요하는 것은 아니고 업무방해의 **결과를 초래할 위험이 발생**하면 족하다. [2] (가) 주한외국영사관의 **비자발급업무**와 같이 상대방으로부터 신청을 받아 일정한 자격요건 등을 갖춘 경우에 한하여 그에 대한 수용 여부를 결정하는 업무에 있어서는 신청서에 기재된 사유가 사실과 부합하지 않을 수 있음을 전제로 하여 그 자격요건 등을 심사 · 판단하는 것이므로, 그 업무담당자가 사실을 충분히 확인하지 아니한 채 신청인이 제출한 허위의 신청사유나 허위의 소명자료를 가볍게 믿고 이를 수용하였다면 이는 **업무담당자의 불충분한 심사에 기인한 것으로서** 신청인의 위계가 업무방해의 위험성을 발생시켰다고 할 수 없어 위계에 의한 **업무방해죄를 구성하지 않는다고 할 것이지만,** (나) 신청인이 업무담당자에게 허위의 주장을 하면서 이에 부합하는 허위의 소명자료를 첨부하여 제출한 경우 그 수리 여부를 결정하는 업무담당자가 관계 규정이 정한 바에 따라 그 요건의 존부에 관하여 **나름대로 충분히 심사를 하였으나** 신청사유 및 소명자료가 허위임을 발견하지 못하여 그 신청을 수리하게 될 정도에 이르렀다면 **이는 업무담당자의 불충분한 심사가 아니라 신청인의 위계행위에 의하여 업무방해의 위험성이 발생된 것이어서 이에 대하여 위계에 의한 업무방해죄가 성립된다.** cf) 본 사안에서 법원은 담당자의 업무처리의 정도에 따라 업무방해죄의 성립여부를 결정하고 있음을 주의하여야 한다. 한편 법원은 비자발급업무의 '일반적 · 추상적 위험성'을 범죄로 하고 있다.

9-2 [비교판례] [대판 2008도6950] 대학교 시간강사 임용과 관련하여 허위의 학력이 기재된 이력서만을 제출한 사안에서, 임용심사업무 담당자가 **불충분한 심사로 인하여** 허위 학력이 기재된 이력서를 믿은 것이므로 위계에 의한 업무방해죄를 구성하지 않는다.

9-3 [비교판례] [대판 2021도17151] 계좌개설 심사업무를 담당하는 금융기관의 업무담당자가 단순히 예금거래신청서 등에 기재된 계좌개설 신청인의 허위 답변만을 그대로 믿고 그 내용의 진실 여부를 확인할 수 있는 증빙자료의 요구 등 추가적인 확인조치 없이 법인 명의의 계좌를 개설해 준 경우 그 계좌개설은 금융기관 업무담당자의 **불충분한 심사에 기인한 것이므로,** 계좌개설 신청인의 위계가 업무방해의 위험성을 발생시켰다고 할 수 없어 위계에 의한 업무방해죄를 구성하지 않는다고 보아야 한다.

논문의 대리 작성과 위계

10-1 [대판 94도2708] 단순히 통계처리와 분석, 또는 외국자료의 번역과 타자만을 타인에게 의뢰한 것이 아니라 전체 **논문**의 초안 작성을 의뢰하고, 그에 따라 작성된 논문의 내용에 약간의 수정만을 가하여 제출하였음이 인정된다면 업무방해죄에 해당된다.

10-2 [대판 2021도13708] 학위논문을 작성함에 있어 자료를 분석, 정리하여 논문의 내용을 완성하는 일의 대부분을 타인에게 의존한 경우, 그 논문은 타인에 의하여 대작(대작)된 것으로 보아야 하는지 여부(적극) / 학위청구논문의 작성계획을 밝히는 **예비심사 단계에서 제출된 논문** 또는 자료의 경우, 학위논문과 동일하게 볼 수 있는지 여부(소극)

11 [대판 93도288] 한국도로공사가 공소외 금성산전주식회사의 고속도로 통행요금징수 기계화시스템의 성능에 대한 2차현장 평가를 하게 되었는데, 위 금성산전주식회사와는 반대의 이해관계를 가진 공소외 삼성전자주식회사의 직원들인 피고인들이 위 설비가 차량판별시 타이어의 접지면을 고려하고 있어 타이어의 접지면이 통상 예정했던 경우와 달라지면 그 차량판별에 오차가 발생하는 등의 문제점이 있음을 알아내어, 위 설비의 차량판별에 있어서의 문제점을 부각시키기 위하여, 한국도로공사에 알리지 아니한 채, 인위적으로 각종 **소형화물차 16대의 타이어 공기압을 낮추어 접지면을 증가시킨** 후 위 설비가 설치되어 있는 동서울 톨게이트 하행선 우측 2번 라인을 통과하도록 하였다면, 이와 같은 피고인들의 행위는 **위계를 사용하여** 한국도로공사의 현장시험업무에 지장을 줄 위험을 발생케 한 것으로서, 이에 의하여 실지로 업무방해의 결과가 발생하였는지 여부에 상관없이 업무방해죄를 구성함에 충분하다.

입학사정과 위계

12-1 [대판 92도255] 대학교 총장이 신입생을 추가로 모집함에 있어 기부금을 낸 학부모나 교직원 자녀들의 성적 또는 지망학과를 고쳐 석차가 추가로 모집하는 인원의 범위 내에 들도록 **사정부를 허위로 작성한** 다음 그 정을 모르는 입학사정위원들에게 제출하여 허위로 작성된 사정부에 따라 입학사정을 하게 함으로써 위 자녀들을 합격자로 사정하게 하였다면 이는 **위계로써 입학사정업무를 방해하였다**고 할 것이다.

12-2 [대판 93도2305] 학부모들이 대학교 교무처장 등에게 자녀들의 부정입학을 청탁하면서 그 대가로 대학교 측에 기부금 명목의 금품을 제공하고 이에 따라 교무처장 등이 그들의 실제 입학시험성적을 **임의로 고쳐** 그 석차가 모집정원의 범위 내에 들도록 **사정부를 허위로 작성**한 다음 이를 그 정을 모르는 입학사정위원들에게 제출하여 그들로 하여금 그 사정부에 따라 입학사정을 하게 함으로써 자녀들을 합격자로 사정처리하게 한 것은 위계로써 입학사정위원들의 사정업무를 방해한 것이다.

13 [대판 92도58] 노동조합 간부들이 회사와 협의 없이 **일방적으로 휴무를 결정**한 후 유인물을 배포하여 **유급 휴일로 오인한 근로자들이 출근하지 아니하여** 공장의 가동을 불능케 한 것이 위계에 의한 업무방해죄에 해당한다.

위장취업과 위계

14 [대판 91도2221] [노동운동을 할 목적으로 자신의 신분을 숨긴 채 타인 명의로 허위의 학력, 경력을 기재한 이력서와 생활기록부 등을 제출하여 채용시험에 합격한 경우 위계에 의한 업무방해죄가 성립한다고 본 사례] 회사가 공원모집을 함에 있어 학력, 경력을 기재한 이력서와 주민등록등본, 생활기록부 및 각서 등 서류를 교부받고, 응모자를 상대로 문제를 출제하여 시험을 보게 한 것은 단순히 응모자의 노동력을 평가하기 위한 것만이 아니라 노사 간의 신뢰형성 및 기업질서 유지를 위한 응모자의 지능과 경험, 교육정도, 정직성 및 직장에 대한 적응도 등을 감안하여 위 회사의 근로자로서 고용할 만한 적격자인지 여부를 결정하기 위한 자료를 얻기 위함인 것으로 인정되는데 피고인이 노동운동을 하기 위하여 노동현장에 취업

하고자 하나, 서울대학교에 입학한 학력과 국가보안법위반죄의 처벌 전력 때문에 쉽사리 입사할 수 없음을 알고, 타인명의로 허위의 학력과 경력을 기재한 이력서를 작성하고, 동인의 고등학교 생활기록부 등 서류를 작성 제출하여 시험에 합격하였다면, 피고인은 **위계에 의하여** 위 회사의 근로자로서의 적격자를 채용하는 **업무를 방해하였다. cf)** 원심과 대법원은 피고인에게 위계에 의한 업무방해죄를 인정하였다. 즉 본 죄는 업무방해의 우려가 있는 상태가 발생하면 충분한 **위험범이기 때문에** 회사의 근로자채용의 업무가 피고인의 행위로 방해되었다고 보는 것이다. 하지만 이 판례에 대해서는 형법의 보충성원칙에 따라 계약위반이나 노동법적으로 해석·처리되어야 하며 형법이 개입할 문제는 아니라는 비판이 있다.4)

시험출제와 위계

15-1 [대판 91도2211] 교수인 피고인 갑이 ○○대학원신입생전형시험문제를 제출받아 피고인 을, 병에게 **그 시험문제를 알려주자** 그들이 답안쪽지를 작성한 다음 이를 답안지에 그대로 베껴써서 그 정을 모르는 시험감독관에게 제출한 경우, 위계로써 입시감독업무를 방해한 것이므로 업무방해죄에 해당한다.

15-2 [비교판례] [대판 99도3487] [1] [순수한 예상문제를 선정하여 수험생이나 그 교습자에게 주는 행위가 시험실시업무를 방해하는 행위인지 여부(소극)] 객관적으로 보아 당해 출제교사가 출제할 것이라고 예측되는 **순수한 예상문제를 선정**하여 수험생이나 그 교습자에게 주는 행위를 가지고 시험실시업무를 방해하는 행위라고 할 수는 없다. [2] [출제위원이 선정한 문제를 시험실시자에게 제출하기 전에 외부에 유출한 행위만으로 업무방해죄가 성립하는지 여부(소극)] 시험의 출제위원이 문제를 선정하여 시험실시자에게 제출하기 전에 이를 유출하였다고 하더라도 이러한 행위 자체는 위계를 사용하여 시험실시자의 업무를 방해하는 행위가 아니라 **그 준비단계에 불과한 것**이고, 그 후 그와 같이 유출된 문제가 시험실시자에게 제출되지도 아니하였다면 그러한 문제유출로 인하여 시험실시 업무가 방해될 추상적인 위험조차도 있다고 할 수 없으므로 업무방해죄가 성립한다고 할 수 없다.

16 [대판 76도2446] [의장권자의 전용실시권자등에 대한 제조판매중지 등의 통고행위] **전용실시권 없이** 의장권만을 경락에 의하여 취득한 자가 전용실시권에 기하여 그 권리범위에 속하는 물품을 제조판매하는 거래에 관하여 자기에게만 실시권이 있는 양 주장하면서 물품의 제조판매의 중지와 불응시 제재하겠다는 통고문을 내용증명우편으로 발송하였다면 이는 업무방해죄의 구성요건을 충족할 수 있다.

위계에 의한 업무방해죄 성립을 부정한 판례

17 [대판 2021도12394] 위계에 의한 업무방해죄에서 '위계'란 행위자가 행위 목적을 달성하기 위하여 상대방에게 오인, 착각 또는 부지를 일으키게 하여 이를 이용하는 것을 말한다. 컴퓨터 등 정보처리장치에 정보를 입력하는 등의 행위도 그 입력된 정보 등을 바탕으로 업무를 담당하는 사람의 오인, 착각 또는 부지를 일으킬 목적으로 행해진 경우에는 여기서 말하는 위계에 해당할 수 있으나, 위와 같은 행위로 말미암아 업무와 관련하여 **오인, 착각 또는 부지를 일으킨 상대방이 없었던 경우**에는 위계가 있었다고 볼 수 없다. **cf)** 사안에서 피고인은 피해자 은행들의 자동화기기(ATM)를 통한 무통장·무카드 입금을 하면서, '1인 1일 100만 원' 한도를 준수하는 것처럼 가장하기 위하여 제3자의 이름과 주민등록번호를 자동화기기에 입력한 후 100만 원 이하의 금액으로 나누어 여러 차례 현금을 입금하였다.

---

4) 배종대, 형법각론(제8전정판), 304면.

18 [대판 2017도7236] 피고인이 피해 회사가 사용 중인 서비스표를 피해 회사보다 시간적으로 먼저 등록 출원을 하였다거나 피해 회사가 사용 중인 서비스표의 제작에 실제로는 관여하지 않았으면서도 서비스표 등록출원을 하였다는 등의 사정만으로는 피해 회사에 대한 위계에 해당한다고 단정하기 어렵다.

19 [대판 2016도15144] **[위계에 의한 업무방해죄에서 '위계'의 의미]** [1] 피고인이 피해자 게임회사들이 제 작한 모바일게임의 이용자들의 게임머니나 능력치를 높게 할 수 있는 변조된 게임프로그램을 해외 인터넷 사이트에서 다운로드받은 다음, 위와 같은 게임프로그램을 제공한다는 것을 나타내는 문구가 게임프로그 램 실행 시 화면에 나올 수 있도록 게임프로그램을 변조한 후 자신이 직접 개설한 모바일 어플리케이션 공 유사이트 게시판에 위와 같이 변조한 게임프로그램들을 게시·유포하여 위계로써 피해자 게임회사들의 정 상적인 영업업무를 방해하였다는 내용으로 기소된 사안에서, 피고인이 어떠한 방법으로 변조된 게임프로 그램을 실행하여 게임서버에 **접속하였는지에 관하여 전혀 특정하지 아니한 채** 변조된 게임프로그램을 게시· 유포하였다는 사실만으로는 위계에 의한 업무방해죄가 성립하지 않는다. [2] 게임이용자가 이 사건 공소사실 과 같이 변조된 게임프로그램을 자신의 모바일 기기에 설치하고 이를 실행하여 게임서버에 접속하는 경우, 게임회사로서는 위와 같이 변조된 게임프로그램을 설치·실행하여 서버에 접속한 게임이용자와 정상적인 게임프로그램을 설치·실행하여 서버에 접속한 게임이용자를 구별할 수 없게 되므로, 게임이용자가 변조된 게임프로그램을 **설치·실행하여 게임서버에 접속하여야 비로소** 게임회사에 대한 위계에 의한 업무방해죄가 성립한다고 할 것이다.

20 [대판 2007도5037] 한국토지공사 지역본부가 중고자동차매매단지를 분양하기 위하여 유자격 신청자 들을 대상으로 무작위 공개추첨하여 1인의 수분양자를 선정하는 절차를 진행하는데, 신청자격이 없는 피 고인이 총 12인의 신청자 중 9인의 신청자의 자격과 명의를 빌려 그 당첨확률을 약 75%까지 인위적으로 높여 분양을 신청한 사안에서, 위 분양절차는 공정한 자유경쟁을 통한 적정한 가격형성을 목적으로 하는 입찰절차에 해당하지 않고, 피고인이 분양절차에 참가한 것은 9인의 신청자와 맺은 합작투자의 약정에 따 른 것으로서 위 분양업무의 주체인 한국토지공사가 예정하고 있던 범위 내의 행위이므로, 위 추첨방식의 분양업무의 적정성과 공정성 등을 방해하는 행위라고 볼 수 없어 입찰방해죄나 업무방해죄가 성립하지 않 는다고 한 사례.

21 [대판 2006도3839] 형법 제314조 제1항 소정의 위계에 의한 업무방해죄에 있어서의 '위계'라 함은 행 위자의 행위목적을 달성하기 위하여 상대방에게 오인·착각 또는 부지를 일으키게 하여 이를 이용하는 것 을 말하므로, 인터넷 자유게시판 등에 **실제의 객관적인 사실을 게시하는 행위**는, 설령 그로 인하여 피해자의 업무가 방해된다고 하더라도, 형법 제314조 제1항 소정의 **'위계'에 해당하지 않는다.**

22 [대판 96도3377] **['합의차명'에 의한 실명전환행위**의 업무방해죄 성부(소극)] 실명전환사무를 처리하는 금융기관의 업무는 실명전환을 청구하는 자가 권리자의 외관을 가지고 있는지 여부를 확인하고 그의 명의 가 위 긴급명령에서 정하고 있는 주민등록표상의 명의 등 실명인지 여부를 확인하는 것일 뿐이지, 나아가 그가 과연 금융자산의 실질적인 권리자인지 여부를 조사·확인하는 것까지 그 업무라고 할 수는 없다. 따 라서 기존의 비실명예금을 합의차명에 의하여 명의대여자의 실명으로 전환한 행위는 위 긴급명령에 따른 금융기관의 실명전환에 관한 업무를 방해한 것이라 할 수 없다.

23 [대판 83도2270] [공장을 양도하고 기왕의 외상대금채권을 포기한 자가 외상대금을 수금한 경우 업무방해죄의 성부] 피고인이 그가 경영하던 공장을 공소외 (갑)에게 양도하면서 미수 외상대금 채권의 수금권을 포기하기로 약정하고도 이를 외상채무자들에게 고지하지 아니하고 외상대금을 수령하였다 하여 이로써 위계로 위 공소외인의 공장경영의무를 방해한 것이라 할 수 없다.

Reference 2

허위사실 유포에 의한 업무방해죄의 성립여부

1 [대판 2021도6634] [노동조합의 상급단체 선택과 관련하여 **일부 허위의 사실이 포함**된 글을 작성하여 게시하게 한 경우] 업무방해죄에서 (가) **'허위사실의 유포'란** 객관적으로 진실과 부합하지 않는 사실을 유포하는 것으로서 단순한 의견이나 가치판단을 표시하는 것은 이에 해당하지 않는다. (나) 유포한 대상이 사실과 의견 가운데 어느 것에 속하는지 판단할 때는 언어의 통상적 의미와 용법, 증명가능성, 문제 된 말이 사용된 문맥, 당시의 사회적 상황 등 전체적 정황을 고려해서 판단해야 한다. (다) **의견표현과 사실 적시가 혼재되어 있는 경우**에는 이를 전체적으로 보아 허위사실을 유포하여 업무를 방해한 것인지 등을 판단해야지, 의견표현과 사실 적시 부분을 분리하여 별개로 범죄의 성립 여부를 판단해서는 안 된다. (라) 반드시 기본적 사실이 거짓이어야 하는 것은 아니고 비록 기본적 사실은 진실이더라도 이에 거짓이 덧붙여져 타인의 업무를 방해할 위험이 있는 경우도 업무방해에 해당한다. 그러나 (마) 그 내용 전체의 취지를 살펴볼 때 중요한 부분이 객관적 사실과 합치되고 단지 **세부적으로 약간의 차이가 있거나 다소 과장된 표현이 있는 정도에 지나지 않아 타인의 업무를 방해할 위험이 없는 경우는 이에 해당하지 않는다.**

2 [대판 2016도19159] 파기환송. ['허위사실'에 해당하는지 판단하는 기준] ●**사실**● 피고인들은 부산 남구 ○○동 일대의 지역주택조합 설립을 반대하는 자들이고, 피해자 1은 △△ 지역주택조합 추진위원장이며, 피해자 2는 위 지역주택조합 아파트 분양대행업체 회사의 대표이사이다. 피고인들은 공모하여 2015. 8. 1.부터 2015. 8. 20.까지 사이에 부산 남구에 지역주택조합 설립에 반대한다는 내용의 현수막 1장(90cm×3m)을 게시하면서 "지역주택조합 실패 시 개발 투자금 전부 날릴 수 있으니 주의 하세요"라는 허위사실의 문구를 게재함으로써 피해자 공소외 1의 조합설립업무와 피해자 공소외 2의 분양대행업무를 방해하였다는 혐의로 기소되어 제1심과 원심에서 유죄가 선고되었다. ●**판지**● [1] 업무방해죄에서 '허위사실의 유포'라 함은 …… 그리고 여기서 (가) 허위사실은 기본적 사실이 허위여야만 하는 것은 아니고, 기본적 사실은 허위가 아니라도 이에 허위사실을 상당 정도 부가시킴으로써 타인의 업무를 방해할 위험이 있는 경우도 포함된다. 그러나 (나) 그 내용의 전체 취지를 살펴볼 때 중요한 부분은 객관적 사실과 합치되는데 단지 세부적인 사실에 약간 차이가 있거나 **다소 과장된 정도에 불과**하여 타인의 업무를 방해할 위험이 없는 경우는 이에 해당하지 않는다. …… 위와 같은 사실관계를 위 법리에 비추어 살펴보면, 이 사건 현수막에 지역주택조합 실패 시 개발 투자금 중 일부가 아니라 '전부'를 날릴 수 있다고 기재되어 있다고 하더라도, 이는 피고인들이 자신들이 거주하는 지역에 지역주택조합이 설립되어 주택건설사업이 진행되는 것에 대한 반대의견을 표명하면서 지역주택조합에 투자하였다가 그 사업이 실패할 경우 투자금 손실을 입을 수 있다는 사실을 **과장하여 표현한 것에 불과하므로,** 이를 허위사실의 유포에 해당한다고 보기는 어렵다.

3 [대판 2000도3231] [피해자가 대표이사인 회사의 소방사업부장이 소속 직원들에게 허위의 사실을 유

포하는 등의 방법을 사용하여 직원들로부터 사표를 제출받은 경우, 업무방해죄가 성립된다고 한 사례] 피해자가 대표이사인 회사의 소방사업부장이 소속 직원들에게 허위의 사실을 유포하는 등의 방법을 사용하여 직원들로부터 사표를 제출받은 경우, **직원들이 집단적으로 사표를 제출**함으로써 일시적으로나마 소방사업부의 업무에서 이탈하거나 업무를 중단할 위험이 생겼고 그로 인하여 피해자의 소방사업부 업무의 경영을 저해할 위험성이 발생하였다고 볼 것이므로, 업무방해죄가 성립된다고 한 사례.

4 [대판 92도3035] 피고인이 자사의 제품인 파스퇴르우유의 장점을 선전하기 위하여 소비자보호원의 발표내용을 임의로 과장·왜곡하고 발표에 들어 있지 아니한 내용을 삽입하는 등의 방법으로 그 광고를 보는 불특정다수인에게 소비자보호원의 발표내용을 본래의 의미나 내용과 전혀 다른 의미나 내용으로 이해되도록 한 것으로서, 피고인이 한국소비자보호원을 비방할 목적으로 **출판물에 의하여 공연히 허위의 사실을 적시·유포**하여 **한국소비자보호원**의 명예를 훼손하고 **업무를 방해한 것**이라고 본 원심의 판단도 정당하다.

5 [대판 91도1344] 피고인의 구속 형사사건의 변호인으로 선임된 변호사가 피고인에게 무죄판결을 받아 주겠다고 약속한 일이 없고 피고인이 범죄사실을 자백하여 유죄의 선고를 받고 확정되었는데도, 피고인이 사람의 통행이 빈번한 변호사 사무실 앞에서 **등에 붉은색 페인트로 "무죄라고 약속하고 이백만원에 선임했다. 사건담당변호사"라는 등을 기재한 흰까운을 입고 주변을 배회**하는 등 하였다면 이는 공연히 허위의 사실을 적시하여 유포함으로써 변호사로서의 업무의 경영을 저해하는 경우에 해당하므로 업무방해죄를 구성한다.

37 위력에 의한 업무방해죄에서 '위력'의 의미

* 대법원 2005. 5. 27. 선고 2004도8447 판결
* 참조조문: 형법 제314조 제1항1)

> 대부업체 직원이 대출금을 회수하기 위하여 채무자의 휴대전화로 수백 회에 이르는 전화공세를 한 것이
> 업무방해죄를 구성하는가?

●**사실**● 피고인 X는 2003.9.8.경부터 같은 해 10.23.경까지 부산 부산진구 부전동 소재 자신이 근무하는 대부업체 사무실에서 피해자 A가 이 회사로부터 대출받은 200만 원에 대한 이자를 지급하지 않는다는 이유로 그 지급을 독촉하기 위하여 A의 집과 핸드폰 등에 **460여 통의 전화**를 걸어 A로 하여금 정상적인 간판업 업무를 보지 못하게 하였다.

검사는 X를 업무방해죄로 기소하였으나 원심은 채권 회수를 위하여 채무자에게 전화를 건 X의 행위가 A의 자유의사를 제압하기에 족한 세력, 즉 업무방해죄의 위력에 해당한다고 보기는 어려울 뿐만 아니라, 그로 인하여 A의 간판업 업무가 방해당했다고 보기도 어렵다는 이유로 무죄를 선고하였다. 이에 검사가 상고하였다.

> ●**판지**● 파기환송. 「[1] 업무방해죄에 있어서의 '위력'이란 **사람의 자유의사를 제압·혼란케 할 만한 일체의 세력**을 말하고, 유형적이든 무형적이든 묻지 아니하며, 폭행·협박은 물론 사회적, 경제적, 정치적 지위와 권세에 의한 압박 등을 포함한다고 할 것이고, 위력에 의해 현실적으로 피해자의 **자유의사가 제압되는 것을 요하는 것은 아니다.**
>
> [2] 대부업체 직원이 대출금을 회수하기 위하여 소액의 지연이자를 문제삼아 법적 조치를 거론하면서 소규모 간판업자인 채무자의 휴대전화로 수백 회에 이르는 전화공세를 한 것이 **사회통념상 허용한도를 벗어난 채권추심행위**로서 채무자의 간판업 업무가 방해되는 결과를 초래할 위험이 있었다고 보아 업무방해죄를 구성한다」.

●**해설**● 1 업무방해죄는 "**허위사실유포나 기타 위계** 또는 **위력**으로써 사람의 업무를 방해한 자"를 처벌한다. 여기서 '위력'이란 사람의 **자유의사를 제압·혼란케 할 만한 일체의 세력**을 말한다(대판 2013도4430). 위력의 여부는 범행의 일시나 장소, 범행의 동기, 인원수, 세력의 태양, 업무의 종류, 피해자의 지위 등을 보아 객관적으로 판단하여야 하고, 피해자 등의 의사에 의해 결정되는 것은 아니다(대판 2021도9055, Ref 1-18). 또한 업무방해죄에서는 업무방해의 결과가 실제로 발생함을 요하는 것이 아니고 업무방해의 결과를 초래할 **위험이 발생**하는 것이면 족하다(**추상적 위험범2)**). 따라서 피해자의 의사가 실제로 제압되었는지 여부는 본죄의 성립과 무관하다(대판 2009도5698, Ref 1-5).

2 위력에 의한 업무방해를 인정한 사례로는 ① 점포에서 영업을 하지 못하도록 **단전조치**를 하거나(대

---

1) 형법 제314조(업무방해) ① **제313조의 방법(허위사실유포나 기타 위계)** 또는 **위력**으로써 사람의 **업무를 방해**한 자는 5년 이하의 징역 또는 1천500만원 이하의 벌금에 처한다. ② 컴퓨터등 정보처리장치 또는 전자기록등 특수매체기록을 **손괴하거나** 정보처리장치에 허위의 정보 또는 부정한 명령을 **입력하거나 기타 방법으로** 정보처리에 **장애를 발생**하게 하여 사람의 업무를 방해한 자도 제1항의 형과 같다.

2) 하지만 실제 우리 법원은 대법원 2007도482 판결 이후 쟁의행위와 관련된 업무방해죄는 침해범 내지 결과범의 외관에 가까운 형태를 띠고 있다. 대법원은 2007도482 전원합의체 판결에서 업무방해죄의 성립요건으로 '사업 운영에 심대한 혼란 내지 막대한 손해를 초래'할 것을 기준으로 제시하고 있다(【38】 참조).

판 83도1798, Ref 1.16−1), ② 영업 중인 임차인의 식당 점포의 간판을 **출입문을 봉쇄**하거나(대판 2004도341, Ref 1−11), ③ 자신의 명의로 등록되어 있는 피해자 운영의 학원에 대하여 피해자의 승낙을 받지 아니하고 **폐원신고**를 한 경우(대판 2003도5004, Ref 1.23−2), ④ 피해자의 사업장 출입을 금지하기 위하여 출입문에 설치된 **자물쇠의 비밀번호를 변경**한 경우(대판 2007도9924, Ref 1−8) 등이 있다.

3 대상판결에서 대법원은 원심의 판단과 달리 X의 행위를 위력에 의한 업무방해로 판단하였다. 즉 채권자의 권리행사는 **사회통념상 허용되는 방법**에 따라야 하는 것이므로, 우월한 경제적 지위를 가진 대부업자가 그 지위를 이용하여 채무자를 압박하는 방법으로 채권추심행위를 하였다면 이는 위력을 이용한 행위로서 위법하고 그로 인하여 채무자의 업무가 방해될 위험이 발생하였다면 업무방해죄의 죄책을 면할 수 없다고 본 것이다.

4 대부업을 이용하는 사람들은 주로 은행이나 카드사와 같은 제도권 금융회사에서 소외된 저신용자들로서 사회·경제적으로 곤궁한 약자들이라는 점까지를 고려해 볼 때, A에게 소액의 지연이자를 문제삼아 법적 조치를 거론하면서 **무차별적인 전화 공세**를 하는 식의 채권추심행위는 사회통념상의 허용 한도를 벗어나 경제적 약자인 피해자의 자유의사를 제압하기에 족한 위력에 해당한다고 할 것이다.

5 근래 일본의 최고재판례로 눈에 띄는 것은 소방청 직원이었던 X가 사이가 좋지 않은 소방장 A의 책상서랍에 멜브로민(merbromin)액으로 빨갛게 염색한 고양이 사체를 넣어두거나 락커 안 A의 작업복 상의 왼쪽가슴 포켓에 개의 변을 넣어 악취나 형상을 현저히 불결하게 변형하여 도저히 혐오감으로 집무를 불가능하게 한 행위에 대해 상대방의 **"의사를 제압할만한 세력을 이용한 것"**으로 볼 수 있다고 판단하여 위력에 의한 업무방해죄(일본형법234[3])를 인정하고 있다(最決平成4年11月27日(刑集46−8−623)).

Reference 1
위력에 의한 업무방해를 인정한 판례

1 [대판 2021도16591] 정치적인 의사표현을 위한 집회나 행위가 헌법 제21조에 따라 보장되는 정치적 표현의 자유나 헌법 제10조에 내재된 일반적 행동의 자유의 관점 등에서 보호받을 가능성이 있더라도 전체 법질서상 용인될 수 없을 정도로 사회적 상당성을 갖추지 못한 때에는 그 행위 자체가 위법한 세력의 행사로서 형법 제314조 제1항의 업무방해죄에서 말하는 위력의 개념에 포섭될 수 있다.

2 [대판 2016도21551] 파기환송. [1] 업무방해죄의 위력은 반드시 업무에 종사 중인 사람에게 직접 가해지는 세력만을 의미하는 것은 아니고, 사람의 자유의사를 제압하기에 족한 일정한 물적 상태를 만들어 사람으로 하여금 자유로운 행동을 불가능하게 하거나 현저히 곤란하게 하는 행위도 이에 포함될 수 있다. [2] 피고인은, 아파트 선거관리위원회가 이 사건 아파트 112동, 113동의 동대표인 자신의 아들 E를 용역업자 선정과 관련한 금품수수 등을 이유로 해임하고, 새로운 동대표 선출을 위한 선거 절차를 진행하면서 게시판에 관련 회의 개최, 회의록, 투표 및 해임결과 등을 공고하자, E에 대한 해임이 부당하고 공고 내용이 E에 대한 명예를 훼손한다고 판단하여 **아무런 권한 없이 5회에 걸쳐 공소사실 기재 공고문을 떼어낸 사실**, 그

---

3) 일본형법 제234조(위력업무방해) **위력**으로써 사람의 업무를 방해한 자도 전조의 예에 의한다.

로 인하여 선거관리위원회는 회의 개최, 선거 등에 필요한 공고 업무를 제대로 수행하지 못하여 선거관리 업무에 상당한 지장을 받은 사실을 알 수 있다. 이러한 사실관계를 앞서 본 법리에 비추어 보면, 피고인의 위와 같은 행위는 선거관리위원회의 자유의사를 제압·혼란케 할 만한 유형력을 행사하여 일정한 물적 상태를 만들어 놓음으로써 선거관리위원회의 선거관리 업무를 **현저히 곤란하게 한 행위에 해당**하므로 형법 제314조 제1항의 위력에 의한 업무방해죄를 구성한다고 할 것이다.

총회의 개최·운영과 위력

3-1 [대판 2013도4430] 여기서 '위력'이란 (가) 사람의 자유의사를 제압·혼란케 할 만한 일체의 세력을 말하고, (나) 유형적이든 무형적이든 묻지 아니하며, (다) **폭행·협박은 물론** 사회적, 경제적, 정치적 지위와 권세에 의한 압박 등도 이에 포함되고, (라) 현실적으로 피해자의 자유의사가 제압되는 것을 필요로 하는 것은 아니지만, (마) 범인의 위세, 사람 수, 주위의 상황 등에 비추어 피해자의 자유의사를 제압하기 족한 세력을 의미하는 것으로서, (바) 위력에 해당하는지는 범행의 일시·장소, 범행의 동기, 목적, 인원수, 세력의 태양, 업무의 종류, 피해자의 지위 등 제반 사정을 고려하여 객관적으로 판단하여야 한다. 원심은 그 채택 증거를 종합하여 판시와 같은 사실을 인정한 다음, 피고인들이 공소외 1 등 수십 명의 당권파 중앙위원들 및 당원들과 공동하여 ○○당 중앙위원회 회의가 진행되는 단상 앞으로 진출을 시도하면서 이를 제지하는 질서유지인 등을 몸으로 밀치거나 그 단상을 점거하는 등의 행위를 하여 그 회의를 중단시키고 회의가 속개되지 못하도록 막아 결국 무기한 정회가 선포되도록 한 경우 위력에 의한 업무방해죄가 성립한다.

3-2 [대판 2001도2917] 주주가 **주주총회**에 참석하면서 소유 주식 중 일부에 관한 의결권의 대리행사를 타인들에게 나누어 위임하여 주주총회에 참석한 그 의결권 대리인들이 대표이사의 주주총회장에서의 퇴장 요구를 거절하면서 **고성과 욕설** 등을 사용하여 대표이사의 주주총회의 개최, 진행을 포기하게 만든 경우, 그와 같은 의결권 대리행사의 위임은 위세를 과시하여 정상적인 주주총회의 진행을 저해할 의도이고 주주총회에서 그 의결권 대리인들이 요구한 사항은 **의결권 대리행사**를 위한 권한 범위에 속하지 않으므로, 대표이사는 그 대리인들이 주주총회에 참석하는 것을 적법하게 거절할 수 있었다는 이유로, 업무방해죄가 성립한다.

3-3 [대판 95도1589] 종중의 **정기총회장**에서 종중 집행부와 별도로 참배록을 준비하여 종중원들로 하여금 자기들 참배록에 서명하게 하고 또 미리 준비한 검은 색 리본을 패용하게 하여 지지세력을 과시한 후, 종중총회를 진행하던 회장 이○풍이 인사말을 끝낼 즈음에 피고인 이○수가 회장 이○풍의 자진퇴진을 요구하면서 회장의 신임여부를 묻자는 발언을 하여 지지자들로 하여금 "옳소"라는 연호를 유도하고, 부회장 이○철이 재판경과보고를 마치자 원심 피고인 공동 이지원이 발언권도 얻지 아니한 채 연단에 올라가 핸드마이크로 집행부의 재판경과보고가 잘못 되었다는 이유로 보충설명을 시도하였으며, 이때 집행부측에서 위 이○원의 발언을 제지하려하자 피고인들이 다수의 공소외인들과 함께 집행부측 종원들을 **밀어내는 등으로 위세**를 보인 경우 위력에 의한 업무방해죄에 해당된다.

3-4 [대판 90도2501] 피고인들이 마이크를 빼앗으며 **유림총회**의 회의를 진행하지 못하게 하고 피해자를 비방하면서 걸려 있는 현수막을 제거하고 회의장에 들어가려는 대의원들을 **회의에 참석하지 못하게 하였다**면 위력으로 피해자의 유림총회 개최업무를 방해한 것이라고 보아야 할 것이고, 피해자가 유림대표 선출에 관한 규정에 위배하여 위 회의를 개최하였고, 결국 총회의 무기연기가 선언되었다고 하여도 업무방해죄의 성립에 영향이 없다.

4 [대판 2009도5732] 피고인이 피해자들이 경작 중이던 농작물을 **트랙터를 이용하여 갈아엎은** 다음 그곳에 이랑을 만들고 새로운 농작물을 심어 피해자의 자유로운 논밭 경작 행위를 불가능하게 하거나 현저히 곤란하게 한 경우, 위력에 의한 업무방해죄에 해당한다.

5 [대판 2009도5698] [1] 업무방해죄의 '위력'은 반드시 업무에 종사 중인 사람에게 직접 가해지는 세력이어야만 하는 것은 아니고, 사람의 자유의사를 제압하기에 충분한 상태를 조성하여 사람으로 하여금 자유로운 행동을 불가능하게 하거나 현저히 곤란하게 하는 행위도 이에 포함될 수 있다. [2] 피고인을 포함한 이 사건 집회 참가자 약 1,500명이 당초 신고한 집회장소를 벗어나 피해자 회사가 운영하는 매장을 둘러싸고 **함성을 지르며 매장점거를 계속 시도**하였고, 그 과정에서 이를 저지하는 경찰과 충돌하여 폭력을 행사한 사실, 위와 같은 매장점거 시도행위로 인하여 피해자 회사의 매장을 방문한 손님들의 출입이 현저히 곤란해진 사실 등이 인정된다면, 피고인의 행위는 위력으로써 피해자 회사의 업무를 방해한 업무방해죄를 구성하고, 이는 형법 제20조의 정당행위에 해당하지 아니한다.

6 [대판 2009도4141] [1] 형법 제314조 제1항의 업무방해죄에서 위력'이라 함은 (가) 사람의 자유의사를 제압·혼란케 할 만한 일체의 유형·무형의 세력으로 폭행·협박은 물론 사회적·경제적·정치적 지위와 권세에 의한 압박도 이에 포함되며, (나) 반드시 업무에 종사 중인 사람에게 직접 가해지는 세력이 아니더라도 사람의 자유의사나 행동을 제압할 만한 일정한 물적 상태를 만들어 그 결과 사람으로 하여금 정상적인 업무수행 활동을 불가능하게 하거나 현저히 곤란하게 하는 행위도 이에 포함될 수가 있다. 그리고 (다) 업무방해죄에 있어 업무를 '방해한다'라 함은 특정한 업무 그 자체를 방해하는 것뿐 아니라 널리 업무수행의 **원활한 진행을 저해**하는 것도 포함한다. [2] 甲 주식회사 임원인 피고인이 자동차 판매수수료율과 관련하여 대리점 사업자들과 甲 회사 사이에 의견대립이 고조되자, 대리점 사업자 乙이 일정액의 사용료를 지급하고 판매정보 교환 등에 이용해 오던 甲 회사의 내부전산망 전체 및 고객관리시스템 중 **자유게시판에 대한 접속권한을 차단**한 사안에서, 피고인이 위력으로 乙의 업무를 방해하였다고 본 원심판단을 정당하다고 한 사례.

7 [대판 2007도6754] 항공사의 조종사 노동조합 쟁의행위에 대한 노동부장관의 '긴급조정'결정 공표 이후 자택 복귀 도중에 위 결정 규탄대회에 참가한 행위는 회사의 업무를 방해하였다고 볼 수 없으나, 개별적 업무복귀 확인신고에 관한 회사의 지시를 집단적으로 어기고 이를 지체한 행위는 다중의 위력으로 회사의 경영업무를 방해한 것으로서 업무방해죄를 구성한다.

8 [대판 2007도9924] 자신의 명의로 사업자등록이 되어 있고 자신이 상주하여 지게차 판매 등을 하고 있는 지위를 이용하여, 피해자의 사업장 출입을 금지하기 위하여 출입문에 설치된 **자물쇠의 비밀번호를 변경한 행위**는 위력에 의한 업무방해죄가 성립한다.

9 [대판 2005도4688] 피해자가 불특정·다수인의 통행로로 이용되어 오던 기존통로의 일부 소유자인 피고인으로부터 사용승낙을 받지 아니한 채 통로를 활용하여 공사차량을 통행하게 함으로써 피고인의 영업에 다소 피해가 발생하자 피고인이 **공사차량을 통행하지 못하도록 자신 소유의 승용차를 통로에 주차시켜 놓은 행위**가 사회상규에 위배되지 않는 정당행위에 해당한다고 할 수 없다고 한 원심의 판단을 수긍한 사례.

10 [대판 2004도4467] 신고한 옥외집회에서 고성능 **확성기 등을 사용하여 발생된 소음**이 82.9dB 내지 100.1dB에 이르고, 사무실 내에서의 전화통화, 대화 등이 어려웠으며, 밖에서는 부근을 통행하기조차 곤란하였고, 인근 상인들도 소음으로 인한 고통을 호소하는 정도에 이르렀다면 이는 위력으로 인근 상인 및 사무실 종사자들의 업무를 방해한 업무방해죄를 구성한다.

11 [대판 2004도341] 임대인이 임차인의 물건을 임의로 반출할 수 있다는 **임대차계약 조항**에 따라 임대인이 영업 중인 임차인의 식당 **점포의 간판을 철거하고 출입문을 봉쇄**한 경우(위의 임대차계약조항은 법률이 정한 집행기관에 의한 강제집행이 아니어 공서양속에 반하고 따라서 민법 제103조에 의하여 무효 이므로) 업무방해죄가 성립한다.

12 [대판 2000도3231] [피해자가 대표이사인 회사의 소방사업부장이 소속 직원들에게 허위의 사실을 유포하는 등의 방법을 사용하여 직원들로부터 사표를 제출받은 경우, 업무방해죄가 성립된다고 한 사례] [1] 피해자가 대표이사인 회사의 소방사업부장이 소속 직원들에게 허위의 사실을 유포하는 등의 방법을 사용하여 직원들로부터 사표를 제출받은 경우, **직원들이 집단적으로 사표를 제출**함으로써 일시적으로나마 소방사업부의 업무에서 이탈하거나 업무를 중단할 위험이 생겼고 그로 인하여 피해자의 소방사업부 업무의 경영을 저해할 위험성이 발생하였다고 볼 것이므로, 업무방해죄가 성립된다고 한 사례. [2] 업무방해죄의 성립에 있어서 업무방해의 결과가 실제로 발생함을 요하는 것은 아니고 업무방해의 결과를 초래할 **위험이 발생하면 족하다**고 할 것이며, 업무를 '방해한다'함은 업무의 집행 자체를 방해하는 것은 물론이고 널리 업무의 경영을 저해하는 것도 포함한다.

13 [대판 91도1666] [해고를 당한 후 해고처분무효확인소송을 제기한 근로자가 노동조합의 대의원이 아니면서도 회사의 의사에 반하여 회사 내의 조합대의원 회의에 함부로 들어가고 **회사경비원들의 출입통제업무를 방해**한 것이 건조물침입죄와 업무방해죄에 해당한다고 본 사례] 해고를 당한 후 해고처분무효확인소송을 제기하여 그 효력을 다툼으로써 노동조합의 조합원인 근로자의 지위를 그대로 갖고 있다 하더라도 회사가 조합의 대의원이 아닌 피고인에게 회사 내의 조합대의원회의에 참석하는 것을 허락하지 아니하였는데도 그 의사에 반하여 함부로 거기에 들어가고 회사경비원들의 출입통제업무를 방해한 것은 건조물침입죄와 업무방해죄에 해당한다.

14 [대판 91도753] 현대중공업(주)으로 통하는 모든 출입문에 바리케이트 등을 설치하고 다수의 근로자들로 하여금 위 회사의 관리직사원을 포함한 모든 출입자의 출입을 통제하였다는 것이므로 피고인들의 위와 같은 행위는 위력으로 위 회사의 업무를 방해하였다고 보여지며 또한 위 업무방해에 이른 경위가 소론과 같다 하더라도 그와 같은 행위에 정당성이 있어 그 행위가 위법성을 결여하게 된다고는 할 수 없다.

15-1 [대판 90도755] 업무방해죄에 있어서의 위력이란 의사의 자유를 제압, 혼란케 할 정도의 세력을 가리키는 것인 바, 이 사건 업무방해의 주체가 피고인들을 포함하여 9 내지 10명 정도였다고 하더라도 그들이 철제옷장으로 **광업소 출입구를 봉쇄하고 바리케이트를 설치**한 후 출근한 근로자 300여명 또는 600여명이 탈의실에 들어가지 못하도록 하고 근로자들에게 입갱을 하지 말도록 선동하면서 탈의실을 점거 농성하여 광업소의 조업을 방해하였다면 이는 위력으로 사람의 업무를 방해한 경우로서 업무방해죄에 해당한다.

15-2 [대판 91도1834] 10여명의 공장 종업원들이 회사의 공장 **정문을 봉쇄하고 출입자를 통제**하여 규찰을 보며 공장 관리직 사원들과 함께 밖으로 나가려는 이사를 밖으로 나가지 못하게 하였다면 위와 같은 일련의 행위과정에 나타난 위세는 위 회사를 위한 업무종사자들의 자유의사를 제압하거나 혼란케 할만한 정도의 세력이어서 업무방해죄에 있어서의 행위수단인 위력에 해당된다고 한 사례.

단전조치와 위력

16-1 [대판 83도1798] 피해자가 시장번영회를 상대로 잦은 진정을 하고 협조를 하지 않는다는 이유로 **시장번영회 총회결의에 의하여** 피해자 소유점포에 대하여 정당한 권한 없이 **단전조치**를 한 것이라면 이 경우에는 그 결의에 참가한 회원의 위력에 의한 업무방해 행위가 성립하고 피해자에게 사전통고를 한 여부나 피고인이 회장의 자격으로 단전조치를 한 여부는 위 죄의 성립에 영향이 없다.

16-2 [대판 2005도8074] **차임이나 관리비를 단 1회도 연체한 적이 없는** 피해자가 임대차계약의 종료 후 임대료와 관리비를 인상하는 내용의 갱신계약 여부에 관한 의사표시나 명도의무를 지체하고 있다는 이유만으로 그 종료일로부터 16일 만에 피해자의 사무실에 대하여 단전조치를 취한 피고인의 행위는 그 권리를 확보하기 위하여 다른 적법한 절차를 취하는 것이 매우 곤란하였던 것으로 보이지 않아 그 동기와 목적이 정당하다거나 수단이나 방법이 상당하다고 할 수 없다.

16-3 [비교판례 1] [대판 93도2899] 시장관리규정에 따른 **단전조치**(시장번영회에서 제정하여 시행중인 관리규정을 위반하여 칸막이를 천장에까지 설치한 일부 점포주들에 대한 단전조치)가 업무방해죄의 조각사유로서의 **정당행위에 해당한다.**

16-4 [비교판례 2] [대판 94도3136] **백화점 입주상인들**이 영업을 하지 않고 매장 내에서 점거 농성만을 하면서 매장 내의 기존의 전기시설에 임의로 전선을 연결하여 각종 전열기구를 사용함으로써 **화재위험이 높아** 백화점 경영 회사의 대표이사인 피고인이 **부득이 단전조치**를 취하였다면, 그 단전조치 당시 보호받을 업무가 존재하지 않았을 뿐만 아니라 화재예방 등 건물의 안전한 유지 관리를 위한 정당한 권한 행사의 범위 내의 행위에 해당하므로 피고인의 **단전조치가 업무방해죄를 구성한다고 볼 수 없다**고 한 원심판결을 수긍한 사례.

16-5 [비교판례 3] [대판 2003도4732] 시장번영회 회장이 이사회의 결의와 시장번영회의 관리규정에 따라서 **관리비 체납자**의 점포에 대하여 실시한 단전조치는 정당행위로서 업무방해죄를 구성하지 아니한다고 한 사례.

17 [대판 60도864] 정온을 필요로 하는 **다방 내**에서 불의의 침입자에 의하여 상당시간 **고성으로 악담**을 반복하고 혹은 격외의 기물을 반입하는 등 사로 취합중의 내객에게 혐오와 염정을 일게 함으로서 불가불 이산을 촉구함이 될 것인즉 이는 십분 다방 업무의 방해라고 아니할 수 없다.

위력에 의한 업무방해를 부정한 판례

18 [대판 2021도9055] 파기환송. [1] 업무방해죄의 '위력'이란 사람의 자유의사를 제압·혼란하게 할 만한 일체의 세력으로, 유형적이든 무형적이든 묻지 아니하고, 현실적으로 피해자의 자유의사가 제압되어야만 하는 것도 아니지만, 범인의 위세, 사람 수, 주위의 상황 등에 비추어 **피**

해자의 자유의사를 제압하기 족한 정도가 되어야 하는 것으로서, 그러한 위력에 해당하는지는 범행의 일시·장소, 범행의 동기, 목적, 인원수, 세력의 태양, 업무의 종류, 피해자의 지위 등 제반 사정을 고려하여 객관적으로 판단하여야 하고, 피해자 등의 의사에 의해 결정되는 것은 아니다. [2] 마트산업노동조합 간부와 조합원인 피고인들이 공모하여, 대형마트 지점 2층 매장 안에서 '부당해고'라고 쓰인 피켓을 들고 지점장 갑과 대표이사 등 임직원들을 따라다니며 "강제전배 멈추어라, 통합운영 하지마라, 직원들이 아파한다, 부당해고 그만하라."라고 고성을 지르는 방법으로 약 30분간 갑의 현장점검 업무를 방해하였다는 내용으로 기소된 사안에서, 피고인들의 행위는 평일 오전 11시경 대형마트 매장에서 대표이사 등 임직원들이 지점 현장점검을 위해 온다는 소식을 듣고 피고인들(일부는 전보 인사명령에 따르지 않다가 몇 달 전 해고된 상태였다)이 해고와 전보 인사명령 등과 관련하여 대표이사에게 직접 복직과 전보 인사명령의 철회 등을 요청하려 한 것인 점, 피고인들의 행위로 갑의 자유의사가 제압당하기 충분하였는지는 갑의 의사나 진술에만 의존할 것이 아니라 피고인들의 행위 태양, 피고인들 인원, 성별과 나이 그리고 갑 측 인원과 지위 등까지 고려해서 객관적으로 판단해야 하는데, 피고인들 7명 중 4명은 여성이고 3명의 남성 중 1명은 50대인 반면 매장 현장점검에 참여한 인원은 갑 등 약 20명 이상으로 대표이사를 비롯하여 대부분 간부급 경영진인 점, 피고인들이 매장에서 점검업무를 하던 갑 등을 뒤따라 다니며 약 1~2m 이상의 거리를 둔 채 그 주변에서 피켓을 들고 서 있거나 "강제전배 멈추세요.", "일하고 싶습니다." 등을 외쳤으나 갑 등에게 그 이상 가까이 다가가거나 갑 등의 진행이나 업무를 물리적인 방법으로 막지 않았고, 갑 등에게 욕설, 협박을 하지 않았으며, 갑 등은 약 30분간 현장점검 업무를 계속한 점 등 제반 사정을 종합하면, 피고인들이 갑 등의 자유의사를 제압하기에 족한 위력을 행사하였다고 단정하기 어렵다는 이유로, 이와 달리 보아 업무방해죄의 성립을 인정한 원심판단에 업무방해죄의 '위력'에 관한 법리오해의 잘못이 있다. **cf)** 대상판결은 피고인들에게 건조물침입죄도 성립하지 않는다고 판시하고 있다.

19 [대판 2019도7446] 파기환송. [1] 어떤 행위의 결과 상대방의 업무에 지장이 초래되었더라도 행위자가 상대방의 의사결정에 관여할 수 있는 권한을 가지고 있거나 업무상의 지시를 할 수 있는 지위에 있는 경우에는 그 행위의 내용이나 수단이 사회통념상 허용될 수 없는 등 특별한 사정이 없는 한 위력을 행사한 것이라고 할 수 없다. 또한 업무방해죄의 성립에는 업무방해의 결과가 실제로 발생할 것을 요하지 아니하지만 업무방해의 결과를 초래할 위험은 발생하여야 하고, 그 위험의 발생이 위계 또는 위력으로 인한 것인지 신중하게 판단되어야 한다. [2] 갑 고등학교의 교장인 피고인이 신입생 입학 사정회의 과정에서 면접위원인 피해자들에게 "참 선생님들이 말을 안 듣네. 중학교는 이 정도면 교장 선생님한테 권한을 줘서 끝내는데. 왜 그러는 거죠?" 등 특정 학생을 합격시키라는 취지의 발언을 하여 특정 학생의 면접 점수를 상향시켜 신입생으로 선발되도록 함으로써 위력으로 피해자들의 신입생 면접 업무를 방해하였다는 내용으로 기소된 사안에서, 제반 사정을 종합하면, 피고인은 학교 교장이자 학교입학전형위원회 위원장으로서 위 사정회의에 참석하여 자신의 의견을 밝힌 후 계속하여 논의가 길어지자 발언을 한 것인바, 그 발언에 다소 과도한 표현이 사용되었더라도 위력을 행사하였다고 단정하기 어렵고, 그로 인하여 피해자들의 신입생 면접 업무가 방해될 위험이 발생하였다고 보기도 어렵다.

20 [대판 2017도13211] [부작위에 의한 업무방해죄가 성립하기 위한 요건] 피고인이 甲과 토지 지상에 창고를 신축하는 데 필요한 형틀공사 계약을 체결한 후 그 공사를 완료하였는데, 甲이 공사대금을 주지 않는다는 이유로 위 토지에 쌓아 둔 건축자재를 치우지 않고 공사현장을 막는 방법으로 위력으로써 甲의 창고 신축

공사 업무를 방해하였다는 내용으로 기소된 사안에서, 피고인이 일부러 건축자재를 甲의 토지 위에 쌓아 두어 공사현장을 막은 것이 아니라 당초 자신의 공사를 위해 쌓아 두었던 건축자재를 공사 완료 후 치우지 않은 것에 불과하므로, 비록 공사대금을 받을 목적으로 건축자재를 치우지 않았더라도, 피고인이 자신의 공사를 위하여 쌓아 두었던 **건축자재를 공사 완료 후에 단순히 치우지 않은 행위**가 위력으로써 甲의 추가 공사 업무를 방해하는 업무방해죄의 실행행위로서 甲의 업무에 대하여 하는 **적극적인 방해행위와 동등한 형법적 가치를 가진다고 볼 수 없는데도**, 이와 달리 보아 공소사실을 유죄로 인정한 원심판결에 부작위에 의한 업무방해죄의 성립에 관한 법리오해의 잘못이 있다.

21 [대판 2015도8335 전원합의체] 甲 항공사 부사장인 피고인이 외국 공항에서 국내로 출발 예정인 자사 여객기에 탑승하였다가, 담당 승무원의 객실서비스 방식에 화가 나 폭언하면서 승무원을 비행기에서 내리도록 하기 위해, 기장으로 하여금 계류장의 탑승교에서 분리되어 푸시백 중이던 비행기를 다시 탑승구 쪽으로 돌아가게 함으로써 위력으로 운항 중인 항공기의 항로를 변경하게 하였다고 하여 항공보안법 위반으로 기소된 사안에서, 피고인이 **푸시백 중이던 비행기를 탑승구로 돌아가게 한 행위**가 항공기의 항로를 변경하게 한 것에 해당하지 않는다.

정당한 권한의 행사와 업무방해죄의 성부

22-1 [대판 2011도16718] ●판지● 업무방해죄의 수단인 위력은 사람의 자유의사를 제압·혼란하게 할 만한 일체의 억압적 방법을 말하고, 이는 제3자를 통하여 간접적으로 행사하는 것도 포함될 수 있다. 그러나 **어떤 행위의 결과 상대방의 업무에 지장이 초래되었다 하더라도 행위자가 가지는 정당한 권한을 행사한 것으로 볼 수 있는 경우**에는, 행위의 내용이나 수단 등이 사회통념상 허용될 수 없는 등 특별한 사정이 없는 한 업무방해죄를 구성하는 위력을 행사한 것이라고 할 수 없다. 따라서 제3자로 하여금 상대방에게 어떤 조치를 취하게 하는 등으로 상대방의 업무에 곤란을 야기하거나 그러한 위험이 초래되게 하였다 하더라도, 행위자가 제3자의 의사결정에 관여할 수 있는 권한을 가지고 있거나 그에 대하여 업무상 지시를 할 수 있는 지위에 있는 경우에는 **특별한 사정이 없는 한 업무방해죄를 구성하지 아니한다.** ●사실● ○○광역시개인택시운송사업조합 새마을금고의 임원이 되기 위하여는 ○○광역시개인택시운송사업조합의 조합원 자격을 갖추어야 하기 때문에 새마을금고가 사실상 조합의 영향력 하에 있어 그 권고사항을 따르지 않을 수 없는 지위에 있음을 이용하여, 조합 이사장 지위에 있는 피고인이 조합 이사장 명의로 새마을금고에 공문을 보내 ○○개인택시신문에 게재하던 광고를 중단하도록 한 행위가 위력에 의한 업무방해죄에 해당하는지가 다투어졌다. 원심은 위력에 의한 업무방해죄에 해당한다고 판단하였다. 하지만 대법원은「제3자의 의사결정에 직접적으로 관여하거나 지시할 **권한을 가지고 있는 행위자가 그 권한 범위 내에서 업무상의 지시 등을 하면서 그 실행을 확실하게 하기 위하여** 지시 등에 따르지 않는 경우의 제재조치 등을 강조하는 과도한 표현을 사용하였다 하더라도 이는 특별한 사정이 없는 한 행위자 자신의 고유권한을 행사한 범주에서 벗어나는 것은 아니라고 할 것인데, 이 사건 조합의 정관, 새마을금고의 설립 경위, 새마을금고 임원 및 회원의 구성, 조합과 새마을금고 사이에 주기적으로 이루어지는 업무보고 및 의사결정 과정 등을 고려하면, 조합과 새마을금고는 상호간 업무적으로 밀접하게 연관되어 있고 조합이 새마을금고의 업무에 직·간접적으로 관여할 권한을 가지고 있다고 볼 만한 사정도 상당하다」고 판단하여 업무방해죄 성립을 부정하고 있다. **cf)** 대상판결은 정당한 권한 행사가 **위압적 요소를 내포하고 있다고 하더라도**, 이는 원칙적으로 업무방해죄에서의 위력이 될 수 없음을 밝히고 있다.

22-2 [대판 2021도3805] 회계자료열람권을 가진 **피고인**이 이 사건 협회 사무실에서 회계서류 등의 열람을 요구하는 과정에서 협회 직원들을 불러 모아 상당한 시간 동안 이야기를 하거나 피고인의 요구를 거부하는 직원에게 다소 언성을 높여 책임을 지게 될 수 있다고 이야기한 사정 등만으로는 피고인의 행위가 업무방해 행위에 해당하지 않는다.

23-1 [대판 2010도9186] 임대인 甲으로부터 건물을 임차하여 학원을 운영하던 피고인이 건물을 인도한 이후에도 자신 명의로 된 학원설립등록을 말소하지 않고 휴원신고를 연장함으로써 새로운 임차인 乙이 그 건물에서 학원설립등록을 하지 못하도록 한 경우, 피고인의 **휴원연장신고**와 乙이 학원설립등록을 하지 못한 점 사이에 인과관계가 있다고 단정하기 어렵고, 피고인의 행위가 乙의 자유의사를 제압·혼란케 할 정도의 **위력에 해당한다고 보기 어렵다.**

23-2 [비교판례] [대판 2003도5004] 피고인이 자신의 명의로 등록되어 있는 피해자 운영의 학원에 대하여 피해자의 승낙을 받지 아니하고 **폐원신고**를 한 행위가 **위력에 의한 업무방해죄에 해당한다.**

24 [대판 2010도7733] 근로자 182명 중 9명이 **부분파업에 참여**하는 등 그 파업 규모에 비추어 사용자의 사업운영에 심대한 혼란이나 막대한 손해가 초래되었다고 볼 수 없는 사업장까지 업무방해죄의 피해 사업장으로 적시되어 있는 점에 비추어, 이 부분 공소사실에 적시된 사업장들 가운데 일부는 사용자의 사업계속에 관한 자유의사가 제압·혼란될 수 있다고 평가할 수 있는 경우에 해당하지 아니한다고 볼 여지가 있다. 그럼에도 원심은 위와 같은 사정에 관하여 제대로 심리·판단하지 아니한 채 피고인의 행위가 업무방해죄에 해당한다고 단정하여 이 부분 공소사실 전부를 유죄로 인정하였는바, 이 부분 원심판결에는 업무방해죄에 관한 법리를 오해하여 판결 결과에 영향을 미친 위법이 있다.

25 [대판 2010도935] 도로관리청으로부터 권한을 위임받아 과적단속 업무를 담당하는 피해자의 적재량 재측정을 거부하면서, 재측정의 목적으로 피고인의 **차량에 올라탄 피해자를 그대로 둔 채 차량을 진행**한 사안에서, 위 행위에 대하여 업무방해의 결과가 발생할 위험이 없다고 한 원심판단을 정당하다고 한 사례. **cf)** 사안에서 대법원은「도로관리청 또는 그로부터 권한을 위임받아 과적차량 단속을 위한 적재량 측정의 업무를 수행하는 자라고 하더라도, 적재량 측정을 강제할 수 있는 법령상의 근거가 없는 한, 측정에 불응하는 자를 고발하는 것은 별론으로 하고, 측정을 강제하기 위한 조치를 취할 권한은 없으므로, 이를 위한 조치가 정당한 업무집행이라고 볼 수는 없다」고 판단하였기 때문에 업무방해죄 성립을 부정하였다.

26 [대판 2010도410] [신문광고중단 불매운동 사건[4]] 인터넷카페의 운영진인 피고인들이 카페 회원들과 공모하여, 특정 신문들에 광고를 게재하는 광고주들에게 불매운동의 일환으로 지속적·집단적으로 항의전화를 하거나 광고주들의 홈페이지에 항의 글을 게시하는 등의 방법으로 광고 중단을 압박함으로써 위력으로 광고주들 및 신문사들의 업무를 방해하였다는 내용으로 기소된 사안에서, 피고인들이 벌인 불매운동의 목적, 그 조직과정, 대상 기업의 선정경위, 불매운동의 규모 및 영향력,

---

4) **신문광고중단 불매운동 사건**은 2008년 대한민국 미국산 쇠고기 수입 협상 논란 및 촛불집회에 대한 조선일보, 중앙일보, 동아일보의 보도가 불공정하고 왜곡됐다는 이유에서 시작되었다. 언론소비자주권 국민캠페인(언소주)은 신문에 광고를 내는 광고주들을 상대로 항의전화를 하는 방법으로 광고불매운동을 전개하였다. 대법원은 **광고주들에 대한 업무방해는 인정**하였으나 **신문사들에 대한 업무방해에 대해서는 유죄를 인정한 원심을 파기환송**하였다.

불매운동의 실행 형태, 불매운동의 기간, 대상 기업인 광고주들이 입은 불이익이나 피해의 정도 등에 비추어 피고인들의 위 행위가 (가) **광고주들**의 자유의사를 제압할 만한 세력으로서 위력에 해당한다고 본 것은 정당하나, 나아가 피고인들의 행위로 (나) **신문사들**이 실제 입은 불이익이나 피해의 정도, 그로 인하여 신문사들의 영업활동이나 보도에 관한 자유의사가 제압될 만한 상황에 이르렀는지 등을 구체적으로 심리하여 살펴보지 아니한 채, 신문사들에 대한 직접적인 위력의 행사가 있었다고 보아 유죄를 인정한 원심판결에 업무방해죄의 구성요건인 위력의 대상 등에 관한 법리를 오해하여 심리를 다하지 아니한 잘못이 있다.

●해설● 본 판례는 소비자불매운동에 대한 형사처벌의 한계를 제시하면서 동시에 업무방해죄 위력의 상대방을 피해자로 한정한다는 기준을 명시한 예로서 주목된다. 사안에서 피고인들의 행위가 (가) **광고주들**에 대하여는 업무방해죄의 위력에 해당하지만, (나) **신문사들**에 대하여는 직접적인 위력의 행사가 있었다고 보기에 부족하다고 법원은 판단하였다.

27 [대판 2006도9028] 피고인이 피해자가 조경수 운반을 위하여 사용하던 피고인 소유 토지 위의 현황도로에 축대를 쌓아 그 통행을 막은 사안에서, **그 도로폐쇄에도 불구하고 대체도로를 이용**하여 종전과 같이 조경수 운반차량 등을 운행할 수 있어 피해자의 조경수 운반업무가 방해되는 결과발생의 염려가 없었다는 이유로 피고인을 업무방해죄로 의율한 원심판결을 파기한 사례.

28 [대판 2002도3453] 대검찰청 공안부장인 피고인이 고등학교 후배인 한국조폐공사 사장에게 위 공사의 쟁의행위 및 구조조정에 관하여 전화통화를 한 것이 **직권남용죄와 업무방해죄에 해당하지 않고**, 노동조합및노동관계조정법 제40조 제2항에서 정한 '간여'에는 해당한다고 한 원심의 판단을 수긍한 사례.

29 [대판 99도495] 만 74세를 넘긴 노인인 점과 주위에 종중원들 및 마을 주민들 10여 명과 지적공사 직원 3명이 모여 있는 데 나타나서 혼자 측량을 반대한 점 등을 보태어 보면 피고인이 황규철이나 황원선에게 원심 판시와 같이 소리치며("내 허락 없이 측량을 하면 가만두지 않겠다" "협잡꾼, 사기꾼 같은 인간들"이라고 하며 약30분간 시비) 시비를 하였다고 하여 유제원의 자유의사를 제압하기에 족한 위력을 행사한 것이라고 할 수 없다.

30 [대판 98도3240] **도급인의 공사계약 해제가 적법**하고 수급인이 스스로 공사를 중단한 상태에서 도급인이 공사현장에 남아 있는 수급인 소유의 공사자재 등을 다른 곳에 옮겨 놓았다고 하여 도급인이 수급인의 공사업무를 방해한 것으로 볼 수는 없다.

31 [대판 82도2584] 계약갱신 및 체납임·관리비 상당액을 독려차 나온 사원에게 "너희들이 무엇인데 상인협의회에서 하는 일을 방해하며 협의회에서 돌리는 유인물을 압수하느냐 **당장 해임시키겠다**"고 한 정도의 **욕설을 한 행위**만으로는 업무방해죄의 위력을 행사한 것으로 보기 어렵다.

32 [대판 79도249] [점유에 대한 부당한 침탈의 배제행위와 업무방해의 성부] 피고인이 점유 경작하고 있는 논에 공소외인이 그 논의 소유권을 취득하였다는 이유로 적법한 절차에 의한 인도를 받지 아니한 채 묘판을 설치하려고 하자 피고인이 그 묘판을 허물어뜨린 행위는 피고인의 점유에 대한 부당한 침탈 또는 방해행위의 배제를 위한 행위이므로 이를 업무방해라고 할 수 없다.

컴퓨터 등 장애 업무방해죄(법314②)⁵⁾ 성립을 긍정한 사례

1 [대판 2011도7943] [형법 제314조 제2항의 컴퓨터 등 장애 업무방해죄 구성요건 중 '컴퓨터 등 정보처리장치', '손괴', '허위의 정보 또는 부정한 명령의 입력', '기타 방법'의 의미] [1] 형법 제314조 제2항의 컴퓨터 등 장애에 의한 업무방해죄는, 컴퓨터 등 정보처리장치 또는 전자기록 등 특수매체기록을 손괴하거나 정보처리장치에 허위의 정보 또는 부정한 명령을 입력하거나 기타 방법으로 정보처리장치에 장애를 발생하게 하여 사람의 업무를 방해한 경우에 성립하는데, 여기에서 (가) **'컴퓨터 등 정보처리장치'**란 자동적으로 계산이나 데이터처리를 할 수 있는 전자장치로서 하드웨어와 소프트웨어를 모두 포함하고, (나) **'손괴'**란 유형력을 행사하여 물리적으로 파괴·멸실시키는 것뿐 아니라 전자기록의 소거나 자력에 의한 교란도 포함하며, (다) **'허위의 정보 또는 부정한 명령의 입력'**이란 객관적으로 진실에 반하는 내용의 정보를 입력하거나 정보처리장치를 운영하는 본래의 목적과 상이한 명령을 입력하는 것이고, (라) **'기타 방법'**이란 컴퓨터의 정보처리에 장애를 초래하는 가해수단으로서 컴퓨터의 작동에 직접·간접으로 영향을 미치는 일체의 행위를 말한다. [2] 이 사건 컴퓨터와 하드디스크는 형법 제314조 제2항에 규정된 '컴퓨터 등 정보처리장치'에 해당하고, 업무수행을 위해서가 아니라 담당직원의 정상적인 업무수행을 방해할 의도에서 그 담당 직원의 의사와는 상관없이 함부로 컴퓨터에 비밀번호를 설정한 행위는 같은 항의 '허위의 정보 또는 부정한 명령의 입력'에 해당하며 컴퓨터의 하드디스크를 분리·보관한 행위는 같은 항의 '손괴'에 해당하므로, 피고인이 컴퓨터에 **비밀번호를 설정하고 하드디스크를 분리·보관**함으로써 조합의 정보처리에 관한 업무를 방해한 행위는 형법 제314조 제2항의 컴퓨터 등 장애 업무방해죄에 해당한다고 할 것이다.

2 [대판 2010도14607] [NAVER 검색순위 조작사건] 甲 주식회사 대표이사인 피고인이, 악성프로그램이 설치된 피해 컴퓨터 사용자들이 실제로 인터넷 포털사이트 '네이버' 검색창에 해당 검색어로 검색하거나 검색 결과에서 **해당 스폰서링크를 클릭하지 않았음에도 악성프로그램을 이용하여 그와 같이 검색하고 클릭한 것처럼** 네이버의 관련 시스템 서버에 허위의 신호를 발송하는 방법으로 정보처리에 장애를 발생하게 하였다고 하여 컴퓨터등장애업무방해로 기소된 사안에서, 피고인의 행위는 객관적으로 진실에 반하는 내용의 정보인 '허위의 정보'를 입력한 것에 해당하고, 그 결과 네이버의 관련 시스템 서버에서 실제적으로 검색어가 입력되거나 특정 스폰서링크가 클릭된 것으로 인식하여 그에 따른 정보처리가 이루어졌으므로 이는 네이버의 관련 시스템 등 정보처리장치가 그 사용목적에 부합하는 기능을 하지 못하거나 사용목적과 다른 기능을 함으로써 정보처리의 장애가 현실적으로 발생하였고, 이로 인하여 네이버의 검색어 제공서비스 등의 업무나 네이버의 스폰서링크 광고주들의 광고업무가 방해되었다는 이유로 유죄를 인정한 원심판단을 수긍한 사례.

3 [대판 2008도11978] 형법 제314조 제2항의 '컴퓨터 등 장애 업무방해죄'가 성립하기 위해서는 가해행위 결과 정보처리장치가 그 사용목적에 부합하는 기능을 하지 못하거나 사용목적과 다른 기능을 하는 등

---

5) 형법 제314조(업무방해) ② 컴퓨터등 정보처리장치 또는 전자기록등 특수매체기록을 **손괴하거나** 정보처리장치에 허위의 정보 또는 부정한 명령을 **입력하거나 기타 방법으로** 정보처리에 **장애를 발생**하게 하여 사람의 업무를 방해한 자도 제1항의 형과 같다.

정보처리에 장애가 현실적으로 발생하였을 것을 요하나, 정보처리에 장애를 발생하게 하여 업무방해의 결과를 초래할 위험이 발생한 이상, 나아가 업무방해의 결과가 실제로 발생하지 않더라도 위 죄가 성립한다. 따라서 포털사이트 운영회사의 **통계집계시스템 서버에 허위의 클릭정보를 전송**하여 검색순위 결정 과정에서 위와 같이 전송된 허위의 클릭정보가 실제로 통계에 반영됨으로써 **정보처리에 장애가 현실적으로 발생하였다면**, 그로 인하여 실제로 검색순위의 변동을 초래하지는 않았다 하더라도 '컴퓨터 등 장애 업무방해죄'가 성립한다.

3-1 [대판 2005도382] [관리자의 아이디와 비밀번호를 무단 변경한 경우] 대학의 컴퓨터시스템 서버를 관리하던 피고인이 전보발령을 받아 더 이상 **웹서버를 관리 운영할 권한이 없는 상태에서**, 웹서버에 접속하여 홈페이지 관리자의 아이디와 비밀번호를 무단으로 변경한 행위는, 피고인이 웹서버를 관리 운영할 정당한 권한이 있는 동안 입력하여 두었던 홈페이지 관리자의 아이디와 비밀번호를 단지 후임자 등에게 알려 주지 아니한 행위와는 달리, 정보처리장치에 **부정한 명령을 입력**하여 정보처리에 **현실적 장애를 발생**시킴으로써 피해 대학에 업무방해의 위험을 초래하는 행위에 해당하여 컴퓨터 등 장애 업무방해죄를 구성한다.

3-2 [대판 2006도6663] 대학측이 정보지원센터에서 교학처로 전보발령한 것을 부당노동행위로서 무효라고 볼 수 없고, 그 전보발령으로 웹서버를 관리, 운영할 권한이 없는 상태에서 피고인이 웹서버에 접속하여 홈페이지 관리자의 **비밀번호를 무단으로 변경**한 행위는 정당한 행위라고 할 수 없고, 그로 인하여 정보처리장치에 현실적인 장애를 발생시킴으로써 대학측에 대하여 업무방해의 위험을 초래한 행위에 해당하여 컴퓨터 등 장애업무방해죄를 구성한다.

컴퓨터 등 장애 업무방해죄(법314②) 성립을 부정한 사례

4 [대판 2021도1533] ['컴퓨터 등 장애 업무방해죄'에서 말하는 '허위의 정보 또는 부정한 명령의 입력', '기타 방법'의 의미 / 위 죄가 성립하기 위하여 정보처리에 장애가 현실적으로 발생하여야 하는지 여부(적극)] ●**사실**● 피고인 등(5명)은 피해자 주식회사 야놀자의 '바로예약 어플리케이션'과 통신하는 API(Application Programming Interface) 서버의 URL과 API 서버로 정보를 호출하는 명령구문들을 알아내어, 자체 개발한 '야놀자 크롤링 프로그램'을 사용하여 API 서버에 명령구문을 입력하는 방식으로 피해자 회사의 숙박업소 정보를 수집하였다. ●**판지**● 형법 제314조 제2항은 '컴퓨터 등 정보처리장치 또는 전자기록 등 특수매체기록을 손괴하거나 정보처리장치에 허위의 정보 또는 부정한 명령을 입력하거나 기타 방법으로 정보처리에 장애를 발생하게 하여 사람의 업무를 방해한 자'를 처벌하도록 정하고 있다. 여기에서 '허위의 정보 또는 부정한 명령의 입력'이란 객관적으로 진실에 반하는 내용의 정보를 입력하거나 정보처리장치를 운영하는 본래의 목적과 상이한 명령을 입력하는 것이고, '기타 방법'이란 컴퓨터의 정보처리에 장애를 초래하는 가해수단으로 컴퓨터의 작동에 직접·간접으로 영향을 미치는 일체의 행위를 말한다. 한편 위 죄가 성립하기 위해서는 위와 같은 가해행위 결과 정보처리장치가 그 사용목적에 부합하는 기능을 하지 못하거나 사용목적과 다른 기능을 하는 등 정보처리에 장애가 **현실적으로 발생하여야** 한다. **cf)** 판례는 피고인 등이 공모하여 정보처리장치에 부정한 명령을 입력하여 장애가 발생하게 하였다고 보기 어렵다는 이유로 공소사실을 무죄로 판단하였다.

5 [대판 2009도12238] 피고인들이 불특정 다수의 인터넷 이용자들에게 배포한 '**업링크솔루션**'이라는 프로

그램은, 甲 회사의 네이버 포털사이트 서버가 이용자의 컴퓨터에 정보를 전송하는 데에는 아무런 영향을 주지 않고, 다만 이용자의 동의에 따라 위 프로그램이 설치된 컴퓨터 화면에서만 네이버 화면이 전송받은 원래 모습과는 달리 피고인들의 광고가 대체 혹은 삽입된 형태로 나타나도록 하는 것에 불과하므로, 이것 만으로는 정보처리장치의 작동에 직접·간접으로 영향을 주어 그 사용목적에 부합하는 기능을 하지 못하 게 하거나 사용목적과 다른 기능을 하게 하였다고 볼 수 없어 컴퓨터 등 장애 업무방해죄로 의율할 수 없 다고 본 원심판단을 수긍한 사례.

6 [대판 2002도631] 메인 컴퓨터의 비밀번호는 시스템관리자가 시스템에 접근하기 위하여 사용하는 보 안 수단에 불과하므로, 단순히 메인 **컴퓨터의 비밀번호를 알려주지 아니한 것만으로는** 정보처리장치의 작동 에 직접 영향을 주어 그 사용목적에 부합하는 기능을 하지 못하게 하거나 사용목적과 다른 기능을 하게 하 였다고 볼 수 없어 형법 제314조 제2항에 의한 컴퓨터등장애업무방해죄로 의율할 수 없다 할 것이다.

38 노동쟁의행위와 위력에 의한 업무방해죄

* 대법원 2011. 3. 17. 선고 2007도482 전원합의체 판결
* 참조조문: 형법 제314조 제1항[1], 노동조합 및 노동관계조정법 제2조 제6호[2], 헌법 제33조 제1항[3]

> 쟁의행위로서 파업이 업무방해죄의 '위력'에 해당하는가?

●**사실**● 한국철도공사는 철도운송서비스업을 영위하는 법인이고, 전국철도노동조합은 한국철도공사의 근로자들을 가입대상으로 조직된 노동조합이다. 전국철도노동조합과 한국철도공사는 2005.8.31.부터 2005.11.4.까지 총 43회에 걸쳐 단체교섭을 진행하였으나 합의에 이르지 못하였다. 이에 전국철도노동조합이 중앙노동위원회에 노동쟁의조정신청을 하였으나 노사 간의 현격한 주장차이로 인하여 조정안을 제시하지 못하고 조정을 종료하였다.

이후 전국철도노동조합이 '파업 없이 성실히 교섭할 것을 서면으로 확약한다'는 확약서를 제출하자, 특별조정위원회는 '향후 노동조합이 약속을 지키지 아니하고 쟁의행위에 돌입할 가능성이 현저한 경우에는 당해 사업장을 중재에 회부할 것을 권고한다'는 내용의 2005.11.25.자 조건부 중재회부 권고를 하였고, 중앙노동위원회 위원장은 그 취지를 존중하여 2005.11.25.과 2005.12.16. 두 차례에 걸쳐 위와 같은 취지의 중재회부보류결정을 하였다가 전국철도노동조합과 한국철도공사 간의 단체교섭이 2006.2.28. 최종적으로 결렬되자 같은 날 21:00부로 **직권중재회부결정을 하였음에도 불구하고**, 피고인 X를 비롯한 전국철도노동조합 집행부는 2006.2.7.자 결의에 따라 예정대로 파업에 돌입하여 이를 지속할 것을 지시하였다. 이에 전국철도노동조합 조합원들은 2006.3.1. 01:00경부터 같은 달 4일 14:00경까지 서울철도차량정비창 등 전국 641개 사업장에 출근하지 아니한 채 업무를 거부하여 한국철도공사의 KTX 열차 329회, 새마을호 열차 283회 운행이 중단되도록 함으로써, 한국철도공사로 하여금 영업수익 손실과 대체인력 보상금 등 총 135억 원 상당의 손해를 입게 하였다.

검사는 전국철도노동조합이 중재기간이었던 2006.3.1.부터 3.4.까지 행한 파업과 관련하여 그 위원장인 X에 대해 업무방해죄로 공소제기를 하였다. 제1심과 항소심은 X에 대해 업무방해죄를 인정하였다. 이에 X는 상고하였다.

> ●**판지**● 상고기각. 「[다수의견] (가) 업무방해죄는 위계 또는 위력으로써 사람의 업무를 방해한 경우에 성립하며(형법 제314조 제1항), '**위력**'이란 사람의 자유의사를 제압·혼란케 할 만한 일체의 세력을 말한다. 쟁의행위로서 파업(노동조합 및 노동관계조정법 제2조 제6호)도, 단순히 근로계약에 따른 노무의 제공을 거부하는 부작위에 그치지 아니하고 이를 넘어서 사용자에게 압력을 가하여 근로자의 주장을 관철하고자 집단적으로 노무제공을 중단하는 실력행사이므로, **업무방해죄에서 말하는 위력에 해당하는 요소를 포함**하고 있다. (나) 근로자는 원칙적으로 헌법상 보장된 기본권으로서 근로조건 향상을 위한 자주적인 단결권·단체교섭권 및 단체행동권을 가지므로(헌법 제33조 제1항), **쟁의행위로서 파업이 언제나 업무방해죄에 해당하는 것으로 볼 것은 아니고**, 전후 사정과 경위 등에 비추어 사용자가 예측할 수

---

1) 형법 제314조(업무방해) ① 제313조의 방법 또는 위력으로써 사람의 업무를 방해한 자는 5년 이하의 징역 또는 1천500만원 이하의 벌금에 처한다.
2) 노동조합 및 노동관계조정법 제2조(정의) 이 법에서 사용하는 용어의 정의는 다음과 같다. …… 6 "**쟁의행위**"라 함은 파업·태업·직장폐쇄 기타 노동관계 당사자가 그 주장을 관철할 목적으로 행하는 행위와 이에 대항하는 행위로서 업무의 정상적인 운영을 저해하는 행위를 말한다.
3) 헌법 제33조 ① 근로자는 근로조건의 향상을 위하여 자주적인 **단결권·단체교섭권 및 단체행동권**을 가진다.

없는 시기에 **전격적**으로 이루어져 사용자의 사업운영에 **심대한 혼란 내지 막대한 손해**를 초래하는 등으로 사용자의 **사업계속에 관한 자유의사가 제압·혼란될 수 있다고 평가할 수 있는 경우에 비로소 집단적 노무제공의 거부가 위력에 해당하여 업무방해죄가 성립한다**고 보는 것이 타당하다.

[반대의견] (가) 다수의견이 '단순 파업'이 쟁의행위로서 정당성이 없는 경우라 하여 언제나 위력에 해당한다고 볼 수 없다고 보아 위력의 개념을 어느 정도 제한하여 해석한 것은 종래 판례의 태도에 비추어 진일보한 입장이다. 그러나 다수의견이 제시하는 위력의 해당 여부에 관한 판단 기준에 의하더라도 과연 **어떠한 경우를 전격적으로 이루어졌다고 볼 수 있을 것인지**, 어느 범위까지를 심대한 혼란 또는 막대한 손해로 구분할 수 있을 것인지 반드시 명백한 것은 아니다. 따라서 다수의견의 해석론에 따른다 할지라도 형법 제314조 제1항에 규정한 '위력' 개념의 일반조항적 성격이 충분히 해소된 것은 아니고, 위력에 의한 업무방해죄의 성립 여부가 문제되는 구체적 사례에서 **자의적인 법적용의 우려가** 남을 수밖에 없다. (나) 단순 파업이 쟁의행위로서 정당성의 요건을 갖추지 못하고 있더라도 개별적 근로관계의 측면이나 집단적 근로관계의 측면에서 **모두 근본적으로 근로자 측의 채무불이행과 다를 바 없으므로**, 이를 위력의 개념에 포함시키는 것은 **무엇보다 죄형법정주의의 관점에서 부당**하다. 또한 파업 등 쟁의행위가 정당성을 결여한 경우 쟁의행위를 위법하게 하는 각각의 행위에 대하여는 노동조합 및 노동관계조정법에 별도의 처벌규정을 두고 있어 같은 법 위반죄로 처벌할 수 있으므로, 위법한 단순 파업이 위력에 의한 업무방해죄를 구성하지 않는다 하더라도 위법의 원인행위 자체에 대한 처벌의 공백이 생기는 것이 아니다. 따라서 근로자들이 단결하여 소극적으로 근로제공을 거부하는 파업 등 쟁의행위를 하였으나 폭행·협박·강요 등의 수단이 수반되지 않는 한, 같은 법의 규정을 위반하여 쟁의행위로서 정당성을 갖추지 못하였다고 하더라도 당해 쟁의행위를 이유로 근로자를 형법상 업무방해죄로 처벌할 수는 없고, 근로자에게 민사상 채무불이행 책임을 부담시킴과 함께 근로자를 노동조합 및 노동관계조정법 위반죄로 처벌할 수 있을 뿐이며, 그것으로 충분하다」.

●**해설**● 1 업무방해죄와 관련해 노동쟁의에 의한 방해가 판례상 가장 많이 볼 수 있는 형태이다. 특히 위력업무방해죄는 헌법상 보장된 노동쟁의권을 무력화시킨다는 비판이 강하여 위헌심판에 들었지만 헌법재판소는 2010년에 동 규정에 대해 합헌결정을 내렸다(헌재 2009헌바168, Ref 3-1).

2 위력에 의한 업무방해죄에서 **'위력'**은 **사람의 의사를 제압하기에 충분한 세력**을 이용하는 것으로 폭행·협박에 한하지 않고 지위나 권세를 이용하는 경우도 포함된다(【37】 참조). 문제는 사람의 의사를 제압하기에 충분한 '세력'의 의미이다.

3 사안은 피고인을 비롯한 전국철도노동조합 집행부가 중앙노동위원회 위원장의 직권중재회부결정에도 불구하고 파업에 돌입할 것을 지시하여, 조합원들이 사업장에 출근하지 아니한 채 업무를 거부하여 사용자에게 손해를 입힌 사건으로, 종래 대법원은 이런 경우의 파업은 당연히 업무방해죄의 **위력행사에 해당된다**고 보아 왔다. 즉 종래의 판결은 근로자들의 집단적 파업은 원칙적으로 업무방해죄에 해당하고 다만 법령에 의한 행위 등으로 **위법성이 조각**될 수 있다고 하였다. 그러나 대상판결에서 대법원은 종전의 입장에서 벗어나 **파업이 언제나 업무방해죄에 해당하는 것으로 볼 수 없다**는 시각을 보여주고 있어 그 의미가 크다.

4 물론 본 사안에서 피고인들에 대해서 업무방해죄를 인정하였지만 대상판결은 업무방해죄의 성립요건을 엄격히 하였다. 즉 쟁의행위로서의 파업이 **위력에 해당하여 업무방해죄가 성립**하기 위해서는 ① 사

용자가 예측할 수 없는 시기에 **전격적**으로 이루어져 ② 사용자의 사업운영에 **심대한 혼란** 내지 **막대한 손해**를 초래하는 등으로 ③ 사용자의 사업계속에 관한 **자유의사가 제압·혼란**될 수 있다고 평가할 수 있는 경우에만 비로소 집단적 노무제공의 거부가 '위력에 해당'하여 업무방해죄가 성립한다는 기준들을 제시하였다.

5 이점에 특히 본 판결의 의의가 있다. 종래 '위법성' 단계에 머물러 있던 쟁의행위의 형사책임(종래 법원의 법리는 단순파업이 발생하면 일단 업무방해죄의 구성요건에 해당하며 그 위법성과 책임이 추정되고, 다만 형법상 정당행위로서 위법성이 조각되는지 여부를 따졌다) 문제를 **구성요건단계로 가져왔다는 점**이다. 따라서 이제부터 검사는 단순히 파업이 있었다는 사실 이외에 ①, ②, ③에 대한 증명도 해야 한다.

6 대상판결의 주요 쟁점은 집단적 노무제공의 거부인 단순파업이 형법상 업무방해죄의 구성요건 중 '위력'에 해당하는지 여부이다. 이에 대법원은「한국철도공사로서는 전국철도노동조합이 필수공익사업장으로 파업이 허용되지 아니하는 이 사건 사업장에서 구 노동조합 및 노동관계조정법상 직권중재회부 시 쟁의행위 금지규정 등을 위반하면서까지 이 사건 파업을 강행하리라고는 ① **예측할 수 없었다 할 것이**다. 나아가 피고인이 주도하여 전국적으로 이루어진 이 사건 파업의 결과 수백 회에 이르는 열차 운행이 중단되어 총 135억 원 상당의 손해를 야기하는 등 한국철도공사의 사업운영에 예기치 않은 ② **중대한 손해**를 끼치는 상황을 초래한 것임을 알 수 있다. 그리고 피고인이 주도한 이 사건 파업은 사용자인 한국철도공사의 ③ **자유의사를 제압·혼란케 할 만한 세력**으로서 형법 제314조 제1항 소정의 **"위력"에 해당한다고 보기에 충분하다**」고 판단하였다.

7 그러나 다음의 '반대의견'이 있었다.「다수의견의 법리에 비추어 보더라도 제반 사정을 종합할 때 위 파업이 예측할 수 없는 시기에 전격적으로 이루어졌다고 볼 수 없으며, 파업의 수단 역시 폭력적 행동이나 달리 위법이라고 할 만한 언동 없이 **집단적인 소극적 근로제공 거부에 그친 이상** 그 손해가 파업의 전격성에 기한 것이었다고 단정할 수 없는데도, 이와 반대의 전제에서 피고인에게 업무방해죄의 죄책을 인정한 원심판결에 법리오해의 위법이 있다」.

8 대상판결이 나오기 전 우리 대법원은 쟁의행위는 업무방해죄의 구성요건에 해당된다고 보았다. 그러나 2010년 헌법재판소는 근로자의 모든 쟁의행위가 위력에 의한 업무방해에 당연히 포함되어서는 안 된다고 판시하였다(헌재 2009헌바168, Ref 3-1). 그리고 이어 대법원에서 대상판결이 나와 쟁의행위에 적용되는 업무방해죄의 위력의 의미를 축소하였다(①과 ②에 대한 요건의 추가로 엄격성강화).

9 근로자의 쟁의행위와 형법상 정당행위   근로자의 쟁의행위가 형법상 정당행위(법령에 의한 행위)에 해당하려면, 주체의 적격성, 목적의 정당성, 절차의 합법성, 수단의 상당성이 갖추어져야 한다. 즉「① **주체**가 단체교섭의 주체로 될 수 있는 자이어야 하고, ② **목적**이 근로조건의 향상을 위한 노사 간의 자치적 교섭을 조성하는 데에 있어야 하며, ③ 사용자가 근로자의 근로조건 개선에 관한 구체적인 요구에 대하여 단체교섭을 거부하였을 때 개시하되 특별한 사정이 없는 한 조합원의 찬성결정 등 법령이 규정한 **절차**를 거쳐야 하고, ④ **수단과 방법**이 사용자의 재산권과 조화를 이루어야 함은 물론 폭력의 행사에 해당되지 아니하여야 한다는 조건을 모두 구비하여야 한다. 이러한 기준은 쟁의행위의 목적을 알

리는 등 **적법한 쟁의행위에 통상 수반되는 부수적 행위**가 형법상 정당행위에 해당하는지 여부를 판단할 때에도 동일하게 적용된다」(대판 2019도10516, Ref 1-12).

쟁의행위의 정당성을 부정한 판례

1 [대판 2011도393] 정리해고나 사업조직의 통폐합 등 기업의 구조조정 실시 여부는 경영주체의 고도의 경영상 결단에 속하는 사항으로서 원칙적으로 단체교섭의 대상이 될 수 없어, 그것이 긴박한 경영상의 필요나 합리적 이유 없이 불순한 의도로 추진된다는 등의 특별한 사정이 없음에도 노동조합이 실질적으로 그 실시 자체를 반대하기 위하여 쟁의행위로 나아간다면, **비록 그러한 구조조정의 실시가 근로자들의 지위나 근로조건의 변경을 필연적으로 수반한다 하더라도**, 그 쟁의행위는 목적의 정당성을 인정할 수 없다.

2 [대판 2010도11030] [1] 쟁의행위의 주된 목적이 회사의 긴박한 경영상의 필요에 의하여 실시되는 정리해고 자체를 전혀 수용할 수 없다는 노동조합 측의 입장을 관철하기 위한 것이고, 이러한 노동조합 측의 요구는 **사용자의 정리해고에 관한 권한 자체를 전면적으로 부정하고 경영권의 본질적인 내용을 침해하는 것**으로서 단체교섭의 대상이 될 수 없는 사항에 관한 것이므로, 그와 같은 요구사항을 내용으로 하는 위 쟁의행위는 그 목적의 정당성을 인정받을 수 없다고 한 원심판단을 수긍한 사례. [2] 회사와 노동조합이 체결한 단체협약서의 전체 내용, 단체협약 체결 당시의 상황 등 여러 사정에 비추어, **'노동조합과의 합의에 의하여 정리해고를 실시할 수 있다'**는 취지의 단체협약 조항의 진정한 의미는 '회사가 정리해고 등 경영상 결단을 하기 위해서는 반드시 노동조합과 사전에 합의하여야 한다는 취지가 아니라 사전에 노동조합에 해고 기준 등에 관하여 필요한 의견을 제시할 기회를 주고 그 의견을 성실히 참고하게 함으로써 구조조정의 합리성과 공정성을 담보하고자 하는 협의의 취지'로 해석하여야 하고, 그와 같은 단체협약 조항에 의하더라도 쟁의행위의 목적이 정당화될 수는 없다는 이유로, 노동조합 지부장 등 피고인들에 대한 업무방해의 공소사실을 유죄로 인정한 원심판단을 수긍한 사례.

3 [대판 2010도7733] **근로자 182명 중 9명이 부분파업에 참여**하는 등 그 파업 규모에 비추어 사용자의 사업운영에 심대한 혼란이나 막대한 손해가 초래되었다고 볼 수 없는 사업장까지 업무방해죄의 피해 사업장으로 적시되어 있는 점에 비추어, 이 부분 공소사실에 적시된 사업장들 가운데 일부는 사용자의 사업계속에 관한 자유의사가 제압·혼란될 수 있다고 평가할 수 있는 경우에 해당하지 아니한다고 볼 여지가 있다.

4 [대판 2007도5204] 직장 또는 사업장시설의 점거는 적극적인 쟁의행위의 한 형태로서 그 점거의 범위가 직장 또는 사업장시설의 **일부분**이고 사용자 측의 출입이나 관리지배를 배제하지 않는 병존적인 점거에 지나지 않을 때에는 정당한 쟁의행위로 볼 수 있으나, 이와 달리 직장 또는 사업장시설을 **전면적, 배타적으로 점거**하여 조합원 이외의 자의 출입을 저지하거나 사용자 측의 관리지배를 배제하여 업무의 중단 또는 혼란을 야기케 하는 것과 같은 행위는 이미 정당성의 한계를 벗어난 것이라고 볼 수밖에 없다.

5 [대판 2007도1557] 버스노동조합 지부의 **적법한 대표자를 배제**하고 **사용자에 대하여 아무런 통지를 하지 않은 채** 일부 근로자들이 비상대책위원회를 구성하고 회사 대표자의 형사처벌 및 퇴진, 군내버스의 완전공

영제를 요구하며 실시한 파업은 정당행위에 해당하지 않는다.

6 [대판 2001도3380] [1] 정리해고나 부서·조직의 통폐합 등 **구조조정의 실시 여부는 경영주체에 의한 고도의 경영상 결단에 속하는 사항으로서 이는 원칙적으로 단체교섭의 대상이 될 수 없고**, 그것이 긴박한 경영상의 필요나 합리적인 이유 없이 불순한 의도로 추진되는 등의 특별한 사정이 없는 한, 노동조합이 실질적으로 그 실시 자체를 반대하기 위하여 쟁의행위에 나아간다면, 비록 그 실시로 인하여 근로자들의 지위나 근로조건의 변경이 필연적으로 수반된다 하더라도 그 쟁의행위는 목적의 정당성을 인정할 수 없다. [2] 쟁의행위에서 추구되는 목적이 여러 가지이고 그 중 일부가 정당하지 못한 경우에는 주된 목적 내지 진정한 목적의 당부에 의하여 그 쟁의목적의 당부를 판단하여야 할 것이고, **부당한 요구사항을 뺐더라면 쟁의행위를 하지 않았을 것이라고 인정되는 경우에는 그 쟁의행위 전체가 정당성을 갖지 못한다고 보아야 한다.**

7 [대판 2001도1863] 쟁의행위에서 추구되는 목적이 여러 가지이고 그 중 일부가 정당하지 못한 경우에는 주된 목적 내지 진정한 목적의 당부에 의하여 그 쟁의목적의 당부를 판단하여야 할 것이고, 만일 부당한 요구사항을 뺐더라면 쟁의행위를 하지 않았을 것이라고 인정되는 경우에는 그 쟁의행위 전체가 정당성을 갖지 못한다고 보아야 한다.

8 [대판 99도4837 전원합의체] ●**사실**● 주식회사 노동조합 대전지부장인 X와 위의 지부 교육선전부장인 Y 및 위의 지부 조사통계부장인 Z는 1998.5.6.부터 그 달 12일까지 일요일을 제외한 기간 동안 노동조합 조합원 약 200명을 작업장에서 이탈케 하여 만도기계 주식회사 대전 생산기술원의 구내식당에 모이게 한 다음 각종 집회를 개최하여 생산 활동을 전면 중단케 함으로써 위력으로써 주식회사의 업무를 방해하였다는 혐의로 기소되었다. 특히 조합원 **총회에서 파업실시에 대한 찬·반 투표를 실시하지 않은 것이 적법한 쟁의였는지가** 문제되었다. **원심은 무죄**를 선고하였고 이에 검사는 상고하였다. ●**판지**● **파기환송.** 근로자의 쟁의행위가 형법상 정당행위가 되기 위하여는 첫째 그 주체가 단체교섭의 주체로 될 수 있는 자이어야 하고, 둘째 그 목적이 근로조건의 향상을 위한 노사 간의 자치적 교섭을 조성하는 데에 있어야 하며, 셋째 사용자가 근로자의 근로조건 개선에 관한 구체적인 요구에 대하여 단체교섭을 거부하였을 때 개시하되 특별한 사정이 없는 한 조합원의 찬성결정 등 법령이 규정한 절차를 거쳐야 하고, 넷째 그 수단과 방법이 사용자의 재산권과 조화를 이루어야 함은 물론 폭력의 행사에 해당되지 아니하여야 한다는 여러 조건을 모두 구비하여야 하는바, **특히 그 절차에 관하여 쟁의행위를 함에 있어 조합원의 직접·비밀·무기명투표에 의한 찬성결정이라는 절차를 거쳐야 한다**는 노동조합 및 노동관계조정법 제41조 제1항의 규정은 노동조합의 자주적이고 민주적인 운영을 도모함과 아울러 쟁의행위에 참가한 근로자들이 사후에 그 쟁의행위의 정당성 유무와 관련하여 어떠한 불이익을 당하지 않도록 그 개시에 관한 조합의사의 결정에 보다 신중을 기하기 위하여 마련된 규정이므로 위의 절차를 위반한 쟁의행위는 그 절차를 따를 수 없는 객관적인 사정이 인정되지 아니하는 한 정당성이 상실된다. 이와 달리 쟁의행위의 개시에 앞서 노동조합 및 노동관계조정법 제41조 제1항에 의한 투표절차를 거치지 아니한 경우에도 조합원의 민주적 의사결정이 실질적으로 확보된 때에는 단지 노동조합 내부의 의사형성 과정에 결함이 있는 정도에 불과하다고 하여 쟁의행위의 정당성이 상실되지 않는 것으로 해석한다면 **위임에 의한 대리투표, 공개결의나 사후결의, 사실상의 찬성간주 등의 방법이 용인되는 결과, 그와 같은 견해는 위의 관계 규정과 대법원의 판례취지에 반하는 것**이 된다. 따라서 견해를 달리하여 노동조합 및 노동관계조정법 제41조 제1항을 위반하여 조합원의 직접·비밀·무기명 투표에 의한 과반

수의 찬성결정을 거치지 아니하고 쟁의행위에 나아간 경우에도 조합원의 민주적 의사결정이 실질적으로 확보된 경우에는 위와 같은 투표절차를 거치지 아니하였다는 사정만으로 쟁의행위가 정당성을 상실한다고 볼 수 없다는 취지의 대법원 2000.5.26.선고 99도4836 판결은 이와 어긋나는 부분에 한하여 변경하기로 한다.

9 [대판 98도3299] 노동조합의 규약상 단체협약안에 대하여는 조합원의 동의를 얻어야 효력을 갖는다는 내용이 있음에도 노동조합측이 단체교섭에 임하는 대표자가 **최종적인 결정권한**을 갖고 있음을 사용자에게 확인시키지 않은 채 단체교섭만을 요구한 경우, 그 단체교섭 결렬을 이유로 한 쟁의행위를 **정당한 행위로 볼 수 없다.**

10 [대판 96도419] [집단으로 **09 : 00 정각에 출근하도록 시킨 행위가 업무방해죄를 구성한다**고 본 사례] 단체협약에 따른 공사 사장의 지시로 09 : 00 이전에 출근하여 업무준비를 한 후 09 : 00부터 근무를 하도록 되어 있음에도 피고인이 쟁의행위의 적법한 절차를 거치지도 아니한 채 조합원들로 하여금 집단으로 09 : 00 정각에 출근하도록 지시를 하여 이에 따라 수백, 수천 명의 조합원들이 집단적으로 09 : 00 정각에 출근함으로써 전화고장수리가 지연되는 등으로 위 공사의 업무수행에 지장을 초래하였다면 이는 실질적으로 피고인 등이 위 공사의 정상적인 업무수행을 저해함으로써 그들의 주장을 관철시키기 위하여 한 쟁의행위라 할 것이나 쟁의행위의 적법한 절차를 거치지 아니하였음은 물론 이로 인하여 공익에 커다란 영향을 미치는 위 공사의 정상적인 업무운영이 방해되었을 뿐만 아니라 전화고장수리 등을 받고자 하는 수요자들에게도 상당한 지장을 초래하게 된 점 등에 비추어 정당한 쟁의행위의 한계를 벗어난 것으로 업무방해죄를 구성하고, 피고인의 이와 같은 행위가 노동 3권을 보장받고 있는 근로자의 당연한 권리행사로서 형법 제20조 소정의 정당행위에 해당한다고 볼 수 없다.

11 [대판 91도3051] 방송국 노동조합이 적법한 절차를 따라 파업결의를 한 후 사태를 지켜보던 중 일부 기자가 징계를 당하자 노조원 40여 명이 파업농성투쟁에 돌입할 것을 결의하고 다른 노조원들과 공동하여 방송국 보도국 사무실 일부를 점거하여 야간에는 10여명씩 조를 짜서 교대로 철야농성을 하고 주간에는 다 함께 모여 농성을 하면서 **구호를 외치거나 노래를 부르고 북, 장구, 징, 꽹과리를 두드리며 소란행위를 계속**하고, 농성에 가담하지 아니하고 근무하는 직원들에게 '노조원들과 적이 되려 하느냐'는 등의 야유와 협박을 하며 농성가담을 적극 권유하고, 그 곳에 있는 테렉스기기에 들어가는 테렉스용지를 찢거나 그 작동을 중단시키는 등의 행위를 한 것이 그 방법이나 수단에 있어서 쟁의행위의 정당성의 한계를 벗어난 위법한 것이라고 한 사례

쟁의행위의 정당성을 긍정한 판례

12 [대판 2019도10516] [근로자의 쟁의행위가 형법상 정당행위에 해당하기 위한 요건 / 이러한 기준은 쟁의행위의 목적을 알리는 등 **적법한 쟁의행위에 통상 수반되는 부수적 행위**가 형법상 정당행위에 해당하는지를 판단할 때에도 동일하게 적용되는지 여부(적극)] ●**사실**● 피고인 X는 2016. 9. 22. 11:17경 노동조합 간부 7명과 함께 24층 경영노무처 사무실로 찾아가, 방송실 관리자인 경영노무처 소속 총무부장의 승인이 없었음에도, 공소외 2와 함께 무단으로 방송실 안으로 들어가 문을 잠근 다음 방송을 하고, 공소외 1 등 노동조합 간부들은 방송실 출입문 밖에서 방송실 관리직원인 총무부 차장 등이 방송을 제지하려한다는 이유

로 약 4~5분 동안 차장 등이 방송실에 들어가지 못하도록 막았다. 이로써 피고인은 노동조합 간부 7명과 공모하여 충무부장 등이 관리하는 방송실에 침입함과 동시에 위력으로 방송실 관리직원들의 방송실 관리 업무를 방해하였다. ●판지● [1] 근로자의 쟁의행위가 형법상 정당행위에 해당하려면, ① 주체가 단체교섭의 주체로 될 수 있는 자이어야 하고, ② 목적이 근로조건의 향상을 위한 노사 간의 자치적 교섭을 조성하는 데에 있어야 하며, ③ 사용자가 근로자의 근로조건 개선에 관한 구체적인 요구에 대하여 단체교섭을 거부하였을 때 개시하되 특별한 사정이 없는 한 조합원의 찬성결정 등 법령이 규정한 절차를 거쳐야 하고, ④ 수단과 방법이 사용자의 재산권과 조화를 이루어야 함은 물론 폭력의 행사에 해당되지 아니하여야 한다는 조건을 모두 구비하여야 한다. 이러한 기준은 쟁의행위의 목적을 알리는 등 적법한 쟁의행위에 통상 수반되는 부수적 행위가 형법상 정당행위에 해당하는지 여부를 판단할 때에도 동일하게 적용된다. [2] 노동조합은 총파업을 앞두고 2016. 9. 22. 11:30부터 같은 날 12:00까지 천막농성장 앞에서 중식간담회를 개최하기로 하였는데, 이에 대하여 공단은 무노동 무임금의 원칙을 적용할 예정이라는 공지를 하였다. 한편 피고인과 노동조합 간부들은 사무실을 돌아다니며 간담회 참석을 독려하던 중 경영노무처 사무실에 이르러 그 안에 설치된 방송실에 들어가 방송을 하게 되었다. 이와 같은 피고인의 행위는 적법한 쟁의행위가 시작된 이후 그 목적인 '성과연봉제 폐지'에 대한 간담회를 홍보하기 위한 것으로, 성질상 **정당한 쟁의행위에 통상 수반되는 부수적 행위에 해당한다**고 볼 수 있다. …… 피고인의 공소사실 기재 행위는 외견상 그 각 구성요건에 해당한다고 볼 여지가 있으나, 그 주체와 목적의 정당성이 인정되고 절차적 요건을 갖추어 적법하게 개시된 쟁의행위의 목적을 공지하고 이를 준비하기 위한 부수적 행위이자, 그와 관련한 절차적 요건의 준수 없이 관행적으로 실시되던 방식에 편승하여 이루어진 행위로서, 전체적으로 수단과 방법의 적정성을 벗어난 것으로 보이지 않으므로, 형법상 정당행위에 해당하여 위법성이 조각된다고 봄이 타당하다.

13 [대판 2015도1927] [사내하청업체 소속 근로자들이 사용자인 하청업체를 상대로 한 쟁의행위의 일환으로 원청업체 사업장에서 집회 · 시위를 하고, 대체 투입된 근로자의 업무를 방해한 사건] [1] 단체행동권은 헌법 제33조 제1항에서 보장하는 기본권으로서 최대한 보장되어야 하지만 헌법 제37조 제2항에 의하여 국가안전보장 · 질서유지 또는 공공복리 등의 공익상의 이유로 제한될 수 있고 그 권리의 행사가 정당한 것이어야 한다는 내재적인 한계가 있다. 쟁의행위가 정당행위로 위법성이 조각되는 것은 사용자에 대한 관계에서 인정되는 것이므로, 제3자의 법익을 침해한 경우에는 원칙적으로 정당성이 인정되지 않는다. 그런데 도급인은 원칙적으로 수급인 소속 근로자의 사용자가 아니므로, 수급인 소속 근로자의 쟁의행위가 도급인의 사업장에서 일어나 도급인의 형법상 보호되는 법익을 침해한 경우에는 사용자인 수급인에 대한 관계에서 쟁의행위의 정당성을 갖추었다는 사정만으로 사용자가 아닌 도급인에 대한 관계에서까지 **법령에 의한 정당한 행위로서 법익 침해의 위법성이 조각된다고 볼 수는 없다.** 그러나 수급인 소속 근로자들이 집결하여 함께 근로를 제공하는 장소로서 도급인의 사업장은 수급인 소속 근로자들의 삶의 터전이 되는 곳이고, 쟁의행위의 주요 수단 중 하나인 파업이나 태업은 도급인의 사업장에서 이루어질 수밖에 없다. 또한 도급인은 비록 수급인 소속 근로자와 직접적인 근로계약관계를 맺고 있지는 않지만, 수급인 소속 근로자가 제공하는 근로에 의하여 일정한 이익을 누리고, 그러한 이익을 향수하기 위하여 수급인 소속 근로자에게 사업장을 근로의 장소로 제공하였으므로 그 사업장에서 발생하는 쟁의행위로 인하여 일정 부분 법익이 침해되더라도 사회통념상 이를 용인하여야 하는 경우가 있을 수 있다. 따라서 사용자인 수급인에 대한 정당성을 갖춘 쟁의행위가 도급인의 사업장에서 이루어져 형법상 보호되는 도급인의 법익을 침해한 경우, 그것이 항상 위법하다고 볼 것은 아니고, 법질서 전체의 정신이나 그 배후에 놓여있는 사회윤

리 내지 사회통념에 비추어 용인될 수 있는 행위에 해당하는 경우에는 **형법 제20조의 '사회상규에 위배되지 아니하는 행위'로서 위법성이 조각**된다. 이러한 경우에 해당하는지 여부는 쟁의행위의 목적과 경위, 쟁의행위의 방식·기간과 행위 태양, 해당 사업장에서 수행되는 업무의 성격과 사업장의 규모, 쟁의행위에 참여하는 근로자의 수와 이들이 쟁의행위를 행한 장소 또는 시설의 규모·특성과 종래 이용관계, 쟁의행위로 인해 도급인의 시설관리나 업무수행이 제한되는 정도, 도급인 사업장 내에서의 노동조합 활동 관행 등 여러 사정을 종합적으로 고려하여 판단하여야 한다. [2] 사용자는 쟁의행위 기간 중 그 쟁의행위로 중단된 업무의 수행을 위하여 당해 사업과 관계없는 자를 채용 또는 대체할 수 없다(노동조합 및 노동관계조정법 제43조 제1항). 사용자가 당해 사업과 관계없는 자를 쟁의행위로 중단된 업무의 수행을 위하여 채용 또는 대체하는 경우, 쟁의행위에 참가한 근로자들이 위법한 대체근로를 저지하기 위하여 상당한 정도의 실력을 행사하는 것은 쟁의행위가 실효를 거둘 수 있도록 하기 위하여 마련된 위 규정의 취지에 비추어 정당행위로서 위법성이 조각된다. 위법한 대체근로를 저지하기 위한 실력 행사가 사회통념에 비추어 용인될 수 있는 행위로서 정당행위에 해당하는지는 그 경위, 목적, 수단과 방법, 그로 인한 결과 등을 종합적으로 고려하여 구체적인 사정 아래서 합목적적·합리적으로 고찰하여 개별적으로 판단하여야 한다.

14 [대판 2013도7896] 노동조합이 주도한 쟁의행위 자체의 정당성과 이를 구성하거나 여기에 부수되는 개개 행위의 정당성은 구별하여야 하므로, 일부 소수의 근로자가 폭력행위 등의 위법행위를 하였더라도, 전체로서의 쟁의행위마저 당연히 위법하게 되는 것은 아니다.

15 [대판 2011도468] 철도노동조합과 산하 지방본부 간부인 피고인들이 '구내식당 외주화 반대' 등 한국철도공사의 경영권에 속하는 사항을 주장하면서 업무 관련 규정을 지나치게 철저히 준수하는 등의 방법으로 **안전운행투쟁을 전개하여 열차가 지연 운행되도록 함으로써 한국철도공사의 업무를 방해**하였다는 내용으로 기소된 사안에서, 열차 지연 운행 횟수나 정도 등에 비추어 안전운행투쟁으로 말미암아 한국철도공사의 사업운영에 (가) 심대한 혼란 내지 막대한 손해가 초래될 위험이 있었다고 하기 어렵고, 그 결과 한국철도공사의 사업계속에 관한 (나) 자유의사가 제압·혼란될 수 있다고 평가할 수 있는 경우에 해당하지 않는다고 볼 여지가 충분한데도, 이와 달리 안전운행투쟁의 주된 목적이 정당하지 않다는 이유만으로 업무방해죄가 성립한다고 단정한 원심판단에 업무방해죄의 위력에 관한 법리오해 및 심리미진의 위법이 있다.

16 [대판 2000도2871] 노동조합이 노동위원회에 노동쟁의 조정신청을 하여 조정절차가 마쳐지거나 조정이 종료되지 아니한 채 조정기간이 끝나면 노동조합은 쟁의행위를 할 수 있는 것으로 **노동위원회가 반드시 조정결정을 한 뒤에 쟁의행위를 하여야지 그 절차가 정당한 것은 아니다.**

17 [대판 93도613] [노동조합활동의 정당성의 범위] [1] 노동조합의 활동이 정당하다고 하기 위하여는 (가) 행위의 성질상 노동조합의 활동으로 볼 수 있거나 노동조합의 묵시적인 수권 또는 승인을 받았다고 볼 수 있는 것으로서 (나) 근로조건의 유지 개선과 근로자의 경제적 지위의 향상을 도모하기 위하여 필요하고 근로자들의 단결강화에 도움이 되는 행위이어야 하며, (다) 취업규칙이나 단체협약에 별도의 허용규정이 있거나 관행 또는 사용자의 승낙이 있는 경우 외에는 취업시간 외에 행하여져야 하고, (라) 사업장 내의 조합활동에 있어서는 사용자의 시설관리권에 바탕을 둔 합리적인 규율이나 제약에 따라야 하며, (마) 폭력과 파괴행위 등의 방법에 의하지 않는 것이어야 한다. [2] 쟁의행위에 대한 찬반투표 실시를 위하여 전체 조합

원이 참석할 수 있도록 근무시간 중에 노동조합 임시총회를 개최하고 3시간에 걸친 투표 후 1시간의 여흥시간을 가졌더라도 그 임시총회 개최행위가 전체적으로 노동조합의 정당한 행위에 해당한다고 본 사례.

18 [대판 92도1645] 쟁의행위의 목적이 위법하지 아니하고 시위행위가 병원의 업무개시 전이거나 **점심시간을 이용**하여 현관로비에서 이루어졌고 쟁의행위의 방법이 폭력행위를 수반하지 아니한 점에 비추어 업무방해죄의 성립을 인정하기 어렵다.

Reference 2

사용자의 직장폐쇄도 방어적이 아니라 공격적 성격인 경우 정당성이 없다고 본 판례

1 [대판 2013도7896] 근로자의 쟁의행위 등 구체적인 사정에 비추어 직장폐쇄의 개시 자체는 정당하다고 할 수 있지만, 어느 시점 이후에 근로자가 쟁의행위를 중단하고 진정으로 업무에 복귀할 의사를 표시하였음에도 사용자가 직장폐쇄를 계속 유지하면서 근로자의 쟁의행위에 대한 방어적인 목적에서 벗어나 적극적으로 노동조합의 조직력을 약화시키기 위한 목적 등을 갖는 공격적 직장폐쇄의 성격으로 변질되었다고 볼 수 있는 경우에는, 그 이후의 직장폐쇄는 **정당성을 상실한 것**으로 보아야 한다.

2 [대판 2007도5204] 노동조합이 파업을 시작한 지 **불과 4시간 만에** 사용자가 바로 직장폐쇄 조치를 취한 것이 정당한 쟁의행위로 인정되지 아니하므로, 사용자 측 시설을 정당하게 점거한 조합원들이 사용자의 퇴거요구에 불응하였더라도 퇴거불응죄가 성립하지 아니한다.

Reference 3

노동쟁의행위에 대한 헌법재판소 결정

1 [헌재 2009헌바168] [1] 형법상 업무방해죄의 보호법익, 같이 규정된 다른 행위태양인 '허위사실의 유포'나 '위계' 그리고 이 사건 법률조항과 함께 같은 장에 규정되어 있는 신용훼손죄나 경매방해죄의 해석, 그 외 형사법상의 폭력, 폭행, 협박 등의 개념과 관련지어 볼 때 일반적으로 **'위력'**이라 함은 사람의 의사의 자유를 제압, 혼란케 할 만한 일체의 세력을 의미하고, **'업무'**란 사람이 그 사회적 지위에 있어서 계속적으로 종사하는 사무 또는 사업을 의미하는바, 이러한 해석은 건전한 상식과 통상적인 법 감정을 가진 일반인으로서도 능히 인식할 수 있는 것으로서 **죄형법정주의의 명확성의 원칙에 위반된다고 할 수 없다.** [2] 형법상 업무방해죄는 모든 쟁의행위에 대하여 무조건 적용되는 것이 아니라, **단체행동권의 내재적 한계를 넘어 정당성이 없다고 판단되는 쟁의행위에 대하여만 적용되는 조항임이 명백하다**고 할 것이므로, 그 목적이나 방법 및 절차상 한계를 넘어 업무방해의 결과를 야기시키는 쟁의행위에 대하여만 이 사건 법률조항을 적용하여 형사처벌하는 것은 **헌법상 단체행동권을 침해하였다고 볼 수 없다.** 다만, 헌법 제33조 제1항은 근로자의 단체행동권을 헌법상 기본권으로 보장하면서, 단체행동권에 대한 어떠한 개별적 법률유보 조항도 두고 있지 않으며, 단체행동권에 있어서 쟁의행위는 핵심적인 것인데, 쟁의행위는 고용주의 업무에 지장을 초래하는 것을 당연한 전제로 하므로, 헌법상 기본권 행사에 본질적으로 수반되는 것으로서 정당화될 수 있는 업무의 지장 초래의 경우에는 **당연히 업무방해죄의 구성요건에 해당하여 원칙적으로 불법한 것이라고 볼 수는 없다.** 단체행동권의 행사로서 노동법상의 요건을 갖추어 헌법적으로 정당화되는 행위를 범죄행위의 구성요

건에 해당하는 행위임을 인정하되, 다만 위법성을 조각하도록 한 취지라는 해석은 헌법상 기본권의 보호영역을 하위 법률을 통해 지나치게 축소시키는 것이기 때문이다. **cf)** 헌법재판소는 본 결정을 통해 비록 형법 제314조의 업무방해죄 규정이 명확성의 원칙에는 반하지 않아 합헌이라고는 하였으나 정당한 쟁의행위로 인한 업무의 지장 초래는 형법상 업무방해죄의 구성요건에 해당하지 않는다고 판단하였다.

2 [헌재 2012헌바66[4])] [1] 형법(1995. 12. 29. 법률 제5057호로 개정된 것) 제314조 제1항 중 '위력으로써 사람의 업무를 방해한 자' 부분은 **헌법에 위반되지 아니한다.** [2] 청구인들은 ○○자동차 공장 협력업체에 근무하는 사람들로 '노동조합 비정규직 지회'의 간부들이다. 청구인들은 ○○자동차 로 부터 직원 일부를 정리해고한다는 통보를 받고, 소속 조합원들로 하여금 2010. 3. 13. 08:00경부터 2010. 3. 14. 08:00경까지 통상적으로 실시하여 온 휴일근로를 집단적으로 거부하도록 하여 위력으로써 기업의 업무를 방해하였다는 등의 범죄사실로 기소되었다. 청구인들은 재판과정에서 소극적으로 근로제공을 거부한 행위는 업무방해죄를 구성하지 않는다고 주장하였으나, 1심 법원은 대법원 2011. 3. 17. 선고 2007도482 전원합의체 판결에 따라 전후 사정과 경위 등에 비추어 청구인들의 파업은 사용자가 예측할 수 없는 시기에 전격적으로 이루어져 사용자의 사업운영에 심대한 혼란 내지 막대한 손해를 초래하였고, 그로 인하여 사용자의 사업계속에 관한 자유의사가 제압·혼란될 수 있다고 평가되므로, 위력에 의한 업무방해죄가 성립한다고 판단하였다. 이에 청구인들은 항소하였고, 항소심 계속 중 형법 제314조 제1항에 대하여 위헌법률심판제청신청을 하였다. 항소심 법원 1심 법원의 판단을 그대로 유지하였고 이에 청구인들은 대법원에 상고하였고, 이 사건 헌법소원심판을 청구하였다. 대법원은 이 사건 심판청구 이후인 2012. 7. 12. 업무방해죄에 관한 법리를 오해하고 필요한 심리를 다하지 아니한 위법이 없다는 이유로 청구인들의 상고를 모두 기각하였다(대법원 2012도1039).

---

4) 헌법재판소 2022. 5. 26. 선고 2012헌바66 전원재판부 결정

> 남편의 부재중 '혼외 성관계'의 목적으로 처의 승낙 하에 아파트에 들어간 경우, 주거침입죄가 성립하는가?

●**사실**● 피고인 X는 피해자 A의 아내인 Y와 내연관계에 있었다. X는 2019.7.30. 09:21경부터 울산 북구 소재의 A · Y가 공동으로 거주하는 아파트에 '혼외 성관계'[2]의 목적으로 Y가 열어 준 현관 출입문을 통해 A의 부재중 3회에 걸쳐 들어갔었다.

원심은 X가 위 주거에 들어갈 당시 A의 처로부터 승낙을 받았기 때문에 주거의 사실상 평온상태를 해할 수 있는 행위태양으로 들어간 것이 아니어서 주거에 침입한 것으로 볼 수 없고, 설령 X의 주거 출입이 부재중인 다른 거주자인 A의 추정적 의사에 반하는 것이 명백하더라도 그것이 **사실상 주거의 평온을 보호법익**으로 하는 주거침입죄의 성립 여부에 영향을 미치지 않는다는 이유로 유죄를 인정한 제1심 판결(징역 6월, 집행유예 2년)을 직권으로 파기하고 **무죄로 판단**하였다. 이에 검사가 상고하였다.

●**판지**● 상고기각. 「[다수의견] 외부인이 공동거주자의 일부가 부재중에 주거 내에 현재하는 거주자의 현실적인 승낙을 받아 통상적인 출입방법에 따라 공동주거에 들어간 경우라면 그것이 **부재중인 다른 거주자의 추정적 의사에 반하는 경우에도 주거침입죄가 성립하지 않는다**고 보아야 한다. 구체적인 이유는 다음과 같다.

(가) 주거침입죄의 보호법익은 사적 생활관계에 있어서 사실상 누리고 있는 주거의 평온, 즉 '**사실상 주거의 평온**'으로서, 주거를 점유할 **법적 권한이 없더라도** 사실상의 권한이 있는 거주자가 주거에서 누리는 **사실적 지배 · 관리관계가 평온하게 유지되는 상태**를 말한다. 외부인이 무단으로 주거에 출입하게 되면 이러한 사실상 주거의 평온이 깨어지는 것이다. 이러한 보호법익은 주거를 점유하는 사실상 태를 바탕으로 발생하는 것으로서 사실적 성질을 가진다. 한편 공동주거의 경우에는 여러 사람이 하나의 생활공간에서 거주하는 성질에 비추어 공동거주자 각자는 다른 거주자와의 관계로 인하여 주거에서 누리는 사실상 주거의 평온이라는 법익이 일정 부분 제약될 수밖에 없고, 공동거주자는 공동주거관계를 형성하면서 이러한 사정을 서로 용인하였다고 보아야 한다. 부재중인 일부 공동거주자에 대하여 주거침입죄가 성립하는지를 판단할 때에도 이러한 **주거침입죄의 보호법익의 내용과 성질, 공동주거관계의 특성을 고려**하여야 한다. 공동거주자 개개인은 각자 사실상 주거의 평온을 누릴 수 있으므로 어느 거주자가 부재중이라고 하더라도 사실상의 평온상태를 해치는 행위태양으로 들어가거나 그 거주자가 독자적으로 사용하는 공간에 들어간 경우에는 그 거주자의 사실상 주거의 평온을 침해하는 결과를 가져올 수 있다. 그러나 공동거주자 중 주거 내에 현재하는 거주자의 현실적인 승낙을 받아 통상적인 출입방법에 따라 들어갔다면, 설령 그것이 부재중인 다른 거주자의 의사에 반하는 것으로 추정된다고 하더라도 주거침입죄의 보호법익인 사실상 주거의 평온을 깨트렸다고 볼 수는 없다. 만일 외부인의 출입에 대하여 공동거주자 중 주거 내에 현재하는 거주자의 승낙을 받아 통상적인 출입방법에 따라 들어갔음에도 불구하고 그것이 부재중인 다른 거주자의 의사에 반하는 것으로 추정된다는 사정

---

1) 형법 제319조(주거침입) ① 사람의 주거, 관리하는 건조물, 선박이나 항공기 또는 점유하는 방실에 침입한 자는 **3년 이하의 징역** 또는 500만원 이하의 벌금에 처한다.
2) 간통죄가 2016.1.6. 법률 제13719호로 개정된 형법에 의하여 폐지되었으므로 간통 대신 '혼외 성관계'라는 표현을 사용한다.

만으로 주거침입죄의 성립을 인정하게 되면, 주거침입죄를 의사의 자유를 침해하는 범죄의 일종으로 보는 것이 되어 **주거침입죄가 보호하고자 하는 법익의 범위를 넘어서게 되고, '평온의 침해' 내용이 주관화·관념화되며**, 출입 당시 현실적으로 존재하지 않는, 부재중인 거주자의 추정적 의사에 따라 주거침입죄의 성립 여부가 좌우되어 범죄 성립 여부가 명확하지 않고 가벌성의 범위가 지나치게 넓어지게 되어 부당한 결과를 가져오게 된다.

(나) 주거침입죄의 구성요건적 행위인 **침입은 주거침입죄의 보호법익과의 관계에서 해석하여야 한다.** 따라서 침입이란 '거주자가 주거에서 누리는 사실상의 평온상태를 해치는 행위태양으로 주거에 들어가는 것'을 의미하고, **침입에 해당하는지 여부는 출입 당시 객관적·외형적으로 드러난 행위태양을 기준으로 판단함이 원칙이다.** 사실상의 평온상태를 해치는 행위태양으로 주거에 들어가는 것이라면 대체로 거주자의 의사에 반하는 것이겠지만, 단순히 주거에 들어가는 행위 자체가 거주자의 의사에 반한다는 **거주자의 주관적 사정만으로 바로 침입에 해당한다고 볼 수는 없다.** 외부인이 공동거주자 중 주거 내에 현재하는 거주자로부터 현실적인 승낙을 받아 통상적인 출입방법에 따라 주거에 들어간 경우라면, 특별한 사정이 없는 한 사실상의 평온상태를 해치는 행위태양으로 주거에 들어간 것이라고 볼 수 없으므로 주거침입죄에서 규정하고 있는 침입행위에 해당하지 않는다」.

●**해설**● 1 최근 대법원은 주거침입죄와 관련하여 중요한 판결을 연이어 내놓고 있다. 종래 대법원은 간통의 목적으로 공동주거권자의 일방의 동의를 받고 들어간 경우, 나머지 일방의 주거의 평온을 해치는 결과가 된다고 보아 주거침입죄의 성립을 인정해왔었다(대판 83도685, Ref 1). 그러나 대법원은 대상판결에서 거주자의 현실적인 승낙을 받아 **통상적인 출입방법에 따라 공동주거에 들어간 경우라면** 그것이 부재 중인 다른 거주자의 추정적 의사에 반하는 경우에도 주거침입죄가 성립하지 않는다고 판시하여 37년 만에 기존의 입장을 변경하였다.

2 주거침입죄의 보호법익에 관해서는 (a) 가부장권을 독점적 주거권이라 생각하는 **구주거권설**과 (b) 주거침입죄의 보호법익을 권리로서의 주거권이 아니라 공동생활자 모두의 사실상 평온으로 이해하는 **사실상 평온설** 그리고 이를 비판하며 등장한 (c) **신주거권설**이 대립한다.

3 대법원은 주거침입죄의 보호법익은 주거권이라는 법적 개념이 아니고, '**사실상 주거의 자유와 평온**'을 보호법익으로 보고 있다. 이런 사실상 평온설의 입장에서는 당해 주거에 **거주하는 모든 사람**은 외부로부터 주거의 사실상 평온이 침해되지 않도록 보호받아야 한다고 본다. 따라서 주거를 적법하게 점유하고 있는 경우가 아니더라도 주거에 대한 **사실상의** 지배자라면 형법적 보호를 받아야 한다고 본다(대판 82도1363, Ref 2.8-1). 하지만 사실상 평온설에 대해서는 '**평온**'의 내용이 불명확하다는 비판이 있다.

4 한편 **구주거권설**에 대해서는 ① 가부장권과 결부된 주거권은 현행 헌법 이념에 반하고, ② 주거권을 누구에게 귀속시킬 것인가라는 문제가 발생한다는 엄격한 비판이 있다. 이에 반해 **신주거권설**은 주거권을 가장의 권리와 연결시키지 않고 주거나 건조물 등을 **관리하는 권리**의 일종으로서 주거의 출입 여부를 결정하는 자유로 보는 점에서 차이가 있다. 즉 주거권을 '권한 없는 타인의 침입에 의하여 이를 방해받지 않을 권리'로 이해한다.

5 **신주거권설**은 가부장권이 아니라 거주자의 자기결정권이나 프라이버시의 적극적 보호를 중시하는

점에 특색이 있다. 하지만 신주거권설은 주거 등에의 출입을 허용하는 자유라는 것이 과연 권리로서 성격을 가지고 있는지가 분명하지 않다는 비판이 있다. 특히 관공서 건물에 침입한 경우, 관리권자의 의사를 과도하게 강조하는 것에는 의문이 있다. 관리권자의 프라이버시적 이익보호를 위해 주거침입죄를 적용할 필요는 없기 때문이다.

6 대상판결과 관련하여 변경 전 종래의 판례도 주거침입죄의 보호법익은 사실상의 평온으로 보았으나 공동거주자 중 한 사람의 승낙에 따라 주거에 출입한 것이 다른 거주자의 (추정적)의사에 반한다는 사정만으로 다른 거주자의 사실상 주거의 평온을 해치는 결과가 된다고 보았다(주거침입죄 성립).

7 하지만 이러한 입장에 대해서, 현재하는 거주자의 승낙을 받은 이상 부재중인 거주자의 평온도 깨지지 않았다는 이유로 주거침입죄가 성립하지 않는다는 비판이 꾸준히 제기되어 왔다. 특히 사안의 경우와 같이 ① 부부인 공동주거권자 중 일방의 의사에 반한다고 주거침입죄로 처벌하게 되면 일상생활상의 행위에 까지 처벌의 범위가 확대될 우려가 있고, ② 공동체 내부의 문제에 대하여는 국가 형벌권이 최대한 자제(**보충성의 원칙**)하여야 하며, ③ 구성원 간에 타인의 출입에 관한 의사가 다른 경우 이를 자율적으로 해결할 수 있도록 주거침입죄를 친고죄(독일의 경우)나 반의사불벌죄로 개정해야 된다는 의견 등이 있었다. 대상판결은 이러한 비판을 받아들여 **주거침입죄의 성립을 부정**하고 있다(판례는 "주거침입죄에서 규정하고 있는 침입행위에 해당하지 않는다."다고 판시하여, 주거침입죄의 구성요건해당성이 없음을 밝히고 있다).

Reference 1
남편에 대한 주거침입죄 성립을 인정한 대상판결 이전의 법원의 입장

1 [대판 83도685] 파기환송. 「[1] 형법상 주거침입죄의 보호법익은 주거권이라는 법적 개념이 아니고 사적 생활관계에 있어서의 **사실상 주거의 자유와 평온**으로서 그 주거에서 공동생활을 하고 있는 **전원이 평온을 누릴 권리**가 있다 할 것이나 **복수의 주거권자가 있는 경우** 한 사람의 승낙이 다른 거주자의 의사에 직접·간접으로 반하는 경우에는 그에 의한 주거에의 출입은 그 의사에 반한 사람의 주거의 평온 즉 주거의 지배·관리의 평온을 해치는 결과가 되므로 주거침입죄가 성립한다. [2] 동거자중의 1인이 부재중인 경우라도 주거의 지배관리관계가 외관상 존재하는 상태로 인정되는 한 위 법리에는 영향이 없다고 볼 것이니 남편이 일시 부재중 간통의 목적 하에 그 처의 승낙을 얻어 주거에 들어간 경우라도 **남편의 주거에 대한 지배관리관계는 여전히 존속**한다고 봄이 옳고 사회통념상 간통의 목적으로 주거에 들어오는 것은 남편의 의사에 반한다고 보여지므로 처의 승낙이 있었다 하더라도 **남편의 주거의 사실상의 평온은 깨어졌다 할 것**이므로 이러한 경우에는 주거침입죄가 성립한다고 할 것이다」.

주거침입죄 성립을 부정한 판례

1-1 [대판 2020도6085 전원합의체] [별거중인 남편이 그의 부모와 함께 강제로 '공동주거'에 들어온 경우] ●사실● 피고인 갑은 처(妻) 을과의 불화로 인해 을과 **공동생활을 영위하던 아파트**에서 짐 일부를 챙겨 나왔는데, 그 후 자신의 부모인 피고인 병, 정과 함께 아파트에 찾아가 출입 문을 열 것을 요구하였으나 을은 외출한 상태로 을의 동생인 무가 출입문에 설치된 체인형 걸쇠를 걸어 문을 열어 주지 않자 공동하여 걸쇠를 손괴한 후 아파트에 침입하였다고 하여 「폭력행위 등 처벌에 관한 법률」위반(공동주거침입)으로 기소되었다. ●판지● [다수의견] [1] 주거침입죄가 사실상 주거의 평온을 보호법익으로 하는 이상, 공동주거에서 생활하는 공동거주자 개개인은 각자 사실상 주거의 평온을 누릴 수 있다고 할 것이다. 그런데 (가) 공동거주자 각자는 특별한 사정이 없는 한 공동주거관계의 취지 및 특성에 맞추어 공동주거 중 공동생활의 장소로 설정한 부분에 출입하여 공동의 공간을 이용할 수 있는 것과 같은 이유로, **다른 공동거주자가 이에 출입하여 이용하는 것을 용인할 '수인의무'도 있다.** 그것이 공동거주자가 공동주거를 이용하는 보편적인 모습이기도 하다. (나) 이처럼 공동거주자 각자가 공동생활의 장소에서 누리는 사실상 주거의 평온이라는 법익은 공동거주자 상호 간의 관계로 인하여 일정 부분 제약될 수밖에 없고, 공동거주자는 이러한 사정에 대한 상호 용인 하에 공동주거관계를 형성하기로 하였다고 보아야 한다. (다) 따라서 **공동거주자 상호 간에는 특별한 사정이 없는 한 다른 공동거주자가 공동생활의 장소에 자유로이 출입하고 이를 이용하는 것을 금지할 수 없다.** 공동거주자 중 한 사람이 법률적인 근거 기타 정당한 이유 없이 다른 공동거주자가 공동생활의 장소에 출입하는 것을 금지한 경우, 다른 공동거주자가 이에 대항하여 공동생활의 장소에 들어갔더라도 이는 사전 양해된 공동주거의 취지 및 특성에 맞추어 공동생활의 장소를 이용하기 위한 방편에 불과할 뿐, 그의 출입을 금지한 공동거주자의 사실상 주거의 평온이라는 법익을 침해하는 행위라고는 볼 수 없으므로 **주거침입죄는 성립하지 않는다.** (라) 설령 그 공동거주자가 공동생활의 장소에 출입하기 위하여 출입문의 잠금장치를 손괴하는 등 다소간의 물리력을 행사하여 그 출입을 금지한 공동거주자의 사실상 평온상태를 해쳤더라도 그러한 행위 자체를 처벌하는 별도의 규정에 따라 처벌될 수 있음은 별론으로 하고, 주거침입죄가 성립하지 아니함은 마찬가지이다. (마)공동거주자 각자가 상호 용인한 통상적인 공동생활 장소의 출입 및 이용행위의 내용과 범위는 공동주거의 형태와 성질, 공동주거를 형성하게 된 경위 등에 따라 개별적·구체적으로 살펴보아야 한다. 공동거주자 중 한 사람의 승낙에 따른 외부인의 공동생활 장소의 출입 및 이용행위가 외부인의 출입을 승낙한 공동거주자의 통상적인 공동생활 장소의 출입 및 이용행위의 일환이자 이에 수반되는 행위로 평가할 수 있는 경우에는 이러한 외부인의 행위는 전체적으로 그 공동거주자의 행위와 동일하게 평가할 수 있다. 따라서 공동거주자 중 한 사람이 법률적인 근거 기타 정당한 이유 없이 다른 공동거주자가 공동생활의 장소에 출입하는 것을 금지하고, 이에 대항하여 다른 공동거주자가 공동생활의 장소에 들어가는 과정에서 **그의 출입을 금지한 공동거주자의 사실상 평온상태를 해쳤더라도 주거침입죄가 성립하지 않는 경우로서,** 그 공동거주자의 승낙을 받아 공동생활의 장소에 함께 들어간 외부인의 출입 및 이용행위가 전체적으로 그의 출입을 승낙한 공동거주자의 통상적인 공동생활 장소의 출입 및 이용행위의 일환이자 이에 수반되는 행위로 평가할 수 있는 경우라면, 이를 금지하는 공동거주자의 사실상 평온상태를 해쳤음에도 불구하고 그 외부인에 대하여도 역시 주거침입죄가 성립하지 않는다고 봄이 타당하다. [2] **(가)** 피고인 갑이 아파트에서의 공동생활관계에서 이탈하였다거나 그에 대한 지배·관리를 상실하였

다고 보기 어렵고, 공동거주자인 을이나 그로부터 출입관리를 위탁받은 무가 공동거주자인 피고인 갑의 출입을 금지할 법률적인 근거 기타 정당한 이유가 인정되지 않으므로, 아파트에 대한 공동거주자의 지위를 계속 유지하고 있던 피고인 갑이 아파트에 출입하는 과정에서 정당한 이유 없이 이를 금지하는 무의 조치에 대항하여 걸쇠를 손괴하는 등 **물리력을 행사하였다고 하여 주거침입죄가 성립한다고 볼 수 없고**, 한편 (나) **피고인 병, 정은** 공동거주자이자 아들인 피고인 갑의 공동주거인 아파트에 출입함에 있어 무의 정당한 이유 없는 출입금지 조치에 대항하여 아파트에 출입하는 데에 가담한 것으로 볼 수 있고, 그 과정에서 피고인 갑이 걸쇠를 손괴하는 등 물리력을 행사하고 피고인 병도 이에 가담함으로써 공동으로 재물손괴 범죄를 저질렀으나 피고인 병의 행위는 그 실질에 있어 피고인 갑의 행위에 편승, 가담한 것에 불과하므로, 피고인 병, 정이 아파트에 출입한 행위 자체는 전체적으로 공동거주자인 피고인 갑이 아파트에 출입하고 이를 이용하는 행위의 일환이자 이에 수반되어 이루어진 것에 해당한다고 평가할 수 있어 **피고인 병, 정에 대하여도 같은 법 위반(공동주거침입)죄가 성립하지 않는다.**

1-2 [비교판례] [대판 2021도9242] ① 피고인은 자신과 다툰 후 집을 나간 처가 처갓집으로 간 것으로 생각하고 처를 만나기 위해 자신의 장인인 피해자가 거주하는 처갓집을 방문하여 그 안으로 들어간 것으로서, **피고인은 이 사건 집의 공동거주자가 아닌 점,** ② 피고인은 이 사건 범행 전 피해자 측에게 '처가 지금 오지 않으면 이 사건 집에 가서 휘발유를 뿌리겠다'는 취지의 문자메시지를 보냈고, 이에 피해자와 가족들이 피고인을 피해 이 사건 집을 비웠음에도 피고인은 휘발유로 추정되는 물질을 소지한 채 이 사건 집을 방문하였고, 피해자 측에게 '이 사건 집을 부수고 불을 지르겠다'는 취지의 문자메시지 등을 보냈을 뿐더러 이 사건 집에 들어가는 과정에서 창문을 깨뜨리기도 하였는바, 피고인은 피해자가 이 사건 집에서 누리는 사실상의 평온상태를 해치는 행위태양으로 이 사건 집에 들어간 점 등을 더하여 보면, 주거침입죄의 성립을 인정한 원심의 판단이 타당하다.

2 [대판 2017도4044] [특정범죄 가중처벌 등에 관한 법률 제5조의4 제6항[3]에 규정된 상습절도 등 죄를 범한 범인이 **그 범행의 수단으로 주거침입을 한 경우**, 주거침입행위가 별개로 주거침입죄를 구성하는지 여부(소극)/ 위 상습절도 등 죄를 범한 범인이 그 범행 외에 상습적인 절도의 목적으로 주거침입을 하였다가 절도에 이르지 아니하고 주거침입에 그친 경우, 주거침입행위가 상습절도 등 죄와 별개로 주거침입죄를 구성하는지 여부(한정 소극)] 특정범죄 가중처벌 등에 관한 법률 제5조의4 제6항에 규정된 상습절도 등 죄를 범한 범인이 그 범행의 수단으로 주거침입을 한 경우에 주거침입행위는 상습절도 등 죄에 흡수되어 위 조문에 규정된 상습절도 등 죄의 1죄만이 성립하고 별개로 주거침입죄를 구성하지 않으며, 또 위 상습절도 등 죄를 범한 범인이 그 범행 외에 상습적인 절도의 목적으로 주거침입을 하였다가 절도에 이르지 아니하고 주거침입에 그친 경우에도 그것이 절도상습성의 발현이라고 보이는 이상 주거침입행위는 다른 상습절도 등 죄에 흡수되어 위 조문에 규정된 상습절도 등 죄의 1죄만을 구성하고 상습절도 등 죄와 별개로 주거침입죄를 구성하지 않는다(아래 [대판 2015도8169]과 비교).

3 [대판 2002도2243] 사용자의 직장폐쇄가 정당한 쟁의행위로 인정되지 아니하는 때에는 다른 특별한

---

3) 특정범죄 가중처벌 등에 관한 법률 제5조의4(상습 강도 · 절도죄 등의 가중처벌) ⑥ 상습적으로 「형법」 제329조부터 제331조까지의 죄나 그 미수죄 또는 제2항의 죄로 두 번 이상 실형을 선고받고 그 집행이 끝나거나 면제된 후 3년 이내에 다시 상습적으로 「형법」 제329조부터 제331조까지의 죄나 그 미수죄 또는 제2항의 죄를 범한 경우에는 3년 이상 25년 이하의 징역에 처한다.

사정이 없는 한 근로자가 평소 출입이 허용되는 사업장 안에 들어가는 행위가 주거침입죄를 구성하지 아니한다.

4 [대판 87도3] [**주거침입죄의 보호법익이 소멸되어 그 범죄가 성립될 수 없다는 사례**] 주택의 매수인이 계약금과 중도금을 지급하고서 그 주택을 명도받아 점유하고 있던 중 **위 매매계약을 해제하고 중도금반환청구소송**을 제기하여 얻은 그 승소판결에 기하여 강제집행에 착수한 이후에, 매도인이 매수인이 **잠그어 놓은 위** 주택의 출입문을 열고 들어간 경우라면 매도인으로서는 매수인이 그 주택에 대한 모든 권리를 포기한 것으로 알고 그 주택에 들어간 것이라고 할 수 있을 뿐만 아니라 또한 그 주택에 대하여 보호받아야 할 피해자의 주거에 대한 평온상태는 소멸되었다고 볼 수 있으므로 매도인의 위 소위는 주거침입죄를 구성하지 아니한다. **cf)** 하지만 이 경우도 만약 피해자가 주거에 거주하고 있었다면 상황이 달라 질 수 있다. 대상판결은 피해자가 주거를 관리하지 않는 상태였기 때문에 보호받아야 할 피해자의 주거의 평온상태가 없었기 때문에 범죄성립이 부정된 사례이다.

5 [대판 81도2956] 이건 건조물은 **동업자들의 공동점유** 하에 있었다 할 것인바 공동관리중인 건조물에 공동점유자 중의 1인이 임의로 출입하였다 하여 건조물침입죄를 구성한다 할 수는 없으므로 본건 창고를 고소인들만이 관리하고 있음을 전제로 건조물 침입에 관하여 무죄를 선고한 원심판결을 비난하는 논지는 채용할 수 없다.

주거침입죄 성립을 긍정한 판례

6 [대판 2021도15507] 아파트 등 공동주택의 공동현관에 출입하는 경우에도, 그것이 주거로 사용하는 각 세대의 전용 부분에 필수적으로 부속하는 부분으로 거주자와 관리자에게만 부여된 비밀번호를 출입문에 입력하여야만 출입할 수 있거나, 외부인의 출입을 통제·관리하기 위한 취지의 표시나 경비원이 존재하는 등 **외형적으로 외부인의 무단출입을 통제·관리하고 있는 사정이 존재하고**, 외부인이 이를 인식하고서도 그 출입에 관한 거주자나 관리자의 승낙이 없음은 물론, 거주자와의 관계 기타 출입의 필요 등에 비추어 보더라도 **정당한 이유 없이 비밀번호를 임의로 입력하거나 조작하는 등의 방법**으로 거주자나 관리자 모르게 공동현관에 출입한 경우와 같이, 그 출입 목적 및 경위, 출입의 태양과 출입한 시간 등을 종합적으로 고려할 때 공동주택 거주자의 사실상 주거의 평온상태를 해치는 행위태양으로 볼 수 있는 경우라면 공동주택 거주자들에 대한 주거침입에 해당할 것이다.

7-1 [대판 2015도8169] [형법 제332조에 규정된 상습절도죄를 범한 범인이 범행의 수단으로 주간에 주거침입을 한 경우, 주간 주거침입행위가 별개로 주거침입죄를 구성하는지 여부(적극)/ 형법 제332조에 규정된 상습절도죄를 범한 범인이 그 범행 외에 상습적인 절도의 목적으로 주간에 주거침입을 하였다가 절도에 이르지 아니하고 주거침입에 그친 경우, 주간 주거침입행위가 별개로 주거침입죄를 구성하는지 여부(적극)] (가) 형법 제330조에 규정된 야간주거침입절도죄 및 형법 제331조 제1항에 규정된 특수절도(야간손괴침입절도)죄를 제외하고 일반적으로 주거침입은 절도죄의 구성요건이 아니므로 **절도범인이 범행수단으로 주거침입을 한 경우**에 주거침입행위는 절도죄에 흡수되지 아니하고 별개로 주거침입죄를 구성하여 절도죄와는 실체적 경합의 관계에 서는 것이 원칙이다. 또 (나) 형법 제332조는 상습으로 단순절도(형법 제329조),

야간주거침입절도(형법 제330조)와 특수절도(형법 제331조) 및 자동차 등 불법사용(형법 제331조의2)의 죄를 범한 자는 그 죄에 정한 각 형의 2분의 1을 가중하여 처벌하도록 규정하고 있으므로, 위 규정은 주거침입을 구성요건으로 하지 않는 상습단순절도와 주거침입을 구성요건으로 하고 있는 상습야간주거침입절도 또는 상습특수절도(야간손괴침입절도)에 대한 취급을 달리하여, 주거침입을 구성요건으로 하고 있는 상습야간주거침입절도 또는 상습특수절도(야간손괴침입절도)를 더 무거운 법정형을 기준으로 가중처벌하고 있다. 따라서 상습으로 단순절도를 범한 범인이 상습적인 절도범행의 수단으로 주간(낮)에 주거침입을 한 경우에 주간 주거침입행위의 위법성에 대한 평가가 형법 제332조, 제329조의 구성요건적 평가에 포함되어 있다고 볼 수 없다. 그러므로 형법 제332조에 규정된 상습절도죄를 범한 범인이 범행의 수단으로 주간에 주거침입을 한 경우 주간 주거침입행위는 상습절도죄와 별개로 주거침입죄를 구성한다. 또 형법 제332조에 규정된 상습절도죄를 범한 범인이 그 범행 외에 상습적인 절도의 목적으로 주간에 주거침입을 하였다가 절도에 이르지 아니하고 주거침입에 그친 경우에도 주간 주거침입행위는 상습절도죄와 별개로 주거침입죄를 구성한다(위 [대판 2017도4044]과 비교).

7-2 [대판 2009도9667] 형법 제331조 제2항의 특수절도에 있어서 주거침입은 그 구성요건이 아니므로, 절도범인이 그 범행수단으로 주거침입을 한 경우에 그 주거침입행위는 절도죄에 흡수되지 아니하고 **별개로 주거침입죄를 구성**하여 절도죄와는 실체적 경합의 관계에 있게 된다.

점유할 권리 없는 자가 점유 중인 건조물에 침입한 경우

8-1 [대판 82도1363] [1] 주거침입죄는 사실상의 주거의 평온을 보호법익으로 하는 것이므로 그 거주자 또는 간수자가 건조물 등에 거주 또는 간수할 법률상 권한을 가지고 있는지 여부는 범죄의 성립을 좌우하는 것이 아니며 일단 적법하게 거주 또는 간수를 개시한 후에 그 권한을 상실하여 사법상 불법점유가 되더라도 권리자가 이를 배제하기 위하여 정당한 절차에 의하지 아니하고 그 주거 또는 건조물을 침입한 경우에는 주거침입죄가 성립한다. [2] 약 270명의 승려 및 신도들이 피고인의 주지취임을 반대하면서 사찰경내를 굳게 지키고 있는 상황을 알면서, 피고인이 약 37명 가량의 일반승려들을 규합하여 이들과 함께 날이 채 새기도 전에 잠겨진 뒷문을 넘어 들어가거나 정문에 설치된 철조망을 걷어 내고 정문을 통과하는 방법으로 사찰 경내로 난입했다면, 그러한 피고인 등의 행위는 종법에 따른 검수절차를 통한 주지직 취임의 한계를 일탈한 것이고, 전임 주지 측의 사찰경내에 대한 사실상 점유의 평온을 침해한 것으로 주거침입죄가 성립한다.

8-2 [대판 83도1429] 근저당권설정등기가 되어 있지 아니한 별개 독립의 이 사건 건물이 근저당권의 목적으로 된 대지 및 건물과 일괄하여 경매된 경우 이 사건 건물에 대한 경락허가결정이 **당연무효라고 하더라도** 이에 기한 인도명령에 의한 집행으로서 **일단 이 사건 건물의 점유가 경락인에게 이전된 이상** 이 사건 건물의 소유자인 피고인이 위 무효인 인도집행에 반하여 위 건물에 들어간 경우에도 주거침입죄는 성립한다.

8-3 [대판 85도122] 주거침입죄는 사실상의 주거의 평온을 보호법익으로 하는 것이므로 그 거주자 또는 간호자가 건조물 등에 거주 또는 간수할 권리를 가지고 있는가의 여부는 범죄의 성립을 좌우하는 것이 아니며, **점유할 권리없는 자의 점유라고 하더라도** 그 주거의 평온은 보호되어야 할 것이므로, 권리자가 그 권리실행으로서 자력구제의 수단으로 건조물에 침입한 경우에도 주거침입죄가 성립한다.

8-4 [대판 87도1760] 가사 이 사건 건물에 대한 **경락허가결정이 무효라고 하더라도** 이에 기한 인도명령의 집행으로서 이 사건 건물의 점유가 피고인으로부터 주식회사 조흥은행을 거쳐 공소외 김○희에게 이전된

이상 함부로 다시 이 사건 건물에 들어간 피고인의 소위는 주거침입죄에 해당한다.

8-5 [대판 89도889] [1] 이 사건 가옥을 **피해자가 점유관리하고 있었다면** 그 건물이 가사 피고인의 소유 였다할지라도 주거침입죄의 성립에 아무런 장애가 되지 않는다. [2] 건물의 소유자라고 주장하는 피고인과 그것을 점유관리하고 있는 피해자 사이에 건물의 **소유권에 대한 분쟁이 계속되고 있는 상황이라면** 피고인이 그 건물에 침입하는 것에 대한 피해자의 추정적 승락이 있었다거나 피고인의 이 사건 범행이 사회상규에 위배되지 않는다고 볼 수 없다고 한 원심의 조치는 수긍이 간다.

8-6 [대판 2006도7044] 설령 이 사건 비닐하우스의 **소유권이 피고인에게 있다 하더라도**, 피해자가 공소 외인으로부터 이 사건 비닐하우스를 인도받아 점유하고 있는 이상 피고인이 함부로 이 사건 비닐하우스의 열쇠를 손괴하고 그 안에 들어간 행위는 재물손괴죄 및 주거침입죄에 해당한다.

8-7 [비교판례] [대판 2007도11322] 다른 사람의 주택에 **무단 침입한 범죄**사실로 이미 유죄판결을 받은 사람이 그 판결이 확정된 후에도 **퇴거하지 않은 채 계속하여 당해 주택에 거주**한 사안에서, 위 판결 확정 이 후의 행위는 별도의 주거침입죄를 구성한다.

8-8 [비교판례] [대판 87도3] [주거침입죄의 보호법익이 소멸되어 그 범죄가 성립될 수 없다는 사례] 주 택의 매수인이 계약금과 중도금을 지급하고서 그 주택을 명도받아 점유하고 있던 중 위 매매계약을 해제하 고 중도금반환청구소송을 제기하여 얻은 그 승소판결에 기하여 강제집행에 착수한 이후에, 매도인이 매수 인이 잠그어 놓은 위 주택의 출입문을 열고 들어간 경우라면 매도인으로서는 매수인이 그 주택에 대한 모 든 권리를 포기한 것으로 알고 그 주택에 들어간 것이라고 할 수 있을 뿐만 아니라 또한 그 주택에 대하여 보호받아야 할 피해자의 주거에 대한 평온상태는 소멸되었다고 볼 수 있으므로 매도인의 위 소위는 주거침 입죄를 구성하지 아니한다.

9 [대판 2007도2595] 주거침입죄는 사실상의 주거의 평온을 보호법익으로 하는 것이므로 (가) 그 거주 자 또는 관리자가 건조물 등에 거주 또는 **관리할 권한을 가지고 있는가 여부는 범죄의 성립을 좌우하는 것이 아니고**, (나) 그 거주자나 관리자와의 관계 등으로 **평소 그 건조물에 출입이 허용된 사람이라 하더라도** 주거 에 들어간 행위가 거주자나 관리자의 명시적 또는 추정적 의사에 반함에도 불구하고 감행된 것이라면 주거 침입죄는 성립하며, (다) 출입문을 통한 정상적인 출입이 아닌 경우 특별한 사정이 없는 한 그 침입 방법 자체에 의하여 위와 같은 의사에 반하는 것으로 보아야 한다. 원심은, 피고인은 회장으로서 피해 회사의 업 무처리를 위해 이 사건 사무실을 사용하였던 것이고, 피해 회사와는 무관하게 개인적인 용도에 사용한 것 은 아니므로, 피고인이 공소외 2와 결별하고 **사실상 피해 회사를 퇴사**한 이상 피고인은 더 이상 피해 회사 의 승낙 없이는 위 사무실을 출입할 수 없게 되었다고 봄이 상당하고, 이후 위 사무실에 나타나지 않다가 약 20일이 지나서 **피해 회사의 명시적인 의사에 반하여 비정상적인 방법**으로 위 사무실에 들어간 행위는 **방 실침입죄에 해당한다**고 판단하였는바, 위의 법리와 기록에 의하여 살펴보면, 이러한 원심의 사실인정과 판 단은 옳은 것으로 수긍이 가고, 거기에 채증법칙 위배나 방실침입죄에 관한 법리오해 등의 위법이 있다고 할 수 없다.

10-1 [대판 2003도3000] 간통 현장을 직접 목격하고 그 사진을 촬영하기 위하여 상간자의 주거에 침입 한 행위가 정당행위에 해당하지 않는다고 한 사례. (주거침입죄가 성립한다)

10-2 [대판 65도899] 사인(私人)이 현행범을 추격하는 가운데 임의로 타인의 집에 들어가는 경우에도

주거침입죄는 성립한다.

퇴거불응죄[4]

1 [대판 2007도6990] 주거침입죄와 퇴거불응죄는 **모두 사실상의 주거의 평온을 그 보호법익**으로 하고, 주거침입죄에서의 침입이 신체적 침해로서 행위자의 신체가 주거에 들어가야 함을 의미하는 것과 마찬가지로 퇴거불응죄의 퇴거 역시 행위자의 신체가 주거에서 나감을 의미하므로, 피고인이 이 사건 건물에 **가재도구 등을 남겨두었다**는 사정은 퇴거불응죄의 성부에 영향은 없다. **cf)** 정당한 퇴거요구를 받고 건물에서 나가면서 가재도구 등을 남겨둔 경우 퇴거불응죄를 구성하지 않는다고 한 사례이다.

2 [대판 91도2309] [1] 피고인이 예배의 목적이 아니라 교회의 예배를 방해하여 교회의 평온을 해할 목적으로 교회에 출입하는 것이 판명되어 위 교회 건물의 관리주체라고 할 수 있는 교회당회에서 피고인에 대한 **교회출입금지의결**을 하고, 이에 따라 위 교회의 관리인이 **피고인에게 퇴거를 요구한 경우** 피고인의 교회출입을 막으려는 위 교회의 의사는 명백히 나타난 것이기 때문에 이에 기하여 퇴거요구를 한 것은 정당하고 이에 불응하여 퇴거를 하지 아니한 행위는 퇴거불응죄에 해당한다. [2] 사회통념상 **현관도 건물의 일부**임이 분명한 것이므로 피고인이 교회 건물의 현관에 들어간 이상 그 곳에서 교회 관리인의 퇴거요구를 받고 이에 응하지 않았다면 퇴거불응죄가 성립한다. [3] **교회는 교인들의 총유에 속하는 것**으로서 교인들 모두가 사용수익권을 갖고 있고, 출입이 묵시적으로 승낙되어 있는 장소인바, 이같이 일반적으로 개방되어 있는 장소라도 필요한 때는 관리자가 그 출입을 금지 내지 제한할 수 있다.

---

4) 형법 제319조(주거침입, 퇴거불응) ① 사람의 주거, 관리하는 건조물, 선박이나 항공기 또는 점유하는 방실에 침입한 자는 3년 이하의 징역 또는 500만원 이하의 벌금에 처한다. ② 전항의 장소에서 **퇴거요구를 받고 응하지 아니한 자**도 전항의 형과 같다. **cf)** 퇴거불응죄는 '**거동범**'이지만 미수범 처벌규정(법322)이 있음에 주의를 요한다.

40 주거침입죄의 보호법익과 기수시기

* 대법원 1995. 9. 15. 선고 94도2561 판결
* 참조조문: 형법 제319조 제1항1)

야간에 타인의 집 창문을 열고 얼굴을 들이민 경우, 주거침입죄가 성립하는가?

●**사실**● 피고인 X는 1993.9.22. 00:10경 대전 중구 소재 피해자 A(여, 21세)의 집에서 그녀를 강간하기 위하여 그 집 담벽에 발을 딛고 창문을 열고 안으로 얼굴을 들이미는 등의 행위를 하다가 A가 소리치는 바람에 도주하였다. X는 이 사건이 일어나기 20일 전인 1993.9.2. 03:40경에는 A의 집에 들어가 주방에서 식칼 1자루를 들고 방으로 들어가 잠을 자고 있던 A를 깨운 뒤 강간하려다 A가 밖으로 피하는 바람에 미수에 그친 적도 있다. 검사는 1993.9.22. 사건과 관련하여 X를「폭력행위 등 처벌에 관한 법률」위반(**야간주거침입미수**)죄로 기소하였다.

제1심과 원심은 **주거침입미수죄가 성립하기 위하여서는 신체의 전부가 목적물에 들어간다는 인식** 아래 그러한 행위의 실행의 착수가 있어야 하는데 X에게는 A의 방 안을 들여다 본다는 인식이 있었을 뿐 그 안에 들어간다는 인식이나 의사를 가지고 있었다고는 보기 어려워, 공소장 기재의 행위를 들어 주거침입의 실행에 착수하였다고는 볼 수 없다고 보아 **무죄를 선고**하였다. 이에 검사가 상고하였다.

●**판지**● 파기환송. 「[1] 주거침입죄는 **사실상의 주거의 평온을 보호법익**으로 하는 것이므로, 반드시 행위자의 신체의 전부가 범행의 목적인 타인의 주거 안으로 들어가야만 성립하는 것이 아니라 **신체의 일부만 타인의 주거 안으로 들어갔다고 하더라도** 거주자가 누리는 사실상의 주거의 평온을 해할 수 있는 정도에 이르렀다면 범죄구성요건을 충족하는 것이라고 보아야 하고, 따라서 **주거침입죄의 '범의'**는 반드시 신체의 전부가 타인의 주거 안으로 들어간다는 인식이 있어야만 하는 것이 아니라 **신체의 일부라도 타인의 주거 안으로 들어간다는 인식이 있으면 족하다.**

[2] '[1]'항의 범의로써 예컨대 주거로 들어가는 문의 시정장치를 부수거나 문을 여는 등 침입을 위한 구체적 행위를 시작하였다면 주거침입죄의 실행의 착수는 있었다고 보아야 하고, 신체의 극히 일부분이 주거 안으로 들어갔지만 **사실상 주거의 평온을 해하는 정도에 이르지 아니하였다면 주거침입죄의 미수에 그친다.**

[3] 야간에 타인의 집의 창문을 열고 집 안으로 얼굴을 들이미는 등의 행위를 하였다면 피고인이 자신의 신체의 일부가 집 안으로 들어간다는 인식하에 하였더라도 주거침입죄의 범의는 인정되고, 또한 **비록 신체의 일부만이 집 안으로 들어갔다고 하더라도 사실상 주거의 평온을 해하였다면 주거침입죄는 기수에 이르렀다**」.

●**해설**● 1 헌법 제16조는 "모든 국민은 주거의 자유를 침해받지 아니한다."고 규정하고 있다. 형법은 이를 구체화하여 제319조에 "사람의 주거, 관리하는 건조물, 선박이나 항공기 또는 점유하는 방실에 침입한 자는 3년 이하의 징역 또는 500만원 이하의 벌금에 처한다."고 규정하고 있다. 이처럼 주거침입죄는 헌법이 보장하고 있는 주거의 자유를 침해함으로써 성립하는 범죄이다.

2 주거침입죄의 보호법익에 관해서는 (a) **구주거권설** (b) **사실상의 평온설** (c) **신주거권설**이 대립하나

---

1) 형법 제319조(주거침입) ① 사람의 주거, 관리하는 건조물, 선박이나 항공기 또는 점유하는 방실에 침입한 자는 3년 이하의 징역 또는 500만원 이하의 벌금에 처한다.

현재 의미 있는 것은 (b)와 (c)이다(【39】참조). 대법원은 (b) **사실상의 평온설**을 취하고 있다. 이러한 입장에서 대법원은 주거침입죄는 사실상의 주거의 평온을 보호법익으로 하는 것이므로, 반드시 행위자의 신체의 전부가 범행의 목적인 타인의 주거 안으로 들어가야만 성립하는 것이 아니라 **신체의 일부만 타인의 주거 안으로 들어갔다**고 하더라도 거주자가 누리는 **사실상의 주거의 평온을 해할 수 있는 정도에 이르렀다면** 주거침입죄 기수가 된다고 판결하였다.

3 대상사안에서 제1심과 원심은 주거침입죄 고의의 인식범위를 '신체의 전부가 주거에 들어가는 감을 인식'할 것을 요하였다(**전부침입설**). 때문에 검사가 얼굴만 들이밀고 신체의 전부가 들어가지 않고 있는 피고를 **주거침입죄의 미수범으로 기소**하였으나 미수범 성립을 인정하지 않았다. 미수의 경우도 구성요건적 고의는 기수범의 경우와 같기 때문에 **객관적 구성요건요소의 총체를 인식하고 의욕하여야 하기 때문[2]**에 피고에게는 주거침입죄의 '고의'를 인정할 수 없어 미수범조차 성립되지 않아 무죄판결을 하고 있다.

4 그러나 대법원은 「피고인이 자신의 신체의 일부가 집 안으로 들어간다는 인식하에 하였더라도 **주거침입죄의 범의는 인정**되고, 또한 비록 신체의 일부만이 집 안으로 들어갔다고 하더라도 **사실상 주거의 평온을 해하였다면 주거침입죄는 기수에** 이르는」 것으로 보았다(**일부침입설**).

Reference 1

1 [대판 2001도1092] 이미 수일 전에 2차례에 걸쳐 피해자를 강간하였던 피고인이 대문을 몰래 열고 들어와 담장과 피해자가 거주하던 방 사이의 좁은 통로에서 **창문을 통하여 방안을 엿보던 상황**이라면 피해자의 주거에 대한 사실상 평온상태가 침해된 것으로, 원심이 같은 취지에서 피고인의 위와 같은 행위를 주거침입죄에 해당한다.

Reference 2

주거침입죄의 실행의 착수를 인정한 판례

1 [대판 2006도2824] [출입문이 열려 있으면 안으로 들어가겠다는 의사 아래 출입문을 당겨보는 행위를 주거침입의 실행에 착수한 것으로 볼 수 있는지 여부(적극)] 주거침입죄의 실행의 착수는 주거자, 관리자, 점유자 등의 의사에 반하여 주거나 관리하는 건조물 등에 들어가는 행위, 즉 구성요건의 일부를 실현하는 행위까지 요구하는 것은 아니고 범죄구성요건의 실현에 이르는 **현실적 위험성을 포함**하는 행위를 개시하는 것으로 족하므로, **출입문이 열려 있으면 안으로 들어가겠다는 의사 아래 출입문을 당겨보는 행위**는 바로 주거의 사실상의 평온을 침해할 객관적인 위험성을 포함하는 행위를 한 것으로 볼 수 있어 그것으로 주거침입의 실행에 착수한 것으로 보아야 한다.

---

2) 형법 제13조 규정에서와 같이 고의는 '범죄의 성립요소인 사실에 대한 인식'이다. 그리고 여기서 말하는 범죄의 성립요소는 모두 객관적 구성요건요소이다. 따라서 객관적 구성요건요소인 행위주체, 행위객체, 실행행위, 결과발생, 인과관계, 특수한 행위사정, 구체적 위험범에서의 위험 등을 인식하여야 범죄가 성립한다(형법판례총론【18】참조).

2 [대판 2003도4417] [1] 준강도의 주체는 절도 즉 절도범인으로, 절도의 실행에 착수한 이상 미수이거나 기수이거나 불문하고, 야간에 타인의 재물을 절취할 목적으로 사람의 주거에 침입한 경우에는 **주거에 침입한 단계에서 이미** 형법 제330조에서 규정한 야간주거침입절도죄라는 범죄행위의 실행에 착수한 것이라고 보아야 하며, 주거침입죄의 경우 주거침입의 범의로써 예컨대, 주거로 들어가는 문의 시정장치를 부수거나 문을 여는 등 침입을 위한 구체적 행위를 시작하였다면 주거침입죄의 실행의 착수는 있었다고 보아야 한다. [2] 야간에 아파트에 침입하여 물건을 훔칠 의도 하에 **아파트의 베란다 철제난간까지 올라가 유리창문을 열려고 시도**하였다면 야간주거침입절도죄의 실행에 착수한 것으로 보아야 한다.

주거침입죄의 실행의 착수를 부정한 판례

3 [대판 2008도1464] [1] 주거침입죄의 실행의 착수는 주거자, 관리자, 점유자 등의 의사에 반하여 주거나 관리하는 건조물 등에 들어가는 행위, 즉 구성요건의 일부를 실현하는 행위까지 요구하는 것은 아니고 범죄구성요건의 실현에 이르는 **현실적 위험성**을 포함하는 행위를 개시하는 것으로 족하다고 할 것이다. [2] 침입 대상인 아파트에 사람이 있는지를 확인하기 위해 그 집의 **초인종을 누른 행위만으로는** 침입의 현실적 위험성을 포함하는 행위를 시작하였다거나, 주거의 사실상의 평온을 침해할 객관적인 위험성을 포함하는 행위를 한 것으로 볼 수 없다 할 것이다.

4 [대판 2008도917] [1] 주거침입죄의 실행의 착수는 주거자, 관리자, 점유자 등의 의사에 반하여 주거나 관리하는 건조물 등에 들어가는 행위 즉 구성요건의 일부를 실현하는 행위까지 요구하는 것은 아니지만, 주거침입의 범의로 예컨대, 주거로 들어가는 문의 시정장치를 부수거나 문을 여는 등 침입을 위한 **구체적 행위를 시작함으로써** 범죄구성요건의 실현에 이르는 **현실적 위험성**을 포함하는 행위를 개시할 것을 요한다. [2] 다세대주택 2층의 불이 꺼져있는 것을 보고 물건을 절취하기 위하여 **가스배관을 타고 올라가다가, 발은 1층 방범창을 딛고 두 손은 1층과 2층 사이에 있는 가스배관을 잡고 있던 상태**에서 순찰 중이던 경찰관에게 발각되자 그대로 뛰어내린 사실을 인정한 후, 이러한 피고인의 행위만으로는 주거의 사실상의 평온을 침해할 현실적 위험성이 있는 행위를 개시한 때에 해당한다고 보기 어렵다.

41 주거침입죄의 객체 - 사람의 '주거' -

* 대법원 2009. 9. 10. 선고 2009도4335 판결
* 참조조문: 형법 제319조 제1항[1], 성폭력범죄의 처벌 및 피해자보호 등에 관한 법률 제5조 제1항[2]

> 다가구용 단독주택이나 공동주택 내부에 있는 엘리베이터, 공용 계단과 복도가 주거침입죄의 객체인 '사람의 주거'에 해당하는가?

●**사실**● 피고인 X는 2008.6.13. 04:00경 대전 중구 유천동에 있는 아파트 앞에서 술에 취한 채 집으로 돌아가는 피해자 A를 발견하고 그녀를 강간할 것을 마음먹고, A를 따라가 엘리베이터를 같이 탔다. 엘리베이터가 4층에 이르렀을 때 갑자기 A를 엘리베이터 구석으로 밀고 주먹으로 얼굴을 수회 때려 반항을 억압한 후 9층에서 A를 끌고 엘리베이터에서 내린 다음 12~13층 계단으로 A를 끌고 가 그곳에서 1회 강간하였고, 그로 인하여 A에게 약 2주간의 치료를 요하는 좌안 전방 출혈상을 가하였다.

원심은 아파트의 엘리베이터 및 그 옆의 공용계단은 피해자의 개인적인 사적 공간에 해당하지 않는다는 이유로 피고인의 주거침입을 인정하지 않고 강간상해죄로만 처벌하면서, 주거침입을 전제로 한 「성폭력범죄의 처벌 및 피해자보호 등에 관한 법률」위반(강간등상해)죄에 대하여는 무죄를 선고할 것이나 이와 일죄의 관계에 있는 강간상해죄를 유죄로 인정한 이상 주문에서 따로 무죄를 선고하지 아니한다고 판시하였다.

●**판지**● **파기환송.** 「[1] 주거침입죄에 있어서 **주거란** 단순히 가옥 자체만을 말하는 것이 아니라 그 정원 등 **위요지(圍繞地)를** 포함한다. 따라서 다가구용 단독주택이나 다세대주택·연립주택·아파트 등 공동주택 안에서 공용으로 사용하는 엘리베이터, 계단과 복도는 주거로 사용하는 각 가구 또는 세대의 전용 부분에 필수적으로 부속하는 부분으로서 그 거주자들에 의하여 일상생활에서 감시·관리가 예정되어 있고 사실상의 주거의 평온을 보호할 필요성이 있는 부분이므로, **다가구용 단독주택이나 다세대주택 · 연립주택 · 아파트 등 공동주택의 내부에 있는 엘리베이터, 공용 계단과 복도는 특별한 사정이 없는 한 주거침입죄의 객체인 '사람의 주거'에 해당**하고, 위 장소에 거주자의 명시적, 묵시적 의사에 반하여 침입하는 행위는 주거침입죄를 구성한다.

[2] 피고인이 강간할 목적으로 피해자를 따라 피해자가 거주하는 아파트 내부의 엘리베이터에 탄 다음 그 안에서 폭행을 가하여 반항을 억압한 후 계단으로 끌고 가 피해자를 강간하고 상해를 입힌 사안에서, 피고인이 성폭력범죄의 처벌 및 피해자보호 등에 관한 법률 제5조 제1항에 정한 주거침입범의 신분을 가지게 되었다는 이유로, 주거침입을 인정하지 않고 강간상해죄만을 선고한 원심판결을 파기한 사례」.

●**해설**● 1 주거침입죄의 객체는 "사람의 주거, 관리하는 건조물, 선박이나 항공기 또는 점유하는 방실"이다. 여기서 **'주거'**란 사람이 기와침식(起臥寢食)에 사용되는 장소, 즉 일상생활을 영위하는 장소로 이해된다. ① 주거에는 주거자가 반드시 현존해 있을 필요는 없으며, 그 사용도 영구적임을 요하지 않고

---

1) 형법 제319조(주거침입, 퇴거불응) ① **사람의 주거, 관리하는 건조물,** 선박이나 항공기 또는 **점유하는 방실에** 침입한 자는 3년 이하의 징역 또는 500만원 이하의 벌금에 처한다.

2) 성폭력범죄의 처벌 및 피해자보호 등에 관한 법률 제5조(특수강도강간 등) ① 형법 **제319조 제1항(주거침입),** 제330조(야간주거침입절도), 제331조(특수절도) 또는 제342조(미수범. 다만, 제330조 및 제331조의 미수범에 한한다)의 죄를 범한 자가 동법 제297조(강간) 내지 제299조(준강간, 준강제추행)의 죄를 범한 때에는 무기 또는 5년 이상의 징역에 처한다.

일시적인 경우도 포함된다. ② 부동산에 한정되지 않고 주거용차량과 같은 **동산도 포함된다.** ③ 일정기간 기와침식에 사용될 장소라면 구조와 설비는 묻지 않는다. 따라서 **천막집, 판잣집, 토굴, 캠핑카** 등도 주거에 포함된다. ④ 소유관계의 **적법여부도 요건이 되지 않는다.** 예컨대 임대차계약 종료 후의 주거도 대상에 포함된다. 단 여기서 주의할 점은 임대차 계약이라는 **주거 개시의 적법성은 존재**하여야 한다.

2 나아가 '사람의 주거'에는 주거에 사용하는 건물에 한하지 아니하고 이에 **부속되는 차고, 계단, 지하실, 위요지, 창고, 정원도 포함**된다. 대상판결에서 다투어진 것도 이 부분에 대한 것이다. 대법원은 원심판결과 달리 다가구용 단독주택이나 다세대주택. 연립주택. 아파트 등 공동주택의 내부에 있는 **엘리베이터, 공용계단과 복도**는「주거로 사용하는 각 가구 또는 세대의 전용 부분에 필수적으로 부속하는 부분으로서 그 거주자들에 의하여 일상생활에서 감시·관리가 예정되어 있고 사실상의 주거의 평온을 보호할 필요성이 있는 부분이므로, 특별한 사정이 없는 한 주거침입죄의 객체인 **'사람의 주거'에 해당**」된다고 보았다.

3 대상판결은 공용주택의 공용부분을 주거침입죄의 객체인 주거로 해석함으로써 주거의 공간적 적용범위를 확장시켰다는 점에서 의의가 크다. 대상판결에서 특히 주거침입 여부가 다투어진 이유는 X의 행위가 단순 강간죄가 적용될 것인가 아니면 **주거침입을 전제로 형이 상당히 가중된 특별법**이 적용될 것인가 하는 점에 있다3). 즉 X의 강간행위가 행하여진 아파트의 엘리베이터 및 그 옆의 공용계단을 주거로 볼 수 있을 것인지 여부에 따라 형의 적용이 크게 달라지게 된다4).

4 사실 종래 주거침입죄는 다른 범죄의 수단으로 취급되거나 최후의 처벌수단으로 여겨졌었고 법정형도 높지 않아 실무에서는 큰 비중을 차지 못했다. 그러나 대상사안의 경우와 같이 주거침입으로 인해 가중되는 범죄가 신설되고 사회가 급격히 도시화되면서 다양한 형태의 주거나 공동주택과 공동주택 내의 공용부분에 대한 주거침입 여부가 새롭게 문제되고 있다. 대상판결은 도시생활에서의 다양한 주거형태 하에서의 주거에 대한 기준을 제시하고 있다.

5 한편 주거침입죄의 객체로 ① **'관리하는 건조물'**은 주거용이 아닌 건조물만을 지칭한다. 학교나 공장, 상점, 교회, 사찰, 창고 등이다(대판 88도2430, Ref 7). 건조물은 주거를 제외한 일체의 건물을 말한다. 건조물은 개념상 토지에 정착되어 있는 부동산에 한한다. 따라서 토지에 정착하지 않은 등산용 천막, 견사, 물탱크시설(대판 2007도7247, Ref 5), 타워크레인(대판 2005도5351, Ref 6-1) 등은 건조물이 아니다. 또

---

3) 형법 제297조에 정한 강간죄의 법정형은 **3년 이상**의 유기징역이고, 형법 제301조에 정한 강간상해죄의 법정형은 무기 또는 5년 이상의 징역인데,「성폭력범죄의 처벌 및 피해자보호 등에 관한 법률」제5조 제1항은 형법 제319조 제1항의 **주거침입의 죄를 범한 자**가 형법 제297조의 죄를 범한 때에는 **무기 또는 5년 이상**의 징역에 처한다고 규정하고, 구「성폭력범죄의 처벌 및 피해자보호 등에 관한 법률」(2008.6.13. 법률 제9110호로 개정되기 전의 것) 제9조 제1항은 같은 법률 제5조 제1항의 죄를 범한 자가 사람을 상해하거나 상해에 이르게 한 때에는 **무기 또는 7년 이상**의 징역에 처한다고 규정하고 있다.
4) 특별법에서 이렇게 형을 가중하는 이유는 주거에서 성적 자기결정권이 침해당한다면 그로 인한 피해는 보다 심각할 수 있고, 이러한 범행이 배우자 또는 가족이 목격하는 가운데 행해지는 경우에는 피해자의 성적 자기결정권의 한계를 넘어 생활의 기초단위로서 한 과정을 파괴하는 결과에까지 이르게 될 수 있기 때문이다. 따라서 입법자는 특별법을 통하여 이러한 법익침해자에게 그 불법에 상응하는 책임을 묻고 그와 같은 범죄를 예방하고 근절하기 위한 형사정책적 고려를 더하여 형법상의 강간죄 또는 강간상해죄의 법정형을 가중하는 특별구성요건을 신설하였다.

한 건조물침입죄에서 건조물이란 단순히 건조물 그 자체만을 말하는 것이 아니고 **위요지를 포함하는 개념**이다(대판 2009도14643, Ref 3−1). 여기서 '위요지(圍繞地)'는「건조물에 인접한 그 주변의 토지로서 외부와의 경계에 담 등이 설치되어 그 토지가 건조물의 이용에 제공되고 또 외부인이 함부로 출입할 수 없다는 점이 객관적으로 명확하게 드러나야 한다」(대판 2009도14643, Ref 3−1).

6 그리고 ② **'점유하는 방실'**은 건조물 내에서 주거자가 사실상 지배·관리하는 일 구획을 말한다. 건조물 내의 사무실이나 **연구실, 호텔이나 여관의 객실, 점포, 산후조리원의 입원실** 등이 여기에 해당한다. 건조물에 설치된 **화장실**도 화장실 이용자가 평온하게 사용 중인 경우에는 점유하는 방실에 해당된다고 법원은 보고 있다(대판 2003도1256, Ref 8).

Reference
주거침입죄의 객체인 "사람의 주거, 관리하는 건조물, 점유하는 방실"

"사람의 주거"

1−1 [대판 2021도15507] ●**사실**● 피고인은 2019. 9. 25. 00:55경 이 사건 아파트 지하 2층 주차장에서 피고인과 약 7개월 전 연인 사이였던 피해자 공소외인과 대화를 하고 싶다는 이유로 피해자의 집에 들어가기로 마음먹었다. 그리하여 피고인은 이 사건 아파트 지하 2층 주차장에서 피해자의 집이 속해 있는 동으로 연결된 **출입구의 공동출입문**에 피해자와 교제 당시 피해자를 통해 알게 된 비밀번호를 입력하여 위 출입구에 들어가 엘리베이터를 탑승하여 피해자의 집이 있는 층으로 올라갔다. 피고인은 **피해자의 집 현관문 앞**에 이르러 약 1분간 현관문 비밀번호를 누르며 피해자의 집에 출입하려고 시도하다가 피해자가 '누구세요'라는 묻자 도주하여 이 사건 아파트 지하주차장 출구로 나왔다. ●**판지**● 아파트 등 **공동주택의 공동현관**에 출입하는 경우에도, 그것이 주거로 사용하는 각 세대의 전용 부분에 필수적으로 부속하는 부분으로 거주자와 관리자에게만 부여된 비밀번호를 출입문에 입력하여야만 출입할 수 있거나, 외부인의 출입을 통제·관리하기 위한 취지의 표시나 경비원이 존재하는 등 외형적으로 외부인의 무단출입을 통제·관리하고 있는 사정이 존재하고, 외부인이 이를 인식하고서도 그 출입에 관한 거주자나 관리자의 승낙이 없음은 물론, 거주자와의 관계 기타 출입의 필요 등에 비추어 보더라도 정당한 이유 없이 비밀번호를 임의로 입력하거나 조작하는 등의 방법으로 거주자나 관리자 모르게 공동현관에 출입한 경우와 같이, 그 출입 목적 및 경위, 출입의 태양과 출입한 시간 등을 종합적으로 고려할 때 공동주택 거주자의 사실상 주거의 평온상태를 해치는 행위태양으로 볼 수 있는 경우라면 공동주택 거주자들에 대한 주거침입에 해당할 것이다. **cf)** 피고인이 출입한 이 사건 출입구는 피해자가 주거로 이용하는 전용 부분에 필수적으로 부속하는 부분으로, 이 사건 아파트의 관리자나 거주자들이 비밀번호가 설정된 공동출입문의 설치를 통해 출입문 안쪽의 공용 부분에 대해 평소 외부인의 출입을 통제·관리하고 있었다.

1−2 [대판 2022도1272] [공동주택 내부의 엘리베이터, 공용 계단, 복도 등 공용 부분이 주거침입죄의 객체인 '사람의 주거'에 해당하는지 여부(적극) / **거주자가 아닌 외부인이 아파트 등 공동주택의 공동현관**에 공동주택 거주자의 사실상 주거의 평온상태를 해치는 행위 태양으로 출입하는 경우, 공동주택 거주자들에 대한 주거침입에 해당하는지 여부(적극)] 피고인 겸 피부착명령청구자가 근처 편의점에서 처음 마주친 피해자의 뒤를 계속하여 따라가다가 일반인의 출입이 허용된다고 보기 어려운 이 사건 건물의 **공동출입문을 통**

과하여 엘리베이터에 탑승한 것은 주거침입에 해당한다.

2-1 [대판 2009도3452] 다가구용 단독주택인 빌라의 잠기지 않은 대문을 열고 들어가 공용 계단으로 빌라 3층까지 올라갔다가 1층으로 내려온 사안에서, 주거인 공용 계단에 들어간 행위가 거주자의 의사에 반한 것이라면 주거에 침입한 것이라고 보아야 한다는 이유로, 주거침입죄를 구성하지 않는다고 본 원심판결을 파기한 사례.

2-2 [비교판례] [대판 84도2917] 다방, 당구장, 독서실 등의 영업소가 들어서 있는 건물 중 공용으로 사용되는 계단과 복도는 주야간을 막론하고 관리자의 명시적 승락이 없어도 누구나 자유롭게 통행할 수 있는 곳이라 할 것이므로 관리자가 1층 출입문을 특별히 시정하지 않는 한 범죄의 목적으로 위 건물에 들어가는 경우 이외에는 그 출입에 관하여 관리자나 소유자의 묵시적 승락이 있다고 봄이 상당하여 그 출입행위는 주거침입죄를 구성하지 않는다.

"관리하는 건조물"

3-1 [대판 2009도14643] [주거침입죄에서 침입행위의 객체인 '건조물'에 포함되는 '위요지'의 의미] 주거침입죄에서 침입행위의 객체인 '건조물'은 주거침입죄가 사실상 주거의 평온을 보호법익으로 하는 점에 비추어 엄격한 의미에서의 건조물 그 자체뿐만이 아니라 그에 부속하는 위요지를 포함한다고 할 것이나, 여기서 위요지라고 함은 (가) 건조물에 인접한 그 주변의 토지로서 (나) 외부와의 경계에 담 등이 설치되어 (다) 그 토지가 건조물의 이용에 제공되고 또 (라) 외부인이 함부로 출입할 수 없다는 점이 객관적으로 명확하게 드러나야 한다. 따라서 건조물의 이용에 기여하는 인접의 부속 토지라고 하더라도 인적 또는 물적 설비 등에 의한 구획 내지 통제가 없어 통상의 보행으로 그 경계를 쉽사리 넘을 수 있는 정도라고 한다면 일반적으로 외부인의 출입이 제한된다는 사정이 객관적으로 명확하게 드러났다고 보기 어려우므로, 이는 다른 특별한 사정이 없는 한 주거침입죄의 객체에 속하지 아니한다고 봄이 상당하다. [2] 차량 통행이 빈번한 도로에 바로 접하여 있고, 도로에서 주거용 건물, 축사 4동 및 비닐하우스 2동으로 이루어진 시설로 들어가는 입구 등에 그 출입을 통제하는 문이나 담 기타 인적·물적 설비가 전혀 없고 노폭 5m 정도의 통로를 통하여 누구나 축사 앞 공터에 이르기까지 자유롭게 드나들 수 있는 사실 등을 이유로, 차를 몰고 위 통로로 진입하여 축사 앞 공터까지 들어간 행위가 주거침입에 해당한다고 본 원심판단에 법리오해 등의 위법이 있다.

3-2 [대판 2017도690] '위요지'라고 함은 건조물에 인접한 그 주변의 토지로서 외부와의 경계에 담 등이 설치되어 그 토지가 건조물의 이용에 제공되고 또 외부인이 함부로 출입할 수 없다는 점이 객관적으로 명확하게 드러나야 한다. 그러나 관리자가 일정한 토지와 외부의 경계에 인적 또는 물적 설비를 갖추고 외부인의 출입을 제한하고 있더라도 그 토지에 인접하여 건조물로서의 요건을 갖춘 구조물이 존재하지 않는다면 이러한 토지는 건조물침입죄의 객체인 위요지에 해당하지 않는다고 봄이 타당하다.

3-3 [대판 2019도16484] 파기환송. [1] 건조물침입죄에서 건조물이란 단순히 건조물 그 자체만을 말하는 것이 아니고 위요지를 포함하는 개념이다. 위요지란 건조물에 직접 부속한 토지로서 그 경계가 장벽 등에 의하여 물리적으로 명확하게 구획되어 있는 장소를 말한다. [2] 피고인들이 골프장 부지에 설치된 사드(THAAD: 고고도 미사일 방어 체계)기지 외곽 철조망을 미리 준비한 각목과 장갑을 이용해 통과하여 300m 정도 진행하다가 내곽 철조망에 도착하자 미리 준비한 모포와 장갑을 이용

해 통과하여 사드기지 내부 1km 지점까지 진입함으로써 대한민국 육군과 주한미군이 관리하는 건조물에 침입하였다고 하여「폭력행위 등 처벌에 관한 법률」위반(공동주거침입)으로 기소된 사안에서, 위 사드기지는 더 이상 골프장으로 사용되고 있지 않을 뿐만 아니라 이미 사드발사대 2대가 반입되어 이를 운용하기 위한 병력이 골프장으로 이용될 당시의 클럽하우스, 골프텔 등의 건축물에 주둔하고 있었고, 군 당국은 외부인 출입을 엄격히 금지하기 위하여 사드기지의 경계에 외곽 철조망과 내곽 철조망을 2중으로 설치하여 외부인의 접근을 철저하게 통제하고 있었으므로, **위 사드기지의 부지는 기지 내 건물의 위요지에 해당한다**는 이유로, 이와 달리 보아 피고인들에게 무죄를 선고한 원심판결에 주거침입죄의 위요지에 관한 법리를 오해한 잘못이 있다.

4 [대판 2009도12609] 퇴거불응죄에 있어서 '건조물'이라 함은 단순히 건조물 그 자체만을 말하는 것이 아니고 위요지를 포함하고, **'위요지'가 되기 위하여는 건조물에 인접한 그 주변 토지로서 관리자가 외부와의 경계에 문과 담 등을 설치하여 그 토지가 건조물의 이용을 위하여 제공되었다는 것이 명확히 드러나야 할 것**인데, 화단의 설치, 수목의 식재 등으로 담장의 설치를 대체하는 경우에도 건조물에 인접한 그 주변 토지가 건물, 화단, 수목 등으로 둘러싸여 건조물의 이용에 제공되었다는 것이 **명확히 드러난다면 위요지가 될 수 있다.**

5 [대판 2007도7247] [1] 건조물침입죄의 객체인 관리하는 건조물은 주위 벽, 기둥과 지붕 또는 천정으로 구성된 구조물로서 사람이 기거하거나 출입할 수 있는 장소를 말하므로, **물탱크시설은 이에 해당하지 않는다.** [2] [소독시설 건조물침입의 쟁점] 피해자 소유의 축사 건물 및 그 부지를 임의경매절차에서 매수한 사람이 위 부지 밖에 설치된 피해자 소유 소독시설을 통로로 삼아 위 축사건물에 출입한 사안에서, 위 소독시설은 축사출입차량의 소독을 위하여 설치한 것이기는 하나 별개의 토지 위에 존재하는 **독립한 건조물**로서 축사 자체의 효용에 제공된 **종물(從物)이 아니므로, 위 출입행위는 건조물침입죄를 구성한다**고 한 사례. **cf)** 주물(主物)과 종물(從物)의 법리. 민법 제100조(주물, 종물) ① 물건의 소유자가 그 물건의 상용에 공하기 위하여 자기소유인 다른 물건을 이에 부속하게 한 때에는 그 부속물은 종물이다. ② 종물은 주물의 처분에 따른다.

6-1 [대판 2005도5351] [타워크레인] 피고인들이 건물신축 공사현장에 무단으로 들어간 뒤 타워크레인에 올라가 이를 점거한 사안에서, **타워크레인은** 건설기계의 일종으로서 작업을 위하여 토지에 고정되었을 뿐이고 운전실은 기계를 운전하기 위한 작업공간 그 자체이지 건조물침입죄의 객체인 **건조물에 해당하지 아니하고,** 피고인들이 위 공사현장에 컨테이너 박스 등으로 가설된 현장사무실 또는 경비실 자체에 들어가지 아니하였다면, 피고인들이 위 공사현장의 구내에 들어간 행위를 위 공사현장 구내에 있는 건조물인 위 각 현장사무실 또는 경비실에 침입한 행위로 보거나, 위 공사현장 구내에 있는 건축 중인 건물에 침입한 행위로 볼 수 없다고 한 원심의 판단을 수긍한 사례.

6-2 [비교판례] [대판 91도753] [골리앗크레인] 선박건조자재운반용으로 도크에 고정되어 82m 높이에 설치되어 있으며 **약 10평 정도되는 방실** 등이 있고 평소 그 운전을 위해 **1, 2명의 직원이 근무하며** 인가자 이외의 출입이 금지되는 "골리앗크레인"에 출입통제를 위해 출입문이 잠긴 채 간수인이 없었다 하여도 피고인 등 **70명 정도의 근로자가** 함께 위 **"골리앗크레인"**에 들어가서 농성을 하였다면, 피고인 등이 다중의 위력을 보여 **간수하는 건조물에 침입한 것이다.**

7 [대판 88도2430] [건조물의 의미] [1] 야간주거침입절도죄에 있어서 침입행위의 객체인 건조물은 주위벽 또는 기둥과 지붕 또는 천정으로 구성된 구조물로서 사람이 기거하거나 출입할 수 있는 장소를 말하며 반드시 영구적인 구조물일 것을 요하지 않는다. [2] 이 사건 담배점포는 내부가 약 1.5평(정면길이 230센티미터, 옆면길이 110센티미터) 정도되는 알미늄 샷시로 된 구조물인데 당초 지면에 접촉만 시켜놓았다가 지면에서 물이 스며드는 것을 막기 위하여 시멘트로 지면과 접촉부분을 막아놓은 정도이고, 피해자가 가끔 그곳에서 밥을 끓여 먹거나 잠을 자기도 한다는 사실관계를 인정한 다음, 위 건축물의 구조, 양상 및 이용상황 등 위 사실관계에 비추어 보면 위 건축물은 아직 가설물의 범주를 벗어나 건조물에 이르렀다고는 볼 수 없다고 판단하여 이곳에 들어가 절취행위를 한 피고인의 소위에 대하여 야간주거침입절도죄의 성립을 부인하였다. 그러나 이 사건 담배점포는 알미늄 샷시로 된 구조물이긴 하나 주위벽과 지붕으로 구성되어 사람이 그 내부에서 기거하거나 출입할 수 있을 뿐 아니라 실제로 피해자는 그 내부에 담배, 복권 기타잡화 등을 진열해 놓고 판매하는 일상생활을 영위해 오면서 침식의 장소로도 사용해왔음을 알 수 있으므로, **위 점포는 주거침입의 객체가 될 수 있는 건조물에 해당한**다고 할 것이다.

"점유하는 방실"

8 [대판 2003도1256] 피고인이 피해자가 사용 중인 **공중화장실의 용변칸에 노크하여 남편으로 오인**한 피해자가 용변칸 문을 열자 강간할 의도로 용변 칸에 들어간 것이라면 피해자가 명시적 또는 묵시적으로 이를 승낙하였다고 볼 수 없어 **주거침입죄에 해당한**다고 한 사례. **cf)** 본 사안은 용변 칸 문을 열어준 것이 승낙이라고 볼 것인지를 주로 다루고 있지만, 그 구성요건 행위인 '침입'을 논하기 위한 전제는 **'공공화장실의 용변 칸'**을 **'점유하는 방실'로 인정**하여야 한다. **점유하는 방실**이란 건조물 내에서 타인이 사실상 관리·지배하는 장소를 말한다.

음식점 영업주의 승낙 없이 음식점 내실에 도청장치를 설치한 경우, 주거침입죄가 성립하는가?

●**사실**● 피고인 X등은 2015.1.24.과 같은 달 26일 피해자 A가 운영하는 음식점 및 2015. 1.29.과 2015.2.12. 피해자 B가 운영하는 음식점에서 기자인 Y를 만나 식사를 대접하면서 Y가 부적절한 요구를 하는 장면 등을 확보할 목적으로 녹음·녹화 장치를 설치하거나 장치의 작동 여부 확인 및 이를 제거하기 위하여 위의 각 음식점의 방실에 들어갔었다. 피고인들은 각 음식점의 영업주로부터 음식점의 방실에 녹음·녹화장치를 설치하거나 이를 제거하는 것에 대하여는 승낙을 받지는 않았다. 검사는 X등이 공모하여 피해자들이 운영하는 위 각 음식점의 방실에 침입한 것으로 보아 기소하였다.

원심은, 피고인들이 이 사건 각 음식점의 **영업주로부터 승낙을 받고** 음식점의 방실에 들어갔고, 비록 피고인들이 음식점의 방실에서 다른 손님인 Y와의 대화 장면을 녹음·녹화하는 것에 대하여는 음식점의 영업주로부터 **승낙을 받지 않았더라도** 이와 같은 녹음·녹화 행위가 불법행위 등에 해당하지 않으므로, 피고인들이 위 각 음식점의 방실에 들어간 것 자체가 영업주의 의사에 반하는 것으로 보기 어렵다는 등의 이유를 들어 이 사건 공소사실을 유죄로 인정한 **제1심판결을 파기하고 무죄로 판단**하였다. 이에 검사가 상고하였다.

●**판지**● 상고기각. 「행위자가 거주자의 승낙을 받아 주거에 들어갔으나 범죄 등을 목적으로 한 출입이거나 거주자가 행위자의 실제 출입 목적을 알았더라면 출입을 승낙하지 않았을 것이라는 사정이 인정되는 경우 행위자의 출입행위가 주거침입죄에서 규정하는 침입행위에 해당하려면, 출입하려는 주거 등의 형태와 용도·성질, 외부인에 대한 출입의 통제·관리 방식과 상태, 행위자의 출입 경위와 방법 등을 종합적으로 고려하여 **행위자의 출입 당시 객관적·외형적으로 드러난 행위 태양에 비추어 주거의 사실상 평온상태가 침해되었다고 평가되어야 한다.**

이때 거주자의 의사도 고려되지만 주거 등의 형태와 용도·성질, 외부인에 대한 출입의 통제·관리 방식과 상태 등 출입 당시 상황에 따라 그 정도는 달리 평가될 수 있다. 일반인의 출입이 허용된 음식점에 영업주의 승낙을 받아 **통상적인 출입방법으로** 들어갔다면 특별한 사정이 없는 한 주거침입죄에서 규정하는 침입행위에 해당하지 않는다. **설령 행위자가 범죄 등을 목적으로 음식점에 출입하였거나 영업주가 행위자의 실제 출입 목적을 알았더라면 출입을 승낙하지 않았을 것이라는 사정이 인정되더라도** 그러한 사정만으로는 출입 당시 객관적·외형적으로 드러난 행위 태양에 비추어 사실상의 평온상태를 해치는 방법으로 음식점에 들어갔다고 평가할 수 없으므로 침입행위에 해당하지 않는다」.

●**해설**● 1 대상사건의 쟁점은 행위자가 거주자의 승낙을 받아 주거에 들어갔더라도 범죄나 불법행위 등을 목적으로 한 출입이거나 거주자가 행위자의 실제 출입 목적을 알았더라면 출입을 승낙하지 않았을 것이라는 사정이 인정되는 경우 주거침입죄가 성립하는지 여부이다.

---

1) 형법 제319조(주거침입) ① 사람의 주거, 관리하는 건조물, 선박이나 항공기 또는 점유하는 방실에 침입한 자는 3년 이하의 징역 또는 500만원 이하의 벌금에 처한다.
2) 형법 제20조(정당행위) 법령에 의한 행위 또는 업무로 인한 행위 기타 사회상규에 위배되지 아니하는 행위는 벌하지 아니한다.

2 대법원은 1997년 초원복국사건 판결 이래 일반인의 출입이 허용된 음식점이더라도 영업주의 명시적 또는 추정적 의사에 반하여 들어갔다면 주거침입죄가 성립한다고 인정하여 왔었다(대판 95도2674, Ref 1). 즉 「거주자가 행위자의 실제 출입 목적을 알았더라면 출입을 승낙하지 않았을 것이라는 사정이 경험칙상 명백히 인정되는 경우에는 출입 목적이 불법에 이르지 않았더라도 **피해자의 추정적 의사에 반한다고 인정할 수 있고**, 일반인의 출입이 포괄적으로 허용된 음식점이더라도 출입이 통상의 이용 목적을 벗어났다면 영업주의 추정적 의사에 반한다고 볼 수 있으므로, 이러한 경우에는 주거침입죄가 성립한다」고 하였다.

3 그러나 대법원은 대상판결에서 종래의 입장을 변경하여 주거침입죄 성립을 부정하고 있다. 이는 2021.9.9. 선고한 대법원판결3)(【39】참조)의 연장선상에 있음을 알 수 있다. 이 판결에서 대법원은 주거침입죄의 구성요건적 행위인 침입은 주거침입죄의 보호법익과의 관계에서 해석하여야 하므로, 「침입이란 주거의 사실상 평온상태를 해치는 행위 태양으로 주거에 들어가는 것을 의미하고, **침입에 해당하는지는 출입 당시 '객관적·외형적'으로 드러난 행위 태양을 기준으로 판단함이 원칙**이다. 사실상의 평온상태를 해치는 행위 태양으로 주거에 들어가는 것이라면 대체로 거주자의 의사에 반하겠지만, 단순히 주거에 들어가는 행위 자체가 **거주자의 의사에 반한다는 주관적 사정만으로는 바로 침입에 해당한다고 볼 수 없다**」고 판단하였다.

4 따라서 「거주자의 의사에 반하는지는 사실상의 평온상태를 해치는 행위 태양인지를 평가할 때 고려할 요소 중 하나이지만 주된 평가 요소가 될 수는 없다. 따라서 침입행위에 해당하는지는 **거주자의 의사에 반하는지가 아니라 사실상의 평온상태를 해치는 행위 태양인지에 따라 판단**되어야 한다」고 하였다(평온침해설). 즉 거주자의 의사보다는 객관적 행위태양 및 사실상의 평온의 침해에 무게 중심을 두어 주거침입 여부를 판단하겠다는 입장이다. 이와 같이 대상판결은 대법원이 2020도12630 전원합의체 판결(【39】)의 취지대로 주거침입죄의 보호법익의 관점에서 침입의 의미와 판단기준을 객관화하여 사실상의 평온상태가 침해되었는지에 따라 주거침입죄의 성립 여부를 판단하여야 한다는 원칙을 재확인하였다는 점에서 의의가 있다.

5 주거의 '침입'과 관련하여 (a) 의사침해설과 (b) 평온침해설의 대립 있었다. 종래 대법원은 **의사침해설**의 입장이었다. 의사침해설의 입장에서 침입이란 거주자, 관리자 등의 의사에 반해서 들어가는 것을 의미한다. 따라서 거주자와의 관계 등으로 평소에 그 주거의 출입이 허용된 사람이라 할지라도 행위 당시 주거에 들어간 행위가 거주자의 명시적 또는 추정적 의사에 반하는 것이라면 주거침입죄가 성립하며, 정상적인 출입이 아닌 경우 특별한 사정이 없는 한 그 침입방법 자체에 의해서 거주자의 의사에 반하는 것으로 보았다. 그러나 대법원은 대상판결에서 이를 변경하고 평온침해설을 취하고 있다.

6 그러나 주거침입죄의 두 가지 판단기준으로 제시된 **'거주자의 의사'**와 **'주거의 사실상 평온상태를 해치는 모습'**이 어떠한 관계에 있다고 볼 것인지가 중요한 문제이다. 「주거의 사실상 평온상태를 해치는 모습인지는 거주자의 의사를 고려하지 않고서는 판단하기 어렵다. 거주자는 주거에 대한 출입이 자신의 의사대로 통제되고 지배·관리되어야 주거 내에서 평온 상태를 누릴 수 있는데, 주거에 대한 지배·관리

---

3) 대법원 2021. 9. 9. 선고 2020도12630 전원합의체 판결.

또는 출입 통제 방식은 거주자의 의사와 그 표현을 통하여 이루어지기 때문이다」(대법원 「별개의견」).

7 주거침입죄는 주거자의 의사에 반할 때에만 침입이 된다. 따라서 주거자가 승낙을 하면 범죄는 성립하지 않는다. 주거자의 승낙은 위계나 폭행 등의 방법에 의하지 아니한 **하자 없는 승낙**이어야 하고, 그 승낙의 여부는 주변 사정에 따라 **추정될 수도 있다.** 범죄를 행할 목적으로 주거에 들어갔다면 일반적으로 주거자의 동의가 없다고 보아야 할 것이다.

Reference 1
영업주의 추정적 의사에 반하여 들어갔다면 주거침입죄 성립을 인정한 대상판결 이전의 법원의 입장

초원복국사건4)
1 [대판 95도2674] ●**사실**● 이 사건 음식점에는 1992.12.11. 08:00경 평소 이 음식점을 종종 이용하여 오던 부산시장 등 기관장들의 조찬모임이 예약되어 있었다. 피고인 X 등은 같은 달 10. 12:00경 그 조찬모임에서의 대화내용을 도청하기 위한 도청용 송신기를 설치할 목적으로 손님을
가장하여 이 음식점에 들어갔다. 원심은 피고인들에게 주거침입죄를 인정하였다. 이에 피고인들이 상고하였다. ●**판지**● 상고기각. 「[1] 일반인의 출입이 허용된 음식점이라 하더라도, **영업주의 명시적 또는 추정적 의사에 반하여 들어간 것이라면 주거침입죄가 성립되는바**, 기관장들의 조찬모임에서의 대화내용을 **도청하기 위한 도청장치를 설치할 목적으로 손님을 가장하여 그 조찬모임 장소인 음식점에 들어간 경우에는 영업주가 그 출입을 허용하지 않았을 것으로 보는 것이 경험칙에 부합하므로, 그와 같은 행위는 **주거침입죄가 성립한다.** [2] 타인의 주거에 침입한 행위가 비록 불법선거운동을 적발하려는 목적으로 이루어진 것이라고 하더라도, 타인의 주거에 도청장치를 설치하는 행위는 그 수단과 방법의 상당성을 결하는 것으로서 **정당행위에 해당하지 않는다**」.

Reference 2
피해자의 명시적 또는 묵시적 승낙과 주거침입죄

리딩케이스(대판 2017도18272 전원합의체) 법리에 의한 판결
1-1 [대판 2022도419] 파기환송 [행위자가 거주자의 승낙을 받아 주거에 들어갔으나 범죄 등을 목적으로 한 출입이거나 거주자가 행위자의 실제 출입 목적을 알았더라면 출입을 승낙하지 않았을 것이라는 사정이 인정되는 경우, 행위자의 출입행위가 주거침입죄에서 규정하는 침입행위에 해당하기 위한 요건] ●**사실**● 피고인 X는 고양시 일산동구 B, 2층 점포를 피해자 A에게 2017. 5.경부터 2019. 5.경까지 임대한 사람으로, A가 2018. 12.경 이 사건 점포에서의 카페 영업을 중단하면서 피고인에게 임차 희망자가 방문하는 경우 출

---

4) **초원복국 사건**은 1992년 대선을 1주일 앞둔 12월 11일 오전 7시 부산직할시의 초원복국에서 정부 기관장들이 모여서 당시 민주자유당 후보였던 김영삼을 당선시키기 위해 지역감정을 부추기고, 정주영 통일국민당 후보, 김대중 민주당 후보 등 야당 후보들을 비방하는 내용을 유포시키자는 등 관권 선거와 관련된 대화를 나눈 것이 도청에 의해 폭로된 사건이다. 이 사건 당시에는 도청행위를 처벌하는 규정이 없었으나 이 사건 이후 도청행위를 처벌하는 **통신비밀보호법**이 입법된다.

입문개폐에 사용하도록 출입문 열쇠를 맡기자, 2019. 3. 25. 위 열쇠로 임의로 이 사건 점포의 출입문을 열고 들어가 그곳에 있던 A 소유의 집기 등을 임의로 철거하였다. 제1심과 제2심은 X의 행위는 A의 의사에 반하는 것으로서 침입행위에 해당한다고 보아 주거침입죄를 인정하였다. ●**판지**● …… 앞서 본 법리에 비추어 살펴보면,5) 이 사건 점포의 관리자인 C은 피고인에게 이 사건 점포의 열쇠를 교부함으로써 출입을 승낙하였고, 피고인이 이러한 관리자의 승낙 아래 통상적인 출입방법에 따라 이 사건 점포에 들어간 이상 사실상의 평온상태를 해치는 행위 태양으로 이 사건 점포에 들어갔다고 볼 수 없으므로, 피고인의 행위는 **건조물침입죄에서 규정하는 침입행위에 해당하지 않는다**. 설령 피고인이 A의 의사에 반하여 이 사건 점포에 있던 집기 등을 철거할 목적으로 이 사건 점포에 들어간 것이어서 A가 이러한 사정을 알았더라면 피고인의 출입을 승낙하지 않았을 것이라는 사정이 인정되더라도, 그러한 사정만으로 피고인이 사실상의 평온상태를 해치는 행위 태양으로 이 사건 점포에 출입하였다고 평가할 수 없다.

　　1-2 [대판 2022도1717] 파기환송. [1] (가) 사실상의 평온상태를 해치는 행위 태양으로 주거에 들어가는 것이라면 대체로 거주자의 의사에 반하겠지만, (나) 단순히 주거에 들어가는 행위 자체가 거주자의 의사에 반한다는 주관적 사정만으로는 바로 침입에 해당한다고 볼 수 없다. [2] 피고인이 연인관계에 있는 피해자로부터 안방에 TV를 설치하여 달라는 요청을 받아 통상적인 출입방법에 따라 피해자의 안방에 들어간 후 피해자가 있는 자리에서 TV를 설치한 사실(사실 피고인은 CCTV 카메라와 동영상 저장장치를 부착한 TV인 사실을 숨기고 피해자에게 TV를 설치해 주겠다면서 안방까지 들어감), 피해자도 이 사건 당시 피고인의 행위가 주거침입은 아니라고 인식하고 있었던 사실을 알 수 있고 달리 피해자의 사실상 평온상태가 침해되었다고 볼 만한 사정이 없다. 그렇다면 앞서 본 법리에 비추어 피고인의 출입이 비록 범죄 등의 목적을 숨기고 한 것이라도 **주거침입죄가 성립한다고 단정할 수 없다**. 전원합의체 판결로 변경되기 전의 법리에 따라 이 사건 공소사실 중 주거침입 부분을 유죄로 판단한 원심판결에는 주거침입죄의 성립에 관한 법리를 오해한 잘못이 있다.

　　1-3 [대판 2021도7087] 파기환송. 일반적으로 출입이 허용되어 개방된 시청사 로비에 관리자의 출입 제한이나 제지가 없는 상태에서 통상적인 방법으로 들어간 이상 사실상의 평온상태를 해치는 행위 태양으로 ○○시청 1층 로비에 들어갔다고 볼 수 없으므로 건조물침입죄에서 규정하는 침입행위에 해당하지 않는다. ○○시청 관리자의 명시적 출입 금지 의사는 확인되지 않고, 설령 피고인 2, 피고인 3 등이 이 부분 공소사실과 같이 ○○시청에 들어간 행위가 ○○시청 관리자의 추정적 의사에 반하였더라도, 그러한 사정만으로는 사실상의 평온상태를 해치는 행위 태양으로 시청 로비에 출입하였다고 평가할 수 없다. 따라서 피고인 2, 피고인 3에 대하여는 **건조물침입죄가 성립하지 않는다**.

　　2 [대판 2021도15507] [1] 피고인은 과거 피해자와 사귀면서 그 비밀번호를 알게 된 점을 기화로 피해자에게 방문을 허락받는 등의 절차를 취하지 아니한 채 심야시간에 공동출입문의 비밀번호를 무단으로 입력하는 방법으로 출입구의 잠금장치를 해제하고 이 사건 아파트 관리자나 거주자들만의 출입이 허용되는 공간인 출입구 내부 및 피해자의 현관문 앞까지 출입하였다. 이러한 사정을 종합하면, 피고인은 피해자의 주거에 몰래 들어간다는 의도를 가지고 있었던 것으로 보인다. [2] 피고인이 과거 피해자와 일시 교제한 사이였고, 피해자를 통해 이 사건 출입구의 공동출입문 비밀번호를 알게 되었다는 등 피고인이 주장하는 사유만으로는 피고인의 출입 당시 피고인과 피해자와의 관계 및 이 사건 아파트에 대한 사용현황 등을 고려할 때 **피해자나 이 사건 아파트 관리자의 현실적·추정적 승낙이 있었다고 인정하**

_____
5) 리딩케이스 대법원 2022. 3. 24. 선고 2017도18272 전원합의체 판결의 판지 참조.

기도 어렵고 나아가 피고인이 위와 같은 행위를 하게 된 데에 정당한 사유가 있다거나 그 밖에 위법성이 조각되는 경우에 해당한다고 볼 수도 없다.

3 [대판 2018도15213] [관리자에 의해 출입이 통제되는 건조물에 관리자의 승낙을 받아 건조물에 통상적인 출입방법으로 들어갔으나 이러한 승낙의 의사표시에 기망이나 착오 등의 하자가 있는 경우, 건조물침입죄가 성립하는지 여부(소극) / 이때 관리자가 행위자의 실제 출입 목적을 알았더라면 출입을 승낙하지 않았을 사정이 있더라도 마찬가지인지 여부(적극)] [1] 피고인들은 **서울구치소에 수용 중인 사람을 취재하고자** 서울구치소장의 허가 없이 접견내용을 촬영·녹음할 목적으로 명함지갑 모양으로 제작된 녹음·녹화장비를 몰래 소지하고 서울구치소에 들어갔다. 서울구치소장이나 교도관이 이러한 사실을 알았더라면 피고인들이 이를 소지한 채 서울구치소에 출입하는 것을 승낙하지 않았을 것이다. 그러나 **이러한 사정은 승낙의 동기가 착오가 있는 것에 지나지 않아** 피고인들이 서울구치소장이나 교도관의 의사에 반하여 구치소에 출입하거나 사실상의 평온상태를 해치는 모습으로 서울구치소 내 민원실이나 접견실에 침입한 것으로 평가할 수 없다. 따라서 피고인들의 행위는 건조물침입죄에 해당하지 않는다. [2] 관리자에 의해 출입이 통제되는 건조물에 관리자의 승낙을 받아 건조물에 통상적인 출입방법으로 들어갔다면, 이러한 승낙의 의사표시에 기망이나 착오 등의 하자가 있더라도 특별한 사정이 없는 한 형법 제319조 제1항에서 정한 건조물침입죄가 성립하지 않는다. 이러한 경우 (가) 관리자의 현실적인 승낙이 있었으므로 가정적·추정적 의사는 고려할 필요가 없다. (나) 단순히 승낙의 동기에 착오가 있다고 해서 승낙의 유효성에 영향을 미치지 않으므로, 관리자가 행위자의 실제 출입 목적을 알았더라면 출입을 승낙하지 않았을 사정이 있더라도 건조물침입죄가 성립한다고 볼 수 없다. (다) 나아가 관리자의 현실적인 승낙을 받아 통상적인 출입방법에 따라 건조물에 들어간 경우에는 출입 당시 객관적·외형적으로 드러난 행위태양에 비추어 사실상의 평온상태를 해치는 모습으로 건조물에 들어간 것이라고 평가할 수도 없다.

4 [대판 2017도21323] [입주자대표회의의 결정에 반하여 세차업자의 아파트 단지 안의 주차장 출입] [1] 건조물침입죄는 건조물의 사실상 평온을 보호법익으로 하고 있으므로 건조물 관리자의 의사에 반하여 건조물에 침입함으로써 성립한다. 건조물의 거주자나 관리자와의 관계 등으로 평소 건조물에 출입이 허용된 사람이라 하더라도 건조물에 들어간 행위가 거주자나 관리자의 명시적 또는 추정적 의사에 반함에도 불구하고 감행된 것이라면 건조물침입죄가 성립한다. [2] 입주자대표회의는 구 주택법 또는 공동주택관리법에 따라 구성되는 공동주택의 자치의결기구로서 공동주택의 입주자 및 사용자를 대표하여 공동주택의 관리에 관한 주요사항을 결정할 수 있고, 개별 입주자 등은 원활한 공동생활을 유지하기 위하여 공동주택에서의 본질적인 권리가 침해되지 않는 한 입주자대표회의가 결정한 공동주택의 관리에 관한 사항을 따를 의무가 있다. 공동주택의 관리에 관한 사항에는 '단지 안의 주차장 유지 및 운영에 관한 사항'도 포함된다. 따라서 입주자대표회의가 입주자 등이 아닌 자(이하 '외부인'이라 한다)의 단지 안 주차장에 대한 출입을 금지하는 결정을 하고 그 사실을 외부인에게 통보하였음에도 **외부인이 입주자대표회의의 결정에 반하여 그 주차장에 들어갔다면, 출입 당시 관리자로부터 구체적인 제지를 받지 않았다고 하더라도 그 주차장의 관리권자인 입주자대표회의의 의사에 반하여 들어간 것이므로 건조물침입죄가 성립한다.** 설령 외부인이 일부 입주자 등의 승낙을 받고 단지 안의 주차장에 들어갔다고 하더라도 개별 입주자 등은 그 주차장에 대한 본질적인 권리가 침해되지 않는 한 입주자대표회의의 단지 안의 주차장 관리에 관한 결정에 따를 의무가 있으므로 건조물침입죄의 성립에 영향이 없다. 외부인의 단지 안 주차장 출입을 금지하는 입주

자대표회의의 결정이 개별 입주자 등의 본질적인 권리를 침해하는지 여부는 주차장의 유지 및 운영에 관한 입주자대표회의에서 제정·개정한 제 규정의 내용, 주차장의 본래 사용용도와 목적, 입주자 등 사이의 관계, 입주자 등과 외부인 사이의 관계, 외부인의 출입 목적과 출입 방법 등을 종합적으로 고려하여 판단하여야 한다.

5 [대판 2003도1256] ●사실● 피고인은 2002.8.18. 01:55경 안양시 만안구 소재 애향공원에서 그 곳 여자화장실에 들어간 피해자(여, 44세)를 발견하고 순간적으로 욕정을 일으켜 그녀를 강간하기로 마음먹고 피해자가 있던 **여자화장실 내 용변칸으로 침입**하여 피해자에게 "조용히 해, 가만히 있어."라고 말하며 한손으로 피해자의 입을 막고, 다른 손으로는 그녀의 몸통 부분을 붙잡아 그녀의 반항을 억압한 후 그녀를 간음하려 하였으나, 그 곳 남자화장실에 있던 피해자의 남편 공소외인이 달려오자 뜻을 이루지 못하고 미수에 그친 채, 피해자에게 약 2주간의 치료를 요하는 좌족관절부좌상 등을 입게 하였다. ●판지● 타인의 주거에 거주자의 의사에 반하여 들어가는 경우는 주거침입죄가 성립하며 이 때 거주자의 의사라 함은 명시적인 경우뿐만 아니라 묵시적인 경우도 포함되고 주변사정에 따라서는 거주자의 반대의사가 추정될 수도 있는 것인데, 앞서 본 바에 의하면, 피해자는 피고인의 노크 소리를 듣고 피해자의 **남편으로 오인하고 용변칸 문을 연 것이고**, 피고인은 **피해자를 강간할 의도로 용변칸에 들어간 것**으로 봄이 상당한바, 그렇다면 피고인이 용변칸으로 들어오는 것을 피해자가 명시적 또는 묵시적으로 승낙하였다고는 볼 수 없다 할 것이다.

6 [대판 96도419] [일반적으로 개방된 장소에서 건조물침입죄를 구성하는 경우] 건조물침입죄는 사실상의 주거의 평온을 그 보호법익으로 하는 것이므로 건조물 관리자의 의사에 반하여 건조물에 침입함으로써 성립하는 것이고, 일반적으로 개방되어 있는 장소라 하더라도 관리자가 필요에 따라 그 출입을 제한할 수 있는 것이므로 **관리자의 출입제지에도 불구하고** 다중이 고함이나 소란을 피우면서 건조물에 출입하는 것은 사실상의 주거의 평온을 해하는 것으로서 건조물침입죄를 구성한다.

7 [대판 90도173] [일반적으로 출입이 허가된 건물에 비정상적인 방법으로 들어간 경우] 일반적으로 출입이 허가된 건물이라 하여도 피고인이 **출입이 금지된 시간**에 그 건물담벽에 있던 드럼통을 딛고 담벽을 넘어 들어간 후 그곳 마당에 있던 아이스박스통과 삽을 같은 건물 화장실 유리창문 아래에 놓고 올라가 위 창문을 연 후 이를 통해 들어간 것이라면 그 침입방법 자체가 일반적인 허가에 해당되지 않는 것이 분명하게 나타난 것이므로 건조물침입죄가 성립되는 것이다.

공용으로 사용되는 계단과 복도

8-1 [대판 84도2917] 다방, 당구장, 독서실 등의 영업소가 들어서 있는 건물 중 공용으로 사용되는 **계단과 복도는** 주·야간을 막론하고 관리자의 명시적 승낙이 없어도 누구나 자유롭게 통행할 수 있는 곳이라 할 것이므로 관리자가 1층 출입문을 특별히 시정하지 않는 한 **범죄의 목적으로 위 건물에 들어가는 경우 이외에는 그 출입에 관하여 관리자나 소유자의 묵시적 승낙이 있다고 봄이 상당하여** 그 출입행위는 주거침입죄를 구성하지 않는다.

8-2 [비교판례] [대판 2009도3452] [1] 주거침입죄에서 주거란 단순히 가옥 자체만을 말하는 것이 아니라 그 정원 등 위요지를 포함한다. 따라서 다가구용 단독주택이나 다세대주택·연립주택·아파트 등 공동주택 안에서 공용으로 사용하는 계단과 복도는, 주거로 사용하는 각 가구 또는 세대의 전용 부분에 필수적

으로 부속하는 부분으로서 그 거주자들에 의하여 일상생활에서 감시·관리가 예정되어 있고 사실상의 주거의 평온을 보호할 필요성이 있는 부분이므로, 특별한 사정이 없는 한 **주거침입죄의 객체인 '사람의 주거'에 해당**한다. [2] **다가구용 단독주택인 빌라**의 잠기지 않은 대문을 열고 들어가 공용 계단으로 빌라 3층까지 올라갔다가 1층으로 내려온 사안에서, 주거인 공용 계단에 들어간 행위가 거주자의 의사에 반한 것이라면 주거에 침입한 것이라고 보아야 한다는 이유로, 주거침입죄를 구성하지 않는다고 본 원심판결을 파기한 사례.

9 [대판 83도1394] 피고인이 피해자와 이웃 사이어서 평소 그 주거에 무상출입하던 관계에 있었다 하더라도 **범죄의 목적으로** 피해자의 승낙 없이 그 주거에 들어간 경우에는 주거침입죄가 성립된다.

10 [대판 79도1882] 피고인이 이 사건 범행의 피해자인 금남여객자동차주식회사에서 버스차장으로 근무하는 관계로 같은 회사의 파고나 사무실에 출입할 수 있다하더라도 **절취의 목적으로 들어간 것이라면** 주거권자의 의사에 반한 것으로서 주거침입죄는 성립하는 것이다.

11 [대판 67도1281] 대리응시자들의 시험장의 입장은 시험관리자의 승낙 또는 그 추정된 의사에 반한 불법침입이라 아니할 수 없고 이와 같은 침입을 교사한 이상 주거침입교사죄가 성립된다.

12 [대판 92도1520] ○○**대학교의 강의실**은 그 대학 당국에 의하여 관리되면서 그 관리업무나 강의와 관련되는 사람에 한하여 출입이 허용되는 건조물이지 널리 일반인에게 개방되어 누구나 자유롭게 출입할 수 있는 곳은 아니다.

위법성이 조각된다고 판단한 경우

13 [대판 2003도7393] 연립주택 아래층에 사는 피해자가 위층 피고인의 집으로 통하는 상수도관의 밸브를 임의로 잠근 후 이를 피고인에게 알리지 않아 하루 동안 수돗물이 나오지 않은 고통을 겪었던 피고인이 상수도관의 밸브를 확인하고 이를 열기 위하여 부득이 피해자의 집에 들어간 행위가 정당행위에 해당한다. (추정된 승낙)

14-1 [대판 65도899] [주거침입의 위법성을 인정할수 없는 사례] 피고인과 "갑" "을"의 세 사람이 함께 술을 마시고 그들이 사는 동리의 "갑" 집 앞길에 이르렀을 때 "갑"이 사소한 일로 피고인에게 폭행을 가함으로써 상호 시비 중 "갑"이 그의 집으로 들어가기에 피고인도 술에 취하여 동인에게 얻어맞아 가면서 동인의 집까지 따라 들어가서 때리는 이유를 따지었던 경우에 피고인이 "갑"의 집에 따라 들어간 소위를 적법성 있는 주거침입이라고 논단하기 어렵다고 할 것이다.

14-2 [비교판례] [대판 83도2230] 피고인이 소외인의 동리부녀자에 대한 욕설을 따지기 위하여 동리부녀자 10여명과 작당하여 야간(밤 9시경)에 소외인의 집에 몰려들어갔다면, 이는 주거자의 의사에 반한다는 인식 아래 한 것으로 위법하다.

43 사업장의 점거와 주거침입죄 — 공동관리구역 —

* 대법원 2010. 3. 11. 선고 2009도5008 판결
* 참조조문: 형법 제20조,[1] 제319조 제1항[2]

> 근로자들이 사용자가 제3자와 공동으로 관리·사용하는 공간을 사용자에 대한 정당한 쟁의행위를 이유로 관리자의 의사에 반하여 침입·점거한 경우, 위 제3자에 대하여도 정당행위로서 주거침입의 위법성이 조각되는가?

●**사실**● 피고인 X를 비롯한 근로자들이 사용자인 (주)코스콤 이외에도 (주)한국증권선물거래소가 **병존적으로 관리·사용**하는 빌딩 로비에 쟁의행위를 이유로 침입하여, 그 중 일부를 점거하며 10여 일간 숙식하면서 선전전, 강연, 토론 등의 방법으로 농성하였다. 검사는 X등을 「폭력행위 등 처벌에 관한 법률」위반(공동주거침입)으로 기소하였다.

제1심과 원심은 위 행위가 **제3자**인 (주)한국증권선물거래소에 대한 관계에서도 정당하다고 하여 무죄를 인정하였다. 이에 검사가 상고하였다.

> ●**판지**● 파기환송. 「2인 이상이 하나의 공간에서 공동생활을 하고 있는 경우에는 **각자 주거의 평온을 누릴 권리**가 있으므로, 사용자가 제3자와 공동으로 관리·사용하는 공간을 사용자에 대한 쟁의행위를 이유로 관리자의 의사에 반하여 침입·점거한 경우, 비록 그 공간의 점거가 사용자에 대한 관계에서 정당한 쟁의행위로 평가될 여지가 있다 하여도 **이를 공동으로 관리·사용하는 제3자의 명시적 또는 추정적인 승낙이 없는 이상 위 제3자에 대하여서까지 이를 정당행위라고 하여 주거침입의 위법성이 조각된다고 볼 수는 없다**」.

●**해설**● 1 대상사안은 2개의 사업체가 한 건물 안에서 병존적으로 관리·사용하던 중 그 중 하나의 사업체에서 정당한 쟁의행위로 그 건물을 점거할 경우, 다른 하나의 사업체의 입장에서 이를 어떻게 받아들여야 하는가가 다투어 졌다. 본 판결이 나오기 전 까지 대법원은 사업장 점거와 주거침입죄의 관계에 대해 명확히 언급이 없었다는 점에서 대상판결은 의의가 있다.

2 대법원은 사업장 점거와 관련해 「직장 또는 사업장시설의 점거는 적극적인 쟁의행위의 한 형태로서 (가) 그 점거의 범위가 직장 또는 사업장시설의 **일부분**이고 사용자 측의 출입이나 관리지배를 배제하지 않는 **병존적인 점거에 지나지 않을 때에는 정당한 쟁의행위**로 볼 수 있으나, (나) 이와 달리 직장 또는 사업장시설을 전면적, 배타적으로 점거하여 조합원 이외의 자의 출입을 저지하거나 사용자 측의 관리지배를 배제하여 업무의 중단 또는 혼란을 야기케 하는 것과 같은 행위는 이미 정당성의 한계를 벗어난 것이라고 볼 수밖에 없다」(대판 2007도5204, Ref 2−2)라고 판시 한 바 있다.

3 원심은 피고인들의 행위는 정당한 쟁의행위로서 형법 제20조의 정당행위에 해당되어 위법성이 조각된다고 판단하였다. 그리고 이를 이유로 피고인들이 공동으로 (주)한국증권선물거래소가 관리하는 건

---

1) 형법 제20조(정당행위) 법령에 의한 행위 또는 업무로 인한 행위 기타 사회상규에 위배되지 아니하는 행위는 벌하지 아니한다.
2) 형법 제319조(주거침입) ① 사람의 주거, 관리하는 건조물, 선박이나 항공기 또는 점유하는 방실에 침입한 자는 3년 이하의 징역 또는 500만원 이하의 벌금에 처한다.

조물에 침입하였다는 이 사건 공소사실을 무죄로 인정한 제1심판결을 유지하였다.

4 그러나 대법원은 다음과 같은 이유로 원심을 파기한다. 「피고인들이 점거한 이 사건 로비는 **제3자인 (주)한국증권선물거래소가 병존적으로 관리하는 공간**이라는 것이고, (가) 피고인들이 농성을 한 이 사건 로비는 (주)한국증권선물거래소가 소유하고 있는 지상 21층 규모의 이 사건 업무용 빌딩 중의 일부인 사실, (나) (주)코스콤은 이 사건 업무용 빌딩 중 2층부터 11층을 임차하여 사용하면서 그 12층부터 21층까지 사용하는 (주)한국증권선물거래소와 공동으로 이 사건 로비를 사용하는 사실, (다) 이 사건 로비는 700~800명 정도가 들어갈 수 있는 넓은 공간으로 한쪽에 안내데스크 및 고객대기실이 있고 일반 사무실은 없는 사실, (라) 피고인들은 이 사건 로비 중 중간 부분 일부를 점거하며 선전전, 강연, 토론 등의 방법으로 농성한 사실, (마) 피고인들을 포함한 100여 명은 시설보호 요청을 받은 경찰의 저지를 뚫고 현관 밖에서 자동문 1개를 안쪽으로 밀어서 손괴하는 방법으로 이 사건 로비에 들어간 사실, (바) 그 후 10여 일 동안 숙식하면서 앰프를 이용하여 노동가를 틀고 구호를 외치는 등의 방법으로 소음을 발생시킨 사실을 알 수 있다. 사정이 이와 같다면, 피고인들이 이 사건 로비에 침입하여 이를 점거한 행위는 **(주)한국증권선물거래소를 포함한 위 로비 관리자의 의사에 반하여 이루어진 것**이 명백하므로, 위에서 본 법리에 비추어, 비록 원심 판시의 사정이 있어 피고인들의 위 행위가 (주)코스콤에 대한 관계에서 정당한 쟁의행위라고 평가될 여지가 있다 하여도 **위 로비를 공동으로 관리·사용하며 자신의 주거의 평온을 보호받을 권리가 있는 (주)한국증권선물거래소에 대하여서까지 형법 제20조의 정당행위로서 위법성이 조각된다고 볼 수는 없다** 할 것이다」.

5 대상판결에 대해서는 "2010년 대법원 판례의 태도는 —위법성조각사유의 판단기준과 관련하여— 근로자의 쟁의행위를 제한하기 위하여 (제3자에 대한) 주거침입죄를 남용할 가능성이 있다. 즉 집합건물의 한 사업장에 소속되어 있는 근로자가 쟁의행위로 나아갈 경우, 이전과 달리 형법상 업무방해죄를 해석·적용할 수 없는 상황(정당한 쟁의행위의 경우)에서 형법상 주거침입죄를 해석·적용함으로써 **쟁의행위를 제한**할 수 있는 또 다른 수단으로 작동될 가능성이 있는 것이다"라는 시각도 있다[3].

---

3) 우희숙, 사업장 점거와 형법상 주거침입죄의 관계 —집합건물법상 '공용부분'의 점거를 중심으로—, 홍익법학 제15권 제2호(2014), 345면.

쟁의행위와 주거침입죄

1 [대판 2010도9963] 건조물침입죄는 사실상의 주거의 평온을 그 보호법익으로 하는 것이므로, 사람이 관리하는 건조물에 그 관리자의 명시적·묵시적 의사에 반하여 들어가는 경우에는 건조물침입죄가 성립한다. 한편 근로자들의 직장 또는 사업장시설의 점거는 적극적인 쟁의행위의 한 형태로서 그 점거의 범위가 직장 또는 사업장시설의 일부분이고 사용자 측의 출입이나 관리지배를 배제하지 않는 **병존적인 점거에 지나지 않을 때에는 정당한 쟁의행위로 볼 수 있으나,** 이와 달리 직장 또는 사업장시설을 전면적·배타적으로 점거하여 조합원 이외의 자의 출입을 저지하거나 사용자 측의 관리지배를 배제하여 업무의 중단 또는 혼란을 야기케 하는 것과 같은 행위는 정당성의 한계를 벗어난 것이라고 볼 수밖에 없고, 단체교섭 사항이 될 수 없는 사항을 달성하려는 쟁의행위도 그 목적의 정당성을 인정할 수 없다.

2-1 [대판 91도1324] 근로자들의 직장점거가 개시 당시 적법한 것이었다 하더라도 사용자가 이에 대응하여 **적법하게 직장폐쇄를 하게 되면,** 사용자의 사업장에 대한 물권적 지배권이 전면적으로 회복되는 결과 사용자는 점거중인 근로자들에 대하여 정당하게 사업장으로부터의 퇴거를 요구할 수 있고 퇴거를 요구받은 이후의 직장점거는 위법하게 되므로, **적법히 직장폐쇄를 단행한 사용자**로부터 퇴거요구를 받고도 불응한 채 직장점거를 계속한 행위는 퇴거불응죄를 구성한다. **cf)** 그러나 대응한 직장폐쇄조치가 정당한 쟁의행위로 평가될 수 없는 위법한 경우에는 퇴거불응죄가 성립하지 않는다(대판 2007도5204).

2-2 [비교판례] [대판 2007도5204] [1] 사용자의 **직장폐쇄가 정당한 쟁의행위로 인정되지 아니하는 때에는** 적법한 쟁의행위로서 사업장을 점거 중인 근로자들이 직장폐쇄를 단행한 사용자로부터 퇴거 요구를 받고 이에 불응한 채 직장점거를 계속하더라도 퇴거불응죄가 성립하지 아니한다. [2] 사용자 측의 노사간 교섭에 소극적인 태도, 노동조합의 파업이 노사간 교섭력의 균형과 사용자측 업무수행에 미치는 영향 등에 비추어 노동조합이 **파업을 시작한 지 불과 4시간 만에 사용자가 바로 직장폐쇄** 조치를 취한 것은 정당한 쟁의행위로 인정되지 아니하므로, 사용자측 시설을 정당하게 점거한 조합원들이 사용자로부터 퇴거요구를 받고 이에 불응하였더라도 퇴거불응죄가 성립하지 아니한다.

3-1 [대판 91도326] [1] 해고된 근로자로 상당한 기간 내에 그 **해고의 효력을 다투는 자가 조합원의 자격으로서 회사 내 노조사무실에 들어가는 것**은 정당한 행위로서 회사 측에서도 이를 제지할 수 없는 것이므로 노조사무실 출입목적으로 경비원의 제지를 뿌리치고 회사 내로 들어가는 것은 건조물침입죄로 벌할 수 없다. [2] 일반적으로는 **해고에 의하여 노사관계는 종료되고 이를 다투는 근로자라고 하더라도** 그 지위를 잃게 되는 것이지만, 노동조합법 제3조 제4호 단서의 규정이 노동조합의 설립 및 존속을 보호하고 사용자의 부당한 인사권의 행사에 의하여 노동조합의 활동이 방해받는 것을 방지하기 위한 것이라는 취지에 비추어 보면 해고된 근로자라도 상당한 기간 내에 그 해고의 효력을 다투는 자에 대하여는 근로자 또는 조합원으로서의 지위를 인정하여야 할 것이다.

3-2 [비교판례] [대판 91도1666] 해고를 당한 후 해고처분무효확인소송을 제기하여 그 효력을 다툼으로써 노동조합의 조합원인 근로자의 지위를 그대로 갖고 있다 하더라도 회사가 조합의 대의원이 아닌 피고인에게 회사 내의 조합대의원회의에 참석하는 것을 허락하지 아니하였는데도 **그 의사에 반하여 함부로 거기에 들어가고** 회사경비원들의 출입통제업무를 방해한 것은 건조물침입죄와 업무방해죄에 해당한다.

개인적 법익 침해에 대한 죄【Ⅱ】

형법

[시행 2023. 8. 8.] [법률 제19582호, 2023. 8. 8. 일부개정]

제2편 각칙
제38장 절도와 강도의 죄

제329조(절도) 타인의 재물을 절취한 자는 6년 이하의 징역 또는 1천만원 이하의 벌금에 처한다.

제330조(야간주거침입절도) 야간에 사람의 주거, 관리하는 건조물, 선박, 항공기 또는 점유하는 방실(房室)에 침입하여 타인의 재물을 절취(竊取)한 자는 10년 이하의 징역에 처한다.

제331조(특수절도) ① 야간에 문이나 담 그 밖의 건조물의 일부를 손괴하고 제330조의 장소에 침입하여 타인의 재물을 절취한 자는 1년 이상 10년 이하의 징역에 처한다.

② 흉기를 휴대하거나 2명 이상이 합동하여 타인의 재물을 절취한 자도 제1항의 형에 처한다.

제331조의2(자동차등 불법사용) 권리자의 동의없이 타인의 자동차, 선박, 항공기 또는 원동기장치자전거를 일시 사용한 자는 3년 이하의 징역, 500만원 이하의 벌금, 구류 또는 과료에 처한다.

제332조(상습범) 상습으로 제329조 내지 제331조의2의 죄를 범한 자는 그 죄에 정한 형의 2분의 1까지 가중한다.

제333조(강도) 폭행 또는 협박으로 타인의 재물을 강취하거나 기타 재산상의 이익을 취득하거나 제삼자로 하여금 이를 취득하게 한 자는 3년 이상의 유기징역에 처한다.

제334조(특수강도) ① 야간에 사람의 주거, 관리하는 건조물, 선박이나 항공기 또는 점유하는 방실에 침입하여 제333조의 죄를 범한 자는 무기 또는 5년 이상의 징역에 처한다.

② 흉기를 휴대하거나 2인 이상이 합동하여 전조의 죄를 범한 자도 전항의 형과 같다.

제335조(준강도) 절도가 재물의 탈환에 항거하거나 체포를 면탈하거나 범죄의 흔적을 인멸할 목적으로 폭행 또는 협박한 때에는 제333조 및 제334조의 예에 따른다.

제336조(인질강도) 사람을 체포·감금·약취 또는 유인하여 이를 인질로 삼아 재물 또는 재산상의 이익을 취득하거나 제3자로 하여금 이를 취득하게 한 자는 3년 이상의 유기징역에 처한다.

제337조(강도상해, 치상) 강도가 사람을 상해하거나 상해에 이르게 한때에는 무기 또는 7년 이상의 징역에 처한다.

제338조(강도살인·치사) 강도가 사람을 살해한 때에는 사형 또는 무기징역에 처한다. 사망에 이르게 한 때에는 무기 또는 10년 이상의 징역에 처한다.

제339조(강도강간) 강도가 사람을 강간한 때에는 무기 또는 10년 이상의 징역에 처한다.

제340조(해상강도) ① 다중의 위력으로 해상에서 선박을 강취하거나 선박내에 침입하여 타인의 재물을 강취한 자는 무기 또는 7년 이상의 징역에 처한다.

② 제1항의 죄를 범한 자가 사람을 상해하거나 상해에 이르게 한때에는 무기 또는 10년 이상의 징역에 처한다.

③ 제1항의 죄를 범한 자가 사람을 살해 또는 사망에 이르게 하거나 강간한 때에는 사형 또는 무기징역에 처한다.

제341조(상습범) 상습으로 제333조, 제334조, 제336조 또는 전조제1항의 죄를 범한 자는 무기 또는 10년 이상의 징역에 처한다.

제342조(미수범) 제329조 내지 제341조의 미수범은 처벌한다.

제343조(예비, 음모) 강도할 목적으로 예비 또는 음모한 자는 7년 이하의 징역에 처한다.

제344조(친족간의 범행) 제328조의 규정은 제329조 내지 제332조의 죄 또는 미수범에 준용한다.

제345조(자격정지의 병과) 본장의 죄를 범하여 유기징역에 처할 경우에는 10년 이하의 자격정지를 병과할 수 있다.

제346조(동력) 본장의 죄에 있어서 관리할 수 있는 동력은 재물로 간주한다.

제39장 사기와 공갈의 죄

제347조(사기) ① 사람을 기망하여 재물의 교부를 받거나 재산상의 이익을 취득한 자는 10년 이하의 징역 또는 2천만원 이하의 벌금에 처한다.

② 전항의 방법으로 제삼자로 하여금 재물의 교부를 받게 하거나 재산상의 이익을 취득하게 한 때에도 전항의 형과 같다.

제347조의2(컴퓨터등 사용사기) 컴퓨터등 정보처리장치에 허위의 정보 또는 부정한 명령을 입력하거나 권한 없이 정보를 입력·변경하여 정보처리를 하게 함으로써 재산상의 이익을 취득하거나 제3자로 하여금 취득하게 한 자는 10년 이하의 징역 또는 2천만원 이하의 벌금에 처한다.

제348조(준사기) ① 미성년자의 사리분별력 부족 또는 사람의 심신장애를 이용하여 재물을 교부받거나 재산상 이익을 취득한 자는 10년 이하의 징역 또는 2천만원 이하의 벌금에 처한다.

② 제1항의 방법으로 제3자로 하여금 재물을 교부받게 하거나 재산상 이익을 취득하게 한 경우에도 제1항의 형에 처한다.

제348조의2(편의시설부정이용) 부정한 방법으로 대가를 지급하지 아니하고 자동판매기, 공중전화 기타 유료자동설비를 이용하여 재물 또는 재산상의 이익을 취득한 자는 3년 이하의 징역, 500만원 이하의 벌금, 구류 또는 과료에 처한다.

제349조(부당이득) ① 사람의 곤궁하고 절박한 상태를 이용하여 현저하게 부당한 이익을 취득한 자는 3년 이하의 징역 또는 1천만원 이하의 벌금에 처한다.

② 제1항의 방법으로 제3자로 하여금 부당한 이익을 취득하게 한 경우에도 제1항의 형에 처한다.

제350조(공갈) ① 사람을 공갈하여 재물의 교부를 받거나 재산상의 이익을 취득한 자는 10년 이하의 징역 또는 2천만원 이하의 벌금에 처한다.

② 전항의 방법으로 제삼자로 하여금 재물의 교부를 받게 하거나 재산상의 이익을 취득하게 한 때에도 전항의 형과 같다.

제350조의2(특수공갈) 단체 또는 다중의 위력을 보이거나 위험한 물건을 휴대하여 제350조의 죄를 범한 자는 1년 이상 15년 이하의 징역에 처한다.

제351조(상습범) 상습으로 제347조 내지 전조의 죄를 범한 자는 그 죄에 정한 형의 2분의 1까지 가중한다.

제352조(미수범) 제347조 내지 제348조의2, 제350조, 제350조의2와 제351조의 미수범은 처벌한다.

제353조(자격정지의 병과) 본장의 죄에는 10년 이하의 자격정지를 병과할 수 있다.

제354조(친족간의 범행, 동력) 제328조와 제346조의 규정은 본장의 죄에 준용한다.

제40장 횡령과 배임의 죄

제355조(횡령, 배임) ① 타인의 재물을 보관하는 자가 그 재물을 횡령하거나 그 반환을 거부한 때에는 5년 이하의 징역 또는 1천500만원 이하의 벌금에 처한다.

② 타인의 사무를 처리하는 자가 그 임무에 위배하는 행위로써 재산상의 이익을 취득하거나 제삼자로 하여금 이를 취득하게 하여 본인에게 손해를 가한 때에도 전항의 형과 같다.

제356조(업무상의 횡령과 배임) 업무상의 임무에 위배하여 제355조의 죄를 범한 자는 10년 이하의 징역 또는 3천만원 이하의 벌금에 처한다.

제357조(배임수증재) ① 타인의 사무를 처리하는 자가 그 임무에 관하여 부정한 청탁을 받고 재물 또는 재산상의 이익을 취득하거나 제3자로 하여금 이를 취득하게 한 때에는 5년 이하의 징역 또는 1천만원 이하의 벌금에 처한다.

② 제1항의 재물 또는 재산상 이익을 공여한 자는 2년 이하의 징역 또는 500만원 이하의 벌금에 처한다.

③ 범인 또는 그 사정을 아는 제3자가 취득한 제1항의 재물은 몰수한다. 그 재물을 몰수하기 불가능하거나 재산상의 이익을 취득한 때에는 그 가액을 추징한다.

제358조(자격정지의 병과) 전3조의 죄에는 10년 이하의 자격정지를 병과할 수 있다.

제359조(미수범) 제355조 내지 제357조의 미수범은 처벌한다.

제360조(점유이탈물횡령) ① 유실물, 표류물 또는 타인의 점유를 이탈한 재물을 횡령한 자는 1년 이하의 징역이나 300만원 이하의 벌금 또는 과료에 처한다.

② 매장물을 횡령한 자도 전항의 형과 같다.

제361조(친족간의 범행, 동력) 제328조와 제346조의 규정은 본장의 죄에 준용한다.

제41장 장물에 관한 죄

제362조(장물의 취득, 알선 등) ① 장물을 취득, 양도, 운반 또는 보관한 자는 7년 이하의 징역 또는 1천500만원 이하의 벌금에 처한다.

② 전항의 행위를 알선한 자도 전항의 형과 같다.

제363조(상습범) ① 상습으로 전조의 죄를 범한 자는 1년 이상 10년 이하의 징역에 처한다.

② 제1항의 경우에는 10년 이하의 자격정지 또는 1천500만원 이하의 벌금을 병과할 수 있다.

제364조(업무상과실, 중과실) 업무상과실 또는 중대한 과실로 인하여 제362조의 죄를 범한 자는 1년 이하의 금고 또는 500만원 이하의 벌금에 처한다.

제365조(친족간의 범행) ① 전3조의 죄를 범한 자와 피해자 간에 제328조제1항, 제2항의 신분관계가 있는 때에는 동조의 규정을 준용한다.

② 전3조의 죄를 범한 자와 본범 간에 제328조제1항의 신분관계가 있는 때에는 그 형을 감경 또는 면제한다. 단, 신분관계가 없는 공범에 대하여는 예외로 한다.

제42장 손괴의 죄

제366조(재물손괴등) 타인의 재물, 문서 또는 전자기록등 특수매체기록을 손괴 또는 은닉 기타 방법으로 기 효용을 해한 자는 3년이하의 징역 또는 700만원 이하의 벌금에 처한다.

제367조(공익건조물파괴) 공익에 공하는 건조물을 파괴한 자는 10년 이하의 징역 또는 2천만원 이하의 벌금에 처한다.

제368조(중손괴) ① 전2조의 죄를 범하여 사람의 생명 또는 신체에 대하여 위험을 발생하게 한 때에는 1년 이상 10년 이하의 징역에 처한다.

② 제366조 또는 제367조의 죄를 범하여 사람을 상해에 이르게 한 때에는 1년 이상의 유기징역에 처한다. 사망에 이르게 한 때에는 3년 이상의 유기징역에 처한다.

제369조(특수손괴) ① 단체 또는 다중의 위력을 보이거나 위험한 물건을 휴대하여 제366조의 죄를 범한 때에는 5년 이하의 징역 또는 1천만원 이하의 벌금에 처한다.

② 제1항의 방법으로 제367조의 죄를 범한 때에는 1년 이상의 유기징역 또는 2천만원 이하의 벌금에 처한다.

제370조(경계침범) 경계표를 손괴, 이동 또는 제거하

거나 기타 방법으로 토지의 경계를 인식 불능하게 한 자는 3년 이하의 징역 또는 500만원 이하의 벌금에 처한다.

제371조(미수범) 제366조, 제367조와 제369조의 미수범은 처벌한다.

제372조(동력) 본장의 죄에는 제346조를 준용한다.

제37장 권리행사를 방해하는 죄

제323조(권리행사방해) 타인의 점유 또는 권리의 목적이 된 자기의 물건 또는 전자기록등 특수매체기록을 취거, 은닉 또는 손괴하여 타인의 권리행사를 방해한 자는 5년 이하의 징역 또는 700만원 이하의 벌금에 처한다.

.

제325조(점유강취, 준점유강취) ① 폭행 또는 협박으로 타인의 점유에 속하는 자기의 물건을 강취(强取)한 자는 7년 이하의 징역 또는 10년 이하의 자격정지에 처한다.

② 타인의 점유에 속하는 자기의 물건을 취거(取去)하는 과정에서 그 물건의 탈환에 항거하거나 체포를 면탈하거나 범죄의 흔적을 인멸할 목적으로 폭행 또는 협박한 때에도 제1항의 형에 처한다.

③ 제1항과 제2항의 미수범은 처벌한다.

제326조(중권리행사방해) 제324조 또는 제325조의 죄를 범하여 사람의 생명에 대한 위험을 발생하게 한 자는 10년 이하의 징역에 처한다.

제327조(강제집행면탈) 강제집행을 면할 목적으로 재산을 은닉, 손괴, 허위양도 또는 허위의 채무를 부담하여 채권자를 해한 자는 3년 이하의 징역 또는 1천만원 이하의 벌금에 처한다.

제328조(친족간의 범행과 고소) ① 직계혈족, 배우자, 동거친족, 동거가족 또는 그 배우자간의 제323조의 죄는 그 형을 면제한다.

② 제1항 이외의 친족 간에 제323조의 죄를 범한 때에는 고소가 있어야 공소를 제기할 수 있다.

③ 전 2항의 신분관계가 없는 공범에 대하여는 전 이항을 적용하지 아니한다.

[헌법불합치, 2020헌마468,2020헌바341,2021헌바420,2024헌마146(병합), 2024. 6. 27, 형법(2005. 3. 31. 법률 제7427호로 개정된 것) 제328조 제1항은 헌법에 합치되지 아니한다. 법원 기타 국가기관 및 지방자치단체는 2025. 12. 31.을 시한으로 입법자가 개정할 때까지 위 법률조항의 적용을 중지하여야 한다.]

44 재산죄의 객체인 '재물'과 '재산상 이익'의 의의

* 대법원 2002. 7. 12. 선고 2002도745 판결
* 참조조문: 형법 제329조[1]

컴퓨터에 저장된 '정보'가 절도죄의 객체로서 재물에 해당하는가? 그리고 이를 복사하거나 출력해 간 경우 절도죄를 구성하는가?

●**사실**● 2000.10. 초순경 Y가 X에게 A주식회사에 보관되어 있는 직물원단고무코팅시스템의 설계도면과 공정도를 빼내오도록 요구하고, X는 이를 승낙한 후, 2000.10.14. 15:00경 피해회사 연구개발실에서 그 곳 노트북 컴퓨터에 저장되어 있는 위 시스템의 설계도면을 A2용지에 2장을 출력하여 가지고 나왔다. 제1심과 원심은 피고인들에게 절도죄의 성립을 인정하였다. 이에 X·Y는 상고하였다.

●**판지**● **파기환송.** 「절도죄의 객체는 관리가능한 동력을 포함한 '재물'에 한한다 할 것이고, 또 절도죄가 성립하기 위해서는 그 재물의 소유자 기타 점유자의 점유 내지 이용가능성을 배제하고 이를 자신의 점유 하에 배타적으로 이전하는 행위가 있어야만 할 것인바, 컴퓨터에 저장되어 있는 **'정보'** 그 자체는 유체물이라고 볼 수도 없고, 물질성을 가진 동력도 아니므로 재물이 될 수 없다 할 것이며, 또 이를 복사하거나 출력하였다 할지라도 그 정보 자체가 감소하거나 피해자의 점유 및 이용가능성을 감소시키는 것이 아니므로 그 복사나 출력 행위를 가지고 절도죄를 구성한다고 볼 수도 없다」.

●**해설**● 1 기업의 비밀정보를 보관·관리하는 임무를 가진 자가 그 임무에 위배하여 그 **정보를 유출하는 행위**는 그 기업에 재산상 손해를 가하는 행위이므로 일반적으로 배임죄를 적용할 수 있을 것이다. 그런데 정보의 보관·관리에 관하여 아무런 권한이 없는 자가 그 **정보의 내용만을 빼내는 경우**에 절도죄가 성립할 것인지가 문제된다. 대상판결이 그러한 경우이다. 대법원은 X·Y의 행위는 절도죄의 객체가 될 수 없는 '정보'를 절취한 것이어서 절도죄의 성립을 부정하고 있다.

2 현행 형법은 재산범죄 행위의 객체를 개개의 **'재물'**과 전체로서의 **'재산상의 이익'**이라는 두 개념을 구분하고 있다.[2] 절도죄의 경우 그 객체는 **'재물'**에 한정된다. 형법 제346조는 "관리할 수 있는 동력은 재물로 간주 한다"고 규정하고 있어 형법상 재물은 '유체물'과 '관리가능한 동력'이 된다.[3] 여기서 ① **유체물**이란 일정한 공간을 차지하는 **물체**를 말하는 것으로 고체뿐만 아니라 액체, **기체**도 포함된다. 따라서 관리가능한 물이나 가스, 증기 등도 유체물에 해당된다. 하지만 **채권 기타의 권리**는 유체물이 아니다. ② 관리가능한 동력과 관련해서 여기서의 관리는 물리적 관리에 한하며 사무적·법률적 관리는 제외된다. 사무적 관리까지 포함할 때에는 재물과 재산상의 이익을 구별할 수 없기 때문이다. **'물리적 관리'가능을 의미**하지 **채권**과 같은 법적 관리가 가능한 것까지는 의미하지 않는다.

---

1) 형법 제329조(절도) 타인의 **재물**을 절취한 자는 6년 이하의 징역 또는 1천만원 이하의 벌금에 처한다.
2) ① 절도죄·횡령죄·장물죄·손괴죄는 '재물'만을 객체로 하고, ② 배임죄, 컴퓨터사용사기죄는 '재산상의 이익'만을 그 객체로 한다. 그리고 ③ 강도죄·공갈죄·사기죄·배임수재죄는 '재물과 재산상 이익'을 모두 객체로 하는 범죄이다.
3) 형법은 제346조에 "관리할 수 있는 동력은 재물로 간주 한다"라는 규정은 있으나 재물 그 자체에 대한 정의규정은 없기 때문에 재물의 개념은 전적으로 해석에 맡겨져 있다. 민법은 제98조에 "본법에서 물건이라 함은 유체물 및 전기 기타 자연력을 말한다."고 규정하고 있다.

3 대상판결의 원심은 「위 컴퓨터에 저장되어 있는 위 시스템의 설계도면은 A회사의 업무로서 X가 작성한 것인 사실, 위 시스템은 A회사가 독자적으로 개발하였고, 당시 A회사 외부에는 알려져 있지 아니하여 A회사의 입장에서 경제적 가치를 가지고 있는 것이며, A회사는 상당한 노력을 기울여 이를 비밀로서 관리하여 온 사실을 인정한 다음, 위 인정 사실에 의하면 Y가 위 컴퓨터에서 출력한 **위 시스템의 설계도면은 절도죄의 객체인 "타인의 재물"에 해당**」한다고 판단하여, 피고인들에 대하여 절도죄의 유죄를 선고」하였다.

4 그러나 대법원은 **'정보' 그 자체는 유체물이라고 볼 수도 없고, 물질성을 가진 동력도 아니므로 재물이 될 수 없다**고 보았다. 때문에 그 정보의 복사나 출력 행위 자체는 절도죄를 구성하지는 않는다고 판단하였다. 같은 맥락에서 대법원은 **권리**(대판 2002도2822; 93도2272, Ref 1.1−2), **역무·서비스**(대판 98도700, Ref 1−2), **지식에 대한 절도는 절도죄가 성립하지 않는 것**으로 보았다. 그러나 사원이 회사를 퇴사하면서 제조공정과 실험결과를 기재한 자료(문서)를 가져간 경우에는 절도에 해당한다(대판 2005도6223, Ref 1−6).

5 주관적·소극적 가치　　한편 판례는 절도죄의 객체인 「재물은 (가) 반드시 객관적인 금전적 교환가치를 가질 필요는 없고 (나) 소유자·점유자가 **주관인 가치를 가지고 있는 것으로 족하고**, (다) 이 경우 주관적·경제적 가치의 유무를 판별함에 있어서는 그것이 타인에 의하여 이용되지 않는다고 하는 소극적 관계에 있어서 그 가치가 성립하더라도 관계없다」고 본다(대판 2007도2595, Ref 2−2). 판례상 경제적 가치가 있는 재물로 인정된 사례로는 인감증명서, 심문기일소환장, 주권포기각서, 부패한 포도주 원액, 찢어진 약속어음 등이 있다(Ref 2).

6 금제품의 재물성　　판례는 **금제품**도 절차에 따라 몰수되기 까지는 점유가 보호되어야 한다는 입장에서 절도죄의 객체를 인정한다. 「유가증권도 그것이 정상적으로 발행된 것은 물론 비록 작성권한 없는 자에 의하여 **위조된 것이라고 하더라도** 절차에 따라 몰수되기까지는 그 소지자의 점유를 보호하여야 한다는 점에서 형법상 재물로서 절도죄의 객체가 된다」(대판 98도2967, Ref 1−7). 한편 **소유자가 없는 재물(무주물)**의 경우는 절도죄의 객체가 되지 못한다(대판 82도696, Ref 1.4−1).

7 재산상 이익　　재산상 이익이란 **경제적 가치가 있는 무형의 지위**를 가리키는 것으로 전체로서의 재산에서 재물을 제외한 것을 말한다. 따라서 유체물과 전기 기타 관리할 수 있는 자연력을 제외한 **추상적 이익**이 재산상 이익이다(채무의 면제, 채무이행의 연기, 재산적 가치가 있는 역무(서비스)의 제공 등). 하지만 재산상 이익은 추상적 개념으로 그 범위와 관련해서는 ① 법적으로 승인된 권리와 의무만을 형법상 보호의 대상으로 삼는 **법률적 재산설**, ② 비록 법적 권리가 승인되지 않았다 하더라도 실제적으로 경제적 가치가 있으면 보호의 대상으로 보는 **경제적 재산설**(대판 2001도2991, Ref 3.8−1), 그리고 ③ 양자를 모두 고려하는 **법률적·경제적 재산설**이 있으나 현재 판례와 다수설은 경제적 재산설을 취하고 있다(【59】 불법원인급여와 사기죄의 성부 참조). 한편 재산상의 이익은 「반드시 사법상 유효한 재산상의 이득만을 의미하는 것이 아니고 외견상 재산상의 이득을 얻을 것이라고 인정할 수 있는 사실관계만 있으면 여기에 해당된다」(대판 93도428; 96도3411, Ref 3.9−1)(【53】 '재산상의 이익'과 강도죄의 객체 참조). 근래 대법원은 **'가상자산'**도 재산상 이익에 해당한다고는 보았으나 형법을 적용하여 법정화폐와 동일하게 보호해야 할 것은 아닌 것으로 판시하였다(대판 2020도9789, Ref 3.1−1).

재물성을 부정한 판례

1-1 [대판 2002도2822] 상법상 주식은 자본구성의 단위 또는 주주의 지위(株主權)를 의미하고, 주주권을 표창하는 유가증권인 주권(株券)과는 구분이 되는바, **주권(株券)은 유가증권으로서 재물에 해당**되므로 횡령죄의 객체가 될 수 있으나, 자본의 구성단위 또는 주주권을 의미하는 **주식은 재물이 아니므로** 횡령죄의 객체가 될 수 없다.

1-2 [대판 93도2272] **광업권**은 재물인 광물을 취득할 수 있는 권리에 불과하지 재물 그 자체는 아니므로 횡령죄의 객체가 된다고 할 수 없고, 광업법 제12조가 광업권을 물권으로 하고 광업법에서 따로 정한 경우를 제외하고는 부동산에 관한 민법 기타 법령의 규정을 준용하도록 규정하고 있다 하여 광업권이 부동산과 마찬가지로 **횡령죄의 객체가 된다고 할 수는 없다.**[4])

2 [대판 98도700] 타인의 **전화기를 무단으로 사용하여 전화통화를 하는 행위**는 전기통신사업자가 그가 갖추고 있는 통신선로, 전화교환기 등 전기통신설비를 이용하고 전기의 성질을 과학적으로 응용한 기술을 사용하여 전화가입자에게 음향의 송수신이 가능하도록 하여 줌으로써 상대방과의 통신을 매개하여 주는 **역무**, 즉 전기통신사업자에 의하여 가능하게 된 전화기의 음향송수신기능을 부당하게 이용하는 것으로, **이러한 내용의 역무는 무형적인 이익에 불과하고 물리적 관리의 대상이 될 수 없어 재물이 아니라고 할 것**이므로 절도죄의 객체가 되지 아니한다.

3-1 [대판 95도192] 회사 직원이 업무와 관련하여 다른 사람이 작성한 회사의 문서를 복사기를 이용하여 복사를 한 후 원본은 제자리에 갖다 놓고 그 사본만 가져간 경우, 그 회사 소유의 문서의 사본을 절취한 것으로 볼 수는 없다. **cf)** 본 사안에서 검사의 공소제기의 취지는 피고인이 문서의 내용을 절취하였다는 것이다. 그러나 문서의 내용은 '**사람의 의사' 내지 '정보**'이므로 물리적으로 관리할 수 없다. 따라서 재물이 아니므로 절도죄가 성립하지 않는다고 본 것이다. 만약 아래 [대판 86도1205] 사안에서와 같이 복사용지(사본)에 대한 절도로 기소하였다면 절도죄가 인정될 수 있다.

3-2 [비교판례] [대판 86도1205] [복사에 사용된 용지가 타인소유에 해당] 피고인이 근무하던 회사를 퇴사하면서 가져간 **서류**가 이미 공개된 기술내용에 관한 것이고 외국회사에서 선전용으로 무료로 배부해 주는 것이며 동 회사연구실 직원들이 사본하여 사물처럼 사용하던 것이라도 위 서류들이 회사의 목적 업무 중 기술분야에 관한 문서들로서 국내에서 쉽게 구할 수 있는 것도 아니며 연구실 직원들의 업무수행을 위하여 필요한 경우에만 사용이 허용된 것이라면 위 서류들은 위 회사에 있어서는 소유권의 대상으로 할 수 있는 **주관적 가치뿐만 아니라 그 경제적 가치도 있는 것으로 재물에 해당한다** 할 것이어서 이를 취거하는 행위는 절도에 해당하고 비록 그것이 문서의 사본에 불과하고 또 인수인계 품목에 포함되지 아니 하였다 하여 그 위법성이 조각된다 할 수 없다.

---

4) 횡령죄의 객체는 **타인의 '재물'에 한정**된다. 이점이 '재산상의 이익'을 객체로 하는 배임죄와 구분된다. 형법 제355조(횡령) ① 타인의 **재물을 보관하는 자**가 그 재물을 **횡령**하거나 그 반환을 거부한 때에는 5년 이하의 징역 또는 1천500만원 이하의 벌금에 처한다.

4-1 [대판 82도696] 수산업법에 의한 소위 양식어업권은 행정관청의 면허를 받아 해상의 일정구역 내에서 그 소유의 수산동·식물을 양식할 수 있는 권리를 가리키는 것으로서 그 면허를 받았다(양식어업권을 취득하였다)는 사실만으로써 곧 당해구역 내에 자연적으로 번식하는 수산동·식물에 관하여 당연히 소유권이나 점유권을 취득한다고 할 수는 없으므로, 공소외인이 굴 양식면허를 받은 위 구역 내에서 피고인들이 **자연서식의 바지락을 채취**하였다고 하더라도 수산업법 위반이 됨은 별론으로 하고 절도죄를 구성한다고는 할 수 없다.

4-2 [대판 2009도11827] 어업권자와 어업권행사계약을 체결하고 어업권을 행사하는 피해자의 양식장에서 **'자연산'** 모시조개를 무단 채취한 행위가 절도죄에 해당하지 아니한다.

재물성을 긍정한 판례

5 [대판 2010도6256] [사기 범행의 피해자로부터 현금을 예금계좌로 송금받은 경우, 그 사기죄의 객체가 '재물'인지 또는 '재산상의 이익'인지 여부(=재물)] [1] 사기죄의 객체는 타인이 점유하는 '타인의' 재물 또는 재산상의 이익이므로, **피해자와의 관계에서 살펴보아** 그것이 피해자 소유의 재물인지 아니면 피해자가 보유하는 재산상의 이익인지에 따라 '재물'이 객체인지 아니면 '재산상의 이익'이 객체인지 구별하여야 하는 것으로서, 이 사건과 같이 피해자가 본범의 기망행위에 속아 현금을 피고인 명의의 은행 예금계좌로 송금하였다면, 이는 재물에 해당하는 현금을 교부하는 방법이 예금계좌로 송금하는 형식으로 이루어진 것에 불과하여, 피해자의 은행에 대한 예금채권은 당초 발생하지 않는다. [2] 사기 범행에 이용되리라는 사정을 알고서도 자신의 명의로 새마을금고 예금계좌를 개설하여 甲에게 이를 양도함으로써 甲이 乙을 속여 乙로 하여금 1,000만 원을 위 계좌로 송금하게 한 사기 범행을 방조한 피고인이 위 계좌로 송금된 돈 중 140만 원을 인출하여 甲이 편취한 장물을 취득하였다는 공소사실에 대하여, 甲이 사기 범행으로 취득한 것은 재산상 이익이어서 장물에 해당하지 않는다는 원심판단은 적절하지 아니하지만, 피고인의 위와 같은 인출행위를 장물취득죄로 벌할 수는 없으므로, 위 '장물취득' 부분을 무죄로 선고한 원심의 결론을 정당하다고 한 사례.

6 [대판 2005도6223] 사원이 회사를 퇴사하면서 부품과 원료의 배합비율과 제조공정을 기술한 자료와 회사가 시제품의 품질을 확인하거나 제조기술 향상을 위한 각종 실험을 통하여 나타난 **결과를 기재한 자료**를 가져간 경우 이는 절도에 해당한다.

7 [대판 98도2967] 파기환송. [**위조유가증권**이 형법상 재물로서 절도죄의 객체가 되는지 여부(적극)] [1] 유가증권도 그것이 정상적으로 발행된 것은 물론 비록 작성권한 없는 자에 의하여 위조된 것이라고 하더라도 절차에 따라 몰수되기까지는 그 소지자의 점유를 보호하여야 한다는 점에서 형법상 재물로서 절도죄의 객체가 된다. [2] **리프트탑승권** 발매기를 전산조작하여 위조한 탑승권을 발매기에서 뜯어 간 행위는 탑승권 위조행위와 위조탑승권 절취행위가 결합된 것이라는 이유로, 위조탑승권의 장물성을 인정한 사례. [3] 피고인은 무주리조트 서편매표소에 있던 탑승권 발매기의 전원을 켠 후 날짜를 입력시켜서 탑승권발행화면이 나타나면 전산실의 테스트카드를 사용하여 한 장씩 찍혀나오는 탑승권을 빼내어 가지고 가는 방법으로 리프트탑승권을 발급·취득한 사실이 인정되고, 그와 같이 발매기에서 나오는 위조된 탑승권은 제1심 공동

피고인이 이를 뜯어가기 전까지는 쌍방울개발의 소유 및 점유 하에 있다고 보아야 할 것이므로, 위 피고인의 행위는 (가) 발매할 권한 없이 발매기를 임의 조작함으로써 유가증권인 리프트탑승권을 **위조하는 행위**와 (나) 발매기로부터 위조되어 나오는 리프트탑승권을 **절취하는 행위**가 결합된 것이고, 나아가 (다) 그와 같이 위조된 리프트탑승권을 판매하는 행위는 일면으로는 위조된 리프트탑승권을 **행사하는 행위**임과 동시에 절취한 장물인 위조 리프트탑승권의 **처분행위**에 해당한다 할 것이다.

Reference 2
경제적 가치가 있는 '재물'로 인정한 사례

1 [대판 2011도9919] ['인감증명서'가 형법상 '재물'에 해당하는지 여부(원칙적 적극) 및 인감증명서를 편취하는 경우 소지인에 대한 관계에서 사기죄가 성립하는지 여부(적극)] **인감증명서**는 인감과 함께 소지함으로써 인감 자체의 동일성을 증명함과 동시에 거래행위자의 동일성과 거래행위가 행위자의 의사에 의한 것임을 확인하는 자료로서 개인의 권리의무에 관계되는 일에 사용되는 등 일반인의 거래상 극히 중요한 기능을 가진다. 따라서 그 문서는 다른 특별한 사정이 없는 한 재산적 가치를 가지는 것이어서 **형법상의 '재물'에 해당한다**고 할 것이다. 이는 그 내용 중에 재물이나 재산상 이익의 처분에 관한 사항이 포함되어 있지 아니하다고 하여 달리 볼 것이 아니다. 따라서 위 용도로 발급되어 그 소지인에게 재산적 가치가 있는 것으로 인정되는 인감증명서를 그 소지인을 기망하여 편취하는 것은 그 소지인에 대한 관계에서 사기죄가 성립한다고 할 것이다.

2 [대판 2007도2595] 사실상 퇴사하면서 회사의 승낙 없이 가지고 간 **부동산매매계약서 사본**들은 절도죄의 객체인 재물에 해당한다.

3 [대판 99도5775] 법원으로부터 송달된 **심문기일소환장**은 재산적 가치가 있는 물건으로서 형법상 재물에 해당한다.

4 [대판 95도3057] 재산죄의 객체인 재물은 반드시 객관적인 금전적 교환가치를 가질 필요는 없고 소유자, 점유자가 **주관적인 가치를 가지고 있음으로써 족하다**고 할 것이고, 이 경우 주관적, **경제적 가치의 유무를 판별함에 있어서는 그것이 타인에 의하여 이용되지 않는다고 하는 소극적 관계에 있어서 그 가치가 성립하더라도 관계없다 할 것이므로,** 피고인이 절취한 **백지의 자동차출고의뢰서 용지**도 그것이 어떠한 권리도 표창하고 있지 않다 하더라도 경제적 가치가 없다고는 할 수 없어 이는 절도죄의 객체가 되는 재물에 해당한다.

5 [대판 95도2747] **주권포기각서**는 주권을 포기한다는 의사표시가 담긴 처분문서로서 그 경제적 가치가 있어 재물성이 있다.

6 [대판 78도2138] **포도주 원액이 부패**하여 포도주 원료로서의 효용가치는 상실되었으나, 그 산도가 1.8도 내지 6.2도에 이르고 있어 식초의 제조 등 다른 용도에 사용할 수 있는 경우에는 재물손괴죄의 객체가 될 수 있다.

7 [대판 74도3442] 발행자가 회수한 약속어음을 **세조각으로 찢어버림으로서 폐지로 되어 쓸모없는 것처럼 보인다 하더라도** 그것이 타인에 의하여 조합되어 하나의 새로운 어음으로 이용되지 않는 것에 대하여 소극적인 경제적 가치를 가지는 것이므로 피고인이 그 소지를 침해하여 이를 가져갔다면 절도죄가 성립한다. **cf)** 사안에서 법원은 피고인에게 **유가증권위조죄**의 성립도 인정하고 있다. 즉 「찢어서 폐지로 된 타인발행 명의의 약속어음 파지면을 이용하여 이를 조합하여 어음의 외형을 갖춘 경우에는 **새로운 약속어음을 작성한 것**으로서 그 행사의 목적이 있는 이상 유가증권위조죄가 성립하는 것이므로 조합된 것임을 용이하게 식별할 수 있다 하여도 동 죄의 성립에 아무런 소장이 있을 수 없다」고 판시하였다.

Reference 3
'재산상 이익'을 긍정한 판례

1-1 [대판 2020도9789] [가상자산이 '재산상 이익'에 해당하는지 여부(적극) 및 가상자산에 대해 형법을 적용하면서 법정화폐와 동일하게 보호해야 하는지 여부(소극)] [1] **가상자산**은 국가에 의해 통제받지 않고 블록체인 등 암호화된 분산원장에 의하여 부여된 경제적인 가치가 디지털로 표상된 정보로서 **재산상 이익에 해당**한다. 가상자산은 보관되었던 전자지갑의 주소만을 확인할 수 있을 뿐 그 주소를 사용하는 사람의 인적사항을 알 수 없고, 거래 내역이 분산 기록되어 있어 다른 계좌로 보낼 때 당사자 이외의 다른 사람이 참여해야 하는 등 일반적인 자산과는 구별되는 특징이 있다. 이와 같은 가상자산에 대해서는 현재까지 관련 법률에 따라 법정화폐에 준하는 규제가 이루어지지 않는 등 법정화폐와 동일하게 취급되고 있지 않고 그 거래에 위험이 수반되므로, 형법을 적용하면서 법정화폐와 동일하게 보호해야 하는 것은 아니다. [2] 피고인이 알 수 없는 경위로 갑의 특정 거래소 가상지갑에 들어 있던 비트코인을 자신의 계정으로 이체받은 후 이를 자신의 다른 계정으로 이체하여 재산상 이익을 취득하고 갑에게 손해를 가하였다고 하여 특정경제범죄 가중처벌 등에 관한 법률 위반(배임)의 예비적 공소사실로 기소된 사안에서, 비트코인이 법률상 원인관계 없이 갑으로부터 피고인 명의의 전자지갑으로 이체되었더라도 피고인이 신임관계에 기초하여 갑의 사무를 맡아 처리하는 것으로 볼 수 없는 이상 갑에 대한 관계에서 '타인의 사무를 처리하는 자'에 해당하지 않는다고 한 사례.

1-2 [대판 2021도9855] 비트코인은 경제적인 가치를 디지털로 표상하여 전자적으로 이전, 저장과 거래가 가능하도록 한 가상자산의 일종으로 사기죄의 객체인 재산상 이익에 해당한다.

2 [대판 2011도282] [경제적 이익을 기대할 수 있는 자금운용의 권한 내지 지위를 획득하는 것이 사기죄의 객체인 재산상 이익에 포함되는지 여부(한정 적극)] [1] 경제적 이익을 기대할 수 있는 자금운용의 **권한 내지 지위의 획득**도 그 자체로 경제적 가치가 있는 것으로 평가할 수 있다면 사기죄의 객체인 재산상의 이익에 포함된다. [2] 피고인이 자신이 개발한 주식운용프로그램을 이용하면 상당한 수익을 낼 수 있고 만일 손해가 발생하더라도 원금과 은행 정기예금 이자 상당의 반환은 보장하겠다는 취지로 피해자 甲을 기망하여 甲의 자금이 예치된 甲 명의 주식계좌에 대한 사용권한을 부여받아 재산상 이익을 취득하였다는 내용으로 기소된 사안에서, 주식운용에 따른 수익금이 발생할 경우 피고인이 그 중 1/2에 해당하는 돈을 매달 지급받기로 약정한 점 등 제반 사정을 종합하면, 피고인은 장래의 수익 발생을 조건으로 한 수익분배청구권을 취득하였을 뿐 아니라 그러한 경제적 이익을 기대할 수 있는 자금운용의 권한과 지위를 획득하였고, **이는 주식거래의 특성 등에 비추어 충분히 경제적 가치가 있다고 평가할 수 있으므로** 甲을 기망하여 그러한 권

한과 지위를 획득한 것 자체를 사기죄의 객체인 재산상 이익을 취득한 것으로 볼 수 있다는 이유로, 피고인에게 사기죄를 인정한 원심판단의 결론을 정당하다.

3 [대판 2010도7624] [부동산에 처분금지가처분결정을 받아 가처분집행까지 마친 경우, 피보전채권의 실제 존재 여부를 불문하고 가처분권리자에게 가처분 유지로 인한 재산상 이익이 인정되는지 여부(적극)] 부동산에 처분금지가처분결정을 받아 가처분집행까지 마친 경우, 피보전채권의 실제 존재 여부를 불문하고 가처분이 되어 있는 부동산은 매매나 담보제공 등에 있어 그렇지 않은 부동산보다 불리할 수밖에 없는 점, 가처분집행이 되어 있는 부동산의 가처분집행이 해제되면 가처분 부담이 없는 부동산을 소유하게 되는 이익을 얻게 되는 점 등을 고려하면 가처분권리자로서는 가처분 유지로 인한 재산상 이익이 인정되고, 그 후 가처분의 피보전채권이 존재하지 않는 것으로 밝혀졌더라도 가처분의 유지로 인한 재산상 이익이 있었던 것으로 보아야 한다.

4 [대판 2008도2440] 절취한 타인의 신용카드를 이용하여 현금지급기에서 계좌이체를 한 행위는 **컴퓨터 등사용사기죄**에서 컴퓨터 등 정보처리장치에 권한 없이 정보를 입력하여 정보처리를 하게 한 행위에 해당함은 별론으로 하고 이를 절취행위라고 볼 수는 없다. **cf)** 계좌에서 계좌로 이체되는 자금은 재물이 아니라 **재산상 이익**에 해당한다.

5-1 [대판 2007도10416] [**신용보증기금의 신용보증서 발급**이 피고인의 기망행위에 의하여 이루어진 경우, 사기죄의 성립 여부(적극) 및 그로 인하여 피고인이 취득한 재산상 이익(=신용보증금액 상당액)] 신용보증기금의 신용보증서 발급이 피고인의 기망행위에 의하여 이루어진 이상 그로써 곧 사기죄는 성립하고, 그로 인하여 피고인이 취득한 재산상 이익은 신용보증금액 상당액이다.

5-2 [대판 2011도7229] 파기환송. 甲 주식회사의 실질적 운영자인 피고인 등이 공모하여, 회사에 대한 고의 부도 준비 사실 등을 숨긴 채 甲 회사 명의로 대한주택보증 주식회사(이하 '대한주택보증')와 **임대보증금 보증약정**을 체결하여 재산상 이익을 취득하였다고 하여 구 특정경제범죄 가중처벌 등에 관한 법률(2012. 2. 10. 법률 제11304호로 개정되기 전의 것) 위반(사기)으로 기소된 사안에서, 대한주택보증의 임대보증금 보증서 발급이 피고인 등의 기망행위에 의하여 이루어졌다면 그로써 사기죄는 성립하고, 피고인 등이 취득한 재산상 이익은 대한주택보증이 보증한 임대보증금 상당액이며, 임대주택법에 따라 민간건설 공공임대주택 임대사업자의 임대보증금 보증 가입이 강제된다 하여 달리 볼 것이 아닌데도, 이와 달리 보아 사기죄가 성립하지 않는다고 한 원심판결에 사기죄의 기수 시기와 재산상 이익액의 산정에 관한 법리오해의 위법이 있다.

6 [대판 2007도9417] [**무효인 가등기여서** 그 말소를 구할 권리를 가진 자라 하더라도 기망행위를 사용하여 이를 말소하게 하였다면 사기죄가 성립한다고 한 사례] 부동산 위에 소유권이전청구권 보전의 가등기를 마친 자가 그 가등기를 말소하면 부동산 소유자는 가등기의 부담이 없는 부동산을 소유하게 되는 이익을 얻게 되는 것이므로, 가등기를 말소하는 것 역시 사기죄에서 말하는 재산적 처분행위에 해당하고, 설령 그 후 위 가등기에 의하여 보전하고자 하였던 소유권이전청구권이 존재하지 않아 위 가등기가 무효임이 밝혀졌다고 하더라도 가등기의 말소로 인한 재산상의 이익이 없었던 것으로 볼 수 없다. 한편, 피고인에게 피해자 명의의 가등기 말소를 구할 권리가 인정된다 하더라도 피고인이 기망행위를 사용하여 피해자로 하여금

위 가등기를 말소하게 한 경우 그 기망행위가 사회통념상 권리행사의 수단으로서 용인될 수 없는 것이라면 피고인의 위와 같은 행위는 사기죄를 구성한다.

7 [대판 2007도5507] [가압류채권자의 부동산가압류의 해제] 부동산가압류결정을 받아 부동산에 관한 가압류집행까지 마친 자가 그 가압류를 해제하면 소유자는 가압류의 부담이 없는 부동산을 소유하는 이익을 얻게 되므로, 가압류를 해제하는 것 역시 사기죄에서 말하는 재산적 처분행위에 해당하고, 그 이후 가압류의 피보전채권이 존재하지 않는 것으로 밝혀졌다고 하더라도 가압류의 해제로 인한 재산상의 이익이 없었다고 할 수 없다.

8-1 [대판 2001도2991] [금품 등을 받을 것을 전제로 성행위를 하는 부녀를 기망하여 성행위 대가의 지급을 면하는 경우, 사기죄의 성립 여부(적극)] 일반적으로 부녀와의 성행위 자체는 경제적으로 평가할 수 없고, 부녀가 상대방으로부터 금품이나 재산상 이익을 받을 것을 약속하고 성행위를 하는 약속 자체는 선량한 풍속 기타 사회질서에 위반한 사항을 내용으로 하는 **법률행위로서 무효**이나, 사기죄의 객체가 되는 재산상의 이익이 반드시 사법(私法)상 보호되는 경제적 이익만을 의미하지 아니하고, 부녀가 금품 등을 받을 것을 전제로 성행위를 하는 경우 그 행위의 대가는 **사기죄의 객체인 경제적 이익에 해당**하므로, 부녀를 기망하여 성행위 대가의 지급을 면하는 경우 사기죄가 성립한다.

8-2 [대판 91도2963] [배임죄에 있어 재산상 손해 유무에 대한 판단기준(=경제적 관점)] 배임죄에 있어 재산상의 손해를 가한 때라 함은 현실적인 손해를 가한 경우뿐만 아니라 재산상 실해 발생의 위험을 초래한 경우도 포함되고, 재산상 손해의 유무에 대한 판단은 본인의 전재산 상태와의 관계에서 **법률적 판단에 의하지 아니하고 경제적 관점에서 파악**하여야 하며, 따라서 법률적 판단에 의하여 당해 배임행위가 무효라 하더라도 경제적 관점에서 파악하여 배임행위로 인하여 본인에게 현실적인 손해를 가하였거나 재산상 실해 발생의 위험을 초래한 경우에는 재산상의 손해를 가한 때에 해당되어 배임죄를 구성하는 것이라고 볼 것이다.

9-1 [대판 96도3411] [강도죄에 있어서의 '재산상 이익'의 의미] 피고인들이 폭행·협박으로 피해자로 하여금 매출전표에 서명을 하게 한 다음 이를 교부받아 소지함으로써 이미 외관상 각 매출전표를 제출하여 신용카드회사들로부터 그 금액을 지급받을 수 있는 상태가 되었는바, 피해자가 각 매출전표에 허위 서명한 탓으로 피고인들이 신용카드회사들에게 각 매출전표를 제출하여도 신용카드회사들이 신용카드 가맹점 규약 또는 약관의 규정을 들어 그 금액의 지급을 거절할 가능성이 있다 하더라도, 그로 인하여 피고인들이 각 매출전표 상의 금액을 지급받을 가능성이 완전히 없어져 버린 것이 아니고 **외견상 여전히 그 금액을 지급받을 가능성이 있는 상태**이므로, 결국 피고인들이 '재산상 이익'을 취득하였다고 볼 수 있다.

9-2 [대판 93도428] [강제이득죄의 요건인 '재산상 이익'의 의미] 형법 제333조 후단의 강도죄, 이른바 강제이득죄의 요건인 재산상의 이익이란 재물 이외의 재산상의 이익을 말하는 것으로서 적극적 이익(적극적인 재산의 증가)이든 소극적 이익(소극적인 부채의 감소)이든 상관없는 것이고, 강제이득죄는 권리의무관계가 외형상으로라도 불법적으로 변동되는 것을 막고자함에 있는 것으로서 항거불능이나 반항을 억압할 정도의 폭행 협박을 그 요건으로 하는 강도죄의 성질상 그 권리의무관계의 외형상 변동의 사법상 효력의 유무는 그 범죄의 성립에 영향이 없고, 법률상 정당하게 그 이행을 청구할 수 있는 것이 아니라도 강도죄에 있어서의 재산상의 이익에 해당하는 것이며, 따라서 이와 같은 재산상의 이익은 **반드시 사법상 유효한 재산상의 이득만을 의미하는 것이 아니고** 외견상 재산상의 이득을 얻을 것이라고 인정할 수 있는 사실관계만 있

으면 된다.

10 [대판 95도1874] 신축중인 다세대주택에 관하여 건축허가 명의가 변경되었다 하여 그 소유권이 변경된 건축허가 명의인에게 이전되는 것은 아니므로, 피고인이 법원을 기망하여 건축주명의변경절차이행청구 소송에서 승소확정판결을 받았다거나 나아가 이에 기하여 위 다세대주택에 관한 건축허가 명의를 변경하였다 하여 위 다세대주택 그 자체를 편취한 것으로는 볼 수 없고, 단지 건축주로서 공사를 계속하여 다세대주택을 완공하고 사용승인을 받은 다음 건축물대장에 등재하여 완공된 다세대주택에 관하여 그의 명의로 소유권보존등기를 경료할 수 있는 등 건축허가에 따른 재산상 이익을 취득한 것으로 보아야 한다.

11 [대판 82도2555] 피고인이 피해자를 기망하여 **연대보증인으로 서명하게 한 행위**에 대하여 형법 제347조 제2항을 적용처단한 원심의 조처에는 아무런 위법이 없다.

12 [대판 71도1193] [국유재산을 매각 받을 연고권] [1] 국유재산의 매각을 전제로 연고권자에게 유상대부 계약을 할 때에 허위로 연고권이 있는 것 같이 관계공무원을 기망하였다면 사기죄가 된다. [2] 국유재산법 제22조 제26조 같은 법 시행령 제18조의 규정 등에 의하면 국유 재산의 매각을 전제로 하여 연고권자에게 유상대부 계약을 함에 있어서 허위로 연고권이 있는 것 같이하여 대부계약을 하고 이어 이를 매수한 경우에 있어서는 대부를 받은 자에게 우선 매수권이 있는 것은 아니라 할지라도 사실상 우선적으로 매수할 수 있는 것이므로 대부계약을 받을 때에 관계 공무원을 기망하였다면 사기죄가 된다고 할 것이며, 기록에 의하면 관할세무서에서는 피고인들이 제출한 허위 매립확인서 경작증명서, 매립 계상서 등에 의하여 기 망되어 대부계약을 체결하고 이어 매각처분을 하였음이 분명하므로 원심조처에 소론과 같은 국유재산법에 관한 법리오해의 위법이 없다.

45 형법상 점유의 의의(1)

* 대법원 2008. 7. 10. 선고 2008도3252 판결
* 참조조문: 형법 제329조[1]

> 임차인이 임대계약 종료 후 식당건물에서 퇴거하면서 종전부터 사용하던 냉장고의 전원을 켜 둔 채 그대로 두어 전기가 소비된 경우, 절도죄가 성립하는가?

●사실● 피고인 X는 A로부터 임대계약 종료를 원인으로 한 명도요구를 받고 2006.9.3.경 이 식당 건물에서 퇴거하기는 하였으나, 식당 건물 외벽 쪽에 설치하여 사용하던 대형냉장고는 그 전원이 연결되어 있는 상태로 두었다. A 측은 X의 퇴거 직후 명도상황을 점검하면서 이 대형냉장고가 전원이 연결된 상태로 존치되어 있는 것을 확인하고 X에게 그 철거를 요구하였고, 이에 따라 X는 2006.10.경 위 대형냉장고를 철거하였는데, 그 기간 동안 **전기사용료가** 22,965원가량이 나왔다. 원심은 X의 위 전기사용행위가 절도죄에 해당한다고 판시하였다. 이에 X는 상고하였다.

●판지● 파기환송. 「[1] 절취란 타인이 점유하고 있는 재물을 점유자의 의사에 반하여 그 점유를 배제하고 자기 또는 제3자의 점유로 옮기는 것을 말하고, **어떤 물건이 타인의 점유 하에 있는지 여부는,** (가) **객관적인 요소로서의** 관리범위 내지 사실적 관리가능성 외에 (나) **주관적 요소로서의** 지배의사를 참작하여 결정하되 (다) 궁극적으로는 당해 물건의 형상과 그 밖의 구체적인 사정에 따라 사회통념에 비추어 **규범적 관점에서 판단**하여야 한다.

[2] 임차인이 임대계약 종료 후 식당건물에서 퇴거하면서 종전부터 사용하던 냉장고의 전원을 켜 둔 채 그대로 두었다가 약 1개월 후 철거해 가는 바람에 그 기간 동안 전기가 소비된 사안에서, **임차인이 퇴거 후에도 냉장고에 관한 점유·관리를 그대로 보유하고 있었다고 보아야 하므로,** 냉장고를 통하여 전기를 계속 사용하였다고 하더라도 **이는 당초부터 자기의 점유·관리 하에 있던 전기를 사용한 것일 뿐 타인의 점유·관리 하에 있던 전기가 아니어서 절도죄가 성립하지 않는다」.**

●해설● 1 물건을 사실상 지배하고 있는 상태를 '점유'라 한다. 이러한 점유를 정당화시켜 주는 법률상의 **권리(본권)가 있느냐 없느냐를 묻지 않고서** 그 사실적 지배 상태를 보호하는 것이 점유제도이다. 따라서 점유는 물건에 대한 사실적 지배로서 물건을 법률상으로 지배할 수 있는 본권과 구별된다. 점유의 원인을 묻지 않고 점유자의 그러한 사실적 지배 상태를 일단 시인하고, 그 사실적 지배 상태를 법적으로 보호하려는 것이 점유제도의 취지이다.

2 형법상의 점유와 민법상 점유의 비교   형법상의 점유(占有)는 민법상의 점유보다 **현실적인 개념**이다. 다시 말해, **형법에서의 점유란** 재물에 대한 **'사실상'의 지배**를 의미한다. 사실상의 지배란 점유에 대한 권리유무와 관계없이 **현실적으로 소지·지배**하고 있는 상태에 있으면 족하다. 이러한 이유에서 민법상 인정되는 **간접점유(민법194[2])나 상속으로 인한 점유(민법193[3])가** 형법에서는 인정되지 않는다. 같은 이유로 민법상으로는 점유를 인정하지 않는 **점유보조자(민법195[4])이지만** 형법에서는 점유자가 될 수

---

1) 형법 제329조(절도) 타인의 재물을 절취한 자는 6년 이하의 징역 또는 1천만원 이하의 벌금에 처한다.
2) 민법 제194조(간접점유) 지상권, 전세권, 질권, 사용대차, 임대차, 임치 기타의 관계로 타인으로 하여금 물건을 점유하게 한 자는 간접으로 점유권이 있다.
3) 민법 제193조(상속으로 인한 점유권의 이전) 점유권은 상속인에 이전한다.

있다(대판 81도3396).

	형법상 점유 재물에 대한 "사실상"의 지배 (현실적인 상태 중심)	≠	민법상 점유 규범적 개념 (권리 중심)

	간접점유	점유의 상속	점유보조자의 점유	법인의 점유
형법상 점유	×	×	○	×
민법상 점유	○	○	×	○

3 점유의 개념 요소   어떤 물건이 타인의 점유 하에 있는지 여부는 ① **객관적·물리적인 요소**로서의 관리범위 내지 사실적 관리가능성 외에 ② **주관적·정신적 요소**로서의 지배의사를 참작5) 하여 결정하되 ③ 궁극적으로는 **사회적·규범적 관점**에서 당해 물건의 형상과 그 밖의 구체적인 사정에 따라 사회통념에 비추어 판단하여야 한다. 특히

4 ①의 요소로 인해 점유는 '사실적 처분가능성'을 의미하기에 재물에 대한 지배가 적법할 것을 요하지 않는다. 따라서 절도범도 절취한 장물에 대하여 점유권을 가지게 된다. 법인은 ②의 요소가 없기 때문에 점유의 주체가 될 수 없다. 같은 맥락에서 임야에 **버려진 망부석**을 임야관리인이 다른 이에게 처분한 경우에 절도죄를 부정하고 있다(대판 80도509, Ref 4-2). ②와 관련해서는 **사자(死者)의 점유**를 인정할 것인가가 다투어 지고 있다(대판 93도2143, Ref 5-1). ③의 사회적·규범적 관점에 따라서 점유의 개념이 확대되기도 하고 제한되기도 한다.

5 절도죄를 인정한 원심은 X가 퇴거하면서 전선코드를 철거하지 않고 계속해 냉장고가 가동되게 하였고, A가 전기 사용중단과 전기요금 정산을 청구하자 비로소 전선을 철거하였으며, 전기요금의 지급을 계속 거절하다가 이 사건 수사가 종료되어 기소될 단계에 이르러서야 이를 정산해 준 사실 등을 들어 X에게는 절도 범의가 충분히 인정된다고 판단하였다.

6 그러나 대법원은 비록 X가 이 식당 건물에서 퇴거하기는 하였으나, 이 「대형냉장고의 전원을 연결한 채 그대로 둔 이상 그 부분에 대한 점유·관리는 그대로 보유하고 있었다고 보아야 하며, 피고인이 위 대형냉장고를 통하여 전기를 계속 사용하였다고 하더라도 이는 **당초부터 자기의 점유·관리 하에 있던 전기를 사용한 것에 불과**하고, 타인의 점유·관리 하에 있던 전기를 사용한 것이라고 할 수는 없고, 피고인에게 절도의 범의가 있었다고도 할 수 없으므로」 X를 절도죄로 의율할 수는 없다고 판단하였다.

---

4) 민법 제195조(점유보조자) 가사상, 영업상 기타 유사한 관계에 의하여 타인의 지시를 받아 물건에 대한 사실상의 지배를 하는 때에는 그 타인만을 점유자로 한다.

5) 재물의 '지배의사'는 ㉠ 순수한 **사실상의 지배의사**를 말하므로 유아나 정신병자의 점유도 인정되며, ㉡ 특정한 재물에 대한 구체적 지배의사가 아니라 **일반적 지배의사**를 뜻한다. 또한 ㉢ 현실적 의사뿐만 아니라 **잠재적 지배의사**로도 족하기 때문에 자고 있는 사람이나 의식을 잃은 사람도 점유의사를 가질 수 있다(대판 4289형상170, Ref 5-3).

대상판결과 유사사례

1 [대판 2016도15492] 갑은 강제경매 절차에서 피고인 소유이던 토지 및 그 지상 건물을 매수한 후 법원으로부터 인도명령을 받아 인도집행을 하였는데, 피고인이 인도집행 전에 **건물 외벽에 설치된 전기코드에 선을 연결하여** 피고인이 점유하며 창고로 사용 중인 컨테이너로 전기를 공급받아 사용하였다고 하여 절도로 기소된 사안에서, 피고인은 인도명령의 집행이 이루어지기 전까지는 **당초부터 피고인이 점유·관리하던 전기를 사용한 것에 불과할 뿐** 타인이 점유·관리하던 전기를 사용한 것이라고 할 수 없고, 피고인에게 절도의 범의도 인정할 수 없다.

다른 사람의 지배범위에 두고 온 물건에 대해 새로운 점유를 인정한 사례

2-1 [대판 2006도9338] 피해자가 PC방에 두고 간 핸드폰은 **PC방 관리자의 점유** 하에 있어서 제3자가 이를 취한 행위는 **절도죄를 구성**한다.

2-2 [대판 88도409] 피고인은 **당구장 종업원**으로 당구대 밑에서 손님이 두고 간 금반지를 발견하고 손에 끼고 다니다 그 소유자가 나타나지 않자 금반지를 전당포에 전당잡혔다. 어떤 물건을 잃어버린 장소가 **당구장과 같이 타인의 관리 아래 있을 때**에는 그 물건은 일응 그 관리자의 점유에 속한다 할 것이고 이를 그 관리자 아닌 제3자(종업원)가 취거하는 것은 유실물횡령이 아니라 **절도죄에 해당**한다. **cf)** 점포의 점유보조자도 **대외적 관계**에서는 형법상 점유의 주체가 될 수 있다. 그러나 사안에서와 같이 점포 주인과의 관계인 **대내적 관계**에서는 종속적 하위점유자로서의 지위만 인정되어 점유가 부정되기도 한다. 이렇듯 점유는 **상대적·관계적** 개념으로 파악되어야 한다.

다른 사람의 지배범위에 두고 온 물건에 대해 새로운 점유를 부정한 사례

3-1 [대판 99도3963] 승객이 놓고 내린 **지하철**의 전동차 바닥이나 선반 위에 있던 물건을 가지고 간 경우, 지하철의 승무원은 유실물법상 전동차의 관수자로서 승객이 잊고 내린 유실물을 교부받을 권능을 가질 뿐 전동차 안에 있는 승객의 물건을 **점유한다고 할 수 없고**, 그 유실물을 **현실적으로 발견**하지 않는 한 이에 대한 점유를 개시하였다고 할 수도 없으므로, 그 사이에 위와 같은 유실물을 발견하고 가져간 행위는 **점유이탈물횡령죄에 해당**함은 별론으로 하고 절도죄에 해당하지는 않는다.

3-2 [대판 92도3170] **고속버스 운전사**는 고속버스의 간수자로서 차내에 있는 승객의 물건을 점유하는 것이 아니고 승객이 잊고 내린 유실물을 교부받을 권능을 가질 뿐이므로 유실물을 **현실적으로 발견**하지 않는 한 이에 대한 **점유를 개시하였다고 할 수 없고**, 그 사이에 다른 승객이 유실물을 발견하고 이를 가져갔다면 절도에 해당하지 아니하고 **점유이탈물횡령에 해당**한다.

방치된 물건에 대한 점유관계

4-1 [대판 94도1481] 육지로부터 멀리 떨어진 섬에서 광산을 개발하기 위하여 **발전기, 경운기 엔진**을 섬으로 반입하였다가 광업권 설정이 취소됨으로써 광산개발이 불가능하게 되자 육지로 그 물건들을 반출하는 것을 포기하고 그대로 유기하여 둔 채 섬을 떠 난 후 10년 동안 그 물건들을 관리하지 않고 있었다면, 그 섬에 거주하는 피고인이 그 소유자가 섬을 떠난지 7년이 경과한 뒤 노후된 물건들을 피고인 집 가까이

에 옮겨 놓았다 하더라도, 그 물건들의 반입 경위, 그 소유자가 섬을 떠나 게 된 경위, 그 물건들을 옮긴 시점과 그 간의 관리상황 등에 비추어 볼 때 피고인이 그 물건들을 옮겨 갈 당시 원소유자나 그 상속인이 그 물건들을 점유할 의사로 사실상 지배하고 있었다고는 볼 수 없으므로, 그 물건들을 절도죄의 객체인 **타인이 점유하는 물건으로 볼 수 없다**고 한 원심판결을 수긍한 사례

4-2 [대판 80도509] 망부석이 묘의 장구로서 묘주의 소유에 속하였는데 묘는 이장하고 망부석만이 **30여 년간 방치된 상태**에 있어 외형상 그 소유자가 방기한 것으로 되어 그 물건은 산주의 추상적, 포괄적 소지에 속하게 되었어도 그 산주가 망부석을 사실상 지배할 의사가 없음을 표시한 경우에는 그의 소지 하에 있다고 볼 수 없고, 이는 임야의 관리인으로서 사실상 점유하여 온 자의 소지 하에 있다고 볼 것이므로 동 관리인이나 그와 함께 위 망부석을 처분한 자를 절도죄로 의율할 수 없다.

피해자의 지배(점유) 하에 있는 물건으로 판단한 사례

5-1 [대판 93도2143] 피고인이 피해자를 살해한 방에서 사망한 피해자 곁에 4시간 30분쯤 있다가 그 곳 피해자의 자취방 벽에 걸려있던 피해자가 소지하는 원심판시 물건들을 영득의 의사로 가지고 나온 사실이 인정되는바, 이와 같은 경우에 피해자가 **생전에 가진 점유는 사망 후에도 여전히 계속되는 것으로 보아 이를 보호함이 법의 목적에 맞는 것**이라고 할 것이고, 따라서 피고인의 위 행위는 피해자의 점유를 침탈한 것으로서 절도죄에 해당한다. cf) 판례는 사자(死者)의 점유를 원칙적으로 인정하지 않으나 예외적으로 대상판결에서 살인범이 피해자의 물건을 가져간 경우에는 절도죄를 인정하고 있다.

5-2 [대판 84도38] 강간을 당한 피해자가 도피하면서 현장에 놓아두고 간 손가방은 점유이탈물이 아니라 사회통념상 **피해자의 지배하에 있는 물건**이라고 보아야 할 것이므로 피고인이 그 손가방안에 들어 있는 피해자 소유의 돈을 꺼낸 소위는 절도죄에 해당한다.

5-3 [대판 4289형상170] 설사 피해자가 졸도하여 **의식을 상실한 경우에도** 현장에 일실된 피해자의 물건은 자연히 그 지배하에 있는 것으로 보아야 할 것이다. cf) 제1심과 2심은 피고인에게 상해죄 및 점유이탈물횡령죄를 인정하였으나 대법원에서는 상해죄와 절도죄를 인정하였다.

재물을 점유하는 소유자의 사망에 따라 소유권을 취득한 상속인이 그 점유를 취득하여 상속인에 대한 절도죄가 성립할 수 있는 시기

●**사실**● 피고인 X(여)는 Y와 사실혼관계에 있으면서 의정부시 소재 한 아파트에서 Y와 동거하였다. Y가 2005.8.23.경 갑작스럽게 사망하자 X는 같은 달 26일경 이 아파트에서 동두천시 소재 부동산 지분 및 이 아파트에 관한 등기권리증 3장, 양주시 소재 아파트 분양계약서 1장, 서울 소재 상가 임대차계약서 1장 등이 들어 있는 Y의 가방을 가지고 나갔다. 그러나 위의 서류들이 들어 있는 이 가방은 Y의 자녀인 A 및 B로 상속되어 그들 소유에 속하였다. 때문에 검사는 X를 이 사건 가방을 절취하였다는 혐의로 기소하였다. 원심은 X에 대해 절도죄를 선고하였다. 이에 X가 상고하였다.

●**판지**● 파기환송 「[1] 절도죄란 재물에 대한 **타인의 점유를 침해**함으로써 성립하는 것이다. 여기서의 '점유'라고 함은 현실적으로 어떠한 재물을 지배하는 **순수한 사실상의 관계**를 말하는 것으로서, 민법상의 점유와 반드시 일치하는 것이 아니다. 물론 이러한 현실적 지배라고 하여도 점유자가 반드시 직접 소지하거나 항상 감수(監守)하여야 하는 것은 아니고, 재물을 위와 같은 의미에서 **사실상으로 지배하는지 여부**는 재물의 크기·형상, 그 개성의 유무, 점유자와 재물과의 시간적·장소적 관계 등을 종합하여 사회통념에 비추어 결정되어야 한다. 그렇게 보면 종전 점유자의 점유가 그의 사망으로 인한 상속에 의하여 당연히 그 상속인에게 이전된다는 **민법 제193조는 절도죄의 요건으로서의 '타인의 점유'와 관련하여서는 적용의 여지가 없고**, 재물을 점유하는 소유자로부터 이를 상속받아 그 소유권을 취득하였다고 하더라도 상속인이 그 재물에 관하여 위에서 본 의미에서의 **사실상의 지배를 가지게 되어야만** 이를 점유하는 것으로서 그때부터 비로소 상속인에 대한 절도죄가 성립할 수 있다.

[2] 피고인이 내연관계에 있는 Y와 아파트에서 동거하다가, Y의 사망으로 Y의 상속인인 A 및 B 소유에 속하게 된 부동산 등기권리증 등 서류들이 들어 있는 가방을 위 아파트에서 가지고 가 절취하였다는 내용으로 기소된 사안에서, 피고인이 Y의 사망 전부터 아파트에서 Y와 함께 거주하였고, Y의 자식인 A 및 B는 위 아파트에서 전혀 거주한 일이 없이 다른 곳에서 거주·생활하다가 Y의 사망으로 아파트 등의 소유권을 상속하였으나, A 및 B가 Y 사망 후 피고인이 가방을 가지고 가기까지 그들의 소유권 등에 기하여 아파트 또는 그곳에 있던 가방의 인도 등을 요구한 일이 전혀 없는 사정 등에 비추어, **피고인이 가방을 들고 나온 시점에 A 및 B가 아파트에 있던 가방을 사실상 지배하여 점유하고 있었다고 볼 수 없어** 피고인의 행위가 A 등의 가방에 대한 점유를 침해하여 절도죄를 구성한다고 할 수 없는데도, 이와 달리 보아 절도죄를 인정한 원심판결에 절도죄의 점유에 관한 법리오해 등의 위법이 있다」.

●**해설**● 1 형법에서의 점유란 재물에 대한 '**사실상**'의 지배를 의미한다. 사실상의 지배란 점유에 대한 권리유무와 관계없이 **현실적**으로 **소지·지배**하고 있는 상태에 있으면 족하다. 그리고 현실적 지배라고 하여도 점유자가 반드시 직접 소지하거나 항상 감수(監守)하여야 하는 것은 아니다. 사안에서는 가방에 대한 점유가 누구에게 있는지가 쟁점이 되었다. 즉 가방에 대한 점유가 상속인들에게 있는지 아니면 X

---

1) 형법 제329조(절도) 타인의 재물을 절취한 자는 6년 이하의 징역 또는 1천만원 이하의 벌금에 처한다.
2) 민법 제193조(상속으로 인한 점유권의 이전) 점유권은 상속인에 이전한다.

에게 있는지가 다투어진 것이다.

2 원심은 다음과 같은 이유로 X에 대해 상속인에 대한 점유침해를 인정하여 절도죄를 선고하였다. 「즉, 형법상 점유의 상속은 인정되지 아니한다. 그러나 Y의 사망으로 이 사건 가방이 있던 이 사건 아파트의 소유권이 상속인들에게 이전되어 상속인들이 이 사건 아파트에 관한 지배·관리권을 취득한 이상, **상속인들이 그 안에 있던 위 가방의 존재를 구체적으로 인식하지 못하였더라도 위 가방을 점유하게 되었다**고 봄이 상당하다. 결국 피고인이 이 사건 가방을 가지고 간 행위는 상속인들의 **소유권뿐만 아니라 그 점유를 침해한 것**으로서 절도죄에 해당한다」는 것이다.

3 그러나 대법원은 절도죄의 요건으로서의 '타인의 점유'와 관련하여서는 민법 제193조의 적용 여지가 없다고 판단하였다. 따라서 재물을 점유하는 소유자로부터 이를 상속받아 그 소유권을 취득하였다고 하더라도 상속인이 그 재물에 관하여 **'사실상의 지배'를 하지 못하고 있다면 그 상속인에 대한 절도죄는 성립할 수 없다**고 보았다.

4 즉 대상판결에서 대법원은 X가 이 사건 아파트에서 가방을 들고 나올 당시인 2005.8.26. 경에 상속인인 A와 B가 이 아파트에 있던 가방을 사실상 지배·점유하고 있지는 않았다. 따라서 X가 이 가방을 가지고 간 행위가 A 등의 가방에 대한 점유를 침해하여 절도죄를 구성한다고 볼 수는 없다고 판단한 것이다. 사실상의 점유개념을 취하는 법원의 입장에서는 자연스러운 결론이다.

5 **공동점유**   한편 점유와 관련하여 주요논점은 '공동점유'이다. **공동점유**의 경우는 배분관계로 인한 공동점유와 상하관계에 의한 공동점유로 구분된다. ① **배분관계로 인한 공동점유**로는 동업관계에 있는 조합원(대판 94도2076, Ref 2.1-2)이나 부부의 공동점유(대판 83도3027, Ref 2.1-3)를 들 수 있다. 이 경우는 공동소유와 마찬가지로 '타인의 점유'로 취급된다. ② **상하관계에 의한 공동점유**로는 상점주인과 종업원 사이의 관계를 들 수 있다. 이 경우는 ㉠ 원칙적으로 하위점유자인 종업원은 점유보조자에 불과하며 **주인의 단독점유만이 인정**된다(종속적 하위 점유). 따라서 종업원의 재물취득은 **절도죄**가 성립한다(대판 65도1178, Ref 2.2-4). 그러나 ㉡ 상하관계에서도 고도의 신뢰관계가 형성되어 어느 정도 처분권이 위임되어 있는 경우에는 **종업원에게 단독점유가 인정**되고(독립적 하위 점유), 이 경우 종업원의 재물취득은 **횡령죄**가 성립한다(대판 81도3396; 82도2394, Ref 2.2-2).

6 **점유·소유의 관계**

	절도·강도·사기·공갈죄	횡령죄	권리행사방해죄
소유	타인소유	타인소유	자기소유
점유	타인점유	자기점유	타인점유

1 [대판 2003도4257] 형법 제323조의 **권리행사방해죄에 있어서의 타인의 점유**라 함은 권원으로 인한 점유 즉 정당한 원인에 기하여 그 물건을 점유하는 권리있는 점유를 의미하는 것으로서 본권을 갖지 아니한 절도범인의 점유는 여기에 해당하지 아니하나, 반드시 본권에 의한 점유만에 한하지 아니하고 동시이행항변권 등에 기한 점유와 같은 적법한 점유도 여기에 해당한다고 할 것이고, 한편, 쌍무계약이 무효로 되어 각 당사자가 서로 취득한 것을 반환하여야 할 경우, 어느 일방의 당사자에게만 먼저 그 반환의무의 이행이 강제된다면 공평과 신의칙에 위배되는 결과가 되므로 각 당사자의 반환의무는 동시이행 관계에 있다고 보아 민법 제536조3)를 준용함이 옳다고 해석되고, 이러한 법리는 경매절차가 무효로 된 경우에도 마찬가지라고 할 것이므로, **무효인 경매절차**에서 경매목적물을 경락받아 이를 점유하고 있는 낙찰자의 점유는 적법한 점유로서 그 점유자는 권리행사방해죄에 있어서의 타인의 물건을 점유하고 있는 자라고 할 것이다.

공동점유(배분관계와 상하관계)의 사례

배분관계

1-1 [대판 96도1285] 강도가 시간적으로 접착된 상황에서 가족을 이루는 수인에게 폭행·협박을 가하여 집안에 있는 재물을 탈취한 경우 그 재물은 **가족의 공동점유 아래 있는 것**으로서, 이를 탈취하는 행위는 그 소유자가 누구인지에 불구하고 **단일한 강도죄**의 죄책을 진다.

1-2 [대판 94도2076] 동업체에 제공된 물품은 **동업관계가 청산되지 않는 한 동업자들의 공동점유에 속하므로**, 그 물품이 원래 피고인의 소유라거나 피고인이 다른 곳에서 빌려서 제공하였다는 사유만으로는 절도죄의 객체가 됨에 지장이 없다.

1-3 [대판 83도3027] 인장이 들은 돈궤짝을 사실상 별개 가옥에 별거 중인 남편이 그 거주가옥에 보관 중이었다면 처가 그 돈궤짝의 열쇠를 소지하고 있었다고 하더라도 그 안에 들은 인장은 처의 단독보관 하에 있는 것이 아니라 **남편과 공동보관 하에 있다고 보아야 할 것**이므로, 공동보관자중의 1인인 처가 다른 보관자인 남편의 동의 없이 불법영득의 의사로 위 인장을 취거한 이상 절도죄를 구성한다고 보아야 할 것이다(【50】절도죄의 객체 – 재물의 '타인성' 참조).

상하관계

2-1 [대판 81도3396] 피해자는 당일 피고인에게 금고 열쇠와 오토바이 열쇠를 맡기고 금고 안의 돈은 배달될 가스대금으로 지급할 것을 지시한 후 외출하였던 바, 피고인은 혼자서 점포를 지키다가 금고 안에서 현금을 꺼내어 오토바이를 타고 도주하였다. **민법상 점유보조자(점원)**라고 할지라도 그 물건에 대하여 **사실상 지배력을 행사하는 경우**에는 형법상 보관의 주체로 볼 수 있으므로 이를 영득한 경우에는 절도죄가 아니

---

3) 민법 제536조(동시이행의 항변권) ① 쌍무계약의 당사자일방은 상대방이 그 채무이행을 제공할 때 까지 자기의 채무이행을 거절할 수 있다. 그러나 상대방의 채무가 변제기에 있지 아니하는 때에는 그러하지 아니하다. ② 당사자일방이 상대방에게 먼저 이행하여야 할 경우에 상대방의 이행이 곤란할 현저한 사유가 있는 때에는 전항 본문과 같다

라 **횡령죄에 해당한다.**

2-2 [대판 82도2394] 피해자가 시장 점포에서 물건을 매수하여 묶어서 그곳에 맡겨 놓은 후 그곳에서 약 50미터 떨어져 동 점포를 살펴볼 수 없는 딴 가게로 가서 **지게 짐꾼인 피고인**을 불러 피고인 단독으로 위 점포에 가서 맡긴 물건을 운반해 줄 것을 의뢰하였더니 피고인이 동 점포에 가서 맡긴 물건을 찾아 피해자에게 운반해 주지 않고 용달차에 싣고 가서 처분한 것이라면 피고인의 위 운반을 위한 소지 관계는 **피해자의 위탁에 의한 보관관계**에 있다고 할 것이므로 이를 영득한 행위는 절도죄가 아니라 횡령죄를 구성한다.

2-3 [대판 86도1093] 피해자가 그 소유의 오토바이를 타고 심부름을 다녀오라고 하여서 그 오토바이를 타고 가다가 마음이 변하여 이를 반환하지 아니한 채 그대로 타고 가버렸다면 횡령죄를 구성함은 별론으로 하고 적어도 절도죄를 구성하지는 아니한다.

2-4 [비교판례] [대판 65도1178] [1] 은행에서 찾은 현금을 운반하기 위하여 소지하게 된 자가 그 금원 중 일부금을 꺼내어 이를 영득한 경우에는 피고인의 운반을 위한 소지는 **피고인의 독립적인 점유에 속하는 것이 아니고** 피해자의 점유에 종속하는 점유의 기관으로서 소지함에 지나지 않으므로 이를 영득한 행위는 피해자의 점유를 침탈함에 돌아가기 때문에 절도죄가 성립한다고 해석함이 정당하다. [2] 피고인은 전주연초제조창 기사보로서 작업과 예비계 차석으로 근무하던 중 동예비계 경리담당직원 공소외인의 요청으로 공소외인과 동행하여 한국은행 전주지점에 가서 공소외인이 찾은 현금 200여만 원중 50만 원을 그의 부탁으로 피고인이 소지하고 피해자와 동행하여 위 피해자와 피고인이 근무하는 전주연초제조창 사무실에 당도하여 위 50만 원을 피해자에게 교부할때 그중 10만 원을 현금처럼 가장한 돈뭉치와 바꿔치기 하여서 이를 절취하였다는데 있는바 위와 같은 경우에 피고인이 돈 50만 원을 피해자를 위하여 운반하기 위하여 소지하였다 하더라도 **피해자의 점유가 상실된 것이라고 볼 수 없을 뿐더러** 피고인의 운반을 위한 소지는 피고인의 독립적인 점유에 속하는 것이 아니고 피해자 공소외인의 점유에 **종속하는 점유의 기관으로서 소지함에 지나지 않으므로** 그 소지 중에 있는 돈 10만 원을 꺼내어 이를 영득한 행위는 피해자의 점유를 침탈함에 돌아가기 때문에 절도죄가 성립한다고 해석함이 정당하다 같은 견해로 원심이 피고인의 위 소위를 절도죄로 의율 처단하였음은 정당하며 횡령죄가 성립된것이라는 피고인의 상고논지는 이유없다.

타인의 신용카드를 임의로 가지고 가 현금자동지급기에서 현금을 인출한 후 곧바로 반환한 경우, 신용카드에 대해서 절도죄가 성립하는가?

●**사실**● 피고인 X는 1998.3.31. 15:00경 서울 종로구 명륜동2가에 있는 자신이 종업원으로 일하던 만화천국 가게에서, 주인인 피해자 A가 자리를 비운 틈을 타서 A가 계산대 뒤의 창문에 두고 간 핸드백에서 A 소유의 **신용카드** 1장을 꺼내어 그곳에서 약 50m 떨어진 신한은행 종로5가 출장소에 설치된 현금자동지급기에서 이 신용카드를 이용하여 50만 원을 현금서비스 받았다. 그러고 나서 다시 위 가게로 돌아와 A의 핸드백 안에 신용카드를 넣어두었다. 검사는 X를 신용카드 절도로 기소하였다. 원심은 무죄를 선고하였다. 이에 검사가 상고하였다.

●**판지**● 상고기각. 「[1] 타인의 재물을 점유자의 승낙 없이 무단사용하는 경우에 있어서 그 사용으로 인하여 (가) 물건 자체가 가지는 경제적 가치가 **상당한 정도로 소모**되거나 또는 (나) 사용 후 그 재물을 본래 있었던 장소가 아닌 **다른 장소에 버리거나** (다) 곧 반환하지 아니하고 **장시간 점유**하고 있는 것과 같은 때에는 그 소유권 또는 본권을 침해할 의사가 있다고 보아 불법영득의 의사를 인정할 수 있을 것이나, (라) 그렇지 않고 그 사용으로 인한 **가치의 소모가 무시할 수 있을 정도로 경미**하고, 또한 사용 후 곧 반환한 것과 같은 때에는 그 소유권 또는 본권을 침해할 의사가 있다고 할 수 없어 불법영득의 의사가 있다고 인정할 수 없다.

[2] 신용카드업자가 발행한 **신용카드**는 이를 소지함으로써 신용구매가 가능하고 금융의 편의를 받을 수 있다는 점에서 경제적 가치가 있다 하더라도, 그 자체에 경제적 가치가 화체되어 있거나 특정의 재산권을 표창하는 유가증권이라고 볼 수 없고, 단지 신용카드회원이 그 제시를 통하여 신용카드회원이라는 사실을 증명하거나 현금자동지급기 등에 주입하는 등의 방법으로 신용카드업자로부터 서비스를 받을 수 있는 **증표로서의 가치를 갖는 것**이어서, 이를 사용하여 **현금자동지급기에서 현금을 인출하였다 하더라도 신용카드 자체가 가지는 경제적 가치가 인출된 예금액만큼 소모되었다고 할 수 없으므로,** 이를 일시 사용하고 곧 반환한 경우에는 불법영득의 의사가 없다」.

●**해설**● 1 재산범죄는 영득의 의사에 따라 영득죄와 손괴죄로 구분할 수 있다. **영득죄**로는 절도죄 · 강도죄 · 사기죄 · 공갈죄 · 횡령죄가 여기에 속한다. 우리 형법에는 명문의 규정은 없으나 통설과 판례는 영득죄에는 불법영득의사 있어야 한다고 본다. 이는 ① 절도죄가 손괴죄[2]보다 무겁게 처벌되고 ② 원칙적으로 처벌하지 않는 '사용절도'와의 구분을 위해서라도 불법영득의사 필요하다는 입장이다. 불법영득의사는 고의 이외의 **초과주관적 구성요건요소**로 이해된다. 그리고 절도의 고의는 미필적 고의로 족함에 반하여, 영득의사는 확정적일 것을 요한다.

2 불법영득의사의 내용   영득의 의사는 ① 소극적 요소로서 권리자를 배제하는 **영구적 배제의사**와

---

1) 형법 제329조(절도) 타인의 재물을 절취한 자는 6년 이하의 징역 또는 1천만원 이하의 벌금에 처한다.
2) 형법 제366조(재물손괴등) 타인의 재물, 문서 또는 전자기록 등 특수매체기록을 손괴 또는 은닉 기타 방법으로 기 효용을 해한 자는 **3년 이하의 징역** 또는 700만원 이하의 벌금에 처한다.

② 적극적 요소로서 재물을 이용하는 **이용(획득)의사**를 요구한다(배제의사 + 이용의사).[3] 그리고 특히 배제의사는 반드시 영구적 내지 지속적이어야 한다. 이와 같이 영득의 의사는 소유자로서 지배하고자 하는 의사를 의미한다. 따라서 국가에 반납하기 위하여 타인이 점유하는 총기를 절취한 행위는 절도죄가 되지 못한다(대판 77도1069, Ref 25).

3 나아가 **피해자에게 복수할 목적**으로 재물을 빼앗아 보관하는 경우나 피해자를 희롱하기 위해 돈을 빼앗는다든지(대판 86도776, Ref 22), 강간하는 과정에서 피해자가 도망가지 못하게 손가방을 빼앗은 경우(대판 85도1170, Ref 24), 살인 범행의 증거를 인멸하기 위해 피해자의 주머니에서 꺼낸 지갑(대판 2000도3655, Ref 15), 내연관계의 지속을 위해 상대방 물건을 가져온 경우(대판 92도280, Ref 18) 등은 불법영득의사가 없어 강도나 절도죄가 성립되지 않는다.

4 판례상 판단이 가장 어려운 것은 **도둑으로 가장한 목적이 혼재한 경우**이다. 일본 판례 중 강간범인이 범행발각을 우려해 피해자를 아예 살해하기로 마음먹고 실신시키고 **강도로 가장하기 위해서 단지 투기의 목적으로 금품을 탈취**했지만, 결국은 가져온 경우에도 피고인의 주관은 **투기할 의사**이며, 불법영득의사는 없다고 보았다(大阪高判昭和61年7月17日). 하지만 이와 유사한 사안에서 절도범으로 가장하는 것이 주된 목적이었다라고 하면서도 「단지 물건을 폐기하거나 은닉할 의사」는 아닌 것으로 보아 불법영득의사를 인정한 경우도 있다(東京高判平成12年5月15日(判時1741号157頁)[4].

5 사안에서 대법원은 **신용카드**를 이용하여 현금자동지급기에서 현금을 인출하였다 하더라도 「그 카드 자체가 가지는 경제적 가치가 인출된 예금액만큼 소모되었다고 할 수 없을 뿐만 아니라 사용 후 바로 원래의 위치에 넣어 둔 점에 비추어 불법영득의 의사가 있다고 보기 어렵다」하여 절도의 공소사실에 대하여 무죄를 선고한 원심의 견해를 받아들이고 있다. 법원은 같은 맥락에서 타인의 **직불카드**(대판 2005도7819, Ref 14-1)나 **현금카드**(대판 98도2642, Ref 14-2) **도장과 인감도장**(대판 87도1959, Ref 14-3)을 몰래 사용한 뒤 곧 제자리에 넣어둔 경우도 불법영득의사를 부정하고 있다.

6 그러나 판례는 절취행위의 대상이 **'예금통장'**인 경우에는 '카드'와는 달리 판단한다. 즉 대법원은 타인의 예금통장을 무단사용하여 예금을 인출한 후 바로 예금통장을 반환하였다 하더라도 그 사용으로 인한 경제적 가치의 소모가 무시할 수 있을 정도로 경미한 경우가 아닌 이상, **예금통장 자체가 가지는 예금액 증명기능의 경제적 가치**에 대한 불법영득의 의사를 인정할 수 있어 절도죄 성립을 인정한다(대판 2009도9008, Ref 3)[5].

7 불법영득의사의 대상　　불법영득의사의 대상이 무엇인가와 관련하여 ① 재물의 실체 그 자체를 불법영득의 대상으로 보는 **물질설**과 ② 재물의 경제적 가치를 불법영득의 대상으로 보는 **가치설**, 그리고 ③ 양자 모두를 대상으로 하는 **결합설**이 있다. 판례는 절도죄에서의 불법영득의 의사와 관련하여 다음과

---

3) 불법영득의사에 있어서 ① 영구적 **배제의사**는 절도죄와 '사용절도'를 구별하는 기능을 하며, ② 불법영득의사에서의 **이용의사**는 절도죄와 '손괴죄'를 구별하는 기능을 한다.
4) 前田雅英・星周一郎/박상진・김잔디(역), 최신중요 일본형법판례 250선(각론편), 2021, 94-97면.
5) 하지만 '카드'와 '예금통장'의 고유한 기능에서 본질적 차이가 없다는 비판도 있다(박찬걸, 형법판례 150선(2016), 227면.

같이 결합설의 입장을 취하고 있다. 「절도죄의 성립에 필요한 불법영득의 의사라 함은 권리자를 배제하고 타인의 물건을 자기의 소유물과 같이 그 경제적 용법에 따라 이용·처분할 의사를 말하는 것으로 영구적으로 그 물건의 경제적 이익을 보유할 의사가 필요한 것은 아니지만 단순한 점유의 침해만으로서는 절도죄를 구성할 수 없고 (가) 소유권 또는 이에 준하는 본권을 침해하는 의사 즉 목적물의 **물질을 영득할 의사**이거나 또는 (나) 그 **물질의 가치만을 영득할 의사**이든 적어도 그 재물에 대한영득의 의사가 있어야 한다」(대판 91도3149)(대판 2013도14139, Ref 2).

　　8 불법영득의사에서 "불법"의 의미　　　　한편 불법영득의사에 있어서의 "불법"의 의미와 관련하여 ① 불법이란 영득행위가 실질적으로 소유권질서와 모순·충돌되는 상태를 의미한다는 **'영득'의 불법설**과 ② 불법이란 절취의 불법을 의미하므로 절취가 적법하지 않으면 불법영득의사를 인정해야 한다는 **'절취'의 불법설**이 대립된다. 영득의 불법설의 입장에서는 행위자에게 반환청구권이 있는 경우에는 절도죄 성립이 부정되나 절취의 불법설 입장에서는 행위자에게 반환청구권이 있는 경우에도 절도죄가 성립한다. **판례는 불법영득의사를 '절취의 불법'으로** 이해한다(대판 2001도4546, Ref 5−1).

Reference

불법영득의사를 인정한 사례

법인의 비자금

　　1 [대판 2014도15182] [법인의 운영자 또는 관리자가 법인과는 아무런 관련이 없거나 개인적인 용도로 착복할 목적으로 법인 자금을 빼내어 별도로 **비자금을 조성**한 경우, 그 자체로써 업무상횡령죄의 불법영득의사가 인정되는지 여부(적극) 및 이때 행위자에게 법인 자금을 빼내어 착복할 목적이 있었는지 판단하는 기준] **업무상횡령죄가 성립**하기 위하여는 자기 또는 제3자의 이익을 꾀할 목적으로 업무상 임무에 위배하여 자신이 보관하는 타인의 재물을 자기의 소유인 것 같이 사실상 또는 법률상 처분하는 의사를 의미하는 불법영득의 의사가 있어야 한다. (가) 법인의 운영자 또는 관리자가 법인의 자금을 이용하여 비자금을 조성하였다고 하더라도 그것이 당해 비자금의 소유자인 법인 이외의 제3자가 이를 발견하기 곤란하게 하기 위한 장부상의 분식에 불과하거나 법인의 운영에 필요한 자금을 조달하는 수단으로 인정되는 경우에는 불법영득의 의사를 인정하기 어렵다. (나) 다만 법인의 운영자 또는 관리자가 법인을 위한 목적이 아니라 법인과는 아무런 관련이 없거나 개인적인 용도로 착복할 목적으로 법인의 자금을 빼내어 별도로 비자금을 조성하였다면 그 조성행위 자체로써 불법영득의 의사가 실현된 것으로 볼 수 있을 것인바, 이때 그 행위자에게 법인의 자금을 빼내어 착복할 목적이 있었는지 여부는 그 법인의 성격과 비자금의 조성 동기, 방법, 규모, 기간, 비자금의 보관방법 및 실제 사용용도 등 제반 사정을 종합적으로 고려하여 판단하여야 한다.

　　2 [대판 2013도14139] ●판지● 절도죄의 성립에 필요한 불법영득의 의사란 타인의 물건을 그 권리자를 배제하고 자기의 소유물과 같이 그 경제적 용법에 따라 이용·처분하고자 하는 의사를 말하는 것으로서, 단순히 타인의 점유만을 침해하였다고 하여 그로써 곧 절도죄가 성립하는 것은 아니나, 재물의 소유권 또는 이에 준하는 본권을 침해하는 의사가 있으면 되고 반드시 영구적으로 보유할 의사가 필요한 것은 아니며, 그것이 물건 자체를 영득할 의사인지 물건의 가치만을 영득할 의사인지를 불문한다. 따라서 어떠한 물건을 점유자의 의사에 반하여 취거하는 행위가 결과적으로 소유자의 이익으로 된다는 사정 또는 소유자의 추정

적 승낙이 있다고 볼 만한 사정이 있다고 하더라도, 다른 특별한 사정이 없는 한 그러한 사유만으로 불법영득의 의사가 없다고 할 수는 없다. ●사실● ① 피고인은 2011년 9월경 이 사건 승용차의 소유자인 ○○캐피탈로부터 공소외인 명의로 위 승용차를 리스하여 운행하던 중, 사채업자로부터 1,300만 원을 빌리면서 위 승용차를 인도한 사실, ② 위 사채업자는 피고인이 차용금을 변제하지 못하자 위 승용차를 매도하였고 최종적으로 피해자가 위 승용차를 매수하여 점유하게 된 사실, ③ 피고인은 위 승용차를 회수하기 위해서 피해자와 만나기로 약속을 한 다음 2012. 10. 22.경 약속장소에 주차되어 있던 위 승용차를 미리 가지고 있던 보조열쇠를 이용하여 임의로 가져간 사실, ④ 이후 위 승용차는 공소외인을 통하여 약 한 달 뒤인 2012.11.23.경 ○○캐피탈에 반납된 사실 등을 알 수 있다. 위와 같은 사실관계를 앞서 본 법리에 비추어 살펴보면, 우선 피고인이 자기 이외의 자의 소유물인 이 사건 승용차를 점유자인 피해자의 의사에 반하여 그 점유를 배제하고 자기의 점유로 옮긴 이상 그러한 행위가 **'절취'에 해당함**은 분명하다. 또한 피고인이 이 사건 승용차를 임의로 가져간 것이 소유인 ○○캐피탈의 의사에 반하는 것이라고는 보기 어렵고 실제로 위 승용차가 ○○캐피탈에 반납된 사정을 감안한다고 하더라도, 그러한 사정만으로는 **피고인에게 불법영득의 의사가 없다고 할 수도 없다.**

3 [대판 2009도9008] [타인의 예금통장을 무단사용하여 예금을 인출한 후 바로 **예금통장을 반환**한 경우, 예금통장에 대한 절도죄가 성립하는지 여부(한정 적극)] 예금통장은 예금채권을 표창하는 **유가증권이 아니고** 그 자체에 예금액 상당의 경제적 가치가 화체되어 있는 것도 아니지만, 이를 소지함으로써 예금채권의 행사자격을 증명할 수 있는 자격증권으로서 예금계약사실 뿐 아니라 예금액에 대한 증명기능이 있고 이러한 증명기능은 예금통장 자체가 가지는 경제적 가치라고 보아야 하므로, 예금통장을 사용하여 예금을 인출하게 되면 그 인출된 예금액에 대하여는 **예금통장 자체의 예금액 증명기능이 상실**되고 이에 따라 그 상실된 기능에 상응한 경제적 가치도 소모된다. 그렇다면 타인의 예금통장을 무단 사용하여 예금을 인출한 후 바로 예금통장을 반환하였다 하더라도 그 사용으로 인한 위와 같은 경제적 가치의 소모가 무시할 수 있을 정도로 경미한 경우가 아닌 이상, **예금통장 자체가 가지는 예금액 증명기능의 경제적 가치에 대한 불법영득의 의사를 인정할 수 있으므로 절도죄가 성립**한다. **cf)** 이 경우 피고인이 현금자동지급기에 예금통장을 넣어 자신이 거래하는 다른 금융기관에 개설된 자기 계좌로 이체를 하였다면 그 이체한 예금에 대해서는 컴퓨터등사용사기죄가 성립한다(대판 2006도2704).

4 [대판 2002도3465] [소유자의 승낙 없이 오토바이를 타고 가서 다른 장소에 버린 경우, 자동차등불법사용죄가 아닌 절도죄가 성립한다고 한 사례] ●사실● 피고인 X는 강도상해 등의 범행을 저지르고 도주하기 위하여 자신이 근무하던 인천 소재 아파트 상가 중국집 앞에 세워져 있는 오토바이를 소유자의 승낙 없이 타고 가서 신흥동 소재 뉴스타호텔 부근에 버린 다음 버스를 타고 광주로 가버렸다. 제1심과 항소심은 절도죄 유죄를 인정하였으나 X는 절도죄가 아니라 자동차불법사용죄가 성립될 뿐이라고 주장하며 상고하였다. ●판지● 상고기각. 형법 제331조의2에서 규정하고 있는 자동차등불법사용죄는 타인의 자동차 등의 교통수단을 불법영득의 의사 없이 일시 사용하는 경우에 적용되는 것으로서 불법영득의사가 인정되는 경우에는 절도죄로 처벌할 수 있을 뿐 본죄로 처벌할 수 없다 할 것이며, 절도죄의 성립에 필요한 불법영득의 의사라 함은 권리자를 배제하고 타인의 물건을 자기의 소유물과 같이 이용, 처분할 의사를 말하고 영구적으로 그 물건의 경제적 이익을 보유할 의사임은 요치 않으며 일시사용의 목적으로 타인의 점유를 침탈한 경우에도 이를 반환할 의사 없이 상당한 장시간 점유하고 있거나 **본래의 장소와 다른 곳에 유기하는 경우**에

는 이를 일시 사용하는 경우라고는 볼 수 없으므로 영득의 의사가 없다고 할 수 없다.

절취의 불법

5-1 [대판 2001도4546] [약정에 기한 인도청구권이 인정되는 경우에도 점유자의 의사에 반하여 점유를 배제하는 행위를 함으로써 절도죄는 성립하는지 여부(적극)] [1] 형법상 절취란 타인이 점유하고 있는 자기 이외의 자의 소유물을 점유자의 의사에 반하여 그 점유를 배제하고 자기 또는 제3자의 점유로 옮기는 것을 말하는 것으로, **비록 약정에 기한 인도 등의 청구권이 인정된다고 하더라도, 취거 당시에 점유 이전에 관한 점 유자의 명시적·묵시적인 동의가 있었던 것으로 인정되지 않는 한,** 점유자의 의사에 반하여 점유를 배제하는 행위를 함으로써 절도죄는 성립하는 것이고, 그러한 경우에 특별한 사정이 없는 한 불법영득의 의사가 없었다고 할 수는 없다. [2] 굴삭기 매수인이 약정된 기일에 **대금채무를 이행하지 아니하면 굴삭기를 회수하여 가도 좋다는 약정**을 하고 각서와 매매계약서 및 양도증명서 등을 작성하여 판매회사 담당자에게 교부한 후 그 채무를 불이행하자 그 담당자가 굴삭기를 취거하여 매도한 경우, 굴삭기에 대한 소유권 등록 없이 매수인의 위와 같은 약정 및 각서 등의 작성, 교부만으로 굴삭기에 대한 소유권이 판매회사로 이전될 수는 없으므로 굴삭기 취거 당시 그 소유권은 여전히 매수인에게 남아 있고, 매수인의 의사표시 중에 자신의 동의나 승낙 없이 현실적으로 자신의 점유를 배제하고 굴삭기를 가져가도 좋다는 의사까지 포함되어 있었던 것으로 보기는 어렵다는 이유로, 그 굴삭기 취거행위는 절도죄에 해당하고 불법영득의 의사도 인정된다. **cf)** 판례에서와 같이 점유자의 동의는 **재물의 취거시에** 존재하고 있어야 한다.

5-2 [대판 2005도2861] G 주식회사가 피해자와 사이에 피해자 소유인 판시 쇄석장비들에 관하여 점유개정의 방법에 의한 양도담보부 금전소비대차계약을 체결하였는데 피해자가 **변제기일이 지나도 채무를 변제하지 아니하자** G의 직원들인 피고인들이 합동하여 **피해자의 의사에 반하여 위 쇄석장비들을 임의로 분해하여 가지고 간** 사실을 인정한 다음, 피고인들의 주장, 즉, G이 그 이전에 쇄석장비들에 대한 점유를 이전 받았거나 피해자의 점유를 배제하고 단독으로 점유를 개시하였다는 주장, 피해자가 위 계약에 따라 쇄석장비를 인도할 의무가 있으므로 C으로서는 임의로 위 쇄석장비를 분해하여 갈 수 있다는 주장, 피고인들에게는 쇄석장비들에 대한 피해자의 점유를 배제한다는 인식이 없었거나 불법영득의 의사가 없었다는 주장 등을 판시와 같은 이유로 모두 배척하고, 피고인들에 대한 이 사건 특수절도의 범죄사실을 모두 유죄로 인정한 조치는 정당하다.

5-3 [대판 72도2538] 원판결은 그 이유 명시에서 피고인이 물품대금의 변제청구에 응하지 않는 채무자 정○운에게 대금을 갚지 않으니 물건을 도로 찾아 가겠다고 한 것은 바로 채무 불이행을 이유로 채무자인 정○운과의 외상 매매계약을 해제한 것이라 볼 수 있다고 한 후 피고인이 외상 매매계약을 해제한 이상 동 외상 매매물품들의 반환 청구권을 당연히 피고인에게 돌아오는 것이므로 피고인이 위 정○운의 승낙을 받지 않고 동 물품들을 가져갔다 하여도 이는 자기가 가져갈 수 있는 물건을 가져간 것이므로 그 행위가 경우에 따라 다른 죄(예컨대 권리행사방해죄 등)를 구성한 여지가 있는 것을 별론으로 하고 절도죄를 구성할 여지는 없다고 판단하였다. 그러나 원판결 판단과 같이 외상 매매계약의 해제가 있고 동 외상 매매물품의 반환 청구권이 피고인에게 있다고 하여도 절도라 함은 타인이 점유하는 재물을 도취하는 행위 즉 점유자의 의사에 의하지 아니하고 그 점유를 취득하는 행위로서 **절도행위의 객체는 점유라 할 것**이므로 피고인이 위 정○운의 승낙을 받지 않고 위 물품들을 가져 갔다면 **그 물품에 대한 반환 청구권이 피고인에게 있었다 하여도 피고인의 그 행위는 절도행위에 해당되는 법리라** 할 것임에도 불구하고 원판결이 위와 같이 반환 청구권이 있다는 이유만으로 절도죄를 구성할 여지없다고 판단한 것은 절도행위의 객체에 관한 법리를 오해

한 것이라 할 것이므로 상고 논지는 결국 이유 있음에 귀착되어 원판결은 파기를 면치 못할 것이다.

6 [대판 99도519] 피고인이 현금 등이 들어 있는 피해자의 지갑을 가져갈 당시에 피해자의 승낙을 받지 않았다면 **가사 피고인이 후일 변제할 의사가 있었다고 하더라도** 불법영득의사가 있었다고 할 것이다.

7 [대판 92도1949] 피고인이 길가에 시동을 걸어놓은 채 세워둔 모르는 사람의 자동차를 함부로 운전하고 약 200미터 가량 갔다면 불법영득의 의사가 있었다 할 것이다.

8 [대판 86도1439] 피해자가 경영하는 주점의 잠겨 있는 샷타문을 열고 그곳 주방 안에 있던 맥주등을 꺼내어 마셨다면 타인의 재물에 대한 불법영득의 의사가 있었다고 할 것이고 주점까지 가게된 동기가 **주점 점원의 초청에 의한 것이었다 하더라도** 피해자의 승낙없이 재물을 지거하는 행위는 절도죄를 구성한다.

9 [대판 83도54] 피고인이 임의로 가져나온 카메라를 전당포 입질이 여의치 아니하여 후일 되돌려 주었다거나, 현금을 가져나올 때 **일시 차용한다는 쪽지**를 써 놓았다 하여도 소유자의 사전승낙 없이 카메라와 현금을 가져 나왔다면 불법영득의 의사가 있었다고 할 것이다.

10 [대판 73도51] 파기환송. 형법상 절도죄의 성립에 필요한 불법영득의 의사는 영구적으로 그 물건의 경제적 이익을 보유할 의사가 필요치 아니하여도 소유권 또는 이에 준하는 본권을 침해하는 의사 즉 목적물의 물질을 영득할 의사나 **물질의 가치만을 영득할 의사이어도 영득의 의사가 있다 할 것**이라 함이 본원 판례의 견해인바 타인의 의사에 반하여 그 소유 물건의 점유를 침탈한 사람이 그 목적물을 영구적으로 자기 소유로 할 의사가 아니고 그 소유자에 대한 채권담보의 의사만을 가지고 있었다 하더라도 타인의 소유자로서의 점유를 배제하고 그 소유권의 지니고 있는 담보가치를 취득하기 위하여 그 물건의 점유를 침해한 이상 절도죄의 불법영득의 의사가 있다 할 것이다. 그럼에도 불구하고 원심이 피고인들이 채무자의 의사에 반하여 그 소유 물건의 점유를 자기 채권담보의 목적으로 침탈한 본건 사안에 있어 피고인들에게 절도죄의 요건인 불법영득의 의사가 있는 것으로 볼 수 없다는 이유로 본건 절도 공소사실에 대하여 무죄선고를 한 원심조치는 절도죄에 이른바 불법영득의 의사를 잘못 해석한 위법이 있다.

불법영득의사를 부정한 사례

11 [대판 2020도4539] 파기환송. [**채권자를 폭행·협박하여 채무를 면탈함으로써 성립하는 강도 죄에서 불법이득의사의 유무를 판단하는 방법**] [1] 강도상해죄가 성립하려면 먼저 강도죄의 성립이 인정되어야 하고, 강도죄가 성립하려면 불법영득 또는 불법이득의 의사가 있어야 한다. **채권자를 폭행·협박하여 채무를 면탈함으로써 성립하는 강도죄에서 불법이득의사는 단순 폭력범죄와 구별되는 중요한 구성요건 표지이다.** 폭행·협박 당시 피고인에게 채무를 면탈하려는 불법이득의사가 있었는지는 신중하고 면밀하게 심리·판단되어야 한다. 불법이득의사는 마음속에 있는 의사이므로, 피고인과 피해자의 관계, 채무의 종류와 액수, 폭행에 이르게 된 경위, 폭행의 정도와 방법, 폭행 이후의 정황 등 범행 전후의 객관적인 사정을 종합하여 불법이득의사가 있었는지를 판단할 수밖에 없다. [2] 피고인은 피해자1과 술값 지급 문제로 실랑이를 하던 중 피해자1이 자신의 얼굴에 손전등을 들이대고, 손전등으로 자신의 몸을 미는

등 행위를 하자 흥분한 상태였고, 피해자 1이 주점을 나가려는 자신의 옷을 잡아당기자 격분하여 피해자 1을 폭행하고, 이를 말리는 피해자 2를 폭행했다. 피해자 2는 피고인의 폭행을 피해 주점 밖으로 피신하였고, 피해자 1은 주점 바닥에 쓰러져 저항이 불가능했다. 따라서 피고인이 술값 채무를 면탈할 의사가 있었다면 그때 현장을 벗어나는 것이 자연스럽다. 그런데도 피고인은 피해자 2를 쫓아 주점 밖으로 나갔다가 다시 주점으로 돌아와 피해자 1을 폭행하였고, 이후 신고를 받고 출동한 경찰관이 현장에 도착하였을 때에는 주점 바닥에 누워 있었다. 피고인이 주점에서 지급하지 않은 술값이 큰 금액은 아니다. 피고인은 공사현장의 일용직 근로자로 일하고 있어 소득이 있었고, 이 사건 당일 이 사건 주점에 오기 전 다른 노래방이나 주점 등에서 수회에 걸쳐 별다른 문제없이 술값 등을 결제했다. 그런데도 원심은 이 사건 공소사실을 유죄로 인정하였다. 원심판결에는 강도상해죄의 불법이득 의사에 관한 법리를 오해하여 판결에 영향을 미친 잘못이 있다.

12 [대판 2012도5346] 피고인이 甲과 함께 소주방에서 술을 마시다가 서로 몸싸움을 하는 과정에서 甲이 떨어뜨리고 간 휴대전화를 소주방 업주로부터 건네받아 보관하던 중 甲의 휴대전화를 임의로 사용하는 등 횡령하였다는 내용으로 기소된 사안에서, 피고인은 조리상 甲을 위하여 휴대전화를 보관하는 지위에 있으나, **甲의 휴대전화를 임의로 사용한 것만으로는 불법영득의사가 있었다고 단정하기 어렵다.**

13 [대판 2011도7637] 파기환송. **[업무상횡령죄에서 '불법영득의사'의 의미]** [1] 업무상횡령죄가 성립하기 위하여는 타인의 재물을 보관하는 사람이 불법영득의 의사로 업무상의 임무에 위배하여 그 재물을 횡령하거나 반환을 거부하여야 하고(형법 제356조, 제355조 제1항), 여기서 **'불법영득의 의사'**라 함은 타인의 재물을 보관하는 사람이 자기 또는 제3자의 이익을 꾀할 목적으로 업무상의 임무에 위배하여 보관하는 타인의 재물을 자기의 소유인 경우와 같이 사실상 또는 법률상 처분하는 의사를 의미한다. 그리고 **횡령죄에서 '반환의 거부'**라고 함은 보관물에 대하여 소유자의 권리를 배제하는 의사표시를 하는 행위를 뜻하므로, 타인의 재물을 보관하는 사람이 단순히 반환을 거부한 사실만으로 횡령죄가 성립하는 것은 아니며, 반환거부의 이유 및 주관적인 의사 등을 종합하여 반환거부행위가 횡령행위와 같다고 볼 수 있을 정도이어야만 횡령죄가 성립할 수 있다. [2] 위와 같은 사정을 종합하면, 비록 공소외 회사가 적법한 절차를 거쳐 관리비, 특별관리비, 개발비를 부과한 것은 아니라고 하더라도, 피고인이 이 사건 각 임대차의 임차인으로부터 받은 임대차보증금과 차임을 피해자들의 체납 관리비, 개발비 등의 변제에 충당할 수 있다고 믿고서 피해자들의 반환요구에 응하지 아니하고 이를 거절하였을 여지가 충분하다고 할 것이고, 그러한 경우에는 특별한 사정이 없는 한 피고인이 불법영득의 의사로 임대차보증금과 차임을 횡령하였다고 볼 수는 없을 것이다. 그럼에도 원심은 위와 같은 이유만으로 피고인이 불법영득의 의사로 임대차보증금과 차임의 반환을 거부함으로써 이를 업무상 횡령하였다고 단정하였으니, 원심판결에는 반환거부에 의한 업무상횡령죄에서의 불법영득의사 등에 관한 법리를 오해하여 필요한 심리를 다하지 아니한 위법이 있다.

14-1 [대판 2005도7819] 은행이 발급한 **직불카드**를 사용하여 타인의 예금계좌에서 자기의 예금계좌로 돈을 이체시켰다 하더라도 직불카드 자체가 가지는 경제적 가치가 계좌이체된 금액만큼 소모되었다고 할 수는 없으므로, 이를 일시 사용하고 곧 반환한 경우에는 그 직불카드에 대한 불법영득의 의사는 없다고 보아야 한다.

14-2 [대판 98도2642] 피해자로부터 지갑을 잠시 건네받아 임의로 지갑에서 **현금카드**를 꺼내어 현금자동인

출기에서 현금을 인출하고 곧바로 피해자에게 현금카드를 반환한 경우, 현금카드에 대한 불법영득의사가 없다.

14-3 [대판 87도1959] 피고인이 이○범의 **도장과 인감도장**을 그의 책상서랍에서 몰래 꺼내어 가서 그것을 차용금증서의 연대보증인란에 찍고 난 후 곧 제자리에 넣어둔 사실을 확정하고 이와 같은 사실만으로는 위 도장에 대한 불법영득의 의사가 있었다고 인정할 수 없다고 판단한 원심은 정당하고 거기에 주장하는 바와 같은 이른바 사용절도에 있어서의 불법영득의 의사에 관한 법리를 오해하였거나 채증법칙을 위배하고 심리를 다하지 아니한 위법이 없다.

15 [대판 2000도3655] [이용·처분의사가 없는 경우] [1] 피고인이 살해된 피해자의 주머니에서 꺼낸 지갑을 살해도구로 이용한 **골프채와 옷** 등 다른 증거품들과 함께 자신의 차량에 싣고 가다가 쓰레기 소각장에서 태워버린 경우, **살인 범행의 증거를 인멸**하기 위한 행위로서 불법영득의 의사가 있었다고 보기 어렵다. [2] 절도죄의 성립에 필요한 불법영득의 의사라 함은 권리자를 배제하고 타인의 물건을 자기의 소유물과 같이 그 경제적 용법에 따라 이용, 처분하려는 의사를 말한다.

16 [대판 98도2296] 회사에 대하여 **개인적인 채권을 가지고 있는 대표이사**가 회사를 위하여 보관하고 있는 회사 소유의 금전으로 **자신의 채권의 변제에 충당하는 행위**는 회사와 이사의 이해가 충돌하는 자기거래행위에 해당하지 않는다고 할 것이므로, 대표이사가 이사회의 승인 등의 절차 없이 그와 같이 자신의 회사에 대한 채권을 변제하였더라도 이는 대표이사의 권한 내에서 한 회사채무의 이행행위로서 유효하며, 따라서 그에게는 **불법영득의 의사가 인정되지 아니하여 횡령죄의 죄책을 물을 수 없다.**

17 [대판 94도3033] 상사와의 의견 충돌 끝에 항의의 표시로 사표를 제출한 다음 평소 **피고인이 전적으로 보관, 관리**해 오던 이른바 비자금 관계 서류 및 금품이 든 가방을 들고 나온 경우, (가) 불법영득의 의사가 있다고 할 수 없을 뿐만 아니라, (나) 그 서류 및 금품이 타인의 점유 하에 있던 물건이라고도 볼 수 없다.

18 [대판 92도280] 내연관계에 있던 여자가 계속 회피하며 만나 주지 않자 내연관계를 회복시켜 볼 목적으로 그녀의 물건을 가져 와 보관한 후 이를 찾으러 오면 그 때 그 물건을 반환하면서 타일러 다시 **내연관계를 지속시킬 생각**으로 물건을 가져 왔고 그녀의 가족에게 그 사실을 그녀에게 연락하라고 말하였으며 그 후 이를 보관하고 있으면서 이용 내지 소비하지 아니한 경우 불법영득의 의사가 있다고 할 수 없다.

19 [대판 91도3149] [사격장에서 군무를 이탈하면서 총기를 휴대하였다는 것만 가지고는 피고인에게 총기에 대한 불법영득의 의사가 있었다고 할 수 없다 한 사례] [1] 피고인이 군무를 이탈할 때 총기를 휴대하고 있는지 조차 인식할 수 없는 정신상태에 있었고 총기는 어떤 경우라도 몸을 떠나서는 안된다는 교육을 지속적으로 받아왔다면 사격장에서 군무를 이탈하면서 **총기를 휴대하였다는 것만 가지고는** 피고인에게 총기에 대한 불법영득의 의사가 있었다고 할 수 없다. [2] 절도죄의 성립에 필요한 불법영득의 의사라 함은 권리자를 배제하고 타인의 물건을 자기의 소유물과 같이 그 경제적 용법에 따라 이용·처분할 의사를 말하는 것으로 영구적으로 그 물건의 경제적 이익을 보유할 의사가 필요한 것은 아니지만 **단순한 점유의 침해만으로서는 절도죄를 구성할 수 없고** 소유권 또는 이에 준하는 본권을 침해하는 의사 즉 목적물의 물질을 영득할 의사이거나 또는 그 물질의 가치만을 영득할 의사이든 적어도 그 재물에 대한영득의 의사가 있어야 한다.

20 [대판 91도2831] 가구회사의 디자이너가 평소 임의처분이 허용된 자신이 제작한 가구 디자인 도면을 가지고 나온 행위에 불법영득의사를 인정할 수 없다.

21 [대판 89도1679] 절도죄의 성립에 필요한 불법영득의 의사라 함은 권리자를 배제하고 타인의 물건을 자기의 소유물과 같이 이용, 처분할 의사를 의미한다 할 것인 바, 피고인이 피해자의 전화번호를 알아두기 위하여 **피해자가 떨어뜨린 전화요금영수증**을 습득한 후 돌려주지 않은 경우에 그에게 불법영득의 의사가 있다고 인정하기 어렵다.

22 [대판 86도776] 강도살인죄가 성립하려면 먼저 강도죄의 성립이 인정되어야 하고 강도죄가 성립하려면 불법영득의 의사가 있어야 하는 것인 바, 피해자를 강간한 후 항거불능 상태에 있는 피해자에게 돈을 내놓으라고 하여 피해자가 서랍 안에서 꺼내주는 돈을 받는 **즉시 팁이라고 하면서 피해자의 브레지어 속으로 그 돈을 집어넣어 준 것**이라면 이는 불법영득을 하려 한 것이 아니라 **피해자를 희롱하기 위하여** 돈을 뺏은 다음 그대로 돌려주려고 한 의도였다고 할 것이므로 불법영득의 의사가 있었다고 보기 어렵다. **cf)** 이 사건 검사는 피고인을 강간죄와 강도살인미수죄로 기소하였다. 제1심과 항소심도 이를 받아 들여 유죄를 인정하였다. 그러나 대법원은 판지와 같은 분석을 하면서 원심을 파기환송하였다.

23 [대판 86도354] 피고인이 피해자등과 말다툼을 하면서 시비하는 중에 그들 중 일행이 피고인을 식칼로 찔러 죽이겠다고 위협을 하여 주위를 살펴보니 식칼이 있어 이를 갖고 파출소에 가져가 **협박의 증거물로 제시**하였다면, 가사 피고인의 위 협박의 신고내용이 허위라고 하더라도 불법영득의 의사가 있었다고 할 수는 없다.

24 [대판 85도1170] 불법영득의 의사라 함은 권리자를 배제하여 타인의 물건을 자기의 물건과 같이 그 경제적 용법에 따라 이용처분하는 의사를 말하는 것이므로 강간하는 과정에서 피해자들이 **도망가지 못하게 하기 위해 손가방을 빼앗은 것에 불과**하다면 이에 불법영득의 의사가 있었다고 할 수 없다.

25 [대판 77도1069] 원심은 피고인 정의 판시사실 중 소속중대 엠16소총 1정이 부족하자, 이를 분실한 것으로 알고 그 보충을 위하여 1976.2중순경 병장 김의현, 동 최형종, 동 한철수와 타 부대에서 같은 총기 1정을 절취할 것을 공모하여 동 최형종, 동 한철수등이 같은 달 24.04:00경 제72연대 1대대 2중대 앞에서 2¼톤 차량 운전석에 있던 같은 소총 1정을 절취하였다는 사실을 인정하고 동 사실에 대하여 군형법 75조 1항 1호, **형법 329조(절도), 30조를 적용**하였다. 그러나 소속중대에서 총기를 분실하고 그를 보충하기 위하여 타 부대 총기를 취거해 왔다고 하면은 **그 행위는 자기 또는 타인을 위한 영득의사에 의한 행위라고는 할 수 없으므로** 동 행위를 형법 329조의 절도죄로 처단할 수 없다고 할 것이다. 그러므로 원심판결에는 형법 329조 절도죄의 법리를 오해한 위법이 있다. **cf)** 본 사안에 피고인에게 적극적 의사는 존재하나, 그 소총을 자기 부대에 보관하려고 했지 궁극적 권리자인 국가의 지배를 영구적으로 배제하려고 한 것은 아니기 때문에 소극적 요소가 인정되지 않는다.

26 [대판 72도2812] **부정행위를 한 타인을 꾸짖어 줄 목적으로** 그 타인의 소유물권을 가져와 보관하고 있으면 그가 이를 찾으러 올 것이고 그때에 그 물권을 반환하면서 그를 꾸짖어 줄 생각으로 그 물권을 가져

온 것이라면 절도죄가 성립되지 아니한다.

27 [대판 64도795] [절도죄의 성립 요건으로서의 "불법영득 의사"의 의의] 절도죄의 성립에 있어서 영구적으로 그 물건의 경제적 이익을 보지할 의사가 필요치는 아니하여도 단순한 점유의 침해만으로서는 절도죄가 구성될 수 없고 소유권 또는 이에 준하는 본권을 침해하는 의사 즉 목적물의 물질을 영득할 의사나 또 물질의 가치만을 영득할 의사이든 적어도 그 재물에 대한 영득의 의사가 있어야 할 것인바, 피고인은 자신이 잃어버린 총을 보충하기 위하여 같은 소속대 3회기중대 공소외 갑 소지 군용 칼빙소총 1정을 무단히 가지고 나온데 불과하고 영득의 의사가 없었다는 것이며 이는 피고인의 소위가 자기의 물건과 동양으로 그 경제적 용법에 따라 이를 이용 또는 처분하여 권리자(국가)를 배제할 의사를 가지고 한 것이 아니므로 피고인에게 영득의 의사가 있었다고 볼 수 없다는 취지로 판단한 원판결에 법령위반이 없다.

일시 사용의 목적으로 타인의 점유를 침탈한 경우에도 불법영득의사가 인정되는가?

●**사실**● 피고인 X는 2011.4.10. 04:00경 피해자 A가 운영하는 피부샵에 마사지 등 관리를 받기위해 방문하였으나 대기하는 손님이 많아서 마사지를 받지 못하고 피부샵을 나오면서 카운터에 놓여 있던 A 소유의 휴대전화를 들고 나왔다. 그리고 휴대전화를 가지고 나와 승용차를 운전하고 가다가 신원미상의 여자 2명을 승용차에 태운 후 그들에게 이 휴대전화를 사용하게 하였다. 당시 X는 A가 운영하는 피부샵에 이전에도 손님으로 드나들어 A와 어느 정도 안면이 있는 사이이며, A에게 자신의 명함을 건네준 적도 있었다. 이후 **약 1~2시간 후** X는 A에게 휴대전화를 돌려주기 위하여 피부샵에 갔으나 출입문이 잠겨있어 휴대전화를 **출입문 옆 화분에 놓고 갔다.** 그리고 같은 날 6:00경 A가 자신의 휴대전화가 없어진 것을 확인하고 X에게 전화를 걸어 "내 휴대전화를 가져갔느냐, 돌려 달라"고 하자 X가 피부샵 출입문 옆 화분에 휴대전화를 두었다고 하여 휴대전화를 되찾았다.

제1심은 절도죄를 인정하였으나 원심은 X에게 불법영득의사가 있었다고는 볼 수 없다고 하여 무죄를 선고하였다. 이에 검사가 상고하였다.

●**판지**● 파기환송. 「[1] 절도죄의 성립에 필요한 **불법영득의 의사란** (가) 권리자를 배제하고 타인의 물건을 자기의 소유물과 같이 이용·처분할 의사를 말하고, (나) 영구적으로 물건의 경제적 이익을 보유할 의사임은 요하지 않으며, (다) **일시 사용의 목적**으로 타인의 점유를 침탈한 경우에도 사용으로 인하여 물건 자체가 가지는 ① 경제적 **가치가 상당한 정도로 소모**되거나 또는 ② 상당한 **장시간 점유**하고 있거나 ③ **본래의 장소와 다른 곳에 유기하는 경우에는 이를 일시 사용하는 경우라고는 볼 수 없으므로 영득의 의사가 없다고 할 수 없다.**

[2] 피고인이 甲의 영업점 내에 있는 甲 소유의 휴대전화를 허락 없이 가지고 나와 이를 이용하여 통화를 하고 문자메시지를 주고받은 다음 약 1~2시간 후 甲에게 아무런 말을 하지 않고 위 영업점 정문 옆 화분에 놓아두고 감으로써 이를 절취하였다는 내용으로 기소된 사안에서, 피고인이 甲의 휴대전화를 자신의 소유물과 같이 경제적 용법에 따라 이용하다가 **본래의 장소와 다른 곳에 유기한 것이**므로 피고인에게 불법영득의사가 있었다고 할 것인데도, 이와 달리 보아 무죄를 선고한 원심판결에 절도죄의 불법영득의사에 관한 법리오해의 위법이 있다」.

●**해설**● 1 절도죄와 같은 영득죄에는 불법영득의사 있어야 한다. **불법영득의 의사**라 함은 권리자를 배제하고 타인의 물건을 자기의 소유물과 같이 그 경제적 용법에 따라 이용·처분할 의사를 말한다. 영구적으로 그 물건의 경제적 이익을 보유할 의사가 필요한 것은 아니지만 단순한 점유의 침해만으로는 절도죄를 구성할 수 없고, 소유권 또는 이에 준하는 본권을 침해하는 의사 즉 목적물의 물질을 영득할 의사이거나 또는 그 물질의 가치만을 영득할 의사이든 적어도 그 재물에 대한 영득의 의사가 있어야 함을 의미한다.

2 한편 **사용절도**는 타인의 재물을 일시 사용한 다음 반환할 의사로 자기의 점유로 옮겨 놓는 행위를

---

1) 형법 제329조(절도) 타인의 재물을 절취한 자는 6년 이하의 징역 또는 1천만원 이하의 벌금에 처한다.

말한다. 사용절도의 본질은 반환의사에 있다. 이처럼 사용절도는 불법영득의사 가운데에서도 **소극적 배제의사가 없는 점이 절도죄와 다르고**, 재물에 대한 적극적 이용의사의 측면에서는 절도죄와 큰 차이가 없다. 사용절도는 대부분 피해가 경미하기 때문에 원칙적으로 절도죄의 처벌대상에서 제외된다.

3 하지만 판례는 이러한 사용절도와 관련하여 「물건 자체가 가지는 ① 경제적 **가치가 상당한 정도로 소모**되거나 또는 ② 상당한 **장시간 점유**하고 있거나 ③ 본래의 장소와 **다른 곳에 유기**하는 경우에는 이를 일시 사용하는 경우라고는 볼 수 없다」고 하여 절도죄를 인정한다.

4 대상판결에서 X는 아무런 이유 없이 A의 휴대폰을 들고 나와 사용한 뒤, 다시 1~2시간 후에 반납을 하면서 원 장소에 둔 것이 아니라 피부샵의 출입문 옆 화분에 놓고 가면서도 본인에게 그 사실을 알리지 않고 있다. 이 경우 절도를 인정할 것인가 다투어 졌고 판결은 계속해서 반전을 이루면서 제1심에서는 절도죄를 인정했으나 2심은 무죄를 다시 대법원은 절도죄를 인정하였다.

5 원심은 대상사건의 분석을 「비록 피고인이 피해자 소유의 이 사건 휴대전화를 피해자의 허락 없이 가져가 이를 이용하여 통화를 하고 문자메시지를 주고받았다 하여도, 이로 인하여 이 사건 (가) 휴대전화 자체가 가지는 경제적 가치가 상당한 정도로 소모되었다고는 볼 수 없고, (나) 피고인이 이 사건 휴대전화를 가지고간 후 불과 약 2시간 만에 피해자에게 반환되도록 하였으므로, 이 사건 당시 피고인에게 이 사건 휴대전화를 일시 사용할 의사를 넘어서는 권리자를 배제하고 타인의 물건을 자기의 소유물과 같이 그 경제적 용법에 따라 이용·처분할 의사 즉 불법영득의 의사가 있었다고는 볼 수 없다2)」고 보았다.

6 하지만 대법원은 「(가) 피고인은 피해자의 허락 없이 피해자가 운영하는 '○○스포츠피부' 영업점 내에 있는 이 사건 휴대전화를 가지고 나와 승용차를 운전하고 가다가 신원미상의 여자 2명을 승용차에 태운 후 그들에게 이 사건 휴대전화를 사용하게 한 사실, (나) 피고인이 이 사건 휴대전화를 가지고 나온 약 1~2시간 후 피해자에게 아무런 말을 하지 않고 위 영업점 정문 옆에 있는 화분에 이 사건 휴대폰을 놓아두고 간 사실을 알 수 있다. 사실관계가 이와 같다면, 피고인은 이 사건 휴대전화를 자신의 소유물과 같이 그 경제적 용법에 따라 이용하다가 본래의 장소와 다른 곳에 유기한 것에 다름 아니므로 **피고인에게 불법영득의 의사가 있었다고 할 것**이다」고 판단하였다.

7 이와 같이 절도와 사용절도의 한계가 언제나 분명한 것은 아니다. 형법은 권리자의 동의없이 타인의 자동차, 선박, 항공기, 원동기장치자전거를 일시 사용한 경우에는 불가벌인 사용절도가 성립하는 것이 아니라 자동차등불법사용죄(법331의2)3)가 성립한다고 규정하고 있다.

---

2) 부산지방법원 2012. 1. 6. 선고 2011노3439 판결.

3) 형법 제331조의2(자동차등불법사용죄) 권리자의 동의 없이 타인의 **자동차, 선박, 항공기 또는 원동기장치자전거**를 일시사용한 자는 3년 이하의 징역, 500만원 이하의 벌금, 구류 또는 과료에 처한다.

불법영득의사를 인정한 사례

1 [대판 2010도9570] 甲 주식회사 감사인 피고인이 회사 경영진과의 불화로 한 달 가까이 결근하다가 회사 감사실에 **침입하여** 자신이 사용하던 컴퓨터에서 **하드디스크를 떼어간 후 4개월 가까이 지난 시점에 반환한 사안**에서, 피고인이 하드디스크를 일시 보관 후 반환하였다고 평가하기 어려워 불법영득의사를 인정할 수 있다.

2 [대판 2002도3465] [소유자의 승낙 없이 오토바이를 타고 가서 다른 장소에 버린 경우, 자동차등불법사용죄가 아닌 절도죄가 성립한다고 한 사례] ●**사실**● 피고인이 강도상해 등의 범행을 저지르고 도주하기 위하여 피고인이 근무하던 인천 중구 항동7가 소재 연안아파트 상가 중국집 앞에 세워져 있는 오토바이를 소유자의 승낙 없이 타고 가서 신흥동 소재 뉴스타호텔 **부근에 버린** 다음 버스를 타고 광주로 가버렸다. ●**판지**● 형법 제331조의2에서 규정하고 있는 자동차등불법사용죄는 타인의 자동차 등의 교통수단을 불법영득의 의사 없이 일시 사용하는 경우에 적용되는 것으로서 **불법영득의사가 인정되는 경우**에는 절도죄로 처벌할 수 있을 뿐 본죄로 처벌할 수 없다 할 것이며, 절도죄의 성립에 필요한 불법영득의 의사라 함은 권리자를 배제하고 타인의 물건을 자기의 소유물과 같이 이용, 처분할 의사를 말하고 영구적으로 그 물건의 경제적 이익을 보유할 의사임은 요치 않으며 일시사용의 목적으로 타인의 점유를 침탈한 경우에도 이를 반환할 의사 없이 상당한 장시간 점유하고 있거나 본래의 장소와 다른 곳에 유기하는 경우에는 이를 일시 사용하는 경우라고는 볼 수 없으므로 영득의 의사가 없다고 할 수 없다. 소유자의 승낙 없이 오토바이를 타고 가서 다른 장소에 버린 경우, **자동차등불법사용죄가 아닌 절도죄가 성립**한다.

3 [대판 81도2394] 피고인이 길가에 세워져 있는 오토바이를 소유자의 승낙 없이 타고 가서 용무를 마친 **약 1시간 30분 후 본래 있던 곳에서 약 7,8미터 되는 장소에 방치**하였다면 불법영득의 의사가 있었다고 할 것이다.

불법영득의사를 부정한 사례

4 [대판 92도118] 동네 선배로부터 차량을 빌렸다가 반환하지 아니한 보조열쇠를 이용하여 그 후 3차례에 걸쳐 위 차량을 2-3시간 정도 운행한 후 원래 주차된 곳에 갖다 놓아 반환한 경우 피해자와의 친분관계, 차량의 운행경위, 운행시간, 운행 후의 정황 등에 비추어 불법영득의 의사가 있었다고 볼 수 없다.

49 친족상도례가 적용되는 '친족'의 범위

* 대법원 2011. 4. 28. 선고 2011도2170 판결
* 참조조문: 형법 제328조1), 제347조 제1항2), 민법 제767조3), 제769조4), 제777조5), 제779조6)

> 사기죄의 피고인과 피해자가 사돈지간인 경우 친족상도례가 적용되는가?

●**사실**● 피고인 X는 2003년 하반기부터 서울에서 딸과 사위와 함께 거주하여 왔다. X는 **사돈**인 피해자 A(사위의 아버지)와 그 가족들에게 자신이 전주의 ○○백화점 임대점포에 대한 임대차 약정을 해 줄 수 있는 것처럼 행동하였고 이를 진실로 믿은 A는 돈가스전문점 입점비 명목으로 5,000만원을 X에게 송금하였다.

제1심과 원심은 피고인과 피해자가 2촌의 인척인 친족이라는 이유로 위 범죄를 친족상도례가 적용되는 친고죄라고 판단한 후 피해자의 고소가 고소기간을 경과하여 부적법하다고 보아 공소를 기각하였다. 이에 검사가 상고하였다.

●**판지**● 파기환송. 「[1] 친족상도례가 적용되는 친족의 범위는 민법의 규정에 의하여야 하는데, 민법 제767조는 배우자, 혈족 및 인척을 친족으로 한다고 규정하고 있고, 민법 제769조는 혈족의 배우자, 배우자의 혈족, 배우자의 혈족의 배우자만을 인척으로 규정하고 있을 뿐, 구 민법(1990.1.13. 법률 제4199호로 개정되기 전의 것) 제769조에서 인척으로 규정하였던 **'혈족의 배우자의 혈족'을 인척에 포함시키지 않고 있다.** 따라서 사기죄의 피고인과 피해자가 사돈지간이라고 하더라도 이를 민법상 친족으로 볼 수 없다.

[2] 피고인이 백화점 내 점포에 입점시켜 주겠다고 속여 피해자로부터 입점비 명목으로 돈을 편취하였다며 사기로 기소된 사안에서, 피고인의 딸과 피해자의 아들이 혼인하여 피고인과 피해자가 **사돈지간이라고 하더라도 민법상 친족으로 볼 수 없는데도,** 2촌의 인척인 친족이라는 이유로 위 범죄를 친족상도례가 적용되는 친고죄라고 판단한 후 피해자의 고소가 고소기간을 경과하여 부적법하다고 보아 공소를 기각한 원심판결 및 제1심판결에 친족의 범위에 관한 법리오해의 위법이 있다」.

●**해설**● 1 사안은 '친족상도례'와 관련된 판례이다. 친족상도례(親族相盜例)란 강도죄와 손괴죄를 제외한 재산죄에서 친족 간의 범죄는 형을 면제하고 고소가 있어야 공소를 제기할 수 있는 특례를 말한다(특

---

1) 형법 제328조(친족 간의 범행과 고소) ① **직계혈족, 배우자, 동거친족, 동거가족 또는 그 배우자간**의 제323조의 죄는 그 형을 면제한다. ② 제1항 이외의 친족 간에 제323조의 죄를 범한 때에는 고소가 있어야 공소를 제기할 수 있다. ③ 전 2항의 신분관계가 없는 공범에 대하여는 전 이항을 적용하지 아니한다. **cf)** 본조 제1항은 근친(近親)간 절도의 경우는 형을 면제하는 **'처벌조건'**을 규정하고, 제2항 원친(遠親)간 절도의 경우에는 고소가 있어야 공소를 제기할 수 있는 **'소추조건'**을 규정하고 있다.

2) 형법 제347조(사기) ① 사람을 기망하여 재물의 교부를 받거나 재산상의 이익을 취득한 자는 10년 이하의 징역 또는 2천만원 이하의 벌금에 처한다.

3) 민법 제767조(친족의 정의) **배우자, 혈족** 및 **인척**을 친족으로 한다.

4) 민법 제769조(인척의 계원) **혈족의 배우자, 배우자의 혈족, 배우자의 혈족의 배우자**를 인척으로 한다. <개정 1990. 1. 13.>

5) 민법 제777조(친족의 범위) 친족관계로 인한 법률상 효력은 이 법 또는 다른 법률에 특별한 규정이 없는 한 다음 각 호에 해당하는 자에 미친다. 1. 8촌 이내의 혈족 2. 4촌 이내의 인척 3. 배우자

6) 민법 제779조(가족의 범위) ① 다음의 자는 가족으로 한다. 1. 배우자, 직계혈족 및 형제자매 2. 직계혈족의 배우자, 배우자의 직계혈족 및 배우자의 형제자매 ② 제1항 제2호의 경우에는 생계를 같이 하는 경우에 한한다.

별법상의 재산죄에서도 특례는 적용된다). 여기에는 "법은 가정 내에 들어가지 않는다"는 정책적 이유가 존재한다. 하지만, 최근 헌법재판소는 71년 간 유지되어 왔던 '친족상도례'에 대해 2025. 12. 31.을 시한으로 입법자가 개정할 때까지 형법 제328조의 적용을 중지하는 헌법 불합치 결정을 내렸다(헌법재판소 2024. 6. 27.자 2020헌바341). 헌법재판소는 가족 구성원 사이에서 발생하는 수인 가능한 수준의 재산범죄에 대한 형사소추 내지 처벌에 관한 특례의 필요성은 인정하였으나, 현행 규정은 너무 넓은 범위의 친족 간의 범죄에 대해 일률적으로 형을 면제할 경우, 경우에 따라서는 형사피해자인 가족 구성원의 권리를 일방적으로 희생시키는 것이 되어 본래의 제도적 취지와는 어긋난 결과를 초래할 우려가 있다고 판단하였다(일률적 형면제로 인하여 구체적 사안에서 형사피해자의 재판절차진술권의 형해화). 이 사건 결정을 통하여 헌법재판소는 심판대상조항의 위헌성을 제거하는 데에는, 현실적 가족·친족 관계와 피해의 정도 및 가족·친족 사이 신뢰와 유대의 회복가능성 등을 고려한 피해자의 가해자에 대한 처벌의 의사표시를 소추조건으로 하는 등 여러 가지 선택가능성이 있을 수 있으며, 입법자는 충분한 사회적 합의를 거쳐 그 방안을 강구할 필요가 있다고 보았다.

2 친족관계의 존재범위   친족상도례가 인정되려면 범인과 피해자 사이에 친족관계가 인정되어야 하는데, 문제는 여기서 피해자를 누구로 볼 것인가이다. 이는 각 재산범죄의 보호법익과 관련하여 검토해야 한다. 먼저 판례는 ① **절도죄**의 경우, 소유자와 점유자 양자에 대해 친족관계를 요구한다(대판 2014도8984. Ref 2). ② 횡령죄의 경우도 범인과 피해물건의 소유자뿐만아니라 위탁자 양자에 대해 친족관계를 요구한다(대판 2008도3438, Ref 3). 그러나 ③ 사기죄의 경우 피해자는 재물의 소유자나 재산상 이익의 주체이다. '피기망자'는 피해자에 해당하지 않는다(대판 75도781). ④ 형법은 **장물죄**에 있어서 친족 간의 특례를 두고 있다(법365).[7] 즉 ㉠ **장물범과 피해자간 친족 간 범행**은 친족상도례를 규정을 준용하여 직계혈족, 배우자, 동거가족의 경우는 형을 면제한다. 그리고 기타 친족관계에서는 친고죄로 본다. 반면, ㉡ **장물범과 본범 간** 직계혈족, 배우자, 동거가족의 관계(근친)가 있는 때에는 형을 감경 또는 면제한다. 이는 다른 재산범죄와는 달리 장물죄의 본범비호적 성격을 반영한 것이다. 한편 ⑤ 재물의 **피해자가 여러 사람**일 경우에는 모든 피해자와 행위자 사이에 친족관계가 있어야 한다. 피해자의 일부에 대해 친족관계가 없다면 친족상도례는 인정되지 않는다(대판 2015도3160, Ref 1-2).

3 사안에서 다루어진 점은 친족관계를 판단하는 기준이다. 친족의 범위는 **민법상 친족관계를 기준**으로 한다. 사안에서 사돈관계를 친족관계로 판단하는 것이 제1심과 원심의 입장이고 그렇지 않다고 본 것이 대법원의 입장이다. 대법원은 친족의 범위는 형법 독자적으로 판단하는 것이 아니라 민법에 의하여야 한다는 것을 명시적으로 밝히고 있다.

4 친족의 범위   민법 제767조는 친족의 범위를 **"배우자, 혈족 및 인척"**으로 하고 있다. 여기서 '배우자'는 법률혼상의 배우자만을 의미한다. 그리고 1990년 민법 개정으로 인해 **'혈족의 배우자의 혈족'은 인척에 들어갈 수 없게 되었다.** 사돈은 '혈족의 배우자의 혈족'에 해당된다. 따라서 대상판결에서 사돈은 인척에 포함되지 않고 친족상도례도 적용되지 않는다. 또한 형법 제328조 제1항에서 '그 배우자'는 동거

---

7) 형법 제365조(친족 간의 범행) ① **전3조의 죄를 범한 자와 피해자간**에 제328조제1항, 제2항의 신분관계가 있는 때에는 동조의 규정을 준용한다. ② **전3조의 죄를 범한 자와 본범 간**에 제328조제1항의 신분관계가 있는 때에는 그 형을 감경 또는 면제한다. 단, 신분관계가 없는 공범에 대하여는 예외로 한다.

가족의 배우자만을 의미하는 것이 아니라 직계혈족, 동거친족, 동거가족 **모두의 배우자**를 의미한다(대판 2011도1765, Ref 5).

5 친족관계의 존재시기　　　　　친족관계는 '행위시'에 존재하여야 한다. 행위 시에 친족관계가 있는 이상 후에 그 친족관계가 없어진 때에도 친족관계는 적용된다. 다만 **혼인 외 출생자를 인지(認知)**하는 경우에는 민법 제860조에 의하여 인지의 효력이 **출생시에 소급**하여 발생하므로 이러한 인지의 소급효는 친족상도례에 관한 규정에도 적용된다(대판 96도1731, Ref 6).

6 인적 처벌조각사유　　　　　친족상도례에서 친족이라는 신분관계는 **인적 처벌조각사유**이므로 **범행시 객관적으로 존재**하면 그 착오여부를 불문하고 친족상도례가 적용된다. 따라서 친족관계가 있는 것으로 오인하고 재물을 절취한 경우는 친족상도례가 적용되지 않으며, 반대로 친족관계가 있다는 사실을 인식하지 못하고 절취한 경우에도 친족상도례는 적용된다.

7 한편, 외견상 친족 간의 범죄로 보이는 경우라도 그 실질에 있어서는 친족상도례를 적용할 요건을 갖추지 못한 경우도 있다. 「손자가 할아버지 소유 농업협동조합 예금통장을 절취하여 이를 현금자동지급기에 넣고 조작하는 방법으로 예금 잔고를 자신의 거래 은행 계좌로 이체한 사안에서, 위 농업협동조합이 컴퓨터 등 사용사기 범행 부분의 피해자라는 이유로 친족상도례를 적용할 수 없다」(대판 2006도2704, Ref 1−4).

Reference

친족상도례와 관련된 판례들

사기죄와 친족상도례

1−1 [대판 2016도6757] [법원을 기망하여 직계혈족 관계에 있는 제3자로부터 재물을 편취한 경우, 사기죄의 범인에 대하여는 친족상도례에 의하여 형을 면제하여야 하는지 여부(적극)] 사기죄의 보호법익은 재산권이라고 할 것이므로 사기죄에 있어서는 재산상의 권리를 가지는 자가 아니면 피해자가 될 수 없다. 그러므로 법원을 기망하여 제3자로부터 재물을 편취한 경우에 피기망자인 법원은 피해자가 될 수 없고 재물을 편취당한 제3자가 피해자라고 할 것이므로 **피해자인 제3자와 사기죄를 범한 자가 직계혈족의 관계**에 있을 때에는 그 범인에 대하여는 형법 제354조에 의하여 준용되는 형법 제328조 제1항에 의하여 그 형을 면제하여야 할 것이다.

1−2 [대판 2015도3160] [친족과 비친족의 **합유인 재산**을 기망하여 편취한 경우] 피고인 등이 공모하여, 피해자 甲, 乙 등을 기망하여 甲, 乙 및 丙과 부동산 매매계약을 체결하고 소유권을 이전받은 다음 잔금을 지급하지 않아 같은 금액 상당의 재산상 이익을 편취하였다는 내용으로 기소된 사안에서, 甲은 피고인의 8촌 혈족, 丙은 피고인의 부친이나, 위 부동산이 甲, 乙, 丙의 **합유로 등기되어 있어** 피고인에게 형법상 친족상도례 규정이 적용되지 않는다고 본 원심판단을 수긍한 사례.

1−3 [대판 2014도11533] [1] 형법 제354조, 제328조 제1항에 의하면 배우자 사이의 사기죄는 이른바 친족상도례에 의하여 형을 면제하도록 되어 있으나, 사기죄를 범하는 자가 금원을 편취하기 위한 수단으로 피해자와 혼인신고를 한 것이어서 **그 혼인이 무효인 경우라면**, 그러한 피해자에 대한 사기죄에서는 친족상도

례를 적용할 수 없다고 할 것이다. [2] 민법 제815조 제1호는 당사자 사이에 혼인의 합의가 없는 때에는 그 혼인을 무효로 한다고 규정하고 있고, 이 혼인무효 사유는 당사자 사이에 사회관념상 부부라고 인정되는 정신적·육체적 결합을 할 의사를 가지고 있지 않은 경우를 가리킨다. 그러므로 비록 당사자 사이에 혼인의 신고가 있었더라도, 그것이 단지 다른 목적을 달성하기 위한 방편에 불과한 것으로서 그들 사이에 **참다운 부부관계의 설정을 바라는 효과의사가 없을 때**에는 그 혼인은 무효라고 할 것이다.

1-4 [대판 2006도2704] ●사실● X는 절취한 친할아버지 소유 고흥 농업협동조합 예금통장을 현금자동지급기에 넣고 조작하는 방법으로 이 통장의 예금 잔고 중 57만 원을 자신의 명의 국민은행 계좌로 이체하였다. 원심은 피해자가 피고인 X의 친할아버지이라는 이유를 들어, 친족상도례를 적용하여 X에게 형 면제를 선고하였다. 이에 검사가 상고하였다. ●판지● 파기환송. 컴퓨터 등 정보처리장치를 통하여 이루어지는 금융기관 사이의 전자식 자금이체거래는 금융기관 사이의 환거래관계를 매개로 하여 금융기관 사이나 금융기관을 이용하는 고객 사이에서 현실적인 자금의 수수 없이 지급·수령을 실현하는 거래방식인바, 권한 없이 컴퓨터 등 정보처리장치를 이용하여 예금계좌 명의인이 거래하는 금융기관의 계좌 예금 잔고 중 일부를 자신이 거래하는 다른 금융기관에 개설된 그 명의 계좌로 이체한 경우, 예금계좌 명의인의 거래 금융기관에 대한 예금반환 채권은 이러한 행위로 인하여 영향을 받을 이유가 없는 것이므로, 거래 금융기관으로서는 예금계좌 명의인에 대한 예금반환 채무를 여전히 부담하면서도 환거래관계상 다른 금융기관에 대하여 자금이체로 인한 이체자금 상당액 결제채무를 추가 부담하게 됨으로써 이체된 예금 상당액의 채무를 이중으로 지급해야 할 위험에 처하게 된다. 따라서 친척 소유 예금통장을 절취한 자가 그 친척 거래 금융기관에 설치된 현금자동지급기에 예금통장을 넣고 조작하는 방법으로 친척 명의 계좌의 예금 잔고를 자신이 거래하는 다른 금융기관에 개설된 자기 계좌로 이체한 경우, 그 범행으로 인한 **피해자는 이체된 예금 상당액의 채무를 이중으로 지급해야 할 위험에 처하게 되는 그 친척 거래 금융기관이라 할 것**이고, 거래 약관의 면책 조항이나 채권의 준점유자에 대한 법리 적용 등에 의하여 위와 같은 범행으로 인한 피해가 최종적으로는 예금 명의인인 친척에게 전가될 수 있다고 하여, 자금이체 거래의 직접적인 당사자이자 이중지급 위험의 원칙적인 부담자인 거래 금융기관을 위와 같은 컴퓨터 등 사용사기 범행의 피해자에 해당하지 않는다고 볼 수는 없으므로, 위와 같은 경우에는 **친족 사이의 범행을 전제로 하는 친족상도례를 적용할 수 없다.** cf) 이 사안에서 법원은 피해자가 할아버지가 아니라 농업협동조합이기 때문에 행위자와 관계에서 친족관계가 아니고 따라서 친족상도례는 적용될 수 없다고 판단한다.

1-5 [대판 75도781] 법원을 기망하여 제3자로부터 재물을 편취한 경우에 피기망자인 법원은 피해자가 될 수 없고 재물을 편취당한 제3자가 피해자라고 할 것이므로 **피해자인 제3자와 사기죄를 범한 자가 직계혈족의 관계**에 있을 때에는 그 범인에 대하여 형법 제328조 1항을 준용하여 형을 면제하여야 한다.

절도죄와 친족상도례

2 [대판 2014도8984] [1] 형법 제328조 제1항에 정한 친족 간의 범행에 관한 규정은 **범인과 피해물건의 소유자 및 점유자 쌍방 간에 같은 규정에 정한 친족관계가 있는 경우에만 적용**되는 것이며, 단지 절도범인과 피해물건의 소유자간에만 친족관계가 있거나 절도범인과 피해물건의 점유자간에만 친족관계가 있는 경우에는 그 적용이 없다고 보아야 한다. [2] 이 사건 자동차의 등록명의자인 공소외 1이 그 소유자이고, 피해자가 매수하여 점유하던 이 사건 자동차를 피고인이 임의로 가져간 이상 절도죄가 성립하며, 피고인은 이 사건 자동차의 소유자인 공소외 1과 친족관계가 있을 뿐 그 점유자인 피해자와는 친족관계가 없으므로 피고인의 절도죄에는 친족간의 범행에 관한 형법 제328조 제1항이 적용되지 아니한다고 할 것이다.

횡령죄와 친족상도례

3 [대판 2008도3438] [횡령범인이 피해물건의 소유자와 위탁자 중 한쪽과 친족관계가 있는 경우, 친족상도례의 적용 여부(소극)] ●**사실**● 피고인은 조카 A로부터 C에게 전달해 달라는 부탁과 함께 금 2,000,000원을 교부받은 B으로부터 C에게 전달해 주겠다며 위 금원을 받아 보관하던 중 그 돈을 임의로 사용하였다. ●**판지**● 횡령범인이 위탁자가 소유자를 위해 보관하고 있는 물건을 위탁자로부터 보관받아 이를 횡령한 경우에 형법 제361조에 의하여 준용되는 제328조 제2항의 친족간의 범행에 관한 조문은 범인과 피해물건의 소유자 및 위탁자 쌍방 사이에 같은 조문에 정한 친족관계가 있는 경우에만 적용되고, 단지 횡령범인과 피해물건의 소유자간에만 친족관계가 있거나 횡령범인과 피해물건의 위탁자간에만 친족관계가 있는 경우에는 적용되지 않는다. cf) 횡령죄의 보호법익은 일차적으로 **소유권**이고 부차적으로는 **신임관계의 보호**이다. 이에 따라 횡령죄에서 친족상도례가 적용되기 위해서는 ① 행위자와 소유자 사이에 친족관계가 있어야 하며 나아가 ② 행위자와 위탁자 사이에도 친족관계가 인정되어야 한다.

4 [대판 2013도7754] [친족상도례에 관한 형법 규정이 특정경제범죄 가중처벌 등에 관한 법률 제3조 제1항 위반죄에도 적용되는지 여부(적극)] 형법 제361조, 제328조의 규정에 의하면, 직계혈족, 배우자, 동거친족, 동거가족 또는 그 배우자 간의 횡령죄는 그 형을 면제하여야 하고 그 외의 친족 간에는 고소가 있어야 공소를 제기할 수 있는바, (가) 형법상 횡령죄의 성질은 '특정경제범죄 가중처벌 등에 관한 법률'(이하 '특경법'이라고 한다) 제3조 제1항에 의해 가중 처벌되는 경우에도 그대로 유지되고, (나) 특경법에 친족상도례에 관한 형법 제361조, 제328조의 **적용을 배제한다는 명시적인 규정이 없으므로,** 형법 제361조는 특경법 제3조 제1항 위반죄에도 그대로 적용된다.

5 [대판 2011도1765] [친족상도례를 규정한 형법 제328조 제1항에서 '그 배우자'가 동거가족의 배우자만을 의미하는지 여부(소극)] [1] 형법 제354조에 의하여 준용되는 제328조 제1항에서 "직계혈족, 배우자, 동거친족, 동거가족 또는 그 배우자 간의 제323조의 죄는 그 형을 면제한다."고 규정하고 있는바, 여기서 '그 배우자'는 동거가족의 배우자만을 의미하는 것이 아니라, 직계혈족, 동거친족, 동거가족 모두의 배우자를 의미하는 것으로 볼 것이다. [2] 피고인이 상습으로 재물을 편취하였다고 하여 특정경제범죄 가중처벌 등에 관한 법률 위반(사기)으로 기소된 사안에서, 피고인이 피해자 甲의 직계혈족의 배우자임을 이유로 형법 제354조, 제328조 제1항에 따라 甲에 대한 상습사기의 공소사실에 대하여 형을 면제한 원심판단을 정당하다.

6 [대판 96도1731] [인지의 소급효가 친족상도례 규정에 미치는지 여부(적극)] 형법 제344조, 제328조 제1항 소정의 친족 간의 범행에 관한 규정이 적용되기 위한 친족관계는 원칙적으로 범행 당시에 존재하여야 하는 것이지만, 부가 혼인 외의 출생자를 인지하는 경우에 있어서는 민법 제860조[8])에 의하여 그 자의 출생시에 소급하여 인지의 효력이 생기는 것이며, 이와 같은 인지의 소급효는 친족상도례에 관한 규정의 적용에도 미친다고 보아야 할 것이므로, 인지가 범행 후에 이루어진 경우라고 하더라도 그 소급효에 따라 형성되는 친족관계를 기초로 하여 친족상도례의 규정이 적용된다.

7 [대판 84도365] [결혼한 오빠가 부재중 그 집에서 그 소유의 민화를 절취한 경우 친족상도례의 적용여

---

8) 민법 제860조(인지의 소급효) 인지는 그 자의 **출생시에 소급**하여 효력이 생긴다. 그러나 제삼자의 취득한 권리를 해하지 못한다.

부] 이건 피해품인 민화가 피고인의 오빠가 매수한 것이라면 이는 동인의 특유재산으로서 이에 대한 점유·관리권은 동인에게 있다 할 것이고 범행당시 비록 동인이 집에 없었다 하더라도 그것이 동인소유의 **집벽에 걸려있었던 이상 동인의 지배력이 미치는 범위 안에 있는 것**이라 할 것이므로 동인의 소지에 속하고 그 부부의 공동점유 하에 있다고 볼 수는 없어 이를 절취한 행위에 대하여는 친족상도례가 적용된다.

8 **[대판 79도2874]** 절도피해자가 범인의 고모아들의 부인 즉 **고종사촌 형수**인 경우에는 범인과 피해자 사이에는 형법 제328조 제2항 소정의 친족관계가 있다.

50 절도죄의 객체 – 재물의 '타인성' –

* 대법원 2012. 4. 26. 선고 2010도11771 판결
* 참조조문: 형법 제329조[1]

명의신탁 자동차의 소유권 귀속 관계

●**사실**● 피고인 X는 2007.9.28.경 피해자 A로부터 1,600만 원을 차용하고 자신의 모(母) Y 명의로 등록된(명의신탁[2]) 시가 약 2,500만 원 상당의 그랜져TG 승용차를 A에게 담보로 교부한 하였다. 하지만 이후 마음이 바뀌어 다시 위 승용차를 운행해야겠다고 마음먹고 2008.2.18. 23:50경 파주시 문산읍에 있는 A의 집인 ○○아트빌 지하주차장에서 A가 주차시켜 놓은 이 승용차를 미리 소지하고 있던 열쇠로 열고 가져왔다.

원심은 이 사건의 승용차는 피고인이 어머니 Y 명의로 구입하여 Y 명의로 등록한 명의신탁 차량이므로, 제3자인 피해자에 대한 관계에서 이 승용차의 소유자는 Y이고 피고인은 그 소유자가 아니라고 판단하여 절도죄 성립을 인정하였다. 이에 X가 상고하였다.

●**판지**● 상고기각. 「[1] 당사자 사이에 자동차의 소유권을 등록명의자 아닌 자가 보유하기로 약정한 경우, (가) **약정 당사자 사이의 내부관계에서는** 등록명의자 아닌 자가 소유권을 보유하게 된다고 하더라도 (나) **제3자에 대한 관계에서는** 어디까지나 등록명의자가 자동차의 소유자라고 할 것이다. [2] 피고인이 자신의 모(母) Y 명의로 구입·등록하여 Y에게 명의신탁한 자동차를 A에게 담보로 제공한 후 A 몰래 가져가 절취하였다는 내용으로 기소된 사안에서, A에 대한 관계에서 자동차의 소유자는 Y이고 피고인은 소유자가 아니므로 A가 점유하고 있는 자동차를 임의로 가져간 이상 절도죄가 성립한다고 본 원심판단은 정당하다」.

●**해설**● 1 절도죄의 객체는 타인의 재물이어야 한다. 즉 재물의 소유권이 행위자 이외의 타인에 속하여야 한다. 타인소유의 재물인지는 **민법이론에 의해서 결정**된다(대판 72도2465, Ref 4-7). 따라서 타인의 토지에 권원 없이 식재한 **수목의 소유권은 토지소유자에게 귀속**되므로 권원 없이 식재한 **감나무**에서 감을 수확한 것은 절도죄에 해당한다(대판 97도3425, Ref 4.6-2).

2 사안의 경우 명의신탁한 자동차를 담보로 제공한 후에 임의로 이를 가져왔을 때 절도죄가 성립하는지가 다투어졌고 여기서 쟁점은 명의신탁한 그 자동차를 피고인의 소유로 볼 수 있는지 여부이다. 피고인의 소유로 보면 절도죄 성립은 부정되기 때문이다.

3 일반적으로 **명의신탁이란** 소유권 등 물권이나 기타 재산권에 대하여 대내적 관계에서는 신탁자가 소

---

1) 형법 제329조(절도) 타인의 재물을 절취한 자는 6년 이하의 징역 또는 1천만원 이하의 벌금에 처한다.
2) **명의신탁(名義信託)**은 등기부, 토지대장 등의 공부상의 소유명의가 수탁자에게 이전되지만 수탁자는 그 재산을 관리 처분할 권리, 의무를 부담하지 않는 신탁을 말한다. 명의신탁계약에 의하여 수탁자 명의로 소유권이전등기가 경료되었다 하더라도 내부적으로는 소유권은 이전되지 않고 **신탁자가 보유**한다. 신탁자는 언제나 수탁자에 대하여 소유권을 주장할 수 있다. 그러나 ① **부동산의 경우 부동산실명법 제4조에 의해 무효**이나 제3자에게 대항하지 못하므로 제3자가 명의신탁약정이 있다는 사실을 알았건 몰랐건 제3자는 유효하게 물권을 취득할 수 있다. ② **동산의 경우** 명의신탁 약정을 제한하는 법률은 제정되어 있지 않다. 따라서 동산 명의신탁의 경우 명의신탁된 동산은 수탁자의 신탁자에 대한 관계에서 타인의 재물에 해당한다.

유권 등의 권리를 보유하되 공부상의 명의만을 수탁자로 하여 두는 것을 말한다. 이와 같은 명의신탁은 부동산뿐만 아니라 사안의 경우와 같이 자동차와 같이 등록을 요하는 동산의 경우에도 이루어지고 있다.

4 부동산과 달리 자동차명의신탁은 불법이 아니다. 다만 자동차나 중기(또는 건설기계)의 소유권의 득실변경은 **등록**을 함으로써 그 효력이 생기고 그와 같은 등록이 없는 한 대외적 관계에서는 물론 당사자의 대내적 관계에 있어서도 그 소유권을 취득할 수 없는 것이 원칙이다(대판 2006도4498, Ref 1-2). 대상판결에서는「당사자 사이에 자동차의 소유권을 등록명의자 아닌 자가 보유하기로 약정한 경우, (가) **약정 당사자 사이의 내부관계에서는** 등록명의자 아닌 자가 소유권을 보유하게 된다고 하더라도 (나) **제3자에 대한 관계에서는** 어디까지나 등록명의자가 자동차의 소유자라고 할 것」으로 보았다. 즉 자동차 명의신탁의 경우 ① **대내적 관계**에서는 신탁자에게 소유권이 있으나 ② **대외적 관계**에서는 등록명의인인 수탁자에게 소유권이 있는 것으로 본다.

5 이러한 법리 하에서 법원은 이 사건 승용차는 피고인 X가 어머니인 Y 명의로 구입하여 Y 명의로 등록한 명의신탁 차량이므로, 제3자인 피해자에 대한 관계에서 이 승용차의 소유자는 Y이지 X는 그 소유자가 아니라고 판단하였다. 이에 따라 X는 타인소유(Y)·타인점유(A)의 자동차를 절취한 것으로 절도죄가 성립된다고 보았다.

6 한편 **타인과 공동소유(공유·합유·총유)하는 재물**은 절도죄의 객체에 있어서는 **타인소유의 재물**로 본다(Ref 2).

7 형법상 절취란 타인이 점유하고 있는 자기 이외의 자의 소유물을 점유자의 의사에 반하여 그 점유를 배제하고 자기 또는 제3자의 점유로 옮기는 것을 말한다. 따라서「비록 **약정에 기한 인도 등의 청구권이 인정된다고 하더라도**, 취거 당시에 점유 이전에 관한 점유자의 명시적·묵시적인 동의가 있었던 것으로 인정되지 않는 한, 점유자의 의사에 반하여 점유를 배제하는 행위를 함으로써 절도죄는 성립하는 것이고, 그러한 경우에 특별한 사정이 없는 한 불법영득의 의사가 없었다고 할 수는 없다」(대판 2001도4546).

Reference 1

자동차의 소유권 귀속관계와 절도죄

1 [대판 2012도15303] [이른바 명의신탁 자동차의 소유권 귀속관계] [1] 피고인이 자신의 명의로 등록된 자동차를 사실혼 관계에 있던 **甲에게 증여하여**[3] 甲만이 이를 운행·관리하여 오다가 서로 별거하면서 재산분할 내지 위자료 명목으로 甲이 소유하기로 하였는데, 피고인이 이를 임의로 운전해 간 사안에서, **자동차 등록명의와 관계없이** 피고인과 甲 사이에서는 甲을 소유자로 보아야 한다는 이유로 절도죄를 인정한 원심판

---

3) **증여**는 당사자 일방이 무상으로 재산을 상대방에 수여하는 의사를 표시하고 상대방이 이를 승낙함으로써 그 효력이 생기는 계약이다(민법554). 증여의 성립에는 별도의 방식을 요구하지 않으므로 구두에 의해서도 유효하게 성립한다. 다만, 증여의 무상성으로 인해 서면에 의하지 않은 증여는 각 당사자가 이행이 있기 전까지는 언제든지 해제할 수 있다(민법555).

단은 정당하다. [2] 자동차에 대한 소유권의 득실변경은 등록을 함으로써 그 효력이 생기고 등록이 없는 한 대외적 관계에서는 물론 당사자의 대내적 관계에서도 소유권을 취득할 수 없는 것이 원칙이지만, 당사자 사이에 소유권을 등록명의자 아닌 자가 보유하기로 약정하였다는 등 **특별한 사정**이 있는 경우에는 그 **내부관계**에 있어서는 등록명의자 아닌 자가 소유권을 보유하게 된다고 할 것이다.

2 [대판 2006도4498] [자동차 명의신탁관계에서 제3자가 명의수탁자로부터 승용차를 가져가 매도할 것을 허락받고 명의신탁자 몰래 가져간 경우, 위 제3자와 명의수탁자의 공모·가공에 의한 절도죄의 공모공동정범이 성립한다고 한 사례] ●사실● 피고인 X(여)와 Y(남)는 사실혼관계이다. Y의 어머니 A는 승용차를 구입하면서 장애인면세 혜택을 받기 위해 X의 어머니 B의 명의를 빌려 승용차를 구입하였다. 이후 X와 Y 간의 관계가 파탄에 이르자 X는 명의인인 어머니 B로부터 승용차의 매도를 허락받고 매도에 필요한 인감증명 등의 서류도 교부받았다. 이후 X는 열쇠공을 통해 주차된 승용차의 문을 연 후, 자동차매매상사로 운전해 갔다. 매매과정에서 X는 자동차의 소유주는 B라 말하고 차량이전에 필요한 인감도장을 비롯한 서류들을 모두 건네 준 뒤, 즉석에서 매매대금으로 700만원을 교부받았다. 이로서 승용차의 명의는 자동차 매매상사의 명의로 이전되었다. 검사는 X를 ① **승용차를 가져간 행위에 대해서는 절도죄**, ② **자동차매매상사에 매도한 행위에 대해서는 사기죄**로 기소하였다. 제1심은 모두 유죄를 선고하였으나 원심은 모두 무죄를 선고하였다. 이에 검사가 상고하였다. ●판지● 파기환송. [1] 자동차나 중기(또는 건설기계)의 소유권의 득실변경은 등록을 함으로써 그 효력이 생기고 그와 같은 등록이 없는 한 대외적 관계에서는 물론 당사자의 대내적 관계에 있어서도 그 소유권을 취득할 수 없는 것이 원칙이지만, 당사자 사이에 그 소유권을 그 등록 명의자 아닌 자가 보유하기로 약정하였다는 등의 특별한 사정이 있는 경우에는 그 내부관계에 있어서는 그 등록 명의자 아닌 자가 소유권을 보유하게 된다. [2] 자동차 명의신탁관계에서 제3자가 명의수탁자로부터 승용차를 가져가 매도할 것을 허락받고 인감증명 등을 교부받아 위 승용차를 명의신탁자 몰래 가져간 경우, 위 **제3자와 명의수탁자의 공모·가공에 의한 절도죄의 공모공동정범이 성립한다**고 한 사례. [3] [자동차의 명의수탁자가 명의신탁 사실을 고지하지 않고, 나아가 자신 소유라는 말을 하면서 자동차를 제3자에게 매도하고 이전등록까지 마쳐 준 경우, 매수인에 대한 사기죄가 성립하는지 여부(소극)] 부동산의 명의수탁자가 부동산을 제3자에게 매도하고 매매를 원인으로 한 소유권이전등기까지 마쳐 준 경우, **명의신탁의 법리상** (가) 대외적으로 수탁자에게 그 부동산의 처분권한이 있는 것임이 분명하고, (나) 제3자로서도 자기 명의의 소유권이전등기가 마쳐진 이상 무슨 실질적인 재산상의 손해가 있을 리 없으므로 그 명의신탁 사실과 관련하여 신의칙상 고지의무가 있다거나 기망행위가 있었다고 볼 수도 없어서 그 제3자에 대한 **사기죄가 성립될 여지가 없고**, 나아가 그 처분시 매도인(명의수탁자)의 소유라는 말을 하였다고 하더라도 역시 사기죄가 성립하지 않으며, 이는 자동차의 명의수탁자가 처분한 경우에도 마찬가지이다. cf) 원심의 논거는 자동차관리법 제6조에 의하면, 자동차 소유권의 득실변경은 등록을 하여야 그 효력이 생기는 것으로 등록이 없는 한 대외적 관계에서는 물론 당사자의 대내적 관계에 있어서도 그 소유권을 취득할 수 없기 때문에 문제의 승용차는 B 소유의 것이고 X는 B의 허락을 받고 가져간 것이기 때문에 절도죄는 성립하지 않는다고 판단한 것이다. 이에 반해 대법원은 원칙과 예외를 나누어 원칙적으로는 자동차를 등록하지 않는 한 대외적 관계에서는 물론 당사자의 대내적 관계에 있어서도 그 소유권을 취득할 수 없다고 보았다. 그러나 예외적으로 「당사자 사이에 그 소유권을 그 등록 명의자 아닌 자가 보유하기로 약정하였다는 등의 특별한 사정이 있는 경우에는 그 **내부관계에 있어서는 그 등록 명의자 아닌 자가 소유권을 보유**하게 된다」고 판단하였다.

3 [대판 2000도5767] [피고인이 **지입제로 운행**하던 택시를 지입회사의 요구로 회사 차고지에 입고하였다가 회사의 승낙을 받지 않고 가져간 행위가 권리행사방해죄에 해당하지 않는다고 한 사례] [1] 피고인이 택시를 회사에 지입하여 운행하였다고 하더라도, 피고인이 회사와 사이에 위 택시의 소유권을 피고인이 보유하기로 약정하였다는 등의 특별한 사정이 없는 한, **위 택시는 그 등록명의자인 회사의 소유이고 피고인의 소유는 아니라고 할 것**이므로 회사의 요구로 위 택시를 회사 차고지에 입고하였다가 회사의 승낙을 받지 않고 이를 가져간 피고인의 행위는 권리행사방해죄에 해당하지 않는다. [2] 형법 제323조의 **권리행사방해죄는 타인의 점유 또는 권리의 목적이 된 자기의 물건**을 취거, 은닉 또는 손괴하여 타인의 권리행사를 방해함으로써 성립하는 것이므로 그 취거, 은닉 또는 손괴한 물건이 자기의 물건이 아니라면 권리행사방해죄가 성립할 여지가 없다.

Reference 2
공유 · 합유 · 총유하는 재물과 절도죄

1 [대판 81도2956] 조합원의 1인이 조합원의 **공동점유에 속하는 합유물**을 다른 조합원의 승낙없이 단독으로 취거한 경우에는 절도죄가 성립한다.

2 [대판 83도3027] 인장이 들어 있는 돈 궤짝을 사실상 별개 가옥에 별거 중인 남편이 그 거주가옥에 보관 중이었다면 처가 그 돈 궤짝의 열쇠를 소지하고 있었다고 하더라도 그 안에 들은 인장은 처의 단독 보관 하에 있는 것이 아니라 **남편과 공동 보관 하에 있다**고 보아야 할 것이므로, 공동보관 중의 1인인 처가 다른 보관자인 남편의 동의 없이 불법영득의 의사로 위 인장을 취거한 이상 절도죄를 구성한다고 보아야 할 것이다.

3 [대판 90도1021] 피고인이 피고인과 피해자의 **동업자금으로 구입**하여 피해자가 관리하고 있던 다이야 포크레인 1대를 그의 허락 없이 공소외인으로 하여금 운전하여 가도록 한 행위는 **절도죄를 구성**한다.

4 [대판 98도126] [1] 일반적으로 하나의 교회가 두 개의 교회로 분열된 경우 교회의 장정 기타 일반적으로 승인된 규정에서 교회가 분열될 경우를 대비하여 미리 재산의 귀속에 관하여 정하여진 바가 없으면 교회의 법률적 성질이 권리능력 없는 사단인 까닭으로 종전 교회의 재산은 분열 당시 **교인들의 총유**에 속하고, 교인들은 각 교회활동의 목적 범위 내에서 **총유권의 대상인 교회재산**을 사용수익할 수 있다. [2] 하나의 교회가 두 개 이상으로 분열된 경우 그 재산의 처분에 관하여 교회 장정 등에 규정이 없는 한 분열 당시 교인들의 총의에 따라 그 귀속을 정하여야 하고 그와 같은 절차 없이 위 재산에 대하여 다른 교파의 점유를 배제하고 자기 교파만의 지배에 옮긴다는 인식 아래 이를 가지고 갔다면 절도죄를 구성한다.

5 [비교판례] [대판 2008도11804] 두 사람으로 된 **생강농사 동업관계**에 불화가 생겨 그 중 1인이 나오지 않자, 남은 동업인이 혼자 생강 밭을 경작하여 생강을 반출한 행위가 **절도죄를 구성하지 않는다**고 한 사례 **cf)** 이 판례는 위 원칙에 대한 예외적 인정사례임을 주의하여야 한다. 두 사람으로 된 동업관계 즉, 조합관계에 있어 그 중 1인이 탈퇴하면 조합관계는 해산됨이 없이 종료되어 청산이 뒤따르지 아니하며 조합원의

합유에 속한 조합재산은 남은 조합원의 단독소유에 속하고, 탈퇴자와 남은 자 사이에 탈퇴로 인한 계산을 하여야 한다. 따라서 남은 동업자가 재물을 취거하는 것은 타인소유 재물에 대한 것이 아니어서 절도죄가 성립하지 않는다.

Reference 3

동산양도담보의 경우

1 [대판 2006도8649] ●판시● 돈사에서 대량으로 사육되는 돼지에 대한 **이중의 양도담보설정계약**이 체결된 경우 **뒤에 양도담보설정계약을 체결한 이중양수 채권자**가 임의로 돼지를 반출한 행위는 **절도죄를 구성**한다. ●**전문**● 돈사에서 대량으로 사육되는 **돼지**를 집합물에 대한 **양도담보**[4]의 목적물로 삼은 경우, 그 돼지는 번식, 사망, 판매, 구입 등의 요인에 의하여 증감 변동하기 마련이므로 양도담보권자가 그 때마다 별도의 양도담보권설정계약을 맺거나 점유개정의 표시를 하지 않더라도 하나의 집합물로서 동일성을 잃지 아니한 채 양도담보권의 효력은 항상 현재의 집합물 위에 미치게 되고, 금전채무를 담보하기 위하여 채무자가 그 소유의 동산을 채권자에게 양도하되 **점유개정**[5]**의 방법**으로 인도하고 채무자가 이를 계속 점유하기로 약정한 경우 특별한 사정이 없는 한 그 동산의 소유권은 신탁적으로 이전되는 것에 불과하여, **채권자와 채무자 사이의 (가) 대내적 관계**에서는 채무자가 소유권을 보유하나 (나) **대외적인 관계**에서의 채무자는 동산의 소유권을 이미 채권자에게 양도한 무권리자가 되는 것이어서 다시 다른 채권자와 사이에 양도담보설정계약을 체결하고 점유개정의 방법으로 인도하더라도 선의취득이 인정되지 않는 한 나중에 설정계약을 체결한 채권자로서는 양도담보권을 취득할 수 없는데, 현실의 인도가 아닌 점유개정의 방법으로는 선의취득이 인정되지 아니하므로 **결국 뒤의 채권자는 적법하게 양도담보권을 취득할 수 없다.** …… 피고인은 이 사건 돼지 반출행위 당시 그 돼지들이 피고인이 아닌 타인의 소유와 점유에 속함을 알았음에도 이를 불법하게 영득할 의사로 그 기재와 같이 돼지를 실어 갔다고 보아야 한다.

2 [대판 2006도4263] [점유개정 방식의 동산 양도담보계약에서 소유권의 귀속관계] [1] 금전채무를 담보하기 위하여 채무자가 그 소유의 동산을 채권자에게 양도하되 점유개정에 의하여 채무자가 이를 계속 점유하기로 한 경우, 특별한 사정이 없는 한 동산의 소유권은 신탁적으로 이전되고, 채권자와 채무자 사이의 (가) **대내적 관계에서 채무자는 의연히 소유권을 보유**하나 (나) **대외적인 관계에 있어서 채무자는 동산의 소유권을 이미 채권자에게 양도한 무권리자**가 된다. 따라서 동산에 관하여 양도담보계약이 이루어지고 채권자가 점유개정의 방법으로 인도를 받았다면, 그 정산절차를 마치기 전이라도 양도담보권자인 채권자는 제3자에 대한 관계에 있어서는 담보목적물의 소유자로서 그 권리를 행사할 수 있다. [2] 양도담보권자인 채권자가 제3자에게 담보목적물인 동산을 매각한 경우, 제3자는 채권자와 채무자 사이의 정산절차 종결 여부와 관계

---

4) **양도담보**는 채권담보의 목적으로 물건의 소유권 자체를 채권자에게 이전하고(이점이 질권이나 저당권과는 다른 점이다), 채무자가 이행하지 아니한 경우에는 채권자가 그 목적물로부터 우선변제를 받게 되지만, 채무자가 이행을 하는 경우에는 목적물을 다시 원소유자에게 반환함으로써 채권을 담보하는 비전형담보이다. 따라서 양도담보에서 **소유권은 여전히 채무자에게 유보되어 있음을 주의**하여야 한다(대내적 관계). 이중양도담보설정의 경우 뒤의 채권자는 법적으로 어떠한 권리도 없다.

5) **점유개정**은 동산에 관한 물권을 양도하는 경우에 당사자의 계약으로 양도인이 그 동산의 점유를 계속하는 때에는 양수인이 인도받은 것으로 본다. 예를 들어, 갑이 그의 스마트폰을 을에게 팔고서 을로부터 다시 빌려 쓰는 경우가 점유개정의 한 예이다.

없이 양도담보 목적물을 인도받음으로써 소유권을 취득하게 되고, 양도담보의 설정자가 담보목적물을 점유하고 있는 경우에는 그 목적물의 인도는 채권자로부터 목적물반환청구권을 양도받는 방법으로도 가능하다. **채권자가 양도담보 목적물을 위와 같은 방법으로 제3자에게 처분하여 그 목적물의 소유권을 취득하게 한 다음 그 제3자로 하여금 그 목적물을 취거하게 한 경우,** 그 제3자로서는 자기의 소유물을 취거한 것에 불과하므로, 채권자의 이 같은 행위는 절도죄를 구성하지 않는다. [3] 이 사건 통발어구의 양도담보권자인 주식회사 세웅수산의 상무이사 및 총무부장인 피고인들이 양도담보의 목적물인 이 사건 어구를 제3자인 공소외 1에게 매각한 후 공소외 1로 하여금 이를 임의로 취거하게 하여, 양도담보 설정자로서 그 소유자인 공소외 2의 점유를 배제하였으므로 절도죄가 성립한다고 판단하였다. 그러나 위 법리에 비추어 보면, 동산 양도담보권자가 양도담보의 목적물을 제3자에게 매각한 경우 특별한 사정이 없는 한 그 제3자는 양도담보 설정자에 대한 관계에서도 유효하게 그 소유권을 취득한다고 할 것이다.

Reference 4

기타 소유권 귀속관계

1 **[대판 2009도11827]** [**수산업법에 의한 '양식어업권'을 행사하는 구역 내에서 자연 번식하는 수산동식물의 채취**와 절도죄의 성립 여부(소극)] [1] 수산업법에 의한 양식어업권은 행정관청의 면허를 받아 해상의 일정 구역 내에서 패류·해조류 또는 정착성 수산동물을 포획·채취할 수 있는 권리를 가리키는 것으로서 이는 그 지역에서 천연으로 생육하는 수산동식물을 어업면허를 받은 종류에 한하여 배타적·선점적으로 채취할 수 있는 권리에 불과하고 그 지역 내의 수산동식물의 소유권을 취득하는 권리는 아니므로 어업권의 취득만으로 당연히 그 지역 내에서 자연 번식하는 수산동식물의 소유권이나 점유권까지 취득한다고는 볼 수 없다. 따라서 어업권자와 어업권행사계약을 체결하고 어업권을 행사하는 피해자의 양식장에서 모시조개를 채취한 경우 절도죄가 성립하기 위해서는 그 채취한 모시조개가 자연 번식하는 것이 아니라 그 피해자가 양식하는 것으로서 피해자의 소유임이 인정되어야 한다. [2] 어업권자와 어업권행사계약을 체결하고 어업권을 행사하는 피해자의 양식장에서 **'자연산' 모시조개를 무단 채취**한 행위가 절도죄에 해당하지 아니한다고 한 사례.

2 **[대판 2007도1375]** [1] [**'갈취'한 현금카드를 사용하여 현금자동지급기에서 예금을 인출**한 행위가 공갈죄와 별도로 절도죄를 구성하는지 여부(소극)] 예금주 현금카드 소유자를 협박하여 그 카드를 갈취한 다음 피해자의 승낙에 의하여 현금카드를 사용할 권한을 부여받아 이를 이용하여 현금자동지급기에서 현금을 인출한 행위는 모두 피해자의 예금을 갈취하고자 하는 피고인의 단일하고 계속된 범의 아래에서 이루어진 일련의 행위로서 포괄하여 하나의 공갈죄를 구성하므로, 현금자동지급기에서 피해자의 예금을 인출한 행위를 현금카드 갈취행위와 분리하여 따로 절도죄로 처단할 수는 없다. 왜냐하면 위 예금 인출 행위는 하자 있는 의사표시이기는 하지만 피해자의 승낙에 기한 것이고, 피해자가 그 승낙의 의사표시를 취소하기까지는 현금카드를 적법, 유효하게 사용할 수 있으므로, 은행으로서도 피해자의 지급정지 신청이 없는 한 그의 의사에 따라 그의 계산으로 적법하게 예금을 지급할 수밖에 없기 때문이다. [2] [**'강취'한 현금카드를 사용하여 현금자동지급기에서 예금을 인출**한 행위가 강도죄와 별도로 절도죄를 구성하는지 여부(적극)] 강도죄는 공갈죄와는 달리 피해자의 반항을 억압할 정도로 강력한 정도의 폭행·협박을 수단으로 재물을 탈취하여야 성립하므로, 피해자로부터 현금카드를 강취하였다고 인정되는 경우에는 피해자로부터 현금카드의 사용

에 관한 승낙의 의사표시가 있었다고 볼 여지가 없다. 따라서 강취한 현금카드를 사용하여 현금자동지급기에서 예금을 인출한 행위는 피해자의 승낙에 기한 것이라고 할 수 없으므로, 현금자동지급기 관리자의 의사에 반하여 그의 지배를 배제하고 그 현금을 자기의 지배하에 옮겨 놓는 것이 되어서 **강도죄와는 별도로 절도죄를 구성**한다.

3 [대판 2002도5090] ●**사실**● 피고인 X는 2000.11.23. 16:00경 강릉시 소재 피해자 A가 운영하는 식당에서 종업원으로 일하던 중, 계산대 위에 놓여 있던 A의 처 B의 손가방 안에서 A 소유의 위 식당 영업허가증 1장과 사업자등록증 1장을 꺼내어 가 이를 절취하였다. 당시 A는 신용불량상태여서 스스로 신용카드가 맹점 개설이 불가능해지자 X에게 부탁하여 X가 관할관청에 신청하여 **X 명의로** 식품접객업 영업허가증과 사업자등록증을 발급받은 상태였다. 원심은 절도죄를 인정한 제1심을 파기하고 **무죄를 선고**하였다. 이에 검사가 상고하였다. ●**판지**● **파기환송.** [1] 식품접객업 영업허가가 행정관청의 허가이고 그 영업 자체가 국민의 보건과 관계가 있으며, 나아가 부가가치세법에 의한 사업자등록이 납세의무와 관련되어 있다 하더라도, 당사자 사이에서 그 허가명의 및 등록명의를 대여하는 것이 허용되지 않는다고 볼 것은 아니다. [2] 명의대여 약정에 따른 신청에 의하여 발급된 **영업허가증과 사업자등록증은 피해자가 인도받음으로써 피해자의 소유가 되었다고 할 것**이므로, 이를 명의대여자가 가지고 간 행위가 **절도죄에 해당한다**고 한 사례. ●**해설**● 대상판결의 논점은 영업허가증이나 사업자등록증의 소유자를 누구로 볼 것인가에 있다. 원심은 이들 증서의 소유권자는 명의대여자인 식당 종업원인 X로 보았기 때문에 X는 자신의 물건을 가져온 것이므로 무죄를 선고하였다 이에 반해 대법원은 증서의 소유권자는 명의를 빌린 식당 주인인 A로 보고 있다.

4 [대판 90도1958] 피고인과 갑 간에 '갑이 임야의 입목을 벌채하는 등의 공사를 완료하면 피고인은 갑에게 그 벌채한 원목을 인도한다.'는 계약이 성립되고 갑이 위 계약상 의무를 모두 이행하였더라도 그것만으로 위 원목의 소유권이 바로 갑에게 귀속되는 것이 아니라 별도로 그 소유자인 피고인이 갑에게 위 원목에 관한 소유권이전의 **의사표시를 하고 이를 인도함**으로써 비로소 그 소유권이전의 효력이 생기는 것이므로, 아직 피고인이 갑에게 위 원목에 관한 소유권이전의 의사표시를 하고 이를 **인도하지 아니한 채** 이를 타인에게 매도한 행위는 자기 소유 물건의 처분행위에 불과하여 절도죄를 구성하지 아니한다.

5 [대판 89도773] 을이 갑회사로부터 중기를 **갑회사에 소유권을 유보하고 할부로 매수**한 다음 병회사에 이를 지입하고 중기등록원부에 병회사를 소유자로 등록한 후 을의 갑에 대한 할부매매대금 채무를 담보하기 위하여 갑명의로 근저당권 설정등록을 하였으며 위 중기는 을이 이를 점유하고 있었는데 갑의 회사원인 **피고인들이 합동**하여 승낙 없이 위 중기를 가져간 경우, 지입자가 사실상의 처분관리권을 가지고 있다고 하여도 이는 지입자와 지입받은 회사와의 내부관계에 지나지 않는 것이고 **대외적으로는 자동차등록원부상의 소유자 등록이 원인무효가 아닌 한 지입받은 회사가 소유권자**로서의 권리(처분권 등)를 가지고 의무(공과금등 납세의무, 중기보유자의 손해배상 책임 등)를 지는 것이므로 피고인들의 중기취거 행위는 지입받은 회사인 **병의 중기등록원부상의 소유권을 침해한 것**으로서 특수절도죄에 해당한다.

부동산에의 부합6)

6-1 [대판 80도1874] [타인의 토지상에 식재한 수목의 소유권] 타인의 토지상에 권원없이 식재한 수목의 소유권은 토지소유자에게 귀속되고 권원에 의하여 식재한 경우에는 그 소유권이 식재한 자에게 있다.

6-2 [대판 97도3425] 타인의 토지상에 권원 없이 식재한 수목의 소유권은 토지소유자에게 귀속하고 권원에 의하여 식재한 경우에는 그 소유권이 식재한 자에게 있으므로, 권원 없이 식재한 감나무에서 감을 수확한 것은 절도죄에 해당한다.

7 [대판 72도2465] 파기환송. [타인 소유의 부동산을 매수하여 그 소유권 이전등기를 경료한자라 할지라도 제3자가 점유 경작한 토지에 대하여는 그 점유의 인도를 받아야만 이를 경작할 수 있다 할 것이고 점유권 없이 파종한 그 모의 소유권을 취득한다고 볼 수는 없을 것이다] 갑이 본건 답을 매수하여 그 소유권이전등기를 경료하였다 할지라도 본건 답을 계속 점유경작하여 온 제3자에 대하여는 그 점유의 인도를 받아야만 이를 경작할 수 있다 할 것이고 그 인도를 받음이 없이 경작에 착수하였다면 그 제3자의 점유를 침해한 결과가 될 것이며, 갑이 그 제3자의 점유를 침해하여 못자리에 파종을 하였다 하더라도 점유권 없이 파종한 그 모의 소유권을 취득한다고 볼 수는 없으므로 그 제3자가 파종한 모를 타인에 이양하였다 하여 이를 절취한 것이라고 단정할 수 없다.

---

6) **부합**이란 소유자를 각각 달리하는 수개의 물건이 결합하여 1개의 물건으로 되는 것을 말한다. 민법은 부합과 관련하여「부동산의 소유자는 그 부동산에 부합한 물건의 소유권을 취득한다. 그러나 타인의 권원에 의하여 부속된 것은 그러하지 아니하다」(민법256)고 규정한다. 다만, 예외적으로 판례는 권원 없이 타인의 토지에 **농작물을 경작**한 경우에도 토지 소유자가 아닌 경작자의 소유를 인정하고 있으며, 이에 명인방법도 요하지 않는다 (대판 79다7840).

주거침입죄의 실행의 착수시기 및 출입문이 열려 있으면 안으로 들어가겠다는 의사 아래 출입문을 당겨보는 행위를 주거침입의 실행에 착수한 것으로 볼 수 있는지 여부

●**사실**● 피고인 X는 **야간**에 출입문이 열려있는 집에 들어가 재물을 절취하기로 마음먹고 피해자들이 주거하는 다세대주택에 들어가 그 건물 101호의 출입문을 손으로 당겨보았는데 문이 잠겨있자 그 옆의 102호, 2층의 201호, 202호, 3층의 301호, 302호 그리고 옆 건물의 주택 1층에 이르러 똑같이 출입문을 당겨보았는데 모두 잠겨있어 범행에 실패하였다.

제1심과 원심은 X가 잠긴 출입문을 부수거나 도구를 이용하여 강제로 열려는 의사가 전혀 없이, 출입문이 잠겨있다면 침입할 의사가 전혀 없이 손으로 출입문을 당겨보아 출입문이 잠겨있는지 여부를 확인한 것이라면 이는 범행의 대상을 **물색한 것에 불과**하며 따라서 X의 이 부분 행위는 야간주거침입절도죄의 예비단계에 지나지 않는다고 보아 본죄의 미수성립을 부정하였다. 이에 검사가 상고하였다.

●**판지**● 파기환송. 「[1] 야간에 타인의 재물을 절취할 목적으로 사람의 주거에 침입한 경우에는 **주거에 침입한 단계**에서 이미 형법 제330조에서 규정한 야간주거침입절도죄라는 범죄행위의 실행에 착수한 것이라고 보아야 한다. [2] 주거침입죄의 실행의 착수는 주거자, 관리자, 점유자 등의 의사에 반하여 주거나 관리하는 건조물 등에 들어가는 행위, 즉 **구성요건의 일부를 실현하는 행위**까지 요구하는 것은 아니고 범죄구성요건의 실현에 이르는 **현실적 위험성을 포함하는 행위를 개시하는 것**으로 족하므로, 출입문이 열려 있으면 안으로 들어가겠다는 의사 아래 출입문을 당겨보는 행위는 바로 주거의 사실상의 평온을 침해할 **객관적인 위험성**을 포함하는 행위를 한 것으로 볼 수 있어 그것으로 **주거침입의 실행에 착수한 것으로 보아야 한다**」.

●**해설**● 1 절도죄는 미수범을 처벌하므로(법342) 실행의 착수시점이 문제된다. 판례는 절도죄의 경우 밀접행위설(실질적 객관설)을 취한다. **밀접행위설**이란 실행행위와 밀접한 행위를 하여야 실행의 착수가 인정된다고 보는 학설이다. 다만 대법원은 구체적 타당성을 살리기 위하여 절도의 밀접행위시기를 사안별로 달리 판단하고 있다(형법판례총론 [39] 참조).

2 야간주거침입절도죄(법330)가 성립하기 위해서는 야간에 타인의 주거 등에 침입하여 타인의 재물을 절취하여야 한다(**주거침입기준설**). 따라서 '주간에' 사람의 주거 등에 침입하여 '야간에' 타인의 재물을 절취한 행위는 본죄에 해당되지 않는다(대판 2011도300, Ref 3). 이는 **야간에 이루어지는 주거침입행위의 위험성**에 주목하여 형법이 야간주거침입절도를 중하게 처벌하고 있는 것으로 보아야하기 때문이다(대판 2011도300, Ref 3). 야간주거침입강도죄(법334①[2])의 경우도 이와 같다(대판 92도917, Ref 2). '**야간**'은 일몰과 일출을 기준으로 판단한다(대판 76도414).

---

1) 형법 제330조(야간주거침입절도) **야간에 사람의 주거**, 간수하는 저택, **건조물**이나 선박 또는 점유하는 방실에 침입하여 타인의 재물을 절취한 자는 **10년 이하의 징역**에 처한다.　cf) 본죄는 징역형만을 규정하고 있다.
2) 형법 제334조(특수강도) ① **야간에 사람의 주거**, 간수하는 저택, 건조물이나 선박 또는 점유하는 방실에 침입하여 전조의 죄를 범한 자는 **무기 또는 5년 이상의 징역**에 처한다.

3 사안의 경우 X가 야간에 빌라의 각층을 돌며 각 호의 출입문을 당겨보았으나 모두 잠겨 있어 문을 열고 들어가는 것에 실패하였는데 이러한 X의 행위가 야간주거침입절도가 성립하는지가 다투어 졌다. 원심은 절도의 예비정도의 단계로 범죄성립을 부정하였다. 즉 X는 단순히 범행대상을 물색하면서 이집, 저집 기웃거린 것에 불과하다고 할 것인데, 이러한 행위에 그친 것만으로도 야간주거침입절도죄의 미수죄에 해당한다고 해석하는 것은 형법 조항의 적용범위를 지나치게 넓혀 부당한 결과에 이르게 된다고 보았다.

4 그러나 대법원은 X의 행위는 실행의 착수에 들어간 것으로 판단하여 **야간주거침입절도 미수죄를 인정**하고 있다. 대법원은 주거침입죄의 실행의 착수는 구성요건의 일부를 실현할 것까지 요구하지 않고 범죄구성요건의 실현에 이르는 **현실적 위험성을 포함하는 행위를 개시**하는 것으로 족하다고 해석하기 때문에 **야간에 주거에 침입하여 물건을 절취할 의도**로 다세대주택 건물 안에 들어가 출입문을 열려고 시도하였다면 이는 단순히 범행대상의 물색행위로서 예비단계에 있다고 볼 수 없고 야간주거침입절도죄의 실행에 착수한 것으로 판단하였다. 단지 사안의 경우는 그 출입문이 잠겨 있었다는 외부적 장애요소로 인하여 뜻을 이루지 못한 데 불과한 것으로 판단한 것이다.

5 그러나 '주간'에 이런 일이 벌어 졌다면 달리 판단된다. 「2인 이상이 합동하여 **야간이 아닌 주간에** 절도의 목적으로 타인의 주거에 침입하였다 하여도 **아직 절취할 물건의 물색행위를 시작하기 전이라면** 특수절도죄의 실행에는 착수한 것으로 볼 수 없는 것이어서 그 미수죄가 성립하지 않는다」(대판 2009도9667).[3)]

6 야간주거침입절도죄의 객체인 '건조물'　　　　　간주거침입절도죄의 객체인 「건조물은 주위벽 또는 기둥과 지붕 또는 천정으로 구성된 구조물로서 사람이 기거하거나 출입할 수 있는 장소를 말하며 반드시 영구적인 구조물일 것을 요하지 않는다」. 따라서 **담배점포**의 경우도 「알미늄 샷시로 된 구조물이긴 하나 주위벽과 지붕으로 구성되어 사람이 그 내부에서 기거하거나 출입할 수 있을 뿐 아니라 실제로 피해자는 그 내부에 담배, 복권 기타잡화 등을 진열해 놓고 판매하는 일상생활을 영위해 오면서 침식의 장소로도 사용해왔기 때문에 주거침입의 객체가 될 수 있는 건조물에 해당된다」고 보았다(대판 88도2430).

Reference 1

야간주거침입절도죄의 실행의 착수를 인정한 사례

1-1 [대판 2003도4417] 야간에 아파트에 침입하여 물건을 훔칠 의도 하에 **아파트의 베란다 철제난간까지 올라가 유리창문을 열려고 시도**하였다면 야간주거침입절도죄의 실행에 착수한 것으로 보아야 한다.

1-2 [비교판례] [대판 92도1650] [**주간에 절도의 목적**으로 타인의 주거에 침입한 경우, 절도죄의 실행의 착수시기(=물색행위시)] 절도죄의 실행의 착수시기는 재물에 대한 타인의 사실상의 지배를 침해하는 데에 밀접한 행위를 개시한 때라고 보아야 하므로, 야간이 아닌 주간에 절도의 목적으로 타인의 주거에 침입하였다고 하여도 아직 절취할 물건의 물색행위를 시작하기 전이라면 주거침입죄만 성립할뿐 절도죄의 실행

---

3) 절도죄의 실행의 착수시점과 관련해서는 <형법판례총론> 【39】 참조.

에 착수한 것으로 볼 수 없는 것이어서 절도미수죄는 성립하지 않는다.

2 [대판 92도917] 형법 제334조 제1항 소정의 **야간주거침입강도죄**는 주거침입과 강도의 결합범으로서 시간적으로 주거침입행위가 선행되는 것이므로 **주거침입을 한 때에 본죄의 실행에 착수한 것으로 볼 것인바,** 같은 조 제2항 소정의 흉기휴대 합동강도죄에 있어서도 그 강도행위가 야간에 주거에 침입하여 이루어지는 경우에는 주거침입을 한 때에 실행에 착수한 것으로 보는 것이 타당하다. 원심판시 의하면 피고인들이 야간에 피해자 이○란의 집에 이르러 재물을 강취할 의도로 피고인 강○복이 출입문 옆 창살을 통하여침입하고 피고인 배○환은 부엌방충망을 뜯고 들어 가다가 피해자 시아버지의 헛기침에 발각된 것으로 알고 도주함으로써 뜻을 이루지 못했다는 것이므로, 피고인들이 위와 같이 **야간에 주거에 침입한 이상 특수강도죄의 실행에 착수한 것**으로서 그 미수범으로서 처단되어야 할 것이다.

야간주거침입절도죄의 실행의 착수를 부정한 사례

3 [대판 2011도300] ['주간에' 사람의 주거 등에 침입하여 '야간에' 타인의 재물을 절취한 경우] 형법은 제329조에서 절도죄를 규정하고 곧바로 제330조에서 야간주거침입절도죄를 규정하고 있을 뿐, 야간절도죄에 관하여는 처벌규정을 별도로 두고 있지 아니하다. 이러한 형법 제330조의 규정형식과 그 구성요건의 문언에 비추어 보면, 형법은 야간에 이루어지는 주거침입행위의 위험성에 주목하여 그러한 행위를 수반한 절도를 야간주거침입절도죄로 중하게 처벌하고 있는 것으로 보아야 하고, 따라서 **주거침입이 주간에 이루어진 경우에는 야간주거침입절도죄가 성립하지 않는다**고 해석하는 것이 타당하다.

4 [대판 2008도917] 야간에 다세대주택에 침입하여 물건을 절취하기 위하여 **가스배관을 타고 오르다가** 순찰 중이던 경찰관에게 발각되어 그냥 뛰어내렸다면, 야간주거침입절도죄의 실행의 착수에 이르지 못했다. cf) 사안에서 법원은 행위자가 주거로 들어가는 문의 시정장치를 부수거나 문을 여는 등 침입을 위한 구체적 행위를 시작함으로써 범죄구성요건의 실현에 이르는 **현실적 위험성**에는 이르지 않았다고 보았다.

기타 야간주거침입절도죄의 주요 판례

5 [대판 2022도5659] 파기환송. [일반인의 출입이 허용된 영업점에 영업주의 승낙을 받아 통상적인 출입방법으로 들어간 것이 주거침입죄에서 정하는 침입행위에 해당하는지 여부(원칙적 소극) 및 이때 행위자가 범죄 등을 목적으로 영업점에 출입하였거나 영업주가 행위자의 실제 출입 목적을 알았더라면 출입을 승낙하지 않았을 것이라는 사정이 있더라도 마찬가지인지 여부(적극) / 건조물침입을 구성요건으로 하는 야간건조물침입절도죄에서 건조물침입에 해당하는지를 판단할 때에도 같은 법리가 적용되는지 여부(적극)] ●**사실**● 피고인 X는 2020. 4. 21. **04:21경** 피해자가 운영하는 편의점에서 담배를 절취할 목적으로 편의점 출입문을 열고 침입하여 편의점 직원에게 담배 1보루를 달라고 하여 이를 받은 후 대금을 지급하지 않고 가지고 나와 절취하였다. ●**판지**● 일반인의 출입이 허용된 영업점에 영업주의 승낙을 받아 통상적인 출입방법으로 들어갔다면 특별한 사정이 없는 한 주거침입죄에서 정하는 침입행위에 해당하지 않는다. 설령 행위자가 범죄 등을 목적으로 영업점에 출입하였거나 영업주가 행위자의 실제 출입 목적을 알았더라면 출입을 승낙하지 않았을 것이라고 하더라도 그러한 사정만으로는 사실상의 평온상태를 해치는 것도 아니어서

침입행위에 해당한다고 볼 수 없다. 건조물침입을 구성요건으로 하는 야간건조물침입절도죄(형법 제330조)에서 건조물침입에 해당하는지를 판단할 때에도 위와 같은 법리가 적용된다. …… 위에서 본 법리에 비추어 살펴보면, 피고인이 야간에 절도 목적으로 편의점에 출입하였다고 하더라도 건조물에 침입하였다고 보기 어렵다. 이 사건 공소사실 중 야간건조물침입절도 부분을 유죄로 인정한 원심판결에는 야간건조물침입절도죄의 성립에 관한 법리를 오해한 잘못이 있다.

Reference 2

절도죄(법329)에서의 실행의 착수시기

절도죄에 있어 실행의 착수가 인정된 경우

1 [대판 2003도1985] 파기환송. [주간에 절도의 목적으로 타인의 주거에 침입한 경우, 절도죄의 실행의 착수시기] [1] 야간이 아닌 **주간**에 절도의 목적으로 다른 사람의 주거에 침입하여 절취할 재물의 **물색행위를 시작하는 등** 그에 대한 사실상의 지배를 침해하는 데에 밀접한 행위를 개시하면 절도죄의 실행에 착수한 것으로 보아야 한다. [2] **주간**에 절도의 목적으로 **방 안까지 들어갔다**가 절취할 재물을 찾지 못하여 거실로 돌아나온 경우, 절도죄의 실행 착수가 인정된다. cf) 아래 [대판 92도1650]과 비교. 원심은 피고인이 피해자의 집에 들어가 재물을 물색하기 시작하였다고 인정하기에 부족하고 달리 절도범행의 실행에 착수하였다고 인정할 증거가 없으므로 범죄의 증명이 없는 경우에 해당한다고 하여 무죄로 판단하였다.

2 [대판 89도1153] 범인들이 함께 담을 넘어 마당에 들어가 그 중 1명이 그곳에 있는 구리를 찾기 위하여 담에 붙어 걸어가다가 잡혔다면 절취대상품에 대한 물색행위가 없었다고 할 수 없다.

3-1 [대판 84도2524] 소매치기의 경우 피해자의 양복상의 주머니로부터 금품을 절취하려고 그 **호주머니에 손을 뻗쳐 그 겉을 더듬은 때**에는 절도의 범행은 예비단계를 지나 실행에 착수하였다고 봄이 상당하다.

3-2 [대판 86도2090] 소매치기가 피해자의 **주머니에 손을 넣어** 금품을 절취하려 한 경우 비록 그 주머니 속에 금품이 들어있지 않았다 하더라도 위 소위는 절도라는 결과발생의 위험성을 충분히 내포하고 있으므로 이는 절도미수에 해당한다.

4 [대판 83도2432] 금품을 절취하기 위하여 고속버스 선반 위에 놓여진 **손가방의 한쪽 걸쇠만 열었다** 하여도 절도범행의 실행에 착수하였다 할 것이다.

5 [대판 66도383] 피고인은 1965.9.9. 오전 11시경, 피해자에 침입하여, 동가 응접실 책상 위에 놓여있던 라디오 1대를, 훔치려고 동 **라디오 선을 건드리다 피해자에게 발견**되어, 절취의 목적을 달성치 못하였다는 것이므로, 위와 같은 라디오 선을 건드리려고 하는 행위는 본건 라디오에 대한 사실상의 지배를 침해하는데, 밀접한 행위라 할 수 있으므로, 원심이 본건을 절도미수죄로 처단하였음은 정당하다.

절도죄에 있어 실행의 착수가 부정된 경우

6 [대판 92도1650] 파기환송. ●판지● 절도죄의 실행의 착수 시기는 재물에 대한 타인의 사실상의 지배를 침해하는 데에 밀접한 행위를 개시한 때라고 보아야 하므로, **야간이 아닌 주간**에 절도의 목적으로 타인의 **주거에 침입**하였다고 하여도 아직 절취할 물건의 **물색행위를 시작하기 전**이라면 주거침입죄만 성립할뿐 절도죄의 실행에 착수한 것으로 볼 수 없는 것이어서 절도미수죄는 성립하지 않는다. ●전문● 원심이 인정한 피고인의 범행내용은 피고인이 1991. 12. 18. 11:20경 금품을 절취할 의도로 피해자의 집에 침입하여 계단을 통해 그 집 3층으로 올라갔다가 마침 2층에서 3층 옥상에 빨래를 널기 위하여 올라가던 피해자를 만나자 사람을 찾는 것처럼 가장하여 피해자에게 최창도라는 사람이 사느냐고 물어 피해자가 없다고 대답하자 알았다며 계단으로 내려갔다가 피해자가 옥상에 올라가 빨래를 널고 있는 틈을 이용하여 그 집 2층 부엌을 통해 방으로 들어가 절취할 금품을 물색중 옥상에서 내려온 피해자에게 발각되어 그 뜻을 이루지 못하고 미수에 그쳤다는 것이다. 그러나 기록에 의하면 피고인은 방안에 들어간 사실조차 극구 부인하고 있는바, 원심이 증거로 채용한 피해자의 1심증언에 의하면 피해자가 옥상에 빨래를 널고 2층으로 내려와 방으로 통하는 부엌 앞에 이르렀을 때에 **피고인이 신발을 신은 채 방안에서 뛰어 나오는 것**을 보았다는 것이어서 피고인이 방안에 침입한 것은 인정되나, 방안에 들어가 절취할 물건의 물색행위에 까지 나간 것인지의 여부는 분명하지 않다. 피고인이 방안에 들어간 때로부터 피해자에게 발각될 때까지 물색행위를 할 만한 충분한 시간이 경과하였다면 절도목적으로 침입한 이상 물색행위를 하였을 것으로 보아도 무방하지만, 그럴만한 시간적 여유가 없었다면 피고인이 방안에서 뛰어 나온 것만 가지고 절취할 물건을 물색하다가 뛰어 나온 것으로 단정할 수는 없을 것이다. 원심이 이 점에 관하여 좀더 밝혀보지 않은 채 위 증인의 증언만으로 만연히 피고인이 절취할 금품을 물색중 발각되어 미수에 그친 것으로 인정한 것은 증거의 가치판단을 그르치고 심리를 다하지 아니하여 판결에 영향을 미친 위법을 저지른 것이다.

7 [대판 88도1165] 피해자의 집 부엌문에 시정된 **열쇠고리의 장식을 뜯는 행위**만으로는 절도죄의 실행행위에 착수한 것이라고 볼 수 없다.

8 [대판 86도1109] 소를 흥정하고 있는 피해자의 뒤에 접근하여 그가 들고 있던 가방으로 돈이 들어 있는 피해자의 **하의 왼쪽 주머니를 스치면서 지나간 행위**는 단지 피해자의 주의력을 흐트려 주머니 속에 들은 금원을 절취하기 위한 예비단계의 행위에 불과한 것이고 이로써 실행의 착수에 이른 것이라고는 볼 수 없다.

9 [대판 82도2944] 평소 잘 아는 피해자에게 전화채권을 사주겠다고 하면서 **골목길로 유인하여 돈을 절취하려고 기회를 엿본 행위**만으로는 절도의 예비행위는 될지언정 행위의 방법, 태양 및 주변상황 등에 비추어 볼 때 타인의 재물에 대한 사실상 지배를 침해하는데 밀접한 행위가 개시되었다고 단정할 수 없다.

특수절도죄(법331⁴⁾)에서의 실행의 착수시기

10 [대판 2009도14554] [피고인이 아파트 신축공사 현장 안에 있는 건축자재 등을 훔칠 생각으로 공범

---

4) 형법 제331조(특수절도) ① 야간에 문이나 담 그 밖의 건조물의 일부를 손괴하고 제330조의 장소에 침입하여 타인의 재물을 절취한 자는 1년 이상 10년 이하의 징역에 처한다. ② 흉기를 휴대하거나 2명 이상이 합동하여 타인의 재물을 절취한 자도 제1항의 형에 처한다.

과 함께 위 공사현장 안으로 들어간 후 창문을 통하여 신축 중인 아파트의 지하실 안쪽을 살핀 행위가 특수절도죄의 실행의 착수에 해당하지 않는다고 한 사례] 피고인이 이 사건 공사현장 안에 있는 건축자재 등을 훔칠 생각으로 성명불상의 공범과 함께 마스크를 착용하고 위 공사현장 안으로 들어간 후 창문을 통하여 건축 중인 아파트의 지하실 안쪽을 살폈을 뿐이고 나아가 위 지하실에까지 침입하였다거나 훔칠 물건을 물색하던 중 동파이프를 발견하고 그에 접근하였다는 등의 사실을 인정할 만한 증거가 없는 이상, 비록 피고인이 창문으로 살펴보고 있었던 지하실에 실제로 값비싼 동파이프가 보관되어 있었다고 하더라도 피고인의 위 행위를 위 지하실에 놓여있던 동파이프에 대한 피해자의 사실상의 지배를 침해하는 **밀접한 행위라고 볼 수 없다**.

11 [대판 2009도9667] 2인 이상이 합동하여 **야간이 아닌 '주간'**에 절도의 목적으로 타인의 주거에 침입하였다 하여도 아직 절취할 물건의 **물색행위를 시작하기 전이라면** 특수절도죄의 실행에는 착수한 것으로 볼 수 없는 것이어서 그 미수죄가 성립하지 않는다.

12 [대판 2004도4505] 야간에 불이 꺼져 있는 상점의 출입문을 손으로 열어보려고 하였으나 출입문의 하단에 부착되어 있던 잠금 고리가 잠겨져 있어 열리지 않았는데, 출입문을 발로 걷어차자 잠금 고리의 아래쪽 부착 부분이 출입문에서 떨어져 출입문과의 사이가 뜨게 되면서 출입문이 열려 상점 안으로 침입하여 재물을 절취하였다면, 이는 물리적으로 위장시설을 훼손하여 그 효용을 상실시키는 행위에 해당한다.

13 [대판 86도1273] **야간에** 절도의 목적으로 출입문에 장치된 **자물통 고리를 절단**하고 출입문을 손괴한 뒤 집안으로 침입하려다가 발각된 것이라면 이는 특수절도죄의 실행에 착수한 것이다.

14 [대판 86도843] 두 사람이 공모 합동하여 타인의 재물을 절취하려고 한 사람은 망을 보고 또 한 사람은 기구를 가지고 출입문의 자물쇠를 떼어내거나 출입문의 환기창문을 열었다면 특수절도죄의 실행에 착수한 것이다.

52 입목절도죄의 기수시기 - 연산홍 절도사건 -

* 대법원 2008. 10. 23. 선고 2008도6080
* 참조조문: 형법 제329조,[1] 제331조 제2항[2]

> 절도범인이 혼자 입목을 땅에서 완전히 캐낸 후에 비로소 제3자가 가담하여 함께 입목을 운반하였다면 특수절도죄가 성립하는가?

●**사실**● 피고인 X(처)는 2007.2.11. 13:30경 수원시 장안구의 유천연구소(주) 마당에 쏘렌토 승용차를 세워 두고, 그 곳에서 약 20m 떨어진 연구소 마당 뒷편에서 피해자 A소유의 연산홍 1그루(시가 70만원 상당)를 캐낸 다음, 남편 Y에게 전화를 걸어 연산홍을 차에 싣는 것을 도와 달라고 연락하였다. 연산홍은 높이가 약 1m 50㎝ 이상, 폭이 약 1m 정도로 상당히 클 뿐만 아니라 뿌리가 상하지 않도록 뿌리 부분의 흙까지 같이 캐내어져 X 혼자서는 운반하기 어려웠다. 연락을 받고 그 장소로 온 Y는 X와 함께 주차된 승용차 바로 뒤에서 영산홍을 함께 잡고 있다가 A에게 발각되었다.

원심은 Y는 X의 **절취범행이 완성되기 전에 이 범행에 가담**하여 X가 캐낸 영산홍을 X와 함께 승용차에 싣기 위해 운반함으로써 범행을 완성한 것이므로, 피고인들은 합동하여 영산홍을 절취한 것이므로 특수절도죄에 해당된다고 선고하였다. 이에 X·Y는 상고하였다.

●**판지**● **파기환송**. 「[1] 입목을 절취하기 위하여 **캐낸 때에** 소유자의 입목에 대한 점유가 침해되어 범인의 사실적 지배하에 놓이게 되므로 범인이 그 점유를 취득하고 **절도죄는 기수에 이른다.** 이를 운반하거나 반출하는 등의 행위는 필요하지 않다.

[2] 절도범인이 혼자 입목을 땅에서 완전히 캐낸 후에 비로소 제3자가 가담하여 함께 입목을 운반한 사안에서, **특수절도죄의 성립을 부정**한 사례」.

●**해설**● 1 사안은 입목절도의 기수시기를 어느 시점으로 볼 것인지, 그리고 이에 따라 합동절도의 성립여부를 두고 원심과 대법원의 입장이 다름을 보여주고 있다. 우선 특수절도죄는 ① 야간손괴주거침입절도(법331①), ② 흉기휴대절도(법331②전단), ③ 합동절도죄(법331②후단)의 세 가지 유형으로 이루어져 있다. **합동절도**는 2인 이상이 합동하여 타인의 재물을 절취한 경우를 말한다(형법판례총론【50】참조). 원심은 입목절도의 기수시기를 연산홍을 캐낸 시점이 아니라 이를 승용차로 옮겨 적재하는 시점으로 보았다. 때문에 사안의 경우 아직 운반·적재를 하지 못하고 연산홍을 잡고 있는 단계이므로 기수전이고 이 단계에서 (남편이 합류하여) 피고인들이 합동하여 절취행위를 하였다고 보아 합동절도죄로 의율하였다.

2 그러나 대법원은 X가 영산홍을 땅에서 **캐낸 그 시점**에서 이미 A의 영산홍에 대한 점유가 침해되어 그 사실적 지배가 X에게 이동된 것이고 이때 절취행위는 기수에 이른 것으로 보았다. 따라서 그 이후에 Y가 영산홍을 X와 함께 승용차까지 운반하였다고 하더라도 그러한 행위가 다른 죄에 해당하는지의 여부는 별론으로 하고(방조범이나 장물운반죄), Y가 X와 합동하여 영산홍 절취행위를 하였다고 볼 수는 없다고 판단하여 특수절도죄의 성립을 부정하였다.

---

1) 형법 제329조(절도) 타인의 재물을 절취한 자는 6년 이하의 징역 또는 1천만원 이하의 벌금에 처한다.
2) 형법 제331조(특수절도) ① 야간에 문이나 담 그 밖의 건조물의 일부를 손괴하고 제330조의 장소에 침입하여 타인의 재물을 절취한 자는 1년 이상 10년 이하의 징역에 처한다. ② 흉기를 휴대하거나 **2명 이상이 합동하여 타인의 재물을 절취**한 자도 제1항의 형에 처한다.

3 기수 이후의 시점에는 정범이 관여할 여지가 없다. 대법원도 이점을 지적하고 있다. 즉 절도의 기수 이후에는 정범으로서 절취행위에 관여하는 것이 불가능하다고 본 것이다(상태범의 경우, 기수 이후 위법상 태가 계속되는 시점에는 공동정범이 성립하지 않는다). 하지만 완료[3])에 이르기 전이라면 방조범의 성립은 가능하다.

4 절도죄의 기수시기 절도죄의 기수시기는 재물을 자기 또는 제3자의 사실상의 지배하에 둔 때이다(**취득설**). 판례도 「절도죄는 타인의 소지를 침해하여 재물이 자기의 소지로 이동할 때 즉 자기 의 **사실적 지배 밑에 둔 때에 기수가 된다**」고 보고 있다(대판 64도577, Ref 3). 구체적으로 언제 재물을 취득했느냐는 그 재물의 크기나 이동가능성 기타 사정들을 종합해서 판단하여야 할 것이다. 일반적으로 ① 크기가 작은 물건일 경우에는 몸에 소지하거나 가방 등에 넣은 때 기수가 된다고 볼 수 있지만(대판 91도476, Ref 1), ② 크기가 큰 물건일 경우에는 어느 정도 점유자의 지배범위를 벗어나야 취득하였다고 볼 수 있다. ③ 대형마트에서의 절취의 기수시점 등이 문제된다(Ref 5, 6).

5 절도죄는 상태범이므로 절도가 기수에 이른 후에도 법익의 침해상태는 계속된다(**상태범**이란 첫 번째 의 행위로 인하여 객관적 구성요건이 전부 충족되어 기수에 이르렀으나 이 행위가 야기시킨 법익침해의 상태가 일 정한 시점까지 유지될 것을 예정하고 있는 범죄유형이다). 그러므로 절도가 기수로 된 후에 장물을 손괴하거 나 처분하는 행위는 불가벌적 사후행위로서 흡수관계에 있게 된다(형법판례총론 【66】 참조).

Reference

절도의 기수를 인정한 판례

1 [대판 91도476] 피고인이 피해자 경영의 까페에서 야간에 아무도 없는 그 곳 내실에 침입하여 장식장 안에 들어 있던 정기적금통장 등을 꺼내 들고 까페로 나오던 중 발각되어 돌려 준 경우 피고인은 피해자의 재물에 대한 소지(점유)를 침해하고, 일단 **피고인 자신의 지배 내에 옮겼다**고 볼 수 있으니 절도의 미수에 그친 것이 아니라 야간주거침입절도의 **기수**라고 할 것이다.

2 [대판 83도3242] 창고에서 물건을 **밖으로 들고 나와 운반**해 가다가 방범대원들에게 발각되어 체포되었 다면 절도의 기수에 해당한다.

3 [대판 64도577] 절도죄는 타인의 소지를 침해하여 재물이 자기의 소지로 이동할 때 즉 자기의 사실적 지배밑에 둔 때에 기수가 된다고 할 것인바 피고인이 공동피고인과 함께 피해자 집에 침입하여 그 집 광에 서 공동피고인이 자루에 담아 내주는 **백미를 받아 그 집을 나오려 하다가 피해자에게 발각된 경우**에는 특수 절도죄의 기수가 된다 할 것이고 미수에 해당한다고 할 수 없다.

4 [대판 64도112] '방 안에서 **라디오와 탁상시계를 가지고 나오다**가 발각되자 탁상시계는 방문 밖으로 떨

---

3) 절도의 기수와 절도의 완료는 구별된다. **절도의 완료**는 절도범이 안전하게 재물의 경제적 가치를 보유·이용할 수 있는 상태에 이를 때 인정된다. 절도가 완료에 이르기 전까지는 재물의 탈환이 가능하므로 재물탈환을 막 기 위하여 폭행·협박을 하는 경우 준강도(법355)가 성립할 수 있다.

어뜨리고 라디오는 방 안에 던진 채 달아난 경우'에 모두 기수로 인정. **cf)** 라디오와 탁상시계는 쉽게 운반할 수 있는 재물이다. 따라서 피고인이 그것을 집어들고 나오는 순간 그에 대한 점유를 취득한 것이므로 비록 집 밖으로 가져나오지 못하였을지라도 절도죄는 기수가 된다.

5 [東京高判平成21年12月22日(判夕1333号282頁)] [절취할 의도로 대형 점포 가전판매장의 텔레비전을 계산대에서 정산하지 않고 화장실 내의 세면대 하부의 창문이 달린 수납장 안에 넣은 경우] ●**사실●** 피고인 X는 대형 점포 3층 가전판매장에 진열된 텔레비전(폭 47cm·높이 40cm·너비 17cm·19인치 상당)을 훔치기 위하여 쇼핑 카트에 넣어 계산대에서 정산하지 않고 쇼핑 카트를 밀면서 동 점포 3층 북동쪽에 있는 남성용 화장실에 들어가 화장실 안의 세면대 하부에 설치되어 있는 창문이 달린 수납장의 안에 본건 텔레비전을 숨겨 두었다. 이후 X의 언동에 이상을 느낀 점원으로부터 연락 받은 경비원이 X가 큰 종이봉투를 구입하여 정산하고 있는 3층 계산대에 임석하여 X가 그 종이봉투를 가지고 화장실을 향하여 가자 뒤를 따라 화장실에 들어가 본건 텔레비전을 발견하였다. 원심이 절도 기수를 인정하자 변호인 측이 미수에 그친다고 하여 항소하였다. ●**판지●** 항소기각.「X는 본건 텔레비전을 화장실의 수납장에 숨겨 넣은 시점에 피해자인 본건 점포 관계자가 파악하기 곤란한 장소에 본건 텔레비전을 이동시킨 것이며, 더욱이 … X가 봉투를 살 때 이상하다고 여기지 않았다면 이를 가게 밖으로 반출하는 것이 충분히 가능한 상태였기 때문에 본건 텔레비전을 **피해자의 지배 하에서 자신의 지배 하로 이동시켰다**고 볼 수 있어 본건 절도를 기수로 인정한 원판결은 정당하며 원판결에 사실의 오인은 없다. 소론은 본건 점포는 7층 건물로 대형 점포로 여러 명의 경비원이 배치되어 있고, 감시카메라에 의한 감시도 이루지고 있었으며, 본건 텔레비전의 크기에 비추어 볼 때 X가 가게 점원들로부터 의심받지 않고 본건 텔레비전을 가게 밖으로 가지고 나가는 것은 곤란하거나 불가능하기 때문에 X가 본건 텔레비전을 본건 점포 내의 화장실에 설치된 수납장에 숨긴 것만으로 가게 밖으로 반출하지 않은 시점에서는 아직 본건 점포의 점유를 배제하여 자신의 지배하에 두었다고 볼 수 없다고 한다. 하지만 상기 인정과 같이 X가 봉투를 구입할 때 언동에 의심이 간 점원의 센스가 없었더라면 X는 구입한 봉투에 본건 텔레비전을 몰래 집어넣어 가게 밖으로 가지고 나가는 것이 충분히 가능하였다고 할 수 있어……자신의 지배 내로 이전한 것으로 볼 수 있다」고 하여 절도의 기수를 인정했다.[4]

6 [東京高判平成4年10月28日(判夕823-252)] 작은 물건 35점을 슈퍼마켓의 쇼핑바구니에 넣어 점원 감시가 소홀한 틈을 타 계산대를 통과하지 않고 쇼핑바구니를 계산대 옆에서 계산대 외측으로 가지고 나가 카운터 위에 두고, 가게에 있는 비닐봉투에 상품을 옮기려고 할 때 점원에게 붙잡힌 사안에서 계산대에서 대금을 지불하지 아니하고 그 외측으로 상품을 가지고 나간 시점에 상품의 점유는 피고인에게 귀속되고 절도는 기수에 이른 것으로 보았다. 법원은 그 이유를 「쇼핑 바구니에 상품을 넣은 범인이 계산대를 통과하지 아니하고 밖으로 나간 때 대금을 지불하여 계산대의 외측으로 나간 일반 고객과 외관상 구별이 되고, 범인이 최종적인 상품을 취득하는 개연성이 비약적으로 증가한다고 사료되기 때문이」라고 하였다. **cf)** 슈퍼마켓 등에서의 대금지불방법, 상품의 취급방법 등을 전제로 하면 점유취득을 인정한 것은 타당하다.[5]

---

4) 前田雅英·星周一郎/박상진·김잔디(역), 최신중요 일본형법판례 250선(각론편), 2021, 108면.
5) 前田雅英·星周一郎/박상진·김잔디(역), 최신중요 일본형법판례 250선(각론편), 2021, 109면.

절도의 기수를 부정한 판례

7 [대판 94도1522] 자동차를 절취할 생각으로 자동차의 조수석문을 열고 들어가 시동을 걸려고 시도하는 등 차 안의 기기를 이것저것 만지다가 핸드브레이크를 풀게 되었는데 그 장소가 내리막길인 관계로 **시동이 걸리지 않은 상태에서 약 10미터 전진하다가 가로수를 들이받는 바람에 멈추게 되었다**면 절도의 기수에 해당한다고 볼 수 없다. **cf)** 자동차의 경우는 시동이 걸려 자동차를 운행할 수 있는 시점이 자동차절도의 기수시점으로 이해된다.

53 '재산상의 이익'과 강도죄의 객체

* 대법원 2004. 6. 24. 선고 2004도1098 판결
* 참조조문: 형법 제333조,[1] 제338조[2]

> 채무를 면탈할 의사로 채권자를 살해하였으나 일시적으로 채권자측의 추급을 면한 것에 불과한 경우, 강도살인죄가 성립하는가?

●**사실**● 피고인 X는 A와 채무 변제기의 유예 여부 등을 놓고 언쟁을 벌이다가 순간적으로 A를 살해하여 **채무지급을 면하기로** 마음먹고, 마침 바닥에 떨어져 있던 망치로 A의 뒷머리 부분을 수회 때리는 등의 방법으로 A를 살해하였다. 당시 A의 처는 X에 대한 대여금 **채권의 존재를 알고 있었다.** 제1심과 원심은 A에 대해 강도살인죄의 성립을 인정 유지하였다. 이에 X는 상고하였다.

> ●**판지**● 파기환송. 「강도살인죄가 성립하려면 먼저 강도죄의 성립이 인정되어야 하고, 강도죄가 성립하려면 불법영득(또는 불법이득)의 의사가 있어야 하며, 형법 제333조 후단 소정의 이른바 강제이득죄의 성립요건인 '재산상 이익의 취득'을 인정하기 위하여는 재산상 이익이 사실상 피해자에 대하여 불이익하게 범인 또는 제3자 앞으로 이전되었다고 볼 만한 상태가 이루어져야 하는데, 채무의 존재가 명백할 뿐만 아니라 **채권자의 상속인이 존재하고 그 상속인에게 채권의 존재를 확인할 방법이 확보되어 있는 경우**에는 비록 그 채무를 면탈할 의사로 채권자를 살해하더라도 **일시적으로 채권자측의 추급을 면한 것에 불과**하여 재산상 이익의 지배가 채권자측으로부터 범인 앞으로 이전되었다고 보기는 어려우므로, 이러한 경우에는 강도살인죄가 성립할 수 없다.

●**해설**● 1 강도죄는 재물을 객체로 하는 **'재물강취'**와 재산상 이익을 객체로 하는 **'이익강취'**로 나누어 볼 수 있다. 여기서 이익강취란 폭행·협박을 수단으로 상대방의 의사에 반하여 타인의 재산상 이익을 자기 또는 제3자에 이전하는 것을 말한다.

2 그리고 **'재산상 이익'**이란 전체적으로 고찰할 때 재산상태의 증가를 가져오는 일체의 이익 내지 가치로서 재물을 포함한다. 적극적 이익(재산의 증가)이든 소극적 이익(부채의 감소)이든 상관없다. 예를 들면, ① 채무의 면제나 이행기의 연기, ② 피해자로부터 의무 없는 노무의 제공, ③ 피해자에게 채무부담의 약속 등이 있다. 그리고 「재산상 이익은 반드시 사법상 유효한 재산상의 이득만을 의미하는 것이 아니고 **외견상 재산상의 이득을 얻을 것이라고 인정할 수 있는 사실관계만 있으면 된다**」(대판 96도3411; 93도428, Ref 2). 따라서 해당 이익의 적법성이나 유효성을 따질 필요 없이 **외견상 재산상의 이득을 얻을 것이라고 인정할 수 있는 사실관계만 있으면 재산상의 이익으로 볼 수 있다(경제적 재산설).**

3 나아가 이익강취의 경우에는 상대방의 반항을 억압함으로써 재산상 이익이 이전되는 것이므로 의사표시를 요건으로 하는 처분행위가 개입할 여지가 없다. 그러나 이익강취의 경우 처분행위는 필요로 하지 않지만, **재산상 이익의 이전이라는 구체적 외관**을 갖추어야 한다.

---

1) 형법 제333조(강도) 폭행 또는 협박으로 타인의 **재물을 강취**하거나 기타 **재산상의 이익을 취득**하거나 제삼자로 하여금 이를 취득하게 한 자는 3년 이상의 유기징역에 처한다.
2) 형법 제338조(강도살인·치사) 강도가 사람을 살해한 때에는 사형 또는 무기징역에 처한다. 사망에 이르게 한 때에는 무기 또는 10년 이상의 징역에 처한다.

4 채무면탈살해   재산상 이익의 이전이라는 외관이 문제 되는 경우가 대상 판결에서와 같은 강도 살인죄의 사안이 있다. 즉 채무자가 채무를 면탈하기 위하여 채권자를 살해한 경우에 강도살인죄가 성립 할 것인가 하는 문제이다. 이 경우는 두 가지로 나누어 볼 수 있다.

5 먼저 채무자가 채권자를 살해하였을 때 ① 그 채무의 존재를 알고 있는 자가 없게 되어 사실상 채 무의 지급이 면제된 경우에는 이득강취가 인정되어 강도살인죄가 성립한다. 그러나 ② 대상판결의 경 우와 같이 채무자가 채권자를 살해할 때에 채무의 존재가 명백할 뿐만 아니라 채권자의 상속인이 존재 하고 그 상속인에게 채권의 존재를 확인할 방법이 확보되어 있는 경우에는 비록 그 채무를 면탈할 의사 로 채권자를 살해하더라도 **"일시적으로 채권자 측의 추급을 면한 것에 불과"**하여 재산상 이익의 지배가 채권자 측으로부터 범인 앞으로 이전되었다고 보기는 어려우므로, 이러한 경우에는 강도살인죄가 부정 되는 것으로 법원은 판단한다.

6 그리고 상속개시에 의한 재산의 승계는 추상적인 권리변동으로서 '재산의 이전'이라는 외관을 갖추 고 있지 않기 때문에 상속을 노리고 피상속인을 살해하는 것은 재산상 이익의 강취라고 볼 수 없다.

7 대상판결에 대해서는 다음과 같은 비판이 있다. "강도살인죄나 강도상해죄는 강도의 실행에 착수하 여 살인이나 상해를 하면 성립하고, 강도가 반드시 기수에 이를 필요는 없다. 강도가 재산상 이익을 취 득하지 못하여 강도미수에 그쳤다고 하여도 살인이 기수에 이르렀다면 강도살인죄는 기수에 이른 것이 다. 그러므로 피해자의 상속인이 피해자의 채권을 상속하여 행사할 가능성의 유무와 관계없이 채무면탈 을 목적으로 피해자를 살해하였다면 강도살인죄의 기수에 이르렀다고 보는 것이 옳다."[3]

Reference 1
피해자에게 상속인이 없거나 채권의 존재를 알지 못한 경우

1 [대판 99도242] 피고인이 피해자 경영의 소주방에서 금 35,000원 상당의 술과 안주를 시켜 먹은 후 손 이 피고인에게 술값을 지급할 것을 요구하며 피고인의 허리를 잡고 피고인이 도망가지 못하게 하자 피고인 은 **그 술값을 면할 목적**으로 피해자를 살해하고, 곧바로 피해자가 소지하고 있던 현금 75,000원을 꺼내어 갔다고 인정하였던바, …… 한편 제1심판결이 채택한 증거들에 의하면 피고인이 피해자를 살해할 당시 **그 소주방 안에는 피고인과 피해자 두 사람밖에 없었음**을 알 수 있는바, 그와 같은 경우 피고인이 피해자를 살해 하면 피해자는 피고인에 대하여 **술값 채권을 행사할 수 없게 되고**, 피해자 이외의 사람들에게는 피해자가 피고인에 대하여 술값 채권을 가지고 있음이 알려져 있지 아니한 탓으로 **피해자의 상속인이 있다 하더라도 피고인에 대하여 그 채권을 행사할 가능성은 없다** 하겠다. 그러므로 위와 같은 상황에서 피고인이 채무를 면 탈할 목적으로 피해자를 살해한 것은 재산상의 이익을 취득할 목적으로 피해자를 살해한 것이라 할 수 있 고, 또한 피고인이 피해자를 살해한 행위와 즉석에서 피해자가 소지하였던 현금을 탈취한 행위는 **서로 밀 접하게 관련되어 있기 때문에** 살인행위를 이용하여 재물을 탈취한 행위라고 볼 수 있으니 원심이 피고인의 위와 같은 일련의 행위에 대하여 **강도살인죄의 성립을 인정한 조치는 정당**하다.

---

3) 한상훈, 형법판례 150선(2016), 241면.

2 [대판 71도287] 행위자가 채무를 면할 목적으로 피해자를 살해하였고, 또 상속인도 없음을 알고 피해자를 살해함으로써 사실상 그 채권의 추궁을 면한 것과 같은 입장에 놓이리라는 것을 알고 살해하였다면 이는 **강도살인죄**가 되는 것이다.

Reference 2

강도죄의 객체인 '재산상의 이익'
- 외견상 재산상의 이득을 얻을 것이라고 인정할 수 있는 사실관계의 유무 -

1 [대판 96도3411] ●**사실**● 피고인 X 등은 공모하여, 1996.2.7. 10:00경 Y의 동거녀가 경영하는 주점에서 Y는 X에게 그 곳 중간 방에서 잠을 자고 있던 피해자 A를 데리고 오라고 말하고, X는 Y의 말에 따라 A를 깨워 방안으로 데리고 가 무릎을 꿇게 한 다음 Y가 있는 가운데 A에게 "내가 강릉 조직폭력배 대부다. 잠을 잤으면 방세를 주고 가야지."라고 말하고 맥주를 강제로 마시게 한 후, 빈 맥주병으로 A의 머리를 3~4회 때리며 "이 자식아, 술을 먹었으면 돈을 주어야지."라고 말하고, 주먹으로 얼굴을 1회 때리고, Y는 옆에서 A가 말을 듣지 않으면 위해를 가할 듯할 태도를 보이는 등 한 다음, A가 소지하고 있던 신용카드 2장을 받아서 그 곳에 있던 **신용카드 매출전표발급기를 이용하여 매출전표 4장을 만들어** A에게 들이대고, X는 맥주병을 들고 때릴 듯이 위협하며 "너 죽을래"라고 말하고, 다시 가위를 A의 귓가에 바짝 들이대면서 "서명하지 않으면 귀를 잘라 버리겠다."고 말하여 A를 항거불능하게 한 다음 A로 하여금 위 **각 매출전표에 서명하게 하였다.** 검사는 X와 Y를 특수강도죄로 기소하였다. 제1심과 항소심은 특수강도죄의 기수를 인정하였다. 피고인들은 불복 상고하였다. ●**판지**● **상고기각.** [1] 형법 제333조 후단의 강도죄(이른바 강제이득죄)의 요건이 되는 재산상의 이익이란 재물 이외의 재산상의 이익을 말하는 것으로서, 그 재산상의 이익은 반드시 사법상 유효한 재산상의 이득만을 의미하는 것이 아니고 외견상 재산상의 이득을 얻을 것이라고 인정할 수 있는 사실관계만 있으면 여기에 해당된다. [2] 피고인들이 폭행·협박으로 피해자로 하여금 매출전표에 서명을 하게 한 다음 이를 교부받아 소지함으로써 이미 외관상 각 매출전표를 제출하여 신용카드회사들로부터 그 금액을 지급받을 수 있는 상태가 되었는바, 피해자가 각 매출전표에 **허위 서명한 탓으로** 피고인들이 신용카드회사들에게 각 매출전표를 제출하여도 신용카드회사들이 신용카드 가맹점 규약 또는 약관의 규정을 들어 그 금액의 지급을 거절할 가능성이 있다 하더라도, 그로 인하여 피고인들이 각 매출전표 상의 금액을 **지급받을 가능성이 완전히 없어져 버린 것이 아니고 외견상 여전히 그 금액을 지급받을 가능성이 있는 상태이므로,** 결국 피고인들이 '재산상 이익'을 취득하였다고 볼 수 있다.

2 [대판 93도428] ●**사실**● X는 1992.4.25. 17:30경 당시 자신이 입원해 있던 안동의료원 311호실에서 자신과 룸싸롱을 동업한 적이 있는 A를 전화로 불러 오게 한 다음 가슴에 품고 있던 식칼을 A의 목에 들이대고 "위 룸싸롱을 경영하면서 손해를 보았으니 자신의 채권자인 Y에게 금 20,000,000원을 지급한다는 내용의 지불각서를 쓰라"는 취지로 협박하다가 A가 망설인다는 이유로 위 **칼로 A의 오른쪽 어깨를 1회 찔러 항거를 불능케하고** 그로 하여금 위와 같은 취지의 지불각서 1매를 쓰게 한 다음 이를 강취하고, 그로 인해 A에게 약 2주간의 치료를 요하는 우측견갑부열상을 입혔다. 검사는 X를 강도상해죄로 기소하였다. 제1심과 원심은 X의 행위가 권리행사방해죄 내지 상해죄에 해당함은 별론으로 하고 강도상해죄에는 해당되지 않는다고 하여 무죄를 선고하였다. 이에 검사가 상고하였다. ●**판지**● **파기환송.** 「형법 제333조 후단의 강도죄, 이른바 강제이득죄의 요건인 **재산상의 이익**이란 (가) 재물 이외의 재산상의 이익을 말하는 것으로서 적극적 이

익(적극적인 재산의 증가)이든 소극적 이익(소극적인 부채의 감소)이든 상관없는 것이고, (나) **강제이득죄는 권리의무관계가 외형상으로라도 불법적으로 변동되는 것을 막고자함에 있는 것**으로서 항거불능이나 반항을 억압할 정도의 폭행 협박을 그 요건으로 하는 강도죄의 성질상 그 권리의무관계의 외형상 변동의 사법상 효력의 유무는 그 범죄의 성립에 영향이 없고, (다) 법률상 정당하게 그 이행을 청구할 수 있는 것이 아니라도 강도죄에 있어서의 재산상의 이익에 해당하는 것이며, 따라서 이와 같은 재산상의 이익은 반드시 사법상 유효한 재산상의 이득만을 의미하는 것이 아니고 외견상 재산상의 이득을 얻을 것이라고 인정할 수 있는 사실관계만 있으면 된다」. ●**해설**● 대상판결에서 **원심**은 「재산상 이득에 관한 강도죄가 성립하려면 예컨대 (가) 어음, 수표와 같은 유가증권에 강제로 서명날인하게 하여 이를 발행받는다거나 채무면제의 의사표시를 하게 하는 경우와 같이 폭행, 협박에 의한 피해자의 행위로 인하여 **적어도 외형상으로나마 권리의무관계의 불법적인 변동이 있어야만 할 것**이고, (나) 설사 범인이 폭행, 협박에 의하여 피해자로 하여금 강제로 어떤 행위를 하게 하였으나 그로 말미암아 권리의무관계의 외형적인 변동조차도 일어나지 아니하는 경우라면, 형법 제324조의 권리행사방해죄가 성립될 수 있음은 별론으로 하고 **강도죄가 성립할 수는 없다고 봄이 상당하다**」고 하여 X의 행위는 강도상해죄에 해당하지 않는다고 판시하였다. 하지만 대법원은 이와 달리 판단했다. 강도당하는 상황 하에서 피해자의 의사표시는 **사법상 무효이거나 적어도 강박을 이유로 취소가 가능**하다. 하지만 대법원은 **강제이득죄는 권리의무관계가 외형상으로라도 불법적으로 변동되는 것을 막고자 함에 있는 것**이고 따라서 사법상 효력의 유무는 그 범죄의 성립에 영향이 없기 때문에, 법률상 정당하게 그 이행을 청구할 수 있는 것이 아니더라도 강도죄에 있어서의 재산상의 이익에 해당하고 이런 경우에도 강도죄는 성립한다고 판단한 것이다.

54 강도죄에서 폭행·협박의 정도(1) – 강도와 절도의 구분 –

* 대법원 2007. 12. 13. 선고 2007도7601 판결
* 참조조문: 형법 제337조,[1] 제333조[2]

'날치기' 수법으로 피해자가 들고 있던 가방을 탈취하면서 상해를 입힌 경우 강도치상죄가 성립하는가?

●**사실**● 피고인 X 등은 빌린 승용차를 함께 타고 돌아다니다가 범행 대상 여자가 나타나면 X가 범행 대상을 쫓아가 돈을 빼앗고 Y는 승용차에서 대기하다가 범행을 끝낸 X를 차에 태워 도주하기로 공모하였다. 2006.12.1. 11:00경 대구 수성구 소재 롯데캐슬아파트 부근으로 차량을 운전해 가 운전석 창문으로 농협 현금인출기가 잘 보이도록 차량을 주차해 놓고 1시간 동안 지켜보던 중, A(여, 55세)가 현금인출기에서 돈을 인출하여 가방에 넣고 나오는 것을 발견하고 X가 차에서 내려 A를 뒤따라갔다.

X는 그곳에서 400m가량 떨어진 대구은행 황금동지점 입구까지 5~6m 정도의 거리를 두고 A를 따라가다가 A가 상가건물 안의 위 은행으로 들어가려고 하는 것을 보고 A의 뒤쪽 왼편으로 접근하여 A의 왼팔에 끼고 있던 손가방의 끈을 오른손으로 잡아당겼으나 A는 가방을 놓지 않으려고 버티다가 몸이 돌려지면서 등을 바닥 쪽으로 하여 넘어졌다. X가 가방끈을 잡고 계속하여 당기자 A는 바닥에 넘어진 상태로 가방끈을 놓지 않은 채 "내 가방, 사람 살려!"라고 소리치면서 **약 5m가량 끌려가다가 힘이 빠져 가방을 놓쳤고**, 그 사이에 X는 A의 가방을 들고 도망가던 중 아파트 경비업체 직원에게 붙잡혔다. 이런 상황에서 A의 가방은 약간 찢어졌으며, A는 바닥에 넘어져 끌려가는 과정에서 왼쪽 무릎이 조금 긁히고 왼쪽 어깨 부위에 견관절 염좌상을 입었다.

제1심은 X에게 강도치상죄를 선고하였으나 원심은 **절도죄 및 상해죄의 경합범**을 인정하였다. 검사는 강도치상죄임을 다투며 상고하였다.

●**판지**● 파기환송. 「[1] 소위 '날치기'와 같이 강제력을 사용하여 재물을 절취하는 행위가 때로는 피해자를 넘어뜨리거나 상해를 입게 하는 경우가 있고, (가) 그러한 결과가 피해자의 반항 억압을 목적으로 함이 없이 점유탈취의 과정에서 우연히 가해진 경우라면 이는 강도가 아니라 절도에 불과하지만, (나) 그 강제력의 행사가 사회통념상 객관적으로 상대방의 반항을 억압하거나 항거 불능케 할 정도의 것이라면 이는 강도죄의 폭행에 해당한다. 그러므로 날치기 수법의 점유탈취 과정에서 이를 알아채고 재물을 뺏기지 않으려는 상대방의 반항에 부딪혔음에도 계속하여 **피해자를 끌고 가면서 억지로 재물을 빼앗은 행위**는 피해자의 반항을 억압한 후 재물을 강취한 것으로서 **강도에 해당**한다.

[2] 날치기 수법으로 피해자가 들고 있던 가방을 탈취하면서 가방을 놓지 않고 버티는 피해자를 5m가량 끌고 감으로써 피해자의 무릎 등에 상해를 입힌 경우, 반항을 억압하기 위한 목적으로 가해진 강제력으로서 그 반항을 억압할 정도에 해당한다고 보아 **강도치상죄의 성립을 인정**한 사례」.

●**해설**● 1 강도죄에서의 폭행·협박은 **'최협의'의 폭행·협박**이다(【5】'폭행'의 의미 참조). 따라서 그 폭행과 협박의 정도는 **사회통념상 객관적**으로 상대방의 "반항을 억압하거나 항거불능케 할 정도"의 것이라야 한다(대판 2001도359). 그런데 대상판결과 같은 '날치기'사안에서 그 '정도'를 구분하기란 모호한 측면

---

1) 형법 제337조(강도상해, 치상) 강도가 사람을 상해하거나 상해에 이르게 한 때에는 무기 또는 7년 이상의 징역에 처한다.
2) 형법 제333조(강도) 폭행 또는 협박으로 타인의 재물을 강취하거나 기타 재산상의 이익을 취득하거나 제삼자로 하여금 이를 취득하게 한 자는 3년 이상의 유기징역에 처한다.

이 있다. 만약 '반항을 억압할 정도'가 아닌 경우는 절도이고 '반항을 억압할 정도'인 경우는 강도가 될 것이다. 재물에 대한 점유를 탈취한다는 점에서 강도와 절도는 공통되지만 강도죄는 폭행·협박을 수단으로 한다는 점에서 절도죄보다 중하게 처벌된다.

2 날치기와 같이 전격적이고 강제적으로 재물을 절취하는 행위는 때로는 피해자를 넘어뜨리거나 부상케 하는 경우가 종종 있다. 이때 가방을 낚아채는 형태가 단순한 날치기인 경우는 **절도에 해당**하나 자동차나 오토바이 등을 이용해 주행하면서 빼앗으면서 그 물건을 놓지 않으면 생명이나 신체에 중대한 위험을 초래할 우려가 있는 폭행을 가한 경우이면 **강도가 될 수 있으**나 이 또한 상황에 따라 달라질 수 있다(대판 2003도2316, Ref 1-1).

3 대상사안의 경우도 제1심에서는 강도치상죄의 성립을 인정하였으나 제2심은 강도는 성립할 수 없고 절도죄와 상해죄의 경합범을 인정하였다. 그러나 대법원은 다시 원심의 결정을 부정하고 강도치상죄의 성립을 인정하고 있다.

4 원심은 X가 피해자에게 반항을 억압할 정도의 폭행이나 협박을 가하지 않았고 오직 A의 손가방을 낚아챈 정도만으로 받아들여 폭행을 수단으로 한 재물강취행위가 아니라 절취행위로 보았다. 하지만 대법원은 X가 A에게 사용한 강제력은 피해자의 반항을 억압하기에 족한 정도의 폭행에 해당한다고 본 것이다. 그리고 강도행위 중에 상해에 이르렀기 때문에 강도치상죄 성립을 인정하였다.

5 강도와 공갈의 구분   한편 폭행·협박의 정도에 따라 **강도죄와 공갈죄가 구분**되기도 한다. 상대방의 반항을 억압하거나 항거불능케 할 정도의 폭행·협박을 요구하는 강도죄와는 달리 공갈죄는 상대방의 의사나 자유를 제한하는 정도에 이르면 족하다(정도의 차이).

6 강도죄에서의 '폭행'   강도죄는 피해자의 반항을 억압하거나 항거를 불가능하게 하여 재물을 탈취하거나 재산상 이익을 취득하는 데에 본질이 있기 때문에 반드시 사람의 신체에 직접 유형력이 미쳐야 하는 것이 아니다. 따라서 사람에게 권총을 겨누는 것도 폭행이 될 수 있다. 같은 맥락에서 상대방의 동의 없이 약물이나 마취제 등으로 항거불능상태를 만드는 경우(**혼취강도**)도 본죄의 폭행에 해당된다(대판 84도2324; 대판 79도1735, Ref 2-2). 요컨대 상대방의 현실적 반항을 불가능하게 하는 육체적·심리적 강제효과를 가진 모든 수단은 본죄의 폭행이 될 수 있다.

Reference 1

'날치기' 또는 '퍽치기'와 관련된 판례들

1 [대판 2003도2316] 파기환송. ●사실● X는 Y, Z와 합동하여 2002.8.8. 19:15경 **승용차를 운전하면서** 범행 대상을 물색하던 중, 마침 그 곳을 지나가는 A(여, 49세)에게 접근한 후 Y가 창문으로 손을 내밀어 A소유의 손가방 1개를 낚아채어 감으로써 이를 절취하고, 이에 A가 가방을 꽉 붙잡고 이를 탈환하려고 하자 승용차를 운전하여 가버림으로써 피해자로 하여금 약 4주간의 치료를 요하는 좌수 제3지 중위지골 골절상을 입게 하였다. **●판지●** 피해자의 상해가 **차량을 이용한 날치기 수법**의 절도시 점유탈취의 과정에서 **우연**

히 가해진 것에 불과하고, 그에 수반된 강제력 행사도 피해자의 반항을 억압하기 위한 목적 또는 정도의 것은 아니었던 것으로 보아 강도치상죄로 의율한 원심판결을 파기한 사례.

2 [대판 86도2203] 피해자가 맞은편에서 걸어오고 있는 것을 발견하고 접근하여 미리 준비한 **돌멩이로 안면을 1회 강타**하여 전치 3주간의 안면부좌상 및 피하출혈상등을 입히고 가방을 빼앗은 것이라면 피해자의 반항을 억압할 수 있을 정도의 폭력행위에 해당한다 할 것이고 원심이 강도상해죄로 의율한 조치는 정당하고 여기에 강도죄에 대한 법리를 오해한 위법이 없으므로 논지 이유 없다.

3 [대판 71도2114] 골목길을 지나가던 피해자에게 접근하여 피고인은 망을 보고 원심 상피고인은 그 뒤를 따라가다가 그 **등을 발로 한번 세게 차서** 넘어뜨리고 그로 말미암아 그가 안경을 깨뜨려 얼굴과 왼손가락에 약 1주일간의 치료를 요할 상해를 입힌 연후, 그 틈에 그 핸드백을 뺏은 것이라고 한다면 원심 상피고인의 위 행위는 그것이 비록 느닷없이 한 것이라 하더라도, 피해자의 반항을 억압할 수 있을 정도의 폭력행위에 해당한다고 볼 수 있을 것이므로, 이를 강도로 다스린 원심판단은 정당하다.

Reference 2

혼취강도

1 [대판 84도2324] ●사실● 피고인 X는 1982.12.2. 11:40경 대전역과 조치원역 사이를 운행하고 있는 부산발 서울행 제42우등열차 객실에서 A(여, 44세)와 동석하게 됨을 기회로 그녀의 재물을 강취할 것을 마음먹었다. X는 미리 소지한 중독성 약을 오렌지쥬스에 혼입한 뒤 A에게 마시도록 권유하여 그녀가 이를 받아 마시고 깊은 잠에 빠져 항거불능상태에 이르자 그곳 선반위에 놓아 둔 가방 속에서 현금 500,000원을 꺼내어 가져갔다. 이로 인해 A는 약물중독의 신체적 피해를 입었다. 원심은 X에 대해 강도상해죄 성립을 인정하였다. 이에 X는 상고하였다. ●판지● 파기환송. 「약물을 탄 오렌지를 먹자마자 정신이 혼미해지고 그 후 기억을 잃었다는 것은 강도죄에 있어서 항거불능 상태를 말하는 것은 될지언정 이것만으로는 약물중독 상해를 인정할 자료가 되지 못한다」. cf) 대상판결에서 대법원은 강도상해죄를 인정한 원심에 대해 피해자에게 과연 약물중독 등 상해가 있었는지 그리고 만약 있었다면 그 상해와 A가 마셨다는 약품명 미상의 약과는 인과관계가 있는지에 관하여 아무런 심리를 하지도 않았고 또 그러한 증거도 없다고 보았다. 때문에 X를 강도죄로 의률 처단함은 별론으로 하고 상해의 결과에 대하여는 이를 인정할 만한 증거도 없이 강도상해죄로 의률 처단한 원심의 조치는 채증법칙 위배로 인한 사실오인이 아니면 심리미진의 위법을 범하여 판결에 영향을 미친 것으로 판단하였다.

2 [대판 79도1735] "아리반"(신경안정제) 4알을 탄 우유나 사와가 들어 있는 갑을 휴대하고 다니다가 사람에게 마시게 하여 졸음에 빠지게 하고 그 틈에 그 사람의 돈이나 물건을 빼앗은 경우에 그 수단은 강도죄에서 요구하는 남의 항거를 억압할 정도의 폭행에 해당된다.

55 강도죄에서 폭행·협박의 정도(2) — 강도와 공갈의 구분 —

* 대법원 2001. 3. 23. 선고 2001도359 판결
* 참조조문: 형법 제333조1), 제350조2)

강도죄에 있어서 폭행·협박의 정도는 어느 정도이어야 하는가?

●**사실**● 피고인 X는 Y가 2000년 3월 초순경부터 4월 중순경까지 6회에 걸쳐 자기 집에서 피해자 A(남, 38세)에게 270만 원을 도박자금으로 빌려주었으나 이를 변제받지 못하자 평소 알고 지내던 Z에 부탁하였고 그로부터 F와 G 등을 소개받고 문제해결의 대가로 돈을 지급할 것을 공모하였다. 이후 X는 2000.5.23. 12:30경 인천에 있는 A의 동생 집 앞에서 A를 발견하고 G와 함께 A의 허리를 잡고 미리 준비한 승합차에 강제로 태운 후 인천 부평동에 있는 공동묘지로 가면서 F는 A에게 "부평경찰서 형사인데 돈을 갚지 않았으니 같이 경찰서로 가자!"고 하고, Y는 "오늘 돈을 주지 않으면 풀어줄 수 없다!"는 등으로 A를 협박하여 A가 휴대전화로 자신의 고모인 B로 하여금 Y의 농협통장으로 300만 원을 입금하게 하였다. 그리고 이어 위 부평공동묘지에서 Y가 A에게 "당신을 찾는데 경비로 700만 원이 들어갔으니 700만 원을 더 주지 않으면 가만두지 않겠다!"고 협박하여 A가 다시 휴대전화로 C로 하여금 위와 같은 방법으로 Y의 통장에 입금하게 하는 등 하여 A로부터 합계 1,000만 원을 빼앗았다. 당시 피해자 A는 X 일행으로부터 구타와 같은 신체에 대한 직접적인 폭행을 당하지는 아니하였지만 다른 사건으로 기소 중지되어 있어 X 일행에 의하여 바로 경찰에 신병이 인계될 수 있는 약점이 있었다. 검사는 X를 특수강도죄로 기소하였다. 제1심과 원심은 X에 대해 유죄를 인정하였다. 이에 대해 X가 불복 상고하였다.

●**판지**● **파기환송.** 「[1] 강도죄에 있어서 폭행과 협박의 정도는 **사회통념상 객관적**으로 상대방의 반항을 억압하거나 항거불능케 할 정도의 것이라야 한다. [2] 공갈죄에 있어서의 폭행과 협박에 해당함은 별론으로 하더라도 사회통념상 객관적으로 상대방의 반항을 억압하거나 항거불능케 할 정도에 이르렀다고 볼 수 없다고 하여 강도죄의 성립을 인정한 원심판결을 파기한 사례」.

●**해설**● 1 강도의 수단으로서의 협박은 **상대방의 반항을 억압하거나 항거를 불가능하게 할 정도**이어야 한다. 이에 미치지 못할 정도의 협박에 의해 교부한 경우는 공갈죄가 된다. 물론, 강도의 경우도 외형상으로는 피해자가 재물을 '건네는' 경우가 많지만, 이것은 의사에 근거한 교부가 아니고, 어디까지나 상대의 의사에 반하여 빼앗는 것이다. 이론적 설명으로는 의사에 반하여 빼앗는 강도죄와 상대방이 두려워하여 자신의 의사로 교부하는 공갈죄를 구별할 수 있지만 현실적으로는 양 죄의 구분이 쉽지 않다.

2 대상사안에서도 제1심과 원심은 피고인 일행의 A에 대한 위와 같은 유형력의 행사는 강도죄에서 말하는 '피해자의 반항을 억압할 정도의 폭행·협박'으로 보기에 충분하다고 판단하여 강도죄가 성립된다고 보았다. 하지만 대법원의 판단은 달랐다.

---

1) 형법 제333조(강도) **폭행 또는 협박**으로 타인의 재물을 강취하거나 기타 재산상의 이익을 취득하거나 제삼자로 하여금 이를 취득하게 한 자는 3년 이상의 유기징역에 처한다.
2) 형법 제350조(공갈) ① 사람을 공갈하여 재물의 교부를 받거나 재산상의 이익을 취득한 자는 10년 이하의 징역 또는 2천만원 이하의 벌금에 처한다. ② 전항의 방법으로 제삼자로 하여금 재물의 교부를 받게 하거나 재산상의 이익을 취득하게 한 때에도 전항의 형과 같다.

3 대법원은 이 사건 「① 범행이 일어난 시각은 대낮이며(12:30경에서 14:23경 사이), ② 피고인 일행이 피해자를 데려 갔다는 공동묘지도 큰길에서 멀리 떨어져 있다거나 인적이 드물어 장소 자체에서 외포심을 불러일으킬 수 있을 정도의 곳이라고는 보이지 아니하고, ③ 피고인 일행은 공동묘지로 가는 도중 슈퍼마켓에 들러 피해자의 요구에 의하여 캔 맥주를 사 주었고, ④ 휴대전화로 통장입금하라는 말을 듣고 피해자를 직접 대면하기를 원하는 피해자 고모의 요구를 받아들여 고모가 있는 장소까지 차를 몰고 가서 피해자와 고모를 대면시켜 주고 고모로부터 추가입금을 받았을 뿐 아니라, ⑤ 피고인은 피해자 측으로부터 돈을 받은 다음 그런 취지의 확인서까지 작성해 주었다는 것이고, ⑥ 그 과정에서 피고인 일행이 피해자에게 어떠한 유형적인 물리력도 행사하지 아니하였음은 원심이 인정한 사실인바, 그렇다면 제1심과 원심이 인정하는 바와 같이 피고인들 일행 4명이 피해자를 체포하여 승합차에 감금한 상태에서 경찰관을 사칭하면서 기소중지 상태의 피해자에 대하여 '경찰서로 가자.', '돈을 갚지 않으면 풀어줄 수 없다.' 또는 '돈을 더 주지 않으면 가만 두지 않겠다.'는 등의 협박을 하였다는 정도만으로는, 공갈죄에 있어서의 폭행과 협박에 해당함은 별론으로 하더라도, **사회통념상 객관적으로 상대방의 반항을 억압하거나 항거불능케 할 정도에 이르렀다고 볼 수는 없다**」고 판단하여 강도죄에서의 폭행이나 협박의 정도에는 미치지 못한 것으로 보았다.

4 강도죄는 폭행과 협박을 수반하지만 그것은 어디까지나 수단이며 최종적으로는 재물을 탈취하는 범죄이다. 폭행·협박이 없으면 강취라고는 말할 수 없지만, 그것이 인정되면 반항의 억압까지는 반드시 요하지 않는다. 다만, 폭행·협박과 무관하게 재물의 이전이 발생하였을 경우는 강취로 볼 수 없다. 양자 간에 일정 정도의 **인과성은 필요**하다(【56】 참조). 그리고 폭행·협박의 결과 '외포'된 경우에는 통상의 인과성의 범위 내에 있다고 생각할 수 있다.

5 한편 '상대방의 반항을 억압하기에 충분할 정도'의 판단기준에 대해서는 (a) 주관설과 (b) 객관설이 대립한다. (a) **주관설**은 피해자가 장난감 권총으로도 현재 반항이 억압되었고, 행위자가 이를 예견해 행위한 것이었다면 강도죄가 성립한다고 주장한다. 그러나 객관적으로 강도의 수단으로 볼 수 없는 폭행·협박 밖에 가해지지 않았음에도 강도죄 성립을 인정하는 것은 타당하지 않다는 비판이 있다.

6 판례는 (b) **객관설**의 입장에서 「**사회통념상 객관적**으로 상대방을 억압하거나 항거를 불가능하게 할 정도에 이르렀다고 볼 수 없는 폭행·협박은 공갈죄에서의 폭행·협박에 해당함은 별론으로 하고 강도죄의 폭행·협박으로는 볼 수 없다」(대판 2001도359). 이를 반대로 해석하면 폭행과 협박이 객관적으로 상대방의 억압할 정도의 외관을 갖추고 있으면 실제로는 가해능력이 없더라도 강도죄가 성립할 수 있음을 의미한다. 따라서 모조권총으로 협박한 경우 일반인이나 피해자가 그것을 진짜 권총으로 인식할 수 있는 상황이었으면 항거불가능한 협박이 될 수도 있다.

강도죄 성립을 부정한 판례

1 [대판 92도2884] 파기환송. [강도죄에 있어서 협박의 정도] 피고인이 피해자에게 사기화투를 친 것인지 여부를 확인하고 잃은 돈을 되돌려 받을 속셈으로 추궁하였으나 피해자가 순순히 응하지 않으므로 **다소의 강제력을 사용하여 피해자로부터 금원을 억지로 되돌려 받은** 것이 아닌가 짐작은 가나 그것이 강도죄의 구성요건으로서의 폭행이나 협박에까지 이른다고 인정하기는 어렵다.

2 [대판 76도1932] 파기환송. 피고인이 이건 두 번의 범행 시 비록 **칼을 내보이기는 하였으나** 범행시간과 장소 및 불과 일이백원정도의 잔돈만을 소지하고 있는 15, 6세 정도의 소년만을 대상자로 선정 범행한 점, 피해자가 **피고인에게 "내돈을 돌려주어"라고 요구**했고 피고인이 피해자에게 시계를 벗어 달라고 했으나 시계는 안주었다는 취지의 진술이 있는 점 등의 사정으로 보아 그의 협박의 정도가 피해자등의 반항을 억압함에 족한 협박이라고 볼 수 없는 경우에는 피고인을 강도죄로 처단할 수 없다. **cf)** 제1심과 원심은 강도죄를 인정하였다.

강도와 공갈죄의 구별

	강도죄	공갈죄
범죄의 수단 (폭행 · 협박의 정도)	폭행 · 협박 (반항을 억압할 정도)	폭행 · 협박 (공포심을 생기게 할 정도)
처분행위	불필요(탈취죄)	필요(편취죄)
친족상도례	적용 안됨	적용됨

56 강도죄에서 폭행 · 협박과 재물취득 사이의 인과관계

* 대법원 2009. 1. 30. 선고 2008도10308 판결
* 참조조문: 형법 제333조[1]

> 윤락행위 도중 시비 끝에 피해자를 이불로 덮어씌우고 폭행한 후 이불 속에 들어 있는 피해자를 두고 나가다가 탁자 위의 피해자 손가방 안에서 현금을 취한 경우 강도죄가 성립하는가?

●**사실**● 피고인 X는 2008.1.22. 03:00경 주점에서 만난 도우미 A와 합의하에 술을 한 잔 더 하기 위해 주점 밖으로 나와 길을 걷다가 A를 모텔로 끌고 들어가 A를 구타하여 바닥에 쓰러진 A를 이불로 덮어씌우고 발로 짓밟아 반항을 억압한 후 1회 강간함으로써 4주간의 치료를 요하는 상해를 가하였다. 그리고 당시 A가 폭행을 당하여 이불을 덮고 쓰러져 반항이 불가능한 상태에서 A의 손가방 안에 든 현금 20만 원 등을 빼앗아 도망쳤다. 검사는 X를 강간상해죄로 기소하였다.

원심은 X로부터 강간을 당하였다고 하는 A의 진술은 신빙성을 인정하기 어려운 반면, 이를 다투는 X의 이 사건 경위에 관한 설명이 훨씬 자연스럽고 사실일 개연성이 높다는 이유를 들어, X의 강간상해의 점에 대해서는 무죄로 판단하면서 그와 일죄의 관계인 위 **상해죄**와 함께 이 사건 **강도의 공소사실을 유죄로 인정**하였다. 이에 대해 X가 상고하였다.

●**판지**● 파기환송. 「형법 제333조의 강도죄는 사람의 반항을 억압함에 충분한 폭행 또는 협박을 사용하여 타인의 재물을 강취하거나 재산상의 이익을 취득함으로써 성립하는 범죄이므로, 피고인이 타인에 대하여 반항을 억압함에 충분한 정도의 폭행 또는 협박을 가한 사실이 있다 해도 그 타인이 **재물 취거의 사실을 알지 못하는 사이에 그 틈을 이용하여 피고인이 우발적으로 타인의 재물을 취거한 경우**에는 위 폭행이나 협박이 재물 탈취의 방법으로 사용된 것이 아님은 물론, 그 폭행 또는 협박으로 조성된 피해자의 반항억압의 상태를 이용하여 재물을 취득하는 경우에도 해당하지 아니하여 **양자 사이에 인과관계가 존재하지 아니한다** 할 것이므로, 위 폭행 또는 협박에 의한 반항억압의 상태가 처음부터 재물 탈취의 계획 하에 이루어졌다거나 **양자가 시간적으로 극히 밀접되어 있는 등 전체적 · 실질적으로 단일한 재물 탈취의 범의의 실현행위**로 평가할 수 있는 경우에 해당하지 아니하는 한 강도죄의 성립을 인정하여서는 안 될 것이다」.

●**해설**● 1 강도죄에 있어서 폭행 · 협박과 재물강취 또는 이익강취 사이에는 인과관계가 있어야 한다. 폭행 · 협박과 무관하게 재물의 이전이 발생하였을 경우는 강취라 볼 수 없다. 따라서 항거불가능의 폭행 · 협박을 하였으나 상대방이 공포심을 갖지 않고 귀찮아서 혹은 불쌍해서 재물을 교부한 경우에는 폭행 · 협박과 재물취득 사이에 인과관계가 없기 때문에 **강도미수죄**가 성립한다. 이와 같이 강도죄의 폭행과 협박은 재물강취 또는 이익강취의 수단으로서 행해져야 한다. 폭행이나 협박이 재물강취 또는 이익강취의 수단이 되지 아니한 때에는 강도죄는 성립하지 않는다. 이러한 관계는 폭행 · 협박과 재물의 강취가 **시간적 · 장소적 연관**이 있어야 함을 의미한다(대판 95도91).

2 폭행과 협박은 재물의 강취 시에 이루어져야 하며, 늦어도 그 기수 이전에 있을 것을 요한다. 재물의 취거가 기수에 이른 후에 폭행 · 협박을 하였을 때에는 강도죄는 성립하지 아니하고 **준강도죄**가 될 수

---

1) 형법 제333조(강도) 폭행 또는 협박으로 타인의 재물을 강취하거나 기타 재산상의 이익을 취득하거나 제삼자로 하여금 이를 취득하게 한 자는 3년 이상의 유기징역에 처한다.

있을 뿐이다. 대법원은 강간범이 **강간행위 후에 비로소 강도의 범의**를 일으켜 부녀의 재물을 취득하였다면 이는 강간의 수단인 폭행·협박으로 인하여 피해자의 반항이 계속 억압된 상태 하에서 행해진 재물취득으로 절취가 아니라 **강취라고 봄이 타당**하다고 판단하고 있다(대판 77도1350, Ref 1-2). 그러나 강간을 당한 피해자가 도피하면서 현장에 놓고 간 손가방 안의 돈을 꺼낸 경우에는 강간에서의 폭행·협박과 재물취득 사이에 수단과 목적의 관계가 부정되어, 강간죄 이외에 절도죄가 성립한다(대판 84도38).

3 사안에서 원심은 X에게 강도죄의 성립을 인정하였으나 대법원은 X의 폭행·협박과 재물강취 사이에 인과관계가 없다고 보아 강도죄 성립을 부정하고 있다. 즉 대법원의 판단은 다음과 같다. 「피해자를 구타한 후 이불 속에 들어 있는 피해자를 두고 옷을 입고 방을 나가다가 탁자 위의 피해자 손가방 안에서 현금 20만 원 등이 든 피해자의 키홀더를 **우발적으로 가져갔다는 것이고**, …… 피고인의 (가) 이 사건 재물 취거행위가 피해자가 이불 속에 들어가 있어 이를 전혀 인식하지 못한 가운데 이루어진데다가 (나) 그 원인이 되었던 피고인의 피해자에 대한 폭행행위도 그와는 전혀 무관한 윤락행위 도중의 시비 끝에 발생하게 된 것이 사실이라면, (다) **비록 위 재물의 취득이 피해자에 대한 폭행 직후에 이루어지긴 했지만** 위 폭행이 피해자의 재물 탈취를 위한 피해자의 반항억압의 수단으로 이루어졌다고 단정할 수 없어 **양자 사이에 인과관계가 존재한다고 보기 어렵다**」고 하여 폭행에 의한 강도죄의 성립을 부정하였다.

4 한편 반항이 불가능한 정도에 이른 폭행, 협박이 있은 후 그로부터 상당한 시간이 경과한 후 폭행, 협박이 있은 곳과는 다른 장소에서 금원을 교부받은 사안에서 대법원은 행위와 결과사이의 인과관계를 인정하기 곤란하다고 보아 특수강도죄 기수를 부정한 판례가 있다(대판 95도91, Ref 1-1).

5 강간범인이 부녀를 강간할 목적으로 폭행, 협박에 의하여 반항을 억압한 후 반항억압 상태가 계속 중임을 이용하여 재물을 탈취하는 경우에는 **재물탈취를 위한 새로운 폭행, 협박이 없더라도 강도죄가 성립**한다(대판 2010도9630, Ref 2-2).

Reference 1

폭행·협박과 재물취득 사이의 인과관계

1 [**대판 95도91**] 파기환송. [반항 불가능한 정도에 이른 폭행, 협박이 있은 후 그로부터 상당한 시간이 경과한 후 폭행, 협박이 있은 곳과는 다른 장소에서 금원을 교부받은 범죄사실을 특수강도죄의 기수로 처벌한 원심판결을 심리미진·법리오해의 위법을 이유로 파기한 사례] 피고인이 1994.4.2. 01:00경 피해자 1의 집과 여관에서 위와 같은 폭행, 협박을 한 후 그로부터 **상당한 시간이 경과**한 후인 같은 날 19:00경 다른 장소에서 위 금원을 교부받았다는 것인바, 그렇다면 피고인의 위와 같은 폭행, 협박으로 인하여 위 피해자의 의사가 억압하여 반항이 불가능한 정도에 이르렀다고 하더라도 그 후 피고인의 폭행, 협박으로부터 벗어난 이후에는 **그러한 의사억압상태가 계속된다고 보기는 어렵다 할 것**이고, 기록을 살펴보아도 … 오히려 기록상 위 피해자가 피고인과 헤어진 후 피고인으로부터 다시 돈을 요구하는 무선호출연락을 받고 피고인이 다시 행패를 부릴 것이 두려워 은행에서 예금을 인출하여 피고인에게 지급하였다는 사정이 엿보이므로, 위 금원교부는 위 피해자의 의사에 반하여 반항이 불가능한 상태에서 **강취된 것이라기보다는 피해자의 하자 있는 의사에 의하여 교부된 즉 갈취당한 것으로 보인다.** 따라서 위와 같은 사실관계라면 특수강도죄의 미수

로 처벌할 수는 있을지언정 이를 특수강도죄의 기수로 처벌한 원심판결에는 … 법리를 오해한 위법이 있다 할 것이다.

2 [대판 77도1350] 강도강간죄는 강도가 강간하는 것을 그 요건으로 하므로 부녀를 강간한자가 강간행위 후에 강도의 범의를 일으켜 재물을 강취하는 경우에는 강간죄와 **강도죄**의 경합범이 성립될 수 있을 뿐이다.

Reference 2

1 [대판 2013도11899] [피고인이 **강도의 범의 없이** 공범들과 함께 피해자의 반항을 억압함에 충분한 정도로 피해자를 폭행하던 중 공범들이 계속하여 폭행하는 사이에 피해자의 재물을 취거한 경우, 강도죄의 성립 여부(적극) 및 그 과정에서 피해자가 상해를 입은 경우, 강도상해죄의 성립 여부(적극)] [1] 형법 제333조의 강도죄는 사람의 반항을 억압함에 충분한 폭행 또는 협박을 사용하여 타인의 재물을 강취하거나 재산상의 이익을 취득함으로써 성립하는 범죄이므로, 피고인이 강도의 범의 없이 공범들과 함께 피해자의 반항을 억압함에 충분한 정도로 피해자를 폭행하던 중 공범들이 피해자를 계속하여 폭행하는 사이에 피해자의 재물을 취거한 경우에는 피고인 및 공범들의 위 폭행에 의한 반항억압의 상태와 재물의 탈취가 시간적으로 극히 밀접하여 전체적·실질적으로 재물 탈취의 범의를 실현한 행위로 평가할 수 있으므로 **강도죄의 성립을 인정**할 수 있고, 그 과정에서 피해자가 상해를 입었다면 강도상해죄가 성립한다고 보아야 한다. [2] 피고인의 상고이유 주장은, 피고인과 공범인 공소외 1, 2는 피해자로부터 재물을 탈취하기 위하여 피해자를 폭행한 것이 아니라 단지 피해자를 혼내주기 위하여 폭행하였을 뿐이므로 그 폭행이 재물탈취의 방법으로 사용된 것이 아니고, 아울러 그 폭행으로 조성된 피해자의 반항억압의 상태를 이용하여 재물을 취득한 것도 아니어서 재물탈취와 폭행 사이에 인과관계도 존재하지 아니하므로, 피고인에 대하여는 강도상해죄가 성립하지 아니한다고 보아야 할 것임에도 원심이 강도상해죄의 법리를 오해함으로써 피고인을 유죄로 판단하였으니, 위법하다는 취지이다. 그러나 원심이 적법하게 채택한 증거들에 의하면, 피고인은 공범들과 함께 피해자를 추적하여 공소사실 기재와 같이 폭행을 하던 중 바닥에 쓰러진 피해자의 바지 뒷주머니에서 장지갑을 꺼내갔는데, 그동안 공범들은 계속하여 피해자를 폭행한 사실을 알 수 있다. 위와 같은 사실관계를 앞서 본 법리에 비추어 보면, 원심이 그 판시와 같은 이유를 들어 피고인에 대하여 강도상해의 공소사실을 유죄로 판단한 조치는 정당하고, 거기에 상고이유로 주장하는 바와 같은 법리오해의 위법이 있다고 할 수 없다.

강간와 강도 사이의 간격과 강도강간죄

2 [대판 2010도9630] [강간의 실행행위 계속 중에 강도행위를 한 경우 '강도강간죄'를 구성하는지 여부(적극) 및 특수강간범이 강간행위 종료 전에 특수강도의 행위를 한 경우 구 성폭력범죄의 처벌 및 피해자보호 등에 관한 법률 제5조 제2항에 정한 '특수강도강간죄'로 의율할 수 있는지 여부(원칙적 적극)] [1] (가) 강간범이 **강간행위 후**에 강도의 범의를 일으켜 그 부녀의 재물을 강취하는 경우에는 강도강간죄가 아니라 **강간죄와 강도죄의 경합범**이 성립될 수 있을 뿐이지만, (나) **강간행위의 종료 전** 즉 그 실행행위의 계속 중에 강도의 행위를 할 경우에는 이때에 바로 강도의 신분을 취득하는 것이므로 이후에 그 자리에서 강간행위를 계속하는 때에는 강도가 부녀를 강간한 때에 해당하여 형법 제339조에 정한 **강도강간죄를 구성**하고, 구 성

폭력범죄의 처벌 및 피해자보호 등에 관한 법률(2010.4.15. 법률 제10258호 성폭력범죄의 피해자보호 등에 관한 법률로 개정되기 전의 것) 제5조 제2항은 형법 제334조(특수강도) 등의 죄를 범한 자가 형법 제297조(강간) 등의 죄를 범한 경우에 이를 특수강도강간 등의 죄로 가중하여 처벌하는 것이므로, 다른 특별한 사정이 없는 한 특수강간범이 강간행위 종료 전에 특수강도의 행위를 한 이후에 그 자리에서 강간행위를 계속하는 때에도 특수강도가 부녀를 강간한 때에 해당하여 구 성폭력범죄의 처벌 및 피해자보호 등에 관한 법률 제5조 제2항에 정한 **특수강도강간죄**로 의율할 수 있다. [2] [강도죄에서 '폭행, 협박'과 '재물의 탈취'와의 관계 및 강간범인이 폭행, 협박에 의한 반항억압 상태가 계속 중임을 이용하여 재물을 탈취하는 경우 새로운 폭행, 협박을 요하는지 여부(소극)] 강도죄는 재물탈취의 방법으로 폭행, 협박을 사용하는 행위를 처벌하는 것이므로 폭행, 협박으로 타인의 재물을 탈취한 이상 (가) **피해자가 우연히 재물탈취 사실을 알지 못하였다고 하더라도 강도죄는 성립**하고, (나) 폭행, 협박당한 자가 탈취당한 재물의 소유자 또는 점유자일 것을 요하지도 아니하며, (다) 강간범인이 부녀를 강간할 목적으로 폭행, 협박에 의하여 반항을 억압한 후 **반항억압 상태가 계속 중임을 이용하여** 재물을 탈취하는 경우에는 재물탈취를 위한 새로운 폭행, 협박이 없더라도 강도죄가 성립한다.

> 준강도죄의 미수 · 기수의 판단 기준

●**사실●** 피고인 X는 Y와 함께 양주를 절취할 목적으로 장소를 물색하던 중, 2003.12.9. 06:30경 부산 부산진구 소재 5층 건물 중 2층 피해자 A가 운영하는 주점을 타깃으로 삼았다. 당시 Y는 1층과 2층 계단 사이에서 X와 무전기로 연락을 취하면서 망을 보고, X는 주점의 잠금장치를 뜯고 침입하여 주점 내 진열장에 있던 양주 45병 시가 1,622,000원 상당을 미리 준비한 바구니 3개에 담고 있었다. 그러던 중, X는 계단에서 서성거리고 있던 Y를 수상히 여긴 주점 종업원 B와 C가 주점으로 돌아오려는 소리를 듣고서 양주를 그대로 둔 채 출입문을 열고 나오다가 B 등이 자신을 붙잡자, **체포를 면탈할 목적**으로 자신의 목을 잡고 있던 B의 오른손을 깨무는 등의 폭행을 하였다. 원심은 X를 준강도미수죄로 처단하였다. 이에 검사가 상고하였다.

●**판지●** 상고기각. 「**[다수의견]** 형법 제335조에서 절도가 재물의 탈환을 항거하거나 체포를 면탈하거나 죄적을 인멸할 목적으로 폭행 또는 협박을 가한 때에 준강도로서 강도죄의 예에 따라 처벌하는 취지는, 강도죄와 준강도죄의 구성요건인 재물탈취와 폭행·협박 사이에 시간적 순서상 전후의 차이가 있을 뿐 **실질적으로 위법성이 같다**고 보기 때문이다. 그러므로 (가) 피해자에 대한 폭행·협박을 수단으로 하여 재물을 탈취하고자 하였으나 그 목적을 이루지 못한 자가 강도미수죄로 처벌되는 것과 마찬가지로, 절도미수범인이 폭행·협박을 가한 경우에도 강도미수에 준하여 처벌하는 것이 합리적이라 할 것이다. (나) 만일 강도죄에 있어서는 재물을 강취하여야 기수가 됨에도 불구하고 준강도의 경우에는 폭행·협박을 기준으로 기수와 미수를 결정하게 되면 재물을 절취하지 못한 채 폭행·협박만 가한 경우에도 준강도죄의 기수로 처벌받게 됨으로써 **강도미수죄와의 불균형이 초래**된다. 위와 같은 준강도죄의 입법 취지, 강도죄와의 균형 등을 종합적으로 고려해 보면, **준강도죄의 기수 여부는 절도행위의 기수 여부를 기준**으로 하여 판단하여야 한다고 봄이 상당하다.

●**해설●** 1 대상판결은 대법원이 최초로 '준강도미수'를 인정한 판결이라는 점과 준강도죄의 미수·기수의 구별기준과 관련해 종래의 '폭행·협박기준설'을 변경하고 **'절취행위기준설'**을 취하였다는 점에서 그 의의가 있다.

2 준강도죄는 ① 구성요건 상에서 '절도(범인)'를 행위주체로 명시해 놓고 있어 **신분범적 성격**을 가지고 있으며, ② 재물의 "탈환을 항거하거나 체포를 면탈하거나 죄적을 인멸"할 목적으로 행위할 것을 요구하는 **목적범**이며, ③ 절도죄와 폭행·협박이 결합된 **결합범적 성격**을 가지고 있다. 준강도죄는 절도행위 중 발각되자 폭행·협박을 하여 재물을 강취하는 **표변(돌변)강도**와 구분된다.

---

1) 형법 제335조(준강도) **절도**가 재물의 **탈환을 항거하거나 체포를 면탈하거나 범죄의 흔적을 인멸할 목적**으로 폭행 또는 협박한 때에는 제333조 및 제334조의 예에 따른다.
2) 형법 제342조(미수범) 제329조 내지 제341조의 미수범은 처벌한다.
3) 형법 제25조(미수범) ① 범죄의 실행에 착수하여 행위를 종료하지 못하였거나 결과가 발생하지 아니한 때에는 미수범으로 처벌한다.

3 준강도죄와 관련해서는 체포를 면탈하고자 함은 자연적 인간성 발현의 소극적·방어적 행위임에도 여기에 형법상 불법성을 부여하여 가중처벌하는 것은 **헌법에 위배된다는 청구**가 있었다. 이에 대해 헌법재판소는「물론 체포를 면탈하고자 하는 것은 청구인의 주장과 같이 자연적인 인간본성의 발현이라고 할 수 있을 것이다. 그러나 우리 형법에서 체포면탈목적의 준강도를 인정한 취지는 자연적인 인간본성의 발현 자체에 강도와 같은 정도의 불법성을 부여하는 것이 아니라, 준강도죄의 성격에 관하여 우리의 판례와 통설에서 인정하고 있는 바와 같이 절도범인 중 형법 제335조 소정의 행위를 한 자의 그 **죄질이나 위험성을 강도와 같게 보아서 강도와 동일한 법정형으로 처벌**하도록 함에 있는 것이다. 즉 강도는 먼저 폭행·협박을 사용하고 그 다음에 재물을 탈취하는 것이지만, 준강도는 먼저 재물을 탈취하거나 또는 이의 실행 중에 폭행·협박을 사용한다는 점에서 차이가 있을 뿐, 절도범행의 실행 중 또는 실행직후에 발각되었을 때 폭행·협박의 범행을 유발할 수도 있는 특별한 위험상황을 배제할 수 없고 그와 같은 상황이 일어난다면 그 행위의 죄질이 강도와 등가로 평가할 수 있기 때문이다. 이러한 점에서 볼 때 준강도의 죄질을 강도와 동일하게 볼 수 있기 위하여는 절도범행의 실행 중 또는 실행직후로서 절도범행과 밀접한 견련성이 요구되는 것이며 형법 제335조는 이 요구에 부응하고 있다」고 답하였다(헌재 96헌바9).

4 사안에서 다투어진 준강도죄의 미수·기수의 구별기준과 관련해 (a) '절도'의 미수·기수에 따라 준강도의 미수·기수를 결정하자는 입장이 **절도행위기준설**로 대법원의 다수의견이다. 이 견해에 따르면, 대상판결에서와 같이 절도가 미수(양주를 훔치지 못하고 그대로 둔 채)인 이상 상대방의 반항을 억압하는 폭행·협박이 행해졌더라도 준강도죄의 미수가 성립한다. 이는 강도미수죄와 균형을 맞추기 위함이다(강도죄의 경우는 재물을 강취하여야만 기수가 성립하기 때문이다). 이에 반해 (b) '폭행·협박'을 기준으로 준강도의 미수·기수를 결정하는 입장이 **폭행·협박행위기준설**이며 본 판결에서의 반대의견이다. 이 견해에 따르면, 절도가 기수이더라도 폭행·협박에 의하여 상대방의 반항이 억압되지 않았다면, 준강도죄의 미수가 성립한다. 그리고 (c) 절도미수와 폭행·협박미수 모두를 준강도의 미수로 보자는 **결합설**이 있다(본 판결의 별개의견).

5 한편 준강도죄에 있어서의 폭행이나 협박은「상대방의 반항을 억압하는 수단으로서 일반적 객관적으로 가능하다고 인정하는 정도의 것이면 되고 **반드시 현실적으로 반항을 억압하였음을 필요로 하는 것은 아니다**」(대판 81도409, Ref 1-3). 그리고 본죄의 주체인 '절도'는 모든 형태의 절도죄를 말하며 절도죄의 기수·미수를 불문한다.

준강도죄에서의 폭행·협박에 해당한다고 본 사례

1 [대판 84도1167] 피고인이 점유자 또는 소유자의 승낙 없이 물건을 갖고 나오다 경비원에게 발각되어 동인이 절도범인 체포사실을 파출소에 신고 전화하려는데 피고인이 잘해 보자며 **대들면서 폭행을 가한 경우**에는, 설사 그 같은 행위가 피고인이 사장도 잘 안다며 전화확인을 하자는 제의를 경비원이 거부하면서 내일이나 모레와서 확인한 후에 가져가라하자 피고인이 자기의 것이니 무조건 달라고 시비한 끝에 저질러진 것이라 하여도, 그곳이 체포현장이었고 주위 사람에게 도주를 방지케 부탁한 상태아래 일어난 것이라면 준강도 행위에 해당한다.

2 [대판 82도2838] 오토바이를 끌고 가다가 추격하여 온 피해자에게 멱살을 잡히게 되자 체포를 면탈할 목적으로 피해자의 **얼굴을 주먹으로 때리고, 놓아주지 아니하면 죽여버리겠다고 협박**한 경우에는 그 같은 폭행, 협박은 피해자의 반항을 억압하기 위한 수단으로써 일반적, 객관적으로 가능하다고 인정되는 정도의 폭행, 협박에 해당한다고 볼 수 있으므로 준강도죄를 구성한다.

3 [대판 81도409] 형법 제335조 소정의 준강도죄의 성립에 필요한 수단으로서의 폭행이니 협박의 정도는 상대방의 반항을 억압하는 수단으로서 일반적 객관적으로 가능하다고 인정되는 정도의 것이면 되는 것이고 **반드시 현실적으로 반항을 억압하였음을 필요로 하는 것은 아니라고 할 것이고,** 피고인이 각 그 판시 일시, 장소에서 체포를 면탈할 목적으로 피고인을 검거하려던 피해자인 1과 2에게 소지 중인 **과도를 꺼내어 찌를 듯이 위협**하였다는 것인 바, …… 위의 협박은 준강도죄의 성립에 필요한 수단인 협박으로서 족한 것이다.

4 [대판 68도334] 피고인이 절도의 목적으로 타인이 경영하는 자동차수리공장의 담을 넘으려다가 방법대원에게 발각되어 추격을 받자 체포를 면탈할 양으로 수권으로 동인의 **안면을 1회 강타하여 지면에 전도케 하는 등 폭행**을 가한 경우 피고인은 주거침입과 절도의 결합범인 야간주거침입절도행위에 착수하였다 할 것이고 따라서 피고인이 체포를 면탈할 목적으로 폭행을 가한 이상 준강도죄가 성립한다 할 것이다.

준강도죄에서의 폭행·협박에 해당하지 않는다고 본 사례

5 [대판 90도193] [체포에 필요한 정도를 넘는 심한 폭력에 대항하기 위하여 절도범이 체포자에게 상해를 입힌 경우 준강도죄의 성부(소극)] 준강도죄의 구성요건인 폭행, 협박은 일반강도죄와의 균형상 사람의 반항을 억압할 정도의 것임을 요하므로, 일반적, 객관적으로 체포 또는 재물탈환을 하려는 자의 체포의사나 탈환의사를 제압할 정도라고 인정될 만한 폭행, 협박이 있어야만 준강도죄가 성립한다고 할 것인 바, 피고인을 체포하려는 피해자가 체포에 필요한 정도를 넘어서서 발로 차며 늑골 9, 10번 골절상, 좌폐기흉증, 좌흉막출혈 등 전치 3개월을 요하는 중상을 입힐 정도로 심한 폭력을 가해오자 **피고인이 이를 피하기 위하여 엉겁결에 솥뚜껑을 들어 위 폭력을 막아 내려다가 그 솥뚜껑에 스치어 피해자가 상처를 입게 되었다면** 피고인의 위 행위는 일반적, 객관적으로 피해자의 체포의사를 제압할 정도의 폭행에 해당하지 않는다고 할 것이므로 **준강도상해죄는 성립되지 않는다.** cf) 검사는 피고인을 강도상해죄로 기소하였으나 제1심과 항소심

그리고 대법원 모두 준강도상해죄 성립을 인정하지 않았다.

6 [대판 85도619] 피고인이 범행이 발각되어 목욕탕을 나와 출입문 앞길로 도망하는데 피해자가 추적해 와 피고인의 저고리어깨와 등 부분을 붙잡아 도망하려고 잡은 손을 뿌리치는 바람에 피해자는 밀려 넘어지면서 상처를 입었으며 곧 목욕탕 주인이 나와 피해자와 합세하여 피고인이 체포되었음이 인정되는 바, 위 사실에 의하면 피고인은 **옷을 잡히자 체포를 면하려고 충동적으로 저항을 시도하여 잡은 손을 뿌리친 것으로** 보이는바 이러한 정도의 폭행은 피해자의 체포력을 억압함에 족한 정도에 이르지 않은 것으로 봄이 상당하여 이를 준강도죄로 의율할 수는 없다 할 것이다. cf) 검사는 피고인을 강도상해죄로 기소하였고 제1심과 항소심은 유죄를 인정하였으나 대법원은 판지와 같은 이유로 준강도죄의 성립을 부정하였다.

Reference 2
준강도와 관련된 주요 판례

준강도죄의 주체는 '절도범인'

1 [대판 2014도2521] ●**사실**● 피고인은 2013.8.3. 12:30 피해자 공소외인이 운영하는 술집에서 피해자로부터 술값 26만 원의 지급을 요구받자 피해자를 유인·폭행하여 **술값의 지급을 면하기로** 마음먹고, 피해자를 부근에 있는 래미안아파트 뒤편 골목으로 유인한 후, 양손으로 피해자의 어깨 부위를 붙잡아 밀치고 발로 다리를 걸어 바닥에 넘어뜨린 다음 피해자의 몸 위에 올라타 양손으로 피해자의 목을 조르거나 피해자의 입을 손으로 막고 주먹으로 얼굴을 때리려고 하는 등으로 반항하지 못하게 한 다음 그대로 도주함으로써, 술값 26만 원의 지급을 면하여 같은 금액 상당의 재산상 이익을 취득하고 피해자에게 약 2주간의 치료를 요하는 양측 팔꿈치의 찰과상 등의 상해를 가하였다. 원심은 피해자가 입은 상해는 강도상해죄에서의 상해에 해당하지 않는다고 보아 **강도상해죄를 무죄로 판단하면서**, 공소사실의 동일성이 인정되고 피고인의 방어권 행사에 실질적 불이익을 초래하지 않는다는 이유로 공소장 변경 없이 공소사실의 마지막 부분을 '피고인은 피해자에게 지급해야 할 술값 26만 원의 지급을 면하여 같은 금액 상당의 재산상 이익을 취득하고 피해자를 폭행하였다'로 변경하고 이에 관하여 **준강도죄를 적용하여 유죄**를 선고하였다. 이에 피고인이 상고하였다. ●**판지**● 파기환송. [1] 형법 제335조는 '절도'가 재물의 탈환을 항거하거나 체포를 면탈하거나 죄적을 인멸할 목적으로 폭행 또는 협박을 가한 때에 준강도가 성립한다고 규정하고 있으므로 **준강도죄의 주체는 절도범인이고 절도죄의 객체는 재물**이다. [2] 원심이 인정한 범죄 사실은 피고인이 피해자에게 지급해야 할 술값의 지급을 면하여 **재산상 이익을 취득**하고 피해자를 폭행하였다는 것인데, 그 자체로 절도의 실행에 착수하였다는 내용이 포함되어 있지 않고, 기록을 살펴보아도 이를 인정할 만한 사정이 없다. 그럼에도 원심은 위 공소사실에 관하여 준강도죄를 적용하여 유죄로 인정하였는바, 이는 준강도죄의 주체에 관한 법리를 오해하여 판단을 그르친 것이다.

준강도죄와 죄수

2-1 [대판 92도917] [절도범인 또는 강도범인이 체포를 면탈할 목적으로 경찰관에게 폭행(협박)을 가한 경우 준강도죄 또는 강도죄와 공무집행방해죄의 죄수] (가) **절도범인이** 체포를 면탈할 목적으로 경찰관에게 폭행 협박을 가한 때에는 준강도죄와 공무집행방해죄를 구성하고 양죄는 **상상적 경합관계**에 있으나, (나) **강도범인이** 체포를 면탈할 목적으로 경찰관에게 폭행을 가한 때에는 강도죄와 공무집행방해죄는 **실체**

적 경합관계에 있고 상상적 경합관계에 있는 것이 아니다.

2-2 [대판 2001도3447] 절도범이 체포를 면탈할 목적으로 체포하려는 여러 명의 피해자에게 **같은 기회에 폭행을 가하여 그 중 1인에게만 상해**를 가하였다면 피고인의 이러한 행위는 **포괄하여 하나의 강도상해죄만 성립**한다.

2-3 [대판 66도1392] 절도가 체포를 면탈할 목적으로 추격하여온 수인에게 대하여, 같은 기회에 동시 또는 이시에 폭행 또는 협박을 하였다하더라도, 준강도의 포괄일죄가 성립한다할 것이고, 또 준강도행위가 진전하여 상해행위를 수반하였다 하더라도, **일괄하여 준강도 상해죄의 일죄가 성립**하는 것이지, 별도로 준강도죄의 성립이 있는 것은 아니므로, 본건의 경우에 있어서 절도범인인 피고인이 체포를 면탈할 목적으로 추격하여온 방범원 공소외 2에게 대하여는 상해를 가하고, 동일한 기회에 공소외 3에게 대하여는 협박을 가하였다 하더라도, 이는 포괄하여 **준강도상해죄의 일죄가 성립한다**고 보아야 할 것이다.

3 [대판 87도1592] [절도가 체포를 면탈할 목적으로 사람을 살해한 경우의 죄책] 강도살인죄(형법 제338조)의 주체인 강도는 준강도죄(형법 제335조)의 강도범인을 포함한다고 할 것이므로 절도가 체포를 면탈할 목적으로 사람을 살해한 때에는 강도살인죄가 성립한다.

준강도상해좌와 공범관계

4-1 [대판 84도1887] [절도의 공모자중 1인이 체포를 면탈할 목적으로 폭행하여 상해를 가한 때 나머지 자의 죄책] 특수절도의 범인들이 범행이 발각되어 각기 다른 길로 도주하다가 그중 1인이 체포를 면탈할 목적으로 폭행하여 상해를 가한 때에는, 나머지 범인도 위 공범이 추격하는 피해자에게 체포되지 아니하려고 위와 같이 **폭행할 것을 전연 예기하지 못한 것으로는 볼 수 없다 할 것**이므로 그 폭행의 결과로 발생한 상해에 관하여 형법 제337조, 제335조의 강도상해죄의 책임을 면할 수 없다. **cf)** 공모합동하여 절도를 한 경우 범인 중의 하나가 체포를 면탈할 목적으로 폭행을 하여 상해를 가한 때에는 나머지 범인도 이를 예기하지 못한 것으로 볼 수 없다면 **강도상해죄의** 죄책을 면할 수 없다.

4-2 [비교판례1] [대판 82도1352] ●**사실**● 피고인들이 자기 집에서 물건을 훔쳐 나왔다는 연락을 받고 도주로를 따라 추격하자 범인들이 이를 보고 도주하므로 1킬로미터 가량 추격하여 피고인 X를 체포하여 같이 추격하여 온 동리 사람들에게 인계하고 1킬로미터를 더 추격하여 공동피고인 Y를 체포하여 가지고 간 나무몽둥이로 동인을 1회 구타하자 동인이 위 몽둥이를 빼앗아 피해자를 구타 상해를 가하고 도주하였다. ●**판지**● 피고인(X) 및 제1심 공동 피고인(Y)은 절도범행의 종료 후 얼마되지 아니한 단계로서 안전지대에로 이탈하지 못하고 피해자 측에 의하여 체포될 가능성이 남아 있는 단계에서 추적당하여 체포되었다고 할 것이므로 위 절취행위와 그 체포를 면하기 위한 Y의 구타행위와의 사이에 시간상 및 거리상으로 극히 근접한 관계에 있다고 할 것이니 **Y의 소위는 준강도상해죄에 해당된다**고 할 것이나 피고인(X)은 사전에 Y와의 사이에 상의한 바 없었음은 물론 체포 현장에 있어서도 X와의 사이에 전혀 의사연락 없이 Y가 피해자로부터 그가 가지고 간 몽둥이로 구타당하자 돌연 이를 빼앗아 피해자를 구타하여 상해를 가한 것으로서 X가 이를 예기하지 못하였다고 할 것이므로 동 구타상해행위를 공모 또는 **예기하지 못한 X에게까지 준강도상해의 죄책을 문의할 수 없다**고 해석함이 타당하다.

4-3 [비교판례2] [대판 83도3321] 절도를 공모한 피고인이 다른 공모자 (갑)의 폭행행위에 대하여 사전양해나 의사의 연락이 전혀 없었고, 범행 장소가 빈 가게로 알고 있었고, 위 (갑)이 담배창구를 통하여 가게

에 들어가 물건을 절취하고 피고인은 밖에서 망을 보던중 예기치 않았던 인기척 소리가 나므로 도주해버린 이후에 위 (갑)이 창구에 몸이 걸려 빠져 나오지 못하게 되어 피해자에게 붙들리자 체포를 면탈할 목적으로 피해자에게 폭행을 가하여 상해를 입힌 것이고, 피고인은 그동안 상당한 거리를 도주하였을 것으로 추정되는 상황 하에서는 **피고인이 위 (갑)의 폭행행위를 전연 예기할 수 없었다고 보여지므로** 피고인에게 준강도상해죄의 공동책임을 지울 수 없다.

5 **[대판 85도682]** 피고인이 절취품을 물색 중 피해자가 잠에서 깨어나 "도둑이야"고 고함치자 체포를 면탈할 목적으로 그녀에게 이불을 덮어씌우고 입과 목을 졸라 상해를 입혔다면 절도의 목적달성여부에 관계없이 강도상해죄가 성립한다.

6 **[대판 73도1553 전원합의체]** [단순절도범인이 체포를 면탈하기 위하여 협박을 가하면서 비로소 흉기를 사용한 소위를 특수강도의 준강도로 본 사례] 강도죄에 있어서의 재물탈취의 수단인 폭행 또는 협박의 유형을 흉기를 휴대하고 하는 경우와 그렇지 않은 경우로 나누어 흉기를 휴대하고 하는 경우를 특수강도로 하고, 그렇지 않은 경우를 단순강도로 하여 처벌을 달리하고 있음에 비추어 보면 절도범인이 처음에는 흉기를 휴대하지 아니하였으나 체포를 면탈할 목적으로 폭행 또는 협박을 가할 때에 비로소 흉기를 휴대사용하게 된 경우에는 형법 제334조의 예에 의한 준강도(특수강도의 준강도)가 되는 것으로 해석하여야 할 것이므로 처음에 흉기를 휴대하지 않았던 절도범인인 피고인이 체포를 면탈할 목적으로 추적하는 사람에 대하여 비로소 흉기를 휴대하여 흉기로서 협박을 가한 소위를 특수강도의 예에 의한 준강도로 의율한 원심의 조처는 정당하다.

58 준강도에 있어서 '절도의 기회'

* 대법원 1999. 2. 26. 선고 98도3321 판결
* 참조조문: 형법 제333조,[1] 제335조,[2] 제337조[3]

절도범행 후 10분이 지나 피해자의 집에서 200m 떨어진 곳에서 붙잡혀 피해자의 집으로 돌아와 피해자를 폭행한 경우, 준강도죄가 성립하는가?

●**사실**● 피고인 X는 피해자 A의 집에서 절도범행을 마친지 **10분가량 지나** A의 집에서 **200m 가량 떨어진** 버스정류장이 있는 곳에서 자신을 절도범인으로 의심하고 뒤쫓아 온 A에게 붙잡혀 A의 집으로 돌아왔을 때 비로소 A에게 폭행을 가하였다.

검사는 X를 강도상해죄로 기소하였다. 제1심과 원심은 X에 대해 준강도죄의 성립을 부정하였다(절도죄와 상해죄의 경합범을 인정). 이에 검사는 상고하였다.

●**판지**● 상고기각. 「[1] 준강도는 절도범인이 **절도의 기회**에 재물탈환, 항거 등의 목적으로 폭행 또는 협박을 가함으로써 성립되는 것이므로, 그 폭행 또는 협박은 절도의 실행에 착수하여 **(가) 그 실행 중이거나 (나) 그 실행 직후 또는 (다) 실행의 범의를 포기한 직후**로서 사회통념상 범죄행위가 완료되지 아니하였다고 인정될 만한 단계에서 행하여짐을 요한다.

[2] 피해자의 집에서 (가) 절도범행을 마친지 10분가량 지나 (나) 피해자의 집에서 200m 가량 떨어진 버스정류장이 있는 곳에서 피고인을 절도범인이라고 의심하고 뒤쫓아 온 피해자에게 붙잡혀 피해자의 집으로 돌아왔을 때 비로소 피해자를 폭행한 경우, 그 폭행은 사회통념상 절도범행이 이미 **완료된 이후에 행하여졌다는** 이유로 준강도죄가 성립하지 않는다고 한 사례」.

●**해설**● 1 준강도는 절도범인이 '절도의 기회'에 재물탈환의 항거 등의 목적으로 폭행 또는 협박을 가함으로써 성립하는 범죄이다. 따라서 폭행 또는 협박은 절도의 기회에 행해져야 하며, 여기서 '**절도의 기회**'란 폭행 또는 협박이 재물탈취와 **장소적·시간적으로 근접한 관계**에 있어야 함을 의미한다. 그리고 장소적·시간적 근접성은 사회통념에 따라 판단한다.

2 일반적으로 폭행과 협박이 **절도 현장의 계속적 연장**으로 보여 지는 장소에서 이루어지거나 절도의 현장이나 그 기회의 계속 중에 이루어질 필요가 있다. 무엇보다 (가) '**재물의 탈환**'을 막기 위한 경우에는 절도현장과 밀착되어 있을 경우가 많을 것이고, 반대로 (나) '**죄적인멸**'의 목적은 현장에서 시간적·장소적으로 상당히 떨어져 있어도 인정되는 경우가 많을 것이다. 죄적을 인멸할 목적으로 사람을 살해한 경우에는 강도살인죄가 성립한다(대판 83도1210). (다) 이에 대해, 특히 절도의 기회의 유무가 다투어지는 것이 **체포를 면탈**하기 위한 경우이다.

---

1) 형법 제333조(강도) 폭행 또는 협박으로 타인의 재물을 강취하거나 기타 재산상의 이익을 취득하거나 제삼자로 하여금 이를 취득하게 한 자는 3년 이상의 유기징역에 처한다.
2) 형법 제335조(준강도) **절도가 재물의 탈환을 항거하거나 체포를 면탈하거나 범죄의 흔적을 인멸할 목적**으로 폭행 또는 협박한 때에는 제333조 및 제334조의 예에 따른다.
3) 형법 제337조(강도상해, 치상) 강도가 사람을 상해하거나 상해에 이르게 한 때에는 **무기 또는 7년 이상의 징역**에 처한다.

3 판례에서 제시하고 있는 **'절도의 기회'**와 관련된 설명은 「(가) 절도범인과 피해자측이 절도의 현장에 있는 경우와 (나) 절도에 잇달아 또는 절도의 시간·장소에 접착하여 피해자측이 범인을 체포할 수 있는 상황, (다) 범인이 죄적인멸에 나올 가능성이 높은 상황에 있는 경우」를 말한다(대판 2009도5022).

4 그러한 의미에서 「피해자측이 추적태세에 있는 경우나 범인이 일단 체포되어 아직 신병확보가 확실하다고 할 수 없는 경우에는 절도의 기회에 해당」한다(대판 2001도4142, Ref 1−2). 한편 야간주거침입절도죄의 경우에는 절도범이 야간에 주거에 침입할 때 실행의 착수가 인정되므로 주거침입시부터 준강도가 성립할 수 있다(대판 2003도4417, Ref 1−1).

5 대상사안의 경우 시간적으로는 절도범행을 마친지 10분가량 지나고 장소적으로 피해자의 집에서 200m 가량 떨어진 곳에서 발생한 폭행에 대해 준강도를 부정하고 있다. 한편 이와 비슷하게 범행현장으로부터 200m 떨어진 곳에서 폭행을 하였지만 이 경우에는 준강도의 성립은 인정한 판례가 있다(대판 84도1398, Ref 1−4). 준강도죄에서 절도의 기회 중이었는지에 대한 판단은 ① 시간적·장소적 요소를 고려한 뒤에 ② 피해자 측으로부터 **추적되어 체포될 수 있는 상황이 계속 이어지고 있는지 여부**, 즉 피해자 등의 **'추급권(追及圈)'으로부터의 이탈 유무**를 중시하여야 할 것이다.

6 대상사안의 경우 X는 10분 후라 하더라도 절도 후에 발견·추적되지 않았고, 일단은 '안전한' 상태가 되었기 때문에 절도의 기회는 계속이어지지 않고 있었던 것으로 평가된 것으로 생각된다. 이에 반해 대판 84도1398 경우는 비록 200m 떨어졌다고는 하나 피고인은 범행현장에 피해자에게 발각되어 계속 추격당하고 있는 상황인 것이다.

Reference 1

준강도에 있어서 '절도의 기회'

1 [대판 2003도4417] ●**사실**● 피고인은 2003.3.2. 19:45경 부천시 소재 신안아파트 1909동 뒤편에 이르러 금품을 절취할 목적으로 난간을 잡고 1909동 202호 뒤쪽 베란다로 올라가 미리 준비한 소형손전등을 창문에 비추면서 **내부를 살피던 중**, 때마침 위 아파트에 근무하는 경비원인 피해자(58세)에게 발각되어 그 곳 베란다에서 뛰어내려 도주하다가 체포를 면탈할 목적으로 미리 소지하고 있던 드라이버를 위 피해자의 얼굴에 들이대면서 "너 잡지마, 잡으면 죽여"라고 말하여 이에 불응하면 위 피해자의 신체 등에 어떠한 위해를 가할 것 같은 태도를 보여 피해자를 협박하였다. 원심은 피고인의 행위만으로는 야간주거침입절도죄의 예비단계에 불과할 뿐, 나아가 피고인이 위 202호 주거에 침입하기 위한 구체적인 행위를 시작하여 야간주거침입절도죄의 실행에 착수하였다고 단정할 수는 없다고 판단하여 제1심에서와 같이 무죄를 인정하였다. 이에 검사가 상고하였다. ●**판지**● 파기환송. 준강도의 주체는 절도 즉 절도범인으로, 절도의 실행에 착수한 이상 미수이거나 기수이거나 불문하고, **야간에 타인의 재물을 절취할 목적으로 사람의 주거에 침입한 경우에는 주거에 침입한 단계**에서 이미 형법 제330조에서 규정한 **야간주거침입절도죄라는 범죄행위의 실행에 착수**한 것이라고 보아야 하며, 주거침입죄의 경우 주거침입의 범의로써 예컨대, 주거로 들어가는 문의 시정장치를 부수거나 문을 여는 등 침입을 위한 구체적 행위를 시작하였다면 주거침입죄의 실행의 착수는 있었다고 보아야 한다. **cf)** 검사는 피고인을 준강도죄로 기소하였으나 제1심과 항소심은 피고인의 행위는 야간주

거침입절도죄의 예비단계에 불과할 뿐 실행의 착수에 들어가지는 않은 것으로 보아 준강도죄 성립을 부정하였다. 그러나 대법원은 위와 같이 판시하면서 원심판결을 파기환송하였다.

2 [대판 2001도4142] 피고인은 절도행위가 발각되어 도주하다가 곧바로 뒤쫓아 온 보안요원 이○철에게 붙잡혀 보안사무실로 인도되어 피해자로부터 **그 경위를 확인받던 중 체포된 상태를 벗어나기 위해서 위 피해자에게 폭행**을 가하여 상해를 가한 사실이 인정되고, 사실관계가 이러하다면 피고인은 일단 체포되었다고는 하지만 **아직 신병확보가 확실하다고 할 수 없는 단계에서** 체포된 상태를 면하기 위해서 피해자를 폭행하여 상해를 가한 것이므로 이러한 피고인의 행위는 절도의 기회에 체포를 면탈할 목적으로 폭행하여 상해를 가한 것으로서 강도상해죄에 해당한다.

3 [대판 87도1662] 피고인이 공소외 강○덕 경영의 경성양곡상회창고 앞에서 공소외 1과 같이 위 창고에 보관하여둔 찹쌀 등 곡물을 절취할 목적으로 위 창고의 시정 장치를 절단기로 자르고 문을 열려던 중 위 강○덕으로부터 신고를 받고 달려온 방범대원 피해자에게 발각되어 **피해자가 약 70m 추격 끝에 피고인을 붙잡게 되자 체포를 면하기 위하여** 피해자에게 폭행을 가하여 상해를 입혔다는 것인바, 피고인의 위 폭행행위는 절취미수행위와 시간상 및 거리상 매우 근접하여 절취미수행위의 실행 중 또는 실행직후에 행하여진 것이라고 보여지므로 원심이 그 판시 소위를 강도상해죄로 의율한 조치는 옳고, 거기에 소론과 같은 준강도죄에 관한 법리오해나 심리미진의 위법이 있다 할 수 없다.

4 [대판 84도1398] 피고인 겸 피감호청구인이 야간에 절도의 목적으로 피해자의 집에 담을 넘어 들어간 이상 절취한 물건을 물색하기 전이라고 하여도 이미 야간주거침입절도의 실행에 착수한 것이라고 하겠고, 그 후 피해자에게 발각되어 **계속 추격당하거나 재물을 면탈하고자 피해자에게 폭행을 가하였다면 그 장소가 소론과 같이 **범행현장으로부터 200m 떨어진 곳**이라고 하여도 절도의 기회 계속 중에 폭행을 가한 것이라고 보아야 할 것이다.

5 일본 판례 중에는 다음과 같은 이유로 '**절도의 기회**'를 부정한 판례들이 있다. ① **最2小判平成16年12月10日**(刑集58卷9号1047頁·判時1887号156頁) ●**사실**● 피고인 X는 금품을 절취할 목적으로 오후 0시 50분경, A주택 1층 거실 쪽 잠겨 있지 않은 창문으로 침입하여, 방에서 현금 등이 들어 있는 지갑이나 봉투를 절취하고, 침입 몇 분 후에 현관문 자물쇠를 풀고 집 밖으로 나왔다. 그리고 누구에게도 발견·추적되지 않은 채 자전거로 약 1km 떨어진 공원으로 향했다. X는 동 공원에서 훔친 현금을 세워보니 3만 엔밖에 되지 않아 적다 생각하고, 다시 A의 집에 들어가 절도하기로 마음먹고 자전거로 되돌아갔다. 당시 오후 1시 20분경, 현관문을 열었으나 실내에 집주인이 있음을 알아차리고, 문을 닫고 대문 밖 주차장으로 나갔지만, 마침 귀가하던 집주인 B에게 발각되자 체포를 면하기 위해서, 주머니에서 칼을 꺼내 B에게 칼끝을 좌우로 흔들어 위협한 뒤, B가 겁에 질려 후퇴한 틈을 이용해 도주했다. 원판결은 X가 도품을 주머니에 넣은 채 당초 절도의 목적을 달성하기 위해서 약 30분 후에 같은 집에 되돌아간 것, 집주인은 X가 현관을 열고 닫은 시점에 도둑이 들어온 것을 알아차리고, 이를 추적하자 X의 상기 협박은 절도의 기회의 계속 중인 것으로 판단하여, X에게 사후강도죄의 성립을 인정했다. X측이 상고하였다. ●**판지**● 파기환송. 최고재판소는 「X는 지갑 등을 절취한 후, 누구에게도 발견·추적되지 않은 채 일단 범행현장을 떠나, 어느 정도의 시간을 보냈으며, 그 사이 X가 피해자 등으로부터 쉽게 발견되어 **재물을 반납하거나 체포될 수 있는 상황은 없어졌다고**

보아야 한다. 그렇다면 X가 그 후 다시 절도 할 목적으로 범행현장에 되돌아왔다 하더라도 그 때에 행하여진 **상기 협박이 절도기회의 계속 중에 행하여진 것이라고 볼 수는 없다.** 따라서 X에게 사후강도죄의 성립을 인정한 원판결은 사실을 오인해서 법령의 해석적용을 잘못한 것이며, 이것이 판결에 영향을 준 것은 분명하여, 원판결을 파기하지 않으면 현저하게 정의에 반하는 것으로 인정된다」고 하여 원판결을 파기하고 고등재판소로 환송했다. 마찬가지로 ② **東京高判平成17年8月16日**(判夕1194-289)은 금품절취의 목적으로 피해자 집에 침입하여 4첩 다다미방에서 휴대용 백을 훔치고 그대로 피해자 집을 나와 아무에게도 추적되지 않은 채 집으로 돌아왔으나 약 10분 내지 15분간 망설이는 도중 절도 현장을 떠날 때 옆방의 8첩 다다미방에서 소리가 들렸던 것으로 보아 집주인에게 자신의 범행이 발각되었다는 생각이 들어 집주인을 살해하기로 마음먹고, 다시 피해자의 집으로 가 8첩 다다미방에 있던 집주인을 살해한 사안에서 ① 누구로 부터도 추적 받지 않고 자택에 돌아왔고, 그 사이 경찰에 신고되어 경찰관이 출동하지도 않았고, ② 도품을 자택 내에 두고 피해자 쪽으로 되돌아간 사정 하에서는 피해자 측의 지배영역에서 완전히 이탈한 것으로 보아야 하기 때문에, **절도기회의 계속 중에 행하여진 것이라고 볼 수는 없다**고 판시하고 있다.[4]

Reference 2

강도상해 및 강도살인죄에 있어서 '강도의 기회'

1 [대판 2014도9567] [강도상해죄의 성립요건 및 강도범행 이후 **피해자의 심리적 저항불능 상태가 해소되지 않은 상태**에서 강도범인의 상해행위가 행하여진 경우, 강도상해죄의 성립 여부(적극)] [1] 형법 제337조의 강도상해죄는 강도범인이 강도의 기회에 상해행위를 함으로써 성립하므로 강도범행의 실행 중이거나 실행 직후 또는 실행의 범의를 포기한 직후로서 사회통념상 범죄행위가 완료되지 아니하였다고 볼 수 있는 단계에서 상해가 행하여짐을 요건으로 한다. 그러나 반드시 강도범행의 수단으로 한 폭행에 의하여 상해를 입힐 것을 요하는 것은 아니고 상해행위가 강도가 기수에 이르기 전에 행하여져야만 하는 것은 아니므로, **강도범행 이후에도** 피해자를 계속 끌고 다니거나 차량에 태우고 함께 이동하는 등으로 강도범행으로 인한 피해자의 심리적 저항불능 상태가 해소되지 않은 상태에서 강도범인의 상해행위가 있었다면 강취행위와 상해행위 사이에 다소의 시간적·공간적 간격이 있었다는 것만으로는 강도상해죄의 성립에 영향이 없다. [2] 가. (1) 피고인은 2014. 1. 28. 05:41경 강릉시 입암동에서 피해자가 운행 중이던 택시에 승객인 양 탑승한 후, 같은 날 06:40경 삼척시 하장면 중봉리 중봉계곡 앞길에 이르자 미리 준비한 흉기인 회칼을 보여주면서 위협한 뒤 청색 테이프로 피해자의 손과 발을 묶었다. (2) 피고인은 피해자를 뒷좌석으로 옮긴 후 위 택시를 운전하여 가다가 같은 날 06:54경 위 택시를 세워 피해자를 짐칸에 옮겨 태우고 미리 준비한 노끈으로 목과 팔 등을 묶은 다음, 피해자의 주머니 속 지갑에 들어 있는 피해자 소유의 현금과 신용카드 2장을 빼앗았다. (3) 피고인은 같은 날 09:07경부터 09:10경까지 위 ○○새마을금고에서 피해자로부터 위와 같이 강취한 신용카드로 현금을 인출하였다. (4) 피고인은 위 택시를 운전하여 같은 날 09:43경 강릉시 사천면 순포안길에 이르렀는데, 피해자가 결박을 풀고 달아나자 흉기인 위 회칼을 들고 쫓아가 피해자의 어깨를 잡아당겨 넘어뜨리고, 피해자가 피고인이 손에 쥐고 있는 위 회칼의 칼날 부분을 잡자 회칼을 위쪽으로 잡아당겨 피해자에게 상해를 가하였다. 나. 위 사실관계를 앞서 본 법리에 비추어 보면, 피고인이 피해자로부터 강취한 택시에 피해자를 태우고 돌아다니는 동안 **피해자는 피고인의 강도범행에 의하여 계속 제압된 상태에 있었다고 할 것이므로**, 피고인이 그로부터 도망하려는 피해자에게 상해를 가한 경우 사회통념상 강도범

4) 前田雅英·星周一郎/박상진·김잔디(역), 최신중요 일본형법판례 250선(각론편), 2021, 140-141면.

행이 완료되지 아니한 상태에서 '강도의 기회'에 상해행위를 저지른 것으로 볼 수 있고, 피고인의 상해행위를 새로운 결의에 의해 강도범행과는 별개의 기회에 이루어진 독립의 행위라고 하기는 어렵다고 할 것이다. 따라서 피고인의 행위는 특수강도죄와 폭력행위 등 처벌에 관한 법률 위반(흉기 휴대 상해)죄의 경합범이 아닌 강도상해죄의 일죄로 처벌하는 것이 옳다.

2 [대판 2004도1098] [살해 후 상당한 시간이 지난 후에 별도의 범의에 터잡아 이루어진 재물 취거행위를 그보다 앞선 살인행위와 합쳐서 강도살인죄로 처단할 수 없다고 한 사례] [1] 강도살인이라 함은 강도범인이 강도의 기회에 살인행위를 함으로써 성립하는 것이므로, 강도범행의 실행 중이거나 그 실행 직후 또는 실행의 범의를 포기한 직후로서 사회통념상 범죄행위가 완료되지 아니하였다고 볼 수 있는 단계[5]에서 살인이 행하여짐을 요건으로 한다. [2] 피고인이 피해자 소유의 돈과 신용카드에 대하여 불법영득의 의사를 갖게 된 것이 살해 후 상당한 시간이 지난 후로서 살인의 범죄행위가 이미 완료된 후의 일이라면, 살해 후 상당한 시간이 지난 후에 별도의 범의에 터잡아 이루어진 재물 취거행위를 그보다 앞선 살인행위와 합쳐서 강도살인죄로 처단할 수 없다.

3 [대판 96도1108] [강도범행 직후 경찰관에게 붙잡혀 파출소로 연행되던 자가 체포를 면하기 위하여 과도로써 경찰관을 찔러 사망케 한 경우 강도살인죄가 성립한다] 강도범행 직후 신고를 받고 출동한 경찰관이 위 범행 현장으로부터 약 150m 지점에서, 화물차를 타고 도주하는 피고인을 발견하고 순찰차로 추적하여 격투 끝에 피고인을 붙잡았으나, 피고인이 너무 힘이 세고 반항이 심하여 수갑도 채우지 못한 채 피고인을 순찰차에 억지로 밀어 넣고서 파출소로 연행하고자 하였는데, 그 순간 피고인이 체포를 면하기 위하여 소지하고 있던 과도로써 옆에 앉아 있던 경찰관을 찔러 사망케 하였다면 피고인의 위 살인행위는 강도행위와 시간상 및 거리상 극히 근접하여 사회통념상 범죄행위가 완료되지 아니한 상태에서 이루어진 것이라고 보여지므로(위 살인행위 당시에 피고인이 체포되어 신체가 완전히 구속된 상태이었다고 볼 수 없다), 원심이 피고인을 강도살인죄로 적용하여 처벌한 것은 옳다고 한 사례.

4 [대판 85도1527] ●사실● 피고인은 피해자의 택시를 무임승차하고 택시요금을 요구하는 피해자의 추급을 벗어나고자 동인을 살해한 직후 피해자의 주머니에서 택시 열쇠와 돈 8,000원을 꺼내어 피해자의 택시를 운전하고 현장을 벗어났다. ●판지● 채무면탈의 목적으로 채권자를 살해하고 동인의 반항능력이 완전히 상실된 것을 이용하여 즉석에서 동인이 소지하고 있던 재물까지 탈취하였다면 살인행위와 재물탈취행위는 서로 밀접하게 관련되어 있어 살인행위를 이용한 재물탈취행위라고 볼 것이므로 이는 강도살인죄에 해당한다.

5 [대판 84도2397] [택시요금의 지급을 면할 목적으로 과도로 협박만 하였는데 이에 놀란 운전수가 급회전하다가 과도에 찔린 경우에도 강도치상죄가 성립되는지 여부] 강도치상죄에 있어서의 상해는 강도의 기회에 범인의 행위로 인하여 발생한 것이면 족한 것이므로, 피고인이 택시를 타고 가다가 요금지급을 면할 목적으로 소지한 과도로 운전수를 협박하자 이에 놀란 운전수가 택시를 급우회전하면서 그 충격으로 피고

---

5) 범죄의 실현과 관련되어 결합범에서는 앞의 범죄가 완료되기 이전에 뒤의 범죄가 행해져야 한다. 예를 들어 강도상해죄나 강도살인죄는 강도범죄의 완료 이전에 상해나 살인행위가 행해져야 한다. 완료 이후에 상해나 살인행위가 행해진 경우에는 강도죄와 상해죄 혹은 강도죄와 살인죄의 경합범이 될 수 있을 뿐이다. 여기서 범죄의 '완료'란 범죄종료보다 더 늦은 시점까지를 포괄하는 개념으로서 범죄종료 후 평온상태가 회복된 시점을 말한다.

인이 겨누고 있던 과도에 어깨부분이 찔려 상처를 입었다면, 피고인의 위 행위를 강도치상죄에 의율함은 정당하다.

강도치사죄와 강도의 기회

일본 판례 중에는 마지막 강취행위부터 사망의 원인이 된 각성제 주사(산 속에 방치하는 행위)까지 약 6시간이나 경과하였고 강도장소와 주사 후 방치한 장소가 약 50km 떨어져 있었으나, 강도와 죄적인멸행위 간의 연속성·일체성을 이유로 강도치사죄(일본형법 제240조)의 성립을 인정한 사례가 있다. 본 판결에서는 **당초의 명확한 계획대로** 범행이 행해졌다는 사실이 중시되고 있다. [東京高判平成23年1月25日(判時2161号 143頁)] ●사실● 피고인 X는 V의 금품을 빼앗고자 마음먹고 폭력단원 Y에게 상담을 요청했다. 그리고 Y로부터 자동차로 납치해 금품을 강취한 뒤, V의 기억을 날려, 피해를 신고하더라도 경찰의 의심을 받지 않도록 V에게 각성제를 주사해 어딘가에 유기하라고 지시받았다. X는 공범들과 함께 2009년 6월 27일 오후 8시경 V를 납치해 자동차 안에 감금하고 차내에서 V가 소지한 금품을 강취했으며, 오후 10시 45분경 감금장소로 준비한 방으로 끌고 가려 했으나 V가 저항해 실패했다. X는 Y로부터, V를 O댐 인근 오두막으로 데려가 감금하고 마지막에는 V에게 각성제를 주사할 것을 조언 받았기 때문에, 공범자와 함께 V를 감금한 자동차로 이동했다. 이동 중에 Y를 만나 Y로부터 각성제를 건네받은 뒤, V에게 각성제를 주사하고 S현 내 S댐 다리 위에서 떨어뜨려 살해하라는 지시를 받았다. X는 V를 감금한 자동차를 타고 S댐으로 가, 28일 오전 3시경 공범자에게 V를 거기서 떨어뜨려 살해할 것을 제안했으나 공범이 반대하여 V에게 각성제를 주사해 외진 곳에 방치하기로 하고, 이날 오전 3시 30분경 공범 중 한 명이 V에게 각성제를 주사했다. 이어 X는 공범과 함께 V를 감금한 차를 타고 산속으로 이동했다가 오전 4시경 V를 차에서 던져버리고 떠나 V를 유기했다. V는 인근 산속에서 각성제 사용에 의한 횡문근융해증으로 사망하였다. 원심은 강도치사죄 성립을 인정했지만, 변호인은 ① 준비했던 방에 V를 감금하려다 실패한 후로는 V로부터 금품을 강취하는 것을 포기했고 ② 최후의 강취행위와 각성제 주사행위까지 약 6시간이 경과했으며, 강도현장에서도 약 50km 떨어져 있어 본건 강도의 수단이 되는 행위와 V의 사망 사이에 관련성을 인정하기 어렵다며 항소했다. ●판지● **항소기각.** 도쿄고등재판소는 ①에 대해 강도의사를 포기했다고는 볼 수 없다고 하였고, ②에 대해서 「강도와 V의 사망 원인이 된 행위의 장소 및 시각이 서로 떨어져 있더라도 X 및 공범자들이 **애초부터 죄적을 인멸하기 위해 V에게 각성제를 주사하고 방치할 것을 계획했으며 실제로도 그 계획에 따라 행동한 것으로 인정**된다. 개별적으로 보면, 장소적으로 X들은 V를 감금하였던 자동차를 타고 이동하였고 계속해서 V 옆에 있으며 강도 및 죄적을 인멸한 행위에 이르렀다고 말할 수 있다. 또한 시간적으로도 X는 전술한 것처럼 한동안은 강도를 계속하거나 죄적을 인멸하는 행위로 나아가지 않았지만 강도의 의사를 포기하자 즉각 죄적을 인멸하기 위한 행동을 개시하고 이를 위해 적당한 장소로 이동한 후, 공범자들과 죄적인멸 방법을 논의하였고, 끝내는 V에게 환각제를 주사하고 방치하기에 이르렀다. 그렇다면 **강도와 죄적인멸 행위 사이에는 연속성 내지 일체성이 있다고 인정**되므로 본건 강도의 수단이 되는 행위와 V의 사망과의 관련성을 인정하기 어렵다는 소론은 받아들일 수 없다」고 판시했다.[6]

---

6) 前田雅英·星周一郎/박상진·김잔디(역), 최신중요 일본형법판례 250선(각론편), 2021, 132−133면.

59 준강도의 예비

* 대법원 2006. 9. 14. 선고 2004도6432 판결
* 참조조문: 형법 제333조,[1] 제335조,[2] 제343조[3]

> 강도 목적에는 이르지 않고 준강도할 목적인 경우에 강도예비죄가 성립하는가?

●**사실**● 피고인 X는 2004.5.15. 03:00경 대구 달서구 소재 속칭 원룸 골목길에 포터 화물차를 주차하여 두고 차 안에서 시간을 보내다가 타인의 금품을 빼앗기 위하여 준비한 물건 중 쇠 파이프(약 1m), 쇠자(약 60㎝), 회칼(약 18㎝), 맥가이버칼, 망원경 등은 차 안에 두고, 등산용 칼(총길이 약 22㎝, 칼날 길이 약 12㎝), 드라이버, 플래시, 포장용 테이프 등은 가방에 넣어 어깨에 멘 다음 손에 회색 목장갑을 끼고 골목길을 배회하면서 범행 대상을 물색하다 체포되었다. 체포 후 X는 당시 자신은 물품을 절취하기로 마음먹고 동 장소를 배회하면서 승용차 등 범행 대상을 물색한 사실이 있으나, 강도행위를 할 의도는 전혀 없었고, 자신이 소지하고 있던 등산용 칼은 차량 절도를 하다가 **만약 발각될 경우 체포를 면하고 도주를 용이하게 하기 위하여** 소지한 것이라고 주장하였다. 제1심과 원심 모두 X를 강도예비죄로 처벌할 수는 없다고 판결하였다. 이에 검사가 상고하였다.

> ●**판지**● 상고기각. 「강도예비·음모죄에 관한 형법 제343조는 "**강도할 목적**으로 예비 또는 음모한 자는 7년 이하의 징역에 처한다."고 규정하고 있는바, (가) 그 법정형이 단순 절도죄의 법정형을 초과하는 등 **상당히 무겁게** 정해져 있고, (나) 원래 예비·음모는 법률에 특별한 규정이 있는 경우에 한하여 **예외적으로 처벌의 대상**이 된다는 점(형법 제28조[4])을 고려하면, 강도예비·음모죄로 인정되는 경우는 위 법정형에 상당한 정도의 위법성이 나타나는 유형의 행위로 한정함이 바람직하다 할 것이다.
> 　그런데 준강도죄에 관한 형법 제335조는 "절도가 재물의 탈환을 항거하거나 체포를 면탈하거나 죄적을 인멸할 목적으로 폭행 또는 협박을 가한 때에는 전2조의 예에 의한다."라고 규정하고 있을 뿐 (다) 준강도를 항상 강도와 같이 취급할 것을 명시하고 있는 것은 아니고, (라) 절도범이 준강도를 할 목적을 가진다고 하더라도 이는 절도범으로서는 결코 원하지 않는 극단적인 상황인 절도 범행의 발각을 전제로 한 것이라는 점에서 본질적으로 **극히 예외적이고 제한적이라는 한계를 가질 수밖에 없으며**, (마) 형법은 흉기를 휴대한 절도를 **특수절도**라는 가중적 구성요건(형법 제331조 제2항[5])으로 처벌하면서도 그 예비행위에 대한 처벌조항은 마련하지 않고 있는데, 만약 준강도를 할 목적을 가진 경우까지 강도예비로 처벌할 수 있다고 본다면 흉기를 휴대한 특수절도를 준비하는 행위는 거의 모두가 강도예비로 처벌받을 수밖에 없게 되어 형법이 흉기를 휴대한 특수절도의 예비행위에 대한 처벌조항을 두지 않은 것과 배치되는 결과를 초래하게 된다는 점 및 (바) 정당한 이유 없이 흉기 기타 위험한 물

---

1) 형법 제333조(강도) 폭행 또는 협박으로 타인의 재물을 강취하거나 기타 재산상의 이익을 취득하거나 제삼자로 하여금 이를 취득하게 한 자는 3년 이상의 유기징역에 처한다.
2) 형법 제335조(준강도) **절도**가 재물의 **탈환을 항거하거나 체포를 면탈하거나 범죄의 흔적을 인멸할 목적**으로 폭행 또는 협박한 때에는 제333조 및 제334조의 예에 따른다.
3) 형법 제343조(예비, 음모) 강도할 목적으로 예비 또는 음모한 자는 **7년 이하의 징역**에 처한다.
4) 형법 제28조(음모, 예비) 범죄의 음모 또는 예비행위가 실행의 착수에 이르지 아니한 때에는 법률에 **특별한 규정이 없는 한 벌하지 아니한다.**
5) 형법 제331조(특수절도) ① 야간에 문이나 담 그 밖의 건조물의 일부를 손괴하고 제330조의 장소에 침입하여 타인의 재물을 절취한 자는 1년 이상 10년 이하의 징역에 처한다. ② **흉기를 휴대**하거나 2명 이상이 합동하여 타인의 재물을 절취한 자도 제1항의 형에 처한다.

건을 휴대하는 행위 자체를 처벌하는 조항을 「폭력행위 등 처벌에 관한 법률」 제7조에 따로 마련하고 있다는 점 등을 고려하면, 강도예비·음모죄가 성립하기 위해서는 예비·음모 행위자에게 미필적으로라도 '강도'를 할 목적이 있음이 인정되어야 하고 그에 이르지 않고 **단순히 '준강도'할 목적이 있음에 그치는 경우에는 강도예비·음모죄로 처벌할 수 없다**고 봄이 상당하다.

●**해설**● 1 대상판결은 차량 절도를 하다가 만약 누군가에게 발각되었을 경우에는 위협하고 도망칠 생각으로 흉기를 휴대하고 배회하던 중 체포된 사안에서 준강도의 예비 성립을 부정하고 있다.

2 대상판결에서 논점은 X에 대해 ① 강도예비죄가 성립하는가 만약 강도예비죄가 부정되면 ② 준강도 예비죄가 성립하는가이다. 검사는 **강도예비**의 점에 대하여, 「피고인이 현행범으로 체포될 당시 칼과 포장용 테이프 등을 휴대하고, 등산용 칼과 회칼을 피고인의 차량에 보관하고 있었던 점 등에 비추어 보면 피고인이 강도를 예비하였음을 충분히 인정」할 수 있다고 보았고, 만약 그렇지 않다고 하더라도 **준강도의 예비**와 관련하여서 「피고인이 절도 범행이 발각되는 경우 그 체포를 면탈하는 등의 목적으로 이를 휴대한 것임을 시인하고 있는 이상 소위 준강도의 예비는 있었으므로 이를 강도예비죄로 처벌할 수 있다」고 보았다.

3 그러나 법원은 「(가) 피고인이 야간에 등산용 칼, 후레쉬, 포장용 테이프를 휴대하고 배회한 사실만으로는 피고인이 강도할 목적으로 예비하였다고 인정하기는 어렵고, 또한 (나) 피고인이 절도 범행이 발각되는 경우 그 체포를 면탈하는 등의 목적으로 등산용 칼 등을 휴대하고 있었다고 하더라도 이를 강도예비죄로 처벌할 수는 없다」고 판시하였다(지판 2004노2608).

4 준강도의 예비 성립과 관련하여 드는 의문은 형법 제335조가 준강도의 처리와 관련하여 '전 제333조 및 제334조의 예에 따른다'고 규정하고 있기 때문이다. 법률조항의 배열로 보아 준강도의 예비·음모도 형법 제335조를 매개로 해서 강도예비·음모로 처벌할 수 있는 것이 아닌가 하는 의문이다.

5 그러나 판례는 「강도예비·음모죄가 성립하기 위해서는 예비·음모 행위자에게 미필적으로라도 '강도'를 할 목적이 있음이 인정되어야 하고 그에 이르지 않고 단순히 '준강도' 할 목적이 있음에 그치는 경우에는 강도예비·음모죄로 처벌할 수 없다」는 입장을 취하였다. 이러한 법원의 입장은 강도의 예비음모의 형이 '7년 이하의 징역'이라는 상당히 가중한 점이 크게 작용했으리라 생각이 든다.

Reference

---

1 [대판 99도3801] [1] 형법상 음모죄가 성립하는 경우의 음모란 2인 이상의 자 사이에 성립한 범죄실행의 합의를 말하는 것으로, 범죄실행의 합의가 있다고 하기 위하여는 단순히 범죄결심을 외부에 표시·전달하는 것만으로는 부족하고, 객관적으로 보아 특정한 범죄의 실행을 위한 준비행위라는 것이 명백히 인식되고, 그 합의에 실질적인 위험성이 인정될 때에 비로소 음모죄가 성립한다. [2] 피고인 1와 피고인 3이 수회에 걸쳐 '총을 훔쳐 전역후 은행이나 현금수송차량을 털어 한탕 하자'는 말을 나눈 정도만으로는 강도음모를 인정하기에 부족하다.

60 사기죄의 보호법익 – 국가적 법익과 사기죄의 성부 –

* 대법원 2008. 11. 27. 선고 2008도7303 판결
* 참조조문: 형법 제347조 제1항[1]), 조세범처벌법 제9조[2])

기망행위로 조세를 포탈하거나 조세의 환급·공제를 받은 경우 사기죄가 성립하는가?

●사실● 피고인 X는 2003.9. 자신이 운영하는 주유소에서, 실제는 자신이 2003.8.에 공급한 면세유는 총 3,900ℓ 에 불과함에도 마치 115,930ℓ 를 공급한 것처럼 위조한 2003.8.분 면세유류공급확인서 6장을 그 내용을 모르는 서울 강남구 소재 GS칼텍스 본사 담당자에게 우편으로 송부하여 담당자로 하여금 위조된 확인서를 관할 여수세무서에 제출하도록 하였다. 그리고 이에 속은 세무서 직원으로 하여금 그때부터 2007.6.경까지 **허위신고된 면세유에 상응하는 국세인 부가가치세, 교육세, 교통세** 합계 5,369,716,038원을, 지방세(여수시청으로 귀속)인 주행세 합계 842,070,145원을 위 GS칼텍스 계좌로 환급하게 하여 GS칼텍스가 동액 상당을 교부받게 하여 편취하였다.

원심은 피고인이 국가 또는 지방자치단체를 기망하여 국세 및 지방세의 환급세액 상당을 편취하였다는 범죄사실에 대하여 사기죄를 선고하였다. 이에 X는 상고하였다.

●판지● **파기환송.** 「[1] 기망행위에 의하여 (가) 국가적 또는 공공적 법익을 침해한 경우라도 그와 동시에 형법상 사기죄의 보호법익인 재산권을 침해하는 것과 동일하게 평가할 수 있는 때에는 당해 행정법규에서 사기죄의 특별관계에 해당하는 처벌규정을 별도로 두고 있지 않는 한 사기죄가 성립할 수 있다. 그런데 (나) 기망행위에 의하여 **조세를 포탈하거나 조세의 환급·공제를 받은 경우**에는 ㉠ 조세범처벌법 제9조에서 이러한 행위를 처벌하는 규정을 별도로 두고 있을 뿐만 아니라, ㉡ 조세를 강제적으로 징수하는 국가 또는 지방자치단체의 직접적인 **권력작용을 사기죄의 보호법익인 재산권과 동일하게 평가할 수 없는** 것이므로 조세범처벌법 위반죄가 성립함은 별론으로 하고, 형법상 **사기죄는 성립하지 않는다.**

[2] 주유소 운영자가 농·어민 등에게 조세특례제한법에 정한 면세유를 공급한 것처럼 위조한 면세유류공급확인서로 정유회사를 기망하여 면세유를 공급받음으로써 면세유와 정상유의 가격 차이 상당의 이득을 취득한 사안에서, 정유회사에 대하여 사기죄를 구성하는 것은 별론으로 하고, **국가 또는 지방자치단체를 기망하여 국세 및 지방세의 환급세액 상당을 편취한 것으로 볼 수 없다**」.

●해설● 1 기망으로 국가보조금을 부정하게 수급한 행위에 대해 사기죄가 성립할 수 있는가에 대해서는 견해 대립이 있다. (a) 사기죄 성립을 부정하는 입장에서는 사기죄는 개인의 재산권을 보호하는 개인적 법익에 관한 범죄이므로 국가적 법익과 관련된 보조금수급 행위에 대해서는 사기죄가 성립할 수 없다는 점과 국가행정기관을 상대로 하는 보조금사기의 경우는 보조금 교부가 행정행위라는 법적 성질상 기망행위의 불법성이 상당히 약화된다는 점 등을 들어 사기죄 적용을 반대한다.

---

1) 형법 제347조(사기) ① 사람을 기망하여 재물의 교부를 받거나 재산상의 이익을 취득한 자는 10년 이하의 징역 또는 2천만원 이하의 벌금에 처한다.
2) 조세범처벌법 제9조(성실신고 방해 행위) ① 납세의무자를 대리하여 세무신고를 하는 자가 조세의 부과 또는 징수를 면하게 하기 위하여 타인의 조세에 관하여 거짓으로 신고를 하였을 때에는 2년 이하의 징역 또는 2천만원 이하의 벌금에 처한다. ② 납세의무자로 하여금 과세표준의 신고(신고의 수정을 포함한다)를 하지 아니하게 하거나 거짓으로 신고하게 한 자 또는 조세의 징수나 납부를 하지 않을 것을 선동하거나 교사한 자는 1년 이하의 징역 또는 1천만원 이하의 벌금에 처한다.

2 그러나 (b) 법원은 사기죄는 개인의 재산적 법익을 보호하는 범죄이지만 국가적 법익인 국가보조금을 편취한 경우에도 일정한 요건 하에서 사기죄가 성립될 수 있다는 입장이다. 즉 대상판결에서 「기망행위에 의하여 국가적 또는 공공적 법익을 침해한 경우라도 그와 동시에 형법상 사기죄의 보호법익인 **재산권을 침해하는 것과 동일하게 평가할 수 있는 때에는** 당해 행정법규에서 사기죄의 특별관계에 해당하는 처벌규정을 별도로 두고 있지 않는 한 사기죄가 성립할 수 있다」고 본다.

3 물론 대상판결은 기망에 의한 조세포탈로 대법원은 **조세 징수는 국가의 권력작용**이므로 사기죄의 보호법익인 재산권과 동일하게 취급할 수 없다고 보아 사기죄의 성립을 배제하였고, 바로 이점에 본 판결의 의의가 있다. 따라서 기망행위에 의하여 **조세를 포탈하거나 조세의 환급·공제**를 받은 경우는 사기죄의 기망행위에 해당하지 않는다[3].

4 같은 맥락에서 사기죄를 인정하지 않았지만, 사기죄의 성립이 가능함을 전제로 판단한 판례들도 있다. 예를 들어, ① 장애인단체의 지회장이 지방자치단체로부터 보조금을 더 많이 지원받기 위하여 허위의 보조금 정산보고서를 제출한 경우라든지(대판 2003도1279, Ref 5), ② 태풍으로 인한 피해복구보조금을 수령하기 위해 허위로 피해신고를 한 경우(대판 98도3443, Ref 6)가 그러하다. 양자 모두 보조금 편취범행의 실행에 착수를 부정하고 있으나 **사기죄 성립을 열어두고 판단한 사안**들이었다는 점에서 국고보조금에 대해서도 사기죄가 성립될 수 있다는 법원의 입장을 확인할 수 있다.

Reference

1 [대판 2019도2003] [피고인이 담당 공무원을 기망하여 납부의무가 있는 **농지보전부담금을 면제**받아 재산상 이익을 취득한 경우 사기죄성립 여부(소극)] (가) 기망행위에 의하여 **국가적 또는 공공적 법익을 침해하는 경우라도** 그와 동시에 형법상 사기죄의 보호법익인 재산권을 침해하는 것과 동일하게 평가할 수 있는 때에는 행정법규에서 사기죄의 특별관계에 해당하는 처벌규정을 별도로 두고 있지 않는 한 **사기죄가 성립할 수 있다.** 그런데 중앙행정기관의 장, 지방자치단체의 장 등 법률에 따라 금전적 부담의 부과권한을 부여받은 자가 재화 또는 용역의 제공과 관계없이 특정 공익사업과 관련하여 **권력작용으로 부담금을 부과하는 것**은 일반 국민의 재산권을 제한하는 침해행정에 속한다. (나) 이러한 **침해행정 영역에서 일반 국민이 담당 공무원을 기망하여 권력작용에 의한 재산권 제한을 면하는 경우에는 부과권자의 직접적인 권력작용을 사기죄의 보호법익인 재산권과 동일하게 평가할 수 없는 것이므로, 행정법규에서 그러한 행위에 대한 처벌규정을 두어 처벌함은 별론으로 하고, 사기죄는 성립할 수 없다.**

2 [대판 2017도10394] [1] [기망행위에 의하여 국가적 또는 공공적 법익을 침해한 경우, 형법상 사기죄가

---

[3] 판례의 위와 같은 사고는 **강제집행면탈죄**(법327)에서도 드러난다. 국세징수법에 의한 체납처분을 면탈할 목적으로 재산을 은닉하는 등의 행위가 강제집행면탈죄의 규율대상인지가 다투어진 사안에서 대법원은 「형법 제327조의 강제집행면탈죄가 적용되는 강제집행은 **민사집행법의 적용대상**인 강제집행 또는 가압류·가처분 등의 집행을 가리키는 것이므로, 국세징수법에 의한 체납처분을 면탈할 목적으로 재산을 은닉하는 등의 행위는 위 죄의 규율대상에 포함되지 않는다」고 판시하여 강제집행면탈죄는 개인적 법익을 침해하는 범죄임을 환기시키고 있다.

성립하기 위한 요건] 기망행위에 의하여 국가적 또는 공공적 법익을 침해한 경우라도 그와 동시에 형법상 사기죄의 보호법익인 재산권을 침해하는 것과 **동일하게 평가할 수 있는 때**에는 당해 행정법규에서 사기죄와 특별관계에 해당하는 처벌 규정을 별도로 두고 있지 않는 한 사기죄가 성립할 수 있다. [2] ['거짓 신청이나 그 밖의 부정한 방법으로 보조금의 교부를 받은 행위'를 처벌하는 구 「**보조금 관리에 관한 법률」 제40조 위반죄**가 사기죄와 별개의 범죄인지 여부(적극)] 구 보조금 관리에 관한 법률(2016. 1. 28. 법률 제13931호로 개정되기 전의 것) 제40조는 "거짓 신청이나 그 밖의 부정한 방법으로 보조금의 교부를 받은 행위"를 구성요건으로 하고 있어 구성요건상 행위자가 불법영득의 의사를 가질 것과 상대방이 착오에 빠질 것을 요건으로 하지 아니하므로, 이를 구성요건으로 하는 사기죄와는 **별개의 범죄**라고 할 것이다. [3] 피고인은 허위의 서류를 작성·제출하는 등의 방법으로 밀양시를 기망하고 이로 인하여 착오에 빠진 밀양시로부터, (1) 2009년 쌀값 안정자금 158,060,000원을 편취하였다는 **사기의 공소사실**과, (2) '2012년 들녘별 쌀경영체 육성사업' 대상자로서 무인헬기 구입 보조금 및 교육·컨설팅비 보조금 명목으로 합계 162,000,000원을 편취함과 동시에 부정한 방법으로 보조금을 교부받았다는 사기 및 보조금 관리에 관한 법률 위반의 공소사실은 각 유죄로 인정된다.

3 [대판 2016도16343] [기망행위에 의하여 **국가적 또는 공공적 법익이 침해**되었다는 사정만으로 사기죄가 성립하는지 여부(소극)] [1] 사기죄의 보호법익은 재산권이므로, 기망행위에 의하여 **국가적 또는 공공적 법익이 침해되었다는 사정만으로 사기죄가 성립한다고 할 수 없다.** 따라서 도급계약 당시 관련 영업 또는 업무를 규제하는 행정법규나 입찰 참가자격, 계약절차 등에 관한 규정을 위반한 사정이 있더라도 그러한 사정만으로 도급계약을 체결한 행위가 기망행위에 해당한다고 단정해서는 안 되고, 그 위반으로 말미암아 계약 내용대로 이행되더라도 일의 완성이 불가능하였다고 평가할 수 있을 만큼 그 위법이 일의 내용에 본질적인 것인지 여부를 심리·판단하여야 한다. [2] 안전진단전문기관으로 등록된 갑 주식회사를 운영하는 피고인 을이 안전진단 용역을 낙찰받으면 나머지 피고인들이 운영하는 독립채산 하도급 업체들에 도급금액의 약 60%로 하도급하기로 나머지 피고인들과 공모한 다음, 갑 회사 명의로 다수의 안전진단 용역 입찰에 참가하여 마치 갑 회사가 해당 용역을 수행할 것처럼 가장하여 안전진단 용역을 낙찰받은 후 위 하도급 업체들에 하도급을 주어 용역을 수행하게 하고 발주처로부터 용역대금을 교부받아 편취하였다는 내용으로 기소된 사안에서, 구 시설물의 안전관리에 관한 특별법상 하도급 제한 규정을 위반한 사정만으로 곧바로 사기죄의 보호법익인 재산권을 침해하였다고 단정할 수 없다.

4 [대판 2015도10570] [문화재수리 공사도급계약 당시 관련법상 자격·절차 규정 위반] 사기죄의 보호법익은 재산권이므로, **기망행위에 의하여 국가적 또는 공공적 법익이 침해되었다는 사정만으로 사기죄가 성립한다고 할 수 없다.** 따라서 공사도급계약 당시 관련 영업 또는 업무를 규제하는 행정법규나 입찰 참가자격, 계약절차 등에 관한 규정을 위반한 사정이 있는 때에는 그러한 사정만으로 공사도급계약을 체결한 행위가 **기망행위에 해당한다고 단정해서는 안 되고**, 그 위반으로 말미암아 계약 내용대로 이행되더라도 공사의 완성이 불가능하였다고 평가할 수 있을 만큼 그 위법이 공사의 내용에 본질적인 것인지 여부를 심리·판단하여야 한다.

5 [대판 2003도1279] 장애인단체의 지회장이 지방자치단체로부터 보조금을 더 많이 지원받기 위하여 허위의 보조금 정산보고서를 제출한 경우, **보조금 정산보고서**는 보조금의 지원 여부 및 금액을 결정하기 위한

참고자료에 불과하고 직접적인 서류라고 할 수 없다는 이유로 보조금 편취범행(기망)의 실행에 착수한 것으로 보기 어렵다.

6 [대판 98도3443] 태풍 피해복구보조금 지원절차가 행정당국에 의한 실사를 거쳐 피해자로 확인된 경우에 한하여 보조금 지원신청을 할 수 있도록 되어 있는 경우, 피해신고는 국가가 보조금의 지원 여부 및 정도를 결정함에 있어 그 직권조사를 개시하기 위한 **참고자료에 불과하다는 이유**로 허위의 피해신고만으로는 위 보조금 편취범행의 실행에 착수한 것이라고 볼 수 없다.

61 사기죄와 '재산상 손해'의 유무

* 대법원 1982. 6. 22. 선고 82도777 판결
* 참조조문: 형법 제347조 제1항[1])

의사자격이 있다고 기망하여 병원에 취업한 무면허의사의 월급수령행위와 사기죄의 성부

●**사실**● 의사면허가 없는 피고인 X는 면허를 가진 의사라고 병원 경영주 A를 기망하여 내과 과장으로 취업한 후, 11개월간 근무하면서 많은 환자들을 진료하였다. 그리고 그 월급으로 합계 금 29,700,000원을 받았다. 병원을 경영하는 A의 입장에서는 많은 의료수가를 받게 되어 전체적으로 재산상 손해를 입지는 않았다. 하지만 검사는 X를 사기죄로 기소하였고 원심도 사기죄를 인정하였다. 이에 X는 상고하였다.

●**판지**● 상고기각. 「재물편취를 내용으로 하는 사기죄에 있어서는 기망으로 인한 재물교부가 있으면 그 자체로써 피해자의 재산침해가 되어 이로써 곧 사기죄가 성립하는 것이고 **(가)** 상당한 대가가 지급되었다거나 **(나)** 피해자의 전체 재산상에 손해가 없다 하여도 사기죄의 성립에는 영향이 없다」.

●**해설**● 1 사기죄는 다음의 요건이 충족되어야 범죄가 성립한다. "**기망 → 착오 → 재산처분행위 → 재물을 교부받거나 재산상 이익의 취득**"이다. 그런데 사기죄는 재산범이다. 여기서 사기가 성립하기 위해서 상대방에게 반드시 '**재산상의 손해**'가 발생하여야 하는지가 문제된다. 사안에서 법원은 X가 그 취업 기간 동안에 내과 전문의에 상당하는 의료기술을 가지고 진료행위를 하였고 이로 인해 병원 경영자 A가 의료수가를 받게 되어 전체적으로 재산상 손해가 없다고 할지라도 사기죄의 성립에 영향이 없는 것으로 판단하고 있다.

2 형법 제347조는 행위자의 재물이나 재산상 이익의 취득만을 사기죄의 구성요건 요소로 규정하고 있다. 피해자의 재산상 손해는 구성요건 요소로 규정하고 있지는 않다. 판례도 사기죄는 「재물의 교부를 받거나 재산상의 이득을 취득함으로써 성립되는 범죄로서 **그 본질은 기망행위**에 의한 재산이나 재산상 이익의 취득에 있는 것이고 **상대방에게 현실적으로 재산상 손해가 발생함을 요건으로 하지 아니한다**」(대판 2003도7828).

3 사안의 쟁점은 사기죄의 보호법익이 무엇인가와 관련된다. 사기죄의 보호법익이 '전체로서의 재산'이고 거래의 신의칙이나 처분의 자유는 보호법익이 될 수 없다고 보는 (a) **전체로서의 재산설**과 재산뿐만 아니라 거래의 신의칙도 사기죄의 보호법익이 된다고 보는 (b) **재산 및 거래의 신의칙설** 그리고 사기죄의 보호법익은 개별적인 재물 또는 재산상의 이익이라고 보는 (c) **개별적 재산설**이 있다.

4 (a)설은 사기죄가 성립하기 위해서는 재산상의 손해가 있어야 함을 전제로 하기 때문에 피해자에게 상당한 대가를 지급하였을 경우에는 전체재산의 손해가 없기 때문에 사기죄가 성립하지 않는다. 반면에 (b)설은 기망자가 대가를 지급하여 피해자에게 재산상 손해가 없는 경우에도 그 기망행위가 거래의 신

---

1) 형법 제347조(사기) ① 사람을 기망하여 재물의 교부를 받거나 재산상의 이익을 취득한 자는 10년 이하의 징역 또는 2천만원 이하의 벌금에 처한다.

의칙에 반하는 경우에는 사기죄가 성립한다. (c)는 **피기망자가 처분행위를 하면 개별적인 재산이 침해된 것으로 보고** 대가의 지급에 의한 전체재산의 손해 여부를 따지지 않는 견해이다. **판례는 이 입장을 따른다.**

5 사안의 경우 X가 A 경영의 병원에서 11개월간 내과 과장으로 근무하면서 기술과 노동을 제공하였다 하더라도 자신이 월급으로 받은 합계 금 29,700,000원은 X가 면허를 가진 의사라고 A를 기망하여 **A의 처분행위에 의하여 취득한 금원**이다. 이에 대해 법원은 개별적인 재산이 침해된 것으로 보아 X에게 형법상의 재산죄인 사기죄가 성립함은 명백하다고 판단한 것이다. 이와 같이 판례가 사기죄를 판단함에 있어 중점을 두는 것은 개별재산의 상실 여부이지 전체재산의 감소 여부는 판단의 소재가 아니다.

6 재산상 손해와 편취액　　재물편취를 내용으로 하는 사기죄에 있어서는 「기망으로 인한 재물교부가 있으면 그 자체로써 피해자의 재산침해가 되어 이로써 곧 사기죄가 성립하는 것이고, 상당한 대가가 지급되었다거나 피해자의 전체 재산상에 손해가 없다 하여도 사기죄의 성립에는 그 영향이 없으므로 사기죄에 있어서 그 **대가가 일부 지급된 경우에도** 그 편취액은 피해자로부터 교부된 재물의 가치로부터 그 대가를 공제한 차액이 아니라 **교부받은 재물 전부라 할 것이다**」(대판 2000도1899, Ref 2−5). 그러나 **어음 · 수표의 할인에 의한 사기**의 경우에는 어음의 액면금이 아니라 피고인이 실제 수령한 현금액이 편취액이 된다(대판 2009도2384, Ref 2−7).

Reference 1

‘재산상 손해’와 사기죄의 성립

1 [대판 2003도7828] [피해자의 현실적 손해발생이 사기죄의 구성요건인지 여부(소극)] 피고인은 대출광고를 보고 찾아온 공소외 2 내지 5(이하 ‘대출의뢰인들’이라고 한다)으로부터 대출 요청을 받고, 대출의뢰인들에게 자동차할부금융대출을 받아 금원을 융통하여 주겠다고 하면서 대출의 뢰인들로부터 자동차할부금융에 필요한 서류를 받아 자동차판매회사의 영업사원을 통하여 할부금융회사에 제출하고, 할부금융회사로부터 대출의뢰인들 명의로 자동차할부금융대출을 받아 그 대출금으로 자동차 대금을 지급한 다음(자동차 대금은 할부금융회사가 할부금융대출금으로 자동차판매회사에게 직접 지급함) 자동차판매회사로부터 자동차를 인수하여 대출의뢰인들 명의로 등록한 후 즉시 처분하여 그 대금으로 대출의뢰인들에게 금원을 융통해 주거나 자신이 지출한 비용을 회수하는 방법으로 사채업을 영위해 온 사실을 인정할 수 있는데, **대출의뢰인들은 당초부터 금원을 융통하려는 의사만 있었을 뿐, 할부금융대출의 방법으로 자동차를 구입할 의사는 전혀 없었고,** 피고인도 대출의뢰인들이 할부금융대출의 방법으로 자동차를 구입할 의사가 전혀 없음을 알면서도 대출의뢰인들 명의로 자동차할부금융대출을 신청하여 그 대출금으로 자동차 대금을 지급한 후 자동차를 인수하여 즉시 중고시장에 매각하여 자금을 마련함으로써, 외형상으로는 할부금융의 방법으로 자동차를 구입하는 형식을 취하기는 하였으나 **실제로는 자동차할부금융대출을 단지 자금 융통을 위한 수단으로 이용한 것에 불과**한 사실, 한편, 할부금융회사는 자동차할부금융 신청인이 할부금융대출의 방법으로 자동차를 구입할 의사 없이 단지 자금을 융통할 목적으로 할부금융대출신청을 하는 것을 안다면 할부금융대출을 실시하지 않으며, 피고인도 그러한 사정을 알고 있었던 사실을 인정할 수 있다. 사정이 위와 같다면, 할부금융회사로서는 피고인이 할부금융의 방법으로 대출의뢰인들 명의로 자동차를 구입하여 보유할 의사 없이 단지 자동차할부금융대출의 형식을 빌려 자금을 융통하려는 의도로 할부금융대출

을 신청하였다는 사정을 알았더라면 할부금융대출을 실시하지 않았을 것이므로, 피고인으로서는 신의성실의 원칙상 사전에 할부금융회사에게 자동차를 구입하여 보유할 의사 없이 자동차할부금융대출의 방법으로 자금을 융통하려는 사정을 **고지할 의무가 있다** 할 것이고, 그럼에도 불구하고 이를 고지하지 아니한 채 대출의뢰인들 명의로 자동차할부금융을 신청하여 그 대출금을 지급하도록 한 행위는 **고지할 사실을 묵비함으로써 거래상대방인 할부금융회사를 기망한 것이 되어 사기죄를 구성한다**고 볼 것이고, 이 사건 대출금이 곧바로 자동차판매회사에 입금됨으로써 자동차들이 이 사건 대출의뢰인들 명의로 실제 출고되었고, 할부금융회사가 자체 기준에 따른 심사 결과 하자가 없다고 판단하여 대출의뢰인들을 채무자로 하여 신용대출을 해주었다는 점은 피고인의 기망행위에 대한 범의를 인정하는 데에 아무런 지장이 없다. 또한, 사기죄는 타인을 기망하여 그로 인한 하자 있는 의사에 기하여 재물의 교부를 받거나 재산상의 이득을 취득함으로써 성립되는 범죄로서 그 본질은 기망행위에 의한 재산이나 재산상 이익의 취득에 있는 것이고 상대방에게 현실적으로 재산상 손해가 발생함을 요건으로 하지 아니하므로, 대출의뢰인들이 그들 명의의 예금통장에서 자동이체 방법으로 대출원리금을 전액 납부하였거나 비교적 장기간에 걸쳐 여러 차례 납부하였다는 점도 사기죄의 성립에 아무런 지장이 없다.

2 [대판 94도2048] [피해자에게 현실적으로 재산상의 손해가 발생하여야 사기죄가 성립되는지 여부] 사기죄의 본질은 기망에 의한 재물이나 재산상 이득의 취득에 있고 이로써 상대방의 재산이 침해되는 것이므로 상대방에게 현실적으로 재산상의 손해가 발생하지 않았다 하더라도 사기죄의 성립에는 아무런 영향이 없는 것이어서, 피해자가 피고인의 기망에 의하여 당해 부동산의 소유권을 취득할 수 없게 될지도 모른다는 사정을 알지 못한 채 이를 매수하였다면 이미 재산의 침해가 있었다 할 것이고, 그 이후 피해자가 매수인 명의변경절차나 국가에 대한 민사소송 등을 통하여 소유권이전등기를 경료받아 재산상의 손해가 없게 되었다 하더라도 이는 사기죄의 성립에 아무런 영향을 미칠 수 없다.

Reference 2

사기죄에 있어서 '편취액'

1 [대판 2010도17512] 피고인이 보험금을 편취할 의사로 허위로 보험사고를 신고하거나 고의로 보험사고를 유발한 경우 보험금에 관한 사기죄가 성립하고, 나아가 설령 피고인이 보험사고에 해당할 수 있는 사고로 경미한 상해를 입었다고 하더라도 이를 기화로 보험금을 편취할 의사로 상해를 과장하여 병원에 장기간 입원하고 이를 이유로 실제 피해에 비하여 과다한 보험금을 지급받는 경우에는 **보험금 전체에 대해 사기죄**가 성립한다.

2 [대판 2008도4665] 실제 일부 입원치료가 필요하더라도 그 범위를 넘는 장기간의 입원을 유도하여 과도한 요양급여비를 청구한 행위는, 사회통념상 권리행사의 수단으로 용인할 수 없는 것이어서 **요양급여비 전체에 대하여 사기죄가 성립**한다.

3 [대판 2005도5774] 재물을 편취한 후 (가) **현실적인 자금의 수수 없이** 형식적으로 기왕에 편취한 금원을 새로이 장부상으로만 재투자하는 것으로 처리한 경우에는 그 재투자금액은 이를 편취액의 합산에서 제외하여야 할 것이나, 그렇지 아니하고 (나) 재물을 편취한 후 예금계좌 등으로 그 일부를 수당 등의 명목으

로 입금해 주어 **피해자가 이를 현실적으로 수령한 다음**, 일정기간 후 이를 가지고 다시 물품을 구매하는 형식으로 재투자 하였다면, 이는 새로운 법익의 침해가 발생한 경우라고 할 것이어서 그 재구매 금액은 편취액에서 제외할 성질의 것이 아니라고 할 것이고, 한편, 재물편취를 내용으로 하는 사기죄에 있어서는 기망으로 인한 재물교부가 있으면 그 자체로써 피해자의 재산침해가 되어 이로써 곧 사기죄가 성립하는 것이고, 상당한 대가가 지급되었다거나 피해자의 전체 재산상에 손해가 없다 하여도 사기죄의 성립에는 그 영향이 없으므로 사기죄에 있어서 그 대가가 일부 지급된 경우에도 그 편취액은 피해자로부터 교부된 재물의 가치로부터 **그 대가를 공제한 차액이 아니라 교부받은 재물 전부라 할 것이다**.

4 [대판 2005도3518] 피고인들이 상대방의 과실에 의하여 야기된 교통사고로 일부 경미한 상해를 입은 것이 사실이라고 하더라도 피고인들이 이를 기화로 그 상해를 과장하여 병원에 장기간 입원하고, 이를 이유로 다액의 보험금을 받는 경우 그 보험금 전체에 대해 사기죄가 성립한다고 할 것이므로, 원심이 상대방 운전자의 과실에 의하여 야기된 교통사고에 대해서도 **피고인들이 받은 보험금 전체에 대해 사기죄가 성립**한다고 한 것은 정당하다.

5 [대판 2000도1899] [사기죄에 있어서 그 대가가 일부 지급된 경우의 편취액(=교부받은 재물 전부)] 재물편취를 내용으로 하는 사기죄에 있어서는 기망으로 인한 재물교부가 있으면 그 자체로써 피해자의 재산침해가 되어 이로써 곧 사기죄가 성립하는 것이고, 상당한 대가가 지급되었다거나 피해자의 전체 재산상에 손해가 없다 하여도 사기죄의 성립에는 그 영향이 없으므로 사기죄에 있어서 그 대가가 일부 지급된 경우에도 그 편취액은 피해자로부터 교부된 재물의 가치로부터 그 대가를 공제한 차액이 아니라 **교부받은 재물 전부**라 할 것이다.

6 [대판 98도248] [기망수단으로 금원을 제공받고 그 금원 중 일부를 변제한 경우, 그 금원 전체에 대하여 사기죄가 성립하는지 여부(적극)] 기망수단으로서 변조 또는 위조한 차용증서 등을 제시하였고 그 과정에서 일부 진정한 금전 소비대차관계가 성립되어 피해자가 그 차용인들로부터 일부를 회수하였다고 할지라도 당초의 **수령액 전부**에 대하여 사기죄가 성립하는 것이지 그 수령액에서 진정하게 소비대차가 성립한 금액을 공제한 액수에 한하여 사기죄가 성립하는 것은 아니다.

7 [비교판례] [대판 2009도2384] [어음·수표의 할인에 의한 사기죄에서 피고인이 취득한 재산상의 이익액(=실제 수령한 현금액)] 어음·수표의 할인에 의한 사기죄에서 피고인이 피해자로부터 수령한 현금액이 피고인이 피해자에게 교부한 어음 등의 액면금보다 적을 경우, 피고인이 취득한 재산상의 이익액은, 당사자가 선이자와 비용을 공제한 현금액만을 실제로 수수하면서도 선이자와 비용을 합한 금액을 대여원금으로 하기로 하고 대여이율을 정하는 등의 소비대차특약을 한 경우 등의 특별한 사정이 없는 한, 위 어음 등의 **액면금이 아니라 피고인이 수령한 현금액**이다.

8 [비교판례] [대판 2005도7288 전원합의체] 사람을 기망하여 부동산의 소유권을 이전받거나 제3자로 하여금 이전받게 함으로써 이를 편취한 경우에 특정경제범죄 가중처벌 등에 관한 법률 제3조의 적용을 전제로 하여 그 부동산의 가액을 산정함에 있어서는, 그 부동산에 아무런 부담이 없는 때에는 그 부동산의 시가 상당액이 곧 그 가액이라고 볼 것이지만, 그 부동산에 근저당권설정등기가 경료되어 있거나 압류 또는

가압류 등이 이루어져 있는 때에는 특별한 사정이 없는 한 아무런 부담이 없는 상태에서의 그 부동산의 시가 상당액에서 근저당권의 채권최고액 범위 내에서의 피담보채권액, 압류에 걸린 집행채권액, 가압류에 걸린 청구금액 범위 내에서의 **피보전채권액 등을 뺀 실제의 교환가치를 그 부동산의 가액**으로 보아야 한다.

62 불법원인급여와 사기죄의 성부 – 사기죄의 객체 –

* 대법원 2001. 10. 23. 선고 2001도2991 판결
* 참조조문: 형법 제347조,[1] 민법 제103조,[2] 제741조,[3] 제746조[4]

> 금품 등을 받을 것을 전제로 성행위를 하는 부녀를 기망하여 성행위 대가의 지급을 면한 경우, 사기죄가 성립하는가?

●**사실**● 피고인 X는 대가를 지급하기로 하고 술집 여종업원 A와 성관계를 가진 뒤 절취한 신용카드로 그 대금을 결제하는 방법으로 그 대가의 지급을 면하여 재산상의 이익을 취득하였다. 원심은 정조는 재산권의 객체가 될 수 없을 뿐만 아니라 이른바, 화대란 정조 제공의 대가로 지급받는 금품으로서 이는 선량한 풍속에 반하여 법률상 보호받을 수 없는 경제적 이익이므로, 피고인이 기망의 방법으로 그 지급을 면하였다 하더라도 **사기죄가 성립하지 아니한다고 판단**하였다. 이에 검사가 상고하였다.

●**판지**● 파기환송. 「일반적으로 부녀와의 성행위 자체는 경제적으로 평가할 수 없고, 부녀가 상대방으로부터 금품이나 재산상 이익을 받을 것을 약속하고 성행위를 하는 약속 자체는 선량한 풍속 기타 사회질서에 위반한 사항을 내용으로 하는 **법률행위로서 무효이나**, 사기죄의 객체가 되는 재산상의 이익이 **반드시 사법(私法)상 보호되는 경제적 이익만을 의미하지 아니하고**, 부녀가 금품 등을 받을 것을 전제로 성행위를 하는 경우 그 행위의 대가는 **사기죄의 객체인 경제적 이익에 해당**하므로, 부녀를 기망하여 성행위 대가의 지급을 면하는 경우 사기죄가 성립한다」.

●**해설**● 1 사기죄의 객체는 재물 또는 재산상의 이익(적극적 이익이거나 소극적 이익일수도 있다)이다. 대상판결은 '불법원인급여물'이어도 사기죄가 성립하는지가 다투어졌다. '**불법원인급여**'란 불법의 원인으로 인하여 재산을 급여하거나 노무를 제공한 것을 가리키는 것으로 대상판결에서와 같이 성매매 행위의 대가로 제공되는 금전이나 도박자금 또는 뇌물자금 등이 그 예이다. 이렇게 제공된 금원을 편취할 수 있는지가 문제 된다.[5]

2 민법은 '선량한 풍속 기타 사회질서에 위반한 사항을 내용으로 하는 법률행위는 무효'(민법 103)로 하고 있으며, 불법원인급여의 경우 그 이익의 반환을 청구하지 못하도록 규정하고 있다(민법 746). **이는 '불법에는 국가가 조력하지 않는다'는 법리를 명문화 한 것**이다. 따라서 불법원인으로 재산을 급여하거나

---

1) 형법 제347조(사기) ① 사람을 기망하여 재물의 교부를 받거나 **재산상의 이익**을 취득한 자는 10년이하의 징역 또는 2천만원이하의 벌금에 처한다. ② 전항의 방법으로 제삼자로 하여금 재물의 교부를 받게 하거나 재산상의 이익을 취득하게 한 때에도 전항의 형과 같다.
2) 민법 제103조(반사회질서의 법률행위) **선량한 풍속 기타 사회질서에 위반**한 사항을 내용으로 하는 법률행위는 무효로 한다.
3) 민법 제741조(부당이득의 내용) 법률상 원인 없이 타인의 재산 또는 노무로 인하여 이익을 얻고 이로 인하여 타인에게 손해를 가한 자는 그 이익을 반환하여야 한다.
4) 민법 제746조(불법원인급여) **불법의 원인**으로 인하여 재산을 급여하거나 노무를 제공한 때에는 그 이익의 **반환을 청구하지 못한다.** 그러나 그 불법원인이 수익자에게만 있는 때에는 그러하지 아니하다.
5) **불법원인급여와 관련하여서는 횡령죄에서도** 문제된다. 민법 제746조에 따라서 반환청구권을 행사할 수 없는 물건을 착복한 경우에 횡령죄가 성립할 수 있는지가 다투어진다. **판례는 원칙적으로 횡령죄 성립을 부정**하고 있다 (대판 99도275). (【71】 참조)

노무를 제공 한 사람은 (가) 그 원인행위가 법률상 무효임을 내세워 상대방에게 부당이득반환청구를 할 수 없고, 또 (나) 급여한 물건의 소유권이 자기에게 있다고 하여 소유권에 기한 반환청구도 할 수 없어서 결국 급여한 물건의 **소유권은 급여를 받은 상대방에게 귀속**되게 된다(대판 99도275).

3 이러한 민법의 논리에 따를 경우 본 판례에서 A와 X 간에 이루어진 성매매 계약은 민법 제103조에 의해 무효이고, 제746조에 의해 A는 X에 대해 이익 반환을 청구할 수 없게 되어 사기죄가 부정된다. 그러나 판례는 불법원인급여물과 관련하여 **일관되게 사기죄의 성립을 인정**하고 있다.

4 판례는 대상판례와 같은 불법원인급여에 해당되는 사안에서 「사기죄의 객체가 되는 재산상의 이익이 반드시 **사법상 보호되는 경제적 이익만을 의미하지 아니한다**」고 보아 사기죄 성립을 긍정한다. 대상판례는 매춘부의 불법한 성적 서비스를 형법상 재산상의 이익에 속하는 것으로 보고 있다((a) **경제적 재산개념설**). 그러나 (b) **법률적 재산개념설**이나 (c) **법률적 · 경제적 재산개념설**을 따를 경우에는 불법원인급여물은 법질서의 보호를 받을 수가 없기 때문에 형법상 재물개념에 속하지 못하고 따라서 이를 사취한 경우에도 사기죄의 성립을 부정하게 된다.

5 한편 **위법성의 본질과 관련하여** 권리침해를 위법성의 본질로 파악하는 (a) **권리침해설**의 입장에서는 기망으로 성매매 대금의 지급을 면한 경우에는 사기죄 성립을 부정한다. 성매매계약은 무효이므로 성매매대가청구권도 없어 상대방에 대한 어떠한 권리침해도 없다고 보기 때문이다. 하지만 오늘날 지배적 견해인 (b) **법익침해설**에 의하면 법적 권리가 아닌 이익을 침해해도 위법하게 되어 이 경우 사기죄 성립을 긍정한다.

Reference 1

불법원인급여와 사기죄

1 [대판 2006도6795] 민법 제746조의 불법원인급여에 해당하여 급여자가 수익자에 대한 반환청구권을 행사할 수 없다고 하더라도, **수익자가 기망을 통하여 급여자로 하여금 불법원인급여에 해당하는 재물을 제공하도록 하였다면 사기죄가 성립한다**고 할 것인바, 피고인이 피해자 공소외인으로부터 **도박자금으로 사용**하기 위하여 금원을 차용하였더라도 사기죄의 성립에는 영향이 없다.

사기죄의 객체가 될 수 없다고 본 사례

1-1 [대판 96도2625] [교통사고처리특례법 제4조6) 소정의 보험가입사실증명원] 보험가입사실증명원은 교통사고를 일으킨 차가 교통사고처리특례법 제4조에서 정한 취지의 보험에 가입하였음을 **보험회사가 증명하는 내용의 문서일 뿐**이고 거기에 재물이나 재산상의 이익의 처분에 관한 사항을 포함하고 있는 것은 아니므로, 이러한 문서의 불법취득에 의해 침해된 또는 침해될 우려가 있는 법익은 보험가입사실증명원인 서면 그 자체가 아니고 그 문서가 교통사고처리특례법 제4조에 정한 보험에 가입한 사실의 진위에 관한 내용이라고 할 것이고, 따라서 이러한 증명에 의하여 사기죄에서 말하는 재물이나 재산상의 이익이 침해된 것으로 볼 것은 아니어서 보험가입사실증명원은 사기죄의 객체가 되지 아니한다. **cf)** 하지만 같은 증명서류이지만 '**신용보증서**'나 '**인감증명서**'는 사기죄를 구성한다.

1-2 [비교판례1] [대판 2007도1274] 신용보증기금의 **신용보증서 발급**이 피고인의 기망행위에 의하여 이루어진 이상 그로써 곧 사기죄는 성립하는 것이고, 그로 인하여 피고인이 취득한 재산상 이익은 신용보증금액 상당액이다.

2 [대판 73도1080] 법원을 기망하여 **부재자의 재산관리인으로 선임**된 것만으로 어떤 재산권이나 재산상의 이익을 얻은 것이라고 볼 수 없으므로 그 행위를 사기죄에 해당한다고 볼 수 없다.

사기죄의 객체에 해당된다고 본 사례

3 [대판 2011도9919] ['**인감증명서**'가 형법상 '**재물**'에 해당하는지 여부(원칙적 적극) 및 인감증명서를 편취하는 경우 소지인에 대한 관계에서 사기죄가 성립하는지 여부(적극)] 인감증명서는 인감과 함께 소지함으로써 인감 자체의 동일성을 증명함과 동시에 거래행위자의 동일성과 거래행위가 행위자의 의사에 의한 것임을 확인하는 자료로서 개인의 권리의무에 관계되는 일에 사용되는 등 일반인의 거래상 극히 중요한 기능을 가진다. 따라서 그 문서는 다른 특별한 사정이 없는 한 재산적 가치를 가지는 것이어서 형법상의 '**재물**'에 해당한다고 할 것이다. 이는 그 내용 중에 재물이나 재산상 이익의 처분에 관한 사항이 포함되어 있지

---

6) 교통사고처리특례법 제4조 제4조(보험 등에 가입된 경우의 특례) ① 교통사고를 일으킨 차가 보험업법 제5조·제7조 또는 육운진흥법 제8조의 규정에 의하여 보험 또는 공제에 가입된 경우에는 제3조 제2항 본문에 규정된 죄를 범한 당해 차의 운전자에 대하여 **공소를 제기할 수 없다.** 다만, 제3조 제2항 단서에 해당하는 경우나 보험계약 또는 공제계약이 무효 또는 해지되거나 계약상의 면책규정 등으로 인하여 보험사업자 또는 공제사업자의 보험금 또는 공제금 지급의무가 없게 된 경우에는 그러하지 아니하다. <개정 1984.8.4.> ② 제1항에서 "보험 또는 공제"라 함은 교통사고의 경우 보험업법에 의한 보험사업자 또는 육운진흥법에 의한 공제사업자가 인가된 보험약관 또는 승인된 공제약관에 의하여 피보험자 또는 공제조합원과 피해자간의 손해배상에 관한 합의 여부에 불구하고 피보험자 또는 공제조합원에 갈음하여 피해자의 치료비에 관하여는 통상비용의 전액을, 기타의 손해에 관하여는 보험약관 또는 공제약관에서 정한 지급기준금액을 대통령령이 정하는 바에 의하여 우선 지급하되, 종국적으로는 확정판결 기타 이에 준하는 채무명의상 피보험자 또는 공제조합원의 교통사고로 인한 손해배상금 전액을 보상하는 보험 또는 공제를 말한다. ③ 제1항의 보험 또는 공제에 가입된 사실은 보험사업자 또는 공제사업자가 제2항의 취지를 기재한 서면에 의하여 증명되어야 한다.

아니하다고 하여 달리 볼 것이 아니다. 따라서 위 용도로 발급되어 그 소지인에게 재산적 가치가 있는 것으로 인정되는 인감증명서를 그 소지인을 기망하여 편취하는 것은 그 소지인에 대한 관계에서 사기죄가 성립한다고 할 것이다.

4 [대판 2011도282] [1] 경제적 이익을 기대할 수 있는 자금운용의 **권한 내지 지위의 획득도 그 자체로 경제적 가치가 있는 것으로 평가할 수 있다면 사기죄의 객체인 재산상의 이익에 포함된다.** [2] 피고인이 자신이 개발한 주식운용프로그램을 이용하면 상당한 수익을 낼 수 있고 만일 손해가 발생하더라도 원금과 은행 정기예금 이자 상당의 반환은 보장하겠다는 취지로 피해자 甲을 기망하여 甲의 자금이 예치된 甲 명의 주식계좌에 대한 사용권한을 부여받아 재산상 이익을 취득하였다는 내용으로 기소된 사안에서, 주식운용에 따른 수익금이 발생할 경우 피고인이 그 중 1/2에 해당하는 돈을 매달 지급받기로 약정한 점 등 제반 사정을 종합하면, 피고인은 장래의 수익 발생을 조건으로 한 수익분배청구권을 취득하였을 뿐 아니라 그러한 경제적 이익을 기대할 수 있는 자금운용의 권한과 지위를 획득하였고, **이는 주식거래의 특성 등에 비추어 충분히 경제적 가치가 있다고 평가할 수 있으므로 甲을 기망하여 그러한 권한과 지위를 획득한 것 자체를 사기죄의 객체인 재산상 이익을 취득한 것으로 볼 수 있다**는 이유로, 피고인에게 사기죄를 인정한 원심판단의 결론을 정당하다.

5 [대판 2010도12732] [통정허위표시로서 무효인 임대차계약에 기초하여 **임차권등기명령을 받아 임차권등기를 마친 경우,** 외형상 임차인으로서 취득하게 되는 권리가 사기죄의 객체인 '재산상 이익'에 해당하는지 여부(적극)] 형법 제347조에서 말하는 재산상 이익 취득은 그 재산상의 이익을 법률상 유효하게 취득함을 필요로 하지 아니하고 그 이익 취득이 법률상 무효라 하여도 외형상 취득한 것이면 족한 것이다. 상가건물 임대차보호법 제6조에 의한 임차권등기명령이 임대인에게 고지되어 효력이 발생하면 법원사무관 등은 지체 없이 촉탁서에 재판서 등본을 첨부하여 등기관에게 임차권등기의 기입을 촉탁하도록 되어 있고(임차권등기명령 절차에 관한 규칙 제5조), **상가건물 임대차보호법 제6조 제5항에 의하면, 위와 같이 임차권등기명령의 집행에 의한 임차권등기가 경료되면 임차인은 제3조 제1항의 규정에 의한 대항력 및 제5조 제2항의 규정에 의한 우선변제권을 취득하고**(임차인이 임차권등기 이전에 이미 대항력 또는 우선변제권을 취득한 경우에는 그 대항력 또는 우선변제권이 그대로 유지된다), 임차권등기 이후에는 제3조 제1항의 대항요건을 상실하더라도 이미 취득한 대항력 또는 우선변제권을 상실하지 아니하는 효력이 있으므로, 그 임차권등기의 기초가 되는 임대차계약이 통정허위표시로서 무효라 하더라도, 장차 피신청인의 이의신청 또는 취소신청에 의한 법원의 재판을 거쳐 그 임차권등기가 말소될 때까지는 신청인은 외형상으로 우선변제권 있는 임차인으로서 부동산 담보권에 유사한 권리를 취득하게 된다 할 것이니, 이러한 이익은 재산적 가치가 있는 구체적 이익으로서 사기죄의 객체인 재산상 이익에 해당한다고 봄이 상당하다.

6 [대판 2010도6256] [사기 범행의 피해자로부터 현금을 예금계좌로 송금받은 경우, 그 사기죄의 객체가 '재물'인지 또는 '재산상의 이익'인지 여부(=재물)] 사기죄의 객체는 타인이 점유하는 '타인의' 재물 또는 재산상의 이익이므로, 피해자와의 관계에서 살펴보아 그것이 피해자 소유의 재물인지 아니면 피해자가 보유하는 재산상의 이익인지에 따라 '재물'이 객체인지 아니면 '재산상의 이익'이 객체인지 구별하여야 하는 것으로서, 이 사건과 같이 피해자가 본범의 기망행위에 속아 현금을 피고인 명의의 은행 예금계좌로 송금하였다면, 이는 **재물에 해당하는 현금**을 교부하는 방법이 예금계좌로 송금하는 형식으로 이루어진 것에 불

과하여, 피해자의 은행에 대한 예금채권은 당초 발생하지 않는다.

7 [대판 2007도5507] 부동산가압류결정을 받아 부동산에 관한 가압류집행까지 마친 자가 그 가압류를 해제하면 소유자는 가압류의 부담이 없는 부동산을 소유하는 이익을 얻게 되므로, 가압류를 해제하는 것 역시 사기죄에서 말하는 재산적 처분행위에 해당하고, 그 이후 가압류의 피보전채권이 존재하지 않는 것으로 밝혀졌다고 하더라도 가압류의 해제로 인한 재산상의 이익이 없었다고 할 수 없다.

8 [대판 2006도6687] [1] 주유소 운영자가 농민들에게 면세유를 공급한 것처럼 부당하게 발급받은 면세유류공급확인서로 석유정제업자를 기망하여 부가가치세 등에 상당한 석유류를 취득한 사안에서, 석유정제업자에게 현실적인 재산상 손해가 없더라도 사기죄가 성립한다고 한 사례. [2] 피고인은 (상호 생략)주유소를 운영하면서 위 주유소에서 농민들에게 면세된 가격으로 석유류를 공급해 준 사실이 없음에도 농업협동조합으로부터 면세유류공급확인서를 부당하게 발급받아 이를 이용하여 농민들에게 석유류를 면세된 가격에 공급한 것처럼 현대오일뱅크 주식회사(이하 '현대오일뱅크'라 한다)를 기망하여 위 주유소가 위 회사로부터 석유류를 공급받으면서 부담한 부가가치세나 교통세 등에 상당하는 석유류를 교부받았는바, 피고인이 현대오일뱅크를 기망하여 재물의 교부를 받은 이상 현대오일뱅크에 대하여 사기죄가 성립한다고 할 것이고, 이로 인하여 현대오일뱅크에 현실적으로 재산상 손해가 없다고 하여 달리 볼 것은 아니다.

9 [대판 97도1095] [채무이행을 연기받을 목적으로 어음을 발행한 경우, 사기죄의 성부(적극)] [1] 사기죄에 있어서 채무이행을 연기받는 것도 재산상의 이익이 되므로, 채무자가 채권자에 대하여 소정기일까지 지급할 의사와 능력이 없음에도 종전 채무의 변제기를 늦출 목적에서 어음을 발행 교부한 경우에는 사기죄가 성립한다. [2] 어음이 지급기일에 결제되지 않으리라는 점을 예견하였거나 지급기일에 지급될 수 있다는 확신이 없으면서도 그러한 내용을 수취인에게 고지하지 아니하고 이를 속여서 할인을 받았다면 사기죄가 성립한다.

10 [대판 95도1874] [소송사기의 방법으로 건축주 명의를 변경한 경우의 사기죄의 객체] 신축중인 다세대주택에 관하여 건축허가 명의가 변경되었다 하여 그 소유권이 변경된 건축허가 명의인에게 이전되는 것은 아니므로, 피고인이 법원을 기망하여 건축주명의변경절차이행청구 소송에서 승소확정판결을 받았다거나 나아가 이에 기하여 위 다세대주택에 관한 건축허가 명의를 변경하였다 하여 위 다세대주택 그 자체를 편취한 것으로는 볼 수 없고, 단지 건축주로서 공사를 계속하여 다세대주택을 완공하고 사용승인을 받은 다음 건축물대장에 등재하여 완공된 다세대주택에 관하여 그의 명의로 소유권보존등기를 경료할 수 있는 등 건축허가에 따른 재산상 이익을 취득한 것으로 보아야 한다.

11 [대판 94도3013] [무효인 약속어음공정증서] 약속어음공정증서에 증서를 무효로 하는 사유가 존재한다고 하더라도 그 증서 자체에 이를 무효로 하는 사유의 기재가 없고 외형상 권리의무를 증명함에 족한 체제를 구비하고 있는 한 그 증서는 형법상의 재물로서 사기죄의 객체가 됨에 아무런 지장이 없다.

12 [대판 85도951] [발행인의 자금부족으로 지급거절된 약속어음] 약속어음은 그 자체가 재산적 가치를 지닌 유가증권으로서 만기에 지급장소에서 어음금이 지급되지 아니하는 때라도 소지인은 배서인, 발행인 기

타 어음채무자에 대하여 소구권을 행사할 수 있어서 그 효용이 소멸된 것이 아니므로 발행인의 자금부족으로 **지급장소에서 지급되지 아니하는 약속어음**이라도 사기죄의 객체가 된다.

13 [대판 83도1520] 채권자에게 채권을 추심하여 줄 것 같이 속여 채권의 추심 승락을 받아 그 **채권을 추심하여 이를 취득하였다면** 이는 채권자의 착오에 기한 재산처분행위라고 할 것이므로 이는 사기죄를 구성한다 할 것이다.

14 [대판 82도2555] 피고인이 피해자를 기망하여 **연대보증인으로 서명하게 한 행위**에 대하여 형법 제347조 제2항을 적용처단한 원심의 조처에는 아무런 위법이 없다. (소극적 이익)

15 [대판 71도1193] 국유재산의 매각을 전제로 연고권자에게 유상대부계약을 할 때에 **허위로 연고권이 있는 것 같이** 관계공무원을 기망하였다면 사기죄가 된다.

63 사기죄에 있어서 '기망'(1) – 용도사기 –

* 대법원 1996. 2. 27. 선고 95도2828 판결
* 참조조문: 형법 제347조 제1항1)

사기죄의 실행행위로서의 기망의 대상

●**사실**● 피고인 X는 부산 동래구 연산동 소재 개발제한구역(그린벨트) 내의 토지에 대한 개발제한구역 지정을 해제하여 줄 의사와 능력이 없음에도 불구하고 건설부 고위 공직자에게 청탁하여 제3자 소유의 위 토지에 대한 개발제한구역 지정을 해제하고자 하는데 접대비용이 필요하다고 하면서, 피해자 A에게 "만약 금 20,000,000원을 빌려주면 이를 접대비용으로 사용하여 2개월 이내에 이 토지에 대한 개발제한구역 지정을 해제 받고 토지소유자로부터 상당한 금액의 커미션을 받아 그중 일부를 위 차용금과 함께 돌려주겠다"고 거짓말하여, A로부터 금 20,000,000원을 차용한 다음, 이를 자신의 부족한 생활비로 소비하였다. 원심은 X에 대해 사기죄를 인정하였다. 이에 X가 상고하였다.

●**판지**● 상고기각. 「사기죄의 실행행위로서의 기망은 (가) 반드시 법률행위의 중요 부분에 관한 허위표시임을 요하지 아니하고 (나) 상대방을 착오에 빠지게 하여 행위자가 희망하는 재산적 처분행위를 하도록 하기 위한 판단의 기초가 되는 **사실에 관한 것**이면 족한 것이므로, (다) **용도를 속이고 돈을 빌린 경우**에 있어서 **만일 진정한 용도를 고지하였더라면 상대방이 돈을 빌려 주지 않았을 것이라는 관계**에 있는 때에는 사기죄의 실행행위인 기망은 있는 것으로 보아야 한다」.

●**해설**● 1 사기죄에서의 기망행위란 상대방을 착오에 빠지게 하는 일체의 행위를 말한다. 그리고 기망은 상대방이 그 점에 착오가 없으면 재산적 처분행위를 하지 않았을 정도의 중요한 사실을 속이는 것이어야 한다. 따라서 이때 판단의 결정적 근거가 되는 것은 **중요 사항에 대해 기망**이 있었는지 여부이다. 그리고 중요한 사항이란 **피해자가 그것에 대해서 진정한 사실을 알았다면 처분(교부)하지 않았을 것 같은 사항**이다.

2 사안의 경우와 같이 용도를 속이고 돈을 빌린 경우에 만일 진정한 용도를 고지하였더라면 상대방이 빌려주지 않았을 것이라는 관계에 있는 때에는 사기죄의 실행행위인 기망은 있는 것으로 보아야 한다. 다만 기망으로 인해 발생되는 착오는 반드시 법률행위 내용의 중요부분에 대한 착오일 필요는 없고 **동기의 착오**도 포함된다. 대상판결에서 '판단의 기초가 되는 사실'에 대한 착오가 결국 '동기의 착오'에 해당된다고 보면 된다.

3 기망행위의 '대상'은 **구체적으로 증명**할 수 있는 현재와 과거의 **사실**이어야 한다. 행위자가 기망한 내용이 사실이 아닌 순수한 '**가치판단**'일 경우는 기망의 대상에서 **제외**된다. 하지만 사실판단과 가치판단을 명확하게 구분하기란 쉽지 않다.

4 차용금의 편취에 의한 사기죄의 성립 여부는 「차용 당시를 기준으로 판단하여야 하고, 사기죄의 주

---

1) 형법 제347조(사기) ① 사람을 **기망하여** 재물의 교부를 받거나 재산상의 이익을 취득한 자는 10년 이하의 징역 또는 2천만원 이하의 벌금에 처한다.

관적 구성요건인 편취의 범의의 존부는 피고인이 자백하지 아니하는 한 범행 전후 피고인의 재력, 환경, 범행의 내용, 거래의 이행 과정, 피해자와의 관계 등과 같은 객관적 사정을 종합하여 판단하여야 한다」 (대판 2006도6795).

Reference 1

용도사기

1 [대판 2007도3005] 처음부터 국민주택건설자금으로 사용할 의사가 없으면서도 국민주택건설자금으로 사용할 것처럼 용도를 속여 그 자금을 대출받은 경우, 사기죄가 성립한다.

2 [대판 2003도4450] 명의상의 학원 원장에 불과한 자가 외환위기 후 신규창업 자금을 지원하기 위한 생계형 창업특별보증제도의 목적 및 대출금의 용도에 반하여 **창업자금 대출금 중 일부를 개인적인 용도로 사용할 생각**이었음에도 불구하고 이를 속이고 위 대출금을 위 학원 운전자금 용도로 사용하겠다면서 보증을 신청한 행위가 사기죄의 기망행위에 해당한다고 한 사례.

3 [대판 96도2904] [채권자를 기망하여 이루어진 채무변제기의 연장 또는 대환의 사기죄 성부(적극)] 대환이라 함은 현실적인 자금의 수수 없이 형식적으로만 신규대출을 하여 기존채무를 변제하는 것으로서 특별한 사정이 없는 이상 대환은 형식적으로는 별도의 대출에 해당하나 실질적으로는 기존채무에 대한 변제기의 연장에 해당하는 것이고, 기망에 의하여 채무의 변제기를 연장받은 경우에도 사기죄가 성립하므로, 타인을 기망하여 대출을 받은 것이 **신규대출이 아니라 대환에 해당**한다고 하더라도 사기죄로 의율함에 지장이 없다.

4 [대판 95도707] [용도를 속이고 돈을 빌린 행위가 사기죄에 해당하지 아니한다고 본 원심판결을 파기한 사례] 피해자가 피고인에게 위 약속어음을 빌려주게 된 것은 피고인이 피해자를 대리하여 공소외 윤○욱과의 사이에 이 사건 호텔에 관한 매매계약 체결 등의 모든 문제를 처리하여 왔으며 위 호텔에 관하여 이미 경매신청이 되어 있어서 경매가 되어 버리면 피해자로서는 막대한 손실을 입게 되기 때문에 어떻게 하든지 피고인을 통하여 이를 위 윤○욱에게 매도하여야 할 형편이었고, 당시 피고인은 경매방해 등 죄로 징역 1년 6월의 실형을 선고받고 대법원에 상고 중에 있어서 만약 대법원에서 무죄가 나오지 아니하면 위 형의 집행을 받기 위하여 교도소에 수감되어야 하는 형편이었는데, 그렇게 되면 피고인이 그 동안 추진하여 온 위 윤○욱과의 매매계약이 성사되지 않을 것을 염려한 피해자가 대법원에 상고한 경매방해 등 사건에 관한 교제비, 변호사선임비 등으로 사용한다는 피고인의 말만 믿고 위 약속어음을 빌려 주게 된 것을 엿볼 수 있는데, 원심 인정과 같이 피고인이 위 금원 중 금 1천만 원만 변호사 선임비로 쓰고 나머지는 자신의 사업자금으로 사용하였다면 특단의 사정이 보이지 아니하는 이 사건에 있어서 피고인은 **피해자의 이러한 상태를 이용**하여 소송비용 등을 빌미로 자신의 사업자금에 사용하기 위하여 피해자로부터 위 금원을 차용한 것으로 보여지는 바, 사정이 위와 같다면 피고인은 용도를 속이고 돈을 빌린 것으로 보여지고 만약 진정한 용도를 고지하였으면 당시 자신 소유의 호텔이 경매에 처하는 등의 어려운 상황에 처해 있었던 피해자가 피고인에게 금 1억 5천만 원이나 되는 약속어음을 선뜻 빌려 주지 않았을 것으로 추단되므로 피고인의 이러한 행위는 사기죄에 있어서 기망에 해당한다고 보아야 할 것이다.

기망행위가 있다고 보아 사기죄의 성립을 인정한 사례

1 [대판 2015도11200] [사기죄의 요건인 '기망'의 의미 및 기망행위를 수단으로 한 권리행사가 사기죄를 구성하는 경우] [1] 사기죄의 요건인 기망은 널리 재산상의 거래관계에서 서로 지켜야 할 신의와 성실의 의무를 저버리는 모든 적극적 또는 소극적 행위를 말하는 것으로서, **반드시 법률행위의 중요부분에 관한 것이어야 할 필요가 없으며**, 상대방을 착오에 빠지게 하여 행위자가 희망하는 재산적 처분행위를 하도록 하기 위한 판단의 기초사실에 관한 것이면 충분하다. [2] 기망행위를 수단으로 한 권리행사의 경우 권리행사에 속하는 행위와 수단에 속하는 기망행위를 전체적으로 관찰하여 그와 같은 기망행위가 사회통념상 권리행사의 수단으로서 용인할 수 없는 정도라면 권리행사에 속하는 행위는 사기죄를 구성한다. [3] 공사의 도급 또는 하도급계약에서 공사대금을 기성고 비율에 따라 산정한 기성금으로 분할 지급하기로 약정한 경우에 수급인 또는 하수급인이 시공물량을 부풀려 기성금을 청구하고 이를 지급받는 행위가 거래관계에서 신의와 성실의 의무를 저버리는 것으로서 사회통념상 권리행사의 수단으로 용인할 수 없는 정도에 이르렀다고 볼 수 있다면 사기죄로 인정할 수 있다.

2 [대판 2015도6905] [초과보험 상태를 의도적으로 유발한 경우] 보험계약자가 보험계약 체결 시 보험금액이 목적물의 가액을 현저하게 초과하는 초과보험 상태를 의도적으로 유발한 후 보험사고가 발생하자 초과보험 사실을 알지 못하는 보험자에게 목적물의 가액을 묵비한 채 보험금을 청구하여 보험금을 교부받은 경우, 보험자가 보험금액이 목적물의 가액을 현저하게 초과한다는 것을 알았더라면 같은 조건으로 보험계약을 체결하지 않았을 뿐만 아니라 협정보험가액에 따른 보험금을 그대로 지급하지 아니하였을 관계가 인정된다면, 보험계약자가 초과보험 사실을 알지 못하는 보험자에게 목적물의 가액을 묵비한 채 보험금을 청구한 행위는 사기죄의 실행행위로서의 기망행위에 해당한다.

3 [대판 2012도4438] ['기업구매전용카드'를 사용한 거래에서 판매기업(가맹점)이 카드회사에 용역제공을 가장한 허위 내용의 납품내역임을 고지하지 아니하고 대금을 청구한 행위가 사기죄의 기망행위에 해당하는지 여부(한정 적극)] 기업구매전용카드를 사용한 거래에서 판매기업(가맹점)이 카드회사로부터 금원을 교부받을 당시 구매기업(회원)이 카드회사에 전송한 납품내역이 허위로 작성된 것임을 고지하지 아니한 채 대금을 청구하였고, 카드회사가 전송받은 납품내역에 기재된 것과 같은 판매기업의 용역제공이 실제로 있는 것으로 오신하여 그 대금 상당의 금원을 교부한 경우, 카드회사가 판매기업의 용역제공을 가장한 허위 내용의 납품내역에 의한 대금청구에 대하여는 이를 거절할 수 있는 등 납품내역이 허위임을 알았더라면 판매기업에 그 대금의 지급을 하지 아니하였을 관계가 인정된다면, 판매기업이 용역제공을 가장한 허위의 납품내역임을 고지하지 아니한 채 카드회사에 대금을 청구한 행위는 사기죄의 실행행위로서의 기망행위에 해당하고, 판매기업에 이러한 기망행위에 관한 범의가 있었다면, 비록 당시 그 운영자에게 카드 이용대금을 변제할 의사와 능력이 있었다고 하더라도 사기죄의 범의가 있었음이 인정되어 사기죄가 성립한다.

4 [대판 2011도9919] 파기환송. [1] 피고인이 피해자에게서 매수한 재개발아파트 수분양권을 이미 매도하였는데도 **마치 자신이 피해자의 입주권을 정당하게 보유하고 있는 것처럼** 피해자의 딸과 사위에게 거짓말하여 피해자 명의의 인감증명서를 교부받은 사안에서, 피고인의 행위에 대하여는 재물의 편취에 의한 사기죄

가 성립한다고 할 것인데도, 이와 달리 보아 무죄를 선고한 원심판결에는 법리오해의 위법이 있다.

5 [대판 2009도7459] [콘도회원권 판매 등의 대리점 영업을 하는 자가 위조한 회원증 등을 마치 사용가능한 것으로 피해자들에게 말하거나 위조된 사실을 숨긴 채 판매하고 그 대금을 지급받은 사안에서, 사기죄의 성립을 인정한 사례] 피고인은 위조한 회원증, 회원카드, 숙박권 등을 마치 사용가능한 것으로 피해자들에게 말하거나 위조된 사실을 숨긴 채 판매하여 그 대금을 지급받은 것으로서 이는 사기죄의 구성요건인 기망행위에 해당한다고 봄이 상당하다. 나아가 만일 피해자들에게 교부된 회원증 등이 대리점에 불과한 피고인이 본사의 허락도 없이 위조한 것임을 알았다면 피해자들이 위 위조된 회원증 등을 받고 그 대금을 지급하지 않았을 것으로 보이므로 이러한 점에서 피고인의 위 기망행위와 피해자들의 매수행위 사이에 인과관계가 있다고 볼 것이다. 또한 피고인은 추후 피해자들에게 진정한 회원증 등을 교부하였다고 주장하고 피해자들 중 일부는 추후 진정한 회원증 등을 교부받은 것으로 보이기는 한다. 그러나 위와 같은 **기망행위로 인하여 그 대금을 교부받은 이상 그 자체로써 피해자들의 재산침해가 되어 이로써 곧 사기죄가 성립**하고, 추후 피해자들에게 진정한 회원증 등을 교부하였다고 하더라도 사기죄의 성립에는 영향이 없다.

6 [대판 2009도7052] 사기죄에서 피해자에게 그 대가가 지급된 경우, **피해자를 기망하여 그가 보유하고 있는 그 대가를 다시 편취**하거나 피해자로부터 그 대가를 위탁받아 보관 중 횡령하였다면, 이는 새로운 법익의 침해가 발생한 경우이므로, 기존에 성립한 사기죄와는 **별도의 새로운 사기죄나 횡령죄가 성립**한다.

차용금과 사기죄의 성부

7-1 [대판 2007도8549] **차용금 사기죄**로 기소된 피고인이 파산신청을 하여 면책허가결정이 확정된 사안에서, 피고인이 파산신청 2년 전부터 **불과 40여 일 전까지** 여러 사람들로부터 돈을 빌려서 채무변제와 생활비 등으로 사용한 것은 사기죄를 구성한다. **cf** 한편 대법원은 판결문 중에서 「채무자회생 및 파산에 관한 법률상 개인파산·면책제도의 주된 목적 중의 하나는 파산선고 당시 자신의 재산을 모두 파산배당을 위하여 제공한, 정직하였으나 불운한 채무자의 파산선고 전의 채무의 면책을 통하여 그가 파산선고 전의 채무로 인한 압박을 받거나 의지가 꺾이지 않고 앞으로 경제적 회생을 위한 노력을 할 수 있는 여건을 제공하는 것이다. …… 따라서 **개인파산·면책제도를 통하여 면책을 받은 채무자에 대한 차용금 사기죄의 인정 여부**는 그 사기로 인한 손해배상채무가 면책대상에서 제외되어 경제적 회생을 도모하려는 채무자의 의지를 꺾는 결과가될 수 있다는 점을 감안하여 보다 신중한 판단을 요한다」고 판시하였다.

7-2 [대판 2007도1033] 피고인이 **변제의 의사나 능력이 없음에도** 이를 숨긴 채 피해자에게 금원 대여를 요청하여 이에 속은 피해자로부터 동인의 배서가 된 **약속어음을 교부받아 이를 금융기관에서 할인한 후 그 할인금을 사용**하였다면, 그 후 위 약속어음이 지급기일에 지급거절되고 피고인이 금융기관에 대하여 그 상환채무를 지게 되었다고 하더라도 피해자에 대한 사기죄가 성립한다고 할 것이다.

보험금·요양급여금의 청구와 사기죄의 성부

8-1 [대판 2007도2941] 입원의 필요성이 없음에도 의사로 하여금 입원치료의 필요성이 있다고 오판하도록 하여 **필요 이상의 장기입원을 한 경우** 역시 이를 알리지 않은 채 보험회사에 대하여 보험약관에 정한 입

원기간을 충족시켰다고 주장하면서 보험금을 청구하는 행위는 사기죄에 있어서의 기망행위에 해당한다.

8-2 [대판 2007도2134] 피고인이 보험사고에 해당할 수 있는 사고로 인하여 경미한 상해를 입었다고 하더라도 이를 기화로 보험금을 편취할 의사로 그 상해를 과장하여 병원에 장기간 입원하고 이를 이유로 실제 피해에 비하여 **과다한 보험금을 지급받는 경우**에는 그 보험금 전체에 대해 사기죄가 성립한다.

8-3 [대판 2011도10797] 의사인 피고인이 **전화를 이용하여 진찰**한 것임에도 **내원 진찰인 것처럼 가장**하여 국민건강보험관리공단에 **요양급여비용을 청구**함으로써 진찰료 등을 편취하였다는 내용으로 기소된 사안에서, 피고인에게 사기죄를 인정한 원심판단이 정당하다고 한 사례.

8-4 [대판 2014도11843] 비의료인이 개설한 **의료기관**이 마치 의료법에 의하여 적법하게 개설된 요양기관인 것처럼 **국민건강보험공단에 요양급여비용의 지급을 청구**하는 것은 국민건강보험공단으로 하여금 요양급여비용 지급에 관한 의사결정에 착오를 일으키게 하는 것으로서 사기죄의 기망행위에 해당하고, 이러한 기망행위에 의하여 국민건강보험공단에서 요양급여비용을 지급받을 경우에는 사기죄가 성립한다. 이 경우 의료기관의 개설인인 비의료인이 개설 명의를 빌려준 의료인으로 하여금 환자들에게 요양급여를 제공하게 하였다 하여도 마찬가지이다.

8-5 [대판 2017도17699] [1] **비의료인**이 의료법 제33조 제2항을 위반하여 개설한 의료기관이 마치 의료법에 의하여 적법하게 개설된 요양기관인 것처럼 **국민건강보험공단에 요양급여비용의 지급을 청구**하여 국민건강보험공단으로부터 요양급여비용을 지급받을 경우, 사기죄가 성립한다. [2] **[비교논점]** 비의료인이 의료법 제33조 제2항을 위반하여 개설한 의료기관에서 면허를 갖춘 의료인을 통해 교통사고 환자 등에 대한 진료가 이루어진 경우, 해당 의료기관이 **보험회사 등에** 교통사고 환자 등을 진료한 의료기관이 위 의료법 규정에 위반되어 개설된 것이라는 사정을 고지하지 아니한 채 자동차손해배상 보장법에 따라 **자동차보험진료수가의 지급을 청구**한 행위가 사기죄에서 말하는 기망에 해당하지는 않는다.

8-6 [비교판례] [대판 2019도1839] 의료인으로서 자격과 면허를 보유한 사람이 의료법에 따라 의료기관을 **개설**하여 건강보험의 가입자 또는 피부양자에게 국민건강보험법에서 정한 요양급여를 실시하고 국민건강보험공단으로부터 요양급여비용을 지급받았다면, 설령 그 의료기관이 다른 의료인의 명의로 개설·운영되어 의료법 제4조 제2항을 위반하였더라도 그 자체만으로는 국민건강보험법상 요양급여비용을 청구할 수 있는 요양기관에서 제외되지 아니하므로, 달리 요양급여비용을 적법하게 지급받을 수 있는 자격 내지 요건이 흠결되지 않는 한 국민건강보험공단을 피해자로 하는 **사기죄를 구성한다고 할 수 없다.**

8-7 [비교판례] [대판 2010도1777] ●**사실**● 피고인 X는 Y와 시비하다 Y가 자신의 멱살을 잡아 밀쳐 넘어뜨리는 바람에 약 8주간의 치료를 요하는 상해를 입었다. 이에 X는 치료를 받으면서, '본인에 의한 과실상해' 치료는 의료보험 적용대상이나 '타인에 의한 상해' 치료는 의료보험 적용대상이 되지 아니하고, 자신은 의료보험 적용대상이 되지 아니하는 환자로 분류되어 있다는 것을 알게 되었다. 때문에 X는 마치 의료보험 적용대상 환자인양 행세를 하여 국민건강보험공단으로 하여금 진료비를 대신 지급하게 할 생각으로 담당 의사에게 "2007.3.23.경 아침에 산에서 내려오다가 넘어져서 상해를 입었다."고 거짓말을 하였다. 이에 그 사정을 알지 못하는 F병원 진료비청구담당 직원이 국민건강보험공단에 건강보험요양급여 공단부담금 명목으로 14,900원을 청구하였고, 그 무렵 국민건강보험공단 직원으로 하여금 동액 상당의 진료비를 지급하게 함으로써 동액 상당의 재산상 이익을 취하였다. ●**판지**● 타인의 폭행으로 상해를 입고 병원에서 치료를 받으면서, **상해를 입은 경위에 관하여 거짓말을 하여** 국민건강보험공단으로부터 보험급여 처리를 받아 사기죄로 기소된 사안에서, 위 상해는 '전적으로 또는 주로 피고인의 범죄행위에 기인하여 입은 상해'라고 할 수

없다고 보아 위 공소사실을 무죄로 판단한 원심을 수긍한 사례.

9 [대판 2005도741] 쇼핑몰 상가 분양사업을 계획하면서 사채와 분양대금만으로 사업부지 매입 및 공사대금을 충당할 수 있다는 **막연한 구상 외에 체계적인 사업계획 없이 무리하게 쇼핑몰 상가 분양을 강행한 경우** 편취의 범의를 인정할 수 있다고 한 원심의 판단을 수긍한 사례.

10 [대판 2004도6557] 의사인 피고인이 **입원치료를 받을 필요가 없는 환자**들이 보험금 수령을 위하여 입원치료를 받으려고 하는 사실을 알면서도 입원을 허가하여 형식상으로 입원치료를 받도록 한 후 입원확인서를 발급하여 준 사안에서, **사기방조죄**가 성립한다고 한 원심의 판단을 수긍한 사례.

11 [대판 2004도4705] 접속 후 매 30초당 정보이용료 1,000원이 부과되는 060 회선을 임차한 피고인이 상습으로 휴대폰 사용자들인 피해자들에게 음악편지도착 등의 **문자메시지를 무작위로 보내어** 피해자들로 하여금 **마치 아는 사람으로부터** 음악 및 음성메시지가 도착한 것으로 오인하게 하여 통화버튼을 눌러 접속하게 한 후 정보이용료가 부과되게 하여 재산상의 이익을 취득한 이 사건 범죄사실이 형법 제351조, 제347조 제1항의 상습사기죄의 구성요건에 해당한다.

12 [대판 2004도1465] **시세조종된 주식**임을 잘 알면서도 이를 숨긴 채 담보로 제공하였다면 대출받을 당시 담보가치가 충분히 있었다고 하더라도 편취의 범의가 인정된다.

13 [대판 2003도2252] 타인의 명의를 빌려 예금계좌를 개설한 후, **통장과 도장은 명의인에게 보관시키고 자신은 위 계좌의 현금인출카드를 소지**한 채, 명의인을 기망하여 위 예금계좌로 돈을 송금하게 한 경우, 자신은 통장의 현금인출카드를 소지하고 있으면서 언제든지 카드를 이용하여 차명계좌 통장으로부터 금원을 인출할 수 있었고, **명의인을 기망하여 위 통장으로 돈을 송금받은 이상**, 이로써 송금받은 돈을 자신의 지배하에 두게 되어 편취행위는 기수에 이르렀다고 할 것이고, 이후 편취금을 인출하지 않고 있던 중 명의인이 이를 인출하여 갔다 하더라도 이는 **범죄성립 후의 사정일 뿐 사기죄의 성립에 영향이 없다.**

제권판결[2]

14-1 [대판 2003도4914] [자기앞수표를 갈취당한 자가 이를 분실하였다고 허위로 공시최고신청을 하여 제권판결을 선고받은 경우, **그 수표를 갈취하여 소지하고 있는 자에 대한 사기죄가 성립**된다고 한 사례] [1] 자기앞수표를 교부한 자가 이를 분실하였다고 허위로 공시최고신청을 하여 **제권판결을 선고받아 확정**되었다면, 그 제권판결의 적극적 효력에 의해 그 자는 그 수표상의 채무자인 은행에 대하여 수표를 소지하지 않고도 수표상의 권리를 행사할 수 있는 지위를 취득하였다고 할 것이므로, 이로써 사기죄에 있어서의 재산상 이익을 취득한 것으로 보기에 충분하다고 할 것이고, 이는 제권판결이 그 신청인에게 수표상의 권리를 행사할 수 있는 형식적 자격을 인정하는 데 그치고, 그를 실질적 권리자로 확정하는 것이 아니라는 점

---

2) **제권판결(除權判決)**이란 공시최고절차에서 공시최고신청인의 신청에 의하여 법원이 하는 실권선언을 말한다. 제권판결의 **소극적 효력**으로는 당해 증서(주권)를 무효로 하는 효력으로서 주권도 제권판결에 의해 효력을 상실한다. 따라서 제권판결 이후에 주권을 선의취득한 경우에는 그 취득자가 보호받을 수 없게 된다. 판결의 **적극적 효력**으로는 원래의 증서의 소지자가 제권판결을 취득하면 증서(주권)없이도 증서에 의한 권리(주주권)를 주장할 수 있게 되는 효력을 갖게 된다.

만으로 달리 볼 수는 없다. [2] 기망행위를 수단으로 한 권리행사의 경우 그 권리행사에 속하는 행위와 그 수단에 속하는 기망행위를 전체적으로 관찰하여 그와 같은 기망행위가 사회통념상 권리행사의 수단으로서 용인할 수 없는 정도라면 그 권리행사에 속하는 행위는 사기죄를 구성한다.

14-2 [대판 94도3213] 약속어음의 발행인이 그 어음을 타인이 교부받아 소지하고 있는 사실을 알면서도 **허위의 분실사유를 들어** 공시최고신청을 하고 이에 따라 법원으로부터 제권판결을 받았다면, 발행인이 어음 소지인에 대하여 처음부터 그 어음상 채무를 부담하지 않았다는 등의 특별한 사정이 없는 한 원인관계상의 채무가 존속하고 있더라도 사위의 방법으로 얻어낸 제권판결로 그 어음채무를 면하게 된 데 대하여 사기죄가 성립한다.

분식회계3)

15-1 [대판 2000도1447] 당해 회계연도의 결산이 적자인 경우 다음해에 관급공사의 수주나 금융기관으로부터의 대출이 어렵게 되는 것을 피하기 위하여 실제로는 손실을 입었음에도 이익이 발생한 것처럼 이른 바 **분식결산서를 작성한 후 이를 토대로 금융기관으로부터 대출**을 받은 행위가 사기죄에 해당한다고 한 원심의 판단을 수긍한 사례.

15-2 [대판 2002도7262] 사기죄는 상대방을 기망하여 하자 있는 상대방의 의사에 의하여 재물을 교부받음으로써 성립하는 것이므로 **분식회계에 의한 재무제표** 등으로 금융기관을 기망하여 대출을 받았다면 사기죄는 성립하고, 변제의사와 변제능력의 유무 그리고 충분한 담보가 제공되었다거나 피해자의 전체 재산상에 손해가 없고, 사후에 대출금이 상환되었다고 하더라도 사기죄의 성립에는 영향이 없다.

16-1 [대판 99도2213] 채무자가 강제집행을 승낙한 취지의 기재가 있는 약속어음 공정증서에 있어서 그 약속어음의 **원인관계가 소멸하였음에도 불구하고**, 약속어음 공정증서 정본을 소지하고 있음을 기화로 이를 근거로 하여 강제집행을 하였다면 사기죄를 구성한다.

16-2 [대판 92도2218] 민사판결의 주문에 표시된 채권을 변제받거나 상계하여 그 **채권이 소멸되었음에도 불구하고**, 판결정본을 소지하고 있음을 기화로 이를 근거로 하여 강제집행을 하였다면 사기죄를 구성한다.

17 [대판 98도3549] [신용카드 가맹점주가 신용카드회사에게 용역의 제공을 가장한 허위의 매출전표를 제출하여 대금을 청구한 행위가 기망행위에 해당하는지 여부(적극)] 신용카드 가맹점주가 신용카드회사로부터 금원을 교부받을 당시 신용카드회사에게 매출전표가 용역의 제공을 가장하여 허위로 작성된 것임을 고지하지 아니한 채 제출하여 대금을 청구하였고, 신용카드회사는 매출전표에 기재된 바와 같은 가맹점의 용역의 제공이 실제로 있은 것으로 오신하여 그에게 그 대금 상당의 금원을 교부한 경우, 신용카드회사가 가맹점의 용역의 제공을 가장한 허위 내용의 매출전표에 의한 대금청구에 대하여는 이를 거절할 수 있는 등 매출전표가 허위임을 알았더라면 가맹점주에게 그 대금의 지급을 하지 아니하였을 관계가 인정된다면, 가맹점주가 용역의 제공을 가장한 허위의 매출전표임을 고지하지 아니한 채 신용카드회사에게 제출하여 대금을 청구한 행위는 사기죄의 실행행위로서의 기망행위에 해당하고, 가맹점주에게 이러한 기망행위에 대한 범의가 있었다면, 비록 당시 그에게 신용카드 이용대금을 변제할 의사와 능력이 있었다고 하더라도 사기죄의

---

3) **분식회계**(粉飾會計 make-up accounting, accounting fraud)는 공개회사 내부 경영진과 관련 타기업 및 연관자들이 비정상적인 자금 운용, 매출액 과대 계산 지출액 축소 계산, 자산가치 허위 계산, 부채 축소, 계산상의 복잡하고 다양한 방법으로 재무 변화를 허위로 조작하는 비도덕적인 불법 행위이다.

범의가 있었음을 인정할 수 있다.

18 [대판 97도1095] [1] 사기죄에 있어서 **채무이행을 연기 받는 것도 재산상의 이익이 되므로**, 채무자가 채권자에 대하여 소정기일까지 지급할 의사와 능력이 없음에도 종전 채무의 변제기를 늦출 목적에서 어음을 발행 교부한 경우에는 사기죄가 성립한다. [2] 융통어음을 할인함에 있어 그 상대방에 대하여 그 어음이 이른바 **진성어음인 것처럼 하기 위하여** 적극적인 위장수단을 강구하는 것은 명백한 기망행위에 해당되어 상대방으로 하여금 그 뜻을 오신케 하고 할인명목으로 돈을 교부케 한 행위도 사기죄를 구성하고, 그 할인을 받음에 있어 일부의 담보를 제공하였다 하여 결론이 달라지는 것은 아니므로, 담보가액을 공제하지 아니한 편취 금액 전부에 대하여 사기죄가 성립한다.

기도비 · 헌금

19-1 [대판 95도250] [영생교 또는 승리제단' 교주사건] 피고인이 신도들을 상대로 하여 자신을 스스로 "하나님" "구세주" "이긴자" "생미륵불" "정도령" "완성자" 등으로 지칭하면서 자신은 성경의 완성이고 모든 경전의 완성이자 하나님의 완성으로서 자기를 믿으면 모든 병을 고칠 수 있을 뿐만 아니라 피속의 마귀를 박멸소탕하여 영원히 죽지 않고 영생할 수 있으며, 자신이 인간들의 길흉화복과 우주의 풍운조화를 좌우하므로 1981년부터 10년 동안 한국 땅에 태풍이나 장마가 오지 못하도록 태풍의 진로를 바꿔 놓고 풍년 들게 하였으며, 재물을 자신에게 맡기고 충성하며 자기들이 시행하는 건축공사에 참여하면 피속의 마귀를 빨리 박멸소탕해 주겠다고 하고, 자신이 하나님인 사실이 알려져 세계 각국에서 금은보화가 모이면 마지막 날에 1인당 1,000억원 씩을 나누어 주겠으며, 헌금하지 않는 신도는 하나님이 깍쟁이 하나님이므로 영생할 수 없다는 취지의 설교를 사실인 것처럼 계속하여 **신도들을 기망**하였음이 분명한 이상 이는 **종교의 자유의 한계를 일탈**한 것으로서, 원심 및 원심이 인용한 제1심 판시와 같이 이에 기망당한 신도들로부터 헌금명목으로 고액의 금원을 교부받은 것을 형법상 사기죄에 해당한다.

19-2 [대판 2016도12460] 사기죄의 구성요건인 편취의 범의는 피고인이 자백하지 아니하는 이상 범행 전후의 피고인의 재력, 환경, 범행의 내용, 기망 대상 행위의 이행가능성 및 이행과정 등과 같은 객관적인 사정 등을 종합하여 판단할 수밖에 없다. 그리고 피고인이 피해자에게 **불행을 고지하거나 길흉화복에 관한 어떠한 결과를 약속하고 기도비 등의 명목**으로 대가를 교부받은 경우에 전통적인 관습 또는 종교행위로서 허용될 수 있는 한계를 벗어났다면 사기죄에 해당한다.

20 [대판 91도2270] 피고인이 다방의 임대차보증금 등을 타에 **담보로 제공하고도 이를 은폐**하는 등 피해자를 기망하여 피해자와 다방 전대차계약을 맺고 계약금을 수령하였다면 사기죄는 성립하는 것이고, 피고인이 추후 잔대금까지 수령하였다거나 또는 위 담보채무를 전대차계약 기간만료 전에 변제함으로써 피해자에게 위 담보와 관련하여 손해를 끼치지 않았다는 등의 사유는 계약금에 대한 사기죄의 성립에 영향을 끼치는 것은 아니다.

21 [대판 80도2310] 파기환송. [1] 절도범인이 절취한 **장물을 자기 것인 양 제3자에게 담보로 제공**하고 금원을 편취한 경우에는 별도의 사기죄가 성립된다. [2] 절도범인이 그 절취한 장물을 자기 것 인양 제3자를 기망하여 금원을 편취한 경우에는 장물에 관하여 소비 또는 손괴하는 경우와는 달리 제3자에 대한 관계에 있어서는 **새로운 법익의 침해**가 있다고 할 것이므로 절도죄 외에 사기죄의 성립을 인정할 것인 바, 원심은

이와 배치되는 이론 아래 피고인이 절취한 장물을 제3자에게 담보로 제공하고 금원을 차용한 사실을 인정하고 담보제공 물건이 장물아닌 자기의 물건인 것처럼 행세 하였거나 차용금을 변제할 의사가 없다고 하더라도 그것만으로는 새로운 법익의 침해가 없으므로 피고인의 행위는 절도죄의 **불가벌적 사후행위**라고 볼 것이며 따라서 피고인의 행위가 별도로 사기죄를 구성하지 아니한다는 취지로 판단하고 있어 원심판결에는 불가벌적 사후행위 및 사기죄의 법리오해가 있다고 아니할 수 없고 이 점에 관한 논지는 이유있으므로 원심판결을 파기한다.

기망행위가 없다고 보아 사기죄성립을 부정한 사례

22 [대판 2016도16343] [기망행위에 의하여 국가적 또는 공공적 법익이 침해되었다는 사정만
으로 사기죄가 성립하는지 여부(소극) / 도급계약이나 물품구매 조달계약 체결 당시 관련 영업 또는 업무를 규제하는 행정법규나 입찰 참가자격, 계약절차 등에 관한 규정을 위반한 사정만으로 도급계약을 체결한 행위가 기망행위에 해당한다고 단정할 수 있는지 여부(소극) 및 이때 심리·판단하여야 할 사항] [1] 사기죄의 보호법익은 재산권이므로, 기망행위에 의하여 국가적 또는 공공적 법익이 침해되었다는 사정만으로 사기죄가 성립한다고 할 수 없다. 따라서 도급계약 당시 관련 영업 또는 업무를 규제하는 행정법규나 입찰 참가자격, 계약절차 등에 관한 규정을 위반한 사정이 있더라도 그러한 사정만으로 도급계약을 체결한 행위가 기망행위에 해당한다고 단정해서는 안 되고, 그 위반으로 말미암아 계약 내용대로 이행되더라도 일의 완성이 불가능하였다고 평가할 수 있을 만큼 그 위법이 일의 내용에 본질적인 것인지 여부를 심리·판단하여야 한다. [2] 안전진단전문기관으로 등록된 갑 주식회사를 운영하는 피고인 을이 안전진단 용역을 낙찰받으면 나머지 피고인들이 운영하는 독립채산 하도급 업체들에 도급금액의 약 60%로 하도급하기로 나머지 피고인들과 공모한 다음, 갑 회사 명의로 다수의 안전진단 용역 입찰에 참가하여 마치 갑 회사가 해당 용역을 수행할 것처럼 가장하여 안전진단 용역을 낙찰받은 후 위 하도급 업체들에 하도급을 주어 용역을 수행하게 하고 발주처로부터 용역대금을 교부받아 편취하였다는 내용으로 기소된 사안에서, 구 시설물의 안전관리에 관한 특별법상 하도급 제한 규정을 위반한 사정만으로 곧바로 사기죄의 보호법익인 재산권을 침해하였다고 단정할 수 없고, 검사가 제출한 증거만으로는 피고인들이 발주처로부터 용역대금을 지급받은 행위가 사기죄에서의 기망행위로 인한 재물의 편취에 해당한다고 보기 어렵다고 한 사례.

23 [대판 2015도17452] 파기환송. 피고인 등이 피해자 갑 등에게 자동차를 매도하겠다고 거짓말하고 자동차를 양도하면서 매매대금을 편취한 다음, 자동차에 미리 부착해 놓은 지피에스(GPS)로 위치를 추적하여 자동차를 절취하였다고 하여 사기 및 특수절도로 기소된 사안에서, 피고인이 갑 등에게 자동차를 인도하고 소유권이전등록에 필요한 일체의 서류를 교부함으로써 **갑 등이 언제든지 자동차의 소유권이전등록을 마칠 수 있게 된 이상**, 피고인이 자동차를 양도한 후 다시 절취할 의사를 가지고 있었더라도 자동차의 소유권을 이전하여 줄 의사가 없었다고 볼 수 없고, 피고인이 자동차를 매도할 당시 곧바로 다시 절취할 의사를 가지고 있으면서도 이를 숨긴 것을 기망이라고 할 수 없어, 결국 **피고인이 자동차를 매도할 당시 기망행위가 없었으므로**, 피고인에게 사기죄를 인정한 원심판결에 법리오해의 잘못이 있다.

24 [대판 2015도12932] 피고인이 식당을 운영하면서 수입산 식재료를 사용하고 **중국산 부세**를 조리하여

제공하면서도 메뉴판에 원산지를 국내산이라고 기재하여 **마치 국내산 식재료와 굴비인 것처럼** 손님들을 기망함으로써 이에 속은 손님들로부터 음식대금을 편취하였다는 공소사실로 기소된 사안에서, 피고인은 전남 영광군 법성포에서 **굴비처럼 가공한 중국산 부세**를 20,000원짜리 점심 식사 등에 굴비 대용품으로 사용한 점, 위 식당에서 사용되는 중국산 부세와 같은 크기의 국내산 굴비는 1마리에 200,000원 내외의 고가인 점 등에 비추어 보면, 손님들이 메뉴판에 기재된 국내산이라는 원산지 표시에 속아 식당을 이용하였다고 보기 어렵다고 한 사례.

25 [대판 2015도3394] 어린이집 운영자가 어린이집의 운영과 관련하여 **허위로 지출을 증액한 내용으로 '재무회계규칙에 의한 회계'를 하고 그 결과를 보고하여 기본보육료를 지급받았더라도** 그와 같이 회계보고에 허위가 개입되어 있다는 사정은 기본보육료의 지급에 관한 의사결정에 영향을 미쳤다고 볼 수 없으므로, 이를 들어 구 영유아보육법 제54조 제2항의 '거짓이나 그 밖의 부정한 방법으로 보조금을 교부받은 경우'에 해당한다고 볼 수 없고, 이와 같은 행위가 형법 제347조 제1항에 정한 사기죄에 해당한다고 볼 수도 없다.

차용금과 사기죄의 성부(민사상 채무불이행과 사기죄)

26-1 [대판 2012도14516] 사기죄가 성립하는지는 행위 당시를 기준으로 판단하여야 하므로, 소비대차 거래에서 차주가 돈을 빌릴 당시에는 변제할 의사와 능력을 가지고 있었다면 비록 그 후에 변제하지 않고 있더라도 이는 민사상 채무불이행에 불과하며 형사상 사기죄가 성립하지는 아니한다. 따라서 소비대차 거래에서, 대주와 차주 사이의 친척·친지와 같은 인적 관계 및 계속적인 거래 관계 등에 의하여 대주가 차주의신용 상태를 인식하고 있어 장래의 변제 지체 또는 변제불능에 대한 위험을 예상하고 있었거나 충분히 예상할 수 있는 경우에는, 차주가 차용 당시 구체적인 변제의사, 변제능력, 차용 조건 등과 관련하여 소비대차 여부를 결정지을 수 있는 중요한 사항에 관하여 허위 사실을 말하였다는 등의 다른 사정이 없다면, 차주가 그 후 제대로 변제하지 못하였다는 사실만을 가지고 변제능력에 관하여 대주를 기망하였다거나 **차주에게 편취의 범의가 있었다고 단정할 수 없다.**

26-2 [대판 2016도18432] 사업의 수행과정에서 이루어진 거래에서 기업경영자가 파산에 의한 채무불이행의 가능성을 인식할 수 있었으나 그러한 사태를 피할 수 있는 가능성이 있다고 믿었고, 계약이행을 위해 노력할 의사가 있었을 경우, **사기죄의 고의가 있었다고 단정할 수 없다.**

27 [대판 2011도8829] [피해자의 재산적 처분행위 또는 이를 유발한 피고인의 행위가 **피고인이 도모하는 사업의 성패 내지 성과와 밀접하게 관련된 경우**, 사기죄 성립 여부에 관한 판단 방법] 甲 주식회사 운영자인 피고인이 회사 운영이 어려워 돈을 차용하거나 투자를 받더라도 갚을 의사나 능력이 없는데도 피해자들을 기망하여 회사 운영자금 명목으로 돈을 차용하여 편취하였다는 내용으로 기소된 사안에서, 피해자들은 부동산 중개업자 또는 은행지점장 출신으로 甲 회사에서 부사장으로 행세하거나 자금담당 상무로 근무하면서 자금조달 및 투자유치 등의 업무를 직접 수행하여 왔으므로 그 과정에서 甲 회사나 피고인이 타인으로부터 투자금을 조달하지 않는 한 자력으로는 대여금을 변제할 만한 능력이 없다는 것을 충분히 알게 되었으리라고 보이는 점, 자금담당 상무로 근무하던 피해자가 임원진 선임을 둘러싼 의견대립으로 고용계약을 해지하면서 甲 회사의 자금조달에 문제가 생겼고, 피해자들로부터 차용한 돈은 甲 회사의 운영경비 등으로 사용된 점 등 피해자들의 경험과 직업, 피해자들이 甲 회사에 대여한 자금의 용도 등 제반 사정을 종합할 때, 피고인이 피해자들을 기망하였다거나 피고인의 기망행위로 인하여 피해자들이 착오에 빠져 어떠한 재

산적 처분행위를 하였다고 볼 수 없는데도, 이와 달리 보아 유죄를 인정한 원심판결에 법리오해의 위법이 있다고 한 사례.

28 [대판 2011도5299] 파기환송. 피고인이, 휴대전화 문자메시지를 발송하더라도 이용대금을 납부할 의사와 능력이 없는데도, 단독으로 또는 공범들과 함께 이용대금 미납 등의 사유로 사용이 정지되거나 유심칩(USIM Chip) 분실로 사용할 수 없게 된 휴대전화를 구입한 후 이른바 '대포폰'으로 유통시켜 사용하도록 하거나 **유심칩 읽기를 통하여** 해당 휴대전화의 문자발송제한(1일 500개)을 해제하고 광고성 문자를 대량 발송하는 방법으로 이동통신회사들로부터 이용대금 상당의 재산상 이득을 취득하였다는 내용으로 기소된 사안에서, 피고인이 이동통신 판매대리점의 컴퓨터를 이용하여 이동통신회사들의 전산망에 접속한 다음 전산 상으로 사용정지된 휴대전화를 사용할 수 있도록 하거나 유심칩 읽기를 통해 문자메시지 발송한도를 해제한 것은 **전산 상 자동으로 처리된 것일 뿐 사기죄 구성요건인 '사람을 기망하여 재산상 이득을 취득한 경우'에 해당한다고 볼 수 없는데도**, 이와 달리 보아 피고인에게 사기죄를 인정한 원심판단에 법리오해의 위법이 있다.

29 [대판 2010도17512] 파기환송. [피고인이 **남편의 폭행으로 목을 다쳤을 뿐인데도 교통사고로 상해를 입었다는 취지로 보험금을 청구**하여 다수의 보험회사들로부터 보험금을 편취하였다는 내용으로 기소된 사안에서, 피고인의 보험금청구가 기망행위에 해당한다거나 인과관계가 있다고 단정하여 사기죄를 인정한 원심판결에 법리오해 또는 심리미진의 위법이 있다고 한 사례] 피고인이 남편의 폭행으로 목을 다쳤을 뿐인데도 교통사고로 상해를 입었다는 취지로 보험금을 청구하여 다수의 보험회사들로부터 보험금을 교부받아 편취하였다는 내용으로 기소된 사안에서, 피고인이 위와 같이 상해를 입고 수술을 받았으나 후유장해가 남은 것은 사실이고 이는 일반재해에 해당되므로, 피고인의 교통재해를 이유로 한 보험금청구가 보험회사에 대한 기망에 해당할 수 있으려면 각 보험약관상 교통재해만이 보험사고로 규정되어 있을 뿐 일반재해는 보험사고로 규정되어 있지 않거나 교통재해의 보험금이 일반재해의 보험금보다 다액으로 규정되어 있는 경우에 해당한다는 점이 전제되어야 할 것임에도, 피고인이 가입한 각 보험의 보험사고가 무엇인지 및 각 보험회사들이 보험금을 지급한 것이 피고인의 기망으로 인한 것인지 등에 대하여 상세히 심리·판단하지 아니한 채 피고인의 보험금청구가 기망행위에 해당한다거나 인과관계가 있다고 쉽사리 단정하여 사기죄를 인정한 원심판결에 법리오해 또는 심리미진의 위법이 있다고 한 사례.

30 [대판 2010도3498] [송금의뢰인과 수취인 사이에 계좌이체 등의 원인이 되는 법률관계가 존재하지 않음에도 계좌이체에 의하여 수취인이 이체금액 상당의 예금채권을 취득한 경우(송금착오), 수취인이 은행에 예금반환을 청구하여 지급받는 행위가 은행을 피해자로 한 사기죄에 해당하는지 여부(소극)] [1] 송금의뢰인이 수취인의 예금계좌에 계좌이체 등을 한 이후, 수취인이 은행에 대하여 예금반환을 청구함에 따라 은행이 수취인에게 그 예금을 지급하는 행위는 계좌이체금액 상당의 예금계약의 성립 및 그 예금채권 취득에 따른 것으로서 **은행이 착오에 빠져 처분행위를 한 것이라고 볼 수 없으므로**, 결국 이러한 행위는 은행을 피해자로 한 형법 제347조의 사기죄에 해당하지 않는다고 봄이 상당하다. [2] 예금주인 피고인이 제3자에게 편취당한 송금의뢰인으로부터 자신의 은행계좌에 계좌송금된 돈을 출금한 사안에서, 피고인은 예금주로서 은행에 대하여 예금반환을 청구할 수 있는 권한을 가진 자이므로, 위 은행을 피해자로 한 사기죄가 성립하지 않는다는 원심의 판단을 정당하다고 한 사례.

31 [대판 2009도5386] 파기환송. [1] 甲이 금융기관에 피고인 명의로 예금을 하면서 자신만이 이를 인출할 수 있게 해달라고 요청하여 금융기관 직원이 예금관련 전산시스템에 '甲이 예금, 인출 예정'이라고 입력하였고 피고인도 이의를 제기하지 않았는데, 그 후 피고인이 금융기관을 상대로 예금 지급을 구하는 소를 제기하였다가 금융기관의 변제공탁으로 패소한 사안에서, 위 예금의 예금주가 甲이라는 전제하에 피고인에게 사기미수죄를 인정한 원심판단에 법리오해의 위법이 있다고 한 사례. [2] 제반 사정에 비추어 금융기관과 甲 사이에 실명확인 절차를 거쳐 서면으로 이루어진 피고인 명의의 예금계약을 부정하여 예금명의자인 피고인의 예금반환청구권을 배제하고, 甲에게 이를 귀속시키겠다는 명확한 의사의 합치가 있었다고 인정할 수 없어 **예금주는 여전히 피고인이라는 이유로**, 이와 달리 예금주가 甲이라는 전제하에 피고인에게 사기미수죄를 인정한 원심판단에 예금계약의 당사자 확정 방법에 관한 법리오해의 위법이 있다.

32 [대판 2001도6570] [어음의 발행인들이 각자 자력이 부족한 상태에서 **자금을 편법으로 확보하기 위하여 서로 동액의 융통어음을 발행하여 교환한 경우**, 사기죄가 성립하는지 여부(소극)] 어음의 발행인이 그 지급기일에 결제되지 않으리라는 점을 예견하였거나 지급기일에 지급될 수 있다는 확신이 없으면서도 그러한 내용을 상대방에게 고지하지 아니한 채 이를 속여 어음을 발행·교부하고 상대방으로부터 그 대가를 교부받았다면 사기죄가 성립하는 것이지만, 이와 달리 어음의 발행인들이 각자 자력이 부족한 상태에서 자금을 편법으로 확보하기 위하여 서로 동액의 융통어음을 발행하여 교환한 경우에는, **특별한 사정이 없는 한 쌍방은 그 상대방의 부실한 자력상태를 용인함과 동시에**, 상대방이 발행한 어음이 지급기일에 결제되지 아니할 때에는 자기가 발행한 어음도 결제하지 않겠다는 약정 하에 서로 어음을 교환하는 것이므로, 자기가 발행한 어음이 그 지급기일에 결제되지 않으리라는 점을 예견하였거나 지급기일에 지급될 수 있다는 확신 없이 상대방으로부터 어음을 교부받았다고 하더라도 사기죄가 성립하는 것은 아니다.

33 [대판 98도3891] [타인의 일반전화를 무단 이용하여 전화통화를 한 경우, 사기죄의 성립 여부(소극)] 사기죄가 성립하기 위하여는 기망행위와 이에 기한 피해자의 처분행위가 있어야 할 것인바, 타인의 일반전화를 무단으로 이용하여 전화통화를 하는 행위는 전기통신사업자인 한국전기통신공사가 일반전화 가입자인 타인에게 통신을 매개하여 주는 역무를 부당하게 이용하는 것에 불과하여 **한국전기통신공사에 대한 기망행위에 해당한다고 볼 수 없을 뿐만 아니라**, 이에 따라 제공되는 역무도 일반전화 가입자와 한국전기통신공사 사이에 체결된 서비스이용계약에 따라 제공되는 것으로서 한국전기통신공사가 착오에 빠져 처분행위를 한 것이라고 볼 수 없으므로, 결국 위와 같은 행위는 형법 제347조의 사기죄를 구성하지 아니한다 할 것이고, 이는 형법이 제348조의2⁴⁾를 신설하여 부정한 방법으로 대가를 지급하지 아니하고 공중전화를 이용하여 재산상 이익을 취득한 자를 처벌하는 규정을 별도로 둔 취지에 비추어 보아도 분명하다.

34 [대판 97도3040] [이른바 '딱지어음' 등이 전전유통된 경우, 그 발행인을 최종 소지인에 대한 관계에서 사기죄로 처벌할 수 있는지 여부(소극)] 어음, 수표의 발행인이 그 지급기일에 결제되지 않으리라는 정을 예견하면서도 이를 발행하고, 거래상대방을 속여 그 할인을 받거나 물품을 매수하였다면 위 발행인의 사기행위는 이로써 완성되는 것이고, 위 거래상대방이 그 어음, 수표를 타에 양도함으로써 전전유통되고 최후소지인이 지급기일에 지급제시하였으나 부도되었다고 하더라도 특별한 사정이 없는 한 그 최후소지인에 대한

---

4) 형법 제348조의2(편의시설부정이용) 부정한 방법으로 대가를 지급하지 아니하고 자동판매기, 공중전화 기타 유료자동설비를 이용하여 재물 또는 재산상의 이익을 취득한 자는 3년 이하의 징역, 500만원 이하의 벌금, 구류 또는 과료에 처한다.

관계에서 발행인의 행위를 사기죄로 의율할 수 없다.

35 [대판 90도2037] 피고인이 피해자에게 백미 100가마를 변제한다고 말하면서 10가마의 백미보관증을 100가마의 보관증이라고 속여 교부하고 **한문판독능력이 없는 피해자**가 이를 100가마의 보관증으로 믿고 교부받았다고 하더라도 나머지 90가마의 채무가 소멸할리 없고 피고인이 위 채무를 면탈하였다고 할 수 없어 이로 인하여 재산상의 이익을 취득하였다고 할 수 없을 것이므로 이익사기죄에 해당한다고 할 수 없다.

36-1 [대판 82도2938] 위조된 약속어음을 마치 진정한 약속어음인 것처럼 속여 기왕의 물품대금 채무의 변제를 위하여 이를 채권자에게 교부하였다고 하여도 **어음이 결제되지 않는 한** 물품대금 채무가 소멸되지 아니하므로 결국 사기죄는 성립되지 않는다.

36-2 [대판 85도74] [채무를 면탈할 목적으로 존재하지 않는 제3자에 대한 채권을 양도한 경우, 사기죄의 성부(소극)] 사기죄는 사람을 기망하여 자기 또는 제3자로 하여금 재물 또는 재산상의 이익을 얻거나 얻게 하는 경우에 성립하는 것인 바, 자기의 채권자에 대한 채무이행으로 채권을 양도하였다 하더라도 위 채권이 존재하지 않는다면 이를 양도하였다 하여 권리이전의 효력을 발생할 수 없는 것이고 따라서 채권자에 대한 기존의 채무도 소멸하는 것이 아니므로 채무면탈의 효과도 발생할 수 없어 위 채권의 양도로써 **재산상의 이득을 취하였다고는 볼 수 없으므로** 사기죄는 성립하지 않는다.

64 사기죄에 있어서 '기망'(2) – 부작위에 의한 사기죄의 성부 –

* 대법원 2000. 1. 28. 선고 99도2884 판결
* 참조조문: 형법 제347조 제1항[1]

사기죄의 요건으로서의 '부작위에 의한 기망'의 의미

●**사실**● 피고인 X는 자신이 운영하는 병원에 내원한 피해자들에 대하여 **아들을 낳는 방법**이라고 하여 일련의 시술과 처방을 시행하였다. 그러나 이러한 일련의 시술과 처방이 실제로 아들 낳기에 필요한 시술이라고 할 수 없음에도 불구하고, X와 이 병원에 근무하는 간호조무사들은 그 시술 등의 효과와 원리에 관하여 사실과 다르게 설명하거나 병원에 내원하기 전에 이미 X로부터 어떠한 시술을 받으면 아들을 낳을 수 있을 것이라는 **착오에 빠져 있는 피해자들**에게 사실대로 설명하지 아니한 채, 마치 자신의 시술과 처방 전체가 아들 낳기에 필요한 것처럼 시술 등을 행하고 피해자들로부터 의료수가 및 약값의 명목으로 금원을 교부받았다. 원심은 X에 대해 사기죄를 인정하였다. 이에 X는 상고하였다.

●**판지**● 상고기각. 「[1] 사기죄의 요건으로서의 기망은 널리 재산상의 거래관계에 있어 서로 지켜야 할 신의와 성실의 의무를 저버리는 모든 적극적 또는 소극적 행위를 말하는 것이고, 이러한 **소극적 행위로서의 부작위에 의한 기망**은 (가) 법률상 고지의무 있는 자가 (나) 일정한 사실에 관하여 상대방이 착오에 빠져 있음을 알면서도 이를 고지하지 아니함을 말하는 것으로서, (다) 일반거래의 경험칙상 **상대방이 그 사실을 알았더라면 당해 법률행위를 하지 않았을 것**이 명백한 경우에는 신의칙에 비추어 그 사실을 고지할 법률상 의무가 인정되는 것이다.
[2] 특정 시술을 받으면 아들을 낳을 수 있을 것이라는 착오에 빠져있는 피해자들에게 그 시술의 효과와 원리에 관하여 사실대로 고지하지 아니한 채 아들을 낳을 수 있는 시술인 것처럼 가장하여 일련의 시술과 처방을 행한 의사에 대하여 사기죄의 성립을 인정한 사례」.

●**해설**● 1 사기죄는 상대방을 기망하여 피기망자가 착오에 빠지고 그 착오에 기한 재산의 처분행위가 있어야 한다(기망 → 착오 → 재산처분행위). 따라서 사기죄에서 '기망'은 범죄행위에 해당한다. 일반적으로 기망은 '말'로서 이루어지나 '말'이 아닌 (설명 가치 있는) **'행동'으로도 가능**하다. 앞의 경우를 **명시적 기망행위**라고 하고, 뒤의 경우를 **묵시적 기망행위**라 부른다. 둘 다 작위에 의한 기망행위이다.

2 나아가 기망은 부작위에 의해 행해질 수도 있다. **부작위에 의한 기망**이란 법률상 고지의무 있는 자가 일정한 사실에 관하여 상대방이 착오에 빠져 있음을 알면서도 고지하지 않은 것을 말한다. 따라서 부작위에 의한 기망이 성립하려면 상대방의 착오를 제거해야 할 ① **보증인적 지위**와 이에 의한 ② **고지의무(작위의무)**가 있어야 하고, ③ 고지하지 않은 침묵이나 묵비가 작위에 의한 **기망과 동가치성**을 가져야 한다. 여기서 '**고지의무**'는 일반거래의 경험칙 상 **상대방이 그 사실을 알았더라면 당해 법률행위를 하지 않았을 것**이 명백한 경우에 신의성실의 원칙(민법2)에 비추어 그 사실을 고지해 주어야 할 법률상 의무가 인정되는 것을 말한다. 판례는 보증인적 지위를 인정하는 근거를 주로 '**신의성실의 원칙**'에서 찾고 있다.

---

1) 형법 제347조(사기) ① 사람을 **기망하여** 재물의 교부를 받거나 재산상의 이익을 취득한 자는 10년 이하의 징역 또는 2천만원 이하의 벌금에 처한다.

3 대상판결에서 X는 수년간에 걸쳐 1,000여 명의 피해자들에게 시술 등의 효과와 원리에 관하여 ① 적극적으로 거짓말을 하여 기망행위를 한 경우뿐만 아니라 ② 고지할 사실을 묵비함으로써 부작위에 의한 기망행위를 한 것으로 보았다.

4 즉 판례는 「(가) 피고인이 직접 피해자들에게 그 시술 등의 전체가 아들 낳기에 필요한 것처럼 거짓말을 한 경우에 이러한 피고인의 행위가 피해자들로 하여금 그 시술 등의 효과와 원리에 관하여 착오에 빠뜨려 피고인으로부터 아들 낳기 시술을 받도록 하는 것으로서 기망행위에 해당한다」고 보아 **작위에 의한 기망**을 인정하였고 이어서 (나) 「병원에 내원할 당시 **이미 착오에 빠져 있는 피해자들**의 경우에도 만일 피고인이 사실대로 고지하였다면 그들이 피고인으로부터 그와 같은 시술을 받지 아니하였을 것임은 경험칙상 명백하므로, 이와 같은 경우 피고인으로서는 그들에게 위 시술의 효과와 원리에 관하여 **사실대로 고지하여야 할 법률상 의무가 있다고 할 것임에도 불구하고**, 피해자들이 착오에 빠져있음을 알면서도 이를 고지하지 아니한 채, 마치 위와 같은 시술 행위 전체가 아들을 낳을 수 있도록 하는 시술인 것처럼 가장하여 같은 시술을 한 것은 **고지할 사실을 묵비함으로써** 피해자들을 기망한 행위에 해당한다」고 하여 **부작위에 의한 기망**도 인정하고 있다.

5 부작위에 의한 기망에서 가장 문제가 되는 것이 **부동산거래의 경우**이다. 부동산거래에서는 법률이나 계약에 신의성실 이상의 명시적 작위의무(고지의무)를 규정한 내용이 있어야 사기죄가 성립할 수 있다. 그렇지 않은 거래의 일반적 위험성은 매수인이 부담해야 한다. 판례는 「부동산을 매매함에 있어서 (가) 매도인이 매수인에게 매매와 관련된 어떤 구체적인 사정을 고지하지 아니함으로써 장차 매매의 효력이나 매매에 따르는 채무의 이행에 장애를 가져와 매수인이 매매목적물에 대한 권리를 확보하지 못할 위험이 생길 수 있음을 알면서도 매수인에게 그와 같은 사정을 고지하지 아니한 채 매매계약을 체결하고 매매대금을 교부받는 한편, 매수인은 그와 같은 사정을 고지받았더라면 매매계약을 체결하지 아니하거나 매매대금을 지급하지 아니하였을 것임이 경험칙상 명백한 경우에는, 신의성실의 원칙상 매수인에게 미리 그와 같은 사정을 고지할 의무가 매도인에게 있다고 할 것이므로, 매도인이 매수인에게 그와 같은 사정을 고지하지 아니한 것이 사기죄의 구성요건인 기망에 해당한다고 할 것이지만, (나) 매매로 인한 법률관계에 아무런 영향도 미칠 수 없는 것이어서 매수인의 권리의 실현에 장애가 되지 아니하는 사유까지 매도인이 매수인에게 고지할 의무가 있다고는 볼 수 없다」(대판 91도2698).

6 부작위에 의한 사기죄에 있어서 '기망'의 의미 　　　 부작위에 의한 사기죄에서 기망의 의미와 관련해 법원은 「사기죄의 요건으로서의 기망은 널리 (가) 재산상의 거래관계에 있어서 서로 지켜야 할 신의와 성실의 의무를 저버리는 모든 적극적 또는 소극적 행위를 말하는 것으로서, (나) 반드시 법률행위의 중요 부분에 관한 허위표시임을 요하지 아니하고, (다) 상대방을 착오에 빠지게 하여 행위자가 희망하는 재산적 처분행위를 하도록 하기 위한 판단의 기초가 되는 **사실에 관한 것이면 충분**하므로, (라) 일반거래의 경험칙상 거래의 **상대방이 일정한 사정에 관한 고지를 받았더라면 당해 거래에 임하지 아니하였을 것이라는 관계**가 인정되는 경우에는 그 거래로 인하여 재물을 수취하는 자에게는 신의성실의 원칙상 사전에 상대방에게 그와 같은 사정을 고지할 법률상 의무가 있다 할 것이고, (마) 그럼에도 불구하고, 이를 고지하지 아니한 것은 **고지할 사실을 묵비함으로써 상대방을 기망한 것이 되어 사기죄를 구성한다**」(대판 2007도4812, Ref 5).

7 고지의무위반과 사기죄의 성부   재산권에 관한 거래관계에 있어서 「일방이 상대방에게 그 거래에 관련한 어떠한 사항에 대하여 고지하지 아니함으로써 장차 계약상의 목적물에 대한 권리를 확보하지 못할 위험이 생길 수 있음을 알면서도 이를 상대방에게 고지하지 아니하고 거래관계를 맺어 상대방으로부터 재물의 교부를 받거나 재산상의 이익을 받고, 상대방은 그와 같은 사정에 관한 고지를 받았더라면 당해 거래관계를 맺지 아니하였을 것임이 경험칙상 명백한 경우에는 그 재물의 수취인은 신의성실의 원칙상 상대방에게 그와 같은 사정에 대한 고지의무가 있다 할 것이고, 재물의 수취인이 이를 고지하지 아니한 것은 고지할 사실을 묵비함으로써 상대방을 기망한 것이 되어 사기죄를 구성한다」(대판 98도231, Ref 31).

Reference

부작위에 의한 기망행위를 인정한 사례들

1 [대판 2021도8468] [국가연구개발사업의 학생연구원 연구비의 편취] [1] (가) 연구책임자가 처음부터 소속 학생연구원들에 대한 개별 지급의사 없이 공동관리계좌를 관리하면서 사실상 그 처분권을 가질 의도 하에 이를 숨기고 산학협력단에 연구비를 신청하여 이를 지급받았다면 이는 산학협력단에 대한 관계에 있어 기망에 의한 편취행위에 해당한다. (나) 다만 연구책임자가 원래 용도에 부합하게 학생연구원들의 사실상 처분권 귀속 하에 학생연구원들의 공동비용 충당 등을 위하여 학생연구원들의 자발적인 의사에 근거하여 공동관리계좌를 조성하고 실제로 그와 같이 운용한 경우라면, 비록 공동관리계좌의 조성 및 운영이 관련 법령이나 규정 등에 위반되더라도 그러한 사정만으로 불법영득의사가 추단되어 사기죄가 성립한다고 단정할 수 없다. [2] 의과대학 교수로서 연구책임자인 피고인은 국가연구개발사업과 관련하여 피해자 공소외 산학협력단 등으로부터 지급받은 학생연구비 중 일부를 실질적으로 학생연구원들이 아닌 자신이 관리하는 공동관리계좌에 귀속시킨 후 이를 개인적인 용도 등으로 사용한 것으로 보아 **부작위에 의한 기망이 인정**되어 사기죄가 성립한다.

2 [대판 2017도20682] 파기환송. [사기죄의 주관적 구성요건인 편취의 고의를 판단하는 기준 및 차용금 편취의 고의를 인정할 수 있는 경우] [1] 사기죄의 주관적 구성요건인 편취의 고의는 피고인이 자백하지 않는 한 범행 전후 피고인의 재력, 환경, 범행의 내용, 거래의 이행과정, 피해자와의 관계 등과 같은 객관적인 사정을 종합하여 판단하여야 한다. 민사상 금전대차관계에서 채무불이행 사실을 가지고 바로 차용금 편취의 고의를 인정할 수는 없으나 피고인이 확실한 변제의 의사가 없거나 또는 차용 시 약속한 변제기일 내에 변제할 능력이 없는데도 변제할 것처럼 가장하여 금원을 차용한 경우에는 편취의 고의를 인정할 수 있다. [2] 피고인이 갑 저축은행에 대출을 신청하여 심사를 받을 당시 **동시에 다른 저축은행에 대출을 신청한 상태였는데도** 갑 저축은행으로부터 다른 금융회사에 동시에 진행 중인 대출이 있는지에 대하여 질문을 받자 '없다'고 답변하였고, 갑 저축은행으로부터 대출을 받은 지 약 6개월 후에 신용회복위원회에 대출 이후 증가한 채무를 포함하여 프리워크아웃을 신청한 사안에서, 피고인은 갑 저축은행에 대하여 다른 금융회사에 **동시에 진행 중인 대출이 있는지를 허위로 고지하였고**, 갑 저축은행이 제대로 된 고지를 받았더라면 대출을 해주지 않았을 것으로 판단되며, 그 밖에 피고인의 재력, 채무액, 대출금의 사용처, 대출일부터 약 6개월 후 프리워크아웃을 신청한 점과 그 경위 등의 사정을 종합하면, 기망행위, 기망행위와 처분행위 사이의 인과관계와 편취의 고의가 인정된다고 볼 여지가 있다는 이유로, 이와 달리 보아 피고인에 대한 사기

공소사실을 무죄라고 판단한 원심판결에 사기죄에서 기망행위, 기망행위와 처분행위 사이의 인과관계와 편취의 고의에 관한 법리를 오해한 잘못이 있다.

'고지의무' 위반과 보험사기의 성부

3-1 [대판 2017도1405] [상해·질병보험계약을 체결하는 보험계약자가 보험사고 발생의 개연성이 농후함을 인식하였는지 판단하는 기준] [1] 부작위에 의한 기망은 보험계약자가 보험자와 보험계약을 체결하면서 상법상 고지의무를 위반한 경우에도 인정될 수 있다. 다만 보험계약자가 보험자와 보험계약을 체결하더라도 우연한 사고가 발생하여야만 보험금이 지급되는 것이므로, 고지의무 위반은 보험사고가 이미 발생하였음에도 이를묵비한 채 보험계약을 체결하거나 보험사고 발생의 개연성이 농후함을 인식하면서도 보험계약을 체결하는경우 또는 보험사고를 임의로 조작하려는 의도를 가지고 보험계약을 체결하는 경우와 같이 '보험사고의 우연성'이라는 보험의 본질을 해할 정도에 이르러야 비로소 보험금 편취를 위한 고의의 기망행위에 해당한다. 특히 상해·질병보험계약을 체결하는 보험계약자가 보험사고 발생의 개연성이 농후함을 인식하였는지는 보험계약 체결 전 기왕에 입은 상해의 부위 및 정도, 기존 질병의 종류와 증상 및 정도, 상해나 질병으로 치료받은 전력 및 시기와 횟수, 보험계약 체결 후 보험사고 발생 시까지의 기간과 더불어 이미 가입되어 있는 보험의 유무 및 종류와 내역, 보험계약 체결의 동기 내지 경과 등을 두루 살펴 판단하여야 한다. [2] 피고인은 이 사건 총 4건의 보험사고와 관련하여 주로 '요추, 경추, 사지' 부분의 상해를 이유로 입원치료를 받았는데, 피고인은 위 2013. 12. 3.의 교통사고로 인한 치료를 제외하고도 2011년 말경부터 위 교통사고 전까지 약 2년간 다양한 질환으로 **약 40회 이상 치료**를 받았고, 이 사건 보험계약 체결 이후부터 2014. 8. 17.경 첫 번째 보험사고 발생 전까지 약 7개월간 다양한 질환으로 **약 20회 이상의 치료**를 받았다. 또한 피고인에게 발생한 4건의 보험사고는 길에서 넘어지거나 차량을 타고 가다가 가벼운 접촉사고를 당한 것으로, 기왕증이 없는 일반인이라면 단기간의 입원이나 간단한 통원치료만으로도 치료가 가능한 정도로 보이는데도, 피고인은 총 95일(34일, 30일, 15일, 16일)간의 **장기적인 입원치료**를 받았다.

3-2 [대판 2015도6905] ●판지● 보험계약자가 보험계약 체결 시 보험금액이 목적물의 가액을 현저하게 초과하는 초과보험 상태를 의도적으로 유발한 후 보험사고가 발생하자 초과보험 사실을 알지 못하는 보험자에게 목적물의 가액을 묵비한 채 보험금을 청구하여 보험금을 교부받은 경우, 보험자가 보험금액이 목적물의 가액을 현저하게 초과한다는 것을 알았더라면 같은 조건으로 보험계약을 체결하지 않았을 뿐만 아니라 협정보험가액에 따른 보험금을 그대로 지급하지 아니하였을 관계가 인정된다면, **보험계약자가 초과보험 사실을 알지 못하는 보험자에게 목적물의 가액을 묵비한 채 보험금을 청구한 행위**는 사기죄의 실행행위로서의 기망행위에 해당한다. ●사실● ① 피고인들은 이 사건 말에 관한 허위의 매매계약서를 작성·교부하여 이 사건 보험계약의 보험금액이 목적물의 가액을 현저하게 초과하는 초과보험의 상태를 의도적으로 유발하였다. ② 피해자 1회사로서는 피고인 1이 이 사건 말을 포함한 7필의 말을 합계 8,000만 원에 매입하였고, 이 사건 말이 나머지 6필의 말에 비하여 체격이 작고 상태가 좋지 않았다는 사정을 알았더라면 이 사건 말에 관하여 보험금액을 4,000만 원으로 하는 보험계약을 체결하지 않았을 뿐만 아니라 협정보험가액에 따른 보험금을 그대로 지급하지 않았으리라고 법원은 판단하였다.

3-3 [대판 2010도6910] [생명보험계약의 보험사고 요건 중 '우연한 사고'의 의미 및 고지의무를 위반하여 생명보험계약을 체결한 경우 보험금 편취를 위한 고의의 기망행위를 인정하기 위한 요건] 생명보험계약은 사람의 생명에 관한 '우연한 사고'에 대하여 보험금을 지급하기로 하는 약정을 말하고, 여기서 '우연한 사고'라 함은 사고가 피보험자가 예측할 수 없는 원인에 의하여 발생하는 것으로서 고의에 의한 것이 아니

고 예견하지 않았는데 우연히 발생하고 통상적인 과정으로는 기대할 수 없는 결과를 가져오는 사고를 의미한다. 따라서 보험계약자가 상법상 고지의무를 위반하여 보험자와 생명보험계약을 체결한다고 하더라도 그 보험금은 보험계약의 체결만으로 지급되는 것이 아니라 우연한 사고가 발생하여야만 지급되는 것이므로, (가) 상법상 고지의무를 위반하여 보험계약을 체결하였다는 사정만으로 보험계약자에게 미필적으로나마 보험금 편취를 위한 고의의 기망행위가 있었다고 단정하여서는 아니 되고, 더 나아가 (나) 보험사고가 이미 발생하였음에도 이를 묵비한 채 보험계약을 체결하거나 보험사고 발생의 개연성이 농후함을 인식하면서도 보험계약을 체결하는 경우 또는 보험사고를 임의로 조작하려는 의도를 갖고 보험계약을 체결하는 경우와 같이 그 행위가 '보험사고의 우연성'과 같은 보험의 본질을 해할 정도에 이르러야 비로소 보험금 편취를 위한 고의의 기망행위를 인정할 수 있다고 할 것이다.

3-4 [대판 2007도967] 특정 질병을 앓고 있는 사람이 보험회사가 정한 약관에 그 질병에 대한 고지의무를 규정하고 있음을 알면서도 이를 고지하지 아니한 채 그 사실을 모르는 보험회사와 그 질병을 담보하는 보험계약을 체결한 다음 바로 그 질병의 발병을 사유로 하여 보험금을 청구하였다면 특별한 사정이 없는 한 사기죄에 있어서의 기망행위 내지 편취의 범의를 인정할 수 있고, 보험회사가 그 사실을 알지 못한 데에 과실이 있다거나 고지의무위반을 이유로 보험계약을 해제할 수 있다고 하여 사기죄의 성립에 영향이 생기는 것은 아니다.

4 [대판 2013도9644] 피해자로서는 보험가입자들이 진정으로 보험료를 납부할 의사와 능력이 없이 피고인에 의하여 1회 보험료를 대납하는 방식으로 보험계약을 체결하는 것이어서 1회 보험료 결제 후 보험계약이 유지되지 않을 것이라는 사정을 알았더라면 그 보험계약 체결에 따른 수수료(건당 36,875원)를 지급하지 않았으리라고 보이고, 피고인은 피해자의 보험 상품을 판매하는 보험상담원으로 근무하면서 보험가입자와 전화 상담 후 피해자와 보험계약을 체결하도록 하고 그 보험계약 체결 실적에 따라 피해자로부터 ○○홈쇼핑을 거쳐 수수료를 지급받은 것이므로, 피고인으로서는 신의성실의 원칙상 사전에 피해자에게 진정으로 보험계약을 성립시킬 의사 없이 수수료 수입을 올리기 위한 방편으로 보험가입신청서를 접수한다는 사정을 고지할 의무가 있다 할 것이고, 그럼에도 불구하고 이를 고지하지 아니한 채 보험가입자로 하여금 피해자와 보험계약을 체결하게 하고 이에 따른 수수료를 지급받은 행위는 고지할 사실을 묵비함으로써 피해자를 기망한 것이 되어 사기죄를 구성한다고 볼 것이다.

5 [대판 2007도4812] 명의신탁자가 매도인 명의를 수탁자로 하여 제3자에게 신탁재산을 매도하는 계약을 체결하면서 수탁자가 위 신탁재산의 매도를 반대하며 매도에 따른 절차이행에 협조하기를 거절하고 있는 사정을 숨긴 경우, 매수인인 제3자에 대한 기망행위가 된다.

6 [대판 2006도282] 카드회원이 일시적인 자금궁색 등의 이유로 그 채무를 일시적으로 이행하지 못하게 되는 상황이 아니라 이미 과다한 부채의 누적 등으로 신용카드사용으로 인한 대출금채무를 변제할 의사나 능력이 없는 상황에 처하였음에도 불구하고 신용카드를 사용하였다면, 사기죄에 있어서 기망행위 내지 편취의 범의를 인정할 수 있다 할 것이다.

7 [대판 2005도8645] 대출자금으로 빌딩을 경락받았으나 분양이 저조하여 자금조달에 실패한 피고인들이 수분양자들과 사이에 대출금으로 충당되는 중도금을 제외한 계약금과 잔금의 지급을 유예하고 1년의

위탁기간 후 재매입하기로 하는 등의 비정상적인 이면약정을 체결하고 점포를 분양하였음에도, 금융기관에 대해서는 그러한 이면약정의 내용을 감춘 채 분양 중도금의 집단적 대출을 교섭하여 중도금 대출 명목으로 금원을 지급받은 사안에서, 대출 금융기관에 대하여 **비정상적인 이면약정의 내용을 알릴 신의칙상 의무가 있다고** 보아 이를 알리지 않은 것은 사기죄의 요건으로서의 부작위에 의한 기망에 해당한다.

8 [대판 2004도1553] 오로지 어업피해보상금을 수령할 목적으로 어업면허를 취득한 후 실제로 아무런 양식어업행위를 하지 않았으면서도 **양식어업행위를 한 것처럼** 관계 서류를 꾸며 놓고 어업피해조사를 나온 연구원에게 연평균어획량을 허위로 대답하여 어업피해보상기관으로부터 어업피해보상금을 수령한 경우 사기죄가 성립한다.

9 [대판 2004도6503] 주식매도인이 주식매수인에게 주식거래의 목적물이 **증자 전의 주식이 아니라 증자 후의 주식이라는 점을 제대로 알리지 않은 것**이 사기죄의 기망행위에 해당한다.

10 [대판 98도3263] [1] 임대인이 **임대차계약을 체결하면서 임차인에게 임대목적물이 경매진행중인 사실을 알리지 아니한 경우**, 임차인이 등기부를 확인 또는 열람하는 것이 가능하더라도 사기죄가 성립한다. [2] 피해자가 이 사건 임대차계약 당시 임차할 여관건물에 관하여 법원의 경매개시결정에 따른 경매절차가 이미 진행 중인 사실을 알았더라면 그 건물에 관한 임대차계약을 체결하지 않았을 것임이 명백한 이상, 피고인은 신의칙상 피해자에게 이를 고지할 의무가 있다 할 것이고, **피해자 스스로 그 건물에 관한 등기부를 확인 또는 열람하는 것이 가능하다고 하여** 결론을 달리 할 것은 아니다.

11 [대판 96도1081] [1] 물품의 **국내 독점판매계약을 체결**함에 있어서 고지의무 위반이 있다는 이유로 사기죄를 인정한 원심판결을 수긍한 사례. [2] 어떤 물품의 국내의 독점판매계약을 하는 피해자로서는 이미 다른 회사가 같은 용도와 성능을 가진 이름도 같은 제품을 국내에 판매하고 있는 것을 알았다면 설사 그 제품의 원산지와 일부 부품이 틀리더라도 위와 같은 독점판매계약을 체결할 리가 없다고 보는 것이 경험칙상 명백하다고 할 것이다.

12 [대판 94도1911] 비록 토지의 소유자로 **등기되어 있다고 하더라도** 자신이 **진정한 소유자가 아닌 사실을 알게 된 이상**, 당해 토지의 수용보상금을 수령함에 있어서 당해 토지를 수용한 기업자나 공탁공무원에게 그러한 사실을 고지하여야 할 의무가 있다고 보아야 할 것이고, 이러한 사실을 고지하지 아니한 채 수용보상금으로 공탁된 공탁금의 출급을 신청하여 이를 수령한 이상 기망행위가 없다고 할 수 없다.

13 [대판 93도1408] 어음이 지급기일에 결제되지 않으리라는 점을 예견하였거나 **지급기일에 지급될 수 있다는 확신이 없으면서도** 그러한 내용을 수취인에게 고지하지 아니하고 이를 속여서 할인을 받았다면 사기죄가 성립된다.

14 [대판 93도14] 토지에 대하여 **도시계획이 입안**되어 있어 장차 협의매수되거나 수용될 것이라는 사정을 매수인에게 고지하지 아니한 행위가 부작위에 의한 사기죄를 구성한다.

15 [대판 91도2202] 부동산매매에 있어서 매매목적물에 관하여 **유언으로 재단법인에 출연되었는지의 여부가 문제**되고 다른 부동산에 관하여는 이미 위 유언이 유효하다는 판결까지 있었다면 이러한 사정들은 특별한 사정이 없는 한 매수인으로서는 **매매계약의 체결여부를 결정짓는 매우 중요한 요소**이므로, 매도인은 거래의 신의성실의 원칙상 매수인에게 이를 고지할 법률상의 의무가 있다고 할 것이고 매도인이 매수인에게 위와 같은 사실을 숨기고 매도하여 대금을 교부받았다면 이는 사기죄를 구성한다고 할 것이다.

16 [대판 91도458] **공장의 정상가동 여부**는 매매계약의 체결 여부를 결정짓는 중요한 요소이므로 프라스틱 공장이 이를 이전하지 아니하고서는 계속 가동할 수 없게 된 경우, 신의성실의 원칙상 매도인에게 위와 같은 사정에 관한 고지의무가 있다고 보아야 할 것이어서, 매도인측이 **위와 같은 사정을 고지하지 아니하고** 공장을 운영하는 데 아무런 문제가 없다고 말하였다면 이는 매수인을 기망한 경우라고 보아야 할 것이다.

17 [대판 86도1912] 원심은 … **피고인들에게 각 무죄를 선고**하였다. 그러나 …… 원심이 인정한 사실에 의하더라도 피고인들은 피해자가 위 대지일대에 불량주택재개발사업이 진행 중에 있는 사실을 알지 못하고 있는 것을 이용하여 재개발사업이 진행 중에 있는 위 대지에 대하여 그 현상인 사도로서의 대가만을 지급하고 그 소유권을 취득함으로써 재개발사업시행의 결과 위의 대가와는 현격한 차이가 ○○아파트분양 또는 시가에 의한 보상금 등의 이득을 취할 의도 하에 피해자에게 **위 대지가 재개발사업지구내에 들어 있는 사실을 고지하지 아니하였을 뿐만 아니라** 그 대가로 지급된 금 200만원은 공공용지로 **수용**될 경우의 보상금액에도 1/10정도에 불과하다는 것이니 사실이 이와 같을진대 위 대지가 재개발사업지구내에 포함되어 있는 사실을 피해자가 알았더라면 피해자로서는 금 200만원에 피고인들에게 위 대지의 소유권이전등기를 넘겨주지 않았을 것임이 경험칙 상 명백하므로 … 피해자에게 위와 같은 사실을 고지할 법률상 의무가 있다고 보아야 할 것이고, … **이와 같은 피고인들의 소위는 사기죄를 구성한다.**

18 [대판 86도956] 부동산매매에 있어서 매매목적물에 관하여 소유권귀속에 관한 분쟁이 있어 **재심소송이 계속 중에 있다면** 이러한 사정들은 특별한 사정이 없는 한 매수인으로서는 매매계약의 체결 여부를 결정짓는 **매우 중요한 요소**이므로 매도인은 거래의 신의성실의 원칙상 매수인에게 고지할 의무가 있다 할 것이고 매도인 이 매수인에게 소송계속 사실을 숨기고 매도하여 대금을 교부받았다면 이는 사기죄를 구성한다.

19 [대판 84도301] 매매에 있어서 제3자가 매도인을 상대로 **대지 및 지상건물에 대한 명도소송을 제기**하여 계속 중이고 **점유이전금지가처분**까지 되어 있는 사실을 매수인이 알았다면 거래의 경험칙상 위 대지를 매수하지 아니하였을 것이 분명하므로 신의성실의 원칙에 따라 매도인은 위와 같은 소송관계를 매수인에게 고지할 법률상 의무가 있다.

20 [대판 83도340 전원합의체] [기업이 **도산에 직면한 상황을 숨기고** 생산자재용물품을 납품받은 경우] 피고인이 경영하던 기업이 과다한 금융채무부담, 덤핑판매로 인한 재무구조악화 등으로 특별한 금융혜택을 받지 않는 한 도산이 불가피한 상황에 이르렀는데 피고인이 특별한 금융혜택을 받을 수 없음에도 위 상황을 숨기고 대금지급이 불가능하게 될 가능성을 충분히 인식하면서 피해자로부터 생산자재용 물품을 납품받았다면 편취의 미필적 범의가 인정된다.

21 [대판 81도1638] 토지를 매도함에 있어서 채무담보를 위한 **가등기와 근저당권설정등기가 경료되어 있는 사실을 숨기고** 이를 고지하지 아니하여 매수인이 이를 알지 못한 탓으로 그 토지를 매수하였다면 이는 사기죄를 구성한다.

22 [대판 81도277] 공소외인으로부터 **주차장부지**를 임차하여 주차장을 경영하던 피고인이 그 임차기간이 만료되었고, 또 이를 임대인에게 명도반환하기로 약정하고도 이 사실을 고지하지 아니하고 주차장시설과 부지임차권 등을 타에 양도한 경우에는 위 사실을 고지하지 아니한 점에 기망행위가 있다고 할 것이다.

사기죄에서 기망행위를 부정한 사례들

23 [대판 2018도13696] [그림 대작(代作)' 사건2)] 피고인이 평소 알고 지내던 화가 갑에게 돈을 주고 자신의 기존 콜라주 작품을 회화로 그려오게 하거나, 자신이 추상적인 아이디어만 제공하고 이를 갑이 임의대로 회화로 표현하게 하거나, 기존 자신의 그림을 그대로 그려달라고 하는 등의 작업을 지시한 다음 갑으로부터 완성된 그림을 건네받아 배경색을 일부 덧칠하는 등의 경미한 작업만 추가하고 자신의 서명을 하였음에도, 위와 같은 방법으로 그림을 완성한다는 사실을 고지하지 아니하고 사실상 갑 등이 그린 그림을 마치 자신이 직접 그린 친작(친작)인 것처럼 전시하여 피해자들에게 그림을 판매하고 대금 상당의 돈을 편취하였다는 내용으로 기소된 사안에서, 피고인이 미술작품의 창작과정, 특히 조수 등 다른 사람이 관여한 사정을 알리지 않은 것이 신의칙상 고지의무 위반으로서 사기죄에서의 기망행위에 해당하고 그 그림을 판매한 것이 판매대금의 **편취행위라고 보려면 두 가지의 전제, 즉 미술작품의 거래에서 창작과정을 알려주는 것, 특히 작가가 조수의 도움을 받았는지 등 다른 관여자가 있음을 알려주는 것이 관행이라는 것 및 미술작품을 구매한 사람이 이러한 사정에 관한 고지를 받았더라면 거래에 임하지 아니하였을 것이라는 관계가 인정되어야 하고,** 미술작품의 거래에서 기망 여부를 판단할 때에는 미술작품에 위작 여부나 저작권에 관한 다툼이 있는 등의 특별한 사정이 없는 한 법원은 미술작품의 가치 평가 등은 **전문가의 의견을 존중하는 사법자제 원칙을 지켜야 한다는 이유로,** 피해자들의 구매 동기 등 제반 사정에 비추어 검사가 제출한 증거만으로는 피해자들이 미술작품을 피고인의 친작으로 착오한 상태에서 구매한 것이라고 단정하기 어렵다고 보아 피고인에게 무죄를 선고한 원심판단을 수긍한 사례.

24 [대판 2011도8829] 파기환송. **[피해자의 재산적 처분행위 또는 이를 유발한 피고인의 행위가 피고인이 도모하는 사업의 성패 내지 성과와 밀접하게 관련된 경우, 사기죄 성립 여부에 관한 판단 방법] [1]** 사기죄는 타인을 기망하여 착오에 빠뜨리고 처분행위를 유발하여 재물을 교부받거나 재산상 이익을 얻음으로써 성립하는 것으로서, 기망, 착오, 재산적 처분행위 사이에 인과관계가 있어야 하고, 한편 어떠한 행위가 타인을 착오에 빠지게 한 기망행위에 해당하는지 및 그러한 기망행위와 재산적 처분행위 사이에 인과관계가 있는지는 거래의 상황, 상대방의 지식, 성격, 경험, 직업 등 행위 당시의 구체적 사정을 고려하여 일반적·객관적으로 판단하여야 한다. 따라서 **피해자의 재산적 처분행위나 이러한 재산적 처분행위를 유발한**

---

2) 가수 조영남은 1973년 첫 개인전 이후 40회 남짓 전시회를 열며 스스로 '화수(화가 겸 가수)'라 표현하며 오래 전부터 화투 그림에 천착해 왔다. **'그림 대작(代作)' 사건**은 2009년 그가 알고 지내던 뉴욕 출신 무명 직업화가 송씨에게 자신의 콜라주 작품을 회화로 다시 그려보라고 제안하면서 시작되었다. 완성품이 마음에 든 조영남은 그때부터 작품을 직접 만드는 대신 송씨로부터 200점 이상 화투 그림을 받아 덧칠 등만 한 뒤 자신의 이름을 걸고 전시했다. 제1심에서 사기 혐의로 유죄 선고를 받았으나 항소심과 대법원에서는 무죄가 확정되었다.

피고인의 행위가 피고인이 도모하는 **어떠한 사업의 성패 내지 성과와 밀접한 관련** 아래 이루어진 경우에는, 단순히 피고인의 재력이나 신용상태 등을 토대로 기망행위나 인과관계 존부를 판단할 수는 없고, 피해자와 피고인의 관계, 당해 사업에 대한 피해자의 인식 및 관여 정도, 피해자가 당해 사업과 관련하여 재산적 처분행위를 하게 된 구체적 경위, 당해 사업의 성공가능성, 피해자의 경험과 직업 등의 사정을 **모두 종합**하여 일반적·객관적으로 판단하여야 한다. [2] 甲 주식회사 운영자인 피고인이 회사 운영이 어려워 돈을 차용하거나 투자를 받더라도 갚을 의사나 능력이 없는데도 피해자들을 기망하여 회사 운영자금 명목으로 돈을 차용하여 편취하였다는 내용으로 기소된 사안에서, 피고인이 피해자들을 기망하였다거나 피고인의 기망행위로 인하여 피해자들이 착오에 빠져 재산적 처분행위를 하였다고 볼 수 없는데도, 이와 달리 보아 유죄를 인정한 원심판결에 법리오해의 위법이 있다고 한 사례.

25 [대판 2011도2989] 파기환송. [법률행위에 따른 상대방의 법률상 지위에 아무런 영향을 미칠 수 없는 사유에 대해서도 형법상 고지의무가 인정되는지 여부(소극)] 피고인이 부동산에 대해 甲과 **신탁금지약정을 체결한 사실**을 乙 은행에 알리지 아니한 채 위 부동산을 담보신탁하고 乙 은행에서 대출을 받아 대출금을 편취하였다고 하여 구 특정경제범죄 가중처벌 등에 관한 법률 위반(사기)으로 기소된 사안에서, 신탁금지약정 사실을 고지하지 아니하였다고 하여 **乙 은행을 기망하였다고 평가할 수 없는데도**, 이와 달리 보아 유죄를 인정한 원심판결에 법리오해의 위법이 있다고 한 사례.

26 [대판 2010도17512] [피고인이 남편의 폭행으로 목을 다쳤을 뿐인데도 교통사고로 상해를 입었다는 취지로 보험금을 청구하여 다수의 보험회사들로부터 보험금을 편취하였다는 내용으로 기소된 사안에서, 피고인의 보험금청구가 기망행위에 해당한다거나 인과관계가 있다고 단정하여 사기죄를 인정한 원심판결에 법리오해 또는 심리미진의 위법이 있다고 한 사례] 피고인이 남편의 폭행으로 목을 다쳤을 뿐인데도 교통사고로 상해를 입었다는 취지로 보험금을 청구하여 다수의 보험회사들로부터 보험금을 교부받아 편취하였다는 내용으로 기소된 사안에서, 피고인이 위와 같이 상해를 입고 수술을 받았으나 후유장해가 남은 것은 사실이고 이는 일반재해에 해당되므로, 피고인의 교통재해를 이유로 한 보험금청구가 보험회사에 대한 기망에 해당할 수 있으려면 각 보험약관상 교통재해만이 보험사고로 규정되어 있을 뿐 일반재해는 보험사고로 규정되어 있지 않거나 교통재해의 보험금이 일반재해의 보험금보다 다액으로 규정되어 있는 경우에 해당한다는 점이 전제되어야 할 것임에도, 피고인이 가입한 각 보험의 보험사고가 무엇인지 및 각 보험회사들이 보험금을 지급한 것이 피고인의 기망으로 인한 것인지 등에 대하여 상세히 심리·판단하지 아니한 채 피고인의 보험금청구가 기망행위에 해당한다거나 인과관계가 있다고 쉽사리 단정하여 사기죄를 인정한 원심판결에 법리오해 또는 심리미진의 위법이 있다고 한 사례.

27 [대판 2010도5124] [1] 부동산중개업자인 피고인이 아파트 입주권을 매도하면서 그 입주권을 2억 5,000만 원에 확보하여 2억 9,500만 원에 전매한다는 사실을 매수인에게 고지하지 않은 사안에서, 피고인이 매수인을 기망하여 차액 4,500만 원을 편취하였다고 보기 어려워 사기죄가 성립하지 않는다고 본 원심판단을 수긍한 사례. [2] 부동산 중개인이 매매계약을 중개함에 있어서 매도인이 전매인이라는 사정과 매도인과 원소유자 사이의 매매대금의 액수에 관하여 이를 고지하지 않았다고 하더라도 이는 **매매로 인한 법률관계에 아무런 영향을 미칠 수 없는 것이어서** 매수인의 권리의 실현에 장애가 되지 아니하는 사유로 매수인에게 고지하지 않더라도 사기죄가 성립하는 것은 아니다.

부동산의 이중매매와 사기죄의 성부

28 [대판 2008도1652] [부동산의 이중매매에서 매도인이 제2의 매수인에게 제1의 매매계약을 일방적으로 해제할 수 없는 처지에 있음을 고지하지 아니한 것이 사기죄의 기망행위에 해당하는지 여부(소극)] 부동산을 매매함에 있어서 매도인이 매수인에게 매매와 관련된 어떤 구체적인 사정을 고지하지 아니함으로써, 장차 매매의 효력이나 매매에 따르는 채무의 이행에 장애를 가져와 매수인이 매매목적물에 대한 권리를 확보하지 못할 위험이 생길 수 있음을 알면서도, 매수인에게 그와 같은 사정을 고지하지 아니한 채 매매계약을 체결하고 매매대금을 교부받는 한편, 매수인이 그와 같은 사정을 고지받았더라면 매매계약을 체결하지 아니하거나 매매대금을 지급하지 아니하였을 것임이 경험칙상 명백한 경우에는, 신의성실의 원칙상 매수인에게 미리 그와 같은 사정을 고지할 의무가 매도인에게 있다고 할 것이므로, 매도인이 매수인에게 그와 같은 사정을 고지하지 아니한 것은 사기죄의 구성요건인 기망에 해당한다고 할 것이지만, 매매로 인한 법률관계에 아무런 영향도 미칠 수 없는 것이어서 매수인의 권리실현에 장애가 되지 아니하는 사유까지 매도인이 매수인에게 고지할 의무가 있다고는 볼 수 없는 것인바, 부동산의 이중매매에 있어서 매도인이 제1의 매매계약을 일방적으로 해제할 수 없는 처지에 있었다는 사정만으로는, 바로 제2의 매매계약의 효력이나 그 매매계약에 따르는 채무의 이행에 장애를 가져오는 것이라고 할 수 없음은 물론, 제2의 매수인의 매매목적물에 대한 권리의 실현에 장애가 된다고 볼 수도 없는 것이므로 매도인이 제2의 매수인에게 그와 같은 사정을 고지하지 아니하였다고 하여 제2의 매수인을 기망한 것이라고 평가할 수는 없을 것이다. **cf)** 이러한 법리는 ① **부동산 이중양도담보**의 경우에도 동일하게 적용된다(대판 2011도15179). 하지만 ② 매도인이 처음부터 이중매매 할 의도를 가진 경우에는 사기죄가 성립한다. 그리고 ③ 위와 같은 부동산 이중매매의 경우 있어 **제1매수인에 대한 관계에서는 배임죄가 성립**한다.

부동산 · 자동차의 명의수탁자의 매도와 사기죄의 성부

29 [대판 2006도4498] [자동차의 명의수탁자가 명의신탁 사실을 고지하지 않고, 나아가 자신 소유라는 말을 하면서 자동차를 제3자에게 매도하고 이전등록까지 마쳐 준 경우, 매수인에 대한 사기죄가 성립하는지 여부(소극)] [1] **부동산의 명의수탁자**가 부동산을 제3자에게 매도하고 매매를 원인으로 한 소유권이전등기까지 마쳐 준 경우, 명의신탁의 법리상 대외적으로 수탁자에게 그 부동산의 처분권한이 있는 것임이 분명하고[3], 제3자로서도 자기 명의의 소유권이전등기가 마쳐진 이상 무슨 실질적인 재산상의 손해가 있을 리 없으므로 그 명의신탁 사실과 관련하여 신의칙상 고지의무가 있다거나 기망행위가 있었다고 볼수도 없어서 그 제3자에 대한 사기죄가 성립될 여지가 없고, 나아가 그 처분시 매도인(명의수탁자)의 소유라는 말을 하였다고 하더라도 역시 **사기죄가 성립하지 않으며**, 이는 **자동차의 명의수탁자가 처분한 경우에도 마찬가지이다.** [2] **자동차의 명의수탁자**가 명의신탁 사실을 고지하지 않고, 나아가 자신 소유라는 말을 하면서 자동차를 제3자에게 매도하고 이전등록까지 마쳐 준 경우, 매수인에 대한 사기죄가 성립하지 않는다.

초과된 잔금수령과 사기죄의 성부

30 [대판 2003도4531] 매수인이 매도인에게 매매잔금을 지급함에 있어 착오에 빠져 지급해야 할 금액을 초과하는 돈을 교부하는 경우(이 사건 당일 부동산 매매잔금을 지급함에 있어 피해자의 착오로 1,000만 원권 자

---

3) 부동산 실권리자명의 등기에 관한 법률 제4조(명의신탁약정의 효력) ① **명의신탁약정은 무효**로 한다.② 명의신탁약정에 따른 등기로 이루어진 부동산에 관한 **물권변동은 무효**로 한다. 다만, 부동산에 관한 물권을 취득하기 위한 계약에서 명의수탁자가 어느 한쪽 당사자가 되고 상대방 당사자는 명의신탁약정이 있다는 사실을 알지 못한 경우에는 그러하지 아니하다. ③ **제1항 및 제2항의 무효는 제3자에게 대항하지 못한다.**

기앞수표 1장을 추가로 지급하였음), 매도인이 사실대로 고지하였다면 매수인이 그와 같이 초과하여 교부하지 아니하였을 것임은 경험칙 상 명백하므로, (가) **매도인이 매매잔금을 교부받기 전 또는 교부받던 중에 그 사실을 알게 되었을 경우**에는 특별한 사정이 없는 한 매도인으로서는 매수인에게 사실대로 고지하여 매수인의 그 착오를 제거하여야 할 신의칙상 의무를 지므로 그 의무를 이행하지 아니하고 매수인이 건네주는 돈을 그대로 수령한 경우에는 **사기죄에 해당될 것**이지만, (나) 그 사실을 미리 알지 못하고 **매매잔금을 건네주고 받는 행위를 끝마친 후에야 비로소 알게 되었을 경우**에는 주고받는 행위는 이미 종료되어 버린 후이므로 매수인의 착오 상태를 제거하기 위하여 그 사실을 고지하여야 할 법률상 의무의 불이행은 더 이상 그 초과된 금액 편취의 수단으로서의 의미는 없으므로, 교부하는 돈을 그대로 받은 그 행위는 **점유이탈물횡령죄가 될 수 있음은 별론으로 하고 사기죄를 구성할 수는 없다.**

31 [대판 98도231] [중고자동차 할부금의 불고지] 중고 자동차 매매에 있어서 매도인의 할부금융회사 또는 보증보험에 대한 할부금 채무가 **매수인에게 당연히 승계되는 것이 아니라는 이유로 그 할부금 채무의 존재를 매수인에게 고지하지 아니한 것**이 부작위에 의한 기망에 해당하지 아니한다.

32 [대판 89도1397] [자동차를 매도함에 있어 그 자동차가 제3자와의 **대물변제예약의 목적**이 되어 있는 사실을 고지하지 않고 매매대금을 교부받은 경우 사기죄의 성부(소극)] 자동차의 매도인이 이미 제3자와의 사이에 자동차매매계약이 체결된 사실을 고지하지 아니한 채 매수인과 매매계약을 체결하였다고 하더라도 제3자와의 위 자동차매매계약이 그 제3자에 대한 차용금채무를 담보하기 위하여 대물변제의 예약을 한 것이라면 매도인은 제3자 명의로 소유권이전등록이 되기까지는 언제든지 차용원리금을 변제하고 위 대물변제예약을 해제할 수 있는 것이며 이 대물변제의 예약때문에 당연히 매수인이 그 자동차를 인도받아 소유권을 취득하는데 장애가 되는 것은 아니므로 이와 같은 사실만으로는 매도인이 매수인을 기망하여 그 매매대금을 편취한 것이라고 볼 수 없다.

33 [대판 87도1839] 아파트를 신축하여 분양하고자 하는 피고인이 그 아파트신축자금 등으로 차용한 금원 등을 변제하지 못하여 채권자들의 요구에 따라 위 아파트가 **아직 완공되지 아니한 상태에서 그 채권담보의 뜻으로** 위 차용금 등을 아파트분양대금으로 대체하여 분양한 후 각 수분양자 명의로 소유권이전등기를 마쳐주기 전에 이를 **다시 제3자에게 위와 같은 분양사실을 고지하지 아니한 채 임대차계약(전세계약)을 체결한 경우**에 있어 피고인이 위 임대차계약상의 의무를 이행하여 그 임차인으로 하여금 각 해당아파트를 실제로 입주사용케 하였다면 현행 민법이 물권변동에 관하여 형식주의를 취하고 있는 이상 각 수분양자에게 소유권이전등기를 하기 이전에는 피고인이 그 부동산을 원시취득한 법률상 소유자로서 이를 처분할 수 있을 뿐만 아니라 위 분양에 따른 소유권이전등기가 경료되기 이전에는 피담보채무를 변제하여 소유권이전등기의무를 면할 수도 있으니 피고인이 위 임대차계약을 체결할 때에 위 분양사실을 **각 임차인에게 고지하지 아니하였다는 사실만으로는 동인들을 기망한 것이라고 볼 수 없다.**

34 [대판 85도1914] 부동산소유자가 임대차계약을 체결한 후 그 목적물을 타에 매도하면서 매수인과 사이에 임대차보증금을 매매대금에서 공제하여 매수인이 임대인의 지위를 승계하기로 약정한 경우, **임대차계약 당시 위 목적물을 매매를 위하여 복덕방에 내놓았다는 사실**을 임차인에게 고지하지 않았다는 사실만으로 기망행위가 된다고 볼 수 없다.

35 [대판 83도3194] 채무담보로 제공된 아파트를 분양하는 매도인이 매수인에게 **담보제공의 사실을 고지하지 아니하였을뿐** 동 사실이 없다는 취지의 말을 하는 등 적극적으로 매수인을 기망한 바 없고 매수인이 분양계약을 체결한 당시에 위 담보제공에 따른 소유권이전등기가 경료되지 않았음이 인정된다면 매도인으로서는 피담보채무를 변제하고 위 담보제공에 관한 계약을 해제할 수 있었던 것이므로 위 담보사실을 소극적으로 고지하지 않았다는 것만으로는 매수인을 기망하였다고 할 수 없다.

36 [대판 83도823] 부작위에 의한 사기에 있어서 고지의무는 일반 거래의 경험칙상 상대방이 그 사실을 알았더라면 당해 법률행위를 하지 않았을 것이 명백한 경우에 신의칙에 비추어 인정되는 것이므로, 아파트 전매인이 전매시 **아파트분양회사의 대표이사가 그 분양업무와 관련된 형사사건으로 유죄판결을 받은 바 있다고 하여도**, 그 범죄내용이 전매인의 위 아파트 소유권취득에 영향을 미치는 사법상 효력에 관계있는 것이 아니라면, 전매 당시 위와 같은 유죄판결에 관한 사실을 전매인이 알았더라도 일반거래의 경험칙상 위 아파트를 매수하지 않았을 것이라고 인정하기 어려우므로 **전매인은 위와 같은 사실을 전매인에게 고지할 의무가 없다.**

37 [대판 83도575] 식육점과 그에 딸린 식당의 매매에 있어서 매수인이 매도인에게 식육점영업허가와 함께 식당에 대한 영업허가도 가지고 있는 것으로 생각하고 **식당의 명의변경문제에 관해서는 묻지도 않고** 매도인으로부터 식육점허가증과 식당등록증을 인계받아 식육점에 대한 허가명의만을 변경한 다음 약 8개월간 식육점과 식당을 경영하였고 그동안 한번도 매도인에 대하여 위 식당영업권의 명의변경문제를 거론한 바 없고, 또 매매계약서에도 식육점허가권에 관하여는 이를 매매대상으로 명시하면서도 식당영업권에 관하여는 아무런 언급이 없이 다만 식육점의 시설 중에 식당시설인 불고기 굽는 화덕 3개만을 포함시켰을 뿐이라면 위 매매가 식당영업허가가 있음을 전제로 하는 것이라고는 단정할 수 없고 위와 같은 사정 하에서는 매도인이 식당영업허가가 없는 사실을 고지하지 아니하였다 하더라도 기망행위에 해당한다고 볼 수 없다.

38 [대판 72도255] 부동산을 매매함에 있어 **근저당권설정등기된 사실을 고지하지 아니하였다 하더라도** 상대방을 기망키 위하여 적극적으로 동 사실을 은폐한 것이 아니고 매수인이 등기사실을 알았다면 위 매매계약을 체결하지 아니하였으리라는 사정이 없으면 동 불고지는 기망행위가 되지 아니한다.

65 사기죄에 있어서 '기망'(3) – 기망의 정도(허위·과장광고) –

* 대법원 2004. 1. 15. 선고 2001도1429 판결
* 참조조문: 형법 제347조 제1항[1]

상품의 허위·과장광고가 사기죄의 기망행위에 해당하는가?

●**사실**● 피고인 X는 Y, Z, W 등과 공모하여, 관광여행사로 하여금 **고령의 노인들**을 무료로 온천관광을 시켜주겠다고 모집하여 자신이 경영하는 삼원농산으로 유치해 오도록 한 뒤, Y, Z가 삼원농산의 이른바 강의실에서 의약에 관한 전문지식이 없음에도 그 분야의 전문가나 의사인 양 행세하면서 삼원농산이 오리, 하명, 누에, 동충하초, 녹용 등 여러 재료를 혼합하여 제조·가공한 '**녹동달오리골드**'라는 제품이 당뇨병, 관절염, 신경통 등의 성인병 치료에 특별한 효능이 있는 좋은 약이라는 허위의 강의식 선·광고행위를 하였다. 이에 속은 노인들은 이들 제품을 고가에 구입하였다. 원심은 X 등에 대해 사기죄를 인정하였다. 이에 X가 상고하였다.

●**판지**● 상고기각. 「[1] 일반적으로 상품의 선전·광고에 있어 다소의 과장, 허위가 수반되는 것은 그것이 일반 상거래의 관행과 신의칙에 비추어 시인될 수 있는 한 기망성이 결여된다고 하겠으나 (가) 거래에 있어서 **중요한 사항**에 관하여 (나) **구체적 사실**을 (다) 거래상의 신의성실의 의무에 비추어 **비난받을 정도**의 방법으로 (라) **허위로 고지**한 경우에는 과장, 허위광고의 한계를 넘어 사기죄의 기망행위에 해당한다.

[2] 오리, 하명, 누에, 동충하초, 녹용 등 여러가지 재료를 혼합하여 제조·가공한 '녹동달오리골드'라는 제품이 당뇨병, 관절염, 신경통 등의 성인병 치료에 특별한 효능이 있는 좋은 약이라는 허위의 강의식 선전·광고행위를 하여 이에 속은 노인들로 하여금 위 제품을 고가에 구입하도록 한 것은 **그 사술의 정도가 사회적으로 용인될 수 있는 상술의 정도를 넘은 것**이어서 사기죄의 기망행위를 구성한다」.

●**해설**● 1 사기죄가 성립하기 위해서는 ① 사람을 기망하여 ② 피기망자가 착오에 빠지고 ③ 착오에 기한 처분행위가 존재해야 하며 ④ 재물의 교부를 받거나 재산상의 이익을 취득해야 하며 ⑤ 기망과 착오 및 처분행위 사이에 인과관계가 존재하야야 한다.[2] 대상판결은 사기죄에서 기망의 정도와 관련된 사안이다.

2 실제 사기죄의 성립범위를 설정함에 있어 '**기망**'이라는 요소는 중요한 역할을 한다. 즉 '**기망**'행위는 사기죄를 다른 재산범죄와 구분 짓고 실행의 착수를 판단하는 기준이 된다(형법은 착오에 기인한 재산처분 모두를 문제 삼는 것이 아니라, 일정한 형태의 '기망'에 의해 야기된 착오만을 사기죄 성립의 문제로 삼는다). 판례는 '기망행위'를 중시하여 사기죄를 침해범이 아닌 위험범으로 이해한다.

3 **기망의 정도**　　　사기죄에 있어서의 기망행위란 상대방을 착오에 빠지게 하는 일체의 행위를 말한다. 판례는 사기죄의 요건으로서의 기망은 「널리 **재산상의 거래행위에 있어서 서로 지켜야 할 신의와 성실**

---

1) 형법 제347조(사기) ① 사람을 **기망하여** 재물의 교부를 받거나 재산상의 이익을 취득한 자는 10년 이하의 징역 또는 2천만원 이하의 벌금에 처한다.
2) 이상의 요건 이외에 사기죄가 성립하기 위해서 '재산상의 손해'를 요하는 학설과 요하지 않는 학설이 대립한다. **판례는 '재산상의 손해'를 요하지 않는다**(【58】 참조).

의 의무를 저버리는 모든 적극적 및 소극적 행위로서 사람으로 하여금 착오를 일으키게 하는 것」으로 착오를 야기하는 일체의 기망행위를 지칭하는 것이 아니라 기망행위의 범위를 '신의칙에 반하는 행위'로 제한하고 있다. 따라서 허위, 과장광고가 거래의 신의칙에 반하지 않는 한 판례는 사기죄의 성립을 부정한다.

4 기망의 대상　　사기죄에서 기망의 대상은 **사실(事實)**이어야 한다. 따라서 순수한 주관적인 의견진술이나 판단은 원칙적으로 제외된다. 여기서 '사실'은 증명가능한 과거 및 현재의 외부적 상태와 내부적 상태를 말한다. 예를 들어, 한우만을 취급한다는 식당에서 수입쇠고기를 판매하였다면 사기죄가 성립한다(대판 97도1561, Ref 3).

5 기망의 판단기준　　그리고 기망행위에 대한 판단기준으로 판례는 「어떤 행위가 타인을 착오에 빠지게 한 기망행위에 해당하는가의 여부는 거래의 상황, 상대방의 지식, 성격, 경험, 직업 등 행위당시의 구체적 사정을 고려하여 일반적·객관적으로 결정」하여야 할 것으로 본다. 또한 사기죄는 타인을 기망하여 착오에 빠뜨리고 처분행위를 유발하여 재물을 교부받거나 재산상 이익을 얻음으로써 성립하는 것으로, 기망행위와 상대방의 착오 및 재물의 교부 또는 재산상 이익의 공여 사이에 **순차적인 인과관계**가 있어야 한다(대판 2017도14423).

5 광고의 경우 그 표현이 일반화되고 추상화될수록 단순한 가치판단으로 취급되기 쉬우므로 허위·과장광고의 경우는 특별한 경우를 제외하고는 형법의 규제 대상에서 제외된다. 하지만 원산지, 용량, 함량, 제조년월일 등에 대한 허위표시 등은 판례에서 판시하고 있는 「(가) 거래에 있어서 **중요한 사항**에 관하여 (나) **구체적 사실**을 (다) 거래상의 신의성실의 의무에 비추어 **비난받을 정도**의 방법으로 (라) **허위로 고지**한 경우」에 해당하여 기망행위가 인정될 수 있다.

6 허위·과장광고의 경우 사기죄가 성립할 수 있듯이 기망행위의 상대는 반드시 **특정인일 필요는 없다**. 그리고 사기죄의 **피해자가 법인이나 단체인 경우**에 기망행위가 있었는지는 법인이나 단체의 대표 등 최종 의사결정권자 또는 내부적인 권한 위임 등에 따라 실질적으로 법인의 의사를 결정하고 처분을 할 권한을 가지고 있는 사람을 기준으로 판단하여야 한다(대판 2016도18986).

Reference

사기죄의 성립을 인정한 경우(거래의 신의칙에 반하는 기망행위)

1 [대판 2008도1664] [신생 수입브랜드의 시계를 마치 오랜 전통을 지닌 브랜드의 제품인 것처럼 허위광고함으로써 그 품질과 명성을 오인한 구매자들에게 고가로 판매한 행위가 사기죄의 '기망행위'에 해당한다고 한 사례] 지오모나코 시계가 국내에 처음 수입되기 시작한 2002년 당시 위 '지오모나코'라는 브랜드는 시장에 출시된 지 1년 정도밖에 지나지 않은 신생 브랜드로서 세계적인 명성이나 인지도가 거의 없었고, 지오모나코 본사를 설립한 미켈레 아씨오네 가문은 3대째 귀금속 세공업을 하던 가문이지 3대째 시계제조업을 하던 가문이 아님에도, 마치 3대에 걸쳐 180년 동안 시계제조업을 이어온 브랜드인 것처럼 허위의 광고 문구를 작성하여 이를 잡지나 홈쇼핑 방송, 기타 각종 매체를 통해 홍보함으로써, 이를 본 사람들로 하여금 위 지오모나코가 180년을 이어온 전통 있는 브랜드로서 그만큼 위 시계의 품질과 명성이 뛰어날 것으로 오

인케 하는 방법으로 개당 수백만 원을 호가하는 고가의 시계들을 판매한 것은 사회적으로 용인될 수 있는 한계를 넘은 것으로서 사기죄의 기망행위에 해당한다고 보았다.

2 [대판 2001도5789] 통신판매에 있어 소비자가 갖는 상품의 품질, 가격에 대한 정보는 전적으로 유통업자의 광고에 의존할 수밖에 없고, TV홈쇼핑업체에 대한 소비자들의 신뢰는 TV라는 영상매체를 이용한 스스로의 강도 높은 광고에 의하여 창출된 것인 만큼 이에 대한 소비자들의 신뢰와 기대는 특별히 보호되어야 할 것인바, 농업협동조합의 조합원이나 검품위원이 아닌 자가 TV홈쇼핑업체에 납품한 삼이 제3자가 산삼의 종자인지 여부가 불분명한 삼의 종자를 뿌려 이식하면서 **인공적으로 재배한 삼이라는 사실을 알면서도** 광고방송에 출연하여 위 삼이 위 조합의 조합원들이 자연산삼의 종자를 심산유곡에 심고 자연방임 상태에서 성장시킨 **산양산삼**이며 자신이 조합의 검품위원으로서 위 삼 중 우수한 것만을 선정하여 감정인의 감정을 받은 것처럼 **허위 내용의 광고를 한 것**은 진실규명이 가능하고 구매의 결정에 있어 **가장 중요한 요소로서** 구체적 사실인 판매물품의 품질에 관하여 기망한 것으로서 그 사술의 정도가 사회적으로 용인될 수 있는 상술의 정도를 넘은 것이어서 사기죄의 기망행위를 구성한다.

3 [대판 97도1561] 식육식당을 경영하는 자가 음식점에서 한우만을 취급한다는 취지의 상호를 사용하면서 광고선전판, 식단표 등에도 한우만을 사용한다고 기재한 경우, '**한우만을 판매한다**'는 취지의 광고가 식육점 부분에만 한정하는 것이 아니라 음식점에서 조리·판매하는 쇠고기에 대한 광고로서 음식점에서 쇠고기를 먹는 사람들로 하여금 그 곳에서는 한우만을 판매하는 것으로 오인시키기에 충분하므로, 이러한 광고는 **진실규명이 가능한 구체적인 사실**인 쇠갈비의 품질과 원산지에 관하여 기망이 이루어진 경우로서 그 사술의 정도가 사회적으로 용인될 수 있는 상술의 정도를 넘는 것이고, 따라서 피고인의 기망행위 및 편취의 범의를 인정하기에 넉넉하다.

4-1 [대판 95도1157] 백화점의 식품매장에서 당일 판매되지 못하고 남은 생식품들에 대하여 그 **다음날 아침 포장지를 교체하면서** 가공일자가 재포장일자로 기재된 **바코드라벨을 부착하여 재판매하는 행위** 내지 판매기법은 제품의 신선도에 대한 소비자들의 신뢰를 배신하고 그들의 생식품 구매 동기에 있어서 중요한 요소인 가공일자에 관한 착오를 이용하여 재고상품을 종전 가격에 판매하고자 하는 것으로서 그 사술의 정도가 사회적으로 용인될 수 있는 상술의 정도를 넘은 기망행위라고 한 사례.

4-2 [대판 95도2121] 판매하다 남은 식품에 부착되어 있는 **바코드와 비닐랩 포장을 뜯어내고 다시 포장을** 하면서 가공일이 당일로 기재된 바코드와 백화점 상표를 부착하여 진열대에 진열하여 마치 위 상품이 판매 당일 구입되어 가공된 신선한 것처럼 고객에게 판매한 백화점 식품담당 직원에게 사기죄를 인정한 사례.

5 [대판 91도2994] 현대산업화 사회에 있어 소비자가 갖는 상품의 품질, 가격에 대한 정보는 대부분 생산자 및 유통업자의 광고에 의존할 수밖에 없고 백화점과 같은 대형유통업체에 대한 소비자들의 신뢰(정당한 품질, 정당한 가격)는 **백화점 스스로의 대대적인 광고에 의하여 창출된 것**으로서 이에 대한 소비자들의 신뢰와 기대는 보호되어야 한다고 할 것인바, 종전에 출하한 일이 없던 신상품에 대하여 첫 출하시부터 종전가격 및 할인가격을 비교표시하여 막바로 세일에 들어가는 이른바 **변칙세일**은 진실규명이 가능한 구체적 사실인 가격조건에 관하여 기망이 이루어진 경우로서 그 사술의 정도가 사회적으로 용인될 수 있는 상술의 정도를 넘은 것이어서 사기죄의 기망행위를 구성한다.

사기죄 성립을 부정한 경우(거래의 신의칙에 반하지 않는 기망의 경우)

6 [대판 2010도7298] 파기환송. 기획부동산업자인 피고인들이 도시계획시설 사업으로 수용되는 **철거주택의 입주권**을 받게 해 줄 의사나 능력이 없는데도 '구청 공무원들에게 이미 작업을 해놓아 입주권이 나올 것이 확실하다'는 취지로 피해자들을 기망하여 입주권 매매대금을 편취하였다는 내용으로 기소된 사안에서, 피고인들이 위에 언급한 내용은 객관적 사실에 부합하거나 사기죄의 기망행위에 해당한다고 보기는 어려운데도, 이와 달리 본 원심판단에 법리오해 및 사실오인의 위법이 있다고 한 사례. …… 피고인들은 이전부터 수채의 주택을 대상으로 입주권 판매사업을 하면서 도시계획시설 결정에 관한 권한을 가진 서대문구청장 공소외 3 등에게 금전을 제공하는 대가로 그들의 도움을 받은 바 있었고, 이 사건 홍제동 다가구주택 역시 매수 단계에서부터 같은 방식으로 그들의 도움을 받았으므로, 피고인들이 피해자들에게 언급한 내용은 객관적 사실에 부합하거나, 비록 다소의 과장이나 허위가 수반되었다고 하더라도 일반 상거래의 관행과 신의칙에 비추어 시인될 수 있는 정도를 벗어나 사기죄에 있어서의 기망행위에 해당한다고 보기는 어렵다.

7 [대판 2008도76] 인터넷 사이트의 초기화면에 **성인 동영상물에 대한 광고용 선전문구** 및 영상을 게재하고 이를 통해 접속한 사람들을 유료회원으로 가입시킨 사안에서, 위 광고내용이 구 정보통신망 이용촉진 및 정보보호 등에 관한 법률상 음란표현물에 해당하지 않고, 또한 실제 제공하는 영상물과 광고내용에 다소 차이가 있더라도 사기의 기망행위에 해당하지 않는다고 본 사례.

8 [대판 2004도6083] [의사가 환자에 대하여 진단, 처방한 질병이 의료보험의 적용대상으로 분류되어 있음에도 **비급여대상이라고 기망**하여 그 진료비 상당액을 편취하였다는 공소사실에 대하여, 의사의 진료비 수령행위가 형법상 기망행위 혹은 편취행위에 해당한다고 단정할 수 없다고 한 사례] 피고인이 진단, 처방한 **만성피로증후군**은 비록 한국표준질병사인분류상으로는 신경쇠약증으로 분류되고 있다 하더라도 의료의 전문화에 따른 새로운 분류에 있어서는 그와 별도의 독립적 질환으로 간주되고 있을 뿐만 아니라 의료의 실제에 있어서도 그 진단 및 처방에 현저한 차이가 있고, 피고인과 피해자 모두 그러한 인식하에 비급여대상임을 전제로 진료에 임하였음이 인정되는 이상, 비록 그와 같은 진료계약의 민사상 혹은 행정상의 효력이 인정되지 아니하여 피고인이 그 진료비 중 상당액을 부당이득으로 반환하거나 환수당한 일이 있다 하더라도, 달리 피고인의 이 사건 만성피로증후군의 진단 및 처방 자체에 기망의 점이 존재함을 인정할 증거가 없는 이 사건에 있어서 위와 같은 사정만으로는 전문적인 의료판단에 따라 진단, 처방하고 그에 상응하는 대가로서의 진료비를 수령한 피고인의 행위가 형법상 기망행위 혹은 편취행위에 해당한다고 단정할 수는 없다 할 것이다.

9 [대판 2004도45] 피고인들이 매수인들에게 토지의 매수를 권유하면서 언급한 내용이 객관적 사실에 부합하거나 비록 확정된 것은 아닐지라도 **연구용역 보고서와 신문스크랩 등에 기초**한 것으로서 사기죄에 있어서 기망행위에 해당한다고 보기는 어렵다.

10 [대판 95다19515] 연립주택을 분양함에 있어 **평형의 수치를 다소 과장하여 광고**를 하였으나, 그 분양가의 결정방법, 분양계약 체결의 경위, 피분양자가 그 분양계약서나 건축물관리대장 등에 의하여 그 공급면적을 평(평)으로 환산하여 쉽게 확인할 수 있었던 점 등 제반 사정에 비추어 볼 때, 그 광고는 그 거래당사

자 사이에서 매매대금을 산정하기 위한 기준이 되었다고 할 수 없고, 단지 분양대상 주택의 규모를 표시하여 **분양이 쉽게 이루어지도록 하려는 의도**에서 한 것에 지나지 아니한다는 이유로, 연립주택의 서비스면적을 포함하여 평형을 과장한 광고가 **거래에 있어 중요한 사항**에 관하여 **구체적 사실**을 거래상의 신의성실의 의무에 비추어 비난받을 정도의 방법으로 허위로 고지함으로써 **사회적으로 용인될 수 있는 상술의 정도를 넘은 기망행위에 해당하지 않는다.**

11 [대판 91도788] **아파트를 분양**함에 있어 아파트 **평형의 수치를 다소 과장하여 광고**를 한 사실은 인정되나 분양가 결정방법, 분양계약 체결의 경위 및 최종대금의 절충과정 등 제반 사정에 비추어 볼 때 위 광고는 그 거래당사자 사이에서 매매대금을 산정하기 위한 기준이 되었다고 할 수 없고, 단지 분양대상 **아파트를 특정**하고 나아가 위 아파트의 **분양이 쉽게 이루어지도록 하려는 의도**에서 한 것에 지나지 않는다고 하여 위 과대광고가 기망행위에 해당하지 않는다.

66 사기죄에 있어서 '처분행위'(1) – 사기와 절도의 구분 –

* 대법원 1996. 10. 15. 선고 96도2227 판결
* 참조조문: 형법 제329조[1], 제347조[2]

> 예식장 축의금 접수대에서 접수인인 것처럼 행세하여 축의금을 교부받아 가로챈 행위는 절도인가 사기인가?

●**사실**● 피고인 X는 미장기능사 2급의 국가기술자격증을 취득하고, 착실하게 살려고 노력했지만 겨울철에 일거리가 없고 방세가 밀리자, 피해자 A의 결혼식장에서의 혼잡한 상황을 이용하여 신부 측 축의금 접수인인 양 **가장 행세**하여 자신에게 축의금을 내어놓자 이를 수회 반복하여 받아 갔다. 원심은 X에게 절도죄를 선고했다. 이에 피고인 측은 사기죄를 주장[3]하며 상고하였다.

●**판지**● 상고기각. 「피해자가 결혼예식장에서 신부 측 축의금 접수인인 것처럼 행세하는 피고인에게 축의금을 내어 놓자 이를 교부받아 가로챈 사안에서, 피해자의 **교부행위의 취지**는 신부 측에 전달하는 것일 뿐 피고인에게 그 처분권을 주는 것이 아니므로, 이를 피고인에게 교부한 것이라고 볼 수 없고 단지 신부 측 접수대에 교부하는 취지에 불과하므로 피고인이 그 돈을 가져간 것은 **신부 측 접수처의 점유를 침탈하여 범한 절취행위**라고 보는 것이 정당하다」.

●**해설**● 1 대상판결은 소위 '책략절도' 사안이다. **책략절도**란 권리자의 점유를 배제시키는 과정에 기망을 사용하는 경우로 사기와 유사하다. 그러나 권리자가 '처분행위'를 하지 않았다는 점에서 사기가 아니라 절도에 해당된다. 즉 사기인지 (책략)절도인지는 '**처분행위**'의 유무에 따라 구별된다. 사기죄가 성립되기 위해서는 "기망 → 착오 → **재산처분행위** → 재물을 교부받거나 재산상 이익의 취득"이라는 요건이 충족되어야 범죄가 성립한다. 여기서 '처분행위'는 착오에 빠진 피해자의 행위를 이용하여 재산을 취득하는 것을 본질적 특성으로 한다.

2 사기죄는 타인을 기망하여 착오에 빠뜨리고 처분행위를 유발하여 재물, 재산상의 이득을 얻음으로써 성립한다. 따라서 사기죄는 착오에 근거한 상대방의 **재산적 처분행위**에 의해 행위자가 재물의 점유를 취득할 것을 요한다. 사람을 기망하여 주의를 다른 곳으로 돌리고 그 틈을 이용해 재물의 점유를 취하는 행위, 예를 들어 금은방에서 마치 귀금속을 구입할 것처럼 가장하여 순금목걸이를 건네받은 다음 화장실에 갔다 오겠다 하고 도주하였다면 사기죄가 될 수 없다. 이 경우는 점유를 상대에게 이전하겠다는 금은방 주인의 처분행위가 없기 때문에(**처분효과의 직접성**[4]이 인정되지 않음) 사기죄는 될 수 없고 절도죄가

---

1) 형법 제329조(절도) 타인의 재물을 절취한 자는 6년 이하의 징역 또는 1천만원 이하의 벌금에 처한다.
2) 형법 제347조(사기) ① 사람을 기망하여 재물의 교부를 받거나 재산상의 이익을 취득한 자는 10년 이하의 징역 또는 2천만원 이하의 벌금에 처한다.
3) 사기죄는 10년 이하의 징역이고 절도죄는 6년 이하의 징역이다. 그런데 사안에서 피고인 X는 사기죄를 주장하고 있다. 이는 X가 이 사건 이전에 같은 축의금 접수인을 가장하여 축의금을 절취하는 범행을 수회 반복한 사실이 있어 재범의 위험성을 인정받아 **보호감호처분이 내려질 것을 우려**해 형이 더 높은 사기죄 성립을 주장하고 있는 상황이다. 사회보호법이 이중처벌이라는 이유로 2005년 8월 4일 폐지됨에 따라 이에 의거한 보호처분제도 중의 하나였던 보호감호 처분은 폐지되었다.
4) 여기서 '직접성'이란 처분행위와 재산상 손해와의 관계를 말한다. 즉 **직접성**이란 피기망자의 착오로 인한 행동이 기망행위자의 중간적 범죄행위를 개입시키지 않고도 직접 재산감소를 일으키는 것을 말한다. 따라서 처

된다(대판 94도1487, Ref 1-11).

3 사안에서 신부 측 하객들은 축의금을 신부 측에 전달하는 것일 뿐 X에게 그 처분권을 교부할 의사는 전혀 없었다. 판례는 기망으로 인해 비록 X에게 축의금을 건넸다 하더라도 아직 하객들에게 점유지배가 있다고 보았다. 그리고 X가 도주함으로써 비로소 점유를 취득한 것으로 절도가 성립한다고 판단하였다. 처분의사 없이 사기죄는 성립하지 않는다. 이처럼 사안은 **처분행위의 유무**에 따라 **절취와 편취가** 나뉘게 된다.

4 그러나 그 한계는 명확하지 않다. 대판 68도480에서 피고인은 자전거를 살 의사도 없이 가게 주인으로부터 시운전해 보겠다고 교부받은 자전거를 타고 시운전하는 척하다 그대로 도망간 사안에서 **사기죄를 인정**하였다. 본 사안에서는 대법원은 피해자에게 종국적인 처분행위가 있었던 것으로 보아 절도가 아닌 사기죄를 인정하였던 것으로 보인다.

5 사기죄의 해석에 있어 처분행위는 조문에는 규정되어 있지 않지만 중요한 요건이다. 판례에 따르면 '**처분행위**'라고 하는 것은 「재산적 처분행위로서 (가) 주관적으로 피기망자가 처분의사 즉 처분 결과를 인식하고 (나) 객관적으로는 이러한 의사에 지배된 행위가 있을 것」을 요한다(대판 2011도769). 여기서 주관적 요건으로서 **처분의사**란 자신의 행위로 인해 재물 등이 타인에게 이전된다는 점을 인식하는 것이다. 나아가 처분행위는 부작위에 의해서도 가능하다(대판 2005도9221, Ref 1.17-1).

6 처분행위의 주관적 측면으로서의 **처분의사**는 재물의 점유나 이익의 이전을 인식하는 것이다. 처분행위가 외형상 존재해도 진정한 의사에 근거하지 않을 경우는 사기죄가 아니다. 기망을 수단으로 이용해서 빼앗는 것 같이 보여도 처분의사를 가질 수 없는 **유아나 정신장애자로부터 취하는 행위는 절도**이다. 또한 **만취한 자**에게 "기념으로 사인해줘!"라고 요청하여 채무면제 서류에 서명케 하는 행위는 그 진실한 의미를 알지 못하고 한 행위이므로 처분의사가 결여되어 처분행위로 볼 수 없어 사기죄는 부정된다.

7 또한 사기죄에서 상대방 또는 피기망자는 재물 또는 재산상 이익을 처분할 권한(지위)이 있어야 한다(대판 2016도18986, Ref 2-3). 특히 **삼각사기**에서 처분할 수 있는 지위와 관련해 처분할 수 있는 법률상의 권한이라는 (a) **권한설**과 사실상 처분할 수 있는 지위라고 보는 (b) **지위설**이 대립한다. 판례는 지위설을 따른다. 「피해자를 위하여 재산을 처분할 수 있는 권능이나 지위라 함은 반드시 사법상의 위임이나 대리권의 범위와 일치하여야 하는 것은 아니고 피해자의 의사에 기하여 재산을 처분할 수 있는 서류 등이 교부된 경우에는 피기망자의 처분행위가 설사 피해자의 진정한 의도와 어긋나는 경우라고 할지라도 위와 같은 권능을 갖거나 그 지위에 있는 것으로 보아야 한다」(대판 94도1575).

8 사기죄에 있어서 '인과관계'　　　　사기죄에서 인과관계는 **특별한 의미를 가진다.** 사기죄의 경우, 인과관계가 일정한 경로를 따라 갈 것이 요구된다. 즉 사기죄는 타인을 기망하여 착오에 빠뜨리고 처분행위를 유발하여 재물을 교부받거나 재산상 이익을 얻음으로써 성립하는 것으로, 기망행위와 상대방의 착오 및 재물의 교부 또는 재산상 이익의 공여 사이에 **순차적인 인과관계**가 있어야 한다(대판 2017도

분효과의 직접성이 인정되지 않는 경우는 '책략절도'에 지나지 않는다.

14423, Ref 2-1). 즉 기망 → 착오 → 재산적 처분행위 사이에 인과관계가 있어야 한다. 이러한 경로를 밟지 않는 한, 비록 상당인과관계의 범위 내에서 결과가 발생하더라도 인과관계가 있었다고는 볼 수 없고 범죄는 기수가 되지 않는다. 하지만 착오에 빠진 원인 중에 **피기망자 측에 과실이 있는 경우에도** 사기죄는 성립한다(대판 2008도1697, Ref 2-5).

Reference 1

재산적 처분행위를 부정한 판례

1 [대판 2018도7030] 파기환송. ●판지● [재물을 편취한 사기죄에서의 처분행위, 처분의사의 의미 및 책략절도와의 구별기준] [1] 사기죄에서 **처분행위**는, 행위자의 기망행위에 의한 피기망자의 착오와 행위자 등의 재물 또는 재산상 이익의 취득이라는 최종적 결과를 중간에서 매개·연결하는 한편, 착오에 빠진 피해자의 행위를 이용하여 재산을 취득하는 것을 본질적 특성으로 하는 사기죄와 피해자의 행위에 의하지 아니하고 행위자가 탈취의 방법으로 재물을 취득하는 **절도죄를 구분하는 역할**을 한다. 처분행위가 갖는 이러한 역할과 기능을 고려하면, 피기망자의 의사에 기초한 어떤 행위를 통해 행위자 등이 재물 또는 재산상의 이익을 취득하였다고 평가할 수 있는 경우라면, 사기죄에서 말하는 처분행위가 인정된다(대법원 2017. 2. 16. 선고 2016도13362 전원합의체 판결 참조). [2] 또한 **재물에 대한 사기죄에 있어서 처분행위란**, 범인의 기망에 따라 피해자가 착오로 **재물에 대한 사실상의 지배를 범인에게 이전하는 것을 의미**하므로, 외관상 재물의 교부에 해당하는 행위가 있었다고 하더라도, 재물이 범인의 사실상의 지배 아래에 들어가 그의 자유로운 처분이 가능한 상태에 놓이지 않고 여전히 피해자의 지배 아래에 있는 것으로 평가된다면, 그 재물에 대한 처분행위가 있었다고 볼 수 없다. ●사실● 1. (가) 금괴무역상인 피해자의 부탁으로 최종적으로 금괴의 일본운반책 모집을 담당하게 된 B, C, D 등은 피해자의 금괴를 몰래 빼돌리기로 공모하고, 모집한 운반책들과도 피해자의 금괴를 운반해 줄 것처럼 가장하여 피해자로부터 금괴를 건네받은 후 이들의 지시에 따라 금괴를 빼돌릴 것을 공모하였으며, 위와 같이 피해자 몰래 빼돌린 금괴를 일본 오사카로 운반해 줄 2차 운반책들을 별도로 모집하였다. (나) 피해자는 금괴 운반일인 2017.3.2. 인천공항에서 자신이 고용한 감시자 겸 안내자인 E, F으로 하여금 위 운반책들의 후쿠오카행 항공기 체크인을 해주도록 하였고, 면세구역에 들어온 운반책들을 만나 허리띠에 든 금괴 총 29개를 나누어 주고 이를 허리에 차게 한 후, 일부 운반책들이 후쿠오카행 비행기 탑승장으로 이동하는 과정에 동행하여 이들을 감시하였다. (다) 또한 피해자는 운반책들의 사진을 후쿠오카에서 대기 중인 금괴를 전달 받을 사람에게 전송하고, 이들로 하여금 운반책들의 도착시간에 맞춰 입국장 앞에서 대기하도록 하여, 운반책들이 금괴를 가지고 피해자가 의도한 것과 다른 경로로 이탈하는 것을 방지하였다. 라. 그런데 운반책들은 인천공항 면세구역에서 피해자로부터 금괴를 전달받은 후 또는 후쿠오카행 비행기에 탑승하러 가던 중 D의 지시에 따라, 피해자에게는 화장실이 급하다고 거짓말을 하고 근처 화장실로 들어가, 피해자의 눈을 피해 2차 운반책들에게 금괴를 전달하였고, 화장실에서 나와서는 여전히 금괴를 허리에 차고 있는 것처럼 행동하였다. 2. 이러한 사정을 앞서 본 법리에 비추어 보면, 금괴 교부장소인 인천공항 면세구역에서부터 금괴 전달 장소인 후쿠오카 공항의 입국장에 도착할 때까지 운반책들의 이동이 피해자에 의하여 관리 또는 감독되고 있었고, 정해진 경로에서 이탈할 가능성이 없어, **운반책들이 피해자의 금괴 교부 행위로 인하여 금괴에 대한 사실상의 지배를 취득하였다고 보기 어렵다.** 오히려, 위와 같은 이동 과정에서 운반책들이 피해자의 눈을 피해 금괴를 2차 운반책들에게 전달하기 전까지 **금괴는 아직 피해자의 지배하에 있었고**, 2차 운반책들에 대한 금괴 전달행위로 인하여 그 점유 또는 사실상의 지배

가 범인들에게 이전되었다고 할 수 있다. **결국, 운반책들이 피해자로부터 금괴를 교부받은 것만으로는 범인들의 편취의사에 기초하여 피해자의 재물을 취득한 것으로 볼 수 없다.** 4. 그런데도 원심은 이와 달리, 운반책들이 5~6개의 금괴가 담긴 허리 가방을 옷 속에 착용하는 방법으로 금괴를 보관하였고, 그 상태에서 금괴를 후쿠오카 공항까지 각자 운반하기로 되어 있었으므로, 피해자가 위와 같이 금괴를 교부함으로써 금괴에 대한 점유를 제1차 운반책들에게 이전하는 재산상 처분행위를 한 것으로 보아야 하고, 피해자에게 그 처분행위에 대한 인식도 있었다고 하여, 운반책들과 공범들의 행위가 사기죄에 해당한다고 인정하고, 이를 전제로 피고인은 특정경제범죄 가중처벌 등에 관한 법률 위반(사기) 방조범에 해당한다고 판단하였다. 5. 이러한 원심의 판단에는 사기죄의 처분행위 및 처분의사에 관한 법리를 오해하여 판결에 영향을 미친 위법이 있다. cf) 본 판결은 재물 편취 사안에서 **사실상 지배의 이전 여부를 판단**하였으며, 이 과정에서 처분효과의 직접성 여부도 판단의 근거로 삼았다는 점에서 의의가 있다.

2 [대판 2017도8449] 사기죄는 타인을 기망하여 착오에 빠뜨리고 그로 인하여 피기망자(기망행위의 상대방)가 처분행위를 하도록 유발하여 재물 또는 재산상의 이익을 얻음으로써 성립하는 범죄이다. 따라서 사기죄가 성립하려면 행위자의 기망행위, 피기망자의 착오와 그에 따른 처분행위, 그리고 행위자 등의 재물이나 재산상 이익의 취득이 있고, 그 사이에 순차적인 인과관계가 존재하여야 한다. 그리고 사기죄의 피해자가 법인이나 단체인 경우에 기망행위로 인한 착오, 인과관계 등이 있었는지는 **법인이나 단체의 대표 등 최종 의사결정권자 또는 내부적인 권한 위임 등에 따라 실질적으로 법인의 의사를 결정하고 처분을 할 권한을 가지고 있는 사람을 기준으로 판단하여야 한다.** 따라서 (가) 피해자 법인이나 단체의 대표자 또는 실질적으로 의사결정을 하는 최종결재자 등이 기망행위자와 동일인이거나 기망행위자와 공모하는 등 **기망행위임을 알고 있었던 경우에는** 기망행위로 인한 착오가 있다고 볼 수 없고, 재물 교부 등의 처분행위가 있었더라도 기망행위와 인과관계가 있다고 보기 어렵다. 이러한 경우에는 사안에 따라 업무상횡령죄 또는 업무상배임죄 등이 성립하는 것은 별론으로 하고 **사기죄가 성립한다고 볼 수 없다.** (나) 반면에 ㉠ 피해자 법인이나 단체의 업무를 처리하는 실무자인 일반 직원이나 구성원 등이 기망행위임을 알고 있었더라도, ㉡ 피해자 법인이나 단체의 대표자 또는 실질적으로 의사결정을 하는 최종결재자 등이 기망행위임을 알지 못한 채 착오에 빠져 처분행위에 이른 경우라면, 피해자 법인에 대한 **사기죄의 성립에 영향이 없다.**

3 [대판 2017도1544] [1] 피고인과 공범들이 피해자들에게 예금을 인출하고 **인출한 현금을 집에 보관하도록** 거짓말을 하였다고 하더라도, 이것을 피해자들로 하여금 현금을 타인에게 교부하거나 **처분하는 행위를 하도록 한 것이라고 볼 수 없어** 사기미수의 점에 대하여 범죄성립이 인정되지 않는다. [2] 설령 피해자들이 피고인 등의 위와 같은 거짓말에 속아 예금을 인출하여 현금을 집안에 보관하였다고 하더라도 피해자들의 이러한 행위는 피해자들이 위 현금을 자신의 관리 및 지배하에 속하는 집안에서 스스로 보관한 것에 불과하므로, 객관적으로 피해자들이 위 현금을 타인에게 교부하거나 처분할 것을 전제로 한 행위라고 볼 수 없고, 주관적인 측면에서 피해자들이 위 현금을 타인에게 교부하거나 처분할 의사를 가지고 있었다고 보기도 어렵다.

4 [대판 2012도4773] 파기환송. 피고인이 甲에게 **사업자등록 명의를 빌려주면** 세금이나 채무는 모두 자신이 변제하겠다고 속여 그로부터 명의를 대여받아 호텔을 운영하면서 甲으로 하여금 호텔에 관한 각종 세금 및 채무 등을 부담하게 함으로써 재산상 이익을 편취하였다는 내용으로 기소된 사안에서, 甲이 **명의를 대**

여하였다는 것만으로 피고인이 위와 같은 채무를 면하는 재산상 이익을 취득하는 甲의 재산적 처분행위가 있었다고 보기 어렵다는 이유로, 이와 달리 보아 사기죄를 인정한 원심판결에 법리오해의 위법이 있다고 한 사례.

5 [대판 2011도769] [피고인이 피해자들을 기망하여 이자 지급 약정 하에 대여금을 교부받았으나 이자를 지급하지 않은 사안에서, 위 이자 부분에 대하여 피해자들의 별도의 처분행위가 있었다고 단정할 자료가 없는데도 사기죄를 인정한 원심판단에 심리미진이나 채증법칙 위반 또는 법리오해의 위법이 있다고 한 사례] 피고인이 피해자들을 기망하여 투자금 명목의 돈을 편취하는 과정에서 이자 지급 약정하에 대여금을 교부받았으나 이자를 지급하지 않은 사안에서, 위 이자 부분에 대해서도 사기죄가 성립하기 위하여는 피고인의 기망행위로 인해 이자 부분에 관한 별도의 처분행위가 있어야 하는데, 이에 대하여 피해자들의 처분행위가 있었다고 단정할 자료가 없는데도, 피고인의 기망행위와 위 이자 발생 사이에 인과관계를 인정하여 유죄를 인정한 원심판단에 심리미진이나 채증법칙 위반 또는 법리오해의 위법이 있다고 한 사례.

6 [대판 2008도10971] [채무면제를 목적으로 하는 사기죄의 성립요건인 '처분행위' 유무에 대한 판단 방법] [1] 사기죄에 있어서 '재산상의 이익'이란 채권을 취득하거나 담보를 제공받는 등의 적극적 이익뿐만 아니라 채무를 면제받는 등의 소극적 이익까지 포함하는 것이기는 하지만, 단순한 채무변제 유예의 정도를 넘어서 채무의 면제라고 하는 재산상 이익에 관한 사기죄가 성립하기 위해서는 채무자의 기망행위로 인하여 그 채무를 확정적으로 소멸 내지 면제시키는 채권자의 처분행위가 있어야만 하는 것이므로, 단지 채무의 이행을 위하여 채권 기타 재산적 권리의 양도가 있었다는 사정만으로 그러한 처분행위가 있었다고 단정하여서는 안될 것이고, 그것이 기존 채무의 확정적인 소멸 내지 면제를 전제로 이루어진 것인지 여부를 적극적으로 살핀 다음, 채무면제를 목적으로 하는 사기죄의 성립 여부를 판단하여야 할 것이다. [2] 차용금채무에 갈음한 양도담보 및 대물변제계약을 체결하였지만 계약을 전후하여 채무의 일부를 변제충당한 사안에서, 기존의 채무를 확정적으로 면제 내지 소멸시키는 처분행위가 존재하지 않는다는 이유로 채무면제를 목적으로 하는 사기죄의 성립을 부정한 사례.

7 [대판 2007도3475] [1] 양도증서 등 특허 관련 명의변경 서류를 위조하여 일본국 특허청 공무원에게 제출함으로써 특허의 출원자를 자신의 명의로 변경한 사안에서, 특허권에 관한 처분행위가 있었다고 볼 수 없으므로 사기죄를 구성하지 않는다. [2] 원심은, 이 사건 공소사실 중 '피고인이 2003. 11. 7.경 일본 동경도 소재 특허청 민원실에서 일본인 변리사를 통하여 그 정을 모르는 민원실 담당 직원에게 위조된 양도증서 6장 및 위임장 6장을 교부하여 이에 속은 위 특허청 담당 직원으로 하여금 피해자 공소외인 명의의 시가 불상의 이 사건 특허의 출원자를 피고인의 명의로 변경케 함으로써 이 사건 특허에 관한 권리를 편취하였다'는 사기의 점을 유죄로 인정한 제1심판결을 유지하였다. 그러나 사기죄는 다른 사람을 기망하여 착오에 빠뜨리고 그로 인한 처분행위로 재물의 교부를 받거나 재산상 이익을 얻음으로써 성립하는 것인데, 피고인이 피해자 공소외인 명의의 양도증서 등 명의변경 서류를 위조하여 일본국 특허청 공무원에게 제출함으로써 피고인 명의로 이 사건 특허의 출원자 명의를 변경하였다고 하더라도 위 피해자의 이 사건 특허를 받을 수 있는 권리에 관한 처분행위가 있었다고 할 수 없을 뿐만 아니라 일본국 특허청 공무원에게 이 사건 특허를 받을 수 있는 권리의 처분권한이 있다고도 볼 수 없으므로, 이 부분 공소사실은 사기죄를 구성한다고 보기 어렵다.

인장사취5)

8-1 [대판 2001도1289] [피해자를 속여 교부받은 인감증명서 등으로 등기소요서류를 작성하여 피해자 소유의 부동산에 관한 소유권이전등기를 마친 경우, 사기죄의 성립 여부(소극)] 사기죄는 타인을 기망하여 착오에 빠뜨리고 그로 인한 처분행위로 재물의 교부를 받거나 재산상의 이익을 취득한 때에 성립하는 것이므로, 피고인이 피해자에게 **부동산매도용인감증명** 및 등기의무자본인확인서면의 **진실한 용도를 속이고 그 서류들을 교부받아 피고인 등 명의로 위 부동산에 관한 소유권이전등기를 경료**하였다 하여도 피해자의 위 부동산에 관한 처분행위가 있었다고 할 수 없을 것이고 따라서 사기죄를 구성하지 않는다.

8-2 [대판 81도1732] 토지의 일부만을 매수한 자가 그 부분만을 분할 이전하겠다고 거짓말하여 소유자로부터 **인장을 교부받아** 토지전부에 관하여 소유권이전등기를 필한 경우에는 매수하지 아니한 부분에 관한 등기에 대하여는 위 소유자의 처분 행위가 없었을 뿐만 아니라 등기 공무원에게는 그 처분권한이 있다고 볼 수 없어 사기죄가 성립하지 않는다.

9 [대판 98도3891] [타인의 일반전화를 무단 이용하여 전화통화를 한 경우] 사기죄가 성립하기 위하여는 기망행위와 이에 기한 피해자의 처분행위가 있어야 할 것인바, 타인의 일반전화를 무단으로 이용하여 전화통화를 하는 행위는 전기통신사업자인 한국전기통신공사가 일반전화 가입자인 타인에게 통신을 매개하여 주는 역무를 부당하게 이용하는 것에 불과하여 한국전기통신공사에 대한 **기망행위에 해당한다고 볼 수 없을 뿐만 아니라,** 이에 따라 제공되는 역무도 일반전화 가입자와 한국전기통신공사 사이에 체결된 서비스이용계약에 따라 제공되는 것으로서 **한국전기통신공사가 착오에 빠져 처분행위를 한 것이라고 볼 수 없으므로,** 결국 위와 같은 행위는 형법 제347조의 사기죄를 구성하지 아니한다 할 것이고, 이는 형법이 제348조의2를 신설하여 부정한 방법으로 대가를 지급하지 아니하고 공중전화를 이용하여 재산상 이익을 취득한 자를 처벌하는 규정을 별도로 둔 취지에 비추어 보아도 분명하다.

10 [대판 97도2430] [피고인이 타인과 공모하여 그를 상대로 의제자백 판결을 받아 소유권이전등기를 마친 경우, 소송사기의 성립 여부(소극)] 소송사기에 있어 피기망자인 법원의 재판은 피해자의 처분행위에 갈음하는 내용과 효력이 있는 것이어야 하므로, 피고인이 타인과 공모하여 그 공모자를 상대로 제소하여 의제자백의 판결을 받아 이에 기하여 부동산의 소유권이전등기를 하였다고 하더라도 이는 **소송 상대방의 의사에 부합하는 것으로서 착오에 의한 재산적 처분행위가 있다고 할 수 없어** 동인으로부터 부동산을 편취한 것이라고 볼 수 없고, 또 그 부동산의 진정한 소유자가 따로 있다고 하더라도 피고인이 의제자백판결에 기하여 그 진정한 소유자로부터 소유권을 이전받은 것이 아니므로 그 소유자로부터 부동산을 편취한 것이라고 볼 여지도 없다.

11 [대판 94도1487] 피고인이 피해자 경영의 금방에서 마치 귀금속을 구입할 것처럼 가장하여 피해자로부터 순금목걸이 등을 건네받은 다음 **화장실에 갔다 오겠다는 핑계를 대고 도주**한 것이라면 위 순금목걸이 등은 도주하기 전까지는 아직 피해자의 점유 하에 있었다고 할 것이므로 이를 절도죄로 의율 처단한 것은 정당하다.

---

5) 인장사취는 **서명사취(【64】참조)**와 달리 상대방을 기망하여 인장이나 인감증명만을 건네받은 경우로 재산상의 처분행위가 없어 사기죄가 성립되지 않는다.

12 [대판 82도3115] 피해자가 가지고 있는 **책을 잠깐 보겠다고 하며** 동인이 있는 자리에서 보는 척 하다가 가져갔다면 위 책은 아직 피해자의 점유 하에 있었다고 할 것이므로 절도죄가 성립한다.

13 [대판 81도944] 피고인 소유가 아닌 부동산에 대하여 피고인 소유인 것처럼 보존등기신청을 하여 그 정을 모르는 **등기공무원으로 하여금** 그 등기를 하게 한 경우에 등기공무원의 위 행위는 재산상 처분권한 있는 자의 처분행위라고 볼 수 없으므로 피고인의 위 소위는 사기죄를 구성하지 아니한다.

14 [대판 80도1177] [자기가 점유하는 타인의 재물을 횡령하기 위하여 기망을 한 경우와 사기죄] 자기가 점유하는 타인의 재물을 횡령하기 위하여 기망수단을 쓴 경우에는 피기망자에 의한 재산처분행위가 없으므로 일반적으로 횡령죄만 성립되고 사기죄는 성립되지 아니한다.

재산적 처분행위를 긍정한 판례

15 [대판 2022도12494] [삼각사기에 있어서 사실상 '지위설'] [1] 피해자 갑은 드라이버를 구매하기 위해 특정 매장에 방문하였다가 지갑을 떨어뜨렸는데, 10분쯤 후 피고인이 같은 매장에서 우산을 구매하고 계산을 마친 뒤, 지갑을 발견하여 습득한 매장 주인 을로부터 "이 지갑이 선생님 지갑이 맞느냐?"라는 질문을 받자 "내 것이 맞다."라고 대답한 후 이를 교부받아 가지고 간 사안에서, 을은 지갑을 습득하여 진정한 소유자에게 돌려주어야 하는 지위에 있으므로 갑을 위하여 이를 **처분할 수 있는 권능을 갖거나 그 지위에 있었으며**, 이러한 처분 권능과 지위에 기초하여 지갑의 소유자라고 주장하는 피고인에게 지갑을 교부하였고 이를 통해 피고인이 지갑을 취득하여 자유로운 처분이 가능한 상태가 되었으므로, **을의 행위는 사기죄에서 말하는 처분행위에 해당**하고 피고인의 행위를 절취행위로 평가할 수 없다는 이유로, 피고인에 대한 주위적 공소사실인 절도 부분을 이유에서 무죄로 판단하면서 예비적 공소사실인 사기 부분을 유죄로 인정한 원심의 판단이 정당하다고 한 사례 [2] **형법상 절취**란 타인이 점유하고 있는 자기 이외의 자의 소유물을 점유자의 의사에 반하여 점유를 배제하고 자기 또는 제3자의 점유로 옮기는 것을 말한다. 이에 반해 기망의 방법으로 타인으로 하여금 처분행위를 하도록 하여 재물 또는 재산상 이익을 취득한 경우에는 절도죄가 아니라 사기죄가 성립한다. **사기죄에서 처분행위**는 행위자의 기망행위에 의한 피기망자의 착오와 행위자 등의 재물 또는 재산상 이익의 취득이라는 최종적 결과를 중간에서 매개·연결하는 한편, 착오에 빠진 피해자의 행위를 이용하여 재산을 취득하는 것을 본질적 특성으로 하는 사기죄와 피해자의 행위에 의하지 아니하고 행위자가 탈취의 방법으로 재물을 취득하는 절도죄를 구분하는 역할을 한다. **처분행위가 갖는 이러한 역할과 기능**을 고려하면 피기망자의 의사에 기초한 어떤 행위를 통해 행위자 등이 재물 또는 재산상의 이익을 취득하였다고 평가할 수 있는 경우라면, 사기죄에서 말하는 처분행위가 인정된다. 한편 사기죄가 성립되려면 피기망자가 착오에 빠져 어떠한 재산상의 처분행위를 하도록 유발하여 재산적 이득을 얻을 것을 요하고, 피기망자와 재산상의 피해자가 같은 사람이 아닌 경우에는 피기망자가 피해자를 위하여 그 재산을 처분할 수 있는 권능을 갖거나 그 지위에 있어야 한다.

16 [대판 2012도1101] [1] 사기죄에서 '재산상의 이익'이란 채권을 취득하거나 담보를 제공받는 등의 적극적 이익뿐만 아니라 채무를 면제받는 등의 소극적 이익까지 포함하며, 채무자의 기망행위로 인하여 채권

자가 채무를 확정적으로 소멸 내지 면제시키는 특약 등 **처분행위를 한 경우**에는 채무의 면제라고 하는 재산상이익에 관한 사기죄가 성립하고, 후에 재산적 처분행위가 사기를 이유로 민법에 따라 취소될 수 있다고 하여 달리 볼 것은 아니다. [2] 피고인이 피해자들을 기망하여 부동산을 매도하면서 매매대금 중 일부를 피해자들의 피고인에 대한 기존 채권과 상계하는 방법으로 지급받아 채무 소멸의 재산상 이익을 취득하였다는 내용으로 기소된 사안에서, 피고인이 상계에 의하여 기존 채무가 소멸되는 재산상 이익을 취득하였다고 보아 사기죄를 인정한 원심판단을 정당하다고 한 사례.

부작위에 의한 처분행위

17-1 [대판 2005도9221] [1] 사기죄는 타인을 기망하여 착오를 일으키게 하고 그로 인한 처분행위를 유발하여 재물 · 재산상의 이득을 얻음으로써 성립하고, 여기서 **처분행위라 함은** 재산적 처분행위로서 피해자가 자유의사로 직접 재산상 손해를 초래하는 작위에 나아가거나 또는 부작위에 이른 것을 말하므로, 피해자가 착오에 빠진 결과 채권의 존재를 알지 못하여 채권을 행사하지 아니하였다면 그와 같은 부작위도 재산의 처분행위에 해당한다. [2] **출판사 경영자가 출고현황표를 조작**하는 방법으로 실제출판부수를 속여 작가에게 인세의 일부만을 지급한 사안에서, 작가가 나머지 인세에 대한 청구권의 존재 자체를 알지 못하는 **착오에 빠져 이를 행사하지 아니한 것이 사기죄에 있어 부작위에 의한 처분행위에 해당**한다. cf) 사안에서 실제 출판부수를 알지 못하는 피기망자는 자신의 부작위의 의미나 내용을 알 수 없었고, 따라서 그 부작위의 결과도 알 수 없었다. 그러나 그렇다 하더라도 **피기망자의 부작위가 행위자의 재산상 이익 취득의 직접적 원인이 된 이상 피기망자의 부작위는 처분행위로 평가된다.**

17-2 [대판 2008도6641] 피고인이 점포에 대한 권리금을 지급한 것처럼 허위의 사용내역서를 작성 · 교부하여 동업자들을 기망하고 출자금 지급을 면제받으려 하였으나 미수에 그친 사안에서, 동업자들이 피고인에 대한 출자의무를 명시적으로 면제하지 않았더라도, 착오에 빠져 이를 면제해 주는 결과에 이를 수 있어, 이는 **부작위에 의한 처분행위에 해당한다.**

가압류 · 가등기의 해제 및 말소와 처분행위

18-1 [대판 2007도5507] [가압류채권자가 기망을 당하여 부동산가압류를 해제하는 것이 사기죄의 처분행위에 해당하는지 여부(적극)] 부동산가압류결정을 받아 부동산에 관한 가압류집행까지 마친 자가 그 가압류를 해제하면 소유자는 가압류의 부담이 없는 부동산을 소유하는 이익을 얻게 되므로, **가압류를 해제하는 것 역시 사기죄에서 말하는 재산적 처분행위에 해당**하고, 그 이후 가압류의 피보전채권이 존재하지 않는 것으로 밝혀졌다고 하더라도 가압류의 해제로 인한 재산상의 이익이 없었다고 할 수 없다.

18-2 [대판 2007도9417] [무효인 **가등기를 말소**하는 것이 사기죄의 재산적 처분행위에 해당하는지 여부(적극)] 부동산 위에 소유권이전청구권 보전의 가등기를 마친 자가 그 가등기를 말소하면 부동산 소유자는 가등기의 부담이 없는 부동산을 소유하게 되는 이익을 얻게 되는 것이므로, 가등기를 말소하는 것 역시 사기죄에서 말하는 재산적 처분행위에 해당하고, 설령 그 후 위 가등기에 의하여 보전하고자 하였던 소유권이전청구권이 존재하지 않아 위 가등기가 무효임이 밝혀졌다고 하더라도 가등기의 말소로 인한 재산상의 이익이 없었던 것으로 볼 수 없다.

19 [대판 2000도4419] 파기환송. [배당이의(配當異議) 소송의 제1심에서 패소판결을 받고 항소한 자가 그 **항소를 취하하는 것**이 사기죄에서 말하는 재산적 처분행위에 해당하는지 여부(적극)] 사기죄는 타인을

기망하여 착오에 빠뜨리게 하고 그 처분행위를 유발하여 재물이나 재산상의 이득을 얻음으로써 성립하는 것이므로 여기에 처분행위라고 하는 것은 재산적 처분행위를 의미하는 것이라고 할 것인바, 배당이의 소송의 제1심에서 패소판결을 받고 항소한 자가 그 항소를 취하하면 그 즉시 제1심판결이 확정되고 상대방이 배당금을 수령할 수 있는 이익을 얻게 되는 것이므로 위 항소를 취하하는 것 역시 사기죄에서 말하는 재산적 처분행위에 해당한다.

Reference 2
기망행위와 재산적 처분행위 사이에 인과관계가 있는지 여부

1 [대판 2017도14423] 파기환송. [사기죄가 성립하기 위하여 기망행위와 상대방의 착오 및 재물의 교부 또는 재산상 이익의 공여 사이에 순차적인 인과관계가 있어야 하는지 여부(적극)] 원심은 다음과 같은 내용의 제1심판결을 그 판시와 같은 이유로 수긍하였다. 제1심은 피고인들의 2013. 7. 2.자 ○○아파트 담보대출과 피고인 1의 2013. 12. 3.자 주유소 담보대출에 관하여 피해은행이 각 담보 부동산에 관한 감정평가를 거쳐 담보가치를 평가한 후 이에 대한 담보대출 가능 범위를 산정하여 대출한 사실, 피해은행이 위 각 대출을 정상적인 담보대출로 보고 피고인들을 사기 혐의로 고소하지 않은 채 근저당권설정등기가 임의로 말소된 것에 대하여 고소한 사실을 인정한 다음, 피고인들이 담보대출금의 사용 목적에 관하여 고지하여야 할 의무가 있는 것으로 볼 수 없고 피해은행이 피고인들의 대출금 변제 의사, 능력과 피고인 3의 직업 등에 관해 착오를 일으켜 대출해 주었다고 인정하기 어려우므로, 피고인들의 행위와 피해은행의 재산적 처분행위 사이에 인과관계가 없다는 이유로 이 사건 공소사실 중 위 각 대출금 편취 부분에 대하여 무죄를 선고하였다. 사기죄는 타인을 기망하여 착오에 빠뜨리고 처분행위를 유발하여 재물을 교부받거나 재산상 이익을 얻음으로써 성립하는 것으로, **기망행위와 상대방의 착오 및 재물의 교부 또는 재산상 이익의 공여 사이에 순차적인 인과관계가 있어야 한다.** 이 사건 공소사실 중 위 각 편취 부분에 관하여 피고인들이 기망하였다는 내용은, 피고인들이 부동산을 담보로 대출받더라도 그 대출금을 변제할 의사나 능력이 없었고 각 담보 부동산에 관하여 마친 근저당권설정등기를 임의로 말소하여 사기대출에 이용할 생각임에도 이를 숨겼으며 피고인 3의 직업에 관하여 거짓말을 하였다는 것이다. 피고인들이 실제로 그와 같은 동기에서 대출을 받았고 그 대출금을 변제할 의사나 능력이 없었다면, 피해은행이 그러한 사실을 알고도 대출을 실행하지는 않았을 것이라고 보는 것이 경험칙에 부합하므로, **피고인들의 행위와 피해은행의 재산적 처분행위 사이에는 인과관계가 있다고 볼 것이다.** 그럼에도 원심은 피고인들이 위와 같은 행위를 하였는지 여부, 그러한 행위가 기망행위에 해당하는지 여부를 심리·판단하지 않은 채 그 판시와 같은 이유만으로 피고인들의 행위와 피해은행의 재산적 처분행위 사이에 인과관계가 존재하지 않는다고 보아 이 부분 공소사실을 무죄로 판단한 제1심판결을 그대로 유지하고 말았다. 거기에는 사기죄의 인과관계, 기망행위에 관한 법리를 오해하여 판결에 영향을 미친 잘못이 있다.

2 [대판 2017도8449] [피해자 법인이나 단체의 업무를 처리하는 실무자인 일반 직원이나 구성원 등이 기망행위임을 알고 있었으나, 그 대표자 또는 실질적으로 의사결정을 하는 최종결재권자 등이 기망행위임을 알지 못한 채 착오에 빠져 처분행위에 이른 경우, 피해자 법인에 대한 사기죄가 성립하는지 여부(적극)] (가) 사기죄는 타인을 기망하여 착오에 빠뜨리고 그로 인하여 피기망자(기망행위의 상대방)가 처분행위를 하도록 유발하여 재물 또는 재산상의 이익을 얻음으로써 성립하는 범죄이다. 따라서 사기죄가 성립하려면

행위자의 기망행위, 피기망자의 착오와 그에 따른 처분행위, 그리고 행위자 등의 재물이나 재산상 이익의 취득이 있고, 그 사이에 순차적인 인과관계가 존재하여야 한다. 그리고 사기죄의 피해자가 법인이나 단체인 경우에 기망행위로 인한 착오, 인과관계 등이 있었는지는 법인이나 단체의 대표 등 최종 의사결정권자 또는 내부적인 권한 위임 등에 따라 실질적으로 법인의 의사를 결정하고 처분을 할 권한을 가지고 있는 사람을 기준으로 판단하여야 한다. (나) 따라서 피해자 법인이나 단체의 대표자 또는 실질적으로 의사결정을 하는 최종결재권자 등이 기망행위자와 동일인이거나 기망행위자와 공모하는 등 기망행위임을 알고 있었던 경우에는 기망행위로 인한 착오가 있다고 볼 수 없고, 재물 교부 등의 처분행위가 있었더라도 기망행위와 인과관계가 있다고 보기 어렵다. 이러한 경우에는 사안에 따라 업무상횡령죄 또는 업무상배임죄 등이 성립하는 것은 별론으로 하고 사기죄가 성립한다고 볼 수 없다. (다) 반면에 피해자 법인이나 단체의 업무를 처리하는 실무자인 일반 직원이나 구성원 등이 기망행위임을 알고 있었더라도, 피해자 법인이나 단체의 대표자 또는 실질적으로 의사결정을 하는 최종결재권자 등이 기망행위임을 알지 못한채 착오에 빠져 처분행위에 이른 경우라면, 피해자 법인에 대한 사기죄의 성립에 영향이 없다.

3 [대판 2016도18986] [사기죄의 피해자가 법인이나 단체인 경우에 있어 기망행위자와 피기망자가 동일인이거나 기망행위자와 공모하는 등 기망행위를 알고 있었던 경우] (가) 사기죄는 타인을 기망하여 착오에 빠뜨려 재물을 교부받거나 재산상의 이익을 얻음으로써 성립하므로 기망행위의 상대방 또는 피기망자는 재물 또는 재산상 이익을 처분할 권한이 있어야 한다. (나) 사기죄의 피해자가 법인이나 단체인 경우에 기망행위가 있었는지는 법인이나 단체의 대표 등 최종 의사결정권자 또는 내부적인 권한 위임 등에 따라 실질적으로 법인의 의사를 결정하고 처분을 할 권한을 가지고 있는 사람을 기준으로 판단하여야 한다. (다) 피해자 법인이나 단체의 대표자 또는 실질적으로 의사결정을 하는 최종결재권자 등 기망의 상대방이 기망행위자와 동일인이거나 기망행위자와 공모하는 등 기망행위를 알고 있었던 경우에는 기망의 상대방에게 기망행위로 인한 착오가 있다고 볼 수 없고, 기망의 상대방이 재물을 교부하는 등의 처분을 했더라도 기망행위와 인과관계가 있다고 보기 어렵다. 이러한 경우에는 사안에 따라 업무상횡령죄 또는 업무상배임죄 등이 성립하는 것은 별론으로 하고 사기죄가 성립한다고 보기 어렵다.

4 [대판 2012도14516] 파기환송. [대주가 장래의 변제 지체 또는 변제불능에 대한 위험을 예상하고 있었거나 충분히 예상할 수 있는 경우, 차주가 그 후 제대로 변제하지 못하였다는 사실만으로 변제능력에 관하여 대주를 기망하였다거나 차주에게 편취의 범의가 있었다고 단정할 수 있는지 여부(원칙적 소극)] 사기죄가 성립하는지는 행위 당시를 기준으로 판단하여야 하므로, 소비대차 거래에서 차주가 돈을 빌릴 당시에는 변제할 의사와 능력을 가지고 있었다면 비록 그 후에 변제하지 않고 있더라도 이는 민사상 채무불이행에 불과하며 형사상 사기죄가 성립하지는 아니한다. 따라서 소비대차 거래에서, 대주와 차주 사이의 친척·친지와 같은 인적 관계 및 계속적인 거래 관계 등에 의하여 대주가 차주의 신용 상태를 인식하고 있어 장래의 변제 지체 또는 변제불능에 대한 위험을 예상하고 있었거나 충분히 예상할 수 있는 경우에는, 차주가 차용 당시 구체적인 변제의사, 변제능력, 차용 조건 등과 관련하여 소비대차 여부를 결정지을 수 있는 중요한 사항에 관하여 허위 사실을 말하였다는 등의 다른 사정이 없다면, 차주가 그 후 제대로 변제하지 못하였다는 사실만을 가지고 변제능력에 관하여 대주를 기망하였다거나 차주에게 편취의 범의가 있었다고 단정할 수 없다. cf) 기망행위와 재산적 처분행위 사이에 인과관계가 있는지 여부는 거래의 상황, 상대방의 지식, 성격, 경험, 직업 등 행위 당시의 구체적 사정을 고려하여 일반적·객관적으로 판단해야 한다.

5 [대판 2008도1697] 대부업자가 새마을금고와 제3자에 대한 차량담보대출채권을 담보로 제공하고 개개 자동차담보채권액만큼 대출받는 것을 내용으로 하는 '대출채권담보대출 중개운용에 관한 업무협약 및 채권담보계약'을 체결하였음에도, 계약 취지와 달리 대출금을 기존 채무의 변제에 사용하고 새마을금고의 허락 없이 임의로 차량에 설정된 근저당권을 해제하는 등 새마을금고에 대한 채무변제를 성실히 이행하지 않은 사안에서, 위 대부업자가 대출 당시 대출금채무를 변제할 의사나 능력이 없음에도 있는 것처럼 새마을금고를 기망하여 이에 속은 새마을금고로부터 대출금을 편취하였고 그 편취의 범의도 인정된다고 보아, 위 대출이 새마을금고의 재무상태 등에 대한 실사를 거쳐 실행됨으로써 새마을금고가 위 대출이 가능하다는 착오에 빠지는 원인 중에 **새마을금고 측의 과실이 있더라도 사기죄의 성립이 인정된다.**

* 대법원 2017. 2. 16. 선고 2016도13362 전원합의체 판결
* 참조조문: 형법 제13조[1], 제329조[2], 제347조[3]

> 피기망자가 처분행위의 의미나 내용을 인식하지 못하였으나 피기망자의 작위 또는 부작위가 직접 재산
> 상 손해를 초래하는 재산적 처분행위로 평가되고, 이러한 작위 또는 부작위를 피기망자가 인식하고 한
> 경우, 사기죄의 처분행위에 상응하는 처분의사가 인정되는가?

●**사실**● 피고인 X와 Y 등은 2010.11.29.경 및 2010.12.3. **토지거래허가 등에 필요한 서류**라고 속여서 토지 매도인인 피해자 A로 하여금 **근저당권설정계약서** 등에 서명·날인하게 하고, A의 인감증명서를 교부받은 다음, 이를 이용하여 A 소유의 위 각 토지에 관하여 자신을 채무자로 하여 채권최고액 합계 10억 5,000만 원인 근저당권을 Z 등에게 설정하여 주고, 7억 원을 차용하였다. 검사는 피고인들을 「특정경제범죄 가중처벌 등에 관한 법률」 위반(사기)으로 기소하였다. 그러나 원심은 피고인들에게 처분행위가 없다는 점을 들어 무죄를 선고하였다. 이에 검사가 상고하였다.

●**판지**● 파기환송. 「[1] [다수의견] (가) 사기죄에서 **처분행위**는 행위자의 기망행위에 의한 피기망자의 착오와 행위자 등의 재물 또는 재산상 이익의 취득이라는 최종적 결과를 중간에서 매개·연결하는 한편, 착오에 빠진 피해자의 행위를 이용하여 재산을 취득하는 것을 본질적 특성으로 하는 사기죄와 피해자의 행위에 의하지 아니하고 행위자가 탈취의 방법으로 재물을 취득하는 **절도죄를 구분**하는 역할을 한다. 처분행위가 갖는 이러한 역할과 기능을 고려하면, 피기망자의 의사에 기초한 어떤 행위를 통해 행위자 등이 재물 또는 재산상의 이익을 취득하였다고 평가할 수 있는 경우라면 사기죄에서 말하는 처분행위가 인정된다. (나) **사기죄에서 피기망자의 처분의사는 기망행위로 착오에 빠진 상태에서 형성된 하자 있는 의사이므로 불완전하거나 결함이 있을 수밖에 없다.** 처분행위의 법적 의미나 경제적 효과 등에 대한 피기망자의 주관적 인식과 실제로 초래되는 결과가 일치하지 않는 것이 오히려 당연하고, 이 점이 사기죄의 본질적 속성이다. 따라서 처분의사는 착오에 빠진 피기망자가 **어떤 행위를 한다는 인식이 있으면 충분하고, 그 행위가 가져오는 결과에 대한 인식까지 필요하다고 볼 것은 아니다.** (다) … 피해자의 처분행위에 처분의사가 필요하다고 보는 근거는 처분행위를 피해자가 인식하고 한 것이라는 점이 인정될 때 처분행위를 피해자가 한 행위라고 볼 수 있기 때문이다. 다시 말하여 **사기죄에서 피해자의 처분의사가 갖는 기능**은 피해자의 처분행위가 존재한다는 객관적 측면에 상응하여 이를 주관적 측면에서 확인하는 역할을 하는 것일 뿐이다. 따라서 **처분행위라고 평가되는 어떤 행위를 피해자가 인식하고 한 것이라면 피해자의 처분의사가 있다고 할 수 있다.** 결국 피해자가 처분행위로 인한 결과까지 인식할 필요가 있는 것은 아니다」.

[2] 서명사취 사안에서 피기망자가 처분문서의 내용을 제대로 인식하지 못하고 처분문서에 서명 또는 날인함으로써 내심의 의사와 처분문서를 통하여 객관적·외부적으로 인식되는 의사가 일치하지 않게 되었더라도, 피기망자의 행위에 의하여 행위자 등이 재물이나 재산상 이익을 취득하는 결과가 초

---

1) 형법 제13조(범의) 죄의 성립요소인 사실을 인식하지 못한 행위는 벌하지 아니한다. 단, 법률에 특별한 규정이 있는 경우에는 예외로 한다.
2) 형법 제329조(절도) 타인의 재물을 절취한 자는 6년 이하의 징역 또는 1천만원 이하의 벌금에 처한다.
3) 형법 제347조(사기) ① 사람을 기망하여 **재물의 교부를 받거나 재산상의 이익을 취득**한 자는 10년 이하의 징역 또는 2천만원 이하의 벌금에 처한다. ② 전항의 방법으로 제삼자로 하여금 **재물의 교부를 받게 하거나 재산상의 이익을 취득**하게 한 때에도 전항의 형과 같다.

래되었다고 할 수 있는 것은 그러한 재산의 이전을 내용으로 하는 처분문서가 **피기망자에 의하여 작성되었다고 볼 수 있기 때문이다.** 이처럼 피기망자가 행위자의 기망행위로 인하여 착오에 빠진 결과 내심의 의사와 다른 효과를 발생시키는 내용의 처분문서에 서명 또는 날인함으로써 처분문서의 내용에 따른 재산상 손해가 초래되었다면 그와 같은 처분문서에 서명 또는 날인을 한 피기망자의 행위는 사기죄에서 말하는 처분행위에 해당한다. 아울러 비록 피기망자가 처분결과, 즉 **문서의 구체적 내용과 법적 효과를 미처 인식하지 못하였더라도, 어떤 문서에 스스로 서명 또는 날인함으로써 처분문서에 서명 또는 날인하는 행위에 관한 인식이 있었던 이상 피기망자의 처분의사 역시 인정된다.**

[3] A 등은 피고인 등의 기망행위로 착오에 빠진 결과 토지거래허가 등에 필요한 서류로 잘못 알고 처분문서인 근저당권설정계약서 등에 서명 또는 날인함으로써 재산상 손해를 초래하는 행위를 하였으므로 A 등의 행위는 사기죄에서 말하는 처분행위에 해당하고, A 등이 비록 자신들이 서명 또는 날인하는 문서의 정확한 내용과 문서의 작성행위가 어떤 결과를 초래하는지를 미처 인식하지 못하였더라도 토지거래허가 등에 관한 서류로 알고 그와 다른 근저당권설정계약에 관한 내용이 기재되어 있는 문서에 스스로 서명 또는 날인함으로써 그 문서에 서명 또는 날인하는 행위에 관한 인식이 있었던 이상 처분의사도 인정됨에도, A 등에게 그 소유 토지들에 근저당권 등을 설정하여 줄 의사가 없었다는 이유만으로 A 등의 처분행위가 없다고 보아 공소사실을 무죄로 판단한 원심판결에 사기죄의 처분행위에 관한 법리오해의 잘못이 있다」.

●**해설**● 1 대상판결은 소위 '**서명사취**' 사안이다. 서명사취란 행위자의 기망으로 피기망자가 착오에 빠진 결과 내심의 의사와 다른 법적 효과를 발생시키는 내용의 처분문서에 서명 또는 날인함으로써 처분문서의 내용에 따른 재산상 손해가 발생하는 사안을 말한다. 사기죄가 성립하기 위해서는 행위자의 기망행위와 그에 따른 피기망자의 착오가 있고 이에 기한 **피기망자의 처분행위**가 존재하여야 한다(기망 → 착오→ 처분행위).

2 사기죄의 해석에 있어 처분행위는 조문에는 규정되어 있지 않지만, 사기와 절도의 한계를 구획하는 필수적 요건으로 받아들여 왔다. 판례는 '처분행위'와 관련하여 「재산적 처분행위로서 (가) 주관적으로 피기망자가 **처분의사** 즉 처분 결과를 인식하고 (나) 객관적으로는 이러한 의사에 지배된 행위(**처분사실**)가 있을 것」을 요하였다(완전인식설).

3 종래 판례는 처분의사를 처분결과에 대한 인식으로 파악하여 처분의사가 인정되기 위해서는 **처분결과에 대한 인식이 있을 것까지** 요구하였다. 즉 대법원은 「사기죄는 타인을 기망하여 착오에 빠뜨리고 그로 인한 **처분행위**로 재물의 교부를 받거나 재산상의 이익을 취득한 때에 성립하는 것이므로, 피고인이 피해자에게 부동산매도용인감증명 및 등기의무자본인확인서면의 진실한 용도를 속이고 그 서류들을 교부받아 피고인 등 명의로 위 부동산에 관한 소유권이전등기를 경료하였다 하여도 피해자의 위 부동산에 관한 **처분행위가 있었다고 할 수 없을 것이고 따라서 사기죄를 구성하지 않는다**」(대판 2001도1289)고 판단하였다[4].

---

[4] 대상판결이 나오기 전 대법원의 종전의 입장은 「… 처분행위라고 하는 것은 재산적 처분행위를 의미하고 그것은 주관적으로 피기망자가 처분의사 즉 **처분결과를 인식**하고 객관적으로 이러한 의사에 지배된 행위가 있을 것을 요한다(대판 87도1042)」고 하여, 처분의사의 인정에 있어 '**처분결과에 대한 인식**'을 요하였다(완전인식설). 이 입장에 따르면 피해자가 기망을 당하여 자신에게 재산상 손해를 초래하는 행위(처분사실)를 하였다 하더라도 그로써 생겨나는 결과에 대한 인식이 없으면 처분행위가 인정될 수 없기 때문에 사기죄는 성립하지 않는다.

4 하지만 근래 대상판결에서와 같이 처분행위의 개념이 서서히 이완되는 경향을 볼 수 있다. 이는 처분행위의 개념을 완화함으로서 당벌성 높은 행위를 사기죄로서 처벌하기 위한 것으로 생각된다. 이러한 기조에서 대상판결은 종전의 입장과는 달리 「처분의사는 착오에 빠진 피기망자가 어떤 행위를 한다는 인식이 있으면 충분하고, **그 행위가 가져오는 '결과에 대한 인식'까지 필요하다고 볼 것은 아니다**」고 하여 사기죄의 성립범위를 대폭 확대하였다(불완전인식설).

5 사안에서 A는 자기 소유 부동산에 관하여 근저당권이 설정된다는 결과에 대해서는 인식하지 못했지만, 토지거래허가 등에 필요한 서류에 서명 또는 날인한다는 사실에 대한 인식은 존재하고 있다. 이런 상황에서 대법원 다수의견은 「문서의 구체적 내용과 그 법적 효과를 미처 인식하지 못하였다고 하더라도, 어떤 문서에 스스로 서명 또는 날인함으로써 그 처분문서에 서명 또는 날인하는 행위에 관한 인식이 있었던 이상 피기망자의 처분의사 역시 인정된다」고 보았다.

6 즉 대상판결의 다수의견은 피해자들이 비록 자신들이 서명 또는 날인하는 문서의 정확한 내용과 그 문서의 작성행위가 어떤 결과를 초래하는지를 미처 인식하지 못하였다고 하더라도 토지거래허가나 약정된 근저당권설정에 관한 서류로 알고 그와 다른 근저당권설정계약에 관한 내용이 기재되어 있는 문서에 스스로 서명 또는 날인함으로써 **그 문서에 서명 또는 날인한다는 '행위에 관한 인식'이 있었던 이상 처분의 사도 인정된다**고 보았다. 따라서 피기망자가 '어떤 행위(처분)'의 의미나 내용까지 인식하여야 하는 것은 아니다.

7 다수의견은 '서명사취' 사기는 「행위자의 기망행위 태양 자체가 (가) 피기망자가 자신의 처분행위의 의미나 내용을 제대로 인식할 수 없는 상황을 이용하거나 (나) 피기망자로 하여금 자신의 행위로 인한 결과를 인식하지 못하게 하는 것을 핵심적인 내용으로 하고, (다) 이로 말미암아 피기망자는 착오에 빠져 처분문서에 대한 자신의 서명 또는 날인행위가 초래하는 결과를 인식하지 못하는 특수성」에 있다고 보았다. 따라서 **피기망자의 하자 있는 처분행위를 이용하는 것이 사기죄의 본질**인데, **서명사취 사안에서는 그 하자가 의사표시 자체의 성립과정에 존재**하는 것으로 파악한 것이다.

8 다시 정리하면, 다수의견은 「피기망자가 처분행위의 의미나 내용을 인식하지 못하였으나 피기망자의 작위 또는 부작위가 직접 재산상 손해를 초래하는 재산적 처분행위로 평가되고, 이러한 작위 또는 부작위를 피기망자가 인식하고 한 경우, 사기죄의 처분행위에 상응하는 처분의사가 인정된다」고 판단한 것이다.

9 그러나 대법원은 '**인장사취**'의 경우에는 사기죄 성립을 부정하고 있다. 「토지의 일부만을 매수한 자가 그 부분만을 분할 이전하겠다고 **거짓말하여** 소유자로 부터 **인장을 교부받아** 토지전부에 관하여 소유권이전등기를 필한 경우에는 매수하지 아니한 부분에 관한 등기에 대하여는 위 소유자의 처분 행위가 없었을 뿐만 아니라 등기 공무원에게는 그 처분권한이 있다고 볼 수 없어 사기죄가 성립하지 않는다(대판 81도1732).

서명사취 사안에 대한 대상판결 이전의 대법원의 입장

1 [대판 2000도778] [서명사취사기 사안에는 **사문서위조죄(법231)**도 인정된다. 양자는 **실체적 경합관계**에 있다] 피고인이 정기문중총회 회의록을 임의로 작성하고는 종중원들을 찾아다니면서 서명, 날인을 받았는데, 이 때 종중원들에게 이 임야의 등기, 매도권한을 피고인에게 일임하고 매도금액 3분의 1을 문중에 반납하고 나머지를 피고인에게 소송대행비용으로 준다는 위 회의록의 내용 등에 관하여 제대로 알려 주지 아니한 채, 단지 이 임야에 관하여 문중 명의로 소유권이전등기를 하는 데 필요하다는 정도로만 얘기하면서 서명, 날인을 받은 사실을 인정한 다음, 문서명의자인 문중원들이 자신의 의사로 직접 서명, 날인을 한 이상 피고인의 묵비나 기망으로 인하여 종중원들이 총회록의 내용을 오해하였다고 하여 위조가 되는 것은 아니며, 피고인이 문중원들을 생명있는 도구로 이용하여 범행을 한 것이라고 볼 수도 없다는 이유로, 피고인에 대한 공소사실 중 사문서위조 및 동행사의 점에 대하여 무죄를 선고한 제1심판결을 그대로 유지하고 있다. 그러나 원심의 판단은 수긍하기 어렵다. 왜냐하면, 명의인을 기망하여 문서를 작성케 하는 경우는 서명, 날인이 정당히 성립된 경우에도 기망자는 명의인을 이용하여 서명 날인자의 의사에 반하는 문서를 작성케 하는 것이므로 **사문서위조죄가 성립한다.**

68 소송사기의 성부 - '간접정범' 형태의 소송사기 -

* 대법원 2007. 9. 6. 선고 2006도3591 판결
* 참조조문: 형법 제347조 제2항[1]

소송사기도 간접정범 형태로 실행될 수 있는가?

●**사실**● W주식회사 대표이사로 있던 피고인 X는 2003.9.1.경 사실은 자신의 회사가 피해자 A에게 2,000만 원을 빌려 준 적이 없기 때문에 양도할 채권이 존재하지 아니함에도, 자신이 B에 대하여 개인적으로 부담하고 있던 차용금채무 3,500만 원에 대한 변제로, B와 사이에 "채권양도인 W주식회사. 채권양수인 B. 채권양도인 W회사는 A에 대하여 가지고 있는 차용금채권 전부를 양도하고 양도금은 원금 2,000만 원, 이자 2,500만 원 합계 4,500만 원 전부를 양도한다."라는 내용의 채권양도계약서를 작성하고, 미리 위조해둔 A 명의의 차용증을 B에게 교부하여 마치 W회사가 A에 대하여 2,000만 원 상당의 대여금 채권을 가지고 있는 것처럼 B에게 위 **허위채권을 양도**하였다. 그리고 2003.12.12.경 수원지방법원 성남지원에서 그 정을 모르는 B로 하여금 자신으로부터 양도받은 허위채권에 기초하여 A을 상대로 "피고 A는 금 45,000,000원 및 2003.9.1.부터 완제일까지 월 2부의 비율에 의한 금원을 지급하라"는 내용의 **양수금 청구소송을 제기**하면서 위조된 이 사건 차용증을 증거자료로 제출하게 하여, 이에 속은 법원으로 하여금 **승소판결을 선고**하게 함으로써 B로 하여금 A로부터 동액 상당의 재산상 이익을 취득하게 하려고 하였다. 그러나 A가 응소하고 B는 2004.5.7. 소취하서를 제출함으로써 그 목적을 이루지 못하고 미수에 그쳤다.

원심은, X가 B에 대한 기존 채무의 변제를 위하여 B에게 이 사건 차용증상의 채권을 양도하고, B도 X에 대한 기존 대여금 채권을 변제받기 위하여 위 채권을 양수한 것이라면, B는 자신의 이익을 위하여 위 양수금 청구소송을 제기하고 자신이 선임한 변호사를 통해 당사자로서의 소송을 수행하여 승소판결을 얻으려 한 것이어서, **단순히 채권양도인인 X에 의해 이용되는 지위에 머무는 데 불과하다고 볼 수는 없고**, 검사가 제출한 증거들만으로는, X에게 B의 소송제기에 대한 행위지배가 인정되어 B가 X의 지시에 따라 소송수행을 하는 데 불과한 형식상의 소송당사자에 불과하다거나 X와 B 사이에 소송행위를 하게 하는 것을 주목적으로 이 사건 채권양도가 이루어진 경우라는 점을 인정하기에 부족하며 달리 이를 인정할 증거가 없다는 이유로 무죄를 선고하였다. 이에 검사가 상고하였다.

●**판지**● 파기환송. 「[1] 자기에게 유리한 판결을 얻기 위하여 소송상의 주장이 사실과 다름이 객관적으로 명백하거나 증거가 조작되어 있다는 정을 인식하지 못하는 제3자를 이용하여 그로 하여금 소송의 당사자가 되게 하고 **법원을 기망**하여 소송 상대방의 재물 또는 재산상 이익을 취득하려 하였다면 **간접정범의 형태에 의한 소송사기죄가 성립**하게 된다.

[2] 甲이 乙 명의 차용증을 가지고 있기는 하나 그 채권의 존재에 관하여 乙과 다툼이 있는 상황에서 당초에 없던 월 2푼의 약정이자에 관한 내용 등을 부가한 乙 명의 차용증을 새로 위조하여, 이를 바탕으로 자신의 처에 대한 채권자인 丙에게 차용원금 및 위조된 차용증에 기한 약정이자 2,500만 원을 양도하고, 이러한 사정을 모르는 丙으로 하여금 乙을 상대로 양수금 청구소송을 제기하도록 한 사안에서, 적어도 위 약정이자 2,500만 원 중 법정지연손해금 상당의 돈을 제외한 나머지 돈에 관한 **甲의 행위는 丙을 도구로 이용한 간접정범 형태의 소송사기죄를 구성**한다」.

---

1) 형법 제347조(사기) ① 사람을 기망하여 재물의 교부를 받거나 재산상의 이익을 취득한 자는 10년 이하의 징역 또는 2천만원 이하의 벌금에 처한다. ② 전항의 방법으로 제삼자로 하여금 재물의 교부를 받게 하거나 재산상의 이익을 취득하게 한 때에도 전항의 형과 같다.

●**해설●** 1 소송사기는 법원에 대해 허위사실을 주장하거나 거짓증거를 제출함으로써 법원을 기망하여 자기에게 유리한 판결을 받아내고 이것을 토대로 상대방으로부터 재물 또는 재산상 이익을 얻는 것을 말한다(**법원기망 → 허위승소판결 → 강제집행**). 이러한 소송사기는 피기망자가 법원이고 피해자는 소송의 상대방이기 때문에 **삼각관계의 사기형태**를 취하게 된다. 이와 같이 처분행위자와 재산상의 피해자가 일치하지 않는 경우가 '삼각사기'이다. 이 경우 주의할 점은 **피기망자와 처분행위자는 일치**하여야 하며, 처분행위자는 피해자의 재산을 처분할 수 있는 **'사실상'의 지위**에 있으면 족하다(대판 90도2180). 따라서 반드시 사법상의 위임이나 대리권의 범위와 일치하여야 하는 것은 아니다.

2 **소송사기죄 적용의 엄격성**   소송사기는 공적인 '소송'이 사기에 이용되는 경우를 지칭하는 것으로 「이를 쉽사리 유죄로 인정하게 되면 누구든지 자기에게 유리한 주장을 하고 소송을 통하여 권리구제를 받을 수 있는 **민사재판제도의 위축**을 가져올 수밖에 없으므로, 피고인이 그 범행을 인정한 경우 외에는 그 소송상의 주장이 사실과 다름이 객관적으로 명백하고 피고인이 그 주장이 명백히 거짓인 것을 인식하였거나 증거를 조작하려고 하였음이 인정되는 때와 같이 범죄가 성립하는 것이 명백한 경우가 아니면 이를 유죄로 인정하여서는 아니 된다」(**소송사기죄 적용의 엄격성**). 때문에 「(가) 단순히 사실을 잘못 인식하였다거나 법률적 평가를 잘못하여 존재하지 않는 권리를 존재한다고 믿고 제소한 행위는 사기죄를 구성하지 아니하며, (나) 소송상 주장이 다소 사실과 다르더라도 존재한다고 믿는 권리를 이유 있게 하기 위한 과장표현에 지나지 아니하는 경우 사기의 범의가 있다고 볼 수 없고, 또한 (다) 소송사기에서 말하는 증거의 조작이란 **처분문서 등을 거짓**으로 만들어 내거나 증인의 **허위 증언을 유도**하는 등으로 객관적·제3자적 증거를 조작하는 행위」를 말한다.

3 **소송사기의 한계**   따라서 소송사기가 성립하기 위해서는 법원에 대하여 **허위사실을 주장**하거나 **증거조작**을 하는 등 **적극적 기망행위**가 있어야 한다. 즉 「소송사기가 성립하기 위하여는 (가) 제소 당시에 그 주장과 같은 채권이 존재하지 아니하다는 것만으로는 부족하고 그 주장의 채권이 존재하지 아니한 사실을 잘 알고 있으면서도 **허위의 주장과 입증으로써 법원을 기망한다는 인식을 하고 있어야만 하고,** (나) 단순히 사실을 잘못 인식하거나 법률적인 평가를 그르침으로 인하여 존재하지 않는 채권을 존재한다고 믿고 제소하는 행위는 사기죄를 구성하지 않는다」(대판 2003도373). 매매계약서의 위조, 변조공문서 제출, 허위준비서면과 진술서 제출, 허위증언유도, 잘못 된 제권판결의 유도 등은 적극적 기망에 해당된다. 이와 같이 소송사기에서 말하는 **증거의 조작**이란 처분문서 등을 거짓으로 만들어 내거나 증인의 허위증언을 유도하는 등으로 객관적·제3자적 증거를 조작하는 행위를 말한다. 즉 '적극적인 허위의 주장이나 입증'으로 법원을 기망하여야 한다(대판 2003도7124, Ref 1-5).

4 **소송사기가 불가능한 경우**   소송사기에 있어서 피기망자인 법원의 재판은 피해자의 처분행위에 갈음하는 내용과 효력이 있다. 따라서 소송의 **상대방은 진정한 권리자**이어야 한다. 때문에 ① 소유권자가 아닌 자를 상대로 소를 제기하여 승소하였거나(대판 84도2642, Ref 2-4), ② **사자(死者)**를 상대로 한 소송(대판 2000도1881, Ref 2-1) 또는 ③ 실재하지 않는 자(**허무인**)에 대한 소송(대판 92도743, Ref 2-3) 및 ④ 타인과 공모하여 그를 상대로 의제자백을 받아 소유권 이전등기를 경료한 때(대판 97도2430, Ref 2-2)에는 판결에 따른 효력이 발생할 수 없으므로 사기죄를 구성하지 아니한다.

5 또한 소송사기에 있어서 피기망자인 법원의 재판은 **피해자의 처분행위에 갈음하는 내용과 효력**이 있는 것이어야 하고 그렇지 않은 경우는 착오에 의한 재물의 교부나 재산상의 이익을 취득하는 행위가 있다고 할 수 없어 사기죄를 구성하지 않는다(대판 2009도5900).

6 사안에서 원심은 B의 소송제기에 대한 X의 행위지배가 인정되지 않아 간접정범 형태의 소송사기를 부정하였으나 대법원은 달리 판단하고 있다. 사안의 정황이 허위채권을 양도하여 소송에서 이익을 얻을 경우 X의 B에 대한 개인적인 채무변제가 이루어지도록 약정하여 B로 하여금 소송을 제기할 수밖에 없도록 하게 한 점 등에 비추어 보아 **X는 B와 관계에서 행위지배가 인정된다**고 보았다. 이에 따라 **간접정범의 형태에 의한 소송사기죄가 성립한다**고 판단하였다.[2]

7 **소송사기의 다양한 형태**   소송사기는 구두변론을 요하는 소송의 형태를 취하는 경우가 보통이지만, **지급명령**(대판 2002도4151, Ref 1.8−1), **집행명령, 경매신청**(대판 2012도9603), **압류신청**(대판 2014도10086, Ref 1−1), **소액심판, 배당요구** 등 구두변론 없이 이루어지는 각종 **신청의 형태를 취하는 경우**도 있다. 이에 반해 **소송상의 화해**(대판 67도1579, Ref 1.24−1)나 **가압류·가처분의 신청**인 경우에는 소송사기가 성립하지 않는다.

Reference 1

소송사기를 인정한 판례들

---

1 [대판 2014도10086] [부동산에 관한 소유권이전등기청구권에 대한 강제집행절차에서, 소송사기의 실행의 착수 시기(＝허위 채권에 기한 공정증서를 집행권원으로 하여 채무자의 소유권이전등기청구권에 대하여 **압류신청을 한 때**)] 강제집행절차를 통한 소송사기는 집행절차의 개시신청을 한 때 또는 진행 중인 집행절차에 배당신청을 한 때에 실행에 착수하였다고 볼 것이다. 민사집행법 제244조에서 규정하는 부동산에 관한 권리이전청구권에 대한 강제집행은 그 자체를 처분하여 대금으로 채권에 만족을 기하는 것이 아니고, 부동산에 관한 권리이전청구권을 압류하여 청구권의 내용을 실현시키고 부동산을 채무자의 책임재산으로 귀속시킨 다음 다시 부동산에 대한 경매를 실시하여 매각대금으로 채권에 만족을 기하는 것이다. 이러한 경우 소유권이전등기청구권에 대한 압류는 당해 부동산에 대한 경매의 실시를 위한 사전 단계로서의 의미를 가지나, 전체로서의 강제집행절차를 위한 일련의 시작행위라고 할 수 있으므로, 허위 채권에 기한 공정증서를 집행권원으로 하여 채무자의 소유권이전등기청구권에 대하여 압류신청을 한 시점에 소송사기의 실행에 착수하였다고 볼 것이다.

2 [대판 2013도564] [**허위의 근저당권자가 집행법원을 기망하여 배당금을 지급받은 경우, 부동산 매수인을 피해자로 하는 사기죄는 성립한다**] [1] 근저당권자가 집행법원을 기망하여 원인무효이거나 피담보채권이 존재하지 않는 근저당권에 기해 채무자 또는 물상보증인 소유의 부동산에 대하여 임의경매신청을 함으로써 경매절차가 진행된 결과 부동산이 매각되었더라도 그 경매절차는 무효로서 채무자나 물상보증인은 부동산의 소유권을 잃지 않고, 매수인은 부동산의 소유권을 취득할 수 없다. 이러한 경우에 허위의 근저당권자가

---

2) 간접정범의 행위지배에 대해서는 형법판례총론【55】참조.

매각대금에 대한 배당절차에서 배당금을 지급받기에 이르렀다면 집행법원의 배당표 작성과 이에 따른 배당금 교부행위는 매수인에 대한 관계에서 그의 재산을 처분하여 직접 재산상 손해를 야기하는 행위로서 매수인의 처분행위에 갈음하는 내용과 효력을 가진다. [2] 피고인이 피해자 갑에 대한 대여금 채권이 없음에도 갑 명의의 차용증을 허위로 작성하고 갑 소유의 부동산에 관하여 피고인 앞으로 근저당권설정등기를 마친 다음, 그에 기하여 부동산임의경매를 신청하여 배당금을 교부받아 편취하였다는 내용으로 기소된 사안에서, 공소사실에 따른 실제 피해자는 부동산 매수인 을이므로 을에 대한 관계에서 사기죄가 성립함에도, 진정한 피해자가 누구인지를 가려내지 않은 채 무죄로 판단한 원심판결에 법리오해의 잘못이 있다.

3 [대판 2010도12732] [진정한 임차권자가 아니면서 **허위의 임대차계약서를 법원에 제출**하여 임차권등기명령을 신청한 행위가 소송사기의 실행의 착수에 해당하는지 여부(적극)] 임차권등기명령의 절차 및 그 집행에 의한 임차권등기의 법적 효력을 고려하면, 다른 특별한 사정이 없는 한, **법원의 임차권등기명령**은 피신청인의 재산상의 지위 또는 상태에 영향을 미칠 수 있는 행위로서 피신청인의 처분행위에 갈음하는 내용과 효력이 있다고 보아야 하고, 따라서 이러한 법원의 임차권등기명령을 이용한 소송사기의 경우 피해자인 피신청인이 직접 처분행위를 하였는지 여부는 사기죄의 성부에 아무런 영향을 주지 못한다. 법원의 임차권등기명령을 피해자의 재산적 처분행위에 갈음하는 내용과 효력이 있는 것으로 보고 그 집행에 의한 임차권등기가 마쳐짐으로써 신청인이 재산상 이익을 취득하였다고 보는 이상, 진정한 임차권자가 아니면서 허위의 임대차계약서를 법원에 제출하여 임차권등기명령을 신청하면 그로써 소송사기의 실행행위에 착수한 것으로 보아야 하고, 나아가 그 임차보증금 반환채권에 관하여 현실적으로 청구의 의사표시를 하여야만 사기죄의 실행의 착수가 있다고 볼 것은 아니다.

소유권'보존'등기 말소 청구와 사기죄의 성부

4-1 [대판 2005도9858 전원합의체] [소유권보존등기말소] 피고인 또는 그와 공모한 자가 자신이 토지의 소유자라고 허위의 주장을 하면서 **소유권보존등기 명의자를 상대로 보존등기의 말소를 구하는 소송을 제기한 경우** 그 소송에서 위 토지가 피고인 또는 그와 공모한 자의 소유임을 인정하여 보존등기 말소를 명하는 내용의 승소확정판결을 받는다면, 이에 터 잡아 언제든지 단독으로 상대방의 소유권보존등기를 말소시킨 후 위 판결을 부동산등기법 제130조 제2호 소정의 소유권을 증명하는 판결로 하여 자기 앞으로의 소유권보존등기를 신청하여 그 등기를 마칠 수 있게 되므로, 이는 법원을 기망하여 유리한 판결을 얻음으로써 '대상 토지의 소유권에 대한 방해를 제거하고 그 **소유명의를 얻을 수 있는 지위**'라는 **재산상 이익**을 **취득**한 것이고, 그 경우 **기수시기는 위 판결이 확정**된 때이다. cf) 본 사안에서 피고인은 본 판결을 통해 언제든지 단독으로 그 부동산의 소유권보존등기를 할 수 있는 **지위를 획득**하였기 때문에 재산상의 이익을 취득한 것으로 볼 수 있어 사기죄가 성립하는 것이다. 같은 맥락에서 **가등기말소**의 경우를 들 수 있다. 부동산 위에 소유권이전청구권 보전의 가등기를 마친 자를 기망하여 **그 가등기를 말소하게 하면** 부동산 소유자는 가등기의 부담이 없는 부동산을 소유하게 되는 재산상 이익을 얻게 되어 **사기죄가 성립**한다(대판 2007도9417).

4-2 [대판 2011도8873] [1] 甲이 일제시대 사정(査定)받은 토지에 대하여 소유자 미복구를 원인으로 국가 명의의 소유권보존등기가 되어 있는 상태에서, 피고인이 제1심 공동피고인과 공모하여 乙이 사정명의인 甲의 소유권을 대습상속한 것처럼 상속인의 사망 시기 등을 조작한 다음 乙을 원고로 하여 국가를 상대로 **소유권보존등기 말소등기 청구소송**을 제기하여 이를 일부 인용하는 취지의 **화해권고결정이 확정**된 사안에서, 대하여 피고인에게 사기죄와 사기미수죄를 인정한 원심판단을 수긍한 사례 [2] 위 부동산에 대하여 민

법 제1053조 이하의 절차에 따른 국가귀속 절차가 이루어지거나 국가가 소유권을 가지게 된 다른 특별한 사정이 있지 않는 한 당연히 국가 소유가 되는 것은 아니라고 할 것이나, 이미 국가 명의로 소유권보존등기가 되어 있는 상태에서 **소유권보존등기의 말소 청구**를 하고 청구의 일부인용 판결에 준하는 화해권고결정이 확정된 이상, 청구인용 부분에 대하여는 법원을 기망하여 유리한 결정을 받음으로써 '**대상 토지의 소유명의를 얻을 수 있는 지위**'라는 재산상 이익을 취득하였다고 할 것이고, 이는 사기죄의 대상인 재산상 이익의 편취에 해당한다는 이유로, 위 청구인용 부분에 대하여 사기죄, 그리고 화해권고결정에 의하여 등기말소청구를 포기한 부분에 대하여 사기미수죄를 각 인정한 원심판단을 수긍한 사례. **cf)** '화해권고결정'은 소송상 화해와 달리 실질적 강제력이 있어 판결의 효력의 갖기 때문에 소송사기가 성립한다.

5 [대판 2003도7124] [특정 권원에 기하여 민사소송을 진행하던 중 법원에 조작된 증거를 제출하면서 종전에 주장하던 특정 권원과 **별개의 허위의 권원을 추가로 주장하는 경우**, 소송사기죄의 성립 여부(적극)] 피고인이 특정 권원에 기하여 민사소송을 진행하던 중 법원에 조작된 증거를 제출하면서 종전에 주장하던 특정 권원과 별개의 허위의 권원을 추가로 주장하는 경우에 그 당시로서는 종전의 특정권원의 인정 여부가 확정되지 아니하였고, 만약 종전의 특정 권원이 배척될 때에는 조작된 증거에 의하여 법원을 기망하여 추가된 허위의 권원을 인정받아 승소판결을 받을 가능성이 있으므로, 가사 나중에 법원이 종전의 특정 권원을 인정하여 피고인에게 승소판결을 선고하였다고 하더라도, 피고인의 이러한 행위는 특별한 사정이 없는 한 소송사기의 실행의 착수에 해당된다.

6 [대판 2003도4914] [자기앞수표를 교부한 자가 이를 분실하였다고 허위로 공시최고신청을 하여 **제권판결을 선고받아 확정**된 경우, 이로써 사기죄에 있어서의 재산상 이익을 취득한 것으로 볼 수 있는지 여부 (적극)] 자기앞수표를 교부한 자가 이를 분실하였다고 허위로 공시최고신청을 하여 제권판결을 선고받아 확정되었다면, 그 제권판결의 적극적 효력에 의해 그 자는 그 수표상의 채무자인 은행에 대하여 수표를 소지하지 않고도 수표상의 권리를 행사할 수 있는 지위를 취득하였다고 할 것이므로, 이로써 사기죄에 있어서의 재산상 이익을 취득한 것으로 보기에 충분하다고 할 것이고, 이는 제권판결이 그 신청인에게 수표상의 권리를 행사할 수 있는 형식적 자격을 인정하는 데 그치고, 그를 실질적 권리자로 확정하는 것이 아니라는 점만으로 달리 볼 수는 없다.

소유권'이전'등기 말소 청구와 사기죄의 성부

7-1 [대판 2003도1951] 부동산등기부상 소유자로 등기된 적이 있는 자가 자기 이후에 소유권이전등기를 경료한 등기명의인들을 상대로 허위의 사실을 주장하면서 그들 명의의 **소유권이전등기의 말소를 구하는 소송을 제기한 경우** 그 소송에서 승소한다면 등기명의인들의 등기가 말소됨으로써 그 소송을 제기한 자의 등기명의가 회복되는 것이므로 이는 법원을 기망하여 재물이나 재산상 이익을 편취한 것이라고 할 것이고 따라서 등기명의인들 전부 또는 일부를 상대로 하는 그와 같은 말소등기청구 소송의 제기는 사기의 실행에 착수한 것이라고 보아야 한다.

7-2 [비교판례] [대판 2009도128] 파기환송. 피고인이 갑이 부동산을 매수한 일이 없음에도 매수한 것처럼 허위의 사실을 주장하여 위 부동산에 대한 소유권이전등기를 거친 사람을 상대로 **그 이전등기의 원인무효를 내세워 그 이전등기의 말소를 구하는 소송**을 갑 명의로 제기하고 그 소송의 결과 원고로 된 갑이 승소한다고 가정하더라도 그 피고의 등기가 말소될 뿐이고 이것만으로 피고인이 위 부동산에 관한 어떠한 권리

를 취득하거나 의무를 면하는 것은 아니므로 법원을 기망하여 재물이나 재산상 이익을 편취한 것이라고 보기 어렵고, 따라서 위 소제기 행위를 가리켜 사기의 실행에 착수한 것이라고 할 수 없다.

허위의 지급명령신청3)과 사기죄의 성부

8-1 [대판 2002도4151] [1] [증거를 조작함이 없이 **허위의 내용으로 지급명령을 신청한 경우**, 사기죄의 기망수단이 되는지 여부(적극)]. 허위의 내용으로 지급명령을 신청하여 법원을 기망한다는 고의가 있는 경우에 법원을 기망하는 것은 **반드시 허위의 증거를 이용하지 않더라도** 당사자의 주장이 법원을 기만하기 충분한 것이라면 기망수단이 된다. [2] [허위의 내용으로 신청한 지급명령이 그대로 확정된 경우, 사기죄의 기수에 이르렀다고 볼 수 있는지 여부(적극)] 지급명령을 송달받은 채무자가 2주일 이내에 이의신청을 하지 않는 경우에는 구 민사소송법(2002.1.26. 법률 제6626호로 전문 개정되기 전의 것) 제445조에 따라 지급명령은 확정되고, 이와 같이 확정된 지급명령에 대해서는 항고를 제기하는 등 동일한 절차 내에서는 불복절차가 따로 없어서 이를 취소하기 위해서는 재심의 소를 제기하거나 위 법 제505조에 따라 청구이의의 소로써 강제집행의 불허를 소구할 길이 열려 있을 뿐인데, 이는 피해자가 별도의 소로써 피해구제를 받을 수 있는 것에 불과하므로 **허위의 내용으로 신청한 지급명령이 그대로 확정된 경우에는 소송사기의 방법으로 승소 판결을 받아 확정된 경우와 마찬가지로 사기죄는 이미 기수에 이르렀다고** 볼 것이다. cf) 갑은 을에 대한 허위의 채권을 주장하며 지급명령을 신청하였는데, 이 경우에는 **지급명령 신청 시에 사기죄의 실행의 착수가 인정**되고, 그 지급명령이 확정되었을 때 기수가 된다.

8-2 [대판 76도3700] 피고인이 타인명의로 채무자를 상대로 **법원을 기망하여 지급명령과 가집행선고부 지급명령을 발부받고** 이를 채무명의로 하여 채무자의 제3채무자에 대한 정기예금 원리금 채권에 대하여 채권압류 및 전부명령을 하게하고 송달시켜 위 채권을 전부받아 편취한 경우에는 그로서 사기죄는 기수에 이르렀다 할 것이고 실제로 위 원리금을 은행으로부터 지급받아 취득하였는지 여부는 사기의 기수미수를 논하는데 아무런 소장을 가져오지 않는다.

8-3 [비교판례] [대판 82도1160] [**허위사실이 아닌** 기한 미도래 채권의 **단순한 지급명령 신청**이 기망행위에 해당하는지 여부(소극)] **기한 미도래의 채권**을 소송에 의하여 청구함에 있어서 기한의 이익이 상실되었다는 허위의 증거를 조작하는 등의 적극적인 사술을 사용하지 아니한 채 **단지 즉시 지급을 구하는 취지의 지급명령신청**은 법원을 기망하여 부당한 이득을 편취하려는 기망행위에 해당하지 아니한다.

제권판결4)을 이용과 사기죄의 성부

9-1 [대판 99도364] 가계수표발행인이 자기가 발행한 가계수표를 타인이 교부받아 소지하고 있는 사실을 알면서도, 또한 그 수표가 적법히 지급 제시되어 수표상의 소구의무를 부담하고 있음에도 불구하고 **허위의 분실사유**를 들어 공시최고 신청을 하고 이에 따라 법원으로부터 **제권판결**을 받음으로써 수표상의 채무를 면하여 그 수표금 상당의 재산상 이득을 취득하였다면 이러한 행위는 **사기죄에 해당**한다.

---

3) **지급명령**이란 변론을 거치지 않고 채권자의 청구에 이유가 있다고 인정되면 채무자에 대해서 일정한 급부를 명하는 재판을 말한다(민소462). 판결절차에서처럼 구술변론이나 증거조사와 같은 복잡한 절차를 거치지 않으므로 손쉽게 이용할 수 있다. **허위의 채권으로 지급명령을 신청**한 경우에는 채무자가 이의신청을 하면 소가 제기된 것으로 간주되고(민소472), 이의신청이 없으면 지급명령이 확정되므로(민소474), 채무자에게 재산상의 손해가 발생하게 되어 사기죄가 성립하게 된다.
4) **제권판결**(除權判決)이란 공시최고절차에서 공시최고신청인의 신청에 의하여 법원이 하는 실권선언을 말한다.

9-2 [대판 2006도8488] 주권을 교부한 자가 이를 분실하였다고 **허위로 공시최고신청을 하여 제권판결을 선고받아 확정**되었다면, 그 제권판결의 적극적 효력에 의해 그 자는 그 주권을 소지하지 않고도 주권을 소지한 자로서의 권리를 행사할 수 있는 지위를 취득하였다고 할 것이므로, 이로써 사기죄에 있어서의 재산상 이익을 취득한 것으로 보기에 충분하고, 이는 제권판결이 그 신청인에게 주권상의 권리를 행사할 수 있는 형식적 자격을 인정하는 데 그치며 그를 실질적 권리자로 확정하는 것이 아니라고 하여 달리 볼 것은 아니다.

9-3 [비교판례] [대판 2007도9331] 갑 주식회사의 실질적 경영자인 피고인이, 전(前) 대표이사 을이 지방자치단체에 **기부금을 납부**하기로 약정하고 골프장사업을 승인받으면서 그 이행을 위해 약속어음을 발행·교부한 사실을 잘 알고 있음에도, 위 어음을 분실하였다는 허위사유를 들어 법원을 기망하고 **제권판결을 선고받음**으로써 어음금 상당의 재산상 이익을 편취하였다는 공소사실에 대하여, 위 기부금 증여계약은 지방자치단체장의 **공무수행과 결부된 금전적 대가로서 그 조건이나 동기가 사회질서에 반하여 무효**이므로 지방자치단체로서는 위 어음금의 지급을 청구할 수 없음에도, 위 증여가 유효하다고 판단하여 피고인을 유죄로 인정한 원심판결에 민법 제103조[5])에 관한 법리오해 또는 증여의 효력에 관한 심리미진의 위법이 있다. (사기죄 부정)

10 [대판 96도1405] [점유취득시효[6] 완성 후 등기명의인을 상대로 점유취득시효 완성을 원인으로 한 소유권이전등기청구소송을 제기하면서 점유의 권원에 관한 증거를 위조하고 그 진정성립 등에 관한 위증을 교사한 경우, 소송사기죄의 성립 여부(적극)] **토지를 20년 이상 점유하여 왔**더라도 그 점유권원의 성질이 불분명하여 일단 **자주점유**로 추정받기는 하나, 상대방이 그 추정을 번복시킬 수 있는 사실을 입증하면 취득시효를 인정받을 수 없어 결국 상대방의 입증 여부에 따라 소송의 승패가 결정되는 소송에서, 소송의 승패에 결정적인 증거인 **자주점유의 권원에 관한 처분문서를 위조**하고, 그 성립에 관한 **위증을 교사**함으로써 상대방의 추정번복의 입증을 원천적으로 봉쇄하고 법원으로서도 그 처분문서의 성립이 인정되는 한 채증법칙상 그 문서의 내용대로 인정할 수밖에 없도록 하는 등의 소송행위는 사회통념상 도저히 용인될 수 없다고 할 것이므로, 비록 점유자가 자주점유로 추정받는다고 하더라도 위와 같은 기망행위에 의하여 **적극적으로 법원을 기망하여 착오에 빠지게 함으로써 승소판결을 받고**, 등기까지 했던 것이라면 그 행위는 정당한 권리행사라 할 수 없어 **사기죄를 구성**한다.

11 [대판 92도2218] [채권이 소멸된 판결정본을 근거로 강제집행을 하는 경우 사기죄의 성부(적극)] 민사판결의 주문에 표시된 채권을 변제받거나 상계하여 그 채권이 소멸되었음에도 불구하고, 판결정본을 소지하고 있음을 기화로 이를 근거로 하여 강제집행을 하였다면 사기죄를 구성한다.

12 [대판 87도2394] [채무자에 대하여 승소확정판결을 받은 후 대여금 전액을 변제받고서도 위 판결정본으로 채무자 소유의 동산에 압류집행한 행위의 죄책] 대여금 채권자가 채무자에 대하여 승소확정판결을 받은 대여원리금채권을 그 판결확정후에 전액을 변제받고서도 **형식상 적법한 채무명의인 판결정본을 그대로**

---

5) 민법 제103조 (반사회질서의 법률행위) 선량한 풍속 기타 사회질서에 위반한 사항을 내용으로 하는 법률행위는 무효로 한다.

6) 민법 제245조(점유로 인한 부동산소유권의 취득기간) ① **20년간 소유의 의사로 평온, 공연**하게 부동산을 점유하는 자는 등기함으로써 그 소유권을 취득한다. ② 부동산의 소유자로 등기한 자가 10년간 소유의 의사로 평온, 공연하게 선의이며 과실없이 그 부동산을 점유한 때에는 소유권을 취득한다.

소지하고 있음을 이용하여 위 판결정본에 기한 채권이 존재함을 내세워 집달관으로 하여금 그 집행절차를 수임하게 하여 위 채무자 소유의 동산에 압류집행을 하도록 하였다면 채권자의 위 소위는 사기미수에 해당한다.

소송사기를 부정한 판례들

13 [대판 2022도1227] 파기환송. 갑은 을에 대한 손해배상채권에 기하여 피고인을 상대로 '피고인이 을로부터 부동산을 매수한 것은 사해행위에 해당한다.'는 이유로 사해행위취소소송을 제기하여 제1심에서 승소판결을 받고, 피고인은 이에 대해 추완항소를 제기하였는데, 피고인은 선행 사해행위취소소송을 제기한 채권자 병과의 사이에 성립한 조정 결과에 따른 가액배상금의 변제를 완료하였으므로 이를 사해행위 대상 부동산의 담보가치에서 공제하여야 한다고 주장하며 해당 금융거래내역을 증거로 제출하였으나, 사실은 미리 병으로부터 송금받은 금원을 거의 그대로 재송금한 거래내역에 불과하여 실제 채무변제가 완료되지는 않았고, 피고인의 항소는 기각된 사안에서, 제반 사정을 종합하면 피고인이 병과 조정조서상의 가액배상금이 지급된 것으로 하고 위 금원의 별개 채무를 이행하기로 새로운 약정을 한 것이라거나 또는 선행 사해행위취소소송 당사자였던 병의 채권액이 사해행위 대상 부동산의 담보가치에서 제외되어야 한다는 판단으로 위 가액배상의 변제를 주장하고 해당 금융거래내역을 제출한 것이라고 볼 여지가 크고, 이러한 주장이 법원에서 받아들여지지 않았더라도 그것이 객관적으로 허위임이 명백하다거나 피고인이 허위의 주장과 증명으로써 법원을 기망한다는 인식을 하고 있었다고 단정하기 어렵다는 이유로, 이와 달리 피고인이 허위 주장 및 증거 제출의 고의로 사기죄의 실행에 착수하였다고 보아 사기미수죄를 인정한 원심판단에 소송사기에 관한 법리오해의 잘못이 있다고 한 사례.

14 [대판 2018도13305] 소송사기가 성립하기 위하여는 제소 당시에 그 주장과 같은 채권이 존재하지 아니한다는 것만으로는 부족하고 그 주장의 채권이 존재하지 아니하는 사실을 잘 알면서도 허위의 주장과 증명으로써 법원을 기망한다는 인식을 하고 있어야만 하고, **단순히 사실을 잘못 인식하였다거나 법률적 평가를 잘못하여 존재하지 않는 권리를 존재한다고 믿고 제소한 행위는 사기죄를 구성하지 않는다.**

15 [대판 2005도8105] [소송비용을 편취할 의사로 **소송비용의 지급을 구하는 손해배상청구의 소를 제기한 경우**, 사기죄의 **불능범에 해당**한다고 한 사례] 민사소송법상 소송비용의 청구는 소송비용액 확정절차에 의하도록 규정하고 있으므로, 위 절차에 의하지 아니하고 손해배상금 청구의 소 등으로 소송비용의 지급을 구하는 것은 소의 이익이 없는 부적법한 소로서 허용될 수 없다고 할 것이다. 따라서 소송비용을 편취할 의사로 소송비용의 지급을 구하는 손해배상청구의 소를 제기하였다고 하더라도 이는 객관적으로 소송비용의 청구방법에 관한 법률적 지식을 가진 일반인의 판단으로 보아 **결과 발생의 가능성이 없어** 위험성이 인정되지 않는다고 할 것이다. **cf)** 민사소송법상 소송비용의 청구는 소송비용액 확정절차(민소104,114)에 의하도록 규정되어 있다. 따라서 본 사안의 소제기는 기망으로 볼 수 없다.

16 [대판 2005도4222] 법률문외한인 피고인이 실질적으로는 동일한 선순위근저당권과 후순위근저당권의 피담보채권에 관하여 각각 배당을 요구하여 배당받은 행위가 소송사기에 해당하지 아니한다. **cf)** 법률문

외한의 경우에는 소송사기의 고의를 인정할 수 없기 때문이다.

17 [대판 2003도7700] 소송사기에서 말하는 **증거의 조작이란** 처분문서 등을 거짓으로 만들어내거나 증인의 허위 증언을 유도하는 등으로 객관적·제3자적 증거를 조작하는 행위를 말하는 것이므로, 피고인이 소송 제기에 앞서 그 명의로 **피해자에 대한 일방적인 권리주장을 기재**한 통고서 등을 작성하여 내용증명우편으로 발송한 다음, 이를 법원에 증거로 제출하였다 하더라도, 증거를 조작하였다고 볼 수는 없다.

18 [대판 2003도6412] 공사대금채권과 대여금채권을 합산하여 임대차보증금반환채권으로 전환하기로 합의하여 임대차계약을 체결하고, 실제로 임차인이 임대차목적물에 거주하면서 주민등록전입신고를 하고 확정일자를 받은 경우, 임차인이 이에 기하여 경매법원으로부터 배당을 받은 행위를 사기죄로 의율할 수 없다.

19 [대판 2001도6669] 임대인과 임대차계약을 체결한 임차인이 임차건물에 거주하기는 하였으나 그의 처만이 전입신고를 마친 후에 경매절차에서 배당을 받기 위하여 임대차계약서상의 임차인 명의를 처로 변경하여 경매법원에 배당요구를 한 경우, **실제의 임차인이 전세계약서상의 임차인 명의를 처의 명의로 변경하지 아니하였다 하더라도 소액임대차보증금에 대한 우선변제권 행사로서 배당금을 수령할 권리가 있다 할 것이어서**, 경매법원이 실제의 임차인을 처로 오인하여 배당결정을 하였더라도 이로써 재물의 편취라는 결과의 발생은 불가능하다 할 것이고, 이러한 임차인의 행위를 객관적으로 결과발생의 가능성이 있는 행위라고 볼수도 없으므로 형사소송법 제325조에 의하여 무죄를 선고하여야 한다.

20 [대판 2001도1610] 당사자주의 소송구조 하에서는 자기에게 유리한 주장이나 증거는 각자가 자신의 책임 하에 변론에 현출하여야 하는 것이고, 비록 자기가 상대방에게 유리한 증거를 가지고 있다거나 상대방에게 유리한 사실을 알고 있다고 하더라도 **상대방을 위하여 이를 현출하여야 할 의무가 있다고 보기는 어려울 것**이므로 상대방에게 유리한 증거를 제출하지 않거나 상대방에게 유리한 사실을 진술하지 않는 행위만으로는 소송사기에 있어 기망이 된다고 할 수 없다.

21 [대판 2001도1289] 사기죄는 타인을 기망하여 착오에 빠뜨리고 그로 인한 처분행위로 재물의 교부를 받거나 재산상의 이익을 취득한 때에 성립하는 것이므로, 피고인이 피해자에게 부동산매도용인감증명 및 등기의무자본인확인서면의 진실한 용도를 속이고 그 서류들을 교부받아 피고인 등 명의로 위 부동산에 관한 소유권이전등기를 경료하였다 하여도 피해자의 **위 부동산에 관한 처분행위가 있었다고 할 수 없을 것**이고 따라서 사기죄를 구성하지 않는다. **cf)** 사안은 법원을 기망한 것이 아니라 위 서류들을 기망으로 교부받아 등기소에 가서 소유권이전등기를 한 것으로 처분행위가 없다고 보았다.

22 [대판 93도1941] 법원을 기망하여 승소판결을 받아 패소한 상대방으로부터 재물의 교부를 받거나 재산상 이익을 취득하는 이른바 소송사기가 사기죄를 구성하려면, **제소 당시 주장한 권리가 존재하지 않는다는 것만으로는 부족**하고, 그와 같은 권리가 존재하지 않는다는 사실을 알고 있으면서도 허위 주장을 하여 법원을 기망한다는 사실을 인식하여야만 된다 할 것이므로, 단순히 사실을 잘못 인식하거나 법률적인 평가를 잘못하여 존재하지도 않는 권리를 존재한다고 믿고 제소한 경우에는 사기죄가 성립되지 않는다.

23 [대판 84도2642] [부동산에 관하여 권한없는 자를 상대로 소유권확인의 판결을 받아 소유권보존등기를 경료한 경우, 사기죄의 성부(소극)] 소송사기에 있어서 피기망자인 법원의 재판은 피해자의 처분행위에 갈음 하는 내용과 효력이 있는 것이어야 하고 그렇지 않은 경우에는 착오에 의한 재물의 교부행위가 있다고 할 수 없을 것인바, 피고인이 타인소유의 부동산에 관하여 아무런 권한이 없는 사람을 상대로 소유권확인 등 의 청구소송을 제기함으로써 법원을 기망하여 승소판결을 받고 그 확정판결을 이용하여 동 부동산에 대한 소유권보존등기를 경료했다 하여도, 위 판결의 효력은 소송당사자들 사이에만 미치고 제3자인 부동산소유 자에게는 미치지 아니하여 위 판결로 인하여 위 부동산에 대한 제3자의 소유권이 피고인에게 이전되는 것 도 아니므로 사기죄를 구성한다고 볼 수 없다.

소송상 화해[7]

24-1 [대판 67도1579] 법정화해를 한 이상 그 화해내용이 실제의 법률관계 내용과 다르다 하여도 다른 특별한 사정이 없는 한 법원을 기망하여서의 사기죄가 성립된다 할 수 없다.

24-2 [대판 87도1153] 이른바 소송사기에 있어서 피기망자인 법원의 재판은 피해자의 처분행위에 갈음 하는 내용과 같은 효력이 있는 것이라야 하고 그렇지 아니하는 경우에는 착오에 의한 재물의 교부행위가 있다고 할 수 없어서 사기죄는 성립하지 아니한다고 할 것인바, 피고인이 국가 등의 소유인 토지들이 미등 기임을 기화로 갑과 공모하여 을을 그 소유자로 내세운 다음 갑이 을을 상대로 위 토지들에 대하여 매매를 원인으로 한 소유권이전등기절차이행의 소를 제기하여 소송 진행 중 쌍방의 소송대리인등에게 화해하도록 하여 재판부로 하여금 을이 대금수령과 상환으로 갑에게 위 토지들에 대한 소유권이전등기절차를 이행한 다는 취지의 화해조서를 작성하게 한 경우, 이와 같은 **소송상 화해의 효력**은 소송당사자들 사이에만 미치고 제3자인 토지소유자에게는 미치지 아니하며 그 화해조서에 기하여 위 토지들에 대한 제3자의 소유권이 갑 에게 이전되는 것도 아니므로 피고인의 위와 같은 행위가 사기죄를 구성한다고 할 수 없다.

Reference 2
소송의 상대방은 '진정한 권리자'이어야 한다(사기죄 부정)

사망한 자를 상대로 한 제소

1 [대판 2000도1881] 소송사기에 있어서 피기망자인 법원의 재판은 피해자의 처분행위에 갈음하는 내용 과 효력이 있는 것이어야 하고, 그렇지 아니하는 경우에는 착오에 의한 재물의 교부행위가 있다고 할 수 없어서 사기죄는 성립되지 아니한다고 할 것이므로, 피고인의 제소가 **사망한 자를 상대**로 한 것이라면 이와 같은 사망한 자에 대한 판결은 그 내용에 따른 효력이 생기지 아니하여 **상속인에게 그 효력이 미치지 아니하**

---

7) 법률상 **화해(和解)**란 당사자가 서로 양보하여 당사자 간의 분쟁을 끝낼 것을 약정함으로써 성립하는 계약이다 (민법731). 예를 들어 채권액에 대하여 채권자는 1000만원을 주장하고 채무자는 600만원을 주장하며 분쟁하다 가 서로 양보하고 채권액을 800만원으로 정함으로 분쟁을 끝내는 계약이다. 화해가 성립하면 종전의 법률관계 는 소멸하고 분쟁의 대상이 된 것이 당사자가 합의한 대로 확정된다. 따라서 후에 증명된 사실이 화해의 내용 과 다르다고 하여도 이는 고려되지 않는다. 이를 화해의 **창설적 효력**이라고 한다(민법732). 그리고 화해계약은 화해당사자의 자격 또는 화해의 목적인 분쟁 이외의 사항에 관한 착오 외에는 착오를 이유로 하여 취소하지 못한다(민법733). 화해의 효과를 좀 더 유효하게 하기 위하여 법원에서 이를 하는 경우도 있는데 이를 **재판상 화해**라고 한다. 재판상 화해가 성립하여 조서에 기재되면, 그 조서는 **확정판결과 동일한 효력**을 가진다.

고 따라서 사기죄를 구성한다고 할 수 없다.

의제자백 판결을 이용

2 [대판 97도2430] 소송사기에 있어 피기망자인 법원의 재판은 피해자의 처분행위에 갈음하는 내용과 효력이 있는 것이어야 하므로, **피고인이 타인과 공모하여 그 공모자를 상대로 제소하여 의제자백의 판결을 받아** 이에 기하여 부동산의 소유권이전등기를 하였다고 하더라도 이는 소송 상대방의 의사에 부합하는 것으로서 착오에 의한 재산적 처분행위가 있다고 할 수 없어 동인으로부터 부동산을 편취한 것이라고 볼 수 없고, 또 그 부동산의 진정한 소유자가 따로 있다고 하더라도 피고인이 의제자백판결에 기하여 **그 진정한 소유자로부터 소유권을 이전받은 것이 아니므로** 그 소유자로부터 부동산을 편취한 것이라고 볼 여지도 없다.

실재하지 않는 자(허무인)를 상대로 한 제소

3 [대판 92도743] 소송사기에 있어서 피기망자인 법원의 재판은 피해자의 처분행위에 갈음하는 내용과 효력이 있는 것이어야 하는바, **실재하고 있지 아니한 자**에 대하여 판결이 선고되더라도 그 판결은 피해자의 처분행위에 갈음하는 내용과 효력을 인정할 수 없고, 따라서 착오에 의한 재물의 교부행위를 상정할 수 없는 것이므로 사기죄의 성립을 시인할 수 없다.

권한없는 자를 상대로 한 제소

4 [대판 84도2642] 소송사기에 있어서 피기망자인 법원의 재판은 피해자의 처분행위에 갈음하는 내용과 효력이 있는 것이어야 하고 그렇지 않은 경우에는 착오에 의한 재물의 교부행위가 있다고 할 수 없을 것인바, 피고인이 타인소유의 부동산에 관하여 **아무런 권한이 없는 사람을 상대**로 소유권확인등의 청구소송을 제기함으로써 법원을 기망하여 승소판결을 받고 그 확정판결을 이용하여 동 부동산에 대한 소유권보존등기를 경료했다 하여도, 위 판결의 효력은 소송당사자들 사이에만 미치고 제3자인 부동산소유자에게는 미치지 아니하여 위 판결로 인하여 위 부동산에 대한 제3자의 소유권이 피고인에게 이전되는 것도 아니므로 사기죄를 구성한다고 볼 수 없다.

> 보험계약자가 고지의무를 위반하여 보험회사와 보험계약을 체결한 경우, 이때 사기죄의 기수시기는 언제 인가?

●**사실**● **피고인 X는** 1997년경부터 당뇨병과 고혈압이 발병한 상태였음에도 불구하고, 피고인 Y의 위와 같은 질병 사실을 숨기고 보험계약을 체결하여 보험금을 타내기로 마음먹고, 1999. 12. 3.경, 피해자인 A보험회사의 보험모집인 B를 통하여 자신이 보험계약자로, Y를 피보험자로 하는 보험에 가입하였다. 당시 X는 개인보험계약 청약서를 작성함에 있어 회사에 알려야 할 사항란의 '최근 5년 이내에 아래와 같은 병을 앓은 적이 있습니까'라는 질문 중 당뇨병과 고혈압 항목에 대하여 마치 질병이 없는 것처럼 '아니오' 부분에 체크를 한 후 이를 진실로 믿은 A회사와 보험계약을 체결하였다. 이후 X는 고지의무 위반을 이유로 A회사로부터 일방적 해약이나 보험금 지급거절을 당할 수 없는 소위 면책기간 2년을 도과한 이후인 2002. 12. 6. 피보험자인 Y의 '○○병원에서 고혈압, 대동맥해리, 당뇨로 54일간 입원 치료'를 이유로 보험금 청구를 하여 보험금 9,610,000원을 수령하는 등 그 무렵부터 2012. 1. 6.경까지 당뇨병과 고혈압 치료비 등의 명목으로 14회에 걸쳐 보험금 118,050,000원을 수령하여 이를 각 편취하였다는 혐의로 기소되었다.

원심은 다음과 같이 판단하여 피고인 X에 대하여 면소를 선고하였다. X와 피해자 A회사 사이에 각 보험계약이 유효하게 체결되고 최초의 보험료가 납입된 1999. 12.경이나, 이 사건 보험계약에 적용되는 표준약관에 따라 보험계약 체결일로부터 2년이 경과하여 더 이상 보험계약을 해지할 수 없게 된 2001. 12.경, 또는 늦어도 A회사가 피고인들의 고지의무 위반 사실을 명확히 인지한 상태에서 보험금을 지급하거나 지급된 보험금의 환수조치를 취하지 아니함으로써 이 사건 보험계약에 관하여 법정추인이 이루어졌다고 인정되는 2003. 5. 9.경에는 피고인들이 사기죄에서 정하는 재산상 이익으로서의 보험계약자 내지 피보험자로서의 권리를 취득함으로써 이 사건 사기 범행의 결과가 발생하여 기수에 이르렀다. 따라서 이 사건 공소는 범죄행위가 종료된 때로부터 7년이 경과한 2012. 12. 28.에 제기되었으므로 이미 공소시효가 완성된 것으로 판단하였다. 이에 검사가 상고하였다.

●**판지**● **파기환송.** 「[1] 보험계약자가 고지의무를 위반하여 보험회사와 보험계약을 체결한다 하더라도 그 보험금은 보험계약의 체결만으로 지급되는 것이 아니라 보험계약에서 정한 우연한 사고가 발생하여야만 지급되는 것이다. 상법상 고지의무를 위반하여 보험계약을 체결하였다는 사정만으로 보험계약자에게 미필적으로나마 보험금 편취를 위한 고의의 기망행위가 있었다고 단정하여서는 아니 되고, 더 나아가 보험사고가 이미 발생하였음에도 이를 묵비한 채 보험계약을 체결하거나 보험사고 발생의 개연성이 농후함을 인식하면서도 보험계약을 체결하는 경우 또는 보험사고를 임의로 조작하려는 의도를 갖고 보험계약을 체결하는 경우와 같이 그 행위가 '보험사고의 우연성'과 같은 보험의 본질을 해할 정도에 이르러야 비로소 보험금 편취를 위한 고의의 기망행위를 인정할 수 있다. 피고인이 위와 같은 고의의 기망행위로 보험계약을 체결하고 위 보험사고가 발생하였다는 이유로 **보험회사에 보**

---

1) 형법 제347조(사기) ① 사람을 기망하여 재물의 교부를 받거나 재산상의 이익을 취득한 자는 10년 이하의 징역 또는 2천만원 이하의 벌금에 처한다. ② 전항의 방법으로 제삼자로 하여금 재물의 교부를 받게 하거나 재산상의 이익을 취득하게 한 때에도 전항의 형과 같다.

험금을 청구하여 보험금을 지급받았을 때 사기죄는 기수에 이른다.

[2] 피고인이, 갑에게 이미 당뇨병과 고혈압이 발병한 상태임을 숨기고 을 생명보험 주식회사와 피고인을 보험계약자로, 갑을 피보험자로 하는 2건의 보험계약을 체결한 다음, 고지의무 위반을 이유로 을 회사로부터 일방적 해약이나 보험금 지급거절을 당할 수 없는 이른바 면책기간 2년을 도과한 이후 갑의 보험사고 발생을 이유로 을 회사에 보험금을 청구하여 당뇨병과 고혈압 치료비 등의 명목으로 14회에 걸쳐 보험금을 수령하여 편취하였다는 내용으로 기소된 사안에서, 피고인의 보험계약 체결행위와 보험금 청구행위는 을 회사를 착오에 빠뜨려 처분행위를 하게 만드는 일련의 기망행위에 해당하고 을 회사가 그에 따라 **보험금을 지급하였을 때 사기죄는 기수에 이르며**, 그 전에 을 회사의 해지권 또는 취소권이 소멸되었더라도 마찬가지라는 이유로, 이와 달리 보험계약이 체결되고 최초 보험료가 납입된 때 또는 을 회사가 보험계약을 더 이상 해지할 수 없게 되었을 때 또는 고지의무 위반 사실을 알고 보험금을 지급하거나 지급된 보험금을 회수하지 않았을 때 사기죄가 기수에 이른다는 전제 아래 공소사실 전부에 대하여 공소시효가 완성되었다고 보아 면소를 선고한 원심판결에 보험금 편취를 목적으로 하는 사기죄의 기수시기에 관한 법리를 오해한 위법이 있다 」.

●**해설**● 1 사기죄의 **실행의 착수시기**는 편취의 의사로 기망행위를 개시한 때이다. 따라서 단순히 기망을 위한 수단을 준비하는 정도로는 아직 실행의 착수가 있었다고 볼 수는 없다. 예를 들어, 화재보험금을 편취하기 위하여 보험에 든 자기 집에 방화하는 것만으로는 본죄의 실행의 착수가 있었다고 보기는 힘들고, 보험회사에 보험금을 청구할 때에 실행의 착수가 있다 할 것이다.

2 사기죄 기수는 **재물의 교부여부**를 기준으로 판단한다. 사기죄에 있어서 '재물의 교부'란 범인의 기망에 따라 피해자가 착오로 재물에 대한 사실상의 지배를 범인에게 이전하는 것을 의미한다. 재물의 교부가 있었다고 하기 위하여 반드시 재물의 현실적 인도가 필요한 것은 아니고 재물이 범인의 사실상의 지배 아래에 들어가 그의 자유로운 처분이 가능한 상태에 놓인 경우에도 재물의 교부가 있었다고 보아야 한다. 보험사기와 관련하여 사안에서 대법원은 고의의 기망행위로 보험계약을 체결하고 보험사고가 발생하였다는 이유로 보험회사에 **보험금을 청구하여 보험금을 지급받았을 때** 사기죄는 기수에 이른 것으로 판단하고 있다.

3 **소송사기의 실행의 착수시점과 기수시점**   한편 **소송사기의** 실행의 착수시점과 관련하여 ① **원고가 소송사기의 주체**인 때에는 **소송을 제기할** 때에 실행의 착수가 있다(대판 2003도1951, Ref 1-7). 이때 소장의 유효한 송달을 요하지 않는다. 따라서 제소자가 상대방의 주소를 허위로 기재함으로써 그 주소로 소송서류가 송달되어 다른 사람이 그 서류를 받아 소송이 진행된 경우에도 실행의 착수가 인정된다(대판 2006도5811, Ref 1-4). 반면 ② **피고가 소송사기의 주체**가 된 경우에는 적극적인 방법으로 법원을 기망할 의사를 가지고 허위내용의 **서류를 증거로 제출**하거나 그에 따른 주장을 담은 **답변서나 준비서면을 제출**한 경우에 사기죄의 실행의 착수가 있다(대판 97도2786, Ref 1-8). 그리고 기수시점은 당해 소송의 승소판결이 '**확정**'된 때에 범행이 기수에 이른 것으로 본다.

실행의 착수를 인정한 사례(소송사기를 중심으로)

1 [대판 2014도10086] **강제집행절차를 통한 소송사기는 집행절차의 개시신청을 한 때 또는 진행 중인 집행
절차에 배당신청을 한 때에 실행에 착수하였다고 볼 것이다.** 민사집행법 제244조에서 규정하는 부동산에 관
한 권리이전청구권에 대한 강제집행은 그 자체를 처분하여 대금으로 채권에 만족을 기하는 것이 아니고,
부동산에 관한 권리이전청구권을 압류하여 청구권의 내용을 실현시키고 부동산을 채무자의 책임재산으로
귀속시킨 다음 다시 부동산에 대한 경매를 실시하여 매각대금으로 채권에 만족을 기하는 것이다. 이러한
경우 소유권이전등기청구권에 대한 압류는 당해 부동산에 대한 경매의 실시를 위한 사전 단계로서의 의미
를 가지나, 전체로서의 강제집행절차를 위한 일련의 시작행위라고 할 수 있으므로, 허위 채권에 기한 공정
증서를 집행권원으로 하여 채무자의 소유권이전등기청구권에 대하여 **압류신청을 한 시점에 소송사기의 실행
에 착수하였다고 볼 것이다.**

2 [대판 2010도9330] **[사기도박에서 실행의 착수시기(=사기도박을 위한 기망행위를 개시한 때)]** [1] 사기죄
는 편취의 의사로 기망행위를 개시한 때에 실행에 착수한 것으로 보아야 하므로, 사기도박에서도 사기적인
방법으로 도금을 편취하려고 하는 자가 상대방에게 **도박에 참가할 것을 권유하는 등 기망행위를 개시한 때에
실행의 착수가 있는 것**으로 보아야 한다. [2] 피고인 등이 사기도박에 필요한 준비를 갖추고 그러한 의도로
피해자들에게 도박에 참가하도록 권유한 때 또는 늦어도 그 정을 알지 못하는 피해자들이 도박에 참가한
때에는 이미 사기죄의 실행에 착수하였다고 할 것이므로, 피고인 등이 그 후에 사기도박을 숨기기 위하여
얼마간 정상적인 도박을 하였더라도 이는 사기죄의 실행행위에 포함되는 것이어서 피고인에 대하여는 피
해자들에 대한 사기죄만이 성립하고 도박죄는 따로 성립하지 아니함에도, 이와 달리 피해자들에 대한 사기
죄 외에 도박죄가 별도로 성립하는 것으로 판단하고 이를 유죄로 인정한 원심판결에 사기도박에 있어서의
실행의 착수시기 등에 관한 법리오해의 위법이 있다.

3 [대판 2010도12732] 위와 같이 법원의 임차권등기명령을 피해자의 재산적 처분행위에 갈음하는 내용
과 효력이 있는 것으로 보고 그 집행에 의한 임차권등기가 마쳐짐으로써 신청인이 재산상 이익을 취득하였
다고 보는 이상, 진정한 임차권자가 아니면서 허위의 임대차계약서를 법원에 제출하여 임차권등기명령을
신청하면 그로써 소송사기의 실행행위에 착수한 것으로 보아야 하고, 나아가 그 임차보증금 반환채권에 관
하여 현실적으로 청구의 의사표시를 하여야만 사기죄의 실행의 착수가 있다고 볼 것은 아니다.

4 [대판 2006도5811] 소송사기는 법원을 기망하여 자기에게 유리한 판결을 얻고 이에 터잡아 상대방으
로부터 재물의 교부를 받거나 재산상 이익을 취득하는 것을 말하는 것으로서 소송에서 주장하는 권리가 존
재하지 않는 사실을 알고 있으면서도 법원을 기망한다는 인식을 가지고 소를 제기하면 이로써 실행의 착수
가 있고 소장의 유효한 송달을 요하지 아니한다고 할 것인바, 이러한 법리는 제소자가 **상대방의 주소를 허
위로 기재함으로써 그 허위주소로 소송서류가 송달되어** 그로 인하여 상대방 아닌 다른 사람이 그 서류를 받
아 소송이 진행된 경우에도 마찬가지로 적용된다.

5 [대판 2003도7124] 피고인이 특정 권원에 기하여 민사소송을 진행하던 중 법원에 조작된 증거를 제출

하면서 종전에 주장하던 **특정 권원과 별개의 허위의 권원을 추가로 주장하는 경우**에 그 당시로서는 종전의 특정권원의 인정 여부가 확정되지 아니하였고, 만약 종전의 특정 권원이 배척될 때에는 조작된 증거에 의하여 법원을 기망하여 추가된 허위의 권원을 인정받아 승소판결을 받을 가능성이 있으므로, 가사 나중에 법원이 종전의 특정 권원을 인정하여 피고인에게 승소판결을 선고하였다고 하더라도, 피고인의 이러한 행위는 특별한 사정이 없는 한 소송사기의 실행의 착수에 해당된다.

6 [대판 2003도2144] [비용 부담에 관한 기재 내용의 일부를 변조한 인증합의서를 증거로 첨부하여 공사대금청구의 소를 제기한 경우, 소송사기의 실행에 착수하였다고 한 사례] 피고인이 피해자와 사이에 온천의 시공에 필요한 비용을 포함한 일체의 비용을 자신이 부담하기로 약정하였음에도 피해자를 상대로 공사대금청구의 소를 제기하면서 시공 외의 비용은 모두 피해자가 부담한다는 내용으로 **변조한 인증합의서를 소장에 첨부하여 제출한 경우**, 소송사기의 실행에 착수하였다고 한 사례.

7 [대판 2003도1951] 이른바 소송사기는 법원을 기망하여 자기에게 유리한 재판을 얻고 이에 기하여 상대방으로부터 재물의 교부를 받거나 재산상 이익을 취득하는 것을 말하는 것인바, 부동산등기부상 소유자로 등기된 적이 있는 자가 자기 이후에 소유권이전등기를 경료한 등기명의인들을 상대로 허위의 사실을 주장하면서 그들 명의의 **소유권이전등기의 말소를 구하는 소송을 제기한 경우** 그 소송에서 승소한다면 등기명의인들의 등기가 말소됨으로써 그 소송을 제기한 자의 등기명의가 회복되는 것이므로 이는 법원을 기망하여 재물이나 재산상 이익을 편취한 것이라고 할 것이고 따라서 등기명의인들 전부 또는 일부를 상대로 하는 그와 같은 **말소등기청구 소송의 제기**는 사기의 **실행에 착수한 것**이라고 보아야 한다.

8 [대판 97도2786] [민사소송의 피고가 소송사기죄의 주체가 될 수 있는지 여부(적극)] 적극적 소송당사자인 원고뿐만 아니라 **방어적인 위치에 있는 피고라 하더라도** 허위내용의 서류를 작성하여 이를 증거로 제출하거나 위증을 시키는 등의 적극적인 방법으로 법원을 기망하여 착오에 빠지게 한 결과 승소확정판결을 받음으로써 자기의 재산상의 의무이행을 면하게 된 경우에는 그 재산가액 상당에 대하여 사기죄가 성립한다고 할 것이고, 그와 같은 경우에는 적극적인 방법으로 법원을 기망할 의사를 가지고 **허위내용의 서류를 증거로 제출하거나 그에 따른 주장을 담은 답변서나 준비서면을 제출한 경우에 사기죄의 실행의 착수가 있다**고 볼 것이다.

9 [대판 87도2394] 대여금 채권자가 채무자에 대하여 승소확정판결을 받은 대여원리금채권을 그 판결확정 후에 **전액을 변제받고서도** 형식상 적법한 채무명의인 판결정본을 그대로 소지하고 있음을 이용하여 위 판결정본에 기한 채권이 존재함을 내세워 집달관으로 하여금 그 집행절차를 수임하게 하여 위 채무자 소유의 동산에 **압류집행을 하도록 하였다면** 채권자의 위 소위는 사기미수에 해당한다.

실행의 착수를 부정한 사례(소송사기를 중심으로)

10 [대판 2013도7494] [보험사기에서 실행의 착수시기] 타인의 사망을 보험사고로 하는 생명보험계약을 체결함에 있어 **제3자가 피보험자인 것처럼 가장하여 체결**하는 등으로 그 유효요건이 갖추어지지 못한 경우에도, 보험계약 체결 당시에 이미 보험사고가 발생하였음에도 이를 숨겼다거나 보험사고의 구체적 발생 가

능성을 예견할 만한 사정을 인식하고 있었던 경우 또는 고의로 보험사고를 일으키려는 의도를 가지고 보험계약을 체결한 경우와 같이 **보험사고의 우연성**과 같은 보험의 본질을 해칠 정도라고 볼 수 있는 **특별한 사정이 없는 한, 그와 같이 하자 있는 보험계약을 체결한 행위만으로는 미필적으로라도 보험금을 편취하려는 의사에 의한 기망행위의 실행에 착수한 것으로 볼 것은 아니다.** 그러므로 그와 같이 기망행위의 실행의 착수로 인정할 수 없는 경우에 피보험자 본인임을 가장하는 등으로 보험계약을 체결한 행위는 단지 **장차의 보험금 편취를 위한 예비행위에 지나지 않는다.** cf) 보험사기에서 실행의 착수시기에 관한 통설은 **보험금지급을 청구한 때 실행의 착수가 있다**고 보며, 보험금을 편취하기 위하여 방화하거나 선박을 전복시킨 것만으로는 사기죄의 실행의 착수가 있다고 보지 않는다.

11 [대판 2009도9982] ['소송사기'가 성립하기 위한 주관적 요건 및 채권에 대한 **압류 및 전부(추심)명령을 신청**한 경우 '피압류채권의 존부'가 법원의 심사 대상인지 여부(소극)] [1] 소송사기는 법원을 기망하여 자기에게 유리한 판결을 얻음으로써 상대방의 재물 또는 재산상 이익을 취득하는 것을 내용으로 하는 범죄로서, 소송사기가 성립하기 위하여는 제소 당시에 그 주장과 같은 채권이 존재하지 아니한다는 것만으로는 부족하고, 그 주장의 채권이 존재하지 아니하는 사실을 잘 알면서도 **허위의 주장과 입증으로써 법원을 기망한다는 인식을 하고 있어야만 한다.** 한편, 채권에 대한 압류 및 전부(추심)명령을 신청한 경우, 집행력 있는 정본의 존부, 집행개시의 요건 구비 여부 등은 법원의 심사 대상이지만 **피압류채권의 존부**는 그 심사 대상이 아니다. [2] 피고인(甲회사 운영자)이 '甲회사의 乙에 대한 채권'이 존재하지 않는다는 사실을 알면서 그 사실을 모르는 丙(甲회사에 대한 채권자)에게 '甲회사의 乙에 대한 채권'의 압류 및 전부(추심)명령을 신청하게 하여 그 명령을 받게 한 사안에서, **丙이 甲회사에 대하여 진정한 채권을 가지고 있는 이상,** 위와 같은 사정만으로는 법원을 기망하였다고 볼 수 없고, 丙이 乙을 상대로 전부(추심)금 소송을 제기하지 않은 이상 소송사기의 실행에 착수하였다고 볼 수도 없다.

유치권관련

12-1 [대판 2009도5900] [**부동산 경매절차에서 피고인들이 부동산 경매가격 하락을 목적으로 허위의 공사대금채권을 근거로 유치권 신고를 한 경우**] 부동산 경매절차에서 피고인들이 허위로 유치권2)을 신고한 사실을 기초로 하고, 법원을 피기망자 겸 처분행위자로 구성하여 소송사기 미수죄로 기소된 이 사건 공소사실에 대하여, 유치권자가 경매절차에서 유치권을 신고하는 경우 법원은 이를 매각물건명세서에 기재하고 그 내용을 매각기일공고에 적시하나, 이는 경매목적물에 대하여 유치권 신고가 있음을 입찰예정자들에게 **고지하는 것에 불과할 뿐 처분행위로 볼 수는 없고,** 또한 유치권자는 권리신고 후 이해관계인으로서 경매절차에서 이의신청권 등 몇 가지 권리를 얻게 되지만 이는 법률의 규정에 따른 것으로서 **재물 또는 재산상 이득을 취득하는 것으로 볼 수도 없다**는 점을 근거로 들어, 허위 공사대금채권을 근거로 유치권 신고를 하였더라도 이를 소송사기 실행의 착수가 있다고 볼 수는 없다. cf) 사기죄는 재산죄이므로 재물이나 재산상의 이익을 추구할 경우에 범죄가 성립된다. 때문에 보험사기나 소송사기의 경우 각각 '보험청구'시와 '소송제기'시에 실행의 착수가 인정된다. 본 사안과같이 단순히 다른 채권자들에게도 유치권이 있음을 공시해 달라고 요구하는 유치권신고는 실행의 착수로인정하기 곤란한 것이다.

---

2) **유치권**이란 타인의 물건 또는 유가증권을 점유한 자가 그 물건이나 유가증권에 관하여 생긴 채권이 변제기에 있는 경우 변제를 받을 때까지 그 물건 또는 유가증권을 유치할 수 있는 권리이다(민법320~328). 예컨대 시계상은 수리대금의 지급을 받을 때까지는 수리한 시계를 유치해서 그 반환을 거절할 수 있다. 채무자는 수리대금을 지급하지 않는 한 유치권은 간접적으로 수리대금의 지급을 강제하는 역할을 하게 되는 것이다.

12-2 [대판 2009도128] 예고등기로 인한 경매대상 부동산의 **경매가격 하락 등을 목적**으로 허위의 채권을 주장하며 채권자대위의 방식에 의한 원인무효로 인한 소유권보존등기 말소청구소송을 제기한 경우, 소송사기의 불법영득의사 및 실행의 착수가 인정되지 않는다.

12-3 [비교판례] [대판 2012도9603] **유치권에 의한 경매를 신청한 유치권자**는 일반채권자와 마찬가지로 피담보채권액에 기초하여 배당을 받게 되는 결과 피담보채권인 공사대금 채권을 **실제와 달리 허위로 크게 부풀려 유치권에 의한 경매를 신청할 경우** 정당한 채권액에 의하여 경매를 신청한 경우보다 더 많은 배당금을 받을 수도 있으므로, 이는 법원을 기망하여 배당이라는 법원의 처분행위에 의하여 재산상 이익을 취득하려는 행위로서, 불능범에 해당한다고 볼 수 없고, **소송사기죄의 실행의 착수에 해당한다.** cf) 본 사안은 앞의 사안과 달리 피고인이 경매신청을 통해 부풀려진 이익을 취하고자 하였기 때문에 실행의 착수가 인정된다.

가압류신청
13 [대판 82도1529] 가압류는 강제집행의 보전방법에 불과하고 그 기초가 되는 허위의 채권에 의하여 실지로 청구의 의사표시를 한 것이라고 할 수 없으므로, 소의 제기 없이 가압류신청을 한 것만으로는 사기죄의 **실행에 착수한 것이라고 할 수는 없다.** cf) 가압류나 가처분은 법적으로 처분이 있는 것이 아니고 이득을 취한 것이 아니기 때문에 사기죄가 성립할 수 없다.

보조금신청
14-1 [대판 98도3443] **태풍 피해복구보조금** 지원절차가 행정당국에 의한 **실사를 거쳐** 피해자로 확인된 경우에 한하여 보조금 지원신청을 할 수 있도록 되어 있는 경우, 피해신고는 국가가 보조금의 지원 여부 및 정도를 결정함에 있어 그 직권조사를 개시하기 위한 **참고자료에 불과하다**는 이유로 **허위의 피해신고만으로는** 위 보조금 편취범행의 실행에 착수한 것이라고 볼 수 없다.

14-2 [대판 2003도1279] **장애인단체**의 지회장이 지방자치단체로부터 보조금을 더 많이 지원받기 위하여 허위의 보조금 정산보고서를 제출한 경우, 보조금 정산보고서는 보조금의 지원 여부 및 금액을 결정하기 위한 **참고자료에 불과**하고 직접적인서류라고 할 수 없다는 이유로 보조금 편취범행(기망)의 실행에 착수한 것으로 보기 어렵다.

14-3 [대판 2015도3394] **어린이집 운영자**가 어린이집의 운영과 관련하여 허위로 지출을 증액한 내용으로 '재무회계규칙에 의한 회계'를 하고 그 결과를 보고하여 기본보육료를 지급받았더라도 그와 같이 회계보고에 허위가 개입되어 있다는 사정은 기본보육료의 지급에 관한 의사결정에 영향을 미쳤다고 볼 수 없으므로, 이를 들어 구 영유아보육법 제54조 제2항의 '거짓이나 그 밖의 부정한 방법으로 보조금을 교부받은 경우'에 해당한다고 볼 수 없고, 이와 같은 행위가 형법 제347조 제1항에 정한 사기죄에 해당한다고 볼 수도 없다.

Reference 2

사기죄에서 기수시기(소송사기를 중심으로)

1 [대판 2003도2252] [명의인을 기망하여 위 예금계좌로 돈을 송금하게 한 경우, 사기죄가 기수에 이르

렸다고 볼 수 있는지 여부(적극)] 타인의 명의를 빌려 예금계좌를 개설한 후, **통장과 도장은 명의인에게 보관시키고 자신은 위 계좌의 현금인출카드를 소지**한 채, 명의인을 기망하여 위 예금계좌로 돈을 송금하게 한 경우, 자신은 통장의 현금인출카드를 소지하고 있으면서 언제든지 카드를 이용하여 차명계좌 통장으로부터 금원을 인출할 수 있었고, **명의인을 기망하여 위 통장으로 돈을 송금받은 이상**, 이로써 송금받은 돈을 자신의 지배하에 두게 되어 **편취행위는 기수**에 이르렀다고 할 것이고, 이후 편취금을 인출하지 않고 있던 중 명의인이 이를 인출하여 갔다 하더라도 이는 **범죄성립 후의 사정일 뿐 사기죄의 성립에 영향이 없다.**

2 [대판 2003도4914] 자기앞수표를 교부한 자가 이를 분실하였다고 허위로 공시최고신청을 하여 **제권판결을 선고받아 확정**되었다면, 그 제권판결의 적극적 효력에 의해 그 자는 그 수표상의 채무자인 은행에 대하여 수표를 소지하지 않고도 수표상의 권리를 행사할 수 있는 지위를 취득하였다고 할 것이므로, 이로써 사기죄에 있어서의 재산상 이익을 취득한 것으로 보기에 충분하다고 할 것이다.

3 [대판 2001도1825] [사기죄에 있어서 '**재물의 교부**'가 재물의 현실의 인도만을 의미하는 것인지 여부(소극)] [1] 피고인의 주문에 따라 제작된 도자기 중 실제로 배달된 것뿐만 아니라 피고인이 지정하는 장소로의 배달을 위하여 **피해자가 보관중인** 도자기도 피고인에게 모두 교부되었다고 판단하여 사기죄의 기수를 인정한 원심을 수긍한 사례. [2] 사기죄에 있어서 '**재물의 교부**'란 범인의 기망에 따라 피해자가 착오로 재물에 대한 사실상의 지배를 범인에게 이전하는 것을 의미하는데, 재물의 교부가 있었다고 하기 위하여 반드시 재물의 현실의 인도가 필요한 것은 아니고 재물이 범인의 사실상의 지배 아래에 들어가 그의 자유로운 처분이 가능한 상태에 놓인 경우에도 재물의 교부가 있었다고 보아야 한다. [3] 피해자는 피고인과 공소외인의 주문에 따라 도자기 5,000개를 모두 제작하였고, 피고인 등은 보관 및 운송의 편의상 피해자로 하여금 제작된 도자기를 피고인 등이 지정하는 전국의 사찰로 직접 배달하도록 하여 피해자는 제작된 도자기 중 1,600개 정도를 지정된 사찰로 배달하고 나머지 3,400개 정도의 도자기는 피고인 등의 지시에 따라 지정된 사찰로 배달할 수 있는 상태에 놓인 채로 보관중이며, 그 **도자기는 백두산 미륵불상 건립사업을 홍보**하기 위하여 피고인이 지은 시(詩)와 그의 낙관 및 백두산을 배경으로 한 미륵불상 사진 등이 새겨져 있어 **피고인 등에게만 소용**이 있을 뿐 다른 용도로 사용할 수 없음을 알아 볼 수 있으므로 위 보관중인 도자기는 피고인 등의 사실상의 지배 아래에 들어가 피고인 등의 자유로운 처분이 가능한 상태에 놓였다고 할 것이니, 원심이 같은 취지에서 실제로 배달된 것뿐만 아니라 피해자가 보관중인 도자기 모두가 피고인 등에게 교부되었다고 판단한 것은 정당하다.

4-1 [대판 95도1874] 소송사기의 경우에는 당해 소송의 **판결이 확정된 때에 범행이 기수에 이르는 것이므로,** 신축중인 다세대주택 4동의 건축주 명의변경을 목적으로 하는 사기소송을 제기하여 4동 전부에 대하여 승소판결을 선고받아 그 판결이 확정된 이상 승소판결을 받은 후 3동에 관하여만 건축주 명의변경이 이루어졌다 하더라도 4동 전부에 대하여 건축허가에 따른 재산상 이익을 취득한 사기죄의 기수에 이른 것으로 보아야 한다.

4-2 [대판 2003도4914] 자기앞수표를 교부한 자가 이를 분실하였다고 허위로 공시최고신청을 하여 **제권판결을 선고받아 확정**되었다면, 그 제권판결의 적극적 효력에 의해 그 자는 그 수표상의 채무자인 은행에 대하여 수표를 소지하지 않고도 수표상의 권리를 행사할 수 있는 지위를 취득하였다고 할 것이므로, 이로써 사기죄에 있어서의 재산상 이익을 취득한 것으로 보기에 충분하다.

5 [대판 76도3700] [소송사기의 기수시기] [1] 피고인이 타인명의로 채무자를 상대로 법원을 기망하여 **지급명령과 가집행선고부 지급명령을 발부받고** 이를 채무명의로 하여 채무자의 제3채무자에 대한 정기예금 원리금 채권에 대하여 채권압류 및 전부명령을 하게하고 송달시켜 위 채권을 전부받아 편취한 경우에는 그로서 **사기죄는 기수에 이르렀다 할 것**이고 실제로 위 원리금을 은행으로부터 지급받아 취득하였는지 여부는 사기의 기수미수를 논하는데 아무런 소장을 가져오지 않는다. [2] 피고인이 김○출 명의로 이○진을 상대로 법원을 기망하여 지급명령과 가집행선고부지급명령을 발부받고, 이를 채무명의로 하여 채무자 이○진의 제3채무자 서울은행 부산지점에 대한 판시 정기예금 원리금 채권에 대하여 채권압류 및 전부명령을 하게하고, 송달시켜 위 정기예금 원리금 채권을 전부 받아 편취하였다는 것이므로 그로서 위 사기소위는 기수에 이르렀다 할 것이고, 실제로 위 정기예금 원리금이 은행에 의하여 지급되어 이를 피고인이나 김○출이 취득하였는지 여부는 이 사건 사기의 기수, 미수를 논하는데는 아무런 소장을 가져오지 않는다할 것이다.

70 자기명의 신용카드 부정사용과 사기죄

* 대법원 2005. 8. 19. 선고 2004도6859 판결
* 참조조문: 형법 제347조 제1항1)

> 이미 과다한 부채 누적 등으로 인해 대출금채무를 변제할 의사나 능력이 없는 상황에서 신용카드를 사용한 경우, 사기죄가 성립하는가?

●**사실**● 피고인 X는 S 신용카드를 1993년에 정상적으로 발급받아 사용하다 1998년에는 그 카드를 갱신발급 받아 사용하였다. X는 2000.8경 신용카드를 다시 발급받아 그해 11월부터 2002.12.26.경까지 모두 109회에 걸쳐 합계 79,303,700원 상당의 물품을 구입하거나 현금서비스를 받는 데 위 신용카드를 사용하고도 위 금액 중 53,510,909원만을 변제하고 나머지 25,792,791원을 변제하지 못하였다. 검사는 X는 대금을 변제할 의사나 능력이 없음에도 불구하고, 피해자 주식회사 S 카드 직원에게 마치 신용카드 대금을 제대로 납부할 것처럼 가장하여 카드를 발급받아 위와 같이 사용하여 재산상의 이득을 보았다고 하여 사기죄로 기소하였다. 제1심과 원심은 X가 대금 결제능력 없이 신용카드를 사용하였다 하더라도 **기망행위가 있었다고 볼 수 없으며,** 달리 피고인에게 편취의 범의를 인정할 증거가 없다는 이유로 무죄를 선고하였다. 이에 검사가 상고하였다.

●**판지**● 파기환송. 「신용카드의 거래는 신용카드업자로부터 카드를 발급받은 사람(카드회원)이 신용카드를 사용하여 가맹점으로부터 물품을 구입하면 신용카드업자는 그 카드를 소지하여 사용한 사람이 신용카드업자로부터 신용카드를 발급받은 정당한 카드회원인 한 그 물품구입대금을 가맹점에 결제하는 한편, 카드회원에 대하여 물품구입대금을 대출해 준 금전채권을 가지는 것이고, 또 카드회원이 현금자동지급기를 통해서 현금서비스를 받아 가면 현금대출관계가 성립되어 신용카드업자는 카드회원에게 대출금채권을 가지는 것이므로, 궁극적으로는 **카드회원이 신용카드업자에게 신용카드 거래에서 발생한 대출금채무를 변제할 의무**를 부담하게 되고, 그렇다면 이와 같이 신용카드사용으로 인한 신용카드업자의 금전채권을 발생케 하는 행위는 카드회원이 신용카드업자에 대하여 대금을 성실히 변제할 것을 전제로 하는 것이므로, (가) 카드회원이 **일시적인 자금궁색** 등의 이유로 그 채무를 일시적으로 이행하지 못하게 되는 상황이 아니라 (나) **이미 과다한 부채의 누적 등으로 신용카드 사용으로 인한 대출금채무를 변제할 의사나 능력이 없는 상황에 처하였음에도 불구하고 신용카드를 사용하였다면 사기죄에 있어서 기망행위 내지 편취의 범의를 인정할 수 있다」.**

●**해설**● 1 대법원은 카드회원이 처음부터 대금결제의 의사나 능력 없이 카드를 발급받아 사용한 경우 신용카드를 발급받은 행위와 사용한 모든 행위에 대해 **포괄적 사기죄**를 인정한다(대판 95도2466). 그러나 대상판결은 신용카드를 정상적으로 발급받아 사용하던 중 대금결제의 의사나 능력 없이 신용카드를 사용한 경우로서 이를 단순한 채무불이행의 문제로 볼 것인지 아니면 사기죄를 인정해야 할 것인지 문제된 사안이다.

2 제1심과 항소심은 사기죄 성립은 부정하였는데 이유는 「(가) 피고인이 신용카드를 가맹점에 제시하는 행위 그 자체는 표시중립적 행위로서 위와 같은 **신용공여의 범위 내에서 자기 명의의 신용카드를 사용**

---

1) 형법 제347조(사기) ① 사람을 기망하여 재물의 교부를 받거나 재산상의 이익을 취득한 자는 10년 이하의 징역 또는 2천만원 이하의 벌금에 처한다.

한 것에 불과하고, (나) 가맹점에 대한 관계에서도 가맹점측은 신용카드의 소지인과 명의인이 동일성을 갖는 한 **그 지급능력의 유무에 대하여는 아무런 이해관계를 갖고 있지 않으므로** 피고인이 대금 결제능력 없이 신용카드를 사용하였다 하더라도 기망행위가 있었다고 볼 수 없다고 판단」하였다.

3 그러나 대법원은 피고인에게 사기죄의 형사책임을 인정하였다. 판결은 정상 발급된 자기명의의 신용카드를 대금결제의 능력 없이 사용한 경우 사기죄가 성립한다고 한 최초의 대법원판결이다. 민사적 채권 채무관계에서 채무불이행의 경우에 채무자를 형사처벌할 수는 없다. 신용카드 거래는 카드업자, 카드회원, 가맹점 등 세 당사자 사이에 이뤄지는 거래로 궁극적으로는 카드업자가 채권자, 카드회원이 채무자가 되는 외상거래이므로 형사처벌을 타당하지 않지만 대상판결에서 대법원은 「**이미 과다한 부채의 누적 등으로 신용카드 사용으로 인한 대출금채무를 변제할 의사나 능력이 없는 상황에 처하였음에도 불구하고 신용카드를 사용**하였다면 사기죄에 있어서 기망행위 내지 편취의 범의를 인정할 수 있다」고 보았다.

4 신용카드와 관련하여 현실에서 가장 많이 일어나는 사례가 ① 도난·분실된 타인의 **신용카드**로 물품을 구입하거나 용역을 제공받는 경우이다. 판례는 이 경우 사기죄와 여신전문금융업법 제70조 위반죄에 모두 해당하고 양 죄는 **실체적 경합관계**에 있다고 본다(대판 96도1181, Ref 2.1-1). 그리고 ② 도난·분실된 타인의 **예금카드**를 부정하게 사용한 경우(Ref 2), ③ 타인의 명의를 모용하여 발급받은 신용카드로 현금자동지급기에서 현금을 인출한 경우(대판 2002도2134, Ref 3.1-1), ④ 정상적으로 발급받은 자기명의 카드를 대금결재의 의사와 능력이 없어진 상태에서 사용한 사례(대판 95도2466, Ref 1-1) 등을 생각해 볼 수 있다.

Reference 1
결제할 의사나 능력 없이 자기 명의 신용카드를 사용한 사례

1 [대판 95도2466] [대출금을 정상적으로 **결제할 의사나 능력 없이** 자기 명의 신용카드를 사용하여 현금서비스를 받거나 가맹점으로부터 물품을 구입한 경우의 죄책 및 그 죄수] [1] 신용카드의 거래는 신용카드 회사로부터 카드를 발급받은 사람이 위 카드를 사용하여 카드가맹점으로부터 물품을 구입하면 그 카드를 소지하여 사용하는 사람이 카드회사로부터 카드를 발급받은 정당한 소지인인 한 카드회사가 그 대금을 가맹점에 결제하고, 카드회사는 카드사용자에 대하여 물품구입대금을 대출해 준 금전채권을 가지는 것이고, 또 카드사용자가 현금자동지급기를 통해서 현금서비스를 받아 가면 현금대출관계가 성립되게 되는 것인 바, 이와 같은 카드사용으로 인한 카드회사의 금전채권을 발생케 하는 카드사용 행위는 카드회사로부터 일정한 한도 내에서 신용공여가 이루어지고, 그 신용공여의 범위 내에서는 정당한 소지인에 의한 카드사용에 의한 금전대출이 카드 발급 시에 미리 포괄적으로 허용되어 있는 것인바, 현금자동지급기를 통한 현금대출도 결국 카드회사로부터 그 지급이 미리 허용된 것이고, 단순히 그 지급방법만이 사람이 아닌 기계에 의해서 이루어지는 것에 불과하다. 그렇다면 피고인이 카드사용으로 인한 대금결제의 의사와 능력이 없으면서도 있는 것 같이 가장하여 카드회사를 기망하고, 카드회사는 이에 착오를 일으켜 일정 한도 내에서 카드사용을 허용해 줌으로써 피고인은 기망당한 카드회사의 신용공여라는 하자 있는 의사표시에 편승하여 자동지급기를 통한 현금대출도 받고, 가맹점을 통한 물품구입대금 대출도 받아 카드발급회사로 하여금 같은 액수 상당의 피해를 입게 함으로써, **카드사용으로 인한 일련의 편취행위가 포괄적으로 이루어지는 것**이다. 따라

서 카드사용으로 인한 카드회사의 손해는 그것이 자동지급기에 의한 인출행위이든 가맹점을 통한 물품구입행위이든 불문하고 모두가 피해자인 카드회사의 기망당한 의사표시에 따른 카드발급에 터잡아 이루어지는 **사기의 포괄일죄**이다.   cf) 원심은 사기죄란 기망행위와 피기망자의 착오, 그에 따른 처분행위가 있어야 하며, 위 각 요소 간에 인과관계가 존재하여야 할 것인데 이 사건의 경우처럼「신용카드를 이용하여 현금자동지급기에서 현금을 인출하는 경우에는 사람에 대한 기망행위 및 그에 따른 처분행위에 의하여 현금을 편취하는 것이라고 할 수 없으므로, 비록 피고인이 결제의 의사나 능력 없이 기계인 현금자동지급기로부터 금원을 신용대출받았다 하여도 이는 사기죄에 해당하지는 않는다」고 판시하였다.

Reference 2

타인의 신용카드를 부정사용2)한 사례

타인의 신용카드로 물건을 구입한 경우

1-1 [대판 96도1181] [1] [절취한 신용카드의 부정사용행위가 절도범행의 불가벌적 사후행위에 해당하는지 여부(소극)] 신용카드를 **절취한 후** 이를 사용한 경우 신용카드의 부정사용행위는 새로운 법익의 침해로 보아야 하고 그 법익침해가 절도범행보다 큰 것이 대부분이므로 위와 같은 **부정사용행위가 절도범행의 불가벌적 사후행위가 되는 것은 아니다.** [2] [신용카드 부정사용의 포괄일죄를 인정한 사례] 피고인은 절취한 카드로 가맹점들로부터 물품을 구입하겠다는 단일한 범의를 가지고 그 범의가 계속된 가운데 동종의 범행인 신용카드 부정사용행위를 동일한 방법으로 반복하여 행하였고, 또 위 신용카드의 각 부정사용의 피해법익도 모두 위 신용카드를 사용한 거래의 안전 및 이에 대한 공중의 신뢰인 것으로 동일하므로, 피고인이 동일한 신용카드를 위와 같이 부정사용한 행위는 포괄하여 일죄에 해당하고, 신용카드를 부정사용한 결과가 사기죄의 구성요건에 해당하고 그 각 사기죄가 실체적 경합관계에 해당한다고 하여도 **신용카드부정사용죄와 사기죄는 그 보호법익이나 행위의 태양이 전혀 달라 실체적 경합관계**에 있으므로 신용카드 부정사용행위를 포괄일죄로 취급하는데 아무런 지장이 없다고 한 사례.

1-2 [대판 92도77] [매출표에 서명하여 이를 교부하는 행위가 별도로 사문서위조 및 동행사죄를 구성하는지 여부(소극)] 신용카드업법 제25조 제1항은 신용카드를 위조·변조하거나 도난·분실 또는 위조·변조된 신용카드를 사용한 자는 7년 이하의 징역 또는 5천만 원 이하의 벌금에 처한다고 규정하고 있는바, 위 부정사용죄의 구성요건적 행위인 신용카드의 사용이라 함은 신용카드의 소지인이 신용카드의 본래 용도인 대금결제를 위하여 가맹점에 신용카드를 제시하고 매출표에 서명하여 이를 교부하는 일련의 행위를 가리키고 단순히 신용카드를 제시하는 행위만을 가리키는 것은 아니라고 할 것이므로, 위 매출표의 서명 및 교부가 별도로 사문서위조 및 동행사의 죄의 구성요건을 충족한다고 하여도 이 **사문서위조 및 동행사의 죄는 위 신용카드부정사용죄에 흡수되어 신용카드부정사용죄의 1죄만이 성립**하고 별도로 사문서위조 및 동행사의 죄

---

2) **타인의 신용카드를 '부정사용'**하는 행위태양으로는 ① **위조·변조**된 신용카드를 사용하는 행위, ② **분실**하거나 **도난**당한 신용카드를 사용하는 행위, ③ **강취·횡령**하거나 사람을 **기망**하거나 **공갈**하여 취득한 신용카드를 사용하는 행위 등이 있다. **여신전문금융업법** 제70조(벌칙) ① 다음 각 호의 어느 하나에 해당하는 자는 **7년 이하**의 징역 또는 5천만원 이하의 벌금에 처한다. 1. 신용카드 등을 위조하거나 변조한 자 2. 위조되거나 변조된 신용카드 등을 판매하거나 사용한 자 3. 분실하거나 도난당한 신용카드나 직불카드를 판매하거나 사용한 자 4. 강취·횡령하거나, 사람을 기망하거나 공갈하여 취득한 신용카드나 직불카드를 판매하거나 사용한 자 5. 행사할 목적으로 위조되거나 변조된 신용카드 등을 취득한 자 6. 거짓이나 그 밖의 부정한 방법으로 알아낸 타인의 신용카드 정보를 보유하거나 이를 이용하여 신용카드로 거래한 자 7. …… (이하 생략)

는 성립하지 않는다.

타인의 신용카드로 현금 서비스를 받은 경우

2-1 [대판 95도997] (가) 피해자 명의의 신용카드를 부정사용하여 현금자동인출기에서 현금을 인출(현금서비스)하고 그 현금을 취득까지 한 행위는 신용카드업법 제25조 제1항의 **부정사용죄에 해당**할 뿐 아니라 (나) 그 현금을 취득함으로써 현금자동인출기 관리자의 의사에 반하여 그의 지배를 배제하고 그 현금을 자기의 지배하에 옮겨 놓는 것이 되므로 별도로 **절도죄를 구성**하고, 위 양 죄의 관계는 그 보호법익이나 행위태양이 전혀 달라 **실체적 경합관계**에 있는 것으로 보아야 한다.

2-2 [대판 2006도654] [유흥주점 업주가 과다한 술값 청구에 항의하는 피해자들을 폭행 또는 협박하여 피해자들로부터 일정 금액을 지급받기로 합의한 다음, **피해자들이 결제하라고 건네준 신용카드로 합의에 따라 현금서비스를 받거나 물품을 구입한 경우**, 신용카드에 대한 피해자들의 점유가 피해자들의 의사에 기하지 않고 이탈하였거나 배제되었다고 보기 어려워 **여신전문금융업법상의 신용카드 부정사용에 해당하지 않는다고 한 사례**] 여신전문금융업법 제70조 제1항 제4호에 의하면, "강취·횡령하거나 사람을 기망·공갈하여 취득한 신용카드 또는 직불카드를 판매하거나 사용한 자"에 대하여 "7년 이하의 징역 또는 5천만 원 이하의 벌금에 처한다."고 규정하고 있는바, 여기서 **부정사용이라 함은** 강취, 횡령, 기망 또는 공갈로 취득한 신용카드나 직불카드를 진정한 카드로서 본래의 용법에 따라 사용하는 경우를 말하는 것이고, 강취, 횡령, 기망 또는 공갈로 취득한 신용카드라 함은 소유자 또는 점유자의 의사에 기하지 않고, 그의 점유를 이탈하거나 그의 의사에 반하여 점유가 배제된 신용카드를 가리킨다고 보아야 할 것이다. 그런데 기록에 의하면, 피고인 1은 과다한 술값 청구에 항의하는 피해자들을 폭행 또는 협박하여 피해자들로부터 일정 금액을 지급받기로 **합의**한 다음 피해자들이 결제하라고 건네준 신용카드로, 합의한 대로 현금서비스를 받거나, 편의점에서 술과 담배를 구입하는 것으로 매출전표를 작성하고 피해자들의 서명을 거쳐 매출전표의 작성을 완료한 후 2-3일 지나 편의점에서 신용카드 결제금액 상당의 술과 담배를 인도받아 술값에 충당한 사실을 알 수 있는바, 이와 같이 **합의에 따라** 피해자들이 건네준 신용카드로 현금서비스를 받거나 물품을 구입하고 매출전표를 작성하였고, 매출전표에 피해자들 본인이 서명까지 한 경우에는 비록 피고인 1이 피해자들을 폭행 또는 협박하여 피해자들로 하여금 술값을 결제하도록 하기에 이르렀다고 하더라도 신용카드에 대한 피해자들의 점유가 피해자들의 의사에 기하지 않고 이탈하였다거나 배제되었다고 보기 어렵다.

2-3 [비교판례] [대판 2022도10629] [여신전문금융업법 제70조 제1항 제4호에서 정한 '사용' 및 '기망하거나 공갈하여 취득한 신용카드나 직불카드'의 의미] 파기환송. ●**사실**● 피고인은 2019. 2. 19. 춘천교도소에 수용 중인 피해자 공소외인에게 '피해자의 항소심 재판을 위해 변호인을 선임했는데 성공사례비를 먼저 주어야 한다. 며칠 뒤 큰돈이 나오니 영치된 피해자 명의의 신용카드로 성공사례비를 지불한 뒤 카드대금을 금방 갚겠다'는 취지의 편지를 보냈다. 그러나 피고인은 사실 피해자의 신용카드로 성공사례비를 지불하더라도 그 대금을 변제할 의사나 능력이 없었고, 피해자의 신용카드를 생활비 등 개인적인 용도로 사용할 생각이었다. 그런데도 피고인은 위와 같이 피해자를 기망하여 2019. 2. 22. 춘천교도소에서 피해자로부터 신용카드 1장을 교부받은 뒤, 2019. 2. 26.부터 같은 해 3. 25.까지 이 사건 신용카드로 총 23회에 걸쳐 합계 29,997,718원 상당을 결제하였다. 원심은, 기망하여 취득한 신용카드 사용으로 인한 여신전문금융업법 위반죄는 신용카드 자체를 기망하여 취득한 후 소유자 또는 점유자의 의사에 의하지 않고 신용카드를 사용한 경우에 인정된다고 전제한 뒤, 위와 같은 사정에 의하여 인정되는 피고인의 신용카드 사용 동기 및 경위에 비추어 보면 **피해자가 피고인에게 신용카드 사용권한을 준 것으로 보이므로** 비록 신용카드 사용대금

에 대한 피고인의 편취행위가 인정된다고 하더라도 신용카드 부정사용이라고 할 수 없다고 보아, 이 부분 공소사실을 무죄로 판단하였다. ●**판지**● (가) 법률을 해석할 때 입법 취지와 목적, 제·개정 연혁, 법질서 전체와의 조화, 다른 법령과의 관계 등을 고려하는 체계적·논리적 해석 방법을 사용할 수 있으나, 문언 자체가 비교적 명확한 개념으로 구성되어 있다면 원칙적으로 이러한 해석 방법은 활용할 필요가 없거나 제한되어야 한다. (나) 여신전문금융업법 제70조 제1항 제4호에서는 '강취·횡령하거나, 사람을 기망하거나 공갈하여 취득한 신용카드나 직불카드를 판매하거나 사용한 자'를 처벌하도록 규정하고 있는데, 여기에서 '사용'은 강취·횡령, 기망 또는 공갈로 취득한 신용카드나 직불카드를 진정한 카드로서 본래의 용법에 따라 사용하는 경우를 말한다. 그리고 **기망하거나 공갈하여 취득한 신용카드나 직불카드**는 문언상 '기망이나 공갈을 수단으로 하여 다른 사람으로부터 취득한 신용카드나 직불카드'라는 의미이므로, '신용카드나 직불카드의 소유자 또는 점유자를 기망하거나 공갈하여 그들의 자유로운 의사에 의하지 않고 점유가 배제되어 그들로부터 사실상 처분권을 취득한 신용카드나 직불카드'라고 해석되어야 한다. (다) 피고인은 교도소에 수용 중인 피해자를 기망하여 2019. 2. 22. 이 사건 신용카드를 교부받은 뒤, 2019. 2. 26.부터 같은 해 3. 25.까지 약 1개월 간 총 23회에 걸쳐 피고인의 의사에 따라 이 사건 신용카드를 사용하였으므로, 피해자는 피고인으로부터 기망당함으로써 피해자의 자유로운 의사에 의하지 않고 이 사건 신용카드에 대한 **점유를 상실**하였고, 피고인은 이 사건 신용카드에 대한 **사실상 처분권을 취득**하였다고 보아야 한다. 따라서 이 사건 신용카드는 피고인이 이 사건 신용카드의 소유자인 피해자를 기망하여 취득한 신용카드에 해당하고, 이를 사용한 피고인의 행위는 기망하여 취득한 신용카드 사용으로 인한 여신전문금융업법 위반죄에 해당한다. 그런데도 원심은 피해자가 피고인에게 이 사건 신용카드 사용권한을 주었다는 이유로 이 부분 공소사실을 무죄로 판단하였다. 이러한 원심판결에는 여신전문금융업법 제70조 제1항 제4호에서 정한 '기망하여 취득한 신용카드'의 해석 등에 관한 법리를 오해하여 판결에 영향을 미친 잘못이 있다.

타인의 신용카드를 이용하여 현금지급기에서 자신의 계좌로 이체를 한 뒤 현금을 인출한 경우

3 [대판 2008도2440] 절취한 타인의 신용카드를 이용하여 현금지급기에서 계좌이체를 한 행위는 (가) 컴퓨터등사용사기죄에서 컴퓨터 등 정보처리장치에 권한 없이 정보를 입력하여 정보처리를 하게 한 행위에 해당함은 별론으로 하고 이를 절취행위라고 볼 수는 없고, (나) 한편 위 계좌이체 후 현금지급기에서 현금을 인출한 행위는 자신의 신용카드나 현금카드를 이용한 것이어서 이러한 현금인출이 현금지급기 관리자의 의사에 반한다고 볼 수 없어 **절취행위에 해당하지 않으므로 절도죄를 구성하지 않는다.**

타인의 현금카드를 부정사용한 사례

4 [대판 2007도1375] [1] [**갈취한 현금카드를 사용하여 현금자동지급기에서 예금을 인출한 행위가 공갈죄와 별도로 절도죄를 구성하는지 여부(소극)**] 예금주인 현금카드 소유자를 협박하여 그 카드를 갈취한 다음 피해자의 승낙에 의하여 현금카드를 사용할 권한을 부여받아 이를 이용하여 현금자동지급기에서 현금을 인출한 행위는 모두 피해자의 예금을 갈취하고자 하는 피고인의 단일하고 계속된 범의 아래에서 이루어진 일련의 행위로서 포괄하여 하나의 공갈죄를 구성하므로, 현금자동지급기에서 피해자의 예금을 인출한 행위를 현금카드 갈취행위와 분리하여 따로 절도죄로 처단할 수는 없다. 왜냐하면 위 예금 인출 행위는 하자 있는 의사표시이기는 하지만 피해자의 승낙에 기한 것이고, 피해자가 그 승낙의 의사표시를 취소하기까지는 현금카드를 적법, 유효하게 사용할 수 있으므로, 은행으로서도 피해자의 지급정지 신청이 없는 한 그의 의사

에 따라 그의 계산으로 적법하게 예금을 지급할 수밖에 없기 때문이다. **[2] [강취한 현금카드를 사용하여 현금자동지급기에서 예금을 인출한 행위가 강도죄와 별도로 절도죄를 구성하는지 여부(적극)]** 강도죄는 공갈죄와는 달리 피해자의 반항을 억압할 정도로 강력한 정도의 폭행·협박을 수단으로 재물을 탈취하여야 성립하므로, 피해자로부터 현금카드를 강취하였다고 인정되는 경우에는 피해자로부터 현금카드의 사용에 관한 승낙의 의사표시가 있었다고 볼 여지가 없다. 따라서 강취한 현금카드를 사용하여 현금자동지급기에서 예금을 인출한 행위는 피해자의 승낙에 기한 것이라고 할 수 없으므로, 현금자동지급기 관리자의 의사에 반하여 그의 지배를 배제하고 그 현금을 자기의 지배하에 옮겨 놓는 것이 되어서 **강도죄와는 별도로 절도죄를 구성한다.**

5 [대판 2005도5869] **[편취한 현금카드를 이용하여 현금자동지급기에서 예금을 인출한 행위의 죄책]** 예금주인 현금카드 소유자로부터 그 카드를 편취하여, 비록 하자 있는 의사표시이기는 하지만 현금카드 소유자의 승낙에 의하여 사용권한을 부여받은 이상, 그 소유자가 승낙의 의사표시를 취소하기까지는 현금카드를 적법, 유효하게 사용할 수 있으며, 은행 등 금융기관은 현금카드 소유자의 지급정지 신청이 없는 한 카드 소유자의 의사에 따라 그의 계산으로 적법하게 예금을 지급할 수밖에 없는 것이므로, 피고인이 현금카드의 소유자로부터 현금카드를 사용한 예금인출의 승낙을 받고 현금카드를 교부받은 행위와 이를 사용하여 현금자동지급기에서 예금을 여러 번 인출한 행위들은 모두 현금카드 소유자의 예금을 편취하고자 하는 피고인의 단일하고 계속된 범의 아래에서 이루어진 일련의 행위로서 **포괄하여 하나의 사기죄를 구성**한다고 볼 것이지, 현금자동지급기에서 카드 소유자의 예금을 인출, 취득한 행위를 현금자동지급기 관리자의 의사에 반하여 그가 점유하고 있는 현금을 절취한 것이라 하여 이를 현금카드 편취행위와 분리하여 따로 **절도죄로 처단할 수는 없다.**

Reference 3

기타 신용카드와 관련된 사례

1-1 [대판 2002도2134] [1] **[타인의 명의를 모용하여 발급받은 신용카드로 현금자동지급기에서 현금을 인출한 경우의 죄책(=절도죄)]** 피고인이 타인의 명의를 모용하여 신용카드를 발급받은 경우, 비록 카드회사가 피고인으로부터 기망을 당한 나머지 피고인에게 피모용자 명의로 발급된 신용카드를 교부하고, 사실상 피고인이 지정한 비밀번호를 입력하여 현금자동지급기에 의한 현금대출(현금서비스)을 받을 수 있도록 하였다 할지라도, 카드회사의 내심의 의사는 물론 표시된 의사도 어디까지나 카드명의인인 피모용자에게 이를 허용하는 데 있을 뿐, 피고인에게 이를 허용한 것은 아니라는 점에서 피고인이 타인의 명의를 모용하여 발급받은 신용카드를 사용하여 현금자동지급기에서 현금대출을 받는 행위는 카드회사에 의하여 미리 포괄적으로 허용된 행위가 아니라, 현금자동지급기의 관리자의 의사에 반하여 그의 지배를 배제한 채 그 현금을 자기의 지배하에 옮겨 놓는 행위로서 절도죄에 해당한다고 봄이 상당하다. [2] 형법 제347조의2에서 규정하는 컴퓨터등사용사기죄의 객체는 재물이 아닌 재산상의 이익에 한정되어 있으므로, 타인의 명의를 모용하여 발급받은 신용카드로 현금자동지급기에서 현금을 인출하는 행위를 이 법조항을 적용하여 처벌할 수는 없다.

1-2 [대판 2006도3126] 파기환송. [1][타인의 명의를 모용하여 발급받은 신용카드를 이용하여 **현금자동지급기에서 현금대출을 받는 경우**의 죄책(=절도죄)] 피고인이 타인의 명의를 모용하여 신용카드를 발급받은

경우, 비록 카드회사가 피고인으로부터 기망을 당한 나머지 피고인에게 피모용자 명의로 발급된 신용카드를 교부하고, 사실상 피고인이 지정한 비밀번호를 입력하여 현금자동지급기에 의한 현금대출(현금서비스)을 받을 수 있도록 하였다 할지라도, 카드회사의 내심의 의사는 물론 표시된 의사도 어디까지나 카드명의인인 피모용자에게 이를 허용하는 데 있을 뿐 피고인에게 이를 허용한 것은 아니라는 점에서, 피고인이 타인의 명의를 모용하여 발급받은 신용카드를 사용하여 현금자동지급기에서 현금대출을 받는 행위는 카드회사에 의하여 미리 포괄적으로 허용된 행위가 아니라, 현금자동지급기의 관리자의 의사에 반하여 그의 지배를 배제한 채 그 현금을 자기의 지배하에 옮겨 놓는 행위로서 절도죄에 해당한다. [2] [타인의 명의를 모용하여 발급받은 신용카드를 이용하여 ARS 전화서비스나 인터넷 등을 통하여 신용대출을 받는 경우의 죄책(= 컴퓨터 등 사용사기죄)] 타인의 명의를 모용하여 발급받은 신용카드의 번호와 그 비밀번호를 이용하여 ARS 전화서비스나 인터넷 등을 통하여 신용대출을 받는 방법으로 재산상 이익을 취득하는 행위 역시 미리 포괄적으로 허용된 행위가 아닌 이상, 컴퓨터 등 정보처리장치에 권한 없이 정보를 입력하여 정보처리를 하게 함으로써 재산상 이익을 취득하는 행위로서 **컴퓨터 등 사용사기죄에 해당**한다. [3] 타인의 명의를 모용하여 발급받은 신용카드를 이용하여 현금자동지급기에서 현금을 인출한 행위와 ARS 전화서비스 등으로 신용대출을 받은 행위를 포괄적으로 카드회사에 대한 사기죄가 된다고 판단한 원심판결을 파기한 사례.

   2 [대판 98도3549] [신용카드 가맹점주가 신용카드회사에게 **용역의 제공을 가장한 허위의 매출전표를 제출하여 대금을 청구한 행위가 기망행위에 해당하는지 여부(적극)**] 신용카드 가맹점주가 신용카드회사로부터 금원을 교부받을 당시 신용카드회사에게 매출전표가 용역의 제공을 가장하여 허위로 작성된 것임을 고지하지 아니한 채 제출하여 대금을 청구하였고, 신용카드회사는 매출전표에 기재된 바와 같은 가맹점의 용역의 제공이 실제로 있은 것으로 오신하여 그에게 그 대금 상당의 금원을 교부한 경우, 신용카드회사가 가맹점의 용역의 제공을 가장한 허위 내용의 매출전표에 의한 대금청구에 대하여는 이를 거절할 수 있는 등 매출전표가 허위임을 알았더라면 가맹점주에게 그 대금의 지급을 하지 아니하였을 관계가 인정된다면, 가맹점주가 용역의 제공을 가장한 허위의 매출전표임을 고지하지 아니한 채 신용카드회사에게 제출하여 대금을 청구한 행위는 사기죄의 실행행위로서의 기망행위에 해당하고, 가맹점주에게 이러한 기망행위에 대한 범의가 있었다면, 비록 당시 그에게 신용카드 이용대금을 변제할 의사와 능력이 있었다고 하더라도 사기죄의 범의가 있었음을 인정할 수 있다. cf) 본 판결과 같이 카드가맹점이 매출전표를 허위 또는 초과 작성하여 자금을 융통하는 이른바 카드할인은 카드회사에 대한 단순 사기죄가 성립한다.

   3 [대판 96도2715] 강취한 신용카드를 가지고 자신이 그 신용카드의 정당한 소지인인양 가맹점의 점주를 속이고 그에 속은 점주로부터 주류 등을 제공받아 이를 취득한 것이라면 **신용카드부정사용죄와 별도로 사기죄가 성립**한다.

   4 [대판 93도604] [절취한 신용카드로 대금을 결제하기 위하여 신용카드를 제시하였으나 확인과정에서 도난카드임이 밝혀져 바로 검거된 경우의 죄책] 신용카드업법 제25조 제1항 소정의 신용카드부정사용죄의 구성요건적 행위인 신용카드의 사용이라 함은 신용카드의 소지인이 신용카드의 본래 용도인 대금결제를 위하여 가맹점에 신용카드를 제시하고 매출표에 서명하여 이를 교부하는 일련의 행위를 가리키므로, **단순히 신용카드를 제시하는 행위만으로는 신용카드부정사용죄의 실행에 착수한 것에 불과**하고 그 사용행위를 완성한 것으로 볼 수 없다.

71 컴퓨터 등 사용사기죄의 이해

* 대법원 2006. 3. 24. 선고 2005도3516 판결
* 참조조문: 형법 제347조의2[1]

> 예금주인 현금카드 소유자로부터 일정액의 현금을 인출해 오라는 부탁과 함께 현금카드를 건네받은 뒤, 그 위임받은 금액을 초과한 현금을 인출하였다면 컴퓨터 등 사용사기죄가 성립하는가?

●**사실**● 피고인 X는 2003.2. 중순 10:00경 충주시 목행동에 있는 충주농업협동조합 목행지점에서, 같은 동에 있는 '사이버 25시 PC방'에 게임을 하러 온 피해자 A로부터 그 소유의 농협현금카드로 20,000원을 인출해 오라는 부탁과 함께 현금카드를 건네받았다. X는 이를 이용하여 위 지점에 설치되어 있는 현금자동인출기에 받은 현금카드를 넣고 권한 없이 인출 금액을 50,000원으로 입력하여 그 금액을 인출한 후 그 중 20,000원만 A에게 건네주고 나머지 30,000원을 취득하였다. 검사는 X를 30,000원 상당의 재산상 이익을 취득하였다는 이유로 컴퓨터 등 사용사기죄로 기소하였다.

제1심법원은 형법 제347조의2는 컴퓨터 등 사용사기죄의 객체를 재물이 아닌 재산상의 이익으로만 한정하여 규정하고 있으므로 타인의 신용카드로 현금자동지급기에서 **현금을 인출하는 행위가 재물에 관한 범죄**임이 분명한 이상 이를 위 컴퓨터 등 사용사기죄로 처벌할 수는 없다고 판단하여 **무죄를 선고**하였다. 이에 검사가 항소하였으나 항소심도 다음과 같은 이유로 무죄를 선고하였다. 「절도죄에 있어서 절취란 재물의 점유자의 의사에 반하여 그 점유자의 지배를 배제하고 자신의 지배로 옮겨놓는 행위를 의미한다. 그런데 현금카드를 절취한 때와 같이 현금카드 자체를 사용할 권한이 없는 경우와 달리 피고인이 예금명의인인 공소외인으로부터 **그 현금카드를 사용할 권한을 일단 부여받은 이상** 이를 기화로 그 위임 범위를 벗어나 추가로 금원을 인출하였다고 하더라도 현금자동지급기 관리자로서는 예금명의인의 계산으로 인출자에게 적법하게 현금을 지급할 수밖에 없다. 따라서 이러한 경우 현금자동지급기 관리자에게 예금명의인과 그로부터 현금 인출을 위임받은 자 사이의 내부적인 위임관계까지 관여하여 그 위임받은 범위를 초과하는 금액에 대하여는 그 인출행위를 승낙하지 않겠다는 의사까지 있다고 보기는 어렵다. 그러므로 위 현금인출 행위가 현금자동지급기 관리자의 의사에 반하여 그가 점유하고 있는 **현금을 절취한 경우에 해당한다고 볼 수 없다**」. 이에 다시 검사는 상고하였다.

●**판지**● **파기환송.** 「예금주인 현금카드 소유자로부터 일정한 금액의 현금을 인출해 오라는 부탁을 받으면서 이와 함께 현금카드를 건네받은 것을 기화로 그 **위임을 받은 금액을 초과**하여 현금을 인출하는 방법으로 그 차액 상당을 위법하게 이득할 의사로 현금자동지급기에 그 초과된 금액이 인출되도록 입력하여 그 초과된 금액의 현금을 인출한 경우에는 그 인출된 현금에 대한 점유를 취득함으로써 이 때에 그 인출한 현금 총액 중 인출을 **위임받은 금액을 넘는 부분의 비율에 상당하는 재산상 이익을 취득한 것으로 볼 수 있으므로** 이러한 행위는 그 차액 상당액에 관하여 형법 제347조의2(컴퓨터등사용사기)에 규정된 '컴퓨터 등 정보처리장치에 권한 없이 정보를 입력하여 정보처리를 하게 함으로써 재산상의 이익을 취득'하는 행위로서 컴퓨터 등 사용사기죄에 해당된다」.

---

1) 형법 제347조의2(컴퓨터등 사용사기) 컴퓨터 등 정보처리장치에 **허위의 정보** 또는 **부정한 명령**을 입력하거나 권한 없이 정보를 입력·변경하여 **정보처리**를 하게 함으로써 **재산상의 이익**을 취득하거나 제3자로 하여금 취득하게 한 자는 10년 이하의 징역 또는 2천만원 이하의 벌금에 처한다.

●**해설●** **1** 컴퓨터 등 사용사기죄는 재산변동에 관한 사무가 사람의 개입 없이 컴퓨터 등에 의하여 기계적·자동적으로 처리되는 경우가 증가함에 따라 이를 악용하여 불법적인 이익을 취하는 행위도 증가하였으나 이들 새로운 유형의 행위는 **사람에 대한 기망행위나 상대방의 처분행위 등을 수반하지 않아** 기존 사기죄로는 처벌할 수 없다는 점 등을 고려하여 신설한 규정이다.

2 컴퓨터등사용사기죄의 객체 형법은 재산범죄의 객체가 재물인지 재산상의 이익인지에 따라 이를 재물죄와 이득죄로 명시하여 규정하고 있다. ① 일반 사기죄(법347)는 재물과 재산상 이익을 모두를 객체로 규정하고 있다[2]. 반면 ② 컴퓨터등사용사기죄(법347조의2)는 그 객체를 재물이 아닌 **재산상의 이익으로만 한정**하여 규정하고 있다(**순수이익죄**). 따라서 법원은 「절취한 타인의 신용카드로 현금자동지급기에서 현금을 인출하는 행위가 재물에 관한 범죄임이 분명한 이상 이를 위 컴퓨터등사용사기죄로 처벌할 수는 없다」고 본다(대판 2003도1178, Ref 1−9).

3 컴퓨터 등 사용사기죄에서 '**정보처리**'는 사기죄에서 피해자의 처분행위에 **상응**한다. 때문에 입력된 허위의 정보 등에 의하여 계산이나 데이터의 처리가 이루어짐으로써 직접적으로 재산처분의 결과를 초래하여야 한다. 따라서 절취한 휴대전화를 사용하여 전화통화를 하거나 무선인터넷서비스를 제공받아도 이죄로 처벌할 수 없다(대판 2008도128, Ref 1−8). 그리고 행위자나 제3자의 '재산상 이익 취득'은 **사람의 처분행위가 개재됨이 없이** 컴퓨터 등에 의한 정보처리 과정에서 이루어져야 한다(대판 2013도16090).

4 사안의 경우, 제1심 법원은 인출한 현금은 '재물'이므로 재산상 이익에 한정되는 본죄의 객체에 해당하지 않는다는 이유로 무죄를 선고하였고, 제2심은 피해자로부터 현금카드를 사용할 권한을 일단 부여받은 이상 현금인출 행위가 현금자동지급기 관리자의 의사에 반한 절취 행위에 해당한다고 볼 수 없다는 이유로 무죄를 선고하였다. 하지만 대법원은 달리 판단하였다.

5 대법원은 X가 그 초과된 금액의 현금을 인출한 경우에 있어 그 인출된 현금에 대한 점유를 취득함으로써 이 때에 그 인출한 현금 총액 중 인출을 위임받은 금액을 넘는 부분의 '**비율**'에 상당하는 **재산상 이익을 취득한 것**으로 볼 수 있고 이러한 행위는 그 차액 상당액에 관하여 형법 제347조의2(컴퓨터등사용사기)에 규정된 '컴퓨터 등 정보처리장치에 권한 없이 정보를 입력하여 정보처리를 하게 함으로써 재산상의 이익을 취득'하는 행위에 해당한다고 판단하였다.

6 컴퓨터등사용사기죄의 행위태양 형법 제347조의2는 컴퓨터 등 정보처리장치에 허위의 정보 또는 부정한 명령을 입력하거나 권한 없이 정보를 입력·변경하여 정보처리를 하게 함으로써 재산상의 이익을 취득하거나 제3자로 하여금 취득하게 하는 행위를 처벌한다. 여기서 '**부정한 명령의 입력**'은 당해 사무처리시스템에 예정되어 있는 사무처리의 목적에 비추어 지시해서는 안 될 명령, 즉 권한 없는 명령이나 허위의 명령을 입력하는 것을 의미하고, '**권한 없는 정보의 입력**'은 타인의 진정한 정보를 권한 없는 자가 그 타인의 승낙 없이 사용하는 것을 의미한다. 그리고 "**정보를 처리하게 한다**"는 것은 정보 혹은 명령의 입력 등에 따라 진실에 반하거나 정당하지 아니한 기록을 만드는 것 또는 정당하지 아니한 사무처리를 하게 하는 것을 의미한다」(대판 2008도128, Ref 1−8).

---

[2] 형법 제347조(사기) ① 사람을 기망하여 **재물**의 교부를 받거나 **재산상의 이익**을 취득한 자는 10년 이하의 징역 또는 2천만원 이하의 벌금에 처한다.

Reference 1

컴퓨터 등 사용사기죄에 해당된다고 본 사례

1 [대판 2017도3894] 전기통신금융사기(이른바 보이스피싱 범죄)의 범인이 피해자를 기망하여 피해자의 자금을 사기이용계좌로 송금·이체받으면 **사기죄는 기수**에 이르고, 범인이 피해자의 자금을 점유하고 있다고 하여 피해자와의 어떠한 위탁관계나 신임관계가 존재한다고 볼 수 없을 뿐만 아니라, 그 후 범인이 사기이용계좌에서 현금을 인출하였더라도 이는 이미 성립한 사기범행이 예정하고 있던 행위에 지나지 아니하여 새로운 법익을 침해한다고 보기도 어려우므로, 위와 같은 인출행위는 사기의 피해자에 대하여 **별도의 횡령죄를 구성하지 아니한다.** 이러한 법리는 사기범행에 이용되리라는 사정을 알고서 자신 명의 계좌의 접근매체를 양도함으로써 사기범행을 방조한 종범이 사기이용계좌로 송금된 피해자의 자금을 임의로 인출한 경우에도 마찬가지로 적용된다.

2 [대판 2011도4440] [컴퓨터 등 사용사기죄의 구성요건 중 **'부정한 명령의 입력'의 의미** 및 사무처리시스템의 프로그램 자체에서 발생하는 **오류를 적극적으로 이용**하여 사무처리의 목적에 비추어 정당하지 아니한 사무처리를 하게 하는 행위가 '부정한 명령의 입력'에 해당하는지 여부(원칙적 적극)] [1] 형법 제347조의2는 컴퓨터 등 정보처리장치에 허위의 정보 또는 부정한 명령을 입력하거나 권한 없이 정보를 입력·변경하여 정보처리를 하게 함으로써 재산상의 이익을 취득하거나 제3자로 하여금 취득하게 하는 행위를 처벌하고 있다. 여기서 '부정한 명령의 입력'은 당해 사무처리시스템에 예정되어 있는 사무처리의 목적에 비추어 지시해서는 안 될 명령을 입력하는 것을 의미한다. 따라서 설령 '허위의 정보'를 입력한 경우가 아니라고 하더라도, 당해 사무처리시스템의 프로그램을 구성하는 개개의 명령을 부정하게 변개·삭제하는 행위는 물론 **프로그램 자체에서 발생하는 오류를 적극적으로 이용**하여 그 사무처리의 목적에 비추어 정당하지 아니한 사무처리를 하게 하는 행위도 특별한 사정이 없는 한 위 '부정한 명령의 입력'에 해당한다고 보아야 한다. [2] 피고인이 甲 주식회사에서 운영하는 **전자복권구매시스템**에서 은행환불명령을 입력하여 가상계좌 잔액이 1,000원 이하로 되었을 때 복권 구매명령을 입력하면 가상계좌로 복권 구매요청금과 동일한 액수의 가상현금이 입금되는 프로그램 오류를 이용하여 잔액을 1,000원 이하로 만들고 다시 복권 구매명령을 입력하는 행위를 반복함으로써 피고인의 가상계좌로 구매요청금 상당의 금액이 입금되게 한 사안에서, 피고인의 행위는 형법 제347조의2에서 정한 **'허위의 정보 입력'에 해당하지는 않더라도, 프로그램 자체에서 발생하는 오류를 적극적으로 이용**하여 사무처리의 목적에 비추어 정당하지 아니한 사무처리를 하게 한 행위로서 **'부정한 명령의 입력'에 해당**한다.

3 [대판 2006도4127] [금융기관 직원이 전산단말기를 이용하여 다른 공범들이 지정한 특정계좌에 돈이 입금된 것처럼 허위의 정보를 입력하는 방법으로 위 계좌로 입금되도록 한 경우, 컴퓨터 등 사용사기죄의 **기수시기**] 금융기관 직원이 전산단말기를 이용하여 다른 공범들이 지정한 특정계좌에 돈이 입금된 것처럼 허위의 정보를 입력하는 방법으로 위 계좌로 입금되도록 한 경우, 이러한 입금절차를 완료함으로써 장차 그 계좌에서 이를 인출하여 갈 수 있는 재산상 이익을 취득하였으므로 형법 제347조의2에서 정하는 컴퓨터 등 사용사기죄는 기수에 이르렀고, **그 후 그러한 입금이 취소되어 현실적으로 인출되지 못하였다고 하더라도 이미 성립한 컴퓨터 등 사용사기죄에 어떤 영향이 있다고 할 수는 없다.**

4 [대판 2006도3126] **파기환송.** [1] **타인의 명의를 모용하여 발급받은 신용카드를 이용하여 현금자동지급기에서 현금대출을 받는 경우의 죄책(=절도죄)** 피고인이 타인의 명의를 모용하여 신용카드를 발급받은 경우, 비록 카드회사가 피고인으로부터 기망을 당한 나머지 피고인에게 피모용자 명의로 발급된 신용카드를 교부하고, 사실상 피고인이 지정한 비밀번호를 입력하여 현금자동지급기에 의한 현금대출(현금서비스)을 받을 수 있도록 하였다 할지라도, 카드회사의 내심의 의사는 물론 표시된 의사도 어디까지나 카드명의인인 피모용자에게 이를 허용하는 데 있을 뿐 피고인에게 이를 허용한 것은 아니라는 점에서, 피고인이 타인의 명의를 모용하여 발급받은 신용카드를 사용하여 현금자동지급기에서 현금대출을 받는 행위는 카드회사에 의하여 미리 포괄적으로 허용된 행위가 아니라, 현금자동지급기의 관리자의 의사에 반하여 그의 지배를 배제한 채 그 현금을 자기의 지배하에 옮겨 놓는 행위로서 절도죄에 해당한다. [2] **타인의 명의를 모용하여 발급받은 신용카드를 이용하여 ARS 전화서비스나 인터넷 등을 통하여 '신용대출'을 받는 경우의 죄책(=컴퓨터 등 사용사기죄)** 타인의 명의를 모용하여 발급받은 신용카드의 번호와 그 비밀번호를 이용하여 ARS 전화서비스나 인터넷 등을 통하여 신용대출을 받는 방법으로 재산상 이익을 취득하는 행위 역시 미리 포괄적으로 허용된 행위가 아닌 이상, 컴퓨터 등 정보처리장치에 권한 없이 정보를 입력하여 정보처리를 하게 함으로써 재산상 이익을 취득하는 행위로서 컴퓨터 등 사용사기죄에 해당한다. [3] 타인의 명의를 모용하여 발급받은 신용카드를 이용하여 현금자동지급기에서 현금을 인출한 행위와 ARS 전화서비스 등으로 신용대출을 받은 행위를 포괄적으로 카드회사에 대한 사기죄가 된다고 판단한 원심판결을 파기한 사례.

5 [대판 2005도8507] [**금융기관 직원이 범죄의 목적으로 전산단말기를 이용하여 특정계좌에 거액을 무자원 송금한 경우, 컴퓨터 등 사용사기죄에 해당하는지 여부(적극)**] 형법 제347조의2는 정보처리장치에 허위의 정보 또는 부정한 명령을 입력하거나 권한 없이 정보를 입력·변경하여 정보처리를 하게 함으로써 재산상의 이익을 취득하거나 제3자로 하여금 취득하게 한 자는 이를 처벌하도록 규정하고 있는바, 금융기관 직원이 범죄의 목적으로 전산단말기를 이용하여 다른 공범들이 지정한 특정계좌에 무자원 송금의 방식으로 거액을 입금한 것은 형법 제347조의2에서 정하는 컴퓨터 등 사용사기죄에서의 '권한 없이 정보를 입력하여 정보처리를 하게 한 경우'에 해당한다고 할 것이고, 이는 그 직원이 평상시 금융기관의 여·수신업무를 처리할 권한이 있었다고 하여도 마찬가지이다.

6 [대판 2002도2363] ●**사실**● 피고인은 2001.10.6. 11:05경 서울 이하 불상지에서 컴퓨터 등 정보처리장치인 인터넷사이트 피해자 한국신용정보 주식회사에 유○규 명의로 접속하여 그의 신용정보 조회를 하면서 피고인이 마치 유○규인 것처럼 자신이 부정발급받은 유○규 명의의 삼성스카이패스카드의 카드번호와 비밀번호 등을 입력하고 그 사용료 2,000원을 지급하도록 부정한 명령을 입력하여 정보처리를 하게 함으로써 그 금액 상당의 재산상 이익을 취득하였다. 원심은 다음과 같은 이유로 피고인에게 무죄를 선고하였다. 「비록 피고인이 타인의 인적 사항을 도용하여 발급받았다고는 하나, **일단 유효하게 발급받은 카드의 번호와 비밀번호가 객관적 진실에 반하는 정보라고 볼 수 없고, 진실한 번호를 입력하여 컴퓨터프로그램이 허용하는 방법으로 대금을 결제하는 것이 곧바로 부정한 명령에 해당된다고 볼 수도 없으므로, 피고인의 그 행위는 결국 권한 없는 자가 진실한 정보를 입력하거나 허용된 명령을 입력한 행위에 불과하다」. ●**판지**● **파기환송.** [1] 구 형법(2001.12.29. 법률 제6543호로 개정되기 전의 것) 제347조의2 규정의 입법취지와 목적은 프로그램 자체는 변경(조작)함이 없이 명령을 입력(사용)할 **권한 없는 자가 명령을 입력하는 것도 부정한 명령을 입력하는 행위에 포함한다**고 보아, 진실한 자료의 권한 없는 사용에 의한 재산상 이익 취득행위도 처벌대상

으로 삼으려는 것이었음을 알 수 있고, 오히려 그러한 범죄유형이 프로그램을 구성하는 개개의 명령을 부정하게 변경, 삭제, 추가하는 방법에 의한 재산상 이익 취득의 범죄 유형보다 훨씬 손쉽게 또 더 자주 저질러질 것임도 충분히 예상되었던 점에 비추어 이러한 입법취지와 목적은 충분히 수긍할 수 있으며, 그와 같은 권한 없는 자에 의한 명령 입력행위를 '명령을 부정하게 입력하는 행위' 또는 '부정한 명령을 입력하는 행위'에 포함된다고 해석하는 것이 그 문언의 통상적인 의미를 벗어나는 것이라고 할 수도 없고, 그렇다면 그 문언의 해석을 둘러싸고 학설상 일부 논란이 있었고, 이러한 논란을 종식시키기 위해 그와 같이 권한 없이 정보를 입력, 변경하여 정보처리를 하게 하는 행위를 따로 규정하는 내용의 개정을 하게 되었다고 하더라도, 구 형법상으로는 그와 같은 권한 없는 자가 명령을 입력하는 방법에 의한 재산상 이익 취득행위가 처벌대상에서 제외되어 있었다고 볼 수는 없는바, 이러한 해석이 죄형법정주의에 의하여 금지되는 유추적용에 해당한다고 할 수도 없다. [2] **타인의 인적 사항을 도용하여 타인 명의로 발급받은 신용카드의 번호와 그 비밀번호를 인터넷사이트에 입력함으로써 재산상 이익을 취득한 행위**가 구 형법 제347조의2 소정의 컴퓨터등 사용사기죄에 해당하지 않는다고 무죄를 선고한 원심판결을 파기한 사례.

컴퓨터 등 사용사기죄 성립을 부정한 사례

7 [대판 2013도16099] 파기환송. [형법 제347조의2의 규정 취지 및 컴퓨터등사용사기죄에서 '정보처리', '재산상 이익 취득'의 의미] [1] 형법 제347조의2는 컴퓨터 등 정보처리장치에 허위의 정보 또는 부정한 명령을 입력하거나 권한 없이 정보를 입력·변경하여 정보처리를 하게 함으로써 재산상의 이익을 취득하거나 제3자로 하여금 취득하게 하는 행위를 처벌하고 있다. 이는 재산변동에 관한 사무가 사람의 개입 없이 컴퓨터 등에 의하여 기계적·자동적으로 처리되는 경우가 증가함에 따라 이를 악용하여 불법적인 이익을 취하는 행위도 증가하였으나 이들 새로운 유형의 행위는 사람에 대한 기망행위나 상대방의 처분행위 등을 수반하지 않아 기존 사기죄로는 처벌할 수 없다는 점 등을 고려하여 신설한 규정이다. 여기서 **'정보처리'**는 사기죄에서 피해자의 처분행위에 상응하므로 입력된 허위의 정보 등에 의하여 계산이나 데이터의 처리가 이루어짐으로써 **'직접적'으로 재산처분의 결과를 초래**하여야 하고, 행위자나 제3자의 '재산상 이익 취득'은 사람의 처분행위가 개재됨이 없이 컴퓨터 등에 의한 정보처리 과정에서 이루어져야 한다. [2] 시설공사 발주처인 지방자치단체 등의 재무관 컴퓨터에는 암호화되기 직전 15개의 예비가격과 그 추첨번호를 해킹하여 볼 수 있는 악성프로그램을, 입찰자의 컴퓨터에는 입찰금액을 입력하면서 선택하는 2개의 예비가격 추첨번호가 미리 지정된 추첨번호 4개 중에서 선택되어 조달청 서버로 전송되도록 하는 악성프로그램을 각각 설치하여 낙찰하한가를 미리 알아낸 다음 특정 건설사에 낙찰이 가능한 입찰금액을 알려주어 그 건설사가 낙찰 받게 함으로써 낙찰금액 상당의 재산상 이익을 취득하게 하거나 미수에 그쳤다는 위 피고인들에 대한 컴퓨터등사용사기 또는 그 미수의 공소사실(무죄로 판단한 부분 제외)에 대하여, …… 위와 같은 사실관계를 앞서 본 법리에 비추어 살펴보면, 적격심사를 거치게 되어 있는 이 사건 각 시설공사의 전자입찰에 있어서 특정 건설사가 낙찰하한가에 대한 정보를 사전에 알고 투찰할 경우 그 건설사가 낙찰자로 결정될 가능성이 높은 것은 사실이나, 낙찰하한가에 가장 근접한 금액으로 투찰한 건설사라고 하더라도 적격심사를 거쳐 일정 기준 이상이 되어야만 낙찰자로 결정될 수 있는 점 등을 감안할 때, 피고인 1 등이 조달청의 국가종합전자조달시스템에 입찰자들이 선택한 추첨번호가 변경되어 저장되도록 하는 등 권한 없이 정보를 변경하여 정보처리를 하게 함으로써 **직접적으로 얻은 것은 낙찰하한가에 대한 정보일 뿐**, 위와 같은 정보처리의 직접적인 결과 특정 건설사가 낙찰자로 결정되어 낙찰금액 상당의 재산상 이익을 얻게 되었다거나 그 낙

찰자 결정이 사람의 처분행위가 개재됨이 없이 컴퓨터 등의 정보처리과정에서 이루어졌다고 보기 어렵다.

8 [대판 2008도128] 피고인이 절취한 피해자 소유의 정보처리장치인 휴대전화기에 권한 없이 정보를 입력하거나 부정한 명령을 입력하는 방법으로 전화통화를 하거나 무선인터넷서비스 등을 제공받아 피해자로 하여금 서비스이용료 등을 부담하게 하여 그 판시 금액 상당의 재산상 이익을 취득하였다는 이 사건 주위적 및 예비적 공소사실에 대하여, 휴대전화의 경우 그 사용시마다 사용자가 정당한 사용권자인지에 관한 정보를 입력하는 절차가 없고, 이동통신회사가 서비스를 제공하는 과정에서 휴대전화를 통하여 입력된 신호에 대하여 신원확인절차를 거치지는 않는 점 등에 비추어 보면 휴대전화의 통화 또는 인터넷접속 버튼을 누르는 경우 기계적 또는 전자적 작동 과정에 따라 그대로 일정한 서비스가 제공되는 것이므로, 휴대전화기의 통화버튼이나 인터넷접속버튼을 누르는 것만으로 사용자에 의한 정보 혹은 명령의 입력이 행하여졌다고 보기 어렵고, 따라서 휴대전화 또는 이동통신회사에 의하여 그 입력된 정보 혹은 명령에 따른 정보처리가 이루어진 것으로 보기도 어렵다.

9 [대판 2003도1178] [절취한 타인의 신용카드로 현금자동지급기에서 현금을 인출한 행위가 컴퓨터등사용사기죄의 구성요건에 해당하는지 여부(소극)] 우리 형법은 재산범죄의 객체가 재물인지 재산상의 이익인지에 따라 이를 재물죄와 이득죄로 명시하여 규정하고 있는데, 형법 제347조가 일반 사기죄를 재물죄 겸 이득죄로 규정한 것과 달리 형법 제347조의2는 컴퓨터등사용사기죄의 객체를 재물이 아닌 재산상의 이익으로만 한정하여 규정하고 있으므로, 절취한 타인의 신용카드로 현금자동지급기에서 현금을 인출하는 행위가 재물에 관한 범죄임이 분명한 이상 이를 위 컴퓨터등사용사기죄로 처벌할 수는 없다고 할 것이고, 입법자의 의도가 이와 달리 이를 위 죄로 처벌하고자 하는 데 있었다거나 유사한 사례와 비교하여 처벌상의 불균형이 발생할 우려가 있다는 이유만으로 그와 달리 볼 수는 없다.

Reference 2

컴퓨터 등 사용사기죄와 관련하여 비교할 판례

1 [대판 2008도2440] [절취한 타인의 신용카드를 이용하여 현금지급기에서 자신의 예금계좌로 돈을 이체시킨 후 현금을 인출한 행위가 절도죄를 구성하는지 여부(소극)] (가) 절취한 신용카드를 이용하여 현금자동지급기에서 현금을 인출한 경우, 현금자동지급기 관리자의 의사에 반하여 그의 지배를 배제하고 그 현금을 자기의 지배하에 옮겨 놓는 것이 되어 절도죄를 구성하나, (나) 위 공소사실 기재 행위 중 피고인이 공소외 2의 신용카드를 이용하여 현금지급기에서 계좌이체를 한 행위는 컴퓨터등사용사기죄에 있어서의 컴퓨터 등 정보처리장치에 권한 없이 정보를 입력하여 정보처리를 하게 한 행위에 해당함은 별론으로 하고 이를 절취행위라고 볼 수는 없고, (다) 한편 피고인이 위 계좌이체 후 현금지급기에서 현금을 인출한 행위는 자신의 신용카드나 현금카드를 이용한 것이어서 이러한 현금인출이 현금지급기 관리자의 의사에 반한다고 볼 수 없으므로, 이 또한 절취행위에 해당하지 아니하는바, 결국 위 공소사실 기재 행위는 절도죄를 구성하지 않는다고 보아야 한다.

2 [대판 2004도353] [1] 컴퓨터등사용사기죄의 범행으로 예금채권을 취득한 다음 자기의 현금카드를 사용하여 현금자동지급기에서 현금을 인출한 경우, 현금카드 사용권한 있는 자의 정당한 사용에 의한 것으로서

현금자동지급기 관리자의 의사에 반하거나 기망행위 및 그에 따른 처분행위도 없었으므로, 별도로 절도죄나 사기죄의 구성요건에 해당하지 않는다 할 것이고, 그 결과 그 인출된 현금은 재산범죄에 의하여 취득한 재물이 아니므로 장물이 될 수 없다고 한 사례. [2] 甲이 권한 없이 인터넷뱅킹으로 타인의 예금계좌에서 자신의 예금계좌로 돈을 이체한 후 그 중 일부를 인출하여 그 정을 아는 乙에게 교부한 경우, 甲이 **컴퓨터 등사용사기죄에 의하여 취득한 예금채권은 재물이 아니라 재산상 이익이므로,** 그가 자신의 예금계좌에서 돈을 인출하였더라도 장물을 금융기관에 예치하였다가 인출한 것으로 볼 수 없다는 이유로 乙의 장물취득죄의 성립을 부정한 사례.

협박이 **정당한 권리의 실현 수단으로** 사용된 경우, 공갈죄의 실행에 착수한 것인지 판단하는 기준

●**사실**● 피고인 X가 피해회사들과 체결한 하도급 계약서에 따르면 쌍방이 계약 이행이 곤란하다고 인정하는 경우 하도급 계약을 해제·해지할 수 있지만, 이와 같은 사유 없이 부득이한 사유로 거래를 정지하고자 할 때는 상대방에게 부당한 피해가 없도록 상당 기간의 거래 정지 유예기간을 두어 이를 미리 상대방에게 통보하도록 규정하고 있었다. 그런데 X는 피해 회사들에 6~8일간의 유예기간을 두고 돈을 요구하면서 그때까지 돈이 지급되지 않으면 자동차 부품 생산라인을 중단하여 자동차 부품 공급 중단으로 큰 손실을 보게 만들겠다는 태도를 보였다. 이와 같은 해악의 고지로 두려움을 느낀 피해자 A 주식회사는 손실비용 등 명목으로 합계 110억 원을, 피해자 B 주식회사는 4,299,986,069원을 X에게 공여하였다

원심은 X의 언행은 피해회사들의 자유로운 의사결정을 제한하거나 의사실행의 자유를 방해할 정도에 이르는 해악의 고지에 해당한다고 판단하여 공갈죄를 인정하였다. 이에 X가 상고했다.

●**판지**● **상고기각.**「공갈죄의 수단인 협박은 사람의 의사결정의 자유를 제한하거나 의사실행의 자유를 방해할 정도로 겁을 먹게 할 만한 해악을 고지하는 것을 말한다. (가) 고지하는 내용이 위법하지 않은 것인 때에도 해악이 될 수 있고, (나) 해악의 고지는 반드시 명시의 방법에 의할 필요는 없으며 언어나 거동에 의하여 상대방으로 하여금 어떠한 해악에 이르게 할 것이라는 인식을 가지게 하는 것이면 된다. 또한 (다) 이러한 해악의 고지가 **비록 정당한 권리의 실현 수단으로 사용된 경우라 하여도** 그 권리실현의 수단·방법이 사회통념상 허용되는 정도나 범위를 넘는다면 공갈죄의 실행에 착수한 것으로 보아야 한다. (라) 여기서 어떠한 행위가 구체적으로 사회통념상 허용되는 정도나 범위를 넘는지는 그 행위의 주관적인 측면과 객관적인 측면, 즉 **추구한 목적과 선택한 수단**을 전체적으로 종합하여 판단한다」.

●**해설**● 1 공갈죄는 폭행 또는 협박으로 타인의 재산권을 침해하는 범죄로 재물이나 재산상 이익을 1차적 보호법익으로 하고, 의사결정·의사활동의 자유를 2차 보호법익으로 한다. 행위태양은 강도죄와 같은 폭행·협박이지만 그 정도가 강도죄 보다 약하기 때문에 강도죄와는 달리 피공갈자의 '**재산처분행위**'를 요한다. 그리고 처분행위는 '부작위'로도 가능하다(대판 2011도16044, Ref 1−13).

---

1) 아동·청소년의 성보호에 관한 법률 제7조(아동·청소년에 대한 강간·강제추행 등) ① 폭행 또는 협박으로 아동·청소년을 강간한 사람은 무기징역 또는 5년 이상의 유기징역에 처한다. ② 아동·청소년에 대하여 폭행이나 협박으로 다음 각 호의 어느 하나에 해당하는 행위를 한 자는 5년 이상의 유기징역에 처한다. 1. 구강·항문 등 신체(성기는 제외한다)의 내부에 성기를 넣는 행위 2. 성기·항문에 손가락 등 신체(성기는 제외한다)의 일부나 도구를 넣는 행위 ③ 아동·청소년에 대하여 「형법」 제298조의 죄를 범한 자는 2년 이상의 유기징역 또는 1천만원 이상 3천만원 이하의 벌금에 처한다. ④ 아동·청소년에 대하여 「형법」 제299조의 죄를 범한 자는 제1항부터 제3항까지의 예에 따른다. ⑤ **위계 또는 위력으로써 아동·청소년을 간음하거나 아동·청소년을 추행**한 자는 제1항부터 제3항까지의 예에 따른다. ⑥ 제1항부터 제5항까지의 미수범은 처벌한다.

2) 형법 제302조(미성년자 등에 대한 간음) 미성년자 또는 심신미약자에 대하여 **위계 또는 위력으로써** 간음 또는 추행을 한 자는 5년 이하의 징역에 처한다.

2 공갈죄의 수단으로서 **협박**은 「구체적 사정을 참작하여 객관적으로 사람의 의사결정의 자유를 제한하거나 의사실행의 자유를 방해할 정도로 겁을 먹게 할 만한 해악을 고지하는 것을 말한다. 그리고 고지하는 내용이 위법하지 않은 경우에도 해악이 될 수 있으며, 해악의 고지는 반드시 명시의 방법에 의할 것을 요하지 않고 거동 또는 피해자와의 특수한 사정에 의하여 상대방으로 하여금 어떠한 해악에 이르게 할 것이라는 인식을 갖게 하는 것이면 족하다(대판 2000도4415, Ref 1−5). 또한 일반적으로 협박죄의 해석에 있어서 **고지자가 지배할 수 없는 해악**의 고지는 **경고**이지 협박이 될 수 없다(대판 2000도3245, Ref 1−15). 그러나 제3자가 가하는 해악이어도 통지자가 이것에 영향력을 행사할 수 있을 경우에는 협박이 된다.

3 사안에서 다투어진 점은 공갈죄의 수단인 **협박이 정당한 권리의 실현 수단으로 사용된 경우**에 범죄가 성립할 수 있는가 이다. 법원은 행위자가 정당한 권리자(당연히 받을 이익금의 분배 등)라 하더라도 그 권리실행의 수단, 방법이 사회통념상 허용되는 범위를 넘은 경우에는 공갈죄의 성립을 방해하지 않는 것으로 판단한다.

4 권리의 행사와 위법성의 조각　구성요건해당성이 인정된다고 하더라도 '권리행사'에 의한 위법성 조각(법20)이 문제될 수 있다. 이 경우 채권의 행사라는 정당한 목적을 가진 행위의 경우에는 당해 권리의 실현을 위해서는 사회통념상 어느 정도의 실력행사까지가 허용될 것인가 하는 비교형량을 포함한 ① 상당성 판단과 권리실현을 위하여 그러한 수단이 어느 정도 필요한가라고 하는 ② 필요성 판단과 ③ 피해자의 대응 등을 감안해서 구체적으로 판단하지 않으면 안 된다.

5 대상판결도 「피고인이 합법적인 방법으로 피해자 회사들과 갈등을 해결하려고 시도하지 않고 곧바로 생산라인을 중단하겠다고 협박한 것은 피고인의 법익을 보호하기 위한 유일한 수단이라거나 적합한 수단이었다고 볼 수 없으므로 위법성이 조각되지 않는다」고 판단하였다. 이와 같이 판례는 권리행사라 할지라도 **'권리의 남용'**이 있는 경우에는 공갈죄 성립을 인정한다.

6 협박의 대상인 피공갈자와 공갈죄의 실제상의 피해자가 동일할 필요는 없다. 그러나 양자가 다른 사람일 경우에 피공갈자는 피해자의 재물·재산상의 이익을 처분할 수 있는 권한이나 지위를 가질 필요가 있다(대판 2005도4738, Ref 1−2). 이 점은 사기죄와 동일하다[3]. 또한 공갈죄에 있어서는 일반적으로 **피해자가 스스로 교부·처분하는 경우뿐만 아니라 외포로 인해 묵인하고 있는 틈을 이용해서 행위자가 탈취할 경우에도 처분행위가 있다고 본다.** 즉 사기죄의 처분보다 상당히 '완화된' 것으로도 충분하다고 본다.

7 공갈죄는 다른 사람을 공갈하여 그로 인한 하자 있는 의사에 기하여 자기 또는 제3자에게 재물을 교부하게 하거나 재산상 이익을 취득하게 함으로써 성립되는 범죄이므로, 「피공갈자의 하자 있는 의사에 기하여 이루어지는 **재물의 교부 자체**가 공갈죄에서의 재산상 손해에 해당하므로, 반드시 피해자의 전체 재산의 감소가 요구되는 것은 아니다」(대판 2010도13774, Ref 1−1).

---

3) 공갈죄는 사기죄와 그 구조가 유사하다. 처분을 위한 공갈행위로 인해 피해자가 외포하고, 그 처분행위로 재물이나 재산상의 이익이 이전함으로서 완성되는 범죄이다. 공갈죄가 완성되기 위해서는 협박으로 인해 외포상태로 빠지고 그 결과 처분을 하는 인과관계가 필요하다. 공갈죄의 객체인 재산상의 이익이란 재물 이외의 재산적 가치가 있는 이익을 말한다. 예를 들면, 채무를 부담시킨다든가, 채무를 면탈한다든가 채무의 지불유예 등이다.

Reference 1

공갈죄 성립을 인정한 사례

1 [대판 2010도13774] [소비자불매운동 과정에서 이루어진 어떠한 행위가 공갈죄의 수단인 '협박'에 해당하는지 여부] [1] 피고인이, 甲 주식회사가 특정 신문들(조중동)에 광고를 편중했다는 이유로 기자회견을 열어 甲 회사에 대하여 **불매운동**을 하겠다고 하면서 특정 신문들에 대한 광고를 중단할 것과 다른 신문들에 대해서도 동등하게 광고를 집행할 것을 요구하고 甲 회사 인터넷 홈페이지에 그와 같은 내용의 팝업창을 띄우게 한 사안에서, 제반 사정을 고려할 때 피고인의 행위가 강요죄나 공갈죄의 수단인 협박에 해당한다고 본 원심판단을 수긍한 사례. [2] 공갈죄의 수단인 협박은 사람의 의사결정의 자유를 제한하거나 의사실행의 자유를 방해할 정도로 겁을 먹게 할 만한 해악을 고지하는 것을 말하는데, (가) 해악의 고지는 반드시 명시적인 방법이 아니더라도 **말이나 행동**을 통해서 상대방으로 하여금 어떠한 해악에 이르게 할 것이라는 인식을 갖게 하는 것이면 족하고, (나) 피공갈자 이외의 제3자를 통해서 간접적으로 할 수도 있으며, (다) 행위자가 그의 직업, 지위 등에 기하여 불법한 위세를 이용하여 재물의 교부나 재산상 이익을 요구하고 상대방으로 하여금 그 요구에 응하지 않을 때에는 부당한 불이익을 당할 위험이 있다는 위구심을 일으키게 하는 경우에도 해악의 고지가 된다.

2 [대판 2005도4738] [**공갈죄에 있어서 공갈의 상대방의 요건**] [1] 공갈죄에 있어서 공갈의 상대방은 재산상의 피해자와 동일함을 요하지는 아니하나, 공갈의 목적이 된 재물 기타 재산상의 이익을 처분할 수 있는 사실상 또는 법률상의 권한을 갖거나 그러한 지위에 있음을 요한다. [2] 주점의 종업원에게 신체에 위해를 가할 듯한 태도를 보여 이에 겁을 먹은 위 **종업원으로부터 주류를 제공받은 경우**에 있어 위 종업원은 주류에 대한 **사실상의 처분권자**이므로 공갈죄의 피해자에 해당된다고 보아 공갈죄가 성립한다고 한 원심의 판단을 수긍한 사례. (**삼각공갈**의 형태)

3 [대판 2004도1565] [1] 피해자들이 제작·투자한 영화4)의 소재로 삼은 폭력조직의 두목 또는 조직원이 피해자들에게 그 영화의 감독을 통해 조직폭력배의 불량한 성행, 경력 등을 이용하여 재물의 교부를 요구하고 피해자들로 하여금 그 요구에 응하지 아니할 때에는 부당한 불이익을 초래할 위험이 있을 수 있다는 위구심을 야기하게 하였고, 피해자들도 돈을 요구하는 상대방이 자신들이 영화의 소재로 삼았던 폭력조직의 두목 또는 조직원이므로 이에 응하지 않을 경우 자신들이 받을 불이익을 두려워하거나 또는 곤경에 빠진 위 영화감독을 위해서라도 돈을 지급하지 않을 수 없다고 판단하여 마지못해 돈을 준 경우, 공갈죄의 성립을 긍정한 사례. [2] 공갈죄의 수단으로서 협박은 행위자가 그의 직업, 지위, 불량한 성행, 경력 등에 기하여 불법한 위세를 이용하여 재물의 교부나 재산상 이익을 요구하고 상대방으로 하여금 그 요구에 응하지 아니할 때에는 부당한 불이익을 초래할 위험이 있을 수 있다는 위구심을 야기하게 하는 경우에도 해악의 고지가 된다.

---

4) 2001년에 개봉한 영화 《**친구**》를 말한다. 곽경택 감독이 부산 지역의 유명 조직폭력단체 칠성파의 행동대장, 1993년에 칠성파 조직원에게 살해된 20세기파의 정한철 등과 학창시절 때 경험한 이야기를 토대로 만들어진 자서전적 내용이며, 그의 고향인 부산광역시를 배경으로 하여 배우들은 강한 억양의 부산지역 사투리를 사용하고 있다. ko.wikipedia.org

4 [대판 2003도709] [폭력배와 잘 알고 있다는 지위를 이용하여 불법한 위세를 보임으로써 해악의 고지를 하였다고 본 사례] 피고인은 폭력조직인 속칭 '향촌동파' 추종세력인 공소외 1 등 스포츠 머리를 한 건장한 폭력배들과 함께 특별히 하는 일 없이 대구 수성구 두산동 소재 피해자 1 주식회사이 운영하는 아리아나호텔의 커피숍 등에 모여 앉아 시간을 보내는 등 어울려 다니면서 그들로 하여금 **피고인에게 "형님"이라면서 90도로 인사를 하게 하는 등 피고인이 조직폭력배 두목인 것처럼 과시하여** 이에 겁을 먹은 피해자 2, 3, 4 등 위 호텔 프론트 직원으로 하여금 호텔 객실을 내어주게 하고, 호텔 측에서 객실요금을 지불해 줄 것을 요구하면 어깨에 힘을 주면서 "나중에 주겠다."거나 "알았다."고 말하고 그냥 가버리는 등 호텔 직원들의 신체에 어떠한 위해를 가할 듯한 태도를 취하여 그 요금 청구를 단념하게 하는 등의 방법으로, 2001.5.28.부터 2002.2.11.까지 사이에 위 호텔에 투숙하면서 40회에 걸쳐 위 호텔을 이용한 후 그 이용료 합계 9,875,258원의 지급을 하지 않았다. 원심은 피고인이 위 호텔의 직원들에게 객관적으로 사람의 의사결정의 자유를 제한하거나 의사실행의 자유를 방해할 정도로 겁을 먹게 할 만한 해악을 고지하는 구체적인 행위가 있다고 볼 수 없다는 이유로, 피고인에 대하여 무죄를 선고하였다. 그러나 대법원은 피고인 등이 취한 일련의 거동은, 폭력배와 잘 알고 있다는 지위를 이용하여 불법한 위세를 보임으로써 재산상 이익을 요구하고 상대방으로 하여금 그 요구에 응하지 아니한 때에는 부당한 불이익을 초래할 위험이 있다는 위구심을 야기하게 하는 해악의 고지에 해당한다고 판단하여 유죄를 선고하였다.

5 [대판 2000도4415][5] **●판지●** 피해자의 정신병원에서의 퇴원 요구를 거절해 온 피해자의 배우자가 피해자에 대하여 재산이전 요구를 한 경우, 그 배우자가 재산이전 요구에 응하지 않으면 퇴원시켜 주지 않겠다고 말한 바 없더라도 이는 **암묵적 의사표시로서 공갈죄의 수단인 해악의 고지에 해당**하고 이러한 해악의 고지가 권리의 실현수단으로 사용되었더라도 그 수단방법이 사회통념상 허용되는 정도나 범위를 넘는 것으로서 공갈죄를 구성한다. **●전문●** 이 사건에 관하여 보건대, 구 정신보건법(2000.1.12. 법률 제6152호로 개정되기 전의 것) 제24조 제6항은 입원동의서를 제출한 보호의무자로부터 퇴원신청이 있는 경우에는 정신의료기관의 장은 지체 없이 당해 환자를 퇴원시킬 것을 규정하고 있고, 비록 협의상 이혼의 확인을 받았더라도 이혼신고 전에는 피고인의 보호의무자로서의 지위가 유지되므로 피고인의 의사 여하에 따라 피해자의 퇴원 여부가 결정되는데, 기록에 의하면 **피해자는 그의 의사에 반하여 5개월 가량 정신병원에 입원해 있으면서 피고인에게 수차례에 걸쳐 퇴원시켜 줄 것을 요청하였음에도 거절된 사정**을 알 수 있는바, 이러한 상태에서는 비록 피고인이 먼저 이 사건 부동산 등을 넘겨주면 퇴원시켜 주되 그렇지 않으면 퇴원시켜 주지 않겠다고 명시적으로 언급하지는 않았다 하더라도, **자신에 대한 입원조치가 계속되는 것에 불안감을 느끼고 퇴원을 적극 요구하던 피해자가 퇴원을 조건으로 하여 이 사건 부동산 등의 이전요구에 응하였다면**, 퇴원의 결정권을 쥐고 있는 피고인의 위 권리이전요구는 이에 응하지 않으면 계속적인 입원치료라는 불이익이 초래될 위험이 있다는 위구심을 야기시키는 암묵적 의사표시로서 피해자의 재산처분에 관한 의사결정의 자유를 제한하거나 의사실행의 자유를 방해하기에 족한 것으로 볼 수 있어 해악의 고지로 평가할 수 있을 것이다. 피고인의 이러한 해악의 고지가 정당한 재산분할의 범위 내에서 또는 피해자와의 약정에 기하여 그 권리의 실현수단으로 사용된 경우라고 하여도 **그 권리실현의 수단방법이 사회통념상 허용되는 정도나 범위를 넘는 때에는 공갈죄의 실행에 착수한 것**으로 보아야 하고, 그것이 구체적으로 사회통념상 허용되는 정도나 범위를 넘는 것인지 여부는 그 행위의 주관적인 측면과 객관적인 측면, 즉 추구된 목적과 선택된 수단을 전체적으로 종합하여 판단하여야 하는바, 피고인이 정신질환자인 피해자의 보호의무자로서 그의 재산상의 이

---

5) 형법판례총론 【33】 사회상규와 정당행위 사실관계 및 해설 참조.

익 등 권리보호를 위하여 노력하여야 할 의무(법 제22조 제3항)를 저버리고 피해자를 정신병원에 입원시킨 상태에서 **퇴원을 간절히 바라는 그의 궁박한 상태를 이용하여 퇴원을 조건으로 재산을 이전받은** 이 사건 행위는 사회통념상 허용되는 정도나 범위를 넘는 것으로서 공갈죄를 구성한다고 보아야 옳을 것이다.

6-1 [대판 96도1959] 신문의 부실공사 관련 기사에 대한 해당 건설업체의 반박광고가 있었음에도 재차 부실공사 관련 기사가 나가는 등 그 신문사 기자들과 그 건설업체 대표이사의 감정이 악화되어 있는 상태에서, 그 신문사 사주 및 광고국장이 보도자제를 요청하는 그 건설업체 대표이사에게 자사 신문에 사과광고를 싣지 않으면 그 **건설업체의 신용을 해치는 기사가 계속 게재될 것 같다는 기자들의 분위기를 전달하는 방식**으로 사과광고를 게재토록 하면서 과다한 광고료를 받은 행위가 공갈죄의 구성요건에 해당한다고 본 사례.

6-2 [대판 91도80] 방송기자인 피고인이 피해자에게 피해자 경영의 건설회사가 건축한 아파트의 진입도로미비 등 **공사하자에 관하여 방송으로 계속 보도할 것 같은 태도를 보임**으로써 피해자가 위 방송으로 말미암아 그의 아파트 건축사업이 큰 타격을 받고 자신이 경영하는 회사의 신용에 커다란 손실을 입게될 것을 우려하여 방송을 하지 말아 달라는 취지로 돈 2,000,000원을 피고인에게 교부한 경우 공갈죄의 구성요건이 충족되고 또 인과관계도 인정된다고 할 것이다.

7 [대판 95도1728] [현금카드 소유자를 협박하여 **예금인출 승낙**과 함께 현금카드를 교부받은 후 이를 사용하여 현금자동지급기에서 예금을 여러 번 인출한 경우, **해당 범죄 및 죄수**] [1] 예금주인 현금카드 소유자를 협박하여 그 카드를 갈취하였고, 하자 있는 의사표시이기는 하지만 피해자의 승낙에 의하여 현금카드를 사용할 권한을 부여받아 이를 이용하여 현금을 인출한 이상, 피해자가 그 승낙의 의사표시를 취소하기까지는 현금카드를 적법, 유효하게 사용할 수 있고, 은행의 경우에도 피해자의 지급정지 신청이 없는 한 피해자의 의사에 따라 그의 계산으로 적법하게 예금을 지급할 수밖에 없는 것이므로, 피고인이 피해자로부터 현금카드를 사용한 예금인출의 승낙을 받고 현금카드를 교부받은 행위와 이를 사용하여 현금자동지급기에서 예금을 여러 번 인출한 행위들은 모두 피해자의 예금을 갈취하고자 하는 피고인의 단일하고 계속된 범의 아래에서 이루어진 일련의 행위로서 **포괄하여 하나의 공갈죄를 구성한다**고 볼 것이지, 현금지급기에서 피해자의 예금을 취득한 행위를 현금지급기 관리자의 의사에 반하여 그가 점유하고 있는 현금을 절취한 것이라 하여 이를 현금카드 갈취행위와 분리하여 따로 **절도죄로 처단할 수는 없다.** [2] 피고인은 같은 학원에 다니면서 알게 된 피해자와 부산 등지로 여행하던 중 1994. 4. 17. 23:10경 부산 북구 구포동 소재 향원장 여관 305호실에서 위 피해자가 소지하고 있던 현금카드를 갈취하여 위 피해자의 예금을 인출하여 여행경비로 사용할 것을 결의하고, 위 피해자에게 '현금카드를 빌려주지 않으면 부산에 있는 아는 깡패를 동원하여 가루로 만들어 버리겠다.'고 말하여 피고인의 요구에 응하지 아니하면 위 피해자에게 어떤 해악을 가할 듯한 태도를 보여 이에 겁을 먹은 위 피해자로부터 즉석에서 현금카드인 조흥은행 슈퍼카드 1장을 교부받아, 1994. 4. 18. 17:00경부터 같은 달 28.까지 도합 17회에 걸쳐 합계 금 7,590,000원을 인출하여 간 것이다."라는 범죄사실을 인정한 후, 피고인이 위 피해자로부터 현금카드를 교부받은 행위와 이에 이어지는 누차에 걸친 현금인출 행위는 **포괄하여 하나의 공갈죄를 구성**한다.

8 [대판 94도2528] 공무원이 직무집행의 의사 없이 또는 직무처리와 대가적 관계없이 타인을 공갈하여 재물을 교부하게 한 경우에는 **공갈죄만이 성립**하고, 이러한 경우 재물의 교부자가 공무원의 해악의 고지로

인하여 외포의 결과 금품을 제공한 것이라면 그는 공갈죄의 피해자가 될 것이고 뇌물공여죄는 성립될 수 없다고 하여야 할 것이다.

9 [대판 89도2036] [교통사고의 피해자가 사고차량 운전자의 사용자로부터 **사회통념상 허용되는 범위를 넘어 금품을 교부받은** 것이어서 공갈죄가 성립한다고 본 사례] 피고인이 교통사고로 2주일간의 치료를 요하는 상해를 당하여 그로 인한 손해배상청구권이 있음을 기화로 사고차량의 운전사가 바뀐 것을 알고서 그 운전사의 사용자에게 과다한 금원을 요구하면서 이에 응하지 않으면 수사기관에 신고할듯 한 태도를 보여 이에 겁을 먹은 동인으로부터 금 3,500,000원을 교부받은 것이라면 이는 손해배상을 받기 위한 수단으로서 사회통념상 허용되는 범위를 넘어서 그 권리행사를 빙자하여 상대방을 외포하게 함으로써 재물을 교부받은 경우에 해당하므로 공갈죄가 성립한다고 할 것이다.

권리행사와 공갈죄의 성부

10-1 [대판 84도2644] 설사 피고인이 정당한 권리를 가졌다 하더라도 그 권리실행의 수단, 방법이 사회통념상 허용되는 범위를 넘은 경우에는 공갈죄의 성립을 방해하지 않는다 할 것인바 피고인이 피해자와 동업하던 공소외 1주식회사에 재직 중 직무상 탈세용 비밀장부를 소지하고 있어 그 내용을 알고 있었고 1983.7.12 사직시 피해자와 동업지분을 정산하여 반환받을 때에 위 비밀장부의 기재내용도 감안하여 작성한 같은 해 3. 31자 결산서류에 근거하여 계산하기로 하였다면 그 후 위 계산과정에 일부 잘못이 있었다 하더라도 피고인이 요구하였던 각 항목에 걸쳐 재결산을 요구할 권리가 있다고 수긍할 수 없을 뿐 아니라 비록 재결산의 여지가 남아 있다 하더라도 **권리행사에 빙자하여** 원판시와 같이 위 비밀장부에 의하여 같은 회사에 어떠한 위해를 가할 듯 한 태도를 보이는 협박수단을 써서 이건 약속어음을 교부받은 소위는 **사회통념상 허용되는 범위를 넘는 것**으로서 이를 공갈죄로 의율한 원심의 조치는 정당하며, 또한 피고인이 그 소위를 위법하지 않다고 믿었다 하더라도 그렇게 믿은 데에 정당한 이유가 있는 경우로 볼 수 없다.

10-2 [대판 99도4305] 피고인이 피해자에 대하여 **채권이 있다고 하더라도** 그 권리행사를 빙자하여 사회통념상 용인되기 어려운 정도를 넘는 협박을 수단으로 상대방을 외포케 하여 재물의 교부 또는 재산상의 이익을 받았다면 공갈죄가 되는 것이다.

10-3 [대판 91도1824] 피해자의 기망에 의하여 부동산을 비싸게 매수한 피고인이라도 그 계약을 취소함이 없이 등기를 피고인 앞으로 둔 채 피해자의 전매차익을 받아낼 셈으로 피해자를 협박하여 재산상의 이득을 얻거나 돈을 받았다면 이는 정당한 권리행사의 범위를 넘은 것으로서 사회통념상 용인될 수 없으므로 공갈죄를 구성한다.

10-4 [대판 2000도4415] 피해자의 정신병원에서의 퇴원 요구를 거절해 온 피해자의 배우자가 피해자에 대하여 재산이전 요구를 한 경우, 그 배우자가 재산이전 요구에 응하지 않으면 퇴원시켜 주지 않겠다고 말한 바 없더라도 이는 암묵적 의사표시로서 공갈죄의 수단인 해악의 고지에 해당하고 이러한 해악의 고지가 권리의 실현수단으로 사용되었더라도 그 수단방법이 **사회통념상 허용되는 정도나 범위를 넘는 것**으로서 공갈죄를 구성한다고 한 사례.

11 [대판 84도573] [상간자에게 **간통관계를 미끼로 금원을 갈취**한 경우 공갈죄의 성부] 피고인과 고소인의 년령이 각 16세, 32세인 점 및 한집에 여러 사람이 취침한다는 점으로 미루어 피고인이 고소인을 강간한 것이 아니라 피해자의 유혹으로 간통관계를 갖게되었다 하더라도, 이를 미끼로 협박하여 금원을 교부받은

이상 피고인의 위 소위는 공갈죄를 구성한다.

공갈죄 성립이 부정된 사례

12 [대판 2012도6157] **파기환송.** [절도범이 절취한 금전이 다른 금전 등과 명백하게 구분되는 예외적인 경우, 절도 피해자에 대한 관계에서 그 금전을 절도범인 타인의 재물이라고 할 수 있는지 여부(소극)] ●사실● 피고인 X는 A가 인터넷 도박사이트를 운영하면서 벌어들인 돈을 A의 지시에 따라 자신의 명의로 임차한 서울 강남구 역삼동의 건물에 금고를 설치하고 약 40억 3,000만 원을 일정 단위로 고무줄로 묶어 넣어 두고, 금고 옆에는 1만원 등을 쇼핑백에 넣어 두고 보관하였다. 그런데 Y와 W가 약 40억 3,000만 원이 든 금고를 훔쳤다. 이에 A가 X에 돈을 찾아오라고 지시하였고 X는 Y를 만나 겁을 주고 W로부터 분배받은 돈 중 1,600만 원을 소비하고 남은 5억 5,400만 원을 교부받았다. 당시 Y는 절취한 금전 중 1,600만 원을 소비한 외에 나머지 금전이 보관되어 있던 운동가방과 쇼핑백을 **그대로 건네주었는데 그때까지 그 금전이 다른 금전과 섞이거나 교환되지는 않았다.** ●판지● [1] 공갈죄의 대상이 되는 재물은 타인의 재물을 의미하므로, 사람을 공갈하여 **자기의 재물을 교부받는 경우에는 공갈죄가 성립하지 아니한다.** 그리고 타인의 재물인지의 여부는 민법, 상법, 기타의 실체법에 의하여 결정되는데, 금전을 도난당한 경우 절도범이 절취한 금전만 소지하고 있는 때 등과 같이 구체적으로 절취된 금전을 특정할 수 있어 객관적으로 다른 금전 등과 구분됨이 명백한 예외적인 경우에는 절도 피해자에 대한 관계에서 그 금전이 절도범인 타인의 재물이라고 할 수 없다. [2] 甲이 乙의 돈을 절취한 다음 다른 금전과 섞거나 교환하지 않고 쇼핑백 등에 넣어 자신의 집에 숨겨두었는데, 피고인이 乙의 지시로 폭력조직원 丙과 함께 甲에게 겁을 주어 쇼핑백 등에 들어 있던 절취된 돈을 교부받아 갈취하였다고 하여 폭력행위 등 처벌에 관한 법률 위반(공동공갈)으로 기소된 사안에서, 피고인 등이 甲에게서 되찾은 돈은 절취 대상인 당해 금전이라고 **구체적으로 특정할 수 있어 객관적으로 甲의 다른 재산과 구분됨이 명백하므로 이를 타인인 甲의 재물이라고 볼 수 없고,** 따라서 비록 피고인 등이 甲을 공갈하여 돈을 교부받았더라도 타인의 재물을 갈취한 행위로서 공갈죄가 성립된다고 볼 수 없는데도, 이와 달리 보아 유죄를 인정한 원심판결에 공갈죄의 대상인 타인의 재물 등에 관한 법리오해의 위법이 있다.

13 [대판 2011도16044] **파기환송.** [재산상 처분행위와 공갈죄의 성부] [1] 재산상 이익의 취득으로 인한 공갈죄가 성립하려면 폭행 또는 협박과 같은 공갈행위로 인하여 피공갈자가 재산상 이익을 공여하는 처분행위가 있어야 한다. 물론 그러한 처분행위는 반드시 작위에 한하지 아니하고 부작위로도 족하여서, 피공갈자가 외포심을 일으켜 묵인하고 있는 동안에 공갈자가 직접 재산상의 이익을 탈취한 경우에도 공갈죄가 성립할 수 있다. 그러나 폭행의 상대방이 위와 같은 의미에서의 처분행위를 한 바 없고, 단지 행위자가 법적으로 의무 있는 재산상 이익의 공여를 면하기 위하여 상대방을 폭행하고 현장에서 도주함으로써 상대방이 행위자로부터 원래라면 얻을 수 있었던 재산상 이익의 실현에 장애가 발생한 것에 불과하다면, 그 행위자에게 공갈죄의 죄책을 물을 수 없다. [2] 피고인이 피해자가 운전하는 택시를 타고 간 후 최초의 장소에 이르러 택시요금의 지급을 면할 목적으로 다른 장소에 가자고 하였다면서 택시에서 내린 다음 택시요금 지급을 요구하는 피해자를 때리고 달아나자, 피해자가 피고인이 말한 다른 장소까지 쫓아가 기다리다 그곳에서 피고인을 발견하고 택시요금 지급을 요구하였는데 피고인이 다시 피해자의 얼굴 등을 주먹으로 때리고 달아난 사안에서, 피해자가 피고인에게 계속해서 택시요금의 지급을 요구하였으나 피고인이 이를 면하고자

피해자를 폭행하고 달아났을 뿐, 피해자가 폭행을 당하여 외포심을 일으켜 수동적·소극적으로라도 피고인이 택시요금 지급을 면하는 것을 용인하여 이익을 공여하는 **처분행위를 하였다고 할 수 없는데도**, 이와 달리 보아 공갈죄를 인정한 원심판결에 법리오해 등 위법이 있다.

14 [대판 2001도7095] **지역신문의 발행인**이 시정에 관한 비판기사 및 사설을 보도하고 관련 공무원에게 광고의뢰 및 직보배정을 타신문사와 같은 수준으로 높게 해달라고 요청한 사실만으로 공갈죄의 수단으로서 그 상대방을 협박하였다고 볼 수 없다.

15 [대판 2000도3245] **[공갈죄의 수단으로써 협박의 의미]** [1] 공갈죄의 수단으로써의 협박은 객관적으로 사람의 의사결정의 자유를 제한하거나 의사실행의 자유를 방해할 정도로 겁을 먹게 할 만한 해악을 고지하는 것을 말하고, (가) 그 해악에는 인위적인 것뿐만 아니라 **천재지변 또는 신력이나 길흉화복에 관한 것도 포함될 수 있으나,** (나) 다만 천재지변 또는 신력이나 길흉화복을 해악으로 고지하는 경우에는 상대방으로 하여금 행위자 자신이 그 천재지변 또는 신력이나 길흉화복을 사실상 지배하거나 그에 영향을 미칠 수 있는 것으로 믿게 하는 명시적 또는 묵시적 행위가 있어야 공갈죄가 성립한다. [2] **조상천도제**를 지내지 아니하면 좋지 않은 일이 생긴다는 취지의 해악의 고지는 **길흉화복이나 천재지변의 예고**로서 행위자에 의하여 직접, 간접적으로 좌우될 수 없는 것이고 가해자가 현실적으로 특정되어 있지도 않으며 해악의 발생가능성이 합리적으로 예견될 수 있는 것이 아니므로 협박으로 평가될 수 없다.

16 [대판 82도2714] **[부녀와의 정교가 공갈죄의 객체인 재산상 이익으로 평가될 수 있는지 여부(소극)]** 공갈죄는 재산범으로서 그 객체인 재산상 이익은 경제적 이익이 있는 것을 말하는 것인바, 일반적으로 부녀와의 정부 그 자체는 이를 경제적으로 평가할 수 없는 것이므로 부녀를 공갈하여 정교를 맺었다고 하여도 특단의 사정이 없는 한 이로써 재산상 이익을 갈취한 것이라고 볼 수는 없는 것이며, 부녀가 주점접대부라 할지라도 피고인과 **매음을 전제로 정교를 맺은 것이 아닌 이상** 피고인이 매음대가의 지급을 면하였다고 볼 여지가 없으니 공갈죄가 성립하지 아니한다. ●사실● 피고인이 가짜 기자행세를 하면서 싸롱객실에서 나체쇼를 한 피해자를 고발할 것처럼 데리고 나와 여관으로 유인한 다음, 겁에 질려있는 그녀의 상태를 이용하여 동침하면서 1회 성교하였다.

17 [대판 75도2818] 가출자의 가족에 대하여 **가출자의 소재를 알려주는 조건으로** 보험가입을 요구한 피고인의 소위는 가출자를 찾으려고 하는 그 가족들의 안타까운 심정을 이용하여 보험가입을 권유 내지 요구하는 언동으로 도의상 비난할 수 있을지언정 그로 인하여 가족들에 새로운 외포심을 일으키게 되거나 외포심이 더하여 진다고는 볼 수 없으므로 이를 공갈죄에 있어서의 협박이라고 단정할 수 없다.

공갈죄의 기수시기

1 [대판 92도1506] [**부동산에 대한 공갈죄의 기수시기**] 부동산에 대한 공갈죄는 그 부동산에 관하여 **소유권이전등기를 경료받거나 또는 인도를 받은 때에 기수**로 되는 것이고, 소유권이전등기에 필요한 서류를 교부받은 때에 기수로 되어 그 범행이 완료되는 것은 아니다.

2 [대판 85도1687] 피해자들을 공갈하여 피해자들로 하여금 **지정한 예금구좌에 돈을 입금**케한 이상, 위 돈은 범인이 자유로히 처분할 수 있는 상태에 놓인 것으로서 공갈죄는 이미 기수에 이르렀다 할 것이다.

73 횡령죄의 주체 '보관자' – 부동산의 보관 –

* 대법원 2000. 4. 11. 선고 2000도565 판결
* 참조조문: 형법 제355조 제1항[1]

> 공동상속인 중 1인이 상속 부동산을 혼자 점유하던 중 다른 공동상속인의 상속지분을 임의로 처분한 경우, 횡령죄가 성립하는가?

●**사실**● 피해자 A, B의 계모인 피고인 X는 A, B 등과 **공동으로 상속**한 이 사건 건물에 혼자 거주·관리하다 이를 Y에게 매도하였다. 원심은 X에 대해 횡령죄 성립을 부정하였다. 이에 검사가 상고하였다.

●**판지**● 상고기각.「부동산에 관한 횡령죄에 있어서 타인의 재물을 보관하는 자의 지위는 동산의 경우와는 달리 **부동산에 대한 점유의 여부가 아니라** 부동산을 제3자에게 유효하게 처분할 수 있는 권능의 유무에 따라 결정하여야 하므로, 부동산을 공동으로 상속한 자들 중 1인이 부동산을 혼자 점유하던 중 다른 공동상속인의 상속지분을 임의로 처분하여도 그에게는 그 **처분권능이 없어 횡령죄가 성립하지 아니한다**」.

●**해설**● 1 횡령죄는「다른 사람의 재물에 관한 **소유권 등 본권**을 그 보호법익으로 하고 본권이 침해될 위험성이 있으면 그 침해의 결과가 발생하지 아니하더라도 성립하는 이른바 **위태범**」이다(대판 2002도2219). 즉 소유권의 상실이라는 침해가 아닌 '반환의 거부'라는 위태화에 의해서도 범죄가 기수가 된다는 점에서 판례는 **위험범설**의 입장이다. 횡령죄의 객체는 '타인의 재물'이다. 이점이 '재산상의 이익'을 객체로 하는 배임죄와 구분된다.[2]

2 횡령죄의 본질   **횡령죄의 본질**과 관련하여 ① 재물의 위탁 시 부여된 권한을 초과하여 신뢰관계를 배반했다는 점이 핵심이라는 **월권행위설**과 ② 횡령은 타인이 위탁한 재물을 불법하게 영득하는 점에 본질이 있다는 **영득행위설**의 대립이 있다. 영득행위설에 따르면 일시사용이나 손괴, 은닉은 재산을 영득한 바가 없으므로 횡령죄 성립이 부정되나 월권행위설에 따르면 일시사용이나 손괴, 은닉의 경우에도 권한을 초월하였기 때문에 횡령죄 성립이 긍정된다. 판례는 불법영득의사가 필요하다고 보므로 영득행위설의 입장이다.

3 횡령죄가 성립하기 위해서는 재물의 보관자와 소유자 사이에 **위탁관계**가 있어야 한다. 타인의 재물을 **보관하는 자**가 그 위탁관계를 깨뜨리고 자신 또는 제3자를 위해 그 재물을 영득하거나 영득하게 하는 범죄가 횡령죄이다. 여기서 '보관'은 위탁관계에 근거하여야 한다. 보관은 재물에 대한 **사실상 점유** 또는 소지나 **법률상의 관리, 지배를 포함**하는 넓은 개념이다[3]. **부동산의 '등기'에 의한 보관**이 그 대표적인 예가 된다.

---

1) 형법 제355조(횡령) ① 타인의 **재물을 보관하는 자**가 그 재물을 **횡령**하거나 그 **반환을 거부**한 때에는 5년 이하의 징역 또는 1천500만원 이하의 벌금에 처한다.

2) 횡령죄와 배임죄는 타인에 대한 신임관계를 배반한 범죄로서 본질을 같이 한다. 그리고 양자는 **특별(횡령죄)과 일반(배임죄)**의 관계에 있다고 이해된다. 재물이 재산상 이익의 특별한 경우이듯이 타인의 사무(배임) 가운데에는 타인의 재물(횡령)을 관리하는 일도 포함된다. 따라서 횡령과 배임은 법조경합의 관계에 있다.

3) 횡령죄의 객체는 **자기가 점유하는** 타인의 재물이다. 절도죄에서의 점유는 사실적 지배이지만 횡령죄에서의 점유개념은 **법적 지배를 포함**한다. 이점이 절도죄에서의 점유와 차이가 있다. 즉 ① 절도죄에서는 점유가 절취행

4 따라서 부동산에 대하여 사실상의 지배가 없는 경우에도 등기명의를 가지고 있는 때에는 보관자의 지위에 해당하고 횡령죄는 성립할 수 있다. 다만 부동산에 대한 **보관자의 지위**는 일반적으로는 점유가 아니라 그 부동산을 유효하게 **처분할 수 있는 '권능'의 존부를 기준**으로 결정된다. 즉 그 부동산을 유효하게 처분할 수 있는 권능이 있을 때 보관관계가 인정된다(대판 2000도565, Ref 1-3). 따라서 **원인무효인 소유권이전등기의 명의자**는 횡령죄의 주체인 타인의 재물을 보관하는 자에 해당한다고 할 수 없다(대판 2009도9242, Ref 1.1-1). 그러나 **미등기건물**일 경우에는 위탁관계에 의하여 현실로 부동산을 관리, 지배하는 자가 보관자라고 할 수 있다(대판 92도2999, Ref 1-6).

5 사안의 경우 X는 피해자들과 공동으로 상속한 건물에 혼자 살다 제3자에게 매도한 것인데 이것이 횡령죄가 성립되는지가 다투어졌다. 법원은 X에게는 그 부동산에 대해 **처분권능이 없고**(공동상속한 건물이므로) 따라서 보관자로서의 지위를 인정할 수 없어 횡령죄 성립을 부정하였다.

6 부동산의 보관은 「(가) 원칙적으로 등기부상의 소유명의인에 대하여 인정되지만, (나) **등기부상의 명의인이 아니라도** 소유자의 위임에 의거해서 실제로 타인의 부동산을 관리·지배하면서 제3자에게 유효하게 처분할 수 있는 지위에 있는 자는 그 부동산에 대한 지배력을 가지고 있는 자로서 횡령죄의 성립에 있어 그 부동산을 보관하는 자에 해당한다고 보아야 할 것이므로, (다) **등기부상 소유명의인의 배우자로서** 소유명의인의 위임에 의하여 그 부동산의 실질적인 지배·관리권 및 대외적인 처분권을 갖고 있는 경우에는 그 부동산의 보관자에 해당한다」고 할 것이다(대판 2009도1884). 부동산의 명의수탁자의 지위를 **포괄승계한 상속인**도 그 권한에 의하여 부동산에 대한 보관자가 될 수 있다(대판 95도784, Ref 1-5).

7 횡령죄에 있어서 재물의 '보관' 횡령죄에서의 **재물의 '보관'이라 함은** (가) 재물에 대한 사실상 또는 법률상 지배력이 있는 상태를 의미하므로 그 보관이 위탁관계에 기인하여야 할 것임은 물론이나 그것이 반드시 사용대차, 임대차, 위임 등의 계약에 의하여 설정되는 것임을 요하지 아니하고 **사무관리** (대판 2008도10669),[4] **관습, 조리, 신의칙에 의해서도 성립**된다(대판 87도1778). 따라서 (나) **위탁의 원인은** 반드시 소유자의 위탁행위에 기인한 것임을 요하지는 않고 소유자의 의사에 반하지 않으면 제3자의 의해 이루어져도 상관없다. 또한 (다) 사법상 계약이 유효할 것을 요하는 것도 아니기 때문에 위탁관계를 근거지우는 법률이 무효, 계약이 취소되어도 인도한 재물의 점유가 '사실상'의 재물의 보관에 해당한다면 위탁관계에 의한 보관은 성립한다. 한편 (라) **타인의 금전을 위탁**받아 보관하는 자는 보관방법으로 이를 은행 등의 **금융기관에 예치**한 경우에도 보관자의 지위를 갖는다(대판 2014도11244, Ref 2-3).

위의 대상이 된다는 점에서 '사실상의 재물지배'에 제한되지만, ② 횡령죄에서의 점유는 '신분요소'로서의 기능을 하기에 **'사실상의 재물에 대한 처분의 지위'**를 기준으로 결정된다. 때문에 선하증권이나 창고증권과 같은 **유가증권의 소지자**는 물건을 사실상 지배하지 않더라도 그 물건을 처분할 수 있는 지위에 있으므로 횡령죄의 주체가 될 수 있다. 또한 형법상으로는 점유로 인정되지 않는 **간접점유**도 보관의 개념에 속하며 **점유보조자**도 보관자가 될 수 있다.

4) **사무관리**는 관리자가 법률상 또는 계약상 의무 없이 타인을 위하여 사무를 처리함으로써 관리자와 본인 사이에 생기는 법정채권관계로서, 법률요건의 하나이다. 민법에 따르면, 사무관리를 개시한 자는 지체 없이 그 사실을 본인에게 통지함과 동시에(법736), 본인의 의사가 불명할 때는 본인에게 가장 이익 되는 방법으로 관리하여야 하며(법734), 또한 본인이 관리할 수 있을 때까지 관리를 계속하여야 하고(법737), 이 일을 태만히 하여 본인에게 손해를 끼치게 되면 배상책임을 진다(예외 : 737조 단서).

8 횡령죄에 있어서 '보관자'에 대한 법원의 판단

'보관자'에 해당된다고 본 판례	'보관자'에 해당되지 않는다고 본 판례
• 위탁판매에서 위탁매매인(대판 2012도16191) • 착오송금의 예금주(대판 2010도891) • 1인 회사의 1인 주주(대판 2009도980) • 동업자(대판 2010도17684) • 할부매매에서 대금완납 전까지 매수인	• 익명조합의 영업자(대판 2010도5014) • 원인무효인 소유권이전등기의 명의자(대판 2009도9242) • 부동산을 공동상속받은 단독점유자(대판 2005도565) • 선매대금을 받은 매도인(대판 86도631) • 계 불입금에서 계주

Reference 1

부동산을 유효하게 처분할 수 있는 권능이나 지위가 없는 경우

원인무효인 소유권이전등기의 명의자

1-1 [대판 2009도9242] 물품제조 회사가 농지를 매수하여 피고인 명의로 소유권이전등기를 마침으로써 소유명의를 신탁하여 두었는데 피고인이 그 후 이를 타인에게 처분함으로써 횡령하였다는 공소사실에 대하여, **물품제조 회사는 농지의 소유권을 취득할 수 없으므로**(당시 시행되던 구 농지개혁법상의 농지매매증명을 발급받을 수가 없어 소유권을 취득할 수 없었다) 피고인은 원인무효인 소유권이전등기의 명의자에 불과하다는 이유로 횡령죄의 성립을 부정한 원심판단을 수긍한 사례.

1-2 [대판 2007도1082] 임야의 진정한 소유자와는 전혀 무관하게 신탁자로부터 임야 지분을 명의신탁받아 **지분이전등기를 경료한 수탁자**가 신탁받은 지분을 임의로 처분한 사안에서, 소유자와 수탁자 사이에 위 임야 지분에 관한 법률상 또는 사실상의 위탁신임관계가 성립하였다고 할 수 없고, 또한 **어차피 원인무효인 소유권이전등기의 명의자에 불과하여** 위 임야 지분을 제3자에게 유효하게 처분할 수 있는 권능을 갖지 아니한 수탁자로서는 위 임야 지분을 보관하는 자의 지위에 있다고도 할 수 없으므로, 그 처분행위가 신탁자에 대해서나 또는 소유자에 대하여 위 임야 지분을 횡령한 것으로 된다고 할 수 없다.

1-3 [대판 88도1368] [1] **원인무효인 소유권이전등기**의 명의자로서 그 부동산을 법률상 유효하게 처분할 수 있는 지위에 있지 않은 자는 횡령죄의 주체인 타인의 재물을 보관하는 자에 해당하지 않는다. [2] 부동산의 명의수탁자인 갑으로부터 을이 그 소유권이전등기를 경료받은 경우 갑의 처분행위는 대외적으로 유효하여 을은 그 부동산의 권리를 취득하는 것이지 명의수탁자의 지위를 승계하는 것이 아니므로 을이 한 처분행위는 권리자의 처분행위로서 횡령죄가 성립할 수 없다.

1-4 [대판 75도2713] 공장저당법에 따라 공장재단을 구성하는 기계를 타인에게 양도담보로 제공하였다 하여도 **공장저당법의 강행성에 비추어 위 양도는 무효**이므로 양도인이 위 기계에 대하여 다시 근저당권을 설정한 행위는 횡령죄를 구성하지 아니한다. **cf)** 공장저당법 제14조[5])에 보면 공장재단에 속하는 것은 양도

---

5) 공장 및 광업재단 저당법 제14조(공장재단 구성물의 양도 등 금지) 공장재단의 구성물은 공장재단과 분리하여 양도하거나 소유권 외의 권리, 압류, 가압류 또는 가처분의 목적으로 하지 못한다. 다만, 저당권자가 동의한 경우에는 임대차의 목적물로 할 수 있다.

등을 못하게 되어있고, 이 위반에는 벌칙을 가하고 있는(제60조[6]) 점으로 미루어 이와 같은 금지된 양도 등을 위한 법률행위는 공장저당법의 강행성에 비추어 무효하다고 해석하여야 옳다고 대법원은 판단하고 있다.

2 [대판 2003도6988] [부동산의 공유자 중 1인이 다른 공유자의 지분을 임의로 처분하거나 임대한 경우] ●사실● 구분소유자 전원의 공유에 속하는 공용부분인 지하주차장 일부를 그 중 1인인 피고인 X가 독점 임대하고 수령한 임차료를 임의로 소비하였다. ●판지● 부동산에 관한 횡령죄에 있어서 타인의 재물을 보관하는 자의 지위는 동산의 경우와는 달리 부동산에 대한 점유의 여부가 아니라 부동산을 제3자에게 유효하게 처분할 수 있는 권능의 유무에 따라 결정하여야 하므로, 부동산의 공유자 중 1인이 다른 공유자의 지분을 임의로 처분하거나 임대하여도 그에게는 **그 처분권능이 없어 횡령죄가 성립하지 아니한다.**

3 [대판 2000도565] [공동상속한 부동산의 처분] 부동산에 관한 횡령죄에 있어서 타인의 재물을 보관하는 자의 지위는 동산의 경우와는 달리 부동산에 대한 점유의 여부가 아니라 부동산을 제3자에게 유효하게 **처분할 수 있는 권능의 유무에 따라 결정**하여야 하므로, 부동산을 공동으로 상속한 자들 중 1인이 부동산을 혼자 점유하던 중 다른 공동상속인의 상속지분을 임의로 처분하여도 그에게는 그 처분권능이 없어 횡령죄가 성립하지 아니한다.

부동산을 유효하게 처분할 수 있는 권능이나 지위가 있는 경우

4 [대판 2005도2413] [종중임야 담보제공사건] [1] 횡령죄에서 재물의 보관이라 함은 재물에 대한 사실상 또는 법률상 지배력이 있는 상태를 의미하며, 그 보관은 소유자 등과의 위탁관계에 기인하여 이루어져야 하는 것이지만, 그 위탁관계는 사실상의 관계이면 족하고 위탁자에게 유효한 처분을 할 권한이 있는지 또는 수탁자가 법률상 그 재물을 수탁할 권리가 있는지 여부를 불문하는 것이고, 한편 부동산에 관한 횡령죄에 있어서 타인의 재물을 보관하는 자의 지위는 동산의 경우와는 달리 부동산에 대한 점유의 여부가 아니라 **법률상 부동산을 제3자에게 처분할 수 있는 지위에 있는지 여부를 기준**으로 판단하여야 한다. [2] 피고인이 종중의 회장으로부터 담보 대출을 받아달라는 부탁과 함께 종중 소유의 임야를 이전받은 다음 임야를 담보로 금원을 대출받아 임의로 사용하고 자신의 개인적인 대출금 채무를 담보하기 위하여 임야에 근저당권을 설정하였다면 비록 피고인이 임야를 이전받는 과정에서 **적법한 종중총회의 결의가 없었다고 하더라도** 피고인은 임야나 위 대출금에 관하여 **사실상 종중의 위탁에 따라 이를 보관하는 지위에 있다**고 보아야 할 것이어서 피고인의 위 행위가 종중에 대한 관계에서 **횡령죄를 구성**한다. cf) 갑은 적법한 종중총회의 결의 없이 종중회장 을로부터 위 임야의 소유권을 이전받았는데, 대법원은 갑과 종중 사이에 위 임야 및 대출금에 대한 "사실상의 위탁관계"가 인정된다고 보아 갑에게 **종중에 대한 횡령죄의 성립을 인정**하였다.

5 [대판 95도784] [위탁관계승계의 인정] 위 임야의 사정명의자로서 명의수탁자인 조부가 사망함에 따라 그의 자인 부가, 또 위 부가 사망함에 따라 피고인 이 각 그 상속인이 됨으로써 피고인은 위 임야의 수탁관리자로서의 지위를 **포괄 승계**한 것이어서, 피고인은 위 임야를 유효하게 처분할 수 있는 보관자로서의 지

---

6) 공장 및 광업재단 저당법 60조(목적물 처분에 대한 벌칙) ① 공장 소유자나 광업권자가 이 법에 따라 저당권의 목적이 된 공장재단 또는 광업재단을 구성하는 동산을 양도하거나 질권 설정의 목적으로 제3자에게 인도한 경우에는 3년 이하의 징역 또는 1천만원 이하의 벌금에 처한다.

위를 취득하였다고 할 것이다.

6 [대판 92도2999] [미등기부동산의 보관자] 부동산의 보관은 (가) 원칙으로 등기부상의 소유명의인에 대하여 인정되지만 (나) 등기부상의 명의인이 아니라도 소유자의 위임에 의거해서 **실제로 타인의 부동산을 관리, 지배하면 부동산의 보관자라 할 수 있고, 미등기건물에 대하여는 위탁관계에 의하여 현실로 부동산을 관리, 지배하는 자가 보관자라고 할 수 있다.** ··· (다) 미등기건물의 관리를 위임받아 보관하고 있는 자가 임의로 건물에 대하여 자신의 명의로 보존등기를 하거나 동시에 근저당권설정등기를 마치는 것은 객관적으로 불법영득의 의사를 외부에 발현시키는 행위로서 횡령죄에 해당하고, (라) 피해자의 승낙 없이 건물을 자신의 명의로 **보존등기를 한 때 이미 횡령죄는 완성**되었다 할 것이므로, (마) **횡령행위의 완성 후 근저당권설정등기를 한 행위**는 피해자에 대한 새로운 법익의 침해를 수반하지 않는 **불가벌적 사후행위로서 별도의 횡령죄를 구성하지 않는다.** cf) **원인무효의 등기**인 경우 등기명의인은 대외적으로 처분권능이 없기 때문에 보관자가 될 수 없다.

7 [대판 89도1911] [건축허가명의를 수탁받은 회사의 실질적 경영자가 소유권보존등기가 되지 않은 신축건물의 보관자로서 횡령죄의 주체라고 본 사례] 법률상 부동산을 제3자에게 유효하게 처분할 수 있는 지위에 있는 자는 그 부동산에 대한 지배력을 가지고 있다고 할 것이므로, 횡령죄의 성립에 있어서 그 부동산을 보관하는 자에 해당한다고 보아야 할 것인 바, 소유권보존등기가 되어있지 않은 이 사건 건물이 실제로 피해자가 재료의 주요부분과 노력을 제공하여 건축한 피해자의 소유로서 건축허가명의만을 갑회사에게 신탁한 경우에 있어서, 건축허가 관계서류에 의하여 작성된 건축물관리대장(또는 가옥대장)의 등본에 의하여 자기 또는 피상속인이 그 대장에 소유자로서 등록되어 있는 것을 증명하는 자가 미등기건물의 소유권보존등기를 신청할 수 있도록 되어 있는 부동산등기법 제131조 제1호, 건축법시행규칙 제6조 등의 규정내용에 비추어 볼 때 갑회사의 실질적인 경영자인 피고인은 건축허가명의자인 갑회사의 명의로 소유권보존등기를 하여 대외적으로 유효하게 위 건물을 처분할 수 있는 지위에 있는 자이어서 타인의 부동산인 위 건물을 보관하는 자에 해당한다고 보아야 할 것이다.

Reference 2

횡령죄에서 '보관자'의 지위를 갖는 경우

주식회사 소유 재산을 주주나 대표이사가 사적인 용도로 임의 처분한 경우

1-1 [대판 2019도9773] [주식회사의 주주나 대표이사 또는 그에 준하여 회사 자금의 보관이나 운용에 관한 **사실상의 사무를 처리하는 자가 회사 소유의 재산을 사적인 용도로 함부로 처분한 경우, 횡령죄가 성립하는지 여부(적극)**] [1] 횡령죄는 타인의 재물에 대한 재산범죄로서 재물의 소유권 등 본권을 보호법익으로 하는 범죄이다. 따라서 **횡령죄의 객체가 타인의 재물에 속하는 이상 구체적으로 누구의 소유인지는 횡령죄의 성립 여부에 영향이 없다.** 주식회사는 주주와 독립된 별개의 권리주체로서 그 이해가 반드시 일치하는 것은 아니므로, 주주나 대표이사 또는 그에 준하여 회사 자금의 보관이나 운용에 관한 사실상의 사무를 처리하는 자가 회사 소유의 재산을 사적인 용도로 함부로 처분하였다면 횡령죄가 성립한다. [2] 피고인들이 공모하여 갑 주식회사 등 피해 회사가 납품하는 물품을 마치 피해 회사의 자회사로서 서류상으로만 존재하는 을 주식회사 등이 납품하는 것처럼 서류를 꾸며 피해 회사가 지급받아야 할 납품대금을 자회사 명의의 계

좌로 지급받아 급여 등의 명목으로 임의로 사용하였다고 하여 특정경제범죄 가중처벌 등에 관한 법률 위반(횡령)으로 기소된 사안에서, 법인격 부인 또는 남용 법리는 회사가 법인격을 남용했다고 볼 수 있는 예외적인 경우에 회사에 법인격이 있더라도 이를 무시하고 그 뒤에 있는 배후자에게 책임을 추궁하는 것이므로, 피고인들이 피해 회사의 자회사 계좌를 이용하여 피해 회사의 납품대금을 횡령한 사건에서 법인격 부인 여부에 따라 횡령죄의 성립이 좌우되는 것은 아니다.

1-2 [대판 2005도3045] 주식회사는 주주와 독립된 별개의 권리주체로서 그 이해가 반드시 일치하는 것은 아니므로, 회사 소유 재산을 주주나 대표이사가 제3자의 자금 조달을 위하여 담보로 제공하는 등 사적인 용도로 임의 처분하였다면 **그 처분에 관하여 주주총회나 이사회의 결의가 있었는지 여부와는 관계없이** 횡령죄의 죄책을 면할 수는 없는 것이고, 횡령죄에 있어서 불법영득의 의사라 함은 자기 또는 제3자의 이익을 꾀할 목적으로 업무상의 임무에 위배하여 보관하는 타인의 재물을 자기의 소유인 경우와 같은 처분을 하는 의사를 말하고 사후에 이를 반환하거나 변상, 보전하는 의사가 있다 하더라도 불법영득의 의사를 인정함에 지장이 없다.

지입차주7)와 횡령죄의 성부

2-1 [대판 2015도1944 전원합의체] [차량도 (부동산처럼) 등록 기준이 아니라 점유 기준으로 판단] 횡령죄는 타인의 재물을 보관하는 사람이 재물을 횡령하거나 반환을 거부한 때에 성립한다(형법 제355조 제1항). 횡령죄에서 재물의 보관은 재물에 대한 사실상 또는 법률상 지배력이 있는 상태를 의미하며, 횡령행위는 불법영득의사를 실현하는 일체의 행위를 말한다. 따라서 소유권의 취득에 등록이 필요한 타인 소유의 차량을 인도받아 보관하고 있는 사람이 **이를 사실상 처분하면 횡령죄가 성립**하며, 보관 위임자나 보관자가 차량의 **등록명의자일 필요는 없다.** 그리고 이와 같은 법리는 지입회사에 소유권이 있는 차량에 대하여 지입회사에서 운행관리권을 위임받은 **지입차주가 지입회사의 승낙 없이 보관 중인 차량을 사실상 처분**하거나 지입차주에게서 차량 보관을 위임받은 사람이 지입차주의 승낙 없이 보관 중인 차량을 사실상 처분한 경우에도 마찬가지로 적용된다. **cf)** 지입차량에 대한 보관자의 지위와 관련하여 **종전 판례는 차량등록 여부를 기준으로 판단**하였다. 따라서 타인의 재물을 보관하는 사람의 지위는 일반 동산의 경우와 달리 차량에 대한 점유 여부가 아니라 등록에 의하여 차량을 제3자에게 법률상 유효하게 처분할 수 있는 권능유무에 따라 결정해야 한다는 입장이었다(등록명의자를 보관자로 봄). 그러나 대법원은 대상판결을 통해 기존의 입장을 변경하여 "소유권의 취득에 등록이 필요한 타인 소유의 차량을 인도받아 보관하고 있는 사람이 **이를 사실상 처분하면 횡령죄는 성립한다**"고 하였다. 이와 같이 횡령죄의 보관자의 지위를 자동차에 대한 사실상 지배력에 따른 처분권한을 기준으로 함에 따라 현실적인 횡령행위 및 그에 따른 장물취득행위에 등에 대해 적절한 통제가 가능하게 되었다는 점에서 의미 있는 판결이다.

2-2 [대판 2013도8799] [근로자가 운송수입금을 임의로 소비한 경우] 운송회사와 소속 근로자 사이에

---

7) **지입계약**이란 지입회사와 지입차주 간에 이루어지는 계약이다. **지입회사**는 자동차운송업을 경영하면서 타인으로부터 차량을 지입 받아 운송사업자인 회사 명의로 장동차를 등록한다. **지입차주**는 운송사업자인 지입회사에 차량을 지입하고 필요한 비용을 지불하면서 지입회사의 운송사업 면허 등을 이용하여 사실상 개인사업을 영위한다. 따라서 **대외적으로는 지입회사가 소유권을 보유하는 반면, 실질적으로 지입차주가 차량을 점유하면서 운행·관리하는 관계**이다. 판례는 「피고인이 택시를 회사에 지입하여 운행하였다고 하더라도, 피고인이 회사와 사이에 위 택시의 소유권을 피고인이 보유하기로 약정하였다는 등의 특별한 사정이 없는 한, 위 택시는 **그 등록명의자인 회사의 소유이고 피고인의 소유는 아니라고 할 것**」(대판 2000도5767)이라고 판시하여 지입차량은 등록명의자인 지입회사의 소유이고 지입차주의 소유는 아니라는 입장을 취하고 있다.

근로자가 운송회사로부터 일정액의 급여를 받으면서 당일 운송수입금을 전부 운송회사에 납입하되, 운송회사는 근로자가 납입한 운송수입금을 월 단위로 정산하여 그 운송수입금이 월간 운송수입금 기준액인 사납금을 초과하는 경우에는 그 초과금액에 대하여 운송회사와 근로자에게 일정 비율로 배분하여 정산하고, 사납금에 미달되는 경우에는 그 부족금액에 대하여 근로자의 급여에서 공제하여 정산하기로 하는 약정이 체결되었다면, 근로자가 사납금 초과 수입금을 개인 자신에게 직접 귀속시키는 경우와는 달리, **근로자가 애초 거둔 운송수입금 전액은 운송회사의 관리와 지배 아래 있다고 봄이 상당하므로** 근로자가 운송수입금을 임의로 소비하였다면 횡령죄를 구성한다. 이는 근로자가 운송회사에 대하여 사납금을 초과하는 운송수입금의 일부를 배분받을 권리를 가지고 있다고 하더라도 다른 특별한 사정이 없는 한 다를 바 없다고 할 것이다.　cf) 본 판결은 운송회사와 소속 근로자 사이에 운송수입금의 분배에 관하여 사납금제가 아닌 불완전 전액관리제 또는 성과급제로 운영된 사안에서 근로자가 운송회사에 대하여 사납금을 초과하는 운송수익금의 일부를 배분받을 권리를 가지고 있다고 하더라도 특별한 사정이 없는 한 근로자가 운송수입금을 임의로 소비하였다면 횡령죄를 구성한다고 판시하였다.

차명계좌와 횡령죄의 성부

3 [대판 2014도11244] [1] 횡령죄에서 보관이라 함은 재물이 사실상 지배하에 있는 경우뿐만 아니라 법률상의 지배·처분이 가능한 상태에 있는 경우를 포함한다. 그 보관은 반드시 사용대차, 임대차, 위임 등의 계약에 의하여 설정되어야 하는 것은 아니고, 사무관리, 관습, 조리, 신의칙에 의해서도 성립하며, 타인의 금전을 위탁받아 보관하는 자가 보관방법으로 이를 은행 등의 금융기관에 예치한 경우에도 보관자의 지위를 가진다. [2] 타인의 금전을 위탁받아 보관하는 자가 보관방법으로 금융기관에 **자신의 명의로 예치한 경우**, 「금융실명거래 및 비밀보장에 관한 긴급재정경제명령」이 시행8)된 이후라도 위탁자가 그 위탁한 금전의 반환을 구할 수 없는 것은 아니므로, 수탁자가 이를 함부로 인출하여 소비하거나 또는 위탁자로부터 반환요구를 받았음에도 이를 영득할 의사로 반환을 거부하는 경우에는 횡령죄가 성립한다.　cf) 이와 같이 횡령죄 성립을 인정하는 **예금명의신탁**의 경우와는 달리 **부동산명의신탁**의 경우는 횡령죄 성립을 모두 부정하고 있는 점이 대조적이다.

4 [대판 2010도13284] [1] 회사의 대표이사인 피고인이 근로자들의 급여에서 **국민연금 보험료 중 근로자 기여금을 공제한 후 이를 업무상 보관**하던 중 회사 운영 자금으로 임의로 사용하였다면 업무상횡령죄가 성립한다. [2] 구 국민연금법(2009. 5. 21. 법률 제9691호로 개정되기 전의 것) 제90조 제1항, 제95조 제1항, 구 국민연금법 시행령(2010. 8. 17. 대통령령 제22347호로 개정되기 전의 것) 제64조 등의 규정에 의하여 사용자는 매월 임금에서 국민연금 보험료 중 근로자가 부담할 기여금을 원천공제하여 근로자를 위하여 보관하고, 국민연금관리공단에 위 보험료를 납부하여야 할 업무상 임무를 부담하게 되며, 사용자가 이에 위배하여 근로자의 임금에서 원천공제한 기여금을 위 공단에 납부하지 아니하고, 나아가 이를 개인적 용도로 소비하였다면 업무상횡령죄의 책임을 면할 수 없다.

5 [대판 2001도6550] 파기환송. 보석가게를 운영하는 자가 손님이 구하는 물건을 다른 보석상에서 가져온 경우(일명 '되돌이')를 보석상 사이에 그 물건에 대한 매매계약이 체결된 것으로 판단하여 물건을 가져간

---

8) 2014년부터 시행된 「금융실명거래 및 비밀보장에 관한 법률」(금융실명법)은 **차명계좌를 금지**하고 그 위반자에 대해 5년 이하의 징역 또는 5천만원 이하의 벌금에 처하고 있다.

보석상에 대하여 횡령죄 소정의 '타인의 재물을 보관하는 자'의 지위를 부정한 원심판결을 횡령죄에 대한 법리오해 또는 심리미진의 위법이 있다는 이유로 파기한 사례.

6 [대판 86도280] 출자지분이 2인의 사원에게 귀속하고 있는 유한회사의 대표사원이 다른 사원의 승낙을 얻어 회사소유재산을 개인용도에 소비한 경우, 행위의 주체인 대표사원과 그 본인인 유한회사는 별개의 인격체이어서 비록 유한회사의 손해가 궁극적으로는 위 사원들의 손해에 귀착된다고 하더라도 회사의 재산을 사원의 개인용도에 소비하는 행위는 본인의 위탁의 취지에 반함이 명백하여 횡령죄를 구성한다.

7-1 [대판 82도75] [수표발행 권한을 위임받은 자가 개인용도로 수표를 발행하여 예금을 인출한 행위와 업무상횡령죄의 성부(적극)] [1] 형법 제356조, 제355조에 있어서의 보관이라 함은 재물이 사실상의 지배아래 있는 경우 뿐만 아니라 법률상의 지배, 처분이 가능한 상태를 모두 가리킨다고 할 것이므로, 타인의 금전을 위탁받아 보관하는 자는 보관방법으로서 이를 은행 등의 금융기관에 예치한 경우에도 보관자의 지위에 영향이 없고, 수표발행 권한을 위임받은 자는 그 수표자금으로서 예치된 금원에 대하여 이를 보관하는 지위에 있다 할 것이다. [2] 회사로부터 수표발행 권한을 위임받은 자가 업무상의 임무에 위배하여 자기 또는 제3자의 용도에 충당하기 위하여 수표를 발행하고 그 수표를 이용하여 거래은행으로부터 회사의 예금을 인출하는 행위는 불법영득의 의사를 실현하는 행위로서 업무상횡령죄가 성립한다.

7-2 [대판 99도1911] [할인을 위탁받고 교부받은 약속어음 소유권의 귀속 주체(=위탁자)] 약속어음을 할인을 위하여 교부받은 경우에 수탁자가 그 약속어음을 할인하였을 때에는 그로 인하여 생긴 돈을, 그 할인이 불가능하거나 할인하여 줄 의사를 철회하였을 때에는 약속어음 그 자체를 위탁자에게 반환하여야 하고 그 약속어음이 수탁자의 점유 하에 있는 동안에도 다른 특별한 사정이 없는 이상 그 소유권은 위탁자에게 있고, 수탁자는 위탁의 취지에 따라 이를 단지 보관하는 것으로 볼 것이다.

횡령죄에서 보관자의 지위에 있지 않다고 본 경우

8 [대판 2017도21286] [재물의 위탁행위가 범죄의 실행행위나 준비행위 등과 같이 범죄 실현의 수단으로서 이루어진 경우, 그러한 행위를 통해 형성된 위탁관계가 횡령죄로 보호할 만한 가치 있는 신임에 의한 것인지 여부(소극)] [1] 횡령죄의 본질이 신임관계에 기초하여 위탁된 타인의 물건을 위법하게 영득하는 데 있음에 비추어 볼 때 위탁관계는 횡령죄로 보호할 만한 가치 있는 신임에 의한 것으로 한정함이 타당하다. 위탁관계가 있는지는 재물의 보관자와 소유자 사이의 관계, 재물을 보관하게 된 경위 등에 비추어 볼 때 보관자에게 재물의 보관 상태를 그대로 유지해야 할 의무를 부과하여 그 보관 상태를 형사법적으로 보호할 필요가 있는지 등을 고려하여 규범적으로 판단해야 한다. 재물의 위탁행위가 범죄의 실행행위나 준비행위 등과 같이 범죄 실현의 수단으로서 이루어진 경우 그 행위 자체가 처벌 대상인지와 상관없이 그러한 행위를 통해 형성된 위탁관계는 횡령죄로 보호할 만한 가치 있는 신임에 의한 것이 아니라고 봄이 타당하다. [2] 이 사건 금원은 의료기관을 개설할 자격이 없는 자(이하 '무자격자')의 의료기관 개설·운영이라는 범죄의 실현을 위해 교부되었으므로, 해당 금원에 관하여 피고인과 피해자 사이에 횡령죄로 보호할 만한 신임에 의한 위탁관계는 인정되지 않는다. 무자격자가 의료법 제33조 제2항을 위반하여 의료기관을 개설하거나 운영하는 행위는 의료법 제87조에 따라 10년 이하의 징역이나 1억 원 이하의 벌금으로 처벌되는 범죄행위이다. 이 사건 동업약정은 무자격자인 피고인, 공소외 2, 피해자가 필요한 자금을 투자하여 시설을 갖추고 의

료기관을 개설할 자격이 있는 의료소비자생활협동조합 명의로 의료기관 개설신고를 하고, 의료기관의 운영과 손익 등을 자신들에게 귀속시키기로 하는 약정으로서, 의료법 제87조에 따라 처벌되는 무자격자의 의료기관 개설·운영행위를 목적으로 한다. 피해자는 이 사건 동업약정에 따라 의료기관 개설·운영을 위한 투자금 명목으로 이 사건 금원을 피고인에게 지급하였다. 그런데도 원심은 피고인에게 타인의 재물을 보관하는 자의 지위가 인정된다고 보아 위 공소사실을 유죄로 판단하였다. 원심판결에는 횡령죄에서 '타인의 재물을 보관하는 자'의 의미에 관한 법리를 오해하여 판결에 영향을 미친 잘못이 있다.

채권양도(담보)와 횡령죄의 성부

9 [대판 2017도3829 전원합의체9)] 파기환송. [채권양도인이 채무자에게 채권양도 통지를 하는 등으로 채권양도의 대항요건을 갖추어 주지 않은 채 채무자로부터 양도한 채권을 추심하여 수령한 금전에 관하여 채권양수인을 위해 보관하는 자의 지위에 있는지 여부(소극) 및 채권양도인이 위 금전을 임의로 처분한 경우 횡령죄가 성립하는지 여부(소극)] [1] 채권양도인이 채무자에게 채권양도 통지를 하는 등으로 채권양도의 대항요건을 갖추어 주지 않은 채 채무자로부터 채권을 추심하여 금전을 수령한 경우, 특별한 사정이 없는 한 **금전의 소유권은 채권양수인이 아니라 채권양도인에게 귀속**하고 채권양도인이 채권양수인을 위하여 양도 채권의 보전에 관한 사무를 처리하는 신임관계가 존재한다고 볼 수 없다. 따라서 채권양도인이 위와 같이 양도한 채권을 추심하여 수령한 금전에 관하여 **채권양수인을 위해 보관하는 자의 지위에 있다고 볼 수 없으므로, 채권양도인이 위 금전을 임의로 처분하더라도 횡령죄는 성립하지 않는다.** [2] 건물의 임차인인 피고인이 임대인 갑에 대한 임대차보증금반환채권을 을에게 양도하였는데도 갑에게 채권양도 통지를 하지 않고 갑으로부터 남아 있던 임대차보증금을 반환받아 보관하던 중 개인적인 용도로 사용하여 이를 횡령하였다는 내용으로 기소된 사안에서, 피고인이 을과 임대차보증금반환채권에 관한 채권양도계약을 체결하고 갑에게 채권양도 통지를 하기 전에 갑으로부터 채권을 추심하여 남아 있던 임대차보증금을 수령하였더라도 임대차보증금으로 받은 금전의 소유권은 피고인에게 귀속할 뿐 을에게 귀속한다고 볼 수 없고, 나아가 채권양도계약을 체결한 피고인과 을은 통상의 권리이전계약에 따른 이익대립관계에 있을 뿐 **피고인이 을을 위한 보관자 지위가 인정될 수 있는 신임관계에 있다고 볼 수 없어 횡령죄가 성립하지 않는다**는 이유로, 이와 달리 보아 공소사실을 유죄로 인정한 원심판결에 채권양도에서 횡령죄의 성립 등에 관한 법리오해의 잘못이 있다. **cf)** 이 판결 또한 최근 대법원 판례의 흐름을 보여주고 있다. 최근 대법원 판례의 흐름은 타인의 재산을 보호 또는 관리하는 것이 전형적·본질적 내용이 아닌 통상의 계약관계에서 배임죄나 횡령죄의 성립을 부정해오고 있다. 이러한 흐름을 반영하여, 채권양도 영역에서도 횡령죄의 구성요건인 **'재물의 타인성'**과 **'보관자 지위'를 엄격하게 해석**함으로써 죄형법정주의를 엄격하게 적용한다는 태도를 강화하는 입장을 취한 판결임을 알 수 있다.

10 [대판 99도4979] [채권자가 **채권의 지급담보를 위하여** 채무자로부터 수표를 발행·교부받은 경우, 횡령죄의 주체인 타인의 재물을 보관하는 자에 해당하는지 여부(소극)] [1] 채권자가 그 채권의 지급을 담보하기 위하여 채무자로부터 수표를 발행·교부받아 이를 소지한 경우에는, 단순히 보관의 위탁관계에 따라 수표를 소지하고 있는 경우와는 달리 그 수표상의 권리가 채권자에게 유효하게 귀속되고, 채권자와 채무자 사이의 수표 반환에 관한 약정은 **원인관계상의 인적 항변사유에 불과하므로,** 채권자는 횡령죄의 주체인 타인의 재물을 보관하는 자의 지위에 있다고 볼 수 없다. [2] 피고인이 피해자에게 가계수표 3장을 할인하여 주

---

9) 대법원 2022. 6. 23. 선고 2017도3829 전원합의체 판결

면서 그 담보조로 피해자가 발행한 가계수표 3장을 별도로 교부받아 이를 임의로 제3자에게 빌려준 사실이 인정되지만, 이러한 피고인의 행위는 횡령죄를 구성하지 아니한다.

11 [대판 94도2760] [액면을 보충·할인하여 달라는 의뢰를 받고 액면 백지인 약속어음을 교부받은 자가 보충권의 한도를 넘어 보충하여 임의로 사용한 경우, 횡령죄의 성립 여부] 발행인으로부터 일정한 금액의 범위 내에서 액면을 보충·할인하여 달라는 의뢰를 받고 액면 백지인 약속어음을 교부받아 보관 중이던 자가 발행인과의 합의에 의하여 정해진 보충권의 한도를 넘어 보충을 한 경우에는 발행인의 서명날인 있는 기존의 약속어음 용지를 이용하여 새로운 별개의 약속어음을 발행한 것에 해당하여 이러한 보충권의 남용행위로 인하여 생겨난 새로운 약속어음에 대하여는 **발행인과의 관계에서 보관자의 지위에 있다 할 수 없으므로**, 설사 그 약속어음을 자신의 채무변제조로 제3자에게 교부하여 임의로 사용하였다고 하더라도, 발행인으로 하여금 제3자에 대하여 어음상의 채무를 부담하는 손해를 입게 한 데에 대한 배임죄가 성립될 수 있음은 별론으로 하고, 보관자의 지위에 있음을 전제로 횡령죄가 성립될 수는 없다.

12 [대판 86도2349] [부동산의 소유명의를 위탁받은 자가 소유명의를 자기로 하지 않고 자(子) 명의로 하여 둔 채 사망한 경우, 그 자가 위탁자에 대한 관계에 있어 위 부동산의 보관자인지 여부] 부동산의 소유명의 및 관리를 위탁받은 자가 자기명의로의 소유권이전등기를 생략한 채 그 자에게 소유권이전등기를 하여 주고 사망하였다면 비록 자가 그러한 사정을 알고 있었다고 하더라도 그로써 곧 그 자가 위탁자에 대한 관계에 있어 등기명의 및 관리의 수탁자로서의 지위를 취득하거나 승계하게 된다고는 할 수 없어 위탁자에게 그 부동산의 반환을 거부한다 하더라도 횡령죄를 구성하지는 않는다.

13 [대판 86도631] [매도인이 매수인으로부터 교부받은 물건납품을 위한 선매대금을 임의로 소비한 경우] ●**사실●** 피고인이 이 사건 고소인으로부터 감자 선매대금을 지급받고 감자를 납품하는 거래를 과거에 여러 차례 하여왔고, 이 사건 금원 역시 피고인이 위 고소인으로부터 감자 선매대금으로 교부받아 이를 임으로 소비하였다. ●**판지●** 물건납품을 위한 선매대금은 매수인으로부터 매도인에게 교부되면 **그 소유권이 매도인에게 이전되는 것**이고 따라서 매수인을 위하여 그 대금을 보관하는 지위에 있지 아니하므로 매도인이 그 대금으로 교부받은 돈을 임의로 소비하였다 하더라도 이는 횡령죄를 구성하지 아니한다.

74 횡령죄에 있어서 '위탁관계'(1) — 착오송금 —

* 대법원 2018. 7. 19. 선고 2017도17494 전원합의체 판결
* 참조조문: 형법 제355조 제1항[1]

> 사기에 이용된 계좌의 명의인이 보이스피싱을 통해 송금·이체된 돈(피해금)을 그대로 보관하지 않고 영득할 의사로 인출하였다면 횡령죄가 성립하는가?

●**사실**● 피고인 X는 2017.2.12. SC제일은행에서 자신의 명의로 개설한 예금계좌의 예금통장과 이 계좌에 연결된 체크카드 1개, OTP카드 1개 등을 보이스피싱 조직원인 Y에 교부했다(당시 X는 자신의 통장 등이 보이스피싱에 이용될 것이라고는 **생각지 못한 것으로 추정**된다). 이후 Y는 2017.2.13. 09:00경 A에 전화를 걸어 검사를 사칭하면서 "당신 명의로은 은행 계좌가 개설되어 범죄에 이용되었다. 명의가 도용된 것 같으니 추가 피해 예방을 위해 금융기관에 있는 돈을 해약하여 금융법률 전문가인 X에게 송금하면 범죄 연관성을 확인 후 돌려주겠다."라고 거짓말을 하였다. 이에 속은 A는 2017.2.14. 11:20경 X의 계좌에 613만 원을 송금하였다. X는 같은 날 11:50경 별도로 만들어 소지하고 있던 이 계좌에 연결된 체크카드를 이용하여 그중 300만 원을 임의로 인출하였다.

검사는 X 등을 사기방조와 횡령의 죄로 기소하였다. 제1심과 원심은 X에게는 사기 방조의 고의가 없고, 횡령에 관해서도 X와 A 간에는 어떠한 위탁관계도 인정할 수 없다고 보아 무죄를 선고하였다. 이에 검사가 상고하였다.

●**판지**● 파기환송. 「[다수의견] 송금의뢰인이 다른 사람의 예금계좌에 자금을 송금·이체한 경우 특별한 사정이 없는 한 송금의뢰인과 계좌명의인 사이에 그 원인이 되는 법률관계가 존재하는지 여부에 관계없이 계좌명의인(수취인)과 수취은행 사이에는 그 자금에 대하여 예금계약이 성립하고, 계좌명의인은 수취은행에 대하여 그 금액 상당의 예금채권을 취득한다. 이때 송금의뢰인과 계좌명의인 사이에 송금·이체의 원인이 된 법률관계가 존재하지 않음에도 송금·이체에 의하여 계좌명의인이 그 금액 상당의 예금채권을 취득한 경우 계좌명의인은 송금의뢰인에게 그 금액 상당의 돈을 반환하여야 한다. 이와 같이 계좌명의인이 **송금·이체의 원인이 되는 법률관계가 존재하지 않음에도** 계좌이체에 의하여 취득한 예금채권 상당의 돈은 송금의뢰인에게 반환하여야 할 성격의 것이므로, **계좌명의인은 그와 같이 송금·이체된 돈에 대하여 송금의뢰인을 위하여 보관하는 지위에 있다고 보아야 한다.** 따라서 계좌명의인이 그와 같이 송금·이체된 돈을 그대로 보관하지 않고 **영득할 의사로 인출하면 횡령죄가 성립한다.**

이러한 법리는 계좌명의인이 개설한 예금계좌가 전기통신금융사기 범행에 이용되어 그 계좌에 피해자가 사기피해금을 송금·이체한 경우에도 마찬가지로 적용된다. 계좌명의인은 피해자와 사이에 아무런 법률관계 없이 송금·이체된 사기피해금 상당의 돈을 피해자에게 반환하여야 하므로, 피해자를 위하여 사기피해금을 보관하는 지위에 있다고 보아야 하고, 만약 계좌명의인이 그 돈을 영득할 의사로 인출하면 피해자에 대한 횡령죄가 성립한다.

이때 계좌명의인이 사기의 공범이라면 자신이 가담한 범행의 결과 피해금을 보관하게 된 것일 뿐이어서 피해자와 사이에 위탁관계가 없고, 그가 송금·이체된 돈을 인출하더라도 이는 자신이 저지른 사기범행의 실행행위에 지나지 아니하여 새로운 법익을 침해한다고 볼 수 없으므로 **사기죄 외에 별도로 횡령죄를 구성하지 않는다.**

---

1) 형법 제355조(횡령) ① **타인의 재물을 보관하는** 자가 그 재물을 횡령하거나 그 반환을 거부한 때에는 5년 이하의 징역 또는 1천500만원 이하의 벌금에 처한다.

[반대의견] 송금인과 접근매체 양수인 중 누구에 대하여도 횡령죄가 성립하지 않는다」.

●**해설**● 1 횡령죄의 본질은 신임관계에 위배하여 타인의 재물을 영득한다는 배신성에 있다. 따라서 횡령죄의 주체는 타인의 재물을 보관하는 자라야 하고, 여기에서 **보관이란 위탁관계에 의하여 재물을 점유**하는 것을 뜻한다. 그러므로 횡령죄가 성립하기 위해서는 재물의 보관자와 재물의 소유자(또는 본권자) 사이에 위탁관계가 있어야 한다.[2] 이러한 의미에서 횡령죄에서는 위탁관계를 어떻게 해석할 것인가는 중요한 과제가 된다.

2 횡령죄에 있어서 '위탁관계' 법원에서는 이러한 위탁관계를 「(가) 사실상의 관계에 있으면 충분하고 피고인이 반드시 민사상 계약의 당사자일 필요는 없다. (나) 위탁관계는 사용대차 · 임대차 · 위임 · 임치 등의 계약에 의하여 발생하는 것이 보통이지만 이에 한하지 않고 **사무관리와 같은 법률의 규정, 관습이나 조리 또는 신의성실의 원칙에 의해서도 발생할 수 있다**」고 본다. 따라서 널리 거래의 신의성실에 비추어 재물의 보관에 대한 신임관계가 발생하였다면 족하다(Ref 2).

3 그러나 횡령죄의 본질이 위탁받은 타인의 재물을 불법으로 영득하는 데 있음에 비추어 볼 때 「그 **위탁관계는 횡령죄로 '보호할 만한 가치'가 있는 것으로 한정**된다. 위탁관계가 있는지는 재물의 보관자와 소유자 사이의 관계, 재물을 보관하게 된 경위 등에 비추어 볼 때 보관자에게 재물의 보관 상태를 그대로 유지하여야 할 의무를 부과하여 그 보관 상태를 형사법적으로 보호할 필요가 있는지 등을 고려하여 **규범적으로 판단하여야 한다**」(대판 2017도17494).

4 사안은 오늘날 많은 피해자가 나오고 있는 보이스피싱(전기통신금융사기)과 관련된 것이다. 사안에서 다투어진 점은 자신의 예금계좌에 대한 접근매체를 타인에게 양도한 피고인이 타인의 사기범행에 의해 자신의 예금계좌(이른바 '대포통장')로 송금된 돈을 임의 인출한 경우 횡령죄가 성립하는가이다. 대법원은 무죄를 선고한 하급심의 판단과는 달리 **횡령죄 성립을 인정**하였다.

5 오래전부터 대법원은 '착오송금'의 경우에 송금인과 수취인 간의 거래관계의 유무를 따지지 않고 횡령죄를 인정해 왔었다(대판 2010도891). 이는 법원이 횡령죄에서의 위탁관계를 계약에 의한 경우에 한정하지 않고 사무관리 나아가 관습이나 조리 또는 신의성실에 의해서도 발생할 수 있다고 보기 때문이다(대판 87도1778). 대상판결도 그런 맥락에서 사안을 '착오송금'의 경우로 파악하고 횡령죄 성립을 인정하고 있다. 그러나 대상판결의 '별개의견'과 '반대의견'은 대상사건은 '착오송금'과는 다른 구조를 가지고 있어 착오송금에 관한 법리를 그대로 적용할 수 없음을 지적한다.

6 즉 '착오송금'은 송금인이 스스로 착오에 빠진 사례로 송금인과 계좌명의인 간의 **양자 사이의 법률관계**에 한정되고 이 관계에서 횡령죄를 인정하는 법리를 말한다. 그런데 대상사안은 송금인과 계좌명의인 이외에 접근매체양수인(보이스피싱범인)이 들어가 있는 **3자간의 관계**이기 때문에 종래의 '착오송금' 법리를 그대로 적용할 수 없다는 입장이다.

---

2) 그러나 이러한 위탁관계에 기초하지 않고 타인의 점유를 떠나 자기의 점유에 들어 온 물건을 가진 경우에는 횡령죄가 아니라 **점유이탈물횡령죄**가 성립한다.

7 별개의견의 주된 요지는 사안을 무리하게 형사적으로 접근할 것이 아니라 민사적으로도 사기피해자를 다음과 같이 보호할 수 있는 방법이 있다고 주장한다. 즉 「사기피해자는 (가) 계좌명의인을 **상대로 부당이득반환청구**를 할 수 있고, (나) 계좌명의인에게 과실이 있는 경우 불법행위를 원인으로 한 **손해배상청구**를 할 수도 있다. (다) 그리고 접근매체 양수인에 대한 불법행위를 원인으로 한 손해배상청구권을 피보전채권으로 삼아 접근매체 양수인을 대위하여 계좌명의인을 상대로 위탁관계에 따른 돈의 반환을 청구할 수도 있다. (라) 아울러 통신사기피해환급법에 따른 **피해환급금**을 지급받을 수도 있다」.

8 하지만 다수의견은 자기 명의의 계좌에 돈이 송금·이체되었어도 그 돈이 자기가 수취할 수 있는 것이 아니라면 **그 돈을 그대로 보관하여야 할 의무가 있으므로** 보관자의 지위를 인정할 수 있고, 따라서 계좌명의인이 그 돈을 영득할 의사로 인출하면 송금인에 대한 횡령죄가 성립함을 분명히 하면서, 그러한 법리는 송금·이체된 돈이 보이스피싱으로 인한 사기피해금의 경우에도 같이 적용된다고 하였다.

9 한편 대상판결과 유사하지만 ① 보이스피싱 범인이 피해자를 기망하여 피해자의 돈을 자신의 사기이용계좌로 송금·이체받은 후에 사기이용계좌에서 현금을 인출한 경우에는 사기의 피해자에 대하여 **따로 횡령죄를 구성하지 않는다**고 보았다. 그리고 ② 이러한 법리는 **사기범행에 이용되리라는 사정을 알고서도** 자신 명의 계좌의 접근매체를 양도함으로써 사기범행을 방조한 종범이 사기이용계좌로 송금된 피해자의 돈을 임의로 인출한 경우에도 마찬가지로 적용된다고 판단하고 있다(대판 2017도3045, Ref 1). ③ 한편 '**가상자산**'이 착오송금과 같이 가상자산 권리자의 착오나 가상자산 운영 시스템의 오류 등으로 법률상 원인관계 없이 다른 사람의 가상자산 전자지갑에 이체된 경우, 대법원은 가상자산이 '재산상 이익'에는 해당하지만, **배임죄는 성립되지 않는다**고 판시하였다(대판 2020도9789, Ref 1-1).

Reference 1

1 [대판 2020도9789] [원인불명으로 재산상 이익인 **가상자산을 이체받은** 자가 가상자산을 사용·처분한 경우, 신의칙을 근거로 배임죄로 처벌할 수 있는지 여부(소극)] (가) 가상자산 권리자의 착오나 가상자산 운영 시스템의 오류 등으로 법률상 원인관계 없이 다른 사람의 가상자산 전자지갑에 가상자산이 이체된 경우, 가상자산을 이체받은 자는 가상자산의 권리자 등에 대한 부당이득반환의무를 부담하게 될 수 있다. 그러나 이는 **당사자 사이의 민사상 채무에 지나지 않고** 이러한 사정만으로 가상자산을 이체받은 사람이 신임관계에 기초하여 가상자산을 보존하거나 관리하는 지위에 있다고 볼 수 없다. (나) 가상자산은 국가에 의해 통제받지 않고 블록체인 등 암호화된 분산원장에 의하여 부여된 경제적인 가치가 디지털로 표상된 정보로서 재산상 이익에 해당한다. 가상자산은 보관되었던 전자지갑의 주소만을 확인할 수 있을 뿐 그 주소를 사용하는 사람의 인적사항을 알 수 없고, 거래 내역이 분산 기록되어 있어 다른 계좌로 보낼 때 당사자 이외의 다른 사람이 참여해야 하는 등 일반적인 자산과는 구별되는 특징이 있다. 이와 같은 가상자산에 대해서는 현재까지 관련 법률에 따라 법정화폐에 준하는 규제가 이루어지지 않는 등 법정화폐와 동일하게 취급되고 있지 않고 그 거래에 위험이 수반되므로, **형법을 적용하면서 법정화폐와 동일하게 보호해야 하는 것은 아니다.** (다) 원인불명으로 재산상 이익인 가상자산을 이체받은 자가 가상자산을 사용·처분한 경우 이를 형사처벌하는 명문의 규정이 없는 현재의 상황에서 착오송금 시 횡령죄 성립을 긍정한 판례를 유추하여 신의칙을 근거로 피고인을 배임죄로 처벌하는 것은 **죄형법정주의에 반한다.**

2 [대판 2017도21286] [횡령죄의 성립에 필요한 **위탁관계는 횡령죄로 보호할 만한 가치 있는 신임에 의한 것으로 한정되는지 여부(적극) 및 위탁관계가 있는지 판단하는 기준]** ●**사실**● 의료기관을 개설할 자격이 없는 '무자격자'인 X, Y, Z 세 사람은 각각 3억, 6억, 2억을 투자하여 의료소비자생활협동조합을 설립한 다음 그 명의로 요양병원을 설립·운영하여 수익을 나누어 가지기로 약정하였다. 피해자는 이 사건 동업약정에 따라 피고인에게 이 사건 금원을 투자금으로 지급하였다. 하지만 피고인은 이 돈을 개인적인 용도로 임의로 소비하였다. 원심은 이 사건 금원의 지급은 불법원인급여에 해당하지 않고, 따라서 이 금원을 부당이득으로 반환할 의무를 부담하는 피고인이 개인적인 용도로 금원을 임의로 소비한 행위는 횡령죄를 구성한다고 판단하였다. ●**판지**● 형법 제355조 제1항이 정한 횡령죄에서 보관이란 위탁관계에 따라 재물을 점유하는 것을 뜻하므로, 횡령죄가 성립하려면 재물의 보관자와 재물의 소유자(또는 그 밖의 본권자) 사이에 **위탁관계가 존재**해야 한다. 이러한 위탁관계는 사용대차·임대차·위임 등의 계약뿐만 아니라 사무관리·관습·조리·신의칙 등에 의해서도 성립될 수 있으나, 횡령죄의 본질이 신임관계에 기초하여 위탁된 타인의 물건을 위법하게 영득하는 데 있음에 비추어 볼 때 위탁관계는 **횡령죄로 보호할 만한 가치 있는 신임에 의한 것으로 한정함이 타당**하다. 위탁관계가 있는지는 재물의 보관자와 소유자 사이의 관계, 재물을 보관하게 된 경위 등에 비추어 볼 때 보관자에게 재물의 보관 상태를 그대로 유지해야 할 의무를 부과하여 그 보관 상태를 형사법적으로 보호할 필요가 있는지 등을 고려하여 **규범적으로 판단**해야 한다. 재물의 위탁행위가 범죄의 실행행위나 준비행위 등과 같이 **범죄 실현의 수단으로서 이루어진 경우 그 행위 자체가 처벌 대상인지와 상관없이 그러한 행위를 통해 형성된 위탁관계는 횡령죄로 보호할 만한 가치 있는 신임에 의한 것이 아니라고 봄이 타당하다.** cf) 무자격자가 의료법 제33조 제2항을 위반하여 의료기관을 개설하거나 운영하는 행위는 의료법 제87조에 따라 10년 이하의 징역이나 1억 원 이하의 벌금으로 처벌되는 범죄행위이다.

3 [대판 2010도891] 파기환송. [1] 어떤 예금계좌에 돈이 착오로 잘못 송금되어 입금된 경우에는 그 예금주와 송금인 사이에 **신의칙상 보관관계가 성립한다**고 할 것이므로, 피고인이 송금 절차의 착오로 인하여 피고인 명의의 은행 계좌에 입금된 돈을 임의로 인출하여 소비한 행위는 **횡령죄에 해당**하고, 이는 송금인과 피고인 사이에 별다른 거래관계가 없다고 하더라도 마찬가지이다. [2] 피고인이, 甲 회사의 직원이 착오로 피고인 명의 은행 계좌에 잘못 송금한 돈을 임의로 인출하여 사용한 사안에서, 피고인이 甲 회사와 아무런 거래관계가 없다는 등의 이유만으로 주위적 공소사실인 횡령에 대하여 무죄를 선고한 원심판결에 법리오해의 위법이 있다.

Reference 2
사무관리(법률상 원인)나 관습·조리 또는 신의성실에 의하여 발생된 위탁관계

1 [대판 2010도17396] 피고인이 甲 주식회사의 경영권을 인수한 후 甲 회사 소유의 예금을 인출하여 피고인의 甲 회사 인수를 위한 대출금 변제에 사용하는 방법으로 횡령하였다는 내용으로 기소된 사안에서, 피고인이, 위 예금이 인출되기 직전에 있었던 주주총회에서 피고인 측 이사 3명이 선출됨으로써 **甲 회사의 실질적 운영자의 지위를 취득**하였던 점 등에 비추어 위 예금을 보관하는 자의 지위에 있었다는 이유로, 이를 유죄로 인정한 원심판단을 수긍한 사례.

2 [대판 2008도10669] ['사무관리'에 의한 위탁관계의 성립을 긍정한 사례] 피해자로부터 불상(금제삼존불상)을 팔아달라는 부탁을 받았는지 또는 부탁을 받지 않은 상태에서 가지고 나왔는지는 분명하지 아니하나 **불상을 보관하고 있었음은 명백한 상**태에서, 피해자로부터 불상의 반환을 요구받고도 이를 반환하지 아니하였고, 그와 같이 반환하지 못하는 이유를 수시로 번복하고 있을 뿐 불상의 행방에 관하여 납득할 만한 설명을 하지 못하고 있는 행위가, 형법 제355조 제1항의 '타인의 재물을 보관하는 자가 그 반환을 거부한 때'에 해당한다고 본 사례

3 [대판 96도410] ['조리'에 의한 위탁관계의 성립을 긍정한 사례] [1] 채무자가 채무총액에 관한 지불각서를 써 줄 것으로 믿고, 채권자가 채무자에게 그 액면금 등을 확인할 수 있도록 가계수표들을 교부하였다면, 채권자와 채무자 사이에는 만약 합의가 결렬되어 채무자가 채권자에게 지불각서를 써 주지 아니하는 경우에는 곧바로 그 가계수표들을 채권자에게 반환하기로 하는, 횡령죄에 있어서 조리에 의한 위탁관계가 발생하였다고 본 사례. [2] 피고인 X는 피해자 A에게 금 60,000,000원을 지급하겠다는 내용으로 지불각서를 써 주기로 하고, 과연 위 A가 소지하고 있는 가계수표들의 액면금이 위 A가 주장하는 채권액과 일치하는가를 확인할 목적으로 위 A로부터 이 사건 가계수표들을 건네받아, 피고인의 동생인 Y는 수표번호와 액면금을 불러주고 피고인은 이를 적는 방법으로 가계수표들의 매수와 액면금 등을 확인하던 중 위 A가 건네준 가계수표들의 액면금 총액이 채권액에 미치지 못한다 하여 Y가 A에게 이의를 제기하다가 갑자기 **가계수표들 중 일부를 손으로 찢었다.** …… 위와 같은 언동을 함으로써 반환거부 의사를 명백하게 드러냈으며, 그와 같은 반환거부 행위는 반환거부의 이유 및 피고인의 주관적인 의사 등을 종합하여 볼 때에 횡령죄를 구성한다.

4 [대판 84도2644] [1] 횡령죄에 있어서 타인을 위하여 재물을 보관하게 된 원인은 **반드시 소유자의 위탁행위에 기인한 것임을** 필요로 하지 않는다. [2] 피고인이 진양화인케미칼 회사로부터 피해자 등을 대신하여 그들의 공동지분이 있는 대리점 개설보증금을 반환받아 은행에 예금하고 있었다면 피고인은 피해자를 위하여 그 지분상당의 금원을 보관중이었다 할 것이므로 이를 임의로 인출 소비한 피고인의 소위를 횡령죄로 의율하였음은 정당하다.

* 대법원 1999. 9. 17. 선고 98도2036 판결
* 참조조문: 형법 제355조 제1항,[1] 민법 제103조,[2] 제741조,[3] 제746조[4]

> 포주가 윤락녀와 사이에 윤락녀가 받은 화대를 포주가 보관하였다가 분배하기로 약정하고도 보관중인 화대를 임의로 소비한 경우, 횡령죄가 성립하는가?

●사실● 피고인 X는 처 Y와 공모하여, 1994.5.1. 인천 소재 자신이 경영하는 윤락업소에서, 피해자 A와 사이에 A가 손님을 상대로 윤락행위를 하고 그 대가로 받은 화대를 절반씩 분배하기로 약정하였다. 그리고 그때부터 같은 해 9.30.까지 A가 X의 업소에 찾아온 손님들을 상대로 윤락행위를 하고서 받은 화대 2천7백만 원을 보관하던 중 그중 절반인 1천3백 5십만 원을 A에 반환하지 아니하고 자신의 생활비 등으로 임의로 소비하였다. 검사는 X와 Y를 횡령죄로 기소하였다.

원심은 X와 A의 분배약정은 「윤락행위 등 방지법」에 의하여 금지된 윤락행위를 영위하는 것을 전제로 한 것이어서 민법 제103조에 규정된 '선량한 풍속 기타 사회질서에 위반한 사항을 내용으로 하는 법률행위'에 해당하여 **무효**이므로, A는 X에 대하여 그 약정에 기하여 금원의 반환을 청구할 수 없을 뿐만 아니라, 민법 제746조 본문에 규정된 '불법의 원인으로 인하여 재산을 급여하거나 노무를 제공한 때'에 해당하여 부당이득으로서도 그 반환을 청구할 수 없어 그 금원은 X의 소유에 속하고, 따라서 X가 이를 A에 반환하지 않고 소비하였다고 하더라도 그것이 **'타인의 재물'이 아닌 이상 횡령죄가 성립하지 아니한다**는 이유로 무죄로 판단하였다. 이에 검사가 상고하였다.

●판지● 파기환송. 「[1] 민법 제746조에 의하면, 불법의 원인으로 인한 급여가 있고, 그 불법원인이 급여자에게 있는 경우에는 수익자에게 불법원인이 있는지 여부, 수익자의 불법원인의 정도, 그 불법성이 급여자의 그것보다 큰지 여부를 막론하고 급여자는 불법원인급여의 반환을 구할 수 없는 것이 원칙이나, **수익자의 불법성이 급여자의 그것보다 현저히 큰 데 반하여 급여자의 불법성은 미약한 경우**에도 급여자의 반환청구가 허용되지 않는다면 공평에 반하고 신의성실의 원칙에도 어긋나므로, **이러한 경우에는 민법 제746조 본문의 적용이 배제되어 급여자의 반환청구는 허용된다.**

[2] 포주가 윤락녀와 사이에 윤락녀가 받은 화대를 포주가 보관하였다가 절반씩 분배하기로 약정하고도 보관중인 화대를 임의로 소비한 경우, 포주와 윤락녀의 사회적 지위, 약정에 이르게 된 경위와 약정의 구체적 내용, 급여의 성격 등을 종합해 볼 때 **포주의 불법성이 윤락녀의 불법성보다 현저히 크므로 화대의 소유권이 여전히 윤락녀에게 속한다는 이유로 횡령죄를 구성한다**」.

●해설● 1 사안은 위탁자가 맡긴 물건이 불법원인급여물이고 수탁자가 이의 반환을 거부할 경우에 횡령죄가 성립하는지가 다투어졌다. 민법은 제746조에 "불법한 원인으로 재산을 급여하거나 노무를 제공

---

1) 형법 제355조(횡령) ① 타인의 재물을 보관하는 자가 그 재물을 **횡령**하거나 **그 반환을 거부**한 때에는 5년 이하의 징역 또는 1천500만원 이하의 벌금에 처한다.
2) 민법 제103조(반사회질서의 법률행위) 선량한 풍속 기타 사회질서에 위반한 사항을 내용으로 하는 법률행위는 무효로 한다.
3) 민법 제741조(부당이득의 내용) 법률상 원인 없이 타인의 재산 또는 노무로 인하여 이익을 얻고 이로 인하여 타인에게 손해를 가한 자는 그 이익을 반환하여야 한다.
4) 민법 제746조(불법원인급여) **불법의 원인으로 인하여** 재산을 급여하거나 노무를 제공한 때에는 **그 이익의 반환을 청구하지 못한다**. 그러나 그 불법원인이 수익자에게만 있는 때에는 그러하지 아니하다.

한 때에는 그 이익의 반환을 청구하지 못한다"고 규정하고 있다. 이는 **'불법에는 국가가 조력하지 않는다'는 법리**를 명문화한 것이다. 이에 따라 이런 경우 결국은 그 물건의 소유권은 수급자 혹은 수탁자에게 귀속된다.[5]

2 대상사안의 경우 X·Y와 A는 성매매대가에 대한 금원을 받아 반분하기로 약정하고 그 돈을 X·Y가 보관하고 있는데, 여기서 **성매매대금**이 불법원인급여물이다(이 이외에도 불법원인급여물의 대표적인 예로는 **도박자금**(대판 95다49530, Ref 2-2)이나 **마약구입자금, 자금세탁**(대판 2016도18035, Ref 3-2), **뇌물**(대판 99도275, Ref 3.4-1) 등이 있다. 이와 같이 민법 제746조에 따라서 반환청구권을 행사할 수 없는 물건을 착복한 경우에 횡령죄가 성립할 수 있는가 하는 점이 **불법원인급여와 횡령죄의 문제**이다.[6]

3 불법원인급여와 관련하여 횡령죄 성립설과 불성립설이 대립한다. (a) **성립설**은 급여자에게 반환청구권은 없다지만 법감정상으로는 소유권이 여전히 상실되지 않고 있으므로 수급자에게 있어서는 타인의 물건임에는 변함이 없다고 본다. 이에 반해 (b) **불성립설**은 급여자에게 반환청구권이 없으므로 그에게는 보호해야 할 재산상의 이익이 결여되며, 이 경우 수급자를 처벌하게 되면 민법상으로 반환을 강제하는 것이 되어 법질서의 통일성을 해칠 우려가 있음을 지적한다. **판례는 원칙적으로 횡령죄 성립을 부정하고 있다**(대판 99도275, Ref 3.4-1).

4 불법원인급여와 '불법성의 비교형량'   하지만 대상판결에서 대법원은 불법원인급여에서 **급여자와 수급자의 "불법성을 비교형량"**하여 수급자의 불법성이 급여자보다 현저히 큰 경우에는 **횡령죄가 성립한다**고 하여 **절충적 입장**을 취하고 있다(**불법성의 비교론**)(대판 95다49530, Ref 2-2). 즉 원칙적으로는 이 계약이 불법의 원인으로 인하여 급여를 한 경우로 보아야 하겠지만, 본 사안에 있어 「① X는 다방 종업원으로 근무하고 있던 A를 수차 찾아가 자신의 업소에서 윤락행위를 해 줄 것을 적극적으로 권유함으로써 위와 같은 약정을 맺었고, ② X는 전직 경찰관으로서 행정사 업무에 종사하면서도 자신의 업소에 A 등 5명의 윤락녀를 두고 그들이 받은 화대에서 상당한 이득을 취해 왔음에 반하여, ③ A는 혼인하여 남편과 두 아들이 있음에도 남편이 알코올중독으로 생활능력이 없어 가족의 생계를 위하여 X의 권유에 따라 윤락행위에 이르게 된 사실 등을 종합해 볼 때, **X 측의 불법성이 A 측의 그것보다 현저하게 크다고 봄이 상당**하므로, 민법 제746조 본문의 적용은 배제되어 A가 X에게 보관한 화대의 소유권은 여전히 A에 속하는 것이어서, A는 그 전부의 반환을 청구할 수 있고, X가 이를 임의로 소비한 행위는 횡령죄를 구성한다」고 판단하였다.

5 사인 간의 이익조정을 주된 목적으로 삼는 민법해석과 횡령죄 처벌의 가부의 지표로서의 타인성에 대한 해석과는 미묘한 차이가 있다. 문제의 핵심은 위탁자 측에 대해서 '불법한 영득행위에 대하여 보호

---

5) 민법 제746조에 불법의 원인으로 인하여 재산을 급여하거나 노무를 제공한 때에는 그 이익의 반환을 청구하지 못한다고 규정한 뜻은 급여를 한 사람은 그 원인행위가 법률상 무효임을 내세워 상대방에게 부당이득반환청구를 할 수 없고, 또 급여한 물건의 소유권이 자기에게 있다고 하여 소유권에 기한 반환청구도 할 수 없어서 결국 급여한 물건의 **소유권은 급여를 받은 상대방에게 귀속**된다는 뜻이다(대판 86다628).

6) **불법원인급여와 관련하여서는 사기죄에서도** 문제된다. 민법 제746조에 따라서 반환청구권을 행사할 수 없는 도박자금이나 뇌물자금 등을 편취할 수 있는지가 문제된다. 판례는 불법원인급여물과 관련하여 일관되게 **사기죄의 성립을 인정**하고 있다(대판 2001도2991). (【62】 참조).

할 가치가 있는 이익'이 존재하는가 하는 점이다. 대법원은 급여자와 수급자의 '**불법성의 비교형량**'을 통해 이를 판단하고 있다. 하지만 대상판결이 구체적 타당성있는 해결을 위해 불법상계를 인정하고 있지만 ① 형법에서 과실상계를 인정하지 않듯이 불법상계도 인정하기 어렵고, ② '불법성의 비교형량'이라는 개념은 **법적 안정성을 해칠 우려**가 있다는 비판이 있다.[7]

6 한편 사기죄와 관련하여서 법원은 「사기죄의 객체가 되는 재산상의 이익이 반드시 **사법상 보호되는 경제적 이익만을 의미하지 아니한다**」고 보아 불법원인급여(성매매대금)의 사취에서 사기죄 성립을 긍정하고 있다. 이는 원칙적으로 불법원인급여물의 반환거부에 대해서 횡령죄 성립을 부정하는 것과는 다른 점이다(【62】참조).

Reference 1

불법원인급여의 법리

1 [대판 79다483 전원합의체] [불법원인급여와 물권적 청구권의 행사] (가) 민법 제746조는 불법의 원인으로 인하여 재산을 급여한 때에는, 그 이익의 반환을 청구하지 못한다고 규정하고 있는 바, 일반의 법리에 따른다면, 불법의 원인에 의한 급여는, 법률상의 원인이 없는 것이되므로, 부당이득이 되어 그 이익의 반환을 청구할 수 있게 되는 것이나, 이러한 청구를 인정하는 것은, 법의 이념에 어긋나는 행위를 한 사람의 주장을 시인하고 이를 보호하는 것이 되어, 공평의 이념에 입각하고 있는 부당이득제도의 근본취지에 어긋날 뿐만 아니라, 법률 전체의 이념에도 어긋나게 되기 때문에, 이 규정은 선량한 풍속, 기타 사회질서에 위반한 사항을 내용으로 하는 법률행위를 무효로 하는 **민법 제103조와 표리**를 이루어, 사회적 타당성이 없는 행위를 한사람을 보호할 수 없다는 법의 이념을 실현하려고 하는 것이다. (나) 이리하여 민법 제746조는 민법 제103조와 함께 사법의 기저를 이루는 하나의 큰 이상의 표현으로서 이것이 비록 민법 채권편 부당이득의 장에 규정되어 있기는 하나, 이는 일반적으로 사회적 타당성이 없는 행위의 복구가 부당이득의 반환청구라는 형식으로 주장되는 일이 많기 때문이고, 그 근본에 있어서는 단지 부당이득제도만을 제한하는 이론으로 그치는 것이 아니라, 보다 큰 사법의 기본 이념으로 군림하여, 결국 사회적 타당성이 없는 행위를 한 사람은 그 스스로 불법한 행위를 주장하여, 복구를 그 형식 여하에 불구하고 소구할 수 없다는 이상을 표현하고 있는 것이라고 할 것이다. (다) 따라서 급여를 한 사람은 **그 원인행위가 법률상 무효**라 하여 상대방에게 부당이득을 원인으로 한 반환청구를 할 수 없음은 물론, 그 원인행위가 무효이기 때문에 급여한 물건의 소유권은 여전히 자기에게 있다고 하여, 소유권에 기한 반환청구도 할 수 없는 것이고, 그리하여 그 반사적 효과로서 급여한 물건의 **소유권은 급여를 받은 상대방에게 귀속하게 되는 것**이라고 해석함이 타당하다고 할 것이다.

---

7) 오영근, 형법각론(제4판), 346면.

불법원인급여에 있어서 '불법성의 비교형량'에 관한 법리

1 [대판 2004다50426 전원합의체] [다수의견] 선량한 풍속 기타 사회질서에 위반하여 무효인 부분의 이자 약정을 원인으로 차주가 대주에게 임의로 이자를 지급하는 것은 통상 불법의 원인으로 인한 재산 급여라고 볼 수 있을 것이나, 불법원인급여에 있어서도 그 불법원인이 수익자에게만 있는 경우이거나 수익자의 불법성이 급여자의 그것보다 현저히 커서 급여자의 반환청구를 허용하지 않는 것이 오히려 공평과 신의칙에 반하게 되는 경우에는 급여자의 반환청구가 허용되므로, 대주가 사회통념상 허용되는 한도를 초과하는 이율의 이자를 약정하여 지급받은 것은 그의 우월한 지위를 이용하여 부당한 이득을 얻고 차주에게는 과도한 반대급부 또는 기타의 부당한 부담을 지우는 것으로서 그 불법의 원인이 수익자인 대주에게만 있거나 또는 적어도 대주의 불법성이 차주의 불법성에 비하여 현저히 크다고 할 것이어서 차주는 그 이자의 반환을 청구할 수 있다.

2 [대판 95다49530] [1] 민법 제746조에 의하면 급여가 불법원인급여에 해당하고 급여자에게 불법 원인이 있는 경우에는 수익자에게 불법 원인이 있는지의 여부나 수익자의 불법 원인의 정도 내지 불법성이 급여자의 그것보다 큰지의 여부를 막론하고 급여자는 그 불법원인급여의 반환을 구할 수 없는 것이 원칙이나, 수익자의 불법성이 급여자의 그것보다 현저히 크고 그에 비하면 급여자의 불법성은 미약한 경우에도 급여자의 반환 청구가 허용되지 않는다고 하는 것은 공평에 반하고 신의성실의 원칙에도 어긋나므로 이러한 경우에는 민법 제746조 본문의 적용이 배제되어 급여자의 반환 청구는 허용된다고 해석함이 상당하다. [2] 급여자가 수익자에 대한 도박 채무의 변제를 위하여 급여자의 주택을 수익자에게 양도하기로 한 것이지만 내기바둑에의 계획적인 유인, 내기바둑에서의 사기적 행태, 도박자금 대여 및 회수 과정에서의 폭리성과 갈취성 등에서 드러나는 수익자의 불법성의 정도가 내기바둑에의 수동적인 가담, 도박 채무의 누증으로 인한 도박의 지속, 도박 채무 변제를 위한 유일한 재산인 주택의 양도 등으로 인한 급여자의 불법성보다 훨씬 크다고 보아 급여자로서는 그 주택의 반환을 구할 수 있다.

불법원인급여에 있어서 '불법성의 비교형량'과 농지법 위반

3 [대판 2013다218156 전원합의체] [부동산 실권리자명의 등기에 관한 법률을 위반하여 무효인 명의신탁 약정에 따라 명의수탁자 명의로 등기를 한 경우, 명의신탁자가 명의수탁자를 상대로 그 등기의 말소를 구하는 것이 민법 제746조의 불법원인급여를 이유로 금지되는지 여부(소극) 및 이는 농지법에 따른 제한을 회피하고자 명의신탁을 한 경우에도 마찬가지인지 여부(적극)] [다수의견] ① 명의신탁에 대하여 불법원인급여 규정을 적용한다면 재화 귀속에 관한 정의 관념에 반하는 불합리한 결과를 가져올 뿐만 아니라 판례의 태도나 부동산실명법 규정에도 합치되지 않는다. 뇌물제공 목적의 금전 교부 또는 성매매 관련 선불금 지급과 같이 불법원인급여에 해당하는 전형적인 사례에서는 급여자의 급부가 선량한 풍속 그 밖의 사회질서에 반하여 그 반환청구를 거부해야 한다는 데에 우리 사회 구성원 모두가 인식을 같이 하고 있다. 이러한 경우에는 법원이 그 반환청구를 받아들이지 않는 것이 관련 법규범의 목적에도 부합한다. 그러나 명의신탁자를 형사처벌하거나 명의신탁자에게 과징금을 부과하는 등 법률 규정에 따라 제재하는 것을 넘어, 부동산실명법에서 명의신탁을 금지하고 있다는 이유만으로 명의신탁자로부터 부동산에 관한 권리까지 박탈하는

것은 일반 국민의 법 감정에 맞지 않는다. 민법 제746조 단서는 '불법원인이 수익자에게만 있는 때'에는 불법의 원인으로 급여한 재산이라 하더라도 급여자가 반환을 청구할 수 있다고 정하고 있다. 선량한 풍속 그 밖의 사회질서를 위반하는 법률행위에 관해 불법원인급여 규정이 적용되는 경우에도 수익자에게만 불법원인이 있다면, 수익자와 동일하게 급여자를 보호하지 않는 것은 법적 정의감에 반하기 때문이다. 나아가 **수익자의 불법성이 급여자의 불법성보다 현저히 커서 급여자의 반환청구를 허용하지 않는 것이 오히려 공평과 신의칙에 반하는 경우**에는 민법 제746조 본문의 적용을 배제함으로써 급여자의 반환청구를 허용하고 있다. 이는 불법원인급여 제도 자체에 내재하고 있는 모순을 극복하는 방향으로 민법 제746조를 해석·적용한 것이다. 부동산실명법을 위반하여 무효인 명의신탁등기가 불법원인급여인지를 판단하기 위해서는 부동산실명법의 규정과 그 규범 목적을 고려하여 판단해야 한다. 입법자는 신탁부동산의 소유권이 명의신탁자에게 귀속됨을 전제로 규정함으로써, 민법 제103조와 제746조의 관계를 부동산실명법 자체에서 명확하게 해결하고 있는 것이다. 이러한 입법 체계에 비추어 볼 때 부동산실명법에서 금지한 명의신탁에 관하여 반사회적인지 아닌지를 구분하여 불법원인급여의 적용을 달리하려는 시도는 바람직하지 않다. ④ 모든 국민의 재산권은 보장되고, 그 내용과 한계는 법률로 정한다(헌법 제23조 제1항). 명의신탁을 금지하겠다는 목적만으로 부동산실명법에서 예정한 것 이상으로 명의신탁자의 신탁부동산에 대한 재산권의 본질적 부분을 침해할 수는 없다. 만일 부동산실명법에서 명의신탁약정만을 무효로 하고 그에 따른 물권변동을 유효라고 정하였다면, 신탁부동산에 관한 권리가 언제나 명의수탁자에게 확정적으로 귀속되는 결과가 되어 명의신탁자는 그 부동산에 관한 권리를 상실하게 된다. 이러한 경우 명의신탁자는 자신의 재산을 직접적으로 박탈당하는 결과를 감수하여야 하므로 재산권의 본질적 부분을 침해할 소지가 크다. ⑤ 농지법에 따른 제한을 회피하고자 명의신탁을 한 사안이라고 해서 불법원인급여 규정의 적용 여부를 달리 판단할 이유는 없다. **단순한 행정명령에 불과한 농지법상의 처분명령을 이행하지 않았다고 해서 그 행위가 강행법규에 위반된다고 단정할 수도 없거니와, 그 이유만으로 처분명령 회피의 목적으로 이루어진 급여를 불법원인급여라고 할 수도 없다. 부동산실명법과 농지법의 규율 내용, 제재수단의 정도와 방법 등을 고려하면, 부동산실명법 위반이 농지법 위반보다 위법성이 더 크다고 볼 수밖에 없다.** 부동산실명법을 위반한 명의신탁약정에 따라 마친 명의신탁등기를 불법원인급여라고 인정할 수 없음은 위에서 본 바와 같다. 농지법상의 처분명령을 회피하는 방법으로 명의신탁약정을 한 경우처럼 명의신탁약정과 그보다 위법성이 약한 단순한 행정명령 불이행의 행위가 결합되어 있다고 하더라도, 그 이유만으로 불법원인급여 규정의 적용 여부를 달리 판단할 수는 없다.

4 [대판 2013다79887] [농지임대차가 구 농지법에 위반되어 계약의 효력을 인정받을 수 없는 경우, 농지임대인이 임대차기간 동안 임차인의 권원 없는 점용을 이유로 손해배상을 청구한 데 대하여 임차인이 불법원인급여의 법리를 이유로 반환을 거부할 수 있는지 여부(원칙적 소극)] (가) 구 농지법(2015.1.20. 법률 제13022호로 개정되기 전의 것, 이하 같다)의 적용 대상인 농지의 임대차는, 대상이 농지라는 특수성이 있지만, 목적물을 사용·수익하게 하고 차임을 지급받기로 하는 약정이라는 점에서는 일반적인 부동산 임대차와 본질적인 차이가 없다. 이는 과거 소작의 경우 지주가 통상적인 토지 임대료 수준을 넘어 경작이익의 상당 부분까지 소작료 명목으로 받아가거나 심지어 신분적 예속 관계까지 형성하였던 것과는 현저히 다르다. 즉, 오늘날의 통상적인 농지임대차는 경자유전의 원칙과 농지의 합리적인 이용 등을 위하여 특별한 규제의 대상이 되어 있기는 하지만, **특별한 사정이 없는 한 계약 내용이나 성격 자체로 반윤리성·반도덕성·반사회성이 현저하다고 단정할 수는 없다.** (나) 또한 현재 우리나라의 농지 면적과 보유 실태 및 농민 인구의 비율, 비농민이 농지를 소유하게 되는 사유의 다양성, 구 농지법의 적용 대상인 농지에는 전·답과 같은 전형적

인 농토뿐 아니라 과수원과 그 부속시설의 부지 등도 포함되고, 그러한 토지는 지목과 달리 이용되는 경우도 적지 않은 사회 실정, 기타 제반 여건을 감안해 보면, 농지임대차계약을 근거로 하여 약정 차임을 청구하는 등 계약 내용의 적극적 실현을 구하는 것은 허용될 수 없다고 할 것이다. 그러나 거기에서 더 나아가 임대차 계약기간 동안 임차인이 당해 농지를 사용·수익함으로써 얻은 토지사용료 상당의 점용이익에 대하여 임대인이 부당이득반환이나 손해배상을 청구하는 것마저 배척하여 임차인으로 하여금 사실상 무상사용을 하는 반사이익을 누릴 수 있도록 하여야만 구 농지법의 규범 목적이 달성된다고 볼 것은 아니다. (다) 따라서 농지임대차가 구 농지법에 위반되어 계약의 효력을 인정받을 수 없다고 하더라도, 임대 목적이 농지로 보전되기 어려운 용도에 제공하기 위한 것으로서 농지로서의 기능을 상실하게 하는 경우라거나 임대인이 자경할 의사가 전혀 없이 오로지 투기의 대상으로 취득한 농지를 투하자본 회수의 일환으로 임대하는 경우 등 사회통념으로 볼 때 헌법 제121조 제2항이 농지 임대의 정당한 목적으로 규정한 농업생산성의 제고 및 농지의 합리적 이용과 전혀 관련성이 없고 구 농지법의 이념에 정면으로 배치되어 반사회성이 현저하다고 볼 수 있는 특별한 사정이 있는 경우가 아니라면, **농지 임대인이 임대차기간 동안 임차인의 권원 없는 점용을 이유로 손해배상을 청구한 데 대하여 임차인이 불법원인급여의 법리를 이유로 반환을 거부할 수는 없다.**

Reference 3
불법원인급여로 보아 횡령죄의 성립을 부정한 판례

1 [대판 2017도9254] [불법원인급여인정] 피고인이, 갑 등이 금융다단계 사기 범행을 통하여 취득한 범죄수익 등인 무기명 양도성예금증서 7장을 을로부터 건네받아 현금으로 교환한 후 임의로 소비하였다고 하여 특정경제범죄 가중처벌 등에 관한 법률 위반(횡령)으로 기소된 사안에서, 피고인이 을로부터 범죄수익 등의 은닉을 위해 교부받은 무기명 양도성예금증서는 불법의 원인으로 급여한 물건에 해당하여 소유권이 피고인에게 귀속되므로, 피고인이 무기명 양도성예금증서를 교환한 현금을 임의로 소비하였더라도 횡령죄가 성립하지 않는다고 본 원심판단이 정당하다고 한 사례.

2 [대판 2016도18035] [자금세탁을 위해 교부받은 범죄수익인 수표를 횡령한 경우, 횡령죄의 성립여부] [1] 민법 제746조에서 말하는 '불법'이 있다고 하려면, 급여의 원인 된 행위가 내용이나 성격 또는 목적이나 연유 등으로 볼 때 선량한 풍속 기타 사회질서에 위반될 뿐 아니라 반사회성·반윤리성·반도덕성이 현저하거나, 급여가 강행법규를 위반하여 이루어졌지만 이를 반환하게 하는 것이 오히려 규범목적에 부합하지 아니하는 경우 등에 해당하여야 한다. [2] 피고인이 갑으로부터 액면금 합계 19억 2,370만 원인 수표들을 현금으로 교환해 주면 대가를 주겠다는 제안을 받고 수표가 을 등이 불법 금융다단계 유사수신행위에 의한 사기 범행을 통해 취득한 범죄수익이거나 이러한 범죄수익에서 유래한 재산(이하 합쳐서 '범죄수익 등'이라고 한다)이라는 사실을 잘 알면서도 교부받아 그 일부를 14억 원에서 15억 원가량의 현금으로 교환한 후 병, 정과 공모하여 아직 교환되지 못한 수표 및 교환된 현금을 임의로 사용하여 횡령하였다고 하여 특정경제범죄 가중처벌 등에 관한 법률 위반으로 기소된 사안에서, …… 결국 **피고인이 갑으로부터 범죄수익 등의 은닉범행 등을 위해 교부받은 수표는 불법의 원인으로 급여한 물건에 해당하여 소유권이 피고인에게 귀속되고**, 따라서 피고인이 그중 교환하지 못한 수표와 이미 교환한 현금을 임의로 소비하였더라도 **횡령죄가 성립하지 않는다.** cf) 본 판결은 「범죄수익은닉규제법」상 처벌되는 범죄수익 등의 은닉행위를 위해 교부한 수표가 불법원인급여물에 해당하여 횡령죄의 객체가 될 수 없음을 분명히 하였다. 그리고 이러한 해석을 통해 범죄

수익은닉규제법의 목적이 더욱 실효성 있게 보장될 수 있도록 하였다.

3 [대판 2013도321] 성매매 및 성매매알선 등 행위는 선량한 풍속 기타 사회질서에 반하여 성매매할 사람을 고용함에 있어 성매매의 권유·유인·강요의 수단으로 이용되는 선불금 등 명목으로 제공한 금품이나 그 밖의 재산상 이익 등은 불법원인급여로서 반환을 청구할 수 없는바, 성매매알선 등 행위에 관하여 동업계약을 체결한 당사자 일방이 상대방에게 그 동업계약에 따라 성매매의 권유·유인·강요의 수단으로 이용되는 **선불금 등 명목으로 사업자금을 제공**하였다면 그 사업자금 역시 불법원인급여에 해당하여 반환을 청구할 수 없다고 보아야 할 것이다. (횡령죄가 성립하지 않는다)

4-1 [대판 99도275] 갑이 을로부터 제3자에 대한 **뇌물공여 또는 배임증재**의 목적으로 전달하여 달라고 교부받은 금전은 불법원인급여물에 해당하여 **그 소유권은 갑에게 귀속되는 것으로서** 갑이 위 금전을 제3자에게 전달하지 않고 임의로 소비하였다고 하더라도 **횡령죄가 성립하지 않는다.**

4-2 [대판 86도628] 조합장이 조합으로부터 **공무원에게 뇌물로 전달**하여 달라고 금원을 교부받은 것은 불법원인으로 인하여 지급 받은 것으로서 이를 뇌물로 전달하지 않고 타에 소비하였다고 해서 타인의 물을 보관 중 **횡령하였다고 볼 수는 없다.**

불법원인급여로 보지 않아 횡령죄의 성립을 인정한 판례

5 [대판 2017도11931] 피고인이 갑과, 갑이 해외투자처인 을 회사에 투자하고자 하는 자들로부터 사기 및 유사수신행위의 규제에 관한 법률 위반 범행으로 모집한 투자금을 피고인에게 송금하면 피고인이 이를 갑이 지정하는 외국환거래 회사를 통하여 을 회사에 전달하고, 변호사로서 그 전달과정에 부수되는 자문 업무를 수행하는 것을 내용으로 하는 **'에스크로(Escrow)[8] 및 자문 계약'**을 체결한 후 계약에 따라 갑으로부터 돈을 송금 받아 **보관하던 중 그 일부를 임의로 소비하여 횡령**하였다고 하여 특정경제범죄 가중처벌 등에 관한 법률 위반으로 기소된 사안에서, 갑의 피고인에 대한 투자금의 교부가 불법원인급여에 해당하지 않는다고 보아 공소사실을 유죄로 인정한 원심판단이 정당하다고 한 사례.

6 [대판 2007도2511] 파기환송. [병원에서 의약품 선정·구매 업무를 담당하는 약국장이 병원을 대신하여 제약회사로부터 의약품 제공의 대가로 **기부금 명목의 돈을 받아** 보관 중 임의소비한 사안에서, 위 돈은 병원이 약국장에게 불법원인급여를 한 것에 해당하지 않아 여전히 반환청구권을 가지므로, 업무상 횡령죄가 성립한다고 본 사례] ●**사실**● 피고인은 재단법인 천주교까리따스수녀회유지재단 순천지부 병원 소속 수녀로서 위 병원에서 사용되는 의약품의 선정, 구매 및 관리를 담당하는 **약국장 및 약제부장**으로 근무하며 위 병원에 의약품을 납품하는 제약회사들로부터 약품 매출액의 5% 내지 20%에 해당하는 금원을 기부금 명목으로 교부받아 이를 위 병원에 입금하는 업무에 종사하던 자인데, 아주약품 주식회사 등 6개 제약회사로부

---

8) **에스크로(escrow)**는 상거래 시에, 판매자와 구매자의 사이에 신뢰할 수 있는 중립적인 제삼자가 중개하여 금전 또는 물품을 거래를 하도록 하는 서비스를 말한다. 거래의 안전성을 확보하기 위해 이용된다. 특히 에스크로는 부동산 서비스업에 금융업이 접목된 형태로 부동산 매도자로부터 의뢰를 받아 부동산 거래대금 정산, 부동산권리 관계분석, 융자알선, 세금정산 등의 업무를 처리한다. 우리나라도 소비자에게 양질의 서비스를 제공하고 부동산 산업의 경쟁력을 강화하기 위해 에스크로 회사제도를 2000년부터 했다. ko.wikipedia.org

터 기부금 명목으로 교부받은 합계 1,360만 원을 임의소비하였다. ●판지● [1] 민법 제746조가 불법의 원인으로 인하여 재산을 급여하거나 노무를 제공한 때에는 그 이익의 반환을 청구하지 못한다고 규정한 뜻은, (가) 급여를 한 사람은 그 원인행위가 법률상 무효임을 내세워 상대방에게 **부당이득반환청구를 할 수 없고**, (나) 또 급여한 물건의 소유권이 자기에게 있다고 하여 **소유권에 기한 반환청구도 할 수 없어서** (다) 결국, **급여한 물건의 소유권은 급여를 받은 상대방에게 귀속된다는 의미**이고, 여기에서의 **불법원인이라 함은** 그 원인되는 행위가 선량한 풍속 기타 사회질서에 위반하는 경우를 말하는 것으로, 법률행위의 목적인 권리의무의 내용이 선량한 풍속 기타 사회질서에 위반되는 경우뿐만 아니라, 그 내용 자체는 반사회질서적인 것이 아니라고 하여도 법률적으로 이를 강제하거나 그 법률행위에 반사회질서적인 조건 또는 금전적 대가가 결부됨으로써 반사회질서적 성질을 띄게 되는 경우 및 표시되거나 상대방에게 알려진 법률행위의 동기가 반사회질서적인 경우에도 불법원인급여에 해당될 수 있다. [2] 병원에서 의약품 선정·구매 업무를 담당하는 약국장이 병원을 대신하여 제약회사로부터 의약품 제공의 대가로 기부금 명목의 돈을 받아 보관 중 임의소비한 사안에서, 위 돈은 병원이 약국장에게 **불법원인급여를 한 것에 해당하지 않아 여전히 반환청구권을 가지므로, 업무상 횡령죄가 성립한다**고 본 사례. **cf)** 사안에서 원심은 위와 같은 **기부금 명목의 금원이 불법원인급여에 해당한다는 이유로 횡령죄가 성립되지 않는다**고 보았다. 그러나 대법원은 「피고인이 병원을 대신하여 제약회사들로부터 의약품을 공급받는 대가로 그 의약품 매출액에 비례하여 기부금 명목의 금원을 제공받은 다음 병원을 위하여 보관하여 왔던 것뿐이라면, 다른 특별한 사정이 없는 한 이를 두고 **선량한 풍속 기타 사회질서에 반하는 행위로서 불법원인급여에 해당한다고 보기는 어려우므로**, 위 병원이 병원을 대신하여 위 제약회사들로부터 위와 같은 금원을 제공받아 보관하고 있던 피고인에 대해 그 반환을 구하지 못한다고 할 수는 없다」고 판단하였다.

7-1 [대판 2005도7112] 수의계약을 체결하는 공무원이 해당 공사업자와 적정한 금액 이상으로 계약금액을 부풀려서 계약하고 부풀린 금액을 자신이 되돌려 받기로 사전에 약정한 다음 그에 따라 수수한 돈은 **성격상 뇌물이 아니고 횡령금에 해당한다.**

7-2 [대판 2013도13444] 타인을 위하여 금전 등을 보관·관리하는 자가 개인적 용도로 사용할 자금을 마련하기 위하여, 적정한 금액보다 과다하게 부풀린 금액으로 공사계약을 체결하기로 공사업자 등과 사전에 약정하고 그에 따라 **과다 지급된 공사대금 중의 일부를 공사업자로부터 되돌려 받는 행위**는 그 타인에 대한 관계에서 과다하게 **부풀려 지급된 공사대금 상당액의 횡령이 된다.**

> 양자 간 명의신탁에서 명의수탁자가 신탁받은 부동산을 임의로 처분하면 명의신탁자에 대한 관계에서 횡령죄가 성립하는가?

●**사실**● 피고인 X는 피해자 A로부터 A 소유인 아파트 H를 명의신탁 받아 이를 보관하여 달라는 부탁을 받고 이 아파트를 자신의 명의로 이전 등기하여 보관하던 중 아파트를 임의로 처분하였다. 검사는 X를 횡령죄로 기소하였다.

제1심은 종래의 입장과 같이 횡령죄를 인정하였으나 원심은 횡령죄 성립을 부정하였다. 이에 검사가 상고하였다.

●**판지**● 상고기각.「부동산실명법의 명의신탁관계에 대한 규율 내용 및 태도 등에 비추어 보면, 부동산실명법을 위반하여 명의신탁자가 그 소유인 부동산의 등기명의를 명의수탁자에게 이전하는 이른바 **양자 간 명의신탁**의 경우, 계약인 명의신탁약정과 그에 부수한 위임약정, 명의신탁약정을 전제로 한 명의신탁 부동산 및 그 처분대금 반환약정은 모두 무효이다. 나아가 명의신탁자와 명의수탁자 사이에 무효인 명의신탁약정 등에 기초하여 존재한다고 주장될 수 있는 **사실상의 위탁관계**라는 것은 부동산실명법에 반하여 범죄를 구성하는 **불법적인 관계에 지나지 아니할 뿐 이를 형법상 보호할 만한 가치 있는 신임에 의한 것이라고 할 수 없다.**

명의수탁자가 명의신탁자에 대하여 소유권이전등기말소의무를 부담하게 되나, 위 소유권이전등기는 처음부터 원인무효여서 명의수탁자는 명의신탁자가 소유권에 기한 방해배제청구로 말소를 구하는 것에 대하여 상대방으로서 응할 처지에 있음에 불과하다. 명의수탁자가 제3자와 한 처분행위가 부동산실명법 제4조 제3항에 따라 유효하게 될 가능성이 있다고 하더라도 이는 거래 상대방인 제3자를 보호하기 위하여 명의신탁약정의 무효에 대한 예외를 설정한 취지일 뿐 명의신탁자와 명의수탁자 사이에 위 처분행위를 유효하게 만드는 어떠한 위탁관계가 존재함을 전제한 것이라고는 볼 수 없다. 따라서 말소등기의무의 존재나 명의수탁자에 의한 유효한 처분가능성을 들어 명의수탁자가 명의신탁자에 대한 관계에서 '**타인의 재물을 보관하는 자**'의 지위에 있다고 볼 수도 없다. 그러므로 부동산실명법을 위반한 양자 간 명의신탁의 경우 명의수탁자가 신탁 받은 부동산을 임의로 처분하여도 명의신탁자에 대한 관계에서 **횡령죄가 성립하지 아니 한다**」.

●**해설**● 1 횡령죄의 객체에는 자기가 보관하는 타인의 재물로서 '부동산'을 포함한다. 재물의 '타인성'과 관련해 우리나라의 특수한 문제로서 부동산의 '명의신탁'이 있다. **명의신탁(名義信託)**은 등기부, 토지

---

1) 형법 제355조(횡령) ① 타인의 재물을 보관하는 자가 그 재물을 횡령하거나 그 반환을 **거부**한 때에는 5년 이하의 징역 또는 1천500만원 이하의 벌금에 처한다.
2) 부동산 실권리자명의 등기에 관한 법률 제3조(실권리자명의 등기의무 등) ① 누구든지 부동산에 관한 물권을 명의신탁약정에 따라 명의수탁자의 명의로 등기하여서는 아니 된다.
3) 부동산 실권리자명의 등기에 관한 법률 제4조(명의신탁약정의 효력) ① **명의신탁약정은 무효**로 한다.② 명의신탁약정에 따른 등기로 이루어진 부동산에 관한 **물권변동은 무효**로 한다. 다만, 부동산에 관한 물권을 취득하기 위한 계약에서 명의수탁자가 어느 한쪽 당사자가 되고 상대방 당사자는 명의신탁약정이 있다는 사실을 알지 못한 경우에는 그러하지 아니하다. ③ 제1항 및 제2항의 무효는 **제3자에게 대항하지 못한다**.

대장 등의 공부상의 소유명의가 수탁자에게 이전되지만 수탁자는 그 재산을 관리 처분할 권리, 의무를 부담하지 않는 신탁을 말한다. 즉 **대내적 관계**에서는 신탁자가 소유권을 보유하면서 **등기부상의 소유명의**는 수탁자 앞으로 등재하여 두는 것이다. 명의신탁은 ① 2자간 명의신탁, ② 중간생략등기형 명의신탁, ③ 계약명의신탁의 세 가지 유형으로 나눌 수 있으며 사안은 ①의 경우이다.

2 종래 부동산관리의 편의를 위해 실무상 인정되어 온 명의신탁제도는 1995년에 큰 변화를 겪게 된다. 1995년에 제정되고 시행된 「부동산 실권리자명의 등기에 관한 법률」(부동산실명법)은 탈법적 수단으로 사용되어져 온 부동산 명의신탁을 **원칙적으로 무효**라고 규정하였다(예외적으로 종중보유의 부동산과 배우자 명의로 부동산에 관한 물권을 등기하는 경우에는 탈법적 수단이 아닌 한 허용되는 명의신탁으로 규정하고 있다(법8)[4]).

3 이에 따라 근래 대법원은 ①의 경우를 제외한 ②, ③의 경우에 있어 수탁자가 명의신탁된 부동산을 처분하여도 **횡령죄 성립을 부정하였다**(Ref 1−1). 하지만 이번 대상판결에서는 종래 횡령죄 성립을 인정해 오던 ①의 경우에도 기존의 입장을 바꾸어 **횡령죄 성립을 부정**하였다. 이로써 이제는 ①, ②, ③ 모두의 경우 수탁자가 부동산을 임의로 처분하여도 횡령죄는 성립하지 않게 되었다.

4 「**부동산실명법**」에 의하면, 누구든지 부동산에 관한 물권을 명의신탁약정에 따라 명의수탁자의 명의로 등기하여서는 아니 되고(법3①), 명의신탁약정과 그에 따른 등기로 이루어진 부동산에 관한 물권변동은 **무효**가 되며(법4①,②본문), 명의신탁약정에 따른 명의수탁자 명의의 등기를 금지하도록 규정한 부동산실명법 제3조 제1항을 위반한 경우 명의신탁자와 명의수탁자 쌍방은 형사 처벌된다(법7).

5 **형법상 보호할 가치 있는 '위탁관계'**　　대상판결은 이러한 「부동산실명법」의 취지에 비추어, 명의신탁자와 명의수탁자 사이에 위탁신임관계를 근거 지우는 계약인 명의신탁약정 또는 이에 부수한 위임약정이 무효임에도 불구하고 횡령죄 성립을 위한 사무관리·관습·조리·신의칙에 기초한 위탁신임관계가 있다고 할 수는 없다고 판단하였다. 또한 명의신탁자와 명의수탁자 사이에 존재한다고 주장될 수 있는 사실상의 위탁관계라는 것도 「부동산실명법」에 반하여 범죄를 구성하는 **불법적인 관계에 지나지 아니할 뿐** 이를 형법상 보호할 만한 가치 있는 신임에 의한 것이라고는 볼 수 없다고 판단한 것이다. 이와 같이 대상판결은 전원일치 의견으로 종래의 판례를 변경함으로써, 양자 간이든 중간생략등기형이든 부동산실명법에 위반한 명의신탁에서의 위탁관계는 형법상 보호할 만한 가치 있는 신임에 의한 것이 아님을 선언하였다는데 의의가 있다.

6 횡령죄는 타인의 재물에 대한 재산범죄로서 재물의 소유권 등 본권을 보호법익으로 하는 범죄이다. 따라서 횡령죄의 객체가 타인의 재물에 속하는 이상 **구체적으로 누구의 소유인지는 횡령죄의 성립 여부에**

---

4) 「부동산 실권리자명의 등기에 관한 법률」 제8조(**종중, 배우자 및 종교단체에 대한 특례**) 다음 각 호의 어느 하나에 해당하는 경우로서 조세 포탈, 강제집행의 면탈 또는 법령상 제한의 회피를 목적으로 하지 아니하는 경우에는 제4조부터 제7조까지 및 제12조 제1항부터 제3항까지를 적용하지 아니한다. 1. 종중이 보유한 부동산에 관한 물권을 종중(종중과 그 대표자를 같이 표시하여 등기한 경우를 포함한다) 외의 자의 명의로 등기한 경우 2. 배우자 명의로 부동산에 관한 물권을 등기한 경우 3. 종교단체의 명의로 그 산하 조직이 보유한 부동산에 관한 물권을 등기한 경우

영향이 없다(대판 2019도9773, Ref 2.9−1).

7 재물의 '타인성' 여부가 문제되는 경우　　　　　횡령죄는 **타인소유·자기점유**의 재물을 대상으로 하므로 재물의 '타인성' 판단은 중요하다. 재물의 타인성 판단과 관련하여 ① **공동소유**의 경우는 타인소유로 보아야 한다(Ref 2.12−1). 일반적인 동업관계 하의 **조합**의 경우는 소유관계를 **합유**로 본다. 따라서 이 경우 동업자의 한 사람이 동업재산을 임의로 취하면 횡령죄가 성립한다. 반면 ② **익명조합**의 경우는 익명조합원이 출자한 금원을 영업자의 재산으로 본다. 따라서 영업자가 영업이익금 등을 임의로 소비하였더라도 횡령죄가 성립하지 않는다(Ref 2.2−1). ③ **위탁매매**에 있어서는 위탁품의 소유권은 위탁자에게 있다. 따라서 수탁인(위탁판매인)이 목적물을 처분하면 횡령죄가 성립한다(Ref 2.10−1). ④ **할부매매**의 경우는 대금을 완납할 때까지는 매도인에게 소유권이 있다. ⑤ **프랜차이즈 계약**의 경우에는 본사와 가맹점이 각각 독립된 상인으로 파악된다. 따라서 가맹점주인이 판매하여 보관 중인 물품판매 대금은 그 점주의 소유가 되므로 이를 임의소비하더라도 횡령죄는 성립하지 않는다(Ref 2−6). ⑥ **1인 회사**에 있어서 회사와 주주는 별개의 인격이므로 1인주주가 회사의 금원을 보관 중 임의로 처분하면 업무상횡령죄가 성립한다(Ref 2.9−3).

Reference 1

부동산 명의신탁과 횡령죄의 성부

1 **[대판 2014도6992 전원합의체] [중간생략등기형 명의신탁[5)]** ●**사실**● 중간생략등기형 명의신탁관계에서 명의수탁자인 피고인 X가 돈을 차용하면서 이 사건 부동산을 임의로 제3자에게 근저당권설정등기를 해주거나 ○○농업협동조합 명의의 기존 근저당권의 채권최고액을 증액하는 내용의 근저당권변경등기를 해주었다. 원심은 X의 행위가 명의신탁자인 피해자 A에 대해 각 횡령죄를 구성한다고 판단하여, 이 사건 공소사실을 유죄로 인정하였다. 이에 X가 상고하였다. ●**판지**● 파기환송. 「명의신탁자가 매수한 부동산에 관하여 부동산실명법을 위반하여 명의수탁자와 맺은 명의신탁약정에 따라 매도인에게서 바로 명의수탁자 명의로 소유권이전등기를 마친 이른바 **중간생략등기형 명의신탁**을 한 경우, (가) 명의신탁자는 신탁부동산의 소유권을 가지지 아니하고, (나) 명의신탁자와 명의수탁자 사이에 위탁신임관계를 인정할 수도 없다. 따라서 (다) 명의수탁자가 명의신탁자의 재물을 보관하는 자라고 할 수 없으므로, (라) 명의수탁자가 신탁 받은 부동산을 임의로 처분하여도 명의신탁자에 대한 관계에서 **횡령죄가 성립하지 아니한다**」.

2−1 **[대판 2011도7361] [계약명의신탁[6)에서 매도인이 '악의'인 경우]** 명의신탁자와 명의수탁자가 이른바 계약명의신탁 약정을 맺고 명의수탁자가 당사자가 되어 **명의신탁 약정이 있다는 사실을 알고 있는 소유자**와 부동산에 관한 매매계약을 체결한 후 매매계약에 따라 부동산의 소유권이전등기를 명의수탁자 명의로 마

---

5) **중간생략등기형(3자간) 명의신탁**이란 명의신탁자가 매도인으로부터 부동산 매입계약을 체결 한 후, 신탁자의 명의가 아닌 수탁자의 명의로 이전등기를 하는 경우를 말한다.

6) **계약명의신탁**이란 부동산계약에서 명의수탁자가 그 일방 당사자가 되는 경우를 말한다. 이 경우 위임받은 수탁자가 매수인으로서 매매계약의 전면에 등장하게 된다. 이 경우 매도인인 원소유자가 신탁자와 수탁자 사이의 명의신탁사실을 모르고 있는 경우(선의)도 있고, 알고 있는 경우(악의)가 있을 수 있으나 대법원은 모두 횡령죄와 배임죄의 성립을 부정하고 있다.

친 경우에는 부동산 실권리자명의 등기에 관한 법률 제4조 제2항 본문에 의하여 **수탁자 명의의 소유권이전 등기는 무효이고 부동산의 소유권은 매도인이 그대로 보유하게 되므로,** 명의수탁자는 부동산 취득을 위한 계약의 당사자도 아닌 명의신탁자에 대한 관계에서 횡령죄에서 '타인의 재물을 보관하는 자'의 지위에 있다고 볼 수 없다.

2-2 [대판 98도4347] [계약명의신탁에서 매도인이 '선의'인 경우] 횡령죄는 타인의 재물을 보관하는 자가 그 재물을 횡령하는 경우에 성립하는 범죄인바, 부동산실권리자명의등기에관한법률 제2조 제1호 및 제4조의 규정에 의하면, 신탁자와 수탁자가 명의신탁 약정을 맺고, 이에 따라 수탁자가 당사자가 되어 명의신탁 약정이 있다는 사실을 알지 못하는 소유자와 사이에서 부동산에 관한 매매계약을 체결한 후 그 매매계약에 기하여 당해 부동산의 소유권이전등기를 수탁자 명의로 경료한 경우에는, 그 소유권이전등기에 의한 당해 부동산에 관한 물권변동은 유효하고, 한편 신탁자와 수탁자 사이의 명의신탁 약정은 무효이므로, 결국 수탁자는 전소유자인 매도인뿐만 아니라 신탁자에 대한 관계에서도 유효하게 **당해 부동산의 소유권을 취득**한 것으로 보아야 할 것이고, 따라서 그 수탁자는 타인의 재물을 보관하는 자라고 볼 수 없다.

2-3 [대판 2007도2168] [이른바 **계약명의신탁**의 방식으로 명의수탁자가 당사자가 되어 소유자와 부동산에 관한 매매계약을 체결하고 그 명의로 소유권이전등기를 마친 경우, 그 부동산이 채무자인 명의신탁자의 재산으로서 강제집행면탈죄의 객체가 되는지 여부(소극)] 명의신탁자와 명의수탁자가 이른바 계약명의신탁 약정을 맺고 명의수탁자가 당사자가 되어 **명의신탁 약정이 있다는 사실을 알지 못하는 소유자**와 부동산에 관한 매매계약을 체결한 후 그 매매계약에 따라 당해 부동산의 소유권이전등기를 명의수탁자 명의로 마친 경우에는, 명의신탁자와 명의수탁자 사이의 명의신탁 약정의 무효에도 불구하고 부동산 실권리자명의 등기에 관한 법률 제4조 제2항 단서에 의하여 그 명의수탁자는 당해 부동산의 완전한 소유권을 취득한다. 이와 달리 **소유자가 계약명의신탁 약정이 있다는 사실을 안 경우에는** 수탁자 명의의 소유권이전등기는 무효이고 당해 부동산의 소유권은 매도인이 그대로 보유하게 된다. 어느 경우든지 명의신탁자는 그 매매계약에 의해서는 당해 부동산의 소유권을 취득하지 못하게 되어, 결국 **그 부동산은 명의신탁자에 대한 강제집행이나 보전처분의 대상이 될 수 없다.**

3 [대판 83도195] [종중의 실재가 불명확한 경우 종중소유임야에 관한 횡령죄의 성부(소극)] 명의신탁된 종중소유임야에 관하여 횡령죄가 성립하려면 우선 피고인 또는 그 공모자와 위탁관계에 있는 타인인 종중이 실재하여야 하고, 그 종중과의 사이에 위탁신임 관계가 있어야 할 것이므로 임야의 소유권자가 어느 문중인지 불명확하고 위탁신임 관계도 확정할 수 없다면 횡령죄는 성립하지 아니한다.

Reference 2

재물의 타인성을 부정한 판례(횡령죄 부정)

1 [대판 2011도12604] [제3채무자가 집행공탁을 하여야 할 것을 착오로 변제공탁을 한 경우, 압류채권금을 변제받아 집행채권자에게 반환을 거부한 집행채무자에게 횡령죄가 성립하는지 여부(소극)] 피고인이 자신의 공유 토지가 다목적댐사업의 사업구역에 편입됨으로써 한국수자원공사에 대하여 가지게 된 토지보상금 채권에 관하여 피고인의 채권자 甲 주식회사가 압류 및 추심명령을 받아 그 명령이 피고인에게 송달되었는데, 그 후 한국수자원공사가 업무착오로 **토지보상금을 집행공탁이 아니라 피고인을 피공탁자로 변제공탁한 것**

을 기화로 피고인이 이를 수령하여 보관하며 한국수자원공사의 반환요구를 여러 차례에 걸쳐 거절함으로써 횡령하였다는 내용으로 기소된 사안에서, 피고인이 한국수자원공사의 공탁 취지에 좇아 수령한 **토지보상금은 피고인의 소유이고** 달리 위 금전이 한국수자원공사의 소유라는 점을 인정할 증거가 없다고 보아 무죄를 인정한 원심판단을 수긍한 사례.

익명조합7)과 횡령죄의 성부

2-1 [대판 2010도5014] 조합 또는 내적 조합과 달리 **익명조합**의 경우에는 익명조합원이 영업을 위하여 출자한 금전 기타의 재산은 상대편인 영업자의 재산이 되므로 영업자는 타인의 재물을 보관하는 자의 지위에 있지 않고, 따라서 영업자가 영업이익금 등을 임의로 소비하였더라도 횡령죄가 성립할 수는 없다. cf) 그러나 익명조합과는 달리 **일반적 조합재산은 조합원의 합유**에 속하므로 조합원 중 한 사람이 조합재산 처분으로얻은 대금을 임의로 소비하였다면 **횡령죄의 죄책을 면할 수 없다.**

2-2 [비교판례] [대판 82도2467] [조합원이 단독으로 추가 출자하여 구입한 자동차의 임의처분과 횡령죄의 성부] 피고인과 공소외(갑)이 당초의 공동사업 재산인 지입택시를 폐차하고 출자를 더하여 새차를 구입하여 공동사업을 계속 경영하기로 합의가 이루어진 이상 그뒤 위(갑)이 추가출자 의무를 이행하지 아니하므로 부득이 피고인이 단독으로 새차를 구입운행하였다 하더라도 이로써 이때 **당초의 동업관계가 종료되었다고 할 수는 없고** 피고인이 그 뒤 새차를 매도처분하여 공동사업을 경영할 수 없게 되었을 때까지는 의연히 동업관계가 존속하였다 할 것이니 새차가 자동차등록원부상으로는 피고인 단독명의로 등록되어 있다 하더라도 동업자의 내부관계에 있어서는 그 사실상의 소유권이 그들에게 **합유적으로 귀속한다 할 것**이어서 피고인이 임의로 새차를 매도처분한 경우에는 배임죄가 아니라 횡령죄를 구성한다.

3-1 [대판 2007도1840] [금전수수를 수반하는 사무처리를 위임받은 자가 **위임자를 위하여 제3자로부터 수령한 금전이 위임자의 소유에 속하지 아니한 경우,** 그 반환거부행위가 횡령죄를 구성하는지 여부(소극)] [1] 횡령죄는 타인의 재물을 보관하는 자가 그 재물을 횡령하는 것을 처벌하는 범죄이므로, 횡령죄가 성립되기 위해서는 횡령의 대상이 된 재물이 타인의 소유일 것을 요한다 할 것이므로, 금전의 수수를 수반하는 사무처리를 위임받은 자가 그 행위에 기하여 위임자를 위하여 제3자로부터 수령한 금전이라고 하더라도 이것이 위임자의 소유에 속하지 아니한 경우라면, 그 반환을 거부하는 수임자를 횡령죄로 처벌할 수 없는 것이다. [2] 피고인이 주식회사 대방건설과 사이에 공탁금을 수령하여 그 중 4,100만 원을 대방건설에게 반환하기로 약정하였다고 하더라도 **배당절차에서 피고인 자신의 명의로 수령한 금원**은 피고인의 소유에 속한다고 판단하였는바, 기록 및 위와 같은 법리에 비추어 살펴보면, 이 사건 횡령의 대상이 된 금원이 대방건설의 소유에 속하지 아니한 이상, 피고인이 위 약정에 반하여 4,100만 원의 반환을 거부한다고 하여 횡령죄로 처벌할 수는 없다.

3-2 [대판 2005도3627] 파기환송. [1] 금전의 수수를 수반하는 사무처리를 위임받은 자가 그 행위에 기하여 위임자를 위하여 제3자로부터 수령한 금전은 목적이나 용도를 한정하여 위탁된 금전과 마찬가지로 달리 특별한 사정이 없는 한 그 수령과 동시에 위임자의 소유에 속하고, 위임을 받은 자는 이를 위임자를

---

7) **익명조합**은 당사자의 일방이 상대방의 영업을 위하여 출자하고 상대방은 그 영업으로 인한 이익을 분배할 것을 약정함으로써 그 효력이 생긴다(상법78). **익명조합원이 출자한 금전 기타의 재산은 영업자의 재산**으로 보고(상법79), 익명조합원은 영업자의 행위에 관하여서는 제3자에 대하여 권리나 의무가 없다(상법80). 따라서 영업자는 익명조합원에 대한 관계에서 타인의 재물을 보관하는 자의 지위에 있지 않다.

위하여 보관하는 관계에 있다고 보아야 한다. [2] 수령한 금전이 사무처리의 위임에 따라 위임자를 위하여 수령한 것인지 여부는 수령의 원인이 된 법률관계의 성질과 당사자의 의사에 의하여 판단되어야 하며, 만일 당사자 사이에 별도의 채권, 채무가 존재하여 **수령한 금전에 관한 정산절차가 남아 있는 등 위임자에게 반환하여야 할 금액을 쉽게 확정할 수 없는 사정이 있다면**, 이러한 경우에는 수령한 금전의 소유권을 바로 위임자의 소유로 귀속시키기로 하는 약정이 있었다고 쉽사리 단정하여서는 안 된다. **cf)** 제1심과 제2심은 위 금전이 용도를 한정하여 위탁된 금전으로 보아 횡령죄를 인정하였다. 그러나 대법원은 위 금전은 정산절차가 남아 있어 용도를 지정받은 금전으로 보기는 어렵다고 판단하였다. **정산절차가 남아 있을 경우 일단 모두 수임자의 재산으로 귀속되어 횡령죄는 성립하지 않는다**고 판단한다.

4 [대판 2000도258] [**부동산 입찰절차에서** 수인이 대금을 분담하되 **그 중 1인 명의로 낙찰**받기로 약정하여 그에 따라 낙찰이 이루어진 후 그 명의인이 임의로 그 부동산을 처분한 경우, 그 처분행위가 횡령죄를 구성하는지 여부(소극)] 부동산 입찰절차에서 수인이 대금을 분담하되 그 중 1인 명의로 낙찰받기로 약정하여 그에 따라 낙찰이 이루어진 경우, 그 입찰절차에서 낙찰인의 지위에 서게 되는 사람은 어디까지나 그 명의인이므로 입찰목적부동산의 소유권은 경락대금을 실질적으로 부담한 자가 누구인가와 상관없이 그 명의인이 취득한다 할 것이므로 그 부동산은 횡령죄의 객체인 **타인의 재물이라고 볼 수 없어** 명의인이 이를 임의로 처분하더라도 횡령죄를 구성하지 않는다.

5 [대판 99도4979] 채권자가 그 채권의 지급을 담보하기 위하여 **채무자로부터 수표를 발행·교부받아 이를 소지한 경우**에는, 단순히 보관의 위탁관계에 따라 수표를 소지하고 있는 경우와는 달리 그 수표상의 권리가 채권자에게 유효하게 귀속되고, 채권자와 채무자 사이의 수표 반환에 관한 약정은 원인관계상의 인적 항변사유에 불과하므로, 채권자는 횡령죄의 주체인 타인의 재물을 보관하는 자의 지위에 있다고 볼 수 없다.

프랜차이즈 계약과 횡령죄의 성부

6 [대판 98도292] 피고인이 본사와 맺은 가맹점계약은 독립된 상인 간에 일방이 타방의 상호, 상표 등의 영업표지를 이용하고 그 영업에 관하여 일정한 통제를 받으며 이에 대한 대가를 타방에 지급하기로 하는 특수한 계약 형태인 이른바 '**프랜차이즈 계약**'으로서 그 기본적인 성격은 **각각 독립된 상인**으로서의 본사 및 가맹점주 간의 계약기간 동안의 계속적인 물품공급계약이고, 본사의 경우 실제로는 가맹점의 영업활동에 관여함이 없이 경영기술지도, 상품대여의 대가로 결과적으로 매출액의 일정 비율을 보장받는 것에 지나지 아니하여 본사와 가맹점이 독립하여 공동경영하고, 그 사이에서 손익분배가 공동으로 이루어진다고 할 수 없으므로 이러한 **가맹점 계약을 동업계약 관계로는 볼 수 없고**, 따라서 가맹점주인 피고인이 판매하여 보관 중인 물품판매 대금은 **피고인의 소유**라 할 것이어서 피고인이 이를 임의 소비한 행위는 프랜차이즈 계약상의 채무불이행에 지나지 아니하므로, 결국 횡령죄는 성립하지 아니한다.

지입차주와 횡령죄의 성부

7-1 [대판 97도1592] 지입차주들이 차량위탁관리료와 산업재해보상보험료 및 제세공과금을 합한 일정 금액을 일괄하여 납입하는 **지입료는 일단 지입회사의 소유로** 되어 회사가 그 지입료 등을 가지고 그 운영비와 전체 차량의 제세공과금 및 보험료에 충당할 수 있는 것이므로 지입차주들이 낸 보험료나 세금을 회사가 항목유용하였다 하더라도 횡령죄가 되지 아니한다.

7-2 [참조판례] [대판 2003도3073] [지입차주의 도로법위반행위에 대하여 지입회사가 양벌규정에 의하여 처벌되는지 여부(적극)] 화물자동차운송사업면허를 가진 운송사업자와 실질적으로 자동차를 소유하고 있는 차주간의 계약으로 (가) 외부적으로는 자동차를 운송사업자 명의로 등록하여 운송사업자에게 귀속시키고 내부적으로는 각 차주들이 독립된 관리 및 계산으로 영업을 하며 운송사업자에 대하여는 지입료를 지불하는 운송사업형태(이른바 지입제)에 있어, 그 지입차주가 세무관서에 독립된 사업자등록을 하고, 지입된 차량을 직접 운행·관리하면서 그 명의로 화물운송계약을 체결하였다고 하더라도, 그 자동차가 지입회사의 소유로 등록되어 있고, 지입회사만이 화물자동차운송사업면허를 가지고 있는 이상, **지입차주는 객관적 외형상으로 보아 그 차량의 소유자인 지입회사와의 위탁계약에 의하여 그 위임을 받아 운행·관리를 대행하는 지위에 있는 자**로서 도로법 제86조에서 정한 "대리인·사용인 기타의 종업원"에 해당한다.

8 [대판 79도656] 소위 **입사보증금**은 고용계약과 관련하여 피용자가 장래 부담하게 될지도 모르는 손해배상 채무의 담보로서 제공되는 신원보증금으로서 일단 **그 소유권은 사용자에게 이전되는 것**이니 사용자가 이를 소비하여도 횡령죄를 구성하지 아니한다.

재물의 타인성을 긍정한 판례(횡령죄 인정)

주식회사 · 1인 회사 · 유한회사

9-1 [대판 2019도9773] [1] 횡령죄는 타인의 재물에 대한 재산범죄로서 재물의 소유권 등 본권을 보호법익으로 하는 범죄이다. 따라서 횡령죄의 객체가 타인의 재물에 속하는 이상 구체적으로 누구의 소유인지는 횡령죄의 성립 여부에 영향이 없다. 주식회사는 주주와 독립된 별개의 권리주체로서 그 이해가 반드시 일치하는 것은 아니므로, 주주나 대표이사 또는 그에 준하여 회사 자금의 보관이나 운용에 관한 사실상의 사무를 처리하는 자가 회사 소유의 재산을 사적인 용도로 함부로 처분하였다면 횡령죄가 성립한다. [2] 피고인들이 공모하여 갑 주식회사 등 피해 회사가 납품하는 물품을 마치 피해 회사의 자회사로서 서류상으로만 존재하는 을 주식회사 등이 납품하는 것처럼 서류를 꾸며 피해 회사가 지급받아야 할 납품대금을 자회사 명의의 계좌로 지급받아 급여 등의 명목으로 임의로 사용하였다고 하여 특정경제범죄 가중처벌 등에 관한 법률 위반(횡령)으로 기소된 사안에서, 법인격 부인 또는 남용 법리는 회사가 법인격을 남용했다고 볼 수 있는 예외적인 경우에 회사에 법인격이 있더라도 이를 무시하고 그 뒤에 있는 배후자에게 책임을 추궁하는 것이므로, 피고인들이 피해 회사의 자회사 계좌를 이용하여 피해 회사의 납품대금을 횡령한 사건에서 법인격 부인 여부에 따라 횡령죄의 성립이 좌우되는 것은 아니다.

9-2 [대판 2007도6012] 주식회사는 주주 등과 **독립된 별개의 권리주체**로서 그 이해가 반드시 일치하는 것은 아니므로 주주총회나 이사회의 의결권에는 스스로 한계가 있는바, 주주 등이 주식회사 소유 자금을 차용금이라는 명목으로 함부로 인출하여 개인채무 변제 등 사적인 용도로 사용하였다면 이는 주식회사 제도의 목적에 비추어 볼 때 주주총회나 이사회의 결의에 관계없이 횡령죄를 구성할 수 있다.

9-3 [대판 86도280] 출자지분이 2인의 사원에게 귀속하고 있는 **유한회사의 대표사원**이 다른 사원의 승낙을 얻어 회사소유재산을 개인용도에 소비한 경우, 행위의 주체인 대표사원과 그 본인인 유한회사는 **별개의 인격체이어서** 비록 유한회사의 손해가 궁극적으로는 위 사원들의 손해에 귀착된다고 하더라도 회사의 재산을 사원의 개인용도에 소비하는 행위는 본인의 위탁의 취지에 반함이 명백하여 횡령죄를 구성한다.

＊위탁매매와 횡령죄의 성부＊

10-1 [대판 2012도16191] [위탁매매에서 위탁매매인이 위탁품이나 판매대금을 임의로 사용·소비한 경우, 횡령죄가 성립하는지 여부(원칙적 적극)] [1] 위탁매매에 있어서 위탁품의 소유권은 위임자에게 있고 그 판매대금은 이를 수령함과 동시에 위탁자에게 귀속한다 할 것이므로, 특별한 사정이 없는 한 위탁매매인이 위탁품이나 그 판매대금을 임의로 사용·소비한 때에는 횡령죄가 성립한다고 할 것이다. [2] 금은방을 운영하는 피고인이, 甲이 맡긴 금을 시세에 따라 사고파는 방법으로 운용하여 매달 일정한 이익금을 지급하는 한편 甲의 요청이 있으면 언제든지 보관 중인 금과 현금을 반환하기로 甲과 약정하였는데, 그 후 경제사정이 악화되자 이를 **자신의 개인채무 변제 등에 사용한 사안**에서, 甲이 매매를 위탁하거나 피고인이 그 결과로 취득한 금이나 현금은 모두 甲의 소유라는 이유로 횡령죄를 인정한 사례.

10-2 [대판 2010도17202] [타인으로부터 용도가 엄격히 제한된 자금을 위탁받아 집행하면서 제한된 용도 이외의 목적에 사용한 경우, 횡령죄의 성립 여부(적극)] 의류유통 판매업체인 甲 주식회사 대표이사 및 실질적 운영자인 피고인들이 공모하여, 甲 회사가 乙 유한회사 등과 체결한 투자약정과 乙 회사와 체결한 **위탁판매** 및 구매계약의 사무처리 위임에 따라 투자금으로 구입한 의류의 판매대금을 甲 회사 명의 미지정 계좌로 입금받아 임의로 소비한 사안에서, 甲 회사는 위임자인 乙 회사를 위하여 위 대금을 보관하는 지위에 있으므로 피고인들의 행위가 횡령죄를 구성한다고 본 원심판단을 수긍한 사례.

＊독립채산제 방식으로 운영되는 주식회사의 지점 등의 재산＊

11-1 [대판 2010도10739] [사단법인의 하부조직인 '지부'나 '지회'가 사단법인과는 별도의 독립채산제 방식으로 운영되는 경우, **지부나 지회가 보관하는 재산**의 소유권 귀속 관계(＝사단법인의 소유)] 사단법인의 지부나 지회가 독립된 별개의 법인격이나 권리주체가 아니라 사단법인에 소속된 하부조직에 불과하다면, 사단법인의 지부나 지회가 사단법인과는 별도의 독립채산제 방식으로 운영되고 있다고 하더라도 그 지부나 지회가 보관하고 있는 재산은 사단법인의 소유일 뿐 법인격도 없고 권리주체도 아닌 지부나 지회의 소유가 되는 것은 아니다.

11-2 [대판 2009도1373] [주식회사의 **지점**이나 합명회사의 **분사무소**가 그 본점이나 주사무소의 회계와는 별도의 독립채산제 방식으로 운영되는 경우, 지점이나 분사무소가 보유한 재산이 지점이나 분사무소 구성원들 개인의 소유가 되는지 여부(소극)] 감정평가법인 **지사에서 근무**하는 감정평가사들이 접대비 명목 등에 사용할 목적으로 감정평가법인을 위하여 보관 중이던 돈의 일부를 비자금으로 조성한 사안에서, 위 비자금 조성행위가 업무상횡령죄에 해당한다고 한 원심판단을 수긍한 사례

＊공동소유와 횡령죄의 성부＊

12-1 [대판 2000도4335] [함께 복권을 나누어 당첨 여부를 확인한 자들 사이에 당첨금을 공유하기로 하는 묵시적 합의가 있었다고 봄이 상당하다는 이유로 그 복권의 당첨금 수령인이 그 당첨금 중 타인의 몫의 반환을 거부한 경우, 횡령죄가 성립될 수 있다고 한 사례] 피고인이 2천 원을 내어 피해자를 통하여 구입한 복권 4장을 피고인과 피해자를 포함한 4명이 한 장씩 나누어 그 당첨 여부를 확인하는 결과 피해자 등 2명이 긁어 확인한 복권 2장이 1천 원씩에 당첨되자 이를 다시 복권 4장으로 교환하여 같은 4명이 각자 한 장씩 골라잡아 그 당첨 여부를 확인한 결과 피해자 등 2명이 긁어 확인한 복권 2장이 2천만 원씩에 당첨되었으나 당첨금을 수령한 피고인이 피해자에게 그 당첨금의 반환을 거부한 경우, 피고인과 피해자를 포함한 4명 사이에는 **어느 누구의 복권이 당첨되더라도 당첨금을 공평하게 나누거나 공동으로 사용하기로 하는 묵시적**

인 합의가 있었다고 보아야 하므로 그 당첨금 전액은 같은 **4명의 공유**라고 봄이 상당하여 피고인으로서는 피해자의 당첨금 반환요구에 따라 그의 몫을 반환할 의무가 있고 피고인이 이를 거부하고 있는 이상 불법영득의사가 있다는 이유로 횡령죄가 성립될 수 있다.

12-2 [대판 2010도17684] [동업자가 '동업재산'에 대한 지분을 임의처분하거나 동업재산 매각대금을 임의소비한 경우, 횡령죄의 성립 여부(적극)] [1] 동업재산은 동업자의 합유에 속하므로, 동업관계가 존속하는 한 동업자는 동업재산에 대한 지분을 임의로 처분할 권한이 없고, 동업자 한 사람이 지분을 임의로 처분하거나 또는 동업재산의 처분으로 얻은 대금을 보관 중 임의로 소비하였다면 횡령죄의 죄책을 면할 수 없다. [2] 동업자 사이에 손익분배 정산이 되지 아니하였다면 동업자 한 사람이 임의로 동업자들의 합유에 속하는 동업재산을 처분할 권한이 없는 것이므로, 동업자 한 사람이 동업재산을 보관 중 임의로 횡령하였다면 **지분비율에 관계없이 횡령한 금액 전부**에 대하여 횡령죄의 죄책을 부담한다.

13 [대판 97도666 전원합의체] 채권양도인이 양도 통지 전에 채무자로부터 채권을 추심하여 금전을 수령한 경우, 양도인과 양수인 사이에서 그 금전의 소유권 귀속은 양수인에게 있고 양도인이 위 금전을 양수인을 위하여 보관하는 지위에 있다. 따라서 양도인이 이 금원을 임의로 소비하면 횡령죄가 성립한다.

위탁받은 대체물과 횡령죄의 성부

14 [대판 96도106] [1] 금전의 수수를 수반하는 사무처리를 위임받은 자가 그 행위에 기하여 위임자를 위하여 제3자로부터 수령한 금전은, **목적이나 용도를 한정하여 위탁된 금전**과 마찬가지로 달리 특별한 사정이 없는 한 그 수령과 동시에 위임자의 소유에 속하고, 위임을 받은 자는 이를 위임자를 위하여 보관하는 관계에 있다고 보아야 한다. [2] 피해자로부터 토지를 타에 담보로 제공하여 금원을 대출받아 달라는 요청을 받고 토지를 신협에 담보로 제공하고 금원을 수령하였다면, 그 대출금의 소유를 우선 피고인에게 귀속시키기로 약정하는 등 특별한 사정이 없는 한, 이는 당초부터 피해자에게 권리를 취득하게 하려는 것을 목적으로 한 것이므로, 비록 피고인이 자신 또는 남편 등을 채무자로 하여 금원을 대출받았고 또한 그 대출금의 일부인 금 3천만 원을 피해자로부터 차용하기로 하는 약속이 있었다고 하더라도 수임자인 피고인이 신협으로부터 수령함과 동시에 피고인의 별도의 권리이전의 의사표시 없이 그 대출금은 당연히 피해자에게 귀속된다 할 것이고, 나아가 제2차로 대출금 4천만 원이 나온 후 피고인이 피해자와 대출금 일부인 금 3천만 원의 처리문제로 서로 언쟁을 벌이다가 위 대출건은 없었던 일로 하고 신협과 대출건을 해지하기로 하며 피고인이 대출받은 금 4천만 원을 신협에 그대로 반환하기로 하였다면, 피고인은 여전히 피해자와의 위 합의에 따라 위 금원을 신협에 그대로 반환한다는 목적 하에 피해자를 위하여 이를 보관하는 관계에 있었다고 보아야 할 것이므로, 피고인이 **그 대출금을 임의로 자신의 채무변제 등에 소비함은 금전위탁의 취지에 반하는 것으로서 횡령죄를 구성**한다.

양도담보의 경우8)([78] 참조)

15-1 [대판 88도906] [점유개정에 의한 동산양도담보계약에 의하여 채무자가 점유하던 동산을 다른 사유

---

8) **양도담보**란 목적물의 소유권이 내부적으로는 여전히 채무자에게 남아 있고 채권자에게는 담보의 목적범위 내에서만 외부적으로 그 권리가 이전되는 것을 말한다. 따라서 동산을 점유한 채권자가 변제기 이전에 동산을 처분한 경우에는 횡령죄가 성립한다(대판 88도906). 그러나 변제기 이후에 채권자가 처분한 경우에는 횡령죄가 성립하지 아니한다.

로 보관하게 된 채권자가 횡령죄의 주체가 될 수 있는지 여부(적극)] ●판지● 채무자가 채무이행의 담보를 위하여 동산에 관한 양도담보계약을 체결하고 점유개정의 방법으로 여전히 그 동산을 점유하는 경우 그 계약이 채무의 담보를 위하여 양도의 형식을 취하였을 뿐이고 실질은 채무의 담보와 담보권실행의 청산절차를 주된 내용으로 하는 것이라면 별단의 사정이 없는 한 그 동산의 소유권은 여전히 채무자에게 남아 있고, 채권자는 단지 양도담보물권을 취득하는 데 지나지 않으므로 그 동산을 다른 사유에 의하여 보관하게 된 채권자는 타인 소유의 물건을 보관하는 자로서 횡령죄의 주체가 될 수 있다. ●사실● A 발행의 수표가 부도나자 A의 채권자인 피고인들과 A 사이에 다른 채권자들의 압류 등을 피하기 위하여 A 경영의 레인보상회에 진열되어 있던 포목 등 물건을 우선 다른 장소로 옮겨 놓은 다음 사후수습책을 마련하기로 합의가 되어 피고인들이 1985.5.7. 위 포목 등을 광명시에 있는 B의 집으로 운반하여 보관하던 중, 1985.5.17.경 피고인들이 공모하여 A와 아무런 의논도 없이 위 포목 등을 대구에 있는 피고인 2 경영의 삼호상회로 옮겨 그후 원심판시와 같이 타인에게 처분하였다.

15-2 [대판 2005도7880] [동산 담보권자가 담보권의 범위를 벗어나서 담보물의 반환을 거부하거나 처분한 경우 횡령죄를 구성하는지 여부(적극)] 금전을 대여하면서 채무자로부터 그 담보로 동산을 교부받은 담보권자(=채권자)는 그 담보권의 범위 내에서 담보권을 행사할 수 있을 것인데, 담보권자가 담보목적물을 보관하고 있음을 기화로 실제의 피담보채권 이외에 자신의 제3자에 대한 기존의 채권까지 변제받을 의도로, 채무자인 담보제공자와의 소비대차 및 담보설정관계를 부정하고 그 담보목적물이 자신과 제3자 사이의 소비대차 및 담보설정계약에 따라 제공된 것으로서 실제의 피담보채권 외에 제3자에 대한 기존의 채권까지도 피담보채권에 포함되는 것이라고 주장하면서 그것까지 포함하여 변제가 이루어지지 아니할 경우 반환하지 않을 것임을 표명하다가 타인에게 담보목적물을 매각하거나 담보로 제공하여 피담보채무 이외의 채권까지도 변제충당한 경우에는 정당한 담보권의 행사라고 볼 수 없고, 위탁의 취지에 반하여 자기 또는 제3자의 이익을 위하여 권한 없이 그 재물을 자기의 소유인 것 같이 처분하는 것으로서 불법영득의 의사가 인정된다.

15-3 [비교판례] [대판 80도1545] [채무자가 양도담보동산을 처분한 경우 횡령죄의 성부] 동산양도담보의 경우에는 대내적으로 그 목적물의 소유권은 여전히 채무자에게 남아 있고 채권자에게는 담보의 목적범위 내에서만 그 권리가 이전되는 것으로 볼 것이므로 채무자가 그 채무의 변제를 위하여 이를 처분하거나 그 보관장소를 옮겼다 하여도 그 행위 자체를 횡령이라고 볼 수 없다. cf) 이 경우 채무자는 자기소유의 물건을 처분한 경우이므로 횡령죄가 성립되지 않는다. 나아가 근래 대법원은 이런 경우 배임죄를 인정하던 종래의 입장을 바꾸어 배임죄 성립을 부정하고 있다(대판 2019도9756 전원합의체)(【78】 참조).

소유권유보부매매(할부매매)와 횡령죄의 성부

16 할부매매의 경우 매수인이 목적물을 인도받았다하더라도 대금을 완납할 때 까지는 매도인에게 소유권이 있다. 따라서 대금 완납 전에 매수인이 목적물을 처분하면 횡령죄가 성립한다. 하지만 (1) 신용카드로 물건을 할부하여 구입하는 경우는 여서서 말하는 할부매매가 아니다. 이 경우는 카드회사의 금전소비대차계약에 의한 일시불 매매이고 따라서 그 구입한 물건의 소유권은 매매와 동시에 매수인에게 이전된다. 또한 (2) 자동차 할부판매의 경우, 자동차관리법에 의한 등록에 의하여 그 소유권이 등록명의인인 매수인이 소유자가 된다. 따라서 이 경우 매수인이 할부 대금 완납 이전에 자동차를 제3자에게 임의처분 하여도 횡령죄는 성립하지 않는다.

타인으로부터 금원을 차용하여 주금을 납입하고 설립등기나 증자등기 후 바로 인출하여 차용금 변제에 사용하는 경우, 상법상 납입가장죄의 성립 외에 업무상횡령죄가 성립하는가?

●**사실**● 피고인 X는 사채업자인 Y, 주식회사 레이디의 대표이사이던 Z와 공모하여, 2001.6.27. 서울 중구 우리은행 명동지점에서 이 은행 유가증권 청약증거금계좌에 Y로부터 차용한 250억 원을 포함하여 레이디의 유상증자금 300억 7,000만 원을 일괄 납입하여 예치하고, 위 은행으로부터 주식납입금보관증 명서를 발급받은 다음, 위 회사 우선주 유상증자등기를 마친 후, 다음날 우선주 증자대금으로 납입한 300억 7,000만 원을 전액 인출해 가는 방법으로 이 회사의 **증자대금의 납입을 가장**하였다.

검사는 레이디의 법인 명의로 유상증자금 300억 7,000만원이 입금되었으면, 그 300억 7,000만 원은 이미 법인 소유의 돈으로서 회사의 운영을 위하여 사용되어야 함에도, 그 다음날 그 돈을 법인의 업무와 아무런 관계없는 용도인 채무변제에 사용하기 위하여 법인계좌에서 인출하여 유상증자금 300억 7,000만 원 상당을 횡령하였다는 혐의로 기소하였다. 원심은 300억 7000만원 전액에 대하여 납입가장죄(상법628) 및 업무상횡령죄(형법356)가 성립한다고 판단하였다. 이에 X가 상고하였다.

●**판지**● 파기환송.「[다수의견] 상법 제628조 제1항 소정의 납입가장죄는 회사의 자본충실을 기하려는 법의 취지를 유린하는 행위를 단속하려는 데 그 목적이 있는 것이므로, 당초부터 진실한 주금납입으로 회사의 자금을 확보할 의사 없이 형식상 또는 일시적으로 주금을 납입하고 이 돈을 은행에 예치하여 납입의 외형을 갖추고 주금납입증명서를 교부받아 설립등기나 증자등기의 절차를 마친 다음 바로 그 납입한 돈을 인출한 경우에는, 이를 회사를 위하여 사용하였다는 특별한 사정이 없는 한 실질적으로 회사의 자본이 늘어난 것이 아니어서 납입가장죄 및 공정증서원본불실기재죄와 불실기재공정증서원본행사죄가 성립하고, **다만 납입한 돈을 곧바로 인출하였다고 하더라도** (가) 그 인출한 돈을 회사를 위하여 사용한 것이라면 자본충실을 해친다고 할 수 없으므로 주금납입의 의사 없이 납입한 것으로 볼 수는 없고, 한편 (나) 주식회사의 설립업무 또는 증자업무를 담당한 자와 주식인수인이 사전 공모하여 주금납입취급은행 이외의 제3자로부터 납입금에 해당하는 금액을 차입하여 주금을 납입하고 납입취급은행으로부터 납입금보관증명서를 교부받아 회사의 설립등기절차 또는 증자등기절차를 마친 직후 이를 인출하여 위 차용금채무의 변제에 사용하는 경우, 위와 같은 행위는 실질적으로 회사의 자본을 증가시키는 것이 아니고 (다) 등기를 위하여 납입을 가장하는 편법에 불과하여 주금의 납

---

1) **가장납입**이란 회사를 설립함에 있어서 주금이 납입되지 않았음에도 불구하고 마치 납입이 있는 것처럼 가장하여 발기인이 설립등기를 하는 것을 말한다. 납입가장행위는 주식회사에서 가장 중요한 자본확정의 원칙과 자본충실의 원칙을 해하며 회사 설립단계에서부터 재산적 기초가 부실한 회사를 탄생시킴으로써 회사채권자 및 투자자의 이익을 정면으로 해치게 되고 주주간의 불평등을 초래한다. 판례상으로는 가장납입을 하더라도 주금 납입과 주주의 지위유지, 회사의 설립은 유효하나, 주금납입을 한 자에게 민형사상 책임을 물을 수는 있다.
2) 형법 제356조(업무상의 횡령과 배임) 업무상의 임무에 위배하여 제355조의 죄를 범한 자는 10년 이하의 징역 또는 3천만원 이하의 벌금에 처한다.
3) 상법 제628조(납입가장죄 등) ① 제622조 제1항에 게기한 자가 납입 또는 현물출자의 이행을 가장하는 행위를 한 때에는 5년 이하의 징역 또는 1천500만원 이하의 벌금에 처한다. ② 제1항의 행위에 응하거나 이를 중개한 자도 제1항과 같다.

입 및 인출의 전 과정에서 **회사의 자본금에는 실제 아무런 변동이 없다고 보아야 할 것**이므로, 그들에게 회사의 돈을 임의로 유용한다는 **불법영득의 의사가 있다고 보기 어렵다 할 것**이고, 이러한 관점에서 상법상 납입가장죄의 성립을 인정하는 이상 **회사 자본이 실질적으로 증가됨을 전제로 한 업무상횡령죄가 성립한다고 할 수는 없다」**.

●**해설**● 1 횡령죄의 보호법익은 소유권이고 그 보호의 정도는 **위험범**이다(대판 2002도2219). 횡령죄는 횡령의 고의 이외에 주관적 구성요건으로 불법영득의사가 있어야 한다. 판례도 업무상 횡령죄에서의 「**횡령행위란 불법영득의사를 실현하는 일체의 행위**를 말하는 것으로서 불법영득의사가 외부에 인식될 수 있는 객관적 행위가 있을 때 횡령죄가 성립하는 것」(대판 2006도3039)으로 보고 있다. 객관적으로 나타나는 **횡령행위의 형태는 극히 다양**[4]하므로 실제로 횡령행위의 유무를 결정짓는 요소는 불법영득의사가 될 것이다.

2 업무상횡령죄에서의 불법영득의 의사는 「자기 또는 제3자의 이익을 꾀할 목적으로 업무상의 임무에 위반하여 보관하고 있는 타인의 재물을 자기의 소유인 것과 같이 사실상 또는 법률상 처분하는 의사를 말하고 **사후에 이를 반환하거나 변상, 보전하는 의사가 있다고 하더라도 불법영득의 의사를 인정함에 지장이 없다」**(대판 2014도11263).

3 대상판결은 가장납입의 사안으로 납입된 주금을 인출하여 차용금채무를 변제하는 행위를 횡령죄로 처벌할 수 있을 것인지가 다투어졌다. 이러한 회사 대표이사 등의 가장납입행위에 대해 주금납입은 유효하지만 **납입가장죄와 공정증서원본불실기재죄로 처벌**되고, 회사 재산에 대한 **횡령죄나 배임죄로는 처벌할 수 없다**는 것이 대상판결 이후 법원의 일관된 입장이다.

4 사안에서 대법원은 횡령죄 성립은 부정했으나 공정증서원본불실기재·동행사죄의 성립은 인정하고 있다. 지금까지의 대법원판례가 가장납입을 한 후 그에 따른 등기를 한 경우에 공정증서원본불실기재죄와 동행사죄가 따로 성립한다고 한 것도 실제 자본금이 증가되지 않았는데 이를 숨기고 마치 실질적인 납입이 완료된 것처럼 등기공무원에 대하여 허위의 신고를 한 것으로 보았기 때문이다.

5 대상판결이 위와 같은 방식으로 납입을 가장한 경우에도 상법상 주금납입의 효력을 인정하는 것은 「단체법 질서의 안정을 위하여, 주금의 가장납입을 회사의 설립 내지 증자의 효력을 다투는 사유로 삼을 수 없게 하고, 그로 인하여 발행된 주식의 효력이나 그 주권을 소지한 주주의 지위에 영향이 미치지 않게 하려는 배려에서 나온 것이므로 **가장 납입의 경우에 상법상 주금납입으로서의 효력이 인정된다** 하여 이를 들어 업무상횡령죄와 같은 개인의 형사책임을 인정하는 근거로 삼을 수는 없다」고 판단한 것이다.

6 '반환의 거부'와 불법영득의사   형법 제355조 제1항에서 규정하는 「**'반환의 거부'**라고 함은 보관물에 대하여 소유자의 권리를 배제하는 의사표시를 하는 행위를 뜻하므로, 타인의 재물을 보관하는 자가 단순히 반환을 거부한 사실만으로는 횡령죄를 구성하는 것은 아니며, 반환거부의 이유 및 주관적인 의사 등을 종합하여 **반환거부행위가 횡령행위와 같다고 볼 수 있을 정도**이어야만 횡령죄가 성립하고, 한편 횡

---

4) 불법영득의사를 객관적으로 표출하는 행위로는 **소비·착복·반출·은닉·타용도로 사용** 그리고 **매각·대여·질권설정·저당권설정·가등기·증여·상계처리** 등이 있다.

령죄에 있어서의 불법영득의 의사는 타인의 재물을 보관하는 자가 자기 또는 제3자의 이익을 위하여 위탁의 취지에 반하여 권한 없이 그 재물을 자기의 소유인 것 같이 처분하는 의사를 말하는 것이므로, 비록 그 반환을 거부하였다고 하더라도 그 **반환거부에 정당한 사유**가 있을 때에는 불법영득의 의사가 있다고 할 수 없다」(대판 2005도685).

횡령죄에 있어서 불법영득의사를 부정한 판례

1 [대판 2018도16469] [1] 피고인은 A 주식회사의 대표이사로서 회사 소유의 공장부지를 ○○그룹에 매각하는 과정에서 ○○그룹으로부터 **리베이트 명목**으로 합계 15억 원을 받은 돈을 회사명의 계좌로 입금하였다. 이후 피고인은 2009.5.1. 배임수재 형사판결이 확정되자 2009.7.31.부터 13회에 걸쳐 15억 원을 회사 계좌에서 인출하여 추징금으로 납부하였고, 인출 즉시 이를 회사의 피고인에 대한 가수금 채무의 이행을 의미하는 '가수금반환' 등으로 회계처리를 하였다. [2] 비록 피고인이 배임수재 재판에서 유리한 판결을 받기 위하여 15억 원을 회사에 입금한 면이 있다고 하더라도 그러한 사정만으로 피고인이 회계처리 내역과 달리 그 돈을 회사에 확정적으로 귀속시켰다고 보기는 어렵다. 나아가 피고인이 배임수재 재판 확정 후 적법한 회계처리를 거쳐 회사의 자신에 대한 가수금채무의 이행행위로 15억 원을 인출하여 사용한 것이므로 피고인의 불법영득의사 역시 인정되지 않는다.

2 [대판 2012도535] 甲 주식회사의 공동운영자인 피고인들이 乙 주식회사의 자금집행 담당자 丙과 공모하여, 乙 회사가 甲 회사와 체결한 선박건조계약에 따라 甲 회사로부터 **지급받은 선박건조 선수금**을 甲 회사의 대출금 변제 등 다른 용도에 사용하였다고 하여 업무상횡령으로 기소된 사안에서, 위 선수금의 용도가 선박건조용으로 엄격하게 제한되어 있었다거나 丙에게 불법영득의사가 있었다고 단정하기 어려운데도, 이와 달리 보아 유죄를 인정한 원심판결에 법리오해의 위법이 있다.

3 [대판 2011도1904] 파기환송. [1] 오피스텔 등 신축·분양사업의 시행사인 甲 주식회사와 시공사인 乙 주식회사가 **동업계약**을 체결하여 **조합을 구성**하였는데, 甲 회사의 대표이사인 피고인이 조합 사업과 관련된 부가가치세를 납부한 후 돌려받은 환급금을 공동 운영계좌에 입금하지 않은 사안에서, 위 부가가치세 **환급금은 동업재산**이므로 피고인이 이를 개인적인 용도에 임의로 사용하였다면 甲 회사와 乙 회사의 이익분배비율과 관계없이 **그 전액에 대하여** 횡령죄의 죄책을 부담한다. [2] 오피스텔 등 신축·분양사업의 시행사인 甲 주식회사와 시공사인 乙 주식회사가 동업계약을 체결하여 조합을 구성하였는데, 甲 회사의 대표이사인 피고인이 조합 사업과 관련된 부가가치세 환급금 등을 동업재산에 귀속시키지 않고 甲 회사 운영자금 등에 임의로 사용하였다고 하여 기소된 사안에서, 피고인이 위 돈을 **조합 사업과 직·간접적으로 관련된 비용에 지출**하였더라도 그 전부에 대하여 횡령죄의 죄책을 부담한다고 본 원심판단에 횡령죄의 불법영득의사 인정에 관한 법리오해 및 심리미진의 위법이 있다.

4 [대판 2010도11015] 새마을금고의 임원인 피고인 등이 위 금고의 직원들로 하여금 고객들이 맡긴 **정기예탁금을 정상거래시스템이 아닌 부외거래시스템에 입금하게 하는 행위**가, 위 부외거래시스템의 도입 경위 및

운용 실태, 부외거래자금의 흐름이나 사용처 등의 여러 사정을 종합할 때 회계처리상 부외거래시스템의 계좌 혹은 통합전산망의 차명계좌에 예금액을 기재하는 행위에 불과하고 그 자체로 위 금고의 공식적인 자금에서 벗어난 별도의 **비자금을 조성하는 행위로 볼 수는 없다.**

5 [대판 2007도7568] **골프회원권 매매중개업체를 운영하는 자가** 매수의뢰와 함께 입금받아 보관하던 금원을 일시적으로 다른 회원권의 매입대금 등으로 임의로 소비한 사안에서, 위 매입대금은 그 목적과 용도를 정하여 위탁된 금전으로서 골프회원권 매입 시까지 그 소유권이 위탁자에게 유보되어 있으나, 다른 회사자금과 함께 보관된 이상 **그 특정성을 인정하기 어렵고**, 피고인의 불법영득의사를 추단할 수 없으므로 횡령죄를 구성하지 아니한다.

항목유용과 횡령죄 성립

6-1 [대판 2002도5130] 출장비 **예산의 항목유용** 자체가 위법한 목적이 있다거나 예산의 용도가 엄격하게 제한되어 있다고 볼만한 사정이 없다면 단지 피고인이 **출장비를 지정용도 이외로 임의 소비**하였다는 것만으로 바로 피고인에게 불법영득의 의사를 인정할 수는 없다.

6-2 [대판 2001도5439] [1] 예산을 집행할 직책에 있는 자가 자기 자신의 이익을 위한 것이 아니고 경비부족을 메꾸기 위하여 예산을 전용한 경우라면, 그 예산의 항목유용 자체가 위법한 목적을 가지고 있다거나 예산의 용도가 엄격하게 제한되어 있는 경우는 별론으로 하고 그것이 본래 책정되거나 영달되어 있어야 할 필요경비이기 때문에 일정한 절차를 거치면 그 지출이 허용될 수 있었던 때에는 그 간격을 메우기 위한 유용이 있었다는 것만으로 바로 그 유용자에게 불법영득의 의사가 있었다고 단정할 수는 없다. [2] 법인의 대표자가 **법인의 예비비를 전용하여 기관운영판공비, 회의비 등으로 사용한 경우** 이사회에서 사전에 예비비의 전용결의가 이루어지지 아니하였다는 사정만으로 불법영득의 의사를 단정할 수 없다.

6-3 [대판 73도550] [우리나라 자동차지입계에 유행하고 있는 차주들과 회사와의 관계, 차주들이 회사에 납입하는 금원의 성질, **지입차량의 소유관계**] 지입차주들이 내는 돈은 일단 회사의 소유로 되고 그 돈으로 회사는 적절하게 그 운영비와 세금 및 할부금에 충당할 수 있을 것이니 만큼 차주들이 낸 세금이나 할부금을 항목유용하였다 하더라도 횡령죄가 되지 아니한다.

7 [대판 2002도2822] 회사가 신주를 발행하여 실제로는 타인으로부터 제3자 명의로 자금을 빌려 자기의 계산으로 신주를 인수하면서도 제3자 명의를 차용한 경우, 이는 상법 등에서 허용하지 않는 자기주식의 취득에 해당하므로 회사의 신주인수행위는 무효라고 보아야 할 것이지만, 신주인수대금의 납입을 위하여 회사가 제3자 명의로 금원을 차용한 행위의 효력은 부정할 수가 없고 그 차용원리금의 상환의무는 회사가 부담한다고 보아야 하므로, **회사의 대표이사가 가지급금의 형식으로 회사의 자금을 인출하여 위 차용원리금 채무의 변제에 사용**하였다고 하더라도 이는 업무상횡령죄에 해당한다고 볼 수 없다.

8-1 [대판 2001도5459] 회사에 대하여 개인적인 채권을 가지고 있는 대표이사가 회사를 위하여 보관하고 있는 회사 소유의 금전으로 자신의 채권 변제에 충당하는 행위는 회사와 이사의 이해가 충돌하는 자기거래 행위에 해당하지 않는 것이므로, 대표이사가 이사회의 승인 등의 절차 없이 그와 같이 자신의 회사에 대한 채권을 변제하였더라도, 이는 대표이사의 권한 내에서 한 회사 채무의 이행행위로서 유효하고, 따라서 불법영득의 의사가 인정되지 아니하여 횡령죄의 죄책을 물을 수 없다.

8-2 [비교판례] [대판 2006도8939] [금전의 수수를 수반하는 사무처리를 위임받은 자가 위 금전을 **임의로 위임자에 대한 자신의 채권에 상계충당한 경우**, 횡령죄의 성립 여부(적극)] 금전의 수수를 수반하는 사무처리를 위임받은 자가 그 행위에 기하여 위임자를 위하여 제3자로부터 수령한 금전은, 목적이나 용도를 한정하여 위탁된 금전과 마찬가지로, 달리 특별한 사정이 없는 한 그 수령과 동시에 위임자의 소유에 속하고, 위임을 받은 자는 이를 위임자를 위하여 보관하는 관계에 있다고 보아야 하며, 위임받은 자가 그 행위에 기하여 위임자를 위하여 제3자로부터 수령한 금전도 목적이나 용도를 한정하여 위탁된 금전의 경우와 마찬가지로 그 위임의 취지대로 사용하지 않고 마음대로 피고인의 위임자에 대한 채권에 상계충당함은, 상계정산하기로 하였다는 특별한 약정이 없는 한, 당초 위임한 취지에 반하는 것으로서 **횡령죄를 구성한다**고 할 것이다

9 [대판 99도2889] 횡령행위의 한 태양으로서의 **은닉**이란, 타인의 재물의 보관자가 위탁의 본지에 반해 **그 재물을 발견하기 곤란한 상태에 두는 것**을 말하는 것인바, 피고인이 조성한 비자금이 회사의 장부상 일반자금 속에 은닉되어 있었다 하더라도 이는 당해 비자금의 소유자인 회사 이외의 제3자가 이를 발견하기 곤란하게 하기 위한 **장부상의 분식(粉飾)에 불과**하여 그것만으로 피고인의 불법영득의 의사를 인정할 수는 없다.

10 [대판 81도3009] 횡령죄에 있어서의 불법영득의 의사는 타인의 재물을 보관하는 자가 그 위탁 취지에 반하여 권한 없이 스스로 소유권자의 처분행위(반환 거부를 포함한다)를 하려는 의사를 의미하므로, 보관자가 자기 또는 제3자의 이익을 위한 것이 아니라, 그 **소유자의 이익을 위하여 이를 처분**한 경우에는 특단의 사정이 없는 한 위와 같은 불법영득의 의사를 인정할 수 없는 것이다.

11 [대판 79도198] 고객들로부터 주식 청약금을 받은 증권회사가 이를 금융기관에 예치하였다가 이를 인출하여 단자회사의 어음을 매입하는 것은 **단순한 보관처의 변경 내지는 보관방법의 변경**에 불과하여 횡령죄가 성립하지 아니한다.

Reference 2

상황에 따라 횡령죄 성립여부가 나뉘어지는 경우

1 [대판 2012도4848] [회사의 운영자나 대표 등이 내부 절차를 거쳐 고문 등을 위촉하고 급여를 지급한 행위가 업무상횡령으로 인정되기 위한 요건과 판단 기준] 회사 운영자나 대표 등이 그 내부 절차를 거쳐 고문 등을 위촉하고 급여를 지급한 행위가 업무상횡령으로 인정되기 위해서는 그와 같이 고문 등을 위촉할 필요성이나 정당성이 명백히 결여되거나 그 지급되는 급여가 합리적인 수준을 현저히 벗어나는 경우이어야 한다. 그리고 그에 해당하는지를 판단하기 위해서는 고문 등으로 위촉된 자의 업무수행능력뿐만 아니라, 고문 등의 위촉 경위와 동기, 고문 등으로 위촉된 자와 회사의 관계, 그가 회사 발전에 기여한 내용 및 정도, 고문 등으로 위촉되어 담당하기로 한 업무의 내용 및 중요성, 회사 규모와 당시의 경제적 상황, 고문 등의 위촉으로 인하여 회사가 얻을 것으로 예상되는 유·무형의 이익, 관련 업계의 관행 등을 종합적으로 고려하여 판단하여야 한다.

'판공비', '업무추진비' 또는 '시책비'

2-1 [대판 2007도5899] [법인이나 단체의 임직원이 이른바 '판공비' 또는 '업무추진비'를 불법영득의 의사로 횡령한 것으로 인정하기 위한 요건] [1] 법인이나 단체에서 임직원에게 업무를 수행하는 데에 드는 비용 명목으로 정관 기타의 규정에 의해 지급되는 이른바 판공비 또는 업무추진비가 직무수행에 드는 경비를 보전해 주는 **실비변상적 급여의 성질**을 가지고 있고, 정관이나 그 지급기준 등에서 업무와 관련하여 지출하도록 포괄적으로 정하고 있을 뿐 그 용도나 목적에 구체적인 제한을 두고 있지 않을 뿐만 아니라, 이를 사용한 후에도 그 지출에 관한 영수증 등 증빙자료를 요구하고 있지 않은 경우에는, 임직원에게 그 사용처나 규모, 업무와 관련된 것인지 여부 등에 대한 판단이 맡겨져 있고, 그러한 판단은 우선적으로 존중되어야 한다. 따라서 (가) **임직원이 판공비 등을 불법영득의 의사로 횡령한 것으로 인정하려면** 판공비 등이 ㉠ **업무와 관련 없이 개인적인 이익을 위하여 지출되었다거나** 또는 ㉡ **업무와 관련되더라도 합리적인 범위를 넘어 지나치게 과다하게 지출되었다는** 점이 증명되어야 할 것이고, (나) 단지 판공비 등을 사용한 임직원이 그 **행방이나 사용처를 제대로 설명하지 못하거나 사후적으로 그 사용에 관한 증빙자료를 제출하지 못하고 있다고 하여** 함부로 불법영득의 의사로 이를 횡령하였다고 추단하여서는 아니 된다. [2] 버스운송사업조합의 이사장이 현금으로 지급된 판공비 또는 조합활동비의 구체적인 사용처를 설명하지 못한다거나 그 증빙자료를 제출하지 못하고 있다는 이유로 불법영득의 의사를 추단한 원심판결에 법리오해의 위법이 있다고 한 사례.

2-2 [대판 2003도6733] 피고인들이 보험을 유치하면서 보험회사로부터 지급받은 **시책비** 중 일부를 개인적인 용도로 사용한 행위가 횡령죄를 구성하지 않는다.

2-3 [대판 2008도6755] 지방자치단체장에게 **업무추진비**의 사용처나 규모, 공무와 관련된 것인지 여부 등에 대한 판단이 맡겨져 있었다고 할 것이고, 그 판단은 우선적으로 존중되어야 할 것이다. 따라서 그와 같은 경우에 지방자치단체의 장이 업무추진비를 불법영득의 의사로 횡령한 것으로 인정하려면 업무추진비가 기관운영이나 행정활동 등의 공무와 관련없이 개인적인 이익을 위하여 지출되었다거나 또는 공무와 관련되더라도 합리적인 범위를 넘어 지나치게 과다하게 지출되었다는 점이 증명되어야 할 것이고, 단지 업무추진비가 내부지침을 위반하여 집행되었다거나 사후적으로 그 사용에 관한 증빙자료가 제출되지 못하고 있다고 하여 함부로 불법영득의 의사로 이를 횡령하였다고 추단하여서는 아니될 것이다.

비자금의 조성과 사용

3-1 [대판 2016도9027] [법인의 운영자나 관리자가 회계로부터 분리시켜 별도로 관리하는 '비자금'이 법인을 위한 목적이 아니라 법인의 자금을 빼내어 착복할 목적으로 조성한 것임이 명백히 밝혀진 경우, **조성행위 자체로써 불법영득의사가 실현된 것으로 볼 수 있는지 여부**(적극)/ 피고인들이 회사의 비자금을 보관·관리하고 있다가 사용한 사실은 인정하면서도 회사를 위하여 인출·사용하였다고 주장하는 경우, 불법영득의사를 인정할 수 있는지 판단하는 방법/ 불법영득의사를 실현하는 행위로서의 횡령행위가 있었다는 점에 대하여 필요한 증명의 정도] (가) 횡령죄가 성립하려면 보관하고 있는 타인의 재물을 자기 또는 제3자의 이익을 꾀할 목적으로 임무에 위배하여 자기의 소유인 것과 같이 사실상 또는 법률상 처분하는 의사를 의미하는 불법영득의 의사가 있어야 한다. 법인의 회계장부에 올리지 않고 법인의 운영자나 관리자가 회계로부터 분리시켜 별도로 관리하는 이른바 비자금은, 법인을 위한 목적이 아니라 법인의 자금을 빼내어 **착복할 목적으로 조성한 것임이 명백히 밝혀진 경우에는 조성행위 자체로써 불법영득의 의사가 실현된 것으로 볼 수 있다.** 또한 (나) 보관·관리하던 비자금을 인출·사용하였음에도 그 자금의 행방이나 사용처를 제대로 설명하지 못하거나 당사자가 주장하는 사용처에 그 비자금이 사용되었다고 볼 수 있는 자료는 현저히 부족

하고 오히려 개인적인 용도에 사용하였다는 신빙성 있는 자료가 훨씬 많은 것과 같은 경우에는 비자금의 사용행위가 불법영득의 의사에 의한 횡령에 해당하는 것으로 추단할 수 있을 것이다. 하지만 이와 달리 피고인들이 불법영득의사의 존재를 인정하기 어려운 사유를 들어 비자금의 행방이나 사용처에 대한 설명을 하고 있고 이에 부합하는 자료도 제시한 경우에는 피고인들이 보관·관리하고 있던 비자금을 일단 다른 용도로 소비한 다음 그만한 돈을 별도로 입금 또는 반환한 것이라는 등의 사정이 인정되지 않는 한, **함부로 그 비자금을 불법영득의사로 인출·사용함으로써 횡령하였다고 단정할 것은 아니다.** (다) 그러므로 피고인들이 회사의 비자금을 보관·관리하고 있다가 사용한 사실은 인정하면서도 회사를 위하여 인출·사용하였다고 주장하는 경우에 불법영득의사를 인정할 수 있는지 여부는, 비자금의 조성 동기, 방법, 규모, 기간, 보관 및 관리방식 등에 비추어 비자금이 조성된 후에도 법인이 보유하는 자금의 성격이 유지되었는지 여부, 그 비자금의 사용이 사회통념이나 거래관념상 회사의 운영 및 경영상의 필요에 따른 것으로 회사가 비용부담을 하는 것이 상당하다고 볼 수 있는 용도에 지출되었는지 여부, 비자금 사용의 구체적인 시기, 대상, 범위, 금액 등이 상당한 정도의 객관성과 합리성이 있는 기준에 의하여 정해졌는지 여부를 비롯하여 비자금을 사용한 시기, 경위, 결과 등을 종합적으로 고려하여 **그 비자금 사용의 주된 목적이 개인적인 용도를 위한 것이라고 볼 수 있는지에 따라 신중하게 판단하여야 한다.** 그리고 불법영득의사를 실현하는 행위로서의 횡령행위가 있었다는 점은, 합리적인 의심의 여지가 없을 정도로 확신을 가지게 하는 증명력이 있는 **엄격한 증거에 의하여 증명**하여야 하고, 그만한 증거가 없다면 설령 유죄의 의심이 간다고 하더라도 피고인들의 이익으로 판단하여야 한다. **cf)** 사안은 ① 비자금의 보관자체가 이미 횡령으로 평가되는 경우, ② 비자금의 활용이 횡령으로 평가되는 경우, ③ 비자금의 사용에서 불법영득의사를 인정할 수 있는 경우와 그렇지 않은 경우 등 다양한 쟁점을 다루고 있다는 점에서 의의가 있다.

3-2 [대판 2014도15182] 법인의 운영자 또는 관리자가 법인의 자금을 이용하여 비자금을 조성하였다고 하더라도 그것이 당해 비자금의 소유자인 법인 이외의 제3자가 이를 발견하기 곤란하게 하기 위한 장부상의 분식에 불과하거나 법인의 운영에 필요한 자금을 조달하는 수단으로 인정되는 경우에는 **불법영득의 의사를 인정하기 어렵다.**

3-3 [대판 2011도9238] [1] 법인의 운영자 또는 관리자가 법인을 위한 목적이 아니라 법인과는 아무런 관련이 없거나 개인적인 용도로 착복할 목적으로 법인의 자금을 빼내어 별도로 **비자금을 조성**하였다면 그 조성행위 자체로써 불법영득의 의사가 실현된 것으로 볼 수 있을 것이다. [2] 회사가 기업 활동을 하면서 형사상의 범죄를 수단으로 하여서는 안 되므로 뇌물공여를 금지하는 법률 규정은 회사가 기업 활동을 할 때 준수하여야 하고, 따라서 회사의 이사 등이 업무상의 임무에 위배하여 **보관 중인 회사의 자금으로 뇌물을 공여**하였다면 이는 오로지 회사의 이익을 도모할 목적이라기보다는 뇌물공여 상대방의 이익을 도모할 목적이나 기타 다른 목적으로 행하여진 것이라고 보아야 하므로, 그 이사 등은 회사에 대하여 업무상횡령죄의 죄책을 면하지 못한다. 그리고 특별한 사정이 없는 한 이러한 법리는 회사의 이사 등이 회사의 자금으로 부정한 청탁을 하고 배임증재를 한 경우에도 마찬가지로 적용된다.

3-4 [대판 2010도11015] (가) 법인의 운영자 또는 관리자가 법인의 자금을 이용하여 **비자금을 조성하였다고 하더라도** 그것이 당해 비자금의 소유자인 법인 이외의 제3자가 이를 발견하기 곤란하게 하기 위한 장부상의 분식에 불과하거나 법인의 운영에 필요한 자금을 조달하는 수단으로 인정되는 경우에는 불법영득의 의사를 인정하기 어렵다. (나) 다만 법인의 운영자 또는 관리자가 법인을 위한 목적이 아니라 법인과는 아무런 관련이 없거나 **개인적인 용도로 착복할 목적으로 법인의 자금을 빼내어 별도로 비자금을 조성**하였다면 그 조성행위 자체로써 불법영득의 의사가 실현된 것으로 볼 수 있을 것인바, 이때 그 행위자에게 법인의

자금을 빼내어 착복할 목적이 있었는지 여부는 그 법인의 성격과 비자금의 조성 동기, 방법, 규모, 기간, 비자금의 보관방법 및 실제 사용용도 등 제반 사정을 종합적으로 고려하여 판단하여야 한다.

3-5 [대판 2003도5519] 회사의 대표이사가 **보관 중인 회사 재산을 처분하여 그 대금을 정치자금으로 기부한 경우** 그것이 회사의 이익을 도모할 목적으로 합리적인 범위 내에서 이루어졌다면 그 이사에게 횡령죄에 있어서 요구되는 불법영득의 의사가 있다고 할 수 없을 것이나, 그것이 회사의 이익을 도모할 목적보다는 후보자 개인의 이익을 도모할 목적이나 기타 다른 목적으로 행하여졌다면 그 이사는 회사에 대하여 횡령죄의 죄책을 면하지 못한다.

3-6 [비교판례] [대판 2006도3039] 회사의 대표이사와 경리이사가 변칙회계처리로 법인자금을 인출하여 **차명계좌에 입금·관리한 경우**, 위 자금의 관리상태 등에 비추어 위 행위만으로 불법영득의사가 명백히 표현되었다고 볼 수 없으므로 위 인출한 법인자금이나 차명계좌에 입금한 자금은 범죄수익은닉의 규제 및 처벌 등에 관한 법률에 정한 '범죄수익'에 해당하지 않는다.

아파트의 특별수선충당금

4-1 [대판 2013도14777] 갑 아파트의 입주자대표회의 회장인 피고인이, 일반 관리비와 별도로 입주자대표회의 명의 계좌에 적립·관리되는 **특별수선충당금을 아파트 구조진단 견적비 및 시공사인 을 주식회사에 대한 손해배상청구소송의 변호사 선임료로 사용**함으로써 아파트 관리규약에 의하여 정하여진 용도 외에 사용하였다고 하여 업무상횡령으로 기소된 사안에서, 피고인의 불법영득의사를 인정한 원심판결에 법리오해의 잘못이 있다고 한 사례.

4-2 [대판 2003도6988] 집합건물의 관리회사가 구분소유자들로부터 **특별수선충당금의 명목으로 금원을 납부받아 보관하던 중 이를 일반경비로 사용**한 경우 횡령죄를 구성한다.

Reference 3

'반환의 거부'가 되어 횡령죄가 인정된 경우

1 [대판 2008도10669] [자신이 위탁받아 보관하고 있던 재물이 없어졌는데도 **그 행방이나 사용처를 제대로 설명하지 못하는 경우** 이를 임의소비하여 횡령한 것으로 추단할 수 있는지 여부(적극) 및 횡령죄에 있어서 **위탁관계는 '사무관리'에 의하여도 발생**할 수 있는지 여부(적극)] [1] 피해자로부터 불상(금제삼존불상)을 팔아달라는 부탁을 받았는지 또는 부탁을 받지 않은 상태에서 가지고 나왔는지는 분명하지 아니하나 불상을 보관하고 있었음은 명백한 상태에서, 피해자로부터 불상의 반환을 요구받고도 이를 반환하지 아니하였고, 그와 같이 반환하지 못하는 이유를 수시로 번복하고 있을 뿐 불상의 행방에 관하여 납득할 만한 설명을 하지 못하고 있는 행위가, **형법 제355조 제1항의 '타인의 재물을 보관하는 자가 그 반환을 거부한 때'에 해당한다**고 본 사례. [2] 피고인이 자신이 위탁받아 보관하고 있던 재물이 없어졌는데도 그 행방이나 사용처를 제대로 설명하지 못한다면 일단 피고인이 이를 임의소비하여 횡령한 것이라고 추단할 수 있다고 할 것이고, 횡령죄에 있어서 위탁관계는 **사무관리**에 의하여도 발생할 수 있다.

2 [대판 2005도7880] 동산 담보권자가 담보권의 범위를 벗어나서 **담보물의 반환을 거부**하거나 처분한 경우 횡령죄를 구성한다.

3 [대판 96도410] 권○영은 피고인이 지불각서를 써 줄 것으로 믿고, 피고인이 그 액면금 등을 확인할 수 있도록 피고인에게 위 가계수표들을 교부한 것이었으므로, 위 권○영과 피고인 사이에는 만약 합의가 결렬되어 피고인이 위 권○영에게 지불각서를 써 주지 아니하는 경우에는 곧바로 그 가계수표들을 위 권○영에게 반환하기로 하는, 조리에 의한 위탁관계가 발생하였다 할 것이고, 또한 위 공소외 1이 위 **가계수표들 중 일부를 찢은 후** 피고인은 위 공소외 1과 더불어 위 권○영에 대하여 위와 같은 언동을 함으로써 **반환거부 의사를 명백하게 드러냈으며**, 그와 같은 반환거부 행위는 반환거부의 이유 및 피고인의 주관적인 의사 등을 종합하여 볼 때에 횡령죄를 구성한다.

4 [대판 82도800] [명의신탁받은 농지의 반환거부와 횡령죄] 명의신탁자가 구체적인 보수나 비용의 약정없이 신탁한 농지의 반환을 요구하면서 등기이전에 따른 비용과 세금은 자신이 부담하고 수탁자인 피고인에게 손해가 없도록 하겠다고 했음에도 불구하고 피고인이 위 토지에 대해 재산세를 납부한 것이 해결되지 않았고 계속 2년 가량 더 농사를 짓고 넘겨주겠다는 대답으로 위 반환요구에 불응한 소위는 타인의 재물을 보관하는 자가 그 위탁취지에 반하여 정당한 권한없이 반환을 거부한 것이므로 횡령죄를 구성한다.

5 [대판 67도1456] 시로부터 벽돌 제조기를 무상으로 대여 받은 자가 반환기일에 반환하지 아니하고 여러 차례 연기원을 제출하고 사용하여 오다가 이를 타인에게 사용료를 받고 대여한 것이라면 달리 정당한 이유가 있었다는 점이 인정되지 아니하는 한 이는 반환을 거부하는 행위로서 횡령죄가 성립된다.

'반환거부'로 볼 수 없어 횡령죄 성립이 부정된 경우

6 [대판 2000도637] [1] 형법 제355조 제1항에서 정하는 '반환의 거부'라고 함은 보관물에 대하여 소유자의 권리를 배제하는 의사표시를 하는 행위를 뜻하므로, 타인의 재물을 보관하는 자가 단순히 반환을 거부한 사실만으로는 횡령죄를 구성하는 것은 아니며, 반환거부의 이유 및 주관적인 의사 등을 종합하여 **반환거부행위가 횡령행위와 같다고 볼 수 있을 정도이어야만 횡령죄가 성립한다.** [2] 보관자의 지위에 있는 등기명의자가 명의이전을 거부하면서 부동산의 **진정한 소유자가 밝혀진 후에 명의이전을 하겠다는 의사**를 표시하였다면 불법영득의 의사를 가지고 그 반환을 거부한 것이라고 단정할 수 없다.

7 [대판 92도2079] 피고인이 반환을 거부한 이 사건 물건들은 피해자가 피고인으로부터 피고인 소유의 점포 1개를 임차하여 그곳에서 식품대리점을 운영하다가 경영난으로 임차기간이 만료하기 훨씬 전에 위 점포를 제3자에게 세를 놓아 달라고 부탁하고 위 점포를 비우면서 그 곳에 두고 나온 것들을 피고인이 보관하고 있던 것으로서, 피고인은 피해자가 그때까지 **연체한 2개월분의 월세를 지급받기 전까지는** 피해자에게 위 점포에 보관중인 이 사건 물건들을 반환할 수 없다고 거부하였다는 것이니, 피고인의 위와 같은 위 물건에 대한 반환거부의 이유 및 그 주관적인 의사 등을 종합하여 볼 때 피고인이 불법영득의 의사를 가지고 그 물건의 반환을 거부한 것이라고는 할 수 없다 할 것이다.

8 [대판 89도813] 통상 (가) **위탁판매의 경우**에 위탁판매인이 위탁물을 매매하고 수령한 금원은 위탁자의 소유에 속하여 위탁판매인이 함부로 이를 소비하거나 인도를 거부하는 때에는 횡령죄가 성립한다고 할 것이나, (나) 위탁판매인과 위탁자간에 판매대금에서 각종 비용이나 수수료 등을 공제한 이익을 분배하기로

하는 등 그 대금처분에 관하여 **특별한 약정이 있는 경우에는** 이에 관한 정산관계가 밝혀지지 않는 한 위탁물을 판매하여 이를 소비하거나 인도를 거부 하였다 하여 곧바로 횡령죄가 성립한다고는 할 수 없다.

9 [대판 **88도2437**] 피고인이 이 사건 건축자재를 이○태에게 반환하지 않고 있는 것은 피고인으로부터 건축공사를 하도급 받은 이○관이 그 공사를 중단하고 자취를 감추고 있어서 피고인이 그가 사용하던 건축자재를 그대로 사용하여 그 공사를 마무리 하였고 피고인으로서는 그 건축자재를 위 이○관이가 위 이○태로부터 빌려온 것이라는 사실을 알지 못하였을 뿐더러 위 이○관으로부터 **받을 돈도 있었기 때문**에 위 이○관이가 나타나지 아니하는 한 그 소유자를 가릴 수 없어 그대로 보관하고 있을 뿐이라면 이와 같은 피고인의 반환거부이유와 주관적인 의사를 종합하여 볼때 피고인이 불법영득의 의사를 가지고 그 반환을 거부한 것이라고는 할 수 없다 하겠다.

10 [대판 **86도1516**] 피고인이 반환을 거부한 A소유의 공구는 A가 피고인이 근무하는, 당원설비공업 주식회사로부터 아파트급수위생난방공사의 노임하청을 받아 시공하던 중 공사금의 인상을 요구하다 거절당하자 공정 40퍼센트에 이르렀을때 공사를 중단하고 현장을 떠나면서 공사현장에 두고 간 것들을 피고인이 거두어 보관하고 있던 것으로서, A는 총공사대금 7,380,000원 중에서 이미 5,237,750원을 지급받아 갔기 때문에 그가 완성한 공정 40퍼센트에 비하면 2,230,000여만 원의 공사비를 초과 지급받은 결과가 되었으므로 피고인이 위와 같이 **초과지급된 공사비를 반환할 때까지**는 보관중인 공구를 반환할 수 없다고 거부하였다는 것이니, 피고인이 반환거부행위는 그 **거부의 이유 및 주관적인 의사**와 종합하여 볼 때 불법영득의 의사가 있었던 것이라 할수 없을 것이므로 횡령죄를 구성한다 할 수 없다.

78 횡령죄에 있어서 '불법영득의사'(2) - 변호사비용 -

* 대법원 2006. 10. 26. 선고 2004도6280 판결
* 참조조문: 형법 제355조 제1항1), 제356조2)

단체의 대표자 개인이 당사자가 된 소송사건의 변호사 비용을 단체의 비용으로 지출한 경우, 그 비용 지출에 대한 횡령죄 성립하는가?

●**사실**● 피고인 X는 1999.11.경부터 광명시 광명6동 OO재건축조합의 조합장으로 일하면서 이 조합 이사회나 임원회의의 결정된 사항에 대해 집행하고, 재건축 대행사의 업무집행을 감독하는 등 조합사무 전반을 총괄하였다. X는 2003.3.21.경 조합과 관련된 고소 건에서 개인 명의의 손해배상청구소송을 위하여 변호사를 소송대리인으로 선임하고 그 선임료를 재건축조합의 비용으로 지출하였다.

제1심은 X에 대해 업무상횡령죄 성립을 인정하였다. 그러나 원심은 X에 대한 고소의 주목적이 조합장의 직무집행을 방해하는 데 있음을 엿볼 수 있고, 조합으로서는 이 고소에 대항하여 적극적으로 항쟁할 여지가 충분히 있다고 보았다. 또한 X는 급한 데로 2003.3.13.자 이사회결의를 거쳐 이 사건 변호사 선임 비용을 우선 지출하고, 같은 해 4.12. 이사 및 대의원회에서 이 지출내역을 보고·인준을 받은 것으로 보아 X가 지출한 위 변호사 비용은 **조합의 업무수행에 필요한 비용에 해당**한다고 봄이 상당하다고 보아 횡령죄 성립을 부정하였다. 이에 검사가 상고하였다.

●**판지**● 파기환송. 「[1] **원칙적으로** 단체의 비용으로 지출할 수 있는 변호사 선임료는 단체 자체가 소송당사자가 된 경우에 한하므로 단체의 대표자 개인이 당사자가 된 민·형사사건의 변호사 비용은 단체의 비용으로 지출할 수 없고, **예외적으로** (가) 분쟁에 대한 실질적인 이해관계는 단체에게 있으나 법적인 이유로 그 대표자의 지위에 있는 개인이 소송 기타 법적 절차의 당사자가 되었다거나 (나) 대표자로서 단체를 위해 적법하게 행한 직무행위 또는 대표자의 지위에 있음으로 말미암아 의무적으로 행한 행위 등과 관련하여 분쟁이 발생한 경우와 같이, (다) 당해 법적 분쟁이 단체와 업무적인 관련이 깊고 당시의 제반 사정에 비추어 **단체의 이익을 위하여 소송을 수행하거나 고소에 대응하여야 할 특별한 필요성**이 있는 경우에 한하여 단체의 비용으로 변호사 선임료를 지출할 수 있다.

[2] 재건축조합장이 개인 명의의 손해배상청구소송을 위하여 변호사를 소송대리인으로 선임하고 그 선임료를 재건축조합의 비용으로 지출한 행위가 업무상횡령죄에 해당한다고 본 사례.

[3] 재건축조합 조합장이 조합장 개인을 위하여 자신의 위법행위에 관한 형사사건의 변호인을 선임하는 것을 재건축조합의 업무라고 볼 수 없으므로, 그가 **재건축조합의 자금으로 자신의 변호사 비용을 지출하였다면 이는 횡령에 해당**하고, 위 형사사건의 변호사 선임료를 지출함에 있어 **이사 및 대의원회의 승인을 받았다 하여도** 재건축조합의 업무집행과 무관한 조합장 개인의 형사사건을 위하여 변호사 선임료를 지출하는 것이 위법한 이상 위 승인은 내재적 한계를 벗어나는 것으로서 횡령죄의 성립에 영향을 미치지 아니 한다」.

●**해설**● 1 횡령죄는 「다른 사람의 재물에 관한 **소유권 등 본권**을 그 보호법익으로 하고 본권이 침해될 위험성이 있으면 그 침해의 결과가 발생하지 아니하더라도 성립하는 이른바 **위태범**」이다. 따라서 「다

---

1) 형법 제355조(횡령) ① 타인의 **재물을 보관**하는 자가 그 재물을 **횡령**하거나 그 **반환을 거부**한 때에는 5년 이하의 징역 또는 1천500만원 이하의 벌금에 처한다
2) 형법 제356조(업무상의 횡령과 배임) 업무상의 임무에 위배하여 제355조의 죄를 범한 자는 10년 이하의 징역 또는 3천만원 이하의 벌금에 처한다.

른 사람의 재물을 보관하는 사람이 그 사람의 동의 없이 함부로 이를 담보로 제공하는 행위는 **불법영득의 의사를 표현**하는 횡령행위로서 사법상 그 담보제공행위가 무효이거나 그 재물에 대한 소유권이 침해되는 결과가 발생하는지 여부에 관계없이 횡령죄를 구성한다」(대판 2002도2219, Ref 2−17).

2 사안은 법인이나 단체의 금원으로 개인(단체의 대표자 등)의 소송비용을 지급할 경우 횡령죄가 성립되는지가 쟁점이다. 법원은 이 경우 원칙적으로 횡령죄 성립을 인정하고 예외적으로 지급 가능한 경우를 예시하고 있다. 사안의 경우 X의 행위가 이 예외적 사유에 해당하는지가 다투어졌다.

3 제1심은 횡령죄 인정하였으나 원심은 부정, 다시 대법원은 업무상 횡령죄 성립을 인정하고 있다. 횡령은 불법영득의사가 외부적으로 표현된 행위이다. 대법원은 재건축조합 조합장이 조합장 개인을 위하여 자신의 위법행위에 관한 형사사건의 변호인을 선임하는 것을 재건축조합의 업무라고 볼 수 없고 따라서 그가 재건축조합의 자금으로 자신의 변호사 비용을 지출하였다면 이는 횡령에 해당한다고 판단하였다. 그 이유로는 공갈의 고소 및 공소사실의 내용이 재건축조합 조합장으로서의 적법한 업무집행에 관련된 것이 아니라 조합장 개인의 위법행위에 관한 것으로 보았다.

4 그리고 X가 비록 위 형사사건의 변호사 선임료를 지출함에 있어 이사 및 대의원회의 승인을 받았다 하여도 재건축조합의 업무집행과 무관한 조합장 개인의 형사사건을 위하여 변호사 선임료를 지출하는 것이 위법한 이상 위 승인은 내재적 한계를 벗어나는 것으로서 횡령죄의 성립에 영향을 미치지 아니한다고 판단하고 있다.

5 횡령죄에서 불법영득의사　　횡령죄에 있어서의 불법영득의 의사라 함은 「자기 또는 제3자의 이익을 꾀할 목적으로 보관하고 있는 타인의 재물을 자기의 소유인 것과 같이 사실상 또는 법률상 처분하는 의사를 의미하는 것으로, 사후에 이를 반환하거나 변상, 보전하는 의사가 있다 하더라도 불법영득의 의사를 인정함에 지장이 없다」(대판 82도75). 특히 「타인으로부터 **용도가 엄격히 제한된 자금**을 위탁받아 집행하면서 그 제한된 용도 이외의 목적으로 자금을 사용하는 것은, 그 사용이 개인적인 목적에서 비롯된 경우는 물론 결과적으로 자금을 위탁한 본인을 위하는 면이 있더라도, 그 사용행위 자체로서 불법영득의 의사를 실현한 것이 되어 횡령죄가 성립한다」(대판 2002도366). **이와 같이** 타인으로부터 **목적이 지정되거나 용도가 엄격히 제한**된 금전 기타 대체물을 위탁·위임받은 경우에는 그 위탁물에 대한 소유권은 여전히 위탁자나 위임자에게 있고, 위탁·위임받은 자는 이들을 위하여 보관하는 지위에 있다고 보아야 한다.

6 횡령죄의 기수시기　　횡령죄는 불법영득의사가 실현된 때 기수가 되고 그렇지 않으면 미수가 된다(표현설). 이는 횡령행위의 주체가 이미 타인의 재물을 점유하고 있는 자이기 때문에 별도의 처분행위의 종료라는 실현을 요하지 않는다. **대법원도 표현설**을 따른다. 「횡령죄는 다른 사람의 재물에 관한 소유권 등 본권을 그 보호법익으로 하고 본권이 침해될 위험성이 있으면 그 침해의 결과가 발생되지 아니하더라도 성립하는 이른바 **위태범**이므로, 다른 사람의 재물을 보관하는 사람이 그 사람의 **동의 없이 함부로 이를 담보로 제공하는 행위는 불법영득의 의사를 표현하는 횡령행위**로서 사법상 그 담보제공행위가 무효이거나 그 재물에 대한 소유권이 침해되는 결과가 발생하는지 여부에 관계없이 횡령죄를 구성한다」(대판 2002도2219, Ref 2−17). 따라서 횡령죄 성립에 있어서 소유권침해의 '결과발생'은 그 요건이 아니다.

7 불법영득의 의사에 대한 입증책임   한편 불법영득의 의사에 관한 **입증책임은 어디까지나 검사**에게 있다. 그리고 그 입증은 법관으로 하여금 합리적인 의심을 할 여지가 없을 정도의 확신을 생기게 하는 증명력을 가진 엄격한 증거에 의하여야 한다. 만약 이와 같은 증거가 없다면 설령 피고인에게 유죄의 의심이 간다 하더라도 피고인의 이익으로 판단할 수밖에 없다. 예를 들어 피고인이 자신이 위탁받아 보관하고 있던 돈이 모두 없어졌는데도 그 행방이나 사용처를 제대로 설명하지 못한다면 일응 피고인이 이를 임의소비하여 횡령한 것이라고 추단할 수 있겠지만, 그렇지 아니하고 피고인이 불법영득의사의 존재를 인정하기 어려운 사유를 들어 돈의 행방이나 사용처에 대한 설명을 하고 있고 이에 부합하는 자료도 있다면 피고인이 위탁받은 돈을 일단 타용도로 소비한 다음 그만한 돈을 별도로 입금 또는 반환한 것이라는 등의 사정이 인정되지 아니하는 한 함부로 위탁받은 돈을 불법영득의사로 인출하여 횡령하였다고 인정할 수는 없다(대판 94도998).

8 또한 어떤 금전의 용도가 추상적으로 정하여져 있다 하여도「그 구체적인 사용 목적이나 사용처, 사용 시기 등에 관하여 보관자에게 광범위한 재량을 가지고 이를 사용할 권한이 부여되어 있고, **지출한 후에 그에 관한 사후보고나 증빙자료의 제출도 요구되지 않는 성질의 것이라면**, 그 보관자가 위 금전을 사용한 다음 그 행방이나 사용처를 제대로 설명하지 못하거나 증빙자료를 제출하지 못하고 있다고 하여 함부로 불법영득의 의사를 추단하여서는 아니 되고, 그 금전이 본래의 사용 목적과는 관계없이 개인적인 이익을 위하여 지출되었다거나 합리적인 범위를 넘어 과다하게 이를 지출하였다는 등 불법영득의 의사를 인정할 수 있는 사정을 검사가 입증하여야 함은 입증책임의 법리상 당연하다」(대판 2007도5899).

Reference 1

변호사비용과 횡령죄의 성부

1 [대판 2016도5816] [법인이 소송당사자가 된 경우, 변호사 선임료를 법인의 비용으로 지출할 수 있는지 여부(원칙적 적극)] (가) **법인의 이사를 상대로 한 이사직무집행정지가처분 신청이 받아들여질 경우**, 당해 법인의 업무를 수행하는 이사의 직무집행이 정지당함으로써 사실상 법인의 업무수행에 지장을 받게 될 것이 명백하므로, 해당 법인으로서는 그 이사 자격의 부존재가 객관적으로 명백하여 항쟁의 여지가 없는 경우가 아닌 한 **위 가처분신청에 대항하여 항쟁할 필요**가 있고, 위와 같은 필요에서 법인의 대표자가 법인 경비에서 당해 가처분사건의 소송비용을 지급하는 것은 법인의 업무수행을 위하여 필요한 비용을 지급하는 것에 해당한다. 따라서 이러한 지급을 가지고 법인의 경비를 횡령한 것이라고 할 수 없다. (나) 이러한 법리는 **상가관리운영위원회의 운영위원장이 그에 대하여 제기된 직무집행정지가처분 신청에 대응**하기 위하여 선임한 변호사의 선임료를 상가 관리비에서 지급한 경우에도 마찬가지로 적용된다. 그리고 (다) 법인 자체가 소송당사자가 된 경우에는 원칙적으로 그 소송의 수행이 법인의 업무수행이라고 볼 수 있으므로 그 소송에서 법인이 형식적으로 소송당사자가 되어 있을 뿐 실질적인 당사자가 따로 있고 법인으로서는 그 소송의 결과에 있어서 별다른 이해관계가 없다고 볼 만한 **특별한 사정이 없는 한 그 변호사 선임료를 법인의 비용으로 지출할 수 있다.**

2 [대판 2007도9679] [1] 법인 자체가 소송당사자가 된 경우에는 원칙적으로 그 소송의 수행이 법인의 업무수행이라고 볼 수 있으므로 그 변호사 선임료를 법인의 비용으로 지출할 수 있을 것이나, 그 소송에서

법인이 형식적으로 소송당사자가 되어 있을 뿐 실질적인 당사자가 따로 있고 법인으로서는 그 소송의 결과에 있어서 별다른 이해관계가 없다고 볼 특별한 사정이 있는 경우에는, 그 소송의 수행이 법인의 업무수행이라고 볼 수 없어 법인의 비용으로 이를 위한 변호사 선임료를 지출할 수 없다고 할 것이다. [2] 회사의 대표이사가 자신이 당사자일 뿐만 아니라 **자신의 경영권을 방어하기 위한 목적으로 신주를 발행하는 과정에서 저지른 배임행위**에 대한 소송을 수행하면서 그 변호사 비용을 회사의 자금으로 지급한 사안에서, 업무상 횡령죄의 성립을 인정한 사례

3 [대판 2005도9861] 주식회사의 대표이사 혹은 그에 준하여 회사 자금의 보관이나 운용에 관한 사실상의 사무를 처리하여 온 자가 **위법행위로 인하여 형사재판을 받는** 이사나 대주주의 개인 변호사 비용을 회사의 자금으로 지급하였다면 이는 **주주총회나 이사회 결의의 유무에 관계없이 업무상 횡령죄에 해당**한다고 보아야 한다.

4 [대판 2002도235] [1] 법인의 구성원이 업무수행에 있어 관계 법령을 위반함으로써 형사재판을 받게 되었다면 그의 개인적인 변호사비용을 법인자금으로 지급한다는 것은 횡령에 해당하며, 그 변호사비용을 법인이 부담하는 것이 관례라고 하여도 그러한 행위가 사회상규에 어긋나지 않는다고 할 만큼 사회적으로 용인되어 보편화된 관례라고 할 수 없다. [2] 학교법인 산하 대학교총장 등에 대한 형사재판의 **변호사비용**을 법인회계자금 및 교비회계자금에서 지출한 경우, 업무상횡령죄의 성립한다.

5 [대판 89도2466] [1] 주식회사는 그 구성분자인 주주와 독립된 별개의 권리주체로서 그 이해가 반드시 일치하는 것은 아니므로 주주총회의 의결권에는 스스로 한계가 있고 그 한계를 벗어나는 사항에 대하여서는 비록 그 의결이 있었다 해도 범죄를 구성할 수 있는 것인 바, **형사재판을 받는 대표이사의 개인적인 변호사비용과 그의 정신적, 육체적 손해에 대한 보상금을 요양비 또는 퇴직위로금 명목으로 가장**하여 회사자금으로 지급하였다면 이는 주식회사제도의 목적에 비추어 볼 때 **주주총회의 결의에 관계없이 횡령에 해당**한다. [2] 대표이사가 회사를 위한 탈세행위로 인하여 형사재판을 받는 경우 그 변호사비용과 벌금을 회사에서 부담하는 것이 관례라고 하여도 그러한 행위가 사회상규에 어긋나지 않는다고 할 만큼 사회적으로 용인되어 보편화 된 관례라고 할 수 없다.

Reference 2

횡령죄에 있어서 불법영득의사를 인정한 판례

* 목적 · 용도가 특정되거나 엄격히 제한된 경우 *

보조금의 전용과 횡령죄의 성부
1-1 [대판 2016도16388] 타인으로부터 **용도가 엄격히 제한된 자금을 위탁받아 집행**하면서 그 제한된 용도 이외의 목적으로 자금을 사용하는 것은 그 사용이 개인적인 목적에서 비롯된 경우는 물론 결과적으로 자금을 위탁한 본인을 위하는 면이 있더라도 그 사용행위 자체로써 불법영득의 의사를 실현한 것이 되어 횡령죄가 성립한다. **보조금을 집행할 직책에 있는** 자가 자기 자신의 이익을 위한 것이 아니고 경비부족을 메우기 위하여 보조금을 전용한 것이라 하더라도, 그 보조금의 용도가 엄격하게 제한되어 있는 이상 불법영득

의 의사를 부인할 수는 없다.

1-2 [대판 2010도13814] 사회복지사업법 제42조 제2항, 제3항 제2호, 제53조 제2호에 의하면, 사회복지사업을 수행하는 자가 국가 또는 지방자치단체로부터 교부받은 **보조금을 그 목적 외의 용도에 사용하는 것을 금지**하고, 이를 위반하는 경우에는 5년 이하의 징역 또는 1,500만 원 이하의 벌금에 처하도록 할 뿐만 아니라 그 교부받은 보조금의 전부 또는 일부의 반환을 명할 수 있도록 규정하고 있는바, 이러한 규정의 내용과 취지에 비추어 위 보조금은 그 용도가 엄격히 제한되어 있는 자금이라고 봄이 상당하므로, 이와 같은 **보조금을 위탁받아 집행하는 자가 이를 다른 용도에 사용하면** 그 자체로서 불법영득의 의사를 실현한 것이 되어 횡령죄가 성립한다.

1-3 [대판 2009도13751] [1] 학교법인 이사장인 피고인이, 학교법인이 설치·운영하는 대학 산학협력단이 용도를 특정하여 교부받은 보조금 중 3억 원을 대학 교비계좌로 송금하여 교직원 급여 등으로 사용한 사안에서, 위 행위는 **국고보조금으로 교부된 산학협력단 자금**을 지정된 용도 외의 용도에 사용한 것으로서 업무상횡령죄에 해당한다고 본 원심판단을 수긍한 사례. [2] 업무상횡령죄에서 '업무'는 법령, 계약에 의한 것뿐만 아니라 관례를 좇거나 사실상의 것이거나를 묻지 않고 같은 행위를 반복할 지위에 따른 사무를 가리키며, 횡령죄에서 재물 보관에 관한 위탁관계는 사실상의 관계에 있으면 충분하다. 학교법인 이사장인 피고인이, 학교법인이 설치·운영하는 대학의 교비회계자금 및 대학 산학협력단 자금을 횡령하였다는 내용으로 기소된 사안에서, 피고인이 대학과 산학협력단 운영에 직·간접적으로 영향력을 행사하였고, 대학 교비나 산학협력단 자금에 관하여 입출금을 지시하기도 하였던 점 등을 종합할 때 자금에 관하여 **사실상 보관자의 지위에 있었다**고 본 원심판단을 수긍한 사례. cf) 사안은 횡령죄의 주체인 보관자 지위의 발생근거로 사실상의 관계로도 충분하다고 보는 대법원의 일관된 입장을 보여주고 있다.

교비회계의 전용과 횡령죄의 성부

2-1 [대판 2014도6286] 사립학교법 제29조 및 같은 법 시행령에 의해 학교법인의 회계는 학교회계와 법인회계로 구분되고 학교회계 중 특히 교비회계에 속하는 수입은 다른 회계에 전출하거나 대여할 수 없는 등 **용도가 엄격히 제한되어 있으므로 교비회계자금을 다른 용도에 사용하였다면** 그 자체로서 횡령죄가 성립하고, 이는 사립학교법상 교비회계에 속하는 금원을 **같은 학교법인에 속하는 다른 학교의 교비회계에 사용**한 경우에도 마찬가지이다.

2-2 [대판 2007도9755] 사립학교의 교비회계에 속하는 수입을 적법한 교비회계의 세출에 포함되는 용도 즉, 당해 학교의 **교육에 직접 필요한 용도가 아닌 다른 용도에 사용**하였다면 **그 사용행위 자체로서 불법영득의사를 실현하는 것**이 되어 그로 인한 죄책을 면할 수 없다.

2-3 [비교판례] [대판 94도998] 사립학교법 및 같은 법시행령이 특히 교비회계에 속하는 수입금에 대하여 그 사용처를 엄격하게 제한하고 다른 회계에 전출하거나 대여할 수 없도록 규정하고 있고, 피고인이 교비회계에 속하는 입학금 등을 송금받은 것은 학교법인의 용도에 전용한 것으로 볼 여지도 있기는 하지만, 교비회계에 속하는 수입금을 다른 회계에 전용하는 것이 사립학교법 위반으로 처벌될 수 있음은 별론으로 하고 **그 전용 자체만으로 곧바로 불법영득의사를 실현하는 횡령행위가 된다고 할 수 없다.**

2-4 [비교판례] [대판 2011도12408] 피고인이 甲 사립학교 경영자 乙과 공모하여 학생이나 학부모가 납부한 수업료 기타 납부금을 교비회계 아닌 다른 회계에 임의로 사용하였다고 하여 구 특정경제범죄 가중처벌 등에 관한 법률(2012.2.10. 법률 제11304호로 개정되기 전의 것) 위반(횡령)으로 기소된 사안에서, 甲 학교

는 사인(私人)인 乙 등이 설립하여 운영하는 학교로서 수업료 등으로 조성된 교비는 특별한 사정이 없는 한 甲 학교의 설치·경영자인 乙 등의 소유에 속하므로, 피고인이 乙과 공모하여 이를 임의로 사용하였더라도 사립학교법 위반죄가 성립하는 것 외에 따로 횡령죄가 성립하지 않는다고 본 원심판단을 수긍한 사례.

위탁매매와 횡령죄의 성부

3-1 [대판 2012도16191] [위탁매매에서 위탁매매인이 위탁품이나 판매대금을 임의로 사용·소비한 경우, 횡령죄가 성립하는지 여부(원칙적 적극)] [1] 위탁매매에 있어서 위탁품의 소유권은 위임자에게 있고 그 판매대금은 이를 수령함과 동시에 위탁자에게 귀속한다 할 것이므로, 특별한 사정이 없는 한 위탁매매인이 위탁품이나 그 판매대금을 임의로 사용·소비한 때에는 횡령죄가 성립한다고 할 것이다. [2] 금은방을 운영하는 피고인이, 甲이 맡긴 금을 시세에 따라 사고파는 방법으로 운용하여 매달 일정한 이익금을 지급하는 한편 甲의 요청이 있으면 언제든지 보관 중인 금과 현금을 반환하기로 甲과 약정하였는데, 그 후 경제사정이 악화되자 이를 자신의 개인채무 변제 등에 사용한 사안에서, 甲이 매매를 위탁하거나 피고인이 그 결과로 취득한 금이나 현금은 모두 甲의 소유라는 이유로 횡령죄를 인정한 사례.

3-2 [대판 2009도7737] [1] 피고인이 피해회사로부터 상품을 양도받으면서, 그 대금 지급에 관하여 피고인이 매일 그날의 매출액 전부를 피해회사에 송금하되 그 대금을 모두 지급하기 전까지는 피해회사가 위 상품에 대한 소유권을 가지기로 하는 상품거래계약을 체결한 후, 상품의 판매대금 중 일부 금원만 피해회사에 송금하고 나머지 금원은 매장 인테리어 비용, 홍보비용 등에 사용함으로써 위 나머지 금원을 횡령하였다는 공소사실에 대하여, 상품의 판매대금 중 공급가에 해당하는 금원만을 피해회사를 위하여 보관하고 있었다고 본 원심판결은 횡령죄에 있어 '보관자의 지위'에 관한 법리를 오해한 것이라고 한 사례. [2] 이 사건 상품거래계약은 상품을 판매한 돈으로 피고인의 매수대금을 지급하기 위하여 체결된 것으로서, 피고인의 상품판매행위는 그러한 목적을 위하여 피해회사의 구체적 위임에 따른 것이고, 그와 같은 사정으로 대금의 지급방법까지 구체적으로 지정하였으며, 나아가 대금 전액을 지급할 때까지 상품의 소유권을 피해회사에 유보하기로 한 것은 그 판매대금을 곧바로 피해회사에 귀속시키려고 한 것이라고 봄이 상당하므로, 결국 대금을 전액 지급하기 전까지는 피고인은 피해회사를 위하여 상품 및 그 판매대금 전액을 보관하는 지위에 있다고 할 것이다.

4 [대판 2010도7012] 마을 이장인 피고인이 경로당 화장실 개·보수 공사를 위하여 업무상 보관 중이던 공사비를 그 용도 외에 다른 용도로 사용한 이상 횡령죄는 성립하고, 피고인이 과거 마을을 위하여 개인 돈을 지출하였다고 하여 이에 충당할 수는 없다.

5 [대판 2002도366] 주상복합상가의 매수인들로부터 우수상인유치비 명목으로 금원을 납부받아 보관하던 중 그 용도와 무관하게 일반경비로 사용한 경우 횡령죄를 구성한다.

상계충당과 횡령죄의 성부

6-1 [대판 97도1520] [용도를 특정하여 위탁받은 금전을 임의로 위탁자에 대한 자신의 채권에 상계충당한 경우] 환전하여 달라는 부탁과 함께 교부받은 돈을 그 목적과 용도에 사용하지 않고 마음대로 피고인의 위탁자에 대한 채권에 상계충당함은, 상계정산하기로 하였다는 특별한 약정이 없는 한, 당초 위탁한 취지에 반하는 것으로서 횡령죄를 구성한다고 볼 것이고 위탁자에 대한 채권의 존재는 횡령죄의 성립에 영향을 미치

는 것이 아니며, 또한 상계할 수 있는 반대채권이 있어 그에 상계충당하였다는 것만으로는 용도 내지 목적을 특정하여 위탁한 돈의 반환을 거절할 정당한 사유가 되지 못한다.

6-2 [대판 88도1992] [다른 명목으로 금원을 위탁받은 자가 임의로 자기의 채권과 상계처리한 경우] 피고인이 교회신축공사를 감독하면서 위 교회로부터 레미콘대금을 지급하라는 명목으로 금원을 받았으면서도 거기에 사용하지 아니하고 이를 마음대로 피고인이 받을 채권과 상계처리하였다면 상계정산하기로 하였다는 특별한 약정이 없는 한 이는 금원을 위탁한 취지에 반하는 것이어서 횡령죄를 구성한다.

6-3 [대판 2004도134] 피고인이 금전의 수수를 수반하는 부동산의 매도에 관한 사무의 위탁의 취지에 반하여 부동산의 매매계약금으로 수령한 돈을 자신의 피해자에 대한 채권의 변제에 충당한다는 명목으로 그 반환을 거부하면서 자기의 소유인 것 같이 이를 처분하였다면 피고인이 위 매매계약금의 반환을 거부한 데에는 정당한 사유가 있다고 할 수 없어 불법영득의 의사가 인정된다.

6-4 [비교판례] [대판 98도2296] [대표이사가 회사를 위하여 보관하고 있는 회사 소유의 금전으로 자신의 회사에 대한 채권의 변제에 충당하는 행위가 자기거래에 해당하는지 여부(소극) 및 이사회 승인 없이 한 위 변제충당 행위가 횡령죄를 구성하는지 여부(소극)] 회사에 대하여 개인적인 채권을 가지고 있는 대표이사가 회사를 위하여 보관하고 있는 회사 소유의 금전으로 자신의 채권의 변제에 충당하는 행위는 회사와 이사의 이해가 충돌하는 자기거래행위에 해당하지 않는다고 할 것이므로, 대표이사가 이사회의 승인 등의 절차 없이 그와 같이 자신의 회사에 대한 채권을 변제하였더라도 이는 대표이사의 권한 내에서 한 회사채무의 이행행위로서 유효하며, 따라서 그에게는 불법영득의 의사가 인정되지 아니하여 횡령죄의 죄책을 물을 수 없다.

* 기타 불법영득의사를 인정한 사례들 *

7 [대판 2013도13444] [타인을 위하여 금전 등을 보관·관리하는 사람이 과다하게 부풀린 금액으로 공사계약을 체결하기로 공사업자 등과 사전에 약정하고 과다 지급된 공사대금 중 일부를 되돌려 받는 행위가 횡령이 되는지 여부(적극) 및 횡령액(=과다하게 부풀려 지급된 공사대금 상당액)] 타인을 위하여 금전 등을 보관·관리하는 자가 개인적 용도로 사용할 자금을 마련하기 위하여, 적정한 금액보다 과다하게 부풀린 금액으로 공사계약을 체결하기로 공사업자 등과 사전에 약정하고 그에 따라 과다 지급된 공사대금 중의 일부를 공사업자로부터 되돌려 받는 행위는 그 타인에 대한 관계에서 과다하게 부풀려 지급된 공사대금 상당액의 횡령이 된다.

8 [대판 2013도2761] 관광지조성사업조합의 조합장인 피고인이 정관에서 정한 절차를 거치지 않고 조합 명의의 계좌에서 급여 명목의 보수를 수령하여 개인 채무 변제 등에 사용함으로써 횡령하였다는 내용으로 기소된 사안에서, 조합 정관인 개발규약이 조합 임원의 보수는 이사회 결의에 따라 지급할 수 있고, 조합 상근임원에 대한 보수는 총회의 인준을 받은 보수규정에 따라야 한다고 규정하고 있음에 비추어, 피고인이 정관에서 정하고 있는 이사회 결의를 거치거나 총회 인준을 받은 보수규정에 따라 보수를 지급받은 것이 아닌 이상 조합에 대하여 보수채권을 주장할 수 없다는 이유로, 피고인이 조합장 직무대행자 또는 조합장으로 근무하여 보수채권을 갖고 있으므로 이사회 결의 등 절차를 거치지 않았더라도 민사상 정산의 문제일 뿐 횡령죄가 성립할 수 없다는 피고인 주장을 배척한 사례.

(대표)이사의 자금전용과 횡령죄의 성부

9-1 [대판 2011도9238] [회사의 이사 등이 보관 중인 회사 자금으로 뇌물을 공여한 경우, 회사에 대하여 업무상횡령죄를 구성하는지 여부(적극)] 회사가 기업 활동을 하면서 형사상의 범죄를 수단으로 하여서는 안 되므로 뇌물공여를 금지하는 법률 규정은 회사가 기업 활동을 할 때 준수하여야 하고, 따라서 회사의 이사 등이 업무상의 **임무에 위배하여 보관 중인 회사의 자금으로 뇌물을 공여하였다면** 이는 오로지 회사의 이익을 도모할 목적이라기보다는 뇌물공여 상대방의 이익을 도모할 목적이나 기타 다른 목적으로 행하여진 것이라고 보아야 하므로, 그 이사 등은 회사에 대하여 업무상횡령죄의 죄책을 면하지 못한다. 그리고 특별한 사정이 없는 한 이러한 법리는 회사의 이사 등이 회사의 자금으로 부정한 청탁을 하고 배임증재를 한 경우에도 마찬가지로 적용된다.

9-2 [대판 2010도9871] [1] 재무구조가 열악한 회사의 대표이사가 제3자에게 **회사의 자산으로 거액의 기부**를 한 경우 그로써 회사를 채무초과 상태에 빠뜨리거나 채무상환이 곤란한 상태에 처하게 하는 등 그 기부액수가 회사의 재정상태 등에 비추어 기업의 사회적 역할을 감당하는 정도를 넘는 과도한 규모로서 상당성을 결여한 것이고 특히 그 기부의 상대방이 대표이사와 개인적 연고가 있을 뿐 회사와는 연관성이 거의 없다면, 그 기부는 대표이사의 선량한 관리자로서의 업무상 임무에 위배되는 행위에 해당한다 할 것이고, 그 대표이사가 실질적 1인 주주라는 등의 사정이 있다고 하더라도 마찬가지라 할 것이다. [2] 업무상횡령죄에서 불법영득의 의사라 함은, 자기 또는 제3자의 이익을 꾀할 목적으로 업무상의 임무에 위배하여 보관하는 타인의 재물을 자기의 소유인 경우와 같이 처분하는 의사를 말하고 사후에 이를 반환하거나 변상, 보전하는 의사가 있다 하더라도 이를 인정하는 데는 지장이 없다. 또한 업무상횡령죄는 위와 같은 불법영득의 의사가 확정적으로 외부에 표현되었을 때 성립하는 것이므로, 횡령의 범행을 한 자가 물건의 소유자에 대하여 **별도의 금전채권을 가지고 있었다** 하더라도 횡령 범행 전에 **상계 정산**하였다는 등 특별한 사정이 없는 한 그러한 사정만으로 이미 성립한 업무상횡령죄에 영향을 미칠 수는 없다.

9-3 [대판 2005도3045] [주식회사 소유 재산을 주주나 대표이사가 **사적인 용도로 임의 처분**한 경우, 횡령죄의 성립 여부(적극)] 주식회사는 주주와 독립된 별개의 권리주체로서 그 이해가 반드시 일치하는 것은 아니므로, 회사 소유 재산을 주주나 대표이사가 제3자의 자금 조달을 위하여 담보로 제공하는 등 사적인 용도로 임의 처분하였다면 그 처분에 관하여 주주총회나 이사회의 결의가 있었는지 여부와는 관계없이 횡령죄의 죄책을 면할 수는 없는 것이다.

9-4 [대판 2003도5519] [회사의 대표이사가 보관 중인 회사 재산을 처분하여 **그 대금을 정치자금으로 기부한 경우** (가) 그것이 회사의 이익을 도모할 목적으로 합리적인 범위 내에서 이루어졌다면 그 이사에게 횡령죄에 있어서 요구되는 불법영득의 의사가 있다고 할 수 없을 것이나, (나) 그것이 회사의 이익을 도모할 목적보다는 후보자 **개인의 이익을 도모할 목적**이나 기타 다른 목적으로 행하여졌다면 그 이사는 회사에 대하여 횡령죄의 죄책을 면하지 못한다.

9-5 [대판 99도1141] [회사의 이사가 회사 재산을 공직선거 입후보자의 **선거자금으로 지원**한 경우, 횡령죄의 성립을 인정한 사례] 회사의 이사가 보관 중인 회사 재산을 처분하여 그 대금을 공직선거에 입후보한 타인의 선거자금으로 지원한 경우 그것이 회사의 이익을 도모할 목적으로 합리적인 범위 내에서 이루어졌다면 그 이사에게 횡령죄에 있어서 요구되는 불법영득의 의사가 있다고 할 수 없을 것이나, 그것이 회사의 이익을 도모할 목적보다는 그 후보자 개인의 이익을 도모할 목적이나 기타 다른 목적으로 행하여졌다면 그 이사는 회사에 대하여 횡령죄의 죄책을 면하지 못한다.

10 [대판 2010도13284] [사용자가 근로자의 임금에서 **국민연금 보험료** 중 근로자가 부담하는 기여금을 원천공제한 뒤 국민연금관리공단에 납부하지 않고 개인적 용도로 사용한 경우, 업무상횡령죄의 성립 여부 (적극)] 회사의 대표이사인 피고인이 5명의 근로자들의 급여에서 국민연금 보험료 중 근로자 기여금을 공제한 후 이를 업무상 보관하던 중 회사 운영 자금으로 임의로 사용하였다는 업무상횡령의 공소사실에 대하여, 원천공제의 취지상 사용자가 근로자에게 위 기여금을 공제한 임금을 지급하면 그 즉시 사용자는 공제된 기여금을 근로자를 위하여 보관하는 것으로 보아야 한다는 이유로, 이를 유죄로 인정한 원심판단을 수긍한 사례.

11 [대판 2010도10500] [1] [선행 처분행위로 횡령죄가 기수에 이른 후 이루어진 후행 처분행위가 별도로 횡령죄를 구성하는지 여부 및 **타인의 부동산을 보관 중인 자가 그 부동산에 근저당권설정등기를 마침으로써 횡령행위가 기수에 이른 후 같은 부동산에** 별개의 근저당권을 설정하거나 해당 부동산을 매각한 행위가 별도로 횡령죄를 구성하는지 여부(원칙적 적극)] **[다수의견]** (가) 횡령죄는 다른 사람의 재물에 관한 소유권 등 본권을 보호법익으로 하고 법익침해의 위험이 있으면 침해의 결과가 발생되지 아니하더라도 성립하는 위험범이다. 그리고 일단 특정한 처분행위(이를 '선행 처분행위'라 한다)로 인하여 법익침해의 위험이 발생함으로써 횡령죄가 기수에 이른 후 종국적인 법익침해의 결과가 발생하기 전에 새로운 처분행위(이를 '후행 처분행위'라 한다)가 이루어졌을 때, 후행 처분행위가 선행 처분행위에 의하여 발생한 위험을 현실적인 법익침해로 완성하는 수단에 불과하거나 그 과정에서 당연히 예상될 수 있는 것으로서 새로운 위험을 추가하는 것이 아니라면 후행 처분행위에 의해 발생한 위험은 선행 처분행위에 의하여 이미 성립된 횡령죄에 의해 평가된 위험에 포함되는 것이므로 후행 처분행위는 이른바 불가벌적 사후행위에 해당한다. 그러나 후행 처분행위가 이를 넘어서서, 선행 처분행위로 예상할 수 없는 새로운 위험을 추가함으로써 법익침해에 대한 위험을 증가시키거나 선행 처분행위와는 무관한 방법으로 법익침해의 결과를 발생시키는 경우라면, 이는 선행 처분행위에 의하여 이미 성립된 횡령죄에 의해 평가된 위험의 범위를 벗어나는 것이므로 특별한 사정이 없는 한 별도로 횡령죄를 구성한다고 보아야 한다. (나) 따라서 타인의 부동산을 보관 중인 자가 불법영득의사를 가지고 그 부동산에 근저당권설정등기를 경료함으로써 일단 횡령행위가 기수에 이르렀다 하더라도 **그 후 같은 부동산에 별개의 근저당권을 설정하여 새로운 법익침해의 위험을 추가함으로써** 법익침해의 위험을 증가시키거나 해당 부동산을 매각함으로써 기존의 근저당권과 관계없이 법익침해의 결과를 발생시켰다면, 이는 당초의 근저당권 실행을 위한 임의경매에 의한 매각 등 **그 근저당권으로 인해 당연히 예상될 수 있는 범위를 넘어 새로운 법익침해의 위험을 추가시키거나 법익침해의 결과를 발생시킨 것이므로** 특별한 사정이 없는 한 불가벌적 사후행위로 볼 수 없고, 별도로 횡령죄를 구성한다. [2] 피해자 甲 종중으로부터 종중 소유의 토지를 명의신탁받아 보관 중이던 피고인 乙이 자신의 개인 채무 변제에 사용할 돈을 차용하기 위해 위 토지에 근저당권을 설정하였는데, 그 후 피고인 乙, 丙이 공모하여 위 토지를 丁에게 매도한 사안에서, 피고인들이 토지를 매도한 행위는 선행 근저당권설정행위 이후에 이루어진 것이어서 불가벌적 사후행위에 해당한다는 취지의 피고인들 주장을 배척하고 위 토지 매도행위가 별도의 횡령죄를 구성한다고 본 원심판단을 정당하다고 한 사례. **cf)** 대상판결은 동일한 보관물에 대한 이중의 처분행위에 의하여 이미 성립된 횡령죄에 의해 평가된 위험의 범위를 벗어나는 위험이 발생한 것으로 평가된다면 **특별한 사정이 없는 한 별도의 횡령죄가 성립한다**고 판시하여 기존의 견해를 바꾼 전원합의체 판결이다.

12 [대판 2010도8614] 회사의 대표이사 또는 그에 준하여 회사 자금의 보관이나 운용에 관한 사실상의

사무를 처리하여 온 자가, 회사를 위한 지출 이외의 용도로 거액의 회사 자금을 **가지급금 등의 명목**으로 인출·사용함에 있어 **이사회 결의 등 적법한 절차를 거치지 않았음**은 물론 이자나 변제기의 약정조차 없었다고 한다면 이는 통상 용인되는 직무권한이나 업무의 범위를 벗어나 대표이사 등의 지위를 이용하여 회사 자금을 사적인 용도로 대여·처분하는 것과 다를 바 없다고 할 것이므로,그러한 행위는 형법상 횡령죄에 해당한다고 봄이 상당하다.

13 [대판 2007도9250] [주식회사의 대표이사가 회사의 금원을 인출하여 사용하면서 그 사용처에 관한 증빙자료를 제시하지 못하는 경우, 불법영득의사를 추단할 수 있는지 여부(적극)] 업무상횡령죄에 있어서 불법영득의 의사라 함은 자기 또는 제3자의 이익을 꾀할 목적으로 업무상의 임무에 위배하여 보관하는 **타인의 재물을 자기의 소유인 경우와 같은 처분을 하는 의사**를 말하고, 주식회사의 대표이사가 회사의 금원을 인출하여 사용하였는데 그 사용처에 관한 증빙자료를 제시하지 못하고 있고 그 인출사유와 금원의 사용처에 관하여 납득할 만한 합리적인 설명을 하지 못하고 있다면, 이러한 금원은 그가 불법영득의 의사로 회사의 금원을 인출하여 개인적 용도로 사용한 것으로 추단할 수 있다.

14 [대판 2006도4885] 주식회사의 대표이사가 자신의 다른 횡령사실을 감추기 위한 목적으로 가공의 공사대금을 지급한 것처럼 허위로 회계처리하면서 **가공의 공사대금에 대한 부가가치세 명목으로 회사 자금을 임의로 지출한 경우**에는 그로써 횡령죄는 기수에 이른다. 그 후에 그 지출액 상당을 매입세액으로 환급받아 회사에 다시 입금하였다고 하더라도 이미 성립한 횡령죄에 영향을 미치지 아니한다.

15 [대판 2005도741] [대표이사가 회사의 상가분양 사업을 통해 수분양자들로부터 편취한 분양대금을 횡령하는 행위가 별도의 횡령죄를 구성하는지 여부(적극)] 대표이사가 회사의 상가분양 사업을 수행하면서 수분양자들을 기망하여 편취한 분양대금은 회사의 소유로 귀속되는 것이므로, 대표이사가 그 분양대금을 횡령하는 것은 사기 범행이 침해한 것과는 **다른 법익을 침해**하는 것이어서 회사를 피해자로 하는 별도의 횡령죄가 성립된다.

16 [대판 2004도5167] [횡령한 재물을 사후에 반환하거나 변상, 보전하는 의사가 있는 경우 불법영득의 사가 인정되는지 여부(적극)] 횡령죄에 있어서 불법영득의 의사라 함은 자기 또는 제3자의 이익을 꾀할 목적으로 임무에 위배하여 보관하는 타인의 재물을 자기의 소유인 경우와 같이 처분을 하는 의사를 말하고, 사후에 이를 반환하거나 변상, 보전하는 의사가 있다 하더라도 불법영득의 의사를 인정함에는 지장이 없는 것이다.

17 [대판 2002도2219] 파기환송. [횡령죄가 **위태범**인지 여부(적극) 및 보관중인 타인의 재물을 담보로 제공하는 행위가 **사법상 무효인 경우 횡령죄가 성립**하는지 여부(적극)] [1] 횡령죄는 다른 사람의 재물에 관한 소유권 등 본권을 그 보호법익으로 하고 본권이 침해될 위험성이 있으면 그 침해의 결과가 발생되지 아니하더라도 성립하는 이른바 위태범이므로, 다른 사람의 재물을 보관하는 사람이 그 사람의 **동의 없이 함부로 이를 담보로 제공하는 행위**는 불법영득의 의사를 표현하는 횡령행위로서 사법(私法)상 그 담보제공행위가 무효이거나 그 재물에 대한 소유권이 침해되는 결과가 발생하는지 여부에 관계없이 횡령죄를 구성한다. [2] 피고인이 위 공장에 속하는 토지와 건물 및 기계에 관하여 주식회사 충청은행에게 공장저당법에 따른

근저당권을 설정하여 주고 대출을 받으면서 이 사건 기계들 중 피고인이 보관하고 있던 김○복 소유의 위 일람표 순위 3, 4를 제외한 나머지 기계들까지 자신의 소유인 것처럼 근저당권 목적물 목록에 포함시켰으나, 공장저당법에 따라 근저당권의 목적이 되는 것으로 목록에 기재된 물건이라도 그것이 근저당권설정자의 소유가 아니고 다른 사람의 소유인 경우에는 그 물건에 대하여 근저당권의 효력이 미치지 아니하므로 피고인의 위 기계들에 대한 근저당권 설정행위는 횡령죄가 되지 아니한다고 보아 원심은 무죄를 선고하였다. 그러나 대법원은 피고인이 보관하던 김○복 소유의 위 기계들을 담보로 제공한 것은 김○복의 권리에 대한 **현실적인 침해가 없더라도 그 기계들에 대한 불법영득의 의사를 실현하는 행위로서 횡령죄를 구성하는 것으로 보아야 한다**고 판단하였다.   cf) 대상판결은 횡령죄가 '위험범'임을 잘 보여주는 사례이다. 피고인의 근저당권 설정행위는 공장저당법에 따라 무효가 된다(공장재단을 구성하는 기계를 타인에게 양도담보로 제공하여도 공장저당법의 강행성에 비추어 무효가 된다). 그럼에도 불구하고 대법원은 피해자에 대한 현실적 권리침해가 없을지라도 그 기계들에 대한 불법영득의사를 표출한 행위로서 횡령죄 성립을 긍정하였다. 이는 판례가 횡령죄를 위험범으로 파악하고 있음을 알 수 있다. 따라서 **횡령죄의 성립에서 소유권침해의 결과발생은 그 요건이 아니다.**

18 [대판 2000도3463] 명의수탁자가 신탁 받은 부동산의 일부에 대한 토지수용보상금 중 일부를 소비하고, 이어 수용되지 않은 나머지 부동산 전체에 대한 반환을 거부한 경우, 그 반환거부행위는 **새로운 법익의 침해가 있는 것으로서** 그 금원 횡령죄의 불가벌적 사후행위가 아닌 별개의 횡령죄를 구성한다.

19 [대판 2000도1447] 횡령죄의 구성요건으로서의 횡령행위란 불법영득의 의사, 즉 타인의 재물을 보관하는 자가 자기 또는 제3자의 이익을 꾀할 목적으로 위탁의 취지에 반하여 권한 없이 그 재물을 자기의 소유인 것처럼 사실상 또는 법률상 처분하려는 의사를 실현하는 행위를 말하고, **강제집행면탈죄에 있어서 은닉**이라 함은 강제집행을 면탈할 목적으로 강제집행을 실시하는 자로 하여금 채무자의 재산을 발견하는 것을 불능 또는 곤란하게 만드는 것을 말하는 것으로서 진의에 의하여 재산을 양도하였다면 설령 그것이 강제집행을 면탈할 목적으로 이루어진 것으로서 채권자의 불이익을 초래하는 결과가 되었다고 하더라도 강제집행면탈죄의 허위양도 또는 은닉에는 해당하지 아니한다 할 것이며, 이와 같은 양 죄의 구성요건 및 강제집행면탈죄에 있어 은닉의 개념에 비추어 보면 타인의 재물을 보관하는 자가 보관하고 있는 재물을 영득할 의사로 은닉하였다면 이는 **횡령죄를 구성하는 것**이고 채권자들의 강제집행을 면탈하는 결과를 가져온다 하여 이와 별도로 강제집행면탈죄를 구성하는 것은 아니다.

20 [대판 99도3982] 학교법인의 이사장이었던 자가 이사장으로 근무할 당시 학교법인이 부담하는 **부외부채를 자신의 자금으로 변제한 후** 그 자금회수를 위하여 자신이 보관하던 학교법인 소유의 양도성 예금증서를 어음할인에 대한 담보로 제공한 경우, **부외부채가 학교법인이 승인한 채무가 아니고** 그 변제도 학교법인의 의사에 반하여 임의로 한 것이라는 이유로 불법영득의 의사를 인정한 사례.

21 [대판 99도214] [수개의 학교법인을 운영하는 자가 각 학교법인의 금원을 다른 학교법인을 위하여 사용한 경우, 횡령죄의 성립을 인정한 사례] 수개의 학교법인을 운영하는 자가 각 학교법인의 금원을 다른 학교법인을 위하여 사용한 경우, **각 학교법인은 별개의 법인격을 가진 소유의 주체**로서 이를 실질적으로 1개의 학교법인이라고 볼 수 없으므로 각 학교법인의 금원을 다른 학교법인을 위하여 사용한 경우 이를 단순

히 예산항목을 유용하거나 장부상의 분식이나 이동에 불과하다고 할 수 없고, 각 학교법인 사이에서의 자금이동이 단순한 대차관계에 불과하다고 할 수도 없다는 이유로 횡령죄의 성립을 인정한 사례.

22 [대판 97도3057] [위탁자로부터 당좌수표 할인을 의뢰받은 피고인이 제3자를 기망하여 당좌수표를 할인받은 다음 그 할인금을 **임의소비한 경우,** 제3자에 대한 사기죄와 별도로 위탁자에 대한 횡령죄가 성립한다고 본 사례] A가 피고인에게 위 수표의 할인을 의뢰하고 이에 따라 피고인이 B로부터 위 수표를 할인받았다면, 특별한 사정이 없는 한 피고인이 위 B로부터 지급받은 수표할인금은 위 A의 소유에 속하는 것으로 보아야 할 것이고, 위 A를 위하여 위 금원을 보관하는 지위에 있는 피고인이 이를 임의로 소비한 것은, 위 사기 범행의 피해자인 위 B와의 관계에 있어서는 위 사기죄의 불가벌적 사후행위라고 할지라도 제3자인 위 A에 대한 관계에 있어서는 **새로운 법익을 침해**한 것으로 횡령죄가 성립한다.

23 [대판 96도3155] 문화예술진흥법에 의하여 입장료와 함께 문화예술진흥기금을 받은 극장 경영자는 한국문화예술진흥원을 위하여 그 기금을 보관하고 있는 자의 지위에 있으므로, 이를 별도로 관리하지 아니하고 **자신의 예금통장에 혼합보관**하면서 **임의로 자신의 극장운영자금 등으로 소비**하였다면, 횡령죄의 고의나 불법영득의 의사가 있다고 보아 업무상횡령죄가 성립한다.

동업으로 인한 수익금의 임의소비와 횡령죄의 성립

24-1 [대판 89도17] 갑이 을과의 사이에 **동업계약**을 체결하고 중기의 운영으로 인한 수익금을 을명의의 통장에 입금시켰다가 그의 결재를 받아 지출하기로 약정하고서도 위 중기가 자신의 단독소유라고 주장하며 을의 동의 없이 위 약정에 따른 절차를 거치지 아니하고 그 수익금을 임의로 소비하였다면 그중 일부를 비용으로 사용한 사실이 있더라도 횡령죄를 구성한다.

24-2 [대판 2000도3013] [동업자 사이에 손익분배의 정산이 되지 않은 상태에서의 동업재산의 횡령의 경우, 그 횡령금액의 산정방법] 동업자 사이에 손익분배의 정산이 되지 아니하였다면 동업자의 한 사람이 임의로 **동업자들의 합유**에 속하는 동업재산을 처분할 권한이 없는 것이므로, 동업자의 한 사람이 동업재산을 보관 중 임의로 횡령하였다면 지분비율에 관계없이 임의로 횡령한 금액 전부에 대하여 횡령죄의 죄책을 부담한다.

24-3 [대판 2006도1813] [수개의 회사 소유 자금을 구분없이 함께 보관하던 사람이 그 자금 중 일부를 횡령한 경우의 피해자(=수개의 회사 전부)] 수개의 회사 소유 자금을 지분 비율을 알 수 없는 상태로 구분없이 함께 보관하던 사람이 그 자금 중 일부를 횡령한 경우, 수개의 회사는 횡령된 자금에 대하여 지분 비율을 알 수 없는 공동 소유자의 지위에 있다고 할 것이니 수개의 회사는 모두 횡령죄의 피해자에 해당한다.

24-4 [대판 2011도1904] [1] 피고인이 운영하는 오피스텔 등 신축·분양사업의 **시행사인 甲 주식회사가 시공사인 乙 주식회사와 공동사업자**로서 상호 협력하여 사업을 추진하기로 약정한 사안에서, 甲 회사와 乙 회사는 공동사업이행협약 등을 통하여 상당한 재산상 이익과 노무를 출자하고 위 사업을 공동으로 경영할 것을 약정하는 동업계약을 체결함으로써 조합을 구성하였으므로, 동업관계로 인하여 발생한 수익금은 **합유에 속하는 동업재산에 해당**하며, 甲 회사는 이를 乙 회사를 위하여 보관하는 지위에 있다고 본 원심판단을 수긍한 사례. [2] 오피스텔 등 신축·분양사업의 시행사인 甲 주식회사와 시공사인 乙 주식회사가 동업계약을 체결하여 조합을 구성하였는데, 甲 회사의 대표이사인 피고인이 조합 사업과 관련된 부가가치세를 납부한 후 돌려받은 환급금을 공동 운영계좌에 입금하지 않은 사안에서, 위 부가가치세 환급금은 동업재산이

므로 피고인이 이를 개인적인 용도에 임의로 사용하였다면 甲 회사와 乙 회사의 이익분배비율과 관계없이 그 전액에 대하여 횡령죄의 죄책을 부담한다고 한 사례.

25 [대판 82도3079] [수탁자가 할인을 위하여 교부받은 **약속어음을 자신의 채무변제에 충당한 경우** 횡령죄의 성부(적극)] [1] 약속어음을 할인을 위하여 교부받은 수탁자는 위탁의 취지에 따라 보관하는 것에 불과하고 위 약속어음을 교부할 당시에 그 할인의 편의를 위하여 배서양도의 형식을 취하였다 하더라도 다를 바 없다 할 것이므로 배서양도의 형식으로 위탁된 약속어음을 수탁자가 자신의 채무변제에 충당하였다면 이와 같은 수탁자의 행위는 위탁의 취지에 반하는 것으로서 횡령죄를 구성한다. [2] [**사취한 어음을 피해자에 대한 피고인의 채권변제에 충당한 경우 별도의 횡령죄의 성부(소극)**] 피고인이 당초부터 피해자를 기망하여 약속어음을 교부받은 경우에는 그 교부받은 즉시 사기죄가 성립하고 그 후 이를 피해자에 대한 피고인의 채권의 변제에 충당하였다 하더라도 불가벌적 사후행위가 됨에 그칠 뿐, 별도로 횡령죄를 구성하지 않는다.

> 매도인이 매수인으로부터 중도금을 수령한 이후에 매매목적물인 '동산'을 제3자에게 양도할 경우, 배임죄에 해당하는가?

●**사실**● 피고인 X는 이 사건 인쇄기를 A에게 135,000,000원에 양도하기로 하여 그로부터 1, 2차 계약금 및 중도금 명목으로 합계 43,610,082원 상당의 원단을 제공받아 이를 수령하였다. 그런데도 그 인쇄기를 자신의 채권자인 B에게 기존 채무 84,000,000원의 변제에 갈음하여 양도하였다.

검사는 X를 배임죄로 기소하였고, 제1심과 원심은 X가 이건 동산 매매계약에 따라 A에게 인쇄기를 인도하여 줄 의무는 **민사상의 채무에 불과할 뿐** 타인의 사무로 볼 수 없다는 이유로 X에 대해 무죄를 선고하였다. 이에 검사가 상고하였다.

●**판지**● 상고기각. 「[다수의견] [1] 매매와 같이 당사자 일방이 재산권을 상대방에게 이전할 것을 약정하고 상대방이 그 대금을 지급할 것을 약정함으로써 그 효력이 생기는 계약의 경우(민법 제563조), 쌍방이 그 계약의 내용에 좇은 이행을 하여야 할 채무는 특별한 사정이 없는 한 **'자기의 사무'에 해당하는 것이 원칙이다.** [2] **매매의 목적물이 동산일 경우,** 매도인은 매수인에게 계약에 정한 바에 따라 그 목적물인 동산을 **인도함으로써** 계약의 이행을 완료하게 되고 그때 매수인은 매매목적물에 대한 권리를 취득하게 되는 것이므로, **매도인에게 자기의 사무인 동산인도채무 외에 별도로 매수인의 재산의 보호 내지 관리 행위에 협력할 의무가 있다고 할 수 없다.** 동산매매계약에서의 매도인은 매수인에 대하여 그의 사무를 처리하는 지위에 있지 아니하므로, 매도인이 목적물을 매수인에게 인도하지 아니하고 이를 타에 처분하였다 하더라도 **형법상 배임죄가 성립하는 것은 아니다.**

[다수의견에 대한 보충의견] 배임죄의 행위주체인 '타인의 사무를 처리하는 자'의 의미를 그 사무의 본질에 입각하여 제한해석하는 것에 합당한 의미를 부여하지 아니한 채, 채무의 이행이 타인의 이익을 위한다는 측면을 겸비하고 있으면 그 채무자의 배신적 행위는 배임죄를 구성할 수 있다고 확대해석하여 현행 형사법상 범죄로 되지 아니하는 채무불이행과의 구분을 모호하게 하는 것은 **죄형법정주의의 관점**에서도 **엄격히 경계**되어야 한다.

●**해설**● 1 배임죄는 ① 타인의 사무를 처리하는 자가 ② 그 임무를 위배하는 행위로 ③ 재산상 이익을 취득하여 사무의 주체인 타인에게 ④ 손해를 가함으로써 성립한다.[2] 따라서 그 범죄의 **주체는 타인의 사무를 처리하는 지위**에 있어야 한다. 이와 같이 배임죄의 행위 주체는 '타인의 사무를 처리하는 자'에 한

---

1) 형법 제355조(배임) ② **타인의 사무를 처리하는 자**가 그 임무에 위배하는 행위로써 재산상의 이익을 취득하거나 제삼자로 하여금 이를 취득하게 하여 본인에게 손해를 가한 때에도 전항의 형과 같다.

2) **배임죄의 본질**과 관련하여 ① 타인의 사무를 처리하는 '법적 권한'을 가진 사람(사무처리자)이 그 권한을 남용한 것이 이 죄의 본질이라는 **권한남용설**과 ② 행위자와 피해자(본인)간의 '신뢰관계'를 배반하는 점을 핵심으로 보는 **배신설**이 있다. 배신설에 따르면 권한이 없는 자도 이 죄의 주체가 될 수 있다. 반면, 권한남용설은 법적 대리권이 존재할 경우에만 배임죄가 성립하게 되어 그 범위가 제한된다는 비판이 있다. **판례는 배신설의** 입장이다. 「배임죄에 있어서 타인의 사무를 처리하는 자라 함은 **양자 간의 신임관계**에 기초를 둔 타인의 재산 보호 내지 관리의무가 있음을 그 본질적 내용으로 하는 것이므로, 배임죄의 성립에 있어 행위자가 대외관계에서 타인의 재산을 처분할 적법한 **대리권이 있음을 요하지 아니한다**」(대판 97도3219).

정되는 **진정신분범**이다. 진정신분범인 '타인의 사무를 처리하는 자'에 관한 해석은 배임죄의 성립에 있어서 매우 중요한 문제이다.

2 배임죄의 주체로서 **'타인의 사무를 처리하는 자'**란 「(가) 타인과의 **대내관계**에 있어서 신의성실의 원칙에 비추어 그 사무를 처리할 신임관계가 존재한다고 인정되는 자를 의미하고, 반드시 (나) 제3자에 대한 **대외관계**에서 그 사무에 관한 대리권이 존재할 것을 요하지 않으며, (다) 업무상배임죄에 있어서의 **업무의 근거**는 법령, 계약, 관습의 어느 것에 의하건 묻지 않고, 사실상의 것도 포함한다」(대판 2002도758).

3 여기서 **'타인의 사무처리'로 인정**되려면, 「타인의 재산관리에 관한 사무의 전부 또는 일부를 (가) 타인을 위하여 대행하는 경우와 타인의 재산 보전행위에 협력하는 경우라야만 되고, (나) 두 당사자 관계의 본질적 내용이 **단순한 채권 관계상의 의무를 넘어서 그들 간의 신임관계에 기초하여 타인의 재산을 보호 내지 관리하는 데 있어야 한다.** 만약, (다) 그 사무가 타인의 사무가 아니고 자기의 사무라면, 그 사무의 처리가 타인에게 이익이 되어 타인에 대하여 이를 처리할 의무를 부담하는 경우라도, 그는 타인의 사무를 처리하는 자에 해당하지 않는다」(대판 2011도3482).

3 종래 대법원은 **부동산의 이중매매**(매도인이 중도금을 수령한 이후에 매매목적물을 제3자에게 처분)의 경우 배임죄의 성립을 인정하여 왔다. 그러나 **동산의 이중매매**와 관련해서는 대상 판결에서 처음으로 그 범죄성 여부가 다투어 졌고 다수의견이 배임죄 성립을 부정하였다는 점에서 본 판결의 의미가 크다.

4 다수의견은 「(가) 형벌 법규의 해석은 엄격하여야 하고 명문 규정의 의미를 피고인에게 불리한 방향으로 지나치게 확장해석하거나 유추해석하는 것은 **죄형법정주의의 원칙에 어긋**나는 것으로서 허용되지 않는다. 나아가 (나) **사적 자치의 원칙**이 지배하는 경제활동의 영역에서 민사적 수단에 의한 분쟁의 해결 이전에 형벌법규에 의한 규율을 강제하는 것은 **형벌권의 과도한 개입**과 비대화로 개인의 자유를 침해할 위험이 있을 뿐만 아니라 사적 영역에서 합리적이고 자율적인 이해관계 조정을 왜곡하는 부정적 효과를 낳을 수 있음으로 자제되어야 한다」 등을 근거로 한다.

5 하지만 대법원은 여전히 **부동산의 이중매매**(매도인이 중도금을 수령한 이후에 매매목적물을 제3자에게 처분한 경우)는 매수인을 위한 등기협력의무를 위배하는 것으로 배임죄에 해당한다는 기존의 판례를 계속해 유지할 것을 근래에도 다시 확인하였다(대법원 2018. 5. 17. 선고 2017도4027 전원합의체 판결, 【81】 참조).

6 이처럼 대법원은 이중매매의 대상이 동산이냐 부동산이냐에 따라 배임죄의 인정 여부를 달리 평가한다. 특히 이 양자 구분의 주된 이유로 **양자의 물권변동 공시방법이 다르다**는 점을 들고 있다. ① **부동산의 경우**는 매매 목적물의 인도 이외에 매도인과 매수인의 공동신청에 의한 **등기절차가 필요**하고, 이를 통해 배임죄 성립의 기초가 되는 신임관계 및 타인의 사무처리자로서의 지위가 발생한다고 본다. 하지만 ② **동산의 경우**는 그러한 공시절차가 필요 없기 때문에 동산의 이중매매는 단순한 민사상 채무불이행에 지나지 않는다고 보는 것이다.

7 대법원은 1963.8.31. 선고 63도110 판결 이래 지금까지 중도금을 수령한 이후의 부동산의 이중매매에 대해서 배임죄를 인정하고 있다. 나아가 대법원은 배임죄의 적용 대상을 등기와 무관한 무허가건물(대판 2005도5713), 명인방법에 의한 거래가 인정되는 수목(대판 93도2069), 주류제조면허(대판 76도3962), 토석채취권(대판 79도961), 카바레영업허가권(대판 81도966)의 이중매매로까지 확대해 나갔다. 그러나 대법원은 근래에 들어 이러한 입장을 바꾸어 배임죄의 해석에 있어서 **보다 엄격한 기준을 제시**하여 배임죄가 확대되지 않도록 하고 있다(【79】, 【82】, 【83】 참조). 대상판결도 그와 같은 선상에서 이해하면 될 것으로 본다.

Reference 1
이중양도에서 배임죄 성립을 부정한 판례

1 [대판 2020도6258 전원합의체] [저당권이 설정된 자동차의 임의처분과 이중양도] [1] 금전채권 채무 관계에서 채권자가 채무자의 급부이행에 대한 신뢰를 바탕으로 금전을 대여하고 채무자의 성실한 급부이행에 의해 채권의 만족이라는 이익을 얻게 된다 하더라도, 채권자가 채무자에 대한 신임을 기초로 그의 재산을 보호 또는 관리하는 임무를 부여하였다고 할 수 없고, 금전채무의 이행은 어디까지나 채무자가 자신의 급부의무의 이행으로서 행하는 것이므로 이를 두고 채권자의 사무를 맡아 처리하는 것으로 볼 수 없다. 따라서 **채무자를 채권자에 대한 관계에서 '타인의 사무를 처리하는 자'에 해당한다고 할 수 없다.** 채무자가 금전채무를 담보하기 위하여 '자동차 등 특정동산 저당법' 등에 따라 그 소유의 동산에 관하여 채권자에게 저당권을 설정해 주기로 약정하거나 저당권을 설정한 경우에도 마찬가지이다. 채무자가 저당권설정계약에 따라 부담하는 의무, 즉 동산을 담보로 제공할 의무, 담보물의 담보가치를 유지·보전하거나 담보물을 손상, 감소 또는 멸실시키지 않을 소극적 의무, 담보권 실행 시 채권자나 그가 지정하는 자에게 담보물을 현실로 인도할 의무와 같이 **채권자의 담보권 실행에 협조할 의무 등은 모두 저당권 설정계약에 따라 부담하게 된 채무자 자신의 급부의무이다.** [2] 매매와 같이 당사자 일방이 재산권을 상대방에게 이전할 것을 약정하고 상대방이 그 대금을 지급할 것을 약정함으로써 효력이 생기는 계약의 경우(민법 제563조), 쌍방이 그 계약의 내용에 좇은 이행을 하여야 할 채무는 특별한 사정이 없는 한 **'자기의 사무'에 해당하는 것이 원칙**이다. 동산 매매계약에서의 매도인은 매수인에 대하여 그의 사무를 처리하는 지위에 있지 아니하므로, 매도인이 목적물을 타에 처분하였다 하더라도 형법상 배임죄가 성립하지 아니한다. 위와 같은 법리는 권리이전에 등기·등록을 요하는 동산에 대한 매매계약에서도 동일하게 적용되므로, 자동차 등의 매도인은 매수인에 대하여 그의 사무를 처리하는지위에 있지 아니하여, 매도인이 매수인에게 소유권이전등록을 하지 아니하고 타에 처분하였다고 하더라도 마찬가지로 배임죄가 성립하지 아니한다.

2 [대판 2015도6057] [주권발행 전 주식의 이중양도] 주권발행 전 주식의 양도는 양도인과 양수인의 의사표시만으로 효력이 발생한다. 그 주식 양수인은 특별한 사정이 없는 한 양도인의 협력을 받을 필요 없이 단독으로 자신이 주식을 양수한 사실을 증명함으로써 회사에 대하여 명의개서를 청구할 수 있다. 따라서 양도인이 양수인으로 하여금 회사 이외의 제3자에게 대항할 수 있도록 확정일자 있는 증서에 의한 양도통지 또는 승낙을 갖추어 주어야 할 채무를 부담한다 하더라도 이는 **자기의 사무라고 보아야 하고,** 이를 양수인과의 신임관계에 기초하여 양수인의 사무를 맡아 처리하는 것으로 볼 수 없다. 그러므로 주권발행 전 주식에 대한 양도계약에서의 양도인은 양수인에 대하여 그의 사무를 처리하는 지위에 있지 아니하여, 양도인

이 위와 같은 제3자에 대한 대항요건을 갖추어 주지 아니하고 이를 타에 처분하였다 하더라도 형법상 배임죄가 성립하는 것은 아니다.

　　3 [대판 2014도12104] [아파트 수분양권 매도인의 이중처분] 수분양권 매매계약의 매도인으로서는 원칙적으로 수분양자 명의변경에 관한 분양자 측의 동의 내지 승낙을 얻어 수분양자 명의변경절차를 이행하면 계약상 의무를 다한 것이 되고, 그 수분양권에 근거하여 목적물에 관한 소유권을 취득한 다음 매수인 앞으로 소유권이전등기를 마쳐 줄 의무까지는 없다. 다만 수분양권 매도인이 스스로 수분양권을 행사하고 목적물의 소유권을 취득하여 매수인에게 목적물에 관한 소유권이전등기절차를 이행할 의무까지 인정되는 경우가 있으나, 이는 수분양자 명의변경절차가 이행되지 못한 채 매도인 명의로 수분양권이 행사되어 수분양권은 소멸하고 목적물만 남게 된 경우 수분양권 매매계약의 목적을 달성하기 위하여 인정되는 의무이므로, 이와 같은 사정만으로 수분양권 매매계약에 따른 당사자 관계의 전형적·본질적 내용이 신임관계에 기초하여 매수인의 재산을 보호 또는 관리하는 것으로 변경된다고 보기는 어렵다. 이러한 수분양권 매매계약의 내용과 그 이행의 정도, 그에 따른 계약의 구속력의 정도, 거래의 관행, 신임관계의 유형과 내용, 신뢰위반의 정도 등을 종합적으로 고려해 보면, 수분양권 매매계약에 따른 당사자 관계의 전형적·본질적 내용이 통상의 계약에서의 이익대립관계를 넘어서 그들 사이의 신임관계에 기초하여 타인의 재산을 보호 또는 관리하는 데에 있다고 할 수 없다. 따라서 **특별한 사정이 없는 한 수분양권 매도인이 수분양권 매매계약에 따라 매수인에게 수분양권을 이전할 의무는 자신의 사무에 해당할 뿐**이므로, 매수인에 대한 관계에서 '타인의 사무를 처리하는 자'라고 할 수 없다. 그러므로 수분양권 매도인이 위와 같은 의무를 이행하지 아니하고 수분양권또는 이에 근거하여 향후 소유권을 취득하게 될 목적물을 미리 제3자에게 처분하였더라도 형법상 배임죄가 성립하는 것은 아니다.

　　4 [대판 86도2490] 피고인과 위 심○식간의 이 사건 **연립주택에 대한 분양권**을 부여하는 약정은 피고인이 그 공사대금 채무를 변제하는 방편으로 심○식에게 위 연립주택의 분양권을 위임하여 그 분양대금 중 세대 당 500만원씩 변제 충당하는 행위를 인용하여야 할 소극적 의무를 내용으로 하는 것으로서, 피고인의 위와 같은 내용의 채무부담행위는 심○식의 재산을 관리 보전할 임무부담행위도 아니고 심○식의 위 채권의 실현에 특별히 피고인의 협력의무를 수반하는 것도 아닌 **단순한 채권적 수인의무에 불과**하다 할 것이므로 이를 타인의 사무라고는 보기 어렵다 할 것이다. 따라서 피고인이 위 수인의무에 위반하여 원심이 확정한 사실과 같이 연립주택중의 4세대에 대하여 타인에게 소유권이전등기 또는 근저당권설정등기를 경료하여 위 수인의무에 위반하였다고 하더라도 **이는 오로지 피고인 자신의 사무처리에 불과**하고, 이로 인하여 결과적으로 위 심○식에게 채권변제충당을 하지 못하게 하였다 하더라도 피고인에게 배임죄의 죄책을 지울 수는 없다

　　5 [대판 86도811] [점포임차권의 이중양도] 점포임차권양도계약을 체결한 후 계약금과 중도금까지 지급받았다 하더라도 잔금을 수령함과 동시에 양수인에게 점포를 명도하여 줄 양도인의 의무는 위 양도계약에 따르는 **민사상의 채무**에 지나지 아니하여 이를 타인의 사무로 볼 수 없으므로 비록 양도인이 위 임차권을 2중으로 양도하였다 하더라도 배임죄를 구성하지 않는다.

80 배임죄에서 '타인사무 처리 자'의 지위(2) – 대물변제예약 –

* 대법원 2014. 8. 21. 선고 2014도3363 전원합의체 판결
* 참조조문: 형법 제355조 제2항1)

> 채권을 담보할 목적으로 부동산에 관한 대물변제예약을 체결한 채무자가 대물로 변제하기로 한 부동산을 제3자에게 처분한 경우, 배임죄가 성립하는가?

●**사실**● 피고인 X는 A에게 차용금 3억 원을 변제하지 못할 경우 자신의 어머니 소유의 부동산에 대한 유증 상속분을 **대물변제하기로 약정**하였다. 이후 X는 유증을 원인으로 그 부동산에 관한 소유권이전등기를 마쳤음에도 이를 누나와 자형에게 매도함으로써 부동산의 실제 재산상 가치인 1억 8,500만 원 상당의 재산상 이익을 취득하고 A에게는 동액 상당의 손해를 입혔다.

제1심과 원심은 채권 담보를 위한 대물변제예약 사안에서 채무자가 대물로 변제하기로 한 부동산을 제3자에게 처분할 경우 배임죄 성립을 인정한 선례에 따라 X에 대해 유죄를 인정하였다. 이에 X는 상고하였다.

●**판지**● 파기환송. 「**[다수의견]** (가) 채무자가 채권자에 대하여 소비대차 등으로 인한 채무를 부담하고 이를 담보하기 위하여 장래에 부동산의 소유권을 이전하기로 하는 내용의 **대물변제예약**에서, 약정의 내용에 좇은 이행을 하여야 할 채무는 특별한 사정이 없는 한 **'자기의 사무'에 해당하는 것이 원칙**이다. (나) 채무자가 대물변제예약에 따라 부동산에 관한 소유권을 이전해 줄 의무는 예약 당시에 확정적으로 발생하는 것이 아니라 채무자가 차용금을 제때에 반환하지 못하여 채권자가 예약완결권을 행사한 후에야 비로소 문제가 되고, 채무자는 예약완결권 행사 이후라도 얼마든지 금전채무를 변제하여 당해 부동산에 관한 소유권이전등기절차를 이행할 의무를 소멸시키고 의무에서 벗어날 수 있다. 한편 채권자는 당해 부동산을 특정물 자체보다는 담보물로서 가치를 평가하고 이로써 기존의 금전채권을 변제받는 데 주된 관심이 있으므로, 채무자의 채무불이행으로 인하여 대물변제예약에 따른 소유권등기를 이전받는 것이 불가능하게 되는 상황이 초래되어도 채권자는 채무자로부터 금전적 손해배상을 받음으로써 대물변제예약을 통해 달성하고자 한 목적을 사실상 이룰 수 있다. 이러한 점에서 **대물변제예약의 궁극적 목적은 차용금반환채무의 이행 확보**에 있고, 채무자가 대물변제예약에 따라 부동산에 관한 **소유권이전등기절차를 이행할 의무는 궁극적 목적을 달성하기 위해 채무자에게 요구되는 부수적 내용이어서** 이를 가지고 배임죄에서 말하는 신임관계에 기초하여 채권자의 재산을 보호 또는 관리하여야 하는 **'타인의 사무'에 해당한다고 볼 수는 없다.** (다) 그러므로 채권 담보를 위한 대물변제예약 사안에서 채무자가 대물로 변제하기로 한 부동산을 제3자에게 처분하였다고 하더라도 형법상 배임죄가 성립하는 것은 아니다. (라) 피고인이 대물변제예약에 따라 甲에게 부동산의 소유권이전등기를 마쳐 줄 의무는 **민사상 채무에 불과할 뿐** 타인의 사무라고 할 수 없어 **피고인이 '타인의 사무를 처리하는 자'의 지위에 있다고 볼 수 없다.**

●**해설**● 1 대상판결은 채권 담보를 위한 대물변제예약 사안에서 배임죄의 성립을 인정한 그간의 판결을 폐기하고, 채무자가 대물로 변제하기로 한 부동산을 제3자에게 처분하였다고 하더라도 형법상 배임죄 성립을 부정하고 있다. 이러한 대법원의 입장은 배임죄의 해석에 있어서 **보다 엄격한 기준을 제시하**

---

1) 형법 제355조(배임) ② **타인의 사무를 처리하는 자**가 그 임무에 위배하는 행위로써 재산상의 이익을 취득하거나 제삼자로 하여금 이를 취득하게 하여 본인에게 손해를 가한 때에도 전항의 형과 같다.

였다는 점에서 그 의의가 크다. 그리고 이는 배임죄가 확대되지 않도록 그 구성요건을 제한적으로 해석하려는 **근래 대법원의 변화된 흐름**에서 나온 것으로 생각된다.

2 배임죄의 행위 주체는 '타인의 사무를 처리하는 자'이다(**진정신분범**). 그리고 여기서 '**타인의 사무**'라 함은 「**신임관계에 기초를 둔** 타인의 재산의 보호 내지 관리의무가 있을 것을 그 본질적 내용으로 하는 것으로 (가) 타인의 재산관리에 관한 사무를 대행하는 경우, 예컨대 **위임, 고용** 등의 계약상 타인의 재산의 관리·보전의 임무를 부담하는데 본인을 위하여 일정한 권한을 행사하는 경우, (나) **등기협력의무와 같이 매매, 담보권설정** 등 자기의 거래를 완성하기 위한 자기의 사무인 동시에 상대방의 재산보전에 협력할 의무가 있는 경우 따위를 말한다」(대판 2004도6890). 이와 같이 대법원은 타인의 사무로서 타인의 재산을 보호 또는 관리하는 경우로는 ① 타인의 재산관리에 관한 **사무를 대행**하는 경우와 ② 타인의 **재산보전**에 협력할 의무가 있는 경우로 보고 있다.

3 판례는 '타인의 사무'를 처리한다고 하려면 「당사자 관계의 본질적 내용이 **단순한 채권·채무 관계를 넘어서** 그들 간의 신임관계에 기초하여 타인의 재산을 보호 또는 관리하는 데 있어야 한다」고 보았다(대판 2008도10479). 따라서 **단순히 타인에 대하여 채무를 부담함에 불과한 경우**에는 본인의 사무가 될지언정 타인의 사무처리에 해당한다고 할 수는 없다(대판 84도2127).

4 하지만 배임죄를 해석함에 있어 가장 곤혹스러운 부분은 **단순한 민사상 채무불이행과의 구별**에 관한 것이다. 사안의 경우도 대법원과 하급심은 이 점에서 다투고 있다. 하급심과 대법원 반대의견은 X의 행위는 채권자로 하여금 그 부동산의 소유권 취득을 불가능하게 하거나 현저히 곤란하게 한 경우로서 이러한 행위는 대물변제예약에서 비롯되는 본질적·전형적 신임관계를 위반한 것으로 단순한 채무불이행이 아니라 형사상 책임을 물어야 하는 배임죄에 해당한다고 보았다.

5 즉 반대의견의 주된 요지는, 부동산 이중매매나 이중양도에 대하여 배임죄의 성립을 인정해 온 대법원 판례를 변경하지 않는 이상 이 사건 채권 담보를 위한 대물변제예약의 경우에도 배임죄의 성립을 인정하는 것이 논리적으로 일관되고, 담보계약에 기초한 신임관계의 위배도 배임죄로 처벌할 현실적 필요성이 있다는 것으로 이해된다.

6 그러나 대법원 다수의견은 「차용금에 대한 채권 담보를 위하여 대물변제를 약속하였다가 이를 이행하지 못한 채무불이행 사안에 불과한 이 사안의 경우에까지 채무자에게 신임관계에 기초하여 채권자의 재산을 보호 또는 관리할 의무가 있고 더욱이 그것이 신임관계의 전형적·본질적 내용이 되므로 배임죄로 처벌하여야 한다는 것은 **결국 민사상 채무불이행을 형사처벌하여야 한다는 지나친 주장에 불과하다고 생각한다**」고 판단하였다. 이러한 민사채무 불이행에 대한 국가형벌권의 개입을 자제하고자 하는 입장은 근래 배임죄에서 대법원판결의 변경된 흐름을 보여주고 있다.

7 따라서 배임죄에 있어서 「'**타인의 사무처리**'로 인정되려면, 타인의 재산관리에 관한 사무의 전부 또는 일부를 타인을 위하여 대행하는 경우와 타인의 재산보전행위에 협력하는 경우라야만 되고, 두 당사자 관계의 본질적 내용이 **단순한 채권관계상의 의무를 넘어서** 그들 간의 신임관계에 기초하여 타인의 재산

을 보호 내지 관리하는 데 있어야 한다. 만약, 그 사무가 타인의 사무가 아니고 **자기의 사무라면**, 그 사무의 처리가 타인에게 이익이 되어 타인에 대하여 이를 처리할 의무를 부담하는 경우라도, 그는 타인의 사무를 처리하는 자에 해당하지 않는다」(대판 2011도3482).

Reference

피고인이 '타인의 사무를 처리하는 자'의 지위에 있지 않다고 본 판례(배임죄 부정)

1 [대판 2020도9789] [원인불명으로 재산상 이익인 가상자산을 이체받은 자가 가상자산을 사용·처분한 경우, 신의칙을 근거로 배임죄로 처벌할 수 있는지 여부(소극)] [1] 피고인이 알 수 없는 경위로 갑의 특정 거래소 가상지갑에 들어 있던 비트코인을 자신의 계정으로 이체받은 후 이를 자신의 다른 계정으로 이체하여 재산상 이익을 취득하고 갑에게 손해를 가하였다고 하여 특정경제범죄가중처벌 등에 관한 법률 위반(배임)의 예비적 공소사실로 기소된 사안에서, 비트코인이 법률상 원인관계 없이 갑으로부터 피고인 명의의 전자지갑으로 이체되었더라도 **피고인이 신임관계에 기초하여 갑의 사무를 맡아 처리하는 것으로 볼 수 없는 이상** 갑에 대한 관계에서 '타인의 사무를 처리하는 자'에 해당하지 않는다. [2] 가상자산 권리자의 착오나 가상자산 운영 시스템의 오류 등으로 법률상 원인관계 없이 다른 사람의 가상자산 전자지갑에 가상자산이 이체된 경우, 가상자산을 이체받은 자는 가상자산의 권리자 등에 대한 부당이득반환의무를 부담하게 될 수 있다. 그러나 이는 **당사자 사이의 민사상 채무**에 지나지 않고 이러한 사정만으로 가상자산을 이체받은 사람이 신임관계에 기초하여 가상자산을 보존하거나 관리하는 지위에 있다고 볼 수 없다. …… 원인불명으로 재산상 이익인 가상자산을 이체받은 자가 가상자산을 사용·처분한 경우 이를 형사처벌하는 명문의 규정이 없는 현재의 상황에서 착오송금 시 횡령죄 성립을 긍정한 판례를 유추하여 신의칙을 근거로 피고인을 배임죄로 처벌하는 것은 **죄형법정주의에 반한다**.

2 [대판 2018도13604²⁾] 도시개발사업조합의 조합장인 피고인이 환지처분 전 체비지를 양도하고 그 양수인은 다시 피해자에게 매도하여 피해자가 체비지대장에 최종 취득자로 등재된 상태에서, 피고인이 임의로 체비지대장에 등재된 피해자의 명의를 말소하자, 검찰이 피고인의 위 말소행위를 배임죄로 기소한 사안에서, '현행 도시개발법 시행 이후의 체비지 양수인의 법적 지위는, **물권 유사의 권리자가 아니라 매매 등 계약에 기한 채권적 청구권자 에 불과**하고 체비지대장에의 등재 역시 물권 유사 권리의 공시방법이라고 볼 수도 없으므로, 피고인을 타인의 사무를 처리하는 자에 해당한다고 볼 수 없고 체비지 대장 말소로 인해 피해자에게 손해가 있다고 보기도 어렵다'고 판단하고, 이와 달리 '현행 도시개발법에 따라 이루어진 도시개발사업에서 체비지대장에의 등재를 물권 유사 권리의 공시방법이라고 보고, 조합장인 피고인의 체비지대장의 등재·말소 등 관리사무를 타인의 사무처리로 보아 배임죄를 유죄로 인정한 원심을 파기·환송하였다. **cf)** 이 판결은, 구 토지구획정리사업법에 따라 체비지대장에 등재된 체비지 양수인의 법적 지위와 달리, 현행 도시개발법에 따라 체비지대장에 등재 된 체비지 양수인의 법적 지위는 물권 유사의 권리자가 아니라 매매 등 계약에 기한 채권적 청구권자에 불과하고, 따라서 조합장의 체비지대장 관리사무가 타인의 사무처리에 해당하지 않는다는 점을 명시적으로 선언 한 최초의 판결로서 의의가 있다.

---

2) 대법원 2022. 10. 14. 선고 2018도13604 판결

금융기관의 임직원과 예금주간의 배임죄성부

3-1 [대판 2017도7489] 예금은 은행 등 법률이 정하는 금융기관을 수치인으로 하는 금전의 **소비임치3) 계약**으로서, 그 예금계좌에 입금된 금전의 소유권은 금융기관에 이전되고, 예금주는 그 예금계좌를 통한 예금반환채권을 취득하므로, **금융기관의 임직원**은 예금주로부터 예금계좌를 통한 적법한 예금반환 청구가 있으면 이에 응할 의무가 있을 뿐 **예금주와의 사이에서 그의 재산관리에 관한 사무를 처리하는 자의 지위에 있다고 할 수 없다.** cf) 은행직원이 고객의 예금을 관리하는 것은 은행의 소유인 금원에 대한 은행의 업무에 속한 것으로 예금주인 고객의 사무를 처리하는 것이 아님을 명확히 한 판결이다.

3-2 [대판 2008도1408] 임의로 예금주의 예금계좌에서 5,000만 원을 인출한 금융기관의 임직원에게 업무상배임죄가 성립하지 않는다.

4 [대판 2015도5665] [전세보증금의 질권설정] ●사실● 피고인 X는 2011.7.15.경 Y 소유의 아파트 202호를 전세보증금 1억 6,000만원, 전세기간 2011.8.5.부터 2013.8.5.까지 2년간 임차하기로 하는 전세계약을 체결하기로 마음먹었다. 그리고 그 무렵 피해자 A 주식회사에 전세자금 대출신청을 하여 전세보증금 1억 2,000만 원의 대출을 받되, 그 담보로 Y에 대한 보증금 반환청구권 전부에 **권리질권4)**을 설정하였다. 따라서 X는 권리질권 설정자로서 질권자인 A의 동의 없이 질권의 목적이 되는 위 보증금 반환청구권을 소멸하게 하거나 질권자의 이익을 해하는 변경을 하지 아니하여야 할 임무가 있었다. 그럼에도 X는 2013.7.경 Y에게 이사를 나가겠다고 한 후 Y가 위 아파트를 B·C에게 매도하여 2013.9.2.이 잔금기일로 정해지자, 같은 날 이 아파트상가 101호에 있는 ○○공인중개사 사무소에서 Y와 매수인 B와 C, 공인중개사 D 등과 만나 매수인 측으로부터 직접 전세보증금 명목으로 합계 89,225,520원을 X명의 제일은행 계좌로 송금받고, Y로부터 나머지 50,774,480원을 지급받았다. 검사는 X에 대해 임무에 위배하여 위 전세계약 및 Y에 대한 보증금 반환청구권을 소멸하게 함으로써 A에게 위 전세보증금 1억 6,000만 원 상당의 손해를 가하고, 같은 금액 상당의 재산상 이익을 취득하였다고 보아 배임죄로 공소제기 하였다. 원심은 통상의 금전소비대차관계에서 차용인의 대여인에 대한 차용금 변제의무는 자신의 채무일 뿐이고 타인의 사무라고 볼 수 없을 것이나, 차용인과 대여인 사이에 차용금채무를 피담보채무로 한 권리질권설정계약을 체결한 경우에는 차용인은 권리질권설정계약에 따라 대여인의 권리질권이라는 재산의 보호 또는 관리를 위하여 협력하여야 하는 지위에 있다 할 것이므로, **권리질권설정자인 피고인은 '타인의 사무를 처리하는 자'에 해당**하고, 피고인의 임차보증금반환채권 1억 6,000만원 전체에 관하여 **배임죄가 성립한다**고 보아, 이 사건 공소사실을 유죄로 판단한 제1심의 판단을 유지하였다. 이에 X가 상고하였다. ●판지● **파기환송.** 「(가) 타인에 대한 채무의 담보로 제3채무자에 대한 채권에 대하여 권리질권을 설정한 경우 질권설정자는 질권자의 동의 없이 질권의 목적된 권리를 소멸하게 하거나 질권자의 이익을 해하는 변경을 할 수 없다(민법 제352조). 또한 (나) 질권설정자가 제3채무자에게 질권설정의 사실을 통지하거나 제3채무자가 이를 승낙한 때에는 제3채무자가 질권자의 동의 없이 질권의 목적인 채무를 변제하더라도 이로써 질권자에게 대항할 수 없고, 질권자는 여전

---

3) **소비임치(消費任置)**는 목적물이 금전과 같은 대체물로서 소비물인 경우에 수취인이 그 물건을 소비하고 그것과 동종·동질·동량의 물건을 반환하면 된다고 하는 특수한 임치(민법 702)이다

4) **질권(質權)**은 채권자가 그의 채권의 담보로서 채무자의 물건을 수취하여 채무의 변제가 있을 때까지 채무자 또는 제3자(물상보증인)로부터 받은 물건(또는 재산권)을 점유하고, 유치함으로써 한편으로는 채무의 변제를 간접적으로 강제하는 동시에, 채무의 변제가 없는 경우에는 그 목적물로부터 다른 채권자에 우선하여 변제를 받는 권리를 말한다(민법 329,345조). 이는 원칙적으로 부동산 이외의 재산권에 성립되는 약정담보물권이다. 특히 재산권을 목적으로 하는 질권을 **권리질(權利質)**이라 한다.

히 제3채무자에 대하여 직접 채무의 변제를 청구하거나 변제할 금액의 공탁을 청구할 수 있다(민법 제353조 제2항, 제3항)[5]. 그러므로 이러한 경우 **질권설정자가 질권의 목적인 채권의 변제를 받았다고 하여** 질권자에 대한 관계에서 타인의 사무를 처리하는 자로서 임무에 위배하는 행위를 하여 질권자에게 손해를 가하거나 손해 발생의 위험을 초래하였다고 할 수 없고, 배임죄가 성립하지도 않는다」.

5-1 [대판 2015도5184] [**채무자가 채권양도담보계약**에 따라 '담보 목적 채권의 담보가치를 유지·보전할 의무'를 부담하는 경우, 채권자에 대한 관계에서 '타인의 사무를 처리하는 자'에 해당하는지 여부(소극)] 금전채권채무 관계에서 채권자가 채무자의 급부이행에 대한 신뢰를 바탕으로 금전을 대여하고 채무자의 성실한 급부이행에 의해 채권의 만족이라는 이익을 얻게 된다 하더라도, 채권자가 채무자에 대한 신임을 기초로 그의 재산을 보호 또는 관리하는 임무를 부여하였다고 할 수 없고, 금전채무의 이행은 어디까지나 채무자가 자신의 급부의무의 이행으로서 행하는 것이므로 이를 두고 채권자의 사무를 맡아 처리하는 것으로 볼 수 없다. 따라서 금전채권채무의 경우 **채무자는 채권자에 대한 관계에서 '타인의 사무를 처리하는 자'에 해당한다고 할 수 없다.** 채무자가 기존 금전채무를 담보하기 위하여 다른 금전채권을 채권자에게 양도하는 경우에도 마찬가지이다. 채권양도담보계약에 따라 채무자가 부담하는 '담보 목적 채권의 담보가치를 유지·보전할 의무' 등은 담보 목적을 달성하기 위한 것에 불과하며, 채권양도담보계약의 체결에도 불구하고 당사자 관계의 전형적·본질적 내용은 여전히 피담보채권인 금전채권의 실현에 있다. 따라서 채무자가 채권양도담보계약에 따라 부담하는 '담보 목적 채권의 담보가치를 유지·보전할 의무'를 이행하는 것은 채무자 자신의 사무에 해당할 뿐이고, 채무자가 통상의 계약에서의 이익대립관계를 넘어서 채권자와의 신임관계에 기초하여 채권자의 사무를 맡아 처리한다고 볼 수 없으므로, 이 경우 채무자는 채권자에 대한 관계에서 '타인의 사무를 처리하는 자'에 해당한다고 할 수 없다.

5-2 [**같은 법리**] [대판 2020도12927] [채무자가 기존 금전채무를 담보하기 위하여 다른 금전채권을 채권자에게 양도한 후 제3채무자에게 채권양도 통지를 하지 않은 채 자신이 사용할 의도로 제3채무자로부터 변제를 받아 변제금을 수령한 경우, 채권자와의 위탁신임관계에 의하여 채권자를 위해 위 변제금을 보관하는 지위에 있는지 여부(소극) 및 채무자가 이를 임의로 소비하면 횡령죄가 성립하는지 여부(소극)] (가) 채무자가 기존 금전채무를 담보하기 위하여 다른 금전채권을 채권자에게 양도하는 경우, 채무자가 채권자에 대하여 부담하는 '담보 목적 채권의 담보가치를 유지·보전할 의무'는 채권 양도담보계약에 따라 부담하게 된 채무의 한 내용에 불과하다. (나) 또한 통상의 채권양도계약은 그 자체가 채권자 지위의 이전을 내용으로 하는 주된 계약이고, 그 당사자 사이의 본질적 관계는 양수인이 채권자 지위를 온전히 확보하여 채무자로부터 유효하게 채권의 변제를 받는 것이다. 그런데 채권 양도담보계약은 피담보채권의 발생을 위한 계약(예컨대 금전소비대차계약 등)의 종된 계약으로, 채권 양도담보계약에 따라 채무자가 부담하는 위와 같은 의무는 담보 목적을 달성하기 위한 것에 불과하고, 그 당사자 사이의 본질적이고 주된 관계는 피담보채권의 실현이다. 이처럼 채권 양도담보계약의 목적이나 본질적 내용을 통상의 채권양도계약과 같이 볼 수는 없다. (다) 따라서 채무자가 채권 양도담보계약에 따라 담보 목적 채권의 담보가치를 유지·보전할 의무는 계약에 따른 자신의 채무에 불과하고, 채권자와 채무자 사이에 채무자가 채권자를 위하여 담보가치의 유지·

---

5) 민법 제353조(질권의 목적이 된 채권의 실행방법) ① 질권자는 질권의 목적이 된 채권을 직접 청구할 수 있다. ② 채권의 목적물이 금전인 때에는 질권자는 자기채권의 한도에서 직접 청구할 수 있다. ③ 전항의 채권의 변제기가 질권자의 채권의 변제기보다 먼저 도래한 때에는 질권자는 제삼채무자에 대하여 그 변제금액의 공탁을 청구할 수 있다. 이 경우에 질권은 그 공탁금에 존재한다. ④ 채권의 목적물이 금전이외의 물건인 때에는 질권자는 그 변제를 받은 물건에 대하여 질권을 행사할 수 있다.

보전사무를 처리함으로써 채무자의 사무처리를 통해 채권자가 담보 목적을 달성한다는 신임관계가 존재한다고 볼 수 없다. 그러므로 채무자가 제3채무자에게 채권양도 통지를 하지 않은 채 자신이 사용할 의도로 제3채무자로부터 변제를 받아 변제금을 수령한 경우, 이는 단순한 민사상 채무불이행에 해당할 뿐, 채무자가 채권자와의 위탁신임관계에 의하여 채권자를 위해 위 변제금을 보관하는 지위에 있다고 볼 수 없고, 채무자가 이를 임의로 소비하더라도 **횡령죄는 성립하지 않는다.**

6 [대판 2015도1301] [1] 채무자가 **투자금반환채무의 변제를 위하여 담보로 제공한 임차권 등의 권리를 그대로 유지할 계약상 의무**가 있다고 하더라도, 이는 기본적으로 투자금반환채무의 변제의 방법에 관한 것이고, 성실한 이행에 의하여 채권자가 계약상 권리의 만족이라는 이익을 얻는다고 하여도 이를 가지고 통상의 계약에서의 이익대립관계를 넘어서 배임죄에서 말하는 신임관계에 기초하여 채권자의 재산을 보호 또는 관리하여야 하는 '타인의 사무'에 해당한다고 볼 수 없다. [2] 피고인이 아울렛 의류매장의 운영과 관련하여 공소외인으로부터 투자를 받으면서 투자금반환채무의 변제를 위하여 의류매장에 관한 임차인 명의와 판매대금의 입금계좌 명의를 공소외인 앞으로 변경해 주었음에도 제3자에게 의류매장에 관한 임차인의 지위 등 권리 일체를 양도한 행위가 배임죄에 해당하는지가 쟁점인 이 사건에서 피고인이 의류매장에 관한 임차인 명의와 판매대금의 입금계좌 명의를 공소외인 앞으로 그대로 유지하여야 할 의무는 **단순한 민사상의 채무로서 자기의 사무**에 불과하여 타인의 사무에 해당하지 않는다고 보아 배임죄에 관한 공소사실을 무죄로 판단하였다.

7 [대판 2014도12104] [**수분양권 매도인**이 매매계약에 따라 '매수인에게 수분양권을 이전할 의무'를 부담하는 경우, 매수인에 대한 관계에서 '타인의 사무를 처리하는 자'에 해당하는지 여부(소극)] **수분양권 매매계약의 매도인**으로서는 원칙적으로 수분양자 명의변경에 관한 분양자 측의 동의 내지 승낙을 얻어 수분양자 명의변경절차를 이행하면 계약상 의무를 다한 것이 되고, 그 수분양권에 근거하여 목적물에 관한 소유권을 취득한 다음 매수인 앞으로 소유권이전등기를 마쳐 줄 의무까지는 없다. …… 따라서 특별한 사정이 없는 한 수분양권 매도인이 수분양권 매매계약에 따라 매수인에게 수분양권을 이전할 의무는 자신의 사무에 해당할 뿐이므로, 매수인에 대한 관계에서 '타인의 사무를 처리하는 자'라고 할 수 없다. 그러므로 수분양권 매도인이 위와 같은 의무를 이행하지 아니하고 수분양권 또는 이에 근거하여 향후 소유권을 취득하게 될 목적물을 미리 제3자에게 처분하였더라도 형법상 배임죄가 성립하는 것은 아니다.

8 [대판 2014도9907] 파기환송. [**대출담보인 우선수익권 보장 의무**] 피고인이 갑 새마을금고로부터 특정 토지 위에 건물을 신축하는 데 필요한 공사자금 10억 원을 대출받으면서 이를 담보하기 위하여 을 신탁회사를 수탁자, 갑 금고를 우선수익자, 피고인을 위탁자 겸 수익자로 한 담보신탁계약 및 자금관리대리사무계약을 체결하였고 계약 내용에 따라 건물이 준공된 후 을 회사에 신탁등기를 이행하여 갑 금고의 우선수익권을 보장할 임무가 있음에도 이에 위배하여 병 앞으로 건물의 소유권보존등기를 마쳐줌으로써 갑 금고에 재산상 손해를 가하였다고 하여 「특정경제범죄 가중처벌 등에 관한 법률」 위반(배임)으로 기소된 사안에서, 피고인이 을 회사, 갑 금고와 체결한 담보신탁계약의 신탁 대상 부동산은 토지이고, 건물에 대해서는 위 계약에 따라 신탁등기가 이루어지는 것이 아니라 향후 건물이 준공되어 소유권보존등기까지 마친 후 을 회사를 수탁자로, 갑 금고를 우선수익자로 한 담보신탁계약 등을 체결하고 그에 따른 등기절차 등을 이행하기로 약정한 것에 불과한 점, 건물에 관하여 추가 담보신탁하기로 약정한 것은 갑 금고가 피고인에 대한

대출금 채권의 변제를 확보하기 위함이고, 갑 금고의 주된 관심은 건물에 대한 신탁등기 이행 여부가 아닌, 대출금 채권의 회수에 있다고 봄이 타당한 점, 피고인은 갑 금고와의 관계에서 향후 건물이 준공되면 을 회사와 건물에 대한 담보신탁계약, 자금관리대리사무계약 등을 체결하고, 그에 따라 신탁등기절차를 이행하여 갑 금고에 우선수익권을 보장할 민사상 의무를 부담함에 불과하고, '갑 금고의 우선수익권'은 계약 당사자인 피고인, 갑 금고, 을 회사 등이 약정한 바에 따라 각자의 의무를 성실히 이행하면 그 결과로서 보장될 뿐인 점을 종합하면, 결국 피고인이 통상의 계약에서의 이익대립관계를 넘어서 **갑 금고와의 신임관계에 기초하여 갑 금고의 우선수익권을 보호 또는 관리하는 등 그의 사무를 처리하는 자의 지위에 있다고 보기 어려우므로** 배임죄에서의 '타인의 사무를 처리하는 자'에 해당하지 않는다는 이유로, 이와 달리 보아 피고인에게 유죄를 인정한 원심판결에 배임죄에서 '타인의 사무를 처리하는 자'의 의미에 관한 법리를 오해한 잘못이 있다.

9 [대판 2011도3247] [부동산매매에서 미리 소유권을 이전받은 매수인이 목적물을 담보로 제공하는 방법으로 매매대금을 마련하여 매도인에게 제공하기로 약정한 경우, 위 매수인이 배임죄상 '타인의 사무를 처리하는 자'에 해당하는지 여부(소극)] [1] 일정한 신임관계의 고의적 외면에 대한 형사적 징벌을 핵심으로 하는 배임의 관점에서 보면, 부동산매매에서 매수인이 대금을 지급하는 것에 대하여 매도인이 계약상 권리의 만족이라는 이익이 있다고 하여도 대금의 지급은 어디까지나 매수인의 법적 의무로서 행하여지는 것이고, 그 사무의 처리에 관하여 통상의 계약에서의 이익대립관계를 넘는 신임관계가 당사자 사이에 발생한다고 할 수 없다. 따라서 그 대금의 지급은 당사자 사이의 신임관계에 기하여 매수인에게 위탁된 매도인의 사무가 아니라 애초부터 매수인 자신의 사무라고 할 것이다. 또한 매도인이 대금을 모두 지급받지 못한 상태에서 매수인 앞으로 목적물에 관한 소유권이전등기를 경료하였다면, 이는 법이 동시이행의 항변권 등으로 마련한 대금 수령의 보장을 매도인이 자신의 의사에 기하여 포기한 것으로서, **다른 특별한 사정이 없는 한 대금을 받지 못하는 위험을 스스로 인수한 것으로 평가된다.** 그리고 그와 같이 미리 부동산을 이전받은 매수인이 이를 담보로 제공하여 매매대금 지급을 위한 자금을 마련하고 이를 매도인에게 제공함으로써 잔금을 지급하기로 당사자 사이에 약정하였다고 하더라도, 이는 기본적으로 매수인이 매매대금의 재원을 마련하는 방편에 관한 것이고, 그 성실한 이행에 의하여 매도인이 대금을 모두 받게 되는 이익을 얻는다는 것만으로 매수인이 신임관계에 기하여 매도인의 사무를 처리하는 것이 된다고 할 수 없다. [2] 피고인이 甲에게서 임야를 매수하면서, 계약금을 지급하는 즉시 피고인 앞으로 소유권을 이전받되 매매잔금은 甲의 책임 아래 형질변경과 건축허가를 받으면 일정기간 내에 위 임야를 담보로 대출을 받아 지급하고 건축허가가 나지 아니하면 계약을 해제하여 원상회복해 주기로 약정하였는데도, 위 임야에 관하여 소유권이전등기를 받은 당일 1건, 그 후 1건의 근저당권을 설정한 사안에서, 피고인이 소유권이전등기를 받은 당일 이를 담보로 제공하여 자금을 융통하였고 그 후에도 같은 일을 하였으며 융통한 자금을 甲에게 매매대금으로 지급하지 아니하였다고 하여도 타인의 사무를 처리하는 자가 그 임무에 위배하는 행위를 한 것으로 볼 수 없고, 그러한 담보 제공 등의 행위가 피고인이 위 임야를 甲에게 반환할 의무를 현실적으로 부담하고 있지 아니한 상태에서 행하여진 이상 달라지지 아니한다는 이유로, 피고인에게 배임죄가 성립하지 않는다고 본 원심판단을 정당하다.

10 [대판 2010도387] 재정경제부 금융정책국장으로서의 업무집행은 국가나 정부, 국민을 위하여 부담하는 공무일 뿐, 달리 특별한 사정이 없는 한 위 은행에 대하여 부담하는 사무의 처리라고 볼 수는 없는 점

등에 비추어, 재정경제부 금융정책국장이 위 신주발행에서 위 은행이나 그 주주들에 대한 사무처리자의 지위에 있다고 볼 수는 없다.

계주(契主)와 배임죄의 성부

11-1 [대판 2009도3143] 낙찰계의 계주가 계원들과의 약정에 따라 부담하는 계금지급의무가 배임죄에서 말하는 '타인의 사무'에 해당하려면 그 관계의 본질적 내용이 단순한 채권관계상의 의무를 넘어서 신임관계에 기초하여 타인의 재산을 보호 내지 관리하는 데 이르러야 하는바, (가) **계주가 계원들로부터 계불입금을 징수하게 되면** 그 계불입금은 실질적으로 낙찰계원에 대한 계금지급을 위하여 계주에게 위탁된 금원의 성격을 지니고 따라서 계주는 이를 낙찰·지급받을 계원과의 사이에서 단순한 채권관계를 넘어 신의칙상 그 계금지급을 위하여 위 계불입금을 보호 내지 관리하여야 하는 신임관계에 들어서게 되므로, 이에 기초한 계주의 계금지급의무는 배임죄에서 말하는 타인의 사무에 해당한다. 그러나 (나) **계주가 계원들로부터 계불입금을 징수하지 아니하였다면** 그러한 상태에서 부담하는 계금지급의무는 위와 같은 신임관계에 이르지 아니한 단순한 채권관계상의 의무에 불과하여 타인의 사무에 속하지 아니하고, 이는 **계주가 계원들과의 약정을 위반하여 계불입금을 징수하지 아니한 경우라 하여 달리 볼 수 없다.** cf) 본 판결은 피고인들이 계주로서 낙찰계를 조직·운영하다가 9회차 곗날에 계원들로부터 계불입금을 징수하지 아니하고 잠적함으로써 그 계가 파계된 사안이다. 이 경우 피고인들이 피해자와 같이 계금을 아직 낙찰받지 못한 계원들에 대한 관계에서 타인의 사무로서 계금을 지급할 지위에 있는지가 다투어졌으나 위 판지 내용과 같이 법원은 피고인들이 위 낙찰계를 정상적으로 유지·운영할 의무는 계원들과의 약정에 따라 이행하여야 할 일반적 의무로서 **계주 자신의 사무에 불과**하므로 배임죄는 성립하지 않는다고 판단하였다. 나아가 계주가 계원들로부터 징수한 계불입금은 일단 계주에게 그 소유권이 귀속된다 할 것이므로 계주가 이를 소비하더라도 횡령죄는 성립하지 않는다(대판 76도730).

11-2 [대판 82도2093] 계주는 계원들로부터 징수한 계금을 계원에게 지급하여야 할 업무상 임무가 있으므로 그 임무에 위배하여 지정된 계원에게 지급하지 아니하고 임의로 소비한 경우에는 업무상 배임죄가 성립한다고 할 것이나, **계가 파계된 후에 있어서는 계불입금의 청산의무는 있을지언정 계 존속을 전제로 한 위와 같은 계금 지급의무는 인정할 여지가 없는 것이므로** 계주가 파계 후에 계원들로부터 계가 존속하는 것처럼 계금을 징수하는 것이 계원들과 사이에 사기죄가 성립함은 별론으로 하고 위와 같이 징수한 금원을 계불입금의 청산금이 아니라 계 존속을 전제로 한 계금으로서 계원에게 지급할 업무상 임무가 있다고 볼 수 없다.

11-3 [대판 86도2343] [1] 계는 계원과 계주간의 계약관계를 기초로 성립하여 유지되는 것이고 계원과 계주의 권리의무는 상호교환적인 것으로서 어느 한쪽이 기본적인 약정을 위배하면 상대방의 의무이행을 강요할 수 없는 것인바, 계원의 계불입금지급의무는 계약내용에 있어 가장 기본적인 요소이므로 이 의무를 이행하지 않는 한 계원은 계주에게 계금지급을 요구할 수 없는 것이다. [2] 계원이 **계불입금을 성실히 지급하지 않음으로써 계의 기본약정을 파기**하였다면 계주가 그에게 계금을 주어야 할 의무는 없고 다만 그들 사이에는 정산문제만 남게 될 뿐이므로 계주가 위 계원에 대하여 계금을 지급하지 아니하였다고 하여 이를 임무에 위배한 행위라 할 수 없는 만큼 배임죄를 구성하지 않는다.

12 [대판 2008도373] 아파트 건축공사 시행사가 시공사와의 아파트 건축공사 도급계약을 체결하면서 분양수입금을 공동명의로 개설한 예금계좌로만 수령하고 그 분양수입금으로 공사대금 등을 지급하기로 특약

하였음에도, 시행사가 이를 어기고 아파트에 대한 분양수입금을 공동명의 예금계좌에 입금하지 아니한 채 이를 자신의 기존 채무의 변제 등에 사용한 사안에서, 위 특약은 **시행사의 수급인인 시공사**에 대한 공사대금 채무의 변제를 확보하는 방편으로 약정한 것에 불과할 뿐이고, 위 아파트의 수분양자로부터 **분양수입금을 수령할 권한 자체는 여전히 시행사에 있으며**, 그 분양수입금으로 시공사에 공사대금을 지급하는 사무는 **시행사 자신의 사무에 속하는 것**이므로, 시행사의 위 행위는 시공사에 대한 단순한 민사상의 채무불이행에 불과할 뿐 배임죄를 구성한다고 볼 수 없다.

13 [대판 2007도4949 전원합의체] 이사가 주식회사의 지배권을 기존 주주의 의사에 반하여 제3자에게 이전하는 것은 기존 주주의 이익을 침해하는 행위일 뿐 지배권의 객체인 주식회사의 이익을 침해하는 것으로 볼 수는 없는데, (가) 주식회사의 이사는 주식회사의 사무를 처리하는 자의 지위에 있다고 할 수 있지만 주식회사와 별개인 (나) 주주들에 대한 관계에서 직접 그들의 사무를 처리하는 자의 지위에 있는 것은 아니고, 더욱이 경영권의 이전은 지배주식을 확보하는 데 따르는 부수적인 효과에 불과한 것이어서, 회사 지분비율의 변화가 기존 주주 자신의 선택에 기인한 것이라면 지배권 이전과 관련하여 이사에게 임무위배가 있다고 할 수 없다.

서면에 의하지 않은 증여계약과 서면에 의한 증여계약의 차이

14-1 [대판 2005도5962] ●사실● 피고인은 피해자 등과 동업으로 소나무를 벌채하여 판매하는 사업을 한 바 있는데 그 당시 피해자가 소나무 거래처를 소개하여 준 사실이 있어 이에 대한 사례로서 이 사건 느티나무들을 피해자에게 증여하기로 구두로 약정한 사실을 알 수 있는바, 사정이 이러하다면 피고인은 언제든지 위 증여약정을 해제함으로써 소유권이전의무로부터 벗어날 수 있으므로 피고인이 피해자의 사무를 처리하는 자의 지위에 있다고 할 수 없을 것이다. ●판지● 서면에 의하지 아니한 증여계약이 행하여진 경우 **당사자는 그 증여가 이행되기 전까지는 언제든지 이를 해제할 수 있으므로** 증여자가 구두의 증여계약에 따라 수증자에 대하여 증여 목적물의 소유권을 이전하여 줄 의무를 부담한다고 하더라도 그 증여자는 수증자의 사무를 처리하는 자의 지위에 있다고 할 수 없다.

14-2 [비교판례] [대판 2016도19308] 서면으로 부동산 증여의 의사를 표시한 증여자는 계약이 취소되거나 해제되지 않는 한 수증자에게 목적부동산의 소유권을 이전할 의무에서 벗어날 수 없다. 그러한 증여자는 '타인의 사무를 처리하는 자'에 해당하고, 그가 수증자에게 증여계약에 따라 부동산의 소유권을 이전하지 않고 부동산을 제3자에게 처분하여 등기를 하는 행위는 수증자와의 신임관계를 저버리는 행위로서 **배임죄가 성립한다.**

15 [대판 2002도7340] [신주발행에 있어서 대표이사가 납입의 이행을 가장한 경우, 상법상 가장납입죄가 성립하는 이외에 따로 기존 주주에 대한 업무상배임죄가 성립하는지 여부(소극)] 신주발행은 주식회사의 자본조달을 목적으로 하는 것으로서 (가) **신주발행과 관련한 대표이사의 업무는 회사의 사무일 뿐**이므로 신주발행에 있어서 대표이사가 납입된 주금을 회사를 위하여 사용하도록 관리·보관하는 업무 역시 회사에 대한 선관주의의무 내지 충실의무에 기한 것으로서 회사의 사무에 속하는 것이고, (나) 신주발행에 있어서 대표이사가 일반 주주들에 대하여 그들의 신주인수권과 기존 주식의 가치를 보존하는 임무를 대행한다거나 주주의 재산보전 행위에 협력하는 자로서 **타인의 사무를 처리하는 자의 지위에 있다고는 볼 수 없을 뿐만 아니라,** (다) 납입을 가장하는 방법에 의하여 주금이 납입된 경우 회사의 재산에 대한 지분가치로서의

기존 주식의 가치가 감소하게 될 수는 있으나, **이는 가장납입에 의하여 회사의 실질적 자본의 감소가 초래됨에 따른 것으로서 업무상배임죄에서의 재산상 손해에 해당된다고 보기도 어려우므로,** (라) 신주발행에 있어서 대표이사가 납입의 이행을 가장한 경우에는 상법 제628조 제1항에 의한 가장납입죄가 성립하는 이외에 따로 기존 주주에 대한 업무상배임죄를 구성한다고 할 수 없다.

16 [대판 2003도763] 골프시설의 운영자가 일반회원들을 위한 회원의 날을 없애고, 일반회원들 중에서 주말예약에 대하여 우선권이 있는 특별회원을 모집함으로써 일반회원들의 주말예약권을 사실상 제한하거나 박탈하는 결과가 되었다고 하더라도, 이는 일반회원들에 대한 회원가입계약에 따른 민사상의 채무를 불이행한 것에 불과하고, **골프시설의 운영자가 일반회원들의 골프회원권이라는 재산관리에 관한 사무를 대행하거나 그 재산의 보전행위에 협력하는 지위에 있다고 할 수는 없으므로** 배임죄의 주체인 타인의 사무를 처리하는 자에 해당하지 아니한다는 이유로 일반회원들에 대한 배임죄를 구성하지 아니한다.

17 [대판 2001도5439] 파기환송. 대표청산인이 청산위원회의 결의를 거치지 아니하고 청산금을 지출한 행위가 **본인인 청산법인을 위한 것**으로서 대표청산인의 임무에 위배되지 않은 것이거나 불법영득의 의사가 없었다고 볼 여지가 충분하다는 이유로 유죄를 선고한 원심판결을 파기한 사례. **cf)** 청산회사의 대표청산인이 처리하는 채무의 변제, 재산의 환가처분 등 **회사의 청산의무는 청산인 자신의 사무** 또는 청산회사의 업무에 속하는 것이므로, 청산인은 회사의 채권자들에 대한 관계에 있어 직접 그들의 사무를 처리하는 자가 아니다. 따라서 본 사안에서도 대표청산인은 타인의 사무를 처리한 것이 아니라 자신의 사무를 처리하는 자이기 때문에 배임죄는 성립하지 않는다.

18 [대판 98도2577] [주식회사의 감사 겸 서울사무소장의 회사 명의의 유가증권위조·행사 행위가 **회사의 사무처리와 무관**하다는 이유로 배임죄가 성립하지 않는다고 본 사례] [1] 형법 제355조 제2항의 배임죄는 타인의 사무를 처리하는 자가 그 임무에 위배하는 행위로서 재산상의 이득을 취득하거나 제3자로 하여금 이를 취득하게 하여 본인에게 손해를 가함으로써 성립하는 것이므로, 주식회사의 감사 겸 서울사무소장인 피고인의 유가증권위조·행사로 말미암아 회사에 대하여 손해를 가하였다고 하여 피고인에게 배임죄의 책임을 물으려면, 피고인이 위와 같은 지위에 있었다는 것만으로는 부족하고, 피고인이 유가증권의 위조·행사와 관련하여 법령 또는 계약 등에 의하여 구체적으로 어떠한 사무를 처리하는 신분이 있었는지를 먼저 확정하지 아니하면 안된다. [2] 원심이 위와 같은 점을 간과한 채, 피고인을 위 어음의 위조·행사 등 죄로 처벌하는 외에 피고인이 피해자 회사의 감사 겸 서울사무소장의 지위에 있었다는 것만으로, 피고인에게 특정경제범죄가중처벌등에관한법률 제3조 제1항 제1호, 형법 제355조 제2항(배임)의 죄책을 물은 것은 배임죄의 구성요건인 타인의 사무에 관한 법리를 오해한 나머지 판결에 영향을 미친 심리미진의 위법이 있다. **cf)** 타인의 사무처리와 관련해서 임무위배 행위를 해야 배임죄가 성립할 수 있다. 따라서 **그 사무처리와 무관하게** 임무위배 행위를 하였을 때에는 배임죄가 성립하지 않는다.

19 [대판 96도1514] [국토이용관리법상의 **규제구역 내 토지를 허가 없이 매도**한 매도인이 배임죄의 주체에 해당하는지 여부(소극)] 국토이용관리법 제21조의2 소정의 규제구역 내에 있는 토지를 매도하였으나 같은 법 소정의 거래허가를 받은 바가 없다면, 매도인에게 매수인에 대한 소유권이전등기에 협력할 의무가 생겼다고 볼 수 없고, 따라서 매도인이 배임죄의 주체인 타인의 사무를 처리하는 자에 해당한다고 할 수

없다. **cf)** 그러나 이 사건 토지는 1984. 12. 17.자로 **신고지역으로 고시**되었다가 1990. 5. 4.에야 비로소 건설부 공고 제53호로 **토지거래허가지역으로 지정고시**되었다. 따라서 이 사건 토지가 토지거래허가지역으로 지정고시되기 전에 이미 체결된 이 사건 매매계약에 관하여는 관할 관청의 허가를 받을 필요가 없어 피고인으로서는 위 계약 당일 매매대금을 지급받음으로써 그 때부터는 이미 배임죄의 주체인 타인의 사무를 처리하는 자의 지위에 있다고 보아 대법원은 배임죄 성립을 인정하였다.

20 [대판 91도2184] [음식점 임차인의 지위를 양도한 자와 배임죄] 음식점 임대차계약에 의한 임차인의 지위를 양도한 자는 양도사실을 임대인에게 통지하고 양수인이 갖는 임차인의 지위를 상실하지 않게 할 의무가 있다고 하여도, 이러한 임무는 임차권 양도인으로서 부담하는 채무로서 양도인 자신의 의무일 뿐이지 자기의 사무임과 동시에 양수인의 권리취득을 위한 사무의 일부를 이룬다고 볼 수 없으므로 양도인을 배임죄의 주체인 타인의 사무를 처리하는 자로 볼 수 없다.

21 [대판 90도6] 청산회사의 대표청산인이 처리하는 채무의 변제, 재산의 환가처분 등 회사의 청산의무는 **청산인 자신의 사무** 또는 청산회사의 업무에 속하는 것이므로, 청산인은 회사의 채권자들에 대한 관계에 있어 직접 그들의 사무를 처리하는 자가 아니다.

계약관계가 법질서를 벗어난 경우
22-1 [대판 86도1382] 내연의 처와의 **불륜관계를 지속하는 대가로서** 부동산에 관한 소유권이전등기를 경료해 주기로 약정한 경우, 위 부동산 증여계약은 선량한 풍속과 사회질서에 반하는 것으로 무효이어서 위 증여로 인한 소유권이전등기의무가 인정되지 아니하는 이상 동인이 타인의 사무를 처리하는 자에 해당한다고 볼 수 없어 비록 위 등기의무를 이행하지 않는다 하더라도 배임죄를 구성하지 않는다. **cf)** 배임죄에서 신임관계는 법질서가 인정하는 것이어야 한다

22-2 [대판 96도1514] 국토이용관리법 제21조의2 소정의 규제구역 내에 있는 토지를 매도하였으나 같은 법 소정의 거래허가를 받은 바 없다면, 매도인에게 매수인에 대한 소유권이전등기에 협력할 의무가 생겼다고 볼 수 없고, 따라서 매도인이 배임죄의 주체인 타인의 사무를 처리하는 자에 해당한다고 할 수 없다.

22-3 [대판 2009도10701] [1] 망(亡) 甲은 망 乙에게, 망 乙은 丙에게 각 토지에 관한 소유권이전등기절차를 순차 이행하여야 할 의무가 있고, 甲의 처인 피고인도 甲의 위와 같은 의무를 상속하였음에도 그 임무에 위배하여 위 토지를 제3자에게 처분하고 소유권이전등기를 마침으로써 위 토지의 시가 상당의 재산상 이익을 취득하고 丙에게 그에 해당하는 손해를 가하였다는 내용으로 기소된 사안에서, 乙과 丙 사이의 토지 매매는 **자경 또는 자영할 의사가 없었던 매매**로서 丙은 구 농지개혁법(1994. 12. 22. 법률 제4817호 농지법 부칙 제2조로 폐지)상 **위 토지의 소유권을 취득할 수 없으므로**, 피고인이 제3자에게 위 토지를 처분하고 소유권이전등기절차를 마쳤더라도 丙에 대하여 배임죄를 구성하지 아니한다고 본 원심판단을 수긍한 사례. [2] 구 농지개혁법(1994. 12. 22. 법률 제4817호 농지법 부칙 제2조로 폐지)상 자경 또는 자영의 의사가 없는 농지의 매수인은 농지매매증명의 발급 여부에 관계없이 농지에 대한 소유권을 취득할 수 없고, 비농가인 매수인이 자경·자영의사가 없었다고 인정되면 매수인은 매도인에 대하여 소유권이전등기절차의 이행을 청구할 수 없다.

22-4 [대판 2011도614] 부동산 매매업자 甲이 피고인에게서 구 국토의 계획 및 이용에 관한 법률(2007. 7. 27. 법률 제8564호로 개정되기 전의 것, 이하 '법'이라 한다)에서 정한 토지거래허가구역 내 토지를 매수하면

서, 매수인을 자신이 운영하는 부동산컨설팅 회사 직원 乙 등의 명의로 하고, 소유권이전등기는 甲이 지정하는 자에게 하기로 하는 내용의 토지매매계약을 체결하고 대금을 지급하였는데, 그 후 위 토지가 허가구역 지정에서 해제되자 피고인이 이를 임의로 처분한 사안에서, 법상 토지거래허가에 필요한 거주요건을 갖추지 못한 甲이 허가요건을 갖춘 丙 명의로 허가를 받으려는 의사로 위와 같이 토지매매계약을 체결한 이상, 이와 같은 행위는 **처음부터 토지거래허가를 잠탈한 경우에 해당**하고, 따라서 위 계약은 처음 체결된 때부터 확정적으로 무효이므로 피고인의 행위가 배임죄를 구성한다고 보기 어려운데도, 위 계약이 토지거래허가를 잠탈하는 내용의 계약이라고 단정할 수 없다는 이유로 피고인에게 배임죄를 인정한 원심판결에 논리와 경험법칙 위반 또는 법리오해의 위법이 있다고 한 사례.

변제기 경과 이후의 담보권이 실행

23-1 [대판 85도1493 전원합의체] 양도담보가 처분정산형의 경우이건 귀속정산형의 경우이건 간에 **담보권자가 변제기 경과 후에 담보권을 실행**하여 그 환가대금 또는 평가액을 채권원리금과 담보권 실행비용 등의 변제에 충당하고 환가대금 또는 평가액의 나머지가 있어 이를 담보제공자에게 반환할 의무는 담보계약에 따라 부담하는 자신의 정산의무이므로 그 의무를 이행하는 사무는 곧 자기의 사무처리에 속하는 것이라 할 것이고 이를 부동산매매에 있어서의 매도인의 등기의무와 같이 타인인 채무자의 사무처리에 속하는 것이라고 볼 수는 없어 그 정산의무를 이행하지 아니한 소위는 배임죄를 구성하지 않는다.

23-2 [대판 97도2430] 담보권자가 **변제기 경과 후에 담보권을 실행하기 위하여 담보목적물을 처분하는 행위는 담보계약에 따라 담보권자에게 주어진 권능이어서 자기의 사무처리에 속하는 것**이지 타인인 채무자의 사무처리에 속하는 것이라고 할 수 없으므로, 담보권자가 담보권을 실행하기 위하여 담보목적물을 처분함에 있어 시가에 따른 적절한 처분을 하여야 할 의무는 담보계약상의 민사채무일 뿐 그와 같은 형법상의 의무가 있는 것은 아니므로 그에 위반한 경우 배임죄가 성립된다고 할 수 없다.

24 [대판 83도2930] [상표권양도약정을 체결한 자가 그 상표권이전등록의무의 이행을 거부하고 그 상표를 계속 사용하는 경우 배임죄의 성부] **상표권양도약정**을 체결한 피고인은 양수인에 대하여 그 상표권에 관하여 양수인 명의로 이전 등록하도록 협력할 의무가 있고 그 점에서 양수인의 사무를 처리하는 자의 지위를 가진다 할 것이지만, 피고인이 그 상표권이전등록의무의 이행을 거부하고 양수인과 동종생산업체를 설립하여 그 제품에 위 상표를 부착하여 사용하였다 하더라도 이는 상표권이전등록을 이 행하여 자기의 양도행위를 완성하여야 하는 **자기의 채무의 불이행에 불과한 것**이고 그것이 양수인의 사무를 처리하는 자의 임무위배행위에 해당하여 배임죄를 구성하는 것이라고 할 수는 없다.

25 [대판 83도2496] [월부상환중인 자동차를 타인에게 매도한 자의 할부금납부의무와 배임죄] 피고인이 월부상환중인 자동차를 공소외인에게 매도하였으나 자동차등록 명의는 피고인의 명의로 남아있어 그 소유권이 아직 피고인에게 있다면 판매회사에 대하여 할부금을 납부하는 것은 피고인 자신의 사무처리에 불과하고, 피고인이 매매계약을 체결함에 있어 연체된 할부금을 중도금 지급기일까지 완불하여 자동차를 인도받아 사용하는 위 공소외인에게 아무런 손해를 주지 않기로 약정하였다 하여도 이는 단순한 채무를 부담하는 경우에 해당할 뿐 이로 인하여 피고인이 배임죄에서 말하는 타인의 사무를 처리하는 자에 해당한다고 볼 수 없다.

26 [대판 82도45] [건축 도급업자가 설계도에 따라 시공하지 아니한 경우] 건축공사수급자의 건축에 관한 소위는 그 자신의 사무의 처리에 속하므로 그가 설계도에 시공하지 아니하였다 하여도 배임죄를 구성하지 아니한다.

27 [대판 69도46] 부동산을 경락한 피고인이 그 경락허가결정이 확정 된 뒤에 그 경매부동산의 소유자들에게 대하여 그 **경락을 포기하겠노라고 약속하여 놓고** 그 경매법원에서 경락대금지급명령이 전달되자 위의 **약속을 어기고 그 경락대금을 완납**함으로써 그 경락부동산에 대한 소유권을 취득한 경우에 피고인은 본조 제2항에서 말하는 타인의 사무를 처리하는 자에 해당하지 아니한다.

81 배임죄에서 '타인사무 처리 자'의 지위(3) – 부동산 이중매매 –

* 대법원 2018. 5. 17. 선고 2017도4027 전원합의체 판결
* 참조조문: 형법 제355조 제2항[1]

> 부동산 매매계약에서 중도금이 지급되는 등 계약이 본격적으로 이행되는 단계에서의 이중매매의 경우, 배임죄가 성립하는가?

●**사실**● 피고인 X는 2014.8.20. 피해자 A에게 서울 금천구 소재 '부동산'을 13억 8,000만 원에 매도하는 계약을 체결하였다. X가 계약 당일 계약금 2억 원, 2014.9.20. 중도금 6억 원, 2014.11.30. 소유권이전등기에 필요한 서류와 상환으로 잔금 5억 8,000만 원을 지급받고 2014.11.30.까지 A에게 부동산을 인도한다는 내용이었다. 이에 따라 X는 계약 당일 2억 원과 한 달 뒤에 중도금 6억 원을 지급받았다. 하지만 X는 2015.4.13. B에게 이 부동산을 매매대금 15억 원에 매도하고 2015.4.17. 그 소유권이전등기를 마쳐 주었다.

검사는 X를 「특정경제범죄 가중처벌 등에 관한 법률」위반(배임)죄로 기소하였다. 제1심은 배임죄 성립을 인정하였으나 원심은 피고인이 배임죄의 주체인 '타인의 사무를 처리하는 자'의 지위에 있다고 보기 어렵고, 배임의 고의나 불법이득의사가 인정된다고 단정하기 어렵다는 이유를 들어 무죄 판단하였다. 이에 검사가 상고하였다.

●**판지**● 파기환송. 「**부동산 매매계약에서 계약금만 지급된 단계**에서는 어느 당사자나 계약금을 포기하거나 그 배액을 상환함으로써 자유롭게 계약의 구속력에서 벗어날 수 있다. 그러나 **중도금이 지급되는 등 계약이 본격적으로 이행되는 단계**에 이른 때에는 계약이 취소되거나 해제되지 않는 한 매도인은 매수인에게 부동산의 소유권을 이전해 줄 의무에서 벗어날 수 없다. 따라서 이러한 단계에 이른 때에 매도인은 매수인에 대하여 **매수인의 재산보전에 협력하여 재산적 이익을 보호·관리할 신임관계**에 있게 된다. 그때부터 매도인은 배임죄에서 말하는 '타인의 사무를 처리하는 자'에 해당한다고 보아야 한다. 그러한 지위에 있는 매도인이 매수인에게 계약 내용에 따라 부동산의 소유권을 이전해 주기 전에 그 부동산을 제3자에게 처분하고 제3자 앞으로 그 처분에 따른 등기를 마쳐 준 행위는 매수인의 부동산 취득 또는 보전에 지장을 초래하는 행위이다. 이는 매수인과의 신임관계를 저버리는 행위로서 **배임죄가 성립한다**」.

●**해설**● 1 대법원은 오래전부터 부동산 이중매매 사건에서, 매도인은 매수인 앞으로 소유권이전등기를 마칠 때까지 협력할 의무가 있고, 매수인이 중도금을 지급받은 이후 목적부동산을 제3자에게 이중으로 양도하면 배임죄가 성립한다고 **일관되게 판결함으로써** 그러한 판례를 확립하여 왔다.

2 하지만 등기이전에 협력할 매도인의 의무는 **계약에 따른 '자신의 사무'에 불과**하다는 반론이 지속적으로 제기되어 왔다. 특히 근래 배임죄 성립을 제한하는 법원의 큰 흐름이 있었고 더욱이 2011년에는 **동산 이중매매**의 경우 매도인에게 배임죄가 성립되지 않는다는 전원합의체 판결(대판 2008도10479 전원합의

---

1) 형법 제355조(횡령, 배임) ① 타인의 재물을 보관하는 자가 그 재물을 횡령하거나 그 반환을 거부한 때에는 5년 이하의 징역 또는 1천500만원 이하의 벌금에 처한다. ② **타인의 사무를 처리하는 자**가 그 임무에 위배하는 행위로써 재산상의 이익을 취득하거나 제삼자로 하여금 이를 취득하게 하여 본인에게 손해를 가한 때에도 전항의 형과 같다.

체【75】 참조)이 나온 상황에서 부동산의 이중매매의 향방에 대한 관심이 고조되었다. 그러나 대법원은 대상판결에서 부동산의 이중매매가 배임죄에 해당하지 않는다는 원심을 파기하고 배임죄를 선고하여 기존의 입장을 다시 확인하였다.[2]

3 대법원의 배임죄 성립의 근거는 다음과 같다. 「우리나라에서 부동산은 국민의 기본적 생활의 터전으로 경제활동의 근저를 이루고 있고 국민 개개인이 보유하는 재산가치의 대부분을 부동산이 차지하는 경우도 상당하기 때문에 특별한 관리가 여전히 큰 상황이다. 그러나 실거래에 있어서 **매도인의 이중매매를 방지할 보편적이고 충분한 수단은 마련되어 있지 않다**」.

4 이런 상황에서도 매수인은 매도인이 소유권이전등기를 마쳐 줄 것으로 믿고 '중도금'을 지급하기 때문에 「**중도금이 지급된 단계**부터는 매도인이 매수인의 재산보전에 협력하는 신임관계가 **당사자 관계의 전형적·본질적 내용이 된다**. 이러한 신임관계에 있는 매도인은 매수인의 소유권 취득 사무를 처리하는 자로서 배임죄에서 말하는 '**타인의 사무를 처리하는 자**'에 해당하게 된다」고 보았다. 즉 중도금을 받은 시점부터는 매도인과 매수인 간에 **강력한 신뢰관계**가 형성된다고 보았다.[3]

5 이처럼 대법원의 다수의견은 형벌권의 관여를 통해 제1매수인과의 계약이행을 강제하는 것이 **사회 전체의 정의 관념에 부합**하는 것으로 보고 있다. 즉 「이러한 판례의 법리가 우리 사회에서 부동산 이중매매를 억제하고 매수인을 보호하는 역할을 충실히 수행하여 왔고, 현재 우리의 **부동산 매매거래 현실에 비추어 보더라도 여전히 타당**」한 것으로 보았다. 나아가 이러한 법리가 부동산 거래의 왜곡 또는 혼란을 야기하는 것도 아니고, 매도인의 계약의 자유를 과도하게 제한한다고 볼 수도 없다고 판단하였다.

6 하지만 반대의견은 「다수의견은 부동산 거래에서 매수인 보호를 위한 처벌의 필요성만을 중시한 나머지 형법의 문언에 반하거나 그 문언의 의미를 피고인에게 불리하게 확장하여 형사법의 대원칙인 **죄형법정주의를 도외시한 해석**일 뿐 아니라, 동산 이중매매와 부동산 대물변제예약 사안에서 매도인 또는 채무자에 대하여 배임죄의 성립을 부정하는 **대법원판례의 흐름과도 맞지 않는 것**」이라고 반박한다.

7 "처벌의 필요성과 법리적 근거 사이의 선택, 이것이 현행 민법 제정 직후 **부동산 이중매매를 둘러싼 딜레마**였다. …… 처벌의 필요성 또는 국민의 법 감정이라는 측면에서 잔금을 수령한 이중매도인을 처벌하여야 한다는 견해를 반박하기는 쉽지 않다. 그러나 합당한 근거 없이 이중매도인을 배임죄로 의율하여 처벌하는 것은 죄형법정주의라는 형사법의 대원칙에 반한다. 굳이 처벌하려면 왜곡된 논리를 동원할 것이 아니라 새로운 입법으로 해결하여야 할 일이다."[4]

---

2) 본 판결은 기존 판례의 논리를 그대로 답습하고 있지만 종래의 경우에는 이중매도인에게 '등기협력의무'가 있다고 판시하던 것을 대신하여 '**상대방의 재산보존에 협력할 의무**'가 있다고 판시하고 있어 차이를 보이고 있다.
3) 반면, **계약금만 수령한 단계**에서의 매도인은 단순한 채무자에 지나지 않기 때문에 배임죄의 주체가 되지는 않는다.
4) 김신, 배임죄에 대한 몇 가지 오해, 법문사(2020), 61면.

부동산 이중양도시 배임죄의 실행의 착수시기와 기수시기

1 [대판 2002도7134] [1] 부동산의 이중양도에 있어서 매도인이 제2차 매수인으로부터 계약금만을 지급받고 중도금을 수령한 바 없다면 배임죄의 실행의 착수가 있었다고 볼 수 없다. [2] 피고인이 제1차 매수인으로부터 계약금 및 중도금 명목의 금원을 교부받은 후 제2차 매수인에게 부동산을 매도하기로 하고 계약금만을 지급받은 뒤 더 이상의 계약 이행에 나아가지 않았다면 배임죄의 실행의 착수가 있었다고 볼 수 없다고 한 사례. **cf)** 부동산 이중매매에 있어서 배임죄의 실행은 행위자가 제1매수인과 부동산 매매계약을 체결하고 ① 제2매수인에게 **중도금 또는 잔금을 수령한 때 배임죄의 실행의 착수**가 인정되고, ② 제2매수인에게 **등기를 마친 때 기수**가 된다.

부동산 이중매매에 있어서 제2매수인의 형사책임

2 [대판 74도2455] 부동산을 이중으로 매수 기타 양수하는 자에 대하여 배임죄의 죄책을 묻기 위하여는 이중으로 양수하는 자가 단지 그 부동산이 이미 타인에게 매도되었음을 알고 이중으로 양수하는 것만으로는 부족하고 먼저 **매수하는 자를 해할 목적으로** 양도를 교사하거나 기타 방법으로 **양도행위에 적극가담한 경우에 한하여** 양도인의 배임행위에 대한 **공범이 성립**된다.

배임적 거래행위의 상대방에게 배임행위의 공범의 죄책을 묻기 위한 요건

3 [대판 2005도4915] [1] 거래상대방의 대향적 행위의 존재를 필요로 하는 유형의 배임죄에 있어서 거래상대방으로서는 기본적으로 배임행위의 실행행위자와는 별개의 이해관계를 가지고 반대편에서 독자적으로 거래에 임한다는 점을 감안할 때, 거래상대방이 배임행위를 교사하거나 그 배임행위의 전 과정에 관여하는 등으로 배임행위에 적극가담함으로써 그 실행행위자와의 계약이 반사회적 법률행위에 해당하여 무효로 되는 경우 배임죄의 교사범 또는 공동정범이 될 수 있음은 별론으로 하고, 관여의 정도가 거기에까지 이르지 아니하여 법질서 전체적인 관점에서 살펴볼 때 사회적 상당성을 갖춘 경우에 있어서는 비록 정범의 행위가 배임행위에 해당한다는 점을 알고 거래에 임하였다는 사정이 있어 외견상 방조행위로 평가될 수 있는 행위가 있었다 할지라도 범죄를 구성할 정도의 위법성은 없다고 봄이 상당하다. [2] 1인 회사의 주주가 개인적 거래에 수반하여 법인 소유의 부동산을 담보로 제공한다는 사정을 거래상대방이 알면서 가등기의 설정을 요구하고 그 가등기를 경료받은 사안에서, 그 거래상대방이 배임행위의 방조범에 해당한다고 한 원심판결을 파기한 사례.

피고인이 '타인의 사무를 처리하는 자'의 지위에 있다고 본 판례(배임죄 인정)

1 [대판 2018도14365] 지입차주가 자신이 실질적으로 소유하거나 처분권한을 가지는 자동차에 관하여 지입회사와 지입계약5)을 체결함으로써 지입회사에 그 자동차의 소유권등록 명의를 신탁하고 운송사업용

자동차로서 등록 및 그 유지 관련 사무의 대행을 위임한 경우에는, 특별한 사정이 없는 한 지입 회사 측이 지입차주의 실질적 재산인 지입차량에 관한 재산상 사무를 일정한 권한을 가지고 맡 아 처리하는 것으로서 당사자 관계의 전형적·본질적 내용이 통상의 계약에서의 이익대립관계를 넘어서 그들 사이의 신임관계에 기초하여 타인의 재산을 보호 또는 관리하는 데에 있으므로, **지입회사 운영 자는 지입차주와의 관계에서 '타인의 사무를 처리하는 자'의 지위에 있다.** cf) 이와 같은 법리는 횡령죄에도 적용된다. 따라서 지입회사에 소유권이 있는 차량에 대하여 지입회사에서 운행관리권을 위임받은 **지입차주 가 지입회사의 승낙 없이 보관 중인 차량을 사실상 처분하면 횡령죄가 성립**한다(대판 2015도1944 전원합의체).

2 [대판 2012도6676] [직무발명에 대한 권리를 사용자 등에게 승계한다는 취지를 정한 약정 또는 근무규 정의 적용을 받는 종업원 등이 직무발명의 완성 사실을 사용자 등에게 통지하지 아니한 채 그에 대한 특허 를 받을 수 있는 권리를 제3자에게 이중으로 양도하여 제3자가 특허권 등록까지 마치도록 하는 등으로 발 명의 내용이 공개되도록 한 경우, 배임죄를 구성하는지 여부(적극)] 직무발명에 대한 특허를 받을 수 있는 권리 등을 사용자 등에게 승계한다는 취지를 정한 약정 또는 근무규정의 적용을 받는 종업원 등은 사용자 등이 이를 승계하지 아니하기로 확정되기 전까지는 임의로 위와 같은 승계 약정 또는 근무규정의 구속에서 벗어날 수 없는 상태에 있는 것이어서, 종업원 등이 그 발명의 내용에 관한 비밀을 유지한 채 사용자 등의 특허권 등 권리의 취득에 협력하여야 할 의무는 자기 사무의 처리라는 측면과 아울러 상대방의 재산보전에 협력하는 타인 사무의 처리라는 성격을 동시에 가지게 되므로, 이러한 경우 종업원 등은 배임죄의 주체인 '타인의 사무를 처리하는 자'의 지위에 있다고 할 것이다. 따라서 위와 같은 지위에 있는 종업원 등이 임무 를 위반하여 직무발명을 완성하고도 그 사실을 사용자 등에게 알리지 않은 채 그 발명에 대한 특허를 받을 수 있는 권리를 제3자에게 이중으로 양도하여 제3자가 특허권 등록까지 마치도록 하는 등으로 그 발명의 내용이 공개되도록 하였다면, 이는 사용자 등에게 손해를 가하는 행위로서 배임죄를 구성한다.

3 [대판 2011도16385] [1] 회원 가입 시에 일정 금액을 예탁하였다가 탈퇴 등의 경우에 예탁금을 반환받 는 이른바 예탁금 회원제로 운영되는 골프장의 회원권을 다른 채무에 대한 담보 목적으로 양도한 경우, 회원권 은 양도인과 양수인 사이에서는 동일성을 유지한 채 양도인으로부터 양수인에게 이전하고, 양도인은 양수 인에게 귀속된 회원권을 보전하기 위하여 채무자인 골프장 운영 회사에 채권양도 통지를 하거나 채권양도 승낙(필요한 경우에는 명의개서까지)을 받음으로써 양수인으로 하여금 채무자에 대한 대항요건을 갖출 수 있 도록 해 줄 의무를 부담하므로, 회원권 양도의 당사자 사이에서는 양도인은 양수인을 위하여 회원권 보전에 관한 사무를 처리하는 자라고 할 것이다. [2] 피고인이 甲에게서 돈을 차용하면서 피고인 소유의 골프회원권 을 담보로 제공한 후 이를 제3자에게 임의로 매도한 사안에서, 피고인과 甲 사이에 골프회원권에 관하여 유효 하게 담보계약이 체결되어 **피고인이 담보물인 골프회원권을 담보 목적에 맞게 보관·관리할 의무를 부담함으 로써 甲의 사무를 처리하는 자의 지위에 있다**고 보아 피고인에 대하여 배임죄를 인정한 원심판단은 정당하다.

4 [대판 2010도3532] 파기환송. [배임죄에서 '타인의 사무를 처리하는 자'의 의미] [1] 배임죄에 있어서 '타 인의 사무를 처리하는 자'라 함은 (가) 타인과의 내부적인 관계에서 신의성실의 원칙에 비추어 타인의 사

---

5) 이른바 **지입제**는 자동차운송사업면허 등을 가진 운송사업자와 실질적으로 자동차를 소유하고 있는 차주 간의 계약으로 외부적으로는 자동차를 운송사업자 명의로 등록하여 운송사업자에게 귀속시키고 내부적으로는 각 차주들이 독립된 관리 및 계산으로 영업을 하며 운송사업자에 대하여는 지입료를 지불하는 운송사업형태를 말 한다.

무를 처리할 신임관계에 있게 되어 그 관계에 기하여 타인의 재산적 이익 등을 보호·관리하는 것이 신임 관계의 전형적·본질적 내용이 되는 지위에 있는 사람을 말한다. 그러나 (나) 그 사무의 처리가 오로지 타인의 이익을 보호·관리하는 것만을 내용으로 하여야 할 필요는 없고, 자신의 이익을 도모하는 성질도 아울러 가진다고 하더라도 타인을 위한 사무로서의 성질이 부수적·주변적인 의미를 넘어서 중요한 내용을 이루는 경우에는 여기서 말하는 '타인의 사무를 처리하는 자'에 해당한다. 따라서 (다) 위임 등 계약에 기하여 위임인 등으로부터 맡겨진 사무를 처리하는 것이 약정한 보수 등을 얻기 위한 것이라고 하더라도, 또는 매매 등 계약에 기하여 일정한 단계에 이르러 타인에게 소유권등기를 이전하는 것이 대금 등을 얻고 자신의 거래를 완성하기 위한 것이라고 하더라도, 그 사무를 처리하는 이는 상대방과의 신임관계에서 그의 재산적 이익을 보호·관리하여야 할 지위에 있다고 할 것이다. [2] 신용카드 정보통신부가사업회사[통상 '밴(VAN. value added network의 약어) 사업자'라고도 한다]인 甲 주식회사와 가맹점 관리대행계약 등을 체결하고 그 대리점으로서 가맹점 관리업무 등을 수행하는 乙 주식회사 대표이사인 피고인이, 임무에 위배하여 甲 회사의 가맹점을 다른 경쟁업체 가맹점으로 임의로 전환하여 甲 회사에 재산상 손해를 가하였다고 하여 업무상배임으로 기소된 사안에서, 피고인은 甲 회사의 가맹점 관리업무를 대행하는 '타인의 사무를 처리하는 자'의 지위에 있는데도, 이와 달리 보아 무죄를 선고한 원심판결에 법리오해의 위법이 있다. [3] 甲 회사가 보유하는 가맹점은 甲 회사의 수익과 직결되는 재산적 가치를 지니고 있어 피고인이 甲 회사를 대신하여 가맹점을 모집·유지 및 관리하는 것은 본래 甲 회사의 사무로서 피고인에 대한 인적 신임관계에 기하여 그 처리가 피고인에게 위탁된 것이고, 이는 단지 피고인 자신의 사무만에 그치지 아니하고 甲 회사의 재산적 이익을 보호 내지 관리하는 것을 본질적 내용으로 하며, 그 업무가 피고인 자신의 계약상 의무를 이행하고 甲 회사로부터 더 많은 수수료 이익을 취득하기 위한 피고인 자신의 사무의 성격을 일부 가지고 있다고 하여 달리 볼 것이 아니므로, 피고인은 甲 회사와 신임관계에 기하여 甲 회사의 가맹점 관리업무를 대행하는 '타인의 사무를 처리하는 자'의 지위에 있다고 할 것인데도, 이와 달리 보아 무죄를 선고한 원심판결에 배임죄에서 '타인의 사무를 처리하는 자'에 관한 법리오해의 위법이 있다고 한 사례.

5 [대판 2009도2086] [1] 아파트 건축공사의 시행사가 수분양자들에게 소유권 이전 등기절차를 이행하지 않은 채 분양계약서에 기재된 대출한도금액을 초과한 근저당권설정등기를 경료한 사안에서, 수분양자들에 대한 배임죄의 성립이 인정된다. [2] 배임죄에 있어서 타인의 사무라 함은 신임관계에 기초를 둔 타인의 재산의 보호 내지 관리의무가 있을 것을 그 본질적 내용으로 하는 것으로, 타인의 재산관리에 관한 사무를 대행하는 경우, 예컨대 위임, 고용 등의 계약상 타인의 재산의 관리·보전의 임무를 부담하는데 본인을 위하여 일정한 권한을 행사하는 경우, 등기협력의무와 같이 매매, 담보권설정 등 자기의 거래를 완성하기 위한 자기의 사무인 동시에 상대방의 재산보전에 협력할 의무가 있는 경우 따위를 말한다.

후임자에 대한 사무인계와 배임죄

6-1 [대판 2008도10915] 마을의 물류창고 신축 회사로부터 공사에 따른 피해보상 예치금을 받아 보관하던 마을 이장이 탄핵으로 사임한 후에도 후임 이장에게 위 예치금을 인계하지 않고 계속 보관하다가 예치금 반환기간이 종료되자 마을 주민들의 동의 없이 회사에 반환한 행위는 배임행위에 해당한다. **cf)** 사무처리자의 지위를 사임하더라도 후임자에게 사무인계를 하는 것은 타인의 사무에 해당한다. 이와 같이 신의성실의 원칙에 의하여 신임관계가 인정될 수 있다. 이를 '순수한 사실상의 신임관계'라 칭한다.

6-2 [대판 99도1095] 주택조합 정산위원회 위원장이 **해임되고 후임 위원장이 선출되었는데도 업무 인계를 거부하고 있던 중** 정산위원회를 상대로 제기된 소송의 소장부본 및 변론기일소환장을 송달받고도 그 제소 사실을 정산위원회에 알려주지도 않고 스스로 응소하지도 않아 의제자백에 의한 패소확정판결을 받게 한 경우, 업무상배임죄의 성립을 인정한 사례. **cf)** 이와 같이 법적인 권한이 소멸된 후에 사무를 처리하거나, 사무처리자가 그 직에서 해임된 후 사무인계 전에 사무를 처리한 경우도 배임죄에서 사무를 처리하는 경우에 해당한다.

7 [대판 2008도6335] 유한회사와 그 사원은 **별개의 법인격을 가진 존재**로서 동일인이라 할 수 없고 유한회사의 손해가 항상 사원의 손해와 일치한다고 할 수도 없으므로, 1인 사원이나 대지분을 가진 사원도 본인인 유한회사에 손해를 가하는 임무위배행위를 한 경우에는 배임죄의 죄책을 진다. 따라서 회사의 임원이 임무에 위배되는 행위로 재산상 이익을 취득하거나 제3자로 하여금 이를 취득하게 하여 회사에 손해를 가한 경우, 임무위배행위에 대하여 사실상 1인 사원이나 대지분을 가진 사원의 양해를 얻었다고 하더라도 배임죄의 성립에는 지장이 없다.

8 [대판 2006도4215] 파기환송. [1] 근저당권설정자는 채권자가 담보의 목적을 달성할 수 있도록 그 담보물을 보관할 의무를 지게 되어 채권자에 대하여 그의 사무를 처리하는 자의 지위에 있고, 한편 토지에 식재된 수목은 특별한 사정이 없는 한 그 토지의 부합물에 해당하여 그 토지에 설정된 근저당권6)의 효력이 미치므로, **근저당권설정자가 그 근저당권의 목적이 되는 토지에 식재된 수목을 처분**하는 등으로 부당히 그 담보가치를 감소시키는 행위를 한 경우에는 배임죄가 성립하게 된다. [2] 피고인은 피해자에 대한 차용금의 담보로 이 사건 과수원에 관하여 피해자 앞으로 근저당권설정등기를 경료하여 준 사실, 피고인은 피해자의 경매신청에 의하여 이 사건 과수원에 대한 경매절차가 개시된 후인 2004.6.28.경 이 사건 과수원에 대한 폐원신청을 하고, 그 무렵부터 2004.8.31.경까지 그 지상에 식재된 감귤나무들을 모두 굴취한 후 2004.9.3.경 북제주군으로부터 폐원보상비로 19,176,000원을 지급받은 사실을 인정할 수 있다. 위 인정사실에 의하면 피고인은 이 사건 과수원에 대한 **근저당권설정자로서 근저당권자인 피해자가 담보목적을 달성할 수 있도록 담보물인 감귤나무를 보관할 의무가 있다 할 것임에도** 위와 같이 폐원신청을 하고 감귤나무를 굴취함으로써 폐원보상비 상당의 재산상의 이득을 취득하고 피해자로 하여금 이 사건 근저당권의 담보가치가 감소되는 손해를 입도록 하였으므로, 배임죄의 죄책을 면할 수 없다 할 것이다.

9 [대판 2001도3534] [**배임죄의 주체로서 '타인의 사무를 처리하는 자'의 의미 및 업무상 배임죄에 있어서 '업무'의 근거**] [1] 배임죄의 주체로서 '타인의 사무를 처리하는 자'란 타인과의 대내관계에서 신의성실의 원칙에 비추어 그 사무를 처리할 신임관계가 존재한다고 인정되는 자를 의미하고, 반드시 제3자에 대한 대외관계에서 그 사무에 관한 대리권이 존재할 것을 요하지 않으며, 나아가 업무상 배임죄에서 업무의 근거는 법령, 계약, 관습의 어느 것에 의하건 묻지 않고, **사실상의 것도 포함**한다. [2] 미성년자와 친생자관계가 없으나 **호적상 친모**로 등재되어 있는 자가 미성년자의 상속재산 처분에 관여한 경우, 배임죄에 있어서 타인의 사무를 처리하는 자의 지위에 있다고 한 사례. [3] 배임죄에서 타인의 사무를 처리하는 자라 함은 양

---

6) **근저당(根抵當)**은 계속적인 거래관계로부터 장래 생기게 될 다수의 불특정 채권을 담보하기 위하여 담보물이 부담하여야 될 최고액을 정하여 두고 장래 결산기에 확정하는 채권을 그 범위 안에서 담보하는 저당권을 말한다. 장래의 채권의 담보이기는 하나 특정된 단일의 채권을 담보하는 것이 아니라, 증감 변동하는 일단의 불특정채권을 최고한도 내에서 담보하는 점에 특색이 있다.

자 간의 신임관계에 기초를 둔 타인의 재산보호 내지 관리의무가 있음을 그 본질적 내용으로 하는 것이라고 전제한 다음, (가) 피고인이 그 부동산의 처분 당시 호적상 A의 친모로 등재되어 있었고, (나) 상속재산 분할을 위해 서울가정법원에 특별대리인 선임신청을 하고, (다) 그 부동산에 대하여 원심 공동피고인 명의로 소유권이전등기를 경료하는 과정에서도 A의 법정대리인인 친권자로서 화해신청사건을 변호사에게 위임하는 등 친권을 행사한 사실을 인정할 수 있으므로, 피고인과 A 사이에 법률적으로 유효한 친생자관계 및 양친자관계가 존재하지 않는다 하여도 피고인과 A 사이에서는 신의성실의 원칙에 따라 피고인이 A의 사무를 처리할 신임관계가 존재한다. **cf)** 배임죄에 있어 사무처리의 근거가 반드시 적법한 대리권이 있을 것을 요하지 않는다. 따라서 사실상의 신임관계가 존재하는 경우에도 본죄의 주체가 될 수 있다.

10 [대판 99도2165] 주식회사의 이사는 주주총회에서 선임되며, 회사와 이사의 관계는 위임에 관한 규정을 준용하고, 이사는 법령과 정관의 규정에 따라 회사를 위하여 그 직무를 충실하게 수행하여야 할 의무가 있으므로, **주식회사의 이사**는 법률의 규정에 의하여 '타인의 사무를 처리하는 자'로서 배임수재죄의 주체가 될 수 있다.

계주의 계금지급과 배임죄

11-1 [대판 93도2221] [계주가 지정된 계원에게 계금을 지급하지 않은 경우 배임죄의 성부] 계주는 계원들과의 약정에 따라 지정된 곗날에 계원으로부터 월불입금을 징수하여 지정된 계원에게 이를 지급할 임무가 있고, 계주의 이러한 임무는 계주 자신의 사무임과 동시에 타인인 계원들의 사무를 처리하는 것도 되는 것이므로, 계주가 계원들로부터 월불입금을 모두 징수하였음에도 불구하고 그 임무에 위배하여 정당한 사유 없이 이를 지정된 계원에게 지급하지 아니하였다면 다른 특별한 사정이 없는 한 그 지정된 계원에 대한 관계에 있어서 배임죄를 구성한다.

11-2 [대판 2009도3143] 낙찰계의 계주가 계원들과의 약정에 따라 부담하는 계금지급의무가 배임죄에서 말하는 '타인의 사무'에 해당하려면 그 관계의 본질적 내용이 단순한 채권관계상의 의무를 넘어서 신임관계에 기초하여 타인의 재산을 보호 내지 관리하는 데 이르러야 하는바, 계주가 계원들로부터 계불입금을 징수하게 되면 그 계불입금은 실질적으로 낙찰계에 대한 계금지급을 위하여 계주에게 위탁된 금원의 성격을 지니고 따라서 계주는 이를 낙찰·지급받을 계원과의 사이에서 단순한 채권관계를 넘어 신의칙상 그 계금지급을 위하여 위 계불입금을 보호 내지 관리하여야 하는 신임관계에 들어서게 되므로, 이에 기초한 계주의 계금지급의무는 배임죄에서 말하는 타인의 사무에 해당한다. 그러나 **계주가 계원들로부터 계불입금을 징수하지 아니하였다면** 그러한 상태에서 부담하는 계금지급의무는 위와 같은 신임관계에 이르지 아니한 단순한 채권관계상의 의무에 불과하여 타인의 사무에 속하지 아니하고, 이는 계주가 계원들과의 약정을 위반하여 계불입금을 징수하지 아니한 경우라 하여 달리 볼 수 없다.

12 [대판 86도2566] 동업관계에서 탈퇴한 이상 아직 존속하고 있는 위 조합을 위하여 **탈퇴로 인한 계산이 끝날 때까지** 사업자등록명의나 공장시설 등을 선량하게 보존할 의무가 있다 할 것이므로 위 조합을 탈퇴한 후에 위와 같은 임무에 위배하여 그 사업자등록 명의를 다른 사람앞으로 변경시켜 그 대가로 월사용료를 받기로 하여 그에게 위 공장설비를 이용하도록 함으로써 다른 동업자들로 하여금 위 공장경영에 관여할 수 없게 하였다면 이는 배임죄에 해당한다.

13 [대판 83도2330] [소위 1인 주주가 회사에 대한 배임죄의 주체가 될 수 있는지 여부(적극)] 배임죄의 주체는 타인을 위하여 사무를 처리하는 자이며, 그의 임무위반 행위로써 그 타인인 본인에게 재산상의 손해를 발생케 하였을 때 이 죄가 성립되는 것인 즉, 소위 **1인회사에 있어서도 행위의 주체와 그 본인은 분명히 별개의 인격**이며, 그 본인인 주식회사에 재산상 손해가 발생하였을 때 배임죄는 기수가 되는 것이므로 궁극적으로 그 손해가 주주의 손해가 된다 하더라도 이미 성립한 죄에는 아무 소장이 없다.

14 [대판 83도1375] 법인이 처리할 의무를 지는 타인의 사무에 관하여는 법인이 배임죄의 주체가 될 수 없고 법인을 대표하여 사무를 처리하는 **자연인인 대표기관이 바로 타인의 사무를 처리하는 자로서 배임죄의 주체가 된다.**

15 [대판 80도1176] [다방임차인의 **다방영업허가 명의환원거부**와 배임죄의 성부] [1] 다방영업 허가를 사실상 양도하는 사례가 허다하여 다방영업 허가는 거래의 대상으로서 재산적 가치가 있다. [2] 다방영업 허가에 따르는 재산적 이익의 실질적 귀속자인 갑이 피고인에게 다방시설을 포함한 운영권 일체를 임대함에 있어서 임대기간 동안은 다방 영업허가 명의를 피고인 명의로 변경하고, 그 임대기간이 종료될 때에는 다시 갑 또는 갑이 지정하는 제3자 앞으로 명의를 변경하기로 약정하였다면, 피고인은 임대기간이 종료되면 위 약정대로 그 허가 명의를 변경할 수 있도록 협력할 의무가 있고, 이 의무이행은 피고인 자신의 사무인 동시에 갑의 사무라고 할 것인데, 피고인이 위 명의환원 약정을 부인하고 자신이 명실상부한 영업허가 명의자라고 주장하면서 영업장소를 이전하고 다방의 상호를 변경하고 갑의 명의변경 요구를 거부하는 소위는 배임죄에 해당한다.

타인의 재산관리에 관한 사무의 대행을 인정한 판례(배임죄 인정)

16 [대판 2004도6890] 피해자가 피고인에게 나중에 **국유지 불하를 받아달**라고 하면서 피해자 명의로 국유재산대부계약이 체결된 토지 등의 관리를 부탁하였다면 이는 국유재산을 불하받아 주는 사무처리 및 이와 관련된 사무처리를 위임한 것이라고 볼 수 있고, 이러한 위임관계가 단순한 민사상 채무를 부담하는 경우에 그치는 것이 아니라, **위임계약에 따라 타인의 재산관리에 관한 사무를 대행**하는 관계라고 보아, 배임죄에 있어서 '타인의 사무'에 해당한다고 한 사례.

17 [대판 99도457] 피고인은 위 학교법인의 이사 겸 위 학교법인이 설립 경영하는 위 **고등학교의 교장**으로서 그의 처인 공소외인이 위 학교법인의 이사장으로 선임되어 있으나, 사실상 피고인이 위 학교법인의 경영을 주도하며 재산관리 및 수익사업을 비롯한 법인업무 전반을 총괄하는 한편 위 고등학교의 교무를 총괄하면서 교비회계에 속하는 자금을 비롯하여 위 고등학교의 운영을 위하여 위 고등학교에 귀속된 **모든 자금을 보관·관리**하는 업무를 취급하고 있는 자이므로, 학교재산에 관한 임대차계약을 체결하는 경우 업무상 배임죄의 주체가 될 수 있다. 따라서 피고인이 위 고등학교의 교장에 불과하여 학교법인의 재산에 관한 사무를 처리하는 주체가 될 수 없다는 상고이유도 받아들이지 아니한다.

18 [대판 94도1598] [**증권회사의 고객에 대한 의무와 타인의 사무를 처리할 지위**] 고객이 증권회사와 체결

하는 매매거래 계좌설정 계약은 고객과 증권회사 간의 계속적인 거래관계에 적용될 기본관계에 불과하므로 특별한 사정이 없는 한 그에 의하여 바로 매매거래에 관한 위탁계약이 이루어지는 것이 아니고, 매매거래 계좌설정 계약을 토대로 하여 고객이 매수주문을 할 때 비로소 매매거래에 관한 위탁이 이루어진다고 할 것이고, 고객과 증권회사와의 사이에 이러한 매매거래에 관한 위탁계약이 성립되기 이전에는 증권회사는 매매거래 계좌설정 계약시 고객이 입금한 예탁금을 고객의 주문이 있는 경우에 한하여 그 거래의 결제의 용도로만 사용하여야 하고, 고객의 주문이 없이 무단 매매를 행하여 고객의 계좌에 손해를 가하지 아니하여야 할 의무를 부담하는 자로서, 고객과의 신임관계에 기초를 두고 **고객의 재산관리에 관한 사무를 대행**하는 타인의 사무를 처리할 지위에 있다 할 것이다.

82 배임죄에서 '타인사무 처리 자'의 지위(4)
– '동산양도담보물'의 임의처분 –

* 대법원 2020. 2. 20. 선고 2019도9756 전원합의체 판결
* 참조조문: 형법 제355조 제2항[1]

> 동산을 양도담보로 제공한 채무자가 임의로 제3자에게 이를 처분한 경우, 배임죄가 성립하는가?

●**사실**● Y 주식회사를 운영하는 피고인 X는 A 은행으로부터 1억 5,000만 원을 대출을 받으면서 대출금을 완납할 때까지 회사 소유의 동산(골재생산 기기인 '크러셔')을 **점유개정**[2]의 방식으로 하여 **양도담보**[3]**로 제공**하기로 계약을 체결하였다. 따라서 이 크러셔를 성실히 보관·관리하여야 할 의무가 있음에도 X는 그 임무에 위배하여 **담보목적물인 동산**을 B 등에게 매각함으로써 A 은행에 대출금 상당의 손해를 가하였다고 하여 배임의 공소사실로 기소되었다.

제1심과 원심은 X에 대해 유죄를 인정하였다. 이에 X가 상고하였다.

●**판지**● 파기환송. 「[다수의견] [1] 배임죄에서 '**타인의 사무를 처리하는 자**'라고 하려면, 타인의 재산관리에 관한 사무의 전부 또는 일부를 타인을 위하여 대행하는 경우와 같이 **당사자 관계의 전형적·본질적 내용**이 통상의 계약에서의 이익대립관계를 넘어서 그들 사이의 신임관계에 기초하여 타인의 재산을 보호 또는 관리하는 데에 있어야 한다. 이익대립관계에 있는 통상의 계약관계에서 (가) 채무자의 성실한 급부이행에 의해 상대방이 계약상 권리의 만족 내지 채권의 실현이라는 이익을 얻게 되는 관계에 있다거나, (나) 계약을 이행함에 있어 상대방을 보호하거나 배려할 **부수적인 의무**가 있다는 것만으로는 채무자를 타인의 사무를 처리하는 자라고 할 수 없고, (다) 위임 등과 같이 계약의 전형적·본질적인 급부의 내용이 상대방의 재산상 사무를 일정한 권한을 가지고 맡아 처리하는 경우에 해당하여야 한다.

[2] 채무자가 금전채무를 담보하기 위하여 그 소유의 동산을 채권자에게 양도담보로 제공함으로써 **채권자인 양도담보권자**에 대하여 담보물의 담보가치를 유지·보전할 의무 내지 담보물을 타에 처분하거나 멸실, 훼손하는 등으로 담보권 실행에 지장을 초래하는 행위를 하지 않을 의무를 부담하게 되었더라도, 이를 들어 채무자가 통상의 계약에서의 이익대립관계를 넘어서 채권자와의 신임관계에 기초하여 채권자의 사무를 맡아 처리하는 것으로 볼 수 없다. 따라서 **채무자를 배임죄의 주체인 '타인의 사무를 처리하는 자**'에 해당한다고 할 수 없고, 그가 담보물을 제3자에게 처분하는 등으로 담보가치를 감소 또는 상실시켜 채권자의 담보권 실행이나 이를 통한 채권실현에 위험을 초래하더라도 배임죄가 성립한다고 할 수 없다. 위와 같은 법리는, 채무자가 동산에 관하여 양도담보설정계약을 체결하여 이를 채권자에게 양도할 의무가 있음에도 제3자에게 처분한 경우에도 적용되고, **주식에 관하여 양도담보설정계약을 체결한 채무자가 제3자에게 해당 주식을 처분한 사안에도 마찬가지로 적용된다**」.

---

1) 형법 제355조(배임) ② **타인의 사무를 처리하는 자**가 그 임무에 위배하는 행위로써 재산상의 이익을 취득하거나 제삼자로 하여금 이를 취득하게 하여 본인에게 손해를 가한 때에도 전항의 형과 같다.

2) **점유개정**이란 양도인이 물건을 양도하면서 양수인과의 사이에 점유매개관계를 설정함으로써, 양수인에게 간접점유를 취득시키고 자신은 양수인의 점유매개자가 되어 점유를 계속하는 경우를 말한다. 민법 제189조(점유개정) 동산에 관한 물권을 양도하는 경우에 당사자의 계약으로 양도인이 그 동산의 점유를 계속하는 때에는 양수인이 인도받은 것으로 본다.

3) **양도담보**란 채무자가 채권의 담보를 목적으로 물건의 소유권을 채권자에게 이전하고, 채무자가 채무를 이행하지 않을 경우에 채권자는 그 목적물로부터 우선변제를 받지만, 채무자가 채무를 이행하며 채권자는 목적물의 소유권을 채무자에게 반환하는 담보를 말한다.

●해설● 1 배임죄에 있어서 '타인의 사무를 처리하는 자'라 함은 「타인과의 내부적인 관계에서 신의성실의 원칙에 비추어 타인의 사무를 처리할 신임관계에 있게 되어 그 관계에 기하여 타인의 재산적 이익 등을 보호·관리하는 것이 **신임관계의 전형적·본질적 내용이 되는 지위에 있는 사람**을 말한다」(대판 2010 도3532). 다만 그 사무의 처리가 오로지 타인의 이익을 보호·관리하는 것만을 내용으로 해야 할 필요는 없고, 자신의 이익을 도모하는 성질도 아울러 가진다 하더라도 타인을 위한 사무로서 성질이 부수적·주변적 의미를 넘어서 중요한 내용을 이루는 경우에는 타인의 사무를 처리하는 자에 해당한다.

2 대상판결은 종래의 「동산이나 주식을 양도담보로 제공한 채무자를 타인(채권자)의 사무처리자로 보아 제3자에게 담보목적물을 임의 처분한 경우 배임죄가 성립한다」는 **종래의 입장을 변경한 것으로 그 의의가 크다.** 지금까지 대법원은 양도담보물을 잘 보관해야 하는 의무를 가진 채권자를 '타인의 사무를 처리하는 사람'으로 보고 배임죄를 적용하여 왔다.

3 그러나 위 양도담보계약에서 Y 회사와 A 은행 간 당사자 관계의 전형적·본질적 내용은 대출금 채무의 변제와 이를 위한 담보에 있고, 「Y 회사를 통상의 계약에서의 이익대립 관계를 넘어서 A 은행과의 **신임관계에 기초하여 A은행의 사무를 맡아 처리하는 것으로 볼 수 없는** 이상 Y 회사를 운영하는 피고인을 A 은행에 대한 관계에서 '타인의 사무를 처리하는 자'에 해당한다고 할 수 없다」고 대상판결은 보고 있다. 이와 같은 대법원의 입장 변경은 형법해석을 좀 더 엄격히 하여 **민사분쟁을 형사책임과는 분리**하고자 함을 천명한 것으로 최근 대법원판결의 흐름을 이어가고 있다.[4] 민법상의 계약은 채권자와 채무자간의 이익대립관계에 있고 이러한 이익대립관계에서 일방 당사자를 형법으로 보호하는 것은 형평에 어긋날 수 있다는 취지로 이해된다.

4 배임죄는 '타인의 사무를 처리하는 자'라는 신분을 요하는 **진정신분범**이다. 따라서 배임죄의 성립을 인정하기 위해서는 그가 '타인의 사무를 처리하는 자'에 해당하는지를 판단하여야 한다. 채무자가 계약을 위반하여 그 의무를 이행하지 않는 등 채권자의 기대나 신뢰를 저버리는 행위를 하고, 그로 인한 채권자의 재산상 피해가 적지 않아 비난가능성이 높다거나, 채권자의 재산권 보호를 위하여 처벌의 필요성이 크다는 이유만으로 배임죄의 죄책을 묻는 것은 **죄형법정주의 원칙에 반한다.**

5 대법원은 대상판결에서 「금전채권채무 관계에서 채권자가 채무자의 급부이행에 대한 신뢰를 바탕으로 금전을 대여하고 채무자의 성실한 급부이행에 의해 채권의 만족이라는 이익을 얻게 된다고 하더라도, **채권자가 채무자에 대한 신임을 기초로 그의 재산을 보호 또는 관리하는 임무를 부여하였다고 할 수 없고,** 금전채무의 이행은 어디까지나 채무자가 자신의 급부의무의 이행으로서 행하는 것이므로 이를 두고 채권자의 사무를 맡아 처리하는 것으로 볼 수 없다. 따라서 **채무자를 채권자에 대한 관계에서 '타인의 사**

---

4) 이러한 민사채무 불이행에 대한 국가형벌권의 개입을 자제하고자 하는 입장은 최근 배임죄에 있어서 대법원판결의 큰 특징이다. 이러한 일련의 흐름은 ① 2011년에 **동산의 이중매매**에 대해서 배임죄 성립을 부정하였고(대판 2008도10479 전원합의체, 【79】 참조), ② 2014년에는 **부동산의 대물변제약정**을 저버린 사안에서 배임죄 성립을 부정하였으며(대판 2014도3363 전원합의체, 【80】 참조), ③ 2020년에 들어서는 대상판결인 **동산양도담보물**의 임의처분에서 배임죄 성립의 부정(대판 2019도9756 전원합의체), ④ **부동산의 이중저당** 사건에서 배임죄 성립의 부정(대판 2019도14340 전원합의체, 【83】 참조), ⑤ **저당권이 설정된 자동차**를 임의처분한 사례에서 배임죄 성립의 부정(대판 2020도6258 전원합의체), ⑥ **동산담보 설정한 기계**를 임의처분한 경우에 배임죄 성립을 부정(대판 2019도14770 전원합의체)한 판례로 계속해 이어지고 있다.

무를 처리하는 자'에 해당한다고 할 수 없다」고 판단하였다.

6 대법원은 이제 기본적으로 「매매와 같이 당사자 일방이 재산권을 상대방에게 이전할 것을 약정하고 상대방이 그 대금을 지급할 것을 약정함으로써 효력이 생기는 계약의 경우(민법 563), 쌍방이 그 **계약의 내용에 좇은 이행을 하여야 할 채무는 특별한 사정이 없는 한 '자기의 사무'에 해당하는 것이 원칙**」으로 본다(대판 2020도6258, Ref 1−1). 따라서 동산 매매계약에서의 매도인은 매수인에 대하여 그의 사무를 처리하는 지위에 있지 아니하므로, 매도인이 목적물을 타에 처분하였다 하더라도 형법상 배임죄가 성립하지 아니한다.

7 대상판결에서도 위와 같은 양도담보계약에서 Y 회사와 A 은행과의 관계의 **전형적·본질적 내용은 대출금 채무의 변제**와 이를 위한 담보에 있다고 보았다. Y 회사를 통상의 계약에서의 이익대립 관계를 넘어서 A 은행과의 신임관계에 기초하여 A 은행의 사무를 맡아 처리하는 것으로 볼 수 없고, 때문에 Y 회사를 운영하는 X를 A 은행에 대한 관계에서 '타인의 사무를 처리하는 자'에 해당하지 않는다고 판단하였다.

8 한편 부동산의 경우, ① 채권자(양도담보권자)가 담보 부동산을 **변제기 전**에 처분한 경우에는 배임죄가 성립하나 ② **변제기 후**에 처분한 경우에는 배임죄를 구성하지 않는다고 보는 것이 법원의 입장이다 (Ref 2).

Reference 1

담보물의 임의처분과 관련된 판례

1 [대판 2020도8682 전원합의체[5]] 파기환송. [자동차 양도담보 채무자] ●사실● 피고인은 2016. 6.경 미납대금 채무와 관련하여 피해자 회사에 이 사건 자동차를 양도담보로 제공하기로 약정하였고 이에 따라 피해자 회사에게 이 사건 자동차에 관하여 등록명의를 이전해 주어야 할 의무를 부담하고 있었다. 그럼에도 피고인은 2017. 3.경 제3자에게 이 사건 자동차를 245만 원에 임의로 매도하였다. 제1심 및 원심은 종래 판례와 같이 배임죄를 유죄로 인정하였다. 이에 검사가 상고하였다. ●판지● 피고인이 자신 소유의 이 사건 자동차를 피해자 회사에게 양도담보로 제공하기로 약정하여 소유권이전등록의무를 부담하더라도 **그러한 의무는 양도담보설정계약에 따른 자신의 사무일 뿐** 피고인이 피해자 회사와 신임관계에 기초하여 피해자 회사의 사무를 맡아 처리하는 것으로 볼 수 없으므로, 피고인을 피해자 회사에 대한 관계에서 '타인의 사무를 처리하는 자'에 해당한다고 할 수 없다. 그런데도 원심은 이와 달리 피고인이 타인의 사무를 처리하는 자의 지위에 있음을 전제로 이 사건 공소사실을 유죄로 판단하였다. 이러한 원심판결에는 배임죄에서 '타인의 사무를 처리하는 자' 등에 관한 법리를 오해한 잘못이 있다. ●해설● 대상판결은 **권리이전에 등기·등록을 요하는 동산인 자동차를 양도담보로 제공**한 채무자가 채권자에 대하여 타인의 사무를 처리하는 자에 해당함을 전제로 채무자가 담보목적물을 처분한 경우 배임죄가 성립한다고 판시한 종래의 판결들을 이 판결의 견해에 배치되는 범위 내에서 모두 변경하였다는 점에서 의의가 크다.

---

5) 대법원 2022. 12. 22. 선고 2020도8682 전원합의체 판결

2 [대판 2020도6258 전원합의체] [저당권이 설정된 자동차를 임의처분한 경우 및 자동차 이중양도의 경우] ●**사실**● 피고인 X는 피해자 A 주식회사로부터 ○○버스와 △△버스 구입자금을 각 대출받으면서 위 각 버스에 저당권을 각 설정하였다. 따라서 X에게는 위 각 버스를 담보목적에 맞게 보관하여야 할 임무가 있었음에도, 이를 처분함으로써 재산상 이익을 취득하고 피해자에게 재산상 손해를 가하였다는 혐의로 기소되었다. 제1심과 제2심은 X에 대해 배임죄를 인정하였으나 **대법원은 배임죄성립을 부정**하였다. ●**판지**● [1] 채무자가 금전채무를 담보하기 위하여 **'자동차 등 특정동산 저당법'** 등에 따라 그 소유의 동산에 관하여 채권자에게 저당권을 설정해 주기로 약정하거나 저당권을 설정한 경우에도 마찬가지이다. 채무자가 저당권설정계약에 따라 부담하는 의무, 즉 동산을 담보로 제공할 의무, 담보물의 담보가치를 유지·보전하거나 담보물을 손상, 감소 또는 멸실시키지 않을 소극적 의무, 담보권 실행 시 채권자나 그가 지정하는 자에게 담보물을 현실로 인도할 의무와 같이 채권자의 담보권 실행에 협조할 의무 등은 모두 저당권설정계약에 따라 부담하게 된 **채무자 자신의 급부의무**이다. 또한 **저당권설정계약**은 피담보채권의 발생을 위한 계약에 종된 계약으로, 피담보채무가 소멸하면 저당권설정계약상의 권리의무도 소멸하게 된다. 저당권설정계약에 따라 채무자가 부담하는 의무는 담보목적의 달성, 즉 채무불이행 시 담보권 실행을 통한 채권의 실현을 위한 것이므로 저당권설정계약의 체결이나 **저당권 설정 전후를 불문하고** 당사자 관계의 전형적·본질적 내용은 여전히 금전채권의 실현 내지 피담보채무의 변제에 있다. 따라서 채무자가 위와 같은 급부의무를 이행하는 것은 (가) **채무자 자신의 사무에 해당**할 뿐이고, (나) 채무자가 통상의 계약에서의 이익대립관계를 넘어서 **채권자와의 신임관계에 기초하여 채권자의 사무를 맡아 처리한다고 볼 수 없으므로** 채무자를 채권자에 대한 관계에서 배임죄의 주체인 '타인의 사무를 처리하는 자'에 해당한다고 할 수 없다. 그러므로 채무자가 담보물을 제3자에게 처분하는 등으로 담보가치를 감소 또는 상실시켜 채권자의 담보권 실행이나 이를 통한 채권실현에 위험을 초래하더라도 **배임죄가 성립하지 아니한다.** 위와 같은 법리는, 금전채무를 담보하기 위하여 「공장 및 광업재단 저당법」에 따라 저당권이 설정된 동산을 채무자가 제3자에게 임의로 처분한 사안에도 마찬가지로 적용된다. [2] 매매와 같이 당사자 일방이 재산권을 상대방에게 이전할 것을 약정하고 상대방이 그 대금을 지급할 것을 약정함으로써 효력이 생기는 계약의 경우(민법 제563조), 쌍방이 그 계약의 내용에 좇은 이행을 하여야 할 채무는 특별한 사정이 없는 한 '자기의 사무'에 해당하는 것이 원칙이다. 동산 매매계약에서의 매도인은 매수인에 대하여 그의 사무를 처리하는 지위에 있지 아니하므로, 매도인이 목적물을 타에 처분하였다 하더라도 형법상 배임죄가 성립하지 아니한다. 위와 같은 법리는 **권리이전에 등기·등록을 요하는 동산에 대한 매매계약에서도 동일하게 적용**되므로, 자동차 등의 매도인은 매수인에 대하여 그의 사무를 처리하는 지위에 있지 아니하여, 매도인이 매수인에게 소유권이전등록을 하지 아니하고 타에 처분하였다고 하더라도 마찬가지로 배임죄가 성립하지 아니한다.

3 [대판 2019도14770 전원합의체] [동산담보로 설정한 기계를 임의처분한 경우] ●**사실**● 갑회사의 대표이사인 피고인 X는 ○○은행으로부터 대출받으면서 ○○은행과 회사 소유의 레이저 가공기 2대를 포함한 기계 17대에 대하여 **동산담보설정계약**을 체결하였다. 이 계약에 따라 ○○은행이 그 담보의 목적을 달성할 수 있도록 동산담보로 제공된 이 사건 기계를 보관하여야 할 임무가 있었음에도, X는 이 기계들을 제3자에게 처분함으로써 재산상 이익을 취득하고 ○○은행에 재산상 손해를 가하였다. 제1심과 제2심은 X에 대해 배임죄를 인정하였으나 대법원은 배임죄성립을 부정하였다. ●**판지**● 채무자가 금전채무를 담보하기 위하여 그 소유의 동산을 채권자에게 동산·채권 등의 담보에 관한 법률에 따른 동산담보로 제공함으로써 채권자인 동산담보권자에 대하여 담보물의 담보가치를 유지·보전할 의무 또

는 담보물을 타에 처분하거나 멸실, 훼손하는 등으로 담보권 실행에 지장을 초래하는 행위를 하지 않을 의무를 부담하게 되었더라도, 이를 들어 **채무자가 통상의 계약에서의 이익대립관계를 넘어서 채권자와의 신임관계에 기초하여 채권자의 사무를 맡아 처리하는 것으로 볼 수 없다**. 따라서 이러한 경우 채무자를 배임죄의 주체인 '타인의 사무를 처리하는 자'에 해당한다고 할 수 없고, 그가 담보물을 제3자에게 처분하는 등으로 담보가치를 감소 또는 상실시켜 채권자의 담보권 실행이나 이를 통한 채권실현에 위험을 초래하더라도 배임죄가 성립하지 아니한다. **cf)** 대상판결은 채무자의 동산담보권이 설정된 담보물에 대한 담보가치 유지·보관의무는 동산담보설정계약에 따른 의무로서, 그 의무를 이행하는 것이 채권자를 위하는 측면이 있다고 하더라도, 이는 **자신의 사무에 해당**할 뿐 타인의 사무로 볼 수 없다고 판단하였고 이에 따라 배임죄도 성립하지 않는다고 보았다. 이러한 대법원의 태도는 사법(私法)의 영역에 대한 국가형벌권의 과도한 개입을 자제하여 사적 자치를 구현하고자 함에 있다.

4 [대판 2006도8649] [점유개정의 방법으로 동산에 대한 이중의 양도담보설정계약이 체결된 경우, 뒤에 설정계약을 체결한 이중양수 채권자가 양도담보권을 취득할 수 있는지 여부(소극)] [1] 금전채무를 담보하기 위하여 채무자가 그 소유의 동산을 채권자에게 양도하되 점유개정의 방법으로 인도하고 채무자가 이를 계속 점유하기로 약정한 경우 특별한 사정이 없는 한 그 동산의 소유권은 신탁적으로 이전되는 것에 불과하여, (가) 채권자와 채무자 사이의 대내적 관계에서는 채무자가 소유권을 보유하나 (나) 대외적인 관계에서의 채무자는 동산의 소유권을 이미 채권자에게 양도한 무권리자가 되는 것이어서 다시 다른 채권자와 사이에 양도담보설정계약을 체결하고 점유개정의 방법으로 인도하더라도 선의취득이 인정되지 않는 한 나중에 설정계약을 체결한 채권자로서는 양도담보권을 취득할 수 없는데, 현실의 인도가 아닌 점유개정의 방법으로는 선의취득이 인정되지 아니하므로 **결국 뒤의 채권자는 적법하게 양도담보권을 취득할 수 없다**. [2] 돈사에서 대량으로 사육되는 돼지에 대한 이중의 양도담보설정계약이 체결된 경우 뒤에 양도담보설정계약을 체결한 이중양수 채권자가 임의로 돼지를 반출한 행위가 **절도죄를 구성**한다고 한 사례.

Reference 2
'부동산'의 매도·양도·가등기담보

채권자(양도담보권자)가 채무변제기 전에 담보부동산을 처분한 경우
1-1 [대판 95도283] [채무자에게 환매권을 주는 형식을 취하여 담보 목적의 소유권이전등기를 마친 채권자가 제3자에게 근저당권을 경료하여 준 경우, 배임죄의 성립 여부] 채권의 담보를 목적으로 부동산의 소유권이전등기를 마친 채권자는 채무자가 변제기일까지 그 채무를 변제하면 채무자에게 그 소유명의를 환원하여 주기 위하여 그 소유권이전등기를 이행할 의무가 있으므로, **그 변제기일 이전에 그 임무에 위배하여 제3자에게 근저당권을 경료하여 주었다면** 변제기일까지 채무자의 채무변제가 없었다고 하더라도 **배임죄는 성립**되고, 그와 같은 법리는 채무자에게 환매권을 주는 형식을 취하였다고 하여 다를 바가 없다.

1-2 [대판 89도1309] [양도담보권자가 **변제기전에** 담보부동산에 관하여 제3자 앞으로 가등기를 하여 준 경우 배임죄의 성부(적극)] 배임죄에 있어서 재산상 손해를 가한 때라 함은 현실적인 손해를 가한 경우뿐만 아니라 재산상 손해발생의 위험을 초래한 경우도 포함되는 바, 채권담보의 목적으로 부동산의 소유권이전등기를 넘겨받은 채권자는 채무자가 변제기까지 그 채무를 변제하면 그 등기를 환원하여 줄 의무가 있는 것이므로 그 변제기일 이전에 그 임무에 위배하여 제3자에게 소유권이전청구권의 보전을 위한 가등기를

하여 주었다면 설사 그 때문에 채무자의 환매권을 종국적으로 상실케 하는 것은 아니라고 하더라도 그 담보가치 상당의 실해가 발생할 위험을 초래한 것이 되므로 비록 채무자가 변제기일까지 채무를 변제하지 아니하였더라도 **배임죄의 성립**에는 아무런 영향이 없다.

1-3 [대판 90도414] [**담보목적의 가등기**권자가 소유자측으로부터 채무변제공탁 사실을 통고받고서도 본등기 경료와 동시에 제3자 명의로 가등기한 경우 배임죄의 성립 여부(적극)] 담보목적으로 피고인 명의로 가등기가 경료된 피해자 소유의 부동산에 대하여 피해자의 아들로부터 채무가 변제 공탁된 사실을 통고받고서도 피고인 앞으로 본등기를 경료함과 동시에 제3자 앞으로 가등기를 경료하여 준 경우에는 **배임죄가 성립**된다.

채권자(양도담보권자)가 채무변제기 후에 담보부동산을 처분한 경우

2 [대판 85도554] 양도담보가 처분정산형의 경우이건, 귀속정산형의 경우이건 간에 담보권자가 **변제기 경과 후에 담보권을 실행**하여 그 환가대금 또는 평가액을 채권원리금과 담보권 실행비용 등의 변제에 충당하고 그 나머지가 있는 경우에 이를 담보제공자에게 돌려주어야 할 의무는 담보계약에 따라 부담하는 자신의 정산의무이므로 그 의무를 이행하는 사무는 곧 **자기의 사무처리에 속하는 것**이라 할 것이고, 이를 타인인 채무자의 사무처리에 속하는 것이라고 볼 수 없다 할 것이어서 그 정산의무를 이행하지 아니한 것으로는 **배임죄를 구성하지 않는다.**

> 부동산을 이중저당 잡힌 경우, 배임죄는 성립하는가?

●**사실**● 피고인 X는 A로부터 18억 원을 차용하면서 담보로 자기 소유의 아파트(당시 이 아파트의 시세는 50억 원 정도였고, 거기에 38억 원 정도의 선순위 근저당권이 설정되어 있었다)에 A 명의의 4순위 근저당권을 설정해 주기로 약정하고 근저당설정에 필요한 서류를 제공받았다. 하지만 X는 다시 제3자에게 채권최고액을 12억 원으로 하는 4순위 근저당권을 설정하여 주어 이 아파트의 담보가치 상실액인 4억 7,500만 원 상당의 재산상 이익을 취득하였으나 이로 인해 A에게 같은 금액 상당의 손해를 가하였다고 하여 「특정경제범죄 가중처벌 등에 관한 법률」위반(배임) 혐의로 기소되었다. 제1심과 원심은 X에 대해 배임죄 성립을 인정하였다. 이에 X는 상고하였다.

●**판지**● 파기환송. 「**[다수의견]** [1] 채무자가 금전채무를 담보하기 위한 저당권설정계약에 따라 채권자에게 그 소유의 부동산에 관하여 저당권을 설정할 의무를 부담하게 되었다고 하더라도, 이를 들어 채무자가 통상의 계약에서 이루어지는 **이익대립관계를 넘어서 채권자와의 신임관계에 기초하여 채권자의 사무를 맡아 처리하는 것으로 볼 수 없다.** 채무자가 저당권설정계약에 따라 채권자에 대하여 부담하는 저당권을 설정할 의무는 계약에 따라 부담하게 된 채무자 자신의 의무이다. 채무자가 위와 같은 의무를 이행하는 것은 **채무자 자신의 사무에 해당할 뿐**이므로, 채무자를 채권자에 대한 관계에서 '**타인의 사무를 처리하는 자**'라고 할 수 없다. 따라서 채무자가 제3자에게 먼저 담보물에 관한 저당권을 설정하거나 담보물을 양도하는 등으로 담보가치를 감소 또는 상실시켜 채권자의 채권실현에 위험을 초래하더라도 배임죄가 성립한다고 할 수 없다. 위와 같은 법리는, 채무자가 금전채무에 대한 담보로 **부동산에 관하여 양도담보설정계약을 체결**하고 이에 따라 채권자에게 소유권이전등기를 해 줄 의무가 있음에도 제3자에게 그 부동산을 처분한 경우에도 적용된다. [2] 위 근저당권설정계약에서 피고인과 갑 사이 당사자 관계의 전형적·본질적 내용은 채무의 변제와 이를 위한 담보에 있고, 피고인을 통상의 계약에서의 이익대립관계를 넘어서 갑과의 신임관계에 기초하여 갑의 사무를 맡아 처리하는 것으로 볼 수 없는 이상 갑에 대한 관계에서 '**타인의 사무를 처리하는 자**'에 해당한다고 할 수 없다.

●**해설**● 1 대상판결은 부동산의 이중저당 설정행위가 배임에 해당하지 않는다고 판시하였다. 이로서 부동산의 이중매매를 다룬 2017도4027 전원합의체 판결(【81】참조)을 제외한 나머지 이중처분행위에 관한 배임죄의 성립은 이제 모두 부정되게 되었다.

2 배임죄에 있어서 사무처리의 근거　　　배임죄는 타인의 사무를 처리하는 자가 그 임무에 위배하는 행위로써 재산상의 이익을 취득하거나 제3자로 하여금 이를 취득하게 하여 사무의 주체인 타인에게 손해를 가할 때 성립하는 것이다. 배임죄에 있어 사무처리의 근거로는 법령(친권자, 후견인, 파산관재인, 회사의 대표), 계약 등 법률행위(위임, 고용, 임치 등 대리권 수여를 내용으로 하는 계약), 관습, 사무관리 등을 들 수 있다. 판례는 사무처리의 근거가 반드시 적법한 대리권에 있을 필요는 없고 **사실상의 신임관계**가 존

---

1) 형법 제355조(배임) ② **타인의 사무를 처리하는 자**가 그 임무에 위배하는 행위로써 재산상의 이익을 취득하거나 제삼자로 하여금 이를 취득하게 하여 본인에게 손해를 가한 때에도 전항의 형과 같다.

재하는 경우에도 배임죄의 주체가 될 수 있다고 본다(대판 2001도3534, Ref 1).

3 배임죄의 주체는 타인의 사무를 처리하는 지위에 있어야 한다. 여기에서 **'타인의 사무를 처리하는 자'**라고 하려면, 「타인의 재산관리에 관한 사무의 전부 또는 일부를 타인을 위하여 대행하는 경우와 같이 당사자 관계의 전형적·본질적 내용이 **통상의 계약에서의 이익대립 관계를 넘어서** 그들 사이의 신임관계에 기초하여 타인의 재산을 보호 또는 관리하는 데에 있어야 한다」(대판 2014도3363 전원합의체).

4 그리고 대법원은 계약을 이행함에 있어 상대방을 보호하거나 배려할 **부수적인 의무**가 있다는 것만으로는 채무자를 타인의 사무를 처리하는 자라고 할 수 없고 「위임 등과 같이 계약의 전형적·본질적인 급부의 내용이 **상대방의 재산상 사무를 일정한 권한**을 가지고 맡아 처리하는 경우에 해당」하여야 하는 것으로 본다(대판 2019도9756 전원합의체).

5 따라서 사안에서 대법원은 「채무자가 금전채무를 담보하기 위한 저당권설정 계약에 따라 채권자에게 그 소유의 부동산에 관하여 저당권을 설정할 의무를 부담하게 되었다고 하더라도, 이를 들어 채무자가 통상의 계약에서 이루어지는 이익대립 관계를 넘어서 채권자와의 신임관계에 기초하여 채권자의 사무를 맡아 처리하는 것으로 볼 수 없다」고 판단하고 있다.

6 대법원은 대상판결을 통해 「채무 담보를 위하여 채권자에게 부동산에 관하여 근저당권을 설정해 주기로 약정한 채무자가 채권자의 사무를 처리하는 자에 해당함을 전제로 채무자가 담보목적물을 처분한 경우 **배임죄가 성립한다」고 본 종래의 판결**(대판 2007도9328 등) 등을 대상판결의 견해에 배치되는 범위 내에서 모두 변경하였다.

7 한편 대상판결의 다수의견은 부동산 이중매매의 경우에 있어 배임죄의 성립을 인정한 대법원 2018. 5.17. 선고 2017도4027 전원합의체 판결(【81】 참조)에 대해서는 「위 판결은 (가) 부동산이 국민의 경제생활에서 차지하는 비중이 크고, (나) 부동산 매매대금은 통상 계약금, 중도금, 잔금으로 나뉘어 지급되는데, 매수인이 매도인에게 매매대금 중 상당한 부분을 차지하는 계약금과 중도금까지 지급하고도 매도인의 이중매매를 방지할 충분한 수단이 마련되어 있지 않은 거래 현실의 특수성을 고려하여 **부동산 이중매매의 경우 배임죄가 성립한다는 종래의 견해를 유지**」한 것으로 보아 이 판결의 취지는 다수의견에 반하지 않는다고 하였다.

8 한편 법원은 부동산의 양도(매도·가등기)담보권자가 ① **채무변제기 전**에 담보부동산을 처분한 경우에는 배임죄 성립을 인정하나(대판 95도283, Ref 2-1) ② **채무변제기 후**에 담보부동산을 처분한 경우에는 배임죄 성립을 부정한다(대판 85도554, Ref 3).

1 [대판 2001도3534] [배임죄의 주체로서 '타인의 사무를 처리하는 자'의 의미 및 업무상 배임죄에 있어서 '**업무**'의 **근거**] [1] 배임죄의 주체로서 '타인의 사무를 처리하는 자'란 타인과의 대내관계에서 신의성실의 원칙에 비추어 그 사무를 처리할 신임관계가 존재한다고 인정되는 자를 의미하고, 반드시 제3자에 대한 대외관계에서 그 사무에 관한 대리권이 존재할 것을 요하지 않으며, 나아가 업무상 배임죄에서 업무의 근거는 법령, 계약, 관습의 어느 것에 의하건 묻지 않고, **사실상의 것도 포함**한다. [2][미성년자와 친생자관계가 없으나 호적상 친모로 등재되어 있는 자가 미성년자의 상속재산 처분에 관여한 경우, 배임죄에 있어서 타인의 사무를 처리하는 자의 지위에 있다고 한 사례] 배임죄에서 타인의 사무를 처리하는 자라함은 양자 간의 신임관계에 기초를 둔 타인의 재산보호 내지 관리의무가 있음을 그 본질적 내용으로 하는 것이라고 전제한 다음, 피고인이 그 부동산의 처분 당시 호적상 A의 친모로 등재되어 있었고, 상속재산 분할을 위해 서울가정법원에 특별대리인 선임신청을 하고, 그 부동산에 대하여 원심 공동피고인 명의로 소유권이전등기를 경료하는 과정에서도 A의 법정대리인인 친권자로서 화해신청사건을 변호사에게 위임하는 등 친권을 행사한 사실을 인정할 수 있으므로, 피고인과 A 사이에 법률적으로 유효한 친생자관계 및 양친자관계가 존재하지 않는다 하여도 피고인과 A 사이에서는 **신의성실의 원칙**에 따라 피고인이 A의 사무를 처리할 신임관계가 존재한다.

2-1 [대판 95도283] [채무자에게 환매권을 주는 형식을 취하여 담보 목적의 소유권이전등기를 마친 채권자가 제3자에게 근저당권을 경료하여 준 경우, 배임죄의 성립 여부] [1] 채권의 담보를 목적으로 부동산의소유권이전등기를 마친 채권자는 채무자가 변제기일까지 그 채무를 변제하면 채무자에게 그 소유명의를 환원하여 주기 위하여 그 소유권이전등기를 이행할 의무가 있으므로, 그 변제기일 이전에 그 임무에 위배하여 제3자에게 근저당권을 경료하여 주었다면 변제기일까지 채무자의 채무변제가 없었다고 하더라도 **배임죄는 성립되고, 그와 같은 법리는 채무자에게 환매권을 주는 형식을 취하였다고 하여 다를 바가 없다.** [2] 당사자들 사이에 정산절차가 이루어져 소유권이 채권자에게 확정적으로 귀속되었고 채무자는 채권자의 은혜적인 조처에 의하여 환매권만을 가지게 된 것으로 보아 채권자가 제3자에게 근저당권설정등기를 하여 준 행위에 대하여 무죄를 선고한 원심판결을 채증법칙 위배, 법리오해 등을 이유로 파기한 사례

2-2 [대판 76도2069] [**가등기권자가 채권변제기 전에 채무자의 승낙 없이 본등기를 경료한 경우에 배임죄의 성부**] 매매예약으로 인한 소유권이전등기청구권 보전을 위한 가등기권자는 채무의 변제기 까지는 가등기 상태를 유지할 것이요 그 변제기한이 지나도록 채무이행이 없을 경우에 비로소 본등기를 경료할 임무가 있고 그 범위 안에서는 타인의 사무를 처리하는 자라 할 것이므로 가등기권자가 위의 임무에 위배하여 변제기한 전에 채무자의 승락없이 이 사건 부동산을 그의 처 앞으로 소유권이전등기를 경료한 경우에는 배임죄가 성립한다.

3 [대판 85도554] [**양도담보권자의 정산의무불이행과 배임죄의 성부**] 양도담보가 처분정산형의 경우이건, 귀속정산형의 경우이건 간에 담보권자가 **변제기 경과 후**에 담보권을 실행하여 그 환가대금 또는 평가액을 채권원리금과 담보권 실행비용 등의 변제에 충당하고 그 나머지가 있는 경우에 이를 담보제공자에게 돌려

주어야 할 의무는 담보계약에 따라 부담하는 자신의 정산의무이므로 그 의무를 이행하는 사무는 곧 자기의 사무처리에 속하는 것이라 할 것이고, 이를 타인인 채무자의 사무처리에 속하는 것이라고 볼 수 없다 할 것이어서 그 정산의무를 이행하지 아니한 것으로는 **배임죄를 구성하지 않는다**.

84 배임죄에 있어서 '임무위배행위'

* 대법원 2017. 6. 29. 선고 2017도3808 판결
* 참조조문: 형법 제355조 제2항[1], 제356조[2]

> 퇴사한 회사직원이 회사의 영업비밀을 반환하거나 폐기하지 아니한 영업비밀 등을 경쟁업체에 유출하거나 스스로의 이익을 위하여 이용한 행위가 따로 업무상배임죄를 구성하는가?

●**사실**● 피고인 X는 2011.8.경 피해자 회사에서 퇴사할 당시 이 사건 각 파일을 반환하거나 폐기하지 않았고, 이후 1년 정도 지나 Y가 설립한 경쟁회사에 입사하여 경쟁회사를 위한 소스코드를 만드는데 이 사건 각 파일을 이용하였다. 한편 Y는 X가 2012.8.24.경 이 사건 14번 파일을 사용하는데 있어 공모·가담한 사실 등을 인정하였다.

원심은 Y에 대하여 이 사건 14번 파일 사용에 관한 「부정경쟁방지 및 영업비밀보호에 관한 법률」위반(영업비밀누설등)죄가 성립한다고 판단하였고 나아가 X가 퇴사하면서 이 사건 각 파일을 반환하거나 폐기하지 않아 이미 업무상배임죄의 기수에 이르렀기 때문에 이후 14번 파일을 사용한 것은 불가벌적 사후행위에 해당하나, 그와 같은 불가벌적 사후행위에 공모·가담한 Y에 대하여는 이 사건 14번 파일에 관한 업무상배임죄가 별도로 성립한다고 판단하였다.

●**판지**● [1] [회사직원이 영업비밀 또는 영업상 주요한 자산을 경쟁업체에 유출하거나 스스로의 이익을 위하여 이용할 목적으로 무단으로 반출한 경우, 업무상배임죄의 기수시기(=유출 또는 반출 시)] 업무상배임죄의 주체는 타인의 사무를 처리하는 지위에 있어야 한다. 따라서 회사직원이 재직 중에 영업비밀 또는 영업상 주요한 자산을 경쟁업체에 유출하거나 스스로의 이익을 위하여 이용할 목적으로 무단으로 반출하였다면 타인의 사무를 처리하는 자로서 업무상의 임무에 위배하여 유출 또는 반출한 것이어서 **유출 또는 반출 시에 업무상배임죄의 기수**가 된다.

[2] [영업비밀 등을 적법하게 반출하였으나 퇴사 시에 회사에 반환하거나 폐기할 의무가 있음에도 같은 목적으로 이를 반환하거나 폐기하지 아니한 경우, 업무상배임죄의 기수시기(=퇴사 시)] 회사직원이 영업비밀 등을 적법하게 반출하여 반출행위가 업무상배임죄에 해당하지 않는 경우라도, 퇴사 시에 영업비밀 등을 회사에 반환하거나 폐기할 의무가 있음에도 경쟁업체에 유출하거나 스스로의 이익을 위하여 이용할 목적으로 이를 반환하거나 폐기하지 아니하였다면, 이러한 행위 역시 **퇴사 시에 업무상배임죄의 기수**가 된다.

[3] [퇴사한 회사직원이 위와 같이 반환하거나 폐기하지 아니한 영업비밀 등을 경쟁업체에 유출하거나 스스로의 이익을 위하여 이용한 행위가 따로 업무상배임죄를 구성하는지 여부(원칙적 소극)] 그러나 회사직원이 퇴사한 후에는 특별한 사정이 없는 한 퇴사한 회사직원은 더 이상 업무상배임죄에서 타인의 사무를 처리하는 자의 지위에 있다고 볼 수 없고, 위와 같이 반환하거나 폐기하지 아니한 영업비밀 등을 경쟁업체에 유출하거나 스스로의 이익을 위하여 이용하더라도 이는 이미 성립한 업무상배임 행위의 실행행위에 지나지 아니하므로, 그 유출 내지 이용행위가 「부정경쟁방지 및 영업비밀보호에 관한 법률」위반(영업비밀누설 등)죄에 해당하는지는 별론으로 하더라도, 따로 업무상배임죄를 구성할 여지는 없다.

---

1) 형법 제355조(배임) ② 타인의 사무를 처리하는 자가 **그 임무에 위배하는 행위**로써 재산상의 이익을 취득하거나 제삼자로 하여금 이를 취득하게 하여 본인에게 손해를 가한 때에도 전항의 형과 같다.

2) 형법 제356조(업무상의 횡령과 배임) 업무상의 임무에 위배하여 제355조의 죄를 범한 자는 10년 이하의 징역 또는 3천만원 이하의 벌금에 처한다.

[4] [제3자가 위와 같은 유출 내지 이용행위에 공모·가담한 경우, 업무상배임죄의 공범이 성립하는지 여부(원칙적 소극)] 그리고 위와 같이 퇴사한 회사직원에 대하여 타인의 사무를 처리하는 자의 지위를 인정할 수 없는 이상 제3자가 위와 같은 유출 내지 이용행위에 공모·가담하였더라도 타인의 사무를 처리하는 자의 지위에 있다는 등의 사정이 없는 한 **업무상배임죄의 공범 역시 성립할 수 없다.**

●**해설**● 1 업무상배임죄는 ① 타인의 사무를 처리하는 자가 ② 그 업무상의 임무에 위배하는 행위로써 ③ 재산상의 이익을 취득하거나 제3자로 하여금 이를 취득하게 하여 ④ 본인에게 손해를 가한 때에 성립하는 범죄이다(임무위배행위 → 재산상 이익의 취득 → 손해의 발생). 여기에서 '**임무에 위배하는 행위**'라 함은「처리하는 사무의 내용, 성질 등에 비추어 법령의 규정, 계약의 내용 또는 신의칙상 (가) **당연히 하여야 할 것으로** 기대되는 행위를 하지 않거나 (나) **당연히 하지 않아야 할 것으로** 기대되는 행위를 함으로써 사무 처리를 위임한 **본인과의 신임관계를 저버리는 일체의 행위를 포함한다**」고 한다.

2 그리고「(임무위배)행위가 **법률상 유효한가 여부는 따져볼 필요가 없고**, 행위자가 가사 본인을 위한다는 의사를 가지고 행위를 하였다고 하더라도 그 목적과 취지가 법령이나 **사회상규에 위반된 위법한 행위로서 용인할 수 없는 경우**에는 그 행위의 결과가 일부 본인을 위하는 측면이 있다고 하더라도 이는 **본인과의 신임관계를 저버리는 행위**로서 배임죄의 성립을 인정함에 영향이 없다」(대판 2002도1696). 이러한 법원의 입장은 배임죄의 본질이 **배신설**에 있음을 보여준다.3)

3 기업의 영업비밀을 사외로 유출하지 않을 것을 서약한 회사의 직원이 경제적인 대가를 얻기 위하여 경쟁업체에 **영업비밀을 유출하는 행위**는 피해자와의 신임관계를 저버리는 행위로서 업무상배임죄를 구성한다(대판 98도4704).

4 회사직원이 재직 중에 영업비밀 또는 영업상 주요한 자산을 경쟁업체에 유출하거나 스스로의 이익을 위하여 이용할 목적으로 무단으로 반출하였다면 타인의 사무를 처리하는 자로서 업무상의 임무에 위배하여 유출 또는 반출한 것이어서 유출 또는 반출 시에 업무상배임죄의 기수가 된다. 그러나 대상판결에서는 **회사직원이 퇴사한 후에는** 특별한 사정이 없는 한 퇴사한 회사직원은 더 이상 업무상배임죄에서 타인의 사무를 처리하는 자의 지위에 있다고 볼 수 없다고 판단하고 있다.

5 한편,「우리 형법은 배임죄에 있어 자기 또는 제3자의 이익을 도모하고 또 본인에게 손해를 가하려는 목적을 그 구성요건으로 규정하고 있지 않으므로 배임죄의 범의는 자기의 행위가 그 **임무에 위배한다는 인식으로 족하고**, 본인에게 손해를 가하려는 의사는 이를 필요로 하지 않는다」(대판 83도2330 전원합의체).

---

3) 배임죄의 본질과 관련해 **배신설**과 **권한남용설**이 대립하나 판례는 배신설의 입장이다. 배신설에 대해서는 계약관계에 있는 당사자 사이에 어느 정도의 신뢰가 형성되었을 때 형사법에 의해 보호받는 신임관계가 발생한다고 볼 것인지, 어떠한 형태의 신뢰위반 행위를 가벌적인 임무위배행위로 인정할 것인지의 기준이 불분명하다는 비판이 있다.

영업비밀 또는 영업상 주요한 자산의 유출에 관한 법리

배임죄 성립을 긍정한 사례

1-1 [대판 2015도17628] [1] 회사 직원이 경쟁업체에 유출하거나 스스로의 이익을 위하여 이용할 목적으로 회사 자료를 무단으로 반출한 경우에, 그 자료가 **영업비밀에 해당하지 아니한다 하더라도**, (가) 그 자료가 불특정 다수인에게 공개되어 있지 아니하여 보유자를 통하지 아니하고는 이를 통상 입수할 수 없고, (나) 그 자료의 보유자가 그 자료의 취득이나 개발을 위해 상당한 시간, 노력 및 비용을 들인 것으로서 그 자료의 사용을 통해 경쟁자에 대하여 경쟁상의 이익을 얻을 수 있는 정도의 영업상 주요한 자산에 해당한다면, 이는 업무상의 임무에 위배한 행위로서 업무상배임죄가 성립한다. [2] 한편 회사 직원이 영업비밀이나 영업상 주요한 자산인 자료를 **적법하게 반출**하여 그 반출행위가 업무상배임죄에 해당하지 않는 경우라도, 퇴사 시에 그 영업비밀 등을 회사에 반환하거나 폐기할 의무가 있음에도 경쟁업체에 유출하거나 스스로의 이익을 위하여 이용할 목적으로 이를 반환하거나 폐기하지 아니하였다면, 이러한 행위는 업무상배임죄에 해당한다.

1-2 [대판 2006도9089] 파기환송. [영업비밀을 유출하거나 회사로부터 무단 반출한 경우 업무상배임죄의 기수시기 및 영업비밀은 아니지만 영업상 주요한 자산인 자료를 무단반출하거나 적법하게 반출한 영업비밀 등을 퇴사시 반환·폐기의무에 위배하여 경쟁업체에 유출하거나 반환·폐기하지 않은 행위가 업무상배임죄를 구성하는지 여부] ●**사실**● X를 비롯한 피고인들은 회사 관련 파일에 관한 보안준수서약서 또는 비밀유지서약서, 고용계약에 따른 부수적 의무 내지 신의칙상 퇴사 시 위 파일들을 회사에 반환하거나 폐기할 의무가 있고, 업무상 필요가 있는 경우에 한하여 업무용 자료의 반출을 용인하고 있음을 알고 있었다. 그런데도 이들은 회사의 승낙을 받지 않은 채 위 **파일들을 반출하고, 퇴사 시에 위 사실을 고지하지 않은 채** 위 파일들을 폐기하지 않고 계속 보관하여 이 파일 중 일부를 경쟁업체에 반출하였다. 검사는 X 등을 업무상배임죄로 기소하였고 제1심은 유죄를 인정하였다. 그러나 원심은 피고인들에게 업무상 배임의 고의가 있었다고는 볼 수 없다는 이유로 무죄를 선고하였다. 이에 검사가 상고하였다. ●**판지**● [1] 회사직원이 **영업비밀**을 경쟁업체에 유출하거나 스스로의 이익을 위하여 이용할 목적으로 무단으로 반출하였다면 그 **반출시에 업무상배임죄의 기수**가 되고, 영업비밀이 아니더라도 그 자료가 불특정 다수의 사람에게 공개되지 않았고 사용자가 상당한 시간, 노력 및 비용을 들여 제작한 **영업상 주요한 자산**인 경우에도 그 자료의 반출행위는 업무상배임죄를 구성하며, 회사직원이 영업비밀이나 영업상 주요한 자산인 자료를 적법하게 반출하여 그 반출행위가 업무상배임죄에 해당하지 않는 경우라도 퇴사시에 그 영업비밀 등을 **회사에 반환하거나 폐기할 의무**가 있음에도 경쟁업체에 유출하거나 스스로의 이익을 위하여 이용할 목적으로 이를 반환하거나 폐기하지 아니하였다면, 이러한 행위는 업무상배임죄에 해당한다. [2] 회사 관련 파일에 관한 보안준수서약서 또는 비밀유지서약서, 고용계약에 따른 부수적 의무 내지 신의칙상 퇴사시 위 파일들을 회사에 반환하거나 폐기할 의무가 있고, 업무상 필요가 있는 경우에 한하여 업무용 자료의 반출을 용인하고 있음에도, 회사직원이 회사의 승낙을 받지 않은 채 위 파일들을 반출하고, 퇴사시에 위 사실을 고지하지 않은 채 위 파일들을 폐기하지 않고 계속 보관하여 위 파일들 중 일부를 경쟁업체에 반출한 사안에서, 위 파일들이 회사의 영업비밀 또는 영업상 주요한 자산에 해당한다면, 위 파일들의 각 반출행위 또는 파일들의 미반환·미폐기 행위는 업무상배임죄를 구성한다.

배임죄 성립을 부정한 사례

2-1 [대판 2018도4794] 파기환송. [회사 직원이 경쟁업체 또는 스스로의 이익을 위하여 이용할 의사로 무단으로 자료를 반출한 행위가 업무상배임죄에 해당하기 위해서는 그 자료가 **영업상 주요한 자산에 해당** 하여야 하는지 여부(적극)] [1] (가) 회사 직원이 경쟁업체 또는 스스로의 이익을 위하여 이용할 의사로 무단으로 자료를 반출한 행위가 업무상배임죄에 해당하기 위하여는, 그 자료가 반드시 영업비밀에 해당할 필요까지는 없다고 하겠지만 적어도 그 자료가 불특정 다수인에게 공개되어 있지 않아 보유자를 통하지 아니하고는 이를 통상 입수할 수 없고 그 보유자가 자료의 취득이나 개발을 위해 상당한 시간, 노력 및 비용을 들인 것으로서, 그 자료의 사용을 통해 경쟁상의 이익을 얻을 수 있는 정도의 영업상 주요한 자산에는 해당하여야 한다. 또한 (나) 비밀유지조치를 취하지 아니한 채 판매 등으로 공지된 제품의 경우, **역설계 (reverse engineering)를 통한 정보의 획득이 가능하다는 사정만으로** 그 정보가 불특정 다수인에게 공개된 것으로 단정할 수 없으나, 상당한 시간과 노력 및 비용을 들이지 않고도 통상적인 역설계 등의 방법으로 쉽게 입수 가능한 상태에 있는 정보라면 보유자를 통하지 아니하고서는 통상 입수할 수 없는 정보에 해당한다고 보기 어려우므로 영업상 주요한 자산에 해당하지 않는다. [2] 피해자 회사는 2009년경부터 드림레이 제품을 시중에 판매하기 시작하였다. 드림레이 제품의 X선관장치는 도시바사의 제품, 고전압 발생장치 및 X선제어장치는 주식회사 아젝스메디테크에서 제작한 제품, 광증폭관(Image Intensifier Tube)은 포토니스 사에서 제작한 XX1614/P 제품, 카메라는 소니사의 제품, 모니터는 삼성전자의 제품으로 구성되어 **이미 공 지되어 있는 부품을 사용**하고 있다. 시중에 판매되는 드림레이 제품은 X선관장치, 고전압 발생장치, X선제 어장치, 광증폭관, 카메라, 모니터 등의 주요 부품으로 분해하거나 이를 재조립하는 것이 가능하고, 이와 같은 분해와 조립에 많은 시간과 비용이 소요되지 않으며, 각 부품의 제조사와 외형적인 형상, 구조는 육안 으로도 쉽게 파악이 가능하다. 각 부품의 구체적인 사양에 관한 데이터도 각 부품의 제조사를 통해 쉽게 입수할 수 있다. …… 또한 드림레이 제품에 사용되는 소프트웨어의 소스데이터는 공지된 소프트웨어의 소스데이터를 기초로 일부 수정을 거쳐 만들어진 것으로 보이나, 누구나 쉽게 입수할 수 있는 엑스레이 촬 영장치의 영상컨트롤 소프트웨어와 별다른 차이점을 발견할 수 없어 이 사건 소스데이터 관련 정보가 그 사용을 통해 경쟁자에 대하여 경쟁상의 이익을 얻을 수 있는 정도의 정보라고 단정하기 어렵다. …… 이를 통해 경쟁상 이익을 얻을 수 있는 정도에 이르렀다고 할 수 없으므로 이를 피해자 회사의 **'영업상 주요한 자산'에** 해당한다고 보기 어렵다.

2-2 [대판 2009도3915] [회사 직원이 무단으로 자료를 반출하는 행위를 업무상배임죄로 의율하기 위해 서는 위 자료가 **'영업상 주요한 자산'에** 해당하여야 하는지 여부(적극)] [1] 회사 직원이 경쟁업체 또는 자신 의 이익을 위하여 이용할 의사로 무단으로 자료를 반출하는 행위를 **업무상배임죄로 의율할 때에는,** 위 자료 가 반드시 영업비밀에 해당할 필요까지는 없더라도, 적어도 불특정 다수인에게 공개되어 있지 않아 보유자 를 통하지 아니하고는 이를 입수할 수 없고 보유자가 자료 취득이나 개발을 위해 상당한 시간, 노력 및 비 용을 들인 것으로 이를 통해 경쟁상 이익을 얻을 수 있는 정도의 **'영업상 주요한 자산'에 해당할 것을 요한 다.** [2] 피고인들이 甲 회사를 퇴사하면서 甲 회사가 제조·판매하는 특정 단말기에 관한 기술 자료 등이 저장된 CD와 컴퓨터를 반출하였다고 하여 업무상배임으로 기소된 사안에서, 위 자료가 甲 회사의 '영업상 주요한 자산'에 해당한다고 볼 수 없는데도, 이와 달리 판단하여 피고인들에게 유죄를 인정한 원심판결에 법리오해의 위법이 있다고 한 사례.

'임무위배행위'에 해당한다고 본 판례(배임죄 인정)

1-1 [대판 2015도12633] [이사의 충실의무와 임무위배] 회사의 이사 등이 타인에게 회사자금을 대여함에 있어 타인이 이미 채무변제능력을 상실하여 그에게 자금을 대여할 경우 회사에 손해가 발생하리라는 정을 충분히 알면서 이에 나아갔거나, 충분한 담보를 제공받는 등 상당하고도 **합리적인 채권회수조치를 취하지 아니한 채 만연히 대여해 주었다면**, 그와 같은 자금대여는 타인에게 이익을 얻게 하고 회사에 손해를 가하는 행위로서 회사에 대하여 배임행위가 되고, 회사의 이사는 단순히 그것이 경영상의 판단이라는 이유만으로 배임죄의 죄책을 면할 수 없으며, 이러한 이치는 **타인이 자금지원 회사의 계열회사라 하여 달라지지 않는다.**

1-2 [대판 2011도8870] 주식회사의 임원이 공적 업무수행을 위하여서만 사용이 가능한 **법인카드를 개인 용도로 계속적, 반복적으로 사용한 경우** 특별한 사정이 없는 한 임원에게는 임무위배의 인식과 그로 인하여 자신이 이익을 취득하고 주식회사에 손해를 가한다는 인식이 있었다고 볼 수 있으므로, 이러한 행위는 업무상배임죄를 구성한다. 위와 같은 법인카드 사용에 대하여 실질적 1인 주주의 양해를 얻었다거나 실질적 1인 주주가 향후 그 법인카드 대금을 변상, 보전해 줄 것이라고 일방적으로 기대하였다는 사정만으로는 업무상배임의 고의나 불법이득의 의사가 부정된다고 볼 수 없다.

2 [대판 2014도5713] 한국농어촌공사의 직원이 구 한국농어촌공사 및 농지관리기금법 제18조에서 정한 농지매매사업 등을 수행하기 위하여 정부에서 위탁받아 운용하는 농지관리기금을 농지매매사업의 **지원대상에 해당하지 아니하는 농지를 매입**하는 데 사용하거나 **지원요건을 갖추지 아니한 농업인을 위하여 부당하게 지원**하도록 한 것이라면, 매입 농지에 대한 근저당권 설정 등으로 지원금의 회수가 사실상 보장되더라도 특정 목적을 위하여 조성된 기금의 감소를 초래함으로써 기금이 목적을 위하여 사용됨을 저해하였다고 할 것이므로, 이러한 의미에서 한국농어촌공사는 그와 같은 기금의 지원으로 인하여 재산상 손해를 입었다고 보아야 한다.

3 [대판 2014도2578] 甲 조합의 대출업무 등 담당자인 피고인이 甲 조합에 처와 모친 소유의 토지를 담보로 제공하고 그들 명의로 대출을 받은 다음 위임장 등을 위조하여 담보로 제공된 위 **토지에 설정된 근저당권설정등기를 말소**하였다고 하여 특정경제범죄 가중처벌 등에 관한 법률 위반(배임)으로 기소된 사안에서, 등기 말소로 甲 조합에 손해가 발생하였다고 할 것임에도, 이와 달리 보아 무죄를 선고한 원심판결에 법리오해의 잘못이 있다.

4 [대판 2013도6835] 공무원인 피고인 1, 2가 공소외 1 대통령의 퇴임 후 사용할 사저부지와 그 경호부지를 일괄 매수하는 사무를 처리하면서 매매계약 체결 후 그 매수대금을 공소외 1 대통령의 아들 공소외 2와 국가에 배분함에 있어, 사저부지 가격을 높게 평가하면 경호부지 가격이 내려가고 경호부지 가격을 높게 평가하면 사저부지 가격이 내려가는 관계에 있으므로, 이러한 경우 다른 특별한 대체수단이 없는 이상 공익사업을 위한 토지 등의 취득 및 보상에 관한 법률에서 정한 복수의 감정평가업자의 평가액의 산술평균액을 기준으로 하여 그 비율을 정하여 배분하는 것이 가장 합리적이고 객관적인 방법이라 할 것인데, 이미 복수의 감정평가업자에게 감정평가를 의뢰하여 그 결과를 통보받았음에도 **굳이 이를 무시하면서** 인근 부동산업자들이나 인터넷, 지인 등으로부터의 불확실한 정보를 가지고 **감정평가결과와 전혀 다르게 상대적으로**

사저부지 가격을 낮게 평가하고 경호부지 가격을 높게 평가하여 매수대금을 배분한 것은 국가사무를 처리하는 자로서의 임무위배행위에 해당하고 위 피고인들에게 배임의 고의 및 불법이득의사도 인정된다고 판단하였다.

5 [대판 2010도9871] 재무구조가 열악한 회사의 대표이사가 제3자에게 회사의 자산으로 **거액의 기부를 한 경우** 그로써 회사를 채무초과 상태에 빠뜨리거나 채무상환이 곤란한 상태에 처하게 하는 등 그 기부액수가 회사의 재정상태 등에 비추어 기업의 사회적 역할을 감당하는 정도를 넘는 과도한 규모로서 상당성을 결여한 것이고 특히 그 기부의 상대방이 대표이사와 개인적 연고가 있을 뿐 회사와는 연관성이 거의 없다면, 그 기부는 대표이사의 선량한 관리자로서의 업무상 임무에 위배되는 행위에 해당한다 할 것이고, 그 대표이사가 실질적 1인 주주라는 등의 사정이 있다고 하더라도 마찬가지라 할 것이다.

6 [대판 2009도7783] 피고인이 甲 회사와 乙 회사의 주식매수청구권 계약과 관련하여 이사회의 결의 없이 甲 회사와 **동일 기업집단 내 계열사 명의의 손실보상각서를 작성**하여 준 행위가 업무상배임죄에 해당한다고 한 사례.

7 [대판 2009도5655] [이사가 회사에 필요한 물품을 **할인된 가격으로 납품받을 수 있었음에도** 자신이 이익을 취득할 의도로 납품업자에게 가공의 납품업체를 만들게 한 뒤 그 납품업체로부터 할인되지 않은 가격으로 납품을 받은 경우, 업무상배임죄의 성립 여부(적극)] 회사의 대표이사가 사료첨가제 납품업체와 가격협상을 함에 있어 유리한 위치에 있었음에도 사료첨가제 납품으로 발생하는 **이익금을 자신 등이 얻기 위한 의도**에서, 납품업자에게 가공의 납품업체를 만들어 사료첨가제를 납품하라고 지시하고 이를 납품받음으로써 통상적인 납품가격과 가격협상을 통하여 더 낮은 수준에서 납품받을 수 있었던 납품가격의 차액 상당의 재산상 이익을 취득한 경우, 업무상배임죄가 성립하고, 이로 인하여 회사에는 '가액을 산정할 수 없는 손해'가 발생하였다고 판단한 사례.

8 [대판 2008도6335] [회사의 임원이 사실상 1인 사원이나 대지분을 가진 사원의 양해를 얻어 임무위배행위를 한 경우, 배임죄의 죄책을 면할 수 있는지 여부(소극)] 유한회사와 그 사원은 별개의 법인격을 가진 존재로서 동일인이라 할 수 없고 유한회사의 손해가 항상 사원의 손해와 일치한다고 할 수도 없으므로, 1인 사원이나 대지분을 가진 사원도 본인인 유한회사에 손해를 가하는 임무위배행위를 한 경우에는 배임죄의 죄책을 진다. 따라서 회사의 임원이 임무에 위배되는 행위로 재산상 이익을 취득하거나 제3자로 하여금 이를 취득하게 하여 회사에 손해를 가한 경우, 임무위배행위에 대하여 사실상 1인 사원이나 대지분을 가진 사원의 양해를 얻었다고 하더라도 배임죄의 성립에는 지장이 없다.

부실대출과 배임죄의 성부
9-1 [대판 2007도1038] [특정 목적을 위하여 조성된 자금을 **지원한도를 초과하여 대출하는 행위**로 인하여 자금운용 주체에게 업무상배임죄의 재산상 손해가 발생할 수 있는지 여부(적극)] … 비록 충분한 담보가 제공되어 대출금의 회수가 보장된다고 하더라도, 결국 특정 목적을 위하여 조성된 위 경영개선자금의 감소를 초래하여 위 자금이 본래의 목적을 위하여 사용됨을 저해하는 것이므로, 해수어류수산업협동조합은 위와 같은 경영개선자금의 **부당대출**로 인하여 재산상의 손해를 입었다고 보아야 한다.

9-2 [대판 81도3190] 배임죄에 있어서 손해를 가한 때라 함은 현실적인 손해를 가한 경우 뿐만 아니라 실해발생의 위험을 초래할 경우도 포함되는 것이므로, **위조된 문서를 근거로 대출해 준 행위**는 업무상배임죄에 해당한다.

9-3 [대판 82도2873] 지점장이 은행장의 승인을 받아 대출규정에 위배된 **불성실한 당좌대월**을 하여 주었다 하더라도, 그 승인신청을 하는 여부는 **지점장이 스스로의 책임과 권한에 의하여 결정할 사항**이라 하겠으므로 지점장의 위의 대월행위는 업무상배임죄를 구성한다.

9-4 [대판 87도546] 상호신용금고의 대표이사가 제3자에게 이익을 취득하게 하고 신용금고에 손해를 가할 것을 인식하면서 업무상의 임무에 위배하여 **별다른 담보를 취득함이 없이** 변제자력이 불충분한 제3자에게 장기간에 걸쳐 계속적으로 **불성실한 대출**을 한 때에는 포괄하여 상호신용금고법 제39조 제1항 제2호에 규정된 배임죄로 처단하여야 한다.

9-5 [대판 99도3338] 재단법인 불교방송의 이사장 직무대리인이 후원회 기부금을 정상 회계처리하지 않고 자신과 친분관계에 있는 **신도에게 확실한 담보도 제공받지 아니한 채 대여한 경우**, 그 신도가 이자금을 제때에 불입하고 나중에 **원금을 변제하였다** 하더라도 배임죄가 성립한다.

9-6 [대판 99도4587] 일반 금융기관과 달리 상호유대를 가진 자 사이의 협동조직을 통하여 자금의 조성과 이용 등을 도모하기 위하여 설립된 **신용협동조합의 이사장**이 자신 또는 제3자의 이익을 도모하여 임무에 위배하여 소정의 대출한도액을 **초과하여 대출하거나 비조합원 또는 무자격자에게 대출**하였다면, 그로 인하여 조합이 다른 조합원에게 정당하게 대출할 자금을 부당하게 감소시킨 결과가 되어 그 대출금에 대한 회수의 가능 여부나 담보의 적정 여부에 관계없이 조합에 재산적 손해를 입게 한 것으로 보아야 할 것이고, 이 경우 이사장의 임무위배가 인정되는 이상 설령 조합 내 여신위원회의 사전 심사와 결의를 거쳤다고 하더라도 업무상 배임죄의 성립에 영향이 없다.

9-7 [대판 2002도1696] 금융기관인 회사가 대출을 함에 있어 대출을 받는 자가 이미 채무변제능력을 상실하여 그에게 자금을 대여할 경우 회사에 **손해가 발생하리라는 정을 충분히 알면서** 이에 나아갔거나, 충분한 담보를 제공받는 등 상당하고도 합리적인 채권회수조치를 취하지 아니한 채 **만연히 대여**해 주었다면, 그와 같은 자금대여는 타인에게 이익을 얻게 하고 회사에 손해를 가하는 행위로서 회사에 대하여 배임행위가 된다.

9-8 [비교판례] [대판 2009도7813] [**동일인 대출한도 제한규정을 위반하여 초과대출**을 한 사실만으로 업무상배임죄가 성립하는지 여부(원칙적 소극) 및 동일인 대출한도 초과대출행위가 업무상배임죄를 구성하는 경우] (가) 동일인 대출한도를 초과하여 대출함으로써 상호저축은행법을 위반하였다고 하더라도, 대출한도 제한규정 위반으로 처벌함은 별론으로 하고, 그 사실만으로 특별한 사정이 없는 한 업무상배임죄가 성립한다고 할 수 없으나, (나) 일반적으로 이러한 동일인에 대한 대출한도 초과대출이라는 임무위배의 점에 더하여 대출 당시의 대출채무자의 재무상태, 다른 금융기관으로부터의 차입금, 기타 채무를 포함한 전반적인 금융거래상황, 사업현황 및 전망과 대출금의 용도, 소요기간 등에 비추어 볼 때 채무상환능력이 부족하거나 제공된 담보의 경제적 가치가 부실하여 대출채권의 회수에 문제가 있는 것으로 판단되는 경우에는 재산상 손해가 발생하였다고 보아 업무상배임죄가 성립한다고 할 것이다.

10 [대판 2005도5713] [**무허가건물의 이중양도**] 무허가건물대장은 **무허가건물**의 정비에 관한 행정상의 사무처리의 편의를 위하여 작성 비치되는 것으로써 그 대장에의 기재에 의하여 무허가건물에 관한 권리의 변

동이 초래되거나 공시되는 효과가 생기는 것이 아니므로 무허가건물대장에 소유자로 등재되었다는 사정만으로는 그 무허가건물에 대한 소유권 기타의 권리를 취득하거나 권리자로 추정되는 효력은 없다 할 것이나, 무허가건물의 양도인은 특별한 사정이 없는 한 대금수령과 동시에 양수인에게 그 건물을 인도할 의무가 있다 할 것이고, 무허가건물의 양수인은 양도인으로부터 무허가건물을 인도받아 점유함으로써 소유권에 준하는 사용·수익 처분의 포괄적인 권능을 가지게 되므로, 이와 같이 양수인에게 무허가건물을 인도할 의무를 부담하는 양도인이 중도금 또는 잔금까지 수령한 상태에서 양수인의 의사에 반하여 제3자에게 그 무허가건물을 이중으로 양도하고 중도금까지 수령하였다면 이는 양수인에 대한 관계에서 임무위배행위로서 배임죄의 실행의 착수가 있었다고 할 것이고, 더 나아가 제3자로부터 잔금을 수령하고 무허가건물을 인도하였다면 이는 배임죄의 기수에 해당한다.

차입매수(leveraged buyout)4)

11 [대판 2007도5987] [LBO 방식의 기업인수가 업무상배임죄를 구성하는지 여부(원칙적 적극)] 기업인수에 필요한 자금을 마련하기 위하여 인수자가 금융기관으로부터 대출을 받고 나중에 피인수회사의 자산을 담보로 제공하는 방식, 이른바 LBO(Leveraged Buyout) 방식을 사용하는 경우, 피인수회사로서는 주채무가 변제되지 아니할 경우에는 담보로 제공되는 자산을 잃게 되는 위험을 부담하게 되는 것이므로, 인수자가 피인수회사의 위와 같은 담보제공으로 인한 위험부담에 상응하는 대가를 지급하는 등의 반대급부를 제공하는 경우에 한하여 허용될 수 있다 할 것이다. 만일 인수자가 피인수회사에 아무런 반대급부를 제공하지 않고 임의로 피인수회사의 재산을 담보로 제공하게 하였다면, 인수자 또는 제3자에게 담보가치에 상응한 재산상 이익을 취득하게 하고 피인수회사에게 그 재산상 손해를 가하였다고 봄이 상당하다. 이는 인수자가 자신이 인수한 주식, 채권 등이 임의로 처분되지 못하도록 피인수회사 또는 금융기관에 담보로 제공함으로써 피담보채무에 대한 별도의 담보를 제공한 경우라고 하더라도 마찬가지이다. cf) 그러나 거래 현실에서 LBO 방식에 의한 기업인수의 형태는 매우 다양하다. 따라서 배임죄의 성립여부는 차입매수가 이루어지는 과정에서 개별적으로 판단되어야 한다.

12 [대판 2003도67] ●사실● 갑은 대출금 채무를 대위변제하기로 하면서 이 사건 공장 등과 더불어 을로부터 그가 한국산업은행에 공장저당법에 의하여 채권최고액 5억원의 근저당권을 설정해준 기계 13대를 인수하였으나, 그 후 그 공장에서 위 담보로 제공한 기계기구 13점 중 공작기계 12대 시가 약 2억 3천만원 상당을 고철업자에게 2,500만원에 임의매도하였다. ●판지● 공장저당권 설정자로부터 그의 금융기관에 대한 피담보채무를 이행인수하면서 공장저당법에 의하여 공장저당권이 설정된 공장기계를 함께 양수한 자는 그 채무 변제시까지 목적물을 담보 목적에 맞게 보관하여야 할 임무가 있다고 할 것이므로 그 임무에 위배하여 제3자에게 임의 매도하였다면 공장저당권자에 대하여 배임죄가 성립한다.

13 [대판 2002도758] 명예총장으로의 추대 및 활동비 내지 전용 운전사의 제공이 학교법인 이사장의 임무에 위배하는 행위에 해당한다.

---

4) **차입매수**(금융기관차입부 기업매수, Leveraged Buyout)은 자금이 부족한 매수기업이 매수대상의 자산과 수익을 담보로 금융기관으로 자금을 차입하여 매수합병을 하는 것을 하는 것이다. LBO라고도 한다. 기업의 인수·합병(M&A) 기법의 하나로서 적은 자기자본으로 큰 기업매수가 가능하다. LBO는 외형상 M&A 기법 중 하나에 불과하지만 사모펀드들이 LBO시장에 경쟁적으로 뛰어들면서 투기펀드들의 고수익 투자수단으로 변질되고 있다.

이사회의 결의나 대주주의 승낙과 배임죄의 성부

14-1 [대판 99도2781] ●**사실**● H건설의 대주주이고 이사 겸 부사장인 갑은 거래실적이나 자산이 거의 없는 K주식회사명의로 액면 합계 467억원에 달하는 약속어음들을 발행하게 하고, 나아가 이를 금융기관에서 할인하기 위하여 H건설의 명의로 배서를 하였다. 배서를 하기 전에 갑은 **이사회의 결의를 거치고, 대주주의 승낙을 얻었다.** ●**판지**● [1] 업무상배임죄가 성립하기 위하여는 주관적으로 배임행위의 결과 본인에게 재산상의 손해가 발생하거나 발생할 염려가 있다는 인식과 자기 또는 제3자가 재산상의 이득을 얻는다는 인식이 있으면 족하고 본인에게 재산상의 손해를 가한다는 의사나 자기 또는 제3자에게 재산상의 이득을 얻게 하려는 목적은 요하지 아니한다. [2] 주식회사의 이사가 타인 발행의 약속어음에 회사 명의로 배서할 경우 그 타인이 어음금의 지급능력이 없어 그 배서로 인하여 회사에 손해가 발생하리라는 점을 알면서 이에 나아갔다면, 이러한 약속어음의 배서행위는 타인에게 이익을 얻게 하고 회사에 손해를 가하는 행위로서 회사에 대하여 배임행위가 되고, 그것이 **경영상의 판단이라는 이유만으로 배임죄의 죄책을 면할 수는 없다.** [3] **주식회사와 주주**는 별개의 인격으로서 동일인이라고 볼 수 없으므로, 회사의 임원이 그 임무에 위배되는 행위로 재산상 이익을 취득하거나 제3자로 하여금 이를 취득하게 하여 회사에 손해를 가한 때에는 이로써 배임죄가 성립하고, **그 임무위배행위에 대하여 사실상 대주주의 양해를 얻었다고 하여 본인인 회사에 손해가 없다거나 또는 배임의 범의가 없다고도 볼 수 없다.** [4] 주식회사의 경영을 책임지는 이사는 이사회의 결의가 있더라도 그 결의 내용이 주주 또는 회사 채권자를 해하는 불법한 목적이 있는 경우에는 이에 맹종할 것이 아니라 회사를 위하여 성실한 직무수행을 할 의무가 있으므로, **이사가 임무에 위배하여 주주 또는 회사 채권자에게 손해가 될 행위를 하였다면, 회사 이사회의 결의가 있었다고 하여 그 배임행위가 정당화될 수 없다.**

14-2 [대판 99도457] 배임죄에 있어서 '임무에 위배하는 행위'라 함은 처리하는 사무의 내용, 성질 등에 비추어 법령의 규정, 계약의 내용 또는 신의칙상 당연히 하여야 할 것으로 기대되는 행위를 하지 않거나 당연히 하지 않아야 할 것으로 기대되는 행위를 함으로써 본인과의 신임관계를 저버리는 일체의 행위를 포함하며, 이에 해당하는 한 재산처분에 관한 결정권을 가진 학교법인의 **이사회의 결의가 있었다거나 감독청의 허가를 받아서 한 것이라고 하여 정당화할 수 없다.**

15 [대판 99도1141] [1] [회사 경영자가 안정주주를 확보하여 경영권을 계속 유지하는 것을 주된 목적으로 종업원의 자사주 매입에 회사자금을 지원한 경우, 업무상배임죄의 성립을 인정한 사례] **종업원지주제도**[5]는 회사의 종업원에 대한 편의제공을 당연한 전제로 하여 성립하는 것인 만큼, 종업원지주제도 하에서 회사의 **경영자가 종업원의 자사주 매입을 돕기 위하여 회사자금을 지원하는** 것 자체를 들어 회사에 대한 임무위배행위라고 할 수는 없을 것이나, 경영자의 자금지원의 **주된 목적**이 종업원의 재산형성을 통한 복리증진보다는 안정주주를 확보함으로써 **경영자의 회사에 대한 경영권을 계속 유지하고자 하는 데** 있다면, 그 자금지원은 경영자의 이익을 위하여 회사재산을 사용하는 것이 되어 회사의 이익에 반하므로 회사에 대한 관계에서 임무위배행위가 된다. [2] [회사의 이사가 채무변제능력을 상실한 계열회사에게 회사자금을 대여하거나 그의 채무를 지급보증한 경우, 업무상배임죄의 성립을 인정한 사례] 회사의 이사가 타인에게 회사자금을 대여하거나 타인의 채무를 회사 이름으로 지급보증함에 있어 그 타인이 이미 채무변제능력을 상실하여 그

---

5) **종업원지주제도**는 종업원이 자기 회사에서 발행하는 주식을 보유하는 제도이다. 원래 이 제도는 종업원의 기업에 대한 귀속의식을 높여 애사심을 북돋기 위한 노무관리상의 대책으로서, 또는 안정 주주의 확보라는 기업방위 측면에서 활용되었던 것이나 근래에 와서 각국에서는 주로 근로자의 재산형성 촉진책의 하나로서 장려하고 있다.

를 위하여 자금을 대여하거나 지급보증을 할 경우 회사에 손해가 발생하리라는 점을 충분히 알면서 이에 나아갔다면, 그와 같은 자금대여나 지급보증은 타인에게 이익을 얻게 하고 회사에 손해를 가하는 행위로서 회사에 대하여 배임행위가 되고, 회사의 이사는 단순히 그것이 경영상의 판단이라는 이유만으로 배임죄의 죄책을 면할 수는 없으며, 이러한 이치는 그 타인이 자금지원 회사의 계열회사라 하여 달라지지 않는다.

16 [대판 94도3013] 학교법인의 이사인 피고인이 위 학교법인의 이사장인 원심 상피고인 1와 공모하여 위 학교법인의 전 이사장인 원심 상피고인 2 개인명의의 당좌수표를 회수하기 위하여 위 학교법인 명의로 이 사건 약속어음 6매를 발행하고 그 중 5매에 대하여 강제집행인락공증을 해 준 이상, 당시 위 어음을 발행함에있어서 이사회의 적법한 결의를 거치지 아니하고 관할청의 허가를 받지 아니하여 법률상 당연 무효라고 하더라도 배임행위가 성립함에 아무런 지장이 없고, 위와 같은 행위로 인하여 위 학교법인이 민법 제35조 제1항에 의한 손해배상의 책임을 부담할 수 있으므로 위 배임행위로 인하여 위 학교법인에게 제1심 판시와 같은 그 어음금 상당의 손해를 가한 것에 해당한다고 보아야 할 것이므로 같은 취지의 원심의 판단은 정당하다 할 것이고, 거기에 배임죄의 주체나 재산상의 손해에 관한 법리오해의 위법이 있다고 할 수 없다. cf) 배임죄 성립에 있어서 그 임무위배행위 자체가 법률상 유효한지는 따져볼 필요가 없다.

17 [대판 92도753] [부동산매도담보에서 변제기일전 처분] 채권의 담보를 목적으로 부동산의 소유권이전등기를 경료받은 채권자는 채무자가 변제기일까지 그 채무를 변제하면 채무자에게 그 소유 명의를 환원하여 주기 위하여 그 소유권이전등기를 이행할 의무가 있으므로 그 변제기일 이전에 그 임무에 위배하여 이를 제3자에게 처분하였다면 변제기일까지 채무자의 변제가 없었다 하더라도 배임죄는 성립된다.

18 [대판 90도357] 피고인들이 노동쟁의 냉각기간 중에 서울시내 각 지하철역의 개찰구를 개방하고 안내방송으로 승객들에게 무임승차를 권유하는 등의 행위로 무임승차토록 하여 지하철공사에 운임 금 1,620,682,940원 상당의 손해를 입혔다면 이는 쟁의권의 남용으로서 업무상 배임 행위에 해당한다.

'임무위배행위'에 해당하지 않는다고 본 판례(배임죄 부정)

19 [대판 2016도15226] 아파트 소유권자인 피고인이 가등기권리자 갑에게 아파트에 관한 소유권이전청구권가등기를 말소해 주면 대출은행을 변경한 후 곧바로 다시 가등기를 설정해 주겠다고 속여 가등기를 말소하게 하여 재산상 이익을 편취하고, 가등기를 회복해 줄 임무에 위배하여 아파트에 제3자 명의로 근저당권 및 전세권설정등기를 마침으로써 갑에게 손해를 가하였다고 하여 사기 및 배임으로 기소된 사안에서, 사기죄를 인정하는 이상 비양립적 관계에 있는 배임죄는 별도로 성립하지 않는다. cf) 법원은 사안에서 피고인의 행위는 사기고의의 일련의 과정에서 배임적 행위가 들어간 것으로 판단하여 사기죄 일죄만 성립한 것으로 보았다.

20 [대판 2015도5665] [타인에 대한 채무의 담보로 제3채무자에 대한 채권에 대하여 권리질권을 설정하고, 질권설정자가 제3채무자에게 질권설정의 사실을 통지하거나 제3채무자가 이를 승낙한 상태에서, 질권설정자가 질권자의 동의 없이 제3채무자에게서 질권의 목적인 채권의 변제를 받은 경우, 질권자에 대한 관계에서 배임죄가 성립하는지 여부(소극)] 타인에 대한 채무의 담보로 제3채무자에 대한 채권에 대하여 권

리질권을 설정한 경우 질권설정자는 질권자의 동의 없이 질권의 목적된 권리를 소멸하게 하거나 질권자의 이익을 해하는 변경을 할 수 없다(민법 제352조). 또한 질권설정자가 제3채무자에게 질권설정의 사실을 통지하거나 제3채무자가 이를 승낙한 때에는 제3채무자가 질권자의 동의 없이 질권의 목적인 채무를 변제하더라도 이로써 질권자에게 대항할 수 없고, 질권자는 여전히 제3채무자에 대하여 직접 채무의 변제를 청구하거나 변제할 금액의 공탁을 청구할 수 있다(민법 제353조 제2항, 제3항)[6]. 그러므로 이러한 경우 **질권설정자가 질권의 목적인 채권의 변제를 받았다고 하여** 질권자에 대한 관계에서 타인의 사무를 처리하는 자로서 임무에 위배하는 행위를 하여 질권자에게 손해를 가하거나 손해 발생의 위험을 초래하였다고 할 수 없고, 배임죄가 성립하지도 않는다.

21 [대판 2009도4987] [배임죄의 성립과 관련하여, '조합'에 대한 판결에 대하여 조합이 항소를 제기하는 등으로 다투고 있거나, '조합 임원'을 상대로 한 직무집행정치 가처분 등이 있는 경우, 조합장이 당연히 그 판결 등에 따른 조치를 취하여야 할 임무가 있는지 여부(소극)] 배임죄에 있어서 '임무에 위배되는 행위'라 함은 처리하는 사무의 내용, 성질 등에 비추어 법령의 규정, 계약의 내용 또는 신의칙상 당연히 하여야 할 것으로 기대되는 행위를 하지 않거나 당연히 하지 않아야 할 것으로 기대되는 행위를 함으로써 본인과의 신임관계를 저버리는 일체의 행위를 포함하므로, 재건축정비사업조합의 조합장이 조합에 대한 법원의 판결 등의 취지에 비추어 당연히 하여야 할 것으로 기대되는 행위를 하지 않거나 당연히 하지 않아야 할 것으로 기대되는 행위를 한 경우에는 그 임무에 위배되는 행위를 한 것이라고 할 수 있을 것이지만, 조합이 당해 판결에 대하여 항소를 제기하는 등으로 다투고 있는 경우 등에도 조합장이 당연히 그 판결의 취지에 따른 조치를 취하여야 할 임무가 있다고 볼 수는 없다 할 것이고, 한편 조합이 아닌 조합 임원들을 상대로 한 직무집행정지 가처분 등이 있다고 하여 조합장에게 반드시 그에 따른 조치를 취하여야 할 임무가 있다고 볼 수도 없다.

22 [대판 2008도3651] [저당권이 설정된 자동차를 저당권자의 동의 없이 매도한 행위가 배임죄를 구성하는지 여부(소극)] 자동차에 대하여 저당권이 설정되는 경우 자동차의 교환가치는 그 저당권에 포섭되고, 저당권설정자가 자동차를 매도하여 **그 소유자가 달라지더라도 저당권에는 영향이 없으므로**, 특별한 사정이 없는 한 저당권설정자가 단순히 그 저당권의 목적인 자동차를 다른 사람에게 매도한 것만으로는 배임죄가 성립하지 아니한다(앞의 대판 2010도11665 비교).

23 [대판 2008도522] 피해자 주식회사의 대표이사 또는 이사인 피고인들이 종전 규정이나 개정 규정에 의하여 위 **골프장 이용에 따른 비용을 면제**받은 행위가 이사로서의 임무에 위배되는 행위에 해당하는지 여부 내지 그에 관하여 피고인들의 배임의 고의가 인정되는지 여부를 판단함에 있어서는, 위와 같은 각 규정의 적용을 통하여 단순히 회사에게 금전적인 수입의 감소가 발생하고 피고인들에게 동액 상당의 금전적 이익이 발생하였는지 여부만을 기준으로 살필 것이 아니라, 구체적으로 위 각 규정의 제정 및 개정의 시기·동기·경위·절차, 피해자 주식회사의 영업 규모나 방식, 재정 상태, 골프장 이용객 수, 관련 업계의 관행

---

6) 민법 제353조(질권의 목적이 된 채권의 실행방법) ① 질권자는 질권의 목적이 된 채권을 직접 청구할 수 있다. ② 채권의 목적물이 금전인 때에는 질권자는 자기채권의 한도에서 직접 청구할 수 있다. ③ 전항의 채권의 변제기가 질권자의 채권의 변제기보다 먼저 도래한 때에는 질권자는 제삼채무자에 대하여 그 변제금액의 공탁을 청구할 수 있다. 이 경우에 질권은 그 공탁금에 존재한다. ④ 채권의 목적물이 금전 이외의 물건인 때에는 질권자는 그 변제를 받은 물건에 대하여 질권을 행사할 수 있다.

…… 당시의 피해자 주식회사의 경영 상태, 기타 제반 사정들에 관하여 심리를 한 후, **종합적으로 판단**하여 야 할 것이다.

전환사채관련 사례

24-1 [대판 2007도4949 전원합의체] [삼성에버랜드 전환사채 편법증여 사건7)] [회사의 이사가 시가보다 현저하게 낮은 가액으로 신주 등을 발행한 경우 업무상배임죄가 성립하는지 여부] [1] [다수의견] 주주는 회사에 대하여 주식의 인수가액에 대한 납입의무를 부담할 뿐 인수가액 전액 을 납입하여 주식을 취득한 후에는 주주 유한책임의 원칙에 따라 회사에 대하여 추가 출자의무를 부담하지 않는 점, 회사가 준비금을 자본으로 전입하거나 이익을 주식으로 배당할 경우에는 주주들에게 지분비율에 따라 무상으로 신주를 발행할 수 있는 점 등에 비추어 볼 때, 회사가 주주 배정의 방법, 즉 주주가 가진 주 식 수에 따라 신주, 전환사채나 신주인수권부사채(이하 '신주 등'이라 한다)의 배정을 하는 방법으로 신주 등 을 발행하는 경우에는 발행가액 등을 반드시 시가에 의하여야 하는 것은 아니다. 따라서, (가) 회사의 이사 로서는 주주 배정의 방법으로 신주를 발행하는 경우 원칙적으로 액면가를 하회하여서는 아니 된다는 제약 외에는 주주 전체의 이익, 회사의 자금조달의 필요성, 급박성 등을 감안하여 경영판단에 따라 자유로이 그 발행조건을 정할 수 있다고 보아야 하므로, 시가보다 낮게 발행가액 등을 정함으로써 주주들로부터 가능한 최대한의 자금을 유치하지 못하였다고 하여 배임죄의 구성요건인 임무위배, 즉 회사의 재산보호의무를 위 반하였다고 볼 것은 아니다. (나) 그러나 주주배정의 방법이 아니라 제3자에게 인수권을 부여하는 제3자 배 정방법의 경우, 제3자는 신주 등을 인수함으로써 회사의 지분을 새로 취득하게 되므로 그 제3자와 회사와의 관계를 주주의 경우와 동일하게 볼 수는 없다. 제3자에게 시가보다 현저하게 낮은 가액으로 신주 등을 발행하 는 경우에는 시가를 적정하게 반영하여 발행조건을 정하거나 또는 주식의 실질가액을 고려한 적정한 가격 에 의하여 발행하는 경우와 비교하여 그 차이에 상당한 만큼 회사의 자산을 증가시키지 못하게 되는 결과 가 발생하는데, 이 경우에는 회사법상 공정한 발행가액과 실제 발행가액과의 차액에 발행주식수를 곱하여 산출된 액수만큼 회사가 손해를 입은 것으로 보아야 한다. 이와 같이 현저하게 불공정한 가액으로 제3자 배정방식에 의하여 신주 등을 발행하는 행위는 이사의 임무위배행위에 해당하는 것으로서 그로 인하여 회사 에 공정한 발행가액과의 차액에 상당하는 자금을 취득하지 못하게 되는 손해를 입힌 이상 이사에 대하여 배임죄의 죄책을 물을수 있다. 다만, 회사가 제3자 배정의 방법으로 신주 등을 발행하는 경우에는 회사의 재무구조, 영업전망과 그에 대한 시장의 평가, 주식의 실질가액, 금융시장의 상황, 신주의 인수가능성 등 여러 사정을 종합적으로 고려하여, 이사가 그 임무에 위배하여 신주의 발행가액 등을 공정한 가액보다 현 저히 낮추어 발행한 경우에 해당하는지를 살펴 이사의 업무상배임죄의 성립 여부를 판단하여야 한다. [2] 전환사채 발행을 위한 이사회 결의에는 하자가 있었다 하더라도 실권된 전환사채를 제3자에게 배정하기로

---

7) **삼성 에버랜드 전환사채 편법 증여 사건**은 세법상 평가이익이 12만 7750원에, 법원 재판 과정에서 주식으로 전 환하면 예상되는 가격을 최소한으로 산정해도 주당 1만 4825원이 예상되었던 에버랜드 전환사채를 7700원에 발행하였으나 기존 주주였던 삼성 계열사들이 일제히 권리를 포기하고 3자 배정 방식으로 이재용이 1996년 12 월 7700원에 배당받은 사건이다. 이는 삼성그룹 회장인 이건희가 아들인 이재용에게 경영권을 인계하여 에버 랜드-삼성생명-삼성카드-삼성전자- 에버랜드로 이어지는 순환출자에 의한 그룹 지배를 확보하는데 있어 중요한 역할을 하였다. 이 사건으로 당시 삼성에버랜드 전·현직 사장들이 배임 혐의로 기소되어, **제2심까지 유죄 판결**이 선고되었고, 이후 삼성특검의 출범으로 이건희 회장 등도 동일 혐의로 기소되었으나 대법원에서 무죄 취지로 파기하며 **무죄가 확정**되었다. 이와 별개로 이건희 등 제일모직 이사들을 상대로 소액주주들이 낸 소송은 2011년 2월 민사재판에서 배임을 인정하여 제일모직에 130억원을 배상하라는 판결이 나왔다. 이는 2012년 8월 고등법원 판결에 대해 이건희 회장이 상고를 포기하면서 확정되었다. ko.wikipedia.org

의결한 이사회 결의에는 하자가 없는 경우, 전환사채의 발행절차를 진행한 것이 재산보호의무 위반으로서의 임무위배에 해당하지않는다. [3] [회사 지배권 이전을 목적으로 한 전환사채의 발행이 이사의 임무위배에 해당하는지 여부(소극)] 이사가 주식회사의 지배권을 기존 주주의 의사에 반하여 제3자에게 이전하는 것은 기존 주주의 이익을 침해하는 행위일 뿐 지배권의 객체인 주식회사의 이익을 침해하는 것으로 볼 수는 없는데, **주식회사의 이사**는 주식회사의 사무를 처리하는 자의 지위에 있다고 할 수 있지만 **주식회사와 별개인 주주들에 대한 관계**에서 직접 그들의 사무를 처리하는 자의 지위에 있는 것은 아니고, 더욱이 경영권의 이전은 지배주식을 확보하는 데 따르는 부수적인 효과에 불과한 것이어서, 회사 지분비율의 변화가 기존 주주 자신의 선택에 기인한 것이라면 지배권 이전과 관련하여 이사에게 임무위배가 있다고 할 수 없다. **cf)** 사안에서 대법원은 주식회사의 이사는 **회사와의 관계**에서는 사무처리자의 지위에 있으나 주식회사와 별개인 **주주들에 대한 관계**에서는 주주들의 사무를 처리하는 자의 지위에 있지 않다고 판시하였다.

　24-2 [비교판례] [대판 2001도3191] [**비등록·비상장 법인의 대표이사의 전환사채 발행·인수행위에 대하여 업무상배임죄의 성립을 인정한 사례**] 비등록·비상장 법인의 대표이사가 시세차익을 얻을 의도로 주식 시가보다 현저히 낮은 금액을 전환가격으로 한 전환사채를 발행하고 제3자의 이름을 빌려 이를 인수한 후 전환권을 행사하여 인수한 주식 중 일부를 직원들에게 전환가격 상당에 배분한 경우, 전환사채의 발행·인수로써 주식 시가와 전환가격의 차액 상당의 재산상의 이익을 취득하고 법인에게 손해를 가한 업무상배임죄가 성립하였다.

　24-3 [비교판례] [대판 2012도235] [**실질적으로 전환사채 인수대금이 납입되지 않았음에도 전환사채를 발행한 경우**] 전환사채는 발행 당시에는 사채의 성질을 갖는 것으로서 사채권자가 전환권을 행사한 때에 비로소 주식으로 전환된다. 전환사채의 발행업무를 담당하는 사람과 전환사채 인수인이 사전 공모하여 제3자에게서 전환사채 인수대금에 해당하는 금액을 차용하여 전환사채 인수대금을 납입하고 전환사채 발행절차를 마친 직후 인출하여 차용금채무의 변제에 사용하는 등 실질적으로 전환사채 인수대금이 납입되지 않았음에도 전환사채를 발행한 경우에, 전환사채의 발행이 주식 발행의 목적을 달성하기 위한 수단으로 이루어졌고 실제로 목적대로 곧 전환권이 행사되어 주식이 발행됨에 따라 실질적으로 신주인수대금의 납입을 가장하는 편법에 불과하다고 평가될 수 있는 등의 특별한 사정이 없는 한, 전환사채의 발행업무를 담당하는 사람은 회사에 대하여 전환사채 인수대금이 모두 납입되어 실질적으로 회사에 귀속되도록 조치할 **업무상의 임무를 위반하여**, 전환사채 인수인이 인수대금을 납입하지 않고서도 전환사채를 취득하게 하여 인수대금 상당의 이득을 얻게 하고, 회사가 사채상환의무를 부담하면서도 그에 상응하여 취득하여야 할 인수대금 상당의 금전을 취득하지 못하게 하여 같은 금액 상당의 손해를 입게 하였으므로, **업무상배임죄의 죄책을 진다.** 그리고 그 후 전환사채의 인수인이 전환사채를 처분하여 대금 중 일부를 회사에 입금하였거나 또는 사채로 보유하는 이익과 주식으로 전환할 경우의 이익을 비교하여 전환권을 행사함으로써 전환사채를 주식으로 전환하였더라도, 이러한 사후적인 사정은 이미 성립된 업무상배임죄에 영향을 주지 못한다.

　25 [대판 2007도2484] 피고인이 피해 회사의 승낙 없이 임의로 지정 할인율보다 더 높은 할인율을 적용하여 회사가 지정한 가격보다 낮은 가격으로 제품을 판매하는 이른바 **'덤핑판매'**로 제3자인 거래처에 재산상의 이익이 발생하였는지 여부는 경제적 관점에서 실질적으로 판단하여야 할 것인바, 피고인이 피해 회사가 정한 할인율 제한을 위반하였다 하더라도 **시장에서 거래되는 가격에 따라 제품을 판매하였다면** 지정 할인율에 의한 제품가격과 실제 판매시 적용된 할인율에 의한 제품가격의 차액 상당을 거래처가 얻은 재산상의 이익이라고 볼 수는 없다.

26 [대판 2006도6686] 점유개정의 방법으로 양도담보에 제공한 동산인 어선(20t 이하)을 다시 **제3자에게 매도하고 어선원부상 소유자명의를 변경 등록한 것만으로는** 양도담보권자에게 어떠한 재산상 손해를 발생시킬 위험이 없다는 이유로 배임죄의 성립을 부정한 사례. **cf)** 등록만 제3자에 변경한 것은 명의신탁이므로 소유권은 여전히 피고인이 가지고 있기 때문에 양도담보권자의 권리를 침해한 것이 아니라고 본 판례이다.

27 [대판 2006도3145] **파기환송.** 피해자 회사의 영업팀장이 전산상 회사의 외상대금채권이 **줄어든 것으로 처리하는 전산조작행위를 한 사안**에서, 전산상 외상대금채권이 자동 차감된다는 사정만으로 만연히 회사의 외상매출금채권이 감소될 우려가 생겼다고 판단하여 업무상 배임의 공소사실을 유죄로 인정한 원심판결을 파기한 사례.

28 [대판 2006도2222] [다수의 이해관계가 충돌하는 복잡한 사안에서 **담당공무원이 직무범위 내에서 가장 합리적인 방안을 강구**하여 직무를 처리하였음에도 불구하고, 결과적으로 국가에 재산적 손해를 야기하거나 제3자에게 재산적 이익이 귀속된 경우, 업무상배임죄가 성립하는지 여부(소극)] 불법매각된 국유지의 환수업무를 처리하는 공무원이 다수의 이해관계가 충돌하고 법적 해결이 용이하지 않은 상황에서 이를 해결하기 위하여 선의의 취득자 보호를 위한 국유재산법상 특례매각에 관한 규정을 유추적용하기로 하면서 문제의 발생 원인과 각종 이해관계 및 파급효과 등을 전반적으로 고려하고 내부 결재를 거쳐 특례매각의 범위를 확장하여 시행한 사안에서, 그로 인해 결과적으로 국가에 재산상 손해가 발생하였다고 하더라도 문제해결을 위한 직무범위 내의 정책판단과 선택이므로 업무상배임죄에 해당하지 않는다.

29 [대판 2003도6994] [**수탁자가 계약명의신탁의 약정**에 따라 취득한 부동산에 대하여 신탁자의 반환요구를 거절하고 수탁자 명의로 그 소유권이전등기를 경료하였다 하여 업무상배임죄가 성립하지 아니한다고 한 사례] 신탁자와 수탁자가 명의신탁약정을 맺고, 그에 따라 수탁자가 당사자가 되어 명의신탁약정이 있다는 사실을 알지 못하는 소유자와 사이에서 부동산에 관한 매매계약을 체결한 계약명의신탁에 있어서 수탁자는 신탁자에 대한 관계에서도 신탁 부동산의 소유권을 완전히 취득하고 단지 신탁자에 대하여 명의신탁약정의 무효로 인한 부당이득반환의무만을 부담할 뿐인바, 그와 같은 부당이득반환의무는 명의신탁약정의 무효로 인하여 수탁자가 신탁자에 대하여 부담하는 통상의 채무에 불과할 뿐 아니라, 신탁자와 수탁자 간의 명의신탁약정이 무효인 이상, 특별한 사정이 없는 한 신탁자와 수탁자 간에 명의신탁약정과 함께 이루어진 부동산 매입의 위임 약정 역시 무효라고 볼 것이어서 수탁자를 신탁자와의 신임관계에 기하여 신탁자를 위하여 신탁 부동산을 관리하면서 신탁자의 허락 없이는 이를 처분하여서는 아니되는 의무를 부담하는 등으로 신탁자의 재산을 보전·관리하는 지위에 있는 자에 해당한다고 볼 수 없어 수탁자는 타인의 사무를 처리하는 자의 지위에 있지 아니하다 할 것이고, 이러한 계약명의신탁의 법리는 부동산실권리자명의등기에관한법률 제4조 제1항 에 따라 무효인 명의신탁약정에 대하여 신탁자가 그 소유권이전등기의 경료 이전에 해지의 의사를 표시한 경우에도 마찬가지로 적용되는 것으로 보아야 할 것이다.

30 [대판 2001도4035] **파기환송.** [1] 주식회사의 이사가 이미 발생한 대표이사의 횡령사실을 인지하고도 이사로서 당연히 할 것으로 기대되는 행위를 다하지 아니하였음을 들어 횡령금액 전부에 대한 해당 이사의 업무상배임죄를 인정한 원심판결에 대하여 해당 이사에게 임무 위배행위와 그로 인한 손해의 발생에 대한 인식이 있었다고 보기 어렵다는 이유로 이를 파기한 사례. [2] 업무상배임죄는 타인에 대한 신뢰관계에서

일정한 임무에 따라 사무처리를 할 법적 의무가 있는 자가 당해 사정 하에서 당연히 할 것이 법적으로 기대되는 행위를 하지 않는 때에 성립하는 것으로 그 죄가 성립하기 위하여는 행위자가 주관적으로 자기의 행위가 임무에 위배되는 것이라는 인식 외에도 그로 인하여 본인에게 재산상 손해를 발생 또는 발생시킬 염려가 있다는 인식이 있어야 한다.

31 [대판 2000도3716] 채권자와 주채무자 사이의 계속적인 거래관계에서 발생하는 불확정한 채무를 기간을 정하여 보증하는 이른바 계속적 보증의 경우에도 보증인은 그 기간 동안 발생한 모든 채무 중 주채무자가 이행하지 아니하는 채무를 전부 이행할 의무가 있는 것이 원칙이므로, 보증인이 약정한 보증기간 및 보증한도액 내에서 대출을 하여 주었다면 **비록 주채무자인 법인의 명칭 및 대표이사가 변경되었음에도** 종전 대출 시에 사용하였던 연대보증관계 서류로써 대출해 주었더라도 배임죄가 성립하지 않는다.

32 [대판 2000도1155] 금융기관이 거래처의 기존 대출금에 대한 원리금 및 연체이자에 충당하기 위하여 위 거래처가 **신규대출을 받은 것처럼 서류상 정리하였더라도** 금융기관이 실제로 위 거래처에게 대출금을 새로 교부한 것이 아니라면 그로 인하여 금융기관에게 어떤 새로운 손해가 발생하는 것은 아니라고 할 것이므로 따로 업무상배임죄가 성립된다고 볼 수 없다.

33-1 [대판 99도1864] 배임죄가 성립하기 위하여는 행위자의 임무위배행위로 인하여 본인에게 재산상 손해가 발생 또는 발생할 염려가 있어야 하는 것인바, 타인의 사무를 처리하는 자가 그 임무에 위배하여 채무자에게 **기존 대출금에 대한 대출기한을 연장**해 준 경우, 기한 연장 당시에는 채무자로부터 대출금을 모두 회수할 수 있었는데 기한을 연장해 주면 채무자의 자금사정이 대출금을 회수할 수 없을 정도로 악화되리라는 사정을 알고 그 기한을 연장해 준 경우에 그 기한연장으로 인한 새로운 손해가 발생하였다고 할 수 있을 것이므로 **이러한 사정이 밝혀지지 않고서는** 대출기한을 연장해 준 부분을 따로 떼어 배임죄가 성립된다고 말할 수는 없을 것이다. (한정소극)

33-2 [대판 2004도520] 회사의 대표이사가 타인의 채무를 회사 이름으로 **지급보증 또는 연대보증**함에 있어 그 타인이 만성적인 적자로 손실액이나 채무액이 누적되어 가고 있는 등 재무구조가 상당히 불량하여 이미 채무변제능력을 상실한 관계로 그를 위하여 지급보증 또는 연대보증을 할 경우에 회사에 손해가 발생할 것이라는 점을 알면서도 이에 나아갔다면 그러한 지급보증 또는 연대보증은 회사에 대하여 배임행위가 된다고 할 것이나, 그 타인이 **단순히 채무초과 상태**에 있다는 이유만으로는 그러한 지급보증 또는 연대보증이 곧 회사에 대하여 배임행위가 된다고 단정할 수 없다.

34 [대판 99도311] 주택조합 조합장이 총회의 승인 없이 발행한 조합 회원증을 담보로 금원을 차용하여 조합운영비로 사용한 후 위 회원증을 매도하게 하여 채무 전액의 변제에 충당한 경우, 총회 승인 없이 발행된 조합 회원증의 매수인들은 조합원 자격을 취득할 수 없고 단지 조합에 대하여 매수대금 상당의 손해배상채권을 취득할 뿐이므로 조합장이나 회원증 매수인들이 어떠한 재산상 이득을 취득한 바 없다는 이유로 업무상배임죄의 성립을 부정한 사례.

35 [대판 91도1675] [업무상배임죄의 성립을 위한 범의] [1] 업무상배임죄가 성립하려면 주관적 요건으로서 업무위배의 인식과 자기 또는 제3자의 이익을 위하여 본인에게 재산상의 손해를 가한다는 인식이 있어

야 한다. [2] 단위농업협동조합의 조합장이 조합규약에 따른 대금회수 확보를 위한 담보취득 등의 조치 없이 조합의 양곡을 외상판매함으로 인하여 위 조합에 손해가 발생하였지만 당시 시장에 양곡의 물량이 많아 현금판매가 어려웠고 **기온상승으로 양곡이 변질될 우려가 생겼으며** 농협중앙회로부터 재고양곡의 조기판매 추진지시를 받는 등 사정으로 오로지 조합의 이익을 위하여 양곡을 신속히 처분하려다 손해가 발생한 것이라면, 위 양곡 외상판매행위가 위 조합에 손해를 가하고 자기 또는 제3자에게 재산상의 이익을 취득하게 한다는 인식, 인용 하에서 행해진 행위라고 할 수 없다.

36 [대판 90도1216] 양품점의 임차권만의 양도계약을 체결한 경우 양수인에게 그 점포를 명도하여 줄 양도인의 의무는 양도계약에 따른 **민사상의 채무에 불과할 뿐** 타인의 사무라고 할 수 없으므로 위 점포의 이중양도행위는 배임죄를 구성하지 않는다.

37 [대판 87도201] [**근저당권설정자가 등기관계 서류를 위조하여 근저당권설정등기를 말소한 경우** 배임죄의 성부] 근저당권설정자는 근저당권자를 위하여 근저당권설정등기를 경료하여 줌으로써 근저당권설정계약상의 의무를 이행한 것이 되고 그후 위 근저당권설정등기를 임의로 말소하여서 안되는 것은 물권인 근저당권의 대세적 효력의 당연한 귀결로서 근저당권설정자를 포함한 모든 사람이 부담하는 의무이고 근저당권설정자가 그 설정계약에 따라 근저당권자의 재산의 관리보호를 위하여 특별히 부담하는 의무는 아니므로 근저당권설정자가 등기관계서류를 위조하여 근저당권설정등기를 말소하였다 하더라도 이는 문서에 관한 범죄를 구성할 뿐이고 달리 배임죄를 구성한다고 할 수 없다.

38 [대판 85도2144] 보험계약 모집인이 보험회사로부터 자기가 모집하여 체결시킨 보험계약이 위험성이 크니 해약토록 하라는 지시를 받고 이를 이행하지 아니하는 사이 보험사고가 발생하여 보험회사가 그 계약에 따른 보험금을 지급하게 되었다 하더라도 위 보험모집인에게 보험계약자들을 설득하여 **보험계약을 해약시켜야 할 법적 의무가 있다** 할 수 없어 동인이 이를 이행하지 아니한 것이 업무상 임무에 위배된다고 할 수 없다.

39 [대판 81도2601] [**법정폐차 시한 전에 폐차조치 한 경우**] 피고인이 피해자와 공동구입한 택시를 법정폐차시한 전에 임의로 폐차케 한 경우 특단의 사정이 없는 한 **그 폐차조치만으로써는** 피해자에게 장차 얻을 수 있었을 수익금 상실의 손해는 발생하였을지언정 피고인이 피해자 몫에 해당하는 이익을 취득하였다고 볼 수는 없으므로 배임죄가 성립하지 않는다.

40 [대판 79도141] [비농가이고 자경의사도 없는 사람에게 농지를 매도하였다가 제3자에게 이중양도한 경우와 배임죄의 성부] 농가가 아니고 농지를 자경하거나 자영할 의사도 없어 농지개혁법상 농지를 취득할 수 없는 자에 대하여 농지를 매도한 **계약은 무효이어서 매도인은 소유권이전등기절차를 이행할 임무가 없으므로** 매도인이 그 농지를 제3자에게 이중으로 양도하였다 하더라도 배임죄가 성립되지 아니한다.

경영상의 판단을 이유로 배임죄의 고의를 인정할 수 있는지 판단하는 기준

●**사실**● S 그룹은 선박 보일러, 선박 크레인 등의 제조·판매를 목적으로 하는 S 주식회사를 모태로 해 S 조선, S 에너지, S 해양조선, S 강관 등 9개 계열사로 이뤄진 기업집단이다. S 그룹 회장 피고인 X는 ① 그룹의 계열회사인 S조선 소유의 자금을 사용해 2010년 5월부터 2011년 8월까지 S그룹 산하 여러 회사가 필요로 하는 자재 1273억 원 상당을 구매해 주고 2011년 말 이를 대손 처리함으로써 S 조선에 대한 배임, ② S 조선의 고철을 S 강관에 외상으로 처분한 행위, ③ S 주식회사가 S 에너지에 대한 자금을 대여함으로 인한 「특정경제범죄법」 위반(배임) 등의 혐의로 기소되었다.

제1심은 X에 대해 무죄를 선고하였으나 원심은 **합리적 경영판단의 범주를 벗어난 것**이라고 보아 유죄로 인정하였다. 이에 X는 상고했다.

●**판지**● 파기환송 「[1] 회사의 이사 등이 타인에게 회사자금을 대여함에 있어 타인이 이미 채무변제능력을 상실하여 그에게 자금을 대여할 경우 회사에 손해가 발생하리라는 정을 충분히 알면서 이에 나아갔거나, 충분한 담보를 제공받는 등 상당하고도 합리적인 채권회수조치를 취하지 아니한 채 만연히 대여해 주었다면, 그와 같은 자금대여는 타인에게 이익을 얻게 하고 회사에 손해를 가하는 행위로서 회사에 대하여 배임행위가 되고, 회사의 이사는 단순히 그것이 경영상의 판단이라는 이유만으로 배임죄의 죄책을 면할 수 없으며, 이러한 이치는 **타인이 자금지원 회사의 계열회사라 하여 달라지지 않는다.**

[2] [경영상의 판단을 이유로 배임죄의 고의를 인정할 수 있는지 판단하는 기준] 다만 기업의 경영에는 원천적으로 위험이 내재하여 있어서 경영자가 개인적인 이익을 취할 의도 없이 가능한 범위 내에서 수집된 정보를 바탕으로 기업의 이익을 위한다는 생각으로 신중하게 결정을 내렸더라도 예측이 빗나가 기업에 손해가 발생하는 경우가 있으므로, 이러한 경우에까지 고의에 관한 해석기준을 완화하여 업무상배임죄의 형사책임을 물을 수 없다. 여기서 **경영상의 판단을 이유로 배임죄의 고의를 인정할 수 있는지**는 (가) 문제 된 경영상의 판단에 이르게 된 경위와 동기, (나) 판단대상인 사업의 내용, (다) 기업이 처한 경제적 상황, (라) 손실발생의 개연성과 이익획득의 개연성 등 제반 사정에 비추어 자기 또는 제3자가 재산상 이익을 취득한다는 인식과 본인에게 손해를 가한다는 인식하의 의도적 행위임이 인정되는 경우인지에 따라 개별적으로 판단하여야 한다.

[3] [동일한 기업집단에 속한 계열회사 사이의 지원행위가 합리적인 경영판단의 재량 범위 내에서 행하여진 것인지를 판단할 때 고려하여야 할 사항] 한편 기업집단의 공동목표에 따른 공동이익의 추구가 사실적, 경제적으로 중요한 의미를 갖는 경우라도 기업집단을 구성하는 개별 계열회사는 별도의 **독립된 법인격을 가지고 있는 주체**로서 각자의 채권자나 주주 등 다수의 이해관계인이 관여되어 있고, 사안에 따라서는 기업집단의 **공동이익과 상반되는 계열회사의 고유이익**이 있을 수 있다. 이와 같이 **동일한 기업집단에 속한 계열회사 사이의 지원행위**가 기업집단의 차원에서 계열회사들의 공동이익을 위한

---

1) 형법 제355조(배임) ② 타인의 사무를 처리하는 자가 그 임무에 위배하는 행위로써 재산상의 이익을 취득하거나 제삼자로 하여금 이를 취득하게 하여 본인에게 손해를 가한 때에도 전항의 형과 같다.

2) 형법 제356조(업무상의 횡령과 배임) 업무상의 임무에 위배하여 제355조의 죄를 범한 자는 10년 이하의 징역 또는 3천만원 이하의 벌금에 처한다.

것이라 하더라도 지원 계열회사의 재산상 손해의 위험을 수반하는 경우가 있으므로, 기업집단 내 계열회사 사이의 지원행위가 합리적인 경영판단의 재량 범위 내에서 행하여졌는지는 신중하게 판단하여야 한다. 따라서 동일한 기업집단에 속한 계열회사 사이의 지원행위가 **합리적인 경영판단의 재량 범위 내에서 행하여진 것인지를** 판단하기 위해서는 앞서 본 여러 사정들과 아울러, (가) 지원을 주고받는 계열회사들이 자본과 영업 등 실체적인 측면에서 결합되어 공동이익과 시너지 효과를 추구하는 관계에 있는지, (나) 이러한 계열회사들 사이의 지원행위가 지원하는 계열회사를 포함하여 기업집단에 속한 계열회사들의 공동이익을 도모하기 위한 것으로서 특정인 또는 특정회사만의 이익을 위한 것은 아닌지, (다) 지원 계열회사의 선정 및 지원 규모 등이 당해 계열회사의 의사나 지원 능력 등을 충분히 고려하여 객관적이고 합리적으로 결정된 것인지, (라) 구체적인 지원행위가 정상적이고 합법적인 방법으로 시행된 것인지, (마) 지원을 하는 계열회사에 지원행위로 인한 부담이나 위험에 상응하는 적절한 보상을 객관적으로 기대할 수 있는 상황이었는지 등까지 충분히 고려하여야 한다. 위와 같은 사정들을 종합하여 볼 때 **문제된 계열회사 사이의 지원행위가 합리적인 경영판단의 재량 범위 내에서 행하여진 것이라고 인정된다면** 이러한 행위는 본인에게 손해를 가한다는 인식하의 의도적 행위라고 인정하기 어렵다」.

●**해설●** 1 대상판결은 대법원이 최초로 기업집단의 이익을 고려하여 업무상배임죄의 성립을 부정하였다는 점에서 그 의의가 크다. 특히 계열사 사이의 지원 행위일지라도 '**합리적인 경영판단[3]의 재량 범위 내**'라면 경영자의 책임이 면제될 수 있음을 최초로 시사한 점과 **합리적 경영판단의 대한 기준을 제시했다**는 점이 그러하다. 이 판결은 프랑스의 '로젠불룸 원칙(Rozenblum Doctrine)'의 영향을 받을 것으로 평가되고 있다.

2 **로젠불룸 원칙**이란 같은 기업그룹에 소속된 계열회사 간에 공동의 이익을 위해 이루어진 지원행위는 과도한 부담에 해당하지 아니하고 이에 따른 적절한 보상이 기대되는 이상 지원 주체인 계열회사의 경영진에 대해 배임죄를 구성하지 아니한다는 원칙이다. 이 원칙에 따르면 일정한 요건을 충족한 기업집단 내 지원행위는 지원회사의 일시적·잠정적 희생이 있더라도 장기적 관점에서 지원회사에 이익이 될 수 있으므로 그 지원행위는 정당화된다.

3 대상판결도 그룹 내 계열사 간 지원 행위가 오너가 등 특정인이나 특정회사를 위한 것이 아니라 그룹 공동의 이익을 위한 것이라면 배임으로 볼 수 없다고 판시하고 있다. 기업인의 **경영상 판단**에 대해서는 배임죄의 형사책임을 물을 수 없다는 종래의 판결(대판 2009도13868 등)을 확장하고, 기업그룹 개념을 인정하면서 기업 총수의 계열사 지원행위도 합리적인 경영판단으로 간주될 수 있는 요건을 갖춘다면 배임죄가 성립하지 않는 다는 점을 분명히 했다.

4 대법원은 S 조선의 통합구매와 관련해 「S 조선이 S 그룹 계열회사들의 생산 활동에 필요한 철강재 등 원자재를 통합구매해 계열회사들에 공급한 것은 그 지원 행위의 성격에 비춰 **특정인 또는 특정회사의 사익을 위한 것으로 보기 어렵고**, 그 자체로 ·유사 영업에 종사하는 S 그룹 내 계열회사들의 **공동이익을**

---

3) 미국에서 판례를 통해 형성된 '**경영판단의 원칙**'은 경영자의 손해배상책임을 제한하는 이론이다. 즉 경영자가 선의와 상당한 주의로 자신의 권한 범위 내에서 행한 거래의 경우에는 그로 인해 회사에 손해가 발생하였어도 그에 대한 책임을 경영자에게 귀속시킬 수 없다는 이론을 말한다.

위한 것으로 볼 여지가 크다」고 지적하고, 「회장 X가 S 조선으로 하여금 통합구매 방식으로 S 그룹의 계열회사들에 대한 지원을 한 것은 S 그룹 내 계열회사들의 **공동이익을 위한 합리적인 경영 판단의 재량 범위 내에서 행한 것으로 봄이 타당하므로 배임죄가 성립하지 않는다**」고 판단했다.

5 하지만 대상판결에 대해서는 다음과 같은 우려가 크다. "대상판결의 판단기준이 되고 있는 로젠불룸 원칙 자체가 상당히 주관적인 성격을 띠고 있고 그 핵심 개념인 그룹이익의 논리적 근거를 다소 찾기 어려워, 자칫하면 위 법리가 **대기업집단에 대한 면죄부로 오용**될 소지가 있다. …… 따라서 향후에는 로젠불룸 원칙을 보다 엄격하게 적용할 수 있도록 하고, 지속적인 법리 검토를 통해 판단의 일관성을 확보해야 할 것"이다.4)

Reference

1 [대판 2018도20655] [경영상의 판단과 관련하여 기업의 경영자에게 배임의 고의가 있었는지 판단하는 기준] [1] 경영상의 판단과 관련하여 기업의 경영자에게 배임의 고의가 있었는지 여부를 판단함에 있어서도 일반적인 업무상배임죄에 있어서 고의의 입증방법과 마찬가지의 법리가 적용되어야 함은 물론이지만, 기업의 경영에는 원천적으로 위험이 내재하여 있어서 경영자가 아무런 개인적인 이익을 취할 의도 없이 선의에 기하여 가능한 범위 내에서 수집된 정보를 바탕으로 기업의 이익에 합치된다는 믿음을 가지고 신중하게 결정을 내렸다 하더라도 그 예측이 빗나가 기업에 손해가 발생하는 경우가 있을 수 있다. 이러한 경우에까지 고의에 관한 해석기준을 완화하여 업무상배임죄의 형사책임을 묻고자 한다면 이는 죄형법정주의의 원칙에 위배되는 것임은 물론이고 정책적인 차원에서 볼 때에도 영업이익의 원천인 **기업가 정신을 위축**시키는 결과를 낳게 되어 당해 기업뿐만 아니라 사회적으로도 큰 손실이 될 것이므로, 현행 형법상의 배임죄가 위태범이라는 법리를 부인할 수 없다 할지라도, 문제된 경영상의 판단에 이르게 된 경위와 동기, 판단대상인 사업의 내용, 기업이 처한 경제적 상황, 손실발생의 개연성과 이익획득의 개연성 등 제반 사정에 비추어 자기 또는 제3자가 재산상 이익을 취득한다는 인식과 본인에게 손해를 가한다는 인식(미필적 인식을 포함)하의 의도적 행위임이 인정되는 경우에 한하여 배임죄의 고의를 인정하는 **엄격한 해석기준은 유지**되어야 할 것이고, 그러한 인식이 없는데 단순히 본인에게 손해가 발생하였다는 결과만으로 책임을 묻거나 주의의무를 소홀히 한 과실이 있다는 이유로 책임을 물을 수는 없다. [2] 비상장주식을 거래한 경우에 있어서 그 시가는 그에 관한 객관적 교환가치가 적정하게 반영된 정상적인 거래의 실례가 있는 경우에는 그 거래가격을 시가로 보아 주식의 가액을 평가하여야 할 것이나, 만약 그러한 거래사례가 없는 경우에는 거래 당시 당해 비상장법인 및 거래당사자의 상황, 당해 업종의 특성 등을 종합적으로 고려하여 합리적으로 판단하여 적절한 평가방법을 선택하여야 할 것이다. cf) 대상판결은 경영판단과 관련한 업무상 배임죄의 성립을 가능한 제한하기 위해서 엄격한 고의해석의 원칙을 활용해야 한다는 대법원의 입장이 제시된 판결이다.

2 [대판 2006다39935] 금융기관의 이사가 대출 관련 임무를 수행함에 있어 필요한 정보를 충분히 수

---

4) 임철현, 기업그룹과 그룹이익 개념에 관한 고찰 -대법원 2017. 11. 9. 선고 2015도12633 판결을 중심으로-, 법학연구 제60권 제2호, 부산대학교 법학연구소, 2019, 268면.

집·조사하고 검토하는 절차를 거친 다음 이를 근거로 금융기관의 최대 이익에 부합한다고 합리적으로 신뢰하고 신의성실에 따라 경영상의 판단을 내렸고, 그 내용이 현저히 불합리하지 아니하여 이사로서 통상 선택할 수 있는 범위 안에 있는 것이라면, 비록 사후에 회사가 손해를 입게 되는 결과가 발생하였다고 하더라도 그로 인하여 이사가 회사에 대하여 손해배상책임을 부담한다고 할 수 없지만, 금융기관의 이사가 이러한 과정을 거쳐 임무를 수행한 것이 아니라 **단순히 회사의 영업에 이익이 될 것이라는 일반적·추상적인 기대 하에 일방적으로 임무를 수행하여 회사에 손해를 입게 한 경우**에는 필요한 정보를 충분히 수집·조사하고 검토하는 절차를 거친 다음 이를 근거로 회사의 최대 이익에 부합한다고 합리적으로 신뢰하고 신의성실에 따라 경영상의 판단을 내린 것이라고 볼 수 없으므로, **그와 같은 이사의 행위는 허용되는 경영판단의 재량 범위 내에 있는 것이라고 할 수 없다.**

3 [대판 2009도7783] 피고인이 甲 회사와 乙 회사의 주식매수청구권 계약과 관련하여 이사회의 결의 없이 甲 회사와 동일 기업집단 내 계열사 명의의 손실보상각서를 작성하여 준 행위가 업무상배임죄에 해당한다고 한 사례.

4 [대판 2004도5742] [1] 기업의 경영에는 원천적으로 위험이 내재하여 있어서 경영자가 아무런 개인적인 이익을 취할 의도 없이 선의에 기하여 가능한 범위 내에서 수집된 정보를 바탕으로 기업의 이익에 합치된다는 믿음을 가지고 신중하게 결정을 내렸다 하더라도 그 예측이 빗나가 기업에 손해가 발생하는 경우가 있을 수 있는바, 이러한 경우에까지 고의에 관한 해석기준을 완화하여 업무상배임죄의 형사책임을 물을 수는 없으나, 기업의 경영자가 문제된 행위를 함에 있어 합리적으로 가능한 범위 내에서 수집한 정보를 근거로 하여 당해 기업이 처한 경제적 상황이나 그 행위로 인한 손실발생과 이익획득의 개연성 등의 제반 사정을 신중하게 검토하지 아니한 채, **당해 기업이나 경영자 개인이 정치적인 이유 등으로 곤란함을 겪고 있는 상황에서 벗어나기 위해서는** 비록 경제적인 관점에서 기업에 재산상 손해를 가하는 결과가 초래되더라도 이를 용인할 수밖에 없다는 인식하에 의도적으로 그와 같은 행위를 하였다면 업무상배임죄의 고의는 있었다고 봄이 상당하다. [2] 대기업 또는 대기업의 회장 등 개인이 정치적으로 난처한 상황에서 벗어나기 위하여 자회사 및 협력회사 등으로 하여금 특정 회사의 주식을 매입수량, 가격 및 매입시기를 미리 정하여 매입하게 한 행위가 **업무상 배임행위에 해당하고 그에 대한 고의도 있었다고** 본 사례.

5 [대판 2002도4229] 경영상의 판단과 관련하여 기업의 **경영자에게 배임의 고의가** 있었는지 여부를 판단함에 있어서도 일반적인 업무상배임죄에 있어서 고의의 입증 방법과 마찬가지의 법리가 적용되어야 함은 물론이지만, 기업의 **경영에는 원천적으로 위험이 내재**하여 있어서 경영자가 아무런 개인적인 이익을 취할 의도 없이 선의에 기하여 가능한 범위 내에서 수집된 정보를 바탕으로 기업의 이익에 합치된다는 믿음을 가지고 신중하게 결정을 내렸다 하더라도 그 예측이 빗나가 기업에 손해가 발생하는 경우가 있을 수 있는바, 이러한 경우에까지 고의에 관한 해석기준을 완화하여 업무상배임죄의 형사책임을 묻고자 한다면 이는 죄형법정주의의 원칙에 위배되는 것임은 물론이고 정책적인 차원에서 볼 때에도 영업이익의 원천인 **기업가 정신을 위축**시키는 결과를 낳게 되어 당해 기업뿐만 아니라 사회적으로도 큰 손실이 될 것이므로, 현행 **형법상의 배임죄가 위태범**이라는 법리를 부인할 수 없다 할지라도, (가) 문제된 경영상의 판단에 이르게 된 경위와 동기, (나) 판단대상인 사업의 내용, (다) 기업이 처한 경제적 상황, (라) 손실발생의 개연성과 이익획득의 개연성 등 제반 사정에 비추어 자기 또는 제3자가 재산상 이익을 취득한다는 인식과 본인에게 손해

를 가한다는 인식(미필적 인식을 포함)하의 **의도적 행위임이 인정되는 경우에 한하여 배임죄의 고의를 인정하는 엄격한 해석기준은 유지**되어야 할 것이고, 그러한 인식이 없는데 단순히 본인에게 손해가 발생하였다는 결과만으로 책임을 묻거나 주의의무를 소홀히 한 과실이 있다는 이유로 책임을 물을 수는 없다.

86 배임죄와 '재산상 이익'의 취득

* 대법원 2009. 12. 24. 선고 2007도2484 판결
* 참조조문: 형법 제355조 제2항[1], 제356조[2]

> 행위자나 제3자가 재산상 이익을 취득하지 않은 경우에도 배임죄가 성립하는가?

●**사실**● 피고인 X는 2002.8.4.경부터 2005.6.경까지 피해회사 A 제과회사에서 영업사원으로 근무하면서 이 회사에서 생산하는 과자류 등 제품을 거래처에 판매하고 그 대금을 수금하는 업무에 종사하였다. X는 A 회사의 승낙 없이 임의로 **지정 할인율보다 더 높은 할인율을 적용**하여 회사가 지정한 가격보다 낮은 가격으로 제품을 판매하는 이른바 덤핑판매로 총 11개 거래처에 그 차액에 상당하는 총 23,712,410원의 재산상 이익을 취득하게 하고, A 회사에 동액 상당의 재산상 손해를 가하였다는 혐의로 기소되었다. 원심은 X에 대해 업무상배임죄를 인정하였다. 이에 X가 상고하였다.

●**판지**● 파기환송. 「[1] 업무상배임죄는 본인에게 재산상의 손해를 가하는 외에 배임행위로 인하여 행위자 스스로 재산상의 이익을 취득하거나 제3자로 하여금 재산상의 이익을 취득하게 할 것을 요건으로 하므로, 본인에게 손해를 가하였다고 할지라도 **행위자 또는 제3자가 재산상 이익을 취득한 사실이 없다면 배임죄가 성립할 수 없다.**
[2] 피고인이 피해 회사의 승낙 없이 임의로 지정 할인율보다 더 높은 할인율을 적용하여 회사가 지정한 가격보다 낮은 가격으로 제품을 판매하는 이른바 '덤핑판매'로 제3자인 거래처에 재산상의 이익이 발생하였는지 여부는 **경제적 관점에서 실질적으로 판단**하여야 할 것인바, 피고인이 피해 회사가 정한 할인율 제한을 위반하였다 하더라도 시장에서 거래되는 가격에 따라 제품을 판매하였다면 지정 할인율에 의한 제품가격과 **실제 판매 시 적용된 할인율에 의한 제품가격의 차액 상당을 거래처가 얻은 재산상의 이익이라고 볼 수는 없다**」.

●**해설**● 1 우리 형법은 배임죄의 성립요건으로 '**재산상의 이익**'을 요구한다(임무위배행위 → **재산상 이익의 취득** → 손해의 발생). 이는 독일이나 일본 형법에는 규정되어 있지 않은 것으로 우리 형법의 **독자적 특징** 중의 하나이다. 이로써 우리 배임죄는 단순히 본인에게 손해를 가하는 것을 처벌하는 범죄에서 행위자 또는 제3자의 재산상 이익의 취득까지 요구하는 재산범죄가 되었다. 특히 '**손해의 발생**' 이외에 '재산상 이익의 취득'을 범죄구성요건으로 요구하는 것은 배임죄의 **과잉 적용을 방지**하는 중요한 안전판이 된다.

2 따라서 타인에게 손해를 가하였다고 할지라도 행위자 또는 제3자가 **재산상 이익을 취득한 사실이 없으면 배임죄가 성립할 수 없다**(대판 2005도6439).[3] 여기서 재산상의 이익이란 모든 재산적 가치의 증가를 의미하며, 적극적 이익이든 소극적 이익이든 묻지 않는다. 총체적으로 보아 행위자 또는 제3자의 **전체적**

---

1) 형법 제355조(배임) ② 타인의 사무를 처리하는 자가 그 임무에 위배하는 행위로써 **재산상의 이익을 취득**하거나 제삼자로 하여금 이를 취득하게 하여 본인에게 손해를 가한 때에도 전항의 형과 같다.
2) 형법 제356조(업무상의 횡령과 배임) 업무상의 임무에 위배하여 제355조의 죄를 범한 자는 10년 이하의 징역 또는 3천만원 이하의 벌금에 처한다.
3) 한편 재산상 이익의 취득이 있더라도 본인에게 **손해의 발생이 없는 경우에도** 배임죄는 성립하지 않는다(대판 2007도2484).

재산가치의 **증가**를 가져오는 것을 말한다. 재산상 이익이 발생하였는지는 경제적 관점에서 실질적으로 판단하여야 한다. 그리고 재산상 이익의 취득과 임무위배행위 간에는 상당인과관계가 인정되어야 한다 (대판 2007도7060).

3 하급심에서는 X의 행위에 대해 피해 회사의 명시적 또는 묵시적인 승낙에 의한 것이거나 또는 사회상규에 위배되지 않는 정당행위로서 위법성이 조각되는지 여부가 다투어졌다. 그러나 대법원은 하급심에 대해 배임죄가 성립하기 위한 재산상 이익의 취득이 있었는지 여부를 따져 볼 것을 요구한다.

4 즉 「원심으로서는 피고인의 위와 같은 판매행위로 인하여 제3자인 거래처가 시장에서 거래되는 가격보다도 더 저렴한 가격으로 제품을 구매함으로써 재산상 이익을 취득하였는지 여부를 따져보았어야 함에도, 만연히 피해 회사가 정한 할인율에 의한 제품가격과 그보다 높은 할인율이 적용된 판매가격의 차액 상당이 거래처의 재산상 이익이라고 보았는바, 이러한 원심판결에는 업무상배임죄에 있어서 제3자인 거래업체가 재산상 이익을 취득하였는지 여부 등에 관한 심리를 다하지 않았거나, 업무상배임죄에서 제3자의 재산상 이익에 관한 법리를 오해하여 판결에 영향을 미친 잘못이 있다」고 판단하였다.

5 「특정경제범죄 가중처벌 등에 관한 법률」이 규정한 배임죄의 경우에는 **취득한 이익의 가액에 따라 구분하여 가중처벌**하고 있다(제3조 제1항). "1. 이득액이 50억 원 이상일 때: 무기 또는 5년 이상의 징역 2. 이득액이 5억 원 이상 50억원 미만일 때: 3년 이상의 유기징역". 따라서 이득액이 5억 원 미만의 배임죄의 경우에는 형법(법355②)이 적용되어 5년 이하의 징역 또는 1천 5백만 원 이하의 벌금에 처하게 된다. 그리고 재산상 어떠한 이익을 취득하였다고 볼 만한 특별한 사정이 있다는 사실에 대한 입증책임은 검사에게 있다(대판 2005도6439, Ref 1−5).

6 부동산과 관련된 재산상 이익의 가액 산정은 **실제 취득액**을 기준으로 산정한다. 따라서 「그 부동산의 가액을 산정함에 있어서는, 그 부동산에 아무런 부담이 없는 때에는 그 부동산의 시가 상당액이 곧 그 가액이라고 볼 것이지만, 그 부동산에 근저당권설정등기가 경료되어 있거나 압류 또는 가압류 등이 이루어져 있는 때에는 특별한 사정이 없는 한 아무런 부담이 없는 상태에서의 그 부동산의 시가 상당액에서 근저당권의 채권최고액 범위 내에서의 피담보채권액, 압류에 걸린 집행채권액, 가압류에 걸린 청구금액 범위 내에서의 피보전채권액 등을 뺀 실제의 교환가치를 그 부동산의 가액으로 보아야 한다」(대판 2005도7288 전원합의체). (대판 2008도9213, Ref 2−1)

'재산상 이익' 취득을 부정한 판례

1 [대판 2022도3717] 파기환송. [업무상배임죄가 성립하려면 재산상 **이익과 손해 사이에 '서로 대응'하는 관계에 있는 등 일정한 관련성이 인정**되어야 하는지 여부(적극)] ●**사실**● 검사의 공소사실은 다음과 같다. 피고인은 B군수이자 사단법인 C(이하 '이 사건 위원회')의 이사장으로서 이 사건 위원회 재산을 유지 및 보존, 관리하여야 할 업무상 임무가 있는 사람이다. 피고인은 2016. 12. 16.경 D조합 조합원들이 B군에서 추진하던 E 사업을 반대한다는 이유 등으로 B군 총무과장 등 직원들에게 지시하여 이 사건 위원회 명의로

D조합에 예치된 20억 원 상당의 정기예금을 중도해지하고 그 돈을 F조합에 재예치하도록 하였다. 이로써 피고인은 F조합에 20억 원의 자금을 운용할 수 있는 재산상 이익을 취득하게 하고, 이 사건 위원회로 하여금 D조합의 정기예금 중도해지로 인해 만기 이자 중 25,365,760원을 지급받지 못하게 하여 재산상 손해를 가하였다는 혐의로 기소되었다. 원심은 피고인에 대해서 배임죄 성립을 인정하였다. 이에 피고인이 상고하였다. ●판지● [1] 업무상배임죄는 업무상 타인의 사무를 처리하는 자가 임무에 위배하는 행위를 하고 그러한 임무위배행위로 인하여 재산상의 이익을 취득하거나 제3자로 하여금 이를 취득하게 하여 본인에게 재산상의 손해를 가한 때 성립한다. 여기서 '재산상 이익 취득'과 '재산상 손해 발생'은 대등한 범죄성립요건이고, 이는 서로 대응하여 병렬적으로 규정되어 있다(형법 제356조, 제355조 제2항). 따라서 임무위배행위로 인하여 여러 재산상 이익과 손해가 발생하더라도 재산상 이익과 손해 사이에 서로 대응하는 관계에 있는 등 일정한 관련성이 인정되어야 업무상배임죄가 성립한다. [2] 이 사건을 위 법리에 비추어 살펴보면, 다음과 같은 이유로 원심의 판단은 그대로 받아들이기 어렵다. 이 사건 공소사실의 취지는, 이 사건 위원회의 재산을 유지 및 보존, 관리하여야 할 업무상 임무가 있는 피고인이 정당한 이유 없이 D조합에 예치된 정기예금을 중도 해지한 임무위배행위로 인하여 이 사건 위원회에 만기 이자 중 지급받지 못하게 된 금액 상당의 재산상 손해가 발생하였고, F조합이 재예치받은 예금을 운용할 수 있는 재산상 이익을 취득하였다는 것이다. 이 사건 공소사실을 유죄로 인정하기 위해서는 피고인의 임무위배행위로 인한 재산상 손해와 이익 사이에 대응관계가 있는 등 관련성이 인정되어야 한다. 그러나 이 사건 공소사실에 기재한 이 사건 위원회의 재산상 손해와 F조합의 재산상 이익 사이에는 위와 같은 관련성이 있다고 볼 수 없다. [3] F조합이 20억 원의 운용기회를 취득한 것은 이 사건 위원회와 정기예금계약을 체결하였기 때문인데, F조합은 정기예금계약에 따라 이 사건 위원회에 이에 따른 이자를 지급하게 된다. 그러나 중도해지한 예금의 재예치 여부는 피고인의 선택에 따른 것이고 반드시 정기예금 중도해지에 수반된 것이라고 볼 수 없으므로, F조합이 이 사건 위원회에 통상적인 이율보다 지나치게 낮은 정기예금 이자를 지급하였다는 등의 특별한 사정이 없는 한, F조합이 취득한 자금운용의 기회가 곧바로 피고인의 임무위배행위로 인하여 취득한 재산상 이익에 해당한다고 단정하기 어렵다. F조합이 이 사건 위원회에 통상적인 이율보다 지나치게 낮은 이자를 지급하여 재산상 이익을 취득하였다는 등의 특별한 사정에 관한 증명책임은 검사에게 있으나, 기록상 이를 인정할 증거를 찾을 수 없다. 그런데도 원심은 이와 달리 F조합이 20억 원의 자금을 예치받아 이를 운용할수 있는 기회를 획득한 것은 피고인의 임무위배행위로 인하여 제3자가 취득한 재산상 이익에 해당한다고 보아 이 사건 공소사실을 유죄로 판단하였다. 이러한 원심판결에는 배임죄에서 재산상 손해와 이익의 관계 등 업무상배임죄의 성립에 관한 법리를 오해하여 판결에 영향을 미친 잘못이 있다.

2 [대판 2016도3452] 파기환송. 갑 새마을금고 임원인 피고인이 새마을금고의 여유자금 운용에 관한 규정을 위반하여 금융기관으로부터 원금 손실의 위험이 있는 금융상품을 매입함으로써 갑 금고에 액수 불상의 재산상 손해를 가하고 금융기관에 수수료 상당의 재산상 이익을 취득하게 하였다고 하여 업무상배임으로 기소된 사안에서, 피고인의 임무위배행위로 갑 금고에 액수 불상의 재산상 손해가 발생하였더라도 금융기관이 취득한 수수료 상당의 이익을 그와 관련성 있는 재산상 이익이라고 인정할 수 없고, 또한 위 수수료 상당의 이익은 배임죄에서의 재산상 이익에 해당한다고 볼 수도 없다(금융기관에 지급된 수수료는 판매수수료로서 피고인이 금융상품을 매입하면서 금융기관으로부터 제공받은 용역에 대한 대가로 지급된 것이므로, 금융기관이 제공한 용역에 비하여 지나치게 과도한 수수료를 지급받았다는 등의 특별한 사정이 없는 한, 금융기관이 용역 제공의 대가로 정당하게 지급받은 수수료가 피고인의 임무위배행위로 인하여

취득한 재산상 이익에 해당한다고 단정하기 어렵다)는 이유로, 이와 달리 보아 공소사실을 유죄로 판단한 원심판결에 법리오해의 잘못이 있다.

3 [대판 2008도3792] 파기환송. 입주자대표회의 회장이 지출결의서에 날인을 거부함으로써 아파트 입주자들에게 그 연체료를 부담시킨 사안에서, 열 사용요금 납부 연체로 인하여 발생한 연체료는 금전채무 불이행으로 인한 손해배상에 해당하므로, **공급업체가 연체료를 지급받았다는 사실만으로 공급업체가 그에 해당하는 재산상의 이익을 취득하게 된 것으로 단정하기 어렵고**, 나아가 공급업체가 열 사용요금 연체로 인하여 실제로는 아무런 손해를 입지 않았거나 연체료 액수보다 적은 손해를 입었다는 등의 특별한 사정이 인정되는 경우에 한하여 비로소 연체료 내지 연체료 금액에서 실제 손해액을 공제한 차액에 해당하는 재산상의 이익을 취득한 것으로 볼 수 있을 뿐이라는 이유로, 공급업체가 연체료 상당의 재산상 이익을 취득한 것으로 보아 업무상 배임죄의 성립을 인정한 원심판결을 파기한 사례.

4 [대판 2006도3145] 피해자 회사의 사업부 영업팀장인 피고인이 체인점들에 대한 전매입고 금액을 삭제하여 전산상 회사의 체인점들에 대한 외상대금채권이 줄어든 것으로 처리하는 **전산조작행위**를 한 사안에서, 피고인의 전산조작행위로 인하여 회사의 체인점들에 대한 외상대금채권 행사가 사실상 불가능해지거나 또는 현저히 곤란해진 것이 아니라면, 해당 체인점의 점주들이 그에 상응하는 재산상 이익을 취득하였다고 보기도 어려울 것이다. 따라서 전산상 외상대금채권이 자동 차감된다는 사정만으로 회사의 외상매출금채권이 감소할 우려가 생겼다고 판단하여 업무상 배임의 공소사실을 유죄로 인정한 원심판결을 파기한 사례.

5 [대판 2005도6439] [1] 회사를 대표하여 기계 제작·설치 계약의 이행에 관한 업무를 처리하는 사람이 고의로 기계 제작 의무를 이행하지 않아 계약이 해제됨으로써 상대방이 보증보험회사로부터 선급금반환 및 위약금 명목의 보험금을 수령한 사안에서, 위 **보험금의 수령사실만으로** 상대방이 재산상 이익을 취득하였다고 단정할 수 없다. [2] 이 사건에서 포철산기는 피고인의 배임행위로 인하여 이 사건 계약을 해제할 수 있는 권리를 가지게 되어 계약을 해제하고 피해자 회사에 대하여 선급금반환청구권 및 위약금청구권을 행사하였다. 그런데 포철산기가 피해자 회사에 지급하였던 선급금은 피해자 회사가 이 사건 계약에 따른 이행을 원활하게 할 수 있도록 하기 위하여 미리 지급한 대금의 일부로서 계약이 이행되지 않은 상태에서는 피해자 회사에 확정적으로 귀속된 것으로 볼 수 없으므로, 포철산기가 계약을 해제하고 피해자 회사로부터 선급금을 반환받은 것으로 인하여 재산상의 이익을 취득한 것으로 볼 수 없다. 또한, 이 사건 위약금은 그 성질상 피해자 회사의 채무불이행으로 인한 손해의 발생을 전제로 한 것이므로 포철산기가 위약금을 지급받았다는 사실만으로 포철산기가 그에 해당하는 재산상의 이익을 취득하게 된 것으로 단정하기 어렵고, 나아가 포철산기가 피해자 회사의 채무불이행으로 인하여 실제로는 아무런 손해를 입지 않았거나 위약금 액수보다 작은 손해를 입었다는 등의 특별한 사정이 인정되는 경우에 한하여 비로소 위약금 내지 위약금에서 실제 손해액을 공제한 차액에 해당하는 재산상의 이익을 취득한 것으로 볼 수 있을 뿐이라고 할 것인데, 그와 같이 포철산기가 재산상 어떠한 이익을 취득하였다고 볼 만한 특별한 사정이 있다는 사실에 대한 **입증책임은 검사**에게 있다. 그런데 기록상 이를 인정할 증거를 찾을 수 없다.

'재산상 이익'의 산정 방법'

1 [대판 2008도9213] [타인에게 근저당권설정의무를 부담하는 자가 제3자에게 근저당권을 설정해 줌으로써 배임죄가 성립하는 경우, **취득한 재산상 이익액 또는 타인의 손해액 산정 방법**] [1] 형법 제355조 제2항의 배임죄는 타인의 사무를 처리하는 자가 그 임무에 위배하는 행위로써 재산상의 이익을 취득하거나 제3자로 하여금 이를 취득하게 하여 본인에게 손해를 가함으로써 성립하고, 그 취득한 재산상 이익의 가액이 얼마인지는 문제되지 아니하는 데 비하여, **배임으로 인한 특정경제범죄 가중처벌 등에 관한 법률 위반죄**에 있어서는 취득한 재산상 이익의 가액이 5억 원 이상 또는 50억 원 이상이라는 것이 범죄구성요건의 일부로 되어 있고 그 가액에 따라 그 죄에 대한 형벌도 가중되어 있으므로, 이를 적용함에 있어서는 취득한 재산상 이익의 가액을 엄격하고 신중하게 산정함으로써, 범죄와 형벌 사이에 적정한 균형이 이루어져야 한다는 **죄형균형 원칙**이나 형벌은 책임에 기초하고 그 책임에 비례하여야 한다는 **책임주의 원칙**이 훼손되지 않도록 유의하여야 한다. [2] 제3자로부터 금원을 융자받을 목적으로 타인을 기망하여 그 타인 소유의 부동산에 제3자 앞으로 근저당권을 설정하게 한 자가 그로 인하여 취득하는 재산상 이익은 그 타인 소유의 부동산을 자신의 제3자와의 거래에 대한 담보로 이용할 수 있는 이익이다. 또한, 전세권설정의무를 부담하는 자가 제3자에게 근저당권을 설정하여 준 경우 그 행위가 배임죄에 해당하는지 여부를 판단하기 위해서는 당시 그 부동산의 시가 및 선순위담보권의 피담보채권액을 계산하여 그 행위로 인하여 당해 부동산의 담보가치가 상실되었는지를 따져보아야 한다. 따라서 타인에 대하여 근저당권설정의무를 부담하는 자가 제3자에게 근저당권을 설정하여 주는 배임행위로 인하여 취득하는 재산상 이익 내지 그 타인의 손해는 그 타인에게 설정하여 주기로 한 근저당권의 담보가치 중 제3자와의 거래에 대한 담보로 이용함으로써 상실된 담보가치 상당으로서, 이를 산정하는 때에 제3자에 대한 근저당권 설정 이후에도 당해 부동산의 담보가치가 남아 있는 경우에는 그 부분을 재산상 이익 내지 손해에 포함시킬 수 없다.

> 주식회사의 대표이사가 대표권을 남용하는 등 임무에 위배하여 약속어음 발행 한 경우, 배임죄 기수가 되는가 아니면 미수에 해당하는가?

●**사실**● 피해회사 A의 대표이사인 피고인 X는 자신이 별도로 대표이사를 맡고 있던 다른 주식회사 B의 C 저축은행에 대한 대출금 채무를 담보하기 위해 C 저축은행에 A 회사 명의로 액면금 29억 9,000만 원의 약속어음[3]을 발행하여 줌으로써 C 저축은행에 29억 9,000만 원 상당의 재산상 이익을 취득하게 하고, A 회사에 같은 액수 상당의 손해를 가하였다는 혐의를 받게 되었다.

검사는 X를 「특정경제범죄 가중처벌 등에 관한 법률」 위반(배임)죄로 기소하였다. 원심은, X의 이 사건 약속어음 발행행위가 대표권남용에 해당하여 A 회사에 대하여 무효라 하더라도 발행 당시 이 약속어음이 유통되지 아니할 것이라고 볼 만한 특별한 사정이 없었다는 등의 사정을 들어 약속어음 발행 당시 **A 회사에 대하여 재산상 실해 발생의 위험이 초래되었다고 보아** 공소사실을 유죄로 인정한 제1심을 그대로 유지하였다. 이에 X가 상고하였다.

●**판지**● **파기환송.** 「**[다수의견]** [1] 배임죄로 기소된 형사사건의 **재판실무에서 배임죄의 기수시기를 심리·판단하기란 쉽지 않다.** 타인의 사무를 처리하는 자가 형식적으로는 본인을 위한 법률행위를 하는 외관을 갖추고 있지만 그러한 행위가 실질적으로는 배임죄에서의 임무위배행위에 해당하는 경우, 이러한 행위는 민사재판에서 반사회질서의 법률행위(민법 제103조 참조) 등에 해당한다는 사유로 무효로 판단될 가능성이 적지 않은데, 형사재판에서 배임죄의 성립 여부를 판단할 때에도 이러한 행위에 대한 민사법상의 평가가 경제적 관점에서 피해자의 재산 상태에 미치는 영향 등을 충분히 고려하여야 하기 때문이다. 결국 형사재판에서 배임죄의 객관적 구성요건요소인 손해 발생 또는 배임죄의 보호법익인 피해자의 재산상 이익의 침해 여부를 판단할 때에는 **종래의 대법원판례를 기준으로** 하되 구체적 사안별로 **타인의 사무의 내용과 성질, 임무위배의 중대성 및 본인의 재산 상태에 미치는 영향 등을 종합하여 신중하게 판단하여야 한다.**

[2] 주식회사의 대표이사가 대표권을 남용하는 등 그 임무에 위배하여 회사 명의로 의무를 부담하는 행위를 하더라도 일단 회사의 행위로서 유효하고, 다만 상대방이 대표이사의 진의를 알았거나 알 수 있었을 때에는 회사에 대하여 무효가 된다. 따라서 (가) **상대방이 대표권남용 사실을 알았거나 알 수 있었던 경우** 그 의무부담행위는 원칙적으로 회사에 대하여 효력이 없고, 경제적 관점에서 보아도 이러한 사실만으로는 회사에 현실적인 손해가 발생하였다거나 실해 발생의 위험이 초래되었다고 평가하기 어려우므로, 달리 그 의무부담행위로 인하여 실제로 채무의 이행이 이루어졌다거나 회사가 민법상 불법행위책임을 부담하게 되었다는 등의 사정이 없는 이상 배임죄의 기수에 이른 것은 아니다. 그러나 이 경우에도 대표이사로서는 배임의 범의로 임무위배행위를 함으로써 실행에 착수한 것이므

---

1) 형법 제355조(배임) ② 타인의 사무를 처리하는 자가 그 임무에 위배하는 행위로써 재산상의 이익을 취득하거나 제삼자로 하여금 이를 취득하게 하여 본인에게 **손해를 가한 때**에도 전항의 형과 같다.
2) 형법 제356조(업무상의 횡령과 배임) 업무상의 임무에 위배하여 제355조의 죄를 범한 자는 10년 이하의 징역 또는 3천만원이하의 벌금에 처한다.
3) **어음**은 발행하는 사람이 미래의 일정한 금액을 일정한 시기와 장소에서 무조건 지급할 것을 약속하거나(약속어음) 또는 제3자에게 그 지급을 위탁하는(환어음) 유가증권이다.

로 배임죄의 미수범이 된다. 그리고 (나) **상대방이 대표권남용 사실을 알지 못하였다는 등의 사정이 있어 그 의무부담행위가 회사에 대하여 유효한 경우**에는 회사의 채무가 발생하고 회사는 그 채무를 이행할 의무를 부담하므로, 이러한 채무의 발생은 그 자체로 현실적인 손해 또는 재산상 실해 발생의 위험이라고 할 것이어서 그 채무가 현실적으로 이행되기 전이라도 **배임죄의 기수**에 이르렀다고 보아야 한다.

[3] 주식회사의 대표이사가 대표권을 남용하는 등 그 임무에 위배하여 약속어음 발행을 한 행위가 배임죄에 해당하는지도 원칙적으로 위에서 살펴본 의무부담행위와 마찬가지로 보아야 한다. 다만 약속어음 발행의 경우 어음법상 발행인은 종전의 소지인에 대한 인적 관계로 인한 항변으로써 소지인에게 대항하지 못하므로(어음법 제17조, 제77조), (가) **어음발행이 무효라 하더라도 그 어음이 실제로 제3자에게 유통되었다면** 회사로서는 어음채무를 부담할 위험이 구체적·현실적으로 발생하였다고 보아야하고, 따라서 그 어음채무가 실제로 이행되기 전이라도 **배임죄의 기수범**이 된다. 그러나 (나) **약속어음 발행이 무효일 뿐만 아니라 그 어음이 유통되지도 않았다면** 회사는 어음발행의 상대방에게 어음채무를 부담하지 않기 때문에 특별한 사정이 없는 한 회사에 현실적으로 손해가 발생하였다거나 실해 발생의 위험이 발생하였다고도 볼 수 없으므로, 이때에는 배임죄의 기수범이 아니라 **배임미수죄**로 처벌하여야 한다.

[4] 피고인이 대표권을 남용하여 약속어음을 발행하였고 당시 상대방인 병 은행이 그러한 사실을 알았거나 알 수 있었던 때에 해당하여 그 발행행위가 갑 회사에 대하여 효력이 없다면, 그로 인해 갑 회사가 실제로 약속어음금을 지급하였거나 민사상 손해배상책임 등을 부담하거나 약속어음이 실제로 제3자에게 유통되었다는 등의 특별한 사정이 없는 한 **피고인의 약속어음 발행행위로 인해 갑 회사에 현실적인 손해나 재산상 실해 발생의 위험이 초래되었다고 볼 수 없는데도**, 이에 대한 심리 없이 약속어음 발행행위가 배임죄의 기수에 이르렀음을 전제로 공소사실을 유죄로 판단한 원심판결에 배임죄의 재산상 손해 요건 및 기수시기 등에 관한 법리오해의 잘못이 있다.

[별개의견] [1] 배임죄는 **위험범이 아니라 침해범으로 보아야 한다.** 배임죄를 위험범으로 파악하는 것은 형법규정의 문언에 부합하지 않는 해석이다. 즉 형법 제355조 제2항은 임무에 위배하는 행위로써 재산상의 이익을 취득하거나 제3자로 하여금 이를 취득하게 하여 본인에게 손해를 가한 때에 배임죄가 성립한다고 규정하고 있고, 여기서 '손해를 가한 때'란 문언상 '손해를 현실적으로 발생하게 한 때'를 의미한다. 그럼에도 종래의 판례는 배임죄의 '손해를 가한 때'에 현실적인 손해 외에 실해 발생의 위험을 초래한 경우도 포함된다고 해석함으로써 배임죄의 기수 성립 범위를 넓히고 있다. 실해 발생의 위험을 가한 때는 손해를 가한 때와 전혀 같지 않은데도 이 둘을 똑같이 취급하는 해석은 문언 해석의 범위를 벗어난 것일 뿐만 아니라, 형벌규정의 의미를 피고인에게 불리한 방향으로 확장하여 해석하는 것으로서 **죄형법정주의 원칙에 반한다.** 또한 형법은 다른 재산범죄와 달리 배임죄의 경우에는 재산상 손해를 가할 것을 객관적 구성요건으로 명시하고 있는데, 이는 타인의 사무를 처리하는 자가 임무에 위배한 행위를 하더라도 본인에게 현실적인 재산상 손해를 가하지 않으면 배임죄의 기수가 될 수 없다는 점을 강조하기 위한 입법적 조치로 이해된다. 따라서 재산상 손해가 구성요건으로 명시되어 있지 않은 사기죄나 횡령죄 등 다른 재산범죄의 재산상 이익이나 손해에 관한 해석론을 같이하여야 할 필요가 없다. 배임죄의 경우에는 구성요건의 특수성과 입법 취지 등을 고려하여 임무에 위배한 행위가 **본인에게 현실적인 재산상 손해를 가한 경우에만** 재산상 손해 요건이 충족된다고 해석하여야 한다. [2] 회사의 대표이사가 대표권을 남용하여 의무부담행위를 한 경우 그 행위가 유효하면 그에 따른 회사의 채무가 발생하고, 무효인 경우에도 그로 인해 회사가 민법상 불법행위책임을 부담할 수 있다. 그러나 의무부담행위에 따른 채무의 발생이나 민법상 불법행위책임의 부담은 그 자체로는 현실적인 손해가 아니라 손해 발생의 위험에 불과하므로, 배임죄는 회사가 그 의무부담행위에 따른 채무나 민법상 불법행위책임을 실제로 이행한 때에 기수가 된다. 따라서 회사의 대표이사가 대표권을 남

용하여 회사 명의의 약속어음을 발행한 경우에도 그 발행행위의 법률상 효력 유무나 **그 약속어음이 제3자에게 유통되었는지 또는 유통될 가능성이 있는지 등에 관계없이** 회사가 그 어음채무나 그로 인해 부담하게 된 민법상 불법행위책임을 실제로 이행한 때에 배임죄는 기수가 성립한다」.

●**해설**● 1 배임죄가 성립하려면 본인에게 손해가 발생하여야 한다(임무위배행위 → 재산상 이익의 취득 → **손해의 발생**). 여기서 본인에게 재산상의 손해를 가한다고 함은 「총체적으로 보아 본인의 재산 상태에 손해를 가하는 경우, 즉 **본인의 전체적 재산 가치의 감소를 가져오는 것**을 말한다」(대판 2005도6439). **전체 재산 가치의 감소는 '경제적 관점'에 따른다.** 그리고 재산상 손해에는 ㉠ 재산의 감소와 같은 **적극적 손해**뿐만 아니라 ㉡ 이익창출이 가능함에도 임무위배로 인해 이익을 얻지 못한 **소극적 손해**도 포함되며(대판 2011도6798, Ref 1-7), ㉢ 부실대출이나 담보권의 상실과 같은 **재산상의 위험**도 포함된다.

2 판례는 배임죄를 위험범으로 보고 있다. 즉 「배임죄는 현실적인 재산상 손해액이 확정될 필요 없이 재산상 권리의 실행을 불가능하게 할 염려 있는 상태 또는 손해발생의 위험이 있으면 성립되는 **위태범**이므로 ……」(대판 88도1247), 그리고 배임죄에서 말하는 「재산상 손해를 가한 때에는 현실적인 손해를 가한 경우뿐만 아니라 **재산상 실해 발생의 위험을 초래한 경우도 포함된다**」고 보아 왔다(대판 2007도541).[4]

3 이와 같이 배임죄를 위험범으로 파악하는 것은 대법원의 일관된 입장이다. 따라서 종래의 판례는 대표이사가 대표권을 남용하여 약속어음을 발행한 경우 특별한 사정이 없는 한 실해발생의 위험이 초래된 것으로 보아 **배임죄 기수**를 인정하였다. 그러나 대상판결(다수의견)에서는 특별한 사정이 없는 한 **배임죄의 미수**가 된다고 견해를 변경하였다. 이에 더 나아가 별개의견은 배임죄는 위험범이 아니라 **침해범**으로 판시하였다. 이러한 변화는 근래 배임죄에 대해 보다 엄격한 해석을 통해 처벌의 범위를 확대하지 않겠다는 대법원의 의지로 읽힌다.

4 배임죄에서 '손해의 발생'은 기수와 미수를 구분 짓는다는 점에서 의미가 크다. 그 손해발생의 정도와 관련해 (a) **위험범설**과 (b) **침해범설**이 대립하고 있다. 대상판결에서의 **다수의견은 (a) 위험범설**의 입장에서 법리를 전개한다. 그러나 원칙적으로 '재산상 실해 발생의 위험'이 발생한 것으로 보는 종래의 입장과는 달리 예외적으로만 그러한 위험의 발생을 인정하겠다고 입장을 바꾸었다. 이로써 배임죄의 기수 시기가 늦추어진다. 이에 반해 **별개의견은 (b) 침해범설**의 입장에서 위험범설은 죄형법정주의에 반한다고 보았다. 배임죄 기수가 되기 위해서는 손해발생의 위험만으로는 부족하고 현실적 손해의 발생을 요구하는 입장이다. 이에 따라 회사의 대표이사가 대표권을 남용하여 회사 명의의 약속어음을 발행한 경우에도 「그 발행행위의 법률상 효력 유무나 그 약속어음이 제3자에게 유통되었는지 또는 유통될 가능성이 있는지 등에 관계없이 회사가 그 어음채무나 그로 인해 부담하게 된 민법상 불법행위책임을 실제로 이행한 때에 배임죄는 기수」가 된다고 보았다.

---

4) 재산상 손해가 발생하였다고 평가될 수 있는 **재산상 실해 발생의 위험**이란 「본인에게 손해가 발생할 막연한 위험이 있는 것만으로는 부족하고 경제적인 관점에서 보아 본인에게 손해가 발생한 것과 같은 정도로 구체적인 위험이 있는 경우를 의미한다. 따라서 재산상 실해 발생의 위험은 **구체적·현실적인 위험**이 야기된 정도에 이르러야 하고 단지 막연한 가능성이 있다는 정도로는 부족하다」(대판 2015도6745, Ref 1-19). 이와 같이, 근래 대법원은 배임죄를 위험범 중에 **구체적 위험범**으로 파악하고 있다. 그리고 일단 손해의 위험성을 발생시킨 이상 사후에 담보를 취득하였거나 피해가 회복되었다 하여도 배임죄 성립에 영향을 주지는 못한다.

5 ① 원심은 종래 대법원의 입장에 따라 X가 약속어음 발행 당시 A 회사에 대하여 재산상 실해 발생의 위험이 초래되었다고 보아 배임죄 기수를 인정하였다. 그러나 ② 대법원 다수의견은 어음발행이 무효라 하더라도 그 어음이 실제로 제3자에게 유통되었다면 배임죄 기수이고, 약속어음 발행이 무효일 뿐만 아니라 그 어음이 유통되지도 않았다면 배임미수로 처벌하여야 한다고 보았다. 이에 반해 ③ 대법원 별개의견은 임무위배행위의 유효 또는 무효에 따라 잠재적 위험의 상태를 달리 평가할 실질적이고도 근본적인 이유가 없기 때문에 어느 경우이든 행위자에게 유리하게 배임죄 미수로 평가하여야 한다고 본다. 대상 판결은 우리 법원이 배임죄를 위험범으로 파악하고 있으면서도 배임죄의 미수가 성립할 수 있음을 보여주고 있어 의미 있는 판결로 평가되고 있다.

6 그리고 위험발생에 대한 입증은 **'경제적 관점'**에서 재산상 손해가 발생한 것과 사실상 같다고 평가될 정도의 위험이 발생하였다고 판단되는 정도의 입증을 요한다. 따라서「금융기관의 임·직원이 대출규정을 위반하여 대출함으로써 그 임무에 위배되는 행위를 하였다고 하더라도 그 대출행위를 업무상배임죄로 처벌하려면 그로 인하여 금융기관에 현실적인 손해가 발생하였거나 재산상 실해 발생의 위험, **즉 경제적 관점에서 재산상 손해가 발생한 것과 사실상 같다고 평가될 정도의 위험이 발생**하였다고 판단되어야 한다」(대판 2006도4876 전원합의체).[5]

7 배임죄의 고의와 관련하여 종래의 판례는 배임죄의 범의는 자기의 행위가 그 임무에 위배한다는 인식으로 족하고 본인에게 손해를 가하려는 적극적 의사를 요하지 않는다고 보았으나(대판 99도2781) 근래 들어 법원은 배임죄의 고의의 인식대상으로 임무위배와 이익취득 그리고 손해의 발생을 모두 포함시키고 있다(대판 2004도1632, Ref 3-1).

Reference 1

'재산상 손해'가 있다고 보아 배임죄 성립을 긍정한 사례

1 [대판 2014도17180] 甲 주식회사 대표이사인 피고인이 자신과 딸이 발행주식 전부를 소유하고 있는 乙 주식회사 및 丙 주식회사를 운영하면서, 甲 회사로 하여금 乙 회사가 건물 신축 과정에서 丁 은행에서 받은 대출금 등 채무를 **연대보증**하게 하고 신축될 건물을 미리 임차하여 임대차보증금을 선지급하도록 하거나, 丙 회사의 丁 은행에 대한 대출금채무를 연대보증하게 함으로써 甲 회사에 재산상 손해를 가하였다고 하여「특정경제범죄 가중처벌 등에 관한 법률」위반(배임)으로 기소된 사안에서, 피고인이 甲 회사로 하여금 乙 회사 및 丙 회사를 위하여 수차례에 걸쳐 대출금 등 채무를 연대보증하게 하면서도 어떠한 대가나 이익을 제공받지 아니하였고, 甲 회사가 연대보증채무를 이행할 경우 구상금채권의 확보방안도 마련하지 아니한 점, 피고인이 甲 회사의 이사회 승인을 받거나 다른 주주들의 동의를 받지 아니한 점 등을 종합하면, 피고인의 행위는 甲 회사에 대한 임무위배행위로서 甲 회사에 재산상 손해발생의 위험을 초래하였고,

---

5) 재산상 손해의 유무에 대한 판단은「법률적 판단에 의하지 아니하고 **경제적 관점에서 파악**하여야 하지만, 여기서 재산상의 손해를 가한다 함은 총체적으로 보아 본인의 재산상태에 손해를 가하는 경우, 즉 본인의 전체적 재산가치의 감소를 가져오는 것을 말하므로 재산상의 손실을 야기한 **임무위배행위가 동시에 그 손실을 보상할 만한 재산상의 이익을 준 경우**, 예컨대 그 배임행위로 인한 급부와 반대급부가 상응하고 다른 재산상 손해(현실적인 손해 또는 재산상 실해 발생의 위험)도 없는 때에는 전체적 재산가치의 감소, 즉 재산상 손해가 있다고 할 수 없다」(대판 2004도7053).

피고인에게 배임의 고의도 인정된다고 한 사례.

2 [대판 2013도10516] [회사의 이사 등이 계열회사에 회사자금을 대여하면서 상당하고도 합리적인 채권회수조치를 취하지 아니한 경우, 배임죄가 성립하는지 여부(적극)] 회사의 이사 등이 타인에게 회사자금을 대여할 때에 그 타인이 이미 채무변제능력을 상실하여 그에게 자금을 대여할 경우 회사에 **손해가 발생하리라는 정을 충분히 알면서** 이에 나아갔거나, 충분한 담보를 제공받는 등 상당하고도 합리적인 채권회수조치를 취하지 아니한 채 **만연히 대여**해 주었다면, 그와 같은 자금대여는 타인에게 이익을 얻게 하고 회사에 손해를 가하는 행위로서 회사에 대하여 배임행위가 되고, 회사의 이사 등은 단순히 그것이 경영상의 판단이라는 이유만으로 배임죄의 죄책을 면할 수는 없으며, 이러한 이치는 그 타인이 자금지원 회사의 계열회사라 하여 달라지지 않는다. 회사의 임원 등이 그 임무에 위배되는 행위로 재산상 이익을 취득하거나 제3자로 하여금 이를 취득하게 하여 회사에 손해를 가한 때에는 이로써 배임죄가 성립하고, 그 임무위배행위에 대하여 사실상 대주주의 양해를 얻었다거나, 이사회의 결의가 있었다고 하여 배임죄의 성립에 어떠한 영향이 있는 것이 아니다.

3 [대판 2012도15890] [최초 배임행위가 법률적 관점에서 무효라도 그 후 계속적으로 배임행위에 관여하여 본인에게 현실적인 손해를 가한 경우에도 동일한 법리가 적용되는지 여부(적극)] [1] 배임죄는 타인의 사무를 처리하는 자가 그 임무에 위배하는 행위로써 재산상 이익을 취득하거나 제3자로 하여금 이를 취득하게 하여 본인에게 손해를 가함으로써 성립하는 범죄로서, 여기에서 '재산상의 손해를 가한 때'에는 현실적인 손해를 가한 경우뿐만 아니라 재산상 실해 발생의 위험을 초래한 경우도 포함된다. 재산상 손해의 유무에 대한 판단은 본인의 전 재산 상태와의 관계에서 법률적 판단에 의하지 아니하고 경제적 관점에서 파악하여야 하므로, 법률적 판단에 의하여 당해 배임행위가 무효라 하더라도 **경제적 관점에서 파악하여 배임행위로 인하여 본인에게 현실적인 손해를 가하였거나 재산상 실해 발생의 위험을 초래한 경우에는 재산상의 손해를 가한 때에 해당되어 배임죄를 구성한다.** 이러한 법리는 최초 배임행위가 법률적 관점에서 무효라고 하더라도 그 후 타인의 사무를 처리하는 자가 계속적으로 배임행위에 관여하여 본인에게 현실적인 손해를 가한 경우에도 마찬가지이다. [2] 피고인 甲이 피고인 乙의 자금 지원 등을 통해 丙 주식회사를 인수한 다음 피고인 乙의 요구에 따라 丙 회사로 하여금 별다른 반대급부도 받지 않고 丁 주식회사의 피고인 乙에 대한 채무를 연대보증하도록 하였는데, 피고인 甲은 그 후 위 연대보증에 기초하여 강제집행을 할 때 丙 회사가 아무런 이의를 제기하지 않기로 하는 약정을 피고인 乙과 체결하여 丙 회사에 손해를 입게 한 사안에서, 피고인들이 배임행위의 무효 여부와는 관계없이 배임죄의 죄책을 진다고 본 원심판단을 수긍한 사례.

4 [대판 2012도10822] 회사의 대표이사가 **대표권을 남용**하여 회사 명의의 **약속어음을 발행하였다면**, 비록 상대방이 그 남용의 사실을 알았거나 중대한 과실로 알지 못하여 회사가 상대방에 대하여는 채무를 부담하지 아니한다 하더라도 **약속어음이 제3자에게 유통될 경우 회사가 소지인에 대하여 어음금채무를 부담할 위험은 이미 발생하였다** 할 것이므로, 그 약속어음이 제3자에게 유통되지 아니한다는 특별한 사정이 없는 한 경제적 관점에서는 회사에 대하여 배임죄에서의 재산상 실해 발생의 위험이 초래되었다고 봄이 상당하다.

5 [대판 2012도235] **전환사채**는 발행 당시에는 사채의 성질을 갖는 것으로서 사채권자가 전환권을 행사

한 때에 비로소 주식으로 전환된다. 전환사채의 발행업무를 담당하는 사람과 전환사채 인수인이 사전 공모하여 제3자에게서 전환사채 인수대금에 해당하는 금액을 차용하여 전환사채 인수대금을 납입하고 전환사채 발행절차를 마친 직후 인출하여 차용금채무의 변제에 사용하는 등 실질적으로 전환사채 인수대금이 납입되지 않았음에도 전환사채를 발행한 경우에, 전환사채의 발행이 주식 발행의 목적을 달성하기 위한 수단으로 이루어졌고 실제로 목적대로 곧 전환권이 행사되어 주식이 발행됨에 따라 실질적으로 신주인수대금의 납입을 가장하는 편법에 불과하다고 평가될 수 있는 등의 특별한 사정이 없는 한, 전환사채의 발행업무를 담당하는 사람은 회사에 대하여 전환사채 인수대금이 모두 납입되어 실질적으로 회사에 귀속되도록 조치할 업무상의 임무를 위반하여, 전환사채 인수인이 인수대금을 납입하지 않고서도 전환사채를 취득하게 하여 인수대금 상당의 이득을 얻게 하고, 회사가 사채상환의무를 부담하면서도 그에 상응하여 취득하여야 할 인수대금 상당의 금전을 취득하지 못하게 하여 같은 **금액 상당의 손해를 입게 하였으므로, 업무상배임죄의 죄책을 진다.** 그리고 그 후 전환사채의 인수인이 전환사채를 처분하여 대금 중 일부를 회사에 입금하였거나 또는 사채로 보유하는 이익과 주식으로 전환할 경우의 이익을 비교하여 전환권을 행사함으로써 전환사채를 주식으로 전환하였더라도, 이러한 사후적인 사정은 이미 성립된 업무상배임죄에 영향을 주지 못한다.

6 [대판 2011도8870] 회사가 타인의 사무를 처리하는 일을 영업으로 영위하고 있는 경우, 회사의 대표이사가 그 타인의 사무를 처리하면서 업무상 임무에 위배되는 행위를 함으로써 재산상 이익을 취득하거나 제3자로 하여금 이를 취득하게 하고 그로 인하여 회사로 하여금 그 타인에 대한 손해배상책임 등 **채무를 부담**하게 한 때에는 회사에 손해를 가하거나 재산상 실해 발생의 위험을 초래한 것으로 볼 수 있으므로, 이러한 행위는 회사에 대한 관계에서 업무상배임죄를 구성한다.

7 [대판 2011도6798] [업무상배임죄에서 재산상 손해 유무를 판단하는 기준 및 '**소극적 손해**'의 유무와 범위 산정 방법] [1] 업무상배임죄에서 재산상 손해의 유무에 관한 판단은 법률적 판단에 의하지 아니하고 경제적 관점에서 실질적으로 판단하여야 하는데, 여기에는 재산의 처분 등 직접적인 재산의 감소, 보증이나 담보제공 등 채무 부담으로 인한 재산의 감소와 같은 적극적 손해를 야기한 경우는 물론, 객관적으로 보아 **취득할 것이 충분히 기대되는데도 임무위배행위로 말미암아 이익을 얻지 못한 경우, 즉 소극적 손해를 야기한 경우도 포함된다. 이러한 소극적 손해는 재산증가를 객관적·개연적으로 기대할 수 있음에도 임무위배행위로 이러한 재산증가가 이루어지지 않은 경우를 의미하므로 임무위배행위가 없었다면 실현되었을 재산 상태와 임무위배행위로 말미암아 현실적으로 실현된 재산 상태를 비교하여 그 유무 및 범위를 산정하여야 한다. [2] 피고인이, 甲이 운영하는 乙 주식회사의 부사장으로 대외 영업활동을 하여 그 활동 및 계약을 乙 회사에 귀속시키기로 甲과 약정하고도 乙 회사에 알리지 않고 피고인 자신이 乙 회사 대표인 것처럼 가장하거나 피고인이 별도로 설립한 丙 주식회사 명의로 금형제작·납품계약을 체결함으로써 乙 회사에 손해를 가하였다고 하여 업무상배임으로 기소된 사안에서, 乙 회사의 재산상 손해는 피고인의 임무위배행위로 乙 회사의 금형제작·납품계약 체결기회가 박탈됨으로써 발생하므로, 원칙적으로 계약을 체결한 때를 기준으로 금형제작·납품계약 대금에 기초하여 산정하여야 하며, 계약대금 중에서 사후적으로 발생되는 미수금이나 계약 해지로 받지 못하게 되는 나머지 계약대금 등은 특별한 사정이 없는 한 계약 대금에서 공제할 것이 아닌데도, 이와 달리 금형제작·납품계약 대금 중 미수금 및 계약 해지로 받지 못하게 된 부분은 피고인의 배임행위로 인한 재산상 손해로 인정할 수 없다고 본 원심판결에 업무상배임죄의 재산상 손해에 관한 법리를 오해한 잘못이 있다.

8 [대판 2007도3882] [매도인과 매수인 사이에 소유권이전등기절차를 이행하기로 하는 재판상화해가 성립한 경우] 위임받은 타인의 사무가 부동산소유권이전등기의무인 경우에 매도인의 임무위배행위로 인하여 매도인의 소유권이전등기의무가 이행불능되거나 이행불능에 빠질 위험성이 있으면 배임죄가 성립하고, 매도인과 매수인 사이에 소유권이전등기절차를 이행하기로 하는 **재판상 화해가 성립**한 경우에도 마찬가지이다. **cf)** 재판상화해의 내용이 피고인에게 피해자에 대한 등기협력의무를 발생시키는 것이라는 점에서 피고인의 등기협력의무가 소멸된다고 볼 수 없으므로 피고인으로서는 여전히 배임죄의 주체가 된다.

9 [대판 2007도1038] [특정 목적을 위하여 조성된 자금을 지원한도를 초과하여 대출한 행위] 정부의 "1999.12.15. 어가부채경감대책"에 따라 수산업협동조합중앙회가 조성하여 해수어류수산업협동조합이 차입한 '수산업 경영개선자금'은 그 지원대상이 각종 수산업 자금을 5,000만 원 이상 대출받은 수산업 경영체로, 지원한도가 기존의 고금리대출자금의 원리금 범위 내로 각 한정되어 있으므로, 위 경영개선자금을 부적격자에게 대출하거나 적격자에게 대출하더라도 그 지원한도를 초과하여 대출하는 행위는, 비록 충분한 담보가 제공되어 대출금의 회수가 보장된다고 하더라도, 결국 특정 목적을 위하여 조성된 위 경영개선자금의 감소를 초래하여 위 자금이 본래의 목적을 위하여 사용됨을 저해하는 것이므로, 해수어류수산업협동조합은 위와 같은 경영개선자금의 **부당대출로 인하여 재산상의 손해를 입었다**고 보아야 한다.

10 [대판 2004도6876] [본인의 **손해액**이 구체적으로 명백하게 산정되지 않은 것이 배임죄의 성립에 영향이 있는지 여부(소극)] 배임죄에서 본인에게 손해를 가한 때라 함은 총체적으로 보아 본인의 재산상태에 손해를 가한 경우를 말하고, 실해 발생의 위험을 초래케 한 경우도 포함하는 것이므로 손해액이 구체적으로 명백하게 산정되지 않았더라도 배임죄의 성립에는 영향이 없다고 할 것이다.

11 [대판 99도4587] [**신용협동조합 이사장의 부당대출행위와 업무상 배임죄**] 일반 금융기관과 달리 상호유대를 가진 자 사이의 협동조직을 통하여 자금의 조성과 이용 등을 도모하기 위하여 설립된 신용협동조합의 이사장이 자신 또는 제3자의 이익을 도모하여 임무에 위배하여 소정의 대출한도액을 초과하여 대출하거나 비조합원 또는 무자격자에게 대출하였다면, 그로 인하여 조합이 다른 조합원에게 정당하게 대출할 자금을 부당하게 감소시킨 결과가 되어 그 대출금에 대한 회수의 가능 여부나 담보의 적정 여부에 관계없이 조합에 재산적 손해를 입게 한 것으로 보아야 할 것이고, 이 경우 이사장의 임무위배가 인정되는 이상 설령 조합 내 여신위원회의 사전 심사와 결의를 거쳤다고 하더라도 업무상 배임죄의 성립에 영향이 없다.

12 [대판 99도3338] [배임죄에서 '재산상의 손해를 가한 때'의 의미] [1] '재산상의 손해를 가한 때'라 함은 현실적인 손해를 가한 경우뿐만 아니라 재산상 실해 발생의 위험을 초래한 경우도 포함되고 일단 손해의 위험성을 발생시킨 이상 사후에 피해가 회복되었다 하여도 배임죄의 성립에 영향을 주는 것은 아니다. [2] 재단법인의 이사장 직무대리인이 후원회 기부금을 정상 회계처리하지 않고 자신과 친분관계에 있는 신도에게 확실한 담보도 제공받지 아니한 채 대여한 경우, 그 신도가 이자금을 제때에 불입하고 **나중에 원금을 변제하였다 하더라도** 배임죄가 성립한다. [3] 재단법인 불교방송의 이사장 직무대리인이 후원회 기부금을 정상 회계처리하지 않고 자신과 친분관계에 있는 신도에게 확실한 담보도 제공받지 아니한 채 대여한 경우, 피고인이 그 재단법인의 이익을 위한다는 의사가 있었다 하더라도 그 의사는 부수적일 뿐이고 가해의 의사가 주된 것이라는 이유로 배임의 고의를 인정한 사례.

13 [대판 99도2781] 주식회사의 이사가 타인 발행의 약속어음에 회사 명의로 배서할 경우 그 타인이 어음금의 지급능력이 없어 그 배서로 인하여 회사에 손해가 발생하리라는 점을 알면서 이에 나아갔다면, 이러한 **약속어음의 배서행위**는 타인에게 이익을 얻게 하고 회사에 손해를 가하는 행위로서 회사에 대하여 배임행위가 되고, 그것이 경영상의 판단이라는 이유만으로 배임죄의 죄책을 면할 수는 없다.

14 [대판 81도3190] 배임죄에 있어서 손해를 가한 때라 함은 현실적인 손해를 가한 경우뿐만 아니라 실해발생의 위험을 초래할 경우도 포함되는 것이므로, **위조된 문서를 근거로 대출**해 준 행위는 업무상배임죄에 해당한다.

15 [대판 81도2501] [위임취지에 배치된 **후순위 저당권의 설정**과 배임죄 성립에 있어서 실해발생의 위험성] 업무상 배임죄에 있어서 본인에게 손해를 가한 때라 함은 재산적 가치의 감소를 뜻하는 것으로 이는 재산적인 실해를 가한 경우뿐만 아니라 실해발생의 위험성을 초래케 한 경우도 포함되며 손해액이 구체적으로 명백하게 확정되지 아니하더라도 무방하다 할 것이며, 저당권 내지 근저당권의 순위는 저당물건의 가액으로부터 어느 저당권이 우선하여 변제를 받을 수 있는가 하는 재산상의 이해에 관하여 우열을 정하는 것이므로 본건에서 피해자는 제1순위의 근저당권이 설정될 것으로 알고 금원을 대여하고 그런 내용의 근저당권설정에 관한 문서작성을 위촉하였는데도 불구하고 피고인이 후순위인 제2 내지 제3번의 근저당권설정에 관한 문서를 작성하여 그에 따른 신청으로 등기가 경료되었다면 이는 의뢰자인 본인에게 손해를 가하였다고 볼 것이다.

'재산상 손해'가 없다고 보아 배임죄 성립을 부정한 사례

16 [대판 2017도17627] [**과다한 용역비의 지급**] 파기환송. 배임죄의 성립을 인정하려면 재산상 손해의 발생이 합리적인 의심이 없는 정도의 증명에 이르러야 하므로, 배임행위로 인한 재산상 손해의 발생 여부가 충분히 증명되지 않았음에도 가볍게 액수 미상의 손해가 발생하였다고 인정함으로써 배임죄의 성립을 인정하는 것은 허용될 수 없다. (가) 회사의 대표이사 등이 임무에 위배하여 회사로 하여금 다른 사업자와 용역계약을 체결하게 하면서 적정한 용역비의 수준을 벗어나 부당하게 **과다한 용역비를 정하여 지급하게 하였다면** 다른 특별한 사정이 없는 한 통상 그와 같이 지급한 용역비와 적정한 수준의 용역비 사이의 차액 상당의 손해를 회사에 가하였다고 볼 수 있다(원칙적 적극). 이 경우 배임죄가 성립하기 위해서는 해당 용역비가 적정한 수준에 비하여 과다하다고 볼 수 있는지가 객관적이고 합리적인 평가 방법이나 기준을 통하여 충분히 증명되어야 하고, 손해의 발생이 그와 같이 증명된 이상 손해액이 구체적으로 명백하게 산정되지 아니하였더라도 배임죄의 성립에는 영향이 없다. 그러나 (나) 적정한 수준에 비하여 과다한지 여부를 판단할 객관적이고 합리적인 평가 방법이나 기준 없이 단지 임무위배행위가 없었다면 더 낮은 수준의 용역비로 정할 수도 있었다는 가능성만을 가지고 재산상 손해 발생이 있었다고 쉽사리 단정하여서는 안 된다.

17 [대판 2017도6151] 파기환송. [업무상배임죄에서 '재산상의 손해'의 의미와 재산상 손해의 유무에 대한 판단 기준(=**경제적 관점**) 및 재산상 손해가 발생하였다고 평가할 수 있는 '재산상 실해 발생의 위험'의 의미와 정도(=**구체적·현실적 위험이 야기된 정도**)] [1] 업무상배임죄는 업무상 타인의 사무를 처리하는 자

가 임무에 위배하는 행위를 하고 그러한 임무위배행위로 인하여 재산상의 이익을 취득하거나 제3자로 하여금 이를 취득하게 하여 본인에게 재산상의 손해를 가한 때 성립하는데, (가) 여기서 재산상의 손해에는 현실적인 손해가 발생한 경우뿐만 아니라 재산상 실해 발생의 위험을 초래한 경우도 포함되고, (나) 재산상 손해의 유무에 대한 판단은 법률적 판단에 의하지 않고 **경제적 관점에서 파악하여야 한다.** (다) 그런데 재산상 손해가 발생하였다고 평가될 수 있는 **재산상 실해 발생의 위험이란 본인에게 손해가 발생할 막연한 위험이 있는 것만으로는 부족하고** 경제적인 관점에서 보아 본인에게 손해가 발생한 것과 같은 정도로 구체적인 위험이 있는 경우를 의미한다. (라) 따라서 재산상 실해 발생의 위험은 **구체적 · 현실적인 위험이 야기된 정도에 이르러야 하고 단지 막연한 가능성이 있다는 정도로는 부족하다.** [2] 배합사료 판매회사인 갑 회사의 영업사원인 피고인이 을에게 배합사료를 공급하면서 갑 회사의 내부 결재를 거치지 않고 장려금 등 명목으로 임의로 단가를 조정하거나 대금을 할인해 줌으로써 을에게 재산상 이익을 취득하게 하고 갑 회사에 손해를 가하였다고 하여 「특정경제범죄 가중처벌 등에 관한 법률」위반(배임)으로 기소된 사안에서, 갑 회사의 을 측을 상대로 한 물품대금 소송의 제1심에서 갑 회사가 승소하였지만 상대방의 항소로 항소심에 계속 중인 이상 사용자책임 등을 부담할 가능성을 완전히 배제하기 어렵다는 등의 원심이 설시한 사정만으로는 갑 회사에 재산상 실해가 발생할 가능성이 생겼다고 말할 수는 있어도 나아가 **그 실해 발생의 위험이 구체적 · 현실적인 정도에 이르렀다고 보기 어려운데도,** 피고인의 행위가 갑 회사의 재산 상태에 구체적으로 어떠한 영향을 미쳤는지, 위 물품대금 소송의 제1심판결에도 불구하고 갑 회사가 사용자책임을 부담한다고 볼 만한 사정이 있는지 등을 면밀히 심리하여 갑 회사에 현실적인 손해가 발생하거나 실해 발생의 위험이 생겼다고 볼 수 있는지를 판단하지 아니한 채 공소사실을 유죄로 판단한 원심판결에 배임죄의 재산상 손해 요건에 관한 법리를 오해하여 필요한 심리를 다하지 아니한 잘못이 있다.

18 [대판 2016도3674] 파기환송. [유치권자로부터 점유를 위탁받아 부동산을 점유하는 자가 부동산의 소유자로부터 인도소송을 당하여 재판상 자백을 한 경우, **재판상 자백이 손해 발생의 구체적 · 현실적인 위험을 초래하기에 이르렀는지 판단하는 기준**] [1] 배임죄에서 재산상의 손해에는 현실적인 손해가 발생한 경우뿐만 아니라 재산상 실해 발생의 위험을 초래한 경우도 포함되고, 재산상 손해의 유무에 대한 판단은 법률적 판단에 의하지 않고 경제적 관점에서 파악하여야 한다. 그런데 재산상 손해가 발생하였다고 평가될 수 있는 재산상 실해 발생의 위험이란 본인에게 손해가 발생할 막연한 위험이 있는 것만으로는 부족하고 경제적인 관점에서 보아 본인에게 손해가 발생한 것과 같은 정도로 구체적인 위험이 있는 경우를 의미한다. 따라서 **재산상 실해 발생의 위험은 구체적 · 현실적인 위험이 야기된 정도에 이르러야 하고 단지 막연한 가능성이 있다는 정도로는 부족하다.** 따라서 유치권자로부터 점유를 위탁받아 부동산을 점유하는 자가 부동산의 소유자로부터 인도소송을 당하여 재판상 자백을 한 경우, 그러한 재판상 자백이 손해 발생의 구체적 · 현실적인 위험을 초래하기에 이르렀는지를 판단할 때에는 재판상 자백이 인도소송 및유치권의 존속 · 성립에 어떠한 영향을 미치는지, 소유자가 재판상 자백에 의한 판결에 기초하여 유치권자등을 상대로 인도집행을 할 수 있는지, 유치권자가 그 집행을 배제할 방법이 있는지 등 여러 사정을 종합하여 신중하게 판단하여야 한다. [2] 다음과 같은 사정에 비추어보면, 피고인의 재판상 자백이 피해자들에게 점유 상실 내지 유치권 상실이라는 **손해 발생의 구체적 · 현실적인 위험을 초래하기에 이르렀다고 단정할 수도 없다.** ① 피고인은 재판상 자백을 할 당시 이미 점유를 상실한 상태였고, 유치권자인 피해자들은 피고인 아닌 제3자를 통하여 이 사건 아파트를 점유하고 있었다. 피고인의 재판상 자백은 Y의 소유권 및 피고인이 점유이전금지가처분결정 당시 이 사건 아파트를 점유한 사실을 그대로 인정하는 내용일 뿐이다. 따라서 피고인의 재판상 자백이 피해

자들의 유치권 성립·존속에 어떤 영향을 미친다고 할 수 없다. ② Y가 위 민사소송에서 부동산의 인도를 명하는 판결을 선고받아 이에 기초하여 인도집행을 실시하고자 하더라도, 이미 점유를 상실한 피고인이나 그 승계인이 아닌 피해자들을 상대로 한 집행은 불가능할 것으로 보인다. …… 그럼에도 원심은 그 판시와 같은 이유만으로 이 사건 공소사실을 유죄로 판단하였으니, 원심판결에는 배임죄에서 타인의 사무를 처리하는 자, 임무위배행위, 재산상의 손해 등에 관한 법리를 오해하고 필요한 심리를 다하지 아니하여 판결에 영향을 미친 잘못이 있다. **cf)** 본 판결은 배임죄의 성격이 **구체적 위험범임을 다시 확인**하였고 손해발생의 판단기준에 대해서도 보다 구체적이고 명확한 방향을 제시하였다는 점에서 의의가 있다.

  19 [대판 2015도6745] 파기환송. [1] 갑 은행 지점장인 피고인이 업무상 임무에 위배하여 물품대금지급보증서를 발급한 후 을 주식회사의 거래처인 병 주식회사에 건네줌으로써 갑 은행에 손해를 가하였다고 하여 특정경제범죄 가중처벌 등에 관한 법률 위반(배임)으로 기소된 사안에서, 병 회사는 지급보증서가 정상적으로 발급된 것이 아님을 확인하고 을 회사를 통하여 물품을 주문하였던 사람들에게 물품을 공급하지 않음으로써 을 회사가 병 회사에 대하여 아무런 물품대금 채무를 부담하지 않게 된 사정 등에 비추어, 피고인이 갑 은행을 대리하여 을 회사가 병 회사에 대해 장래 부담하게 될 물품대금 채무에 대하여 지급보증을 하였더라도, 병 회사가 을 회사와 거래를 개시하지 않아 지급보증 대상인 물품대금 지급채무 자체가 현실적으로 발생하지 않은 이상, 보증인인 갑 은행에 **경제적인 관점**에서 손해가 발생한 것과 같은 정도로 **구체적인 위험이 발생하였다고 평가할 수 없는데도,** 이와 달리 갑 은행에 구체적인 실해 발생의 위험이 초래되었음을 전제로 피고인에게 유죄를 인정한 원심판결에 법리를 오해한 잘못이 있다고 한 사례. [2] 업무상배임죄는 업무상 타인의 사무를 처리하는 자가 임무에 위배하는 행위를 하고 그러한 임무위배행위로 인하여 재산상의 이익을 취득하거나 제3자로 하여금 이를 취득하게 하여 본인에게 재산상의 손해를 가한 때 성립하는데, 여기서 재산상의 손해에는 현실적인 손해가 발생한 경우뿐만 아니라 **재산상 실해 발생의 위험을 초래**한 경우도 포함되고, 재산상 손해의 유무에 대한 판단은 법률적 판단에 의하지 않고 **경제적 관점에서 파악**하여야 한다. 그런데 재산상 손해가 발생하였다고 평가될 수 있는 재산상 실해 발생의 위험이란 본인에게 손해가 발생할 막연한 위험이 있는 것만으로는 부족하고 경제적인 관점에서 보아 본인에게 손해가 발생한 것과 같은 정도로 구체적인 위험이 있는 경우를 의미한다. 따라서 재산상 실해 발생의 위험은 **구체적·현실적인 위험이 야기된 정도**에 이르러야 하고 단지 막연한 가능성이 있다는 정도로는 부족하다.

  20 [대판 2014도9960] 파기환송. [1] [㉠ 배임죄의 실행의 **착수시기와 기수시기** / ㉡ 형사재판에서 배임죄의 객관적 구성요건요소인 손해 발생 또는 배임죄의 보호법익인 피해자의 **재산상 이익의 침해 여부**를 판단하는 기준] 타인의 사무를 처리하는 자가 배임의 범의로, 즉 임무에 위배하는 행위를 한다는 점과 이로 인하여 자기 또는 제3자가 이익을 취득하여 본인에게 손해를 가한다는 점에 대한 인식이나 의사를 가지고 임무에 위배한 행위를 개시한 때 배임죄의 실행에 착수한 것이고, 이러한 행위로 인하여 자기 또는 제3자가 이익을 취득하여 본인에게 손해를 가한 때 배임죄는 기수가 된다(형법 제355조 제2항). 그런데 타인의 사무를 처리하는 자의 임무위배행위는 민사재판에서 법질서에 위배되는 법률행위로서 무효로 판단될 가능성이 적지 않고, 그 결과 본인에게도 아무런 손해가 발생하지 않는 경우가 많다. 이러한 때에는 배임죄의 기수를 인정할 수 없다. 그러나 의무부담행위로 인하여 실제로 채무의 이행이 이루어지거나 본인이 민법상 불법행위책임을 부담하게 되는 등 본인에게 현실적인 손해가 발생하거나 실해 발생의 위험이 생겼다고 볼 수 있는 사정이 있는 때에는 배임죄의 기수를 인정하여야 한다. 다시 말하면, 형사재판에서 배임죄의 객관

적 구성요건요소인 손해 발생 또는 배임죄의 보호법익인 피해자의 재산상 이익의 침해 여부는 구체적 사안별로 타인의 사무의 내용과 성질, 임무위배의 중대성 및 본인의 재산 상태에 미치는 영향 등을 종합하여 신중하게 판단하여야 한다. [2] 갑 주식회사 대표이사인 피고인이 갑 회사 설립의 동기가 된 동업약정의 투자금 용도로 부친 을로부터 2억 원을 차용한 후 을에게 갑 회사 명의의 차용증을 작성·교부하는 한편 갑 회사 명의로 액면금 2억 원의 약속어음을 발행하여 공증해 줌으로써 갑 회사에 재산상 손해를 입게 하고 을에게 재산상 이익을 취득하게 하였다고 하여 업무상배임으로 기소된 사안에서, 피고인의 행위가 대표이사의 대표권을 남용한 때에 해당하고 그 행위의 상대방인 을로서는 피고인이 갑 회사의 영리 목적과 관계 없이 자기 또는 제3자의 이익을 도모할 목적으로 권한을 남용하여 차용증 등을 작성해 준다는 것을 알았거나 알 수 있었으므로 그 행위가 갑 회사에 대하여 아무런 효력이 없다고 본 원심판단은 수긍할 수 있으나, 을은 피고인이 작성하여 준 약속어음공정증서에 기하여 갑 회사의 병 재단법인에 대한 임대차보증금반환 채권 중 2억 원에 이르기까지의 금액에 대하여 압류 및 전부명령을 받은 다음 확정된 압류 및 전부명령에 기하여 병 재단법인으로부터 갑 회사의 임대차보증금 중 1억 2,300만 원을 지급받은 사실에 비추어 피고인의 임무위배행위로 인하여 갑 회사에 현실적인 손해가 발생하였거나 실해 발생의 위험이 생겼으므로 배임죄의 기수가 성립하고, 전부명령이 확정된 후 집행권원인 집행증서의 기초가 된 법률행위 중 전부 또는 일부에 무효사유가 있는 것으로 판명되어 집행채권자인 을이 집행채무자인 갑 회사에 부당이득 상당액을 반환할 의무를 부담하더라도 배임죄의 성립을 부정할 수 없는데도, 이와 달리 보아 공소사실을 무죄로 판단한 원심판결에 배임죄의 실행의 착수 및 기수시기에 관한 법리오해의 잘못이 있다.

21 [대판 2011도10525] [甲 주식회사 직원인 피고인이 대표이사 乙 등의 직무발명을 특허로 출원하면서 임의로 **특허출원서 발명자란에 乙 외에 피고인 성명을 추가로 기재하여 공동발명자로 등재**되게 한 사안에서, 위 행위만으로 甲 회사에 재산상 손해가 발생하였다거나 재산상 손해발생의 위험이 초래되었다고 볼 수 없어 업무상배임죄가 성립하지 않는다고 본 원심판단을 수긍한 사례] [1] 배임죄에서 재산상 손해를 가한 때란 현실적인 손해를 가한 경우뿐만 아니라 재산상 실해발생의 위험을 초래한 경우도 포함되고, 재산상 손해 유무에 대한 판단은 본인의 전(全) 재산 상태와의 관계에서 법률적 판단에 의하지 아니하고 경제적 관점에서 파악하여야 하며, 법률적 판단에 의하여 당해 배임행위가 어떠한 효력이 인정되지 않는다고 하더라도 경제적 관점에서 파악하여 배임행위로 인하여 본인에게 현실적인 손해를 가하였거나 재산상 실해발생의 위험을 초래한 경우에는 재산상의 손해를 가한 때에 해당하지만, 그러한 손해발생의 위험이 초래되지 아니한 경우에는 배임죄가 성립하지 않는다. [2] 甲 주식회사 직원인 피고인이 대표이사 乙 등이 직무에 관하여 발명한 '재활용 통합 분리수거 시스템'의 특허출원을 하면서 임의로 특허출원서 발명자란에 乙 외에 피고인의 성명을 추가로 기재하여 공동발명자로 등재되게 한 사안에서, 발명자에 해당하는지는 특허출원서 발명자란 기재 여부와 관계없이 실질적으로 정해지므로 피고인의 행위만으로 곧바로 甲 회사의 특허권 자체나 그와 관련된 권리관계에 어떠한 영향을 미친다고 볼 수 없어, 결국 그로 인하여 甲 회사에 재산상 손해가 발생하였다거나 재산상 손해발생의 위험이 초래되었다고 볼 수 없고, 달리 공소사실을 인정할 증거가 없으므로 업무상배임죄가 성립하지 않는다고 본 원심판단을 수긍한 사례.

법인 대표이사의 행위가 무효이어서 손해발생의 위험조차 없는 경우

22-1 [대판 2010도1490] 대표이사가 대표권을 남용하여 자신의 개인채무에 대하여 회사 명의의 차용증을 작성하여 주었고, 그 상대방도 이와 같은 진의를 알았거나 알 수 있었던 사안에서, 무효인 차용증을 작성하여 준 것만으로는 회사에 재산상 손해가 발생하였다거나 재산상 실해 발생의 위험이 초래되었다고 볼 수 없어 업무상배임죄가 성립하지 않는다.

22-2 [대판 2010도7439] [주식회사의 주주총회결의에서 자신이 대표이사로 선임된 것으로 주주총회의 사록 등을 위조한 자가 회사를 대표하여 대물변제 등의 행위를 한 경우, 회사에 대한 배임죄를 구성하는지 여부(원칙적 소극)] 주주총회결의에서 자신이 대표이사로 선임된 것으로 **주주총회의사록 등을 위조**한 자가 회사를 대표하여 한 대물변제 등의 행위는 법률상 효력이 없어 그로 인하여 회사에 어떠한 손해가 발생한다고 할 수 없으므로, 그 행위로 인하여 회사가 상법 제395조의 표현대표이사책임을 부담하는 등의 특별한 사정이 없는 한 그 대표이사를 사칭한 자의 행위는 배임죄를 구성하지 아니한다.

22-3 [대판 2011도15857] 파기환송. 甲 주식회사의 실질적 경영자인 피고인이 **자신의 개인채무를 담보**하기 위하여 甲 회사 소유 부동산에 乙 앞으로 근저당권설정등기를 마침으로써 甲 회사에 재산상 손해를 가하였다는 내용으로 기소된 사안에서, 乙은 피고인이 개인채무를 담보하기 위하여 근저당권을 설정한다는 사정을 잘 알고 있어 근저당권 설정행위는 대표권 남용행위로서 무효이므로 甲 회사는 乙에 대하여 무효인 근저당권에 기한 채무는 물론 사용자책임이나 법인의 불법행위 등에 따른 손해배상의무도 부담할 여지가 없고, 근저당권이 그 후 해지를 원인으로 말소되어, 피고인의 근저당권 설정행위로 말미암아 甲 회사에 재산상 손해가 발생하였다거나 재산상 실해 발생의 위험이 초래된 것으로 볼 수 없는데도, 이와 달리 업무상배임죄가 성립한다고 본 원심판결에 법리오해의 위법이 있다고 한 사례.

22-4 [대판 2012도2142] [법인의 대표자가 법인 명의로 한 채무부담행위가 법률상 무효인 경우 법인에 대한 배임죄를 구성하는지 여부(원칙적 소극) 및 주식회사의 대표이사 등이 개인적 이익을 위하여 대표권을 행사하고 **상대방이 그 진의를 알았거나 알 수 있었을 경우** 그 행위의 회사에 대한 효력(=무효)] [1] 배임죄에서 '재산상 손해를 가한 때'에는 현실적인 손해를 가한 경우뿐만 아니라 재산상 실해발생의 위험을 초래한 경우도 포함되나, 그러한 **손해발생의 위험조차 초래되지 아니한 경우**에는 배임죄가 성립하지 아니한다. 이에 따라 법인의 대표자가 법인 명의로 한 채무부담행위가 법률상 효력이 없는 경우에는 특별한 사정이 없는 한 그로 인하여 법인에 어떠한 손해가 발생하거나 발생할 위험이 있다고 할 수 없으므로 그 대표자의 행위는 배임죄를 구성하지 아니하며, 주식회사의 대표이사 등이 회사의 이익을 위해서가 아니라 자기 또는 제3자의 이익을 도모할 목적으로 대표권을 행사한 경우에 상대방이 대표이사 등의 진의를 알았거나 알 수 있었을 때에는 그 행위는 회사에 대하여 무효가 되므로 위와 같이 보아야 한다. [2] 甲 주식회사 대표이사인 피고인이 자신의 채권자들에게 甲 회사 명의의 **금전소비대차 공정증서와 약속어음 공정증서**를 작성해 줌으로써 甲 회사에 재산상 손해를 가하였다고 하여 구 특정경제범죄 가중처벌 등에 관한 법률(2012. 2. 10. 법률 제11304호로 개정되기 전의 것) 위반(배임) 등으로 기소된 사안에서, 피고인의 행위는 대표권을 남용한 행위로서 상대방들도 피고인이 甲 회사의 이익과 관계없이 자기 또는 제3자의 이익을 도모할 목적으로 공정증서를 작성해 준다는 것을 알았거나 충분히 알 수 있었으므로 모두 무효이고, 그로 인하여 甲 회사에 재산상 손해가 발생하였다거나 재산상 실해발생의 위험이 초래되었다고 볼 수 없다는 이유로 무죄를 선고한 원심판단을 정당하다고 한 사례.

23 [대판 2009도9144] [1] 보증인이 변제자력이 없는 피보증인에게 신규자금을 제공하거나 이를 차용하

는 데 담보를 제공하면서 이미 보증을 한 채무의 변제에 사용되도록 한 경우, 새로 손해를 발생시킬 위험을 가져온 것으로 볼 수 없다. [2] 피고인들이 대표이사로 되어 있는 甲 주식회사는 피보증인인 乙 주식회사의 금융기관 채무를 연대보증하거나 백지어음을 담보로 제공한 상태인데, 피고인들이 乙 회사가 丙 상호신용금고로부터 자금을 차용할 때 甲 회사의 예금을 담보로 제공한 뒤 그 신규자금을 기존에 甲 회사가 보증한 위 금융기관 채무를 변제하도록 한 것은, 기왕의 보증채무와 별도로 새로운 손해를 발생시킬 위험을 가져온 것으로 볼 수 없어 업무상배임죄에 해당하지 않는다고 본 원심판결을 수긍한 사례.

24 [대판 2008도484] [회사의 대표이사가 제3자의 채무를 담보하기 위하여 회사 명의의 백지약속어음을 제공하는 배임행위를 한 후 이를 회수하고 다른 담보방법으로 새로운 약속어음을 배서·교부한 사안에서, 위 담보교체행위로 회사에 새로운 손해발생의 위험을 초래하였다고 보기 어렵다고 한 사례] 회사의 대표이사가 제3자의 채무를 담보하기 위하여 회사 명의의 백지약속어음을 제공하는 배임행위를 한 후 법적 효력이 더 확실한 채무보증을 위해 이를 회수하고 대신 다른 회사가 발행한 새로운 약속어음을 배서·교부한 사안에서, 선행 담보제공행위로 백지약속어음을 제공할 때 이미 회사에 그 피담보채무액 상당의 손해발생 위험이 발생하였고, 경제적인 관점에서 볼 때 전후의 담보제공에 의해 발생하는 손해발생의 위험성은 결국 동일하므로, 위 담보교체행위로 선행 담보제공으로 인한 기존의 위험과는 별개로 회사에 새로운 손해발생의 위험을 초래하였다고 보기 어렵다.

25 [대판 2007도7716] 이미 신용불량자로 등록되어 있어 추가대출이 불가능한데도 마치 그 연체대출금이 모두 변제된 것처럼 전산조작을 하여 부정대출을 해주었더라도, 이로 인하여 결과적으로 회수한 채권액이 더 많아졌다면 계산상 대출금융기관에게 손해가 아닌 이익이 되었다고 볼 여지가 있다.

26 [대판 2006도4876 전원합의체] [새마을금고 임·직원이 동일인 대출한도 제한규정을 위반하여 초과대출행위를 한 사실만으로 새마을금고에 업무상배임죄를 구성하는 재산상 손해가 발생하였다고 볼 수 있는지 여부(소극)] [다수의견] 새마을금고의 동일인 대출한도 제한규정은 새마을금고 자체의 적정한 운영을 위하여 마련된 것이지 대출채무자의 신용도를 평가해서 대출채권의 회수가능성을 직접적으로 고려하여 만들어진 것은 아니므로 동일인 대출한도를 초과하였다는 사실만으로 곧바로 대출채권을 회수하지 못하게 될 위험이 생겼다고 볼 수 없고, 구 새마을금고법(2007. 5. 25. 법률 제8485호로 개정되기 전의 것) 제26조의2, 제27조에 비추어 보면 동일인 대출한도를 초과하였다는 사정만으로는 다른 회원들에 대한 대출을 곤란하게 하여 새마을금고의 적정한 자산운용에 장애를 초래한다는 등 어떠한 위험이 발생하였다고 단정할 수도 없다. 따라서 동일인 대출한도를 초과하여 대출함으로써 구 새마을금고법을 위반하였다고 하더라도, 대출한도 제한규정 위반으로 처벌함은 별론으로 하고, 그 사실만으로 특별한 사정이 없는 한 업무상배임죄가 성립한다고 할 수 없다.

27 [대판 2004도7053] [배임죄나 업무상배임죄에 있어 재산상의 손실을 야기한 임무위배행위가 동시에 그 손실을 보상할 만한 재산상의 이익을 준 경우, 재산상 손해가 있다고 할 수 있는지 여부(소극)] 배임죄나 업무상배임죄에 있어 재산상의 손해를 가한 때라 함은 현실적인 손해를 가한 경우뿐만 아니라 재산상 실해 발생의 위험을 초래한 경우도 포함되고, 재산상 손해의 유무에 대한 판단은 법률적 판단에 의하지 아니하고 경제적 관점에서 파악하여야 하지만, 여기서 재산상의 손해를 가한다 함은 총체적으로 보아 본인의 재

산상태에 손해를 가하는 경우, 즉 본인의 전체적 재산가치의 감소를 가져오는 것을 말하므로 재산상의 손실을 야기한 임무위배행위가 동시에 그 손실을 보상할 만한 재산상의 이익을 준 경우, 예컨대 그 배임행위로 인한 급부와 반대급부가 상응하고 다른 재산상 손해(현실적인 손해 또는 재산상 실해 발생의 위험)도 없는 때에는 **전체적 재산가치의 감소, 즉 재산상 손해가 있다고 할 수 없다.**

28 [대판 2004도771] 대표이사가 개인의 차용금 채무에 관하여 개인 명의로 작성하여 교부한 차용증에 **추가로 회사의 법인 인감을 날인**하였다고 하더라도 회사에 재산상 손해가 발생하였다거나 재산상 실해 발생의 위험이 초래되었다고 볼 수 없다는 이유로 대표이사의 업무상배임 부분에 대하여 무죄를 선고한 원심판결을 수긍한 사례.

29 [대판 2000도1155] [금융기관이 거래처의 기존 대출금에 대한 원리금 및 연체이자에 충당하기 위하여 거래처가 신규대출을 받은 것처럼 서류상 정리하였더라도 금융기관이 **실제로 거래처에게 대출금을 새로 교부한 것이 아닌 경우,** 업무상배임죄의 성립 여부(소극)] 업무상배임죄는 타인의 사무를 처리하는 자가 업무상의 임무에 위배하는 행위로써 재산상의 이익을 취득하거나 제3자로 하여금 이를 취득하게 하여 본인에게 손해를 가한 때에 성립하는 범죄이므로 업무상배임죄가 성립하기 위하여는 임무위배행위로 인하여 본인에게 재산상의 손해가 발생하여야 할 것인바, 금융기관이 거래처의 기존 대출금에 대한 원리금 및 연체이자에 충당하기 위하여 위 거래처가 신규대출을 받은 것처럼 서류상 정리하였더라도 금융기관이 실제로 위 거래처에게 대출금을 새로 교부한 것이 아니라면 그로 인하여 금융기관에게 어떤 새로운 손해가 발생하는 것은 아니라고 할 것이므로 따로 업무상배임죄가 성립된다고 볼 수 없다.

30 [대판 99도1864] [타인의 사무를 처리하는 자가 그 임무에 위배하여 채무자에게 기존 대출금에 대한 **대출기한을 연장해 준 경우,** 배임죄의 성립 여부(한정 소극)] 배임죄는 타인의 사무를 처리하는 자가 그 임무에 위배하는 행위로 인하여 재산상의 이익을 취득하거나 제3자로 하여금 이를 취득하게 하여 본인에게 손해를 가하는 것을 내용으로 하는 범죄로서, 배임죄가 성립하기 위하여는 행위자의 임무위배행위로 인하여 본인에게 재산상 손해가 발생 또는 발생할 염려가 있어야 하는 것인바, 타인의 사무를 처리하는 자가 그 임무에 위배하여 채무자에게 기존 대출금에 대한 대출기한을 연장해 준 경우, 기한 연장 당시에는 채무자로부터 대출금을 모두 회수할 수 있었는데 기한을 연장해 주면 채무자의 자금사정이 대출금을 회수할 수 없을 정도로 악화되리라는 사정을 알고 그 기한을 연장해 준 경우에 그 기한연장으로 인한 새로운 손해가 발생하였다고 할 수 있을 것이므로 이러한 사정이 밝혀지지 않고서는 대출기한을 연장해 준 부분을 따로 떼어 배임죄가 성립된다고 말할 수는 없을 것이다.

Reference 2

배임죄에 있어서 손해액의 산정

1 [대판 2008도11036] [**경영권 프리미엄을 지닌 주식의 매도**와 관련한 배임죄에서 손해액을 산정하는 경우, **경영권 프리미엄의 가치 평가 방법**] [1] 회사의 대표이사 등이 그 임무에 위배하여 회사가 보유하는 주식을 적정가액 이하로 매도함으로 인하여 회사에 가한 손해액은 통상 그 주식의 실제 매매대금과 그 주식의

적정가액 사이의 차액 상당이라고 봄이 타당하고, 그 주식이 회사의 경영권을 행사할 수 있는 이른바 경영권 프리미엄을 지니고 있는 경우에는 그 가치를 평가하여 주식의 적정가액 산정에 가산하여야 한다. 이때 경영권 프리미엄의 가치는 통상 회사의 현재 및 미래 가치, 경영권 획득으로 인한 파급효과, 경영권 확보에 필요한 주식을 공개시장에서 매수할 경우의 필요비용 등을 고려하여 결정되는 것이지만 궁극적으로는 거래 상대방과의 교섭조건, 교섭능력 등에 따라 구체화될 수밖에 없는 것이므로, 이를 과세관청이 과세표준을 산정하기 위하여 사용하는 상속세 및 증여세법 제63조 제3항의 규정에 따라 일정 비율을 할증하는 방법으로 일률적으로 산정할 수는 없다고 보아야 한다. [2] 배임죄의 성립을 인정하려면 손해의 발생이 합리적인 의심이 없는 정도의 증명에 이르러야 하는바, 배임행위로 인한 재산상 손해의 발생 여부가 충분히 입증되지 않았음에도 가볍게 액수 미상의 손해는 발생하였다고 인정함으로써 배임죄의 성립을 인정하는 것은 허용될 수 없다. 따라서 주식 거래와 관련한 배임행위로 인한 손해의 발생 여부를 판단하기 위하여 주식 가치의 평가가 요구되는 경우에는, 그 평가 방법이나 기준에 따라 주식의 가치가 구구하게 산정된다고 하더라도 이를 쉽게 포기하지 말고 상대적으로 가장 타당한 평가방법이나 기준을 심리하여 손해의 발생 여부를 구체적으로 판단하는 것이 필요하다. 다만, 주식 거래에 수반하는 경영권 프리미엄의 가치를 함께 평가하는 경우에는 경영권 프리미엄 자체가 궁극적으로 거래 상대방과의 교섭조건, 교섭능력 등에 따라 평가될 수밖에 없는 것이므로 이를 산정할 방법이 없어서 결과적으로 배임죄의 손해액을 구체적으로 산정할 수 없게 되었다고 하더라도 여기에 심리미진이나 이유모순 등의 위법이 있다고 볼 수 없다.

2 [대판 2007도541] [회사의 이사 등이 타인에게 회사자금을 대여한 행위가 업무상배임죄를 구성하는 경우]
[1] 배임죄는 타인의 사무를 처리하는 자가 그 임무에 위배하는 행위로 재산상 이익을 취득하거나 제3자로 하여금 이를 취득하게 하여 본인에게 손해를 가함으로써 성립한다. 이 경우 '재산상의 손해를 가한 때'라 함은 현실적인 손해를 가한 경우뿐만 아니라 재산상 실해 발생의 위험을 초래한 경우도 포함한다. 따라서 회사의 이사 등이 타인에게 회사자금을 대여함에 있어 그 타인이 이미 채무변제능력을 상실하여 그에게 자금을 대여할 경우 회사에 손해가 발생하리라는 정을 충분히 알면서 이에 나아갔거나, 충분한 담보를 제공받는 등 상당하고도 합리적인 채권회수조치를 취하지 아니한 채 만연히 대여해 주었다면, 그와 같은 자금 대여는 타인에게 이익을 얻게 하고 회사에 손해를 가하는 행위로서 회사에 대하여 배임행위가 되고, 회사의 이사는 단순히 그것이 경영상의 판단이라는 이유만으로 배임죄의 죄책을 면할 수는 없으며, 이러한 이치는 그 타인이 자금지원 회사의 계열회사라 하여 달라지지 않는다. [2] 그러나 회사의 이사 등이 이미 타인의 채무에 대하여 보증을 하였는데, 피보증인이 변제자력이 없어 결국 보증인이 그 보증채무를 이행하게 될 우려가 있고, 보증인이 피보증인에게 신규로 자금을 제공하거나 피보증인이 신규로 자금을 차용하는 데 담보를 제공하면서 그 신규자금이 이미 보증을 한 채무의 변제에 사용되도록 한 경우라면, 보증인으로서는 기보증채무와 별도로 새로 손해를 발생시킬 위험을 초래한 것이라고 볼 수 없다. [3] 대규모기업집단에 속한 A 회사가 종합금융회사의 지급보증 아래 할인받은 어음을 결제하지 못하여 종합금융회사가 현실적·구체적으로 어음금을 대위변제하여야 할 상황에서, 종합금융회사와의 어음거래약정에 기한 채무에 관하여 연대보증을 하고 있던 A 회사와 같은 그룹내 계열사인 B 회사와 C 회사가 A 회사의 어음을 매입하거나 전면보증을 하는 방법으로 A 회사를 지원하여 B 회사와 C 회사가 보증한 기존의 채무를 변제하도록 한 것은 자신의 보증채무를 감소시킨 것으로서, 기왕의 보증행위로 인한 손해와는 별도의 새로운 손해를 발생시킬 위험을 가져온 것으로 볼 수 없다고 한 사례.

3 [대판 2006도1813] [회사가 행한 대출의 실질이 **자금의 이동 없는 서류상의 채무자 변경에 불과**하고 실질적인 담보력에 변화가 없는 경우, 그 대출행위가 배임죄를 구성하는지 여부(원칙적 소극)] 배임죄가 성립하기 위해서는 행위자의 임무위배행위로 인하여 본인에게 재산상 손해가 발생 또는 발생할 염려가 있어야 하는 것인바, 회사가 행한 대출의 실질이 자금 이동 없는 서류상의 채무자 변경에 불과하고 실질적인 담보력에 변화가 없어 이로 인하여 대출 채권을 회수하지 못할 **위험이 발생하였거나 발생할 염려가 생긴 것이 아니라면 그 대출행위는 배임죄를 구성한다고 볼 수 없다.**

Reference 3

손해발생에 대한 인식과 배임죄의 고의

1 [대판 2004도1632] [금융거래와 관련한 경영상의 판단과 관련하여 금융기관의 **경영자에게 배임의 고의가 있었는지 여부를 판단하는 방법**] 업무상배임죄의 고의는 업무상 타인의 사무를 처리하는 자가 본인에게 재산상의 손해를 가한다는 의사와 자기 또는 제3자가 재산상 이득을 취득한다는 의사가 임무위배행위에 대한 인식과 결합하여 성립하는 것인데, 타인의 사무를 처리하는 자가 본인의 이익을 위하여 문제가 된 행위를 하였다고 주장하면서 범의를 부인하고 있는 경우에는 관련 제반 사정의 종합적인 고려하에 사물의 성질상 고의와 상당한 관련성이 있는 간접사실을 증명하는 방법에 의하여 이를 입증하여야 한다. 이윤추구와 아울러 공공적 역할도 담당하는 각종 금융기관의 경영자가 금융거래와 관련한 경영상 판단을 함에 있어서 그 업무처리의 내용, 방법, 시기 등이 법령이나 당해 구체적 사정하에서 일의적인 것으로 특정되지 않는 경우에는 결과적으로 특정한 조치를 취하지 아니하는 바람에 본인에게 손해가 발생하였다는 사정만으로 책임을 물을 수는 없고, 그 경우 경영자에게 배임의 고의가 있었는지 여부를 판단함에 있어서는 문제된 경영상의 판단에 이르게 된 경위와 동기, 판단대상인 업무의 내용, 금융기관이 처한 경제적 상황, 손실발생의 개연성 등 제반 사정에 비추어 자기 또는 제3자가 재산상 이득을 취득한다는 인식과 **본인에게 손해를 가한다는 인식하의 의도적 행위임이 인정되는 경우에 한하여 배임죄의 고의를 인정하는 엄격한 해석기준이 유지**되어야 한다.

88 배임수증재죄에서의 '부정한 청탁'

* 대법원 1983. 12. 27. 선고 83도2472 판결
* 참조조문: 형법 제357조[1])

단순히 환심을 사두기 위해 재물을 교부한 것이 배임수재죄의 '부정한 청탁'에 해당하는가?

●**사실**● 공동피고인(뇌물공여혐의) Y는 수산업협동조합 사업과에 소속되어 유류구매 등의 임무에 종사하던 피고인 X에게 수고비 명목으로 500,000원을 교부하였다. 당시 X는 **구체적이고 특정한 내용의 부정한 청탁은 받지 않았다.** Y에 대한 검사의 피의자신문조서에서도 "X는 유류전표를 발행하고 장부에 정리하는 등의 일을 하고 있어 저희 현장과 밀접한 관련이 있는 일을 취급하고 고생을 하고 있어 위로하는 뜻도 있고 또 어떤 미스가 있는 경우 친분을 가져 잘 처리하여 보기 위하여 **환심을 사려고 준 것입니다**"라고 진술하고 있다. 원심은 X를 배임수재죄로 의율처단하였다. 이에 X는 상고하였다.

●**판지**● 파기환송. 「피고인이 유류부정처분 대금을 나누어 준 것이 단지 환심을 사두어 후일 범행이 발각되더라도 이를 누설하지 않게끔 하기 위한 것이었다고 보여지는 경우에 있어서는 만연히 임무와 관련하여 재물 또는 재산상 이득을 취득한데 불과하고 배임수재죄에 있어서 청탁의 내용이라 할 수 있는 **구체적이고 특정한 임무행위에 관하여 부정한 청탁**이라고 보기 어렵다」.

●**해설**● 1 배임수증재죄의 보호법익은 '**거래의 청렴성**'이다. 형법이 배임죄와 함께 규정하고 있지만, 이 죄는 배임죄라기보다는 공무원의 **뇌물죄에 상응하는 규정**이다[2]). 하지만 뇌물죄와 달리 '부정한 청탁'을 하거나 받을 것을 요건으로 하므로 이 '**부정한 청탁**'이 구성요건의 해석에 있어서 주요개념이 된다.[3])

2 배임수증재죄에 있어서 '**부정한 청탁**'은 「(가) 반드시 업무상 **배임의 내용이 되는 정도에 이를 필요는 없고**, 사회상규 또는 신의성실의 원칙에 반하는 것을 내용으로 하면 충분하다. (나) '부정한 청탁'에 해당하는지를 판단할 때에는 청탁의 내용 및 이에 관련한 대가의 액수, 형식, 보호법익인 거래의 청렴성 등을 종합적으로 고찰하여야 하고, (다) 그 청탁이 반드시 명시적으로 이루어져야 하는 것은 아니며 **묵시적으로 이루어지더라도 무방**하다. 그리고 (라) 타인의 업무를 처리하는 사람에게 공여한 금품에 부정한

---

1) 형법 제357조(배임수증재) ① 타인의 사무를 처리하는 자가 그 임무에 관하여 **부정한 청탁**을 받고 재물 또는 재산상의 이익을 취득하거나 제3자로 하여금 이를 취득하게 한 때에는 **5년 이하의 징역** 또는 1천만원 이하의 벌금에 처한다. ② 제1항의 재물 또는 재산상 이익을 공여한 자는 **2년 이하의 징역** 또는 500만원 이하의 벌금에 처한다. ③ 범인 또는 그 사정을 아는 제3자가 취득한 제1항의 재물은 **몰수한다.** 그 재물을 몰수하기 불가능하거나 재산상의 이익을 취득한 때에는 그 가액을 추징한다.

2) **배임수증재죄가 배임죄와 다른 점은** ① 타인의 사무를 처리하는 자가 재산권과 관련한 사무에 국한되지 않고, ② 재산상 손해발생도 필요하지 않으며, ③ 재물 또는 재산상 이익을 취득하면 배임행위가 없어도 배임수증재죄(또는 미수범)가 성립하는 점이다. 따라서 **배임수증재죄와 배임죄**는 행위의 태양을 전연 달리하고 있어 일반법과 특별법관계가 아닌 **별개의 독립된 범죄**라고 보아야 한다(대판 84도1906).

3) **배임수증재죄가 수뢰죄(법129)와 다른 점은** ① 행위주체가 공무원 또는 중재인이 아니라 타인의 사무를 처리하는 자이고, ② 부정한 청탁을 요하고, ③ 재물 또는 재산상의 이익을 취득해야하며, ④ 자신의 이익을 위해서 수재하여야 하며, ⑤ 알선수뢰죄(법132)에 대응하는 처벌조항이 없으며, ⑥ 뇌물죄와 달리 배임수증재죄의 경우에는 미수범이 처벌(수뢰죄는 요구, 약속, 공여의 의사표시만으로 기수가 되나 배임수증재의 경우는 취득과 공여행위만을 기수로 처벌하고 요구·약속·공여의 의사표시는 미수가 된다)되는 점 등이다.

청탁의 대가로서의 성질과 그 외의 행위에 대한 사례로서의 성질이 **불가분적으로 결합**되어 있는 경우에는 그 전부가 불가분적으로 부정한 청탁의 대가로서의 성질을 갖는 것으로 보아야 한다」(대판 2019도 17102, Ref 1−12).

3 배임수재죄는 원칙적으로 타인의 사무를 처리하는 자라야 그 범죄의 주체가 될 수 있다. 나아가 **장래에 일정한 업무**를 담당할 것이 합리적으로 기대되는 사람도 사무처리자에 포함될 수 있다. 즉 「타인의 사무를 처리하는 자가 (가) 그 신임관계에 기한 사무의 범위에 속한 것으로서 **장래에 담당**할 것이 합리적으로 기대되는 임무에 관하여 **부정한 청탁을 받고** (나) 재물 또는 재산상 이익을 **취득한 후 그 청탁에 관한 임무를 현실적으로 담당하게 되었다면** 이로써 타인의 사무를 처리하는 자의 청렴성은 훼손되는 것이어서 배임수재죄의 성립을 인정할 수 있다」(대판 2009도4791, Ref 1.18−3).

4 또한 수재 당시에 반드시 수재와 관련된 임무를 현실적으로 담당하고 있을 필요로 없다. 따라서 「타인의 사무를 처리하는 자가 그 임무에 관하여 부정한 청탁을 받은 이상 **그 후 사무분담의 변경으로 동 직무를 담당하지 아니하게 된 상태**에서 재물 등을 수수하게 되었다 하더라도 여전히 같은 타인의 사무를 처리하는 지위에 있고 그 재물 등의 수수가 그 부정한 청탁과 관련하여 이루어진 것이라면 배임수재죄는 성립한다고 보아야 할 것이다」(대판 84도1906).

5 하지만 사안에서와 같이 부정한 청탁은 **"구체적이고 특정한 임무행위에 관한 부정한 청탁"**이어야 한다. 대법원은 원심의 판단과 달리 단지 환심을 사두어 후일 범행이 발각되더라도 이를 누설하지 않게끔 할 의도 정도로는 피고인의 어떠한 구체적이고 특정한 임무행위에 관하여 부정한 청탁을 한 것이라고는 보기 어렵다고 판단하였다. 또한 청탁한 내용이 「단순히 **규정이 허용하는 범위 내에서 최대한의 선처를 바란다는 내용에 불과**하다면 사회상규에 어긋난 부정한 청탁이라고 볼 수 없다(대판 82도1656, Ref 1−9).

6 부정한 청탁 여부는 **공여자를 기준**으로 판단한다. 때문에 재물 등의 공여자가 자기의 권리를 확보하기 위하여 행한 행위인 경우에는 사회상규나 신의성실의 원칙에 비추어 부정한 청탁에 해당하지 않는 경우도 있다(대판 80도19, Ref 1−11).

7 배임수재와 배임증재는 **필요적 공범관계**이다. 그러나 이것이 반드시 수재자와 증재자가 같이 처벌받아야 함을 의미하지는 않는다. 증재자에게는 정당한 업무에 속하는 청탁일지라도 수재자에게는 부정한 청탁이 될 수도 있기 때문이다(대판 2010도7624). 한편, ① 배임수재죄에 공한 재물은 **필요적 몰수**인 반면에 ② 배임증재죄에 공한 재물은 **임의적 몰수**대상이다.

Reference 1

'부정한 청탁'으로 볼 수 없다고 본 사례(배임수증재죄 부정)

1-1 [대판 2010도16681] 파기환송. [사회복지법인의 운영권을 양도하고 양수인으로부터 양수인 측을 사회복지법인의 임원으로 선임해 주는 대가로 양도대금을 받기로 하는 내용의 '청탁'이 배임수재죄의 성립요건인 '부정한 청탁'에 해당하는지 여부(원칙적 소극)] [1] 사회복지법인의 설립자 내지 운영자가 사회복지법인 운영권을 양도하고 양수인으로부터 양수인 측을 **사회복지법인의 임원으로 선임해 주는 대가로 양도대금을 받기로 하는 내용의 '청탁'**을 받았다 하더라도, 청탁의 내용이 당해 사회복지법인의 설립 목적과 다른 목적으로 기본재산을 매수하여 사용하려는 것으로서 실질적으로 법인의 기본재산을 이전하는 것과 다름이 없어 사회복지법인의 존립에 중대한 위협을 초래할 것임이 명백하다는 등의 특별한 사정이 없는 한 **사회상규 또는 신의성실의 원칙에 반하는 것을 내용으로 하는 청탁이라고 할 수 없으므로** 이를 배임수재죄의 성립요건인 '부정한 청탁'에 해당한다고 할 수 없다. [2] 사회복지법인을 운영하던 대표이사가 법인의 임원을 변경하는 방식을 통하여 법인의 운영권을 양수인에게 이전하고 그 대가로 양수인으로부터 운영권 양도에 상응하는 금전을 지급받기로 약정하는 내용의 계약을 체결하는 경우에 관하여 사회복지사업법은 이러한 운영권 양도계약을 제한·금지하는 취지의 규정을 두고 있지 아니할 뿐 아니라 그 운영권의 양도에 보건복지부장관 등 주무관청의 허가를 받을 것을 요구하거나 운영권 양도행위를 형사처벌하는 규정도 두고 있지 아니하다. 또한 …… 이러한 관련 규정의 내용 및 취지 등을 종합적으로 고려하여 보면, 사회복지법인 운영권의 유상 양도를 금지·처벌하는 입법자의 결단이 없는 이상 사회복지법인 운영권의 양도 및 그 양도대금의 수수 등으로 인하여 향후 사회복지법인의 기본재산에 악영향을 미칠 수 있다거나 사회복지법인의 건전한 운영에 지장을 초래할 경우가 있다는 **추상적 위험성만으로** 운영권 양도계약에 따른 양도대금 수수행위를 형사처벌하는 것은 죄형법정주의나 형벌법규 명확성의 원칙에 반하는 것이어서 허용될 수 없다.

1-2 [대판 2013도11735] 학교법인의 이사장 또는 사립학교경영자가 학교법인 운영권을 양도하고 양수인으로부터 양수인 측을 **학교법인의 임원으로 선임해 주는 대가로 양도대금을 받기로 하는 내용의 '청탁'**을 받았다 하더라도, 그 청탁의 내용이 당해 학교법인의 설립 목적과 다른 목적으로 기본재산을 매수하여 사용하려는 것으로서 학교법인의 존립에 중대한 위협을 초래할 것임이 명백하다는 등의 특별한 사정이 없는 한, 그 청탁이 **사회상규 또는 신의성실의 원칙에 반하는 것을 내용으로 하는 것이라고 할 수 없으므로** 이를 배임수재죄의 구성요건인 '부정한 청탁'에 해당한다고 할 수 없다.

2 [대판 2010도10290] 대학병원 등의 의사인 피고인들이, 의약품인 조영제를 사용해 준 대가 또는 향후 조영제를 지속적으로 납품할 수 있도록 해달라는 청탁의 취지로 제약회사 등이 제공하는 조영제에 관한 '시판 후 조사'(PMS, Post Marketing Surveillance) 연구용역계약을 체결하고 **연구비 명목의 돈을 수수**하였다고 하여 배임수재의 공소사실로 기소된 사안에서, 연구목적의 적정성 및 필요성, 연구결과 신뢰성을 확보하려는 노력의 유무, 연구 수행과정과 방법의 적정성 및 결과 충실성, 연구대가의 적정성 등 제반 사정에 비추어, 연구용역계약은 의학적 관점에서 필요성에 따라 근거와 이유를 가지고 **정당하게 체결되어 수행되었을 뿐**, 제약회사 등의 조영제 납품에 관한 부정한 청탁 또는 대가 지급 의도로 체결된 것으로 볼 수 없다고 한 원심판단을 수긍한 사례.

3 [대판 2010도8743] 아파트개발사업 시행업체 측으로부터 철거공사를 담당할 업체를 선정할 권한과 함

께 명도·이주 업무를 책임지고 수행할 임무를 위임받은 피고인이, 시행업체의 양해하에 철거업체로 선정되면 철거공사 하도급대금 중 일부를 피고인에게 지급하기로 하는 내용의 약정을 철거업체와 체결한 사안에서, 타인의 부탁을 받아 계약과 사무를 처리하는 사람이 특정인으로부터 계약체결의 상대방이 될 수 있게 해달라는 부정한 청탁을 받고 대가를 받은 경우라고 보기 어렵다고 한 사례.

4 [대판 2006도1202] ['타인'의 사무를 처리하는 사람이 임무에 관하여 부정한 청탁을 받았다 하더라도 그 '타인'으로 하여금 재물 또는 재산상의 이익을 취득하게 한 경우] [1] 형법 제357조 제1항의 배임수재죄는 타인의 사무를 처리하는 자가 그 임무에 관하여 부정한 청탁을 받고 재물 또는 재산상의 이익을 취득한 경우에 성립하고, 같은 조 제2항의 배임증재죄는 제1항의 재물 또는 이익을 공여한 경우에 성립하는 것으로서, 법문 상 '타인'의 사무를 처리하는 자가 그 임무에 관하여 부정한 청탁을 받았다고 하더라도 자신이 아니라 그 '타인'에게 재물 또는 재산상의 이익을 취득하게 한 경우에는 위 죄가 성립하지 않는다. [2] 조합이사장이 조합이 주관하는 도자기 축제의 대행기획사를 선정하는 과정에서 최종 기획사로 선정된 회사로부터 조합운영비 지급을 약속받고 위 축제가 끝난 후 조합운영비 명목으로 현금 3,000만 원을 교부받아 조합운영비로 사용한 사안에서, 이사장이 개인적인 이익을 위해서가 아니라 조합의 이사장으로서 위 금원을 받아 조합의 운영경비로 사용한 것이라는 이유로 배임수재죄의 성립을 부정한 사례.

5 [대판 2005도6433] 한국야구위원회(KBO) 사무총장이 잠실야구장의 광고권자 선정 업무를 처리하는 자에 해당한다고 볼 수는 없고, 그 담당 업무가 위 광고권자 선정 업무와 밀접한 관계가 있는 범위 내의 사무라고 보기도 어려워, 위 광고권자 선정과 관련하여 부정한 청탁을 받고 금품을 수수한 행위를 배임수재죄로 처벌할 수 없다. cf) 대법원은 피고인의 지위와 KBO 총재 및 잠실야구장운영본부 대표와의 관계 등을 살펴볼 때 피고인이 잠실야구장 광고권 계약체결의 주체인 위 운영본부 대표에게 공소외 1 주식회사를 위하여 유리한 이야기를 전해줄 수 있었던 사정만으로는 KBO 총재특별보좌관 내지 사무총장으로서 KBO 총재를 보좌하고 KBO의 행정적 운영과 예산의 집행을 담당하는 업무가 잠실야구장의 광고권자 선정 업무와 밀접한 관계가 있는 범위 내의 사무라고 보기도 어렵다고 판단하였다.

6 [대판 2000도4700] 실질적으로 학교법인의 이사장 직무를 수행하면서 학교공사와 관련하여 공사대금 중 수급인이 학교법인 부담부분 상당액을 학교법인에 기부하는 것을 조건으로 공사계약을 체결한 후 공사를 완성하여 이 부분에 대한 공사대금 지급의무를 면제받거나 그 대금 상당액을 입금받은 다음 다시 수급인에게 공사대금으로 지급한 것으로 처리한 경우, 이러한 행위는 학교공사에 관하여 관계 규정에 따른 공개입찰을 하지 아니하는 대신 특정 공사업자와 수의계약을 체결하면서 공사업자에게 공사대금 중 국고지원 부분만을 지급하기로 하고 학교법인 부담 부분은 면제받은 것으로 볼 것이고, 이러한 경우 공사대금 지급채무는 학교법인이 공사업자에 대하여 부담하는 것이므로 이를 면제받는 것은 학교법인의 이익으로 되는 것일 뿐 실질적으로 학교법인의 이사장 직무를 수행한 자가 면제받은 대금 상당의 이익을 취득하였다고 볼 수는 없고, 따라서 위와 같은 행위는, 공개입찰을 하지 아니하고 수의계약을 체결한 것에 대하여 행정상의 책임 등을 묻는 것은 별론으로 하고, 타인의 사무를 처리하는 자가 그 임무에 위배하여 부정한 청탁을 받고 재물 또는 재산상의 이익을 취득한 경우에 해당한다고 할 수는 없다.

앞으로 계약관계 유지를 위한 부탁

7-1 [대판 91도61] 형법 제357조 제1항 소정의 배임수증죄는 타인의 사무를 처리하는 자가 그 임무에 관하여 부정한 청탁을 받고 재물 또는 재산상의 이익을 취득하는 경우에 성립하는 것이고, 그 청탁에 따른 일정한 행위가 현실적으로 행하여 질 것을 요하지는 아니하나, 재물 또는 재산상의 이익을 공여하는 사람과 이를 취득하는 사람 사이에 부정한 청탁이 개재되어야 하는 것이고, **계약관계를 유지시켜 기존 권리를 확보하기 위하여 하는 부탁행위 등은 부정한 청탁이라고 할 수 없다.**

7-2 [대판 85도465] 여기에 부정한 청탁이라 함은 사회상규 또는 신의.성실의 원칙에 반하는 것을 내용으로 하는 청탁을 말하므로, 계약관계를 유지시켜 기존권리를 확보하기 위한 신탁행위는 부정한 청탁이라 할 수 없으므로, 계약관계를 유지시켜 달라는 부탁을 받고 사례금명목으로 금원을 교부받은 행위는 배임수재죄에 해당하지 아니한다.

8 [대판 89도563] 단위농업협동조합의 총대는 각 구역조합원의 호선에 의하여 선출되었더라도 그 선출구역조합원의 지시나 간섭을 받지 않고 **독립하여 스스로의 권한**으로 총대회에서 임원선거에 참여하고 의결권을 행사하는 등 자주적으로 임무를 수행하므로 이를 선출구역조합원의 사무를 처리하는 것으로는 볼 수 없고, 총회에 갈음하는 조합의 의사결정기관인 총대회의 구성원일 뿐 조합의 임원 기타 업무 집행기관이 아니므로 총대회에서의 의결권 또는 선거권의 행사가 전체조합원이나 조합의 사무라고 볼 수도 없고, 따라서 총대가 총대회에서 조합장 후보자 추천과 관련하여 돈을 주고 받았더라도 배임수증죄는 성립되지 않는다.

9 [대판 82도1656] 형법 제357조 제1항 소정의 배임수증재죄는 재물 또는 이익을 공여하는 사람과 취득하는 사람 사이에 부정한 청탁이 개재되지 않는 한 성립하지 않는다고 할 것인데, 여기서 부정한 청탁이라 함은 사회상규 또는 신의성실의 원칙에 반하는 것을 내용으로 하는 청탁을 의미하므로 청탁한 내용이 단순히 **규정이 허용하는 범위 내에서 최대한의 선처를 바란다는 내용에 불과**하다면 사회상규에 어긋난 부정한 청탁이라고 볼 수 없고 따라서 이러한 청탁의 사례로 금품을 수수한 것은 배임증재 또는 배임수재에 해당하지 않는다.

대학편입학 업무와 관련하여

10-1 [대판 81도2646] 교육법 제111조의 2, 동시행령 제69조에 의하면 **대학에의 편입학**에 관한 사무는 특별한 사정이 없는 한 대학의 **총장이나 학장의 임무에 속하고 학교법인의 상무이사가 처리할 임무가 아니므로** 가사 피고인이 편입학에 대한 사례로 학교법인의 상무이사에게 재물을 공여한 것으로 인정되더라도 배임증재에는 해당하지 아니한다.

10-2 [대판 98도663] 대학 **편입학업무**를 담당하지 아니한 피고인 甲(평교수)이 피고인 乙로부터 편입학과 관련한 부정한 청탁을 받고 금품을 수수하였다 하더라도 편입학업무를 담당한 교무처장 등이 피고인 甲이 부정한 청탁을 받았음을 알았거나 스스로 부정한 청탁을 받지 않은 경우, 피고인 甲을 배임수재로, 피고인 乙을 배임증재로 처벌할 수 없다.

11 [대판 80도19] [사회상규나 신의성실의 원칙상 형법 제357조 소정의 부정한 청탁이 아니고 한 사례] 피고인이 자기소유로 믿고 있는 부동산을 제3자에게 처분하기 위하여 매매계약을 하였는데 피고인이 종중에서 그 부동산에 대한 권리를 주장하면서 처분금지가처분결정까지 받아 이를 집행하자 피고인이 계약위

반으로 인한 손해배상문제를 염려하여 종중의 대표자에게 가처분의 부당성을 지적하면서 가처분 비용을 지급하고 그 신청을 취하하도록 하였다면 이는 **피고인이 자기의 권리를 확보하기 위한 행위**로서 사회상규나 신의성실의 원칙상 부정한 청탁을 한 것이 아니므로 가사 종중대표자에게 부정한 점이 있다고 하더라도 피고인을 배임증여죄로 처벌할 수 없다.

'부정한 청탁'으로 본 사례(배임수증재죄 인정)

12 [대판 2019도17102] [보도의 대상이 되는 자가 언론사 소속 기자에게 **'유료 기사'** 게재를 청탁하는 행위가 배임수재죄의 부정한 청탁에 해당하는지 여부(적극) 및 '유료 기사'의 내용이 객관적 사실과 부합하더라도 마찬가지인지 여부(적극)] (가) 언론의 보도는 공정하고 객관적이어야 하며, 언론은 공적인 관심사에 대하여 공익을 대변하며, 취재·보도·논평 또는 그 밖의 방법으로 민주적 여론형성에 이바지함으로써 그 공적 임무를 수행한다(언론중재 및 피해구제 등에 관한 법률 제4조 제1항, 제3항). 또한 지역신문은 정확하고 공정하게 보도하고 지역사회의 공론의 장으로서 다양한 의견을 수렴할 책무가 있다(지역신문발전지원 특별법 제5조). (나) 그런데 **'광고'와 '언론 보도'는 그 내용의 공정성, 객관성 등에 대한 공공의 신뢰에 있어 확연한 차이가 있고, '광고'는 '언론 보도'의 범주에 포함되지 않는다.** (다) 신문·인터넷신문의 편집인 및 인터넷뉴스서비스의 기사배열책임자는 독자가 기사와 광고를 혼동하지 아니하도록 명확하게 구분하여 편집하여야 하며(신문 등의 진흥에 관한 법률 제6조 제3항), 신문사 등이 광고주로부터 홍보자료 등을 전달받아 실질은 광고이지만 기사의 형식을 빌린 이른바 '기사형 광고'를 게재하는 경우에는, 독자가 광고임을 전제로 정보의 가치를 합리적으로 판단할 수 있도록 그것이 광고임을 표시하여야 하고, 언론 보도로 오인할 수 있는 형태로 게재하여서는 안 된다. (라) 그러므로 **보도의 대상이 되는 자가 언론사 소속 기자에게 소위 '유료 기사' 게재를 청탁하는 행위**는 사실상 '광고'를 '언론 보도'인 것처럼 가장하여 달라는 것으로서 언론 보도의공정성 및 객관성에 대한 공공의 신뢰를 저버리는 것이므로, 배임수재죄의 부정한 청탁에 해당한다. 설령 '유료 기사'의 내용이 객관적 사실과 부합하더라도, 언론 보도를 금전적 거래의 대상으로 삼은 이상 그 자체로 부정한 청탁에 해당한다. **cf)** 사안은 언론사 기자에게 **'유료 기사'의 게재를 청탁하는 행위**는 배임수재죄의 부정한 청탁에 해당된다고 판단하고 있다. 그러나 법원은 형법 제357조에 있어서의 **'제3자'**에는 다른 특별한 사정이 없는 한 **사무처리를 위임한 타인은 포함되지 않는** 것으로 보고 있다. 따라서 판례는 이 사건의 신문사 기자인 피고인들이 홍보성 기사를 작성해 달라는 부정한 청탁을 받고 각 소속 신문사로 하여금 금원을 취득하게 하였다는 배임수재 부분에 대하여, 사무처리를 위임한 타인은 개정 형법 제357조 제1항의 배임수재죄에 규정한 '제3자'에 포함되지 않는다고 전제한 후, 피고인들이 속한 각 소속 언론사는 사무처리를 위임한 자에 해당하고, 기록상 위 금원이 피고인들 본인 또는 사무처리를 위임한 자가 아닌 제3자에게 사실상 귀속되었다고 평가할만한 사정이 없다는 이유로 범죄의 증명이 없다고 판단하여 **무죄를 선고**하였다.

13 [대판 2011도11174] [부정한 청탁을 받고 나서 **사후에** 청탁의 대가로 재물 또는 재산상의 이익을 취득한 경우와 부정한 청탁의 결과로 상대방이 얻은 재물 등의 일부를 상대방으로부터 청탁의 대가로 취득한 경우, 배임수재죄가 성립하는지 여부(적극)] 부정한 청탁을 받고 나서 사후에 재물 또는 재산상의 이익을 취득하였다고 하더라도 재물 또는 재산상의 이익이 청탁의 대가인 이상 배임수재죄가 성립되며, 또한 부정한 청탁의 결과로 상대방이 얻은 재물 또는 재산상 이익의 일부를 상대방으로부터 청탁의 대가로 취득한

경우에도 마찬가지이다.

14-1 [대판 2010도10290] 대학병원의사인 피고인이, **의약품 등을 지속적으로 납품할 수 있도록 해달라는 부정한 청탁** 또는 의약품 등을 사용해 준 대가로 제약회사 등으로부터 **명절선물 이나 골프 접대** 등 향응을 제공받았다고 하여 배임수재죄로 기소된 사안에서, 피고인에게 유죄를 인정한 원심판단을 수긍한 사례

14-2 [대판 91도413] 종합병원 또는 대학병원 소속 의사들이 자신들이 처방하는 약을 환자들이 예외 없이 구입 복용하는 것을 기화로, 의약품수입업자로부터 **병당 5만원 내지 7만원씩의** 사례비를 줄터이니 수입하여 시중 약국에는 보급하지 않고 **직접 전화주문만 받아 독점판매**하고 있는 메가비트 500이라는 약을 본래의 적응증인 순환기질환뿐 아니라 내분비 등 거의 모든 병에 잘 듣는 약이니 그러한 환자에게 원외 처방하여 그들로 하여금 위 약을 많이 사먹도록 해달라는 부탁을 받고 금원을 교부받은 경우, 위 의사들은 그 임무에 관하여 부정한 청탁을 받고 금품을 수수하였다고 할 것이므로 위와 같은 행위는 배임수재죄를 구성한다.

15 [대판 2008도9602] 재건축조합의 총무가 **시공사로부터** 업무추진비 명목으로 다액의 돈을 지급받은 사안에서, 묵시적인 부정한 청탁이 있었다고 보아 배임수재죄가 성립한다고 한 사례

16 [대판 2008도6987] 회원제 골프장의 예약업무 담당자가 부킹대행업자의 청탁에 따라 회원에게 제공해야 하는 **주말부킹권을 부킹대행업자에게 판매**하고 그 대금 명목의 금품을 받은 것이 배임수재죄에 해당한다고 한 사례.

17 [대판 2004도6646] 갑은 KOC 위원장으로서 업무를 처리하는 과정에서 을로부터 **"KOC 위원으로 선임해 달라"는 등의 청탁**을 받고 1억3천만원을 교부받은 경우.

18-1 [대판 99도2165] 방송은 공적 책임을 수행하고 그 내용의 공정성과 공공성을 유지하여야 하는 것이므로, 광고대행 업무를 수행하는 주식회사의 대표이사에게, 방송사 관계자에게 사례비를 지급하여서도 특정학원 소속 강사만을 채용하고 특정회사에서 출판되는 교재를 채택하여 **특정회사의 이익을 위해 수능과 외방송을 하는 내용의 방송협약을 체결해 달라고 부탁**하는 것은 사회상규와 신의성실의 원칙에 반하는 것으로서 부정한 청탁에 해당된다.

18-2 [대판 90도2257] 방송국에서 프로그램의 제작연출 등의 사무를 처리하는 프로듀서가 특정 가수의 노래만을 편파적으로 선곡하여 계속 방송하여서는 아니되고 청취자들의 인기도, 호응도 등을 고려하여 여러 가수들의 노래를 공정성실하게 방송하여야 할 임무가 있음에도 담당 방송프로그램에 **특정 가수의 노래만을 자주 방송하여 달라는 청탁**은 사회상규나 신의성실의 원칙에 반하는 부정한 청탁이라 할 것이다.

18-3 [대판 2009도4791] [1] 방송국 예능담당 프로듀서인 피고인이 연예기획사 운영자로부터 상당한 시세차익이 예상되는 주식의 매수기회를 제공받음으로써 피고인이 제작하는 예능프로그램 등에 그 소속 연예인을 출연시키거나 뮤직비디오를 방영해 달라는 청탁을 받고, 이 주식을 매수함으로써 재산상 이익을 취득한 사안에서, 배임수재죄의 성립을 인정한 사례. [2] [**장래에 담당할 임무에 관하여 부정한 청탁**을 받고 재물 또는 재산상 이익을 취득한 후 그 임무를 현실적으로 담당하게 된 경우, 배임수재죄의 성립이 인정되는지 여부(적극)] 타인의 사무를 처리하는 자가 그 신임관계에 기한 사무의 범위에 속한 것으로서 장래에 담

당할 것이 합리적으로 기대되는 임무에 관하여 부정한 청탁을 받고 재물 또는 재산상 이익을 취득한 후 그 청탁에 관한 임무를 현실적으로 담당하게 되었다면 이로써 타인의 사무를 처리하는 자의 **청렴성은 훼손**되는 것이어서 배임수재죄의 성립을 인정할 수 있는바, 설령 피고인이 위와 같이 부정한 청탁을 받을 당시에는 그 청탁과 관련한 임무로서 현실적으로 담당하고 있던 것이 없었다 하더라도, 앞서 본 사실관계에 의하면, 피고인이 위와 같이 부정한 청탁을 받고 재산상 이익을 취득한 후 실제 그 청탁과 관련한 임무를 담당하게 되었고 이는 그 청탁 당시 장래에 담당할 것이 합리적으로 기대되었던 임무라고 볼 수 있으므로, 피고인에게 배임수재죄가 성립하지 않는다고 할 수 없다.

19 [대판 95도2090] 대학교수들인 피고인들은 원심 공동피고인 장으로부터 동인이 운영하는 형설출판사에서 출판한 책자를 교재로 채택하거나, 교재로 사용할 편집책자의 출판을 형설출판사에 맡겨 달라는 취지의 청탁을 받고, 공소장 기재와 같이 학기마다 **위 교재들의 판매대금의 약 30-40%에 해당하는 금원**을 각 받은 경우.

20 [대판 92도2033] 아파트 건축회사 협상대표(갑)가 각 세대 당 금 2백만 원의 보상금지급요구 문제 등에 관한 협상권한을 위임받은 아파트입주자 대표들(을)에게 보상금을 전체 금 2천만 원으로 대폭 감액하여 조속히 합의하여 달라고 부탁한 것이 **배임수재죄에 있어서의 부정한 청탁에 해당**한다.

21 [대판 90도665] 피고인이 물품구매계약을 담당하고 있는 공소외 공사. 자재과장과 직원에게 **물품납품계약**을 한국보훈복지공단과 수의계약으로 체결하여 주고 편의를 보아 주면 사례하겠다고 청탁하고 그 구매계약체결 후 금 2,180만원을 교부하였다면 피고인의 위 청탁은 부정한 청탁이라고 하여야 할 것이다.

22 [대판 82도735] 피고인이 그가 대표이사로 있는 회사가 발주하는 공사에 관하여 입찰경쟁업체로 지명함에 있어서 **부적당하다는 정**(도급순위가 385위이고 부채가 자본금을 초과하고 공사실적도 없으며 장래 수익성이 크게 호전될 전망도 없는 데다 노임의 미불로 고발위험에 처해 있어 파산 직전의 건설회사)을 알면서도 부정한 청탁(자신이 소유하는 B회사의 주식을 금 4천만원에 인수해 주겠다는 청탁)을 받고 소외 건설업체를 지명하고 그 사례조로 금원을 수수하여 배임수재죄가 성립하였다면 **그 후 위 건설업체가 동 공사를 아무런 하자 없이 시공하여 준공검사를 마침으로써 그 회사에 아무런 손해가 발생하지 아니하였더라도 아무런 영향이 없다.**

23 [대판 78도1355] 보험회사의 지부장이 피보험자의 死因에 대하여 보험회사가 의심을 갖고 내사하고 있음에도 불구하고 보험금을 빨리 타도록 해 달라는 청탁을 받은 경우.

Reference 2

배임수증재죄와 관련된 기타 주요 판례들

1 [대판 2020도2641] [2016. 5. 29. 개정된 형법 제357조 제1항에서 배임수재죄의 구성요건에 '제3자로 하여금 재물이나 재산상 이익을 취득하게 하는 행위'를 추가한 취지 / 개정 형법 제357조 제1항에서 정한 '제3자'에 사무처리를 위임한 '타인'이 포함되는지 여부(소극)] 형법 제357조 제1항은 "타인의 사무를 처리하는 자가 그 임무에 관하여 부정한 청탁을 받고 재물 또는 재산상의 이익을 취득하거나 제3자로 하여금

이를 취득하게 한 때에는 5년 이하의 징역 또는 1천만 원 이하의 벌금에 처한다."라고 정하고, 제357조 제2항은 "제1항의 재물 또는 이익을 공여한 자는 2년 이하의 징역 또는 500만 원 이하의 벌금에 처한다."라고 정하고 있다. 2016. 5. 29. 법률 제14178호로 개정되기 전의 형법 제357조 제1항은 타인의 사무를 처리하는 자(이하 '사무처리자'라 한다)가 그 임무에 관하여 부정한 청탁을 받고 재물 또는 재산상 이익(이하 '재물 등'이라 한다)을 취득한 때에 성립한다고 정하고 있었으나, 형법 개정으로 위와 같이 개정되었다. 이는 사무처리자 본인이 직접 재물 등을 취득하는 행위뿐만 아니라 제3자로 하여금 재물 등을 취득하게 하는 행위도 처벌할 수 있도록 하기 위한 것이다. 위와 같은 형법 제357조의 문언, 개정 경위와 이유, 체계적 위치와 보호법익 등을 종합하면, 특별한 사정이 없는 한 형법 제357조 제1항의 '제3자'에는 사무처리를 위임한 '타인'이 포함되지 않는다. …… 신문사 기자들이 홍보성 기사를 게재하는 대가로 기자들이 소속된 신문사들이 피고인으로부터 돈을 교부받은 행위는 형법 제357조 제1항의 사무처리자 또는 제3자가 돈을 교부받은 경우가 아니다. 따라서 신문사들의 배임수재죄가 성립하지 않고 이를 전제로 하는 피고인의 배임증재죄 역시 성립하지 않는다

2 [대판 2017도11564] [타인의 사무를 처리하는 자가 증재자(증재자)로부터 돈이 입금된 계좌의 예금통장이나 이를 인출할 수 있는 현금카드나 신용카드를 교부받은 경우, 예금된 돈을 취득한 것으로 볼 수 있는지 여부(한정 적극)] 타인의 사무를 처리하는 자가 증재자(증재자)로부터 돈이 입금된 계좌의 예금통장이나 이를 인출할 수 있는 현금카드나 신용카드를 교부받아 이를 소지하면서 언제든지 위 예금통장 등을 이용하여 예금된 돈을 인출할 수 있어 예금통장의 돈을 자신이 지배하고 입금된 돈에 대한 실질적인 사용권한과 처분권한을 가지고 있는 것으로 평가될 수 있다면, 예금된 돈을 취득한 것으로 보아야 한다.

3 [대판 2016도18104] [형법 제357조 제3항에서 몰수의 대상으로 규정한 '범인이 취득한 제1항의 재물'의 의미 및 수재자가 증재자로부터 받은 재물을 그대로 가지고 있다가 증재자에게 반환한 경우, 몰수 또는 추징의 상대방(=증재자)] 형법(2016.5.29. 법률 제14178호로 개정되기 전의 것)은 제357조 제1항에서 배임수재죄를, 제2항에서 배임증재죄를 규정하고, 이어 제3항에서 "범인이 취득한 제1항의 재물은 몰수한다. 그 재물을 몰수하기 불능하거나 재산상의 이익을 취득한 때에는 그 가액을 추징한다."라고 규정하고 있다. 배임수재죄와 배임증재죄는 이른바 대향범으로서 위 제3항에서 필요적 몰수 또는 추징을 규정한 것은 범행에 제공된 재물과 재산상 이익을 박탈하여 부정한 이익을 보유하지 못하게 하기 위한 것이므로, 제3항에서 몰수의 대상으로 규정한 '범인이 취득한 제1항의 재물'은 배임수재죄의 범인이 취득한 목적물이자 배임증재죄의 범인이 공여한 목적물을 가리키는 것이지 배임수재죄의 목적물만을 한정하여 가리키는 것이 아니다. 그러므로 수재자가 증재자로부터 받은 재물을 그대로 가지고 있다가 증재자에게 반환하였다면 증재자로부터 이를 몰수하거나 그 가액을 추징하여야 한다.

4 [대판 2015도18795] 공동의 사기 범행으로 인하여 얻은 돈을 공범자끼리 수수한 행위가 공동정범들 사이의 범행에 의하여 취득한 돈이나 재산상 이익의 내부적인 분배행위에 지나지 않는다면 돈의 수수행위가 따로 배임수증재죄를 구성한다고 볼 수는 없다.

5 [대판 2014도17211] [배임수재죄 및 배임증재죄에서 공여 또는 취득하는 재물 또는 재산상 이익은 부정한 청탁에 대한 대가 또는 사례여야 하는지 여부(적극)] [1] 배임수재죄 및 배임증재죄에서 공여 또는 취

득하는 재물 또는 재산상 이익은 부정한 청탁에 대한 대가 또는 사례여야 한다. 따라서 거래상대방의 **대향적 행위의 존재를 필요로 하는 유형의 배임죄**에서 거래상대방이 양수대금 등 거래에 따른 계약상 의무를 이행하고 배임행위의 실행행위자가 이를 이행 받은 것을 두고 부정한 청탁에 대한 대가로 수수하였다고 쉽게 단정하여서는 아니 된다. [2] 거래상대방의 **대향적 행위의 존재를 필요로 하는 유형의 배임죄**에서 거래상대방은 기본적으로 배임행위의 실행행위자와 별개의 이해관계를 가지고 반대편에서 독자적으로 거래에 임한다는 점을 고려하면, 업무상배임죄의 실행으로 이익을 얻게 되는 수익자는 배임죄의 공범이라고 볼 수 없는 것이 원칙이고, 실행행위자의 행위가 피해자 본인에 대한 배임행위에 해당한다는 점을 인식한 상태에서 배임의 의도가 전혀 없었던 실행행위자에게 배임행위를 교사하거나 또는 배임행위의 전 과정에 관여하는 등으로 배임행위에 **적극 가담한 경우에 한하여 배임의 실행행위자에 대한 공동정범으로 인정**할 수 있다.

6-1 [대판 2010도7624] [증재자에게는 '정당한 업무에 속하는 청탁'이 수재자에게 '부정한 청탁'이 될 수 있는지 여부(적극)] [1] 형법 제357조 제1항의 배임수재죄와 같은 조 제2항의 배임증재죄는 통상 필요적 공범의 관계에 있기는 하나, 이것은 반드시 수재자와 증재자가 같이 처벌받아야 하는 것을 의미하는 것은 아니고, 증재자에게는 정당한 업무에 속하는 청탁이라도 수재자에게는 부정한 청탁이 될 수도 있다. [2] 甲 주식회사를 사실상 관리하는 乙이 甲 회사가 사업용 부지로 매수한 토지에 관하여 처분금지가처분등기를 마쳐두었는데, 위 토지를 매수하려는 丙에게서 가처분을 취하해 달라는 취지의 청탁을 받고 돈을 수수하였다는 내용으로 기소된 사안에서, (가) 乙이 받은 돈은 부정한 청탁의 대가임이 분명하고 乙에게 부정한 청탁에 대한 인식이 없었다고 볼 수 없어 **배임수재죄가 성립하나**, 반면 (나) 丙은 사업의 더 큰 손실을 피하기 위하여 가처분 취하의 대가로 乙이 지정하는 계좌로 돈을 송금한 점, 丙으로서는 위 돈이 궁극적으로 甲 회사에 귀속될 것인지 乙에게 귀속될 것인지에 관한 분명한 인식이 있었다고 볼 수 없는 점 등 제반 사정에 비추어, 丙이 가처분 취하의 대가로 돈을 교부한 행위는 사회상규에 위배되지 아니하여 **배임증재죄를 구성할 정도의 위법성은 없다.**

6-2 [대판 79도708] [1] 농업협동조합 단위조합장이던 피고인이 조합을 위하여 예금유치를 한다는 것은 정당한 업무에 속하고 그를 위하여 청탁을 하는 것도 특단의 사정이 없는 한 부정한 것이라 할 수 없다. [2] 형법 357조 2항에 규정한 재물 또는 이익을 공여하는 사람에게 부정한 것이 없는 한 배임증재죄는 성립되지 않는 것이라고 봄이 상당하다 할 것이고 또 이는 그것을 받는 사람으로 보아 부정한 것인 여부에 구애되지 않으며 또 보통의 경우 뇌물을 주는 사람과 그것을 받는 사람은 상호 필요적공범의 관계에 놓이는 것이기는 하나 그렇다고 해서 예외가 없는 것도 아니며 **공범자 모두가 꼭 반드시 처벌되어야 하는 것도 아니다.** 이 사건의 경우에 원심 공동피고인이 뇌물을 받은 자로서 유죄가 되었다 하더라도 그것을 준 피고인으로서는 정당한 업무에 속하여 뇌물을 준 죄가 되지 않는다면 그를 처벌할 수는 없다.

7 [대판 2009도10681] 「형법」제357조 제1항에서 규정한 배임수재죄는 타인의 사무를 처리하는 자가 그 임무에 관하여 부정한 청탁을 받고 재물 또는 재산상의 이익을 취득한 경우에 성립하고, 재물 또는 이익의 취득만으로 **바로 기수**에 이르며, 그 청탁에 상응하는 부정행위 내지 배임행위에 나아갈 것이 요구되지 아니한다.

8-1 [대판 2009도4791] [장래에 담당할 임무에 관하여 부정한 청탁을 받고 **재물 또는 재산상 이익을 취득한 후 그 임무를 현실적으로 담당하게 된 경우**, 배임수재죄의 성립이 인정되는지 여부(적극)] [1] 방송국 예

능담당 프로듀서인 피고인이 연예기획사 운영자로부터 상당한 시세차익이 예상되는 주식의 매수기회를 제공받음으로써 피고인이 제작하는 예능프로그램 등에 그 소속 연예인을 출연시키거나 뮤직비디오를 방영해 달라는 청탁을 받고, 이 주식을 매수함으로써 재산상 이익을 취득한 사안에서, 배임수재죄의 성립을 인정한 사례. [2] 피고인은 이 사건 주식매수 전에 공소외 1·2로부터 피고인이 제작하는 예능프로그램 등에 그 소속 연예인을 출연시키거나 뮤직비디오를 방영하여 달라는 청탁을 자주 받아왔고 이 사건 주식매수 후에도 그러한 청탁을 받은 바 있는 점, 피고인은 이 사건 주식매수 전에 연예인이 출연하거나 뮤직비디오가 방영되는 예능프로그램을 다수 제작해 왔고 이 사건 주식매수 후에도 그러한 예능프로그램의 제작에 프로듀서(PD) 또는 책임프로듀서(CP)로서 관여하였던 점, 또 피고인은 실제 공소외 1·2의 위와 같은 청탁에 따라 자신이 관장하는 예능프로그램에서 뮤직비디오를 방영하는 등으로 도움을 주었던 점을 알 수 있는바, 이러한 사정들과 기록에 비추어 살펴보면, 원심의 조치는 수긍이 가고, 상고이유의 주장과 같이 **배임수재죄에 관한 법리**를 오해하거나 채증법칙을 위반한 위법이 없다.

8-2 [대판 2012도13719] 설사 피고인이 공소외 1로부터 위 청탁을 받을 당시 아직 정식으로 평가위원에 선정되었다는 통보를 받지는 않았다고 하더라도 **위촉될 것이 사실상 확정된 상태**였으므로, 피고인은 공소외 4 주식회사와의 관계에서 '타인의 사무를 처리하는 자'의 위치에 있었다고 판단하였다. 앞서 본 법리와 기록에 비추어 살펴보면, 원심의 위와 같은 판단은 정당한 것으로 수긍할 수 있다. 거기에 상고이유로 주장하는 배임수재죄의 요건인 '타인의 사무를 처리하는 자'에 관한 법리오해나 자유심증주의의 한계를 벗어나는 등의 위법이 있다 할 수 없다.

9 [대판 98도4182] [단순한 재산상 이익의 요구 또는 약속만을 한 경우, 배임수재죄의 성립 여부(소극)] [1] 형법 제357조 제1항의 배임수재로 처벌하기 위하여는 타인의 사무를 처리하는 자가 부정한 청탁을 받아들이고 이에 대한 대가로서 재물 또는 재산상의 이익을 받은 데에 대한 범의가 있어야 할 것이고, 또 배임수재죄에서 말하는 **'재산상의 이익의 취득'**이라 함은 현실적인 취득만을 의미하므로 단순한 요구 또는 약속만을 한 경우에는 이에 포함되지 아니한다. [2] 골프장 회원권에 관하여 피고인 명의로 명의변경이 이루어지지 아니한 이상 피고인이 현실적으로 재산상 이익을 취득하지 않았다는 이유로 배임수재죄의 성립을 부정한 사례. 공소외 A가 피고인에게 위와 같은 골프장 회원권의 공여의 의사표시를 하고 피고인이 이를 승낙하였더라도 그 골프장 회원권에 관하여 피고인 명의로 명의변경이 이루어지지 아니한 이상 피고인이 현실적으로 재산상의 이득을 '취득'하였다고 할 수 없다.

10 [대판 98도663] [1] 형법 제357조 제1항 소정의 배임수증죄는 타인의 사무를 처리하는 자가 그 임무에 관하여 부정한 청탁을 받고 재물 또는 재산상의 이익을 얻는 경우에 성립하는 범죄로서 **원칙적으로 타인의 사무를 처리하는 자라야 그 범죄의 주체가 될 수 있고, 그러한 신분을 가지지 아니한 자는 신분 있는 자의 범행에 가공한 경우에 한하여 그 주체가 될 수 있다.** [2] 대학 편입학업무를 담당하지 아니한 피고인 甲이 피고인 乙로부터 편입학과 관련한 부정한 청탁을 받고 금품을 수수하였다 하더라도 편입학업무를 담당한 교무처장 등이 피고인 甲이 부정한 청탁을 받았음을 알았거나 스스로 부정한 청탁을 받지 않은 경우, 피고인 甲을 배임수재로, 피고인 乙을 배임증재로 처벌할 수 없다.

11 [대판 97도2042] 형법 제357조 제1항의 배임수재죄는 타인의 사무를 처리하는 자의 청렴성을 보호법익으로 하는 것으로, 그 임무에 관하여 부정한 청탁을 받고 재물을 수수함으로써 성립하고 **반드시 수재 당**

시에도 그와 관련된 임무를 현실적으로 담당하고 있음을 그 요건으로 하는 것은 아니므로, 타인의 사무를 처리하는 자가 그 임무에 관하여 부정한 청탁을 받은 이상 그 후 사직으로 인하여 그 직무를 담당하지 아니하게 된 상태에서 재물을 수수하게 되었다 하더라도, 그 재물 등의 수수가 부정한 청탁과 관련하여 이루어진 것이라면 배임수재죄가 성립한다.

甲이 권한 없이 인터넷뱅킹으로 타인의 예금계좌에서 자신의 예금계좌로 돈을 이체한 후 그 중 일부를 인출하여 그 정을 아는 乙에게 교부한 경우, 乙은 장물취득죄가 성립하는가?

●**사실**● 경리사원인 Y(여)는 권한 없이 주식회사 A기획의 아이디와 패스워드를 입력하여 인터넷뱅킹에 접속한 다음 위 회사의 예금계좌로부터 자신의 예금계좌로 합계 180,500,000원을 이체하는 내용의 정보를 입력하여 자신의 예금액을 증액시켰다. 그리고 그 중 6,000만 원을 인출하여 내연남인 피고인 X에게 교부하였고 X는 Y가 위와 같은 방법으로 취득한 것임을 알면서도 돈을 교부받았다.

검사는 X에 대해 장물취득죄로 공소 제기하였다. 그러나 원심은 장물취득죄 성립을 부정하였다. 이에 검사는 형법 제41장의 장물에 관한 죄에 있어서의 **'장물'이라 함은 재산범죄로 인하여 취득한 물건 그 자체**를 말하므로, 재산범죄를 저지른 이후에 별도의 재산범죄의 구성요건에 해당하는 사후행위가 있었다면 비록 그 행위가 불가벌적 사후행위로서 처벌의 대상이 되지 않는다 할지라도 그 사후행위로 인하여 취득한 물건은 재산범죄로 인하여 취득한 물건으로서 장물이 될 수 있다고 주장하며 상고하였다.

●**판지**● 상고기각. 「[1] 형법 제41장의 장물에 관한 죄에 있어서의 '장물'이라 함은 재산범죄로 인하여 취득한 물건 **그 자체**를 말하므로, 재산범죄를 저지른 이후에 별도의 재산범죄의 구성요건에 해당하는 사후행위가 있었다면 비록 그 행위가 **불가벌적 사후행위로서 처벌의 대상이 되지 않는다 할지라**도 그 사후행위로 인하여 취득한 물건은 재산범죄로 인하여 취득한 물건으로서 **장물이 될 수 있다.**

[2] **컴퓨터등사용사기죄의 범행으로 예금채권을 취득한 다음** 자기의 현금카드를 사용하여 현금자동지급기에서 현금을 인출한 경우, 현금카드 사용권한 있는 자의 정당한 사용에 의한 것으로서 현금자동지급기 관리자의 의사에 반하거나 기망행위 및 그에 따른 처분행위도 없었으므로, 별도로 절도죄나 사기죄의 구성요건에 해당하지 않는다 할 것이고, 그 결과 **그 인출된 현금은 재산범죄에 의하여 취득한 재물이 아니므로 장물이 될 수 없다.**

[3] 장물인 현금 또는 수표를 금융기관에 예금의 형태로 보관하였다가 이를 반환받기 위하여 동일한 액수의 현금 또는 수표를 인출한 경우에 예금계약의 성질상 그 인출된 현금 또는 수표는 당초의 현금 또는 수표와 물리적인 동일성은 상실되었지만 액수에 의하여 표시되는 금전적 가치에는 아무런 변동이 없으므로, **장물로서의 성질은 그대로 유지**된다.

[4] 甲이 권한 없이 인터넷뱅킹으로 타인의 예금계좌에서 자신의 예금계좌로 돈을 이체한 후 그 중 일부를 인출하여 그 정을 아는 乙에게 교부한 경우, 甲이 컴퓨터등사용사기죄에 의하여 취득한 예금채권은 재물이 아니라 **재산상 이익**이므로, 그가 자신의 예금계좌에서 돈을 인출하였더라도 장물을 금융기관에 예치하였다가 인출한 것으로 볼 수 없다는 이유로 乙의 장물취득죄의 성립을 부정한 사례」.

---

1) 형법 제362조(장물의 취득, 알선 등) ① 장물을 **취득**, 양도, 운반 또는 보관한 자는 **7년 이하**의 징역 또는 1천 500만원 이하의 벌금에 처한다. ② 전항의 행위를 알선한 자도 전항의 형과 같다.

●해설● 1 형법상 **장물**이라 함은 재산죄인 범죄행위에 의하여 **영득된 물건**을 말하는 것으로서 절도, 강도, 사기, 공갈, 횡령 등 영득죄에 의하여 취득된 **물건**이어야 한다. 따라서 장물은 재물임을 요하고 **재산상의 이익이나 채권, 무체재산권 등 권리는 장물이 될 수 없다.**[2] 다만 권리가 화체된 **증권**은 재물이므로 장물이 될 수 있다. 나아가 점유이탈물횡령죄로 인하여 영득한 재물 역시 장물이 된다(대판 2003도1366, Ref 7).

2 사안에서 타투어진 점은 피고인 X가 Y로부터 교부받은 돈이 장물인지 여부이다. 법원은 장물로 보지 않았다. 장물이 되기 위해서는 영득죄를 통한 재물이어야 하는데 이 돈은 재물이 아니라 재산상 이익으로 판단한 것이다. 즉 Y는 인터넷뱅킹으로 불법하게 자신의 계좌로 돈을 이체하였는데 이러한 계좌이체는 **은행에 대한 예금채권**이라는 **재산상 이익**을 취득한 것이고 따라서 Y는 **컴퓨터등사용사기죄**가 성립하게 된다.

3 이와 같이 Y는 컴퓨터등사용사기죄의 범행을 저지른 다음 자기의 현금카드를 사용하여 ATM기에서 현금을 인출하였다. 하지만 이 인출 행위는 현금카드 권한이 있는 자의 정당한 사용이므로 절도죄나 사기죄의 구성요건에 해당하지 않고, 그 결과 그 인출된 현금은 재산범죄에 의하여 취득한 재물이 아니므로 이를 교부받은 X도 장물취득죄가 성립될 수 없다고 본 것이다. 대상판결은 법원이 이러한 논리를 보인 첫 판결이라는 점에 의의가 크다.

4 장물은 재산범죄로 본범이 영득한 재물과 **"물질적"** 동일성을 유지하는 범위 안에서만 인정된다. 물질적 동일성이 인정되지 않는 **대체장물은 장물이 될 수 없다.**[3] 그러나 장물이 금전 또는 자기앞수표인 경우에 그 대체금전에 대해서는 동일성이 인정된다. 법원은 「장물인 현금 또는 수표를 금융기관에 예금의 형태로 보관하였다가 이를 반환받기 위하여 동일한 액수의 현금 또는 수표를 인출한 경우에 예금계약의 성질상 그 인출된 **현금 또는 수표**는 당초의 현금 또는 수표와 물리적인 동일성은 상실되었지만 액수에 의하여 표시되는 **금전적 가치에는 아무런 변동이 없으므로, 장물로서의 성질은 그대로 유지된다**」고 판단하였다(대판 98도2579, Ref 9).

5 장물은 **재산범죄**에 의해 위법하게 영득한 **재물**이어야 하기 때문에 **뇌물죄, 문서위조죄, 위조유가증권,**[4] **배임죄,**[5] **컴퓨터사기죄, 도박죄, 손괴죄** 등이 본범인 경우에는 장물죄가 성립할 수 없다(대판 74도1804, Ref 4). 또한 재산범죄에 의해 영득한 재물이 아니라 **재산범죄에 수단으로 제공**된 재물은 장물이 될 수 없다(대판 74도2804, Ref 2).

---

2) 때문에 배임죄의 객체가 된 **이중매매된 부동산**은 장물이 될 수 없다. 배임죄의 객체는 재산상의 이익에 한정된다(대판 74도2804, Ref 2).

3) 따라서 ① 장물을 매각한 대금이나 ② 장물인 돈으로 매수한 물건, ③ 장물과 교환한 물건, ④ 장물을 전당잡힌 전당표(대판 73도58) 등은 대체장물로서 동일성을 상실하였으므로 장물이 되지 못한다. 그러나 원래의 형태가 변경되어도 동일성을 잃지 않는 범위 내에서는 장물성이 인정된다. 따라서 ① 원화를 달러로 환전하거나 ② 장물인 귀금속을 녹여 금괴로 만든 경우, ③ 수표와 교환된 현금, ④ 5만원을 1만원권으로 바꾼 경우 등은 장물성이 인정된다.

4) 위조유가증권 그 자체는 장물이 될 수 없으나 위조된 유가증권이라도 절도죄의 객체는 될 수 있다. 따라서 그 위조유가증권을 절취한 후 이를 취득한 경우에는 장물이 될 수 있다(대판 98도2967, Ref 6).

5) 재산상의 이익만을 객체로 하는 배임죄와는 달리 재물을 객체로 하는 **배임수증재죄**는 장물범의 본범이 된다.

6 한편 장물죄에 있어서 장물의 인식은 확정적 인식임을 요하지 않으며 장물일지도 모른다는 의심을 가지는 정도의 **미필적 인식으로서도 충분**하고, 장물인 정을 알고 있었느냐의 여부는 장물 소지자의 신분, 재물의 성질, 거래의 대가 기타 상황을 참작하여 이를 인정할 수밖에 없다(대판 99도3590). 본범의 범행을 구체적으로 인식할 필요는 없으며, 본범의 피해자가 누구인지, 본범이 누구인지 알 필요도 없다. 한편, **불가벌적 사후행위**의 경우 행위자는 처벌되지 않지만 그 사후행위에 관여하는 **제3자**는 본범에 대한 장물 범으로 처벌된다.

Reference

'장물'이 될 수 없는 경우

1 [대판 87도538] [공소시효가 완성된 재물의 경우] 문화재가 허가 없이 발굴된 것이라고 하더라도 허가없이 발굴된 문화재는 영구하게 문화재보호법 제82조 제3항, 제4항 위반죄의 대상이 되는, 이른바 장물성을 보유한다고는 할 수 없으며, 허가 없이 발굴한 본범에 대하여 공소시효가 완성되어 국가과 형권을 발동할 수가 없게 되어서 그 위반물품에 대하여 몰수 또는 추징도 할 수 없는 단계에 이르렀을 때에는 그 위반물품에 대한 이른바 문화재보호법상의 장물성도 잃게 되는 것이라고 봄이 상당하므로 문화재의 양도예비나 양도알선예비당시 문화재를 허가 없이 발굴한 본범에 대한 공소시효가 완성되었다면 이를 양도하거나 양도알선할 목적으로 예비하였다 하더라도 이를 위 법조위반으로 처벌할 수 없다.

2 [대판 74도2804] 형법상 장물죄의 객체인 장물이라 함은 재산권상의 침해를 가져 올 위법행위로 인하여 영득한 물건으로서 피해자가 반환청구권을 가지는 것을 말하고 본건 대지에 관하여 매수인 "갑"에게 소유권 이전등기를 하여 줄 임무가 있는 소유자가 그 임무에 위반하여 이를 "을"에게 매도하고 소유권이전등기를 경유하여 준 경우(**이중매매**)에는 위 부동산소유자가 배임행위로 인하여 **영득한 것은 재산상의 이익**이고 위 배임죄범죄에 제공된 대지는 범죄로 인하여 영득한 것 자체는 아니므로 그 취득자 또는 전득자에게 대하여 배임죄의 가공여부를 논함은 별문제로 하고 장물취득죄로 처단할 수 없다

3 [대판 74도1804] 장물이라 함은 절도, 강도, 사기, 공갈, 횡령 등 재산죄인 범죄행위에 의하여 영득된 물건을 말하는 것이므로 산림법 93조 소정의 절취한 임산물이 아니고 **임산물단속에 관한 법률위반죄**에 의하여 생긴 임산물은 재산 범죄적 행위에 의한 것이 아니기 때문에 장물이 될 수 없다. cf) 장물은 재산범죄에 의하여 영득된 물건을 말하기 때문에 각종 행정법규에 위반하여 무면허·무허가로 취득한 물건은 장물이 되지 못한다.

4 [대판 72도971] 검사의 상고이유의 요지는 장물을 판돈에도 장물성이 있다는 취지의 주장이나 장물이란, 재산죄로 인하여 얻어진 재물(**관리할 수 있는 동력도 포함**된다)을 말하는 것으로서 영득된 재물자체를 두고 말한다. 따라서 장물을 팔아서 얻은 돈에는 이미 장물성을 찾아 볼 수 없다 하겠다. 그러므로 원심이 공소외인들이 피고인을 대접하느라고 쓴 돈 설시 액수가 장물을 팔아서 얻은 돈인 줄 피고인이 알았다고 하더라도 장물취득죄가 되지 아니 한다.

5 [대판 70도2589] **전화가입권**은 하나의 **채권적 권리**로서 재산상의 이익은 될지언정 재물이 아니라 하여

장물죄로 처단할 수 없다고 판단한 것은 정당하다.

'장물'이 되는 경우

6 [대판 2004도5904] 甲이 회사 자금으로 乙에게 주식매각 대금조로 금원을 지급한 경우, 그 금원은 단순히 횡령행위에 제공된 물건이 아니라 횡령행위에 의하여 영득된 장물에 해당한다고 할 것이고, 나아가 설령 甲이 乙에게 금원을 교부한 행위 자체가 횡령행위라고 하더라도 이러한 경우 甲의 업무상횡령죄가 기수에 달하는 것과 동시에 그 금원은 장물이 된다고 한 사례. **cf)** 따라서 이 사안에서 갑은 업무상횡령죄가 성립하고 을은 장물취득죄가 성립한다.

7 [대판 2003도1366] 피고인은 경찰 이래 원심 법정에 이르기까지 시종일관 공소외인으로부터 보수를 줄 터이니 물건을 대신 구입하여 달라는 부탁과 함께 위 신용카드 2장을 교부받을 당시, 공소외인이 위 신용카드를 습득한 것으로 알고 있었다고 진술하고 있고, 이 사건 장물취득의 점에 관한 공소사실 자체도 이와 같이 되어 있음을 알 수 있는바, 공소외인은 늦어도 습득한 위 신용카드 2장으로 물건을 구입하여 줄 것을 피고인에게 부탁한 때에는 불법영득의 의사가 확정됨으로써 점유이탈물횡령죄의 기수에 이른 것이고, **점유이탈물횡령으로 인하여 영득한 재물 역시 장물로 보아야 하므로,** 공소외인의 위와 같은 부탁을 받아들여 위 신용카드 2장을 교부받은 피고인의 행위는 적어도 형법 제362조 제1항 소정의 장물을 보관한 경우에 해당한다고 보아야 한다.

8 [대판 98도2967] 파기환송. ●판지● [1] 형법상 유가증권이라 함은 증권상에 표시된 재산상의 권리의 행사와 처분에 그 증권의 점유를 필요로 하는 것을 총칭하는 것이다. [2] **스키장의 리프트탑승권이 형법상 유가증권이라고 본 사례.** [3] 유가증권도 그것이 정상적으로 발행된 것은 물론 비록 작성권한 없는 자에 의하여 위조된 것이라고 하더라도 절차에 따라 몰수되기까지는 그 소지자의 점유를 보호하여야 한다는 점에서 형법상 재물로서 **절도죄의 객체**가 된다. [4] 리프트탑승권 발매기를 전산조작하여 위조한 탑승권을 발매기에서 뜯어 간 행위는 탑승권 위조행위와 위조탑승권 절취행위가 결합된 것이라는 이유로, 위조탑승권의 장물성을 인정한 사례. ●이유● 기록에 의하면, 제1심 공동피고인은 무주리조트 서편매표소에 있던 탑승권 발매기의 전원을 켠 후 날짜를 입력시켜서 탑승권발행화면이 나타나면 전산실의 테스트카드를 사용하여 한 장씩 찍혀나오는 탑승권을 빼내어 가지고 가는 방법으로 리프트탑승권을 발급·취득한 사실이 인정되고, 그와 같이 발매기에서 나오는 위조된 탑승권은 제1심 공동피고인이 이를 **뜯어가기 전까지는 쌍방울개발의 소유 및 점유 하에 있다고 보아야 할 것**이므로, 위 제1심 공동피고인의 행위는 발매할 권한 없이 발매기를 임의 조작함으로써 유가증권인 리프트탑승권을 **위조하는 행위**와 발매기로부터 위조되어 나오는 리프트탑승권을 **절취하는 행위**가 결합된 것이고, 나아가 그와 같이 위조된 리프트탑승권을 판매하는 행위는 일면으로는 위조된 리프트탑승권을 **행사하는 행위**임과 동시에 절취한 장물인 위조 리프트탑승권의 **처분행위에 해당한다** 할 것이다. 따라서 이 사건에서 제1심 공동피고인이 위 위조된 리프트탑승권을 위와 같은 방법으로 취득하였다는 정을 피고인이 알면서 이를 제1심 공동피고인으로부터 매수하였다면 그러한 피고인의 행위는 **위조된 유가증권인 리프트탑승권에 대한 장물취득죄를 구성한다**고 할 것이므로, 이와 다른 견해에서 피고인에 대한 이 사건 장물취득 공소사실을 죄가 되지 아니한다는 이유로 무죄를 선고한 원심판결은 절도죄에 있어서의 절취행위나 재물의 개념에 관한 법리를 오해한 위법을 저지른 것임이 분명하고, 이를 지적하는 검사의 상고논지는 이유가 있다.

9 [대판 98도2579] [장물인 현금과 자기앞수표를 금융기관에 예치하였다가 현금으로 인출한 경우, 인출한 현금의 장물성 상실 여부(소극)] ●사실● S주식회사 과장 을은 자신이 감원 대상이라는 것을 알고서 이에 반발하여 거래처로부터 물품대금으로 교부받아 보관 중이던 약속어음 액면 합계 8억 원을 영득할 의사로 이를 할인의뢰할 권한이 없음에도 그 권한이 있는 것처럼 가장하여 병에게 할인을 의뢰하여, 병으로부터 그 할인금 명목으로 7억 원을 **자기앞수표**와 **현금**으로 교부받아 은행에 예치하였다가 다시 현금으로 인출하였다. 한편 갑은 을로부터 그가 위와 같이 취득한 현금 중 금 9,500만원을 보관하여 달라는 부탁을 받고서 이를 교부받아 자신의 집에 보관하였다. ●판지● 장물이라 함은 재산범죄로 인하여 취득한 물건 그 자체를 말하고, 그 장물의 처분대가는 장물성을 상실하는 것이지만, 금전은 고도의 대체성을 가지고 있어 다른 종류의 통화와 쉽게 교환할 수 있고, 그 금전 자체는 별다른 의미가 없고 금액에 의하여 표시되는 금전적 가치가 거래상 의미를 가지고 유통되고 있는 점에 비추어 볼 때, 장물인 현금을 금융기관에 예금의 형태로 보관하였다가 이를 반환받기 위하여 동일한 액수의 현금을 인출한 경우에 예금계약의 성질상 인출된 현금은 당초의 **현금과 물리적인 동일성**은 상실되었지만 액수에 의하여 표시되는 금전적 가치에는 아무런 변동이 없으므로 장물로서의 성질은 그대로 유지된다고 봄이 **상당**하고, 자기앞수표도 그 액면금을 즉시 지급받을 수 있는 등 현금에 대신하는 기능을 가지고 거래상 현금과 동일하게 취급되고 있는 점에서 금전의 경우와 동일하게 보아야 한다.

90 장물취득죄의 성부

* 대법원 2010. 12. 9. 선고 2010도6256 판결
* 참조조문: 형법 제362조,[1] 형법 제347조[2]

본인 명의의 예금계좌를 양도하는 방법으로 본범의 사기 범행을 용이하게 한 방조범이 본범의 사기행위 결과 그의 예금계좌에 입금된 돈을 인출한 경우, '장물취득죄'가 성립하는가?

●**사실**● 피고인 X는 자신의 통장이 사기 범행에 이용되리라는 사정을 알고서도 그 명의로 새마을금고 예금계좌를 개설하였다. X는 그 통장 등이 Y에 의하여 보이스피싱 등의 사기에 이용되어 그 계좌로 돈이 입금되면 이중으로 발급받은 직불카드를 이용하여 Y보다 먼저 송금받은 금원을 인출할 계획이었다. 이에 따라 X는 통장을 Y에게 양도함으로써 Y가 피해자 A를 속여 A로 하여금 1,000만 원을 위 계좌로 송금하게끔 하였고 이 사기 범행을 방조한 X는 예금계좌로 송금된 1,000만 원 중 140만 원을 인출한 뒤 소비하였다.

제1심과 원심은 피고인이 사기방조에 의하여 취득한 **예금채권은 재물이 아니라 재산상 이익**이라 할 것이어서 장물이 될 수 없다 할 것이므로, 피고인이 자신의 예금계좌에서 돈을 인출하였더라도 장물취득죄가 성립하지 않는다고 판단하여 무죄를 선고하였다. 이에 검사가 상고하였다.

●**판지**● 상고기각. 「[1] 사기죄의 객체는 타인이 점유하는 '타인의' 재물 또는 재산상의 이익이므로, 피해자와의 관계에서 살펴보아 그것이 피해자 소유의 재물인지 아니면 피해자가 보유하는 재산상의 이익인지에 따라 '재물'이 객체인지 아니면 '재산상의 이익'이 객체인지 구별하여야 하는 것으로서, 이 사건과 같이 피해자가 본범의 기망행위에 속아 현금을 피고인 명의의 은행 예금계좌로 송금하였다면, **이는 재물에 해당하는 현금을 교부하는 방법이 예금계좌로 송금하는 형식으로 이루어진 것에 불과**하여, 피해자의 은행에 대한 예금채권은 당초 발생하지 않는다.

[2] 장물취득죄에서 '취득'이라 함은 장물의 점유를 이전받음으로써 그 장물에 대하여 **사실상 처분권을 획득**하는 것을 의미하는데, 이 사건의 경우 본범의 사기행위는 피고인이 예금계좌를 개설하여 본범에게 양도한 방조행위가 가공되어 **본범에게 편취금이 귀속되는 과정 없이** 피고인이 피해자로부터 피고인의 예금계좌로 돈을 송금받아 취득함으로써 종료되는 것이고, 그 후 피고인이 자신의 예금계좌에서 위 돈을 인출하였다 하더라도 **이는 예금명의자로서 은행에 예금반환을 청구한 결과일 뿐 본범으로부터 위 돈에 대한 점유를 이전받아 사실상 처분권을 획득한 것은 아니므로**, 피고인의 위와 같은 인출행위를 장물취득죄로 벌할 수는 없다.

[3] 사기 범행에 이용되리라는 사정을 알고서도 자신의 명의로 새마을금고 예금계좌를 개설하여 甲에게 이를 양도함으로써 甲이 乙을 속여 乙로 하여금 1,000만 원을 위 계좌로 송금하게 한 사기 범행을 방조한 피고인이 위 계좌로 송금된 돈 중 140만 원을 인출하여 甲이 편취한 장물을 취득하였다는 공소사실에 대하여, 甲이 사기 범행으로 취득한 것은 **재산상 이익이어서 장물에 해당하지 않는다는 원심판단은 적절하지 아니하지만**, 피고인의 위와 같은 인출행위를 장물취득죄로 벌할 수는 없으므로, **위 '장물취득' 부분을 무죄로 선고한 원심의 결론은 정당하다**」.

---

1) 형법 제362조(장물의 취득, 알선 등) ① 장물을 취득, 양도, 운반 또는 보관한 자는 7년 이하의 징역 또는 1천500만원 이하의 벌금에 처한다. ② 전항의 행위를 알선한 자도 전항의 형과 같다.

2) 형법 제347조(사기) ① 사람을 기망하여 재물의 교부를 받거나 재산상의 이익을 취득한 자는 10년 이하의 징역 또는 2천만원 이하의 벌금에 처한다. ② 전항의 방법으로 제삼자로 하여금 재물의 교부를 받게 하거나 재산상의 이익을 취득하게 한 때에도 전항의 형과 같다.

●**해설**● 1 장물죄는 본범에 의해 취득된 재물에 관한 행위 중 취득, 양도, 운반, 보관하거나 알선에 대한 처벌을 규정한 범죄이다. 본죄는 **피해자의 재산권**을 그 보호법익으로 한다. 장물죄의 본질과 관련하여 추구권설과 위법상태유지설의 대립이 있다. (a) **추구권설**은 도품 등의 점유를 불법하게 취득하여 소유자의 물건에 대한 추구권(물권에 의한 반환청구권)의 실행을 곤란하게 하는 것을 장물죄의 본질로 파악한다. 이에 대해 (b) **위법상태유지설**은 형법의 독자적 입장에서 범죄행위로 인해 만들어진 위법한 재산상태를 유지 존속시키는 것을 본죄의 본질로 본다(재산에 대해 발생하는 '위법한 상태'에 주목한다).

2 하지만, (a) **추구권설**을 관철하게 되면 불법원인급여물에 대해서 장물성을 일체 부정하게 되어 불합리하고, 나아가 민법상 소유권이 다른 사람에게 이전된 경우에 모두 장물성을 부정하게 되어 현저하게 불합리한 결론이 된다. (b) **위법상태유지설**에 대해서는 본범을 어떻게 파악하느냐에 따라 장물죄가 지나치게 확대될 수 있고, 위법상태의 유지라는 개념이 불명확하다는 비판이 있다. 판례는 양자 모두를 결합한 (c) **결합설**을 취하고 있다(대판 87도1633, Ref 1-1).

3 장물취득죄에서 '**취득**'이라 함은 점유를 이전받음으로써 그 장물에 대하여 **사실상의 처분권을 획득**하는 것을 의미한다(이점이 장물의 운반 또는 보관과 구별된다). 따라서 단순히 보수를 받고 본범을 위하여 장물을 일시사용하거나 그와 같이 장물을 건네받은 것만으로는 정물을 취득한 것으로는 볼 수 없다(대판 2003도1366, Ref 2-6). 취득은 유상·무상을 가리지 않는다.

4 제1심과 원심에서는 A가 새마을금고에 송금한 돈은 A의 예금채권으로 재산상의 이익에 해당되어 장물죄가 성립될 수 없다고 판단하였다. 그러나 대법원은 A는 본범인 Y의 기망행위에 속아 현금 1,000만 원을 X의 예금계좌로 송금하였고, 이는 **재물에 해당하는 현금**을 교부받는 방법이 **예금계좌로 송금하는 형식으로 이루어진 것에 불과**한 것으로 판단하였다.

5 즉 사기죄의 객체는 타인이 점유하는 '타인의' 재물 또는 재산상의 이익이므로, 피해자와의 관계에서 살펴보아 그것이 피해자 소유의 재물인지 아니면 피해자가 보유하는 재산상의 이익인지에 따라 재물이 객체인지 아니면 재산상의 이익이 객체인지 구별하여야 하는 것으로서, 이 사건과 같이 피해자가 피고인 명의의 새마을금고 예금계좌로 돈을 송금한 경우 **피해자의 새마을금고에 대한 예금채권은 처음부터 발생하지 않는 것**으로 보았다.

6 따라서 위와 같은 법리에 의하면, 본범이 사기 범행으로 취득한 것은 재산상 이익이어서 장물에 해당하지 않는다는 제1심과 원심의 판시는 사기죄의 객체 및 장물취득죄에 있어서의 장물의 의미 등에 관한 법리오해에서 비롯된 것으로서 적절하지 않다고 판단하였다.

7 그러나 X가 무죄가 된다는 점에서는 결론을 같이한다. 왜냐하면, 장물취득죄에 있어서 '취득'은 장물의 **점유를 이전받음**으로써 그 장물에 대하여 사실상 처분권을 획득하여야 성립하는 범죄인데 X는 그러하지 못했다는 것이다. 사기 친 돈이 본범인 Y의 통장으로 들어와 그 돈을 Y가 X에게 점유이전을 하여야 장물'취득'이 될 것인데, 사안의 경우 돈이 X의 통장으로 입금되었기에 **Y가 X에게 점유이전을 한 적이 없다.** 따라서 X는 그 돈에 대한 사실상 처분권을 획득하지 못한 상태이고 이런 상태에서의 X의 인출

행위는 장물취득죄가 성립될 수 없다는 것이 대법원의 판단이다.

8 ① **장물양도죄**가 성립하기 위해서는 장물인지 모르고 수취한 후에 그 내용을 알면서 제3자에게 유상, 무상으로 수여하여야 한다(대판 2009도3552, Ref 2-11). ② **장물운반죄**와 관련하여 「타인이 절취, 운전하는 승용차의 뒷 자석에 편승한 것을 가리켜 장물운반행위의 실행을 분담하였다고는 할 수 없다」(대판 83도1146). ③ **장물알선죄**와 관련하여 「그 알선에 의하여 당사자 사이에 실제로 장물의 운반·보관에 관한 계약이 성립하지 아니하였거나 장물의 점유가 현실적으로 이전되지 아니한 경우라도 장물알선죄가 성립한다」(대판 2009도1203, Ref 2-14).

9 장물죄에 있어서 ① **본범**은 장물죄의 주체가 될 수 없다. 장물죄는 타인이 범하는 본범을 전제로 하기 때문이다. 문제는 본범의 성립에 여러 명이 가공한 경우이다. 먼저 ② 본범에 대해 **공동정범**으로 관여한 경우로 장물을 취득, 양도, 운반, 보관하거나 알선하더라도 장물죄는 성립하지 않는다(불가벌적 사후행위). 그리고 ③ 본범의 성립에 **교사범 또는 방조범**으로 관여한 경우는 장물죄가 성립한다. 판례도 「횡령 교사를 한 후 그 횡령한 물건을 취득한 때에는 횡령교사죄와 장물취득죄의 경합범이 성립된다」고 하여 장물죄 성립을 인정하고 있다(대판 69도692).

Reference 1
장물죄의 본질(추구권설 vs. 위법상태유지설)

1 [대판 87도1633] 장물인 정을 모르고 보관하던 중 장물인 정을 알게 되었고, 위 장물을 반환하는 것이 불가능하지 않음에도 불구하고 계속 보관함으로써 (가) 피해자의 **정당한 반환청구권 행사를 어렵게**하여 (나) **위법한 재산상태를 유지**시킨 경우에는 장물보관죄에 해당한다.

2 일본 판례 중에는 절도의 피해자를 상대방으로 하는 장물알선죄를 인정한 사례가 있다. **[最1小決平成 14年7月1日(刑集56卷6号265頁 · 判時1798号161頁)]** ●사실● 피고인 X는 공범자와 공모한 뒤, 어음브로커로부터 약속어음 131통(액면합계 약5 억 5000만엔 - A회사에서 도둑맞은 약속어음 18통(액면합계 약 7억 8000만엔)의 일부)의 매각을 의뢰받고 이것들이 도품임을 알면서도, A회사의 자회사인 B회사에 대금 약 8000만엔으로 매각하여 도품의 유상처분을 알선하였다. 원심은 X 등의 본건 행위는 피해자에게 도품을 회복시키는 것이기 때문에 장물알선죄에 해당되지 않는다는 주장을 물리치고 동죄의 성립을 인정했다. 이에 X는 추구권을 침해한 것이 아니기 때문에 장물알선죄에 해당되지 않는다며 상고했다. ●결정요지● 상고기각. 변호인의 상고취의는 적법한 상고이유에 해당되지 않는다고 한 뒤에, 「소론에 비추어 직권으로 판단함에, 도품 등의 유상처분을 알선하는 행위는 절도의 피해자를 처분의 상대방으로 하는 경우이어도 피해자에 의한 도품 등의 정상적 회복을 곤란하게 할 뿐만 아니라 절도 등의 **범죄를 조장 유발할 우려가 있는 행위**이기 때문에 형법 제256조 제2항[3]에서 말하는 도품 등의 "유상처분의 알선"에 해당한다고 해석하는 것이 상당하다. 이와 같은 입장에서 X의 행위가 장물알선죄에 해당된다고 본 원심은 정당하다」고 판시하였다. **cf)** 이

---

3) 일본형법 제256조(도품 양수 등) ① 도품, 기타 재산에 대한 죄에 해당하는 행위에 의하여 영득된 물건을 무상으로 양수한 자는 3년 이하의 징역에 처한다. ② 전항에 규정하는 물건을 운반, 보관, 유상양수하거나 그 **유상처분을 알선**한 자는 10년 이하의 징역 및 50만엔 이하의 벌금에 처한다.

사안은 절도의 피해자를 상대로 그 훔친 물건을 다시 피해자에게 팔고자 한 사건이다. 이 경우 추구권설의 입장에서는 장물죄 성립에 대한 설명이 곤란해진다. 결정 요지에서도 법원은 「피해자에 의한 도품 등의 정상적 회복을 곤란하게 한다」는 표현이 사용되어져 피해자의 추구권도 고려하지만, **범죄를 조장 유발할 우려가 있는 행위**이기 때문에 처벌해야 한다고 판단하고 있다. 특히 사안에서 피해자는 도품인 약속어음이 선의취득되지 않는 한 소지인인 X 등에 대해 무상으로 약속어음의 반환을 요구할 권리를 가지고 있으며, 또한 도난어음의 선의취득을 저지하기 위해서 공시최고의 제권판결을 신청할 수도 있음에도 불구하고, 유상으로 매입하지 않을 수 없는 이유는 적법한 법적 수단은 비용이나 수고가 많이 필요하기 때문에 피해자가 거래처에 대한 신용이 침해될 것을 우려해 도난어음을 간이신속하게 회수하기 위해서 어쩔 수 없이 유상회수에 응할 수 밖에 없는 상황으로 몰린 것이다. 때문에 그러한 행위의 처벌을 「소유권에 근거하는 반환청구권의 행사를 곤란하게 하는 것」으로 구성하는 것은 무리가 있다고 말할 수 있을 것이다. 법이 장물아비를 처벌하는 것은 이들의 행위에 의해 피해자의 반환청구권의 행사가 곤란할 뿐만 아니라 **일반적으로 강·절도와 같은 범죄를 조성 유발시킬 위험이 있기 때문**이다.[4]

Reference 2
장물취득죄와 관련된 판례

1 [대판 2010도15350] [대한민국 국민 또는 외국인이 미국 캘리포니아주에서 미국 리스회사와 미국 캘리포니아주의 법에 따라 차량 이용에 관한 리스계약을 체결하였는데, 이후 자동차수입업자인 피고인이 리스기간 중 위 **리스이용자들이 임의로 처분한 위 차량들을** 수입한 사안에서, 피고인에게 장물취득죄를 인정한 원심판단의 결론을 정당하다고 한 사례] [1] 국제사법에 따라 위 리스계약에 적용될 준거법인 미국 캘리포니아주의 법에 의하면, 위 차량들의 소유권은 리스회사에 속하고, 리스이용자는 일정 기간 차량의 점유·사용의 권한을 이전받을 뿐이어서(미국 캘리포니아주 상법 제10103조 제a항 제10호도 참조), 리스이용자들은 리스회사에 대한 관계에서 위 차량들에 관한 보관자로서의 지위에 있으므로, 위 차량들을 임의로 처분한 행위는 형법상 횡령죄의 구성요건에 해당하는 위법한 행위로 평가되고 이에 의하여 영득된 위 차량들은 장물에 해당한다. [2] 본범의 행위에 관한 법적 평가는 그 행위에 대하여 우리 형법이 적용되지 아니하는 경우에도 우리 형법을 기준으로 하여야 하고 또한 이로써 충분하므로, 본범의 행위가 우리 형법에 비추어 절도죄 등의 구성요건에 해당하는 위법한 행위라고 인정되는 이상 이에 의하여 영득된 재물은 장물에 해당한다.

2 [대판 2010도6256] [1] [사기 범행의 피해자로부터 현금을 예금계좌로 송금받은 경우, 그 사기죄의 객체가 '재물'인지 또는 '재산상의 이익'인지 여부(=재물)] 사기죄의 객체는 타인이 점유하는 '타인의' 재물 또는 재산상의 이익이므로, 피해자와의 관계에서 살펴보아 그것이 피해자 소유의 재물인지 아니면 피해자가 보유하는 재산상의 이익인지에 따라 '재물'이 객체인지 아니면 '재산상의 이익'이 객체인지 구별하여야 하는 것으로서, 이 사건과 같이 피해자가 본범의 기망행위에 속아 현금을 피고인 명의의 은행 예금계좌로 송금하였다면, 이는 재물에 해당하는 현금을 교부하는 방법이 예금계좌로 송금하는 형식으로 이루어진 것에 불과하여, 피해자의 은행에 대한 예금채권은 당초 발생하지 않는다. [2] [본인 명의의 예금계좌를 양도하는 방법으로 본범의 사기 범행을 용이하게 한 **방조범이 본범의 사기행위 결과 그의 예금계좌에 입금된 돈을 인출한 경우, '장물취득죄'가 성립하는지 여부(소극)**] 장물취득죄에서 '취득'이라 함은 장물의 점유를 이전

---

4) 前田雅英·星周一郎/박상진·김잔디(역), 최신중요 일본형법판례 250선(각론편), 2021, 204－205면.

받음으로써 그 장물에 대하여 사실상 처분권을 획득하는 것을 의미하는데, 이 사건의 경우 본범의 사기행위는 피고인이 예금계좌를 개설하여 본범에게 양도한 방조행위가 가공되어 본범에게 편취금이 귀속되는 과정 없이 피고인이 피해자로부터 피고인의 예금계좌로 돈을 송금받아 취득함으로써 종료되는 것이고, 그 후 피고인이 자신의 예금계좌에서 위 돈을 인출하였다 하더라도 이는 예금명의자로서 은행에 예금반환을 청구한 결과일 뿐 본범으로부터 위 돈에 대한 점유를 이전받아 사실상 처분권을 획득한 것은 아니므로, 피고인의 위와 같은 인출행위를 장물취득죄로 벌할 수는 없다. [3] 사기 범행에 이용되리라는 사정을 알고서도 자신의 명의로 새마을금고 예금계좌를 개설하여 甲에게 이를 양도함으로써 甲이 乙을 속여 乙로 하여금 1,000만 원을 위 계좌로 송금하게 한 사기 범행을 방조한 피고인이 위 계좌로 송금된 돈 중 140만 원을 인출하여 甲이 편취한 장물을 취득하였다는 공소사실에 대하여, 甲이 사기 범행으로 취득한 것은 재산상 이익이어서 장물에 해당하지 않는다는 원심판단은 적절하지 아니하지만, 피고인의 위와 같은 인출행위를 장물취득죄로 벌할 수는 없으므로, 위 '장물취득' 부분을 무죄로 선고한 원심의 결론을 정당하다고 한 사례.

3 [대판 2004도6084] [장물인 정을 모르고 장물을 보관하였다가 그 후에 장물인 정을 알고서도 이를 계속하여 보관하는 행위가 장물보관죄를 구성하는지 여부(한정 소극)/ 전당포영업자의 장물취득죄에 있어서 고의 유무의 판단 기준 시점] 전당포영업자가 보석들을 전당잡으면서 **인도받을 당시** 장물인 정을 몰랐다가 그 후 장물일지도 모른다고 의심하면서 소유권포기각서를 받은 행위는 장물취득죄에 해당하지 않고, 또한 전당포영업자가 대여금채권의 담보로 보석들을 전당잡은 경우에는 이를 점유할 권한이 있는 때에 해당하여 장물보관죄 역시 성립하지 않는다고 본 사례.

4 [대판 2004도5904] [甲이 회사 자금으로 乙에게 주식매각 대금조로 금원을 지급한 경우, 그 금원은 단순히 횡령행위에 제공된 물건이 아니라 횡령행위에 의하여 영득된 장물에 해당한다고 한 사례] 甲이 회사 자금으로 乙에게 주식매각 대금조로 금원을 지급한 경우, 그 금원은 단순히 횡령행위에 제공된 물건이 아니라 횡령행위에 의하여 영득된 장물에 해당한다고 할 것이고, 나아가 설령 甲이 乙에게 금원을 교부한 행위 자체가 횡령행위라고 하더라도 이러한 경우 甲의 업무상횡령죄가 기수에 달하는 것과 동시에 그 금원은 장물이 된다고 한 사례.

5 [대판 2004도353] [1] **컴퓨터등사용사기죄의 범행으로 예금채권을 취득한 다음** 자기의 현금카드를 사용하여 현금자동지급기에서 현금을 인출한 경우, 현금카드 사용권한 있는 자의 정당한 사용에 의한 것으로서 현금자동지급기 관리자의 의사에 반하거나 기망행위 및 그에 따른 처분행위도 없었으므로, 별도로 절도죄나 사기죄의 구성요건에 해당하지 않는다 할 것이고, 그 결과 그 인출된 현금은 재산범죄에 의하여 취득한 재물이 아니므로 장물이 될 수 없다고 한 사례. [2] 甲이 권한 없이 인터넷뱅킹으로 타인의 예금계좌에서 자신의 예금계좌로 돈을 이체한 후 그 중 일부를 인출하여 그 정을 아는 乙에게 교부한 경우, 甲이 **컴퓨터등사용사기죄에 의하여 취득한 예금채권은 재물이 아니라 재산상 이익이므로**, 그가 자신의 예금계좌에서 돈을 인출하였더라도 장물을 금융기관에 예치하였다가 인출한 것으로 볼 수 없다는 이유로 乙의 장물취득죄의 성립을 부정한 사례.

6 [대판 2003도1366] [1] 피고인이 공소외인으로부터 보수를 받는 조건으로 공소외인이 습득하였다고 주장하는 신용카드들로 **물품을 구입하여 주기로 하고 위 신용카드들을 교부받은 행위가 장물취득에 해당**

하지아니한다고 판단한 것은 정당하고, 거기에 사실을 오인하거나 장물죄에 있어서 취득의 법리를 오해한 위법이 없다. [2] 장물취득죄에서 '취득'이라고 함은 점유를 이전받음으로써 그 장물에 대하여 사실상의 처분권을 획득하는 것을 의미하는 것이므로, 단순히 보수를 받고 본범을 위하여 장물을 일시 사용하거나 그와 같이 사용할 목적으로 장물을 건네받은 것만으로는 장물을 취득한 것으로 볼 수 없다.

7 [대판 94도1968] [장물취득죄에 있어서 **장물의 인식정도**와 그 인정기준] 장물취득죄에 있어서 장물의 인식은 확정적 인식임을 요하지 않으며 '장물일지도 모른다'는 의심을 가지는 정도의 미필적 인식으로서도 충분하고, 또한 장물인 정을 알고 있었느냐의 여부는 장물 소지자의 신분, 재물의 성질, 거래의 대가 기타 상황을 참작하여 이를 인정할 수밖에 없다.

8 [대판 86도1273] 장물죄는 타인(본범)이 불법하게 영득한 재물의 처분에 관여하는 범죄이므로 자기의 범죄에 의하여 영득한 물건에 대하여는 성립하지 아니하고 이는 불가벌적 사후행위에 해당하나 여기에서 자기의 범죄라 함은 정범자(공동정범과 합동범을 포함한다)에 한정되는 것이므로 평소 본범과 공동하여 수차 상습으로 절도 등 범행을 자행함으로써 실질적인 범죄집단을 이루고 있었다 하더라도, 당해 범죄행위의 정범자(공동정범이나 합동범)로 되지 아니한 이상 이를 자기의 범죄라고 할 수 없고 따라서 그 장물의 취득을 불가벌적 사후행위라고 할 수 없다.

9 [대판 79도2410] [신탁재산을 횡령한다는 정을 알면서도 매수한 경우 장물취득죄가 성립되는지 여부] 신탁행위에 있어서는 수탁자가 외부관계에 대하여 소유자로 간주되므로 이를 취득한 제3자는 수탁자가 신탁자의 승낙 없이 매각하는 정을 알고 있는 여부에 불구하고 **장물취득죄가 성립하지 아니한다.**

10 [대판 71도468] 장물취득죄는 **취득 당시** 장물인 줄 알면서 이를 취득해야 성립하는 것이므로 자전거를 인도 받은 후 비로소 장물이 아닌가 하는 의구심을 가졌더라도 **장물취득죄가 성립하지 않는다.**

장물양도죄와 관련된 판례

11 [대판 2009도3552] 피고인이 도난차량인 미등록 수입자동차를 취득하여 신규 등록을 마친 후 위 자동차가 **장물일지도 모른다고 생각하면서 이를 양도**한 사안에서, 피고인의 선의취득 주장을 배척하고 장물양도죄를 인정한 원심의 조치를 수긍한 사례. **cf)** 장물양도는 **처음에는 장물인지 모르고** 수취한 후에 그 내용을 알면서 제3자에게 유·무상으로 수여하는 행위를 말한다. 따라서 **처음부터 알고** 수취하였다가 제3자에게 양도하는 경우는 '취득'에 해당한다.

장물운반죄와 관련된 판례

12 [대판 98도3030] [본범 이외의 자가 본범이 절취한 차량이라는 정을 알면서 본범의 강도행위를 위해 그 차량을 운전해 준 경우, **강도예비죄와 아울러 장물운반죄**가 성립하는지 여부(적극)] 본범자와 공동하여

장물을 운반한 경우에 본범자는 장물죄에 해당하지 않으나 그 외의 자의 행위는 장물운반죄를 구성하므로, 피고인이 본범이 절취한 차량이라는 정을 알면서도 본범 등으로부터 그들이 위 차량을 이용하여 강도를 하려 함에 있어 차량을 운전해 달라는 부탁을 받고 위 차량을 운전해 준 경우, 피고인은 강도예비와 아울러 장물운반의 고의를 가지고 위와 같은 행위를 하였다고 봄이 상당하다.

13 [대판 83도1146] [장물인 승용차에 **편승한 것**을 장물운반행위의 실행을 분담한 것으로 볼 수 있는지 여부] 타인이 절취, 운전하는 승용차의 뒷자석에 편승한 것을 가리켜 장물운반행위의 실행을 분담하였다고는 할 수 없다.

장물알선죄와 관련된 판례

14 [대판 2009도1203] [1] 형법 제362조 제2항에 정한 장물알선죄에서 '알선'이란 장물을 취득·양도·운반·보관하려는 당사자 사이에 서서 이를 중개하거나 편의를 도모하는 것을 의미한다. 따라서 장물인 정을 알면서, 장물을 취득·양도·운반·보관하려는 당사자 사이에 서서 서로를 연결하여 장물의 취득·양도·운반·보관행위를 중개하거나 편의를 도모하였다면, 그 알선에 의하여 당사자 사이에 실제로 장물의 취득·양도·운반·보관에 관한 계약이 성립하지 아니하였거나 장물의 점유가 현실적으로 이전되지 아니한 경우라도 장물알선죄가 성립한다. [2] 장물인 귀금속의 매도를 부탁받은 피고인이 그 귀금속이 장물임을 알면서도 매매를 중개하고 매수인에게 이를 전달하려다가 **매수인을 만나기도 전에 체포되었다 하더라도**, 위 귀금속의 매매를 중개함으로써 장물알선죄가 성립한다.

장물보관죄와 관련된 판례

15 [대판 87도1633] [장물보관죄의 성립요건] 장물인 정을 모르고 보관하던 중 장물인 정을 알게 되었고, 위 장물을 반환하는 것이 불가능하지 않음에도 불구하고 계속 보관함으로써 피해자의 정당한 반환청구권 행사를 어렵게 하여 위법한 재산상태를 유지시킨 경우에는 장물보관죄에 해당한다.

16-1 [대판 85도2472] (가) 장물인 정을 모르고 장물을 보관하였다가 그 후에 장물인 정을 알게된 경우 그 정을 알고서도 이를 계속하여 보관하는 행위는 장물죄를 구성하는 것이나 (나) **이 경우에도 점유할 권한이 있는 때에는** 이를 계속하여 보관하더라도 장물보관죄가 성립하지 않는 것이라고 할 것이다. 원심이 같은 취지에서 피고인이 채권의 담보로서 이 사건 수표들을 교부받았다가 장물인 정을 알게 되었음에도 이를 보관한 행위는 장물보관죄에 해당하지 아니한다고 하여 무죄를 선고한 조처는 정당하고, 거기에 소론과 같은 법리오해의 위법이 있다고 할 수 없다.

16-2 [대판 2004도6084] 전당포영업자가 보석들을 전당잡으면서 인도받을 당시 장물인 정을 몰랐다가 그 후 장물일지도 모른다고 의심하면서 소유권포기각서를 받은 행위는 **장물취득죄에 해당하지 않고**, 또한 전당포영업자가 대여금채권의 담보로 보석들을 전당잡은 경우에는 이를 점유할 권한이 있는 때에 해당하여 **장물보관죄 역시 성립하지 않는다**고 본 사례.

91 손괴죄의 이해

* 대법원 2007. 6. 28. 선고 2007도2590 판결
* 참조조문: 형법 제366조[1]

> 건조물의 벽면에 낙서를 하거나 게시물을 부착 또는 오물을 투척하는 행위가 재물손괴죄에 해당하는가?

●**사실**● 시내버스 운수회사로부터 해고당한 피고인 X는 민주노동조합총연맹 전국해고자투쟁특별위원회 회원들과 함께 위 회사에서 복직 등을 요구하는 집회를 개최하던 중 2006.3.10. 래커 스프레이를 이용하여 회사 건물 외벽과 1층 벽면, 식당 계단 천장 및 벽면에 '자본퇴개, 원직복직, 결사투쟁' 등의 내용으로 낙서를 하였다. 이를 제거하는데 약 341만 원 상당의 돈이 들었다(제1행위). X는 같은 해 2.16. **계란** 30여 개, 같은 해 3.2. 계란 10여 개를 위 회사 건물에 각 투척하였다. 이를 제거하는데 약 50만 원 상당의 돈이 들었다(제2행위). 원심은 위 낙서행위 외에 각 계란투척행위까지 모두 재물손괴죄에 해당된다고 판단하였다.

> ●**판지**● 파기환송. 「[1] 형법 제366조 소정의 재물손괴죄는 타인의 재물을 손괴 또는 은닉하거나 기타의 방법으로 그 효용을 해하는 경우에 성립하는바, 여기에서 재물의 효용을 해한다고 함은 (가) **사실상으로나 감정상으로 그 재물을 본래의 사용목적에 제공할 수 없게 하는 상태로 만드는 것을 말하며,** (나) 일시적으로 그 재물을 이용할 수 없는 상태로 만드는 것도 여기에 포함된다. 특히, 건조물의 벽면에 낙서를 하거나 게시물을 부착하는 행위 또는 오물을 투척하는 행위 등이 그 건조물의 효용을 해하는 것에 해당하는지 여부는, 당해 건조물의 용도와 기능, 그 행위가 건조물의 채광·통풍·조망 등에 미치는 영향과 건조물의 미관을 해치는 정도, 건조물 이용자들이 느끼는 불쾌감이나 저항감, 원상회복의 난이도와 거기에 드는 비용, 그 행위의 목적과 시간적 계속성, 행위 당시의 상황 등 제반 사정을 종합하여 사회통념에 따라 판단하여야 한다.
> [2] 해고노동자 등이 복직을 요구하는 집회를 개최하던 중 래커 스프레이를 이용하여 회사 건물 외벽과 1층 벽면 등에 낙서한 행위는 건물의 효용을 해한 것으로 볼 수 있으나, 이와 별도로 **계란 30여 개를 건물에 투척한 행위는 건물의 효용을 해하는 정도의 것에 해당하지 않는다**」.

●**해설**● 1 재물손괴죄는 타인의 재물을 손괴 또는 은닉하거나 기타의 방법으로 그 효용을 해하는 경우에 성립한다. 여기에서 재물의 **효용을 해한다고 함은** 사실상으로나 감정상으로 재물을 본래의 사용 목적에 제공할 수 없는 상태로 만드는 것을 말하고, 일시적으로 재물을 이용할 수 없는 상태로 만드는 것도 포함한다(대판 2017도20455, Ref 2).

2 손괴죄는 재물을 영득하는 것이 아니라 그 효용을 해하는 범죄이므로 그 보호법익은 **재물의 효용 또는 이용가치**이다. 따라서 이용가치 내지 효용이 전혀 없는 것은 손괴죄의 객체에서 제외된다(대판 88도1296, Ref 6). 또한 손괴죄는 재산죄 가운데 재물만을 객체로 하는 순수한 재물죄이며 불법영득의사가 필요 없다. 그리고 손괴죄는 과실범처벌 규정이 없다.

3 재물손괴의 범의를 인정함에 있어서는 「반드시 계획적인 손괴의 의도가 있거나 물건의 손괴를 적극

---

1) 형법 제366조(재물손괴 등) 타인의 재물, 문서 또는 전자기록 등 특수매체기록을 **손괴** 또는 **은닉 기타 방법**으로 기 효용을 해한 자는 3년 이하의 징역 또는 700만원 이하의 벌금에 처한다.

적으로 희망하여야 하는 것은 아니고, 소유자의 의사에 반하여 재물의 효용을 상실케 하는 데 대한 인식이 있으면 되고, 여기에서 재물의 효용을 해한다고 함은 그 물건의 본래의 사용목적에 공할 수 없게 하는 상태로 만드는 것은 물론 **일시 그것을 이용할 수 없는 상태로 만드는 것도** 역시 효용을 해하는 것에 해당한다」(대판 93도2701; 대판 2016도9219, Ref 9).

4 사안에서 원심의 판단은 건물에 계란을 투척하거나 페인트로 심한 낙서를 하여 청소 및 도색이 필요한 상태로 만드는 것은 건물의 미적 효용을 해할 뿐만 아니라, 유리문이나 유리창 등 건물 내부에서 외부를 관망하는 역할을 수행하는 부분을 계란 등을 이용하여 불쾌감을 줄 정도로 더럽혀지게 하였다면 이는 일시적으로 위와 같은 관망 역할까지 상실하게 한 것으로 손괴죄를 인정하였다.

5 하지만 대법원의 판단을 이와 달리 사안을 나누어 판단하였다. 먼저 (가) 피고인이 래커 스프레이를 이용하여 회사 건물 외벽과 1층 벽면, 식당 계단 천장 및 벽면에 낙서를 함으로써 이를 제거하는데 약 341만 원 상당이 들도록 한 행위는 그로 인하여 건물의 미관을 해치는 정도와 건물 이용자들의 불쾌감 및 원상회복의 어려움 등에 비추어 위 건물의 효용을 해한 것에 해당한다고 보았다. 그러나 (나) 계란을 회사 건물에 투척한 행위는 건물의 효용을 해하는 정도의 것에 해당하지 않는다고 보았다.

Reference

손괴죄 성립을 부정한 사례

1 [대판 2022도1410] [다른 사람의 소유물을 본래의 용법에 따라 무단으로 사용·수익하는 행위 때문에 소유자가 물건의 효용을 누리지 못하게 된 경우, 재물손괴죄에 해당하는지 여부(소극)] [1] 재물손괴죄는 다른 사람의 재물을 손괴 또는 은닉하거나 그 밖의 방법으로 그 효용을 해한 경우에 성립하는 범죄로, 행위자에게 다른 사람의 재물을 자기소유물처럼 그 경제적 용법에 따라 이용·처분할 의사(불법영득의사)가 없다는 점에서 절도, 강도, 사기, 공갈, 횡령 등 영득죄와 구별된다. 다른 사람의 소유물을 본래의 용법에 따라 무단으로 사용·수익하는 행위는 소유자를 배제한 채 물건의 이용가치를 영득하는 것이고, 그 때문에 소유자가 물건의 효용을 누리지 못하게 되었더라도 효용 자체가 침해된 것이 아니므로 재물손괴죄에 해당하지 않는다. [2] **피고인이 타인 소유 토지에 권원 없이 건물을 신축함**으로써 그 토지의 효용을 해하였다는 이 사건 공소사실에 대하여, 원심은 판시와 같은 이유로 무죄로 판단하였다. 원심판결 이유에는 적절하지 않은 부분이 있지만, 피고인의 행위는 이미 대지화된 토지에 건물을 새로 지어 부지로서 사용·수익함으로써 그 소유자로 하여금 효용을 누리지 못하게 한 것일 뿐 **토지의 효용을 해하지 않았으므로, 재물손괴죄가 성립하지 않는다는 결론은 정당**하다. **cf)** 대상판결은 재물손괴죄의 구성요건인 재물의 효용 침해의 의미를 명확히 하고, 대상 재물이 토지인 경우, 토지의 객관적 가치나 효용을 저하시킨 것이 아닌 건물의 신축은 재물손괴죄의 구성요건을 충족시키지 않는다는 점을 명확히 선언한 최초의 사례로 의의가 있다.

2 [대판 2017도20455] **파기환송.** [1] 갑 주식회사의 직원인 피고인들이 유색 페인트와 래커 스프레이를 이용하여 갑 **회사 소유의 도로 바닥**에 직접 문구를 기재하거나 도로 위에 놓인 현수막 천에 문구를 기재하여 페인트가 바닥으로 배어 나와 **도로에 배게 하는 방법**으로 다중의 위력으로써 도로의 효용을 해하였다고

하여 특수재물손괴로 기소된 사안에서, 피고인들이 위와 같은 방법으로 도로 바닥에 여러 문구를 써놓은 행위가 위 도로의 효용을 해하는 정도에 이른 것이라고 보기 어렵다는 이유로, 이와 달리 보아 공소사실을 유죄로 판단한 원심판결에 재물손괴죄에 관한 법리를 오해하는 등의 잘못이 있다고 한 사례. [2] 도로 바닥에 낙서를 하는 행위 등이 도로의 효용을 해하는 것에 해당하는지 여부는, 당해 도로의 용도와 기능, 그 행위가 도로의 안전표지인 노면표시 기능 및 이용자들의 통행과 안전에 미치는 영향, 그 행위가 도로의 미관을 해치는 정도, 도로의 이용자들이 느끼는 불쾌감이나 저항감, 원상회복의 난이도와 거기에 드는 비용, 그 행위의 목적과 시간적 계속성, 행위 당시의 상황 등 제반 사정을 종합하여 사회통념에 따라 판단하여야 한다.

3 [대판 2014도13083] 파기환송. [문서손괴죄에서 '문서의 효용을 해한다'는 것의 의미 및 소유자의 의사에 따라 형성된 종래의 이용상태를 변경시켜 종래의 상태에 따른 이용을 일시적으로 불가능하게 하는 경우, 문서손괴죄가 성립하는지 여부(적극) / 어느 문서에 대한 종래의 사용상태가 문서 소유자의 의사에 반하여 또는 그와 무관하게 이루어진 경우, 문서손괴죄가 성립하는지 여부] [1] 문서손괴죄는 타인 소유의 문서를 손괴 또는 은닉 기타 방법으로 효용을 해함으로써 성립하고, 문서의 효용을 해한다는 것은 문서를 본래의 사용목적에 제공할 수 없게 하는 상태로 만드는 것은 물론 일시적으로 그것을 이용할 수 없는 상태로 만드는 것도 포함한다. 따라서 **소유자의 의사**에 따라 어느 장소에 게시 중인 문서를 소유자의 의사에 반하여 떼어내는 것과 같이 소유자의 의사에 따라 형성된 종래의 이용상태를 변경시켜 종래의 상태에 따른 이용을 일시적으로 불가능하게 하는 경우에도 문서손괴죄가 성립할 수 있다. 그러나 **문서손괴죄는 문서의 소유자가 문서를 소유하면서 사용하는 것을 보호**하려는 것이므로, 어느 문서에 대한 종래의 사용상태가 문서 소유자의 의사에 반하여 또는 **문서 소유자의 의사와 무관**하게 이루어진 경우에 단순히 종래의 사용상태를 제거하거나 변경시키는 것에 불과하고 손괴, 은닉하는 등으로 새로이 문서 소유자의 문서 사용에 지장을 초래하지 않는 경우에는 문서의 효용, 즉 문서 소유자의 문서에 대한 사용가치를 일시적으로도 해하였다고 할 수 없어서 문서손괴죄가 성립하지 아니한다. [2] 이 사건 공소사실의 요지는, 피고인은 이 사건 아파트 입주자로서 ○○신도시 쓰레기 자동집하시설 건립 반대를 위한 비상대책위원회 위원장인바, 2012. 8. 1. 20:38경 이 사건 아파트 관리사무소장이 이 사건 아파트 303동 3·4호 라인 엘리베이터 벽면에 게시한 "○○시청 ○○신도시 생활쓰레기 자동집하시설 공사 반대 탄원에 따른 회신 문서" 1부를 임의로 제거함으로써 그 효용을 해하였다는 것이다. 원심은 이 사건 공소사실에 대하여, 이 사건 회신 문서는 피고인의 개인 소유가 아니라 ○○시에 '○○신도시 쓰레기 자동집하시설 건립 반대' 민원을 제기한 이 사건 아파트 입주자들의 공유이고, 이 사건 아파트 입주자 중에는 위 시설 건립에 찬성하는 입주자도 있으므로, 피고인이 입주자들의 공유인 이 사건 회신 문서를 정당한 절차를 거치지 않고 위 엘리베이터 벽면에서 떼어내어 임의로 제거한 것은 이 사건 회신 문서의 효용을 해한 것이라고 판단하였다. 그러나 원심의 위와 같은 판단은 받아들이기 어렵다. 이 부분 공소사실은 피고인이 이 사건 회신 문서를 위 엘리베이터 벽면에서 떼어내어 그 효용을 해하였다는 것이고, 떼어낸 이 사건 회신 문서를 손괴, 은닉하는 등으로 그 효용을 해하였다는 것이 아니다. 따라서 피고인이 이 사건 회신 문서를 위 엘리베이터 벽면에서 떼어내어 그 효용을 해하였다고 하려면 앞에서 본 법리에 따라 이 사건 회신 문서를 위 엘리베이터 벽면에 게시한 것이 이 사건 회신 문서 소유자의 의사에 따른 것이어야 하고, 만일 이 사건 회신 문서가 그 소유자의 의사에 반하여 또는 소유자의 의사와 무관하게 위 엘리베이터 벽면에 게시된 것이라면 피고인이 이를 떼어낸 행위만으로 이 사건 회신 문서의 효용을 해하였다고 할 수 없다. …… 위와 같이 피고인이 이 사건 회신 문서의 효용을 해하였

음이 인정되지 않는 이상, 이 사건 아파트 관리주체의 동의 등 게시물 제거에 필요한 절차를 밟지 않고 이 사건 회신 문서를 위 엘리베이터 벽면에서 떼어내었다는 이유로 **문서손괴죄가 성립하는 것은 아니다.** **cf)** 이와 같이 소유자의 의사에 따라 손괴죄의 평가가 달라지는 것은 판례가 **소유권설**에 입각하여 손괴죄를 파악하고 있음을 보여준다.

4 [대판 95도2754] [1] **[수확되지 아니한 농작물(쪽파)에 대한 소유권 취득의 요건]** 물권변동에 있어서 형식주의를 채택하고 있는 현행 민법 하에서는 소유권을 이전한다는 의사 외에 부동산에 있어서는 등기를, 동산에 있어서는 인도를 필요로 함과 마찬가지로 이 사건 쪽파와 같은 수확되지 아니한 농작물에 있어서는 **명인방법**2)을 실시함으로써 그 소유권을 취득한다. [2] **[쪽파의 명인방법을 갖추지 아니하였다는 이유로 재물손괴죄에 관하여 무죄를 선고**한 원심판결을 긍인한 사례] 이 사건 쪽파를 원시취득한 자는 피고인 소유의 이 사건 토지를 임차하여 쪽파를 재배한 A가 분명한데 그 이후에 이를 매수한 자가 위와 같은 명인방법을 갖추지 아니하였고, 피고인과 A 사이에서는 1994.4.25.까지 위 쪽파를 수확하지 않을 경우에는 피고인이 이를 임의 처분하여도 이의를 제기하지 않기로 약정하였음을 알아볼 수 있으므로, 위 일자 이후에 이루어진 피고인의 이 사건 손괴행위는 소유자인 위 A의 승낙에 의한 것이라고 보아야 할 것이므로 재물손괴죄가 성립하지 않는다고 할 것이다.

5 [대판 90도1591] [영업을 방해하기 위하여 타인이 설치하려는 철조망을 영업자가 **당초 놓여있던 곳으로부터 200 내지 300미터 떨어진 곳으로 옮긴 행위**에 있어 재물은닉의 범의가 없다고 한 사례] 갑 소유였다가 약정에 따라 을 명의로 이전되었으나 권리관계에 다툼이 생긴 토지상에서 갑이 버스공용터미널을 운영하고 있는 데 을이 갑의 영업을 방해하기 위하여 철조망을 설치하려 하자 갑이 위 철조망을 가까운 곳에 마땅한 장소가 없어 터미널로부터 약 200 내지 300미터 가량 떨어진 갑 소유의 다른 토지 위에 옮겨 놓았다면 갑의 행위에는 재물의 소재를 불명하게 함으로써 그 발견을 곤란 또는 불가능하게 하여 그 효능을 해하게 하는 재물은닉의 범의가 있다고 할 수 없다.

6 [대판 88도1296] ●사실● 원심은 피고인이 재향군인회 경기도지부 광명지회의 사무국장으로서 위 지회의 경리직원인 공소외 전으로 하여금 경리장부를 정리케 하던 중 그 누계가 맞지 않는다는 이유로 **위 장부의 2면에서부터 13면까지를 찢어버려** 위 지회 소유인 위 경리장부의 효용을 해하여 손괴하였다고 인정하고 이에 대하여 형법 제366조를 적용하였다. ●판지● 손괴죄의 객체인 문서란 거기에 표시된 내용이 적어도 **법률상 또는 사회 생활상 중요한 사항**에 관한 것이어야 하는 바, 이미 작성되어 있던 장부의 기재를 새로운 장부로 이기하는 과정에서 누계 등을 잘못 기재하다가 그 부분을 찢어버리고 계속하여 종전 장부의 기재내용을 모두 이기하였다면 **그 당시 새로운 경리장부는 아직 작성 중에 있어서 손괴죄의 객체가 되는 문서로서의 경리장부가 아니라 할 것**이고, 또 그 찢어버린 부분이 진실 된 증빙내용을 기재한 것이었다는 등의 특별한 사정이 없는 한 그 이기 과정에서 잘못 기재되어 찢어버린 부분 그 자체가 손괴죄의 객체가 되는 **재산적 이용가치 내지 효용이 있는 재물**이라고도 볼 수 없다. 그런데도 **원심이** 그 장부 중 찢어버린 부분의 재산적 이용가치 내지는 효용에 대하여 더 심리함이 없이 이를 문서 또는 재물손괴죄로 다스린 것은 손괴죄

---

2) **명인방법(明認方法)**은 나무의 껍질을 벗겨 먹이나 페인트로 이름을 쓰거나 굴밭에 새끼줄을 두르고 푯말을 세워 굴을 매수하였음을 공시하는 등의 공시방법을 말한다. 명인방법은 예로부터 인정된 관습법상의 공시방법이다. 「입목에 관한 법률에 따라 등기된 입목이나 명인방법을 갖춘 수목의 경우에는 독립하여 거래의 객체가 되므로 명의방법을 갖추지 않는 한 토지에 부합된다」(대판 98마1817).

의 객체에 대한 법리를 오해하여 심리를 다하지 아니함으로써 판결결과에 영향을 미쳤다고 할 것이다. 이 점을 지적하는 주장은 이유 있다. **cf)** 손괴죄는 소유권의 이용가치 내지 효용성을 그 보호법익으로 한다. 따라서 모든 재물과 문서가 손괴죄의 객체가 되는 것이 아니라 이용가치 내지 효용성이 있는 것만이 손괴 죄의 객체가 된다. 본 사안에서 대법원은 작성중의 경리장부와 잘못 기재되어 찢어버린 부분은 이러한 이용가치 내지 효용성이 없어서 손괴죄의 객체가 될 수 없다고 판시하였다.

7 [대판 86도941] 공중전화기가 고장난 것으로 생각하고 파출소에 신고하기 위하여 **전화선코드를 빼고 이를 떼어낸 것**이라면 위 전화기를 물질적으로 파괴하거나 또는 위 전화기를 떼어내 전화기의 구체적 역할 인 통화를 할 수 없게 함으로써 그 효용을 해할려는 손괴의 범의가 있었다고 볼 수 없다.

손괴죄 성립을 인정한 사례

8 [대판 2019도13764] [재물손괴죄의 구성요건 중 **'기타 방법'** 및 **'재물의 효용을 해한다.'**의 의 미 / 재물의 효용을 해하는 것인지 판단하는 기준] [1] 피고인이 평소 자신이 굴삭기를 주차하던 장소에 갑의 차량이 주차되어 있는 것을 발견하고 갑의 차량 앞에 철근콘크리트 구조물을, 뒤에 굴삭기 크러셔를 바짝 붙여 놓아 갑이 **17~18시간 동안 차량을 운행할 수 없게 된 사안**에서, 차량 앞뒤에 쉽 게 제거하기 어려운 구조물 등을 붙여 놓은 행위는 차량에 대한 유형력 행사로 보기에 충분하고, 차량 자 체에 물리적 훼손이나 기능적 효용의 멸실 내지 감소가 발생하지 않았더라도 갑이 위 구조물로 인해 차량 을 운행할 수 없게 됨으로써 일시적으로 본래의 사용목적에 이용할 수 없게 된 이상 차량 본래의 효용을 해한 경우라고 한 사례 [2] '재물의 효용을 해한다'고 함은 '사실상'으로나 '감정상'으로 그 재물을 본래의 사용목적에 제공할 수 없게 하는 상태로 만드는 것을 말하며, **일시적으로 그 재물을 이용할 수 없거나 구체 적 역할을 할 수 없는 상태로 만드는 것도 포함**한다. 구체적으로 어떠한 행위가 재물의 효용을 해하는 것인 지는, 재물 본래의 용도와 기능, 재물에 가해진 행위와 그 결과가 재물의 본래적 용도와 기능에 미치는 영 향, 이용자가 느끼는 불쾌감이나 저항감, 원상회복의 난이도와 거기에 드는 비용, 그 행위의 목적과 시간적 계속성, 행위 당시의 상황 등 제반 사정을 종합하여 사회통념에 따라 판단하여야 한다.

9 [대판 2016도9219] 재물손괴죄는 타인의 재물, 문서 또는 전자기록 등 특수매체기록을 손괴 또는 은닉 기타 방법으로 그 효용을 해한 경우에 성립한다(형법 제366조). 여기에서 손괴 또는 은닉 기타 방법으로 그 효용을 해하는 경우에는 물질적인 파괴행위로 물건 등을 본래의 목적에 사용할 수 없는 상태로 만드는 경 우뿐만 아니라 **일시적으로 물건 등의 구체적 역할을 할 수 없는 상태로 만들어 효용을 떨어뜨리는 경우도 포 함**된다. 따라서 자동문을 자동으로 작동하지 않고 수동으로만 개폐가 가능하게 하여 자동잠금장치로서 역 할을 할 수 없도록 한 경우에도 재물손괴죄가 성립한다.

10 [대판 2010도9962] 파기환송. [1] 위법성조각사유로서의 피해자의 승낙은 언제든지 자유롭게 철회할 수 있다고 할 것이고, 그 철회의 방법에는 아무런 제한이 없다. [2] 피고인이 피해자 甲의 상가건물에 대한 임대차계약 당시 甲의 모(母) 乙에게서 인테리어 공사 승낙을 받았는데, 이후 乙이 임대차보증금 잔금 미 지급을 이유로 즉시 공사를 중단하고 퇴거할 것을 요구하자 도끼를 집어 던져 상가 유리창을 손괴한 사안 에서, 乙이 위 의사표시로써 시설물 철거에 대한 동의를 철회하였다고 보아야 하는데도 피고인의 행위를

무죄로 판단한 원심판결에는 피해자 승낙의 철회에 관한 법리오해의 잘못이 있다고 한 사례. [3] 위와 같이 공소외 2가 피고인의 유리창 손괴행위 전에 피고인에게 임대차보증금 잔금 미지급을 이유로 하여 이 사건 상가에서의 공사 중단 및 퇴거를 요구하는 취지의 의사표시를 하였다면, 이로써 공소외 2는 위 임대차계약을 체결하면서 피고인에게 한 이 사건 상가 지층 및 1층의 시설물 철거에 대한 **동의를 철회하였다고 봄이 상당**하고, 원심 판단과 같이 공소외 2의 2009. 4. 23.자 위 임대차계약 해지의 의사표시가 기재된 내용증명 우편이 피고인에게 도달되기 전이라 하여 위 철거에 대한 동의를 철회하는 의사표시가 효력이 없다고 볼 것은 아니다. 그럼에도 불구하고, 원심은 그 판시와 같은 이유로 피고인의 행위가 피해자의 승낙이 있었던 것으로서 형법 제24조에 따라 위법성이 조각된다고 속단하여 이 사건 공소사실에 대하여 무죄를 선고하였는바, 이러한 원심의 판단에는 피해자의 승낙의 철회에 관한 법리를 오해하여 판결에 영향을 미친 잘못이 있다.

11-1 [대판 2007도5207] **재건축사업으로 철거예정**이고 그 입주자들이 모두 이사하여 아무도 거주하지 않은 채 **비어 있는 아파트**라 하더라도, 그 객관적 성상이 본래 사용목적인 주거용으로 쓰일 수 없는 상태라거나 재물로서의 이용가치나 효용이 없는 물건이라고도 할 수 없어 재물손괴죄의 객체가 된다.

11-2 [대판 2004도434] 구 도시재개발법에 의한 재개발구역 안의 **무허가 건물**에 대한 사실상 소유권은 관리처분계획의 인가·고시에 의하여 이에 해당하는 아파트 등을 분양받을 조합원의 지위로 잠정적으로 바뀌고, 분양처분의 고시가 있는 경우에는 같은 법 제39조 제1항 전문의 규정에 의하여 그에 대한 사실상 소유권이 소멸하고 분양받은 아파트에 대한 소유권만이 남게 되는 것이므로, 관리처분계획의 인가·고시 이후 분양처분의 고시 이전에 재개발구역 안의 무허가 건물을 제3자가 임의로 손괴할 경우 특별한 사정이 없는 한 재물손괴죄가 성립한다.

12 [대판 91도2090] 타인 소유의 광고용 간판을 백색페인트로 도색하여 광고문안을 지워버린 행위는 재물손괴죄를 구성한다.

13 [대판 87도177] [타인(타기관)에 접수되어 있는 **자기명의의 문서를 무효화시킨 경우** 문서손괴죄의 성부] 비록 자기명의의 문서라 할지라도 이미 타인(타기관)에 접수되어 있는 문서에 대하여 함부로 이를 무효화시켜 그 용도에 사용하지 못하게 하였다면 일응 형법상의 문서손괴죄를 구성한다. **cf)** 자기명의가 아닌 타인명의 문서나 연명문서의 내용을 변경하였다면 자기소유·타인소유를 불문하고 문서변조죄가 성립한다.

14-1 [대판 84도2802] 약속어음의 발행인이 소지인에게 어음의 액면과 지급기일을 개서하여 주겠다고 하여 위 어음을 교부받은 후 위 어음의 수취인란에 타인의 이름을 추가로 기입하여 위 **어음배서의 연속성을 상실하게 함**으로써 그 효용을 해한 경우에는 **문서손괴죄**에 해당한다.

14-2 [대판 82도223] 약속어음의 수취인이 차용금의 지급담보를 위하여 은행에 보관시킨 약속어음을 은행지점장이 발행인의 부탁을 받고 그 **지급기일란의 일자를 지움**으로써 그 효용을 해한 경우에는 문서손괴죄가 성립한다. **cf)** 손괴죄의 객체는 '타인의 소유'이어야 한다. 문서의 경우 타인소유이면 족하고 작성명의인은 불문한다. 따라서 **자기명의의 타인소유의 문서**(영수증, 약속어음 등)를 소유자의 동의 없이 폐기하거나 그 내용을 변경하면 문서손괴죄가 성립한다.

15 [대판 84도2290] 문서손괴죄의 객체는 **타인소유의 문서이며 피고인 자신의 점유**하에 있는 문서라 할지라도 타인소유인 이상 이를 손괴하는 행위는 문서손괴죄에 해당한다.

16 [대판 82도1057] [판결에 의하여 명도받은 토지의 경계에 설치한 **철조망과 경고판**을 치워버린 경우 재물손괴죄의 성부(적극)] 재물손괴죄에서의 효용을 해하는 행위에는 일시 물건의 구체적 역할을 할 수 없는 상태로 만드는 경우도 해당하므로 판결에 의하여 명도받은 토지의 경계에 설치해 놓은 철조망과 경고판을 치워 버림으로써 울타리로서의 역할을 해한 때에는 재물손괴죄가 성립한다.

17 [대판 78도2138] [본래의 용도에 사용할 수 없으나 다른 용도에 사용할 수 있는 경우와 재물손괴죄의 객체] 포도주 원액이 부패하여 **포도주 원료로서의 효용가치는 상실**되었으나, 그 산도가 1.8도 내지 6.2도에 이르고 있어 식초의 제조 등 다른 용도에 사용할 수 있는 경우에는 재물손괴죄의 객체가 될 수 있다.

18 [대판 70도2378] 우물에 연결하고 땅속에 묻어서 수도관적인 역할을 하고 있는 고무호스중 약 1.5미터를 발굴하여 우물가에 **제쳐 놓음으로써** 물이 통하지 못하게 한 행위는 호스 자체를 물질적으로 손괴한 것은 아니라 할지라도 그 구체적인 역할을 하고 있는 고무호스 효용을 해한 것이라고 볼 수 있다.

19 [대판 70도82] 타인소유의 토지에 사용수익의 **권한 없이 농작물(콩)을 경작한 경우**에 그 농작물의 소유권은 경작한 사람에게 귀속된다. 때문에 토지소유자가 경작한 콩을 뽑아버린 행위에 대하여 재물손괴의 죄책을 면할 수 없다.

92 권리행사방해죄에서 '타인의 점유'

* 대법원 2006. 3. 23. 선고 2005도4455 판결
* 참조조문: 형법 제323조[1]

권리행사방해죄의 보호대상인 '타인 점유'의 의미

●**사실**● OO렌트카(주)의 공동대표이사 중 1인인 Y는 피해자 A에 대한 개인적인 채무의 담보 명목으로 회사가 보유 중이던 이 사건 승용차를 A에게 넘겨주었다. A는 이 승용차를 약 4개월 동안 자신의 사무실 등지에서 운행해 오면서 위 회사 직원의 승용차 반환요구를 Y에 대한 채권 및 위 담보제공 약정을 이유로 거절해 왔다. 그러자 위 회사 공동대표이사 중 1인인 X는 A의 Y에 대한 채권의 존부 및 위 담보제공 약정의 효력에 관하여 A와 직접 접촉하여 관련 사실 및 증빙자료를 확인하는 등의 절차를 밟지 않은 채 A 사무실 부근에 주차되어 있던 이 승용차를 몰래 회수하였다.

원심은, 이 사건 승용차의 임차인인 A가 승용차를 반환하지 않고 있는 것으로만 알고 있었을 뿐 A가 위와 같은 담보제공 약정을 이유로 승용차 반환을 거부하고 있는 줄 알면서도 승용차 회수를 지시한 사실이 없다는 X의 주장을 받아들여, X에게 권리행사방해의 고의가 있었다고 볼 증거가 부족하다는 이유로 권리행사방해죄가 성립되지 않는다고 판단하였다. 이에 검사가 상고하였다.

●**판지**● 상고기각. 「[1] 권리행사방해죄에서의 보호대상인 타인의 점유는 반드시 점유할 권원에 기한 점유만을 의미하는 것은 아니고, (가) 일단 적법한 권원에 기하여 점유를 개시하였으나 사후에 점유 권원을 상실한 경우의 점유, (나) 점유 권원의 존부가 외관상 명백하지 아니하여 법정절차를 통하여 권원의 존부가 밝혀질 때까지의 점유, (다) 권원에 기하여 점유를 개시한 것은 아니나 **동시이행항변권** 등으로 대항할 수 있는 점유 등과 같이 **법정절차를 통한 분쟁 해결 시까지 잠정적으로 보호할 가치 있는 점유는 모두 포함된다**고 볼 것이고, 다만 절도범인의 점유와 같이 **점유할 권리 없는 자의 점유임이 외관상 명백한 경우는 포함되지 아니한다.**

[2] 렌트카회사의 공동대표이사 중 1인이 회사 보유 차량을 자신의 개인적인 채무담보 명목으로 피해자에게 넘겨주었는데 다른 공동대표이사인 피고인이 위 차량을 몰래 회수하도록 한 경우, **위 피해자의 점유는 권리행사방해죄의 보호대상인 점유에 해당한다**」.

●**해설**● 1 권리행사방해죄는 타인의 점유 또는 권리의 목적이 된 자기의 물건을 취거, 은닉, 손괴하는 범죄이다. 따라서 본죄의 보호법익은 소유권을 제외한 나머지 물권, 즉 용익물권과 담보물권으로 구성된 제한물권 및 채권이다. 보호의 정도는 **추상적 위험범**으로 해석된다. 본죄의 미수범 처벌규정은 없다.

2 본죄의 객체는 "타인의 **점유** 또는 권리의 목적이 된 자기의 물건"이다. ① 여기서 '**점유**'는 '**적법한 권원에 기한 점유**'일 것을 요한다. 나아가 「판지」에서 밝히고 있는 (가), (나), (다)의 경우와 같이 법정절차를 통한 분쟁 해결 시까지 잠정적으로 보호할 가치 있는 점유는 모두 포함된다. 그리고 ② 이 죄의 객체는 '**자기소유의 물건**'이어야 한다. 따라서 타인과 공유하는 물건은 이 죄의 객체가 되지 못하며, 등기나 등록이 되는 재산은 **등기나 등록이 된 자만** 이 죄의 주체가 될 수 있다.

---

1) 형법 제323조(권리행사방해) **타인의 점유 또는 권리의 목적이 된 자기의 물건** 또는 전자기록 등 특수매체기록을 **취거, 은닉** 또는 **손괴**하여 타인의 권리행사를 방해한 자는 5년 이하의 징역 또는 700만원 이하의 벌금에 처한다.

3 대법원은 원심과 달리 피해자의 승용차에 대한 점유는 법정절차를 통하여 점유 권원의 존부가 밝혀짐으로써 분쟁이 해결될 때까지 잠정적으로 보호할 가치 있는 점유에 포함된다고 보았다. 나아가 피해자가 위와 같은 경위로 채권 및 담보제공 약정을 이유로 승용차의 반환을 거절하고 있는 경우이든, 이 사건 승용차를 단순히 임차하였다가 그 반환을 거부하고 있는 경우이든 두 경우 모두 권리행사방해죄에서의 보호대상인 점유에 해당하는 것이므로, 피고인이 피해자가 이 사건 승용차를 단순히 임차하였다가 그 반환을 거절하고 있는 것으로 잘못 알고 있었다는 사정만으로는 피고인에게 권리행사방해의 고의가 없었다고는 볼 수 없다고 판단했다.

4 따라서 X에게는 권리행사방해죄가 성립될 수 있는 상황이나 권리행사방해죄의 객체는 자기의 소유물에 한한다. 그런데 이 승용차는 ○○렌트카(주)가 구입하여 보유 중이나 이 사건 공소사실 기재 일시까지도 아직 **회사나 X 명의로 신규등록 절차를 마치지 않은 미등록** 상태였다. 따라서 이 승용차는 회사나 X의 소유물이라고 할 수 없어 이를 전제로 하는 권리행사방해죄는 성립되지 않아 원심과 결론에서는 같다고 보았다.

5 권리행사방해죄에 있어서의 '**취거**'라 함은 「타인의 점유 또는 권리의 목적이 된 자기의 물건을 그 점유자의 의사에 반하여 그 점유자의 점유로부터 자기 또는 제3자의 점유로 옮기는 것을 말하므로 점유자의 의사나 그의 **하자있는 의사에 기하여 점유가 이전된 경우**에는 여기에서 말하는 취거로 볼 수는 없다」(대판 87도1952, Ref 2).

Reference

권리행사방해죄 성립을 부정한 사례

1 [대판 2022도5827] 파기환송. [교사범이 성립하려면 정범의 범죄행위가 인정되어야 하는지 여부(적극) / 자기의 소유가 아닌 물건이 권리행사방해죄의 객체가 될 수 있는지 여부(소극)] ●**사실**● 피고인 X는 서울 서초구 소재의 지상 5층 건물을 다른 사람과 공동으로 건축하여 관리하고 있다. 갑은 이 건물 및 부지를 매입하기 위한 공탁금, 등기비용 기타 소요자금 7억 원을 대납하는 조건으로 이 건물 5층에서 약 2개월 동안 아내를 포함한 가족들과 함께 임시로 거주하고 있다. 피고인은 2019. 11. 4. 22:10경 이 사건 건물 5층에서 피해자를 만나 위 돈이 입금되지 않았다면서 퇴거를 요구하였으나 받아들여지지 않자, 피해자의 가족을 내쫓을 목적으로 아들인 Y에게 건물 5층 현관문에 설치된 디지털 도어락의 비밀번호를 변경할 것을 지시하였고, **Y는 X의 지시에 따라 이 사건 도어락의 비밀번호를 변경**하였다. 이로써 피고인은 피해자의 점유의 목적이 된 자기의 물건인 이 사건 도어락에 대한 권리행사방해를 교사하였다는 혐의로 기소되었다. 원심은 이 사건 도어락이 피고인 소유의 물건으로서 형법 제323조에서 규정한 '자기의 물건'에 해당한다고 판단하여, 이 사건 공소사실을 무죄로 판단한 제1심판결을 파기하고 유죄를 인정하였다. ●**판지**● 원심이 판단한 바에 의하더라도 이 사건 도어락은 피고인 소유의 물건일 뿐 Y(아들) 소유의 물건은 아니라는 것이다. 따라서 앞서 본 법리에 비추어 보면, Y가 자기의 물건이 아닌 이 사건 도어락의 비밀번호를 변경하였다고 하더라도 권리행사방해죄가 성립할 수 없고, 이와 같이 정범인 Y의 권리행사방해죄가 인정되지 않는 이상 교사자인 피고인에 대하여 권리행사방해교사죄도 성립할 수 없다.

2 [대판 2017도4578] [권리행사방해죄의 공범으로 기소된 **물건의 소유자에게 고의가 없는** 등으로 범죄가 성립하지 않는 경우, 물건의 소유자가 아닌 사람이 권리행사방해죄의 공동정범이 될 수 있는지 여부(소극)] 물건의 소유자가 아닌 사람은 형법 제33조 본문에 따라 소유자의 권리행사방해 범행에 가담한 경우에 한하여 그의 공범이 될 수 있을 뿐이다. 그러나 권리행사방해죄의 공범으로 기소된 물건의 소유자에게 고의가 없는 등으로 범죄가 성립하지 않는다면 공동정범이 성립할 여지가 없다.

자기의 소유가 아닌 물건은 권리행사방해죄의 객체가 될 수 없다

3-1 [대판 2005도6604] [1] 형법 제323조의 권리행사방해죄는 타인의 점유 또는 권리의 목적이 된 자기의 물건을 취거, 은닉 또는 손괴하여 타인의 권리행사를 방해함으로써 성립하는 것이므로, 그 취거, 은닉 또는 손괴한 물건이 **자기의 물건이 아니라면 권리행사방해죄가 성립할 여지가 없다**. [2] 피고인이 피해자에게 담보로 제공한 차량이 그 자동차등록원부에 **타인 명의로 등록되어 있는 이상** 그 차량은 피고인의 소유는 아니라는 이유로, 피고인이 피해자의 승낙 없이 미리 소지하고 있던 위 차량의 보조키를 이용하여 이를 운전하여 간 행위가 권리행사방해죄를 구성하지 않는다. cf) 등기나 등록을 요하는 재산일 경우, 등기나 등록이 된 자만이 이 죄의 객체가 될 수 있다.

3-2 [대판 2000도5767] 피고인이 택시를 회사에 지입하여 운행하였다고 하더라도, 피고인이 회사와 사이에 위 택시의 소유권을 피고인이 보유하기로 약정하였다는 등의 특별한 사정이 없는 한, 위 **택시는 그 등록명의자인 회사의 소유이고 피고인의 소유는 아니라고 할 것**이므로 회사의 요구로 위 택시를 회사 차고지에 입고하였다가 회사의 승낙을 받지 않고 이를 가져간 피고인의 행위는 권리행사방해죄에 해당하지 않는다.

4 [대판 2006도4215] [권리행사방해죄에서 말하는 '자기의 물건'의 의미와 그 소유권 귀속의 기준 및 명의신탁 받은 부동산이 명의수탁자의 '자기의 물건'인지 여부(원칙적 소극)] [1] 형법 제323조의 권리행사방해죄에서 말하는 '자기의 물건'이라 함은 범인이 소유하는 물건을 의미하고, 여기서 소유권의 귀속은 민법 기타 법령에 의하여 정하여진다 할 것인바, 부동산실권리자 명의등기에 관한 법률 제4조 제1항, 제2항 및 제8조에 의하면 종중 및 배우자에 대한 특례가 인정되는 경우나 부동산에 관한 물권을 취득하기 위한 계약에서 명의수탁자가 그 일방당사자가 되고 그 타방 당사자가 명의신탁약정이 있다는 사실을 알지 못하는 경우 이외에는 명의수탁자는 명의신탁 받은 부동산의 소유자가 될 수 없고, 이는 제3자에 대한 관계에 있어서도 마찬가지이므로, 명의수탁자로서는 명의신탁 받은 부동산이 '자기의 물건'이라고 할 수 없다. [2] 진흥영농조합법인이 공소외인으로부터 이 사건 과수원을 매수할 당시 피고인에게 그 매수인 명의를 신탁하였고 공소외인도 그 사실을 알고 있었던 사실 등 판시 사실들을 인정한 다음, 그에 따르면 위 명의신탁약정 및 그에 기하여 이루어진 이 사건 과수원에 대한 **피고인 명의의 소유권이전등기는 모두 무효**이므로, 이 사건 과수원 및 그 지상에 식재된 감귤나무를 피고인의 소유로 볼 수 없다고 하여, 주위적 공소사실인 권리행사방해의 점을 무죄로 판단한 제1심판결을 유지하였는바, 앞서 본 법리와 기록에 비추어 보면 이러한 원심의 사실인정 및 판단은 정당한 것으로 수긍할 수 있고, 거기에 상고이유로 주장하는 바와 같은 권리행사방해죄에 있어서의 자기의 물건에 관한 법리를 오해하는 등으로 판결 결과에 영향을 미친 위법이 있다고 볼 수 없다.

5 [대판 2005도626] [1] [배우자에게 **명의신탁한 부동산**이 권리행사방해죄에서 말하는 '자기의 물건'에 해당하는지 여부(소극)] 부동산 실권리자명의 등기에 관한 법률 제8조는 배우자 명의로 부동산에 관한 물

권을 등기한 경우에 조세포탈, 강제집행의 면탈 또는 법령상 제한의 회피를 목적으로 하지 아니한 때에는 제4조 내지 제7조 및 제12조 제1항, 제2항의 규정을 적용하지 아니한다고 규정하고 있는바, 만일 명의신탁자가 그러한 목적으로 명의신탁을 함으로써 명의신탁이 무효로 되는 경우에는 말할 것도 없고, 그러한 목적이 없어서 유효한 명의신탁이 되는 경우에도 **제3자인 부동산의 임차인에 대한 관계**에서는 명의신탁자는 소유자가 될 수 없으므로, 어느 모로 보나 신탁한 부동산이 권리행사방해죄에서 말하는 '자기의 물건'이라 할 수 없다. [2] 피고인이 이른바 중간생략등기형 명의신탁 또는 계약명의신탁의 방식으로 자신의 처에게 등기명의를 신탁해 놓은 점포에 자물쇠를 채워 점포의 임차인을 출입하지 못하게 한 경우, 그 점포가 권리행사방해죄의 객체인 '자기의 물건'에 해당하지 않는다고 한 사례.

6 [대판 87도1952] [형법 제323조 소정의 **'취거'의 의미**] [1] 형법 제323조 소정의 권리행사방해죄에 있어서의 취거라 함은 타인의 점유 또는 권리의 목적이 된 자기의 물건을 그 점유자의 의사에 반하여 그 점유자의 점유로부터 자기 또는 제3자의 점유로 옮기는 것을 말하므로 점유자의 의사나 그의 **하자있는 의사에 기하여 점유가 이전된 경우**에는 여기에서 말하는 취거로 볼 수는 없다. [2] 채권자인 공소외 오인자가 채무자인 피고인으로부터 차용금 채무의 담보로 제공받은 피고인 소유의 그 설시 맥콜을 공소외 신 영 등 2인에게 보관시키고 있던 중 피고인이 위 맥콜은 공소외 1로부터 교부받은 것이고 이를 동인에게 반환한다는 내용으로 된 반환서를 공소외 1에게 작성해 주어 공소외 1이 위 신영 등 2인에게 이 반환서를 제시하면서 위 맥콜은 피고인에게 편취당한 장물이므로 이를 인계하여 달라고 요구하여 이를 믿은 동인들로부터 이를 교부받아 간 사실을 인정한 다음 공소외 1이 위와 같은 경위로 위 신영 등 2인으로 부터 위 맥콜을 인도받아 간 것이라면 이는 피고인의 **취거행위로 볼 수는 없다**고 판단되어 피고인은 죄가 성립되지 않는다.

7 [대판 85도494] 피고인은 1981.10.5 A 주식회사의 **대표이사에 취임**하였다가 1982.1.28 **사임하였고** 피고인이 이 사건 흄관몰드 등을 위 삼화기업주식회사에 양도한 날은 1982.7.24임이 인정되므로 위 흄관몰드 등이 A 주식회사의 소유라고 하더라도 법인은 범죄능력이 없어 그 대표이사직에 있는 피고인이 그 죄책을 져야한다는 소론논지는 나머지 점에 대한 판단의 필요없이 우선 이점에서 그 이유가 없다고 할 수 밖에 없다.

8 [대판 83도2413] [회사의 부사장이 회사소유 선박을 취거한 경우 권리행사방해죄의 성부(소극)] 이 사건 선박이 공소외 회사명의로 소유권등기가 경료된 것이라면 위 선박은 피고인의 소유라 할 수 없고 피고인이 위 회사의 과점주주라거나 부사장이라 하여도 피고인의 소유라 할 수 없는 것이므로, 피고인이 타인이 점유 중인 위 선박을 취거하였다 하여도 이는 권리행사방해죄를 구성하지 아니한다.

권리행사방해죄 성립을 인정한 사례

9-1 [대판 2017도2230] 파기환송. [1] [권리행사방해죄의 구성요건 중 '은닉'의 의미 및 권리행사방해죄가 성립하기 위하여 현실로 권리행사가 방해되었을 것이 필요한지 여부(소극)] 형법 제323조의 권리행사방해죄는 타인의 점유 또는 권리의 목적이 된 자기의 물건 또는 전자기록 등 특수매체기록을 취거, 은닉 또는 손괴하여 타인의 권리행사를 방해함으로써 성립한다. 여기서 **'은닉'이란** 타인의 점유 또는 권리의 목적이 된 자기 물건 등의 소재를 발견하기 불가능하게 하거나 또는 현저히 곤란한 상태에 두는 것을 말하고,

그로 인하여 권리행사가 방해될 우려가 있는 상태에 이르면 권리행사방해죄가 성립하고 현실로 권리행사가 방해되었을 것까지 필요로 하는 것은 아니다. [2] 피고인들이 공모하여 렌트카 회사인 갑 주식회사를 설립한 다음 을 주식회사 등의 명의로 저당권등록이 되어 있는 다수의 차량들을 사들여 갑 회사 소유의 영업용 차량으로 등록한 후 자동차대여사업자등록 취소처분을 받아 **차량등록을 직권말소시켜 저당권 등이 소멸되게 함으로써** 을 회사 등의 저당권의 목적인 차량들을 은닉하는 방법으로 권리행사를 방해하였다는 내용으로 기소된 사안에서, 피고인들은 처음부터 자동차대여사업자에 대한 등록취소 및 자동차등록 직권말소절차의 허점을 이용하여 권리행사를 방해할 목적으로 범행을 모의한 다음 **렌트카 사업자등록만 하였을 뿐 실제로는 영업을 하지 아니함에도** 차량 구입자들 또는 지입차주들로 하여금 차량을 관리·처분하도록 함으로써 차량들의 소재를 파악할 수 없게 하였고, 나아가 자동차대여사업자등록이 취소되어 차량들에 대한 저당권등록마저 직권말소되도록 하였으므로, 이러한 행위는 그 자체로 저당권자인 을 회사 등으로 하여금 자동차등록원부에 기초하여 **저당권의 목적이 된 자동차의 소재를 파악하는 것을 현저하게 곤란하게 하거나 불가능하게 하는 행위에** 해당함에도, 이와 달리 피고인들이 차량들을 은닉하였다고 단정할 수 없다는 이유로 무죄로 판단한 원심판결에 권리행사방해죄에 관한 법리오해의 잘못이 있다.

9-2 [대판 2017도2230] 피고인들이 공모하여 렌트카 회사인 갑 주식회사를 설립한 다음 을 주식회사 등의 명의로 저당권등록이 되어 있는 다수의 차량들을 사들여 갑 회사 소유의 영업용 차량으로 등록한 후 자동차대여사업자등록 취소처분을 받아 차량등록을 직권말소시켜 저당권 등이 소멸되게 함으로써 을 회사 등의 저당권의 목적인 차량들을 은닉하는 방법으로 권리행사를 방해하였다는 내용으로 기소된 사안에서, 피고인들은 처음부터 자동차대여사업자에 대한 등록취소 및 자동차등록 직권말소절차의 허점을 이용하여 권리행사를 방해할 목적으로 범행을 모의한 다음 렌트카 사업자등록만 하였을 뿐 실제로는 영업을 하지 아니함에도 차량 구입자들 또는 지입차주들로 하여금 차량을 관리·처분하도록 함으로써 차량들의 소재를 파악할 수 없게 하였고, 나아가 자동차대여사업자등록이 취소되어 차량들에 대한 저당권등록마저 직권말소되도록 하였으므로, 이러한 행위는 그 자체로 저당권자인 을 회사 등으로 하여금 자동차등록원부에 기초하여 저당권의 목적이 된 자동차의 소재를 파악하는 것을 현저하게 곤란하게 하거나 불가능하게 하는 행위에 해당함에도, 이와 달리 피고인들이 차량들을 은닉하였다고 단정할 수 없다는 이유로 무죄로 판단한 원심판결에 권리행사방해죄에 관한 법리오해의 잘못이 있다고 한 사례.

10 [대판 2011도2368] [1] 형법 제323조의 권리행사방해죄에 있어서의 타인의 점유라 함은 권원으로 인한 점유, 즉 정당한 원인에 기하여 물건을 점유하는 것을 의미하지만, **반드시 본권에 기한 점유만을 말하는 것이 아니라 유치권 등에 기한 점유도 여기에 해당**한다. [2] 甲 종합건설회사가 유치권 행사를 위하여 점유하고 있던 주택에 피고인이 그 소유자인 처(妻)와 함께 출입문 용접을 해제하고 들어가 거주한 사안에서, 유치권자인 甲 회사의 권리행사를 방해하였다고 보아 형법 제323조의 권리행사방해죄의 유죄를 인정한 원심판단을 수긍한 사례.

지입차량의 경우
11-1 [대판 2008도6578] [권리행사방해죄의 보호대상인 '타인의 점유'의 의미] 운수회사 직원인 피고인이 회사 대표 甲 등과 공모하여 지입차주인 피해자들이 점유하는 각 차량 또는 번호판을 지입료 등 연체를 이유로 무단 취거한 사안에서, 위 권리행사방해 행위가 형법상 정당행위에 해당하지 않는다고 한 사례. **cf)** 회사에 지입된 차량은 대외적으로 그 소유권이나 운행관리권이 그 **회사에 귀속**된다. 따라서 지입차량을 지

입차주가 직접 운행관리하는 경우에도 지입차주는 운송사업자인 지입회사로부터 지입차량에 관한 운행관리권을 위임받아 운행관리상 통상업무에 속하는 행위를 대리하는 것에 불과하다. 따라서 회사가 이를 취거해 가면 권리행사방해죄가 성립한다.

11-2 [비교판례] [대판 2000도5767] 피고인이 택시를 회사에 지입하여 운행하였다고 하더라도, 피고인이 회사와 사이에 위 택시의 소유권을 피고인이 보유하기로 약정하였다는 등의 특별한 사정이 없는 한, 위 택시는 그 등록명의자인 회사의 소유이고 피고인의 소유는 아니라고 할 것이므로 회사의 요구로 위 택시를 회사 차고지에 입고하였다가 회사의 승낙을 받지 않고 이를 가져간 **피고인의 행위는 권리행사방해죄에 해당하지 않는다**고 한 사례.

12 [대판 2003도4257] [형법 제323조 권리행사방해죄 소정의 타인의 점유의 의미 및 무효인 경매절차에 의하여 부동산을 낙찰받아 점유하게 된 자의 점유가 형법 제323조 소정의 **'타인의 점유'에 해당하는지 여부** (적극)] 형법 제323조의 권리행사방해죄에 있어서의 타인의 점유라 함은 권원으로 인한 점유 즉 정당한 원인에 기하여 그 물건을 점유하는 권리있는 점유를 의미하는 것으로서 본권을 갖지 아니한 절도범인의 점유는 여기에 해당하지 아니하나, 반드시 본권에 의한 점유만에 한하지 아니하고 **동시이행항변권**[2] **등에 기한 점유**와 같은 적법한 점유도 여기에 해당한다고 할 것이고, 한편, 쌍무계약이 무효로 되어 각 당사자가 서로 취득한 것을 반환하여야 할 경우, 어느 일방의 당사자에게만 먼저 그 반환의무의 이행이 강제된다면 공평과 신의칙에 위배되는 결과가 되므로 각 당사자의 반환의무는 동시이행 관계에 있다고 보아 민법 제536조를 준용함이 옳다고 해석되고, 이러한 법리는 **경매절차가 무효로 된 경우에도 마찬가지**라고 할 것이므로, 무효인 경매절차에서 경매목적물을 경락받아 이를 점유하고 있는 낙찰자의 점유는 적법한 점유로서 그 점유자는 권리행사방해죄에 있어서의 타인의 물건을 점유하고 있는 자라고 할 것이다.

13 [대판 94도1439] 공장근저당권이 설정된 선반기계 등을 이중담보로 제공하기 위하여 이를 다른 장소로 옮긴 경우, 이는 공장저당권의 행사가 방해될 우려가 있는 행위로서 권리행사방해죄에 해당한다.

14 [대판 88도410] 차량대여회사가 대여차량을 실력으로 회수한 행위가 정당행위에 해당되지 않고 권리행사방해죄에 해당한다.

---

2) **동시이행의 항변권**이란 쌍무계약에서 당사자 일방이 동시이행에 있는 상대방의 채무이행이 없음을 이유로 자신의 채무이행을 거절할 수 있는 권능을 말한다. 상환의 원칙에 기초한 조항으로서, 민법 제536조에 규정하고 있다. **민법 제536조**(동시이행의 항변권) ① 쌍무계약의 당사자일방은 상대방이 그 채무이행을 제공할 때까지 자기의 채무이행을 거절할 수 있다. 그러나 상대방의 채무가 변제기에 있지 아니하는 때에는 그러하지 아니하다. ② 당사자일방이 상대방에게 먼저 이행하여야 할 경우에 상대방의 이행이 곤란할 현저한 사유가 있는 때에는 전항 본문과 같다.

채무자가 가압류채권자의 지위에서 가압류집행해제를 신청함으로써 그 지위를 상실하는 행위가 강제집행면탈행위에 해당하는가?

●**사실**● 피고인 X는 A에 대한 4,500만 원의 약정금채권을 피보전권리로 하여 A의 대한민국에 대한 급여채권을 가압류하였다. 이에 A는 가압류해방금을 공탁하였다. 한편, X의 채권자인 B, C는 A의 위 가압류해방금 공탁이 X를 피공탁자로 하여 변제공탁 또는 집행 공탁한 것으로 잘못 알고, 채무자를 X, 제3채무자를 대한민국, 가압류대상채권을 X가 피공탁자로서 가지는 공탁금출급청구권으로 하여 각 가압류를 하거나 압류명령 및 추심명령을 받았다. 그러나 그 후 X는 위 가압류집행해제 신청을 하여 A로 하여금 위 공탁금 전액을 반환받게 하였다.

이에 검사는 X를 강제집행면탈로 기소하였고 제1심은 강제집행의 대상이 된 재산인 공탁금을 A에게 반환한 것은 그 소유관계의 귀속을 불분명하게 하여 재산을 은닉한 것으로 판단하여 X에 대해 유죄를 선고하였다. 그러나 원심은 강제집행의 대상인 X의 재산은 X가 A에 대하여 가지는 약정금 채권 그 자체이지 X가 그 약정금 채권을 보전하기 위하여 가압류를 한 A의 급여채권이나 그가 공탁한 가압류해방금은 아닌 것으로 판단하여 X에게 무죄를 선고하였고 이에 검사가 상고하였다.

●**판지**● 상고기각. 「형법 제327조는 "강제집행을 면할 목적으로 재산을 은닉, 손괴, 허위양도 또는 허위의 채무를 부담하여 채권자를 해한 자"를 처벌함으로써 강제집행이 임박한 채권자의 권리를 보호하기 위한 것이므로, 강제집행면탈죄의 객체는 채무자의 재산 중에서 채권자가 민사집행법상 강제집행 또는 보전처분의 대상으로 삼을 수 있는 것만을 의미한다고 할 것인바, '**보전처분 단계에서의 가압류채권자의 지위**' 자체는 원칙적으로 민사집행법상 강제집행 또는 보전처분의 대상이 될 수 없는 것이므로 이러한 지위를 강제집행면탈죄의 객체에 해당한다고 볼 수 없고, 이는 가압류채무자가 가압류해방금을 공탁한 경우에도 마찬가지이다. 나아가 채무자가 가압류채권자의 지위에 있으면서 가압류집행해제를 신청함으로써 그 지위를 상실하는 행위는 형법 제327조에서 정한 '은닉, 손괴, 허위양도 또는 허위채무부담' 등 강제집행면탈행위의 어느 유형에도 포함되지 않는 것이므로, 이러한 행위를 처벌대상으로 삼을 수도 없다」.

●**해설**● 1 강제집행면탈죄는 강제집행을 면할 목적으로 재산을 은닉, 손괴, 허위양도 또는 허위의 채무를 부담하여 채권자를 해하는 범죄이다. 본죄의 보호법익은 '**채권자의 권리보호**'이다. 따라서 **채권의 존재는 강제집행면탈죄의 성립요건**이 된다(대판 2011도2252, Ref 13-1). 때문에 그 채권의 존재가 인정되지 않을 때에는 강제집행면탈죄가 성립하지 않는다.

2 강제집행면탈죄는 「이른바 **위태범**으로서 강제집행을 당할 구체적인 위험이 있는 상태에서 재산을

---

1) 형법 제327조(강제집행면탈) 강제집행을 면할 **목적으로** 재산을 **은닉, 손괴, 허위양도** 또는 **허위의 채무를 부담**하여 채권자를 해한 자는 3년 이하의 징역 또는 1천만원 이하의 벌금에 처한다.

은닉, 손괴, 허위양도 또는 허위의 채무를 부담하면 바로 성립하는 것이고, 반드시 채권자를 해하는 결과가 야기되거나 이로 인하여 행위자가 어떤 이득을 취하여야 범죄가 성립하는 것은 아니며, 은닉한 부동산의 시가액보다 그 부동산에 의하여 담보된 채무액이 더 많다고 하여 그 은닉으로 인하여 채권자를 해할 위험이 없다고 할 수 없다」고 할 것이다(대판 98도2474).

3 강제집행면탈죄가 성립하기 위해서는 '강제집행을 당할 위험이 있는 객관적 상태'가 존재해야 한다. 여기서 '강제집행을 받을 객관적 상태'란 **민사소송**에 의하여 강제집행·가압류·가처분 등의 집행[2])을 당할 **구체적 염려**가 있는 상태를 말한다. 따라서 그러한 상태가 존재하면 구체적으로 강제집행이 사실상 일어나고 있음을 요하지는 않는다(대판 73도384, Ref 7-1). 그러나 그러한 상태가 아닌 경우에는 비록 강제집행을 면할 목적으로 허위양도 등을 하더라도 본죄는 성립하지 않는다. 또한 강제집행면탈죄가 성립되려면 「행위자의 주관적인 강제집행을 면탈하려는 의도가 객관적으로 강제집행을 당할 급박한 상태 하에서 나타나야 한다」(대판 79도436, Ref 20).

4 강제집행면탈죄의 객체는 채무자의 재산 중에서 채권자가 민사집행법상 **강제집행 또는 보전처분의 대상**으로 삼을 수 있는 것이어야 한다. 따라서 이른바 계약명의신탁의 방식으로 명의수탁자가 당사자가 되어 소유자와 부동산에 관한 매매계약을 체결하고 그 명의로 소유권이전등기를 마친 경우, 그 명의신탁자는 그 매매계약에 의해서는 당해 부동산의 소유권을 취득하지 못하게 되어, 결국 그 부동산은 **명의신탁자에 대한 강제집행이나 보전처분의 대상이 될 수 없다**(대판 2007도2168, Ref 16). 또한 강제집행면탈죄에 있어서 재산에는 「동산·부동산뿐만 아니라 재산적 가치가 있어 민사소송법에 의한 강제집행 또는 보전처분이 가능한 **특허 내지 실용신안 등을 받을 수 있는 권리도 포함**된다」(대판 2001도4759).

5 사안에서 원심과 대법원은 '보전처분 단계에서의 가압류채권자의 지위' 자체는 원칙적으로 민사집행법상 강제집행 또는 보전처분의 대상이 될 수 없는 것으로 보았고 따라서 이러한 지위는 강제집행면탈죄의 객체에 해당되지 않는 것으로 판단하였다. 즉 대법원은 「가압류해방금을 공탁한 경우 종전 가압류의 효력은 공탁자인 가압류 채무자의 공탁금회수청구권에 대하여 미쳐 가압류 채권자는 공탁자인 가압류 채무자가 그 공탁금에 대하여 가지는 회수청구권에 대하여 **장차 현금화 명령을 통해 강제집행을 할 수 있는 지위를 가질 뿐** 그 공탁금 자체에 대하여 출급청구권이나 우선변제권 등 권리를 가지는 것이 아니므로 그 가압류해방공탁금이 피고인의 재산이라거나 피고인이 그 공탁금에 대하여 출급청구권 등 구체적 권리를 가진다고 볼 수 없다」는 원심의 판단을 받아들였다.

---

2) 때문에 **국세징수법**에 의한 체납처분을 면탈할 목적으로 재산을 은닉하는 등의 행위는 강제집행면탈죄의 규율 대상이 되지 못한다(대판 2010도5693, Ref 14).

강제집행면탈죄의 성립을 인정한 사례

1 [대판 2011도6115] [1] [강제집행면탈죄의 객체인 '재산'에 '장래의 권리'가 포함되는지 여부(한정 적극)] 강제집행면탈죄의 객체인 재산은 채무자의 재산 중에서 채권자가 민사집행법상 강제집행 또는 보전처분의 대상으로 삼을 수 있는 것을 의미하는데, 장래의 권리라도 채무자와 제3채무자 사이에 채무자의 장래청구권이 충분하게 표시되었거나 결정된 법률관계가 존재한다면 재산에 해당하는 것으로 보아야 한다. [2] 피해자 甲은 乙의 채권자로서 乙이 丙 소유 부동산 경매사건에서 지급받을 배당금 채권의 일부에 가압류를 해 두었는데, 피고인과 丙, 乙의 상속인 등이 공모하여 丙의 乙에 대한 채무가 완제된 것처럼 허위의 채무완제확인서를 작성하여 법원에 제출하는 등의 방법으로 매각허가결정된 丙 소유 부동산의 경매를 취소하였다는 내용으로 기소된 사안에서, 피고인에게 강제집행면탈죄를 인정한 원심판단을 수긍한 사례.

2-1 [대판 2008도3184] 이혼을 요구하는 처로부터 재산분할청구권에 근거한 가압류 등 강제집행을 받을 우려가 있는 상태에서 남편이 이를 면탈할 목적으로 **허위의 채무를 부담하고 소유권이전청구권보전가등기를 경료한 경우**, 강제집행면탈죄가 성립한다.

2-2 [비교판례] [대판 87도1260][타인에게 채무를 부담하고 있는 것으로 가장하는 방편으로 자기소유의 부동산에 관하여 **소유권이전청구권보전을 위한 가등기**를 경료한 것이 강제집행면탈죄에 해당하는지 여부] 피고인이 타인에게 채무를 부담하고 있는 양 가장하는 방편으로 피고인 소유의 부동산들에 관하여 소유권이전청구권보전을 위한 가등기를 경료하여 주었다 하더라도 그와 같은 가등기는 원래 순위보전의 효력밖에 없는 것이므로 그와 같이 각 가등기를 경료한 사실만으로는 피고인이 강제집행을 면탈할 목적으로 허위채무를 부담하여 채권자를 해한 것이라고 할 수 없다.

3 [대판 2008도198] 채권자가 민사소송에서 승소확정판결을 받기 전에 당해 채권을 제3자에게 양도한 사안에서, **양도 전 수개의 가압류가 경합**하고 있었고 채무자가 민사소송에서 채권이 양도되었다는 항변을 제출하지 않아 승소판결이 되었다면, 강제집행면탈죄의 성립요건인 '채권의 존재'를 인정할 수 있다.

강제집행면탈죄에 있어서 재산의 '은닉'

4-1 [대판 2003도3387] [강제집행면탈죄에 있어서 재산의 '은닉'의 의미 및 판단기준] [1] 형법 제327조에 규정된 강제집행면탈죄에 있어서의 재산의 '은닉'이라 함은 강제집행을 실시하는 자에 대하여 재산의 발견을 불능 또는 곤란케 하는 것을 말하는 것으로서, 재산의 소재를 불명케 하는 경우는 물론 **그 소유관계를 불명**하게 하는 경우도 포함하나, 재산의 소유관계를 불명하게 하는 데 반드시 공부상의 소유자 명의를 변경하거나 폐업 신고 후 다른 사람 명의로 새로 사업자 등록을 할 것까지 요하는 것은 아니고, 강제집행면탈죄의 성립에 있어서는 채권자가 현실적으로 실제로 손해를 입을 것을 요하는 것이 아니라 채권자가 손해를 입을 **위험성만 있으면 족하다**. [2] 사업장의 유체동산에 대한 강제집행을 면탈할 목적으로 사업자 등록의 사업자 명의를 변경함이 없이 사업장에서 사용하는 **금전등록기의 사업자 이름만을 변경한 경우**, 강제집행면탈죄에 있어서 재산의 '은닉'에 해당한다.

4-2 [대판 82도1987] 강제집행면탈죄에 있어서 재산의 "은닉"이라 함은 재산의 소유관계를 불명케 하는 행위도 포함하는 것이므로 부동산의 선순위 가등기권자와 그 부동산 소유자가 사전 모의하여 그 부동산

에 관한 다른 채권자의 강제집행을 면할 목적으로 **선순위 가등기권자 앞으로 소유권이전의 본등기를 한 경우**도 재산의 은닉에 해당한다.

4-3 [대판 98도4558] 강제집행면탈의 한 행위유형인 '**재산의 은닉**'이라 함은 재산의 소유관계를 불명하게 하는 행위를 포함하는 것으로서, 피고인이 자신의 채권담보의 목적으로 채무자 소유의 선박들에 관하여 가등기를 경료하여 두었다가 채무자와 공모하여 위 선박들을 가압류한 다른 채권자들의 강제집행을 불가능하게 할 목적으로 **정확한 청산절차도 거치지 않은 채 의제자백판결을 통하여** 선순위 가등기권자인 피고인 앞으로 본등기를 경료함과 동시에 가등기 이후에 경료된 가압류등기 등을 모두 직권말소하게 하였음은 소유관계를 불명하게 하는 방법에 의한 '재산의 은닉'에 해당한다.

5 [대판 82도1987] [다른 채권자의 강제집행을 면하고자 선순위 가등기권자 앞으로 본등기를 경료한 것이 재산의 "은닉"에 해당하는지 여부] 강제집행면탈죄에 있어서 재산의 "은닉" 이라 함은 재산의 소유관계를 불명케 하는 행위도 포함하는 것이므로 부동산의 선순위 가등기권자와 그 부동산 소유자가 사전모의하여 그 부동산에 관한 다른 채권자의 강제집행을 면할 목적으로 선순위 가등기권자 앞으로 소유권이전의 본등기를 한 경우도 재산의 은닉에 해당한다.

6 [대판 82도1544] [조건부 채권의 보전처분의 면탈행위 후 그 조건이 불성취된 경우 강제집행면탈죄의 성부] 집행할 채권이 조건부 채권이라 하여도 그 채권자는 이를 피보전권리로 하여 보전처분을 함에는 법률상 아무런 장해도 없다 할 것이니 이와 같은 보전처분을 면할 목적으로 형법 제327조 소정의 행위를 한 이상 강제집행면탈죄는 성립되며 그 후 그 조건의 불성취로 채권이 소멸되었다 하여도 일단 성립한 범죄에는 영향을 미칠 수 없다고 해석함이 상당하다.

강제집행면탈죄의 성립요건

7-1 [대판 73도384] 파기환송. 강제집행면탈죄는 채권자가 채권확보를 위하여 **소송을 제기할 듯한 기세를 보이자** 채무자가 강제집행을 면할 목적으로 자기소유재산을 타인에게 허위양도한 경우에 성립하는 것으로 구체적으로 강제집행이 사실상 일어나고 있었음을 요하는 것은 아니다. cf) 원심은 「강제집행은 민사소송법에 의한 강제집행 또는 동법을 준용하는 가압류, 가처분등의 집행을 지칭하는 것으로서 면탈죄가 되려면 채권자가 가처분, 가압류를 한 사실이 있거나 최소한 지급명령신청이나 민사소송을 제기한 일이 있어서 구체적으로 강제집행을 받을 우려가 있는 상태 하 그 강제집행을 면할 목적이 있어야 하는 바, 피해자는 본건 부동산이 피고인 2 명의로 소유권이전등기가 될 당시 이러한 신청이나 가압류 등을 한 사실이 없다는 이유로」 본죄의 성립을 부정하였다.

7-2 [대판 84도18] 형법 제327조의 강제집행면탈죄는 (가) 현실적으로 민사소송법에 의한 강제집행 또는 가압류, 가처분의 집행을 받을 **우려가 있는 객관적인 상태아래** 즉 채권자가 본안 또는 보전소송을 **제기하거나 제기할 태세를 보이고 있는 상태에서** (나) 주관적으로 강제집행을 면탈하려는 목적으로 재산을 은닉, 손괴하거나 허위로 양도하는 경우에 성립한다.

7-3 [대판 2012도3999] [1] 형법 제327조의 강제집행면탈죄는 **위태범**으로서 현실적으로 민사소송법에 의한 강제집행 또는 가압류·가처분의 집행을 받을 우려가 있는 객관적인 상태 아래, 즉 채권자가 본안 또는 보전소송을 제기하거나 제기할 태세를 보이고 있는 상태에서 주관적으로 강제집행을 면탈하려는 목적으로 재산을 은닉, 손괴, 허위양도하거나 허위의 채무를 부담하여 채권자를 해할 위험이 있으면 성립하고,

반드시 채권자를 해하는 결과가 야기되거나 행위자가 어떤 이득을 취하여야 범죄가 성립하는 것은 아니다. [2] 채무자인 피고인이 채권자 甲의 가압류집행을 면탈할 목적으로 제3채무자 乙에 대한 채권을 丙에게 허위양도하였다고 하여 강제집행면탈로 기소된 사안에서, 가압류결정 정본이 제3채무자에게 송달된 날짜와 피고인이 채권을 양도한 날짜가 동일하므로 가압류결정 정본이 乙에게 송달되기 전에 채권을 허위로 양도하였다면 강제집행면탈죄가 성립하는데도, 가압류결정 정본 송달과 채권양도 행위의 선후에 대해 심리·판단하지 아니한 채 무죄를 선고한 원심판결에 법리오해 등의 위법이 있다고 한 사례.

7-4 [대판 96도3141] [강제집행면탈죄의 성립요건으로서 '강제집행을 당할 구체적인 위험이 있는 상태'의 의미] [1] 형법 제327조의 강제집행면탈죄는 강제집행을 당할 구체적인 위험이 있는 상태에서 재산을 은닉, 손괴, 허위양도 또는 허위의 채무를 부담하여 채권자를 해할 때 성립된다 할 것이고, 여기서 집행을 당할 구체적인 위험이 있는 상태란 채권자가 이행청구의 소 또는 그 보전을 위한 가압류, 가처분신청을 제기하거나 제기할 태세를 보인 경우를 말한다. [2] 약 18억 원 정도의 채무초과 상태에 있는 피고인 발행의 **약속어음이 부도**가 난 경우, 강제집행을 당할 구체적인 위험이 있는 상태에 있다고 인정한 사례.

강제집행면탈죄의 성립을 부정한 사례

8 [대판 2017도6229] [압류금지채권의 목적물이 채무자의 예금계좌에 입금된 경우, 그 예금채권도 압류금지채권에 해당하는지 여부(소극) / 압류금지채권의 목적물을 수령하는 데 사용하던 기존 예금계좌가 채권자에 의해 압류된 채무자가 압류되지 않은 다른 예금계좌를 통하여 그 목적물을 수령하는 경우, 강제집행면탈죄가 성립하는지 여부(소극)] [1] **압류금지채권의 목적물**이 채무자의 예금계좌에 입금된 경우에는 그 예금채권에 대하여 더 이상 압류금지의 효력이 미치지 아니하므로 그 예금은 압류금지채권에 해당하지 않지만, 압류금지채권의 목적물이 채무자의 예금계좌에 입금되기 전까지는 여전히 강제집행 또는 보전처분의 대상이 될 수 없으므로, 압류금지채권의 목적물을 수령하는 데 사용하던 기존 예금계좌가 채권자에 의해 압류된 채무자가 압류되지 않은 다른 예금계좌를 통하여 그 목적물을 수령하더라도 강제집행이 임박한 채권자의 권리를 침해할 위험이 있는 행위라고 볼 수 없어 강제집행면탈죄가 성립하지 않는다. [2] 원심은, 산업재해보상보험법 제52조의 휴업급여를 받을 권리는 같은 법 제88조 제2항에 의하여 압류가 금지되는 채권으로서 강제집행면탈죄의 객체에 해당하지 않으므로, 피고인이 장차 지급될 휴업급여 수령계좌를 기존의 압류된 예금계좌에서 압류가 되지 않은 다른 예금계좌로 변경하여 휴업급여를 수령한 행위는 죄가 되지 않는다고 판단하여, 제1심판결을 파기하고 피고인에 대하여 무죄를 선고하였다. 앞서 본 법리와 기록에 비추어 살펴보면, 원심의 위와 같은 판단은 정당하다.

9 [대판 2016도19982] [형법상 강제집행면탈죄의 객체 / 의료법에 의하여 적법하게 개설되지 아니한 의료기관에서 요양급여가 행하여진 경우, 국민건강보험법상 요양급여비용을 청구할 수 있는지 여부(소극) 및 위 요양급여비용 채권이 강제집행면탈죄의 객체가 되는지 여부(소극)] 의료법에 의하여 **적법하게 개설되지 아니한 의료기관에서 요양급여가** 행하여졌다면 해당 의료기관은 국민건강보험법상 요양급여비용을 청구할 수 있는 요양기관에 해당되지 아니하여 해당 요양급여비용 전부를 청구할 수 없고, 해당 의료기관의 채권자로서도 위 요양급여비용 채권을 대상으로 하여 강제집행 또는 보전처분의 방법으로 채권의 만족을 얻을 수 없는 것이므로, 결국 위와 같은 채권은 강제집행면탈죄의 객체가 되지 아니한다.

10 [대판 2014도14909] [강제집행면탈죄의 규율 대상에 '담보권 실행 등을 위한 경매'를 면탈할 목적으로 재산을 은닉하는 등의 행위가 포함되는지 여부(소극)] 형법 제327조의 강제집행면탈죄가 적용되는 강제집행은 민사집행법 제2편의 적용 대상인 '강제집행' 또는 가압류·가처분 등의 집행을 가리키는 것이고, 민사집행법 제3편의 적용 대상인 '담보권 실행 등을 위한 경매'를 면탈할 목적으로 재산을 은닉하는 등의 행위는 위 죄의 규율 대상에 포함되지 않는다.

11 [대판 2012도2732] [강제집행면탈죄에서 재산의 **'은닉'의 의미** 및 채무자가 제3자 명의로 되어 있던 **사업자등록을 또 다른 제3자 명의로 변경**한 것이 재산의 은닉에 해당하는지 여부(소극)] 형법 제327조에 규정된 강제집행면탈죄에서 재산의 '은닉'이란 강제집행을 실시하는 자에 대하여 재산의 발견을 불능 또는 곤란케 하는 것을 말하는 것으로서, 재산의 소재를 불명케 하는 경우는 물론 그 소유관계를 불명하게 하는 경우도 포함하나, 채무자가 제3자 명의로 되어 있던 사업자등록을 또 다른 제3자 명의로 변경하였다는 사정만으로는 그 변경이 채권자의 입장에서 볼 때 사업장 내 유체동산에 관한 소유관계를 종전보다 더 불명하게 하여 채권자에게 손해를 입게 할 위험성을 야기한다고 단정할 수 없다.

12 [대판 2011도5165] [채권이 존재하는 경우에도 채무자에게 채권자의 집행을 확보하기에 **충분한 다른 재산**이 있었다면, 채권자를 해하였거나 해할 우려가 있다고 단정할 수 있는지 여부(소극)] 피고인이 자신을 상대로 사실혼관계해소 청구소송을 제기한 甲에 대한 채무를 면탈하려고 피고인 명의의 아파트를 담보로 대출을 받아 그 중 대부분을 타인 명의 계좌로 입금하여 은닉하였다고 하여 강제집행면탈죄로 기소된 사안에서, 甲의 **위자료채권액을 훨씬 상회하는 다른 재산이 있었던 이상 강제집행면탈죄는 성립하지 않는다**고 보아야 하는데도, 피고인에게 유죄를 인정한 원심판단에 법리오해의 위법이 있다.

13-1 [대판 2011도2252] [1] [강제집행채권자의 채권의 존재가 인정되지 않는 경우 강제집행면탈죄가 성립하는지 여부(소극) 및 상계로 인하여 소멸하게 되는 채권의 경우 상계의 효력 발생 이후 강제집행면탈죄가 성립하는지 여부(소극)] 형법 제327조의 **강제집행면탈죄는 채권자의 권리보호를 주된 보호법익**으로 하므로 강제집행의 기본이 되는 채권자의 권리, 즉 **채권의 존재는 강제집행면탈죄의 성립요건**이다. 따라서 채권의 존재가 인정되지 않을 때에는 강제집행면탈죄는 성립하지 않는다. 그러므로 강제집행면탈죄를 유죄로 인정하기 위해서는 먼저 채권이 존재하는지에 관하여 심리·판단하여야 하고, 민사절차에서 이미 채권이 존재하지 않는 것으로 판명된 경우에는 다른 특별한 사정이 없는 한 이와 모순·저촉되는 판단을 할 수가 없다고 보아야 한다. 한편 상계의 의사표시가 있는 경우에는 각 채무는 상계할 수 있는 때에 소급하여 대등액에 관하여 소멸한 것으로 보게 된다. 따라서 상계로 인하여 소멸한 것으로 보게 되는 채권에 관하여는 상계의 효력이 발생하는 시점 이후에는 채권의 존재가 인정되지 않으므로 강제집행면탈죄가 성립하지 않는다. [2] 피고인이 妻 甲 명의로 임차하여 운영하는 주유소의 주유대금 신용카드 결제를, 별도로 운영하는 다른 주유소의 신용카드 결제 단말기로 처리함으로써 甲 명의 주유소의 매출채권을 다른 주유소의 매출채권으로 바꾸는 수법으로 은닉하여 甲에 대하여 연체차임 등 채권이 있어 甲 명의 주유소의 매출채권을 가압류한 乙 주식회사의 강제집행을 면탈하였다는 내용으로 기소된 사안에서, 乙 회사가 甲을 상대로 미지급 차임 등의 지급을 구하는 민사소송을 제기하였으나 甲이 임대차보증금 반환채권으로 상계한다는 주장을 하여 乙 회사의 청구가 기각된 판결이 확정된 사정에 비추어, 상계의 의사표시에 따라 乙 회사의 차임채권 등은 채권 발생일에 임대차보증금 반환채권과 대등액으로 상계되어 소멸되었으므로 피고인의 행위 당시

乙 회사의 채권의 존재가 인정되지 아니하여 강제집행면탈죄가 성립하지 않는다고 본 원심판단은 정당하다.

13-2 [대판 2020도10761³)] 파기환송(증명부족에 기한 무죄 취지) ●**사실**● "피고인은 2005. 3. 14.경부터 부산 동래구 B 일원에 있는 C구역 주택재개발정비사업조합의 조합장으로 근무하는 사람으로서 위 조합이 시행하는 아파트의 시공회사인 피해자 D 주식회사가 2014. 6. 23.경 이 사건 조합을 상대로 추가공사비 6,108,169,617원의 지급을 구하는 청구소송을 제기하고 **위 조합의 예금채권에 가압류신청**을 하자 2014. 6. 30.경부터 2014. 7. 3.경까지 사이에 이 사건 조합의 자금 합계 3,477,639,110원을 **전액 현금 등으로 인출**함으로써 강제집행을 면할 목적으로 재산을 은닉하여 채권자인 피해자 회사를 해하였다. 원심은, 피해자 회사가 제기한 추가공사비지급 청구소송의 소장 부본이 조합에 송달된 후에 피고인이 공소사실 기재와 같이 조합 자금을 수표와 현금으로 인출한 행위는 그 자체로서 채권자를 해할 위험성이 있는 재산을 은닉한 행위에 해당하므로, 피해자 회사에 손해가 발생하였는지 여부와 무관하게 강제집행면탈죄를 구성한다고 보아 피해자 회사의 이 사건 조합에 대한 채권의 존재 여부 등을 부인하는 피고인의 주장을 배척하고, 이 사건 공소사실을 유죄로 판단한 제1심판결을 그대로 유지하였다. ●**판지**● 형법 제327조의 강제집행면탈죄는 채권자의 권리보호를 주된 보호법익으로 하므로 강제집행의 기본이 되는 채권자의 권리, 즉 **채권의 존재는 강제집행면탈죄의 성립요건**이다. 따라서 채권의 존재가 인정되지 않을 때에는 강제집행면탈죄는 성립하지 않는다. 그러므로 강제집행면탈죄를 유죄로 인정하기 위해서는 **먼저 채권이 존재하는지에 관하여 심리·판단**하여야 한다. 본 법리에 비추어 살펴보면, 피해자 회사의 이 사건 조합에 대한 추가공사비 채권의 존재가 합리적 의심의 여지없이 증명되었다고 보기 어렵다. 그럼에도 원심은 피해자 회사의 이 사건 조합에 대한 채권이 존재하는지 여부에 관하여 필요한 심리를 다하지 아니한 채 이 사건 공소사실을 유죄로 인정하였는바, 원심의 판단에는 논리와 경험의 법칙을 위반하여 자유심증주의의 한계를 벗어나거나 강제집행면탈죄의 성립에 관한 법리를 오해하여 판결에 영향을 미친 잘못이 있다.

14 [대판 2010도5693] [국세징수법에 의한 체납처분을 면탈할 목적으로 재산을 은닉하는 등의 행위가 강제집행면탈죄의 규율대상인지 여부(소극)]** 형법 제327조의 강제집행면탈죄가 적용되는 **강제집행은 민사집행법의 적용대상인 강제집행 또는 가압류·가처분 등의 집행을 가리키는 것**이므로, 국세징수법에 의한 체납처분을 면탈할 목적으로 재산을 은닉하는 등의 행위는 위 죄의 규율대상에 포함되지 않는다. **cf)** 같은 맥락에서 벌금, 과료, 몰수, 추징 등 형집행을 면탈할 목적으로 재산을 은닉하는 행위도 강제집행면탈죄의 규율대상은 아니다.

15 [대판 2008도2279] [토지 소유자가 그 지상 건물 소유자에 대하여 건물철거 및 토지인도청구권을 갖는 경우, 허위채무로 위 건물에 근저당권설정등기를 경료한 건물 소유자의 행위가 강제집행면탈죄를 구성하는지 여부(소극) 및 임차인인 건물 소유자의 건물매수청구권 행사로 임대인인 토지 소유자가 건물에 대한 소유권이전등기 및 명도청구권을 갖게 된 경우도 마찬가지인지 여부(적극)]** 채권자의 채권이 금전채권이 아니라 토지 소유자로서 그 지상 건물의 소유자에 대하여 가지는 건물철거 및 토지인도청구권인 경우라면, 채무자인 건물 소유자가 제3자에게 허위의 금전채무를 부담하면서 이를 피담보채무로 하여 건물에 관하여 근저당권설정등기를 경료하였다는 것만으로는 직접적으로 토지 소유자의 건물철거 및 토지인도청구권에 기한 강제집행을 불능케 하는 사유에 해당한다고 할 수 없으므로 건물 소유자에게 강제집행면탈죄가 성립한다고 할 수 없고, 이는 건물 소유자가 토지 임차인으로서 임대인인 토지 소유자에 대하여 민법 제643조

---

3) 대법원 2022. 6. 16. 선고 2020도10761 판결

의 건물매수청구권을 행사함으로써 건물 소유자와 토지 소유자 사이에 건물에 관한 매매관계가 성립하여 토지 소유자가 건물 소유자에 대하여 건물에 관한 소유권이전등기 및 명도청구권을 가지게 된 후에 건물 소유자가 제3자에게 허위의 금전채무를 부담하면서 이를 피담보채무로 하여 건물에 관하여 근저당권설정등기를 경료한 경우에도 마찬가지이다.

16 [대판 2007도2168] [1] 형법 제327조는 "강제집행을 면할 목적으로 재산을 은닉, 손괴, 허위양도 또는 허위의 채무를 부담하여 채권자를 해한 자"를 처벌함으로써 강제집행이 임박한 채권자의 권리를 보호하기 위한 것이므로, 강제집행면탈죄의 객체는 채무자의 재산 중에서 채권자가 민사집행법상 강제집행 또는 보전처분의 대상으로 삼을 수 있는 것이어야 한다. [2] 명의신탁자와 명의수탁자가 이른바 계약명의신탁 약정을 맺고 명의수탁자가 당사자가 되어 명의신탁 약정이 있다는 사실을 알지 못하는 소유자와 부동산에 관한 매매계약을 체결한 후 그 매매계약에 따라 당해 부동산의 소유권이전등기를 명의수탁자 명의로 마친 경우에는, 명의신탁자와 명의수탁자 사이의 명의신탁 약정의 무효에도 불구하고 부동산 실권리자명의 등기에 관한 법률 제4조 제2항 단서에 의하여 그 명의수탁자는 당해 부동산의 완전한 소유권을 취득한다. 이와 달리 소유자가 계약명의신탁 약정이 있다는 사실을 안 경우에는 수탁자 명의의 소유권이전등기는 무효이고 당해 부동산의 소유권은 매도인이 그대로 보유하게 된다. 어느 경우든지 명의신탁자는 그 매매계약에 의해서는 당해 부동산의 소유권을 취득하지 못하게 되어, 결국 그 부동산은 명의신탁자에 대한 강제집행이나 보전처분의 대상이 될 수 없다.

횡령죄와 강제집행면탈죄

17-1 [대판 2000도1447] [횡령죄의 구성요건으로서의 **횡령행위**와 강제집행면탈죄에 있어서 **은닉**의 각 의미 및 **타인의 재물을 보관하는 자가** 보관하고 있는 재물을 영득할 의사로 은닉한 경우, 횡령죄 외에 별도의 강제집행면탈죄를 구성하는지 여부(소극)] 횡령죄의 구성요건으로서의 횡령행위란 불법영득의 의사, 즉 타인의 재물을 보관하는 자가 자기 또는 제3자의 이익을 꾀할 목적으로 위탁의 취지에 반하여 권한 없이 그 재물을 자기의 소유인 것처럼 사실상 또는 법률상 처분하려는 의사를 실현하는 행위를 말하고, 강제집행면탈죄에 있어서 은닉이라 함은 강제집행을 면탈할 목적으로 강제집행을 실시하는 자로 하여금 채무자의 재산을 발견하는 것을 불능 또는 곤란하게 만드는 것을 말하는 것으로서 진의에 의하여 재산을 양도하였다면 설령 그것이 강제집행을 면탈할 목적으로 이루어진 것으로서 채권자의 불이익을 초래하는 결과가 되었다고 하더라도 강제집행면탈죄의 허위양도 또는 은닉에는 해당하지 아니한다 할 것이며, 이와 같은 양죄의 구성요건 및 강제집행면탈죄에 있어 은닉의 개념에 비추어 보면 타인의 재물을 보관하는 자가 보관하고 있는 재물을 영득할 의사로 은닉하였다면 이는 횡령죄를 구성하는 것이고 채권자들의 강제집행을 면탈하는 결과를 가져온다 하여 이와 별도로 강제집행면탈죄를 구성하는 것은 아니다.

17-2 [대판 2006도1813] 회사 대표가 계열회사들 소유 자금 중 일부를 임의로 빼돌려 자기 소유 자금과 구분없이 거주지 안방에 보관한 행위는 계열회사들에 대한 횡령행위의 일부를 구성하는 것일 뿐이고 나아가 이를 일률적으로 회사 대표 개인의 채권자들에 대한 강제집행면탈행위로서의 은닉행위로 평가할 수는 없다고 한 사례.

18 [대판 83도1869] [강제집행면탈죄에 있어서의 허위양도의 의미] [1] 강제집행면탈죄에 있어서의 허위양도라 함은 진실한 양도가 아님에도 불구하고 표면상 진실한 양도인 것처럼 가장하여 재산의 명의를 변경하

는 것을 말하므로 진실한 양도라면 그것이 강제집행을 면탈할 목적으로 된 것으로서 채권자를 해할 우려가 있는 행위라고 할지라도 위 허위양도에는 해당하지 않는다. [2] 피고인 1이 위 건물에 대하여 이미 피해자 조인호와 사이에 대물변제계약을 체결하였음에도 불구하고 그 집행을 면탈할 목적으로 2중으로 피고인 2와 사이에 위와 같은 대물변제계약을 체결하였다고 하여도 **후자의 대물변제계약이 진의에 의한 것이라고 인정되는 이상** 이를 허위양도라고 볼 수 없음은 분명하다.

19 [대판 82도2157] [강제집행의 기본이 되는 채권이 부존재하는 경우 강제집행면탈죄의 성부(소극)] 형법 제327조의 강제집행면탈죄는 채권자의 정당한 권리행사 보호외에 강제집행의 기능보호도 그 법익으로 하는 것이나, 현행 형법상 강제집행면탈죄가 개인적 법익에 관한 재산범의 일종으로 규정되어 있는 점과 채권자를 해하는 것을 그 구성요건으로 규정하고 있는 점등에 비추어 보면 그 주된 법익은 채권자의 권리보호에 있다고 해석함이 상당하므로, 강제집행의 기본이 되는 채권자의 권리 즉 채권의 존재는 강제집행면탈죄의 성립 요건이며 그 채권의 존재가 인정되지 않을 때에는 강제집행면탈죄는 성립하지 않는다. [2] 이 사건 강제집행의 기본이 되는 피고인에 대한 6,000,000원의 대여금 채권의 존재를 인정할 증거가 없으므로 이 사건 강제집행면탈의 공소사실은 결국 범죄의 증명이 없는 때에 해당하며 피고인은 무죄가 된다.

20 [대판 79도436] 강제집행면탈죄가 성립되려면 행위자의 주관적인 강제집행을 면탈하려는 의도가 객관적으로 강제집행을 당할 급박한 상태 하에서 나타나야 한다고 풀이해야 할 것이며 이는 당원이 지켜오는 판결례의 견해이다. 원판결은 피고인이 그 형에게 빚진 것 같이 꾸미고 그 때문에 자기소유 부동산을 그에게 넘긴 것으로 꾸며 가등기하여 줄 때에는 피고인이 발행한 약속어음들의 지급기일이 되기 전이었으며 어음의 부도도 있기 전이었으며 피고인이 어음소지인등으로부터 어음금의 지급요구를 받는 등 채무변제의 독촉을 받았다거나 채권자들이 피고인을 상대로 법적 절차를 취하기 위한 준비를 하고 있었다는 사실을 인정한 바도 없으니 피고인이 그 재산을 형에게 빼돌린 일이 그가 강제집행을 당할 급박한 객관적 상태 하에서 한 것으로 아니 본 원심이 공소범행 사실이 그 증명이 없다고 한 판단을 한 것은 옳고, 거기에 채증상의 위법도 법리오해도 없다.

사회적 법익 침해에 대한 죄

형법

[시행 2023. 8. 8] [법률 제19582호, 2023. 8. 8, 일부개정]

제2편 각칙

제5장 공안(公安)을 해하는 죄

제114조(범죄단체 등의 조직) 사형, 무기 또는 장기 4년 이상의 징역에 해당하는 범죄를 목적으로 하는 단체 또는 집단을 조직하거나 이에 가입 또는 그 구성원으로 활동한 사람은 그 목적한 죄에 정한 형으로 처벌한다. 다만, 형을 감경할 수 있다.

제115조(소요) 다중이 집합하여 폭행, 협박 또는 손괴의 행위를 한 자는 1년 이상 10년 이하의 징역이나 금고 또는 1천500만원 이하의 벌금에 처한다.

제116조(다중불해산) 폭행, 협박 또는 손괴의 행위를 할 목적으로 다중이 집합하여 그를 단속할 권한이 있는 공무원으로부터 3회 이상의 해산명령을 받고 해산하지 아니한 자는 2년 이하의 징역이나 금고 또는 300만원 이하의 벌금에 처한다.

제117조(전시공수계약불이행) ① 전쟁, 천재 기타 사변에 있어서 국가 또는 공공단체와 체결한 식량 기타 생활필수품의 공급계약을 정당한 이유없이 이행하지 아니한 자는 3년 이하의 징역 또는 500만원 이하의 벌금에 처한다.

② 전항의 계약이행을 방해한 자도 전항의 형과 같다.

③ 전 2항의 경우에는 그 소정의 벌금을 병과할 수 있다.

제118조(공무원자격의 사칭) 공무원의 자격을 사칭하여 그 직권을 행사한 자는 3년 이하의 징역 또는 700만원 이하의 벌금에 처한다.

제6장 폭발물에 관한 죄

제119조(폭발물 사용) ① 폭발물을 사용하여 사람의 생명, 신체 또는 재산을 해하거나 그 밖에 공공의 안전을 문란하게 한 자는 사형, 무기 또는 7년 이상의 징역에 처한다.

② 전쟁, 천재지변 그 밖의 사변에 있어서 제1항의 죄를 지은 자는 사형이나 무기징역에 처한다.

③ 제1항과 제2항의 미수범은 처벌한다.

제120조(예비, 음모, 선동) ① 전조제1항, 제2항의 죄를 범할 목적으로 예비 또는 음모한 자는 2년 이상의 유기징역에 처한다. 단, 그 목적한 죄의 실행에 이르기 전에 자수한 때에는 그 형을 감경 또는 면제한다.

② 전조제1항, 제2항의 죄를 범할 것을 선동한 자도 전항의 형과 같다.

제121조(전시폭발물제조 등) 전쟁 또는 사변에 있어서 정당한 이유없이 폭발물을 제조, 수입, 수출, 수수 또는 소지한 자는 10년 이하의 징역에 처한다.

제12장 신앙에 관한 죄

제158조(장례식등의 방해) 장례식, 제사, 예배 또는 설교를 방해한 자는 3년 이하의 징역 또는 500만원 이하의 벌금에 처한다.

제159조(시체 등의 오욕) 시체, 유골 또는 유발(遺髮)을 오욕한 자는 2년 이하의 징역 또는 500만원 이하의 벌금에 처한다.

제160조(분묘의 발굴) 분묘를 발굴한 자는 5년 이하의 징역에 처한다.

제161조(시체 등의 유기 등) ① 시체, 유골, 유발 또는 관 속에 넣어 둔 물건을 손괴(損壞), 유기, 은닉 또는 영득(領得)한 자는 7년 이하의 징역에 처한다.

② 분묘를 발굴하여 제1항의 죄를 지은 자는 10년 이하의 징역에 처한다.

제162조(미수범) 전2조의 미수범은 처벌한다.

제163조(변사체 검시 방해) 변사자의 시체 또는 변사(變死)로 의심되는 시체를 은닉하거나 변경하거나 그 밖의 방법으로 검시(檢視)를 방해한 자는 700만원 이하의 벌금에 처한다.

제13장 방화와 실화의 죄

제164조(현주건조물 등 방화) ① 불을 놓아 사람이 주거로 사용하거나 사람이 현존하는 건조물, 기차, 전차, 자동차, 선박, 항공기 또는 지하채굴시설을 불태운 자는 무기 또는 3년 이상의 징역에 처한다.

② 제1항의 죄를 지어 사람을 상해에 이르게 한 경우에는 무기 또는 5년 이상의 징역에 처한다. 사망에 이르게 한 경우에는 사형, 무기 또는 7년 이상의 징역에 처한다.

제165조(공용건조물 등 방화) 불을 놓아 공용(公用)으로 사용하거나 공익을 위해 사용하는 건조물, 기차, 전차, 자동차, 선박, 항공기 또는 지하채굴시설을 불태운 자는 무기 또는 3년 이상의 징역에 처한다.

제166조(일반건조물 등 방화) ① 불을 놓아 제164조와 제165조에 기재한 외의 건조물, 기차, 전차, 자동차, 선박, 항공기 또는 지하채굴시설을 불태운 자는 2년 이상의 유기징역에 처한다.

② 자기 소유인 제1항의 물건을 불태워 공공의 위험을 발생하게 한 자는 7년 이하의 징역 또는 1천만원 이하의 벌금에 처한다.

제167조(일반물건 방화) ① 불을 놓아 제164조부터 제166조까지에 기재한 외의 물건을 불태워 공공의 위험을 발생하게 한 자는 1년 이상 10년 이하의 징역에 처한다.

② 제1항의 물건이 자기 소유인 경우에는 3년 이하의 징역 또는 700만원 이하의 벌금에 처한다.

제168조(연소) ① 제166조제2항 또는 전조제2항의 죄를 범하여 제164조, 제165조 또는 제166조제1항에 기재한 물건에 연소한 때에는 1년 이상 10년 이하의 징역에 처한다.

② 전조제2항의 죄를 범하여 전조제1항에 기재한 물건에 연소한 때에는 5년 이하의 징역에 처한다.

제169조(진화방해) 화재에 있어서 진화용의 시설 또는 물건을 은닉 또는 손괴하거나 기타 방법으로 진화를 방해한 자는 10년 이하의 징역에 처한다.

제170조(실화) ① 과실로 제164조 또는 제165조에 기재한 물건 또는 타인 소유인 제166조에 기재한 물건을 불태운 자는 1천500만원 이하의 벌금에 처한다.

② 과실로 자기 소유인 제166조의 물건 또는 제167조에 기재한 물건을 불태워 공공의 위험을 발생하게 한 자도 제1항의 형에 처한다.

제171조(업무상실화, 중실화) 업무상과실 또는 중대한 과실로 인하여 제170조의 죄를 범한 자는 3년 이하의 금고 또는 2천만원 이하의 벌금에 처한다.

제172조(폭발성물건파열) ① 보일러, 고압가스 기타 폭발성 있는 물건을 파열시켜 사람의 생명, 신체 또는 재산에 대하여 위험을 발생시킨 자는 1년 이상의 유기징역에 처한다.

② 제1항의 죄를 범하여 사람을 상해에 이르게 한 때에는 무기 또는 3년 이상의 징역에 처한다. 사망에 이르게 한 때에는 무기 또는 5년 이상의 징역에 처한다.

제172조의2(가스·전기등 방류) ① 가스, 전기, 증기 또는 방사선이나 방사성 물질을 방출, 유출 또는 살포시켜 사람의 생명, 신체 또는 재산에 대하여 위험을 발생시킨 자는 1년 이상 10년 이하의 징역에 처한다.

② 제1항의 죄를 범하여 사람을 상해에 이르게 한 때에는 무기 또는 3년 이상의 징역에 처한다. 사망에 이르게 한 때에는 무기 또는 5년 이상의 징역에 처한다.

제173조(가스·전기등 공급방해) ① 가스, 전기 또는 증기의 공작물을 손괴 또는 제거하거나 기타 방법으로 가스, 전기 또는 증기의 공급이나 사용을 방해하여 공공의 위험을 발생하게 한 자는 1년 이상 10년 이하의 징역에 처한다.

② 공공용의 가스, 전기 또는 증기의 공작물을 손괴 또는 제거하거나 기타 방법으로 가스, 전기 또는 증기의 공급이나 사용을 방해한 자도 전항의 형과 같다.

③ 제1항 또는 제2항의 죄를 범하여 사람을 상해에 이르게 한 때에는 2년 이상의 유기징역에 처한다. 사망에 이르게 한 때에는 무기 또는 3년이상의 징역에 처한다.

제173조의2(과실폭발성물건파열등) ① 과실로 제172조제1항, 제172조의2제1항, 제173조제1항과 제2항의 죄를 범한 자는 5년 이하의 금고 또는 1천500만원 이하의 벌금에 처한다.

② 업무상과실 또는 중대한 과실로 제1항의 죄를 범한 자는 7년 이하의 금고 또는 2천만원 이하의 벌금에 처한다.

제174조(미수범) 제164조제1항, 제165조, 제166조제1항, 제172조제1항, 제172조의2제1항, 제173조제1항과 제2항의 미수범은 처벌한다.

제175조(예비, 음모) 제164조제1항, 제165조, 제166조제1항, 제172조제1항, 제172조의2제1항, 제173조제1항과 제2항의 죄를 범할 목적으로 예비 또는 음모한 자는 5년 이하의 징역에 처한다. 단 그 목적한 죄의 실행에 이르기 전에 자수한 때에는 형을 감경 또는 면제한다.

제176조(타인의 권리대상이 된 자기의 물건) 자기의 소유에 속하는 물건이라도 압류 기타 강제처분을 받거나 타인의 권리 또는 보험의 목적물이 된 때에는 본장의 규정의 적용에 있어서 타인의 물건으로 간주한다.

제14장 일수와 수리에 관한 죄

제177조(현주건조물등에의 일수) ① 물을 넘겨 사람이 주거에 사용하거나 사람이 현존하는 건조물, 기차, 전차, 자동차, 선박, 항공기 또는 광갱을 침해한 자는 무기 또는 3년 이상의 징역에 처한다.

② 제1항의 죄를 범하여 사람을 상해에 이르게 한 때에는 무기 또는 5년 이상의 징역에 처한다. 사망에 이르게 한 때에는 무기 또는 7년 이상의 징역에 처한다.

제178조(공용건조물 등에의 일수) 물을 넘겨 공용 또는 공익에 공하는 건조물, 기차, 전차, 자동차, 선박, 항공기 또는 광갱을 침해한 자는 무기 또는 2년 이상의 징역에 처한다.

제179조(일반건조물 등에의 일수) ① 물을 넘겨 전2조에 기재한 이외의 건조물, 기차, 전차, 자동차, 선박, 항공기 또는 광갱 기타 타인의 재산을 침해한 자는 1년 이상 10년 이하의 징역에 처한다.

② 자기의 소유에 속하는 전항의 물건을 침해하여 공공의 위험을 발생하게 한 때에는 3년 이하의 징역 또는 700만원 이하의 벌금에 처한다.

③ 제176조의 규정은 본조의 경우에 준용한다.

제180조(방수방해) 수재에 있어서 방수용의 시설 또는 물건을 손괴 또는 은닉하거나 기타 방법으로 방수를 방해한 자는 10년 이하의 징역에 처한다.

제181조(과실일수) 과실로 인하여 제177조 또는 제178조에 기재한 물건을 침해한 자 또는 제179조에 기재한 물건을 침해하여 공공의 위험을 발생하게 한 자는 1천만원 이하의 벌금에 처한다.

제182조(미수범) 제177조 내지 제179조제1항의 미수범은 처벌한다.

제183조(예비, 음모) 제177조 내지 제179조제1항의 죄를 범할 목적으로 예비 또는 음모한 자는 3년 이하의 징역에 처한다.

제184조(수리방해) 둑을 무너뜨리거나 수문을 파괴하거나 그 밖의 방법으로 수리(水利)를 방해한 자는 5년 이하의 징역 또는 700만원 이하의 벌금에 처한다.

제15장 교통방해의 죄

제185조(일반교통방해) 육로, 수로 또는 교량을 손괴 또는 불통하게 하거나 기타 방법으로 교통을 방해한 자는 10년 이하의 징역 또는 1천500만원 이하의 벌금에 처한다.

제186조(기차, 선박 등의 교통방해) 궤도, 등대 또는 표지를 손괴하거나 기타 방법으로 기차, 전차, 자동차, 선박 또는 항공기의 교통을 방해한 자는 1년 이상의 유기징역에 처한다.

제187조(기차 등의 전복 등) 사람의 현존하는 기차, 전차, 자동차, 선박 또는 항공기를 전복, 매몰, 추락 또는 파괴한 자는 무기 또는 3년 이상의 징역에 처한다.

제188조(교통방해치사상) 제185조 내지 제187조의 죄를 범하여 사람을 상해에 이르게 한 때에는 무기 또는 3년 이상의 징역에 처한다. 사망에 이르게 한 때에는 무기 또는 5년 이상의 징역에 처한다.

제189조(과실, 업무상과실, 중과실) ① 과실로 인하여 제185조 내지 제187조의 죄를 범한 자는 1천만원 이하의 벌금에 처한다.

② 업무상과실 또는 중대한 과실로 인하여 제185조 내지 제187조의 죄를 범한 자는 3년 이하의 금고 또는 2천만원 이하의 벌금에 처한다.

제190조(미수범) 제185조 내지 제187조의 미수범은 처벌한다.

제191조(예비, 음모) 제186조 또는 제187조의 죄를 범할 목적으로 예비 또는 음모한 자는 3년 이하의 징역에 처한다.

제16장 먹는 물에 관한 죄

제192조(먹는 물의 사용방해) ① 일상생활에서 먹는 물로 사용되는 물에 오물을 넣어 먹는 물로 쓰지 못하게 한 자는 1년 이하의 징역 또는 500만원 이하의 벌금에 처한다.

② 제1항의 먹는 물에 독물(毒物)이나 그 밖에 건강을 해하는 물질을 넣은 사람은 10년 이하의 징역에 처한다.

제193조(수돗물의 사용방해) ① 수도(水道)를 통해 공중이 먹는 물로 사용하는 물 또는 그 수원(水原)에 오물을 넣어 먹는 물로 쓰지 못하게 한 자는 1년 이상 10년 이하의 징역에 처한다.

② 제1항의 먹는 물 또는 수원에 독물 그 밖에 건강을 해하는 물질을 넣은 자는 2년 이상의 유기징역에 처한다.

제194조(먹는 물 혼독치사상) 제192조제2항 또는 제193조제2항의 죄를 지어 사람을 상해에 이르게 한 경우에는 무기 또는 3년 이상의 징역에 처한다. 사망에 이르게 한 경우에는 무기 또는 5년 이상의 징역에 처한다.

제195조(수도불통) 공중이 먹는 물을 공급하는 수도 그 밖의 시설을 손괴하거나 그 밖의 방법으로 불통(不通)하게 한 자는 1년 이상 10년 이하의 징역에 처한다.

제196조(미수범) 제192조제2항, 제193조제2항과 전조의 미수범은 처벌한다.

제197조(예비, 음모) 제192조제2항, 제193조제2항 또는 제195조의 죄를 범할 목적으로 예비 또는 음모한 자는 2년 이하의 징역에 처한다.

제17장 아편에 관한 죄

제198조(아편 등의 제조 등) 아편, 몰핀 또는 그 화합물을 제조, 수입 또는 판매하거나 판매할 목적으로 소지한 자는 10년 이하의 징역에 처한다.

제199조(아편흡식기의 제조 등) 아편을 흡식하는 기구를 제조, 수입 또는 판매하거나 판매할 목적으로 소지한 자는 5년 이하의 징역에 처한다.

제200조(세관 공무원의 아편 등의 수입) 세관의 공무원이 아편, 몰핀이나 그 화합물 또는 아편흡식기구를 수입하거나 그 수입을 허용한 때에는 1년 이상의 유기징역에 처한다.

제201조(아편흡식 등, 동장소제공) ① 아편을 흡식하거나 몰핀을 주사한 자는 5년 이하의 징역에 처한다.

② 아편흡식 또는 몰핀 주사의 장소를 제공하여 이익을 취한 자도 전항의 형과 같다.

제202조(미수범) 전4조의 미수범은 처벌한다.

제203조(상습범) 상습으로 전5조의 죄를 범한 때에는 각조에 정한 형의 2분의 1까지 가중한다.

제204조(자격정지 또는 벌금의 병과) 제198조 내지 제203조의 경우에는 10년 이하의 자격정지 또는 2천만원 이하의 벌금을 병과할 수 있다.

제205조(아편 등의 소지) 아편, 몰핀이나 그 화합물 또는 아편흡식기구를 소지한 자는 1년 이하의 징역 또는 500만원 이하의 벌금에 처한다.

제206조(몰수, 추징) 본장의 죄에 제공한 아편, 몰핀이나 그 화합물 또는 아편흡식기구는 몰수한다. 그를 몰수하기 불능한 때에는 그 가액을 추징한다.

제18장 통화에 관한 죄

제207조(통화의 위조 등) ① 행사할 목적으로 통용하는 대한민국의 화폐, 지폐 또는 은행권을 위조 또는 변조한 자는 무기 또는 2년 이상의 징역에 처한다.

② 행사할 목적으로 내국에서 유통하는 외국의 화폐, 지폐 또는 은행권을 위조 또는 변조한 자는 1년 이상의 유기징역에 처한다.

③ 행사할 목적으로 외국에서 통용하는 외국의 화폐, 지폐 또는 은행권을 위조 또는 변조한 자는 10년 이하의 징역에 처한다.

④ 위조 또는 변조한 전3항 기재의 통화를 행사하거나 행사 목적으로 수입 또는 수출한 자는 그 위조 또는 변조의 각 죄에 정한 형에 처한다.

제208조(위조통화의 취득) 행사할 목적으로 위조 또는 변조한 제207조 기재의 통화를 취득한 자는 5년 이하의 징역 또는 1천500만원 이하의 벌금에 처한다.

제209조(자격정지 또는 벌금의 병과) 제207조 또는 제208조의 죄를 범하여 유기징역에 처할 경우에는 10년 이하의 자격정지 또는 2천만원 이하의 벌금을 병과할 수 있다.

제210조(위조통화 취득 후의 지정행사) 제207조에 기재한 통화를 취득한 후 그 사정을 알고 행사한 자는 2년 이하의 징역 또는 500만원 이하의 벌금에 처한다.

제211조(통화유사물의 제조 등) ① 판매할 목적으로 내국 또는 외국에서 통용하거나 유통하는 화폐, 지폐 또는 은행권에 유사한 물건을 제조, 수입 또는 수출한 자는 3년 이하의 징역 또는 700만원 이하의 벌금에 처한다.

② 전항의 물건을 판매한 자도 전항의 형과 같다.

제212조(미수범) 제207조, 제208조와 전조의 미수범은 처벌한다.

제213조(예비, 음모) 제207조제1항 내지 제3항의 죄를 범할 목적으로 예비 또는 음모한 자는 5년 이하의 징역에 처한다. 단, 그 목적한 죄의 실행에 이르기 전에 자수한 때에는 그 형을 감경 또는 면제한다.

제19장 유가증권, 우표와 인지에 관한 죄

제214조(유가증권의 위조 등) ① 행사할 목적으로 대한민국 또는 외국의 공채증서 기타 유가증권을 위조 또는 변조한 자는 10년 이하의 징역에 처한다.

② 행사할 목적으로 유가증권의 권리의무에 관한 기재를 위조 또는 변조한 자도 전항의 형과 같다.

제215조(자격모용에 의한 유가증권의 작성) 행사할 목적으로 타인의 자격을 모용하여 유가증권을 작성하거나 유가증권의 권리 또는 의무에 관한 사항을 기재한 자는 10년 이하의 징역에 처한다.

제216조(허위유가증권의 작성 등) 행사할 목적으로 허위의 유가증권을 작성하거나 유가증권에 허위사항을 기재한 자는 7년 이하의 징역 또는 3천만원 이하의 벌금에 처한다.

제217조(위조유가증권 등의 행사 등) 위조, 변조, 작성 또는 허위기재한 전3조 기재의 유가증권을 행사하거나 행사할 목적으로 수입 또는 수출한 자는 10년 이하의 징역에 처한다.

제218조(인지·우표의 위조등) ① 행사할 목적으로 대한민국 또는 외국의 인지, 우표 기타 우편요금을 표시하는 증표를 위조 또는 변조한 자는 10년 이하의 징역에 처한다.

② 위조 또는 변조된 대한민국 또는 외국의 인지, 우표 기타 우편요금을 표시하는 증표를 행사하거나 행사할 목적으로 수입 또는 수출한 자도 제1항의 형과 같다.

제219조(위조인지·우표등의 취득) 행사할 목적으로 위조 또는 변조한 대한민국 또는 외국의 인지, 우표 기타 우편요금을 표시하는 증표를 취득한 자는 3년 이하의 징역 또는 1천만원 이하의 벌금에 처한다.

제220조(자격정지 또는 벌금의 병과) 제214조 내지 제219조의 죄를 범하여 징역에 처하는 경우에는 10년 이하의 자격정지 또는 2천만원 이하의 벌금을 병과할 수 있다.

제221조(소인말소) 행사할 목적으로 대한민국 또는 외국의 인지, 우표 기타 우편요금을 표시하는 증표의 소인 기타 사용의 표지를 말소한 자는 1년 이하의 징역 또는 300만원 이하의 벌금에 처한다.

제222조(인지·우표유사물의 제조 등) ① 판매할 목적으로 대한민국 또는 외국의 공채증서, 인지, 우표 기타 우편요금을 표시하는 증표와 유사한 물건을 제조, 수입 또는 수출한 자는 2년 이하의 징역 또는 500만원 이하의 벌금에 처한다.

② 전항의 물건을 판매한 자도 전항의 형과 같다.

제223조(미수범) 제214조 내지 제219조와 전조의 미수범은 처벌한다.

제224조(예비, 음모) 제214조, 제215조와 제218조제1항의 죄를 범할 목적으로 예비 또는 음모한 자는 2년 이하의 징역에 처한다.

제20장 문서에 관한 죄

제225조(공문서등의 위조·변조) 행사할 목적으로 공무원 또는 공무소의 문서 또는 도화를 위조 또는 변조한 자는 10년 이하의 징역에 처한다.

제226조(자격모용에 의한 공문서 등의 작성) 행사할 목적으로 공무원 또는 공무소의 자격을 모용하여 문서 또는 도화를 작성한 자는 10년 이하의 징역에 처한다.

제227조(허위공문서작성등) 공무원이 행사할 목적으로 그 직무에 관하여 문서 또는 도화를 허위로 작성하거나 변개한 때에는 7년 이하의 징역 또는 2천만원 이하의 벌금에 처한다.

제227조의2(공전자기록위작 · 변작) 사무처리를 그르치게 할 목적으로 공무원 또는 공무소의 전자기록등 특수매체기록을 위작 또는 변작한 자는 10년 이하의 징역에 처한다.

제228조(공정증서원본 등의 부실기재) ① 공무원에 대하여 허위신고를 하여 공정증서원본 또는 이와 동일한 전자기록등 특수매체기록에 부실의 사실을 기재 또는 기록하게 한 자는 5년 이하의 징역 또는 1천만원 이하의 벌금에 처한다.

② 공무원에 대하여 허위신고를 하여 면허증, 허가증, 등록증 또는 여권에 부실의 사실을 기재하게 한 자는 3년 이하의 징역 또는 700만원 이하의 벌금에 처한다.

제229조(위조등 공문서의 행사) 제225조 내지 제228조의 죄에 의하여 만들어진 문서, 도화, 전자기록등 특수매체기록, 공정증서원본, 면허증, 허가증, 등록증 또는 여권을 행사한 자는 그 각 죄에 정한 형에 처한다.

제230조(공문서 등의 부정행사) 공무원 또는 공무소의 문서 또는 도화를 부정행사한 자는 2년 이하의 징역이나 금고 또는 500만원 이하의 벌금에 처한다.

제231조(사문서등의 위조 · 변조) 행사할 목적으로 권리 · 의무 또는 사실증명에 관한 타인의 문서 또는 도화를 위조 또는 변조한 자는 5년 이하의 징역 또는 1천만원 이하의 벌금에 처한다.

제232조(자격모용에 의한 사문서의 작성) 행사할 목적으로 타인의 자격을 모용하여 권리 · 의무 또는 사실증명에 관한 문서 또는 도화를 작성한 자는 5년 이하의 징역 또는 1천만원 이하의 벌금에 처한다.

제232조의2(사전자기록위작 · 변작) 사무처리를 그르치게 할 목적으로 권리 · 의무 또는 사실증명에 관한 타인의 전자기록등 특수매체기록을 위작 또는 변작한 자는 5년 이하의 징역 또는 1천만원 이하의 벌금에 처한다.

제233조(허위진단서등의 작성) 의사, 한의사, 치과의사 또는 조산사가 진단서, 검안서 또는 생사에 관한 증명서를 허위로 작성한 때에는 3년 이하의 징역이나 금고, 7년 이하의 자격정지 또는 3천만원 이하의 벌금에 처한다.

제234조(위조사문서등의 행사) 제231조 내지 제233조의 죄에 의하여 만들어진 문서, 도화 또는 전자기록등 특수매체기록을 행사한 자는 그 각 죄에 정한 형에 처한다.

제235조(미수범) 제225조 내지 제234조의 미수범은 처벌한다.

제236조(사문서의 부정행사) 권리 · 의무 또는 사실증명에 관한 타인의 문서 또는 도화를 부정행사한 자는 1년 이하의 징역이나 금고 또는 300만원 이하의 벌금에 처한다.

제237조(자격정지의 병과) 제225조 내지 제227조의2 및 그 행사죄를 범하여 징역에 처할 경우에는 10년 이하의 자격정지를 병과할 수 있다.

제237조의2(복사문서등) 이 장의 죄에 있어서 전자복사기, 모사전송기 기타 이와 유사한 기기를 사용하여 복사한 문서 또는 도화의 사본도 문서 또는 도화로 본다.

제21장 인장에 관한 죄

제238조(공인 등의 위조, 부정사용) ① 행사할 목적으로 공무원 또는 공무소의 인장, 서명, 기명 또는 기호를 위조 또는 부정사용한 자는 5년 이하의 징역에 처한다.

② 위조 또는 부정사용한 공무원 또는 공무소의 인장, 서명, 기명 또는 기호를 행사한 자도 전항의 형과 같다.

③ 전 2항의 경우에는 7년 이하의 자격정지를 병과할 수 있다.

제239조(사인등의 위조, 부정사용) ① 행사할 목적으로 타인의 인장, 서명, 기명 또는 기호를 위조 또는 부정사용한 자는 3년 이하의 징역에 처한다.

② 위조 또는 부정사용한 타인의 인장, 서명, 기명 또는 기호를 행사한 때에도 전항의 형과 같다.

제240조(미수범) 본장의 미수범은 처벌한다.

제22장 성풍속에 관한 죄

제241조 삭제

제242조(음행매개) 영리의 목적으로 사람을 매개하여 간음하게 한 자는 3년 이하의 징역 또는 1천500만원 이하의 벌금에 처한다.

제243조(음화반포등) 음란한 문서, 도화, 필름 기타 물건을 반포, 판매 또는 임대하거나 공연히 전시 또는 상영한 자는 1년 이하의 징역 또는 500만원 이하의 벌금에 처한다.

제244조(음화제조 등) 제243조의 행위에 공할 목적으로 음란한 물건을 제조, 소지, 수입 또는 수출한 자는 1년 이하의 징역 또는 500만원 이하의 벌금에 처한다.

제245조(공연음란) 공연히 음란한 행위를 한 자는 1년 이하의 징역, 500만원 이하의 벌금, 구류 또는 과료에 처한다.

제23장 도박과 복표에 관한 죄

제246조(도박, 상습도박) ① 도박을 한 사람은 1천만원 이하의 벌금에 처한다. 다만, 일시오락 정도에 불과한 경우에는 예외로 한다.

② 상습으로 제1항의 죄를 범한 사람은 3년 이하의 징역 또는 2천만원 이하의 벌금에 처한다.

제247조(도박장소 등 개설) 영리의 목적으로 도박을 하는 장소나 공간을 개설한 사람은 5년 이하의 징역 또는 3천만원 이하의 벌금에 처한다.

제248조(복표의 발매 등) ① 법령에 의하지 아니한 복표를 발매한 사람은 5년 이하의 징역 또는 3천만원 이하의 벌금에 처한다.

② 제1항의 복표발매를 중개한 사람은 3년 이하의 징역 또는 2천만원 이하의 벌금에 처한다.

③ 제1항의 복표를 취득한 사람은 1천만원 이하의 벌금에 처한다.

제249조(벌금의 병과) 제246조제2항, 제247조와 제248조제1항의 죄에 대하여는 1천만원 이하의 벌금을 병과할 수 있다.

94 현주건조물방화죄에서 '건조물'의 의의

* 대법원 2013. 12. 12. 선고 2013도3950 판결
* 참조조문: 형법 제166조,[4] 제167조[5]

방화죄의 객체인 '건조물'의 개념

●**사실**● 피고인은 2012.5.25. 06:00경 인천 중구 영종하늘도시 개발사업 공원 조성 부지에 있는 한국토지주택공사 소유의 **폐가**(건물 면적 5,692㎡)에서, 온갖 쓰레기와 위 폐가가 자연경관을 망가뜨린다는 이유로 주변에 있는 쓰레기들을 모아 미리 소지하고 있던 일회용 라이터를 사용하여 쓰레기 속에 있던 비닐봉지와 종이에 불을 놓아 그 불길이 이 사건 폐가 주변 수목 4~5그루를 태우고 폐가 외벽을 일부 그을리게 하였다. 당시 **폐가는 지붕과 문짝, 창문이 없고 담장과 일부 벽체가 붕괴**되어 있으며 전혀 사용되지 않는 철거 대상 건물이지만, 시멘트 외벽이 대부분 그대로 남아있고, 현관문틀과 창틀, 문지방과 천정을 지탱했던 목재들이 남아 있었다.

제1심은 X에 대해 일반건조물방화미수죄를 인정하였다. 이에 반해 원심은 이 사건 폐가는 건조물에 해당하지 않고 형법 제167조에 규정한 '물건'에 해당한다고 보았고, 폐가에 대한 방화도 미수에 그친 것으로 파악하였으며, 일반물건방화죄는 미수범의 처벌 규정이 없어 무죄를 선고하였다. 검사가 상고하였다.

●**판지**● 상고기각. 「형법상 방화죄의 객체인 건조물은 (가) 토지에 정착되고 (나) 벽 또는 기둥과 **지붕 또는 천장으로 구성**되어 사람이 내부에 기거하거나 출입할 수 있는 공작물을 말하고, (다) 반드시 사람의 주거용이어야 하는 것은 아니라도 사람이 **사실상 기거 · 취침에 사용할 수 있는 정도는 되어야 한다.** 원심은, 이 사건 폐가는 지붕과 문짝, 창문이 없고 담장과 일부 벽체가 붕괴된 철거 대상 건물로서 **사실상 기거 · 취침에 사용할 수 없는 상태**의 것이므로 형법 제166조의 건조물이 아닌 형법 제167조의 물건에 해당하고, 피고인이 이 사건 폐가의 내부와 외부에 쓰레기를 모아놓고 태워 그 불길이 이 사건 폐가 주변 수목 4~5그루를 태우고 폐가의 벽을 일부 그을리게 하는 정도만으로는 방화죄의 기수에 이르렀다고 보기 어려우며, **일반물건방화죄에 관하여는 미수범의 처벌 규정이 없다는 이유**로 제1심의 유죄판결을 파기하고 피고인에게 무죄를 선고하였다.위 법리에 비추어 기록을 살펴보면, 원심의 위와 같은 사실인정과 판단은 정당하고, 거기에 방화죄에 있어 건조물에 관한 개념을 오해하거나 논리와 경험의 법칙에 반하여 자유심증주의의 한계를 벗어난 잘못이 없다」.

●**해설**● 1 법원은 대상판결에서 「건조물이라 함은 토지에 정착하고 벽 · 기둥으로 지탱되어 있어 사람이 내부에 기거 · 출입할 수 있는 구조를 가진 가옥 기타 이와 유사한 공작물을 말하고, 반드시 사람의 주거용이어야 하는 것은 아니라도 사람이 **사실상 기거 · 취침에 사용할 수 있는 정도이어야 할 것인바**, 이 사건 폐가는 지붕과 문짝, 창문이 없고 담장과 일부 벽체가 붕괴된 철거 대상 건물인 사실이 인정되어, 사실상 기거 · 취침에 사용할 수 없는 상태로 보이므로, 이 사건 폐가는 건조물에 해당하지 않고 형법 제167조에 규정한 '물건'에 해당한다」고 파악하였다.

---

4) 형법 제166조(일반건조물 등 방화) ① 불을 놓아 제164조와 제165조에 기재한 외의 **건조물**, 기차, 전차, 자동차, 선박, 항공기 또는 지하채굴시설을 불태운 자는 2년 이상의 유기징역에 처한다. ② 자기 소유인 제1항의 물건을 불태워 공공의 위험을 발생하게 한 자는 7년 이하의 징역 또는 1천만원 이하의 벌금에 처한다.

5) 형법 제167조(일반물건 방화) ① 불을 놓아 제164조부터 제166조까지에 기재한 외의 물건을 불태워 공공의 위험을 발생하게 한 자는 1년 이상 10년 이하의 징역에 처한다. ② 제1항의 물건이 자기 소유인 경우에는 3년 이하의 징역 또는 700만원 이하의 벌금에 처한다.

2 현주건조물등방화죄(법164)에서 **'주거에 사용한다'** 함은 행위자 이외의 사람이 일상생활의 장소로 사용한다는 것을 의미한다[6]. 주거로 사용하는 건조물이면 방화 시에 사람이 현존하지 않더라도 본죄가 성립한다. 반면, 현존하는 경우에는 주거용이거나 비주거용일 것을 묻지 않는다. 건조물의 **일부분이 주거로** 사용된다고 하더라도 전체 건조물이 주거에 사용하는 건조물이다(학교의 숙직실, 우사 등)(대판 67도925, Ref 1−2). 주거로 사용하는 것이면 자기소유이건 타인소유이건 상관없다.

3 한편 현주건조물방화치사상죄(법164②[7])는 부진정결과적 가중범이다. **부진정결과적 가중범**은 고의의 기본범죄에 결합된 중한 결과의 발생이 **과실과 함께 고의로도 가능**한 경우를 말한다. 판례는 「형법 제164조 후단이 규정하는 현주건조물방화치사상죄는 그 전단에 규정하는 죄에 대한 일종의 가중처벌규정으로서 불을 놓아 사람의 주거에 사용하거나 사람이 현존하는 건조물을 소훼함으로 인하여 사람을 사상에 이르게 한 때에 성립되며 동 조항이 **사형, 무기 또는 7년 이상의 징역**의 무거운 법정형을 정하고 있는 취의에 비추어 보면 **과실이 있는 경우뿐만 아니라 고의가 있는 경우도 포함된다**고 볼 것이므로, 현주건조물 내에 있는 사람을 강타하여 실신케 한 후 동 건조물에 방화하여 소사케 한 피고인을 현주건조물에의 방화죄와 살인죄의 상상적 경합으로 의율할 것은 아니다」라고 판단한다(대판 82도2341)(형법판례총론【60】참조).

Reference 1

현주건조물방화죄와 관련된 판례

1 [대판 84도1245] 파기환송. [홧김에 서적 등을 마당에 내어 놓고 불태운 행위와 방화죄의 고의유무] 피고인이 동거하던 공소외인과 가정불화가 악화되어 헤어지기로 작정하고 **홧김에** 죽은 동생의 유품으로 보관하던 서적 등을 뒷마당에 내어 놓고 불태워 버리려 했던 점이 인정될 뿐 피고인이 위 공소외인 소유의 가옥을 불태워 버리겠다고 결의하여 불을 놓았다고 볼 수 없다면 피고인의 위 소위를 가리켜 **방화의 범의가 있었다고 할 수 없다.**

2 [대판 67도925] 피고인은 피고인의 친형 갑이 피고인에게 생활비를 보조하여 주지 아니한다는 이유로 불만을 품고 있다가 갑이 거주하고 있는 가옥을 소훼할 목적으로 위 **가옥의 일부로 되어 있는 우사(牛舍)**에 점화를 하였다면, **우사에 대한 점화**는 사람의 주거에 사용하거나 사람이 현존하는 건조물에 대한 방화에 해당된다.

---

6) 이와 같이, 현주건조물방화죄의 객체는 **'행위자 이외'**의 자연인이 주거로 사용하는 경우를 말한다. 따라서 범인이 혼자서 사는 집에 방화한 경우에는 본죄가 성립하는 것이 아니라 일반건조물방화죄(법166)가 성립하며, 나아가 혼자 사는 자신의 집에 보험금을 편취할 목적으로 방화를 할 경우, 형법 제176조는 「자기의 소유에 속하는 물건이라도 압류 기타 강제처분을 받거나 타인의 권리 또는 **보험의 목적물이 된 때**에는 본장의 규정의 적용에 있어서 **타인의 물건으로 간주한다**」고 규정하고 있으므로, 이 경우는 타인소유 일반건조물방화죄(법166①)가 성립한다.

7) 형법 제164조(현주건조물등에의 방화) ① 불을 놓아 사람이 주거로 사용하거나 사람이 현존하는 건조물, 기차, 전차, 자동차, 선박, 항공기 또는 지하채굴시설을 불태운 자는 무기 또는 3년 이상의 징역에 처한다. ② 제1항의 죄를 지어 사람을 상해에 이르게 한 경우에는 무기 또는 5년 이상의 징역에 처한다. 사망에 이르게 한 경우에는 **사형, 무기 또는 7년 이상의 징역에 처한다.**

95 방화죄의 기수시점 – 객체의 소훼 –

* 대법원 2007. 3. 16. 선고 2006도9164 판결
* 참조조문: 형법 제164조[1]

현주건조물방화죄의 기수시기

●**사실**● 피고인 X는 피해자 A의 사체 위에 옷가지 등을 올려놓고 불을 붙였다. 그리고 불이 붙은 천조각의 불길이 방안을 태우면서 **천정에까지 옮겨** 붙었으나 도중에 진화되었다. 원심은 현주건조물방화죄 기수를 인정하였다. 이에 X는 현주건조물방화죄 미수를 주장하며 상고하였다.

> ●**판지**● 상고기각. 「피고인이 판시 제2의 범행에 있어 피해자의 사체 위에 옷가지 등을 올려놓고 불을 붙인 천조각을 던져 그 불길이 방안을 태우면서 천정에까지 옮겨 붙었다면, **설령 그 불이 완전연소에 이르지 못하고 도중에 진화되었다고 하더라도**, 일단 천정에 옮겨 붙은 이상 그 때에 이미 현주건조물방화죄는 기수에 이르렀다고 할 것이므로 같은 취지의 원심판결은 옳고, 거기에 상고이유의 주장과 같은 채증법칙 위반으로 인한 사실오인이나 법리오해 등의 위법이 없다」.

●**해설**● 1 현주건조물방화죄의 보호법익은 '**공공의 안전**'이고[2], 보호의 정도는 **추상적 위험범**이다. 이와 같이 본죄는 추상적 위험범이므로 공공의 위험이 발생한다는 점에 대한 고의가 필요하지 않고 사람이 주거로 사용하거나 사람이 현존하는 건조물 등을 불태운(소훼)다는 점에 대한 고의만 있으면 족하다.[3]

2 대상판결에서 X가 붙인 불이 천장에까지 옮겨 붙은 경우에 '불태운(소훼)'을 인정할 수 있느냐가 문제 됐다. 판례는 소훼에 관해서 불이 **매개물을 떠나 목적물에서 독립적으로** 연소를 계속할 수 있는 상태에 이른 것을 연소로 보는 (a) **독립연소설**을 채택해 왔다. 가장 빠른 시점에서 기수를 인정하는 학설로 **공공의 위험을 중시**해 재산적인 침해가 확대되기 이전에 방화죄의 기수를 인정하는 학설이다. 이 견해에 따르면 가연성이 높은 목조건조물의 경우 대부분 방화죄의 기수가 성립하게 되므로 중지미수의 여지가 거의 없게 된다는 비판이 있다.

3 이에 반해 기수시기를 가장 늦게 설정하는 것이 (b) **효용상실설**이다. 이 학설은 방화죄의 재산범적 성격도 함께 고려하여 목적물의 중요부분이 소실되어 그 효용을 상실할 것을 요한다. 하지만 이 견해에 대해서는 방화죄는 공공의 안전에 대한 죄인데 지나치게 재산죄적 성격만 강조하여 기수시기가 너무 늦

---

1) 형법 제164조(현주건조물 등 방화) ① 불을 놓아 사람이 주거로 사용하거나 사람이 현존하는 건조물, 기차, 전차, 자동차, 선박, 항공기 또는 지하채굴시설을 **불태운** 자는 무기 또는 3년 이상의 징역에 처한다. ② 제1항의 죄를 지어 사람을 상해에 이르게 한 경우에는 무기 또는 5년 이상의 징역에 처한다. 사망에 이르게 한 경우에는 사형, 무기 또는 7년 이상의 징역에 처한다.

2) 방화죄의 주된 보호법익은 공공의 안전으로서 방화죄의 기본성격은 **공공위험범**이지만 부차적으로 **개인의 재산**도 보호법익에 포함된다(대판 2009도7421).

3) 방화죄에 있어서 보호의 정도는 현주건조물방화죄(법164), 공용건조물방화죄(법165), **타인소유**의 일반건조물방화죄(법166①) 및 이에 대한 실화죄(법170①)는 **추상적 위험범**이고, **자기소유**의 일반건조물방화죄(법166②), 일반물건방화죄(법167), 그리고 이에 대한 실화죄(법170②) 및 연소죄(법168)는 **구체적 위험범**이다. 방화죄의 경우 일반범죄와 달리 추상적 위험범의 경우에는 미수범처벌규정이 있는 반면에 구체적 위험범의 경우에는 미수범처벌규정이 없다.

어진다는 비판이 있다.

4 그리고 양학설의 중간으로 물건의 중요한 부분에 불꽃이 치솟아서 연소를 시작한 시점을 소훼로 보는 (c) **중요부분연소개시설**과 화력에 의해 목적물이 손괴죄의 손괴 정도에 이를 것을 요하는 (d) **훼기설**이 있다.

5 '불태운'라는 용어로 보아 목적물의 일정 정도 이상의 부분이 연소된 것으로 해석하는 것이 자연스럽다. 그런 의미에서 (c) 중요부분연소개시설이 합리적이라 생각한다. 다만, 판례가 사용하는 '독립연소'에서는 '어느 정도 연소의 계속'을 요구되고 있다는 점에 주목할 필요가 있다. 독립연소설의 구체적 적용을 보면, 일정한 위험발생이 요구되는 것으로 생각된다. 그런 의미에서 **현주건조물방화죄에서의 소훼란 객체로서의 현주건조물의 중요부분이 건조물 전체에 옮겨 붙을 위험이 있을 정도로 불탄 것으로 해석**해야 한다. 그리고 불꽃이 옮겨 붙어 연소하지 않는 건재에 방화한 예외적인 경우에는 객체의 중요부분이 유독가스를 발생시켜 공공의 위험을 발생시키거나 해당부분에 가연물이 접촉하여 연소의 위험이 발생할 정도로 산화하고 고온이 된 시점이 기수가 될 것이다.

6 더욱이 근래 **철근콘크리트 등의 난연성 건조물의 증가**로 독립연소설을 취할 경우에는 오히려 그 기수시기가 너무 늦어진다는 문제가 있다. 난연성 건조물의 경우에는 독립연소에 잘 이르지 않고, 그 이전 단계에서 유독가스의 발생으로 인해 사람의 신체에 위해를 미칠 수 있고, 독립연소에 이르지 않더라도 매개물의 화력에 의해 콘크리트 벽의 붕괴 등이 발생할 수 있다.

7 방화죄의 **실행의 착수시점**은 '불을 놓는' 점화 시점이 될 것이다. 판례는 방화죄에서 **'목적물 또는 매개물'**에 불을 놓은 때 방화의 착수가 인정된다고 본다. 따라서 비록 목적물(주택)에 불이 붙지 않았다 하더라도 피해자의 몸에 쏟아진 휘발유를 방화의 매개물로 파악하여 **피해자의 몸에 불이 붙은 경우**에도 현주건조물방화죄의 실행의 착수를 인정하고 있다(대판 2001도6641, Ref 2).

8 한편, 형법은 현주건조물등 방화죄(법164①), 공용건조물등 방화죄(법165), 타인소유의 일반건조물등 방화죄(법166①)의 **예비 · 음모를 처벌**한다(법175). 따라서 방화하기 위해 물건들을 모아 쌓아 올리는 등의 행위는 본죄에 해당된다. 다만 그 목적한 죄의 실행에 이르기 전에 자수한 때에는 형을 감경 또는 면제한다는 **필요적 감경** 규정을 두고 있다(법175).[4]

---

4) 형법 제175조(예비, 음모) 제164조제1항, 제165조, 제166조제1항, 제172조제1항, 제172조의2제1항, 제173조제1항과 제2항의 죄를 범할 목적으로 예비 또는 음모한 자는 5년 이하의 징역에 처한다. 단 그 목적한 죄의 실행에 이르기 전에 자수한 때에는 **형을 감경 또는 면제한다.**

현주건조물방화죄의 기수시점

1 [대판 70도330] 방화죄는 화력이 매개물을 떠나 **스스로 연소할 수 있는 상태에 이르렀을 때에 기수가** 되고 반드시 목적물의 중요부분이 소실하여 그 본래의 효용을 상실한 때라야만 기수가 되는 것이 아니라고 할 것이므로, 원심의 인정사실과 같이 그 부모에게 용돈을 요구하였다가 거절당한 피고인이 홧김에 자기 집 헛간 지붕위에 올라가 거기다 라이타불로 불을 놓고, 이어서 몸채, 사랑채 지붕위에 차례로 올라가 거기에다 각각 불을 놓아 **헛간지붕 60평방센티미터 가량, 몸채지붕 1평방미터 가량,** 사랑채지붕 1평방미터 가량을 태웠다고 하면 **본건 방화행위는 위 설시에 따라 기수로 보아야 할 것**이니 이러한 취지로 판시한 원판결은 정당하고 그 피해액이 근소하며, 또 위와 같이 방화죄의 기수의 기준을 독립연소설로 간다면 피고인에게 가혹한 결과가 생긴다 하여 그 결론을 달리 할 수 없으므로 반대의 견해를 전제로 한 논지는 이유 없다.

현주건조물방화죄의 착수시점

2 [대판 2001도6641] 파기환송. [매개물을 통한 현존건조물방화죄의 실행의 착수시기 및 그 판단 방법] ●**판지**● [1] 매개물을 통한 점화에 의하여 건조물을 소훼함을 내용으로 하는 형태의 방화죄의 경우에, 범인이 그 매개물에 불을 켜서 붙였거나 또는 범인의 행위로 인하여 매개물에 불이 붙게됨으로써 연소작용이 계속될 수 있는 상태에 이르렀다면, 그것이 곧바로 진화되는 등의 사정으로 인하여 목적물인 건조물 자체에는 불이 옮겨 붙지 못하였다고 하더라도, 방화죄의 실행의 착수가 있었다고 보아야 할 것이고, 구체적인 사건에 있어서 이러한 실행의 착수가 있었는지 여부는 범행 당시 피고인의 의사 내지 인식, 범행의 방법과 태양, 범행 현장 및 주변의 상황, 매개물의 종류와 성질 등의 제반 사정을 종합적으로 고려하여 판단하여야 한다. [2] 피고인이 방화의 의사로 뿌린 휘발유가 인화성이 강한 상태로 주택주변과 피해자의 몸에 적지 않게 살포되어 있는 사정을 알면서도 라이터를 켜 불꽃을 일으킴으로써 **피해자의 몸에 불이 붙은 경우**, 비록 외부적 사정에 의하여 불이 방화 목적물인 주택 자체에 옮겨 붙지는 아니하였다 하더라도 현존건조물방화죄의 실행의 착수가 있었다고 봄이 상당하다. ●**해설**● 현주건조물방화죄의 **실행의 착수시기**는 '목적물 또는 매개물'에 불을 놓은 때이다. 이 사건에서 대법원은 **피해자의 몸에 쏟아진 휘발유를 방화의 매개물로 파악**하여 피해자의 몸에 불이 붙은 경우에도 현존건조물방화죄의 실행의 착수를 인정하고 있다. 당시 상황은 「피고인은 매우 흥분된 상태에서 "집을 불태워 버리고 같이 죽어 버리겠다."고 소리치기까지 하였으며, 피해자과 실랑이를 벌이면서 휘발유통을 높게 쳐들어 피해자의 몸에 휘발유가 쏟아지는 것과 동시에 피고인 자신의 몸에도 휘발유가 쏟아졌는데도, 피해자가 몸에 쏟아진 휘발유를 씻어내고자 수돗가로 가려고 돌아서는 순간, 피고인이 라이터를 꺼내서 무작정 켜는 바람에 피고인과 피해자의 몸에 불이 붙게 되었고, **이는 그대로 방치할 경우 주택 주변에 살포된 휘발유에 충분히 연소될 정도였던 사실을 알 수 있는바,** 사정이 이러하다면, 그 후 설령 외부적 사정에 의하여 피고인이 라이터로 붙인 불이 원심 판시와 같이 주택 주변에 뿌려진 휘발유를 거쳐 방화 목적물인 주택 자체에 옮겨 붙지는 아니하였다 하더라도, (가) 당시 피고인이 뿌린 휘발유가 인화성이 강한 상태로 주택 주변과 피고인 및 피해자의 몸에 적지 않게 살포되어 있었던 점, (나) 피고인은 그러한 주변 사정을 알면서도 라이터를 켜 불꽃을 일으킨 점, (다) 그로 인하여 매개물인 휘발유에 불이 붙어 연소작용이 계속될 수 있는 상태에 이르고, 실제로 피해자가 발생하기까지 한 점 등의 제반 사정에 비추어 볼 때, 피고인의 위와 같은 행위는 **현존건조물방화죄의 실행의 착수에 해당한다고 봄이 상당하다**」고 파악하였다.

96 '공공의 위험'의 의의

* 대법원 2009. 10. 15. 선고 2009도7421 판결
* 참조조문: 형법 제167조 제2항,[1] 민법 제252조 제1항[2]

> 노상에서 전봇대 주변에 놓인 재활용품과 쓰레기 등에 불을 놓아 **공공의 위험**을 발생하게 한 경우, 일반 물건방화죄가 성립하는가.

●**사실**● 피고인 X는 2009.1.26. 서울 동작구 상도2동 노상에서 그곳 전봇대 주변에 놓인 재활용품과 쓰레기 등을 발견하고 소지하고 있던 라이터를 이용하여 불을 붙인 다음 불상의 가연물을 집어넣어 그 화염이 위 **전봇대의 전선에 미칠 수 있는 정도**에 이르게 하였다.

검사는 X의 행위에 대해 형법 제167조 제1항을 적용하여 기소하였다. 제1심은 형법 제167조 제1항에서 정한 '물건'이란 타인 소유에 한한다고 보아야 하는데, 위 '재활용품과 쓰레기 등'은 타인이 이미 소유권을 포기한 **무주물에 불과**하므로 제167조 제1항의 일반물건방화죄가 성립할 수 없다고 판단하였고 나아가 형법 제167조 제2항의 일반물건방화죄의 성립도 부정하여 무죄를 선고하였다. 이에 원심은 위 '재활용품과 쓰레기 등'이 형법 제167조 제1항의 일반물건방화죄가 성립할 수 없다고 판단한 원심의 판단은 수긍하였으나 이들 물건이 제167조 제2항에서 정한 **'자기 소유의 물건'에 준한다**고 보았고(쟁점①), 공공의 위험도 발생한 것으로 파악하여(쟁점②) 형법 제167조 제2항에서 정한 일반물건방화죄의 성립을 인정하였다. 이에 X가 상고하였다.

●**판지**● 상고기각. 「[1] 형법 제167조 제2항은 방화의 객체인 물건이 자기의 소유에 속한 때에는 같은 조 제1항보다 감경하여 처벌하는 것으로 규정하고 있는바, (가) 방화죄는 **공공의 안전을 제1차적인 보호법익**으로 하지만 **제2차적으로는 개인의 재산권을 보호**하는 것이라고 볼 수 있는 점, (나) 현재 소유자가 없는 물건인 무주물에 방화하는 경우에 타인의 재산권을 침해하지 않는 점은 자기의 소유에 속한 물건을 방화하는 경우와 마찬가지인 점, (다) 무주의 동산을 소유의 의사로 점유하는 경우에 소유권을 취득하는 것에 비추어(민법 제252조) 무주물에 방화하는 행위는 그 무주물을 소유의 의사로 점유하는 것이라고 볼 여지가 있는 점 등을 종합하여 보면, 불을 놓아 **무주물을 소훼하여 공공의 위험을 발생하게 한 경우**에는 '무주물'을 '자기 소유의 물건'에 준하는 것으로 보아 형법 제167조 제2항을 적용하여 처벌하여야 한다.

[2] 노상에서 전봇대 주변에 놓인 재활용품과 쓰레기 등에 불을 놓아 소훼한 사안에서, 그 재활용품과 쓰레기 등은 '무주물'로서 형법 제167조 제2항에 정한 '자기 소유의 물건'에 준하는 것으로 보아야 하므로, 여기에 불을 붙인 후 불상의 가연물을 집어넣어 그 화염을 키움으로써 전선을 비롯한 주변의 가연물에 손상을 입히거나 바람에 의하여 다른 곳으로 불이 옮아붙을 수 있는 공공의 위험을 발생하게 하였다면, 일반물건방화죄가 성립한다」.

---

1) 형법 제167조(일반물건 방화) ① 불을 놓아 제164조부터 제166조까지에 기재한 외의 물건을 불태워 **공공의 위험**을 발생하게 한 자는 1년 이상 10년 이하의 징역에 처한다. ② 제1항의 물건이 **자기 소유인 경우**에는 3년 이하의 징역 또는 700만원 이하의 벌금에 처한다.
2) 민법 제252조(무주물의 귀속) ① 무주의 동산을 소유의 의사로 점유한 자는 그 **소유권을 취득**한다.

●**해설**● 1 방화죄는 대표적 '공공위험범'이며, 이 **공공위험적 성격 때문에** 동일한 재물을 물리적으로 손괴한 경우보다 방화로 소훼했을 때 훨씬 중한 형벌이 부과된다. 예를 들어, 승용차에 불을 놓아 '공공의 위험'을 발생시켰다면 일반물건방화죄(법167①)가 되어 "1년 이상 10년 이하의 징역"에 처해지지만, 같은 승용차를 단순히 물리적으로 훼손한 경우는 손괴죄에 해당되어 단지 "3년 이하의 징역"에 처한다(법366). 양자의 차이는 결국 방화죄가 **'공공위험범'이라는 점**에서 찾을 수 있다. 이와 같이 방화죄의 경우, 단순히 화력을 이용하여 '특정·소수인'의 생명과 신체·재산에 대한 위해로는 부족하고, '불특정·다수' 즉 '공공'의 생명이나 신체에 대한 위험발생을 요한다.

2 방화죄의 경우는 건물에 방화된 불이 일정 수준을 넘을 경우, 그 시점 이후에는 이미 행위자의 손을 떠나 '컨트롤할 수 없이 확산'된다는 점, 즉 **'위험의 불특정적인 확대경향'**에서 '위험의 공공성'을 찾아야 된다고 생각한다. 그런 의미에서 결국 방화죄를 중하게 처벌하는 이유는 그 위험이 '불특정적'으로 확대될 수 있다는 특수성 때문이다.

3 법원은 제167조①과 관련된 사안에서 '공공의 위험'을 「일반물건을 소훼하고 이로 인하여 **불특정 다수인의 생명, 신체, 재산에 위해를 가할 우려** 있다고 볼 수 있는 상태」로 판시하고 있다(대구고판 78노941, Ref 1). 공공위험에 대한 판단은 행위자를 기준으로 하지 않고 객관적으로 판단하여야 한다. 즉 행위자의 주관이 아닌 구체적 사정을 고려한 **객관적·사후적 판단으로 일반인이 느끼는 심리적 위험성**으로 판단하여야 한다. 따라서 행위자에게는 물건을 불태울 것에 대한 인식은 필요하지만 그 소훼의 결과 공공의 위험 발생에 대한 인식까지 요하지는 않는다.

4 대법원은 공공의 위험에 대한 판단과 관련하여 「이 사건 당시는 (가) 건조한 겨울밤이었고 당시 강추위로 바람도 어느 정도 불었던 것으로 보이는 점, (나) 이 사건 **장소는 주택가**인데다가 현장사진의 각 영상에 의하더라도 근처에 현수막, 의자, 합판 등 가연성 물건들이 여기저기 흩어져 있었던 점, (다) 피고인이 라이터를 이용하여 재활용품과 쓰레기 등에 불을 붙인 다음 다른 가연물을 집어넣어 처음에는 작았던 화염의 높이가 피고인의 키 정도(약 160cm)에까지 달하게 된 점, (라) 위 전봇대에 설치된 전선의 높이는 그 옆에 세워진 피고인의 키보다 더 높은 포터차량 높이의 약 3배에 이르지만, 위와 같은 화염에 의하여 그 전선에 직접 불이 붙지는 않더라도 그 열기에 의하여 그 전선이 손상을 입을 수도 있는 점, (마) 이에 더하여 이 사건 장소는 피고인의 부친 집에서 30~35m 거리에 불과하여 피고인이 단순히 추위를 피하기 위하여 이 사건 장소에서 불을 피울 이유가 없는 점 등을 종합」하여, 피고인이 라이터를 이용하여 재활용품과 쓰레기 등에 불을 붙인 다음 불상의 가연물을 집어넣어 그 화염을 키움으로써 **전선을 비롯한 주변의 가연물**에 손상을 입히거나 바람에 의하여 다른 곳으로 불이 옮아 붙을 수도 있는 **공공의 위험**을 발생하게 하였던 것으로 파악한 원심의 판단을 받아들였다.

1 [대구고판 78노941] ●**사실**● 갑은 지난 여름 물 문제로 다툼이 있었던 을에게 원한을 가지고 을이 수확하여 논에 그대로 쌓아놓은 볏단에 불을 질러 전소케 하였다. 방화현장은 인가와 상당히 떨어져 있었다. ●**판지**● 형법 제167조 제1항의 공공의 위험이란 일반물건을 소훼하고 이로 인하여 불특정 다수인의 생명, 신체, 재산에 위해를 가할 우려 있다고 볼 수 있는 상태를 말하는바 이사건 현장은 김해평야에 속하는 곳으로 주위에 아무런 농작물이 없는 논으로서 서쪽에 약 50m 폭의 논 1필지를 건너 다른 사람의 비닐하우스 2채가 있을 뿐 가장 가까운 인가는 300여미터나 떨어져 있음을 인정할 수 있어 피고인의 이사건 범행으로 사람의 생명이나 신체 또는 재산에 구체적으로 위험을 줄 수 있는 상태가 아니며 또 연소되어 나갈만한 자료가 전혀 없으므로 **공공의 위험이 발생하였다고는 할 수 없다.**

97 일반교통방해죄와 '육로'

* 대법원 2017. 4. 7. 선고 2016도12563 판결
* 참조조문: 형법 제185조[1]

공로에 출입할 수 있는 다른 도로가 있는 상태에서 토지 소유자로부터 일시적인 사용승낙을 받아 통행한 도로를 일반교통방해죄에서의 육로로 볼 수 있는가?

●**사실**● 피고인 X는 2003년경 토지를 매수하였다. 그 토지에는 분쟁이 된 농로가 있었는데 그 농로는 폭 4m의 비포장도로로 양쪽 길가에 수목이 우거져 있고, 큰길 쪽부터 차례로 X 소유 토지, A 소유 토지, B 소유 토지가 있었으며, X 소유 토지의 일부가 이 농로에 포함되어 있었다. 당시 B만 가끔씩 농사를 지으려고 이 길을 지나다녔다. X는 2007년경부터 큰길과 접한 지점에 쇠사슬 등을 설치하여 위 토지를 이용한 농로 통행을 제한하였다. 이에 B는 그 무렵부터 피고인으로부터 일시적인 사용승낙을 받아 이 농로를 통행하였다. 그런데 A는 2014.3.7.경 자신의 토지에 주택을 신축하면서 공사차량의 진출입을 위해 이 사건 농로의 진입로 부분을 확장하고 통행하기 시작하였는데, 그 과정에서 통행을 막으려는 X와 분쟁이 발생하였다. 큰길에서 A 소유 토지와 B 소유 토지에 진입할 수 있는 시멘트 포장도로가 있는데, 현재는 이를 사용하지 않아 영월군에서 가드레일 등을 설치하여 막아 놓은 상태이었다. 검사는 X를 일반교통방해죄 위반으로 기소하였고 제1심은 유죄를 선고하였다. 그러나 원심은 X에 대해 무죄를 선고하였다. 이에 검사가 상고하였다.

●**판지**● **상고기각.** 「형법 제185조의 일반교통방해죄는 일반 공중의 교통안전을 보호하는 범죄로서 육로 등을 손괴하거나 장애물로 막는 등의 방법으로 교통을 방해하여 통행을 불가능하게 하거나 현저하게 곤란하게 하는 일체의 행위를 처벌하는 것을 목적으로 한다. 여기에서 **'육로'**란 일반 공중의 왕래에 제공된 장소, 즉 특정인에 한하지 않고 불특정 다수인 또는 차마가 자유롭게 통행할 수 있는 공공성을 지닌 장소를 말한다. 통행로를 이용하는 사람이 적은 경우에도 위 규정에서 말하는 육로에 해당할 수 있으나, 공로에 출입할 수 있는 **다른 도로가 있는** 상태에서 토지 소유자로부터 일시적인 사용승낙을 받아 통행하거나 토지 소유자가 개인적으로 사용하면서 부수적으로 타인의 통행을 묵인한 장소에 불과한 도로는 위 규정에서 말하는 육로에 해당하지 않는다」.

●**해설**● 1 형법 제185조의 일반교통방해죄는 **일반 공중의 교통안전**을 그 보호법익으로 하는 범죄로서 육로 등을 손괴 또는 불통하게 하거나 기타의 방법으로 교통을 방해하여 통행을 불가능하게 하거나 현저하게 곤란하게 하는 일체의 행위를 처벌하는 것을 그 목적으로 하는 죄로서, 여기에서 **'육로'**라 함은 일반 공중의 왕래에 공용된 장소, 즉 특정인에 한하지 않고 불특정 다수인 또는 차마가 자유롭게 통행할 수 있는 공공성을 지닌 장소를 말한다(대판 2009도13376, Ref 2).

2 또한 본죄에서의 육로는 「그 부지의 소유관계나 통행권리관계 또는 통행인의 많고 적음 등을 가리지 않는다」(대판 2004도7545). 그리고 도로법의 적용여부도 불문한다.

---

1) 형법 제185조(일반교통방해) **육로**, 수로 또는 교량을 손괴 또는 불통하게 하거나 기타 방법으로 교통을 방해한 자는 10년 이하의 징역 또는 1천500만원 이하의 벌금에 처한다.

3 일반교통방해죄는 이른바 **추상적 위험범**으로서 교통이 불가능하거나 또는 현저히 곤란한 상태가 발생하면 바로 기수가 되고 교통방해의 결과가 현실적으로 발생하여야 하는 것은 아니다(대판 2004도7545). 또한 일반교통방해죄에서 교통방해 행위는 **계속범의 성질을 가지는 것이어서** 교통방해의 상태가 계속되는 한 가벌적인 위법상태는 계속 존재한다(대판 2017도11408, Ref 1).

Reference

일반교통방해죄 성립을 부정한 사례

1 [대판 2017도11408] [**도로에서의 집회나 시위가 교통방해 행위를 수반할 경우**, 일반교통방해죄가 성립하는지 여부(원칙적 적극)] [1] 집회와 시위의 자유는 헌법상 보장된 국민의 기본권이므로 형법상의 일반교통방해죄를 집회와 시위의 참석자에게 적용할 경우에는 집회와 시위의 자유를 부당하게 제한하는 결과가 발생할 우려가 있다. 그러나 일반교통방해죄에서 교통을 방해하는 방법을 위와 같이 포괄적으로 정하고 있는데다가 도로에서 집회와 시위를 하는 경우 일반 공중의 교통안전을 직접적으로 침해할 위험이 있는 점을 고려하면, 집회나 시위로 교통방해 행위를 수반할 경우에 특별한 사정이 없는 한 일반교통방해죄가 성립할 수 있다. [2] 집회 및 시위에 관한 법률(이하 '집시법'이라 한다)에 따라 적법한 신고를 마친 집회 또는 시위라고 하더라도 당초에 신고한 범위를 현저히 벗어나거나 집시법 제12조에 따른 조건을 중대하게 위반하여 도로 교통을 방해함으로써 통행을 불가능하게 하거나 현저하게 곤란하게 하는 경우에는 형법 제185조의 일반교통방해죄가 성립한다. 그러나 이때에도 참가자 모두에게 당연히 일반교통방해죄가 성립하는 것은 아니고, 실제로 참가자가 위와 같이 신고 범위를 현저하게 벗어나거나 조건을 중대하게 위반하는 데 가담하여 교통방해를 유발하는 직접적인 행위를 하였거나, 참가자의 참가 경위나 관여 정도 등에 비추어 그 참가자에게 공모공동정범의 죄책을 물을 수 있는 경우라야 일반교통방해죄가 성립한다. [3] 일반교통방해죄는 이른바 **추상적 위험범**으로서 교통이 불가능하거나 또는 현저히 곤란한 상태가 발생하면 바로 기수가 되고 교통방해의 결과가 현실적으로 발생하여야 하는 것은 아니다. 또한 일반교통방해죄에서 교통방해 행위는 **계속범의 성질을 가지는 것이어서** 교통방해의 상태가 계속되는 한 가벌적인 위법상태는 계속 존재한다. 따라서 신고 범위를 현저히 벗어나거나 집회 및 시위에 관한 법률 제12조에 따른 조건을 중대하게 위반함으로써 교통방해를 유발한 집회에 참가한 경우, 참가 당시 이미 다른 참가자들에 의해 교통의 흐름이 차단된 상태였더라도 교통방해를 유발한 다른 참가자들과 암묵적·순차적으로 공모하여 교통방해의 위법상태를 지속시켰다고 평가할 수 있다면 일반교통방해죄가 성립한다. [4] 원심은 다음과 같은 사정들을 들어 제1심 판결을 파기하고 무죄로 판단하였다. (가) 피고인은 사전집회에는 참가하지 못하였고 2015.11.14. 15:00경 이 사건 시위에 합류하였다고 주장하는데, 그때는 이미 경찰이 도로에 차벽을 설치하여 그 부근의 교통이 완전히 차단된 것으로 보이므로, 피고인이 시위대에 합류하기 이전에 피고인이 행진한 장소 부근에서 차량의 교통은 완전히 통제되었을 가능성이 크다. 이미 교통의 흐름이 완전히 차단된 상태의 도로를 다수인이 행진하여 점거하는 것은 교통방해의 추상적 위험조차 발생시키지 않는다고 보아야 한다. 교통의 흐름이 완전히 차단된 상태에서 피고인이 도로에 걸어 나간 것만으로는 교통방해의 위험을 발생시켰다고 볼 수 없고, **집회참가자들의 도로 점거 이후 시위에 합류한 피고인에게 차벽 설치 전 다른 집회참가자들이 한 도로 점거에 대한 책임을 물을 수 없다.** 피고인이 다른 집회참가자들과 도로점거를 사전에 공모하였다는 증거가 없는 이상 공모공동정범의 죄책을 물을 수도 없다. (나) 원심판결 이유를 위에서 본 법리와 적법하게 채택된 증거에 비추어 살펴본다. 피고인이 교통의 흐름이 차단된 상태에서 시위대에 합류하였다거나 사전에 공

모가 없었다고 해서 공모공동정범이 성립하지 않는다고 한 원심판결 이유는 적절하지 않다. **그러나 피고인에 대하여 일반교통방해죄의 공모공동정범으로서의 죄책을 물을 수 없다고 판단한 원심의 결론은 수긍할 수 있다.**

2 [대판 2009도13376] 피고인은 2007.4.29.부터 같은 달 30.까지 광주시 중대동 소재 임야 내 공소외 1의 음식점으로 통하는 진입도로에서, 위 임야의 소유권을 취득하였음에도 위 진입도로에 대한 소유권을 행사하지 못한다는 이유로, 포크레인 등의 장비를 동원하여 위 진입도로 노면의 일부를 손괴하고 쇠사슬을 위 진입도로에 걸어 둠으로써 불특정 다수인이 통행하는 위 진입도로의 교통을 방해하였다라는 것이다. 원심 및 제1심은 그 채용 증거에 의하여, 공소외 1은 "위 진입도로(아래에서는 '이 사건 토지'라 한다)에 관한 형질변경허가를 받고도 아무런 조치를 취하지 아니하다가 기존의 도로를 사용할 수 없게 되어 대체도로를 만들고자 하였다"고 진술하고 있는 점, 공소외 1이 2007.3. 말경 콘크리트 포장공사를 하기 전까지 이 사건 토지에는 돌이 쌓여 있고 낙엽이 많이 쌓여 있는 등 평소에 사람이 통행하기에 부적합한 상태였던 것으로 보이는 점, 공소외 1이 운영하는 음식점으로 연결되는 도로로는 이 사건 토지와 기존의 포장된 아스팔트 도로가 있었는데, 위 음식점에 가기 위해서 포장되어 있지 않던 이 사건 토지보다는 포장된 위 아스팔트 도로가 주로 이용된 것으로 보이는 점, 공소외 1은 1997년에 산지전용허가를 받은 이후 이 사건 토지에 도로를 개설하려고 몇 차례 개설을 위한 일부 공사를 하였으나 완료하지 못하다가 기존의 도로를 사용할 수 없게 되자 비로소 콘크리트 포장공사를 하였고, 이에 이 사건 토지의 소유자인 피고인이 공소사실 기재와 같이 도로 이용을 저지하게 된 점, 공소외 1이 피고인을 상대로 제기한 이 사건 토지에 대한 통행권확인청구가 기각되어 피고인의 승소로 확정됨으로써 공소외 1이 더 이상 피고인에게 이 사건 토지에 대한 통행권을 주장할 수 없게 된 점 등을 인정하였다. 위와 같은 사정을 앞서 본 법리에 비추어 보면, **이 사건 토지는 일반교통방해죄에서 정한 불특정 다수인을 위한 공공성을 가진 도로라고 보기 어렵다 할 것**이므로, 같은 이유에서 이 사건 공소사실에 관하여 피고인에게 무죄를 선고한 제1심판결을 유지한 원심의 판단은 옳은 것으로 수긍이 가고, 거기에 상고이유의 주장과 같은 일반교통방해죄에 대한 법리오해 등의 위법이 없다.

3 [대판 2009도4266] 파기환송. 피고인이 카니발 **밴 차량을 40분가량 주차한 장소는 위 여객터미널 도로** 중에서 공항리무진 버스들이 승객들을 승·하차시키는 장소로서 일반 차량들의 주차가 금지된 구역이기는 하지만 위와 같이 주차한 장소의 옆 차로를 통하여 다른 차량들이 충분히 통행할 수 있었을 것으로 보이고, 피고인의 위와 같은 주차행위로 인하여 공항리무진 버스가 출발할 때 후진을 하여 차로를 바꾸어 진출해야 하는 불편을 겪기는 하였지만 통행이 불가능하거나 현저하게 곤란하지는 않았던 것으로 보인다. 그럼에도 불구하고 피고인의 불법주차행위가 육로의 교통을 방해하여 일반교통방해죄를 구성한다고 속단한 원심의 조치에는 일반교통방해죄에 관한 법리를 오해하여 판결 결과에 영향을 미친 위법이 있다.

4 [대판 2005도7573] 목장 소유자가 목장운영을 위해 목장용지 내에 임도를 개설하고 차량 출입을 통제하면서 인근 주민들의 일부 통행을 부수적으로 묵인한 경우, 위 **임도는 공공성을 지닌 장소가 아니어서** 일반교통방해죄의 '육로'에 해당하지 않는다.

5 [대판 91도2771] 피고인 등 약 600명의 노동조합원들이 차도만 설치되어 있을 뿐 보도는 따로 마련되어 있지 아니한 도로 우측의 편도 2차선의 대부분을 차지하면서 **대오를 이루어 행진하는 방법으로 시위를** 하고 이로 인하여 나머지 편도 2차선으로 상, 하행차량이 통행하느라 차량의 소통이 방해되었다 하더라도

피고인 등의 시위행위에 대하여 일반교통방해죄를 적용할 수 없다.

일반교통방해죄 성립을 인정한 사례

6 [대판 2017도9146] 피고인이 집회 및 시위에 관한 법률에 따른 신고 없이 서울광장에서 개최된 '세월호 1주기 범국민행동' 추모제(이하 '갑 집회'라 한다)에 참석한 뒤 다른 집회 참가자들과 함께 질서유지선을 넘어 방송차량을 따라 도로 전 차로를 점거하면서 행진하고, 행진을 제지하는 경찰과 대치하면서 도로에서 머물다가 귀가한 사안에서, 피고인은 다른 집회 참가자들과 함께 경찰이 공공질서 유지 등을 위하여 설정한 질서유지선을 넘어 도로 전 차로를 점거한 채 행진하였으므로 집회 참가자들 사이에 서로의 행위를 인식하며 **암묵적·순차적으로 의사의 결합**이 이루어졌다고 볼 수 있어, 피고인은 갑 집회의 위법성을 인식한 상태에서 이를 수용하여 도로 점거 등 교통을 방해하는 직접적 행위를 하였다고 보이는 점, 갑 집회 참가자들이 도로를 점거함으로써 차량의 통행이 전면적으로 제한되는 상태가 계속되었으므로 도로 점거행위는 직접적인 교통방해 행위에 해당하거나 교통방해의 위법상태를 지속시켰다고 평가할 수 있는 점, 갑 집회·시위의 내용과 진행 상황, 집회 참가자들이 질서유지선을 넘어 도로를 점거한 채 행진하는 등 구체적인 행위 모습, 도로 점거의 지속시간, 피고인이 다른 집회 참가자들과 함께 도로 점거를 계속한 점 등에 비추어 **위 범행에 대한 본질적 기여를 통한 기능적 행위지배가 있다**고 볼 수 있는 점을 종합하면, 피고인은 일반교통방해죄의 공모공동정범으로서 책임이 있다는 이유로, 이와 달리 보아 공소사실을 무죄로 판단한 원심판결에 일반교통방해죄의 공모공동정범에 관한 법리오해 등의 잘못이 있다.

7 [대판 2007도7717] [1] 인근 상가의 통행로로 이용되고 있는 토지의 사실상 지배권자가 위 토지에 **철주와 철망을 설치하고 포장된 아스팔트를 걷어냄**으로써 통행로로 이용하지 못하게 한 경우, 이는 일반교통방해죄를 구성하고 자구행위에 해당하지 않는다. [2] 설사 피고인의 주장대로 이 사건 토지에 인접하여 있는 공소외 2 소유의 광주 서구 화정동 1051 소재 건물에 건축법상 위법요소가 존재하고 공소외 2가 그와 같은 위법요소를 방치 내지 조장하고 있다거나, 위 건물의 건축허가 또는 이 사건 토지상의 가설건축물 허가 여부에 관한 관할관청의 행정행위에 하자가 존재한다고 가정하더라도, 그러한 사정만으로 이 사건에 있어서 피고인이 이 사건 토지의 소유자를 대위 또는 대리하여 법정절차에 의하여 이 사건 토지의 소유권을 방해하는 사람들에 대한 방해배제 등 청구권을 보전하는 것이 불가능하였거나 현저하게 곤란하였다고 볼 수 없을 뿐만 아니라, 피고인의 이 사건 행위가 그 청구권의 실행불능 또는 현저한 실행곤란을 피하기 위한 상당한 행위라고 볼 수도 없다.

8 [대판 2006도9418] [1] 주민들이 농기계 등으로 그 주변의 농경지나 임야에 통행하기 위해 이용하는 **자신 소유의 도로에 깊이 1m 정도의 구덩이를 판 행위**가 일반교통방해죄에 해당하고 자구행위나 정당행위에 해당하지 않는다고 한 사례 [2] 형법상 자구행위라 함은 법정절차에 의하여 청구권을 보전하기 불능한 경우에 그 청구권의 실행불능 또는 현저한 실행곤란을 피하기 위한 상당한 행위를 말하는 것인바, 이 사건 도로는 피고인 소유 토지상에 무단으로 확장 개설되어 그대로 방치할 경우 불특정 다수인이 통행할 우려가 있다는 사정만으로는 피고인이 법정절차에 의하여 자신의 청구권을 보전하는 것이 불가능한 경우에 해당한다고 볼 수 없을 뿐 아니라, 이미 불특정 다수인이 통행하고 있는 육상의 통로에 구덩이를 판 행위가 피고인의 청구권의 실행불능이나 현저한 실행곤란을 피하기 위한 상당한 이유가 있는 행위라고도 할 수 없다.

9 [대판 2006도4662] **파기환송.** 서울 중구 소공동의 왕복 4차로의 도로 중 편도 3개 차로 쪽에 차량 2, 3대와 간이테이블 수십 개를 이용하여 길가쪽 2개 차로를 차지하는 **포장마차를 설치하고 영업행위**를 한 것은, 비록 행위가 교통량이 상대적으로 적은 야간에 이루어졌다 하더라도 형법 제185조의 일반교통방해죄를 구성한다.

10 [대판 2006도755] 전국민주노동조합총연맹 준비위원회가 주관한 도로행진시위가 사전에 구 집회 및 시위에 관한 법률에 따라 옥외집회신고를 마쳤어도, 신고의 범위와 위 법률 제12조에 따른 제한을 현저히 일탈하여 **주요도로 전차선을 점거하여 행진** 등을 함으로써 교통소통에 현저한 장해를 일으켰다면, 일반교통방해죄를 구성한다.

11 [대판 2001도6903] 불특정 다수인의 통행로로 이용되어 오던 도로의 토지 일부의 소유자라 하더라도 그 도로의 중간에 바위를 놓아두거나 이를 파헤침으로써 차량의 통행을 못하게 한 행위는 일반교통방해죄 및 업무방해죄에 해당한다.

12 [대판 99도1651] 피고인 소유의 토지를 포함한 구도로 옆으로 신도로가 개설되었으나 구도로가 여전히 형법 제185조 소정의 '육로'에 해당한다.

13 [대판 95도1475] [1] [**일반교통방해죄의 보호법익과 대상 행위**] 형법 제185조의 일반교통방해죄는 일반 공중의 교통안전을 그 보호법익으로 하는 범죄로서 육로 등을 손괴 또는 불통케 하거나 기타의 방법으로 교통을 방해하여 통행을 불가능하게 하거나 현저하게 곤란하게 하는 일체의 행위를 처벌하는 것을 그 목적으로 하고 있다. [2] 도로가 농가의 영농을 위한 경운기나 리어카 등의 통행을 위한 농로로 개설되었다 하더라도 그 도로가 사실상 일반 공중의 왕래에 공용되는 도로로 된 이상 경운기나 리어카 등만 통행할 수 있는 것이 아니고 다른 차량도 통행할 수 있는 것이므로 이러한 차량의 통행을 방해한다면 이는 일반교통방해죄에 해당한다.

14 [대판 94도2112] 주민들에 의하여 공로로 통하는 **유일한 통행로로 오랫동안 이용되어** 온 폭 2m의 골목길을 자신의 소유라는 이유로 폭 50 내지 75cm 가량만 남겨두고 담장을 설치하여 주민들의 통행을 현저히 곤란하게 하였다면 일반교통방해죄를 구성한다.

98 위조통화행사죄 - 통화죄와 문서죄의 관계 -

* 대법원 2013. 12. 12. 선고 2012도2249 판결
* 참조조문: 형법 제207조[1]), 제234조[2])

위조된 외국의 화폐, 지폐 또는 은행권이 외국에서 강제통용력이 없고 국내에서 사실상 거래 대가의 지급수단이 되지 않는 경우, 그 화폐 등을 행사한 행위가 위조통화행사죄를 구성하는가?

●**사실**● 피고인 X는 중국에서 만난 Y로부터 10만 파운드화 1장을 무상으로 교부받아 그것이 과다한 액면가액이 표시되어 있고 인쇄상태가 조악하여 위조된 것이라는 사정을 알면서도, 이를 한국 내에서 **유통**[3])시킬 수 있는지 여부를 알아봐 달라는 Y의 요청에 응하여 이를 소지하여 우리나라에 입국한 뒤 Z로부터 이를 유통시켜 액면가의 3%가량을 받을 수 있다는 말을 듣고 중국에 있는 Y에게 연락하여 위 10만 파운드화 100매를 국내로 보내줄 것을 부탁하였다. 이후 Y를 대신한 W가 위 10만 파운드화 100매를 소지하고 우리나라에 입국하도록 한 뒤 W에게 X는 Z, Q와 함께 있는 서울역 내 커피숍으로 오도록 연락하여 이를 Z, Q에 교부하게 하였다. 검사는 X를 위조사도화행사죄로 기소하였으나 제1심과 원심은 위조사도화행사죄에 대해 무죄를 선고하였다. 이에 검사가 상고하였다.

●**판지**● 파기환송.「형법상 통화에 관한 죄는 **문서에 관한 죄**에 대하여 '**특별관계**'에 있으므로 통화에 관한 죄가 성립하는 때에는 문서에 관한 죄는 별도로 성립하지 않는다. 그러나 위조된 외국의 화폐, 지폐 또는 은행권이 강제통용력을 가지지 않는 경우에는 형법 제207조 제3항에서 정한 '**외국에서 통용하는** 외국의 화폐 등'에 해당하지 않고, 나아가 그 화폐 등이 국내에서 사실상 거래 대가의 지급수단이 되고 있지 않는 경우에는 형법 제207조 제2항에서 정한 '**내국에서 유통하는** 외국의 화폐 등'에도 해당하지 않으므로, 그 화폐 등을 행사하더라도 형법 제207조 제4항에서 정한 **위조통화행사죄를 구성하지 않는다**고 할 것이고, 따라서 이러한 경우에는 형법 제234조에서 정한 **위조사문서행사죄 또는 위조사도화행사죄로 의율**할 수 있다고 보아야 한다」.

●**해설**● 1 통화위·변조죄의 보호법익은 통화에 대한 **공공의 신용**과 부수적으로는 국가의 **통화발행권**도 그 대상이 된다. 보호의 정도는 **추상적 위험범**이다. 통화의 '**위조**'란 통화발행권이 없는 자가 진정한 통화의 외관을 가진, 즉 진화로 혼동할 수 있는 물건을 만들어 내는 것을 말한다. 위조는 객관적으로 보아 일반인으로 하여금 진정한 통화로 오신하게 할 정도에 이른 것이면 족하다(대판 85도570, Ref 6). 통화의 '**변조**'는 기존 진화에 가공하여 그 금액이나 가치를 변경하는 것을 말한다.

---

1) 형법 제207조(통화의 위조 등) ① 행사할 목적으로 **통용하는 대한민국의** 화폐, 지폐 또는 은행권을 위조 또는 변조한 자는 무기 또는 2년 이상의 징역에 처한다. ② 행사할 목적으로 내국에서 **유통하는 외국의** 화폐, 지폐 또는 은행권을 위조 또는 변조한 자는 1년 이상의 유기징역에 처한다. ③ 행사할 목적으로 **외국에서 통용하는** 외국의 화폐, 지폐 또는 은행권을 위조 또는 변조한 자는 10년 이하의 징역에 처한다. ④ 위조 또는 변조한 전 3항 기재의 통화를 행사하거나 행사할 목적으로 수입 또는 수출한 자는 그 위조 또는 변조의 각 죄에 정한 형에 처한다.

2) 형법 제234조(위조사문서등의 행사) 제231조 내지 제233조의 죄에 의하여 만들어진 문서, 도화 또는 전자기록 등 특수매체기록을 행사한 자는 그 각 죄에 정한 형에 처한다.

3) 유통과 통용은 그 의미가 다르다. ① **유통**은 강제통용력은 없으나 사실상 내국에서 쓰여지는 것을 의미하고 ② **통용**이란 법률에 의하여 강제통용력이 인정되는 경우를 말한다.

2 문서·도화위조죄와의 관계　　　사안에서 원심은, 이 사건 10만 파운드화는 영국 중앙은행(BANK OF ENGLAND)에서 1971년에 발행한 5파운드화 권종을 스캐너 등을 사용하여 10만 파운드화로 위조한 것으로, 일반 모조지 위에 5파운드화 특유의 도안(앞면: 여왕의 초상화, 두 마리 말이 끄는 전차와 천사 등, 뒷면: 웰링턴 공작의 상반신, 전쟁 중에 싸우는 군인들)이 표시되어 있고 그 전면에 "BANK OF ENGLAND, I PROMISE TO PAY THE BEARER ON DEMAND THE SUM OF ONE HUNDRED THOUSAND POUNDS, LONDON FOR THE GOV AND COMP OF THE BANK OF ENGLAND" 등의 기재와 "BU68 953130", "£100000" 등의 표시가 되어 있는 것으로서, 그 도안과 문자내용이 결합되어 **통상 화폐가 갖추어야 할 외관상의 객관적 요소들을 갖추어** 소지인에 대하여 영국 중앙은행이 100만 파운드(10만 파운드의 오기로 보인다)를 지급할 것을 약속하는 지불수단이라는 외관을 가지게 되었는바, 여기서 도안 부분만이 따로 도화로서 혹은 문자내용 부분만이 따로 문서로서 어떤 사람의 의사 또는 관념을 표현한 것으로 그 내용이 법률상 또는 사회생활상 의미 있는 사항에 관한 증거가 될 수 있다고 볼 수는 없으므로, 이 사건 10만 파운드화에 대한 처벌은 **통화에 관한 죄로 의율하여야 하고 문서에 관한 죄로 의율하여서는 안 된다**는 이유로 이 사건 공소사실 중 위조사도화행사의 점은 죄가 되지 않는 경우에 해당한다고 판단하였다.

3 하지만 대법원은 하급심과는 의견을 달리했다. 「위 10만 파운드화는 형법 제207조 제3항에서 정한 외국에서 통용하는 외국의 화폐 등이나 형법 제207조 제2항에서 정한 국내에서 유통하는 외국의 화폐 등에 해당하지 않으므로, 피고인이 이를 행사하였다고 하더라도 형법 제207조 제4항에서 정한 위조통화행사죄를 구성하지 않는다고 할 것이고, 한편 비록 위 10만 파운드화가 영국 지폐의 외관을 갖고 있다고 하더라도, 영국 중앙은행 **"CHIEF CASHIER"의 의사의 표현**으로서 그 내용이 법률상 또는 사회생활상 의미 있는 사항에 관한 증거가 될 수 있는 것이므로, **형법상 문서에 관한 죄의 객체인 '문서 또는 도화'에 해당한다**고 할 것이다」. 따라서 X가 행사한 행위는 위조사문서행사죄 또는 위조사도화행사죄로 의율할 수 있다는 입장을 취하였다. 이와 같이, 형법상 통화에 관한 죄는 **문서에 관한 죄에 대하여 '특별관계'**에 있음을 유의하여야 한다.

4 위조·변조통화행사죄에서 '행사'　　　위조·변조통화행사죄에 있어서 **'행사'**란 위조 또는 변조된 통화를 **진정한 통화로 유통**될 수 있게 하는 것을 말한다(목적범). 따라서 (1) 단순히 자기의 신용력을 과시하기 위한 제시나 진열장비치 등은 행사할 목적이 없어 이에 해당되지 않는다(대판 2011도7704, Ref 1). (2) 진정한 통화로 사용하였다면 유·무상을 불문한다. 나아가 위법한 사용도 행사가 된다. '행사'에는 이로 인한 재산상의 불법영득을 요하지 않는다. 그러므로 진정한 통화라고 말하여 위조통화를 다른 사람에게 **증여**한 경우에도 위조통화행사죄가 성립한다(대판 78도840). (3) 그리고 위조통화임을 알고 있는 자에게 그 위조통화를 교부한 경우, 즉 「피교부자가 이를 유통시키리라는 것을 예상 내지 인식하면서 교부하였다면, 그 교부행위 자체가 통화에 대한 공공의 신용 또는 거래의 안전을 해할 **위험**이 있으므로 위조통화행사죄가 성립한다」(대판 2002도3340, Ref 3).

통화위조·변조죄에 해당하지 않는다고 본 사례

1 [대판 2011도7704] [자신의 신용력을 증명하기 위하여 타인에게 보일 목적으로 통화를 위조한 경우, 행사할 목적이 인정되는지 여부(소극)] [1] 형법 제207조에서 정한 '행사할 목적'이란 유가증권위조의 경우와 달리 위조·변조한 통화를 진정한 통화로서 유통에 놓겠다는 목적을 말하므로, **자신의 신용력을 증명하기 위하여 타인에게 보일 목적으로 통화를 위조한 경우에는 행사할 목적이 있다고 할 수 없다.** [2] 통화위조죄와 위조통화행사죄의 객체인 위조통화는 유통과정에서 일반인이 진정한 통화로 오인할 정도의 외관을 갖추어야 한다.

외국통용 외국통화위조·변조죄(법207③)

2 [대판 2003도3487] 파기환송. [일반인의 관점에서 통용할 것이라고 오인할 가능성이 있는 외국의 지폐가 형법 제207조 제3항에서 규정한 '외국에서 통용하는 외국의 지폐'에 해당하는지 여부(소극)] [1] 형법 제207조 제3항은 "행사할 목적으로 외국에서 통용하는 외국의 화폐, 지폐 또는 은행권을 위조 또는 변조한 자는 10년 이하의 징역에 처한다."고 규정하고 있는바, 여기에서 외국에서 통용한다고 함은 그 외국에서 강제통용력을 가지는 것을 의미하는 것이므로 외국에서 통용하지 아니하는 즉, **강제통용력을 가지지 아니하는 지폐**는 그것이 비록 일반인의 관점에서 통용할 것이라고 오인할 가능성이 있다고 하더라도 위 형법 제207조 제3항에서 정한 외국에서 통용하는 외국의 지폐에 해당한다고 할 수 없고, 만일 그와 달리 위 형법 제207조 제3항의 외국에서 통용하는 지폐에 일반인의 관점에서 통용할 것이라고 오인할 가능성이 있는 지폐까지 포함시키면 이는 위 처벌조항을 문언상의 가능한 의미의 범위를 넘어서까지 **유추해석 내지 확장해석하여 적용**하는 것이 되어 **죄형법정주의의 원칙에 어긋나는 것으로 허용되지 않는다.** [2] 미국에서 발행된 적이 없이 단지 여러 종류의 관광용 기념상품으로 제조, 판매되고 있는 미합중국 100만 달러 지폐와 과거에 발행되어 은행 사이에서 유통되다가 현재는 발행되지 않고 있으나 화폐수집가나 재벌들이 이를 보유하여 오고 있는 **미합중국 10만 달러 지폐**가 막연히 일반인의 관점에서 미합중국에서 강제통용력을 가졌다고 오인할 수 있다는 이유로 형법 제207조 제3항의 외국에서 통용하는 지폐에 포함된다고 판단한 원심판결을 파기한 사례.

내국유통 외국통화위조·변조죄(법207②)

3 [대판 2002도3340] [1] 형법 제207조 제2항 소정의 내국에서 '유통하는'이란, 같은 조 제1항, 제3항 소정의 '통용하는'과 달리, 강제통용력이 없이 사실상 거래 대가의 지급수단이 되고 있는 상태를 가리킨다. [2] **스위스 화폐**로서 1998년까지 통용되었으나 현재는 통용되지 않고 다만 스위스 은행에서 신권과의 교환이 가능한 진폐(眞幣)가 형법 제207조 제2항 소정의 내국에서 '유통하는' 외국의 화폐에 해당하지 아니한다고 한 사례. [3] [**위조통화임을 '알고 있는 자'에게 그 위조통화를 교부한 경우**, 위조통화행사죄의 성립 여부(적극)] 위조통화임을 알고 있는 자에게 그 위조통화를 교부한 경우에 피교부자가 이를 유통시키리라는 것을 예상 내지 인식하면서 교부하였다면, 그 교부행위 자체가 통화에 대한 공공의 신용 또는 거래의 안전을 해할 위험이 있으므로 위조통화행사죄가 성립한다.

4 [대판 2000도3950] 피고인들이 한국은행발행 500원짜리 주화의 **표면 일부를 깎아내어** 손상을 가하였

지만 그 크기와 모양 및 대부분의 문양이 그대로 남아 있어, 이로써 기존의 500원짜리 주화의 명목가치나 실질가치가 변경되었다거나, 객관적으로 보아 일반인으로 하여금 일본국의 500¥짜리 주화로 오신케 할 정도의 새로운 화폐를 만들어 낸 것이라고 볼 수 없고, 일본국의 자동판매기 등이 위와 같이 가공된 주화를 일본국의 500¥짜리 주화로 오인한다는 사정만을 들어 그 명목가치가 일본국의 500¥으로 변경되었다거나 일반인으로 하여금 일본국의 500¥짜리 주화로 오신케 할 정도에 이르렀다고 볼 수도 없다. **cf)** 변조란 권한 없이 진정한 통화에 가공하여 그 **진실한 가치를 변경시키는 행위**를 말한다. 따라서 항상 진정한 통화를 그 재료로 삼는다.

　5 [대판 86도255] [통화의 앞 뒤면을 **전자복사기로 복사**하여 같은 크기로 자른 것이 통화위조죄 및 위조통화행사죄의 객체가 될 수 있는지 여부] 통화위조죄와 위조통화행사죄의 객체인 위조통화는 그 통화과정에서 **일반인이 진정한 통화로 오인할 정도**의 외관을 갖추어야 할 것이므로, 한국은행발행 일만원권 지폐의 앞.뒷면을 전자복사기로 복사하여 비슷한 크기로 자른 정도의 것은 객관적으로 진정한 통화로 오인할 정도에 이르지 못하여 통화위조죄 및 위조통화행사죄의 객체가 될 수 없다.

　6 [대판 85도570] [객관적으로 진정한 통화로 오인될 염려가 없어도 위조통화행사죄의 객체가 될 수 있는지 여부(소극)] 위조통화행사죄의 객체인 위조통화는 객관적으로 보아 일반인으로 하여금 진정통화로 오신케 할 정도에 이른 것이면 족하고 그 위조의 정도가 반드시 진물에 흡사하여야 한다거나 누구든지 쉽게 그 진부를 식별하기가 불가능한 정도의 것일 필요는 없으나, 이 사건 위조지폐인 한국은행 10,000원권과 같이 전자복사기로 복사하여 그 크기와 모양 및 앞뒤로 복사되어 있는 점은 진정한 통화와 유사하나 그 복사된 정도가 **조잡하여 정밀하지 못하고** 진정한 통화의 색채를 갖추지 못하고 **흑백으로만** 되어 있어 객관적으로 이를 진정한 것으로 오인할 염려가 전혀 없는 정도의 것인 경우에는 위조통화행사죄의 객체가 될 수 없다.

　7 [대판 79도639] [**통화위조죄에 있어서의 위조의 정도**] 한국은행권 10원짜리 주화의 표면에 하얀 약칠을 하여 100원짜리 주화와 유사한 색채를 갖도록 색채의 변경만을 한 경우 이는 일반인으로 하여금 진정한 통화로 오신케 할 정도의 새로운 화폐를 만들어 낸 것이라고 볼 수 없다.

　8 [대판 66도1317] [통화위조의 착수에 이르렀다고 볼 수 없는 사례] 피고인이 행사할 목적으로 미리 준비한 물건들과 옵세트인쇄기를 사용하여 한국은행권 100원권을 사진찍어 그 필름 원판 7매와 이를 확대하여 현상한 인화지 7매를 만들었음에 그쳤다면 아직 통화위조의 착수에는 이르지 아니하였고 그 **준비단계에 불과**하다. **cf)** 이 경우는 통화위조예비죄(법213)에 해당된다.

99 위조유가증권죄에서 '유가증권'의 의의

* 대법원 2010. 5. 13. 선고 2008도10678 판결
* 참조조문: 형법 제214조[1], 제217조[2], 제231조[3], 제234조[4]

> 유가증권위조죄에서의 유가증권에 해당하는 것은?

●**사실**● 피고인 X는 위조한 선하증권을 충청은행 직원에게 교부하여 행사하였다. 이에 검사는 위조유가증권행사의 점에 관한 공소제기하였다. 이에 원심은 위 충청은행 직원의 진술에 의하더라도 X가 은행에 제출한 것은 위조된 선하증권의 사본임을 알 수 있고, 달리 X가 위조된 선하증권 원본을 제출하였음을 인정할 증거도 없다는 이유로 이 공소사실을 무죄로 판단하였다. 이에 대해 피고인은 항소하지 아니하고 검사만이 법리오해 및 양형부당을 이유로 항소하였다.

●**판지**● **파기환송.** 「피고인이 위조한 선하증권은 "COPY NON NEGOTIABLE"이라고 찍힌 선하증권의 사본임을 알 수 있어 유가증권위조죄에서의 유가증권에 해당하는 것으로 볼 수 없음에도, 이와 달리 판단한 원심판결에 법리오해의 위법이 있다」.

●**해설**● 1 유가증권위조죄 등을 규정한 형법 제214조의 **유가증권이란** 증권 상에 표시된 재산상의 권리의 행사와 처분에 그 증권의 점유를 필요로 하는 것을 총칭한다. 따라서 형법상 유가증권에 해당하려면 (가) **재산권이 증권에 화체**된다는 것과 (나) 그 권리의 행사와 처분에 **증권의 점유**를 필요로 한다는 두 가지 요소를 갖추면 족하고 (다) **반드시 유통성을 가질 필요는 없다**(항공기 탑승권 등). 또한 (라) 사법상 반드시 유효할 필요는 없다. 따라서 일반인으로 하여금 일견 유효한 유가증권이라고 인식케 하는 외관을 구비한 유가증권 모두를 포함한다(대판 2001도2832, Ref 1-1).

2 또한 위조유가증권행사죄에 있어서의 유가증권이라 함은 위조된 유가증권의 원본을 말하는 것이지 전자복사기 등을 사용하여 기계적으로 복사한 사본은 이에 해당하지 않는다(대판 2006도8480). 이는 유가증권이 권리를 표창한 증서라는 점에서 그 원본성을 강하게 요구하기 때문이다. 그리고 이점은 복사한 문서의 사본을 문서위조의 객체인 문서로 보는 것과는 차이가 난다(대판 87도506 전원합의체).

3 사안에서 대법원은 X가 위조하였다는 이 사건 선하증권은 "COPY NON NEGOTIABLE"이라고 찍힌 선하증권의 사본임을 알 수 있어, 거기에 운송물 인도청구권이 화체되어 있다고 볼 수 없음이 명백하고, 따라서 위 선하증권을 형법 제214조의 유가증권에 해당하는 것으로 볼 수는 없다고 판단하고 있다.

---

1) 형법 제214조(유가증권의 위조등) ① 행사할 목적으로 대한민국 또는 외국의 공채증서 기타 **유가증권**을 위조 또는 변조한 자는 10년 이하의 징역에 처한다. ② 행사할 목적으로 유가증권의 권리의무에 관한 기재를 위조 또는 변조한 자도 전항의 형과 같다.
2) 형법 제217조(위조유가증권등의 행사등) 위조, 변조, 작성 또는 허위기재한 전3조 기재의 유가증권을 행사하거나 행사할 목적으로 수입 또는 수출한 자는 10년 이하의 징역에 처한다.
3) 형법 제231조(사문서등의 위조·변조) 행사할 목적으로 권리·의무 또는 사실증명에 관한 타인의 문서 또는 도화를 위조 또는 변조한 자는 5년 이하의 징역 또는 1천만원 이하의 벌금에 처한다.
4) 형법 제234조(위조사문서등의 행사) 제231조 내지 제233조의 죄에 의하여 만들어진 문서, 도화 또는 전자기록 등 특수매체기록을 행사한 자는 그 각 죄에 정한 형에 처한다.

4 한편 유가증권도 그것이 정상적으로 발행된 것은 물론 비록 작성권한 없는 자에 의하여 위조된 것이라고 하더라도 절차에 따라 몰수되기까지는 그 소지자의 점유를 보호하여야 한다는 점에서 형법상 재물로서 절도죄의 객체가 된다(대판 98도2967).

5 유가증권은 재산권이 화체되어 표시된 증권이다. 따라서 ① 재산권을 그 내용으로 하고 하면 물권이나 채권, 사원권 등 재산권의 종류는 묻지 않는다. 스키장의 **리프트 탑승권**은 권리가 화체된 유가증권이다(대판 98도2967). 그 외에도 공채증서, 약속어음, 환어음, 수표, 주권, 사원권, 화물상환증, 창고증권, 선하증권, 승선권, 상품권 등이 있다. 그러나 ② 재산적 가치를 갖지 않는 공법상 권리 또는 신분법상의 권리, 단순한 면책증권은 유가증권이라 할 수 없다. 따라서 **여권, 유언증서, 정기예금증서**(대판 84도2147, Ref 1.11-1)나 **물품구입증**(대판 72도1688, Ref 1-12), **예금통장**(대판 2009도9008, Ref 1.11-2), **신용카드**(대판 99도857, Ref 1-9), **공중접객업소에서 발행하는 신발표, 수리점의 물품보관증, 철도수화물상환증** 등은 유가증권에 해당하지 않는다.

6 한편, 허위유가증권작성죄(법216)는 유가증권의 효력에 영향을 미칠 기재사항에 관하여 **진실에 반한 기재를 하는 모든 행위**를 말한다. 본죄의 주체는 '작성·기재할 권한이 있는 자'이다. 따라서 작성·기재할 권한이 없는 자가 허위의 유가증권을 작성한 경우에는 유가증권위조죄나 자격모용에 의한 유가증권 작성죄가 성립한다. 다시 말해, 허위의 유가증권 작성이란 작성권한 있는 자가 작성명의를 모용하지 않고 **기본적 증권에 허위내용을 지재**하는 것이다.

Reference 1
형법상 유가증권에 해당된다고 본 사례

1 [대판 2001도2832] 유가증권은 일반인이 진정한 것으로 오신할 정도의 형식과 외관을 갖추고 있으면 되므로 증권이 **비록 문방구 약속어음 용지를 이용하여 작성되었다고 하더라도** 그 전체적인 형식·내용에 비추어 일반인이 진정한 것으로 오신할 정도의 약속어음 요건을 갖추고 있으면 당연히 형법상 유가증권에 해당한다.

2 [대판 98도2967] [1] 형법상 유가증권이라 함은 증권상에 표시된 재산상의 권리의 행사와 처분에 그 증권의 점유를 필요로 하는 것을 총칭하는 것이다. [2] **스키장의 리프트탑승권이 형법상 유가증권이라고 본 사례.** [3] 유가증권도 그것이 정상적으로 발행된 것은 물론 비록 작성권한 없는 자에 의하여 위조된 것이라고 하더라도 절차에 따라 몰수되기까지는 그 소지자의 점유를 보호하여야 한다는 점에서 형법상 재물로서 절도죄의 객체가 된다. [4] 리프트탑승권 발매기를 전산조작하여 위조한 탑승권을 발매기에서 뜯어 간 행위는 탑승권 위조행위와 위조탑승권 절취행위가 결합된 것이라는 이유로, 위조탑승권의 장물성을 인정한 사례.

3 [대판 97도2483] [1] 공중전화카드는 문자로 기재된 부분과 자기기록 부분이 일체로써 공중전화 서비스를 제공받을 수 있는 재산상의 권리를 화체하고 있고, 이를 카드식 공중전화기의 카드 투입구에 투입함

으로써 그 권리를 행사하는 것으로 볼 수 있으므로, **공중전화카드는 형법 제214조의 유가증권에 해당한다.**
[2] 폐공중전화카드의 자기기록 부분에 전자정보를 기록하여 사용가능한 공중전화카드를 만든 행위가 유가증권위조죄에 해당한다.

4 [대판 84도1862] [1] 한국외환은행 소비조합이 그 소속조합원에게 발행한 신용카드는 그 카드에 의해서만 신용구매의 권리를 행사할 수 있는 점에서 재산권이 증권에 화체되었다고 볼 수 있으므로 유가증권이라 할 것이다. [2] [타인의 신용카드(구두를 구입할 수 있는 신용카드)를 자신의 카드인양 제시하여 상점 점원으로 하여금 금액난을 정정. 기재케 한 경우] 유가증권변조죄에 있어서 **변조**라 함은 진정으로 성립된 유가증권의 내용에 권한없는 자가 그 유가증권의 동일성을 해하지 않는 한도에서 변경을 가하는 것을 말하고, 설사, 진실에 합치하도록 변경한 것이라 하더라도 **권한없이 변경**한 경우에는 변조로 되는 것이고 정을 모르는 제3자를 통하여 간접정범의 형태로도 범할 수 있는 것인 바, 신용카드를 제시받은 상 점점원이 그 카드의 금액란을 정정기재하였다 하더라도 그것이 카드소지인이 위 점원에게 자신이 위 금액을 정정기재할 수 있는 권리가 있는 양 기망하여 이루어졌다면 이는 간접정범에 의한 유가증권변조로 봄이 상당하다. **cf)** 뒤의 [대판 99도857]과 비교.

5 [대판 74도294] [형법 19장 소정의 유가증권은 실체법상 유효한 유가증권만을 지칭하는 것인가 여부] **대표이사의 날인이 없어 상법상 무효인 주권이라도** 발행인인 대표이사의 기명을 비롯한 그 밖의 주권의 기명을 비롯한 그 밖의 주권의 기재요건을 모두 구비하고 회사의 사인까지 날인하였다면 일반인으로 하여금 일견 유효한 주권으로 오신시킬 정도의 외관을 갖추었으므로 형법 제214조 소정의 유가증권에 해당한다.

6 [대판 72도1796] 수표의 외관이 일반인으로 하여금 진정한 수표라고 신용하게 할 정도의 것이라면 동 수표가 수표요건을 결하여 **실체법상 무효**의 것이라 해도 위조죄는 성립한다 할 것이다.

형법상 유가증권에 해당되지 않는다고 본 사례

7 [대판 2011도9620] 국제전화카드는 그 소지자가 공중전화기 등에 카드를 넣어 그 카드 자체에 내장된 금액을 사용하여 국제전화서비스를 이용하는 것이 아니라, 카드 뒷면의 은박코팅을 벗기면 드러나는 카드 일련번호를 전화기에 입력함으로써 카드일련번호에 의해 전산상 관리되는 통화가능금액을 사용하여 국제 전화서비스를 이용하는 것으로서, 그 카드 자체에는 카드일련번호가 적혀 있을 뿐 자기띠 등 전자적인 방법으로 통화가능금액에 관한 정보 등은 입력되어 있지 않은 점, 또한 카드의 소지자가 카드를 분실하는 등으로 카드를 실제 소지하고 있지 않더라도 카드일련번호만 알고 있으면 국제전화서비스를 이용하는 데 아무런 지장이 없을 뿐만 아니라 카드일련번호만을 다른 사람에게 알려주는 방법으로 그 사람으로 하여금 카드를 소지할 필요 없이 국제전화서비스를 이용할 수 있도록 하는 것도 가능한 점 등을 알 수 있다. 위와 같은 사정들을 앞서 본 법리에 비추어 살펴보면, 이 사건 국제전화카드는 재산권이 증권에 화체되어 있다고 할 수 없고 그 권리의 행사와 처분에 증권의 점유를 필요로 한다고 할 수도 없으므로 형법 제214조의 유가증권에 해당한다고 보기 어렵다.

8 [대판 2006도8480] 허위작성유가증권행사죄 또는 위조유가증권행사죄에 있어서의 유가증권이라 함

은 허위작성 또는 위조된 유가증권의 **원본**을 말하는 것이지 전자복사기 등을 사용하여 기계적으로 복사한 **사본은 이에 해당하지 않는다.** 이 사건 품의서에 첨부되어 제출된, 선하증권 12장의 팩스(모사전송기) 사본은 허위작성유가증권행사죄에 있어서의 유가증권에 해당하지 않는다.

9 [대판 99도857] 신용카드업자가 발행한 신용카드는 이를 소지함으로써 신용구매가 가능하고 금융의 편의를 받을 수 있다는 점에서 경제적 가치가 있다 하더라도, 그 자체에 경제적 가치가 화체되어 있거나 특정의 재산권을 표창하는 유가증권이라고 볼 수 없다. **cf)** 앞의 [대판 84도1862]와 비교.

10 [대판 92도976] 약속어음에 발행인의 날인 대신 발행인 아닌 **피고인의 무인만이 있으며** 그 작성방식에 비추어 보아도 형식과 외관을 갖춘 약속어음이라 보기 어려워 형법 제214조 소정의 유가증권으로 볼 수 없다.

11-1 [대판 84도2147] 정기예탁금증서는 예탁금반환채권의 유통이나 행사를 목적으로 작성된 것이 아니고 채무자가 그 증서 소지인에게 변제하여 책임을 면할 목적으로 발행된 이른바 면책증권에 불과하여 위 증서의 점유가 예탁금반환채권을 행사함에 있어 그 조건이 된다고 볼 수 없는 것이라면 위 증권 상에 표시된 권리가 그 증권에 화체되었다고 볼 수 없을 것이므로 위 증서는 형법 제216조, 제217조에서 규정된 유가증권에 해당하지 아니한다.

11-2 [대판 2009도9008] 예금통장은 예금채권을 표창하는 유가증권이 아니고 그 자체에 예금액 상당의 경제적 가치가 화체되어 있는 것도 아니지만, 이를 소지함으로써 예금채권의 행사자격을 증명할 수 있는 자격증권으로서 예금계약사실 뿐 아니라 예금액에 대한 증명기능이 있고 이러한 증명기능은 예금통장 자체가 가지는 경제적 가치라고 보아야 한다.

12 [대판 72도1688] 이 사건의 재산권이 증권에 화체된 여부(권리가 증권에 화체되면 증권의 소지인은 권리자로 추정되고 그 소지 만에 의하여 당연히 변제의 청구를 할 수 있는 것이고, 권리자라도 그 소지를 잃으면 제권판결 등 그 증권의 실권절차없이는 그 권리를 행사할 수 없는 것인바 수사기록 78장에 첨부된 이 사건에서 문제된 **물품구입증**과 동일한 양식의 이면기재를 보면 이 사건 권리의 화체성을 의심할만한 기재가 엿보인다)의 점에 대한 심리 판단함이 없이 **"증서에 기재된 물품을 교부받기 위해서는 그 증서의 제시를 필요로 한다"**는 한 가지 사실만으로써 이 사건 증서를 형법 제214조의 유가증권에 해당한다고 단정하였음은 유가증권에 관한 법리를 오해한 위법이 있다.

Reference 2

유가증권위조죄의 공범 사이에서의 위조유가증권 교부행위가
위조유가증권행사죄에 해당하는지 여부(소극)

1 [대판 2010도12553] [1] 위조유가증권행사죄의 처벌목적은 유가증권의 유통질서를 보호하는 데 있는 만큼 단순히 문서의 신용성을 보호하고자 하는 위조공·사문서행사죄의 경우와는 달리 교부자가 진정 또는 진실한 유가증권인 것처럼 위조유가증권을 행사하였을 때뿐만 아니라 위조유가증권임을 알고 있는 자에게 교부하였더라도 피교부자가 이를 유통시킬 것임을 인식하고 교부하였다면, **그 교부행위 그 자체가** 유가증권의 유통질서를 해할 우려가 있어 처벌의 이유와 필요성이 충분히 있으므로 위조유가증권행사죄가

성립한다고 보아야 할 것이지만, 위조유가증권의 교부자와 피교부자가 서로 유가증권위조를 공모하였거나 위조유가증권을 타에 행사하여 그 이익을 나누어 가질 것을 공모한 공범의 관계에 있다면, **그들 사이의 위조유가증권 교부행위**는 그들 이외의 자에게 행사함으로써 범죄를 실현하기 위한 전단계의 행위에 불과한 것으로서 위조유가증권은 **아직 범인들의 수중에 있다고 볼 것이지 행사되었다고 볼 수는 없다.** [2] 피고인과 甲은 甲이 피고인으로부터 1,500만 원을 차용하는 것처럼 가장하기로 공모한 다음, 피고인이 위조된 100만 원권 자기앞수표 14장 외에 10만 원권 수표 10장이 들어 있는 봉투를 乙을 통해 공범 甲과 그 위조사실을 모르는 丙이 함께 있는 자리에서 甲에게 교부하자, 甲은 그 자리에서 자신의 연인 丙을 보증인으로 하는 차용증을 작성하여 乙에게 주었는데, 이때 甲은 봉투에서 10만 원권 수표 10장을 꺼내어 丙에게 보여 주었으나 위조된 100만 원권 자기앞수표는 봉투에서 꺼내거나 丙에게 보여 주지도 않은 사안에서, 乙이나 甲이 위조된 자기앞수표를 丙에게 제시하는 등으로 이를 인식하게 하였다고 할 수 없어 이들이 위 봉투를 丙의 면전에서 주고받은 행위를 위조된 자기앞수표를 행사한 경우에 해당한다고 볼 수 없고, 따라서 乙이나 甲에게 위 수표를 교부한 것이 이를 행사한 경우에 해당한다고 볼 수도 없음에도, 피고인에 대한 위 위조유가증권행사의 공소사실을 유죄로 인정한 원심판결에 법리오해의 위법이 있다.

Reference 3

허위유가증권작성죄(법216)⁵⁾를 인정한 사례

1 [대판 95도803] 선하증권 기재의 화물을 인수하거나 확인하지도 아니하고 또한 선적할 선편조차 예약하거나 확보하지도 않은 상태에서 수출면장만을 확인한 채 실제로 **선적한 사실이 없는 화물을 선적하였다는 내용의 선하증권을 발행**였다면 허위유가증권작성죄가 성립한다.

2 [대판 83도2575] [1] 유가증권의 허위작성행위 자체에는 직접관여한 바 없다 하더라도 타인에게 그 작성을 부탁하여 의사연락이 되고 그 타인으로 하여금 범행을 하게 하였다면 공모공동정범에 의한 허위작성죄가 성립한다. [2] **허위의 선하증권을 발행**하여 타인에게 교부하여 줌으로써 그 타인으로 하여금 이를 행사하여 그 선하증권 상의 물품대금을 지급받게 한 소위는 **허위 유가증권행사죄와 사기죄의 공동정범**을 인정하기에 충분하다.

3 [대판 74도2594] 약속어음 작성권자의 승낙 내지 위임을 받아 약속어음을 작성함에 있어서 발행인 명의 아래 **진실에 반하는 내용인 피고인의 인장을 날인하여 일견 유효한 듯한 약속어음의 발행**은 형법 216조 전단 소정의 허위유가증권작성죄 및 동 행사가 성립한다.

4 [대판 73도2041] [주권발행 권한을 위임받은 자가 **발행일자를 소급하여 허위내용을 기재**한 경우] 허위유가증권의 작성이란 유가증권의 효력에 영향을 미칠 기재사항에 관하여 진실에 반한 기재를 하는 모든 행위를 말하는 것으로 비록 주권발행의 권한을 위임받았다고 하더라도 행사의 목적으로 발행일자를 소급 기재하여 그 기재일자에 발행된 것처럼 허위내용을 기재한 때는 허위유가증권작성죄를 구성한다.

---

5) 형법 제216조(허위유가증권의 작성 등) **행사할 목적**으로 허위의 유가증권을 작성하거나 유가증권에 허위사항을 기재한 자는 7년 이하의 징역 또는 3천만원 이하의 벌금에 처한다.

허위유가증권작성죄(법216)가 부정된 사례

5 [대판 2005도4528] [자기앞수표의 발행인이 수표의뢰인으로부터 **수표자금을 입금 받지 아니한 채** 자기 앞수표를 발행한 경우] 형법 제216조 전단의 허위유가증권작성죄는 작성권한 있는 자가 자기 명의로 기본 적 증권행위를 함에 있어서 유가증권의 효력에 영향을 미칠 기재사항에 관하여 진실에 반하는 내용을 기재 하는 경우에 성립하는바, 자기앞수표의 발행인이 수표의뢰인으로부터 수표자금을 입금 받지 아니한 채 자 기앞수표를 발행하더라도 그 수표의 효력에는 아무런 영향이 없으므로 허위유가증권작성죄가 성립하지 아 니한다.

6 [대판 2000도883] 은행을 통하여 지급이 이루어지는 약속어음의 발행인이 그 발행을 위하여 은행에 신고된 것이 아닌 발행인의 **다른 인장을 날인하였다 하더라도 그것이 발행인의 인장인 이상** 그 어음의 효력 에는 아무런 영향이 없으므로 허위유가증권작성죄가 성립하지 아니한다.

7 [대판 84도547] [어음배서인의 주소를 허위기재 한 경우] 배서인의 주소기재는 배서의 요건이 아니므로 약속어음 배서인의 주소를 허위로 기재하였다고 하더라도 그것이 배서인의 인적 동일성을 해하여 배서인 이 누구인지를 알 수 없는 경우가 아닌 한 약속어음상의 권리관계에 아무런 영향을 미치지 않는다 할 것이 고, 따라서 약속어음상의 권리에 아무런 영향을 미치지 않는 사항은 그것을 허위로 기재하더라도 형법 제 216조 소정의 허위유가증권작성죄에 해당되지 않는다.

100 문서에 관한 죄에서 '문서'의 의미

* 대법원 2000. 9. 5. 선고 2000도2855 판결
* 참조조문: 형법 제225조,¹⁾ 제237조의2²⁾

전사복사기 등을 사용하여 복사한 문서의 사본을 다시 복사한 문서의 **재사본**이 문서위조죄 및 동 행사죄의 객체인 '문서'에 해당하는가?

●**사실**● 피고인 X는 타인의 가입신청서와 단말기할부판매약정서를 위조하는 방법으로 A 주식회사를 기망하여 휴대폰을 부정 발급받은 다음 휴대폰의 사용료를 납부하지 않더라도 최소한 2개월간은 통화가 정지되지 않고 사용할 수 있다는 점을 악용하기로 마음먹었다. 이에 따라 X는 타인의 주민등록증 **사본의 사진란에 자신의 사진을 붙여** 이를 복사하여 전혀 별개의 주민등록증 사본을 만들어 이용하였다. 원심은 X에게 공문서위조죄 및 동행사죄를 인정하였다. 이에 X는 상고하였다.

●**판지**● 상고기각. 「[1] 형법 제237조의2에 따라 전자복사기, 모사전송기 기타 이와 유사한 기기를 사용하여 복사한 문서의 사본도 문서원본과 동일한 의미를 가지는 문서로서 이를 다시 **복사한 문서의 재사본도 문서위조죄 및 동 행사죄의 객체인 문서에 해당한다** 할 것이고, 진정한 문서의 사본을 전자복사기를 이용하여 복사하면서 일부 조작을 가하여 그 사본 내용과 전혀 다르게 만드는 행위는 공공의 신용을 해할 우려가 있는 별개의 문서사본을 창출하는 행위로서 **문서위조행위에 해당**한다.
[2] 타인의 주민등록증 사본의 사진란에 피고인의 사진을 붙여 복사하여 행사한 행위가 공문서위조죄 및 동행사죄에 해당한다」.

●**해설**● 1 형법상 문서에 관한 죄에 있어서 '문서'라 함은 「문자 또는 이에 대신할 수 있는 **가독적 부호**로 계속적으로 물체 상에 기재된 **의사 또는 관념의 표시**인 원본 또는 이와 사회적 기능, 신용성 등을 동시할 수 있는 기계적 방법에 의한 복사본으로서 그 내용이 법률상, 사회생활상 주요 사항에 관한 증거로 될 수 있는 것」을 말한다(대판 2004도788).³⁾ 문서에 관한 죄의 **보호법익**은 「문서의 증명력과 문서에 들어 있는 의사표시의 안정·신용으로, 일정한 법률관계 또는 거래상 중요한 사실에 관한 관계를 표시함으로써 증거가 될 만한 가치가 있는 문서를 그 대상으로 한다」(대판 2020도9714). 따라서 시나 소설은 사람의 생각을 드러내는 것이기는 하지만 권리·의무의 발생·변경·소멸을 표시하거나 사실의 존부를 증명하는 것이 아니므로 문서에 해당하지 않는다.

2 판례가 정의하는 이러한 문서의 개념을 나누어 살펴보면 문서는 ① "그 법률적 효과의 귀속주체가 특정되어 있는(**명의특정성**), ② 의사 또는 관념의 표시로서(**의사표시성**), ③ 형식적으로 시각적으로 이해

---

1) 형법 제225조(공문서등의 위조·변조) 행사할 목적으로 공무원 또는 공무소의 **문서 또는 도화**를 위조 또는 변조한 자는 10년 이하의 징역에 처한다.

2) 형법 제237조의2(복사문서등) 이 장의 죄에 있어서 **전자복사기, 모사전송기 기타 이와 유사한 기기**를 사용하여 복사한 문서 또는 도화의 사본도 문서 또는 도화로 본다.

3) **문서의 본질**은 물질적 문서자체에 있는 것이 아니라 그 속에 화체되어 있는 사람의 '의사나 관념'에 있다. 문서는 그러한 사람의 관념이나 의사를 담는 그릇에 불과하다. 이러한 그릇은 **사회의 변화에 따라 다양하게 변화할** 수 있다. 종이 이전에는 양피지나 대나무, 비단에 문자를 남겼다. 따라서 문서에 관한 죄에 있어 '문서'의 의미는 시대나 사회에 따라 변화가능한 개념으로 "문자 또는 이를 대신할 부호에 의하여 사람의 의사 또는 관념이 표시된 물체"라 정의 될 수 있다.

할 수 있고**(가독성)**, ④ 계속적으로**(계속성)**, ⑤ 물체와 결합되어 있을 것**(유체성)**을 요하고 내용적으로는 일정한 법률상·사회생활상 중요사항을 증명하는 내용**(증명성)**임을 요한다."[4]

3 1989년 87도506 전원합의체 판결(Ref 8-1)에서 대법원이 **복사문서**가 문서위조 및 동행사죄의 객체인 문서에 해당한다는 판례를 낸 이후, 형법은 복사문서에 관한 논란을 입법적으로 해결하였다. 신설된 **형법 제237조의2**는 "이 장의 죄에 있어서 전자복사기, 모사전송기 기타 이와 유사한 기기를 사용하여 복사한 문서 또는 도화의 사본도 문서 또는 도화로 본다."고 규정하고 있다. 이는 1989년 대법원판결의 취지를 입법화 한 것이다.

4 본 판결에서 다투어진 점은 ① 전사복사기 등을 사용하여 복사한 문서의 사본을 다시 복사한 **문서의 재사본**이 문서위조죄 및 동 행사죄의 객체인 문서에 해당하는지와 ② 진정한 문서의 사본을 전자복사기를 이용하여 복사하면서 일부 조작을 가하여 그 사본 내용과 전혀 다르게 만드는 행위가 문서위조행위에 해당하는지 여부이다. 대법원은 양자 모두 긍정하고 있다.

5 특히 X가 행사할 목적으로 타인의 주민등록증에 붙어있는 **사진을 떼어내고 그 자리에 피고인의 사진을 붙였다면** 이는 기존 공문서의 본질적 또는 중요 부분에 변경을 가하여 새로운 증명력을 가지는 별개의 공문서를 작성한 경우에 해당하므로 공문서위조죄를 구성한다(대판 91도1610).

6 **기록의 영속성과 구체성**　　한편 문서 여부와 관련하여 (1) 컴퓨터 **모니터 화면에 나타나는 이미지**는 「이미지 파일을 보기 위한 프로그램을 실행할 경우에 그때마다 전자적 반응을 일으켜 화면에 나타나는 것에 지나지 않아서 **계속적으로 화면에 고정된 것으로는 볼 수 없으므로**, 형법상 문서에 관한 죄에 있어서의 문서에는 해당되지 않는다」(대판 2010도6068). 때문에 국립대학교 교무처장 명의의 **'졸업증명서 파일'을 위조**하여도 이 **파일**은 형법상의 문서에 해당하지 않기 때문에 공문서위조죄가 성립하지 않는다. (2) 세금 영수필통지서에 날인하는 구청 세무계장 명의의 '소인(消印)'이나 은행의 '접수일부인'과 같은 **생략문서**도 인장이 아니라 문서에 해당한다. **문서의 기재내용이 대폭 생략되어 있다 할지라도** 「그것이 사람 등의 동일성을 나타내는 데에 그치지 않고 그 이외의 사항도 증명, 표시하는 한 인장이나 기호가 아니라 문서로서 취급하여야 한다」(대판 95도1269, Ref 6-1).

Reference

문서성을 긍정한 판례

1 [대판 2010도8361] [사문서위조죄의 객체인 '문서'의 판단기준] 피고인이 다른 서류에 찍혀 있던 甲의 직인을 칼로 오려내어 풀로 붙인 후 이를 복사하는 방법으로 甲 명의의 추천서와 경력증명서를 위조하고 이를 행사하였다고 하여 기소된 사안에서, **위 문서는 피고인이 직인을 오려붙인 흔적을 감추기 위하여 복사한 것으로서** 일반적으로 문서가 갖추어야 할 형식을 다 구비하고 있고, 주의 깊게 관찰하지 아니하면 외관에 비정상적인 부분이 있음을 알아차리기가 어려울 정도이므로, 일반인이 명의자의 진정한 사문서로 **오신하기에 충분한 정도**의 형식과 외관을 갖추었다고 한 사례.

---

4) 노수환, 사회변화에 따른 형법상 문서개념 해석의 한계, 성균관법학 제25권 제4호(2013.12), 324면.

문서의 증명성

2-1 [대판 2010도2705] ['담뱃갑'이 문서 등 위조죄의 대상인 '도화'에 해당하는지 여부(적극)] [1] 형법상 문서에 관한 죄로써 보호하고자 하는 것은 구체적인 문서 그 자체가 아니라, 문서에 화체된 사람의 의사표현에 관한 안전성과 신용이다. 그리고 그 객체인 '문서 또는 도화'라고 함은 (가) 문자나 이에 준하는 가독적 부호 또는 상형적 부호로써 (나) 어느 정도 계속적으로 물체 위에 고착된 어떤 사람의 의사 또는 관념의 표현으로서, (다) 그 내용이 법률상 또는 사회생활상 의미 있는 사항에 관한 증거가 될 수 있는 것을 말한다. 또한 (라) 그 문서 등에 작성명의인의 날인 등이 없다고 하여도 그 명의자의 문서 등이라고 믿을 만한 형식과 외관을 갖춘 경우에는 그 죄의 객체가 될 수 있다. [2] 담뱃갑의 표면에 그 담배의 제조회사와 담배의 종류를 구별·확인할 수 있는 특유의 도안이 표시되어 있는 경우에는 일반적으로 그 담뱃갑의 도안을 기초로 특정 제조회사가 제조한 특정한 종류의 담배인지 여부를 판단하게 된다는 점에 비추어서도 그 담뱃갑은 적어도 그 담뱃갑 안에 들어 있는 담배가 특정 제조회사가 제조한 특정한 종류의 담배라는 사실을 증명하는 기능을 하고 있으므로, 그러한 담뱃갑은 문서 등 위조의 대상인 도화에 해당한다. [3] 피고인이 밀수입한 담배는 '길림연초공업유한책임공사'가 제조하는 '장백산' 담배의 정품 담뱃갑에 표시된 'CHANGBAISHAN' 'JILIN TOBACCO INDUSTRY CO. LTD.' 등의 문자 및 성문(城門)의 문양 등과 같은 모양의 도안이 표시된 담뱃갑 및 '북경시연초질량감독검측참'이 제조하는 '중남해' 담배의 정품 담뱃갑에 표시된 '中南海', 'BEIJING CIGARETTE FACTORY' 등의 문자 및 홀로그램 문양 등과 같은 모양의 도안이 표시된 담뱃갑에 들어 있고, 피고인은 위 중국산 담배를 밀수입하여 판매하면서 그 담뱃갑을 위조 및 행사였다는 공소사실에 대하여, 위 담뱃갑은 그 안에 있는 담배가 '길림연초공업유한책임공사'가 제조하는 '장백산' 담배 또는 '북경시연초질량감독검측참'이 제조하는 '중남해' 담배라는 사실을 증명하는 것으로서 각 사문서 등 위조의 대상이 되는 도화에 해당한다는 이유로, 위 공소사실을 무죄로 인정한 원심판단에 법리오해의 위법이 있다.

2-2 [대판 2008도8527] [타인의 명의를 도용하여 작성한 건의문과 호소문이 중요한 사실을 증명하는 사실증명에 관한 문서에 해당한다고 한 사례] [1] 거래상 중요한 사실을 증명하는 문서는, 법률관계의 발생·존속·변경·소멸의 전후과정을 증명하는 것이 주된 취지인 문서뿐만 아니라 직접적인 법률관계에 단지 간접적으로만 연관된 의사표시 내지 권리·의무의 변동에 사실상으로만 영향을 줄 수 있는 의사표시를 내용으로 하는 문서도 포함될 수 있다고 할 것인데, 이에 해당하는지 여부는 문서의 제목만을 고려할 것이 아니라 문서의 내용과 더불어 문서 작성자의 의도, 그 문서가 작성된 객관적인 상황, 문서에 적시된 사항과 그 행사가 예정된 상대방과의 관계 등을 종합적으로 고려하여 판단하여야 한다. [2] 피고인이 공소외 1의 명의를 도용하여, '한국○○작가협회 이사장에 당선된 공소외 2의 선거참모들이 자신들에 대하여 선거결과에 따른 적절한 인사상의 조치를 취해 줄 것을 요구하고 이에 응하지 않을 경우 이사장에게 불리한 모종의 행동에 나서겠다'는 취지의 건의문을 작성하여 공소외 2에게 행사하고, '공소외 3의 구체적인 잘못을 적시하면서 공소외 3을 교육원장에 임명한 것은 잘못이므로 교육원장 임명문제를 공론을 거쳐 재검토하도록 요구하고, 임시총회 소집, 인사청문회, 회원의 의사를 묻는 표결의 방법, 공모 등의 방법을 제시하며, 이런 건의가 묵살되고 말 경우,…시위와 결사행동을 할 것이며, 본 협회 지휘기관과 대중언론에 호소하고 나아가 회원서명 투쟁을 지속적으로 해나갈 것을 엄숙히 천명한다'는 등의 내용을 담은 호소문을 작성하여 협회 회원 1,700여 명에게 우편으로 송달한 사실을 알 수 있다. 앞서 본 법리에 비추어 보면, 위 각 문서의 내용은 단순한 정치적 구호나 호소에 그친 것이 아니라 구체적인 요구사항을 적시하고 이를 이행하지 않으면 법적·행정적 책임을 묻겠다는 의사표시를 밝힌 것으로, 중요한 '사실을 증명'하는 사실증명에 관한 문서

에 해당한다고 할 것이다.

3 [대판 2010도2690] 자격모용사문서작성죄 및 자격모용작성사문서행사죄의 객체인 사문서는 권리·의무 또는 사실증명에 관한 타인의 문서 또는 도화를 가리키고, (가) **권리·의무에 관한 문서**라 함은 권리의무의 발생·변경·소멸에 관한 사항이 기재된 것을 말하며, (나) **사실증명에 관한 문서**는 권리·의무에 관한 문서 이외의 문서로서 거래상 중요한 사실을 증명하는 문서를 의미한다. 그리고 (다) **거래상 중요한 사실을 증명하는 문서**는, 법률관계의 발생·존속·변경·소멸의 전후과정을 증명하는 것이 주된 취지인 문서뿐만 아니라 직접적인 법률관계에 단지 간접적으로만 연관된 의사표시 내지 권리·의무의 변동에 사실상으로만 영향을 줄 수 있는 의사표시를 내용으로 하는 문서도 포함될 수 있다고 할 것인데, 이에 해당하는지 여부는 문서의 제목만을 고려할 것이 아니라 문서의 내용과 더불어 문서 작성자의 의도, 그 문서가 작성된 개관적인 상황, 문서에 적시된 사항과 그 행사가 예정된 상대방과의 관계 등을 종합적으로 고려하여 판단하여야 한다. 피고인 2가 2007.8.15.자 **안내문** 발송 당시 조합장 직무대행의 지위에 있지 않았고, 위 피고인 스스로도 이를 인식하고 있었으며, 위 안내문은 조합원들의 권리·의무의 변동 및 조합원들과 조합임원들 간의 법적 분쟁에 직·간접적으로 영향을 줄 수 있는 의사표시를 내용으로 하는 것으로서 자격모용사문서 작성 및 동행사죄의 객체인 '**사실증명에 관한 문서**'에 해당한다.

4 [대판 2004도788] 장기간의 분쟁을 종결짓는 상황에서 '**합의서**'라는 제목 아래 합의의 구체적인 내용을 특정하여 기재한 다음 그에 대한 상인들의 찬반 의사를 표시함으로써 분쟁이 재발될 경우 입증자료로 사용하기 위하여 작성된 최초 합의서 및 서명날인부 각 **원본과 사본**은 모두 형법상 문서에 관한 죄에서 있어서의 문서에 해당한다.

5 [대판 2002도461] [후불식전화카드] 사용자에 관한 각종 정보가 전자기록되어 있는 자기띠가 카드번호와 카드발행자 등이 문자로 인쇄된 플라스틱 카드에 부착되어 있는 전화카드의 경우 **그 자기띠 부분은 카드의 나머지 부분과 불가분적으로 결합되어 전체가 하나의 문서를 구성**하므로, 전화카드를 공중전화기에 넣어 사용하는 경우 비록 전화기가 전화카드로부터 판독할 수 있는 부분은 자기띠 부분에 수록된 전자기록에 한정된다고 할지라도, **전화카드 전체가 하나의 문서로서 사용**된 것으로 보아야 하고 그 자기띠 부분만 사용된 것으로 볼 수는 없으므로 절취한 전화카드를 공중전화기에 넣어 사용한 것은 권리의무에 관한 타인의 사문서를 부정행사한 경우에 해당한다.

문서의 의사표시성과 '생략문서'5)

6-1 [대판 95도1269] [**"소인(消印)"을 문서로 본 사례**] [1] 구청 세무계장 명의의 소인을 **세금 영수필 통지서에 날인**하는 의미는 은행 등 수납기관으로부터 그 수납기관에 세금이 정상적으로 입금되었다는 취지의 영수필 통지서가 송부되어 와서 이에 기하여 수납부 정리까지 마쳤으므로 이제 그 영수필 통지서는 보관하면 된다는 점을 확인함에 있는데, 소인이 가지는 의미가 위와 같은 것이라면 이는 하나의 문서로 보아야 한다. [2] 형법상 문서에 관한 죄에 있어서 **문서**라 함은 (가) 문자 또는 이에 대신할 수 있는 가독적 부호로 (나) 계속적으로 물체 상에 기재된 의사 또는 관념의 표시인 원본 또는 이와 사회적 기능, 신용성 등을 동

---

5) **생략문서**란 문장형식을 갖추지 않았을지라도 그 자체로부터 일정한 관념이나 의사를 알 수 있는 것으로서 문서로 인정된다(백지위임장, 입장권, 우체국일부인, 은행의 지급전표나 출금표, 전세계약서의 확정일자, 등기필증, 구청세무계장명의 소인(대판 95도1269), 신용장에 날인된 **접수일부인(接收日符印)**(대판 77도1879)).

시할 수 있는 기계적 방법에 의한 복사본으로서 (다) 그 내용이 법률상, 사회 생활상 **주요 사항에 관한 증거로 될 수 있는 것**을 말하는 것으로, (라) 사람의 동일성을 표시하기 위하여 사용되는 일정한 상형인 인장이나, 사람의 인격상의 동일성 이외의 사항에 대해서 그 동일성을 증명하기 위한 부호인 **기호와는 구분**되며, 이른바 (마) …… 생략문서도 그것이 사람 등의 동일성을 나타내는 데에 그치지 않고 그 이외의 사항도 증명, 표시하는 한 인장이나 기호가 아니라 문서로서 취급하여야 한다.

6-2 [대판 77도1879] 신용장에 날인된 은행의 **접수일부인(接收日符印)**은 사실증명에 관한 사문서에 해당되므로 신용장에 허위의 접수인을 날인한 것은 사문서위조에 해당된다.

7 [대판 88도2209] 사문서의 작성명의자의 **인장이 압날되지 아니하고 주민등록번호가 기재되지 않았더라도, 일반인으로 하여금 그 작성명의자가 진정하게 작성한 사문서로 믿기에 충분할 정도의 형식과 외관을 갖추었으면** 사문서위조죄 및 동행사죄의 객체가 되는 사문서라고 보아야 한다.

복사문서의 문서성
8-1 [대판 87도506 전원합의체] 파기환송. [다수의견] 사진기나 복사기 등을 사용하여 기계적인 방법에 의하여 원본을 복사한 문서, 이른바 **복사문서**는 사본이더라도 필기의 방법 등에 의한 단순한 사본과는 달리 (가) 복사자의 의식이 개재할 여지가 없고, 그 내용에서부터 규모, 형태에 이르기까지 원본을 실제 그대로 재현하여 보여주므로 관계자로 하여금 그와 동일한 원본이 존재하는 것으로 믿게 할 뿐만 아니라 (나) 그 내용에 있어서도 원본 그 자체를 대하는 것과 같은 감각적 인식을 가지게 하고, 나아가 (다) 오늘날 일상거래에서 복사문서가 원본에 대신하는 증명수단으로서의 기능이 증대되고 있는 실정에 비추어 볼 때 이에 대한 **사회적 신용을 보호할 필요가 있으므로 복사한 문서의 사본은 문서위조 및 동행사죄의 객체인 문서에 해당**한다.[6]

8-2 [대판 93도1435] 문서위조 또는 변조 및 동행사죄의 보호법익은 문서 자체의 가치가 아니고 문서에 대한 공공의 신용이므로 문서위조 또는 변조의 객체가 되는 **문서는 반드시 원본에 한한다고 보아야 할 근거는 없고** 문서의 사본이라도 원본과 동일한 의식내용을 보유하고 증명수단으로서 원본과 같은 사회적 기능과 신용을 가지는 것으로 인정된다면 이를 위 문서의 개념에 포함시키는 것이 상당하다 할 것이고, 나아가 **광의의 문서의 개념에 포함되는 도화의 경우에 있어서도 마찬가지로 해석**하여야 한다.

8-3 [비교판례] [대판 2016도2081] ['문서가 원본인지 여부'가 중요한 거래에서 **문서 사본을 진정한 원본인 것처럼 행사할 목적**으로 다른 조작을 가함이 없이 문서 원본을 그대로 컬러복사기로 복사한 후 복사한 문서 사본을 원본인 것처럼 행사한 행위가 사문서위조죄 및 동행사죄에 해당하는지 여부] [1] 변호사인 피고인이 대량의 저작권법 위반 형사고소 사건을 수임하여 피고소인 30명을 각 형사고소하기 위하여 20건 또는 10건의 고소장을 개별적으로 수사관서에 제출하면서 각 하나의 고소위임장에만 소속 변호사회에서 발급받은 진정한 경유증표 원본을 첨부한 후 이를 일체로 하여 컬러복사기로 20장 또는 10장의 고소위임장을 각 복사한 다음 고소위임장과 일체로 복사한 경유증표를 고소장에 첨부하여 접수한 사안에서, 변호사회가 발급한 **경유증표**는 증표가 첨부된 변호사선임서 등이 변호사회를 경유하였고 소정의 경유회비를 납부하였음을 확인하는 문서이므로 법원, 수사기관 또는 공공기관에 이를 제출할 때에는 **원본을 제출하여야 하**

---

[6] 이와 같이 대법원은 복사문서는 문서에 해당된다고 보지만 복사된 유가증권은 유가증권에 해당되지 않는 것으로 본다. 「위조유가증권행사죄에 있어서의 유가증권이라 함은 위조된 유가증권의 원본을 말하는 것이지 전자복사기 등을 사용하여 기계적으로 복사한 사본은 이에 해당하지 않는다」(대판 2008도10678).

고 **사본으로 원본에 갈음할 수 없으며,** 각 고소위임장에 함께 복사되어 있는 변호사회 명의의 경유증표는 원본이 첨부된 고소위임장을 그대로 컬러 복사한 것으로서 일반적으로 문서가 갖추어야 할 형식을 모두 구비하고 있고, 이를 주의 깊게 관찰하지 아니하면 그것이 원본이 아닌 복사본임을 알아차리기 어려울 정도이므로 일반인이 명의자의 진정한 사문서로 오신하기에 충분한 정도의 형식과 외관을 갖추었다는 이유로, 피고인의 행위가 사문서위조죄 및 동행사죄에 해당한다. [2] 문서위조 및 동행사죄의 보호법익은 문서에 대한 공공의 신용이므로 '문서가 원본인지 여부'가 중요한 거래에서 문서의 사본을 진정한 원본인 것처럼 행사할 목적으로 다른 조작을 가함이 없이 문서의 **원본을 그대로 컬러복사기로 복사한 후 복사한 문서의 사본을 원본인 것처럼 행사한 행위는 사문서위조죄 및 동행사죄에 해당한다.** 또한 사문서위조죄는 명의자가 진정으로 작성한 문서로 볼 수 있을 정도의 형식과 외관을 갖추어 **일반인이 명의자의 진정한 사문서로 오신하기에 충분한 정도이면 성립한다.**

8-4 [비교판례] [대판 96도785] [위조된 문서원본을 단순히 전자복사기로 복사하여 그 사본을 만드는 행위가 문서위조행위에 해당하는지 여부] 전자복사기로 복사한 문서의 사본도 문서위조죄 및 동 행사죄의 객체인 문서에 해당하고, 위조된 문서원본을 단순히 전자복사기로 복사하여 그 사본을 만드는 행위도 공공의 신용을 해할 우려가 있는 별개의 문서사본을 창출하는 행위로서 문서위조행위에 해당한다.

9 [대판 81도3176] [서명만 있고 날인이 누락된 타인명의의 출금청구서를 권한 없이 작성한 경우] 피고인이 근무하던 증권회사에서는 위탁자의 **서명이 있으면 날인이 누락된** 위탁자 출금청구서라 하여도 출금이 가능하였으므로 권한 없이 위탁자 본인의 의사에 의한 것처럼 가장하여 위탁자의 서명만 있고 날인이 없는 위탁자 출금청구서를 작성, 행사한 피고인의 소위를 사문서위조 동행사죄로 의률 처단하였음은 정당하다.

문서성을 부정한 판례

10-1 [대판 2008도1013] 피고인이 컴퓨터 스캔 작업을 통하여 만들어낸 공인중개사 자격증의 **이미지 파일**은 전자기록으로서 전자기록 장치에 전자적 형태로서 고정되어 계속성이 있다고 볼 수는 있으나, 그러한 형태는 그 자체로서 시각적 방법에 의해 이해할 수 있는 것이 아니어서 이를 형법상 문서에 관한 죄에 있어서의 '문서'로 보기 어렵다.

10-2 [비교판례] [대판 2011도10468] 이 사건 제1사문서변조 및 행사의 점에 관한 공소사실은 "피고인이 사무실전세계약서 원본을 스캐너로 복사하여 컴퓨터 화면에 띄운 후 그 보증금액란을 공란으로 만든 다음 **이를 프린터로 출력하여** 검정색 볼펜으로 보증금액을 '삼천만 원(30,000,000원)'으로 변조하고, 이와 같이 변조된 사무실전세계약서를 팩스로 송부하여 행사하였다."는 것이므로, 이 부분 공소사실에서 적시된 범죄사실은 '컴퓨터 모니터 화면상의 이미지'를 변조하고 이를 행사한 행위가 아니라 '프린터로 출력된 문서'인 사무실전세계약서를 변조하고 이를 행사한 행위임을 알 수 있다. 그럼에도 원심은, 검사가 기소하지 아니한 공소사실, 즉 컴퓨터 모니터 화면상의 이미지 파일에 대한 변조 및 그 행사의 점이 이 부분 공소사실인 것처럼 보아 이를 무죄로 판단하고 말았으니, 이러한 원심의 판단에는 심판대상의 범위에 관한 법리를 오해하여 판결에 영향을 미친 위법이 있어 그대로 유지될 수 없다.

10-3 [비교판례] [대판 2008도5200] 휴대전화 신규 가입신청서를 위조한 후 이를 스캔한 이미지 파일을 제3자에게 이메일로 전송한 사안에서, 이미지 파일 자체는 문서에 관한 죄의 '문서'에 해당하지 않으나, 이를 전송하여 컴퓨터 화면상으로 보게 한 행위는 이미 위조한 가입신청서를 행사한 것에 해당하므로 **위조사**

문서행사죄가 성립한다.

11 [대판 2007도7480] 자신의 이름과 나이를 속이는 용도로 사용할 목적으로 주민등록증의 이름·주민등록번호란에 글자를 오려붙인 후 이를 컴퓨터 스캔 장치를 이용하여 이미지 파일로 만들어 컴퓨터 모니터로 출력하는 한편 타인에게 이메일로 전송한 사안에서, **컴퓨터 모니터 화면에 나타나는 '이미지'는 형법상 문서에 관한 죄의 문서에 해당하지 않으므로** 공문서위조 및 위조공문서행사죄를 구성하지 않는다. …… 컴퓨터 모니터 화면에 나타나는 이미지는 이미지 파일을 보기 위한 프로그램을 실행할 경우에 그때마다 전자적 반응을 일으켜 화면에 나타나는 것에 지나지 않아서 계속적으로 화면에 고정된 것으로는 볼 수 없으므로, 형법상 문서에 관한 죄에 있어서의 '문서'에는 해당되지 않는다고 할 것이다.

12 [대판 95도2221] [사문서위조죄에 있어서 문서작성의 정도 및 그 판단 기준] 사문서위조죄는 그 명의자가 진정으로 작성한 문서로 볼 수 있을 정도의 **형식과 외관을 갖추어 일반인이 명의자의 진정한 사문서로 오신하기에 충분한 정도이면 성립**하는 것이고, 반드시 그 작성명의자의 서명이나 날인이 있어야 하는 것은 아니나, 일반인이 명의자의 진정한 사문서로 오신하기에 충분한 정도인지 여부는 그 문서의 형식과 외관은 물론 그 문서의 작성경위, 종류, 내용 및 일반거래에 있어서 그 문서가 가지는 기능 등 여러 가지 사정을 종합적으로 고려하여 판단하여야 한다(작성명의자의 승낙이나 위임이 없이 그 명의를 모용하여 토지사용에 관한 책임각서 등을 작성하면서 작성명의자의 서명이나 날인은 하지 않고 다만 피고인이 자신의 이름으로 보증인란에 서명·날인한 경우, 사문서위조죄가 성립되기 어렵다고 본 사례).

101 허무인·사망자 명의의 사문서를 작성한 행위 – 문서의 보증적 기능 –

* 대법원 2005. 2. 24. 선고 2002도18 전원합의체 판결
* 참조조문: 형법 제231조,[1] 제234조[2]

허무인·사망자 명의의 사문서를 위조한 경우, 사문서위조죄의 성립하는가?

●**사실**● 피고인 X는 중국 중의사 및 침구사 시험에 응시할 사람을 모집한 후 그들을 중국에 데려가 응시원서의 제출을 대행하였다. 대행업을 하면서 응시생의 임상경력증명서가 필요하게 되자, 임상경력 증명서 양식에 응시생의 이름과 생년월일 및 학습기간 등을 기재한 다음 의원 상급자(원장) 및 한의원 이름을 생각나는 대로 **임의로 강남한의원이라고 기재**하고 그 옆에 임의로 새긴 강남한의원의 직인을 날인하여 강남한의원 명의의 임상경력증명서를 위조한 것을 비롯하여, 동일한의원과 일심한의원 명의의 임상경력증명서를 같은 방법으로 각 위조하여 행사하였다. 원심은 X에 대해 사문서위조 및 동행사의 범죄사실을 모두 유죄로 인정하였다. 이에 X가 상고하였다.

●**판지**● 상고기각.「문서위조죄는 문서의 진정에 대한 공공의 신용을 그 보호법익으로 하는 것이므로 행사할 목적으로 작성된 문서가 (가) 일반인으로 하여금 당해 명의인의 권한 내에서 작성된 문서라고 믿게 할 수 있는 정도의 형식과 외관을 갖추고 있으면 문서위조죄가 성립하는 것이고, 위와 같은 요건을 구비한 이상 (나) 그 **명의인이 실재하지 않는 허무인**이거나 또는 **문서의 작성일자 전에 이미 사망**하였다고 하더라도 그러한 문서 역시 **공공의 신용을 해할 위험성이 있으므로 문서위조죄가 성립한다**고 봄이 상당하며, 이는 **공문서뿐만 아니라 사문서의 경우에도 마찬가지**라고 보아야 한다」.

●**해설**● 1 문서위조죄의 보호법익은 '**문서의 공공적 신용**'이며 사회생활에 있어서의 문서에 의한 거래의 안전이다. 사문서위조죄의 보호법익도 모용된 명의인의 이익 이상으로 해당 문서를 손에 넣을 가능성이 있는 '일반인'의 이익에 있다. 다만, 사문서위조죄는 원칙으로서 유형위조[3]에 한정되므로 문서의 작성 주체를 현실의 작성자와는 별개의 인격으로 오인케 하여, 문서내용의 책임추구를 불가능·곤란하게 하는 점이 중시된다. 당해 문서에 관해 책임을 져야 할 자가 책임을 지지 않을 경우에 비로소 사문서의 사회적 신용이 처벌할 가치가 있을 정도로 침해되는 것이다.

2 대상판결은 허무인·사망자 명의의 문서를 위조한 경우에도 그러한 문서 역시 **공공의 신용을 해할**

---

1) 형법 제231조(사문서등의 위조·변조) 행사할 목적으로 권리·의무 또는 사실증명에 관한 타인의 문서 또는 도화를 위조 또는 변조한 자는 5년 이하의 징역 또는 1천만원 이하의 벌금에 처한다.
2) 형법 제234조(위조사문서등의 행사) 제231조 내지 제233조의 죄에 의하여 만들어진 문서, 도화 또는 전자기록 등 특수매체기록을 행사한 자는 그 각 죄에 정한 형에 처한다.
3) 위조의 방식에는 유형위조와 무형위조가 있다. ① **유형위조(명의위조)**는 문서의 명의자와 실제 문서의 작성자가 일치하지 않는 형태의 위조를 말한다. 이에 반해 ② **무형위조(내용위조)**는 내용이 진실에 반하는 것으로 문서명의자와 실제 문서작성자가 일치하지만 문서의 내용이 허위인 경우를 말한다. ③ 유형위조만을 '위조'라고 하고, 무형위조는 허위문서의 '작성'이라고 한다. ④ 형법은 공문서의 경우 유·무형위조 모두 처벌한다. 사문서의 경우는 유형위조만을 처벌하지만 예외적으로 무형위조인 허위진단서작성죄만은 처벌한다. 이와 같이 **형법은 유형위조(형식주의)를 원칙으로 하면서 예외적으로 무형위조(실질주의)를 인정**하고 있다.

위험성이 있으므로 사문서위조죄가 성립한다고 봄이 상당하다고 보았다. 즉「위 각 임상경력증명서의 명의인인 한의원이 실재하지 않는다고 하더라도, 위 각 임상경력증명서들은 일반인으로 하여금 당해 명의인의 권한 내에서 작성된 문서라고 믿게 할 수 있는 정도의 형식과 외관을 갖추고 있다고 보기에 충분」하다고 보아, X에 대해 사문서위조 및 동행사의 범죄사실을 모두 유죄로 인정하였다. 본 판결로 대법원은 허무인 명의의 문서를 위조한 경우에 사문서위조죄 및 동행사죄가 성립하지 않는다고 본 **이전의 입장을 모두 변경**하였다.

3 그리고 같은 맥락에서 명의인이 문서의 작성일자 전에 **이미 사망**하였더라도「그러한 문서 역시 공공의 신용을 해할 위험성이 있으므로 사문서위조죄가 성립한다. 위와 같이 사망한 사람 명의의 사문서에 대하여도 문서에 대한 공공의 신용을 보호할 필요가 있다는 점을 고려하면, 문서명의인이 이미 사망하였는데도 문서명의인이 생존하고 있다는 점이 (가) 문서의 **중요한 내용**을 이루거나 (나) **그 점을 전제로 문서가 작성**되었다면 이미 문서에 관한 공공의 신용을 해할 위험이 발생하였다 할 것이므로, 그러한 내용의 문서에 관하여 **사망한 명의자의 승낙이 추정된다는 이유로 사문서위조죄의 성립을 부정할 수는 없다」** (대판 2011도6223, Ref 1.1−1).

4 이상의 법리는 법률적, 사회적으로 자연인과 같이 활동하는 **법인 또는 단체에도 그대로 적용**된다(대판 2003도4943, Ref 1−3). 때문에 **해산한 법인** 명의의 문서를 위조한 경우에도 사문서위조죄가 성립한다. 다시 말해, 법인 또는 단체명의 문서의 경우에도 문서로서 요건이 구비된 이상 그 문서작성자로 표시된 **사람의 실존 여부**는 위조죄의 성립에 아무런 장애가 되지 않는다(대판 2003도3729, Ref 2−2).

5 일반적으로 문서는 ① 사람의 의사나 관념이 문자나 부호에 의해 지속적으로 표시될 것(**유지기능**), ② 법적으로 중요한 사실을 증명할 수 있을 것(**증명기능**), ③ 작성명의인을 인식시켜 줄 수 있을 것(**보증기능**)의 3가지 기능을 충족할 경우에만 인정될 수 있다. 대상판결은 ③과 관련된 판례이다.

6 **문서의 보장성(보증기능)**   문서위조죄는 그 작성된 문서가 일반인으로 하여금 당해 명의인의 권한 내에서 작성된 것이라고 믿을 수 있는 정도의 **형식과 외관을 갖추고 있으면 성립**한다. 따라서 반드시 그 작성명의자의 서명이나 날인이 있어야 하는 것은 아니다(대판 95도2221, Ref 2.3−1). 사안에 따라서는 작성명의인이 명시되어 있지 아니하더라도 **누가 작성하였는지를 추지할 수 있을 정도**의 것이면 된다(대판 95도2088, Ref 2.3−3).

Reference 1

추정적 승낙과 사문서위조죄의 성부

1-1 [대판 2011도6223] ●사실● 피고인 X는 자신의 부(父) A로부터 A 소유 부동산의 매매에 관한 권한 일체를 위임받아 이를 매도하였는데, 그 후 A가 갑자기 사망하자 부동산 소유권 이전에 사용할 목적으로 A가 자신에게 인감증명서 발급을 위임한다는 취지의 인감증명 위임장을 작성한 후 주민센터 담당직원에게 이를 제출하였다. 위 인감증명 위임장에는 위임사유로 **'병안 중임'**이라고 기재하였다. 검사는 X를 사문서위조죄 및 위조사문서행사죄로 기소하였다. 원심은 X에 대하여 사문서위조죄 및 위조사문서행사죄는 성립하

지 아니하고, 설령 A의 사망으로 인하여 그 위임관계가 종료되어 X가 A의 명시적이거나 현실적인 승낙이 없이 이 사건 인감증명 위임장을 작성하였다고 하더라도, X에게는 이 사건 부동산의 매매에 관한 일체의 대리권을 수여하였던 A에게 묵시적이거나 추정적인 승낙이 있었다고 보아야 한다는 이유로 이 사건 공소사실을 무죄로 판단하였다. ●판지● 파기환송. 「[1] 문서위조죄는 문서의 진정에 대한 공공의 신용을 보호법익으로 하는 것이므로 행사할 목적으로 작성된 사문서가 일반인으로 하여금 당해 명의인의 권한 내에서 작성된 문서라고 믿게 할 수 있는 정도의 형식과 외관을 갖추고 있으면 사문서위조죄가 성립하고, 위와 같은 요건을 구비한 이상 명의인이 문서의 작성일자 전에 이미 사망하였더라도 그러한 문서 역시 공공의 신용을 해할 위험성이 있으므로 사문서위조죄가 성립한다. 위와 같이 사망한 사람 명의의 사문서에 대하여도 문서에 대한 공공의 신용을 보호할 필요가 있다는 점을 고려하면, 문서명의인이 이미 사망하였는데도 문서명의인이 생존하고 있다는 점이 문서의 중요한 내용을 이루거나 그 점을 전제로 문서가 작성되었다면 이미 문서에 관한 공공의 신용을 해할 위험이 발생하였다 할 것이므로, 그러한 내용의 문서에 관하여 사망한 명의자의 승낙이 추정된다는 이유로 사문서위조죄의 성립을 부정할 수는 없다. [2] A의 사망으로 포괄적인 명의사용의 근거가 되는 위임관계 내지 포괄적인 대리관계는 종료된 것으로 보아야 하므로 특별한 사정이 없는 한 피고인은 더 이상 위임받은 사무처리와 관련하여 A의 명의를 사용하는 것이 허용된다고 볼 수 없고, 피고인이 사망한 A의 명의를 모용한 인감증명 위임장을 작성하여 인감증명서를 발급받아야 할 급박한 사정이 있었다고 볼 만한 사정도 없으며, 인감증명 위임장은 본래 생존한 사람이 타인에게 인감증명서 발급을 위임한다는 취지의 문서라는 점을 고려하면, 이미 사망한 A가 '병안 중'이라는 사유로 피고인에게 인감증명서 발급을 위임한다는 취지의 인감증명 위임장이 작성됨으로써 문서에 관한 공공의 신용을 해할 위험성이 발생하였다 할 것이고, 피고인이 명의자 A가 승낙하였을 것이라고 기대하거나 예측한 것만으로는 사망한 A의 승낙이 추정된다고 단정할 수 없는데도, 이와 달리 피고인에게 무죄를 인정한 원심판결에 사망한 사람 명의의 사문서위조죄에서 승낙 내지 추정적 승낙에 관한 법리오해의 위법이 있다」.

1-2 [대판 93도2143] [1] 사망자 명의로 된 문서라고 할지라도 그 문서의 작성일자가 명의자의 생존중의 날짜로 된 경우 일반인으로 하여금 사망자가 생존 중에 작성한 것으로 오신케 할 우려가 있으므로, 비록 시간적으로 피해자의 사망 이후에 피해자 명의의 문서를 위조하고 이를 행사한 것이라 하더라도 사문서위조죄와 동행사죄가 성립한다. [2] 원심이 시간적으로는 피해자의 사망 이후이지만 피해자의 사망일자인 동시에 또한 그의 생존일자이기도 한 1992. 12. 2.에 작성일자를 같은 날로 하는 피해자 명의의 예금청구서 1통을 위조하고, 이를 행사한 피고인의 행위를 사문서위조죄와 동행사죄로 의율, 처단한 것은 정당하다.

1-3 [대판 2010도14587] [문서명의인의 승낙이 있거나 승낙이 추정되는 경우 사문서 위·변조죄 성립 여부(소극) 및 명의인의 승낙에 대한 막연한 기대나 예측만으로 승낙이 추정된다고 단정할 수 있는지 여부(소극)] (가) 사문서의 위·변조죄는 작성권한 없는 자가 타인 명의를 모용하여 문서를 작성하는 것을 말하므로 사문서를 작성·수정할 때 명의자의 명시적이거나 묵시적인 승낙이 있었다면 사문서의 위·변조죄에 해당하지 않고, 한편 (나) 행위 당시 명의자의 현실적인 승낙은 없었지만 행위 당시의 모든 객관적 사정을 종합하여 명의자가 행위 당시 그 사실을 알았다면 당연히 승낙했을 것이라고 추정되는 경우 역시 사문서의 위·변조죄가 성립하지 않는다고 할 것이나, (다) 명의자의 명시적인 승낙이나 동의가 없다는 것을 알고 있으면서도 명의자가 문서작성 사실을 알았다면 승낙하였을 것이라고 기대하거나 예측한 것만으로는 그 승낙이 추정된다고 단정할 수 없다.

1-4 [비교판례] [대판 2002도235] [1] 사문서의 위·변조죄는 작성권한 없는 자가 타인 명의를 모용하여 문서를 작성하는 것을 말하는 것이므로 사문서를 작성·수정함에 있어 그 명의자의 명시적이거나 묵시적인

승낙이 있었다면 사문서의 위·변조죄에 해당하지 않고, 한편 행위 당시 명의자의 현실적인 승낙은 없었지만 행위 당시의 모든 객관적 사정을 종합하여 명의자가 행위 당시 **그 사실을 알았다면 당연히 승낙했을 것이라고 추정되는 경우** 역시 사문서의 위·변조죄가 성립하지 않는다.

2 [대판 2010도1025] 약속어음과 같이 유통성을 가진 유가증권의 위조는 일반거래의 신용을 해하게 될 위험성이 매우 크다는 점에서 적어도 행사할 목적으로 외형상 일반인으로 하여금 진정하게 작성된 유가증권이라고 오신케 할 수 있을 정도로 작성된 것이라면 그 발행명의인이 가령 실재하지 않은 사자 또는 허무인이라 하더라도 그 위조죄가 성립된다고 해석함이 상당하다. 그리고 사자 명의로 된 약속어음을 작성함에 있어 사망자의 처로부터 사망자의 인장을 교부받아 **생존 당시 작성한 것처럼 약속어음의 발행일자를 그 명의자의 생존 중의 일자로 소급하여 작성**한 때에는 발행명의인의 승낙이 있었다고 볼 수 없다.

3 [대판 2003도4943] 해산등기를 마쳐 그 **법인격이 소멸한 법인 명의의 사문서를 위조한 행위가 사문서위조죄에 해당**된다. 따라서 피고인이 위조행사한 삼성종합건설 명의의 아파트공급계약서와 입금표가 비록 삼성종합건설이 이미 해산등기를 마쳐 그 법인격이 소멸한 이후에 작성되었거나 그 법인격이 소멸한 이후의 일자로 작성되었다고 하더라도, 일반인으로 하여금 그 명의인인 삼성종합건설의 권한 내에서 작성된 문서라고 믿게 할 수 있는 정도의 형식과 외관을 갖추고 있다고 보기에 충분하므로 피고인의 판시 행위는 사문서위조 및 동행사죄에 해당된다고 할 것이다.

Reference 2
문서의 보증적 기능(명의인)과 관련된 판례

1 [대판 2018도18646] 허위공문서작성죄의 객체가 되는 문서는 문서상 작성명의인이 명시된 경우뿐 아니라 작성명의인이 명시되어 있지 않더라도 문서의 형식, 내용 등 문서 자체에 의하여 누가 작성하였는지를 **추지할 수 있을 정도**의 것이면 된다.

2 [대판 2003도3729] [자연인 아닌 법인 또는 단체명의의 문서에 있어서 그 문서작성자로 표시된 사람의 실존 여부가 문서위조죄의 성립에 영향이 있는지 여부(소극) 및 기존의 진정문서를 변개한 것이 문서위조가 되는 경우] 문서위조죄는 문서의 진정에 대한 공공의 신용을 그 보호법익으로 하는 것이므로 그 작성된 문서가 일반인으로 하여금 당해 명의인의 권한 내에서 작성된 것이라고 믿을 수 있는 정도의 형식과 외관을 구비하면 성립되는 것이고 자연인 아닌 법인 또는 단체명의의 문서에 있어서는 요건이 구비된 이상 그 문서작성자로 표시된 사람의 **실존 여부**는 위조죄의 성립에 아무런 지장이 없으며, 기존의 진정문서를 이용하여 문서를 변개하는 경우에도 문서의 중요 부분에 변경을 가하여 새로운 증명력을 가지는 별개의 문서를 작성하는 것은 문서의 변조가 아닌 위조에 해당한다.

3-1 [대판 95도2221] 사문서위조죄는 (가) 그 명의자가 **진정으로 작성한 문서로 볼 수 있을 정도의 형식과 외관을 갖추어** 일반인이 명의자의 진정한 사문서로 오신하기에 충분한 정도이면 성립하는 것이고, (나) **반드시 그 작성명의자의 서명이나 날인이 있어야 하는 것은 아니나**, (다) 일반인이 명의자의 진정한 사문서로 오신하기에 충분한 정도인지 여부는 그 문서의 형식과 외관은 물론 그 문서의 작성경위, 종류, 내용 및 일

반거래에 있어서 그 문서가 가지는 기능 등 여러 가지 사정을 종합적으로 고려하여 판단하여야 한다(작성 명의자의 승낙이나 위임이 없이 그 명의를 모용하여 토지사용에 관한 책임각서 등을 작성하면서 작성명의자의 서명이나 날인은 하지 않고 다만 피고인이 자신의 이름으로 보증인란에 서명·날인한 경우, 사문서위조죄가 성립되기 어렵다고 본 사례).

3-2 [대판 88도2209] 사문서의 작성명의자의 **인장이 압날되지 아니하고 주민등록번호가 기재되지 않았더라도**, 일반인으로 하여금 그 작성명의자가 진정하게 작성한 사문서로 믿기에 충분할 정도의 형식과 외관을 갖추었으면 사문서위조죄 및 동행사죄의 객체가 되는 사문서라고 보아야 한다.

3-3 [대판 95도2088] 허위공문서작성죄에 있어서의 객체가 되는 문서는 문서상 작성명의인이 명시된 경우뿐 아니라 **작성명의인이 명시되어 있지 아니하더라도** 문서의 형식, 내용 등 그 문서 자체에 의하여 **누가 작성하였는지를 추지할 수 있을 정도**의 것이면 된다.

3-4 [대판 99도4819] 사문서의 **작성명의자의 인장이 찍히지 아니하였더라도** 그 사람의 상호와 성명이 기재되어 그 명의자의 문서로 믿을 만한 형식과 외관을 갖춘 경우에는 사문서위조죄에 있어서의 사문서에 해당한다고 볼 수 있다.

4 [대판 81도3176] 피고인이 근무하던 증권회사에서는 위탁자의 서명이 있으면 날인이 누락된 위탁자 출금청구서라 하여도 출금이 가능하였으므로 권한없이 위탁자 본인의 의사에 의한 것처럼 가장하여 **위탁자의 서명만 있고 날인이 없는 위탁자 출금청구서**를 작성, 행사한 피고인의 소위를 사문서위조 동행사죄로 의률 처단하였음은 정당하다.

5 [대판 76도1767] 위조된 문서가 일반인으로 하여금 공무소 또는 공무원의 직무권한 내에서 작성된 것으로 믿을 만한 형식 외관을 갖추고 있으면 설령 그러한 공무소 또는 공무원이 실존하지 아니하여도 공문서위조죄가 성립하는 것이다.

102 공문서와 사문서의 구별

* 대법원 1996. 3. 26. 선고 95도3073 판결
* 참조조문: 형법 제225조[1], 제229조[2], 제231조[3]

> 지방세의 수납업무를 일부 관장하는 시중은행의 세금수납영수증은 공문서인가?

●**사실**● 피고인 X는 행사할 목적으로 진해시 국고수납대리점인 상업은행 진해지점에 주민세를 납부하고 받은 납세자보관용 영수증상의 금액을 변조하고, 또한 이를 관계 서류에 첨부하였다. 변조된 각 영수증의 기재를 보면 농협중앙회 진해지소가 수납하는 형식의 인쇄된 영수증 서식을 이용하여 상업은행 진해지점이 **주민세 수납행위**를 하고, 그 내역을 기재한 후 수납인란에 상업은행 진해지점의 수납인을 찍어 만든 **납세자 보관용 영수증**이었다.

제1심과 원심은 X에 대해 형법 제225조, 제229조의 공문서변조 및 동 행사죄를 인정하였다. 이에 X가 상고하였다.

> ●**판지**● 파기환송. 「[1] 형법 제225조의 공문서변조나 위조죄의 객체인 공문서는 (가) 공무원 또는 공무소가 그 직무에 관하여 작성하는 문서이고, (나) 그 행위주체가 공무원과 공무소가 아닌 경우에는 형법 또는 기타 특별법에 의하여 공무원 등으로 의제되는 경우(예컨대 정부투자기관관리기본법 제18조, 지방공기업법 제83조, 한국은행법 제112조의2, 특정범죄가중처벌등에관한법률 제4조)를 제외하고는 (다) **계약 등에 의하여 공무와 관련되는 업무를 일부 대행하는 경우가 있다 하더라도 공무원 또는 공무소가 될 수는 없고**, 특히 형벌법규의 구성요건을 법률의 규정도 없이 **유추 확대해석하는 것은 죄형법정주의원칙에 반한다.**
>
> [2] 지방세의 수납업무를 일부 관장하는 시중은행의 직원이나 은행이 형법 제225조 소정의 공무원 또는 공무소가 되는 것은 아니고 세금수납영수증도 공문서에 해당하지 않는다는 이유로 공문서변조죄 및 동 행사죄를 유죄로 인정한 원심판결을 파기한 사례」.

●**해설**● 1 공문서와 사문서의 구별은 **'작성명의인'을 기준**으로 구분한다. 따라서 ① **'공문서'**는 공무소 또는 공무원이 직무에 관하여 작성한 문서이고, ② **'사문서'**는 사인 명의로 작성된 문서를 말한다. 형법은 공문서와 사문서를 구별하여 처벌하고 있다. 공문서에 대한 위조 등의 행위를 사문서보다 더 무겁게 처벌한다.

2 '공문서'는 공무소 또는 공무원이 직무에 관하여 작성한 문서이다(공무관련성). (1) 이 경우 공무원 또는 공무소는 대한민국의 공무원 또는 공무소이어야 한다. 따라서 외국의 공무원이나 공무소가 작성명의인인 문서는 사문서에 해당된다(대판 98도164, Ref 6). (2) 특별법에 의하여 공무원의 개념이 확장되는

---

1) 형법 제225조(공문서등의 위조·변조) 행사할 목적으로 공무원 또는 공무소의 문서 또는 도화를 위조 또는 변조한 자는 **10년 이하의 징역**에 처한다.
2) 형법 제229조 (위조등의 공문서의 행사) 위조, 변조, 작성, 변작 또는 불실기재한 전4조 기재의 문서, 도화, 공정증서원본, 면허장, 감찰 또는 여권을 행사한 자는 위조, 변조, 작성, 변작 또는 불실기재의 각 죄에 정한 형에 처한다.
3) 형법 제231조(사문서등의 위조·변조) 행사할 목적으로 권리·의무 또는 사실증명에 관한 타인의 문서 또는 도화를 위조 또는 변조한 자는 **5년 이하의 징역** 또는 1천만원 이하의 벌금에 처한다.

경우도 있다. 예를 들어, 「금융위원회법」제69조는 금융위원회 위원 또는 증권선물위원회 위원으로서 공무원이 아닌 사람과 금융감독원의 집행간부 및 직원은 형법이나 그 밖의 법률에 따른 벌칙을 적용할 때에는 공무원으로 본다. 따라서 금융감독원장 명의의 문서를 위조, 행사한 행위는 사문서위조죄, 위조사문서행사죄에 해당하는 것이 아니라 공문서위조죄, 위조공문서행사죄에 해당한다(대판 2020도14666, Ref 8). 그러나 (3) 계약 등으로 공무와 관련되는 업무를 일부 대행하는 경우가 있다 하더라도 공무원 또는 공무소가 될 수 없고 이들이 작성한 문서는 공문서에 해당되지 않는다. 대상사안은 이 경우의 판결이다.

3 제1심과 원심은 사안의 영수증을 공문서로 파악하였으나 대법원은 달리 판단하고 있다. 금융기관의 위와 같은 업무는 「지방재정법 제64조 제1항, 동 시행령 제72조에 의하여 지방자치단체와의 금고설치계약을 체결하고 금고 업무를 취급하게 되거나 또는 위 시행령 제73조에 의해 시금고업무의 일부를 또 다시 대행해 주는데 불과하다 할 것인즉, 이와 같은 계약에 기하여 지방세의 수납업무를 일부 관장한다고 해서 **그 은행직원이나 은행이 공무원 또는 공무소가 되는 것은 아니라고**」 보았다.

4 따라서 대법원은 은행직원이나 은행이 계약에 기하여 지방세의 수납업무를 대행하여 수납인을 찍어 만든 납세자 보관용 영수증을 '공문서'로 파악한 제1심과 원심은 '공문서'라는 문언의 가능한 의미 범위를 벗어난 유추해석으로 죄형법정주의에 위배된다고 판단한 것이다. (형법판례총론 【3】, 【4】 참조) 이와 같이, 형법상 공문서죄는 사문서죄보다 그 형이 무겁기 때문에 공문서임을 인정하기 위해서는 **엄격한 해석**이 이루어져야 한다.

Reference

공문서를 부정한 판례

1-1 [대판 2016도19170] **한국환경공단**은 한국환경공단법에 의해 설립된 법인으로서, 그 임직원은 공무원이 아니고 단지 같은 법 제11조, 건설폐기물법 제61조, 폐기물관리법 제62조의2 등에 의하여 형법 제129조부터 제132조까지의 규정을 적용할 때 공무원으로 의제될 뿐이며, 한국환경공단 임직원을 공전자기록 등 위작죄에서 공전자기록 작성권한자인 공무원으로 의제하거나 한국환경공단이 작성하는 전자기록을 공전자기록으로 의제하는 취지의 명문규정은 없다. 이러한 관련 법령을 법리에 비추어 살펴보면, 한국환경공단이 환경부장관의 위탁을 받아 건설폐기물 인계 · 인수에 관한 내용 등의 전산처리를 위한 전자정보처리프로그램인 **올바로시스템**을 구축 · 운영하고 있더라도, 그 업무를 수행하는 한국환경공단 임직원을 공전자기록의 작성권한자인 공무원으로 보거나 한국환경공단을 공무소로 볼 수는 없다.

1-2 [대판 2015도9133] **선박안전공단**이 선박안전법 제60조 제1항에 따라 해양수산부장관의 선박검사업무 등을 대행하면서 **'선박검사증서'**를 발급하더라도 그 업무를 수행하는 공단 임직원을 공문서의 작성 주체인 공무원으로 볼 수는 없다고 할 것이다. 이 경우에 관하여 선박안전법 제82조가 대행검사기관인 공단의 임직원을 형법 제129조 내지 제132조의 적용에 있어 공무원으로 의제하는 것으로 규정한다고 하여 이들이 공문서위조죄나 허위공문서작성죄에서의 공무원으로도 될 수 있다고 보는 것은 형벌법규를 피고인에게 불리하게 지나치게 확장해석하거나 유추해석하는 것이어서 **죄형법정주의 원칙에 반한다**. 따라서 공단이 해양수산부장관을 대행하여 이사장 명의로 발급하는 선박검사증서는 공무원 또는 공무소가 작성하는 문서라고 볼 수 없으므로 공문서위조죄나 허위공문서작성죄에서의 공문서에 해당하지 아니한다.

2 [대판 2015도15842] 이러한 화물자동차법령의 관련 규정들을 앞에서 본 법리에 비추어 살펴보면, 협회의 임원과 직원이 화물자동차법령에 따라 국토해양부장관으로부터 '화물자동차법 제3조 제3항 단서에 따른 허가사항 변경신고'에 관한 업무를 위탁받았더라도 형법 제225조의 공문서위조죄나 형법 제227조의 허위공문서작성죄의 주체인 공무원이 될 수 없고, 그 공무원이 아닌 협회 이사장이 작성한 **대폐차수리통보서는 사문서에 해당**한다.

3 [대판 2007도6987] 식당의 주·부식 구입 업무를 담당하는 **공무원이** 계약 등에 의하여 공무소의 주·부식 구입·검수 업무 등을 담당하는 **조리장·영양사 등의 명의를 위조**하여 **검수결과보고서**를 작성한 경우, 공문서위조죄의 성립을 부인한 사례.

공사병존문서

4-1 [대판 2003도2144] [1] 공증인이 공증인법 제57조 제1항의 규정에 의하여 사서증서에 대하여 하는 인증은 당해 사서증서에 나타난 서명 또는 날인이 작성명의인에 의하여 정당하게 성립하였음을 인증하는 것일 뿐 그 사서증서의 기재 내용을 인증하는 것은 아닌바, (가) **사서증서 인증서 중 인증기재 부분은 공문서에 해당한다고 하겠으나**, 위와 같은 내용의 인증이 있었다고 하여 사서증서의 기재 내용이 공문서인 인증기재 부분의 내용을 구성하는 것은 아니라고 할 것이므로, (나) **사서증서의 기재 내용을 일부 변조한 행위는 공문서변조죄가 아니라 사문서변조죄에 해당**한다. [2] 피고인이 피해자와 사이에 온천의 시공에 필요한 비용을 포함한 일체의 비용을 자신이 부담하기로 약정하였음에도 피해자를 상대로 공사대금청구의 소를 제기하면서 시공 외의 비용은 모두 피해자가 부담한다는 내용으로 변조한 인증합의서를 소장에 첨부하여 제출한 경우, 소송사기의 실행에 착수하였다고 한 사례. **cf)** 이와 같이, 한 개의 서류 안에 두 종류 이상의 문서가 병존하고 있는 문서를 '혼합문서(공사병존문서)'라 한다. 이 경우 각각 독립적으로 판단하여야 한다.

4-2 [대판 91도1733] [공립학교 교사가 작성하는 교원의 인적사항과 전출희망사항 등을 기재하는 부분과 학교장이 작성하는 학교장의견란 등으로 구성되어 있는 **교원실태조사카드의 교사 명의 부분을** 명의자의 의사에 반하여 작성한 행위가 공문서위조죄를 구성하는지 여부(소극)] 공립학교 교사가 작성하는 교원의 인적사항과 전출희망사항 등을 기재하는 부분과 학교장이 작성하는 학교장의견란 등으로 구성되어 있는 교원실태조사카아드는 **학교장의 작성명의 부분은 공문서**라고 할 수 있으나, **작성자가 교사 명의로 된 부분은 개인적으로 전출을 희망하는 의사표시를 한 것에 지나지 아니하여** 이것을 가리켜 공무원이 직무상 작성한 공문서라고 할 수는 없을 것이므로 위 카드의 교사 명의 부분을 명의자의 의사에 반하여 작성하였다고 하여도 공문서를 위조한 것이라고 할 수 없다.

4-3 [대판 2004도2767] [권한 없는 자가 임의로 **인감증명서의 '사용용도란'의 기재를 고쳐 쓴 경우**, 공문서변조죄 및 변조공문서행사죄의 성립 여부(소극)] 인감의 증명을 신청함에 있어서 그 용도가 부동산매도용일 경우에는 부동산매수자란에 매수자의 성명(법인인 경우에는 법인명), 주소 및 주민등록번호를 기재하여 신청하여야 하지만 그 이외의 경우에는 신청 당시 사용용도란을 기재하여야 하는 것은 아니고, 필요한 경우에 신청인이 직접 기재하여 사용하도록 되어 있으며, 사용용도에 따른 인감증명서의 유효기간에 관한 종전의 규정도 삭제되어 유효기간의 차이도 없으므로 인감증명서의 사용용도란의 기재는 증명청인 동장이 작성한 증명문구에 의하여 증명되는 부분과는 아무런 관계가 없다고 할 것이므로, 권한 없는 자가 임의로 인감증명서의 사용용도란의 기재를 고쳐 썼다고 하더라도 공무원 또는 공무소의 문서 내용에 대하여 변경을 가하여 새로운 증명력을 작출한 경우라고 볼 수 없으므로 공문서변조죄나 이를 전제로 하는 변조공문서

행사죄가 성립되지는 않는다.

4-4 [대판 2004도6483] 주취운전자 적발보고서 및 주취운전자 정황진술보고서의 각 운전자란에 타인의 서명을 한 다음 이를 경찰관에게 제출한 것은 사문서위조 및 동행사죄에 해당한다.

4-5 [대판 2006도7777] [법원이 이혼의사확인서등본 뒤에 이혼신고서를 첨부하고 간인하여 교부하였는데 당사자가 **이를 떼어내고 다른 내용의 이혼신고서를 붙여 호적관서에 제출한 경우**] 가정법원의 서기관 등이 이혼의사확인서등본을 작성한 뒤 이를 이혼의사확인신청 당사자 쌍방에게 교부하면서 이혼신고서를 확인서등본 뒤에 첨부하여 그 직인을 간인하였다고 하더라도, 그러한 사정만으로 이혼신고서가 공문서인 이혼의사확인서등본의 일부가 되었다고 볼 수 없다. 따라서 당사자가 이혼의사확인서등본과 간인으로 연결된 **이혼신고서**를 떼어내고 원래 이혼신고서의 내용과는 다른 이혼신고서를 작성하여 이혼의사확인서등본과 함께 호적관서에 제출하였다고 하더라도, 공문서인 이혼의사확인서등본을 변조하였다거나 변조된 이혼의사확인서등본을 행사하였다고 할 수 없다.

5 [대판 99도4819] 사실증명에 관한 사문서에는 법률상 또는 사회생활상의 사실의 증명에 관한 문서가 포함된다고 할 것이므로 채권계약서의 입회인으로 타인의 명의를 함부로 써서 작성한 문서는 사문서에 해당한다.

6 [대판 98도164] ●**사실**● 피고인은 행사할 목적으로 1996.8.21. 16:00경 피고인의 아파트 응접실에서 홍콩 교통국장이 공소외 황○리에게 발행한 **국제운전면허증에 붙어있던 황○리의 사진을 떼어내고 그 자리에 피고인의 사진을 붙여** 홍콩 교통국장 명의의 사문서인 국제운전면허증 1장을 위조하였다는 공소사실에 대하여, 원심은 위 국제운전면허증은 황○리가 1993.2.12.에 발급받은 것으로서 그 유효기간은 1년이므로, 피고인의 행위 당시에는 이미 유효기간을 경과하여 사문서로서의 효력을 상실하였으므로, 피고인이 유효기간을 고치지 아니한 이상 위 문서에 새로운 사실증명의 효력을 부여하여 이를 유효한 것으로 만들었다고 할 수 없다는 이유로 무죄를 선고한 제1심판결을 유지하였다. ●**판지**● 파기환송. 문서위조죄는 문서의 진정에 대한 공공의 신용을 그 보호법익으로 하는 것이므로, 피고인이 위조하였다는 국제운전면허증이 그 유효기간을 경과하여 본래의 용법에 따라 사용할 수는 없게 되었다고 하더라도, 이를 행사하는 경우 그 상대방이 유효기간을 쉽게 알 수 없도록 되어 있거나 위 문서 자체가 진정하게 작성된 것으로서 피고인이 명의자로부터 국제운전면허를 받은 것으로 오신하기에 충분한 정도의 형식과 외관을 갖추고 있다면 피고인의 행위는 **(사)문서위조죄에 해당한다**고 보아야 할 것이다.

7 [대판 71도934] **학교기성회의 지출결의서**는 사문서로서 공무원인 그 학교 교장이 이를 허위로 작성 행사하였더라도 기성회 이사의 자격으로 한 것이니 이를 허위공문서 작성 및 동행사라 할 수 없다.

공문서를 인정한 판례

8 [대판 2020도14666] [금융위원회의 설치 등에 관한 법률 제29조, 제69조 제1항에서 정한 금융감독원 집행간부인 금융감독원장 명의의 문서가 공문서인지 여부(적극)] 금융위원회의 설치 등에 관한 법률(이하 '금융위원회법'이라고 한다) 제69조는 금융위원회 위원 또는 증권선물위원회 위원으로서 **공무원이 아닌 사람과 금융감독원의 집행간부 및 직원은 형법이나 그 밖의 법률에 따른 벌칙을 적용할 때**

에는 공무원으로 보고(제1항), 제1항에 따라 공무원으로 보는 직원의 범위는 대통령령으로 정한다(제2항)고 규정하고 있다. …… 그렇다면 금융위원회법 제29조, 제69조 제1항에서 정한 금융감독원 집행간부인 금융감독원장 명의의 문서를 위조, 행사한 행위(금융감독원장 명의의 '금융감독원 대출정보내역'이라는 사실증명에 관한 문서 1장을 위조하고 행사)는 사문서위조죄, 위조사문서행사죄에 해당하는 것이 아니라 공문서위조죄, 위조공문서행사죄에 해당한다.

9 [대판 2015도9010] 국가정보원에서 주선양총영사관에 파견된 영사인 피고인은 공식적으로는 외교부 소속 사건사고 담당 영사로서, 비공식적으로는 국정원 소속 해외정보관으로 근무하면서, 국정원의 지시에 따라 국정원에서 파견된 영사가 수행하는 직무권한 범위 내에서 **공무의 일환**으로써 '주선양총영사관 피고인 명의'로 '2013. 9. 27.자 확인서 및 사실확인서'와 '2013. 12. 17.자 확인서'를 작성하였으므로, 위 각 확인서 등은 허위공문서작성죄의 객체가 되는 공문서에 해당한다.

10 [대판 2014도6287] **자동차등록증 '비고'란**은 공문서에 해당하며, 피고인들이 '비고'란을 임의로 변경하고 이를 행사한 행위는 공문서변조죄 및 변조공문서행사죄에 해당한다.

11-1 [대판 2010도875] [1] 자생식물원 조성공사의 감리업체의 책임감리원인 甲이, 이 공사를 감독하는 담당공무원 乙과 공모하여 허위 내용의 준공검사조서를 작성한 다음 준공검사결과보고서에 첨부하여 乙에게 제출하여 공무원들의 결재를 받아 사무실에 비치한 사안에서, 위 **'준공검사조서'는 공문서에 해당**한다. [2] 지방자치단체를 당사자로 하는 계약의 이행완료에 관한 검사는 지방자치단체의 장 또는 계약담당자의 직무권한에 속하는 사항으로서 이를 전문기관에 위임하여 수행하게 한다고 하여 그 직무 소관이 달라지는 것은 아니고 다만 이때에는 전문기관으로부터 검사결과를 문서로 통보받아 확인하는 방법으로 그 직무를 집행하게 되는 것이므로, 지방자치단체의 장 또는 계약담당자가 그 검사를 위임받아 수행한 전문기관으로부터 검사결과를 검사조서로 작성·보고받고 이를 확인하여 승인하는 의미로 검사조서에 결재하였다면 그와 같이 결재된 검사조서는 공무원이 그 직무권한 내에서 작성한 문서로서 허위공문서작성죄의 객체인 공문서에 해당한다.

11-2 [비교판례] [대판 2015도9133] [선박검사증서] [1] 공문서위조죄나 허위공문서작성죄의 객체인 공문서는 공무원 또는 공무소가 그 직무에 관하여 작성하는 문서이고, 그 행위주체가 공무원과 공무소가 아닌 경우에는 형법 또는 특별법에 의하여 공무원 등으로 의제되는 경우를 제외하고는 계약 등에 의하여 공무와 관련되는 업무를 일부 대행하는 경우가 있더라도 공무원 또는 공무소가 될 수 없다. [2] 이러한 선박안전법 관련 규정을 앞서 본 법리에 비추어 살펴보면, 공단이 선박안전법 제60조 제1항에 따라 **해양수산부장관의 선박검사업무 등을 대행하면서 선박검사증서를 발급**하더라도 그 업무를 수행하는 공단 임직원을 공문서의 작성 주체인 공무원으로 볼 수는 없다고 할 것이다. 이 경우에 관하여 선박안전법 제82조가 대행검사기관인 공단의 임직원을 형법 제129조 내지 제132조의 적용에 있어 공무원으로 의제하는 것으로 규정한다고 하여 이들이 공문서위조죄나 허위공문서작성죄에서의 공무원으로도 될 수 있다고 보는 것은 형벌법규를 피고인에게 불리하게 지나치게 확장해석하거나 유추해석하는 것이어서 죄형법정주의 원칙에 반한다. 따라서 **공단이 해양수산부장관을 대행하여 이사장 명의로 발급하는 선박검사증서는 공무원 또는 공무소가 작성하는 문서라고 볼 수 없으므로** 공문서위조죄나 허위공문서작성죄에서의 공문서에 해당하지 아니한다.

12 [대판 2007도4785] **도립대학 교수**가 특성화사업단장의 지위에서 납품검사와 관련하여 작성한 납품검

수조서 및 물품검수내역서 등은 공무원이 직무권한 내에서 작성한 문서로서 '공문서'에 해당한다.

13 [대판 2000도2393] **십지지문 지문대조표**는 **수사기관이** 피의자의 신원을 특정하고 지문대조조회를 하기 위하여 직무상 작성하는 서류로서 비록 자서란에 피의자로 하여금 스스로 성명 등의 인적사항을 기재하도록 하고 있다 하더라도 이를 사문서로 볼 수는 없다.

14 [대판 85도1291] [**한국조폐공사 사장명의의 신분증명서**가 공문서인지 여부(적극)] 한국조폐공사법 제17조 규정의 취지에 비추어 동조에서 말하는 벌칙은 한국조폐공사의 임원이 지위를 남용하여 범법행위를 한 경우에 적용할 벌칙만을 말하는 것이 아니라 제3자가 위 공사의 임원에 대하여 범법행위를 한 경우에 적용할 벌칙과 같이 피해자인 임원보호를 위한 면에서의 벌칙도 포함하는 것으로 풀이하여야 하므로 한국조폐공사법 제10조 소정의 임원인 같은 공사사장 명의의 신분증명서를 위조, 행사한 행위는 형법상의 공문서위조, 동행사죄에 해당한다.

15 [대판 85도540] [1] 공문서에 첨부한 도면에 **간인이 날인되지 아니하였다는 이유만으로** 그 도면을 공문서의 일부가 아니라고 볼 수 없다. [2] 의정부시장 명의로 작성하여 경기도지사에게 송부한 환지계획인가 신청서에 첨부된 당초의 도면에 설사 잘못 표시된 부분이 있다고 하여도 의정부시에서 도시계획사무를 담당한 피고인 이 적법한 절차를 거침이 없이 임의로 위 도면을 정정도면과 바꿔치기 한 행위에 대하여는 공문서변조, 동행사의 범의를 인정하기에 넉넉하며, 소론과 같이 도면에 간인이 없다든가 시장의 승낙이 예상된다는 등 사유가 있다고 하여 범의를 부인할 수는 없다.

16 [대판 81도81] 건축허가서에 첨부된 설계도면을 떼내고 건축사협회의 도면등록 일부인을 건축허가 신청당시 일자로 소급 변조하여 새로 작성한 설계도면을 그 자리에 가철한 행위는 공문서 변조죄에 해당한다.

17 [대판 80도3180] **공무원인 피고인**이 그 직무에 관하여 이 건 문제로 된 (가) 사문서 사본에 "원본대조필 토목기사 피고인"이라 기재하고 도장을 날인하였다면 **그 기재 자체가 공문서로 되고**, (나) 이 경우 피고인이 실제로 원본과 대조함이 없이 **"원본대조필"**이라고 기재한 이상 그것만으로 곧 **허위공문서작성죄가 성립**하는 것이고, 피고인이 위 문서작성자에게 전화로 원본과 상이 없다는 사실을 확인하였다거나 객관적으로 그 사본이 원본과 다른 점이 없다고 하더라도 위 죄가 성립한다.

18 [대판 80도1134] [가환지를 표시한 **경지정리확정지구 원도**가 형법 제225조 소정의 공무소가 비치한 도화라고 한 사례] 가환지에 관한 경지정리확정지구 원도를 광주시장의 위탁에 의하여 대한지적협회 전라남도지부가 측량 작성하여 전라남도 세정과 지적계 기좌의 검사를 마친 후 광주시에 납품하고 다시 서구청으로 회송되어 온 경우에 위 **지적도**는 이미 이해관계인의 권리에 관한 사항을 기입한 것으로서 형법 제225조 소정의 공무소가 비치한 도화라고 봄이 상당하다.

19 [대판 74도2715 전원합의체] 간이절차에 의한 민사분쟁사건처리특례법에 의하여 합동법률사무소 명의로 작성된 **공증에 관한 문서**는 형법상의 공문서에 해당되고 동 합동법률사무소의 구성원인 변호사에게 허위신고를 하여서 동 합동법률사무소 명의의 공정증서에 불실의 사실을 기재하게한 행위는 형법 228조 1항에 해당된다.

* 대법원 2005. 10. 28. 선고 2005도6088 판결
* 참조조문: 형법 제231조[1]

> 문서작성권한을 위임받은 경우, 사문서위조죄의 성부의 판단 기준

●**사실**● 피고인 X는 노숙자 A를 회사의 정상적 사원인 것처럼 꾸며 차량을 구입한 다음 속칭 '대포차'로 처분하여 판매대금을 편취하기로 마음먹었다. 이를 위해 B가 대표이사로 있는 주식회사를 인수하면서 대표자 B의 명의를 계속 사용하기로 승낙을 받고 위 **회사 명의의 문서를 작성할 권한을 B로부터 위임**받았다. 이후 X는 A가 이 회사에 재직하고 있는 것처럼 근로소득원천징수영수증 2장 및 재직증명서 1장을 각 위조하여 이를 행사하였다는 혐의로 기소되었다.

원심은 X가 B로부터 위 회사를 인수하면서 B의 동의 아래 명의대여 대가를 지급하고 대표이사 명의를 그대로 둔 채 위 회사를 운영한 사실이 인정되므로, 위 회사의 실질적인 대표자는 X로 보아야 할 것이고 따라서 위 주식회사 명의의 문서를 작성할 권한 역시 X에게 귀속되었다고 할 것이어서, X가 위 회사 명의로 허위의 문서를 작성·행사하였다고 하더라도 사문서위조죄나 위조사문서행사죄가 성립하지 아니한다는 이유로 무죄를 선고하였다. 이에 검사가 상고하였다.

●**판지**● 파기환송. 「[1] 문서의 위조라고 하는 것은 **작성권한 없는 자가** 타인 명의를 모용하여 문서를 작성하는 것을 말하는 것이므로 사문서를 작성함에 있어 그 명의자의 명시적이거나 묵시적인 승낙 내지 위임이 있었다면 이는 사문서위조에 해당한다고 할 수 없을 것이지만, **문서 작성권한의 위임이 있는 경우라고 하더라도** (가) 그 위임을 받은 자가 그 **위임받은 권한을 초월하여** 문서를 작성한 경우는 사문서위조죄가 성립하고, 단지 (나) 위임받은 **권한의 범위 내에서 이를 남용**하여 문서를 작성한 것에 불과하다면 사문서위조죄가 성립하지 아니한다고 할 것이다.

[2] 피고인이 회사를 인수하면서 회사 대표이사의 명의를 계속 사용하기로 승낙을 받았다고 하더라도, 사기범행을 목적으로 실제로는 위 회사에 근무한 바 없는 제3자의 재직증명서 및 근로소득원천징수영수증 등 허위의 문서를 작성한 행위는 **위임된 권한의 범위를 벗어나는 것으로서 사문서위조죄를 구성한다**」.

●**해설**● 1 '위조'란 정당한 작성권한 없는 자가 타인의 명의로 문서를 작성하는 행위를 말한다(**부진정문서**[2]). 정당한 작성권한이 없어야 하므로 비록 타인명의의 문서를 작성하더라도 정당한 권한이 있는 경우에는 위조가 되지 않는다. 즉 승낙이나 수권에 의하여 명의사용이 허용된 경우에는 비록 문서의 실제 기재자와 명의자가 다르다 하더라도 명의자가 작성자로 취급되므로 위조는 되지 않는다.

2 문제는 작성권한을 가지고 그 권한을 '**남용**'한 경우나 그 권한을 '**초월**'한 경우이다. 먼저 ① 그 위임받은 권한에서 그 **권한을 '남용'한 경우**에는 위조죄가 성립하지 않는다(특히, 대표이사의 권한남용과 주식회사 '지배인'의 권한 남용이 문제된다)(대판 83도332, Ref 1.4−3). 이는 문서 작성의 목적이 무엇인지는 본인과

---

1) 형법 제231조(사문서등의 위조·변조) 행사할 목적으로 권리·의무 또는 사실증명에 관한 타인의 문서 또는 도화를 위조 또는 변조한 자는 5년 이하의 징역 또는 1천만원 이하의 벌금에 처한다.
2) **부진정문서**란 문서의 명의인과 문서의 작성자가 불일치한 문서를 말하며, **진정문서**란 문서의 명의인과 문서의 작성자가 일치하는 문서를 말한다.

대리인 간에 내부관계에 그치고 외부관계에서도 아무런 차별이 없으며, 나아가 형식상 그 작성 명의에 허위가 없기 때문에 그 의사표시는 사법상 유효하여 직접 본인에 대하여 효력이 발생하기 때문이다. 또한 ② 명의인으로부터 **포괄적 위임**을 받거나(대판 2006도2016, Ref 1.5-1) 행위 당시 명의자의 현실적인 승낙은 없었지만 행위 당시의 모든 객관적 사정을 종합하여 명의자가 행위 당시 그 사실을 알았다면 당연히 **승낙했을 것이라고 추정**되는 경우는 위·변조죄가 성립하지 않는다(대판 2002도235, 1.5-6). 그러나 ③ 위탁된 **권한**을 '**초월**'하거나 그 '**취지에 반하여**' 문서를 작성하였다면 위조죄가 성립하게 된다.

3 이에 반해 '**변조**'는 작성권한 없는 사람이 **이미 진정하게 성립된 문서의 내용을 동일성이 상실되지 않을 정도**로 변경하는 행위를 말한다. 기존 문서에 새로운 증명력을 부여하는 정도를 뜻한다. 따라서 문서의 중요부분이 변경되어 문서의 동일성이 침해되면 변조가 아니라 위조가 된다(즉 '위조'는 문서의 본질적 또는 중요부분에 변경에 가하여 새로운 증명력을 가지는 **별개의 문서**를 작성한 경우를 말한다). 또한 창출된 문서가 명의인에게 유리하여 결과적으로 그 의사에 합치한다고 하더라도 범죄성립에는 영향이 없다(대판 84도2422, Ref 2-12).

4 한편 '**자격모용**'이란 대리권이나 대표권 없는 사람이 타인의 대리인이나 대표권자임을 사칭하는 것을 말한다. 타인은 자연인뿐만 아니라 법인, 법인격 없는 단체는 물론 거래관계에서 독립한 사회적 지위를 갖고 활동하는 존재를 모두 포함한다(대판 2007도9606).

Reference 1

문서'위조'를 부정한 판례

1 [대판 2021도17197] [아무런 부담도 지워지지 않은 채 재산을 명의신탁한 신탁자가 수탁자로부터 개별적인 승낙을 받지 않고 수탁자 명의로 신탁재산의 처분에 필요한 서류를 작성한 경우, 사문서위조·동행사죄가 성립하는지 여부(원칙적 소극)] [1] (가) 신탁자에게 아무런 부담이 지워지지 않은 채 재산이 수탁자에게 명의신탁된 경우에는 특별한 사정이 없는 한 재산의 처분 기타 권한행사에 관해서 수탁자가 자신의 명의사용을 포괄적으로 신탁자에게 허용하였다고 보아야 하므로, 신탁자가 수탁자 명의로 신탁재산의 처분에 필요한 서류를 작성할 때에 수탁자로부터 개별적인 승낙을 받지 않았더라도 사문서위조·동행사죄가 성립하지 않는다. 이에 비하여 (나) 수탁자가 명의신탁 받은 사실을 부인하여 신탁자와 수탁자 사이에 신탁재산의 소유권에 관하여 **다툼이 있는 경우** 또는 수탁자가 명의신탁 받은 사실 자체를 부인하지 않더라도 신탁자의 신탁재산 처분권한을 **다투는 경우에는** 신탁재산에 관한 처분 기타 권한행사에 관해서 신탁자에게 부여하였던 수탁자 명의사용에 대한 포괄적 허용을 철회한 것으로 볼 수 있어 명의사용이 허용되지 않는다. [2] 주식을 명의신탁한 피고인이 명의수탁자를 변경하기 위해 제3자에게 주식을 양도한 후 수탁자 명의의 증권거래세 과세표준신고서를 작성하여 관할세무서에 제출함으로써 과세표준신고서를 위조하고 이를 행사하였다는 공소사실로 기소된 사안에서, 수탁자 명의로 과세표준신고를 하는 행위는 공법행위라는 등의 이유로 사문서위조죄 및 위조사문서행사죄가 성립한다고 본 원심판단에 법리오해의 위법이 있다고 한 사례.

2 [대판 2019도8443] [공문서위조죄의 성립요건 및 공문서로서의 형식과 외관을 갖추었는지 판단하는

기준] [1] 일반인으로 하여금 공무원 또는 공무소의 권한 내에서 작성된 문서라고 믿을 수 있는 형식과 외관을 구비한 문서를 작성하면 공문서위조죄가 성립하지만, 평균 수준의 사리분별력을 갖는 사람이 **조금만 주의를 기울여 살펴보면** 공무원 또는 공무소의 권한 내에서 작성된 것이 아님을 쉽게 알아볼 수 있을 정도로 공문서로서의 형식과 외관을 갖추지 못한 경우에는 공문서위조죄가 성립하지 않는다. [2] 중국인인 피고인이 콘도미니엄 입주민들의 모임인 갑 시설운영위원회의 대표로 선출된 후 갑 위원회가 대표성을 갖춘 단체라는 외양을 작출할 목적으로, 주민센터에서 가져온 행정용 봉투의 좌측 상단에 미리 제작해 둔 갑 위원회 한자 직인과 한글 직인을 날인한 다음 주민센터에서 발급받은 피고인의 인감증명서 중앙에 있는 '용도'란 부분에 이를 오려 붙이는 방법으로 인감증명서 1매를 작성하고, 이를 휴대전화로 촬영한 사진 파일을 갑 위원회에 가입한 입주민들이 참여하는 메신저 단체대화방에 게재하였다고 하여 공문서위조 및 위조공문서행사로 기소된 사안에서, 피고인이 만든 문서가 공문서로서의 외관과 형식을 갖추었다고 인정하기 어렵고, 이를 사진촬영한 파일을 단체대화방에 게재한 행위가 위조공문서행사죄에 해당할 수도 없다고 한 사례.

주식회사 '지배인'의 권한 남용

3-1 [대판 2010도1040] [주식회사의 '지배인'이 권한을 남용하여 허위로 회사 명의의 문서를 작성한 경우, 사문서위조 또는 자격모용사문서작성죄에 해당하는지 여부(소극)] [1] 원래 주식회사의 지배인은 회사의 영업에 관하여 재판상 또는 재판 외의 **모든 행위를 할 권한**이 있으므로, 지배인이 직접 주식회사 명의 문서를 작성하는 행위는 위조나 자격모용사문서작성에 해당하지 않는 것이 원칙이고, 이는 그 문서의 내용이 진실에 반하는 허위이거나 권한을 남용하여 자기 또는 제3자의 이익을 도모할 목적으로 작성된 경우에도 마찬가지이다. [2] 주식회사의 지배인이 자신을 그 회사의 대표이사로 표시하여 연대보증채무를 부담하는 취지의 회사 명의의 차용증을 작성·교부한 경우, 그 문서에 일부 허위 내용이 포함되거나 위 연대보증행위가 회사의 이익에 반하는 것이더라도 사문서위조 및 위조사문서행사에 해당하지 않는다.

3-2 [비교판례] [대판 2012도7467] [(은행)지배인이 회사 내부규정 등에 의하여 **'제한된 권한'** 범위를 벗어나 회사 명의의 문서를 작성한 경우, 사문서위조죄가 성립하는지 여부(적극)] [1] (가) 원래 주식회사의 지배인은 회사의 영업에 관하여 재판상 또는 재판 외의 모든 행위를 할 권한이 있으므로, 지배인이 직접 주식회사 명의 문서를 작성하는 행위는 위조나 자격모용사문서작성에 해당하지 않는 것이 원칙이고, (나) 이는 문서의 내용이 진실에 반하는 허위이거나 권한을 남용하여 자기 또는 제3자의 이익을 도모할 목적으로 작성된 경우에도 마찬가지이다. (다) 그러나 회사 내부규정 등에 의하여 각 지배인이 회사를 대리할 수 있는 행위의 종류, 내용, 상대방 등을 한정하여 권한을 제한한 경우에 **제한된 권한 범위를 벗어나서** 회사 명의의 문서를 작성하였다면, 이는 자기 권한 범위 내에서 권한 행사의 절차와 방식 등을 어긴 경우와 달리 문서위조죄에 해당한다. [2] 甲 은행의 지배인으로 등기되어 있는 피고인이, 신용이나 담보가 부족한 차주 회사가 저축은행 등 대출기관에서 대출을 받는 데 사용하도록 지급보증의 성질이 있는 甲 은행 명의의 대출채권양수도약정서와 사용인감계를 작성하였다고 하여 사문서위조로 기소된 사안에서, 위와 같은 문서작성 행위는 甲 은행 내부규정에 따라 제한된 지배인의 대리권한을 넘는 경우에 해당하여 사문서위조죄가 성립한다고 본 원심판단을 정당하다.

대표이사의 권한 남용

4-1 [대판 2008도7836] [대표이사가 **권한을 '남용'**하여 허위로 주식회사 명의의 문서를 작성한 경우, 자

격모용사문서작성죄 또는 사문서위조죄가 성립하는지 여부(소극)] 원래 주식회사의 적법한 대표이사는 회사의 영업에 관하여 재판상 또는 재판외의 모든 행위를 할 권한이 있으므로, 대표이사가 직접 주식회사 명의 문서를 작성하는 행위는 자격모용사문서작성 또는 위조에 해당하지 않는 것이 원칙이다. 이는 그 문서의 내용이 진실에 반하는 허위이거나 대표권을 남용하여 자기 또는 제3자의 이익을 도모할 목적으로 작성된 경우에도 마찬가지이다.

4-2 [대판 2006도9194] [회사의 실질적 운영자인 1인 주주에 의해 대표이사의 대표권이 사실상 제한된 경우, 1인 주주의 위임 또는 승낙 없이 대표이사가 대표권을 행사한 것이 적법한지 여부(적극)] [1] 주식회사 대표이사의 대표권은 정관이나 주주총회 또는 이사회 결의 등에 의하여 적법하게 제한할 수 있지만, 회사의 운영을 실질적으로 장악·통제하고 있는 1인 주주가 적법한 대표이사의 권한 행사를 사실상 제한하고 있다는 것만으로는 대표이사의 대표권을 적법하게 제한하였다고 할 수 없으므로, 대표이사가 권한을 행사하는 과정에서 단순히 그 1인 주주의 위임 또는 승낙을 받지 않았다고 하여 그 대표권 행사가 권한을 넘어서는 행위가 되는 것은 아니다. [2] 주식회사의 대표이사가 실질적 운영자인 1인 주주의 구체적인 위임이나 승낙을 받지 않고 이미 퇴임한 전 대표이사를 대표이사로 표시하여 회사 명의의 문서를 작성한 사안에서, 문서위조죄의 성립을 부정한 사례. [3] 원심이 대평레미콘 주식회사의 적법한 대표이사로 선임된 피고인이 '대평레미콘 주식회사 대표이사 공소외 1'로 표시하여 위 회사명의 문서를 작성한 행위는, 비록 공소외 1이 이미 퇴임한 전 대표이사이거나 그 문서 내용 중 일부가 진실에 반하는 허위라고 하더라도, 그리고 위 회사의 운영을 실질적으로 장악·통제하고 있던 1인 주주인 공소외 2의 구체적인 위임 또는 승낙을 받지 않았다고 하더라도, 위조행위에 해당하지 않는다고 판단한 것은 정당하다.

4-3 [대판 83도332] [대리인의 권한유월의 문서작성과 문서위조죄의 성부(소극)] 문서위조죄를 구성하는지의 여부는 그 문서의 작성명의로 타인의 명의를 모용하였느냐 아니하였느냐라는 형식에 의하여 결정할 것으로서 그 문서의 내용의 진실여부는 특별한 처벌규정이 있는 경우 이외에는 동 죄의 성립여부에 아무런 소장이 없다고 할 것이므로, 타인의 대표자 또는 대리자가 그 대표명의 또는 대리명의를 써서 또는 직접 본인의 명의를 사용하여 문서를 작성할 권한을 가지는 경우에 그 지위를 남용하여 단순히 자기 또는 제3자의 이익을 도모할 목적으로 마음대로 문서를 작성한 때라고 할지라도 문서위조죄는 성립하지 아니한다.

4-4 [대판 2007도169] [세금계산서의 작성권한자(=공급자) 및 세금계산서상의 공급자가 임의로 공급받는 자 란에 다른 사람을 기재한 경우 그 사람에 대한 관계에서 사문서위조죄가 성립되는지 여부(소극)] 문서위조라 함은 작성권한 없는 자가 타인 명의를 모용하여 문서를 작성하는 것을 말하는 것이다. 이 사건 세금계산서는, 원심이 적절히 설시한 바와 같이, 부가가치세 과세사업자가 재화나 용역을 공급하는 때에 이를 공급받은 자에게 작성·교부하여야 하는 계산서이므로(부가가치세법 제16조 제1항), 그 작성권자는 어디까지나 재화나 용역을 공급하는 공급자라고 보아야 할 것이고, 공급받는 자의 상호, 성명, 주소는 필요적 기재사항이 아닌 임의적 기재사항에 불과하여(부가가치세법 시행령 제53조 제1항) 공급받는 자의 상호, 성명, 주소가 기재되어 있지 않은 세금계산서라도 그 효력에는 영향이 없으며, 공급자가 세금계산서를 작성함에 있어 공급받은 자의 동의나 협조가 요구되지도 않는 점 등에 비추어 세금계산서상의 공급받는 자는 그 문서 내용의 일부에 불과할 뿐 세금계산서의 작성명의인은 아니라 할 것이니, 공급받는 자 란에 임의로 다른 사람을 기재하였다 하여 그 사람에 대한 관계에서 사문서위조죄가 성립된다고 할 수 없다.

작성명의인의 '포괄적 위임'이나 승낙(혹은 추정적 승낙)

5-1 [대판 2006도2016] [대표이사로부터 권한을 위임받은 사람이 회사 명의로 문서를 작성하는 행위가

적법하기 위한 요건(＝**개별적·구체적 위임 또는 승낙**)] [1] (가) 주식회사의 적법한 대표이사라 하더라도 그 권한을 **포괄적으로 위임**하여 다른 사람으로 하여금 대표이사의 업무를 처리하게 하는 것은 **허용되지 않는다.** 따라서 대표이사로부터 포괄적으로 권한 행사를 위임받은 사람이 주식회사 명의로 문서를 작성하는 행위는 원칙적으로 권한 없는 사람의 문서 작성행위로서 자격모용사문서작성 또는 위조에 해당하고, (나) 대표이사로부터 **개별적·구체적으로** 주식회사 명의의 문서 작성에 관하여 위임 또는 승낙을 받은 경우에만 **예외적으로 적법**하게 주식회사 명의로 문서를 작성할 수 있다. [2] A회사의 대표이사 甲이 B회사의 대표이사 乙로부터 포괄적 위임을 받아 두 회사의 대표이사 업무를 처리하면서 **두 회사 명의로** 허위 내용의 영수증과 세금계산서를 작성한 사안에서, **B회사 명의 부분은 乙의 개별적·구체적 위임 또는 승낙 없는 행위**로서 사문서위조 및 위조사문서행사죄가 성립하지만, A회사 명의 부분은 이미 퇴직한 종전의 대표이사를 승낙 없이 대표이사로 표시하였더라도 이에 해당하지 않는다.

　5-2 [**대판 84도115**] [**대금수령에 관하여 포괄적 위임을 받은 자가 대금을 지급받는 방법으로 본인명의의 차용증서를 작성해 준 경우**] 급식용 가공돼지고기를 납품하는 단지원들에 의하여 돼지고기의 가공, 납품 및 대금수령에 관한 **사무를 총괄적으로 위임받고** 이를 위하여 그들의 인장을 맡아 사용하는 단지장이 그 대금의 수령을 위해 납품자인 단지원의 이름으로 축산협동조합에 예금청구서와 차용증서를 작성 제출하고 선급금명목으로 납품대금을 받아 이를 단지원에게 지급한 사실이 인정된다면 위 예금청구서와 차용증서는 단지원들로부터 돼지고기의 가공, 납품에 따른 포괄적 위임에 따라 작성된 것이라고 보여져 이에 대하여 사문서위조 동행사의 범의를 인정할 수 없다.

　5-3 [**대판 84도1146**] [**대리인이 본인의 명의로 문서를 작성하면서 허위의 내용을 기재한 경우 사문서위조죄의 성부(소극)**] 매수인으로부터 매도인과의 토지매매계약체결에 관하여 **포괄적 권한을 위임받은 자**는 위임자 명의로 토지매매계약서를 작성할 적법한 권한이 있다 할 것이므로 매수인으로부터 그 권한을 위임받은 피고인이 실제 매수가격 보다 높은 가격을 매매대금으로 기재하여 매수인 명의의 매매계약서를 작성하였다 하여도 그것은 작성권한 있는 자가 허위내용의 문서를 작성한 것일 뿐 사문서위조죄가 성립될 수는 없다.

　5-4 [**대판 84도1566**] [**연대보증인이 될 것을 허락한 자**의 인감도장과 인감증명서를 교부받아 **직접 차주**로 하는 차용금 증서를 작성한 경우] 피해자들이 일정한도액에 관한 연대보증인이 될 것을 허락하고 이에 필요한 문서를 작성하는데 쓰일 인감도장과 인감증명서(대출보증용)를 채무자에게 건네준 취지는 채권자에 대해 동액상당의 채무를 부담하겠다는 내용의 문서를 작성하도록 허락한 것으로 보아야 할 것이므로 비록 차용금증서에 동 피해자들을 연대보증인으로 하지 않고 직접 차주로 하였을 지라도 그 문서는 정당한 권한에 기하여 그 **권한의 범위 안에서** 적법하게 작성된 것으로 보아야 한다.

　5-5 [**대판 85도1732**] 이사회를 개최함에 있어 공소외 이사들이 그 참석 및 의결권의 행사에 관한 권한을 **피고인에게 위임하였다면** 그 이사들이 실제로 이사회에 참석하지도 않았는데 마치 참석하여 의결권을 행사한 것처럼 피고인이 이사회 회의록에 기재하였다 하더라도 이는 이른바 사문서의 무형위조에 해당할 따름이어서 처벌대상이 되지 아니한다.

　5-6 [**대판 2002도235**] [문서명의인의 **추정적 승낙이 예상**되는 경우(**당연승낙**의 경우)] 사문서의 위·변조죄는 작성권한 없는 자가 타인 명의를 모용하여 문서를 작성하는 것을 말하는 것이므로 사문서를 작성·수정함에 있어 그 명의자의 명시적이거나 묵시적인 승낙이 있었다면 사문서의 위·변조죄에 해당하지 않고, 한편 행위 당시 명의자의 현실적인 승낙은 없었지만 행위 당시의 모든 객관적 사정을 종합하여 명의자

가 행위 당시 그 사실을 알았다면 당연히 승낙했을 것이라고 추정되는 경우 역시 사문서의 위·변조죄가 성립하지 않는다.

5-7 [비교판례] [대판 2010도14587] 파기환송. [1] 사문서의 위·변조죄는 작성권한 없는 자가 타인 명의를 모용하여 문서를 작성하는 것을 말하므로 사문서를 작성·수정할 때 명의자의 명시적이거나 묵시적인 승낙이 있었다면 사문서의 위·변조죄에 해당하지 않고, …… 명의자의 명시적인 승낙이나 동의가 없다는 것을 알고 있으면서도 명의자가 문서작성 사실을 알았다면 승낙하였을 것이라고 기대하거나 예측한 것만으로는 그 승낙이 추정된다고 단정할 수 없다. [2] 피고인이 행사할 목적으로 권한 없이 甲 은행 발행의 피고인 명의 예금통장 기장내용 중 특정 일자에 乙 주식회사로부터 지급받은 월급여의 입금자 부분을 화이트 테이프로 지우고 복사하여 통장 1매를 변조한 후 그 통장사본을 법원에 증거로 제출하여 행사하였다는 내용으로 기소된 사안에서, 관련 민사소송에서 피고인이 언제부터 乙 회사에서 급여를 받았는지가 중요한 사항이었는데 2006. 4. 25.자 입금자 명의를 가리고 복사하여 이를 증거로 제출함으로써 2006. 5. 25.부터 乙 회사에서 급여를 수령하였다는 새로운 증명력이 작출되었으므로 공공적 신용을 해할 위험성이 있었다고 볼 수 있고, 제반 사정을 종합할 때 통장 명의자인 甲 은행장이 행위 당시 그러한 사실을 알았다면 이를 당연히 승낙했을 것으로 추정된다고 볼 수 없으며, 피고인이 쟁점이 되는 부분을 가리고 복사함으로써 문서내용에 변경을 가하고 증거자료로 제출한 이상 사문서변조 및 동행사의 고의가 없었다고 할 수 없는데도, 이와 달리 보아 피고인에게 무죄를 인정한 원심판결에 사문서변조 및 동행사죄에 관한 법리오해의 위법이 있다고 한 사례.

6 [대판 2000도938] [공무원 아닌 자가 **관공서에 허위내용의 증명원을 제출**하여 그 정을 모르는 공무원으로부터 그 증명원 내용과 같은 증명서를 발급받은 경우, 공문서위조죄의 간접정범이 성립하는지 여부(소극)] ●**판지**● 어느 문서의 작성권한을 갖는 공무원이 그 문서의 기재 사항을 인식하고 그 문서를 작성할 의사로써 이에 서명날인하였다면, 설령 그 서명날인이 타인의 기망으로 착오에 빠진 결과 그 문서의 기재 사항이 진실에 반함을 알지 못한 데 기인한다고 하여도, 그 문서의 성립은 진정하며 여기에 하등 작성명의를 모용한 사실이 있다고 할 수는 없으므로, 공무원 아닌 자가 관공서에 허위 내용의 **증명원을 제출**하여 그 내용이 허위인 정을 모르는 담당공무원으로부터 그 증명원 내용과 같은 증명서를 발급받은 경우 공문서위조죄의 간접정범으로 의율할 수는 없다. …… 이 사건 **허위 공사실적증명서**는 공무원 아닌 자가 공무원에게 허위사실을 기재한 증명원을 제출하여 그것을 알지 못한 공무원으로부터 증명서를 받아낸 경우로서, **그 내용이 허위이기는 하지만 그 작성행위는 작성권한이 있는 공무원에 의하여 이루어진 것이므로 공문서위조죄가 성립하지 아니하며**, 이를 행사하더라도 위조공문서임을 전제로 하는 위조공문서행사죄는 성립하지 아니한다. ●**사실**● 피고인 1, 2는 각기 공소외 1 주식회사와 공소외 2 주식회사의 대표이사인바, 1998. 6. 25. 대전시 종합건설본부에서 발주하는 연구단지 진입도로 확장공사에 위 각 회사가 공동으로 입찰하여 적격심사 1순위자로 선정되었으나, 위 건설본부에서 요구하는 공사실적이 부족하여 최종 낙찰에 탈락될 위기에 처하자, 관공서 등에서 발급하는 **공사실적증명서를 위조**하여 위 건설본부에 제출하기로 마음먹고, 공모하여, 행사할 목적으로 1998. 6. 30. 제2시 구청에서, 공소외 2 주식회사가 위 구에서 발주한 공원내 지하주차장 공사의 기본 및 실시 설계 용역만을 수주하였음에도 불구하고 마치 보수공사 전체를 수주한 것처럼 실적증명서의 사업명을 '공원내 지하주차장 보수공사'라고 **허위기재한 다음, 그 정을 모르는 위 구청의 담당직원에게 제출**하여 동인으로부터 위의 사실을 증명한다는 취지로 위 구청장의 직인을 날인받아 위 구청장 명의의 공사실적증명서 1장을 위조한 것을 비롯하여, 총 12회에 걸쳐 공문서인 공사실적증명서 18장을 각 위

조하고, 1998. 7. 초순 일자 미상경 대전시 종합건설본부에서, 그 정을 모르는 담당직원에게 위와 같이 위조한 공사실적증명서 18장을 일괄 제출하여 이를 행사하였다는 혐의로 기소되었다.

7 [대판 85도1732] 이사회를 개최함에 있어 공소외 이사들이 그 참석 및 의결권의 행사에 관한 권한을 피고인에게 **'위임'하였다면** 그 이사들이 실제로 이사회에 참석하지도 않았는데 마치 참석하여 의결권을 행사한 것처럼 피고인이 이사회 회의록에 기재하였다 하더라도 이는 이른바 사문서의 무형위조에 해당할 따름이어서 처벌대상이 되지 아니한다.

8 [대판 82도1426] **[문서작성권한자의 지시 또는 승낙하에 그 서명을 대신한 경우]** 공문서의 위조라 함은 행사할 목적으로 공무원 또는 공무소의 문서를 정당한 작성권한 없는 자가 작성권한 있는 자의 명의로 작성하는 것을 말하므로, 공문서인 기안문서의 작성권한자가 직접 이에 서명하지 않고 **피고인에게 지시하여** 자기의 서명을 흉내내어 기안문서의 결재란에 대신 서명케 한 경우라면 피고인의 기안문서 작성행위는 작성권자의 지시 또는 승낙에 의한 것으로서 공문서위조죄의 구성요건해당성이 조각된다. **cf)** 부대장인 대령이 자신의 부하에게 진지 이전공사 문건에 대해 대신 서명케 한 사안이다.

문서'위조'를 긍정한 판례

9 [대판 2016도13912] **●판지●** 허위공문서작성죄의 주체는 문서를 작성할 권한이 있는 명의인인 공무원에 한하고 그 공무원의 문서작성을 보조하는 직무에 종사하는 공무원은 허위공문서작성죄의 주체가 될 수 없다. 따라서 (가) 보조 직무에 종사하는 공무원이 허위공문서를 기안하여 허위임을 모르는 작성권자의 결재를 받아 공문서를 완성한 때에는 허위공문서작성죄의 간접정범이 될 것이지만, (나) 이러한 결재를 거치지 않고 임의로 작성권자의 직인 등을 부정 사용함으로써 공문서를 완성한 때에는 공문서위조죄가 성립한다. 이는 공문서의 작성권한 없는 사람이 허위공문서를 기안하여 작성권자의 결재를 받지 않고 공문서를 완성한 경우에도 마찬가지이다. (다) 나아가 작성권자의 직인 등을 보관하는 담당자는 일반적으로 작성권자의 결재가 있는 때에 한하여 보관 중인 직인 등을 날인할 수 있을 뿐이다. 이러한 경우 다른 공무원 등이 작성권자의 결재를 받지 않고 직인 등을 보관하는 담당자를 기망하여 작성권자의 직인을 날인하도록 하여 공문서를 완성한 때에도 **공문서위조죄**가 성립한다. **●사실●** 피고인은 2007. 7. 1.경부터 2012. 6. 30.경까지 이 사건 전투비행단 체력단련장 관리사장으로 근무하면서 체력단련장 시설의 관리 · 운영 업무를 총괄하였다. …… 피고인이 허위의 내용이 기재된 이 사건 수정합의서를 기안하여 작성권자인 이 사건 전투비행단장의 결재를 받지 않고 이를 모르는 단장 명의 직인 담당자로부터 단장의 직인을 날인받아 이 사건 **수정합의서를 완성**한 행위는 형법 제225조에서 정한 공문서위조죄에 해당하고, 이러한 문서를 행사한 행위는 형법 제229조에서 정한 위조공문서행사죄에 해당한다고 보아야 한다.

10 [대판 2016도2081] **[사문서위조죄가 성립하기 위한 위조의 정도]** [1] 문서위조 및 동행사죄의 보호법익은 문서에 대한 공공의 신용이므로 '문서가 원본인지 여부'가 중요한 거래에서 문서의 **사본을 진정한 원본인 것처럼 행사할 목적**으로 다른 조작을 가함이 없이 문서의 원본을 그대로 컬러복사기로 복사한 후 복사한 문서의 사본을 원본인 것처럼 행사한 행위는 사문서위조죄 및 동행사죄에 해당한다. 또한 사문서위조죄는 명의자가 진정으로 작성한 문서로 볼 수 있을 정도의 형식과 외관을 갖추어 일반인이 명의자의 진정한 사

문서로 오신하기에 충분한 정도이면 성립한다. [2] 변호사인 피고인이 대량의 저작권법 위반 형사고소 사건을 수임하여 피고소인 30명을 각 형사고소하기 위하여 20건 또는 10건의 고소장을 개별적으로 수사관서에 제출하면서 각 하나의 고소위임장에만 소속 변호사회에서 발급받은 진정한 경유증표 원본을 첨부한 후 이를 일체로 하여 컬러복사기로 20장 또는 10장의 고소위임장을 각 복사한 다음 고소위임장과 일체로 복사한 경유증표를 고소장에 첨부하여 접수한 사안에서, 피고인의 행위가 사문서위조죄 및 동행사죄에 해당한다고 한 사례.

11 [대판 2010도9725] 甲 교회 목사인 피고인이 자신을 지지하는 일부 교인들과 甲 **교회를 탈퇴함으로써 대표자의 지위를 상실하였으므로**, 그 후 甲 교회 명의로 甲 교회 소유 부동산을 자신에게 매도하는 내용의 매매계약서를 작성하고 이를 행사한 행위는 사문서위조죄 및 위조사문서행사죄에 해당한다고 본 원심판단을 수긍한 사례.

12 [대판 2010도1835] 파기환송. [**본명 대신 '가명'이나 '위명'을 사용**하여 사문서를 작성한 경우] [1] 실제의 본명 대신 가명이나 위명을 사용하여 사문서를 작성한 경우에 (가) 그 문서의 작성명의인과 실제 작성자 사이에 **인격의 동일성**이 그대로 유지되는 때에는 위조가 되지 않으나, (나) **명의인과 작성자의 '인격이 상이'할 때에는 위조죄가 성립**할 수 있다. [2] 피고인이 다방 업주로부터 선불금을 받고 그 반환을 약속하는 내용의 현금보관증을 작성하면서 가명과 허위의 출생연도를 기재한 후 이를 교부한 행위가, 사문서위조죄 및 동행사죄에 해당하지 않는다고 본 원심판단에 법리오해의 위법이 있다고 한 사례.

13 [대판 2007도4812] [신탁자가 수탁자의 개별적 승낙 없이 수탁자 명의로 신탁재산의 처분에 필요한 서류를 작성하는 행위가 사문서위조·동행사죄를 구성하는 경우] (가) 신탁자에게 아무런 부담이 없이 재산이 수탁자에게 명의신탁된 경우에는 그 재산의 처분 기타 권한행사에 있어서는 수탁자가 자신의 명의사용을 포괄적으로 신탁자에게 허용하였다고 봄이 상당하므로, 신탁자가 수탁자 명의로 신탁재산의 처분에 필요한 서류를 작성함에 있어 수탁자로부터 개별적인 승낙을 받지 아니하였다 하더라도 사문서위조·동행사죄가 성립하지 아니하지만, (나) 수탁자가 명의신탁 받은 사실을 부인하면서 신탁재산이 수탁자 자신의 소유라고 주장하는 등으로 두 사람 사이에 신탁재산의 소유권에 관하여 다툼이 있는 경우에는 더 이상 신탁자가 그 재산의 처분 등과 관련하여 수탁자의 명의를 사용하는 것이 허용된다고 볼 수 없으며, 이는 수탁자가 명의신탁 받은 사실 자체를 부인하는 것은 아니더라도 신탁자의 신탁재산 **처분권한을 다투는** 등 신탁재산에 관한 처분이나 기타 권한행사에 있어서 신탁자에게 부여하였던 수탁자 명의사용에 대한 **포괄적 허용을 철회**한 것으로 볼 만한 사정이 있는 경우에도 마찬가지이다.

일반인이 진정한 문서로 오신하시 충분한 경우
14-1 [대판 2007도1674] [1] 사문서위조죄는 그 명의자가 진정으로 작성한 문서로 볼 수 있을 정도의 형식과 외관을 갖추어 일반인이 명의자의 진정한 사문서로 오신하기에 충분한 정도이면 성립하는 것이고, 반드시 그 작성명의자의 서명이나 날인이 있어야 하는 것은 아니다. [2] 차용증에 연대보증인의 이름과 주민등록번호 및 주소가 함께 적혀 있다면 **비록 날인이 없다고** 하더라도 일반인이 위 연대보증인 명의의 진정한 사문서로 오신하기에 충분하다고 본 사례.

14-2 [대판 2010도8361] 파기환송. 피고인이 다른 서류에 찍혀 있던 甲의 직인을 칼로 오려내어 풀로 붙

인 후 이를 복사하는 방법으로 甲 명의의 추천서와 경력증명서를 위조하고 이를 행사하였다고 하여 기소된 사안에서, 위 문서는 피고인이 직인을 오려붙인 흔적을 감추기 위하여 복사한 것으로서 일반적으로 문서가 갖추어야 할 형식을 다 구비하고 있고, 주의 깊게 관찰하지 아니하면 외관에 비정상적인 부분이 있음을 알아차리기가 어려울 정도이므로, 일반인이 명의자의 진정한 사문서로 오신하기에 충분한 정도의 형식과 외관을 갖추었다고 한 사례.

15 [대판 2004도6483] 주취운전자 적발보고서 및 주취운전자 정황진술보고서의 각 운전자란에 타인의 서명을 한 다음 이를 경찰관에게 제출한 것은 사문서위조 및 동행사죄에 해당한다.

기망에 의한 위조
16-1 [대판 2000도778] 파기환송. 피고인이 이 사건 정기문중총회 회의록을 임의로 작성하고는 종중원들을 찾아다니면서 서명, 날인을 받았는데, 이 때 종중원들에게 이 사건 임야의 등기, 매도권한을 피고인에게 일임하고 매도금액 3분의 1을 문중에 반납하고 나머지를 피고인에게 소송대행비용으로 준다는 위 회의록의 내용 등에 관하여 제대로 알려 주지 아니한 채, 단지 이 사건 임야에 관하여 문중 명의로 소유권이전등기를 하는 데 필요하다는 정도로만 얘기하면서 서명, 날인을 받은 사실을 인정한 다음, 문서명의자인 문중원들이 자신의 의사로 직접 서명, 날인을 한 이상 피고인의 묵비나 기망으로 인하여 종중원들이 총회록의 내용을 오해하였다고 하여 위조가 되는 것은 아니며, **피고인이 문중원들을 생명있는 도구로 이용하여 범행을 한 것**이라고 볼 수도 없다는 이유로, 피고인에 대한 이 사건 공소사실 중 사문서위조 및 동행사의 점에 대하여 무죄를 선고한 제1심판결을 그대로 유지하고 있다. 그러나 원심의 위와 같은 판단은 수긍하기 어렵다. 왜냐하면, **명의인을 기망하여 문서를 작성케 하는 경우는** 서명, 날인이 정당히 성립된 경우에도 기망자는 명의인을 이용하여 서명 날인자의 의사에 반하는 문서를 작성케 하는 것이므로 사문서위조죄가 성립한다고 할 것이다. cf) 대상판결에서와 같이 문서의 작성에는 작성자가 자필로 작성할 필요는 없고, 명의인의 착각을 이용하여 명의인으로 하여금 진의에 반하는 문서를 작성·서명하도록 하는 것과 같이 **간접정범에 의한 위조**도 가능하다.

16-2 [비교판례] [대판 2000도938] [공무원 아닌 자가 관공서에 허위내용의 증명원을 제출하여 그 정을 모르는 공무원으로부터 그 증명원 내용과 같은 증명서를 발급받은 경우, **공문서위조죄의 간접정범**이 성립하는지 여부(소극)] 어느 문서의 작성권한을 갖는 공무원이 그 문서의 기재 사항을 인식하고 그 문서를 작성할 의사로써 이에 서명날인하였다면, 설령 그 서명날인이 타인의 기망으로 착오에 빠진 결과 그 문서의 기재사항이 진실에 반함을 알지 못한 데 기인한다고 하여도, 그 문서의 성립은 진정하며 여기에 하등 작성명의를 모용한 사실이 있다고 할 수는 없으므로, 공무원 아닌 자가 관공서에 허위 내용의 증명원을 제출하여 그 내용이 허위인 정을 모르는 담당공무원으로부터 그 증명원 내용과 같은 증명서를 발급받은 경우 공문서위조죄의 간접정범으로 의율할 수는 없다.

17 [대판 96도2234] [문서기안자가 작성권한자의 결재 없이 문서를 작성한 경우, 사문서위조죄의 성부(적극)] 문서를 작성할 권한을 위임받지 아니한 문서기안자가 문서 작성권한을 가진 사람의 결재를 받은 바 없이 권한을 초과하여 문서를 작성하였다면 이는 사문서위조죄가 된다.

18 [대판 96도424] 공문서 작성권자로부터 일정한 요건이 구비되었는지 여부를 심사하여 그 요건이 구

비되었음이 확인될 경우에 한하여 작성권자의 직인을 사용하여 작성권자 명의의 공문서를 작성하라는 포괄적인 권한을 수여받은 업무보조자인 공무원이, **그 위임의 취지에 반하여** 공문서 용지에 허위내용을 기재하고 그 위에 보관하고 있던 작성권자의 직인을 날인하였다면, 그 업무보조자인 공무원에게 공문서위조죄가 성립할 것이고, 그에게 위와 같은 행위를 하도록 지시한 중간결재자인 공무원도 공문서위조죄의 공범으로서의 책임을 면할 수 없다.

위조의 정도

19-1 [대판 92도2226] [1] 일반인으로 하여금 공무원 또는 공무소의 권한 내에서 작성된 문서라고 믿을 수 있는 **형식과 외관을 구비한 문서를 작성하면 공문서위조죄가 성립**한다. [2] 피고인이 "입금통보서"라는 제목으로 "정보사령부 부지 매각 약정대금조의 일부로 국방부 시설국장 보좌관 홍O식의 은행구좌로 금 3억 원이 입금됨에 따라 피고인, 김기완 간의 약정은 확정되었고 1991.3.9. 이를 공고키로 하였음을 통보한다"는 내용의 문서를 작성하고 그 말미에 "국방부 시설국장 보좌관 홍O식"이라고 타자한 후 직책과 이름이 각인된 고무명판 및 원형직인과 홍O식의 인장을 날인한 행위를 공문서위조죄로 인정한 원심의 조치는 정당하다.

19-2 [비교판례] [대판 92도699] [위조 행사하였다는 출근통지서가 외견상 공무소 또는 공무원이 그 직무권한 내에서 작성한 공문서라고 보기 어려울 정도로 공문서로서의 형식과 외관을 갖추지 못하였다고 본 사례] 위조 행사하였다는 출근통지서는 타자용지에 타자기로 작성한 것으로 그 두문에 발신기관명이 기재되어 있지 않고, 그 작성명의도 공무소인 시청이나 공무원인 그 시장 또는 보조기관인 A과장으로 되어 있지 않고 말단에 A과로만 기재되어 있어 본문의 내용을 읽어 보지 않고는 어느 기관의 A과인지 선뜻 알아볼 수 없게 되어 있고, 위 "A과"라는 기재 부분 옆에는 직인이나 관인이 아닌 공소외인의 사인이 찍혀 있어 그 외관이 공문서라고 보기 어려울 정도로 **극히 조악**하고, 그 본문에 있어서도 출근통지라는 매우 이례적인 내용을 담고 있는 점 등을 종합 고찰하여 보면, 위 출근통지서는 외견상으로도 공무소 또는 공무원이 그 직무권한 내에서 작성한 **공문서라고 보기 어려울 정도로 공문서로서의 외관과 형식을 갖추지 못하였다**고 한 사례.

19-3 [비교판례] [대판 2019도8443] 파기환송. 중국인인 피고인이 콘도미니엄 입주민들의 모임인 갑 시설운영위원회의 대표로 선출된 후 갑 위원회가 대한민국 정부 기관에서 실체를 인정받아 직인이 등록되고 자신은 단체 대표로 인증을 받았다는 등 갑 위원회가 대표성을 갖춘 단체라는 외양을 작출할 목적으로, 주민센터에서 가져온 행정용 봉투의 좌측 상단에 미리 제작해 둔 갑 위원회 한자 직인과 한글 직인을 날인한 다음 주민센터에서 발급받은 피고인의 인감증명서 중앙에 있는 '용도'란 부분에 이를 오려 붙이는 방법으로 인감증명서 1매를 작성하고, 이를 휴대전화로 촬영한 사진 파일을 갑 위원회에 가입한 입주민들이 참여하는 메신저 단체대화방에 게재하였다고 하여 공문서위조 및 위조공문서행사로 기소된 사안에서, (가) **위조 여부**, 즉 공문서의 형식과 외관을 갖추었는지는 피고인이 만든 문서를 기준으로, 그리고 (나) **평균 수준의 사리분별력을 갖는 일반인을 기준으로 판단**하여야 하고, (다) 피고인이 행사의 상대방으로 구체적으로 예정한 사람을 판단의 기준으로 삼을 수 없으므로, (라) 피고인이 만든 문서 자체를 평균 수준의 사리분별력을 갖춘 일반인이 보았을 때 진정한 문서로 오신할 만한 공문서의 외관과 형식을 갖추었다고 볼 수 있는지를 판단해야 하는데, (마) 피고인이 만든 문서의 용도란은 인감증명서의 다른 부분과 재질과 색깔이 다른 종이가 붙어 있음이 눈에 띄고, 글자색과 활자체도 다르며, 인감증명서의 피고인 인감은 검정색인 반면 피고인이 용도란에 날인한 한자 직인과 한글 직인은 모두 붉은색이어서 (바) **평균 수준의 사리분별력을 갖는 사람이 조금만 주의를 기울여 살펴보면** 피고인이 만든 문서는 공무원 또는 공무소가 갑 위원회를 등록된 단

체라거나 피고인이 위 단체의 대표임을 증명하기 위해 작성한 문서가 아님을 쉽게 알아볼 수 있는 점 등을 종합하면, 피고인이 만든 문서가 **공문서로서의 외관과 형식을 갖추었다고 인정하기 어렵고**, 공문서위조죄가 성립한다고 보기 어려운 이상 이를 사진촬영한 파일을 단체대화방에 게재한 행위가 위조공문서행사죄에 해당할 수도 없다.

20 [대판 91도2815] [백지 문서에 날인한 자의 의사에 반한 문서작성과 사문서위조죄] 다른 곳의 토지에 분묘를 소유하고 있는 피해자에게 피고인이 신청한 골재채취장과는 멀리 떨어져 있어 토석채취를 한다고 하여도 피해가 없으니 동의해 달라고 말하여 백지의 동의서 양식에 인감도장을 날인하게 한 다음, 행사할 목적으로 그 동의서에 피해자의 의사에 반하여 분묘 소재지를 위 골재채취장 주변의 토지로 기재하였다면 피고인이 작성한 피해자 작성명의 동의서는 피해자가 동의서의 양식에 인감도장을 날인하면서 그 공란을 기재하도록 승낙한 내용과 다른 것이고, 위 동의서의 공란을 기재하여 완성하도록 **승낙한 취지에도 어긋나는 것이어서** 피고인은 피해자가 승낙한 문서 아닌 문서를 작성한 셈이 되고, 피해자의 의사에 반한 내용의 동의서를 작성한 것이 되어 사문서를 위조한 경우에 해당한다고 보아야 할 것이고, 그 동의서에 미리 날인받은 피해자의 인영이 진정한 것이었다고 하여 이것만 가지고 사문서를 위조한 것이 아니라고 할 수 없다.

21 [대판 91도1610] 피고인이 행사할 목적으로 **타인의 주민등록증에 붙어있는 사진을 떼어내고 그 자리에 피고인의 사진을 붙였다면** 이는 기존 공문서의 본질적 또는 중요 부분에 변경을 가하여 새로운 증명력을 가지는 별개의 공문서를 작성한 경우에 해당하므로 공문서위조죄를 구성한다.

22 [대판 87도1443] 일반인으로 하여금 공무원 또는 공무소의 권한내에서 작성된 문서라고 믿을 수 있는 형식과 외관을 구비한 문서를 작성하면 공문서위조죄가 성립되므로, 피고인이 국립경찰병원장 명의의 진단서에 직인과 계인을 날인하고 환자의 성명과 병명 및 향후치료소견을 기재하였다면 비록 진단서 발행번호나 의사의 서명날인이 없더라도 이는 **공문서로서 형식과 외관을 구비**하였으므로 공문서위조죄가 성립한다.

작성권한 없는 자의 명의모용으로 인한 사문서위조
23-1 [대판 87도399] [일방적인 혼인신고서 작성행위] 혼인신고 당시에는 피해자가 피고인과의 동거관계를 청산하고 피고인을 만나주지 아니하는 등으로 피하여 왔다면 당초에는 피해자와 사실혼 관계에 있었고 또 피해자에게 혼인의 의사가 있었다 하더라도 위 혼인신고 당시에는 그 혼인의사가 철회되었다고 보아야 할 것이므로 피고인이 일방적으로 혼인신고서를 작성하여 혼인신고를 한 소위는 설사 혼인신고서 용지에 피해자 도장이 미리 찍혀 있다 하더라도 사문서 위조 기타 관계법조의 범죄에 해당한다 할 것이다.

23-2 [대판 2006도9425] 수탁자가 신탁받은 채권을 자신이 신탁자로부터 증여받았을 뿐 명의신탁받은 것이 아니라고 주장하는 상황에서, 신탁자의 상속인이 **수탁자의 동의를 받지 아니하고** 그 명의의 채권이전등록청구서를 작성·행사한 행위가 사문서위조 및 위조사문서행사죄에 해당한다.

24 [대판 83도2408] 피고인(갑)이 공소외(을)과의 동업계약에 따라 (갑)의 명의로 변경하기 위하여 (을)의 인장이 날인된 백지의 건축주명의변경신청서를 받아 보관하고 있던 중 그 **위임의 취지에 반하여** 피고인(병) 앞으로 건축주명의를 변경하는 건축주명의변경신청서를 작성하여 구청에 제출하였다면 사문서위조 및 그 행사죄가 성립한다.

25 [대판 83도154] [성적증명서를 교감의 대결로 부정발급한 경우 사문서위조죄의 성부(적극)] 사문서위조죄에 있어서 위조라는 것은 타인명의의 문서를 **권한없이 작성**하는 것이라고 할 것인바, 학교 성적증명서 작성에 있어서 그 작성권자는 그 학교의 교장일 뿐 교감이 아님이 명백하고 성적증명서의 발급은 교장의 전결사항인데 교장의 부재시 교감이 대결하였을 경우에는 그 부재중 교감이 성적증명서의 발급을 대결할 수 있는지의 여부를 가려보아야 하고 대결할 수 있는 위임이 있었다 하더라도 부정한 행사는 그 위임의 본지에 반하는 것이라 할 것이므로 이는 결국 권한없는 자의 결재에 의한 성적증명서의 작성이 되므로 사문서위조죄에 해당된다고 할 것이다.

26 [대판 82도2023] **위탁된 권한을 초월**하여 위탁자 명의의 문서를 작성하거나 위탁자의 서명날인이 정당하게 성립한 때라 하더라도 그 서명날인자의 의사에 반하는 문서를 작성한 경우에는 사문서위조죄가 성립한다 할 것이므로 피고인이 공소외 (갑)으로부터 금 75,000,000원의 차용 위탁을 받고 백지의 대출신청서 및 영수증에 동인의 날인을 받은 연후에 차용금액을 금 150,000,000원으로 기입하여 공소외 (갑) 명의의 대출신청서 및 영수증을 작성하였다면 문서위조죄가 성립한다.

27 [대판 80도2126] 유효기간이 경과하여 무효가 된 공문서상에 '정정의 경우에는 무효로 한다'는 기재가 있다고 하더라도 이는 작성권한 없는 자의 정정을 무효로 한다는 취지로 보아야 할 것이므로 **권한없는 자가 그 유효기간과 발행일자를 정정**하고 그 부분에 작성권한 있는 자의 직인을 압날하여 공문서를 작성하였다면 이는 형식과 외관에 의하여 효력이 있는 공문서를 위조한 것이 된다.

28 [대판 74도2035] **위탁된 권한을 초월**하여 위탁자 명의의 문서를 작성하거나 타인의 서명날인이 정당히 성립된 경우라 하더라도 그 서명날인자의 의사에 반하는 문서를 작성한 경우에는 사문서 위조죄가 성립한다.

Reference 2

문서의 '변조'와 관련된 판례

1 [대판 2018도19043] 파기환송. 피고인이 인터넷을 통하여 열람·출력한 등기사항전부증명서 하단의 열람 일시 부분을 수정 테이프로 지우고 복사해 두었다가 이를 타인에게 교부하여 공문서변조 및 변조공문서행사로 기소된 사안에서, 등기사항전부증명서의 열람 일시는 등기부상 권리관계의 기준 일시를 나타내는 역할을 하는 것으로서 권리관계나 사실관계의 증명에서 중요한 부분에 해당하고, 열람 일시의 기재가 있어 그 일시를 기준으로 한 부동산의 권리관계를 증명하는 등기사항전부증명서와 열람 일시의 기재가 없어 부동산의 권리관계를 증명하는 기준 시점이 표시되지 않은 등기사항전부증명서 사이에는 증명하는 사실이나 증명력에 분명한 차이가 있는 점, 법률가나 관련 분야의 전문가가 아닌 평균인 수준의 사리분별력을 갖는 일반인의 관점에서 볼 때 그 등기사항전부증명서가 조금만 주의를 기울여 살펴보기만 해도 그 열람 일시가 삭제된 것임을 쉽게 알아볼 수 있을 정도로 공문서로서의 형식과 외관을 갖추지 못했다고 보기 어려운 점을 종합하면, 피고인이 **등기사항전부증명서의 '열람 일시'를 삭제하여 복사한 행위**는 등기사항전부증명서가 나타내는 권리·사실관계와 다른 새로운 증명력을 가진 문서를 만든 것에 해당하고 그로 인하여 **공공적 신용을 해할 위험성도 발생**하였다는 이유로, 이와 달리 본 원심판결에 공문서변조에 관한 법리오해의 잘못이 있다.

2 [대판 2016도20954] [이사가 이사회 회의록에 서명 대신 서명거부사유를 기재하고 그에 대한 서명을 하였는데 이사회 회의록의 작성권한자인 이사장이 임의로 이를 삭제한 경우, 사문서변조에 해당하는지 여부(원칙적 적극)] 이사회 회의록에 관한 이사의 서명권한에는 서명거부사유를 기재하고 그에 대해 서명할 권한이 포함된다. 이사가 이사회 회의록에 서명함에 있어 이사장이나 다른 이사들의 동의를 받을 필요가 없는 이상 서명거부사유를 기재하고 그에 대한 서명을 함에 있어서도 이사장 등의 동의가 필요 없다고 보아야 한다. 따라서 이사가 이사회 회의록에 서명 대신 서명거부사유를 기재하고 그에 대한 서명을 하면, **특별한 사정이 없는 한 그 내용은 이사회 회의록의 일부가 되고,** 이사회 회의록의 작성권한자인 이사장이라 하더라도 임의로 이를 삭제한 경우에는 이사회 회의록 내용에 변경을 가하여 새로운 증명력을 가져오게 되므로 사문서변조에 해당한다.

3 [대판 2016도5218] 최종 결재권자를 보조하여 문서의 기안업무를 담당한 공무원이 이미 결재를 받아 완성된 공문서에 대하여 적법한 절차를 밟지 않고 그 내용을 변경한 경우에도 특별한 사정이 없는 한 공문서변조죄가 성립한다.

4 [대판 2014도14924] [사문서변조죄의 성립요건 및 이미 진정하게 성립된 타인 명의의 문서가 존재하지 않는 경우, 사문서변조죄가 성립하는지 여부(소극)] 사문서변조죄는 ㉠ 권한 없는 자가 ㉡ 이미 진정하게 성립된 타인 명의의 문서 내용에 대하여 ㉢ 동일성을 해하지 않을 정도로 변경을 가하여 새로운 증명력을 작출케 함으로써 ㉣ 공공적 신용을 해할 위험성이 있을 때 성립한다. 따라서 이미 진정하게 성립된 타인 명의의 문서가 존재하지 않는다면 사문서변조죄가 성립할 수 없다.

5 [대판 2010도14587] 파기환송. [사문서변조죄의 성립 요건] [1] 사문서변조죄는 권한 없는 자가 **이미 진정하게 성립된** 타인 명의의 문서내용에 대하여 동일성을 해하지 않을 정도로 변경을 가하여 새로운 증명력을 작출케 함으로써 공공적 신용을 해할 위험성이 있을 때 성립한다. [2] 사문서의 위변조죄는 작성권한 없는 자가 타인 명의를 모용하여 문서를 작성하는 것을 말하므로 사문서를 작성·수정할 때 (가) 명의자의 명시적이거나 묵시적인 승낙이 있었다면 사문서의 위·변조죄에 해당하지 않고, 한편 (나) 행위 당시 명의자의 현실적인 승낙은 없었지만 행위 당시의 모든 객관적 사정을 종합하여 명의자가 행위 당시 그 사실을 알았다면 당연히 승낙했을 것이라고 추정되는 경우 역시 사문서의 위·변조죄가 성립하지 않는다고 할 것이나, (다) 명의자의 명시적인 승낙이나 동의가 없다는 것을 알고 있으면서도 명의자가 문서작성 사실을 알았다면 승낙하였을 것이라고 기대하거나 예측한 것만으로는 그 승낙이 추정된다고 단정할 수 없다. [3] 피고인이 행사할 목적으로 권한 없이 甲 은행 발행의 피고인 명의 예금통장 기장내용 중 특정 일자에 乙 주식회사로부터 지급받은 월급여의 **입금자 부분을 화이트테이프로 지우고** 복사하여 통장 1매를 변조한 후 그 통장사본을 법원에 증거로 제출하여 행사하였다는 내용으로 기소된 사안에서, 관련 민사소송에서 피고인이 언제부터 乙 회사에서 급여를 받았는지가 중요한 사항이었는데 2006.4.25.자 입금자 명의를 가리고 복사하여 이를 증거로 제출함으로써 2006.5.25.부터 乙 회사에서 급여를 수령하였다는 새로운 증명력이 작출되었으므로 공공적 신용을 해할 위험성이 있었다고 볼 수 있고, 제반 사정을 종합할 때 통장 명의자인 甲 은행장이 행위 당시 그러한 사실을 알았다면 이를 당연히 승낙했을 것으로 추정된다고 볼 수 없으며, 피고인이 쟁점이 되는 부분을 가리고 복사함으로써 문서내용에 변경을 가하고 증거자료로 제출한 이상 사문서변조 및 동행사의 고의가 없었다고 할 수 없는데도, 이와 달리 보아 피고인에게 무죄를 인정한 원심판

결에 사문서변조 및 동행사죄에 관한 법리오해의 위법이 있다.

6 [대판 2006도7777] [1] 법원이 이혼의사확인서등본 뒤에 이혼신고서를 첨부하고 간인하여 교부하였는데 당사자가 이를 떼어내고 다른 내용의 이혼신고서를 붙여 호적관서에 제출한 경우, 공문서인 이혼의사확인서등본을 변조하였다거나 변조된 이혼의사확인서등본을 행사하였다고 할 수 없다. [2] 구 호적법 (2007.5.17. 법률 제8435호로 폐지) 제79조 제1항 및 구 호적법 시행규칙(2007.11.28. 대법원규칙 제2119호로 폐지) 등을 종합하여 볼 때, 가정법원의 서기관 등이 이혼의사확인서등본을 작성한 뒤 이를 이혼의사확인신청 당사자 쌍방에게 교부하면서 이혼신고서를 확인서등본 뒤에 첨부하여 그 직인을 간인하였다고 하더라도, 그러한 사정만으로 이혼신고서가 공문서인 이혼의사확인서등본의 일부가 되었다고 볼 수 없다.

7 [대판 2002도7339] [공문서의 일부만을 복사한 행위가 공문서변조죄에 해당되지 않는다고 한 사례] 공문서변조죄는 권한 없는 자가 공무소 또는 공무원이 이미 작성한 문서내용에 대하여 동일성을 해하지 않을 정도로 변경을 가하여 새로운 증명력을 작출케 함으로써 공공적 신용을 해할 **위험성이 있을 때 성립한다**고 할 것이다. …… 피고인이 이 사건 내사결과보고서를 복사하면서 표지를 제외하고 '건의'부분을 가린 채 복사하였다고 하여도 이를 기존 공문서에 새로운 증명력을 작출하는 행위로 볼 수 없다고 판단하여 피고인에 대한 공문서변조, 동행사의 점에 대하여 무죄를 선고하였다. 원심의 위와 같은 인정과 판단은 앞서 본 법리에 따른 것으로 정당하다.

8 [대판 2000도3033] 인낙조서(認諾調書)에 첨부되어 있는 도면 및 그 사본에 임의로 그은 점선은 인낙조서 본문이나 도면에서 **그에 대한 설명이 없는 이상** 특정한 의미 내용을 갖지 아니한 단순한 도형에 불과하여 그 자체로서 새로운 증명력이 작출케 된다고 할 수 없다는 이유로 그와 같은 점선을 그은 행위가 문서의 손괴에 해당할 수 있음은 별론으로 하고, 공도화로서의 공공적 신용을 해할 위험이 있는 공도화변조죄에 해당한다고 할 수 없다.

9 [대판 86도1984] [허위로 작성된 공문서도 공문서변조죄의 객체가 되는지 여부] 공문서변조라 함은 권한없이 이미 진정하게 성립된 공무원 또는 공무소명의의 문서내용에 대하여 그 동일성을 해하지 아니할 정도로 변경을 가하는 것을 말한다 할 것이므로 **'이미 허위'로 작성된 공문서**는 형법 제225조 소정의 **공문서변조죄의 객체가 되지 아니한다.**

10 [대판 94도1112] [공문서 기안담당자가 적법한 절차를 거침이 없이 임의로 결재된 원문서에 누락사실을 추가기재한 경우, 문서변조의 범의를 인정한 사례] 최종 결재권자를 보조하는 기안담당자가 토지가격 감정의뢰서에 첨부된 재산명세서상에 일부 기재가 누락된 토지가 있었으나 그 감정의뢰에 따른 감정을 하는 과정에서 그 누락사실이 발견되어 감정평가사가 그 토지까지 감정하여 작성한 감정평가서를 송부하여 오자, 사후에 이를 일치시킨다는 생각에서 위 재산명세서상에 그 누락된 토지들을 추가기재하였더라도 그 과정에서 **적법한 절차를 거침이 없이 임의로 결재된 원문서에 없는 사항을 추가기재한 이상** 그러한 행위에 대하여는 **공문서변조**의 범의를 인정하기에 충분하고, 감정의뢰서에 누락된 토지에 대한 감정까지 하여 작성한 감정평가서에 대하여 위 감정의뢰서 작성명의자인 최종 결재권자의 결재가 있었다고 하여 이로써 위 감정의뢰서 추가기재 행위에 대하여 작성명의자의 승낙이 있었다고 볼 수 없다.

11 **[대판 96도1862]** [재산세 과세대장의 작성 권한이 있던 자가 **인사이동되어 그 권한이 없어진 후** 그 기재내용을 변경한 경우, 공문서변조죄에 해당한다고 한 사례] 피고인은 1992. 4. 21.경부터 1993. 11. 30.경까지 사이에 지방세무주사보로서 대구 북구청 세무과에서 부동산 취득세의 과세 및 징수업무 등에 종사하던 중 1993. 5. 20. 위 북구청 사무실에서 대구 소재 토지 159㎡를 취득한 갑으로부터 취득세 955,200원을 수령한 다음 위 토지에 대한 재산세 과세대장의 변동사항 기록 확인란에 "93. 5. 20. 신납"이라고 기재한 후 위 취득세를 횡령하였다가 1994. 11.하순경 위 취득세 횡령사실을 은폐하기 위하여 행사할 목적으로 위 재산세 과세대장 변동사항 기록 확인란의 "93. 5. 20. 신납"이라는 기재를 한 줄로 그어 버리고 그 옆에 "94. 11. 30. 납기"라고 기재하였는데, 피고인이 위와 같이 정정할 당시에는 인사이동되어 위 과세대장의 작성권한이 없었다는 것이므로, 피고인의 위와 같은 행위는 공문서변조죄에 해당한다 할 것이고, 피고인이 자신의 취득세 횡령행위를 은폐하기 위하여 위와 같이 정정한 행위를 가리켜 권한의 위임에 따른 것이라거나 사회상규에 위배되지 아니하는 정당한 행위라고는 할 수 없는 것이며, 나아가 피고인이 위 갑으로부터 취득세를 수납한 이상 위 재산세 과세대장에 "93. 5. 20. 신납"이라고 기재한 것을 허위라고 할 수 없으므로 그것이 허위임을 전제로 피고인이 이를 "94. 11. 30. 납기"라고 정정한 행위는 공문서변조죄가 되지 않는다고 할 수 없다. cf) 공문서 위조·변조는 일반적으로 공무원 아닌 사람이 행위주체가 될 것이지만 대상판결에서 '공무원'인 경우도 행위주체가 될 수 있음을 보여주고 있다. 공무원인 경우에도 자기의 직무권한 밖의 문서를 위조 또는 변조를 하면 공무서위조·변조는 성립한다.

12 **[대판 84도2422]** 사문서변조에 있어서 그 변조 당시 명의인의 명시적, 묵시적 승락없이 한 것이면 변조된 문서가 명의인에게 유리하여 결과적으로 그 의사에 합치한다 하더라도 사문서변조죄의 구성요건을 충족한다.

13 **[대판 77도1736]** [1] 문서에 2인 이상의 작성명의인이 있는 때에 그 명의자의 한사람이 타명의자와 합의 없이 행사할 목적으로 그 문서의 내용을 변경하였을 때는 사문서변조죄가 성립된다. [2] 공소외 B이 매도인이고 피고인과 공소외 C가 공동매수인이 된 본건 부동산 매매계약서 2통을 1974.10.20 작성하여 그중 1통을 피고인이 소지함을 기화로 1974.10하순경 그 소지 중인 계약서의 좌단난외에 '전기 부동산에 대한 제3자에 대여한 전세계약은 을등(매수인등)이 승계하고 전세금반환의무를 부하기로 함'이라고 권한없이 기필하고 그밑에 피고인의 인장을 날인하여 행사의 목적으로 권리의무에 관한 타인의사문서인 부동산매매계약서 1매를 변조하였다.

104 대표 또는 대리권의 남용과 자격모용사문서작성죄의 성부

* 대법원 2007. 10. 11. 선고 2007도5838 판결
* 참조조문: 형법 제232조3)

대표 또는 대리명의로 문서를 작성할 권한을 가진 자가 이를 남용하여 문서를 작성한 경우, 자격모용사문서작성죄가 성립하는가?

●**사실**● 피고인 X는 A와 B로부터 Y가 대표자이던 문중 소유의 토지를 3억 5천만 원의 범위 내에서 매수할 권한을 위임받았다. 이에 따라 X는 위 문중을 대표하는 Y와 이 토지를 대금 3억 5천만 원으로 하는 매매계약을 체결하였다. 그러나 사실, X와 Y는 공모하여 매수인인 A 등에게는 위 매매대금을 3억 원, 위 문중에게는 매매대금이 2억 5천만 원이라고 속여 그 차액 5천만 원은 X가 소개비 등의 명목으로 착복하고, Y 역시 문중 운영의 경비 등의 명목으로 그 차액 5천만 원을 착복하기 위하여 대금 3억 5천만 원의 매매계약서 이외에 별도로 대금 2억 5천만 원의 이 사건 매매계약서를 작성하였다. 검사는 피고인들을 자격모용사문서작성죄로 기소하였다. 원심은 피고인들에게 모두 무죄를 선고하였다. 이에 검사가 상고하였다.

●**판지**● 상고기각. 「[1] 자격모용 사문서작성죄를 구성하는지 여부는 그 문서를 작성함에 있어 타인의 자격을 모용하였는지 아닌지의 형식에 의하여 결정하여야 하고, 그 문서의 내용이 진실한지 아닌지는 이에 아무런 영향을 미칠 수 없으므로, 타인의 대표자 또는 대리자가 그 대표 또는 대리명의로 문서를 **작성할 권한을 가지는 경우에 그 지위를 남용하여 단순히 자기 또는 제3자의 이익을 도모할 목적으로 문서를 작성하였다 하더라도 자격모용 사문서작성죄는 성립하지 아니한다.**
[2] 토지매수권한을 위임받은 대리인이 매도인측 대표자와 공모하여 매매대금 일부를 착복하기로 하고 위임받은 특정 매매금액보다 낮은 금액을 허위로 기재한 매매계약서를 작성한 경우, 자격모용 사문서작성죄를 구성하지 않는다」.

●**해설**● 1 대상판결은 X·Y의 행위가 자격모용에 의한 사문서작성죄에 해당되는지가 다투어진 사안이다. 자격모용에 의한 문서작성죄는 정당한 대표권이나 대리권이 없는 자가 마치 대표권이나 대리권이 있는 것처럼 가장하여 타인의 자격을 모용하여 문서를 작성하는 경우에 성립한다. 자격모용 사문서작성죄를 구성하는지 여부는 그 문서를 작성함에 있어 타인의 자격을 모용하였는지 아닌지의 형식에 의하여 결정하여야 하고, 그 문서의 내용이 진실한지 아닌지는 이에 아무런 영향을 미칠 수 없다(대판 2007도5838, Ref 6).

2 자격모용에 의한 사문서작성죄는 문서위조죄와 마찬가지로 문서의 진정에 대한 **공공의 신용을 그 보호법익**으로 한다. 따라서 행사할 목적으로 타인의 자격을 모용하여 작성된 문서가 일반인으로 하여금 당해 명의인의 권한 내에서 작성된 문서라고 믿게 할 수 있는 정도의 형식과 외관을 갖추고 있으면 성립한다. 예를 들어 대표자 또는 대리인의 자격으로 임대차 등 계약을 하는 경우「그 자격을 표시하는 방법에는 특별한 규정이 없다. 피고인 자신을 위한 행위가 아니고 작성명의인을 위하여 법률행위를 한다는

---

3) 형법 제232조(자격모용에 의한 사문서의 작성) 행사할 목적으로 **타인의 자격을 모용**하여 권리·의무 또는 사실 증명에 관한 문서 또는 도화를 작성한 자는 5년 이하의 징역 또는 1천만원 이하의 벌금에 처한다.

것을 인식할 수 있을 정도의 표시가 있으면 대표 또는 대리관계의 표시로서 충분하다」(대판 2017도14560, Ref 1-1).

3 한편 자격모용에 의한 사문서작성죄에서의 **'타인'**에는 「자연인뿐만 아니라 법인, 법인격 없는 단체를 비롯하여 거래관계에서 독립한 사회적 지위를 갖고 활동하고 있는 존재로 취급될 수 있으면 여기에 해당된다」(대판 2007도9606, Ref 4).

4 대상사안에서 X는 매수인인 A 등으로부터 위 토지를 3억 5천만 원의 범위 내에서 **매수할 대리권을 수여**받은 이상, 위 금액 범위 내에서 이 사건 토지를 매수하거나 매매계약서를 작성할 권한이 있다. 따라서 설령 실제로 매수한 금액이 3억 5천만 원임에도 이와 별도로 2억 5천만 원으로 하는 허위 내용의 매매계약서를 마음대로 작성하였다고 하더라도, 이를 가지고 타인의 자격을 모용하여 문서를 작성한 것이라고 말할 수는 없을 것이다.

5 나아가 X는 A 등을, Y는 위 문중을 각각 속여 위 매매대금 중의 일부를 착복하는 등 자신들의 이익을 도모할 목적으로 이 사건 매매계약서를 작성함으로써 그것이 사기죄 내지 횡령죄의 수단으로 이용될 수 있다고 하더라도, 이는 사기죄 내지 횡령죄가 성립되는 것은 별론으로 하고(이 사건에서는 이 부분에 대하여는 기소조차 되지 않았다), 자격모용사문서작성죄의 성립 여부에 대하여는 아무런 영향을 미치지 않는다고 봄이 옳다.

6 한편 **권한의 '초과'와 '남용'**과 관련하여 문서위조죄를 구성하는지의 여부는 ① 「타인의 대표자 또는 대리자가 그 대표명의 또는 대리명의를 써서 또는 직접 본인의 명의를 사용하여 문서를 **작성할 권한을 가지는 경우에 그 지위를 남용**하여 단순히 자기 또는 제3자의 이익을 도모할 목적으로 마음대로 문서를 작성한 때라고 할지라도 **문서위조죄는 성립하지 아니한다**」(대판 83도332). ② 다만 「**위탁된 권한을 초월**하여 위탁자 명의의 문서를 작성하거나 타인의 서명날인이 정당히 성립된 경우라 하더라도 그 서명날인자의 의사에 반하는 문서를 작성한 경우에는 **사문서 위조죄가 성립한다**」(대판 74도2035).

Reference

'자격모용'과 관련된 판례

1-1 [대판 2017도14560] 파기환송. [자격모용에 의한 사문서작성죄의 성립에 필요한 대표 또는 대리관계의 표시 정도 및 판단 방법] [1] 대표자 또는 대리인의 자격으로 임대차 등 계약을 하는 경우 그 자격을 표시하는 방법에는 특별한 규정이 없다. 피고인 자신을 위한 행위가 아니고 **작성명의인을 위하여 법률행위를 한다는 것을 인식할 수 있을 정도의 표시가 있으면 대표 또는 대리관계의 표시로서 충분하다.** 일반인이 명의인의 권한 내에서 작성된 문서로 믿게 하기에 충분한 정도인지는 문서의 형식과 외관은 물론 문서의 작성 경위, 종류, 내용과 거래에서 문서가 가지는 기능 등 여러 사정을 종합하여 판단해야 한다. [2] 피고인이 갑 주식회사 소유의 오피스텔에 대한 분양대행 권한을 가지게 되었을 뿐 갑 회사의 동의 없이 오피스텔을 임대할 권한이 없는데도 임차인들과 임대차계약을 체결하면서 갑 회사가 분양사업을 위해 만든 을 회사 명의로 계약서를 작성·교부하였는데, **임대차계약서에는 임대인 성명이 '을 회사(피고인)'로 기재**되어 대표자 또는

대리인의 **자격 표시가 없고 또 피고인의 개인 도장이 찍혀있는 사안**에서, 임대차계약서의 형식과 외관, 작성 경위, 종류, 내용, 거래에서 위 계약서가 가지는 기능 등 여러 가지 사정을 종합하면, 일반인으로서는 임대차계약서가 을 회사의 대표자 또는 대리인의 자격을 가진 피고인에 의해 을 회사 명의로 작성된 문서라고 믿게 할 수 있는 정도의 형식과 외관을 갖추고 있어 피고인의 행위는 자격모용사문서작성과 자격모용작성사문서행사에 해당됨에도, 이와 달리 보아 무죄로 판단한 원심판결에 자격모용사문서작성죄에서 말하는 타인의 자격 모용 등에 관한 법리오해의 잘못이 있다.

1-2 [대판 2021도17712] 파기환송. [주식회사의 대표 자격으로 계약을 하는 경우, 자격모용사문서작성죄의 성립에 필요한 **대표관계의 표시 정도**] ●**사실**● 피고인 X는 ○○건설 주식회사의 대표이사로 선임된 사실이 없음에도, A와 B에게 "○○건설이 법정관리에 들어가는데 피고인이 곧 회장으로 취임할 것이다. 계약금을 주면 철거공사를 A에게 주겠다."라고 거짓말을 한 후 A, B로부터 6,500만 원을 송금받으면서, 제목 '민간건설공사표준 도급계약서', 도급인 '○○건설(주)', 총괄대표이사 '피고인', 수급인 '△△산업개발 주식회사', '□□건설(주)'라고 기재된 도급계약서에, 위 총괄대표이사 '피고인'의 이름 옆에 미리 준비한 도장을 날인하는 방법으로 행사할 목적으로 ○○건설의 대표이사 자격을 모용하여 권리의무에 관한 사문서인 도급계약서 1장을 작성하였다. 제1심은 유죄를 인정했으나 원심은 이를 파기하고 무죄를 선고하였다. 이에 검사가 상고하였다. ●**판지**● [1] 자격모용사문서작성죄는 문서위조죄와 마찬가지로 문서의 진정에 대한 공공의 신용을 보호법익으로 하는 것으로, 행사할 목적으로 타인의 자격을 모용하여 작성된 문서가 **일반인으로 하여금 명의인의 권한 내에서 작성된 문서라고 믿게 할 수 있는 정도의 형식과 외관을 갖추고 있으면 성립**하므로, 주식회사의 대표 자격으로 계약을 하는 경우 피고인 자신을 위한 행위가 아니고 작성명의인인 회사를 위하여 법률행위를 한다는 것을 인식할 수 있을 정도의 표시가 있으면 대표관계의 표시라고 할 수 있다. [2] 자격모용사문서작성죄에서의 '**행사할 목적**'이라 함은 그 문서가 정당한 권한에 기하여 작성된 것처럼 다른 사람으로 하여금 오신하도록 하게 할 목적을 말한다고 할 것이므로 사문서를 작성하는 자가 주식회사의 대표로서의 자격을 모용하여 문서를 작성한다는 것을 인식, 용인하면서 그 문서를 진정한 문서로서 어떤 효용에 쓸 목적으로 사문서를 작성하였다면, 자격모용에 의한 사문서작성죄의 행사의 목적과 고의를 인정할 수 있다. 작성자가 '행사할 목적'으로 자격을 모용하여 문서를 작성한 이상 (가) 문서행사의 상대방이 자격모용 사실을 알았다거나, (나) 작성자가 그 문서에 모용한 자격과 무관한 직인을 날인하였다는 등의 사정이 있다고 하여 달리 볼 것은 아니다. [3] 이 사건 도급계약서의 도급인란에는 법인명 '○○건설'과 '공소외 3 회사'가 병렬적으로 기재되어 있고, 그 아래 '총괄대표이사'라는 직함과 피고인의 이름이 기재되어 있다. 위 도급인란의 기재에 의하면 피고인이 위 각 법인 중 어느 특정 법인의 대표이사라는 점이 분명하지 않고, 오히려 법인명과 직함 기재의 형상, 직함이 '대표이사'가 아닌 '총괄대표이사'라고 되어 있는 점에 비추어 이 사건 도급계약서를 접하는 **일반인으로서는 위 '총괄대표이사'라는 직함이 위 두 법인 모두와 관계된 것으로 이해할 가능성이 충분하다.** …… 이 사건 도급계약서에 ○○건설 대표이사의 직인이 아닌 공소외 3 회사 대표이사의 직인이 날인되었다거나 공소외 2가 **피고인이 ○○건설의 대표이사가 아니란 사실을 알고 있었다는 사정은 위와 같은 결론에 영향을 주지 않는다.** 따라서 피고인이 이 사건 도급계약서를 작성한 행위는 자격모용사문서작성죄에 해당된다고 보아야 한다.

주식회사의 지배인

2 [대판 2010도1040] [1] 원래 **주식회사의 지배인**은 회사의 영업에 관하여 재판상 또는 재판 외의 모든 행위를 할 권한이 있으므로, 지배인이 직접 주식회사 명의 문서를 작성하는 행위는 위조나 자격모용사문서

작성에 해당하지 않는 것이 원칙이고, 이는 그 문서의 내용이 진실에 반하는 허위이거나 권한을 남용 하여 자기 또는 제3자의 이익을 도모할 목적으로 작성된 경우에도 마찬가지이다. [2] 주식회사의 지배인이 자신을 그 회사의 대표이사로 표시하여 연대보증채무를 부담하는 취지의 회사 명의의 차용증을 작성·교부한 경우, 그 문서에 일부 허위 내용이 포함되거나 위 연대보증행위가 회사의 이익에 반하는 것이더라도 사문서위조 및 위조사문서행사에 해당하지 않는다.

3 [대판 2008도1044] [1] 주식회사의 임시주주총회가 법령 및 정관상 요구되는 이사회의 결의 및 소집절차 없이 이루어졌다 하더라도, 주주명부상의 주주 전원이 참석하여 총회를 개최하는 데 동의하고 아무런 이의 없이 만장일치로 결의가 이루어졌다면 그 결의는 유효하다. [2] 주주총회 의장의 선임에 관한 법령 및 정관의 규정을 준수하지 않고 대주주가 임시의장이 되어 임시주주총회 의사록을 작성한 사안에서, 해당 주주총회 결의가 유효함을 전제로 의장의 지위에 관한 자격모용사문서작성죄 및 동행사죄의 성립을 부정한 사례. [3] **위 주주총회 결의가 유효하다고 보는 이상**, 위 회사 주식의 과반수를 소유한 대주주로서 그 유효한 결의가 있었던 주주총회에 유일하게 참석한 것으로 기재되어 있는 피고인에게 그 주주총회의 의사진행권한을 가진 의장의 자격이 없다고 할 수 없고, 따라서 피고인이 위 주주총회 의사록을 작성함에 있어 **의장의 자격을 모용하였다고 할 수는 없다.**

4 [대판 2007도9606] [부동산매매계약서에 작성인으로 기재된 '○○부동산'이라는 표시가 자격모용에 의한 사문서작성죄의 명의인에 해당한다고 본 사례] [1] 자격모용에 의한 사문서작성죄는 문서위조죄와 마찬가지로 (가) 문서의 진정에 대한 공공의 신용을 그 보호법익으로 하는 것으로서, (나) 행사할 목적으로 타인의 자격을 모용하여작성된 문서가 일반인으로 하여금 당해 명의인의 권한 내에서 작성된 문서라고 믿게 할 수 있는 정도의 형식과 외관을 갖추고 있으면 성립하는 것이고, (다) 자격모용에 의한 사문서작성죄에서의 '타인'에는 자연인뿐만 아니라 법인, 법인격 없는 단체를 비롯하여 거래관계에서 독립한 사회적 지위를 갖고 활동하고 있는 존재로 취급될 수 있으면 여기에 해당된다. [2] 부동산중개사무소를 대표하거나 대리할 권한이 없는 사람이 부동산매매계약서의 공인중개사란에 '○○부동산 대표 △△△(피고인의 이름)'라고 기재한 사안에서, '○○**부동산'이라는 표기**는 단순히 상호를 가리키는 것이 아니라 독립한 사회적 지위를 가지고 활동하는 존재로 취급될 수 있으므로 자격모용사문서작성죄의 '명의인'에 해당한다.

5 [대판 2007도6987] 공문서위조죄는 공문서의 작성권한 없는 자가 공무소, 공무원의 명의를 이용하여 문서를 작성하는 것을 말하고, 공문서의 작성권한 없는 자가 공무원의 자격을 모용하여 공문서를 작성하는 경우에는 자격모용공문서작성죄가 성립한다. 피고인은 공문서인 위 각 주·부식구입요구서의 과장결재란에 피고인 자신의 서명을 하였다는 것인바, 이러한 경우는 **피고인이 과장의 자격을 모용하여 '자신의 이름'으로 공문서를 작성**한 것이므로 자격모용공문서작성죄가 성립함은 별론으로 하고 공문서위조죄가 성립할 수는 없는 것이다.

6 [대판 2007도5838] [대표 또는 대리명의로 문서를 작성할 권한을 가진 자가 이를 **'남용'**하여 문서를 작성한 경우] 토지매수권한을 위임받은 대리인이 매도인측 대표자와 공모하여 매매대금 일부를 착복하기로 하고 위임받은 특정 매매금액보다 낮은 금액을 허위로 기재한 매매계약서를 작성한 경우, 자격모용 사문서작성죄를 구성하지 않는다.

7 [대판 2006도2330] [자격모용에 의한 사문서작성죄에 있어서 '행사할 목적'과 고의의 의미] [1] 자격모용에 의한 사문서작성죄는 행사할 목적으로 타인의 자격을 모용하여 권리·의무 또는 사실증명에 관한 문서를 작성함으로써 성립하는 것인바, 여기에서 '행사할 목적'이라 함은 다른 사람으로 하여금 그 문서가 정당한 권한에 기하여 작성된 것으로 오신하게 할 목적을 말하므로, 사문서를 작성하는 자가 다른 사람의 대리인 또는 대표자로서의 자격을 모용하여 문서를 작성한다는 것을 인식·용인하면서 이를 진정한 문서로서 어떤 효용에 쓸 목적으로 사문서를 작성하였다면, 자격모용에 의한 사문서작성죄의 행사의 목적과 고의가 있는 것으로 보아야 한다. [2] 재건축조합의 조합장이 아닌 사람이 재건축조합 조합장의 직함을 사용하여 재건축사업에 관한 계약서를 작성하였다면, 계약의 상대방이 자격모용사실을 알고 있었다거나 그 계약서에 조합장의 직인이 아닌 다른 인장을 날인하였더라도 자격모용에 의한 사문서작성죄의 범의와 행사의 목적이 인정된다고 본 사례.

주식회사 대표이사

8 [대판 2006도2016] 원래 주식회사의 적법한 대표이사는 회사의 영업에 관하여 재판상 또는 재판외의 모든 행위를 할 권한이 있으므로, 대표이사가 직접 주식회사 명의 문서를 작성하는 행위는 자격모용사문서작성 또는 위조에 해당하지 않는 것이 원칙이다. 이는 그 문서의 내용이 진실에 반하는 허위이거나 대표권을 남용하여 자기 또는 제3자의 이익을 도모할 목적으로 작성된 경우에도 그러하다.

9 [대판 2005도4072] [민법상 법인의 이사의 임기가 만료한 경우, 적법한 후임 이사가 선임될 때까지 구 이사가 종전 직무를 계속 수행할 수 있는지 여부(원칙적 적극)] [1] 민법상 법인의 이사 전원 또는 그 일부의 임기가 만료하였다고 하더라도 (가) 후임 이사가 선임되지 않았거나 또는 (나) 후임 이사가 선임되었다고 하더라도 그 선임결의가 무효이고 (다) 임기가 만료하지 아니한 다른 이사만으로는 정상적인 법인의 활동을 할 수 없는 경우에는, (라) 임기가 만료한 구 이사로 하여금 법인의 업무를 수행케 함이 부적당하다고 인정할 만한 특별한 사정이 없는 한, (마) 구 이사는 후임 이사가 선임될 때까지 종전의 직무를 수행할 수 있다. [2] 종중의 대표자 등 임원 선임결의가 무효인 경우, 전임 이사들이 계속 종전 그 직무를 수행하면서 임원 자격으로 작성한 이사회 의사록 등은 자격을 모용하여 작성한 문서가 아니다. [3] 종중의 신임 대표자 등이 선임되고 전임 대표자에 대한 직무집행정지가처분결정이 있은 후 위 가처분결정이 취소된 경우, **위 선임결의가 무효라면 종전 임원의 위 가처분결정 이전에 작성한 이사회 의사록은 '자격을 모용하여 작성한 문서'가 아니고,** 이를 위 가처분결정 이후에 행사하였다고 하더라도 자격모용작성사문서행사죄가 성립하지 않는다. **cf)** 사안에서 대법원은 (가)~(마)의 상황 하에서 후임이사가 선임될 때까지의 사이에 구 이사가 법인의 이사 자격으로 작성한 이사회 의사록 및 위임장은 자격을 모용하여 작성한 문서라고 할 수 없다고 보았다.

10 [대판 93도1435] 정당한 대표권이나 대리권이 없는 자가 마치 대표권이나 대리권이 있는 것처럼 가장하여 타인의 자격을 모용하여 문서를 작성하는 경우 자격모용에 의한 문서작성죄가 성립한다고 할 것이므로, 피고인 X가 원심인용의 제1심 판시 부동산매매계약서와 영수증을 작성함에 있어 매도인란 또는 영수인란에 "국방부 합참자료실장 이사관 피고인 X"라는 이름을 기재하고 그 옆에 위 피고인의 도장을 압날한 다음 그 상단에 '국방부장관'이라는 고무인을 압날함으로써 마치 위 피고인이 **국방부장관으로부터 적법한 문서작성권한을 부여받아 그 문서를 작성할 자격이 있는 것처럼 이를 모용**하여 위 부동산매매계약서와 영수증

을 작성하고 이를 행사하였다고 인정하고 이를 **자격모용에 의한 공문서작성 및 동행사죄**로 의율처단한 것은 정당하고, 거기에 자격모용에 의한 공문서작성 및 동행사죄의 법리를 오해한 위법이 있다고 할 수 없다.

11 [대판 92도2688] 갑 구청장이 을 구청장으로 전보된 후 갑 구청장의 권한에 속하는 건축허가에 관한 기안용지의 결재란에 서명을 한 것은 자격모용에 의한 공문서작성죄를 구성한다.

12 [대판 92도2047] [작성명의자의 날인이 정당하게 성립된 사문서에 **권한 없는 자가 내용을 기재하거나, 권한을 초과하여 내용을 기재한 경우** 사문서위조죄의 성부(적극)] 작성명의자의 날인이 정당하게 성립된 사문서라고 하더라도 내용을 기재할 정당한 권한이 없는 자가 내용을 기재하거나 또는 권한을 위임받은 자가 권한을 초과하여 내용을 기재함으로써 날인자의 의사에 반하는 사문서를 작성한 경우에는 사문서위조죄가 성립한다.

> 사전자기록등위작죄의 행위 태양인 '위작'의 개념에 '무형위조'가 들어가는가?

●사실● 피고인들은(피고인 X는 회사의 대표이사이고 피고인 Y는 사내이사로 자금관리) 2018. 1. 5.경 ○○라는 상호로 인터넷상 **가상화폐거래소를 개장**하면서, 마치 많은 회원들이 ○○가 구축·설치하여 위 거래소에서 사용 중인 가상화폐 거래시스템을 이용해 매매주문을 내고 그에 따라 매매거래가 활발히 이뤄지는 것처럼 꾸미기 위하여, 이 거래시스템상 차명계정을 생성하고, 그 차명계정에 실제 보유하고 있지도 않은 원화(KRW)와 가상화폐를 보유하고 있는 것처럼 원화 포인트와 가상화폐 포인트를 **허위 입력**한 다음, 속칭 '봇 프로그램' 내지 '마켓메이킹 프로그램'으로 불리는 자동주문 프로그램을 이용하여 차명계정을 주문자로 하고 위와 같이 허위 입력한 원화 포인트 등에 대한 매매주문을 내기로 모의한 뒤 수십 회에 걸쳐 차명계정에 계정별로 원화 포인트 등의 보유량 정보를 조작 입력하여 각 위작하고, 이를 거래시스템상 표시하여 행사하였다.

원심은 피고인들이 ○○의 사전자기록인 이 사건 거래시스템상 차명계정에 원화 포인트 등을 입력한 것은 허위의 정보를 입력한 것에 해당하고, 이는 피고인들이 그 권한을 남용하여 위 거래시스템의 설치·운영주체인 ○○의 의사에 반하는 전자기록을 생성한 것으로서 권리·의무 또는 사실증명에 관한 타인의 전자기록을 위작한 것이므로 **사전자기록의 '위작'에 해당**한다고 판시하였다. 이에 피고인들은 정보입력 권한을 부여받은 사람이 사전자기록에 입력한 정보가 허위이더라도 이는 형법 제232조의2의 사전자기록등위작죄에서 정한 '위작'에 해당하지 않음을 주장하며 상고하였다.

●판지● **상고기각.** 「[1] 동일한 법령에서의 용어는 법령에 다른 규정이 있는 등 특별한 사정이 없는 한 동일하게 해석·적용되어야 한다. 공전자기록등위작죄와 사전자기록등위작죄는 행위의 객체가 '공전자기록'이냐 아니면 '사전자기록'이냐만 다를 뿐 다른 구성요건은 모두 동일하고, 두 죄 모두 형법 제20장(문서에 관한 죄)에 규정되어 있다. 나아가 형법은 사문서의 경우 유형위조(제231조)만을 처벌하면서 예외적으로 무형위조(제233조)를 처벌하고 있는 반면, 공문서의 경우에는 유형위조(제225조)뿐만 아니라 별도의 처벌규정을 두어 무형위조(제227조)를 함께 처벌하고 있다. 그런데 전자기록등위작죄를 문서위조죄에 대응하는 죄로 보아 권한 있는 사람이 그 권한을 남용하여 허위의 정보를 입력함으로써 시스템 설치·운영 주체의 의사에 반하는 사전자기록을 생성하는 행위에 대하여 사전자기록등위작죄로 처벌할 수 없는 것으로 해석한다면, 이에 상응하여 권한 있는 사람이 그 권한을 남용하여 허위의 정보를 입력함으로써 시스템 설치·운영 주체의 의사에 반하는 공전자기록을 생성하는 행위에 대하여도 형법 제227조의2에서 정한 공전자기록등위작죄로 처벌할 수 없는 것으로 해석해야 한다. 이는 권한 있는 사람의 허위공문서작성을 처벌하고 있는 형법과도 맞지 않아 부당하다. 특히 전산망 시스템의 구축과 설치·운영에는 고도의 기술성·전문성·신뢰성을 요하므로 **허위의 전자기록을 작성한 경우**

---

1) 형법 제232조의2(사전자기록위작·변작) 사무처리를 그르치게 할 목적으로 권리·의무 또는 사실증명에 관한 타인의 전자기록 등 특수매체기록을 위작 또는 변작한 자는 5년 이하의 징역 또는 1천만원 이하의 벌금에 처한다.

2) 형법 제227조의2 (공전자기록위작·변작)사무처리를 그르치게 할 목적으로 공무원 또는 공무소의 전자기록등 특수매체기록을 위작 또는 변작한 자는 10년 이하의 징역에 처한다.

에는 처벌할 필요성이 문서에 비해 훨씬 더 크다.

　[2] 사전자기록등위작죄가 성립하기 위해서는 '위작' 이외에도 '사무처리를 그르치게 할 목적'과 '권리ㆍ의무 또는 사실증명에 관한 타인의 전자기록 등 특수매체기록'이란 구성요건을 충족해야 한다. 형법 제232조의2에 정한 전자기록과 '사무처리를 그르치게 할 목적'에 관한 판례의 법리에 따르면 해당 전자기록이 시스템에서 쓰임으로써 예정된 증명적 기능을 수행하는 경우에 해당하지 않거나, 위 시스템을 설치ㆍ운영하는 주체의 의사에 반하더라도 사무처리를 그르치게 할 목적이 없다면 사전자기록등위작죄는 성립하지 않는다. 따라서 형법 제232조의2에서 정한 '위작'의 개념에 권한 있는 사람이 그 권한을 남용하여 허위의 정보를 입력함으로써 시스템 설치ㆍ운영 주체의 의사에 반하는 전자기록을 생성하는 행위를 포함하더라도 처벌의 범위가 지나치게 넓어져 **죄형법정주의의 원칙에 반하는 것으로 볼 수도 없다.**

●**해설**● 1 공전자기록위작죄(법227의2)에서 '위작'의 의미와 관련하여 판례는 작성권한 없는 자가 작성하는 유형위조뿐만 아니라 작성권한 있는 자가 허위내용으로 작성하는 무형위조도 포함된다고 본다. 즉 「(가) 전자기록의 생성에 관여할 **권한이 없는 사람**이 전자기록을 작출하거나 전자기록의 생성에 필요한 단위 정보의 입력을 하는 경우는 물론 (나) 시스템의 설치ㆍ운영 주체로부터 각자의 직무 범위에서 개개의 단위정보의 입력 **권한을 부여받은 사람**이 그 **권한을 남용**하여 허위의 정보를 입력함으로써 시스템 설치ㆍ운영 주체의 의사에 반하는 전자기록을 생성하는 경우도 형법 제227조의2에서 말하는 전자기록의 '위작'에 포함된다(대판 2004도6132, Ref 4)(이는 형법이 공문서의 경우, 유형위조와 무형위조 모두 처벌하는 것과 병행되어 이해될 수 있다).

2 이와 같이, 판례는 공전자기록위작죄의 '위작'에 대해 유형위조와 무형위조가 모두 포함되는 것으로 보고 있다. 문제는 이러한 공전자기록위작죄에 대한 판례의 태도가 사전자기록등위작죄에서도 그대로 적용될 것인가이다. 사문서의 경우는 원칙적으로 유형위조만 처벌하고, 무형위조는 허위진단서작성죄와 같은 예외적인 경우에만 처벌하고 있기 때문이다. 이러한 사문서에 관한 입법형식이 사전자기록등위작죄에 평행적으로 적용된다면, 사전자기록등위작죄에서의 '위작'에는 무형위조가 제외될 것이다. 그러나 대상판결에서 대법원은 사전자기록등위작죄에서 행위의 태양으로 규정한 '위작'에 대해서도 공전자기록위작죄에서 사용된 '위작'의 개념이 그대로 적용된다고 판시하였다. 즉 사전자기록등위작죄의 '위작'의 경우도 **유형위조와 무형위조 모두 포함**되는 것으로 보았다(결과적으로 사전자기록등위작죄의 '위작'의 의미와 사문서위조죄에서의 '위조'의 의미는 일치하지 않는다).

3 1995.12.29. 법률 제5057호로 공포되어 1996.7.1.부터 시행된 「개정 형법의 입법 취지와 보호법익을 고려하면, 컴퓨터 등 전산망 시스템을 이용하는 과정에 필연적으로 수반되는 사전자기록 등 특수매체기록 작성 등에 관하여 **권한 있는 사람**이 그 권한을 '**남용**'하여 허위의 정보를 입력함으로써 시스템 설치ㆍ운영 주체의 의사에 반하는 전자기록을 생성하는 행위를 '위작'의 범위에서 제외하여 **축소해석하는 것은 입법자의 의사에 반할** 뿐만 아니라 과학기술의 발전과 시대적ㆍ사회적 변화에도 맞지 않는 법 해석으로서 받아들일 수 없다」(대상판결). 「형벌법규는 문언에 따라 엄격하게 해석ㆍ적용하여야 하고 피고인에게 불리한 방향으로 확장해석하거나 유추해석을 하여서는 안 되는 것이지만, 문언이 가지는 가능한 의미의 범위 안에서 규정의 입법 취지와 목적 등을 고려하여 문언의 논리적 의미를 분명히 밝히는 체계적 해석을 하는 것은 죄형법정주의의 원칙에 어긋나지 않는다」(대상판결).

4 따라서 형법에서의 '위작'의 개념은「형법이 그에 관한 정의를 하지 않고 있고, 해당 문언의 사전적 의미만으로는 범죄구성요건으로서의 적절한 의미 해석을 바로 도출해 내기 어려우므로, 결국은 유사한 다른 범죄구성요건과의 관계에서 체계적으로 해석할 수밖에 없다. 따라서 형법 제232조의2에서 정한 '위작'의 포섭 범위에 권한 있는 사람이 그 권한을 남용하여 허위의 정보를 입력함으로써 시스템 설치·운영 주체의 의사에 반하는 전자기록을 생성하는 행위를 포함하는 것으로 보더라도, 이러한 해석이 '위작'이란 낱말이 가지는 문언의 가능한 의미를 벗어났다거나, 피고인에게 불리한 유추해석 또는 확장해석을 한 것이라고 볼 수 없다」(대상판결).

Reference

공전자기록 및 사전자기록 위작·변작과 관련된 판례

1 [대판 2011도1415] [공전자기록등위작죄에서 '위작' 및 '허위의 정보'의 의미] [1] 형법 제227조의2에서 정하는 전자기록의 '위작'이란 전자기록에 관한 시스템을 설치·운영하는 주체와의 관계에서 전자기록의 생성에 관여할 권한이 없는 사람이 전자기록을 작출하거나 전자기록의 생성에 필요한 단위 정보의 입력을 하는 경우는 물론이고, 시스템의 설치·운영 주체로부터 각자의 직무 범위에서 개개의 단위 정보의 입력 권한을 부여받은 사람이 그 권한을 남용하여 허위의 정보를 입력함으로써 시스템 설치·운영 주체의 의사에 반하는 전자기록을 생성하는 경우도 포함한다. 이 때 '허위의 정보'라 함은 진실에 반하는 내용을 의미하는 것으로서, 관계 법령에 의하여 요구되는 자격을 갖추지 못하였음에도 불구하고 고의로 이를 갖춘 것처럼 단위 정보를 입력하였다고 하더라도 그 전제 또는 관련된 '사실관계'에 대한 내용에 거짓이 없다면 허위의 정보를 입력하였다고 볼 수 없다. [2] 자동차등록 담당공무원인 피고인이 여객자동차 운수사업법상 차량충당 연한 규정에 위배되어 영업용으로 변경 및 이전등록을 할 수 없는 차량인 것을 알면서 자동차등록정보 처리시스템의 자동차등록원부 용도란에 '영업용'이라고 입력하였으나, 변경 및 이전등록에 관한 구체적 등록 내용인 최초등록일 등은 사실대로 입력한 사안에서, 자동차등록원부상 '영업용으로의 용도변경 및 이전'에 관한 등록정보가 확인·공시하는 내용에 자동차가 영업용으로 용도변경되어 이전되었다는 사실 외에 변경 및 이전등록에 필요한 법령상 자격의 구비 사실까지 포함한다고 볼 법적인 근거가 없고, 최초등록일 등 등록과 관련된 사실관계에 대한 내용에 거짓이 있다고 볼 수 없는 이상, 위 행위가 공전자기록등위작죄의 '위작'에 해당한다고 할 수 없는데도, 이와 달리 본 원심판단에 법리오해의 위법이 있다고 한 사례.

2-1 [대판 2008도294] [사전자기록위작·변작죄에서 '사무처리를 그르치게 할 목적'의 의미] [1] 형법 제232조의2는 "사무처리를 그르치게 할 목적으로 권리·의무 또는 사실증명에 관한 타인의 전자기록 등 특수매체기록을 위작 또는 변작한 자는 5년 이하의 징역 또는 1천만 원 이하의 벌금에 처한다"고 규정하고 있는데, 여기에서 전자기록은 그 자체로서 객관적·고정적 의미를 가지면서 독립적으로 쓰이는 것이 아니라 개인 또는 법인이 전자적 방식에 의한 정보의 생성·처리·저장·출력을 목적으로 구축하여 설치·운영하는 시스템에서 쓰임으로써 예정된 증명적 기능을 수행하는 것이므로, "사무처리를 그르치게 할 목적"이란 위작 또는 변작된 전자기록이 사용됨으로써 위와 같은 시스템을 설치·운영하는 주체의 사무처리를 잘못되게 하는 것을 말한다. [2] 그런데 원심은, "피고인이 '북한산 월드메르디앙 아파트 입주자대표회의'를 반대하는 일부 주민들이 개설한 인터넷 포털사이트 '네이버' 상의 '북한산 월드메르디앙 아파트' 카페에 접속한 다음 '북한산 월드메르디앙 아파트 원로회의'의 사무처리를 그르치게 할 목적으로 그 공소 내용과 같이 기재하여 사실증명에 관한 위 원로

회의 명의의 전자기록을 위작하고, 그 시경 위와 같이 위작된 전자기록을 행사하였다."는 공소사실을 유죄로 인정한 제1심 판결을 그대로 유지하였다. 그러나 위 법리에 비추어 보면 피고인이 위 카페에 접속하여 위와 같은 전자기록을 위작한 행위를 사전자기록위작죄로 의율하기 위해서는 피고인에게 위 카페 또는 위 사이트의 설치·운영 주체의 사무처리를 그르치게 할 목적이 있어야 할 것인바, 이 사건 공소사실에는 피고인이 위 원로회의의 사무를 그르치게 할 목적으로 그와 같은 행위를 하였다고만 기재되어 있을 뿐이다. 또한, 기록에 의하면 피고인이 위 카페의 설치·운영 주체인 공소외인으로부터 위 카페에 글을 게시할 수 있는 권한을 부여받아 피고인의 아이디인 "(아이디 생략)"로 위 공소 내용과 같은 전자기록을 작성하여 게시하였고 위 카페는 공소외인 등 위 입주자대표회의에 반대하는 일부 주민들에 의하여 개설된 것이라는 사실, 피고인이 위작하였다는 이 사건 전자기록은 그 내용이 중립적인 입장을 천명한 위 원로회의가 마치 위 입주자대표회의에 반대하는 입장에 있는 듯하게 보일 수 있는 것이라는 사실을 알 수 있는바, 사정이 그러하다면 당시 피고인이 비록 위 카페에 허위내용의 전자기록을 작성하여 게시하였다고 하여 그러한 점만으로 피고인에게 위 카페나 위 사이트의 설치·운영 주체의 사무처리를 그르치게 할 목적이 있었다고 단정하기도 어렵다고 할 것이다.

2-2 [대판 2008도938] 새마을금고의 예금 및 입·출금 업무를 총괄하는 직원이 전 이사장 명의 예금계좌로 상조금이 입금되자 전 이사장에 대한 금고의 채권확보를 위해 내부 결재를 받아 금고의 예금 관련 컴퓨터 프로그램에 접속하여 전 이사장 명의 예금계좌의 비밀번호를 동의 없이 입력한 후 위 금원을 위 금고의 가수금계정으로 이체한 사안에서, 위 금고의 내부규정이나 여신거래기본약관의 규정에 비추어 이는 위 금고의 업무에 부합하는 행위로서 피해자의 비밀번호를 임의로 사용한 잘못이 있다고 하더라도 사전자기록위작·변작죄의 '사무처리를 그르치게 할 목적'을 인정할 수 없다고 한 사례.

3 [대판 2007도3798] 사실은 피고인의 업무를 보조하는 갑은 체비지 현장에 출장을 나간 사실이 없고 피고인만이 체비지 현장에 출장을 나갔음에도 불구하고, 피고인과 갑이 공모하여 마치 갑이 직접 그 **출장을 나간 것처럼** 부천시청 행정지식관리시스템에 허위의 정보를 입력하여 출장복명서를 생성한 후 이를 그 정을 모르는 위 시청 도시과장에게 전송함으로써 피고인에게는 공전자기록등위작 및 위작공전자기록등행사의 범의가 있었음이 인정된다.

4 [대판 2004도6132] [공전자기록위작죄에서의 '위작'의 의미] [1] 형법 제227조의2에서 위작의 객체로 규정한 전자기록은, 그 자체로는 물적 실체를 가진 것이 아니어서 별도의 표시·출력장치를 통하지 아니하고는 보거나 읽을 수 없고, 그 생성 과정에 여러 사람의 의사나 행위가 개재됨은 물론 추가 입력한 정보가 프로그램에 의하여 자동으로 기존의 정보와 결합하여 새로운 전자기록을 작출하는 경우도 적지 않으며, 그 이용 과정을 보아도 그 자체로서 객관적·고정적 의미를 가지면서 독립적으로 쓰이는 것이 아니라 개인 또는 법인이 전자적 방식에 의한 정보의 생성·처리·저장·출력을 목적으로 구축하여 설치·운영하는 시스템에서 쓰임으로써 예정된 증명적 기능을 수행하는 것이므로, 위와 같은 **시스템을 설치·운영하는 주체**와의 관계에서 (가) 전자기록의 생성에 관여할 **권한이 없는 사람**이 전자기록을 작출하거나 전자기록의 생성에 필요한 단위 정보의 입력을 하는 경우는 물론 (나) 시스템의 설치·운영 주체로부터 각자의 직무 범위에서 개개의 단위정보의 입력 **권한을 부여받은 사람이 그 권한을 남용하여 허위의 정보를 입력**함으로써 시스템 설치·운영 주체의 의사에 반하는 전자기록을 생성하는 경우도 형법 제227조의2에서 말하는 **전자기록의 '위작'에 포함**된다. [2] 경찰관이 고소사건을 처리하지 아니하였음에도 경찰범죄정보시스템에 그 사건을 검찰에 송치한 것으로 허위사실을 입력한 행위가 공전자기록위작죄에서 말하는 위작에 해당한다.

106 사후동의와 공정증서원본불실기재죄의 성부

* 대법원 2001. 11. 9. 선고 2001도3959 판결
* 참조조문: 형법 제228조[1], 제229조[2]

등기 경료 당시에는 실체권리관계에 부합하지 아니하였으나 **사후에 이해관계인들의 동의 · 추인 등으로 실체권리관계에 부합하게 된 경우, 공정증서본불실기재 및 동행사죄가 성립하는가?**

●**사실**● 이 사건 각 부동산 중 1/6지분에 관한 대장(臺帳)상의 명의자인 A의 상속인은 B이고, B의 상속인으로는 Y 이외에 수인의 상속인들이 있었다. 피고인 X는 Y와 공모하여 B의 다른 상속인들이 **동의한 바 없음에도** 상속인들 중 1인인 Y가 B로부터 위 1/6지분 모두를 매수한 것처럼 기재하여 「부동산소유권이전등기 등에 관한 특별조치법」에 의한 확인서를 발급받아 Y 단독명의로 소유권보존등기를 마쳤다. 원심은 X의 행위가 ① 특별조치법위반과 ② 형법의 공정증서본불실기재 및 동행사에 해당한다고 보았다. 이에 X가는 위 등기가 경료된 후 상속인들이 Y가 위 지분을 단독으로 상속하는 데 동의하였으므로 위 등기는 실체적 권리관계에 부합하는 유효한 등기로서 공정증서본불실기재 및 동행사죄가 성립되지 않는다고 주장하며 상고하였다.

●**판지**● **상고기각.** 「[1] 부동산소유권이전등기등에관한특별조치법 소정의 보증서 및 확인서발급신청서를 작성함에 있어서 상속인이 피상속인으로부터 상속받은 부동산을 상속인이 피상속인으로부터 매수한 것처럼 기재하더라도 정당한 이해관계 있는 타인의 권리를 해칠 염려가 없으므로 이를 가리켜 허위의 방법으로 확인서를 발급받았거나 허위의 보증서를 작성한 경우에 해당한다고 할 수 없을 것이나, 실제 소유자인 피상속인의 상속인이 수인인데도 보증서 및 확인서발급신청서에는 실제 소유자의 공동상속인 중 1인이 부동산 전부를 매수한 것처럼 기재하여 확인서를 발급받아 이를 행사한 경우에는 **양수 경위가 실제와 다른 허위의 확인서를 발급받아 행사한 것이어서** 위 특별조치법 제13조 제1항 제1호, 제4호에 해당한다.

[2] (가) 소유권보존등기나 소유권이전등기에 절차상 하자가 있거나 등기원인이 실제와 다르다 하더라도 그 등기가 실체적 권리관계에 부합하게 하기 위한 것이거나 실체적 권리관계에 부합하는 유효한 등기인 경우에는 공정증서본불실기재 및 동행사죄가 성립되지 않는다고 할 것이나, **이는 등기 경료 당시를 기준으로 그 등기가 실체권리관계에 부합하여 유효한 경우에 한정되는 것이고,** (나) 등기 경료 당시에는 실체권리관계에 부합하지 아니한 등기인 경우에는 사후에 이해관계인들의 동의 또는 추인 등의 사정으로 실체권리관계에 부합하게 된다 하더라도 공정증서본불실기재 및 동행사죄의 성립에는 아무런 영향이 없다」.

●**해설**● 1 공정증서본불실기재죄는 공무원에 대하여 허위신고를 하여 공정증서본에 불실의 사실을 기재하게 함으로써 성립한다. 본죄의 보호법익은 특별한 신빙성이 인정되는 공정증서본 등에 대한 **'공공의 신용'**을 보장하는 것이다. 공문서의 경우 그 기재 내용의 진실성에 대한 사회 일반의 신뢰를 보

---

1) 형법 제228조(공정증서본 등의 부실기재) ① 공무원에 대하여 **허위신고를 하여** 공정증서본 또는 이와 동일한 전자기록 등 특수매체기록에 **부실의 사실**을 기재 또는 **기록하게 한 자**는 5년 이하의 징역 또는 1천만원 이하의 벌금에 처한다. ② 공무원에 대하여 허위신고를 하여 **면허증, 허가증, 등록증 또는 여권**에 부실의 사실을 기재하게 한 자는 3년 이하의 징역 또는 700만원 이하의 벌금에 처한다.

2) 형법 제229조(위조등 공문서의 행사) 제225조 내지 제228조의 죄에 의하여 만들어진 문서, 도화, 전자기록등 특수매체기록, 공정증서본, 면허증, 허가증, 등록증 또는 여권을 행사한 자는 그 각 죄에 정한 형에 처한다.

호하기 위해서는 신고자에게 진실한 사실을 신고할 의무를 부과할 필요가 있고, 이 진실신고의무 위반에 의해 공정증서원본의 내용적 **진실성을 위태롭게 한 점**에 본죄의 본질이 있다. 따라서 본죄는 공문서에 대한 '무형위조'에 속한다.

2 본죄는 (1) 작성권한 없는 사람이 정을 모르는 작성권한 있는 공무원에게 허위신고를 하여 허위공문서를 작성하게 한다는 점에서 **간접정범의 구조**를 가지고 있다(즉 이용행위인 공무원에 대한 허위신고와 불실의 사실을 기재 또는 기록하게 하는 피이용자의 행위로 이루어진다). (2) 그리고 본죄의 객체는 공정증서의 **원본에 한정**된다. 따라서 정본, 등본, 초본, 사본 등은 본죄의 객체가 될 수 없다(대판 2001도6503, Ref 1-4). (3) 공정증서원본불실기재죄는 허위신고에 의하여 불실의 사실을 기재한다는 점에 대한 인식이 있을 것을 요하는 **고의범**이므로 「객관적으로 불실의 기재가 있다 하여도 그에 대한 인식이 없는 경우에는 본죄가 성립하지 않는다」(대판 95도2468, Ref 2-11).

3 여기서 **공정증서원본**이란 「그 성질상 허위신고에 의해 불실한 **사실이 그대로 기재될 수 있는 공문서이어야 한다**」(대판 2010도3232). 따라서 민사조정법상 조정절차에서 작성되는 **조정조서**는 그 성질상 허위신고에 의해 불실한 사실이 그대로 기재될 수 있는 공문서로 볼 수 없어 공정증서원본에 해당하는 것으로 볼 수 없다. 공정증서원본에 해당하는 것으로는 **부동산등기부, 가족관계등록부, 화해조서, 상업등기부**, 민사분쟁사건처리특례법에 의하여 합동법률사무소 명의로 작성된 공정증서(대판 74도2715) 등이 있다.

4 또한 공정증서원본은 **권리 또는 의무관계에 관한** 공정증서의 **원본**만을 가리키며, **사실증명**에 관한 것은 포함하지 않는다(이와 같이, 축소해석하는 이유는 제228조 제1항의 형이 제2항의 형보다 높기 때문에 제2항에서 열거된 공문서 보다 좁게 해석하는 것이 합리적이다). 따라서 판례에 따르면 ① 권리·의무 변동에 영향을 주지 않고 사실관계만을 증명하는 토지대장(대판 87도2696)이나 인감대장, 주민등록부(대판 68도1231), 가옥대장(대판 71도359), 선거인명부, 선박원부, 공증인이 인증한 사서증서(대판 84도121), 자동차운전면허대장(대판 2010도1125), 조정절차에서 작성되는 조정조서(대판 2010도3232, Ref 1-1) 등은 공정증서에 해당되지 않는다. 또한 판결원본, 지급명령원본 등도 처분문서이므로 공정증서에 속하지 않는다. ② 반면 **부동산등기부, 법인등기부, 가족관계등록부** 등은 권리 또는 의무의 증명에 관련된 것으로서 공정증서에 속한다. 화해조서는 처분문서이지만 권리·의무관계를 증명하는 기능도 하므로 공정증서로 본다.

5 한편, 형법은 권리·의무에 관계되는 공정증서가 아닐지라도 현대사회에서 고도의 신용성을 가지고 있는 사실증명에 관한 공문서인 **면허증, 허가증, 등록증, 여권**을 제228조의 객체로 규정하고 있다. ㉠ **면허증**이란 일정한 기능을 가진 사람에게 그 기능을 수행할 수 있는 권능이 있음을 증명하는 공무소 발행의 증서이다(의사면허증, 자동차운전면허증, 중기면허증, 침구사자격증(대판 76도1709, Ref 2-35)). ㉡ **허가증**은 특정인에게 일정한 업무나 영업을 할 수 있도록 허가하였음을 증명하는 공무소 발행의 증서이다(음식점, 주점, 미용실의 영업허가증). ㉢ **등록증**은 일정한 자격을 취득한 자에게 그 자격에 따른 영업을 할 수 있는 권능이 있음을 증명하는 공무소 발행의 증서이다(변호사, 변리사, 공인회계사, 세무사 등의 등록증이 그 예이다. 하지만 '사업자등록증'은 단순히 사업사실의 등록을 증명하는 증서에 불과하므로 이에 해당하지 않는다(대판 2003도6934, Ref 1-3).

6 대상판결은 불실기재의 판단시점을 제시하고 있어 의의가 있다. 불실기재인지 여부는 **기재시점을 기준으로 결정**된다. 때문에 「공정증서원본 불실기재가 **성립한 후, 사후에** 피해자의 동의 또는 추인 등의 사정으로 문서에 기재된 대로 효과의 승인을 받거나, 등기가 실체적 권리관계에 부합하게 되었다 하더라도, **이미 성립한 범죄에는 아무런 영향이 없다**」(대판 99도202).

7 사안에서 법원은 부동산에 관하여 경료된 소유권이전등기나 보존등기가 절차상 하자가 있거나 등기원인이 실제와 다르다 하더라도 그 등기가 **실체적 권리관계에 부합하는 유효한 등기인 경우**에는 공정증서원본불실기재, 동행사죄의 구성요건에 해당하지 않는 것으로 판단하고 있는데 이 경우에도 등기 경료 당시를 기준으로 그 등기가 실체권리관계에 부합하여 유효한 경우에 한정된다고 판단하였다.

8 한편 공정증서원본불실기재죄에서 「**'부실의 사실'**이란 권리의무관계에 **중요한 의미를 갖는 사항**이 객관적인 진실에 반하는 것을 말한다」(대판 2012도12363, Ref 2-2). 따라서 공정증서원본에 기재된 사항이 부존재하거나 외관상 존재한다고 하더라도 ① **무효에 해당되는 하자가 있다면**, 그 기재는 불실기재에 해당한다. 그러나 기재된 사항이나 그 원인된 법률행위가 객관적으로 존재하고, 다만 거기에 ② **취소사유인 하자가 있을 뿐인 경우**, 취소되기 전에 공정증서원본에 기재된 이상, 그 기재는 공정증서원본의 불실기재에 해당하지는 않는다(대판 2017도21783, Ref 2-20).

9 공정증서원본불실기재죄는 허위신고에 의하여 불실의 사실을 기재한다는 점에 대한 인식이 있을 것을 요하는 고의범이므로 객관적으로 불실의 기재가 있다 하여도 **그에 대한 인식이 없다면 본죄는 성립하지 않는다**(대판 95도2468, Ref 2-11). 그리고 불실 여부는 기재·기록된 내용과 객관적 사실을 비교하여 판단해야 한다. 따라서 허위의 증명서가 제출되었다 하더라도 그 기재내용이 **객관적 사실과 일치**하면 공정증서원본불실기재죄는 성립하지 않는다.

Reference 1

'공정증서원본'의 해당 여부와 관련된 판례

1 [대판 2010도3232] 형법 제228조 제1항이 규정하는 공정증서원본 불실기재죄는 공무원에 대하여 진실에 반하는 허위신고를 하여 공정증서원본에 그 증명하는 사항에 관하여 실체관계에 부합하지 아니하는 불실의 사실을 기재하게 함으로써 성립하는 범죄로서, 위 죄의 객체인 공정증서원본은 그 성질상 허위신고에 의해 불실한 사실이 그대로 기재될 수 있는 공문서이어야 한다고 할 것인바, 민사조정법상 조정신청에 의한 조정제도는 원칙적으로 조정신청인의 신청 취지에 구애됨이 없이 조정담당판사 등이 제반 사정을 고려하여 당사자들에게 상호 양보하여 합의하도록 권유·주선함으로써 화해에 이르게 하는 제도인 점에 비추어, 그 조정절차에서 작성되는 조정조서는 그 성질상 허위신고에 의해 불실한 사실이 그대로 기재될 수 있는 공문서로 볼 수 없어 공정증서원본에 해당하는 것으로 볼 수 없다.

2 [대판 2006도2864] 피고인이 위조하여 작성된 **집행수락부 약속어음 공정증서**는 형법 제228조 제1항에서 정한 공정증서원본에 해당한다.

3 [대판 2003도6934] [사업자등록증이 형법 제228조 제2항에 정한 '등록증'에 해당하지 않는다고 한 원심의 판단을 수긍한 사례] [1] 형법 제228조는 공무원이 아닌 자가 그 정을 모르는 공무원을 이용하여 공문서에 허위의 사실을 기재하게 하는 이른바 간접적 무형위조를 처벌하면서 모든 공문서를 객체로 하지 않고 '공정증서원본 또는 이와 동일한 전자기록 등 특수매체기록'(제1항), '면허증, 허가증, 등록증 또는 여권'(제2항)으로 그 객체를 제한하고 있는바, 그 취지는 공문서 중 일반사회생활에 있어서 특별한 신빙성을 요하는 공문서에 대한 공공의 신용을 보장하고자 하는 것이므로 위 **형법 제228조 제2항의 '등록증'**은 공무원이 작성한 모든 등록증을 말하는 것이 아니라, 일정한 자격이나 요건을 갖춘 자에게 그 자격이나 요건에 상응한 활동을 할 수 있는 권능 등을 인정하기 위하여 공무원이 작성한 증서를 말한다. [2] **사업자등록증**은 단순한 사업사실의 등록을 증명하는 증서에 불과하고 그에 의하여 사업을 할 수 있는 자격이나 요건을 갖추었음을 인정하는 것은 아니라고 할 것이어서 형법 제228조 제1항에 정한 '등록증'에 해당하지 않는다고 한 원심의 판단을 수긍한 사례.

4 [대판 2001도6503] 형법 제229조, 제228조 제1항의 규정과 형벌법규는 문언에 따라 엄격하게 해석하여야 하고 피고인에게 불리한 방향으로 지나치게 확장해석하거나 유추해석하여서는 아니되는 원칙에 비추어 볼 때, 위 각 조항에서 규정한 **'공정증서원본'에는 공정증서의 정본이 포함된다고 볼 수 없으므로** 불실의 사실이 기재된 공정증서의 정본을 그 정을 모르는 법원 직원에게 교부한 행위는 형법 제229조의 불실기재공정증서원본행사죄에 해당하지 아니한다. **cf)** '정본(正本)'은 권한 있는 자가 원본에 기하여 작성한 사본(寫本)의 일종으로 법률상 원본과 동일한 효력을 가지지만, 판례는 죄형법정주의의 원칙상 이를 엄격하게 해석하여 '원본'에 '정본'이 포함될 수는 없다고 판시한다.

5 [대판 74도2715 전원합의체] 공증사무 취급이 인가된 합동법률사무소 명의로 작성된 **공증에 관한 문서**는 형법상 공정증서 기타 공문서에 해당한다.

Reference 2

공정증서원본불실기재죄 성립을 부정한 사례

1 [대판 2019도9293] [**범죄목적으로 회사를 설립한 경우**] 주식회사의 발기인 등이 상법 등 법령에 정한 회사설립의 요건과 절차에 따라 회사설립등기를 함으로써 회사가 성립하였다고 볼 수 있는 경우 회사설립등기와 그 기재 내용은 특별한 사정이 없는 한 공정증서원본 불실기재죄나 공전자기록 등 불실기재죄에서 말하는 불실의 사실에 해당하지 않는다. 발기인 등이 회사를 설립할 당시 회사를 실제로 운영할 의사 없이 회사를 이용한 범죄 의도나 목적이 있었다거나, 회사로서의 인적·물적 조직 등 영업의 실질을 갖추지 않았다는 이유만으로는 불실의 사실을 법인등기부에 기록하게 한 것으로 볼 수 없다.

2 [대판 2012도12363] [**부동산등기부에 실제 거래가액과 다른 가액을 기재하게 한 경우**] 부동산등기부에 기재되는 거래가액은 당해 부동산의 권리의무관계에 중요한 의미를 갖는 사항에 해당한다고 볼 수 없다. 따라서 부동산의 거래당사자가 거래가액을 시장 등에게 거짓으로 신고하여 신고필증을 받은 뒤 이를 기초로 사실과 다른 내용의 거래가액이 부동산등기부에 등재되도록 하였다면, '공인중개사의 업무 및 부동산 거래신고에 관한 법률'에 따른 과태료의 제재를 받게 됨은 별론으로 하고, 형법상의 공전자기록등불실기재죄 및 불실기

재공전자기록등행사죄가 성립하지는 아니한다.   **cf)** 본 판결은 부동산 대책의 일환으로 시행하는 등기기재 사항 중 **매매가액을 허위로 기재한 것**에 대해 최초로 본죄의 성립을 부정하였다는 점에서 그 의의가 있다.

  3 [대판 2011도1415] 중고자동차매매업자인 피고인이 여객자동차 운수사업법상 차량충당연한 규정에 위배되어 여객자동차운수사업에 충당될 수 없는 차량인 것을 알면서 영업용으로 변경 및 이전등록신청을 하였으나, 구체적 등록내용인 최초등록일 등은 사실대로 기재한 사안에서, 자동차등록원부상 '영업용으로의 용도변경 및 이전'에 관한 등록정보가 확인·공시하는 내용에 자동차가 영업용으로 용도변경되어 이전되었다는 사실 외에 변경 및 이전등록에 필요한 법령상 자격의 구비 사실까지 포함한다고 볼 법령상의 근거가 없고, **최초등록일 등 등록과 관련된 사실관계에 대한 내용에 거짓이 있다고 볼 수 없는 이상,** 피고인이 허위의 신고를 하였다고 할 수 없는데도, 이와 달리 피고인에게 공전자기록등불실기재죄 및 그 행사죄를 인정한 원심판단에 법리오해의 위법이 있다.

  4 [대판 2010도1025] [1] 부동산을 관리 보존하는 방법으로 이를 타에 신탁하는 의사로서 그 소유권이전등기를 한 경우에는 그 원인을 매매로 가장하였다 하더라도 이는 공정증서원본불실기재죄에 해당하지 아니하고, (가) 피고인이 부동산에 관하여 **가장매매를 원인으로** 소유권이전등기를 경료하였더라도, 그 당사자 사이에는 소유권이전등기를 경료시킬 의사는 있었다고 할 것이므로 공정증서원본불실기재죄 및 동행사죄는 성립하지 않고, 또한 (나) 등기의무자와 등기권리자(피고인) 간의 소유권이전등기신청의 합의에 따라 소유권이전등기가 된 이상, 등기의무자 명의의 소유권이전등기가 원인이 무효인 등기로서 피고인이 그 점을 알고 있었다고 하더라도, 특별한 사정이 없는 한 바로 피고인이 등기부에 불실의 사실을 기재하게 하였다고 볼 것은 아니다. [2] 망 공소외 3의 **단독상속인**인 공소외 1이 위 망인 명의로 된 안양시 동안구 호계동 목련아파트에 대한 채권자들의 강제집행을 면하기 위하여 위 망인이 피고인의 처 공소외 4에게 증여한 사실이 없음에도 불구하고 증여를 원인으로 한 공소외 4 명의의 이 사건 소유권이전등기절차에 동의하였다고 봄이 타당하다.

  5 [대판 2009도5780] (가) 부동산을 관리보존하는 방법으로 이를 타에 신탁하는 의사로서 그 소유권이전등기를 한 경우에는 그 원인을 매매로 가장하였다 하더라도 이는 공정증서원본불실기재죄에 해당하지 아니하고, (나) 피고인이 **부동산에 관하여 가장매매를 원인으로 소유권이전등기를 경료**하였더라도, 그 당사자 사이에는 소유권이전등기를 경료시킬 의사는 있었다고 할 것이므로 공정증서원본불실기재죄 및 동행사죄는 성립하지 않고, 또한 등기의무자와 등기권리자(피고인) 간의 소유권이전등기신청의 합의에 따라 소유권이전등기가 된 이상, 등기의무자 명의의 소유권이전등기가 원인이 무효인 등기로서 피고인이 그 점을 알고 있었다고 하더라도, 특별한 사정이 없는 한 바로 피고인이 등기부에 불실의 사실을 기재하게 하였다고 볼 것은 아니다.

법인등기: 주주총회결의
  6-1 [대판 2008도10248] [1] 공정증서원본에 기재된 사항이 외관상 존재하는 사실이라 하더라도, 이에 **무효나 부존재**에 해당되는 흠이 있다면 그 기재는 부실기재에 해당된다. 그러나 그것이 객관적으로 존재하는 사실이고 이에 취소사유에 해당되는 하자가 있을 뿐인 경우에는 **그 취소 전에** 그 사실의 내용이 공정증서원본에 기재된 이상, 그 기재가 공정증서원본불실기재죄를 구성하지 않는다. [2] 주주총회의 소집절차

등에 관한 하자가 주주총회결의의 취소사유에 불과하여 **그 취소 전에** 주주총회의 결의에 따른 감사변경등기를 한 것이 공정증서원본불실기재죄를 구성하지 않는다.

6-2 [대판 2008도1044] [1] 주식회사의 임시주주총회가 법령 및 정관상 요구되는 이사회의 결의 및 소집절차 없이 이루어졌다 하더라도, 주주명부상의 **주주 전원이 참석하여 총회를 개최하는 데 동의하고 아무런 이의 없이 만장일치로 결의가 이루어졌다면** 그 결의는 특별한 사정이 없는 한 유효하다. [2] 피고인이 주식회사 원명의 주주 전원의 위임을 받아 기존 이사 및 감사를 해임하고 새로운 이사 및 감사를 선임한 내용의 결의가 있었던 것으로 임시주주총회 의사록을 작성한 이상, 비록 피고인이 적법한 주주총회 소집절차를 거치지 않았을 뿐 아니라 실제로 **주주총회를 개최하지도 않았지만 주주 전원의 의사에 따라 그 내용의 유효한 결의가** 있었던 것으로 볼 것이고, 따라서 그 결의에 따른 공소사실 기재 각 등기는 실체관계에 부합하는 것으로 이를 불실의 사항을 기재한 등기라고 할 수 없다.

7 [대판 2006도8488] 주식회사의 신주발행의 경우 신주발행에 법률상 무효사유가 존재한다고 하더라도 그 무효는 신주발행무효의 소에 의해서만 주장할 수 있고, 신주발행무효의 판결이 확정되더라도 그 판결은 장래에 대하여만 효력이 있으므로(상법 제429조, 제431조 제1항), 그 **신주발행이 판결로써 무효로 확정되기 이전에** 그 신주발행사실을 담당 공무원에게 신고하여 공정증서인 법인등기부에 기재하게 하였다고 하여 그 행위가 공무원에 대하여 허위신고를 한 것이라거나 그 기재가 불실기재에 해당하는 것이라고 할 수는 없다.

8 [대판 2001도5414] [**허위의 채권을 양도한다는 취지의 공정증서를 작성하게 한 행위가 공정증서원본불실기재에 해당하는지 여부(소극)**] 공증인이 채권양도·양수인의 촉탁에 따라 그들의 진술을 청취하여 채권의 양도·양수가 진정으로 이루어짐을 확인하고 채권양도의 법률행위에 관한 공정증서를 작성한 경우 그 공정증서가 증명하는 사항은 채권양도의 법률행위가 진정으로 이루어졌다는 것일 뿐 그 공정증서가 나아가 양도되는 채권이 진정하게 존재한다는 사실까지 증명하는 것으로 볼 수는 없으므로, **양도인이 허위의 채권에 관하여 그 정을 모르는 양수인과 실제로 채권양도의 법률행위를 한 이상**, 공증인에게 그러한 채권양도의 법률행위에 관한 공정증서를 작성하게 하였다고 하더라도 그 공정증서가 증명하는 사항에 관하여는 불실의 사실을 기재하게 하였다고 볼 것은 아니고, 따라서 공정증서원본불실기재죄가 성립한다고 볼 수 없다.

9 [대판 96도233] 피고인과 매도인과의 사이에 매매계약이 이루어졌고 그 계약금과 대부분의 중도금이 지급되었으며 매도인이 법무사에게 소유권이전등기에 필요한 서류 일체를 맡기고 나중에 잔금지급이 되면 그 등기신청을 하도록 위임하였는데, 피고인이 법무사를 기망하였고 그가 피고인에게 기망당하여 잔금이 모두 지급된 것으로 잘못 알고 등기신청을 하여 그 소유권이전등기를 경료한 것이라면 위 **법무사의 등기신청 행위에 하자가 있다고 할 수는 있으나(위 신청이 무효라고는 할 수 없다)**, 위 소유권이전등기의 원인이 되는 법률관계인 매매 내지는 물권적 합의가 객관적으로 존재하지 아니하는 것이라고는 할 수 없으니, 피고인이 위 법무사를 통하여 등기공무원에게 허위의 사실을 신고하여 등기부에 불실의 사실을 기재하게 한 것이라고는 할 수 없다.

법인등기: 1인회사
10-1 [대판 95도2817] 1인주주회사에 있어서는 그 **1인주주의 의사가 바로 주주총회 및 이사회의 결의로서** 1인주주는 타인을 이사 등으로 선임하였다 하더라도 **언제든지 해임할 수 있으므로**, 1인주주인 피고인이 특

정인과의 합의가 없이 주주총회의 소집 등 상법 소정의 형식적인 절차도 거치지 않고 특정인을 이사의 지위에서 해임하였다는 내용을 법인등기부에 기재하게 하였다고 하더라도 공정증서원본에 불실의 사항을 기재케 한 것이라고 할 수는 없다.

10-2 [비교판례] [대판 92도1564] 이른바 (가) 1인회사에 있어서 **1인주주의 의사는 바로 주주총회나 이사회의 의사와 같은 것**이어서 가사 주주총회나 이사회의 결의나 그에 의한 임원변경등기가 불법하게 되었다 하더라도 그것이 1인주주의 의사에 합치되는 이상 이를 가리켜 의사록을 위조하거나 불실의 등기를 한 것이라고는 볼 수 없다 하겠으나 한편 (나) **임원의 사임서나 이에 따른 이사사임등기**는 위와 같은 주주총회나 이사회의 결의 또는 1인주주의 의사와는 무관하고 오로지 당해 임원의 의사에 따라야 하는 것이므로 당해 임원의 의사에 기하지 아니한 사임서의 작성이나 이에 기한 등기부의 기재를 하였다면 이는 사문서위조 및 **공정증서원본불실기재의 죄책을 면할 수 없다.**

11 [대판 95도2468] [1] 공정증서원본부실기재죄는 허위신고에 의하여 부실의 사실을 기재한다는 점에 대한 인식이 있을 것을 요하는 고의범이므로 객관적으로 부실의 기재가 있다 하여도 **그에 대한 인식이 없는 경우**에는 본죄가 성립하지 않는다. [2] 피고인이 자신의 부친이 적법하게 취득한 토지인 것으로 알고 실체관계에 부합하게 하기 위하여 소유권보존등기를 경료한 경우 등기 **당시 부실기재의 점에 대한 고의 내지는 인식이 없었다고 보아** 공정증서원본부실기재 및 동 행사죄가 성립하지 않는다.

위장이혼과 위장결혼

12-1 [대판 95도448] [위장이혼의 경우] [1] **협의상 이혼**의 의사표시가 기망에 의하여 이루어진 것일지라도 그것이 취소되기까지는 유효하게 존재하는 것이므로, 협의상 이혼의사의 합치에 따라 이혼신고를 하여 호적에 그 협의상 이혼사실이 기재되었다면, 이는 공정증서원본불실기재죄에 정한 불실의 사실에 해당하지 않는다. [2] 협의상 이혼이 가장이혼으로서 무효로 인정되려면 누구나 납득할 만한 특별한 사정이 인정되어야 하고, 그렇지 않으면 이혼당사자 간에 일시적으로나마 법률상 적법한 이혼을 할 의사가 있었다고 보는 것이 이혼신고의 법률상 및 사실상의 중대성에 비추어 상당하다. [3] 피고인이 공소외인와 협의 없이 일방적으로 이혼신고를 하였다거나 또는 실제로는 이혼할 의사가 없음에도 위 공소외인와 통모하여 형식적으로만 협의상 이혼을 한 것이라고 보기 어렵고, 오히려 피고인과 위 공소외인에게는 **일시적으로나마** 호적상 이혼신고를 하여 법률상 부부관계를 해소할 의사의 합치가 있었다고 보여지므로, 그 이혼신고를 무효라고 할 수 없다.

12-2 [비교판례] [대판 96도2049] [위장결혼의 경우] 피고인들이 중국 국적의 조선족 여자들과 **참다운 부부관계를 설정할 의사 없이** 단지 그들의 **국내 취업을 위한 입국을 가능하게 할 목적으로 '형식상 혼인'하기로 한 것**이라면, 피고인들과 조선족 여자들 사이에는 혼인의 계출에 관하여는 의사의 합치가 있었으나 참다운 부부관계의 설정을 바라는 효과의사는 없었다고 인정되므로 피고인들의 혼인은 우리나라의 법에 의하여 혼인으로서의 실질적 성립요건을 갖추지 못하여 그 효력이 없고, 따라서 피고인들이 중국에서 중국의 방식에 따라 혼인식을 거행하였다고 하더라도 우리나라의 법에 비추어 그 효력이 없는 혼인의 신고를 한 이상 피고인들의 행위는 공정증서원본불실기재 및 동행사죄의 죄책을 면할 수 없다. **cf)** 같은 맥락에서 위장결혼으로 취득한 대한민국 국적을 인적 사항으로 기재하여 여권을 발급받은 경우에도 여권불실기재죄(법228 ②)가 성립한다(대판 2020도12239).

13 [대판 91도1164] 피고인이 부동산에 관하여 **가장매매를 원인으로 소유권이전등기를 경료하였더라도**, 그 당사자 사이에는 **소유권이전등기를 경료시킬 의사는 있었다고 할 것이므로** 공정증서원본불실기재죄 및 동행사죄는 성립하지 않고, 또한 등기의무자와 등기권리자(피고인)간의 소유권이전등기신청의 합의에 따라 소유권이전등기가 된 이상, 등기의무자 명의의 소유권이전등기가 원인이 무효인 등기로서 피고인이 그 점을 알고 있었다고 하더라도, 특별한 사정이 없는 한 바로 피고인이 등기부에 불실의 사실을 기재하게 하였다고 볼 것은 아니다.

실체부합 등기의 경우

14-1 [대판 86도864] 피고인이 그가 점유하고 있는 토지에 대하여 매매를 원인으로 하는 소유권이전등기소송을 제기하여서 **의제자백**[3]에 의한 승소판결을 받아 경료된 피고인 명의의 소유권이전등기가 **비록 절차상의 하자가 있다 하더라도** 점유에 의한 소유권취득시효가 완성함으로써 결국 위 소유권이전등기가 **실체적 권리관계에 부합**하는 유효한 등기라고 한다면 위의 소송에 있어서 피고인에게 위 토지를 편취하려는 범의가 있었다고 볼 수 없고 또한 위와 같이 경료된 등기 역시 불실의 등기라고도 할 수 없다.

14-2 [대판 81도1702] 피고인이 **사망한 부동산등기 명의인을 상대로** 매매를 원인으로 하는 소유권이전등기절차 이행청구의 소를 제기하여 의제자백에 의한 승소판결을 받고 이에 기하여 피고인 명의로 소유권이전등기를 경료하였다고 하여도 동 등기가 **실체적 권리관계에 부합**하는 유효한 등기라면 그 등기원인이 다르다 하여도 형사상 부실의 등기라고 할 수 없다.

15-1 [대판 84도2461] 근저당설정등기는 등기권리자인 채권자와 등기의무자인 근저당권설정자와의 합의를 기초로 이루어지는 것이므로 설사 등기의 편의상 진정한 채무자가 아닌 제3자를 채무자로 등기부상 등재케 하였다 하더라도 **그것이 계약당사자간의 합의에 의하여** 이루어진 것이라면 당사자 사이에 이와 같은 등기를 경료하게 할 의사가 있었던 것이므로 이 경우 공정증서원본불실기재죄는 성립되지 않는다.

15-2 [대판 82도39] 부동산의 소유자로 하여금 근저당권자를 자금주라고 믿도록 속여서 근저당권설정등기를 경료케 한 경우라도 **정당한 권한 있는 자에 의하여** 작성된 문서를 제출하여 그 등기가 이루어진 것이라면 당사자의 의사에 합치되는 등기라 할 것이므로 공정증서원본 불실기재죄가 성립하지 않는다.

법원의 촉탁에 의하여 불실의 기재가 이루어진 경우

16-1 [대판 83도2442] 공정증서원본불실기재죄에 있어서의 불실의 기재는 당사자의 허위신고에 의하여 이루어져야 하므로 **법원의 촉탁에 의하여 이루어진 경우에는** 가령 그 전제절차에 허위적 요소가 있다 하더라도 그것은 법원의 촉탁에 의하여 이루어진 것이지 당사자의 허위신고에 의하여 이루어진 것이 아니므로 공정증서원본불실기재죄를 구성하지 않는다.

---

3) **의제자백**이란 당사자가 상대방의 주장사실을 자진하여 자백하지 않아도 명백히 다투지 아니하거나 당사자의 일방이 기일에 불출석하거나 답변서제출의무기간 내 답변서를 부제출한 경우 그 사실을 자백한 것으로 간주하는 것이다. 자백간주라고도 한다. **민사소송법 제150조(자백간주)** ① 당사자가 변론에서 상대방이 주장하는 사실을 명백히 다투지 아니한 때에는 그 사실을 자백한 것으로 본다. 다만, 변론 전체의 취지로 보아 그 사실에 대하여 다툰 것으로 인정되는 경우에는 그러하지 아니하다. ② 상대방이 주장한 사실에 대하여 알지 못한다고 진술한 때에는 그 사실을 다툰 것으로 추정한다. ③ 당사자가 변론기일에 출석하지 아니하는 경우에는 제1항의 규정을 준용한다. 다만, 공시송달의 방법으로 기일통지서를 송달받은 당사자가 출석하지 아니한 경우에는 그러하지 아니하다.

16-2 [대판 74도568] 허위의 공정증서에 기한 피고인의 강제경매신청에 의하여 본건 부동산에 관하여 1969.4.29자로 같은달 25 서울민사지방법원의 강제경매개시결정을 원인으로 하는 경매신청등기가 경료되어 있는 사실을 인정하고 위 경매신청등기는 **법원의 직권촉탁에 의하여 경료된 것**이며 피고인의 허위신고에 의하여 경료된 것이 아니므로 위 피고인의 본건 강제경매신청에 관한 소위는 공정증서원본불실기재죄를 구성하지 아니하며 따라서 동 행사죄도 구성하지 않는다.

17 [대판 80도1323] 비록 **당사자들의 합의가 없이** 경료된 소유권이전등기라 할지라도(이 사건의 경우는 명의신탁해지 원인이면서도 매매를 원인으로 한 이전등기 방법으로) 그것이 **민사실체법상의 권리관계에 부합**되어 유효인 등기라 할 수 있는 경우에는 형사상으로도 이러한 등기가 사실관계와 다른 이른 바 불실의 등기라고는 볼 수 없다.

18 [대판 66도1682] 정당하게 취득한 건물 소유권에 대한 소유권이전등기를 경유함에 있어서 관계 당사자들의 동의를 얻지 않고 함부로 피고인 앞으로 **중간생략의 소유권이전등기**4)를 경유하였다 하여 공정증서원본부실기재죄에 해당한다 할 수 없다.

19 [대판 65도592] 등기원인이 **실제는 명의신탁인데 '매매'라고 기재**하였다 하더라도 공정증서원본부실기재죄에 해당하지 않는다.

공정증서원본불실기재죄 성립을 긍정한 사례

20 [대판 2017도21783] 총 주식을 한 사람이 소유한 이른바 1인 회사와 달리, 주식의 소유가 실질적으로 분산되어 있는 주식회사의 경우, 실제의 소집절차와 결의절차를 거치지 아니한 채 주주총회의 결의가 있었던 것처럼 주주총회 의사록을 허위로 작성한 것이라면, 설사 1인이 총 주식의 대다수를 가지고 있고 그 지배주주에 의하여 의결이 있었던 것으로 주주총회 의사록이 작성되어 있다 하더라도, 도저히 그 결의가 존재한다고 볼 수 없을 정도로 **중대한 하자가 있는 때에 해당하여**, 그 주주총회의 결의는 부존재하다고 보아야 한다.

21-1 [대판 2014도2415] 실제로는 채권·채무관계가 존재하지 않는데도 **허위의 채무를 가장**하고 이를 담보한다는 명목으로 **'허위'의 근저당권설정등기를 마친 것**이라면 등기공무원에게 허위신고를 하여 등기부에 불실의 사실을 기재하게 한 때에 해당하므로 공정증서원본 등의 불실기재죄 및 불실기재공정증서원본 등의 행사죄가 성립한다.

21-2 [대판 2008도7836] 실제로는 채권·채무관계가 존재하지 아니함에도 공증인에게 허위신고를 하여 가장된 금전채권에 대하여 집행력이 있는 공정증서원본을 작성하고 이를 비치하게 한 것이라면 공정증서원본부실기재죄 및 부실기재공정증서원본행사죄의 죄책을 면할 수 없다고 할 것이다.

---

4) **중간생략등기**란 부동산 등을 전매한 경우 제1매수인이 자신의 이름으로 이전등기를 한 후 제2매수인에게 이전등기를 하지 않고, 바로 매도인으로부터 제2매수인으로 이전등기를 하는 것을 말한다.

22-1 [대판 2009도5786] 발행인과 수취인이 **통모하여** 진정한 어음채무 부담이나 어음채권 취득에 관한 의사 없이 단지 발행인의 채권자에게서 채권 추심이나 강제집행을 받는 것을 회피하기 위하여 **형식적으로만 약속어음의 발행을 가장한 경우** 이러한 어음발행행위는 **통정허위표시로서 무효**이므로, 이와 같이 발행인과 수취인 사이에 통정허위표시로서 무효인 어음발행행위를 공증인에게는 마치 진정한 어음발행행위가 있는 것처럼 허위로 신고함으로써 공증인으로 하여금 어음발행행위에 대하여 집행력 있는 어음공정증서원본을 작성케 하고 이를 비치하게 하였다면, 이러한 행위는 공정증서원본불실기재 및 불실기재공정증서원본행사죄에 해당한다고 보아야 한다.

22-2 [비교판례][대판 75도331] [**공증인이 사서증서의 인증을 한 경우**에 형법 228조 1항 소정의 공정증서원본불실기재죄의 성부] 사서증서에 대한 공증인의 인증은 당사자로 하여금 공증인의 면전에서 사서증서에 서명 또는 날인하게 하거나 사서증서의 서명 또는 날인을 본인이나 그 대리인으로 하여금 인증하게 한 후 그 사실을 증서에 기재함으로서 동 증서의 성립에 대한 증명력을 높여주려는 것에 불과한 것이므로 공증인이 이러한 사서증서의 인증을 하였다 하여 동 증서가 형법 228조 1항 소정의 공정증서원본불실기재죄가 성립하지 아니한다.

교회의 결의

23-1 [대판 2008도3198] 지교회가 소속된 교단의 헌법상 지교회의 부동산을 특정 재단법인 앞으로 등기하도록 하는 규정이 있다고 하더라도, 지교회의 대표자가 **총회의 결의 없이** 지교회 교인들의 총유에 속하는 교회 부지 및 건물을 위 재단법인 앞으로 소유권이전등기를 마친 행위는 공정증서불실기재죄를 구성한다.

23-2 [대판 2005도3772] 교회의 교인들 간에 갈등이 심화되어 교회가 분열된 후에 **일방의 교회가 타방의 교회를 배제한 채 소집·개최한 당회**에서 교회 재산인 부동산을 총회유지재단에 증여하기로 하는 내용의 결의를 하고 등기공무원에게 위 결의에 따른 취지의 등기신청을 하여 위 부동산에 관하여 증여를 원인으로 한 소유권이전등기를 마친 사안에서, 위 당회의 결의가 그 소집 및 결의절차가 부적법하다는 이유로 공정증서원본불실기재죄 및 동행사죄가 성립한다고 한 원심의 판단을 수긍한 사례.

23-3 [대판 91도276] 교회가 소유하는 재산은 다른 특별한 정함이 없으면 그 교회교도의 총유에 속한다고 할 것이고 교도들이 분열되어 파쟁을 하는 경우라도 위 이치는 변할 수 없는 것이므로 피고인이 당회장 등과 **공모하여 자기파 교도의 결의만으로 교회의 재산을 교회가 당회장에게 명의신탁한 것 같이 꾸며** 매매를 원인으로 한 소유권이전등기를 마쳤다면 교회의 명의신탁이 없었음에도 불구하고 명의신탁이 있었던 것 같은 부실의 등기를 한 것이 명백하므로 피고인은 공정증서원본부실기재등죄의 공범에 해당한다.

24 [대판 2005도9922] 토지거래 허가구역 안의 토지에 관하여 **실제로는 '매매계약'을 체결하고서도 처음부터 토지거래허가를 '잠탈'하려는 목적으로 등기원인을 '증여'로 하여** 소유권이전등기를 경료한 경우, 비록 매도인과 매수인 사이에 실제의 원인과 달리 '증여'를 원인으로 한 소유권이전등기를 경료할 의사의 합치가 있더라도, 허위신고를 하여 공정증서원본에 불실의 사실을 기재하게 한 때에 해당한다.

25 [대판 2005도9402] 부동산 매수인이 매도인과 사이에 부동산의 소유권이전에 관한 **물권적 합의가 없**는 상태에서, 소유권이전등기신청에 관한 대리권이 없이 단지 소유권이전등기에 필요한 서류를 보관하고 있을 뿐인 **법무사를 기망하여 매수인 명의의 소유권이전등기를 신청하게 한 경우**, 이는 단지 소유권이전등기

신청절차에 하자가 있는 것에 불과한 것이 아니라 허위의 사실을 신고한 것이라고 보아야 하고, 위 소유권이전등기는 **원인무효의 등기**로서 불실기재에 해당한다는 이유로, 공정증서원본불실기재죄가 성립한다.

26 [대판 2005도4910] [종중의 대표자가 종중총회의 결의 없이 종중재산인 부동산에 근저당권설정등기를 마친 행위가 공정증서원본불실기재죄에 해당한다고 본 사례] 공정증서원본불실기재죄는 공무원에 대하여 허위신고를 함으로써 공정증서원본에 불실의 사실을 기재하게 하는 경우에 성립하는바, 공정증서원본에 기재된 사항이 부존재하거나 외관상 존재한다고 하더라도 무효에 해당되는 하자가 있다면 그 기재는 불실기재에 해당한다고 할 것이며, 종중 소유의 재산은 종중원의 **총유**에 속하는 것이므로 그 관리 및 처분에 관하여 먼저 종중규약에 정하는 바가 있으면 이에 따라야 하고 그 점에 관한 종중규약이 없으면 종중총회의 결의에 의하여야 하므로, 비록 종중의 대표자에 의한 종중재산의 처분이라고 하더라도 그러한 절차를 거치지 아니한 채 한 행위는 무효라 할 것이다.

27 [대판 2005도4790] [부동산에 관한 종중 명의의 등기에 있어서 '허위'의 종중 대표자 기재가 공정증서원본불실기재죄의 대상이 되는 불실의 기재에 해당하는지 여부(적극)] 비록 종중 소유의 부동산은 종중 총회의 결의를 얻어야 유효하게 처분할 수 있다 하더라도 거래 상대방으로서는 부동산등기부상에 표시된 종중 대표자를 신뢰하고 거래하는 것이 일반적이라는 점 등에 비추어 보면, **종중 대표자의 기재는 당해 부동산의 처분권한과 관련된 중요한 부분의 기재**로서 이에 대한 공공의 신용을 보호할 필요가 있으므로 이를 허위로 등재한 경우에는 공정증서원본불실기재죄의 대상이 되는 불실의 기재에 해당한다.

납입가장행위

28 [대판 2003도7645 전원합의체] 상법 제628조 제1항 소정의 **납입가장죄**는 회사의 자본충실을 기하려는 법의 취지를 유린하는 행위를 단속하려는 데 그 목적이 있는 것이므로, 당초부터 진실한 주금납입으로 회사의 자금을 확보할 의사 없이 형식상 또는 일시적으로 주금을 납입하고 이 돈을 은행에 예치하여 납입의 외형을 갖추고 주금납입증명서를 교부받아 설립등기나 증자등기의 절차를 마친 다음 바로 그 납입한 돈을 인출한 경우에는, 이를 회사를 위하여 사용하였다는 특별한 사정이 없는 한 실질적으로 회사의 자본이 늘어난 것이 아니어서 **납입가장죄 및 공정증서원본불실기재죄와 불실기재공정증서원본행사죄가 성립**하고, 다만 납입한 돈을 곧바로 인출하였다고 하더라도 그 인출한 돈을 회사를 위하여 사용한 것이라면 자본충실을 해친다고 할 수 없으므로 주금납입의 의사 없이 납입한 것으로 볼 수는 없고, 한편 주식회사의 설립업무 또는 증자업무를 담당한 자와 주식인수인이 사전 공모하여 주금납입취급은행 이외의 제3자로부터 납입금에 해당하는 금액을 차입하여 주금을 납입하고 납입취급은행으로부터 납입금보관증명서를 교부받아 회사의 설립등기절차 또는 증자등기절차를 마친 직후 이를 인출하여 위 차용금채무의 변제에 사용하는 경우, 위와 같은 행위는 실질적으로 회사의 자본을 증가시키는 것이 아니고 등기를 위하여 납입을 가장하는 편법에 불과하여 주금의 납입 및 인출의 전과정에서 회사의 자본금에는 실제 아무런 변동이 없다고 보아야 할 것이므로, 그들에게 회사의 돈을 임의로 유용한다는 불법영득의 의사가 있다고 보기 어렵다 할 것이고, 이러한 관점에서 상법상 납입가장죄의 성립을 인정하는 이상 회사 자본이 실질적으로 증가됨을 전제로 한 **업무상횡령죄가 성립한다고 할 수는 없다.**

29-1 [대판 2001도3959] 소유권보존등기나 소유권이전등기에 절차상 하자가 있거나 등기원인이 실제와

다르다 하더라도 그 등기가 실체적 권리관계에 부합하게 하기 위한 것이거나 실체적 권리관계에 부합하는 유효한 등기인 경우에는 공정증서원본불실기재 및 동행사죄가 성립되지 않는다고 할 것이나, **이는 등기 경료 당시를 기준으로 그 등기가 실체권리관계에 부합하여 유효한 경우에 한정되는 것이고**, 등기 경료 당시에는 실체권리관계에 부합하지 아니한 등기인 경우에는 사후에 이해관계인들의 **동의 또는 추인 등의 사정으로** 실체권리관계에 부합하게 된다 하더라도 공정증서원본불실기재 및 동행사죄의 성립에는 아무런 영향이 없다.

29-2 [대판 99도202] 사문서위조나 공정증서원본 불실기재가 성립한 후, **사후에 피해자의 동의 또는 추인 등의 사정으로** 문서에 기재된 대로 효과의 승인을 받거나, 등기가 실체적 권리관계에 부합하게 되었다 하더라도, 이미 성립한 범죄에는 아무런 영향이 없다.

30-1 [대판 97도605] 근저당권은 근저당물의 소유자가 아니면 설정할 수 없으므로 타인의 부동산을 자기 또는 제3자의 소유라고 허위의 사실을 신고하여 소유권이전등기를 경료한 후 나아가 **그 부동산이 자기 또는 당해 제3자의 소유인 것처럼 가장**하여 그 부동산에 관하여 자기 또는 당해 제3자 명의로 채권자와의 사이에 근저당권설정등기를 경료한 경우에는 공정증서원본불실기재 및 동행사죄가 성립한다.

30-2 [비교판례] [대판 84도2461] 근저당설정등기는 등기권리자인 채권자와 등기의무자인 근저당권설정자와의 합의를 기초로 이루어지는 것이므로 **설사 등기의 편의상 진정한 채무자가 아닌 제3자를 채무자로 등기부상 등재케 하였다** 하더라도 그것이 계약당사자간의 합의에 의하여 이루어진 것이라면 당사자 사이에 이와 같은 등기를 경료하게 할 의사가 있었던 것이므로 이 경우 공정증서원본불실기재죄는 성립되지 않는다.

31 [대판 95도1967] 법원을 기망하여 승소확정판결을 받아 이에 기해 등기신청한 경우, 등기부의 기재가 확정판결에 의하여 되었다 하더라도 피고인이 그 확정판결의 내용이 진실에 반하는 것임을 알면서 이에 기하여 등기공무원에게 등기신청을 하는 것은 형법 제228조의 소위 공무원에 대하여 허위신고를 하는 것에 해당한다.

32 [대판 93도1091] **공동대표이사로 법인등기를 하기로 하여** 이사회의사록 작성 등 그 등기절차를 위임받았음에도 단독대표이사 선임의 이사회의사록을 작성하여 **단독대표이사로 법인등기한 행위**가 사문서위조, 동행사, 공정증서원본불실기재, 동행사의 죄에 해당한다.

33 [대판 83도188] **법원을 기망하여 승소판결**을 받고 그 확정판결에 의하여 **소유권이전등기를 경료**한 경우에는 사기죄와 별도로 공정증서원본 불실기재죄가 성립하고 양 죄는 실체적 경합범 관계에 있다.

34 [대판 80도2641] [1인 회사의 1인 주주의 의사에 합치되나 **당해 이사의 의사에 기하지 않은 이사 사임등기**와 공정증서원본불실기재죄의 성부(적극)] 1인 주주의 의사는 주주총회와 이사회의 의사와 같으므로 주주총회나 이사회의 결의에 의해야 할 임원변경등기가 불법하게 되었더라도 1인 주주의 의사와 합치되는 이상 불실등기라고 볼 수는 없으나, 임원이 스스로 사임한 데에 따른 이사사임등기는 주주총회나 이사회의 결의 내지 1인 주주의 의사와는 무관하고 오로지 당해 임원의 의사에 기하는 것이므로 당해 이사의 의사에 기하지 않은 이사사임등기가 1인 주주의 의사에 합치된다고 하여 불실등기가 아니라고 할 수 없다.

35 [대판 76도1709] 형법 228조 제2항 소정의 **면허장**에 해당하는 이 사건 자격증이 피고인들의 **허위신고**

로 **말미암아** 침사의 자격이 인정될 수 없는 사람들에게 "침사의 자격을 인정함"이라고 기재하게 된 것이라면 이 기재 자체가 바로 불실의 사실에 해당한다고 할 것이다.

36 [대판 68도1596] 이미 사망한 사람의 문서를 함부로 작성하여 등기공무원에게 제출하여 그로 하여금 **부동산등기부에 사망한 사람 명의로 소유권보존등기**의 사유를 기재케 한 행위는 사망한 사람이 권리의무의 주체가 될 수 없고 따라서 사망자 앞으로의 소유권보존등기가 실체관계에 부합되는 유효한 등기로 볼 수 없는 바이므로 위 행위를 공정증서원본부실기재죄로 처단한 조치는 정당하다.

107 허위공문서작성죄와 간접정범의 성부

* 대법원 1992. 1. 17. 선고 91도2837 판결
* 참조조문: 형법 제227조,[1] 제228조,[2] 제33조[3]

공무원 아닌 자가 공문서작성을 보좌하는 공무원과 공모하여 허위의 문서초안을 상사에게 제출하여 결재케 함으로써 허위 공문서를 작성케 한 경우, 간접정범의 공범으로서의 죄책을 지는가?

●**사실**● 피고인 X는 1990.4.7.자 향토예비군훈련을 받은 사실이 없음에도 불구하고 소속 예비군동대 방위병인 Y에게 위 날짜에 예비군훈련을 받았다는 내용의 확인서를 발급하여 달라고 부탁하였다. 이에 Y는 **작성권자인 예비군 동대장** Z에게 그 사실을 보고하여 그로부터 X가 예비군훈련에 참가한 여부를 확인한 후 확인서를 발급하도록 지시를 받고서는 미리 예비군 동대장의 직인을 찍어 보관하고 있던 예비군훈련확인서용지에 X의 성명 등 인적사항과 부탁받은 훈련일자 등을 기재하여 X에게 교부하였다.

제1심과 원심은 허위공문서작성죄의 주체는 그 문서작성권한이 있는 공무원이나 그 문서의 전결권을 위임받은 자로 제한되는 것이고 예외적으로 그 문서작성권한이 있는 공무원을 보조하는 지위에 있는 공무원이 허위의 신고나 보고를 하여 작성권한이 있는 공무원으로 하여금 허위의 문서를 작성하게 한 경우에는 허위공문서작성죄의 간접정범이 성립될 수 있으나 공무원이 아니면서 이와 공모한 자에 대하여는 허위공문서작성죄의 본질 및 그 구성요건의 정형성에 비추어 그에 대한 공범은 성립되지 아니한다하여 Y의 행위가 허위공문서작성죄의 간접정범에 해당하는지 여부에 관계없이 **공무원이 아닌 X**에 대하여는 본죄의 공범으로서의 죄책을 물을 수 없다고 판시함으로써, X에 대한 공소사실 중 허위공문서작성 및 동행사 부분에 대하여 **무죄를 선고**하였다.

●**판지**● 파기환송. 「공문서의 작성권한이 있는 공무원의 직무를 보좌하는 자가 그 직위를 이용하여 행사할 목적으로 허위의 내용이 기재된 문서 초안을 그 정을 모르는 상사에게 제출하여 결재하도록 하는 등의 방법으로 작성권한이 있는 공무원으로 하여금 허위의 공문서를 작성하게 한 경우에는 **간접정범이 성립되고 이와 공모한 자 역시 그 간접정범의 공범으로서의 죄책을 면할 수 없는 것**이고, 여기서 말하는 공범은 반드시 공무원의 신분이 있는 자로 한정되는 것은 아니라고 할 것이다」.

●**해설**● 1 허위공문서작성죄는 "공무원이 행사할 목적으로 그 직무에 관한 허위문서 또는 도화를 작성하거나 변작한" 경우에 성립한다. 형법은 특별한 경우가 아닌 한 원칙적으로 문서의 무형위조[4]를 처

---

1) 형법 제227조(허위공문서등의 작성) **공무원이 행사할 목적으로** 그 직무에 관한 허위문서 또는 도화를 작성하거나 변작한 때에는 **10년 이하의 징역**에 처한다.
2) 형법 제228조(공정증서원본등의 부실기재) ① 공무원에 대하여 **허위신고를 하여** 공정증서원본 또는 이와 동일한 전자기록 등 특수매체기록에 **부실의 사실**을 기재 또는 기록하게 한 자는 **5년 이하의 징역 또는 1천만원 이하의 벌금**에 처한다. ② 공무원에 대하여 허위신고를 하여 **면허증, 허가증, 등록증 또는 여권**에 부실의 사실을 기재하게 한 자는 3년 이하의 징역 또는 700만원 이하의 벌금에 처한다.
3) 형법 제33조(공범과 신분) 신분이 있어야 성립되는 범죄에 신분 없는 사람이 가담한 경우에는 그 신분 없는 사람에게도 제30조부터 제32조까지의 규정을 적용한다. 다만, 신분 때문에 형의 경중이 달라지는 경우에 신분이 없는 사람은 무거운 형으로 벌하지 아니한다.
4) **무형위조**는 내용이 진실에 반하는 것으로 문서명의자와 실제 문서작성자가 일치하지만 문서의 내용이 허위인 경우를 말한다. 이에 반해 **유형위조**는 문서의 명의자와 실제 문서의 작성자가 일치하지 않는 형태의 위조를 말한다.

벌하지 아니하고 있음에도 공문서에 대하여는 특히 신용을 두텁게 보호하기 위하여 형법 제227조를 규정하고 있다. 본죄의 보호법익은 '**공문서 내용의 진실성에 대한 공공의 신용**'이다.

2 허위공문서작성죄는 **진정신분범**이다. 따라서 공무원이라는 신분을 가진 자만이 범죄가 성립된다. 문제는 본죄를 간접정범의 형태로 범할 수 있는가이다. 먼저 ① **비공무원**이 공무원을 도구로 이용하여 본죄를 범할 수 있는지 문제된다. 법원은 이 경우 「공무원 아닌 자가 허위공문서작성의 간접정범인 때에는 본법 제228조(공정증서원본 등의 부실기재)의 경우 이외에는 이를 처벌하지 아니한다」(대판 70도1044). 즉 판례는 **원칙적으로 비신분자에 의한 허위공문서작성죄의 간접정범을 부인**한다.

3 다음으로 ② 작성권한은 없지만 그러한 작성권한이 있는 공무원의 **직무를 보좌하는 자**가 그 직위를 이용, 행사할 목적으로 그 초안한 문서에 허위내용을 기입하고, 그 사정을 모르는 상사에게 제출 결재케 함으로써 허위 공문서를 작성케 하는 경우이다. 이 경우 간접정범의 성부에 대해 (a) 긍정설과 (b) 부정설의 대립이 있다. 법원은 대상판결에서와 같이 일정한 요건 하에 **간접정범의 성립을 긍정**한다.

4 즉 「(가) 허위공문서작성죄의 주체는 그 문서를 작성할 권한이 있는 **명의인인 공무원에 한하고**, (나) 그 공무원의 **문서작성을 보조하는 직무에 종사하는 공무원**은 위 죄의 주체가 되지 못하므로 보조 공무원이 허위공문서를 기안하여 그 정을 모르는 작성권자의 결재를 받아 공문서를 완성한 때에는 **허위공문서작성죄의 간접정범이 되고**, (다) 이러한 **결재를 거치지 않고 임의로** 허위내용의 공문서를 완성한 때에는 공문서위조죄가 성립한다」(대판 81도898). 대상판결의 경우는 위와 같은 법리 하에 **간접정범의 성립을 긍정**할 뿐만 아니라 그와 공모한 자의 경우도 허위공문서작성죄의 **간접정범의 공범이 됨을 인정**하고 있다. 하지만 그 인정논거에 대해서는 별다른 설시가 없으나 **처벌의 필요성** 때문이라 생각된다.

5 다시 정리하면, 허위공문서작성죄의 간접정범은 그 문서를 작성할 권한이 있는 공무원을 ① **보조하는 자**가 ② 정을 모르는 상사에게 ③ 허위공문서를 기안하여 결재받음으로써 성립될 수 있다고 보는 것이 판례의 입장이다. 따라서 비공무원이 단독으로 직접정범이나 간접정범의 형태로 이 죄를 범할 수는 없다.

6 형법은 소위 「무형위조에 관하여서는 공문서에 관하여서만 이를 처벌할 뿐 일반 사문서의 무형위조를 인정하지 아니할 뿐 아니라(다만 형법 제233조(허위진단서작성)의 경우는 예외)공문서의 무형위조에 관하여서도 동법 제227조의 허위공문서작성의 경우 이외에 특히 공무원에 대하여 허위의 신고를 하고, 공정증서원본 면허장, 감찰, 또는 여권에 사실 아닌 기재를 하게 한 때에 한하여 동법 제228조의 경우의 처벌규정을 만들고 더구나 위 제227조의 경우의 형벌보다 **현저히 가볍게 벌하고**[5] 있음에 지나지 아니하는 점으로 보아 **공무원 아닌 자가 허위 공문서 작성의 간접정범인 때에는 동법 제228조의 경우 이외에는 이를 처벌하지 아니하는 취지로 해석함이 상당**하다」(대판 70도1044).

7 허위공문서작성죄의 보호법익   문서에 관한 죄의 보호법익은 「(가) 문서의 증명력과 문서에

---

5) 형법 제227조(허위공문서등작성)은 10년 이하의 징역이고 제228조(공정증서원본등부실기재)는 5년 이하의 징역 또는 1천만원 이하의 벌금에 처한다.

들어 있는 의사표시의 안정·신용으로, 일정한 법률관계 또는 거래상 중요한 사실에 관한 관계를 표시함으로써 증거가 될 만한 가치가 있는 문서를 그 대상으로 한다. 그중 (나) 공무소 또는 공무원이 그 직무에 관하여 진실에 반하는 허위 내용의 문서를 작성할 경우 허위공문서작성죄가 성립하고, 이는 공문서에 특별한 증명력과 신용력이 인정되기 때문에 **성립의 진정뿐만 아니라 내용의 진실까지 보호**하기 위함이다. 따라서 (다) 허위공문서작성죄의 허위는 표시된 내용과 진실이 부합하지 아니하여 그 문서에 대한 **공공의 신용을 위태롭게 하는 경우**여야 하고, 그 내용이 **허위라는 사실에 관한 피고인의 인식**이 있어야 한다」(대판 2020도9714).

8 허위공문서작성죄에 있어서 객체가 되는 문서 (1) 허위공문서작성죄에 있어서의 객체가 되는 문서는 문서상 작성명의인이 명시된 경우뿐 아니라 작성명의인이 명시되어 있지 아니하더라도 문서의 형식, 내용 등 그 문서 자체에 의하여 누가 작성하였는지를 **추지할 수 있을 정도**의 것이면 된다. 따라서 피의자신문조서 말미에 작성자의 서명, 날인이 없으나, 그 신문조서 첫머리에 작성 사법경찰리와 참여 사법경찰리의 직위와 성명을 적어 넣은 것이 있다면 그 문서 자체에 의하여 작성자를 추지할 수 있으므로 그 피의자신문조서는 허위공문서작성죄의 객체가 되는 공문서로 볼 수 있다(대판 95도2088). 그리고 (2) 허위공문서작성죄에 있어서 직무에 관한 문서라 함은 공무원이 직무권한 내에서 작성하는 문서를 말하고, 그 문서는 **대외적인 것이거나 내부적인** 것을 구별하지 아니하며, 그 직무권한이 반드시 법률상 근거가 있음을 필요로 하는 것이 아니고 명령, 내규 또는 관례에 의한 직무집행의 권한으로 작성하는 경우라도 포함되는 것이다(대판 94도3401).

9 허위공문서작성죄에 있어서의 '직무에 관한 문서'의 의의 (1) 허위공문서작성죄에 있어서의 '직무에 관한 문서'라 함은 공무원이 그 직무권한 내에서 작성하는 문서를 말하고, (2) 그 문서는 대외적인 것이거나 내부적인 것(본건의 경우 대내적인 기안문서인 예산품의서)을 구별하지 아니하며, (3) 그 직무권한이 반드시 법률상 근거가 있음을 필요로 하는 것이 아니고, 널리 명령, 내규 또는 관례에 의한 직무집행의 권한으로써 작성 하는 경우를 포함한다(대판 81도943).

Reference 1

허위공문서작성죄와 간접정범

1 [대판 2009도9963] [허위공문서작성죄의 간접정범이 성립하기 위한 요건] 허위공문서작성죄의 간접정범은 공문서의 작성권한이 있는 공무원의 직무를 보좌하는 자가 그 직위를 이용하여 행사할 목적으로 허위의 내용이 기재된 문서 초안을 그 정을 모르는 상사에게 제출하여 결재하도록 하는 등의 방법으로 작성권한이 있는 공무원으로 하여금 허위의 공문서를 작성하게 한 경우에 성립한다. 위 법리에 비추어 살펴보면, 평창군청 **산림과 소속 공무원인 피고인 1, 2는** 공모하여 원심 판시 별지 범죄일람표 기재 각 임야가 산지이용구분도 상에 준보전산지에 해당한다는 내용으로 피고인 2가 기안하고, 피고인 1이 전결한 위 각 임야에 대한 '산지이용구분 내역 통보'를 평창군청 민원봉사과에 보내어 그 정을 모르는 성명불상 **민원봉사과 소속 공무원**으로 하여금 용도지역이 전부 관리지역으로 기재된 평창군수 명의의 위 각 임야에 대한 토지이용계획확인서를 작성, 발급하게 하였고, 피고인 2가 속사리 임야에 대하여는 단독으로, 원길리 임야 및 송정리 임야에 대하여는 피고인 3, 원심공동피고인 4와 공모하여, 속사리 임야, 원길리 임야 및 송정리 임야가 산지이

용구분도 상에 준보전산지에 해당한다는 내용으로 각 '산지이용구분 내역 통보' 공문을 기안하고, 그 정을 모르는 피고인 1의 전결로 위 각 공문을 평창군청 민원봉사과로 보내어 그 정을 모르는 성명불상 민원봉사과 소속 공무원으로 하여금 용도지역이 관리지역으로 기재된 평창군수 명의의 속사리 임야, 원길리 임야 및 송정리 임야에 대한 각 토지이용계획확인서를 작성, 발급하게 하였음을 알 수 있으나, 그러한 사정만으로는 (가) 피고인 1, 2가 위 각 토지이용계획확인서의 작성권한자라고 볼 수 없을 뿐만 아니라 (나) 위 각 문서의 발급을 담당하는 민원봉사과 소속 공무원의 업무를 보조하는 직무에 종사하거나 위 각 문서의 작성을 기안하는 업무에 종사하는 지위에서 위 각 '산지이용구분 내역 통보' 공문을 보내 준 것으로 보기도 어려우므로, 피고인 1, 2를 각 허위공문서작성죄의 간접정범 내지 간접정범의 공동정범으로 볼 수는 없다고 할 것이고, 피고인 2에게 각 허위공문서작성죄의 간접정범으로서의 죄책이 인정되지 않으므로 그와 공모한 공무원 아닌 피고인 3 역시 각 허위공문서작성죄의 간접정범의 공동정범으로 처단할 수 없다 할 것이다.

2 [대판 95도1706] 경찰서 (가) 보안과장인 피고인이 갑의 음주운전을 눈감아주기 위하여 그에 대한 음주운전자 적발보고서를 찢어버리고, 부하로 하여금 일련번호가 동일한 가짜 음주운전 적발보고서에 을에 대한 음주운전 사실을 기재케 하여 (나) 그 정을 모르는 담당 경찰관으로 하여금 주취운전자 음주측정처리부에 을에 대한 (다) 음주운전 사실을 기재하도록 한 이상, 을이 음주운전으로 인하여 처벌을 받았는지 여부와는 관계없이 허위공문서작성 및 동 행사죄의 간접정범으로서의 죄책을 면할 수 없다고 본 원심판결을 수긍한 사례.

3 [대판 91도2837] (가) 공문서의 작성권한이 있는 공무원의 직무를 보좌하는 자가 그 직위를 이용하여 행사할 목적으로 허위의 내용이 기재된 문서 초안을 (나) 그 정을 모르는 상사에게 제출하여 (다) 결재하도록 하는 등의 방법으로 작성권한이 있는 공무원으로 하여금 허위의 공문서를 작성하게 한 경우에는 간접정범이 성립되고 이와 공모한 자 역시 그 간접정범의 공범으로서의 죄책을 면할 수 없는 것이고, 여기서 말하는 공범은 반드시 공무원의 신분이 있는 자로 한정되는 것은 아니라고 할 것이다.

허위공문서작성죄의 간접정범과 공문서위조죄의 구별

4-1 [대판 90도1912] 허위공문서작성죄의 주체는 직무상 그 문서를 작성할 권한이 있는 공무원에 한하고 작성권자를 보조하는 직무에 종사하는 공무원은 허위공문서작성죄의 주체가 되지 못하나 이러한 (가) 보조직무에 종사하는 공무원이 허위공문서를 기안하여 (나) 허위인 정을 모르는 작성권자에게 제출하고 그로 하여금 그 내용이 진실한 것으로 오신케 하여 (다) 서명 또는 기명날인케 함으로써 공문서를 완성한 때에는 허위공문서작성죄의 간접정범이 성립된다 할 것인바, 면의 호적계장이 정을 모른 면장의 결재를 받아 허위내용의 호적부를 작성한 경우 허위공문서작성, 동행사죄의 간접정범이 성립된다.

4-2 [대판 89도1816] 작성권한 있는 공무원의 직무를 보좌하여 공문서를 기안 또는 초안하는 직권이 있는 자가 그 직위를 이용하여 행사할 목적으로 그 직무상 기안하는 문서에 허위의 내용을 기재하고 허위인 정을 모르는 상사로 하여금 그 초안내용이 진실한 것으로 오신케 하여 서명날인케 함으로써 허위내용의 공문서를 작성토록 한 자는 소위 허위공문서작성죄의 간접정범의 죄책을 면할 수 없는 것인 바, 피고인은 제1군청 건설과 농지계 소속 토목기사보로서 1987년도 제1군내 수해복구사업중 농경지 및 수리시설의 공사계획과 준공검사에 관한 업무를 담당하던 중 그 직무상 초안하는 문서에 그 내용이 허위라는 사실을 인식하면서도 이 사건 수해복구공사비가 마치 금 30,400,000원이 소요된 것처럼 허위사실을 기재한 공사준공검사조

서 1통을 작성하고 "87. 수해복구사업준공 및 보조금지급"이라는 제목의 공문을 기안하여 **그 정을 모르는 제1군수** 갑으로 하여금 결재토록함으로써 위 군수명의의 위 공문서를 작성한 사실을 알 수 있으므로, 비록 피고인이 위 공사준공검사조서에 있어 입회자로 서명날인되어 있다 하더라도 피고인의 위 소위를 허위공문서작성죄에 문의한 원심의 조처는 옳다.

4-3 [비교판례] [대판 90도1790] [**면사무소 호적계장이 면장의 결재 없이** 허위내용의 호적정정 기재를 한 경우의 허위공문서작성죄의 성부(소극)] 형법 제227조가 규정한 허위공문서작성죄는 그 문서를 작성할 권한이 있는 공무원이 허위내용의 공문서를 작성한 경우에 성립하는 것이고 (가) 그 공무원을 **보조하는 직무에 종사하는 공무원**이 작성권한을 가진 공무원의 (나) **결재도 받지 아니하고 임의로** 허위내용의 공문서를 작성권한자 명의로 작성한 때에는 **공문서위조죄가 성립한다**고 할 것인바, 면사무소 호적계장이 면장의 결재 없이 호적의 출생년란, 주민등록번호란에 허위내용의 호적정정 기재를 한 경우에는 공문서위조 및 동행사죄를 구성하는 것은 별론으로 하고 형법 제227조가 규정한 허위공문서작성죄에 해당할 수는 없다.

4-4 [비교판례] [대판 96도424] [업무보조자인 공무원이 공문서 용지에 허위내용을 기재하고 작성권자의 직인을 날인한 경우 업무보조자인 공무원 및 중간결재인 공무원의 죄책] ●**판지**● 공문서 작성권자로부터 일정한 요건이 구비되었는지 여부를 심사하여 그 요건이 구비되었음이 확인될 경우에 한하여 작성권자의 직인을 사용하여 작성권자 명의의 공문서를 작성하라는 포괄적인 권한을 수여받은 업무보조자인 공무원이, 그 위임의 취지에 반하여 공문서 용지에 허위내용을 기재하고 그 위에 보관하고 있던 작성권자의 직인을 날인하였다면, 그 업무보조자인 공무원에게 **공문서위조죄가 성립**할 것이고, 그에게 위와 같은 행위를 하도록 지시한 중간결재자인 공무원도 **공문서위조죄의 공범**으로서의 책임을 면할 수 없다. ●**사실**● 동사무소의 사무장으로서 동장(洞長)의 업무처리를 보좌하는 공무원인 피고인들은 동장에게 이륜자동차 사용신고필증의 교부를 신청한 X 등이 이륜자동차의 실제 소유자가 아니라는 사실을 잘 알면서도 동장을 보조하여 사용신고필증의 교부를 담당하던 Y, X, Z 등에게 동장의 직인을 날인하여 허위내용의 사용신고필증을 교부하도록 지시하여 임의로 발급하여 주었다.

4-5 [비교판례] [대판 2016도13912] (가) 허위공문서작성죄의 주체는 문서를 작성할 권한이 있는 명의인인 공무원에 한하고 그 공무원의 문서작성을 보조하는 직무에 종사하는 공무원은 허위공문서작성죄의 주체가 될 수 없다. 따라서 (나) **보조 직무에 종사하는 공무원**이 허위공문서를 기안하여 허위임을 모르는 작성권자의 결재를 받아 공문서를 완성한 때에는 **허위공문서작성죄의 간접정범**이 될 것이지만, 이러한 **결재를 거치지 않고 임의로** 작성권자의 직인 등을 부정 사용함으로써 공문서를 완성한 때에는 **공문서위조죄**가 성립한다. 이는 공문서의 작성권한 없는 사람이 허위공문서를 기안하여 작성권자의 결재를 받지 않고 공문서를 완성한 경우에도 마찬가지이다. 나아가 (다) 작성권자의 직인 등을 보관하는 담당자는 일반적으로 작성권자의 결재가 있는 때에 한하여 보관 중인 직인 등을 날인할 수 있을 뿐이다. 이러한 경우 다른 공무원 등이 작성권자의 결재를 받지 않고 직인 등을 보관하는 담당자를 기망하여 작성권자의 직인을 날인하도록 하여 공문서를 완성한 때에도 **공문서위조죄가 성립**한다. ●**사실**● (1) 피고인은 2007.7.1.경부터 2012. 6. 30.경까지 이 사건 전투비행단 체력단련장 관리사장으로 근무하면서 체력단련장 시설의 관리·운영 업무를 총괄하였다. 이 사건 전투비행단은 부대 내 골프장 전동카트 설치와 관련하여 2009.8.17.경 설치 공사업체인 공소외 1 주식회사(이하 '공소외 1 회사')과 '공소외 1 회사는 이 사건 전투비행단에 전자유도 전동카트시스템을 기부 채납하되, 이 사건 전투비행단이 공소외 1 회사에 지불하는 원금상환액의 총액이 시설투자비 1,008,000,000원에 금융비용을 포함한 액수에 이를 때까지 공소외 1 회사가 체력단련장을 사용·수익한다'는 내용의 이 사건 전투비행단장 명의의 이 사건 합의서를 작성하였다. (2) 피고인은 2012.5.21.경 위 체력

단련장 사무실에서 부대복지관리위원회 심의의결 없이 컴퓨터를 이용하여 이 사건 합의서 내용 중 시설투자비 **'1,008,000,000원'**을 **'1,127,000,000원'**으로 **임의로 변경한 이 사건 수정합의서를 작성**하여 출력한 다음, 행정실에서 이 사건 전투비행단장의 결재를 받지 않았는데도 **결재를 받은 것처럼 단장 명의 직인 담당자를 기망**하여 그로 하여금 이 사건 수정합의서에 날인하도록 한 다음 이를 공소외 1 회사 대표 공소외 2에게 마치 진정하게 작성된 문서인 것처럼 교부하였다. (3) 이러한 사실들을 앞에서 본 법리에 비추어 살펴보면, 피고인이 허위의 내용이 기재된 이 사건 수정합의서를 기안하여 작성권자인 이 사건 전투비행단장의 결재를 받지 않고 이를 모르는 단장 명의 직인 담당자로부터 단장의 직인을 날인받아 이 사건 수정합의서를 완성한 행위는 형법 제225조에서 정한 **공문서위조죄에 해당**하고, 이러한 문서를 행사한 행위는 형법 제229조에서 정한 **위조공문서행사죄에 해당**한다.

5 [대판 70도2598] [공무원 아닌 자의 허위공문서 작성의 간접정범인 때에는 형법 제228조의 경우 이외에는 이를 처단하지 않는다] 공무원 아닌 자가 허위공문서작성의 간접정범일 때에는 본법 제228조의 경우를 제외하고는 이를 처단하지 못하므로 면장의 거주확인 증발급을 위한 허위사실의 신고는 죄가 되지 않는다.

Reference 2

허위공문서작성죄 성립을 부정한 판례

1 [대판 2020도9714] 파기환송. 피고인 갑이 세월호 침몰사고 진상규명을 위한 국정조사특별위원회의 국정조사(이하 '국조특위'라고 한다)절차에서 대통령비서실장으로서 증언한 후 국회의원으로부터 대통령 대면보고 시점 등에 관한 추가 서면질의를 받고, 실무 담당 행정관으로 하여금 '비서실에서는 20~30분 단위로 간단없이 유·무선으로 보고를 하였기 때문에, 대통령은 직접 대면보고 받는 것 이상으로 상황을 파악하고 있었다고 생각합니다.'라는 내용의 서면답변서(이하 '답변서'라고 한다)를 작성하여 국회에 제출하도록 함으로써 공문서를 허위로 작성·행사하였다는 내용으로 기소된 사안에서, 답변서가 대통령비서실장으로서 최종 작성권한을 갖는 피고인 갑에 의하여 대통령비서실, 국가안보실의 직무권한 범위 내에서 작성된 공문서에 해당한다고 본 원심판단은 정당하나, (가) 답변서 중 '대통령은 직접 대면보고 받는 것 이상으로 상황을 파악하고 있었다고 생각한다.'는 부분은 피고인 갑의 의견으로서 그 자체로 내용의 진실 여부를 판단할 수 있다거나 문서에 대한 공공의 신용을 위태롭게 할 만한 증명력과 신용력을 갖는다고 볼 수 없고, (나) '비서실에서 20~30분 단위로 간단없이 유·무선으로 보고를 하였다.'는 부분은 실제로 있었던 객관적 사실을 기반으로 하여 기재된 내용으로 이를 허위라고 볼 수 없으며, (다) 또한 **답변서는 그 실질이 국조특위 이후 추가된 국회 질의에 대하여 서면으로 행한 '증언'과 다를 바 없을 뿐만 아니라,** 국조특위에서 위증에 대한 제재를 감수하는 증인선서 후 증언한 것과 내용 면에서 차이가 없고, 실제 작성·제출도 자료 취합과 정리를 담당한 실무자에 의하여 기존 증언 내용 그대로 이루어졌다는 점 등에 비추어, 답변서는 피고인 갑이 국조특위 이후 추가된 국회 질의에 대하여 기존 증언과 같은 내용의 답변을 담은 문서로서 허위공문서작성죄에서 말하는 '허위'가 있다거나 그에 관한 피고인 갑의 인식이 있었다고 보기 어렵다는 이유로, 이와 달리 보아 답변서 작성 및 제출이 허위공문서작성죄 및 허위작성공문서행사죄에 해당한다고 인정한 원심판단에는 허위공문서작성죄에 관한 법리오해의 잘못이 있다.

허위와 법령적용오류의 구별

2-1 [대판 2019도18394] 파기환송. [1] 허위공문서작성죄는 공문서에 진실에 반하는 기재를 하는 때에 성립하는 범죄이므로, 공문서를 작성하는 과정에서 법령 등을 잘못 적용하거나 적용하여야 할 법령 등을 적용하지 아니한 잘못이 있더라도 그 적용의 전제가 된 사실관계에 관하여 거짓된 기재가 없다면 허위공문서작성죄가 성립할 수 없고, 이는 그와 같은 잘못이 공무원의 고의에 기한 것이라도 달리 볼 수 없다. 공문서 작성 과정에서 법령 등을 잘못 적용하였다고 하여 반드시 진실에 반하는 기재를 하여 공문서를 작성하게 되는 것은 아니므로, 공문서 작성 과정에서 법령 등의 적용에 잘못이 있다는 것과 기재된 공문서 내용이 허위인지 여부는 구별되어야 한다. [2] 지방자치단체에서 발주·시행한 교량 공사의 현장감독관인 피고인이, '지방자치단체 입찰 및 계약 집행기준'에 따르면 자재의 제작이 완료되었더라도 현장에 반입되어 시공되지 않은 이상 기성부분으로 인정할 수 없고 예외적으로 제작 공장에서 기성검사를 실시·합격한 경우에 한하여 50% 한도 내에서만 기성고 비율을 인정하여야 함에도, 현장에 반입되지 않아 그 시공이 이루어지지 않은 교량 구조물인 '주탑'이 100% 제작되었음을 전제로 공사 전체의 기성고 비율과 기성부분 준공액을 산정·기재함으로써 허위의 기성검사조서를 작성하였다는 내용으로 기소된 사안에서, 위 조서에는 위 기준 적용의 전제가 되는 사실관계, 즉 주탑 등 자재의 제작 및 현장 반입 여부, 제작 공장에서의 기성공사 실시 및 합격 여부 등에 관하여 아무런 기재가 없으므로 피고인이 위 기준 적용의 전제가 되는 사실관계에 관하여 허위로 기재할 여지가 없고, 기록상 주탑 등 자재의 제작과 운반, 조립·설치를 서로 다른 공종으로 구분하여 도급액을 정하였을 가능성이 다분한 이상 위 조서에 기재된 기성고 비율과 기성부분 준공액이 객관적 진실에 반하여 허위라고 보기도 어렵다는 이유로, 이와 달리 위 조서가 허위의 공문서에 해당한다고 본 원심판단에 허위공문서작성죄에서 '허위 작성'에 관한 법리오해의 잘못이 있다.

2-2 [대판 96도554] 허위공문서작성죄란 공문서에 진실에 반하는 기재를 하는 때에 성립하는 범죄이므로, 고의로 법령을 잘못 적용하여 공문서를 작성하였다고 하더라도 그 법령적용의 전제가 된 사실관계에 대한 내용에 거짓이 없다면 허위공문서작성죄가 성립될 수 없는바 당사자로부터 뇌물을 받고 고의로 적용하여서는 안 될 조항을 적용하여 과세표준을 결정하고 그 과세표준에 기하여 세액을 산출하였다고 하더라도, 그 세액계산서에 허위내용의 기재가 없다면 허위공문서작성죄에는 해당하지 않는다.

2-3 [대판 2000도1858] [1] 허위공문서작성죄란 공문서에 진실에 반하는 기재를 하는 때에 성립하는 범죄이므로, 고의로 법령을 잘못 적용하여 공문서를 작성하였다고 하더라도 그 법령적용의 전제가 된 사실관계에 대한 내용에 거짓이 없다면 허위공문서작성죄가 성립될 수 없다. [2] 건축 담당 공무원이 건축허가신청서를 접수·처리함에 있어 건축법상의 요건을 갖추지 못하고 설계된 사실을 알면서도 기안서인 건축허가통보서를 작성하여 건축허가서의 작성명의인인 군수의 결재를 받아 건축허가서를 작성한 경우, 건축허가서는 그 작성명의인인 군수가 건축허가신청에 대하여 이를 관계 법령에 따라 허가한다는 내용에 불과하고 위 건축허가신청서와 그 첨부서류에 기재된 내용(건축물의 건축계획)이 건축법의 규정에 적합하다는 사실을 확인하거나 증명하는 것은 아니라 할 것이므로 군수가 위 건축허가통보서에 결재하여 위 건축허가신청을 허가하였다면 위 건축허가서에 표현된 허가의 의사표시 내용 자체에 어떠한 허위가 있다고 볼 수는 없다 할 것이어서, 이러한 건축허가에 그 요건을 구비하지 못한 잘못이 있고 이에 담당 공무원의 위법행위가 개입되었다 하더라도 그 위법행위에 대한 책임을 추궁하는 것은 별론으로 하고 위 건축허가서를 작성한 행위를 허위공문서작성죄로 처벌할 수는 없다.

2-4 [비교판례] [대판 2002도4293] 폐기물관리법 제26조 제2항에 의한 폐기물처리사업계획 적합 통보서는 단순히 폐기물처리사업을 관계 법령에 따라 허가한다는 내용이 아니라, 폐기물처리업을 하려는 자가 폐

기물관리법 제26조 제1항에 따라 제출한 폐기물처리사업계획이 폐기물관리법 및 관계 법령의 규정에 적합하다는 사실을 확인하거나 증명하는 것이라 할 것이므로, 그 폐기물처리사업계획이 관계 법령의 규정에 적합하지 아니함을 알면서 적합하다는 내용으로 통보서를 작성한 것이라면 **그 통보서는 허위의 공문서라고 보지 아니할 수 없다 할 것이다.**

3 [대판 2009도9963] **군청 산림과 소속 공무원**인 피고인 甲과 乙이 공모하여 乙이 기안하고 甲이 전결한 해당 임야에 대한 허위의 '산지이용구분 내역 통보'를 **군청 민원봉사과**에 보내거나, 또는 피고인 乙이 일부 임야에 대하여는 단독으로, 일부 임야에 대하여는 공무원 아닌 피고인 丙과 공모하여 허위의 각 '산지이용구분 내역 통보' 공문을 기안하고 그 정을 모르는 **피고인 甲의 전결로 위 각 공문을 군청 민원봉사과로 보내어, 그 정을 모르는 민원봉사과 소속 공무원으로 하여금** 군수 명의의 위 각 임야에 대한 토지이용계획확인서를 작성·발급하게 한 사안에서, 피고인들에게 허위공문서작성죄 및 허위작성공문서행사죄의 간접정범 내지 간접정범의 공동정범의 성립을 인정한 원심판결에 법리오해의 위법이 있다.

4 [대판 2008도93] 허위공문서작성죄 및 그 행사죄는 "공무원"만이 그 주체가 될 수 있는 신분범이라 할 것이므로, 신분상 공무원이 아님이 분명한 피고인들(**영상물등급위원회의 임직원**)을 허위공문서작성죄 및 그 행사죄로 처벌하려면 그에 관한 특별규정이 있어야 할 것이고, 그들의 업무가 국가의 사무에 해당한다거나, 그들이 소속된 영상물등급위원회의 행정기관성이 인정된다는 사정만으로는 피고인들을 위 죄로 처벌할 수 없다고 할 것이다.

5 [대판 99도4101] 공무원이 여러 차례의 출장반복의 번거로움을 회피하고 민원사무를 신속히 처리한다는 방침에 따라 사전에 출장조사한 다음 출장조사내용이 변동없다는 확신하에 출장복명서를 작성하고 다만 그 출장일자를 작성일자로 기재한 것이라면 **허위공문서작성의 범의가 있었다고 볼 수 없다.**

6 [대판 96도2329] 교통사고 가해자가 사고발생 후 즉시 피해자를 구호조치하지 않고 사고현장으로부터 약 600m 정도 도주한 후 다시 사고현장으로 되돌아 와 경찰관에게 자신이 사고야기자라고 말한 사안에서, 교통사고 가해자의 사고 후의 행동이 기재된 가해자 및 피해자의 관련자 진술서만 첨부하고 교통사고 실황조사서의 사고원인기재란 중 **사고도주 표시란에는 아무런 표시를 하지 않은 것**이 허위공문서작성에 해당하지 않는다.

허위공문서작성죄 성립을 인정한 판례

7 [대판 2022도6886] 사법경찰관인 피고인이 검사로부터 '교통사고 피해자들로부터 사고 경위에 대해 구체적인 진술을 청취하여 운전자 갑의 도주 여부에 대해 재수사할 것'을 요청받고, 재수사 결과서의 '재수사 결과'란에 피해자들로부터 진술을 청취하지 않았음에도 진술을 듣고 그 진술내용을 적은 것처럼 기재함으로써 허위공문서를 작성하였다는 내용으로 기소된 사안에서, 피해자들 진술로 기재된 내용 중 일부가 결과적으로 사실과 부합하는지, 재수사 요청을 받은 사법경찰관이 검사에 의하여 지목된 참고인이나 피의자 등에 대한 재조사 여부와 재조사 방식 등에 대해 재량을 가지는지 등과 무관하게 피고인의 행위는 허위공문서작성죄를 구성하고, 그에 관한 범의도 인정된다.

8 [대판 2018도18646] [허위공문서작성죄의 객체가 되는 '문서'] 허위공문서작성죄의 객체가 되는 문서는 문서상 작성명의인이 명시된 경우뿐 아니라 작성명의인이 명시되어 있지 않더라도 문서의 형식, 내용 등 그 문서 자체에 의하여 누가 작성하였는지를 추지할 수 있을 정도의 것이면 된다. 피고인 이 작성한 **보도자료**는 그 내용이 국가정보원의 **의견뿐 아니라** 국가정보원 심리전단 소속 직원들이 조직적으로 정치현안에 관한 댓글 등을 게시하였는지 여부에 관한 **사실 확인을 포함**하고 있어 사실관계에 관한 증명적 기능을 수행하고, 문서의 형식과 내용, 체제에 비추어 국가정보원 대변인 명의인 점이 명백히 드러나므로, 허위공문서작성죄의 객체가 된다.

9 [대판 2013도5752] [허위공문서작성죄에서 '허위'의 의미 및 허위의 인식 정도] 파기환송. ●**사실●** 피고인 X가 사진을 첨부하여 작성하고 피고인 Y가 사인한 출장복명서는 원래 건축지도계 담당공무원이 불법건축물에 대한 현장확인을 거쳐 그 원상복구 여부를 결재권자에게 보고하고 결재를 득하여야 하는데 공무원 인력 사정 등을 이유로 청원경찰에게 현장확인이라는 단순 업무를 대행케 하고 그로 하여금 원상복구된 건축물의 사진을 첨부한 출장복명서를 작성·제출케 하였다. ●**판지●** (가) 허위공문서작성죄에서 '허위'라 함은 표시된 내용과 진실이 부합하지 아니하여 그 문서에 대한 공공의 신용을 위태롭게 하는 경우를 말하는 것이고, (나) 허위공문서작성죄는 허위공문서를 작성함에 있어 그 내용이 허위라는 사실을 인식하면 성립한다 할 것이다. (다) 피고인 Y가 실제로 현장확인을 하지 않고 동료 청원경찰인 피고인 X에게 원상복구 여부에 대한 현장확인을 부탁한 다음, 피고인 X가 작성한 출장복명서가 진실한 것인지를 제대로 알지도 못하면서 자신이 직접 현장확인을 하여 보니 원상복구가 완료되었다는 내용의 출장복명서에 자신의 서명을 함으로써 출장복명서를 완성하여 그 정을 모르는 담당공무원에게 제출하였다면 이는 허위공문서작성죄 및 허위작성공문서행사죄에 해당한다고 할 것이다.

10 [대판 2008도11226] 파기환송. 피고인들을 비롯한 경찰관들이 피의자 4명을 현행범으로 체포하거나 현행범인체포서를 작성할 때 체포사유 및 변호인선임권을 고지하지 아니하였음에도 불구하고, '체포의 사유 및 변호인 선임권 등을 고지 후 현행범인 체포한 것임'이라는 내용의 허위의 현행범인체포서 4장과 '현행범인으로 체포하면서 범죄사실의 요지, 구속의 이유와 변호인을 선임할 수 있음을 고지하고 변명의 기회를 주었다'는 내용의 **허위의 확인서 4장을 각 작성한 사안**에서, 당시 피고인들에게 허위공문서작성에 대한 범의도 있었다고 보아야 함에도 이와 다른 판단을 한 원심판결에 사실오인의 잘못이 있다.

11 [대판 2006도3996] [농지취득자격증명의 신청인에게 농업경영능력이나 영농의사가 없음을 알거나 이를 제대로 알지 못하면서도 농지취득자격증명통보서를 작성한 경우] 농지법 제8조 제1항 소정의 농지취득자격증명은 농지를 취득하는 자가 그 소유권에 관한 등기를 신청할 때에 첨부하여야 할 서류로서(농지법 제8조 제4항), 농지를 취득하는 자에게 농지취득의 자격이 있다는 것을 증명하는 것이므로, 신청인에게 농업경영능력이나 영농의사가 없음을 알거나 이를 제대로 알지 못하면서도 농지취득자격에 아무런 문제가 없다는 내용으로 농지취득자격증명통보서를 작성하였다면, 허위공문서작성죄가 성립한다.

12 [대판 2006도3844] **공증담당 변호사**가 법무사의 직원으로부터 인증촉탁서류를 제출받았을 뿐 법무사가 공증사무실에 출석하여 사서증서의 날인이 당사자 본인의 것임을 확인한 바 없음에도 **마치 그러한 확인을 한 것처럼** 인증서에 기재한 경우, 인증촉탁 대리인이 법무사일 경우 그 직원이 공증사무실에 촉탁서류

를 제출할 뿐 법무사 본인이 사서증서의 날인 또는 서명이 당사자 본인의 것임을 확인하지 아니하는 것이 **업계의 관행이라고 할지라도** 그와 같은 업계의 관행이 정당하다고 볼 수 없어 허위공문서작성죄가 성립한다.

13 [대판 2003도7762] [**'공무원인 의사'가 공무소의 명의로 허위진단서를 작성한 경우**] 형법이 제225조 내지 제230조에서 공문서에 관한 범죄를 규정하고, 이어 제231조 내지 제236조에서 사문서에 관한 범죄를 규정하고 있는 점 등에 비추어 볼 때 형법 제233조 소정의 허위진단서작성죄의 대상은 공무원이 아닌 의사가 사문서로서 진단서를 작성한 경우에 한정되고, 공무원인 의사가 공무소의 명의로 허위진단서를 작성한 경우에는 **허위공문서작성죄만이** 성립하고 허위진단서작성죄는 **별도로 성립하지 않는다.**

14 [대판 2002도4293] [폐기물처리사업계획이 관계 법령의 규정에 적합하지 아니함을 알면서 적합하다는 내용으로 통보서를 작성한 경우] 폐기물관리법 제26조 제2항에 의한 폐기물처리사업계획 적합 통보서는 단순히 폐기물처리사업을 관계 법령에 따라 허가한다는 내용이 아니라, 폐기물처리업을 하려는 자가 폐기물관리법 제26조 제1항에 따라 제출한 폐기물처리사업계획이 폐기물관리법 및 관계 법령의 규정에 적합하다는 사실을 확인하거나 증명하는 것이라 할 것이므로, 그 폐기물처리사업계획이 관계 법령의 규정에 **적합하지 아니함을 알면서 적합하다는 내용으로 통보서를 작성**한 것이라면 그 통보서는 허위의 공문서라고 보지 아니할 수 없다.

15 [대판 97도1082] [**대리인의 신청에 의한 인감증명을 본인 신청에 의한 것으로 기재 발급한 경우**] 인감증명서 발급업무를 담당하는 공무원이 발급을 신청한 본인이 직접 출두한 바 없음에도 불구하고 본인이 직접 신청하여 발급받은 것처럼 인감증명서에 기재하였다면, 이는 공문서위조죄가 아닌 허위공문서작성죄를 구성한다.

16 [대판 96도3057] [토지·하천 등의 경계나 면적을 **측량하지 않은 채** 지적도상의 그 경계를 정정한 경우] 임야도와 지적도상의 경계가 부합하지 아니하여 지적도의 경계 표시에 오류가 있음을 쉽게 확인할 수 있고 또 측량을 하지 않고서도 그 정정이 가능한 경우에 해당한다고 볼 수 없는 경우, 피고인 등이 임야도를 기준으로 하였다 하더라도 토지 및 하천 등의 경계나 면적을 측량하지도 아니한 채 지적도상의 토지 및 하천 등의 경계를 정정한 것은 결코 적법한 업무처리라고 할 수 없고, 따라서 피고인에게 허위공도화 작성 등의 범의가 있다고 본 사례.

17 [대판 96도1669] [**소유권이전등기와 근저당권설정등기 신청서가 동시에 접수된 경우**, 등기공무원이 소유권이전등기만 기입한 채 발급한 등기부등본이 허위공문서인지 여부(적극)] 허위공문서라 함은 문서를 작성할 권한이 있는 공무원이 그 내용이 허위라는 사실을 인식하면서 진실에 반하는 기재를 하여 작성한 공문서인바, 부동산등기법 제53조 제1항, 제54조 및 1994. 1. 1.부터 시행된 등기예규 제13조의 규정에 의하면, 소유권이전등기와 근저당권설정등기의 신청이 동시에 이루어지고 그와 함께 등본의 교부신청이 있는 경우에는, 등기공무원은 소유권이전등기와 근저당권설정등기 모두에 관하여 등기부에의 기입을 마치고 그에 따른 등기부등본을 교부하여야 함에도 불구하고, 등기공무원이 소유권이전등기만 기입하고 근저당권설정등기는 기입하지 아니한 채 등기부등본을 발급하였다면 비록 그 등기부등본의 기재가 등기부의 기재와 일치한다 하더라도, 그 등기부등본은 이미 접수된 신청서에 따라 기입하여야 할 사항 중 일부를 고의로 누

락한 채 작성되어 내용이 진실하지 아니한 것으로서 허위공문서에 해당한다.

18 [대판 95도491] [준공검사관이 매몰 부분 공사의 미완성을 알면서도 공사감독관의 감독조서를 근거로 준공검사조서를 작성한 경우] 준공검사관이 준공검사를 함에 있어 수중, 지하 또는 구조물의 내부 등 시공 후 매몰된 부분의 검사는 공사감독관의 감독조서를 근거로 하여 검사를 행하면 되고, 이를 실제로 검사하지 아니한 채 준공조서를 작성하였다 하더라도 허위준공검사조서작성죄의 죄책을 지지 아니하나, 매몰된 부분의 공사가 완성되지 아니하였다는 것을 알면서도 준공검사조서를 작성한 경우에는 위 죄책을 면하지 못한다.

19 [대판 85도758] [인감증명서를 발부하는 공무원이 대리인에 의한 신청임에도 본인이 직접 신청하는 것으로 기재한 경우, 허위공문서작성죄의 성부(적극)] 공문서허위작성죄에 있어서 허위라 함은 표시된 내용과 진실이 부합하지 아니하여 그 문서에 대한 공공의 신용을 위태롭게 하는 경우를 말하고 인감증명서는 각종의 법률행위에 있어서 본인인 여부 및 본인의 진정한 의사인 여부를 확인케 하는데 일반적으로 사용되는 만큼 그 인감증명서가 본인 또는 대리인 중 누구의 신청에 의하여 발행된 문서이냐 하는 점 역시 그 증명력을 담보함에 필요한 사항이라 할 것이므로 인감증명서를 발행함에 있어 인감증명서의 인적사항과 인감 및 그 용도를 일치하게 기재하였어도 대리인에 의한 것을 본인의 신청에 의한 것으로 기재하였다면 그 사항에 관하여는 허위기재한 것으로 보아야 할 것이다.

20 [대판 82도3063] [객관적으로 내용이 일치하나 설계서를 확인않고서 한 (설계서에 의한) 준공검사조서와 허위공문서작성죄] 준공검사조서를 작성함에 있어서 정산설계서를 확인하고 준공검사를 한 것이 아님에도 마치 한 것처럼 준공검사용지에 "정산설계서에 의하여 준공검사"를 하였다는 내용을 기입하였다면 허위공문서작성의 범의가 있었음이 명백하여 그것만으로 곧 허위공문서작성죄가 성립하고 위 준공검사조서의 내용이 객관적으로 정산설계서 초안이나 그후에 작성된 정산설계서 원본의 내용과 일치한다거나 공사현장의 준공상태에 부합한다 하더라도 그 성립에 아무런 영향을 미치지 못한다.

21 [대판 80도3180] [공무원이 원본과 대조하지 않고 '원본대조필' 확인인을 날인한 경우] 공무원인 피고인이 그 직무에 관하여 이 건 문제로 된 사문서 사본에 "원본대조필 토목기사 피고인"이라 기재하고 도장을 날인하였다면 그 기재 자체가 공문서로 되고, 이 경우 피고인이 실제로 원본과 대조함이 없이 "원본대조필"이라고 기재한 이상 그것만으로 곧 허위공문서작성죄가 성립하는 것이고, 피고인이 위 문서작성자에게 전화로 원본과 상이없다는 사실을 확인하였다거나 객관적으로 그 사본이 원본과 다른 점이 없다고 하더라도 위 죄가 성립한다.

형식심사 권한
22 [대판 77도2155] [호적공무원이 신고사항이 허위인 것을 알면서 이를 수리하여 호적부에 기재한 때 허위공문서작성죄의 성부] [1] 신고사항이 허위인 것이 명백한 경우에는 호적리는 그 기재를 거부할 수 있다고 해석할 것이므로 허위임을 알고 있으면서 이를 호적부에 기재하였다면 허위공문서 작성죄가 성립한다. [2] 호적사무를 관장하는 호적리는 호적에 기재를 함에 있어서 그 신고가 적어도 형식상의 요건을 갖추고 있는 경우에 있어서는 이것의 기재절차를 밟은 것이고 그 신고사항이 진실한 여부를 심사한 후 그 수리

여부를 정정할 필요는 없다고 할 것은 소론과 같으나 호적부는 사람의 신분을 공증하고 타인으로 하여금 각 사람이 가지는 신분 지위 등을 알게 하기 위하여 설정된 공부로서 그 기재상항의 적법하고 진실에 부합 될 것임은 당연한 이치이므로 신고사항이 **허위인 것이 명백한 경우**에 있어서는 호적리는 **그 기재를 거부할 수 있다고 해석함이 '법정신에 적합'**한 것이라 할 것이다. 그러므로 호적리는 신고사항이 허위인 것을 알고 있으면서 고의로 신고인의 뜻을 받아 이를 호적부에 기재한 때에는 형법 제227조의 허위공문서 작성죄를 구성한다고 할 것이다.

108 공문서부정행사죄에서 사용권한 없는 자의 '부정행사'

* 대법원 2001. 4. 19. 선고 2000도1985 전원합의체 판결
* 참조조문: 형법 제230조[1]

제3자로부터 신분확인을 위하여 신분증명서의 제시를 요구받고 다른 사람의 운전면허증을 제시한 경우, 공문서부정행사죄가 성립하는가?

●**사실**● 피고인 X는 경찰공무원으로부터 신분 확인을 위하여 신분증명서의 제시를 요구받고 **다른 사람의 운전면허증**을 제시하였다. 원심은 종래의 법원의 판단에 따라 운전면허증은 운전면허를 받은 사람이 운전면허시험에 합격하여 자동차의 운전이 허락된 사람임을 증명하는 공문서로서, 그 본래의 사용 목적은 자동차를 운전하는 때에 이를 지니고 있어야 하고 운전 중 경찰공무원으로부터 그 제시 요구를 받은 때에 이를 내보여야 하는 데 있을 뿐 그 소지자의 신분의 동일성을 증명하는 데 있지 않다고 보았다. 따라서 X가 「폭력행위 등 처벌에 관한 법률」위반죄의 피의자로서 그 신분을 확인하려는 경찰공무원에게 자신의 인적 사항을 속이기 위하여 다른 사람의 운전면허증을 제시한 행위는 **공문서부정행사죄에 해당하지 않는다고** 판단하였다. 이에 검사가 상고하였다.

●**판지**● 파기환송. 「[다수의견] 운전면허증은 운전면허를 받은 사람이 운전면허시험에 합격하여 자동차의 운전이 허락된 사람임을 증명하는 공문서로서, 운전면허증에 표시된 사람이 운전면허시험에 합격한 사람이라는 **'자격증명'**과 이를 지니고 있으면서 내보이는 사람이 바로 그 사람이라는 **'동일인증명'**의 기능을 동시에 가지고 있다. 운전면허증의 앞면에는 운전면허를 받은 사람의 성명·주민등록번호·주소가 기재되고 사진이 첨부되며 뒷면에는 기재사항의 변경내용이 기재될 뿐만 아니라, 정기적으로 반드시 갱신교부되도록 하고 있어, **운전면허증은 운전면허를 받은 사람의 동일성 및 신분을 증명하기에 충분하고 그 기재 내용의 진실성도 담보**되어 있다. 그럼에도 불구하고 운전면허증을 제시한 행위에 있어 동일인증명의 측면은 도외시하고, 그 사용목적이 자격증명으로만 한정되어 있다고 해석하는 것은 합리성이 없다. 인감증명법상 인감신고인 본인 확인, 공직선거및선거부정방지법상 선거인 본인 확인, 부동산등기법상 등기의무자 본인 확인 등 여러 법령에 의한 신분 확인절차에서도 **운전면허증은 신분증명서의 하나로 인정**되고 있다. 또한 주민등록법 자체도 주민등록증이 원칙적인 신분증명서이지만, 주민등록증을 제시하지 아니한 사람에 대하여 신원을 증명하는 증표나 기타 방법에 의하여 신분을 확인하도록 규정하는 등으로 다른 문서의 신분증명서로서의 기능을 예상하고 있다.

한편 우리 사회에서 운전면허증을 발급받을 수 있는 연령의 사람들 중 절반 이상이 운전면허증을 가지고 있고, 특히 경제활동에 종사하는 사람들의 경우에는 그 비율이 훨씬 더 이를 앞지르고 있으며, 금융기관과의 거래에 있어서도 운전면허증에 의한 실명확인이 인정되고 있는 등 현실적으로 **운전면허증은 주민등록증과 대등한 신분증명서로 널리 사용**되고 있다. 따라서, 제3자로부터 신분확인을 위하여 신분증명서의 제시를 요구받고 다른 사람의 운전면허증을 제시한 행위는 그 사용목적에 따른 행사로서 **공문서부정행사죄에 해당한다고** 보는 것이 옳다」.

●**해설**● 1 공문서부정행사죄는 「(가) 사용권한자와 용도가 특정되어 작성된 공문서 또는 공도화를 (나) **사용권한 없는 자가** 사용권한이 있는 것처럼 가장하여 부정한 목적으로 행사하거나 또는 (다) 권한

---

1) 형법 제230조(공문서등의 부정행사) 공무원 또는 공무소의 문서 또는 도화를 **부정행사**한 자는 2년 이하의 징역이나 금고 또는 500만원 이하의 벌금에 처한다.

있는 자라도 **정당한 용법에 반하여 부정하게 행사**하는 경우에 성립한다」(대판 98도1701). 여기서 ① 사용권한자와 용도가 특정되어 작성된 공문서로는 **주민등록증**[2]이나 **운전면허증** 등을 들 수 있다. 이에 반하여 ② 사용권한자가 특정되어 있지 아니하거나 그 용도 또한 다양하다고 볼 수 있는 **인감증명서나 등기필증, 주민등록표등본** 등의 공문서는 처음부터 본죄의 객체가 될 수 없다.

2 공문서부정행사죄는 공문서에 대한 공공의 신용 등을 보호하기 위한 데 입법 취지가 있는 것으로, 공문서에 대한 공공의 신용 등을 해할 위험이 있으면 범죄가 성립하지만, 그러한 위험조차 없는 경우에는 범죄가 성립하지 아니한다.

3 사용권한자와 용도가 특정되어 있는 공문서를 사용권한 없는 자가 사용한 경우에도 **그 공문서 본래의 용도에 따른 사용이 아닌 경우**에는 공문서부정행사죄가 성립하지 않는다(대판 2002도4935, Ref 1-8).

4 대상판결은 경찰의 신분증명서 제시요구에 다른 사람의 운전면허증을 제시한 경우에 있어서, 운전면허증의 본래의 사용목적은 운전 중에 경찰공무원으로부터 제시를 요구받은 때에 이를 제시하는 데 있는 것일 뿐, 그 소지자의 신분의 동일성을 증명하는 데 있는 것은 아니라고 보아 공문서부정행사죄의 성립을 부정해온 기존의 입장을 변경하고 **운전면허증이 주민등록증과 대등한 신분증명서임을 긍정**하여 범죄성립을 인정하였다는 점에서 그 의의가 있다.

5 그러나 대상판결과 달리 운전자가 경찰공무원에게 다른 사람의 **운전면허증 자체가 아니라 이를 촬영한 이미지파일을 휴대전화 화면 등을 통하여 보여주었다면** 이는 운전면허증의 특정된 용법에 따른 행사라고 볼 수 없는 것이어서 공문서부정행사죄를 구성하지 아니한다(대판 2018도2560, Ref 1-5).

6 한편 ① 공(사)문서부정행사죄는 권리·의무 또는 사실증명에 관한 **진정하게 성립된 문서**를 부정하게 행사한 경우를 말한다. 그러나 ② 위조문서행사죄에 있어서 행사라 함은 **위조된 문서**를 진정한 문서인 것처럼 그 문서의 효용방법에 따라 이를 사용하는 것을 말한다(Ref 2).

Reference 1

공(사)문서부정행사죄의 성립을 인정한 판례

1 [대판 2002도461] [절취한 후불식 전화카드를 사용하여 공중전화를 건 행위가 사문서부정행사죄에 해당하는지 여부(적극)] 사용자에 관한 각종 정보가 전자기록되어 있는 자기띠가 카드번호와 카드발행자 등이 문자로 인쇄된 플라스틱 카드에 부착되어 있는 전화카드의 경우 그 자기띠 부분은 카드의 나머지 부분과 불가분적으로 결합되어 전체가 **하나의 문서를 구성**하므로, 전화카드를 공중전화기에 넣어 사용하는 경우 비록 전화기가 전화카드로부터 판독할 수 있는 부분은 자기띠 부분에 수록된 전자기록에 한정된다고 할지라도, 전화카드 전체가 하나의 문서로서 사용된 것으로 보아야 하고 그 자기띠 부분만 사용된 것으로 볼 수는 없으므로 절취한 전화카드를 공중전화기에 넣어 사용한 것은 권리의무에 관한 타인의 사문서를 부정행사한 경우에 해당한다.

---

2) 주민등록증의 경우 다른 사람의 것을 부정하게 사용하면 「주민등록법」에 따른 처벌대상이 된다(동법37)

2 [대판 98도1701] 자동차운전면허증은 운전면허시험에 합격하여 자동차의 운전이 허락된 자임을 증명하는 공문서로서 운전 중에 휴대하도록 되어 있고, 자동차대여약관상 대여회사는 운전면허증 미소지자에게는 자동차 대여를 거절할 수 있도록 되어 있으므로, 자동차를 임차하려는 피고인들이 자동차 대여업체의 담당직원들로부터 임차할 자동차의 운전에 필요한 운전면허가 있고 또 운전면허증을 소지하고 있는지를 확인하기 위한 운전면허증의 제시 요구를 받자 타인의 운전면허증을 소지하고 있음을 기화로 자신이 타인의 자동차운전면허를 받은 사람들인 것처럼 행세하면서 자동차 대여업체의 직원들에게 이를 제시한 것이라면, 피고인들의 위와 같은 행위는 단순히 신분확인을 위한 것이라고는 할 수 없고, **이는 운전면허증을 사용권한이 없는 자가 사용권한이 있는 것처럼 가장하여 부정한 목적으로 사용한 것이기는 하나 운전면허증의 본래의 용도에 따른 사용행위라고 할 것이므로 공문서부정행사죄에 해당한다.**

3 [대판 82도1297] 피고인이 공소외 (갑)인 양 허위신고하여 피고인의 사진과 지문이 찍힌 공소외(갑)명의의 주민등록증을 발급받은 이상 주민등록증의 발행목적상 피고인에게 위 주민등록증에 부착된 사진의 인물이 공소외 (갑)의 신원 상황을 가진 사람이라는 허위사실을 증명하는 용도로 이를 사용할 수 있는 권한이 없다는 사실을 인식하고 있었다고도 할 것이므로 이를 검문경찰관에게 제시하여 이러한 허위사실을 증명하는 용도로 사용한 것은 공문서 부정행사죄를 구성한다.

공(사)문서부정행사죄의 성립을 부정한 판례

4 [대판 2021도14514] 파기환송. ●사실● 피고인은 2020. 5. 20. 23:15경 이 사건 아파트 지하주차장에 승용차를 주차하면서 사실은 위 승용차는 장애인사용자동차가 아닌데도 공문서인 부산광역시 ○○구청장 명의의 '장애인사용자동차표지(보호자용)'를 위 승용차의 전면에 비치하였다. 원심은 피고인이 장애인사용자동차표지를 부정행사한 경우에 해당한다고 보아 유죄를 인정하였다. **●판지●** 장애인복지법과 장애인등편의법의 규정과 관련 법리에 따르면, 장애인사용자동차표지는 장애인이 이용하는 자동차에 대한 조세감면 등 필요한 지원의 편의를 위하여 장애인이 사용하는 자동차를 대상으로 발급되는 것이고, 장애인전용주차구역 주차표지가 있는 장애인사용자동차표지는 보행상 장애가 있는 사람이 이용하는 자동차에 대한 지원의 편의를 위하여 발급되는 것이다. 따라서 장애인사용자동차표지를 사용할 권한이 없는 사람이 장애인전용주차구역에 주차하는 등 장애인사용자동차에 대한 지원을 받을 것으로 합리적으로 기대되는 상황이 아니라면 단순히 이를 자동차에 비치하였더라도 장애인사용자동차표지를 **'본래의 용도'에 따라 사용했다고 볼 수 없어** 공문서부정행사죄가 성립하지 않는다.

5 [대판 2018도2560] [타인의 자동차운전면허증을 촬영한 이미지파일을 제시한 경우] 도로교통법에 의하면, 운전면허증을 발급받은 사람은 자동차 등을 운전할 때 운전면허증 등을 지니고 있어야 하고(제92조 제1항), 운전자는 운전 중에 교통안전이나 교통질서 유지를 위하여 경찰공무원이 운전면허증 등을 제시할 것을 요구할 때에는 이에 응하여야 한다(제92조 제2항). 도로교통법이 자동차 등의 운전자에 대하여 위와 같은 의무를 부과하는 취지는 경찰공무원으로 하여금 교통안전 등을 위하여 현장에서 운전자의 신원과 면허조건 등을 법령에 따라 발급된 운전면허증의 외관만으로 신속하게 확인할 수 있도록 하고자 하는 데 있다. 만일 경찰공무원이 자동차 등의 운전자로부터 운전면허증의 **이미지파일** 형태를 제시받는 경우에는 그 입수경위 등을 추가로 조사·확인하지 않는 한 이러한 목적을 달성할 수 없을 뿐만 아니라, 그 이미지파일을

신용하여 적법한 운전면허증의 제시가 있었던 것으로 취급할 수도 없다. 따라서 **도로교통법 제92조 제2항**에서 제시의 객체로 규정한 운전면허증은 적법한 운전면허의 존재를 추단 내지 증명할 수 있는 운전면허증 그 자체를 가리키는 것이지, 그 이미지파일 형태는 여기에 해당하지 않는다. 이와 같은 공문서부정행사죄의 구성요건과 입법 취지, 도로교통법 제92조의 규정 내용과 입법 취지 등에 비추어 보면, 자동차 등의 운전자가 운전 중에 도로교통법 제92조 제2항에 따라 경찰공무원으로부터 운전면허증의 제시를 요구받은 경우 운전면허증의 특정된 용법에 따른 행사는 도로교통법 관계 법령에 따라 발급된 **운전면허증 자체를 제시하는 것**이라고 보아야 한다. 이 경우 자동차 등의 운전자가 경찰공무원에게 다른 사람의 운전면허증 자체가 아니라 이를 촬영한 이미지파일을 휴대전화 화면 등을 통하여 보여주는 행위는 운전면허증의 특정된 용법에 따른 행사라고 볼 수 없는 것이어서 그로 인하여 경찰공무원이 그릇된 신용을 형성할 위험이 있다고 할 수 없으므로, 이러한 행위는 결국 공문서부정행사죄를 구성하지 아니한다. **cf)** 본 판례는 도로교통법 제92조[3]에서 정하는 운전면허증의 용도에 따른 사용의 의미를 명확히 밝히고 있다는 점에서 의의가 있다.

6 [대판 2008도10851] [甲선박에 의해 발생한 사고를 마치 乙선박에 의해 발생한 것처럼 허위신고를 하면서 그에 대한 검정용 자료로서 乙선박의 선박국적증서와 선박검사증서를 제출한 경우] **선박국적증서**는 한국선박으로서 등록하는 때에 선박번호, 국제해사기구에서 부여한 선박식별번호, 호출부호, 선박의 종류, 명칭, 선적항 등을 수록하여 발급하는 문서이고, 선박검사증서는 선박정기검사 등에 합격한 선박에 대하여 항해구역·최대승선인원 및 만재흘수선의 위치 등을 수록하여 발급하는 문서이다. 위 각 문서는 당해 선박이 한국선박임을 증명하고, 법률상 항행할 수 있는 자격이 있음을 증명하기 위하여 선박소유자에게 교부되어 사용되는 것이다. 따라서 어떤 선박이 사고를 낸 것처럼 허위로 사고신고를 하면서 그 선박의 선박국적증서와 선박검사증서를 함께 제출하였다고 하더라도, 선박국적증서와 선박검사증서는 위 선박의 국적과 항행할 수 있는 자격을 증명하기 위한 용도로 사용된 것일 뿐 그 본래의 용도를 벗어나 행사된 것으로 보기는 어려우므로, 이와 같은 행위는 공문서부정행사죄에 해당하지 않는다.

7 [대판 2007도629] [실질적인 채권채무관계 없이 당사자 간의 합의로 작성한 **'차용증 및 이행각서'**를 이용하여 대여금청구소송을 제기하면서 이를 법원에 제출한 경우] 실질적인 채권채무관계 없이 당사자 간의 합의로 작성한 '차용증 및 이행각서'는 그 작성명의인들이 자유의사로 작성한 문서로 그 사용권한자가 특정되어 있다고 할 수 없고 또 그 용도도 다양하므로, 설령 피고인이 그 작성명의인들의 의사에 의하지 아니하고 위 '차용증 및 이행각서'상의 채권이 실제로 존재하는 것처럼 그 지급을 구하는 민사소송을 제기하면서 소지하고 있던 위 '차용증 및 이행각서'를 법원에 제출하였다고 하더라도 그것이 사문서부정행사죄에 해당하지 않는다.

8 [대판 2002도4935] [사용권한자와 용도가 특정되어 있는 공문서 본래의 용도에 따른 사용이 아닌 경우,

---

3) 도로교통법 제92조(운전면허증 휴대 및 제시 등의 의무) ① 자동차등을 운전할 때에는 다음 각 호의 어느 하나에 해당하는 **운전면허증 등을 지니고 있어야 한다.** 1. 운전면허증, 제96조제1항에 따른 국제운전면허증이나「건설기계관리법」에 따른 건설기계조종사면허증(이하 "운전면허증등"이라 한다) 2. 운전면허증등을 갈음하는 다음 각 목의 증명서 가. 제91조에 따른 임시운전증명서 나. 제138조에 따른 범칙금 납부통고서 또는 출석지시서 다. 제143조제1항에 따른 출석고지서 ② 운전자는 운전 중에 교통안전이나 교통질서 유지를 위하여 경찰공무원이 제1항에 따른 운전면허증 등 또는 이를 갈음하는 증명서를 제시할 것을 요구하거나 운전자의 신원 및 운전면허 확인을 위한 질문을 할 때에는 이에 응하여야 한다.

공문서부정행사죄의 성립 여부(소극)] ●사실● 피고인이 이동전화기대리점 직원에게 기왕에 습득한 김○경의 주민등록증을 내보이고 김○경이 피고인의 어머니인데 어머니의 허락을 받았다고 속여 **동인의 이름으로** 이동전화 가입신청을 하거나, 습득한 강○정의 주민등록증을 내보이면서 강○정이 피고인의 누나인데 이동전화기를 구해오라고 하였다고 속이고 피고인의 이름을 가명으로 하여 이동전화 가입신청을 하면서 그때마다 이동전화기를 교부받았다. ●판지● [1] 사용권한자와 용도가 특정되어 있는 공문서를 사용권한 없는 자가 사용한 경우에도 **그 공문서 본래의 용도에 따른 사용이 아닌 경우에는 형법 제230조의 공문서부정행사죄가 성립되지 아니한다.** [2] 피고인이 기왕에 습득한 타인의 주민등록증을 피고인 가족의 것이라고 제시하면서 그 주민등록증상의 명의 또는 가명으로 이동전화 가입신청을 한 경우, 타인의 주민등록증을 본래의 사용용도인 신분확인용으로 사용한 것이라고 볼 수 없어 공문서부정행사죄가 성립하지 않는다.

9 [대판 99도206] [타인의 주민등록등본을 그와 아무런 관련 없는 사람이 마치 자신의 것인 양 행사한 경우] 주민등록표등본은 시장·군수 또는 구청장이 주민의 성명, 주소, 성별, 생년월일, 세대주와의 관계 등 주민등록법 소정의 주민등록사항이 기재된 개인별·세대별 주민등록표의 기재 내용 그대로를 인증하여 사본·교부하는 문서로서 그 사용권한자가 특정되어 있다고 할 수 없고, 또 용도도 다양하며, 반드시 본인이나 세대원만이 사용할 수 있는 것이 아니므로, 타인의 주민등록표등본을 그와 아무런 관련 없는 사람이 마치 자신의 것인 것처럼 행사하였다고 하더라도 공문서부정행사죄가 성립되지 아니한다.

10 [대판 84도2999] [증거로서 사문서를 법원에 제출하는 행위가 사문서의 부정행사에 해당되는지 여부(소극)] 사문서부정행사죄에 있어서의 부정사용이란 사문서를 사용할 권원 없는 자가 그 문서명의자로 가장 행세하여 이를 사용하거나 또는 사용할 권원이 있다 하더라도 문서를 본래의 작성 목적 이외의 다른 사실을 직접 증명하는 용도에 이를 사용하는 것을 말하는 것이므로 현금보관증이 자기 수중에 있다는 사실 자체를 증명키 위하여 증거로서 법원에 제출하는 행위는 사문서의 부정행사에 해당되지 아니한다.

11 [대판 82도2851] [화해조서 갱정결정신청에 대한 기각결정문을 화해조서정본인 것처럼 행사한 경우] 공문서부정행사죄는 그 사용권자와 용도가 특정되어 작성된 공문서 또는 공도서를 사용권한 없는 자가 그 사용권한이 있는 것처럼 가장하여 부정한 목적을 행사하거나 또는 사용권한 있는 자라도 그 정당한 용법에 반하여 부정하게 행사하는 경우에 성립되는 것이라 할 것이므로 화해조서 갱정결정신청 기각결정문을 화해조서정본인 것처럼 등기서류로 제출행사하였다고 하더라도 공문서부정행사죄는 성립하지 아니한다.

12 [대판 81도1130] [인감증명서, 등기필증] 공문서부정행사죄는 그 사용권한자와 용도가 특정되어 작성된 공문서 또는 공도화를 사용권한 없는 자가 그 사용권한 있는 것처럼 가장하여 부정한 목적으로 행사하거나, 또는 그 권한있는 자라도 그 정당한 용법에 반하여 부정하게 행사하는 경우에만 성립된다 할 것이므로, 인감증명서나 등기필증과 같이 사용권한자가 특정되어 있는 것도 아니고 그 용도도 다양한 공문서는 설사 그 문서와 아무 관련 없는 사람이 문서상의 명의인인 양 가장하여 이를 행사하였다 하더라도 공문서부정행사죄가 성립되지 아니한다.

위조사문서행사죄에 있어서 '행사'의 의미

1-1 [대판 2008도5200] [휴대전화 신규 가입신청서를 위조한 후 이를 스캔한 이미지 파일을 제3자에게 이메일로 전송한 경우, 위조사문서의 '행사'에 해당하는지 여부] ●**사실**● 피고인 X는 2006.11.25.경 진주시에 있는 '차 없는 거리' PC방에서 인터넷 쇼핑사이트인 'G-마켓'에 들어가 휴대전화기 구입신청을 하면서, ① 인터넷상에 게시된 KTF 신규 가입신청서 양식에 컴퓨터를 이용하여 A의 인적사항 및 그 계좌번호, 청구지 주소 등을 각 입력하고 이를 출력한 다음, 그 신청서용지 하단 고객명란과 서명란에 'A'라고 각 기재함으로써, 행사할 목적으로 권한 없이 권리의무에 관한 사문서인 A명의로 된 휴대전화 신규가입신청서 1장을 위조하였다. ② X는 같은 일시, 장소에서 위와 같이 위조한 휴대전화 가입신청서를 사본, 이미지화한 다음, 이메일로 그 위조사실을 모르는 B에게 마치 진정하게 성립된 것처럼 그 신청서를 전송하였다. 제1심은 위 사문서위조의 점에 대하여는 유죄를, 위 위조사문서행사의 점에 대하여는 무죄를 선고하였다. 제1심판결에 대해 X는 항소를 제기하지 아니하였고, 검사만이 무죄 부분인 위조사문서행사의 점에 대하여 항소를 제기하였다(따라서 위 사문서위조의 범죄사실은 이미 유죄로 확정되었다). 이에 원심은 제1심 판결을 유지하여 위조사문서행사죄에 대해 무죄를 선고하였다. 다시 검사가 상고하였다. ●**판지**● **파기환송.** 「[1] 위조문서행사죄에 있어서 **행사**라 함은 위조된 문서를 진정한 문서인 것처럼 그 문서의 효용방법에 따라 이를 사용하는 것을 말하고, 위조된 문서를 제시 또는 교부하거나 비치하여 열람할 수 있게 두거나 우편물로 발송하여 도달하게 하는 등 위조된 문서를 진정한 문서인 것처럼 사용하는 한 그 행사의 방법에 제한이 없다. 또한, 위조된 문서 그 자체를 직접 상대방에게 제시하거나 이를 기계적인 방법으로 복사하여 그 복사본을 제시하는 경우는 물론, 이를 **모사전송의 방법으로 제시하거나 컴퓨터에 연결된 스캐너(scanner)로 읽어 들여 이미지화한 다음 이를 전송하여 컴퓨터 화면상에서 보게 하는 경우**도 행사에 해당하여 위조문서행사죄가 성립한다. [2] 휴대전화 신규 가입신청서를 위조한 후 이를 스캔한 이미지 파일을 제3자에게 이메일로 전송한 사안에서, (가) 이미지 **파일 자체는 문서에 관한 죄의 '문서'에 해당하지 않으나**, (다) 이를 전송하여 **컴퓨터 화면상으로 보게 한 행위**는 이미 위조한 가입신청서를 행사한 것에 해당하므로 **위조사문서행사죄가 성립한다**」.

1-2 [비교판례]·[대판 2011도10468] 이 사건 제1사문서변조 및 행사의 점에 관한 공소사실은 "피고인이 사무실전세계약서 원본을 스캐너로 복사하여 컴퓨터 화면에 띄운 후 그 보증금액란을 공란으로 만든 다음 이를 프린터로 출력하여 검정색 볼펜으로 보증금액을 '삼천만 원(30,000,000원)'으로 변조하고, 이와 같이 변조된 사무실전세계약서를 팩스로 송부하여 행사하였다."는 것이므로, 이 부분 공소사실에서 적시된 범죄사실은 '컴퓨터 모니터 화면상의 이미지'를 변조하고 이를 행사한 행위가 아니라 '프린터로 출력된 문서'인 사무실전세계약서를 변조하고 이를 행사한 행위임을 알 수 있다. 그럼에도 원심은, 검사가 기소하지 아니한 공소사실, 즉 컴퓨터 모니터 화면상의 이미지 파일에 대한 변조 및 그 행사의 점이 이 부분 공소사실인 것처럼 보아 이를 **무죄로 판단**하고 말았으니, 이러한 원심의 판단에는 심판대상의 범위에 관한 법리를 오해하여 판결에 영향을 미친 위법이 있어 그대로 유지될 수 없다. …… 그렇다면 원심으로서는 이 사건에서의 구체적인 소송진행 경과 등을 감안하여 형사소송규칙 제141조에 따라 소송관계를 명료하게 하는 의미에서 검사에게 석명권을 행사하여, 이 사건 제2, 3사문서변조 및 행사의 점에 관한 공소사실이 '프린터로 출력된 문서인 예금/신탁잔액증명서'를 대상으로 하는 것인지 아니면 단순히 컴퓨터 화면상의 이미지를 대상으로 하는 것인지를 분명히 한 다음 그에 관하여 심리·판단하였어야 할 것임에도, 이러한 조치 없이 이 부분

공소사실을 '컴퓨터 화면상의 이미지'에 대한 사문서변조 및 변조사문서행사의 점으로 **속단하여 이를 무죄로 판단하였으니**, 이러한 원심판결에는 필요한 석명권 행사나 심리를 다하지 아니하여 판결에 영향을 미친 위법이 있다.

109 위조사문서행사죄에 있어서 '행사'의 의미

* 대법원 2008. 10. 23. 선고 2008도5200 판결
* 참조조문: 형법 제231조[1]), 제234조[2])

> 휴대전화 신규 가입신청서를 위조한 후 이를 스캔한 이미지 파일을 제3자에게 이메일로 전송한 것이 위조사문서의 '행사'에 해당하는가?

●**사실**● 피고인 X는 2006.11.25.경 진주시에 있는 '차 없는 거리' PC방에서 인터넷 쇼핑사이트인 'G-마켓'에 들어가 휴대전화기 구입신청을 하면서, ① 인터넷상에 게시된 KTF 신규 가입신청서 양식에 컴퓨터를 이용하여 A의 인적사항 및 그 계좌번호, 청구지 주소 등을 각 입력하고 이를 출력한 다음, 그 신청서용지 하단 고객명란과 서명란에 'A'이라고 각 기재함으로써, 행사할 목적으로 권한 없이 권리의무에 관한 사문서인 A명의로 된 휴대전화 신규가입신청서 1장을 위조하였다. ② X는 같은 일시, 장소에서 위와 같이 위조한 휴대전화 가입신청서를 사본, 이미지화한 다음, 이메일로 그 위조사실을 모르는 B에게 마치 진정하게 성립된 것처럼 그 신청서를 전송하여 위조한 사문서를 행사하였다.

제1심은 위 사문서위조의 점에 대하여는 유죄를, 위 위조사문서행사의 점에 대하여는 무죄를 선고하였다. 제1심 판결에 대해 X는 항소를 제기하지 아니하였고, 검사만이 무죄 부분인 위조사문서 행사의 점에 대하여 항소를 제기하였다(따라서 위 사문서위조의 범죄사실은 이미 유죄로 확정되었다). 이에 원심은 제1심 판결을 유지하여 위조사문서행사죄에 대해 무죄를 선고하였다. 다시 검사가 상고하였다.

●**판지**● 파기환송. 「[1] 위조문서행사죄에 있어서 **행사**라 함은 위조된 문서를 진정한 문서인 것처럼 그 문서의 효용방법에 따라 이를 사용하는 것을 말하고, 위조된 문서를 제시 또는 교부하거나 비치하여 열람할 수 있게 두거나 우편물로 발송하여 도달하게 하는 등 위조된 문서를 진정한 문서인 것처럼 사용하는 한 그 행사의 방법에 제한이 없다. 또한, 위조된 문서 그 자체를 직접 상대방에게 제시하거나 이를 기계적인 방법으로 복사하여 그 복사본을 제시하는 경우는 물론, 이를 **모사전송의 방법**으로 **제시하거나 컴퓨터에 연결된 스캐너(scanner)로 읽어 들여 이미지화한 다음 이를 전송하여 컴퓨터 화면상에서 보게 하는 경우**도 행사에 해당하여 위조문서행사죄가 성립한다.

[2] 휴대전화 신규 가입신청서를 위조한 후 이를 스캔한 이미지 파일을 제3자에게 이메일로 전송한 사안에서, (가) 이미지 **파일 자체는 문서에 관한 죄의 '문서'에 해당하지 않으나**, (다) 이를 전송하여 **컴퓨터 화면상으로 보게 한 행위**는 이미 위조한 가입신청서를 행사한 것에 해당하므로 **위조사문서행사죄가 성립한다**」.

●**해설**● 1 위조사문서행사에서 행사는 「위조된 문서를 진정한 문서인 것처럼 그 문서의 효용방법에 따라 이를 사용하는 것」을 말한다. 그리고 그 행사의 객체인 사문서가 반드시 범인이 직접 위조한 것일 필요는 없다. 행사는 제시, 제출, 교부, 송부, 비치 등의 방법으로 상대방이 그 내용을 인식할 수 있는 상태에 두면 된다. '제시'의 경우, 반드시 범인 자신이 스스로 직접 이를 제시하는 것만을 의미하는 것은 아니다(대판 75도422, Ref 6). 본죄가 성립되기 위해서는 그 상대방이 그 문서가 위조, 변조, 허위작성되었

---

1) 형법 제231조(사문서등의 위조·변조) **행사할 목적**으로 권리·의무 또는 사실증명에 관한 타인의 문서 또는 도화를 위조 또는 변조한 자는 5년 이하의 징역 또는 1천만원 이하의 벌금에 처한다.
2) 형법 제234조(위조사문서등의 행사) 제231조 내지 제233조의 죄에 의하여 만들어진 문서, 도화 또는 전자기록 등 특수매체기록을 **행사**한 자는 그 각 죄에 정한 형에 처한다.

다는 점을 알지 못해야 한다(대판 85도2798, Ref 5).

2 원심은 위조한 휴대전화 가입신청서를 스캔하여 만든 이미지는 「(가) 전자기록인 이미지 파일을 보기 위한 프로그램을 실행할 경우에 그때마다 순간적으로 화면이 전자적 반응을 일으켜 영상을 만들어 내는 것에 지나지 않아 이를 문자 등이 계속적으로 화면에 고정된 것이라고 할 수 없으므로 **위 화면상의 이미지를 문서라고 할 수 없고**, (나) 그와 같은 이미지를 전송하여 타인으로 하여금 컴퓨터 모니터로 보게 하였다 하여 이를 위조된 문서의 행사라고 할 수도 없으며, 또한 (다) 행사는 위조된 문서 자체 내지는 기계적 방법에 의하여 복사된 사본에 대한 것임을 요하는바, 이 사건의 경우 B에게 전송되어 제시된 것은 위 이미지일 뿐 위조된 휴대전화 **가입신청서 자체는 아니므로** 이 부분 공소사실을 두고 이미 존재하고 있는 위조사문서를 행사하는 하나의 방법이라고 볼 수 없다」고 하여 위 위조사문서행사의 점에 대하여 무죄를 선고하였다.

3 그러나 대법원은 달리 판단하였다. X는 이미 자신이 위조한 휴대전화 신규 가입신청서를 스캐너로 읽어 들여 이미지화한 다음 그 이미지 파일을 그대로 B에게 이메일로 전송하여 컴퓨터 화면상에서 보게 한 것이므로, 위와 같이 스캐너로 읽어 들여 이미지화한 것이 문서에 관한 죄에 있어서의 '문서'에 해당하지 않는다고 하더라도, 자신이 이미 위조한 휴대전화 신규 가입신청서를 행사한 것에 해당하여 위조문서행사죄가 성립한다고 보았다.

4 한편 본죄에서 문제는 **전혀 이해관계가 없는 자에 대하여 교부하는 것**이 행사에 해당하는가이다. 행사의 상대방은 그 문서에 대해 이해관계가 있는 자에 한정하는 것이 바람직하다. 이해관계 없는 자에 대해서는 처음부터 문서의 용법에 따른 사용을 생각할 수 없고, 문서의 진정에 대한 공공의 신용이 침해되었다고 해서 처벌할 필요도 없기 때문에, 행사의 상대방은 당해 문서에 대해서 어떠한 이해관계를 가진 자가 아니면 안 된다. 문서위조죄도 넓은 의미에서의 경제 질서에 대한 죄인 이상, 그러한 한정에 합리성이 있다고 생각된다.[3]

Reference

위조문서행사죄와 관련된 판례

1 [대판 2011도14441] 파기환송. [1] 위조문서행사죄에 있어서 행사는 위조된 문서를 진정한 것으로 사용함으로써 문서에 대한 공공의 신용을 해칠 우려가 있는 행위를 말하므로 그 행사의 상대방에는 아무런 제한이 없고, (가) 다만 문서가 위조된 것임을 이미 알고 있는 공범자 등에게 행사하는 경우에는 위조문서행사죄가 성립할 수 없으나, (나) 간접정범을 통한 위조문서행사범행에 있어 **도구로 이용된 자라고 하더라고 문서가 위조된 것임을 알지 못하는 자에게 행사한 경우에는 위조문서행사죄가 성립한다.** [2] 피고인이 위조·변조한 공문서의 이미지 파일을 甲 등에게 이메일로 송부하여 프린터로 출력하게 함으로써 '행사'하였다는 내용으로 기소되었는데, 甲 등은 출력 당시 **위 파일이 위조된 것임을 알지 못한 사안**에서, 피고인의 행위가 위조·변조공문서행사죄를 구성한다고 보아야 하는데도, 이와 달리 보아 무죄를 선고한 원심판결에 법리오해의 위법이 있다고 한 사례.

---

3) 前田雅英·星周一郎/박상진·김잔디(역), 최신중요 일본형법판례 250선(각론편), 2021, 242-243면.

2 [대판 2009도10139] 파기환송. 공동피고인이 위조된 부동산임대차계약서를 담보로 제공하고 피해자로부터 돈을 빌려 편취할 것을 계획하면서 피해자가 계약서상의 임대인에게 전화를 하여 확인할 것에 대비하여 피고인에게 미리 전화를 하여 임대인 행세를 하여달라고 부탁하였고, 피고인은 위와 같은 사정을 잘 알면서도 이를 승낙하여 실제로 피해자의 남편으로부터 전화를 받자 자신이 실제의 임대인인 것처럼 행세하여 전세금액 등을 확인함으로써 **위조사문서의 행사에 관하여 역할분담**을 한 사안에서, 피고인의 행위는 **위조사문서행사에 있어서 기능적 행위지배의 공동정범 요건을 갖추었다고 할 것임에도**, 증거부족을 이유로 피고인에게 무죄를 선고한 원심판결에 공동정범에 관한 법리오해 또는 채증법칙 위반의 위법이 있다.

3 [대판 2007도7480] 자신의 이름과 나이를 속이는 용도로 사용할 목적으로 주민등록증의 이름·주민등록번호란에 글자를 오려붙인 후 **이를 컴퓨터 스캔 장치를 이용하여 이미지 파일로 만들어 컴퓨터 모니터로 출력**하는 한편 타인에게 이메일로 전송한 사안에서, 컴퓨터 모니터 화면에 나타나는 이미지는 형법상 문서에 관한 죄의 문서에 해당하지 않으므로 공문서위조 및 **위조공문서행사죄를 구성하지 않는다.**

4 [대판 2004도4663] [1] [작성 명의인이 위조사문서행사죄의 상대방에 포함되는지 여부(적극)] 위조문서행사죄에 있어서의 행사는 위조된 문서를 진정한 것으로 사용함으로써 문서에 대한 공공의 신용을 해칠 우려가 있는 행위를 말하므로, 행사의 상대방에는 아무런 제한이 없고 위조된 문서의 작성 명의인이라고 하여 행사의 상대방이 될 수 없는 것은 아니다. [2] [위조된 문서를 우송한 경우, **위조사문서행사죄의 기수시기**] 위조사문서의 행사는 상대방으로 하여금 위조된 문서를 인식할 수 있는 상태에 둠으로써 기수가 되고 상대방이 실제로 그 내용을 인식하여야 하는 것은 아니므로, 위조된 문서를 우송한 경우에는 그 문서가 상대방에게 도달한 때에 기수가 되고 상대방이 실제로 그 문서를 보아야 하는 것은 아니다.

5 [대판 85도2798] [위조문서를 공범자에게 제시한 경우와 위조문서행사죄의 성부] 위조, 변조, 허위작성된 문서의 행사죄는 이와 같은 문서를 진정한 것 또는 그 내용이 진실한 것으로 각 사용하는 것을 말하는 것이므로, 그 문서가 위조, 변조, 허위작성되었다는 정을 아는 **공범자**등에게 제시, 교부하는 경우 등에 있어서는 행사죄가 성립할 여지가 없다.

6 [대판 75도422] [위조문서등 행사죄에 있어서의 행사의 뜻] 파기환송. [1] 위조문서등 행사죄에 있어서의 '행사'라는 것은 위조된 문서 등을 진정한 문서 또는 내용이 진실한 문서인 것처럼 그 문서의 효용방법에 따라 이를 사용하는 것을 말하는 것으로서 **반드시 범인 자신이 스스로 직접 이를 제시하는 것만을 의미하는 것은 아니다.** [2] 원심은 피고인이 1974.8.18. 20:00경 아산군 염티면 소재 옥정교 부근 길에서 피고인을 검문하던 육군 507 보안부대원 안○성에게 피고인이 그 전해 8월 초순경 위조작성하여 소지 중이던 공문서인 주민등록증을 제시하여 행사하였다는 공소사실에 대하여 위 안○성이가 대공 용의자로 수사선상에 올라 내사 중이던 피고인에 대하여 위 공소일시 장소에서 검문을 하여 주민등록증의 제시를 요구하였던 바 피고인이 온양읍에 있는 하숙집 방에 있다고 하여 피고인을 일단 보안대 온양분견대 사무실로 연행한 다음 위 하숙방에 가서 수색한 결과 비닐장판 밑에 둔 공소외 허○문명의의 주민등록증을 찾아내어 이를 가지고 와서 **피고인에게 보이면서 당신 것이냐고 묻자 피고인이 내 것이라고 대답한 사실이 있었을 뿐**, 피고인이 임의로 이를 위 안신성에게 제시한 것이 아니라는 이유로 이는 위조공문서행사죄의 구성요건을 충족시키지 못한다고 판시하고 있다.

그러나 …… 원심이 인정한 위 사실에 의하면 피고인이 비록 위조한 위 주민등록증을 직접 제시한 것은 아닐지라도 피고인이 제시한 것과 다를바가 없고 또 그 효용에 따라 이를 사용한 것이라고 보지 않을 수 없다.

110 공연음란죄에서의 '음란한 행위'의 의미

* 대법원 2000. 12. 22. 선고 2000도4372 판결
* 참조조문: 형법 제245조[1]

공연음란죄의 음란한 행위의 의미 및 그 주관적 요건

●**사실**● 피고인 X는 2000.4.10. 19:30경 하남시 천현동 소재 중부고속도로 하행선 서울기점 약 5㎞ 지점에서 승용차를 운전하여 가던 중 앞서가던 A 운전의 승용차가 진로를 비켜주지 않는다는 이유로 그 차를 추월하여 정차하게 한 다음, 승용차를 손괴하고 그 안에 타고 있던 B를 때려 상해를 가하는 등의 행패를 부렸다. 이에 신고를 받고 출동한 경찰관이 이를 제지하려고 하자, 시위조로 주위에 운전자 등 사람이 많이 있는 가운데 옷을 모두 벗어 알몸의 상태로 바닥에 드러눕거나 돌아다녔다.

검사는 X를 공연음란죄로 기소하였다. 원심은 피고인이 공중 앞에서 단순히 알몸을 노출시킨 행위가 음란한 행위에 해당한다고 보기는 어렵다고 보아 공연음란의 공소사실에 대하여 무죄를 선고하였다. 이에 검사가 상고하였다.

●**판지**● **파기환송.** 「[1] 형법 제245조 소정의 '음란한 행위'라 함은 일반 보통인의 성욕을 자극하여 성적 흥분을 유발하고 정상적인 성적 수치심을 해하여 성적 도의관념에 반하는 것을 가리킨다고 할 것이고, 위 죄는 **주관적으로 성욕의 흥분 또는 만족 등의 성적인 목적이 있어야 성립하는 것은 아니지만** 그 행위의 **음란성에 대한 의미의 인식이 있으면 족하다.**

[2] 고속도로에서 승용차를 손괴하거나 타인에게 상해를 가하는 등의 행패를 부리던 자가 이를 제지하려는 경찰관에 대항하여 공중 앞에서 알몸이 되어 성기를 노출한 경우, 음란한 행위에 해당하고 그 인식도 있었다고 한 사례」.

●**해설**● 1 공연음란죄는 공연히 음란한 행위를 함으로써 성립하는 범죄이다. 본죄의 보호법익은 **건전한 성도덕 내지 성풍속**이다. 거동범이며 보호의 정도는 추상적 위험범이다. 따라서 불특정 또는 다수인에 의해 음란행위가 인식될 수 있는 가능성만 있으면 족하고 반드시 현실적으로 인식되어야 하는 것은 아니다.

2 본죄에서 '음란'한 행위란 (가) 사회 통념상 일반 보통 사람의 성욕을 자극하여 성적 흥분을 유발하고 (나) 정상적인 성적 수치심을 해하여 (다) 성적 도의관념에 반하는 것을 말한다. 음란성판단의 기준과 방법은 음화반포등죄에서와 같다. 따라서 음란성을 판단할 때에는 행위자의 주관적 의도가 아니라 **사회 평균인의 입장에서 건전한 사회통념에 따라 객관적이고 규범적으로 평가**하여야 한다(대판 2012도13352, Ref 2−1).

3 사안에서 원심은 X가 시위조로 공중 앞에서 단순히 알몸을 노출시킨 행위가 음란한 행위에 해당한다고 보기 어렵다고 보았다. 그러나 대법원은 원심의 판단과는 달리 「(가) 피고인이 불특정 또는 다수인이 알 수 있는 상태에서 옷을 모두 벗고 알몸이 되어 성기를 노출하였다면, 그 행위는 일반적으로 보통

---

1) 형법 제245조(공연음란) **공연히 음란한 행위**를 한 자는 1년 이하의 징역, 500만원 이하의 벌금, 구류 또는 과료에 처한다.

인의 정상적인 성적 수치심을 해하여 성적 도의관념에 반하는 **음란한 행위라고 할 것**이고, (나) 또 피고인이 승용차를 손괴하거나 타인에게 상해를 가하는 등의 행패를 부리던 중 경찰관이 이를 제지하려고 하자 이에 대항하여 위와 같은 행위를 한 데에는 피고인이 알몸이 되어 성기를 드러내어 보이는 것이 타인의 정상적인 성적 수치심을 해하는 **음란한 행위라는 인식도 있었다**」고 판시하였다.

4 본죄를 경향범으로 보는 학자가 많으나 대법원은 「**주관적으로 성욕의 흥분 또는 만족 등의 성적인 목적이 있어야 성립하는 것은 아니지만** 그 행위의 **음란성에 대한 의미의 인식이 있으면 족하다**」고 본다. 즉 주관적 구성요건으로 성욕을 자극·흥분·만족시키려는 주관적 동기나 목적을 요하지 않는다(객관설).

5 성 표현에 대한 형사규제는 '표현행위'에 대한 규제인 동시에 '형벌'을 그 제재 수단으로 하는 규제임에 주의하여야 한다. 일반적으로 '표현행위'에 대한 규제는 헌법 제21조 표현의 자유에 대한 권리보장으로 엄격한 합헌성 심사가 이루어져야 한다. 즉, 규제 대상이 명확하고 규제가 필요불가결한 경우가 아니면 허용되지 않는다. 그리고 '형벌'을 제재 수단으로 하는 규제도 헌법 제12조 적법절차의 보장, 형법의 보충성·최후수단성에 비추어, 엄격한 음미를 요하는 것이다. 따라서 성'표현'에 대한 '형사'규제는 2중의 엄격한 심사를 요한다.

Reference 1

공연음란죄 판례

1 [대판 2019도14056] 파기환송. [성기·엉덩이 등 신체의 주요한 부위를 노출한 행위가 경범죄 처벌법 제3조 제1항 제33호에 해당하는지 또는 형법 제245조의 '음란한 행위'에 해당하는지 판단하는 기준] [1] (가) **경범죄 처벌법 제3조 제1항 제33호**가 '공개된 장소에서 공공연하게 성기·엉덩이 등 신체의 주요한 부위를 노출하여 다른 사람에게 부끄러운 느낌이나 불쾌감을 준 사람'을 처벌하도록 규정하고 있는 점 등에 비추어 볼 때, 성기·엉덩이 등 신체의 주요한 부위를 노출한 행위가 있었을 경우 그 일시와 장소, 노출 부위, 노출 방법·정도, 노출 동기·경위 등 구체적 사정에 비추어, 그것이 단순히 다른 사람에게 부끄러운 느낌이나 불쾌감을 주는 정도에 불과하다면 경범죄 처벌법 제3조 제1항 제33호에 해당할 뿐이지만, (나) 그와 같은 정도가 아니라 일반 보통인의 성욕을 자극하여 성적 흥분을 유발하고 정상적인 성적 수치심을 해하는 것이라면 **형법 제245조**의 '음란한 행위'에 해당한다고 할 수 있다. [2] 피고인은 2017. 10. 9. 20:26경 이 사건 공소사실 기재 참전비 앞길에서 바지와 팬티를 내리고 성기와 엉덩이를 노출한 채 위 참전비를 바라보고 서 있었고 참전비의 한쪽 끝 방향으로 걸어가다가 돌아서서 걷기도 하는 등 위와 같이 노출한 상태에서 참전비 앞에 서 있거나 그 주위를 서성거렸다. 위 참전비에는 알몸이거나 유방을 노출한 채로 앉은 자세, 서 있는 자세 등 다양한 자세의 여인들이, 역시 알몸이거나 성기 부위만 가린 남성들과 함께 있는 모습을 부조한 조각상이 있는데, 정면에서 바라볼 때 가로 길이가 꽤 긴 직사각형 형태의 조 각상이어서 조각된 여인들과 남성들이 20명 안팎의 다수이고 그 여인들의 유방, 허벅지, 엉덩이 부위 등이 상당히 입체감 있고 도드라지게 표현되어 있다. 이 사건 당시는 야간이었으나 주위의 조명 등으로 위 참전비 앞길은 어둡지 않았고, 다수의 사람들이 통행하고 있었다. 공소외인은 마침 그곳을 지나가던 중 피고인이 위와 같이 성기와 엉덩이를 노출한 모습을 목격한 후 이를 분명하게 확인하였고, 다른 여성 4인과 아이들이 그곳을 지나가는 것을 보게 되자, 피고인을 경찰에 신고하였다. [3] 피고인의 위와 같은 행위를 사회 평균인의

입장에서 전체적인 내용을 관찰하여 건전한 사회통념에 따라 객관적이고 규범적으로 평가해 보면, 이는 단순히 다른 사람에게 부끄러운 느낌이나 불쾌감을 주는 정도가 아니라 일반 보통인의 성욕을 자극하여 성적 흥분을 유발하고 정상적인 성적 수치심을 해하여 성적 도의관념에 반하는 행위에 해당한다고 볼 수 있다.

2 [대판 2006도3119] 파기환송. [1] 풍속영업을 영위하는 장소에서 이루어진 행위가 형사처벌의 대상이 되는 '음란행위'에 해당한다고 하려면 당해 풍속영업의 종류, 허가받은 영업의 형태, 이용자의 연령 제한이나 장소의 공개 여부, 신체노출로 인한 음란행위에서는 그 시간과 장소, 노출 부위와 방법 및 정도, 그 동기와 경위 등을 종합적으로 고려하여, 그것이 단순히 일반인에게 부끄러운 느낌이나 불쾌감을 준다는 정도를 넘어서서 사회적으로 유해한 영향을 끼칠 위험성이 있다고 평가할 수 있을 정도로 노골적인 방법에 의하여 성적 부위를 노출하거나 성적 행위를 표현한 것으로서, 사회 평균인의 입장에서 성욕을 자극하여 성적 흥분을 유발하고 정상적인 성적 수치심을 해하였다고 평가될 수 있어야 한다. [2] 유흥주점 여종업원들이 웃옷을 벗고 브래지어만 착용하거나 치마를 허벅지가 다 드러나도록 걷어 올리고 가슴이 보일 정도로 어깨끈을 밑으로 내린 채 손님을 접대한 사안에서, 위 종업원들의 행위와 노출 정도가 형사법상 규제의 대상으로 삼을 만큼 사회적으로 유해한 영향을 끼칠 위험성이 있다고 평가할 수 있을 정도로 노골적인 방법에 의하여 성적 부위를 노출하거나 성적 행위를 표현한 것이라고 단정하기에 부족하다는 이유로, 구 풍속영업의 규제에 관한 법률(2007.1.3. 법률 제8175호로 개정되기 전의 것) 제3조 제1호에 정한 '음란행위'에 해당한다고 판단한 원심판결을 파기한 사례.

3 [대판 2005도1264] 요구르트 제품의 홍보를 위하여 전라의 여성 누드모델들이 일반 관람객과 기자 등 수십 명이 있는 자리에서, 알몸에 밀가루를 바르고 무대에 나와 분무기로 요구르트를 몸에 뿌려 밀가루를 벗겨내는 방법으로 알몸을 완전히 드러낸 채 음부 및 유방 등이 노출된 상태에서 무대를 돌며 관람객들을 향하여 요구르트를 던진 행위가 공연음란죄에 해당한다고 한 사례.

4 [대판 2003도6514] ●사실● 피고인은 2003. 3. 5. 23:20경 대전 동구 소제동 소재 공소외 1 경영의 상점 내에서, 자신의 동서인 공소외 2가 위 상점 앞에 주차한 차량으로 인하여 공소외 1과 말다툼하였을 때, 공소외 1이 자신에게 "술을 먹었으면 입으로 먹었지 똥구멍으로 먹었냐"라며 말하였다는 이유로, 다시 위 상점으로 찾아가 가게를 보고 있던 공소외 1의 딸인 피해자 공소외 3(여, 23세)에게 소리 지르면서, 그 앞에서 바지와 팬티를 무릎까지 내린 후 엉덩이를 들이밀며 "내 항문에 술을 부어라"라고 말하여 공연히 음란한 행위를 하였다는 것이다. 원심과 1심은 공연음란죄를 인정하였다. ●판지● 신체의 노출행위가 있었다고 하더라도 그 일시와 장소, 노출 부위, 노출 방법·정도, 노출 동기·경위 등 구체적 사정에 비추어, 그것이 일반 보통인의 성욕을 자극하여 성적 흥분을 유발하고 정상적인 성적 수치심을 해하는 것이 아니라 단순히 다른 사람에게 부끄러운 느낌이나 불쾌감을 주는 정도에 불과하다고 인정되는 경우 그와 같은 행위는 경범죄처벌법 제1조 제41호에 해당할지언정, 형법 제245조의 음란행위에 해당한다고 할 수 없다.

5 [대판 96도980] 연극공연행위의 음란성의 유무는 그 공연행위 자체로서 객관적으로 판단해야 할 것이고, 그 행위자의 주관적인 의사에 따라 좌우되는 것은 아니다.

음화 등 반포·판매·공연전시·공연상영죄 사례

음란성의 판단

1 [대판 2012도13352] ['음란'의 의미 및 음란물에 해당하나 결합 표현물인 게시물을 통한 사진의 게시가 형법 제20조의 '사회상규에 위배되지 아니하는 행위'에 해당되는 요건] ●사실● 법학전문대학원 교수인 피고인 X는 2011. 5.경부터 방송통신심의위원회 심의위원으로 일하던 중, 2011. 7. 20.경 서울 서대문구 연희동에 있는 자신의 집에서, 자신의 인터넷 블로그인 '피고인 자료실'에 "검열자 일기 #4: 이 사진을 보면 성적으로 자극받거나 성적으로 흥분되나요?"라는 제목으로 2011. 7. 12. 제18차 방송통신심의위원회에서 음란정보로 의결한 **발기된 남성 성기 사진 7장과 벌거벗은 남성의 뒷모습 사진 1장**을, 관련 정보통신 심의규정과 성행위에 관한 서사가 포함되지 않은 성기 이미지 자체를 음란물이라고 보는 것은 표현의 자유를 침해하는 것으로서 부당하다는 취지의 **자신의 주장을 담은 글과 함께 게시**하여 정보통신망을 통하여 음란한 화상 또는 영상을 공공연하게 전시하였다. 검사는 「정보통신망 이용촉진 및 정보보호 등에 관한 법률」 제44조의7 제1항 제1호의 위반으로 기소를 하였고 제1심은 검사의 공소사실을 받아들여 X에게 **유죄를 선고**하였다. 그러나 원심은, 이 사건 사진들이 발기된 남성 성기를 적나라하게 노출하고 있고, 저속하거나 문란한 느낌을 주기는 하나, 피고인이 별도의 성적인 설명 또는 평가를 부가하지 아니하고, 그 바로 아래에 심의규정을 소개하면서 이 사건 사진들을 음란물로 판단한 방송통신심의위원회의 다수 의견에 대한 비판적 견해를 피력한 이상, 이 사건 게시물의 전체적 맥락에서 이 사건 사진들이 음란물에 해당한다고 단정할 수 없다면서, 이 사건 공소사실에 대하여 범죄의 증명이 없다는 이유로 **무죄를 선고**하였다. 이에 검사가 상고하였다. ●판지● 상고기각. 「[1] 정보통신망 이용촉진 및 정보보호 등에 관한 법률 제44조의7 제1항 제1호2), 74조 제1항 제2호3)에서 규정하는 **'음란'이란** (가) 사회통념상 일반 보통인의 성욕을 자극하여 성적 흥분을 유발하고 (나) 정상적인 성적 수치심을 해하여 (다) 성적 도의관념에 반하는 것을 말한다. 음란성에 관한 논의는 자연스럽게 형성·발전되어 온 사회 일반의 성적 도덕관념이나 윤리의식 및 문화적 사조와 직결되고, 아울러 개인의 사생활이나 행복추구권 및 다양성과도 깊이 연관되는 문제로서, 국가 형벌권이 지나치게 적극적으로 개입하기에 적절한 분야가 아니다. 이러한 점을 고려할 때, (라) 특정 표현물을 **형사처벌의 대상**이 될 음란 표현물이라고 하기 위하여는 표현물이 단순히 성적인 흥미에 관련되어 **저속하다거나 문란한 느낌을 준다는 정도만으로는 부족**하다. (마) 사회통념에 비추어 전적으로 또는 지배적으로 성적 흥미에만 호소할 뿐 하등의 문학적·예술적·사상적·과학적·의학적·교육적 가치를 지니지 아니한 것으로서, (바) 과도하고도 노골적인 방법에 의하여 성적 부위나 행위를 적나라하게 표현·묘사함으로써, 존중·보호되어야 할 인격체로서의 인간의 존엄과 가치를 훼손·왜곡한다고 볼 정도로 평가될 수 있어야 한다. 나아가 (사) 이를 판단할 때에는 표현물 제작자의 주관적 의도가 아니라 **사회 평균인의 입장**에서 전체적인 내용을 관찰하여 **건전한 사회통념에 따라 객관적이고 규범적으로 평가**하여야 한다. [2] 음란물이 그 자체로는 하등의 문학적·예술적·사상적·과학적·의학적·교육적 가치를 지니지 아니하더라도, 음란성에 관한 논의의 **특수한 성격**

---

2) 정보통신망 이용촉진 및 정보보호 등에 관한 법률 제44조의7(불법정보의 유통금지 등) ① 누구든지 정보통신망을 통하여 다음 각 호의 어느 하나에 해당하는 정보를 유통하여서는 아니 된다. 1. **음란한** 부호·문언·음향·화상 또는 영상을 배포·판매·임대하거나 공공연하게 전시하는 내용의 정보

3) 정보통신망 이용촉진 및 정보보호 등에 관한 법률 제74조(벌칙) ① 다음 각 호의 어느 하나에 해당하는 자는 1년 이하의 징역 또는 1천만원 이하의 벌금에 처한다. 1. …… 2. 제44조의7제1항제1호를 위반하여 **음란한** 부호·문언·음향·화상 또는 영상을 배포·판매·임대하거나 공공연하게 전시한 자

때문에, 그에 관한 논의의 형성·발전을 위해 **문학적·예술적·사상적·과학적·의학적·교육적 표현 등과 결합**되는 경우가 있다. 이러한 경우 음란 표현의 해악이 이와 결합된 (가) 위와 같은 표현 등을 통해 상당한 방법으로 해소되거나 (나) 다양한 의견과 사상의 경쟁메커니즘에 의해 해소될 수 있는 정도라는 등의 특별한 사정이 있다면, 이러한 결합 표현물에 의한 표현행위는 공중도덕이나 사회윤리를 훼손하는 것이 아니어서, 법질서 전체의 정신이나 그 배후에 놓여 있는 사회윤리 내지 사회통념에 비추어 용인될 수 있는 행위로서 형법 제20조에 정하여진 '사회상규에 위배되지 아니하는 행위'에 해당된다. [3] 방송통신심의위원회 심의위원인 피고인이 자신의 인터넷 블로그에 위원회에서 음란정보로 의결한 '남성의 발기된 성기 사진'을 게시함으로써 정보통신망을 통하여 음란한 화상 또는 영상인 사진을 공공연하게 전시하였다고 하여 정보통신망 이용촉진 및 정보보호 등에 관한 법률 위반(음란물유포)으로 기소된 사안에서, 피고인의 게시물은 다른 블로그의 화면 다섯 개를 갈무리하여 옮겨온 남성의 발기된 성기 사진 8장과 벌거벗은 남성의 뒷모습 사진 1장을 전체 게시면의 절반을 조금 넘는 부분에 걸쳐 게시하고, 이어서 정보통신에 관한 심의규정 제8조 제1호를 소개한 후 피고인의 의견을 덧붙이고 있으므로 (가) 사진들과 음란물에 관한 논의의 형성·발전을 위한 학술적, 사상적 표현 등이 결합된 결합 표현물로서, (나) 사진들은 오로지 남성의 발기된 성기와 음모만을 뚜렷하게 강조하여 여러 맥락 속에서 직접적으로 보여줌으로써 성적인 각성과 흥분이 존재한다는 암시나 공개장소에서 발기된 성기의 노출이라는 성적 일탈의 의미를 나타내고, (다) 나아가 여성의 시각을 배제한 남성중심적인 성관념의 발로에 따른 편향된 관점을 전달하고 있어 **음란물에 해당**하나, (라) 사진들의 음란성으로 인한 해악은 이에 결합된 학술적, 사상적 표현들과 비판 및 논증에 의해 **해소**되었고, (마) 결합 표현물인 게시물을 통한 사진들의 게시는 목적의 정당성, 수단이나 방법의 상당성, 보호법익과 침해법익 간의 법익균형성이 인정되어 법질서 전체의 정신이나 그 배후에 놓여 있는 **사회윤리 내지 사회통념에 비추어 용인될 수 있는 행위에 해당**하므로, 원심이 게시물의 전체적 맥락에서 사진들을 음란물로 단정할 수 없다고 본 것에는 같은 법 제74조 제1항 제2호 및 제44조의7 제1항 제1호가 규정하는 '음란'에 관한 법리오해의 잘못이 있으나, 공소사실을 무죄로 판단한 것은 결론적으로 정당하다」. **cf)** 판례는 음란성을 판단함에 있어 행위자의 주관적 의도를 중심으로 판단하는 것이 아니라 객관적으로 판단한다(객관설). 즉 「이를 판단할 때에는 표현물 제작자의 주관적 의도가 아니라 **사회 평균인의 입장**에서 전체적인 내용을 관찰하여 **건전한 사회통념에 따라 객관적이고 규범적으로 평가**하여야 한다」. 따라서 그 제조자나 판매자의 주관적인 의도에 의해 좌우되지 않는다(대판 70도1879, Ref 2-9).

2 [대판 98도679] [소설 '내게 거짓말을 해봐'[4]가 음란한 문서에 해당한다고 한 사례] 형법 제243조 및 제244조에서 말하는 '음란'이라 함은 정상적인 성적 수치심과 선량한 성적 도의관념을 현저히 침해하기에 적합한 것을 가리킨다 할 것이고, 이를 판단함에 있어서는 (가) 그 시대의 건전한 사회통념에 따라 객관적으로 판단하되 그 사회의 평균인의 입장에서 문서 전체를 대상으로 하여 규범적으로 평가하여야 할 것이며, (나) 문학성 내지 예술성과 음란성은 차원을 달리하는 관념이므로 어느 문학작품이나 예술작품에 **문학성 내지 예술성이 있다고 하여 그 작품의 음란성이 당연히 부정되는 것은 아니라** 할 것이고, (다) 다만 그 작품의 문학적·예술적 가치, 주제와 성적 표현의 관련성 정도 등에 따라서는 그 **음란성이 완화되어 결국은 형법이**

---

4) 소설가 장정일은 1997년에 소설 《내게 거짓말을 해봐》로 필화 사건을 겪는다. 그의 작품이 외설적이라는 보수적 문인들과 언론의 공세로 재판에 회부되었다. 작품의 외설성 여부는 논란이 되었고, 언론매체들은 처음 있는 일인 것처럼 왜곡하여 그의 필화사건은 과거 정비석, 마광수 사태와 비슷한 양상을 보였다. 당시 그의 변호를 맡은 이는 후에 법무부 장관이 되는 강금실 변호사이다. 강금실은 후에, 《장정일 화두, 혹은 코드》라는 책에서 당시의 장정일과 재판에 대한 글 <장정일을 위한 변명>을 썼다. ko.wikipedia.org

처벌대상으로 삼을 수 없게 되는 경우가 있을 수 있을 뿐이다.

3 **[대판 97도937] [오렌지걸사건]** (가) **사진첩**에 남자 모델이 전혀 등장하지 아니하고 남녀 간의 정교 장면에 관한 사진이나 여자의 국부가 완전히 노출된 사진이 수록되어 있지 않다 하더라도, (나) 이들 사진들은 모델의 의상 상태, 자세, 촬영 배경, 촬영 기법이나 예술성 등에 의하여 성적 자극을 완화시키는 요소는 발견할 수 없고, (다) 오히려 사진 전체로 보아 선정적 측면을 강조하여 주로 독자의 호색적 흥미를 돋구는 것으로서 일반 보통인의 성욕을 자극하여 성적 흥분을 유발하고 정상적인 성적 수치심을 해하는 것으로서 성적 도의관념에 반하는 것이므로, **그 사진첩은 음란한 도화에 해당한다**고 본 원심판결을 수긍한 사례.

4 **[대판 94도2413] ['즐거운 사라'사건5)]** [1] 일반적으로 법규는 그 규정의 문언에 표현력의 한계가 있을 뿐만 아니라 그 성질상 어느 정도의 추상성을 가지는 것은 불가피하고, 형법 제243조 (음화반포등),6) 제244조(음화제조등)7)에서 규정하는 **'음란'은 평가적, 정서적 판단을 요하는 규범적 구성요건 요소**이고, **'음란'이란 개념**이 일반 보통인의 성욕을 자극하여 성적 흥분을 유발하고 정상적인 성적 수치심을 해하여 성적 도의관념에 반하는 것이라고 풀이되고 있으므로 이를 불명확하다고 볼 수 없기 때문에, 형법 제243조와 제244조의 규정이 **죄형법정주의에 반하는 것이라고 할 수 없다.** [2] 헌법 제22조 제1항, 제21조 제1항에서 기본권으로 보장되는 문학에 있어서의 표현의 자유도 헌법 제21조 제4항, 제37조 제2항에서 공중도덕이나 사회윤리를 침해하는 경우에는 이를 제한할 수 있도록 하였으며, 이에 따라 형법에서는 건전한 성적 풍속 내지 성도덕을 보호하기 위하여 제243조에서 음란한 문서를 판매한 자를, 제244조에서 음란한 문서를 제조한 자를 각 처벌하도록 규정하고 있으므로, **문학작품이라고 하여 무한정의 표현의 자유를 누려 어떠한 성적 표현도 가능하다고 할 수는 없고** 그것이 건전한 성적 풍속이나 성도덕을 침해하는 경우에는 형법규정에 의하여 이를 처벌할 수 있다.

5 **[대판 94도2266] [형법 제243조 소정 "음란"의 판단 규준과 최종적인 판단의 주체]** 형법 제243조 소정의 "음란"이라는 개념 자체가 사회와 시대적 변화에 따라 변동하는 상대적이고도 유동적인 것이고, 그 시대에 있어서 사회의 풍속, 윤리, 종교 등과도 밀접한 관계를 가지는 추상적인 것이므로 결국 구체적인 판단에 있어서는 사회통념상 일반 보통인의 정서를 그 판단의 규준으로 삼을 수밖에 없다고 할지라도, 이는 (가) 법관이 일정한 가치판단에 의하여 내릴 수 있는 규범적인 개념이라 할 것이어서 **그 최종적인 판단의 주체는 어디까지나 당해 사건을 담당하는 법관이라 할 것**이니, (나) 음란성을 판단함에 있어 법관이 자신의 정서가 아닌 일반 보통인의 정서를 규준으로 하여 이를 판단하면 족한 것이지 (다) 법관이 일일이 일반 보통인을 상대로 과연 당해 문서나 도화 등이 그들의 성욕을 자극하여 성적 흥분을 유발하거나 정상적인 성적 수치심을 해하여 성적 도의관념에 반하는 것인지의 여부를 묻는 절차를 거쳐야만 되는 것은 아니라고 할 것이다.

---

5) **'즐거운 사라'** 사건은 연세대교수인 마광수교수가 1991년 소설 《즐거운 사라》를 출간하면서, 외설논쟁에 휘말리게 되고, 그 이듬해인 1992년에는 본 서적이 음란물로 분류되어 음란물 제작 및 배포 혐의로 전격 구속되었다. 당시 표현의 자유의 한계와 관련하여 큰 이슈가 된 사건이다.

6) 형법 제243조(음화반포 등) **음란한** 문서, 도화, 필름 기타 물건을 반포, 판매 또는 임대하거나 공연히 전시 또는 상영한 자는 1년 이하의 징역 또는 500만원 이하의 벌금에 처한다.

7) 형법 제244조(음화제조 등) 제243조의 행위에 공할 목적으로 **음란한** 물건을 제조, 소지, 수입 또는 수출한 자는 1년 이하의 징역 또는 500만원 이하의 벌금에 처한다.

6 [대판 91도1550] 형법 제243조에 규정된 음란한 문서 또는 도화라 함은 성욕을 자극하여 흥분시키고 일반인의 정상적인 성적정서와 선량한 사회풍속을 해칠 가능성이 있는 도서를 말하며 그 **음란성의 존부는 작성자의 주관적 의도가 아니라 객관적으로 도서 자체에 의하여 판단**되어야 한다.

7 [대판 90도1485] **[영화 '사방지'사건[8]] 공연윤리위원회의 심의를 마친 영화작품이라 하더라도** 이것을 영화관에서 상영하는 것이 아니고 관람객을 유치하기 위하여 영화장면의 일부를 포스타나 스틸사진 등으로 제작하였고, 제작된 포스타 등 도화가 그 영화의 예술적 측면이 아닌 선정적 측면을 특히 강조하여 그 표현이 과도하게 성감을 자극시키고 일반인의 정상적인 성적 정서를 해치는 것이어서 건전한 성풍속이나 성도덕 관념에 반하는 것이라면 그 포스타 등 광고물은 음화에 해당한다.

8 [대판 74도976] 소설 **반노[9]**의 13장 내지 14장에 기재된 사실을 그 표현에 있어 과도하게 성욕을 자극시키거나 또는 정상적인 성적 정서를 크게 해칠 정도로 노골적이고 구체적인 묘사라고 볼 수 없고 더욱이 **그 전체적인 내용의 흐름이** 인간에 내재하는 향락적인 성욕에 반항함으로서 결국 그로부터 벗어나 새로운 자아를 발견하는 과정으로 이끌어 매듭된 경우에는 이 소설을 **음란한 작품이라고 단정할 수 없다.**

9 [대판 70도1879] **[고야의 '마야부인'사건]** 원판시와 같이 침대위에 비스듬이 위를 보고 누워 있는 본건 천연색 여자 나체화(고야의 '옷 벗은 마야) 카드 사진이 비록 명화집에 실려있는 그림이라 하여도 (가) 이것을 예술, 문학, 교육 등 공공의 이익을 위해서 이용하는 것이 아니고, (나) 성냥갑 속에 넣어서 판매할 목적으로 그 카드 사진을 복사 제조하거나 시중에 판매하였다고 하면 이는 그 **명화를 모독**하여 음화화 시켰다 할 것이므로, 이러한 견지에서 이를 음화라고 본 원심판단은 정당하고, (다) 피고인들은 본건 그림의 음란성을 인식하지 못하였다 하여도 **그 음란성의 유무는 그 그림 자체로서 객관적으로 판단해야 할 것이고,** (라) 그 제조자나 판매자의 주관적인 의사에 따라 좌우되는 것은 아니라 할 것이며, (마) 그 음화의 제조 내지 판매죄의 범의성립에 있어서도 그러한 그림이 존재한다는 것과 이를 제조나 판매하고 있다는 것을 인식하고 있으면 되고, 그 이상 더 나가서 **그 그림이 음란한 것인가 아닌가를 인식할 필요는 없다** 할 것이다.

---

8) **영화 '사방지'**는 양성을 가지고 태어난 여자인 사방지가 사대부 가문의 청상 이소자와 신분을 초월한 사랑을 하다가 탄로가 나 좌절을 겪게 되지만 결국에는 그들이 자신들의 사랑이 영원함을 말하고 죽게된다는 내용으로서 공연윤리위원회의 심의를 거쳐 국내 여러 극장에서 상영되었다. 제1심과 제2심에서 무죄가 선고되었으나 대법원에서 위 판지와 같은 이유로 원심을 파기환송하였다.

9) 검찰은 1969년 염재만의 소설 《**반노(叛奴)**》가 음란물에 해당한다며 저자인 염재만을 기소한다. 제1심에서 유죄판결을 내려졌으나 제2심에서는 무죄판결이 내려졌다. 이후 1975년 대법원은 무죄선고 원심을 확정하면서 6년에 걸친 논란에 종지부를 찍는다. 대법원은 음란의 정의를 "과도하게 성욕을 자극하거나 정상적인 성적 정서를 크게 해칠 정도로 노골적이고 구체적인 묘사"로 규정하면서 <반노>는 이에 해당하지 않는다고 밝혔다. 소설 <반노> 이후에도 1995년 연세대 마광수 교수의 <즐거운 사라>, 1996년의 연극 <미란다>와 장정일의 소설 <내게 거짓말을 해봐>, 2003년 이현세의 만화 <천국의 신화> 등의 문학 · 예술 작품들이 음란 혐의로 법정에서는 다투게 된다.

음란물에 해당하는지 여부

10-1 [대판 2003도988] [1] 음란한 물건이라 함은 성욕을 자극하거나 흥분 또는 만족케 하는 물건들로서 일반인의 정상적인 성적 수치심을 해치고 선량한 성적 도의관념에 반하는 것을 의미하며, **어떤 물건이 음란한 물건에 해당하는지 여부**는 행위자의 주관적 의도나 반포, 전시 등이 행하여진 상황에 관계없이 **그 물건 자체에 관하여 객관적으로 판단**하여야 한다. [2] 남성용 자위기구인 모조여성성기가 음란한 물건에 해당한다고 한 사례.

10-2 [대판 78도2327] 남성 성기확대기구인 **해면체비대기**는 그 기구자체가 성욕을 자극, 흥분 혹은 만족시키게 하는 음란물건이라고 할 수 없다.

10-3 [비교판례] [대판 2014도3312] 이 사건 물품은 남성용 자위기구로서의 기능과 목적을 위하여 사람의 피부와 유사한 질감, 촉감, 색상을 가진 실리콘을 소재로 하여 여성의 특정 신체부위를 개괄적인 형상과 단일한 재질, 색상을 이용하여 재현한 것일 뿐, 단순히 저속하다거나 문란한 느낌을 준다는 정도를 넘어서서 존중·보호되어야 할 인격을 갖춘 존재인 사람의 존엄성과 가치를 심각하게 훼손·왜곡하였다고 평가할 수 있을 정도로 노골적인 방법에 의하여 성적 부위를 적나라하게 표현 또는 묘사한 것으로 보이지 않는다는 이유로 음란한 물건에 해당하지 않는다.

11 [대판 2000도3346] 음란한 물건이라 함은 성욕을 자극하거나 흥분 또는 만족케 하는 물품으로서 일반인의 정상적인 성적 수치심을 해치고 선량한 성적 도의관념에 반하는 것을 가리킨다고 할 것인바, **여성용 자위기구나 돌출콘돔**의 경우 그 자체로 남성의 성기를 연상케 하는 면이 있다 하여도 그 정도만으로 그 기구 자체가 성욕을 자극, 흥분 또는 만족시키게 하는 물건으로 볼 수 없을 뿐만 아니라 일반인의 정상적인 성적 수치심을 해치고 선량한 성적 도의관념에 반한다고도 볼 수 없으므로 **음란한 물건에 해당한다고 볼 수 없다.** cf) 그러나 대법원은 남성용 자위기구인 모조여성성기는 음란한 물건에 해당한다고 판시하였다 (대판 2003도988).

12 [대판 98도3140] 형법 제243조는 음란한 문서, 도화, 필름 기타 물건을 반포, 판매 또는 임대하거나 공연히 전시 또는 상영한 자에 대한 처벌 규정으로서 **컴퓨터 프로그램파일**은 위 규정에서 규정하고 있는 **문서, 도화, 필름 기타 물건에 해당한다고 할 수 없으므로**, 음란한 영상화면을 수록한 컴퓨터 프로그램파일을 컴퓨터 통신망을 통하여 전송하는 방법으로 판매한 행위에 대하여 전기통신기본법 제48조의2의 규정을 적용할 수 있음은 별론으로 하고, 형법 제243조의 규정을 적용할 수 없다.

음란물의 '전시'에 해당하는지 여부

13 [대판 2008도10914] 인터넷사이트에 집단 성행위 목적의 카페를 개설, 운영한 자가 남녀 회원을 모집한 후 특별모임을 빙자하여 집단으로 성행위를 하고 그 촬영물이나 사진 등을 카페에 게시한 사안에서, 카페가 회원제로 운영되는 등 제한적이고 회원들 상호간에 음란물을 게시, 공유해 온 사정이 있다고 하더라도, 위 **카페의 회원 수에 비추어 위 게시행위가 음란물을 공연히 전시한 것에 해당한다**고 한 사례.

14 [대판 2001도1335] [음란한 부호 등이 전시된 웹페이지에 대한 **링크(link)행위가 그 음란한 부호 등의**

전시에 해당하는지 여부(한정 적극)] 음란한 부호 등으로 **링크**를 해 놓는 행위자의 의사의 내용, 그 행위자가 운영하는 웹사이트의 성격 및 사용된 링크기술의 구체적인 방식, 음란한 부호 등이 담겨져 있는 다른 웹사이트의 성격 및 다른 웹사이트 등이 음란한 부호 등을 실제로 전시한 방법 등 모든 사정을 종합하여 볼 때, 링크를 포함한 일련의 행위 및 범의가 다른 웹사이트 등을 단순히 소개·연결할 뿐이거나 또는 다른 웹사이트 운영자의 실행행위를 방조하는 정도를 넘어, 이미 음란한 부호 등이 불특정·다수인에 의하여 인식될 수 있는 상태에 놓여 있는 다른 웹사이트를 **링크의 수법**으로 사실상 지배·이용함으로써 그 실질에 있어서 음란한 부호 등을 **직접 전시하는 것과 다를 바 없다**고 평가되고, 이에 따라 불특정·다수인이 이러한 링크를 이용하여 별다른 제한 없이 음란한 부호 등에 바로 접할 수 있는 상태가 실제로 조성되었다면, **그러한 행위는 전체로 보아 음란한 부호 등을 공연히 전시한다는 구성요건을 충족한다고 봄이 상당**하며, 이러한 해석은 죄형법정주의에 반하는 것이 아니라, 오히려 링크기술의 활용과 효과를 극대화하는 초고속정보통신망 제도를 전제로 하여 신설된 구 전기통신기본법 제48조의2(2001.1.16. 법률 제6360호 부칙 제5조 제1항 에 의하여 삭제, 현행 정보통신망이용촉진및정보보호등에관한법률 제65조 제1항 제2호 참조) 규정의 입법취지에 부합하는 것이라고 보아야 한다.

111 도박과 사기

* 대법원 2011. 1. 13. 선고 2010도9330 판결
* 참조조문: 형법 제245조 제1항,[1] 제347조 제1항[2]

> 이른바 '사기도박'의 경우 사기죄 외에 도박죄가 별도로 성립하는가?

●**사실**● 피고인 X는 2010.2.17.경 Y, Z, W와 사기도박의 방법으로 금원을 편취하기로 공모하였다. 이에 따라 Z, W는 2010.2.18. 16:00경 보령시 명천동 홀인원모텔 906호실에서 천장에 있는 화재감지기에 카메라를 몰래 설치하고, 이어 모텔 맞은편에 있는 아리아모텔 707호실에 모니터를 설치하였다. 그리고 Y는 피해자 A, B에게 연락하여 도박을 하자고 유인하여 위 홀인원모텔 906호실로 오게 하고, 또 위와 같은 사실을 알지 못하는 B는 피해자 C에게 도박을 하자고 권유하여 이 모텔로 오게 하였다. X와 Y는 같은 날 20:00경 **수신기 및 리시버를 착용하고 형광물질로 특수표시를 한 화투를 소지**한 채 위 홀인원모텔 906호실로 가서 피해자들과 함께 속칭 '섯다'라는 도박을 하였다. 그들은 21:20경부터 22:00경까지는 사기도박을 숨기기 위하여 정상적인 도박을 하다가(제1행위) 22:00경부터 Y가 가지고 온 화투를 바꾼 이후부터 다음날 02:10경까지는 Z가 몰래 설치한 카메라를 통하여 수신된 모니터 화면을 보고 알려주는 피해자들의 화투 패를 리시버를 통하여 듣고 **도박의 승패를 지배함으로써** 피해자들로부터 도금을 교부받았다(제2행위).

제1심과 원심은 검사의 공소사실 대로 X가 정상도박을 한 제1행위 시(21:20경부터 22:00경까지)는 도박죄로, 이후 사기도박을 한 제2행위시(22:00경부터 다음날 02:10경까지)는 사기죄를 각 인정하여 유죄를 선고하였다.

●**판지**● 파기환송. 「[1] 도박이란 2인 이상의 자가 상호간에 재물을 도(賭)하여 **우연한 승패에 의하여** 그 재물의 득실을 결정하는 것이므로, 이른바 사기도박과 같이 도박당사자의 일방이 사기의 수단으로써 승패의 수를 지배하는 경우에는 도박에서의 우연성이 결여되어 **사기죄만 성립하고 도박죄는 성립하지 아니한다.**

[2] 사기죄는 편취의 의사로 기망행위를 개시한 때에 실행에 착수한 것으로 보아야 하므로, 사기도박에서도 사기적인 방법으로 도금을 편취하려고 하는 자가 상대방에게 **도박에 참가할 것을 권유하는 등 기망행위를 개시한 때**에 실행의 착수가 있는 것으로 보아야 한다.

[3] 피고인 등이 사기도박에 필요한 준비를 갖추고 그러한 의도로 피해자들에게 도박에 참가하도록 권유한 때 또는 늦어도 그 정을 알지 못하는 피해자들이 도박에 참가한 때에는 이미 사기죄의 실행에 착수하였다고 할 것이므로, 피고인 등이 그 후에 사기도박을 숨기기 위하여 얼마간 정상적인 도박을 하였더라도 이는 사기죄의 실행행위에 포함되는 것이어서 피고인에 대하여는 피해자들에 대한 사기죄만이 성립하고 도박죄는 따로 성립하지 아니함에도, 이와 달리 피해자들에 대한 사기죄 외에 도박죄가 별도로 성립하는 것으로 판단하고 이를 유죄로 인정한 원심판결에 사기도박에 있어서의 실행의 착수시기 등에 관한 법리오해의 위법이 있다.

---

1) 형법 제246조(도박) ① 도박을 한 사람은 1천만원 이하의 벌금에 처한다. 다만, 일시오락 정도에 불과한 경우에는 예외로 한다.
2) 형법 제347조(사기) ① 사람을 기망하여 재물의 교부를 받거나 재산상의 이익을 취득한 자는 10년 이하의 징역 또는 2천만원 이하의 벌금에 처한다. ② 전항의 방법으로 제삼자로 하여금 재물의 교부를 받게 하거나 재산상의 이익을 취득하게 한 때에도 전항의 형과 같다.

[4] 피고인 등이 피해자들을 유인하여 사기도박으로 도금을 편취한 행위는 **사회관념상 1개의 행위로 평가하는 것이 타당**하므로, 피해자들에 대한 각 사기죄는 상상적 경합의 관계에 있다고 보아야 함에도, 위 각 죄가 실체적 경합의 관계에 있는 것으로 보고 경합범 가중을 한 원심판결에 사기죄의 죄수에 관한 법리오해의 위법이 있다」.

●**해설**● 1 도박죄는 재물로써 도박함으로써 성립한다. 도박죄를 처벌하는 이유는 정당한 근로에 의하지 아니한 재물의 취득을 처벌함으로써 경제에 관한 건전한 도덕법칙을 보호하는 데 있다. 본죄의 보호법익은 **근로의식과 사회의 미풍양속**이고 보호의 정도는 **추상적 위험범**이다.[3] 또한 본죄는 **필요적 공범(대향범)**에 속한다.

2 도박이란 **우연한 승부**에 의해 재물의 득실을 결정하는 것을 말한다. 여기서 **'우연'이란** 「(가) 주관적으로 '당사자에 있어서 확실히 예견 또는 자유로이 지배할 수 없는 사실에 관하여 승패를 결정하는 것'을 말하고, (나) 객관적으로 불확실할 것을 요구하지 아니한다. 따라서, (다) 당사자의 능력이 승패의 결과에 영향을 미친다고 하더라도 **다소라도 우연성의 사정에 의하여 영향을 받게 되는 때에는 도박죄가 성립**할 수 있다」(대판 2006도736).

3 그리고 이 우연성은 당사자 모두에게 있어야 하고, 당사자 일부에게만 우연성이 있는 **편면적 도박**은 도박이 될 수 없다. 즉 사기도박이나 사실을 정확하게 알고 있는 사람이 그 사실의 존부에 대해 다른 사람과 돈을 걸고 내기를 한 경우 등에는 도박이 될 수 없다. 대상판결에서도 대법원은 사기도박은 사기죄만 성립하고 도박죄는 성립하지 않는 것으로 본다.

4 나아가 대상판결에서 문제된 점은 피고인들이 사기도박에 들어가기 전에 자신들의 사기성을 숨기기 위해 약 40분간 정상도박을 먼저 하였는데 이 부분을 떼어내 별도로 도박죄로 기소할 수 있는가이다. 제1심과 원심은 이 경우 별도로 도박죄가 성립된다고 보았으나 대법원은 「피고인 등이 사기도박에 필요한 준비를 갖추고 그러한 의도로 피해자들에게 도박에 참가하도록 권유한 때 또는 늦어도 그 정을 알지 못하는 피해자들이 도박에 참가한 때에는 **이미 사기죄의 실행에 착수**하였다」고 판단하였다.

5 이와 같이 대상판결은 ① 사기도박에 있어서 실행의 착수시기에 관한 판례의 입장을 처음으로 밝히고 나아가 ② 사기도박의 과정에 정상도박이 개재되어 있다고 하더라도 **사기죄 외에 별도의 도박죄가 성립하지 아니한다**는 법리를 밝힌 최초의 판결이라는 점에서 의의가 있다.

---

3) 도박죄는 **추상적 위험범**이므로 도박의 착수만 있으면 바로 기수가 되므로 승패가 결정될 필요가 없다. 도박죄는 미수범처벌 규정이 없다.

사기도박의 사례

1 [대판 85도583] [기망방법에 의한 도박이 사기죄가 되는지 여부] 화투의 조작에 숙달하여 원하는 대로 끝수를 조작할 수 있어서 우연성이 없음에도 피해자를 우연에 의하여 승부가 결정되는 것처럼 오신시켜 돈을 도(賭)하게 하여 이를 편취한 행위는 이른바 기망방법에 의한 도박으로서 사기죄에 해당한다.

도박죄와 관련된 사례

1 [대판 2014도212] [도박행위가 공갈죄의 수단이 된 경우, 공갈죄에 흡수되는지 여부(소극)] 공갈죄와 도박죄는 그 구성요건과 보호법익을 달리하고 있고, 공갈죄의 성립에 일반적·전형적으로 도박행위를 수반하는 것은 아니며, 도박행위가 공갈죄에 비하여 별도로 고려되지 않을 만큼 경미한 것이라고 할 수도 없으므로, 도박행위가 공갈죄의 수단이 되었다 하여 그 도박행위가 공갈죄에 흡수되어 별도의 범죄를 구성하지 않는다고 할 수 없다.

2 [대판 2003도6351] [일시 오락 정도에 불과한 도박행위를 처벌하지 아니하는 이유] [1] 일시 오락 정도에 불과한 도박행위의 동기나 목적, 그 수단이나 방법, 보호법익과 침해법익과의 권형성 그리고 일시 오락 정도에 불과한 도박은 그 재물의 경제적 가치가 근소하여 건전한 근로의식을 침해하지 않을 정도이므로 건전한 풍속을 해할 염려가 없는 정도의 단순한 오락에 그치는 경미한 행위에 불과하고, 일반 서민대중이 여가를 이용하여 평소의 심신의 긴장을 해소하는 오락은 이를 인정함이 국가정책적 입장에서 보더라도 허용된다. [2] 풍속영업자가 자신이 운영하는 여관에서 친구들과 일시 오락 정도에 불과한 도박을 한 경우(피고인은 그가 운영하는 여관 카운터에서 같은 동네에 거주하는 친구들과 함께 저녁을 시켜 먹은 후 그 저녁 값을 마련하기 위하여 속칭 '훌라'라는 도박을 하다가 적발되어 도박죄로 기소되었다), 형법상 도박죄는 성립하지 아니하고 풍속영업의규제에관한법률위반죄의 구성요건에는 해당하나 사회상규에 위배되지 않는 행위로서 위법성이 조각된다고 한 사례.

3 [대판 2002도2518] [도박죄를 처벌하지 않는 외국 카지노에서의 도박행위의 위법성 여부(적극)] 형법 제3조는 "본법은 대한민국 영역 외에서 죄를 범한 내국인에게 적용한다."고 하여 형법의 적용 범위에 관한 속인주의를 규정하고 있고, 또한 국가 정책적 견지에서 도박죄의 보호법익보다 좀더 높은 국가이익을 위하여 예외적으로 내국인의 출입을 허용하는 폐광지역개발지원에관한특별법 등에 따라 카지노에 출입하는 것은 법령에 의한 행위로 위법성이 조각된다고 할 것이나, 도박죄를 처벌하지 않는 외국 카지노에서의 도박이라는 사정만으로 그 위법성이 조각된다고 할 수 없다.

도박개장죄(법247)⁴⁾와 관련된 사례

1 [대판 2008도10582] [유료낚시터를 운영하는 사람이 입장료 명목으로 요금을 받은 후 물고기에 부착된 시상번호에 따라 경품을 지급한 사안에서, 도박개장죄를 인정한 사례] 피고인은 2007. 2. 16.경부터 같은 달 26.경까지 이 사건 실내낚시터를 운영하면서, 물고기 1,700여 마리를 구입하여 그 중 600마리의 등지느러미에 1번부터 600번까지의 번호표를 달고 나머지는 번호표를 달지 않은 채 대형 수조에 넣고, 손님들로부터 시간당 3만 원 내지 5만 원의 요금을 받고 낚시를 하게 한 후, 손님들이 낚은 물고기에 부착된 번호가 시간별로 우연적으로 변동되는 프로그램상의 시상번호와 일치하는 경우 손님들에게 5천 원 내지 3백만 원 상당의 문화상품권이나 주유상품권을 지급하는 방식으로 영업한 사실을 알 수 있다. 사정이 이와 같다면, 입장료의 액수, 경품의 종류 및 가액, 경품이 제공되는 방법 등의 여러 사정에 비추어 볼 때, 손님들이 내는 입장료는 이 사건 낚시터에 입장하기 위한 대가로서의 성격과 경품을 타기 위해 미리 거는 금품으로서의 성격을 아울러 지니고 있다고 볼 수 있고, 피고인이 손님들에게 경품을 제공하기로 한 것은 '재물을 거는 행위'로 볼 수 있으므로, 피고인은 영리의 목적으로 도박장소인 이 사건 낚시터를 개설하였다고 봄이 상당하다.

2 [대판 2008도5282] [영리의 목적으로 인터넷 도박게임 사이트를 개설하여 운영하는 경우, 형법 제247조 도박개장죄의 기수 시기] [1] 형법 제247조의 도박개장죄는 영리의 목적으로 도박을 개장하면 기수에 이르고, 현실로 도박이 행하여졌음은 묻지 않는다. 따라서 영리의 목적으로 속칭 포커나 바둑이, 고스톱 등의 인터넷 도박게임 사이트를 개설하여 운영하는 경우, 현실적으로 게임이용자들로부터 돈을 받고 게임머니를 제공하고 게임이용자들이 위 도박게임 사이트에 접속하여 도박을 하여, 위 게임으로 획득한 게임머니를 현금으로 환전해 주는 방법 등으로 게임이용자들과 게임회사 사이에 있어서 재물이 오고갈 수 있는 상태에 있으면, 게임이용자가 위 도박게임 사이트에 접속하여 실제 게임을 하였는지 여부와 관계없이 도박개장죄는 '기수'에 이른다. [2] 피고인이 단순히 가맹점만을 모집한 상태에서 도박게임 프로그램을 시험 가동한 정도에 그친 것이 아니라, 가맹점을 모집하여 인터넷 도박게임이 가능하도록 시설 등을 설치하고 도박게임 프로그램을 가동하던 중 문제가 발생하여 더 이상의 영업으로 나아가지 못한 것으로 볼 여지가 있다면 이로써 도박개장죄는 이미 '기수'에 이르렀다고 볼 수 있고, 나아가 피고인이 모집한 피씨방의 업주들이 그곳을 찾은 이용자들에게 피고인이 개설한 도박게임 사이트에 접속하여 도박을 하게 한 사실이 없다고 하여 도박개장죄의 성립이 부정된다고 할 수 없다.

3 [대판 2007도8050] [종범의 성립요건] 인터넷 게임사이트의 온라인게임에서 통용되는 사이버머니를 구입하고자 하는 사람을 유인하여 돈을 받고 위 게임사이트에 접속하여 일부러 패하는 방법으로 사이버머니를 판매한 사람에 대하여, 정범인 위 게임사이트 개설자의 도박개장행위를 인정할 수 없는 이상 종범인 도박개장방조죄도 성립하지 않는다.

4 [대판 2001도5802] [형법 제247조 소정의 도박개장죄의 성립 요건] [1] 형법 제247조의 도박개장죄는 영리의 목적으로 스스로 주재자가 되어 그 지배하에 도박장소를 개설함으로써 성립하는 것으로서 **도박죄와는**

---

4) 형법 제247조(도박장소 등 개설) **영리의 목적으로** 도박을 하는 장소나 공간을 개설한 사람은 5년 이하의 징역 또는 3천만원 이하의 벌금에 처한다.

별개의 독립된 범죄이고, '도박'이라 함은 참여한 당사자가 재물을 걸고 우연한 승부에 의하여 재물의 득실을 다투는 것을 의미하며, '영리의 목적'이란 도박개장의 대가로 불법한 재산상의 이익을 얻으려는 의사를 의미하는 것으로, 반드시 도박개장의 직접적 대가가 아니라 도박개장을 통하여 간접적으로 얻게 될 이익을 위한 경우에도 영리의 목적이 인정되고, 또한 현실적으로 그 이익을 얻었을 것을 요하지는 않는다. [2] 인터넷 고스톱게임 사이트를 유료화하는 과정에서 사이트를 홍보하기 위하여 고스톱대회를 개최하면서 참가자들로부터 참가비를 받고 입상자들에게 상금을 지급한 행위에 대하여 도박개장죄를 인정한 사례.

국가적 법익 침해에 대한 죄

형법
[시행 2023. 8. 8.] [법률 제19582호, 2023. 8. 8. 일부개정]

제2편 각칙
제1장 내란의 죄

제87조(내란) 대한민국 영토의 전부 또는 일부에서 국가권력을 배제하거나 국헌을 문란하게 할 목적으로 폭동을 일으킨 자는 다음 각 호의 구분에 따라 처벌한다.

1. 우두머리는 사형, 무기징역 또는 무기금고에 처한다.

2. 모의에 참여하거나 지휘하거나 그 밖의 중요한 임무에 종사한 자는 사형, 무기 또는 5년 이상의 징역이나 금고에 처한다. 살상, 파괴 또는 약탈 행위를 실행한 자도 같다.

3. 부화수행(附和隨行)하거나 단순히 폭동에만 관여한 자는 5년 이하의 징역이나 금고에 처한다.

제88조(내란목적의 살인) 대한민국 영토의 전부 또는 일부에서 국가권력을 배제하거나 국헌을 문란하게 할 목적으로 사람을 살해한 자는 사형, 무기징역 또는 무기금고에 처한다.

제89조(미수범) 전2조의 미수범은 처벌한다.

제90조(예비, 음모, 선동, 선전) ① 제87조 또는 제88조의 죄를 범할 목적으로 예비 또는 음모한 자는 3년 이상의 유기징역이나 유기금고에 처한다. 단, 그 목적한 죄의 실행에 이르기 전에 자수한 때에는 그 형을 감경 또는 면제한다.

② 제87조 또는 제88조의 죄를 범할 것을 선동 또는 선전한 자도 전항의 형과 같다.

제91조(국헌문란의 정의) 본장에서 국헌을 문란할 목적이라 함은 다음 각호의 1에 해당함을 말한다.

1. 헌법 또는 법률에 정한 절차에 의하지 아니하고 헌법 또는 법률의 기능을 소멸시키는 것

2. 헌법에 의하여 설치된 국가기관을 강압에 의하여 전복 또는 그 권능행사를 불가능하게 하는 것

제2장 외환의 죄

제92조(외환유치) 외국과 통모하여 대한민국에 대하여 전단을 열게 하거나 외국인과 통모하여 대한민국에 항적한 자는 사형 또는 무기징역에 처한다.

제93조(여적) 적국과 합세하여 대한민국에 항적한 자는 사형에 처한다.

제94조(모병이적) ① 적국을 위하여 모병한 자는 사형 또는 무기징역에 처한다.

② 전항의 모병에 응한 자는 무기 또는 5년 이상의 징역에 처한다.

제95조(시설제공이적) ① 군대, 요새, 진영 또는 군용에 공하는 선박이나 항공기 기타 장소, 설비 또는 건조물을 적국에 제공한 자는 사형 또는 무기징역에 처한다.

② 병기 또는 탄약 기타 군용에 공하는 물건을 적국에 제공한 자도 전항의 형과 같다.

제96조(시설파괴이적) 적국을 위하여 전조에 기재한 군용시설 기타 물건을 파괴하거나 사용할 수 없게 한 자는 사형 또는 무기징역에 처한다.

제97조(물건제공이적) 군용에 공하지 아니하는 병기, 탄약 또는 전투용에 공할 수 있는 물건을 적국에 제공한 자는 무기 또는 5년 이상의 징역에 처한다.

제98조(간첩) ① 적국을 위하여 간첩하거나 적국의 간첩을 방조한 자는 사형, 무기 또는 7년 이상의 징역에 처한다.

② 군사상의 기밀을 적국에 누설한 자도 전항의 형과 같다.

제99조(일반이적) 전7조에 기재한 이외에 대한민국의 군사상 이익을 해하거나 적국에 군사상 이익을 공여한 자는 무기 또는 3년 이상의 징역에 처한다.

제100조(미수범) 전8조의 미수범은 처벌한다.

제101조(예비, 음모, 선동, 선전) ① 제92조 내지 제99조의 죄를 범할 목적으로 예비 또는 음모한 자는 2년 이상의 유기징역에 처한다. 단 그 목적한 죄의 실행에 이르기 전에 자수한 때에는 그 형을 감경 또는 면제한다.

② 제92조 내지 제99조의 죄를 선동 또는 선전한 자도 전항의 형과 같다.

제102조(준적국) 제93조 내지 전조의 죄에 있어서는 대한민국에 적대하는 외국 또는 외국인의 단체는 적국으로 간주한다.

제103조(전시군수계약불이행) ① 전쟁 또는 사변에 있어서 정당한 이유없이 정부에 대한 군수품 또는 군용공작물에 관한 계약을 이행하지 아니한 자는 10년 이하의 징역에 처한다.

② 전항의 계약이행을 방해한 자도 전항의 형과 같다.

제104조(동맹국) 본장의 규정은 동맹국에 대한 행위에 적용한다.

제104조의2 삭제

제3장 국기에 관한 죄

제105조(국기, 국장의 모독) 대한민국을 모욕할 목적으로

국기 또는 국장을 손상, 제거 또는 오욕한 자는 5년 이하의 징역이나 금고, 10년 이하의 자격정지 또는 700만원 이하의 벌금에 처한다.

제106조(국기, 국장의 비방) 전조의 목적으로 국기 또는 국장을 비방한 자는 1년 이하의 징역이나 금고, 5년 이하의 자격정지 또는 200만원 이하의 벌금에 처한다.

제4장 국교에 관한 죄

제107조(외국원수에 대한 폭행 등) ① 대한민국에 체재하는 외국의 원수에 대하여 폭행 또는 협박을 가한 자는 7년 이하의 징역이나 금고에 처한다.

② 전항의 외국원수에 대하여 모욕을 가하거나 명예를 훼손한 자는 5년 이하의 징역이나 금고에 처한다.

제108조(외국사절에 대한 폭행 등) ① 대한민국에 파견된 외국사절에 대하여 폭행 또는 협박을 가한 자는 5년 이하의 징역이나 금고에 처한다.

② 전항의 외국사절에 대하여 모욕을 가하거나 명예를 훼손한 자는 3년 이하의 징역이나 금고에 처한다

제109조(외국의 국기, 국장의 모독) 외국을 모욕할 목적으로 그 나라의 공용에 공하는 국기 또는 국장을 손상, 제거 또는 오욕한 자는 2년 이하의 징역이나 금고 또는 300만원 이하의 벌금에 처한다.

제110조(피해자의 의사) 제107조 내지 제109조의 죄는 그 외국정부의 명시한 의사에 반하여 공소를 제기할 수 없다.

제111조(외국에 대한 사전) ① 외국에 대하여 사전한 자는 1년 이상의 유기금고에 처한다.

② 전항의 미수범은 처벌한다.

③ 제1항의 죄를 범할 목적으로 예비 또는 음모한 자는 3년 이하의 금고 또는 500만원 이하의 벌금에 처한다. 단 그 목적한 죄의 실행에 이르기 전에 자수한 때에는 감경 또는 면제한다.

제112조(중립명령위반) 외국간의 교전에 있어서 중립에 관한 명령에 위반한 자는 3년 이하의 금고 또는 500만원 이하의 벌금에 처한다.

제113조(외교상기밀의 누설) ① 외교상의 기밀을 누설한 자는 5년 이하의 징역 또는 1천만원 이하의 벌금에 처한다.

② 누설할 목적으로 외교상의 기밀을 탐지 또는 수집한 자도 전항의 형과 같다.

제7장 공무원의 직무에 관한 죄

제122조(직무유기) 공무원이 정당한 이유없이 그 직무수행을 거부하거나 그 직무를 유기한 때에는 1년 이하의 징역이나 금고 또는 3년 이하의 자격정지에 처한다.

제123조(직권남용) 공무원이 직권을 남용하여 사람으로 하여금 의무없는 일을 하게 하거나 사람의 권리행사를 방해한 때에는 5년 이하의 징역, 10년 이하의 자격정지 또는 1천만원 이하의 벌금에 처한다.

제124조(불법체포, 불법감금) ① 재판, 검찰, 경찰 기타 인신구속에 관한 직무를 행하는 자 또는 이를 보조하는 자가 그 직권을 남용하여 사람을 체포 또는 감금한 때에는 7년 이하의 징역과 10년 이하의 자격정지에 처한다.

② 전항의 미수범은 처벌한다.

제125조(폭행, 가혹행위) 재판, 검찰, 경찰 그 밖에 인신구속에 관한 직무를 수행하는 자 또는 이를 보조하는 자가 그 직무를 수행하면서 형사피의자나 그 밖의 사람에 대하여 폭행 또는 가혹행위를 한 경우에는 5년 이하의 징역과 10년 이하의 자격정지에 처한다.

제126조(피의사실공표) 검찰, 경찰 그 밖에 범죄수사에 관한 직무를 수행하는 자 또는 이를 감독하거나 보조하는 자가 그 직무를 수행하면서 알게 된 피의사실을 공소제기 전에 공표(公表)한 경우에는 3년 이하의 징역 또는 5년 이하의 자격정지에 처한다.

제127조(공무상 비밀의 누설) 공무원 또는 공무원이었던 자가 법령에 의한 직무상 비밀을 누설한 때에는 2년 이하의 징역이나 금고 또는 5년 이하의 자격정지에 처한다.

제128조(선거방해) 검찰, 경찰 또는 군의 직에 있는 공무원이 법령에 의한 선거에 관하여 선거인, 입후보자 또는 입후보자되려는 자에게 협박을 가하거나 기타 방법으로 선거의 자유를 방해한 때에는 10년 이하의 징역과 5년 이상의 자격정지에 처한다.

제129조(수뢰, 사전수뢰) ① 공무원 또는 중재인이 그 직무에 관하여 뇌물을 수수, 요구 또는 약속한 때에는 5년 이하의 징역 또는 10년 이하의 자격정지에 처한다.

② 공무원 또는 중재인이 될 자가 그 담당할 직무에 관하여 청탁을 받고 뇌물을 수수, 요구 또는 약속한 후 공무원 또는 중재인이 된 때에는 3년 이하의 징역 또는 7년 이하의 자격정지에 처한다.

제130조(제삼자뇌물제공) 공무원 또는 중재인이 그 직무에 관하여 부정한 청탁을 받고 제3자에게 뇌물을 공여하게 하거나 공여를 요구 또는 약속한 때에는 5년 이하의 징역 또는 10년 이하의 자격정지에 처한다.

제131조(수뢰후부정처사, 사후수뢰) ① 공무원 또는 중재인이 전2조의 죄를 범하여 부정한 행위를 한 때에는 1년 이상의 유기징역에 처한다.

② 공무원 또는 중재인이 그 직무상 부정한 행위를 한 후 뇌물을 수수, 요구 또는 약속하거나 제삼자에게 이를 공여하게 하거나 공여를 요구 또는 약속한 때에도 전항의 형과 같다.

③ 공무원 또는 중재인이었던 자가 그 재직 중에 청탁을 받고 직무상 부정한 행위를 한 후 뇌물을 수수, 요구 또는 약속한 때에는 5년 이하의 징역 또는 10년 이하의 자격정지에 처한다.

④ 전3항의 경우에는 10년 이하의 자격정지를 병과할 수 있다.

제132조(알선수뢰) 공무원이 그 지위를 이용하여 다른 공무원의 직무에 속한 사항의 알선에 관하여 뇌물을 수수, 요구 또는 약속한 때에는 3년 이하의 징역 또는 7년 이하의 자격정지에 처한다.

제133조(뇌물공여 등) ① 제129조부터 제132조까지에 기재한 뇌물을 약속, 공여 또는 공여의 의사를 표시한 자는 5년 이하의 징역 또는 2천만원 이하의 벌금에 처한다.

② 제1항의 행위에 제공할 목적으로 제3자에게 금품을 교부한 자 또는 그 사정을 알면서 금품을 교부받은 제3자도 제1항의 형에 처한다.

제134조(몰수, 추징) 범인 또는 사정을 아는 제3자가 받은 뇌물 또는 뇌물로 제공하려고 한 금품은 몰수한다. 이를 몰수할 수 없을 경우에는 그 가액을 추징한다.

제135조(공무원의 직무상 범죄에 대한 형의 가중) 공무원이 직권을 이용하여 본장 이외의 죄를 범한 때에는 그 죄에 정한 형의 2분의 1까지 가중한다. 단 공무원의 신분에 의하여 특별히 형이 규정된 때에는 예외로 한다.

제8장 공무방해에 관한 죄

제136조(공무집행방해) ① 직무를 집행하는 공무원에 대하여 폭행 또는 협박한 자는 5년 이하의 징역 또는 1천만원 이하의 벌금에 처한다.

② 공무원에 대하여 그 직무상의 행위를 강요 또는 조지하거나 그 직을 사퇴하게 할 목적으로 폭행 또는 협박한 자도 전항의 형과 같다.

제137조(위계에 의한 공무집행방해) 위계로써 공무원의 직무집행을 방해한 자는 5년 이하의 징역 또는 1천만원 이하의 벌금에 처한다.

제138조(법정 또는 국회회의장모욕) 법원의 재판 또는 국회의 심의를 방해 또는 위협할 목적으로 법정이나 국회회의장 또는 그 부근에서 모욕 또는 소동한 자는 3년 이하의 징역 또는 700만원 이하의 벌금에 처한다.

제139조(인권옹호직무방해) 경찰의 직무를 행하는 자 또는 이를 보조하는 자가 인권옹호에 관한 검사의 직무집행을 방해하거나 그 명령을 준수하지 아니한 때에는 5년 이하의 징역 또는 10년 이하의 자격정지에 처한다.

제140조(공무상비밀표시무효) ① 공무원이 그 직무에 관하여 실시한 봉인 또는 압류 기타 강제처분의 표시를 손상 또는 은닉하거나 기타 방법으로 그 효용을 해한 자는 5년 이하의 징역 또는 700만원 이하의 벌금에 처한다.

② 공무원이 그 직무에 관하여 봉함 기타 비밀장치한 문서 또는 도화를 개봉한 자도 제1항의 형과 같다.

③ 공무원이 그 직무에 관하여 봉함 기타 비밀장치한 문서, 도화 또는 전자기록등 특수매체기록을 기술적 수단을 이용하여 그 내용을 알아낸 자도 제1항의 형과 같다.

제140조의2(부동산강제집행효용침해) 강제집행으로 명도 또는 인도된 부동산에 침입하거나 기타 방법으로 강제집행의 효용을 해한 자는 5년 이하의 징역 또는 700만원 이하의 벌금에 처한다.

제141조(공용서류 등의 무효, 공용물의 파괴) ① 공무소에서 사용하는 서류 기타 물건 또는 전자기록등 특수매체기록을 손상 또는 은닉하거나 기타 방법으로 그 효용을 해한 자는 7년 이하의 징역 또는 1천만원 이하의 벌금에 처한다.

② 공무소에서 사용하는 건조물, 선박, 기차 또는 항공기를 파괴한 자는 1년 이상 10년 이하의 징역에 처한다.

제142조(공무상 보관물의 무효) 공무소로부터 보관명령을 받거나 공무소의 명령으로 타인이 관리하는 자기의 물건을 손상 또는 은닉하거나 기타 방법으로 그 효용을 해한 자는 5년 이하의 징역 또는 700만원 이하의 벌금에 처한다.

제143조(미수범) 제140조 내지 전조의 미수범은 처벌한다.

제144조(특수공무방해) ① 단체 또는 다중의 위력을 보이거나 위험한 물건을 휴대하여 제136조, 제138조와 제140조 내지 전조의 죄를 범한 때에는 각조에 정한 형의 2분의 1까지 가중한다.

② 제1항의 죄를 범하여 공무원을 상해에 이르게 한 때에는 3년 이상의 유기징역에 처한다. 사망에 이르게 한 때에는 무기 또는 5년 이상의 징역에 처한다.

제9장 도주와 범인은닉의 죄

제145조(도주, 집합명령위반) ① 법률에 따라 체포되거나 구금된 자가 도주한 경우에는 1년 이하의 징역에 처한다.

② 제1항의 구금된 자가 천재지변이나 사변 그 밖에 법령에 따라 잠시 석방된 상황에서 정당한 이유없이 집합명령에 위반한 경우에도 제1항의 형에 처한다.

제146조(특수도주) 수용설비 또는 기구를 손괴하거나 사람에게 폭행 또는 협박을 가하거나 2인 이상이 합동하여 전조제1항의 죄를 범한 자는 7년 이하의 징역에 처한다.

제147조(도주원조) 법률에 의하여 구금된 자를 탈취하거나 도주하게 한 자는 10년 이하의 징역에 처한다.

제148조(간수자의 도주원조) 법률에 의하여 구금된 자를 간수 또는 호송하는 자가 이를 도주하게 한 때에는 1년 이상 10년 이하의 징역에 처한다.

제149조(미수범) 전4조의 미수범은 처벌한다.

제150조(예비, 음모) 제147조와 제148조의 죄를 범할 목적으로 예비 또는 음모한 자는 3년 이하의 징역에 처한다.

제151조(범인은닉과 친족간의 특례) ① 벌금 이상의 형에 해당하는 죄를 범한 자를 은닉 또는 도피하게 한 자는 3년 이하의 징역 또는 500만원 이하의 벌금에 처한다.

② 친족 또는 동거의 가족이 본인을 위하여 전항의 죄를 범한 때에는 처벌하지 아니한다.

제10장 위증과 증거인멸의 죄

제152조(위증, 모해위증) ① 법률에 의하여 선서한 증인이 허위의 진술을 한 때에는 5년 이하의 징역 또는 1천만원 이하의 벌금에 처한다.

② 형사사건 또는 징계사건에 관하여 피고인, 피의자 또는 징계혐의자를 모해할 목적으로 전항의 죄를 범한 때에는 10년 이하의 징역에 처한다.

제153조(자백, 자수) 전조의 죄를 범한 자가 그 공술한 사건의 재판 또는 징계처분이 확정되기 전에 자백 또는 자수한 때에는 그 형을 감경 또는 면제한다.

제154조(허위의 감정, 통역, 번역) 법률에 의하여 선서한 감정인, 통역인 또는 번역인이 허위의 감정, 통역 또는 번역을 한 때에는 전2조의 예에 의한다.

제155조(증거인멸 등과 친족간의 특례) ① 타인의 형사사건 또는 징계사건에 관한 증거를 인멸, 은닉, 위조 또는 변조하거나 위조 또는 변조한 증거를 사용한 자는 5년 이하의 징역 또는 700만원 이하의 벌금에 처한다.

② 타인의 형사사건 또는 징계사건에 관한 증인을 은닉 또는 도피하게 한 자도 제1항의 형과 같다.

③ 피고인, 피의자 또는 징계혐의자를 모해할 목적으로 전2항의 죄를 범한 자는 10년 이하의 징역에 처한다.

④ 친족 또는 동거의 가족이 본인을 위하여 본조의 죄를 범한 때에는 처벌하지 아니한다.

제11장 무고의 죄

제156조(무고) 타인으로 하여금 형사처분 또는 징계처분을 받게 할 목적으로 공무소 또는 공무원에 대하여 허위의 사실을 신고한 자는 10년 이하의 징역 또는 1천500만원 이하의 벌금에 처한다.

제157조(자백 · 자수) 제153조는 전조에 준용한다.

112 직무유기죄와 죄수관계

* 대법원 2006. 10. 19. 선고 2005도3909 전원합의체 판결
* 참조조문: 형법 제122조,[1] 제155조[2]

경찰관이 압수물을 범죄 혐의의 입증에 사용하도록 하는 등의 적절한 조치를 취하지 아니하고 피압수자에게 돌려주어 증거인멸죄를 범한 경우에 별도로 부작위범인 직무유기죄도 성립하는가?

●**사실**● 경찰서 방범과장으로서 오락실 단속 업무를 지휘·감독하던 피고인 X는 부하직원으로부터 「음반·비디오물 및 게임물에 관한 법률」 위반 혐의로 오락실을 단속하여 증거물로 오락기의 변조 기판을 압수하여 사무실에 보관중임을 보고받아 알고 있었다. 하지만 X는 그 직무상의 의무에 따라 위 압수물을 수사계에 인계하고 검찰에 송치하여 범죄 혐의의 입증에 사용하도록 하는 등의 적절한 조치를 취하지 않고, 오히려 부하 직원에게 위와 같이 압수한 변조 기판을 돌려주라고 지시하여 오락실 업주에게 이를 돌려주었다.

제1심은 X에 대해 증거인멸죄와는 별도로 직무유기죄가 성립하며 상상적 경합범 관계에 있다고 판단하였으나 항소심은 별도의 직무유기죄는 성립하지 않고 증거인멸죄만을 인정하였다. 이에 검사가 상고하였다.

●**판지**● 상고기각. 「······ (위와 같은 사실관계의 경우) 직무위배의 위법상태가 증거인멸행위 속에 포함되어 있는 것으로 보아야 할 것이므로, 이와 같은 경우에는 **작위범인 증거인멸죄만이 성립하고 부작위범인 직무유기(거부)죄는 따로 성립하지 아니한다고 봄이 상당하다**고 할 것이다」.

●**해설**● 1 직무유기죄는 공무원이 정당한 이유 없이 그 직무수행을 거부하거나 그 직무를 유기함으로써 성립하는 범죄이다(**부진정부작위범**). 본죄의 보호법익은 **국가의 기능**이며 보호의 정도는 **구체적 위험범**으로 이해된다. 따라서 '병가중인 자'의 경우 구체적인 작위의무 내지 국가기능의 저해에 대한 '구체적인 위험성'이 있다고 할 수 없어 직무유기죄의 주체로 될 수는 없다(대판 95도748, Ref 2-15). 본죄에서 '직무'는 법령에 의해 공무원에게 부여된 의무를 말한다. 직무수행이 있는 이상 법적 절차를 준수하지 않거나 **내용이 부실하더라도** 본죄는 성립하지 않는다.

2 직무유기죄는 「공무원이 법령·내규 등에 의한 **추상적 충근의무를 태만히 하는 일체의 경우에 성립하는 것이 아니라**, 직장의 무단이탈이나 직무의 의식적인 포기 등과 같이 국가의 기능을 저해하고 국민에게 피해를 야기시킬 **구체적 위험성이 있고 불법과 책임비난의 정도가 높은 법익침해의 경우에 한하여 성립**하므로, 어떠한 형태로든 직무집행의 의사로 자신의 직무를 수행한 경우에는 그 직무집행의 내용이 위법한 것으로 평가된다는 점만으로 직무유기죄의 성립을 인정할 것은 아니다」(대판 2006도1390, Ref 2-13). 다시 말해 직무유기죄는 ① 객관적으로는 직무 또는 직장을 유기하는 행위가 있고 ② 주관적으로는 직

---

1) 형법 제122조(직무유기) 공무원이 정당한 이유없이 그 직무수행을 거부하거나 그 직무를 유기한 때에는 1년 이하의 징역이나 금고 또는 3년 이하의 자격정지에 처한다.

2) 형법 제155조(증거인멸) ① 타인의 형사사건 또는 징계사건에 관한 증거를 인멸, 은닉, 위조 또는 변조하거나 위조 또는 변조한 증거를 사용한 자는 5년 이하의 징역 또는 700만원 이하의 벌금에 처한다.

무를 버린다는 인식이 있어야 성립한다. 단순히 태만이나 착각 등으로 직무집행을 성실히 수행하지 못한 것에 불과한 경우에는 직무유기죄가 성립하지 않는다. 이는 공무원의 징계사유에 해당되는 모든 직무상의 의무위반을 처벌하는 것이 아니라 형법에 의한 처벌의 대상이 될 정도의 법익침해가 존재할 것을 요한다.

3 본죄의 기수시기는 직무행위를 거부하거나 직무를 유기한 때이다. 본죄는 **계속범**이다. 즉「직무유기죄는 그 직무를 수행하여야 하는 작위의무의 존재와 그에 대한 위반을 전제로 하고 있는바, 그 작위의무를 수행하지 아니함으로써 구성요건에 해당하는 사실이 있었고 그 후에도 계속하여 그 작위의무를 수행하지 아니하는 **위법한 부작위상태가 계속되는 한 가벌적 위법상태는 계속 존재하고 있다고 할 것**이며 형법 제122조 후단은 이를 전체적으로 보아 1죄로 처벌하는 취지로 해석되므로 이를 즉시범이라고 할 수 없다고 할 것이다」(대판 97도675).

4 종래 법원은「사법경찰관인 피고인이 피의자 등에게 관련자를 은폐하기 위하여 허위진술을 하도록 교사하였다면 타인을 교사하여 증거인멸죄를 범하게 한 것인 동시에 그것이 또한, 정당한 직무집행을 거부한 것이 된다」고 판시하여 직무유기죄와 증거인멸죄는 상상적 경합의 관계에 있다고 보았다(대판 66도840).

5 그러나 대법원은 대상판결을 통해 증거인멸죄와 직무유기죄는 상상적 경합의 관계가 아니라 **법조경합의 관계**에 있다는 점을 분명히 했다는 점에서 의의가 있다. 즉 경찰서 방범과장으로서 오락실 단속 업무를 지휘·감독하는 X의 위와 같은 직무유기의 위법 상태는 X가 부하직원으로 하여금 압수된 변조 기판을 돌려주게 함으로써 범한 증거인멸죄에 포함되는 이른바 **법조경합의 보충관계 또는 흡수관계에 해당된다**고 할 것이므로, 작위범인 증거인멸죄만이 성립하고 부작위범인 직무유기죄는 따로 성립하지 아니한다고 봄이 상당하다고 판단하였다.

Reference 1

직무유기죄와 타죄와의 관계

---

1 [대판 2008도11999] [**형법 제139조 인권옹호직무명령불준수죄와 형법 제122조 직무유기죄의 죄수 관계(= 상상적 경합)**] [1] 형법 제139조에 규정된 인권옹호직무명령불준수죄와 형법 제122조에 규정된 직무유기죄의 각 구성요건과 보호법익 등을 비교하여 볼 때, 인권옹호직무명령불준수죄가 직무유기죄에 대하여 법조경합 중 특별관계에 있다고 보기는 어렵고 양 죄를 상상적 경합관계로 보아야 한다. [2] 검사가 긴급체포 등 강제처분의 적법성에 의문을 갖고 대면조사를 위한 피의자 인치를 2회에 걸쳐 명하였으나 이를 이행하지 않은 사법경찰관에게 인권옹호직무명령불준수죄와 직무유기죄를 모두 인정하고 두 죄를 상상적 경합관계로 처리한 원심판단을 수긍한 사례.

2 [대판 96도2825] [**위계공무집행방해죄와 직무유기죄의 관계**] 피고인이, 출원인이 어업허가를 받을 수 없는 자라는 사실을 알면서도 그 직무상의 의무에 따른 적절한 조치를 취하지 않고 오히려 부하직원으로 하여금 어업허가 처리기안문을 작성하게 한 다음 피고인 스스로 중간결재를 하는 등 위계로써 농수산국장의

최종결재를 받았다면, 직무위배의 위법상태가 위계에 의한 공무집행방해 행위 속에 포함되어 있는 것이라고 보아야 할 것이므로, 이와 같은 경우에는 작위범인 위계에 의한 공무집행방해죄만이 성립하고 부작위범인 직무유기죄는 따로 성립하지 아니한다.

3-1 [대판 96도51] [범인도피죄와 직무유기죄의 관계] 피고인이 검사로부터 범인을 검거하라는 지시를 받고서도 그 직무상의 의무에 따른 적절한 조치를 취하지 아니하고 오히려 **범인에게 전화로 도피하라고 권유**하여 그를 도피케 하였다는 범죄사실만으로는 직무위배의 위법상태가 범인도피행위 속에 포함되어 있는 것으로 보아야 할 것이므로, 이와 같은 경우에는 작위범인 범인도피죄만이 성립하고 부작위범인 직무유기죄는 따로 성립하지 아니한다.

3-2 [비교판례] [대판 99도1904] 하나의 행위가 부작위범인 직무유기죄와 작위범인 범인도피죄의 구성요건을 동시에 충족하는 경우 공소제기권자는 재량에 의하여 작위범인 **범인도피죄로 공소를 제기하지 않고 부작위범인 직무유기죄로만 공소를 제기할 수도 있으므로**, 군검찰관이 피고인의 행위를 범인도피죄로 공소를 제기하지 않고 직무유기죄로만 공소를 제기한 이 사건에서 원심이 그 공소범위 내에서 피고인을 직무유기죄로 인정하여 처벌한 조치는 수긍이 가고, 거기에 상고이유에서 지적하는 바와 같은 죄수에 관한 법리오해의 위법이 없다.

4-1 [대판 92도3334] [직무유기죄와 허위공문서작성, 동행사죄와의 죄수관계] 공무원이 어떠한 위법사실을 발견하고도 직무상 의무에 따른 적절한 조치를 취하지 아니하고 위법사실을 적극적으로 **은폐할 목적으로 허위공문서를 작성·행사한 경우**에는 (가) 직무위배의 위법상태는 허위공문서작성 당시부터 그 속에 포함되는 것으로 작위범인 허위공문서작성, 동행사죄만이 성립하고 부작위범인 직무유기죄는 따로 성립하지 아니하나, (나) 위 복명서 및 심사의견서를 허위작성한 것이 농지일시전용허가를 신청하자 이를 허가하여 주기 위하여 한 것이라면 직접적으로 농지불법전용 사실을 은폐하기 위하여 한 것은 아니므로 위 허위공문서작성, 동행사죄와 직무유기죄는 실체적 경합범의 관계에 있다.

4-2 [비교판례] [대판 82도2210] [예비군 중대장이 직무에 관하여 허위공문서를 작성한 후 원사실을 그대로 상사에게 보고하지 않은 것이 별도로 직무유기죄를 구성하는지 여부(소극)] 예비군 중대장이 그 소속 예비군대원의 훈련불참사실을 알았다면 이를 소속 대대장에게 보고하는 등의 조치를 취할 직무상의 의무가 있음은 물론이나, 그 소속 예비군대원의 훈련불참사실을 고의로 은폐할 목적으로 당해 예비군대원이 훈련에 참석한 양 허위내용의 학급편성명부를 작성, 행사하였다면, 직무위배의 위법상태는 허위공문서작성 당시부터 그 속에 포함되어 있는 것이고 그 후 소속대대장에게 보고하지 아니하였다 하더라도 당초에 있었던 직무위배의 위법상태가 그대로 계속된 것에 불과하다고 보아야 하고, 별도의 직무유기죄가 성립하여 양죄가 실체적 경합범이 된다고 할 수 없다.

5 [대판 71도1176] 세무공무원이 범칙사건을 수사하고 관계서류를 작성함에 있어 그 혐의 사실을 고의로 은폐하기 위하여 내용허위의 전말서나 진술조서 등을 작성하였다면 **허위공문서작성 동행사죄만이 성립되고 직무유기죄는 성립하지 않는다.**

직무유기죄가 성립된다고 본 사례

1 [대판 2009도13371] 경찰관인 피고인이 벌금미납자로 지명 수배되어 있던 甲을 세 차례에 걸쳐 만나고도 그를 검거하여 검찰청에 신병을 인계하는 등 필요한 조치를 취하지 않아 정당한 이유 없이 직무를 유기하였다는 내용으로 예비적으로 기소된 사안에서, 벌금미납자에 대한 노역장유치 집행을 위하여 검사의 지휘를 받아 형집행장을 집행하는 경우 **벌금미납자 검거는 사법경찰관리의 직무범위에 속한다고 보아야 하는데도**, 재판의 집행이 사법경찰관리의 직무범위에 속한다고 볼 법률적 근거가 없다는 이유로 甲에 대하여 실제 형집행장이 발부되어 있었는지 등에 대하여 나아가 심리하지 않은 채 공소사실을 무죄로 인정한 원심판단에 법리오해의 위법이 있다.

2 [대판 2008도11226] 파기환송. [피고인들을 비롯한 경찰관들이 현행범으로 체포한 도박혐의자들에게 현행범인체포서 대신에 임의동행동의서를 작성하게 하거나 압수한 일부 도박자금에 관하여 **검사의 지휘도 받지 않고 반환하는 등 제대로 조사하지 않은 채 이들을 석방한 사안**에서, 피고인들에 대하여 직무유기죄의 성립을 부정한 원심판단에 법리오해 또는 사실오인의 잘못이 있다고 한 사례] 피고인들을 비롯한 경찰관들이 현행범으로 체포한 도박혐의자 17명에 대해 현행범인체포서 대신에 임의동행동의서를 작성하게 하고, 그나마 제대로 조사도 하지 않은 채 석방하였으며, 현행범인 석방사실을 검사에게 보고도 하지 않았고, 석방일시·사유를 기재한 서면을 작성하여 기록에 편철하지도 않았으며, 압수한 일부 도박자금에 관하여 압수조서 및 목록도 작성하지 않은 채 검사의 지휘도 받지 않고 반환하였고, 일부 도박혐의자의 명의도용 사실과 도박 관련 범죄로 수회 처벌받은 전력을 확인하고서도 아무런 추가조사 없이 석방한 사안에서, 이는 단순히 업무를 소홀히 수행한 것이 아니라 정당한 사유 없이 의도적으로 수사업무를 방임 내지 포기한 것이라고 봄이 상당하다는 이유로, 피고인들에 대하여 직무유기죄의 성립을 부정한 원심판단에 법리오해 또는 사실오인의 잘못이 있다고 한 사례.

3 [대판 2005도4202] [경찰관이 불법체류자의 신병을 출입국관리사무소에 **인계하지 않고 훈방하면서 이들의 인적사항조차 기재해 두지 아니하였다면 직무유기죄가 성립한다**고 한 사례] 파출소 부소장으로 근무하던 위 피고인이 112 순찰을 하고 있던 A와 B를 통해 불법체류자 5명을 파출소로 연행해 오도록 한 다음, 이들이 불법체류자임을 알면서도 이들의 신병을 출입국관리사무소에 인계하지 않고 본서인 수원중부경찰서 외사계에조차도 보고하지 않았을 뿐만 아니라(달리 자진신고 하도록 유도한 것도 아니다), 더 나아가 근무일지에 단지 '자동 복개천 꼬치구이집 밀항한 여자 2명과 남자 2명이 있다는 신고 접한 후, 손님 3명, 여자 2명을 조사한 바 꼬치구이 종업원으로 혐의점 없어 귀가시킴'이라고 허위의 사실을 기재하고, 이들이 불법체류자라는 사실은 기재하지도 않은 채 자신이 혼자 소내 근무 중임을 이용하여 이들을 훈방하였으며, 훈방을 함에 있어서도 통상의 절차와 달리 이들의 인적사항조차 기재해 두지 아니한 행위는 직무유기죄에 해당한다고 판단한 것은 정당하다.

4 [대판 2001도6170] **경찰관**이 장기간에 걸쳐 여러 번 **오토바이**를 오토바이 상회 운영자에게 보관시키고도 경찰관 스스로 소유자를 찾아 반환하도록 처리하거나 상회 운영자에게 반환 여부를 확인한 일이 전혀 없고, 상회 운영자로부터 오토바이를 보내준 대가 또는 그 처분대가로 돈까지 지급받았다면, 경찰관의 이

와 같은 행위는 습득물을 단순히 상회 운영자에게 보관시키거나 소유자를 찾아서 반환하도록 협조를 구한 정도를 벗어나 상회 운영자에게 그 습득물에 대한 임의적인 처분까지 용인한 것으로서 습득물 처리 지침에 따른 직무를 의식적으로 방임 내지 포기하고 정당한 사유 없이 직무를 수행하지 아니한 경우에 해당한다고 한 사례. **cf)** 본 사안은 수뢰죄도 성립하여 수뢰죄와 직무유기죄의 실체적 경합이 된다.

5 [대판 92도3334] [농지사무를 담당하고 있는 군직원이 **농지불법전용 사실에 대하여 아무런 조치를 취하지 아니한 것이 직무유기죄에 해당**하는지 여부] 농지사무를 담당하고 있는 군직원으로서는 그 관내에서 발생한 **농지불법전용** 사실을 알게 되었으면 군수에게 그 사실을 보고하여 군수로 하여금 원상회복을 명하거나 나아가 고발을 하는 등 적절한 조치를 취할 수 있도록 하여야 할 직무상 의무가 있는 것이므로 농지불법전용 사실을 외면하고 아무런 조치를 취하지 아니한 것은 자신의 직무를 저버린 행위로서 농지의 보전관리에 관한 국가의 기능을 저해하며 국민에게 피해를 야기시킬 가능성이 있어 직무유기죄에 해당한다.

6 [대판 90도2425] 학생군사교육단의 **당직사관**으로 주번근무를 하던 육군 중위가 당직근무를 함에 있어서 훈육관실에서 학군사관후보생 2명과 함께 **술을 마시고** 내무반에서 학군사관후보생 2명 및 애인 등과 함께 **화투놀이를 한 다음 애인과 함께 자고** 난 뒤 교대할 당직근무자에게 당직근무의 인계, 인수도 하지 아니한 채 퇴근하였다면 직무유기죄가 성립된다.

7 [대판 90도191] 가축위생시험소 소속 **수의사보**인 피고인이 가축도축업체에 배치되어 가축검사원으로 재직하는 공무원으로서 위 도축장에서 소에 대한강제급수의 방지와 사료의 소화. 신선한 육질의 유지를 위해 퇴근 시에는 소 계류장에 들어온 소의 숫자와 상태를 확인하고 소 계류장 출입문의 시정. 봉인조치를 이행하고, 부득이 퇴근 후 도축의뢰 되는 소를 계류장에 입사시킬 경우에는 검사원이 나가 계류장 문을 열고 입사시킨 후 다시 시정·봉인하여 소에 대한 강제급수를 미리 방지하는 등 검사원으로서의 직무를 철저히 해야 함에도, **퇴근 시 소 계류장의 시정, 봉인조치를 취하지 아니하고 그 관리를 도축장 직원에게 방치한 행위**는 직무유기죄에 해당된다.

8 [대판 83도1653] 과세자료전 등이 은닉되어 있음을 발견한 세무공무원이 이를 양성화하여 과세처분되도록 조치하여야 함에도 단지 과세자료를 자료정리부에 등재하여 자기에게 넘겨 달라고 **촉구만 하고 그대로 이를 방치**하였다면 직무유기죄를 구성한다.

9 [대판 70도1790] 세관감시과 소속 공무원으로서 항구에 정박 중인 외항선에 머무르면서 밀수여부의 감시, 방지 등 근무명령을 받았음에도 불구하고 **감기가 들어 몸이 불편하다는 구실로 위 임무를 도중에 포기하고 집에 돌아와 자버린 행위**는 위 임무를 포기하지 아니치 못할 정당한 사유가 있지 않은 이상 그 임무를 포기하고 직무를 유기한 것이라고 할 것이다.

직무유기죄가 성립되지 않는다고 본 사례

10 [대판 2021도8361] 파기환송. [근무기간을 정하여 임용된 공무원의 무단이탈로 인한 직무유기죄 성립 여부를 판단할 때 고려할 사항] [1] 무단이탈로 인한 직무유기죄 성립 여부는 결근 사유와 기간, 담당하는 직무의 내용과 적시 수행 필요성, 결근으로 직무수행이 불가능한지, 결근 기간에 국가기능의 저해에 대한 구체적인 위험이 발생하였는지 등을 종합적으로 고려하여 신중하게 판단해야 한다. 특히 근무기간을 정하여 임용된 공무원의 경우에는 근무기간 안에 특정 직무를 마쳐야 하는 특별한 사정이 있는지 등을 고려할 필요가 있다. [2] 피고인이 무단으로 결근한 날짜는 임기 종료 직전 2일인데, 결근하게 된 사유는 기간제 임기가 종료됨에 따라 다른 기간제 교원 관련 면접을 보려고 했으나 연가가 승인되지 않았기 때문으로 보인다. 또한 근무 마지막 날에 대한 병가신청이 승인되어 이후로는 더 이상 출근이나 업무 수행을 할 의무가 없었다. 이러한 사정에 비추어 보면, 피고인이 자신의 업무를 의식적으로 방임하거나 포기하려는 것이었다고 단정하기 어렵다.

11 [대판 2013도229] 교육기관·교육행정기관·지방자치단체 또는 교육연구기관의 장이 징계의결을 집행하지 못할 법률상·사실상의 장애가 없는데도 징계의결서를 통보받은 날로부터 법정 시한이 지나도록 집행을 유보하는 모든 경우에 직무유기죄가 성립하는 것은 아니고, 그러한 유보가 직무에 관한 의식적인 방임이나 포기에 해당한다고 볼 수 있는 경우에 한하여 직무유기죄가 성립한다고 보아야 한다.

12 [대판 2011도797] 지방자치단체의 교육기관 등의 장이 수사기관 등으로부터 교육공무원의 징계사유를 통보받고도 징계요구를 하지 아니하여 주무부장관으로부터 징계요구를 하라는 직무이행명령을 받았으나 그에 대한 이의의 소를 제기한 경우, 징계사유를 통보받은 날로부터 1개월 내에 징계요구를 하지 않았다는 사정만으로 곧바로 직무를 유기한 것에 해당한다고 볼 수는 없다.

13 [대판 2006도1390] [1] 지방자치단체장이 전국공무원노동조합이 주도한 파업에 참가한 소속 공무원들에 대하여 관할 인사위원회에 징계의결요구를 하지 아니하고 가담 정도의 경중을 가려 자체 인사위원회에 징계의결요구를 하거나 훈계처분을 하도록 지시한 행위가 직무유기죄를 구성하지 않는다고 한 사례. [2] 지방자치단체장인 피고인으로서는 당시 징계에 관한 행정자치부의 지침에 다소 과한 측면이 있다고 보고 지방자치단체장으로서 소속 직원의 절반이 넘는 파업참가 공무원 전원에 대하여 징계의결 요구를 할 경우 발생할 혼란과 그에 따른 부작용을 우려하였다는 것이고, 나아가 위 파업 참가 행위가 동일사건에 해당하지 아니한다고 평가할 여지가 있다고 판단하고 나름대로 사안의 경중을 가려 가담 정도가 중한 일부 대상자에 대하여는 북구 인사위원회에 징계의결 요구를 하고 가담 정도가 가벼운 나머지 대상자에 대하여는 훈계처분을 하도록 지시한 이상, 피고인의 위와 같은 직무집행행위가 위법하게 평가되는 것은 별론으로 하고 직장의 무단이탈이나 직무의 의식적인 포기에 준하는 것으로 평가할 수는 없을 뿐 아니라, 적어도 피고인으로서는 자신이 취한 일련의 조치가 직책에 따른 정당한 직무 수행 방식이라고 믿었던 것으로 볼 수가 있다. 이와 달리 원심은, 피고인의 위와 같은 조치가 단지 파업에 참가한 공무원들의 이익을 보호하기 위한 것으로만 파악하여 그 자체로서 정당한 이유 없이 법령에 의하여 자신에게 부여된 작위의무를 의식적으로 포기하거나 방임한 것에 지나지 아니하다고 단정하였으니, 원심의 이러한 판단에는 직무유기죄의 법리를 오해한 위법이 있다.

14 [대판 96도2753] [**통고처분 · 고발 권한이 없는 세무공무원이 그 권한자에게 통고처분이나 고발조치를 건의하지 아니한 것이 직무유기에 해당하지 않는다고 본 사례**] 피고인이 그의 업무와 관련하여 공소외 1의 부가가치세포탈행위를 밝혀내고 그 포탈세액 및 그 가산세를 추징하였을 뿐만 아니라 공소외 1에게 허위세금계산서를 교부하였던 공소외 2이 고발되도록 하는 등 일련의 조치를 취한 이상 피고인이 공소외 1에 대한 통고처분이나 고발조치를 건의하는 등의 조치를 취하지 않았다고 하더라도 그것이 직무를 성실히 수행하지 못한 것이라고 할 수 있을지언정 피고인이 그 직무를 의식적으로 방임 내지 포기하였다고 볼 수는 없을 것이다. **cf)** 세무서에서 근무하는 공무원이 조세범처벌절차법시행령 제1조에 의하여 그 관할 검찰청 검사장으로부터 범칙사건을 조사할 수 있는 자로 지명을 받지 않은 경우, 범칙사건 조사 결과에 따른 통고처분이나 고발 여부는 국세청장, 지방국세청장 또는 세무서장의 직무에 속할 뿐 **범칙사건을 조사한 세무공무원에게는 조세범처벌절차법에 따른 통고처분이나 고발을 할 권한이 없다.**

15 [대판 95도748] [**직무유기죄의 성립요건 및 병가중인 자가 직무유기죄의 주체가 될 수 있는지 여부**(소극)] 직무유기죄는 구체적으로 그 직무를 수행하여야 할 작위의무가 있는데도 불구하고 이러한 직무를 버린다는 인식하에 그 작위의무를 수행하지 아니함으로써 성립하는 것이고, 또 그 직무를 유기한 때라 함은 공무원이 법령, 내규 등에 의한 추상적인 충근의무를 태만히 하는 일체의 경우를 이르는 것이 아니고, 직장의 무단이탈, 직무의 의식적인 포기 등과 같이 그것이 국가의 기능을 저해하며 국민에게 피해를 야기시킬 가능성이 있는 경우를 말하는 것이므로, 병가중인 자의 경우 구체적인 작위의무 내지 국가기능의 저해에 대한 구체적인 위험성이 있다고 할 수 없어 직무유기죄의 주체로 될 수는 없다. **cf)** 대상판결은 쟁의행위에 참가한 일부 조합원이 병가 중이어서 **직무유기죄의 주체로 될 수는 없다** 하더라도 직무유기죄의 주체가 되는 다른 조합원들과의 **공범관계가 인정된다**는 이유로, 그 쟁의행위에 참가한 조합원들 모두 직무유기죄로 처단되어야 한다고 본 사례이다(이 사건은 병가중인 철도공무원들이 그렇지 아니한 철도공무원들과 함께 전국철도노동조합의 일부 조합원들로 구성된 임의단체인 전국기관차협의회가 주도한 파업에 참가한 사례임).

16 [대판 91도96] 형법 제122조에서 공무원이 정당한 이유 없이 직무를 유기한 때라 함은 정당한 사유 없이 **의식적으로** 직무를 포기하거나 직무 또는 직장을 이탈하는 것을 말하고 공무원이 직무를 수행함에 있어서 태만 또는 착각 등으로 이를 성실하게 수행하지 아니한 경우까지 포함하는 것은 아니라 할 것인바, **교도소 보안과출정계장**과 감독교사가 호송지휘관 및 감독교사로서 호송교도관 5명을 지휘하여 재소자 25명을 전국의 각 교도소로 이감하는 호송업무를 수행함에 있어서, 시간이 촉박하여 호송교도관들이 피호송자 개개인에 대하여 규정에 따른 검신 등의 절차를 철저히 이행하지 아니한 채 호송하는데도 위 호송교도관들에게 호송업무 등을 **대강 지시**한 후에는 그들이 이를 제대로 수행할 것으로 믿고 구체적인 확인. 감독을 하지 아니한 잘못으로 말미암아 피호송자들이 **집단도주하는 결과가 발생**한 경우, 위 출정계장과 감독교사가 재소자의 호송계호업무를 수행함에 있어서 성실하게 그 직무를 수행하지 아니하여 충근의무에 위반한 잘못은 인정되나 고의로 호송계호업무를 포기하거나 직무 또는 직장을 이탈한 것이라고는 볼 수 없으므로 형법상 직무유기죄를 구성하지 아니한다.

17 [대판 82도2624] [**우범곤 총기난사사건[3]**] [태만, 분망, 착각 등으로 인한 **업무의 부당한 집행과 직무유**

---

[3] 우순경(우범곤) 사건은 마을 주민 90명을 연속으로 살해 혹은 부상을 입힌 사건이다(56명 사망, 34명부상). 우순경은 1982년 4월 26일 오후 7시 30분경에 예비군 무기고에서 카빈소총 2정, 실탄 180발, 수류탄 8개를 들고 나와 근무지였던 경남 의령군 궁류면 주민들에 대해 무차별 난사하고 수류탄 2발을 터뜨려 자살하였다. 당시

기죄의 성부(소극)] 형법 제122조의 이른바 직무를 유기한다는 것은 법령, 내규, 통첩 또는 지시
등에 의한 추상적인 충근의무를 태만히 하는 일체의 경우를 이르는 것이 아니라 구체적으로 **직무의 의식적인 포기** 등과 같이 국가의 기능을 해하며 국민에게 피해를 야기시킬 가능성이 있는 경우를 일컫는 것이므로 직무유기죄가 성립하려면 주관적으로는 직무를 버린다는 인식과 객관적으로는 직무 또는 직장을 벗어나는 행위가 있어야 하고 다만 직무집행에 관하여 태만, 분망, 착각 등 일신상 또는 객관적 사정으로 어떤 부당한 결과를 초래한 경우에는 형법상의 직무유기죄는 성립하지 않는다 할 것이므로, 피고인이 치안책임자(경찰서장)로서 그 관내에서 일어난 총기난동사건에 대하여 전혀 효과적인 대응책을 강구하지 못한 사실은 인정되지만, 사건 당일은 칠흑같은 깊은 밤인데다 비마저 내리고 있어서 총기난동자의 소재파악이 어려웠을 뿐만 아니라, 피고인의 직속부하인 경찰관이 그 관내에서 총기를 무차별 난사하여 수십명을 헤아리는 사상자가 발생하는 미증유의 사태에서 피고인이 망연자실하여 거의 정상적인 사고력을 잃은 정도였고, 피고인이 궁유지서에 도착한 당일 01:30경은 이미 범인이 총기난사를 끝내고 은신하고 있을 때라는 사실 등에 비추어 보면, 특수범 진압조직으로 대처하지 않았다는 점등 피고인의 대응조치가 적절하지 못하였다는 사정만으로서는 형법상 직무유기죄가 성립한다고 볼 수 없다.

18 [대판 82도1633] [전매공무원이 외제담배를 긴급압수한 후 **태만과 분망으로 압수물에 대한 압수수색영장신청 직무를 해태한 경우** 직무유기의 성부] 형법 제122조에 규정된 직무유기죄의 성립에는 (가) 주관적으로 직무를 버린다는 인식과 (나) 객관적으로 직무 또는 직장을 벗어나는 행위가 있어야 하므로 전매공무원인 피고인이 외제담배를 긴급압수한 후 도주한 범칙자를 찾는데 급급하여 미처 압수수색영장을 신청하지 못한 이 사건에서와 같이 직무수행과 관련하여 태만, 분망, 착각 등 일신상 또는 객관적 사유로 인하여 부당한 결과를 초래한 것에 불과한 경우에는 직무유기죄는 성립하지 않는다.

19 [대판 82도117] 공무원이 직무를 유기한 때라 함은 공무원이 법령 내규 또는 지시 통첩에 의한 추상적인 충근의무를 게을리 한 일체의 경우를 지칭하는 것이 아니라 주관적으로 직무 집행의사를 포기하고 객관적으로 정당한 이유없이 직무집행을 하지 아니하는 부작위 상태가 있어 국가기능을 저해하는 경우를 말한다 할 것인바, 사법경찰관리가 직무집행 의사로 위법사실을 조사하여 훈방하는 등 **어떤 형태로든지 그 직무집행 행위를 하였다면** 형사피의사건으로 입건수사하지 않았다 하여 곧 직무유기죄가 성립한다고 볼 수는 없다.

20 [대판 82도1060] [감호생들의 난동에 대한 **부적절한 대응조치**를 한 대대장의 직무유기죄의 성부(소극)] 대대장이 그 대대에 수용된 감호생들의 난동을 예방 또는 진압하기 위해 취한 **대응조치가 미흡하고 부적절한 것이었다 하더라도** 군형법 제24조 소정의 직무유기죄가 성립하려면 지휘관으로서의 직무를 버린다는 주관적인 인식과 직무 또는 직장을 유기하는 객관적인 행위가 있어야 하고 위와 같이 직무집행의 내용이 적정하지 못하였기 때문에 부당한 결과가 초래되었다고 하여 그 사유만으로 직무유기죄의 성립을 인정할 수 없다.

경찰은 평소 술버릇이 나빴던 우범곤이 동거인과 말다툼을 벌인 뒤 흥분 상태에서 우발적인 범행을 저지른 것으로 결론지었다. 이 사건으로 당시 내무부 장관이 사퇴하고, **의령경찰서장은 직무유기죄로 기소**되었으나 법원은 주관적으로 직무를 버린다는 인식이 없고 객관적으로는 직무 또는 직장을 벗어나는 행위가 없다고 보고 무죄를 선고하였다. ko.wikipedia.org

113 직권남용권리행사방해죄의 성립요건

* 대법원 2017. 3. 9. 선고 2013도16162 판결
* 참조조문: 형법 제123조[1]

> 사법경찰관이 체포 요건이 충족되지 아니함을 알 수 있었는데도, 자신의 재량 범위를 벗어난다는 사실을 인식하고 그와 같은 결과를 용인한 채 사람을 체포하였다면 직권남용체포죄와 직권남용권리행사방해죄가 성립하는가?

●**사실**● 피고인 X는 2009년 6월 당시 경기지방경찰청 전투경찰대 중대장으로서 쌍용자동차 평택공장에 대한 점거농성 현장에서 전투경찰대원들을 동원하여 현장에 있던 일부 조합원들에 대하여 이동제한 조치를 하고, 이후 농성 중이던 조합원 6명을 체포했다. 이 과정에서 변호사인 피해자 A가 경찰 승합차량을 막고 절차의 문제점과 접견교통을 요청하며 거칠게 항의하였다. 이에 X는 공무원인 전투경찰대원들의 정당한 공무집행을 방해한 것으로 보아 A를 공무집행방해죄의 현행범으로 체포하였다. 원심은 X가 A를 체포할 당시 따랐다는 상부의 지침은 공무집행방해에 대하여 엄정히 대처하라는 원칙을 확인한 데 불과하다고 보이고, X가 현장 지휘관으로서 그 책임 아래 A를 현행범인으로 체포하였다는 이유로 적법행위에 대한 기대가능성이 없었다는 X의 주장을 배척하였다. 이에 X가 상고하였다.

●**판지**● 상고기각. 「현행범인 체포의 요건을 갖추었는지에 관한 검사나 사법경찰관 등의 판단에는 상당한 재량의 여지가 있으나, 체포 당시 상황으로 보아도 요건 충족 여부에 관한 검사나 사법경찰관 등의 판단이 **경험칙에 비추어 현저히 합리성을 잃은 경우** 그 체포는 위법하다. 그리고 범죄의 고의는 확정적 고의뿐만 아니라 결과 발생에 대한 인식이 있고 이를 용인하는 의사인 이른바 미필적 고의도 포함하므로, 피고인이 인신구속에 관한 직무를 집행하는 사법경찰관으로서 체포 당시 상황을 고려하여 경험칙에 비추어 현저하게 합리성을 잃지 않은 채 판단하면 체포 요건이 충족되지 아니함을 충분히 알 수 있었는데도, **자신의 재량 범위를 벗어난다는 사실을 인식하고 그와 같은 결과를 용인한 채** 사람을 체포하여 권리행사를 방해하였다면, 직권남용체포죄와 직권남용권리행사방해죄가 성립한다」.

●**해설**● 1 직권남용권리행사방해죄는 국가기능의 공정한 행사와 부수적으로 개인의 의사결정의 자유를 보호법익으로 한다. 근래 들어 직권남용죄는 정치인이나 공무원에 대한 정치보복과 맞물려 많이 논의되고 주목받고 있으며, '직권'의 내용과 범위, '남용'의 의미가 모호하다는 비판이 많다. 직권남용죄는 강요죄와는 달리 미수범처벌 규정이 없다.

2 본죄에서 '**직권의 남용**'이란 「공무원이 그의 일반적 권한에 속하는 사항에 관하여 그것을 불법하게 행사하는 것, 즉 형식적, 외형적으로는 직무집행으로 보이나 그 실질은 **정당한 권한 이외의 행위**를 하는 경우를 의미」한다. 따라서 직권남용은 공무원이 그의 일반적 권한에 속하지 않는 행위를 하는 경우인 지위를 이용한 불법행위와는 구별된다(대판 90도2800, Ref 15).

3 그리고 「어떠한 직무가 공무원의 일반적 권한에 속하는 사항이라고 하기 위해서는 그에 관한 법령상의 근거가 필요하다. 다만 법령상의 근거는 **반드시 명문의 근거만을 의미하는 것은 아니고**, 명문이 없는

---

1) 형법 제123조(직권남용) 공무원이 직권을 남용하여 사람으로 하여금 **의무없는 일을 하게 하거나** 사람의 **권리행사를 방해한 때**에는 5년 이하의 징역, 10년 이하의 자격정지 또는 1천만원 이하의 벌금에 처한다.

경우라도 법·제도를 종합적, 실질적으로 관찰해서 그것이 해당 공무원의 직무권한에 속한다고 해석되고 그것이 남용된 경우 상대방으로 하여금 의무 없는 일을 행하게 하거나 상대방의 권리를 방해하기에 충분한 것이라고 인정되는 경우에는 직권남용죄에서 말하는 일반적 권한에 포함된다」(대판 2018도18646).

4 직권남용죄에서 말하는 **"의무"**란 「법률상 의무를 가리키고, 단순한 심리적 의무감 또는 도덕적 의무는 이에 해당하지 아니한다」(대판 90도2800, Ref 15). 그리고 '**의무 없는 일을 하게 한 때**'란 「'사람'으로 하여금 **법령상 의무 없는 일**을 하게 하는 때를 의미하고, 직무집행의 기준과 절차가 법령에 구체적으로 명시되어 있고 실무 담당자에게도 직무집행의 기준을 적용하고 절차에 관여할 고유한 권한과 역할이 부여되어 있다면 실무 담당자로 하여금 그러한 기준과 절차를 위반하여 직무집행을 보조하게 한 경우에는 '의무 없는 일을 하게 한 때'에 해당한다」(대판 2010도11884, Ref 3-2).

5 또한 본조에서 '**권리행사를 방해**'한다 함은 「법령상 행사할 수 있는 권리의 정당한 행사를 방해하는 것을 말한다고 할 것이므로 이에 해당하려면 구체화된 권리의 현실적인 행사가 방해된 경우라야 할 것이고, 또한 공무원의 직권남용행위가 있었다 할지라도 현실적으로 권리행사의 방해라는 결과가 발생하지 아니하였다면 본죄의 기수를 인정할 수 없다」(대판 2003도4599, Ref 13). 그리고 직권남용권리행사방해죄에서 말하는 '권리'는 법률에 명기된 권리에 한하지 않고 법령상 보호되어야 할 이익이면 족한 것으로서, 공법상의 권리인지 사법상의 권리인지를 묻지 않는다고 봄이 상당하다(대판 2008도7312, Ref 11).

6 사안에서 원심과 대법원은 다음의 이유로 X는 피해자에 대한 체포행위가 직무집행의 법령상 요건과 필요성 및 상당성을 결여한 것임을 적어도 미필적으로나마 인식하고 있었다고 판단하였다. 즉 「① 피고인이 20년 이상 인신구속에 관한 직무를 수행하는 경찰관으로 근무하였고, 공소외 1을 체포할 당시에는 현장지휘관의 임무를 맡고 있었으므로 인신구속 절차를 숙지하고 있었다고 보이는 점, ② 피고인은 공소외 1에 대한 체포 절차가 형사소송법에서 정한 현행범인 체포의 요건을 준수하지 못하였음을 충분히 알 수 있었고, 변호사인 피해자가 공소외 1에 대한 체포 절차의 문제점을 지적하면서 접견을 요청하였음을 알고 있었던 점, ③ 접견을 요청하는 변호사를 공무집행방해의 현행범인으로 체포하는 것이 흔한 일이 아닌데도, 피고인이 앞서 다른 조합원들을 체포할 때와 달리 상부에 상황을 보고하고 지시를 기다리는 등의 절차를 거치지 아니한 채 피해자를 공무집행방해의 현행범인으로 체포한 점」 등을 이유로 직권남용을 긍정하고 있다.

Reference

직권남용죄 성립을 인정한 사례

1 [대판 2020도12583] [국가정보원 직원이 동일한 사안에 관한 일련의 직무집행 과정에서 단일하고 계속된 범의로 일정 기간 계속하여 저지른 직권남용행위에 대하여는 그 상대방이 수인이라도 포괄일죄가 성립할 수 있는지 여부(적극) 및 개별 사안에서 포괄일죄가 성립하는지 판단하는 기준] 형법상 직권남용권리행사방해죄는 국가기능의 공정한 행사라는 국가적 법익을 보호하는 데 주된 목적이 있고, 직권남용으로 인한 국가정보원법 위반죄도 마찬가지이다. 따라서 국가정보원 직원이 동일한 사안에 관한 일련의 직무집행 과정에서 단일하고 계속된 범의로 일정 기간 계속하여 저지른 직권남용행위에 대하여는 설령 그 상대방이

수인이라고 하더라도 포괄일죄가 성립할 수 있다고 봄이 타당하다. 다만 각 직권남용 범행이 포괄일죄가 되느냐 경합범이 되느냐에 따라 공소시효의 완성 여부, 기판력이 미치는 범위 등이 달라질 수 있으므로, 개별 사안에서 포괄일죄의 성립 여부는 직무집행 대상의 동일 여부, 범행의 태양과 동기, 각 범행 사이의 시간적 간격, 범의의 단절이나 갱신 여부 등을 세밀하게 살펴 판단하여야 한다.

2 [대판 2019도5186] [보수단체 부당지원 사건] [1] 공무원이 한 행위가 직권남용에 해당한다고 하여 그러한 이유만으로 상대방이 한 일이 '의무 없는 일'에 해당한다고 인정할 수는 없다. '의무 없는 일'에 해당하는지는 직권을 남용하였는지와 별도로 상대방이 그러한 일을 할 법령상 의무가 있는지를 살펴 개별적으로 판단하여야 한다. 직권남용 행위의 상대방이 일반 사인인 경우 특별한 사정이 없는 한 직권에 대응하여 따라야 할 의무가 없으므로 그에게 어떠한 행위를 하게 하였다면 '의무 없는 일을 하게 한 때'에 해당할 수 있다. [3] 직권남용권리행사방해죄는 공무원에게 직권이 존재하는 것을 전제로 하는 범죄이고, 직권은 국가의 권력 작용에 의해 부여되거나 박탈되는 것이므로, 공무원이 공직에서 퇴임하면 해당 직무에서 벗어나고 그 퇴임이 대외적으로도 공표된다. 공무원인 피고인이 퇴임한 이후에는 위와 같은 직권이 존재하지 않으므로, 퇴임 후에도 실질적 영향력을 행사하는 등으로 퇴임 전 공모한 범행에 관한 기능적 행위지배가 계속되었다고 인정할 만한 특별한 사정이 없는 한, 퇴임 후의 범행에 관하여는 공범으로서 책임을 지지 않는다고 보아야 한다. [5] 대통령비서실장 및 정무수석비서관실 소속 공무원들인 피고인들이, 2014~2016년도의 3년 동안 각 연도별로 전국경제인연합회에 특정 정치성향 시민단체들에 대한 자금지원을 요구하고 그로 인하여 전국경제인연합회 부회장 갑으로 하여금 해당 단체들에 자금지원을 하도록 하였다고 하여 직권남용권리행사방해 및 강요의 공소사실로 기소된 사안에서, 피고인들이 자금지원을 요구한 행위는 **대통령비서실장과 정무수석비서관실의 일반적 직무권한에 속하는 사항으로서 직권을 남용한 경우에 해당**하고, 갑은 위 직권남용 행위로 인하여 자금지원 결정이라는 의무 없는 일을 하였다는 등의 이유로 직권남용권리행사방해죄가 성립한다고 본 원심판단을 수긍하고, 한편 피고인들의 자금지원 요구를 강요죄의 성립 요건인 협박, 즉 해악의 고지에 해당한다고 단정할 수 없다는 이유로, 이와 달리 본 원심판단에 **강요죄의 협박에 관한 법리오해의 잘못**이 있다.

3-1 [대판 2010도13766] 서울특별시 교육감인 피고인이 인사담당장학관 등에게 지시하여 승진후보자명부상 승진 또는 자격연수 대상이 될 수 없는 특정 교원들을 적격 후보자인 것처럼 추천하거나 **임의로 평정점을 조정하는 방법**으로 승진임용하거나 그 대상자가 되도록 한 사안에서, 서울특별시교육청 소속 교육공무원에 대한 인사권은 교육감인 피고인의 일반적인 직무권한에 속하는 사항이지만, 피고인이 승진대상자를 특정한 후 그들을 승진시킬 목적으로 법령에 위반하여 위와 같은 행위를 한 것이라면 그 실질은 정당한 권한 행사를 넘어 직무의 행사에 가탁한 부당한 행위라고 할 것이므로 직권남용에 해당하고, 인사 실무를 담당하는 장학관이나 장학사로 하여금 법령에 위배되는 일을 하게 하여 그들이 이와 같은 역할을 수행한 것은 그들에게 법령상 의무 없는 일을 하게 한 것이라는 이유로, 피고인에 대한 직권남용권리행사방해의 공소사실을 유죄로 인정한 원심판단을 수긍한 사례.

3-2 [대판 2010도11884] 시장(市長)인 피고인 甲이 자신의 인사관리업무를 보좌하는 피고인 乙과 공동하여, 관련 법령에서 정한 절차에 따라 평정대상 공무원에 대한 평정단위별 서열명부 및 평정순위가 정해졌는데도 평정권자나 실무 담당자 등에게 특정 공무원들에 대한 **평정순위 변경을 구체적으로 지시**하여 평정단위별 서열명부를 새로 작성하도록 한 사안에서, 피고인들의 행위가 직권남용권리행사방해죄의 공동정범

에 해당한다고 본 원심판단을 수긍한 사례.

4 [대판 2004도5561] 검찰의 고위 간부가 내사 담당 검사로 하여금 내사를 중도에서 그만두고 종결처리 토록 한 행위가 직권남용권리행사방해죄에 해당한다.

5 [대판 2003도3945] 감금죄는 간접정범의 형태로도 행하여질 수 있는 것이므로, 인신구속에 관한 직무를 행하는 자 또는 이를 보조하는 자가 피해자를 구속하기 위하여 진술조서 등을 **허위로 작성**한 후 이를 기록에 첨부하여 구속영장을 신청하고, 진술조서 등이 **허위로 작성된 정을 모르는 검사와 영장전담판사를 기망**하여 구속영장을 발부받은 후 그 영장에 의하여 피해자를 구금하였다면 형법 제124조 제1항의 직권남용감금죄가 성립한다.

6 [대판 92도116] **대통령비서실 민정수석비서관**이 대통령의 근친관리업무와 관련하여 정부 각 부처에 대한 지시와 협조 요청을 할 수 있는 **일반적 권한**을 갖고 있었음에 비추어 그가 농수산물 도매시장 관리공사 대표이사에게 요구하여 위 시장 내의 주유소와 써어비스동을 당초 예정된 공개입찰방식이 아닌 수의계약으로 대통령의 근친이 설립한 회사에 임대케 한 행위는 공무원이 그 일반적 직무권한에 속하는 사항에 관하여 직권의 행사에 가탁하여 실질적, 구체적으로 위법·부당한 행위를 한 경우에 해당하여 타인의 권리행사방해죄의 구성요건을 충족한다고 한 사례.

직권남용죄 성립을 부정한 사례

7 [대판 2021도11012] [서울중앙지방법원 **형사수석부장판사로 재직하던 피고인이 계속 중인 사건의 재판에 관여하였다는 이유로 직권남용권리행사방해죄로 기소된 사안**] [1] 직권남용권리행사방해(이하 '직권남용')죄는 공무원이 일반적 직무권한에 속하는 사항에 관하여 직권의 행사에 가탁하여 실질적, 구체적으로 **위법·부당**한 행위를 한 경우에 성립하는데, 여기에서의 **'직권남용'**이란 공무원이 일반적 직무권한에 속하는 사항에 관하여 그 권한을 위법·부당하게 행사하는 것을 뜻하고, 공무원이 일반적 직무권한에 속하지 않는 행위를 하는 경우인 **지위를 이용한 불법행위와는 구별**되는바, 어떠한 직무가 공무원의 일반적 직무권한에 속하는 사항이라고 하기 위해서는 그에 관한 법령상 근거가 필요하다. [2] (가) 피고인의 판시와 같은 행위는 부당하거나 부적절한 재판관여행위에 해당한다. 그러나 피고인의 위와 같은 각 재판관여행위는 법관의 재판권에 관한 것인데, 이에 대하여는 사법행정권자에게 직무감독 등의 사법행정권이 인정되지 않으므로 각 재판관여행위에 관하여 피고인에게 직권남용죄에서 말하는 **'일반적 직무권한'**이 존재하지 않고, 일반적 직무권한의 범위를 넘는 월권행위에 관하여는 직권남용죄가 성립하지 않는다. 헌법, 법원조직법, 관련 대법원 규칙과 예규를 종합하더라도 피고인에게 재판에 관여할 직무권한을 인정할 수 없다. 결국 각 재판관여행위가 피고인이 B지방법원 C판사로서의 일반적 직무권한에 속하는 사항에 관하여 직권을 행사하는 모습으로 이루어진 것은 아니다. (나) 직권남용죄에서 권리행사를 방해한다 함은 법령상 행사할 수 있는 권리의 정당한 행사를 방해하는 것을 말하므로, 이에 해당하려면 구체화된 권리의 현실적인 행사가 방해된 경우라야하고, 여기서 말하는 **'권리'**는 법률에 명기된 권리에 한하지 않고 법령상 보호되어야 할 이익이면 족한 것으로서, 공법상의 권리인지 사법상의 권리인지를 묻지 않는바, 헌법과 법률에 의한 법관의 독립된 심판권

한(헌법 제103조), 재판장의 소송지휘권(형사소송법 제279조) 역시 직권남용죄에서 말하는 '권리'에는 해당하나, 각 담당재판장과 담당판사는 담당재판부의 논의, 합의를 거치거나 혹은 동료판사들의 의견을 구한 다음, 자신의 판단과 책임 아래 권한을 행사하였고, **피고인의 요청 등을 지시가 아닌 권유나 권고 등으로 받아들인 점** 등 그 판시와 같은 사정 등에 비추어 보면, 피고인의 재판관여행위가 담당재판장, 담당판사의 권한 행사를 방해하였다고 볼 수 없다. (다) 직권남용죄는 단순히 공무원이 직권을 남용하는 행위를 하였다는 것만으로 곧바로 성립하는 것이 아니고, 직권을 남용하여 현실적으로 다른 사람이 법령상 의무 없는 일을 하게 하였거나 다른 사람의 구체적인 권리행사를 방해하는 결과가 발생하여야 하고, 그 결과의 발생은 직권남용 행위로 인한 것이어야 하는바(위 대법원 2018도2236 전원합의체 판결 등 참조), 앞서 본 바와 같이 담당재판장, 담당판사의 권리행사를 방해하거나 담당재판장, 담당판사 등으로 하여금 의무 없는 일을 하게 하였다는 결과가 발생하였다고 볼 수 없을 뿐만 아니라, 설령 피고인의 재판관여행위가 담당재판장이나 담당판사의 행위에 하나의 계기가 되었다고 하더라도, 담당재판장들이나 담당판사는 피고인의 요청을 무조건 따른 것이 아니라 위 (나)항에서 본 바와 같은 논의 등을 거쳐 독립하여 재판을 수행하였고, 피고인에게 법관의 재판권에 관하여 지휘·감독할 수 있는 사법행정권이 없음을 잘 알고 있었으며, 피고인의 말을 권유 정도로 이해한 점 등에 비추어 보면, 피고인의 재판관여행위와 결과 사이에 상당인과관계 또한 인정되지 않는다.

8 [대판 2019도17879] 지방자치단체장이 승진후보자명부 방식에 의한 5급 공무원 승진임용 절차에서 미리 승진후보자명부상 후보자들 중에서 **승진대상자를 실질적으로 결정한 다음** 그 내용을 인사위원회 간사, 서기 등을 통해 인사위원회 위원들에게 **'승진대상자 추천'이라는 명목으로 제시**하여 인사위원회로 하여금 자신이 특정한 후보자들을 승진대상자로 의결하도록 유도하는 행위는 인사위원회 사전심의 제도의 취지에 부합하지 않는다는 점에서 바람직하지 않다고 볼 수 있지만, 그것만으로는 직권남용권리행사방해죄의 구성요건인 '직권의 남용' 및 '의무 없는 일을 하게 한 경우'로 볼 수 없다.

9 [대판 2019도11698] 파기환송. [공무원이 자신의 직무권한에 속하는 사항에 관하여 실무 담당자로 하여금 직무집행을 보조하게 한 행위가 '의무 없는 일을 하게 한 때'에 해당하는 경우 및 이에 해당하는지 판단하는 기준] **법무부 검찰국장인 피고인**이, 검찰국이 마련하는 인사안 결정과 관련한 업무권한을 남용하여 검사인사담당 검사 갑으로 하여금 2015년 하반기 검사인사에서 부치지청에 근무하고 있던 경력검사 을을 다른 부치지청으로 다시 전보시키는 내용의 인사안을 작성하게 함으로써 의무 없는 일을 하게 하였다고 하여 직권남용권리행사방해로 기소된 사안에서, 피고인이 갑으로 하여금 위 인사안을 작성하게 한 것을 두고 피고인의 직무집행을 보조하는 갑으로 하여금 그가 지켜야 할 직무집행의 기준과 절차를 위반하여 법령상 의무 없는 일을 하게 한 때에 해당한다고 보기 어렵다.

10 [대판 2018도2236 전원합의체] [문화계 블랙리스트 사건] [직권남용권리행사방해죄는 공무원이 직권을 남용하는 행위를 하였다는 것 외에 현실적으로 다른 사람에게 법령상 의무 없는 일을 하게 하였거나 다른 사람의 구체적인 권리행사를 방해하는 **결과가 발생하여야 성립하는지 여부(적극)**] [1] **대통령비서실장을 비롯한 피고인들** 등이 문화체육관광부 공무원을 통하여 문화예술진흥기금 등 정부의 지원을 신청한 개인·단체의 이념적 성향이나 정치적 견해 등을 이유로 한국문화예술위원회·영화진흥위원회·한국출판문화산업진흥원이 수행한 각종 사업에서 이른바 좌파 등에 대한 지원배제를 지시

함으로써 한국문화예술위원회 · 영화진흥위원회 · 한국출판문화산업진흥원 직원들로 하여금 의무 없는 일을 하게 하였다는 직권남용권리행사방해의 공소사실로 기소된 사안에서, 피고인들의 위와 같은 지원배제 지시는 **'직권남용'에 해당**하고, 위 지원배제 지시로써 문화체육관광부 공무원이 한국문화예술위원회 · 영화진흥위원회 · 한국출판문화산업진흥원 직원들로 하여금 지원배제 방침이 관철될 때까지 사업진행 절차를 중단하는 행위, 지원배제 대상자에게 불리한 사정을 부각시켜 심의위원에게 전달하는 행위 등을 하게 한 것은 **'의무 없는 일을 하게 한 때'에 해당**하나, 문화체육관광부 공무원에게 각종 명단을 송부하게 한 행위, 공모사업 진행 중 수시로 심의 진행 상황을 보고하게 한 행위 부분은 의무 없는 일에 해당하기 어렵다고 볼 여지가 있다고 한 사례. [2] 직권남용 행위의 상대방이 (가) **일반 사인인 경우** 특별한 사정이 없는 한 직권에 대응하여 따라야 할 의무가 없으므로 그에게 어떠한 행위를 하게 하였다면 '의무 없는 일을 하게 한 때'에 해당할 수 있다. 그러나 (나) **상대방이 공무원이거나 법령에 따라 일정한 공적 임무를 부여받고 있는 공공기관 등의 임직원인 경우**에는 법령에 따라 임무를 수행하는 지위에 있으므로 그가 직권에 대응하여 어떠한 일을 한 것이 의무 없는 일인지 여부는 관계 법령 등의 내용에 따라 개별적으로 판단하여야 한다. 행정조직은 날로 복잡 · 다양화 · 전문화되고 있는 현대 행정에 대응하는 한편, 민주주의의 요청을 실현하는 것이어야 한다. 따라서 행정조직은 통일된 계통구조를 갖고 효율적으로 운영될 필요가 있고, 민주적으로 운영되어야 하며, 행정목적을 달성하기 위하여 긴밀한 협동과 합리적인 조정이 필요하다. 그로 인하여 행정기관의 의사결정과 집행은 다양한 준비과정과 검토 및 다른 공무원, 부서 또는 유관기관 등과의 협조를 거쳐 이루어지는 것이 통상적이다. 이러한 협조 또는 의견교환 등은 행정의 효율성을 높이기 위하여 필요하고, 동등한 지위 사이뿐만 아니라 상하기관 사이, 감독기관과 피감독기관 사이에서도 이루어질 수 있다. 이러한 관계에서 일방이 상대방의 요청을 청취하고 자신의 의견을 밝히거나 협조하는 등 요청에 응하는 행위를 하는 것은 **특별한 사정이 없는 한 법령상 의무 없는 일이라고 단정할 수 없다**. 결국 공무원이 직권을 남용하여 사람으로 하여금 어떠한 일을 하게 한 때에 상대방이 공무원 또는 유관기관의 임직원인 경우에는 그가 한 일이 형식과 내용 등에 있어 직무범위 내에 속하는 사항으로서 법령 그 밖의 관련 규정에 따라 직무수행 과정에서 준수하여야 할 원칙이나 기준, 절차 등을 위반하지 않는다면 특별한 사정이 없는 한 법령상 의무 없는 일을 하게 한 때에 해당한다고 보기 어렵다. **cf)** 본 판결에서 중요한 쟁점이 된 것은 일반 사인이 아닌 공무원의 경우 직권을 남용하였더라도 **공무원의 직무범위 내에 있는 일을 하도록 한 경우에는 '의무 없는 일을 하게 한 때'에 해당하지 않는다고 판시한 점이다**. 즉 구성요건을 최대한 제한적으로 적용하여 제시하였다는 점에 특징이 있다.

11 [대판 2008도7312] [한화 김승연회장 차남 폭행자 보복 사건2)] [1] 형법 제123조의 직권남용권리행사방해죄에서 말하는 '권리'는 법률에 명기된 권리에 한하지 않고 법령상 보호되어야 할 이익이면 족한 것으로서, 공법상의 권리인지 사법상의 권리인지를 묻지 않는다고 봄이 상당하다. [2] 경찰관 직무집행법의 관련 규정을 근거로 경찰관은 범죄를 수사할 권한을 가지고 있다고 인정한 다음, 이러한 범죄수사권은 직권남용

---

2) 김승연 회장은 2007년 3월 서울 청담동 가라오케에서 차남이 클럽 종업원과 시비가 붙어 다치자 자신의 경호원과 사택 경비용역업체 직원 등 다수의 인력을 동원해 현장으로 갔고, 자신의 아들과 싸운 S클럽 종업원 4명을 차에 태워 청계산으로 끌고가 쇠파이프와 전기충격기 등을 사용하며 직접 폭행했다. 이 사건으로 사회적으로 거센 비난을 받았으며, 김 회장은 1심에서 징역 1년 6월의 실형이 선고됐으나 항소심에서 징역 1년 6월에 집행유예 3년, 사회봉사명령 200시간으로 감형돼 경영일선에 복귀했다. 대상판결은 김승연의 부탁을 받은 서울경찰청 광역수사대 단장이 사건을 수사 중이던 남대문경찰서 경찰관에게 사건의 수사를 중단하고 광역수사대로 이첩할 것을 지시한 것이 직권남용에 해당하는지가 다투어졌다. ko.wikipedia.org

권리행사방해죄에서 말하는 '권리'에 해당한다고 인정한 원심판결을 정당하다고 수긍한 사례. [3] 상급 경찰관이 직권을 남용하여 부하 경찰관들의 수사를 중단시키거나 사건을 다른 경찰관서로 이첩하게 한 경우, 일단 '부하 경찰관들의 수사권 행사를 방해한 것'에 해당함과 아울러 '부하 경찰관들로 하여금 수사를 중단하거나 사건을 다른 경찰관서로 이첩할 의무가 없음에도 불구하고 수사를 중단하게 하거나 사건을 이첩하게 한 것'에도 해당된다고 볼 여지가 있다. 그러나 이는 어디까지나 하나의 사실을 각기 다른 측면에서 해석한 것에 불과한 것으로서, '권리행사를 방해함으로 인한 직권남용권리행사방해죄'와 '의무 없는 일을 하게 함으로 인한 직권남용권리행사방해죄'가 별개로 성립하는 것이라고 할 수는 없다. 따라서 위 두 가지 행위 태양에 모두 해당하는 것으로 기소된 경우, '권리행사를 방해함으로 인한 직권남용권리행사방해죄'만 성립하고 '의무 없는 일을 하게 함으로 인한 직권남용권리행사방해죄'는 따로 성립하지 아니하는 것으로봄이 상당하다.

12 [대판 2008도6950] [신정아게이트사건] 대통령비서실 정책실장이 기업관계자들에게 기업 메세나 (Mecenat) 활동의 일환인 미술관 전시회 후원을 요청하여 기업관계자들이 특정 미술관에 후원금을 지급한 사안에서, 직권남용권리행사방해죄 및 제3자뇌물공여죄가 성립하지 않는다고 한 사례. cf) 하지만 본 판례에서 대통령비서실 정책실장이 공무원으로 하여금 특별교부세 교부대상이 아닌 특정 사찰의 증·개축사업을 지원하는 특별교부세 교부신청 및 교부결정을 하도록 하게 한 행위는 직권남용권리행사죄를 구성한다고 판결하였다.

13 [대판 2003도4599] 정보통신부장관이 개인휴대통신 사업자선정과 관련하여 서류심사는 완결된 상태에서 청문심사의 배점방식을 변경함으로써 직권을 남용하였다 하더라도, 이로 인하여 최종 사업권자로 선정되지 못한 경쟁업체가 가진 구체적인 권리의 현실적 행사가 방해되는 결과가 발생하지는 아니하였다는 이유로 무죄를 선고한 원심의 판단을 수긍한 사례

14 [대판 2002도3453] [조폐공사파업유도사건] 대검찰청 공안부장인 피고인이 고등학교 후배인 한국조폐공사 사장에게 위 공사의 쟁의행위 및 구조조정에 관하여 전화통화를 한 것이 직권남용죄와 업무방해죄에 해당하지 않고, 노동조합및노동관계조정법 제40조 제2항에서 정한 '간여'에는 해당한다고 한 원심의 판단을 수긍한 사례.

15 [대판 90도2800] [박종철고문치사사건] [직권남용죄에 있어서 "직권남용"과 "의무"의 의의] [1] 직권남용죄의 "직권남용"이란 공무원이 그의 일반적 권한에 속하는 사항에 관하여 그것을 불법하게 행사하는 것, 즉 형식적, 외형적으로는 직무집행으로 보이나 그 실질은 정당한 권한 이외의 행위를 하는 경우를 의미하고, 따라서 직권남용은 공무원이 그의 일반적 권한에 속하지 않는 행위를 하는 경우인 지위를 이용한 불법행위와는 구별되며, 또 직권남용죄에서 말하는 "의무"란 법률상 의무를 가리키고, 단순한 심리적 의무감 또는 도덕적 의무는 이에 해당하지 아니한다. [2] 치안본부장이 국립과학수사연구소 법의학1과장에게 고문치사자의 사인에 관하여 기자간담회에 참고할 메모를 작성하도록 요구한 경우에 있어서 위 과장의 메모작성 행위가 국립과학수사연구소의 행정업무에 관한 행정상 보고의무라고 할 수 없고 치안본부장이 위 과장에게 메모를 작성토록 한 행위가 그 일반적 권한에 속하는 사항이라고도 볼 수 없으며 또 위 과장이 그 요청에 따라 작성해 준 메모는 정식 부검소견서가 아니어서 동인이 위 메모를 작성하여 줄 법률상 의무가 있는 것

도 아닐 뿐만 아니라, 그와 같은 메모를 작성하여 준 것도 단순한 심리적 의무감 또는 스스로의 의사에 기한 것으로 볼 수 있을 뿐이어서 법률상 의무에 기인한 것이라고 인정할 수도 없으므로, 치안본부장이 동인에게 메모의 작성을 요구하고 이를 동인이 내심의 의사에 반하여 두 번이나 고쳐 작성하도록 하였다 하여도 이를 의무 없는 일을 하게 한 것이라고 볼 수 없어 직권남용죄는 성립되지 아니한다.

16 [대판 75도2665] 파기환송. [형법 제123조의 직권남용죄의 기수시기] [1] 형법 제123조의 타인의 권리행사방해죄가 기수에 이르려면 행위에 결과가 발생한 것을 필요로 하므로 공무원의 직권남용이 있다 하여도 현실적으로 권리행사의 저해가 없다면 기수를 인정할 수 없다. [2] 피고인이 정보관계를 담당한 순경으로서 증거수집을 위하여 원설시 정당의 지구당집행위원회에서 쓸 회의장소에 몰래 도청기를 마련해 놓았다가 회의 개최전에 들켜 뜯겼다는 것이며, …… 원심이 확정사실과 같이 도청장치를 하였다가 뜯겨서 도청을 못하였다면 회의진행을 도청당하지 아니할 권리(기타 권리)가 침해된 현실적인 사실은 없다 하리니 **직권남용죄의 기수로 논할 수 없음이 뚜렷하고, 미수의 처벌을 정한 바 없으니** 도청을 걸었으나 뜻을 못 이룬 피고인의 행위는 다른 죄로는 몰라도 형법 제123조를 적용하여 죄책을 지울 수는 없다고 하겠다.

114 뇌물죄의 성립범위와 '직무관련성'

* 대법원 2003. 6. 13. 선고 2003도1060 판결
* 참조조문: 형법 제129조[1]), 제31조 제1항[2])

뇌물죄에 있어서 '직무'의 의미

●**사실**● 경찰관이던 피고인 X는 **도박장개설 및 도박범행**을 묵인하고 편의를 봐주는 데 대한 사례비 명목으로 금품을 수수하고, 나아가 도박장개설 및 도박범행사실을 잘 알면서도 이를 단속하지 아니하였다. 그러나 X는 당시 원주경찰서 **교통계에 근무**하고 있어 도박범행의 수사 등에 관한 구체적인 사무를 담당하고 있지는 않았다. 검사는 X를 수뢰후부정처사죄로 기소하였다. 원심은 유죄를 인정하였다. 이에 X가 상고하였다.

> ●**판지**● 상고기각. 「(가) 뇌물죄는 직무집행의 공정과 이에 대한 사회의 신뢰에 기하여 직무행위의 **불가매수성**을 그 직접의 **보호법익**으로 하고 있으므로 (나) 뇌물성은 의무위반 행위나 청탁의 유무 및 금품수수 시기와 직무집행 행위의 전후를 가리지 아니한다 할 것이고, 따라서 (다) **뇌물죄에서 말하는 '직무'**에는 법령에 정하여진 직무뿐만 아니라 그와 관련 있는 직무, 과거에 담당하였거나 장래에 담당할 직무 외에 사무분장에 따라 현실적으로 담당하지 않는 직무라도 **법령상 일반적인 직무권한에 속하는 직무** 등 공무원이 그 직위에 따라 공무로 담당할 **일체의 직무를 포함**한다」.

●**해설**● 1 뇌물죄는 「**공무원의 직무공정과 이에 대한 사회일반의 신뢰를 보호법익**으로 한다. 따라서 공무원이 그 이익을 수수하는 것으로 인하여 사회일반으로부터 **직무집행의 공정성을 의심받게 되는지 여부**도 뇌물죄 성부의 판단기준」이 되어야 한다(대판 99도4940). 이와 같이 뇌물죄는 직무의 공정성을 의심받는 것이 법익침해의 내용이 된다. 그리고 이 직무의 공정성이 의심된다는 점에서 직무관련성이 도출된다.

2 따라서 단순수뢰죄가 성립되기 위해서는 공무원이 '직무에 관하여' 뇌물을 수수하거나 요구·약속하여야 한다. **직무의 범위나 직무권한**은 원칙적으로 법령에 의하여 결정된다. 종래의 판례와 학설은 '**직무에 관하여**'를 공무원이 그 사항에 관하여 구체적인 사무분배를 받은 경우에 한정된다고 형식적으로 해석한 후에 일반적 직무권한을 가지는 것으로 충분하고, 나아가 **직무와 밀접하게 관련된 행위**도 포함된다고 하여, 직무관련성을 **확장**해 왔다.

3 때문에 뇌물죄에서 말하는 '직무'에는 「공무원이 (가) **법령상 관장하는 직무** 그 자체뿐만 아니라 (나) **직무와 밀접한 관계**가 있는 행위 또는 (다) 관례상이나 **사실상 관여하는** 직무행위도 포함된다」(대판 2001도970). 따라서 반드시 자신의 권한에 속하는 직무일 필요는 없다. 나아가 다른 직무로 옮긴 경우에도 수뢰죄가 성립할 수 있다.

---

1) 형법 제129조(수뢰, 사전수뢰) ① 공무원 또는 중재인이 **그 직무에 관하여** 뇌물을 수수, 요구 또는 약속한 때에는 5년 이하의 징역 또는 10년 이하의 자격정지에 처한다. ② 공무원 또는 중재인이 될 자가 **그 담당할 직무에 관하여 청탁을 받고** 뇌물을 수수, 요구 또는 약속한 후 공무원 또는 중재인이 된 때에는 3년 이하의 징역 또는 7년 이하의 자격정지에 처한다.

2) 형법 제131조(수뢰 후 부정처사, 사후수뢰) ① 공무원 또는 중재인이 전2조의 죄를 범하여 **부정한 행위를 한 때**에는 1년 이상의 유기징역에 처한다.

4 그리고 법령에 정해진 직무일 뿐만 아니라 법령에 규정이 없더라도 「결정권자를 **보좌하거나 영향**을 줄 수 있는 직무행위도 포함된다」(대판 2000도4714, Ref 2-20). 따라서 상사를 보조할 종속적 지위에 있는 부하공무원으로서 관례상이나 상사의 명령에 의하여 소관 이외의 사무를 일시 대리할 경우의 직무도 포함된다(대판 96도582, Ref 2-22). 그리고 직무행위의 정당·부당, 적법·위법은 불문한다. 공무원의 직무와 금품의 수수가 **전체적으로 대가관계**에 있으면 뇌물수수죄가 성립한다. 따라서 뇌물은 개개의 직무행위와 대가적 관계에 있거나 그 직무행위가 특정될 필요가 없다.

5 구체적으로 사무분배를 받지 않았더라도 일반적인 직무권한의 범위 내에서라면 그 공무원 자신의 직무 공정성에 대한 사회의 신뢰가 침해된다. 사안의 경우도 X는 교통계에 소속되어 있지만 **경찰관으로서 일반적인 직무권한을 가진 이상 직무에 관해 뇌물을 수수한 것**으로 법원은 판단하였다.

6 즉 「경찰관직무집행법 제2조 제1호3)는 경찰관이 행하는 직무 중의 하나로 '**범죄의 예방·진압 및 수사**'를 들고 있고, 이와 같이 범죄를 예방하거나, 진압하고, 수사하여야 할 **일반적 직무권한**을 가지는 피고인이 도박장개설 및 도박범행을 묵인하고 편의를 봐주는 데 대한 사례비 명목으로 금품을 수수하고, 나아가 도박장개설 및 도박범행사실을 잘 알면서도 이를 단속하지 아니하였다면, **이는 경찰관으로서 직무에 위배되는** 부정한 행위를 한 것」으로 보았다.

7 이와 같이, 애초에 직무를 법령상 개별 구체적인 권한이 명시된 경우로 한정할 필요는 없고, 직무권한이란 일반적 직무권한을 지칭한다고 해석해야 한다. 그리고 소관 사무의 성질이나 공무원의 지위, 상호 영향을 미치는 정도, 담당 변경의 가능성 등을 고려하여 구체적으로 직무권한을 판단하여야 한다.

8 뇌물죄는 직무의 공정성을 의심받는 것이 법익침해의 내용이다. 일반시민의 입장에서 볼 때 해당 공무원이 당해 구체적 직무를 좌우할 수 있는 것처럼 보였다는 점이 중요하다. 그렇다면 교통계에 소속된 X의 일반적 직무권한은 이건 도박장개설 및 도박범행사실의 묵인에도 미친다고 해석해도 좋을 것이다.

Reference 1

뇌물죄에서 '직무'의 의미에 대한 판례

1 [대판 2017도12346] 뇌물죄는 (가) 직무집행의 공정과 이에 대한 사회의 신뢰에 기초하여 직무행위의 **불가매수성을 보호법익**으로 하고 있고, (나) 직무에 관한 청탁이나 부정한 행위를 필요로 하지 않으므로 뇌물성을 인정하는 데 특별히 의무위반 행위나 청탁의 유무 등을 고려할 필요가 없고, (다) 금품수수 시기와 직무집행 행위의 전후를 가릴 필요도 없다. 뇌물죄에서 말하는 (라) '직무'에는 법령에 정하여진 직무뿐만 아니라 그와 관련 있는 직무, 관례상이나 사실상 소관하는 직무행위, 결정권자를 보좌하거나 영향을 줄 수 있는 직무행위, 과거에 담당하였거나 장래에 담당할 직무 외에 사무분장에 따라 현실적으로 담당하고 있지

---

3) 경찰관직무집행법 제2조(직무의 범위) 경찰관은 다음 각 호의 직무를 수행한다. 1. 국민의 생명·신체 및 재산의 보호 **2. 범죄의 예방·진압 및 수사** 2의2. 범죄피해자 보호 3. 경비, 주요 인사 경호 및 대간첩·대테러 작전 수행 4. 공공안녕에 대한 위험의 예방과 대응을 위한 정보의 수집·작성 및 배포 5. 교통 단속과 교통 위해의 방지 6. 외국 정부기관 및 국제기구와의 국제협력 7. 그 밖에 공공의 안녕과 질서 유지 cf) 현행 경찰관직무집행법(개정 2018.4.17., 2020. 12. 22.)에서는 '범죄의 예방·진압 및 수사'는 제2조 2호에 위치되어 있다.

않아도 법령상 일반적인 직무권한에 속하는 직무 등 **공무원이 그 직위에 따라 담당할 일체의 직무를 포함한다.**

2 [대판 2010도1082] 뇌물은 직무에 관하여 수수된 것으로 족하고 **개개의 직무행위와 대가적 관계에 있거나 그 직무행위가 특정된 것일 필요도 없으며,** 공무원이 그 직무의 대상이 되는 사람으로부터 금품 기타 이익을 받은 때에는 그것이 그 사람이 종전에 공무원으로부터 접대 받거나 수수한 것을 갚는 것으로서 사회상규에 비추어 볼 때에 의례상의 대가에 불과한 것이라고 여겨지거나, 개인적인 친분관계가 있어서 교분상의 필요에 의한 것이라고 명백하게 인정할 수 있는 경우 등 특별한 사정이 없는 한 **직무와의 관련성이 없는 것으로 볼 수 없고,** 공무원의 직무와 관련하여 금품을 수수하였다면 비록 사교적 의례의 형식을 빌어 금품을 주고받았다 하더라도 그 수수한 금품은 뇌물이 되는 것이다.

3 [대판 2011도12642] 공무원이 수수·요구 또는 약속한 금품에 그 **직무행위에 대한 대가**로서의 성질과 **직무 외의 행위에 대한 사례**로서의 성질이 **불가분적으로 결합**되어 있는 경우에는, 그 수수·요구 또는 약속한 금품 전부가 불가분적으로 직무행위에 대한 대가로서의 성질을 가진다. 또한 정치자금·선거자금 등의 명목으로 이루어진 금품의 수수라 하더라도 그것이 정치인인 공무원의 직무행위에 대한 대가로서의 실체를 가지는 한 뇌물로서의 성격을 잃지 아니하고, 설령 수수된 금품 중 순수한 정치자금의 성격이 **일부 포함되어 있는 경우**가 있다고 하더라도 이를 뇌물로 보는 데에는 지장이 없으며, 다만 그 금품의 수수가 수회에 걸쳐 이루어졌고 각 수수 행위별로 직무관련성 유무를 달리 볼 여지가 있는 경우에는 **그 행위마다 직무와의 관련성 여부**를 가릴 필요가 있을 뿐이다.

4 [대판 2007도10804] [1] 뇌물공여죄와 뇌물수수죄는 **필요적 공범관계**에 있다고 할 것이나, 필요적 공범이라는 것은 법률상 범죄의 실행이 다수인의 협력을 필요로 하는 것을 가리키는 것으로서 이러한 범죄의 성립에는 행위의 공동을 필요로 하는 것에 불과하고 반드시 협력자 전부가 책임이 있음을 필요로 하는 것은 아니므로, **오로지 공무원을 함정에 빠뜨릴 의사로** 직무와 관련되었다는 형식을 빌려 그 공무원에게 금품을 공여한 경우에도 공무원이 그 금품을 직무와 관련하여 수수한다는 의사를 가지고 받아들이면 뇌물수수죄가 성립한다. [2] 피고인의 뇌물수수가 공여자들의 함정교사에 의한 것이기는 하나, 뇌물공여자들에게 피고인을 함정에 빠뜨릴 의사만 있었고 뇌물공여의 의사가 전혀 없었다고 보기 어려울 뿐 아니라, 뇌물공여자들의 함정교사라는 사정은 피고인의 책임을 면하게 하는 사유가 될 수 없다.

5 [대판 2006도8568] **정치자금의 기부행위**는 정치활동에 대한 재정적 지원행위이고, 뇌물은 공무원의 직무행위에 대한 위법한 대가로서 양자는 별개의 개념이므로, 금품이 정치자금의 명목으로 수수되었고 또한 당시 시행되던 구 정치자금에 관한 법률에 정한 절차를 밟았다 할지라도, 상대방의 지위 및 직무권한, 당해 기부자와 상대방의 종래 교제상황, 기부의 유무나 시기, 상대방, 금액, 빈도 등의 상황과 함께 당해 금품의 액수 및 기부하기에 이른 동기와 경위 등에 비추어 볼 때, 정치인의 정치활동 전반에 대한 지원의 성격을 갖는 것이 아니라 공무원으로서의 **정치인의 특정한 구체적 직무행위와 관련하여 제공자에게 유리한 행위를 기대하거나 혹은 그에 대한 사례로서 이루어짐**으로써 정치인인 공무원의 직무행위에 대한 **대가로서의 실체**를 가진다면 뇌물성이 인정된다.

6 [대판 2005도1904] [1] 「특정범죄 가중처벌 등에 관한 법률」 제3조[4)]의 "공무원의 직무에 속한 사항"

에는 공무원이 법령상 관장하는 직무 그 자체뿐만 아니라 직무와 밀접한 관계가 있는 행위 또는 관례상이나 사실상 관여하는 직무행위도 포함된다고 할 것이나, **구체적인 행위가 공무원의 직무에 속하는지 여부는** (가)그것이 공무의 일환으로 행하여졌는가 하는 **형식적인 측면**과 함께 (나) 그 공무원이 수행하여야 할 직무와의 관계에서 합리적으로 필요하다고 인정되는 것이라고 할 수 있는가 하는 **실질적인 측면을 아울러 고려하여 결정하여야 할 것이다.** [2] **서울대학교 의과대학 교수가 서울대학교병원 의사를 겸직**하더라도 의사로서의 진료행위의 실질이나 직무성격이 바로 공무로 되거나 당연히 공무적 성격을 띤다고 할 수 없다는 등의 이유로 같은 병원 의사인 피고인에 대한 알선수재의 공소사실에 관하여 무죄를 선고한 원심판결을 수긍한 사례.

Reference 2

직무관련성이 없다고 보아 뇌물죄를 부정한 사례

1 [대판 2017도12346] [넥슨주식사건5)] ●사실● 피고인(검사장) X는 넥슨(주)의 대표인 피고인 Y와 고등학생 시절인 1985년경에 처음 만나 대학생 시절부터 친하게 지내왔고, 2005년경까지 20년간 친구 관계를 지속해 왔다. X는 Y로부터 2005년부터 2014년에 걸쳐 넥슨의 주식, 제네시스 차량, 여행경비 등 총 5억 원 이상의 금품을 제공받았다. X는 평소 Y로부터 "장래 검찰에서 회사와 관련된 사건을 조사하거나 처분하게 될 경우, X의 직무권한 범위 내에 들어오는 사건이면 X가 직접 유리한 처분이나 각종 편의를 제공해 주고, 그 범위 내에 들어오지 않는 사건이면 X가 담당 검사에게 영향력을 행사하여 유리한 처분 또는 각종 편의를 제공받게 해 달라"는 명시적 또는 묵시적인 청탁을 받아 왔다. 원심은 Y가 지급한 금전과 경제적 이익이 X가 담당하였던 개별적인 직무와 개별적인 대가 관계까지 인정되지 않더라도 법령상 인정되는 **검사의 일반적인 직무에 대한 대가 관계가 인정되는 이상** 뇌물수수죄, 알선뇌물수수죄 및 그에 대한 뇌물공여죄 성립에 영향이 없다고 판단하였다. 이에 X가 상고하였다. ●판지● 파기환송. 「[1] 형법 제129조 제1항의 뇌물수수죄가 성립하려면 공무원이 그 직무에 관하여 뇌물을 수수하여야 한다. 따라서 공무원이 이익을 수수한 행위가 공무원의 직무와 관련이 없다면 뇌물수수죄는 성립하지 않는다. 공무원이 장래에 담당할 직무에 대한 대가로 이익을 수수한 경우에도 뇌물수수죄가 성립할 수 있지만, 그 이익을 수수할 당시 장래에 담당할 직무에 속하는 사항이 그 **수수한 이익과 관련된 것임을 확인할 수 없을 정도로 막연하고 추상적이거나, 장차 그 수수한 이익과 관련지을 만한 직무권한을 행사할지 자체를 알 수 없다면,** 그 이익이 장래에 담당할 직무에 관하여 수수되었다거나 **그 대가로 수수되었다고 단정하기 어렵다.** [2] 그리고 형법 제132조에서 말하는 '다른 공무원의 직무에 속한 사항의 알선에 관하여 뇌물을 수수한다'라고 함은,

---

4) 특정범죄가중처벌 등에 관한 법률 제3조(알선수재) 공무원의 직무에 속한 사항의 알선에 관하여 금품이나 이익을 수수·요구 또는 약속한 자는 5년 이하의 징역 또는 1천만원 이하의 벌금에 처한다.

5) 2016년 3월, 정부공직자윤리위원회가 고위 공직자들의 재산 현황을 공개하였는데 진경준 법무부 출입국 외국인 정책본부장이 156억 원으로 재산 증가액 1위를 차지하게 된다. 이것은 그가 보유하고 있던 넥슨 주식 126억 원 어치를 처분했기 때문인데 논란이 된 것은 그 주식이 넥슨이 상장되기 전인 2005년에 매입했다는 것이다. 이후 진경준은 특정범죄가중처벌법상 뇌물 혐의로 체포되어 현직 검사장으로는 처음으로 구속되었고 공무원 직에서 해임되었다. 현직 검사장이 구속된 상태로 재판에 넘겨진 것도, 차관급인 검사장에 대한 해임 결정이 나온 것도 처음이었다. 서울고등법원은 유죄를 인정했으나 대법원은 "당시 김정주 대표나 넥슨이 수사를 받기는 했지만, 진경준 전 검사장이 수사를 처리할 권한이 없었고 장래에 담당할 직무에 관한 대가로 금품을 받았다고 단정하기도 어렵다"며 뇌물죄 구성요건인 '직무관련성'과 '대가성'을 인정하지 않으며 서울고등법원으로 사건을 환송했다. ko.wikipedia.org

다른 공무원의 직무에 속한 사항을 알선한다는 명목으로 뇌물을 수수하는 행위로서 반드시 알선의 상대방인 다른 공무원이나 그 직무의 내용을 구체적으로 특정할 필요까지는 없다. 알선행위는 장래의 것이라도 무방하므로, 뇌물을 수수할 당시 상대방에게 알선에 의하여 해결을 도모하여야 할 현안이 반드시 존재하여야 할 필요는 없지만, 알선뇌물수수죄가 성립하려면 알선할 사항이 다른 공무원의 직무에 속하는 사항으로서 뇌물수수의 명목이 그 사항의 알선에 관련된 것임이 어느 정도는 구체적으로 나타나야 한다. 단지 상대방으로 하여금 뇌물을 수수하는 자에게 잘 보이면 어떤 도움을 받을 수 있다거나 손해를 입을 염려가 없다는 정도의 막연한 기대감을 갖게 하는 정도에 불과하고, 뇌물을 수수하는 자 역시 상대방이 그러한 기대감을 가질 것이라고 짐작하면서 수수하였다는 사정만으로는 알선뇌물수수죄가 성립하지 않는다」. cf) 대법원은 기존의 입장인 포괄적 뇌물죄에 대한 법리를 견지하면서도 '막연하고 추상적인 경우'에는 형법 제129조이든 제132조이든 뇌물죄가 성립하지 않는다고 판단하고 있다.

  2 [대판 2013도10011] [뇌물죄에서 '직무'의 의미 및 공무원이었던 자가 재직 중에 청탁을 받고 직무상 부정한 행위를 한 후 뇌물의 수수 등을 할 당시 이미 공무원의 지위를 떠난 경우, 형법 제129조 제1항의 수뢰죄로 처벌할 수 있는지 여부(소극)] ●사실● 피고인 1은 지방공기업인 ○○도시공사 △△팀 처장으로 재직하던 중 ○○광역시장에 의하여 ○○광역시 건설기술심의위원회 위원으로 선정되어 이 사건 공사의 입찰에 관한 설계의 심의·평가 등의 직무를 수행하다가 그 직무와 관련하여 입찰참가 업체의 직원들인 피고인 3, 4로부터 현금을 받았다. ●판지● [1] 국가공무원이 지방자치단체의 업무에 관하여 전문가로서 위원 위촉을 받아 한시적으로 직무를 수행하는 경우와 같이 공무원이 그 고유의 직무와 관련이 없는 일에 관하여 별도의 위촉절차 등을 거쳐 다른 직무를 수행하게 된 경우에는 그 위촉이 종료되면 그 위원 등으로서 새로 보유하였던 공무원 지위는 소멸한다고 보아야 하므로, 그 이후에 종전에 위촉받아 수행한 직무에 관하여 금품을 수수하더라도 이는 사후수뢰죄에 해당할 수 있음은 별론으로 하고 일반 수뢰죄로 처벌할 수는 없다. [2] 뇌물죄에서 직무란 공무원이 그 지위에 수반하여 공무로서 처리하는 일체의 직무를 말하며, 과거에 담당하였거나 또는 장래 담당할 직무 및 사무분장에 따라 현실적으로 담당하지 않는 직무라고 하더라도 법령상 일반적인 직무권한에 속하는 직무 등 공무원이 그 직위에 따라 공무로 담당할 일체의 직무를 말한다. 다만 형법은 공무원이었던 자가 재직 중에 청탁을 받고 직무상 부정한 행위를 한 후 뇌물을 수수, 요구 또는 약속을 한 때에는 제131조 제3항에서 사후수뢰죄로 처벌하도록 규정하고 있으므로, 뇌물의 수수 등을 할 당시 이미 공무원의 지위를 떠난 경우에는 제129조 제1항의 수뢰죄로는 처벌할 수 없고 사후수뢰죄의 요건에 해당할 경우에 한하여 그 죄로 처벌할 수 있을 뿐이다.

  3 [대판 2009도2453] 구 해양수산부 해운정책과 소속 공무원인 피고인이 甲 해운회사의 대표이사 등에게서 중국의 선박운항허가 담당부서가 관장하는 중국 국적선사의 선박에 대한 운항허가를 받을 수 있도록 노력해 달라는 부탁을 받고 돈을 받은 사안에서, 관련 규정에 의하면 해운정책과 업무에는 대한민국 국적선사의 선박에 관한 것만 포함되어 있을 뿐 외국 국적선사의 선박에 대한 행정처분에 관한 것은 포함되어 있지 않고, 또한 외국 국적선사의 선박에 대한 구체적인 행정처분은, 해운정책과 소속 공무원에게 이를 좌우할 수 있는 어떠한 영향력이 있다고 할 수도 없어 해운정책과 소속 공무원의 직무와 밀접한 관계에 있는 행위라거나 또는 그가 관여하는 행위에 해당한다고 볼 수 없다는 이유로, 직무관련성이 없어 뇌물수수죄가 성립하지 않는다고 본 원심판단을 수긍한 사례.

4-1 [대판 2005도1904] 서울대학교 의과대학 교수가 서울대학교병원 의사를 겸직하더라도 의사로서의 진료행위의 실질이나 직무성격이 바로 공무로 되거나 당연히 **공무적 성격을 띤다고 할 수 없다는 등의 이유**로 같은 병원 의사인 피고인에 대한 알선수재의 공소사실에 관하여 무죄를 선고한 원심판결을 수긍한 사례

4-2 [대판 2005도1420] 서울대학교 의과대학 교수 겸 서울대학교병원 의사가 **구치소로 왕진**을 나가 진료하고 진단서를 작성해 주거나 법원의 사실조회에 대하여 회신을 해주는 것은 **의사로서의 진료업무이지** 교육공무원인 서울대학교 의과대학 교수의 직무와 밀접한 관련 있는 행위라고 할 수 없다는 이유로 뇌물수수의 공소사실에 대하여 무죄를 선고한 원심의 조치를 수긍한 사례.

5 [대판 2001도670] [국립대학교 교수가 부설연구소의 책임연구원의 지위에서 연구소 자체가 수주한 어업피해조사용역업무를 수행하는 것이 교육공무원의 직무에 해당하는지 여부(소극)] 수산업법시행령 제62조 및 어업면허 및 어장관리에 관한규칙 제51조의2에 의하여 해양수산부가 지정 고시한 어업손실액 조사기관인 **국립대학교 부설 연구소**가 국가를 당사자로 하는 계약에 관한 법률에 근거하지 아니하고 **국가와는 별개의 지위에서 연구소라는 단체의 명의로 체결한 어업피해조사용역계약상의 과업 내용**에 의하여 국립대학교 교수가 위 연구소 소속 연구원으로서 수행하는 조사용역업무는 교육공무원의 직무 또는 그와 밀접한 관계가 있거나 그와 관련된 행위에 해당한다고 볼 수 없다.

6 [대판 99도275] [**경찰청 정보과 근무 경찰관의 직무와 중소기업협동조합중앙회장의 외국인산업연수생에 대한 국내 관리업체 선정업무는 직무관련성이 없다**] 정보과 형사인 피고인이 국내외에 걸쳐 발생하는 정치, 경제, 사회, 문화 등 제반 분야의 일들 중 일정 중요도 이상의 정보를 수집하고 분석하여 상부에 보고하는 직무를 담당하고 있으므로 추상적으로는 위 국내관리업체 선정도 피고인의 정보수집 대상에 포함된다 하더라도 원래 위 국내관리업체 선정이 당시의 통상산업부(현 산업자원부) 또는 그 산하 중소기업청의 소관으로서 피고인이 소속된 경찰청의 업무와는 아무런 관련이 없는 점, 중소기업협동조합중앙회는 피고인의 출입처가 되어 본 적이 없는 점, 비밀리에 행하여지는 정보업무의 특성 등에 비추어 피고인이 직무를 통하여 위 국내관리업체 선정에 어떠한 영향을 준다고는 할 수 없으므로 중소기업협동조합중앙회장의 국내관리업체 선정은 피고인의 직무와 관련성이 있다고 할 수 없다. cf) 법원은 단순한 **개인적인 친분을 이용**한 것만으로는 직무관련성을 인정하지 않고 있다.

7 [대판 83도425] 보안부대소속 치안본부 **연락관**이 경찰서장에게 경찰공무원의 승진을 부탁하고 이에 관하여 금원을 받았더라도 경찰공무원의 승진 여부는 치안본부의 인사에 관한 고유의 직무에 속하는 것이므로 이는 알선수뢰죄나 변호사법 제54조의 행위에 해당할지는 몰라도 자기의 직무에 관한 수뢰죄는 되지 아니한다.

8 [대판 82도1922] 피고인 갑이 시의 도시과 구획정리계 측량기술원으로 근무하면서 다년간 환지측량업무에 종사하게 된 결과 **얻은 지식과 경험을 기초로** 체비지에 관한 공개경쟁 입찰에서 **입찰예정가격이 대략 어느 정도 될 것이라고 추측한 내용을 피고인 을에게 알려준 행위**는 그의 직무행위 내지는 직무와 밀접하게 관련된 행위라고 볼 수 없는 것이고, 따라서 피고인 갑이 그 대가로 피고인 을로 부터 받기로 약속한 이익도 뇌물죄에서 말하는 직무에 관련된 대가라고 보기 어렵다.

9 [대판 80도1373] 법원의 **참여주사**가 공판에 참여하여 양형에 관한 사항의 심리내용을 공판조서에 기재한다고 하더라도 이를 가지고 형사사건의 양형이 참여주사의 직무와 밀접한 관계가 있는 사무라고는 할 수 없으므로 참여주사가 형량을 감경케하여 달라는 청탁과 함께 금품을 수수하였다고 하더라도 뇌물수수죄의 주체가 될 수 없다.

10 [대판 78도296] 교과서의 내용검토 및 개편 수정은 **발행자나 저작자의 책임**에 속하는 것이고 이를 문교부 **편수국 공무원**인 피고인들의 직무에 속한다고 할 수 없으므로 피고인들이 교과서의 내요검토 및 개편수정작업을 의뢰받고 그에 소요되는 비용을 받았다 하더라도 이를 직무에 관한 뇌물로써 부정하게 수수한 것이라고 볼 수 없다.

직무관련성을 인정하여 뇌물죄 성립을 긍정한 사례

11 [대판 2014도14166] **공공기관운영법** 제53조는 공공기관운영법이 2007.1.19. 법률 제8258호로 제정될 때부터 있던 조항으로, 공기업·준정부기관 임직원 등은 신분의 특성에 비추어 공무원에 버금가는 고도의 청렴성과 업무의 불가매수성이 요구되므로 이를 보장하려는 취지에서 담당업무의 성격을 불문하고 형법상 뇌물죄 규정을 적용할 때에 한정하여 공무원으로 보도록 규정하고 있다. …… 이는 **도로교통공단의 임직원**이 위와 같이 이양된 업무를 비롯하여 공무의 성격을 가지는 일정한 업무를 담당하는 경우 업무의 특성에 비추어 공공성과 공정성을 보장하려는 취지에서, 도로교통공단이 공공기관운영법에 따라 공공기관으로 지정·고시되었는지를 불문하고 형법이나 그 밖의 법률에 따른 벌칙을 적용할 때 뇌물수수죄 등에 한정하지 아니하고 공무원으로 보도록 규정하고 있다.

12 [대판 2010도17797] **시(市) 도시계획국장**인 피고인 甲이, 시에서 丙 주식회사를 시공사로 하여 진행하던 구청 신축공사 및 그에 인접하여 丁 주식회사가 丙 회사를 시공사로 하여 진행하던 건물 증축공사에 대한 관리·감독 업무를 수행하면서, 戊 회사를 운영하는 피고인 乙의 부탁을 받고 丙 회사에 부탁하여 위 증축공사 중 건축공사 부분을 **戊 회사에 하도급받도록 해 준** 다음 그 대가로 돈을 받은 사안에서, 甲의 위와 같은 행위는 직무와 밀접한 관계가 있는 행위에 관하여 금품을 수수한 것으로서 뇌물수수죄에 해당한다.

13 [대판 2010도15628] 파기환송. **시(市)의원**인 피고인이 신문사와 노인단체의 부탁을 받고 **노인시설에서 구독하는 신문의 구독료 예산**을 확보하여 지급되도록 한 다음 수수료 명목의 돈을 수수하였다고 하여 구 특정범죄 가중처벌 등에 관한 법률 위반(뇌물)으로 기소된 사안에서, 제반 사정을 종합할 때 위 돈은 피고인이 직무에 관하여 수수한 것으로 보아야 하는데도, 이와 달리 보아 무죄를 인정한 원심판결에 법리오해 등 위법이 있다.

14 [대판 2010도13584] **공무원으로 의제되는 재건축조합 조합장**인 피고인 甲이 조합장의 직무와 관련하여 금품을 수수하였다는 내용으로 기소된 사안에서, 甲이 재건축상가 일반분양분의 매수를 위한 청탁 명목으로 제공된다는 사정을 알면서 피고인 乙을 통하여 丁으로부터 5,000만 원이 입금되어 있는 통장과 현금카드를 교부받았고, 재건축상가 일반분양분의 매각은 조합장의 직무와 밀접한 관련이 있다는 이유로, 甲에게 뇌물수수죄가 인정된다.

15 [대판 2010도1082] 경찰청장으로서 **모든 범죄수사에 관하여 직무상 또는 사실상의 영향력을 행사할 수 있는 지위**에 있던 피고인이, 1년에 3~4차례 정도 전화로 안부 인사를 나눌 정도였던 甲으로부터 미화 2만 달러를 받은 것은 직무와 관련하여 뇌물로 수수한 것이다.

16 [대판 2007도6556] **농업협동조합중앙회**는 국민경제 및 산업에 중대한 영향을 미치고 있고 업무의 공공성이 현저하여 국가가 법령이 정하는 바에 따른 지도·감독을 통하여 그 운영 전반에 관하여 실질적인 지배력을 행사하고 있는 기업체로서 특정범죄 가중처벌 등에 관한 법률 제4조 제1항 제2호 소정의 **정부관리기업체에 해당한다**고 보기에 충분하다.

17 [대판 2005도4204] 파기환송. 경찰관이 재건축조합 직무대행자에 대한 **진정사건**을 수사하면서 진정인 측에 의하여 재건축 설계업체로 선정되기를 희망하던 건축사사무소 대표로부터 금원을 수수한 사안에서, 금원의 수수와 경찰공무원의 직무인 진정사건 수사와의 관련성을 배척할 수 없다.

17 [대판 2004도1442] 대대 주임원사인 피고인이 소속 대대 병사들의 보직에 관하여 지휘관인 대대장에게 건의하면 그 건의가 상당 부분 반영되어 왔다면 그와 같은 병사들의 **보직 등을 결정하는 직무**는 뇌물죄에 있어서의 직무에 해당한다.

18 [대판 2003도1154] 농림부 주관 농림기술개발사업의 일환으로 시행되고, 국립대학교 총장 명의로 체결된 연구 용역 약정에 기하여 **소속 대학 교수가 행하는 연구 활동**이 교육공무원인 위 교수의 직무 집행 행위에 해당한다.

19 [대판 2002도2251] 지방자치법 제42조 제1항의 규정에 의하면 지방의회는 의장을 의원들 간의 무기명투표로 선거하도록 되어 있으므로 의장선거에서의 투표권을 가지고 있는 **군의원들이 이와 관련하여** 금품 등을 수수할 경우 이는 군의원으로서의 직무와 관련된 것이라 할 것이므로 뇌물죄가 성립한다.

20 [대판 2000도4714] 군에서 일차진급 평정권자가 그 평정업무와 관련하여 진급대상자로 하여금 **자신의 은행대출금채무에 연대보증**하게 한 행위는 직무에 관련하여 이익인 뇌물을 받은 것에 해당된다.

21 [대판 99도2530] 피고인은 홍천경찰서 **경비과 교통지도계 경찰관**으로 근무하면서 음주운전을 적발하여 단속에 관련된 제반 서류를 작성한 후 같은 경찰서 같은 과 소속 **운전면허 취소업무를 담당하는 직원**에게 이를 인계하는 업무를 담당하는 자로서 피단속자인 공소외인으로부터 운전면허가 취소되지 않도록 하여 달라는 청탁을 받고 금원을 교부받았음을 알 수 있는바, 사정이 이와 같다면 위에서 본 법리에 비추어 피고인은 직무와 관련하여 뇌물을 수수한 것이라고 할 것이고, 운전면허취소업무가 피고인이 현실적으로 담당하지 않은 직무이라거나 금원의 수수시기가 피고인이 단속에 관하여 작성한 서류를 인계한 후라고 하더라도 뇌물죄에 있어서의 직무와의 관련성을 부정할 수 없다.

22 [대판 96도582] **토지개발공사 서울지사 공사부장**으로서 A회사가 시공하는 위 창현지구 택지개발현장에서의 공사관리를 총괄하는 직무를 담당하는 피고인이 공사현장에서 발생하는 건축물 폐재류의 처리공사

를 담당할 하도급업체를 A회사가 선정함에 있어 B회사가 하도급 받을 수 있도록 A회사에 청탁하는 것은 피고인의 직무와 밀접한 관계가 있는 행위라고 봄이 상당하다 할 것이므로 피고인이 위와 같은 청탁의 대가로 B회사로부터 금원을 수수한 이상 수뢰죄가 성립한다 할 것이다.

23 [대판 84도2625] **경매사건의 관여 주사보**는 경매사건에 있어서 경매개시결정, 경매기일, 경락기일 등의 공고 및 통지를 그 명의로 하고 송달보고서등 서류를 접수하고 이를 기록에 편철하는 등의 직무를 담당하고 있음이 경매법 및 민사소송법의 각 규정에 의하여 명백하고, 또한 원심이 확정한 바에 의하면 피고인 1은 경매사건의 기록을 검토하여 경락허부결정문의 문안작성등 사무를 사실상 처리하여 왔으므로, 이러한 직무를 담당하는 **위 피고인에게 경락허부결정 등을 좌우해 달라는 취지의 청탁**을 하고 이에 관하여 금원을 수수한 경우에 뇌물죄가 성립된다고 한 원심판단은 정당하다.

24 [대판 84도1139] **칸트리클럽에 대한 지도 감독업무가 각 시도지사**에게 위임되었다 하더라도 지방자치단체의 장에게 위임한 국가행정사무에 관하여는 당해 주무부장관이 이를 지휘·감독하도록 되어 있으므로 피고인이 교통부장관을 보좌하여 관광호텔 골프장 등 관광이용시설업체의 지휘·감독 등의 업무를 관장하고 있었다면 이를 들어 피고인의 직무의 관련성을 부정할 수 없다.

25 [대판 82도2350] [**승인권자에게 신청서를 전달하는 자**의 직무에 관한 금품수수] 도시계획시설 결정 승인이 시장의 소관사항 아니고 도지사의 소관사항일지라도 시 군시계획계장으로서 위 승인신청서를 수리하여 결재를 거쳐 상급승인기관에 전달하는 직무에 종사하고 있다면은 그 신청에 관한 금품수수는 직무에 관한 것이라 할 수 있으므로 뇌물수수죄가 성립한다. **cf)** 뇌물수수죄가 성립함에 있어 행위자가 반드시 구체적으로 그 직무를 담당할 필요도 없고, 그 직무에 대하여 결정권을 가질 필요도 없다.

> 뇌물죄에 있어서 대통령의 직무범위 및 그 직무관련성

●**사실**● 피고인 X와 Y는 재계의 총수이다. 이들은 대통령직에 있던 Z에게 기업경영과 관련된 경제정책 등을 결정·집행하고 금융·세제 등을 운용함에 있어서, 우대를 받거나 최소한 불이익이 없도록 하여 줄 것을 그리고 국책사업에 우선적으로 참여할 수 있도록 영향력을 행사하여 줄 것을 요청하며 뇌물을 공여하였다. 검사는 X·Y를 뇌물공여죄를 기소하였다.

제1심과 원심은 유죄를 인정하였다. 이에 피고인들은 대통령에 건넨 금원은 뇌물이 아니라 정치자금이나 선거자금이었고 대가성은 없다고 주장하였고 또한 **국책사업은 대통령의 소관사항이 아니며** 대통령 Z는 자신의 요청에 아무런 조치를 취하지 않았음을 이유로 상고하였다.

●**판지**● 상고기각.「대통령은 (가) 정부의 수반으로서 중앙행정기관의 장을 지휘·감독하여 정부의 중요정책을 수립·추진하는 등 모든 행정업무를 총괄하는 직무를 수행하고, (나) 대형건설 사업 및 국토개발에 관한 정책, 통화, 금융, 조세에 관한 정책 및 기업활동에 관한 정책 등 각종 재정·경제 정책의 수립 및 시행을 최종 결정하며, (다) 소관 행정 각 부의 장들에게 위임된 사업자 선정, 신규사업의 인·허가, 금융지원, 세무조사 등 구체적 사항에 대하여 직접 또는 간접적인 권한을 행사함으로써 (라) 기업체들의 활동에 있어 직무상 또는 사실상의 영향력을 행사할 수 있는 지위에 있고, 국책사업의 사업자 선정도 역시 대통령의 직무범위에 속하거나 그 직무와 밀접한 관계가 있는 행위이므로 (마) 이에 관하여 대통령에게 금품을 공여하면 바로 뇌물공여죄가 성립하고, **대통령이 실제로 영향력을 행사하였는지 여부는 범죄의 성립에 영향을 미치지 않는다.**

또한 뇌물죄는 직무집행의 공정과 이에 대한 사회의 신뢰에 기하여 직무행위의 불가매수성을 그 직접의 보호법익으로 하고 있고, (바) 뇌물성을 인정하는 데에는 특별히 의무위반행위의 유무나 청탁의 유무 등을 고려할 필요가 없는 것이므로, (사) 뇌물은 대통령의 직무에 관하여 공여되거나 수수된 것으로 족하고 **개개의 직무행위와 대가적 관계에 있을 필요가 없으며,** (아) **그 직무행위가 특정된 것일 필요도 없다.**」

---

1) 이 사안은 1995년 10월 민주당 국회의원 박계동이 국회 대정부 질의에서 '노태우 비자금 4천억 원!'이라는 발언을 함으로서 검찰이 수사에 착수, 추적한 끝에 대통령 노태우가 재임 중 기업체로부터 받아 조성해 사용하다 남은 돈임을 밝혔다. **포괄적 의미의 뇌물죄**가 적용되어 전격 구속되었다. 이후 법원 재판에 회부되어 특정범죄 가중처벌법상 뇌물수수 혐의로 무기징역을 선고받았다. 대법원은 노태우에게 대통령 재직 당시 뇌물을 준 재벌총수 8명을 포함한 기업인 40여 명을 뇌물 공여죄로 기소했지만 항소심에서 재벌기업인들에게는 전원 집행유예, 무죄 선고로 석방되었다. 한편 노태우는 옥중에서 항소했고, 항소심에서 징역 15년에 2,628억원의 추징금을 선고받았다. 이를 계기로 12.12와 5.18에 대한 재수사 여론도 나타나기 시작했다. 김영삼은 취임 직후부터 문민정부는 5.18 정신을 계승한 정부임을 천명하고 12.12와 5.18에 대한 재수사를 지시했다. 1996년부터 12.12와 5.18에 대한 수사가 이루어져, 1997년 4월 17일 12.12와 5.18 및 대통령 비자금 사건 관련 대법원 선고공판에서 법원으로부터 징역 17년형, 추징금 2,688억원의 형을 선고받는다.

2) 형법 제129조(수뢰) ① 공무원 또는 중재인이 **그 직무에 관하여** 뇌물을 수수, 요구 또는 약속한 때에는 5년 이하의 징역 또는 10년 이하의 자격정지에 처한다.

●**해설**● 1 대상판결은 형법전에 규정되어 있지 않은 **포괄적 뇌물죄 개념**을 정립했다는 점에서 그 의의가 크다. 대법원은 뇌물죄의 직무관련성과 뇌물의 대가성 관계의 범위를 전체적·포괄적 대가관계로 확대하였다.

2 뇌물죄는 직무행위의 **불가매수성(不可買收性)**을 기본법익으로 하고 **직무행위의 순수성**도 그 보호법익으로 한다. 양자는 결국 공무원의 **직무집행에 대한 공정성과 사회의 신뢰**로 이어진다. 판례도 「뇌물죄는 **직무집행의 공정**과 이에 대한 **사회의 신뢰**에 기하여 직무행위의 **불가매수성**³⁾을 그 직접의 보호법익」으로 파악한다(대판 2003도1060). 직무의 공정성을 의심받는 것이 법익침해이며, 공무원이 직무에 관하여 뇌물을 수수하는 것이 문제된다.

3 뇌물은 공무원의 직무에 관한 부정한 보수로서의 이익이다. 따라서 뇌물은 **직무와 관련성**이 있어야 한다. 즉 공무원이 얻은 어떤 이익이 직무와 대가관계가 있는 부당한 이익이어야 한다. 직무와 무관한 이익은 뇌물이 될 수 없다. 그리고 직무관련성의 유무는 「그 공무원의 직무내용, 직무와 이익제공자와의 관계, 쌍방 간에 특수한 사적친분관계가 존재하는지 여부, 이익의 다과, 이익을 수수한 경위와 시기 등 모든 사정을 참작하여 결정」되어야 한다(대판 98도3697 전원합의체).

4 뇌물죄는 **직무에 관한 '청탁'이나 '부정한 행위'를 필요로 하지 않기** 때문에 직무관련성을 인정하는 데 특별한 청탁이 있는가를 고려할 필요가 없다. 또한 「**금품수수 시기와 직무집행 행위의 전후를 가릴 필요도 없다.** 뇌물죄에서 말하는 '직무'에는 법령에 정하여진 직무뿐만 아니라 그와 관련 있는 직무, 관례상이나 사실상 소관하는 직무행위, 결정권자를 보좌하거나 영향을 줄 수 있는 직무행위, 과거에 담당하였거나 장래에 담당할 직무 외에 사무분장에 따라 현실적으로 담당하고 있지 않아도 법령상 일반적인 직무권한에 속하는 직무 등 공무원이 그 직위에 따라 담당할 일체의 직무를 포함한다」(대판 2017도12346). 그리고 금품이 직무에 관하여 수수된 것으로 족하고 **개개의 직무행위와 대가적 관계에 있을 필요는 없으며** 그 직무행위가 특정될 필요도 없다.

5 대상판결에서 판례는 정치자금과 뇌물와의 관계에 대해 「정치자금, 선거자금, 성금 등의 명목으로 이루어진 금품의 수수라 하더라도, 그것이 정치인인 공무원의 직무행위에 대한 **대가로서의 실체를 가지는 한** 뇌물로서의 성격을 잃지 않는다」고 판시하여 대가관계는 **전체적 대가관계**를 요하고 개개의 직무행위와 대가관계는 요하지 않는다고 판단하였다. 소위 **'포괄적 뇌물개념'**을 개념을 받아들이고 있다.

6 한편 뇌물죄에서 말하는 **'직무'**는 「법령에 정하여진 직무뿐만 아니라 그와 관련 있는 직무, 과거에 담당하였거나 장래에 담당할 직무 외에 사무분장에 따라 현실적으로 담당하지 않는 직무라도 **법령상 일반적인 직무권한**에 속하는 직무 등 공무원이 그 직위에 따라 공무로 담당할 **일체의 직무**를 포함」한다(대판 2003도1060). 또한 「공무원이 ㉠ 법령상 관장하는 직무 그 자체뿐만 아니라 ㉡ 그 직무와 **밀접한 관계**가 있는 행위 또는 ㉢ 관례상이나 **사실상 소관하는** 직무행위 및 ㉣ **결정권자를 보좌하거나 영향**을 줄 수 있는 직무행위도 포함된다」(대판 98도3584).

---

3) 여기서 불가매수성(不可買收性)이란 "공무원의 직무는 돈으로 살 수 있는 성질의 것이 아니다"는 뜻이다.

7 사안에서 대법원은 「대통령에 대한 금원 공여의 취지가 기업경영과 관련된 경제정책 등을 결정·집행하고 금융·세제 등을 운용함에 있어서, 우대를 받거나 최소한 불이익이 없도록 하여 달라거나 국책사업에 우선적으로 참여할 수 있도록 영향력을 행사하여 달라는 데에 있었던 것인 이상, 그것만으로도 앞서 본 **대통령의 직무와 그 금원의 공여가 대가관계**에 있음을 인정할 수 있으므로, …… 기업인들로부터 수수한 원심 판시의 각 금원은 모두 대통령의 직무행위에 대한 대가로서 뇌물에 해당한다」고 보았다.

8 특히 **국회의원의 경우,** 「국회의원은 헌법과 국회법에 따라 법률안 등 각종 안건의 발의·제출권, 본회의에 부의된 안건에 대한 발언·질의·토론·표결권, 국무위원 등의 출석요구권, 국정 전반 또는 국정의 특정 분야에 대한 발언·심의·표결권, 정부에 대한 긴급현안질문권, 서면 질문권, 상임위원회 소관 사항에 대한 발언·심의·표결권, 국정감사·조사권 등의 **광범위하고 포괄적인 직무권한을 가진다.** 그러므로 국회의원이 그 직무권한의 행사로서의 의정활동과 **전체적·포괄적으로 대가관계**에 있는 금원을 교부받았다면 그 금원의 수수가 어느 직무 행위와 대가관계에 있는 것인지 특정할 수 없다고 하더라도 이는 국회의원의 직무에 관련된 것으로 보아야 한다」(대판 2017도19493).

Reference

대가관계가 있다고 본 판례

1 [대판 2011도12642] [공무원이 수수·요구 또는 약속한 금품에 직무행위에 대한 대가의 성질과 직무 외의 행위에 대한 사례의 성질이 **불가분적으로 결합**되어 있는 경우, 금품 전부가 직무행위에 대한 대가로서의 성질을 가지는지 여부(적극)] 공무원이 수수·요구 또는 약속한 금품에 그 직무행위에 대한 **대가로서의 성질**과 직무 외의 행위에 대한 **사례로서의 성질**이 불가분적으로 결합되어 있는 경우에는, 그 수수·요구 또는 약속한 금품 전부가 불가분적으로 직무행위에 대한 대가로서의 성질을 가진다. 또한 정치자금·선거자금 등의 명목으로 이루어진 금품의 수수라 하더라도 그것이 정치인인 공무원의 직무행위에 대한 대가로서의 실체를 가지는 한 뇌물로서의 성격을 잃지 아니하고, 설령 수수된 금품 중 순수한 정치자금의 성격이 일부 포함되어 있는 경우가 있다고 하더라도 이를 뇌물로 보는 데에는 지장이 없으며, 다만 그 금품의 수수가 수회에 걸쳐 이루어졌고 각 수수 행위별로 직무관련성 유무를 달리 볼 여지가 있는 경우에는 그 행위마다 직무와의 관련성 여부를 가릴 필요가 있을 뿐이다.

2 [대판 2004도3424] [1] 형법 제130조의 제3자 뇌물공여죄에 있어서 '부정한 청탁'이라 함은, 그 청탁이 위법하거나 부당한 직무집행을 내용으로 하는 경우는 물론, 비록 청탁의 대상이 된 직무집행 그 자체는 위법·부당한 것이 아니라 하더라도 당해 직무집행을 어떤 대가관계와 연결시켜 그 직무집행에 관한 대가의 교부를 내용으로 하는 청탁이라면 이는 의연 '부정한 청탁'에 해당한다고 보아야 한다. [2] 형법 제130조 뇌물죄에 있어서의 뇌물성은 형법 제129조 뇌물죄에 있어서와 마찬가지로 직무와의 관련성이 있으면 인정되는 것이고, 그 뇌물을 받는 제3자가 뇌물임을 인식할 것을 요하지 아니하며, 그 뇌물을 제3자에게 공여하게 한 동기를 묻지 아니하므로, 어떤 금품이 공무원의 직무행위와 관련하여 교부된 것이라면 그것이 시주의 형식으로 교부되었고 또 불심에서 우러나온 것이라 하더라도 뇌물임을 면할 수 없다. [3] **공정거래위원회 위원장인 피고인**이 이동통신회사가 속한 그룹의 구조조정본부장으로부터 당해 이동통신회사의 기업결합심사에 대하여 선처를 부탁받으면서 **특정 사찰에의 시주를 요청하여 시주금을 제공케 한 사안**에서, 그

부탁한 직무가 피고인의 재량권한 내에 속하더라도 형법 제130조에 정한 '부정한 청탁'에 해당하고, 위 시주는 기업결합심사와 관련되어 이루어진 것이라고 판단하여 제3자뇌물수수의 죄책을 인정한 원심의 조치를 수긍한 사례.

3 [대판 97도2609] [국회의원이 의정활동과 **전체적·포괄적으로 대가관계**가 있는 금원을 교부 받은 경우, 뇌물죄의 성부(적극)] [1] 뇌물죄는 직무집행의 공정과 이에 대한 사회의 신뢰에 기하 여 직무수행의 불가매수성을 그 직접의 보호법익으로 하고 있으므로, 공무원의 직무와 금원의 수수가 전체적으로 대가관계에 있으면 뇌물수수죄가 성립하고, 특별히 청탁의 유무, 개개의 직무행위의 대가적 관계를 고려할 필요가 없으며, 또한 그 직무행위가 특정된 것일 필요도 없다 할 것이고, 한편 뇌물죄에 있어서 직무에는 공무원이 법령상 관장하는 직무 그 자체뿐만 아니라 그 직무와 밀접한 관계가 있는 행위 또는 관례상이나 사실상 소관하는 직무행위도 포함된다 할 것이므로, **국회의원이 그 직무권한의 행사로서의 의정활동과 전체적·포괄적으로 대가관계가 있는 금원을 교부받았다면** 그 금원의 수수가 어느 직무행위와 대가관계에 있는 것인지 특정할 수 없다고 하더라도 이는 국회의원의 직무에 관련된 것으로 보아야 하고, 한편 국회의원이 다른 의원의 직무행위에 관여하는 것이 국회의원의 직무행위 자체라고 할 수는 없으나, 국회의원이 자신의 직무권한인 의안의 심의·표결권 행사의 연장선상에서 일정한 의안에 관하여 다른 동료의원에게 작용하여 일정한 의정활동을 하도록 권유·설득하는 행위 역시 국회의원이 가지고 있는 위 직무권한의 행사와 밀접한 관계가 있는 행위로서 그와 관련하여 금원을 수수하는 경우에도 뇌물수수죄가 성립한다. [2] 피고인(국회의원)이 1993.3.경, 같은 해 12.경 및 1996.3.경에 상피고인 정태수로부터 받은 각 금원은 위 피고인이 의정활동을 통하여 한보그룹을 도와주고 같은 당 소속 국회의원들이 한보그룹을 문제 삼지 않도록 하여 국회에서 한보그룹에 관련된 문제가 제기되지 않도록 도와달라는 취지의 부탁과 함께 그 청탁금 명목으로 교부 받은 사실을 인정하고, 위 피고인은 판시와 같이 국회의원으로서의 고유한 권한을 가지고 있으므로, **비록 소속 위원회가 한보그룹과 별 관련이 없는 국방위원회나 행정위원회 등이라고 할지라도 자신의 직무권한을 한보그룹에 이익이 되거나 불이익이 되지 않도록 행사할 수 있으니**, 자신의 의정활동을 통하여 한보그룹을 도와달라는 취지로 금원을 받은 이상, 이는 위 피고인의 직무행위 내지 직무와 밀접한 관계가 있는 행위와 **전체적·포괄적으로 대가관계에 있는 금원을 받은 것으로서 뇌물수수죄가 성립**하고 위 정태수가 위 피고인의 특정한 직무행위를 지정하지 아니하고 청탁함으로써 위 금원의 수수가 위 피고인의 어느 직무행위와 대가관계에 있는 것인지 특정할 수 없다고 할지라도 마찬가지이다.

116 뇌물죄의 객체

* 대법원 2012. 8. 23. 선고 2010도6504 판결
* 참조조문: 형법 제129조 제1항[1]

> 투기적 사업에 참여할 기회를 얻는 것이 뇌물죄의 '이익'에 해당하는가?

●**사실**● [사실1] 공무원인 피고인 X는 부동산업자인 Z로부터 이 사건 을왕동 토지에 관하여 **건축허가를 내 줄 것을 부탁**받고 그로부터 1~2일 후 만나 3,000만 원권 자기앞수표가 든 봉투를 건네받았다. 그후 Z와 수시로 통화하면서도 이를 즉시 Z에게 돌려주지 않고 이 자기앞수표를 10일 가량 가지고 있다가 공무원으로서 고액의 수표를 사용하는 것이 용이하지 아니하고 문제가 될 수도 있다는 생각에 **다시 돌려주었다.**

[사실2] 공무원인 피고인 Y는 이 사건 을왕동 토지 중 (지번 생략) 토지를 매수할 당시 위 토지의 객관적인 시가를 합리적인 의심이 없는 정도로 산정하기가 어려워 구체적인 이득액을 특정할 수는 없었지만 적어도 자신이 Z로부터 위 토지를 평당 134만 원에 매수하여 소유권이전등기를 마침으로써 위 토지의 매수 및 **개발을 통한 건축 등 투자기회를 제공**받았다.

원심은 X와 Y에 대해 뇌물죄를 이정하였다. 이에 X와 Y는 상고하였다.

> ●**판지**● 상고기각. [피고인 X의 상고이유에 관하여] 뇌물을 수수한다는 것은 영득의 의사로 금품을 수수하는 것을 말하므로, 뇌물인지 모르고 이를 수수하였다가 뇌물임을 알고 즉시 반환하거나, 증뢰자가 일방적으로 뇌물을 두고 가므로 후일 기회를 보아 반환할 의사로 어쩔 수 없이 일시 보관하다가 반환하는 등 그 영득의 의사가 없었다고 인정되는 경우라면 뇌물을 수수하였다고 할 수 없겠지만, 일단 피고인이 **영득의 의사로 뇌물을 수령한 이상 후에 이를 반환하였다고 하더라도 뇌물죄의 성립에는 영향이 없다.**
>
> [피고인 Y의 상고이유에 관하여] 뇌물죄에서 뇌물의 내용인 이익은 금전, 물품 기타의 재산적 이익뿐만 아니라 사람의 수요, 욕망을 충족시키기에 족한 일체의 유형, 무형의 이익을 포함한다고 해석되고, **투기적 사업에 참여할 기회**를 얻는 것도 이에 해당한다.

●**해설**● 1 사안의 경우 피고인 X와 피고인 Y의 쟁점은 각각 다르다. 먼저 피고인 X는 일단 금전을 받았다가 다시 돌려주었는데 이것이 뇌물죄가 성립하느냐가 다투어졌다. 뇌물죄는 공무원이 직무에 관하여 "뇌물을 수수, 요구 또는 약속"하면 기수가 성립한다. 여기서 '수수'는 뇌물을 취득하는 것으로 영득의사로 일단 받았다면 **나중에 반환하더라도 본 죄가 성립**한다. 사안에서도 법원은 X에게는 불법영득의사가 존재했다고 판단하여 뇌물죄 성립을 인정하고 있다.

2 다음으로 피고인 Y의 쟁점은 투기적 사업에 참여할 기회를 획득하는 것도 뇌물죄의 객체로서 이익에 해당하느냐가 다투어졌다. **뇌물**은 공무원과 중재인의 직무에 관한 부정한 보수로서의 이익이며, 해당 이익과 직무행위 사이에 **대가관계**가 필요하다. 그러나 개별 구체적인 직무행위와의 대가성이 아니라 일정한 직무에 대한 것이라도 좋으며 직무행위는 정당한 것이더라도 좋다. 그리고 뇌물은 사람의 수요·욕망을 충족시키기에 족한 일체의 유·무형의 이익이면 족하다.

---

1) 형법 제129조(수뢰, 사전수뢰) ① 공무원 또는 중재인이 그 직무에 관하여 뇌물을 **수수**, 요구 또는 약속한 때에는 5년 이하의 징역 또는 10년 이하의 자격정지에 처한다.

3 뇌물죄의 객체는 뇌물이다. 뇌물의 전형적인 예는 금전이다. 다만 뇌물이라고 할 수 있는 금액은 일정 정도 이상의 것이어야 하며, 그것은 주고받는 자 상호간의 지위나 교제관계에 따라 판단된다. **금전 외에 채무변제, 무이자대여** 등의 경제적 이익도 뇌물이 될 수 있다. 나아가 경제적 이익의 액수를 산정하기 어려운 경우에도 뇌물이 될 수 있다. 판례는「뇌물죄에서 뇌물의 내용인 이익이라 함은 금전, 물품 기타의 재산적 이익뿐만 아니라 **사람의 수요·욕망을 충족시키기에 족한 일체의 유형·무형의 이익을 포함**하며, 제공된 것이 **성적 욕구의 충족**이라고 하여 달리 볼 것이 아니다」(대판 2013도13937[2])라고 하였다. 따라서 **취직의 알선이나 은행대출의 편의, 장래 시가가 양등할 수 있는 주식의 액면처분** 등도 뇌물이 된다.

4 공무원이 얻는 어떤 이익이「직무와 대가관계가 있는 부당한 이익으로서 뇌물에 해당하는지 혹은 사회상규에 따른 의례상의 대가 혹은 개인적 친분관계에 따른 교분상의 필요에 의한 것으로서 직무와의 관련성이 없는 것인지 여부는 당해 공무원의 직무의 내용, 직무와 이익제공자의 관계, 이익의 수수 경위 및 시기 등의 사정과 아울러 공여되는 이익의 종류 및 가액도 함께 참작하여 이를 판단하여야 한다」(대판 2005도4737).

5 대상사안에서와 같이 공무원이 뇌물로 투기적 사업에 참여할 기회를 제공받은 경우, 뇌물수수죄의 **기수시기는 투기적 사업에 참여하는 행위가 종료**된 때로 보아야 한다. 그리고 그 행위가 종료된 후 경제사정의 변동 등으로 인하여 당초의 예상과는 달리 그 사업 참여로 아무런 이득을 얻지 못한 경우라도 뇌물수수죄의 성립에는 영향이 없다(대판 2002도3539).

Reference 1

뇌물의 "수수·요구·약속"과 관련된 판례

1 [대판 2018도13792 전원합의체] [뇌물수수죄에서 말하는 '수수'의 의미 및 뇌물에 대한 법률상 소유권을 취득하여야 하는지 여부(소극)] (가) 뇌물수수죄에서 말하는 '수수'란 받는 것, 즉 뇌물을 취득하는 것이다. 여기에서 취득이란 뇌물에 대한 사실상의 처분권을 획득하는 것을 의미하고, **뇌물인 물건의 법률상 소유권까지 취득하여야 하는 것은 아니다.** 뇌물수수자가 법률상 소유권 취득의 요건을 갖추지는 않았더라도 뇌물로 제공된 물건에 대한 점유를 취득하고 뇌물공여자 또는 법률상 소유자로부터 반환을 요구받지 않는 관계에 이른 경우에는 그 물건에 대한 실질적인 사용·처분권한을 갖게 되어 그 물건 자체를 뇌물로 받은 것으로 보아야 한다. (나) 뇌물수수자가 뇌물공여자에 대한 내부관계에서 물건에 대한 실질적인 사용·처분권한을 취득하였으나 뇌물수수 사실을 은닉하거나 뇌물공여자가 계속 그 물건에 대한 비용 등을 부담하기 위하여 소유권 이전의 형식적 요건을 유보하는 경우에는 뇌물공여자와 뇌물수수자 사이에서는 소유권을 이전받은 경우와 다르지 않으므로 그 물건을 뇌물로 받았다고 보아야 한다. 뇌물수수자가 교부받은 물건을 뇌물공여자에게 반환할 것이 아니므로 뇌물수수자에게 영득의 의사도 인정된다.

2 [대판 2012도9417] 형법 제129조의 구성요건인 뇌물의 **'약속'**은 양 당사자의 뇌물수수의 합의를 말하고, 여기에서 **'합의'**란 그 방법에 아무런 제한이 없고 명시적일 필요도 없지만, 장래공무원의 직무와 관련하

---

2) 본 사안은 검사가 자신이 맡은 절도사건의 주임검사로서 수사 중에 있던 피의자를 소환 조사하던 중 검사실과 집무실 그리고 모텔에서 성관계를 맺은 사건이다.

여 뇌물을 주고받겠다는 양 당사자의 의사표시가 **확정적으로 합치**하여야 한다.

　3 [대판 2006도9182] 공소외 1이 추가세무조사 대상자로 지정하지 않으면 섭섭하지 않도록 해 주겠으니 얼마면 되겠느냐고 부탁하자 피고인이 **손가락 한 개**를 들어 보임으로써 뇌물을 요구하였고, 공소외 1이 이에 응하여 현금 1억 원이 든 가방을 제공하자 이를 수령하였다는 것이므로, 이처럼 피고인이 스스로 대가를 요구하여 돈을 받은 이상 피고인은 그 받은 돈 전부를 영득의 의사로 수령한 것이라고 보아야 할 것이고 설령 피고인이 내심으로는 1,000만 원 정도로 생각하고 이를 수령하였다고 하여 1,000만 원에 대하여만 영득의 의사가 인정되고 이를 초과하는 액수에 대하여는 영득의 의사가 부정될 수는 없다고 하겠다.　cf) 제1심과 원심은 (가) 1천만원 수수 부분에 대해서는 유죄 (나) 나머지 9천만원 수수 부분에 대해서는 불법 영득의사가 없어 무죄로 판단하였다. 특가법 뇌물죄의 경우 수뢰액수가 5천만원 이상인 경우에는 무기 또는 10년 이상이다.

Reference 2

뇌물죄의 '이익'과 관련된 판례

　1 [대판 2009도4391] 공무원이 수수한 금품에 직무행위와 대가관계가 있는 부분과 그렇지 않은 부분이 불가분적으로 결합되어 있다고 보아, 수수한 금품 '전액'이 직무행위에 대한 대가로 수수한 뇌물이라고 한 사례.

　2 [대판 2006도8568] **정치자금의 기부행위**는 정치활동에 대한 재정적 지원행위이고, 뇌물은 공무원의 직무행위에 대한 위법한 대가로서 양자는 별개의 개념이므로, 금품이 정치자금의 명목으로 수수되었고 또한 당시 시행되던 구 정치자금에 관한 법률에 정한 절차를 밟았다 할지라도, 상대방의 지위 및 직무권한, 당해 기부자와 상대방의 종래 교제상황, 기부의 유무나 시기, 상대방, 금액, 빈도 등의 상황과 함께 당해 금품의 액수 및 기부하기에 이른 동기와 경위 등에 비추어 볼 때, 정치인의 정치활동 전반에 대한 지원의 성격을 갖는 것이 아니라 **공무원으로서의 정치인의 특정한 구체적 직무행위와 관련하여 제공자에게 유리한 행위를 기대하거나 혹은 그에 대한 사례**로서 이루어짐으로써 정치인인 공무원의 직무행위에 대한 대가로서의 실체를 가진다면 뇌물성이 인정된다.

　3 [대판 2006도735] 자동차를 뇌물로 제공한 경우 자동차등록원부에 뇌물수수자가 그 소유자로 등록되지 않았다고 하더라도 **자동차의 사실상 소유자**로서 자동차에 대한 실질적인 사용 및 처분권한이 있다면 자동차 자체를 뇌물로 취득한 것으로 보아야 한다.

　4 [대판 2003도8077] [공무원이 직접 뇌물을 받지 아니하고 증뢰자로 하여금 다른 사람에게 뇌물을 공여하도록 한 경우, 형법 제129조 제1항의 뇌물수수죄 성립 여부(한정 적극)] [1] 공무원이 직접 뇌물을 받지 아니하고 증뢰자로 하여금 다른 사람에게 뇌물을 공여하도록 한 경우, 그 다른 사람이 공무원의 **사자 또는 대리인**으로서 뇌물을 받은 경우나 그 밖에 예컨대, 평소 공무원이 그 다른 사람의 **생활비** 등을 부담하고 있었다거나 혹은 그 다른 사람에 대하여 **채무를 부담**하고 있었다는 등의 사정이 있어서 그 다른 사람이 뇌물을 받음으로써 공무원은 그만큼 지출을 면하게 되는 경우 등 사회통념상 그 다른 사람이 뇌물을 받은 것을

공무원이 직접 받은 것과 같이 평가할 수 있는 관계가 있는 경우에는 **형법 제130조의 제3자 뇌물제공죄가 아니라, 형법 제129조 제1항의 뇌물수수죄가 성립한다.** [2] 공무원이 실질적인 경영자로 있는 회사가 청탁 명목의 금원을 회사 명의의 예금계좌로 송금받은 경우에 사회통념상 위 공무원이 직접 받은 것과 같이 평가할 수 있어 뇌물수수죄가 성립한다.

5 [대판 2002도3539] [1] 뇌물죄에서 뇌물의 내용인 이익이라 함은 금전, 물품 기타의 재산적 이익뿐만 아니라 사람의 **수요 욕망을 충족시키기에 족한 일체의 유형, 무형의 이익**을 포함한다고 해석되고, **투기적 사업에 참여**할 기회를 얻는 것도 이에 해당한다. [2] 공무원이 뇌물로 투기적 사업에 참여할 기회를 제공받은 경우, 뇌물수수죄의 **기수 시기는 투기적 사업에 참여하는 행위가 종료된 때**로 보아야 하며, 그 행위가 종료된 후 경제사정의 변동 등으로 인하여 당초의 예상과는 달리 그 사업 참여로 아**무런 이득을 얻지 못한 경우**라도 뇌물수수죄의 성립에는 영향이 없다. [3] 재개발주택조합의 조합장이 그 재직 중 고소하거나 고소당한 사건의 수사를 담당한 경찰관에게 **액수 미상의 프리미엄**이 예상되는 그 조합아파트 1세대를 분양해 준 경우, 그 아파트가 당첨자의 분양권 포기로 조합에서 임의분양하기로 된 것으로서 예상되는 프리미엄의 금액이 불확실하였다고 하더라도, 조합, 즉 조합장이 선택한 수분양자가 되어 분양계약을 체결한 것 자체가 경제적인 이익이라고 볼 수 있으므로 뇌물공여죄에 해당한다.

6 [대판 2001도3579] 피고인이 부하직원으로부터 **승진 청탁과 함께 돈을 교부받은** 경위, 언제든지 그 돈을 반환할 기회가 있었음에도 반환하지 않은 점, 그 돈을 사용한 뒤 6개월 후에 그 청탁을 들어줄 수 없는 처지에 이르자 반환한 점 등에 비추어 피고인에게 그 돈을 뇌물로서 영득할 의사가 있었다고 인정한 사례.

7 [대판 2000도5438] 파기환송. 피고인이 그 소유의 갑 토지를 을 **토지와 교환**한 것과 관련하여 수뢰를 하였다는 공소사실에 대하여, 원심은 교환된 토지 간에 시가의 차이가 있다고 인정할 수 없다는 이유로 무죄를 선고하였으나, 갑 토지의 시가가 을 토지의 시가보다 비싸다고 하더라도 피고인으로서는 **장기간 처분하지 못하던 토지를 처분**하는 한편 매수를 희망하던 전원주택지로 향후 개발이 되면 가격이 많이 상승할 토지를 매수하게 되는 무형의 이익을 얻었다고 봄이 상당하다는 이유로 원심판결을 파기한 사례.

8 [대판 2000도4714] 군에서 일차진급 평정권자가 그 평정업무와 관련하여 진급대상자로 하여금 자신의 은행대출금채무에 **연대보증하게 한 행위**는 직무에 관련하여 이익인 뇌물을 받은 것에 해당된다.

9 [대판 2000도2251] 공무원이 뇌물로 **투기적 사업에 참여**할 기회를 제공받은 경우, 뇌물수수죄의 **기수 시기는** 투기적 사업에 참여하는 행위가 종료된 때로 보아야 하며, 그 행위가 종료된 후 경제사정의 변동 등으로 인하여 당초의 예상과는 달리 **그 사업 참여로 인한 아무런 이득을 얻지 못한 경우라도 뇌물수수죄의 성립에는 아무런 영향이 없다.**

10-1 [대판 98도3584] 공무원의 직무와 관련하여 금품을 수수하였다면 그 수수한 금품은 뇌물이 되는 것이고, 그것이 **사교적 의례**의 형식을 사용하고 있다 하여도 직무행위의 **대가로서의 의미**를 가질 때에는 뇌물이 된다.

10-2 [대판 83도1499] 노동청 해외근로국장으로서 해외취업자 국외송출허가 등 업무를 취급하던 피고인

이 접대부 등의 국외송출을 부탁받고 **시가 70,000원 상당의 주식(술과 음식)**을 접대 받은 경우, 비록 그 접대의 규모가 그리 크지 아니하였다 하더라도 그 사유만으로 이를 **단순한 사교적 의례의 범위에 속하는 향응에 불과하다고 볼 수 없으며 뇌물성을 띤다고 볼 것이다.

10-3 [대판 2006도8779] 재건축추진위원장이 재건축조합의 조속한 설립인가를 위해 담당공무원에게 **두 차례에 걸쳐 점심 식사를 제공**한 사안에서, 이는 피고인이 직무와 관련한 뇌물이라고 보기에 충분하고, 그것이 **단순히 사교적·의례적 범위 내의 것이라고 볼 수는 없다.**

11 [대판 97도3113] 파기환송. 건축지도계장으로 근무하는 피고인이 건축업자에게 편의를 제공한 후 동인에게 자신의 **주상복합건물 신축공사를 도급**주어 시공하게 한 사안에서, **통상공사비보다 다소 저렴한 액수로 공사계약을 체결**한 것이 직무와 관련하여 부당하게 저렴한 가격으로 결정되었다고 볼 수 없다는 이유로 뇌물죄에 대하여 무죄를 선고한 원심판결을 법리오해, 채증법칙 위반 등을 이유로 파기한 사례.

12 [대판 96도3377 전원합의체] 정치자금, 선거자금, 성금 등의 명목으로 이루어진 금품의 수수라 하더라도, 그것이 정치인인 공무원의 직무행위에 대한 대가로서의 실체를 가지는 한 뇌물로서의 성격을 잃지 않는다.

13 [대판 96도144] 파기환송. 은행지점장인 피고인이 제공받은 **향응이 도합 금 83,500원 상당**에 지나지 않는다고 하더라도, 피고인과 증뢰자와의 관계, 피고인이 그로부터 향응을 제공받은 동기 및 경위, 피고인이 향응 이외에도 수차례 금품을 수수하였다는 사정 등에 비추어 보면, 이를 단순한 사교적 의례의 범위에 속하는 것에 불과하다고 단정할 수는 없다는 이유로, 피고인에게 무죄를 선고한 원심판결을 파기한 사례.

14 [대판 94도993] 경찰공무원이 슬롯머신 영업에 5천만 원을 투자하여 **매월 3백만 원을 배당받기로** 약속한 후 35회에 걸쳐 1억 5백만 원을 교부받은 경우, 5천만 원을 투자함으로써 바로 이익을 얻었다고는 볼 수 없고 매월 3백만 원을 지급받기로 하는 약속, 즉 뇌물의 수수를 약속한 것에 불과하고 현실적으로 매월 3백만 원씩을 지급받은 것이 뇌물을 수수한 것이라고 보아야 하므로 1억 5백만원은 그 자체가 뇌물이 된다.

15 [대판 92도1762] 조합아파트 가입권에 붙은 소위 **프리미엄**도 뇌물에 해당한다.

16 [대판 76도3662] 뇌물을 **차용금명목**으로 수수하여도 뇌물죄가 성립한다.

17-1 [대판 75도3607] 금전소비대차에 의한 금융이익도 뇌물죄가 성립한다.

17-2 [대판 2011도7282] [공무원이 직무에 관하여 **금전을 무이자로 차용**한 경우, 뇌물수수죄의 공소시효 기산점(=금전을 차용한 때)] 공소시효는 범죄행위를 종료한 때로부터 진행하는데(형사소송법 제252조 제1항), 공무원이 직무에 관하여 금전을 무이자로 차용한 경우에는 차용 당시에 금융이익 상당의 뇌물을 수수한 것으로 보아야 하므로, 공소시효는 금전을 무이자로 차용한 때로부터 기산한다.

뇌물죄 성립이 인정된 사례

1 [대판 2013도11357] [임명권자에 의하여 임용되어 공무에 종사하여 온 사람이 나중에 임용결격자이었음이 밝혀져 당초의 임용행위가 무효인 경우 형법 제129조에서 규정한 '공무원'에 해당하는지 여부(적극) 및 그가 직무에 관하여 뇌물을 수수한 경우 수뢰죄로 처벌할 수 있는지 여부(적극)] 형법이 뇌물죄에 관하여 규정하고 있는 것은 공무원의 직무집행의 공정과 그에 대한 사회의 신뢰 및 직무행위의 불가매수성을 보호하기 위한 것이다. 법령에 기한 임명권자에 의하여 임용되어 공무에 종사하여 온 사람이 **나중에 그가 임용결격자이었음이 밝혀져 당초의 임용행위가 무효라고 하더라도, 그가 임용행위라는 외관을 갖추어 실제로 공무를 수행한 이상 공무 수행의 공정과 그에 대한 사회의신뢰 및 직무행위의 불가매수성은 여전히 보호되어야 한다.** 따라서 이러한 사람은 형법 제129조에서 규정한 공무원으로 봄이 타당하고, 그가 그 직무에 관하여 뇌물을 수수한 때에는 수뢰죄로 처벌할 수 있다.

2 [대판 2007도10804] [필요적 공범의 경우 협력자 전부에게 형사책임이 요구되는지 여부(소극) 및 함정에 빠뜨릴 의사로 공무원에게 금품을 공여하여 공무원이 그 금품을 직무와 관련하여 수수한 경우 뇌물수수죄가 성립되는지 여부(적극)] 뇌물공여죄와 뇌물수수죄는 필요적 공범관계에 있다고 할 것이나, 필요적 공범이라는 것은 법률상 범죄의 실행이 다수인의 협력을 필요로 하는 것을 가리키는 것으로서 이러한 범죄의 성립에는 행위의 공동을 필요로 하는 것에 불과하고 반드시 협력자 전부가 책임이 있음을 필요로 하는 것은 아니므로, **오로지 공무원을 함정에 빠뜨릴 의사로 직무와 관련되었다는 형식을 빌려 그 공무원에게 금품을공여한 경우에도 공무원이 그 금품을 직무와 관련하여 수수한다는 의사를 가지고 받아들이면 뇌물수수죄가성립한다.**

3 [대판 2005도4737] [뇌물공여죄의 성립에 반드시 **상대방측의 뇌물수수죄가 성립하여야만 하는지 여부(소극)**] [1] 뇌물공여죄가 성립하기 위하여는 뇌물을 공여하는 행위와 상대방측에서 금전적으로 가치가 있는 그 물품 등을 받아들이는 행위가 필요할 뿐 반드시 상대방측에서 뇌물수수죄가 성립하여야 함을 뜻하는 것은 아니다. [2] 지방자치단체장인 피고인이 건설업자로부터 거액의 현금이 든 굴비상자를 뇌물로 받은 것으로 기소된 사안에서, 두 사람 사이에 거액의 현금을 뇌물로 수수할 정도의 친분관계 내지 직접적 현안이나 구체적 청탁이 존재하지 아니함은 물론, 그 선물의 구체적 내용에 대하여 고지받지 못한 상태에서 피고인의 여동생 가족이 사용하는 아파트로 선물이 전달되도록 하였다가 그 내용물을 확인하는 즉시 관청에 이를 신고하기에 이른 점 등의 사정에 비추어 피고인에게 수뢰의 범의가 있었다고 볼 수 없다고 한 원심의 판단을 수긍한 사례.

4 [대판 94도2528] [공무원이 직무와 관계없이 타인을 공갈하여 재물을 교부하게 한 경우, 뇌물공여죄가 성립되는지 여부] [1] 공무원이 직무집행의 의사 없이 또는 직무처리와 대가적 관계없이 타인을 공갈하여 재물을 교부하게 한 경우에는 **공갈죄만이 성립**하고, 이러한 경우 재물의 교부자가 공무원의 해악의 고지로 인하여 외포의 결과 금품을 제공한 것이라면 그는 공갈죄의 피해자가 될 것이고 뇌물공여죄는 성립될 수 없다고 하여야 할 것이다. [2] **세무공무원에게 회사에 대한 세무조사라는 직무집행의 의사가 있었고, 과다계상된 손금항목에 대한 조사를 하지 않고 이를 묵인하는 조건으로, 다시 말하면 그 직무처리에 대한 대가관계로

서 금품을 제공받았으며, 회사의 대표이사는 공무원의 직무행위를 매수하려는 의사에서 금품을 제공하였고, 그 세무공무원은 세무조사 당시 타회사 명의의 세금계산서가 위장거래에 의하여 계상된 허위의 계산서라고 판단하고 이를 바로잡아 탈루된 세금을 추징할 경우 추징할 세금이 모두 50억 원에 이를 것이라고 알려 주었음이 명백하다면, 문제된 세금계산서가 진정한 거래에 기하여 제출된 것인지, 세무공무원의 묵인행위로 인하여 회사에게 추징된 세금액수가 실제적으로 줄어든 것이 있는지 여부에 관계없이 **그 세무공무원 및 대표이사의 행위가 뇌물죄를 구성한다**고 한 사례. **cf**) 세무공무원 X는 탈루된 세금을 정상적으로 추징하면 세금이 모두 50억 원에 이름을 알려 주면서 뇌물 제공을 유도하여 이를 약속 받은 다음 세무조사를 종결하고 상대방으로부터 3억을 수령하였다.

5 [대판 91도3364] 일단 **영득의 의사로 뇌물을 수수**하였지만 그 액수가 너무 많아서 나중에 반환할 의사로 보관하였다 하더라도 뇌물죄의 성립에는 영향이 없다.

6 [대판 83도2050] 뇌물죄에 있어서 금품을 **수수한 장소가 공개된 공사현장**이었고 금품을 수수한 공무원이 이를 공사현장 인부들의 **식대** 또는 동 공사의 **홍보비** 등으로 소비하였을 뿐 자신의 **사리를 취한바 없다 하더라도** 그 뇌물성이 부인되지 않는다.

7 [대판 96도865] 뇌물죄에 있어서 금품을 수수한 장소가 **공개된 장소**이고, 금품을 수수한 공무원이 이를 **부하직원들을 위하여 소비(회식비나 직원들의 휴가비)**하였을 뿐 자신의 사리를 취한 바 없다 하더라도 그 뇌물성이 부인되지 않는다.

8 [대판 84도2625] 뇌물은 수수함에 있어서 공여자를 기망한 점이 있다 하여도 뇌물수수, 뇌물공여죄의 성립에는 아무런 소장이 없다.

9 [대판 82도2964] 뇌물로 공여된 당좌수표가 **수수후 부도가 되었다 하더라도** 뇌물죄의 성립에는 아무런 소장이 없다.

10 [대판 81도698] [뇌물약속죄에 있어서 뇌물의 목적물인 이익의 현존 및 그 가액확정의 각 필요성 여부(소극)] **뇌물약속죄**에 있어서 뇌물의 목적물인 이익은 약속 당시에 현존할 필요는 없고 약속당시에 예기할 수 있는 것이라도 무방하며, 뇌물의 목적물이 이익인 경우에는 **그 가액이 확정되어 있지 않아도** 뇌물약속죄가 성립하는 데는 영향이 없으므로 공무원이 건축업자로부터 그가 건축할 주택을 **공사비 상당액으로** 분양받기로 약속한 경우에는 매매시가 중 공사비를 초과하는 액수만큼의 이익을 뇌물로서 약속한 것이 되어 뇌물약속죄가 성립한다.

뇌물죄 성립이 부정된 사례

11 [대판 2019도11766] [1] **횡령 범행으로 취득한 돈**을 공범자끼리 수수한 행위가 공동정범들 사이의 범행에 의하여 취득한 돈을 공모에 따라 **내부적으로 분배한 것에 지나지 않는다면** 별도로 그 돈의 수수행위에 관하여 뇌물죄가 성립하는 것은 아니다. 그와 같이 수수한 돈의 성격을 뇌물로 볼 것인지 횡령금의 분배로

볼 것인지 여부는 돈을 공여하고 수수한 당사자들의 의사, 수수된 돈의 액수, 횡령 범행과 수수행위의 시간적 간격, 수수한 돈이 횡령한 그 돈인지 여부, 수수한 장소와 방법 등을 종합적으로 고려하여 객관적으로 평가하여 판단하여야 한다. [2] 피고인은 이러한 **대통령의 지위에서 국정원장들에게 국정원 자금을 횡령하여 교부할 것을 지시**하고 국정원장들로부터 그들이 횡령한 특별사업비를 교부받았다. 국정원장들은 위와 같이 피고인의 지시에 따르기 위하여 특별사업비를 횡령하고, 횡령한 돈을 그대로 피고인에게 교부하였다. 이러한 사정을 종합하면, 피고인과 국정원장들 사이에 국정원 자금을 횡령하여 이를 모두 피고인에게 귀속시키기로 하는 공모가 있었고 그에 따라 이 부분 특별사업비의 횡령 및 교부가 이루어진 것으로 볼 수 있다. 피고인은 횡령범행의 실행행위를 직접 수행하지는 않았으나 국정원장들에 대한 우월하고 압도적인 지위에서 범행을 지시하고 이를 따른 국정원장들로부터 이 부분 특별사업비를 교부받았다. 결국 피고인은 자신이 적극적으로 가담하여 이루어진 횡령범행 과정에서 공범자 중 일부가 취득한 돈을 공모의 내용에 따라 내부적으로 분배받은 것에 불과하다. 따라서 피고인이 교부받은 이 부분 특별사업비를 뇌물로 보기 어렵고, 피고인에게 뇌물에 관한 고의가 있었다고 보기도 어려우므로 특정범죄가중법 위반(뇌물)죄가 성립하지 않는다.

12 [대판 2013도10011] [뇌물죄에서 '직무'의 의미 및 공무원이었던 자가 재직 중에 청탁을 받고 직무상 부정한 행위를 한 후 뇌물의 수수 등을 할 당시 이미 공무원의 지위를 떠난 경우, 형법 제129조 제1항의 수뢰죄로 처벌할 수 있는지 여부(소극)] [1] 뇌물죄에서 직무란 공무원이 그 지위에 수반하여 공무로서 처리하는 일체의 직무를 말하며, 과거에 담당하였거나 또는 장래 담당할 직무 및 사무분장에 따라 현실적으로 담당하지 않는 직무라고 하더라도 법령상 일반적인 직무권한에 속하는 직무 등 공무원이 그 지위에 따라 공무로 담당할 일체의 직무를 말한다. 다만 형법은 공무원이었던 자가 재직 중에 청탁을 받고 직무상 부정한 행위를 한 후 뇌물을 수수, 요구 또는 약속을 한 때에는 제131조 제3항에서 사후수뢰죄로 처벌하도록 규정하고 있으므로, 뇌물의 수수 등을 할 당시 이미 공무원의 지위를 떠난 경우에는 제129조 제1항의 수뢰죄로는 처벌할 수 없고 사후수뢰죄의 요건에 해당할 경우에 한하여 그 죄로 처벌할 수 있을 뿐이다. [2] 국가공무원이 지방자치단체의 업무에 관하여 전문가로서 위원 위촉을 받아 한시적으로 직무를 수행하는 경우와 같이 공무원이 그 고유의 직무와 관련이 없는 일에 관하여 별도의 위촉절차 등을 거쳐 다른 직무를 수행하게 된 경우에는 그 위촉이 종료되면 그 위원 등으로서 새로 보유하였던 공무원 지위는 소멸한다고 보아야 하므로, 그 이후에 종전에 위촉받아 수행한 직무에 관하여 금품을 수수하더라도 이는 사후수뢰죄에 해당할 수 있음은 별론으로 하고 **일반 수뢰죄로 처벌할 수는 없다.**

13 [대판 2007도5190] [공무원이 직무와 관련하여 뇌물수수를 약속하고 퇴직 후 이를 수수하는 경우, 뇌물약속죄 및 사후수뢰죄가 성립할 뿐 **뇌물수수죄는 성립하지 않는다**고 한 사례] 뇌물수수죄는 공무원 또는 중재인이 그 직무에 관하여 뇌물을 수수한 때에 성립하는 것이어서 그 주체는 현재 공무원 또는 중재인의 직에 있는 자에 한정되므로, 공무원이 직무와 관련하여 뇌물수수를 약속하고 퇴직 후 이를 수수하는 경우에는, 뇌물약속과 뇌물수수가 시간적으로 근접하여 연속되어 있다고 하더라도, 뇌물약속죄 및 사후수뢰죄가 성립할 수 있음은 별론으로 하고, 뇌물수수죄는 성립하지 않는다.

14 [대판 2006도735] [1] 자동차(BMW 735)를 뇌물로 제공한 경우 자동차등록원부에 뇌물수수자가 **그 소유자로 등록되지 않았다고 하더라도** 자동차의 사실상 소유자로서 자동차에 대한 실질적인 사용 및 처분권한

이 있다면 자동차 자체를 뇌물로 취득한 것으로 보아야 한다. [2] 피고인에게 뇌물로 제공되었다는 자동차는 **리스차량**으로 리스회사 명의로 등록되어 있는 점, 피고인이 처분승낙서, 권리확인서 등 원하는 경우 소유권이전을 할 수 있는 서류를 소지하고 있지도 아니한 점, 리스계약상 리스계약이 기간만료 또는 리스료 연체로 종료되어 리스회사에서 위 승용차의 반환을 구하는 경우 피고인은 이에 응할 수밖에 없다고 보이는 점 등에 비추어 볼 때 피고인에게 위 승용차에 대한 실질적 처분권한이 있다고 할 수 없어 자동차 자체를 뇌물로 수수한 것으로 볼 수 없다. **cf)** 리스계약으로 인해 피고인이 실질적 처분권이 없으므로 **자동차 자체를 뇌물로 수수한 것으로 볼 수는 없다.** 그러나 본 사안에서 피고인 수수한 뇌물은 1억 2천만 상당의 승용차 자체가 아니라 리스보증금 및 리스료 지급 등과 같은 형태의 금전적인 부담이 전혀 없는 상태에서 자동차를 이용한 **무형의 이익**이다. 이 부분 공소사실에 대해서 형법상 **알선수뢰죄를 인정**하고, 원래 특가법상의 **뇌물죄에 대해서는 무죄**를 판단하였다.

15 [대판 2005도7112] 수의계약을 체결하는 공무원이 해당 공사업자와 적정한 금액 이상으로 계약금액을 부풀려서 계약하고 부풀린 금액을 자신이 되돌려 받기로 사전에 약정한 다음 그에 따라 수수한 돈은 성격상 **뇌물이 아니고 횡령금에 해당**한다.

16 [대판 94도3346] [배임에 의한 국고손실죄의 공동정범인 공무원이 다른 공범으로부터 그 범행에 의하여 취득한 금원의 일부를 받은 경우, 뇌물수수죄의 성부(소극)] 특정범죄가중처벌등에관한법률 제5조 소정의 **배임에 의한 국고손실죄의 공동정범인 공무원**이 다른 공범으로부터 그 범행에 의하여 취득한 금원의 일부를 받은 경우, 그 금원의 성격은 그 성질이 공동정범들 사이의 **내부적 이익분배**에 불과한 것이고 별도로 뇌물수수죄(사후수뢰죄)에 해당하지 않는다.

17 [대판 83도150] 뇌물의 수수라 함은 영득의 의사로써 금품을 받는 것을 말하며, 후일 기회를 보아서 **반환할 의사로 일단 받아둔 데 불과**한 경우는 뇌물의 수수라고 할 수 없다.

18 [대판 79도1124] 피고인이 택시를 타고 떠나려는 순간 뒤쫓아 와서 **돈뭉치를 창문**으로 던져 넣고 가버려 의족을 한 불구의 몸인 피고인으로서는 도저히 뒤따라가 돌려줄 방법이 없어 부득이 그대로 귀가하였다가 다음날 바로 다른 사람을 시켜 이를 반환한 경우 피고인에게는 뇌물을 수수할 의사가 있었다고는 볼 수 없다.

19 [대판 78도296] 교과서의 내용검토 및 개편수정은 발행자나 저작자의 책임에 속하는 것이고 이를 문교부 **편수국 공무원**인 피고인들의 직무에 속한다고 할 수 없으므로 피고인들이 교과서의 내용검토 및 개편수정작업을 의뢰받고 그에 소요되는 비용을 받았다 하더라도 이를 직무에 관한 뇌물로써 부정하게 수수한 것이라고 볼 수 없다.

구청장이 관내의 공사 인·허가와 관련하여 甲 회사로부터 묵시적인 부정한 청탁을 받고 누각을 제3자인 구(區)에 기부채납하게 하였다면 제3자뇌물제공죄에 해당되는가?

●**사실**● 부산광역시 남구청장인 피고인 X는 남구청 관내의 공사 인·허가와 관련하여 W 주식회사로부터 묵시적인 부정한 청탁을 받고 5억 원 상당의 누각을 제3자인 남구청에 기부채납하게 하거나 또는 그 공사시공권을 Z 주식회사에 취득하게 하였다. 검사는 X에 대해 제3자 뇌물제공죄로 기소하였다.

원심은 기부채납과 관련된 사무는 지방자치단체 고유의 사무이므로, 지방자치단체의 장이 지방자치단체를 위한 공무집행행위를 하여 그 결과 지방자치단체가 기부채납 재산을 취득하게 되었다고 하더라도 **지방자치단체**는 제3자뇌물제공죄에 있어서의 제3자에 해당한다고 볼 수 없고, 설령 지방자치단체가 제3자에 해당한다고 하더라도 검사가 제출한 증거나 그 증거에 의하여 인정되는 사실만으로는 그와 같은 기부채납이 직무집행과 관련한 **부정한 청탁**의 대가로 이루어졌다는 점에 대한 증명이 없다고 보아, 무죄로 판단하였다. 검사가 상고하였다.

●**판지**● 상고기각. 「공무원인 지방자치단체장이 직무에 관하여 부정한 청탁을 받고 지방자치단체에 금품을 제공하게 하였다면 공무원 개인이 금품을 취득한 경우와 동일시할 수는 없고 그 공무원이 단체를 대표하는 지위에 있는 경우에도 마찬가지여서 형법 제130조의 제3자뇌물제공죄가 성립할 수 있으므로, 이와 달리 위 기부채납 재산을 취득한 지방자치단체인 구는 '제3자뇌물제공죄의 제3자'가 될 수 없다고 본 원심판단에 잘못이 있으나, 제반 사정에 비추어 甲 회사의 관계자들이 피고인의 요구를 받고 위 누각을 구에 기부채납한 것이 피고인의 직무와 관련한 **부정한 청탁의 대가로 제공된 것이라고 단정할 수 없다**는 이유로, 피고인에게 무죄를 선고한 원심판단의 결론은 정당하다」.

●**해설**● 1 형법상 수뢰죄의 경우 공무원의 직무와 금품의 수수가 **전체적으로 대가관계**에 있으면 성립하는 것과는 달리, 제3자뇌물제공죄의 경우에는 **'부정한 청탁'을 범죄성립**의 구성요건으로 하고 있다. 이는 「처벌의 범위가 불명확해지지 않도록 하려는 데 취지가 있으므로, 당사자 사이에 청탁의 부정성을 규정짓는 대가관계에 관한 양해가 없었다면 단지 나중에 제3자에 대한 금품제공이 있었다는 사정만으로 어떠한 직무가 소급하여 부정한 청탁에 의한 것이라고 평가될 수는 없다」.

2 '부정한 청탁'이란 위법한 것뿐만 아니라 사회상규나 신의성실의 원칙에 위배되는 부당한 경우도 포함한다. 즉 판례는 제3자 뇌물공여죄에 있어서 '부정한 청탁'을 「그 청탁이 하거나 **부당**한 직무집행을 내용으로 하는 경우는 물론, 비록 청탁의 대상이 된 직무집행 그 자체는 **위법·부당한 것이 아니라 하더라**

---

1) 형법 제129조(수뢰, 사전수뢰) ① 공무원 또는 중재인이 그 직무에 관하여 뇌물을 수수, 요구 또는 약속한 때에는 5년 이하의 징역 또는 10년 이하의 자격정지에 처한다. ② 공무원 또는 중재인이 될 자가 그 담당할 직무에 관하여 청탁을 받고 뇌물을 수수, 요구 또는 약속한 후 공무원 또는 중재인이 된 때에는 3년 이하의 징역 또는 7년 이하의 자격정지에 처한다.
2) 형법 제130조(제3자뇌물제공) 공무원 또는 중재인이 그 직무에 관하여 **부정한 청탁을 받고** 제3자에게 뇌물을 공여하게 하거나 공여를 요구 또는 약속한 때에는 5년 이하의 징역 또는 10년 이하의 자격정지에 처한다.

도 당해 직무집행을 **어떤 대가관계와 연결시켜** 그 직무집행에 관한 대가의 교부를 내용으로 하는 청탁이라면 이는 의연 '부정한 청탁'에 해당」되는 것으로 판단하고 있다(대판 2004도3424).

3 또한 「청탁의 대상인 **직무행위의 내용을 구체적으로 특정할 필요도 없다**. 부정한 청탁의 내용은 공무원의 직무와 제3자에게 제공되는 이익 사이의 대가관계를 인정할 수 있을 정도로 특정하면 충분하고, 이미 발생한 현안뿐만 아니라 장래 발생될 것으로 예상되는 현안도 위와 같은 정도로 특정되면 부정한 청탁의 내용이 될 수 있다」. 더불어 부정한 청탁이 있었는지를 판단할 때에는 「직무와 청탁의 내용, 공무원과 이익 제공자의 관계, 이익의 다과, 수수 경위와 시기 등의 여러 사정과 아울러 직무집행의 공정, 이에 대한 사회의 신뢰와 **직무수행의 불가매수성**이라고 하는 뇌물죄의 보호법익에 비추어 이익의 수수로 말미암아 사회 일반으로부터 **직무집행의 공정성을 의심받게 되는지** 등이 기준이 된다」(대판 2018도2738 전원합의체[3]).

4 사안에서 원심과 대법원 모두 X에 대해 무죄를 인정하고 있다. 그러나 원심의 경우는 ① '지방자치단체(남구청)'는 제3자뇌물제공죄에 있어서의 제3자에 해당되지 않는다고 보았고 ② 설령 해당된다 하더라도 사안은 부정한 청탁관계는 아니라고 보았다. 그러나 대법원은 원심의 판단과 달리 **지방자치단체도 제3자에 해당된다고 판단**하였다. 하지만 사안이 부정한 청탁의 대가로 제공된 것은 아니는 점에서는 원심의 결론과 같이 하고 있다.

5 **대가관계에 대한 양해의 존재**　한편 '부정한 청탁'은 명시적인 의사표시에 의한 것은 물론 **묵시적인 의사표시**에 의한 경우도 가능하다. 하지만 「묵시적인 의사표시에 의한 부정한 청탁이 있다고 하기 위해서는 당사자 사이에 청탁의 대상이 되는 직무집행의 내용과 제3자에게 제공되는 금품이 그 직무집행에 대한 대가라는 점에 대하여 **공통의 인식이나 양해가 존재**하여야 하고, 그러한 인식이나 양해 없이 막연히 선처하여 줄 것이라는 기대에 의하거나 직무집행과는 무관한 다른 동기에 의하여 제3자에게 금품을 공여한 경우에는 묵시적인 의사표시에 의한 부정한 청탁이 있다고 하기 어렵다. 이는 공무원이 먼저 제3자에게 금품을 공여할 것을 요구한 경우에도 마찬가지이다」(대판 2008도6950, Ref 5).

6 또한 본죄에서 뇌물을 받는 **제3자가 뇌물임을 인식할 것을 요건으로 하지 않는다**. 그러나 「공무원이 뇌물공여자로 하여금 공무원과 뇌물수수죄의 공동정범 관계에 있는 비공무원에게 뇌물을 공여하게 한 경우에는 공동정범의 성질상 공무원 자신에게 뇌물을 공여하게 한 것으로 볼 수 있다. **공무원과 공동정범 관계에 있는 비공무원**은 제3자 뇌물수수죄에서 말하는 제3자가 될 수 없고, 공무원과 공동정범 관계에 있는 **비공무원이 뇌물을 받은 경우에는 공무원과 함께 뇌물수수죄의 공동정범이 성립하고 제3자뇌물수수죄는 성립하지 않는다**」(대판 2018도2738 전원합의체).

7 그리고 본죄에서 **제3자**란 행위자와 공동정범자 이외의 사람을 말한다. 따라서 교사와 방조자도 될 수 있으며 법인도 여기에 들어간다(대판 2016도19659, Ref 1).

---

3) 본 사안은 박근혜 대통령의 탄핵을 초래한 최순실 게이트에 관한 판례이다.

제3자 뇌물제공죄 성립을 인정한 사례

1 [대판 2016도19659] 제3자뇌물수수죄에서 제3자란 행위자와 공동정범 이외의 사람을 말하고, 교사자나 방조자도 포함될 수 있다. 그러므로 공무원 또는 중재인이 부정한 청탁을 받고 제3자에게 뇌물을 제공하게 하고 제3자가 그러한 공무원 또는 중재인의 범죄행위를 알면서 **방조**한 경우에는 그에 대한 별도의 처벌규정이 없더라도 방조범에 관한 형법총칙의 규정이 적용되어 **제3자뇌물수수방조죄가 인정**될 수 있다.

2 [대판 2004도1632] 도지사가 제3자로부터 복지재단 출연금의 형태로 거액을 수수한 행위가 관광지구 추가지정 및 관련 절차의 진행에 있어서 이를 총괄하는 도지사로서의 직무와 관련하여 제3자 뇌물공여죄에서 뜻하는 광의의 부정한 청탁을 매개로 이루어진 것으로 본 사례.

3 [대판 2004도3424] **공정거래위원회 위원장**인 피고인이 이동통신회사가 속한 그룹의 구조조정본부장으로부터 당해 이동통신회사의 기업결합심사에 대하여 선처를 부탁받으면서 **특정 사찰에의 시주를 요청**하여 시주금을 제공케 한 사안에서, 그 부탁한 직무가 피고인의 재량권한 내에 속하더라도 형법 제130조에 정한 '부정한 청탁'에 해당하고, 위 시주는 기업결합심사와 관련되어 이루어진 것이라고 판단하여 제3자뇌물수수의 죄책을 인정한 원심의 조치를 수긍한 사례.

제3자 뇌물제공죄 성립을 부정한 사례

4 [대판 2018도13792 전원합의체; 2018도2738 전원합의체] ●사실● 원심은 다음과 같이 판단하였다. 제18대 대통령 박근혜(이하 '전 대통령'이라 한다)가 피고인 1(삼성 이재용)에게 정유라에 대한 승마 지원에 관한 뇌물을 요구하고, 최순실은 승마 지원을 통한 뇌물수수 범행에 이르는 핵 심 경과를 조종하거나 저지·촉진하는 등으로 전 대통령과 자신의 의사를 실행에 옮기는 정도에 이르렀다. 정유라에 대한 승마 지원과 관련된 뇌물이 비공무원인 공소외 3에게 모두 귀속되었더라도 공무원인 전 대통령과 비공무원인 최순실 사이에는 뇌물수수죄의 공동정범이 성립한다. 피고인들이 용역대금을 송금하기 전에 전 대통령의 승마 지원 요구가 최순실의 딸 정유라에 대한 승마 지원이라는 점과 용역대금이 뇌물이라는 점을 알았으므로 뇌물수수에 관한 **전 대통령과 최순실의 뇌물수수죄 공동정범 관계**를 인식하였다. ● **판지●** [공무원이 뇌물공여자로 하여금 공무원과 뇌물수수죄의 공동정범 관계에 있는 비공무원에게 뇌물을 공여하게 한 경우, 제3자뇌물수수죄가 성립하는지 여부(소극)] [1] [다수의견] 형법은 제130조에서 제129조 제1항 뇌물수수죄와는 별도로 공무원이 그 직무에 관하여 뇌물공여자로 하여금 제3자에게 뇌물을 공여하게 한 경우에는 부정한 청탁을 받고 그와 같은 행위를 한 때에 뇌물수수죄와 법정형이 동일한 제3자뇌물수수죄로 처벌하고 있다. 제3자뇌물수수죄에서 뇌물을 받는 제3자가 뇌물임을 인식할 것을 요건으로 하지 않는다. 그러나 공무원이 뇌물공여자로 하여금 공무원과 뇌물수수죄의 공동정범 관계에 있는 비공무원에게 뇌물을 공여하게 한 경우에는 공동정범의 성질상 공무원 자신에게 뇌물을 공여하게 한 것으로 볼 수 있다. **공무원과 공동정범 관계에 있는 비공무원은 제3자뇌물수수죄에서 말하는 제3자가 될 수 없고,** 공무원과 공동정범 관계에 있는 비공무원이 뇌물을 받은 경우에는 공무원과 함께 **뇌물수수죄의 공동정범이 성립**하고 제3

자뇌물수수죄는 성립하지 않는다. [2] 신분관계가 없는 사람이 신분관계로 인하여 성립될 범죄에 가공한 경우에는 신분관계가 있는 사람과 공범이 성립한다(형법 제33조 본문 참조). 이 경우 신분관계가 없는 사람에게 공동가공의 의사와 이에 기초한 기능적 행위지배를 통한 범죄의 실행이라는 주관적·객관적 요건이 충족되면 공동정범으로 처벌한다. 공동가공의 의사는 공동의 의사로 특정한 범죄행위를 하기 위하여 일체가 되어 서로 다른 사람의 행위를 이용하여 자기의 의사를 실행에 옮기는 것을 내용으로 한다. 따라서 공무원이 아닌 사람(이하 '비공무원'이라 한다)이 공무원과 공동가공의 의사와 이를 기초로 한 기능적 행위지배를 통하여 공무원의 직무에 관하여 뇌물을 수수하는 범죄를 실행하였다면 공무원이 직접 뇌물을 받은 것과 동일하게 평가할 수 있으므로 **공무원과 비공무원에게 형법 제129조 제1항에서 정한 뇌물수수죄의 공동정범이 성립**한다.

5 [대판 2008도6950] [신정아게이트] [1] **대통령비서실 정책실장**이 기업관계자들에게 기업 메세나(Mecenat) 활동의 일환인 **미술관 전시회 후원을 요청**하여 기업관계자들이 특정 미술관에 후원금을 지급한 사안에서, 직권남용권리행사방해죄 및 **제3자뇌물공여죄가 성립하지 않는다.** [2] 형법 제130조의 제3자뇌물공여죄에서 '부정한 청탁'을 요건으로 하는 취지는 처벌의 범위가 불명확해지지 않도록 하기 위한 것으로서, 이러한 '부정한 청탁'은 명시적인 의사표시에 의한 것은 물론, 묵시적인 의사표시에 의한 것도 가능하다고 할 것이지만, 묵시적인 의사표시에 의한 부정한 청탁이 있다고 하기 위하여는 당사자 사이에 청탁의 대상이 되는 직무집행의 내용과 제3자에게 제공되는 금품이 그 직무집행에 대한 대가라는 점에 대하여 공통의 인식이나 양해가 존재하여야 할 것이고, 그러한 인식이나 양해 없이 막연히 선처하여 줄 것이라는 기대에 의하거나 직무집행과는 무관한 다른 동기에 의하여 제3자에게 금품을 공여한 경우에는 묵시적인 의사표시에 의한 부정한 청탁이 있다고 보기 어렵고, 공무원이 먼저 제3자에게 금품을 공여할 것을 요구하였다고 하여 달리 볼 것은 아니다.

6 [대판 2006도8568] 제3자뇌물공여죄에서 '부정한 청탁'을 요건으로 하고 있는 취지는 처벌의 범위가 불명확해지지 않도록 하기 위한 것이므로, 청탁의 부정성을 규정짓는 이러한 대가관계에 관한 양해가 명시적이든 묵시적이든 당사자 사이에 존재하여야 하며, 이와 같이 **청탁과 관련하여 대가관계에 대한 양해가 존재하지 않는다면** 단지 나중에 제3자와 금품 수수가 있었다는 사정만으로 소급하여 청탁이 부정한 것으로 평가할 수는 없고, 적어도 당사자들이 제3자에 대한 금품의 지급 여부를 청탁 및 직무집행 당시까지 전혀 예견조차 하지 못하였음이 명백하고, 제3자에 대한 금품의 지급이 다른 동기에 의하여 결정되었을 개연성도 있다면, 비록 당사자가 상정한 청탁의 대가에 해당하는 부분은 그 죄책을 물을 수 있다 하더라도, 그 이외의 부분까지 청탁 당시에 대가관계의 연결에 관한 인식이나 양해가 있었던 것으로 보아 부정한 청탁에 해당한다고 볼 수는 없다.

제3자뇌물죄가 아니라 단순수뢰죄가 된다고 보는 경우
7-1 [대판 98도1234] 형법 제130조의 제3자뇌물제공죄를 형법 제129조 제1항의 단순수뢰죄와 비교하여 보면 (가) 공무원이 직접 뇌물을 받지 아니하고, 증뢰자로 하여금 제3자에게 뇌물을 공여하도록 하고 그 제3자로 하여금 뇌물을 받도록 한 경우에는 **부정한 청탁을 받고** 그와 같은 행위를 한 경우에 한하여 단순수뢰죄와 같은 형으로 처벌하고, (나) 공무원이 직접 뇌물을 받지 아니하고, 증뢰자로 하여금 제3자에게 뇌물을 공여하도록 하고 그 제3자로 하여금 뇌물을 받도록 하였다 하더라도 **부정한 청탁을 받은 일이 없다면** 이를

처벌하지 아니한다는 취지로 해석하여야 할 것이나, (다) 다만 공무원이 직접 뇌물을 받지 아니하고, 증뢰자로 하여금 다른 사람에게 뇌물을 공여하도록 하고 그 다른 사람으로 하여금 뇌물을 받도록 한 경우라 할지라도 **그 다른 사람이 ㉠ 공무원의 사자 또는 대리인으로서 뇌물을 받은 경우**나 그 밖에 예컨대 평소 ㉡ 공무원이 그 다른 사람의 **생활비 등을 부담**하고 있었다거나 혹은 ㉢ 그 다른 사람에 대하여 **채무를 부담**하고 있었다는 등의 사정이 있어서 그 다른 사람이 뇌물을 받음으로써 공무원은 그만큼 지출을 면하게 되는 경우 등 사회통념상 그 다른 사람이 뇌물을 받은 것을 공무원이 직접 받은 것과 같이 평가할 수 있는 관계가 있는 경우에는 형법 제129조 제1항의 단순수뢰죄가 성립한다. **cf)** 같은 맥락에서 공무원의 **처자나 생활관계를 같이 하는 자**에게 공여한 경우도 공무원이 직접 받은 것으로 평가하기 때문에 **제3자뇌물죄가 성립하는 것이 아니라 단순수뢰죄가 성립**한다.

7-2 **[대판 2011도9585]** 구 도시 및 주거환경정비법상 정비사업전문관리업체 임원인 피고인이 건설회사에게서 재개발정비사업 시공사로 선정되도록 도와달라는 취지의 부탁을 받고 자신이 **실질적으로 장악**하고 있는 컨설팅회사 명의 계좌로 돈을 교부받았다는 내용으로 기소된 사안에서, 사회통념상 **피고인에게 직접 뇌물을 공여한 것과 동일하게 평가**할 수 있다고 보아 형법 제129조 제1항 뇌물수수죄를 인정한 원심판단을 수긍한 사례.

7-3 **[대판 2008도5506]** 공무원으로 의제되는 정비사업전문관리업자의 임·직원이 직무에 관하여 자신이 아닌 정비사업전문관리업자에 뇌물을 공여하게 하는 경우에도 마찬가지라고 할 것이어서, **임·직원이 법인인 정비사업전문관리업자를 사실상 1인 회사로서 개인기업과 같이 운영**하거나, 그렇지 않더라도 사회통념상 정비사업전문관리업자에 뇌물을 공여한 것이 곧 그 임·직원에게 공여한 것과 같다고 볼 수 있을 정도로 경제적·실질적 이해관계를 같이 하는 것으로 평가되는 경우에 한하여 형법 제129조 제1항의 뇌물수수죄가 성립한다.

7-4 **[대판 2003도8077]** 공무원이 **실질적인 경영자**로 있는 회사가 청탁 명목의 금원을 회사 명의의 예금계좌로 송금받은 경우에 사회통념상 위 공무원이 직접 받은 것과 같이 평가할 수 있어 뇌물수수죄가 성립한다.

118 알선수뢰죄에서 '공무원이 그 지위를 이용하여'의 의미

* 대법원 2001. 10. 12. 선고 99도5294 판결
* 참조조문: 형법 제132조1)

> 서울시 지하철공사의 임직원의 직무가 형법 제132조의 알선수뢰죄에 있어 '공무원의 직무'에 해당하는지 여부 및 그 알선수뢰죄에 있어서 '공무원이 그 지위를 이용하여'의 의미

●**사실**● 피고인 X는 Y로부터 자판기운영업자들이 계속 영업을 할 수 있도록 서울시 지하철공사 사장에게 청탁해달라는 부탁을 받고 이를 승낙한 후 금품 및 향응을 제공받았다. X는 1970년경부터 서울시 소속 공무원으로 재직하면서 서울시 소속 각 과장 및 국장, 1988년경부터는 서울시 각 구의 부구청장, 1995년 6월경부터는 서울 중구청장, 서울시 산하 세종문화회관장, 서울시 지역경제국장으로 재직하면서 서울시나 그 산하 단체의 업무에도 깊숙이 관여해 왔다.

원심은 피고인은 자신의 직무와 직접 또는 간접적으로 관련되는 서울시 지하철공사 소속 관계 공무원들이나 사장에게 부탁하는 등의 방법으로 그 직무에 관하여 **사실상의 영향력**을 행사할 수 있는 지위에 있었다고 인정하기에 충분하다고 판단하여 알선수뢰죄를 인정하였다. 이에 X가 상고하였다.

> ●**판지**● 상고기각. 「지방공기업법 제83조는 지방공사의 임원 및 직원을 형법 제129조 내지 제132조의 적용에 있어서 공무원으로 보도록 규정하고 있으며, 서울시 지하철공사는 위 규정이 적용되는 지방공사의 하나이므로, 피고인이 **서울시 지하철공사의 임직원의 직무에 속한 사항의 알선에 관하여 뇌물을 수수**하였다면 이는 형법 제132조에 해당하는 것이며, 한편 알선수뢰죄는 공무원이 그 지위를 이용하여 다른 공무원의 직무에 속한 사항의 알선에 관하여 뇌물을 수수, 요구 또는 약속하는 것을 그 성립요건으로 하고 있고, 여기서 **'공무원이 그 지위를 이용하여'**라 함은 (가) 친구, 친족관계 등 사적인 관계를 이용하는 경우에는 이에 해당한다고 할 수 없으나, (나) 다른 공무원이 취급하는 사무의 처리에 **법률상이거나 사실상으로 영향**을 줄 수 있는 관계에 있는 공무원이 그 지위를 이용하는 경우에는 이에 해당하고, (다) 그 사이에 **상하관계, 협동관계, 감독권한** 등의 특수한 관계가 있음을 요하지 않는다」.

●**해설**● 1 알선수재죄는 '공무원의 직무에 속한 사항을 알선한다는 명목'으로 '금품 등을 수수'함으로써 성립하는 범죄이다. 여기에서 **'알선'**이란 「공무원의 직무에 속하는 일정한 사항에 관하여 당사자의 의사를 공무원 측에 전달하거나 편의를 도모하는 행위 또는 공무원의 직무에 관하여 **부탁을 하거나 영향력을 행사**하여 당사자가 원하는 방향으로 결정이 이루어지도록 돕는 등의 행위」를 의미한다(대판 2016도15470). 이 경우 공무원의 직무는 정당한 직무행위인 경우도 포함되고 알선의 상대방인 공무원이나 직무 내용이 구체적으로 특정되어 있을 필요도 없다. 그러나 공여자와 수수자가 막연한 기대감 속에 금품 등을 교부·수수하였을 뿐 구체적으로 도와달라거나 특정한 부탁을 한 사실이 없는 경우에는 알선수재죄가 성립하지 않는다(대판 2004도5655, Ref 3).

2 또한 알선의 명목으로 금품을 받았다면 실제로 **어떤 구체적인 알선행위를 하였는지와 상관없이 범죄는 성립**한다. 공무원의 직무에 속한 사항의 알선과 수수한 금품 사이에 대가관계가 있는지는 알선과 주고받은 금품 사이에 **전체적·포괄적으로 대가관계**가 있으면 충분하다. 알선자가 받은 금품에 알선행위에

---

1) 형법 제132조(알선수뢰) 공무원이 **그 지위를 이용하여** 다른 **공무원의 직무**에 속한 사항의 알선에 관하여 뇌물을 **수수, 요구** 또는 **약속**한 때에는 3년 이하의 징역 또는 7년 이하의 자격정지에 처한다.

대한 대가로서의 성질과 그 밖의 행위에 대한 대가로서의 성질이 불가분적으로 결합되어 있는 경우에는 **그 전부가 불가분적**으로 알선행위에 대한 대가로서의 성질을 가진다. 나아가 여기서 말하는 알선행위는 「장래의 것이라도 무방하므로 알선뇌물수수죄가 성립하기 위하여는 뇌물을 수수할 당시 반드시 상대방에게 알선에 의하여 해결을 도모하여야 할 **현안이 존재하여야 할 필요가 없다**(대판 2009도3924, Ref 1).

3 그리고 알선수뢰죄에서 '**공무원이 그 지위를 이용하여**'라 함은 「(가) **친구, 친족관계 등 사적인 관계를 이용하는 경우에는 이에 해당한다고 할 수 없으나**, (나) 다른 공무원이 취급하는 사무의 처리에 법률상이거나 사실상으로 영향을 줄 수 있는 관계에 있는 공무원이 그 지위를 이용하는 경우에는 이에 해당하고, (다) 그 사이에 상하관계, 협동관계, 감독권한 등의 특수한 관계가 있음을 요하지 않는다고 할 것이고, (라) '**다른 공무원의 직무에 속한 사항의 알선행위**'는 그 공무원의 직무에 속하는 사항에 관한 것이면 되는 것이지 (마) 그것이 반드시 부정행위라거나 그 직무에 관하여 결재권한이나 최종 결정권한을 갖고 있어야 하는 것이 아니다」(대판 2006도735).

4 사안에서 법원은 X에 대해 자신의 직무와 직접 또는 간접적으로 관련되는 서울시 지하철공사 소속 관계 공무원들이나 사장에게 부탁하는 등의 방법으로 그 직무에 관하여 사실상의 영향력을 행사할 수 있는 지위에 있었다고 인정하기에 충분하다고 판단하였고, 또한 Y에게 서울시의 중소기업육성자금을 지원해 주겠다고 제의하고 그로부터 위 자금지원을 부탁할 때 편의를 봐달라는 뜻에서 제공되는 것이라는 정을 알면서 금품과 향응을 제공받은 사실을 인정할 수 있는 이상 그 제공 당시에는 자금지원의 요건에 해당하지 않는다고 하더라도 대가성이 없다거나 범죄에 대한 인식이 없었다고 볼 수 없다고 보아 위 공소사실을 모두 유죄로 인정하였다.

5 본 죄에 있어서 "다른 공무원의 직무에 속한 사항의 알선행위"는 「그 공무원의 직무에 속하는 사항에 관한 것이면 되는 것이지 그것이 반드시 부정행위라거나 그 직무에 관하여 **결재권한이나 최종결정권한을 갖고 있어야 하는 것이 아니다**」(대판 92도532).

Reference

---

1 [대판 2009도3924] [형법 제132조의 알선뇌물요구죄의 성립요건으로서 '알선할 사항'의 특정 정도 및 뇌물을 요구할 당시 알선에 의하여 해결을 도모하여야 할 현안이 존재하여야 하는지 여부(소극)] [1] 형법 제132조에서 말하는 '다른 공무원의 직무에 속한 사항의 알선에 관하여 뇌물을 요구한다'고 함은, 다른 공무원의 직무에 속한 사항을 알선한다는 명목으로 뇌물을 요구하는 행위로서 반드시 알선의 상대방인 다른 공무원이나 그 직무의 내용이 구체적으로 특정될 필요까지는 없지만, 알선뇌물요구죄가 성립하려면 알선할 사항이 다른 공무원의 직무에 속하는 사항으로서 뇌물요구의 명목이 그 사항의 알선에 관련된 것임이 **어느 정도 구체적**으로 나타나야 한다. 단지 상대방으로 하여금 뇌물을 요구하는 자에게 잘 보이면 그로부터 어떤 도움을 받을 수 있다거나 손해를 입을 염려가 없다는 정도의 막연한 기대감을 갖게 하는 정도에 불과하고, 뇌물을 요구하는 자 역시 **상대방이 그러한 기대감을 가질 것이라고 짐작하면서 뇌물을 요구하였다는 정도의 사정만으로는 알선뇌물요구죄가 성립한다고 볼 수 없다**. 한편, 여기서 말하는 알선행위는 **장래의 것이라도 무방**하므로, 알선뇌물요구죄가 성립하기 위하여는 뇌물을 요구할 당시 반드시 상대방에게 알선에 의하여

해결을 도모하여야 할 **현안이 존재하여야 할 필요는 없다.** [2] 구청 공무원이 유흥주점의 업주에게 '유흥주점 영업과 관련하여 세금이나 영업허가 등에 관하여 **문제가 생기면** 다른 담당 공무원에게 부탁하여 도움을 주겠다'면서 그 대가로 1,000만 원을 **요구**한 사안에서, 그 **뇌물요구의 명목**이 상대방의 막연한 기대감을 전제로 한 것이고 당시 알선할 사항이 구체적으로 특정되었다거나 알선에 의하여 해결을 도모해야 할 현안이 존재하였다는 사실을 인정할 증거가 없어 알선뇌물요구죄가 성립하지 않는다고 판단한 원심판결을, 알선뇌물요구죄에 관한 법리를 오해하였다는 이유로 파기한 사례

　　2 [대판 2006도735] 알선수뢰죄에서 …… '다른 공무원의 직무에 속한 사항의 알선행위'는 그 공무원의 직무에 속하는 사항에 관한 것이면 되는 것이지 그것이 반드시 **부정행위라거나 그 직무에 관하여 결재권한이나 최종 결정권한을 갖고 있어야 하는 것이 아니다.**

　　3 [대판 2004도5655] [특정범죄가중처벌등에관한법률 제3조의 알선수재죄에서 '공무원의 직무에 속한 사항의 알선에 관하여 금품이나 이익을 수수'한다는 의미 및 성립요건] [1] 특정범죄가중처벌등에관한법률 제3조에서 말하는 공무원의 직무에 속하는 사항의 알선에 관하여 금품이나 이익을 수수한다 함은 공무원의 직무에 속한 사항을 알선한다는 명목으로 금품 등을 수수하는 행위로서, 반드시 알선의 상대방인 공무원이나 **그 직무의 내용이 구체적으로 특정될 필요까지는 없다 할 것이지만,** (가) 알선수재죄가 성립하기 위하여는 알선할 사항이 공무원의 직무에 속하는 사항이고, (나) 금품 등 수수의 명목이 그 사항의 알선에 관련된 것임이 어느 정도 구체적으로 나타나야 하고, (다) 단지 금품 등을 공여하는 자가 금품 등을 수수하는 자에게 잘 보이면 그로부터 어떤 도움을 받을 수 있다거나 손해를 입을 염려가 없다는 정도의 막연한 기대감 속에 금품 등을 교부하고, 금품 등을 수수하는 자 역시 공여자가 그러한 기대감을 가지고 금품 등을 교부하는 것이라고 짐작하면서 이를 수수하였다는 정도의 사정만으로는 알선수재죄가 성립한다고 볼 수 없다. [2] 공여자와 수수자가 막연한 기대감 속에 금품 등을 교부·수수하였을 뿐 구체적으로 도와달라거나 특정한 부탁을 한 사실이 없다는 이유로 알선수재죄가 성립하지 않는다고 한 사례.

　　4 [대판 2001도2064] 부총리 겸 재정경제원장관을 역임하고 도지사에 입후보한 피고인이 **은행장으로부터** 은행의 퇴출을 막아달라는 청탁을 받고 그 알선활동비 명목으로 돈을 수수하였다는 공소사실에 대하여 선거자금으로만 인식하고 수수하였다고 주장하여 알선수재의 범의를 부인하였으나, 그 범의를 자백한 피고인의 검찰에서의 일부진술에다가 은행퇴출저지라는 현안과 관련한 중요한 시점에서 피고인이 관련 공무원 및 위 은행장과 전화 또는 면담한 점 등의 정황증거를 종합하여 피고인의 알선수재 범의를 인정한 사례.

　　5 [대판 99도1900] 피고인이 육군본부 인사과에서 근무하다가 1989.경부터 이 사건 범행 당시까지 **모병관으로 병무청에 파견**되어 육군의 병력소요나 충원시기 등을 병무청에 알려 주고 병무청의 지원, 징집, 소집자원의 통계 등을 육군본부에 전달하는 등 병무청과 육군본부에서 징집, 모병 등의 규모와 시기를 합리적으로 조정할 수 있도록 하는 업무를 담당하면서 병무청의 관계 공무원이나 훈련소의 관계 공무원들과 오랜 기간 친분을 맺어 온 사실을 알 수 있는바, 그렇다면 피고인으로서는 자신의 직무와 직접 또는 간접적으로 관련되는 **병역면제 여부, 부대 배치 및 병과 부여, 신체등급 조정 등의 직무를 담당하는 관계 공무원들에게 부탁**하는 등의 방법으로 그 직무에 관하여 사실상의 영향력을 행사할 수 있는 지위에 있었다고 인정하기에 충분하다.

6 [대판 97도367] [특정경제범죄가중처벌등에관한법률 제7조 소정의 '금융기관의 임·직원의 직무에 속하는 사항의 알선에 관하여 금품을 수수한다'는 것의 의미] 특정경제범죄가중처벌등에관한법률 제7조에서 말하는 금융기관의 임·직원의 직무에 속한 사항의 알선에 관하여 금품을 수수한다 함은 금융기관의 임·직원의 직무에 속한 사항의 알선·청탁의 명목으로 금품을 수수하는 등의 행위로서 반드시 알선의 상대방인 금융기관의 임·직원이 구체적으로 특정될 필요는 없는 것이지만, 적어도 금융기관의 임·직원의 직무에 속한 사항에 대하여 상대방이 될 수 있는 금융기관의 임·직원 사이를 중개한다는 명목으로 금품을 수수한 경우라야 하는 것이지, 이를 전제로 하지 않고 단순히 금융기관의 임부·수직원의 직무에 속하는 사항을 처리함에 있어서 편의를 제공하고 그 대가로서 금품을 수수하였을 뿐인 경우에는 금융기관의 임·직원의 직무에 속한 사항의 알선에 관하여 금품을 수수한 것이라고 할 수는 없다.

7 [대판 94도2687] 피고인이 1989.7.10.부터 1990.2.16.까지 전라북도경찰국 **면허계 기능반 경찰공무원(경장)**으로 근무를 하였고, 이 사건 당시 전라북도경찰국 산하 **진안경찰서 수사과 수사계장으로서 근무**하고 있었다면, 피고인은 전라북도 자동차운전면허 발급담당공무원의 직무에 관하여 **사실상의 영향력**을 행사할 수 있는 지위에 있었다고 볼 수 있을 것이다.

8 [대판 94도852] 피고인은 중부지방국세청 재산국 제3부동산 조사담당관인 A가 제1세무서 총무과장으로 **근무할 당시 제1세무서장**이었고, 이 사건 당시 위 지방국세청 산하 제2세무서장으로 근무하고 있었다면, 이 사건 양도소득세 관련 세무조사 사무를 담당한 위 A의 직무에 관하여 사실상의 영향력을 행사할 수 있는 지위에 있었다고 인정할 수 있을 것이다.

9 [대판 93도1056] 피고인이 공소외 최인섭이 근무하는 **군산시청 공단관리계의 전임계장**이었고 이 사건 **당시 같은 시청 지방세의 세외수입계장**으로 근무하고 있었다면 이에 터잡아 위 최인섭의 직무에 관하여 사실상의 영향력을 행사할 수 있는 지위에 있었다고 인정할 수 있다.

10 [대판 91도1190] 토지구획정리사업 등의 업무를 담당하던 **시청 도시계장**이 토지구획정리사업시행 여부를 결정하기 위하여 현지에 답사차 내려 온 **건설부 소속 공무원**들에게 청탁하여 사업시행인가가 날 수 있도록 하여 달라는 명목으로 지급하는 금원을 교부 받았다면 알선수뢰죄에 해당한다.

11 [대판 89도2018] 피고인이 남광주세무서 징세계장인 공소외인의 **전임자였고 이사건 당시에 서광주세무서 징세계장으로 근무**하고 있었다면 이사건 압류재산의 공매담당자인 위 공소외인의 직무에 관하여 사실상의 영향력을 행사할 수 있는 지위에 있었다고 할 것이다.

12 [대판 89도1700] 서울시 공무원으로 11년 이상 근무하여 왔고 5급 별정직의 신분으로 **서울시 부시장의 비서관**으로 재직하던 자가 **시청 관재과 소속공무원**에게 부탁하여 체비지를 불하받도록 하여 주겠다고 약속하고 그 교제비로 금원을 교부받았다면, 이는 체비지 불하업무를 취급하는 시청 관재과 소속 공무원과의 사이에 직무상 연관관계를 가지고 사실상 어떤 영향력을 미칠 수 있는 지위를 이용하여 그 공무원의 직무에 속하는 사항의 알선에 관하여 뇌물을 수수한 것이라고 봄이 상당하다.

13 [대판 86도1138] **군교육청 관리과 서무계장**은 그 교육청 관내 국민학교 고용원의 인사교류 및 조정의 실무책임을 맡고 있는 자로서, 국민학교 고용원의 임명권자인 국민학교 교장의 고용원임용에 관한 사실상 영향력을 미칠 수 있는 특수한 관계에 있는 자라고 할 것이므로 위 서무계장이 고용원의 임용에 관한 알선을 한데 대한 사례명목으로 금품을 수수한 이상 알선수뢰죄가 성립된다.

119 뇌물죄에서 몰수·추징의 범위

* 대법원 2011. 11. 24. 선고 2011도9585 판결
* 참조조문: 형법 제134조,[1] 제48조[2]

> 여러 사람이 공동으로 뇌물을 수수한 경우 가액 추징의 방법 및 공동수수자가 아닌 교사범 또는 종범에게 뇌물 중 일부를 사례금 등의 명목으로 교부한 경우 추징하여야 할 금액

●**사실**● 도시 및 주거환경정비법상 정비사업 전문관리업체인 W 주식회사 대표이사인 피고인 X는 여러 건설 회사들로부터 재개발정비사업 시공사로 선정되도록 도와달라는 취지의 부탁을 받고 자신이 실질적으로 장악하고 있는 컨설팅회사 명의 계좌로 돈을 교부받았다. 이에 검사는 X를 뇌물죄로 기소하였고 원심은 유죄를 선고하였다. 그러나 X는 자신은 공무원이 아니며 받은 돈도 그 중 일부는 Y, Z 등에게 수고비 명목으로 나누어 줬다고 항변하며 상고하였다.

●**판지**● 상고기각. 「여러 사람이 공동으로 뇌물을 수수한 경우 그 가액을 추징하려면 (가) 실제로 분배받은 금품만을 **개별적으로 추징**하여야 하고 (나) 수수금품을 개별적으로 알 수 없을 때에는 **평등하게 추징**하여야 하며 공동정범뿐 아니라 교사범 또는 종범도 뇌물의 공동수수자에 해당할 수 있으나, 공동정범이 아닌 교사범 또는 종범의 경우에는 정범과의 관계, 범행 가담 경위 및 정도, 뇌물 분배에 관한 사전약정의 존재 여부, 뇌물공여자의 의사, 종범 또는 교사범이 취득한 금품이 전체 뇌물수수액에서 차지하는 비중 등을 고려하여 공동수수자에 해당하는지를 판단하여야 한다. 그리고 뇌물을 수수한 자가 공동수수자가 아닌 **교사범 또는 종범에게 뇌물 중 일부를 사례금 등의 명목으로 교부**하였다면 이는 뇌물을 수수하는 데 따르는 부수적 비용의 지출 또는 뇌물의 소비행위에 지나지 아니하므로, **뇌물수수자에게서 수뢰액 전부를 추징하여야 한다**」.

●**해설**● 1 몰수는 범죄행위와 관련된 물건의 소유권을 박탈하여 국가에 귀속시키는 처분이다. **필요적 몰수·추징**[3]을 규정한 형법 제134조의 취지는 수뢰자로 하여금 불법한 이득을 보유시키지 않으려는 데 있다. 때문에 **뇌물을 현재 보유**하고 있는 자로부터 몰수한다. 따라서 뇌물이 수뢰자의 수중에 있으면 수뢰자로부터, 증뢰자의 수중에 있으면 증뢰자로부터 몰수한다.

2 몰수는 「특정된 물건에 대한 것이고 추징은 본래 몰수할 수 있었음을 전제로 하는 것임에 비추어 뇌물에 공할 금품이 **특정되지 않았던 것은 몰수할 수 없고 그 가액을 추징할 수도 없다**」(대판 96도221).

---

1) 형법 제134조(몰수, 추징) 범인 또는 정을 아는 제삼자가 **받은 뇌물** 또는 뇌물에 **공할 금품은 몰수한다**. 그를 몰수하기 불능한 때에는 그 가액을 **추징한다**.
2) 형법 제48조(몰수의 대상과 추징) ① 범인 이외의 자의 소유에 속하지 아니하거나 범죄 후 범인 이외의 자가 정을 알면서 취득한 다음 기재의 물건은 전부 또는 일부를 **몰수할 수 있다**. 1. 범죄행위에 제공하였거나 제공하려고 한 물건. 2. 범죄행위로 인하여 생하였거나 이로 인하여 취득한 물건. 3. 전2호의 대가로 취득한 물건. ② 전항에 기재한 물건을 몰수하기 불능한 때에는 그 가액을 추징한다. ③ 문서, 도화, 전자기록 등 특수매체기록 또는 유가증권의 일부가 몰수에 해당하는 때에는 그 부분을 폐기한다.
3) 형법은 총칙에서 **임의적 몰수**를 규정하고 있으며(법48), 각칙에서는 ① 뇌물(법134), ② 아편에 관한 죄에서의 '아편·몰핀이나 그 화합물, 아편흡식기'(법206), ③ 배임수재죄의 재물(법357)에 대해서는 **필요적 몰수**를 규정하고 있다.

3 먼저 대상사안에서 대법원은 「도시 및 주거환경정비법」상 정비사업 전문관리업체인 W 주식회사의 대표이사인 피고인 X는 「도시 및 주거환경정비법」제84조[4])에 의하여 공무원으로 의제되는 정비사업 전문관리업자의 임·직원에 해당된다고 판단하였다. 따라서 피고인 X는 뇌물죄의 주체가 될 수 있다고 보았다.

4 그리고 대법원은 다음과 같은 원심의 입장을 받아들였다. 「이 사건 건설회사들과 컨설팅회사들 간의 용역계약은 전부 X의 뇌물수수를 위한 도구에 불과하여 그 용역대금 전액이 뇌물로 제공된 것이라고 전제한 다음, 이와 같이 용역계약을 가장하여 뇌물을 수수한 주체는 X이고 X의 뇌물수수 범행을 방조한 Y나 Z 등은 피고인 X와 공동으로 뇌물을 수수하여 이를 분배받은 자가 아니므로, X가 수수한 뇌물 중의 일부를 Y 등에게 수고비 등으로 사용하거나 형식적인 용역계약에 따른 부가가치세 납부에 사용하였다고 하더라도 이는 **X의 뇌물수수와 관련한 부수적 비용에 불과**하여 X로부터 추징할 뇌물액에서 공제할 수 없다」.

5 한편 수인이 공동하여 뇌물수수죄를 범한 경우에 공범자는 자기의 수뢰액뿐만 아니라 다른 공범자의 수뢰액에 대하여도 그 죄책을 면할 수 없는 것이므로, 「특정범죄가중처벌 등에 관한 법률」제2조 제1항의 적용여부를 가리는 수뢰액을 정함에 있어서는 **그 공범자 전원의 수뢰액을 합한 금액을 기준으로 하여야 할 것**이고, 각 공범자들이 실제로 취득한 금액이나 분배받기로 한 금액을 기준으로 할 것은 아니다」(대판 99도1557).

6 뇌물을 받는다는 것은 **영득의 의사로** 금품을 받는 것을 말하므로, 「뇌물인지 모르고 받았다가 뇌물임을 알고 즉시 반환하거나 또는 증뢰자가 일방적으로 뇌물을 두고 가므로 나중에 기회를 보아 반환할 의사로 어쩔 수 없이 일시 보관하다가 반환하는 등 영득의 의사가 없었다고 인정되는 경우라면 뇌물을 받았다고 할 수 없다. 그러나 피고인이 먼저 뇌물을 요구하여 증뢰자로부터 돈을 받았다면 피고인에게는 받은 **돈 전부에 대한 영득의 의사가 인정된다**」(대판 2016도21536).

Reference

1 [대판 2016도21536] 공무원이 뇌물을 받는 데에 **필요한 경비**를 지출한 경우 그 경비는 뇌물수수의 부수적 비용에 불과하여 뇌물의 가액과 추징액에서 공제할 항목에 해당하지 않는다. 뇌물을 받는 주체가 아닌 자가 **수고비로** 받은 부분이나 뇌물을 받기 위하여 형식적으로 체결된 **용역계약에 따른 비용**으로 사용된 부분은 뇌물수수의 **부수적 비용에 지나지 않는다.**

2 [대판 2015도12838] 피고인이 위와 같이 A, B에게 돈을 빌려달라고 **요구하였으나** A, B가 이를 즉각 거부하여 A, B가 피고인에게 뇌물로 제공한 금품이 **특정되지 않아 이를 몰수할 수 없으므로 그 가액을 추징할 수도 없는 것**임에도 이를 간과하고 그 가액을 피고인으로부터 추징한 원심판결은 앞서 본 바와 같은 형법

---

4) 도시 및 주거환경정비법 제84조(벌칙적용에 있어서의 공무원 의제) 형법 제129조 내지 제132조의 적용에 있어서 추진위원회의 위원장·조합의 임원 및 정비사업전문관리업자의 대표자(법인인 경우에는 임원을 말한다)·직원 및 위탁관리자는 이를 공무원으로 본다.

제134조가 규정한 추징에 관한 법리를 오해하여 판결에 영향을 미친 잘못이 있다.

금품을 무이자로 차용한 경우

3-1 [대판 2014도1547] [뇌물죄에서 금품을 무상차용하여 위법한 재산상 이익을 취득한 경우 추징의 대상(= 금융이익 상당액) 및 그 산정 방법] 금품의 무상차용을 통하여 위법한 재산상 이익을 취득한 경우 범인이 받은 부정한 이익은 그로 인한 금융이익 상당액이므로 추징의 대상이 되는 것은 **무상으로 대여받은 금품 그 자체가 아니라 위 금융이익 상당액**이다. 여기에서 추징의 대상이 되는 금융이익 상당액은 객관적으로 산정되어야 할 것인데, (가) 범인이 금융기관으로부터 대출받는 등 통상적인 방법으로 자금을 차용하였을 경우 부담하게 될 대출이율을 기준으로 하거나, (나) 그 대출이율을 알 수 없는 경우에는 금품을 제공받은 범인의 지위에 따라 민법 또는 상법에서 규정하고 있는 법정이율을 기준으로 하여, 변제기나 지연손해금에 관한 약정이 가장되어 무효라고 볼 만한 사정이 없는 한, (다) 금품수수일로부터 약정된 변제기까지 금품을 무이자로 차용으로 얻은 금융이익의 수액을 산정한 뒤 이를 추징하여야 한다. 나아가 (라) **그와 같이 약정된 변제기가 없는 경우에는**, 판결 선고일 전에 실제로 차용금을 변제하였다거나 대여자의 변제 요구에 의하여 변제기가 도래하였다는 등의 특별한 사정이 없는 한, **금품수수일로부터 판결 선고 시까지** 금품을 무이자로 차용하여 얻은 금융이익의 수액을 산정한 뒤 이를 추징하여야 할 것이다.

3-2 [대판 2011도7282] 공무원이 직무에 관하여 금전을 무이자로 차용한 경우에는 차용 당시에 금융이익 상당의 뇌물을 수수한 것으로 보아야 하므로, **공소시효**는 금전을 **무이자로 차용한 때로부터 기산**한다.

4 [대판 2012도7571] 甲주식회사 대표이사인 피고인이 금융기관에 청탁하여 乙주식회사가 대출을 받을 수 있도록 알선행위를 하고 그 대가로 용역대금 명목의 수수료를 甲회사 계좌를 통해 송금받아 특정경제범죄 가중처벌 등에 관한 법률 위반(알선수재)죄가 인정된 사안에서, 위 수수료에 대한 권리가 甲회사에 귀속되는 경우에도 피고인으로부터 몰수·추징할 수 있다고 본 원심판단을 정당하다고 한 사례.

5 [대판 2012도534] 알선의뢰인이 알선수재자에게 공무원이나 금융기관 임직원의 직무에 속한 사항에 관한 알선의 대가를 형식적으로 체결한 **고용계약에 터잡아 급여의 형식으로 지급**한 경우에, 알선수재자가 수수한 알선수재액은 명목상 급여액이 아니라 **원천징수된 근로소득세 등을 제외하고 알선수재자가 실제 지급받은 금액**으로 보아야 한다.

6 [대판 2002도1283] 공무원의 직무에 속한 사항의 알선에 관하여 금품을 받고 그 금품 중의 일부를 받은 취지에 따라 청탁과 관련하여 관계 공무원에게 뇌물로 공여하거나 **다른 알선행위자에게 청탁의 명목으로 교부**한 경우에는 그 부분의 이익은 실질적으로 범인에게 귀속된 것이 아니어서 **이를 제외한 나머지 금품만을 몰수**하거나 그 가액을 추징하여야 한다.

7 [대판 2000도691] [알선행위자가 알선의뢰자에게 반환하라고 준 돈을 알선수재의 공범이 임의로 소비하였을 경우 추징의 상대방] ●**사실**● 알선에 관하여 Z로부터 현금 4억 원을 수수하고 그 중 7,000만 원을 임의로 사용하였다가 다른 돈으로 이를 메꾸어 Z로부터 받아 가지고 있던 나머지 3억 3,000만 원과 합하여 총 4억 원을 피고인에게 교부하면서 Z에게 다시 돌려주라고 하였으나, 피고인이 이를 반환하지 않고 임의로 유용하였다. ●**판지**● 알선수뢰죄의 정범 X가 수수한 금액을 일부 사용하였다가 다시 이를 메꾸어 공범

Y에게 교부하면서 **돌려주라고 하였으나** Y가 반환하지 않고 임의로 유용한 경우 **금원 모두 X로부터 추징**하여야 하고 Y로부터는 일부라도 추징할 수 없다.

8 [대판 99도5294] **[공무원이 제3자를 초대하여 함께 향응을 접대받은 경우, 뇌물수수액의 산정 방법]** 피고인이 증뢰자와 **함께 향응**을 하고 증뢰자가 이에 소요되는 금원을 지출한 경우 이에 관한 피고인의 수뢰액을 인정함에 있어서는 먼저 (가) 피고인의 접대에 요한 비용과 증뢰자가 소비한 **비용을 가려내어** 전자의 수액을 가지고 피고인의 수뢰액으로 하여야 하고 만일 (나) 각자에 요한 비용액이 불명일 때에는 이를 **평등하게 분할**한 액을 가지고 피고인의 수뢰액으로 인정하여야 할 것이고, (다) 피고인이 향응을 제공받는 자리에 피고인 스스로 제3자를 초대하여 함께 접대를 받은 경우에는, 그 제3자가 피고인과는 별도의 지위에서 접대를 받는 공무원이라는 등의 특별한 사정이 없는 한 **그 제3자의 접대에 요한 비용도 피고인의 접대에 요한 비용에 포함시켜 피고인의 수뢰액으로 보아야 한다.**

9 [대판 99도1638] 공무원이 뇌물을 받음에 있어서 그 취득을 위하여 상대방에게 뇌물의 가액에 상당하는 금원의 일부를 **비용의 명목으로 출연**하거나 그 밖에 경제적 이익을 제공하였다 하더라도, 이는 **뇌물을 받는 데 지출한 부수적 비용에 불과**하다고 보아야 할 것이지, 이로 인하여 공무원이 받은 뇌물이 그 뇌물의 가액에서 위와 같은 지출액을 공제한 나머지 가액에 상당한 이익에 한정되는 것이라고 볼 수는 없으므로, 그 공무원으로부터 뇌물죄로 얻은 이익을 몰수·추징함에 있어서는 <mark>그 받은 뇌물 자체를 몰수하여야 하고, 그 뇌물의 가액에서 위와 같은 지출을 공제한 나머지 가액에 상당한 이익만을 몰수·추징할 것은 아니다.</mark>

10 [대판 99도963] 「특정범죄가중처벌 등에 관한 법률」 제13조의 규정에 의한 필요적 몰수 또는 추징은, 범인이 취득한 당해 재산을 범인으로부터 박탈하여 범인으로 하여금 부정한 이익을 보유하지 못하게 함에 그 목적이 있는 것이므로, (가) 공무원의 직무에 속한 사항의 알선에 관하여 금품을 받고 그 금품 중의 일부를 실제로 금품을 받은 취지에 따라 **청탁과 관련하여 관계 공무원에게 뇌물로 공여하거나 다른 알선행위자에게 청탁의 명목으로 교부한 경우**에는 그 부분의 이익은 실질적으로 범인에게 귀속된 것이 아니므로 그 부분을 제외한 **나머지 금품만을 몰수하거나 그 가액을 추징**하여야 하지만, (나) 공무원의 직무에 속한 사항의 알선에 관하여 금품을 받은 자가 그 금품 중의 일부를 다른 알선행위자에게 청탁의 명목으로 교부하였다 하더라도 당초 금품을 받을 당시부터 그 금품을 그와 같이 사용하기로 예정되어 있었기 때문에 금품을 받은 취지에 따라 그와 같이 사용한 것이 아니라, **범인이 독자적인 판단에 따라 경비로 사용한 것이라면 이는 범인이 받은 돈을 소비하는 방법에 지나지 아니하므로** 그 금액 역시 범인으로부터 추징하여야 할 것이다.

수뢰자가 '소비'나 '예금'한 경우

11-1 [대판 98도3584] 수뢰자가 자기앞수표를 뇌물로 받아 이를 **소비**한 후 자기앞수표 상당액을 증뢰자에게 반환하였다 하더라도 뇌물 **그 자체를 반환**한 것은 아니므로 이를 몰수할 수 없고 수뢰자로부터 그 가액을 **추징**하여야 할 것이다.

11-2 [대판 96도2022] 뇌물로 받은 돈을 은행에 **예금**한 경우 그 **예금행위는 뇌물의 처분행위에 해당**하므로 그 후 수뢰자가 같은 액수의 돈을 증뢰자에게 반환하였다 하더라도 이를 뇌물 그 자체의 반환으로 볼 수 없으니 이러한 경우에는 **수뢰자로부터 그 가액을 추징**하여야 한다.

11-3 [대판 86도1951] 피고인들이 뇌물로 받은 돈을 그 후 다른 사람에게 **다시 뇌물로 공여**하였다 하더라

도 그 수뢰의 주체는 어디까지나 피고인들이고 그 수뢰한 돈을 다른 사람에게 공여한 것은 수뢰한 돈을 소비하는 방법에 지나지 아니하므로 **피고인들로부터 그 수뢰액 전부를 각 추징**하여야 한다. cf) 피고인이 수뢰한 돈을 **"예금"**하거나 **"독자적 판단"**으로 일부를 다른 이에게 공여한 경우에 우리 법원은 이를 피고인의 처분행위로서 **"소비"**한 것으로 본다.

12 [대판 92도1995] 증뢰자가 교부한 당좌수표가 부도나자 부도된 당좌수표를 반환받고 그 수표에 대체하여 수표의 액면가액에 상응하는 현금이나 유가증권을 수뢰자에게 다시 교부하고 수뢰자가 이를 수수하였다면, 형법 제134조의 규정취지가 수뢰자로 하여금 불법한 이득을 보유시키지 않으려는 데에 있는 점에 비추어 볼 때, 이 현금이나 유가증권이 몰수, 추징의 대상이 된다.

13 [대판 91도352] 몰수의 취지가 범죄에 의한 이득의 박탈을 그 목적으로 하는 것이고 추징도 이러한 몰수의 취지를 관철하기 위한 것이라는 점을 고려하면 몰수하기 불능한 때에 추징하여야 할 가액은 범인이 그 물건을 보유하고 있다가 몰수의 선고를 받았더라면 잃었을 이득상당액을 의미한다고 보아야 할 것이므로 **그 가액산정은 재판선고시의 가격을 기준**으로 하여야 할 것이다.

14 [대판 83도2783] 수수한 뇌물을 반환한 경우 몰수 또는 추징의 상대방 무릇 뇌물을 받은 자가 그 뇌물을 증뢰자에게 반환한 때에는 이를 수뢰자로부터 추징할 수 없다 할 것이므로 피고인이 수수한 위 금원을 **그대로 보관하고 있다가** 이를 공여자에게 **반환하였다**면 **증뢰자로부터** 몰수 또는 추징을 할 것이지 피고인으로부터 추징할 수 없다.

120 공무집행방해죄에서 '직무를 집행하는'의 의미

* 대법원 1999. 9. 21. 선고 99도383 판결
* 참조조문: 형법 제136조 제1항[1]

불법주차 차량에 불법주차 스티커를 붙였다가 이를 다시 떼어 낸 직후에 있는 주차단속 공무원을 폭행한 경우, 공무집행방해죄가 성립하는가?

●**사실**● 피고인 X는 하반신 지체장애인이다. X는 1997.6.4. 14:00경 서울 노원구 공릉동 소재 서울지방법원 북부지원 앞 도로상에서 운전하던 쏘나타 승용차를 주차가 금지된 장소에 주차했다. 이에 노원구청 소속 공무원으로서 불법 주차단속원인 피해자 A(여, 26세)가 이 승용차 유리에 불법주차 과태료 스티커를 붙였다. 잠시 후 X는 자신의 차에 과태료 스티커를 붙였다는 이유로 A의 치마를 양손으로 잡아당겨 찢고, 자신이 타고 있던 휠체어로 A의 다리를 부딪치게 하여 A에게 약 10일간의 치료를 요하는 양측 하퇴부좌상의 상해를 입혔다. 검사는 X를 상해와 공무집행방해죄로 기소하였다.

원심은 X가 A를 폭행한 것은 A가 X의 승용차 유리에 과태료 부과고지서를 붙인 이후이고, A의 증언에 의하면 A는 X가 없을 때 불법주차 스티커를 차량에 붙인 후 X가 오는 것을 보고 휠체어를 탄 장애인이라는 것을 알고 과태료 부과고지서를 다시 떼어 낸 사실을 인정할 수 있어, **A의 주차단속업무가 이미 종료된 시점**에 X의 폭행이 이루어졌다고 보았다. 이에 따라 X는 A에 대한 상해죄가 성립하는 외에 공무집행방해죄가 성립하지는 않는다고 판단하여 위 공소사실 전부를 유죄로 인정한 제1심판결을 파기하고 위 공소사실 중 상해 부분은 유죄로 인정하고, 공무집행방해 부분은 무죄임을 판시하였다. 이에 검사가 상고하였다.

●**판지**● 파기환송. 「[1] 형법 제136조 제1항 소정의 공무집행방해죄에 있어서 '직무를 집행하는'이라 함은 (가) 공무원이 직무수행에 직접 필요한 행위를 **현실적으로 행하고 있는 때**만을 가리키는 것이 아니라 (나) 공무원이 직무수행을 위하여 **근무 중인 상태에 있는 때를 포괄한다** 할 것이고, 직무의 성질에 따라서는 그 직무수행의 과정을 개별적으로 분리하여 부분적으로 각각의 개시와 종료를 논하는 것이 부적절하고 **여러 종류의 행위를 포괄하여 일련의 직무수행**으로 파악함이 상당한 경우가 있다.
[2] 불법주차 차량에 불법주차 스티커를 붙였다가 이를 다시 떼어 낸 직후에 있는 주차단속 공무원을 폭행한 경우, 폭행 당시 주차단속 공무원은 **일련의 직무수행을 위하여 근무 중인 상태에 있었다고** 보아야 한다는 이유로 공무집행방해죄의 성립을 인정한 사례」.

●**해설**● 1 공무집행방해죄의 보호법익은 광의의 공무이다. 여기에서 공무는 국가 또는 지방자치단체의 작용을 의미한다. 그리고 공무집행방해죄는 **추상적 위험범**이다. 따라서 공무원에 대한 폭행이나 협박만 있으면 범죄가 성립하고, 공무집행방해라는 현실적 결과발생은 요하지 않는다. 따라서 미수범처벌규정이 없다. 본죄의 객체는 우리나라 **공무원에 한정**된다(대판 2015도3430, Ref 1−2).

2 형법 제136조 제1항에서 '직무를 집행하는'이라 함은 공무원이 직무수행에 직접 필요한 행위를 현실적으로 행하고 있는 때만을 가리키는 것이 아니라 공무원이 직무수행을 위하여 **근무 중인 상태에 있는 때를 포괄**한다. 그리고 '근무 중인 상태'는 현재 집행 중인 것에 한정되지 않고 **직무 개시 직전·후의 직**

---

1) 형법 제136조(공무집행방해) ① **직무를 집행하는** 공무원에 대하여 폭행 또는 협박한 자는 5년 이하의 징역 또는 1천만원 이하의 벌금에 처한다.

무와 밀접한 관련이 있는 대기상태를 포함한다고 해석된다. 집행의 직전·직후에도 공무원에게 폭행을 가하여 공무에 영향을 발생시키는 경우를 생각할 수 있기 때문이다.

3 때문에 직무의 성질에 따라서는 「그 직무수행의 과정을 개별적으로 분리하여 부분적으로 각각의 개시와 종료를 논하는 것이 부적절하고 여러 종류의 행위를 포괄하여 일련의 직무수행으로 파악함이 상당한 경우가 있으며, 나아가 현실적으로 구체적인 업무를 처리하고 있지는 않다고 하더라도 **자기 자리에 앉아 있는 것만으로도 업무의 집행으로 볼 수 있을 때에는** 역시 직무집행 중에 있는 것으로 보아야 하고, 직무 자체의 성질이 부단히 대기하고 있을 것을 필요로 하는 것일 때에는 **대기 자체를 곧 직무행위로 보아야 할 경우도 있다**」(대판 2000도3485, Ref 1-4). 이와 같이 직무집행은 반드시 공무원의 물리적 활동을 전제로 하지는 않는다.

4 기본적으로 직무집행의 시간적 범위는 공무원이 직무 수행에 착수한 때로부터 그 종료에 이르기까지를 말한다. 그 범위는 착수시점과 종료시점 전후의 근접한 시간도 여기에 포함된다. 즉 직무 집행을 개시하여 이를 종료하기까지 당해 **직무 집행과 시간적으로 접착되어 이와 분리할 수 없는 일체적 관계에 있다고 볼 수 있는 시간적 범위 내의 직무행위는 공무집행방해죄의 보호대상이 된다.** 하지만 그 판단은 개별적·구체적으로 이루어져야 할 것이다.

5 한편, 공무집행방해죄에 있어서 **'폭행'**은 공무원에 대하여 직접적인 유형력의 행사뿐만 아니라 **간접적으로** 유형력을 행사하는 행위도 포함한다. 따라서 「음향으로 상대방의 청각기관을 직접적으로 자극하여 육체적·정신적 고통을 주는 행위도 유형력의 행사로서 폭행에 해당할 수 있다」(대판 2007도3584) (【6】 참조). 그리고 공무집행방해죄에 있어서 **'협박'**은 「행위당시의 여러 사정을 종합하여 객관적으로 상대방으로 하여금 공포심을 느끼게 하기에 족하면 되고, 상대방이 현실로 공포심을 품게 될 것까지 요구되는 것은 아니다」(대판 89도1204, Ref 1-5).

6 공무집행방해죄에 있어서의 **범의**는 「상대방이 직무를 집행하는 공무원이라는 사실, 그리고 이에 대하여 폭행 또는 협박을 한다는 사실을 인식하는 것을 그 내용으로 하고, 그 인식은 불확정적인 것이라도 소위 미필적 고의가 있다고 보아야 하며, **그 직무집행을 방해할 의사를 필요로 하지 아니한다**」(대판 94도1949). 그러나 **위계에 의한 공무집행방해죄**가 성립되려면 자기의 위계행위로 인하여 공무집행을 방해하려는 의사가 있어야 한다(대판 69도2260). 그리고 **특수공무집행방해치상죄**(법144)[2]는 원래 결과적가중범이기는 하지만, 이는 중한 결과에 대하여 예견가능성이 있었음에 불구하고 예견하지 못한 경우에 벌하는 진정결과적가중범이 아니라 그 결과에 대한 예견가능성이 있었음에도 불구하고 예견하지 못한 경우뿐만 아니라 **고의가 있는 경우까지도 포함하는 부진정결과적가중범이다.**

---

2) 형법 제144조(특수공무방해) ① 단체 또는 다중의 위력을 보이거나 **위험한 물건을 휴대**하여 제136조, 제138조와 제140조 내지 전조의 죄를 범한 때에는 각조에 정한 형의 2분의 1까지 가중한다. ② **제1항의 죄를 범하여 공무원을 상해에 이르게 한 때에는 3년 이상의 유기징역에 처한다.** 사망에 이르게 한 때에는 무기 또는 5년 이상의 징역에 처한다.

1 [대판 2017도21537] [1] 형법 제136조에서 정한 공무집행방해죄는 직무를 집행하는 공무원에 대하여 폭행 또는 협박한 경우에 성립하는 범죄로서 여기서의 폭행은 사람에 대한 유형력의 행사로 족하고 반드시 그 신체에 대한 것임을 요하지 아니하며, 또한 추상적 위험범으로서 구체적으로 직무집행의 방해라는 결과 발생을 요하지도 아니한다. 한편 공무집행방해죄에서 '직무를 집행하는'이란 공무원이 직무수행에 직접 필요한 행위를 현실적으로 행하고 있는 때만을 가리키는 것이 아니라 **공무원이 직무수행을 위하여 근무 중인 상태에 있는 때를 포괄**하고, 직무의 성질에 따라서는 직무수행의 과정을 개별적으로 분리하여 부분적으로 각각의 개시와 종료를 논하는 것이 부적절하고 여러 종류의 행위를 포괄하여 일련의 직무수행으로 파악함이 상당한 경우가 있다. [2] 피고인이 갑과 주차문제로 언쟁을 벌이던 중, 112 신고를 받고 출동한 경찰관 을이 갑을 때리려는 피고인을 제지하자 자신만 제지를 당한 데 화가 나서 손으로 을의 가슴을 1회 밀치고, 계속하여 욕설을 하면서 **피고인을 현행범으로 체포**하며 순찰차 뒷좌석에 태우려고 하는 을의 정강이 부분을 양발로 2회 걷어차는 등 폭행함으로써 경찰관의 112 신고처리에 관한 직무집행을 방해하였다는 내용으로 기소된 사안에서, 제반 사정을 종합하면 (가) 피고인이 손으로 을의 가슴을 밀칠 당시 을은 112 신고처리에 관한 직무 내지 순찰근무를 수행하고 있었고, (나) 이와 같이 공무를 집행하고 있는 을의 가슴을 밀치는 행위는 공무원에 대한 유형력의 행사로서 공무집행방해죄에서 정한 폭행에 해당하며, (다) 피고인이 체포될 당시 도망 또는 증거인멸의 염려가 없었다고 할 수 없어 체포의 필요성이 인정되고, (라) 공소사실에 관한 증인들의 법정진술의 신빙성을 인정한 제1심의 판단을 뒤집을 만한 특별한 사정이 없다는 등의 이유로, 이와 달리 보아 공소사실을 무죄라고 판단한 원심판결에 공무집행방해죄의 폭행이나 직무집행, 현행범 체포의 요건 등에 관한 법리오해 또는 제1심 증인이 한 진술의 신빙성을 판단할 때 공판중심주의와 직접심리주의 원칙을 위반한 잘못이 있다.

2 [대판 2015도3430] [**공무집행방해죄에서의 '공무원'의 의미**] [1] 형법상 공무원이라 함은 법령의 근거에 기하여 국가 또는 지방자치단체 및 이에 준하는 공법인의 사무에 종사하는 자로서 그 노무의 내용이 단순한 기계적 육체적인 것에 한정되어 있지 않은 자를 말한다. [2] 피고인이, **국민권익위원회 운영지원과 소속 기간제근로자**로서 청사 안전관리 및 민원인 안내 등의 사무를 담당한 甲의 공무집행을 방해하였다는 내용으로 기소된 사안에서, 甲은 국민권익위원회 위원장과 계약기간 1년의 근로계약을 체결한 점, 공무원으로 임용된 적이 없고 공무원연금이 아니라 국민연금에 가입되어 있는 점, 국민권익위원회 훈령으로 '무기계약근로자 및 기간제근로자 관리운용 규정'이 있으나 국민권익위원회 내부규정으로 그 내용도 채용, 근로조건 및 퇴직 등 인사에 관한 일반적인 사항을 정하는 것에 불과하고, 달리 甲이 법령의 근거에 기하여 위 사무에 종사한 것이라고 볼 만한 자료가 없는 점 등 제반 사정에 비추어 甲은 법령의 근거에 기하여 국가 등의 사무에 종사하는 형법상 공무원이라고 보기 어려운데도, 甲이 공무집행방해죄에서 공무원에 해당한다고 단정한 원심판단에 형법상 공무원에 관한 법리오해의 잘못이 있다.

3 [대판 2008도9919] [1] 형법 제136조 제1항의 공무집행방해죄에 있어서 '직무를 집행하는'이라 함은 공무원이 직무수행에 직접 필요한 행위를 현실적으로 행하고 있는 때만을 가리키는 것이 아니라 공무원이 직무수행을 위하여 근무 중인 상태에 있는 때를 포괄한다. 직무의 성질에 따라서는 그 직무수행의 과정을 개별적으로 분리하여 부분적으로 각각의 개시와 종료를 논하는 것이 부적절하거나, 여러 종류의 행위를 포

괄하여 일련의 직무수행으로 파악함이 상당한 경우도 있다. [2] **야간 당직 근무 중인 청원경찰**이 불법주차 단속요구에 응하여 현장을 확인만 하고 주간 근무자에게 전달하여 단속하겠다고 했다는 이유로 민원인이 청원경찰을 폭행한 사안에서, 야간 당직 근무자는 불법주차 단속권한은 없지만 민원 접수를 받아 다음날 관련 부서에 전달하여 처리하고 있으므로 불법주차 단속업무는 야간 당직 근무자들의 민원업무이자 경비 업무로서 **공무집행방해죄의 '직무집행'에 해당하여 공무집행방해죄가 성립**한다.

4 [대판 2000도3485] 노동조합관계자들과 사용자측 사이의 다툼을 수습하려 하였으나 노동조합측이 지시에 따르지 않자 경비실 밖으로 나와 회사의 노사분규 동향을 파악하거나 파악하기 위해 **대기 또는 준비 중이던** 근로감독관을 폭행한 행위는 공무집행방해죄를 구성한다.

5 [대판 89도1204] [**파출소에서 경찰관들에게 폭언**을 한 것이 공무집행방해죄에 있어서의 협박에 해당한다고 본 사례] [1] 공무집행방해죄에 있어서 협박이라 함은 상대방에게 공포심을 일으킬 목적으로 해악을 고지하는 행위를 의미하는 것으로서 고지하는 해악의 내용이 그 경위, 행위당시의 주위상황, 행위자의 성향, 행위자와 상대방과의 친숙의 정도, 지위 등의 상호관계 등 행위당시의 여러 사정을 종합하여 객관적으로 상대방으로 하여금 공포심을 느끼게 하기에 족하면 되고, 상대방이 현실로 공포심을 품게 될 것까지 요구되는 것은 아니며, 다만 그 협박이 경미하여 상대방이 전혀 개의치 않을 정도인 경우에는 협박에 해당하지 않는다고 할 것이다. [2] 폭력행위 등 전과 12범인 피고인이 그 경영의 술집에서 떠들며 놀다가 주민의 신고를 받고 출동한 경찰로부터 조용히 하라는 주의를 받은 것 뿐인데 그후 새벽 4시의 이른 시각에 파출소에까지 뒤쫓아가서 "우리 집에 무슨 감정이 있느냐, 이 순사새끼들 죽고 싶으냐"는 등의 폭언을 하였다면, 이는 단순한 불만의 표시나 감정적인 욕설에 그친다고 볼수 없고, 경찰이 계속하여 단속하는 경우에 생명, 신체에 어떤 위해가 가해지리라는 것을 통보함으로써 공포심을 품게 하려는데 그 목적이 있었다고 할 것이고, 또 이는 **객관적으로 보아 상대방으로 하여금 공포심을 느끼게 하기에 족하다고 할** 것이다.

Reference 2
공무집행방해죄와 죄수관계

1 [대판 2009도3505] [동일한 공무를 집행하는 여러 공무원의 공무집행을 방해한 경우의 죄수관계(=상상적 경합)] [1] 동일한 공무를 집행하는 여럿의 공무원에 대하여 폭행·협박 행위를 한 경우에는 공무를 집행하는 **공무원의 수에 따라 여럿의 공무집행방해죄가 성립**하고, 위와 같은 폭행·협박 행위가 동일한 장소에서 동일한 기회에 이루어진 것으로서 사회관념상 1개의 행위로 평가되는 경우에는 여럿의 공무집행방해죄는 상상적 경합의 관계에 있다. [2] 범죄 피해 신고를 받고 출동한 두 명의 경찰관에게 욕설을 하면서 차례로 폭행을 하여 신고 처리 및 수사 업무에 관한 정당한 직무집행을 방해한 사안에서, 동일한 장소에서 동일한 기회에 이루어진 폭행 행위는 **사회관념상 1개의 행위로 평가하는 것이 상당**하다는 이유로, 위 공무집행방해죄는 형법 제40조에 정한 상상적 경합의 관계에 있다고 한 사례.

2 [대판 92도917] [절도범인 또는 강도범인이 체포를 면탈할 목적으로 경찰관에게 폭행(협박)을 가한 경우 준강도죄 또는 강도죄와 공무집행방해죄의 죄수] (가) **절도범인**이 체포를 면탈할 목적으로 경찰관에게

폭행 협박을 가한 때에는 준강도죄와 공무집행방해죄를 구성하고 양죄는 **상상적 경합관계**에 있으나, (나) **강도범인**이 체포를 면탈할 목적으로 경찰관에게 폭행을 가한 때에는 강도죄와 공무집행방해죄는 **실체적 경합관계**에 있고 상상적 경합관계에 있는 것이 아니다.

121 공무집행방해죄에서 '적법한 직무집행'의 의미
– 용산4구역 철거현장 화재 사건[1] –

* 대법원 2010. 11. 11. 선고 2010도7621 판결
* 참조조문: 형법 제136조 제1항,[2] 제144조,[3] 경찰관직무집행법 제2조[4]

재개발지역 철거에 반대하여 건물 옥상에 망루를 설치하고 농성하던 중 철거민 등이 던진 화염병에 의해 발생한 화재로 농성자 및 진압작전 중이던 경찰관이 사망하거나 상해를 입었다면 특수공무집행방해치사상죄가 성립하는가?

●**사실**● 용산 4구역 철거주민인 피고인 X 등과 전국철거민연합회 회원 약 30여 명은 2009.1.19 오전 5시 33분경 철거가 예정되어 있던 서울 용산구에 위치한 4층짜리 남일당 상가건물 옥상을 점거한 뒤, 철거 반대 시위를 벌였다. 이에 경찰은 경비 병력으로 3개 중대 300여 명을 투입하였다. 당시 철거민들은 옥상 건물 위에 망루(望樓)를 짓고 충분한 양의 가연성 물질인 시너를 바닥과 옥상에 준비하였고 화염병과 돌을 던지며 철거반에 저항하였다. 경찰의 진압 작전은 경찰특공대원들의 1, 2차에 걸친 망루 진입으로 이루어졌다. 1차 진입을 통해 대부분의 농성자들은 검거되었으나 2차 진입을 시도할 때, 갑을 비롯한 농성자들이 경찰특공대원들에게 화염병을 투척하였다. 화영병 일부가 망루 3층 계단에 떨어졌고 계단 부근에 뿌려져 있던 세녹스에 연소하여 큰 화재로 발전하게 되었다. 이로 인해 5명(세입자 2명, 전철연 회원 2명, 경찰특공대 대원 1명)이 사망하고, 23명(경찰 16명, 농성자 7명)이 부상을 입게 되었다. 검사는 X 등을 특수공무집행방해치사상죄로 기소하였다. 제1심과 원심은 X 등에 대해 유죄를 선고하였다. 이에 X 등은 상고하였다.

●**판지**● 상고기각. 「형법 제136조의 공무집행방해죄는 공무원의 직무집행이 적법한 경우에 한하여 성립하고, 여기서 **적법한 직무집행이라고 함은** (가) 그 행위가 공무원의 추상적 권한에 속할 뿐 아니라 (나) 구체적 직무집행에 관한 법률상 요건과 방식을 갖춘 경우를 가리킨다. 한편 범죄의 예방·진압 및 수사는 경찰관의 직무에 해당하고(경찰관직무집행법 제2조), 그 직무행위의 구체적 내용이나 방법 등은 경찰관의 전문적 판단에 기한 합리적인 재량에 위임되어 있다고 할 것이다. 따라서 (다) 경찰관이 구체적 상황에 비추어 그 인적·물적 능력의 범위 내에서 적절한 조치라는 판단에 따라 범죄의 진압 및 수사에 관한 직무를 수행한 경우에는, 그러한 **직무수행이 객관적 정당성을 상실하여 현저하게 불**

---

1) **용산4구역 철거현장 화재 사건** 또는 **용산 참사**로 불리는 이 사건은 2009년 1월 20일 대한민국 서울특별시 용산구 한강로 2가에 위치한 남일당 건물 옥상에서 점거농성을 벌이던 세입자와 전국철거민연합회 회원들, 경찰, 용역 직원들 간의 충돌이 벌어지는 가운데 발생한 화재로 인해 다수의 사상자가 발생한 사건이다. 이 사건으로 6명이 사망하고, 23명이 부상을 입었다. 사고당시의 폭력 문제, 용역 직원, 안전 대책, 과잉 진압 여부 등에 대한 논란과 함께 검찰의 수사가 이어졌고, 홍보 지침, 왜곡 시도 등에 대한 논란도 있었다. 당시 상황을 다룬 다큐멘터리 영화 《두 개의 문》이 제작·방영되었다. ko.wikipedia.org
2) 형법 제136조(공무집행방해) ① **직무를 집행하는** 공무원에 대하여 폭행 또는 협박한 자는 5년 이하의 징역 또는 1천만원 이하의 벌금에 처한다.
3) 형법 제144조(특수공무방해) ① 단체 또는 다중의 위력을 보이거나 위험한 물건을 휴대하여 제136조, 제138조와 제140조 내지 전조의 죄를 범한 때에는 각조에 정한 형의 2분의 1까지 가중한다. ② 제1항의 죄를 범하여 공무원을 상해에 이르게 한 때에는 3년 이상의 유기징역에 처한다. 사망에 이르게 한 때에는 무기 또는 5년 이상의 징역에 처한다.
4) 경찰관직무집행법 제2조(직무의 범위) 경찰관은 다음 각 호의 직무를 행한다. 1. 범죄의 예방·진압 및 수사 2. 경비·요인경호 및 대간첩작전수행 3. 치안정보의 수집·작성 및 배포 4. 교통의 단속과 위해의 방지 5. 기타 공공의 안녕과 질서유지

합리한 것으로 인정되지 않는 한 이를 위법하다고 할 수 없다. (라) 특히 불법적인 농성을 진압하는 경찰관들의 직무집행이 법령에 위반한 것이라고 하기 위해서는 그 농성 진압이 불필요하거나 또는 불법 농성의 태양 및 농성 장소의 상황 등에서 예측되는 피해 발생의 구체적 위험성의 내용 등에 비추어 볼 때 농성 진압의 계속 수행 내지 그 방법 등이 **현저히 합리성을 결하여 이를 위법하다고 평가할 수 있는 경우이어야 한다**」.

●**해설**● 1 형법은 독일형법[5]과 달리 공무집행방해죄에서 '직무집행의 적법성'을 명문으로 요구하고 있지는 않지만 본조의 직무는 적법하지 않으면 안 된다. 이는 **폭행·협박으로부터 강하게 보호되어야 하는 공무**라는 성질에 기인하기에 **공무의 요보호성**이라고도 칭한다.

2 형법 제136조의 공무집행방해죄는 공무원의 **적법한 공무집행이 전제**가 되어야 성립한다. 여기서 '**적법한 공무집행**'이라고 함은 「그 행위가 (가) 당해 **공무원의 추상적 직무 권한에 속할 뿐 아니라 (나) 구체적으로도 그 권한 내에 있어야** 하며 또한 (다) 직무행위로서의 중요한 방식을 갖추어야 한다고 할 것이며, (라) 추상적인 권한에 속하는 공무원의 어떠한 공무집행이 적법한지 여부는 **행위 당시의 구체적 상황에 기하여** 객관적 합리적으로 판단하여야 하고 (마) **사후적으로 순수한 객관적 기준에서 판단할 것은 아니라고 할 것**이다」(대판 91도453, Ref 29). 따라서 적법성이 결여된 직무행위를 하는 공무원에게 대항하여 폭행을 가하였다고 하더라도 이를 공무집행방해죄로 다스릴 수는 없으며, 현행범 체포의 적법성은 체포 당시의 구체적 상황을 기초로 객관적으로 판단하여야 하고, **사후에 범인으로 인정되었는지에 의할 것은 아니다**」(대판 2011도4763, Ref 7).

Reference
적법한 공무집행에 해당된다고 본 사례(공무집행방해죄 성립 인정)

1 [대판 2020도7193] [음주운전 신고를 받고 출동한 경찰관이 운전자를 추격하여 도주를 제지한 것이 도로교통법상 음주측정에 관한 일련의 직무집행 과정에서 이루어진 행위로서 정당한 직무집행인지 여부(= 적극)] [1] 경찰관 A, B는 음주운전을 하려는 사람이 있다는 112 신고를 받고 현장에 출동하여 만취한 상태로 시동이 걸린 차량의 운전석에 앉아있는 피고인을 발견하였다. 경찰관들이 순찰차에서 내려 피고인의 차량에 다가가 피고인에게 음주운전을 했다는 신고가 있으니 음주측정을 위해 차량의 시동을 끄고 내리라고 요구했지만 피고인은 운전을 하지 않았다고 하면서 하차하지 않았고, 이에 경찰관이 신고자에게 연락하여 피고인이 운전하는 것을 목격하였는지 물어 **차량이 10㎝ 정도 움직였다는 답변**을 들었다. 당시 경찰관이 음주감지기 내지 음주측정기를 직접 소지하지는 않았지만 근처에 주차된 순찰차에 보관하고 있었다. 경찰관이 하차를 계속 거부하는 피고인에게 지구대로 가 차량에 설치된 블랙박스 영상을 재생하여 보는 방법으로 운전 여부를 확인하자고 하자 **피고인은 명시적인 거부 의사표시 없이 차량에서 내리더니 곧바로 도주하였다.** 경찰관 A가 피고인을 10m 정도 추격하여 피고인의 앞을 가로막는 방법으로 제지한 뒤 '그냥 가면 어떻게 하느냐'는 취지로 말하자 피고인이 위 경찰관의 **빰**을 때렸고, 계속하여 도주하고 폭행하려고 하자 경찰관이 피고인을 공무집행방해죄의 현행범으로 체포하였다. [2] 음주운전 신고를 받고 출동한 경찰관이 **만취한**

---

5) 독일형법 제113조 제3항은 "직무집행이 적법하지 아니한 경우는 공무집행방해죄로 벌하지 아니하며, 행위자가 적법한 직무집행이라고 오인한 경우에도 동일하다"고 규정하고 있다.

상태로 시동이 걸린 차량 운전석에 앉아있는 **피고인**을 발견하고 음주측정을 위해 하차를 요구함으로써 도로교통법 제44조 제2항이 정한 음주측정에 관한 직무에 착수하였다고 할 것이고, 피고인이 차량을 운전하지 않았다고 다투자 경찰관이 지구대로 가서 차량 블랙박스를 확인하자고 한 것은 음주측정에 관한 직무 중 '운전' 여부 확인을 위한 임의동행 요구에 해당하고, 피고인이 차량에서 내리자마자 도주한 것을 임의동행 요구에 대한 거부로 보더라도, 경찰관이 음주측정에 관한 직무를 계속하기 위하여 피고인을 추격하여 도주를 제지한 것은 앞서 본 바와 같이 도로교통법상 음주측정에 관한 일련의 직무집행과정에서 이루어진 행위로써 정당한 직무집행에 해당한다.

2 [대판 2016도19417] 파기환송. 피고인은 평소 집에서 심한 고성과 욕설, 시끄러운 음악 소리 등으로 이웃 주민들로부터 수회에 걸쳐 112신고가 있어 왔던 사람인데, 피고인의 집이 소란스럽다는 112신고를 받고 출동한 경찰관 갑, 을이 인터폰으로 문을 열어달라고 하였으나 욕설을 하였고, 경찰관들이 **피고인을 만나기 위해 전기차단기를 내리자 화가 나 식칼을 들고 나와 욕설을 하면서 경찰관들을 향해 찌를 듯이 협박**함으로써 갑, 을의 112신고 업무 처리에 관한 직무집행을 방해하였다고 하여 특수공무집행방해로 기소된 사안에서, 공소사실을 무죄로 판단한 원심판결에 필요한 심리를 다하지 않은 채 논리와 경험의 법칙에 반하여 자유심증주의의 한계를 벗어나거나 경찰관 직무집행법의 해석과 적용, 공무집행의 적법성 등에 관한 법리를 오해한 잘못이 있다.

3 [대판 2014도7976] 경찰관이 신분증을 제시하지 않고 불심검문을 하였으나, (가) 검문하는 사람이 경찰관이고 (나) 검문하는 이유가 **범죄행위에 관한 것임을 피고인이 알고 있었던 경우**, 신분증을 제시하지 않았다고 하여 그 불심검문이 위법한 공무집행이라고 할 수 없다. cf) 경찰관직무집행법 제3조 제4항에서는 경찰관이 불심검문을 하고자 할 때에는 자신의 신분을 표시하는 증표를 제시하여야 한다고 규정하고 있다. 그럼에도 불구하고 대상판결에서는 검문하는 사람이 경찰관이고 검문하는 이유가 **범죄행위에 관한 것임을 피고인이 충분히 인지**하고 있었던 것으로 보이는 경우에는 신분증을 굳이 제시하지 않더라도 적법하다고 판시하여 경찰관의 불심검문시의 중요한 지침을 주었다는 점에서 그 의의가 있다.

4 [대판 2013도11050] 파기환송. 피고인이 지구대 내에서 **약 1시간 40분 동안 큰 소리로 경찰관을 모욕하는 말을 하고, 그곳 의자에 드러눕거나 다른 사람들에게 시비를 걸고** 그 과정에서 경찰관들이 피고인을 내보낸 뒤 문을 잠그자 다시 들어오기 위해 출입문을 계속해서 두드리거나 잡아당기는 등 소란을 피운 사안에서, 피고인이 밤늦은 시각에 술에 취해 위와 같이 한참 동안 소란을 피운 행위는 그 정도에 따라 공무원에 대한 간접적인 유형력의 행사로서 형법 제136조에서 규정한 '폭행'에 해당할 여지가 있는데도, 이와 달리 보아 공무집행방해의 점을 무죄로 판단한 원심판결에 법리오해 등 잘못이 있다.

5 [대판 2012도2349] 경찰관들이 야간에 다른 **지명수배자를 검거하기 위하여** 도로에서 잠복근무를 하고 있다가 그곳에 있던 차량을 조회하는 과정에서 차주인 피고인이 벌금 미납으로 지명수배 중임을 인지하게 된 사실, 경찰관들이 위 차량을 운전하여 가는 피고인을 추적하다가 도로 상에서 단속하였는데 당시 경찰관들은 피고인에게 신분증을 제시하면서 벌금 미납으로 인하여 지명수배가 되어 있으며 형집행장이 발부되어 있음을 고하고 임의동행을 요구하였으나 피고인은 벌금을 납부할 수 있도록 시간을 달라고 요청하면서 계속 동행을 거부한 사실, 피고인이 가족과 연락할 수 있도록 경찰관들이 시간을 주었음에도 벌금 납부

가 이루어지지 아니하자 경찰관들은 피고인을 경찰차에 태워 경찰서로 연행하고자 하였으나 피고인이 경찰차에 타지 아니하려고 하면서 경찰관 중 한 명의 왼쪽 턱 부위를 발로 찬 사실 등 그 판시와 같은 사실을 인정한 다음, 경찰관들의 형집행장 집행이 위법하지 아니하고 피고인에 대한 검거행위가 적법한 공무집행에 해당한다고 보아 피고인의 정당방위 주장을 배척하고 이 사건 공무집행방해와 상해의 공소사실을 유죄로 인정하였다.

6 [대판 2011도10625] [구 도로법 제45조에 규정된 금지행위를 하고 있는 위반자에 대하여 도로관리권에 기하여 제지하는 행위가 정당한 직무집행에 속하는지 여부(원칙적 적극)] 피고인이 甲 **시청 옆 도로의 보도에서 철야농성을 위해 천막을 설치하던 중** 이를 제지하는 甲 시청 소속 공무원들에게 폭행을 가한 사안에서, 도로관리권에 근거한 공무집행을 하는 공무원에 대하여 폭행을 가한 피고인의 행위는 공무집행방해죄를 구성한다.

7 [대판 2011도4763] **파기환송.** [공무집행방해죄에서 **공무집행의 적법성을 판단하는 기준** 및 현행범 체포의 적법성을 판단하는 경우에도 마찬가지인지 여부(적극)] [1] 공무집행방해죄는 공무원의 적법한 공무집행이 전제로 되는데, 추상적인 권한에 속하는 공무원의 어떠한 공무집행이 적법한지 여부는 행위 당시의 구체적 상황에 기하여 객관적·합리적으로 판단하여야 하고 사후적으로 순수한 객관적 기준에서 판단할 것은 아니다. 마찬가지로 현행범 체포의 적법성은 체포 당시의 구체적 상황을 기초로 객관적으로 판단하여야 하고, 사후에 범인으로 인정되었는지에 의할 것은 아니다. [2] 비록 피고인이 식당 안에서 소리를 지르거나 양은그릇을 부딪치는 등의 소란행위가 업무방해죄의 구성요건에 해당하지 않아 **사후적으로 무죄로 판단된다고 하더라도**, 피고인이 상황을 설명해 달라거나 밖에서 얘기하자는 경찰관의 요구를 거부하고 경찰관 앞에서 소리를 지르고 양은그릇을 두드리면서 소란을 피운 당시 상황에서는 객관적으로 보아 피고인이 업무방해죄의 현행범이라고 인정할 만한 충분한 이유가 있으므로, 경찰관들이 피고인을 체포하려고 한 행위는 적법한 공무집행이라고 보아야 하고, 그 과정에서 피고인이 체포에 저항하며 피해자들을 폭행하거나 상해를 가한 것은 공무집행방해죄 등을 구성한다고 할 것이다. 그럼에도 원심이 이와 달리 판단한 것은 현행범 체포와 공무집행방해 및 정당방위에 관한 법리를 오해하여 판단을 그르친 것이다.

8 [대판 2010도6203] [**불심검문의 적법 요건 및 그 내용**] 검문 중이던 경찰관들이, 자전거를 이용한 날치기 사건 범인과 흡사한 인상착의의 피고인이 자전거를 타고 다가오는 것을 발견하고 정지를 요구하였으나 멈추지 않아, 앞을 가로막고 **검문에 협조해 달라고 하였음에도 불응하고 그대로 전진하자**, 따라가서 재차 앞을 막고 검문에 응하라고 요구하였는데, 이에 피고인이 경찰관들의 멱살을 잡아 밀치는 등 항의하여 공무집행방해 등으로 기소된 사안에서, 경찰관들의 행위는 적법한 불심검문에 해당한다고 보아야 하는데도, 이와 달리 보아 피고인에게 무죄를 선고한 원심판결에 법리오해의 위법이 있다.

9 [대판 2008도3640] 경찰관의 현행범인 체포경위 및 그에 관한 현행범인체포서와 범죄사실의 기재에 **다소 차이가 있더라도**, 그것이 논리와 경험칙상 장소적·시간적 동일성이 인정되는 범위 내라면 그 체포행위가 공무집행방해죄의 요건인 적법한 공무집행에 해당한다고 한 사례.

10 [대판 2007도3584] **파기환송.** [공무원의 직무 수행에 대한 비판이나 시정 등을 요구하는 **집회·시위**

과정에서 음향을 발생시킨 행위가 공무집행방해죄에서의 폭행에 해당하는지 여부(한정 적극) 및 그 판단 기준] [1] 민주사회에서 공무원의 직무수행에 대한 시민들의 건전한 비판과 감시는 가능한 한 널리 허용되어야 한다는 점에서 볼 때, 공무원의 직무 수행에 대한 비판이나 시정 등을 요구하는 집회·시위 과정에서 일시적으로 상당한 소음이 발생하였다는 사정만으로는 이를 공무집행방해죄에서의 음향으로 인한 폭행이 있었다고 할 수는 없다. 그러나 **의사전달수단으로서 합리적 범위를 넘어서 상대방에게 고통을 줄 의도로 음향을 이용하였다면** 이를 폭행으로 인정할 수 있을 것인바, 구체적인 상황에서 공무집행방해죄에서의 음향으로 인한 폭행에 해당하는지 여부는 음량의 크기나 음의 높이, 음향의 지속시간, 종류, 음향발생 행위자의 의도, 음향발생원과 직무를 집행 중인 공무원과의 거리, 음향발생 당시의 주변 상황을 종합적으로 고려하여 판단하여야 한다. [2] 원심은 음향발생행위만으로는 공무집행방해죄에서의 폭행이 될 수 없다는 전제하에서 위 피고인들에 대한 공무집행방해의 점에 관한 주위적 공소사실에 대하여 무죄로 선고하였는바, 이러한 원심의 판단에는 공무집행방해죄에서의 폭행에 관한 법리 등을 오해하여 판결 결과에 영향을 미친 위법이 있다.

11 [대판 98도662] 지방의회의 회의가 적법한 소집절차를 밟아 소집되었고 소집의 목적이 불법적이거나 사회질서에 반하는 것이 아닌 이상, 그 회의의 의결사항 중에 지방의회의 권한에 속하지 아니하는 사항이 포함되어 있었다 하더라도 지방의회 의원들이 그 회의에 참석하고 그 회의에서 의사진행을 하는 직무행위는 적법한 것이라고 본 사례.

12-1 [대판 94도886] 파기환송. ●판지● 범칙행위를 하였다고 인정되는 운전자가 자신의 인적사항을 밝히지 아니하고 면허증제시를 거부하며 차량을 출발시킨 경우, 교통단속업무에 종사하던 의경이 **서서히 진행하는 차량의 문틀을 잡고 정지할 것을 요구한 행위는 적법한 공무집행의 범위 안에 든다**고 한 사례. ●사실● 피고인 X는 자동차운전 중 교통법규위반차량의 지도, 단속을 하고 있던 동래경찰서 교통과 소속 의경 조○천으로부터 신호위반이라는 이유로 운전면허증의 제시를 요구받자, 신호위반이 아니라고 항의하고 그대로 차를 진행시켜 위 의경이 피고인 차량의 운전석 쪽 문틀을 잡고 따라가며 차를 세우라고 손으로 차 지붕을 치고, 그가 차에 매달려 있는데도 약 40m 가량 차를 진행시킨 후 급정차하여 위 의경을 땅바닥에 떨어지게 하였다. 원심은 위 의경이 피고인 차량의 출발을 제지하려고 한 동기가 피고인이 그 수령을 거부함에도 범칙금납부통고를 강행하려는 것이었다면 이는 법률상 근거가 없어 허용되지 않는 것으로 적법한 공무집행의 한계를 벗어난 것이고, 달리 피고인이 무면허운전 중 이었다던가 그 차량이 도난수배차량이어서 피고인을 현행범으로 체포하려는 것이었다는 등 위 의경에게 피고인의 출발을 저지할 만한 정당한 권한이 있었다는 사정이 밝혀지지 않는 한 위 의경의 행위를 적법한 공무집행으로 볼 근거가 없다는 이유로 무죄를 선고하였다. 이에 검사가 상고하였다.

12-2 [비교판례] [대판 96도281] 차량을 일단 정차한 다음 경찰관의 운전면허증 제시요구에 불응하고 다시 출발하는 과정에서 경찰관이 잡고 있던 운전석 쪽의 열린 유리창 윗부분을 놓지 않은 채 어느 정도 진행하다가 차량속도가 빨라지자 **더 이상 따라가지 못하고 손을 놓아버렸다면** 이러한 사실만으로는 피고인의 행위가 공무집행방해죄에 있어서의 폭행에 해당한다고 할 수 없다고 본 원심판결을 수긍한 사례.

13 [대판 92도220] [경찰공무원이 자동차운전자에게 후렛쉬봉에 의한 **3회에 걸친 음주측정 후에도 이를 확인할 수 없어 다시 음주측정기로 검사받을 것을 요구한 행위가 적법한 공무집행에 해당한다고 본 사례**] 도

로교통법 제41조 제2항에 의하여 경찰공무원이 운전자에 대하여 음주 여부나 주취정도를 측정함에 있어서는 그 측정방법이나 측정회수에 있어서 합리적인 필요한 한도에 그쳐야 하겠지만 그 한도 내에서는 어느 정도의 재량이 있다고 하여야 할 것인바, 경찰공무원이 승용차에 가족을 태우고 가던 술을 마시지 않은 운전자에게 음주 여부를 확인하려고 후렛쉬봉에 두 차례 입김을 불게 했으나 잘 알 수 없어 동료경찰관에게 확인해 줄 것을 부탁하였고 그가위와 같은 방법으로 다시 확인하려 했으나 역시 알 수 없어 보다 정확한 음주측정기로 검사받을 것을 요구했다면 다른 사정이 없는 한 위와 같은 상황에서의 음주 여부의 확인을 위하여 한 위 경찰공무원의 행위는 합리적인 필요한 한도를 넘은 것이라고 할 수 없어 적법한 공무집행에 해당한다.

14 [대판 90도767] [동의대학교 사건⁶⁾] [1] [대학생들에 의하여 납치, 감금된 전경들을 구출하기 위하여 경찰이 압수수색영장 없이 대학교 도서관에 진입한 것이 적법한 공무집행에 해당하는지 여부(적극)] 대학생인 피고인들이 전경 5명을 불법으로 납치, 감금하고 있으면서 경찰의 수회에 걸친 즉시 석방요구에도 불구하고 불가능한 조건을 내세워 이에 불응하고, 경찰이 납치된 전경들을 구출하기 위하여 농성장소인 대학교 도서관 건물에 진입하기 직전 동 대학교 총장에게 이를 통고하고 이에 동 총장이 설득하였음에도 불구하고 이에 응하지 아니한 상황 아래에서는 현행의 불법감금상태를 제거하고 범인을 체포할 긴급한 필요가 있다고 보여지므로, 경찰이 압수수색영장 없이 도서관 건물에 진입한 것은 적법한 공무원의 직무집행이라 할 것이다. [2] [가연물질이 많은 대학도서관 옥내에서 공무집행을 방해할 목적으로 화염병을 투척하는 경우 **특수공무방해치사상죄의 성립요건으로서의 사상의 결과 발생에 관한 예견가능성 유무(적극)**] 특수공무방해치사상죄는 결과적가중범으로서 행위자가 그 결과의 발생을 예견할 수 있으면 족하다고 할 것인바, 피고인들이 도서관에 농성중인 학생들과 함께 경찰의 진입에 대항하여 건물현관 입구에는 빈 드럼통으로, 계단 등에는 책상과 걸상으로 각 장애물을 설치하고, 화염병이 든 상자 등 가연물질이 많이 모여있는 7층 복도 등에는 석유를 뿌려놓아 가연물질이 많은 옥내에 화염병이 투척되면 화염병이 불씨에 의하여 발화할 가능성이 있고 행동반경이 좁은 고층건물의 옥내인 점을 감안하여 볼 때, 불이 날 경우 많은 사람이 다치거나 사망할 수 있다는 것은 일반경험칙상 넉넉히 예상할 수 있는 것이므로 피고인들에게 위와 같은 화재로 인한 사망 등의 결과발생에 관하여 예견가능성이 없었다고는 할 수 없다.

15 [대판 81도326] 경찰관이 공무를 집행하고 있는 파출소 사무실의 바닥에 인분이 들어있는 물통을 집어 던지고 책상위에 있던 재떨이에 인분을 퍼담아 사무실 바닥에 던지는 행위는 동 경찰관에 대한 폭행이다.

---

6) **동의대학교 사건**은 1989년 5월 동의대학교의 입시부정에 항의하던 동의대학교 학생들이 전투경찰 5명을 납치, 폭행하고 학내에 감금하여 이를 구출하려던 경찰관 7명이 화재와 추락으로 숨지고 외부에 근무 중이던 경찰관 등이 부상당한 사건이다. 이 사건으로 91명의 대학생들이 구속되기도 했다. 2009년 민주화 운동으로 최종 인정되었다. 순직 경찰관 유족들은 이에 반발하여 유족들의 명예가 훼손되었다며 헌법소원을 냈으나 2005년 10월 헌법재판소는 "순직 경찰관들은 국가유공자로 명예로운 사회적 예우를 받고 있으며, 동의대학생들을 민주화운동자로 인정한다고 하더라도 유족들의 명예를 직접 훼손한다고 할 수 없으므로 **기본권 침해의 자기관련성이 인정되지 않는다**"는 결정 요지를 다수의견으로 하여 5대4로 각하하였다. 중앙경찰학교에 있는 **충의선양탑**은 이때 사망한 7명을 기리고 있다. ko.wikipedia.org

적법한 공무집행에 해당되지 않는다고 본 사례(공무집행방해죄의 성립을 부정)

16-1 [대판 2017도9458] 경찰관 갑이 도로를 순찰하던 중 벌금 미납으로 지명수배된 피고인과 조우하게 되어 벌금 미납 사실을 고지하고 벌금납부를 유도하였으나 피고인이 이를 거부하자 벌금 미납으로 인한 노역장 유치의 집행을 위하여 구인하려 하였는데, 피고인이 이에 저항하여 갑을 폭행함으로써 벌금수배자 검거를 위한 경찰관의 공무집행을 방해하였다는 내용으로 기소된 사안에서, 갑이 피고인을 구인하는 과정에서 **형집행장이 발부되어 있는 사실은 고지하지 않았던 사정에 비추어 갑의 직무집행은 위법하다**고 보아 공소사실을 무죄로 판단한 원심판결이 정당하다고 한 사례.

16-2 [대판 2010도8591] 경찰관이 벌금형에 따르는 노역장 유치의 집행을 위하여 **형집행장을 소지하지 아니한 채** 피고인을 구인할 목적으로 그의 주거지를 방문하여 임의동행의 형식으로 데리고 가다가, 피고인이 동행을 거부하며 다른 곳으로 가려는 것을 제지하면서 체포·구인하려고 하자 피고인이 이를 거부하면서 경찰관을 폭행한 사안에서, 위와 같이 피고인을 체포·구인하려고 한 것은 **노역장 유치의 집행에 관한 법규정에 반하는 것으로서** 적법한 공무집행행위라고 할 수 없으며, 또한 그 경우에 형집행장의 제시 없이 구인할 수 있는 '급속을 요하는 경우'(형사소송법 제85조 제3항)에 해당한다고 할 수 없고, 이는 피고인이 벌금 미납자로 지명수배 되었다고 하더라도 달리 볼 것이 아니라는 이유로, 위 공무집행방해의 공소사실에 대하여 무죄를 선고한 원심판단을 수긍한 사례.

17 [대판 2013도2168] [쌍용차 사태[7]] [1] [구 경찰관 직무집행법에 따라 **범죄를 예방하기 위한 경찰관의 제지 조치가 적법한 직무집행으로 평가되기 위한 요건**] 구 경찰관 직무집행법(2011.8.4. 법률 제11031호로 개정되기 전의 것)은 제2조 제1호에서 경찰관이 수행하는 직무 중 하나로 '범죄의 예방'을 정하고 있고(현행법에서는 제2조 제2호에서 동일한 내용을 규정하고 있다), 제6조 제1항에서 "경찰관은 범죄행위가 목전에 행하여지려고 하고 있다고 인정될 때에는 이를 예방하기 위하여 관계인에게 필요한 경고를 하고, 그 행위로 인하여 인명·신체에 위해를 끼치거나 재산에 중대한 손해를 끼칠 우려가 있어 긴급을 요하는 경우에는 그 행위를 제지할 수 있다."라고 정하고 있다(현행법에서는 제6조에서 동일한 내용을 규정하고 있다). 위 법률에 따라 범죄를 예방하기 위한 경찰관의 제지 조치가 적법한 직무집행으로 평가될 수 있기 위해서는 (가) 형사처벌의 대상이 되는 행위가 눈앞에서 막 이루어지려고 하는 것이 객관적으로 인정될 수 있는 상황이고, (나) 그 행위를 당장 제지하지 않으면 곧 생명·신체에 위해를 미치거나 재산에 중대한 손해를 끼칠 우려가 있는 상황이어서, (다) 직접 제지하는 방법 외에는 위와 같은 결과를 막을 수 없는 절박한 사태가 있어야 한다. [2] [공무집행방해죄에서 '적법한 공무집행'의 의미 및 경찰관이 적법절차를 준수하지 않은 채 실력으로 현행범인을 연행하려 한 행위가 적법한 공무집행인지 여부(소극)] 전투경찰대원들이 위 조합원들을 체포하는 과정에서 체포의 이유 등을 제대로 고지하지 않다가 **30~40분이 지난 후 피고인 등의 항의를 받고 나서야 비로소 체포의 이유 등을 고지**한 것은 형사소송법상 현행범인 체포의 적법한 절차를 준수한 것이 아니므로 적법한 공무집행이라고 볼 수 없다. 피고인이 위와 같은 위법한 공무집

---

7) **쌍용차 사태**는 2009년 5월 22일부터 8월 6일까지 약 76일간 쌍용자동차 노조원들이 사측의 일방적인 구조조정 단행에 반발해 쌍용자동차의 평택 공장을 점거하고 농성을 벌인 사건이다. 공권력 투입에 반발한 공장 내 노조원들의 불법 무기 사용에 경찰이 최루액과 테이저건 등을 통하여 대응하는 등 대치상황이 지속되었다. 결국 이 사건으로 민주노총 쌍용차 지부의 지부장인 한상균을 비롯한 64명의 노조원들이 구속되었으며 경찰관 100여명이 부상을 입었다. 2017년 출범된 경찰 진상조사위원회에서 쌍용차 사태와 관련된 재조사를 시작하여, 2018년에 경찰의 과잉진압이었다는 조사 결과를 내놓았다. ko.wikipedia.org

행에 항의하면서 공소사실과 같이 전투경찰대원들의 방패를 손으로 잡아당기거나 전투경찰대원들을 발로 차고 몸으로 밀었다고 하더라도 공무집행방해죄가 성립할 수 없다. 형법 제136조가 규정하는 공무집행방해죄는 공무원의 직무집행이 적법한 경우에 한하여 성립한다. 이때 적법한 공무집행은 그 행위가 공무원의 추상적 권한에 속할 뿐 아니라 구체적 직무집행에 관한 법률상 요건과 방식을 갖춘 경우를 가리키므로, 경찰관이 적법절차를 준수하지 않은 채 실력으로 현행범인을 연행하려 하였다면 적법한 공무집행이라고 할 수 없다.

18 [대판 2010도13609] [국회의 경호 업무 등을 담당하는 국회 경위가 상임위원회 위원의 회의장 출입을 막는 행위가 적법한지 여부(원칙적 소극)] 甲 정당 당직자인 피고인들 등이 **국회 외교통상 상임위원회 회의장 출입문 앞에 배치되어 출입을 막고 있던 국회 경위**들을 밀어내기 위해 경위들의 옷을 잡아당기거나 밀치는 등의 행위를 한 사안에서, 피고인들의 행위는 적법성이 결여된 직무행위를 하는 공무원에게 대항하여 한 것에 지나지 아니하여 공무집행방해죄가 성립하지 않는다.

19 [대판 2010도7412] 파기환송. [피고인이 노조원들과 함께 경찰관인 피해자들이 파업투쟁 중인 공장에 진입할 경우에 대비하여 **미리 윤활유나 철판조각을 바닥에 뿌려 놓은** 것에 불과하고, 위 피해자들이 이에 미끄러져 넘어지거나 철판조각에 찔려 다쳤다는 것에 지나지 않은 사안에서, 피고인의 위 행위를 특수공무집행방해치상죄로 의율한 원심의 조치에 법리오해 또는 사실오인의 위법이 있다고 한 사례] 피고인이 노조원들과 함께 경찰관인 피해자들이 파업투쟁 중인 공장에 진입할 경우에 대비하여 그들의 부재 중에 미리 윤활유나 철판조각을 바닥에 뿌려 놓은 것에 불과하고, 위 피해자들이 이에 미끄러져 넘어지거나 철판조각에 찔려 다쳤다는 것에 지나지 않은 사안에서, 피고인 등이 위 윤활유나 철판조각을 위 피해자들의 면전에서 그들의 공무집행을 방해할 의도로 뿌린 것이라는 등의 특별한 사정이 있는 경우는 별론으로 하고 이를 가리켜 위 피해자들에 대한 유형력의 행사, 즉 폭행에 해당하는 것으로 볼 수 없는데도, 피고인의 위 행위를 특수공무집행방해치상죄로 의율한 원심의 조치에 법리오해 또는 사실오인의 위법이 있다고 한 사례.

20 [대판 2008도7156] 출입국관리공무원이 관리자의 **사전 동의 없이 사업장에 진입**하여 불법체류자 단속 업무를 개시한 사안에서, 피고인이 단속공무원을 칼로 찔렀다 할지라도 공무집행행위의 적법성이 부인되어 공무집행방해죄가 성립하지 않는다.

21 [대판 2007도9794] 파기환송. [특정 지역에서의 불법집회에 참가하려는 것을 막기 위하여 시간적·장소적으로 근접하지 않은 **다른 지역에서 집회예정 장소로 이동하는 것을 제지하는 행위**가 경찰관직무집행법 제6조 제1항[8])에 따른 공무원의 적법한 직무집행인지 여부(소극)] 구 집회 및 시위에 관한 법률(2007.5.11. 법률 제8424호로 개정되기 전의 것)에 의하여 금지되어 그 주최 또는 참가행위가 형사처벌의 대상이 되는 위법한 집회·시위가 장차 특정지역에서 개최될 것이 예상된다고 하더라도, 이와 시간적·장소적으로 근접하지 않은 다른 지역에서 그 집회·시위에 참가하기 위하여 출발 또는 이동하는 행위를 함부로 제지하는 것은 **경찰관직무집행법 제6조 제1항의 행정상 즉시강제인 경찰관의 제지의 범위를 명백히 넘어 허용될 수 없다.** 따라서 이러한 제지 행위는 공무집행방해죄의 보호대상이 되는 공무원의 적법한 직무집행이 아니다. **cf)**

---

8) 경찰관직무집행법 제6조(범죄의 예방과 제지) ① 경찰관은 범죄행위가 목전에 행하여지려고 하고 있다고 인정될 때에는 이를 예방하기 위하여 관계인에게 필요한 경고를 발하고, 그 행위로 인하여 인명·신체에 위해를 미치거나 재산에 중대한 손해를 끼칠 우려가 있어 긴급을 요하는 경우에는 그 행위를 제지할 수 있다.

이 사건 경찰관의 행위는 서울로 출발하려는 행위를 각 지역에서 미리 차단하지 않으면 이후에 그 범죄행위를 예방하는 것이 현저히 어려우므로, 제천시 보양읍 주민자치센터 앞마당에서 이 집회·시위에 참가하기 위하여 출발하려고 하는 행위를 제지하고자 한 것이다. 이러한 제지행위는 집회·시위 예정시간으로부터 **약5시간 30분 전에 그 예정장소로부터 약 150㎞ 떨어진 곳에서 이루어졌다.** 이에 대해 원심은 경찰관직무집행법 제6조 제1항에 근거한 적법한 직무집행에 해당한다고 판단하였다.

22-1 [대판 2006도148] [수사기관에 자진출석한 사람이 긴급체포의 요건을 갖추지 못하였음에도 실력으로 자신을 체포하려고 한 검사나 사법경찰관에게 폭행을 가한 경우 공무집행방해죄의 성립 여부(소극)] [1] 형법 제136조가 규정하는 공무집행방해죄는 공무원의 직무집행이 적법한 경우에 한하여 성립하고, 여기서 적법한 공무집행은 그 행위가 공무원의 추상적 권한에 속할 뿐 아니라 구체적직무집행에 관한 법률상 요건과 방식을 갖춘 경우를 가리키므로, 검사나 사법경찰관이 수사기관에 자진출석한 사람을 **긴급체포의 요건을 갖추지 못하였음에도 실력으로 체포하려고 하였다면** 적법한 공무집행이라고 할 수 없고, 자진출석한 사람이 검사나 사법경찰관에 대하여 이를 거부하는 방법으로써 폭행을 하였다고 하여 공무집행방해죄가 성립하는 것은 아니다. [2] 검사가 참고인 조사를 받는 줄 알고 검찰청에 **자진출석한 변호사사무실 사무장을 합리적 근거 없이 긴급체포**하자 그 변호사가 이를 제지하는 과정에서 위 검사에게 상해를 가한 것이 정당방위에 해당한다.

22-2 [대판 2011도3682] [공무집행방해죄에서 '적법한 공무집행'의 의미 및 현행범인이 경찰관의 불법한 체포를 면하려고 반항하는 과정에서 경찰관에게 상해를 가한 경우 '정당방위'의 성립 여부(적극)] 형법 제136조가 규정하는 공무집행방해죄는 공무원의 직무집행이 적법한 경우에 한하여 성립하고, 여기서 적법한 공무집행은 그 행위가 공무원의 추상적 권한에 속할 뿐 아니라 구체적 직무집행에 관한 법률상 요건과 방식을 갖춘 경우를 가리킨다. 경찰관이 현행범인 체포 요건을 갖추지 못하였는데도 실력으로 현행범인을 체포하려고 하였다면 **적법한 공무집행이라고 할 수 없고**, 현행범인 체포행위가 적법한 공무집행을 벗어나 불법인 것으로 볼 수밖에 없다면, 현행범이 체포를 면하려고 반항하는 과정에서 경찰관에게 상해를 가한 것은 불법체포로 인한 신체에 대한 현재의 부당한 침해에서 벗어나기 위한 행위로서 **정당방위에 해당하여 위법성이 조각**된다.

23 [대판 2004도4731] 경찰관들이 노래연습장에서의 주류 판매여부를 확인하기 위하여 법관이 발부한 **영장 없이 노래연습장을 검색한 행위**가 적법한 직무집행이라고 볼 수 없어 그 검색행위를 방해하였다고 하더라도 공무집행방해죄를 구성하지 않는다고 한 원심의 판단을 수긍한 사례.

24 [대판 2003도8336] 교통경찰관인 국○완으로서는 교통단속 업무를 수행함에 있어 피고인이 신호위반을 하였다고 하더라도 범칙금납부통고서를 받지 않겠다는 의사를 분명히 밝힌 이상, 피고인에 대하여 지체없이 즉결심판 출석통지서를 교부 또는 발송하고 즉결심판청구서를 작성하여 관할 법원에 제출하는 등 **즉결심판청구의 절차로 나아가야 함에도, 이러한 절차를 밟지 아니한 채** 범칙금납부 통고처분을 강행할 목적으로 무리하게 운전면허증을 제시할 것을 계속 요구한 것은 적법한 교통단속 업무라고 할 수 없으며, 이와 같이 적법성이 결여된 직무행위를 하는 국○완에 대항하여 피고인이 폭행을 가하였다고 하더라도 이를 공무집행방해죄에 해당한다고 볼 수 없다.

적법절차와 공무집행방해죄의 성부

25-1 [대판 96도2673] 비록 사법경찰관 등이 피의자에 대한 구속영장을 소지하였다 하더라도 피의자를 체포하기 위하여는 체포 당시에 피의자에 대한 범죄사실의 요지, 구속의 이유와 변호인을 선임할 수 있음을 말하고 변명할 기회를 준 후가 아니면 체포할 수 없고, 이와 같은 절차를 밟지 아니한 채 실력으로 연행하려 하였다면 적법한 공무집행으로 볼 수 없다.

25-2 [대판 94도3016] 피의자를 구속영장 없이 현행범으로 체포하기 위하여는 체포 당시에 피의자에 대하여 범죄사실의 요지, 체포의 이유와 변호인을 선임할 수 있음을 말하고 변명할 기회를 준 후가 아니면 체포할 수 없고, **이와 같은 절차를 밟지 아니한 채 실력으로 연행하려 하였다면 적법한 공무집행으로 볼 수 없다.**

25-3 [대판 94도2283] 의경이 피고인을 파출소로 끌고 가려고 한 것은 음주측정을 하기 위한 것일 뿐, 피고인을 음주운전이나 음주측정거부의 현행범으로 체포하려는 의사였는지도 의심스러울 뿐 아니라, 가사 현행범으로 체포하려 하였더라도 현행범을 체포함에 있어서는 체포 당시에 헌법 및 형사소송법에 규정된 바와 같이 피의자에 대하여 범죄사실의 요지, 체포 또는 구속의 이유와 변호인을 선임할 수 있음을 말하고 변명할 기회를 주는 등 적법절차를 준수하여야 함에도 **현행범으로 체포한다는 사실조차 고지하지 아니한 채 실력으로 연행하려 하였다면** 그 의경의 행위는 적법한 공무집행으로 볼 수 없다.

26 [대판 93도958] 경찰서에 설치되어 있는 **보호실**은 영장대기자나 즉결대기자 등의 도주방지와 경찰업무의 편의 등을 위한 수용시설로서 사실상 설치, 운영되고 있으나 현행법상 그 설치근거나 운영 및 규제에 관한 법령의 규정이 없고, 이러한 보호실은 그 시설 및 구조에 있어 통상 철창으로 된 방으로 되어 있어 그 안에 대기하고 있는 사람들이나 그 가족들이 출입이 제한되는 등 일단 그 장소에 유치되는 사람은 그 의사에 기하지 아니하고 일정장소에 구금되는 결과가 되므로, 경찰관직무집행법상 정신착란자, 주취자, 자살기도자 등 응급의 구호를 요하는 자를 24시간을 초과하지 아니하는 범위 내에서 경찰관서에 보호조치할 수 있는 시설로 제한적으로 운영되는 경우를 제외하고는 구속영장을 발부받음이 없이 피의자를 보호실에 유치함은 영장주의에 위배되는 위법한 구금으로서 적법한 공무수행이라고 볼 수 없다.

27 [대판 92도506] 공소외인의 행위가 **법정형 5만 원 이하**의 벌금, 구류 또는 과료에 해당하는 **경미한 범죄에 불과한 경우 비록 그가 현행범인이라고 하더라도 영장 없이 체포할 수는 없고,** 또한 범죄의 사전 진압이나 교통단속의 목적만을 이유로 그에게 임의동행을 강요할 수도 없다 할 것이므로, 경찰관이 그의 의사에 반하여 강제로 연행하려고 한 행위는 적법한 공무집행이라고 볼 수 없고, 따라서 피고인이 위 경찰관의 행위를 제지하기 위하여 경찰관에게 폭행을 가하였다고 하여도 이는 공무집행방해죄를 구성하지 아니한다.

28 [대판 91도1314] 교사가 교장실에 들어가 불과 약 5분 동안 식칼을 휘두르며 교장을 협박하는 등의 **소란을 피운 후 40여분 정도가 지나 경찰관들이 출동하여 교장실이 아닌 서무실에서 그를 연행하려 하자** 그가 구속영장의 제시를 요구하면서 동행을 거부하였다면, 체포 당시 서무실에 앉아 있던 위 교사가 방금 범죄를 실행한 범인이라는 죄증이 경찰관들에게 명백히 인식될 만한 상황이었다고 단정할 수 없는데도 이와 달리 그를 "범죄의 실행의 즉후인 자"로서 현행범인이라고 단정한 원심판결에는 현행범인에 관한 법리오해의 위법이 있다고 하여 이를 파기한 사례.

29 [대판 91도453] 법정형이 **긴급구속사유에 해당하지 않는 범죄혐의**로 기소중지된 공소외인을 경찰관들

이 검거하는 과정에서 그 구원을 요청받은 피고인 등의 폭행으로 공무집행이 방해되었다는 공소사실에 대하여 경찰관들이 임의동행을 거절하는 공소외인을 **강제로 연행하려고 한 것이라면** 이는 적법한 공무집행에 해당하지 아니하므로 강제적인 임의동행을 거부하는 방법으로서 경찰관을 폭행·협박을 하여도 공무집행 방해죄는 성립하지 아니한다.

122 위계에 의한 공무집행방해죄

* 대법원 2002. 9. 4. 선고 2002도2064 판결
* 참조조문: 형법 제137조[1]

개인택시 운송사업 양도·양수를 위하여 허위의 출원사유를 주장하면서 의사로부터 허위 진단서를 발급받아 이를 소명자료로 제출하여 행정관청으로부터 양도·양수 인가처분을 받은 경우, 위계에 의한 공무집행방해죄가 성립하는가?

●**사실**● 피고인 X는 개인택시 운송사업 면허를 받은 지 5년이 지나지 아니하여 원칙적으로 개인택시 운송사업을 양도할 수 없는 사람인 Y와 마치 그들이 1년 이상의 치료를 요하는 질병으로 인하여 직접 운전할 수 없는 것처럼 가장하여 개인택시 운송사업의 양도·양수인가를 받기로 공모하였다[2]. 이에 따라, 질병이 있는 노숙자들로 하여금 그들이 개인택시 운송사업을 양도하려는 사람인 것처럼 위장하여 의사의 진료를 받게 한 다음, 그 정을 모르는 의사로부터 환자가 개인택시 운송사업의 양도인으로 된 허위의 진단서를 발급받아 행정관청에 개인택시 운송사업의 양도·양수 인가신청을 하였다. 그러한 사정을 모르는 담당공무원 A는 소명자료로 제출된 진단서의 기재 내용을 신뢰하여 인가처분을 하였다.

원심은 행정관청이 출원에 의한 인·허가처분을 함에 있어서는 그 출원 사유가 사실과 부합하지 아니하는 경우가 있음을 전제로 하여 인·허가할 것인지의 여부를 심사, 결정하는 것이므로 행정관청이 사실을 충분히 확인하지 아니한 채 출원자가 제출한 허위의 출원 사유나 허위의 소명자료를 가볍게 믿고 인가 또는 허가를 하였다면 이는 **행정관청의 불충분한 심사에 기인**한 것으로서 출원자의 위계에 의한 것이었다고 할 수 없어 위계에 의한 공무집행방해죄를 구성하지 않는다고 판단하였다. 이에 검사가 상고하였다.

●**판지**● 파기환송. 「행정관청이 출원에 의한 인·허가처분을 함에 있어서는 그 출원사유가 사실과 부합하지 아니하는 경우가 있음을 전제로 하여 인·허가할 것인지의 여부를 심사, 결정하는 것이므로 (가) 행정관청이 사실을 충분히 확인하지 아니한 채 출원자가 제출한 허위의 출원사유나 허위의 소명자료를 **가볍게 믿고 인가 또는 허가를 하였다면** 이는 행정관청의 불충분한 심사에 기인한 것으로서 출원자의 위계가 결과 발생의 주된 원인이었다고 할 수 없어 위계에 의한 **공무집행방해죄를 구성하지 않는다고 할 것이지만**, (나) 출원자가 행정관청에 허위의 출원사유를 주장하면서 이에 부합하는 허위의 소명자료를 첨부하여 제출한 경우 허가관청이 관계 법령이 정한 바에 따라 인·허가요건의 존부 여부에 관하여 **나름대로 충분히 심사를 하였으나** 출원사유 및 소명자료가 허위임을 발견하지 못하여 인·허가처분을 하게 되었다면 이는 허가관청의 불충분한 심사가 그의 원인이 된 것이 아니라 출원인의 위계행위가 원인이 된 것이어서 **위계에 의한 공무집행방해죄가 성립된다**」.

●**해설**● 1 법원은 위계가 개입된 것으로 의심되는 범죄의 불법성을 좀처럼 인정하지 않는다. 위계에 의한 공무집행방해죄와 관련하여도 국가고시나 운전면허시험 등의 대리 응시의 경우에만 극히 제한적으

---

1) 형법 제137조(위계에 의한 공무집행방해) **위계로써** 공무원의 직무집행을 방해한 자는 5년 이하의 징역 또는 1천만원 이하의 벌금에 처한다.

2) 여객자동차운수사업법시행규칙 제17조 제6항에 따르면, 개인택시운송사업의 면허를 받은 자가 여객자동차운수사업법 제15조 제2항의 규정에 의하여 사업을 양도하고자 하는 때에는 면허를 받은 날부터 **5년이 경과되어야** 한다. 다만 면허를 받은 자가 **1년 이상의 치료를 요하는** 질병으로 인하여 본인이 직접 운전할 수 없는 경우 등 일정한 요건에 해당하는 때에만 예외적으로 양도·양수가 가능하도록 규정하고 있다.

로 범죄성립은 인정하고 있다.

2 위계에 의한 공무집행방해죄에 있어서 「**'위계'라 함은** 행위자의 행위 목적을 이루기 위하여 상대방에게 오인, 착각, 부지를 일으키게 하여 그 오인, 착각, 부지를 이용하는 것을 말하는 것으로 상대방이 이에 따라 그릇된 행위나 처분을 하여야만 이 죄가 성립하는 것이고, 만약 범죄행위가 구체적인 공무집행을 저지하거나 현실적으로 곤란하게 하는 데까지는 이르지 아니하고 **미수에 그친 경우에는 위계에 의한 공무집행방해죄로 처벌할 수 없다**」(대판 2002도4293).

3 또한 본죄에서 **'공무원의 직무집행'**이란 「법령의 위임에 따른 공무원의 적법한 직무집행인 이상 공권력의 행사를 내용으로 하는 **권력적 작용뿐만 아니라** 사경제 주체로서의 활동을 비롯한 **비권력적 작용도 포함**되는 것으로 봄이 상당하다」(대판 2001도6349, Ref 2−7).

4 위계에 의한 공무집행방해죄는 공무방해의사를 요하지 않는 단순 공무집행방해죄와는 달리 위계를 사용한다는 인식과 함께 **공무방해에 대한 의사도 필요**하다. 따라서 「위계에 의한 공무집행방해의 죄가 성립되려면 자기의 위계행위로 인하여 공무집행을 방해하려는 의사가 있어야 한다」(대판 69도2260, Ref 2−22).

5 행정관청의 출원에 의한 인·허가처분과 관련해서는 행정관청은 그 출원사유가 사실과 부합하지 아니하는 경우가 있음을 전제로 하여 인·허가할 것인지 여부를 심사결정하는 것이므로, 원칙적으로 「출원자가 출원사유에 허위의 사실을 기재하고 허위의 소명자료를 제출하였는데 행정관청이 출원사유가 **진실한 것으로 경신하고** 인가 또는 허가를 하였다면 **행정관청의 불충분한 심사에 기인한 것으로** 출원자의 위계에 의한 것이었다고 할 수 없어 위계에 의한 공무집행방해죄를 구성하지 않는다」고 할 것이다(대판 88도709).

6 하지만 대상사안에서와 같이 행정관청이 **나름대로 충분히 심사를 하였으나** 출원사유 및 소명자료가 허위임을 발견하지 못하여 인·허가처분을 하게 되었다면 이는 허가관청의 불충분한 심사가 그의 원인이 된 것이 아니라 출원인의 위계행위가 원인이 된 것이어서 위계에 의한 공무집행방해죄가 성립된다.

Reference 1

인·허가처분과 위계에 의한 공무집행방해죄의 성립을 부정한 사례

1 [대판 2010도7034] 파기환송. [1] 화물자동차 운송주선사업자인 피고인이 관할 행정청에 주기적으로 허가기준에 관한 사항을 신고하는 과정에서 허위 서류를 제출하는 부정한 방법으로 **허가를 받아** 위계로써 공무원의 직무집행을 방해하였다는 내용으로 기소된 사안에서, 피고인에게 유죄를 인정한 원심판결에 법리오해의 위법이 있다고 한 사례 [2] 신고는 사인(私人)이 행정청에 대하여 일정한 사실 또는 관념을 통지함으로써 공법상 법률효과가 발생하는 행위로서 원칙적으로 행정청에 대한 일방적 통고로 그 효과가 완성될 뿐 이에 대응하여 신고내용에 따라 법률효과를 부여하는 행정청의 행위나 처분을 예정하고 있지 아니하므로, 신고인이 허위사실을 신고서에 기재하거나 허위의 소명자료를 첨부하여 제출하였다고 하더라도 관

계 법령에 별도의 처벌규정이 있어 이를 적용하는 것은 별론으로 하고, 일반적으로 위와 같은 허위 신고가 형법상 위계에 의한 공무집행방해죄를 구성한다고 볼 수 없다. 다만 관계 법령이 비록 신고라는 용어를 사용하고 있더라도 사실상 인허가 등 처분의 신청행위와 다를 바 없다고 평가되는 등의 예외적인 경우에는 위계에 의한 공무집행방해죄가 성립할 여지가 있으나, 이때에도 행정청이 나름대로 충분히 사실관계를 확인하더라도 그 신고내용이 허위이거나 법령의 취지에 맞지 아니함을 발견할 수 없었던 경우가 아니라면 심사를 담당하는 행정청이 신고내용이나 자료의 진실성을 충분히 따져보지 않은 채 경솔하게 이를 믿고 어떠한 행위나 처분에 나아갔다고 하여 이를 신고인의 위계에 의한 결과로 볼 수 없으므로 위계에 의한 공무집행방해죄는 성립하지 아니한다.

2 [대판 96도2825] 행정관청이 출원에 의한 인·허가처분을 함에 있어서는 그 출원사유가 사실과 부합하지 아니하는 경우가 있음을 전제로 하여 인·허가할 것인지 여부를 심사결정하는 것이므로, 행정관청이 사실을 충분히 확인하지 아니한 채 출원자가 제출한 허위의 출원사유나 허위의 소명자료를 가볍게 믿고 인가 또는 허가를 하였다면, 이는 행정관청의 불충분한 심사에 기인한 것으로서 출원자의 위계에 의한 것이었다고 할 수 없어 위계에 의한 공무집행방해죄를 구성하지 않는다.

3 [대판 87도2174] 개인택시 운송사업면허 신청은 출원에 의한 행정관청의 일반적인 인·허가처분과 마찬가지로 행정관청이 면허요건에 해당하는 여부를 심리하여 면허 여부를 결정하는 것이고 그 신청서에 첨부된 소명자료가 진실한 것인지를 가리지 않고 면허를 결정하는 것이 아니므로 그 면허신청서에 허위의 소명자료를 첨부한 소위는 위계에 의한 공무집행방해죄에 해당하지 않는다.

4 [대판 87도2079] 파기환송. 피고인이 원심판시와 같이 허위의 소명자료 등을 공범들에게 작성 교부하고 그들이 이를 첨부하여 대전시장에게 출원하였다 하여도 그 출원을 받아 심사하는 담당공무원이 출원사유의 사실여부를 정당하게 조사하였더라면 바로 출원사유가 허위임을 알 수 있었을 것인데 출원사유의 사실여부를 조사하지 아니한 채 출원사유 및 첨부서류가 진실한 것으로 경신한 나머지 개인택시운송사업면허를 한 것이라면 이는 위 담당공무원이 출원사유를 충분히 심사하지 못한 결과에 다름없는 것이고 피고인의 행위로 인하여 위 담당공무원의 심사결정 업무집행이 방해되었다고 할 수 없는 것이다.

인·허가처분과 위계에 의한 공무집행방해죄의 성립을 긍정한 사례

5 [대판 2015도17297] [출원자나 신청인이 제출한 허위의 소명자료 등을 담당 공무원이 충분히 심사하였으나 발견하지 못하여 인허가처분을 하거나 신청을 수리한 경우, 위계에 의한 공무집행방해죄가 성립하는지 여부(적극)] [1] 위계에 의한 공무집행방해죄는 상대방의 오인, 착각, 부지를 일으키고 이를 이용하는 위계에 의하여 상대방이 그릇된 행위나 처분을 하게 함으로써 공무원의 구체적이고 현실적인 직무집행을 방해하는 경우에 성립한다. 따라서 (가) 행정청에 대한 일방적 통고로 효과가 완성되는 '신고'의 경우에는 신고인이 신고서에 허위사실을 기재하거나 허위의 소명자료를 제출하였더라도, 그것만으로는 담당 공무원의 구체적이고 현실적인 직무집행이 방해받았다고 볼 수 없어 특별한 사정이 없는 한 허위 신고가 위계에 의한 공무집행방해죄를 구성한다고 볼 수 없다. (나) 그러나 행정관청이 출원에 의한 인허가처분 여부를 심사하거나 신청을 받아 일정한 자격요건 등을 갖춘 때에 한하여 그에 대한 수용 여부를 결정하는 등의 업무

를 하는 경우에는 위 '신고'의 경우와 달리, 출원자나 신청인이 제출한 허위의 소명자료 등에 대하여 담당 공무원이 나름대로 충분히 심사를 하였으나 이를 발견하지 못하여 인허가처분을 하게 되거나 신청을 수리 하게 되었다면, 출원자나 신청인의 위계행위가 원인이 되어 행정관청이 그릇된 행위나 처분에 이르게 된 것이어서 위계에 의한 공무집행방해죄가 성립한다. [2] 등기신청은 단순한 '신고'가 아니라 신청에 따른 등기 관의 심사 및 처분을 예정하고 있으므로, 등기신청인이 제출한 허위의 소명자료 등에 대하여 등기관이 나름 대로 충분히 심사를 하였음에도 이를 발견하지 못하여 등기가 마쳐지게 되었다면 위계에 의한 공무집행방 해죄가 성립할 수 있다. 등기관이 등기신청에 대하여 부동산등기법상 등기신청에 필요한 서면이 제출되었 는지 및 제출된 서면이 형식적으로 진정한 것인지를 심사할 권한은 갖고 있으나 등기신청이 실체법상의 권 리관계와 일치하는지를 심사할 실질적인 심사권한은 없다고 하여 달리 보아야 하는 것은 아니다.

6 [대판 96도2825] [1] 출원에 대한 **심사업무를 담당하는 공무원이 출원인의 출원사유가 허위라는 사실을 알면서도 결재권자로 하여금 오인, 착각, 부지를 일으키게** 하고 그 오인, 착각, 부지를 이용하여 인·허가처분 에 대한 결재를 받아낸 경우에는 출원자가 허위의 출원사유나 허위의 소명자료를 제출한 경우와는 달리 더 이상 출원에 대한 적정한 심사업무를 기대할 수 없게 되었다고 할 것이어서 그와 같은 행위는 위계로써 결 재권자의 직무집행을 방해한 것에 해당하므로 위계에 의한 **공무집행방해죄가 성립**한다. [2] 피고인이, 출원 인이 어업허가를 받을 수 없는 자라는 사실을 알면서도 그 직무상의 의무에 따른 적절한 조치를 취하지 않 고 오히려 부하직원으로 하여금 어업허가 처리기안문을 작성하게 한 다음 피고인 스스로 중간결재를 하는 등 위계로써 농수산국장의 최종결재를 받았다면, 직무위배의 위법상태가 위계에 의한 공무집행방해행위 속에 포함되어 있는 것이라고 보아야 할 것이므로, 이와 같은 경우에는 작위범인 위계에 의한 공무집행방 해죄만이 성립하고 부작위범인 직무유기죄는 따로 성립하지 아니한다.

Reference 2

위계에 의한 공무집행방해죄 성립을 인정한 사례

1 [대판 2018도18646] [피의자 등이 수사기관에 조작된 증거를 제출함으로써 수사 활동을 방해한 경우, 위계 에 의한 공무집행방해죄의 성립 여부(적극)] ●판지● 수사기관이 범죄사건을 수사할 때에는 피의자 등의 진 술 여하에 불구하고 피의자를 확정하고 그 피의사실을 인정할 만한 객관적인 모든 증거를 수집·조사하여 야 할 권리와 의무가 있고, 한편 (가) 피의자는 진술거부권과 자기에게 유리한 진술을 할 권리와 유리한 증 거를 제출할 권리를 가질 뿐이고 수사기관에 대하여 진실만을 진술하여야 할 의무가 있는 것은 아니다. 따 라서 피의자 등이 수사기관에 대하여 허위사실을 진술하거나 피의사실 인정에 필요한 증거를 감추고 허위 의 증거를 제출하였다고 하더라도, 수사기관이 충분한 수사를 하지 아니한 채 이와 같은 허위의 진술과 증 거만으로 증거의 수집·조사를 마쳤다면, 이는 수사기관의 불충분한 수사에 의한 것으로서 피의자 등의 위 계에 의하여 수사가 방해되었다고 볼 수 없어 위계에 의한 공무집행방해죄가 성립된다고 할 수 없다. 그러 나 (나) 피의자 등이 **적극적으로 허위의 증거를 조작**하여 제출하고 그 증거 조작의 결과 수사기관이 그 진위 에 관하여 나름대로 충실한 수사를 하더라도 제출된 증거가 허위임을 발견하지 못할 정도에 이르렀다면, 이는 위계에 의하여 수사기관의 수사행위를 적극적으로 방해한 것으로서 위계에 의한 공무집행방해죄가 성립된다. ●사실● 피고인 7의 지시에 따라 **검찰의 국가정보원에 대한 수사에 대응**하기 위하여 간부진 T/F 와 실무진 T/F가 구성되었고, 그 구성원들인 나머지 피고인들이 검찰의 국가정보원에 대한 압수수색 과정

에서 국가정보원의 조직적 정치관여와 대선개입 사실이 드러나지 않도록 조치하였다.[3]

부정한 방법에 의한 시험운영과 대리응시

2-1 [대판 2017도11523] 위계에 의한 공무집행방해죄는 행위목적을 이루기 위하여 상대방에게
오인, 착각, 부지를 일으키게 하여 이를 이용함으로써 법령에 의하여 위임된 공무원의 적법한 직
무에 관하여 그릇된 행위나 처분을 하게 하는 경우에 성립한다. 피고인과 '갑'이 공모하고 피고
인이 시험장소 내에서 시험감독관의 감시의 틈을 타서 시험답안지의 해답이 적힌 쪽지를 '갑'에게 전달한
이상 '갑'의 행위 여하에 불구하고 공무원의 시험감독에 관한 직무집행을 위계로서 방해한 경우에 해당한
다 할 것이다. cf) 사안은 한국예술종합학교의 성악과 교수회의를 통해 결정된 입시지정곡은 공무상 비밀
에 해당하고 이를 유출한 피고인의 행위는 위계에 의한 공무집행방해에 해당된다고 법원은 판단하고 있다.

2-2 [대판 95도2461] 고사실의 감독관으로 특정 응시자가 다른 응시자의 답안을 보는 정도의 부정행위
를 눈감아 주는 행위.

2-3 [대판 86도1245] [운전면허시험에 대리응시한 경우] 피고인이 마치 그의 형인 양 시험감독자를 속
이고 원동기장치 자전거**운전면허시험에 대리로 응시**하였다면 피고인의 소위는 위계에 의한 공무집행방해죄
가 성립한다.

3 [대판 2015도17297] [등기신청인이 제출한 허위의 소명자료 등을 등기관이 충분히 심사하였음에도 발
견하지 못하여 등기가 마쳐진 경우, 위계에 의한 공무집행방해죄가 성립할 수 있는지 여부(적극)및 등기관
에게 등기신청이 실체법상 권리관계와 일치하는지 심사할 실질적인 심사권한이 없더라도 마찬가지인지 여
부(적극)] 등기신청은 단순한 '신고'가 아니라 신청에 따른 등기관의 심사 및 처분을 예정하고 있으므로, 등
기신청인이 제출한 허위의 소명자료 등에 대하여 등기관이 **나름대로 충분히 심사를 하였음에도 이를 발견하
지 못하여** 등기가 마쳐지게 되었다면 위계에 의한 공무집행방해죄가 성립할 수 있다. 등기관이 등기신청에
대하여 부동산등기법상 등기신청에 필요한 서면이 제출되었는지 및 제출된 서면이 형식적으로 진정한 것
인지를 심사할 권한은 갖고 있으나 등기신청이 실체법상의 권리관계와 일치하는지를 심사할 실질적인 심
사권한은 없다고 하여 달리 보아야 하는 것은 아니다.

4-1 [대판 2010도14696] [1] 신청인이 허위의 자료를 첨부하여 비자발급 신청을 하였고, 이에 대하여 외
국 주재 한국영사관 업무담당자가 충분히 심사하였으나 신청사유 및 소명자료가 허위인 것을 발견하지 못
하여 이를 수리한 경우, 신청인에게 '위계에 의한 공무집행방해죄'가 성립한다. [2] 불법체류를 이유로 강
제출국 당한 중국 동포인 피고인이 중국에서 **이름과 생년월일을 변경한 호구부(戶口簿)를 발급받아** 중국 주
재 대한민국 총영사관에 제출하여 변경된 명의로 입국사증을 받은 다음, 다시 입국하여 그 명의로 **외국인
등록증을 발급받고 귀화허가신청서까지 제출**한 사안에서, 피고인이 자신과 동일성을 확인할 수 없도록 변경
된 호구부를 중국의 담당관청에서 발급받아 위 대한민국 총영사관에 제출하였으므로, 영사관 담당직원 등
이 호구부의 기재를 통하여 피고인의 인적사항 외에 강제출국 전력을 확인하지 못하였더라도, 사증 및 외
국인등록증의 발급요건 존부에 대하여 **충분한 심사를 한 것**으로 보아야 하고, 이러한 경우 행정청의 불충분

---

3) 사안은 **국가정보원 여론조작사건** 또는 **대선개입사건**으로 2012년 대한민국 대통령 선거기간 중 대한민국 국가정
   보원 소속 심리정보국 소속 요원들이 국가정보원의 지시에 따라 인터넷에 게시글을 남김으로써 국가정보원이
   대한민국 제18대 대통령 선거에 개입하였다는 사건을 일컫는다.

한 심사가 아니라 출원인의 적극적인 위계에 의해 사증 및 외국인등록증이 발급되었던 것이므로 위계에 의한 공무집행방해죄가 성립하고, 또한 피고인의 위계행위에 의하여 귀화허가에 관한 공무집행방해 상태가 초래된 것이 분명하므로, 귀화허가가 이루어지지 아니하였더라도 위 죄의 성립에 아무런 영향이 없다는 이유로, 피고인에게 각 '위계에 의한 공무집행방해죄'를 인정한 원심판단을 수긍한 사례.

4-2 [대판 2008도11862] [1] 외국 주재 한국영사관에 허위의 자료를 첨부하여 비자발급신청을 하고 이에 업무담당자가 충분히 심사하였으나 신청사유 및 소명자료가 허위임을 발견하지 못하여 신청을 수리한 경우, 위계에 의한 공무집행방해죄가 성립한다. [2] 범죄행위로 인하여 강제출국당한 전력이 있는 사람이 외국 주재 한국영사관에 허위의 호구부 및 외국인등록신청서 등을 제출하여 사증 및 외국인등록증을 발급받은 사안에서, 위계에 의한 공무집행방해죄가 성립한다고 한 사례.

5-1 [대판 2005도1731] [1] 수용자에게는 허가 없는 물품을 사용·수수하거나 허가 없이 전화 등의 방법으로 다른 사람과 연락하는 등의 규율위반행위를 하여서는 아니 될 금지의무가 부과되어 있고, 교도관은 수용자의 규율위반행위를 감시·단속·적발하여 상관에게 보고하고 징벌에 회부되도록 하여야 할 일반적인 직무상 권한과 의무가 있다고 할 것이므로, (가) 수용자가 교도관의 감시·단속을 피하여 규율위반행위를 하는 것만으로는 단순히 금지규정에 위반되는 행위를 한 것에 지나지 아니할 뿐 위계에 의한 공무집행방해죄가 성립한다고 할 수 없고, 또 (나) 수용자가 아닌 자가 교도관의 검사 또는 감시를 피하여 금지물품을 반입하거나 허가 없이 전화 등의 방법으로 다른 사람과 연락하도록 하였더라도 교도관에게 교도소 등의 출입자와 반출·입 물품을 단속·검사할 권한과 의무가 있는 이상, 수용자 아닌 자의 그러한 행위는 특별한 사정이 없는 한 위계에 의한 공무집행방해죄에 해당하는 것으로는 볼 수 없다 할 것이나, (다) 구체적이고 현실적으로 감시·단속업무를 수행하는 교도관에 대하여 그가 충실히 직무를 수행한다고 하더라도 통상적인 업무처리과정하에서는 사실상 적발이 어려운 위계를 적극적으로 사용하여 그 업무집행을 하지 못하게 하였다면 이에 대하여 위계에 의한 공무집행방해죄가 성립한다. [2] 변호사가 접견을 핑계로 수용자를 위하여 휴대전화와 증권거래용 단말기를 구치소 내로 몰래 반입하여 이용하게 한 행위가 위계에 의한 공무집행방해죄에 해당한다고 한 원심의 판단을 수긍한 사례.

5-2 [비교판례] [대판 2001도7045] [교도관과 재소자가 상호 공모하여 재소자가 교도관으로부터 담배를 교부받아 이를 흡연한 행위 및 휴대폰을 교부받아 외부와 통화한 행위 등이 위계에 의한 공무집행방해죄에 해당하지 않는다고 한 사례] [1] 법령에서 어떤 행위의 금지를 명하면서 이를 위반하는 행위에 대한 벌칙을 두는 한편, 공무원으로 하여금 그 금지규정의 위반 여부를 감시, 단속하게 하고 있는 경우 그 공무원에게는 금지규정 위반행위의 유무를 감시하여 확인하고 단속할 권한과 의무가 있으므로 단순히 공무원의 감시, 단속을 피하여 금지규정에 위반하는 행위를 한 것에 불과하다면 그에 대하여 벌칙을 적용하는 것은 별론으로 하고 그 행위가 위계에 의한 공무집행방해죄에 해당하는 것이라고는 할 수 없다. [2] 법령에서 교도소 수용자에게는 흡연하거나 담배를 소지·수수·교환하거나 허가 없이 전화 등의 방법으로 다른 사람과 연락하는 등의 규율위반행위를 하여서는 아니될 금지의무가 부과되어 있고, 교도관은 수용자의 규율위반행위를 감시, 단속, 적발하여 상관에게 보고하고 징벌에 회부되도록 하여야 할 일반적인 직무상 권한과 의무가 있다고 할 것인바, 구체적이고 현실적으로 감시, 단속업무를 수행하는 교도관에 대하여 위계를 사용하여 그 업무집행을 못하게 한다면 이에 대하여 위계에 의한 공무집행방해죄가 성립한다고 할 것이지만, 수용자가 교도관의 감시, 단속을 피하여 규율위반행위를 하는 것만으로는 단순히 금지규정에 위반되는 행위를 한 것에 지나지 아니할 뿐 이로써 위계에 의한 공무집행방해죄가 성립한다고는 할 수 없고, 수용자가

아닌 자가 교도관의 검사 또는 감시를 피하여 금지물품을 교도소 내로 반입되도록 하였다고 하더라도 교도관에게 교도소 등의 출입자와 반출·입 물품을 단속, 검사하거나 수용자의 거실 또는 신체 등을 검사하여 금지물품 등을 회수하여야 할 권한과 의무가 있는 이상, 그러한 수용자 아닌 자의 행위를 위계에 의한 공무집행방해죄에 해당하는 것으로는 볼 수 없으며, 교도관이 수용자의 규율위반행위를 알면서도 이를 방치하거나 도와주었더라도, 이를 다른 교도관 등에 대한 관계에서 위계에 의한 공무집행방해죄가 성립하는 것으로 볼 수는 없다.

허위의 증거를 조작하여 수사기관에 제출하는 행위

6-1 [대판 2003도1609] 음주운전을 하다가 교통사고를 야기한 후 그 형사처벌을 면하기 위하여 **타인의 혈액을 자신의 혈액인 것처럼** 교통사고 조사 경찰관에게 제출하여 감정하도록 한 행위는, 단순히 피의자가 수사기관에 대하여 허위사실을 진술하거나 자신에게 불리한 증거를 은닉하는 데 그친 것이 아니라 수사기관의 착오를 이용하여 적극적으로 피의사실에 관한 증거를 조작한 것으로서 위계에 의한 공무집행방해죄가 성립한다.

6-2 [대판 2007도6101] **타인의 소변을 마치 자신의 소변인 것처럼** 수사기관에 건네주어 필로폰 음성반응이 나오게 한 경우, 수사기관의 착오를 이용하여 적극적으로 피의사실에 관한 증거를 조작한 것이므로 위계에 의한 공무집행방해죄가 성립한다고 한 사례.

7 [대판 2001도6349] 감척어선 입찰자격이 없는 자가 제3자와 공모하여 제3자의 대리인 자격으로 제3자 명의로 **입찰에 참가**하고, 낙찰 받은 후 자신의 자금으로 낙찰대금을 지급하여 감척어선에 대한 실질적 소유권을 취득한 경우, 위계에 의한 공무집행방해죄가 성립한다. **cf)** 공무원의 직무집행이란 법령의 위임에 따른 공무원의 적법한 직무집행인 이상 공권력의 행사를 내용으로 하는 권력적 작용뿐만 아니라 사경제 주체로서의 활동을 비롯한 비권력적 작용도 포함되는 것으로, 사안에서 피고인은 **입찰 계약이라는 비권력적 작용**에 참여하고 있다.

8 [대판 82도1301] 간호보조원 교육과정이수에 관한 사문서인 수료증명서의 허위작성은 무형위조로서 처벌대상이 되지 아니하고 피고인들의 행위가 허위작성 및 교부로 끝났다고 하더라도 간호보조원자격시험 응시자격을 증명하는 위 문서의 용도와 그 사용의 결과를 인식하고 공소외인 들로 하여금 사용케 할 의도로 작성 교부한 것이고 그들이 위 문서를 **진정한 문서인 것처럼 시험관리당국에 제출하여 응시자격을 인정받아 응시함**으로써 그 시험관리에 관한 공무집행을 방해하는 상태를 초래하였다면 피고인들은 위 공소외인 들과 공무집행방해죄의 공동정범의 죄책을 면할 수 없고, 무형위조의 사후행위로써 처벌의 대상이 되지 않는다고 볼 수 없다.

위계에 의한 공무집행방해죄 성립을 부정한 사례

9 [대판 2021도244] [피고인의 변호인 접견교통권 행사가 한계를 일탈한 규율위반행위에 해당하는 것을 넘어 위계공무집행방해죄의 '위계'에 해당하기 위한 요건] [1] 피고인의 변호인 접견교통권 행사가 한계를 일탈한 **규율위반행위에 해당하더라도** 그 행위가 위계공무집행방해죄의 '위계'에 해당하려면 행위자가 상대방에게 오인, 착각, 부지를 일으키게 하여 그 오인, 착각, 부지를 이용함으로써 상대방이 이에 따라 그릇된

행위나 처분을 하여야만 한다. 만약 그러한 행위가 구체적인 직무집행을 저지하거나 현실적으로 곤란하게 하는 데까지는 이르지 않은 경우에는 위계에 의한 공무집행방해죄로 처벌할 수 없다. [2] 피고인은 모두 6 명의 '집사변호사'를 고용하여 총 51회에 걸쳐 변호인 접견을 가장하여 개인적인 업무와 심부름을 하게하고 소송 서류 외의 문서를 수수함으로써, 위계로써 서울구치소의 변호인 접견업무 담당 교도관의 변호인 접견 관리 등에 관한 정당한 직무집행을 방해하였다는 혐의로 **원심에서는 위계에 의한 공무집행방해죄 성립이 인정**되었다. …… 그러나 (가) 미결수용자의 변호인이 교도관에게 변호인 접견을 신청하는 경우 미결수용자의 형사사건에 관하여 변호인이 구체적으로 어떠한 변호 활동을 하는지, 실제 변호를 할 의사가 있는지 여부 등은 교도관의 심사대상이 되지 않는다. 따라서 이 사건 접견변호사들이 미결수용자의 개인적인 업무나 심부름을 위해 접견신청행위를 하였다는 이유만으로 교도관들에 대한 위계에 해당한다거나 그로 인해 교도관의 직무집행이 구체적이고 현실적으로 방해되었다고 볼 수 없다. …… (나) 형집행법은 수용자와 교정 시설의 외부에 있는 사람의 접견 시 일정한 경우 접견내용을 청취 · 기록 · 녹음 또는 녹화할 수 있도록 하면서도(구 형집행법 제41조 제2항) 미결수용자와 변호인의 접견에는 교도관의 참여나 접견내용의 청취 또는 녹취를 금지하고 있는바(구 형집행법 제84조 제1항), 미결수용자가 변호인과 접견에서 어떤 대화를 나누는지는 교도관의 감시, 단속의 대상이 아니다. 따라서 이 사건 접견변호사들이 피고인의 개인적인 연락업무 등을 수행한 것이 위계에 해당한다거나 그로 인해 교도관의 직무집행이 방해되었다고 할 수 없다. 결국 피고인이 이 사건 접견변호사들에게 지시한 접견이 변호인에 의한 변호활동이라는 외관만을 갖추었을 뿐 실질적으로는 형사사건의 방어권 행사가 아닌 다른 주된 목적이나 의도를 위한 행위로서 접견교통권 행사의 한계를 일탈한 경우에 해당할 수는 있겠지만, 그 행위가 '위계'에 해당한다거나 그로 인해 교도관의 구체적이고 현실적인 직무집행이 방해되었다고 보기 어렵다.

10 [대판 2018도15213] [공무원의 감시 · 단속을 피하여 금지규정을 위반한 행위가 위계에 의한 공무집행방해죄에 해당하는지 여부(소극)] [1] 법령에서 일정한 행위를 금지하면서 이를 위반하는 행위에 대한 벌칙을 정하고 공무원으로 하여금 금지규정의 위반 여부를 감시 · 단속하도록 한 경우 공무원에게는 금지규정 위반행위의 유무를 감시하여 확인하고 단속할 권한과 의무가 있으므로 구체적이고 현실적으로 감시 · 단속 업무를 수행하는 공무원에 대하여 위계를 사용하여 업무집행을 못하게 하였다면 위계에 의한 공무집행방해죄가 성립하지만, 단순히 공무원의 감시 · 단속을 피하여 금지규정을 위반한 것에 지나지 않는다면 그에 대하여 벌칙을 적용하는 것은 별론으로 하고 그 행위가 위계에 의한 공무집행방해죄에 해당한다고 할 수 없다. 피고인이 금지규정을 위반하여 감시 · 단속을 피하는 것을 공무원이 적발하지 못하였다면 **이는 공무원이 감시 · 단속이라는 직무를 소홀히 한 결과일 뿐 위계로 공무집행을 방해한 것이라고 볼 수 없다.** [2] 피고인들은 서울구치소에 수용 중인 사람을 취재하고자 서울구치소장의 허가 없이 접견내용을 촬영 · 녹음할 목적으로 명함지갑 모양으로 제작된 녹음 · 녹화장비를 몰래 소지하고 서울구치소에 들어갔다. …… 교도관은 교정시설 등의 출입자와 반출 · 반입 물품을 검사 · 단속해야 할 일반적인 직무상 권한과 의무가 있다. 수용자가 아닌 사람이 위와 같은 금지물품을 교정시설 내로 반입하였다면 **교도관의 검사 · 단속을 피하여 단순히 금지규정을 위반하는 행위를 한 것일 뿐 이로써 위계에 의한 공무집행방해죄가 성립한다고 할 수는 없다.**

11 [대판 2011도17125] [가처분신청 시 당사자가 허위의 주장을 하거나 허위의 증거를 제출한 경우, 위계에 의한 공무집행방해죄가 성립하는지 여부(소극)] 법원은 당사자의 허위 주장 및 증거 제출에도 불구하고

진실을 밝혀야 하는 것이 그 직무이므로, **가처분신청 시** 당사자가 허위의 주장을 하거나 허위의 증거를 제출하였다 하더라도 그것만으로 법원의 구체적이고 현실적인 어떤 직무집행이 방해되었다고 볼 수 없으므로 이로써 바로 위계에 의한 공무집행방해죄가 성립한다고 볼 수 없다.

12 [대판 2007도8024] [1] 과속으로 인하여 과속단속카메라에 촬영되더라도 불빛을 반사시켜 차량 번호판이 식별되지 않도록 하는 기능이 있는 이 사건 **'파워매직세이퍼'를 차량 번호판에 뿌린 상태로 차량을 운행한 행위**만으로는 경찰청의 교통단속업무를 구체적이고 현실적으로 수행하는 경찰공무원에 대하여 그가 충실히 직무를 수행한다고 하더라도 통상적인 업무처리과정 하에서는 사실상 적발이 어려운 위계를 사용하여 그 업무집행을 하지 못하게 한 것이라고 보기 어렵다. [2] 법령에서 어떤 행위의 금지를 명하면서 이를 위반하는 행위에 대한 벌칙을 두는 한편, 공무원으로 하여금 그 금지규정의 위반 여부를 감시·단속하게 하고 있는 경우 그 공무원에게는 금지규정 위반행위의 유무를 감시하여 확인하고 단속할 권한과 의무가 있다 할 것인데, (가) 만약 어떠한 행위가 공무원이 관계 법령이 정한 바에 따라 금지규정 위반행위의 유무를 충분히 감시하여 확인하고 단속하더라도 이를 발견하지 못할 정도에 이른 것이라면 이는 위계에 의하여 공무원의 감시·단속업무를 적극적으로 방해한 것으로서 위계에 의한 공무집행방해죄가 성립된다고 할 것이지만, (나) 그와 같은 행위가 이에 이르지 않고 단순히 공무원의 감시·단속을 피하여 **금지규정에 위반하는 행위**를 한 것에 불과하다면 이는 공무원의 불충분한 감시·단속에 기인한 것이지, 행위자 등의 위계에 의하여 공무원의 감시·단속에 관한 직무가 방해되었다고 할 수 없을 것이어서 위계에 의한 공무집행방해죄가 성립된다고 할 수 없다.

13 [대판 2007도1554] 국립대학교의 전임교원 공채 지원자인 乙이 학과장 甲의 도움으로 이미 **논문접수가 마감된 학회지에 논문을 추가 게재**하여 심사요건 이상의 전공논문실적을 확보하였더라도, 이는 乙이 자신의 노력에 의한 연구결과물로서 심사기준을 충족한 것이고 이후 다른 전형절차들을 모두 거쳐 최종 선발된 것이라면, 乙의 행위가 공채관리위원회 위원들로 하여금 乙의 자격에 관하여 오인이나 착각, 부지를 일으키게 하였다거나 그로 인하여 그릇된 행위나 처분을 하게 한 경우에 해당한다고 할 수 없어, 형법 제137조에 정한 '위계'에 해당하지 않는다.

14 [대판 2006도8189] 초등학교를 졸업하였음에도 초등학교 중퇴 이하의 학력자라는 허위 내용의 인우보증서를 첨부하여 운전면허 구술시험에 응시하였다는 사실만으로는 위계에 의한 공무집행방해죄가 성립하지 않는다고 한 사례.

15 [대판 2000도102] [1] 국가나 공공단체의 경매·입찰이라고 하더라도 위계로써 그 공정을 해하는 행위는 위계에 의한 공무집행방해죄가 아니라 그 특별죄로서의 성질을 겸비하는 경매·입찰방해죄에만 해당하고 위계에 의한 공무집행방해죄로 의율할 수는 없다. [2] 피고인들의 범죄행위가 법원경매업무를 담당하는 집행관의 구체적인 직무집행을 저지하거나 현실적으로 곤란하게 하는 데까지는 이르지 않고 입찰의 공정을 해하는 정도의 행위라면 **형법 제315조[4]의 경매·입찰방해죄에만 해당될 뿐**, 형법 제137조의 위계에 의한 공무집행방해죄에는 해당되지 않는다.

---

4) 형법 제315조(경매, 입찰의 방해) 위계 또는 위력 기타 방법으로 경매 또는 입찰의 공정을 해한 자는 2년 이하의 징역 또는 700만원 이하의 벌금에 처한다.

16 [대판 96도312] 민사소송을 제기함에 있어 피고의 **주소를 허위로 기재**하여 법원공무원으로 하여금 변론기일소환장 등을 허위주소로 송달케 하였다는 사실만으로는 이로 인하여 법원공무원의 구체적이고 현실적인 어떤 직무집행이 방해되었다고 할 수는 없으므로, 이로써 바로 위계에 의한 공무집행방해죄가 성립한다고 볼 수는 없다.

17 [대판 83도2290] [1] 건물점유자로서 명도집행을 저지할 수 있는 정당한 기능이 있는 자가 그 점유사실을 입증하기 위한 수단으로 임대차계약서 사본을 제시하면서 그 실효된 사실을 고지하지 아니하고 자신이 정당한 임차인인 것처럼 주장하였다고 하더라도 이로써 형법 제137조 소정의 위계에 해당한다고는 볼 수 없다. [2] 차용금 채무의 담보조로 여관임대차계약의 임차인 명의를 채권자 (갑) 명의로 변경하였으나 실제로 처, 여동생 등과 같이 기거하면서 그 여관을 경영하여 온 피고인은 위 (갑)과 임대인 (을) 사이의 집행력있는 건물명도 화해조서 정본에 기한 명도집행을 저지할 권능이 있다.

18 [대판 77도3199] 허위의 재직증명서를 첨부하여 가입청약을 하고 전화를 가설 하였다 하더라도 전화가입 청약에 대하여는 전화관서가 그 승낙 순위에 해당하는 여부를 결정하는 것이므로 이로서는 위계에 의한 공무집행 방해죄는 성립되지 아니한다.

19 [대판 76도3685] 형사 피의자와 수사기관이 대립적 위치에서 서로 공격방어를 할 수 있는 취지의 형사소송법의 규정과 법률에 의한 선서를 한 증인이 허위로 진술을 한 경우에 한하여 위증죄가 성립된다는 형법의 규정 취지에 비추어 수사기관이 범죄사건을 수사함에 있어서는 피의자나 피의자로 자처하는 자 또는 참고인의 진술여하에 불구하고 피의자를 확정하고 그 피의사실을 인정할 만한 객관적인 제반증거를 수집 조사하여야 할 권리와 의무가 있는 것이라고 할 것이므로 **피의자나 참고인이 아닌 자가 자발적이고 계획적으로 피의자를 가장하여 수사기관에 대하여 허위사실을 진술하였다 하여 바로 이를 위계에 의한 공무집행방해죄가 성립된다고 할 수 없다.**

20 [대판 74도2841] 자가용차를 운전하다가 교통사고를 낸 사람이 경찰관서에 신고함에 있어 가해차량이 자가용일 경우 피해자와 합의하는데 불리하다고 생각하여 **영업용택시를 운전하다가 사고를 내었다고 허위신고**를 하였다 하더라도 이 사실만으로 공무원의 직무집행을 방해할 의사가 있었다고 단정하기 어려우므로 위계로 인한 공무집행방해죄가 성립하지 않는다.

21 [대판 71도186] 수사기관에 대하여 피의자가 **허위자백**을 하거나 참고인이 **허위진술**을 한 사실만으로써는 위계에 의한 공무집행방행죄가 성립된다고 할 수 없다.

22 [대판 69도2260] 위계에 의한 공무집행방해죄가 성립되려면 자기의 위계행위로 인하여 공무집행을 방해하려는 의사가 있을 경우에 한한다고 보는 것이 상당하다할 것이므로 피고인이 경찰관서에 허구의 범죄를 신고한 까닭은 피고인이 생활에 궁하여 오로지 직장을 구하여 볼 의사로서 허위로 간첩이라고 자수를 한 데 불과하고 한 걸음 더 나아가서 그로 말미암아 공무원의 직무집행을 방해하려는 의사까지 있었던 것이라고는 인정되지 아니한다.

123 범인에 의한 범인도피죄의 교사

* 대법원 2014. 4. 10. 선고 2013도12079 판결
* 참조조문: 형법 제31조,[1] 제151조[2]

> 범인이 도피를 위하여 타인에게 도움을 요청하는 행위가 범인도피교사죄를 구성하는 경우와 그 경우 방어권 남용 여부의 판단 기준

●**사실**● 당시 벌금 이상의 형에 해당하는 죄를 범하고 도피 중이던 피고인 X가 A에게 자동차를 이용하여 원하는 목적지로 이동시켜 달라고 요구하거나 속칭 '대포폰'을 구해 달라고 부탁함으로써 A로 하여금 자신의 요청에 응하도록 하였다. 원심은 X에 대해 범인도피교사의 점을 유죄로 인정하였다. 이에 X는 상고하였다.

●**판지**● 파기환송. 「범인 스스로 도피하는 행위는 처벌되지 아니하므로, 범인이 도피를 위하여 타인에게 도움을 요청하는 행위 역시 도피행위의 범주에 속하는 한 처벌되지 아니하며, 범인의 요청에 응하여 범인을 도운 타인의 행위가 범인도피죄에 해당한다고 하더라도 마찬가지이다. 다만 범인이 타인으로 하여금 **허위의 자백**을 하게 하는 등으로 범인도피죄를 범하게 하는 경우와 같이 그것이 **방어권의 남용**으로 볼 수 있을 때에는 범인도피교사죄에 해당할 수 있다. 이 경우 방어권의 남용이라고 볼 수 있는지 여부는, (가) 범인을 도피하게 하는 것이라고 지목된 행위의 태양과 내용, (나) 범인과 행위자의 관계, (다) 행위 당시의 구체적인 상황, (라) 형사사법의 작용에 영향을 미칠 수 있는 위험성의 정도 등을 종합하여 판단하여야 한다」.

●**해설**● 1 범인은닉죄의 보호법익은 국가의 **형사사법기능**이고, 보호의 정도는 **추상적 위험범**이다. 따라서 현실적으로 형사사법의 작용을 방해하는 결과가 초래되어야만 하는 것은 아니다. 그리고 형법 제151조에서 **'도피하게 하는 행위'**란 은닉 이외의 방법으로 범인에 대한 수사, 재판 및 형의 집행 등 형사사법의 작용을 곤란하게 하거나 불가능하게 하는 일체의 행위를 말한다(대판 2000도4078, Ref 12).

2 범인 자신이 자신의 몸을 숨기면 불가벌이지만, 범인이 타인에게 자기를 은닉토록 한 경우는 범인은닉죄의 교사가 될 것인지 문제 된다. 이에 대해서 공범성립설과 공범불성립설이 대립한다. (a) **교사성립설**은 타인에게 범인은닉·증거은멸의 죄를 시켜서까지 그 목적을 수행하는 것은 스스로 범하는 경우와는 정상이 다르고, 이미 정형적으로 **기대가능성**이 없다고는 말할 수 없다고 하여, 타인을 범죄에 끌어들이기까지 하면서 기대가능성이 결여되었다고는 볼 수 없다는 입장이다. 이에 대해, (b) **교사불성립설**은 정범의 위치에 있는 자도 처벌되지 않는 행위를 공범으로서 행한 경우는 당연히 처벌하지 말아야 한다고 주장한다.

---

1) 형법 제31조(교사범) ① 타인을 교사하여 죄를 범하게 한 자는 죄를 실행한 자와 동일한 형으로 처벌한다. ② 교사를 받은 자가 범죄의 실행을 승낙하고 실행의 착수에 이르지 아니한 때에는 교사자와 피교사자를 음모 또는 예비에 준하여 처벌한다. ③ 교사를 받은 자가 범죄의 실행을 승낙하지 아니한 때에도 교사자에 대하여는 전항과 같다.
2) 형법 제151조(범인은닉과 친족 간의 특례) ① 벌금 이상의 형에 해당하는 죄를 범한 자를 은닉 또는 **도피하게 한** 자는 3년 이하의 징역 또는 500만원 이하의 벌금에 처한다. ② 친족 또는 동거의 가족이 본인을 위하여 전항의 죄를 범한 때에는 처벌하지 아니한다.

3 법원은 사안에서와 같이 **방어권 남용을 기준**으로 교사범 성립 여부를 나누어 판단하고 있다. 즉 범인이 타인으로 하여금 **허위의 자백**을 하게 하는 등으로 하였을 경우에는 범인도피교사죄에 해당한다고 본다. 「범인이 자신을 위하여 타인으로 하여금 허위의 자백을 하게 하여 범인도피죄를 범하게 하는 행위는 방어권의 남용으로 범인도피교사죄에 해당하는바, 이 경우 그 타인이 형법 제151조 제2항에 의하여 처벌을 받지 아니하는 친족, 호주 또는 동거 가족에 해당한다고 하여 달리 볼 것은 아니다」(대판 2005도3707, Ref 10).

4 대법원은 유죄를 인정한 원심과 달리 다음과 같은 사정들을 고려하여 X의 행위는 **통상적 도피의 한 유형으로 판단**하여 범인도피교사죄의 성립을 부정하였다. 즉 「A는 X가 평소 가깝게 지내던 후배인 점, X는 자신의 휴대폰을 사용할 경우 소재가 드러날 것을 염려하여 A에 요청하여 대포폰을 개설하여 받고, A에게 전화를 걸어 자신이 있는 곳으로 오도록 한 다음 A가 운전하는 자동차를 타고 청주시 일대를 이동하여 다닌 것으로서, X의 이러한 행위는 형사사법에 중대한 장애를 초래한다고 보기 어려운 통상적 도피의 한 유형으로 볼 여지가 충분」하다고 보았다. 반면 대법원은 무면허 운전으로 사고를 낸 사람이 동생을 경찰서에 대신 출두시켜 피의자로 조사받도록 하였다면 범인도피교사죄가 성립한다고 보았다(대판 2005도3707, Ref 10).

5 형법 제151조의 범인도피죄에서 「**'도피하게 하는 행위'**는 은닉 이외의 방법으로 범인에 대한 수사, 재판 및 형의 집행 등 형사사법의 작용을 곤란 또는 불가능하게 하는 일체의 행위를 말하는 것으로서 그 수단과 방법에는 어떠한 제한이 없고, 또한 위 죄는 **위험범**으로서 현실적으로 형사사법의 작용을 방해하는 결과가 초래될 것이 요구되지 아니하지만, 같은 조에 함께 규정되어 있는 은닉행위에 비견될 정도로 수사기관의 발견·체포를 곤란하게 하는 행위 즉 **직접 범인을 도피시키는 행위 또는 도피를 직접적으로 용이하게 하는 행위에 한정**된다고 해석함이 상당하고, 그 자체로는 도피시키는 것을 직접적인 목적으로 하였다고 보기 어려운 어떤 행위의 결과 간접적으로 범인이 안심하고 도피할 수 있게 한 경우까지 포함되는 것은 아니다」(대판 2002도5374, Ref 6).

6 범인도피죄는 「범인을 도피하게 함으로써 기수에 이르지만 범인도피행위가 계속되는 동안에는 범죄행위도 계속되고 행위가 끝날 때 비로소 범죄행위가 **종료**되고, 공범자의 범인도피행위의 도중에 그 범행을 인식하면서 그와 공동의 범의를 가지고 기왕의 범인도피상태를 이용하여 스스로 범인도피행위를 계속한 자에 대하여는 범인도피죄의 공동정범이 성립한다(대판 95도577).

7 대상판결에서와 같이 범인 스스로 도피하는 행위는 벌할 수 없지만 범인이 타인의 하여금 허위의 자백을 하게 하는 등 방어권을 남용한 경우에는 범인도피죄의 교사범이 성립된다고 보는 대법원의 입장은 다른 범죄 유형에서도 **같은 패턴**으로 드러난다. ① 자기의 형사 사건에 관한 증거를 인멸하기 위하여 타인을 교사한 경우(대판 99도5275)나 ② 자기의 형사피고사건에 관하여 타인을 교사하여 위증하게 한 경우(대판 2003도5114), ③ 제3자를 교사·방조하여 자신에 대한 허위의 사실을 무고케 한 경우(대판 2008도4852)에 있어서 증거인멸의 교사범, 위증의 교사범, 무고의 교사범 성립을 긍정하고 있다.

범인도피죄의 성립을 부정한 사례

1 [대판 2015도20396] [1] 범인도피죄는 타인을 도피하게 하는 경우에 성립할 수 있는데, 여기에서 타인에는 공범도 포함되나 범인 스스로 도피하는 행위는 처벌되지 않는다. 또한 **공범 중 1인이 그 범행에 관한 수사절차에서 참고인 또는 피의자로 조사받으면서 자기의 범행을 구성하는 사실관계에 관하여 허위로 진술하고 허위 자료를 제출하는 것은 자신의 범행에 대한 방어권 행사의 범위를 벗어난 것으로 볼 수 없다.** 이러한 행위가 다른 공범을 도피하게 하는 결과가 된다고 하더라도 범인도피죄로 처벌할 수 없다. 이때 공범이 이러한 행위를 교사하였더라도 범죄가 될 수 없는 행위를 교사한 것에 불과하여 범인도피교사죄가 성립하지 않는다. [2] 공범자 중 1인이 다른 공범을 도피하게 하는 것이 자신의 범행 은닉과 밀접불가분 관계를 가졌다면 **자기도피와 마찬가지로** 적법행위에 대한 기대가능성이 없다. 피고인들이 강제집행면탈죄의 공동정범으로서 한 범인도피교사 행위와 범인도피 행위는 자신들의 범행 은닉과 밀접불가분 관계에 있어 자기도피와 마찬가지로 **적법행위에 대한 기대가능성이 없고, 방어권 남용으로 보기 어렵다.**

2 [대판 2012도13999] [불법 사행성 게임장의 종업원인 피고인이 수사기관에서 자신이 게임장의 실제 업주라고 진술하였다가, 그 후 위 진술을 번복함에 따라 실제 업주가 체포되자 다시 자신이 실제 업주라고 허위 진술을 한 사안에서, 제반 사정에 비추어 피고인의 행위가 범인도피죄를 구성한다고 본 원심판결에 법리오해 등 위법이 있다고 한 사례] 원래 수사기관은 범죄사건을 수사함에 있어서 **피의자나 참고인의 진술 여하에 불구하고** 피의자를 확정하고 그 피의사실을 인정할 만한 객관적인 제반 증거를 수집·조사하여야 할 권한과 의무가 있는 것이므로, 참고인이 수사기관에서 범인에 관하여 조사를 받으면서 그가 알고 있는 사실을 묵비하거나 허위로 진술하였다고 하더라도, 그것이 적극적으로 수사기관을 기만하여 착오에 빠지게 함으로써 범인의 발견 또는 체포를 곤란 내지 불가능하게 할 정도의 것이 아니라면 범인도피죄를 구성하지 않는다고 보아야 한다. 참고인이 수사기관에서 허위 진술을 하였다고 하여 그 자체를 처벌하거나 이를 수사방해 행위로 처벌하는 규정이 없는 이상 범인도피죄의 인정 범위를 함부로 확장해서는 안 될 것이기 때문이다. **이러한 법리는 게임장 등의 실제 업주가 아니라 종업원임에도 불구하고 자신이 실제 업주라고 허위로 진술하는 경우에도 마찬가지로서,** 단순히 실제 업주라고 허위로 진술하는 것만으로는 부족하고 게임장 등의 운영 경위, 자금 출처, 게임기 등의 구입 경위, 점포의 임대차계약 체결 경위 등에 관해서까지 적극적으로 허위로 진술하거나 허위 자료를 제시하여 그 결과 수사기관이 실제 업주를 발견 또는 체포하는 것이 곤란 내지 불가능하게 될 정도에까지 이른 것으로 평가될 수 있어야 범인도피죄를 구성한다고 할 것이다.

3 [대판 2009도14065] 원래 수사기관은 범죄사건을 수사함에 있어서 피의자나 참고인의 진술 여하에 불구하고, 피의자를 확정하고 그 피의사실을 인정할 만한 객관적인 제반 증거를 수집·조사하여야 할 권리와 의무가 있으므로, 참고인이 수사기관에서 범인에 관하여 조사를 받으면서 그가 알고 있는 사실을 묵비하거나 허위로 진술하였다고 하더라도, 그것이 적극적으로 수사기관을 기만하여 착오에 빠지게 함으로써 범인의 발견 또는 체포를 곤란 내지 불가능하게 할 정도가 아닌 한 범인도피죄를 구성하지 않는 것이고, **이러한 법리는 피의자가 수사기관에서 공범에 관하여 묵비하거나 허위로 진술한 경우에도 그대로 적용**된다.

4 [대판 2009도10709] [수사기관에서 조사받는 피의자가 사실은 게임장·오락실·피씨방의 실제 업주가

아니라 종업원임에도 불구하고 자신이 실제 업주라고 허위로 진술하는 행위가 범인도피죄를 구성하는지 여부(**원칙적 소극**)] 게임산업진흥에 관한 법률 위반, 도박개장 등의 혐의로 수사기관에서 조사받는 피의자가 (가) 사실은 게임장·오락실·피씨방 등의 실제 업주가 아니라 그 종업원임에도 불구하고 자신이 실제 업주라고 허위로 진술하였다고 하더라도, **그 자체만으로 범인도피죄를 구성하는 것은 아니다.** (나) 다만, 그 피의자가 실제 업주로부터 금전적 이익 등을 제공받기로 하고 단속이 되면 실제 업주를 숨기고 자신이 대신하여 처벌받기로 하는 역할(이른바 '바지사장')을 맡기로 하는 등 수사기관을 착오에 빠뜨리기로 하고, 단순히 실제 업주라고 진술하는 것에서 나아가 게임장 등의 운영 경위, 자금 출처, 게임기 등의 구입 경위, 점포의 임대차계약 체결 경위 등에 관해서까지 **적극적으로 허위로 진술하거나 허위 자료를 제시**하여 그 결과 수사기관이 실제 업주를 발견 또는 체포하는 것이 곤란 내지 불가능하게 될 정도에까지 이른 것으로 평가되는 경우 등에는 범인도피죄를 구성할 수 있다.

5 [대판 2008도1059] [**폭행사건 현장의 참고인이 출동한 경찰관에게 범인의 이름 대신 허무인의 이름을 대면서 구체적인 인적사항에 대한 언급을 피한 경우**] 원래 수사기관은 범죄사건을 수사함에 있어서 피의자나 참고인의 진술 여하에 불구하고, 피의자를 확정하고 그 피의사실을 인정할 만한 객관적인 제반 증거를 수집·조사하여야 할 권리와 의무가 있는 것이므로, 참고인이 수사기관에서 범인에 관하여 조사를 받으면서 (가) 그가 알고 있는 사실을 묵비하거나 허위로 진술하였다고 하더라도, (나) 그것이 적극적으로 수사기관을 기만하여 착오에 빠지게 함으로써 범인의 발견 또는 체포를 곤란 내지 불가능하게 할 정도의 것이 아니라면 범인도피죄를 구성하지 않는다.

6 [대판 2002도5374] ●**사실**● 피고인 X는 2002.3.7. 21:30경 A가 혈중알코올농도 0.081%의 주취운전으로 인한 도로교통법위반의 현행범으로 이천경찰서에 체포되어 있다는 연락을 받고 그곳으로 갔다. X는 이천경찰서 교통사고처리계 사무실에서, 음주운전의 **현행범으로 체포된 A가 B의 인적 사항을 모용하면서 타인 행세를 하고 있다는 사실을 알면서도** 신원보증인란에 자신의 이름을 기재하고 무인을 한 후 A를 데리고 경찰서를 나왔다. A는 그 후 소재불명으로 체포되지 아니하였다. 원심은 무죄를 선고하였다. 검사가 상고하였다. ●**판지**● **상고기각.** [1] 원래 수사기관은 범죄사건을 수사함에 있어서 피의자나 참고인의 진술 여하에 불구하고 피의자를 확정하고 그 피의사실을 인정할 만한 객관적인 제반 증거를 수집·조사하여야 할 권리와 의무가 있는 것이므로, 참고인이 수사기관에서 범인에 관하여 조사를 받으면서 그가 알고 있는 사실을 묵비하거나 허위로 진술하였다고 하더라도, 그것이 적극적으로 수사기관을 기만하여 착오에 빠지게 함으로써 범인의 발견 또는 체포를 곤란 내지 불가능하게 할 정도의 것이 아니라면 범인도피죄를 구성하지 않는다. [2] 수사절차에서 작성되는 (가) 신원보증서는 체포된 피의자 석방의 필수적인 요건이거나 어떠한 법적 효력이 있는 것은 아니고, (나) 다만 피의사건이 비교적 경미한 경우 피의자와 일정한 관계에 있는 신원보증인이 수사기관에 대하여 피의자의 신분, 직업, 주거 등을 보증하고 향후 수사기관이나 법원의 출석요구에 사실상 협조하겠다는 의사를 표시하는 것으로서 피의자나 신원보증인에게 심리적인 부담을 줌으로써 수사기관이나 재판정에의 출석 또는 형 집행 등 형사사법절차상의 편의를 도모하는 것에 불과하여 보증인에게 법적으로 진실한 서류를 작성·제출할 의무가 부과된 것은 아니므로, 신원보증서를 작성하여 수사기관에 제출하는 **보증인이 피의자의 인적 사항을 허위로 기재하였다고 하더라도**, 그로써 적극적으로 수사기관을 기망한 결과 피의자를 석방하게 하였다는 등 특별한 사정이 없는 한, 그 행위만으로 범인도피죄가 성립되지 않는다.

7 [대판 92도736] [범인에게 통상적인 안부인사를 한 행위가 범인도피죄에 해당하는지 여부(소극)] 범인도피죄에 있어서의 '도피'란 은닉 이외의 방법으로 수사기관의 발견, 체포를 곤란 내지 불가능하게 하는 일체의 행위를 뜻하는 것으로, **단순히 안부를 묻거나 통상적인 인사말** 등만으로는 범인을 도피하게 한 것이라고 할 수 없을 것인바, 주점 개업식 날 찾아 온 범인에게 '도망다니면서 이렇게 와 주니 고맙다. 항상 몸조심하고 주의하여 다녀라. 열심히 살면서 건강에 조심하라.'고 말한 것은 단순히 안부인사에 불과한 것으로 범인을 도피하게 한 것으로 볼 수 없다.

범인도피죄의 성립을 인정한 사례

8 [대판 2012도6027] [1] 범인도피죄는 범인을 도피하게 함으로써 기수에 이르지만, **범인도피행위가 계속되는 동안에는 범죄행위도 계속되고** 행위가 끝날 때 비로소 범죄행위가 종료된다. 따라서 공범자의 범인도피행위 도중에 그 범행을 인식하면서 그와 공동의 범의를 가지고 기왕의 범인도피상태를 이용하여 스스로 범인도피행위를 계속한 경우에는 범인도피죄의 공동정범이 성립하고, 이는 공범자의 범행을 방조한 종범의 경우도 마찬가지이다. [2] 甲이 수사기관 및 법원에 출석하여 乙 등의 사기 범행을 자신이 저질렀다는 취지로 허위자백하였는데, 그 후 甲의 사기 피고사건 변호인으로 선임된 피고인이 甲과 공모하여 진범 乙 등을 은폐하는 허위자백을 유지하게 함으로써 범인을 도피하게 하였다는 내용으로 기소된 사안에서, 피고인에 대하여 범인도피방조죄를 인정한 원심판단을 정당하다고 한 사례. cf) 다른 공범자의 실행행위 도중에 그와 공동하여 실행행위를 계속함으로써 성립하는 공동정범의 한 유형을 승계적 공동정범이라 한다. 범인도피죄는 범인을 도피하게 함으로써 기수에 이르지만 범인도피행위가 계속되는 동안에는 범죄행위도 계속되고 행위가 끝날 때 비로소 범죄행위가 종료되는 계속범이다. 본 판례는 이와 같은 계속범에서는 범죄가 기수에 이른 후에도 실행행위가 계속되는 한 공동정범이 성립할 수 있음을 명시하였다는 점에서 그 의의가 있다.

9 [대판 2005도7528] 피고인은 음주운전 혐의로 적발되자 평소 알고 지내던 공소외 1을 불러내어 그로 하여금 단속경찰관인 공소외 2가 피고인에 대한 주취운전자 적발보고서를 작성하거나 재차 음주측정을 하지 못하도록 제지하는 등으로 공소외 2의 수사를 곤란하게 했던 사실을 인정할 수 있는바, 이러한 피고인의 행위는 범인도피죄에서 말하는 도피에 해당하고, 나아가 피고인이 위 공소외 1에게 전화를 걸어 음주단속 현장으로 나오게 한 점이나 그에게 "어떻게 좀 해 보라"고 계속 재촉한 사정 등에 비추어 보면 피고인에게 **범인도피교사에 대한 범의**가 없었다고 보기도 어렵다.

10 [대판 2005도3707] ●사실● 무면허 상태로 프라이드 승용차를 운전하고 가다가 화물차를 들이받는 사고를 일으켜 경찰에서 조사를 받게 된 피고인이 무면허로 운전한 사실 등이 발각되지 않기 위해, 동생인 공소외인에게 "내가 무면허상태에서 술을 마시고 차를 운전하다가 교통사고를 내었는데 운전면허가 있는 네가 대신 교통사고를 내었다고 조사를 받아 달라"고 부탁하여, 이를 승낙한 위 공소외인으로 하여금 대전 동부경찰서 교통사고조사계 사무실에서 자신이 위 프라이드 승용차를 운전하고 가다가 교통사고를 낸 사람이라고 허위 진술로 피의자로서 조사를 받도록 함으로써 범인도피를 교사하였다. 원심은 ㉠ 범인도피를 교사한 피고인은 범인 본인이어서 구성요건 해당성이 없고, ㉡ 피교사자 역시 범인의 친족이어서 불가벌에 해당하므로 피고인이 타인의 행위를 이용하여 자신의 범죄를 실현하고, ㉢ 새로운 범인을 창출하였다는 교

사범의 전형적인 불법이 실현되었다고 볼 수 없을 뿐만 아니라, ㉣ 피고인이 자기방어행위의 범위를 명백히 일탈하거나 방어권의 남용에 속한다고 보기 어려워 위 공소사실은 죄가 되지 아니한다고 판단하였다. 이에 검사가 상고하였다. ●판지● 파기환송. 범인이 자신을 위하여 타인으로 하여금 허위의 자백을 하게 하여 범인도피죄를 범하게 하는 행위는 **방어권의 남용으로** 범인도피교사죄에 해당하는바, 이 경우 그 타인이 형법 제151조 제2항에 의하여 처벌을 받지 아니하는 친족, 호주 또는 동거 가족에 해당한다 하여 달리 볼 것은 아니다.

11 [대판 2003도4533] 형법 제151조 제1항의 이른바, 죄를 범한 자라 함은 범죄의 혐의를 받아 수사대상이 되어 있는 자를 포함하며, 나아가 벌금 이상의 형에 해당하는 죄를 범한 자라는 것을 인식하면서도 도피하게 한 경우에는 **그 자가 당시에는 아직 수사대상이 되어 있지 않았다고 하더라도 범인도피죄가 성립한다고 할 것이고,** 한편, 증거인멸죄에 관한 형법 제155조 제1항의 이른바 타인의 형사사건이란 인멸행위시에 아직 수사절차가 개시되기 전이라도 장차 형사사건이 될 수 있는 것까지 포함한다.

12 [대판 2000도4078] [1] 형법 제151조에서 규정하는 범인도피죄는 범인은닉 이외의 방법으로 범인에 대한 수사, 재판 및 형의 집행 등 형사사법의 작용을 곤란 또는 불가능하게 하는 행위를 말하는 것으로서, (가) 그 **방법에는 어떠한 제한이 없고,** 또한 (나) 위 죄는 **위험범**으로서 현실적으로 형사사법의 작용을 방해하는 결과가 초래될 것이 요구되지 아니할 뿐만 아니라, (다) 같은 조 소정의 '**벌금 이상의 형에 해당하는 죄를 범한 자**'라 함은 범죄의 혐의를 받아 수사 대상이 되어 있는 자도 포함하고, 벌금 이상의 형에 해당하는 자에 대한 인식은 실제로 벌금 이상의 형에 해당하는 범죄를 범한 자라는 것을 인식함으로써 족하고 그 법정형이 벌금 이상이라는 것까지 알 필요는 없으며, (라) 범인이 아닌 자가 수사기관에 범인임을 자처하고 허위사실을 진술하여 진범의 체포와 발견에 지장을 초래하게 한 행위는 위 죄에 해당한다. [2] 범인에 대하여 적용 가능한 죄가 도로교통법위반죄로부터 교통사고처리특례법위반죄를 거쳐 상해죄에 이르기까지 다양하고, 그 죄들은 모두 벌금 이상의 형을 정하고 있으며 범인에게 적용될 수 있는 죄가 교통사고처리특례법위반죄에 한정된다고 하더라도 자동차종합보험 가입사실만으로 범인의 행위가 형사소추 또는 처벌을 받을 가능성이 없는 경우에 해당한다고 단정할 수 없을 뿐 아니라, 피고인이 **수사기관에 적극적으로 범인임을 자처**하고 허위사실을 진술함으로써 실제 범인을 도피하게 하였다는 이유로 범인도피죄의 성립을 인정한 사례.

13 [대판 4290형상393] [**본범의 공동정범자가 다른 공동정범자를 은닉 · 도피케 한 경우**] 형법 제151조 제1항 소정의 범인 도피죄에 있어서 공동정범중의 1인이 타 공동정범인을 도피시킴에 대하여 동조 제2항과 같은 불처벌의 특례를 규정한바 없으므로 공동정범중의 1인인 소외 1이 타 공동정범인인 소외 2외1인을 도피시킴은 범인도피죄의 죄책을 면치 못하고 따라서 피고인이 우 소외 1의 도피행위를 용이케 함은 동방조죄를 구성한다고 해석함이 타당하다.

증인에게 증언거부권을 고지하지 않은 증인신문절차에서 증인이 위증을 한 경우, 위증죄가 성립하는가?

●**사실**● 피고인 X는 Y와 쌍방 상해 사건으로 공소 제기되어 공동피고인으로 함께 재판을 받으면서 자신은 폭행한 사실이 없다고 주장하며 다투던 중 Y에 대한 상해 사건이 변론분리되면서 피해자인 증인으로 채택되어 검사로부터 신문받게 되었다. X는 그 과정에서 자신의 Y에 대한 폭행 여부에 관하여 신문을 받게 되었다. 당시 X는 Y에 대한 폭행을 시인하면 자신의 유죄를 인정하는 것이 되고, Y에 대한 폭행을 부인하게 되면 위증죄로 처벌될 수 있어서 증언을 거부할 수 있었다. 하지만 X는 이러한 증언거부사유가 발생하였음에도 재판장으로부터 **증언거부권을 고지받지 못한 상태**에서 자신의 종전 주장을 그대로 되풀이하여 Y를 폭행하지 않았다고 위증하였다. 원심은 X에 대해 위증죄의 죄책을 물을 수 없다고 판단하였다. 이에 검사가 상고하였다.

●**판지**● 상고기각. 「[1] 위증죄와 형사소송법의 취지, 정신과 기능을 고려하여 볼 때, 형법 제152조 제1항에서 정한 '법률에 의하여 선서한 증인'이라 함은 '법률에 근거하여 법률이 정한 절차에 따라 유효한 선서를 한 증인'이라는 의미이고, 그 증인신문은 법률이 정한 절차 조항을 준수하여 적법하게 이루어진 경우여야 한다고 볼 것이다.

[2] 위증죄의 의의 및 보호법익, 형사소송법에 규정된 증인신문절차의 내용, 증언거부권의 취지 등을 종합적으로 살펴보면, 증인신문절차에서 법률에 규정된 증인 보호를 위한 규정이 지켜진 것으로 인정되지 않은 경우에는 증인이 허위의 진술을 하였다고 하더라도 위증죄의 구성요건인 **"법률에 의하여 선서한 증인"에 해당하지 아니한다고 보아 이를 위증죄로 처벌할 수 없는 것이 원칙**이다. 다만, 법률에 규정된 증인 보호 절차라 하더라도 개별 보호절차 규정들의 내용과 취지가 같지 아니하고, 당해 신문 과정에서 지키지 못한 절차 규정과 그 경위 및 위반의 정도 등 제반 사정이 **개별 사건마다 각기 상이하므로**, 이러한 사정을 전체적·종합적으로 고려하여 볼 때, **당해 사건에서 증인 보호에 사실상 장애가 초래되었다고 볼 수 없는 경우에까지 예외 없이 위증죄의 성립을 부정할 것은 아니라고 할 것이다.**

[3] 증언거부권 제도는 증인에게 증언의무의 이행을 거절할 수 있는 권리를 부여한 것이고, 형사소송법상 증언거부권의 고지 제도는 증인에게 그러한 권리의 존재를 확인시켜 침묵할 것인지 아니면 진술할 것인지에 관하여 심사숙고할 기회를 충분히 부여함으로써 침묵할 수 있는 권리를 보장하기 위한 것임을 감안할 때, 재판장이 신문 전에 증인에게 증언거부권을 고지하지 않은 경우에도 당해 사건에서 증언 당시 증인이 처한 구체적인 상황, 증언거부사유의 내용, 증인이 증언거부사유 또는 증언거부권의 존재를 이미 알고 있었는지 여부, 증언거부권을 고지 받았더라도 허위진술을 하였을 것이라고 볼 만한 정황이 있는지 등을 전체적·종합적으로 고려하여 **증인이 침묵하지 아니하고 진술한 것이 자신의 진정한 의사에 의한 것인지 여부를 기준으로 위증죄의 성립 여부를 판단하여야 한다.** 그러므로 헌법

---

1) 형법 제152조(위증) ① 법률에 의하여 선서한 증인이 **허위의 진술**을 한 때에는 5년 이하의 징역 또는 1천만원 이하의 벌금에 처한다. ② 형사사건 또는 징계사건에 관하여 피고인, 피의자 또는 징계혐의자를 모해할 목적으로 전항의 죄를 범한 때에는 10년 이하의 징역에 처한다.
2) 위증죄에는 **자백·자수의 특례**를 두고 있다. 형법 제153조는 「전조의 죄를 범한 자가 그 공술한 사건의 재판 또는 징계처분이 **확정되기 전에** 자백 또는 자수한 때에는 그 **형을 감경 또는 면제한다**」. 자백의 경우는 자진해서 고백하는 경우뿐만 아니라 수사기관의 신문에 응하여 고백한 경우도 포함된다.

제12조 제2항에 정한 불이익 진술의 강요금지 원칙을 구체화한 자기부죄거부특권에 관한 것이거나 기타 증언거부사유가 있음에도 증인이 증언거부권을 고지받지 못함으로 인하여 그 증언거부권을 행사하는 데 **사실상 장애가 초래되었다고 볼 수 있는 경우**에는 위증죄의 성립을 부정하여야 할 것이다」.

●**해설**● 1 위증죄는 법률에 의해 선서한 증인이 허위의 진술을 하는 죄이다. 위증죄의 보호법익은 국가의 **사법기능**이다. 위증죄의 불법은 증인의 허위진술에 의하여 법원의 진실발견을 위한 심리를 해하여 정당한 판단을 위태롭게 하는 데 있다. 본죄는 **추상적 위험범**이며, 선서한 증인만이 주체가 될 수 있는 **신분범**이자 자수범이다. 증인은 당사자(검사나 피고인) 이외의 제3자를 말한다. 공범자나 공동피고인이 절차를 분리한 뒤, 증인으로서 선서하고 나서 허위의 진술을 할 경우에 위증죄가 될 수 있지만(대판 2008도3300, Ref 2-1), 피고인에게 선서토록 한 뒤 진술을 시킬 수는 없으므로 피고인이 스스로 선서해서 진술해도 본죄의 주체가 될 수는 없다.

2 위증죄에 있어서의 '위증'은 「선서한 증인이 **자기의 '기억에 반하는' 사실을 진술**함으로써 성립되고 설사 그 증언이 객관적 사실에 부합된다고 하더라도 기억에 반하는 진술을 한 때에는 위증죄의 성립에 영향이 없다」고 보아 **주관설의 입장**에 있다. 그리고 증언이 증인의 기억에 반하는 것인지의 여부가 불분명한 경우에 「증언이 객관적 사실과 부합되면 특단의 사정이 없는 한 기억에 반하는 진술을 하였다고 단정할 수 없고, 또한 증언의 전체적 취지가 객관적 사실과 일치하고 그것이 기억에 반하는 공술이 아니라면 극히 **사소한 부분에 관하여 기억과 불일치하는 점이 있다 하더라도** 그것이 신문취지의 몰이해 또는 착오로 인한 진술이라고 인정된다면 위증죄는 성립될 수 없다」(대판 72도1549).

3 대상판결은 증언거부사유가 발생했음에도 불구하고 재판장으로부터 증언거부권을 고지 받지 못한 상태에서 허위의 진술을 한 경우, 위증죄의 성립여부는 **구체적 사정에 따라 달라진다**고 하였다는 점에서 의의가 있다. 즉 증언거부권을 고지 받지 않은 상태에서의 진술이 자신의 진정한 의사에 의한 것인지 여부를 기준으로 위증죄의 성립 여부를 판단하여야 한다는 입장이다. 따라서 증인이 증언거부권을 고지 받지 못해 그 증언거부권을 행사하는 데 **"사실상 장애가 초래"**되었다고 볼 수 있는 경우에는 위증죄 성립이 부정되어야 한다는 입장이다.

4 이 판결이 나오기 전 법원은 「피고인이 증인으로 선서한 이상 진실대로 진술한다고 하면 자신의 범죄를 시인하는 진술을 하는 것이 되고 증언을 거부하는 것은 자기의 범죄를 암시하는 것이 되는 처지에 있다 하더라도 증인에게는 증언을 거부할 수 있는 권리를 인정하여 위증죄로부터의 탈출구를 마련하고 있는 만큼 **적법행위의 기대가능성이 없다고 할 수 없고** 선서한 증인이 허위의 진술을 한 이상 **증언거부권 고지 여부를 고려하지 아니한 채 위증죄가 바로 성립한다**」는 입장이었다(대판 86도1724 전원합의체)[3].

5 한편 **선서무능력자**에게 선서시키고 증언케 한 경우, 허위진술을 하더라도 위증죄가 성립하지 않는다. 위증죄의 **기수시기는 신문절차가 종료**하여 그 진술을 철회할 수 없을 때에 기수가 된다. 때문에 허위

---

3) 이 판결이 나오기 전 대법원은 이런 경우에 위증죄가 성립하지 않는다는 입장이었다(대판 4294형상194). 그러나 이 판결에서 입장을 바꾸어 이러한 경우에도 위증죄가 성립한다(대판 86도1724 전원합의체)고 판시하였다가 다시 대상판결에서 입장을 변경하여 이런 경우의 위증죄 성립여부는 구체적 사정에 따라 달라진다고 판시하고 있다(대판 2008도942 전원합의체).

공술한 증인이 그 신문절차가 종료할 때까지 이를 시정취소하면 위증죄는 성립하지 않는다(대판 83도2853, Ref 2−4).

증언거부권의 불고지와 위증죄

1 [대판 2007도6273[4]] [재판장이 신문 전에 증언거부권을 고지하지 않은 경우 위증죄 성립 여부의 판단 기준] [1] 재판장이 신문 전에 증인에게 증언거부권을 고지하지 않은 경우에도 당해 사건에서 증언 당시 증인이 처한 구체적인 상황, 증언거부사유의 내용, 증인이 증언거부사유 또는 증언거부권의 존재를 이미 알고 있었는지 여부, 증언거부권을 고지 받았더라도 허위 진술을 하였을 것이라고 볼 만한 정황이 있는지 등을 전체적·종합적으로 고려하여 증인이 침묵하지 아니하고 진술한 것이 자신의 진정한 의사에 의한 것인지 여부를 기준으로 위증죄의 성립 여부를 판단하여야 한다. [2] 전 남편에 대한 도로교통법 위반(음주운전) 사건의 증인으로 법정에 출석한 전처(前妻)가 증언거부권을 고지 받지 않은 채 공소사실을 부인하는 전 남편의 변명에 부합하는 내용을 **적극적으로 허위 진술한 사안**에서, 증인으로 출석하여 증언한 경위와 그 증언 내용, 증언거부권을 고지받았더라도 그와 같이 증언을 하였을 것이라는 취지의 진술 내용 등을 전체적·종합적으로 고려할 때 선서 전에 재판장으로부터 증언거부권을 고지받지 아니하였다 하더라도 이로 인하여 **증언거부권이 사실상 침해당한 것으로 평가할 수는 없다는 이유로 위증죄의 성립**을 긍정한 사례.

민사소송절차에서 증언거부권을 고지받지 아니한 상태에서 허위진술을 한 경우

2 [대판 2009도14928] 파기환송. [민사소송법상 재판장에게 증언거부권 고지의무가 인정되는지 여부(소극) 및 민사소송절차에서 적법하게 선서한 증인이 증언거부권을 고지받지 아니한 상태에서 허위진술을 한 경우, 위증죄가 성립하는지 여부(원칙적 적극)] [1] 형사소송법은 증언거부권에 관한 규정(제148조, 제149조)과 함께 재판장의 증언거부권 고지의무에 관하여도 규정하고 있는 반면(제160조), 민사소송법은 증언거부권 제도를 두면서도(제314조 내지 제316조) 증언거부권 고지에 관한 규정을 따로 두고 있지 않다. 우리 입법자는 1954.9.23. 제정 당시부터 증언거부권 및 그 고지 규정을 둔 형사소송법과는 달리 그 후인 1960.4.4. 민사소송법을 제정할 때 증언거부권 제도를 두면서도 그 고지 규정을 두지 아니하였고, 2002.1.26. 민사소송법을 전부 개정하면서도 같은 입장을 유지하였다. 이러한 입법 경위 및 규정 내용에 비추어 볼 때, 이는 양 절차에 존재하는 목적·적용원리 등의 차이를 염두에 둔 입법적 선택으로 보인다. 더구나 민사소송법은 형사소송법과 달리, '선서거부권 제도'(제324조[5]), '선서면제 제도'(제323조[6]) 등 증인으로 하여금 위증죄의 위험에서 벗어날 수 있도록 하는 이중의 장치를 마련하고 있어 증언거부권 고지 규정을 두지 아니한 것

---

4) 본 판결의 선고일자는 2010.02.25.로 2008도942 전원합의체 대상판결이 나온 이후의 판결이다.
5) 민사소송법 제324조(선서거부권) 증인이 자기 또는 제314조 각호에 규정된 어느 한 사람과 현저한 이해관계가 있는 사항에 관하여 신문을 받을 때에는 선서를 거부할 수 있다.
6) 민사소송법 제323조(선서의 면제) 제314조에 해당하는 증인으로서 증언을 거부하지 아니한 사람을 신문할 때에는 선서를 시키지 아니할 수 있다. **cf)** 민사소송법 제314조(증언거부권) 증인은 그 증언이 자기나 다음 각호 가운데 어느 하나에 해당하는 사람이 공소제기되거나 유죄판결을 받을 염려가 있는 사항 또는 자기나 그들에게 치욕이 될 사항에 관한 것인 때에는 이를 거부할 수 있다. 1. 증인의 친족 또는 이러한 관계에 있었던 사람 2. 증인의 후견인 또는 증인의 후견을 받는 사람

이 입법의 불비라거나 증언거부권 있는 증인의 침묵할 수 있는 권리를 부당하게 침해하는 입법이라고 볼 수도 없다. 그렇다면 민사소송절차에서 재판장이 증인에게 증언거부권을 고지하지 아니하였다 하여 절차 위반의 위법이 있다고 할 수 없고, 따라서 **적법한 선서절차를 마쳤는데도 허위진술을 한 증인에 대해서는 달리 특별한 사정이 없는 한 위증죄가 성립한다**고 보아야 한다. [2] 민사소송절차에 증인으로 출석한 피고인이, 민사소송법 제314조에 따라 증언거부권이 있는데도 재판장으로부터 증언거부권을 고지받지 않은 상태에서 허위의 증언을 한 사안에서, 민사소송법이 정하는 절차에 따라 증인으로서 적법하게 선서를 마치고도 허위진술을 한 피고인의 행위는 위증죄에 해당하고 기록상 달리 특별한 사정이 보이지 아니하는데도, 법적 근거가 없는 증언거부권의 고지절차가 없었다는 이유로 무죄를 인정한 원심판단에 민사소송절차의 증언거부권 고지에 관한 법리오해의 위법이 있다.

Reference 2

위증죄 성립을 부정한 사례

1 [대판 2008도3300] [공범인 공동피고인이 다른 공동피고인에 대한 공소사실에 관하여 증인적격이 있는지 여부(원칙적 소극)] [1] 공범인 공동피고인은 당해 소송절차에서는 피고인의 지위에 있으므로 다른 공동피고인에 대한 공소사실에 관하여 증인이 될 수 없으나, 소송절차가 분리되어 피고인의 지위에서 벗어나게 되면 다른 공동피고인에 대한 공소사실에 관하여 증인이 될 수 있다. [2] 게임장의 종업원이 그 운영자와 함께 게임산업진흥에 관한 법률 위반죄의 공범으로 기소되어 공동피고인으로 재판을 받던 중, 운영자에 대한 공소사실에 관한 증인으로 증언한 내용과 관련하여 위증죄로 기소된 사안에서, **소송절차가 분리되지 않은 이상** 위 종업원은 증인적격이 없어 위증죄가 성립하지 않는다.

심문절차로 진행되는 사건

2-1 [대판 2003도180] [**심문절차로 진행되는 가처분 신청사건**에서 증인으로 선서를 하고 허위의 공술을 한 경우, 위증죄가 성립하는지 여부(소극)] 가처분사건이 변론절차에 의하여 진행될 때에는 제3자를 증인으로 선서하게 하고 증언을 하게 할 수 있으나 심문절차에 의할 경우에는 **법률상 명문의 규정도 없고**, 또 구 민사소송법(2002.1.26. 법률 제6626호로 전문 개정되기 전의 것)의 증인신문에 관한 규정이 준용되지도 아니하므로 선서를 하게 하고 증언을 시킬 수 없다고 할 것이고, 따라서 제3자가 심문절차로 진행되는 가처분 신청사건에서 증인으로 출석하여 선서를 하고 진술함에 있어서 허위의 공술을 하였다고 하더라도 그 선서는 법률상 근거가 없어 무효라고 할 것이므로 위증죄는 성립하지 않는다.

2-2 [대판 95도186] [**심문절차로 진행되는 소송비용확정신청사건**에서 증인으로 선서를 하고 허위의 공술을 한 경우, 위증죄가 성립하는지 여부] 제3자가 심문절차로 진행되는 소송비용확정신청사건에서 증인으로 출석하여 선서를 하고 진술함에 있어서 허위의 공술을 하였다고 하더라도 **그 선서는 법률상 근거가 없어 무효**라고 할 것이므로 위증죄는 성립하지 않는다.

3 [대판 85도711] 파기환송. [어떠한 사실을 "안다"라는 증언이 위증이 되기 위한 요건] 증인이 어떠한 사실을 "안다"고 진술하는 경우에는 증인이 직접 경험하거나 또는 타인의 경험한 바를 전해 들어서 알게 된 사실을 진술하는 것이므로 이와 같이 알게 된 경위가 어떤 것인지를 가려내어 그것이 피고인의 기억에 반하는지의 여부를 판단하여야 할 것이고 그 진술이 객관적인 사실과 다르다는 것만으로 곧 기억에 반하는

진술이라고 단정할 수는 없다.

4 [대판 83도2853] 증언의 전체취지에 비추어 원고대리인 신문시에 한 증언을 피고대리인과 재판장 신문 시에 취소 시정한 것으로 보여진다면 앞의 증언부분만을 따로 떼어 위증이라고 보는 것은 위법하다.

위증죄 성립을 긍정한 사례

5 [대판 2010도7525] [별도의 증인 신청 및 채택 절차를 거쳐 그 증인이 다시 신문을 받는 과정에서 종전 신문절차에서의 진술을 철회·시정한 경우, 이미 종결된 종전 증인신문절차에서 행한 위증죄의 성립에 영향을 미치는지 여부(소극)] [1] 증인의 증언은 그 전부를 일체로 관찰·판단하는 것이므로 선서한 증인이 일단 기억에 반하는 허위의 진술을 하였더라도 그 신문이 끝나기 전에 그 진술을 철회·시정한 경우 위증이 되지 아니한다고 할 것이나, 증인이 1회 또는 수회의 기일에 걸쳐 이루어진 1개의 증인신문절차에서 허위의 진술을 하고 그 진술이 철회·시정된 바 없이 그대로 증인신문절차가 종료된 경우 그로써 위증죄는 기수에 달하고, 그 후 별도의 증인 신청 및 채택 절차를 거쳐 그 증인이 다시 신문을 받는 과정에서 종전 신문절차에서의 진술을 철회·시정한다 하더라도 그러한 사정은 형법 제153조가 정한 형의 감면사유에 해당할 수 있을 뿐, 이미 종결된 종전 증인신문절차에서 행한 위증죄의 성립에 어떤 영향을 주는 것은 아니다. 위와 같은 법리는 증인이 별도의 증인신문절차에서 새로이 선서를 한 경우뿐만 아니라 종전 증인신문절차에서 한 선서의 효력이 유지됨을 고지 받고 진술한 경우에도 마찬가지로 적용된다. [2] 피고인으로부터 위증의 교사를 받은 甲이 관련사건의 제1심 제9회 공판기일에 증인으로 출석하여 한 허위 진술이 철회·시정된 바 없이 증인신문절차가 그대로 종료되었다가, 그 후 증인으로 다시 신청·채택된 甲이 위 관련사건의 제21회 공판기일에 다시 출석하여 종전 선서의 효력이 유지됨을 고지받고 증언하면서 종전 기일에 한 진술이 허위 진술임을 시인하고 이를 철회하는 취지의 진술을 한 사안에서, 甲의 위증죄는 이미 기수에 이른 것으로 보아야 하고, 그 후 다시 증인으로 신청·채택되어 종전 신문절차에서 한 허위 진술을 철회하였더라도 이미 성립한 위증죄에 영향을 미친다고 볼 수는 없음에도, 이와 달리 본 원심판단에 법리오해의 위법이 있다.

6 [대판 2003도5114] [자기의 형사피고사건에 관하여 타인을 교사하여 위증하게 한 경우, 위증교사죄의 성립 여부] 피고인이 자기의 형사사건에 관하여 허위의 진술을 하는 행위는 피고인의 형사소송에 있어서의 방어권을 인정하는 취지에서 처벌의 대상이 되지 않으나, 법률에 의하여 선서한 증인이 타인의 형사사건에 관하여 위증을 하면 형법 제152조 제1항의 위증죄가 성립되므로 자기의 형사사건에 관하여 타인을 교사하여 위증죄를 범하게 하는 것은 이러한 방어권을 남용하는 것이라고 할 것이어서 교사범의 죄책을 부담케 함이 상당하다. cf) 실질적으로 보아도 재판관은 피고인 본인의 진술보다 선서한 증인의 증언을 신용하기 쉽다. 따라서 피고인 자신의 위증행위 보다, 피고인이 교사해서 위증시키는 쪽이 심판 작용의 공정이라는 법익을 침해할 우려가 크다. 또한 위증을 일종의 증거인멸행위로 보는 견해도 있으나 적극적으로 재판관의 심판을 그르치게 하는 행위인 위증은 사법제도에 대한 소극적인 침해를 중심으로 하는 증거은멸죄와는 죄질이 상당히 다르다.

(1) 형 또는 징계의 경중에 관계있는 정상을 인정하는 데 도움이 될 자료(양형자료)도 증거위조죄의 증거에 포함되는가? (2) 그리고 사실의 증명을 위해 작성된 문서가 그 사실에 관한 내용이나 작성명의 등에 아무런 허위가 없는 경우도 '증거위조'에 해당하는가?

●**사실**● 피고인 X는 Y의 변호인으로서 Y와 면담하는 과정에서 제1심보다 **감형받기 위해**서는 A회사에게 수수한 금원의 2/3이상을 반환할 것을 조언하였다. 하지만 Y는 A회사에게 반환할 충분한 돈을 마련하지 못하였다. 이에 X와 Y는 상의하여 Z, W등이 마련한 금원을 A회사에 송금한 후 다시 돌려받는 과정에서 만들어진 **입금자료를 양형자료로 제출**하기로 하였다. 이후 X는 Y가 A회사에 실제로 반환한 돈이 없음에도 3억 5,000만 원을 반환하였다는 내용의 허위 양형자료를 작출하여 법원에 제출하였고, 그로 인하여 Y는 제1심 선고형인 징역 2년에서 6개월의 징역형을 감형 받아 징역 1년 6월을 선고받았다. 검사는 X를 증거위조 및 위조증거사용죄(법155①)로 기소하였다.

제1심과 원심은 유죄를 인정하였다. 이에 X는 ① 증거위조죄의 객체인 증거는 '**형벌권의 유무**'를 확인하는 데에 관계있다고 인정되는 일체의 자료를 의미하므로, 양형자료 또는 정상참작자료에 불과한 이 사건 입금확인증, 종합전표는 증거위조죄의 객체인 '증거'에 해당하지 않으며, ② 이 사건 입금확인증, 종합전표에 기재된 일시에 기재 금액이 실제로 송금되었고, 자신이 위 자료를 변경하지 않은 이상 위 증거들에는 허위의 사실이 없음을 다투며 자신의 행위는 증거위조 및 위조증거 행사의 구성요건에 해당하지 않는다고 주장하며 상고하였다.

●**판지**● 파기환송. 「[1] 형법 제155조 제1항의 증거위조죄에서 말하는 '**증거**'란 타인의 형사사건 또는 징계사건에 관하여 수사기관이나 법원 또는 징계기관이 국가의 형벌권 또는 징계권의 유무를 확인하는 데 관계있다고 인정되는 일체의 자료를 뜻한다. 따라서 범죄 또는 징계사유의 성립 여부에 관한 것뿐만 아니라 **형 또는 징계의 경중에 관계있는 정상을 인정하는 데 도움이 될 자료까지도 본조가 규정한 증거에 포함**된다.

[2] 형법 제155조 제1항은 타인의 형사사건 또는 징계사건에 관한 증거를 인멸, 은닉, 위조 또는 변조하거나 위조 또는 변조한 증거를 사용한 자를 처벌하고 있고, 여기서의 '**위조**'란 문서에 관한 죄의 위조 개념과는 달리 새로운 증거의 창조를 의미한다. 그러나 사실의 증명을 위해 작성된 문서가 그 사실에 관한 내용이나 작성명의 등에 아무런 허위가 없다면 '증거위조'에 해당한다고 볼 수 없다. 설령 **사실증명에 관한 문서가 형사사건 또는 징계사건에서 허위의 주장에 관한 증거로 제출되어 그 주장을 뒷받침하게 되더라도 마찬가지**이다」.

---

1) 사안은 우리 사회의 법질서를 준수하고 이끌어가야 하며 나아가 의뢰인 등의 권리를 보호해야 할 사회적 책무를 지고 있는 변호사가 감형을 받아내기 위해 양형자료를 작출하여 법원에 제출하여 실제 제2심에서 감형을 이끌어 내 같은 변호사업계 및 지역사회에 충격을 주었던 사건이다.

2) 형법 제155조(증거인멸등과 친족 간의 특례) ① 타인의 **형사사건 또는 징계사건**에 관한 **증거를 인멸, 은닉, 위조 또는 변조**하거나 위조 또는 변조한 증거를 **사용**한 자는 5년 이하의 징역 또는 700만원 이하의 벌금에 처한다. ② 타인의 형사사건 또는 징계사건에 관한 **증인을** 은닉 또는 도피하게 한 자도 제1항의 형과 같다. ③ 피고인, 피의자 또는 징계혐의자를 모해할 목적으로 전2항의 죄를 범한 자는 10년 이하의 징역에 처한다. ④ 친족 또는 동거의 가족이 본인을 위하여 본조의 죄를 범한 때에는 처벌하지 아니한다.

●**해설●** 1 증거인멸죄의 보호법익은 국가의 **사법기능**이고, 보호의 정도는 **추상적 위험범**이다. 본죄의 객체는 **타인의 형사사건 또는 징계사건**에 관한 증거에 한정된다. 따라서 자기의 이익을 위하여 증거자료를 인멸한 행위가 동시에 다른 공범자의 형사사건에 관한 증거를 인멸한 결과가 되더라도 본죄는 성립하지 않는다(대판 94도2608, Ref 3).

2 타인의 형사사건 또는 징계사건에 관한 증거를 위조한 경우에 성립하는 형법 제155조 제1항의 증거위조죄에서 「(가) **'증거'라 함은** 타인의 형사사건 또는 징계사건에 관하여 수사기관이나 법원 또는 징계기관이 국가의 형벌권 또는 징계권의 유무를 확인하는 데 관계있다고 인정되는 일체의 자료를 의미하고, 타인에게 유리한 것이건 불리한 것이건 가리지 아니하며 또 증거가치의 유무 및 정도를 불문하는 것이고, 여기서의 (나) **'위조'란** 문서에 관한 죄에 있어서의 위조 개념과는 달리 새로운 증거의 창조를 의미하는 것이므로 존재하지 아니한 증거를 이전부터 존재하고 있는 것처럼 작출하는 행위도 증거위조에 해당하며, 증거가 문서의 형식을 갖는 경우 증거위조죄에 있어서의 증거에 해당하는지 여부가 그 작성권한의 유무나 내용의 진실성에 좌우되는 것은 아니다」(대판 2002도3600).

3 사안에서 대법원은 하급심의 판단과 같이 ① 양형자료 자체는 '증거'가 될 수 있다고 보았다. 그러나 하급심과는 달리 ② X가 제출한 입금확인증 등은 금융기관이 금융거래에 관한 사실을 증명하기 위해 작성한 문서로서 그 내용이나 작성명의 등에 아무런 허위가 없는 이상 이를 증거의 '위조'에 해당한다고 볼 수 없다고 판단하였다. 즉 「본조가 규정한 **'증거의 위조'란 '증거방법[3]'의 위조'를 의미**하므로, 위조에 해당하는지 여부는 증거방법 자체를 기준으로 하여야 하고 그것을 통해 증명하려는 사실이 허위인지 진실인지 여부에 따라 위조 여부가 결정되어서는 안 된다」고 보았다. 이는 제출된 증거방법의 증거가치를 평가하고 이를 기초로 사실관계를 확정할 권한과 의무는 법원에 있기 때문이다.

4 형법상 증거위조죄는 **국가의 사법기능**, 그 중에서도 형사재판 및 징계심판 기능을 그 보호법익으로 한다. 그러나 사법절차를 담당하는 관련자들의 직무 집행이나 정당한 법집행을 방해하는 일체의 행위를 처벌대상으로 하는 **미국의 사법방해죄와 달리**, 형법 제155조 제1항은 증거를 멸실, 은닉, 위조, 변조하거나 위조 또는 변조한 증거를 사용하는 행위만을 처벌대상으로 하고 있을 뿐이다. 증거위조죄에서의 '위조'의 개념이 문서위조죄에서의 그것과 다르게 해석될 수 있다고 하더라도 그 내용이나 작성명의, 작성일자에 아무런 허위가 없는 증거를 위조되었다고는 볼 수 없다고 대법원은 판단한 것이다.

5 따라서 대상판결은 X가 제출한 이 사건 입금확인증이 해당 금원을 A회사 측에 모두 반환하였다는 허위의 주장 사실을 증명하기 위해 만들어진 것이라 하더라도 **그 자체에 허위가 없는 이상** 이를 허위의 주장과 관련지어 '허위의 증거'에 해당한다고 볼 수는 없다고 판단하고 이렇게 해석하는 것이 죄형법정주의에 부합된다고 보았다.

6 즉 대법원은 「증거 자체에는 아무런 허위가 없으나 그 증거가 허위 주장과 결합하여 허위 사실을

---

3) **증거방법**이란 사실인정의 자료가 되는 **유형물 자체**를 말한다(증인, 증거서류나 증거물 등). 증거란 사실인정의 근거가 되는 자료를 말하는데, 증거는 ① 증거방법과 ② 증거자료의 두 가지 의미를 포함하는 개념이다. **증거자료**란 증거방법의 조사로 알게 된 **내용**을 말한다(증인신문을 통해 얻게 된 증언, 증거물의 조사에 의하여 알게 된 증거물의 성질 등).

증명하게 되는 경우가 있고, 이러한 행위는 국가의 형벌권 행사에 중대한 지장을 초래할 수 있는 행위로서 **비난받아 마땅하다는 점은 부인하기 어렵다.** 그러나 위와 같은 행위를 처벌하는 구성요건을 신설하는 것은 별론으로 하고, 형법 제155조 제1항이 규정한 '증거위조'의 의미를 확장해석하는 방법으로 그 목적을 달성하는 것은 죄형법정주의 원칙상 허용되지 아니 한다」고 판시하고 있다.

Reference

1 [대판 99도5275] 자기의 형사 사건에 관한 증거를 인멸하기 위하여 타인을 교사하여 죄를 범하게 한 자에 대하여는 증거인멸교사죄가 성립한다.

2 [대판 97도2961] 형법 제155조 제1항에서 타인의 형사사건에 관하여 증거를 위조한다 함은 **증거 자체를 위조함을 말하는 것**으로서, 선서무능력자로서 범죄 **현장을 목격하지도 못한 사람으로 하여금 형사법정에서 범죄 현장을 목격한 양 허위의 증언**을 하도록 하는 것은 위 조항이 규정하는 증거위조죄를 구성하지 아니한다.

3 [대판 94도2608] [피고인 자신을 위한 증거인멸행위가 동시에 피고인의 공범자 아닌 자의 증거를 인멸한 결과가 되는 경우, 증거인멸죄가 성립하는지 여부] 증거인멸죄는 타인의 형사사건 또는 징계사건에 관한 증거를 인멸하는 경우에 성립하는 것으로서, 피고인 자신이 직접 형사처분이나 징계처분을 받게 될 것을 두려워한 나머지 자기의 이익을 위하여 그 증거가 될 자료를 인멸하였다면, 그 행위가 동시에 다른 공범자의 형사사건이나 징계사건에 관한 증거를 인멸한 결과가 된다고 하더라도 이를 증거인멸죄로 다스릴 수 없고, 이러한 법리는 그 행위가 피고인의 공범자가 아닌 자의 형사사건이나 징계사건에 관한 증거를 인멸한 결과가 된다고 하더라도 마찬가지이다.

126 무고의 신고대상기관인 '공무소 또는 공무원'

* 대법원 2010. 11. 25. 선고 2010도10202 판결
* 참조조문: 형법 제156조[1][2]

변호사에 대한 징계처분이 형법 제156조에서 정하는 '징계처분'에 포함되는지 여부 및 그 징계 개시의 신청권이 있는 지방변호사회의 장이 같은 조에서 정한 '공무소 또는 공무원'에 포함되는가?

●**사실**● 피고인 X는 2007.11. 변호사 A로 하여금 징계처분을 받게 할 목적으로 컴퓨터를 이용하여 그에 대한 허위내용의 진정서를 작성하였다. 그 진정서는 "피진정인 A변호사는 2006.4.경 영등포구치소에 수감되어 있던 B로부터 외부인들과의 모든 연락관계 등을 대신하며 매주 2회 접견을 해주는 조건으로 3억원을 받기로 약정한 후 B의 사건을 정상적으로 선임을 한 것처럼 변호사 선임계를 제출하였다가 2, 3주 후 사임계를 제출한 후 매주 2회씩 거의 1년여 동안 접견을 하며 외부와의 연락병 역할(일명 비둘기)을 하는 등 변호사로서는 해서는 아니 될 파렴치한 행동을 하는 등 변호사로서의 자질이 부족하고 품위유지의무를 위반하였으니 징계가 필요하다."는 취지의 내용이다. 그러나 그러한 약정은 없었다. 그럼에도 불구하고 X는 2007.11. 말경 서울 서초구 서초동에 있는 **서울지방변호사회**에 위와 같이 작성한 진정서 1부를 **서울지방변호사회회장을 수취인**으로 하여 우편으로 발송, 접수케 하였다.

제1심과 원심은 X에 대해 무고죄를 인정하였다. 그러나 X는 서울지방변호사회는 무고죄에서 규정한 공무소에 해당하지 않으므로 서울지방변호사회에 변호사의 징계를 진정한 것은 무고죄에 해당하지 않는다고 주장하며 상고하였다.

●**판지**● 상고기각. 「[1] (가) 구 변호사법(2008.3.28. 법률 제8991호로 개정되기 전의 것) 제92조, 제95조, 제96조, 제100조 등 관련 규정에 의하면 **변호사에 대한 징계**가 대한변호사협회 변호사징계위원회를 거쳐 최종적으로 법무부의 변호사징계위원회에서 결정되고 이에 불복하는 경우에는 행정소송을 할 수 있는 점, (나) 구 변호사법 제93조, 제94조, 제101조의2 등은 판사 2명과 검사 2명이 위원으로 참여하여 대한변호사협회 변호사징계위원회나 법무부의 변호사징계위원회를 구성하고, 서류의 송달, 기일의 지정이나 변경 및 증인·감정인의 선서와 급여에 관한 사항에 대하여 '**형사소송법**'과 '**형사소송비용 등에 관한 법률**'의 규정을 준용하도록 정하고 있는 점, 위와 같은 절차를 마련한 것은 변호사의 공익적 지위에 기인하여 공법상의 특별권력관계에 준하여 징계에 관하여도 공법상의 통제를 하려는 의도로 보여지는 점 등을 고려하여 보면, **변호사에 대한 징계처분은 형법 제156조에서 정하는 '징계처분'에 포함된다고 봄이 상당**하고, 구 변호사법 제97조의2 등 관련 규정에 의하여 그 징계 개시의 신청권이 있는 **지방변호사회의 장은 형법 제156조에서 정한 '공무소 또는 공무원'에 포함된다**. [2] 피고인이 변호사인 피해자로 하여금 징계처분을 받게 할 목적으로 서울지방변호사회에 위 변호사회 회장을 수취인으로 하는 허위 내용의 진정서를 제출한 사안에서, 무고죄를 인정한 원심판단을 수긍한 사례」.

---

1) 형법 제156조(무고) 타인으로 하여금 형사처분 또는 **징계처분을 받게 할 목적으로 공무소 또는 공무원에 대하여** 허위의 사실을 신고한 자는 10년 이하의 징역 또는 1천500만원 이하의 벌금에 처한다.

2) 무고죄에는 **자백·자수의 특례**를 두고 있다. 형법 제157조(자백·자수) 제153조는 전조에 준용한다. 제153조는 「전조의 죄를 범한 자가 그 공술한 사건의 재판 또는 징계처분이 **확정되기 전에** 자백 또는 자수한 때에는 그 **형을 감경 또는 면제한다**」. 자백의 경우는 자진해서 고백하는 경우뿐만 아니라 수사기관의 신문에 응하여 고백한 경우도 포함된다.

●**해설**● 1 무고죄는 타인으로 하여금 **형사처분 또는 징계처분**을 받게 할 목적으로 **공무소 또는 공무원**에 대하여 허위의 사실을 신고한 자를 처벌하도록 정하고 있다. 여기서 '**징계처분**'이란 **공법상의 특별권력관계에 기인**하여 질서유지를 위하여 과하여지는 제재를 의미한다. 그리고 징계처분과 관련된 '**공무소 또는 공무원**'이란 징계권자 또는 징계권의 발동을 촉구하는 직권을 가진 자와 그 감독기관 또는 그 소속 구성원을 말한다.

2 대상판결에서의 논점은 공무원이 아닌 지방변호사회의 장에게 무고한 행위가 무고죄에 해당하는지 여부이다. 즉 지방변호사회의 장을 공무원법상의 공무원으로 볼 수 있는지가 다투어졌다. 대법원의 판단은 변호사 징계제도에 국가기관(법무부)이 관여하고 그 절차도 형사소송법 등을 준용하도록 하는 것으로 보아 변호사의 경우는 **공법상의 특별권력관계**에 준한다고 보았다. 때문에 이 사안은 무고죄의 '징계처분'에 포함되고 지방변호사회의 장은 무고죄의 '공무소 또는 공무원'에 포함된다고 판단하였다.

3 그러나 법원은 사립학교 교원에 대한 학교법인 등의 징계처분은 본조의 '징계처분'에 포함되지 않는 것으로 판단한다. 무고죄가 공법상의 특별권력관계에 기인한 제재임에 반해 사립학교 교원에 대한 인사권의 행사로서 징계 등 불리한 처분은 사법적 법률행위의 성격을 가진것이기 때문이다(대판 2014도6377, Ref 5).

4 한편 '형사처분'과 관련해 피무고자에 대해 수사를 개시할 수 있는 검사나 사법경찰관리가 무고죄의 공무원에 해당된다. 그리고 공무소 또는 공무원의 범위와 관련하여 법원은 「무고죄에 있어서 공무소 또는 공무원에 대한 신고는 반드시 징계처분 또는 형사처분을 심사 결행할 **직권있는 본속상관에게 직접 할 것을 필요로 하는 것이 아니고** 지휘 명령계통이나 수사관할 이첩을 통하여 **그런 권한 있는 상관에게 도달함으로서 성립**한다」(대판 72도1136; 대판 77도1445 Ref 3).

5 무고죄에서 신고는 '**자진하여**' 고지함을 의미한다. 따라서 조사관의 요청이나 수사기관의 심문에 의해 신고하는 것은 무고죄가 될 수 없다. 그리고 무고죄는 **타인으로** 하여금 형사처분 또는 징계처분을 받게 할 목적을 가져야 하므로 '**자기무고**'는 구성요건에 해당하지 않는다. 그러나 '**공동무고**' 즉 자기와 타인이 공범이라고 무고할 경우에는 타인의 범행부분에 대해서만 무고죄가 성립한다.

6 무고죄에서 허위사실의 「(가) 신고방식은 **구두**에 의하건 **서면**에 의하건 관계가 없고, 서면에 의하는 경우에도 그 신고내용이 타인으로 하여금 형사처분 또는 징계처분을 받게 할 목적의 허위사실이면 충분하며 그 명칭을 반드시 고소장이라고 하여야만 무고죄가 성립하는 것은 아니다. 그리고 (나) 무고죄에서의 허위사실 적시의 정도는 수사관서 또는 감독관서에 대하여 수사권 또는 징계권의 발동을 **촉구하는 정도**의 것이면 충분하고 반드시 범죄구성요건 사실이나 징계요건 사실을 구체적으로 명시하여야 하는 것은 아니다」(대판 2012도4531).

무고죄 성립을 긍정한 사례(신고의 상대방인 공무소 또는 공무원 인정)

1 [대판 91도2127] 국세청장은 조세범칙행위에 대하여 벌금 상당액의 통고처분을 하거나 검찰에 이를 고발할 수 있는 권한이 있으므로, **국세청장에 대하여** 탈세혐의사실에 관한 허위의 진정서를 제출하였다면 무고죄가 성립한다.

2 [대판 81도2380] 도지사는 그 산하에 수사기관인 경찰국을 두고 그 직원을 지휘 감독하고 또 관내경찰서장을 지휘 감독하는 지위에 있으므로 형사처분을 받게 할 목적으로 허위사실을 진정의 형식으로 **도지사에게 신고**하면 그로써 무고죄는 성립한다고 봄이 상당하다.

3 [대판 77도1445] 대통령은 정부의 수반으로서 중앙행정기관의 장을 지휘감독을 할수 있고 법무부장관은 구체적인 사건에 관해서 검찰총장을 지휘감독하는 것이므로 대통령은 법무부장관에 대한 지휘감독을 통해서 수사기관의 직권발동을 촉구시킬 수 있는 위치에 있다고 할 것이므로 형사처분을 받게 할 목적으로 허위사실을 진정의 형식으로 **대통령에게 신고**하면 그로써 무고죄는 성립된다고 봄이 상당하다.

4 [대판 72도1136] 제1군사령관과 중앙정보부장 앞으로 제출한 진정서가 군지휘 명령계통과 수사관할이첩을 통하여 피 진정인들의 징계 및 형사처분권 있는 육군참모총장에게 도달케하였다면 무고죄가 성립한다.

무고죄 성립을 부정한 사례(신고의 상대방인 공무소 또는 공무원 부정)

5 [대판 2014도6377] 형법 제156조는 타인으로 하여금 형사처분 또는 징계처분을 받게 할 목적으로 공무소 또는 공무원에 대하여 허위의 사실을 신고한 자를 처벌하도록 정하고 있다. 여기서 '징계처분'이란 공법상의 감독관계에서 질서유지를 위하여 과하는 신분적 제재를 말한다.그런데 **사립학교 교원**은 학교법인 또는 사립학교경영자가 임면하고(사립학교법 제53조, 제53조의2), 그 임면은 사법상 고용계약에 의하며, 사립학교 교원은 학생을 교육하는 대가로 학교법인 등으로부터 임금을 지급받으므로 학교법인 등과 사립학교 교원의 관계는 원칙적으로 사법상 법률관계에 해당한다. 비록 임면자가 사립학교 교원의 임면에 대하여 관할청에 보고하여야 하고, 관할청은 일정한 경우 임면권자에게 해직 또는 징계를 요구할 수 있는 등(사립학교법 제54조) 학교법인 등에 대하여 국가 등의 지도·감독과 지원 및 규제가 행해지고, 사립학교 교원의 자격, 복무 및 신분을 공무원인 국·공립학교 교원에 준하여 보장하고 있지만, 이 역시 이들 사이의 법률관계가 사법상 법률관계임을 전제로 신분 등을 교육공무원의 그것과 동일하게 보장한다는 취지에 다름 아니다. 따라서 학교법인 등의 사립학교 교원에 대한 인사권의 행사로서 징계 등 불리한 처분은 **사법적 법률행위의 성격을 가진다.** 한편 형벌법규의 해석은 엄격하여야 하고, 명문의 형벌법규의 의미를 피고인에게 불리한 방향으로 지나치게 확장해석하거나 유추해석하는 것은 죄형법정주의의 원칙에 어긋나는 것으로서 허용되지 않는다. 위와 같은 법리를 종합하여 보면, **사립학교 교원에 대한 학교법인 등의 징계처분은 형법 제156조의 '징계처분'에 포함되지 않는다**고 해석함이 옳다.

6 [대판 79도3109] 농업협동조합중앙회나 농업협동조합중앙회장은 형법 제156조 무고죄에 있어서의 공무소나 공무원에 해당되지 아니한다.

127 무고죄와 허위사실

* 대법원 2020. 8. 27. 선고 2020도1842 판결
* 참조조문: 형법 제156조[1]

무고죄에 있어서 '허위의 사실'

●**사실**● 피고인 X는 남편과 사별한 뒤 홀로 미성년 자녀 둘을 키우다 2012년 경 상담심리학전공 석사과정에 진학하였다. 그리고 전문심리상담 자격의 취득에 필요한 수련과정을 이수하기 위하여 광주 소재 심리상담센터에 등록을 하였는데, 그곳에서 1급 전문상담사인 A를 수련지도자로 만나게 되었다. X는 A의 적극적 권유로 수련지도와 함께 개인심리상담도 받기 시작하였다. 나아가 X는 박사과정에 진학하여 A를 지도교수로 하면서 A와 2014.12. 말경부터 2016.5.경까지 약 14차례 성관계를 맺었다. 이후 X는 수사기관에 "① A가 박사논문 지도교수로서의 지위를 이용하여 2014.12.22.경부터 2016.5.1.경까지 총 14회에 걸쳐 자신을 상습적으로 간음하고, ② 2016.6.27. 14:00경 자신을 강간하려다 미수에 그쳤으니 처벌하여 달라"는 고소장을 제출하였다.

검사는 X가 허위내용의 고소장을 작성하여 제출함으로써 A를 무고한 것으로 보아 기소하였다. 제1심과 원심은 X에 대해 무고죄를 인정하였다. 이에 X는 상고하였다.

●**판지**● 파기환송. 「[1] 무고죄는 타인으로 하여금 형사처분이나 징계처분을 받게 할 목적으로 신고한 사실이 객관적인 진실에 반하는 허위사실인 경우에 성립하는 범죄이므로, (가) **신고한 사실이 객관적 진실에 반하는 허위사실이라는 요건은 적극적 증명이 있어야** 하고, 신고사실의 진실성을 인정할 수 없다는 소극적 증명만으로 곧 그 신고사실이 객관적 진실에 반하는 허위의 사실이라 단정하여 무고죄의 성립을 인정할 수는 없으며, (나) 신고내용에 일부 객관적 진실에 반하는 내용이 포함되어 있다고 하더라도 그것이 범죄의 성부에 영향을 미치는 중요한 부분이 아니고 **단지 신고사실의 정황을 과장하는 데 불과하다면 무고죄는 성립하지 않는다.** 또한 (다) 객관적 사실관계를 그대로 신고한 이상 객관적 사실관계를 토대로 한 나름대로의 **주관적 법률평가를 잘못하고 이를 신고하였다고 하여 그 사실만 가지고 허위의 사실을 신고한 것에 해당한다고 할 수는 없다.**

[2] A가 박사과정 지도교수의 지위를 이용하여 피고인을 간음하였다는 고소사실이 객관적 진실에 반하는 **허위사실이라는 점에 관한 적극적 증명이 이루어졌다고 보기 어렵다.** 고소사실에 나름의 진실성이 있다고 볼 여지가 있고, 고소사실의 진실성을 인정할 수 없다는 소극적 증명만으로 곧 고소사실이 객관적 진실에 반하는 허위의 사실이라고 단정하여 무고죄의 성립을 인정할 수 없기 때문이다」.

●**해설**● 1 사안은 신고내용의 허위사실 여부와 관련된 무고죄 성립에 대한 판결이다. 무고죄는 국가적 법익과 개인적 법익을 침해는 양면적 성격을 가지고 있다. 즉 무고죄는 ① 부수적으로 개인이 부당하게 처벌받거나 징계를 받지 않을 이익(법적 안정성)도 보호하나, ② 국가의 **형사사법권 또는 징계권의 적정한 행사**를 주된 보호법익으로 한다. 이와 같이 무고죄의 주된 보호법익은 국가의 심판기능이기 때문에 피무고자의 승낙이 있더라도 무고죄는 성립한다(대판 2005도2712, Ref 2-6). 보호의 정도는 추상적 위험범이다.

---

1) 형법 제156조(무고) 타인으로 하여금 형사처분 또는 징계처분을 받게 할 목적으로 공무소 또는 공무원에 대하여 **허위의 사실을 신고**한 자는 10년 이하의 징역 또는 1천500만원 이하의 벌금에 처한다.

2 무고죄는 신고한 사실이 **객관적 진실에 반하는** 허위사실인 경우에 성립되는 범죄이다[2]. 때문에 신고자가 그 신고내용을 허위라고 믿었다 하더라도 그것이 객관적으로 진실한 사실에 부합할 때에는 허위사실의 신고에 해당하지 않아 무고죄는 성립하지 않는다(대판 91도1950, Ref 1-9). 또한 객관적인 사실관계대로 신고하였으나 주관적인 법률평가가 잘못된 경우에도 무고죄는 성립하지 않는다(대판 84도1737 Ref 1-10). 무고죄는 진실하다는 확신이 없는 사실을 범죄사실로서 신고하면 성립된다. 때문에 진실하다는 확신이 있는 때에는 성립하지 아니한다(대판 84도2774). 즉「무고죄는 ① **객관적 요건**으로서 신고한 사실이 허위임을 요하고 ② **주관적 요건**으로서 신고자가 **허위임을 알고서 신고함**을 요한다」(대판 85도1092).

3 그리고 신고한 사실의 허위 여부는「그 범죄의 구성요건과 관련하여 **신고사실의 핵심 또는 중요내용이 허위인가에 따라 판단**하여 무고죄의 성립 여부를 가려야 한다」(대판 91도1950, Ref 1-9).[3] 그리고 무고죄에서의 범의는 반드시 확정적 고의임을 요하지 아니하므로 신고자가 진실하다는 확신 없는 사실을 신고함으로써 무고죄는 성립하고 그 신고사실이 **허위라는 것을 확신할 것까지는 없다**(대판 91도2127). 또한 무고죄는 신고한 사실이 객관적 진실에 반하는 허위사실이라는 요건은 **적극적 증명**이 있어야 한다(대판 2003도5114, Ref 1-5).

4 성폭력에 대한 무고죄 수사는 피해자에게 불리한 특수성을 가지고 있다. "성폭력 범죄는 피해자의 진술이 유일한 증거인 경우가 많아 혐의의 입증이 어려운 반면, 성폭력 피해자의 진술내용이 기록됨으로써(형소법198③[4]) **무고 혐의는 입증이 용이**하고, 국가적 법익과 개인적 법익을 모두 보호하고자 하는 무고죄의 성질상 성폭력 피해자는 가해자와 수사기관의 문제제기에 의해 무고죄의 가해자 신분으로 뒤바뀔 가능성이 높다는 점, 피해자의 기억에 주로 의존하는 성폭력 수사는 그 과정에서 피해자의 진술이 뒤바뀔 수 있어 그 **진술의 신빙성을 의심**받아 무고죄로 기소되는 사례가 있다는 점"이 그러하다(대판 2018도2614, Ref 1-1).[5]

5 X에 대해 무고죄를 인정과 제1심과 원심의 판단과는 달리 대법원은 성폭행 피해자가 처하여 있는 특별한 사정을 고려할 것을 주문하고 있다.「성폭행이나 성희롱 사건의 피해자가 피해사실을 알리고 문제를 삼는 과정에서 오히려 피해자가 부정적인 여론이나 불이익한 처우 및 신분 노출의 피해 등을 입기도 하여 온 점 등에 비추어 보면, **성폭행 피해자의 대처 양상은 피해자의 성정이나 가해자와의 관계 및 구체적인 상황에 따라 다르게 나타날 수밖에 없다.** 따라서 개별적, 구체적인 사건에서 성폭행 등의 피해자가 처하여 있는 특별한 사정을 충분히 고려하지 않은 채 피해자 진술의 증명력을 가볍게 배척하는 것은 정의와 형평의 이념에 입각하여 논리와 경험의 법칙에 따른 증거판단이라고 볼 수 없다」(대판 2018도7799).

---

2) 이점이 **위증죄**와는 다르다. 위증죄는 **자기의 '기억'에 반하는** 사실을 진술함으로써 성립된다. 때문에 설사 증언이 객관적 진실에 반하다고 할지라도 자기의 기억에 따라 진술한 것이면 위증죄는 성립하지 않는다. 하지만 무고죄는 신고한 사실이 **객관적 진실에 반하는** 허위사실인 경우에 성립되는 범죄이다.

3) 따라서 범죄성립조각사유를 숨기고 신고한 것은 허위사실의 신고이지만, 강간을 강간치상으로 횡령을 절도로 신고하는 경우 등은 허위사실의 신고가 아니다.

4) 형사소송법 제198조(준수사항) ③ 검사·사법경찰관리와 그 밖에 직무상 수사에 관계있는 자는 수사과정에서 수사와 관련하여 작성하거나 취득한 서류 또는 물건에 대한 목록을 빠짐없이 작성하여야 한다.

5) 소병도, 성폭력범죄에 있어서 무고죄 수사의 개선방안, 홍익법학 제18권 제2호(2017), 264면.

6 따라서 성폭행 등의 피해를 입었다는 신고사실에 관하여 **불기소처분 내지 무죄판결이 내려졌다고 하여**, 그 자체를 무고를 하였다는 적극적인 근거로 삼아 **신고내용을 허위라고 단정하여서는 아니 됨**은 물론, 개별적, 구체적인 사건에서 피해자임을 주장하는 자가 처하였던 특별한 사정을 충분히 고려하지 아니한 채 진정한 피해자라면 마땅히 이렇게 하였을 것이라는 기준을 내세워 성폭행 등의 피해를 입었다는 점 및 신고에 이르게 된 경위 등에 관한 변소를 쉽게 배척하여서는 아니 된다(대판 2018도2614).

7 사안의 경우, 제1심과 원심은 X가 '그루밍 수법[6]'에 의하여 항거불능의 상태의 학습화된 무기력 상태에서 자유로운 의사결정을 방해받고 있었다고 보기 어렵다고 판단하였다(즉 합의에 의한 성관계). 그러나 대법원은 피고인의 입장에서 **업무상 위력에 의한 간음**으로 평가할 여지가 있다고 보았다.

8 대법원은 X와 A는 2013.2.경부터 ① 전문심리상담자격 수련생과 수련지도자, ② 내담자와 상담자의 관계에 있다가 X가 2014.3.경 박사과정에 진학하면서 ③ 제자와 지도교수의 관계가 추가되어 '**3중의 중첩된 관계**'를 맺게 된 점에 주목한다. 이는 현실적으로 존재할 수 있는 박사과정의 지도교수와 제자라는 위계적 관계에 더하여 A에게 피고인 내면의 모든 고민과 상처를 고백하고 그 해결책을 상담 받아 왔던 점까지 함께 고려하면, X의 입장에서는 그러한 관계에서 나오는 A의 권위에 내키지 않더라도 복종하거나 그와 맺은 신뢰관계에 의존할 수밖에 없었던 것으로 볼 여지가 충분히 있다고 판단한 것이다.

9 한편 무고죄는 타인으로 하여금 형사처분 또는 징계처분을 받게 할 목적으로 허위의 사실을 신고하는 것을 구성요건으로 하는 범죄이다. 따라서 **자기 자신을 무고하는 행위**는 무고죄의 구성요건에 해당하지 않아 무고죄가 성립하지 않는다. 때문에 자기 자신을 무고하기로 제3자와 공모하고 이에 따라 무고행위에 가담하였더라도 이는 자기 자신에게는 무고죄의 구성요건에 해당하지 않아 범죄가 성립할 수 없는 행위를 실현하고자 한 것에 지나지 않아 **무고죄의 공동정범으로 처벌할 수 없다**(대판 2013도12592).

Reference 1

'허위사실의 신고'로 볼 수 없다고 판단하여 무고죄 성립을 부정한 사례

1 [대판 2018도2614] 파기환송. [1] 성폭행 등의 피해를 입었다는 신고사실에 관하여 **불기소처분 내지 무죄판결이 내려졌다고 하여, 그 자체를 무고를 하였다는 적극적인 근거로 삼아 신고내용을 허위라고 단정하여서는 아니 됨은 물론**, 개별적, 구체적인 사건에서 피해자임을 주장하는 자가 처하였던 특별한 사정을 충분히 고려하지 아니한 채 진정한 피해자라면 마땅히 이렇게 하였을 것이라는 기준을 내세워 성폭행 등의 피해를

---

6) **'그루밍(grooming)'**은 마부(groom)가 말을 빗질하고 목욕시켜 말끔하게 꾸민다는 데서 유래한 것으로 원래 동물의 털 손질, 몸단장, 차림새라는 뜻을 가진 단어인데 성범죄와 관련해서는 가해자(성범죄자)가 피해자를 성적으로 학대하거나 착취하기 전 대상의 호감(취미나 관심사 등 파악)을 얻고 신뢰를 쌓는 등 피해자를 심리적으로 지배한 상태에서 자행하는 성범죄를 가리킨다. 일반적으로 교사와 학생, 성직자와 신도, 복지시설의 운영자와 아동, 의사와 환자 등의 관계에서 나타나는 사례가 많다. 그루밍 성범죄는 피해자들이 보통 자신이 학대당하는 것을 인식하지 못한다는 점, 피해자가 실제로는 그렇지 않음에도 표면적으로는 성관계에 동의한 것처럼 보인다는 점 등 때문에 수사나 처벌이 어려운 경우가 많아 그 문제가 심각하다. https://terms.naver.com

입었다는 점 및 신고에 이르게 된 경위 등에 관한 변소를 쉽게 배척하여서는 아니 된다. [2] 성폭행이나 성희롱 사건의 피해자가 피해사실을 알리고 문제를 삼는 과정에서 오히려 피해자가 부정적인 여론이나 불이익한 처우 및 신분 노출의 피해 등을 입기도 하여 온 점 등에 비추어 보면, 성폭행 피해자의 대처 양상은 피해자의 성정이나 가해자와의 관계 및 구체적인 상황에 따라 다르게 나타날 수밖에 없다. 따라서 개별적, 구체적인 사건에서 성폭행 등의 피해자가 처하여 있는 특별한 사정을 충분히 고려하지 않은 채 피해자 진술의 증명력을 가볍게 배척하는 것은 정의와 형평의 이념에 입각하여 논리와 경험의 법칙에 따른 증거판단이라고 볼 수 없다. 위와 같은 법리는, 피해자임을 주장하는 자가 성폭행 등의 피해를 입었다고 신고한 사실에 대하여 증거불충분 등을 이유로 불기소처분되거나 무죄판결이 선고된 경우 반대로 이러한 신고내용이 객관적 사실에 반하여 무고죄가 성립하는지 여부를 판단할 때에도 마찬가지로 고려되어야 한다. [3] 설령 피고인이 이 사건 당일에 일정 수준의 신체접촉을 용인한 측면이 있다 하더라도, 피고인은 신체의 자유와 자기결정권을 갖는 주체로서 언제든 그 동의를 번복할 수 있을 뿐 아니라 자신이 예상하거나 동의한 범위를 넘어서는 신체접촉에 대해서는 이를 거부할 자유를 가지므로, 피고인이 주장하는 기습추행이 있기 전까지 공소외인과 사이에 어느 정도의 신체접촉이 있었다고 하여, 입맞춤 등의 행위에 대해서까지 피고인이 동의하거나 승인을 하였다고 인정하기는 어렵다. 그 밖에 공소외인이 사건 당일에 피고인에게 보낸 문자메시지 내용이 여러 가지 의미로 해석 가능한 점이나, 공소외인이 피고인을 무고죄로 고소하는 과정에서 자신의 고소대리인을 통하여 개진하였던 주장과 이 사건 제1심 법정에서 증언한 내용이 다르다는 점 역시 피고인이 공소외인으로부터 기습추행을 당하였다는 것이 객관적 진실에 반하는 허위사실이라고 단정하기 어렵게 한다. 반면 원심이 피고인에게 무고의 동기가 있다고 본 사정은 무고죄 성립의 근거로 삼을 만한 것이 되지 못한다. **cf)** 사안은 성범죄의 피해자임을 주장하는 이의 신고사실이 불기소처분되거나 무죄판결이 선고된 경우에 있어, 이러한 신고내용의 무고죄 성립판단에 대한 판결이다. 특히 대상판결은 이른바 **'성인지 감수성'**(【20】 참조)의 관점에서 성폭행 피해자의 입장을 새롭게 바라봤다는 점에서 의미있는 판결이라 할 수 있다.

2-1 [대판 2011도3489] [돈을 갚지 않은 차용인을 사기죄로 고소하면서 변제의사와 능력의 유무에 관하여 기망하였다는 내용으로 고소한 경우, 고소인이 차용금의 '용도'를 묵비하거나 사실과 달리 신고한 것이 무고죄의 '허위사실 신고'에 해당하는지 여부(소극)] [1] 금원을 대여한 고소인이 차용금을 갚지 않은 차용인을 사기죄로 고소하는 데 있어서, 피고소인이 차용금의 용도를 사실대로 이야기하였더라면 금원을 대여하지 않았을 것인데 차용금의 용도를 속이는 바람에 대여하였다고 주장하는 사안이라면, 차용금의 실제 용도는 사기죄의 성립 여부에 영향을 미치는 것으로서 고소사실의 중요한 부분이 되고 따라서 실제 용도에 관하여 고소인이 허위로 신고할 경우에는 그것만으로도 무고죄에서 허위의 사실을 신고한 경우에 해당한다고 할 수 있다. 그러나 **단순히 차용인이 변제의사와 능력의 유무에 관하여 기망하였다는 내용으로 고소한 경우**에는, 차용금의 용도와 무관하게 다른 자료만으로도 충분히 차용인의 변제의사나 능력의 유무에 관한 기망사실을 인정할 수 있는 경우도 있을 것이므로, 차용금의 실제 용도에 관하여 사실과 달리 신고하였다는 것만으로는 **범죄사실의 성립 여부에 영향을 줄 정도의 중요한 부분을 허위로 신고하였다고 할 수 없다.** 이와 같은 법리는 고소인이 차용사기로 고소할 때 묵비하거나 사실과 달리 신고한 차용금의 실제 용도가 도박자금이었더라도 달리 볼 것은 아니다. [2] 피고인이 돈을 갚지 않는 甲을 차용금 사기로 고소하면서 대여금의 용도에 관하여 '도박자금'으로 빌려준 사실을 감추고 '내비게이션 구입에 필요한 자금'이라고 허위 기재하고, 대여의 일시·장소도 사실과 달리 기재하여 甲을 무고하였다는 내용으로 기소된 사안에서, 피고인의

고소 내용은 甲이 변제의사와 능력도 없이 차용금 명목으로 돈을 편취하였으니 사기죄로 처벌하여 달라는 것이고, 甲이 차용금의 용도를 속이는 바람에 대여하게 되었다는 취지로 주장한 사실은 없으며, 수사기관으로서는 차용금의 용도와 무관하게 다른 자료들을 토대로 甲이 변제의사나 능력 없이 돈을 차용하였는지를 조사할 수 있는 것이므로, 비록 피고인이 도박자금으로 대여한 사실을 숨긴 채 고소장에 대여금의 용도에 관하여 허위로 기재하고 대여 일시·장소 등 변제의사나 능력의 유무와 관련성이 크지 아니한 사항에 관하여 사실과 달리 기재한 사정만으로는 사기죄 성립 여부에 영향을 줄 정도의 중요한 부분을 허위 신고하였다고 보기 어려운데도, 피고인에게 유죄를 인정한 원심판단에 무고죄에 관한 법리오해의 위법이 있다

2-2 [대판 2010도14028] 파기환송. 피고인이 돈을 갚지 않는 차용인들을 사기죄로 고소하면서 대여 장소를 허위기재하여 도박자금으로 빌려 준 사실을 숨기고, 피고소인들에게 대여 장소를 묵비하도록 종용하였다는 사정만으로는 무고죄에서 '허위사실의 신고'로 보기 어렵다.

2-3 [대판 2004도2212] [1] 고소인이 차용사기로 고소함에 있어서 단순히 **차용인이 변제의사와 능력의 유무에 관하여 기망**하였다는 내용으로 고소한 경우, 차용금의 용도를 묵비한 것이 무고죄에 있어서 허위사실의 신고에 해당하지 않는다. [2] 피고인이 차용인을 사기죄로 고소함에 있어서 **도박자금으로 사용하는 것을 알고 있었던 사실을 밝히지 않았다**는 등의 사유만으로는 피고인이 허위의 사실을 신고하였다고 할 수 없다.

3 [대판 2008도3754] [**상대방의 범행에 공범으로 가담한 사람이 이를 숨긴 채 상대방을 고소한 경우**] 피고인 자신이 상대방의 범행에 공범으로 가담하였음에도 자신의 가담사실을 숨기고 상대방만을 고소한 경우, 피고인의 고소내용이 상대방의 범행 부분에 관한 한 진실에 부합하므로 이를 허위의 사실로 볼 수 없고, 상대방의 범행에 피고인이 공범으로 가담한 사실을 숨겼다고 하여도 그것이 상대방에 대한 관계에서 독립하여 형사처분 등의 대상이 되지 아니할뿐더러 전체적으로 보아 상대방의 범죄사실의 성립 여부에 직접 영향을 줄 정도에 이르지 아니하는 내용에 관계되는 것이므로 무고죄가 성립하지 않는다.

4 [대판 2006도558] [**신고한 허위의 사실이 형사범죄를 구성하지 않는 경우 무고죄의 성부(소극)**] [1] 타인에게 형사처분을 받게 할 목적으로 '허위의 사실'을 신고한 행위가 무고죄를 구성하기 위하여는 신고 된 사실 자체가 형사처분의 원인이 될 수 있어야 할 것이어서, 가령 허위의 사실을 신고하였다 하더라도 그 **사실 자체가 형사범죄로 구성되지 아니한다면 무고죄는 성립하지 아니한다.** [2] "피고소인이 송이의 채취권을 이중으로 양도하여 손해를 입었으니 엄벌하여 달라"는 내용의 고소사실이 횡령죄나 배임죄 기타 형사범죄를 구성하지 않는 내용의 신고에 불과하여 그 신고 내용이 허위라고 하더라도 무고죄가 성립할 수 없다.

5 [대판 2003도5114] 무고죄는 타인으로 하여금 형사처분이나 징계처분을 받게 할 목적으로 신고한 사실이 객관적 진실에 반하는 허위사실인 경우에 성립되는 범죄이므로 신고한 사실이 객관적 사실에 반하는 허위사실이라는 요건은 **적극적인 증명이 있어야** 하며, 신고사실의 진실성을 인정할 수 없다는 소극적 증명만으로 곧 그 신고사실이 객관적 진실에 반하는 허위사실이라고 단정하여 무고죄의 성립을 인정할 수는 없다.

신고사실이 사실을 다소 과장한 것에 지나지 않은 경우
6-1 [대판 96도771] [1] 무고죄에 있어서 허위의 사실이라 함은 그 신고 된 사실로 인하여 상대방이 형사처분이나 징계처분 등을 받게 될 위험이 있는 것이어야 하고, **비록 신고내용에 일부 객관적 진실에 반하는 내용이 포함되었다고 하더라도** 그것이 독립하여 형사처분 등의 대상이 되지 아니하고 단지 신고사실의 정황

을 과장하는 데 불과하거나 허위의 일부 사실의 존부가 전체적으로 보아 범죄사실의 성립 여부에 직접 영향을 줄 정도에 이르지 아니하는 내용에 관계되는 것이라면 무고죄가 성립하지 아니한다. [2] 폭행을 당하지는 않았더라도 그와 다투는 과정에서 시비가 되어 서로 허리띠나 옷을 잡고 밀고 당기면서 평소에 좋은 상태가 아니던 요추부에 경도의 염좌증세가 생겼을 가능성이 충분히 있다면 피고인의 구타를 당하여 상해를 입었다는 내용의 고소는 **다소 과장된 것이라고 볼 수 있을지언정 이를 일컬어 무고죄의 처벌대상인 허위사실을 신고한 것이라고 단정하기는 어렵다.**

6-2 [대판 73도2771] 구타를 당하여 상해를 입었다는 고소내용은 하나의 폭력행위에 대한 고소사실로서 이를 분리하여 폭행에 관한 고소사실과 상해에 관한 고소사실의 두 가지의 고소내용이라고는 할 수 없으므로, 피고인이 구타를 당한것이 사실인 이상 이를 고소함에 있어서 입지않은 상해사실을 포함시켰다 하더라도 이는 고소내용의 **정황의 과장**에 지나지 않으므로 위 상해부분만이 따로이 무고죄를 구성한다고는 할 수 없다.

7 [대판 86도556] 피고인이 이 사건 피해자와 정교관계를 한번 맺었고, 그로 인하여 임신을 하게 된 것이 사실이라고 하더라도 성인남녀인 위 두 사람 사이에 정교관계가 서로의 합의에 의하여 이루어진 것으로 보여지는 이 사건에 있어서 위와 같은 사실 그 자체만으로 피해자의 범죄성립 여부에 직접 영향을 미치는 사정은 아니라 할 것이고, 오히려 피해자는 위 사실을 미끼로 피고인의 집에까지 찾아와 피고인의 처 공소외 1 등에게 피고인의 위 행위에 대하여 책임을 추궁하면서 보상을 요구하고 이에 응하지 않으면 사회적으로 매장시키겠다고 위협을 하면서 낙태비 명목으로 금 10만원을 교부받아간 후에도 계속 돈 1,000만원을 요구하여 피고인은 피해자를 공갈 및 공갈미수죄로 경찰에 고소한 사실이 인정되므로 그와 같은 사실을 고소한 것이 진실에 맞는 것으로 허위의 사실을 신고한 것이 아니라고 판단한 원심의 조치는 수긍이 가고, 거기에 소론이 주장하는 바와 같이 무고죄의 법리를 오해한 위법이 없다.

8 [대판 2008도3754] 피고인 자신이 상대방의 범행에 공범으로 가담하였음에도 **자신의 가담사실을 숨기고 상대방만을 고소한 경우**, 피고인의 고소내용이 **상대방의 범행 부분에 관한 한 진실에 부합하므로 이를 허위의 사실로 볼 수 없고**, 상대방의 범행에 피고인이 공범으로 가담한 사실을 숨겼다고 하여도 그것이 상대방에 대한 관계에서 독립하여 형사처분 등의 대상이 되지 아니할뿐더러 전체적으로 보아 상대방의 범죄사실의 성립 여부에 직접 영향을 줄 정도에 이르지 아니하는 내용에 관계되는 것이므로 무고죄가 성립하지 않는다.

9 [대판 91도1950] 갑의 피고인에 대한 고발내용은 "피고인이 환경보전법 제37조에서 규정하고 있는 '특정유해물질 또는 산업폐기물'을 함유하고 있는 보일러 세관수를 방류함으로써 위 법조를 위반하였다"는 것인 한편, 피고인의 갑에 대한 고소내용은 피고인이 그와 같이 '특정유해물질 또는 산업폐기물'을 함유하고 있는 보일러 세관수를 방류한 사실이 없어 갑의 위 고발내용이 허위라는 것인데, 피고인이 보일러 세관수를 방류한 사실이 인정된다 하더라도 그 세관수가 위 법조에 규정된 특정유해물질이나 산업폐기물을 함유하고 있지 않다면, 피고인의 고소내용은 **그 중요부분에 있어 객관적으로 진실한 사실에 부합하는 것이어서** 피고인이 허위사실을 신고한 것이라고는 할 수 없으므로 **무고죄에 해당하지 아니한다.**

10 [대판 84도1737] [객관적인 사실관계대로 신고하였으나 **주관적인 법률평가가 잘못된 경우** 무고죄의 성

부] 무고죄에서 말하는 허위라 함은 객관적인 사실에 반하는 것을 말하고 그 고의는 이 허위에 대한 인식이 있음을 요하는 것이므로 객관적인 사실관계를 자신이 인식한대로 신고하는 이상 객관적인 사실을 토대로 한 나름대로의 **주관적, 법적 구성이나 평가에 잘못이 있다 하더라도 이는 허위의 사실을 신고한 것에 해당한다고 볼 수 없어** 무고죄가 성립하지 아니한다.

11 [대판 81도2341] 허위사실을 신고한 것이 아닌 이상 그 신고 된 사실에 대한 **형사책임을 부담할 자를 잘못 택하였다고 해도 무고죄는 성립하지 아니한다.** cf) 사안에서 대법원은 고소장에 피고소인의 표시를 동화여객회사 대표 공소외인으로 기재한 것이 공소외인 개인을 고소한 것으로 본다 하더라도 무단주차 및 회차사실이 진실한 사실로서 허위사실을 신고한 것이 아닌 이상, 그 신고 된 사실에 대한 형사책임을 부담할 자를 잘못 택하였다고 하여 무고죄가 성립한다고는 할 수 없다고 판단하였다.

'허위사실의 신고'로 판단하여 무고죄 성립을 인정한 사례

12 [대판 2012도2468] 파기환송. 피고인이 수사기관에 '甲이 민사사건 재판과정에서 위조된 확인서를 제출하였으니 처벌하여 달라'는 내용으로 허위사실이 기재된 고소장을 제출하면서 '甲이 위조된 합의서도 제출하였다'는 취지로 기재하였으나, 고소보충 진술 시 확인서가 위조되었다는 점에 관하여만 진술한 사안에서, 피고인이 제출한 고소장에 '**합의서도 도장을 찍은 바가 없으므로 위조 및 행사 여부를 가려주시기 바랍니다**'라고 기재한 내용이 허위의 사실이라면 이 부분에 대해서도 '허위 사실을 신고한 것'으로 보아야 함에도, 이 부분 기재 내용이 '허위의 사실'인지 여부 등에 대해 심리하지 아니한 채 이 부분에 대하여 무죄를 선고한 원심판결에 무고죄의 '신고'에 관한 법리오해 등의 위법이 있다.

13 [대판 2006도8638] 1통의 고발장에 의하여 수개의 혐의사실을 들어 고발한 경우, **그 중 일부 사실이 진실이라 하더라도 다른 사실이 허위이면** 그 허위사실 부분은 독립하여 무고죄를 구성한다.

14 [대판 2006도6347] 무고죄에 있어서 신고사실이 객관적 사실과 일치하지 않는 것이라도 신고자가 진실이라고 확신하고 신고하였을 때에는 무고죄가 성립하지 않는다고 할 것이나, 진실이라고 확신한다 함은 신고자가 알고 있는 객관적인 사실관계에 의하더라도 신고사실이 허위라거나 또는 허위일 가능성이 있다는 인식을 하지 못하는 경우를 말하는 것이지, 신고자가 알고 있는 객관적 사실관계에 의하여 신고사실이 허위라거나 **허위일 가능성이 있다는 인식을 하면서도 이를 무시한 채** 무조건 자신의 주장이 옳다고 생각하는 경우까지 포함되는 것은 아닌데, 피고인은 재판과정에서 위 고소내용을 인정할 증거는 공소외 1의 발언밖에 없다고 주장하면서도 공소외 1이 구체적으로 어떻게 말을 하였는지에 대하여는 명확히 밝히지 못한 채 당시 묵시적으로 인정하였다는 취지의 주장만을 하고 있음을 알 수 있는바, 이러한 사정들을 앞서 본 법리에 비추어 보면, **피고인은 그 고소사실이 허위라거나 허위일 가능성이 있다는 인식을 하면서도 이를 무시한 채 고소에 이른 것**이라고 보아야 할 것이므로 피고인에게 무고의 고의가 없었다고 볼 수도 없다.

15-1 [대판 2003도7178] [도박자금으로 대여한 금전의 용도에 대하여 허위로 신고한 것이 무고죄의 허위신고에 해당한다] ●**판지**● 무고죄는 …… 신고사실의 일부에 허위의 사실이 포함되어 있다고 하더라도 그 허위부분이 범죄의 성부에 영향을 미치는 중요한 부분이 아니고, 단지 신고한 사실을 과장한 것에 불과

한 경우에는 무고죄에 해당하지 아니하지만, 그 일부 허위인 사실이 국가의 심판 작용을 그르치거나 부당하게 처벌을 받지 아니할 개인의 법적 안정성을 침해할 우려가 있을 정도로 고소사실 전체의 성질을 변경시키는 때에는 무고죄가 성립될 수 있다. ●전문● 피고인이 1999. 6.경 도박현장에서 공소외 1에게 도박자금으로 120만 원을 빌려주었다가 이를 돌려받지 못하게 되자, 2001.6.27. 위 금원을 도박자금으로 빌려주었다는 사실을 감추고 단순한 대여금인 것처럼 하여 공소외 1이 120만 원을 빌려 간 후 변제하지 아니하고 있으니 처벌하여 달라는 취지로 허위 고소하였고, …… 그 대여한 금전의 용도에 대하여 허위로 진술한 것은, 수사기관이 피고인의 고소내용을 근거로 피고소인의 범행방법을 특정하여 수사권을 발동하고, 이를 기초로 하여 당해 행위에 있어 사기죄의 기망행위와 편취범의를 조사하여 형사처분을 할 것인지와 어떠한 내용의 형사처분을 할 것인지를 결정하는 데에 직접적인 영향을 줄 정도에 이르는 내용에 관하여 허위의 사실을 고소한 것이다.

15-2 [비교판례] [대판 2004도2212] [고소인이 차용사기로 고소함에 있어서 단순히 차용인이 변제의사와 능력의 유무에 관하여 기망하였다는 내용으로 고소한 경우, 차용금의 용도를 묵비한 것이 무고죄에 있어서 허위사실의 신고에 해당하는지 여부(소극)] 금원을 대여한 고소인이 차용금을 갚지 않는 차용인을 사기죄로 고소함에 있어서, 피고소인이 차용금의 용도를 사실대로 이야기하였더라면 금원을 대여하지 않았을 것인데 차용금의 용도를 속이는 바람에 대여하였다고 주장하는 사안이라면 그 차용금의 실제용도는 사기죄의 성부에 영향을 미치는 것으로서 고소사실의 중요한 부분이 되고 따라서 그 실제용도에 관하여 고소인이 허위로 신고를 할 경우에는 그것만으로도 무고죄에 있어서의 허위의 사실을 신고한 경우에 해당한다 할 것이나, 단순히 차용인이 변제의사와 능력의 유무에 관하여 기망하였다는 내용으로 고소한 경우에는 차용금의 용도와 무관하게 다른 자료만으로도 충분히 차용인의 변제의사나 능력의 유무에 관한 기망사실을 인정할 수 있는 경우도 있을 것이므로 그 차용금의 실제 용도에 관하여 사실과 달리 신고하였다 하더라도 그것만으로는 범죄사실의 성부에 영향을 줄 정도의 중요한 부분을 허위로 신고하였다고 할 수 없는 것이고, 이와 같은 법리는 고소인이 차용사기로 고소함에 있어서 묵비하거나 사실과 달리 신고한 차용금의 실제 용도가 도박자금이었다고 하더라도 달리 볼 것은 아니다.

16 [대판 95도1908] 객관적으로 고소사실에 대한 공소시효가 완성되었더라도 고소를 제기하면서 마치 공소시효가 완성되지 아니한 것처럼 고소한 경우에는 국가기관의 직무를 그르칠 염려가 있으므로 무고죄를 구성한다.

17 [대판 88도1533] [위증혐의로 고소고발한 사실 중 재판결과에 영향이 없는 사실만이 허위인 경우 무고죄의 성부(적극)] 1통의 고소, 고발장에 의하여 수개의 혐의사실을 들어 무고로 고소, 고발한 경우 그중 일부사실은 진실이나 다른 사실은 허위인 때에는 그 허위사실부분만이 독립하여 무고죄를 구성하는 것이고, 위증죄는 진술내용이 당해 사건의 요증사항이 아니거나 재판의 결과에 영향을 미친 바 없더라도 선서한 증인이 그 기억에 반하여 허위의 진술을 한 경우에는 성립되어 그 죄책을 면할 수 없으므로, 위증으로 고소, 고발한 사실 중 위증한 당해사건의 요증사항이 아니고 재판결과에 영향을 미친 바 없는 사실만이 허위라고 인정되더라도 무고죄의 성립에는 영향이 없다.

18 [대판 86도1606] [고소장 작성 시 변호사의 자문을 받은 사실과 무고죄의 성부] 무고죄는 타인으로 하여금 형사처분을 받게 할 목적으로 허위의 사실을 공무소에 신고하면 성립되는 것이고 허위의 사실을 기재한

고소장을 작성하여 수사기관에 제출한 이상 **고소장을 작성할 때 변호사 등 법조인의 자문을 받았다 하더라도 무고죄의 성립에는 소장이 없다.**

Reference 2

기타 무고죄와 관련된 주요 사례

1 [대판 2018도7293] [형법 제153조에서 정한 '**재판이 확정되기 전**'에 피고인의 고소사건 수사 결과 피고인의 무고 혐의가 밝혀져 피고인에 대한 공소가 제기되고 피고소인에 대해서는 불기소결정이 내려져 재판절차가 개시되지 않은 경우가 포함되는지 여부(적극)] 형법 제157조, 제153조는 무고죄를 범한 자가 그 신고한 사건의 재판 또는 징계처분이 확정되기 전에 자백 또는 자수한 때에는 그 형을 감경 또는 면제한다고 하여 이러한 재판확정 전의 자백을 필요적 감경 또는 면제사유로 정하고 있다. 위와 같은 자백의 절차에 관해서는 아무런 법령상의 제한이 없으므로 그가 신고한 사건을 다루는 기관에 대한 고백이나 그 사건을 다루는 재판부에 증인으로 다시 출석하여 전에 그가 한 신고가 허위의 사실이었음을 고백하는 것은 물론 무고 사건의 피고인 또는 피의자로서 법원이나 수사기관에서의 신문에 의한 고백 또한 자백의 개념에 포함된다. 형법 제153조에서 정한 '재판이 확정되기 전'에는 피고인의 고소사건 수사 결과 피고인의 무고 혐의가 밝혀져 피고인에 대한 공소가 제기되고 피고소인에 대해서는 불기소결정이 내려져 재판절차가 개시되지 않은 경우도 포함된다.

2 [대판 2015도15398] [허위로 신고한 사실이 무고행위 당시 형사처분의 대상이 될 수 있었으나 이후 형사범죄가 되지 않는 것으로 **판례가 변경**된 경우, 이미 성립한 무고죄에 영향을 미치는지 여부(원칙적 소극)] 타인에게 형사처분을 받게 할 목적으로 '허위의 사실'을 신고한 행위가 무고죄를 구성하기 위해서는 신고된 사실 자체가 형사처분의 대상이 될 수 있어야 하므로, 가령 허위의 사실을 신고하였더라도 신고 당시 그 사실 자체가 형사범죄를 구성하지 않으면 무고죄는 성립하지 않는다. 그러나 허위로 신고한 사실이 무고행위 당시 형사처분의 대상이 될 수 있었던 경우에는 국가의 형사사법권의 적정한 행사를 그르치게 할 위험과 부당하게 처벌받지 않을 개인의 법적 안정성이 침해될 위험이 이미 발생하였으므로 무고죄는 기수에 이르고, 이후 그러한 사실이 형사범죄가 되지 않는 것으로 판례가 변경되었더라도 특별한 사정이 없는 한 **이미 성립한 무고죄에는 영향을 미치지 않는다.**

3 [대판 2013도12592] [**자기 자신을 무고하기로 제3자와 공모하고 무고행위에 가담한 경우, 무고죄의 공동정범으로 처벌할 수 있는지 여부(소극)**] 형법 제156조에서 정한 무고죄는 타인으로 하여금 형사처분 또는 징계처분을 받게 할 목적으로 허위의 사실을 신고하는 것을 구성요건으로 하는 범죄이다. 자기 자신으로 하여금 형사처분 또는 징계처분을 받게 할 목적으로 허위의 사실을 신고하는 행위, 즉 자기 자신을 무고하는 행위는 무고죄의 구성요건에 해당하지 않아 무고죄가 성립하지 않는다. 따라서 자기 자신을 무고하기로 제3자와 공모하고 이에 따라 무고행위에 가담하였더라도 이는 자기 자신에게는 무고죄의 구성요건에 해당하지 않아 범죄가 성립할 수 없는 행위를 실현하고자 한 것에 지나지 않아 무고죄의 공동정범으로 처벌할 수 없다.

4 [대판 2013도4429] [수사기관 등의 추문(推問) 과정에서 허위진술을 하는 것이 무고죄를 구성하는지 여부(소극)] 무고죄에 있어서의 신고는 자발적인 것이어야 하고 수사기관 등의 추문(推問), 즉 수사기관 등이 추궁하여 캐어묻거나 진술을 이끌어내는 과정에서 허위의 진술을 하는 것은 무고죄를 구성하지 않는 것이지만, 당초 고소장에 기재하지 않은 사실을 수사기관에서 고소보충조서를 받을 때 **자진하여 진술하였다면** 이 진술 부분까지 신고한 것으로 보아야 할 것이다.

5 [대판 2008도4852] [제3자를 교사·방조하여 자신에 대한 허위의 사실을 신고하게 한 경우, 피무고자가 무고죄의 교사·방조범의 죄책을 지는지 여부(적극)] 형법 제156조의 무고죄는 국가의 형사사법권 또는 징계권의 적정한 행사를 주된 보호법익으로 하는 죄이나, 스스로 본인을 무고하는 자기무고는 무고죄의 구성요건에 해당하지 아니하여 무고죄를 구성하지 않는다. 그러나 피무고자의 교사·방조 하에 제3자가 피무고자에 대한 허위의 사실을 신고한 경우에는 제3자의 행위는 무고죄의 구성요건에 해당하여 무고죄를 구성하므로, 제3자를 교사·방조한 피무고자도 교사·방조범으로서의 죄책을 부담한다.

6 [대판 2005도2712] [피무고자의 승낙이 있는 경우 무고죄의 성립 여부(적극)] 무고죄는 국가의 형사사법권 또는 징계권의 적정한 행사를 주된 보호법익으로 하고 다만, 개인의 부당하게 처벌 또는 징계받지 아니할 이익을 부수적으로 보호하는 죄이므로, 설사 무고에 있어서 **피무고자의 승낙이 있었다고 하더라도** 무고죄의 성립에는 영향을 미치지 못한다 할 것이다. **cf)** 무고죄는 국가적 법익에 관한 죄이므로 피무고자의 승낙이 있었다고 하더라도 범죄는 성립한다.

혐의의 판단시기
7-1 [대판 2007도11153] [1] 무고죄는 타인으로 하여금 형사처분 등을 받게 할 목적으로 공무소 등에 허위의 사실을 신고함으로써 성립하는 범죄이므로, 그 신고 된 범죄사실이 이미 공소시효가 완성된 것이어서 무고죄가 성립하지 아니하는 경우에 해당하는지 여부는 **그 신고시를 기준으로 하여 판단**하여야 한다고 할 것이다. [2] 기록에 의하면, 피고인은 피해자 공소외인의 폭행일시를 특정하지 아니한 고소장을 2005.6.28.경 수서경찰서 민원실에 제출, 접수한 후, 고소인 보충진술시에 그 폭행일시를 2003.3.경으로 특정하였음을 알아 볼 수 있는바, 폭행죄의 공소시효기간은 3년이므로 피고인은 아직 공소시효가 완성되지 아니한 범죄사실을 신고한 것임이 명백하고, 따라서 그 신고사실이 허위인 이상 피고인은 무고죄의 죄책을 면할 수 없다고 할 것이고, 피고인이 그 이후 검찰이나 제1심 법정에서 위 피해자의 폭행일시를 2002.3.로 정정하여 진술하였다고 하여 이미 성립된 무고죄에 영향을 미칠 수는 없다고 할 것이다.

7-2 [대판 2015도15398] 타인에게 형사처분을 받게 할 목적으로 '허위의 사실'을 신고한 행위가 무고죄를 구성하기 위해서는 신고된 사실 자체가 형사처분의 대상이 될 수 있어야 하므로, 가령 (가) 허위의 사실을 신고하였더라도 **신고 당시** 그 사실 자체가 형사범죄를 구성하지 않으면 무고죄는 성립하지 않는다. 그러나 (나) 허위로 신고한 사실이 **무고행위 당시** 형사처분의 대상이 될 수 있었던 경우에는 국가의 형사사법권의 적정한 행사를 그르치게 할 위험과 부당하게 처벌받지 않을 개인의 법적 안정성이 침해될 위험이 이미 발생하였으므로 무고죄는 기수에 이르고, 이후 그러한 사실이 형사범죄가 되지 않는 것으로 판례가 변경되었더라도 특별한 사정이 없는 한 이미 성립한 무고죄에는 영향을 미치지 않는다.

8 [대판 2003도5114] [신고사실의 진실성을 인정할 수 없다는 소극적인 증명만으로 곧 그 신고사실이 객

관적인 진실에 반하는 허위사실이라고 단정하여 무고죄의 성립을 인정할 수 있는지 여부(소극)] 무고죄는 타인으로 하여금 형사처분이나 징계처분을 받게 할 목적으로 신고한 사실이 객관적 진실에 반하는 허위사실인 경우에 성립되는 범죄이므로 신고한 사실이 객관적 사실에 반하는 허위사실이라는 요건은 **적극적인 증명**이 있어야 하며, 신고사실의 진실성을 인정할 수 없다는 소극적 증명만으로 곧 그 신고사실이 객관적 진실에 반하는 허위사실이라고 단정하여 무고죄의 성립을 인정할 수는 없다.

9 [대판 2000도1908, 2000감도62] [무고죄에 있어서 '허위사실의 신고'의 의미] 무고죄에 있어서 허위사실의 신고라 함은 신고사실이 객관적 사실에 반한다는 것을 확정적이거나 미필적으로 인식하고 신고하는 것을 말하는 것이므로 객관적 사실과 일치하지 않는 것이라도 신고자가 진실이라고 확신하고 신고하였을 때에는 무고죄가 성립하지 않는다고 할 것이나, 여기에서 **진실이라고 확신한다 함은** 신고자가 알고 있는 객관적인 사실관계에 의하더라도 신고사실이 허위라거나 또는 허위일 가능성이 있다는 인식을 하지 못하는 경우를 말하는 것이지, 신고자가 알고 있는 객관적 사실관계에 의하여 신고사실이 허위라거나 허위일 가능성이 있다는 인식을 하면서도 이를 무시한 채 무조건 자신의 주장이 옳다고 생각하는 경우까지 포함되는 것은 아니다. …… 피고인으로서는 객관적인 자료에 의하여 그 신고사실이 허위라는 사정을 충분히 인식하면서도 그러한 사실관계는 도외시한 채 자신의 주장만이 옳다는 생각에 집착하고 있을 뿐인 것으로 보이므로, 피고인에게 무고의 범의가 없다고 할 수는 없다.

10 [대판 84도2774] [무고죄에 있어서 허위사실 적시의 정도] 무고죄에 있어서 허위사실 적시의 정도는 수사관서 또는 감독관서에 대하여 **수사권 또는 징계권의 발동을 촉구하는 정도의 것이면 충분**하고 반드시 범죄구성요건 사실이나 징계요건 사실을 구체적으로 명시하여야 하는 것은 아니다. [2] 피고인이 사회정화위원회에 신고하여 경찰대공 담당부서에 이첩된 신고내용중 이 사건에서 허위사실로 인정된 사실과 관련된 내용의 요지는 주로 (1) 공소외 이○근은 10.26 사태 전에 고위층의 밀명이라고 하면서 대중공무역의 사명을 띠고 일본에 체류중 10.26 사태로 중단 귀국한 일이 있고, (2) 이○근은 동인이 설립한 보현산업주식회사의 창립주주중 1인인 일본인 아끼야마가 공산당 핵심인물이라고 공소외 김○옥에게 얘기했으며, (3) 이○근과 김○옥이 일본체류중 공소외 이모가 김○옥에게 위 아끼야마 및 재일한국인 등이 평양으로 안내할테니 갈 의향이 없느냐고 물은 사실이 있고, (4) 이○근은 10.26사태 후 귀국하여 김○옥 등에게 곧 북한이 처내려 올테니 비상식량을 준비하고 피난 갈 준비를 하라고 하여 김○옥은 신장의 이○근 집으로 이사를 하였고, (5) 이○근은 김○옥과 동거시 자기 방을 따로 정하고 불시에 문을 열고 들어가면 깜짝 놀라면서 신경질을 낸 일이 여러 번 있었다고 함에 있음이 인정된다. 위 인정과 같은 신고내용을 각 사항별로 살펴보면 구체적인 범죄구성요건을 충족할 만한 사실을 적시한 것은 없으나 위 각 사항을 전체적으로 종합하여볼 때 위 이○근이 일본에 있는 공산당원과 연결되어 북괴를 위하여 반국가적인 활동을 한 자임을 암시하는 내용임이 뚜렷하므로 수사관서의 수사권 발동을 촉구하기에 충분한 정도의 사실 적시라고 하지 않을 수 없다.

대판 73도550	498	대판 76도2446	220
대판 73도1080	371	대판 76도3419	55
대판 73도1553	351	대판 76도3460	209
대판 73도2041	670	대판 76도3662	802
대판 73도2578	144	대판 76도3685	847
대판 73도2771	871	대판 76도3700	425, 438
대판 74도294	668	대판 76도3758	30
대판 74도568	723	대판 76도3962	520
대판 74도778	51	대판 76도4174	51
대판 74도840	94	대판 77도1069	296, 303
대판 74도976	757	대판 77도1350	343, 344
대판 74도1519	139	대판 77도1445	863, 864
대판 74도1804	609, 610	대판 77도1736	704
대판 74도1892	84	대판 77도1879	675, 676
대판 74도2035	701, 706	대판 77도2155	738
대판 74도2455	537	대판 77도3199	847
대판 74도2594	670	대판 78도296	791, 806
대판 74도2715	716	대판 78도840	663
대판 74도2715 전원합의체	689, 718	대판 78도1355	603
대판 74도2727	86	대판 78도2138	282, 626
대판 74도2804	609, 610	대판 78도2327	758
대판 74도2841	847	대판 79다483 전원합의체	479
대판 74도3442	283	대판 79다7840	321
대판 75도331	724	대판 79도141	569
대판 75도422	747, 749	대판 79도198	499
대판 75도781	309, 311	대판 79도249	233
대판 75도2665	784	대판 79도436	634, 641
대판 75도2673	27, 28, 30	대판 79도639	665
대판 75도2713	464	대판 79도656	491
대판 75도2818	460	대판 79도708	605
대판 75도3607	802	대판 79도961	520
대판 75도3779	85	대판 79도1124	806
대판 76도414	322	대판 79도1250	42, 44
대판 76도730	529	대판 79도1349	74
대판 76도1709	716, 726	대판 79도1387	64
대판 76도1767	683	대판 79도1517	149, 152
대판 76도1932	341	대판 79도1735	337, 338
대판 76도2069	552	대판 79도1882	271
대판 76도2072	93	대판 79도1956	203, 209

대판 89도17	516	대판 90도1591	623
대판 89도108	50	대판 90도1790	732
대판 89도110	207	대판 90도1912	731
대판 89도563	600	대판 90도1958	320
대판 89도773	320	대판 90도2037	387
대판 89도813	503	대판 90도2102	82, 87
대판 89도889	254	대판 90도2153	28, 29
대판 89도1153	325	대판 90도2180	421
대판 89도1204	823, 825	대판 90도2257	602
대판 89도1309	548	대판 90도2425	773
대판 89도1397	398	대판 90도2445	87
대판 89도1406	28, 32	대판 90도2501	203, 209
대판 89도1467	155	대판 90도2800	777, 778, 783
대판 89도1570	38	대판 91도61	600
대판 89도1618	47	대판 91도80	457
대판 89도1679	303	대판 91도96	775
대판 89도1700	815	대판 91도276	724
대판 89도1816	731	대판 91도288	100
대판 89도1911	466	대판 91도326	274
대판 89도2018	815	대판 91도347	151
대판 89도2036	458	대판 91도352	821
대판 89도2466	508	대판 91도413	602
대판 90도6	532	대판 91도420	161
대판 90도173	270	대판 91도453	828, 836
대판 90도191	773	대판 91도458	394
대판 90도193	348	대판 91도476	329
대판 90도250	226	대판 91도546	101
대판 90도357	563	대판 91도753	228, 263
대판 90도401	39	대판 91도788	404
대판 90도414	549	대판 91도1164	722
대판 90도580	50	대판 91도1190	815
대판 90도607	100	대판 91도1314	836
대판 90도665	603	대판 91도1324	274
대판 90도755	228	대판 91도1344	223
대판 90도767	832	대판 91도1550	757
대판 90도1021	317	대판 91도1604	72
대판 90도1216	569	대판 91도1610	673, 700
대판 90도1485	757	대판 91도1666	228, 274
대판 90도1562	101	대판 91도1675	568

대판 93도1435	676, 709	대판 94도2608	860, 861
대판 93도1941	428	대판 94도2687	815
대판 93도2069	520	대판 94도2708	218
대판 93도2143	288, 290, 681	대판 94도2760	471
대판 93도2221	541	대판 94도3013	373, 563
대판 93도2272	280	대판 94도3016	836
대판 93도2305	219	대판 94도3033	302
대판 93도2524	49	대판 94도3136	229
대판 93도2701	621	대판 94도3191	179
대판 93도2899	229	대판 94도3213	381
대판 93도3535	150, 159, 160, 188	대판 94도3309	155, 172, 176
대판 94도237	172, 180	대판 94도3346	806
대판 94도852	815	대판 94도3401	730
대판 94도886	831	대판 95도91	342, 343
대판 94도993	802	대판 95도186	857
대판 94도998	507, 509	대판 95도192	280
대판 94도1112	703	대판 95도250	382
대판 94도1311	21	대판 95도283	548, 551, 552
대판 94도1351	19	대판 95도448	721
대판 94도1439	632	대판 95도491	738
대판 94도1481	289	대판 95도577	849
대판 94도1487	406, 410	대판 95도707	376
대판 94도1522	331	대판 95도748	769, 775
대판 94도1575	406	대판 95도784	463, 465
대판 94도1598	542	대판 95도803	670
대판 94도1770	194	대판 95도997	442
대판 94도1880	151	대판 95다19515	403
대판 94도1911	393	대판 95다49530	478, 480
대판 94도1949	823	대판 95도1010	172
대판 94도1968	618	대판 95도1157	402
대판 94도2048	366	대판 95도1269	673, 675
대판 94도2076	292, 293	대판 95도1473	172, 179
대판 94도2112	661	대판 95도1475	661
대판 94도2187	81	대판 95도1589	207, 226
대판 94도2266	756	대판 95도1706	731
대판 94도2283	836	대판 95도1728	457
대판 94도2413	756	대판 95도1874	286, 373, 437
대판 94도2528	457, 803	대판 95도1908	873
대판 94도2561	256	대판 95도1967	726

대판 2004도353	451, 608, 617	대판 2004도6646	602
대판 2004도434	625	대판 2004도6859	439
대판 2004도520	568	대판 2004도6876	586
대판 2004도771	593	대판 2004도6890	523, 542
대판 2004도788	672, 675	대판 2004도7053	592
대판 2004도1098	332, 356	대판 2004도7545	657, 658
대판 2004도1256	207	대판 2004도8137	43
대판 2004도1313	201	대판 2004도8447	224
대판 2004도1388	176	대판 2004도8701	205
대판 2004도1442	792	대판 2005도174	36
대판 2004도1465	380	대판 2005도382	235
대판 2004도1553	393	대판 2005도565	464
대판 2004도1565	455	대판 2005도626	629
대판 2004도1632	583, 595, 809	대판 2005도685	497
대판 2004도2018	39	대판 2005도741	380, 514
대판 2004도2212	870, 873	대판 2005도1039	17
대판 2004도2767	686	대판 2005도1264	753
대판 2004도2880	155	대판 2005도1373	13, 14
대판 2004도3424	796, 808, 809	대판 2005도1420	790
대판 2004도3912	178	대판 2005도1731	843
대판 2004도4467	33, 228	대판 2005도1796	48
대판 2004도4505	327	대판 2005도1904	787, 790
대판 2004도4663	749	대판 2005도2413	465
대판 2004도4705	380	대판 2005도2712	866, 875
대판 2004도4731	835	대판 2005도2861	299
대판 2004도5074 전원합의체	346	대판 2005도3045	467, 512
대판 2004도5167	514	대판 2005도3071	97, 99
대판 2004도5561	780	대판 2005도3108	46
대판 2004도5655	812, 814	대판 2005도3516	446
대판 2004도5742	573	대판 2005도3518	367
대판 2004도5904	611, 617	대판 2005도3627	489
대판 2004도6083	403	대판 2005도3707	849, 852
대판 2004도6084	617, 619	대판 2005도3772	724
대판 2004도6132	712, 714	대판 2005도3832	11
대판 2004도6280	505	대판 2005도3909 전원합의체	769
대판 2004도6432	358	대판 2005도4072	709
대판 2004도6483	687, 698	대판 2005도4202	772
대판 2004도6503	393	대판 2005도4204	792
대판 2004도6557	380	대판 2005도4222	427

대판 2007도5899	500, 507	대판 2007도11153	875
대판 2007도5987	561	대판 2007도11181	209
대판 2007도6012	491	대판 2007도11322	254
대판 2007도6101	844	대판 2008도76	403
대판 2007도6273	856	대판 2008도93	735
대판 2007도6556	792	대판 2008도128	447, 451
대판 2007도6754	227	대판 2008도198	635
대판 2007도6987	686, 708	대판 2008도294	713
대판 2007도6990	255	대판 2008도373	529
대판 2007도7060	576	대판 2008도484	592
대판 2007도7064	144	대판 2008도522	564
대판 2007도7247	260, 263	대판 2008도917	258, 324
대판 2007도7480	678, 749	대판 2008도938	714
대판 2007도7568	498	대판 2008도942 전원합의체	854, 855
대판 2007도7601	336	대판 2008도1013	677
대판 2007도7716	592	대판 2008도1044	708, 720
대판 2007도7717	660	대판 2008도1059	851
대판 2007도8011	91	대판 2008도1097	142, 145
대판 2007도8024	846	대판 2008도1408	525
대판 2007도8050	763	대판 2008도1433	199
대판 2007도8155	149, 150	대판 2008도1464	258
대판 2007도8333	10	대판 2008도1652	397
대판 2007도8485	93	대판 2008도1664	401
대판 2007도8549	378	대판 2008도1697	407, 415
대판 2007도9250	514	대판 2008도2279	639
대판 2007도9328	551	대판 2008도2344	208
대판 2007도9331	426	대판 2008도2440	284, 443, 451
대판 2007도9334	217	대판 2008도2794	39
대판 2007도9417	284, 412, 423	대판 2008도3184	635
대판 2007도9606	691, 706, 708	대판 2008도3198	724
대판 2007도9624	37	대판 2008도3252	287
대판 2007도9679	507	대판 2008도3300	855, 857
대판 2007도9755	509	대판 2008도3438	309, 312
대판 2007도9794	18, 834	대판 2008도3640	830
대판 2007도9885	175	대판 2008도3651	564
대판 2007도9924	225, 227	대판 2008도3754	870, 871
대판 2007도10050	114	대판 2008도3792	578
대판 2007도10416	284	대판 2008도4665	366
대판 2007도10804	787, 803	대판 2008도4852	849, 875

저자 약력

박상진

현재 건국대학교 경찰학과 교수
건국대학교 강의우수교수상(3회)
건국대학교 기획조정처장, 공공인재대학 학장, 링크사업단 ICC장
사법시험 등 국가고시 출제위원
중앙경찰학교 교육운영위원회·졸업사정위원회 위원(현)
중앙대학교 법학박사·법학석사·법학사

저서
최신중요 형법판례각론 (제2판, 박영사, 2024)
최신중요 형법판례총론 (제2판, 박영사, 2024)
최신중요 일본형법판례(총론편) (공저·박영사, 2021)
최신중요 일본형법판례(각론편) (공저·박영사, 2021)
반려동물법률상담사례집 (공저·박영사, 2021)
여성과 법 (공저·이진출판사, 2003)

제2판

최신중요 형법판례각론

초판발행	2023년 1월 13일
제2판발행	2024년 9월 10일

지은이	박상진
펴낸이	안종만 · 안상준

편 집	윤혜경
기획/마케팅	김한유
표지디자인	김은지
제 작	고철민 · 김원표

펴낸곳	**(주) 박영사**
	서울특별시 금천구 가산디지털2로 53, 210호(가산동, 한라시그마밸리)
	등록 1959. 3. 11. 제300-1959-1호(倫)
전 화	02)733-6771
f a x	02)736-4818
e—mail	pys@pybook.co.kr
homepage	www.pybook.co.kr
ISBN	979-11-303-4789-9 93360

정 가   48,000원